תולדות המשפחה

תולדות המשפחה

תולדות המשפחה

תורה נביאים כתובים

הוצאת קורן ירושלים

תורה

בראשית
שמות
ויקרא
במדבר
דברים

בראשית

א א ב בְּרֵאשִׁית בָּרָא אֱלֹהִים אֵת הַשָּׁמַיִם וְאֵת הָאָרֶץ׃ וְהָאָרֶץ
הָיְתָה תֹהוּ וָבֹהוּ וְחֹשֶׁךְ עַל־פְּנֵי תְהוֹם וְרוּחַ אֱלֹהִים מְרַחֶפֶת
ג ד עַל־פְּנֵי הַמָּיִם׃ וַיֹּאמֶר אֱלֹהִים יְהִי־אוֹר וַיְהִי־אוֹר׃ וַיַּרְא אֱלֹהִים
ה אֶת־הָאוֹר כִּי־טוֹב וַיַּבְדֵּל אֱלֹהִים בֵּין הָאוֹר וּבֵין הַחֹשֶׁךְ׃ וַיִּקְרָא
אֱלֹהִים ׀ לָאוֹר יוֹם וְלַחֹשֶׁךְ קָרָא לָיְלָה וַיְהִי־עֶרֶב וַיְהִי־בֹקֶר יוֹם
אֶחָד׃
ו וַיֹּאמֶר אֱלֹהִים יְהִי רָקִיעַ בְּתוֹךְ הַמָּיִם וִיהִי מַבְדִּיל בֵּין מַיִם
ז לָמָיִם׃ וַיַּעַשׂ אֱלֹהִים אֶת־הָרָקִיעַ וַיַּבְדֵּל בֵּין הַמַּיִם אֲשֶׁר
ח מִתַּחַת לָרָקִיעַ וּבֵין הַמַּיִם אֲשֶׁר מֵעַל לָרָקִיעַ וַיְהִי־כֵן׃ וַיִּקְרָא
אֱלֹהִים לָרָקִיעַ שָׁמָיִם וַיְהִי־עֶרֶב וַיְהִי־בֹקֶר יוֹם שֵׁנִי׃
ט וַיֹּאמֶר אֱלֹהִים יִקָּווּ הַמַּיִם מִתַּחַת הַשָּׁמַיִם אֶל־מָקוֹם אֶחָד
י וְתֵרָאֶה הַיַּבָּשָׁה וַיְהִי־כֵן׃ וַיִּקְרָא אֱלֹהִים ׀ לַיַּבָּשָׁה אֶרֶץ וּלְמִקְוֵה
יא הַמַּיִם קָרָא יַמִּים וַיַּרְא אֱלֹהִים כִּי־טוֹב׃ וַיֹּאמֶר אֱלֹהִים תַּדְשֵׁא
הָאָרֶץ דֶּשֶׁא עֵשֶׂב מַזְרִיעַ זֶרַע עֵץ פְּרִי עֹשֶׂה פְּרִי לְמִינוֹ אֲשֶׁר
יב זַרְעוֹ־בוֹ עַל־הָאָרֶץ וַיְהִי־כֵן׃ וַתּוֹצֵא הָאָרֶץ דֶּשֶׁא עֵשֶׂב מַזְרִיעַ
זֶרַע לְמִינֵהוּ וְעֵץ עֹשֶׂה־פְּרִי אֲשֶׁר זַרְעוֹ־בוֹ לְמִינֵהוּ וַיַּרְא אֱלֹהִים
יג כִּי־טוֹב׃ וַיְהִי־עֶרֶב וַיְהִי־בֹקֶר יוֹם שְׁלִישִׁי׃
יד וַיֹּאמֶר אֱלֹהִים יְהִי מְאֹרֹת בִּרְקִיעַ הַשָּׁמַיִם לְהַבְדִּיל בֵּין הַיּוֹם
טו וּבֵין הַלָּיְלָה וְהָיוּ לְאֹתֹת וּלְמוֹעֲדִים וּלְיָמִים וְשָׁנִים׃ וְהָיוּ
טז לִמְאוֹרֹת בִּרְקִיעַ הַשָּׁמַיִם לְהָאִיר עַל־הָאָרֶץ וַיְהִי־כֵן׃ וַיַּעַשׂ
אֱלֹהִים אֶת־שְׁנֵי הַמְּאֹרֹת הַגְּדֹלִים אֶת־הַמָּאוֹר הַגָּדֹל לְמֶמְשֶׁלֶת
הַיּוֹם וְאֶת־הַמָּאוֹר הַקָּטֹן לְמֶמְשֶׁלֶת הַלַּיְלָה וְאֵת הַכּוֹכָבִים׃
יז יח וַיִּתֵּן אֹתָם אֱלֹהִים בִּרְקִיעַ הַשָּׁמָיִם לְהָאִיר עַל־הָאָרֶץ׃ וְלִמְשֹׁל
בַּיּוֹם וּבַלַּיְלָה וּלֲהַבְדִּיל בֵּין הָאוֹר וּבֵין הַחֹשֶׁךְ וַיַּרְא אֱלֹהִים
יט כִּי־טוֹב׃ וַיְהִי־עֶרֶב וַיְהִי־בֹקֶר יוֹם רְבִיעִי׃
כ וַיֹּאמֶר אֱלֹהִים יִשְׁרְצוּ הַמַּיִם שֶׁרֶץ נֶפֶשׁ חַיָּה וְעוֹף יְעוֹפֵף עַל־
כא הָאָרֶץ עַל־פְּנֵי רְקִיעַ הַשָּׁמָיִם׃ וַיִּבְרָא אֱלֹהִים אֶת־הַתַּנִּינִם

הַגְּדֹלִ֑ים וְאֵ֣ת כָּל־נֶ֣פֶשׁ הַֽחַיָּ֣ה ׀ הָֽרֹמֶ֡שֶׂת אֲשֶׁר֩ שָׁרְצ֨וּ הַמַּ֜יִם
לְמִֽינֵהֶ֗ם וְאֵ֨ת כָּל־ע֤וֹף כָּנָף֙ לְמִינֵ֔הוּ וַיַּ֥רְא אֱלֹהִ֖ים כִּי־טֽוֹב׃
כב וַיְבָ֧רֶךְ אֹתָ֛ם אֱלֹהִ֖ים לֵאמֹ֑ר פְּר֣וּ וּרְב֗וּ וּמִלְא֤וּ אֶת־הַמַּ֙יִם֙ בַּיַּמִּ֔ים
כג וְהָע֖וֹף יִ֥רֶב בָּאָֽרֶץ׃ וַֽיְהִי־עֶ֥רֶב וַֽיְהִי־בֹ֖קֶר י֥וֹם חֲמִישִֽׁי׃
כד וַיֹּ֣אמֶר אֱלֹהִ֗ים תּוֹצֵ֨א הָאָ֜רֶץ נֶ֤פֶשׁ חַיָּה֙ לְמִינָ֔הּ בְּהֵמָ֥ה וָרֶ֛מֶשׂ
כה וְחַֽיְתוֹ־אֶ֖רֶץ לְמִינָ֑הּ וַֽיְהִי־כֵֽן׃ וַיַּ֣עַשׂ אֱלֹהִים֩ אֶת־חַיַּ֨ת הָאָ֜רֶץ לְמִינָ֗הּ
וְאֶת־הַבְּהֵמָה֙ לְמִינָ֔הּ וְאֵ֛ת כָּל־רֶ֥מֶשׂ הָֽאֲדָמָ֖ה לְמִינֵ֑הוּ וַיַּ֥רְא
כו אֱלֹהִ֖ים כִּי־טֽוֹב׃ וַיֹּ֣אמֶר אֱלֹהִ֔ים נַֽעֲשֶׂ֥ה אָדָ֛ם בְּצַלְמֵ֖נוּ כִּדְמוּתֵ֑נוּ
וְיִרְדּוּ֩ בִדְגַ֨ת הַיָּ֜ם וּבְע֣וֹף הַשָּׁמַ֗יִם וּבַבְּהֵמָה֙ וּבְכָל־הָאָ֔רֶץ וּבְכָל־
כז הָרֶ֖מֶשׂ הָֽרֹמֵ֥שׂ עַל־הָאָֽרֶץ׃ וַיִּבְרָ֨א אֱלֹהִ֤ים ׀ אֶת־הָֽאָדָם֙ בְּצַלְמ֔וֹ
כח בְּצֶ֥לֶם אֱלֹהִ֖ים בָּרָ֣א אֹת֑וֹ זָכָ֥ר וּנְקֵבָ֖ה בָּרָ֥א אֹתָֽם׃ וַיְבָ֣רֶךְ
אֹתָם֮ אֱלֹהִים֒ וַיֹּ֨אמֶר לָהֶ֜ם אֱלֹהִ֗ים פְּר֥וּ וּרְב֛וּ וּמִלְא֥וּ אֶת־הָאָ֖רֶץ
וְכִבְשֻׁ֑הָ וּרְד֞וּ בִּדְגַ֤ת הַיָּם֙ וּבְע֣וֹף הַשָּׁמַ֔יִם וּבְכָל־חַיָּ֖ה הָֽרֹמֶ֥שֶׂת
כט עַל־הָאָֽרֶץ׃ וַיֹּ֣אמֶר אֱלֹהִ֗ים הִנֵּה֩ נָתַ֨תִּי לָכֶ֜ם אֶת־כָּל־עֵ֣שֶׂב ׀ זֹרֵ֣עַ
זֶ֗רַע אֲשֶׁר֙ עַל־פְּנֵ֣י כָל־הָאָ֔רֶץ וְאֶת־כָּל־הָעֵ֛ץ אֲשֶׁר־בּ֥וֹ פְרִי־עֵ֖ץ
ל זֹרֵ֣עַ זָ֑רַע לָכֶ֥ם יִֽהְיֶ֖ה לְאָכְלָֽה׃ וּֽלְכָל־חַיַּ֣ת הָ֠אָרֶץ וּלְכָל־ע֨וֹף
הַשָּׁמַ֜יִם וּלְכֹ֣ל ׀ רוֹמֵ֣שׂ עַל־הָאָ֗רֶץ אֲשֶׁר־בּוֹ֙ נֶ֣פֶשׁ חַיָּ֔ה אֶת־כָּל־
לא יֶ֥רֶק עֵ֖שֶׂב לְאָכְלָ֑ה וַֽיְהִי־כֵֽן׃ וַיַּ֤רְא אֱלֹהִים֙ אֶת־כָּל־אֲשֶׁ֣ר עָשָׂ֔ה
וְהִנֵּה־ט֖וֹב מְאֹ֑ד וַֽיְהִי־עֶ֥רֶב וַֽיְהִי־בֹ֖קֶר י֥וֹם הַשִּׁשִּֽׁי׃
ב א וַיְכֻלּ֛וּ הַשָּׁמַ֥יִם וְהָאָ֖רֶץ וְכָל־צְבָאָֽם׃ וַיְכַ֤ל אֱלֹהִים֙ בַּיּ֣וֹם הַשְּׁבִיעִ֔י
ב מְלַאכְתּ֖וֹ אֲשֶׁ֣ר עָשָׂ֑ה וַיִּשְׁבֹּת֙ בַּיּ֣וֹם הַשְּׁבִיעִ֔י מִכָּל־מְלַאכְתּ֖וֹ
ג אֲשֶׁ֥ר עָשָֽׂה׃ וַיְבָ֤רֶךְ אֱלֹהִים֙ אֶת־י֣וֹם הַשְּׁבִיעִ֔י וַיְקַדֵּ֖שׁ אֹת֑וֹ כִּ֣י
ב֤וֹ שָׁבַת֙ מִכָּל־מְלַאכְתּ֔וֹ אֲשֶׁר־בָּרָ֥א אֱלֹהִ֖ים לַעֲשֽׂוֹת׃
שני ב ד אֵ֣לֶּה תוֹלְד֧וֹת הַשָּׁמַ֛יִם וְהָאָ֖רֶץ בְּהִבָּֽרְאָ֑ם בְּי֗וֹם עֲשׂ֛וֹת יְהוָ֥ה
ה אֱלֹהִ֖ים אֶ֥רֶץ וְשָׁמָֽיִם׃ וְכֹ֣ל ׀ שִׂ֣יחַ הַשָּׂדֶ֗ה טֶ֚רֶם יִֽהְיֶ֣ה בָאָ֔רֶץ וְכָל־
עֵ֥שֶׂב הַשָּׂדֶ֖ה טֶ֣רֶם יִצְמָ֑ח כִּי֩ לֹ֨א הִמְטִ֜יר יְהוָ֤ה אֱלֹהִים֙ עַל־הָאָ֔רֶץ
ו וְאָדָ֣ם אַ֔יִן לַֽעֲבֹ֖ד אֶת־הָֽאֲדָמָֽה׃ וְאֵ֖ד יַֽעֲלֶ֣ה מִן־הָאָ֑רֶץ וְהִשְׁקָ֖ה

ז אֶת־כָּל־פְּנֵי הָאֲדָמָה: וַיִּיצֶר יְהוָה אֱלֹהִים אֶת־הָאָדָם עָפָר
מִן־הָאֲדָמָה וַיִּפַּח בְּאַפָּיו נִשְׁמַת חַיִּים וַיְהִי הָאָדָם לְנֶפֶשׁ חַיָּה:
ח וַיִּטַּע יְהוָה אֱלֹהִים גַּן בְּעֵדֶן מִקֶּדֶם וַיָּשֶׂם שָׁם אֶת־הָאָדָם אֲשֶׁר
ט יָצָר: וַיַּצְמַח יְהוָה אֱלֹהִים מִן־הָאֲדָמָה כָּל־עֵץ נֶחְמָד לְמַרְאֶה
י וְטוֹב לְמַאֲכָל וְעֵץ הַחַיִּים בְּתוֹךְ הַגָּן וְעֵץ הַדַּעַת טוֹב וָרָע: וְנָהָר
יֹצֵא מֵעֵדֶן לְהַשְׁקוֹת אֶת־הַגָּן וּמִשָּׁם יִפָּרֵד וְהָיָה לְאַרְבָּעָה
יא רָאשִׁים: שֵׁם הָאֶחָד פִּישׁוֹן הוּא הַסֹּבֵב אֵת כָּל־אֶרֶץ הַחֲוִילָה
יב אֲשֶׁר־שָׁם הַזָּהָב: וּזֲהַב הָאָרֶץ הַהִוא טוֹב שָׁם הַבְּדֹלַח וְאֶבֶן
יג הַשֹּׁהַם: וְשֵׁם־הַנָּהָר הַשֵּׁנִי גִּיחוֹן הוּא הַסּוֹבֵב אֵת כָּל־אֶרֶץ
יד כּוּשׁ: וְשֵׁם הַנָּהָר הַשְּׁלִישִׁי חִדֶּקֶל הוּא הַהֹלֵךְ קִדְמַת אַשּׁוּר
טו וְהַנָּהָר הָרְבִיעִי הוּא פְרָת: וַיִּקַּח יְהוָה אֱלֹהִים אֶת־הָאָדָם
טז וַיַּנִּחֵהוּ בְגַן־עֵדֶן לְעָבְדָהּ וּלְשָׁמְרָהּ: וַיְצַו יְהוָה אֱלֹהִים עַל־הָאָדָם
יז לֵאמֹר מִכֹּל עֵץ־הַגָּן אָכֹל תֹּאכֵל: וּמֵעֵץ הַדַּעַת טוֹב וָרָע לֹא
יח תֹאכַל מִמֶּנּוּ כִּי בְּיוֹם אֲכָלְךָ מִמֶּנּוּ מוֹת תָּמוּת: וַיֹּאמֶר יְהוָה
יט אֱלֹהִים לֹא־טוֹב הֱיוֹת הָאָדָם לְבַדּוֹ אֶעֱשֶׂה־לּוֹ עֵזֶר כְּנֶגְדּוֹ: וַיִּצֶר
יְהוָה אֱלֹהִים מִן־הָאֲדָמָה כָּל־חַיַּת הַשָּׂדֶה וְאֵת כָּל־עוֹף הַשָּׁמַיִם
וַיָּבֵא אֶל־הָאָדָם לִרְאוֹת מַה־יִּקְרָא־לוֹ וְכֹל אֲשֶׁר יִקְרָא־
כ לוֹ הָאָדָם נֶפֶשׁ חַיָּה הוּא שְׁמוֹ: וַיִּקְרָא הָאָדָם שֵׁמוֹת לְכָל־ שלישי
הַבְּהֵמָה וּלְעוֹף הַשָּׁמַיִם וּלְכֹל חַיַּת הַשָּׂדֶה וּלְאָדָם לֹא־מָצָא
כא עֵזֶר כְּנֶגְדּוֹ: וַיַּפֵּל יְהוָה אֱלֹהִים ׀ תַּרְדֵּמָה עַל־הָאָדָם וַיִּישָׁן
כב וַיִּקַּח אַחַת מִצַּלְעֹתָיו וַיִּסְגֹּר בָּשָׂר תַּחְתֶּנָּה: וַיִּבֶן יְהוָה אֱלֹהִים ׀
אֶת־הַצֵּלָע אֲשֶׁר־לָקַח מִן־הָאָדָם לְאִשָּׁה וַיְבִאֶהָ אֶל־הָאָדָם:
כג וַיֹּאמֶר הָאָדָם זֹאת הַפַּעַם עֶצֶם מֵעֲצָמַי וּבָשָׂר מִבְּשָׂרִי לְזֹאת
כד יִקָּרֵא אִשָּׁה כִּי מֵאִישׁ לֻקֳחָה־זֹּאת: עַל־כֵּן יַעֲזָב־אִישׁ אֶת־
כה אָבִיו וְאֶת־אִמּוֹ וְדָבַק בְּאִשְׁתּוֹ וְהָיוּ לְבָשָׂר אֶחָד: וַיִּהְיוּ שְׁנֵיהֶם
ג א עֲרוּמִּים הָאָדָם וְאִשְׁתּוֹ וְלֹא יִתְבֹּשָׁשׁוּ: וְהַנָּחָשׁ הָיָה עָרוּם מִכֹּל
חַיַּת הַשָּׂדֶה אֲשֶׁר עָשָׂה יְהוָה אֱלֹהִים וַיֹּאמֶר אֶל־הָאִשָּׁה אַף

כִּי־אָמַר אֱלֹהִים לֹא תֹאכְלוּ מִכֹּל עֵץ הַגָּן׃ וַתֹּאמֶר הָאִשָּׁה ב
אֶל־הַנָּחָשׁ מִפְּרִי עֵץ־הַגָּן נֹאכֵל׃ וּמִפְּרִי הָעֵץ אֲשֶׁר בְּתוֹךְ־הַגָּן ג
אָמַר אֱלֹהִים לֹא תֹאכְלוּ מִמֶּנּוּ וְלֹא תִגְּעוּ בּוֹ פֶּן תְּמֻתוּן׃
וַיֹּאמֶר הַנָּחָשׁ אֶל־הָאִשָּׁה לֹא־מוֹת תְּמֻתוּן׃ כִּי יֹדֵעַ אֱלֹהִים כִּי ד ה
בְּיוֹם אֲכָלְכֶם מִמֶּנּוּ וְנִפְקְחוּ עֵינֵיכֶם וִהְיִיתֶם כֵּאלֹהִים יֹדְעֵי טוֹב
וָרָע׃ וַתֵּרֶא הָאִשָּׁה כִּי טוֹב הָעֵץ לְמַאֲכָל וְכִי תַאֲוָה־הוּא ו
לָעֵינַיִם וְנֶחְמָד הָעֵץ לְהַשְׂכִּיל וַתִּקַּח מִפִּרְיוֹ וַתֹּאכַל וַתִּתֵּן גַּם־
לְאִישָׁהּ עִמָּהּ וַיֹּאכַל׃ וַתִּפָּקַחְנָה עֵינֵי שְׁנֵיהֶם וַיֵּדְעוּ כִּי עֵירֻמִּם ז
הֵם וַיִּתְפְּרוּ עֲלֵה תְאֵנָה וַיַּעֲשׂוּ לָהֶם חֲגֹרֹת׃ וַיִּשְׁמְעוּ אֶת־קוֹל ח
יְהוָה אֱלֹהִים מִתְהַלֵּךְ בַּגָּן לְרוּחַ הַיּוֹם וַיִּתְחַבֵּא הָאָדָם וְאִשְׁתּוֹ
מִפְּנֵי יְהוָה אֱלֹהִים בְּתוֹךְ עֵץ הַגָּן׃ וַיִּקְרָא יְהוָה אֱלֹהִים אֶל־ ט
הָאָדָם וַיֹּאמֶר לוֹ אַיֶּכָּה׃ וַיֹּאמֶר אֶת־קֹלְךָ שָׁמַעְתִּי בַּגָּן וָאִירָא י
כִּי־עֵירֹם אָנֹכִי וָאֵחָבֵא׃ וַיֹּאמֶר מִי הִגִּיד לְךָ כִּי עֵירֹם אָתָּה יא
הֲמִן־הָעֵץ אֲשֶׁר צִוִּיתִיךָ לְבִלְתִּי אֲכָל־מִמֶּנּוּ אָכָלְתָּ׃ וַיֹּאמֶר יב
הָאָדָם הָאִשָּׁה אֲשֶׁר נָתַתָּה עִמָּדִי הִוא נָתְנָה־לִּי מִן־הָעֵץ
וָאֹכֵל׃ וַיֹּאמֶר יְהוָה אֱלֹהִים לָאִשָּׁה מַה־זֹּאת עָשִׂית וַתֹּאמֶר יג
הָאִשָּׁה הַנָּחָשׁ הִשִּׁיאַנִי וָאֹכֵל׃ וַיֹּאמֶר יְהוָה אֱלֹהִים ׀ אֶל־הַנָּחָשׁ יד
כִּי עָשִׂיתָ זֹּאת אָרוּר אַתָּה מִכָּל־הַבְּהֵמָה וּמִכֹּל חַיַּת הַשָּׂדֶה
עַל־גְּחֹנְךָ תֵלֵךְ וְעָפָר תֹּאכַל כָּל־יְמֵי חַיֶּיךָ׃ וְאֵיבָה ׀ אָשִׁית בֵּינְךָ טו
וּבֵין הָאִשָּׁה וּבֵין זַרְעֲךָ וּבֵין זַרְעָהּ הוּא יְשׁוּפְךָ רֹאשׁ וְאַתָּה
תְּשׁוּפֶנּוּ עָקֵב׃ אֶל־הָאִשָּׁה אָמַר הַרְבָּה אַרְבֶּה טז
עִצְּבוֹנֵךְ וְהֵרֹנֵךְ בְּעֶצֶב תֵּלְדִי בָנִים וְאֶל־אִישֵׁךְ תְּשׁוּקָתֵךְ וְהוּא
יִמְשָׁל־בָּךְ׃ וּלְאָדָם אָמַר כִּי שָׁמַעְתָּ לְקוֹל אִשְׁתֶּךָ יז
וַתֹּאכַל מִן־הָעֵץ אֲשֶׁר צִוִּיתִיךָ לֵאמֹר לֹא תֹאכַל מִמֶּנּוּ אֲרוּרָה
הָאֲדָמָה בַּעֲבוּרֶךָ בְּעִצָּבוֹן תֹּאכְלֶנָּה כֹּל יְמֵי חַיֶּיךָ׃ וְקוֹץ יח
וְדַרְדַּר תַּצְמִיחַ לָךְ וְאָכַלְתָּ אֶת־עֵשֶׂב הַשָּׂדֶה׃ בְּזֵעַת אַפֶּיךָ יט
תֹּאכַל לֶחֶם עַד שׁוּבְךָ אֶל־הָאֲדָמָה כִּי מִמֶּנָּה לֻקָּחְתָּ כִּי־

כ עפר אתה ואל־עפר תשוב: ויקרא האדם שם אשתו חוה
כא כי הוא היתה אם כל־חי: ויעש יהוה אלהים לאדם ולאשתו
כתנות עור וילבשם:
כב ויאמר ׀ יהוה אלהים הן האדם היה כאחד ממנו לדעת טוב ג רביעי
ורע ועתה ׀ פן־ישלח ידו ולקח גם מעץ החיים ואכל וחי
כג לעלם: וישלחהו יהוה אלהים מגן־עדן לעבד את־האדמה
כד אשר לקח משם: ויגרש את־האדם וישכן מקדם לגן־עדן
את־הכרבים ואת להט החרב המתהפכת לשמר את־דרך
ד א עץ החיים: והאדם ידע את־חוה אשתו ותהר
ב ותלד את־קין ותאמר קניתי איש את־יהוה: ותסף ללדת
את־אחיו את־הבל ויהי־הבל רעה צאן וקין היה עבד אדמה:
ג ד ויהי מקץ ימים ויבא קין מפרי האדמה מנחה ליהוה: והבל
הביא גם־הוא מבכרות צאנו ומחלבהן וישע יהוה אל־
ה הבל ואל־מנחתו: ואל־קין ואל־מנחתו לא שעה ויחר
ו לקין מאד ויפלו פניו: ויאמר יהוה אל־קין למה חרה לך
ז ולמה נפלו פניך: הלוא אם־תיטיב שאת ואם לא תיטיב
לפתח חטאת רבץ ואליך תשוקתו ואתה תמשל־בו:
ח ויאמר קין אל־הבל אחיו ויהי בהיותם בשדה ויקם קין
ט אל־הבל אחיו ויהרגהו: ויאמר יהוה אל־קין אי הבל
י אחיך ויאמר לא ידעתי השמר אחי אנכי: ויאמר מה
יא עשית קול דמי אחיך צעקים אלי מן־האדמה: ועתה ארור
אתה מן־האדמה אשר פצתה את־פיה לקחת את־דמי
יב אחיך מידך: כי תעבד את־האדמה לא־תסף תת־כחה לך
יג נע ונד תהיה בארץ: ויאמר קין אל־יהוה גדול עוני מנשא:
יד הן גרשת אתי היום מעל פני האדמה ומפניך אסתר והייתי
טו נע ונד בארץ והיה כל־מצאי יהרגני: ויאמר לו יהוה לכן
כל־הרג קין שבעתים יקם וישם יהוה לקין אות לבלתי

הַכּוֹת־אֹתוֹ כׇּל־מֹצְאוֹ׃ וַיֵּצֵא קַיִן מִלִּפְנֵי יהוה וַיֵּשֶׁב בְּאֶרֶץ־ טז
נוֹד קִדְמַת־עֵדֶן׃ וַיֵּדַע קַיִן אֶת־אִשְׁתּוֹ וַתַּהַר וַתֵּלֶד אֶת־חֲנוֹךְ יז
וַיְהִי בֹּנֶה עִיר וַיִּקְרָא שֵׁם הָעִיר כְּשֵׁם בְּנוֹ חֲנוֹךְ׃ וַיִּוָּלֵד לַחֲנוֹךְ יח
אֶת־עִירָד וְעִירָד יָלַד אֶת־מְחוּיָאֵל וּמְחִיָּיאֵל יָלַד אֶת־מְתוּשָׁאֵל
חמישי וּמְתוּשָׁאֵל יָלַד אֶת־לָמֶךְ׃ וַיִּקַּח־לוֹ לֶמֶךְ שְׁתֵּי נָשִׁים שֵׁם הָאַחַת יט
עָדָה וְשֵׁם הַשֵּׁנִית צִלָּה׃ וַתֵּלֶד עָדָה אֶת־יָבָל הוּא הָיָה אֲבִי כ
יֹשֵׁב אֹהֶל וּמִקְנֶה׃ וְשֵׁם אָחִיו יוּבָל הוּא הָיָה אֲבִי כׇּל־תֹּפֵשׂ כא
כִּנּוֹר וְעוּגָב׃ וְצִלָּה גַם־הִוא יָלְדָה אֶת־תּוּבַל קַיִן לֹטֵשׁ כׇּל־ כב
חֹרֵשׁ נְחֹשֶׁת וּבַרְזֶל וַאֲחוֹת תּוּבַל־קַיִן נַעֲמָה׃ וַיֹּאמֶר לֶמֶךְ לְנָשָׁיו כג
עָדָה וְצִלָּה שְׁמַעַן קוֹלִי נְשֵׁי לֶמֶךְ הַאְזֵנָּה אִמְרָתִי כִּי אִישׁ
הָרַגְתִּי לְפִצְעִי וְיֶלֶד לְחַבֻּרָתִי׃ כִּי שִׁבְעָתַיִם יֻקַּם־קָיִן וְלֶמֶךְ כד
שִׁבְעִים וְשִׁבְעָה׃ וַיֵּדַע אָדָם עוֹד אֶת־אִשְׁתּוֹ וַתֵּלֶד בֵּן וַתִּקְרָא כה
אֶת־שְׁמוֹ שֵׁת כִּי שָׁת־לִי אֱלֹהִים זֶרַע אַחֵר תַּחַת הֶבֶל כִּי הֲרָגוֹ
קָיִן׃ וּלְשֵׁת גַּם־הוּא יֻלַּד־בֵּן וַיִּקְרָא אֶת־שְׁמוֹ אֱנוֹשׁ אָז הוּחַל כו
ששי ד לִקְרֹא בְּשֵׁם יהוה׃ זֶה סֵפֶר תּוֹלְדֹת אָדָם בְּיוֹם א ה
בְּרֹא אֱלֹהִים אָדָם בִּדְמוּת אֱלֹהִים עָשָׂה אֹתוֹ׃ זָכָר וּנְקֵבָה ב
בְּרָאָם וַיְבָרֶךְ אֹתָם וַיִּקְרָא אֶת־שְׁמָם אָדָם בְּיוֹם הִבָּרְאָם׃
וַיְחִי אָדָם שְׁלֹשִׁים וּמְאַת שָׁנָה וַיּוֹלֶד בִּדְמוּתוֹ כְּצַלְמוֹ וַיִּקְרָא ג
אֶת־שְׁמוֹ שֵׁת׃ וַיִּהְיוּ יְמֵי־אָדָם אַחֲרֵי הוֹלִידוֹ אֶת־שֵׁת שְׁמֹנֶה ד
מֵאֹת שָׁנָה וַיּוֹלֶד בָּנִים וּבָנוֹת׃ וַיִּהְיוּ כׇּל־יְמֵי אָדָם אֲשֶׁר־חַי ה
תְּשַׁע מֵאוֹת שָׁנָה וּשְׁלֹשִׁים שָׁנָה וַיָּמֹת׃ וַיְחִי־ ו
שֵׁת חָמֵשׁ שָׁנִים וּמְאַת שָׁנָה וַיּוֹלֶד אֶת־אֱנוֹשׁ׃ וַיְחִי־שֵׁת אַחֲרֵי ז
הוֹלִידוֹ אֶת־אֱנוֹשׁ שֶׁבַע שָׁנִים וּשְׁמֹנֶה מֵאוֹת שָׁנָה וַיּוֹלֶד בָּנִים
וּבָנוֹת׃ וַיִּהְיוּ כׇּל־יְמֵי־שֵׁת שְׁתֵּים עֶשְׂרֵה שָׁנָה וּתְשַׁע מֵאוֹת ח
שָׁנָה וַיָּמֹת׃ וַיְחִי אֱנוֹשׁ תִּשְׁעִים שָׁנָה וַיּוֹלֶד אֶת־ ט
קֵינָן׃ וַיְחִי אֱנוֹשׁ אַחֲרֵי הוֹלִידוֹ אֶת־קֵינָן חֲמֵשׁ עֶשְׂרֵה שָׁנָה י
וּשְׁמֹנֶה מֵאוֹת שָׁנָה וַיּוֹלֶד בָּנִים וּבָנוֹת׃ וַיִּהְיוּ כׇּל־יְמֵי אֱנוֹשׁ יא

יב חָמֵשׁ שָׁנִים וּתְשַׁע מֵאוֹת שָׁנָה וַיָּמֹת׃ וַיְחִי קֵינָן
יג שִׁבְעִים שָׁנָה וַיּוֹלֶד אֶת־מַהֲלַלְאֵל׃ וַיְחִי קֵינָן אַחֲרֵי הוֹלִידוֹ
אֶת־מַהֲלַלְאֵל אַרְבָּעִים שָׁנָה וּשְׁמֹנֶה מֵאוֹת שָׁנָה וַיּוֹלֶד
יד בָּנִים וּבָנוֹת׃ וַיִּהְיוּ כָּל־יְמֵי קֵינָן עֶשֶׂר שָׁנִים וּתְשַׁע מֵאוֹת
טו שָׁנָה וַיָּמֹת׃ וַיְחִי מַהֲלַלְאֵל חָמֵשׁ שָׁנִים וְשִׁשִּׁים
טז שָׁנָה וַיּוֹלֶד אֶת־יָרֶד׃ וַיְחִי מַהֲלַלְאֵל אַחֲרֵי הוֹלִידוֹ אֶת־יֶרֶד
יז שְׁלֹשִׁים שָׁנָה וּשְׁמֹנֶה מֵאוֹת שָׁנָה וַיּוֹלֶד בָּנִים וּבָנוֹת׃ וַיִּהְיוּ
כָּל־יְמֵי מַהֲלַלְאֵל חָמֵשׁ וְתִשְׁעִים שָׁנָה וּשְׁמֹנֶה מֵאוֹת שָׁנָה
יח וַיָּמֹת׃ וַיְחִי־יֶרֶד שְׁתַּיִם וְשִׁשִּׁים שָׁנָה וּמְאַת שָׁנָה
יט וַיּוֹלֶד אֶת־חֲנוֹךְ׃ וַיְחִי־יֶרֶד אַחֲרֵי הוֹלִידוֹ אֶת־חֲנוֹךְ שְׁמֹנֶה
כ מֵאוֹת שָׁנָה וַיּוֹלֶד בָּנִים וּבָנוֹת׃ וַיִּהְיוּ כָּל־יְמֵי־יֶרֶד שְׁתַּיִם
כא וְשִׁשִּׁים שָׁנָה וּתְשַׁע מֵאוֹת שָׁנָה וַיָּמֹת׃ וַיְחִי חֲנוֹךְ
כב חָמֵשׁ וְשִׁשִּׁים שָׁנָה וַיּוֹלֶד אֶת־מְתוּשָׁלַח׃ וַיִּתְהַלֵּךְ חֲנוֹךְ אֶת־
הָאֱלֹהִים אַחֲרֵי הוֹלִידוֹ אֶת־מְתוּשֶׁלַח שְׁלֹשׁ מֵאוֹת שָׁנָה וַיּוֹלֶד
כג בָּנִים וּבָנוֹת׃ וַיְהִי כָּל־יְמֵי חֲנוֹךְ חָמֵשׁ וְשִׁשִּׁים שָׁנָה וּשְׁלֹשׁ
כד מֵאוֹת שָׁנָה׃ וַיִּתְהַלֵּךְ חֲנוֹךְ אֶת־הָאֱלֹהִים וְאֵינֶנּוּ כִּי־לָקַח
כה אֹתוֹ אֱלֹהִים׃ וַיְחִי מְתוּשֶׁלַח שֶׁבַע וּשְׁמֹנִים שָׁנָה שביעי
כו וּמְאַת שָׁנָה וַיּוֹלֶד אֶת־לָמֶךְ׃ וַיְחִי מְתוּשֶׁלַח אַחֲרֵי הוֹלִידוֹ
אֶת־לֶמֶךְ שְׁתַּיִם וּשְׁמוֹנִים שָׁנָה וּשְׁבַע מֵאוֹת שָׁנָה וַיּוֹלֶד
כז בָּנִים וּבָנוֹת׃ וַיִּהְיוּ כָּל־יְמֵי מְתוּשֶׁלַח תֵּשַׁע וְשִׁשִּׁים שָׁנָה
כח וּתְשַׁע מֵאוֹת שָׁנָה וַיָּמֹת׃ וַיְחִי־לֶמֶךְ שְׁתַּיִם
כט וּשְׁמֹנִים שָׁנָה וּמְאַת שָׁנָה וַיּוֹלֶד בֵּן׃ וַיִּקְרָא אֶת־שְׁמוֹ נֹחַ
לֵאמֹר זֶה יְנַחֲמֵנוּ מִמַּעֲשֵׂנוּ וּמֵעִצְּבוֹן יָדֵינוּ מִן־הָאֲדָמָה
ל אֲשֶׁר אֵרְרָהּ יְהוָה׃ וַיְחִי־לֶמֶךְ אַחֲרֵי הוֹלִידוֹ אֶת־נֹחַ חָמֵשׁ
וְתִשְׁעִים שָׁנָה וַחֲמֵשׁ מֵאֹת שָׁנָה וַיּוֹלֶד בָּנִים וּבָנוֹת׃
לא וַיְהִי כָּל־יְמֵי־לֶמֶךְ שֶׁבַע וְשִׁבְעִים שָׁנָה וּשְׁבַע מֵאוֹת שָׁנָה
לב וַיָּמֹת׃ וַיְהִי־נֹחַ בֶּן־חֲמֵשׁ מֵאוֹת שָׁנָה וַיּוֹלֶד נֹחַ

א אֶת־שֵׁ֖ם אֶת־חָ֥ם וְאֶת־יָֽפֶת׃ וַֽיְהִי֙ כִּֽי־הֵחֵ֣ל הָֽאָדָ֔ם לָרֹ֖ב עַל־
ב פְּנֵ֣י הָֽאֲדָמָ֑ה וּבָנ֖וֹת יֻלְּד֥וּ לָהֶֽם׃ וַיִּרְא֤וּ בְנֵי־הָֽאֱלֹהִים֙ אֶת־
בְּנ֣וֹת הָֽאָדָ֔ם כִּ֥י טֹבֹ֖ת הֵ֑נָּה וַיִּקְח֤וּ לָהֶם֙ נָשִׁ֔ים מִכֹּ֖ל אֲשֶׁ֥ר
ג בָּחָֽרוּ׃ וַיֹּ֣אמֶר יהוה לֹֽא־יָד֨וֹן רוּחִ֤י בָֽאָדָם֙ לְעֹלָ֔ם בְּשַׁגַּ֖ם ה֣וּא
ד בָשָׂ֑ר וְהָי֣וּ יָמָ֔יו מֵאָ֥ה וְעֶשְׂרִ֖ים שָׁנָֽה׃ הַנְּפִלִ֞ים הָי֣וּ בָאָרֶץ֮
בַּיָּמִ֣ים הָהֵם֒ וְגַ֣ם אַֽחֲרֵי־כֵ֗ן אֲשֶׁ֨ר יָבֹ֜אוּ בְּנֵ֤י הָֽאֱלֹהִים֙ אֶל־
בְּנ֣וֹת הָֽאָדָ֔ם וְיָלְד֖וּ לָהֶ֑ם הֵ֧מָּה הַגִּבֹּרִ֛ים אֲשֶׁ֥ר מֵעוֹלָ֖ם אַנְשֵׁ֥י
הַשֵּֽׁם׃

מפטיר
ה וַיַּ֣רְא יהוה כִּ֥י רַבָּ֛ה רָעַ֥ת הָאָדָ֖ם בָּאָ֑רֶץ וְכָל־יֵ֙צֶר֙ מַחְשְׁבֹ֣ת
ו לִבּ֔וֹ רַ֥ק רַ֖ע כָּל־הַיּֽוֹם׃ וַיִּנָּ֣חֶם יהוה כִּֽי־עָשָׂ֥ה אֶת־הָֽאָדָ֖ם
ז בָּאָ֑רֶץ וַיִּתְעַצֵּ֖ב אֶל־לִבּֽוֹ׃ וַיֹּ֣אמֶר יהוה אֶמְחֶ֨ה אֶת־הָאָדָ֤ם
אֲשֶׁר־בָּרָ֙אתִי֙ מֵעַל֙ פְּנֵ֣י הָֽאֲדָמָ֔ה מֵֽאָדָם֙ עַד־בְּהֵמָ֔ה עַד־
ח רֶ֖מֶשׂ וְעַד־ע֣וֹף הַשָּׁמָ֑יִם כִּ֥י נִחַ֖מְתִּי כִּ֥י עֲשִׂיתִֽם׃ וְנֹ֕חַ מָ֥צָא חֵ֖ן
בְּעֵינֵ֥י יהוה׃

נח ה
ט אֵ֚לֶּה תּוֹלְדֹ֣ת נֹ֔חַ נֹ֗חַ אִ֥ישׁ צַדִּ֛יק תָּמִ֥ים הָיָ֖ה בְּדֹֽרֹתָ֑יו אֶת־
י הָֽאֱלֹהִ֖ים הִֽתְהַלֶּךְ־נֹֽחַ׃ וַיּ֥וֹלֶד נֹ֖חַ שְׁלֹשָׁ֣ה בָנִ֑ים אֶת־שֵׁ֖ם אֶת־
יא חָ֥ם וְאֶת־יָֽפֶת׃ וַתִּשָּׁחֵ֥ת הָאָ֖רֶץ לִפְנֵ֣י הָֽאֱלֹהִ֑ים וַתִּמָּלֵ֥א הָאָ֖רֶץ
יב חָמָֽס׃ וַיַּ֧רְא אֱלֹהִ֛ים אֶת־הָאָ֖רֶץ וְהִנֵּ֣ה נִשְׁחָ֑תָה כִּֽי־הִשְׁחִ֧ית כָּל־
יג בָּשָׂ֛ר אֶת־דַּרְכּ֖וֹ עַל־הָאָֽרֶץ׃ וַיֹּאמֶר֩ אֱלֹהִ֨ים לְנֹ֜חַ
קֵ֤ץ כָּל־בָּשָׂר֙ בָּ֣א לְפָנַ֔י כִּֽי־מָלְאָ֥ה הָאָ֛רֶץ חָמָ֖ס מִפְּנֵיהֶ֑ם וְהִנְנִ֥י
יד מַשְׁחִיתָ֖ם אֶת־הָאָֽרֶץ׃ עֲשֵׂ֤ה לְךָ֙ תֵּבַ֣ת עֲצֵי־גֹ֔פֶר קִנִּ֖ים תַּֽעֲשֶׂ֣ה
טו אֶת־הַתֵּבָ֑ה וְכָֽפַרְתָּ֥ אֹתָ֛הּ מִבַּ֥יִת וּמִח֖וּץ בַּכֹּֽפֶר׃ וְזֶ֕ה אֲשֶׁ֥ר
תַּֽעֲשֶׂ֖ה אֹתָ֑הּ שְׁלֹ֧שׁ מֵא֣וֹת אַמָּ֗ה אֹ֚רֶךְ הַתֵּבָ֔ה חֲמִשִּׁ֤ים אַמָּה֙
טז רָחְבָּ֔הּ וּשְׁלֹשִׁ֥ים אַמָּ֖ה קוֹמָתָֽהּ׃ צֹ֣הַר ׀ תַּֽעֲשֶׂ֣ה לַתֵּבָ֗ה וְאֶל־אַמָּה֙
תְּכַלֶּ֣נָּה מִלְמַ֔עְלָה וּפֶ֥תַח הַתֵּבָ֖ה בְּצִדָּ֣הּ תָּשִׂ֑ים תַּחְתִּיִּ֛ם שְׁנִיִּ֥ם
יז וּשְׁלִשִׁ֖ים תַּֽעֲשֶֽׂהָ׃ וַאֲנִ֗י הִנְנִי֙ מֵבִ֨יא אֶת־הַמַּבּ֥וּל מַ֙יִם֙ עַל־הָאָ֔רֶץ
לְשַׁחֵ֣ת כָּל־בָּשָׂ֗ר אֲשֶׁר־בּוֹ֙ ר֣וּחַ חַיִּ֔ים מִתַּ֖חַת הַשָּׁמָ֑יִם כֹּ֥ל אֲשֶׁר־

יח בָּאָ֖רֶץ יִגְוָֽע׃ וַהֲקִמֹתִ֥י אֶת־בְּרִיתִ֖י אִתָּ֑ךְ וּבָאתָ֙ אֶל־הַתֵּבָ֔ה אַתָּ֕ה
יט וּבָנֶ֛יךָ וְאִשְׁתְּךָ֥ וּנְשֵֽׁי־בָנֶ֖יךָ אִתָּֽךְ׃ וּמִכָּל־הָ֠חַי מִֽכָּל־בָּשָׂ֞ר שְׁנַ֧יִם
כ מִכֹּ֛ל תָּבִ֥יא אֶל־הַתֵּבָ֖ה לְהַחֲיֹ֣ת אִתָּ֑ךְ זָכָ֥ר וּנְקֵבָ֖ה יִהְיֽוּ׃ מֵהָע֣וֹף
לְמִינֵ֗הוּ וּמִן־הַבְּהֵמָה֙ לְמִינָ֔הּ מִכֹּ֛ל רֶ֥מֶשׂ הָאֲדָמָ֖ה לְמִינֵ֑הוּ שְׁנַ֧יִם
כא מִכֹּ֛ל יָבֹ֥אוּ אֵלֶ֖יךָ לְהַחֲיֽוֹת׃ וְאַתָּ֣ה קַח־לְךָ֗ מִכָּל־מַאֲכָל֙ אֲשֶׁ֣ר
כב יֵֽאָכֵ֔ל וְאָסַפְתָּ֖ אֵלֶ֑יךָ וְהָיָ֥ה לְךָ֛ וְלָהֶ֖ם לְאָכְלָֽה׃ וַיַּ֖עַשׂ נֹ֑חַ כְּ֠כֹל
ז א אֲשֶׁ֨ר צִוָּ֥ה אֹת֛וֹ אֱלֹהִ֖ים כֵּ֥ן עָשָֽׂה׃ וַיֹּ֤אמֶר יהוה֙ לְנֹ֔חַ בֹּֽא־אַתָּ֥ה שני
וְכָל־בֵּיתְךָ֖ אֶל־הַתֵּבָ֑ה כִּֽי־אֹתְךָ֥ רָאִ֛יתִי צַדִּ֥יק לְפָנַ֖י בַּדּ֥וֹר
ב הַזֶּֽה׃ מִכֹּ֣ל ׀ הַבְּהֵמָ֣ה הַטְּהוֹרָ֗ה תִּֽקַּח־לְךָ֛ שִׁבְעָ֥ה שִׁבְעָ֖ה אִ֣ישׁ
וְאִשְׁתּ֑וֹ וּמִן־הַבְּהֵמָ֡ה אֲ֠שֶׁר לֹ֣א טְהֹרָ֥ה הִ֛וא שְׁנַ֖יִם אִ֥ישׁ
ג וְאִשְׁתּֽוֹ׃ גַּ֣ם מֵע֧וֹף הַשָּׁמַ֛יִם שִׁבְעָ֥ה שִׁבְעָ֖ה זָכָ֣ר וּנְקֵבָ֑ה לְחַיּ֥וֹת
ד זֶ֖רַע עַל־פְּנֵ֥י כָל־הָאָֽרֶץ׃ כִּי֩ לְיָמִ֨ים ע֜וֹד שִׁבְעָ֗ה אָנֹכִי֙ מַמְטִ֣יר
עַל־הָאָ֔רֶץ אַרְבָּעִ֣ים י֔וֹם וְאַרְבָּעִ֖ים לָ֑יְלָה וּמָחִ֗יתִי אֶֽת־כָּל־
ה הַיְקוּם֙ אֲשֶׁ֣ר עָשִׂ֔יתִי מֵעַ֖ל פְּנֵ֥י הָאֲדָמָֽה׃ וַיַּ֖עַשׂ נֹ֑חַ כְּכֹ֥ל אֲשֶׁר־
ו צִוָּ֖הוּ יהוה׃ וְנֹ֕חַ בֶּן־שֵׁ֥שׁ מֵא֖וֹת שָׁנָ֑ה וְהַמַּבּ֣וּל הָיָ֔ה מַ֖יִם עַל־
ז הָאָֽרֶץ׃ וַיָּ֣בֹא נֹ֗חַ וּ֠בָנָיו וְאִשְׁתּ֧וֹ וּנְשֵֽׁי־בָנָ֛יו אִתּ֖וֹ אֶל־הַתֵּבָ֑ה
ח מִפְּנֵ֖י מֵ֥י הַמַּבּֽוּל׃ מִן־הַבְּהֵמָה֙ הַטְּהוֹרָ֔ה וּמִן־הַ֨בְּהֵמָ֔ה אֲשֶׁ֥ר
ט אֵינֶ֖נָּה טְהֹרָ֑ה וּמִ֨ן־הָע֔וֹף וְכֹ֥ל אֲשֶׁר־רֹמֵ֖שׂ עַל־הָאֲדָמָֽה׃ שְׁנַ֨יִם
שְׁנַ֜יִם בָּ֧אוּ אֶל־נֹ֛חַ אֶל־הַתֵּבָ֖ה זָכָ֣ר וּנְקֵבָ֑ה כַּאֲשֶׁ֛ר צִוָּ֥ה אֱלֹהִ֖ים
י אֶת־נֹֽחַ׃ וַיְהִ֖י לְשִׁבְעַ֣ת הַיָּמִ֑ים וּמֵ֣י הַמַּבּ֔וּל הָי֖וּ עַל־הָאָֽרֶץ׃
יא בִּשְׁנַ֨ת שֵׁשׁ־מֵא֤וֹת שָׁנָה֙ לְחַיֵּי־נֹ֔חַ בַּחֹ֙דֶשׁ֙ הַשֵּׁנִ֔י בְּשִׁבְעָֽה־עָשָׂ֥ר
י֖וֹם לַחֹ֑דֶשׁ בַּיּ֣וֹם הַזֶּ֗ה נִבְקְעוּ֙ כָּֽל־מַעְיְנֹת֙ תְּה֣וֹם רַבָּ֔ה וַאֲרֻבֹּ֥ת
יב הַשָּׁמַ֖יִם נִפְתָּֽחוּ׃ וַיְהִ֥י הַגֶּ֖שֶׁם עַל־הָאָ֑רֶץ אַרְבָּעִ֣ים י֔וֹם וְאַרְבָּעִ֖ים
יג לָֽיְלָה׃ בְּעֶ֨צֶם הַיּ֤וֹם הַזֶּה֙ בָּ֣א נֹ֔חַ וְשֵׁם־וְחָ֥ם וָיֶ֖פֶת בְּנֵי־נֹ֑חַ וְאֵ֣שֶׁת
יד נֹ֗חַ וּשְׁלֹ֧שֶׁת נְשֵֽׁי־בָנָ֛יו אִתָּ֖ם אֶל־הַתֵּבָֽה׃ הֵ֜מָּה וְכָל־הַחַיָּ֣ה לְמִינָ֗הּ
וְכָל־הַבְּהֵמָה֙ לְמִינָ֔הּ וְכָל־הָרֶ֛מֶשׂ הָֽרֹמֵ֥שׂ עַל־הָאָ֖רֶץ לְמִינֵ֑הוּ
טו וְכָל־הָע֣וֹף לְמִינֵ֔הוּ כֹּ֖ל צִפּ֥וֹר כָּל־כָּנָֽף׃ וַיָּבֹ֥אוּ אֶל־נֹ֖חַ אֶל־

הַתֵּבָה שְׁנַיִם שְׁנַיִם מִכָּל־הַבָּשָׂר אֲשֶׁר־בּוֹ רוּחַ חַיִּים: וְהַבָּאִים טז
זָכָר וּנְקֵבָה מִכָּל־בָּשָׂר בָּאוּ כַּאֲשֶׁר צִוָּה אֹתוֹ אֱלֹהִים וַיִּסְגֹּר
שלישי יְהוָה בַּעֲדוֹ: וַיְהִי הַמַּבּוּל אַרְבָּעִים יוֹם עַל־הָאָרֶץ וַיִּרְבּוּ הַמַּיִם יז
וַיִּשְׂאוּ אֶת־הַתֵּבָה וַתָּרָם מֵעַל הָאָרֶץ: וַיִּגְבְּרוּ הַמַּיִם וַיִּרְבּוּ יח
מְאֹד עַל־הָאָרֶץ וַתֵּלֶךְ הַתֵּבָה עַל־פְּנֵי הַמָּיִם: וְהַמַּיִם גָּבְרוּ יט
מְאֹד מְאֹד עַל־הָאָרֶץ וַיְכֻסּוּ כָּל־הֶהָרִים הַגְּבֹהִים אֲשֶׁר־תַּחַת
כָּל־הַשָּׁמָיִם: חֲמֵשׁ עֶשְׂרֵה אַמָּה מִלְמַעְלָה גָּבְרוּ הַמָּיִם וַיְכֻסּוּ כ
הֶהָרִים: וַיִּגְוַע כָּל־בָּשָׂר ׀ הָרֹמֵשׂ עַל־הָאָרֶץ בָּעוֹף וּבַבְּהֵמָה כא
וּבַחַיָּה וּבְכָל־הַשֶּׁרֶץ הַשֹּׁרֵץ עַל־הָאָרֶץ וְכֹל הָאָדָם: כֹּל אֲשֶׁר כב
נִשְׁמַת־רוּחַ חַיִּים בְּאַפָּיו מִכֹּל אֲשֶׁר בֶּחָרָבָה מֵתוּ: וַיִּמַח אֶת־ כג
כָּל־הַיְקוּם ׀ אֲשֶׁר ׀ עַל־פְּנֵי הָאֲדָמָה מֵאָדָם עַד־בְּהֵמָה עַד־
רֶמֶשׂ וְעַד־עוֹף הַשָּׁמַיִם וַיִּמָּחוּ מִן־הָאָרֶץ וַיִּשָּׁאֶר אַךְ־נֹחַ וַאֲשֶׁר
אִתּוֹ בַּתֵּבָה: וַיִּגְבְּרוּ הַמַּיִם עַל־הָאָרֶץ חֲמִשִּׁים וּמְאַת יוֹם: כד
ו וַיִּזְכֹּר אֱלֹהִים אֶת־נֹחַ וְאֵת כָּל־הַחַיָּה וְאֶת־כָּל־הַבְּהֵמָה אֲשֶׁר א ח
אִתּוֹ בַּתֵּבָה וַיַּעֲבֵר אֱלֹהִים רוּחַ עַל־הָאָרֶץ וַיָּשֹׁכּוּ הַמָּיִם:
וַיִּסָּכְרוּ מַעְיְנֹת תְּהוֹם וַאֲרֻבֹּת הַשָּׁמָיִם וַיִּכָּלֵא הַגֶּשֶׁם מִן־ ב
הַשָּׁמָיִם: וַיָּשֻׁבוּ הַמַּיִם מֵעַל הָאָרֶץ הָלוֹךְ וָשׁוֹב וַיַּחְסְרוּ הַמַּיִם ג
מִקְצֵה חֲמִשִּׁים וּמְאַת יוֹם: וַתָּנַח הַתֵּבָה בַּחֹדֶשׁ הַשְּׁבִיעִי ד
בְּשִׁבְעָה־עָשָׂר יוֹם לַחֹדֶשׁ עַל הָרֵי אֲרָרָט: וְהַמַּיִם הָיוּ הָלוֹךְ ה
וְחָסוֹר עַד הַחֹדֶשׁ הָעֲשִׂירִי בָּעֲשִׂירִי בְּאֶחָד לַחֹדֶשׁ נִרְאוּ רָאשֵׁי
הֶהָרִים: וַיְהִי מִקֵּץ אַרְבָּעִים יוֹם וַיִּפְתַּח נֹחַ אֶת־חַלּוֹן הַתֵּבָה ו
אֲשֶׁר עָשָׂה: וַיְשַׁלַּח אֶת־הָעֹרֵב וַיֵּצֵא יָצוֹא וָשׁוֹב עַד־יְבֹשֶׁת ז
הַמַּיִם מֵעַל הָאָרֶץ: וַיְשַׁלַּח אֶת־הַיּוֹנָה מֵאִתּוֹ לִרְאוֹת הֲקַלּוּ ח
הַמַּיִם מֵעַל פְּנֵי הָאֲדָמָה: וְלֹא־מָצְאָה הַיּוֹנָה מָנוֹחַ לְכַף־רַגְלָהּ ט
וַתָּשָׁב אֵלָיו אֶל־הַתֵּבָה כִּי־מַיִם עַל־פְּנֵי כָל־הָאָרֶץ וַיִּשְׁלַח יָדוֹ
וַיִּקָּחֶהָ וַיָּבֵא אֹתָהּ אֵלָיו אֶל־הַתֵּבָה: וַיָּחֶל עוֹד שִׁבְעַת יָמִים י
אֲחֵרִים וַיֹּסֶף שַׁלַּח אֶת־הַיּוֹנָה מִן־הַתֵּבָה: וַתָּבֹא אֵלָיו הַיּוֹנָה יא

לְעֵת עֶרֶב וְהִנֵּה עֲלֵה־זַיִת טָרָף בְּפִיהָ וַיֵּדַע נֹחַ כִּי־קַלּוּ הַמַּיִם
יב מֵעַל הָאָרֶץ׃ וַיִּיָּחֶל עוֹד שִׁבְעַת יָמִים אֲחֵרִים וַיְשַׁלַּח אֶת־הַיּוֹנָה
יג וְלֹא־יָסְפָה שׁוּב־אֵלָיו עוֹד׃ וַיְהִי בְּאַחַת וְשֵׁשׁ־מֵאוֹת שָׁנָה
בָּרִאשׁוֹן בְּאֶחָד לַחֹדֶשׁ חָרְבוּ הַמַּיִם מֵעַל הָאָרֶץ וַיָּסַר נֹחַ אֶת־
יד מִכְסֵה הַתֵּבָה וַיַּרְא וְהִנֵּה חָרְבוּ פְּנֵי הָאֲדָמָה׃ וּבַחֹדֶשׁ הַשֵּׁנִי
טו בְּשִׁבְעָה וְעֶשְׂרִים יוֹם לַחֹדֶשׁ יָבְשָׁה הָאָרֶץ׃ וַיְדַבֵּר ז רביעי
טז אֱלֹהִים אֶל־נֹחַ לֵאמֹר׃ צֵא מִן־הַתֵּבָה אַתָּה וְאִשְׁתְּךָ וּבָנֶיךָ
יז וּנְשֵׁי־בָנֶיךָ אִתָּךְ׃ כָּל־הַחַיָּה אֲשֶׁר־אִתְּךָ מִכָּל־בָּשָׂר בָּעוֹף
וּבַבְּהֵמָה וּבְכָל־הָרֶמֶשׂ הָרֹמֵשׂ עַל־הָאָרֶץ הוצא אִתָּךְ וְשָׁרְצוּ הַיְצֵא
יח בָאָרֶץ וּפָרוּ וְרָבוּ עַל־הָאָרֶץ׃ וַיֵּצֵא־נֹחַ וּבָנָיו וְאִשְׁתּוֹ וּנְשֵׁי־
יט בָנָיו אִתּוֹ׃ כָּל־הַחַיָּה כָּל־הָרֶמֶשׂ וְכָל־הָעוֹף כֹּל רוֹמֵשׂ עַל־
כ הָאָרֶץ לְמִשְׁפְּחֹתֵיהֶם יָצְאוּ מִן־הַתֵּבָה׃ וַיִּבֶן נֹחַ מִזְבֵּחַ לַיהוה
וַיִּקַּח מִכֹּל ׀ הַבְּהֵמָה הַטְּהֹרָה וּמִכֹּל הָעוֹף הַטָּהֹר וַיַּעַל עֹלֹת
כא בַּמִּזְבֵּחַ׃ וַיָּרַח יהוה אֶת־רֵיחַ הַנִּיחֹחַ וַיֹּאמֶר יהוה אֶל־לִבּוֹ לֹא
אֹסִף לְקַלֵּל עוֹד אֶת־הָאֲדָמָה בַּעֲבוּר הָאָדָם כִּי יֵצֶר לֵב הָאָדָם
רַע מִנְּעֻרָיו וְלֹא־אֹסִף עוֹד לְהַכּוֹת אֶת־כָּל־חַי כַּאֲשֶׁר עָשִׂיתִי׃
כב עֹד כָּל־יְמֵי הָאָרֶץ זֶרַע וְקָצִיר וְקֹר וָחֹם וְקַיִץ וָחֹרֶף וְיוֹם וָלַיְלָה
ט א לֹא יִשְׁבֹּתוּ׃ וַיְבָרֶךְ אֱלֹהִים אֶת־נֹחַ וְאֶת־בָּנָיו וַיֹּאמֶר לָהֶם
ב פְּרוּ וּרְבוּ וּמִלְאוּ אֶת־הָאָרֶץ׃ וּמוֹרַאֲכֶם וְחִתְּכֶם יִהְיֶה עַל כָּל־
חַיַּת הָאָרֶץ וְעַל כָּל־עוֹף הַשָּׁמָיִם בְּכֹל אֲשֶׁר תִּרְמֹשׂ הָאֲדָמָה
ג וּבְכָל־דְּגֵי הַיָּם בְּיֶדְכֶם נִתָּנוּ׃ כָּל־רֶמֶשׂ אֲשֶׁר הוּא־חַי לָכֶם
ד יִהְיֶה לְאָכְלָה כְּיֶרֶק עֵשֶׂב נָתַתִּי לָכֶם אֶת־כֹּל׃ אַךְ־בָּשָׂר
ה בְּנַפְשׁוֹ דָמוֹ לֹא תֹאכֵלוּ׃ וְאַךְ אֶת־דִּמְכֶם לְנַפְשֹׁתֵיכֶם אֶדְרֹשׁ
מִיַּד כָּל־חַיָּה אֶדְרְשֶׁנּוּ וּמִיַּד הָאָדָם מִיַּד אִישׁ אָחִיו אֶדְרֹשׁ
ו אֶת־נֶפֶשׁ הָאָדָם׃ שֹׁפֵךְ דַּם הָאָדָם בָּאָדָם דָּמוֹ יִשָּׁפֵךְ כִּי בְּצֶלֶם
ז אֱלֹהִים עָשָׂה אֶת־הָאָדָם׃ וְאַתֶּם פְּרוּ וּרְבוּ שִׁרְצוּ בָאָרֶץ
ח וּרְבוּ־בָהּ׃ וַיֹּאמֶר אֱלֹהִים אֶל־נֹחַ וְאֶל־בָּנָיו אִתּוֹ חמישי

לֵאמֹר׃ וַאֲנִי הִנְנִי מֵקִים אֶת־בְּרִיתִי אִתְּכֶם וְאֶת־זַרְעֲכֶם ט
אַחֲרֵיכֶם׃ וְאֵת כָּל־נֶפֶשׁ הַחַיָּה אֲשֶׁר אִתְּכֶם בָּעוֹף בַּבְּהֵמָה י
וּבְכָל־חַיַּת הָאָרֶץ אִתְּכֶם מִכֹּל יֹצְאֵי הַתֵּבָה לְכֹל חַיַּת הָאָרֶץ׃
וַהֲקִמֹתִי אֶת־בְּרִיתִי אִתְּכֶם וְלֹא־יִכָּרֵת כָּל־בָּשָׂר עוֹד מִמֵּי יא
הַמַּבּוּל וְלֹא־יִהְיֶה עוֹד מַבּוּל לְשַׁחֵת הָאָרֶץ׃ וַיֹּאמֶר אֱלֹהִים יב
זֹאת אוֹת־הַבְּרִית אֲשֶׁר־אֲנִי נֹתֵן בֵּינִי וּבֵינֵיכֶם וּבֵין כָּל־נֶפֶשׁ
חַיָּה אֲשֶׁר אִתְּכֶם לְדֹרֹת עוֹלָם׃ אֶת־קַשְׁתִּי נָתַתִּי בֶּעָנָן וְהָיְתָה יג
לְאוֹת בְּרִית בֵּינִי וּבֵין הָאָרֶץ׃ וְהָיָה בְּעַנְנִי עָנָן עַל־הָאָרֶץ יד
וְנִרְאֲתָה הַקֶּשֶׁת בֶּעָנָן׃ וְזָכַרְתִּי אֶת־בְּרִיתִי אֲשֶׁר בֵּינִי וּבֵינֵיכֶם טו
וּבֵין כָּל־נֶפֶשׁ חַיָּה בְּכָל־בָּשָׂר וְלֹא־יִהְיֶה עוֹד הַמַּיִם לְמַבּוּל
לְשַׁחֵת כָּל־בָּשָׂר׃ וְהָיְתָה הַקֶּשֶׁת בֶּעָנָן וּרְאִיתִיהָ לִזְכֹּר בְּרִית טז
עוֹלָם בֵּין אֱלֹהִים וּבֵין כָּל־נֶפֶשׁ חַיָּה בְּכָל־בָּשָׂר אֲשֶׁר עַל־
הָאָרֶץ׃ וַיֹּאמֶר אֱלֹהִים אֶל־נֹחַ זֹאת אוֹת־הַבְּרִית אֲשֶׁר הֲקִמֹתִי יז
בֵּינִי וּבֵין כָּל־בָּשָׂר אֲשֶׁר עַל־הָאָרֶץ׃
ששי ח וַיִּהְיוּ בְנֵי־נֹחַ הַיֹּצְאִים מִן־הַתֵּבָה שֵׁם וְחָם וָיָפֶת וְחָם הוּא אֲבִי יח
כְנָעַן׃ שְׁלֹשָׁה אֵלֶּה בְּנֵי־נֹחַ וּמֵאֵלֶּה נָפְצָה כָל־הָאָרֶץ׃ וַיָּחֶל יט כ
נֹחַ אִישׁ הָאֲדָמָה וַיִּטַּע כָּרֶם׃ וַיֵּשְׁתְּ מִן־הַיַּיִן וַיִּשְׁכָּר וַיִּתְגַּל כא
בְּתוֹךְ אָהֳלֹה׃ וַיַּרְא חָם אֲבִי כְנַעַן אֵת עֶרְוַת אָבִיו וַיַּגֵּד לִשְׁנֵי־ כב
אֶחָיו בַּחוּץ׃ וַיִּקַּח שֵׁם וָיֶפֶת אֶת־הַשִּׂמְלָה וַיָּשִׂימוּ עַל־שְׁכֶם כג
שְׁנֵיהֶם וַיֵּלְכוּ אֲחֹרַנִּית וַיְכַסּוּ אֵת עֶרְוַת אֲבִיהֶם וּפְנֵיהֶם אֲחֹרַנִּית
וְעֶרְוַת אֲבִיהֶם לֹא רָאוּ׃ וַיִּיקֶץ נֹחַ מִיֵּינוֹ וַיֵּדַע אֵת אֲשֶׁר־ כד
עָשָׂה לוֹ בְּנוֹ הַקָּטָן׃ וַיֹּאמֶר אָרוּר כְּנָעַן עֶבֶד עֲבָדִים יִהְיֶה כה
לְאֶחָיו׃ וַיֹּאמֶר בָּרוּךְ יהוה אֱלֹהֵי שֵׁם וִיהִי כְנַעַן עֶבֶד לָמוֹ׃ כו
יַפְתְּ אֱלֹהִים לְיֶפֶת וְיִשְׁכֹּן בְּאָהֳלֵי־שֵׁם וִיהִי כְנַעַן עֶבֶד לָמוֹ׃ כז
וַיְחִי־נֹחַ אַחַר הַמַּבּוּל שְׁלֹשׁ מֵאוֹת שָׁנָה וַחֲמִשִּׁים שָׁנָה׃ וַיְהִי כח כט
כָּל־יְמֵי־נֹחַ תְּשַׁע מֵאוֹת שָׁנָה וַחֲמִשִּׁים שָׁנָה וַיָּמֹת׃
וְאֵלֶּה תּוֹלְדֹת בְּנֵי־נֹחַ שֵׁם חָם וָיָפֶת וַיִּוָּלְדוּ לָהֶם בָּנִים אַחַר א י

ב הַמַּבּוּל׃ בְּנֵי יֶפֶת גֹּמֶר וּמָגוֹג וּמָדַי וְיָוָן וְתֻבָל וּמֶשֶׁךְ וְתִירָס׃
ג ד וּבְנֵי גֹּמֶר אַשְׁכְּנַז וְרִיפַת וְתֹגַרְמָה׃ וּבְנֵי יָוָן אֱלִישָׁה וְתַרְשִׁישׁ
ה כִּתִּים וְדֹדָנִים׃ מֵאֵלֶּה נִפְרְדוּ אִיֵּי הַגּוֹיִם בְּאַרְצֹתָם אִישׁ לִלְשֹׁנוֹ
ו ז לְמִשְׁפְּחֹתָם בְּגוֹיֵהֶם׃ וּבְנֵי חָם כּוּשׁ וּמִצְרַיִם וּפוּט וּכְנָעַן׃ וּבְנֵי
כוּשׁ סְבָא וַחֲוִילָה וְסַבְתָּה וְרַעְמָה וְסַבְתְּכָא וּבְנֵי רַעְמָה שְׁבָא
ח וּדְדָן׃ וְכוּשׁ יָלַד אֶת־נִמְרֹד הוּא הֵחֵל לִהְיוֹת גִּבֹּר בָּאָרֶץ׃
ט הוּא־הָיָה גִבֹּר־צַיִד לִפְנֵי יְהוָה עַל־כֵּן יֵאָמַר כְּנִמְרֹד גִּבּוֹר צַיִד
י לִפְנֵי יְהוָה׃ וַתְּהִי רֵאשִׁית מַמְלַכְתּוֹ בָּבֶל וְאֶרֶךְ וְאַכַּד וְכַלְנֵה
יא בְּאֶרֶץ שִׁנְעָר׃ מִן־הָאָרֶץ הַהִוא יָצָא אַשּׁוּר וַיִּבֶן אֶת־נִינְוֵה
יב וְאֶת־רְחֹבֹת עִיר וְאֶת־כָּלַח׃ וְאֶת־רֶסֶן בֵּין נִינְוֵה וּבֵין כָּלַח
יג הִוא הָעִיר הַגְּדֹלָה׃ וּמִצְרַיִם יָלַד אֶת־לוּדִים וְאֶת־עֲנָמִים
יד וְאֶת־לְהָבִים וְאֶת־נַפְתֻּחִים׃ וְאֶת־פַּתְרֻסִים וְאֶת־כַּסְלֻחִים
טו אֲשֶׁר יָצְאוּ מִשָּׁם פְּלִשְׁתִּים וְאֶת־כַּפְתֹּרִים׃ וּכְנַעַן
טז יָלַד אֶת־צִידֹן בְּכֹרוֹ וְאֶת־חֵת׃ וְאֶת־הַיְבוּסִי וְאֶת־הָאֱמֹרִי
יז יח וְאֵת הַגִּרְגָּשִׁי׃ וְאֶת־הַחִוִּי וְאֶת־הַעַרְקִי וְאֶת־הַסִּינִי׃ וְאֶת־
הָאַרְוָדִי וְאֶת־הַצְּמָרִי וְאֶת־הַחֲמָתִי וְאַחַר נָפֹצוּ מִשְׁפְּחוֹת
יט הַכְּנַעֲנִי׃ וַיְהִי גְּבוּל הַכְּנַעֲנִי מִצִּידֹן בֹּאֲכָה גְרָרָה עַד־עַזָּה
כ בֹּאֲכָה סְדֹמָה וַעֲמֹרָה וְאַדְמָה וּצְבֹיִם עַד־לָשַׁע׃ אֵלֶּה בְנֵי־חָם
כא לְמִשְׁפְּחֹתָם לִלְשֹׁנֹתָם בְּאַרְצֹתָם בְּגוֹיֵהֶם׃ וּלְשֵׁם
כב יֻלַּד גַּם־הוּא אֲבִי כָּל־בְּנֵי־עֵבֶר אֲחִי יֶפֶת הַגָּדוֹל׃ בְּנֵי שֵׁם
כג עֵילָם וְאַשּׁוּר וְאַרְפַּכְשַׁד וְלוּד וַאֲרָם׃ וּבְנֵי אֲרָם עוּץ וְחוּל
כד וְגֶתֶר וָמַשׁ׃ וְאַרְפַּכְשַׁד יָלַד אֶת־שָׁלַח וְשֶׁלַח יָלַד אֶת־עֵבֶר׃
כה וּלְעֵבֶר יֻלַּד שְׁנֵי בָנִים שֵׁם הָאֶחָד פֶּלֶג כִּי בְיָמָיו נִפְלְגָה הָאָרֶץ
כו וְשֵׁם אָחִיו יָקְטָן׃ וְיָקְטָן יָלַד אֶת־אַלְמוֹדָד וְאֶת־שָׁלֶף וְאֶת־
כז חֲצַרְמָוֶת וְאֶת־יָרַח׃ וְאֶת־הֲדוֹרָם וְאֶת־אוּזָל וְאֶת־דִּקְלָה׃
כח כט וְאֶת־עוֹבָל וְאֶת־אֲבִימָאֵל וְאֶת־שְׁבָא׃ וְאֶת־אוֹפִר וְאֶת־
ל חֲוִילָה וְאֶת־יוֹבָב כָּל־אֵלֶּה בְּנֵי יָקְטָן׃ וַיְהִי מוֹשָׁבָם מִמֵּשָׂא

בֹּאֲכָה סְפָרָה הַר הַקֶּדֶם׃ אֵלֶּה בְנֵי־שֵׁם לְמִשְׁפְּחֹתָם לִלְשֹׁנֹתָם לא
בְּאַרְצֹתָם לְגוֹיֵהֶם׃ אֵלֶּה מִשְׁפְּחֹת בְּנֵי־נֹחַ לְתוֹלְדֹתָם בְּגוֹיֵהֶם לב
וּמֵאֵלֶּה נִפְרְדוּ הַגּוֹיִם בָּאָרֶץ אַחַר הַמַּבּוּל׃

שביעי ט וַיְהִי כָל־הָאָרֶץ שָׂפָה אֶחָת וּדְבָרִים אֲחָדִים׃ וַיְהִי בְּנָסְעָם יא א ב
מִקֶּדֶם וַיִּמְצְאוּ בִקְעָה בְּאֶרֶץ שִׁנְעָר וַיֵּשְׁבוּ שָׁם׃ וַיֹּאמְרוּ אִישׁ ג
אֶל־רֵעֵהוּ הָבָה נִלְבְּנָה לְבֵנִים וְנִשְׂרְפָה לִשְׂרֵפָה וַתְּהִי לָהֶם
הַלְּבֵנָה לְאָבֶן וְהַחֵמָר הָיָה לָהֶם לַחֹמֶר׃ וַיֹּאמְרוּ הָבָה ׀ נִבְנֶה־ ד
לָּנוּ עִיר וּמִגְדָּל וְרֹאשׁוֹ בַשָּׁמַיִם וְנַעֲשֶׂה־לָּנוּ שֵׁם פֶּן־נָפוּץ עַל־
פְּנֵי כָל־הָאָרֶץ׃ וַיֵּרֶד יְהוָה לִרְאֹת אֶת־הָעִיר וְאֶת־הַמִּגְדָּל ה
אֲשֶׁר בָּנוּ בְּנֵי הָאָדָם׃ וַיֹּאמֶר יְהוָה הֵן עַם אֶחָד וְשָׂפָה אַחַת ו
לְכֻלָּם וְזֶה הַחִלָּם לַעֲשׂוֹת וְעַתָּה לֹא־יִבָּצֵר מֵהֶם כֹּל אֲשֶׁר
יָזְמוּ לַעֲשׂוֹת׃ הָבָה נֵרְדָה וְנָבְלָה שָׁם שְׂפָתָם אֲשֶׁר לֹא יִשְׁמְעוּ ז
אִישׁ שְׂפַת רֵעֵהוּ׃ וַיָּפֶץ יְהוָה אֹתָם מִשָּׁם עַל־פְּנֵי כָל־הָאָרֶץ ח
וַיַּחְדְּלוּ לִבְנֹת הָעִיר׃ עַל־כֵּן קָרָא שְׁמָהּ בָּבֶל כִּי־שָׁם ט
בָּלַל יְהוָה שְׂפַת כָּל־הָאָרֶץ וּמִשָּׁם הֱפִיצָם יְהוָה עַל־פְּנֵי
כָּל־הָאָרֶץ׃

אֵלֶּה תּוֹלְדֹת שֵׁם שֵׁם בֶּן־מְאַת שָׁנָה וַיּוֹלֶד אֶת־אַרְפַּכְשָׁד י
שְׁנָתַיִם אַחַר הַמַּבּוּל׃ וַיְחִי־שֵׁם אַחֲרֵי הוֹלִידוֹ אֶת־אַרְפַּכְשָׁד יא
חֲמֵשׁ מֵאוֹת שָׁנָה וַיּוֹלֶד בָּנִים וּבָנוֹת׃ וְאַרְפַּכְשַׁד יב
חַי חָמֵשׁ וּשְׁלֹשִׁים שָׁנָה וַיּוֹלֶד אֶת־שָׁלַח׃ וַיְחִי אַרְפַּכְשַׁד יג
אַחֲרֵי הוֹלִידוֹ אֶת־שֶׁלַח שָׁלֹשׁ שָׁנִים וְאַרְבַּע מֵאוֹת שָׁנָה
וַיּוֹלֶד בָּנִים וּבָנוֹת׃ וְשֶׁלַח חַי שְׁלֹשִׁים שָׁנָה וַיּוֹלֶד יד
אֶת־עֵבֶר׃ וַיְחִי־שֶׁלַח אַחֲרֵי הוֹלִידוֹ אֶת־עֵבֶר שָׁלֹשׁ שָׁנִים טו
וְאַרְבַּע מֵאוֹת שָׁנָה וַיּוֹלֶד בָּנִים וּבָנוֹת׃ וַיְחִי־עֵבֶר טז
אַרְבַּע וּשְׁלֹשִׁים שָׁנָה וַיּוֹלֶד אֶת־פָּלֶג׃ וַיְחִי־עֵבֶר אַחֲרֵי הוֹלִידוֹ יז
אֶת־פֶּלֶג שְׁלֹשִׁים שָׁנָה וְאַרְבַּע מֵאוֹת שָׁנָה וַיּוֹלֶד בָּנִים
וּבָנוֹת׃ וַיְחִי־פֶלֶג שְׁלֹשִׁים שָׁנָה וַיּוֹלֶד אֶת־רְעוּ׃ יח

יט וַיְחִי־פֶלֶג אַחֲרֵי הוֹלִידוֹ אֶת־רְעוּ תֵּשַׁע שָׁנִים וּמָאתַיִם שָׁנָה
כ וַיּוֹלֶד בָּנִים וּבָנוֹת׃ וַיְחִי רְעוּ שְׁתַּיִם וּשְׁלֹשִׁים שָׁנָה
כא וַיּוֹלֶד אֶת־שְׂרוּג׃ וַיְחִי רְעוּ אַחֲרֵי הוֹלִידוֹ אֶת־שְׂרוּג שֶׁבַע שָׁנִים
כב וּמָאתַיִם שָׁנָה וַיּוֹלֶד בָּנִים וּבָנוֹת׃ וַיְחִי שְׂרוּג שְׁלֹשִׁים
כג שָׁנָה וַיּוֹלֶד אֶת־נָחוֹר׃ וַיְחִי שְׂרוּג אַחֲרֵי הוֹלִידוֹ אֶת־נָחוֹר מָאתַיִם
כד שָׁנָה וַיּוֹלֶד בָּנִים וּבָנוֹת׃ וַיְחִי נָחוֹר תֵּשַׁע וְעֶשְׂרִים
כה שָׁנָה וַיּוֹלֶד אֶת־תָּרַח׃ וַיְחִי נָחוֹר אַחֲרֵי הוֹלִידוֹ אֶת־תֶּרַח תְּשַׁע־
כו עֶשְׂרֵה שָׁנָה וּמְאַת שָׁנָה וַיּוֹלֶד בָּנִים וּבָנוֹת׃ וַיְחִי־
תֶרַח שִׁבְעִים שָׁנָה וַיּוֹלֶד אֶת־אַבְרָם אֶת־נָחוֹר וְאֶת־הָרָן׃
כז וְאֵלֶּה תּוֹלְדֹת תֶּרַח תֶּרַח הוֹלִיד אֶת־אַבְרָם אֶת־נָחוֹר וְאֶת־
כח הָרָן וְהָרָן הוֹלִיד אֶת־לוֹט׃ וַיָּמָת הָרָן עַל־פְּנֵי תֶּרַח אָבִיו בְּאֶרֶץ
כט מוֹלַדְתּוֹ בְּאוּר כַּשְׂדִּים׃ וַיִּקַּח אַבְרָם וְנָחוֹר לָהֶם נָשִׁים שֵׁם מפטיר
אֵשֶׁת־אַבְרָם שָׂרָי וְשֵׁם אֵשֶׁת־נָחוֹר מִלְכָּה בַּת־הָרָן אֲבִי־
ל לא מִלְכָּה וַאֲבִי יִסְכָּה׃ וַתְּהִי שָׂרַי עֲקָרָה אֵין לָהּ וָלָד׃ וַיִּקַּח תֶּרַח
אֶת־אַבְרָם בְּנוֹ וְאֶת־לוֹט בֶּן־הָרָן בֶּן־בְּנוֹ וְאֵת שָׂרַי כַּלָּתוֹ
אֵשֶׁת אַבְרָם בְּנוֹ וַיֵּצְאוּ אִתָּם מֵאוּר כַּשְׂדִּים לָלֶכֶת אַרְצָה
לב כְּנַעַן וַיָּבֹאוּ עַד־חָרָן וַיֵּשְׁבוּ שָׁם׃ וַיִּהְיוּ יְמֵי־תֶרַח חָמֵשׁ שָׁנִים
וּמָאתַיִם שָׁנָה וַיָּמָת תֶּרַח בְּחָרָן׃
יב א וַיֹּאמֶר יהוה אֶל־אַבְרָם לֶךְ־לְךָ מֵאַרְצְךָ וּמִמּוֹלַדְתְּךָ וּמִבֵּית י לך לך
ב אָבִיךָ אֶל־הָאָרֶץ אֲשֶׁר אַרְאֶךָּ׃ וְאֶעֶשְׂךָ לְגוֹי גָּדוֹל וַאֲבָרֶכְךָ
ג וַאֲגַדְּלָה שְׁמֶךָ וֶהְיֵה בְּרָכָה׃ וַאֲבָרְכָה מְבָרְכֶיךָ וּמְקַלֶּלְךָ אָאֹר
ד וְנִבְרְכוּ בְךָ כֹּל מִשְׁפְּחֹת הָאֲדָמָה׃ וַיֵּלֶךְ אַבְרָם כַּאֲשֶׁר דִּבֶּר
אֵלָיו יהוה וַיֵּלֶךְ אִתּוֹ לוֹט וְאַבְרָם בֶּן־חָמֵשׁ שָׁנִים וְשִׁבְעִים
ה שָׁנָה בְּצֵאתוֹ מֵחָרָן׃ וַיִּקַּח אַבְרָם אֶת־שָׂרַי אִשְׁתּוֹ וְאֶת־לוֹט
בֶּן־אָחִיו וְאֶת־כָּל־רְכוּשָׁם אֲשֶׁר רָכָשׁוּ וְאֶת־הַנֶּפֶשׁ אֲשֶׁר־עָשׂוּ
ו בְחָרָן וַיֵּצְאוּ לָלֶכֶת אַרְצָה כְּנַעַן וַיָּבֹאוּ אַרְצָה כְּנָעַן׃ וַיַּעֲבֹר
אַבְרָם בָּאָרֶץ עַד מְקוֹם שְׁכֶם עַד אֵלוֹן מוֹרֶה וְהַכְּנַעֲנִי אָז

ז בָּאָרֶץ: וַיֵּרָא יהוה אֶל־אַבְרָם וַיֹּאמֶר לְזַרְעֲךָ אֶתֵּן אֶת־הָאָרֶץ
ח הַזֹּאת וַיִּבֶן שָׁם מִזְבֵּחַ לַיהוה הַנִּרְאֶה אֵלָיו: וַיַּעְתֵּק מִשָּׁם
הָהָרָה מִקֶּדֶם לְבֵית־אֵל וַיֵּט אָהֳלֹה בֵּית־אֵל מִיָּם וְהָעַי מִקֶּדֶם
ט וַיִּבֶן־שָׁם מִזְבֵּחַ לַיהוה וַיִּקְרָא בְּשֵׁם יהוה: וַיִּסַּע אַבְרָם הָלוֹךְ
וְנָסוֹעַ הַנֶּגְבָּה:
י וַיְהִי רָעָב בָּאָרֶץ וַיֵּרֶד אַבְרָם מִצְרַיְמָה לָגוּר שָׁם כִּי־כָבֵד
יא הָרָעָב בָּאָרֶץ: וַיְהִי כַּאֲשֶׁר הִקְרִיב לָבוֹא מִצְרָיְמָה וַיֹּאמֶר
אֶל־שָׂרַי אִשְׁתּוֹ הִנֵּה־נָא יָדַעְתִּי כִּי אִשָּׁה יְפַת־מַרְאֶה אָתְּ:
יב וְהָיָה כִּי־יִרְאוּ אֹתָךְ הַמִּצְרִים וְאָמְרוּ אִשְׁתּוֹ זֹאת וְהָרְגוּ אֹתִי
יג וְאֹתָךְ יְחַיּוּ: אִמְרִי־נָא אֲחֹתִי אָתְּ לְמַעַן יִיטַב־לִי בַעֲבוּרֵךְ
יד וְחָיְתָה נַפְשִׁי בִּגְלָלֵךְ: וַיְהִי כְּבוֹא אַבְרָם מִצְרָיְמָה וַיִּרְאוּ שני
טו הַמִּצְרִים אֶת־הָאִשָּׁה כִּי־יָפָה הִוא מְאֹד: וַיִּרְאוּ אֹתָהּ שָׂרֵי
פַרְעֹה וַיְהַלְלוּ אֹתָהּ אֶל־פַּרְעֹה וַתֻּקַּח הָאִשָּׁה בֵּית פַּרְעֹה:
טז וּלְאַבְרָם הֵיטִיב בַּעֲבוּרָהּ וַיְהִי־לוֹ צֹאן־וּבָקָר וַחֲמֹרִים וַעֲבָדִים
יז וּשְׁפָחֹת וַאֲתֹנֹת וּגְמַלִּים: וַיְנַגַּע יהוה ׀ אֶת־פַּרְעֹה נְגָעִים גְּדֹלִים
יח וְאֶת־בֵּיתוֹ עַל־דְּבַר שָׂרַי אֵשֶׁת אַבְרָם: וַיִּקְרָא פַרְעֹה לְאַבְרָם
וַיֹּאמֶר מַה־זֹּאת עָשִׂיתָ לִּי לָמָּה לֹא־הִגַּדְתָּ לִּי כִּי אִשְׁתְּךָ הִוא:
יט לָמָה אָמַרְתָּ אֲחֹתִי הִוא וָאֶקַּח אֹתָהּ לִי לְאִשָּׁה וְעַתָּה הִנֵּה
כ אִשְׁתְּךָ קַח וָלֵךְ: וַיְצַו עָלָיו פַּרְעֹה אֲנָשִׁים וַיְשַׁלְּחוּ אֹתוֹ
יג א וְאֶת־אִשְׁתּוֹ וְאֶת־כָּל־אֲשֶׁר־לוֹ: וַיַּעַל אַבְרָם מִמִּצְרַיִם הוּא
ב וְאִשְׁתּוֹ וְכָל־אֲשֶׁר־לוֹ וְלוֹט עִמּוֹ הַנֶּגְבָּה: וְאַבְרָם כָּבֵד מְאֹד
ג בַּמִּקְנֶה בַּכֶּסֶף וּבַזָּהָב: וַיֵּלֶךְ לְמַסָּעָיו מִנֶּגֶב וְעַד־בֵּית־אֵל עַד־
הַמָּקוֹם אֲשֶׁר־הָיָה שָׁם אָהֳלֹה בַּתְּחִלָּה בֵּין בֵּית־אֵל וּבֵין הָעָי:
ד אֶל־מְקוֹם הַמִּזְבֵּחַ אֲשֶׁר־עָשָׂה שָׁם בָּרִאשֹׁנָה וַיִּקְרָא שָׁם
ה אַבְרָם בְּשֵׁם יהוה: וְגַם־לְלוֹט הַהֹלֵךְ אֶת־אַבְרָם הָיָה צֹאן־ שלישי
ו וּבָקָר וְאֹהָלִים: וְלֹא־נָשָׂא אֹתָם הָאָרֶץ לָשֶׁבֶת יַחְדָּו כִּי־הָיָה
ז רְכוּשָׁם רָב וְלֹא יָכְלוּ לָשֶׁבֶת יַחְדָּו: וַיְהִי־רִיב בֵּין רֹעֵי מִקְנֵה־

אַבְרָם וּבֵין רֹעֵי מִקְנֵה־לוֹט וְהַכְּנַעֲנִי וְהַפְּרִזִּי אָז יֹשֵׁב בָּאָרֶץ׃
ח וַיֹּאמֶר אַבְרָם אֶל־לוֹט אַל־נָא תְהִי מְרִיבָה בֵּינִי וּבֵינֶךָ וּבֵין
ט רֹעַי וּבֵין רֹעֶיךָ כִּי־אֲנָשִׁים אַחִים אֲנָחְנוּ׃ הֲלֹא כָל־הָאָרֶץ
לְפָנֶיךָ הִפָּרֶד נָא מֵעָלָי אִם־הַשְּׂמֹאל וְאֵימִנָה וְאִם־הַיָּמִין
י וְאַשְׂמְאִילָה׃ וַיִּשָּׂא־לוֹט אֶת־עֵינָיו וַיַּרְא אֶת־כָּל־כִּכַּר הַיַּרְדֵּן
כִּי כֻלָּהּ מַשְׁקֶה לִפְנֵי ׀ שַׁחֵת יְהוָה אֶת־סְדֹם וְאֶת־עֲמֹרָה כְּגַן־
יא יְהוָה כְּאֶרֶץ מִצְרַיִם בֹּאֲכָה צֹעַר׃ וַיִּבְחַר־לוֹ לוֹט אֵת כָּל־כִּכַּר
יב הַיַּרְדֵּן וַיִּסַּע לוֹט מִקֶּדֶם וַיִּפָּרְדוּ אִישׁ מֵעַל אָחִיו׃ אַבְרָם יָשַׁב
יג בְּאֶרֶץ־כְּנָעַן וְלוֹט יָשַׁב בְּעָרֵי הַכִּכָּר וַיֶּאֱהַל עַד־סְדֹם׃ וְאַנְשֵׁי
יד סְדֹם רָעִים וְחַטָּאִים לַיהוָה מְאֹד׃ וַיהוָה אָמַר אֶל־אַבְרָם
אַחֲרֵי הִפָּרֶד־לוֹט מֵעִמּוֹ שָׂא־נָא עֵינֶיךָ וּרְאֵה מִן־הַמָּקוֹם
טו אֲשֶׁר־אַתָּה שָׁם צָפֹנָה וָנֶגְבָּה וָקֵדְמָה וָיָמָּה׃ כִּי אֶת־כָּל־
הָאָרֶץ אֲשֶׁר־אַתָּה רֹאֶה לְךָ אֶתְּנֶנָּה וּלְזַרְעֲךָ עַד־עוֹלָם׃
טז וְשַׂמְתִּי אֶת־זַרְעֲךָ כַּעֲפַר הָאָרֶץ אֲשֶׁר ׀ אִם־יוּכַל אִישׁ לִמְנוֹת
יז אֶת־עֲפַר הָאָרֶץ גַּם־זַרְעֲךָ יִמָּנֶה׃ קוּם הִתְהַלֵּךְ בָּאָרֶץ לְאָרְכָּהּ
יח וּלְרָחְבָּהּ כִּי לְךָ אֶתְּנֶנָּה׃ וַיֶּאֱהַל אַבְרָם וַיָּבֹא וַיֵּשֶׁב בְּאֵלֹנֵי
מַמְרֵא אֲשֶׁר בְּחֶבְרוֹן וַיִּבֶן־שָׁם מִזְבֵּחַ לַיהוָה׃
יד א וַיְהִי בִּימֵי אַמְרָפֶל מֶלֶךְ־שִׁנְעָר אַרְיוֹךְ מֶלֶךְ אֶלָּסָר כְּדָרְלָעֹמֶר רביעי יא
ב מֶלֶךְ עֵילָם וְתִדְעָל מֶלֶךְ גּוֹיִם׃ עָשׂוּ מִלְחָמָה אֶת־בֶּרַע מֶלֶךְ
סְדֹם וְאֶת־בִּרְשַׁע מֶלֶךְ עֲמֹרָה שִׁנְאָב ׀ מֶלֶךְ אַדְמָה וְשֶׁמְאֵבֶר
ג מֶלֶךְ צביים וּמֶלֶךְ בֶּלַע הִיא־צֹעַר׃ כָּל־אֵלֶּה חָבְרוּ אֶל־עֵמֶק צְבוֹיִם
ד הַשִּׂדִּים הוּא יָם הַמֶּלַח׃ שְׁתֵּים עֶשְׂרֵה שָׁנָה עָבְדוּ אֶת־
ה כְּדָרְלָעֹמֶר וּשְׁלֹשׁ־עֶשְׂרֵה שָׁנָה מָרָדוּ׃ וּבְאַרְבַּע עֶשְׂרֵה שָׁנָה
בָּא כְדָרְלָעֹמֶר וְהַמְּלָכִים אֲשֶׁר אִתּוֹ וַיַּכּוּ אֶת־רְפָאִים בְּעַשְׁתְּרֹת
ו קַרְנַיִם וְאֶת־הַזּוּזִים בְּהָם וְאֵת הָאֵימִים בְּשָׁוֵה קִרְיָתָיִם׃ וְאֶת־
ז הַחֹרִי בְּהַרְרָם שֵׂעִיר עַד אֵיל פָּארָן אֲשֶׁר עַל־הַמִּדְבָּר׃ וַיָּשֻׁבוּ
וַיָּבֹאוּ אֶל־עֵין מִשְׁפָּט הִוא קָדֵשׁ וַיַּכּוּ אֶת־כָּל־שְׂדֵה הָעֲמָלֵקִי

ח וְגַם אֶת־הָאֱמֹרִי הַיֹּשֵׁב בְּחַצְצֹן תָּמָר׃ וַיֵּצֵא מֶלֶךְ־סְדֹם וּמֶלֶךְ
צְבוֹיִם עֲמֹרָה וּמֶלֶךְ אַדְמָה וּמֶלֶךְ צביים וּמֶלֶךְ בֶּלַע הִוא־צֹעַר וַיַּעַרְכוּ
ט אִתָּם מִלְחָמָה בְּעֵמֶק הַשִּׂדִּים׃ אֵת כְּדָרְלָעֹמֶר מֶלֶךְ עֵילָם
וְתִדְעָל מֶלֶךְ גּוֹיִם וְאַמְרָפֶל מֶלֶךְ שִׁנְעָר וְאַרְיוֹךְ מֶלֶךְ אֶלָּסָר
י אַרְבָּעָה מְלָכִים אֶת־הַחֲמִשָּׁה׃ וְעֵמֶק הַשִּׂדִּים בֶּאֱרֹת בֶּאֱרֹת
חֵמָר וַיָּנֻסוּ מֶלֶךְ־סְדֹם וַעֲמֹרָה וַיִּפְּלוּ־שָׁמָּה וְהַנִּשְׁאָרִים הֶרָה
יא נָּסוּ׃ וַיִּקְחוּ אֶת־כָּל־רְכֻשׁ סְדֹם וַעֲמֹרָה וְאֶת־כָּל־אָכְלָם וַיֵּלֵכוּ׃
יב וַיִּקְחוּ אֶת־לוֹט וְאֶת־רְכֻשׁוֹ בֶּן־אֲחִי אַבְרָם וַיֵּלֵכוּ וְהוּא יֹשֵׁב
יג בִּסְדֹם׃ וַיָּבֹא הַפָּלִיט וַיַּגֵּד לְאַבְרָם הָעִבְרִי וְהוּא שֹׁכֵן בְּאֵלֹנֵי
מַמְרֵא הָאֱמֹרִי אֲחִי אֶשְׁכֹּל וַאֲחִי עָנֵר וְהֵם בַּעֲלֵי בְרִית־אַבְרָם׃
יד וַיִּשְׁמַע אַבְרָם כִּי נִשְׁבָּה אָחִיו וַיָּרֶק אֶת־חֲנִיכָיו יְלִידֵי בֵיתוֹ
טו שְׁמֹנָה עָשָׂר וּשְׁלֹשׁ מֵאוֹת וַיִּרְדֹּף עַד־דָּן׃ וַיֵּחָלֵק עֲלֵיהֶם ׀ לַיְלָה
הוּא וַעֲבָדָיו וַיַּכֵּם וַיִּרְדְּפֵם עַד־חוֹבָה אֲשֶׁר מִשְּׂמֹאל לְדַמָּשֶׂק׃
טז וַיָּשֶׁב אֵת כָּל־הָרְכֻשׁ וְגַם אֶת־לוֹט אָחִיו וּרְכֻשׁוֹ הֵשִׁיב וְגַם
יז אֶת־הַנָּשִׁים וְאֶת־הָעָם׃ וַיֵּצֵא מֶלֶךְ־סְדֹם לִקְרָאתוֹ אַחֲרֵי שׁוּבוֹ
מֵהַכּוֹת אֶת־כְּדָרְלָעֹמֶר וְאֶת־הַמְּלָכִים אֲשֶׁר אִתּוֹ אֶל־עֵמֶק
יח שָׁוֵה הוּא עֵמֶק הַמֶּלֶךְ׃ וּמַלְכִּי־צֶדֶק מֶלֶךְ שָׁלֵם הוֹצִיא לֶחֶם
יט וָיָיִן וְהוּא כֹהֵן לְאֵל עֶלְיוֹן׃ וַיְבָרְכֵהוּ וַיֹּאמַר בָּרוּךְ אַבְרָם לְאֵל
כ עֶלְיוֹן קֹנֵה שָׁמַיִם וָאָרֶץ׃ וּבָרוּךְ אֵל עֶלְיוֹן אֲשֶׁר־מִגֵּן צָרֶיךָ
כא חמישי בְּיָדֶךָ וַיִּתֶּן־לוֹ מַעֲשֵׂר מִכֹּל׃ וַיֹּאמֶר מֶלֶךְ־סְדֹם אֶל־אַבְרָם
כב תֶּן־לִי הַנֶּפֶשׁ וְהָרְכֻשׁ קַח־לָךְ׃ וַיֹּאמֶר אַבְרָם אֶל־מֶלֶךְ סְדֹם
כג הֲרִמֹתִי יָדִי אֶל־יְהוָה אֵל עֶלְיוֹן קֹנֵה שָׁמַיִם וָאָרֶץ׃ אִם־מִחוּט
וְעַד שְׂרוֹךְ־נַעַל וְאִם־אֶקַּח מִכָּל־אֲשֶׁר־לָךְ וְלֹא תֹאמַר אֲנִי
כד הֶעֱשַׁרְתִּי אֶת־אַבְרָם׃ בִּלְעָדַי רַק אֲשֶׁר אָכְלוּ הַנְּעָרִים וְחֵלֶק
הָאֲנָשִׁים אֲשֶׁר הָלְכוּ אִתִּי עָנֵר אֶשְׁכֹּל וּמַמְרֵא הֵם יִקְחוּ
טו א יב חֶלְקָם׃ אַחַר ׀ הַדְּבָרִים הָאֵלֶּה הָיָה דְבַר־יְהוָה
אֶל־אַבְרָם בַּמַּחֲזֶה לֵאמֹר אַל־תִּירָא אַבְרָם אָנֹכִי מָגֵן לָךְ

ב שְׂכָרְךָ הַרְבֵּה מְאֹד׃ וַיֹּאמֶר אַבְרָם אֲדֹנָי יֱהוִה מַה־תִּתֶּן־לִי
וְאָנֹכִי הוֹלֵךְ עֲרִירִי וּבֶן־מֶשֶׁק בֵּיתִי הוּא דַּמֶּשֶׂק אֱלִיעֶזֶר׃
ג וַיֹּאמֶר אַבְרָם הֵן לִי לֹא נָתַתָּה זָרַע וְהִנֵּה בֶן־בֵּיתִי יוֹרֵשׁ אֹתִי׃
ד וְהִנֵּה דְבַר־יהוה אֵלָיו לֵאמֹר לֹא יִירָשְׁךָ זֶה כִּי־אִם אֲשֶׁר
ה יֵצֵא מִמֵּעֶיךָ הוּא יִירָשֶׁךָ׃ וַיּוֹצֵא אֹתוֹ הַחוּצָה וַיֹּאמֶר הַבֶּט־
נָא הַשָּׁמַיְמָה וּסְפֹר הַכּוֹכָבִים אִם־תּוּכַל לִסְפֹּר אֹתָם וַיֹּאמֶר
ו לוֹ כֹּה יִהְיֶה זַרְעֶךָ׃ וְהֶאֱמִן בַּיהוה וַיַּחְשְׁבֶהָ לּוֹ צְדָקָה׃
ז וַיֹּאמֶר אֵלָיו אֲנִי יהוה אֲשֶׁר הוֹצֵאתִיךָ מֵאוּר כַּשְׂדִּים לָתֶת ששי
ח לְךָ אֶת־הָאָרֶץ הַזֹּאת לְרִשְׁתָּהּ׃ וַיֹּאמַר אֲדֹנָי יֱהוִה בַּמָּה
ט אֵדַע כִּי אִירָשֶׁנָּה׃ וַיֹּאמֶר אֵלָיו קְחָה לִי עֶגְלָה מְשֻׁלֶּשֶׁת
י וְעֵז מְשֻׁלֶּשֶׁת וְאַיִל מְשֻׁלָּשׁ וְתֹר וְגוֹזָל׃ וַיִּקַּח־לוֹ אֶת־כָּל־
אֵלֶּה וַיְבַתֵּר אֹתָם בַּתָּוֶךְ וַיִּתֵּן אִישׁ־בִּתְרוֹ לִקְרַאת רֵעֵהוּ
יא וְאֶת־הַצִּפֹּר לֹא בָתָר׃ וַיֵּרֶד הָעַיִט עַל־הַפְּגָרִים וַיַּשֵּׁב אֹתָם
יב אַבְרָם׃ וַיְהִי הַשֶּׁמֶשׁ לָבוֹא וְתַרְדֵּמָה נָפְלָה עַל־אַבְרָם וְהִנֵּה
יג אֵימָה חֲשֵׁכָה גְדֹלָה נֹפֶלֶת עָלָיו׃ וַיֹּאמֶר לְאַבְרָם יָדֹעַ תֵּדַע
כִּי־גֵר ׀ יִהְיֶה זַרְעֲךָ בְּאֶרֶץ לֹא לָהֶם וַעֲבָדוּם וְעִנּוּ אֹתָם אַרְבַּע
יד מֵאוֹת שָׁנָה׃ וְגַם אֶת־הַגּוֹי אֲשֶׁר יַעֲבֹדוּ דָּן אָנֹכִי וְאַחֲרֵי־
טו כֵן יֵצְאוּ בִּרְכֻשׁ גָּדוֹל׃ וְאַתָּה תָּבוֹא אֶל־אֲבֹתֶיךָ בְּשָׁלוֹם
טז תִּקָּבֵר בְּשֵׂיבָה טוֹבָה׃ וְדוֹר רְבִיעִי יָשׁוּבוּ הֵנָּה כִּי לֹא־שָׁלֵם
יז עֲוֺן הָאֱמֹרִי עַד־הֵנָּה׃ וַיְהִי הַשֶּׁמֶשׁ בָּאָה וַעֲלָטָה הָיָה וְהִנֵּה
יח תַנּוּר עָשָׁן וְלַפִּיד אֵשׁ אֲשֶׁר עָבַר בֵּין הַגְּזָרִים הָאֵלֶּה׃ בַּיּוֹם
הַהוּא כָּרַת יהוה אֶת־אַבְרָם בְּרִית לֵאמֹר לְזַרְעֲךָ נָתַתִּי אֶת־
יט הָאָרֶץ הַזֹּאת מִנְּהַר מִצְרַיִם עַד־הַנָּהָר הַגָּדֹל נְהַר־פְּרָת׃ אֶת־
כ הַקֵּינִי וְאֶת־הַקְּנִזִּי וְאֵת הַקַּדְמֹנִי׃ וְאֶת־הַחִתִּי וְאֶת־הַפְּרִזִּי וְאֶת־
כא הָרְפָאִים׃ וְאֶת־הָאֱמֹרִי וְאֶת־הַכְּנַעֲנִי וְאֶת־הַגִּרְגָּשִׁי וְאֶת־
טזא הַיְבוּסִי׃ וְשָׂרַי אֵשֶׁת אַבְרָם לֹא יָלְדָה לוֹ וְלָהּ יג
ב שִׁפְחָה מִצְרִית וּשְׁמָהּ הָגָר׃ וַתֹּאמֶר שָׂרַי אֶל־אַבְרָם הִנֵּה־נָא

עֲצָרַנִי יְהוָה מִלֶּדֶת בֹּא־נָא אֶל־שִׁפְחָתִי אוּלַי אִבָּנֶה מִמֶּנָּה
וַיִּשְׁמַע אַבְרָם לְקוֹל שָׂרָי׃ וַתִּקַּח שָׂרַי אֵשֶׁת אַבְרָם אֶת־הָגָר ג
הַמִּצְרִית שִׁפְחָתָהּ מִקֵּץ עֶשֶׂר שָׁנִים לְשֶׁבֶת אַבְרָם בְּאֶרֶץ כְּנָעַן
וַתִּתֵּן אֹתָהּ לְאַבְרָם אִישָׁהּ לוֹ לְאִשָּׁה׃ וַיָּבֹא אֶל־הָגָר וַתַּהַר ד
וַתֵּרֶא כִּי הָרָתָה וַתֵּקַל גְּבִרְתָּהּ בְּעֵינֶיהָ׃ וַתֹּאמֶר שָׂרַי אֶל־ ה
אַבְרָם חֲמָסִי עָלֶיךָ אָנֹכִי נָתַתִּי שִׁפְחָתִי בְּחֵיקֶךָ וַתֵּרֶא כִּי
הָרָתָה וָאֵקַל בְּעֵינֶיהָ יִשְׁפֹּט יְהוָה בֵּינִי וּבֵינֶיךָ׃ וַיֹּאמֶר אַבְרָם ו
אֶל־שָׂרַי הִנֵּה שִׁפְחָתֵךְ בְּיָדֵךְ עֲשִׂי־לָהּ הַטּוֹב בְּעֵינָיִךְ וַתְּעַנֶּהָ
שָׂרַי וַתִּבְרַח מִפָּנֶיהָ׃ וַיִּמְצָאָהּ מַלְאַךְ יְהוָה עַל־עֵין הַמַּיִם ז
בַּמִּדְבָּר עַל־הָעַיִן בְּדֶרֶךְ שׁוּר׃ וַיֹּאמַר הָגָר שִׁפְחַת שָׂרַי אֵי־ ח
מִזֶּה בָאת וְאָנָה תֵלֵכִי וַתֹּאמֶר מִפְּנֵי שָׂרַי גְּבִרְתִּי אָנֹכִי בֹּרַחַת׃
וַיֹּאמֶר לָהּ מַלְאַךְ יְהוָה שׁוּבִי אֶל־גְּבִרְתֵּךְ וְהִתְעַנִּי תַּחַת יָדֶיהָ׃ ט
וַיֹּאמֶר לָהּ מַלְאַךְ יְהוָה הַרְבָּה אַרְבֶּה אֶת־זַרְעֵךְ וְלֹא יִסָּפֵר י
מֵרֹב׃ וַיֹּאמֶר לָהּ מַלְאַךְ יְהוָה הִנָּךְ הָרָה וְיֹלַדְתְּ בֵּן וְקָרָאת יא
שְׁמוֹ יִשְׁמָעֵאל כִּי־שָׁמַע יְהוָה אֶל־עָנְיֵךְ׃ וְהוּא יִהְיֶה פֶּרֶא יב
אָדָם יָדוֹ בַכֹּל וְיַד כֹּל בּוֹ וְעַל־פְּנֵי כָל־אֶחָיו יִשְׁכֹּן׃ וַתִּקְרָא יג
שֵׁם־יְהוָה הַדֹּבֵר אֵלֶיהָ אַתָּה אֵל רֳאִי כִּי אָמְרָה הֲגַם הֲלֹם
רָאִיתִי אַחֲרֵי רֹאִי׃ עַל־כֵּן קָרָא לַבְּאֵר בְּאֵר לַחַי רֹאִי הִנֵּה יד
בֵין־קָדֵשׁ וּבֵין בָּרֶד׃ וַתֵּלֶד הָגָר לְאַבְרָם בֵּן וַיִּקְרָא אַבְרָם שֶׁם־ טו
בְּנוֹ אֲשֶׁר־יָלְדָה הָגָר יִשְׁמָעֵאל׃ וְאַבְרָם בֶּן־שְׁמֹנִים שָׁנָה וְשֵׁשׁ טז
שָׁנִים בְּלֶדֶת־הָגָר אֶת־יִשְׁמָעֵאל לְאַבְרָם׃ וַיְהִי א יז יד
אַבְרָם בֶּן־תִּשְׁעִים שָׁנָה וְתֵשַׁע שָׁנִים וַיֵּרָא יְהוָה אֶל־אַבְרָם
וַיֹּאמֶר אֵלָיו אֲנִי־אֵל שַׁדַּי הִתְהַלֵּךְ לְפָנַי וֶהְיֵה תָמִים׃ וְאֶתְּנָה ב
בְרִיתִי בֵּינִי וּבֵינֶךָ וְאַרְבֶּה אוֹתְךָ בִּמְאֹד מְאֹד׃ וַיִּפֹּל אַבְרָם ג
עַל־פָּנָיו וַיְדַבֵּר אִתּוֹ אֱלֹהִים לֵאמֹר׃ אֲנִי הִנֵּה בְרִיתִי אִתָּךְ ד
וְהָיִיתָ לְאַב הֲמוֹן גּוֹיִם׃ וְלֹא־יִקָּרֵא עוֹד אֶת־שִׁמְךָ אַבְרָם ה
וְהָיָה שִׁמְךָ אַבְרָהָם כִּי אַב־הֲמוֹן גּוֹיִם נְתַתִּיךָ׃ וְהִפְרֵתִי אֹתְךָ ו

ז בִּמְאֹ֣ד מְאֹ֔ד וּנְתַתִּ֖יךָ לְגוֹיִ֑ם וּמְלָכִ֖ים מִמְּךָ֥ יֵצֵֽאוּ׃ וַהֲקִמֹתִ֨י אֶת־ שביעי
בְּרִיתִ֜י בֵּינִ֣י וּבֵינֶ֗ךָ וּבֵ֨ין זַרְעֲךָ֧ אַחֲרֶ֛יךָ לְדֹרֹתָ֖ם לִבְרִ֣ית עוֹלָ֑ם
ח לִהְי֤וֹת לְךָ֙ לֵֽאלֹהִ֔ים וּֽלְזַרְעֲךָ֖ אַחֲרֶֽיךָ׃ וְנָתַתִּ֣י לְ֠ךָ֠ וּלְזַרְעֲךָ֨ אַחֲרֶ֜יךָ
אֵ֣ת ׀ אֶ֣רֶץ מְגֻרֶ֗יךָ אֵ֚ת כָּל־אֶ֣רֶץ כְּנַ֔עַן לַאֲחֻזַּ֖ת עוֹלָ֑ם וְהָיִ֥יתִי
ט לָהֶ֖ם לֵאלֹהִֽים׃ וַיֹּ֤אמֶר אֱלֹהִים֙ אֶל־אַבְרָהָ֔ם וְאַתָּ֖ה אֶת־בְּרִיתִ֣י
י תִשְׁמֹ֑ר אַתָּ֛ה וְזַרְעֲךָ֥ אַחֲרֶ֖יךָ לְדֹרֹתָֽם׃ זֹ֣את בְּרִיתִ֞י אֲשֶׁ֣ר תִּשְׁמְר֗וּ
יא בֵּינִ֙י וּבֵ֣ינֵיכֶ֔ם וּבֵ֥ין זַרְעֲךָ֖ אַחֲרֶ֑יךָ הִמּ֥וֹל לָכֶ֖ם כָּל־זָכָֽר׃ וּנְמַלְתֶּ֕ם
יב אֵ֖ת בְּשַׂ֣ר עָרְלַתְכֶ֑ם וְהָיָה֙ לְא֣וֹת בְּרִ֔ית בֵּינִ֖י וּבֵינֵיכֶֽם׃ וּבֶן־
שְׁמֹנַ֣ת יָמִ֗ים יִמּ֥וֹל לָכֶ֛ם כָּל־זָכָ֖ר לְדֹרֹתֵיכֶ֑ם יְלִ֣יד בָּ֔יִת וּמִקְנַת־
יג כֶּ֙סֶף֙ מִכֹּ֣ל בֶּן־נֵכָ֔ר אֲשֶׁ֛ר לֹ֥א מִֽזַּרְעֲךָ֖ הֽוּא׃ הִמּ֧וֹל ׀ יִמּ֛וֹל יְלִ֥יד
בֵּיתְךָ֖ וּמִקְנַ֣ת כַּסְפֶּ֑ךָ וְהָיְתָ֧ה בְרִיתִ֛י בִּבְשַׂרְכֶ֖ם לִבְרִ֥ית עוֹלָֽם׃
יד וְעָרֵ֣ל ׀ זָכָ֗ר אֲשֶׁ֤ר לֹֽא־יִמּוֹל֙ אֶת־בְּשַׂ֣ר עָרְלָת֔וֹ וְנִכְרְתָ֛ה הַנֶּ֥פֶשׁ
טו הַהִ֖וא מֵעַמֶּ֑יהָ אֶת־בְּרִיתִ֖י הֵפַֽר׃ וַיֹּ֤אמֶר אֱלֹהִים֙
אֶל־אַבְרָהָ֔ם שָׂרַ֣י אִשְׁתְּךָ֔ לֹא־תִקְרָ֥א אֶת־שְׁמָ֖הּ שָׂרָ֑י כִּ֥י שָׂרָ֖ה
טז שְׁמָֽהּ׃ וּבֵרַכְתִּ֣י אֹתָ֔הּ וְגַ֨ם נָתַ֧תִּי מִמֶּ֛נָּה לְךָ֖ בֵּ֑ן וּבֵרַכְתִּ֙יהָ֙ וְהָֽיְתָ֣ה
יז לְגוֹיִ֔ם מַלְכֵ֥י עַמִּ֖ים מִמֶּ֥נָּה יִהְיֽוּ׃ וַיִּפֹּ֧ל אַבְרָהָ֛ם עַל־פָּנָ֖יו וַיִּצְחָ֑ק
וַיֹּ֣אמֶר בְּלִבּ֗וֹ הַלְּבֶ֤ן מֵאָֽה־שָׁנָה֙ יִוָּלֵ֔ד וְאִ֨ם־שָׂרָ֔ה הֲבַת־תִּשְׁעִ֥ים
יח שָׁנָ֖ה תֵּלֵֽד׃ וַיֹּ֥אמֶר אַבְרָהָ֖ם אֶל־הָאֱלֹהִ֑ים ל֥וּ יִשְׁמָעֵ֖אל יִחְיֶ֥ה
יט לְפָנֶֽיךָ׃ וַיֹּ֣אמֶר אֱלֹהִ֗ים אֲבָל֙ שָׂרָ֣ה אִשְׁתְּךָ֗ יֹלֶ֤דֶת לְךָ֙ בֵּ֔ן וְקָרָ֥אתָ
אֶת־שְׁמ֖וֹ יִצְחָ֑ק וַהֲקִמֹתִ֨י אֶת־בְּרִיתִ֥י אִתּ֛וֹ לִבְרִ֥ית עוֹלָ֖ם לְזַרְע֥וֹ
כ אַחֲרָֽיו׃ וּֽלְיִשְׁמָעֵאל֮ שְׁמַעְתִּיךָ֒ הִנֵּ֣ה ׀ בֵּרַ֣כְתִּי אֹת֗וֹ וְהִפְרֵיתִ֥י אֹת֛וֹ
וְהִרְבֵּיתִ֥י אֹת֖וֹ בִּמְאֹ֣ד מְאֹ֑ד שְׁנֵים־עָשָׂ֤ר נְשִׂיאִם֙ יוֹלִ֔יד וּנְתַתִּ֖יו
כא לְג֥וֹי גָּדֽוֹל׃ וְאֶת־בְּרִיתִ֖י אָקִ֣ים אֶת־יִצְחָ֑ק אֲשֶׁר֩ תֵּלֵ֨ד לְךָ֤ שָׂרָה֙
כב לַמּוֹעֵ֣ד הַזֶּ֔ה בַּשָּׁנָ֖ה הָאַחֶֽרֶת׃ וַיְכַ֖ל לְדַבֵּ֣ר אִתּ֑וֹ וַיַּ֣עַל אֱלֹהִ֔ים
כג מֵעַ֖ל אַבְרָהָֽם׃ וַיִּקַּ֨ח אַבְרָהָ֜ם אֶת־יִשְׁמָעֵ֣אל בְּנ֗וֹ וְאֵ֨ת כָּל־
יְלִידֵ֤י בֵיתוֹ֙ וְאֵת֙ כָּל־מִקְנַ֣ת כַּסְפּ֔וֹ כָּל־זָכָ֕ר בְּאַנְשֵׁ֖י בֵּ֣ית
אַבְרָהָ֑ם וַיָּ֜מָל אֶת־בְּשַׂ֣ר עָרְלָתָ֗ם בְּעֶ֙צֶם֙ הַיּ֣וֹם הַזֶּ֔ה כַּאֲשֶׁ֛ר

מפטיר דִּבֶּר אִתּוֹ אֱלֹהִים: וְאַבְרָהָם בֶּן־תִּשְׁעִים וָתֵשַׁע שָׁנָה בְּהִמֹּלוֹ כד
בְּשַׂר עָרְלָתוֹ: וְיִשְׁמָעֵאל בְּנוֹ בֶּן־שְׁלֹשׁ עֶשְׂרֵה שָׁנָה בְּהִמֹּלוֹ כה
אֵת בְּשַׂר עָרְלָתוֹ: בְּעֶצֶם הַיּוֹם הַזֶּה נִמּוֹל אַבְרָהָם וְיִשְׁמָעֵאל כו
בְּנוֹ: וְכָל־אַנְשֵׁי בֵיתוֹ יְלִיד בָּיִת וּמִקְנַת־כֶּסֶף מֵאֵת בֶּן־נֵכָר כז
נִמֹּלוּ אִתּוֹ:

וירא טו וַיֵּרָא אֵלָיו יהוה בְּאֵלֹנֵי מַמְרֵא וְהוּא יֹשֵׁב פֶּתַח־הָאֹהֶל כְּחֹם יח א
הַיּוֹם: וַיִּשָּׂא עֵינָיו וַיַּרְא וְהִנֵּה שְׁלֹשָׁה אֲנָשִׁים נִצָּבִים עָלָיו וַיַּרְא ב
וַיָּרָץ לִקְרָאתָם מִפֶּתַח הָאֹהֶל וַיִּשְׁתַּחוּ אָרְצָה: וַיֹּאמַר אֲדֹנָי ג
אִם־נָא מָצָאתִי חֵן בְּעֵינֶיךָ אַל־נָא תַעֲבֹר מֵעַל עַבְדֶּךָ: יֻקַּח־ ד
נָא מְעַט־מַיִם וְרַחֲצוּ רַגְלֵיכֶם וְהִשָּׁעֲנוּ תַּחַת הָעֵץ: וְאֶקְחָה ה
פַת־לֶחֶם וְסַעֲדוּ לִבְּכֶם אַחַר תַּעֲבֹרוּ כִּי־עַל־כֵּן עֲבַרְתֶּם עַל־
עַבְדְּכֶם וַיֹּאמְרוּ כֵּן תַּעֲשֶׂה כַּאֲשֶׁר דִּבַּרְתָּ: וַיְמַהֵר אַבְרָהָם ו
הָאֹהֱלָה אֶל־שָׂרָה וַיֹּאמֶר מַהֲרִי שְׁלֹשׁ סְאִים קֶמַח סֹלֶת לוּשִׁי
וַעֲשִׂי עֻגוֹת: וְאֶל־הַבָּקָר רָץ אַבְרָהָם וַיִּקַּח בֶּן־בָּקָר רַךְ וָטוֹב ז
וַיִּתֵּן אֶל־הַנַּעַר וַיְמַהֵר לַעֲשׂוֹת אֹתוֹ: וַיִּקַּח חֶמְאָה וְחָלָב וּבֶן־ ח
הַבָּקָר אֲשֶׁר עָשָׂה וַיִּתֵּן לִפְנֵיהֶם וְהוּא עֹמֵד עֲלֵיהֶם תַּחַת הָעֵץ
וַיֹּאכֵלוּ: וַיֹּאמְרוּ אֵלָיו אַיֵּה שָׂרָה אִשְׁתֶּךָ וַיֹּאמֶר הִנֵּה בָאֹהֶל: ט
וַיֹּאמֶר שׁוֹב אָשׁוּב אֵלֶיךָ כָּעֵת חַיָּה וְהִנֵּה־בֵן לְשָׂרָה אִשְׁתֶּךָ י
וְשָׂרָה שֹׁמַעַת פֶּתַח הָאֹהֶל וְהוּא אַחֲרָיו: וְאַבְרָהָם וְשָׂרָה זְקֵנִים יא
בָּאִים בַּיָּמִים חָדַל לִהְיוֹת לְשָׂרָה אֹרַח כַּנָּשִׁים: וַתִּצְחַק שָׂרָה יב
בְּקִרְבָּהּ לֵאמֹר אַחֲרֵי בְלֹתִי הָיְתָה־לִּי עֶדְנָה וַאדֹנִי זָקֵן: וַיֹּאמֶר יג
יהוה אֶל־אַבְרָהָם לָמָּה זֶּה צָחֲקָה שָׂרָה לֵאמֹר הַאַף אֻמְנָם
אֵלֵד וַאֲנִי זָקַנְתִּי: הֲיִפָּלֵא מֵיהוה דָּבָר לַמּוֹעֵד אָשׁוּב אֵלֶיךָ יד
שני כָּעֵת חַיָּה וּלְשָׂרָה בֵן: וַתְּכַחֵשׁ שָׂרָה ׀ לֵאמֹר לֹא צָחַקְתִּי כִּי ׀ טו
יָרֵאָה וַיֹּאמֶר ׀ לֹא כִּי צָחָקְתְּ: וַיָּקֻמוּ מִשָּׁם הָאֲנָשִׁים וַיַּשְׁקִפוּ טז
עַל־פְּנֵי סְדֹם וְאַבְרָהָם הֹלֵךְ עִמָּם לְשַׁלְּחָם: וַיהוה אָמָר הַמְכַסֶּה יז
אֲנִי מֵאַבְרָהָם אֲשֶׁר אֲנִי עֹשֶׂה: וְאַבְרָהָם הָיוֹ יִהְיֶה לְגוֹי גָּדוֹל יח

יט וְעָצוּם וְנִבְרְכוּ־בוֹ כֹּל גּוֹיֵי הָאָרֶץ׃ כִּי יְדַעְתִּיו לְמַעַן אֲשֶׁר
יְצַוֶּה אֶת־בָּנָיו וְאֶת־בֵּיתוֹ אַחֲרָיו וְשָׁמְרוּ דֶּרֶךְ יְהוָה לַעֲשׂוֹת
צְדָקָה וּמִשְׁפָּט לְמַעַן הָבִיא יְהוָה עַל־אַבְרָהָם אֵת אֲשֶׁר־
כ דִּבֶּר עָלָיו׃ וַיֹּאמֶר יְהוָה זַעֲקַת סְדֹם וַעֲמֹרָה כִּי־רָבָּה וְחַטָּאתָם
כא כִּי כָבְדָה מְאֹד׃ אֵרְדָה־נָּא וְאֶרְאֶה הַכְּצַעֲקָתָהּ הַבָּאָה אֵלַי
כב עָשׂוּ ׀ כָּלָה וְאִם־לֹא אֵדָעָה׃ וַיִּפְנוּ מִשָּׁם הָאֲנָשִׁים וַיֵּלְכוּ סְדֹמָה
כג וְאַבְרָהָם עוֹדֶנּוּ עֹמֵד לִפְנֵי יְהוָה׃ וַיִּגַּשׁ אַבְרָהָם וַיֹּאמַר הַאַף
כד תִּסְפֶּה צַדִּיק עִם־רָשָׁע׃ אוּלַי יֵשׁ חֲמִשִּׁים צַדִּיקִם בְּתוֹךְ הָעִיר
הַאַף תִּסְפֶּה וְלֹא־תִשָּׂא לַמָּקוֹם לְמַעַן חֲמִשִּׁים הַצַּדִּיקִם אֲשֶׁר
כה בְּקִרְבָּהּ׃ חָלִלָה לְּךָ מֵעֲשֹׂת ׀ כַּדָּבָר הַזֶּה לְהָמִית צַדִּיק עִם־
רָשָׁע וְהָיָה כַצַּדִּיק כָּרָשָׁע חָלִלָה לָּךְ הֲשֹׁפֵט כָּל־הָאָרֶץ לֹא
כו יַעֲשֶׂה מִשְׁפָּט׃ וַיֹּאמֶר יְהוָה אִם־אֶמְצָא בִסְדֹם חֲמִשִּׁים צַדִּיקִם
כז בְּתוֹךְ הָעִיר וְנָשָׂאתִי לְכָל־הַמָּקוֹם בַּעֲבוּרָם׃ וַיַּעַן אַבְרָהָם
וַיֹּאמַר הִנֵּה־נָא הוֹאַלְתִּי לְדַבֵּר אֶל־אֲדֹנָי וְאָנֹכִי עָפָר וָאֵפֶר׃
כח אוּלַי יַחְסְרוּן חֲמִשִּׁים הַצַּדִּיקִם חֲמִשָּׁה הֲתַשְׁחִית בַּחֲמִשָּׁה אֶת־
כָּל־הָעִיר וַיֹּאמֶר לֹא אַשְׁחִית אִם־אֶמְצָא שָׁם אַרְבָּעִים וַחֲמִשָּׁה׃
כט וַיֹּסֶף עוֹד לְדַבֵּר אֵלָיו וַיֹּאמַר אוּלַי יִמָּצְאוּן שָׁם אַרְבָּעִים וַיֹּאמֶר
ל לֹא אֶעֱשֶׂה בַּעֲבוּר הָאַרְבָּעִים׃ וַיֹּאמֶר אַל־נָא יִחַר לַאדֹנָי
וַאֲדַבֵּרָה אוּלַי יִמָּצְאוּן שָׁם שְׁלֹשִׁים וַיֹּאמֶר לֹא אֶעֱשֶׂה אִם־
לא אֶמְצָא שָׁם שְׁלֹשִׁים׃ וַיֹּאמֶר הִנֵּה־נָא הוֹאַלְתִּי לְדַבֵּר אֶל־
אֲדֹנָי אוּלַי יִמָּצְאוּן שָׁם עֶשְׂרִים וַיֹּאמֶר לֹא אַשְׁחִית בַּעֲבוּר
לב הָעֶשְׂרִים׃ וַיֹּאמֶר אַל־נָא יִחַר לַאדֹנָי וַאֲדַבְּרָה אַךְ־הַפַּעַם
אוּלַי יִמָּצְאוּן שָׁם עֲשָׂרָה וַיֹּאמֶר לֹא אַשְׁחִית בַּעֲבוּר הָעֲשָׂרָה׃
לג וַיֵּלֶךְ יְהוָה כַּאֲשֶׁר כִּלָּה לְדַבֵּר אֶל־אַבְרָהָם וְאַבְרָהָם שָׁב
יט א לִמְקֹמוֹ׃ וַיָּבֹאוּ שְׁנֵי הַמַּלְאָכִים סְדֹמָה בָּעֶרֶב וְלוֹט יֹשֵׁב בְּשַׁעַר־ טז שלישי
ב סְדֹם וַיַּרְא־לוֹט וַיָּקָם לִקְרָאתָם וַיִּשְׁתַּחוּ אַפַּיִם אָרְצָה׃ וַיֹּאמֶר
הִנֶּה נָּא־אֲדֹנַי סוּרוּ נָא אֶל־בֵּית עַבְדְּכֶם וְלִינוּ וְרַחֲצוּ רַגְלֵיכֶם

וְהִשְׁכַּמְתֶּם וַהֲלַכְתֶּם לְדַרְכְּכֶם וַיֹּאמְרוּ לֹּא כִּי בָרְחוֹב נָלִין׃
וַיִּפְצַר־בָּם מְאֹד וַיָּסֻרוּ אֵלָיו וַיָּבֹאוּ אֶל־בֵּיתוֹ וַיַּעַשׂ לָהֶם מִשְׁתֶּה ג
וּמַצּוֹת אָפָה וַיֹּאכֵלוּ׃ טֶרֶם יִשְׁכָּבוּ וְאַנְשֵׁי הָעִיר אַנְשֵׁי סְדֹם ד
נָסַבּוּ עַל־הַבַּיִת מִנַּעַר וְעַד־זָקֵן כָּל־הָעָם מִקָּצֶה׃ וַיִּקְרְאוּ אֶל־ ה
לוֹט וַיֹּאמְרוּ לוֹ אַיֵּה הָאֲנָשִׁים אֲשֶׁר־בָּאוּ אֵלֶיךָ הַלָּיְלָה הוֹצִיאֵם
אֵלֵינוּ וְנֵדְעָה אֹתָם׃ וַיֵּצֵא אֲלֵהֶם לוֹט הַפֶּתְחָה וְהַדֶּלֶת סָגַר ו
אַחֲרָיו׃ וַיֹּאמַר אַל־נָא אַחַי תָּרֵעוּ׃ הִנֵּה־נָא לִי שְׁתֵּי בָנוֹת ז ח
אֲשֶׁר לֹא־יָדְעוּ אִישׁ אוֹצִיאָה־נָּא אֶתְהֶן אֲלֵיכֶם וַעֲשׂוּ לָהֶן
כַּטּוֹב בְּעֵינֵיכֶם רַק לָאֲנָשִׁים הָאֵל אַל־תַּעֲשׂוּ דָבָר כִּי־עַל־
כֵּן בָּאוּ בְּצֵל קֹרָתִי׃ וַיֹּאמְרוּ ׀ גֶּשׁ־הָלְאָה וַיֹּאמְרוּ הָאֶחָד בָּא־ ט
לָגוּר וַיִּשְׁפֹּט שָׁפוֹט עַתָּה נָרַע לְךָ מֵהֶם וַיִּפְצְרוּ בָאִישׁ בְּלוֹט
מְאֹד וַיִּגְּשׁוּ לִשְׁבֹּר הַדָּלֶת׃ וַיִּשְׁלְחוּ הָאֲנָשִׁים אֶת־יָדָם וַיָּבִיאוּ י
אֶת־לוֹט אֲלֵיהֶם הַבָּיְתָה וְאֶת־הַדֶּלֶת סָגָרוּ׃ וְאֶת־הָאֲנָשִׁים יא
אֲשֶׁר־פֶּתַח הַבַּיִת הִכּוּ בַּסַּנְוֵרִים מִקָּטֹן וְעַד־גָּדוֹל וַיִּלְאוּ לִמְצֹא
הַפָּתַח׃ וַיֹּאמְרוּ הָאֲנָשִׁים אֶל־לוֹט עֹד מִי־לְךָ פֹה חָתָן וּבָנֶיךָ יב
וּבְנֹתֶיךָ וְכֹל אֲשֶׁר־לְךָ בָּעִיר הוֹצֵא מִן־הַמָּקוֹם׃ כִּי־מַשְׁחִתִים יג
אֲנַחְנוּ אֶת־הַמָּקוֹם הַזֶּה כִּי־גָדְלָה צַעֲקָתָם אֶת־פְּנֵי יְהוָה
וַיְשַׁלְּחֵנוּ יְהוָה לְשַׁחֲתָהּ׃ וַיֵּצֵא לוֹט וַיְדַבֵּר ׀ אֶל־חֲתָנָיו ׀ לֹקְחֵי יד
בְנֹתָיו וַיֹּאמֶר קוּמוּ צְּאוּ מִן־הַמָּקוֹם הַזֶּה כִּי־מַשְׁחִית יְהוָה
אֶת־הָעִיר וַיְהִי כִמְצַחֵק בְּעֵינֵי חֲתָנָיו׃ וּכְמוֹ הַשַּׁחַר עָלָה וַיָּאִיצוּ טו
הַמַּלְאָכִים בְּלוֹט לֵאמֹר קוּם קַח אֶת־אִשְׁתְּךָ וְאֶת־שְׁתֵּי בְנֹתֶיךָ
הַנִּמְצָאֹת פֶּן־תִּסָּפֶה בַּעֲוֺן הָעִיר׃ וַיִּתְמַהְמָהּ ׀ וַיַּחֲזִיקוּ הָאֲנָשִׁים טז
בְּיָדוֹ וּבְיַד־אִשְׁתּוֹ וּבְיַד שְׁתֵּי בְנֹתָיו בְּחֶמְלַת יְהוָה עָלָיו וַיֹּצִאֻהוּ
וַיַּנִּחֻהוּ מִחוּץ לָעִיר׃ וַיְהִי כְהוֹצִיאָם אֹתָם הַחוּצָה וַיֹּאמֶר הִמָּלֵט יז
עַל־נַפְשֶׁךָ אַל־תַּבִּיט אַחֲרֶיךָ וְאַל־תַּעֲמֹד בְּכָל־הַכִּכָּר הָהָרָה
הִמָּלֵט פֶּן־תִּסָּפֶה׃ וַיֹּאמֶר לוֹט אֲלֵהֶם אַל־נָא אֲדֹנָי׃ הִנֵּה־נָא יח יט
מָצָא עַבְדְּךָ חֵן בְּעֵינֶיךָ וַתַּגְדֵּל חַסְדְּךָ אֲשֶׁר עָשִׂיתָ עִמָּדִי לְהַחֲיוֹת

אֶת־נַפְשִׁי וְאָנֹכִי לֹא אוּכַל לְהִמָּלֵט הָהָרָה פֶּן־תִּדְבָּקַנִי הָרָעָה
כ וָמַתִּי: הִנֵּה־נָא הָעִיר הַזֹּאת קְרֹבָה לָנוּס שָׁמָּה וְהִוא מִצְעָר
כא אִמָּלְטָה נָּא שָׁמָּה הֲלֹא מִצְעָר הִוא וּתְחִי נַפְשִׁי: וַיֹּאמֶר אֵלָיו רביעי
הִנֵּה נָשָׂאתִי פָנֶיךָ גַּם לַדָּבָר הַזֶּה לְבִלְתִּי הָפְכִּי אֶת־הָעִיר
כב אֲשֶׁר דִּבַּרְתָּ: מַהֵר הִמָּלֵט שָׁמָּה כִּי לֹא אוּכַל לַעֲשׂוֹת דָּבָר
כג עַד־בֹּאֲךָ שָׁמָּה עַל־כֵּן קָרָא שֵׁם־הָעִיר צוֹעַר: הַשֶּׁמֶשׁ יָצָא
כד עַל־הָאָרֶץ וְלוֹט בָּא צֹעֲרָה: וַיהוה הִמְטִיר עַל־סְדֹם וְעַל־
כה עֲמֹרָה גָּפְרִית וָאֵשׁ מֵאֵת יהוה מִן־הַשָּׁמָיִם: וַיַּהֲפֹךְ אֶת־הֶעָרִים
הָאֵל וְאֵת כָּל־הַכִּכָּר וְאֵת כָּל־יֹשְׁבֵי הֶעָרִים וְצֶמַח הָאֲדָמָה:
כו כז וַתַּבֵּט אִשְׁתּוֹ מֵאַחֲרָיו וַתְּהִי נְצִיב מֶלַח: וַיַּשְׁכֵּם אַבְרָהָם בַּבֹּקֶר
כח אֶל־הַמָּקוֹם אֲשֶׁר־עָמַד שָׁם אֶת־פְּנֵי יהוה: וַיַּשְׁקֵף עַל־פְּנֵי
סְדֹם וַעֲמֹרָה וְעַל כָּל־פְּנֵי אֶרֶץ הַכִּכָּר וַיַּרְא וְהִנֵּה עָלָה קִיטֹר
כט הָאָרֶץ כְּקִיטֹר הַכִּבְשָׁן: וַיְהִי בְּשַׁחֵת אֱלֹהִים אֶת־עָרֵי הַכִּכָּר
וַיִּזְכֹּר אֱלֹהִים אֶת־אַבְרָהָם וַיְשַׁלַּח אֶת־לוֹט מִתּוֹךְ הַהֲפֵכָה
ל בַּהֲפֹךְ אֶת־הֶעָרִים אֲשֶׁר־יָשַׁב בָּהֵן לוֹט: וַיַּעַל לוֹט מִצּוֹעַר
וַיֵּשֶׁב בָּהָר וּשְׁתֵּי בְנֹתָיו עִמּוֹ כִּי יָרֵא לָשֶׁבֶת בְּצוֹעַר וַיֵּשֶׁב
לא בַּמְּעָרָה הוּא וּשְׁתֵּי בְנֹתָיו: וַתֹּאמֶר הַבְּכִירָה אֶל־הַצְּעִירָה
אָבִינוּ זָקֵן וְאִישׁ אֵין בָּאָרֶץ לָבוֹא עָלֵינוּ כְּדֶרֶךְ כָּל־הָאָרֶץ:
לב לְכָה נַשְׁקֶה אֶת־אָבִינוּ יַיִן וְנִשְׁכְּבָה עִמּוֹ וּנְחַיֶּה מֵאָבִינוּ זָרַע:
לג וַתַּשְׁקֶיןָ אֶת־אֲבִיהֶן יַיִן בַּלַּיְלָה הוּא וַתָּבֹא הַבְּכִירָה וַתִּשְׁכַּב
לד אֶת־אָבִיהָ וְלֹא־יָדַע בְּשִׁכְבָהּ וּבְקוּמָהּ: וַיְהִי מִמָּחֳרָת וַתֹּאמֶר
הַבְּכִירָה אֶל־הַצְּעִירָה הֵן־שָׁכַבְתִּי אֶמֶשׁ אֶת־אָבִי נַשְׁקֶנּוּ יַיִן
לה גַּם־הַלַּיְלָה וּבֹאִי שִׁכְבִי עִמּוֹ וּנְחַיֶּה מֵאָבִינוּ זָרַע: וַתַּשְׁקֶיןָ גַּם
בַּלַּיְלָה הַהוּא אֶת־אֲבִיהֶן יָיִן וַתָּקָם הַצְּעִירָה וַתִּשְׁכַּב עִמּוֹ
לו וְלֹא־יָדַע בְּשִׁכְבָהּ וּבְקֻמָהּ: וַתַּהֲרֶיןָ שְׁתֵּי בְנוֹת־לוֹט מֵאֲבִיהֶן:
לז וַתֵּלֶד הַבְּכִירָה בֵּן וַתִּקְרָא שְׁמוֹ מוֹאָב הוּא אֲבִי־מוֹאָב עַד־
לח הַיּוֹם: וְהַצְּעִירָה גַם־הִוא יָלְדָה בֵּן וַתִּקְרָא שְׁמוֹ בֶּן־עַמִּי הוּא

יז אֲבִי בְנֵי־עַמּוֹן עַד־הַיּוֹם׃ וַיִּסַּע מִשָּׁם אַבְרָהָם א
אַרְצָה הַנֶּגֶב וַיֵּשֶׁב בֵּין־קָדֵשׁ וּבֵין שׁוּר וַיָּגָר בִּגְרָר׃ וַיֹּאמֶר ב
אַבְרָהָם אֶל־שָׂרָה אִשְׁתּוֹ אֲחֹתִי הִוא וַיִּשְׁלַח אֲבִימֶלֶךְ מֶלֶךְ
גְּרָר וַיִּקַּח אֶת־שָׂרָה׃ וַיָּבֹא אֱלֹהִים אֶל־אֲבִימֶלֶךְ בַּחֲלוֹם הַלָּיְלָה ג
וַיֹּאמֶר לוֹ הִנְּךָ מֵת עַל־הָאִשָּׁה אֲשֶׁר־לָקַחְתָּ וְהִוא בְּעֻלַת בָּעַל׃
וַאֲבִימֶלֶךְ לֹא קָרַב אֵלֶיהָ וַיֹּאמַר אֲדֹנָי הֲגוֹי גַּם־צַדִּיק תַּהֲרֹג׃ ד
הֲלֹא הוּא אָמַר־לִי אֲחֹתִי הִוא וְהִיא־גַם־הוּא אָמְרָה אָחִי הוּא ה
בְּתָם־לְבָבִי וּבְנִקְיֹן כַּפַּי עָשִׂיתִי זֹאת׃ וַיֹּאמֶר אֵלָיו הָאֱלֹהִים ו
בַּחֲלֹם גַּם אָנֹכִי יָדַעְתִּי כִּי בְתָם־לְבָבְךָ עָשִׂיתָ זֹּאת וָאֶחְשֹׂךְ
גַּם־אָנֹכִי אוֹתְךָ מֵחֲטוֹ־לִי עַל־כֵּן לֹא־נְתַתִּיךָ לִנְגֹּעַ אֵלֶיהָ׃
וְעַתָּה הָשֵׁב אֵשֶׁת־הָאִישׁ כִּי־נָבִיא הוּא וְיִתְפַּלֵּל בַּעַדְךָ וֶחְיֵה ז
וְאִם־אֵינְךָ מֵשִׁיב דַּע כִּי־מוֹת תָּמוּת אַתָּה וְכָל־אֲשֶׁר־לָךְ׃
וַיַּשְׁכֵּם אֲבִימֶלֶךְ בַּבֹּקֶר וַיִּקְרָא לְכָל־עֲבָדָיו וַיְדַבֵּר אֶת־כָּל־ ח
הַדְּבָרִים הָאֵלֶּה בְּאָזְנֵיהֶם וַיִּירְאוּ הָאֲנָשִׁים מְאֹד׃ וַיִּקְרָא ט
אֲבִימֶלֶךְ לְאַבְרָהָם וַיֹּאמֶר לוֹ מֶה־עָשִׂיתָ לָּנוּ וּמֶה־חָטָאתִי לָךְ
כִּי־הֵבֵאתָ עָלַי וְעַל־מַמְלַכְתִּי חֲטָאָה גְדֹלָה מַעֲשִׂים אֲשֶׁר לֹא־
יֵעָשׂוּ עָשִׂיתָ עִמָּדִי׃ וַיֹּאמֶר אֲבִימֶלֶךְ אֶל־אַבְרָהָם מָה רָאִיתָ י
כִּי עָשִׂיתָ אֶת־הַדָּבָר הַזֶּה׃ וַיֹּאמֶר אַבְרָהָם כִּי אָמַרְתִּי רַק יא
אֵין־יִרְאַת אֱלֹהִים בַּמָּקוֹם הַזֶּה וַהֲרָגוּנִי עַל־דְּבַר אִשְׁתִּי׃ וְגַם־ יב
אָמְנָה אֲחֹתִי בַת־אָבִי הִוא אַךְ לֹא בַת־אִמִּי וַתְּהִי־לִי לְאִשָּׁה׃
וַיְהִי כַּאֲשֶׁר הִתְעוּ אֹתִי אֱלֹהִים מִבֵּית אָבִי וָאֹמַר לָהּ זֶה יג
חַסְדֵּךְ אֲשֶׁר תַּעֲשִׂי עִמָּדִי אֶל כָּל־הַמָּקוֹם אֲשֶׁר נָבוֹא שָׁמָּה
אִמְרִי־לִי אָחִי הוּא׃ וַיִּקַּח אֲבִימֶלֶךְ צֹאן וּבָקָר וַעֲבָדִים וּשְׁפָחֹת יד
וַיִּתֵּן לְאַבְרָהָם וַיָּשֶׁב לוֹ אֵת שָׂרָה אִשְׁתּוֹ׃ וַיֹּאמֶר אֲבִימֶלֶךְ טו
הִנֵּה אַרְצִי לְפָנֶיךָ בַּטּוֹב בְּעֵינֶיךָ שֵׁב׃ וּלְשָׂרָה אָמַר הִנֵּה נָתַתִּי טז
אֶלֶף כֶּסֶף לְאָחִיךְ הִנֵּה הוּא־לָךְ כְּסוּת עֵינַיִם לְכֹל אֲשֶׁר אִתָּךְ
וְאֵת כֹּל וְנֹכָחַת׃ וַיִּתְפַּלֵּל אַבְרָהָם אֶל־הָאֱלֹהִים וַיִּרְפָּא אֱלֹהִים יז

יח אֶת־אֲבִימֶלֶךְ וְאֶת־אִשְׁתּוֹ וְאַמְהֹתָיו וַיֵּלֵדוּ׃ כִּי־עָצֹר עָצַר
יְהוָה בְּעַד כָּל־רֶחֶם לְבֵית אֲבִימֶלֶךְ עַל־דְּבַר שָׂרָה אֵשֶׁת
כא א אַבְרָהָם׃ וַיהוָה פָּקַד אֶת־שָׂרָה כַּאֲשֶׁר אָמָר יח
ב וַיַּעַשׂ יְהוָה לְשָׂרָה כַּאֲשֶׁר דִּבֵּר׃ וַתַּהַר וַתֵּלֶד שָׂרָה לְאַבְרָהָם
ג בֵּן לִזְקֻנָיו לַמּוֹעֵד אֲשֶׁר־דִּבֶּר אֹתוֹ אֱלֹהִים׃ וַיִּקְרָא אַבְרָהָם
ד אֶת־שֶׁם־בְּנוֹ הַנּוֹלַד־לוֹ אֲשֶׁר־יָלְדָה־לּוֹ שָׂרָה יִצְחָק׃ וַיָּמָל
אַבְרָהָם אֶת־יִצְחָק בְּנוֹ בֶּן־שְׁמֹנַת יָמִים כַּאֲשֶׁר צִוָּה אֹתוֹ
ה אֱלֹהִים׃ וְאַבְרָהָם בֶּן־מְאַת שָׁנָה בְּהִוָּלֶד לוֹ אֵת יִצְחָק בְּנוֹ׃ חמישי
ו וַתֹּאמֶר שָׂרָה צְחֹק עָשָׂה לִי אֱלֹהִים כָּל־הַשֹּׁמֵעַ יִצְחַק־לִי׃
ז וַתֹּאמֶר מִי מִלֵּל לְאַבְרָהָם הֵינִיקָה בָנִים שָׂרָה כִּי־יָלַדְתִּי בֵן
ח לִזְקֻנָיו׃ וַיִּגְדַּל הַיֶּלֶד וַיִּגָּמַל וַיַּעַשׂ אַבְרָהָם מִשְׁתֶּה גָדוֹל בְּיוֹם
ט הִגָּמֵל אֶת־יִצְחָק׃ וַתֵּרֶא שָׂרָה אֶת־בֶּן־הָגָר הַמִּצְרִית אֲשֶׁר־
י יָלְדָה לְאַבְרָהָם מְצַחֵק׃ וַתֹּאמֶר לְאַבְרָהָם גָּרֵשׁ הָאָמָה הַזֹּאת
וְאֶת־בְּנָהּ כִּי לֹא יִירַשׁ בֶּן־הָאָמָה הַזֹּאת עִם־בְּנִי עִם־יִצְחָק׃
יא יב וַיֵּרַע הַדָּבָר מְאֹד בְּעֵינֵי אַבְרָהָם עַל אוֹדֹת בְּנוֹ׃ וַיֹּאמֶר אֱלֹהִים
אֶל־אַבְרָהָם אַל־יֵרַע בְּעֵינֶיךָ עַל־הַנַּעַר וְעַל־אֲמָתֶךָ כֹּל אֲשֶׁר
יג תֹּאמַר אֵלֶיךָ שָׂרָה שְׁמַע בְּקֹלָהּ כִּי בְיִצְחָק יִקָּרֵא לְךָ זָרַע׃ וְגַם
יד אֶת־בֶּן־הָאָמָה לְגוֹי אֲשִׂימֶנּוּ כִּי זַרְעֲךָ הוּא׃ וַיַּשְׁכֵּם אַבְרָהָם ׀
בַּבֹּקֶר וַיִּקַּח־לֶחֶם וְחֵמַת מַיִם וַיִּתֵּן אֶל־הָגָר שָׂם עַל־שִׁכְמָהּ
טו וְאֶת־הַיֶּלֶד וַיְשַׁלְּחֶהָ וַתֵּלֶךְ וַתֵּתַע בְּמִדְבַּר בְּאֵר שָׁבַע׃ וַיִּכְלוּ
טז הַמַּיִם מִן־הַחֵמֶת וַתַּשְׁלֵךְ אֶת־הַיֶּלֶד תַּחַת אַחַד הַשִּׂיחִם׃ וַתֵּלֶךְ
וַתֵּשֶׁב לָהּ מִנֶּגֶד הַרְחֵק כִּמְטַחֲוֵי קֶשֶׁת כִּי אָמְרָה אַל־אֶרְאֶה
יז בְּמוֹת הַיָּלֶד וַתֵּשֶׁב מִנֶּגֶד וַתִּשָּׂא אֶת־קֹלָהּ וַתֵּבְךְּ׃ וַיִּשְׁמַע
אֱלֹהִים אֶת־קוֹל הַנַּעַר וַיִּקְרָא מַלְאַךְ אֱלֹהִים ׀ אֶל־הָגָר מִן־
הַשָּׁמַיִם וַיֹּאמֶר לָהּ מַה־לָּךְ הָגָר אַל־תִּירְאִי כִּי־שָׁמַע אֱלֹהִים
יח אֶל־קוֹל הַנַּעַר בַּאֲשֶׁר הוּא־שָׁם׃ קוּמִי שְׂאִי אֶת־הַנַּעַר וְהַחֲזִיקִי
יט אֶת־יָדֵךְ בּוֹ כִּי־לְגוֹי גָּדוֹל אֲשִׂימֶנּוּ׃ וַיִּפְקַח אֱלֹהִים אֶת־עֵינֶיהָ

וַתֵּרֶא בְּאֵר מָיִם וַתֵּלֶךְ וַתְּמַלֵּא אֶת־הַחֵמֶת מַיִם וַתַּשְׁקְ אֶת־
כ הַנָּעַר׃ וַיְהִי אֱלֹהִים אֶת־הַנַּעַר וַיִּגְדָּל וַיֵּשֶׁב בַּמִּדְבָּר וַיְהִי רֹבֶה
כא קַשָּׁת׃ וַיֵּשֶׁב בְּמִדְבַּר פָּארָן וַתִּקַּח־לוֹ אִמּוֹ אִשָּׁה מֵאֶרֶץ
מִצְרָיִם׃
ששי כב וַיְהִי בָּעֵת הַהִוא וַיֹּאמֶר אֲבִימֶלֶךְ וּפִיכֹל שַׂר־צְבָאוֹ אֶל־אַבְרָהָם
כג לֵאמֹר אֱלֹהִים עִמְּךָ בְּכֹל אֲשֶׁר־אַתָּה עֹשֶׂה׃ וְעַתָּה הִשָּׁבְעָה
לִּי בֵאלֹהִים הֵנָּה אִם־תִּשְׁקֹר לִי וּלְנִינִי וּלְנֶכְדִּי כַּחֶסֶד אֲשֶׁר־
עָשִׂיתִי עִמְּךָ תַּעֲשֶׂה עִמָּדִי וְעִם־הָאָרֶץ אֲשֶׁר־גַּרְתָּה בָּהּ׃
כד כה וַיֹּאמֶר אַבְרָהָם אָנֹכִי אִשָּׁבֵעַ׃ וְהוֹכִחַ אַבְרָהָם אֶת־אֲבִימֶלֶךְ
כו עַל־אֹדוֹת בְּאֵר הַמַּיִם אֲשֶׁר גָּזְלוּ עַבְדֵי אֲבִימֶלֶךְ׃ וַיֹּאמֶר
אֲבִימֶלֶךְ לֹא יָדַעְתִּי מִי עָשָׂה אֶת־הַדָּבָר הַזֶּה וְגַם־אַתָּה לֹא־
כז הִגַּדְתָּ לִּי וְגַם אָנֹכִי לֹא שָׁמַעְתִּי בִּלְתִּי הַיּוֹם׃ וַיִּקַּח אַבְרָהָם
כח צֹאן וּבָקָר וַיִּתֵּן לַאֲבִימֶלֶךְ וַיִּכְרְתוּ שְׁנֵיהֶם בְּרִית׃ וַיַּצֵּב
כט אַבְרָהָם אֶת־שֶׁבַע כִּבְשֹׂת הַצֹּאן לְבַדְּהֶן׃ וַיֹּאמֶר אֲבִימֶלֶךְ אֶל־
אַבְרָהָם מָה הֵנָּה שֶׁבַע כְּבָשֹׂת הָאֵלֶּה אֲשֶׁר הִצַּבְתָּ לְבַדָּנָה׃
ל וַיֹּאמֶר כִּי אֶת־שֶׁבַע כְּבָשֹׂת תִּקַּח מִיָּדִי בַּעֲבוּר תִּהְיֶה־לִּי
לא לְעֵדָה כִּי חָפַרְתִּי אֶת־הַבְּאֵר הַזֹּאת׃ עַל־כֵּן קָרָא לַמָּקוֹם
לב הַהוּא בְּאֵר שָׁבַע כִּי שָׁם נִשְׁבְּעוּ שְׁנֵיהֶם׃ וַיִּכְרְתוּ בְרִית בִּבְאֵר
שָׁבַע וַיָּקָם אֲבִימֶלֶךְ וּפִיכֹל שַׂר־צְבָאוֹ וַיָּשֻׁבוּ אֶל־אֶרֶץ פְּלִשְׁתִּים׃
לג וַיִּטַּע אֶשֶׁל בִּבְאֵר שָׁבַע וַיִּקְרָא־שָׁם בְּשֵׁם יְהוָה אֵל עוֹלָם׃
לד וַיָּגָר אַבְרָהָם בְּאֶרֶץ פְּלִשְׁתִּים יָמִים רַבִּים׃
שביעי יט א כב וַיְהִי אַחַר הַדְּבָרִים הָאֵלֶּה וְהָאֱלֹהִים נִסָּה אֶת־אַבְרָהָם וַיֹּאמֶר
ב אֵלָיו אַבְרָהָם וַיֹּאמֶר הִנֵּנִי׃ וַיֹּאמֶר קַח־נָא אֶת־בִּנְךָ אֶת־
יְחִידְךָ אֲשֶׁר־אָהַבְתָּ אֶת־יִצְחָק וְלֶךְ־לְךָ אֶל־אֶרֶץ הַמֹּרִיָּה
ג וְהַעֲלֵהוּ שָׁם לְעֹלָה עַל אַחַד הֶהָרִים אֲשֶׁר אֹמַר אֵלֶיךָ׃ וַיַּשְׁכֵּם
אַבְרָהָם בַּבֹּקֶר וַיַּחֲבֹשׁ אֶת־חֲמֹרוֹ וַיִּקַּח אֶת־שְׁנֵי נְעָרָיו אִתּוֹ
וְאֵת יִצְחָק בְּנוֹ וַיְבַקַּע עֲצֵי עֹלָה וַיָּקָם וַיֵּלֶךְ אֶל־הַמָּקוֹם אֲשֶׁר־

ד אמר־לו האלהים: ביום השלישי וישא אברהם את־עיניו
ה וירא את־המקום מרחק: ויאמר אברהם אל־נעריו שבו־לכם
פה עם־החמור ואני והנער נלכה עד־כה ונשתחוה ונשובה
ו אליכם: ויקח אברהם את־עצי העלה וישם על־יצחק בנו
ויקח בידו את־האש ואת־המאכלת וילכו שניהם יחדו:
ז ויאמר יצחק אל־אברהם אביו ויאמר אבי ויאמר הנני בני
ח ויאמר הנה האש והעצים ואיה השה לעלה: ויאמר אברהם
ט אלהים יראה־לו השה לעלה בני וילכו שניהם יחדו: ויבאו
אל־המקום אשר אמר־לו האלהים ויבן שם אברהם את־
המזבח ויערך את־העצים ויעקד את־יצחק בנו וישם אתו
י על־המזבח ממעל לעצים: וישלח אברהם את־ידו ויקח
יא את־המאכלת לשחט את־בנו: ויקרא אליו מלאך יהוה
יב מן־השמים ויאמר אברהם ׀ אברהם ויאמר הנני: ויאמר אל־
תשלח ידך אל־הנער ואל־תעש לו מאומה כי ׀ עתה ידעתי
כי־ירא אלהים אתה ולא חשכת את־בנך את־יחידך ממני:
יג וישא אברהם את־עיניו וירא והנה־איל אחר נאחז בסבך
בקרניו וילך אברהם ויקח את־האיל ויעלהו לעלה תחת
יד בנו: ויקרא אברהם שם־המקום ההוא יהוה ׀ יראה אשר
טו יאמר היום בהר יהוה יראה: ויקרא מלאך יהוה אל־אברהם
טז שנית מן־השמים: ויאמר בי נשבעתי נאם־יהוה כי יען אשר
יז עשית את־הדבר הזה ולא חשכת את־בנך את־יחידך: כי־
ברך אברכך והרבה ארבה את־זרעך ככוכבי השמים וכחול
יח אשר על־שפת הים וירש זרעך את שער איביו: והתברכו
יט בזרעך כל גויי הארץ עקב אשר שמעת בקלי: וישב אברהם
אל־נעריו ויקמו וילכו יחדו אל־באר שבע וישב אברהם
בבאר שבע:
כ ויהי אחרי הדברים האלה ויגד לאברהם לאמר הנה ילדה מפטיר

מִלְכָּה גַּם־הִוא בָּנִים לְנָחוֹר אָחִיךָ׃ אֶת־עוּץ בְּכֹרוֹ וְאֶת־בּוּז כא
אָחִיו וְאֶת־קְמוּאֵל אֲבִי אֲרָם׃ וְאֶת־כֶּשֶׂד וְאֶת־חֲזוֹ וְאֶת־ כב
פִּלְדָּשׁ וְאֶת־יִדְלָף וְאֵת בְּתוּאֵל׃ וּבְתוּאֵל יָלַד אֶת־רִבְקָה כג
שְׁמֹנָה אֵלֶּה יָלְדָה מִלְכָּה לְנָחוֹר אֲחִי אַבְרָהָם׃ וּפִילַגְשׁוֹ כד
וּשְׁמָהּ רְאוּמָה וַתֵּלֶד גַּם־הִוא אֶת־טֶבַח וְאֶת־גַּחַם וְאֶת־
תַּחַשׁ וְאֶת־מַעֲכָה׃

חיי שרה
וַיִּהְיוּ חַיֵּי שָׂרָה מֵאָה שָׁנָה וְעֶשְׂרִים שָׁנָה וְשֶׁבַע שָׁנִים שְׁנֵי חַיֵּי א כג
שָׂרָה׃ וַתָּמָת שָׂרָה בְּקִרְיַת אַרְבַּע הִוא חֶבְרוֹן בְּאֶרֶץ כְּנָעַן ב
וַיָּבֹא אַבְרָהָם לִסְפֹּד לְשָׂרָה וְלִבְכֹּתָהּ׃ וַיָּקָם אַבְרָהָם מֵעַל ג
פְּנֵי מֵתוֹ וַיְדַבֵּר אֶל־בְּנֵי־חֵת לֵאמֹר׃ גֵּר־וְתוֹשָׁב אָנֹכִי עִמָּכֶם ד
תְּנוּ לִי אֲחֻזַּת־קֶבֶר עִמָּכֶם וְאֶקְבְּרָה מֵתִי מִלְּפָנָי׃ וַיַּעֲנוּ בְנֵי־ ה
חֵת אֶת־אַבְרָהָם לֵאמֹר לוֹ׃ שְׁמָעֵנוּ ׀ אֲדֹנִי נְשִׂיא אֱלֹהִים ו
אַתָּה בְּתוֹכֵנוּ בְּמִבְחַר קְבָרֵינוּ קְבֹר אֶת־מֵתֶךָ אִישׁ מִמֶּנּוּ אֶת־
קִבְרוֹ לֹא־יִכְלֶה מִמְּךָ מִקְּבֹר מֵתֶךָ׃ וַיָּקָם אַבְרָהָם וַיִּשְׁתַּחוּ ז
לְעַם־הָאָרֶץ לִבְנֵי־חֵת׃ וַיְדַבֵּר אִתָּם לֵאמֹר אִם־יֵשׁ אֶת־ ח
נַפְשְׁכֶם לִקְבֹּר אֶת־מֵתִי מִלְּפָנַי שְׁמָעוּנִי וּפִגְעוּ־לִי בְּעֶפְרוֹן
בֶּן־צֹחַר׃ וְיִתֶּן־לִי אֶת־מְעָרַת הַמַּכְפֵּלָה אֲשֶׁר־לוֹ אֲשֶׁר בִּקְצֵה ט
שָׂדֵהוּ בְּכֶסֶף מָלֵא יִתְּנֶנָּה לִּי בְּתוֹכְכֶם לַאֲחֻזַּת־קָבֶר׃ וְעֶפְרוֹן י
יֹשֵׁב בְּתוֹךְ בְּנֵי־חֵת וַיַּעַן עֶפְרוֹן הַחִתִּי אֶת־אַבְרָהָם בְּאָזְנֵי
בְנֵי־חֵת לְכֹל בָּאֵי שַׁעַר־עִירוֹ לֵאמֹר׃ לֹא־אֲדֹנִי שְׁמָעֵנִי הַשָּׂדֶה יא
נָתַתִּי לָךְ וְהַמְּעָרָה אֲשֶׁר־בּוֹ לְךָ נְתַתִּיהָ לְעֵינֵי בְנֵי־עַמִּי נְתַתִּיהָ
לָּךְ קְבֹר מֵתֶךָ׃ וַיִּשְׁתַּחוּ אַבְרָהָם לִפְנֵי עַם־הָאָרֶץ׃ וַיְדַבֵּר יב יג
אֶל־עֶפְרוֹן בְּאָזְנֵי עַם־הָאָרֶץ לֵאמֹר אַךְ אִם־אַתָּה לוּ שְׁמָעֵנִי
נָתַתִּי כֶּסֶף הַשָּׂדֶה קַח מִמֶּנִּי וְאֶקְבְּרָה אֶת־מֵתִי שָׁמָּה׃ וַיַּעַן יד
עֶפְרוֹן אֶת־אַבְרָהָם לֵאמֹר לוֹ׃ אֲדֹנִי שְׁמָעֵנִי אֶרֶץ אַרְבַּע מֵאֹת טו
שֶׁקֶל־כֶּסֶף בֵּינִי וּבֵינְךָ מַה־הִוא וְאֶת־מֵתְךָ קְבֹר׃ וַיִּשְׁמַע טז
אַבְרָהָם אֶל־עֶפְרוֹן וַיִּשְׁקֹל אַבְרָהָם לְעֶפְרֹן אֶת־הַכֶּסֶף אֲשֶׁר

דבר באזני בני־חת ארבע מאות שקל כסף עבר לסחר:
יז ויקם | שדה עפרון אשר במכפלה אשר לפני ממרא השדה שני
והמערה אשר־בו וכל־העץ אשר בשדה אשר בכל־גבלו
יח סביב: לאברהם למקנה לעיני בני־חת בכל באי שער־עירו:
יט ואחרי־כן קבר אברהם את־שרה אשתו אל־מערת שדה
כ המכפלה על־פני ממרא הוא חברון בארץ כנען: ויקם
השדה והמערה אשר־בו לאברהם לאחזת־קבר מאת
כד א בני־חת: ואברהם זקן בא בימים ויהוה ברך כ
ב את־אברהם בכל: ויאמר אברהם אל־עבדו זקן ביתו המשל
ג בכל־אשר־לו שים־נא ידך תחת ירכי: ואשביעך ביהוה
אלהי השמים ואלהי הארץ אשר לא־תקח אשה לבני מבנות
ד הכנעני אשר אנכי יושב בקרבו: כי אל־ארצי ואל־מולדתי
ה תלך ולקחת אשה לבני ליצחק: ויאמר אליו העבד אולי
לא־תאבה האשה ללכת אחרי אל־הארץ הזאת ההשב
ו אשיב את־בנך אל־הארץ אשר־יצאת משם: ויאמר אליו
ז אברהם השמר לך פן־תשיב את־בני שמה: יהוה | אלהי
השמים אשר לקחני מבית אבי ומארץ מולדתי ואשר דבר־
לי ואשר נשבע־לי לאמר לזרעך אתן את־הארץ הזאת
ח הוא ישלח מלאכו לפניך ולקחת אשה לבני משם: ואם־לא
תאבה האשה ללכת אחריך ונקית משבעתי זאת רק את־
ט בני לא תשב שמה: וישם העבד את־ידו תחת ירך אברהם
י אדניו וישבע לו על־הדבר הזה: ויקח העבד עשרה גמלים שלישי
מגמלי אדניו וילך וכל־טוב אדניו בידו ויקם וילך אל־ארם
יא נהרים אל־עיר נחור: ויברך הגמלים מחוץ לעיר אל־באר
יב המים לעת ערב לעת צאת השאבת: ויאמר | יהוה אלהי
אדני אברהם הקרה־נא לפני היום ועשה־חסד עם אדני
יג אברהם: הנה אנכי נצב על־עין המים ובנות אנשי העיר

יד יֹצְאֹ֖ת לִשְׁאֹ֥ב מָֽיִם׃ וְהָיָ֣ה הַֽנַּעֲרָ֗ אֲשֶׁ֨ר אֹמַ֤ר אֵלֶ֙יהָ֙ הַטִּי־נָ֤א
כַדֵּךְ֙ וְאֶשְׁתֶּ֔ה וְאָמְרָ֣ה שְׁתֵ֔ה וְגַם־גְּמַלֶּ֖יךָ אַשְׁקֶ֑ה אֹתָ֤הּ הֹכַ֙חְתָּ֙
טו לְעַבְדְּךָ֣ לְיִצְחָ֔ק וּבָ֣הּ אֵדַ֔ע כִּֽי־עָשִׂ֥יתָ חֶ֖סֶד עִם־אֲדֹנִֽי׃ וַֽיְהִי־ה֗וּא
טֶ֘רֶם֮ כִּלָּ֣ה לְדַבֵּר֒ וְהִנֵּ֧ה רִבְקָ֣ה יֹצֵ֗את אֲשֶׁ֤ר יֻלְּדָה֙ לִבְתוּאֵ֣ל
טז בֶּן־מִלְכָּ֔ה אֵ֥שֶׁת נָח֖וֹר אֲחִ֣י אַבְרָהָ֑ם וְכַדָּ֖הּ עַל־שִׁכְמָֽהּ׃ וְהַֽנַּעֲרָ֗
טֹבַ֤ת מַרְאֶה֙ מְאֹ֔ד בְּתוּלָ֕ה וְאִ֖ישׁ לֹ֣א יְדָעָ֑הּ וַתֵּ֣רֶד הָעַ֔יְנָה
יז וַתְּמַלֵּ֥א כַדָּ֖הּ וַתָּֽעַל׃ וַיָּ֥רָץ הָעֶ֖בֶד לִקְרָאתָ֑הּ וַיֹּ֕אמֶר הַגְמִיאִ֥ינִי
יח נָ֛א מְעַט־מַ֖יִם מִכַּדֵּֽךְ׃ וַתֹּ֖אמֶר שְׁתֵ֣ה אֲדֹנִ֑י וַתְּמַהֵ֗ר וַתֹּ֧רֶד כַּדָּ֛הּ
יט עַל־יָדָ֖הּ וַתַּשְׁקֵֽהוּ׃ וַתְּכַ֖ל לְהַשְׁקֹת֑וֹ וַתֹּ֗אמֶר גַּ֤ם לִגְמַלֶּ֙יךָ֙
כ אֶשְׁאָ֔ב עַ֥ד אִם־כִּלּ֖וּ לִשְׁתֹּֽת׃ וַתְּמַהֵ֗ר וַתְּעַ֤ר כַּדָּהּ֙ אֶל־הַשֹּׁ֔קֶת
כא וַתָּ֥רָץ ע֛וֹד אֶל־הַבְּאֵ֖ר לִשְׁאֹ֑ב וַתִּשְׁאַ֖ב לְכָל־גְּמַלָּֽיו׃ וְהָאִ֥ישׁ
מִשְׁתָּאֵ֖ה לָ֑הּ מַחֲרִ֕ישׁ לָדַ֗עַת הַֽהִצְלִ֧יחַ יהוה דַּרְכּ֖וֹ אִם־לֹֽא׃
כב וַיְהִ֗י כַּאֲשֶׁ֨ר כִּלּ֤וּ הַגְּמַלִּים֙ לִשְׁתּ֔וֹת וַיִּקַּ֤ח הָאִישׁ֙ נֶ֣זֶם זָהָ֔ב בֶּ֖קַע
כג מִשְׁקָל֑וֹ וּשְׁנֵ֤י צְמִידִים֙ עַל־יָדֶ֔יהָ עֲשָׂרָ֥ה זָהָ֖ב מִשְׁקָלָֽם׃ וַיֹּ֙אמֶר֙
בַּת־מִ֣י אַ֔תְּ הַגִּ֥ידִי נָ֖א לִ֑י הֲיֵ֧שׁ בֵּית־אָבִ֛יךְ מָק֥וֹם לָ֖נוּ לָלִֽין׃
כד וַתֹּ֣אמֶר אֵלָ֔יו בַּת־בְּתוּאֵ֖ל אָנֹ֑כִי בֶּן־מִלְכָּ֕ה אֲשֶׁ֥ר יָלְדָ֖ה לְנָחֽוֹר׃
כה וַתֹּ֣אמֶר אֵלָ֔יו גַּם־תֶּ֥בֶן גַּם־מִסְפּ֖וֹא רַ֣ב עִמָּ֑נוּ גַּם־מָק֖וֹם לָלֽוּן׃
כו כז וַיִּקֹּ֣ד הָאִ֔ישׁ וַיִּשְׁתַּ֖חוּ לַיהוה׃ וַיֹּ֗אמֶר בָּר֤וּךְ יהוה֙ אֱלֹהֵי֙ אֲדֹנִ֣י רביעי
אַבְרָהָ֔ם אֲשֶׁ֛ר לֹא־עָזַ֥ב חַסְדּ֛וֹ וַאֲמִתּ֖וֹ מֵעִ֣ם אֲדֹנִ֑י אָנֹכִ֗י בַּדֶּ֙רֶךְ֙
כח נָחַ֣נִי יהוה בֵּ֖ית אֲחֵ֥י אֲדֹנִֽי׃ וַתָּ֙רָץ֙ הַֽנַּעֲרָ֔ וַתַּגֵּ֖ד לְבֵ֣ית אִמָּ֑הּ
כט כַּדְּבָרִ֖ים הָאֵֽלֶּה׃ וּלְרִבְקָ֥ה אָ֖ח וּשְׁמ֣וֹ לָבָ֑ן וַיָּ֨רָץ לָבָ֧ן אֶל־הָאִ֛ישׁ
ל הַח֖וּצָה אֶל־הָעָֽיִן׃ וַיְהִ֣י ׀ כִּרְאֹ֣ת אֶת־הַנֶּ֗זֶם וְֽאֶת־הַצְּמִדִים֮ עַל־
יְדֵ֣י אֲחֹתוֹ֒ וּכְשָׁמְע֗וֹ אֶת־דִּבְרֵ֞י רִבְקָ֤ה אֲחֹתוֹ֙ לֵאמֹ֔ר כֹּֽה־דִבֶּ֥ר
אֵלַ֖י הָאִ֑ישׁ וַיָּבֹא֙ אֶל־הָאִ֔ישׁ וְהִנֵּ֛ה עֹמֵ֥ד עַל־הַגְּמַלִּ֖ים עַל־
לא הָעָֽיִן׃ וַיֹּ֕אמֶר בּ֖וֹא בְּר֣וּךְ יהוה לָ֤מָּה תַֽעֲמֹד֙ בַּח֔וּץ וְאָנֹכִי֙ פִּנִּ֣יתִי
לב הַבַּ֔יִת וּמָק֖וֹם לַגְּמַלִּֽים׃ וַיָּבֹ֤א הָאִישׁ֙ הַבַּ֔יְתָה וַיְפַתַּ֖ח הַגְּמַלִּ֑ים
וַיִּתֵּ֨ן תֶּ֤בֶן וּמִסְפּוֹא֙ לַגְּמַלִּ֔ים וּמַ֙יִם֙ לִרְחֹ֣ץ רַגְלָ֔יו וְרַגְלֵ֥י הָאֲנָשִׁ֖ים

לג אֲשֶׁר אִתּוֹ: וַיִּישֶׂם לְפָנָיו לֶאֱכֹל וַיֹּאמֶר לֹא אֹכַל עַד אִם־דִּבַּרְתִּי וַיּוּשַׂם
לד לה דְּבָרָי וַיֹּאמֶר דַּבֵּר: וַיֹּאמַר עֶבֶד אַבְרָהָם אָנֹכִי: וַיהוָה בֵּרַךְ
אֶת־אֲדֹנִי מְאֹד וַיִּגְדָּל וַיִּתֶּן־לוֹ צֹאן וּבָקָר וְכֶסֶף וְזָהָב וַעֲבָדִם
לו וּשְׁפָחֹת וּגְמַלִּים וַחֲמֹרִים: וַתֵּלֶד שָׂרָה אֵשֶׁת אֲדֹנִי בֵן לַאדֹנִי
לז אַחֲרֵי זִקְנָתָהּ וַיִּתֶּן־לוֹ אֶת־כָּל־אֲשֶׁר־לוֹ: וַיַּשְׁבִּעֵנִי אֲדֹנִי לֵאמֹר
לֹא־תִקַּח אִשָּׁה לִבְנִי מִבְּנוֹת הַכְּנַעֲנִי אֲשֶׁר אָנֹכִי יֹשֵׁב בְּאַרְצוֹ:
לח אִם־לֹא אֶל־בֵּית־אָבִי תֵּלֵךְ וְאֶל־מִשְׁפַּחְתִּי וְלָקַחְתָּ אִשָּׁה לִבְנִי:
לט מ וָאֹמַר אֶל־אֲדֹנִי אֻלַי לֹא־תֵלֵךְ הָאִשָּׁה אַחֲרָי: וַיֹּאמֶר אֵלָי יְהוָה
אֲשֶׁר־הִתְהַלַּכְתִּי לְפָנָיו יִשְׁלַח מַלְאָכוֹ אִתָּךְ וְהִצְלִיחַ דַּרְכֶּךָ
מא וְלָקַחְתָּ אִשָּׁה לִבְנִי מִמִּשְׁפַּחְתִּי וּמִבֵּית אָבִי: אָז תִּנָּקֶה מֵאָלָתִי
כִּי תָבוֹא אֶל־מִשְׁפַּחְתִּי וְאִם־לֹא יִתְּנוּ לָךְ וְהָיִיתָ נָקִי מֵאָלָתִי:
מב וָאָבֹא הַיּוֹם אֶל־הָעָיִן וָאֹמַר יְהוָה אֱלֹהֵי אֲדֹנִי אַבְרָהָם אִם־ כא
מג יֶשְׁךָ־נָּא מַצְלִיחַ דַּרְכִּי אֲשֶׁר אָנֹכִי הֹלֵךְ עָלֶיהָ: הִנֵּה אָנֹכִי
נִצָּב עַל־עֵין הַמָּיִם וְהָיָה הָעַלְמָה הַיֹּצֵאת לִשְׁאֹב וְאָמַרְתִּי
מד אֵלֶיהָ הַשְׁקִינִי־נָא מְעַט־מַיִם מִכַּדֵּךְ: וְאָמְרָה אֵלַי גַּם־אַתָּה
שְׁתֵה וְגַם לִגְמַלֶּיךָ אֶשְׁאָב הִוא הָאִשָּׁה אֲשֶׁר־הֹכִיחַ יְהוָה לְבֶן־
מה אֲדֹנִי: אֲנִי טֶרֶם אֲכַלֶּה לְדַבֵּר אֶל־לִבִּי וְהִנֵּה רִבְקָה יֹצֵאת
וְכַדָּהּ עַל־שִׁכְמָהּ וַתֵּרֶד הָעַיְנָה וַתִּשְׁאָב וָאֹמַר אֵלֶיהָ הַשְׁקִינִי
מו נָא: וַתְּמַהֵר וַתּוֹרֶד כַּדָּהּ מֵעָלֶיהָ וַתֹּאמֶר שְׁתֵה וְגַם־גְּמַלֶּיךָ
מז אַשְׁקֶה וָאֵשְׁתְּ וְגַם הַגְּמַלִּים הִשְׁקָתָה: וָאֶשְׁאַל אֹתָהּ וָאֹמַר
בַּת־מִי אַתְּ וַתֹּאמֶר בַּת־בְּתוּאֵל בֶּן־נָחוֹר אֲשֶׁר יָלְדָה־לּוֹ
מח מִלְכָּה וָאָשִׂם הַנֶּזֶם עַל־אַפָּהּ וְהַצְּמִידִים עַל־יָדֶיהָ: וָאֶקֹּד
וָאֶשְׁתַּחֲוֶה לַיהוָה וָאֲבָרֵךְ אֶת־יְהוָה אֱלֹהֵי אֲדֹנִי אַבְרָהָם אֲשֶׁר
מט הִנְחַנִי בְּדֶרֶךְ אֱמֶת לָקַחַת אֶת־בַּת־אֲחִי אֲדֹנִי לִבְנוֹ: וְעַתָּה
אִם־יֶשְׁכֶם עֹשִׂים חֶסֶד וֶאֱמֶת אֶת־אֲדֹנִי הַגִּידוּ לִי וְאִם־לֹא
נ הַגִּידוּ לִי וְאֶפְנֶה עַל־יָמִין אוֹ עַל־שְׂמֹאל: וַיַּעַן לָבָן וּבְתוּאֵל
וַיֹּאמְרוּ מֵיְהוָה יָצָא הַדָּבָר לֹא נוּכַל דַּבֵּר אֵלֶיךָ רַע אוֹ־טוֹב:

נא הִנֵּה־רִבְקָה לְפָנֶיךָ קַח וָלֵךְ וּתְהִי אִשָּׁה לְבֶן־אֲדֹנֶיךָ כַּאֲשֶׁר
נב דִּבֶּר יהוה: וַיְהִי כַּאֲשֶׁר שָׁמַע עֶבֶד אַבְרָהָם אֶת־דִּבְרֵיהֶם
חמישי נג וַיִּשְׁתַּחוּ אַרְצָה לַיהוה: וַיּוֹצֵא הָעֶבֶד כְּלֵי־כֶסֶף וּכְלֵי זָהָב
נד וּבְגָדִים וַיִּתֵּן לְרִבְקָה וּמִגְדָּנֹת נָתַן לְאָחִיהָ וּלְאִמָּהּ: וַיֹּאכְלוּ
וַיִּשְׁתּוּ הוּא וְהָאֲנָשִׁים אֲשֶׁר־עִמּוֹ וַיָּלִינוּ וַיָּקוּמוּ בַבֹּקֶר וַיֹּאמֶר
נה שַׁלְּחֻנִי לַאדֹנִי: וַיֹּאמֶר אָחִיהָ וְאִמָּהּ תֵּשֵׁב הַנַּעֲרָ אִתָּנוּ יָמִים
נו אוֹ עָשׂוֹר אַחַר תֵּלֵךְ: וַיֹּאמֶר אֲלֵהֶם אַל־תְּאַחֲרוּ אֹתִי וַיהוה
נז הִצְלִיחַ דַּרְכִּי שַׁלְּחוּנִי וְאֵלְכָה לַאדֹנִי: וַיֹּאמְרוּ נִקְרָא לַנַּעֲרָ
נח וְנִשְׁאֲלָה אֶת־פִּיהָ: וַיִּקְרְאוּ לְרִבְקָה וַיֹּאמְרוּ אֵלֶיהָ הֲתֵלְכִי
נט עִם־הָאִישׁ הַזֶּה וַתֹּאמֶר אֵלֵךְ: וַיְשַׁלְּחוּ אֶת־רִבְקָה אֲחֹתָם
ס וְאֶת־מֵנִקְתָּהּ וְאֶת־עֶבֶד אַבְרָהָם וְאֶת־אֲנָשָׁיו: וַיְבָרְכוּ אֶת־
רִבְקָה וַיֹּאמְרוּ לָהּ אֲחֹתֵנוּ אַתְּ הֲיִי לְאַלְפֵי רְבָבָה וְיִירַשׁ זַרְעֵךְ
סא אֵת שַׁעַר שֹׂנְאָיו: וַתָּקָם רִבְקָה וְנַעֲרֹתֶיהָ וַתִּרְכַּבְנָה עַל־
הַגְּמַלִּים וַתֵּלַכְנָה אַחֲרֵי הָאִישׁ וַיִּקַּח הָעֶבֶד אֶת־רִבְקָה וַיֵּלַךְ:
סב וְיִצְחָק בָּא מִבּוֹא בְּאֵר לַחַי רֹאִי וְהוּא יוֹשֵׁב בְּאֶרֶץ הַנֶּגֶב:
סג וַיֵּצֵא יִצְחָק לָשׂוּחַ בַּשָּׂדֶה לִפְנוֹת עָרֶב וַיִּשָּׂא עֵינָיו וַיַּרְא וְהִנֵּה
סד גְמַלִּים בָּאִים: וַתִּשָּׂא רִבְקָה אֶת־עֵינֶיהָ וַתֵּרֶא אֶת־יִצְחָק
סה וַתִּפֹּל מֵעַל הַגָּמָל: וַתֹּאמֶר אֶל־הָעֶבֶד מִי־הָאִישׁ הַלָּזֶה הַהֹלֵךְ
בַּשָּׂדֶה לִקְרָאתֵנוּ וַיֹּאמֶר הָעֶבֶד הוּא אֲדֹנִי וַתִּקַּח הַצָּעִיף
סו וַתִּתְכָּס: וַיְסַפֵּר הָעֶבֶד לְיִצְחָק אֵת כָּל־הַדְּבָרִים אֲשֶׁר עָשָׂה:
סז וַיְבִאֶהָ יִצְחָק הָאֹהֱלָה שָׂרָה אִמּוֹ וַיִּקַּח אֶת־רִבְקָה וַתְּהִי־לוֹ
לְאִשָּׁה וַיֶּאֱהָבֶהָ וַיִּנָּחֵם יִצְחָק אַחֲרֵי אִמּוֹ:
ששי כב כה א ב וַיֹּסֶף אַבְרָהָם וַיִּקַּח אִשָּׁה וּשְׁמָהּ קְטוּרָה: וַתֵּלֶד לוֹ אֶת־זִמְרָן
ג וְאֶת־יָקְשָׁן וְאֶת־מְדָן וְאֶת־מִדְיָן וְאֶת־יִשְׁבָּק וְאֶת־שׁוּחַ: וְיָקְשָׁן
יָלַד אֶת־שְׁבָא וְאֶת־דְּדָן וּבְנֵי דְדָן הָיוּ אַשּׁוּרִם וּלְטוּשִׁם וּלְאֻמִּים:
ד וּבְנֵי מִדְיָן עֵיפָה וָעֵפֶר וַחֲנֹךְ וַאֲבִידָע וְאֶלְדָּעָה כָּל־אֵלֶּה בְּנֵי
ה ו קְטוּרָה: וַיִּתֵּן אַבְרָהָם אֶת־כָּל־אֲשֶׁר־לוֹ לְיִצְחָק: וְלִבְנֵי

הַפִּֽילַגְשִׁים֙ אֲשֶׁ֣ר לְאַבְרָהָ֔ם נָתַ֥ן אַבְרָהָ֖ם מַתָּנֹ֑ת וַֽיְשַׁלְּחֵ֞ם מֵעַ֨ל
ז יִצְחָ֤ק בְּנוֹ֙ בְּעוֹדֶ֣נּוּ חַ֔י קֵ֖דְמָה אֶל־אֶ֥רֶץ קֶֽדֶם׃ וְאֵ֗לֶּה יְמֵ֛י שְׁנֵֽי־
חַיֵּ֥י אַבְרָהָ֖ם אֲשֶׁר־חָ֑י מְאַ֥ת שָׁנָ֛ה וְשִׁבְעִ֥ים שָׁנָ֖ה וְחָמֵ֥שׁ שָׁנִֽים׃
ח וַיִּגְוַ֨ע וַיָּ֧מָת אַבְרָהָ֛ם בְּשֵׂיבָ֥ה טוֹבָ֖ה זָקֵ֣ן וְשָׂבֵ֑עַ וַיֵּאָ֖סֶף אֶל־
ט עַמָּֽיו׃ וַיִּקְבְּר֨וּ אֹת֜וֹ יִצְחָ֤ק וְיִשְׁמָעֵאל֙ בָּנָ֔יו אֶל־מְעָרַ֖ת הַמַּכְפֵּלָ֑ה
י אֶל־שְׂדֵ֞ה עֶפְרֹ֤ן בֶּן־צֹ֙חַר֙ הַֽחִתִּ֔י אֲשֶׁ֖ר עַל־פְּנֵ֥י מַמְרֵֽא׃ הַשָּׂדֶ֛ה
אֲשֶׁר־קָנָ֥ה אַבְרָהָ֖ם מֵאֵ֣ת בְּנֵי־חֵ֑ת שָׁ֛מָּה קֻבַּ֥ר אַבְרָהָ֖ם וְשָׂרָ֥ה
יא אִשְׁתּֽוֹ׃ וַיְהִ֗י אַחֲרֵי֙ מ֣וֹת אַבְרָהָ֔ם וַיְבָ֥רֶךְ אֱלֹהִ֖ים אֶת־יִצְחָ֣ק
בְּנ֑וֹ וַיֵּ֣שֶׁב יִצְחָ֔ק עִם־בְּאֵ֥ר לַחַ֖י רֹאִֽי׃
יב וְאֵ֛לֶּה תֹּלְדֹ֥ת יִשְׁמָעֵ֖אל בֶּן־אַבְרָהָ֑ם אֲשֶׁ֨ר יָלְדָ֜ה הָגָ֧ר הַמִּצְרִ֛ית שביעי
יג שִׁפְחַ֥ת שָׂרָ֖ה לְאַבְרָהָֽם׃ וְאֵ֗לֶּה שְׁמוֹת֙ בְּנֵ֣י יִשְׁמָעֵ֔אל בִּשְׁמֹתָ֖ם
לְתוֹלְדֹתָ֑ם בְּכֹ֤ר יִשְׁמָעֵאל֙ נְבָיֹ֔ת וְקֵדָ֥ר וְאַדְבְּאֵ֖ל וּמִבְשָֽׂם׃
יד טו וּמִשְׁמָ֥ע וְדוּמָ֖ה וּמַשָּֽׂא׃ חֲדַ֣ד וְתֵימָ֔א יְט֥וּר נָפִ֖ישׁ וָקֵֽדְמָה׃
טז אֵ֣לֶּה הֵ֞ם בְּנֵ֣י יִשְׁמָעֵאל֮ וְאֵ֣לֶּה שְׁמֹתָם֒ בְּחַצְרֵיהֶ֖ם וּבְטִירֹתָ֑ם מפטיר
יז שְׁנֵים־עָשָׂ֥ר נְשִׂיאִ֖ם לְאֻמֹּתָֽם׃ וְאֵ֗לֶּה שְׁנֵי֙ חַיֵּ֣י יִשְׁמָעֵ֔אל מְאַ֥ת
שָׁנָ֛ה וּשְׁלֹשִׁ֥ים שָׁנָ֖ה וְשֶׁ֣בַע שָׁנִ֑ים וַיִּגְוַ֣ע וַיָּ֔מָת וַיֵּאָ֖סֶף אֶל־עַמָּֽיו׃
יח וַיִּשְׁכְּנ֨וּ מֵחֲוִילָ֜ה עַד־שׁ֗וּר אֲשֶׁר֙ עַל־פְּנֵ֣י מִצְרַ֔יִם בֹּאֲכָ֖ה אַשּׁ֑וּרָה
עַל־פְּנֵ֥י כָל־אֶחָ֖יו נָפָֽל׃

יט וְאֵ֛לֶּה תּוֹלְדֹ֥ת יִצְחָ֖ק בֶּן־אַבְרָהָ֑ם אַבְרָהָ֖ם הוֹלִ֥יד אֶת־יִצְחָֽק׃ כג תולדת
כ וַיְהִ֣י יִצְחָ֗ק בֶּן־אַרְבָּעִ֣ים שָׁנָ֔ה בְּקַחְתּ֣וֹ אֶת־רִבְקָ֗ה בַּת־בְּתוּאֵל֙
כא הָֽאֲרַמִּ֔י מִפַּדַּ֖ן אֲרָ֑ם אֲח֛וֹת לָבָ֥ן הָאֲרַמִּ֖י ל֥וֹ לְאִשָּֽׁה׃ וַיֶּעְתַּ֨ר
יִצְחָ֤ק לַֽיהוָה֙ לְנֹ֣כַח אִשְׁתּ֔וֹ כִּ֥י עֲקָרָ֖ה הִ֑וא וַיֵּעָ֤תֶר לוֹ֙ יְהוָ֔ה
כב וַתַּ֖הַר רִבְקָ֥ה אִשְׁתּֽוֹ׃ וַיִּתְרֹֽצְצ֤וּ הַבָּנִים֙ בְּקִרְבָּ֔הּ וַתֹּ֖אמֶר אִם־
כג כֵּ֕ן לָ֥מָּה זֶּ֖ה אָנֹ֑כִי וַתֵּ֖לֶךְ לִדְרֹ֥שׁ אֶת־יְהוָֽה׃ וַיֹּאמֶר֩ יְהוָ֨ה לָ֜הּ
שְׁנֵ֤י גיים֙ בְּבִטְנֵ֔ךְ וּשְׁנֵ֣י לְאֻמִּ֔ים מִמֵּעַ֖יִךְ יִפָּרֵ֑דוּ וּלְאֹם֙ מִלְאֹ֣ם גוֹיִם
כד יֶֽאֱמָ֔ץ וְרַ֖ב יַעֲבֹ֥ד צָעִֽיר׃ וַיִּמְלְא֥וּ יָמֶ֖יהָ לָלֶ֑דֶת וְהִנֵּ֥ה תוֹמִ֖ם
כה בְּבִטְנָֽהּ׃ וַיֵּצֵ֤א הָרִאשׁוֹן֙ אַדְמוֹנִ֔י כֻּלּ֖וֹ כְּאַדֶּ֣רֶת שֵׂעָ֑ר וַיִּקְרְא֥וּ

כו שְׁמוֹ עֵשָׂו: וְאַחֲרֵי־כֵן יָצָא אָחִיו וְיָדוֹ אֹחֶזֶת בַּעֲקֵב עֵשָׂו וַיִּקְרָא
כז שְׁמוֹ יַעֲקֹב וְיִצְחָק בֶּן־שִׁשִּׁים שָׁנָה בְּלֶדֶת אֹתָם: וַיִּגְדְּלוּ
הַנְּעָרִים וַיְהִי עֵשָׂו אִישׁ יֹדֵעַ צַיִד אִישׁ שָׂדֶה וְיַעֲקֹב אִישׁ תָּם
כח יֹשֵׁב אֹהָלִים: וַיֶּאֱהַב יִצְחָק אֶת־עֵשָׂו כִּי־צַיִד בְּפִיו וְרִבְקָה
כט אֹהֶבֶת אֶת־יַעֲקֹב: וַיָּזֶד יַעֲקֹב נָזִיד וַיָּבֹא עֵשָׂו מִן־הַשָּׂדֶה וְהוּא
ל עָיֵף: וַיֹּאמֶר עֵשָׂו אֶל־יַעֲקֹב הַלְעִיטֵנִי נָא מִן־הָאָדֹם הָאָדֹם
לא הַזֶּה כִּי עָיֵף אָנֹכִי עַל־כֵּן קָרָא־שְׁמוֹ אֱדוֹם: וַיֹּאמֶר יַעֲקֹב
לב מִכְרָה כַיּוֹם אֶת־בְּכֹרָתְךָ לִי: וַיֹּאמֶר עֵשָׂו הִנֵּה אָנֹכִי הוֹלֵךְ
לג לָמוּת וְלָמָּה־זֶּה לִי בְּכֹרָה: וַיֹּאמֶר יַעֲקֹב הִשָּׁבְעָה לִּי כַּיּוֹם
לד וַיִּשָּׁבַע לוֹ וַיִּמְכֹּר אֶת־בְּכֹרָתוֹ לְיַעֲקֹב: וְיַעֲקֹב נָתַן לְעֵשָׂו
לֶחֶם וּנְזִיד עֲדָשִׁים וַיֹּאכַל וַיֵּשְׁתְּ וַיָּקָם וַיֵּלַךְ וַיִּבֶז עֵשָׂו אֶת־
הַבְּכֹרָה:

כו א וַיְהִי רָעָב בָּאָרֶץ מִלְּבַד הָרָעָב הָרִאשׁוֹן אֲשֶׁר הָיָה בִּימֵי אַבְרָהָם
ב וַיֵּלֶךְ יִצְחָק אֶל־אֲבִימֶלֶךְ מֶלֶךְ־פְּלִשְׁתִּים גְּרָרָה: וַיֵּרָא אֵלָיו
יְהוָה וַיֹּאמֶר אַל־תֵּרֵד מִצְרָיְמָה שְׁכֹן בָּאָרֶץ אֲשֶׁר אֹמַר
ג אֵלֶיךָ: גּוּר בָּאָרֶץ הַזֹּאת וְאֶהְיֶה עִמְּךָ וַאֲבָרְכֶךָּ כִּי־לְךָ וּלְזַרְעֲךָ
אֶתֵּן אֶת־כָּל־הָאֲרָצֹת הָאֵל וַהֲקִמֹתִי אֶת־הַשְּׁבֻעָה אֲשֶׁר
ד נִשְׁבַּעְתִּי לְאַבְרָהָם אָבִיךָ: וְהִרְבֵּיתִי אֶת־זַרְעֲךָ כְּכוֹכְבֵי הַשָּׁמַיִם
וְנָתַתִּי לְזַרְעֲךָ אֵת כָּל־הָאֲרָצֹת הָאֵל וְהִתְבָּרְכוּ בְזַרְעֲךָ כֹּל
ה גּוֹיֵי הָאָרֶץ: עֵקֶב אֲשֶׁר־שָׁמַע אַבְרָהָם בְּקֹלִי וַיִּשְׁמֹר מִשְׁמַרְתִּי
ו ז שני מִצְוֺתַי חֻקּוֹתַי וְתוֹרֹתָי: וַיֵּשֶׁב יִצְחָק בִּגְרָר: וַיִּשְׁאֲלוּ אַנְשֵׁי
הַמָּקוֹם לְאִשְׁתּוֹ וַיֹּאמֶר אֲחֹתִי הִוא כִּי יָרֵא לֵאמֹר אִשְׁתִּי פֶּן־
ח יַהַרְגֻנִי אַנְשֵׁי הַמָּקוֹם עַל־רִבְקָה כִּי־טוֹבַת מַרְאֶה הִוא: וַיְהִי
כִּי־אָרְכוּ־לוֹ שָׁם הַיָּמִים וַיַּשְׁקֵף אֲבִימֶלֶךְ מֶלֶךְ פְּלִשְׁתִּים בְּעַד
ט הַחַלּוֹן וַיַּרְא וְהִנֵּה יִצְחָק מְצַחֵק אֵת רִבְקָה אִשְׁתּוֹ: וַיִּקְרָא
אֲבִימֶלֶךְ לְיִצְחָק וַיֹּאמֶר אַךְ הִנֵּה אִשְׁתְּךָ הִוא וְאֵיךְ אָמַרְתָּ
אֲחֹתִי הִוא וַיֹּאמֶר אֵלָיו יִצְחָק כִּי אָמַרְתִּי פֶּן־אָמוּת עָלֶיהָ:

י וַיֹּאמֶר אֲבִימֶלֶךְ מַה־זֹּאת עָשִׂיתָ לָּנוּ כִּמְעַט שָׁכַב אַחַד הָעָם
יא אֶת־אִשְׁתֶּךָ וְהֵבֵאתָ עָלֵינוּ אָשָׁם: וַיְצַו אֲבִימֶלֶךְ אֶת־כָּל־הָעָם
יב לֵאמֹר הַנֹּגֵעַ בָּאִישׁ הַזֶּה וּבְאִשְׁתּוֹ מוֹת יוּמָת: וַיִּזְרַע יִצְחָק
בָּאָרֶץ הַהִוא וַיִּמְצָא בַּשָּׁנָה הַהִוא מֵאָה שְׁעָרִים וַיְבָרְכֵהוּ
יג יד יהוה: וַיִּגְדַּל הָאִישׁ וַיֵּלֶךְ הָלוֹךְ וְגָדֵל עַד כִּי־גָדַל מְאֹד: וַיְהִי־ שלישי
לוֹ מִקְנֵה־צֹאן וּמִקְנֵה בָקָר וַעֲבֻדָּה רַבָּה וַיְקַנְאוּ אֹתוֹ פְּלִשְׁתִּים:
טו וְכָל־הַבְּאֵרֹת אֲשֶׁר חָפְרוּ עַבְדֵי אָבִיו בִּימֵי אַבְרָהָם אָבִיו
טז סִתְּמוּם פְּלִשְׁתִּים וַיְמַלְאוּם עָפָר: וַיֹּאמֶר אֲבִימֶלֶךְ אֶל־יִצְחָק
יז לֵךְ מֵעִמָּנוּ כִּי־עָצַמְתָּ מִמֶּנּוּ מְאֹד: וַיֵּלֶךְ מִשָּׁם יִצְחָק וַיִּחַן
יח בְּנַחַל־גְּרָר וַיֵּשֶׁב שָׁם: וַיָּשָׁב יִצְחָק וַיַּחְפֹּר ׀ אֶת־בְּאֵרֹת הַמַּיִם
אֲשֶׁר חָפְרוּ בִּימֵי אַבְרָהָם אָבִיו וַיְסַתְּמוּם פְּלִשְׁתִּים אַחֲרֵי מוֹת
אַבְרָהָם וַיִּקְרָא לָהֶן שֵׁמוֹת כַּשֵּׁמֹת אֲשֶׁר־קָרָא לָהֶן אָבִיו:
יט כ וַיַּחְפְּרוּ עַבְדֵי־יִצְחָק בַּנָּחַל וַיִּמְצְאוּ־שָׁם בְּאֵר מַיִם חַיִּים: וַיָּרִיבוּ
רֹעֵי גְרָר עִם־רֹעֵי יִצְחָק לֵאמֹר לָנוּ הַמָּיִם וַיִּקְרָא שֵׁם־הַבְּאֵר
כא עֵשֶׂק כִּי הִתְעַשְּׂקוּ עִמּוֹ: וַיַּחְפְּרוּ בְּאֵר אַחֶרֶת וַיָּרִיבוּ גַּם־עָלֶיהָ
כב וַיִּקְרָא שְׁמָהּ שִׂטְנָה: וַיַּעְתֵּק מִשָּׁם וַיַּחְפֹּר בְּאֵר אַחֶרֶת וְלֹא
רָבוּ עָלֶיהָ וַיִּקְרָא שְׁמָהּ רְחֹבוֹת וַיֹּאמֶר כִּי־עַתָּה הִרְחִיב יהוה
כג כד לָנוּ וּפָרִינוּ בָאָרֶץ: וַיַּעַל מִשָּׁם בְּאֵר שָׁבַע: וַיֵּרָא אֵלָיו יהוה רביעי
בַּלַּיְלָה הַהוּא וַיֹּאמֶר אָנֹכִי אֱלֹהֵי אַבְרָהָם אָבִיךָ אַל־תִּירָא
כִּי־אִתְּךָ אָנֹכִי וּבֵרַכְתִּיךָ וְהִרְבֵּיתִי אֶת־זַרְעֲךָ בַּעֲבוּר אַבְרָהָם
כה עַבְדִּי: וַיִּבֶן שָׁם מִזְבֵּחַ וַיִּקְרָא בְּשֵׁם יהוה וַיֶּט־שָׁם אָהֳלוֹ
כו וַיִּכְרוּ־שָׁם עַבְדֵי־יִצְחָק בְּאֵר: וַאֲבִימֶלֶךְ הָלַךְ אֵלָיו מִגְּרָר
כז וַאֲחֻזַּת מֵרֵעֵהוּ וּפִיכֹל שַׂר־צְבָאוֹ: וַיֹּאמֶר אֲלֵהֶם יִצְחָק מַדּוּעַ
כח בָּאתֶם אֵלָי וְאַתֶּם שְׂנֵאתֶם אֹתִי וַתְּשַׁלְּחוּנִי מֵאִתְּכֶם: וַיֹּאמְרוּ
רָאוֹ רָאִינוּ כִּי־הָיָה יהוה ׀ עִמָּךְ וַנֹּאמֶר תְּהִי נָא אָלָה בֵּינוֹתֵינוּ
כט בֵּינֵינוּ וּבֵינֶךָ וְנִכְרְתָה בְרִית עִמָּךְ: אִם־תַּעֲשֵׂה עִמָּנוּ רָעָה
כַּאֲשֶׁר לֹא נְגַעֲנוּךָ וְכַאֲשֶׁר עָשִׂינוּ עִמְּךָ רַק־טוֹב וַנְּשַׁלֵּחֲךָ

חמישי

ל בְּשָׁלוֹם אַתָּה עַתָּה בְּרוּךְ יְהוָה: וַיַּעַשׂ לָהֶם מִשְׁתֶּה וַיֹּאכְלוּ
לא וַיִּשְׁתּוּ: וַיַּשְׁכִּימוּ בַבֹּקֶר וַיִּשָּׁבְעוּ אִישׁ לְאָחִיו וַיְשַׁלְּחֵם יִצְחָק
לב וַיֵּלְכוּ מֵאִתּוֹ בְּשָׁלוֹם: וַיְהִי בַּיּוֹם הַהוּא וַיָּבֹאוּ עַבְדֵי יִצְחָק
וַיַּגִּדוּ לוֹ עַל־אֹדוֹת הַבְּאֵר אֲשֶׁר חָפָרוּ וַיֹּאמְרוּ לוֹ מָצָאנוּ מָיִם:
לג וַיִּקְרָא אֹתָהּ שִׁבְעָה עַל־כֵּן שֵׁם־הָעִיר בְּאֵר שֶׁבַע עַד הַיּוֹם
לד הַזֶּה: וַיְהִי עֵשָׂו בֶּן־אַרְבָּעִים שָׁנָה וַיִּקַּח אִשָּׁה
אֶת־יְהוּדִית בַּת־בְּאֵרִי הַחִתִּי וְאֶת־בָּשְׂמַת בַּת־אֵילֹן הַחִתִּי:
כד
לה וַתִּהְיֶיןָ מֹרַת רוּחַ לְיִצְחָק וּלְרִבְקָה: כז א וַיְהִי כִּי־זָקֵן
יִצְחָק וַתִּכְהֶיןָ עֵינָיו מֵרְאֹת וַיִּקְרָא אֶת־עֵשָׂו בְּנוֹ הַגָּדֹל וַיֹּאמֶר
ב אֵלָיו בְּנִי וַיֹּאמֶר אֵלָיו הִנֵּנִי: וַיֹּאמֶר הִנֵּה־נָא זָקַנְתִּי לֹא יָדַעְתִּי
ג יוֹם מוֹתִי: וְעַתָּה שָׂא־נָא כֵלֶיךָ תֶּלְיְךָ וְקַשְׁתֶּךָ וְצֵא הַשָּׂדֶה
ד וְצוּדָה לִּי צידה: וַעֲשֵׂה־לִי מַטְעַמִּים כַּאֲשֶׁר אָהַבְתִּי וְהָבִיאָה
צַיִד
ה לִּי וְאֹכֵלָה בַּעֲבוּר תְּבָרֶכְךָ נַפְשִׁי בְּטֶרֶם אָמוּת: וְרִבְקָה שֹׁמַעַת
בְּדַבֵּר יִצְחָק אֶל־עֵשָׂו בְּנוֹ וַיֵּלֶךְ עֵשָׂו הַשָּׂדֶה לָצוּד צַיִד לְהָבִיא:
ו וְרִבְקָה אָמְרָה אֶל־יַעֲקֹב בְּנָהּ לֵאמֹר הִנֵּה שָׁמַעְתִּי אֶת־אָבִיךָ
ז מְדַבֵּר אֶל־עֵשָׂו אָחִיךָ לֵאמֹר: הָבִיאָה לִּי צַיִד וַעֲשֵׂה־לִי
ח מַטְעַמִּים וְאֹכֵלָה וַאֲבָרֶכְכָה לִפְנֵי יְהוָה לִפְנֵי מוֹתִי: וְעַתָּה
ט בְנִי שְׁמַע בְּקֹלִי לַאֲשֶׁר אֲנִי מְצַוָּה אֹתָךְ: לֶךְ־נָא אֶל־הַצֹּאן
וְקַח־לִי מִשָּׁם שְׁנֵי גְּדָיֵי עִזִּים טֹבִים וְאֶעֱשֶׂה אֹתָם מַטְעַמִּים
י לְאָבִיךָ כַּאֲשֶׁר אָהֵב: וְהֵבֵאתָ לְאָבִיךָ וְאָכָל בַּעֲבֻר אֲשֶׁר
יא יְבָרֶכְךָ לִפְנֵי מוֹתוֹ: וַיֹּאמֶר יַעֲקֹב אֶל־רִבְקָה אִמּוֹ הֵן עֵשָׂו
יב אָחִי אִישׁ שָׂעִר וְאָנֹכִי אִישׁ חָלָק: אוּלַי יְמֻשֵּׁנִי אָבִי וְהָיִיתִי
יג בְעֵינָיו כִּמְתַעְתֵּעַ וְהֵבֵאתִי עָלַי קְלָלָה וְלֹא בְרָכָה: וַתֹּאמֶר
יד לוֹ אִמּוֹ עָלַי קִלְלָתְךָ בְּנִי אַךְ שְׁמַע בְּקֹלִי וְלֵךְ קַח־לִי: וַיֵּלֶךְ
וַיִּקַּח וַיָּבֵא לְאִמּוֹ וַתַּעַשׂ אִמּוֹ מַטְעַמִּים כַּאֲשֶׁר אָהֵב אָבִיו:
טו וַתִּקַּח רִבְקָה אֶת־בִּגְדֵי עֵשָׂו בְּנָהּ הַגָּדֹל הַחֲמֻדֹת אֲשֶׁר אִתָּהּ
טז בַּבָּיִת וַתַּלְבֵּשׁ אֶת־יַעֲקֹב בְּנָהּ הַקָּטָן: וְאֵת עֹרֹת גְּדָיֵי הָעִזִּים

יז הַלְבִּישָׁה עַל־יָדָיו וְעַל חֶלְקַת צַוָּארָיו׃ וַתִּתֵּן אֶת־הַמַּטְעַמִּים
יח וְאֶת־הַלֶּחֶם אֲשֶׁר עָשָׂתָה בְּיַד יַעֲקֹב בְּנָהּ׃ וַיָּבֹא אֶל־אָבִיו
יט וַיֹּאמֶר אָבִי וַיֹּאמֶר הִנֶּנִּי מִי אַתָּה בְּנִי׃ וַיֹּאמֶר יַעֲקֹב אֶל־אָבִיו
אָנֹכִי עֵשָׂו בְּכֹרֶךָ עָשִׂיתִי כַּאֲשֶׁר דִּבַּרְתָּ אֵלָי קוּם־נָא שְׁבָה
כ וְאָכְלָה מִצֵּידִי בַּעֲבוּר תְּבָרְכַנִּי נַפְשֶׁךָ׃ וַיֹּאמֶר יִצְחָק אֶל־בְּנוֹ
מַה־זֶּה מִהַרְתָּ לִמְצֹא בְּנִי וַיֹּאמֶר כִּי הִקְרָה יְהוָה אֱלֹהֶיךָ
כא לְפָנָי׃ וַיֹּאמֶר יִצְחָק אֶל־יַעֲקֹב גְּשָׁה־נָּא וַאֲמֻשְׁךָ בְּנִי הַאַתָּה
כב זֶה בְּנִי עֵשָׂו אִם־לֹא׃ וַיִּגַּשׁ יַעֲקֹב אֶל־יִצְחָק אָבִיו וַיְמֻשֵּׁהוּ
כג וַיֹּאמֶר הַקֹּל קוֹל יַעֲקֹב וְהַיָּדַיִם יְדֵי עֵשָׂו׃ וְלֹא הִכִּירוֹ כִּי־הָיוּ
כד יָדָיו כִּידֵי עֵשָׂו אָחִיו שְׂעִרֹת וַיְבָרְכֵהוּ׃ וַיֹּאמֶר אַתָּה זֶה בְּנִי
כה עֵשָׂו וַיֹּאמֶר אָנִי׃ וַיֹּאמֶר הַגִּשָׁה לִּי וְאֹכְלָה מִצֵּיד בְּנִי לְמַעַן
כו תְּבָרֶכְךָ נַפְשִׁי וַיַּגֶּשׁ־לוֹ וַיֹּאכַל וַיָּבֵא לוֹ יַיִן וַיֵּשְׁתְּ׃ וַיֹּאמֶר אֵלָיו
כז יִצְחָק אָבִיו גְּשָׁה־נָּא וּשְׁקָה־לִּי בְּנִי׃ וַיִּגַּשׁ וַיִּשַּׁק־לוֹ וַיָּרַח אֶת־רֵיחַ
בְּגָדָיו וַיְבָרְכֵהוּ וַיֹּאמֶר רְאֵה רֵיחַ בְּנִי כְּרֵיחַ שָׂדֶה אֲשֶׁר בֵּרֲכוֹ
כח יְהוָה׃ וְיִתֶּן־לְךָ הָאֱלֹהִים מִטַּל הַשָּׁמַיִם וּמִשְׁמַנֵּי הָאָרֶץ וְרֹב כה ששי
כט דָּגָן וְתִירֹשׁ׃ יַעַבְדוּךָ עַמִּים וְיִשְׁתַּחֲוֻ לְךָ לְאֻמִּים הֱוֵה גְבִיר
לְאַחֶיךָ וְיִשְׁתַּחֲווּ לְךָ בְּנֵי אִמֶּךָ אֹרְרֶיךָ אָרוּר וּמְבָרְכֶיךָ בָּרוּךְ׃
ל וַיְהִי כַּאֲשֶׁר כִּלָּה יִצְחָק לְבָרֵךְ אֶת־יַעֲקֹב וַיְהִי אַךְ יָצֹא יָצָא
לא יַעֲקֹב מֵאֵת פְּנֵי יִצְחָק אָבִיו וְעֵשָׂו אָחִיו בָּא מִצֵּידוֹ׃ וַיַּעַשׂ גַּם־
הוּא מַטְעַמִּים וַיָּבֵא לְאָבִיו וַיֹּאמֶר לְאָבִיו יָקֻם אָבִי וְיֹאכַל
לב מִצֵּיד בְּנוֹ בַּעֲבֻר תְּבָרְכַנִּי נַפְשֶׁךָ׃ וַיֹּאמֶר לוֹ יִצְחָק אָבִיו מִי־
לג אָתָּה וַיֹּאמֶר אֲנִי בִּנְךָ בְכֹרְךָ עֵשָׂו׃ וַיֶּחֱרַד יִצְחָק חֲרָדָה גְּדֹלָה
עַד־מְאֹד וַיֹּאמֶר מִי־אֵפוֹא הוּא הַצָּד־צַיִד וַיָּבֵא לִי וָאֹכַל
לד מִכֹּל בְּטֶרֶם תָּבוֹא וָאֲבָרֲכֵהוּ גַּם־בָּרוּךְ יִהְיֶה׃ כִּשְׁמֹעַ עֵשָׂו
אֶת־דִּבְרֵי אָבִיו וַיִּצְעַק צְעָקָה גְּדֹלָה וּמָרָה עַד־מְאֹד וַיֹּאמֶר
לה לְאָבִיו בָּרְכֵנִי גַם־אָנִי אָבִי׃ וַיֹּאמֶר בָּא אָחִיךָ בְּמִרְמָה וַיִּקַּח
לו בִּרְכָתֶךָ׃ וַיֹּאמֶר הֲכִי קָרָא שְׁמוֹ יַעֲקֹב וַיַּעְקְבֵנִי זֶה פַעֲמַיִם

את־בכרתי לקח והנה עתה לקח ברכתי ויאמר הלא־
לז אצלת לי ברכה: ויען יצחק ויאמר לעשו הן גביר שמתיו
לך ואת־כל־אחיו נתתי לו לעבדים ודגן ותירש סמכתיו
לח ולכה אפוא מה אעשה בני: ויאמר עשו אל־אביו הברכה
אחת הוא־לך אבי ברכני גם־אני אבי וישא עשו קלו
לט ויבך: ויען יצחק אביו ויאמר אליו הנה משמני הארץ
מ יהיה מושבך ומטל השמים מעל: ועל־חרבך תחיה ואת־
אחיך תעבד והיה כאשר תריד ופרקת עלו מעל צוארך:
מא וישטם עשו את־יעקב על־הברכה אשר ברכו אביו ויאמר
עשו בלבו יקרבו ימי אבל אבי ואהרגה את־יעקב אחי:
מב ויגד לרבקה את־דברי עשו בנה הגדל ותשלח ותקרא
ליעקב בנה הקטן ותאמר אליו הנה עשו אחיך מתנחם לך
מג להרגך: ועתה בני שמע בקלי וקום ברח־לך אל־לבן אחי
מד חרנה: וישבת עמו ימים אחדים עד אשר־תשוב חמת אחיך:
מה עד־שוב אף־אחיך ממך ושכח את אשר־עשית לו ושלחתי
מו ולקחתיך משם למה אשכל גם־שניכם יום אחד: ותאמר
רבקה אל־יצחק קצתי בחיי מפני בנות חת אם־לקח יעקב
כח א אשה מבנות־חת כאלה מבנות הארץ למה לי חיים: ויקרא
יצחק אל־יעקב ויברך אתו ויצוהו ויאמר לו לא־תקח
ב אשה מבנות כנען: קום לך פדנה ארם ביתה בתואל אבי
ג אמך וקח־לך משם אשה מבנות לבן אחי אמך: ואל שדי
ד יברך אתך ויפרך וירבך והיית לקהל עמים: ויתן־לך את־
ברכת אברהם לך ולזרעך אתך לרשתך את־ארץ מגריך
שביעי ה אשר־נתן אלהים לאברהם: וישלח יצחק את־יעקב וילך
פדנה ארם אל־לבן בן־בתואל הארמי אחי רבקה אם
ו יעקב ועשו: וירא עשו כי־ברך יצחק את־יעקב ושלח אתו
פדנה ארם לקחת־לו משם אשה בברכו אתו ויצו עליו

ז לֵאמֹר לֹא־תִקַּח אִשָּׁה מִבְּנוֹת כְּנָעַן׃ וַיִּשְׁמַע יַעֲקֹב אֶל־ מפטיר
ח אָבִיו וְאֶל־אִמּוֹ וַיֵּלֶךְ פַּדֶּנָה אֲרָם׃ וַיַּרְא עֵשָׂו כִּי רָעוֹת בְּנוֹת
ט כְּנָעַן בְּעֵינֵי יִצְחָק אָבִיו׃ וַיֵּלֶךְ עֵשָׂו אֶל־יִשְׁמָעֵאל וַיִּקַּח אֶת־
מָחֲלַת ׀ בַּת־יִשְׁמָעֵאל בֶּן־אַבְרָהָם אֲחוֹת נְבָיוֹת עַל־נָשָׁיו לוֹ
י לְאִשָּׁה׃ וַיֵּצֵא יַעֲקֹב מִבְּאֵר שָׁבַע וַיֵּלֶךְ כו ויצא
יא חָרָנָה׃ וַיִּפְגַּע בַּמָּקוֹם וַיָּלֶן שָׁם כִּי־בָא הַשֶּׁמֶשׁ וַיִּקַּח מֵאַבְנֵי
יב הַמָּקוֹם וַיָּשֶׂם מְרַאֲשֹׁתָיו וַיִּשְׁכַּב בַּמָּקוֹם הַהוּא׃ וַיַּחֲלֹם וְהִנֵּה
סֻלָּם מֻצָּב אַרְצָה וְרֹאשׁוֹ מַגִּיעַ הַשָּׁמָיְמָה וְהִנֵּה מַלְאֲכֵי
יג אֱלֹהִים עֹלִים וְיֹרְדִים בּוֹ׃ וְהִנֵּה יהוה נִצָּב עָלָיו וַיֹּאמַר אֲנִי
יהוה אֱלֹהֵי אַבְרָהָם אָבִיךָ וֵאלֹהֵי יִצְחָק הָאָרֶץ אֲשֶׁר אַתָּה
יד שֹׁכֵב עָלֶיהָ לְךָ אֶתְּנֶנָּה וּלְזַרְעֶךָ׃ וְהָיָה זַרְעֲךָ כַּעֲפַר הָאָרֶץ
וּפָרַצְתָּ יָמָּה וָקֵדְמָה וְצָפֹנָה וָנֶגְבָּה וְנִבְרְכוּ בְךָ כָּל־מִשְׁפְּחֹת
טו הָאֲדָמָה וּבְזַרְעֶךָ׃ וְהִנֵּה אָנֹכִי עִמָּךְ וּשְׁמַרְתִּיךָ בְּכֹל אֲשֶׁר־תֵּלֵךְ
וַהֲשִׁבֹתִיךָ אֶל־הָאֲדָמָה הַזֹּאת כִּי לֹא אֶעֱזָבְךָ עַד אֲשֶׁר אִם־
טז עָשִׂיתִי אֵת אֲשֶׁר־דִּבַּרְתִּי לָךְ׃ וַיִּיקַץ יַעֲקֹב מִשְּׁנָתוֹ וַיֹּאמֶר
יז אָכֵן יֵשׁ יהוה בַּמָּקוֹם הַזֶּה וְאָנֹכִי לֹא יָדָעְתִּי׃ וַיִּירָא וַיֹּאמַר
מַה־נּוֹרָא הַמָּקוֹם הַזֶּה אֵין זֶה כִּי אִם־בֵּית אֱלֹהִים וְזֶה
יח שַׁעַר הַשָּׁמָיִם׃ וַיַּשְׁכֵּם יַעֲקֹב בַּבֹּקֶר וַיִּקַּח אֶת־הָאֶבֶן אֲשֶׁר־
שָׂם מְרַאֲשֹׁתָיו וַיָּשֶׂם אֹתָהּ מַצֵּבָה וַיִּצֹק שֶׁמֶן עַל־רֹאשָׁהּ׃
יט וַיִּקְרָא אֶת־שֵׁם־הַמָּקוֹם הַהוּא בֵּית־אֵל וְאוּלָם לוּז שֵׁם־הָעִיר
כ לָרִאשֹׁנָה׃ וַיִּדַּר יַעֲקֹב נֶדֶר לֵאמֹר אִם־יִהְיֶה אֱלֹהִים עִמָּדִי
וּשְׁמָרַנִי בַּדֶּרֶךְ הַזֶּה אֲשֶׁר אָנֹכִי הוֹלֵךְ וְנָתַן־לִי לֶחֶם לֶאֱכֹל
כא וּבֶגֶד לִלְבֹּשׁ׃ וְשַׁבְתִּי בְשָׁלוֹם אֶל־בֵּית אָבִי וְהָיָה יהוה לִי
כב לֵאלֹהִים׃ וְהָאֶבֶן הַזֹּאת אֲשֶׁר־שַׂמְתִּי מַצֵּבָה יִהְיֶה בֵּית
כט א אֱלֹהִים וְכֹל אֲשֶׁר תִּתֶּן־לִי עַשֵּׂר אֲעַשְּׂרֶנּוּ לָךְ׃ וַיִּשָּׂא יַעֲקֹב שני
ב רַגְלָיו וַיֵּלֶךְ אַרְצָה בְנֵי־קֶדֶם׃ וַיַּרְא וְהִנֵּה בְאֵר בַּשָּׂדֶה וְהִנֵּה־
שָׁם שְׁלֹשָׁה עֶדְרֵי־צֹאן רֹבְצִים עָלֶיהָ כִּי מִן־הַבְּאֵר הַהִוא

ג יַשְׁקוּ הָעֲדָרִים וְהָאֶבֶן גְּדֹלָה עַל־פִּי הַבְּאֵר׃ וְנֶאֶסְפוּ־שָׁמָּה
כָל־הָעֲדָרִים וְגָלְלוּ אֶת־הָאֶבֶן מֵעַל פִּי הַבְּאֵר וְהִשְׁקוּ אֶת־הַצֹּאן
ד וְהֵשִׁיבוּ אֶת־הָאֶבֶן עַל־פִּי הַבְּאֵר לִמְקֹמָהּ׃ וַיֹּאמֶר לָהֶם יַעֲקֹב
ה אַחַי מֵאַיִן אַתֶּם וַיֹּאמְרוּ מֵחָרָן אֲנָחְנוּ׃ וַיֹּאמֶר לָהֶם הַיְדַעְתֶּם
ו אֶת־לָבָן בֶּן־נָחוֹר וַיֹּאמְרוּ יָדָעְנוּ׃ וַיֹּאמֶר לָהֶם הֲשָׁלוֹם לוֹ
ז וַיֹּאמְרוּ שָׁלוֹם וְהִנֵּה רָחֵל בִּתּוֹ בָּאָה עִם־הַצֹּאן׃ וַיֹּאמֶר הֵן
עוֹד הַיּוֹם גָּדוֹל לֹא־עֵת הֵאָסֵף הַמִּקְנֶה הַשְׁקוּ הַצֹּאן וּלְכוּ
ח רְעוּ׃ וַיֹּאמְרוּ לֹא נוּכַל עַד אֲשֶׁר יֵאָסְפוּ כָּל־הָעֲדָרִים וְגָלְלוּ
ט אֶת־הָאֶבֶן מֵעַל פִּי הַבְּאֵר וְהִשְׁקִינוּ הַצֹּאן׃ עוֹדֶנּוּ מְדַבֵּר עִמָּם
י וְרָחֵל ׀ בָּאָה עִם־הַצֹּאן אֲשֶׁר לְאָבִיהָ כִּי רֹעָה הִוא׃ וַיְהִי
כַּאֲשֶׁר רָאָה יַעֲקֹב אֶת־רָחֵל בַּת־לָבָן אֲחִי אִמּוֹ וְאֶת־צֹאן
לָבָן אֲחִי אִמּוֹ וַיִּגַּשׁ יַעֲקֹב וַיָּגֶל אֶת־הָאֶבֶן מֵעַל פִּי הַבְּאֵר
יא וַיַּשְׁקְ אֶת־צֹאן לָבָן אֲחִי אִמּוֹ׃ וַיִּשַּׁק יַעֲקֹב לְרָחֵל וַיִּשָּׂא
יב אֶת־קֹלוֹ וַיֵּבְךְּ׃ וַיַּגֵּד יַעֲקֹב לְרָחֵל כִּי אֲחִי אָבִיהָ הוּא וְכִי
יג בֶן־רִבְקָה הוּא וַתָּרָץ וַתַּגֵּד לְאָבִיהָ׃ וַיְהִי כִשְׁמֹעַ לָבָן אֶת־
שֵׁמַע ׀ יַעֲקֹב בֶּן־אֲחֹתוֹ וַיָּרָץ לִקְרָאתוֹ וַיְחַבֶּק־לוֹ וַיְנַשֶּׁק־לוֹ
וַיְבִיאֵהוּ אֶל־בֵּיתוֹ וַיְסַפֵּר לְלָבָן אֵת כָּל־הַדְּבָרִים הָאֵלֶּה׃
יד וַיֹּאמֶר לוֹ לָבָן אַךְ עַצְמִי וּבְשָׂרִי אָתָּה וַיֵּשֶׁב עִמּוֹ חֹדֶשׁ יָמִים׃
טו וַיֹּאמֶר לָבָן לְיַעֲקֹב הֲכִי־אָחִי אַתָּה וַעֲבַדְתַּנִי חִנָּם הַגִּידָה
טז לִּי מַה־מַּשְׂכֻּרְתֶּךָ׃ וּלְלָבָן שְׁתֵּי בָנוֹת שֵׁם הַגְּדֹלָה לֵאָה
יז וְשֵׁם הַקְּטַנָּה רָחֵל׃ וְעֵינֵי לֵאָה רַכּוֹת וְרָחֵל הָיְתָה יְפַת־
שלישי יח תֹּאַר וִיפַת מַרְאֶה׃ וַיֶּאֱהַב יַעֲקֹב אֶת־רָחֵל וַיֹּאמֶר אֶעֱבָדְךָ
יט שֶׁבַע שָׁנִים בְּרָחֵל בִּתְּךָ הַקְּטַנָּה׃ וַיֹּאמֶר לָבָן טוֹב תִּתִּי
כ אֹתָהּ לָךְ מִתִּתִּי אֹתָהּ לְאִישׁ אַחֵר שְׁבָה עִמָּדִי׃ וַיַּעֲבֹד יַעֲקֹב
בְּרָחֵל שֶׁבַע שָׁנִים וַיִּהְיוּ בְעֵינָיו כְּיָמִים אֲחָדִים בְּאַהֲבָתוֹ
כא אֹתָהּ׃ וַיֹּאמֶר יַעֲקֹב אֶל־לָבָן הָבָה אֶת־אִשְׁתִּי כִּי מָלְאוּ
כב יָמָי וְאָבוֹאָה אֵלֶיהָ׃ וַיֶּאֱסֹף לָבָן אֶת־כָּל־אַנְשֵׁי הַמָּקוֹם

כג ויעש משתה: ויהי בערב ויקח את־לאה בתו ויבא אתה
כד אליו ויבא אליה: ויתן לבן לה את־זלפה שפחתו ללאה
כה בתו שפחה: ויהי בבקר והנה־הוא לאה ויאמר אל־לבן
מה־זאת עשית לי הלא ברחל עבדתי עמך ולמה רמיתני:
כו ויאמר לבן לא־יעשה כן במקומנו לתת הצעירה לפני
כז הבכירה: מלא שבע זאת ונתנה לך גם־את־זאת בעבדה
כח אשר תעבד עמדי עוד שבע־שנים אחרות: ויעש יעקב כן
כט וימלא שבע זאת ויתן־לו את־רחל בתו לו לאשה: ויתן
ל לבן לרחל בתו את־בלהה שפחתו לה לשפחה: ויבא גם
אל־רחל ויאהב גם־את־רחל מלאה ויעבד עמו עוד שבע־
לא שנים אחרות: וירא יהוה כי־שנואה לאה ויפתח את־רחמה כז
לב ורחל עקרה: ותהר לאה ותלד בן ותקרא שמו ראובן כי
לג אמרה כי־ראה יהוה בעניי כי עתה יאהבני אישי: ותהר
עוד ותלד בן ותאמר כי־שמע יהוה כי־שנואה אנכי ויתן־
לד לי גם־את־זה ותקרא שמו שמעון: ותהר עוד ותלד בן
ותאמר עתה הפעם ילוה אישי אלי כי־ילדתי לו שלשה
לה בנים על־כן קרא־שמו לוי: ותהר עוד ותלד בן ותאמר
הפעם אודה את־יהוה על־כן קראה שמו יהודה ותעמד
ל א מלדת: ותרא רחל כי לא ילדה ליעקב ותקנא רחל באחתה
ב ותאמר אל־יעקב הבה־לי בנים ואם־אין מתה אנכי: ויחר־
אף יעקב ברחל ויאמר התחת אלהים אנכי אשר־מנע ממך
ג פרי־בטן: ותאמר הנה אמתי בלהה בא אליה ותלד על־
ד ברכי ואבנה גם־אנכי ממנה: ותתן־לו את־בלהה שפחתה
ה לאשה ויבא אליה יעקב: ותהר בלהה ותלד ליעקב בן:
ו ותאמר רחל דנני אלהים וגם שמע בקלי ויתן־לי בן על־
ז כן קראה שמו דן: ותהר עוד ותלד בלהה שפחת רחל בן
ח שני ליעקב: ותאמר רחל נפתולי אלהים | נפתלתי עם־

ט אֲחֹתִ֖י גַּם־יָכֹ֑לְתִּי וַתִּקְרָ֥א שְׁמ֖וֹ נַפְתָּלִֽי׃ וַתֵּ֣רֶא לֵאָ֔ה כִּ֥י עָמְדָ֖ה
מִלֶּ֑דֶת וַתִּקַּח֙ אֶת־זִלְפָּ֣ה שִׁפְחָתָ֔הּ וַתִּתֵּ֥ן אֹתָ֛הּ לְיַעֲקֹ֖ב לְאִשָּֽׁה׃
י יא וַתֵּ֗לֶד זִלְפָּ֛ה שִׁפְחַ֥ת לֵאָ֖ה לְיַעֲקֹ֥ב בֵּֽן׃ וַתֹּ֥אמֶר לֵאָ֖ה בגד בָּ֣א גָ֑ד
יב וַתִּקְרָ֥א אֶת־שְׁמ֖וֹ גָּֽד׃ וַתֵּ֗לֶד זִלְפָּה֙ שִׁפְחַ֣ת לֵאָ֔ה בֵּ֥ן שֵׁנִ֖י לְיַעֲקֹֽב׃
יג וַתֹּ֣אמֶר לֵאָ֔ה בְּאָשְׁרִ֕י כִּ֥י אִשְּׁר֖וּנִי בָּנ֑וֹת וַתִּקְרָ֥א אֶת־שְׁמ֖וֹ
יד אָשֵֽׁר׃ וַיֵּ֨לֶךְ רְאוּבֵ֜ן בִּימֵ֣י קְצִיר־חִטִּ֗ים וַיִּמְצָ֤א דֽוּדָאִים֙ בַּשָּׂדֶ֔ה רביעי
וַיָּבֵ֣א אֹתָ֔ם אֶל־לֵאָ֖ה אִמּ֑וֹ וַתֹּ֤אמֶר רָחֵל֙ אֶל־לֵאָ֔ה תְּנִי־נָ֣א לִ֔י
טו מִדּוּדָאֵ֖י בְּנֵֽךְ׃ וַתֹּ֨אמֶר לָ֜הּ הַמְעַט֙ קַחְתֵּ֣ךְ אֶת־אִישִׁ֔י וְלָקַ֕חַת
גַּ֛ם אֶת־דּוּדָאֵ֖י בְּנִ֑י וַתֹּ֣אמֶר רָחֵ֗ל לָכֵן֙ יִשְׁכַּ֤ב עִמָּךְ֙ הַלַּ֔יְלָה
טז תַּ֖חַת דּוּדָאֵ֥י בְנֵֽךְ׃ וַיָּבֹ֨א יַעֲקֹ֣ב מִן־הַשָּׂדֶה֮ בָּעֶ֒רֶב֒ וַתֵּצֵ֨א לֵאָ֜ה
לִקְרָאת֗וֹ וַתֹּ֙אמֶר֙ אֵלַ֣י תָּב֔וֹא כִּ֚י שָׂכֹ֣ר שְׂכַרְתִּ֔יךָ בְּדוּדָאֵ֖י בְּנִ֑י
יז וַיִּשְׁכַּ֥ב עִמָּ֖הּ בַּלַּ֥יְלָה הֽוּא׃ וַיִּשְׁמַ֥ע אֱלֹהִ֖ים אֶל־לֵאָ֑ה וַתַּ֛הַר
יח וַתֵּ֥לֶד לְיַעֲקֹ֖ב בֵּ֥ן חֲמִישִֽׁי׃ וַתֹּ֣אמֶר לֵאָ֗ה נָתַ֤ן אֱלֹהִים֙ שְׂכָרִ֔י
יט אֲשֶׁר־נָתַ֥תִּי שִׁפְחָתִ֖י לְאִישִׁ֑י וַתִּקְרָ֥א שְׁמ֖וֹ יִשָּׂשכָֽר׃ וַתַּ֤הַר עוֹד֙
כ לֵאָ֔ה וַתֵּ֥לֶד בֵּן־שִׁשִּׁ֖י לְיַעֲקֹֽב׃ וַתֹּ֣אמֶר לֵאָ֗ה זְבָדַ֨נִי אֱלֹהִ֥ים ׀ אֹתִי֮
זֵ֣בֶד טוֹב֒ הַפַּ֙עַם֙ יִזְבְּלֵ֣נִי אִישִׁ֔י כִּֽי־יָלַ֥דְתִּי ל֖וֹ שִׁשָּׁ֣ה בָנִ֑ים וַתִּקְרָ֥א
כא אֶת־שְׁמ֖וֹ זְבֻלֽוּן׃ וְאַחַ֖ר יָ֣לְדָה בַּ֑ת וַתִּקְרָ֥א אֶת־שְׁמָ֖הּ דִּינָֽה׃
כב וַיִּזְכֹּ֥ר אֱלֹהִ֖ים אֶת־רָחֵ֑ל וַיִּשְׁמַ֤ע אֵלֶ֙יהָ֙ אֱלֹהִ֔ים וַיִּפְתַּ֖ח אֶת־ כח
כג רַחְמָֽהּ׃ וַתַּ֖הַר וַתֵּ֣לֶד בֵּ֑ן וַתֹּ֕אמֶר אָסַ֥ף אֱלֹהִ֖ים אֶת־חֶרְפָּתִֽי׃
כד כה וַתִּקְרָ֧א אֶת־שְׁמ֛וֹ יוֹסֵ֖ף לֵאמֹ֑ר יֹסֵ֧ף יְהוָ֛ה לִ֖י בֵּ֥ן אַחֵֽר׃ וַיְהִ֕י
כַּאֲשֶׁ֛ר יָלְדָ֥ה רָחֵ֖ל אֶת־יוֹסֵ֑ף וַיֹּ֤אמֶר יַעֲקֹב֙ אֶל־לָבָ֔ן שַׁלְּחֵ֙נִי֙
כו וְאֵ֣לְכָ֔ה אֶל־מְקוֹמִ֖י וּלְאַרְצִֽי׃ תְּנָ֞ה אֶת־נָשַׁ֣י וְאֶת־יְלָדַ֗י אֲשֶׁ֨ר
עָבַ֧דְתִּי אֹֽתְךָ֛ בָּהֵ֖ן וְאֵלֵ֑כָה כִּ֚י אַתָּ֣ה יָדַ֔עְתָּ אֶת־עֲבֹדָתִ֖י אֲשֶׁ֥ר
כז עֲבַדְתִּֽיךָ׃ וַיֹּ֤אמֶר אֵלָיו֙ לָבָ֔ן אִם־נָ֛א מָצָ֥אתִי חֵ֖ן בְּעֵינֶ֑יךָ נִחַ֕שְׁתִּי
כח וַיְבָרְכֵ֥נִי יְהוָ֖ה בִּגְלָלֶֽךָ׃ וַיֹּאמַ֑ר נָקְבָ֧ה שְׂכָרְךָ֛ עָלַ֖י וְאֶתֵּֽנָה׃ חמישי
כט וַיֹּ֣אמֶר אֵלָ֔יו אַתָּ֣ה יָדַ֔עְתָּ אֵ֖ת אֲשֶׁ֣ר עֲבַדְתִּ֑יךָ וְאֵ֛ת אֲשֶׁר־הָיָ֥ה
ל מִקְנְךָ֖ אִתִּֽי׃ כִּ֡י מְעַט֩ אֲשֶׁר־הָיָ֨ה לְךָ֤ לְפָנַי֙ וַיִּפְרֹ֣ץ לָרֹ֔ב וַיְבָ֧רֶךְ

מד

לא יְהוָה אֹתְךָ לְרַגְלִי וְעַתָּה מָתַי אֶעֱשֶׂה גַם־אָנֹכִי לְבֵיתִי׃ וַיֹּאמֶר
מָה אֶתֶּן־לָךְ וַיֹּאמֶר יַעֲקֹב לֹא־תִתֶּן־לִי מְאוּמָה אִם־תַּעֲשֶׂה־
לב לִּי הַדָּבָר הַזֶּה אָשׁוּבָה אֶרְעֶה צֹאנְךָ אֶשְׁמֹר׃ אֶעֱבֹר בְּכָל־
צֹאנְךָ הַיּוֹם הָסֵר מִשָּׁם כָּל־שֶׂה ׀ נָקֹד וְטָלוּא וְכָל־שֶׂה־חוּם
לג בַּכְּשָׂבִים וְטָלוּא וְנָקֹד בָּעִזִּים וְהָיָה שְׂכָרִי׃ וְעָנְתָה־בִּי צִדְקָתִי
בְּיוֹם מָחָר כִּי־תָבוֹא עַל־שְׂכָרִי לְפָנֶיךָ כֹּל אֲשֶׁר־אֵינֶנּוּ נָקֹד
לד וְטָלוּא בָּעִזִּים וְחוּם בַּכְּשָׂבִים גָּנוּב הוּא אִתִּי׃ וַיֹּאמֶר לָבָן
לה הֵן לוּ יְהִי כִדְבָרֶךָ׃ וַיָּסַר בַּיּוֹם הַהוּא אֶת־הַתְּיָשִׁים הָעֲקֻדִּים
וְהַטְּלֻאִים וְאֵת כָּל־הָעִזִּים הַנְּקֻדּוֹת וְהַטְּלֻאֹת כֹּל אֲשֶׁר־לָבָן
לו בּוֹ וְכָל־חוּם בַּכְּשָׂבִים וַיִּתֵּן בְּיַד־בָּנָיו׃ וַיָּשֶׂם דֶּרֶךְ שְׁלֹשֶׁת יָמִים
לז בֵּינוֹ וּבֵין יַעֲקֹב וְיַעֲקֹב רֹעֶה אֶת־צֹאן לָבָן הַנּוֹתָרֹת׃ וַיִּקַּח־
לוֹ יַעֲקֹב מַקַּל לִבְנֶה לַח וְלוּז וְעַרְמוֹן וַיְפַצֵּל בָּהֵן פְּצָלוֹת
לח לְבָנוֹת מַחְשֹׂף הַלָּבָן אֲשֶׁר עַל־הַמַּקְלוֹת׃ וַיַּצֵּג אֶת־הַמַּקְלוֹת
אֲשֶׁר פִּצֵּל בָּרְהָטִים בְּשִׁקֲתוֹת הַמָּיִם אֲשֶׁר תָּבֹאןָ הַצֹּאן
לט לִשְׁתּוֹת לְנֹכַח הַצֹּאן וַיֵּחַמְנָה בְּבֹאָן לִשְׁתּוֹת׃ וַיֶּחֱמוּ הַצֹּאן
מ אֶל־הַמַּקְלוֹת וַתֵּלַדְןָ הַצֹּאן עֲקֻדִּים נְקֻדִּים וּטְלֻאִים׃ וְהַכְּשָׂבִים
הִפְרִיד יַעֲקֹב וַיִּתֵּן פְּנֵי הַצֹּאן אֶל־עָקֹד וְכָל־חוּם בְּצֹאן לָבָן
מא וַיָּשֶׁת לוֹ עֲדָרִים לְבַדּוֹ וְלֹא שָׁתָם עַל־צֹאן לָבָן׃ וְהָיָה בְּכָל־
יַחֵם הַצֹּאן הַמְקֻשָּׁרוֹת וְשָׂם יַעֲקֹב אֶת־הַמַּקְלוֹת לְעֵינֵי הַצֹּאן
מב בָּרְהָטִים לְיַחְמֵנָּה בַּמַּקְלוֹת׃ וּבְהַעֲטִיף הַצֹּאן לֹא יָשִׂים וְהָיָה
מג הָעֲטֻפִים לְלָבָן וְהַקְּשֻׁרִים לְיַעֲקֹב׃ וַיִּפְרֹץ הָאִישׁ מְאֹד מְאֹד
לא א וַיְהִי־לוֹ צֹאן רַבּוֹת וּשְׁפָחוֹת וַעֲבָדִים וּגְמַלִּים וַחֲמֹרִים׃ וַיִּשְׁמַע
אֶת־דִּבְרֵי בְנֵי־לָבָן לֵאמֹר לָקַח יַעֲקֹב אֵת כָּל־אֲשֶׁר לְאָבִינוּ
ב וּמֵאֲשֶׁר לְאָבִינוּ עָשָׂה אֵת כָּל־הַכָּבֹד הַזֶּה׃ וַיַּרְא יַעֲקֹב אֶת־
ג פְּנֵי לָבָן וְהִנֵּה אֵינֶנּוּ עִמּוֹ כִּתְמוֹל שִׁלְשׁוֹם׃ וַיֹּאמֶר יְהוָה אֶל־ כט
ד יַעֲקֹב שׁוּב אֶל־אֶרֶץ אֲבוֹתֶיךָ וּלְמוֹלַדְתֶּךָ וְאֶהְיֶה עִמָּךְ׃ וַיִּשְׁלַח
ה יַעֲקֹב וַיִּקְרָא לְרָחֵל וּלְלֵאָה הַשָּׂדֶה אֶל־צֹאנוֹ׃ וַיֹּאמֶר לָהֶן

רֹאֶ֤ה אָנֹכִי֙ אֶת־פְּנֵ֣י אֲבִיכֶ֔ן כִּי־אֵינֶ֥נּוּ אֵלַ֖י כִּתְמֹ֣ל שִׁלְשֹׁ֑ם וֵאלֹהֵ֣י
ו אָבִ֔י הָיָ֖ה עִמָּדִֽי׃ וְאַתֵּ֖נָה יְדַעְתֶּ֑ן כִּ֚י בְּכָל־כֹּחִ֔י עָבַ֖דְתִּי אֶת־
ז אֲבִיכֶֽן׃ וַאֲבִיכֶן֙ הֵ֣תֶל בִּ֔י וְהֶחֱלִ֥ף אֶת־מַשְׂכֻּרְתִּ֖י עֲשֶׂ֣רֶת מֹנִ֑ים
ח וְלֹֽא־נְתָנ֣וֹ אֱלֹהִ֔ים לְהָרַ֖ע עִמָּדִֽי׃ אִם־כֹּ֣ה יֹאמַ֗ר נְקֻדִּים֙ יִהְיֶ֣ה
שְׂכָרֶ֔ךָ וְיָלְד֥וּ כָל־הַצֹּ֖אן נְקֻדִּ֑ים וְאִם־כֹּ֣ה יֹאמַ֗ר עֲקֻדִּים֙ יִהְיֶ֣ה
ט שְׂכָרֶ֔ךָ וְיָלְד֥וּ כָל־הַצֹּ֖אן עֲקֻדִּֽים׃ וַיַּצֵּ֧ל אֱלֹהִ֛ים אֶת־מִקְנֵ֥ה
י אֲבִיכֶ֖ם וַיִּתֶּן־לִֽי׃ וַיְהִ֗י בְּעֵת֙ יַחֵ֣ם הַצֹּ֔אן וָאֶשָּׂ֥א עֵינַ֛י וָאֵ֖רֶא
בַּחֲל֑וֹם וְהִנֵּ֤ה הָֽעַתֻּדִים֙ הָעֹלִ֣ים עַל־הַצֹּ֔אן עֲקֻדִּ֥ים נְקֻדִּ֖ים
יא וּבְרֻדִּֽים׃ וַיֹּ֨אמֶר אֵלַ֜י מַלְאַ֧ךְ הָאֱלֹהִ֛ים בַּחֲל֖וֹם יַעֲקֹ֑ב וָאֹמַ֖ר
יב הִנֵּֽנִי׃ וַיֹּ֗אמֶר שָׂא־נָ֨א עֵינֶ֤יךָ וּרְאֵה֙ כָּל־הָֽעַתֻּדִים֙ הָעֹלִ֣ים עַל־
הַצֹּ֔אן עֲקֻדִּ֥ים נְקֻדִּ֖ים וּבְרֻדִּ֑ים כִּ֣י רָאִ֔יתִי אֵ֛ת כָּל־אֲשֶׁ֥ר לָבָ֖ן
יג עֹ֥שֶׂה לָּֽךְ׃ אָנֹכִ֤י הָאֵל֙ בֵּֽית־אֵ֔ל אֲשֶׁ֨ר מָשַׁ֤חְתָּ שָּׁם֙ מַצֵּבָ֔ה אֲשֶׁ֨ר
נָדַ֥רְתָּ לִּ֛י שָׁ֖ם נֶ֑דֶר עַתָּ֗ה ק֥וּם צֵא֙ מִן־הָאָ֣רֶץ הַזֹּ֔את וְשׁ֖וּב אֶל־
יד אֶ֥רֶץ מוֹלַדְתֶּֽךָ׃ וַתַּ֤עַן רָחֵל֙ וְלֵאָ֔ה וַתֹּאמַ֖רְנָה ל֑וֹ הַע֥וֹד לָ֛נוּ
טו חֵ֥לֶק וְנַחֲלָ֖ה בְּבֵ֥ית אָבִֽינוּ׃ הֲל֧וֹא נָכְרִיּ֛וֹת נֶחְשַׁ֥בְנוּ ל֖וֹ כִּ֣י
טז מְכָרָ֑נוּ וַיֹּ֥אכַל גַּם־אָכ֖וֹל אֶת־כַּסְפֵּֽנוּ׃ כִּ֣י כָל־הָעֹ֗שֶׁר אֲשֶׁ֨ר הִצִּ֤יל
אֱלֹהִים֙ מֵֽאָבִ֔ינוּ לָ֥נוּ ה֖וּא וּלְבָנֵ֑ינוּ וְעַתָּ֗ה כֹּל֩ אֲשֶׁ֨ר אָמַ֧ר אֱלֹהִ֛ים
ששי יז אֵלֶ֖יךָ עֲשֵֽׂה׃ וַיָּ֖קָם יַעֲקֹ֑ב וַיִּשָּׂ֛א אֶת־בָּנָ֥יו וְאֶת־נָשָׁ֖יו עַל־
יח הַגְּמַלִּֽים׃ וַיִּנְהַ֣ג אֶת־כָּל־מִקְנֵ֗הוּ וְאֶת־כָּל־רְכֻשׁוֹ֙ אֲשֶׁ֣ר רָכָ֔שׁ
מִקְנֵה֙ קִנְיָנ֔וֹ אֲשֶׁ֥ר רָכַ֖שׁ בְּפַדַּ֣ן אֲרָ֑ם לָב֛וֹא אֶל־יִצְחָ֥ק אָבִ֖יו
יט אַ֥רְצָה כְּנָֽעַן׃ וְלָבָ֣ן הָלַ֔ךְ לִגְזֹ֖ז אֶת־צֹאנ֑וֹ וַתִּגְנֹ֣ב רָחֵ֔ל אֶת־
כ הַתְּרָפִ֖ים אֲשֶׁ֥ר לְאָבִֽיהָ׃ וַיִּגְנֹ֣ב יַעֲקֹ֔ב אֶת־לֵ֥ב לָבָ֖ן הָאֲרַמִּ֑י
כא עַל־בְּלִי֙ הִגִּ֣יד ל֔וֹ כִּ֥י בֹרֵ֖חַ הֽוּא׃ וַיִּבְרַ֥ח הוּא֙ וְכָל־אֲשֶׁר־ל֔וֹ
כב וַיָּ֖קָם וַיַּעֲבֹ֣ר אֶת־הַנָּהָ֑ר וַיָּ֥שֶׂם אֶת־פָּנָ֖יו הַ֥ר הַגִּלְעָֽד׃ וַיֻּגַּ֥ד לְלָבָ֖ן
כג בַּיּ֣וֹם הַשְּׁלִישִׁ֑י כִּ֥י בָרַ֖ח יַעֲקֹֽב׃ וַיִּקַּ֤ח אֶת־אֶחָיו֙ עִמּ֔וֹ וַיִּרְדֹּ֣ף
כד אַחֲרָ֔יו דֶּ֖רֶךְ שִׁבְעַ֣ת יָמִ֑ים וַיַּדְבֵּ֥ק אֹת֖וֹ בְּהַ֥ר הַגִּלְעָֽד׃ וַיָּבֹ֧א
אֱלֹהִ֛ים אֶל־לָבָ֥ן הָאֲרַמִּ֖י בַּחֲלֹ֣ם הַלָּ֑יְלָה וַיֹּ֣אמֶר ל֗וֹ הִשָּׁ֧מֶר לְךָ֛

כה פֶּן־תְּדַבֵּר עִם־יַעֲקֹב מִטּוֹב עַד־רָע׃ וַיַּשֵּׂג לָבָן אֶת־יַעֲקֹב
וְיַעֲקֹב תָּקַע אֶת־אָהֳלוֹ בָּהָר וְלָבָן תָּקַע אֶת־אֶחָיו בְּהַר
כו הַגִּלְעָד׃ וַיֹּאמֶר לָבָן לְיַעֲקֹב מֶה עָשִׂיתָ וַתִּגְנֹב אֶת־לְבָבִי
כז וַתְּנַהֵג אֶת־בְּנֹתַי כִּשְׁבֻיוֹת חָרֶב׃ לָמָּה נַחְבֵּאתָ לִבְרֹחַ וַתִּגְנֹב
אֹתִי וְלֹא־הִגַּדְתָּ לִּי וָאֲשַׁלֵּחֲךָ בְּשִׂמְחָה וּבְשִׁרִים בְּתֹף וּבְכִנּוֹר׃
כח כט וְלֹא נְטַשְׁתַּנִי לְנַשֵּׁק לְבָנַי וְלִבְנֹתָי עַתָּה הִסְכַּלְתָּ עֲשׂוֹ׃ יֶשׁ־
לְאֵל יָדִי לַעֲשׂוֹת עִמָּכֶם רָע וֵאלֹהֵי אֲבִיכֶם אֶמֶשׁ ׀ אָמַר אֵלַי
ל לֵאמֹר הִשָּׁמֶר לְךָ מִדַּבֵּר עִם־יַעֲקֹב מִטּוֹב עַד־רָע׃ וְעַתָּה הָלֹךְ
הָלַכְתָּ כִּי־נִכְסֹף נִכְסַפְתָּה לְבֵית אָבִיךָ לָמָּה גָנַבְתָּ אֶת־אֱלֹהָי׃
לא וַיַּעַן יַעֲקֹב וַיֹּאמֶר לְלָבָן כִּי יָרֵאתִי כִּי אָמַרְתִּי פֶּן־תִּגְזֹל אֶת־
לב בְּנוֹתֶיךָ מֵעִמִּי׃ עִם אֲשֶׁר תִּמְצָא אֶת־אֱלֹהֶיךָ לֹא יִחְיֶה נֶגֶד
אַחֵינוּ הַכֶּר־לְךָ מָה עִמָּדִי וְקַח־לָךְ וְלֹא־יָדַע יַעֲקֹב כִּי רָחֵל
לג גְּנָבָתַם׃ וַיָּבֹא לָבָן בְּאֹהֶל־יַעֲקֹב ׀ וּבְאֹהֶל לֵאָה וּבְאֹהֶל שְׁתֵּי
הָאֲמָהֹת וְלֹא מָצָא וַיֵּצֵא מֵאֹהֶל לֵאָה וַיָּבֹא בְּאֹהֶל רָחֵל׃
לד וְרָחֵל לָקְחָה אֶת־הַתְּרָפִים וַתְּשִׂמֵם בְּכַר הַגָּמָל וַתֵּשֶׁב עֲלֵיהֶם
לה וַיְמַשֵּׁשׁ לָבָן אֶת־כָּל־הָאֹהֶל וְלֹא מָצָא׃ וַתֹּאמֶר אֶל־אָבִיהָ
אַל־יִחַר בְּעֵינֵי אֲדֹנִי כִּי לוֹא אוּכַל לָקוּם מִפָּנֶיךָ כִּי־דֶרֶךְ נָשִׁים
לו לִי וַיְחַפֵּשׂ וְלֹא מָצָא אֶת־הַתְּרָפִים׃ וַיִּחַר לְיַעֲקֹב וַיָּרֶב בְּלָבָן
וַיַּעַן יַעֲקֹב וַיֹּאמֶר לְלָבָן מַה־פִּשְׁעִי מַה חַטָּאתִי כִּי דָלַקְתָּ
לז אַחֲרָי׃ כִּי־מִשַּׁשְׁתָּ אֶת־כָּל־כֵּלַי מַה־מָּצָאתָ מִכֹּל כְּלֵי־בֵיתֶךָ
לח שִׂים כֹּה נֶגֶד אַחַי וְאַחֶיךָ וְיוֹכִיחוּ בֵּין שְׁנֵינוּ׃ זֶה עֶשְׂרִים שָׁנָה
אָנֹכִי עִמָּךְ רְחֵלֶיךָ וְעִזֶּיךָ לֹא שִׁכֵּלוּ וְאֵילֵי צֹאנְךָ לֹא אָכָלְתִּי׃
לט טְרֵפָה לֹא־הֵבֵאתִי אֵלֶיךָ אָנֹכִי אֲחַטֶּנָּה מִיָּדִי תְּבַקְשֶׁנָּה גְּנֻבְתִי
מ יוֹם וּגְנֻבְתִי לָיְלָה׃ הָיִיתִי בַיּוֹם אֲכָלַנִי חֹרֶב וְקֶרַח בַּלָּיְלָה
מא וַתִּדַּד שְׁנָתִי מֵעֵינָי׃ זֶה־לִּי עֶשְׂרִים שָׁנָה בְּבֵיתֶךָ עֲבַדְתִּיךָ
אַרְבַּע־עֶשְׂרֵה שָׁנָה בִּשְׁתֵּי בְנֹתֶיךָ וְשֵׁשׁ שָׁנִים בְּצֹאנֶךָ וַתַּחֲלֵף
מב אֶת־מַשְׂכֻּרְתִּי עֲשֶׂרֶת מֹנִים׃ לוּלֵי אֱלֹהֵי אָבִי אֱלֹהֵי אַבְרָהָם

וּפַחַד יִצְחָק הָיָה לִי כִּי עַתָּה רֵיקָם שִׁלַּחְתָּנִי אֶת־עָנְיִי וְאֶת־
שביעי יְגִיעַ כַּפַּי רָאָה אֱלֹהִים וַיּוֹכַח אָמֶשׁ׃ וַיַּעַן לָבָן וַיֹּאמֶר אֶל־ מג
יַעֲקֹב הַבָּנוֹת בְּנֹתַי וְהַבָּנִים בָּנַי וְהַצֹּאן צֹאנִי וְכֹל אֲשֶׁר־אַתָּה
רֹאֶה לִי הוּא וְלִבְנֹתַי מָה־אֶעֱשֶׂה לָאֵלֶּה הַיּוֹם אוֹ לִבְנֵיהֶן
אֲשֶׁר יָלָדוּ׃ וְעַתָּה לְכָה נִכְרְתָה בְרִית אֲנִי וָאָתָּה וְהָיָה לְעֵד מד
בֵּינִי וּבֵינֶךָ׃ וַיִּקַּח יַעֲקֹב אָבֶן וַיְרִימֶהָ מַצֵּבָה׃ וַיֹּאמֶר יַעֲקֹב מה מו
לְאֶחָיו לִקְטוּ אֲבָנִים וַיִּקְחוּ אֲבָנִים וַיַּעֲשׂוּ־גָל וַיֹּאכְלוּ שָׁם עַל־
הַגָּל׃ וַיִּקְרָא־לוֹ לָבָן יְגַר שָׂהֲדוּתָא וְיַעֲקֹב קָרָא לוֹ גַּלְעֵד׃ מז
וַיֹּאמֶר לָבָן הַגַּל הַזֶּה עֵד בֵּינִי וּבֵינְךָ הַיּוֹם עַל־כֵּן קָרָא־שְׁמוֹ מח
גַּלְעֵד׃ וְהַמִּצְפָּה אֲשֶׁר אָמַר יִצֶף יְהוָה בֵּינִי וּבֵינֶךָ כִּי נִסָּתֵר מט
אִישׁ מֵרֵעֵהוּ׃ אִם־תְּעַנֶּה אֶת־בְּנֹתַי וְאִם־תִּקַּח נָשִׁים עַל־ נ
בְּנֹתַי אֵין אִישׁ עִמָּנוּ רְאֵה אֱלֹהִים עֵד בֵּינִי וּבֵינֶךָ׃ וַיֹּאמֶר נא
לָבָן לְיַעֲקֹב הִנֵּה ׀ הַגַּל הַזֶּה וְהִנֵּה הַמַּצֵּבָה אֲשֶׁר יָרִיתִי בֵּינִי
וּבֵינֶךָ׃ עֵד הַגַּל הַזֶּה וְעֵדָה הַמַּצֵּבָה אִם־אָנִי לֹא־אֶעֱבֹר אֵלֶיךָ נב
אֶת־הַגַּל הַזֶּה וְאִם־אַתָּה לֹא־תַעֲבֹר אֵלַי אֶת־הַגַּל הַזֶּה וְאֶת־
הַמַּצֵּבָה הַזֹּאת לְרָעָה׃ אֱלֹהֵי אַבְרָהָם וֵאלֹהֵי נָחוֹר יִשְׁפְּטוּ נג
בֵינֵינוּ אֱלֹהֵי אֲבִיהֶם וַיִּשָּׁבַע יַעֲקֹב בְּפַחַד אָבִיו יִצְחָק׃ וַיִּזְבַּח נד
יַעֲקֹב זֶבַח בָּהָר וַיִּקְרָא לְאֶחָיו לֶאֱכָל־לָחֶם וַיֹּאכְלוּ לֶחֶם וַיָּלִינוּ
מפטיר בָּהָר׃ וַיַּשְׁכֵּם לָבָן בַּבֹּקֶר וַיְנַשֵּׁק לְבָנָיו וְלִבְנוֹתָיו וַיְבָרֶךְ אֶתְהֶם נה
וַיֵּלֶךְ וַיָּשָׁב לָבָן לִמְקֹמוֹ׃ וְיַעֲקֹב הָלַךְ לְדַרְכּוֹ וַיִּפְגְּעוּ־בוֹ מַלְאֲכֵי א לב
אֱלֹהִים׃ וַיֹּאמֶר יַעֲקֹב כַּאֲשֶׁר רָאָם מַחֲנֵה אֱלֹהִים זֶה וַיִּקְרָא ב
שֵׁם־הַמָּקוֹם הַהוּא מַחֲנָיִם׃

וישלח ל וַיִּשְׁלַח יַעֲקֹב מַלְאָכִים לְפָנָיו אֶל־עֵשָׂו אָחִיו אַרְצָה שֵׂעִיר ג
שְׂדֵה אֱדוֹם׃ וַיְצַו אֹתָם לֵאמֹר כֹּה תֹאמְרוּן לַאדֹנִי לְעֵשָׂו כֹּה ד
אָמַר עַבְדְּךָ יַעֲקֹב עִם־לָבָן גַּרְתִּי וָאֵחַר עַד־עָתָּה׃ וַיְהִי־לִי ה
שׁוֹר וַחֲמוֹר צֹאן וְעֶבֶד וְשִׁפְחָה וָאֶשְׁלְחָה לְהַגִּיד לַאדֹנִי לִמְצֹא־
חֵן בְּעֵינֶיךָ׃ וַיָּשֻׁבוּ הַמַּלְאָכִים אֶל־יַעֲקֹב לֵאמֹר בָּאנוּ אֶל־ ו

אחיך אל־עשו וגם הלך לקראתך וארבע־מאות איש עמו:
ז ויירא יעקב מאד ויצר לו ויחץ את־העם אשר־אתו ואת־
ח הצאן ואת־הבקר והגמלים לשני מחנות: ויאמר אם־יבוא
עשו אל־המחנה האחת והכהו והיה המחנה הנשאר לפליטה:
ט ויאמר יעקב אלהי אבי אברהם ואלהי אבי יצחק יהוה
י האמר אלי שוב לארצך ולמולדתך ואיטיבה עמך: קטנתי
מכל החסדים ומכל־האמת אשר עשית את־עבדך כי
במקלי עברתי את־הירדן הזה ועתה הייתי לשני מחנות:
יא הצילני נא מיד אחי מיד עשו כי־ירא אנכי אתו פן־יבוא
יב והכני אם על־בנים: ואתה אמרת היטב איטיב עמך ושמתי
יג את־זרעך כחול הים אשר לא־יספר מרב: וילן שם בלילה שני
יד ההוא ויקח מן־הבא בידו מנחה לעשו אחיו: עזים מאתים
טו ותישים עשרים רחלים מאתים ואילים עשרים: גמלים
מיניקות ובניהם שלשים פרות ארבעים ופרים עשרה אתנת
טז עשרים ועירם עשרה: ויתן ביד־עבדיו עדר עדר לבדו ויאמר
יז אל־עבדיו עברו לפני ורוח תשימו בין עדר ובין עדר: ויצו
את־הראשון לאמר כי יפגשך עשו אחי ושאלך לאמר למי־
יח אתה ואנה תלך ולמי אלה לפניך: ואמרת לעבדך ליעקב
יט מנחה הוא שלוחה לאדני לעשו והנה גם־הוא אחרינו: ויצו
גם את־השני גם את־השלישי גם את־כל־ההלכים אחרי
העדרים לאמר כדבר הזה תדברון אל־עשו במצאכם אתו:
כ ואמרתם גם הנה עבדך יעקב אחרינו כי־אמר אכפרה פניו
במנחה ההלכת לפני ואחרי־כן אראה פניו אולי ישא פני:
כא ותעבר המנחה על־פניו והוא לן בלילה־ההוא במחנה:
כב ויקם | בלילה הוא ויקח את־שתי נשיו ואת־שתי שפחתיו
כג ואת־אחד עשר ילדיו ויעבר את מעבר יבק: ויקחם ויעברם
כד את־הנחל ויעבר את־אשר־לו: ויותר יעקב לבדו ויאבק

אִישׁ עִמּוֹ עַד עֲלוֹת הַשָּׁחַר: וַיַּרְא כִּי לֹא יָכֹל לוֹ וַיִּגַּע בְּכַף־ כה
יְרֵכוֹ וַתֵּקַע כַּף־יֶרֶךְ יַעֲקֹב בְּהֵאָבְקוֹ עִמּוֹ: וַיֹּאמֶר שַׁלְּחֵנִי כִּי כו
עָלָה הַשָּׁחַר וַיֹּאמֶר לֹא אֲשַׁלֵּחֲךָ כִּי אִם־בֵּרַכְתָּנִי: וַיֹּאמֶר כז
אֵלָיו מַה־שְּׁמֶךָ וַיֹּאמֶר יַעֲקֹב: וַיֹּאמֶר לֹא יַעֲקֹב יֵאָמֵר עוֹד כח
שִׁמְךָ כִּי אִם־יִשְׂרָאֵל כִּי־שָׂרִיתָ עִם־אֱלֹהִים וְעִם־אֲנָשִׁים
וַתּוּכָל: וַיִּשְׁאַל יַעֲקֹב וַיֹּאמֶר הַגִּידָה־נָּא שְׁמֶךָ וַיֹּאמֶר לָמָּה כט
שלישי זֶּה תִּשְׁאַל לִשְׁמִי וַיְבָרֶךְ אֹתוֹ שָׁם: וַיִּקְרָא יַעֲקֹב שֵׁם הַמָּקוֹם ל
פְּנִיאֵל כִּי־רָאִיתִי אֱלֹהִים פָּנִים אֶל־פָּנִים וַתִּנָּצֵל נַפְשִׁי: וַיִּזְרַח־ לא
לוֹ הַשֶּׁמֶשׁ כַּאֲשֶׁר עָבַר אֶת־פְּנוּאֵל וְהוּא צֹלֵעַ עַל־יְרֵכוֹ: עַל־ לב
כֵּן לֹא־יֹאכְלוּ בְנֵי־יִשְׂרָאֵל אֶת־גִּיד הַנָּשֶׁה אֲשֶׁר עַל־כַּף הַיָּרֵךְ
עַד הַיּוֹם הַזֶּה כִּי נָגַע בְּכַף־יֶרֶךְ יַעֲקֹב בְּגִיד הַנָּשֶׁה: וַיִּשָּׂא אלג
יַעֲקֹב עֵינָיו וַיַּרְא וְהִנֵּה עֵשָׂו בָּא וְעִמּוֹ אַרְבַּע מֵאוֹת אִישׁ
וַיַּחַץ אֶת־הַיְלָדִים עַל־לֵאָה וְעַל־רָחֵל וְעַל שְׁתֵּי הַשְּׁפָחוֹת:
וַיָּשֶׂם אֶת־הַשְּׁפָחוֹת וְאֶת־יַלְדֵיהֶן רִאשֹׁנָה וְאֶת־לֵאָה וִילָדֶיהָ ב
אַחֲרֹנִים וְאֶת־רָחֵל וְאֶת־יוֹסֵף אַחֲרֹנִים: וְהוּא עָבַר לִפְנֵיהֶם ג
וַיִּשְׁתַּחוּ אַרְצָה שֶׁבַע פְּעָמִים עַד־גִּשְׁתּוֹ עַד־אָחִיו: וַיָּרָץ עֵשָׂו ד
לִקְרָאתוֹ וַיְחַבְּקֵהוּ וַיִּפֹּל עַל־צַוָּארָו וַיִּשָּׁקֵהוּ וַיִּבְכּוּ: וַיִּשָּׂא ה
אֶת־עֵינָיו וַיַּרְא אֶת־הַנָּשִׁים וְאֶת־הַיְלָדִים וַיֹּאמֶר מִי־אֵלֶּה
רביעי לָּךְ וַיֹּאמַר הַיְלָדִים אֲשֶׁר־חָנַן אֱלֹהִים אֶת־עַבְדֶּךָ: וַתִּגַּשְׁןָ ו
הַשְּׁפָחוֹת הֵנָּה וְיַלְדֵיהֶן וַתִּשְׁתַּחֲוֶיןָ: וַתִּגַּשׁ גַּם־לֵאָה וִילָדֶיהָ ז
וַיִּשְׁתַּחֲווּ וְאַחַר נִגַּשׁ יוֹסֵף וְרָחֵל וַיִּשְׁתַּחֲווּ: וַיֹּאמֶר מִי לְךָ כָּל־ ח
הַמַּחֲנֶה הַזֶּה אֲשֶׁר פָּגָשְׁתִּי וַיֹּאמֶר לִמְצֹא־חֵן בְּעֵינֵי אֲדֹנִי:
וַיֹּאמֶר עֵשָׂו יֶשׁ־לִי רָב אָחִי יְהִי לְךָ אֲשֶׁר־לָךְ: וַיֹּאמֶר יַעֲקֹב ט י
אַל־נָא אִם־נָא מָצָאתִי חֵן בְּעֵינֶיךָ וְלָקַחְתָּ מִנְחָתִי מִיָּדִי
כִּי עַל־כֵּן רָאִיתִי פָנֶיךָ כִּרְאֹת פְּנֵי אֱלֹהִים וַתִּרְצֵנִי: קַח־נָא יא
אֶת־בִּרְכָתִי אֲשֶׁר הֻבָאת לָךְ כִּי־חַנַּנִי אֱלֹהִים וְכִי יֶשׁ־לִי־כֹל
וַיִּפְצַר־בּוֹ וַיִּקָּח: וַיֹּאמֶר נִסְעָה וְנֵלֵכָה וְאֵלְכָה לְנֶגְדֶּךָ: וַיֹּאמֶר יב יג

אֵלָיו אֲדֹנִי יֹדֵעַ כִּי־הַיְלָדִים רַכִּים וְהַצֹּאן וְהַבָּקָר עָלוֹת עָלָי
יד וּדְפָקוּם יוֹם אֶחָד וָמֵתוּ כָּל־הַצֹּאן׃ יַעֲבָר־נָא אֲדֹנִי לִפְנֵי עַבְדּוֹ
וַאֲנִי אֶתְנָהֲלָה לְאִטִּי לְרֶגֶל הַמְּלָאכָה אֲשֶׁר־לְפָנַי וּלְרֶגֶל
טו הַיְלָדִים עַד אֲשֶׁר־אָבֹא אֶל־אֲדֹנִי שֵׂעִירָה׃ וַיֹּאמֶר עֵשָׂו אַצִּיגָה־
נָּא עִמְּךָ מִן־הָעָם אֲשֶׁר אִתִּי וַיֹּאמֶר לָמָּה זֶּה אֶמְצָא־חֵן בְּעֵינֵי
טז יז אֲדֹנִי׃ וַיָּשָׁב בַּיּוֹם הַהוּא עֵשָׂו לְדַרְכּוֹ שֵׂעִירָה׃ וְיַעֲקֹב נָסַע
סֻכֹּתָה וַיִּבֶן לוֹ בָּיִת וּלְמִקְנֵהוּ עָשָׂה סֻכֹּת עַל־כֵּן קָרָא שֵׁם־
יח הַמָּקוֹם סֻכּוֹת׃ וַיָּבֹא יַעֲקֹב שָׁלֵם עִיר שְׁכֶם אֲשֶׁר לא
יט בְּאֶרֶץ כְּנַעַן בְּבֹאוֹ מִפַּדַּן אֲרָם וַיִּחַן אֶת־פְּנֵי הָעִיר׃ וַיִּקֶן
אֶת־חֶלְקַת הַשָּׂדֶה אֲשֶׁר נָטָה־שָׁם אָהֳלוֹ מִיַּד בְּנֵי־חֲמוֹר אֲבִי
כ שְׁכֶם בְּמֵאָה קְשִׂיטָה׃ וַיַּצֶּב־שָׁם מִזְבֵּחַ וַיִּקְרָא־לוֹ אֵל אֱלֹהֵי
לד א יִשְׂרָאֵל׃ וַתֵּצֵא דִינָה בַּת־לֵאָה אֲשֶׁר יָלְדָה לְיַעֲקֹב חמישי
ב לִרְאוֹת בִּבְנוֹת הָאָרֶץ׃ וַיַּרְא אֹתָהּ שְׁכֶם בֶּן־חֲמוֹר הַחִוִּי נְשִׂיא
ג הָאָרֶץ וַיִּקַּח אֹתָהּ וַיִּשְׁכַּב אֹתָהּ וַיְעַנֶּהָ׃ וַתִּדְבַּק נַפְשׁוֹ בְּדִינָה
ד בַּת־יַעֲקֹב וַיֶּאֱהַב אֶת־הַנַּעֲרָ וַיְדַבֵּר עַל־לֵב הַנַּעֲרָ׃ וַיֹּאמֶר
שְׁכֶם אֶל־חֲמוֹר אָבִיו לֵאמֹר קַח־לִי אֶת־הַיַּלְדָּה הַזֹּאת לְאִשָּׁה׃
ה וְיַעֲקֹב שָׁמַע כִּי טִמֵּא אֶת־דִּינָה בִתּוֹ וּבָנָיו הָיוּ אֶת־מִקְנֵהוּ
ו בַּשָּׂדֶה וְהֶחֱרִשׁ יַעֲקֹב עַד־בֹּאָם׃ וַיֵּצֵא חֲמוֹר אֲבִי־שְׁכֶם
ז אֶל־יַעֲקֹב לְדַבֵּר אִתּוֹ׃ וּבְנֵי יַעֲקֹב בָּאוּ מִן־הַשָּׂדֶה כְּשָׁמְעָם
וַיִּתְעַצְּבוּ הָאֲנָשִׁים וַיִּחַר לָהֶם מְאֹד כִּי נְבָלָה עָשָׂה בְיִשְׂרָאֵל
ח לִשְׁכַּב אֶת־בַּת־יַעֲקֹב וְכֵן לֹא יֵעָשֶׂה׃ וַיְדַבֵּר חֲמוֹר אִתָּם
לֵאמֹר שְׁכֶם בְּנִי חָשְׁקָה נַפְשׁוֹ בְּבִתְּכֶם תְּנוּ נָא אֹתָהּ לוֹ
ט לְאִשָּׁה׃ וְהִתְחַתְּנוּ אֹתָנוּ בְּנֹתֵיכֶם תִּתְּנוּ־לָנוּ וְאֶת־בְּנֹתֵינוּ
י תִּקְחוּ לָכֶם׃ וְאִתָּנוּ תֵּשֵׁבוּ וְהָאָרֶץ תִּהְיֶה לִפְנֵיכֶם שְׁבוּ וּסְחָרוּהָ
יא וְהֵאָחֲזוּ בָּהּ׃ וַיֹּאמֶר שְׁכֶם אֶל־אָבִיהָ וְאֶל־אַחֶיהָ אֶמְצָא־חֵן
יב בְּעֵינֵיכֶם וַאֲשֶׁר תֹּאמְרוּ אֵלַי אֶתֵּן׃ הַרְבּוּ עָלַי מְאֹד מֹהַר
וּמַתָּן וְאֶתְּנָה כַּאֲשֶׁר תֹּאמְרוּ אֵלָי וּתְנוּ־לִי אֶת־הַנַּעֲרָ לְאִשָּׁה׃

יג וַיַּעֲנוּ בְנֵי־יַעֲקֹב אֶת־שְׁכֶם וְאֶת־חֲמוֹר אָבִיו בְּמִרְמָה וַיְדַבֵּרוּ
יד אֲשֶׁר טִמֵּא אֵת דִּינָה אֲחֹתָם: וַיֹּאמְרוּ אֲלֵיהֶם לֹא נוּכַל לַעֲשׂוֹת
הַדָּבָר הַזֶּה לָתֵת אֶת־אֲחֹתֵנוּ לְאִישׁ אֲשֶׁר־לוֹ עָרְלָה כִּי־
טו חֶרְפָּה הִוא לָנוּ: אַךְ־בְּזֹאת נֵאוֹת לָכֶם אִם תִּהְיוּ כָמֹנוּ
טז לְהִמֹּל לָכֶם כָּל־זָכָר: וְנָתַנּוּ אֶת־בְּנֹתֵינוּ לָכֶם וְאֶת־בְּנֹתֵיכֶם
יז נִקַּח־לָנוּ וְיָשַׁבְנוּ אִתְּכֶם וְהָיִינוּ לְעַם אֶחָד: וְאִם־לֹא תִשְׁמְעוּ
יח אֵלֵינוּ לְהִמּוֹל וְלָקַחְנוּ אֶת־בִּתֵּנוּ וְהָלָכְנוּ: וַיִּיטְבוּ דִבְרֵיהֶם
יט בְּעֵינֵי חֲמוֹר וּבְעֵינֵי שְׁכֶם בֶּן־חֲמוֹר: וְלֹא־אֵחַר הַנַּעַר לַעֲשׂוֹת
כ הַדָּבָר כִּי חָפֵץ בְּבַת־יַעֲקֹב וְהוּא נִכְבָּד מִכֹּל בֵּית אָבִיו: וַיָּבֹא
חֲמוֹר וּשְׁכֶם בְּנוֹ אֶל־שַׁעַר עִירָם וַיְדַבְּרוּ אֶל־אַנְשֵׁי עִירָם
כא לֵאמֹר: הָאֲנָשִׁים הָאֵלֶּה שְׁלֵמִים הֵם אִתָּנוּ וְיֵשְׁבוּ בָאָרֶץ
וְיִסְחֲרוּ אֹתָהּ וְהָאָרֶץ הִנֵּה רַחֲבַת־יָדַיִם לִפְנֵיהֶם אֶת־בְּנֹתָם
כב נִקַּח־לָנוּ לְנָשִׁים וְאֶת־בְּנֹתֵינוּ נִתֵּן לָהֶם: אַךְ־בְּזֹאת יֵאֹתוּ
לָנוּ הָאֲנָשִׁים לָשֶׁבֶת אִתָּנוּ לִהְיוֹת לְעַם אֶחָד בְּהִמּוֹל לָנוּ כָּל־
כג זָכָר כַּאֲשֶׁר הֵם נִמֹּלִים: מִקְנֵהֶם וְקִנְיָנָם וְכָל־בְּהֶמְתָּם הֲלוֹא
כד לָנוּ הֵם אַךְ נֵאוֹתָה לָהֶם וְיֵשְׁבוּ אִתָּנוּ: וַיִּשְׁמְעוּ אֶל־חֲמוֹר
וְאֶל־שְׁכֶם בְּנוֹ כָּל־יֹצְאֵי שַׁעַר עִירוֹ וַיִּמֹּלוּ כָּל־זָכָר כָּל־יֹצְאֵי
כה שַׁעַר עִירוֹ: וַיְהִי בַיּוֹם הַשְּׁלִישִׁי בִּהְיוֹתָם כֹּאֲבִים וַיִּקְחוּ שְׁנֵי־
בְנֵי־יַעֲקֹב שִׁמְעוֹן וְלֵוִי אֲחֵי דִינָה אִישׁ חַרְבּוֹ וַיָּבֹאוּ עַל־הָעִיר
כו בֶּטַח וַיַּהַרְגוּ כָּל־זָכָר: וְאֶת־חֲמוֹר וְאֶת־שְׁכֶם בְּנוֹ הָרְגוּ לְפִי־
כז חָרֶב וַיִּקְחוּ אֶת־דִּינָה מִבֵּית שְׁכֶם וַיֵּצֵאוּ: בְּנֵי יַעֲקֹב בָּאוּ
כח עַל־הַחֲלָלִים וַיָּבֹזּוּ הָעִיר אֲשֶׁר טִמְּאוּ אֲחוֹתָם: אֶת־צֹאנָם
וְאֶת־בְּקָרָם וְאֶת־חֲמֹרֵיהֶם וְאֵת אֲשֶׁר־בָּעִיר וְאֶת־אֲשֶׁר בַּשָּׂדֶה
כט לָקָחוּ: וְאֶת־כָּל־חֵילָם וְאֶת־כָּל־טַפָּם וְאֶת־נְשֵׁיהֶם שָׁבוּ וַיָּבֹזּוּ
ל וְאֵת כָּל־אֲשֶׁר בַּבָּיִת: וַיֹּאמֶר יַעֲקֹב אֶל־שִׁמְעוֹן וְאֶל־לֵוִי
עֲכַרְתֶּם אֹתִי לְהַבְאִישֵׁנִי בְּיֹשֵׁב הָאָרֶץ בַּכְּנַעֲנִי וּבַפְּרִזִּי וַאֲנִי
לא מְתֵי מִסְפָּר וְנֶאֶסְפוּ עָלַי וְהִכּוּנִי וְנִשְׁמַדְתִּי אֲנִי וּבֵיתִי: וַיֹּאמְרוּ

הַכְזוֹנָ֕ה יַעֲשֶׂ֖ה אֶת־אֲחוֹתֵֽנוּ׃
לה א וַיֹּ֤אמֶר אֱלֹהִים֙ אֶֽל־יַעֲקֹ֔ב ק֛וּם עֲלֵ֥ה בֵֽית־אֵ֖ל וְשֶׁב־שָׁ֑ם וַֽעֲשֵׂה־
שָׁ֣ם מִזְבֵּ֔חַ לָאֵל֙ הַנִּרְאֶ֣ה אֵלֶ֔יךָ בְּבָ֨רְחֲךָ֔ מִפְּנֵ֖י עֵשָׂ֥ו אָחִֽיךָ׃
ב וַיֹּ֤אמֶר יַעֲקֹב֙ אֶל־בֵּית֔וֹ וְאֶ֖ל כָּל־אֲשֶׁ֣ר עִמּ֑וֹ הָסִ֜רוּ אֶת־אֱלֹהֵ֤י
ג הַנֵּכָר֙ אֲשֶׁ֣ר בְּתֹכְכֶ֔ם וְהִֽטַּהֲר֔וּ וְהַחֲלִ֖יפוּ שִׂמְלֹתֵיכֶֽם׃ וְנָק֥וּמָה
וְנַעֲלֶ֖ה בֵּֽית־אֵ֑ל וְאֶֽעֱשֶׂה־שָּׁ֣ם מִזְבֵּ֗חַ לָאֵ֞ל הָעֹנֶ֤ה אֹתִי֙ בְּי֣וֹם
ד צָרָתִ֔י וַֽיְהִי֙ עִמָּדִ֔י בַּדֶּ֖רֶךְ אֲשֶׁ֥ר הָלָֽכְתִּי׃ וַיִּתְּנ֣וּ אֶֽל־יַעֲקֹ֗ב אֵ֣ת
כָּל־אֱלֹהֵ֤י הַנֵּכָר֙ אֲשֶׁ֣ר בְּיָדָ֔ם וְאֶת־הַנְּזָמִ֖ים אֲשֶׁ֣ר בְּאָזְנֵיהֶ֑ם
ה וַיִּטְמֹ֤ן אֹתָם֙ יַעֲקֹ֔ב תַּ֥חַת הָֽאֵלָ֖ה אֲשֶׁ֥ר עִם־שְׁכֶֽם׃ וַיִּסָּ֑עוּ וַיְהִ֣י ׀
חִתַּ֣ת אֱלֹהִ֗ים עַל־הֶֽעָרִים֙ אֲשֶׁר֙ סְבִיבֽוֹתֵיהֶ֔ם וְלֹ֣א רָֽדְפ֔וּ אַחֲרֵ֖י
ו בְּנֵ֥י יַעֲקֹֽב׃ וַיָּבֹ֨א יַעֲקֹ֜ב ל֗וּזָה אֲשֶׁר֙ בְּאֶ֣רֶץ כְּנַ֔עַן הִ֖וא בֵּֽית־אֵ֑ל
ז ה֖וּא וְכָל־הָעָ֥ם אֲשֶׁר־עִמּֽוֹ׃ וַיִּ֤בֶן שָׁם֙ מִזְבֵּ֔חַ וַיִּקְרָא֙ לַמָּק֔וֹם אֵ֖ל
ח בֵּֽית־אֵ֑ל כִּ֣י שָׁ֗ם נִגְל֤וּ אֵלָיו֙ הָֽאֱלֹהִ֔ים בְּבָרְח֖וֹ מִפְּנֵ֥י אָחִֽיו׃ וַתָּ֤מָת
דְּבֹרָה֙ מֵינֶ֣קֶת רִבְקָ֔ה וַתִּקָּבֵ֛ר מִתַּ֥חַת לְבֵֽית־אֵ֖ל תַּ֣חַת הָֽאַלּ֑וֹן
וַיִּקְרָ֥א שְׁמ֖וֹ אַלּ֥וֹן בָּכֽוּת׃
ט וַיֵּרָ֨א אֱלֹהִ֤ים אֶֽל־יַעֲקֹב֙ ע֔וֹד בְּבֹא֖וֹ מִפַּדַּ֣ן אֲרָ֑ם וַיְבָ֖רֶךְ אֹתֽוֹ׃ לב
י וַיֹּֽאמֶר־ל֥וֹ אֱלֹהִ֖ים שִׁמְךָ֣ יַעֲקֹ֑ב לֹֽא־יִקָּרֵא֩ שִׁמְךָ֨ ע֜וֹד יַעֲקֹ֗ב כִּ֤י
יא אִם־יִשְׂרָאֵל֙ יִהְיֶ֣ה שְׁמֶ֔ךָ וַיִּקְרָ֥א אֶת־שְׁמ֖וֹ יִשְׂרָאֵֽל׃ וַיֹּאמֶר֩ ל֨וֹ
אֱלֹהִ֜ים אֲנִ֨י אֵ֤ל שַׁדַּי֙ פְּרֵ֣ה וּרְבֵ֔ה גּ֛וֹי וּקְהַ֥ל גּוֹיִ֖ם יִהְיֶ֣ה מִמֶּ֑ךָּ
יב וּמְלָכִ֖ים מֵחֲלָצֶ֥יךָ יֵצֵֽאוּ׃ וְאֶת־הָאָ֗רֶץ אֲשֶׁ֥ר נָתַ֛תִּי לְאַבְרָהָ֥ם ששי
יג וּלְיִצְחָ֖ק לְךָ֣ אֶתְּנֶ֑נָּה וּֽלְזַרְעֲךָ֥ אַחֲרֶ֖יךָ אֶתֵּ֥ן אֶת־הָאָֽרֶץ׃ וַיַּ֥עַל
יד מֵעָלָ֖יו אֱלֹהִ֑ים בַּמָּק֖וֹם אֲשֶׁר־דִּבֶּ֥ר אִתּֽוֹ׃ וַיַּצֵּ֨ב יַעֲקֹ֜ב מַצֵּבָ֗ה
בַּמָּק֛וֹם אֲשֶׁר־דִּבֶּ֥ר אִתּ֖וֹ מַצֶּ֣בֶת אָ֑בֶן וַיַּסֵּ֤ךְ עָלֶ֨יהָ֙ נֶ֔סֶךְ וַיִּצֹ֥ק
טו עָלֶ֖יהָ שָֽׁמֶן׃ וַיִּקְרָ֨א יַעֲקֹ֜ב אֶת־שֵׁ֣ם הַמָּק֗וֹם אֲשֶׁר֩ דִּבֶּ֨ר אִתּ֥וֹ
טז שָׁ֛ם אֱלֹהִ֖ים בֵּֽית־אֵֽל׃ וַיִּסְעוּ֙ מִבֵּ֣ית אֵ֔ל וַֽיְהִי־ע֥וֹד כִּבְרַת־הָאָ֖רֶץ
יז לָב֣וֹא אֶפְרָ֑תָה וַתֵּ֥לֶד רָחֵ֖ל וַתְּקַ֥שׁ בְּלִדְתָּֽהּ׃ וַיְהִ֥י בְהַקְשֹׁתָ֖הּ
בְּלִדְתָּ֑הּ וַתֹּ֨אמֶר לָ֤ה הַמְיַלֶּ֨דֶת֙ אַל־תִּ֣ירְאִ֔י כִּֽי־גַם־זֶ֖ה לָ֥ךְ בֵּֽן׃

יח וַיְהִי בְּצֵאת נַפְשָׁהּ כִּי מֵתָה וַתִּקְרָא שְׁמוֹ בֶּן־אוֹנִי וְאָבִיו קָרָא־
יט לוֹ בִנְיָמִין׃ וַתָּמָת רָחֵל וַתִּקָּבֵר בְּדֶרֶךְ אֶפְרָתָה הִוא בֵּית לָחֶם׃
כ וַיַּצֵּב יַעֲקֹב מַצֵּבָה עַל־קְבֻרָתָהּ הִוא מַצֶּבֶת קְבֻרַת־רָחֵל עַד־
כא כב הַיּוֹם׃ וַיִּסַּע יִשְׂרָאֵל וַיֵּט אָהֳלֹה מֵהָלְאָה לְמִגְדַּל־עֵדֶר׃ וַיְהִי
בִּשְׁכֹּן יִשְׂרָאֵל בָּאָרֶץ הַהִוא וַיֵּלֶךְ רְאוּבֵן וַיִּשְׁכַּב אֶת־בִּלְהָה
פִּילֶגֶשׁ אָבִיו וַיִּשְׁמַע יִשְׂרָאֵל

כג וַיִּהְיוּ בְנֵי־יַעֲקֹב שְׁנֵים עָשָׂר׃ בְּנֵי לֵאָה בְּכוֹר יַעֲקֹב רְאוּבֵן
כד וְשִׁמְעוֹן וְלֵוִי וִיהוּדָה וְיִשָּׂשכָר וּזְבֻלוּן׃ בְּנֵי רָחֵל יוֹסֵף וּבִנְיָמִן׃
כה כו וּבְנֵי בִלְהָה שִׁפְחַת רָחֵל דָּן וְנַפְתָּלִי׃ וּבְנֵי זִלְפָּה שִׁפְחַת לֵאָה
כז גָּד וְאָשֵׁר אֵלֶּה בְּנֵי יַעֲקֹב אֲשֶׁר יֻלַּד־לוֹ בְּפַדַּן אֲרָם׃ וַיָּבֹא יַעֲקֹב
אֶל־יִצְחָק אָבִיו מַמְרֵא קִרְיַת הָאַרְבַּע הִוא חֶבְרוֹן אֲשֶׁר־גָּר־
כח שָׁם אַבְרָהָם וְיִצְחָק׃ וַיִּהְיוּ יְמֵי יִצְחָק מְאַת שָׁנָה וּשְׁמֹנִים שָׁנָה׃
כט וַיִּגְוַע יִצְחָק וַיָּמָת וַיֵּאָסֶף אֶל־עַמָּיו זָקֵן וּשְׂבַע יָמִים וַיִּקְבְּרוּ
אֹתוֹ עֵשָׂו וְיַעֲקֹב בָּנָיו׃

לו א ב וְאֵלֶּה תֹּלְדוֹת עֵשָׂו הוּא אֱדוֹם׃ עֵשָׂו לָקַח אֶת־נָשָׁיו מִבְּנוֹת
כְּנָעַן אֶת־עָדָה בַּת־אֵילוֹן הַחִתִּי וְאֶת־אָהֳלִיבָמָה בַּת־עֲנָה
ג בַּת־צִבְעוֹן הַחִוִּי׃ וְאֶת־בָּשְׂמַת בַּת־יִשְׁמָעֵאל אֲחוֹת נְבָיוֹת׃
ד וַתֵּלֶד עָדָה לְעֵשָׂו אֶת־אֱלִיפָז וּבָשְׂמַת יָלְדָה אֶת־רְעוּאֵל׃
ה וְאָהֳלִיבָמָה יָלְדָה אֶת־יְעִישׁ וְאֶת־יַעְלָם וְאֶת־קֹרַח אֵלֶּה בְּנֵי (יְעוּשׁ)
ו עֵשָׂו אֲשֶׁר יֻלְּדוּ־לוֹ בְּאֶרֶץ כְּנָעַן׃ וַיִּקַּח עֵשָׂו אֶת־נָשָׁיו וְאֶת־
בָּנָיו וְאֶת־בְּנֹתָיו וְאֶת־כָּל־נַפְשׁוֹת בֵּיתוֹ וְאֶת־מִקְנֵהוּ וְאֶת־
כָּל־בְּהֶמְתּוֹ וְאֵת כָּל־קִנְיָנוֹ אֲשֶׁר רָכַשׁ בְּאֶרֶץ כְּנָעַן וַיֵּלֶךְ אֶל־
ז אֶרֶץ מִפְּנֵי יַעֲקֹב אָחִיו׃ כִּי־הָיָה רְכוּשָׁם רָב מִשֶּׁבֶת יַחְדָּו וְלֹא
ח יָכְלָה אֶרֶץ מְגוּרֵיהֶם לָשֵׂאת אֹתָם מִפְּנֵי מִקְנֵיהֶם׃ וַיֵּשֶׁב עֵשָׂו
ט בְּהַר שֵׂעִיר עֵשָׂו הוּא אֱדוֹם׃ וְאֵלֶּה תֹּלְדוֹת עֵשָׂו אֲבִי אֱדוֹם
י בְּהַר שֵׂעִיר׃ אֵלֶּה שְׁמוֹת בְּנֵי־עֵשָׂו אֱלִיפַז בֶּן־עָדָה אֵשֶׁת עֵשָׂו
יא רְעוּאֵל בֶּן־בָּשְׂמַת אֵשֶׁת עֵשָׂו׃ וַיִּהְיוּ בְּנֵי אֱלִיפָז תֵּימָן אוֹמָר

יב צְפוֹ וְגַעְתָּם וּקְנַז׃ וְתִמְנַע ׀ הָיְתָה פִילֶגֶשׁ לֶאֱלִיפַז בֶּן־עֵשָׂו
יג וַתֵּלֶד לֶאֱלִיפַז אֶת־עֲמָלֵק אֵלֶּה בְּנֵי עָדָה אֵשֶׁת עֵשָׂו׃ וְאֵלֶּה
בְּנֵי רְעוּאֵל נַחַת וָזֶרַח שַׁמָּה וּמִזָּה אֵלֶּה הָיוּ בְּנֵי בָשְׂמַת אֵשֶׁת
יד עֵשָׂו׃ וְאֵלֶּה הָיוּ בְּנֵי אָהֳלִיבָמָה בַת־עֲנָה בַּת־צִבְעוֹן אֵשֶׁת
טו עֵשָׂו וַתֵּלֶד לְעֵשָׂו אֶת־יעיש וְאֶת־יַעְלָם וְאֶת־קֹרַח׃ אֵלֶּה יְעוּשׁ
אַלּוּפֵי בְנֵי־עֵשָׂו בְּנֵי אֱלִיפַז בְּכוֹר עֵשָׂו אַלּוּף תֵּימָן אַלּוּף אוֹמָר
טז אַלּוּף צְפוֹ אַלּוּף קְנַז׃ אַלּוּף־קֹרַח אַלּוּף גַּעְתָּם אַלּוּף עֲמָלֵק
יז אֵלֶּה אַלּוּפֵי אֱלִיפַז בְּאֶרֶץ אֱדוֹם אֵלֶּה בְּנֵי עָדָה׃ וְאֵלֶּה בְּנֵי
רְעוּאֵל בֶּן־עֵשָׂו אַלּוּף נַחַת אַלּוּף זֶרַח אַלּוּף שַׁמָּה אַלּוּף מִזָּה
אֵלֶּה אַלּוּפֵי רְעוּאֵל בְּאֶרֶץ אֱדוֹם אֵלֶּה בְּנֵי בָשְׂמַת אֵשֶׁת עֵשָׂו׃
יח וְאֵלֶּה בְּנֵי אָהֳלִיבָמָה אֵשֶׁת עֵשָׂו אַלּוּף יְעוּשׁ אַלּוּף יַעְלָם אַלּוּף
יט קֹרַח אֵלֶּה אַלּוּפֵי אָהֳלִיבָמָה בַּת־עֲנָה אֵשֶׁת עֵשָׂו׃ אֵלֶּה בְנֵי־
כ עֵשָׂו וְאֵלֶּה אַלּוּפֵיהֶם הוּא אֱדוֹם׃ אֵלֶּה בְנֵי־ שביעי
כא שֵׂעִיר הַחֹרִי יֹשְׁבֵי הָאָרֶץ לוֹטָן וְשׁוֹבָל וְצִבְעוֹן וַעֲנָה׃ וְדִשׁוֹן
כב וְאֵצֶר וְדִישָׁן אֵלֶּה אַלּוּפֵי הַחֹרִי בְּנֵי שֵׂעִיר בְּאֶרֶץ אֱדוֹם׃ וַיִּהְיוּ
כג בְנֵי־לוֹטָן חֹרִי וְהֵימָם וַאֲחוֹת לוֹטָן תִּמְנָע׃ וְאֵלֶּה בְּנֵי שׁוֹבָל
כד עַלְוָן וּמָנַחַת וְעֵיבָל שְׁפוֹ וְאוֹנָם׃ וְאֵלֶּה בְנֵי־צִבְעוֹן וְאַיָּה וַעֲנָה
הוּא עֲנָה אֲשֶׁר מָצָא אֶת־הַיֵּמִם בַּמִּדְבָּר בִּרְעֹתוֹ אֶת־הַחֲמֹרִים
כה לְצִבְעוֹן אָבִיו׃ וְאֵלֶּה בְנֵי־עֲנָה דִּשֹׁן וְאָהֳלִיבָמָה בַּת־עֲנָה׃
כו כז וְאֵלֶּה בְּנֵי דִישָׁן חֶמְדָּן וְאֶשְׁבָּן וְיִתְרָן וּכְרָן׃ אֵלֶּה בְּנֵי־אֵצֶר
כח כט בִּלְהָן וְזַעֲוָן וַעֲקָן׃ אֵלֶּה בְנֵי־דִישָׁן עוּץ וַאֲרָן׃ אֵלֶּה אַלּוּפֵי
ל הַחֹרִי אַלּוּף לוֹטָן אַלּוּף שׁוֹבָל אַלּוּף צִבְעוֹן אַלּוּף עֲנָה׃ אַלּוּף
דִּשֹׁן אַלּוּף אֵצֶר אַלּוּף דִּישָׁן אֵלֶּה אַלּוּפֵי הַחֹרִי לְאַלֻּפֵיהֶם
בְּאֶרֶץ שֵׂעִיר׃
לא וְאֵלֶּה הַמְּלָכִים אֲשֶׁר מָלְכוּ בְּאֶרֶץ אֱדוֹם לִפְנֵי מְלָךְ־מֶלֶךְ
לב לִבְנֵי יִשְׂרָאֵל׃ וַיִּמְלֹךְ בֶּאֱדוֹם בֶּלַע בֶּן־בְּעוֹר וְשֵׁם עִירוֹ דִּנְהָבָה׃
לג לד וַיָּמָת בָּלַע וַיִּמְלֹךְ תַּחְתָּיו יוֹבָב בֶּן־זֶרַח מִבָּצְרָה׃ וַיָּמָת יוֹבָב

וַיִּמְלֹךְ תַּחְתָּיו חֻשָׁם מֵאֶרֶץ הַתֵּימָנִי׃ וַיָּמָת חֻשָׁם וַיִּמְלֹךְ תַּחְתָּיו לה
הֲדַד בֶּן־בְּדַד הַמַּכֶּה אֶת־מִדְיָן בִּשְׂדֵה מוֹאָב וְשֵׁם עִירוֹ עֲוִית׃
וַיָּמָת הֲדָד וַיִּמְלֹךְ תַּחְתָּיו שַׂמְלָה מִמַּשְׂרֵקָה׃ וַיָּמָת שַׂמְלָה לו לז
וַיִּמְלֹךְ תַּחְתָּיו שָׁאוּל מֵרְחֹבוֹת הַנָּהָר׃ וַיָּמָת שָׁאוּל וַיִּמְלֹךְ לח
תַּחְתָּיו בַּעַל חָנָן בֶּן־עַכְבּוֹר׃ וַיָּמָת בַּעַל חָנָן בֶּן־עַכְבּוֹר וַיִּמְלֹךְ לט
תַּחְתָּיו הֲדַר וְשֵׁם עִירוֹ פָּעוּ וְשֵׁם אִשְׁתּוֹ מְהֵיטַבְאֵל בַּת־
מפטיר מַטְרֵד בַּת מֵי זָהָב׃ וְאֵלֶּה שְׁמוֹת אַלּוּפֵי עֵשָׂו לְמִשְׁפְּחֹתָם מ
לִמְקֹמֹתָם בִּשְׁמֹתָם אַלּוּף תִּמְנָע אַלּוּף עַלְוָה אַלּוּף יְתֵת׃
אַלּוּף אָהֳלִיבָמָה אַלּוּף אֵלָה אַלּוּף פִּינֹן׃ אַלּוּף קְנַז אַלּוּף תֵּימָן מא מב
אַלּוּף מִבְצָר׃ אַלּוּף מַגְדִּיאֵל אַלּוּף עִירָם אֵלֶּה ׀ אַלּוּפֵי אֱדוֹם מג
לְמֹשְׁבֹתָם בְּאֶרֶץ אֲחֻזָּתָם הוּא עֵשָׂו אֲבִי אֱדוֹם׃

וישב לג וַיֵּשֶׁב יַעֲקֹב בְּאֶרֶץ מְגוּרֵי אָבִיו בְּאֶרֶץ כְּנָעַן׃ אֵלֶּה ׀ תֹּלְדוֹת לז א ב
יַעֲקֹב יוֹסֵף בֶּן־שְׁבַע־עֶשְׂרֵה שָׁנָה הָיָה רֹעֶה אֶת־אֶחָיו בַּצֹּאן
וְהוּא נַעַר אֶת־בְּנֵי בִלְהָה וְאֶת־בְּנֵי זִלְפָּה נְשֵׁי אָבִיו וַיָּבֵא
יוֹסֵף אֶת־דִּבָּתָם רָעָה אֶל־אֲבִיהֶם׃ וְיִשְׂרָאֵל אָהַב אֶת־יוֹסֵף ג
מִכָּל־בָּנָיו כִּי־בֶן־זְקֻנִים הוּא לוֹ וְעָשָׂה לוֹ כְּתֹנֶת פַּסִּים׃ וַיִּרְאוּ ד
אֶחָיו כִּי־אֹתוֹ אָהַב אֲבִיהֶם מִכָּל־אֶחָיו וַיִּשְׂנְאוּ אֹתוֹ וְלֹא
יָכְלוּ דַּבְּרוֹ לְשָׁלֹם׃ וַיַּחֲלֹם יוֹסֵף חֲלוֹם וַיַּגֵּד לְאֶחָיו וַיּוֹסִפוּ ה
עוֹד שְׂנֹא אֹתוֹ׃ וַיֹּאמֶר אֲלֵיהֶם שִׁמְעוּ־נָא הַחֲלוֹם הַזֶּה אֲשֶׁר ו
חָלָמְתִּי׃ וְהִנֵּה אֲנַחְנוּ מְאַלְּמִים אֲלֻמִּים בְּתוֹךְ הַשָּׂדֶה וְהִנֵּה ז
קָמָה אֲלֻמָּתִי וְגַם־נִצָּבָה וְהִנֵּה תְסֻבֶּינָה אֲלֻמֹּתֵיכֶם וַתִּשְׁתַּחֲוֶיןָ
לַאֲלֻמָּתִי׃ וַיֹּאמְרוּ לוֹ אֶחָיו הֲמָלֹךְ תִּמְלֹךְ עָלֵינוּ אִם־מָשׁוֹל ח
תִּמְשֹׁל בָּנוּ וַיּוֹסִפוּ עוֹד שְׂנֹא אֹתוֹ עַל־חֲלֹמֹתָיו וְעַל־דְּבָרָיו׃
וַיַּחֲלֹם עוֹד חֲלוֹם אַחֵר וַיְסַפֵּר אֹתוֹ לְאֶחָיו וַיֹּאמֶר הִנֵּה חָלַמְתִּי ט
חֲלוֹם עוֹד וְהִנֵּה הַשֶּׁמֶשׁ וְהַיָּרֵחַ וְאַחַד עָשָׂר כּוֹכָבִים מִשְׁתַּחֲוִים
לִי׃ וַיְסַפֵּר אֶל־אָבִיו וְאֶל־אֶחָיו וַיִּגְעַר־בּוֹ אָבִיו וַיֹּאמֶר לוֹ מָה י
הַחֲלוֹם הַזֶּה אֲשֶׁר חָלָמְתָּ הֲבוֹא נָבוֹא אֲנִי וְאִמְּךָ וְאַחֶיךָ

יא לְהִשְׁתַּחֲוֺת לְךָ אָרְצָה: וַיְקַנְאוּ־בוֹ אֶחָיו וְאָבִיו שָׁמַר אֶת־
יב יג הַדָּבָר: וַיֵּלְכוּ אֶחָיו לִרְעוֹת אֶת־צֹאן אֲבִיהֶם בִּשְׁכֶם: וַיֹּאמֶר שני
יִשְׂרָאֵל אֶל־יוֹסֵף הֲלוֹא אַחֶיךָ רֹעִים בִּשְׁכֶם לְכָה וְאֶשְׁלָחֲךָ
יד אֲלֵיהֶם וַיֹּאמֶר לוֹ הִנֵּנִי: וַיֹּאמֶר לוֹ לֶךְ־נָא רְאֵה אֶת־שְׁלוֹם
אַחֶיךָ וְאֶת־שְׁלוֹם הַצֹּאן וַהֲשִׁבֵנִי דָּבָר וַיִּשְׁלָחֵהוּ מֵעֵמֶק חֶבְרוֹן
טו וַיָּבֹא שְׁכֶמָה: וַיִּמְצָאֵהוּ אִישׁ וְהִנֵּה תֹעֶה בַּשָּׂדֶה וַיִּשְׁאָלֵהוּ
טז הָאִישׁ לֵאמֹר מַה־תְּבַקֵּשׁ: וַיֹּאמֶר אֶת־אַחַי אָנֹכִי מְבַקֵּשׁ
יז הַגִּידָה־נָּא לִי אֵיפֹה הֵם רֹעִים: וַיֹּאמֶר הָאִישׁ נָסְעוּ מִזֶּה כִּי
שָׁמַעְתִּי אֹמְרִים נֵלְכָה דֹּתָיְנָה וַיֵּלֶךְ יוֹסֵף אַחַר אֶחָיו וַיִּמְצָאֵם
יח בְּדֹתָן: וַיִּרְאוּ אֹתוֹ מֵרָחֹק וּבְטֶרֶם יִקְרַב אֲלֵיהֶם וַיִּתְנַכְּלוּ
יט אֹתוֹ לַהֲמִיתוֹ: וַיֹּאמְרוּ אִישׁ אֶל־אָחִיו הִנֵּה בַּעַל הַחֲלֹמוֹת
כ הַלָּזֶה בָּא: וְעַתָּה ׀ לְכוּ וְנַהַרְגֵהוּ וְנַשְׁלִכֵהוּ בְּאַחַד הַבֹּרוֹת
כא וְאָמַרְנוּ חַיָּה רָעָה אֲכָלָתְהוּ וְנִרְאֶה מַה־יִּהְיוּ חֲלֹמֹתָיו: וַיִּשְׁמַע
כב רְאוּבֵן וַיַּצִּלֵהוּ מִיָּדָם וַיֹּאמֶר לֹא נַכֶּנּוּ נָפֶשׁ: וַיֹּאמֶר אֲלֵהֶם ׀
רְאוּבֵן אַל־תִּשְׁפְּכוּ־דָם הַשְׁלִיכוּ אֹתוֹ אֶל־הַבּוֹר הַזֶּה אֲשֶׁר
בַּמִּדְבָּר וְיָד אַל־תִּשְׁלְחוּ־בוֹ לְמַעַן הַצִּיל אֹתוֹ מִיָּדָם לַהֲשִׁיבוֹ
כג אֶל־אָבִיו: וַיְהִי כַּאֲשֶׁר־בָּא יוֹסֵף אֶל־אֶחָיו וַיַּפְשִׁיטוּ אֶת־יוֹסֵף שלישי
כד אֶת־כֻּתָּנְתּוֹ אֶת־כְּתֹנֶת הַפַּסִּים אֲשֶׁר עָלָיו: וַיִּקָּחֻהוּ וַיַּשְׁלִכוּ
כה אֹתוֹ הַבֹּרָה וְהַבּוֹר רֵק אֵין בּוֹ מָיִם: וַיֵּשְׁבוּ לֶאֱכָל־לֶחֶם וַיִּשְׂאוּ
עֵינֵיהֶם וַיִּרְאוּ וְהִנֵּה אֹרְחַת יִשְׁמְעֵאלִים בָּאָה מִגִּלְעָד וּגְמַלֵּיהֶם
כו נֹשְׂאִים נְכֹאת וּצְרִי וָלֹט הוֹלְכִים לְהוֹרִיד מִצְרָיְמָה: וַיֹּאמֶר
יְהוּדָה אֶל־אֶחָיו מַה־בֶּצַע כִּי נַהֲרֹג אֶת־אָחִינוּ וְכִסִּינוּ אֶת־
כז דָּמוֹ: לְכוּ וְנִמְכְּרֶנּוּ לַיִּשְׁמְעֵאלִים וְיָדֵנוּ אַל־תְּהִי־בוֹ כִּי־אָחִינוּ
כח בְשָׂרֵנוּ הוּא וַיִּשְׁמְעוּ אֶחָיו: וַיַּעַבְרוּ אֲנָשִׁים מִדְיָנִים סֹחֲרִים
וַיִּמְשְׁכוּ וַיַּעֲלוּ אֶת־יוֹסֵף מִן־הַבּוֹר וַיִּמְכְּרוּ אֶת־יוֹסֵף לַיִּשְׁמְעֵאלִים
כט בְּעֶשְׂרִים כָּסֶף וַיָּבִיאוּ אֶת־יוֹסֵף מִצְרָיְמָה: וַיָּשָׁב רְאוּבֵן אֶל־
ל הַבּוֹר וְהִנֵּה אֵין־יוֹסֵף בַּבּוֹר וַיִּקְרַע אֶת־בְּגָדָיו: וַיָּשָׁב אֶל־

לא אָחִיו וַיֹּאמַר הַיֶּלֶד אֵינֶנּוּ וַאֲנִי אָנָה אֲנִי־בָא׃ וַיִּקְחוּ אֶת־
כְּתֹנֶת יוֹסֵף וַיִּשְׁחֲטוּ שְׂעִיר עִזִּים וַיִּטְבְּלוּ אֶת־הַכֻּתֹּנֶת בַּדָּם׃
לב וַיְשַׁלְּחוּ אֶת־כְּתֹנֶת הַפַּסִּים וַיָּבִיאוּ אֶל־אֲבִיהֶם וַיֹּאמְרוּ זֹאת
לג מָצָאנוּ הַכֶּר־נָא הַכְּתֹנֶת בִּנְךָ הִוא אִם־לֹא׃ וַיַּכִּירָהּ וַיֹּאמֶר
לד כְּתֹנֶת בְּנִי חַיָּה רָעָה אֲכָלָתְהוּ טָרֹף טֹרַף יוֹסֵף׃ וַיִּקְרַע יַעֲקֹב
שִׂמְלֹתָיו וַיָּשֶׂם שַׂק בְּמָתְנָיו וַיִּתְאַבֵּל עַל־בְּנוֹ יָמִים רַבִּים׃
לה וַיָּקֻמוּ כָל־בָּנָיו וְכָל־בְּנֹתָיו לְנַחֲמוֹ וַיְמָאֵן לְהִתְנַחֵם וַיֹּאמֶר כִּי־
לו אֵרֵד אֶל־בְּנִי אָבֵל שְׁאֹלָה וַיֵּבְךְּ אֹתוֹ אָבִיו׃ וְהַמְּדָנִים מָכְרוּ אֹתוֹ
אֶל־מִצְרָיִם לְפוֹטִיפַר סְרִיס פַּרְעֹה שַׂר הַטַּבָּחִים׃

רביעי לד
לח א וַיְהִי בָּעֵת הַהִוא וַיֵּרֶד יְהוּדָה מֵאֵת אֶחָיו וַיֵּט עַד־אִישׁ עֲדֻלָּמִי
ב וּשְׁמוֹ חִירָה׃ וַיַּרְא־שָׁם יְהוּדָה בַּת־אִישׁ כְּנַעֲנִי וּשְׁמוֹ שׁוּעַ
ג וַיִּקָּחֶהָ וַיָּבֹא אֵלֶיהָ׃ וַתַּהַר וַתֵּלֶד בֵּן וַיִּקְרָא אֶת־שְׁמוֹ עֵר׃
ד ה וַתַּהַר עוֹד וַתֵּלֶד בֵּן וַתִּקְרָא אֶת־שְׁמוֹ אוֹנָן׃ וַתֹּסֶף עוֹד וַתֵּלֶד
ו בֵּן וַתִּקְרָא אֶת־שְׁמוֹ שֵׁלָה וְהָיָה בִכְזִיב בְּלִדְתָּהּ אֹתוֹ׃ וַיִּקַּח
ז יְהוּדָה אִשָּׁה לְעֵר בְּכוֹרוֹ וּשְׁמָהּ תָּמָר׃ וַיְהִי עֵר בְּכוֹר יְהוּדָה
ח רַע בְּעֵינֵי יהוה וַיְמִתֵהוּ יהוה׃ וַיֹּאמֶר יְהוּדָה לְאוֹנָן בֹּא אֶל־
ט אֵשֶׁת אָחִיךָ וְיַבֵּם אֹתָהּ וְהָקֵם זֶרַע לְאָחִיךָ׃ וַיֵּדַע אוֹנָן כִּי לֹּא
לוֹ יִהְיֶה הַזָּרַע וְהָיָה אִם־בָּא אֶל־אֵשֶׁת אָחִיו וְשִׁחֵת אַרְצָה
י לְבִלְתִּי נְתָן־זֶרַע לְאָחִיו׃ וַיֵּרַע בְּעֵינֵי יהוה אֲשֶׁר עָשָׂה וַיָּמֶת
יא גַּם־אֹתוֹ׃ וַיֹּאמֶר יְהוּדָה לְתָמָר כַּלָּתוֹ שְׁבִי אַלְמָנָה בֵית־
אָבִיךְ עַד־יִגְדַּל שֵׁלָה בְנִי כִּי אָמַר פֶּן־יָמוּת גַּם־הוּא כְּאֶחָיו
יב וַתֵּלֶךְ תָּמָר וַתֵּשֶׁב בֵּית אָבִיהָ׃ וַיִּרְבּוּ הַיָּמִים וַתָּמָת בַּת־שׁוּעַ
אֵשֶׁת־יְהוּדָה וַיִּנָּחֶם יְהוּדָה וַיַּעַל עַל־גֹּזְזֵי צֹאנוֹ הוּא וְחִירָה
יג רֵעֵהוּ הָעֲדֻלָּמִי תִּמְנָתָה׃ וַיֻּגַּד לְתָמָר לֵאמֹר הִנֵּה חָמִיךְ עֹלֶה
יד תִמְנָתָה לָגֹז צֹאנוֹ׃ וַתָּסַר בִּגְדֵי אַלְמְנוּתָהּ מֵעָלֶיהָ וַתְּכַס
בַּצָּעִיף וַתִּתְעַלָּף וַתֵּשֶׁב בְּפֶתַח עֵינַיִם אֲשֶׁר עַל־דֶּרֶךְ תִּמְנָתָה
טו כִּי רָאֲתָה כִּי־גָדַל שֵׁלָה וְהִוא לֹא־נִתְּנָה לוֹ לְאִשָּׁה׃ וַיִּרְאֶהָ

טז יְהוּדָה וַיַּחְשְׁבֶהָ לְזוֹנָה כִּי כִסְּתָה פָּנֶיהָ׃ וַיֵּט אֵלֶיהָ אֶל־הַדֶּרֶךְ
וַיֹּאמֶר הָבָה נָּא אָבוֹא אֵלַיִךְ כִּי לֹא יָדַע כִּי כַלָּתוֹ הִוא וַתֹּאמֶר
יז מַה־תִּתֶּן־לִי כִּי תָבוֹא אֵלָי׃ וַיֹּאמֶר אָנֹכִי אֲשַׁלַּח גְּדִי־עִזִּים
יח מִן־הַצֹּאן וַתֹּאמֶר אִם־תִּתֵּן עֵרָבוֹן עַד שָׁלְחֶךָ׃ וַיֹּאמֶר מָה
הָעֵרָבוֹן אֲשֶׁר אֶתֶּן־לָּךְ וַתֹּאמֶר חֹתָמְךָ וּפְתִילֶךָ וּמַטְּךָ אֲשֶׁר
יט בְּיָדֶךָ וַיִּתֶּן־לָהּ וַיָּבֹא אֵלֶיהָ וַתַּהַר לוֹ׃ וַתָּקָם וַתֵּלֶךְ וַתָּסַר
כ צְעִיפָהּ מֵעָלֶיהָ וַתִּלְבַּשׁ בִּגְדֵי אַלְמְנוּתָהּ׃ וַיִּשְׁלַח יְהוּדָה אֶת־
גְּדִי הָעִזִּים בְּיַד רֵעֵהוּ הָעֲדֻלָּמִי לָקַחַת הָעֵרָבוֹן מִיַּד הָאִשָּׁה
כא וְלֹא מְצָאָהּ׃ וַיִּשְׁאַל אֶת־אַנְשֵׁי מְקֹמָהּ לֵאמֹר אַיֵּה הַקְּדֵשָׁה
כב הִוא בָעֵינַיִם עַל־הַדָּרֶךְ וַיֹּאמְרוּ לֹא־הָיְתָה בָזֶה קְדֵשָׁה׃ וַיָּשָׁב
אֶל־יְהוּדָה וַיֹּאמֶר לֹא מְצָאתִיהָ וְגַם אַנְשֵׁי הַמָּקוֹם אָמְרוּ
כג לֹא־הָיְתָה בָזֶה קְדֵשָׁה׃ וַיֹּאמֶר יְהוּדָה תִּקַּח־לָהּ פֶּן נִהְיֶה
כד לָבוּז הִנֵּה שָׁלַחְתִּי הַגְּדִי הַזֶּה וְאַתָּה לֹא מְצָאתָהּ׃ וַיְהִי ׀ כְּמִשְׁלֹשׁ
חֳדָשִׁים וַיֻּגַּד לִיהוּדָה לֵאמֹר זָנְתָה תָּמָר כַּלָּתֶךָ וְגַם הִנֵּה הָרָה
כה לִזְנוּנִים וַיֹּאמֶר יְהוּדָה הוֹצִיאוּהָ וְתִשָּׂרֵף׃ הִוא מוּצֵאת וְהִיא
שָׁלְחָה אֶל־חָמִיהָ לֵאמֹר לְאִישׁ אֲשֶׁר־אֵלֶּה לּוֹ אָנֹכִי הָרָה
וַתֹּאמֶר הַכֶּר־נָא לְמִי הַחֹתֶמֶת וְהַפְּתִילִים וְהַמַּטֶּה הָאֵלֶּה׃
כו וַיַּכֵּר יְהוּדָה וַיֹּאמֶר צָדְקָה מִמֶּנִּי כִּי־עַל־כֵּן לֹא־נְתַתִּיהָ לְשֵׁלָה
כז בְנִי וְלֹא־יָסַף עוֹד לְדַעְתָּהּ׃ וַיְהִי בְּעֵת לִדְתָּהּ וְהִנֵּה תְאוֹמִים
כח בְּבִטְנָהּ׃ וַיְהִי בְלִדְתָּהּ וַיִּתֶּן־יָד וַתִּקַּח הַמְיַלֶּדֶת וַתִּקְשֹׁר עַל־
כט יָדוֹ שָׁנִי לֵאמֹר זֶה יָצָא רִאשֹׁנָה׃ וַיְהִי ׀ כְּמֵשִׁיב יָדוֹ וְהִנֵּה יָצָא
ל אָחִיו וַתֹּאמֶר מַה־פָּרַצְתָּ עָלֶיךָ פָּרֶץ וַיִּקְרָא שְׁמוֹ פָּרֶץ׃ וְאַחַר
לט א יָצָא אָחִיו אֲשֶׁר עַל־יָדוֹ הַשָּׁנִי וַיִּקְרָא שְׁמוֹ זָרַח׃ וְיוֹסֵף לה חמישי
הוּרַד מִצְרָיְמָה וַיִּקְנֵהוּ פּוֹטִיפַר סְרִיס פַּרְעֹה שַׂר הַטַּבָּחִים
ב אִישׁ מִצְרִי מִיַּד הַיִּשְׁמְעֵאלִים אֲשֶׁר הוֹרִדֻהוּ שָׁמָּה׃ וַיְהִי יְהוָה
ג אֶת־יוֹסֵף וַיְהִי אִישׁ מַצְלִיחַ וַיְהִי בְּבֵית אֲדֹנָיו הַמִּצְרִי׃ וַיַּרְא
אֲדֹנָיו כִּי יְהוָה אִתּוֹ וְכֹל אֲשֶׁר־הוּא עֹשֶׂה יְהוָה מַצְלִיחַ בְּיָדוֹ׃

ד וַיִּמְצָא יוֹסֵף חֵן בְּעֵינָיו וַיְשָׁרֶת אֹתוֹ וַיַּפְקִדֵהוּ עַל־בֵּיתוֹ וְכָל־
ה יֶשׁ־לוֹ נָתַן בְּיָדוֹ׃ וַיְהִי מֵאָז הִפְקִיד אֹתוֹ בְּבֵיתוֹ וְעַל כָּל־
אֲשֶׁר יֶשׁ־לוֹ וַיְבָרֶךְ יהוה אֶת־בֵּית הַמִּצְרִי בִּגְלַל יוֹסֵף וַיְהִי
ו בִּרְכַּת יהוה בְּכָל־אֲשֶׁר יֶשׁ־לוֹ בַּבַּיִת וּבַשָּׂדֶה׃ וַיַּעֲזֹב כָּל־
אֲשֶׁר־לוֹ בְּיַד־יוֹסֵף וְלֹא־יָדַע אִתּוֹ מְאוּמָה כִּי אִם־הַלֶּחֶם
ששי ז אֲשֶׁר־הוּא אוֹכֵל וַיְהִי יוֹסֵף יְפֵה־תֹאַר וִיפֵה מַרְאֶה׃ וַיְהִי אַחַר
הַדְּבָרִים הָאֵלֶּה וַתִּשָּׂא אֵשֶׁת־אֲדֹנָיו אֶת־עֵינֶיהָ אֶל־יוֹסֵף
ח וַתֹּאמֶר שִׁכְבָה עִמִּי׃ וַיְמָאֵן ׀ וַיֹּאמֶר אֶל־אֵשֶׁת אֲדֹנָיו הֵן אֲדֹנִי
ט לֹא־יָדַע אִתִּי מַה־בַּבָּיִת וְכֹל אֲשֶׁר־יֶשׁ־לוֹ נָתַן בְּיָדִי׃ אֵינֶנּוּ
גָדוֹל בַּבַּיִת הַזֶּה מִמֶּנִּי וְלֹא־חָשַׂךְ מִמֶּנִּי מְאוּמָה כִּי אִם־אוֹתָךְ
בַּאֲשֶׁר אַתְּ־אִשְׁתּוֹ וְאֵיךְ אֶעֱשֶׂה הָרָעָה הַגְּדֹלָה הַזֹּאת וְחָטָאתִי
י לֵאלֹהִים׃ וַיְהִי כְּדַבְּרָהּ אֶל־יוֹסֵף יוֹם ׀ יוֹם וְלֹא־שָׁמַע אֵלֶיהָ
יא לִשְׁכַּב אֶצְלָהּ לִהְיוֹת עִמָּהּ׃ וַיְהִי כְּהַיּוֹם הַזֶּה וַיָּבֹא הַבַּיְתָה
לַעֲשׂוֹת מְלַאכְתּוֹ וְאֵין אִישׁ מֵאַנְשֵׁי הַבַּיִת שָׁם בַּבָּיִת׃
יב וַתִּתְפְּשֵׂהוּ בְּבִגְדוֹ לֵאמֹר שִׁכְבָה עִמִּי וַיַּעֲזֹב בִּגְדוֹ בְּיָדָהּ וַיָּנָס
יג וַיֵּצֵא הַחוּצָה׃ וַיְהִי כִּרְאוֹתָהּ כִּי־עָזַב בִּגְדוֹ בְּיָדָהּ וַיָּנָס הַחוּצָה׃
יד וַתִּקְרָא לְאַנְשֵׁי בֵיתָהּ וַתֹּאמֶר לָהֶם לֵאמֹר רְאוּ הֵבִיא לָנוּ
אִישׁ עִבְרִי לְצַחֶק בָּנוּ בָּא אֵלַי לִשְׁכַּב עִמִּי וָאֶקְרָא בְּקוֹל גָּדוֹל׃
טו וַיְהִי כְשָׁמְעוֹ כִּי־הֲרִימֹתִי קוֹלִי וָאֶקְרָא וַיַּעֲזֹב בִּגְדוֹ אֶצְלִי וַיָּנָס
טז וַיֵּצֵא הַחוּצָה׃ וַתַּנַּח בִּגְדוֹ אֶצְלָהּ עַד־בּוֹא אֲדֹנָיו אֶל־בֵּיתוֹ׃
יז וַתְּדַבֵּר אֵלָיו כַּדְּבָרִים הָאֵלֶּה לֵאמֹר בָּא אֵלַי הָעֶבֶד הָעִבְרִי
יח אֲשֶׁר־הֵבֵאתָ לָּנוּ לְצַחֶק בִּי׃ וַיְהִי כַּהֲרִימִי קוֹלִי וָאֶקְרָא וַיַּעֲזֹב
יט בִּגְדוֹ אֶצְלִי וַיָּנָס הַחוּצָה׃ וַיְהִי כִשְׁמֹעַ אֲדֹנָיו אֶת־דִּבְרֵי אִשְׁתּוֹ
אֲשֶׁר דִּבְּרָה אֵלָיו לֵאמֹר כַּדְּבָרִים הָאֵלֶּה עָשָׂה לִי עַבְדֶּךָ
כ וַיִּחַר אַפּוֹ׃ וַיִּקַּח אֲדֹנֵי יוֹסֵף אֹתוֹ וַיִּתְּנֵהוּ אֶל־בֵּית הַסֹּהַר
אֲסִירֵי מְקוֹם אֲשֶׁר־אסורי הַמֶּלֶךְ אֲסוּרִים וַיְהִי־שָׁם בְּבֵית הַסֹּהַר׃
כא וַיְהִי יהוה אֶת־יוֹסֵף וַיֵּט אֵלָיו חָסֶד וַיִּתֵּן חִנּוֹ בְּעֵינֵי שַׂר בֵּית־

כב הַסֹּהַר׃ וַיִּתֵּן שַׂר בֵּית־הַסֹּהַר בְּיַד־יוֹסֵף אֵת כָּל־הָאֲסִירִם
אֲשֶׁר בְּבֵית הַסֹּהַר וְאֵת כָּל־אֲשֶׁר עֹשִׂים שָׁם הוּא הָיָה עֹשֶׂה׃
כג אֵין ׀ שַׂר בֵּית־הַסֹּהַר רֹאֶה אֶת־כָּל־מְאוּמָה בְּיָדוֹ בַּאֲשֶׁר יְהוָה
אִתּוֹ וַאֲשֶׁר־הוּא עֹשֶׂה יְהוָה מַצְלִיחַ׃
מ א וַיְהִי אַחַר הַדְּבָרִים הָאֵלֶּה חָטְאוּ מַשְׁקֵה מֶלֶךְ־מִצְרַיִם וְהָאֹפֶה שביעי
ב לַאֲדֹנֵיהֶם לְמֶלֶךְ מִצְרָיִם׃ וַיִּקְצֹף פַּרְעֹה עַל שְׁנֵי סָרִיסָיו עַל
ג שַׂר הַמַּשְׁקִים וְעַל שַׂר הָאוֹפִים׃ וַיִּתֵּן אֹתָם בְּמִשְׁמַר בֵּית שַׂר
ד הַטַּבָּחִים אֶל־בֵּית הַסֹּהַר מְקוֹם אֲשֶׁר יוֹסֵף אָסוּר שָׁם׃ וַיִּפְקֹד
שַׂר הַטַּבָּחִים אֶת־יוֹסֵף אִתָּם וַיְשָׁרֶת אֹתָם וַיִּהְיוּ יָמִים בְּמִשְׁמָר׃
ה וַיַּחַלְמוּ חֲלוֹם שְׁנֵיהֶם אִישׁ חֲלֹמוֹ בְּלַיְלָה אֶחָד אִישׁ כְּפִתְרוֹן
חֲלֹמוֹ הַמַּשְׁקֶה וְהָאֹפֶה אֲשֶׁר לְמֶלֶךְ מִצְרַיִם אֲשֶׁר אֲסוּרִים
ו בְּבֵית הַסֹּהַר׃ וַיָּבֹא אֲלֵיהֶם יוֹסֵף בַּבֹּקֶר וַיַּרְא אֹתָם וְהִנָּם
ז זֹעֲפִים׃ וַיִּשְׁאַל אֶת־סְרִיסֵי פַרְעֹה אֲשֶׁר אִתּוֹ בְמִשְׁמַר בֵּית
ח אֲדֹנָיו לֵאמֹר מַדּוּעַ פְּנֵיכֶם רָעִים הַיּוֹם׃ וַיֹּאמְרוּ אֵלָיו חֲלוֹם
חָלַמְנוּ וּפֹתֵר אֵין אֹתוֹ וַיֹּאמֶר אֲלֵהֶם יוֹסֵף הֲלוֹא לֵאלֹהִים
ט פִּתְרֹנִים סַפְּרוּ־נָא לִי׃ וַיְסַפֵּר שַׂר־הַמַּשְׁקִים אֶת־חֲלֹמוֹ לְיוֹסֵף
י וַיֹּאמֶר לוֹ בַּחֲלוֹמִי וְהִנֵּה־גֶפֶן לְפָנָי׃ וּבַגֶּפֶן שְׁלֹשָׁה שָׂרִיגִם
יא וְהִוא כְפֹרַחַת עָלְתָה נִצָּהּ הִבְשִׁילוּ אַשְׁכְּלֹתֶיהָ עֲנָבִים׃ וְכוֹס
פַּרְעֹה בְּיָדִי וָאֶקַּח אֶת־הָעֲנָבִים וָאֶשְׂחַט אֹתָם אֶל־כּוֹס פַּרְעֹה
יב וָאֶתֵּן אֶת־הַכּוֹס עַל־כַּף פַּרְעֹה׃ וַיֹּאמֶר לוֹ יוֹסֵף זֶה פִּתְרֹנוֹ
יג שְׁלֹשֶׁת הַשָּׂרִגִים שְׁלֹשֶׁת יָמִים הֵם׃ בְּעוֹד ׀ שְׁלֹשֶׁת יָמִים יִשָּׂא
פַרְעֹה אֶת־רֹאשֶׁךָ וַהֲשִׁיבְךָ עַל־כַּנֶּךָ וְנָתַתָּ כוֹס־פַּרְעֹה בְּיָדוֹ
יד כַּמִּשְׁפָּט הָרִאשׁוֹן אֲשֶׁר הָיִיתָ מַשְׁקֵהוּ׃ כִּי אִם־זְכַרְתַּנִי אִתְּךָ
כַּאֲשֶׁר יִיטַב לָךְ וְעָשִׂיתָ־נָּא עִמָּדִי חָסֶד וְהִזְכַּרְתַּנִי אֶל־פַּרְעֹה
טו וְהוֹצֵאתַנִי מִן־הַבַּיִת הַזֶּה׃ כִּי־גֻנֹּב גֻּנַּבְתִּי מֵאֶרֶץ הָעִבְרִים
טז וְגַם־פֹּה לֹא־עָשִׂיתִי מְאוּמָה כִּי־שָׂמוּ אֹתִי בַּבּוֹר׃ וַיַּרְא שַׂר־
הָאֹפִים כִּי טוֹב פָּתָר וַיֹּאמֶר אֶל־יוֹסֵף אַף־אֲנִי בַּחֲלוֹמִי וְהִנֵּה

שְׁלֹשָׁה סַלֵּי חֹרִי עַל־רֹאשִׁי׃ וּבַסַּל הָעֶלְיוֹן מִכֹּל מַאֲכַל פַּרְעֹה יז
מַעֲשֵׂה אֹפֶה וְהָעוֹף אֹכֵל אֹתָם מִן־הַסַּל מֵעַל רֹאשִׁי׃ וַיַּעַן יח
יוֹסֵף וַיֹּאמֶר זֶה פִּתְרֹנוֹ שְׁלֹשֶׁת הַסַּלִּים שְׁלֹשֶׁת יָמִים הֵם׃
בְּעוֹד ׀ שְׁלֹשֶׁת יָמִים יִשָּׂא פַרְעֹה אֶת־רֹאשְׁךָ מֵעָלֶיךָ וְתָלָה יט
מפטיר אוֹתְךָ עַל־עֵץ וְאָכַל הָעוֹף אֶת־בְּשָׂרְךָ מֵעָלֶיךָ׃ וַיְהִי ׀ בַּיּוֹם כ
הַשְּׁלִישִׁי יוֹם הֻלֶּדֶת אֶת־פַּרְעֹה וַיַּעַשׂ מִשְׁתֶּה לְכָל־עֲבָדָיו
וַיִּשָּׂא אֶת־רֹאשׁ ׀ שַׂר הַמַּשְׁקִים וְאֶת־רֹאשׁ שַׂר הָאֹפִים בְּתוֹךְ
עֲבָדָיו׃ וַיָּשֶׁב אֶת־שַׂר הַמַּשְׁקִים עַל־מַשְׁקֵהוּ וַיִּתֵּן הַכּוֹס עַל־ כא
כַּף פַּרְעֹה׃ וְאֵת שַׂר הָאֹפִים תָּלָה כַּאֲשֶׁר פָּתַר לָהֶם יוֹסֵף׃ כב
וְלֹא־זָכַר שַׂר־הַמַּשְׁקִים אֶת־יוֹסֵף וַיִּשְׁכָּחֵהוּ׃ כג

מקץ לו וַיְהִי מִקֵּץ שְׁנָתַיִם יָמִים וּפַרְעֹה חֹלֵם וְהִנֵּה עֹמֵד עַל־הַיְאֹר׃ א מא
וְהִנֵּה מִן־הַיְאֹר עֹלֹת שֶׁבַע פָּרוֹת יְפוֹת מַרְאֶה וּבְרִיאֹת בָּשָׂר ב
וַתִּרְעֶינָה בָּאָחוּ׃ וְהִנֵּה שֶׁבַע פָּרוֹת אֲחֵרוֹת עֹלוֹת אַחֲרֵיהֶן מִן־ ג
הַיְאֹר רָעוֹת מַרְאֶה וְדַקּוֹת בָּשָׂר וַתַּעֲמֹדְנָה אֵצֶל הַפָּרוֹת עַל־
שְׂפַת הַיְאֹר׃ וַתֹּאכַלְנָה הַפָּרוֹת רָעוֹת הַמַּרְאֶה וְדַקֹּת הַבָּשָׂר ד
אֵת שֶׁבַע הַפָּרוֹת יְפֹת הַמַּרְאֶה וְהַבְּרִיאֹת וַיִּיקַץ פַּרְעֹה׃ וַיִּישָׁן ה
וַיַּחֲלֹם שֵׁנִית וְהִנֵּה ׀ שֶׁבַע שִׁבֳּלִים עֹלוֹת בְּקָנֶה אֶחָד בְּרִיאוֹת
וְטֹבוֹת׃ וְהִנֵּה שֶׁבַע שִׁבֳּלִים דַּקּוֹת וּשְׁדוּפֹת קָדִים צֹמְחוֹת ו
אַחֲרֵיהֶן׃ וַתִּבְלַעְנָה הַשִּׁבֳּלִים הַדַּקּוֹת אֵת שֶׁבַע הַשִּׁבֳּלִים ז
הַבְּרִיאוֹת וְהַמְּלֵאוֹת וַיִּיקַץ פַּרְעֹה וְהִנֵּה חֲלוֹם׃ וַיְהִי בַבֹּקֶר ח
וַתִּפָּעֶם רוּחוֹ וַיִּשְׁלַח וַיִּקְרָא אֶת־כָּל־חַרְטֻמֵּי מִצְרַיִם וְאֶת־
כָּל־חֲכָמֶיהָ וַיְסַפֵּר פַּרְעֹה לָהֶם אֶת־חֲלֹמוֹ וְאֵין־פּוֹתֵר אוֹתָם
לְפַרְעֹה׃ וַיְדַבֵּר שַׂר הַמַּשְׁקִים אֶת־פַּרְעֹה לֵאמֹר אֶת־חֲטָאַי ט
אֲנִי מַזְכִּיר הַיּוֹם׃ פַּרְעֹה קָצַף עַל־עֲבָדָיו וַיִּתֵּן אֹתִי בְּמִשְׁמַר י
בֵּית שַׂר הַטַּבָּחִים אֹתִי וְאֵת שַׂר הָאֹפִים׃ וַנַּחַלְמָה חֲלוֹם יא
בְּלַיְלָה אֶחָד אֲנִי וָהוּא אִישׁ כְּפִתְרוֹן חֲלֹמוֹ חָלָמְנוּ׃ וְשָׁם יב
אִתָּנוּ נַעַר עִבְרִי עֶבֶד לְשַׂר הַטַּבָּחִים וַנְּסַפֶּר־לוֹ וַיִּפְתָּר־לָנוּ

יג אֶת־חֲלֹמֹתֵינוּ אִישׁ כַּחֲלֹמוֹ פָּתָר׃ וַיְהִי כַּאֲשֶׁר פָּתַר־לָנוּ כֵּן
יד הָיָה אֹתִי הֵשִׁיב עַל־כַּנִּי וְאֹתוֹ תָלָה׃ וַיִּשְׁלַח פַּרְעֹה וַיִּקְרָא
אֶת־יוֹסֵף וַיְרִיצֻהוּ מִן־הַבּוֹר וַיְגַלַּח וַיְחַלֵּף שִׂמְלֹתָיו וַיָּבֹא אֶל־
טו פַּרְעֹה׃ וַיֹּאמֶר פַּרְעֹה אֶל־יוֹסֵף חֲלוֹם חָלַמְתִּי וּפֹתֵר אֵין אֹתוֹ שני
טז וַאֲנִי שָׁמַעְתִּי עָלֶיךָ לֵאמֹר תִּשְׁמַע חֲלוֹם לִפְתֹּר אֹתוֹ׃ וַיַּעַן
יוֹסֵף אֶת־פַּרְעֹה לֵאמֹר בִּלְעָדָי אֱלֹהִים יַעֲנֶה אֶת־שְׁלוֹם פַּרְעֹה׃
יז וַיְדַבֵּר פַּרְעֹה אֶל־יוֹסֵף בַּחֲלֹמִי הִנְנִי עֹמֵד עַל־שְׂפַת הַיְאֹר׃
יח וְהִנֵּה מִן־הַיְאֹר עֹלֹת שֶׁבַע פָּרוֹת בְּרִיאוֹת בָּשָׂר וִיפֹת תֹּאַר
יט וַתִּרְעֶינָה בָּאָחוּ׃ וְהִנֵּה שֶׁבַע פָּרוֹת אֲחֵרוֹת עֹלוֹת אַחֲרֵיהֶן
דַּלּוֹת וְרָעוֹת תֹּאַר מְאֹד וְרַקּוֹת בָּשָׂר לֹא־רָאִיתִי כָהֵנָּה בְּכָל־
כ אֶרֶץ מִצְרַיִם לָרֹעַ׃ וַתֹּאכַלְנָה הַפָּרוֹת הָרַקּוֹת וְהָרָעוֹת אֵת
כא שֶׁבַע הַפָּרוֹת הָרִאשֹׁנוֹת הַבְּרִיאֹת׃ וַתָּבֹאנָה אֶל־קִרְבֶּנָה
וְלֹא נוֹדַע כִּי־בָאוּ אֶל־קִרְבֶּנָה וּמַרְאֵיהֶן רַע כַּאֲשֶׁר בַּתְּחִלָּה
כב וָאִיקָץ׃ וָאֵרֶא בַּחֲלֹמִי וְהִנֵּה ׀ שֶׁבַע שִׁבֳּלִים עֹלֹת בְּקָנֶה
כג אֶחָד מְלֵאֹת וְטֹבוֹת׃ וְהִנֵּה שֶׁבַע שִׁבֳּלִים צְנֻמוֹת דַּקּוֹת
כד שְׁדֻפוֹת קָדִים צֹמְחוֹת אַחֲרֵיהֶם׃ וַתִּבְלַעְןָ הַשִּׁבֳּלִים הַדַּקֹּת
אֵת שֶׁבַע הַשִּׁבֳּלִים הַטֹּבוֹת וָאֹמַר אֶל־הַחַרְטֻמִּים וְאֵין מַגִּיד
כה לִי׃ וַיֹּאמֶר יוֹסֵף אֶל־פַּרְעֹה חֲלוֹם פַּרְעֹה אֶחָד הוּא אֵת אֲשֶׁר
כו הָאֱלֹהִים עֹשֶׂה הִגִּיד לְפַרְעֹה׃ שֶׁבַע פָּרֹת הַטֹּבֹת שֶׁבַע שָׁנִים
הֵנָּה וְשֶׁבַע הַשִּׁבֳּלִים הַטֹּבֹת שֶׁבַע שָׁנִים הֵנָּה חֲלוֹם אֶחָד
כז הוּא׃ וְשֶׁבַע הַפָּרוֹת הָרַקּוֹת וְהָרָעֹת הָעֹלֹת אַחֲרֵיהֶן שֶׁבַע
שָׁנִים הֵנָּה וְשֶׁבַע הַשִּׁבֳּלִים הָרֵקוֹת שְׁדֻפוֹת הַקָּדִים יִהְיוּ שֶׁבַע
כח שְׁנֵי רָעָב׃ הוּא הַדָּבָר אֲשֶׁר דִּבַּרְתִּי אֶל־פַּרְעֹה אֲשֶׁר הָאֱלֹהִים
כט עֹשֶׂה הֶרְאָה אֶת־פַּרְעֹה׃ הִנֵּה שֶׁבַע שָׁנִים בָּאוֹת שָׂבָע גָּדוֹל
ל בְּכָל־אֶרֶץ מִצְרָיִם׃ וְקָמוּ שֶׁבַע שְׁנֵי רָעָב אַחֲרֵיהֶן וְנִשְׁכַּח
לא כָּל־הַשָּׂבָע בְּאֶרֶץ מִצְרָיִם וְכִלָּה הָרָעָב אֶת־הָאָרֶץ׃ וְלֹא־
יִוָּדַע הַשָּׂבָע בָּאָרֶץ מִפְּנֵי הָרָעָב הַהוּא אַחֲרֵי־כֵן כִּי־כָבֵד

הוּא מְאֹד׃ וְעַל הִשָּׁנוֹת הַחֲלוֹם אֶל־פַּרְעֹה פַּעֲמָיִם כִּי־נָכוֹן לב
הַדָּבָר מֵעִם הָאֱלֹהִים וּמְמַהֵר הָאֱלֹהִים לַעֲשֹׂתוֹ׃ וְעַתָּה יֵרֶא לג
פַרְעֹה אִישׁ נָבוֹן וְחָכָם וִישִׁיתֵהוּ עַל־אֶרֶץ מִצְרָיִם׃ יַעֲשֶׂה לד
פַרְעֹה וְיַפְקֵד פְּקִדִים עַל־הָאָרֶץ וְחִמֵּשׁ אֶת־אֶרֶץ מִצְרַיִם
בְּשֶׁבַע שְׁנֵי הַשָּׂבָע׃ וְיִקְבְּצוּ אֶת־כָּל־אֹכֶל הַשָּׁנִים הַטֹּבוֹת לה
הַבָּאֹת הָאֵלֶּה וְיִצְבְּרוּ־בָר תַּחַת יַד־פַּרְעֹה אֹכֶל בֶּעָרִים וְשָׁמָרוּ׃
וְהָיָה הָאֹכֶל לְפִקָּדוֹן לָאָרֶץ לְשֶׁבַע שְׁנֵי הָרָעָב אֲשֶׁר תִּהְיֶיןָ לו
בְּאֶרֶץ מִצְרָיִם וְלֹא־תִכָּרֵת הָאָרֶץ בָּרָעָב׃ וַיִּיטַב הַדָּבָר בְּעֵינֵי לז
לז פַרְעֹה וּבְעֵינֵי כָּל־עֲבָדָיו׃ וַיֹּאמֶר פַּרְעֹה אֶל־עֲבָדָיו הֲנִמְצָא לח
שלישי כָזֶה אִישׁ אֲשֶׁר רוּחַ אֱלֹהִים בּוֹ׃ וַיֹּאמֶר פַּרְעֹה אֶל־יוֹסֵף אַחֲרֵי לט
הוֹדִיעַ אֱלֹהִים אוֹתְךָ אֶת־כָּל־זֹאת אֵין־נָבוֹן וְחָכָם כָּמוֹךָ׃
אַתָּה תִּהְיֶה עַל־בֵּיתִי וְעַל־פִּיךָ יִשַּׁק כָּל־עַמִּי רַק הַכִּסֵּא אֶגְדַּל מ
מִמֶּךָּ׃ וַיֹּאמֶר פַּרְעֹה אֶל־יוֹסֵף רְאֵה נָתַתִּי אֹתְךָ עַל כָּל־ מא
אֶרֶץ מִצְרָיִם׃ וַיָּסַר פַּרְעֹה אֶת־טַבַּעְתּוֹ מֵעַל יָדוֹ וַיִּתֵּן אֹתָהּ מב
עַל־יַד יוֹסֵף וַיַּלְבֵּשׁ אֹתוֹ בִּגְדֵי־שֵׁשׁ וַיָּשֶׂם רְבִד הַזָּהָב עַל־
צַוָּארוֹ׃ וַיַּרְכֵּב אֹתוֹ בְּמִרְכֶּבֶת הַמִּשְׁנֶה אֲשֶׁר־לוֹ וַיִּקְרְאוּ לְפָנָיו מג
אַבְרֵךְ וְנָתוֹן אֹתוֹ עַל כָּל־אֶרֶץ מִצְרָיִם׃ וַיֹּאמֶר פַּרְעֹה אֶל־ מד
יוֹסֵף אֲנִי פַרְעֹה וּבִלְעָדֶיךָ לֹא־יָרִים אִישׁ אֶת־יָדוֹ וְאֶת־רַגְלוֹ
בְּכָל־אֶרֶץ מִצְרָיִם׃ וַיִּקְרָא פַרְעֹה שֵׁם־יוֹסֵף צָפְנַת פַּעְנֵחַ וַיִּתֶּן־ מה
לוֹ אֶת־אָסְנַת בַּת־פּוֹטִי פֶרַע כֹּהֵן אֹן לְאִשָּׁה וַיֵּצֵא יוֹסֵף עַל־
אֶרֶץ מִצְרָיִם׃ וְיוֹסֵף בֶּן־שְׁלֹשִׁים שָׁנָה בְּעָמְדוֹ לִפְנֵי פַּרְעֹה מו
מֶלֶךְ־מִצְרָיִם וַיֵּצֵא יוֹסֵף מִלִּפְנֵי פַרְעֹה וַיַּעֲבֹר בְּכָל־אֶרֶץ
מִצְרָיִם׃ וַתַּעַשׂ הָאָרֶץ בְּשֶׁבַע שְׁנֵי הַשָּׂבָע לִקְמָצִים׃ וַיִּקְבֹּץ מז מח
אֶת־כָּל־אֹכֶל ׀ שֶׁבַע שָׁנִים אֲשֶׁר הָיוּ בְּאֶרֶץ מִצְרַיִם וַיִּתֶּן־
אֹכֶל בֶּעָרִים אֹכֶל שְׂדֵה־הָעִיר אֲשֶׁר סְבִיבֹתֶיהָ נָתַן בְּתוֹכָהּ׃
וַיִּצְבֹּר יוֹסֵף בָּר כְּחוֹל הַיָּם הַרְבֵּה מְאֹד עַד כִּי־חָדַל לִסְפֹּר מט
כִּי־אֵין מִסְפָּר׃ וּלְיוֹסֵף יֻלַּד שְׁנֵי בָנִים בְּטֶרֶם תָּבוֹא שְׁנַת נ

סד

נא הָרָעָ֑ב אֲשֶׁ֤ר יָֽלְדָה־לּוֹ֙ אָֽסְנַ֔ת בַּת־פּ֥וֹטִי פֶ֖רַע כֹּהֵ֥ן אֽוֹן׃ וַיִּקְרָ֥א
יוֹסֵ֛ף אֶת־שֵׁ֥ם הַבְּכ֖וֹר מְנַשֶּׁ֑ה כִּֽי־נַשַּׁ֤נִי אֱלֹהִים֙ אֶת־כָּל־עֲמָלִ֔י
נב וְאֵ֖ת כָּל־בֵּ֥ית אָבִֽי׃ וְאֵ֛ת שֵׁ֥ם הַשֵּׁנִ֖י קָרָ֣א אֶפְרָ֑יִם כִּֽי־הִפְרַ֥נִי
נג אֱלֹהִ֖ים בְּאֶ֥רֶץ עָנְיִֽי׃ וַתִּכְלֶ֕ינָה שֶׁ֖בַע שְׁנֵ֣י הַשָּׂבָ֑ע אֲשֶׁ֥ר הָיָ֖ה רביעי
נד בְּאֶ֥רֶץ מִצְרָֽיִם׃ וַתְּחִלֶּ֜ינָה שֶׁ֣בַע שְׁנֵ֤י הָרָעָב֙ לָב֔וֹא כַּאֲשֶׁ֖ר אָמַ֣ר
יוֹסֵ֑ף וַיְהִ֤י רָעָב֙ בְּכָל־הָ֣אֲרָצ֔וֹת וּבְכָל־אֶ֥רֶץ מִצְרַ֖יִם הָ֥יָה לָֽחֶם׃
נה וַתִּרְעַב֙ כָּל־אֶ֣רֶץ מִצְרַ֔יִם וַיִּצְעַ֥ק הָעָ֛ם אֶל־פַּרְעֹ֖ה לַלָּ֑חֶם וַיֹּ֨אמֶר
פַּרְעֹ֤ה לְכָל־מִצְרַ֙יִם֙ לְכ֣וּ אֶל־יוֹסֵ֔ף אֲשֶׁר־יֹאמַ֥ר לָכֶ֖ם תַּעֲשֽׂוּ׃
נו וְהָרָעָ֣ב הָיָ֔ה עַ֖ל כָּל־פְּנֵ֣י הָאָ֑רֶץ וַיִּפְתַּ֨ח יוֹסֵ֜ף אֶת־כָּל־אֲשֶׁ֤ר
נז בָּהֶם֙ וַיִּשְׁבֹּ֣ר לְמִצְרַ֔יִם וַיֶּחֱזַ֥ק הָרָעָ֖ב בְּאֶ֥רֶץ מִצְרָֽיִם׃ וְכָל־הָאָ֙רֶץ֙
בָּ֣אוּ מִצְרַ֔יְמָה לִשְׁבֹּ֖ר אֶל־יוֹסֵ֑ף כִּֽי־חָזַ֥ק הָרָעָ֖ב בְּכָל־הָאָֽרֶץ׃
מב א וַיַּ֣רְא יַעֲקֹ֔ב כִּ֥י יֶשׁ־שֶׁ֖בֶר בְּמִצְרָ֑יִם וַיֹּ֤אמֶר יַעֲקֹב֙ לְבָנָ֔יו לָ֖מָּה
ב תִּתְרָאֽוּ׃ וַיֹּ֕אמֶר הִנֵּ֣ה שָׁמַ֔עְתִּי כִּ֥י יֶשׁ־שֶׁ֖בֶר בְּמִצְרָ֑יִם רְדוּ־שָׁ֙מָּה֙
ג וְשִׁבְרוּ־לָ֣נוּ מִשָּׁ֔ם וְנִחְיֶ֖ה וְלֹ֥א נָמֽוּת׃ וַיֵּרְד֥וּ אֲחֵי־יוֹסֵ֖ף עֲשָׂרָ֑ה
ד לִשְׁבֹּ֥ר בָּ֖ר מִמִּצְרָֽיִם׃ וְאֶת־בִּנְיָמִין֙ אֲחִ֣י יוֹסֵ֔ף לֹא־שָׁלַ֥ח יַעֲקֹ֖ב
ה אֶת־אֶחָ֑יו כִּ֣י אָמַ֔ר פֶּן־יִקְרָאֶ֖נּוּ אָסֽוֹן׃ וַיָּבֹ֙אוּ֙ בְּנֵ֣י יִשְׂרָאֵ֔ל לִשְׁבֹּ֖ר
ו בְּת֣וֹךְ הַבָּאִ֑ים כִּֽי־הָיָ֥ה הָרָעָ֖ב בְּאֶ֥רֶץ כְּנָֽעַן׃ וְיוֹסֵ֗ף ה֚וּא הַשַּׁלִּ֣יט
עַל־הָאָ֔רֶץ ה֥וּא הַמַּשְׁבִּ֖יר לְכָל־עַ֣ם הָאָ֑רֶץ וַיָּבֹ֙אוּ֙ אֲחֵ֣י יוֹסֵ֔ף
ז וַיִּשְׁתַּחֲווּ־ל֥וֹ אַפַּ֖יִם אָֽרְצָה׃ וַיַּ֥רְא יוֹסֵ֛ף אֶת־אֶחָ֖יו וַיַּכִּרֵ֑ם וַיִּתְנַכֵּ֨ר
אֲלֵיהֶ֜ם וַיְדַבֵּ֧ר אִתָּ֣ם קָשׁ֗וֹת וַיֹּ֤אמֶר אֲלֵהֶם֙ מֵאַ֣יִן בָּאתֶ֔ם וַיֹּ֣אמְר֔וּ
ח מֵאֶ֥רֶץ כְּנַ֖עַן לִשְׁבָּר־אֹֽכֶל׃ וַיַּכֵּ֥ר יוֹסֵ֖ף אֶת־אֶחָ֑יו וְהֵ֖ם לֹ֥א
ט הִכִּרֻֽהוּ׃ וַיִּזְכֹּ֣ר יוֹסֵ֔ף אֵ֚ת הַחֲלֹמ֔וֹת אֲשֶׁ֥ר חָלַ֖ם לָהֶ֑ם וַיֹּ֤אמֶר
אֲלֵהֶם֙ מְרַגְּלִ֣ים אַתֶּ֔ם לִרְא֛וֹת אֶת־עֶרְוַ֥ת הָאָ֖רֶץ בָּאתֶֽם׃
י יא וַיֹּאמְר֥וּ אֵלָ֖יו לֹ֣א אֲדֹנִ֑י וַעֲבָדֶ֥יךָ בָּ֖אוּ לִשְׁבָּר־אֹֽכֶל׃ כֻּלָּ֕נוּ בְּנֵ֥י
יב אִ֥ישׁ־אֶחָ֖ד נָ֑חְנוּ כֵּנִ֣ים אֲנַ֔חְנוּ לֹא־הָי֥וּ עֲבָדֶ֖יךָ מְרַגְּלִֽים׃ וַיֹּ֖אמֶר
יג אֲלֵהֶ֑ם לֹ֕א כִּֽי־עֶרְוַ֥ת הָאָ֖רֶץ בָּאתֶ֥ם לִרְאֽוֹת׃ וַיֹּאמְר֗וּ שְׁנֵ֣ים
עָשָׂ֣ר עֲ֠בָדֶיךָ אַחִ֨ים ׀ אֲנַ֧חְנוּ בְּנֵ֛י אִישׁ־אֶחָ֖ד בְּאֶ֣רֶץ כְּנָ֑עַן וְהִנֵּ֨ה

יד הקטן את־אבינו היום והאחד איננו: ויאמר אלהם יוסף
טו הוא אשר דברתי אלכם לאמר מרגלים אתם: בזאת תבחנו
חי פרעה אם־תצאו מזה כי אם־בבוא אחיכם הקטן הנה:
טז שלחו מכם אחד ויקח את־אחיכם ואתם האסרו ויבחנו
דבריכם האמת אתכם ואם־לא חי פרעה כי מרגלים אתם:
לח יז יח ויאסף אתם אל־משמר שלשת ימים: ויאמר אלהם יוסף
חמישי יט ביום השלישי זאת עשו וחיו את־האלהים אני ירא: אם־
כנים אתם אחיכם אחד יאסר בבית משמרכם ואתם לכו
כ הביאו שבר רעבון בתיכם: ואת־אחיכם הקטן תביאו אלי
כא ויאמנו דבריכם ולא תמותו ויעשו־כן: ויאמרו איש אל־
אחיו אבל אשמים | אנחנו על־אחינו אשר ראינו צרת נפשו
בהתחננו אלינו ולא שמענו על־כן באה אלינו הצרה הזאת:
כב ויען ראובן אתם לאמר הלוא אמרתי אליכם | לאמר אל־
כג תחטאו בילד ולא שמעתם וגם־דמו הנה נדרש: והם לא
כד ידעו כי שמע יוסף כי המליץ בינתם: ויסב מעליהם ויבך
וישב אלהם וידבר אלהם ויקח מאתם את־שמעון ויאסר
כה אתו לעיניהם: ויצו יוסף וימלאו את־כליהם בר ולהשיב
כספיהם איש אל־שקו ולתת להם צדה לדרך ויעש להם
כו כז כן: וישאו את־שברם על־חמריהם וילכו משם: ויפתח
האחד את־שקו לתת מספוא לחמרו במלון וירא את־כספו
כח והנה־הוא בפי אמתחתו: ויאמר אל־אחיו הושב כספי וגם
הנה באמתחתי ויצא לבם ויחרדו איש אל־אחיו לאמר מה־
כט זאת עשה אלהים לנו: ויבאו אל־יעקב אביהם ארצה כנען
ל ויגידו לו את כל־הקרת אתם לאמר: דבר האיש אדני
לא הארץ אתנו קשות ויתן אתנו כמרגלים את־הארץ: ונאמר
לב אליו כנים אנחנו לא היינו מרגלים: שנים־עשר אנחנו אחים
בני אבינו האחד איננו והקטן היום את־אבינו בארץ כנען:

לג וַיֹּאמֶר אֵלֵינוּ הָאִישׁ אֲדֹנֵי הָאָרֶץ בְּזֹאת אֵדַע כִּי כֵנִים אַתֶּם
אֲחִיכֶם הָאֶחָד הַנִּיחוּ אִתִּי וְאֶת־רַעֲבוֹן בָּתֵּיכֶם קְחוּ וָלֵכוּ׃
לד וְהָבִיאוּ אֶת־אֲחִיכֶם הַקָּטֹן אֵלַי וְאֵדְעָה כִּי לֹא מְרַגְּלִים אַתֶּם
לה כִּי כֵנִים אַתֶּם אֶת־אֲחִיכֶם אֶתֵּן לָכֶם וְאֶת־הָאָרֶץ תִּסְחָרוּ׃ וַיְהִי
הֵם מְרִיקִים שַׂקֵּיהֶם וְהִנֵּה־אִישׁ צְרוֹר־כַּסְפּוֹ בְּשַׂקּוֹ וַיִּרְאוּ אֶת־
לו צְרֹרוֹת כַּסְפֵּיהֶם הֵמָּה וַאֲבִיהֶם וַיִּירָאוּ׃ וַיֹּאמֶר אֲלֵהֶם יַעֲקֹב
אֲבִיהֶם אֹתִי שִׁכַּלְתֶּם יוֹסֵף אֵינֶנּוּ וְשִׁמְעוֹן אֵינֶנּוּ וְאֶת־בִּנְיָמִן
לז תִּקָּחוּ עָלַי הָיוּ כֻלָּנָה׃ וַיֹּאמֶר רְאוּבֵן אֶל־אָבִיו לֵאמֹר אֶת־
שְׁנֵי בָנַי תָּמִית אִם־לֹא אֲבִיאֶנּוּ אֵלֶיךָ תְּנָה אֹתוֹ עַל־יָדִי וַאֲנִי
לח אֲשִׁיבֶנּוּ אֵלֶיךָ׃ וַיֹּאמֶר לֹא־יֵרֵד בְּנִי עִמָּכֶם כִּי־אָחִיו מֵת וְהוּא
לְבַדּוֹ נִשְׁאָר וּקְרָאָהוּ אָסוֹן בַּדֶּרֶךְ אֲשֶׁר תֵּלְכוּ־בָהּ וְהוֹרַדְתֶּם
מג א ב אֶת־שֵׂיבָתִי בְּיָגוֹן שְׁאוֹלָה׃ וְהָרָעָב כָּבֵד בָּאָרֶץ׃ וַיְהִי כַּאֲשֶׁר
כִּלּוּ לֶאֱכֹל אֶת־הַשֶּׁבֶר אֲשֶׁר הֵבִיאוּ מִמִּצְרָיִם וַיֹּאמֶר אֲלֵיהֶם
ג אֲבִיהֶם שֻׁבוּ שִׁבְרוּ־לָנוּ מְעַט־אֹכֶל׃ וַיֹּאמֶר אֵלָיו יְהוּדָה
לֵאמֹר הָעֵד הֵעִד בָּנוּ הָאִישׁ לֵאמֹר לֹא־תִרְאוּ פָנַי בִּלְתִּי
ד אֲחִיכֶם אִתְּכֶם׃ אִם־יֶשְׁךָ מְשַׁלֵּחַ אֶת־אָחִינוּ אִתָּנוּ נֵרְדָה
ה וְנִשְׁבְּרָה לְךָ אֹכֶל׃ וְאִם־אֵינְךָ מְשַׁלֵּחַ לֹא נֵרֵד כִּי־הָאִישׁ אָמַר
ו אֵלֵינוּ לֹא־תִרְאוּ פָנַי בִּלְתִּי אֲחִיכֶם אִתְּכֶם׃ וַיֹּאמֶר יִשְׂרָאֵל
ז לָמָה הֲרֵעֹתֶם לִי לְהַגִּיד לָאִישׁ הַעוֹד לָכֶם אָח׃ וַיֹּאמְרוּ שָׁאוֹל
שָׁאַל־הָאִישׁ לָנוּ וּלְמוֹלַדְתֵּנוּ לֵאמֹר הַעוֹד אֲבִיכֶם חַי הֲיֵשׁ
לָכֶם אָח וַנַּגֶּד־לוֹ עַל־פִּי הַדְּבָרִים הָאֵלֶּה הֲיָדוֹעַ נֵדַע כִּי יֹאמַר
ח הוֹרִידוּ אֶת־אֲחִיכֶם׃ וַיֹּאמֶר יְהוּדָה אֶל־יִשְׂרָאֵל אָבִיו שִׁלְחָה
הַנַּעַר אִתִּי וְנָקוּמָה וְנֵלֵכָה וְנִחְיֶה וְלֹא נָמוּת גַּם־אֲנַחְנוּ גַם־
ט אַתָּה גַּם־טַפֵּנוּ׃ אָנֹכִי אֶעֶרְבֶנּוּ מִיָּדִי תְּבַקְשֶׁנּוּ אִם־לֹא הֲבִיאֹתִיו
י אֵלֶיךָ וְהִצַּגְתִּיו לְפָנֶיךָ וְחָטָאתִי לְךָ כָּל־הַיָּמִים׃ כִּי לוּלֵא
יא הִתְמַהְמָהְנוּ כִּי־עַתָּה שַׁבְנוּ זֶה פַעֲמָיִם׃ וַיֹּאמֶר אֲלֵהֶם יִשְׂרָאֵל
אֲבִיהֶם אִם־כֵּן ׀ אֵפוֹא זֹאת עֲשׂוּ קְחוּ מִזִּמְרַת הָאָרֶץ בִּכְלֵיכֶם

וְהוֹרִ֥ידוּ לָאִ֖ישׁ מִנְחָ֑ה מְעַ֤ט צֳרִי֙ וּמְעַ֣ט דְּבַ֔שׁ נְכֹ֥את וָלֹ֖ט בָּטְנִ֥ים
יב וּשְׁקֵדִֽים׃ וְכֶ֥סֶף מִשְׁנֶ֖ה קְח֣וּ בְיֶדְכֶ֑ם וְאֶת־הַכֶּ֜סֶף הַמּוּשָׁ֨ב בְּפִ֤י
יג אַמְתְּחֹֽתֵיכֶם֙ תָּשִׁ֣יבוּ בְיֶדְכֶ֔ם אוּלַ֖י מִשְׁגֶּ֥ה הֽוּא׃ וְאֶת־אֲחִיכֶ֖ם
לט יד קְח֑וּ וְק֖וּמוּ שׁ֥וּבוּ אֶל־הָאִֽישׁ׃ וְאֵ֣ל שַׁדַּ֗י יִתֵּ֨ן לָכֶ֤ם רַחֲמִים֙ לִפְנֵ֣י
הָאִ֔ישׁ וְשִׁלַּ֥ח לָכֶ֛ם אֶת־אֲחִיכֶ֥ם אַחֵ֖ר וְאֶת־בִּנְיָמִ֑ין וַאֲנִ֕י כַּאֲשֶׁ֥ר
טו שָׁכֹ֖לְתִּי שָׁכָֽלְתִּי׃ וַיִּקְח֤וּ הָֽאֲנָשִׁים֙ אֶת־הַמִּנְחָ֣ה הַזֹּ֔את וּמִשְׁנֶה־
כֶּ֛סֶף לָקְח֥וּ בְיָדָ֖ם וְאֶת־בִּנְיָמִ֑ן וַיָּקֻ֙מוּ֙ וַיֵּרְד֣וּ מִצְרַ֔יִם וַיַּֽעַמְד֖וּ
ששי טז לִפְנֵ֥י יוֹסֵֽף׃ וַיַּ֨רְא יוֹסֵ֣ף אִתָּם֮ אֶת־בִּנְיָמִין֒ וַיֹּ֨אמֶר֙ לַאֲשֶׁ֣ר עַל־
בֵּית֔וֹ הָבֵ֥א אֶת־הָאֲנָשִׁ֖ים הַבָּ֑יְתָה וּטְבֹ֤חַ טֶ֙בַח֙ וְהָכֵ֔ן כִּ֥י אִתִּ֛י
יז יֹאכְל֥וּ הָאֲנָשִׁ֖ים בַּֽצָּהֳרָֽיִם׃ וַיַּ֣עַשׂ הָאִ֔ישׁ כַּאֲשֶׁ֖ר אָמַ֣ר יוֹסֵ֑ף
יח וַיָּבֵ֥א הָאִ֛ישׁ אֶת־הָאֲנָשִׁ֖ים בֵּ֥יתָה יוֹסֵֽף׃ וַיִּֽירְא֣וּ הָאֲנָשִׁ֗ים כִּ֣י
הֽוּבְאוּ֮ בֵּ֣ית יוֹסֵף֒ וַיֹּאמְר֗וּ עַל־דְּבַ֤ר הַכֶּ֙סֶף֙ הַשָּׁ֤ב בְּאַמְתְּחֹתֵ֙ינוּ֙
בַּתְּחִלָּ֔ה אֲנַ֖חְנוּ מֽוּבָאִ֑ים לְהִתְגֹּלֵ֤ל עָלֵ֙ינוּ֙ וּלְהִתְנַפֵּ֣ל עָלֵ֔ינוּ
יט וְלָקַ֧חַת אֹתָ֛נוּ לַעֲבָדִ֖ים וְאֶת־חֲמֹרֵֽינוּ׃ וַֽיִּגְּשׁוּ֙ אֶל־הָאִ֣ישׁ אֲשֶׁ֔ר
כ עַל־בֵּ֣ית יוֹסֵ֑ף וַיְדַבְּר֥וּ אֵלָ֖יו פֶּ֥תַח הַבָּֽיִת׃ וַיֹּאמְר֖וּ כִּ֣י אֲדֹנִ֑י יָרֹ֥ד
כא יָרַ֖דְנוּ בַּתְּחִלָּ֥ה לִשְׁבָּר־אֹֽכֶל׃ וַיְהִ֞י כִּי־בָ֣אנוּ אֶל־הַמָּל֗וֹן וַֽנִּפְתְּחָה֙
אֶת־אַמְתְּחֹתֵ֔ינוּ וְהִנֵּ֤ה כֶֽסֶף־אִישׁ֙ בְּפִ֣י אַמְתַּחְתּ֔וֹ כַּסְפֵּ֖נוּ
כב בְּמִשְׁקָל֑וֹ וַנָּ֥שֶׁב אֹת֖וֹ בְּיָדֵֽנוּ׃ וְכֶ֧סֶף אַחֵ֛ר הוֹרַ֥דְנוּ בְיָדֵ֖נוּ לִשְׁבָּר־
כג אֹ֑כֶל לֹ֣א יָדַ֔עְנוּ מִי־שָׂ֥ם כַּסְפֵּ֖נוּ בְּאַמְתְּחֹתֵֽינוּ׃ וַיֹּאמֶר֩ שָׁל֨וֹם
לָכֶ֜ם אַל־תִּירָ֗אוּ אֱ֠לֹהֵיכֶם וֵאלֹהֵ֤י אֲבִיכֶם֙ נָתַ֨ן לָכֶ֤ם מַטְמוֹן֙
בְּאַמְתְּחֹ֣תֵיכֶ֔ם כַּסְפְּכֶ֖ם בָּ֣א אֵלָ֑י וַיּוֹצֵ֥א אֲלֵהֶ֖ם אֶת־שִׁמְעֽוֹן׃
כד וַיָּבֵ֥א הָאִ֛ישׁ אֶת־הָאֲנָשִׁ֖ים בֵּ֣יתָה יוֹסֵ֑ף וַיִּתֶּן־מַ֙יִם֙ וַֽיִּרְחֲצ֣וּ
כה רַגְלֵיהֶ֔ם וַיִּתֵּ֥ן מִסְפּ֖וֹא לַחֲמֹרֵיהֶֽם׃ וַיָּכִ֙ינוּ֙ אֶת־הַמִּנְחָ֔ה עַד־בּ֥וֹא
כו יוֹסֵ֖ף בַּֽצָּהֳרָ֑יִם כִּ֣י שָׁמְע֔וּ כִּי־שָׁ֖ם יֹ֥אכְלוּ לָֽחֶם׃ וַיָּבֹ֤א יוֹסֵף֙
הַבַּ֔יְתָה וַיָּבִ֧יאּוּ ל֛וֹ אֶת־הַמִּנְחָ֥ה אֲשֶׁר־בְּיָדָ֖ם הַבָּ֑יְתָה וַיִּשְׁתַּחֲווּ־
כז ל֖וֹ אָֽרְצָה׃ וַיִּשְׁאַ֤ל לָהֶם֙ לְשָׁל֔וֹם וַיֹּ֗אמֶר הֲשָׁל֛וֹם אֲבִיכֶ֥ם הַזָּקֵ֖ן
כח אֲשֶׁ֣ר אֲמַרְתֶּ֑ם הַעוֹדֶ֖נּוּ חָֽי׃ וַיֹּאמְר֗וּ שָׁל֛וֹם לְעַבְדְּךָ֥ לְאָבִ֖ינוּ

כט עוֹדֶנּוּ חָי וַיִּקְּדוּ וַיִּשְׁתַּחֲוּוּ׃ וַיִּשָּׂא עֵינָיו וַיַּרְא אֶת־בִּנְיָמִין אָחִיו
בֶּן־אִמּוֹ וַיֹּאמֶר הֲזֶה אֲחִיכֶם הַקָּטֹן אֲשֶׁר אֲמַרְתֶּם אֵלָי וַיֹּאמַר
ל אֱלֹהִים יָחְנְךָ בְּנִי׃ וַיְמַהֵר יוֹסֵף כִּי־נִכְמְרוּ רַחֲמָיו אֶל־אָחִיו שביעי
לא וַיְבַקֵּשׁ לִבְכּוֹת וַיָּבֹא הַחַדְרָה וַיֵּבְךְּ שָׁמָּה׃ וַיִּרְחַץ פָּנָיו וַיֵּצֵא
לב וַיִּתְאַפַּק וַיֹּאמֶר שִׂימוּ לָחֶם׃ וַיָּשִׂימוּ לוֹ לְבַדּוֹ וְלָהֶם לְבַדָּם
וְלַמִּצְרִים הָאֹכְלִים אִתּוֹ לְבַדָּם כִּי לֹא יוּכְלוּן הַמִּצְרִים לֶאֱכֹל
לג אֶת־הָעִבְרִים לֶחֶם כִּי־תוֹעֵבָה הִוא לְמִצְרָיִם׃ וַיֵּשְׁבוּ לְפָנָיו
הַבְּכֹר כִּבְכֹרָתוֹ וְהַצָּעִיר כִּצְעִרָתוֹ וַיִּתְמְהוּ הָאֲנָשִׁים אִישׁ אֶל־
לד רֵעֵהוּ׃ וַיִּשָּׂא מַשְׂאֹת מֵאֵת פָּנָיו אֲלֵהֶם וַתֵּרֶב מַשְׂאַת בִּנְיָמִן
מד א מִמַּשְׂאֹת כֻּלָּם חָמֵשׁ יָדוֹת וַיִּשְׁתּוּ וַיִּשְׁכְּרוּ עִמּוֹ׃ וַיְצַו אֶת־אֲשֶׁר
עַל־בֵּיתוֹ לֵאמֹר מַלֵּא אֶת־אַמְתְּחֹת הָאֲנָשִׁים אֹכֶל כַּאֲשֶׁר
ב יוּכְלוּן שְׂאֵת וְשִׂים כֶּסֶף־אִישׁ בְּפִי אַמְתַּחְתּוֹ׃ וְאֶת־גְּבִיעִי
גְּבִיעַ הַכֶּסֶף תָּשִׂים בְּפִי אַמְתַּחַת הַקָּטֹן וְאֵת כֶּסֶף שִׁבְרוֹ וַיַּעַשׂ
ג כִּדְבַר יוֹסֵף אֲשֶׁר דִּבֵּר׃ הַבֹּקֶר אוֹר וְהָאֲנָשִׁים שֻׁלְּחוּ הֵמָּה
ד וַחֲמֹרֵיהֶם׃ הֵם יָצְאוּ אֶת־הָעִיר לֹא הִרְחִיקוּ וְיוֹסֵף אָמַר לַאֲשֶׁר
עַל־בֵּיתוֹ קוּם רְדֹף אַחֲרֵי הָאֲנָשִׁים וְהִשַּׂגְתָּם וְאָמַרְתָּ אֲלֵהֶם
ה לָמָּה שִׁלַּמְתֶּם רָעָה תַּחַת טוֹבָה׃ הֲלוֹא זֶה אֲשֶׁר יִשְׁתֶּה אֲדֹנִי
ו בּוֹ וְהוּא נַחֵשׁ יְנַחֵשׁ בּוֹ הֲרֵעֹתֶם אֲשֶׁר עֲשִׂיתֶם׃ וַיַּשִּׂגֵם וַיְדַבֵּר
ז אֲלֵהֶם אֶת־הַדְּבָרִים הָאֵלֶּה׃ וַיֹּאמְרוּ אֵלָיו לָמָּה יְדַבֵּר אֲדֹנִי
ח כַּדְּבָרִים הָאֵלֶּה חָלִילָה לַעֲבָדֶיךָ מֵעֲשׂוֹת כַּדָּבָר הַזֶּה׃ הֵן כֶּסֶף
אֲשֶׁר מָצָאנוּ בְּפִי אַמְתְּחֹתֵינוּ הֱשִׁיבֹנוּ אֵלֶיךָ מֵאֶרֶץ כְּנָעַן וְאֵיךְ
ט נִגְנֹב מִבֵּית אֲדֹנֶיךָ כֶּסֶף אוֹ זָהָב׃ אֲשֶׁר יִמָּצֵא אִתּוֹ מֵעֲבָדֶיךָ
י וָמֵת וְגַם־אֲנַחְנוּ נִהְיֶה לַאדֹנִי לַעֲבָדִים׃ וַיֹּאמֶר גַּם־עַתָּה
כְדִבְרֵיכֶם כֶּן־הוּא אֲשֶׁר יִמָּצֵא אִתּוֹ יִהְיֶה־לִּי עָבֶד וְאַתֶּם
יא תִּהְיוּ נְקִיִּם׃ וַיְמַהֲרוּ וַיּוֹרִדוּ אִישׁ אֶת־אַמְתַּחְתּוֹ אָרְצָה וַיִּפְתְּחוּ
יב אִישׁ אַמְתַּחְתּוֹ׃ וַיְחַפֵּשׂ בַּגָּדוֹל הֵחֵל וּבַקָּטֹן כִּלָּה וַיִּמָּצֵא הַגָּבִיעַ
יג בְּאַמְתַּחַת בִּנְיָמִן׃ וַיִּקְרְעוּ שִׂמְלֹתָם וַיַּעֲמֹס אִישׁ עַל־חֲמֹרוֹ

מפטיר
יד וַיִּשְׁבוּ הָעִירָה׃ וַיָּבֹא יְהוּדָה וְאֶחָיו בֵּיתָה יוֹסֵף וְהוּא עוֹדֶנּוּ
טו שָׁם וַיִּפְּלוּ לְפָנָיו אָרְצָה׃ וַיֹּאמֶר לָהֶם יוֹסֵף מָה־הַמַּעֲשֶׂה הַזֶּה
אֲשֶׁר עֲשִׂיתֶם הֲלוֹא יְדַעְתֶּם כִּי־נַחֵשׁ יְנַחֵשׁ אִישׁ אֲשֶׁר כָּמֹנִי׃
טז וַיֹּאמֶר יְהוּדָה מַה־נֹּאמַר לַאדֹנִי מַה־נְּדַבֵּר וּמַה־נִּצְטַדָּק
הָאֱלֹהִים מָצָא אֶת־עֲוֺן עֲבָדֶיךָ הִנֶּנּוּ עֲבָדִים לַאדֹנִי גַּם־אֲנַחְנוּ
יז גַּם אֲשֶׁר־נִמְצָא הַגָּבִיעַ בְּיָדוֹ׃ וַיֹּאמֶר חָלִילָה לִּי מֵעֲשׂוֹת זֹאת
הָאִישׁ אֲשֶׁר נִמְצָא הַגָּבִיעַ בְּיָדוֹ הוּא יִהְיֶה־לִּי עָבֶד וְאַתֶּם
ויגש מ
יח עֲלוּ לְשָׁלוֹם אֶל־אֲבִיכֶם׃ וַיִּגַּשׁ אֵלָיו יְהוּדָה
וַיֹּאמֶר בִּי אֲדֹנִי יְדַבֶּר־נָא עַבְדְּךָ דָבָר בְּאָזְנֵי אֲדֹנִי וְאַל־יִחַר
יט אַפְּךָ בְּעַבְדֶּךָ כִּי כָמוֹךָ כְּפַרְעֹה׃ אֲדֹנִי שָׁאַל אֶת־עֲבָדָיו לֵאמֹר
כ הֲיֵשׁ־לָכֶם אָב אוֹ־אָח׃ וַנֹּאמֶר אֶל־אֲדֹנִי יֶשׁ־לָנוּ אָב זָקֵן
וְיֶלֶד זְקֻנִים קָטָן וְאָחִיו מֵת וַיִּוָּתֵר הוּא לְבַדּוֹ לְאִמּוֹ וְאָבִיו
כא אֲהֵבוֹ׃ וַתֹּאמֶר אֶל־עֲבָדֶיךָ הוֹרִדֻהוּ אֵלָי וְאָשִׂימָה עֵינִי עָלָיו׃
כב וַנֹּאמֶר אֶל־אֲדֹנִי לֹא־יוּכַל הַנַּעַר לַעֲזֹב אֶת־אָבִיו וְעָזַב אֶת־
כג אָבִיו וָמֵת׃ וַתֹּאמֶר אֶל־עֲבָדֶיךָ אִם־לֹא יֵרֵד אֲחִיכֶם הַקָּטֹן
כד אִתְּכֶם לֹא תֹסִפוּן לִרְאוֹת פָּנָי׃ וַיְהִי כִּי עָלִינוּ אֶל־עַבְדְּךָ אָבִי
כה וַנַּגֶּד־לוֹ אֵת דִּבְרֵי אֲדֹנִי׃ וַיֹּאמֶר אָבִינוּ שֻׁבוּ שִׁבְרוּ־לָנוּ מְעַט־
כו אֹכֶל׃ וַנֹּאמֶר לֹא נוּכַל לָרֶדֶת אִם־יֵשׁ אָחִינוּ הַקָּטֹן אִתָּנוּ
וְיָרַדְנוּ כִּי־לֹא נוּכַל לִרְאוֹת פְּנֵי הָאִישׁ וְאָחִינוּ הַקָּטֹן אֵינֶנּוּ
כז אִתָּנוּ׃ וַיֹּאמֶר עַבְדְּךָ אָבִי אֵלֵינוּ אַתֶּם יְדַעְתֶּם כִּי שְׁנַיִם יָלְדָה־
כח לִּי אִשְׁתִּי׃ וַיֵּצֵא הָאֶחָד מֵאִתִּי וָאֹמַר אַךְ טָרֹף טֹרָף וְלֹא
כט רְאִיתִיו עַד־הֵנָּה׃ וּלְקַחְתֶּם גַּם־אֶת־זֶה מֵעִם פָּנַי וְקָרָהוּ אָסוֹן
ל וְהוֹרַדְתֶּם אֶת־שֵׂיבָתִי בְּרָעָה שְׁאֹלָה׃ וְעַתָּה כְּבֹאִי אֶל־עַבְדְּךָ
שני
לא אָבִי וְהַנַּעַר אֵינֶנּוּ אִתָּנוּ וְנַפְשׁוֹ קְשׁוּרָה בְנַפְשׁוֹ׃ וְהָיָה כִּרְאוֹתוֹ
כִּי־אֵין הַנַּעַר וָמֵת וְהוֹרִידוּ עֲבָדֶיךָ אֶת־שֵׂיבַת עַבְדְּךָ אָבִינוּ
לב בְּיָגוֹן שְׁאֹלָה׃ כִּי עַבְדְּךָ עָרַב אֶת־הַנַּעַר מֵעִם אָבִי לֵאמֹר
לג אִם־לֹא אֲבִיאֶנּוּ אֵלֶיךָ וְחָטָאתִי לְאָבִי כָל־הַיָּמִים׃ וְעַתָּה

יֵשֶׁב־נָא עַבְדְּךָ תַּחַת הַנַּעַר עֶבֶד לַאדֹנִי וְהַנַּעַר יַעַל עִם־אֶחָיו׃
לד כִּי־אֵיךְ אֶעֱלֶה אֶל־אָבִי וְהַנַּעַר אֵינֶנּוּ אִתִּי פֶּן אֶרְאֶה בָרָע
מה א אֲשֶׁר יִמְצָא אֶת־אָבִי׃ וְלֹא־יָכֹל יוֹסֵף לְהִתְאַפֵּק לְכֹל הַנִּצָּבִים
עָלָיו וַיִּקְרָא הוֹצִיאוּ כָל־אִישׁ מֵעָלָי וְלֹא־עָמַד אִישׁ אִתּוֹ
ב בְּהִתְוַדַּע יוֹסֵף אֶל־אֶחָיו׃ וַיִּתֵּן אֶת־קֹלוֹ בִּבְכִי וַיִּשְׁמְעוּ מִצְרַיִם
ג וַיִּשְׁמַע בֵּית פַּרְעֹה׃ וַיֹּאמֶר יוֹסֵף אֶל־אֶחָיו אֲנִי יוֹסֵף הַעוֹד
ד אָבִי חָי וְלֹא־יָכְלוּ אֶחָיו לַעֲנוֹת אֹתוֹ כִּי נִבְהֲלוּ מִפָּנָיו׃ וַיֹּאמֶר
יוֹסֵף אֶל־אֶחָיו גְּשׁוּ־נָא אֵלַי וַיִּגָּשׁוּ וַיֹּאמֶר אֲנִי יוֹסֵף אֲחִיכֶם
ה אֲשֶׁר־מְכַרְתֶּם אֹתִי מִצְרָיְמָה׃ וְעַתָּה ׀ אַל־תֵּעָצְבוּ וְאַל־יִחַר
בְּעֵינֵיכֶם כִּי־מְכַרְתֶּם אֹתִי הֵנָּה כִּי לְמִחְיָה שְׁלָחַנִי אֱלֹהִים
ו לִפְנֵיכֶם׃ כִּי־זֶה שְׁנָתַיִם הָרָעָב בְּקֶרֶב הָאָרֶץ וְעוֹד חָמֵשׁ שָׁנִים
ז אֲשֶׁר אֵין־חָרִישׁ וְקָצִיר׃ וַיִּשְׁלָחֵנִי אֱלֹהִים לִפְנֵיכֶם לָשׂוּם לָכֶם
ח שְׁאֵרִית בָּאָרֶץ וּלְהַחֲיוֹת לָכֶם לִפְלֵיטָה גְּדֹלָה׃ וְעַתָּה לֹא־אַתֶּם שלישי
שְׁלַחְתֶּם אֹתִי הֵנָּה כִּי הָאֱלֹהִים וַיְשִׂימֵנִי לְאָב לְפַרְעֹה וּלְאָדוֹן
ט לְכָל־בֵּיתוֹ וּמֹשֵׁל בְּכָל־אֶרֶץ מִצְרָיִם׃ מַהֲרוּ וַעֲלוּ אֶל־אָבִי
וַאֲמַרְתֶּם אֵלָיו כֹּה אָמַר בִּנְךָ יוֹסֵף שָׂמַנִי אֱלֹהִים לְאָדוֹן לְכָל־
י מִצְרָיִם רְדָה אֵלַי אַל־תַּעֲמֹד׃ וְיָשַׁבְתָּ בְאֶרֶץ־גֹּשֶׁן וְהָיִיתָ קָרוֹב
אֵלַי אַתָּה וּבָנֶיךָ וּבְנֵי בָנֶיךָ וְצֹאנְךָ וּבְקָרְךָ וְכָל־אֲשֶׁר־לָךְ׃
יא וְכִלְכַּלְתִּי אֹתְךָ שָׁם כִּי־עוֹד חָמֵשׁ שָׁנִים רָעָב פֶּן־תִּוָּרֵשׁ אַתָּה
יב וּבֵיתְךָ וְכָל־אֲשֶׁר־לָךְ׃ וְהִנֵּה עֵינֵיכֶם רֹאוֹת וְעֵינֵי אָחִי בִנְיָמִין
יג כִּי־פִי הַמְדַבֵּר אֲלֵיכֶם׃ וְהִגַּדְתֶּם לְאָבִי אֶת־כָּל־כְּבוֹדִי בְּמִצְרַיִם
וְאֵת כָּל־אֲשֶׁר רְאִיתֶם וּמִהַרְתֶּם וְהוֹרַדְתֶּם אֶת־אָבִי הֵנָּה׃
יד וַיִּפֹּל עַל־צַוְּארֵי בִנְיָמִן־אָחִיו וַיֵּבְךְּ וּבִנְיָמִן בָּכָה עַל־צַוָּארָיו׃
טו וַיְנַשֵּׁק לְכָל־אֶחָיו וַיֵּבְךְּ עֲלֵהֶם וְאַחֲרֵי כֵן דִּבְּרוּ אֶחָיו אִתּוֹ׃
טז וְהַקֹּל נִשְׁמַע בֵּית פַּרְעֹה לֵאמֹר בָּאוּ אֲחֵי יוֹסֵף וַיִּיטַב בְּעֵינֵי
יז פַרְעֹה וּבְעֵינֵי עֲבָדָיו׃ וַיֹּאמֶר פַּרְעֹה אֶל־יוֹסֵף אֱמֹר אֶל־אַחֶיךָ
יח זֹאת עֲשׂוּ טַעֲנוּ אֶת־בְּעִירְכֶם וּלְכוּ־בֹאוּ אַרְצָה כְּנָעַן׃ וּקְחוּ

אֶת־אֲבִיכֶם וְאֶת־בָּתֵּיכֶם וּבֹאוּ אֵלָי וְאֶתְּנָה לָכֶם אֶת־טוּב
רביעי יט אֶרֶץ מִצְרַיִם וְאִכְלוּ אֶת־חֵלֶב הָאָרֶץ׃ וְאַתָּה צֻוֵּיתָה זֹאת עֲשׂוּ
קְחוּ־לָכֶם מֵאֶרֶץ מִצְרַיִם עֲגָלוֹת לְטַפְּכֶם וְלִנְשֵׁיכֶם וּנְשָׂאתֶם
כ אֶת־אֲבִיכֶם וּבָאתֶם׃ וְעֵינְכֶם אַל־תָּחֹס עַל־כְּלֵיכֶם כִּי־טוּב
כא כָּל־אֶרֶץ מִצְרַיִם לָכֶם הוּא׃ וַיַּעֲשׂוּ־כֵן בְּנֵי יִשְׂרָאֵל וַיִּתֵּן לָהֶם
כב יוֹסֵף עֲגָלוֹת עַל־פִּי פַרְעֹה וַיִּתֵּן לָהֶם צֵדָה לַדָּרֶךְ׃ לְכֻלָּם נָתַן
לָאִישׁ חֲלִפוֹת שְׂמָלֹת וּלְבִנְיָמִן נָתַן שְׁלֹשׁ מֵאוֹת כֶּסֶף וְחָמֵשׁ
כג חֲלִפֹת שְׂמָלֹת׃ וּלְאָבִיו שָׁלַח כְּזֹאת עֲשָׂרָה חֲמֹרִים נֹשְׂאִים
מִטּוּב מִצְרָיִם וְעֶשֶׂר אֲתֹנֹת נֹשְׂאֹת בָּר וָלֶחֶם וּמָזוֹן לְאָבִיו
כד לַדָּרֶךְ׃ וַיְשַׁלַּח אֶת־אֶחָיו וַיֵּלֵכוּ וַיֹּאמֶר אֲלֵהֶם אַל־תִּרְגְּזוּ
כה בַּדָּרֶךְ׃ וַיַּעֲלוּ מִמִּצְרָיִם וַיָּבֹאוּ אֶרֶץ כְּנַעַן אֶל־יַעֲקֹב אֲבִיהֶם׃
כו וַיַּגִּדוּ לוֹ לֵאמֹר עוֹד יוֹסֵף חַי וְכִי־הוּא מֹשֵׁל בְּכָל־אֶרֶץ מִצְרָיִם
כז וַיָּפָג לִבּוֹ כִּי לֹא־הֶאֱמִין לָהֶם׃ וַיְדַבְּרוּ אֵלָיו אֵת כָּל־דִּבְרֵי
יוֹסֵף אֲשֶׁר דִּבֶּר אֲלֵהֶם וַיַּרְא אֶת־הָעֲגָלוֹת אֲשֶׁר־שָׁלַח יוֹסֵף
חמישי כח לָשֵׂאת אֹתוֹ וַתְּחִי רוּחַ יַעֲקֹב אֲבִיהֶם׃ וַיֹּאמֶר יִשְׂרָאֵל רַב עוֹד־
מו א יוֹסֵף בְּנִי חָי אֵלְכָה וְאֶרְאֶנּוּ בְּטֶרֶם אָמוּת׃ וַיִּסַּע יִשְׂרָאֵל וְכָל־
אֲשֶׁר־לוֹ וַיָּבֹא בְּאֵרָה שָּׁבַע וַיִּזְבַּח זְבָחִים לֵאלֹהֵי אָבִיו יִצְחָק׃
ב וַיֹּאמֶר אֱלֹהִים ׀ לְיִשְׂרָאֵל בְּמַרְאֹת הַלַּיְלָה וַיֹּאמֶר יַעֲקֹב ׀ יַעֲקֹב
ג וַיֹּאמֶר הִנֵּנִי׃ וַיֹּאמֶר אָנֹכִי הָאֵל אֱלֹהֵי אָבִיךָ אַל־תִּירָא מֵרְדָה
ד מִצְרַיְמָה כִּי־לְגוֹי גָּדוֹל אֲשִׂימְךָ שָׁם׃ אָנֹכִי אֵרֵד עִמְּךָ מִצְרַיְמָה
ה וְאָנֹכִי אַעַלְךָ גַם־עָלֹה וְיוֹסֵף יָשִׁית יָדוֹ עַל־עֵינֶיךָ׃ וַיָּקָם יַעֲקֹב
מִבְּאֵר שָׁבַע וַיִּשְׂאוּ בְנֵי־יִשְׂרָאֵל אֶת־יַעֲקֹב אֲבִיהֶם וְאֶת־טַפָּם
ו וְאֶת־נְשֵׁיהֶם בָּעֲגָלוֹת אֲשֶׁר־שָׁלַח פַּרְעֹה לָשֵׂאת אֹתוֹ׃ וַיִּקְחוּ
אֶת־מִקְנֵיהֶם וְאֶת־רְכוּשָׁם אֲשֶׁר רָכְשׁוּ בְּאֶרֶץ כְּנַעַן וַיָּבֹאוּ
ז מִצְרָיְמָה יַעֲקֹב וְכָל־זַרְעוֹ אִתּוֹ׃ בָּנָיו וּבְנֵי בָנָיו אִתּוֹ בְּנֹתָיו וּבְנוֹת
ח בָּנָיו וְכָל־זַרְעוֹ הֵבִיא אִתּוֹ מִצְרָיְמָה׃ וְאֵלֶּה שְׁמוֹת
בְּנֵי־יִשְׂרָאֵל הַבָּאִים מִצְרַיְמָה יַעֲקֹב וּבָנָיו בְּכֹר יַעֲקֹב רְאוּבֵן׃

ט י וּבְנֵי רְאוּבֵן חֲנוֹךְ וּפַלּוּא וְחֶצְרֹן וְכַרְמִי: וּבְנֵי שִׁמְעוֹן יְמוּאֵל
יא וְיָמִין וְאֹהַד וְיָכִין וְצֹחַר וְשָׁאוּל בֶּן־הַכְּנַעֲנִית: וּבְנֵי לֵוִי גֵּרְשׁוֹן
יב קְהָת וּמְרָרִי: וּבְנֵי יְהוּדָה עֵר וְאוֹנָן וְשֵׁלָה וָפֶרֶץ וָזָרַח וַיָּמָת
יג עֵר וְאוֹנָן בְּאֶרֶץ כְּנַעַן וַיִּהְיוּ בְנֵי־פֶרֶץ חֶצְרֹן וְחָמוּל: וּבְנֵי
יד יִשָּׂשכָר תּוֹלָע וּפֻוָּה וְיוֹב וְשִׁמְרֹן: וּבְנֵי זְבֻלוּן סֶרֶד וְאֵלוֹן וְיַחְלְאֵל:
טו אֵלֶּה ׀ בְּנֵי לֵאָה אֲשֶׁר יָלְדָה לְיַעֲקֹב בְּפַדַּן אֲרָם וְאֵת דִּינָה
טז בִתּוֹ כָּל־נֶפֶשׁ בָּנָיו וּבְנוֹתָיו שְׁלֹשִׁים וְשָׁלֹשׁ: וּבְנֵי גָד צִפְיוֹן
יז וְחַגִּי שׁוּנִי וְאֶצְבֹּן עֵרִי וַאֲרוֹדִי וְאַרְאֵלִי: וּבְנֵי אָשֵׁר יִמְנָה וְיִשְׁוָה
יח וְיִשְׁוִי וּבְרִיעָה וְשֶׂרַח אֲחֹתָם וּבְנֵי בְרִיעָה חֶבֶר וּמַלְכִּיאֵל: אֵלֶּה
בְּנֵי זִלְפָּה אֲשֶׁר־נָתַן לָבָן לְלֵאָה בִתּוֹ וַתֵּלֶד אֶת־אֵלֶּה לְיַעֲקֹב
יט כ שֵׁשׁ עֶשְׂרֵה נָפֶשׁ: בְּנֵי רָחֵל אֵשֶׁת יַעֲקֹב יוֹסֵף וּבִנְיָמִן: וַיִּוָּלֵד
לְיוֹסֵף בְּאֶרֶץ מִצְרַיִם אֲשֶׁר יָלְדָה־לּוֹ אָסְנַת בַּת־פּוֹטִי פֶרַע
כא כֹּהֵן אֹן אֶת־מְנַשֶּׁה וְאֶת־אֶפְרָיִם: וּבְנֵי בִנְיָמִן בֶּלַע וָבֶכֶר
כב וְאַשְׁבֵּל גֵּרָא וְנַעֲמָן אֵחִי וָרֹאשׁ מֻפִּים וְחֻפִּים וָאָרְדְּ: אֵלֶּה בְּנֵי
כג רָחֵל אֲשֶׁר יֻלַּד לְיַעֲקֹב כָּל־נֶפֶשׁ אַרְבָּעָה עָשָׂר: וּבְנֵי־דָן חֻשִׁים:
כד כה וּבְנֵי נַפְתָּלִי יַחְצְאֵל וְגוּנִי וְיֵצֶר וְשִׁלֵּם: אֵלֶּה בְּנֵי בִלְהָה אֲשֶׁר־
נָתַן לָבָן לְרָחֵל בִּתּוֹ וַתֵּלֶד אֶת־אֵלֶּה לְיַעֲקֹב כָּל־נֶפֶשׁ שִׁבְעָה:
כו כָּל־הַנֶּפֶשׁ הַבָּאָה לְיַעֲקֹב מִצְרַיְמָה יֹצְאֵי יְרֵכוֹ מִלְּבַד נְשֵׁי
כז בְנֵי־יַעֲקֹב כָּל־נֶפֶשׁ שִׁשִּׁים וָשֵׁשׁ: וּבְנֵי יוֹסֵף אֲשֶׁר־יֻלַּד־לוֹ
בְמִצְרַיִם נֶפֶשׁ שְׁנָיִם כָּל־הַנֶּפֶשׁ לְבֵית־יַעֲקֹב הַבָּאָה מִצְרַיְמָה
כח שִׁבְעִים: וְאֶת־יְהוּדָה שָׁלַח לְפָנָיו אֶל־יוֹסֵף לְהוֹרֹת מא ששי
כט לְפָנָיו גֹּשְׁנָה וַיָּבֹאוּ אַרְצָה גֹּשֶׁן: וַיֶּאְסֹר יוֹסֵף מֶרְכַּבְתּוֹ וַיַּעַל
לִקְרַאת־יִשְׂרָאֵל אָבִיו גֹּשְׁנָה וַיֵּרָא אֵלָיו וַיִּפֹּל עַל־צַוָּארָיו וַיֵּבְךְּ
ל עַל־צַוָּארָיו עוֹד: וַיֹּאמֶר יִשְׂרָאֵל אֶל־יוֹסֵף אָמוּתָה הַפָּעַם
לא אַחֲרֵי רְאוֹתִי אֶת־פָּנֶיךָ כִּי עוֹדְךָ חָי: וַיֹּאמֶר יוֹסֵף אֶל־אֶחָיו
וְאֶל־בֵּית אָבִיו אֶעֱלֶה וְאַגִּידָה לְפַרְעֹה וְאֹמְרָה אֵלָיו אַחַי
לב וּבֵית־אָבִי אֲשֶׁר בְּאֶרֶץ־כְּנַעַן בָּאוּ אֵלָי: וְהָאֲנָשִׁים רֹעֵי צֹאן

כִּי־אַנְשֵׁי מִקְנֶה הָיוּ וְצֹאנָם וּבְקָרָם וְכָל־אֲשֶׁר לָהֶם הֵבִיאוּ׃
לג לד וְהָיָה כִּי־יִקְרָא לָכֶם פַּרְעֹה וְאָמַר מַה־מַּעֲשֵׂיכֶם׃ וַאֲמַרְתֶּם
אַנְשֵׁי מִקְנֶה הָיוּ עֲבָדֶיךָ מִנְּעוּרֵינוּ וְעַד־עַתָּה גַּם־אֲנַחְנוּ גַּם־
אֲבֹתֵינוּ בַּעֲבוּר תֵּשְׁבוּ בְּאֶרֶץ גֹּשֶׁן כִּי־תוֹעֲבַת מִצְרַיִם כָּל־
מז א רֹעֵה צֹאן׃ וַיָּבֹא יוֹסֵף וַיַּגֵּד לְפַרְעֹה וַיֹּאמֶר אָבִי וְאַחַי וְצֹאנָם
וּבְקָרָם וְכָל־אֲשֶׁר לָהֶם בָּאוּ מֵאֶרֶץ כְּנָעַן וְהִנָּם בְּאֶרֶץ גֹּשֶׁן׃
ב ג וּמִקְצֵה אֶחָיו לָקַח חֲמִשָּׁה אֲנָשִׁים וַיַּצִּגֵם לִפְנֵי פַרְעֹה׃ וַיֹּאמֶר
פַּרְעֹה אֶל־אֶחָיו מַה־מַּעֲשֵׂיכֶם וַיֹּאמְרוּ אֶל־פַּרְעֹה רֹעֵה צֹאן
ד עֲבָדֶיךָ גַּם־אֲנַחְנוּ גַּם־אֲבוֹתֵינוּ׃ וַיֹּאמְרוּ אֶל־פַּרְעֹה לָגוּר
בָּאָרֶץ בָּאנוּ כִּי־אֵין מִרְעֶה לַצֹּאן אֲשֶׁר לַעֲבָדֶיךָ כִּי־כָבֵד
הָרָעָב בְּאֶרֶץ כְּנָעַן וְעַתָּה יֵשְׁבוּ־נָא עֲבָדֶיךָ בְּאֶרֶץ גֹּשֶׁן׃
ה ו וַיֹּאמֶר פַּרְעֹה אֶל־יוֹסֵף לֵאמֹר אָבִיךָ וְאַחֶיךָ בָּאוּ אֵלֶיךָ׃ אֶרֶץ
מִצְרַיִם לְפָנֶיךָ הִוא בְּמֵיטַב הָאָרֶץ הוֹשֵׁב אֶת־אָבִיךָ וְאֶת־
אַחֶיךָ יֵשְׁבוּ בְּאֶרֶץ גֹּשֶׁן וְאִם־יָדַעְתָּ וְיֶשׁ־בָּם אַנְשֵׁי־חַיִל וְשַׂמְתָּם
ז שָׂרֵי מִקְנֶה עַל־אֲשֶׁר־לִי׃ וַיָּבֵא יוֹסֵף אֶת־יַעֲקֹב אָבִיו וַיַּעֲמִדֵהוּ
ח לִפְנֵי פַרְעֹה וַיְבָרֶךְ יַעֲקֹב אֶת־פַּרְעֹה׃ וַיֹּאמֶר פַּרְעֹה אֶל־יַעֲקֹב
ט כַּמָּה יְמֵי שְׁנֵי חַיֶּיךָ׃ וַיֹּאמֶר יַעֲקֹב אֶל־פַּרְעֹה יְמֵי שְׁנֵי מְגוּרַי
שְׁלֹשִׁים וּמְאַת שָׁנָה מְעַט וְרָעִים הָיוּ יְמֵי שְׁנֵי חַיַּי וְלֹא הִשִּׂיגוּ
י אֶת־יְמֵי שְׁנֵי חַיֵּי אֲבֹתַי בִּימֵי מְגוּרֵיהֶם׃ וַיְבָרֶךְ יַעֲקֹב אֶת־
יא פַּרְעֹה וַיֵּצֵא מִלִּפְנֵי פַרְעֹה׃ וַיּוֹשֵׁב יוֹסֵף אֶת־אָבִיו וְאֶת־אֶחָיו שביעי
וַיִּתֵּן לָהֶם אֲחֻזָּה בְּאֶרֶץ מִצְרַיִם בְּמֵיטַב הָאָרֶץ בְּאֶרֶץ רַעְמְסֵס
יב כַּאֲשֶׁר צִוָּה פַרְעֹה׃ וַיְכַלְכֵּל יוֹסֵף אֶת־אָבִיו וְאֶת־אֶחָיו וְאֵת
יג כָּל־בֵּית אָבִיו לֶחֶם לְפִי הַטָּף׃ וְלֶחֶם אֵין בְּכָל־הָאָרֶץ כִּי־
כָבֵד הָרָעָב מְאֹד וַתֵּלַהּ אֶרֶץ מִצְרַיִם וְאֶרֶץ כְּנַעַן מִפְּנֵי הָרָעָב׃
יד וַיְלַקֵּט יוֹסֵף אֶת־כָּל־הַכֶּסֶף הַנִּמְצָא בְאֶרֶץ־מִצְרַיִם וּבְאֶרֶץ
כְּנַעַן בַּשֶּׁבֶר אֲשֶׁר־הֵם שֹׁבְרִים וַיָּבֵא יוֹסֵף אֶת־הַכֶּסֶף בֵּיתָה
טו פַרְעֹה׃ וַיִּתֹּם הַכֶּסֶף מֵאֶרֶץ מִצְרַיִם וּמֵאֶרֶץ כְּנַעַן וַיָּבֹאוּ כָל־

מִצְרַיִם אֶל־יוֹסֵף לֵאמֹר הָבָה־לָּנוּ לֶחֶם וְלָמָּה נָמוּת נֶגְדֶּךָ כִּי
טז אָפֵס כָּסֶף׃ וַיֹּאמֶר יוֹסֵף הָבוּ מִקְנֵיכֶם וְאֶתְּנָה לָכֶם בְּמִקְנֵיכֶם
יז אִם־אָפֵס כָּסֶף׃ וַיָּבִיאוּ אֶת־מִקְנֵיהֶם אֶל־יוֹסֵף וַיִּתֵּן לָהֶם יוֹסֵף
לֶחֶם בַּסּוּסִים וּבְמִקְנֵה הַצֹּאן וּבְמִקְנֵה הַבָּקָר וּבַחֲמֹרִים וַיְנַהֲלֵם
יח בַּלֶּחֶם בְּכָל־מִקְנֵהֶם בַּשָּׁנָה הַהִוא׃ וַתִּתֹּם הַשָּׁנָה הַהִוא וַיָּבֹאוּ
אֵלָיו בַּשָּׁנָה הַשֵּׁנִית וַיֹּאמְרוּ לוֹ לֹא־נְכַחֵד מֵאֲדֹנִי כִּי אִם־תַּם
הַכֶּסֶף וּמִקְנֵה הַבְּהֵמָה אֶל־אֲדֹנִי לֹא נִשְׁאַר לִפְנֵי אֲדֹנִי בִּלְתִּי
יט אִם־גְּוִיָּתֵנוּ וְאַדְמָתֵנוּ׃ לָמָּה נָמוּת לְעֵינֶיךָ גַּם־אֲנַחְנוּ גַּם־
אַדְמָתֵנוּ קְנֵה־אֹתָנוּ וְאֶת־אַדְמָתֵנוּ בַּלָּחֶם וְנִהְיֶה אֲנַחְנוּ
וְאַדְמָתֵנוּ עֲבָדִים לְפַרְעֹה וְתֶן־זֶרַע וְנִחְיֶה וְלֹא נָמוּת וְהָאֲדָמָה
כ לֹא תֵשָׁם׃ וַיִּקֶן יוֹסֵף אֶת־כָּל־אַדְמַת מִצְרַיִם לְפַרְעֹה כִּי־
מָכְרוּ מִצְרַיִם אִישׁ שָׂדֵהוּ כִּי־חָזַק עֲלֵהֶם הָרָעָב וַתְּהִי הָאָרֶץ
כא לְפַרְעֹה׃ וְאֶת־הָעָם הֶעֱבִיר אֹתוֹ לֶעָרִים מִקְצֵה גְבוּל־מִצְרַיִם
כב וְעַד־קָצֵהוּ׃ רַק אַדְמַת הַכֹּהֲנִים לֹא קָנָה כִּי חֹק לַכֹּהֲנִים מֵאֵת
פַּרְעֹה וְאָכְלוּ אֶת־חֻקָּם אֲשֶׁר נָתַן לָהֶם פַּרְעֹה עַל־כֵּן לֹא
כג מָכְרוּ אֶת־אַדְמָתָם׃ וַיֹּאמֶר יוֹסֵף אֶל־הָעָם הֵן קָנִיתִי אֶתְכֶם
הַיּוֹם וְאֶת־אַדְמַתְכֶם לְפַרְעֹה הֵא־לָכֶם זֶרַע וּזְרַעְתֶּם אֶת־
כד הָאֲדָמָה׃ וְהָיָה בַּתְּבוּאֹת וּנְתַתֶּם חֲמִישִׁית לְפַרְעֹה וְאַרְבַּע
הַיָּדֹת יִהְיֶה לָכֶם לְזֶרַע הַשָּׂדֶה וּלְאָכְלְכֶם וְלַאֲשֶׁר בְּבָתֵּיכֶם
כה וְלֶאֱכֹל לְטַפְּכֶם׃ וַיֹּאמְרוּ הֶחֱיִתָנוּ נִמְצָא־חֵן בְּעֵינֵי אֲדֹנִי וְהָיִינוּ מפטיר
כו עֲבָדִים לְפַרְעֹה׃ וַיָּשֶׂם אֹתָהּ יוֹסֵף לְחֹק עַד־הַיּוֹם הַזֶּה עַל־
אַדְמַת מִצְרַיִם לְפַרְעֹה לַחֹמֶשׁ רַק אַדְמַת הַכֹּהֲנִים לְבַדָּם לֹא
כז הָיְתָה לְפַרְעֹה׃ וַיֵּשֶׁב יִשְׂרָאֵל בְּאֶרֶץ מִצְרַיִם בְּאֶרֶץ גֹּשֶׁן
כח וַיֵּאָחֲזוּ בָהּ וַיִּפְרוּ וַיִּרְבּוּ מְאֹד׃ וַיְחִי יַעֲקֹב בְּאֶרֶץ מִצְרַיִם שְׁבַע ויחי
עֶשְׂרֵה שָׁנָה וַיְהִי יְמֵי־יַעֲקֹב שְׁנֵי חַיָּיו שֶׁבַע שָׁנִים וְאַרְבָּעִים
כט וּמְאַת שָׁנָה׃ וַיִּקְרְבוּ יְמֵי־יִשְׂרָאֵל לָמוּת וַיִּקְרָא ׀ לִבְנוֹ לְיוֹסֵף
וַיֹּאמֶר לוֹ אִם־נָא מָצָאתִי חֵן בְּעֵינֶיךָ שִׂים־נָא יָדְךָ תַּחַת יְרֵכִי

וְעָשִׂיתָ עִמָּדִי חֶסֶד וֶאֱמֶת אַל־נָא תִקְבְּרֵנִי בְּמִצְרָיִם׃ וְשָׁכַבְתִּי ל
עִם־אֲבֹתַי וּנְשָׂאתַנִי מִמִּצְרַיִם וּקְבַרְתַּנִי בִּקְבֻרָתָם וַיֹּאמַר
אָנֹכִי אֶעֱשֶׂה כִדְבָרֶךָ׃ וַיֹּאמֶר הִשָּׁבְעָה לִי וַיִּשָּׁבַע לוֹ וַיִּשְׁתַּחוּ לא
יִשְׂרָאֵל עַל־רֹאשׁ הַמִּטָּה׃

מב וַיְהִי אַחֲרֵי הַדְּבָרִים הָאֵלֶּה וַיֹּאמֶר לְיוֹסֵף הִנֵּה אָבִיךָ חֹלֶה א מח
וַיִּקַּח אֶת־שְׁנֵי בָנָיו עִמּוֹ אֶת־מְנַשֶּׁה וְאֶת־אֶפְרָיִם׃ וַיַּגֵּד לְיַעֲקֹב ב
וַיֹּאמֶר הִנֵּה בִּנְךָ יוֹסֵף בָּא אֵלֶיךָ וַיִּתְחַזֵּק יִשְׂרָאֵל וַיֵּשֶׁב עַל־
הַמִּטָּה׃ וַיֹּאמֶר יַעֲקֹב אֶל־יוֹסֵף אֵל שַׁדַּי נִרְאָה־אֵלַי בְּלוּז ג
בְּאֶרֶץ כְּנָעַן וַיְבָרֶךְ אֹתִי׃ וַיֹּאמֶר אֵלַי הִנְנִי מַפְרְךָ וְהִרְבִּיתִךָ ד
וּנְתַתִּיךָ לִקְהַל עַמִּים וְנָתַתִּי אֶת־הָאָרֶץ הַזֹּאת לְזַרְעֲךָ אַחֲרֶיךָ
אֲחֻזַּת עוֹלָם׃ וְעַתָּה שְׁנֵי־בָנֶיךָ הַנּוֹלָדִים לְךָ בְּאֶרֶץ מִצְרַיִם עַד־ ה
בֹּאִי אֵלֶיךָ מִצְרַיְמָה לִי־הֵם אֶפְרַיִם וּמְנַשֶּׁה כִּרְאוּבֵן וְשִׁמְעוֹן
יִהְיוּ־לִי׃ וּמוֹלַדְתְּךָ אֲשֶׁר־הוֹלַדְתָּ אַחֲרֵיהֶם לְךָ יִהְיוּ עַל שֵׁם ו
אֲחֵיהֶם יִקָּרְאוּ בְּנַחֲלָתָם׃ וַאֲנִי ׀ בְּבֹאִי מִפַּדָּן מֵתָה עָלַי רָחֵל ז
בְּאֶרֶץ כְּנַעַן בַּדֶּרֶךְ בְּעוֹד כִּבְרַת־אֶרֶץ לָבֹא אֶפְרָתָה וָאֶקְבְּרֶהָ
שָּׁם בְּדֶרֶךְ אֶפְרָת הִוא בֵּית לָחֶם׃ וַיַּרְא יִשְׂרָאֵל אֶת־בְּנֵי ח
יוֹסֵף וַיֹּאמֶר מִי־אֵלֶּה׃ וַיֹּאמֶר יוֹסֵף אֶל־אָבִיו בָּנַי הֵם אֲשֶׁר־ ט
שני נָתַן־לִי אֱלֹהִים בָּזֶה וַיֹּאמַר קָחֶם־נָא אֵלַי וַאֲבָרְכֵם׃ וְעֵינֵי י
יִשְׂרָאֵל כָּבְדוּ מִזֹּקֶן לֹא יוּכַל לִרְאוֹת וַיַּגֵּשׁ אֹתָם אֵלָיו וַיִּשַּׁק
לָהֶם וַיְחַבֵּק לָהֶם׃ וַיֹּאמֶר יִשְׂרָאֵל אֶל־יוֹסֵף רְאֹה פָנֶיךָ לֹא יא
פִלָּלְתִּי וְהִנֵּה הֶרְאָה אֹתִי אֱלֹהִים גַּם אֶת־זַרְעֶךָ׃ וַיּוֹצֵא יוֹסֵף יב
אֹתָם מֵעִם בִּרְכָּיו וַיִּשְׁתַּחוּ לְאַפָּיו אָרְצָה׃ וַיִּקַּח יוֹסֵף אֶת־ יג
שְׁנֵיהֶם אֶת־אֶפְרַיִם בִּימִינוֹ מִשְּׂמֹאל יִשְׂרָאֵל וְאֶת־מְנַשֶּׁה
בִשְׂמֹאלוֹ מִימִין יִשְׂרָאֵל וַיַּגֵּשׁ אֵלָיו׃ וַיִּשְׁלַח יִשְׂרָאֵל אֶת־ יד
יְמִינוֹ וַיָּשֶׁת עַל־רֹאשׁ אֶפְרַיִם וְהוּא הַצָּעִיר וְאֶת־שְׂמֹאלוֹ עַל־
רֹאשׁ מְנַשֶּׁה שִׂכֵּל אֶת־יָדָיו כִּי מְנַשֶּׁה הַבְּכוֹר׃ וַיְבָרֶךְ אֶת־ טו
יוֹסֵף וַיֹּאמַר הָאֱלֹהִים אֲשֶׁר הִתְהַלְּכוּ אֲבֹתַי לְפָנָיו אַבְרָהָם

טז וְיִצְחָק הָאֱלֹהִים הָרֹעֶה אֹתִי מֵעוֹדִי עַד־הַיּוֹם הַזֶּה׃ הַמַּלְאָךְ
הַגֹּאֵל אֹתִי מִכָּל־רָע יְבָרֵךְ אֶת־הַנְּעָרִים וְיִקָּרֵא בָהֶם שְׁמִי
יז וְשֵׁם אֲבֹתַי אַבְרָהָם וְיִצְחָק וְיִדְגּוּ לָרֹב בְּקֶרֶב הָאָרֶץ׃ וַיַּרְא שלישי
יוֹסֵף כִּי־יָשִׁית אָבִיו יַד־יְמִינוֹ עַל־רֹאשׁ אֶפְרַיִם וַיֵּרַע בְּעֵינָיו
וַיִּתְמֹךְ יַד־אָבִיו לְהָסִיר אֹתָהּ מֵעַל רֹאשׁ־אֶפְרַיִם עַל־רֹאשׁ
יח מְנַשֶּׁה׃ וַיֹּאמֶר יוֹסֵף אֶל־אָבִיו לֹא־כֵן אָבִי כִּי־זֶה הַבְּכֹר שִׂים
יט יְמִינְךָ עַל־רֹאשׁוֹ׃ וַיְמָאֵן אָבִיו וַיֹּאמֶר יָדַעְתִּי בְנִי יָדַעְתִּי גַּם־
הוּא יִהְיֶה־לְּעָם וְגַם־הוּא יִגְדָּל וְאוּלָם אָחִיו הַקָּטֹן יִגְדַּל מִמֶּנּוּ
כ וְזַרְעוֹ יִהְיֶה מְלֹא־הַגּוֹיִם׃ וַיְבָרְכֵם בַּיּוֹם הַהוּא לֵאמוֹר בְּךָ
יְבָרֵךְ יִשְׂרָאֵל לֵאמֹר יְשִׂמְךָ אֱלֹהִים כְּאֶפְרַיִם וְכִמְנַשֶּׁה וַיָּשֶׂם
כא אֶת־אֶפְרַיִם לִפְנֵי מְנַשֶּׁה׃ וַיֹּאמֶר יִשְׂרָאֵל אֶל־יוֹסֵף הִנֵּה
אָנֹכִי מֵת וְהָיָה אֱלֹהִים עִמָּכֶם וְהֵשִׁיב אֶתְכֶם אֶל־אֶרֶץ
כב אֲבֹתֵיכֶם׃ וַאֲנִי נָתַתִּי לְךָ שְׁכֶם אַחַד עַל־אַחֶיךָ אֲשֶׁר לָקַחְתִּי
מִיַּד הָאֱמֹרִי בְּחַרְבִּי וּבְקַשְׁתִּי׃

מט א וַיִּקְרָא יַעֲקֹב אֶל־בָּנָיו וַיֹּאמֶר הֵאָסְפוּ וְאַגִּידָה לָכֶם אֵת אֲשֶׁר־ רביעי מג
ב יִקְרָא אֶתְכֶם בְּאַחֲרִית הַיָּמִים׃ הִקָּבְצוּ וְשִׁמְעוּ בְּנֵי יַעֲקֹב
ג וְשִׁמְעוּ אֶל־יִשְׂרָאֵל אֲבִיכֶם׃ רְאוּבֵן בְּכֹרִי אַתָּה כֹּחִי וְרֵאשִׁית
ד אוֹנִי יֶתֶר שְׂאֵת וְיֶתֶר עָז׃ פַּחַז כַּמַּיִם אַל־תּוֹתַר כִּי עָלִיתָ
מִשְׁכְּבֵי אָבִיךָ אָז חִלַּלְתָּ יְצוּעִי עָלָה׃

ה ו שִׁמְעוֹן וְלֵוִי אַחִים כְּלֵי חָמָס מְכֵרֹתֵיהֶם׃ בְּסֹדָם אַל־תָּבֹא
נַפְשִׁי בִּקְהָלָם אַל־תֵּחַד כְּבֹדִי כִּי בְאַפָּם הָרְגוּ אִישׁ וּבִרְצֹנָם
ז עִקְּרוּ־שׁוֹר׃ אָרוּר אַפָּם כִּי עָז וְעֶבְרָתָם כִּי קָשָׁתָה אֲחַלְּקֵם
בְּיַעֲקֹב וַאֲפִיצֵם בְּיִשְׂרָאֵל׃

ח יְהוּדָה אַתָּה יוֹדוּךָ אַחֶיךָ יָדְךָ בְּעֹרֶף אֹיְבֶיךָ יִשְׁתַּחֲווּ לְךָ בְּנֵי
ט אָבִיךָ׃ גּוּר אַרְיֵה יְהוּדָה מִטֶּרֶף בְּנִי עָלִיתָ כָּרַע רָבַץ כְּאַרְיֵה
י וּכְלָבִיא מִי יְקִימֶנּוּ׃ לֹא־יָסוּר שֵׁבֶט מִיהוּדָה וּמְחֹקֵק מִבֵּין
יא רַגְלָיו עַד כִּי־יָבֹא שִׁילֹה וְלוֹ יִקְּהַת עַמִּים׃ אֹסְרִי לַגֶּפֶן עִירֹה

וְלַשֹּׂרֵקָה בְּנִי אֲתֹנוֹ כִּבֵּס בַּיַּיִן לְבֻשׁוֹ וּבְדַם־עֲנָבִים סוּתֹה׃
חַכְלִילִי עֵינַיִם מִיָּיִן וּלְבֶן־שִׁנַּיִם מֵחָלָב׃ יב
זְבוּלֻן לְחוֹף יַמִּים יִשְׁכֹּן וְהוּא לְחוֹף אֳנִיֹּת וְיַרְכָתוֹ עַל־צִידֹן׃ יג
יִשָּׂשכָר חֲמֹר גָּרֶם רֹבֵץ בֵּין הַמִּשְׁפְּתָיִם׃ וַיַּרְא מְנֻחָה כִּי יד טו
טוֹב וְאֶת־הָאָרֶץ כִּי נָעֵמָה וַיֵּט שִׁכְמוֹ לִסְבֹּל וַיְהִי לְמַס־
עֹבֵד׃ דָּן יָדִין עַמּוֹ כְּאַחַד שִׁבְטֵי יִשְׂרָאֵל׃ טז
יְהִי־דָן נָחָשׁ עֲלֵי־דֶרֶךְ שְׁפִיפֹן עֲלֵי־אֹרַח הַנֹּשֵׁךְ עִקְּבֵי־סוּס יז
חמישי וַיִּפֹּל רֹכְבוֹ אָחוֹר׃ לִישׁוּעָתְךָ קִוִּיתִי יהוה׃ גָּד יח יט
גְּדוּד יְגוּדֶנּוּ וְהוּא יָגֻד עָקֵב׃ מֵאָשֵׁר שְׁמֵנָה לַחְמוֹ כ
וְהוּא יִתֵּן מַעֲדַנֵּי־מֶלֶךְ׃ נַפְתָּלִי אַיָּלָה שְׁלֻחָה כא
הַנֹּתֵן אִמְרֵי־שָׁפֶר׃ בֵּן פֹּרָת יוֹסֵף בֵּן פֹּרָת כב
עֲלֵי־עָיִן בָּנוֹת צָעֲדָה עֲלֵי־שׁוּר׃ וַיְמָרְרֻהוּ וָרֹבּוּ וַיִּשְׂטְמֻהוּ כג
בַּעֲלֵי חִצִּים׃ וַתֵּשֶׁב בְּאֵיתָן קַשְׁתּוֹ וַיָּפֹזּוּ זְרֹעֵי יָדָיו מִידֵי כד
אֲבִיר יַעֲקֹב מִשָּׁם רֹעֶה אֶבֶן יִשְׂרָאֵל׃ מֵאֵל אָבִיךָ וְיַעְזְרֶךָּ כה
וְאֵת שַׁדַּי וִיבָרְכֶךָּ בִּרְכֹת שָׁמַיִם מֵעָל בִּרְכֹת תְּהוֹם רֹבֶצֶת
תָּחַת בִּרְכֹת שָׁדַיִם וָרָחַם׃ בִּרְכֹת אָבִיךָ גָּבְרוּ עַל־בִּרְכֹת הוֹרַי כו
עַד־תַּאֲוַת גִּבְעֹת עוֹלָם תִּהְיֶיןָ לְרֹאשׁ יוֹסֵף וּלְקָדְקֹד נְזִיר
אֶחָיו׃
ששי בִּנְיָמִין זְאֵב יִטְרָף בַּבֹּקֶר יֹאכַל עַד וְלָעֶרֶב יְחַלֵּק שָׁלָל׃ כָּל־ כז כח
אֵלֶּה שִׁבְטֵי יִשְׂרָאֵל שְׁנֵים עָשָׂר וְזֹאת אֲשֶׁר־דִּבֶּר לָהֶם אֲבִיהֶם
וַיְבָרֶךְ אוֹתָם אִישׁ אֲשֶׁר כְּבִרְכָתוֹ בֵּרַךְ אֹתָם׃ וַיְצַו אוֹתָם כט
וַיֹּאמֶר אֲלֵהֶם אֲנִי נֶאֱסָף אֶל־עַמִּי קִבְרוּ אֹתִי אֶל־אֲבֹתָי אֶל־
הַמְּעָרָה אֲשֶׁר בִּשְׂדֵה עֶפְרוֹן הַחִתִּי׃ בַּמְּעָרָה אֲשֶׁר בִּשְׂדֵה ל
הַמַּכְפֵּלָה אֲשֶׁר־עַל־פְּנֵי מַמְרֵא בְּאֶרֶץ כְּנָעַן אֲשֶׁר קָנָה
אַבְרָהָם אֶת־הַשָּׂדֶה מֵאֵת עֶפְרֹן הַחִתִּי לַאֲחֻזַּת־קָבֶר׃ שָׁמָּה לא
קָבְרוּ אֶת־אַבְרָהָם וְאֵת שָׂרָה אִשְׁתּוֹ שָׁמָּה קָבְרוּ אֶת־יִצְחָק
וְאֵת רִבְקָה אִשְׁתּוֹ וְשָׁמָּה קָבַרְתִּי אֶת־לֵאָה׃ מִקְנֵה הַשָּׂדֶה לב

לג וְהַמְּעָרָה אֲשֶׁר־בּוֹ מֵאֵת בְּנֵי־חֵת׃ וַיְכַל יַעֲקֹב לְצַוֺּת אֶת־
נ א בָּנָיו וַיֶּאֱסֹף רַגְלָיו אֶל־הַמִּטָּה וַיִּגְוַע וַיֵּאָסֶף אֶל־עַמָּיו׃ וַיִּפֹּל
ב יוֹסֵף עַל־פְּנֵי אָבִיו וַיֵּבְךְּ עָלָיו וַיִּשַּׁק־לוֹ׃ וַיְצַו יוֹסֵף אֶת־
עֲבָדָיו אֶת־הָרֹפְאִים לַחֲנֹט אֶת־אָבִיו וַיַּחַנְטוּ הָרֹפְאִים אֶת־
ג יִשְׂרָאֵל׃ וַיִּמְלְאוּ־לוֹ אַרְבָּעִים יוֹם כִּי כֵּן יִמְלְאוּ יְמֵי הַחֲנֻטִים
ד וַיִּבְכּוּ אֹתוֹ מִצְרַיִם שִׁבְעִים יוֹם׃ וַיַּעַבְרוּ יְמֵי בְכִיתוֹ וַיְדַבֵּר
יוֹסֵף אֶל־בֵּית פַּרְעֹה לֵאמֹר אִם־נָא מָצָאתִי חֵן בְּעֵינֵיכֶם
ה דַּבְּרוּ־נָא בְּאָזְנֵי פַרְעֹה לֵאמֹר׃ אָבִי הִשְׁבִּיעַנִי לֵאמֹר הִנֵּה
אָנֹכִי מֵת בְּקִבְרִי אֲשֶׁר כָּרִיתִי לִי בְּאֶרֶץ כְּנַעַן שָׁמָּה תִּקְבְּרֵנִי
ו וְעַתָּה אֶעֱלֶה־נָּא וְאֶקְבְּרָה אֶת־אָבִי וְאָשׁוּבָה׃ וַיֹּאמֶר פַּרְעֹה
ז עֲלֵה וּקְבֹר אֶת־אָבִיךָ כַּאֲשֶׁר הִשְׁבִּיעֶךָ׃ וַיַּעַל יוֹסֵף לִקְבֹּר
אֶת־אָבִיו וַיַּעֲלוּ אִתּוֹ כָּל־עַבְדֵי פַרְעֹה זִקְנֵי בֵיתוֹ וְכֹל זִקְנֵי
ח אֶרֶץ־מִצְרָיִם׃ וְכֹל בֵּית יוֹסֵף וְאֶחָיו וּבֵית אָבִיו רַק טַפָּם וְצֹאנָם
ט וּבְקָרָם עָזְבוּ בְּאֶרֶץ גֹּשֶׁן׃ וַיַּעַל עִמּוֹ גַּם־רֶכֶב גַּם־פָּרָשִׁים וַיְהִי
י הַמַּחֲנֶה כָּבֵד מְאֹד׃ וַיָּבֹאוּ עַד־גֹּרֶן הָאָטָד אֲשֶׁר בְּעֵבֶר הַיַּרְדֵּן
וַיִּסְפְּדוּ־שָׁם מִסְפֵּד גָּדוֹל וְכָבֵד מְאֹד וַיַּעַשׂ לְאָבִיו אֵבֶל שִׁבְעַת
יא יָמִים׃ וַיַּרְא יוֹשֵׁב הָאָרֶץ הַכְּנַעֲנִי אֶת־הָאֵבֶל בְּגֹרֶן הָאָטָד
וַיֹּאמְרוּ אֵבֶל־כָּבֵד זֶה לְמִצְרָיִם עַל־כֵּן קָרָא שְׁמָהּ אָבֵל מִצְרַיִם
יב יג אֲשֶׁר בְּעֵבֶר הַיַּרְדֵּן׃ וַיַּעֲשׂוּ בָנָיו לוֹ כֵּן כַּאֲשֶׁר צִוָּם׃ וַיִּשְׂאוּ
אֹתוֹ בָנָיו אַרְצָה כְּנַעַן וַיִּקְבְּרוּ אֹתוֹ בִּמְעָרַת שְׂדֵה הַמַּכְפֵּלָה
אֲשֶׁר קָנָה אַבְרָהָם אֶת־הַשָּׂדֶה לַאֲחֻזַּת־קֶבֶר מֵאֵת עֶפְרֹן
יד הַחִתִּי עַל־פְּנֵי מַמְרֵא׃ וַיָּשָׁב יוֹסֵף מִצְרַיְמָה הוּא וְאֶחָיו וְכָל־
טו הָעֹלִים אִתּוֹ לִקְבֹּר אֶת־אָבִיו אַחֲרֵי קָבְרוֹ אֶת־אָבִיו׃ וַיִּרְאוּ
אֲחֵי־יוֹסֵף כִּי־מֵת אֲבִיהֶם וַיֹּאמְרוּ לוּ יִשְׂטְמֵנוּ יוֹסֵף וְהָשֵׁב
טז יָשִׁיב לָנוּ אֵת כָּל־הָרָעָה אֲשֶׁר גָּמַלְנוּ אֹתוֹ׃ וַיְצַוּוּ אֶל־יוֹסֵף
יז לֵאמֹר אָבִיךָ צִוָּה לִפְנֵי מוֹתוֹ לֵאמֹר׃ כֹּה־תֹאמְרוּ לְיוֹסֵף אָנָּא
שָׂא נָא פֶּשַׁע אַחֶיךָ וְחַטָּאתָם כִּי־רָעָה גְמָלוּךָ וְעַתָּה שָׂא נָא

לְפֶשַׁע עַבְדֵי אֱלֹהֵי אָבִיךָ וַיֵּבְךְּ יוֹסֵף בְּדַבְּרָם אֵלָיו׃ וַיֵּלְכוּ גַּם־ יח
אֶחָיו וַיִּפְּלוּ לְפָנָיו וַיֹּאמְרוּ הִנֶּנּוּ לְךָ לַעֲבָדִים׃ וַיֹּאמֶר אֲלֵהֶם יט
יוֹסֵף אַל־תִּירָאוּ כִּי הֲתַחַת אֱלֹהִים אָנִי׃ וְאַתֶּם חֲשַׁבְתֶּם עָלַי כ
רָעָה אֱלֹהִים חֲשָׁבָהּ לְטֹבָה לְמַעַן עֲשֹׂה כַּיּוֹם הַזֶּה לְהַחֲיֹת
שביעי עַם־רָב׃ וְעַתָּה אַל־תִּירָאוּ אָנֹכִי אֲכַלְכֵּל אֶתְכֶם וְאֶת־טַפְּכֶם כא
וַיְנַחֵם אוֹתָם וַיְדַבֵּר עַל־לִבָּם׃ וַיֵּשֶׁב יוֹסֵף בְּמִצְרַיִם הוּא וּבֵית כב
מפטיר אָבִיו וַיְחִי יוֹסֵף מֵאָה וָעֶשֶׂר שָׁנִים׃ וַיַּרְא יוֹסֵף לְאֶפְרַיִם בְּנֵי כג
שִׁלֵּשִׁים גַּם בְּנֵי מָכִיר בֶּן־מְנַשֶּׁה יֻלְּדוּ עַל־בִּרְכֵּי יוֹסֵף׃ וַיֹּאמֶר כד
יוֹסֵף אֶל־אֶחָיו אָנֹכִי מֵת וֵאלֹהִים פָּקֹד יִפְקֹד אֶתְכֶם וְהֶעֱלָה
אֶתְכֶם מִן־הָאָרֶץ הַזֹּאת אֶל־הָאָרֶץ אֲשֶׁר נִשְׁבַּע לְאַבְרָהָם
לְיִצְחָק וּלְיַעֲקֹב׃ וַיַּשְׁבַּע יוֹסֵף אֶת־בְּנֵי יִשְׂרָאֵל לֵאמֹר פָּקֹד כה
יִפְקֹד אֱלֹהִים אֶתְכֶם וְהַעֲלִתֶם אֶת־עַצְמֹתַי מִזֶּה׃ וַיָּמָת יוֹסֵף כו
בֶּן־מֵאָה וָעֶשֶׂר שָׁנִים וַיַּחַנְטוּ אֹתוֹ וַיִּישֶׂם בָּאָרוֹן בְּמִצְרָיִם׃

פ

שמות

א וְאֵ֗לֶּה שְׁמוֹת֙ בְּנֵ֣י יִשְׂרָאֵ֔ל הַבָּאִ֖ים מִצְרָ֑יְמָה אֵ֣ת יַעֲקֹ֔ב אִ֥ישׁ א
ב ג וּבֵית֖וֹ בָּֽאוּ׃ רְאוּבֵ֣ן שִׁמְע֔וֹן לֵוִ֖י וִיהוּדָֽה׃ יִשָּׂשכָ֥ר זְבוּלֻ֖ן וּבִנְיָמִֽן׃
ד ה דָּ֥ן וְנַפְתָּלִ֖י גָּ֥ד וְאָשֵֽׁר׃ וַֽיְהִ֗י כׇּל־נֶ֛פֶשׁ יֹצְאֵ֥י יֶֽרֶךְ־יַעֲקֹ֖ב שִׁבְעִ֣ים
ו נָ֑פֶשׁ וְיוֹסֵ֖ף הָיָ֥ה בְמִצְרָֽיִם׃ וַיָּ֤מׇת יוֹסֵף֙ וְכׇל־אֶחָ֔יו וְכֹ֖ל הַדּ֥וֹר
ז הַהֽוּא׃ וּבְנֵ֣י יִשְׂרָאֵ֗ל פָּר֧וּ וַֽיִּשְׁרְצ֛וּ וַיִּרְבּ֥וּ וַיַּֽעַצְמ֖וּ בִּמְאֹ֣ד מְאֹ֑ד
וַתִּמָּלֵ֥א הָאָ֖רֶץ אֹתָֽם׃

ח ט וַיָּ֥קׇם מֶֽלֶךְ־חָדָ֖שׁ עַל־מִצְרָ֑יִם אֲשֶׁ֥ר לֹֽא־יָדַ֖ע אֶת־יוֹסֵֽף׃ וַיֹּ֖אמֶר
י אֶל־עַמּ֑וֹ הִנֵּ֗ה עַ֚ם בְּנֵ֣י יִשְׂרָאֵ֔ל רַ֥ב וְעָצ֖וּם מִמֶּֽנּוּ׃ הָ֥בָה נִֽתְחַכְּמָ֖ה
ל֑וֹ פֶּן־יִרְבֶּ֗ה וְהָיָ֞ה כִּֽי־תִקְרֶ֤אנָה מִלְחָמָה֙ וְנוֹסַ֤ף גַּם־הוּא֙ עַל־
יא שֹׂ֣נְאֵ֔ינוּ וְנִלְחַם־בָּ֖נוּ וְעָלָ֥ה מִן־הָאָֽרֶץ׃ וַיָּשִׂ֤ימוּ עָלָיו֙ שָׂרֵ֣י מִסִּ֔ים
לְמַ֥עַן עַנֹּת֖וֹ בְּסִבְלֹתָ֑ם וַיִּ֜בֶן עָרֵ֤י מִסְכְּנוֹת֙ לְפַרְעֹ֔ה אֶת־פִּתֹ֖ם
יב וְאֶת־רַעַמְסֵֽס׃ וְכַאֲשֶׁר֙ יְעַנּ֣וּ אֹת֔וֹ כֵּ֥ן יִרְבֶּ֖ה וְכֵ֣ן יִפְרֹ֑ץ וַיָּקֻ֕צוּ
יג מִפְּנֵ֖י בְּנֵ֥י יִשְׂרָאֵֽל׃ וַיַּעֲבִ֧דוּ מִצְרַ֛יִם אֶת־בְּנֵ֥י יִשְׂרָאֵ֖ל בְּפָֽרֶךְ׃
יד וַיְמָרְר֨וּ אֶת־חַיֵּיהֶ֜ם בַּעֲבֹדָ֣ה קָשָׁ֗ה בְּחֹ֙מֶר֙ וּבִלְבֵנִ֔ים וּבְכׇל־
עֲבֹדָ֖ה בַּשָּׂדֶ֑ה אֵ֚ת כׇּל־עֲבֹ֣דָתָ֔ם אֲשֶׁר־עָבְד֥וּ בָהֶ֖ם בְּפָֽרֶךְ׃
טו וַיֹּ֙אמֶר֙ מֶ֣לֶךְ מִצְרַ֔יִם לַֽמְיַלְּדֹ֖ת הָֽעִבְרִיֹּ֑ת אֲשֶׁ֨ר שֵׁ֤ם הָֽאַחַת֙ שִׁפְרָ֔ה
טז וְשֵׁ֥ם הַשֵּׁנִ֖ית פּוּעָֽה׃ וַיֹּ֗אמֶר בְּיַלֶּדְכֶן֙ אֶת־הָֽעִבְרִיּ֔וֹת וּרְאִיתֶ֖ן עַל־
יז הָאׇבְנָ֑יִם אִם־בֵּ֥ן הוּא֙ וַהֲמִתֶּ֣ן אֹת֔וֹ וְאִם־בַּ֥ת הִ֖וא וָחָֽיָה׃ וַתִּירֶ֤אןָ
הַֽמְיַלְּדֹת֙ אֶת־הָ֣אֱלֹהִ֔ים וְלֹ֣א עָשׂ֔וּ כַּאֲשֶׁ֛ר דִּבֶּ֥ר אֲלֵיהֶ֖ן מֶ֣לֶךְ
יח מִצְרָ֑יִם וַתְּחַיֶּ֖יןָ אֶת־הַיְלָדִֽים׃ וַיִּקְרָ֤א מֶֽלֶךְ־מִצְרַ֙יִם֙ לַֽמְיַלְּדֹ֔ת שני
וַיֹּ֣אמֶר לָהֶ֔ן מַדּ֥וּעַ עֲשִׂיתֶ֖ן הַדָּבָ֣ר הַזֶּ֑ה וַתְּחַיֶּ֖יןָ אֶת־הַיְלָדִֽים׃
יט וַתֹּאמַ֤רְןָ הַֽמְיַלְּדֹת֙ אֶל־פַּרְעֹ֔ה כִּ֣י לֹ֧א כַנָּשִׁ֛ים הַמִּצְרִיֹּ֖ת הָֽעִבְרִיֹּ֑ת
כ כִּֽי־חָי֣וֹת הֵ֔נָּה בְּטֶ֨רֶם תָּב֧וֹא אֲלֵהֶ֛ן הַמְיַלֶּ֖דֶת וְיָלָֽדוּ׃ וַיֵּ֥יטֶב
כא אֱלֹהִ֖ים לַֽמְיַלְּדֹ֑ת וַיִּ֧רֶב הָעָ֛ם וַיַּֽעַצְמ֖וּ מְאֹֽד׃ וַיְהִ֕י כִּֽי־יָֽרְא֥וּ
כב הַֽמְיַלְּדֹ֖ת אֶת־הָאֱלֹהִ֑ים וַיַּ֥עַשׂ לָהֶ֖ם בָּתִּֽים׃ וַיְצַ֣ו פַּרְעֹ֔ה לְכׇל־
עַמּ֖וֹ לֵאמֹ֑ר כׇּל־הַבֵּ֣ן הַיִּלּ֗וֹד הַיְאֹ֙רָה֙ תַּשְׁלִיכֻ֔הוּ וְכׇל־הַבַּ֖ת
תְּחַיּֽוּן׃

א ב וַיֵּ֥לֶךְ אִ֖ישׁ מִבֵּ֣ית לֵוִ֑י וַיִּקַּ֖ח אֶת־בַּת־לֵוִֽי׃ וַתַּ֥הַר הָאִשָּׁ֖ה וַתֵּ֣לֶד
ג בֵּ֑ן וַתֵּ֤רֶא אֹתוֹ֙ כִּי־ט֣וֹב ה֔וּא וַֽתִּצְפְּנֵ֖הוּ שְׁלֹשָׁ֥ה יְרָחִֽים׃ וְלֹא־
יָכְלָ֣ה עוֹד֮ הַצְּפִינוֹ֒ וַתִּֽקַּֽח־לוֹ֙ תֵּ֣בַת גֹּ֔מֶא וַתַּחְמְרָ֥ה בַחֵמָ֖ר וּבַזָּ֑פֶת
ד וַתָּ֤שֶׂם בָּהּ֙ אֶת־הַיֶּ֔לֶד וַתָּ֥שֶׂם בַּסּ֖וּף עַל־שְׂפַ֥ת הַיְאֹֽר׃ וַתֵּתַצַּ֥ב
ה אֲחֹת֖וֹ מֵרָחֹ֑ק לְדֵעָ֕ה מַה־יֵּעָשֶׂ֖ה לֽוֹ׃ וַתֵּ֤רֶד בַּת־פַּרְעֹה֙ לִרְחֹ֣ץ
עַל־הַיְאֹ֔ר וְנַעֲרֹתֶ֥יהָ הֹלְכֹ֖ת עַל־יַ֣ד הַיְאֹ֑ר וַתֵּ֤רֶא אֶת־הַתֵּבָה֙
ו בְּת֣וֹךְ הַסּ֔וּף וַתִּשְׁלַ֥ח אֶת־אֲמָתָ֖הּ וַתִּקָּחֶֽהָ׃ וַתִּפְתַּח֙ וַתִּרְאֵ֣הוּ
אֶת־הַיֶּ֔לֶד וְהִנֵּה־נַ֖עַר בֹּכֶ֑ה וַתַּחְמֹ֣ל עָלָ֔יו וַתֹּ֕אמֶר מִיַּלְדֵ֥י
ז הָעִבְרִ֖ים זֶֽה׃ וַתֹּ֣אמֶר אֲחֹתוֹ֮ אֶל־בַּת־פַּרְעֹה֒ הַאֵלֵ֗ךְ וְקָרָ֤אתִי
ח לָךְ֙ אִשָּׁ֣ה מֵינֶ֔קֶת מִ֖ן הָעִבְרִיֹּ֑ת וְתֵינִ֥ק לָ֖ךְ אֶת־הַיָּֽלֶד׃ וַתֹּֽאמֶר־
לָ֥הּ בַּת־פַּרְעֹ֖ה לֵ֑כִי וַתֵּ֙לֶךְ֙ הָֽעַלְמָ֔ה וַתִּקְרָ֖א אֶת־אֵ֥ם הַיָּֽלֶד׃
ט וַתֹּ֧אמֶר לָ֣הּ בַּת־פַּרְעֹ֗ה הֵילִ֜יכִי אֶת־הַיֶּ֤לֶד הַזֶּה֙ וְהֵינִקִ֣הוּ לִ֔י
י וַאֲנִ֖י אֶתֵּ֣ן אֶת־שְׂכָרֵ֑ךְ וַתִּקַּ֧ח הָאִשָּׁ֛ה הַיֶּ֖לֶד וַתְּנִיקֵֽהוּ׃ וַיִּגְדַּ֣ל הַיֶּ֗לֶד
וַתְּבִאֵ֙הוּ֙ לְבַת־פַּרְעֹ֔ה וַֽיְהִי־לָ֖הּ לְבֵ֑ן וַתִּקְרָ֤א שְׁמוֹ֙ מֹשֶׁ֔ה וַתֹּ֕אמֶר
שלישי יא כִּ֥י מִן־הַמַּ֖יִם מְשִׁיתִֽהוּ׃ וַיְהִ֣י ׀ בַּיָּמִ֣ים הָהֵ֗ם וַיִּגְדַּ֤ל מֹשֶׁה֙ וַיֵּצֵ֣א
אֶל־אֶחָ֔יו וַיַּ֖רְא בְּסִבְלֹתָ֑ם וַיַּרְא֙ אִ֣ישׁ מִצְרִ֔י מַכֶּ֥ה אִישׁ־עִבְרִ֖י
יב מֵאֶחָֽיו׃ וַיִּ֤פֶן כֹּה֙ וָכֹ֔ה וַיַּ֖רְא כִּ֣י אֵ֣ין אִ֑ישׁ וַיַּךְ֙ אֶת־הַמִּצְרִ֔י
יג וַֽיִּטְמְנֵ֖הוּ בַּחֽוֹל׃ וַיֵּצֵא֙ בַּיּ֣וֹם הַשֵּׁנִ֔י וְהִנֵּ֛ה שְׁנֵֽי־אֲנָשִׁ֥ים עִבְרִ֖ים
יד נִצִּ֑ים וַיֹּ֙אמֶר֙ לָֽרָשָׁ֔ע לָ֥מָּה תַכֶּ֖ה רֵעֶֽךָ׃ וַ֠יֹּאמֶר מִ֣י שָֽׂמְךָ֞ לְאִ֨ישׁ
שַׂ֤ר וְשֹׁפֵט֙ עָלֵ֔ינוּ הַלְהָרְגֵ֙נִי֙ אַתָּ֣ה אֹמֵ֔ר כַּאֲשֶׁ֥ר הָרַ֖גְתָּ אֶת־
טו הַמִּצְרִ֑י וַיִּירָ֤א מֹשֶׁה֙ וַיֹּאמַ֔ר אָכֵ֖ן נוֹדַ֥ע הַדָּבָֽר׃ וַיִּשְׁמַ֤ע פַּרְעֹה֙
אֶת־הַדָּבָ֣ר הַזֶּ֔ה וַיְבַקֵּ֖שׁ לַהֲרֹ֣ג אֶת־מֹשֶׁ֑ה וַיִּבְרַ֤ח מֹשֶׁה֙ מִפְּנֵ֣י
טז פַרְעֹ֔ה וַיֵּ֥שֶׁב בְּאֶֽרֶץ־מִדְיָ֖ן וַיֵּ֥שֶׁב עַל־הַבְּאֵֽר׃ וּלְכֹהֵ֥ן מִדְיָ֖ן שֶׁ֣בַע
בָּנ֑וֹת וַתָּבֹ֣אנָה וַתִּדְלֶ֗נָה וַתְּמַלֶּ֙אנָה֙ אֶת־הָ֣רְהָטִ֔ים לְהַשְׁק֖וֹת
יז צֹ֥אן אֲבִיהֶֽן׃ וַיָּבֹ֥אוּ הָרֹעִ֖ים וַיְגָרְשׁ֑וּם וַיָּ֤קָם מֹשֶׁה֙ וַיּ֣וֹשִׁעָ֔ן וַיַּ֖שְׁקְ
יח אֶת־צֹאנָֽם׃ וַתָּבֹ֕אנָה אֶל־רְעוּאֵ֖ל אֲבִיהֶ֑ן וַיֹּ֕אמֶר מַדּ֛וּעַ מִהַרְתֶּ֥ן
יט בֹּ֖א הַיּֽוֹם׃ וַתֹּאמַ֕רְןָ אִ֣ישׁ מִצְרִ֔י הִצִּילָ֖נוּ מִיַּ֣ד הָרֹעִ֑ים וְגַם־דָּלֹ֤ה

כ דָלָה לָנוּ וַיַּשְׁקְ אֶת־הַצֹּאן׃ וַיֹּאמֶר אֶל־בְּנֹתָיו וְאַיּוֹ לָמָּה זֶּה
כא עֲזַבְתֶּן אֶת־הָאִישׁ קִרְאֶן לוֹ וְיֹאכַל לָחֶם׃ וַיּוֹאֶל מֹשֶׁה לָשֶׁבֶת
כב אֶת־הָאִישׁ וַיִּתֵּן אֶת־צִפֹּרָה בִתּוֹ לְמֹשֶׁה׃ וַתֵּלֶד בֵּן וַיִּקְרָא אֶת־
שְׁמוֹ גֵּרְשֹׁם כִּי אָמַר גֵּר הָיִיתִי בְּאֶרֶץ נָכְרִיָּה׃
כג וַיְהִי בַיָּמִים הָרַבִּים הָהֵם וַיָּמָת מֶלֶךְ מִצְרַיִם וַיֵּאָנְחוּ בְנֵי־
יִשְׂרָאֵל מִן־הָעֲבֹדָה וַיִּזְעָקוּ וַתַּעַל שַׁוְעָתָם אֶל־הָאֱלֹהִים מִן־
כד הָעֲבֹדָה׃ וַיִּשְׁמַע אֱלֹהִים אֶת־נַאֲקָתָם וַיִּזְכֹּר אֱלֹהִים אֶת־
כה בְּרִיתוֹ אֶת־אַבְרָהָם אֶת־יִצְחָק וְאֶת־יַעֲקֹב׃ וַיַּרְא אֱלֹהִים
ג א אֶת־בְּנֵי יִשְׂרָאֵל וַיֵּדַע אֱלֹהִים׃ וּמֹשֶׁה הָיָה רֹעֶה ב רביעי
אֶת־צֹאן יִתְרוֹ חֹתְנוֹ כֹּהֵן מִדְיָן וַיִּנְהַג אֶת־הַצֹּאן אַחַר הַמִּדְבָּר
ב וַיָּבֹא אֶל־הַר הָאֱלֹהִים חֹרֵבָה׃ וַיֵּרָא מַלְאַךְ יהוה אֵלָיו בְּלַבַּת־
אֵשׁ מִתּוֹךְ הַסְּנֶה וַיַּרְא וְהִנֵּה הַסְּנֶה בֹּעֵר בָּאֵשׁ וְהַסְּנֶה אֵינֶנּוּ
ג אֻכָּל׃ וַיֹּאמֶר מֹשֶׁה אָסֻרָה־נָּא וְאֶרְאֶה אֶת־הַמַּרְאֶה הַגָּדֹל
ד הַזֶּה מַדּוּעַ לֹא־יִבְעַר הַסְּנֶה׃ וַיַּרְא יהוה כִּי סָר לִרְאוֹת וַיִּקְרָא
אֵלָיו אֱלֹהִים מִתּוֹךְ הַסְּנֶה וַיֹּאמֶר מֹשֶׁה מֹשֶׁה וַיֹּאמֶר הִנֵּנִי׃
ה וַיֹּאמֶר אַל־תִּקְרַב הֲלֹם שַׁל־נְעָלֶיךָ מֵעַל רַגְלֶיךָ כִּי הַמָּקוֹם
ו אֲשֶׁר אַתָּה עוֹמֵד עָלָיו אַדְמַת־קֹדֶשׁ הוּא׃ וַיֹּאמֶר אָנֹכִי אֱלֹהֵי
אָבִיךָ אֱלֹהֵי אַבְרָהָם אֱלֹהֵי יִצְחָק וֵאלֹהֵי יַעֲקֹב וַיַּסְתֵּר מֹשֶׁה
ז פָּנָיו כִּי יָרֵא מֵהַבִּיט אֶל־הָאֱלֹהִים׃ וַיֹּאמֶר יהוה רָאֹה רָאִיתִי
אֶת־עֳנִי עַמִּי אֲשֶׁר בְּמִצְרָיִם וְאֶת־צַעֲקָתָם שָׁמַעְתִּי מִפְּנֵי
ח נֹגְשָׂיו כִּי יָדַעְתִּי אֶת־מַכְאֹבָיו׃ וָאֵרֵד לְהַצִּילוֹ ׀ מִיַּד מִצְרַיִם
וּלְהַעֲלֹתוֹ מִן־הָאָרֶץ הַהִוא אֶל־אֶרֶץ טוֹבָה וּרְחָבָה אֶל־אֶרֶץ
זָבַת חָלָב וּדְבָשׁ אֶל־מְקוֹם הַכְּנַעֲנִי וְהַחִתִּי וְהָאֱמֹרִי וְהַפְּרִזִּי
ט וְהַחִוִּי וְהַיְבוּסִי׃ וְעַתָּה הִנֵּה צַעֲקַת בְּנֵי־יִשְׂרָאֵל בָּאָה אֵלָי וְגַם־
י רָאִיתִי אֶת־הַלַּחַץ אֲשֶׁר מִצְרַיִם לֹחֲצִים אֹתָם׃ וְעַתָּה לְכָה
וְאֶשְׁלָחֲךָ אֶל־פַּרְעֹה וְהוֹצֵא אֶת־עַמִּי בְנֵי־יִשְׂרָאֵל מִמִּצְרָיִם׃
יא וַיֹּאמֶר מֹשֶׁה אֶל־הָאֱלֹהִים מִי אָנֹכִי כִּי אֵלֵךְ אֶל־פַּרְעֹה וְכִי

אוֹצִ֥יא אֶת־בְּנֵ֣י יִשְׂרָאֵ֖ל מִמִּצְרָֽיִם׃ וַיֹּ֕אמֶר כִּֽי־אֶהְיֶ֣ה עִמָּ֔ךְ וְזֶה־ יב
לְּךָ֣ הָא֔וֹת כִּ֥י אָנֹכִ֖י שְׁלַחְתִּ֑יךָ בְּהוֹצִֽיאֲךָ֤ אֶת־הָעָם֙ מִמִּצְרַ֔יִם
תַּֽעַבְדוּן֙ אֶת־הָ֣אֱלֹהִ֔ים עַ֖ל הָהָ֥ר הַזֶּֽה׃ וַיֹּ֨אמֶר מֹשֶׁ֜ה אֶל־ יג
הָֽאֱלֹהִ֗ים הִנֵּ֨ה אָנֹכִ֣י בָא֮ אֶל־בְּנֵ֣י יִשְׂרָאֵל֒ וְאָמַרְתִּ֣י לָהֶ֔ם אֱלֹהֵ֥י
אֲבוֹתֵיכֶ֖ם שְׁלָחַ֣נִי אֲלֵיכֶ֑ם וְאָֽמְרוּ־לִ֣י מַה־שְּׁמ֔וֹ מָ֥ה אֹמַ֖ר אֲלֵהֶֽם׃
וַיֹּ֤אמֶר אֱלֹהִים֙ אֶל־מֹשֶׁ֔ה אֶֽהְיֶ֖ה אֲשֶׁ֣ר אֶֽהְיֶ֑ה וַיֹּ֗אמֶר כֹּ֤ה תֹאמַר֙ יד
לִבְנֵ֣י יִשְׂרָאֵ֔ל אֶֽהְיֶ֖ה שְׁלָחַ֥נִי אֲלֵיכֶֽם׃ וַיֹּאמֶר֩ ע֨וֹד אֱלֹהִ֜ים אֶל־ טו
מֹשֶׁ֗ה כֹּ֥ה תֹאמַר֮ אֶל־בְּנֵ֣י יִשְׂרָאֵל֒ יְהֹוָ֞ה אֱלֹהֵ֣י אֲבֹתֵיכֶ֗ם אֱלֹהֵ֨י
אַבְרָהָ֜ם אֱלֹהֵ֥י יִצְחָ֛ק וֵאלֹהֵ֥י יַעֲקֹ֖ב שְׁלָחַ֣נִי אֲלֵיכֶ֑ם זֶה־שְּׁמִ֣י
חמישי לְעֹלָ֔ם וְזֶ֥ה זִכְרִ֖י לְדֹ֥ר דֹּֽר׃ לֵ֣ךְ וְאָסַפְתָּ֞ אֶת־זִקְנֵ֣י יִשְׂרָאֵ֗ל וְאָמַרְתָּ֤ טז
אֲלֵהֶם֙ יְהֹוָ֞ה אֱלֹהֵ֤י אֲבֹתֵיכֶם֙ נִרְאָ֣ה אֵלַ֔י אֱלֹהֵ֥י אַבְרָהָ֛ם
יִצְחָ֥ק וְיַעֲקֹ֖ב לֵאמֹ֑ר פָּקֹ֤ד פָּקַ֨דְתִּי֙ אֶתְכֶ֔ם וְאֶת־הֶעָשׂ֥וּי לָכֶ֖ם
בְּמִצְרָֽיִם׃ וָאֹמַ֗ר אַעֲלֶ֣ה אֶתְכֶם֮ מֵעֳנִ֣י מִצְרַיִם֒ אֶל־אֶ֤רֶץ הַֽכְּנַעֲנִי֙ יז
וְהַ֣חִתִּ֔י וְהָֽאֱמֹרִי֙ וְהַפְּרִזִּ֔י וְהַחִוִּ֖י וְהַיְבוּסִ֑י אֶל־אֶ֛רֶץ זָבַ֥ת חָלָ֖ב
וּדְבָֽשׁ׃ וְשָׁמְע֖וּ לְקֹלֶ֑ךָ וּבָאתָ֡ אַתָּה֩ וְזִקְנֵ֨י יִשְׂרָאֵ֜ל אֶל־מֶ֣לֶךְ יח
מִצְרַ֗יִם וַאֲמַרְתֶּ֤ם אֵלָיו֙ יְהֹוָ֞ה אֱלֹהֵ֤י הָֽעִבְרִיִּים֙ נִקְרָ֣ה עָלֵ֔ינוּ
וְעַתָּ֗ה נֵֽלֲכָה־נָּ֞א דֶּ֣רֶךְ שְׁלֹ֤שֶׁת יָמִים֙ בַּמִּדְבָּ֔ר וְנִזְבְּחָ֖ה לַֽיהֹוָ֥ה
אֱלֹהֵֽינוּ׃ וַאֲנִ֣י יָדַ֔עְתִּי כִּ֠י לֹֽא־יִתֵּ֥ן אֶתְכֶ֛ם מֶ֥לֶךְ מִצְרַ֖יִם לַהֲלֹ֑ךְ יט
וְלֹ֖א בְּיָ֥ד חֲזָקָֽה׃ וְשָׁלַחְתִּ֣י אֶת־יָדִ֗י וְהִכֵּיתִ֤י אֶת־מִצְרַ֨יִם֙ בְּכֹל֙ כ
נִפְלְאֹתַ֔י אֲשֶׁ֥ר אֶֽעֱשֶׂ֖ה בְּקִרְבּ֑וֹ וְאַחֲרֵי־כֵ֖ן יְשַׁלַּ֥ח אֶתְכֶֽם׃ וְנָתַתִּ֛י כא
אֶת־חֵ֥ן הָֽעָם־הַזֶּ֖ה בְּעֵינֵ֣י מִצְרָ֑יִם וְהָיָה֙ כִּ֣י תֵֽלֵכ֔וּן לֹ֥א תֵֽלְכ֖וּ
רֵיקָֽם׃ וְשָׁאֲלָ֨ה אִשָּׁ֤ה מִשְּׁכֶנְתָּהּ֙ וּמִגָּרַ֣ת בֵּיתָ֔הּ כְּלֵי־כֶ֛סֶף וּכְלֵ֥י כב
זָהָ֖ב וּשְׂמָלֹ֑ת וְשַׂמְתֶּ֗ם עַל־בְּנֵיכֶם֙ וְעַל־בְּנֹ֣תֵיכֶ֔ם וְנִצַּלְתֶּ֖ם אֶת־
מִצְרָֽיִם׃ וַיַּ֤עַן מֹשֶׁה֙ וַיֹּ֔אמֶר וְהֵן֙ לֹא־יַאֲמִ֣ינוּ לִ֔י וְלֹ֥א יִשְׁמְע֖וּ א ד
בְּקֹלִ֑י כִּ֣י יֹֽאמְר֔וּ לֹֽא־נִרְאָ֥ה אֵלֶ֖יךָ יְהֹוָֽה׃ וַיֹּ֧אמֶר אֵלָ֛יו יְהֹוָ֖ה ב
מַה־זֶּה מַזֶּ֣ה בְיָדֶ֑ךָ וַיֹּ֖אמֶר מַטֶּֽה׃ וַיֹּ֙אמֶר֙ הַשְׁלִיכֵ֣הוּ אַ֔רְצָה וַיַּשְׁלִיכֵ֣הוּ ג
אַ֔רְצָה וַיְהִ֖י לְנָחָ֑שׁ וַיָּ֥נָס מֹשֶׁ֖ה מִפָּנָֽיו׃ וַיֹּ֤אמֶר יְהֹוָה֙ אֶל־מֹשֶׁ֔ה ד

שְׁלַח יָדְךָ וֶאֱחֹז בִּזְנָבוֹ וַיִּשְׁלַח יָדוֹ וַיַּחֲזֶק־בּוֹ וַיְהִי לְמַטֶּה בְּכַפּוֹ׃
ה לְמַעַן יַאֲמִינוּ כִּי־נִרְאָה אֵלֶיךָ יְהוָה אֱלֹהֵי אֲבֹתָם אֱלֹהֵי
ו אַבְרָהָם אֱלֹהֵי יִצְחָק וֵאלֹהֵי יַעֲקֹב׃ וַיֹּאמֶר יְהוָה לוֹ עוֹד הָבֵא־
נָא יָדְךָ בְּחֵיקֶךָ וַיָּבֵא יָדוֹ בְּחֵיקוֹ וַיּוֹצִאָהּ וְהִנֵּה יָדוֹ מְצֹרַעַת
ז כַּשָּׁלֶג׃ וַיֹּאמֶר הָשֵׁב יָדְךָ אֶל־חֵיקֶךָ וַיָּשֶׁב יָדוֹ אֶל־חֵיקוֹ וַיּוֹצִאָהּ
ח מֵחֵיקוֹ וְהִנֵּה־שָׁבָה כִּבְשָׂרוֹ׃ וְהָיָה אִם־לֹא יַאֲמִינוּ לָךְ וְלֹא
יִשְׁמְעוּ לְקֹל הָאֹת הָרִאשׁוֹן וְהֶאֱמִינוּ לְקֹל הָאֹת הָאַחֲרוֹן׃
ט וְהָיָה אִם־לֹא יַאֲמִינוּ גַּם לִשְׁנֵי הָאֹתוֹת הָאֵלֶּה וְלֹא יִשְׁמְעוּן
לְקֹלֶךָ וְלָקַחְתָּ מִמֵּימֵי הַיְאֹר וְשָׁפַכְתָּ הַיַּבָּשָׁה וְהָיוּ הַמַּיִם אֲשֶׁר
י תִּקַּח מִן־הַיְאֹר וְהָיוּ לְדָם בַּיַּבָּשֶׁת׃ וַיֹּאמֶר מֹשֶׁה אֶל־יְהוָה
בִּי אֲדֹנָי לֹא אִישׁ דְּבָרִים אָנֹכִי גַּם מִתְּמוֹל גַּם מִשִּׁלְשֹׁם גַּם
יא מֵאָז דַּבֶּרְךָ אֶל־עַבְדֶּךָ כִּי כְבַד־פֶּה וּכְבַד לָשׁוֹן אָנֹכִי׃ וַיֹּאמֶר
יְהוָה אֵלָיו מִי שָׂם פֶּה לָאָדָם אוֹ מִי־יָשׂוּם אִלֵּם אוֹ חֵרֵשׁ אוֹ
יב פִקֵּחַ אוֹ עִוֵּר הֲלֹא אָנֹכִי יְהוָה׃ וְעַתָּה לֵךְ וְאָנֹכִי אֶהְיֶה עִם־פִּיךָ
יג וְהוֹרֵיתִיךָ אֲשֶׁר תְּדַבֵּר׃ וַיֹּאמֶר בִּי אֲדֹנָי שְׁלַח־נָא בְּיַד־תִּשְׁלָח׃
יד וַיִּחַר־אַף יְהוָה בְּמֹשֶׁה וַיֹּאמֶר הֲלֹא אַהֲרֹן אָחִיךָ הַלֵּוִי יָדַעְתִּי
כִּי־דַבֵּר יְדַבֵּר הוּא וְגַם הִנֵּה־הוּא יֹצֵא לִקְרָאתֶךָ וְרָאֲךָ וְשָׂמַח
טו בְּלִבּוֹ׃ וְדִבַּרְתָּ אֵלָיו וְשַׂמְתָּ אֶת־הַדְּבָרִים בְּפִיו וְאָנֹכִי אֶהְיֶה
טז עִם־פִּיךָ וְעִם־פִּיהוּ וְהוֹרֵיתִי אֶתְכֶם אֵת אֲשֶׁר תַּעֲשׂוּן׃ וְדִבֶּר־
הוּא לְךָ אֶל־הָעָם וְהָיָה הוּא יִהְיֶה־לְּךָ לְפֶה וְאַתָּה תִּהְיֶה־
יז לּוֹ לֵאלֹהִים׃ וְאֶת־הַמַּטֶּה הַזֶּה תִּקַּח בְּיָדֶךָ אֲשֶׁר תַּעֲשֶׂה־
בּוֹ אֶת־הָאֹתֹת׃

יח וַיֵּלֶךְ מֹשֶׁה וַיָּשָׁב ׀ אֶל־יֶתֶר חֹתְנוֹ וַיֹּאמֶר לוֹ אֵלְכָה־נָּא וְאָשׁוּבָה ג ששי
אֶל־אַחַי אֲשֶׁר־בְּמִצְרַיִם וְאֶרְאֶה הַעוֹדָם חַיִּים וַיֹּאמֶר יִתְרוֹ
יט לְמֹשֶׁה לֵךְ לְשָׁלוֹם׃ וַיֹּאמֶר יְהוָה אֶל־מֹשֶׁה בְּמִדְיָן לֵךְ שֻׁב
כ מִצְרָיִם כִּי־מֵתוּ כָּל־הָאֲנָשִׁים הַמְבַקְשִׁים אֶת־נַפְשֶׁךָ׃ וַיִּקַּח
מֹשֶׁה אֶת־אִשְׁתּוֹ וְאֶת־בָּנָיו וַיַּרְכִּבֵם עַל־הַחֲמֹר וַיָּשָׁב אַרְצָה

כא מִצְרָיִם וַיִּקַּח מֹשֶׁה אֶת־מַטֵּה הָאֱלֹהִים בְּיָדוֹ: וַיֹּאמֶר יהוה
אֶל־מֹשֶׁה בְּלֶכְתְּךָ לָשׁוּב מִצְרַיְמָה רְאֵה כָּל־הַמֹּפְתִים אֲשֶׁר־
שַׂמְתִּי בְיָדֶךָ וַעֲשִׂיתָם לִפְנֵי פַרְעֹה וַאֲנִי אֲחַזֵּק אֶת־לִבּוֹ וְלֹא
כב יְשַׁלַּח אֶת־הָעָם: וְאָמַרְתָּ אֶל־פַּרְעֹה כֹּה אָמַר יהוה בְּנִי בְכֹרִי
כג יִשְׂרָאֵל: וָאֹמַר אֵלֶיךָ שַׁלַּח אֶת־בְּנִי וְיַעַבְדֵנִי וַתְּמָאֵן לְשַׁלְּחוֹ
כד הִנֵּה אָנֹכִי הֹרֵג אֶת־בִּנְךָ בְּכֹרֶךָ: וַיְהִי בַדֶּרֶךְ בַּמָּלוֹן וַיִּפְגְּשֵׁהוּ
כה יהוה וַיְבַקֵּשׁ הֲמִיתוֹ: וַתִּקַּח צִפֹּרָה צֹר וַתִּכְרֹת אֶת־עָרְלַת
כו בְּנָהּ וַתַּגַּע לְרַגְלָיו וַתֹּאמֶר כִּי חֲתַן־דָּמִים אַתָּה לִי: וַיִּרֶף
מִמֶּנּוּ אָז אָמְרָה חֲתַן דָּמִים לַמּוּלֹת:
כז וַיֹּאמֶר יהוה אֶל־אַהֲרֹן לֵךְ לִקְרַאת מֹשֶׁה הַמִּדְבָּרָה וַיֵּלֶךְ
כח וַיִּפְגְּשֵׁהוּ בְּהַר הָאֱלֹהִים וַיִּשַּׁק־לוֹ: וַיַּגֵּד מֹשֶׁה לְאַהֲרֹן אֵת כָּל־
כט דִּבְרֵי יהוה אֲשֶׁר שְׁלָחוֹ וְאֵת כָּל־הָאֹתֹת אֲשֶׁר צִוָּהוּ: וַיֵּלֶךְ
ל מֹשֶׁה וְאַהֲרֹן וַיַּאַסְפוּ אֶת־כָּל־זִקְנֵי בְּנֵי יִשְׂרָאֵל: וַיְדַבֵּר אַהֲרֹן
אֵת כָּל־הַדְּבָרִים אֲשֶׁר־דִּבֶּר יהוה אֶל־מֹשֶׁה וַיַּעַשׂ הָאֹתֹת
לא לְעֵינֵי הָעָם: וַיַּאֲמֵן הָעָם וַיִּשְׁמְעוּ כִּי־פָקַד יהוה אֶת־בְּנֵי
שביעי ה א יִשְׂרָאֵל וְכִי רָאָה אֶת־עָנְיָם וַיִּקְּדוּ וַיִּשְׁתַּחֲווּ: וְאַחַר בָּאוּ מֹשֶׁה
וְאַהֲרֹן וַיֹּאמְרוּ אֶל־פַּרְעֹה כֹּה־אָמַר יהוה אֱלֹהֵי יִשְׂרָאֵל שַׁלַּח
ב אֶת־עַמִּי וְיָחֹגּוּ לִי בַּמִּדְבָּר: וַיֹּאמֶר פַּרְעֹה מִי יהוה אֲשֶׁר אֶשְׁמַע
בְּקֹלוֹ לְשַׁלַּח אֶת־יִשְׂרָאֵל לֹא יָדַעְתִּי אֶת־יהוה וְגַם אֶת־
ג יִשְׂרָאֵל לֹא אֲשַׁלֵּחַ: וַיֹּאמְרוּ אֱלֹהֵי הָעִבְרִים נִקְרָא עָלֵינוּ
נֵלֲכָה־נָּא דֶּרֶךְ שְׁלֹשֶׁת יָמִים בַּמִּדְבָּר וְנִזְבְּחָה לַיהוה אֱלֹהֵינוּ
ד פֶּן־יִפְגָּעֵנוּ בַּדֶּבֶר אוֹ בֶחָרֶב: וַיֹּאמֶר אֲלֵהֶם מֶלֶךְ מִצְרַיִם לָמָּה
מֹשֶׁה וְאַהֲרֹן תַּפְרִיעוּ אֶת־הָעָם מִמַּעֲשָׂיו לְכוּ לְסִבְלֹתֵיכֶם:
ה וַיֹּאמֶר פַּרְעֹה הֵן־רַבִּים עַתָּה עַם הָאָרֶץ וְהִשְׁבַּתֶּם אֹתָם
ו מִסִּבְלֹתָם: וַיְצַו פַּרְעֹה בַּיּוֹם הַהוּא אֶת־הַנֹּגְשִׂים בָּעָם וְאֶת־
ז שֹׁטְרָיו לֵאמֹר: לֹא תֹאסִפוּן לָתֵת תֶּבֶן לָעָם לִלְבֹּן הַלְּבֵנִים
ח כִּתְמוֹל שִׁלְשֹׁם הֵם יֵלְכוּ וְקֹשְׁשׁוּ לָהֶם תֶּבֶן: וְאֶת־מַתְכֹּנֶת

הַלְּבֵנִים אֲשֶׁר הֵם עֹשִׂים תְּמוֹל שִׁלְשֹׁם תָּשִׂימוּ עֲלֵיהֶם לֹא
תִגְרְעוּ מִמֶּנּוּ כִּי־נִרְפִּים הֵם עַל־כֵּן הֵם צֹעֲקִים לֵאמֹר נֵלְכָה
ט נִזְבְּחָה לֵאלֹהֵינוּ׃ תִּכְבַּד הָעֲבֹדָה עַל־הָאֲנָשִׁים וְיַעֲשׂוּ־בָהּ
י וְאַל־יִשְׁעוּ בְּדִבְרֵי־שָׁקֶר׃ וַיֵּצְאוּ נֹגְשֵׂי הָעָם וְשֹׁטְרָיו וַיֹּאמְרוּ
יא אֶל־הָעָם לֵאמֹר כֹּה אָמַר פַּרְעֹה אֵינֶנִּי נֹתֵן לָכֶם תֶּבֶן׃ אַתֶּם
לְכוּ קְחוּ לָכֶם תֶּבֶן מֵאֲשֶׁר תִּמְצָאוּ כִּי אֵין נִגְרָע מֵעֲבֹדַתְכֶם
יב דָּבָר׃ וַיָּפֶץ הָעָם בְּכָל־אֶרֶץ מִצְרָיִם לְקֹשֵׁשׁ קַשׁ לַתֶּבֶן׃
יג וְהַנֹּגְשִׂים אָצִים לֵאמֹר כַּלּוּ מַעֲשֵׂיכֶם דְּבַר־יוֹם בְּיוֹמוֹ כַּאֲשֶׁר
יד בִּהְיוֹת הַתֶּבֶן׃ וַיֻּכּוּ שֹׁטְרֵי בְּנֵי יִשְׂרָאֵל אֲשֶׁר־שָׂמוּ עֲלֵהֶם נֹגְשֵׂי
פַרְעֹה לֵאמֹר מַדּוּעַ לֹא כִלִּיתֶם חָקְכֶם לִלְבֹּן כִּתְמוֹל שִׁלְשֹׁם
טו גַּם־תְּמוֹל גַּם־הַיּוֹם׃ וַיָּבֹאוּ שֹׁטְרֵי בְּנֵי יִשְׂרָאֵל וַיִּצְעֲקוּ אֶל־
טז פַּרְעֹה לֵאמֹר לָמָּה תַעֲשֶׂה כֹה לַעֲבָדֶיךָ׃ תֶּבֶן אֵין נִתָּן לַעֲבָדֶיךָ
וּלְבֵנִים אֹמְרִים לָנוּ עֲשׂוּ וְהִנֵּה עֲבָדֶיךָ מֻכִּים וְחָטָאת עַמֶּךָ׃
יז וַיֹּאמֶר נִרְפִּים אַתֶּם נִרְפִּים עַל־כֵּן אַתֶּם אֹמְרִים נֵלְכָה נִזְבְּחָה
יח לַיהוָה׃ וְעַתָּה לְכוּ עִבְדוּ וְתֶבֶן לֹא־יִנָּתֵן לָכֶם וְתֹכֶן לְבֵנִים
יט תִּתֵּנוּ׃ וַיִּרְאוּ שֹׁטְרֵי בְנֵי־יִשְׂרָאֵל אֹתָם בְּרָע לֵאמֹר לֹא־תִגְרְעוּ
כ מִלִּבְנֵיכֶם דְּבַר־יוֹם בְּיוֹמוֹ׃ וַיִּפְגְּעוּ אֶת־מֹשֶׁה וְאֶת־אַהֲרֹן
כא נִצָּבִים לִקְרָאתָם בְּצֵאתָם מֵאֵת פַּרְעֹה׃ וַיֹּאמְרוּ אֲלֵהֶם יֵרֶא
יְהוָה עֲלֵיכֶם וְיִשְׁפֹּט אֲשֶׁר הִבְאַשְׁתֶּם אֶת־רֵיחֵנוּ בְּעֵינֵי פַרְעֹה
כב וּבְעֵינֵי עֲבָדָיו לָתֶת־חֶרֶב בְּיָדָם לְהָרְגֵנוּ׃ וַיָּשָׁב מֹשֶׁה אֶל־ מפטיר
יְהוָה וַיֹּאמַר אֲדֹנָי לָמָה הֲרֵעֹתָה לָעָם הַזֶּה לָמָּה זֶּה שְׁלַחְתָּנִי׃
כג וּמֵאָז בָּאתִי אֶל־פַּרְעֹה לְדַבֵּר בִּשְׁמֶךָ הֵרַע לָעָם הַזֶּה וְהַצֵּל
ו א לֹא־הִצַּלְתָּ אֶת־עַמֶּךָ׃ וַיֹּאמֶר יְהוָה אֶל־מֹשֶׁה עַתָּה תִרְאֶה
אֲשֶׁר אֶעֱשֶׂה לְפַרְעֹה כִּי בְיָד חֲזָקָה יְשַׁלְּחֵם וּבְיָד חֲזָקָה יְגָרְשֵׁם
ב מֵאַרְצוֹ׃ וַיְדַבֵּר אֱלֹהִים אֶל־מֹשֶׁה וַיֹּאמֶר אֵלָיו ד וארא
ג אֲנִי יְהוָה׃ וָאֵרָא אֶל־אַבְרָהָם אֶל־יִצְחָק וְאֶל־יַעֲקֹב בְּאֵל
ד שַׁדָּי וּשְׁמִי יְהוָה לֹא נוֹדַעְתִּי לָהֶם׃ וְגַם הֲקִמֹתִי אֶת־בְּרִיתִי

אִתָּם לָתֵת לָהֶם אֶת־אֶרֶץ כְּנָעַן אֵת אֶרֶץ מְגֻרֵיהֶם אֲשֶׁר־
ה גָּרוּ בָהּ׃ וְגַם ׀ אֲנִי שָׁמַעְתִּי אֶת־נַאֲקַת בְּנֵי יִשְׂרָאֵל אֲשֶׁר מִצְרַיִם
ו מַעֲבִדִים אֹתָם וָאֶזְכֹּר אֶת־בְּרִיתִי׃ לָכֵן אֱמֹר לִבְנֵי־יִשְׂרָאֵל
אֲנִי יְהוָה וְהוֹצֵאתִי אֶתְכֶם מִתַּחַת סִבְלֹת מִצְרַיִם וְהִצַּלְתִּי
אֶתְכֶם מֵעֲבֹדָתָם וְגָאַלְתִּי אֶתְכֶם בִּזְרוֹעַ נְטוּיָה וּבִשְׁפָטִים
ז גְּדֹלִים׃ וְלָקַחְתִּי אֶתְכֶם לִי לְעָם וְהָיִיתִי לָכֶם לֵאלֹהִים וִידַעְתֶּם
כִּי אֲנִי יְהוָה אֱלֹהֵיכֶם הַמּוֹצִיא אֶתְכֶם מִתַּחַת סִבְלוֹת מִצְרָיִם׃
ח וְהֵבֵאתִי אֶתְכֶם אֶל־הָאָרֶץ אֲשֶׁר נָשָׂאתִי אֶת־יָדִי לָתֵת אֹתָהּ
לְאַבְרָהָם לְיִצְחָק וּלְיַעֲקֹב וְנָתַתִּי אֹתָהּ לָכֶם מוֹרָשָׁה אֲנִי יְהוָה׃
ט וַיְדַבֵּר מֹשֶׁה כֵּן אֶל־בְּנֵי יִשְׂרָאֵל וְלֹא שָׁמְעוּ אֶל־מֹשֶׁה מִקֹּצֶר
רוּחַ וּמֵעֲבֹדָה קָשָׁה׃

י יא וַיְדַבֵּר יְהוָה אֶל־מֹשֶׁה לֵּאמֹר׃ בֹּא דַבֵּר אֶל־פַּרְעֹה מֶלֶךְ
יב מִצְרָיִם וִישַׁלַּח אֶת־בְּנֵי־יִשְׂרָאֵל מֵאַרְצוֹ׃ וַיְדַבֵּר מֹשֶׁה לִפְנֵי
יְהוָה לֵאמֹר הֵן בְּנֵי־יִשְׂרָאֵל לֹא־שָׁמְעוּ אֵלַי וְאֵיךְ יִשְׁמָעֵנִי
פַרְעֹה וַאֲנִי עֲרַל שְׂפָתָיִם׃

יג וַיְדַבֵּר יְהוָה אֶל־מֹשֶׁה וְאֶל־אַהֲרֹן וַיְצַוֵּם אֶל־בְּנֵי יִשְׂרָאֵל
וְאֶל־פַּרְעֹה מֶלֶךְ מִצְרָיִם לְהוֹצִיא אֶת־בְּנֵי־יִשְׂרָאֵל מֵאֶרֶץ
שני יד מִצְרָיִם׃ אֵלֶּה רָאשֵׁי בֵית־אֲבֹתָם בְּנֵי רְאוּבֵן
בְּכֹר יִשְׂרָאֵל חֲנוֹךְ וּפַלּוּא חֶצְרֹן וְכַרְמִי אֵלֶּה מִשְׁפְּחֹת רְאוּבֵן׃
טו וּבְנֵי שִׁמְעוֹן יְמוּאֵל וְיָמִין וְאֹהַד וְיָכִין וְצֹחַר וְשָׁאוּל בֶּן־הַכְּנַעֲנִית
טז אֵלֶּה מִשְׁפְּחֹת שִׁמְעוֹן׃ וְאֵלֶּה שְׁמוֹת בְּנֵי־לֵוִי לְתֹלְדֹתָם גֵּרְשׁוֹן
יז וּקְהָת וּמְרָרִי וּשְׁנֵי חַיֵּי לֵוִי שֶׁבַע וּשְׁלֹשִׁים וּמְאַת שָׁנָה׃ בְּנֵי
יח גֵרְשׁוֹן לִבְנִי וְשִׁמְעִי לְמִשְׁפְּחֹתָם׃ וּבְנֵי קְהָת עַמְרָם וְיִצְהָר
וְחֶבְרוֹן וְעֻזִּיאֵל וּשְׁנֵי חַיֵּי קְהָת שָׁלֹשׁ וּשְׁלֹשִׁים וּמְאַת שָׁנָה׃
יט כ וּבְנֵי מְרָרִי מַחְלִי וּמוּשִׁי אֵלֶּה מִשְׁפְּחֹת הַלֵּוִי לְתֹלְדֹתָם׃ וַיִּקַּח
עַמְרָם אֶת־יוֹכֶבֶד דֹּדָתוֹ לוֹ לְאִשָּׁה וַתֵּלֶד לוֹ אֶת־אַהֲרֹן וְאֶת־
כא מֹשֶׁה וּשְׁנֵי חַיֵּי עַמְרָם שֶׁבַע וּשְׁלֹשִׁים וּמְאַת שָׁנָה׃ וּבְנֵי יִצְהָר

כב כג קֹרַח וָנֶפֶג וְזִכְרִי׃ וּבְנֵי עֻזִּיאֵל מִישָׁאֵל וְאֶלְצָפָן וְסִתְרִי׃ וַיִּקַּח
אַהֲרֹן אֶת־אֱלִישֶׁבַע בַּת־עַמִּינָדָב אֲחוֹת נַחְשׁוֹן לוֹ לְאִשָּׁה
וַתֵּלֶד לוֹ אֶת־נָדָב וְאֶת־אֲבִיהוּא אֶת־אֶלְעָזָר וְאֶת־אִיתָמָר׃
כד וּבְנֵי קֹרַח אַסִּיר וְאֶלְקָנָה וַאֲבִיאָסָף אֵלֶּה מִשְׁפְּחֹת הַקָּרְחִי׃
כה וְאֶלְעָזָר בֶּן־אַהֲרֹן לָקַח־לוֹ מִבְּנוֹת פּוּטִיאֵל לוֹ לְאִשָּׁה
וַתֵּלֶד לוֹ אֶת־פִּינְחָס אֵלֶּה רָאשֵׁי אֲבוֹת הַלְוִיִּם לְמִשְׁפְּחֹתָם׃
כו הוּא אַהֲרֹן וּמֹשֶׁה אֲשֶׁר אָמַר יהוה לָהֶם הוֹצִיאוּ אֶת־
כז בְּנֵי יִשְׂרָאֵל מֵאֶרֶץ מִצְרַיִם עַל־צִבְאֹתָם׃ הֵם הַמְדַבְּרִים
אֶל־פַּרְעֹה מֶלֶךְ־מִצְרַיִם לְהוֹצִיא אֶת־בְּנֵי־יִשְׂרָאֵל מִמִּצְרָיִם
כח הוּא מֹשֶׁה וְאַהֲרֹן׃ וַיְהִי בְּיוֹם דִּבֶּר יהוה אֶל־מֹשֶׁה בְּאֶרֶץ
כט מִצְרָיִם׃ וַיְדַבֵּר יהוה אֶל־מֹשֶׁה לֵּאמֹר אֲנִי יהוה שלישי
דַּבֵּר אֶל־פַּרְעֹה מֶלֶךְ מִצְרַיִם אֵת כָּל־אֲשֶׁר אֲנִי דֹּבֵר אֵלֶיךָ׃
ל וַיֹּאמֶר מֹשֶׁה לִפְנֵי יהוה הֵן אֲנִי עֲרַל שְׂפָתַיִם וְאֵיךְ יִשְׁמַע
אֵלַי פַּרְעֹה׃

ז א וַיֹּאמֶר יהוה אֶל־מֹשֶׁה רְאֵה נְתַתִּיךָ אֱלֹהִים לְפַרְעֹה וְאַהֲרֹן
ב אָחִיךָ יִהְיֶה נְבִיאֶךָ׃ אַתָּה תְדַבֵּר אֵת כָּל־אֲשֶׁר אֲצַוֶּךָּ וְאַהֲרֹן
ג אָחִיךָ יְדַבֵּר אֶל־פַּרְעֹה וְשִׁלַּח אֶת־בְּנֵי־יִשְׂרָאֵל מֵאַרְצוֹ׃ וַאֲנִי
אַקְשֶׁה אֶת־לֵב פַּרְעֹה וְהִרְבֵּיתִי אֶת־אֹתֹתַי וְאֶת־מוֹפְתַי בְּאֶרֶץ
ד מִצְרָיִם׃ וְלֹא־יִשְׁמַע אֲלֵכֶם פַּרְעֹה וְנָתַתִּי אֶת־יָדִי בְּמִצְרָיִם
וְהוֹצֵאתִי אֶת־צִבְאֹתַי אֶת־עַמִּי בְנֵי־יִשְׂרָאֵל מֵאֶרֶץ מִצְרַיִם
ה בִּשְׁפָטִים גְּדֹלִים׃ וְיָדְעוּ מִצְרַיִם כִּי־אֲנִי יהוה בִּנְטֹתִי אֶת־
ו יָדִי עַל־מִצְרָיִם וְהוֹצֵאתִי אֶת־בְּנֵי־יִשְׂרָאֵל מִתּוֹכָם׃ וַיַּעַשׂ
ז מֹשֶׁה וְאַהֲרֹן כַּאֲשֶׁר צִוָּה יהוה אֹתָם כֵּן עָשׂוּ׃ וּמֹשֶׁה בֶּן־
שְׁמֹנִים שָׁנָה וְאַהֲרֹן בֶּן־שָׁלֹשׁ וּשְׁמֹנִים שָׁנָה בְּדַבְּרָם אֶל־
פַּרְעֹה׃

ח ט וַיֹּאמֶר יהוה אֶל־מֹשֶׁה וְאֶל־אַהֲרֹן לֵאמֹר׃ כִּי יְדַבֵּר אֲלֵכֶם ה רביעי
פַּרְעֹה לֵאמֹר תְּנוּ לָכֶם מוֹפֵת וְאָמַרְתָּ אֶל־אַהֲרֹן קַח אֶת־

מַטְּךָ וְהַשְׁלֵךְ לִפְנֵי־פַרְעֹה יְהִי לְתַנִּין׃ וַיָּבֹא מֹשֶׁה וְאַהֲרֹן אֶל־ י
פַּרְעֹה וַיַּעֲשׂוּ־כֵן כַּאֲשֶׁר צִוָּה יְהוָה וַיַּשְׁלֵךְ אַהֲרֹן אֶת־מַטֵּהוּ
לִפְנֵי פַרְעֹה וְלִפְנֵי עֲבָדָיו וַיְהִי לְתַנִּין׃ וַיִּקְרָא גַּם־פַּרְעֹה לַחֲכָמִים יא
וְלַמְכַשְּׁפִים וַיַּעֲשׂוּ גַם־הֵם חַרְטֻמֵּי מִצְרַיִם בְּלַהֲטֵיהֶם כֵּן׃
וַיַּשְׁלִיכוּ אִישׁ מַטֵּהוּ וַיִּהְיוּ לְתַנִּינִם וַיִּבְלַע מַטֵּה־אַהֲרֹן אֶת־ יב
מַטֹּתָם׃ וַיֶּחֱזַק לֵב פַּרְעֹה וְלֹא שָׁמַע אֲלֵהֶם כַּאֲשֶׁר דִּבֶּר יג
יְהוָה׃ וַיֹּאמֶר יְהוָה אֶל־מֹשֶׁה כָּבֵד לֵב פַּרְעֹה יד
מֵאֵן לְשַׁלַּח הָעָם׃ לֵךְ אֶל־פַּרְעֹה בַּבֹּקֶר הִנֵּה יֹצֵא הַמַּיְמָה טו
וְנִצַּבְתָּ לִקְרָאתוֹ עַל־שְׂפַת הַיְאֹר וְהַמַּטֶּה אֲשֶׁר־נֶהְפַּךְ לְנָחָשׁ
תִּקַּח בְּיָדֶךָ׃ וְאָמַרְתָּ אֵלָיו יְהוָה אֱלֹהֵי הָעִבְרִים שְׁלָחַנִי אֵלֶיךָ טז
לֵאמֹר שַׁלַּח אֶת־עַמִּי וְיַעַבְדֻנִי בַּמִּדְבָּר וְהִנֵּה לֹא־שָׁמַעְתָּ
עַד־כֹּה׃ כֹּה אָמַר יְהוָה בְּזֹאת תֵּדַע כִּי אֲנִי יְהוָה הִנֵּה אָנֹכִי יז
מַכֶּה ׀ בַּמַּטֶּה אֲשֶׁר־בְּיָדִי עַל־הַמַּיִם אֲשֶׁר בַּיְאֹר וְנֶהֶפְכוּ לְדָם׃
וְהַדָּגָה אֲשֶׁר־בַּיְאֹר תָּמוּת וּבָאַשׁ הַיְאֹר וְנִלְאוּ מִצְרַיִם לִשְׁתּוֹת יח
מַיִם מִן־הַיְאֹר׃ וַיֹּאמֶר יְהוָה אֶל־מֹשֶׁה אֱמֹר יט
אֶל־אַהֲרֹן קַח מַטְּךָ וּנְטֵה־יָדְךָ עַל־מֵימֵי מִצְרַיִם עַל־נַהֲרֹתָם ׀
עַל־יְאֹרֵיהֶם וְעַל־אַגְמֵיהֶם וְעַל כָּל־מִקְוֵה מֵימֵיהֶם וְיִהְיוּ־דָם
וְהָיָה דָם בְּכָל־אֶרֶץ מִצְרַיִם וּבָעֵצִים וּבָאֲבָנִים׃ וַיַּעֲשׂוּ־כֵן כ
מֹשֶׁה וְאַהֲרֹן כַּאֲשֶׁר ׀ צִוָּה יְהוָה וַיָּרֶם בַּמַּטֶּה וַיַּךְ אֶת־הַמַּיִם
אֲשֶׁר בַּיְאֹר לְעֵינֵי פַרְעֹה וּלְעֵינֵי עֲבָדָיו וַיֵּהָפְכוּ כָּל־הַמַּיִם אֲשֶׁר־
בַּיְאֹר לְדָם׃ וְהַדָּגָה אֲשֶׁר־בַּיְאֹר מֵתָה וַיִּבְאַשׁ הַיְאֹר וְלֹא־ כא
יָכְלוּ מִצְרַיִם לִשְׁתּוֹת מַיִם מִן־הַיְאֹר וַיְהִי הַדָּם בְּכָל־אֶרֶץ
מִצְרָיִם׃ וַיַּעֲשׂוּ־כֵן חַרְטֻמֵּי מִצְרַיִם בְּלָטֵיהֶם וַיֶּחֱזַק לֵב־פַּרְעֹה כב
וְלֹא־שָׁמַע אֲלֵהֶם כַּאֲשֶׁר דִּבֶּר יְהוָה׃ וַיִּפֶן פַּרְעֹה וַיָּבֹא אֶל־ כג
בֵּיתוֹ וְלֹא־שָׁת לִבּוֹ גַּם־לָזֹאת׃ וַיַּחְפְּרוּ כָל־מִצְרַיִם סְבִיבֹת כד
הַיְאֹר מַיִם לִשְׁתּוֹת כִּי לֹא יָכְלוּ לִשְׁתֹּת מִמֵּימֵי הַיְאֹר׃ וַיִּמָּלֵא כה
שִׁבְעַת יָמִים אַחֲרֵי הַכּוֹת־יְהוָה אֶת־הַיְאֹר׃

כו וַיֹּאמֶר יְהוָה אֶל־מֹשֶׁה בֹּא אֶל־פַּרְעֹה וְאָמַרְתָּ אֵלָיו כֹּה אָמַר
כז יְהוָה שַׁלַּח אֶת־עַמִּי וְיַעַבְדֻנִי׃ וְאִם־מָאֵן אַתָּה לְשַׁלֵּחַ הִנֵּה
כח אָנֹכִי נֹגֵף אֶת־כָּל־גְּבוּלְךָ בַּצְפַרְדְּעִים׃ וְשָׁרַץ הַיְאֹר צְפַרְדְּעִים
וְעָלוּ וּבָאוּ בְּבֵיתֶךָ וּבַחֲדַר מִשְׁכָּבְךָ וְעַל־מִטָּתֶךָ וּבְבֵית עֲבָדֶיךָ
כט וּבְעַמֶּךָ וּבְתַנּוּרֶיךָ וּבְמִשְׁאֲרוֹתֶיךָ׃ וּבְכָה וּבְעַמְּךָ וּבְכָל־עֲבָדֶיךָ
ח א יַעֲלוּ הַצְפַרְדְּעִים׃ וַיֹּאמֶר יְהוָה אֶל־מֹשֶׁה אֱמֹר אֶל־אַהֲרֹן
נְטֵה אֶת־יָדְךָ בְּמַטֶּךָ עַל־הַנְּהָרֹת עַל־הַיְאֹרִים וְעַל־הָאֲגַמִּים
ב וְהַעַל אֶת־הַצְפַרְדְּעִים עַל־אֶרֶץ מִצְרָיִם׃ וַיֵּט אַהֲרֹן אֶת־יָדוֹ
עַל מֵימֵי מִצְרָיִם וַתַּעַל הַצְּפַרְדֵּעַ וַתְּכַס אֶת־אֶרֶץ מִצְרָיִם׃
ג וַיַּעֲשׂוּ־כֵן הַחַרְטֻמִּים בְּלָטֵיהֶם וַיַּעֲלוּ אֶת־הַצְפַרְדְּעִים עַל־
ד אֶרֶץ מִצְרָיִם׃ וַיִּקְרָא פַרְעֹה לְמֹשֶׁה וּלְאַהֲרֹן וַיֹּאמֶר הַעְתִּירוּ
אֶל־יְהוָה וְיָסֵר הַצְפַרְדְּעִים מִמֶּנִּי וּמֵעַמִּי וַאֲשַׁלְּחָה אֶת־הָעָם
ה וְיִזְבְּחוּ לַיהוָה׃ וַיֹּאמֶר מֹשֶׁה לְפַרְעֹה הִתְפָּאֵר עָלַי לְמָתַי ׀
אַעְתִּיר לְךָ וְלַעֲבָדֶיךָ וּלְעַמְּךָ לְהַכְרִית הַצְפַרְדְּעִים מִמְּךָ
ו וּמִבָּתֶּיךָ רַק בַּיְאֹר תִּשָּׁאַרְנָה׃ וַיֹּאמֶר לְמָחָר וַיֹּאמֶר כִּדְבָרְךָ
ז לְמַעַן תֵּדַע כִּי־אֵין כַּיהוָה אֱלֹהֵינוּ׃ וְסָרוּ הַצְפַרְדְּעִים מִמְּךָ חמישי
ח וּמִבָּתֶּיךָ וּמֵעֲבָדֶיךָ וּמֵעַמֶּךָ רַק בַּיְאֹר תִּשָּׁאַרְנָה׃ וַיֵּצֵא מֹשֶׁה
וְאַהֲרֹן מֵעִם פַּרְעֹה וַיִּצְעַק מֹשֶׁה אֶל־יְהוָה עַל־דְּבַר הַצְפַרְדְּעִים
ט אֲשֶׁר־שָׂם לְפַרְעֹה׃ וַיַּעַשׂ יְהוָה כִּדְבַר מֹשֶׁה וַיָּמֻתוּ הַצְפַרְדְּעִים
י מִן־הַבָּתִּים מִן־הַחֲצֵרֹת וּמִן־הַשָּׂדֹת׃ וַיִּצְבְּרוּ אֹתָם חֳמָרִם
יא חֳמָרִם וַתִּבְאַשׁ הָאָרֶץ׃ וַיַּרְא פַּרְעֹה כִּי הָיְתָה הָרְוָחָה וְהַכְבֵּד
יב אֶת־לִבּוֹ וְלֹא שָׁמַע אֲלֵהֶם כַּאֲשֶׁר דִּבֶּר יְהוָה׃ וַיֹּאמֶר
יְהוָה אֶל־מֹשֶׁה אֱמֹר אֶל־אַהֲרֹן נְטֵה אֶת־מַטְּךָ וְהַךְ אֶת־
יג עֲפַר הָאָרֶץ וְהָיָה לְכִנִּם בְּכָל־אֶרֶץ מִצְרָיִם׃ וַיַּעֲשׂוּ־כֵן וַיֵּט
אַהֲרֹן אֶת־יָדוֹ בְמַטֵּהוּ וַיַּךְ אֶת־עֲפַר הָאָרֶץ וַתְּהִי הַכִּנָּם בָּאָדָם
וּבַבְּהֵמָה כָּל־עֲפַר הָאָרֶץ הָיָה כִנִּים בְּכָל־אֶרֶץ מִצְרָיִם׃
יד וַיַּעֲשׂוּ־כֵן הַחַרְטֻמִּים בְּלָטֵיהֶם לְהוֹצִיא אֶת־הַכִּנִּים וְלֹא יָכֹלוּ

וַתְּהִי הַכִּנָּם בָּאָדָם וּבַבְּהֵמָה׃ וַיֹּאמְרוּ הַחַרְטֻמִּם אֶל־פַּרְעֹה טו
אֶצְבַּע אֱלֹהִים הִוא וַיֶּחֱזַק לֵב־פַּרְעֹה וְלֹא־שָׁמַע אֲלֵהֶם כַּאֲשֶׁר
ו דִּבֶּר יהוה׃ וַיֹּאמֶר יהוה אֶל־מֹשֶׁה הַשְׁכֵּם בַּבֹּקֶר טז
וְהִתְיַצֵּב לִפְנֵי פַרְעֹה הִנֵּה יוֹצֵא הַמָּיְמָה וְאָמַרְתָּ אֵלָיו כֹּה
אָמַר יהוה שַׁלַּח עַמִּי וְיַעַבְדֻנִי׃ כִּי אִם־אֵינְךָ מְשַׁלֵּחַ אֶת־עַמִּי יז
הִנְנִי מַשְׁלִיחַ בְּךָ וּבַעֲבָדֶיךָ וּבְעַמְּךָ וּבְבָתֶּיךָ אֶת־הֶעָרֹב וּמָלְאוּ
בָּתֵּי מִצְרַיִם אֶת־הֶעָרֹב וְגַם הָאֲדָמָה אֲשֶׁר־הֵם עָלֶיהָ׃ וְהִפְלֵיתִי יח
בַיּוֹם הַהוּא אֶת־אֶרֶץ גֹּשֶׁן אֲשֶׁר עַמִּי עֹמֵד עָלֶיהָ לְבִלְתִּי הֱיוֹת־
ששי שָׁם עָרֹב לְמַעַן תֵּדַע כִּי אֲנִי יהוה בְּקֶרֶב הָאָרֶץ׃ וְשַׂמְתִּי יט
פְדֻת בֵּין עַמִּי וּבֵין עַמֶּךָ לְמָחָר יִהְיֶה הָאֹת הַזֶּה׃ וַיַּעַשׂ יהוה כ
כֵּן וַיָּבֹא עָרֹב כָּבֵד בֵּיתָה פַרְעֹה וּבֵית עֲבָדָיו וּבְכָל־אֶרֶץ
מִצְרַיִם תִּשָּׁחֵת הָאָרֶץ מִפְּנֵי הֶעָרֹב׃ וַיִּקְרָא פַרְעֹה אֶל־מֹשֶׁה כא
וּלְאַהֲרֹן וַיֹּאמֶר לְכוּ זִבְחוּ לֵאלֹהֵיכֶם בָּאָרֶץ׃ וַיֹּאמֶר מֹשֶׁה כב
לֹא נָכוֹן לַעֲשׂוֹת כֵּן כִּי תּוֹעֲבַת מִצְרַיִם נִזְבַּח לַיהוה אֱלֹהֵינוּ
הֵן נִזְבַּח אֶת־תּוֹעֲבַת מִצְרַיִם לְעֵינֵיהֶם וְלֹא יִסְקְלֻנוּ׃ דֶּרֶךְ כג
שְׁלֹשֶׁת יָמִים נֵלֵךְ בַּמִּדְבָּר וְזָבַחְנוּ לַיהוה אֱלֹהֵינוּ כַּאֲשֶׁר יֹאמַר
אֵלֵינוּ׃ וַיֹּאמֶר פַּרְעֹה אָנֹכִי אֲשַׁלַּח אֶתְכֶם וּזְבַחְתֶּם לַיהוה כד
אֱלֹהֵיכֶם בַּמִּדְבָּר רַק הַרְחֵק לֹא־תַרְחִיקוּ לָלֶכֶת הַעְתִּירוּ
בַּעֲדִי׃ וַיֹּאמֶר מֹשֶׁה הִנֵּה אָנֹכִי יוֹצֵא מֵעִמָּךְ וְהַעְתַּרְתִּי אֶל־ כה
יהוה וְסָר הֶעָרֹב מִפַּרְעֹה מֵעֲבָדָיו וּמֵעַמּוֹ מָחָר רַק אַל־יֹסֵף
פַּרְעֹה הָתֵל לְבִלְתִּי שַׁלַּח אֶת־הָעָם לִזְבֹּחַ לַיהוה׃ וַיֵּצֵא מֹשֶׁה כו
מֵעִם פַּרְעֹה וַיֶּעְתַּר אֶל־יהוה׃ וַיַּעַשׂ יהוה כִּדְבַר מֹשֶׁה וַיָּסַר כז
הֶעָרֹב מִפַּרְעֹה מֵעֲבָדָיו וּמֵעַמּוֹ לֹא נִשְׁאַר אֶחָד׃ וַיַּכְבֵּד פַּרְעֹה כח
אֶת־לִבּוֹ גַּם בַּפַּעַם הַזֹּאת וְלֹא שִׁלַּח אֶת־הָעָם׃

וַיֹּאמֶר יהוה אֶל־מֹשֶׁה בֹּא אֶל־פַּרְעֹה וְדִבַּרְתָּ אֵלָיו כֹּה־אָמַר א ט
יהוה אֱלֹהֵי הָעִבְרִים שַׁלַּח אֶת־עַמִּי וְיַעַבְדֻנִי׃ כִּי אִם־מָאֵן אַתָּה ב
לְשַׁלֵּחַ וְעוֹדְךָ מַחֲזִיק בָּם׃ הִנֵּה יַד־יהוה הוֹיָה בְּמִקְנְךָ אֲשֶׁר ג

בַּשָּׂדֶה בַּסּוּסִים בַּחֲמֹרִים בַּגְּמַלִּים בַּבָּקָר וּבַצֹּאן דֶּבֶר כָּבֵד
ד מְאֹד׃ וְהִפְלָה יהוה בֵּין מִקְנֵה יִשְׂרָאֵל וּבֵין מִקְנֵה מִצְרָיִם
ה וְלֹא יָמוּת מִכָּל־לִבְנֵי יִשְׂרָאֵל דָּבָר׃ וַיָּשֶׂם יהוה מוֹעֵד לֵאמֹר
ו מָחָר יַעֲשֶׂה יהוה הַדָּבָר הַזֶּה בָּאָרֶץ׃ וַיַּעַשׂ יהוה אֶת־הַדָּבָר
הַזֶּה מִמָּחֳרָת וַיָּמָת כֹּל מִקְנֵה מִצְרָיִם וּמִמִּקְנֵה בְנֵי־יִשְׂרָאֵל
ז לֹא־מֵת אֶחָד׃ וַיִּשְׁלַח פַּרְעֹה וְהִנֵּה לֹא־מֵת מִמִּקְנֵה יִשְׂרָאֵל
עַד־אֶחָד וַיִּכְבַּד לֵב פַּרְעֹה וְלֹא שִׁלַּח אֶת־הָעָם׃
ח וַיֹּאמֶר יהוה אֶל־מֹשֶׁה וְאֶל־אַהֲרֹן קְחוּ לָכֶם מְלֹא חָפְנֵיכֶם
ט פִּיחַ כִּבְשָׁן וּזְרָקוֹ מֹשֶׁה הַשָּׁמַיְמָה לְעֵינֵי פַרְעֹה׃ וְהָיָה לְאָבָק
עַל כָּל־אֶרֶץ מִצְרָיִם וְהָיָה עַל־הָאָדָם וְעַל־הַבְּהֵמָה לִשְׁחִין
י פֹּרֵחַ אֲבַעְבֻּעֹת בְּכָל־אֶרֶץ מִצְרָיִם׃ וַיִּקְחוּ אֶת־פִּיחַ הַכִּבְשָׁן
וַיַּעַמְדוּ לִפְנֵי פַרְעֹה וַיִּזְרֹק אֹתוֹ מֹשֶׁה הַשָּׁמָיְמָה וַיְהִי שְׁחִין
יא אֲבַעְבֻּעֹת פֹּרֵחַ בָּאָדָם וּבַבְּהֵמָה׃ וְלֹא־יָכְלוּ הַחַרְטֻמִּים לַעֲמֹד
לִפְנֵי מֹשֶׁה מִפְּנֵי הַשְּׁחִין כִּי־הָיָה הַשְּׁחִין בַּחַרְטֻמִּם וּבְכָל־מִצְרָיִם׃
יב וַיְחַזֵּק יהוה אֶת־לֵב פַּרְעֹה וְלֹא שָׁמַע אֲלֵהֶם כַּאֲשֶׁר דִּבֶּר
יג יהוה אֶל־מֹשֶׁה׃ וַיֹּאמֶר יהוה אֶל־מֹשֶׁה הַשְׁכֵּם
בַּבֹּקֶר וְהִתְיַצֵּב לִפְנֵי פַרְעֹה וְאָמַרְתָּ אֵלָיו כֹּה־אָמַר יהוה
יד אֱלֹהֵי הָעִבְרִים שַׁלַּח אֶת־עַמִּי וְיַעַבְדֻנִי׃ כִּי ׀ בַּפַּעַם הַזֹּאת אֲנִי
שֹׁלֵחַ אֶת־כָּל־מַגֵּפֹתַי אֶל־לִבְּךָ וּבַעֲבָדֶיךָ וּבְעַמֶּךָ בַּעֲבוּר תֵּדַע
טו כִּי אֵין כָּמֹנִי בְּכָל־הָאָרֶץ׃ כִּי עַתָּה שָׁלַחְתִּי אֶת־יָדִי וָאַךְ אוֹתְךָ
טז וְאֶת־עַמְּךָ בַּדָּבֶר וַתִּכָּחֵד מִן־הָאָרֶץ׃ וְאוּלָם בַּעֲבוּר זֹאת
הֶעֱמַדְתִּיךָ בַּעֲבוּר הַרְאֹתְךָ אֶת־כֹּחִי וּלְמַעַן סַפֵּר שְׁמִי בְּכָל־
יז יח הָאָרֶץ׃ עוֹדְךָ מִסְתּוֹלֵל בְּעַמִּי לְבִלְתִּי שַׁלְּחָם׃ הִנְנִי מַמְטִיר שביעי
כָּעֵת מָחָר בָּרָד כָּבֵד מְאֹד אֲשֶׁר לֹא־הָיָה כָמֹהוּ בְּמִצְרַיִם לְמִן־
יט הַיּוֹם הִוָּסְדָה וְעַד־עָתָּה׃ וְעַתָּה שְׁלַח הָעֵז אֶת־מִקְנְךָ וְאֵת כָּל־
אֲשֶׁר לְךָ בַּשָּׂדֶה כָּל־הָאָדָם וְהַבְּהֵמָה אֲשֶׁר־יִמָּצֵא בַשָּׂדֶה
כ וְלֹא יֵאָסֵף הַבַּיְתָה וְיָרַד עֲלֵהֶם הַבָּרָד וָמֵתוּ׃ הַיָּרֵא אֶת־דְּבַר

יְהוָה מֵעַבְדֵי פַּרְעֹה הֵנִיס אֶת־עֲבָדָיו וְאֶת־מִקְנֵהוּ אֶל־
כא הַבָּתִּים׃ וַאֲשֶׁר לֹא־שָׂם לִבּוֹ אֶל־דְּבַר יְהוָה וַיַּעֲזֹב אֶת־עֲבָדָיו
וְאֶת־מִקְנֵהוּ בַּשָּׂדֶה׃
כב וַיֹּאמֶר יְהוָה אֶל־מֹשֶׁה נְטֵה אֶת־יָדְךָ עַל־הַשָּׁמַיִם וִיהִי בָרָד
בְּכָל־אֶרֶץ מִצְרָיִם עַל־הָאָדָם וְעַל־הַבְּהֵמָה וְעַל כָּל־עֵשֶׂב
כג הַשָּׂדֶה בְּאֶרֶץ מִצְרָיִם׃ וַיֵּט מֹשֶׁה אֶת־מַטֵּהוּ עַל־הַשָּׁמַיִם
וַיהוָה נָתַן קֹלֹת וּבָרָד וַתִּהֲלַךְ־אֵשׁ אָרְצָה וַיַּמְטֵר יְהוָה בָּרָד
כד עַל־אֶרֶץ מִצְרָיִם׃ וַיְהִי בָרָד וְאֵשׁ מִתְלַקַּחַת בְּתוֹךְ הַבָּרָד כָּבֵד
מְאֹד אֲשֶׁר לֹא־הָיָה כָמֹהוּ בְּכָל־אֶרֶץ מִצְרַיִם מֵאָז הָיְתָה לְגוֹי׃
כה וַיַּךְ הַבָּרָד בְּכָל־אֶרֶץ מִצְרַיִם אֵת כָּל־אֲשֶׁר בַּשָּׂדֶה מֵאָדָם
וְעַד־בְּהֵמָה וְאֵת כָּל־עֵשֶׂב הַשָּׂדֶה הִכָּה הַבָּרָד וְאֶת־כָּל־עֵץ
כו הַשָּׂדֶה שִׁבֵּר׃ רַק בְּאֶרֶץ גֹּשֶׁן אֲשֶׁר־שָׁם בְּנֵי יִשְׂרָאֵל לֹא הָיָה
כז בָּרָד׃ וַיִּשְׁלַח פַּרְעֹה וַיִּקְרָא לְמֹשֶׁה וּלְאַהֲרֹן וַיֹּאמֶר אֲלֵהֶם
כח חָטָאתִי הַפָּעַם יְהוָה הַצַּדִּיק וַאֲנִי וְעַמִּי הָרְשָׁעִים׃ הַעְתִּירוּ
אֶל־יְהוָה וְרַב מִהְיֹת קֹלֹת אֱלֹהִים וּבָרָד וַאֲשַׁלְּחָה אֶתְכֶם וְלֹא
כט תֹסִפוּן לַעֲמֹד׃ וַיֹּאמֶר אֵלָיו מֹשֶׁה כְּצֵאתִי אֶת־הָעִיר אֶפְרֹשׂ
אֶת־כַּפַּי אֶל־יְהוָה הַקֹּלוֹת יֶחְדָּלוּן וְהַבָּרָד לֹא יִהְיֶה־עוֹד לְמַעַן
ל תֵּדַע כִּי לַיהוָה הָאָרֶץ׃ וְאַתָּה וַעֲבָדֶיךָ יָדַעְתִּי כִּי טֶרֶם תִּירְאוּן
לא מִפְּנֵי יְהוָה אֱלֹהִים׃ וְהַפִּשְׁתָּה וְהַשְּׂעֹרָה נֻכָּתָה כִּי הַשְּׂעֹרָה
לב אָבִיב וְהַפִּשְׁתָּה גִּבְעֹל׃ וְהַחִטָּה וְהַכֻּסֶּמֶת לֹא נֻכּוּ כִּי אֲפִילֹת
מפטיר לג הֵנָּה׃ וַיֵּצֵא מֹשֶׁה מֵעִם פַּרְעֹה אֶת־הָעִיר וַיִּפְרֹשׂ כַּפָּיו אֶל־יְהוָה
לד וַיַּחְדְּלוּ הַקֹּלוֹת וְהַבָּרָד וּמָטָר לֹא־נִתַּךְ אָרְצָה׃ וַיַּרְא פַּרְעֹה
כִּי־חָדַל הַמָּטָר וְהַבָּרָד וְהַקֹּלֹת וַיֹּסֶף לַחֲטֹא וַיַּכְבֵּד לִבּוֹ הוּא
לה וַעֲבָדָיו׃ וַיֶּחֱזַק לֵב פַּרְעֹה וְלֹא שִׁלַּח אֶת־בְּנֵי יִשְׂרָאֵל כַּאֲשֶׁר
דִּבֶּר יְהוָה בְּיַד־מֹשֶׁה׃

בא ז י א וַיֹּאמֶר יְהוָה אֶל־מֹשֶׁה בֹּא אֶל־פַּרְעֹה כִּי־אֲנִי הִכְבַּדְתִּי אֶת־
ב לִבּוֹ וְאֶת־לֵב עֲבָדָיו לְמַעַן שִׁתִי אֹתֹתַי אֵלֶּה בְּקִרְבּוֹ׃ וּלְמַעַן

תְסַפֵּר בְּאׇזְנֵי בִנְךָ וּבֶן־בִּנְךָ אֵת אֲשֶׁר הִתְעַלַּלְתִּי בְּמִצְרַיִם
וְאֶת־אֹתֹתַי אֲשֶׁר־שַׂמְתִּי בָם וִידַעְתֶּם כִּי־אֲנִי יְהוָה׃ וַיָּבֹא ג
מֹשֶׁה וְאַהֲרֹן אֶל־פַּרְעֹה וַיֹּאמְרוּ אֵלָיו כֹּה־אָמַר יְהוָה אֱלֹהֵי
הָעִבְרִים עַד־מָתַי מֵאַנְתָּ לֵעָנֹת מִפָּנָי שַׁלַּח עַמִּי וְיַעַבְדֻנִי׃
כִּי אִם־מָאֵן אַתָּה לְשַׁלֵּחַ אֶת־עַמִּי הִנְנִי מֵבִיא מָחָר אַרְבֶּה ד
בִּגְבֻלֶךָ׃ וְכִסָּה אֶת־עֵין הָאָרֶץ וְלֹא יוּכַל לִרְאֹת אֶת־הָאָרֶץ ה
וְאָכַל ׀ אֶת־יֶתֶר הַפְּלֵטָה הַנִּשְׁאֶרֶת לָכֶם מִן־הַבָּרָד וְאָכַל אֶת־
כׇּל־הָעֵץ הַצֹּמֵחַ לָכֶם מִן־הַשָּׂדֶה׃ וּמָלְאוּ בָתֶּיךָ וּבָתֵּי כׇל־ ו
עֲבָדֶיךָ וּבָתֵּי כׇל־מִצְרַיִם אֲשֶׁר לֹא־רָאוּ אֲבֹתֶיךָ וַאֲבוֹת אֲבֹתֶיךָ
מִיּוֹם הֱיוֹתָם עַל־הָאֲדָמָה עַד הַיּוֹם הַזֶּה וַיִּפֶן וַיֵּצֵא מֵעִם פַּרְעֹה׃
וַיֹּאמְרוּ עַבְדֵי פַרְעֹה אֵלָיו עַד־מָתַי יִהְיֶה זֶה לָנוּ לְמוֹקֵשׁ ז
שַׁלַּח אֶת־הָאֲנָשִׁים וְיַעַבְדוּ אֶת־יְהוָה אֱלֹהֵיהֶם הֲטֶרֶם תֵּדַע
כִּי אָבְדָה מִצְרָיִם׃ וַיּוּשַׁב אֶת־מֹשֶׁה וְאֶת־אַהֲרֹן אֶל־פַּרְעֹה ח
וַיֹּאמֶר אֲלֵהֶם לְכוּ עִבְדוּ אֶת־יְהוָה אֱלֹהֵיכֶם מִי וָמִי הַהֹלְכִים׃
וַיֹּאמֶר מֹשֶׁה בִּנְעָרֵינוּ וּבִזְקֵנֵינוּ נֵלֵךְ בְּבָנֵינוּ וּבִבְנוֹתֵנוּ בְּצֹאנֵנוּ ט
וּבִבְקָרֵנוּ נֵלֵךְ כִּי חַג־יְהוָה לָנוּ׃ וַיֹּאמֶר אֲלֵהֶם יְהִי כֵן יְהוָה י
עִמָּכֶם כַּאֲשֶׁר אֲשַׁלַּח אֶתְכֶם וְאֶת־טַפְּכֶם רְאוּ כִּי רָעָה נֶגֶד
פְּנֵיכֶם׃ לֹא כֵן לְכוּ־נָא הַגְּבָרִים וְעִבְדוּ אֶת־יְהוָה כִּי אֹתָהּ אַתֶּם יא
מְבַקְשִׁים וַיְגָרֶשׁ אֹתָם מֵאֵת פְּנֵי פַרְעֹה׃ וַיֹּאמֶר יב שני
יְהוָה אֶל־מֹשֶׁה נְטֵה יָדְךָ עַל־אֶרֶץ מִצְרַיִם בָּאַרְבֶּה וְיַעַל עַל־
אֶרֶץ מִצְרָיִם וְיֹאכַל אֶת־כׇּל־עֵשֶׂב הָאָרֶץ אֵת כׇּל־אֲשֶׁר
הִשְׁאִיר הַבָּרָד׃ וַיֵּט מֹשֶׁה אֶת־מַטֵּהוּ עַל־אֶרֶץ מִצְרַיִם וַיהוָה יג
נִהַג רוּחַ־קָדִים בָּאָרֶץ כׇּל־הַיּוֹם הַהוּא וְכׇל־הַלָּיְלָה הַבֹּקֶר
הָיָה וְרוּחַ הַקָּדִים נָשָׂא אֶת־הָאַרְבֶּה׃ וַיַּעַל הָאַרְבֶּה עַל כׇּל־ יד
אֶרֶץ מִצְרַיִם וַיָּנַח בְּכֹל גְּבוּל מִצְרָיִם כָּבֵד מְאֹד לְפָנָיו לֹא־
הָיָה כֵן אַרְבֶּה כָּמֹהוּ וְאַחֲרָיו לֹא יִהְיֶה־כֵּן׃ וַיְכַס אֶת־עֵין טו
כׇּל־הָאָרֶץ וַתֶּחְשַׁךְ הָאָרֶץ וַיֹּאכַל אֶת־כׇּל־עֵשֶׂב הָאָרֶץ וְאֵת

כָּל־פְּרִי הָעֵץ אֲשֶׁר הוֹתִיר הַבָּרָד וְלֹא־נוֹתַר כָּל־יֶרֶק בָּעֵץ
טז וּבְעֵשֶׂב הַשָּׂדֶה בְּכָל־אֶרֶץ מִצְרָיִם: וַיְמַהֵר פַּרְעֹה לִקְרֹא
יז לְמֹשֶׁה וּלְאַהֲרֹן וַיֹּאמֶר חָטָאתִי לַיהוָה אֱלֹהֵיכֶם וְלָכֶם: וְעַתָּה
שָׂא נָא חַטָּאתִי אַךְ הַפַּעַם וְהַעְתִּירוּ לַיהוָה אֱלֹהֵיכֶם וְיָסֵר
יח מֵעָלַי רַק אֶת־הַמָּוֶת הַזֶּה: וַיֵּצֵא מֵעִם פַּרְעֹה וַיֶּעְתַּר אֶל־יְהוָה:
יט וַיַּהֲפֹךְ יְהוָה רוּחַ־יָם חָזָק מְאֹד וַיִּשָּׂא אֶת־הָאַרְבֶּה וַיִּתְקָעֵהוּ
כ יָמָּה סּוּף לֹא נִשְׁאַר אַרְבֶּה אֶחָד בְּכֹל גְּבוּל מִצְרָיִם: וַיְחַזֵּק
יְהוָה אֶת־לֵב פַּרְעֹה וְלֹא שִׁלַּח אֶת־בְּנֵי יִשְׂרָאֵל:
כא וַיֹּאמֶר יְהוָה אֶל־מֹשֶׁה נְטֵה יָדְךָ עַל־הַשָּׁמַיִם וִיהִי חֹשֶׁךְ עַל־
כב אֶרֶץ מִצְרָיִם וְיָמֵשׁ חֹשֶׁךְ: וַיֵּט מֹשֶׁה אֶת־יָדוֹ עַל־הַשָּׁמָיִם
כג וַיְהִי חֹשֶׁךְ־אֲפֵלָה בְּכָל־אֶרֶץ מִצְרַיִם שְׁלֹשֶׁת יָמִים: לֹא־רָאוּ
אִישׁ אֶת־אָחִיו וְלֹא־קָמוּ אִישׁ מִתַּחְתָּיו שְׁלֹשֶׁת יָמִים וּלְכָל־
כד שלישי בְּנֵי יִשְׂרָאֵל הָיָה אוֹר בְּמוֹשְׁבֹתָם: וַיִּקְרָא פַרְעֹה אֶל־מֹשֶׁה
וַיֹּאמֶר לְכוּ עִבְדוּ אֶת־יְהוָה רַק צֹאנְכֶם וּבְקַרְכֶם יֻצָּג גַּם־
כה טַפְּכֶם יֵלֵךְ עִמָּכֶם: וַיֹּאמֶר מֹשֶׁה גַּם־אַתָּה תִּתֵּן בְּיָדֵנוּ זְבָחִים
כו וְעֹלֹת וְעָשִׂינוּ לַיהוָה אֱלֹהֵינוּ: וְגַם־מִקְנֵנוּ יֵלֵךְ עִמָּנוּ לֹא
תִשָּׁאֵר פַּרְסָה כִּי מִמֶּנּוּ נִקַּח לַעֲבֹד אֶת־יְהוָה אֱלֹהֵינוּ וַאֲנַחְנוּ
כז לֹא־נֵדַע מַה־נַּעֲבֹד אֶת־יְהוָה עַד־בֹּאֵנוּ שָׁמָּה: וַיְחַזֵּק
כח יְהוָה אֶת־לֵב פַּרְעֹה וְלֹא אָבָה לְשַׁלְּחָם: וַיֹּאמֶר־לוֹ פַרְעֹה
לֵךְ מֵעָלָי הִשָּׁמֶר לְךָ אַל־תֹּסֶף רְאוֹת פָּנַי כִּי בְּיוֹם רְאֹתְךָ
כט פָנַי תָּמוּת: וַיֹּאמֶר מֹשֶׁה כֵּן דִּבַּרְתָּ לֹא־אֹסִף עוֹד רְאוֹת
פָּנֶיךָ:
ח יא א וַיֹּאמֶר יְהוָה אֶל־מֹשֶׁה עוֹד נֶגַע אֶחָד אָבִיא עַל־פַּרְעֹה וְעַל־
מִצְרַיִם אַחֲרֵי־כֵן יְשַׁלַּח אֶתְכֶם מִזֶּה כְּשַׁלְּחוֹ כָּלָה גָּרֵשׁ יְגָרֵשׁ
ב אֶתְכֶם מִזֶּה: דַּבֶּר־נָא בְּאָזְנֵי הָעָם וְיִשְׁאֲלוּ אִישׁ ׀ מֵאֵת רֵעֵהוּ
ג וְאִשָּׁה מֵאֵת רְעוּתָהּ כְּלֵי־כֶסֶף וּכְלֵי זָהָב: וַיִּתֵּן יְהוָה אֶת־חֵן
הָעָם בְּעֵינֵי מִצְרָיִם גַּם ׀ הָאִישׁ מֹשֶׁה גָּדוֹל מְאֹד בְּאֶרֶץ מִצְרַיִם

ד בְּעֵינֵ֥י עַבְדֵֽי־פַרְעֹ֖ה וּבְעֵינֵ֥י הָעָֽם׃ וַיֹּ֣אמֶר מֹשֶׁ֔ה רביעי
ה כֹּ֖ה אָמַ֣ר יְהוָ֑ה כַּחֲצֹ֣ת הַלַּ֔יְלָה אֲנִ֥י יוֹצֵ֖א בְּת֥וֹךְ מִצְרָֽיִם׃ וּמֵ֣ת
כָּל־בְּכוֹר֮ בְּאֶ֣רֶץ מִצְרַ֒יִם֒ מִבְּכ֤וֹר פַּרְעֹה֙ הַיֹּשֵׁ֣ב עַל־כִּסְא֔וֹ עַ֚ד
ו בְּכ֣וֹר הַשִּׁפְחָ֔ה אֲשֶׁ֖ר אַחַ֣ר הָרֵחָ֑יִם וְכֹ֖ל בְּכ֥וֹר בְּהֵמָֽה׃ וְהָיְתָ֛ה
צְעָקָ֥ה גְדֹלָ֖ה בְּכָל־אֶ֣רֶץ מִצְרָ֑יִם אֲשֶׁ֤ר כָּמֹ֙הוּ֙ לֹ֣א נִהְיָ֔תָה
ז וְכָמֹ֖הוּ לֹ֥א תֹסִֽף׃ וּלְכֹ֣ל ׀ בְּנֵ֣י יִשְׂרָאֵ֗ל לֹ֤א יֶֽחֱרַץ־כֶּ֙לֶב֙ לְשֹׁנ֔וֹ
לְמֵאִ֖ישׁ וְעַד־בְּהֵמָ֑ה לְמַ֙עַן֙ תֵּֽדְע֔וּן אֲשֶׁר֙ יַפְלֶ֣ה יְהוָ֔ה בֵּ֥ין מִצְרַ֖יִם
ח וּבֵ֥ין יִשְׂרָאֵֽל׃ וְיָרְד֣וּ כָל־עֲבָדֶ֣יךָ אֵ֠לֶּה אֵלַ֨י וְהִשְׁתַּחֲוּוּ־לִ֜י לֵאמֹ֗ר
צֵ֤א אַתָּה֙ וְכָל־הָעָ֣ם אֲשֶׁר־בְּרַגְלֶ֔יךָ וְאַחֲרֵי־כֵ֖ן אֵצֵ֑א וַיֵּצֵ֥א
ט מֵעִם־פַּרְעֹ֖ה בָּחֳרִי־אָֽף׃ וַיֹּ֤אמֶר יְהוָה֙ אֶל־
מֹשֶׁ֔ה לֹא־יִשְׁמַ֥ע אֲלֵיכֶ֖ם פַּרְעֹ֑ה לְמַ֛עַן רְב֥וֹת מוֹפְתַ֖י בְּאֶ֥רֶץ
י מִצְרָֽיִם׃ וּמֹשֶׁ֣ה וְאַהֲרֹ֗ן עָשׂ֛וּ אֶת־כָּל־הַמֹּפְתִ֥ים הָאֵ֖לֶּה לִפְנֵ֣י
פַרְעֹ֑ה וַיְחַזֵּ֤ק יְהוָה֙ אֶת־לֵ֣ב פַּרְעֹ֔ה וְלֹֽא־שִׁלַּ֥ח אֶת־בְּנֵֽי־יִשְׂרָאֵ֖ל
יב א מֵאַרְצֽוֹ׃ וַיֹּ֤אמֶר יְהוָה֙ אֶל־מֹשֶׁ֣ה וְאֶֽל־אַהֲרֹ֔ן
ב בְּאֶ֥רֶץ מִצְרַ֖יִם לֵאמֹֽר׃ הַחֹ֧דֶשׁ הַזֶּ֛ה לָכֶ֖ם רֹ֣אשׁ חֳדָשִׁ֑ים רִאשׁ֥וֹן
ג ה֙וּא לָכֶ֔ם לְחָדְשֵׁ֖י הַשָּׁנָֽה׃ דַּבְּר֗וּ אֶֽל־כָּל־עֲדַ֤ת יִשְׂרָאֵל֙ לֵאמֹ֔ר
בֶּעָשֹׂ֖ר לַחֹ֣דֶשׁ הַזֶּ֑ה וְיִקְח֣וּ לָהֶ֗ם אִ֛ישׁ שֶׂ֥ה לְבֵית־אָבֹ֖ת שֶׂ֥ה
ד לַבָּֽיִת׃ וְאִם־יִמְעַ֣ט הַבַּיִת֮ מִהְי֣וֹת מִשֶּׂה֒ וְלָקַ֣ח ה֗וּא וּשְׁכֵנ֛וֹ
הַקָּרֹ֥ב אֶל־בֵּית֖וֹ בְּמִכְסַ֣ת נְפָשֹׁ֑ת אִ֚ישׁ לְפִ֣י אָכְל֔וֹ תָּכֹ֖סּוּ עַל־
ה הַשֶּֽׂה׃ שֶׂ֥ה תָמִ֛ים זָכָ֥ר בֶּן־שָׁנָ֖ה יִהְיֶ֣ה לָכֶ֑ם מִן־הַכְּבָשִׂ֥ים וּמִן־
ו הָעִזִּ֖ים תִּקָּֽחוּ׃ וְהָיָ֤ה לָכֶם֙ לְמִשְׁמֶ֔רֶת עַ֣ד אַרְבָּעָ֥ה עָשָׂ֛ר י֖וֹם
לַחֹ֣דֶשׁ הַזֶּ֑ה וְשָׁחֲט֣וּ אֹת֗וֹ כֹּ֛ל קְהַ֥ל עֲדַֽת־יִשְׂרָאֵ֖ל בֵּ֥ין הָעַרְבָּֽיִם׃
ז וְלָֽקְחוּ֙ מִן־הַדָּ֔ם וְנָֽתְנ֛וּ עַל־שְׁתֵּ֥י הַמְּזוּזֹ֖ת וְעַל־הַמַּשְׁק֑וֹף עַ֚ל
ח הַבָּ֣תִּ֔ים אֲשֶׁר־יֹאכְל֥וּ אֹת֖וֹ בָּהֶֽם׃ וְאָכְל֥וּ אֶת־הַבָּשָׂ֖ר בַּלַּ֣יְלָה
ט הַזֶּ֑ה צְלִי־אֵ֣שׁ וּמַצּ֔וֹת עַל־מְרֹרִ֖ים יֹאכְלֻֽהוּ׃ אַל־תֹּאכְל֤וּ מִמֶּ֙נּוּ֙
נָ֔א וּבָשֵׁ֥ל מְבֻשָּׁ֖ל בַּמָּ֑יִם כִּ֣י אִם־צְלִי־אֵ֔שׁ רֹאשׁ֥וֹ עַל־כְּרָעָ֖יו
י וְעַל־קִרְבּֽוֹ׃ וְלֹֽא־תוֹתִ֥ירוּ מִמֶּ֖נּוּ עַד־בֹּ֑קֶר וְהַנֹּתָ֥ר מִמֶּ֛נּוּ עַד־

בֹּקֶר בָּאֵשׁ תִּשְׂרֹפוּ׃ וְכָכָה תֹּאכְלוּ אֹתוֹ מָתְנֵיכֶם חֲגֻרִים יא
נַעֲלֵיכֶם בְּרַגְלֵיכֶם וּמַקֶּלְכֶם בְּיֶדְכֶם וַאֲכַלְתֶּם אֹתוֹ בְּחִפָּזוֹן
פֶּסַח הוּא לַיהוָה׃ וְעָבַרְתִּי בְאֶרֶץ־מִצְרַיִם בַּלַּיְלָה הַזֶּה וְהִכֵּיתִי יב
כָל־בְּכוֹר בְּאֶרֶץ מִצְרַיִם מֵאָדָם וְעַד־בְּהֵמָה וּבְכָל־אֱלֹהֵי
מִצְרַיִם אֶעֱשֶׂה שְׁפָטִים אֲנִי יהוה׃ וְהָיָה הַדָּם לָכֶם לְאֹת עַל יג
הַבָּתִּים אֲשֶׁר אַתֶּם שָׁם וְרָאִיתִי אֶת־הַדָּם וּפָסַחְתִּי עֲלֵכֶם
וְלֹא־יִהְיֶה בָכֶם נֶגֶף לְמַשְׁחִית בְּהַכֹּתִי בְּאֶרֶץ מִצְרָיִם׃ וְהָיָה יד
הַיּוֹם הַזֶּה לָכֶם לְזִכָּרוֹן וְחַגֹּתֶם אֹתוֹ חַג לַיהוָה לְדֹרֹתֵיכֶם
חֻקַּת עוֹלָם תְּחָגֻּהוּ׃ שִׁבְעַת יָמִים מַצּוֹת תֹּאכֵלוּ אַךְ בַּיּוֹם טו
הָרִאשׁוֹן תַּשְׁבִּיתוּ שְּׂאֹר מִבָּתֵּיכֶם כִּי ׀ כָּל־אֹכֵל חָמֵץ וְנִכְרְתָה
הַנֶּפֶשׁ הַהִוא מִיִּשְׂרָאֵל מִיּוֹם הָרִאשֹׁן עַד־יוֹם הַשְּׁבִעִי׃ וּבַיּוֹם טז
הָרִאשׁוֹן מִקְרָא־קֹדֶשׁ וּבַיּוֹם הַשְּׁבִיעִי מִקְרָא־קֹדֶשׁ יִהְיֶה לָכֶם
כָּל־מְלָאכָה לֹא־יֵעָשֶׂה בָהֶם אַךְ אֲשֶׁר יֵאָכֵל לְכָל־נֶפֶשׁ הוּא
לְבַדּוֹ יֵעָשֶׂה לָכֶם׃ וּשְׁמַרְתֶּם אֶת־הַמַּצּוֹת כִּי בְּעֶצֶם הַיּוֹם יז
הַזֶּה הוֹצֵאתִי אֶת־צִבְאוֹתֵיכֶם מֵאֶרֶץ מִצְרָיִם וּשְׁמַרְתֶּם אֶת־
הַיּוֹם הַזֶּה לְדֹרֹתֵיכֶם חֻקַּת עוֹלָם׃ בָּרִאשֹׁן בְּאַרְבָּעָה עָשָׂר יח
יוֹם לַחֹדֶשׁ בָּעֶרֶב תֹּאכְלוּ מַצֹּת עַד יוֹם הָאֶחָד וְעֶשְׂרִים
לַחֹדֶשׁ בָּעָרֶב׃ שִׁבְעַת יָמִים שְׂאֹר לֹא יִמָּצֵא בְּבָתֵּיכֶם כִּי ׀ כָּל־ יט
אֹכֵל מַחְמֶצֶת וְנִכְרְתָה הַנֶּפֶשׁ הַהִוא מֵעֲדַת יִשְׂרָאֵל בַּגֵּר
וּבְאֶזְרַח הָאָרֶץ׃ כָּל־מַחְמֶצֶת לֹא תֹאכֵלוּ בְּכֹל מוֹשְׁבֹתֵיכֶם כ
תֹּאכְלוּ מַצּוֹת׃

חמישי וַיִּקְרָא מֹשֶׁה לְכָל־זִקְנֵי יִשְׂרָאֵל וַיֹּאמֶר אֲלֵהֶם מִשְׁכוּ וּקְחוּ כא
לָכֶם צֹאן לְמִשְׁפְּחֹתֵיכֶם וְשַׁחֲטוּ הַפָּסַח׃ וּלְקַחְתֶּם אֲגֻדַּת אֵזוֹב כב
וּטְבַלְתֶּם בַּדָּם אֲשֶׁר־בַּסַּף וְהִגַּעְתֶּם אֶל־הַמַּשְׁקוֹף וְאֶל־שְׁתֵּי
הַמְּזוּזֹת מִן־הַדָּם אֲשֶׁר בַּסָּף וְאַתֶּם לֹא תֵצְאוּ אִישׁ מִפֶּתַח־
בֵּיתוֹ עַד־בֹּקֶר׃ וְעָבַר יהוה לִנְגֹּף אֶת־מִצְרַיִם וְרָאָה אֶת־ כג
הַדָּם עַל־הַמַּשְׁקוֹף וְעַל שְׁתֵּי הַמְּזוּזֹת וּפָסַח יהוה עַל־הַפֶּתַח

כד ולא יתן המשחית לבא אל־בתיכם לנגף: ושמרתם את־
כה הדבר הזה לחק־לך ולבניך עד־עולם: והיה כי־תבאו אל־
הארץ אשר יתן יהוה לכם כאשר דבר ושמרתם את־
כו העבדה הזאת: והיה כי־יאמרו אליכם בניכם מה העבדה
כז הזאת לכם: ואמרתם זבח־פסח הוא ליהוה אשר פסח על־
בתי בני־ישראל במצרים בנגפו את־מצרים ואת־בתינו הציל
כח ויקד העם וישתחוו: וילכו ויעשו בני ישראל כאשר צוה יהוה
כט את־משה ואהרן כן עשו: ויהי ׀ בחצי הלילה ט ששי
ויהוה הכה כל־בכור בארץ מצרים מבכר פרעה הישב על־
כסאו עד בכור השבי אשר בבית הבור וכל בכור בהמה:
ל ויקם פרעה לילה הוא וכל־עבדיו וכל־מצרים ותהי צעקה
לא גדלה במצרים כי־אין בית אשר אין־שם מת: ויקרא למשה
ולאהרן לילה ויאמר קומו צאו מתוך עמי גם־אתם גם־
לב בני ישראל ולכו עבדו את־יהוה כדברכם: גם־צאנכם גם־
לג בקרכם קחו כאשר דברתם ולכו וברכתם גם־אתי: ותחזק
מצרים על־העם למהר לשלחם מן־הארץ כי אמרו כלנו
לד מתים: וישא העם את־בצקו טרם יחמץ משארתם צררת
לה בשמלתם על־שכמם: ובני־ישראל עשו כדבר משה וישאלו
לו ממצרים כלי־כסף וכלי זהב ושמלת: ויהוה נתן את־חן העם
בעיני מצרים וישאלום וינצלו את־מצרים:
לז ויסעו בני־ישראל מרעמסס סכתה כשש־מאות אלף רגלי
לח הגברים לבד מטף: וגם־ערב רב עלה אתם וצאן ובקר
לט מקנה כבד מאד: ויאפו את־הבצק אשר הוציאו ממצרים
עגת מצות כי לא חמץ כי־גרשו ממצרים ולא יכלו להתמהמה
מ וגם־צדה לא־עשו להם: ומושב בני ישראל אשר ישבו
מא במצרים שלשים שנה וארבע מאות שנה: ויהי מקץ שלשים
שנה וארבע מאות שנה ויהי בעצם היום הזה יצאו כל־

צְבָאוֹת יְהוָה מֵאֶרֶץ מִצְרָיִם׃ לֵיל שִׁמֻּרִים הוּא לַיהוָה מב
לְהוֹצִיאָם מֵאֶרֶץ מִצְרָיִם הוּא־הַלַּיְלָה הַזֶּה לַיהוָה שִׁמֻּרִים
לְכָל־בְּנֵי יִשְׂרָאֵל לְדֹרֹתָם׃
וַיֹּאמֶר יְהוָה אֶל־מֹשֶׁה וְאַהֲרֹן זֹאת חֻקַּת הַפָּסַח כָּל־בֶּן־נֵכָר מג
לֹא־יֹאכַל בּוֹ׃ וְכָל־עֶבֶד אִישׁ מִקְנַת־כָּסֶף וּמַלְתָּה אֹתוֹ אָז מד
יֹאכַל בּוֹ׃ תּוֹשָׁב וְשָׂכִיר לֹא־יֹאכַל בּוֹ׃ בְּבַיִת אֶחָד יֵאָכֵל לֹא־ מה מו
תוֹצִיא מִן־הַבַּיִת מִן־הַבָּשָׂר חוּצָה וְעֶצֶם לֹא תִשְׁבְּרוּ־בוֹ׃
כָּל־עֲדַת יִשְׂרָאֵל יַעֲשׂוּ אֹתוֹ׃ וְכִי־יָגוּר אִתְּךָ גֵּר וְעָשָׂה פֶסַח מז מח
לַיהוָה הִמּוֹל לוֹ כָל־זָכָר וְאָז יִקְרַב לַעֲשֹׂתוֹ וְהָיָה כְּאֶזְרַח הָאָרֶץ
וְכָל־עָרֵל לֹא־יֹאכַל בּוֹ׃ תּוֹרָה אַחַת יִהְיֶה לָאֶזְרָח וְלַגֵּר הַגָּר מט
בְּתוֹכְכֶם׃ וַיַּעֲשׂוּ כָּל־בְּנֵי יִשְׂרָאֵל כַּאֲשֶׁר צִוָּה יְהוָה אֶת־מֹשֶׁה נ
וְאֶת־אַהֲרֹן כֵּן עָשׂוּ׃ וַיְהִי בְּעֶצֶם הַיּוֹם הַזֶּה הוֹצִיא נא
יְהוָה אֶת־בְּנֵי יִשְׂרָאֵל מֵאֶרֶץ מִצְרַיִם עַל־צִבְאֹתָם׃
שביעי וַיְדַבֵּר יְהוָה אֶל־מֹשֶׁה לֵּאמֹר׃ קַדֶּשׁ־לִי כָל־בְּכוֹר פֶּטֶר כָּל־רֶחֶם א ב יג
י בִּבְנֵי יִשְׂרָאֵל בָּאָדָם וּבַבְּהֵמָה לִי הוּא׃ וַיֹּאמֶר מֹשֶׁה אֶל־הָעָם ג
זָכוֹר אֶת־הַיּוֹם הַזֶּה אֲשֶׁר יְצָאתֶם מִמִּצְרַיִם מִבֵּית עֲבָדִים כִּי
בְּחֹזֶק יָד הוֹצִיא יְהוָה אֶתְכֶם מִזֶּה וְלֹא יֵאָכֵל חָמֵץ׃ הַיּוֹם ד
אַתֶּם יֹצְאִים בְּחֹדֶשׁ הָאָבִיב׃ וְהָיָה כִי־יְבִיאֲךָ יְהוָה אֶל־אֶרֶץ ה
הַכְּנַעֲנִי וְהַחִתִּי וְהָאֱמֹרִי וְהַחִוִּי וְהַיְבוּסִי אֲשֶׁר נִשְׁבַּע לַאֲבֹתֶיךָ
לָתֶת לָךְ אֶרֶץ זָבַת חָלָב וּדְבָשׁ וְעָבַדְתָּ אֶת־הָעֲבֹדָה הַזֹּאת
בַּחֹדֶשׁ הַזֶּה׃ שִׁבְעַת יָמִים תֹּאכַל מַצֹּת וּבַיּוֹם הַשְּׁבִיעִי חַג ו
לַיהוָה׃ מַצּוֹת יֵאָכֵל אֵת שִׁבְעַת הַיָּמִים וְלֹא־יֵרָאֶה לְךָ חָמֵץ ז
וְלֹא־יֵרָאֶה לְךָ שְׂאֹר בְּכָל־גְּבֻלֶךָ׃ וְהִגַּדְתָּ לְבִנְךָ בַּיּוֹם הַהוּא ח
לֵאמֹר בַּעֲבוּר זֶה עָשָׂה יְהוָה לִי בְּצֵאתִי מִמִּצְרָיִם׃ וְהָיָה לְךָ ט
לְאוֹת עַל־יָדְךָ וּלְזִכָּרוֹן בֵּין עֵינֶיךָ לְמַעַן תִּהְיֶה תּוֹרַת יְהוָה
בְּפִיךָ כִּי בְּיָד חֲזָקָה הוֹצִאֲךָ יְהוָה מִמִּצְרָיִם׃ וְשָׁמַרְתָּ אֶת־ י
הַחֻקָּה הַזֹּאת לְמוֹעֲדָהּ מִיָּמִים יָמִימָה׃

יא וְהָיָ֞ה כִּֽי־יְבִֽאֲךָ֤ יהוה֙ אֶל־אֶ֣רֶץ הַֽכְּנַעֲנִ֔י כַּאֲשֶׁ֛ר נִשְׁבַּ֥ע לְךָ֖
יב וְלַאֲבֹתֶ֑יךָ וּנְתָנָ֖הּ לָֽךְ׃ וְהַֽעֲבַרְתָּ֥ כׇל־פֶּֽטֶר־רֶ֖חֶם לַיהוה וְכׇל־
יג פֶּ֣טֶר ׀ שֶׁ֣גֶר בְּהֵמָ֗ה אֲשֶׁ֨ר יִהְיֶ֥ה לְךָ֛ הַזְּכָרִ֖ים לַיהוה׃ וְכׇל־פֶּ֤טֶר
חֲמֹר֙ תִּפְדֶּ֣ה בְשֶׂ֔ה וְאִם־לֹ֥א תִפְדֶּ֖ה וַעֲרַפְתּ֑וֹ וְכֹ֨ל בְּכ֥וֹר אָדָ֛ם
יד בְּבָנֶ֖יךָ תִּפְדֶּֽה׃ וְהָיָ֞ה כִּֽי־יִשְׁאָלְךָ֥ בִנְךָ֛ מָחָ֖ר לֵאמֹ֣ר מַה־זֹּ֑את מפטיר
וְאָמַרְתָּ֣ אֵלָ֔יו בְּחֹ֣זֶק יָ֔ד הוֹצִיאָ֧נוּ יהוה מִמִּצְרַ֖יִם מִבֵּ֥ית עֲבָדִֽים׃
טו וַיְהִ֗י כִּֽי־הִקְשָׁ֣ה פַרְעֹה֮ לְשַׁלְּחֵנוּ֒ וַיַּהֲרֹ֨ג יהוה כׇּל־בְּכוֹר֙ בְּאֶ֣רֶץ
מִצְרַ֔יִם מִבְּכֹ֥ר אָדָ֖ם וְעַד־בְּכ֣וֹר בְּהֵמָ֑ה עַל־כֵּן֩ אֲנִ֨י זֹבֵ֜חַ לַֽיהוה
טז כׇּל־פֶּ֤טֶר רֶ֙חֶם֙ הַזְּכָרִ֔ים וְכׇל־בְּכ֥וֹר בָּנַ֖י אֶפְדֶּֽה׃ וְהָיָ֤ה לְאוֹת֙
עַל־יָ֣דְכָ֔ה וּלְטוֹטָפֹ֖ת בֵּ֣ין עֵינֶ֑יךָ כִּ֚י בְּחֹ֣זֶק יָ֔ד הוֹצִיאָ֥נוּ יהוה
יז מִמִּצְרָֽיִם׃ וַיְהִ֗י בְּשַׁלַּ֣ח פַּרְעֹה֮ אֶת־הָעָם֒ וְלֹא־ בשלח
נָחָ֣ם אֱלֹהִ֗ים דֶּ֚רֶךְ אֶ֣רֶץ פְּלִשְׁתִּ֔ים כִּ֥י קָר֖וֹב ה֑וּא כִּ֣י ׀ אָמַ֣ר
יח אֱלֹהִ֗ים פֶּֽן־יִנָּחֵ֥ם הָעָ֛ם בִּרְאֹתָ֥ם מִלְחָמָ֖ה וְשָׁ֥בוּ מִצְרָֽיְמָה׃ וַיַּסֵּ֨ב
אֱלֹהִ֧ים ׀ אֶת־הָעָ֛ם דֶּ֥רֶךְ הַמִּדְבָּ֖ר יַם־ס֑וּף וַחֲמֻשִׁ֛ים עָל֥וּ בְנֵֽי־
יט יִשְׂרָאֵ֖ל מֵאֶ֥רֶץ מִצְרָֽיִם׃ וַיִּקַּ֥ח מֹשֶׁ֛ה אֶת־עַצְמ֥וֹת יוֹסֵ֖ף עִמּ֑וֹ
כִּי֩ הַשְׁבֵּ֨עַ הִשְׁבִּ֜יעַ אֶת־בְּנֵ֤י יִשְׂרָאֵל֙ לֵאמֹ֔ר פָּקֹ֨ד יִפְקֹ֤ד אֱלֹהִים֙
כ אֶתְכֶ֔ם וְהַעֲלִיתֶ֧ם אֶת־עַצְמֹתַ֛י מִזֶּ֖ה אִתְּכֶֽם׃ וַיִּסְע֖וּ מִסֻּכֹּ֑ת
כא וַיַּחֲנ֣וּ בְאֵתָ֔ם בִּקְצֵ֖ה הַמִּדְבָּֽר׃ וַֽיהוה הֹלֵ֨ךְ לִפְנֵיהֶ֜ם יוֹמָ֗ם
בְּעַמּ֤וּד עָנָן֙ לַנְחֹתָ֣ם הַדֶּ֔רֶךְ וְלַ֛יְלָה בְּעַמּ֥וּד אֵ֖שׁ לְהָאִ֣יר לָהֶ֑ם
כב לָלֶ֖כֶת יוֹמָ֥ם וָלָֽיְלָה׃ לֹֽא־יָמִ֞ישׁ עַמּ֤וּד הֶֽעָנָן֙ יוֹמָ֔ם וְעַמּ֥וּד הָאֵ֖שׁ
לָ֑יְלָה לִפְנֵ֖י הָעָֽם׃

יד א ב וַיְדַבֵּ֥ר יהוה אֶל־מֹשֶׁ֥ה לֵּאמֹֽר׃ דַּבֵּר֮ אֶל־בְּנֵ֣י יִשְׂרָאֵל֒ וְיָשֻׁ֗בוּ וְיַחֲנוּ֙
לִפְנֵי֙ פִּ֣י הַחִירֹ֔ת בֵּ֥ין מִגְדֹּ֖ל וּבֵ֣ין הַיָּ֑ם לִפְנֵי֙ בַּ֣עַל צְפֹ֔ן נִכְח֥וֹ תַחֲנ֖וּ
ג עַל־הַיָּֽם׃ וְאָמַ֤ר פַּרְעֹה֙ לִבְנֵ֣י יִשְׂרָאֵ֔ל נְבֻכִ֥ים הֵ֖ם בָּאָ֑רֶץ סָגַ֥ר
ד עֲלֵיהֶ֖ם הַמִּדְבָּֽר׃ וְחִזַּקְתִּ֣י אֶת־לֵב־פַּרְעֹה֮ וְרָדַ֣ף אַחֲרֵיהֶם֒ וְאִכָּבְדָ֤ה
בְּפַרְעֹה֙ וּבְכׇל־חֵיל֔וֹ וְיָדְע֥וּ מִצְרַ֖יִם כִּֽי־אֲנִ֣י יהוה וַיַּעֲשׂוּ־כֵֽן׃
ה וַיֻּגַּד֙ לְמֶ֣לֶךְ מִצְרַ֔יִם כִּ֥י בָרַ֖ח הָעָ֑ם וַיֵּהָפֵ֞ךְ לְבַ֤ב פַּרְעֹה֙ וַעֲבָדָ֔יו

אֶל־הָעָם וַיֹּאמְרוּ מַה־זֹּאת עָשִׂינוּ כִּֽי־שִׁלַּחְנוּ אֶת־יִשְׂרָאֵל
מֵעָבְדֵנוּ׃ וַיֶּאְסֹר אֶת־רִכְבּוֹ וְאֶת־עַמּוֹ לָקַח עִמּוֹ׃ וַיִּקַּח שֵׁשׁ־ ו ז
מֵאוֹת רֶכֶב בָּחוּר וְכֹל רֶכֶב מִצְרָיִם וְשָׁלִשִׁם עַל־כֻּלּוֹ׃ וַיְחַזֵּק ח
יְהוָה אֶת־לֵב פַּרְעֹה מֶלֶךְ מִצְרַיִם וַיִּרְדֹּף אַחֲרֵי בְּנֵי יִשְׂרָאֵל
שני וּבְנֵי יִשְׂרָאֵל יֹצְאִים בְּיָד רָמָה׃ וַיִּרְדְּפוּ מִצְרַיִם אַחֲרֵיהֶם וַיַּשִּׂיגוּ ט
אוֹתָם חֹנִים עַל־הַיָּם כָּל־סוּס רֶכֶב פַּרְעֹה וּפָרָשָׁיו וְחֵילוֹ עַל־
פִּי הַחִירֹת לִפְנֵי בַּעַל צְפֹן׃ וּפַרְעֹה הִקְרִיב וַיִּשְׂאוּ בְנֵי־יִשְׂרָאֵל י
אֶת־עֵינֵיהֶם וְהִנֵּה מִצְרַיִם ׀ נֹסֵעַ אַחֲרֵיהֶם וַיִּירְאוּ מְאֹד וַיִּצְעֲקוּ
בְנֵי־יִשְׂרָאֵל אֶל־יְהוָה׃ וַיֹּאמְרוּ אֶל־מֹשֶׁה הֲמִבְּלִי אֵין־קְבָרִים יא
בְּמִצְרַיִם לְקַחְתָּנוּ לָמוּת בַּמִּדְבָּר מַה־זֹּאת עָשִׂיתָ לָּנוּ לְהוֹצִיאָנוּ
מִמִּצְרָיִם׃ הֲלֹא־זֶה הַדָּבָר אֲשֶׁר דִּבַּרְנוּ אֵלֶיךָ בְמִצְרַיִם לֵאמֹר יב
חֲדַל מִמֶּנּוּ וְנַעַבְדָה אֶת־מִצְרָיִם כִּי טוֹב לָנוּ עֲבֹד אֶת־מִצְרַיִם
מִמֻּתֵנוּ בַּמִּדְבָּר׃ וַיֹּאמֶר מֹשֶׁה אֶל־הָעָם אַל־תִּירָאוּ הִתְיַצְּבוּ יג
וּרְאוּ אֶת־יְשׁוּעַת יְהוָה אֲשֶׁר־יַעֲשֶׂה לָכֶם הַיּוֹם כִּי אֲשֶׁר
רְאִיתֶם אֶת־מִצְרַיִם הַיּוֹם לֹא תֹסִפוּ לִרְאֹתָם עוֹד עַד־עוֹלָם׃
יְהוָה יִלָּחֵם לָכֶם וְאַתֶּם תַּחֲרִשׁוּן׃ יד
שלישי יא וַיֹּאמֶר יְהוָה אֶל־מֹשֶׁה מַה־תִּצְעַק אֵלָי דַּבֵּר אֶל־בְּנֵי־יִשְׂרָאֵל טו
וְיִסָּעוּ׃ וְאַתָּה הָרֵם אֶת־מַטְּךָ וּנְטֵה אֶת־יָדְךָ עַל־הַיָּם וּבְקָעֵהוּ טז
וְיָבֹאוּ בְנֵי־יִשְׂרָאֵל בְּתוֹךְ הַיָּם בַּיַּבָּשָׁה׃ וַאֲנִי הִנְנִי מְחַזֵּק אֶת־ יז
לֵב מִצְרַיִם וְיָבֹאוּ אַחֲרֵיהֶם וְאִכָּבְדָה בְּפַרְעֹה וּבְכָל־חֵילוֹ
בְּרִכְבּוֹ וּבְפָרָשָׁיו׃ וְיָדְעוּ מִצְרַיִם כִּי־אֲנִי יְהוָה בְּהִכָּבְדִי בְּפַרְעֹה יח
בְּרִכְבּוֹ וּבְפָרָשָׁיו׃ וַיִּסַּע מַלְאַךְ הָאֱלֹהִים הַהֹלֵךְ לִפְנֵי מַחֲנֵה יט
יִשְׂרָאֵל וַיֵּלֶךְ מֵאַחֲרֵיהֶם וַיִּסַּע עַמּוּד הֶעָנָן מִפְּנֵיהֶם וַיַּעֲמֹד
מֵאַחֲרֵיהֶם׃ וַיָּבֹא בֵּין ׀ מַחֲנֵה מִצְרַיִם וּבֵין מַחֲנֵה יִשְׂרָאֵל כ
וַיְהִי הֶעָנָן וְהַחֹשֶׁךְ וַיָּאֶר אֶת־הַלָּיְלָה וְלֹא־קָרַב זֶה אֶל־זֶה
כָּל־הַלָּיְלָה׃ וַיֵּט מֹשֶׁה אֶת־יָדוֹ עַל־הַיָּם וַיּוֹלֶךְ יְהוָה ׀ אֶת־ כא
הַיָּם בְּרוּחַ קָדִים עַזָּה כָּל־הַלַּיְלָה וַיָּשֶׂם אֶת־הַיָּם לֶחָרָבָה

כב וַיִּבָּקְעוּ הַמָּיִם׃ וַיָּבֹאוּ בְנֵי־יִשְׂרָאֵל בְּתוֹךְ הַיָּם בַּיַּבָּשָׁה וְהַמַּיִם
כג לָהֶם חוֹמָה מִימִינָם וּמִשְּׂמֹאלָם׃ וַיִּרְדְּפוּ מִצְרַיִם וַיָּבֹאוּ אַחֲרֵיהֶם
כד כֹּל סוּס פַּרְעֹה רִכְבּוֹ וּפָרָשָׁיו אֶל־תּוֹךְ הַיָּם׃ וַיְהִי בְּאַשְׁמֹרֶת
הַבֹּקֶר וַיַּשְׁקֵף יְהוָה אֶל־מַחֲנֵה מִצְרַיִם בְּעַמּוּד אֵשׁ וְעָנָן
כה וַיָּהָם אֵת מַחֲנֵה מִצְרָיִם׃ וַיָּסַר אֵת אֹפַן מַרְכְּבֹתָיו וַיְנַהֲגֵהוּ
בִּכְבֵדֻת וַיֹּאמֶר מִצְרַיִם אָנוּסָה מִפְּנֵי יִשְׂרָאֵל כִּי יְהוָה נִלְחָם
לָהֶם בְּמִצְרָיִם׃
כו וַיֹּאמֶר יְהוָה אֶל־מֹשֶׁה נְטֵה אֶת־יָדְךָ עַל־הַיָּם וְיָשֻׁבוּ הַמַּיִם רביעי
כז עַל־מִצְרַיִם עַל־רִכְבּוֹ וְעַל־פָּרָשָׁיו׃ וַיֵּט מֹשֶׁה אֶת־יָדוֹ עַל־הַיָּם
וַיָּשָׁב הַיָּם לִפְנוֹת בֹּקֶר לְאֵיתָנוֹ וּמִצְרַיִם נָסִים לִקְרָאתוֹ וַיְנַעֵר
כח יְהוָה אֶת־מִצְרַיִם בְּתוֹךְ הַיָּם׃ וַיָּשֻׁבוּ הַמַּיִם וַיְכַסּוּ אֶת־הָרֶכֶב
וְאֶת־הַפָּרָשִׁים לְכֹל חֵיל פַּרְעֹה הַבָּאִים אַחֲרֵיהֶם בַּיָּם לֹא־
כט נִשְׁאַר בָּהֶם עַד־אֶחָד׃ וּבְנֵי יִשְׂרָאֵל הָלְכוּ בַיַּבָּשָׁה בְּתוֹךְ הַיָּם
ל וְהַמַּיִם לָהֶם חֹמָה מִימִינָם וּמִשְּׂמֹאלָם׃ וַיּוֹשַׁע יְהוָה בַּיּוֹם הַהוּא
אֶת־יִשְׂרָאֵל מִיַּד מִצְרָיִם וַיַּרְא יִשְׂרָאֵל אֶת־מִצְרַיִם מֵת עַל־
לא שְׂפַת הַיָּם׃ וַיַּרְא יִשְׂרָאֵל אֶת־הַיָּד הַגְּדֹלָה אֲשֶׁר עָשָׂה יְהוָה
בְּמִצְרַיִם וַיִּירְאוּ הָעָם אֶת־יְהוָה וַיַּאֲמִינוּ בַּיהוָה וּבְמֹשֶׁה עַבְדּוֹ׃

טו א אָז יָשִׁיר־מֹשֶׁה וּבְנֵי יִשְׂרָאֵל אֶת־הַשִּׁירָה הַזֹּאת לַיהוָה וַיֹּאמְרוּ
לֵאמֹר אָשִׁירָה לַיהוָה כִּי־גָאֹה גָּאָה סוּס
ב וְרֹכְבוֹ רָמָה בַיָּם׃ עָזִּי וְזִמְרָת יָהּ וַיְהִי־לִי
לִישׁוּעָה זֶה אֵלִי וְאַנְוֵהוּ אֱלֹהֵי
ג אָבִי וַאֲרֹמְמֶנְהוּ׃ יְהוָה אִישׁ מִלְחָמָה יְהוָה
ד שְׁמוֹ׃ מַרְכְּבֹת פַּרְעֹה וְחֵילוֹ יָרָה בַיָּם וּמִבְחַר
ה שָׁלִשָׁיו טֻבְּעוּ בְיַם־סוּף׃ תְּהֹמֹת יְכַסְיֻמוּ יָרְדוּ בִמְצוֹלֹת כְּמוֹ־
ו אָבֶן׃ יְמִינְךָ יְהוָה נֶאְדָּרִי בַּכֹּחַ יְמִינְךָ
ז יְהוָה תִּרְעַץ אוֹיֵב׃ וּבְרֹב גְּאוֹנְךָ תַּהֲרֹס

קָמֶיךָ תְּשַׁלַּח חֲרֹנְךָ יֹאכְלֵמוֹ כַּקַּשׁ׃ וּבְרוּחַ ח
אַפֶּיךָ נֶעֶרְמוּ מַיִם נִצְּבוּ כְמוֹ־נֵד
נֹזְלִים קָפְאוּ תְהֹמֹת בְּלֶב־יָם׃ אָמַר ט
אוֹיֵב אֶרְדֹּף אַשִּׂיג אֲחַלֵּק שָׁלָל תִּמְלָאֵמוֹ
נַפְשִׁי אָרִיק חַרְבִּי תּוֹרִישֵׁמוֹ יָדִי׃ נָשַׁפְתָּ י
בְרוּחֲךָ כִּסָּמוֹ יָם צָלֲלוּ כַּעוֹפֶרֶת בְּמַיִם
אַדִּירִים׃ מִי־כָמֹכָה בָּאֵלִם יהוה מִי יא
כָּמֹכָה נֶאְדָּר בַּקֹּדֶשׁ נוֹרָא תְהִלֹּת עֹשֵׂה
פֶלֶא׃ נָטִיתָ יְמִינְךָ תִּבְלָעֵמוֹ אָרֶץ׃ נָחִיתָ יב יג
בְחַסְדְּךָ עַם־זוּ גָּאָלְתָּ נֵהַלְתָּ בְעָזְּךָ אֶל־נְוֵה
קָדְשֶׁךָ׃ שָׁמְעוּ עַמִּים יִרְגָּזוּן חִיל יד
אָחַז יֹשְׁבֵי פְּלָשֶׁת׃ אָז נִבְהֲלוּ אַלּוּפֵי טו
אֱדוֹם אֵילֵי מוֹאָב יֹאחֲזֵמוֹ רָעַד נָמֹגוּ
כֹּל יֹשְׁבֵי כְנָעַן׃ תִּפֹּל עֲלֵיהֶם אֵימָתָה טז
וָפַחַד בִּגְדֹל זְרוֹעֲךָ יִדְּמוּ כָּאָבֶן עַד־
יַעֲבֹר עַמְּךָ יהוה עַד־יַעֲבֹר עַם־זוּ
קָנִיתָ׃ תְּבִאֵמוֹ וְתִטָּעֵמוֹ בְּהַר נַחֲלָתְךָ מָכוֹן יז
לְשִׁבְתְּךָ פָּעַלְתָּ יהוה מִקְּדָשׁ אֲדֹנָי כּוֹנְנוּ
יָדֶיךָ׃ יהוה ׀ יִמְלֹךְ לְעֹלָם וָעֶד׃ כִּי יח יט
בָא סוּס פַּרְעֹה בְּרִכְבּוֹ וּבְפָרָשָׁיו בַּיָּם וַיָּשֶׁב יהוה עֲלֵהֶם אֶת־מֵי
הַיָּם וּבְנֵי יִשְׂרָאֵל הָלְכוּ בַיַּבָּשָׁה בְּתוֹךְ הַיָּם׃

וַתִּקַּח מִרְיָם הַנְּבִיאָה אֲחוֹת אַהֲרֹן אֶת־הַתֹּף בְּיָדָהּ וַתֵּצֶאןָ כ
כָל־הַנָּשִׁים אַחֲרֶיהָ בְּתֻפִּים וּבִמְחֹלֹת׃ וַתַּעַן לָהֶם מִרְיָם שִׁירוּ כא
לַיהוה כִּי־גָאֹה גָּאָה סוּס וְרֹכְבוֹ רָמָה בַיָּם׃ וַיַּסַּע כב
מֹשֶׁה אֶת־יִשְׂרָאֵל מִיַּם־סוּף וַיֵּצְאוּ אֶל־מִדְבַּר־שׁוּר וַיֵּלְכוּ שְׁלֹשֶׁת־
יָמִים בַּמִּדְבָּר וְלֹא־מָצְאוּ מָיִם׃ וַיָּבֹאוּ מָרָתָה וְלֹא יָכְלוּ לִשְׁתֹּת כג

כד מַ֙יִם֙ מִמָּרָ֔ה כִּ֥י מָרִ֖ים הֵ֑ם עַל־כֵּ֥ן קָרָֽא־שְׁמָ֖הּ מָרָֽה׃ וַיִּלֹּ֧נוּ
כה הָעָ֛ם עַל־מֹשֶׁ֥ה לֵּאמֹ֖ר מַה־נִּשְׁתֶּֽה׃ וַיִּצְעַ֣ק אֶל־יְהוָ֗ה וַיּוֹרֵ֤הוּ
יְהוָה֙ עֵ֔ץ וַיַּשְׁלֵךְ֙ אֶל־הַמַּ֔יִם וַֽיִּמְתְּק֖וּ הַמָּ֑יִם שָׁ֣ם שָׂ֥ם ל֛וֹ חֹ֥ק
כו וּמִשְׁפָּ֖ט וְשָׁ֥ם נִסָּֽהוּ׃ וַיֹּאמֶר֩ אִם־שָׁמ֨וֹעַ תִּשְׁמַ֜ע לְק֣וֹל ׀ יְהוָ֣ה
אֱלֹהֶ֗יךָ וְהַיָּשָׁ֤ר בְּעֵינָיו֙ תַּעֲשֶׂ֔ה וְהַֽאֲזַנְתָּ֙ לְמִצְוֺתָ֔יו וְשָׁמַרְתָּ֖ כָּל־
חֻקָּ֑יו כָּֽל־הַמַּחֲלָ֞ה אֲשֶׁר־שַׂ֤מְתִּי בְמִצְרַ֙יִם֙ לֹא־אָשִׂ֣ים עָלֶ֔יךָ כִּ֛י
כז אֲנִ֥י יְהוָ֖ה רֹפְאֶֽךָ׃ וַיָּבֹ֣אוּ אֵילִ֔מָה וְשָׁ֗ם שְׁתֵּ֥ים חמישי
עֶשְׂרֵ֛ה עֵינֹ֥ת מַ֖יִם וְשִׁבְעִ֣ים תְּמָרִ֑ים וַיַּחֲנוּ־שָׁ֖ם עַל־הַמָּֽיִם׃
טז א וַיִּסְעוּ֙ מֵֽאֵילִ֔ם וַיָּבֹ֜אוּ כָּל־עֲדַ֤ת בְּנֵֽי־יִשְׂרָאֵל֙ אֶל־מִדְבַּר־סִ֔ין
אֲשֶׁ֥ר בֵּין־אֵילִ֖ם וּבֵ֣ין סִינָ֑י בַּחֲמִשָּׁ֨ה עָשָׂ֥ר יוֹם֙ לַחֹ֣דֶשׁ הַשֵּׁנִ֔י
ב לְצֵאתָ֖ם מֵאֶ֥רֶץ מִצְרָֽיִם׃ וילינו כָּל־עֲדַ֛ת בְּנֵֽי־יִשְׂרָאֵ֖ל עַל־מֹשֶׁ֥ה וַיִּלּ֨וֹנוּ
ג וְעַֽל־אַהֲרֹ֖ן בַּמִּדְבָּֽר׃ וַיֹּאמְר֨וּ אֲלֵהֶ֜ם בְּנֵ֣י יִשְׂרָאֵ֗ל מִֽי־יִתֵּ֨ן מוּתֵ֤נוּ
בְיַד־יְהוָה֙ בְּאֶ֣רֶץ מִצְרַ֔יִם בְּשִׁבְתֵּ֙נוּ֙ עַל־סִ֣יר הַבָּשָׂ֔ר בְּאָכְלֵ֥נוּ
לֶ֖חֶם לָשֹׂ֑בַע כִּֽי־הוֹצֵאתֶ֤ם אֹתָ֙נוּ֙ אֶל־הַמִּדְבָּ֣ר הַזֶּ֔ה לְהָמִ֛ית
ד אֶת־כָּל־הַקָּהָ֥ל הַזֶּ֖ה בָּרָעָֽב׃ וַיֹּ֤אמֶר יְהוָה֙ אֶל־ יב
מֹשֶׁ֔ה הִנְנִ֨י מַמְטִ֥יר לָכֶ֛ם לֶ֖חֶם מִן־הַשָּׁמָ֑יִם וְיָצָ֨א הָעָ֤ם וְלָֽקְטוּ֙
ה דְּבַר־י֣וֹם בְּיוֹמ֔וֹ לְמַ֧עַן אֲנַסֶּ֛נּוּ הֲיֵלֵ֥ךְ בְּתוֹרָתִ֖י אִם־לֹֽא׃ וְהָיָה֙
בַּיּ֣וֹם הַשִּׁשִּׁ֔י וְהֵכִ֖ינוּ אֵ֣ת אֲשֶׁר־יָבִ֑יאוּ וְהָיָ֣ה מִשְׁנֶ֔ה עַ֥ל אֲשֶֽׁר־
ו יִלְקְט֖וּ י֥וֹם ׀ יֽוֹם׃ וַיֹּ֤אמֶר מֹשֶׁה֙ וְאַהֲרֹ֔ן אֶל־כָּל־בְּנֵ֖י יִשְׂרָאֵ֑ל
ז עֶ֕רֶב וִֽידַעְתֶּ֕ם כִּ֧י יְהוָ֛ה הוֹצִ֥יא אֶתְכֶ֖ם מֵאֶ֥רֶץ מִצְרָֽיִם׃ וּבֹ֗קֶר
וּרְאִיתֶם֙ אֶת־כְּב֣וֹד יְהוָ֔ה בְּשָׁמְע֥וֹ אֶת־תְּלֻנֹּתֵיכֶ֖ם עַל־יְהוָ֑ה
ח וְנַ֣חְנוּ מָ֔ה כִּ֥י תלונו עָלֵֽינוּ׃ וַיֹּ֣אמֶר מֹשֶׁ֗ה בְּתֵ֣ת יְהוָה֩ לָכֶ֨ם תַּלִּ֖ינוּ
בָּעֶ֜רֶב בָּשָׂ֣ר לֶֽאֱכֹ֗ל וְלֶ֤חֶם בַּבֹּ֙קֶר֙ לִשְׂבֹּ֔עַ בִּשְׁמֹ֤עַ יְהוָה֙ אֶת־
תְּלֻנֹּ֣תֵיכֶ֔ם אֲשֶׁר־אַתֶּ֥ם מַלִּינִ֖ם עָלָ֑יו וְנַ֣חְנוּ מָ֔ה לֹא־עָלֵ֥ינוּ
ט תְלֻנֹּתֵיכֶ֖ם כִּ֥י עַל־יְהוָֽה׃ וַיֹּ֤אמֶר מֹשֶׁה֙ אֶֽל־אַהֲרֹ֔ן אֱמֹ֗ר אֶֽל־
כָּל־עֲדַת֙ בְּנֵ֣י יִשְׂרָאֵ֔ל קִרְב֖וּ לִפְנֵ֣י יְהוָ֑ה כִּ֣י שָׁמַ֔ע אֵ֖ת תְּלֻנֹּתֵיכֶֽם׃
י וַיְהִ֗י כְּדַבֵּ֤ר אַהֲרֹן֙ אֶל־כָּל־עֲדַ֣ת בְּנֵֽי־יִשְׂרָאֵ֔ל וַיִּפְנ֖וּ אֶל־הַמִּדְבָּ֑ר

וְהִנֵּה כְּבוֹד יְהוָה נִרְאָה בֶּעָנָן׃
ששי וַיְדַבֵּר יְהוָה אֶל־מֹשֶׁה לֵּאמֹר׃ שָׁמַעְתִּי אֶת־תְּלוּנֹּת בְּנֵי יא יב
יִשְׂרָאֵל דַּבֵּר אֲלֵהֶם לֵאמֹר בֵּין הָעַרְבַּיִם תֹּאכְלוּ בָשָׂר וּבַבֹּקֶר
תִּשְׂבְּעוּ־לָחֶם וִידַעְתֶּם כִּי אֲנִי יְהוָה אֱלֹהֵיכֶם׃ וַיְהִי בָעֶרֶב יג
וַתַּעַל הַשְּׂלָו וַתְּכַס אֶת־הַמַּחֲנֶה וּבַבֹּקֶר הָיְתָה שִׁכְבַת הַטַּל
סָבִיב לַמַּחֲנֶה׃ וַתַּעַל שִׁכְבַת הַטָּל וְהִנֵּה עַל־פְּנֵי הַמִּדְבָּר דַּק יד
מְחֻסְפָּס דַּק כַּכְּפֹר עַל־הָאָרֶץ׃ וַיִּרְאוּ בְנֵי־יִשְׂרָאֵל וַיֹּאמְרוּ אִישׁ טו
אֶל־אָחִיו מָן הוּא כִּי לֹא יָדְעוּ מַה־הוּא וַיֹּאמֶר מֹשֶׁה אֲלֵהֶם
הוּא הַלֶּחֶם אֲשֶׁר נָתַן יְהוָה לָכֶם לְאָכְלָה׃ זֶה הַדָּבָר אֲשֶׁר טז
צִוָּה יְהוָה לִקְטוּ מִמֶּנּוּ אִישׁ לְפִי אָכְלוֹ עֹמֶר לַגֻּלְגֹּלֶת מִסְפַּר
נַפְשֹׁתֵיכֶם אִישׁ לַאֲשֶׁר בְּאָהֳלוֹ תִּקָּחוּ׃ וַיַּעֲשׂוּ־כֵן בְּנֵי יִשְׂרָאֵל יז
וַיִּלְקְטוּ הַמַּרְבֶּה וְהַמַּמְעִיט׃ וַיָּמֹדּוּ בָעֹמֶר וְלֹא הֶעְדִּיף הַמַּרְבֶּה יח
וְהַמַּמְעִיט לֹא הֶחְסִיר אִישׁ לְפִי־אָכְלוֹ לָקָטוּ׃ וַיֹּאמֶר מֹשֶׁה יט
אֲלֵהֶם אִישׁ אַל־יוֹתֵר מִמֶּנּוּ עַד־בֹּקֶר׃ וְלֹא־שָׁמְעוּ אֶל־מֹשֶׁה כ
וַיּוֹתִרוּ אֲנָשִׁים מִמֶּנּוּ עַד־בֹּקֶר וַיָּרֻם תּוֹלָעִים וַיִּבְאַשׁ וַיִּקְצֹף
עֲלֵהֶם מֹשֶׁה׃ וַיִּלְקְטוּ אֹתוֹ בַּבֹּקֶר בַּבֹּקֶר אִישׁ כְּפִי אָכְלוֹ כא
וְחַם הַשֶּׁמֶשׁ וְנָמָס׃ וַיְהִי ׀ בַּיּוֹם הַשִּׁשִּׁי לָקְטוּ לֶחֶם מִשְׁנֶה שְׁנֵי כב
הָעֹמֶר לָאֶחָד וַיָּבֹאוּ כָּל־נְשִׂיאֵי הָעֵדָה וַיַּגִּידוּ לְמֹשֶׁה׃ וַיֹּאמֶר כג
אֲלֵהֶם הוּא אֲשֶׁר דִּבֶּר יְהוָה שַׁבָּתוֹן שַׁבַּת־קֹדֶשׁ לַיהוָה מָחָר
אֵת אֲשֶׁר־תֹּאפוּ אֵפוּ וְאֵת אֲשֶׁר־תְּבַשְּׁלוּ בַּשֵּׁלוּ וְאֵת כָּל־
הָעֹדֵף הַנִּיחוּ לָכֶם לְמִשְׁמֶרֶת עַד־הַבֹּקֶר׃ וַיַּנִּיחוּ אֹתוֹ עַד־ כד
הַבֹּקֶר כַּאֲשֶׁר צִוָּה מֹשֶׁה וְלֹא הִבְאִישׁ וְרִמָּה לֹא־הָיְתָה־בּוֹ׃
וַיֹּאמֶר מֹשֶׁה אִכְלֻהוּ הַיּוֹם כִּי־שַׁבָּת הַיּוֹם לַיהוָה הַיּוֹם לֹא כה
תִמְצָאֻהוּ בַּשָּׂדֶה׃ שֵׁשֶׁת יָמִים תִּלְקְטֻהוּ וּבַיּוֹם הַשְּׁבִיעִי שַׁבָּת כו
לֹא יִהְיֶה־בּוֹ׃ וַיְהִי בַּיּוֹם הַשְּׁבִיעִי יָצְאוּ מִן־הָעָם לִלְקֹט וְלֹא כז
יג מָצָאוּ׃ וַיֹּאמֶר יְהוָה אֶל־מֹשֶׁה עַד־אָנָה מֵאַנְתֶּם כח
לִשְׁמֹר מִצְוֺתַי וְתוֹרֹתָי׃ רְאוּ כִּי־יְהוָה נָתַן לָכֶם הַשַּׁבָּת עַל־ כט

כן הוא נתן לכם ביום הששי לחם יומים שבו ׀ איש תחתיו
ל אל־יצא איש ממקמו ביום השביעי: וישבתו העם ביום
לא השבעי: ויקראו בית־ישראל את־שמו מן והוא כזרע גד
לב לבן וטעמו כצפיחת בדבש: ויאמר משה זה הדבר אשר
צוה יהוה מלא העמר ממנו למשמרת לדרתיכם למען ׀ יראו
את־הלחם אשר האכלתי אתכם במדבר בהוציאי אתכם
לג מארץ מצרים: ויאמר משה אל־אהרן קח צנצנת אחת
ותן־שמה מלא־העמר מן והנח אתו לפני יהוה למשמרת
לד לדרתיכם: כאשר צוה יהוה אל־משה ויניחהו אהרן לפני
לה העדת למשמרת: ובני ישראל אכלו את־המן ארבעים שנה
עד־באם אל־ארץ נושבת את־המן אכלו עד־באם אל־
לו קצה ארץ כנען: והעמר עשרית האיפה הוא:

יז א ויסעו כל־עדת בני־ישראל ממדבר־סין למסעיהם על־פי יהוה שביעי
ב ויחנו ברפידים ואין מים לשתת העם: וירב העם עם־משה
ויאמרו תנו־לנו מים ונשתה ויאמר להם משה מה־תריבון
ג עמדי מה־תנסון את־יהוה: ויצמא שם העם למים וילן העם
על־משה ויאמר למה זה העליתנו ממצרים להמית אתי
ד ואת־בני ואת־מקני בצמא: ויצעק משה אל־יהוה לאמר
ה מה אעשה לעם הזה עוד מעט וסקלני: ויאמר יהוה אל־
משה עבר לפני העם וקח אתך מזקני ישראל ומטך אשר
ו הכית בו את־היאר קח בידך והלכת: הנני עמד לפניך
שם ׀ על־הצור בחרב והכית בצור ויצאו ממנו מים ושתה
ז העם ויעש כן משה לעיני זקני ישראל: ויקרא שם המקום
מסה ומריבה על־ריב ׀ בני ישראל ועל נסתם את־יהוה
לאמר היש יהוה בקרבנו אם־אין:

ח ט ויבא עמלק וילחם עם־ישראל ברפידם: ויאמר משה אל־
יהושע בחר־לנו אנשים וצא הלחם בעמלק מחר אנכי נצב

י עַל־רֹאשׁ הַגִּבְעָה וּמַטֵּה הָאֱלֹהִים בְּיָדִי׃ וַיַּעַשׂ יְהוֹשֻׁעַ כַּאֲשֶׁר
אָמַר־לוֹ מֹשֶׁה לְהִלָּחֵם בַּעֲמָלֵק וּמֹשֶׁה אַהֲרֹן וְחוּר עָלוּ רֹאשׁ
יא הַגִּבְעָה׃ וְהָיָה כַּאֲשֶׁר יָרִים מֹשֶׁה יָדוֹ וְגָבַר יִשְׂרָאֵל וְכַאֲשֶׁר
יב יָנִיחַ יָדוֹ וְגָבַר עֲמָלֵק׃ וִידֵי מֹשֶׁה כְּבֵדִים וַיִּקְחוּ־אֶבֶן וַיָּשִׂימוּ
תַחְתָּיו וַיֵּשֶׁב עָלֶיהָ וְאַהֲרֹן וְחוּר תָּמְכוּ בְיָדָיו מִזֶּה אֶחָד וּמִזֶּה
יג אֶחָד וַיְהִי יָדָיו אֱמוּנָה עַד־בֹּא הַשָּׁמֶשׁ׃ וַיַּחֲלֹשׁ יְהוֹשֻׁעַ אֶת־
עֲמָלֵק וְאֶת־עַמּוֹ לְפִי־חָרֶב׃

מפטיר
יד וַיֹּאמֶר יהוה אֶל־מֹשֶׁה כְּתֹב זֹאת זִכָּרוֹן בַּסֵּפֶר וְשִׂים בְּאָזְנֵי
טו יְהוֹשֻׁעַ כִּי־מָחֹה אֶמְחֶה אֶת־זֵכֶר עֲמָלֵק מִתַּחַת הַשָּׁמָיִם׃ וַיִּבֶן
טז מֹשֶׁה מִזְבֵּחַ וַיִּקְרָא שְׁמוֹ יהוה ׀ נִסִּי׃ וַיֹּאמֶר כִּי־יָד עַל־כֵּס
יָהּ מִלְחָמָה לַיהוה בַּעֲמָלֵק מִדֹּר דֹּר׃

יתרו יד
יח א וַיִּשְׁמַע יִתְרוֹ כֹהֵן מִדְיָן חֹתֵן מֹשֶׁה אֵת כָּל־אֲשֶׁר עָשָׂה אֱלֹהִים
לְמֹשֶׁה וּלְיִשְׂרָאֵל עַמּוֹ כִּי־הוֹצִיא יהוה אֶת־יִשְׂרָאֵל מִמִּצְרָיִם׃
ב וַיִּקַּח יִתְרוֹ חֹתֵן מֹשֶׁה אֶת־צִפֹּרָה אֵשֶׁת מֹשֶׁה אַחַר שִׁלּוּחֶיהָ׃
ג וְאֵת שְׁנֵי בָנֶיהָ אֲשֶׁר שֵׁם הָאֶחָד גֵּרְשֹׁם כִּי אָמַר גֵּר הָיִיתִי
ד בְּאֶרֶץ נָכְרִיָּה׃ וְשֵׁם הָאֶחָד אֱלִיעֶזֶר כִּי־אֱלֹהֵי אָבִי בְּעֶזְרִי
ה וַיַּצִּלֵנִי מֵחֶרֶב פַּרְעֹה׃ וַיָּבֹא יִתְרוֹ חֹתֵן מֹשֶׁה וּבָנָיו וְאִשְׁתּוֹ
אֶל־מֹשֶׁה אֶל־הַמִּדְבָּר אֲשֶׁר־הוּא חֹנֶה שָׁם הַר הָאֱלֹהִים׃
ו וַיֹּאמֶר אֶל־מֹשֶׁה אֲנִי חֹתֶנְךָ יִתְרוֹ בָּא אֵלֶיךָ וְאִשְׁתְּךָ וּשְׁנֵי
ז בָנֶיהָ עִמָּהּ׃ וַיֵּצֵא מֹשֶׁה לִקְרַאת חֹתְנוֹ וַיִּשְׁתַּחוּ וַיִּשַּׁק־לוֹ
ח וַיִּשְׁאֲלוּ אִישׁ־לְרֵעֵהוּ לְשָׁלוֹם וַיָּבֹאוּ הָאֹהֱלָה׃ וַיְסַפֵּר מֹשֶׁה
לְחֹתְנוֹ אֵת כָּל־אֲשֶׁר עָשָׂה יהוה לְפַרְעֹה וּלְמִצְרַיִם עַל אוֹדֹת
יִשְׂרָאֵל אֵת כָּל־הַתְּלָאָה אֲשֶׁר מְצָאָתַם בַּדֶּרֶךְ וַיַּצִּלֵם יהוה׃
ט וַיִּחַדְּ יִתְרוֹ עַל כָּל־הַטּוֹבָה אֲשֶׁר־עָשָׂה יהוה לְיִשְׂרָאֵל אֲשֶׁר
י הִצִּילוֹ מִיַּד מִצְרָיִם׃ וַיֹּאמֶר יִתְרוֹ בָּרוּךְ יהוה אֲשֶׁר הִצִּיל
אֶתְכֶם מִיַּד מִצְרַיִם וּמִיַּד פַּרְעֹה אֲשֶׁר הִצִּיל אֶת־הָעָם מִתַּחַת
יא יַד־מִצְרָיִם׃ עַתָּה יָדַעְתִּי כִּי־גָדוֹל יהוה מִכָּל־הָאֱלֹהִים כִּי

יב בְּדָבָר אֲשֶׁר זָדוּ עֲלֵיהֶם׃ וַיִּקַּח יִתְרוֹ חֹתֵן מֹשֶׁה עֹלָה וּזְבָחִים
לֵאלֹהִים וַיָּבֹא אַהֲרֹן וְכֹל ׀ זִקְנֵי יִשְׂרָאֵל לֶאֱכָל־לֶחֶם עִם־חֹתֵן
יג מֹשֶׁה לִפְנֵי הָאֱלֹהִים׃ וַיְהִי מִמָּחֳרָת וַיֵּשֶׁב מֹשֶׁה לִשְׁפֹּט אֶת־ שני
יד הָעָם וַיַּעֲמֹד הָעָם עַל־מֹשֶׁה מִן־הַבֹּקֶר עַד־הָעָרֶב׃ וַיַּרְא חֹתֵן
מֹשֶׁה אֵת כָּל־אֲשֶׁר־הוּא עֹשֶׂה לָעָם וַיֹּאמֶר מָה־הַדָּבָר הַזֶּה
אֲשֶׁר אַתָּה עֹשֶׂה לָעָם מַדּוּעַ אַתָּה יוֹשֵׁב לְבַדֶּךָ וְכָל־הָעָם
טו נִצָּב עָלֶיךָ מִן־בֹּקֶר עַד־עָרֶב׃ וַיֹּאמֶר מֹשֶׁה לְחֹתְנוֹ כִּי־יָבֹא
טז אֵלַי הָעָם לִדְרֹשׁ אֱלֹהִים׃ כִּי־יִהְיֶה לָהֶם דָּבָר בָּא אֵלַי וְשָׁפַטְתִּי
בֵּין אִישׁ וּבֵין רֵעֵהוּ וְהוֹדַעְתִּי אֶת־חֻקֵּי הָאֱלֹהִים וְאֶת־תּוֹרֹתָיו׃
יז וַיֹּאמֶר חֹתֵן מֹשֶׁה אֵלָיו לֹא־טוֹב הַדָּבָר אֲשֶׁר אַתָּה עֹשֶׂה׃
יח נָבֹל תִּבֹּל גַּם־אַתָּה גַּם־הָעָם הַזֶּה אֲשֶׁר עִמָּךְ כִּי־כָבֵד מִמְּךָ
יט הַדָּבָר לֹא־תוּכַל עֲשֹׂהוּ לְבַדֶּךָ׃ עַתָּה שְׁמַע בְּקֹלִי אִיעָצְךָ וִיהִי
אֱלֹהִים עִמָּךְ הֱיֵה אַתָּה לָעָם מוּל הָאֱלֹהִים וְהֵבֵאתָ אַתָּה
כ אֶת־הַדְּבָרִים אֶל־הָאֱלֹהִים׃ וְהִזְהַרְתָּה אֶתְהֶם אֶת־הַחֻקִּים
וְאֶת־הַתּוֹרֹת וְהוֹדַעְתָּ לָהֶם אֶת־הַדֶּרֶךְ יֵלְכוּ בָהּ וְאֶת־הַמַּעֲשֶׂה
כא אֲשֶׁר יַעֲשׂוּן׃ וְאַתָּה תֶחֱזֶה מִכָּל־הָעָם אַנְשֵׁי־חַיִל יִרְאֵי אֱלֹהִים
אַנְשֵׁי אֱמֶת שֹׂנְאֵי בָצַע וְשַׂמְתָּ עֲלֵהֶם שָׂרֵי אֲלָפִים שָׂרֵי מֵאוֹת
כב שָׂרֵי חֲמִשִּׁים וְשָׂרֵי עֲשָׂרֹת׃ וְשָׁפְטוּ אֶת־הָעָם בְּכָל־עֵת וְהָיָה
כָּל־הַדָּבָר הַגָּדֹל יָבִיאוּ אֵלֶיךָ וְכָל־הַדָּבָר הַקָּטֹן יִשְׁפְּטוּ־הֵם
כג וְהָקֵל מֵעָלֶיךָ וְנָשְׂאוּ אִתָּךְ׃ אִם אֶת־הַדָּבָר הַזֶּה תַּעֲשֶׂה וְצִוְּךָ
אֱלֹהִים וְיָכָלְתָּ עֲמֹד וְגַם כָּל־הָעָם הַזֶּה עַל־מְקֹמוֹ יָבֹא בְשָׁלוֹם׃
כד כה וַיִּשְׁמַע מֹשֶׁה לְקוֹל חֹתְנוֹ וַיַּעַשׂ כֹּל אֲשֶׁר אָמָר׃ וַיִּבְחַר שלישי
מֹשֶׁה אַנְשֵׁי־חַיִל מִכָּל־יִשְׂרָאֵל וַיִּתֵּן אֹתָם רָאשִׁים עַל־הָעָם
כו שָׂרֵי אֲלָפִים שָׂרֵי מֵאוֹת שָׂרֵי חֲמִשִּׁים וְשָׂרֵי עֲשָׂרֹת׃ וְשָׁפְטוּ
אֶת־הָעָם בְּכָל־עֵת אֶת־הַדָּבָר הַקָּשֶׁה יְבִיאוּן אֶל־מֹשֶׁה וְכָל־
כז הַדָּבָר הַקָּטֹן יִשְׁפּוּטוּ הֵם׃ וַיְשַׁלַּח מֹשֶׁה אֶת־חֹתְנוֹ וַיֵּלֶךְ לוֹ
אֶל־אַרְצוֹ׃

רביעי א בַּחֹדֶשׁ הַשְּׁלִישִׁי לְצֵאת בְּנֵי־יִשְׂרָאֵל מֵאֶרֶץ מִצְרָיִם בַּיּוֹם הַזֶּה
ב בָּאוּ מִדְבַּר סִינָי׃ וַיִּסְעוּ מֵרְפִידִים וַיָּבֹאוּ מִדְבַּר סִינַי וַיַּחֲנוּ
ג בַּמִּדְבָּר וַיִּחַן־שָׁם יִשְׂרָאֵל נֶגֶד הָהָר׃ וּמֹשֶׁה עָלָה אֶל־הָאֱלֹהִים
וַיִּקְרָא אֵלָיו יְהוָה מִן־הָהָר לֵאמֹר כֹּה תֹאמַר לְבֵית יַעֲקֹב
ד וְתַגֵּיד לִבְנֵי יִשְׂרָאֵל׃ אַתֶּם רְאִיתֶם אֲשֶׁר עָשִׂיתִי לְמִצְרָיִם
ה וָאֶשָּׂא אֶתְכֶם עַל־כַּנְפֵי נְשָׁרִים וָאָבִא אֶתְכֶם אֵלָי׃ וְעַתָּה
אִם־שָׁמוֹעַ תִּשְׁמְעוּ בְּקֹלִי וּשְׁמַרְתֶּם אֶת־בְּרִיתִי וִהְיִיתֶם לִי
ו סְגֻלָּה מִכָּל־הָעַמִּים כִּי־לִי כָּל־הָאָרֶץ׃ וְאַתֶּם תִּהְיוּ־לִי מַמְלֶכֶת טו
כֹּהֲנִים וְגוֹי קָדוֹשׁ אֵלֶּה הַדְּבָרִים אֲשֶׁר תְּדַבֵּר אֶל־בְּנֵי יִשְׂרָאֵל׃
חמישי ז וַיָּבֹא מֹשֶׁה וַיִּקְרָא לְזִקְנֵי הָעָם וַיָּשֶׂם לִפְנֵיהֶם אֵת כָּל־הַדְּבָרִים
ח הָאֵלֶּה אֲשֶׁר צִוָּהוּ יְהוָה׃ וַיַּעֲנוּ כָל־הָעָם יַחְדָּו וַיֹּאמְרוּ כֹּל
אֲשֶׁר־דִּבֶּר יְהוָה נַעֲשֶׂה וַיָּשֶׁב מֹשֶׁה אֶת־דִּבְרֵי הָעָם אֶל־
ט יְהוָה׃ וַיֹּאמֶר יְהוָה אֶל־מֹשֶׁה הִנֵּה אָנֹכִי בָּא אֵלֶיךָ בְּעַב
הֶעָנָן בַּעֲבוּר יִשְׁמַע הָעָם בְּדַבְּרִי עִמָּךְ וְגַם־בְּךָ יַאֲמִינוּ לְעוֹלָם
י וַיַּגֵּד מֹשֶׁה אֶת־דִּבְרֵי הָעָם אֶל־יְהוָה׃ וַיֹּאמֶר יְהוָה אֶל־מֹשֶׁה
יא לֵךְ אֶל־הָעָם וְקִדַּשְׁתָּם הַיּוֹם וּמָחָר וְכִבְּסוּ שִׂמְלֹתָם׃ וְהָיוּ
נְכֹנִים לַיּוֹם הַשְּׁלִישִׁי כִּי ׀ בַּיּוֹם הַשְּׁלִשִׁי יֵרֵד יְהוָה לְעֵינֵי כָל־
יב הָעָם עַל־הַר סִינָי׃ וְהִגְבַּלְתָּ אֶת־הָעָם סָבִיב לֵאמֹר הִשָּׁמְרוּ
לָכֶם עֲלוֹת בָּהָר וּנְגֹעַ בְּקָצֵהוּ כָּל־הַנֹּגֵעַ בָּהָר מוֹת יוּמָת׃
יג לֹא־תִגַּע בּוֹ יָד כִּי־סָקוֹל יִסָּקֵל אוֹ־יָרֹה יִיָּרֶה אִם־בְּהֵמָה אִם־
יד אִישׁ לֹא יִחְיֶה בִּמְשֹׁךְ הַיֹּבֵל הֵמָּה יַעֲלוּ בָהָר׃ וַיֵּרֶד מֹשֶׁה
טו מִן־הָהָר אֶל־הָעָם וַיְקַדֵּשׁ אֶת־הָעָם וַיְכַבְּסוּ שִׂמְלֹתָם׃ וַיֹּאמֶר
אֶל־הָעָם הֱיוּ נְכֹנִים לִשְׁלֹשֶׁת יָמִים אַל־תִּגְּשׁוּ אֶל־אִשָּׁה׃
טז וַיְהִי בַיּוֹם הַשְּׁלִישִׁי בִּהְיֹת הַבֹּקֶר וַיְהִי קֹלֹת וּבְרָקִים וְעָנָן כָּבֵד
עַל־הָהָר וְקֹל שֹׁפָר חָזָק מְאֹד וַיֶּחֱרַד כָּל־הָעָם אֲשֶׁר בַּמַּחֲנֶה׃
יז וַיּוֹצֵא מֹשֶׁה אֶת־הָעָם לִקְרַאת הָאֱלֹהִים מִן־הַמַּחֲנֶה וַיִּתְיַצְּבוּ
יח בְּתַחְתִּית הָהָר׃ וְהַר סִינַי עָשַׁן כֻּלּוֹ מִפְּנֵי אֲשֶׁר יָרַד עָלָיו יְהוָה

יט בָּאֵ֑שׁ וַיַּ֤עַל עֲשָׁנוֹ֙ כְּעֶ֣שֶׁן הַכִּבְשָׁ֔ן וַיֶּחֱרַ֥ד כָּל־הָהָ֖ר מְאֹֽד׃ וַיְהִי֙
ק֣וֹל הַשֹּׁפָ֔ר הוֹלֵ֖ךְ וְחָזֵ֣ק מְאֹ֑ד מֹשֶׁ֣ה יְדַבֵּ֔ר וְהָאֱלֹהִ֖ים יַעֲנֶ֥נּוּ בְקֽוֹל׃
כ וַיֵּ֧רֶד יְהוָ֛ה עַל־הַ֥ר סִינַ֖י אֶל־רֹ֣אשׁ הָהָ֑ר וַיִּקְרָ֨א יְהוָ֧ה לְמֹשֶׁ֛ה ששי
כא אֶל־רֹ֥אשׁ הָהָ֖ר וַיַּ֥עַל מֹשֶֽׁה׃ וַיֹּ֤אמֶר יְהוָה֙ אֶל־מֹשֶׁ֔ה רֵ֖ד הָעֵ֣ד
כב בָּעָ֑ם פֶּן־יֶהֶרְס֤וּ אֶל־יְהוָה֙ לִרְא֔וֹת וְנָפַ֥ל מִמֶּ֖נּוּ רָֽב׃ וְגַ֧ם הַכֹּהֲנִ֛ים
כג הַנִּגָּשִׁ֥ים אֶל־יְהוָ֖ה יִתְקַדָּ֑שׁוּ פֶּן־יִפְרֹ֥ץ בָּהֶ֖ם יְהוָֽה׃ וַיֹּ֤אמֶר מֹשֶׁה֙
אֶל־יְהוָ֔ה לֹא־יוּכַ֣ל הָעָ֔ם לַעֲלֹ֖ת אֶל־הַ֣ר סִינָ֑י כִּֽי־אַתָּ֞ה הַעֵד֤תָה
כד בָּ֙נוּ֙ לֵאמֹ֔ר הַגְבֵּ֥ל אֶת־הָהָ֖ר וְקִדַּשְׁתּֽוֹ׃ וַיֹּ֨אמֶר אֵלָ֤יו יְהוָה֙ לֶךְ־
רֵ֔ד וְעָלִ֥יתָ אַתָּ֖ה וְאַהֲרֹ֣ן עִמָּ֑ךְ וְהַכֹּהֲנִ֣ים וְהָעָ֗ם אַל־יֶֽהֶרְס֛וּ
כה לַעֲלֹ֥ת אֶל־יְהוָ֖ה פֶּן־יִפְרָץ־בָּֽם׃ וַיֵּ֥רֶד מֹשֶׁ֖ה אֶל־הָעָ֑ם וַיֹּ֖אמֶר
כ א אֲלֵהֶֽם׃ וַיְדַבֵּ֣ר אֱלֹהִ֔ים אֵ֛ת כָּל־הַדְּבָרִ֥ים הָאֵ֖לֶּה
ב לֵאמֹֽר׃ אָנֹכִ֖י יְהוָ֣ה אֱלֹהֶ֑יךָ אֲשֶׁ֧ר הוֹצֵאתִ֛יךָ
ג מֵאֶ֥רֶץ מִצְרַ֖יִם מִבֵּ֣ית עֲבָדִ֑ים׃ לֹֽא־יִהְיֶ֥ה לְךָ֛ אֱלֹהִ֥ים אֲחֵרִ֖ים
ד עַל־פָּנָֽי׃ לֹֽא־תַעֲשֶׂ֨ה לְךָ֥ פֶ֙סֶל֙ וְכָל־תְּמוּנָ֔ה אֲשֶׁ֤ר בַּשָּׁמַ֙יִם֙ מִמַּ֔עַל
ה וַאֲשֶׁ֥ר בָּאָ֖רֶץ מִתָּ֑חַת וַאֲשֶׁ֥ר בַּמַּ֖יִם מִתַּ֥חַת לָאָֽרֶץ׃ לֹֽא־
תִשְׁתַּחֲוֶ֥ה לָהֶ֖ם וְלֹ֣א תָעָבְדֵ֑ם כִּ֣י אָנֹכִ֞י יְהוָ֤ה אֱלֹהֶ֙יךָ֙ אֵ֣ל קַנָּ֔א
פֹּ֠קֵד עֲוֺ֨ן אָבֹ֧ת עַל־בָּנִ֛ים עַל־שִׁלֵּשִׁ֥ים וְעַל־רִבֵּעִ֖ים לְשֹׂנְאָֽי׃
ו ז וְעֹ֤שֶׂה חֶ֙סֶד֙ לַאֲלָפִ֔ים לְאֹהֲבַ֖י וּלְשֹׁמְרֵ֥י מִצְוֺתָֽי׃ לֹ֥א
תִשָּׂ֛א אֶת־שֵׁם־יְהוָ֥ה אֱלֹהֶ֖יךָ לַשָּׁ֑וְא כִּ֣י לֹ֤א יְנַקֶּה֙ יְהוָ֔ה אֵ֛ת
אֲשֶׁר־יִשָּׂ֥א אֶת־שְׁמ֖וֹ לַשָּֽׁוְא׃
ח ט זָכ֛וֹר אֶת־י֥וֹם הַשַּׁבָּ֖ת לְקַדְּשֽׁוֹ׃ שֵׁ֤שֶׁת יָמִים֙ תַּעֲבֹ֔ד וְעָשִׂ֖יתָ כָּל־
י מְלַאכְתֶּֽךָ׃ וְיוֹם֙ הַשְּׁבִיעִ֔י שַׁבָּ֖ת לַיהוָ֣ה אֱלֹהֶ֑יךָ לֹֽא־תַעֲשֶׂ֨ה כָל־
מְלָאכָ֜ה אַתָּ֣ה ׀ וּבִנְךָ֣ וּבִתֶּ֗ךָ עַבְדְּךָ֤ וַאֲמָֽתְךָ֙ וּבְהֶמְתֶּ֔ךָ וְגֵרְךָ֖ אֲשֶׁ֥ר
יא בִּשְׁעָרֶֽיךָ׃ כִּ֣י שֵֽׁשֶׁת־יָמִים֩ עָשָׂ֨ה יְהוָ֜ה אֶת־הַשָּׁמַ֣יִם וְאֶת־הָאָ֗רֶץ
אֶת־הַיָּם֙ וְאֶת־כָּל־אֲשֶׁר־בָּ֔ם וַיָּ֖נַח בַּיּ֣וֹם הַשְּׁבִיעִ֑י עַל־כֵּ֗ן בֵּרַ֧ךְ
יב יְהוָ֛ה אֶת־י֥וֹם הַשַּׁבָּ֖ת וַֽיְקַדְּשֵֽׁהוּ׃ כַּבֵּ֥ד אֶת־אָבִ֖יךָ
וְאֶת־אִמֶּ֑ךָ לְמַ֙עַן֙ יַאֲרִכ֣וּן יָמֶ֔יךָ עַ֚ל הָאֲדָמָ֔ה אֲשֶׁר־יְהוָ֥ה אֱלֹהֶ֖יךָ

נֹתֵ֥ן לָֽךְ׃ לֹ֖א תִּרְצָ֑ח לֹ֥א יג
תִּנְאָֽף׃ לֹ֖א תִּגְנֹ֑ב לֹֽא־
תַעֲנֶ֥ה בְרֵעֲךָ֖ עֵ֥ד שָֽׁקֶר׃ לֹ֥א יד
תַחְמֹ֖ד בֵּ֣ית רֵעֶ֑ךָ לֹֽא־
תַחְמֹ֞ד אֵ֣שֶׁת רֵעֶ֗ךָ וְעַבְדּ֤וֹ וַאֲמָתוֹ֙ וְשׁוֹר֣וֹ וַחֲמֹר֔וֹ וְכֹ֖ל אֲשֶׁ֥ר
לְרֵעֶֽךָ׃
שביעי וְכָל־הָעָם֩ רֹאִ֨ים אֶת־הַקּוֹלֹ֜ת וְאֶת־הַלַּפִּידִ֗ם וְאֵת֙ ק֣וֹל הַשֹּׁפָ֔ר טו
וְאֶת־הָהָ֖ר עָשֵׁ֑ן וַיַּ֤רְא הָעָם֙ וַיָּנֻ֔עוּ וַיַּֽעַמְד֖וּ מֵרָחֹֽק׃ וַיֹּֽאמְרוּ֙ אֶל־ טז
מֹשֶׁ֔ה דַּבֵּר־אַתָּ֥ה עִמָּ֖נוּ וְנִשְׁמָ֑עָה וְאַל־יְדַבֵּ֥ר עִמָּ֛נוּ אֱלֹהִ֖ים פֶּן־
נָמֽוּת׃ וַיֹּ֨אמֶר מֹשֶׁ֣ה אֶל־הָעָם֮ אַל־תִּירָאוּ֒ כִּ֗י לְבַֽעֲבוּר֙ נַסּ֣וֹת יז
אֶתְכֶ֔ם בָּ֖א הָאֱלֹהִ֑ים וּבַעֲב֗וּר תִּהְיֶ֧ה יִרְאָת֛וֹ עַל־פְּנֵיכֶ֖ם לְבִלְתִּ֥י
תֶחֱטָֽאוּ׃ וַיַּעֲמֹ֥ד הָעָ֖ם מֵרָחֹ֑ק וּמֹשֶׁה֙ נִגַּ֣שׁ אֶל־הָעֲרָפֶ֔ל אֲשֶׁר־ יח
מפטיר שָׁ֖ם הָאֱלֹהִֽים׃ וַיֹּ֤אמֶר יְהוָה֙ אֶל־מֹשֶׁ֔ה כֹּ֥ה יט
תֹאמַ֖ר אֶל־בְּנֵ֣י יִשְׂרָאֵ֑ל אַתֶּ֣ם רְאִיתֶ֔ם כִּ֚י מִן־הַשָּׁמַ֔יִם דִּבַּ֖רְתִּי
עִמָּכֶֽם׃ לֹ֥א תַעֲשׂ֖וּן אִתִּ֑י אֱלֹ֤הֵי כֶ֙סֶף֙ וֵאלֹהֵ֣י זָהָ֔ב לֹ֥א תַעֲשׂ֖וּ כ
לָכֶֽם׃ מִזְבַּ֣ח אֲדָמָה֮ תַּעֲשֶׂה־לִּי֒ וְזָבַחְתָּ֣ עָלָ֗יו אֶת־עֹלֹתֶ֙יךָ֙ כא
וְאֶת־שְׁלָמֶ֔יךָ אֶת־צֹאנְךָ֖ וְאֶת־בְּקָרֶ֑ךָ בְּכָל־הַמָּקוֹם֙ אֲשֶׁ֣ר
אַזְכִּ֣יר אֶת־שְׁמִ֔י אָב֥וֹא אֵלֶ֖יךָ וּבֵרַכְתִּֽיךָ׃ וְאִם־מִזְבַּ֤ח אֲבָנִים֙ כב
תַּֽעֲשֶׂה־לִּ֔י לֹֽא־תִבְנֶ֥ה אֶתְהֶ֖ן גָּזִ֑ית כִּ֧י חַרְבְּךָ֛ הֵנַ֥פְתָּ עָלֶ֖יהָ
וַתְּחַלְלֶֽהָ׃ וְלֹא־תַעֲלֶ֥ה בְמַעֲלֹ֖ת עַל־מִזְבְּחִ֑י אֲשֶׁ֛ר לֹא־תִגָּלֶ֥ה כג
עֶרְוָתְךָ֖ עָלָֽיו׃
משפטים טז וְאֵ֙לֶּה֙ הַמִּשְׁפָּטִ֔ים אֲשֶׁ֥ר תָּשִׂ֖ים לִפְנֵיהֶֽם׃ כִּ֤י תִקְנֶה֙ עֶ֣בֶד עִבְרִ֔י א ב כא
שֵׁ֥שׁ שָׁנִ֖ים יַעֲבֹ֑ד וּבַ֨שְּׁבִעִ֔ת יֵצֵ֥א לַֽחָפְשִׁ֖י חִנָּֽם׃ אִם־בְּגַפּ֥וֹ יָבֹ֖א ג
בְּגַפּ֣וֹ יֵצֵ֑א אִם־בַּ֤עַל אִשָּׁה֙ ה֔וּא וְיָצְאָ֥ה אִשְׁתּ֖וֹ עִמּֽוֹ׃ אִם־אֲדֹנָיו֙ ד
יִתֶּן־ל֣וֹ אִשָּׁ֔ה וְיָלְדָה־ל֥וֹ בָנִ֖ים א֣וֹ בָנ֑וֹת הָאִשָּׁ֣ה וִילָדֶ֗יהָ תִּהְיֶה֙
לַֽאדֹנֶ֔יהָ וְה֖וּא יֵצֵ֥א בְגַפּֽוֹ׃ וְאִם־אָמֹ֤ר יֹאמַר֙ הָעֶ֔בֶד אָהַ֙בְתִּי֙ ה
אֶת־אֲדֹנִ֔י אֶת־אִשְׁתִּ֖י וְאֶת־בָּנָ֑י לֹ֥א אֵצֵ֖א חָפְשִֽׁי׃ וְהִגִּישׁ֤וֹ אֲדֹנָיו֙ ו

אֶל־הָאֱלֹהִים וְהִגִּישׁוֹ אֶל־הַדֶּלֶת אוֹ אֶל־הַמְּזוּזָה וְרָצַע אֲדֹנָיו
ז אֶת־אָזְנוֹ בַּמַּרְצֵעַ וַעֲבָדוֹ לְעֹלָם׃ וְכִי־יִמְכֹּר אִישׁ
ח אֶת־בִּתּוֹ לְאָמָה לֹא תֵצֵא כְּצֵאת הָעֲבָדִים׃ אִם־רָעָה בְּעֵינֵי
אֲדֹנֶיהָ אֲשֶׁר־לֹא יְעָדָהּ וְהֶפְדָּהּ לְעַם נׇכְרִי לֹא־יִמְשֹׁל לְמׇכְרָהּ לו
ט י בְּבִגְדוֹ־בָהּ׃ וְאִם־לִבְנוֹ יִיעָדֶנָּה כְּמִשְׁפַּט הַבָּנוֹת יַעֲשֶׂה־לָּהּ׃ אִם־
יא אַחֶרֶת יִקַּח־לוֹ שְׁאֵרָהּ כְּסוּתָהּ וְעֹנָתָהּ לֹא יִגְרָע׃ וְאִם־שְׁלׇשׁ־
יב אֵלֶּה לֹא יַעֲשֶׂה לָהּ וְיָצְאָה חִנָּם אֵין כָּסֶף׃ מַכֵּה
יג אִישׁ וָמֵת מוֹת יוּמָת׃ וַאֲשֶׁר לֹא צָדָה וְהָאֱלֹהִים אִנָּה לְיָדוֹ
יד וְשַׂמְתִּי לְךָ מָקוֹם אֲשֶׁר יָנוּס שָׁמָּה׃ וְכִי־
יָזִד אִישׁ עַל־רֵעֵהוּ לְהׇרְגוֹ בְעׇרְמָה מֵעִם מִזְבְּחִי תִּקָּחֶנּוּ
טו טז לָמוּת׃ וּמַכֵּה אָבִיו וְאִמּוֹ מוֹת יוּמָת׃ וְגֹנֵב
יז אִישׁ וּמְכָרוֹ וְנִמְצָא בְיָדוֹ מוֹת יוּמָת׃ וּמְקַלֵּל
יח אָבִיו וְאִמּוֹ מוֹת יוּמָת׃ וְכִי־יְרִיבֻן אֲנָשִׁים וְהִכָּה־
אִישׁ אֶת־רֵעֵהוּ בְּאֶבֶן אוֹ בְאֶגְרֹף וְלֹא יָמוּת וְנָפַל לְמִשְׁכָּב׃
יט אִם־יָקוּם וְהִתְהַלֵּךְ בַּחוּץ עַל־מִשְׁעַנְתּוֹ וְנִקָּה הַמַּכֶּה רַק
כ שִׁבְתּוֹ יִתֵּן וְרַפֹּא יְרַפֵּא׃ וְכִי־יַכֶּה אִישׁ אֶת־עַבְדּוֹ שני
כא אוֹ אֶת־אֲמָתוֹ בַּשֵּׁבֶט וּמֵת תַּחַת יָדוֹ נָקֹם יִנָּקֵם׃ אַךְ אִם־יוֹם
כב אוֹ יוֹמַיִם יַעֲמֹד לֹא יֻקַּם כִּי כַסְפּוֹ הוּא׃ וְכִי־
יִנָּצוּ אֲנָשִׁים וְנָגְפוּ אִשָּׁה הָרָה וְיָצְאוּ יְלָדֶיהָ וְלֹא יִהְיֶה אָסוֹן
עָנוֹשׁ יֵעָנֵשׁ כַּאֲשֶׁר יָשִׁית עָלָיו בַּעַל הָאִשָּׁה וְנָתַן בִּפְלִלִים׃
כג כד וְאִם־אָסוֹן יִהְיֶה וְנָתַתָּה נֶפֶשׁ תַּחַת נָפֶשׁ׃ עַיִן תַּחַת עַיִן שֵׁן
כה תַּחַת שֵׁן יָד תַּחַת יָד רֶגֶל תַּחַת רָגֶל׃ כְּוִיָּה תַּחַת כְּוִיָּה פֶּצַע
כו תַּחַת פָּצַע חַבּוּרָה תַּחַת חַבּוּרָה׃ וְכִי־יַכֶּה אִישׁ
אֶת־עֵין עַבְדּוֹ אוֹ־אֶת־עֵין אֲמָתוֹ וְשִׁחֲתָהּ לַחׇפְשִׁי יְשַׁלְּחֶנּוּ
כז תַּחַת עֵינוֹ׃ וְאִם־שֵׁן עַבְדּוֹ אוֹ־שֵׁן אֲמָתוֹ יַפִּיל לַחׇפְשִׁי יְשַׁלְּחֶנּוּ
תַּחַת שִׁנּוֹ׃
כח וְכִי־יִגַּח שׁוֹר אֶת־אִישׁ אוֹ אֶת־אִשָּׁה וָמֵת סָקוֹל יִסָּקֵל הַשּׁוֹר

כט וְלֹא יֵאָכֵל אֶת־בְּשָׂרוֹ וּבַעַל הַשּׁוֹר נָקִי׃ וְאִם שׁוֹר נַגָּח הוּא
מִתְּמֹל שִׁלְשֹׁם וְהוּעַד בִּבְעָלָיו וְלֹא יִשְׁמְרֶנּוּ וְהֵמִית אִישׁ אוֹ
ל אִשָּׁה הַשּׁוֹר יִסָּקֵל וְגַם־בְּעָלָיו יוּמָת׃ אִם־כֹּפֶר יוּשַׁת עָלָיו וְנָתַן
לא פִּדְיֹן נַפְשׁוֹ כְּכֹל אֲשֶׁר־יוּשַׁת עָלָיו׃ אוֹ־בֵן יִגָּח אוֹ־בַת יִגָּח כַּמִּשְׁפָּט
לב הַזֶּה יֵעָשֶׂה לּוֹ׃ אִם־עֶבֶד יִגַּח הַשּׁוֹר אוֹ אָמָה כֶּסֶף ׀ שְׁלֹשִׁים
לג שְׁקָלִים יִתֵּן לַאדֹנָיו וְהַשּׁוֹר יִסָּקֵל׃ וְכִי־יִפְתַּח
אִישׁ בּוֹר אוֹ כִּי־יִכְרֶה אִישׁ בֹּר וְלֹא יְכַסֶּנּוּ וְנָפַל־שָׁמָּה שּׁוֹר
לד אוֹ חֲמוֹר׃ בַּעַל הַבּוֹר יְשַׁלֵּם כֶּסֶף יָשִׁיב לִבְעָלָיו וְהַמֵּת יִהְיֶה־
לה לּוֹ׃ וְכִי־יִגֹּף שׁוֹר־אִישׁ אֶת־שׁוֹר רֵעֵהוּ וָמֵת
וּמָכְרוּ אֶת־הַשּׁוֹר הַחַי וְחָצוּ אֶת־כַּסְפּוֹ וְגַם אֶת־הַמֵּת יֶחֱצוּן׃
לו אוֹ נוֹדַע כִּי שׁוֹר נַגָּח הוּא מִתְּמוֹל שִׁלְשֹׁם וְלֹא יִשְׁמְרֶנּוּ בְּעָלָיו
לז שַׁלֵּם יְשַׁלֵּם שׁוֹר תַּחַת הַשּׁוֹר וְהַמֵּת יִהְיֶה־לּוֹ׃ כִּי
יִגְנֹב־אִישׁ שׁוֹר אוֹ־שֶׂה וּטְבָחוֹ אוֹ מְכָרוֹ חֲמִשָּׁה בָקָר יְשַׁלֵּם
כב א תַּחַת הַשּׁוֹר וְאַרְבַּע־צֹאן תַּחַת הַשֶּׂה׃ אִם־בַּמַּחְתֶּרֶת יִמָּצֵא
ב הַגַּנָּב וְהֻכָּה וָמֵת אֵין לוֹ דָּמִים׃ אִם־זָרְחָה הַשֶּׁמֶשׁ עָלָיו
ג דָּמִים לוֹ שַׁלֵּם יְשַׁלֵּם אִם־אֵין לוֹ וְנִמְכַּר בִּגְנֵבָתוֹ׃ אִם־הִמָּצֵא
תִמָּצֵא בְיָדוֹ הַגְּנֵבָה מִשּׁוֹר עַד־חֲמוֹר עַד־שֶׂה חַיִּים שְׁנַיִם
ד יְשַׁלֵּם׃ כִּי יַבְעֶר־אִישׁ שָׂדֶה אוֹ־כֶרֶם וְשִׁלַּח שלישי
אֶת־בְּעִירֹה וּבִעֵר בִּשְׂדֵה אַחֵר מֵיטַב שָׂדֵהוּ וּמֵיטַב כַּרְמוֹ
ה יְשַׁלֵּם׃ כִּי־תֵצֵא אֵשׁ וּמָצְאָה קֹצִים וְנֶאֱכַל
גָּדִישׁ אוֹ הַקָּמָה אוֹ הַשָּׂדֶה שַׁלֵּם יְשַׁלֵּם הַמַּבְעִר אֶת־
ו הַבְּעֵרָה׃ כִּי־יִתֵּן אִישׁ אֶל־רֵעֵהוּ כֶּסֶף אוֹ־כֵלִים
ז לִשְׁמֹר וְגֻנַּב מִבֵּית הָאִישׁ אִם־יִמָּצֵא הַגַּנָּב יְשַׁלֵּם שְׁנָיִם׃ אִם־
לֹא יִמָּצֵא הַגַּנָּב וְנִקְרַב בַּעַל־הַבַּיִת אֶל־הָאֱלֹהִים אִם־לֹא שָׁלַח
ח יָדוֹ בִּמְלֶאכֶת רֵעֵהוּ׃ עַל־כָּל־דְּבַר־פֶּשַׁע עַל־שׁוֹר עַל־חֲמוֹר עַל־
שֶׂה עַל־שַׂלְמָה עַל־כָּל־אֲבֵדָה אֲשֶׁר יֹאמַר כִּי־הוּא זֶה עַד
הָאֱלֹהִים יָבֹא דְּבַר־שְׁנֵיהֶם אֲשֶׁר יַרְשִׁיעֻן אֱלֹהִים יְשַׁלֵּם שְׁנַיִם

ט לְרֵעֵהוּ׃ כִּי־יִתֵּן אִישׁ אֶל־רֵעֵהוּ חֲמוֹר אוֹ־שׁוֹר
אוֹ־שֶׂה וְכָל־בְּהֵמָה לִשְׁמֹר וּמֵת אוֹ־נִשְׁבַּר אוֹ־נִשְׁבָּה אֵין
י רֹאֶה׃ שְׁבֻעַת יהוה תִּהְיֶה בֵּין שְׁנֵיהֶם אִם־לֹא שָׁלַח יָדוֹ
יא בִּמְלֶאכֶת רֵעֵהוּ וְלָקַח בְּעָלָיו וְלֹא יְשַׁלֵּם׃ וְאִם־גָּנֹב יִגָּנֵב
יב מֵעִמּוֹ יְשַׁלֵּם לִבְעָלָיו׃ אִם־טָרֹף יִטָּרֵף יְבִאֵהוּ עֵד הַטְּרֵפָה
לֹא יְשַׁלֵּם׃
יג וְכִי־יִשְׁאַל אִישׁ מֵעִם רֵעֵהוּ וְנִשְׁבַּר אוֹ־מֵת בְּעָלָיו אֵין־עִמּוֹ
יד שַׁלֵּם יְשַׁלֵּם׃ אִם־בְּעָלָיו עִמּוֹ לֹא יְשַׁלֵּם אִם־שָׂכִיר הוּא בָּא
טו בִּשְׂכָרוֹ׃ וְכִי־יְפַתֶּה אִישׁ בְּתוּלָה אֲשֶׁר לֹא־אֹרָשָׂה
טז וְשָׁכַב עִמָּהּ מָהֹר יִמְהָרֶנָּה לּוֹ לְאִשָּׁה׃ אִם־מָאֵן יְמָאֵן אָבִיהָ
יז לְתִתָּהּ לוֹ כֶּסֶף יִשְׁקֹל כְּמֹהַר הַבְּתוּלֹת׃ מְכַשֵּׁפָה
יח יט לֹא תְחַיֶּה׃ כָּל־שֹׁכֵב עִם־בְּהֵמָה מוֹת יוּמָת׃ זֹבֵחַ
כ לָאֱלֹהִים יָחֳרָם בִּלְתִּי לַיהוה לְבַדּוֹ׃ וְגֵר לֹא־תוֹנֶה וְלֹא
כא תִלְחָצֶנּוּ כִּי־גֵרִים הֱיִיתֶם בְּאֶרֶץ מִצְרָיִם׃ כָּל־אַלְמָנָה וְיָתוֹם
כב לֹא תְעַנּוּן׃ אִם־עַנֵּה תְעַנֶּה אֹתוֹ כִּי אִם־צָעֹק יִצְעַק אֵלַי
כג שָׁמֹעַ אֶשְׁמַע צַעֲקָתוֹ׃ וְחָרָה אַפִּי וְהָרַגְתִּי אֶתְכֶם בֶּחָרֶב וְהָיוּ
נְשֵׁיכֶם אַלְמָנוֹת וּבְנֵיכֶם יְתֹמִים׃
כד אִם־כֶּסֶף ׀ תַּלְוֶה אֶת־עַמִּי אֶת־הֶעָנִי עִמָּךְ לֹא־תִהְיֶה לוֹ כְּנֹשֶׁה יז
כה לֹא־תְשִׂימוּן עָלָיו נֶשֶׁךְ׃ אִם־חָבֹל תַּחְבֹּל שַׂלְמַת רֵעֶךָ עַד־
כו בֹּא הַשֶּׁמֶשׁ תְּשִׁיבֶנּוּ לוֹ׃ כִּי הִוא כְסוּתֹה לְבַדָּהּ הִוא שִׂמְלָתוֹ
לְעֹרוֹ בַּמֶּה יִשְׁכָּב וְהָיָה כִּי־יִצְעַק אֵלַי וְשָׁמַעְתִּי כִּי־חַנּוּן
כז אָנִי׃ אֱלֹהִים לֹא תְקַלֵּל וְנָשִׂיא בְעַמְּךָ לֹא תָאֹר׃ רביעי
כח כט מְלֵאָתְךָ וְדִמְעֲךָ לֹא תְאַחֵר בְּכוֹר בָּנֶיךָ תִּתֶּן־לִּי׃ כֵּן־תַּעֲשֶׂה
לְשֹׁרְךָ לְצֹאנֶךָ שִׁבְעַת יָמִים יִהְיֶה עִם־אִמּוֹ בַּיּוֹם הַשְּׁמִינִי
ל תִּתְּנוֹ־לִי׃ וְאַנְשֵׁי־קֹדֶשׁ תִּהְיוּן לִי וּבָשָׂר בַּשָּׂדֶה טְרֵפָה לֹא
כג א תֹאכֵלוּ לַכֶּלֶב תַּשְׁלִכוּן אֹתוֹ׃ לֹא תִשָּׂא שֵׁמַע
ב שָׁוְא אַל־תָּשֶׁת יָדְךָ עִם־רָשָׁע לִהְיֹת עֵד חָמָס׃ לֹא־תִהְיֶה

אַחֲרֵי־רַבִּים לְרָעֹת וְלֹא־תַעֲנֶה עַל־רִב לִנְטֹת אַחֲרֵי רַבִּים
לְהַטֹּת: וְדָל לֹא תֶהְדַּר בְּרִיבוֹ: כִּי תִפְגַּע שׁוֹר ג ד
אֹיִבְךָ אוֹ חֲמֹרוֹ תֹּעֶה הָשֵׁב תְּשִׁיבֶנּוּ לוֹ: כִּי־ ה
תִרְאֶה חֲמוֹר שֹׂנַאֲךָ רֹבֵץ תַּחַת מַשָּׂאוֹ וְחָדַלְתָּ מֵעֲזֹב לוֹ עָזֹב
חמישי תַּעֲזֹב עִמּוֹ: לֹא תַטֶּה מִשְׁפַּט אֶבְיֹנְךָ בְּרִיבוֹ: ו
מִדְּבַר־שֶׁקֶר תִּרְחָק וְנָקִי וְצַדִּיק אַל־תַּהֲרֹג כִּי לֹא־אַצְדִּיק ז
רָשָׁע: וְשֹׁחַד לֹא תִקָּח כִּי הַשֹּׁחַד יְעַוֵּר פִּקְחִים וִיסַלֵּף דִּבְרֵי ח
צַדִּיקִים: וְגֵר לֹא תִלְחָץ וְאַתֶּם יְדַעְתֶּם אֶת־נֶפֶשׁ הַגֵּר כִּי־ ט
גֵרִים הֱיִיתֶם בְּאֶרֶץ מִצְרָיִם: וְשֵׁשׁ שָׁנִים תִּזְרַע אֶת־אַרְצֶךָ י
וְאָסַפְתָּ אֶת־תְּבוּאָתָהּ: וְהַשְּׁבִיעִת תִּשְׁמְטֶנָּה וּנְטַשְׁתָּהּ וְאָכְלוּ יא
אֶבְיֹנֵי עַמֶּךָ וְיִתְרָם תֹּאכַל חַיַּת הַשָּׂדֶה כֵּן־תַּעֲשֶׂה לְכַרְמְךָ
לְזֵיתֶךָ: שֵׁשֶׁת יָמִים תַּעֲשֶׂה מַעֲשֶׂיךָ וּבַיּוֹם הַשְּׁבִיעִי תִּשְׁבֹּת יב
לְמַעַן יָנוּחַ שׁוֹרְךָ וַחֲמֹרֶךָ וְיִנָּפֵשׁ בֶּן־אֲמָתְךָ וְהַגֵּר: וּבְכֹל אֲשֶׁר־ יג
אָמַרְתִּי אֲלֵיכֶם תִּשָּׁמֵרוּ וְשֵׁם אֱלֹהִים אֲחֵרִים לֹא תַזְכִּירוּ
לֹא יִשָּׁמַע עַל־פִּיךָ: שָׁלֹשׁ רְגָלִים תָּחֹג לִי בַּשָּׁנָה: אֶת־חַג יד טו
הַמַּצּוֹת תִּשְׁמֹר שִׁבְעַת יָמִים תֹּאכַל מַצּוֹת כַּאֲשֶׁר צִוִּיתִךָ
לְמוֹעֵד חֹדֶשׁ הָאָבִיב כִּי־בוֹ יָצָאתָ מִמִּצְרָיִם וְלֹא־יֵרָאוּ פָנַי
רֵיקָם: וְחַג הַקָּצִיר בִּכּוּרֵי מַעֲשֶׂיךָ אֲשֶׁר תִּזְרַע בַּשָּׂדֶה וְחַג טז
הָאָסִף בְּצֵאת הַשָּׁנָה בְּאָסְפְּךָ אֶת־מַעֲשֶׂיךָ מִן־הַשָּׂדֶה: שָׁלֹשׁ יז
פְּעָמִים בַּשָּׁנָה יֵרָאֶה כָּל־זְכוּרְךָ אֶל־פְּנֵי הָאָדֹן ׀ יְהוָה: לֹא־ יח
תִזְבַּח עַל־חָמֵץ דַּם־זִבְחִי וְלֹא־יָלִין חֵלֶב־חַגִּי עַד־בֹּקֶר:
רֵאשִׁית בִּכּוּרֵי אַדְמָתְךָ תָּבִיא בֵּית יְהוָה אֱלֹהֶיךָ לֹא־תְבַשֵּׁל יט
גְּדִי בַּחֲלֵב אִמּוֹ:
ששי הִנֵּה אָנֹכִי שֹׁלֵחַ מַלְאָךְ לְפָנֶיךָ לִשְׁמָרְךָ בַּדָּרֶךְ וְלַהֲבִיאֲךָ אֶל־ כ
הַמָּקוֹם אֲשֶׁר הֲכִנֹתִי: הִשָּׁמֶר מִפָּנָיו וּשְׁמַע בְּקֹלוֹ אַל־תַּמֵּר כא
בּוֹ כִּי לֹא יִשָּׂא לְפִשְׁעֲכֶם כִּי שְׁמִי בְּקִרְבּוֹ: כִּי אִם־שָׁמוֹעַ כב
תִּשְׁמַע בְּקֹלוֹ וְעָשִׂיתָ כֹּל אֲשֶׁר אֲדַבֵּר וְאָיַבְתִּי אֶת־אֹיְבֶיךָ

כג וְצָרְתִּי אֶת־צֹרְרֶיךָ׃ כִּי־יֵלֵךְ מַלְאָכִי לְפָנֶיךָ וֶהֱבִיאֲךָ אֶל־
כד הָאֱמֹרִי וְהַחִתִּי וְהַפְּרִזִּי וְהַכְּנַעֲנִי הַחִוִּי וְהַיְבוּסִי וְהִכְחַדְתִּיו׃ לֹא־
תִשְׁתַּחֲוֶה לֵאלֹהֵיהֶם וְלֹא תָעָבְדֵם וְלֹא תַעֲשֶׂה כְּמַעֲשֵׂיהֶם
כה כִּי הָרֵס תְּהָרְסֵם וְשַׁבֵּר תְּשַׁבֵּר מַצֵּבֹתֵיהֶם׃ וַעֲבַדְתֶּם אֵת
יְהוָה אֱלֹהֵיכֶם וּבֵרַךְ אֶת־לַחְמְךָ וְאֶת־מֵימֶיךָ וַהֲסִרֹתִי מַחֲלָה
כו מִקִּרְבֶּךָ׃ לֹא תִהְיֶה מְשַׁכֵּלָה וַעֲקָרָה בְּאַרְצֶךָ שביעי
כז אֶת־מִסְפַּר יָמֶיךָ אֲמַלֵּא׃ אֶת־אֵימָתִי אֲשַׁלַּח לְפָנֶיךָ וְהַמֹּתִי
אֶת־כָּל־הָעָם אֲשֶׁר תָּבֹא בָּהֶם וְנָתַתִּי אֶת־כָּל־אֹיְבֶיךָ אֵלֶיךָ
כח עֹרֶף׃ וְשָׁלַחְתִּי אֶת־הַצִּרְעָה לְפָנֶיךָ וְגֵרְשָׁה אֶת־הַחִוִּי אֶת־
כט הַכְּנַעֲנִי וְאֶת־הַחִתִּי מִלְּפָנֶיךָ׃ לֹא אֲגָרְשֶׁנּוּ מִפָּנֶיךָ בְּשָׁנָה
ל אֶחָת פֶּן־תִּהְיֶה הָאָרֶץ שְׁמָמָה וְרַבָּה עָלֶיךָ חַיַּת הַשָּׂדֶה׃ מְעַט
מְעַט אֲגָרְשֶׁנּוּ מִפָּנֶיךָ עַד אֲשֶׁר תִּפְרֶה וְנָחַלְתָּ אֶת־הָאָרֶץ׃
לא וְשַׁתִּי אֶת־גְּבֻלְךָ מִיַּם־סוּף וְעַד־יָם פְּלִשְׁתִּים וּמִמִּדְבָּר עַד־
הַנָּהָר כִּי ׀ אֶתֵּן בְּיֶדְכֶם אֵת יֹשְׁבֵי הָאָרֶץ וְגֵרַשְׁתָּמוֹ מִפָּנֶיךָ׃
לב לג לֹא־תִכְרֹת לָהֶם וְלֵאלֹהֵיהֶם בְּרִית׃ לֹא יֵשְׁבוּ בְּאַרְצְךָ
פֶּן־יַחֲטִיאוּ אֹתְךָ לִי כִּי תַעֲבֹד אֶת־אֱלֹהֵיהֶם כִּי־יִהְיֶה לְךָ
לְמוֹקֵשׁ׃

כד א וְאֶל־מֹשֶׁה אָמַר עֲלֵה אֶל־יְהוָה אַתָּה וְאַהֲרֹן נָדָב וַאֲבִיהוּא
ב וְשִׁבְעִים מִזִּקְנֵי יִשְׂרָאֵל וְהִשְׁתַּחֲוִיתֶם מֵרָחֹק׃ וְנִגַּשׁ מֹשֶׁה
ג לְבַדּוֹ אֶל־יְהוָה וְהֵם לֹא יִגָּשׁוּ וְהָעָם לֹא יַעֲלוּ עִמּוֹ׃ וַיָּבֹא
מֹשֶׁה וַיְסַפֵּר לָעָם אֵת כָּל־דִּבְרֵי יְהוָה וְאֵת כָּל־הַמִּשְׁפָּטִים
וַיַּעַן כָּל־הָעָם קוֹל אֶחָד וַיֹּאמְרוּ כָּל־הַדְּבָרִים אֲשֶׁר־דִּבֶּר
ד יְהוָה נַעֲשֶׂה׃ וַיִּכְתֹּב מֹשֶׁה אֵת כָּל־דִּבְרֵי יְהוָה וַיַּשְׁכֵּם בַּבֹּקֶר
וַיִּבֶן מִזְבֵּחַ תַּחַת הָהָר וּשְׁתֵּים עֶשְׂרֵה מַצֵּבָה לִשְׁנֵים עָשָׂר
ה שִׁבְטֵי יִשְׂרָאֵל׃ וַיִּשְׁלַח אֶת־נַעֲרֵי בְּנֵי יִשְׂרָאֵל וַיַּעֲלוּ עֹלֹת
ו וַיִּזְבְּחוּ זְבָחִים שְׁלָמִים לַיהוָה פָּרִים׃ וַיִּקַּח מֹשֶׁה חֲצִי הַדָּם
ז וַיָּשֶׂם בָּאַגָּנֹת וַחֲצִי הַדָּם זָרַק עַל־הַמִּזְבֵּחַ׃ וַיִּקַּח סֵפֶר הַבְּרִית

וַיִּקְרָא בְּאָזְנֵי הָעָם וַיֹּאמְרוּ כֹּל אֲשֶׁר־דִּבֶּר יְהוָה נַעֲשֶׂה וְנִשְׁמָע׃
וַיִּקַּח מֹשֶׁה אֶת־הַדָּם וַיִּזְרֹק עַל־הָעָם וַיֹּאמֶר הִנֵּה דַם־הַבְּרִית ח
אֲשֶׁר כָּרַת יְהוָה עִמָּכֶם עַל כָּל־הַדְּבָרִים הָאֵלֶּה׃ וַיַּעַל מֹשֶׁה ט
וְאַהֲרֹן נָדָב וַאֲבִיהוּא וְשִׁבְעִים מִזִּקְנֵי יִשְׂרָאֵל׃ וַיִּרְאוּ אֵת י
אֱלֹהֵי יִשְׂרָאֵל וְתַחַת רַגְלָיו כְּמַעֲשֵׂה לִבְנַת הַסַּפִּיר וּכְעֶצֶם
הַשָּׁמַיִם לָטֹהַר׃ וְאֶל־אֲצִילֵי בְּנֵי יִשְׂרָאֵל לֹא שָׁלַח יָדוֹ וַיֶּחֱזוּ יא
אֶת־הָאֱלֹהִים וַיֹּאכְלוּ וַיִּשְׁתּוּ׃ וַיֹּאמֶר יְהוָה אֶל־ יב
מֹשֶׁה עֲלֵה אֵלַי הָהָרָה וֶהְיֵה־שָׁם וְאֶתְּנָה לְךָ אֶת־לֻחֹת הָאֶבֶן
וְהַתּוֹרָה וְהַמִּצְוָה אֲשֶׁר כָּתַבְתִּי לְהוֹרֹתָם׃ וַיָּקָם מֹשֶׁה וִיהוֹשֻׁעַ יג
מְשָׁרְתוֹ וַיַּעַל מֹשֶׁה אֶל־הַר הָאֱלֹהִים׃ וְאֶל־הַזְּקֵנִים אָמַר יד
שְׁבוּ־לָנוּ בָזֶה עַד אֲשֶׁר־נָשׁוּב אֲלֵיכֶם וְהִנֵּה אַהֲרֹן וְחוּר עִמָּכֶם
מִי־בַעַל דְּבָרִים יִגַּשׁ אֲלֵהֶם׃ וַיַּעַל מֹשֶׁה אֶל־הָהָר וַיְכַס הֶעָנָן טו
מפטיר אֶת־הָהָר׃ וַיִּשְׁכֹּן כְּבוֹד־יְהוָה עַל־הַר סִינַי וַיְכַסֵּהוּ הֶעָנָן שֵׁשֶׁת טז
יָמִים וַיִּקְרָא אֶל־מֹשֶׁה בַּיּוֹם הַשְּׁבִיעִי מִתּוֹךְ הֶעָנָן׃ וּמַרְאֵה יז
כְּבוֹד יְהוָה כְּאֵשׁ אֹכֶלֶת בְּרֹאשׁ הָהָר לְעֵינֵי בְּנֵי יִשְׂרָאֵל׃ וַיָּבֹא יח
מֹשֶׁה בְּתוֹךְ הֶעָנָן וַיַּעַל אֶל־הָהָר וַיְהִי מֹשֶׁה בָּהָר אַרְבָּעִים
יוֹם וְאַרְבָּעִים לָיְלָה׃

תרומה יח וַיְדַבֵּר יְהוָה אֶל־מֹשֶׁה לֵּאמֹר׃ דַּבֵּר אֶל־בְּנֵי יִשְׂרָאֵל וְיִקְחוּ־ כה א ב
לִי תְּרוּמָה מֵאֵת כָּל־אִישׁ אֲשֶׁר יִדְּבֶנּוּ לִבּוֹ תִּקְחוּ אֶת־תְּרוּמָתִי׃
וְזֹאת הַתְּרוּמָה אֲשֶׁר תִּקְחוּ מֵאִתָּם זָהָב וָכֶסֶף וּנְחֹשֶׁת׃ וּתְכֵלֶת ג ד
וְאַרְגָּמָן וְתוֹלַעַת שָׁנִי וְשֵׁשׁ וְעִזִּים׃ וְעֹרֹת אֵילִם מְאָדָּמִים ה
וְעֹרֹת תְּחָשִׁים וַעֲצֵי שִׁטִּים׃ שֶׁמֶן לַמָּאֹר בְּשָׂמִים לְשֶׁמֶן ו
הַמִּשְׁחָה וְלִקְטֹרֶת הַסַּמִּים׃ אַבְנֵי־שֹׁהַם וְאַבְנֵי מִלֻּאִים לָאֵפֹד ז
וְלַחֹשֶׁן׃ וְעָשׂוּ לִי מִקְדָּשׁ וְשָׁכַנְתִּי בְּתוֹכָם׃ כְּכֹל אֲשֶׁר אֲנִי ח ט
מַרְאֶה אוֹתְךָ אֵת תַּבְנִית הַמִּשְׁכָּן וְאֵת תַּבְנִית כָּל־כֵּלָיו וְכֵן
תַּעֲשׂוּ׃ וְעָשׂוּ אֲרוֹן עֲצֵי שִׁטִּים אַמָּתַיִם וָחֵצִי י
אָרְכּוֹ וְאַמָּה וָחֵצִי רָחְבּוֹ וְאַמָּה וָחֵצִי קֹמָתוֹ׃ וְצִפִּיתָ אֹתוֹ זָהָב יא

טָה֛וֹר מִבַּ֥יִת וּמִח֖וּץ תְּצַפֶּ֑נּוּ וְעָשִׂ֧יתָ עָלָ֛יו זֵ֥ר זָהָ֖ב סָבִֽיב׃
יב וְיָצַ֣קְתָּ לּ֗וֹ אַרְבַּע֙ טַבְּעֹ֣ת זָהָ֔ב וְנָ֣תַתָּ֔ה עַ֖ל אַרְבַּ֣ע פַּעֲמֹתָ֑יו
וּשְׁתֵּ֣י טַבָּעֹ֗ת עַל־צַלְעוֹ֙ הָֽאֶחָ֔ת וּשְׁתֵּי֙ טַבָּעֹ֔ת עַל־צַלְע֖וֹ הַשֵּׁנִֽית׃
יג יד וְעָשִׂ֥יתָ בַדֵּ֖י עֲצֵ֣י שִׁטִּ֑ים וְצִפִּיתָ֥ אֹתָ֖ם זָהָֽב׃ וְהֵבֵאתָ֤ אֶת־הַבַּדִּים֙
טו בַּטַּבָּעֹ֔ת עַ֖ל צַלְעֹ֣ת הָאָרֹ֑ן לָשֵׂ֥את אֶת־הָאָרֹ֖ן בָּהֶֽם׃ בְּטַבְּעֹת֙
טז הָאָרֹ֔ן יִהְי֖וּ הַבַּדִּ֑ים לֹ֥א יָסֻ֖רוּ מִמֶּֽנּוּ׃ וְנָתַתָּ֖ אֶל־הָאָרֹ֑ן אֵ֚ת
יז הָעֵדֻ֔ת אֲשֶׁ֥ר אֶתֵּ֖ן אֵלֶֽיךָ׃ וְעָשִׂ֥יתָ כַפֹּ֖רֶת זָהָ֣ב טָה֑וֹר אַמָּתַ֤יִם שני
יח וָחֵ֙צִי֙ אָרְכָּ֔הּ וְאַמָּ֥ה וָחֵ֖צִי רָחְבָּֽהּ׃ וְעָשִׂ֛יתָ שְׁנַ֥יִם כְּרֻבִ֖ים זָהָ֑ב
יט מִקְשָׁה֙ תַּעֲשֶׂ֣ה אֹתָ֔ם מִשְּׁנֵ֖י קְצ֥וֹת הַכַּפֹּֽרֶת׃ וַ֠עֲשֵׂה כְּר֨וּב אֶחָ֤ד
מִקָּצָה֙ מִזֶּ֔ה וּכְרוּב־אֶחָ֥ד מִקָּצָ֖ה מִזֶּ֑ה מִן־הַכַּפֹּ֛רֶת תַּעֲשׂ֥וּ אֶת־
כ הַכְּרֻבִ֖ים עַל־שְׁנֵ֥י קְצוֹתָֽיו׃ וְהָי֣וּ הַכְּרֻבִים֩ פֹּרְשֵׂ֨י כְנָפַ֜יִם לְמַ֗עְלָה
סֹכְכִ֤ים בְּכַנְפֵיהֶם֙ עַל־הַכַּפֹּ֔רֶת וּפְנֵיהֶ֖ם אִ֣ישׁ אֶל־אָחִ֑יו אֶ֨ל־
כא הַכַּפֹּ֔רֶת יִהְי֖וּ פְּנֵ֥י הַכְּרֻבִֽים׃ וְנָתַתָּ֧ אֶת־הַכַּפֹּ֛רֶת עַל־הָאָרֹ֖ן
מִלְמָ֑עְלָה וְאֶל־הָ֣אָרֹ֔ן תִּתֵּן֙ אֶת־הָ֣עֵדֻ֔ת אֲשֶׁ֥ר אֶתֵּ֖ן אֵלֶֽיךָ׃
כב וְנוֹעַדְתִּ֣י לְךָ֮ שָׁם֒ וְדִבַּרְתִּ֨י אִתְּךָ֜ מֵעַ֣ל הַכַּפֹּ֗רֶת מִבֵּין֙ שְׁנֵ֣י
הַכְּרֻבִ֔ים אֲשֶׁ֖ר עַל־אֲר֣וֹן הָעֵדֻ֑ת אֵ֣ת כָּל־אֲשֶׁ֧ר אֲצַוֶּ֛ה אוֹתְךָ֖
אֶל־בְּנֵ֥י יִשְׂרָאֵֽל׃
כג וְעָשִׂ֥יתָ שֻׁלְחָ֖ן עֲצֵ֣י שִׁטִּ֑ים אַמָּתַ֤יִם אָרְכּוֹ֙ וְאַמָּ֣ה רָחְבּ֔וֹ וְאַמָּ֥ה
כד וָחֵ֖צִי קֹמָתֽוֹ׃ וְצִפִּיתָ֥ אֹת֖וֹ זָהָ֣ב טָה֑וֹר וְעָשִׂ֥יתָ לּ֛וֹ זֵ֥ר זָהָ֖ב סָבִֽיב׃
כה וְעָשִׂ֨יתָ לּ֥וֹ מִסְגֶּ֛רֶת טֹ֖פַח סָבִ֑יב וְעָשִׂ֧יתָ זֵר־זָהָ֛ב לְמִסְגַּרְתּ֖וֹ
כו סָבִֽיב׃ וְעָשִׂ֣יתָ לּ֔וֹ אַרְבַּ֖ע טַבְּעֹ֣ת זָהָ֑ב וְנָתַתָּ֙ אֶת־הַטַּבָּעֹ֔ת
כז עַ֚ל אַרְבַּ֣ע הַפֵּאֹ֔ת אֲשֶׁ֖ר לְאַרְבַּ֥ע רַגְלָֽיו׃ לְעֻמַּת֙ הַמִּסְגֶּ֔רֶת תִּהְיֶ֖יןָ
כח הַטַּבָּעֹ֑ת לְבָתִּ֣ים לְבַדִּ֔ים לָשֵׂ֖את אֶת־הַשֻּׁלְחָֽן׃ וְעָשִׂ֤יתָ אֶת־
הַבַּדִּים֙ עֲצֵ֣י שִׁטִּ֔ים וְצִפִּיתָ֥ אֹתָ֖ם זָהָ֑ב וְנִשָּׂא־בָ֖ם אֶת־הַשֻּׁלְחָֽן׃
כט וְעָשִׂ֨יתָ קְּעָרֹתָ֜יו וְכַפֹּתָ֗יו וּקְשׂוֹתָיו֙ וּמְנַקִּיֹּתָ֔יו אֲשֶׁ֥ר יֻסַּ֖ךְ בָּהֵ֑ן
ל זָהָ֥ב טָה֖וֹר תַּעֲשֶׂ֥ה אֹתָֽם׃ וְנָתַתָּ֧ עַל־הַשֻּׁלְחָ֛ן לֶ֥חֶם פָּנִ֖ים לְפָנַ֥י
תָּמִֽיד׃

לא וְעָשִׂ֛יתָ מְנֹרַ֖ת זָהָ֣ב טָה֑וֹר מִקְשָׁ֞ה תֵּיעָשֶׂ֤ה הַמְּנוֹרָה֙ יְרֵכָ֣הּ
לב וְקָנָ֔הּ גְּבִיעֶ֛יהָ כַּפְתֹּרֶ֥יהָ וּפְרָחֶ֖יהָ מִמֶּ֥נָּה יִהְיֽוּ׃ וְשִׁשָּׁ֣ה קָנִ֔ים
יֹצְאִ֖ים מִצִּדֶּ֑יהָ שְׁלֹשָׁ֣ה ׀ קְנֵ֣י מְנֹרָ֗ה מִצִּדָּהּ֙ הָֽאֶחָ֔ד וּשְׁלֹשָׁה֙ קְנֵ֣י
לג מְנֹרָ֔ה מִצִּדָּ֖הּ הַשֵּׁנִֽי׃ שְׁלֹשָׁ֣ה גְ֠בִעִ֠ים מְשֻׁקָּדִ֞ים בַּקָּנֶ֣ה הָאֶחָד֮
כַּפְתֹּ֣ר וָפֶרַח֒ וּשְׁלֹשָׁ֣ה גְבִעִ֗ים מְשֻׁקָּדִ֛ים בַּקָּנֶ֥ה הָאֶחָ֖ד כַּפְתֹּ֣ר
לד וָפָ֑רַח כֵּ֚ן לְשֵׁ֣שֶׁת הַקָּנִ֔ים הַיֹּצְאִ֖ים מִן־הַמְּנֹרָֽה׃ וּבַמְּנֹרָ֖ה אַרְבָּעָ֣ה
לה גְבִעִ֑ים מְשֻׁ֨קָּדִ֔ים כַּפְתֹּרֶ֖יהָ וּפְרָחֶֽיהָ׃ וְכַפְתֹּ֡ר תַּחַת֩ שְׁנֵ֨י הַקָּנִ֜ים
מִמֶּ֗נָּה וְכַפְתֹּר֙ תַּ֣חַת שְׁנֵ֤י הַקָּנִים֙ מִמֶּ֔נָּה וְכַפְתֹּ֕ר תַּֽחַת־שְׁנֵ֥י
לו הַקָּנִ֖ים מִמֶּ֑נָּה לְשֵׁ֨שֶׁת֙ הַקָּנִ֔ים הַיֹּצְאִ֖ים מִן־הַמְּנֹרָֽה׃ כַּפְתֹּרֵיהֶ֥ם
לז וּקְנֹתָ֖ם מִמֶּ֣נָּה יִהְי֑וּ כֻּלָּ֛הּ מִקְשָׁ֥ה אַחַ֖ת זָהָ֥ב טָהֽוֹר׃ וְעָשִׂ֥יתָ
אֶת־נֵרֹתֶ֖יהָ שִׁבְעָ֑ה וְהֶעֱלָה֙ אֶת־נֵ֣רֹתֶ֔יהָ וְהֵאִ֖יר עַל־עֵ֥בֶר פָּנֶֽיהָ׃
לח לט וּמַלְקָחֶ֥יהָ וּמַחְתֹּתֶ֖יהָ זָהָ֥ב טָהֽוֹר׃ כִּכָּ֛ר זָהָ֥ב טָה֖וֹר יַעֲשֶׂ֣ה אֹתָ֑הּ
מ אֵ֥ת כָּל־הַכֵּלִ֖ים הָאֵֽלֶּה׃ וּרְאֵ֖ה וַעֲשֵׂ֑ה בְּתַ֨בְנִיתָ֔ם אֲשֶׁר־אַתָּ֖ה
מָרְאֶ֥ה בָּהָֽר׃ שלישי יט כו א וְאֶת־הַמִּשְׁכָּ֥ן תַּעֲשֶׂ֖ה עֶ֣שֶׂר יְרִיעֹ֑ת
שֵׁ֣שׁ מָשְׁזָ֗ר וּתְכֵ֤לֶת וְאַרְגָּמָן֙ וְתֹלַ֣עַת שָׁנִ֔י כְּרֻבִ֛ים מַעֲשֵׂ֥ה חֹשֵׁ֖ב
ב תַּעֲשֶׂ֥ה אֹתָֽם׃ אֹ֣רֶךְ ׀ הַיְרִיעָ֣ה הָֽאַחַ֗ת שְׁמֹנֶה֙ וְעֶשְׂרִים֙ בָּֽאַמָּ֔ה
וְרֹ֙חַב֙ אַרְבַּ֣ע בָּֽאַמָּ֔ה הַיְרִיעָ֖ה הָאֶחָ֑ת מִדָּ֥ה אַחַ֖ת לְכָל־הַיְרִיעֹֽת׃
ג חֲמֵ֣שׁ הַיְרִיעֹ֗ת תִּֽהְיֶ֙יןָ֙ חֹֽבְרֹ֔ת אִשָּׁ֖ה אֶל־אֲחֹתָ֑הּ וְחָמֵ֤שׁ יְרִיעֹת֙
ד חֹֽבְרֹ֔ת אִשָּׁ֖ה אֶל־אֲחֹתָֽהּ׃ וְעָשִׂ֜יתָ לֻֽלְאֹ֣ת תְּכֵ֗לֶת עַ֣ל שְׂפַ֤ת
הַיְרִיעָה֙ הָֽאֶחָ֔ת מִקָּצָ֖ה בַּחֹבָ֑רֶת וְכֵ֤ן תַּעֲשֶׂה֙ בִּשְׂפַ֣ת הַיְרִיעָ֔ה
ה הַקִּ֣יצוֹנָ֔ה בַּמַּחְבֶּ֖רֶת הַשֵּׁנִֽית׃ חֲמִשִּׁ֣ים לֻלָאֹ֗ת תַּעֲשֶׂה֮ בַּיְרִיעָ֣ה
הָאֶחָת֒ וַחֲמִשִּׁ֣ים לֻלָאֹ֗ת תַּעֲשֶׂה֙ בִּקְצֵ֣ה הַיְרִיעָ֔ה אֲשֶׁ֖ר בַּמַּחְבֶּ֣רֶת
ו הַשֵּׁנִ֑ית מַקְבִּילֹת֙ הַלֻּ֣לָאֹ֔ת אִשָּׁ֖ה אֶל־אֲחֹתָֽהּ׃ וְעָשִׂ֕יתָ חֲמִשִּׁ֖ים
קַרְסֵ֣י זָהָ֑ב וְחִבַּרְתָּ֨ אֶת־הַיְרִיעֹ֜ת אִשָּׁ֤ה אֶל־אֲחֹתָהּ֙ בַּקְּרָסִ֔ים
ז וְהָיָ֥ה הַמִּשְׁכָּ֖ן אֶחָֽד׃ וְעָשִׂ֙יתָ֙ יְרִיעֹ֣ת עִזִּ֔ים לְאֹ֖הֶל עַל־הַמִּשְׁכָּ֑ן
ח עַשְׁתֵּֽי־עֶשְׂרֵ֥ה יְרִיעֹ֖ת תַּעֲשֶׂ֥ה אֹתָֽם׃ אֹ֣רֶךְ ׀ הַיְרִיעָ֣ה הָֽאַחַ֗ת
שְׁלֹשִׁים֙ בָּֽאַמָּ֔ה וְרֹ֙חַב֙ אַרְבַּ֣ע בָּֽאַמָּ֔ה הַיְרִיעָ֖ה הָאֶחָ֑ת מִדָּ֣ה

ט אַחַת לְעַשְׁתֵּי עֶשְׂרֵה יְרִיעֹת: וְחִבַּרְתָּ אֶת־חֲמֵשׁ הַיְרִיעֹת לְבָד
וְאֶת־שֵׁשׁ הַיְרִיעֹת לְבָד וְכָפַלְתָּ אֶת־הַיְרִיעָה הַשִּׁשִּׁית אֶל־
י מוּל פְּנֵי הָאֹהֶל: וְעָשִׂיתָ חֲמִשִּׁים לֻלָאֹת עַל שְׂפַת הַיְרִיעָה
הָאֶחָת הַקִּיצֹנָה בַּחֹבָרֶת וַחֲמִשִּׁים לֻלָאֹת עַל שְׂפַת הַיְרִיעָה
יא הַחֹבֶרֶת הַשֵּׁנִית: וְעָשִׂיתָ קַרְסֵי נְחֹשֶׁת חֲמִשִּׁים וְהֵבֵאתָ אֶת־
יב הַקְּרָסִים בַּלֻּלָאֹת וְחִבַּרְתָּ אֶת־הָאֹהֶל וְהָיָה אֶחָד: וְסֶרַח הָעֹדֵף
בִּירִיעֹת הָאֹהֶל חֲצִי הַיְרִיעָה הָעֹדֶפֶת תִּסְרַח עַל אֲחֹרֵי
יג הַמִּשְׁכָּן: וְהָאַמָּה מִזֶּה וְהָאַמָּה מִזֶּה בָּעֹדֵף בְּאֹרֶךְ יְרִיעֹת
הָאֹהֶל יִהְיֶה סָרוּחַ עַל־צִדֵּי הַמִּשְׁכָּן מִזֶּה וּמִזֶּה לְכַסֹּתוֹ:
יד וְעָשִׂיתָ מִכְסֶה לָאֹהֶל עֹרֹת אֵילִם מְאָדָּמִים וּמִכְסֵה עֹרֹת
תְּחָשִׁים מִלְמָעְלָה:
טו טז וְעָשִׂיתָ אֶת־הַקְּרָשִׁים לַמִּשְׁכָּן עֲצֵי שִׁטִּים עֹמְדִים: עֶשֶׂר אַמּוֹת רביעי
יז אֹרֶךְ הַקָּרֶשׁ וְאַמָּה וַחֲצִי הָאַמָּה רֹחַב הַקֶּרֶשׁ הָאֶחָד: שְׁתֵּי
יָדוֹת לַקֶּרֶשׁ הָאֶחָד מְשֻׁלָּבֹת אִשָּׁה אֶל־אֲחֹתָהּ כֵּן תַּעֲשֶׂה
יח לְכֹל קַרְשֵׁי הַמִּשְׁכָּן: וְעָשִׂיתָ אֶת־הַקְּרָשִׁים לַמִּשְׁכָּן עֶשְׂרִים
יט קֶרֶשׁ לִפְאַת נֶגְבָּה תֵימָנָה: וְאַרְבָּעִים אַדְנֵי־כֶסֶף תַּעֲשֶׂה
תַּחַת עֶשְׂרִים הַקָּרֶשׁ שְׁנֵי אֲדָנִים תַּחַת־הַקֶּרֶשׁ הָאֶחָד לִשְׁתֵּי
כ יְדֹתָיו וּשְׁנֵי אֲדָנִים תַּחַת־הַקֶּרֶשׁ הָאֶחָד לִשְׁתֵּי יְדֹתָיו: וּלְצֶלַע
כא הַמִּשְׁכָּן הַשֵּׁנִית לִפְאַת צָפוֹן עֶשְׂרִים קָרֶשׁ: וְאַרְבָּעִים אַדְנֵיהֶם
כֶּסֶף שְׁנֵי אֲדָנִים תַּחַת הַקֶּרֶשׁ הָאֶחָד וּשְׁנֵי אֲדָנִים תַּחַת הַקֶּרֶשׁ
כב כג הָאֶחָד: וּלְיַרְכְּתֵי הַמִּשְׁכָּן יָמָּה תַּעֲשֶׂה שִׁשָּׁה קְרָשִׁים: וּשְׁנֵי
כד קְרָשִׁים תַּעֲשֶׂה לִמְקֻצְעֹת הַמִּשְׁכָּן בַּיַּרְכָתָיִם: וְיִהְיוּ תֹאֲמִם
מִלְּמַטָּה וְיַחְדָּו יִהְיוּ תַמִּים עַל־רֹאשׁוֹ אֶל־הַטַּבַּעַת הָאֶחָת
כה כֵּן יִהְיֶה לִשְׁנֵיהֶם לִשְׁנֵי הַמִּקְצֹעֹת יִהְיוּ: וְהָיוּ שְׁמֹנָה קְרָשִׁים
וְאַדְנֵיהֶם כֶּסֶף שִׁשָּׁה עָשָׂר אֲדָנִים שְׁנֵי אֲדָנִים תַּחַת הַקֶּרֶשׁ
כו הָאֶחָד וּשְׁנֵי אֲדָנִים תַּחַת הַקֶּרֶשׁ הָאֶחָד: וְעָשִׂיתָ בְרִיחִם עֲצֵי
כז שִׁטִּים חֲמִשָּׁה לְקַרְשֵׁי צֶלַע־הַמִּשְׁכָּן הָאֶחָד: וַחֲמִשָּׁה בְרִיחִם

לְקַרְשֵׁי צֶלַע־הַמִּשְׁכָּן הַשֵּׁנִית וַחֲמִשָּׁה בְרִיחִם לְקַרְשֵׁי צֶלַע
הַמִּשְׁכָּן לַיַּרְכָתַיִם יָמָּה׃ וְהַבְּרִיחַ הַתִּיכֹן בְּתוֹךְ הַקְּרָשִׁים כח
מַבְרִחַ מִן־הַקָּצֶה אֶל־הַקָּצֶה׃ וְאֶת־הַקְּרָשִׁים תְּצַפֶּה זָהָב כט
וְאֶת־טַבְּעֹתֵיהֶם תַּעֲשֶׂה זָהָב בָּתִּים לַבְּרִיחִם וְצִפִּיתָ אֶת־
הַבְּרִיחִם זָהָב׃ וַהֲקֵמֹתָ אֶת־הַמִּשְׁכָּן כְּמִשְׁפָּטוֹ אֲשֶׁר הָרְאֵיתָ ל
חמישי כ בָּהָר׃ וְעָשִׂיתָ פָרֹכֶת תְּכֵלֶת וְאַרְגָּמָן וְתוֹלַעַת לא
שְׁנִי וְשֵׁשׁ מָשְׁזָר מַעֲשֵׂה חֹשֵׁב יַעֲשֶׂה אֹתָהּ כְּרֻבִים׃ וְנָתַתָּה לב
אֹתָהּ עַל־אַרְבָּעָה עַמּוּדֵי שִׁטִּים מְצֻפִּים זָהָב וָוֵיהֶם זָהָב עַל־
אַרְבָּעָה אַדְנֵי־כָסֶף׃ וְנָתַתָּה אֶת־הַפָּרֹכֶת תַּחַת הַקְּרָסִים לג
וְהֵבֵאתָ שָׁמָּה מִבֵּית לַפָּרֹכֶת אֵת אֲרוֹן הָעֵדוּת וְהִבְדִּילָה
הַפָּרֹכֶת לָכֶם בֵּין הַקֹּדֶשׁ וּבֵין קֹדֶשׁ הַקֳּדָשִׁים׃ וְנָתַתָּ אֶת־ לד
הַכַּפֹּרֶת עַל אֲרוֹן הָעֵדֻת בְּקֹדֶשׁ הַקֳּדָשִׁים׃ וְשַׂמְתָּ אֶת־ לה
הַשֻּׁלְחָן מִחוּץ לַפָּרֹכֶת וְאֶת־הַמְּנֹרָה נֹכַח הַשֻּׁלְחָן עַל צֶלַע
הַמִּשְׁכָּן תֵּימָנָה וְהַשֻּׁלְחָן תִּתֵּן עַל־צֶלַע צָפוֹן׃ וְעָשִׂיתָ מָסָךְ לו
לְפֶתַח הָאֹהֶל תְּכֵלֶת וְאַרְגָּמָן וְתוֹלַעַת שָׁנִי וְשֵׁשׁ מָשְׁזָר מַעֲשֵׂה
רֹקֵם׃ וְעָשִׂיתָ לַמָּסָךְ חֲמִשָּׁה עַמּוּדֵי שִׁטִּים וְצִפִּיתָ אֹתָם זָהָב לז
ששי וָוֵיהֶם זָהָב וְיָצַקְתָּ לָהֶם חֲמִשָּׁה אַדְנֵי נְחֹשֶׁת׃ וְעָשִׂיתָ א כז
אֶת־הַמִּזְבֵּחַ עֲצֵי שִׁטִּים חָמֵשׁ אַמּוֹת אֹרֶךְ וְחָמֵשׁ אַמּוֹת רֹחַב
רָבוּעַ יִהְיֶה הַמִּזְבֵּחַ וְשָׁלֹשׁ אַמּוֹת קֹמָתוֹ׃ וְעָשִׂיתָ קַרְנֹתָיו עַל ב
אַרְבַּע פִּנֹּתָיו מִמֶּנּוּ תִּהְיֶיןָ קַרְנֹתָיו וְצִפִּיתָ אֹתוֹ נְחֹשֶׁת׃ וְעָשִׂיתָ ג
סִּירֹתָיו לְדַשְּׁנוֹ וְיָעָיו וּמִזְרְקֹתָיו וּמִזְלְגֹתָיו וּמַחְתֹּתָיו לְכָל־כֵּלָיו
תַּעֲשֶׂה נְחֹשֶׁת׃ וְעָשִׂיתָ לּוֹ מִכְבָּר מַעֲשֵׂה רֶשֶׁת נְחֹשֶׁת וְעָשִׂיתָ ד
עַל־הָרֶשֶׁת אַרְבַּע טַבְּעֹת נְחֹשֶׁת עַל אַרְבַּע קְצוֹתָיו׃ וְנָתַתָּה ה
אֹתָהּ תַּחַת כַּרְכֹּב הַמִּזְבֵּחַ מִלְּמָטָּה וְהָיְתָה הָרֶשֶׁת עַד חֲצִי
הַמִּזְבֵּחַ׃ וְעָשִׂיתָ בַדִּים לַמִּזְבֵּחַ בַּדֵּי עֲצֵי שִׁטִּים וְצִפִּיתָ אֹתָם ו
נְחֹשֶׁת׃ וְהוּבָא אֶת־בַּדָּיו בַּטַּבָּעֹת וְהָיוּ הַבַּדִּים עַל־שְׁתֵּי ז
צַלְעֹת הַמִּזְבֵּחַ בִּשְׂאֵת אֹתוֹ׃ נְבוּב לֻחֹת תַּעֲשֶׂה אֹתוֹ כַּאֲשֶׁר ח

ט הָרְאָה אֹתְךָ בָּהָר כֵּן יַעֲשׂוּ׃ וְעָשִׂיתָ אֵת חֲצַר שביעי
הַמִּשְׁכָּן לִפְאַת נֶגֶב־תֵּימָנָה קְלָעִים לֶחָצֵר שֵׁשׁ מָשְׁזָר מֵאָה
י בָּאַמָּה אֹרֶךְ לַפֵּאָה הָאֶחָת׃ וְעַמֻּדָיו עֶשְׂרִים וְאַדְנֵיהֶם עֶשְׂרִים
יא נְחֹשֶׁת וָוֵי הָעַמֻּדִים וַחֲשֻׁקֵיהֶם כָּסֶף׃ וְכֵן לִפְאַת צָפוֹן בָּאֹרֶךְ
קְלָעִים מֵאָה אֹרֶךְ וְעַמֻּדָו עֶשְׂרִים וְאַדְנֵיהֶם עֶשְׂרִים נְחֹשֶׁת
יב וָוֵי הָעַמֻּדִים וַחֲשֻׁקֵיהֶם כָּסֶף׃ וְרֹחַב הֶחָצֵר לִפְאַת־יָם קְלָעִים
יג חֲמִשִּׁים אַמָּה עַמֻּדֵיהֶם עֲשָׂרָה וְאַדְנֵיהֶם עֲשָׂרָה׃ וְרֹחַב הֶחָצֵר
יד לִפְאַת קֵדְמָה מִזְרָחָה חֲמִשִּׁים אַמָּה׃ וַחֲמֵשׁ עֶשְׂרֵה אַמָּה
טו קְלָעִים לַכָּתֵף עַמֻּדֵיהֶם שְׁלֹשָׁה וְאַדְנֵיהֶם שְׁלֹשָׁה׃ וְלַכָּתֵף
הַשֵּׁנִית חֲמֵשׁ עֶשְׂרֵה קְלָעִים עַמֻּדֵיהֶם שְׁלֹשָׁה וְאַדְנֵיהֶם שְׁלֹשָׁה׃
טז וּלְשַׁעַר הֶחָצֵר מָסָךְ ׀ עֶשְׂרִים אַמָּה תְּכֵלֶת וְאַרְגָּמָן וְתוֹלַעַת
שָׁנִי וְשֵׁשׁ מָשְׁזָר מַעֲשֵׂה רֹקֵם עַמֻּדֵיהֶם אַרְבָּעָה וְאַדְנֵיהֶם
יז אַרְבָּעָה׃ כָּל־עַמּוּדֵי הֶחָצֵר סָבִיב מְחֻשָּׁקִים כֶּסֶף וָוֵיהֶם כָּסֶף מפטיר
יח וְאַדְנֵיהֶם נְחֹשֶׁת׃ אֹרֶךְ הֶחָצֵר מֵאָה בָאַמָּה וְרֹחַב ׀ חֲמִשִּׁים
יט בַּחֲמִשִּׁים וְקֹמָה חָמֵשׁ אַמּוֹת שֵׁשׁ מָשְׁזָר וְאַדְנֵיהֶם נְחֹשֶׁת׃ לְכֹל
כְּלֵי הַמִּשְׁכָּן בְּכֹל עֲבֹדָתוֹ וְכָל־יְתֵדֹתָיו וְכָל־יִתְדֹת הֶחָצֵר
כ נְחֹשֶׁת׃ וְאַתָּה תְּצַוֶּה ׀ אֶת־בְּנֵי יִשְׂרָאֵל וְיִקְחוּ כא תצוה
כא אֵלֶיךָ שֶׁמֶן זַיִת זָךְ כָּתִית לַמָּאוֹר לְהַעֲלֹת נֵר תָּמִיד׃ בְּאֹהֶל
מוֹעֵד מִחוּץ לַפָּרֹכֶת אֲשֶׁר עַל־הָעֵדֻת יַעֲרֹךְ אֹתוֹ אַהֲרֹן וּבָנָיו
מֵעֶרֶב עַד־בֹּקֶר לִפְנֵי יְהוָה חֻקַּת עוֹלָם לְדֹרֹתָם מֵאֵת בְּנֵי
כח א יִשְׂרָאֵל׃ וְאַתָּה הַקְרֵב אֵלֶיךָ אֶת־אַהֲרֹן אָחִיךָ וְאֶת־
בָּנָיו אִתּוֹ מִתּוֹךְ בְּנֵי יִשְׂרָאֵל לְכַהֲנוֹ־לִי אַהֲרֹן נָדָב וַאֲבִיהוּא
ב אֶלְעָזָר וְאִיתָמָר בְּנֵי אַהֲרֹן׃ וְעָשִׂיתָ בִגְדֵי־קֹדֶשׁ לְאַהֲרֹן אָחִיךָ
ג לְכָבוֹד וּלְתִפְאָרֶת׃ וְאַתָּה תְּדַבֵּר אֶל־כָּל־חַכְמֵי־לֵב אֲשֶׁר
מִלֵּאתִיו רוּחַ חָכְמָה וְעָשׂוּ אֶת־בִּגְדֵי אַהֲרֹן לְקַדְּשׁוֹ לְכַהֲנוֹ־
ד לִי׃ וְאֵלֶּה הַבְּגָדִים אֲשֶׁר יַעֲשׂוּ חֹשֶׁן וְאֵפוֹד וּמְעִיל וּכְתֹנֶת
תַּשְׁבֵּץ מִצְנֶפֶת וְאַבְנֵט וְעָשׂוּ בִגְדֵי־קֹדֶשׁ לְאַהֲרֹן אָחִיךָ וּלְבָנָיו

ה לְכַהֲנוֹ־לִי׃ וְהֵם יִקְחוּ אֶת־הַזָּהָב וְאֶת־הַתְּכֵלֶת וְאֶת־הָאַרְגָּמָן
וְאֶת־תּוֹלַעַת הַשָּׁנִי וְאֶת־הַשֵּׁשׁ׃
ו וְעָשׂוּ אֶת־הָאֵפֹד זָהָב תְּכֵלֶת וְאַרְגָּמָן תּוֹלַעַת שָׁנִי וְשֵׁשׁ מָשְׁזָר
ז מַעֲשֵׂה חֹשֵׁב׃ שְׁתֵּי כְתֵפֹת חֹבְרֹת יִהְיֶה־לּוֹ אֶל־שְׁנֵי קְצוֹתָיו
ח וְחֻבָּר׃ וְחֵשֶׁב אֲפֻדָּתוֹ אֲשֶׁר עָלָיו כְּמַעֲשֵׂהוּ מִמֶּנּוּ יִהְיֶה זָהָב
ט תְּכֵלֶת וְאַרְגָּמָן וְתוֹלַעַת שָׁנִי וְשֵׁשׁ מָשְׁזָר׃ וְלָקַחְתָּ אֶת־שְׁתֵּי
י אַבְנֵי־שֹׁהַם וּפִתַּחְתָּ עֲלֵיהֶם שְׁמוֹת בְּנֵי יִשְׂרָאֵל׃ שִׁשָּׁה מִשְּׁמֹתָם
עַל הָאֶבֶן הָאֶחָת וְאֶת־שְׁמוֹת הַשִּׁשָּׁה הַנּוֹתָרִים עַל־הָאֶבֶן
יא הַשֵּׁנִית כְּתוֹלְדֹתָם׃ מַעֲשֵׂה חָרַשׁ אֶבֶן פִּתּוּחֵי חֹתָם תְּפַתַּח
אֶת־שְׁתֵּי הָאֲבָנִים עַל־שְׁמֹת בְּנֵי יִשְׂרָאֵל מֻסַבֹּת מִשְׁבְּצוֹת
יב זָהָב תַּעֲשֶׂה אֹתָם׃ וְשַׂמְתָּ אֶת־שְׁתֵּי הָאֲבָנִים עַל כִּתְפֹת הָאֵפֹד
אַבְנֵי זִכָּרֹן לִבְנֵי יִשְׂרָאֵל וְנָשָׂא אַהֲרֹן אֶת־שְׁמוֹתָם לִפְנֵי יְהוָה
יג עַל־שְׁתֵּי כְתֵפָיו לְזִכָּרֹן׃ וְעָשִׂיתָ מִשְׁבְּצֹת זָהָב׃ שני
יד וּשְׁתֵּי שַׁרְשְׁרֹת זָהָב טָהוֹר מִגְבָּלֹת תַּעֲשֶׂה אֹתָם מַעֲשֵׂה עֲבֹת
טו וְנָתַתָּה אֶת־שַׁרְשְׁרֹת הָעֲבֹתֹת עַל־הַמִּשְׁבְּצֹת׃ וְעָשִׂיתָ
חֹשֶׁן מִשְׁפָּט מַעֲשֵׂה חֹשֵׁב כְּמַעֲשֵׂה אֵפֹד תַּעֲשֶׂנּוּ זָהָב תְּכֵלֶת
טז וְאַרְגָּמָן וְתוֹלַעַת שָׁנִי וְשֵׁשׁ מָשְׁזָר תַּעֲשֶׂה אֹתוֹ׃ רָבוּעַ יִהְיֶה
יז כָּפוּל זֶרֶת אָרְכּוֹ וְזֶרֶת רָחְבּוֹ׃ וּמִלֵּאתָ בוֹ מִלֻּאַת אֶבֶן אַרְבָּעָה
יח טוּרִים אָבֶן טוּר אֹדֶם פִּטְדָה וּבָרֶקֶת הַטּוּר הָאֶחָד׃ וְהַטּוּר
יט הַשֵּׁנִי נֹפֶךְ סַפִּיר וְיָהֲלֹם׃ וְהַטּוּר הַשְּׁלִישִׁי לֶשֶׁם שְׁבוֹ וְאַחְלָמָה׃
כ וְהַטּוּר הָרְבִיעִי תַּרְשִׁישׁ וְשֹׁהַם וְיָשְׁפֵה מְשֻׁבָּצִים זָהָב יִהְיוּ
כא בְּמִלּוּאֹתָם׃ וְהָאֲבָנִים תִּהְיֶיןָ עַל־שְׁמֹת בְּנֵי־יִשְׂרָאֵל שְׁתֵּים
עֶשְׂרֵה עַל־שְׁמֹתָם פִּתּוּחֵי חוֹתָם אִישׁ עַל־שְׁמוֹ תִּהְיֶיןָ לִשְׁנֵי
כב עָשָׂר שָׁבֶט׃ וְעָשִׂיתָ עַל־הַחֹשֶׁן שַׁרְשֹׁת גַּבְלֻת מַעֲשֵׂה עֲבֹת
כג זָהָב טָהוֹר׃ וְעָשִׂיתָ עַל־הַחֹשֶׁן שְׁתֵּי טַבְּעוֹת זָהָב וְנָתַתָּ אֶת־
כד שְׁתֵּי הַטַּבָּעוֹת עַל־שְׁנֵי קְצוֹת הַחֹשֶׁן׃ וְנָתַתָּה אֶת־שְׁתֵּי עֲבֹתֹת
כה הַזָּהָב עַל־שְׁתֵּי הַטַּבָּעֹת אֶל־קְצוֹת הַחֹשֶׁן׃ וְאֵת שְׁתֵּי קְצוֹת

שְׁתֵּי הָעֲבֹתֹת תִּתֵּן עַל־שְׁתֵּי הַמִּשְׁבְּצוֹת וְנָתַתָּה עַל־כִּתְפוֹת
כו הָאֵפֹד אֶל־מוּל פָּנָיו׃ וְעָשִׂיתָ שְׁתֵּי טַבְּעוֹת זָהָב וְשַׂמְתָּ אֹתָם
עַל־שְׁנֵי קְצוֹת הַחֹשֶׁן עַל־שְׂפָתוֹ אֲשֶׁר אֶל־עֵבֶר הָאֵפוֹד בָּיְתָה׃
כז וְעָשִׂיתָ שְׁתֵּי טַבְּעוֹת זָהָב וְנָתַתָּה אֹתָם עַל־שְׁתֵּי כִתְפוֹת
הָאֵפוֹד מִלְּמַטָּה מִמּוּל פָּנָיו לְעֻמַּת מַחְבַּרְתּוֹ מִמַּעַל לְחֵשֶׁב
כח הָאֵפוֹד׃ וְיִרְכְּסוּ אֶת־הַחֹשֶׁן מִטַּבְּעֹתָו אֶל־טַבְּעֹת הָאֵפוֹד
בִּפְתִיל תְּכֵלֶת לִהְיוֹת עַל־חֵשֶׁב הָאֵפוֹד וְלֹא־יִזַּח הַחֹשֶׁן מֵעַל
כט הָאֵפוֹד׃ וְנָשָׂא אַהֲרֹן אֶת־שְׁמוֹת בְּנֵי־יִשְׂרָאֵל בְּחֹשֶׁן הַמִּשְׁפָּט
ל עַל־לִבּוֹ בְּבֹאוֹ אֶל־הַקֹּדֶשׁ לְזִכָּרֹן לִפְנֵי־יְהוָה תָּמִיד׃ וְנָתַתָּ אֶל־
חֹשֶׁן הַמִּשְׁפָּט אֶת־הָאוּרִים וְאֶת־הַתֻּמִּים וְהָיוּ עַל־לֵב אַהֲרֹן
בְּבֹאוֹ לִפְנֵי יְהוָה וְנָשָׂא אַהֲרֹן אֶת־מִשְׁפַּט בְּנֵי־יִשְׂרָאֵל עַל־
לא לִבּוֹ לִפְנֵי יְהוָה תָּמִיד׃ וְעָשִׂיתָ אֶת־מְעִיל הָאֵפוֹד שלישי
לב כְּלִיל תְּכֵלֶת׃ וְהָיָה פִי־רֹאשׁוֹ בְּתוֹכוֹ שָׂפָה יִהְיֶה לְפִיו סָבִיב
לג מַעֲשֵׂה אֹרֵג כְּפִי תַחְרָא יִהְיֶה־לּוֹ לֹא יִקָּרֵעַ׃ וְעָשִׂיתָ עַל־שׁוּלָיו
רִמֹּנֵי תְּכֵלֶת וְאַרְגָּמָן וְתוֹלַעַת שָׁנִי עַל־שׁוּלָיו סָבִיב וּפַעֲמֹנֵי
לד זָהָב בְּתוֹכָם סָבִיב׃ פַּעֲמֹן זָהָב וְרִמּוֹן פַּעֲמֹן זָהָב וְרִמּוֹן עַל־
לה שׁוּלֵי הַמְּעִיל סָבִיב׃ וְהָיָה עַל־אַהֲרֹן לְשָׁרֵת וְנִשְׁמַע קוֹלוֹ בְּבֹאוֹ
לו אֶל־הַקֹּדֶשׁ לִפְנֵי יְהוָה וּבְצֵאתוֹ וְלֹא יָמוּת׃ וְעָשִׂיתָ
לז צִּיץ זָהָב טָהוֹר וּפִתַּחְתָּ עָלָיו פִּתּוּחֵי חֹתָם קֹדֶשׁ לַיהוָה׃ וְשַׂמְתָּ
אֹתוֹ עַל־פְּתִיל תְּכֵלֶת וְהָיָה עַל־הַמִּצְנָפֶת אֶל־מוּל פְּנֵי־
לח הַמִּצְנֶפֶת יִהְיֶה׃ וְהָיָה עַל־מֵצַח אַהֲרֹן וְנָשָׂא אַהֲרֹן אֶת־עֲוֺן
הַקֳּדָשִׁים אֲשֶׁר יַקְדִּישׁוּ בְּנֵי יִשְׂרָאֵל לְכָל־מַתְּנֹת קָדְשֵׁיהֶם
לט וְהָיָה עַל־מִצְחוֹ תָּמִיד לְרָצוֹן לָהֶם לִפְנֵי יְהוָה׃ וְשִׁבַּצְתָּ הַכְּתֹנֶת
מ שֵׁשׁ וְעָשִׂיתָ מִצְנֶפֶת שֵׁשׁ וְאַבְנֵט תַּעֲשֶׂה מַעֲשֵׂה רֹקֵם׃ וְלִבְנֵי
אַהֲרֹן תַּעֲשֶׂה כֻתֳּנֹת וְעָשִׂיתָ לָהֶם אַבְנֵטִים וּמִגְבָּעוֹת תַּעֲשֶׂה
מא לָהֶם לְכָבוֹד וּלְתִפְאָרֶת׃ וְהִלְבַּשְׁתָּ אֹתָם אֶת־אַהֲרֹן אָחִיךָ
וְאֶת־בָּנָיו אִתּוֹ וּמָשַׁחְתָּ אֹתָם וּמִלֵּאתָ אֶת־יָדָם וְקִדַּשְׁתָּ אֹתָם

מב וְכִהֲנוּ־לִי: וַעֲשֵׂה לָהֶם מִכְנְסֵי־בָד לְכַסּוֹת בְּשַׂר עֶרְוָה מִמָּתְנַיִם
מג וְעַד־יְרֵכַיִם יִהְיוּ: וְהָיוּ עַל־אַהֲרֹן וְעַל־בָּנָיו בְּבֹאָם ׀ אֶל־אֹהֶל
מוֹעֵד אוֹ בְגִשְׁתָּם אֶל־הַמִּזְבֵּחַ לְשָׁרֵת בַּקֹּדֶשׁ וְלֹא־יִשְׂאוּ עָוֺן
רביעי כב כט א וָמֵתוּ חֻקַּת עוֹלָם לוֹ וּלְזַרְעוֹ אַחֲרָיו: וְזֶה הַדָּבָר
אֲשֶׁר תַּעֲשֶׂה לָהֶם לְקַדֵּשׁ אֹתָם לְכַהֵן לִי לְקַח פַּר אֶחָד בֶּן־
ב בָּקָר וְאֵילִם שְׁנַיִם תְּמִימִם: וְלֶחֶם מַצּוֹת וְחַלֹּת מַצֹּת בְּלוּלֹת
בַּשֶּׁמֶן וּרְקִיקֵי מַצּוֹת מְשֻׁחִים בַּשָּׁמֶן סֹלֶת חִטִּים תַּעֲשֶׂה אֹתָם:
ג וְנָתַתָּ אוֹתָם עַל־סַל אֶחָד וְהִקְרַבְתָּ אֹתָם בַּסָּל וְאֶת־הַפָּר
ד וְאֵת שְׁנֵי הָאֵילִם: וְאֶת־אַהֲרֹן וְאֶת־בָּנָיו תַּקְרִיב אֶל־פֶּתַח אֹהֶל
ה מוֹעֵד וְרָחַצְתָּ אֹתָם בַּמָּיִם: וְלָקַחְתָּ אֶת־הַבְּגָדִים וְהִלְבַּשְׁתָּ
אֶת־אַהֲרֹן אֶת־הַכֻּתֹּנֶת וְאֵת מְעִיל הָאֵפֹד וְאֶת־הָאֵפֹד וְאֶת־
ו הַחֹשֶׁן וְאָפַדְתָּ לוֹ בְּחֵשֶׁב הָאֵפֹד: וְשַׂמְתָּ הַמִּצְנֶפֶת עַל־רֹאשׁוֹ
ז וְנָתַתָּ אֶת־נֵזֶר הַקֹּדֶשׁ עַל־הַמִּצְנָפֶת: וְלָקַחְתָּ אֶת־שֶׁמֶן
ח הַמִּשְׁחָה וְיָצַקְתָּ עַל־רֹאשׁוֹ וּמָשַׁחְתָּ אֹתוֹ: וְאֶת־בָּנָיו תַּקְרִיב
ט וְהִלְבַּשְׁתָּם כֻּתֳּנֹת: וְחָגַרְתָּ אֹתָם אַבְנֵט אַהֲרֹן וּבָנָיו וְחָבַשְׁתָּ
לָהֶם מִגְבָּעֹת וְהָיְתָה לָהֶם כְּהֻנָּה לְחֻקַּת עוֹלָם וּמִלֵּאתָ יַד־
י אַהֲרֹן וְיַד־בָּנָיו: וְהִקְרַבְתָּ אֶת־הַפָּר לִפְנֵי אֹהֶל מוֹעֵד וְסָמַךְ
יא אַהֲרֹן וּבָנָיו אֶת־יְדֵיהֶם עַל־רֹאשׁ הַפָּר: וְשָׁחַטְתָּ אֶת־הַפָּר
יב לִפְנֵי יְהוָה פֶּתַח אֹהֶל מוֹעֵד: וְלָקַחְתָּ מִדַּם הַפָּר וְנָתַתָּה עַל־
קַרְנֹת הַמִּזְבֵּחַ בְּאֶצְבָּעֶךָ וְאֶת־כָּל־הַדָּם תִּשְׁפֹּךְ אֶל־יְסוֹד
יג הַמִּזְבֵּחַ: וְלָקַחְתָּ אֶת־כָּל־הַחֵלֶב הַמְכַסֶּה אֶת־הַקֶּרֶב וְאֵת
הַיֹּתֶרֶת עַל־הַכָּבֵד וְאֵת שְׁתֵּי הַכְּלָיֹת וְאֶת־הַחֵלֶב אֲשֶׁר עֲלֵיהֶן
יד וְהִקְטַרְתָּ הַמִּזְבֵּחָה: וְאֶת־בְּשַׂר הַפָּר וְאֶת־עֹרוֹ וְאֶת־פִּרְשׁוֹ
טו תִּשְׂרֹף בָּאֵשׁ מִחוּץ לַמַּחֲנֶה חַטָּאת הוּא: וְאֶת־הָאַיִל הָאֶחָד
טז תִּקָּח וְסָמְכוּ אַהֲרֹן וּבָנָיו אֶת־יְדֵיהֶם עַל־רֹאשׁ הָאָיִל: וְשָׁחַטְתָּ
יז אֶת־הָאָיִל וְלָקַחְתָּ אֶת־דָּמוֹ וְזָרַקְתָּ עַל־הַמִּזְבֵּחַ סָבִיב: וְאֶת־
הָאַיִל תְּנַתֵּחַ לִנְתָחָיו וְרָחַצְתָּ קִרְבּוֹ וּכְרָעָיו וְנָתַתָּ עַל־נְתָחָיו

יח וְעַל־רֹאשׁוֹ׃ וְהִקְטַרְתָּ אֶת־כָּל־הָאַיִל הַמִּזְבֵּחָה עֹלָה הוּא
יט לַיהוָה רֵיחַ נִיחוֹחַ אִשֶּׁה לַיהוָה הוּא׃ וְלָקַחְתָּ אֵת הָאַיִל הַשֵּׁנִי חמישי
כ וְסָמַךְ אַהֲרֹן וּבָנָיו אֶת־יְדֵיהֶם עַל־רֹאשׁ הָאָיִל׃ וְשָׁחַטְתָּ אֶת־
הָאַיִל וְלָקַחְתָּ מִדָּמוֹ וְנָתַתָּה עַל־תְּנוּךְ אֹזֶן אַהֲרֹן וְעַל־תְּנוּךְ
אֹזֶן בָּנָיו הַיְמָנִית וְעַל־בֹּהֶן יָדָם הַיְמָנִית וְעַל־בֹּהֶן רַגְלָם
כא הַיְמָנִית וְזָרַקְתָּ אֶת־הַדָּם עַל־הַמִּזְבֵּחַ סָבִיב׃ וְלָקַחְתָּ מִן־הַדָּם
אֲשֶׁר עַל־הַמִּזְבֵּחַ וּמִשֶּׁמֶן הַמִּשְׁחָה וְהִזֵּיתָ עַל־אַהֲרֹן וְעַל־
בְּגָדָיו וְעַל־בָּנָיו וְעַל־בִּגְדֵי בָנָיו אִתּוֹ וְקָדַשׁ הוּא וּבְגָדָיו וּבָנָיו
כב וּבִגְדֵי בָנָיו אִתּוֹ׃ וְלָקַחְתָּ מִן־הָאַיִל הַחֵלֶב וְהָאַלְיָה וְאֶת־
הַחֵלֶב ׀ הַמְכַסֶּה אֶת־הַקֶּרֶב וְאֵת יֹתֶרֶת הַכָּבֵד וְאֵת ׀ שְׁתֵּי
הַכְּלָיֹת וְאֶת־הַחֵלֶב אֲשֶׁר עֲלֵיהֶן וְאֵת שׁוֹק הַיָּמִין כִּי אֵיל
כג מִלֻּאִים הוּא׃ וְכִכַּר לֶחֶם אַחַת וְחַלַּת לֶחֶם שֶׁמֶן אַחַת וְרָקִיק
כד אֶחָד מִסַּל הַמַּצּוֹת אֲשֶׁר לִפְנֵי יְהוָה׃ וְשַׂמְתָּ הַכֹּל עַל כַּפֵּי
כה אַהֲרֹן וְעַל כַּפֵּי בָנָיו וְהֵנַפְתָּ אֹתָם תְּנוּפָה לִפְנֵי יְהוָה׃ וְלָקַחְתָּ
אֹתָם מִיָּדָם וְהִקְטַרְתָּ הַמִּזְבֵּחָה עַל־הָעֹלָה לְרֵיחַ נִיחוֹחַ לִפְנֵי
כו יְהוָה אִשֶּׁה הוּא לַיהוָה׃ וְלָקַחְתָּ אֶת־הֶחָזֶה מֵאֵיל הַמִּלֻּאִים
אֲשֶׁר לְאַהֲרֹן וְהֵנַפְתָּ אֹתוֹ תְּנוּפָה לִפְנֵי יְהוָה וְהָיָה לְךָ לְמָנָה׃
כז וְקִדַּשְׁתָּ אֵת ׀ חֲזֵה הַתְּנוּפָה וְאֵת שׁוֹק הַתְּרוּמָה אֲשֶׁר הוּנַף
וַאֲשֶׁר הוּרָם מֵאֵיל הַמִּלֻּאִים מֵאֲשֶׁר לְאַהֲרֹן וּמֵאֲשֶׁר לְבָנָיו׃
כח וְהָיָה לְאַהֲרֹן וּלְבָנָיו לְחָק־עוֹלָם מֵאֵת בְּנֵי יִשְׂרָאֵל כִּי תְרוּמָה
הוּא וּתְרוּמָה יִהְיֶה מֵאֵת בְּנֵי־יִשְׂרָאֵל מִזִּבְחֵי שַׁלְמֵיהֶם
כט תְּרוּמָתָם לַיהוָה׃ וּבִגְדֵי הַקֹּדֶשׁ אֲשֶׁר לְאַהֲרֹן יִהְיוּ לְבָנָיו
ל אַחֲרָיו לְמָשְׁחָה בָהֶם וּלְמַלֵּא־בָם אֶת־יָדָם׃ שִׁבְעַת יָמִים
יִלְבָּשָׁם הַכֹּהֵן תַּחְתָּיו מִבָּנָיו אֲשֶׁר יָבֹא אֶל־אֹהֶל מוֹעֵד לְשָׁרֵת
לא בַּקֹּדֶשׁ׃ וְאֵת אֵיל הַמִּלֻּאִים תִּקָּח וּבִשַּׁלְתָּ אֶת־בְּשָׂרוֹ בְּמָקֹם
לב קָדֹשׁ׃ וְאָכַל אַהֲרֹן וּבָנָיו אֶת־בְּשַׂר הָאַיִל וְאֶת־הַלֶּחֶם אֲשֶׁר
לג בַּסָּל פֶּתַח אֹהֶל מוֹעֵד׃ וְאָכְלוּ אֹתָם אֲשֶׁר כֻּפַּר בָּהֶם לְמַלֵּא

לד אֶת־יָדָם לְקַדֵּשׁ אֹתָם וְזָר לֹא־יֹאכַל כִּי־קֹדֶשׁ הֵם׃ וְאִם־
יִוָּתֵר מִבְּשַׂר הַמִּלֻּאִים וּמִן־הַלֶּחֶם עַד־הַבֹּקֶר וְשָׂרַפְתָּ אֶת־
לה הַנּוֹתָר בָּאֵשׁ לֹא יֵאָכֵל כִּי־קֹדֶשׁ הוּא׃ וְעָשִׂיתָ לְאַהֲרֹן וּלְבָנָיו
לו כָּכָה כְּכֹל אֲשֶׁר־צִוִּיתִי אֹתָכָה שִׁבְעַת יָמִים תְּמַלֵּא יָדָם׃ וּפַר
חַטָּאת תַּעֲשֶׂה לַיּוֹם עַל־הַכִּפֻּרִים וְחִטֵּאתָ עַל־הַמִּזְבֵּחַ בְּכַפֶּרְךָ
לז עָלָיו וּמָשַׁחְתָּ אֹתוֹ לְקַדְּשׁוֹ׃ שִׁבְעַת יָמִים תְּכַפֵּר עַל־הַמִּזְבֵּחַ
וְקִדַּשְׁתָּ אֹתוֹ וְהָיָה הַמִּזְבֵּחַ קֹדֶשׁ קָדָשִׁים כָּל־הַנֹּגֵעַ בַּמִּזְבֵּחַ
ששי לח יִקְדָּשׁ׃ וְזֶה אֲשֶׁר תַּעֲשֶׂה עַל־הַמִּזְבֵּחַ כְּבָשִׂים
לט בְּנֵי־שָׁנָה שְׁנַיִם לַיּוֹם תָּמִיד׃ אֶת־הַכֶּבֶשׂ הָאֶחָד תַּעֲשֶׂה
מ בַבֹּקֶר וְאֵת הַכֶּבֶשׂ הַשֵּׁנִי תַּעֲשֶׂה בֵּין הָעַרְבָּיִם׃ וְעִשָּׂרֹן סֹלֶת
בָּלוּל בְּשֶׁמֶן כָּתִית רֶבַע הַהִין וְנֵסֶךְ רְבִיעִת הַהִין יָיִן לַכֶּבֶשׂ
מא הָאֶחָד׃ וְאֵת הַכֶּבֶשׂ הַשֵּׁנִי תַּעֲשֶׂה בֵּין הָעַרְבָּיִם כְּמִנְחַת
מב הַבֹּקֶר וּכְנִסְכָּהּ תַּעֲשֶׂה־לָּהּ לְרֵיחַ נִיחֹחַ אִשֶּׁה לַיהוה׃ עֹלַת
תָּמִיד לְדֹרֹתֵיכֶם פֶּתַח אֹהֶל־מוֹעֵד לִפְנֵי יהוה אֲשֶׁר אִוָּעֵד
מג לָכֶם שָׁמָּה לְדַבֵּר אֵלֶיךָ שָׁם׃ וְנֹעַדְתִּי שָׁמָּה לִבְנֵי יִשְׂרָאֵל
מד וְנִקְדַּשׁ בִּכְבֹדִי׃ וְקִדַּשְׁתִּי אֶת־אֹהֶל מוֹעֵד וְאֶת־הַמִּזְבֵּחַ
מה וְאֶת־אַהֲרֹן וְאֶת־בָּנָיו אֲקַדֵּשׁ לְכַהֵן לִי׃ וְשָׁכַנְתִּי בְּתוֹךְ בְּנֵי
מו יִשְׂרָאֵל וְהָיִיתִי לָהֶם לֵאלֹהִים׃ וְיָדְעוּ כִּי אֲנִי יהוה אֱלֹהֵיהֶם
אֲשֶׁר הוֹצֵאתִי אֹתָם מֵאֶרֶץ מִצְרַיִם לְשָׁכְנִי בְתוֹכָם אֲנִי יהוה
אֱלֹהֵיהֶם׃

שביעי כג ל א וְעָשִׂיתָ מִזְבֵּחַ מִקְטַר קְטֹרֶת עֲצֵי שִׁטִּים תַּעֲשֶׂה אֹתוֹ׃ אַמָּה
ב אָרְכּוֹ וְאַמָּה רָחְבּוֹ רָבוּעַ יִהְיֶה וְאַמָּתַיִם קֹמָתוֹ מִמֶּנּוּ קַרְנֹתָיו׃
ג וְצִפִּיתָ אֹתוֹ זָהָב טָהוֹר אֶת־גַּגּוֹ וְאֶת־קִירֹתָיו סָבִיב וְאֶת־
ד קַרְנֹתָיו וְעָשִׂיתָ לּוֹ זֵר זָהָב סָבִיב׃ וּשְׁתֵּי טַבְּעֹת זָהָב תַּעֲשֶׂה־
לּוֹ ׀ מִתַּחַת לְזֵרוֹ עַל שְׁתֵּי צַלְעֹתָיו תַּעֲשֶׂה עַל־שְׁנֵי צִדָּיו וְהָיָה
ה לְבָתִּים לְבַדִּים לָשֵׂאת אֹתוֹ בָּהֵמָּה׃ וְעָשִׂיתָ אֶת־הַבַּדִּים עֲצֵי
ו שִׁטִּים וְצִפִּיתָ אֹתָם זָהָב׃ וְנָתַתָּה אֹתוֹ לִפְנֵי הַפָּרֹכֶת אֲשֶׁר עַל־

אֲרֹן הָעֵדֻת לִפְנֵי הַכַּפֹּרֶת אֲשֶׁר עַל־הָעֵדֻת אֲשֶׁר אִוָּעֵד לְךָ
ז שָׁמָּה׃ וְהִקְטִיר עָלָיו אַהֲרֹן קְטֹרֶת סַמִּים בַּבֹּקֶר בַּבֹּקֶר בְּהֵיטִיבוֹ
ח אֶת־הַנֵּרֹת יַקְטִירֶנָּה׃ וּבְהַעֲלֹת אַהֲרֹן אֶת־הַנֵּרֹת בֵּין הָעַרְבַּיִם מפטיר
ט יַקְטִירֶנָּה קְטֹרֶת תָּמִיד לִפְנֵי יְהוָה לְדֹרֹתֵיכֶם׃ לֹא־תַעֲלוּ עָלָיו
י קְטֹרֶת זָרָה וְעֹלָה וּמִנְחָה וְנֵסֶךְ לֹא תִסְּכוּ עָלָיו׃ וְכִפֶּר אַהֲרֹן
עַל־קַרְנֹתָיו אַחַת בַּשָּׁנָה מִדַּם חַטַּאת הַכִּפֻּרִים אַחַת בַּשָּׁנָה
יְכַפֵּר עָלָיו לְדֹרֹתֵיכֶם קֹדֶשׁ־קָדָשִׁים הוּא לַיהוָה׃

יא יב וַיְדַבֵּר יְהוָה אֶל־מֹשֶׁה לֵּאמֹר׃ כִּי תִשָּׂא אֶת־רֹאשׁ בְּנֵי־יִשְׂרָאֵל כי תשא
לִפְקֻדֵיהֶם וְנָתְנוּ אִישׁ כֹּפֶר נַפְשׁוֹ לַיהוָה בִּפְקֹד אֹתָם וְלֹא־
יג יִהְיֶה בָהֶם נֶגֶף בִּפְקֹד אֹתָם׃ זֶה ׀ יִתְּנוּ כָּל־הָעֹבֵר עַל־הַפְּקֻדִים
מַחֲצִית הַשֶּׁקֶל בְּשֶׁקֶל הַקֹּדֶשׁ עֶשְׂרִים גֵּרָה הַשֶּׁקֶל מַחֲצִית
יד הַשֶּׁקֶל תְּרוּמָה לַיהוָה׃ כֹּל הָעֹבֵר עַל־הַפְּקֻדִים מִבֶּן עֶשְׂרִים
טו שָׁנָה וָמָעְלָה יִתֵּן תְּרוּמַת יְהוָה׃ הֶעָשִׁיר לֹא־יַרְבֶּה וְהַדַּל לֹא
יַמְעִיט מִמַּחֲצִית הַשָּׁקֶל לָתֵת אֶת־תְּרוּמַת יְהוָה לְכַפֵּר עַל־
טז נַפְשֹׁתֵיכֶם׃ וְלָקַחְתָּ אֶת־כֶּסֶף הַכִּפֻּרִים מֵאֵת בְּנֵי יִשְׂרָאֵל וְנָתַתָּ
אֹתוֹ עַל־עֲבֹדַת אֹהֶל מוֹעֵד וְהָיָה לִבְנֵי יִשְׂרָאֵל לְזִכָּרוֹן לִפְנֵי
יְהוָה לְכַפֵּר עַל־נַפְשֹׁתֵיכֶם׃

יז יח וַיְדַבֵּר יְהוָה אֶל־מֹשֶׁה לֵּאמֹר׃ וְעָשִׂיתָ כִּיּוֹר נְחֹשֶׁת וְכַנּוֹ נְחֹשֶׁת
לְרָחְצָה וְנָתַתָּ אֹתוֹ בֵּין־אֹהֶל מוֹעֵד וּבֵין הַמִּזְבֵּחַ וְנָתַתָּ שָׁמָּה
יט כ מָיִם׃ וְרָחֲצוּ אַהֲרֹן וּבָנָיו מִמֶּנּוּ אֶת־יְדֵיהֶם וְאֶת־רַגְלֵיהֶם׃ בְּבֹאָם
אֶל־אֹהֶל מוֹעֵד יִרְחֲצוּ־מַיִם וְלֹא יָמֻתוּ אוֹ בְגִשְׁתָּם אֶל־הַמִּזְבֵּחַ
כא לְשָׁרֵת לְהַקְטִיר אִשֶּׁה לַיהוָה׃ וְרָחֲצוּ יְדֵיהֶם וְרַגְלֵיהֶם וְלֹא
יָמֻתוּ וְהָיְתָה לָהֶם חָק־עוֹלָם לוֹ וּלְזַרְעוֹ לְדֹרֹתָם׃

כב כג וַיְדַבֵּר יְהוָה אֶל־מֹשֶׁה לֵּאמֹר׃ וְאַתָּה קַח־לְךָ בְּשָׂמִים רֹאשׁ
מָר־דְּרוֹר חֲמֵשׁ מֵאוֹת וְקִנְּמָן־בֶּשֶׂם מַחֲצִיתוֹ חֲמִשִּׁים וּמָאתָיִם
כד וּקְנֵה־בֹשֶׂם חֲמִשִּׁים וּמָאתָיִם׃ וְקִדָּה חֲמֵשׁ מֵאוֹת בְּשֶׁקֶל
כה הַקֹּדֶשׁ וְשֶׁמֶן זַיִת הִין׃ וְעָשִׂיתָ אֹתוֹ שֶׁמֶן מִשְׁחַת־קֹדֶשׁ רֹקַח

מִרְקַחַת מַעֲשֵׂה רֹקֵחַ שֶׁמֶן מִשְׁחַת־קֹדֶשׁ יִהְיֶה: וּמָשַׁחְתָּ בוֹ כו
אֶת־אֹהֶל מוֹעֵד וְאֵת אֲרוֹן הָעֵדֻת: וְאֶת־הַשֻּׁלְחָן וְאֶת־כָּל־ כז
כֵּלָיו וְאֶת־הַמְּנֹרָה וְאֶת־כֵּלֶיהָ וְאֵת מִזְבַּח הַקְּטֹרֶת: וְאֶת־ כח
מִזְבַּח הָעֹלָה וְאֶת־כָּל־כֵּלָיו וְאֶת־הַכִּיֹּר וְאֶת־כַּנּוֹ: וְקִדַּשְׁתָּ כט
אֹתָם וְהָיוּ קֹדֶשׁ קָדָשִׁים כָּל־הַנֹּגֵעַ בָּהֶם יִקְדָּשׁ: וְאֶת־אַהֲרֹן ל
וְאֶת־בָּנָיו תִּמְשָׁח וְקִדַּשְׁתָּ אֹתָם לְכַהֵן לִי: וְאֶל־בְּנֵי יִשְׂרָאֵל לא
תְּדַבֵּר לֵאמֹר שֶׁמֶן מִשְׁחַת־קֹדֶשׁ יִהְיֶה זֶה לִי לְדֹרֹתֵיכֶם: עַל־ לב
בְּשַׂר אָדָם לֹא יִיסָךְ וּבְמַתְכֻּנְתּוֹ לֹא תַעֲשׂוּ כָּמֹהוּ קֹדֶשׁ הוּא
קֹדֶשׁ יִהְיֶה לָכֶם: אִישׁ אֲשֶׁר יִרְקַח כָּמֹהוּ וַאֲשֶׁר יִתֵּן מִמֶּנּוּ לג
עַל־זָר וְנִכְרַת מֵעַמָּיו: וַיֹּאמֶר יהוה אֶל־מֹשֶׁה לד
קַח־לְךָ סַמִּים נָטָף ׀ וּשְׁחֵלֶת וְחֶלְבְּנָה סַמִּים וּלְבֹנָה זַכָּה בַּד
בְּבַד יִהְיֶה: וְעָשִׂיתָ אֹתָהּ קְטֹרֶת רֹקַח מַעֲשֵׂה רוֹקֵחַ מְמֻלָּח לה
טָהוֹר קֹדֶשׁ: וְשָׁחַקְתָּ מִמֶּנָּה הָדֵק וְנָתַתָּה מִמֶּנָּה לִפְנֵי הָעֵדֻת לו
בְּאֹהֶל מוֹעֵד אֲשֶׁר אִוָּעֵד לְךָ שָׁמָּה קֹדֶשׁ קָדָשִׁים תִּהְיֶה לָכֶם:
וְהַקְּטֹרֶת אֲשֶׁר תַּעֲשֶׂה בְּמַתְכֻּנְתָּהּ לֹא תַעֲשׂוּ לָכֶם קֹדֶשׁ לז
תִּהְיֶה לְךָ לַיהוה: אִישׁ אֲשֶׁר־יַעֲשֶׂה כָמוֹהָ לְהָרִיחַ בָּהּ וְנִכְרַת לח
כד מֵעַמָּיו: וַיְדַבֵּר יהוה אֶל־מֹשֶׁה לֵּאמֹר: רְאֵה לא א ב
קָרָאתִי בְשֵׁם בְּצַלְאֵל בֶּן־אוּרִי בֶן־חוּר לְמַטֵּה יְהוּדָה: וָאֲמַלֵּא ג
אֹתוֹ רוּחַ אֱלֹהִים בְּחָכְמָה וּבִתְבוּנָה וּבְדַעַת וּבְכָל־מְלָאכָה:
לַחְשֹׁב מַחֲשָׁבֹת לַעֲשׂוֹת בַּזָּהָב וּבַכֶּסֶף וּבַנְּחֹשֶׁת: וּבַחֲרֹשֶׁת ד ה
אֶבֶן לְמַלֹּאת וּבַחֲרֹשֶׁת עֵץ לַעֲשׂוֹת בְּכָל־מְלָאכָה: וַאֲנִי הִנֵּה ו
נָתַתִּי אִתּוֹ אֵת אָהֳלִיאָב בֶּן־אֲחִיסָמָךְ לְמַטֵּה־דָן וּבְלֵב כָּל־
חֲכַם־לֵב נָתַתִּי חָכְמָה וְעָשׂוּ אֵת כָּל־אֲשֶׁר צִוִּיתִךָ: אֵת ׀ אֹהֶל ז
מוֹעֵד וְאֶת־הָאָרֹן לָעֵדֻת וְאֶת־הַכַּפֹּרֶת אֲשֶׁר עָלָיו וְאֵת כָּל־
כְּלֵי הָאֹהֶל: וְאֶת־הַשֻּׁלְחָן וְאֶת־כֵּלָיו וְאֶת־הַמְּנֹרָה הַטְּהֹרָה ח
וְאֶת־כָּל־כֵּלֶיהָ וְאֵת מִזְבַּח הַקְּטֹרֶת: וְאֵת מִזְבַּח הָעֹלָה ט
וְאֶת־כָּל־כֵּלָיו וְאֶת־הַכִּיּוֹר וְאֶת־כַּנּוֹ: וְאֵת בִּגְדֵי הַשְּׂרָד וְאֶת־ י

יא בִּגְדֵי הַקֹּדֶשׁ לְאַהֲרֹן הַכֹּהֵן וְאֶת־בִּגְדֵי בָנָיו לְכַהֵן: וְאֵת שֶׁמֶן
הַמִּשְׁחָה וְאֶת־קְטֹרֶת הַסַּמִּים לַקֹּדֶשׁ כְּכֹל אֲשֶׁר־צִוִּיתִךָ
יַעֲשׂוּ:
יב יג וַיֹּאמֶר יְהוָה אֶל־מֹשֶׁה לֵּאמֹר: וְאַתָּה דַּבֵּר אֶל־בְּנֵי יִשְׂרָאֵל
לֵאמֹר אַךְ אֶת־שַׁבְּתֹתַי תִּשְׁמֹרוּ כִּי אוֹת הִוא בֵּינִי וּבֵינֵיכֶם
יד לְדֹרֹתֵיכֶם לָדַעַת כִּי אֲנִי יְהוָה מְקַדִּשְׁכֶם: וּשְׁמַרְתֶּם אֶת־
הַשַּׁבָּת כִּי קֹדֶשׁ הִוא לָכֶם מְחַלְלֶיהָ מוֹת יוּמָת כִּי כָּל־הָעֹשֶׂה
טו בָהּ מְלָאכָה וְנִכְרְתָה הַנֶּפֶשׁ הַהִוא מִקֶּרֶב עַמֶּיהָ: שֵׁשֶׁת יָמִים
יֵעָשֶׂה מְלָאכָה וּבַיּוֹם הַשְּׁבִיעִי שַׁבַּת שַׁבָּתוֹן קֹדֶשׁ לַיהוָה
טז כָּל־הָעֹשֶׂה מְלָאכָה בְּיוֹם הַשַּׁבָּת מוֹת יוּמָת: וְשָׁמְרוּ
בְנֵי־יִשְׂרָאֵל אֶת־הַשַּׁבָּת לַעֲשׂוֹת אֶת־הַשַּׁבָּת לְדֹרֹתָם בְּרִית
יז עוֹלָם: בֵּינִי וּבֵין בְּנֵי יִשְׂרָאֵל אוֹת הִוא לְעֹלָם כִּי־שֵׁשֶׁת יָמִים
עָשָׂה יְהוָה אֶת־הַשָּׁמַיִם וְאֶת־הָאָרֶץ וּבַיּוֹם הַשְּׁבִיעִי שָׁבַת
יח וַיִּנָּפַשׁ: וַיִּתֵּן אֶל־מֹשֶׁה כְּכַלֹּתוֹ לְדַבֵּר אִתּוֹ שני
בְּהַר סִינַי שְׁנֵי לֻחֹת הָעֵדֻת לֻחֹת אֶבֶן כְּתֻבִים בְּאֶצְבַּע אֱלֹהִים:
לב א וַיַּרְא הָעָם כִּי־בֹשֵׁשׁ מֹשֶׁה לָרֶדֶת מִן־הָהָר וַיִּקָּהֵל הָעָם עַל־
אַהֲרֹן וַיֹּאמְרוּ אֵלָיו קוּם ׀ עֲשֵׂה־לָנוּ אֱלֹהִים אֲשֶׁר יֵלְכוּ לְפָנֵינוּ
כִּי־זֶה ׀ מֹשֶׁה הָאִישׁ אֲשֶׁר הֶעֱלָנוּ מֵאֶרֶץ מִצְרַיִם לֹא יָדַעְנוּ
ב מֶה־הָיָה לוֹ: וַיֹּאמֶר אֲלֵהֶם אַהֲרֹן פָּרְקוּ נִזְמֵי הַזָּהָב אֲשֶׁר
ג בְּאָזְנֵי נְשֵׁיכֶם בְּנֵיכֶם וּבְנֹתֵיכֶם וְהָבִיאוּ אֵלָי: וַיִּתְפָּרְקוּ כָּל־
ד הָעָם אֶת־נִזְמֵי הַזָּהָב אֲשֶׁר בְּאָזְנֵיהֶם וַיָּבִיאוּ אֶל־אַהֲרֹן: וַיִּקַּח
מִיָּדָם וַיָּצַר אֹתוֹ בַּחֶרֶט וַיַּעֲשֵׂהוּ עֵגֶל מַסֵּכָה וַיֹּאמְרוּ אֵלֶּה
ה אֱלֹהֶיךָ יִשְׂרָאֵל אֲשֶׁר הֶעֱלוּךָ מֵאֶרֶץ מִצְרָיִם: וַיַּרְא אַהֲרֹן וַיִּבֶן
ו מִזְבֵּחַ לְפָנָיו וַיִּקְרָא אַהֲרֹן וַיֹּאמַר חַג לַיהוָה מָחָר: וַיַּשְׁכִּימוּ
מִמָּחֳרָת וַיַּעֲלוּ עֹלֹת וַיַּגִּשׁוּ שְׁלָמִים וַיֵּשֶׁב הָעָם לֶאֱכֹל וְשָׁתוֹ
וַיָּקֻמוּ לְצַחֵק:
ז וַיְדַבֵּר יְהוָה אֶל־מֹשֶׁה לֶךְ־רֵד כִּי שִׁחֵת עַמְּךָ אֲשֶׁר הֶעֱלֵיתָ

מֵאֶ֥רֶץ מִצְרָֽיִם׃ סָ֣רוּ מַהֵ֗ר מִן־הַדֶּ֙רֶךְ֙ אֲשֶׁ֣ר צִוִּיתִ֔ם עָשׂ֣וּ לָהֶ֔ם ח
עֵ֖גֶל מַסֵּכָ֑ה וַיִּשְׁתַּחֲווּ־לוֹ֙ וַיִּזְבְּחוּ־ל֔וֹ וַיֹּ֣אמְר֔וּ אֵ֤לֶּה אֱלֹהֶ֙יךָ֙
יִשְׂרָאֵ֔ל אֲשֶׁ֥ר הֶעֱל֖וּךָ מֵאֶ֥רֶץ מִצְרָֽיִם׃ וַיֹּ֥אמֶר יְהוָ֖ה אֶל־מֹשֶׁ֑ה ט
רָאִ֙יתִי֙ אֶת־הָעָ֣ם הַזֶּ֔ה וְהִנֵּ֥ה עַם־קְשֵׁה־עֹ֖רֶף הֽוּא׃ וְעַתָּה֙ הַנִּ֣יחָה י
לִּ֔י וְיִֽחַר־אַפִּ֥י בָהֶ֖ם וַאֲכַלֵּ֑ם וְאֶעֱשֶׂ֥ה אוֹתְךָ֖ לְג֥וֹי גָּדֽוֹל׃ וַיְחַ֣ל מֹשֶׁ֔ה יא
אֶת־פְּנֵ֖י יְהוָ֣ה אֱלֹהָ֑יו וַיֹּ֗אמֶר לָמָ֤ה יְהוָה֙ יֶחֱרֶ֤ה אַפְּךָ֙ בְּעַמֶּ֔ךָ אֲשֶׁ֤ר
הוֹצֵ֙אתָ֙ מֵאֶ֣רֶץ מִצְרַ֔יִם בְּכֹ֥חַ גָּד֖וֹל וּבְיָ֥ד חֲזָקָֽה׃ לָ֩מָּה֩ יֹאמְר֨וּ יב
מִצְרַ֜יִם לֵאמֹ֗ר בְּרָעָ֤ה הֽוֹצִיאָם֙ לַהֲרֹ֤ג אֹתָם֙ בֶּֽהָרִ֔ים וּ֨לְכַלֹּתָ֔ם
מֵעַ֖ל פְּנֵ֣י הָאֲדָמָ֑ה שׁ֚וּב מֵחֲר֣וֹן אַפֶּ֔ךָ וְהִנָּחֵ֥ם עַל־הָרָעָ֖ה לְעַמֶּֽךָ׃
זְכֹ֡ר לְאַבְרָהָם֩ לְיִצְחָ֨ק וּלְיִשְׂרָאֵ֜ל עֲבָדֶ֗יךָ אֲשֶׁ֨ר נִשְׁבַּ֣עְתָּ לָהֶם֮ יג
בָּךְ֒ וַתְּדַבֵּ֣ר אֲלֵהֶ֔ם אַרְבֶּה֙ אֶֽת־זַרְעֲכֶ֔ם כְּכוֹכְבֵ֖י הַשָּׁמָ֑יִם וְכָל־
הָאָ֨רֶץ הַזֹּ֜את אֲשֶׁ֣ר אָמַ֗רְתִּי אֶתֵּן֙ לְזַרְעֲכֶ֔ם וְנָחֲל֖וּ לְעֹלָֽם׃ וַיִּנָּ֖חֶם יד
יְהוָ֑ה עַל־הָ֣רָעָ֔ה אֲשֶׁ֥ר דִּבֶּ֖ר לַעֲשׂ֥וֹת לְעַמּֽוֹ׃

כה וַיִּ֜פֶן וַיֵּ֤רֶד מֹשֶׁה֙ מִן־הָהָ֔ר וּשְׁנֵ֛י לֻחֹ֥ת הָעֵדֻ֖ת בְּיָד֑וֹ לֻחֹ֗ת כְּתֻבִים֙ טו
מִשְּׁנֵ֣י עֶבְרֵיהֶ֔ם מִזֶּ֥ה וּמִזֶּ֖ה הֵ֥ם כְּתֻבִֽים׃ וְהַ֨לֻּחֹ֔ת מַעֲשֵׂ֥ה אֱלֹהִ֖ים טז
הֵ֑מָּה וְהַמִּכְתָּ֗ב מִכְתַּ֤ב אֱלֹהִים֙ ה֔וּא חָר֖וּת עַל־הַלֻּחֹֽת׃ וַיִּשְׁמַ֧ע יז
יְהוֹשֻׁ֛עַ אֶת־ק֥וֹל הָעָ֖ם בְּרֵעֹ֑ה וַיֹּ֙אמֶר֙ אֶל־מֹשֶׁ֔ה ק֥וֹל מִלְחָמָ֖ה
בַּֽמַּחֲנֶֽה׃ וַיֹּ֗אמֶר אֵ֥ין קוֹל֙ עֲנ֣וֹת גְּבוּרָ֔ה וְאֵ֥ין ק֖וֹל עֲנ֣וֹת חֲלוּשָׁ֑ה יח
ק֣וֹל עַנּ֔וֹת אָנֹכִ֖י שֹׁמֵֽעַ׃ וַיְהִ֗י כַּאֲשֶׁ֤ר קָרַב֙ אֶל־הַֽמַּחֲנֶ֔ה וַיַּ֥רְא יט
אֶת־הָעֵ֖גֶל וּמְחֹלֹ֑ת וַיִּֽחַר־אַ֣ף מֹשֶׁ֗ה וַיַּשְׁלֵ֤ךְ מִיָּדָו֙ אֶת־הַלֻּחֹ֔ת
וַיְשַׁבֵּ֥ר אֹתָ֖ם תַּ֥חַת הָהָֽר׃ וַיִּקַּ֞ח אֶת־הָעֵ֨גֶל אֲשֶׁ֤ר עָשׂוּ֙ וַיִּשְׂרֹ֣ף כ
בָּאֵ֔שׁ וַיִּטְחַ֖ן עַ֣ד אֲשֶׁר־דָּ֑ק וַיִּ֙זֶר֙ עַל־פְּנֵ֣י הַמַּ֔יִם וַיַּ֖שְׁקְ אֶת־בְּנֵ֥י
יִשְׂרָאֵֽל׃ וַיֹּ֤אמֶר מֹשֶׁה֙ אֶֽל־אַהֲרֹ֔ן מֶֽה־עָשָׂ֥ה לְךָ֖ הָעָ֣ם הַזֶּ֑ה כא
כִּֽי־הֵבֵ֥אתָ עָלָ֖יו חֲטָאָ֥ה גְדֹלָֽה׃ וַיֹּ֣אמֶר אַהֲרֹ֔ן אַל־יִ֥חַר אַ֖ף כב
אֲדֹנִ֑י אַתָּה֙ יָדַ֣עְתָּ אֶת־הָעָ֔ם כִּ֥י בְרָ֖ע הֽוּא׃ וַיֹּ֣אמְרוּ לִ֔י עֲשֵׂה־ כג
לָ֣נוּ אֱלֹהִ֔ים אֲשֶׁ֥ר יֵלְכ֖וּ לְפָנֵ֑ינוּ כִּי־זֶ֣ה ׀ מֹשֶׁ֣ה הָאִ֗ישׁ אֲשֶׁ֤ר
הֶֽעֱלָ֙נוּ֙ מֵאֶ֣רֶץ מִצְרַ֔יִם לֹ֥א יָדַ֖עְנוּ מֶה־הָ֥יָה לֽוֹ׃ וָאֹמַ֤ר לָהֶם֙ כד

למי זהב התפרקו ויתנו־לי ואשלכהו באש ויצא העגל
כה הזה: וירא משה את־העם כי פרע הוא כי־פרעה אהרן
כו לשמצה בקמיהם: ויעמד משה בשער המחנה ויאמר מי
כז ליהוה אלי ויאספו אליו כל־בני לוי: ויאמר להם כה־אמר
יהוה אלהי ישראל שימו איש־חרבו על־ירכו עברו ושובו
משער לשער במחנה והרגו איש־את־אחיו ואיש את־רעהו
כח ואיש את־קרבו: ויעשו בני־לוי כדבר משה ויפל מן־העם
כט ביום ההוא כשלשת אלפי איש: ויאמר משה מלאו ידכם
היום ליהוה כי איש בבנו ובאחיו ולתת עליכם היום ברכה:
ל ויהי ממחרת ויאמר משה אל־העם אתם חטאתם חטאה
גדלה ועתה אעלה אל־יהוה אולי אכפרה בעד חטאתכם:
לא וישב משה אל־יהוה ויאמר אנא חטא העם הזה חטאה גדלה
לב ויעשו להם אלהי זהב: ועתה אם־תשא חטאתם ואם־אין
לג מחני נא מספרך אשר כתבת: ויאמר יהוה אל־משה מי
לד אשר חטא־לי אמחנו מספרי: ועתה לך ׀ נחה את־העם אל
אשר־דברתי לך הנה מלאכי ילך לפניך וביום פקדי ופקדתי
לה עלהם חטאתם: ויגף יהוה את־העם על אשר עשו את־
לג א העגל אשר עשה אהרן: וידבר יהוה אל־משה
לך עלה מזה אתה והעם אשר העלית מארץ מצרים אל־
הארץ אשר נשבעתי לאברהם ליצחק וליעקב לאמר
ב לזרעך אתננה: ושלחתי לפניך מלאך וגרשתי את־הכנעני
ג האמרי והחתי והפרזי החוי והיבוסי: אל־ארץ זבת חלב
ודבש כי לא אעלה בקרבך כי עם־קשה־ערף אתה פן־
ד אכלך בדרך: וישמע העם את־הדבר הרע הזה ויתאבלו
ה ולא־שתו איש עדיו עליו: ויאמר יהוה אל־משה אמר אל־
בני־ישראל אתם עם־קשה־ערף רגע אחד אעלה בקרבך
וכליתיך ועתה הורד עדיך מעליך ואדעה מה אעשה־לך:

ו ז וַיִּתְנַצְּלוּ בְנֵי־יִשְׂרָאֵל אֶת־עֶדְיָם מֵהַר חוֹרֵב׃ וּמֹשֶׁה יִקַּח
אֶת־הָאֹהֶל וְנָטָה־לוֹ ׀ מִחוּץ לַמַּחֲנֶה הַרְחֵק מִן־הַמַּחֲנֶה וְקָרָא
לוֹ אֹהֶל מוֹעֵד וְהָיָה כָּל־מְבַקֵּשׁ יהוה יֵצֵא אֶל־אֹהֶל מוֹעֵד
ח אֲשֶׁר מִחוּץ לַמַּחֲנֶה׃ וְהָיָה כְּצֵאת מֹשֶׁה אֶל־הָאֹהֶל יָקוּמוּ
כָּל־הָעָם וְנִצְּבוּ אִישׁ פֶּתַח אָהֳלוֹ וְהִבִּיטוּ אַחֲרֵי מֹשֶׁה עַד־
ט בֹּאוֹ הָאֹהֱלָה׃ וְהָיָה כְּבֹא מֹשֶׁה הָאֹהֱלָה יֵרֵד עַמּוּד הֶעָנָן
י וְעָמַד פֶּתַח הָאֹהֶל וְדִבֶּר עִם־מֹשֶׁה׃ וְרָאָה כָל־הָעָם אֶת־
עַמּוּד הֶעָנָן עֹמֵד פֶּתַח הָאֹהֶל וְקָם כָּל־הָעָם וְהִשְׁתַּחֲווּ אִישׁ
יא פֶּתַח אָהֳלוֹ׃ וְדִבֶּר יהוה אֶל־מֹשֶׁה פָּנִים אֶל־פָּנִים כַּאֲשֶׁר
יְדַבֵּר אִישׁ אֶל־רֵעֵהוּ וְשָׁב אֶל־הַמַּחֲנֶה וּמְשָׁרְתוֹ יְהוֹשֻׁעַ בִּן־
נוּן נַעַר לֹא יָמִישׁ מִתּוֹךְ הָאֹהֶל׃

שלישי
יב וַיֹּאמֶר מֹשֶׁה אֶל־יהוה רְאֵה אַתָּה אֹמֵר אֵלַי הַעַל אֶת־הָעָם
הַזֶּה וְאַתָּה לֹא הוֹדַעְתַּנִי אֵת אֲשֶׁר־תִּשְׁלַח עִמִּי וְאַתָּה אָמַרְתָּ
יג יְדַעְתִּיךָ בְשֵׁם וְגַם־מָצָאתָ חֵן בְּעֵינָי׃ וְעַתָּה אִם־נָא מָצָאתִי
חֵן בְּעֵינֶיךָ הוֹדִעֵנִי נָא אֶת־דְּרָכֶךָ וְאֵדָעֲךָ לְמַעַן אֶמְצָא־חֵן
יד בְּעֵינֶיךָ וּרְאֵה כִּי עַמְּךָ הַגּוֹי הַזֶּה׃ וַיֹּאמַר פָּנַי יֵלֵכוּ וַהֲנִחֹתִי
טו לָךְ׃ וַיֹּאמֶר אֵלָיו אִם־אֵין פָּנֶיךָ הֹלְכִים אַל־תַּעֲלֵנוּ מִזֶּה׃
טז וּבַמֶּה ׀ יִוָּדַע אֵפוֹא כִּי־מָצָאתִי חֵן בְּעֵינֶיךָ אֲנִי וְעַמֶּךָ הֲלוֹא
בְּלֶכְתְּךָ עִמָּנוּ וְנִפְלֵינוּ אֲנִי וְעַמְּךָ מִכָּל־הָעָם אֲשֶׁר עַל־פְּנֵי
הָאֲדָמָה׃

רביעי
יז וַיֹּאמֶר יהוה אֶל־מֹשֶׁה גַּם אֶת־הַדָּבָר הַזֶּה אֲשֶׁר דִּבַּרְתָּ אֶעֱשֶׂה
יח כִּי־מָצָאתָ חֵן בְּעֵינַי וָאֵדָעֲךָ בְּשֵׁם׃ וַיֹּאמַר הַרְאֵנִי נָא אֶת־
יט כְּבֹדֶךָ׃ וַיֹּאמֶר אֲנִי אַעֲבִיר כָּל־טוּבִי עַל־פָּנֶיךָ וְקָרָאתִי בְשֵׁם
יהוה לְפָנֶיךָ וְחַנֹּתִי אֶת־אֲשֶׁר אָחֹן וְרִחַמְתִּי אֶת־אֲשֶׁר אֲרַחֵם׃
כ וַיֹּאמֶר לֹא תוּכַל לִרְאֹת אֶת־פָּנָי כִּי לֹא־יִרְאַנִי הָאָדָם וָחָי׃
כא כב וַיֹּאמֶר יהוה הִנֵּה מָקוֹם אִתִּי וְנִצַּבְתָּ עַל־הַצּוּר׃ וְהָיָה בַּעֲבֹר
כְּבֹדִי וְשַׂמְתִּיךָ בְּנִקְרַת הַצּוּר וְשַׂכֹּתִי כַפִּי עָלֶיךָ עַד־עָבְרִי׃

כג וַהֲסִרֹתִי אֶת־כַּפִּי וְרָאִיתָ אֶת־אֲחֹרָי וּפָנַי לֹא יֵרָאוּ׃
לד א וַיֹּאמֶר יהוה אֶל־מֹשֶׁה פְּסָל־לְךָ שְׁנֵי־לֻחֹת אֲבָנִים כָּרִאשֹׁנִים חמישי
וְכָתַבְתִּי עַל־הַלֻּחֹת אֶת־הַדְּבָרִים אֲשֶׁר הָיוּ עַל־הַלֻּחֹת
ב הָרִאשֹׁנִים אֲשֶׁר שִׁבַּרְתָּ׃ וֶהְיֵה נָכוֹן לַבֹּקֶר וְעָלִיתָ בַבֹּקֶר אֶל־
ג הַר סִינַי וְנִצַּבְתָּ לִי שָׁם עַל־רֹאשׁ הָהָר׃ וְאִישׁ לֹא־יַעֲלֶה עִמָּךְ
וְגַם־אִישׁ אַל־יֵרָא בְּכָל־הָהָר גַּם־הַצֹּאן וְהַבָּקָר אַל־יִרְעוּ אֶל־
ד מוּל הָהָר הַהוּא׃ וַיִּפְסֹל שְׁנֵי־לֻחֹת אֲבָנִים כָּרִאשֹׁנִים וַיַּשְׁכֵּם
מֹשֶׁה בַבֹּקֶר וַיַּעַל אֶל־הַר סִינַי כַּאֲשֶׁר צִוָּה יהוה אֹתוֹ וַיִּקַּח
ה בְּיָדוֹ שְׁנֵי לֻחֹת אֲבָנִים׃ וַיֵּרֶד יהוה בֶּעָנָן וַיִּתְיַצֵּב עִמּוֹ שָׁם
ו וַיִּקְרָא בְשֵׁם יהוה׃ וַיַּעֲבֹר יהוה ׀ עַל־פָּנָיו וַיִּקְרָא יהוה ׀ יהוה
ז אֵל רַחוּם וְחַנּוּן אֶרֶךְ אַפַּיִם וְרַב־חֶסֶד וֶאֱמֶת׃ נֹצֵר חֶסֶד
לָאֲלָפִים נֹשֵׂא עָוֺן וָפֶשַׁע וְחַטָּאָה וְנַקֵּה לֹא יְנַקֶּה פֹּקֵד ׀ עֲוֺן
ח אָבוֹת עַל־בָּנִים וְעַל־בְּנֵי בָנִים עַל־שִׁלֵּשִׁים וְעַל־רִבֵּעִים׃ וַיְמַהֵר
ט מֹשֶׁה וַיִּקֹּד אַרְצָה וַיִּשְׁתָּחוּ׃ וַיֹּאמֶר אִם־נָא מָצָאתִי חֵן בְּעֵינֶיךָ
אֲדֹנָי יֵלֶךְ־נָא אֲדֹנָי בְּקִרְבֵּנוּ כִּי עַם־קְשֵׁה־עֹרֶף הוּא וְסָלַחְתָּ
י לַעֲוֺנֵנוּ וּלְחַטָּאתֵנוּ וּנְחַלְתָּנוּ׃ וַיֹּאמֶר הִנֵּה אָנֹכִי כֹּרֵת בְּרִית ששי
נֶגֶד כָּל־עַמְּךָ אֶעֱשֶׂה נִפְלָאֹת אֲשֶׁר לֹא־נִבְרְאוּ בְכָל־הָאָרֶץ
וּבְכָל־הַגּוֹיִם וְרָאָה כָל־הָעָם אֲשֶׁר־אַתָּה בְקִרְבּוֹ אֶת־מַעֲשֵׂה
יא יהוה כִּי־נוֹרָא הוּא אֲשֶׁר אֲנִי עֹשֶׂה עִמָּךְ׃ שְׁמָר־לְךָ אֵת אֲשֶׁר
אָנֹכִי מְצַוְּךָ הַיּוֹם הִנְנִי גֹרֵשׁ מִפָּנֶיךָ אֶת־הָאֱמֹרִי וְהַכְּנַעֲנִי וְהַחִתִּי
יב וְהַפְּרִזִּי וְהַחִוִּי וְהַיְבוּסִי׃ הִשָּׁמֶר לְךָ פֶּן־תִּכְרֹת בְּרִית לְיוֹשֵׁב
יג הָאָרֶץ אֲשֶׁר אַתָּה בָּא עָלֶיהָ פֶּן־יִהְיֶה לְמוֹקֵשׁ בְּקִרְבֶּךָ׃ כִּי
אֶת־מִזְבְּחֹתָם תִּתֹּצוּן וְאֶת־מַצֵּבֹתָם תְּשַׁבֵּרוּן וְאֶת־אֲשֵׁרָיו
יד תִּכְרֹתוּן׃ כִּי לֹא תִשְׁתַּחֲוֶה לְאֵל אַחֵר כִּי יהוה קַנָּא שְׁמוֹ אֵל
טו קַנָּא הוּא׃ פֶּן־תִּכְרֹת בְּרִית לְיוֹשֵׁב הָאָרֶץ וְזָנוּ ׀ אַחֲרֵי אֱלֹהֵיהֶם
טז וְזָבְחוּ לֵאלֹהֵיהֶם וְקָרָא לְךָ וְאָכַלְתָּ מִזִּבְחוֹ׃ וְלָקַחְתָּ מִבְּנֹתָיו
לְבָנֶיךָ וְזָנוּ בְנֹתָיו אַחֲרֵי אֱלֹהֵיהֶן וְהִזְנוּ אֶת־בָּנֶיךָ אַחֲרֵי אֱלֹהֵיהֶן׃

אֱלֹהֵי מַסֵּכָה לֹא תַעֲשֶׂה־לָּךְ׃ אֶת־חַג הַמַּצּוֹת תִּשְׁמֹר שִׁבְעַת יז יח
יָמִים תֹּאכַל מַצּוֹת אֲשֶׁר צִוִּיתִךָ לְמוֹעֵד חֹדֶשׁ הָאָבִיב כִּי בְּחֹדֶשׁ
הָאָבִיב יָצָאתָ מִמִּצְרָיִם׃ כָּל־פֶּטֶר רֶחֶם לִי וְכָל־מִקְנְךָ תִּזָּכָר יט
פֶּטֶר שׁוֹר וָשֶׂה׃ וּפֶטֶר חֲמוֹר תִּפְדֶּה בְשֶׂה וְאִם־לֹא תִפְדֶּה כ
וַעֲרַפְתּוֹ כֹּל בְּכוֹר בָּנֶיךָ תִּפְדֶּה וְלֹא־יֵרָאוּ פָנַי רֵיקָם׃ שֵׁשֶׁת כא
יָמִים תַּעֲבֹד וּבַיּוֹם הַשְּׁבִיעִי תִּשְׁבֹּת בֶּחָרִישׁ וּבַקָּצִיר תִּשְׁבֹּת׃
וְחַג שָׁבֻעֹת תַּעֲשֶׂה לְךָ בִּכּוּרֵי קְצִיר חִטִּים וְחַג הָאָסִיף תְּקוּפַת כב
הַשָּׁנָה׃ שָׁלֹשׁ פְּעָמִים בַּשָּׁנָה יֵרָאֶה כָּל־זְכוּרְךָ אֶת־פְּנֵי הָאָדֹן ׀ כג
יהוה אֱלֹהֵי יִשְׂרָאֵל׃ כִּי־אוֹרִישׁ גּוֹיִם מִפָּנֶיךָ וְהִרְחַבְתִּי אֶת־ כד
גְּבֻלֶךָ וְלֹא־יַחְמֹד אִישׁ אֶת־אַרְצְךָ בַּעֲלֹתְךָ לֵרָאוֹת אֶת־פְּנֵי יהוה
אֱלֹהֶיךָ שָׁלֹשׁ פְּעָמִים בַּשָּׁנָה׃ לֹא־תִשְׁחַט עַל־חָמֵץ דַּם־זִבְחִי כה
וְלֹא־יָלִין לַבֹּקֶר זֶבַח חַג הַפָּסַח׃ רֵאשִׁית בִּכּוּרֵי אַדְמָתְךָ תָּבִיא כו
בֵּית יהוה אֱלֹהֶיךָ לֹא־תְבַשֵּׁל גְּדִי בַּחֲלֵב אִמּוֹ׃
שביעי כו וַיֹּאמֶר יהוה אֶל־מֹשֶׁה כְּתָב־לְךָ אֶת־הַדְּבָרִים הָאֵלֶּה כִּי עַל־ כז
פִּי ׀ הַדְּבָרִים הָאֵלֶּה כָּרַתִּי אִתְּךָ בְּרִית וְאֶת־יִשְׂרָאֵל׃ וַיְהִי־שָׁם כח
עִם־יהוה אַרְבָּעִים יוֹם וְאַרְבָּעִים לַיְלָה לֶחֶם לֹא אָכַל וּמַיִם
לֹא שָׁתָה וַיִּכְתֹּב עַל־הַלֻּחֹת אֵת דִּבְרֵי הַבְּרִית עֲשֶׂרֶת הַדְּבָרִים׃
וַיְהִי בְּרֶדֶת מֹשֶׁה מֵהַר סִינַי וּשְׁנֵי לֻחֹת הָעֵדֻת בְּיַד־מֹשֶׁה בְּרִדְתּוֹ כט
מִן־הָהָר וּמֹשֶׁה לֹא־יָדַע כִּי קָרַן עוֹר פָּנָיו בְּדַבְּרוֹ אִתּוֹ׃ וַיַּרְא ל
אַהֲרֹן וְכָל־בְּנֵי יִשְׂרָאֵל אֶת־מֹשֶׁה וְהִנֵּה קָרַן עוֹר פָּנָיו וַיִּירְאוּ
מִגֶּשֶׁת אֵלָיו׃ וַיִּקְרָא אֲלֵהֶם מֹשֶׁה וַיָּשֻׁבוּ אֵלָיו אַהֲרֹן וְכָל־ לא
הַנְּשִׂאִים בָּעֵדָה וַיְדַבֵּר מֹשֶׁה אֲלֵהֶם׃ וְאַחֲרֵי־כֵן נִגְּשׁוּ כָּל־בְּנֵי לב
מפטיר יִשְׂרָאֵל וַיְצַוֵּם אֵת כָּל־אֲשֶׁר דִּבֶּר יהוה אִתּוֹ בְּהַר סִינָי׃ וַיְכַל לג
מֹשֶׁה מִדַּבֵּר אִתָּם וַיִּתֵּן עַל־פָּנָיו מַסְוֶה׃ וּבְבֹא מֹשֶׁה לִפְנֵי לד
יהוה לְדַבֵּר אִתּוֹ יָסִיר אֶת־הַמַּסְוֶה עַד־צֵאתוֹ וְיָצָא וְדִבֶּר אֶל־
בְּנֵי יִשְׂרָאֵל אֵת אֲשֶׁר יְצֻוֶּה׃ וְרָאוּ בְנֵי־יִשְׂרָאֵל אֶת־פְּנֵי מֹשֶׁה לה
כִּי קָרַן עוֹר פְּנֵי מֹשֶׁה וְהֵשִׁיב מֹשֶׁה אֶת־הַמַּסְוֶה עַל־פָּנָיו עַד־

א בֹּא֖וֹ לְדַבֵּ֥ר אִתּֽוֹ׃ וַיַּקְהֵ֣ל מֹשֶׁ֗ה אֶֽת־כָּל־עֲדַ֛ת
בְּנֵ֥י יִשְׂרָאֵ֖ל וַיֹּ֣אמֶר אֲלֵהֶ֑ם אֵ֚לֶּה הַדְּבָרִ֔ים אֲשֶׁר־צִוָּ֥ה יְהֹוָ֖ה לַעֲשֹׂ֥ת
ב אֹתָֽם׃ שֵׁ֣שֶׁת יָמִים֮ תֵּעָשֶׂ֣ה מְלָאכָה֒ וּבַיּ֣וֹם הַשְּׁבִיעִ֗י יִהְיֶ֨ה לָכֶ֥ם
ג קֹ֛דֶשׁ שַׁבַּ֥ת שַׁבָּת֖וֹן לַֽיהֹוָ֑ה כָּל־הָעֹשֶׂ֥ה ב֛וֹ מְלָאכָ֖ה יוּמָֽת׃ לֹא־
תְבַעֲר֣וּ אֵ֔שׁ בְּכֹ֖ל מֹשְׁבֹֽתֵיכֶ֑ם בְּי֖וֹם הַשַּׁבָּֽת׃
ד וַיֹּ֣אמֶר מֹשֶׁ֔ה אֶל־כָּל־עֲדַ֥ת בְּנֵֽי־יִשְׂרָאֵ֖ל לֵאמֹ֑ר זֶ֣ה הַדָּבָ֔ר אֲשֶׁר־
ה צִוָּ֥ה יְהֹוָ֖ה לֵאמֹֽר׃ קְח֨וּ מֵאִתְּכֶ֤ם תְּרוּמָה֙ לַֽיהֹוָ֔ה כֹּ֚ל נְדִ֣יב
ו לִבּ֔וֹ יְבִיאֶ֕הָ אֵ֖ת תְּרוּמַ֣ת יְהֹוָ֑ה זָהָ֥ב וָכֶ֖סֶף וּנְחֹֽשֶׁת׃ וּתְכֵ֧לֶת
ז וְאַרְגָּמָ֛ן וְתוֹלַ֥עַת שָׁנִ֖י וְשֵׁ֥שׁ וְעִזִּֽים׃ וְעֹרֹ֨ת אֵילִ֧ם מְאָדָּמִ֛ים וְעֹרֹ֥ת
ח תְּחָשִׁ֖ים וַעֲצֵ֥י שִׁטִּֽים׃ וְשֶׁ֖מֶן לַמָּא֑וֹר וּבְשָׂמִים֙ לְשֶׁ֣מֶן הַמִּשְׁחָ֔ה
ט וְלִקְטֹ֖רֶת הַסַּמִּֽים׃ וְאַבְנֵי־שֹׁ֔הַם וְאַבְנֵ֖י מִלֻּאִ֑ים לָאֵפ֖וֹד וְלַחֹֽשֶׁן׃
י וְכָל־חֲכַם־לֵ֖ב בָּכֶ֑ם יָבֹ֣אוּ וְיַעֲשׂ֔וּ אֵ֛ת כָּל־אֲשֶׁ֥ר צִוָּ֖ה יְהֹוָֽה׃
יא אֶת־הַמִּשְׁכָּ֕ן אֶֽת־אָהֳל֖וֹ וְאֶת־מִכְסֵ֑הוּ אֶת־קְרָסָיו֙ וְאֶת־קְרָשָׁ֔יו
יב אֶת־בְּרִיחָ֕ו אֶת־עַמֻּדָ֖יו וְאֶת־אֲדָנָֽיו׃ אֶת־הָאָרֹ֥ן וְאֶת־בַּדָּ֖יו
יג אֶת־הַכַּפֹּ֑רֶת וְאֵ֖ת פָּרֹ֥כֶת הַמָּסָֽךְ׃ אֶת־הַשֻּׁלְחָ֥ן וְאֶת־בַּדָּ֖יו
יד וְאֶת־כָּל־כֵּלָ֑יו וְאֵ֖ת לֶ֥חֶם הַפָּנִֽים׃ וְאֶת־מְנֹרַ֥ת הַמָּא֛וֹר וְאֶת־
טו כֵּלֶ֖יהָ וְאֶת־נֵרֹתֶ֑יהָ וְאֵ֖ת שֶׁ֥מֶן הַמָּאֽוֹר׃ וְאֶת־מִזְבַּ֤ח הַקְּטֹ֙רֶת֙
וְאֶת־בַּדָּ֔יו וְאֵת֙ שֶׁ֣מֶן הַמִּשְׁחָ֔ה וְאֵ֖ת קְטֹ֣רֶת הַסַּמִּ֑ים וְאֶת־
טז מָסַ֥ךְ הַפֶּ֖תַח לְפֶ֥תַח הַמִּשְׁכָּֽן׃ אֵ֣ת ׀ מִזְבַּ֣ח הָעֹלָ֗ה וְאֶת־מִכְבַּ֤ר
הַנְּחֹ֙שֶׁת֙ אֲשֶׁר־ל֔וֹ אֶת־בַּדָּ֖יו וְאֶת־כָּל־כֵּלָ֑יו אֶת־הַכִּיֹּ֖ר וְאֶת־
יז כַּנּֽוֹ׃ אֵ֚ת קַלְעֵ֣י הֶחָצֵ֔ר אֶת־עַמֻּדָ֖יו וְאֶת־אֲדָנֶ֑יהָ וְאֵ֕ת מָסַ֖ךְ
יח שַׁ֥עַר הֶחָצֵֽר׃ אֶת־יִתְדֹ֧ת הַמִּשְׁכָּ֛ן וְאֶת־יִתְדֹ֥ת הֶחָצֵ֖ר וְאֶת־
יט מֵיתְרֵיהֶֽם׃ אֶת־בִּגְדֵ֥י הַשְּׂרָ֖ד לְשָׁרֵ֣ת בַּקֹּ֑דֶשׁ אֶת־בִּגְדֵ֤י הַקֹּ֙דֶשׁ֙
כ לְאַהֲרֹ֣ן הַכֹּהֵ֔ן וְאֶת־בִּגְדֵ֥י בָנָ֖יו לְכַהֵֽן׃ וַיֵּצְא֖וּ כָּל־עֲדַ֥ת בְּנֵֽי־
כא יִשְׂרָאֵ֖ל מִלִּפְנֵ֥י מֹשֶֽׁה׃ וַיָּבֹ֕אוּ כָּל־אִ֖ישׁ אֲשֶׁר־נְשָׂא֣וֹ לִבּ֑וֹ וְכֹ֡ל שני
אֲשֶׁר֩ נָדְבָ֨ה רוּח֜וֹ אֹת֗וֹ הֵ֠בִיאוּ אֶת־תְּרוּמַ֨ת יְהֹוָ֜ה לִמְלֶ֨אכֶת
כב אֹ֤הֶל מוֹעֵד֙ וּלְכָל־עֲבֹ֣דָת֔וֹ וּלְבִגְדֵ֖י הַקֹּֽדֶשׁ׃ וַיָּבֹ֥אוּ הָאֲנָשִׁ֖ים

עַל־הַנָּשִׁים כֹּל ׀ נְדִיב לֵב הֵבִיאוּ חָח וָנֶזֶם וְטַבַּעַת וְכוּמָז כָּל־
כג כְּלִי זָהָב וְכָל־אִישׁ אֲשֶׁר הֵנִיף תְּנוּפַת זָהָב לַיהוָה: וְכָל־אִישׁ
אֲשֶׁר־נִמְצָא אִתּוֹ תְּכֵלֶת וְאַרְגָּמָן וְתוֹלַעַת שָׁנִי וְשֵׁשׁ וְעִזִּים
כד וְעֹרֹת אֵילִם מְאָדָּמִים וְעֹרֹת תְּחָשִׁים הֵבִיאוּ: כָּל־מֵרִים תְּרוּמַת
כֶּסֶף וּנְחֹשֶׁת הֵבִיאוּ אֵת תְּרוּמַת יְהוָה וְכֹל אֲשֶׁר נִמְצָא אִתּוֹ
כה עֲצֵי שִׁטִּים לְכָל־מְלֶאכֶת הָעֲבֹדָה הֵבִיאוּ: וְכָל־אִשָּׁה חַכְמַת־
לֵב בְּיָדֶיהָ טָווּ וַיָּבִיאוּ מַטְוֶה אֶת־הַתְּכֵלֶת וְאֶת־הָאַרְגָּמָן
כו אֶת־תּוֹלַעַת הַשָּׁנִי וְאֶת־הַשֵּׁשׁ: וְכָל־הַנָּשִׁים אֲשֶׁר נָשָׂא לִבָּן
כז אֹתָנָה בְּחָכְמָה טָווּ אֶת־הָעִזִּים: וְהַנְּשִׂאִם הֵבִיאוּ אֵת אַבְנֵי
כח הַשֹּׁהַם וְאֵת אַבְנֵי הַמִּלֻּאִים לָאֵפוֹד וְלַחֹשֶׁן: וְאֶת־הַבֹּשֶׂם
כט וְאֶת־הַשָּׁמֶן לְמָאוֹר וּלְשֶׁמֶן הַמִּשְׁחָה וְלִקְטֹרֶת הַסַּמִּים: כָּל־
אִישׁ וְאִשָּׁה אֲשֶׁר נָדַב לִבָּם אֹתָם לְהָבִיא לְכָל־הַמְּלָאכָה
אֲשֶׁר צִוָּה יְהוָה לַעֲשׂוֹת בְּיַד־מֹשֶׁה הֵבִיאוּ בְנֵי־יִשְׂרָאֵל נְדָבָה
לַיהוָה:
שלישי /שני/ ל וַיֹּאמֶר מֹשֶׁה אֶל־בְּנֵי יִשְׂרָאֵל רְאוּ קָרָא יְהוָה בְּשֵׁם בְּצַלְאֵל
לא בֶּן־אוּרִי בֶן־חוּר לְמַטֵּה יְהוּדָה: וַיְמַלֵּא אֹתוֹ רוּחַ אֱלֹהִים
לב בְּחָכְמָה בִּתְבוּנָה וּבְדַעַת וּבְכָל־מְלָאכָה: וְלַחְשֹׁב מַחֲשָׁבֹת
לג לַעֲשֹׂת בַּזָּהָב וּבַכֶּסֶף וּבַנְּחֹשֶׁת: וּבַחֲרֹשֶׁת אֶבֶן לְמַלֹּאת
לד וּבַחֲרֹשֶׁת עֵץ לַעֲשׂוֹת בְּכָל־מְלֶאכֶת מַחֲשָׁבֶת: וּלְהוֹרֹת נָתַן
לה בְּלִבּוֹ הוּא וְאָהֳלִיאָב בֶּן־אֲחִיסָמָךְ לְמַטֵּה־דָן: מִלֵּא אֹתָם
חָכְמַת־לֵב לַעֲשׂוֹת כָּל־מְלֶאכֶת חָרָשׁ ׀ וְחֹשֵׁב וְרֹקֵם בַּתְּכֵלֶת
וּבָאַרְגָּמָן בְּתוֹלַעַת הַשָּׁנִי וּבַשֵּׁשׁ וְאֹרֵג עֹשֵׂי כָּל־מְלָאכָה
לו א וְחֹשְׁבֵי מַחֲשָׁבֹת: וְעָשָׂה בְצַלְאֵל וְאָהֳלִיאָב וְכֹל ׀ אִישׁ חֲכַם־
לֵב אֲשֶׁר נָתַן יְהוָה חָכְמָה וּתְבוּנָה בָּהֵמָּה לָדַעַת לַעֲשֹׂת אֶת־
ב כָּל־מְלֶאכֶת עֲבֹדַת הַקֹּדֶשׁ לְכֹל אֲשֶׁר־צִוָּה יְהוָה: וַיִּקְרָא
מֹשֶׁה אֶל־בְּצַלְאֵל וְאֶל־אָהֳלִיאָב וְאֶל כָּל־אִישׁ חֲכַם־לֵב
אֲשֶׁר נָתַן יְהוָה חָכְמָה בְּלִבּוֹ כֹּל אֲשֶׁר נְשָׂאוֹ לִבּוֹ לְקָרְבָה

ג אֶל־הַמְּלָאכָה לַעֲשֹׂת אֹתָהּ׃ וַיִּקְחוּ מִלִּפְנֵי מֹשֶׁה אֵת כָּל־
הַתְּרוּמָה אֲשֶׁר הֵבִיאוּ בְּנֵי יִשְׂרָאֵל לִמְלֶאכֶת עֲבֹדַת הַקֹּדֶשׁ
לַעֲשֹׂת אֹתָהּ וְהֵם הֵבִיאוּ אֵלָיו עוֹד נְדָבָה בַּבֹּקֶר בַּבֹּקֶר׃
ד וַיָּבֹאוּ כָּל־הַחֲכָמִים הָעֹשִׂים אֵת כָּל־מְלֶאכֶת הַקֹּדֶשׁ אִישׁ
ה אִישׁ מִמְּלַאכְתּוֹ אֲשֶׁר־הֵמָּה עֹשִׂים׃ וַיֹּאמְרוּ אֶל־מֹשֶׁה לֵּאמֹר
מַרְבִּים הָעָם לְהָבִיא מִדֵּי הָעֲבֹדָה לַמְּלָאכָה אֲשֶׁר־צִוָּה יְהוָה
ו לַעֲשֹׂת אֹתָהּ׃ וַיְצַו מֹשֶׁה וַיַּעֲבִירוּ קוֹל בַּמַּחֲנֶה לֵאמֹר אִישׁ
וְאִשָּׁה אַל־יַעֲשׂוּ־עוֹד מְלָאכָה לִתְרוּמַת הַקֹּדֶשׁ וַיִּכָּלֵא הָעָם
ז מֵהָבִיא׃ וְהַמְּלָאכָה הָיְתָה דַיָּם לְכָל־הַמְּלָאכָה לַעֲשׂוֹת אֹתָהּ
ח וְהוֹתֵר׃ וַיַּעֲשׂוּ כָל־חֲכַם־לֵב בְּעֹשֵׂי הַמְּלָאכָה רביעי
אֶת־הַמִּשְׁכָּן עֶשֶׂר יְרִיעֹת שֵׁשׁ מָשְׁזָר וּתְכֵלֶת וְאַרְגָּמָן וְתוֹלַעַת
ט שָׁנִי כְּרֻבִים מַעֲשֵׂה חֹשֵׁב עָשָׂה אֹתָם׃ אֹרֶךְ הַיְרִיעָה הָאַחַת
שְׁמֹנֶה וְעֶשְׂרִים בָּאַמָּה וְרֹחַב אַרְבַּע בָּאַמָּה הַיְרִיעָה הָאֶחָת
י מִדָּה אַחַת לְכָל־הַיְרִיעֹת׃ וַיְחַבֵּר אֶת־חֲמֵשׁ הַיְרִיעֹת אַחַת
יא אֶל־אֶחָת וְחָמֵשׁ יְרִיעֹת חִבַּר אַחַת אֶל־אֶחָת׃ וַיַּעַשׂ לֻלְאֹת
תְּכֵלֶת עַל שְׂפַת הַיְרִיעָה הָאֶחָת מִקָּצָה בַּמַּחְבָּרֶת כֵּן עָשָׂה
יב בִּשְׂפַת הַיְרִיעָה הַקִּיצוֹנָה בַּמַּחְבֶּרֶת הַשֵּׁנִית׃ חֲמִשִּׁים לֻלָאֹת
עָשָׂה בַּיְרִיעָה הָאֶחָת וַחֲמִשִּׁים לֻלָאֹת עָשָׂה בִּקְצֵה הַיְרִיעָה
אֲשֶׁר בַּמַּחְבֶּרֶת הַשֵּׁנִית מַקְבִּילֹת הַלֻּלָאֹת אַחַת אֶל־אֶחָת׃
יג וַיַּעַשׂ חֲמִשִּׁים קַרְסֵי זָהָב וַיְחַבֵּר אֶת־הַיְרִיעֹת אַחַת אֶל־אַחַת
בַּקְּרָסִים וַיְהִי הַמִּשְׁכָּן אֶחָד׃
יד וַיַּעַשׂ יְרִיעֹת עִזִּים לְאֹהֶל עַל־הַמִּשְׁכָּן עַשְׁתֵּי־עֶשְׂרֵה יְרִיעֹת
טו עָשָׂה אֹתָם׃ אֹרֶךְ הַיְרִיעָה הָאַחַת שְׁלֹשִׁים בָּאַמָּה וְאַרְבַּע
אַמּוֹת רֹחַב הַיְרִיעָה הָאֶחָת מִדָּה אַחַת לְעַשְׁתֵּי עֶשְׂרֵה יְרִיעֹת׃
טז יז וַיְחַבֵּר אֶת־חֲמֵשׁ הַיְרִיעֹת לְבָד וְאֶת־שֵׁשׁ הַיְרִיעֹת לְבָד׃ וַיַּעַשׂ
לֻלָאֹת חֲמִשִּׁים עַל שְׂפַת הַיְרִיעָה הַקִּיצֹנָה בַּמַּחְבָּרֶת וַחֲמִשִּׁים
יח לֻלָאֹת עָשָׂה עַל־שְׂפַת הַיְרִיעָה הַחֹבֶרֶת הַשֵּׁנִית׃ וַיַּעַשׂ

יט קַרְסֵי נְחֹשֶׁת חֲמִשִּׁים לְחַבֵּר אֶת־הָאֹהֶל לִהְיֹת אֶחָד׃ וַיַּעַשׂ
מִכְסֶה לָאֹהֶל עֹרֹת אֵילִם מְאָדָּמִים וּמִכְסֵה עֹרֹת תְּחָשִׁים
חמישי
כ מִלְמָעְלָה׃ וַיַּעַשׂ אֶת־הַקְּרָשִׁים לַמִּשְׁכָּן עֲצֵי
כא שִׁטִּים עֹמְדִים׃ עֶשֶׂר אַמֹּת אֹרֶךְ הַקָּרֶשׁ וְאַמָּה וַחֲצִי הָאַמָּה
כב רֹחַב הַקֶּרֶשׁ הָאֶחָד׃ שְׁתֵּי יָדֹת לַקֶּרֶשׁ הָאֶחָד מְשֻׁלָּבֹת אַחַת
כג אֶל־אֶחָת כֵּן עָשָׂה לְכֹל קַרְשֵׁי הַמִּשְׁכָּן׃ וַיַּעַשׂ אֶת־הַקְּרָשִׁים
כד לַמִּשְׁכָּן עֶשְׂרִים קְרָשִׁים לִפְאַת נֶגֶב תֵּימָנָה׃ וְאַרְבָּעִים אַדְנֵי־
כֶסֶף עָשָׂה תַּחַת עֶשְׂרִים הַקְּרָשִׁים שְׁנֵי אֲדָנִים תַּחַת־הַקֶּרֶשׁ
הָאֶחָד לִשְׁתֵּי יְדֹתָיו וּשְׁנֵי אֲדָנִים תַּחַת־הַקֶּרֶשׁ הָאֶחָד לִשְׁתֵּי
כה יְדֹתָיו׃ וּלְצֶלַע הַמִּשְׁכָּן הַשֵּׁנִית לִפְאַת צָפוֹן עָשָׂה עֶשְׂרִים
כו קְרָשִׁים׃ וְאַרְבָּעִים אַדְנֵיהֶם כָּסֶף שְׁנֵי אֲדָנִים תַּחַת הַקֶּרֶשׁ
כז הָאֶחָד וּשְׁנֵי אֲדָנִים תַּחַת הַקֶּרֶשׁ הָאֶחָד׃ וּלְיַרְכְּתֵי הַמִּשְׁכָּן
כח יָמָּה עָשָׂה שִׁשָּׁה קְרָשִׁים׃ וּשְׁנֵי קְרָשִׁים עָשָׂה לִמְקֻצְעֹת הַמִּשְׁכָּן
כט בַּיַּרְכָתָיִם׃ וְהָיוּ תוֹאֲמִם מִלְּמַטָּה וְיַחְדָּו יִהְיוּ תַמִּים אֶל־רֹאשׁוֹ
ל אֶל־הַטַּבַּעַת הָאֶחָת כֵּן עָשָׂה לִשְׁנֵיהֶם לִשְׁנֵי הַמִּקְצֹעֹת׃ וְהָיוּ
שְׁמֹנָה קְרָשִׁים וְאַדְנֵיהֶם כֶּסֶף שִׁשָּׁה עָשָׂר אֲדָנִים שְׁנֵי אֲדָנִים
לא שְׁנֵי אֲדָנִים תַּחַת הַקֶּרֶשׁ הָאֶחָד׃ וַיַּעַשׂ בְּרִיחֵי עֲצֵי שִׁטִּים
לב חֲמִשָּׁה לְקַרְשֵׁי צֶלַע־הַמִּשְׁכָּן הָאֶחָת׃ וַחֲמִשָּׁה בְרִיחִם לְקַרְשֵׁי
צֶלַע־הַמִּשְׁכָּן הַשֵּׁנִית וַחֲמִשָּׁה בְרִיחִם לְקַרְשֵׁי הַמִּשְׁכָּן לַיַּרְכָתַיִם
לג יָמָּה׃ וַיַּעַשׂ אֶת־הַבְּרִיחַ הַתִּיכֹן לִבְרֹחַ בְּתוֹךְ הַקְּרָשִׁים מִן־
לד הַקָּצֶה אֶל־הַקָּצֶה׃ וְאֶת־הַקְּרָשִׁים צִפָּה זָהָב וְאֶת־טַבְּעֹתָם
לה עָשָׂה זָהָב בָּתִּים לַבְּרִיחִם וַיְצַף אֶת־הַבְּרִיחִם זָהָב׃ וַיַּעַשׂ אֶת־
הַפָּרֹכֶת תְּכֵלֶת וְאַרְגָּמָן וְתוֹלַעַת שָׁנִי וְשֵׁשׁ מָשְׁזָר מַעֲשֵׂה
לו חֹשֵׁב עָשָׂה אֹתָהּ כְּרֻבִים׃ וַיַּעַשׂ לָהּ אַרְבָּעָה עַמּוּדֵי שִׁטִּים
לז וַיְצַפֵּם זָהָב וָוֵיהֶם זָהָב וַיִּצֹק לָהֶם אַרְבָּעָה אַדְנֵי־כָסֶף׃ וַיַּעַשׂ
מָסָךְ לְפֶתַח הָאֹהֶל תְּכֵלֶת וְאַרְגָּמָן וְתוֹלַעַת שָׁנִי וְשֵׁשׁ מָשְׁזָר
לח מַעֲשֵׂה רֹקֵם׃ וְאֶת־עַמּוּדָיו חֲמִשָּׁה וְאֶת־וָוֵיהֶם וְצִפָּה רָאשֵׁיהֶם

וְחִשֻּׁקֵיהֶם זָהָב וְאַדְנֵיהֶם חֲמִשָּׁה נְחֹשֶׁת׃
לז א וַיַּעַשׂ בְּצַלְאֵל אֶת־הָאָרֹן עֲצֵי שִׁטִּים אַמָּתַיִם וָחֵצִי אָרְכּוֹ וְאַמָּה כז
ב וָחֵצִי רָחְבּוֹ וְאַמָּה וָחֵצִי קֹמָתוֹ׃ וַיְצַפֵּהוּ זָהָב טָהוֹר מִבַּיִת
ג וּמִחוּץ וַיַּעַשׂ לוֹ זֵר זָהָב סָבִיב׃ וַיִּצֹק לוֹ אַרְבַּע טַבְּעֹת זָהָב
עַל אַרְבַּע פַּעֲמֹתָיו וּשְׁתֵּי טַבָּעֹת עַל־צַלְעוֹ הָאֶחָת וּשְׁתֵּי טַבָּעֹת
ד עַל־צַלְעוֹ הַשֵּׁנִית׃ וַיַּעַשׂ בַּדֵּי עֲצֵי שִׁטִּים וַיְצַף אֹתָם זָהָב׃
ה וַיָּבֵא אֶת־הַבַּדִּים בַּטַּבָּעֹת עַל צַלְעֹת הָאָרֹן לָשֵׂאת אֶת־
ו הָאָרֹן׃ וַיַּעַשׂ כַּפֹּרֶת זָהָב טָהוֹר אַמָּתַיִם וָחֵצִי אָרְכָּהּ וְאַמָּה
ז וָחֵצִי רָחְבָּהּ׃ וַיַּעַשׂ שְׁנֵי כְרֻבִים זָהָב מִקְשָׁה עָשָׂה אֹתָם מִשְּׁנֵי
ח קְצוֹת הַכַּפֹּרֶת׃ כְּרוּב־אֶחָד מִקָּצָה מִזֶּה וּכְרוּב־אֶחָד מִקָּצָה מִזֶּה
ט מִן־הַכַּפֹּרֶת עָשָׂה אֶת־הַכְּרֻבִים מִשְּׁנֵי קצוותו׃ וַיִּהְיוּ הַכְּרֻבִים קְצוֹתָיו
פֹּרְשֵׂי כְנָפַיִם לְמַעְלָה סֹכְכִים בְּכַנְפֵיהֶם עַל־הַכַּפֹּרֶת וּפְנֵיהֶם
אִישׁ אֶל־אָחִיו אֶל־הַכַּפֹּרֶת הָיוּ פְּנֵי הַכְּרֻבִים׃
י וַיַּעַשׂ אֶת־הַשֻּׁלְחָן עֲצֵי שִׁטִּים אַמָּתַיִם אָרְכּוֹ וְאַמָּה רָחְבּוֹ
יא וְאַמָּה וָחֵצִי קֹמָתוֹ׃ וַיְצַף אֹתוֹ זָהָב טָהוֹר וַיַּעַשׂ לוֹ זֵר זָהָב
יב סָבִיב׃ וַיַּעַשׂ לוֹ מִסְגֶּרֶת טֹפַח סָבִיב וַיַּעַשׂ זֵר־זָהָב לְמִסְגַּרְתּוֹ
יג סָבִיב׃ וַיִּצֹק לוֹ אַרְבַּע טַבְּעֹת זָהָב וַיִּתֵּן אֶת־הַטַּבָּעֹת עַל
יד אַרְבַּע הַפֵּאֹת אֲשֶׁר לְאַרְבַּע רַגְלָיו׃ לְעֻמַּת הַמִּסְגֶּרֶת הָיוּ
טו הַטַּבָּעֹת בָּתִּים לַבַּדִּים לָשֵׂאת אֶת־הַשֻּׁלְחָן׃ וַיַּעַשׂ אֶת־הַבַּדִּים
טז עֲצֵי שִׁטִּים וַיְצַף אֹתָם זָהָב לָשֵׂאת אֶת־הַשֻּׁלְחָן׃ וַיַּעַשׂ אֶת־
הַכֵּלִים ׀ אֲשֶׁר עַל־הַשֻּׁלְחָן אֶת־קְעָרֹתָיו וְאֶת־כַּפֹּתָיו וְאֵת
מְנַקִּיֹּתָיו וְאֶת־הַקְּשָׂוֹת אֲשֶׁר יֻסַּךְ בָּהֵן זָהָב טָהוֹר׃
יז וַיַּעַשׂ אֶת־הַמְּנֹרָה זָהָב טָהוֹר מִקְשָׁה עָשָׂה אֶת־הַמְּנֹרָה יְרֵכָהּ ששי /שלישי/
יח וְקָנָהּ גְּבִיעֶיהָ כַּפְתֹּרֶיהָ וּפְרָחֶיהָ מִמֶּנָּה הָיוּ׃ וְשִׁשָּׁה קָנִים יֹצְאִים
מִצִּדֶּיהָ שְׁלֹשָׁה ׀ קְנֵי מְנֹרָה מִצִּדָּהּ הָאֶחָד וּשְׁלֹשָׁה קְנֵי מְנֹרָה
יט מִצִּדָּהּ הַשֵּׁנִי׃ שְׁלֹשָׁה גְבִעִים מְשֻׁקָּדִים בַּקָּנֶה הָאֶחָד כַּפְתֹּר
וָפֶרַח וּשְׁלֹשָׁה גְבִעִים מְשֻׁקָּדִים בְּקָנֶה אֶחָד כַּפְתֹּר וָפָרַח כֵּן

כ לְשֵׁשֶׁת הַקָּנִים הַיֹּצְאִים מִן־הַמְּנֹרָה׃ וּבַמְּנֹרָה אַרְבָּעָה גְבִעִים
כא מְשֻׁקָּדִים כַּפְתֹּרֶיהָ וּפְרָחֶיהָ׃ וְכַפְתֹּר תַּחַת שְׁנֵי הַקָּנִים מִמֶּנָּה
וְכַפְתֹּר תַּחַת שְׁנֵי הַקָּנִים מִמֶּנָּה וְכַפְתֹּר תַּחַת־שְׁנֵי הַקָּנִים מִמֶּנָּה
כב לְשֵׁשֶׁת הַקָּנִים הַיֹּצְאִים מִמֶּנָּה׃ כַּפְתֹּרֵיהֶם וּקְנֹתָם מִמֶּנָּה הָיוּ
כג כֻּלָּהּ מִקְשָׁה אַחַת זָהָב טָהוֹר׃ וַיַּעַשׂ אֶת־נֵרֹתֶיהָ שִׁבְעָה
כד וּמַלְקָחֶיהָ וּמַחְתֹּתֶיהָ זָהָב טָהוֹר׃ כִּכָּר זָהָב טָהוֹר עָשָׂה אֹתָהּ
וְאֵת כָּל־כֵּלֶיהָ׃

כה וַיַּעַשׂ אֶת־מִזְבַּח הַקְּטֹרֶת עֲצֵי שִׁטִּים אַמָּה אָרְכּוֹ וְאַמָּה רָחְבּוֹ
כו רָבוּעַ וְאַמָּתַיִם קֹמָתוֹ מִמֶּנּוּ הָיוּ קַרְנֹתָיו׃ וַיְצַף אֹתוֹ זָהָב
טָהוֹר אֶת־גַּגּוֹ וְאֶת־קִירֹתָיו סָבִיב וְאֶת־קַרְנֹתָיו וַיַּעַשׂ לוֹ
כז זֵר זָהָב סָבִיב׃ וּשְׁתֵּי טַבְּעֹת זָהָב עָשָׂה־לוֹ ׀ מִתַּחַת לְזֵרוֹ
עַל שְׁתֵּי צַלְעֹתָיו עַל שְׁנֵי צִדָּיו לְבָתִּים לְבַדִּים לָשֵׂאת אֹתוֹ
כח כט בָּהֶם׃ וַיַּעַשׂ אֶת־הַבַּדִּים עֲצֵי שִׁטִּים וַיְצַף אֹתָם זָהָב׃ וַיַּעַשׂ
אֶת־שֶׁמֶן הַמִּשְׁחָה קֹדֶשׁ וְאֶת־קְטֹרֶת הַסַּמִּים טָהוֹר מַעֲשֵׂה
שביעי /רביעי/ לח א רֹקֵחַ׃ וַיַּעַשׂ אֶת־מִזְבַּח הָעֹלָה עֲצֵי שִׁטִּים חָמֵשׁ
אַמּוֹת אָרְכּוֹ וְחָמֵשׁ־אַמּוֹת רָחְבּוֹ רָבוּעַ וְשָׁלֹשׁ אַמּוֹת קֹמָתוֹ׃
ב וַיַּעַשׂ קַרְנֹתָיו עַל אַרְבַּע פִּנֹּתָיו מִמֶּנּוּ הָיוּ קַרְנֹתָיו וַיְצַף אֹתוֹ
ג נְחֹשֶׁת׃ וַיַּעַשׂ אֶת־כָּל־כְּלֵי הַמִּזְבֵּחַ אֶת־הַסִּירֹת וְאֶת־הַיָּעִים
וְאֶת־הַמִּזְרָקֹת אֶת־הַמִּזְלָגֹת וְאֶת־הַמַּחְתֹּת כָּל־כֵּלָיו עָשָׂה
ד נְחֹשֶׁת׃ וַיַּעַשׂ לַמִּזְבֵּחַ מִכְבָּר מַעֲשֵׂה רֶשֶׁת נְחֹשֶׁת תַּחַת
ה כַּרְכֻּבּוֹ מִלְּמַטָּה עַד־חֶצְיוֹ׃ וַיִּצֹק אַרְבַּע טַבָּעֹת בְּאַרְבַּע
ו הַקְּצָוֹת לְמִכְבַּר הַנְּחֹשֶׁת בָּתִּים לַבַּדִּים׃ וַיַּעַשׂ אֶת־הַבַּדִּים
ז עֲצֵי שִׁטִּים וַיְצַף אֹתָם נְחֹשֶׁת׃ וַיָּבֵא אֶת־הַבַּדִּים בַּטַּבָּעֹת
עַל צַלְעֹת הַמִּזְבֵּחַ לָשֵׂאת אֹתוֹ בָּהֶם נְבוּב לֻחֹת עָשָׂה
ח אֹתוֹ׃ וַיַּעַשׂ אֵת הַכִּיּוֹר נְחֹשֶׁת וְאֵת כַּנּוֹ נְחֹשֶׁת בְּמַרְאֹת
ט הַצֹּבְאֹת אֲשֶׁר צָבְאוּ פֶּתַח אֹהֶל מוֹעֵד׃ וַיַּעַשׂ
אֶת־הֶחָצֵר לִפְאַת ׀ נֶגֶב תֵּימָנָה קַלְעֵי הֶחָצֵר שֵׁשׁ מָשְׁזָר מֵאָה

י באמה: עמודיהם עשרים ואדניהם עשרים נחשת ווי העמודים
יא וחשקיהם כסף: ולפאת צפון מאה באמה עמודיהם עשרים
יב ואדניהם עשרים נחשת ווי העמודים וחשקיהם כסף: ולפאת
ים קלעים חמשים באמה עמודיהם עשרה ואדניהם עשרה
יג ווי העמדים וחשוקיהם כסף: ולפאת קדמה מזרחה חמשים
יד אמה: קלעים חמש־עשרה אמה אל־הכתף עמודיהם שלשה
טו ואדניהם שלשה: ולכתף השנית מזה ומזה לשער החצר
קלעים חמש עשרה אמה עמדיהם שלשה ואדניהם שלשה:
טז יז כל־קלעי החצר סביב שש משזר: והאדנים לעמדים נחשת
ווי העמודים וחשוקיהם כסף וצפוי ראשיהם כסף והם
יח מחשקים כסף כל עמדי החצר: ומסך שער החצר מעשה מפטיר
רקם תכלת וארגמן ותולעת שני ושש משזר ועשרים
אמה ארך וקומה ברחב חמש אמות לעמת קלעי החצר:
יט ועמדיהם ארבעה ואדניהם ארבעה נחשת וויהם כסף וצפוי
כ ראשיהם וחשקיהם כסף: וכל־היתדת למשכן ולחצר סביב
כא נחשת: אלה פקודי המשכן משכן העדת כח פקודי
אשר פקד על־פי משה עבדת הלוים ביד איתמר בן־אהרן
כב הכהן: ובצלאל בן־אורי בן־חור למטה יהודה עשה את
כג כל־אשר־צוה יהוה את־משה: ואתו אהליאב בן־אחיסמך
למטה־דן חרש וחשב ורקם בתכלת ובארגמן ובתולעת
כד השני ובשש: כל־הזהב העשוי למלאכה בכל
מלאכת הקדש ויהי | זהב התנופה תשע ועשרים ככר ושבע
כה מאות ושלשים שקל בשקל הקדש: וכסף פקודי העדה מאת
ככר ואלף ושבע מאות וחמשה ושבעים שקל בשקל הקדש:
כו בקע לגלגלת מחצית השקל בשקל הקדש לכל העבר על־
הפקדים מבן עשרים שנה ומעלה לשש־מאות אלף ושלשת
כז אלפים וחמש מאות וחמשים: ויהי מאת ככר הכסף לצקת

אֵת אַדְנֵי הַקֹּדֶשׁ וְאֵת אַדְנֵי הַפָּרֹכֶת מְאַת אֲדָנִים לִמְאַת
כח הַכִּכָּר כִּכָּר לָאָדֶן׃ וְאֶת־הָאֶלֶף וּשְׁבַע הַמֵּאוֹת וַחֲמִשָּׁה וְשִׁבְעִים
כט עָשָׂה וָוִים לָעַמּוּדִים וְצִפָּה רָאשֵׁיהֶם וְחִשַּׁק אֹתָם׃ וּנְחֹשֶׁת
ל הַתְּנוּפָה שִׁבְעִים כִּכָּר וְאַלְפַּיִם וְאַרְבַּע־מֵאוֹת שָׁקֶל׃ וַיַּעַשׂ
בָּהּ אֶת־אַדְנֵי פֶּתַח אֹהֶל מוֹעֵד וְאֵת מִזְבַּח הַנְּחֹשֶׁת וְאֶת־
לא מִכְבַּר הַנְּחֹשֶׁת אֲשֶׁר־לוֹ וְאֵת כָּל־כְּלֵי הַמִּזְבֵּחַ׃ וְאֶת־אַדְנֵי
הֶחָצֵר סָבִיב וְאֶת־אַדְנֵי שַׁעַר הֶחָצֵר וְאֵת כָּל־יִתְדֹת הַמִּשְׁכָּן
לט א וְאֶת־כָּל־יִתְדֹת הֶחָצֵר סָבִיב׃ וּמִן־הַתְּכֵלֶת וְהָאַרְגָּמָן וְתוֹלַעַת
הַשָּׁנִי עָשׂוּ בִגְדֵי־שְׂרָד לְשָׁרֵת בַּקֹּדֶשׁ וַיַּעֲשׂוּ אֶת־בִּגְדֵי הַקֹּדֶשׁ
אֲשֶׁר לְאַהֲרֹן כַּאֲשֶׁר צִוָּה יהוה אֶת־מֹשֶׁה׃

שני /חמישי

ב וַיַּעַשׂ אֶת־הָאֵפֹד זָהָב תְּכֵלֶת וְאַרְגָּמָן וְתוֹלַעַת שָׁנִי וְשֵׁשׁ
ג מָשְׁזָר׃ וַיְרַקְּעוּ אֶת־פַּחֵי הַזָּהָב וְקִצֵּץ פְּתִילִם לַעֲשׂוֹת בְּתוֹךְ
הַתְּכֵלֶת וּבְתוֹךְ הָאַרְגָּמָן וּבְתוֹךְ תּוֹלַעַת הַשָּׁנִי וּבְתוֹךְ הַשֵּׁשׁ
ד מַעֲשֵׂה חֹשֵׁב׃ כְּתֵפֹת עָשׂוּ־לוֹ חֹבְרֹת עַל־שְׁנֵי קצוותו חֻבָּר׃ (קְצוֹתָיו)
ה וְחֵשֶׁב אֲפֻדָּתוֹ אֲשֶׁר עָלָיו מִמֶּנּוּ הוּא כְּמַעֲשֵׂהוּ זָהָב תְּכֵלֶת
וְאַרְגָּמָן וְתוֹלַעַת שָׁנִי וְשֵׁשׁ מָשְׁזָר כַּאֲשֶׁר צִוָּה יהוה אֶת־
ו מֹשֶׁה׃ וַיַּעֲשׂוּ אֶת־אַבְנֵי הַשֹּׁהַם מֻסַבֹּת מִשְׁבְּצֹת
ז זָהָב מְפֻתָּחֹת פִּתּוּחֵי חוֹתָם עַל־שְׁמוֹת בְּנֵי יִשְׂרָאֵל׃ וַיָּשֶׂם
אֹתָם עַל כִּתְפֹת הָאֵפֹד אַבְנֵי זִכָּרוֹן לִבְנֵי יִשְׂרָאֵל כַּאֲשֶׁר צִוָּה
יהוה אֶת־מֹשֶׁה׃

ח וַיַּעַשׂ אֶת־הַחֹשֶׁן מַעֲשֵׂה חֹשֵׁב כְּמַעֲשֵׂה אֵפֹד זָהָב תְּכֵלֶת
ט וְאַרְגָּמָן וְתוֹלַעַת שָׁנִי וְשֵׁשׁ מָשְׁזָר׃ רָבוּעַ הָיָה כָּפוּל עָשׂוּ אֶת־
י הַחֹשֶׁן זֶרֶת אָרְכּוֹ וְזֶרֶת רָחְבּוֹ כָּפוּל׃ וַיְמַלְאוּ־בוֹ אַרְבָּעָה טוּרֵי
יא אָבֶן טוּר אֹדֶם פִּטְדָה וּבָרֶקֶת הַטּוּר הָאֶחָד׃ וְהַטּוּר הַשֵּׁנִי נֹפֶךְ
יב יג סַפִּיר וְיָהֲלֹם׃ וְהַטּוּר הַשְּׁלִישִׁי לֶשֶׁם שְׁבוֹ וְאַחְלָמָה׃ וְהַטּוּר
הָרְבִיעִי תַּרְשִׁישׁ שֹׁהַם וְיָשְׁפֵה מוּסַבֹּת מִשְׁבְּצוֹת זָהָב בְּמִלֻּאֹתָם׃
יד וְהָאֲבָנִים עַל־שְׁמֹת בְּנֵי־יִשְׂרָאֵל הֵנָּה שְׁתֵּים עֶשְׂרֵה עַל־שְׁמֹתָם

טו פִּתּוּחֵי חֹתָם אִישׁ עַל־שְׁמוֹ לִשְׁנֵים עָשָׂר שָׁבֶט׃ וַיַּעֲשׂוּ עַל־
טז הַחֹשֶׁן שַׁרְשְׁרֹת גַּבְלֻת מַעֲשֵׂה עֲבֹת זָהָב טָהוֹר׃ וַיַּעֲשׂוּ שְׁתֵּי
מִשְׁבְּצֹת זָהָב וּשְׁתֵּי טַבְּעֹת זָהָב וַיִּתְּנוּ אֶת־שְׁתֵּי הַטַּבָּעֹת
יז עַל־שְׁנֵי קְצוֹת הַחֹשֶׁן׃ וַיִּתְּנוּ שְׁתֵּי הָעֲבֹתֹת הַזָּהָב עַל־שְׁתֵּי
יח הַטַּבָּעֹת עַל־קְצוֹת הַחֹשֶׁן׃ וְאֵת שְׁתֵּי קְצוֹת שְׁתֵּי הָעֲבֹתֹת
נָתְנוּ עַל־שְׁתֵּי הַמִּשְׁבְּצֹת וַיִּתְּנֻם עַל־כִּתְפֹת הָאֵפֹד אֶל־מוּל
יט פָּנָיו׃ וַיַּעֲשׂוּ שְׁתֵּי טַבְּעֹת זָהָב וַיָּשִׂימוּ עַל־שְׁנֵי קְצוֹת הַחֹשֶׁן
כ עַל־שְׂפָתוֹ אֲשֶׁר אֶל־עֵבֶר הָאֵפֹד בָּיְתָה׃ וַיַּעֲשׂוּ שְׁתֵּי טַבְּעֹת
זָהָב וַיִּתְּנֻם עַל־שְׁתֵּי כִתְפֹת הָאֵפֹד מִלְּמַטָּה מִמּוּל פָּנָיו
כא לְעֻמַּת מַחְבַּרְתּוֹ מִמַּעַל לְחֵשֶׁב הָאֵפֹד׃ וַיִּרְכְּסוּ אֶת־הַחֹשֶׁן
מִטַּבְּעֹתָיו אֶל־טַבְּעֹת הָאֵפֹד בִּפְתִיל תְּכֵלֶת לִהְיֹת עַל־
חֵשֶׁב הָאֵפֹד וְלֹא־יִזַּח הַחֹשֶׁן מֵעַל הָאֵפֹד כַּאֲשֶׁר צִוָּה יְהוָה
אֶת־מֹשֶׁה׃

כב כג וַיַּעַשׂ אֶת־מְעִיל הָאֵפֹד מַעֲשֵׂה אֹרֵג כְּלִיל תְּכֵלֶת׃ וּפִי־הַמְּעִיל שלישי / ששי
כד בְּתוֹכוֹ כְּפִי תַחְרָא שָׂפָה לְפִיו סָבִיב לֹא יִקָּרֵעַ׃ וַיַּעֲשׂוּ עַל־
שׁוּלֵי הַמְּעִיל רִמּוֹנֵי תְּכֵלֶת וְאַרְגָּמָן וְתוֹלַעַת שָׁנִי מָשְׁזָר׃
כה וַיַּעֲשׂוּ פַעֲמֹנֵי זָהָב טָהוֹר וַיִּתְּנוּ אֶת־הַפַּעֲמֹנִים בְּתוֹךְ הָרִמֹּנִים
כו עַל־שׁוּלֵי הַמְּעִיל סָבִיב בְּתוֹךְ הָרִמֹּנִים׃ פַּעֲמֹן וְרִמֹּן פַּעֲמֹן
וְרִמֹּן עַל־שׁוּלֵי הַמְּעִיל סָבִיב לְשָׁרֵת כַּאֲשֶׁר צִוָּה יְהוָה אֶת־
כז מֹשֶׁה׃ וַיַּעֲשׂוּ אֶת־הַכָּתְנֹת שֵׁשׁ מַעֲשֵׂה אֹרֵג
כח לְאַהֲרֹן וּלְבָנָיו׃ וְאֵת הַמִּצְנֶפֶת שֵׁשׁ וְאֶת־פַּאֲרֵי הַמִּגְבָּעֹת שֵׁשׁ
כט וְאֶת־מִכְנְסֵי הַבָּד שֵׁשׁ מָשְׁזָר׃ וְאֶת־הָאַבְנֵט שֵׁשׁ מָשְׁזָר וּתְכֵלֶת
וְאַרְגָּמָן וְתוֹלַעַת שָׁנִי מַעֲשֵׂה רֹקֵם כַּאֲשֶׁר צִוָּה יְהוָה אֶת־
ל מֹשֶׁה׃ וַיַּעֲשׂוּ אֶת־צִיץ נֵזֶר־הַקֹּדֶשׁ זָהָב טָהוֹר
לא וַיִּכְתְּבוּ עָלָיו מִכְתַּב פִּתּוּחֵי חוֹתָם קֹדֶשׁ לַיהוָה׃ וַיִּתְּנוּ עָלָיו
פְּתִיל תְּכֵלֶת לָתֵת עַל־הַמִּצְנֶפֶת מִלְמָעְלָה כַּאֲשֶׁר צִוָּה יְהוָה
לב אֶת־מֹשֶׁה׃ וַתֵּכֶל כָּל־עֲבֹדַת מִשְׁכַּן אֹהֶל

מוֹעֵד וַיַּעֲשׂוּ בְּנֵי יִשְׂרָאֵל כְּכֹל אֲשֶׁר צִוָּה יְהוָה אֶת־מֹשֶׁה כֵּן
עָשׂוּ׃
רביעי כט לג וַיָּבִיאוּ אֶת־הַמִּשְׁכָּן אֶל־מֹשֶׁה אֶת־הָאֹהֶל וְאֶת־כָּל־כֵּלָיו
לד קְרָסָיו קְרָשָׁיו בְּרִיחָו וְעַמֻּדָיו וַאֲדָנָיו׃ וְאֶת־מִכְסֵה עוֹרֹת הָאֵילִם
הַמְאָדָּמִים וְאֶת־מִכְסֵה עֹרֹת הַתְּחָשִׁים וְאֵת פָּרֹכֶת הַמָּסָךְ׃
לה לו אֶת־אֲרוֹן הָעֵדֻת וְאֶת־בַּדָּיו וְאֵת הַכַּפֹּרֶת׃ אֶת־הַשֻּׁלְחָן אֶת־
לז כָּל־כֵּלָיו וְאֵת לֶחֶם הַפָּנִים׃ אֶת־הַמְּנֹרָה הַטְּהֹרָה אֶת־נֵרֹתֶיהָ
לח נֵרֹת הַמַּעֲרָכָה וְאֶת־כָּל־כֵּלֶיהָ וְאֵת שֶׁמֶן הַמָּאוֹר׃ וְאֵת מִזְבַּח
הַזָּהָב וְאֵת שֶׁמֶן הַמִּשְׁחָה וְאֵת קְטֹרֶת הַסַּמִּים וְאֵת מָסַךְ
לט פֶּתַח הָאֹהֶל׃ אֵת ׀ מִזְבַּח הַנְּחֹשֶׁת וְאֶת־מִכְבַּר הַנְּחֹשֶׁת אֲשֶׁר־
מ לוֹ אֶת־בַּדָּיו וְאֶת־כָּל־כֵּלָיו אֶת־הַכִּיֹּר וְאֶת־כַּנּוֹ׃ אֵת קַלְעֵי
הֶחָצֵר אֶת־עַמֻּדֶיהָ וְאֶת־אֲדָנֶיהָ וְאֶת־הַמָּסָךְ לְשַׁעַר הֶחָצֵר
אֶת־מֵיתָרָיו וִיתֵדֹתֶיהָ וְאֵת כָּל־כְּלֵי עֲבֹדַת הַמִּשְׁכָּן לְאֹהֶל
מא מוֹעֵד׃ אֶת־בִּגְדֵי הַשְּׂרָד לְשָׁרֵת בַּקֹּדֶשׁ אֶת־בִּגְדֵי הַקֹּדֶשׁ
מב לְאַהֲרֹן הַכֹּהֵן וְאֶת־בִּגְדֵי בָנָיו לְכַהֵן׃ כְּכֹל אֲשֶׁר־צִוָּה יְהוָה
מג אֶת־מֹשֶׁה כֵּן עָשׂוּ בְּנֵי יִשְׂרָאֵל אֵת כָּל־הָעֲבֹדָה׃ וַיַּרְא מֹשֶׁה
אֶת־כָּל־הַמְּלָאכָה וְהִנֵּה עָשׂוּ אֹתָהּ כַּאֲשֶׁר צִוָּה יְהוָה כֵּן עָשׂוּ
וַיְבָרֶךְ אֹתָם מֹשֶׁה׃
חמישי /שביעי/ מ א ב וַיְדַבֵּר יְהוָה אֶל־מֹשֶׁה לֵּאמֹר׃ בְּיוֹם־הַחֹדֶשׁ הָרִאשׁוֹן בְּאֶחָד
ג לַחֹדֶשׁ תָּקִים אֶת־מִשְׁכַּן אֹהֶל מוֹעֵד׃ וְשַׂמְתָּ שָׁם אֵת אֲרוֹן
ד הָעֵדוּת וְסַכֹּתָ עַל־הָאָרֹן אֶת־הַפָּרֹכֶת׃ וְהֵבֵאתָ אֶת־הַשֻּׁלְחָן
וְעָרַכְתָּ אֶת־עֶרְכּוֹ וְהֵבֵאתָ אֶת־הַמְּנֹרָה וְהַעֲלֵיתָ אֶת־נֵרֹתֶיהָ׃
ה וְנָתַתָּה אֶת־מִזְבַּח הַזָּהָב לִקְטֹרֶת לִפְנֵי אֲרוֹן הָעֵדֻת וְשַׂמְתָּ
ו אֶת־מָסַךְ הַפֶּתַח לַמִּשְׁכָּן׃ וְנָתַתָּה אֵת מִזְבַּח הָעֹלָה לִפְנֵי
ז פֶּתַח מִשְׁכַּן אֹהֶל־מוֹעֵד׃ וְנָתַתָּ אֶת־הַכִּיֹּר בֵּין־אֹהֶל מוֹעֵד
ח וּבֵין הַמִּזְבֵּחַ וְנָתַתָּ שָׁם מָיִם׃ וְשַׂמְתָּ אֶת־הֶחָצֵר סָבִיב וְנָתַתָּ
ט אֶת־מָסַךְ שַׁעַר הֶחָצֵר׃ וְלָקַחְתָּ אֶת־שֶׁמֶן הַמִּשְׁחָה וּמָשַׁחְתָּ

את־המשכן ואת־כל־אשר־בו וקדשת אתו ואת־כל־כליו
י והיה קדש: ומשחת את־מזבח העלה ואת־כל־כליו וקדשת
יא את־המזבח והיה המזבח קדש קדשים: ומשחת את־הכיר
יב ואת־כנו וקדשת אתו: והקרבת את־אהרן ואת־בניו אל־
יג פתח אהל מועד ורחצת אתם במים: והלבשת את־אהרן
יד את בגדי הקדש ומשחת אתו וקדשת אתו וכהן לי: ואת־
טו בניו תקריב והלבשת אתם כתנת: ומשחת אתם כאשר
משחת את־אביהם וכהנו לי והיתה להית להם משחתם
טז לכהנת עולם לדרתם: ויעש משה ככל אשר צוה יהוה
יז אתו כן עשה: ויהי בחדש הראשון בשנה ששי
יח השנית באחד לחדש הוקם המשכן: ויקם משה את־
המשכן ויתן את־אדניו וישם את־קרשיו ויתן את־בריחיו
יט ויקם את־עמודיו: ויפרש את־האהל על־המשכן וישם
את־מכסה האהל עליו מלמעלה כאשר צוה יהוה את־
כ משה: ויקח ויתן את־העדת אל־הארן וישם
את־הבדים על־הארן ויתן את־הכפרת על־הארן מלמעלה:
כא ויבא את־הארן אל־המשכן וישם את פרכת המסך ויסך על
כב ארון העדות כאשר צוה יהוה את־משה: ויתן
את־השלחן באהל מועד על ירך המשכן צפנה מחוץ
כג לפרכת: ויערך עליו ערך לחם לפני יהוה כאשר צוה יהוה
כד את־משה: וישם את־המנרה באהל מועד
כה נכח השלחן על ירך המשכן נגבה: ויעל הנרת לפני יהוה
כו כאשר צוה יהוה את־משה: וישם את־מזבח
כז הזהב באהל מועד לפני הפרכת: ויקטר עליו קטרת סמים
כח כאשר צוה יהוה את־משה: וישם את־מסך שביעי
כט הפתח למשכן: ואת מזבח העלה שם פתח משכן אהל־
מועד ויעל עליו את־העלה ואת־המנחה כאשר צוה יהוה

אֶת־מֹשֶֽׁה׃ וַיָּ֙שֶׂם֙ אֶת־הַכִּיֹּ֔ר בֵּֽין־אֹ֥הֶל מוֹעֵ֖ד ל
וּבֵ֣ין הַמִּזְבֵּ֑חַ וַיִּתֵּ֥ן שָׁ֛מָּה מַ֖יִם לְרָחְצָֽה׃ וְרָחֲצ֣וּ מִמֶּ֔נּוּ מֹשֶׁ֖ה לא
וְאַהֲרֹ֣ן וּבָנָ֑יו אֶת־יְדֵיהֶ֖ם וְאֶת־רַגְלֵיהֶֽם׃ בְּבֹאָ֞ם אֶל־אֹ֣הֶל לב
מוֹעֵ֗ד וּבְקָרְבָתָ֛ם אֶל־הַמִּזְבֵּ֖חַ יִרְחָ֑צוּ כַּאֲשֶׁ֛ר צִוָּ֥ה יהו֖ה אֶת־
מֹשֶֽׁה׃ וַיָּ֣קֶם אֶת־הֶחָצֵ֗ר סָבִיב֙ לג
לַמִּשְׁכָּ֣ן וְלַמִּזְבֵּ֔חַ וַיִּתֵּ֕ן אֶת־מָסַ֖ךְ שַׁ֣עַר הֶחָצֵ֑ר וַיְכַ֥ל מֹשֶׁ֖ה אֶת־
הַמְּלָאכָֽה׃

מפטיר
וַיְכַ֥ס הֶעָנָ֖ן אֶת־אֹ֣הֶל מוֹעֵ֑ד וּכְב֣וֹד יהו֔ה מָלֵ֖א אֶת־הַמִּשְׁכָּֽן׃ לד
וְלֹא־יָכֹ֣ל מֹשֶׁ֗ה לָבוֹא֙ אֶל־אֹ֣הֶל מוֹעֵ֔ד כִּֽי־שָׁכַ֥ן עָלָ֖יו הֶעָנָ֑ן לה
וּכְב֣וֹד יהו֔ה מָלֵ֖א אֶת־הַמִּשְׁכָּֽן׃ וּבְהֵעָל֤וֹת הֶֽעָנָן֙ מֵעַ֣ל הַמִּשְׁכָּ֔ן לו
יִסְע֖וּ בְּנֵ֣י יִשְׂרָאֵ֑ל בְּכֹ֖ל מַסְעֵיהֶֽם׃ וְאִם־לֹ֥א יֵעָלֶ֖ה הֶעָנָ֑ן וְלֹ֣א לז
יִסְע֔וּ עַד־י֖וֹם הֵעָלֹתֽוֹ׃ כִּי֩ עֲנַ֨ן יהו֤ה עַֽל־הַמִּשְׁכָּן֙ יוֹמָ֔ם וְאֵ֕שׁ לח
תִּהְיֶ֥ה לַ֖יְלָה בּ֑וֹ לְעֵינֵ֥י כָל־בֵּֽית־יִשְׂרָאֵ֖ל בְּכָל־מַסְעֵיהֶֽם׃

ויקרא

א וַיִּקְרָא אֶל־מֹשֶׁה וַיְדַבֵּר יהוה אֵלָיו מֵאֹהֶל מוֹעֵד לֵאמֹר׃ א
ב דַּבֵּר אֶל־בְּנֵי יִשְׂרָאֵל וְאָמַרְתָּ אֲלֵהֶם אָדָם כִּי־יַקְרִיב מִכֶּם
קָרְבָּן לַיהוָה מִן־הַבְּהֵמָה מִן־הַבָּקָר וּמִן־הַצֹּאן תַּקְרִיבוּ אֶת־
ג קָרְבַּנְכֶם׃ אִם־עֹלָה קָרְבָּנוֹ מִן־הַבָּקָר זָכָר תָּמִים יַקְרִיבֶנּוּ
ד אֶל־פֶּתַח אֹהֶל מוֹעֵד יַקְרִיב אֹתוֹ לִרְצֹנוֹ לִפְנֵי יהוה׃ וְסָמַךְ
ה יָדוֹ עַל רֹאשׁ הָעֹלָה וְנִרְצָה לוֹ לְכַפֵּר עָלָיו׃ וְשָׁחַט אֶת־בֶּן
הַבָּקָר לִפְנֵי יהוה וְהִקְרִיבוּ בְּנֵי אַהֲרֹן הַכֹּהֲנִים אֶת־הַדָּם וְזָרְקוּ
ו אֶת־הַדָּם עַל־הַמִּזְבֵּחַ סָבִיב אֲשֶׁר־פֶּתַח אֹהֶל מוֹעֵד׃ וְהִפְשִׁיט
ז אֶת־הָעֹלָה וְנִתַּח אֹתָהּ לִנְתָחֶיהָ׃ וְנָתְנוּ בְּנֵי אַהֲרֹן הַכֹּהֵן
ח אֵשׁ עַל־הַמִּזְבֵּחַ וְעָרְכוּ עֵצִים עַל־הָאֵשׁ׃ וְעָרְכוּ בְּנֵי אַהֲרֹן
הַכֹּהֲנִים אֵת הַנְּתָחִים אֶת־הָרֹאשׁ וְאֶת־הַפָּדֶר עַל־הָעֵצִים
ט אֲשֶׁר עַל־הָאֵשׁ אֲשֶׁר עַל־הַמִּזְבֵּחַ׃ וְקִרְבּוֹ וּכְרָעָיו יִרְחַץ בַּמָּיִם
וְהִקְטִיר הַכֹּהֵן אֶת־הַכֹּל הַמִּזְבֵּחָה עֹלָה אִשֵּׁה רֵיחַ־נִיחוֹחַ
י לַיהוָה׃ וְאִם־מִן־הַצֹּאן קָרְבָּנוֹ מִן־הַכְּשָׂבִים אוֹ
יא מִן־הָעִזִּים לְעֹלָה זָכָר תָּמִים יַקְרִיבֶנּוּ׃ וְשָׁחַט אֹתוֹ עַל יֶרֶךְ
הַמִּזְבֵּחַ צָפֹנָה לִפְנֵי יהוה וְזָרְקוּ בְּנֵי אַהֲרֹן הַכֹּהֲנִים אֶת־דָּמוֹ
יב עַל־הַמִּזְבֵּחַ סָבִיב׃ וְנִתַּח אֹתוֹ לִנְתָחָיו וְאֶת־רֹאשׁוֹ וְאֶת־
פִּדְרוֹ וְעָרַךְ הַכֹּהֵן אֹתָם עַל־הָעֵצִים אֲשֶׁר עַל־הָאֵשׁ אֲשֶׁר
יג עַל־הַמִּזְבֵּחַ׃ וְהַקֶּרֶב וְהַכְּרָעַיִם יִרְחַץ בַּמָּיִם וְהִקְרִיב הַכֹּהֵן
אֶת־הַכֹּל וְהִקְטִיר הַמִּזְבֵּחָה עֹלָה הוּא אִשֵּׁה רֵיחַ נִיחֹחַ
לַיהוָה׃
יד וְאִם מִן־הָעוֹף עֹלָה קָרְבָּנוֹ לַיהוָה וְהִקְרִיב מִן־הַתֹּרִים אוֹ שני
טו מִן־בְּנֵי הַיּוֹנָה אֶת־קָרְבָּנוֹ׃ וְהִקְרִיבוֹ הַכֹּהֵן אֶל־הַמִּזְבֵּחַ וּמָלַק
אֶת־רֹאשׁוֹ וְהִקְטִיר הַמִּזְבֵּחָה וְנִמְצָה דָמוֹ עַל קִיר הַמִּזְבֵּחַ׃
טז וְהֵסִיר אֶת־מֻרְאָתוֹ בְּנֹצָתָהּ וְהִשְׁלִיךְ אֹתָהּ אֵצֶל הַמִּזְבֵּחַ
יז קֵדְמָה אֶל־מְקוֹם הַדָּשֶׁן׃ וְשִׁסַּע אֹתוֹ בִכְנָפָיו לֹא יַבְדִּיל וְהִקְטִיר
אֹתוֹ הַכֹּהֵן הַמִּזְבֵּחָה עַל־הָעֵצִים אֲשֶׁר עַל־הָאֵשׁ עֹלָה הוּא

אִשֵּׁ֛ה רֵ֥יחַ נִיחֹ֖חַ לַיהוָֽה׃ וְנֶ֗פֶשׁ כִּֽי־תַקְרִ֞יב קָרְבַּ֤ן א ב
מִנְחָה֙ לַֽיהוָ֔ה סֹ֖לֶת יִהְיֶ֣ה קָרְבָּנ֑וֹ וְיָצַ֤ק עָלֶ֙יהָ֙ שֶׁ֔מֶן וְנָתַ֥ן עָלֶ֖יהָ
לְבֹנָֽה׃ וֶֽהֱבִיאָ֗הּ אֶל־בְּנֵ֣י אַהֲרֹן֮ הַכֹּהֲנִים֒ וְקָמַ֨ץ מִשָּׁ֜ם מְלֹ֣א קֻמְצ֗וֹ ב
מִסָּלְתָּהּ֙ וּמִשַּׁמְנָ֔הּ עַ֖ל כָּל־לְבֹנָתָ֑הּ וְהִקְטִ֨יר הַכֹּהֵ֜ן אֶת־אַזְכָּרָתָהּ֙
הַמִּזְבֵּ֔חָה אִשֵּׁ֛ה רֵ֥יחַ נִיחֹ֖חַ לַיהוָֽה׃ וְהַנּוֹתֶ֙רֶת֙ מִן־הַמִּנְחָ֔ה לְאַהֲרֹ֖ן ג
וּלְבָנָ֑יו קֹ֥דֶשׁ קָֽדָשִׁ֖ים מֵאִשֵּׁ֥י יְהוָֽה׃ וְכִ֥י תַקְרִ֛ב ד
קָרְבַּ֥ן מִנְחָ֖ה מַאֲפֵ֣ה תַנּ֑וּר סֹ֣לֶת חַלּ֤וֹת מַצֹּת֙ בְּלוּלֹ֣ת בַּשֶּׁ֔מֶן
וּרְקִיקֵ֥י מַצּ֖וֹת מְשֻׁחִ֥ים בַּשָּֽׁמֶן׃ וְאִם־מִנְחָ֥ה עַל־ ה
הַֽמַּחֲבַ֖ת קָרְבָּנֶ֑ךָ סֹ֛לֶת בְּלוּלָ֥ה בַשֶּׁ֖מֶן מַצָּ֥ה תִהְיֶֽה׃ פָּת֤וֹת אֹתָהּ֙ ו
שלישי פִּתִּ֔ים וְיָצַקְתָּ֥ עָלֶ֖יהָ שָׁ֑מֶן מִנְחָ֖ה הִֽוא׃ וְאִם־ ז
מִנְחַ֥ת מַרְחֶ֖שֶׁת קָרְבָּנֶ֑ךָ סֹ֥לֶת בַּשֶּׁ֖מֶן תֵּעָשֶֽׂה׃ וְהֵבֵאתָ֣ אֶת־ ח
הַמִּנְחָ֔ה אֲשֶׁ֧ר יֵעָשֶׂ֛ה מֵאֵ֖לֶּה לַיהוָ֑ה וְהִקְרִיבָהּ֙ אֶל־הַכֹּהֵ֔ן וְהִגִּישָׁ֖הּ
אֶל־הַמִּזְבֵּֽחַ׃ וְהֵרִ֨ים הַכֹּהֵ֤ן מִן־הַמִּנְחָה֙ אֶת־אַזְכָּ֣רָתָ֔הּ וְהִקְטִ֖יר ט
הַמִּזְבֵּ֑חָה אִשֵּׁ֛ה רֵ֥יחַ נִיחֹ֖חַ לַיהוָֽה׃ וְהַנּוֹתֶ֙רֶת֙ מִן־הַמִּנְחָ֔ה לְאַהֲרֹ֖ן י
וּלְבָנָ֑יו קֹ֥דֶשׁ קָֽדָשִׁ֖ים מֵאִשֵּׁ֥י יְהוָֽה׃ כָּל־הַמִּנְחָ֗ה אֲשֶׁ֤ר תַּקְרִ֙יבוּ֙ יא
לַֽיהוָ֔ה לֹ֥א תֵעָשֶׂ֖ה חָמֵ֑ץ כִּ֤י כָל־שְׂאֹר֙ וְכָל־דְּבַ֔שׁ לֹֽא־תַקְטִ֥ירוּ
מִמֶּ֛נּוּ אִשֶּׁ֖ה לַיהוָֽה׃ קָרְבַּ֥ן רֵאשִׁ֛ית תַּקְרִ֥יבוּ אֹתָ֖ם לַיהוָ֑ה וְאֶל־ יב
הַמִּזְבֵּ֥חַ לֹא־יַעֲל֖וּ לְרֵ֥יחַ נִיחֹֽחַ׃ וְכָל־קָרְבַּ֣ן מִנְחָתְךָ֮ בַּמֶּ֣לַח תִּמְלָח֒ יג
וְלֹ֣א תַשְׁבִּ֗ית מֶ֚לַח בְּרִ֣ית אֱלֹהֶ֔יךָ מֵעַ֖ל מִנְחָתֶ֑ךָ עַ֥ל כָּל־קָרְבָּנְךָ֖
תַּקְרִ֥יב מֶֽלַח׃ וְאִם־תַּקְרִ֛יב מִנְחַ֥ת בִּכּוּרִ֖ים יד
לַיהוָ֑ה אָבִ֞יב קָל֤וּי בָּאֵשׁ֙ גֶּ֣רֶשׂ כַּרְמֶ֔ל תַּקְרִ֕יב אֵ֖ת מִנְחַ֥ת
בִּכּוּרֶֽיךָ׃ וְנָתַתָּ֤ עָלֶ֙יהָ֙ שֶׁ֔מֶן וְשַׂמְתָּ֥ עָלֶ֖יהָ לְבֹנָ֑ה מִנְחָ֖ה הִֽוא׃ טו
וְהִקְטִ֨יר הַכֹּהֵ֜ן אֶת־אַזְכָּרָתָ֗הּ מִגִּרְשָׂהּ֙ וּמִשַּׁמְנָ֔הּ עַ֖ל כָּל־לְבֹנָתָ֑הּ טז
אִשֶּׁ֖ה לַיהוָֽה׃

רביעי וְאִם־זֶ֥בַח שְׁלָמִ֖ים קָרְבָּנ֑וֹ אִ֤ם מִן־הַבָּקָר֙ ה֣וּא מַקְרִ֔יב אִם־ א ג
זָכָר֙ אִם־נְקֵבָ֔ה תָּמִ֥ים יַקְרִיבֶ֖נּוּ לִפְנֵ֥י יְהוָֽה׃ וְסָמַ֤ךְ יָדוֹ֙ עַל־רֹ֣אשׁ ב
קָרְבָּנ֔וֹ וּשְׁחָט֕וֹ פֶּ֖תַח אֹ֣הֶל מוֹעֵ֑ד וְזָרְק֞וּ בְּנֵ֨י אַהֲרֹ֧ן הַכֹּהֲנִ֛ים

ג אֶת־הַדָּם עַל־הַמִּזְבֵּחַ סָבִיב׃ וְהִקְרִיב מִזֶּבַח הַשְּׁלָמִים אִשֶּׁה
לַיהוָה אֶת־הַחֵלֶב הַמְכַסֶּה אֶת־הַקֶּרֶב וְאֵת כָּל־הַחֵלֶב אֲשֶׁר
ד עַל־הַקֶּרֶב׃ וְאֵת שְׁתֵּי הַכְּלָיֹת וְאֶת־הַחֵלֶב אֲשֶׁר עֲלֵהֶן אֲשֶׁר
עַל־הַכְּסָלִים וְאֶת־הַיֹּתֶרֶת עַל־הַכָּבֵד עַל־הַכְּלָיוֹת יְסִירֶנָּה׃
ה וְהִקְטִירוּ אֹתוֹ בְנֵי־אַהֲרֹן הַמִּזְבֵּחָה עַל־הָעֹלָה אֲשֶׁר עַל־הָעֵצִים
אֲשֶׁר עַל־הָאֵשׁ אִשֵּׁה רֵיחַ נִיחֹחַ לַיהוָה׃
ו וְאִם־מִן־הַצֹּאן קָרְבָּנוֹ לְזֶבַח שְׁלָמִים לַיהוָה זָכָר אוֹ נְקֵבָה
ז תָּמִים יַקְרִיבֶנּוּ׃ אִם־כֶּשֶׂב הוּא־מַקְרִיב אֶת־קָרְבָּנוֹ וְהִקְרִיב
ח אֹתוֹ לִפְנֵי יְהוָה׃ וְסָמַךְ אֶת־יָדוֹ עַל־רֹאשׁ קָרְבָּנוֹ וְשָׁחַט אֹתוֹ
לִפְנֵי אֹהֶל מוֹעֵד וְזָרְקוּ בְּנֵי אַהֲרֹן אֶת־דָּמוֹ עַל־הַמִּזְבֵּחַ סָבִיב׃
ט וְהִקְרִיב מִזֶּבַח הַשְּׁלָמִים אִשֶּׁה לַיהוָה חֶלְבּוֹ הָאַלְיָה תְמִימָה
לְעֻמַּת הֶעָצֶה יְסִירֶנָּה וְאֶת־הַחֵלֶב הַמְכַסֶּה אֶת־הַקֶּרֶב וְאֵת
י כָּל־הַחֵלֶב אֲשֶׁר עַל־הַקֶּרֶב׃ וְאֵת שְׁתֵּי הַכְּלָיֹת וְאֶת־הַחֵלֶב
אֲשֶׁר עֲלֵהֶן אֲשֶׁר עַל־הַכְּסָלִים וְאֶת־הַיֹּתֶרֶת עַל־הַכָּבֵד
יא עַל־הַכְּלָיֹת יְסִירֶנָּה׃ וְהִקְטִירוֹ הַכֹּהֵן הַמִּזְבֵּחָה לֶחֶם אִשֶּׁה
לַיהוָה׃
יב יג וְאִם־עֵז קָרְבָּנוֹ וְהִקְרִיבוֹ לִפְנֵי יְהוָה׃ וְסָמַךְ אֶת־יָדוֹ עַל־רֹאשׁוֹ
וְשָׁחַט אֹתוֹ לִפְנֵי אֹהֶל מוֹעֵד וְזָרְקוּ בְּנֵי אַהֲרֹן אֶת־דָּמוֹ עַל־
יד הַמִּזְבֵּחַ סָבִיב׃ וְהִקְרִיב מִמֶּנּוּ קָרְבָּנוֹ אִשֶּׁה לַיהוָה אֶת־הַחֵלֶב
טו הַמְכַסֶּה אֶת־הַקֶּרֶב וְאֵת כָּל־הַחֵלֶב אֲשֶׁר עַל־הַקֶּרֶב׃ וְאֵת
שְׁתֵּי הַכְּלָיֹת וְאֶת־הַחֵלֶב אֲשֶׁר עֲלֵהֶן אֲשֶׁר עַל־הַכְּסָלִים
טז וְאֶת־הַיֹּתֶרֶת עַל־הַכָּבֵד עַל־הַכְּלָיֹת יְסִירֶנָּה׃ וְהִקְטִירָם
הַכֹּהֵן הַמִּזְבֵּחָה לֶחֶם אִשֶּׁה לְרֵיחַ נִיחֹחַ כָּל־חֵלֶב לַיהוָה׃
יז חֻקַּת עוֹלָם לְדֹרֹתֵיכֶם בְּכֹל מוֹשְׁבֹתֵיכֶם כָּל־חֵלֶב וְכָל־דָּם
לֹא תֹאכֵלוּ׃
ד א ב וַיְדַבֵּר יְהוָה אֶל־מֹשֶׁה לֵּאמֹר׃ דַּבֵּר אֶל־בְּנֵי יִשְׂרָאֵל לֵאמֹר ב חמישי
נֶפֶשׁ כִּי־תֶחֱטָא בִשְׁגָגָה מִכֹּל מִצְוֺת יְהוָה אֲשֶׁר לֹא תֵעָשֶׂינָה

וְעָשָׂה מֵאַחַת מֵהֵנָּה׃ אִם הַכֹּהֵן הַמָּשִׁיחַ יֶחֱטָא לְאַשְׁמַת ג
הָעָם וְהִקְרִיב עַל חַטָּאתוֹ אֲשֶׁר חָטָא פַּר בֶּן־בָּקָר תָּמִים
לַיהוָה לְחַטָּאת׃ וְהֵבִיא אֶת־הַפָּר אֶל־פֶּתַח אֹהֶל מוֹעֵד לִפְנֵי ד
יְהוָה וְסָמַךְ אֶת־יָדוֹ עַל־רֹאשׁ הַפָּר וְשָׁחַט אֶת־הַפָּר לִפְנֵי
יְהוָה׃ וְלָקַח הַכֹּהֵן הַמָּשִׁיחַ מִדַּם הַפָּר וְהֵבִיא אֹתוֹ אֶל־אֹהֶל ה
מוֹעֵד׃ וְטָבַל הַכֹּהֵן אֶת־אֶצְבָּעוֹ בַּדָּם וְהִזָּה מִן־הַדָּם שֶׁבַע ו
פְּעָמִים לִפְנֵי יְהוָה אֶת־פְּנֵי פָּרֹכֶת הַקֹּדֶשׁ׃ וְנָתַן הַכֹּהֵן מִן־ ז
הַדָּם עַל־קַרְנוֹת מִזְבַּח קְטֹרֶת הַסַּמִּים לִפְנֵי יְהוָה אֲשֶׁר בְּאֹהֶל
מוֹעֵד וְאֵת ׀ כָּל־דַּם הַפָּר יִשְׁפֹּךְ אֶל־יְסוֹד מִזְבַּח הָעֹלָה אֲשֶׁר־
פֶּתַח אֹהֶל מוֹעֵד׃ וְאֶת־כָּל־חֵלֶב פַּר הַחַטָּאת יָרִים מִמֶּנּוּ ח
אֶת־הַחֵלֶב הַמְכַסֶּה עַל־הַקֶּרֶב וְאֵת כָּל־הַחֵלֶב אֲשֶׁר עַל־
הַקֶּרֶב׃ וְאֵת שְׁתֵּי הַכְּלָיֹת וְאֶת־הַחֵלֶב אֲשֶׁר עֲלֵיהֶן אֲשֶׁר עַל־ ט
הַכְּסָלִים וְאֶת־הַיֹּתֶרֶת עַל־הַכָּבֵד עַל־הַכְּלָיוֹת יְסִירֶנָּה׃ כַּאֲשֶׁר י
יוּרַם מִשּׁוֹר זֶבַח הַשְּׁלָמִים וְהִקְטִירָם הַכֹּהֵן עַל מִזְבַּח הָעֹלָה׃
וְאֶת־עוֹר הַפָּר וְאֶת־כָּל־בְּשָׂרוֹ עַל־רֹאשׁוֹ וְעַל־כְּרָעָיו וְקִרְבּוֹ יא
וּפִרְשׁוֹ׃ וְהוֹצִיא אֶת־כָּל־הַפָּר אֶל־מִחוּץ לַמַּחֲנֶה אֶל־מָקוֹם יב
טָהוֹר אֶל־שֶׁפֶךְ הַדֶּשֶׁן וְשָׂרַף אֹתוֹ עַל־עֵצִים בָּאֵשׁ עַל־שֶׁפֶךְ
הַדֶּשֶׁן יִשָּׂרֵף׃
וְאִם כָּל־עֲדַת יִשְׂרָאֵל יִשְׁגּוּ וְנֶעְלַם דָּבָר מֵעֵינֵי הַקָּהָל וְעָשׂוּ יג
אַחַת מִכָּל־מִצְוֺת יְהוָה אֲשֶׁר לֹא־תֵעָשֶׂינָה וְאָשֵׁמוּ׃ וְנוֹדְעָה יד
הַחַטָּאת אֲשֶׁר חָטְאוּ עָלֶיהָ וְהִקְרִיבוּ הַקָּהָל פַּר בֶּן־בָּקָר
לְחַטָּאת וְהֵבִיאוּ אֹתוֹ לִפְנֵי אֹהֶל מוֹעֵד׃ וְסָמְכוּ זִקְנֵי הָעֵדָה טו
אֶת־יְדֵיהֶם עַל־רֹאשׁ הַפָּר לִפְנֵי יְהוָה וְשָׁחַט אֶת־הַפָּר לִפְנֵי
יְהוָה׃ וְהֵבִיא הַכֹּהֵן הַמָּשִׁיחַ מִדַּם הַפָּר אֶל־אֹהֶל מוֹעֵד׃ וְטָבַל טז יז
הַכֹּהֵן אֶצְבָּעוֹ מִן־הַדָּם וְהִזָּה שֶׁבַע פְּעָמִים לִפְנֵי יְהוָה אֶת־
פְּנֵי הַפָּרֹכֶת׃ וּמִן־הַדָּם יִתֵּן ׀ עַל־קַרְנֹת הַמִּזְבֵּחַ אֲשֶׁר לִפְנֵי יח
יְהוָה אֲשֶׁר בְּאֹהֶל מוֹעֵד וְאֵת כָּל־הַדָּם יִשְׁפֹּךְ אֶל־יְסוֹד מִזְבַּח

יט הָעֹלָה אֲשֶׁר־פֶּתַח אֹהֶל מוֹעֵד׃ וְאֵת כָּל־חֶלְבּוֹ יָרִים מִמֶּנּוּ
כ וְהִקְטִיר הַמִּזְבֵּחָה׃ וְעָשָׂה לַפָּר כַּאֲשֶׁר עָשָׂה לְפַר הַחַטָּאת כֵּן
כא יַעֲשֶׂה־לּוֹ וְכִפֶּר עֲלֵהֶם הַכֹּהֵן וְנִסְלַח לָהֶם׃ וְהוֹצִיא אֶת־הַפָּר
אֶל־מִחוּץ לַמַּחֲנֶה וְשָׂרַף אֹתוֹ כַּאֲשֶׁר שָׂרַף אֵת הַפָּר הָרִאשׁוֹן
חַטַּאת הַקָּהָל הוּא׃

כב אֲשֶׁר נָשִׂיא יֶחֱטָא וְעָשָׂה אַחַת מִכָּל־מִצְוֺת יהוה אֱלֹהָיו
כג אֲשֶׁר לֹא־תֵעָשֶׂינָה בִּשְׁגָגָה וְאָשֵׁם׃ אוֹ־הוֹדַע אֵלָיו חַטָּאתוֹ
אֲשֶׁר חָטָא בָּהּ וְהֵבִיא אֶת־קָרְבָּנוֹ שְׂעִיר עִזִּים זָכָר תָּמִים׃
כד וְסָמַךְ יָדוֹ עַל־רֹאשׁ הַשָּׂעִיר וְשָׁחַט אֹתוֹ בִּמְקוֹם אֲשֶׁר־
כה יִשְׁחַט אֶת־הָעֹלָה לִפְנֵי יהוה חַטָּאת הוּא׃ וְלָקַח הַכֹּהֵן
מִדַּם הַחַטָּאת בְּאֶצְבָּעוֹ וְנָתַן עַל־קַרְנֹת מִזְבַּח הָעֹלָה וְאֶת־
כו דָּמוֹ יִשְׁפֹּךְ אֶל־יְסוֹד מִזְבַּח הָעֹלָה׃ וְאֶת־כָּל־חֶלְבּוֹ יַקְטִיר
הַמִּזְבֵּחָה כְּחֵלֶב זֶבַח הַשְּׁלָמִים וְכִפֶּר עָלָיו הַכֹּהֵן מֵחַטָּאתוֹ
וְנִסְלַח לוֹ׃

כז וְאִם־נֶפֶשׁ אַחַת תֶּחֱטָא בִשְׁגָגָה מֵעַם הָאָרֶץ בַּעֲשֹׂתָהּ אַחַת ששי
כח מִמִּצְוֺת יהוה אֲשֶׁר לֹא־תֵעָשֶׂינָה וְאָשֵׁם׃ אוֹ הוֹדַע אֵלָיו
חַטָּאתוֹ אֲשֶׁר חָטָא וְהֵבִיא קָרְבָּנוֹ שְׂעִירַת עִזִּים תְּמִימָה נְקֵבָה
כט עַל־חַטָּאתוֹ אֲשֶׁר חָטָא׃ וְסָמַךְ אֶת־יָדוֹ עַל רֹאשׁ הַחַטָּאת
ל וְשָׁחַט אֶת־הַחַטָּאת בִּמְקוֹם הָעֹלָה׃ וְלָקַח הַכֹּהֵן מִדָּמָהּ
בְּאֶצְבָּעוֹ וְנָתַן עַל־קַרְנֹת מִזְבַּח הָעֹלָה וְאֶת־כָּל־דָּמָהּ יִשְׁפֹּךְ
לא אֶל־יְסוֹד הַמִּזְבֵּחַ׃ וְאֶת־כָּל־חֶלְבָּהּ יָסִיר כַּאֲשֶׁר הוּסַר חֵלֶב
מֵעַל זֶבַח הַשְּׁלָמִים וְהִקְטִיר הַכֹּהֵן הַמִּזְבֵּחָה לְרֵיחַ נִיחֹחַ לַיהוה
וְכִפֶּר עָלָיו הַכֹּהֵן וְנִסְלַח לוֹ׃

לב וְאִם־כֶּבֶשׂ יָבִיא קָרְבָּנוֹ לְחַטָּאת נְקֵבָה תְמִימָה יְבִיאֶנָּה׃
לג וְסָמַךְ אֶת־יָדוֹ עַל רֹאשׁ הַחַטָּאת וְשָׁחַט אֹתָהּ לְחַטָּאת
לד בִּמְקוֹם אֲשֶׁר יִשְׁחַט אֶת־הָעֹלָה׃ וְלָקַח הַכֹּהֵן מִדַּם הַחַטָּאת
בְּאֶצְבָּעוֹ וְנָתַן עַל־קַרְנֹת מִזְבַּח הָעֹלָה וְאֶת־כָּל־דָּמָהּ יִשְׁפֹּךְ

לה אֶל־יְסוֹד הַמִּזְבֵּחַ׃ וְאֶת־כׇּל־חֶלְבָּהּ יָסִיר כַּאֲשֶׁר יוּסַר חֵלֶב־
הַכֶּשֶׂב מִזֶּבַח הַשְּׁלָמִים וְהִקְטִיר הַכֹּהֵן אֹתָם הַמִּזְבֵּחָה עַל
אִשֵּׁי יְהֹוָה וְכִפֶּר עָלָיו הַכֹּהֵן עַל־חַטָּאתוֹ אֲשֶׁר־חָטָא וְנִסְלַח
לוֹ׃

ה א וְנֶפֶשׁ כִּי־תֶחֱטָא וְשָׁמְעָה קוֹל אָלָה וְהוּא עֵד אוֹ רָאָה אוֹ יָדָע
ב אִם־לוֹא יַגִּיד וְנָשָׂא עֲוֺנוֹ׃ אוֹ נֶפֶשׁ אֲשֶׁר תִּגַּע בְּכׇל־דָּבָר טָמֵא
אוֹ בְנִבְלַת חַיָּה טְמֵאָה אוֹ בְּנִבְלַת בְּהֵמָה טְמֵאָה אוֹ בְּנִבְלַת
ג שֶׁרֶץ טָמֵא וְנֶעְלַם מִמֶּנּוּ וְהוּא טָמֵא וְאָשֵׁם׃ אוֹ כִי יִגַּע
בְּטֻמְאַת אָדָם לְכֹל טֻמְאָתוֹ אֲשֶׁר יִטְמָא בָּהּ וְנֶעְלַם מִמֶּנּוּ
ד וְהוּא יָדַע וְאָשֵׁם׃ אוֹ נֶפֶשׁ כִּי תִשָּׁבַע לְבַטֵּא בִשְׂפָתַיִם לְהָרַע ׀
אוֹ לְהֵיטִיב לְכֹל אֲשֶׁר יְבַטֵּא הָאָדָם בִּשְׁבֻעָה וְנֶעְלַם מִמֶּנּוּ
ה וְהוּא־יָדַע וְאָשֵׁם לְאַחַת מֵאֵלֶּה׃ וְהָיָה כִי־יֶאְשַׁם לְאַחַת
ו מֵאֵלֶּה וְהִתְוַדָּה אֲשֶׁר חָטָא עָלֶיהָ׃ וְהֵבִיא אֶת־אֲשָׁמוֹ לַיהֹוָה
עַל חַטָּאתוֹ אֲשֶׁר חָטָא נְקֵבָה מִן־הַצֹּאן כִּשְׂבָּה אוֹ־שְׂעִירַת
ז עִזִּים לְחַטָּאת וְכִפֶּר עָלָיו הַכֹּהֵן מֵחַטָּאתוֹ׃ וְאִם־לֹא תַגִּיעַ יָדוֹ
דֵּי שֶׂה וְהֵבִיא אֶת־אֲשָׁמוֹ אֲשֶׁר חָטָא שְׁתֵּי תֹרִים אוֹ־שְׁנֵי
ח בְנֵי־יוֹנָה לַיהֹוָה אֶחָד לְחַטָּאת וְאֶחָד לְעֹלָה׃ וְהֵבִיא אֹתָם
אֶל־הַכֹּהֵן וְהִקְרִיב אֶת־אֲשֶׁר לַחַטָּאת רִאשׁוֹנָה וּמָלַק אֶת־
ט רֹאשׁוֹ מִמּוּל עׇרְפּוֹ וְלֹא יַבְדִּיל׃ וְהִזָּה מִדַּם הַחַטָּאת עַל־קִיר
הַמִּזְבֵּחַ וְהַנִּשְׁאָר בַּדָּם יִמָּצֵה אֶל־יְסוֹד הַמִּזְבֵּחַ חַטָּאת הוּא׃
י וְאֶת־הַשֵּׁנִי יַעֲשֶׂה עֹלָה כַּמִּשְׁפָּט וְכִפֶּר עָלָיו הַכֹּהֵן מֵחַטָּאתוֹ
יא אֲשֶׁר־חָטָא וְנִסְלַח לוֹ׃ וְאִם־לֹא תַשִּׂיג יָדוֹ שביעי
לִשְׁתֵּי תֹרִים אוֹ לִשְׁנֵי בְנֵי־יוֹנָה וְהֵבִיא אֶת־קׇרְבָּנוֹ אֲשֶׁר חָטָא
עֲשִׂירִת הָאֵפָה סֹלֶת לְחַטָּאת לֹא־יָשִׂים עָלֶיהָ שֶׁמֶן וְלֹא־יִתֵּן
יב עָלֶיהָ לְבֹנָה כִּי חַטָּאת הִוא׃ וֶהֱבִיאָהּ אֶל־הַכֹּהֵן וְקָמַץ הַכֹּהֵן ׀
מִמֶּנָּה מְלוֹא קֻמְצוֹ אֶת־אַזְכָּרָתָהּ וְהִקְטִיר הַמִּזְבֵּחָה עַל אִשֵּׁי
יג יְהֹוָה חַטָּאת הִוא׃ וְכִפֶּר עָלָיו הַכֹּהֵן עַל־חַטָּאתוֹ אֲשֶׁר־חָטָא

יד מֵאַחַת מֵאֵלֶּה וְנִסְלַח לוֹ וְהָיְתָה לַכֹּהֵן כַּמִּנְחָה׃ וַיְדַבֵּר
טו יְהוָה אֶל־מֹשֶׁה לֵּאמֹר׃ נֶפֶשׁ כִּי־תִמְעֹל מַעַל וְחָטְאָה בִּשְׁגָגָה
מִקָּדְשֵׁי יְהוָה וְהֵבִיא אֶת־אֲשָׁמוֹ לַיהוָה אַיִל תָּמִים מִן־הַצֹּאן
טז בְּעֶרְכְּךָ כֶּסֶף־שְׁקָלִים בְּשֶׁקֶל־הַקֹּדֶשׁ לְאָשָׁם׃ וְאֵת אֲשֶׁר חָטָא
מִן־הַקֹּדֶשׁ יְשַׁלֵּם וְאֶת־חֲמִישִׁתוֹ יוֹסֵף עָלָיו וְנָתַן אֹתוֹ לַכֹּהֵן
וְהַכֹּהֵן יְכַפֵּר עָלָיו בְּאֵיל הָאָשָׁם וְנִסְלַח לוֹ׃
יז וְאִם־נֶפֶשׁ כִּי תֶחֱטָא וְעָשְׂתָה אַחַת מִכָּל־מִצְוֹת יְהוָה אֲשֶׁר
יח לֹא תֵעָשֶׂינָה וְלֹא־יָדַע וְאָשֵׁם וְנָשָׂא עֲוֺנוֹ׃ וְהֵבִיא אַיִל תָּמִים
מִן־הַצֹּאן בְּעֶרְכְּךָ לְאָשָׁם אֶל־הַכֹּהֵן וְכִפֶּר עָלָיו הַכֹּהֵן עַל
יט שִׁגְגָתוֹ אֲשֶׁר־שָׁגָג וְהוּא לֹא־יָדַע וְנִסְלַח לוֹ׃ אָשָׁם הוּא אָשֹׁם
אָשַׁם לַיהוָה׃
כ כא וַיְדַבֵּר יְהוָה אֶל־מֹשֶׁה לֵּאמֹר׃ נֶפֶשׁ כִּי תֶחֱטָא וּמָעֲלָה מַעַל
בַּיהוָה וְכִחֵשׁ בַּעֲמִיתוֹ בְּפִקָּדוֹן אוֹ־בִתְשׂוּמֶת יָד אוֹ בְגָזֵל אוֹ
כב עָשַׁק אֶת־עֲמִיתוֹ׃ אוֹ־מָצָא אֲבֵדָה וְכִחֶשׁ בָּהּ וְנִשְׁבַּע עַל־
כג שָׁקֶר עַל־אַחַת מִכֹּל אֲשֶׁר־יַעֲשֶׂה הָאָדָם לַחֲטֹא בָהֵנָּה׃ וְהָיָה
כִּי־יֶחֱטָא וְאָשֵׁם וְהֵשִׁיב אֶת־הַגְּזֵלָה אֲשֶׁר גָּזָל אוֹ אֶת־הָעֹשֶׁק
אֲשֶׁר עָשָׁק אוֹ אֶת־הַפִּקָּדוֹן אֲשֶׁר הָפְקַד אִתּוֹ אוֹ אֶת־הָאֲבֵדָה
כד אֲשֶׁר מָצָא׃ אוֹ מִכֹּל אֲשֶׁר־יִשָּׁבַע עָלָיו לַשֶּׁקֶר וְשִׁלַּם אֹתוֹ מפטיר
בְּרֹאשׁוֹ וַחֲמִשִׁתָיו יֹסֵף עָלָיו לַאֲשֶׁר הוּא לוֹ יִתְּנֶנּוּ בְּיוֹם אַשְׁמָתוֹ׃
כה וְאֶת־אֲשָׁמוֹ יָבִיא לַיהוָה אַיִל תָּמִים מִן־הַצֹּאן בְּעֶרְכְּךָ לְאָשָׁם
כו אֶל־הַכֹּהֵן׃ וְכִפֶּר עָלָיו הַכֹּהֵן לִפְנֵי יְהוָה וְנִסְלַח לוֹ עַל־אַחַת
מִכֹּל אֲשֶׁר־יַעֲשֶׂה לְאַשְׁמָה בָהּ׃
ו א ב וַיְדַבֵּר יְהוָה אֶל־מֹשֶׁה לֵּאמֹר׃ צַו אֶת־אַהֲרֹן וְאֶת־בָּנָיו לֵאמֹר צו
זֹאת תּוֹרַת הָעֹלָה הִוא הָעֹלָה עַל מוֹקְדָה עַל־הַמִּזְבֵּחַ כָּל־
ג הַלַּיְלָה עַד־הַבֹּקֶר וְאֵשׁ הַמִּזְבֵּחַ תּוּקַד בּוֹ׃ וְלָבַשׁ הַכֹּהֵן מִדּוֹ
בַד וּמִכְנְסֵי־בַד יִלְבַּשׁ עַל־בְּשָׂרוֹ וְהֵרִים אֶת־הַדֶּשֶׁן אֲשֶׁר
תֹּאכַל הָאֵשׁ אֶת־הָעֹלָה עַל־הַמִּזְבֵּחַ וְשָׂמוֹ אֵצֶל הַמִּזְבֵּחַ׃

ד וּפָשַׁט֙ אֶת־בְּגָדָ֔יו וְלָבַ֖שׁ בְּגָדִ֣ים אֲחֵרִ֑ים וְהוֹצִ֤יא אֶת־הַדֶּ֙שֶׁן֙
ה אֶל־מִח֣וּץ לַֽמַּחֲנֶ֔ה אֶל־מָק֖וֹם טָהֽוֹר׃ וְהָאֵ֨שׁ עַל־הַמִּזְבֵּ֤חַ תּֽוּקַד־
בּוֹ֙ לֹ֣א תִכְבֶּ֔ה וּבִעֵ֨ר עָלֶ֧יהָ הַכֹּהֵ֛ן עֵצִ֖ים בַּבֹּ֣קֶר בַּבֹּ֑קֶר וְעָרַ֤ךְ
ו עָלֶ֙יהָ֙ הָֽעֹלָ֔ה וְהִקְטִ֥יר עָלֶ֖יהָ חֶלְבֵ֥י הַשְּׁלָמִֽים׃ אֵ֗שׁ תָּמִ֛יד תּוּקַ֥ד
ז עַל־הַמִּזְבֵּ֖חַ לֹ֥א תִכְבֶּֽה׃ וְזֹ֥את תּוֹרַ֖ת הַמִּנְחָ֑ה
ח הַקְרֵ֨ב אֹתָ֤הּ בְּנֵֽי־אַהֲרֹן֙ לִפְנֵ֣י יְהוָ֔ה אֶל־פְּנֵ֖י הַמִּזְבֵּֽחַ׃ וְהֵרִ֨ים
מִמֶּ֜נּוּ בְּקֻמְצ֗וֹ מִסֹּ֤לֶת הַמִּנְחָה֙ וּמִשַּׁמְנָ֔הּ וְאֵת֙ כָּל־הַלְּבֹנָ֔ה אֲשֶׁ֖ר
עַל־הַמִּנְחָ֑ה וְהִקְטִ֣יר הַמִּזְבֵּ֗חַ רֵ֧יחַ נִיחֹ֛חַ אַזְכָּרָתָ֖הּ לַיהוָֽה׃
ט וְהַנּוֹתֶ֣רֶת מִמֶּ֔נָּה יֹאכְל֖וּ אַהֲרֹ֣ן וּבָנָ֑יו מַצּ֤וֹת תֵּֽאָכֵל֙ בְּמָק֣וֹם
י קָדֹ֔שׁ בַּחֲצַ֥ר אֹֽהֶל־מוֹעֵ֖ד יֹאכְלֽוּהָ׃ לֹ֤א תֵאָפֶה֙ חָמֵ֔ץ חֶלְקָ֛ם
יא נָתַ֥תִּי אֹתָ֖הּ מֵאִשָּׁ֑י קֹ֤דֶשׁ קָֽדָשִׁים֙ הִ֔וא כַּֽחַטָּ֖את וְכָאָשָֽׁם׃ כָּל־
זָכָ֞ר בִּבְנֵ֤י אַהֲרֹן֙ יֹֽאכְלֶ֔נָּה חָק־עוֹלָם֙ לְדֹרֹ֣תֵיכֶ֔ם מֵאִשֵּׁ֖י יְהוָ֑ה
כֹּ֛ל אֲשֶׁר־יִגַּ֥ע בָּהֶ֖ם יִקְדָּֽשׁ׃
שני ג יב יג וַיְדַבֵּ֥ר יְהוָ֖ה אֶל־מֹשֶׁ֥ה לֵּאמֹֽר׃ זֶ֡ה קָרְבַּן֩ אַהֲרֹ֨ן וּבָנָ֜יו אֲשֶׁר־
יַקְרִ֣יבוּ לַֽיהוָ֗ה בְּיוֹם֙ הִמָּשַׁ֣ח אֹת֔וֹ עֲשִׂירִ֨ת הָאֵפָ֥ה סֹ֛לֶת מִנְחָ֖ה
יד תָּמִ֑יד מַחֲצִיתָ֣הּ בַּבֹּ֔קֶר וּמַחֲצִיתָ֖הּ בָּעָֽרֶב׃ עַֽל־מַחֲבַ֗ת בַּשֶּׁ֛מֶן
תֵּעָשֶׂ֖ה מֻרְבֶּ֣כֶת תְּבִיאֶ֑נָּה תֻּפִינֵי֙ מִנְחַ֣ת פִּתִּ֔ים תַּקְרִ֥יב רֵֽיחַ־
טו נִיחֹ֖חַ לַיהוָֽה׃ וְהַכֹּהֵ֨ן הַמָּשִׁ֧יחַ תַּחְתָּ֛יו מִבָּנָ֖יו יַעֲשֶׂ֣ה אֹתָ֑הּ חָק־
טז עוֹלָ֕ם לַיהוָ֖ה כָּלִ֥יל תָּקְטָֽר׃ וְכָל־מִנְחַ֥ת כֹּהֵ֛ן כָּלִ֥יל תִּהְיֶ֖ה לֹ֥א
תֵאָכֵֽל׃
יז יח וַיְדַבֵּ֥ר יְהוָ֖ה אֶל־מֹשֶׁ֥ה לֵּאמֹֽר׃ דַּבֵּ֤ר אֶֽל־אַהֲרֹן֙ וְאֶל־בָּנָ֣יו לֵאמֹ֔ר
זֹ֥את תּוֹרַ֖ת הַחַטָּ֑את בִּמְק֡וֹם אֲשֶׁר֩ תִּשָּׁחֵ֨ט הָעֹלָ֜ה תִּשָּׁחֵ֤ט
יט הַֽחַטָּאת֙ לִפְנֵ֣י יְהוָ֔ה קֹ֥דֶשׁ קָֽדָשִׁ֖ים הִֽוא׃ הַכֹּהֵ֛ן הַֽמְחַטֵּ֥א אֹתָ֖הּ
כ יֹאכְלֶ֑נָּה בְּמָק֤וֹם קָדֹשׁ֙ תֵּֽאָכֵ֔ל בַּחֲצַ֖ר אֹ֥הֶל מוֹעֵֽד׃ כֹּ֛ל אֲשֶׁר־
יִגַּ֥ע בִּבְשָׂרָ֖הּ יִקְדָּ֑שׁ וַאֲשֶׁ֨ר יִזֶּ֤ה מִדָּמָהּ֙ עַל־הַבֶּ֔גֶד אֲשֶׁר֙ יִזֶּ֣ה
כא עָלֶ֔יהָ תְּכַבֵּ֖ס בְּמָק֥וֹם קָדֹֽשׁ׃ וּכְלִי־חֶ֛רֶשׂ אֲשֶׁ֥ר תְּבֻשַּׁל־בּ֖וֹ
כב יִשָּׁבֵ֑ר וְאִם־בִּכְלִ֤י נְחֹ֙שֶׁת֙ בֻּשָּׁ֔לָה וּמֹרַ֥ק וְשֻׁטַּ֖ף בַּמָּֽיִם׃ כָּל־זָכָ֥ר

כג בַּכֹּהֲנִים יֹאכַל אֹתָהּ קֹדֶשׁ קָדָשִׁים הִוא׃ וְכָל־חַטָּאת אֲשֶׁר
יוּבָא מִדָּמָהּ אֶל־אֹהֶל מוֹעֵד לְכַפֵּר בַּקֹּדֶשׁ לֹא תֵאָכֵל בָּאֵשׁ
תִּשָּׂרֵף׃
ז א ב וְזֹאת תּוֹרַת הָאָשָׁם קֹדֶשׁ קָדָשִׁים הוּא׃ בִּמְקוֹם אֲשֶׁר יִשְׁחֲטוּ
אֶת־הָעֹלָה יִשְׁחֲטוּ אֶת־הָאָשָׁם וְאֶת־דָּמוֹ יִזְרֹק עַל־הַמִּזְבֵּחַ
ג סָבִיב׃ וְאֵת כָּל־חֶלְבּוֹ יַקְרִיב מִמֶּנּוּ אֵת הָאַלְיָה וְאֶת־הַחֵלֶב
ד הַמְכַסֶּה אֶת־הַקֶּרֶב׃ וְאֵת שְׁתֵּי הַכְּלָיֹת וְאֶת־הַחֵלֶב אֲשֶׁר
עֲלֵיהֶן אֲשֶׁר עַל־הַכְּסָלִים וְאֶת־הַיֹּתֶרֶת עַל־הַכָּבֵד עַל־הַכְּלָיֹת
ה יְסִירֶנָּה׃ וְהִקְטִיר אֹתָם הַכֹּהֵן הַמִּזְבֵּחָה אִשֶּׁה לַיהוָה אָשָׁם
ו הוּא׃ כָּל־זָכָר בַּכֹּהֲנִים יֹאכְלֶנּוּ בְּמָקוֹם קָדוֹשׁ יֵאָכֵל קֹדֶשׁ
ז קָדָשִׁים הוּא׃ כַּחַטָּאת כָּאָשָׁם תּוֹרָה אַחַת לָהֶם הַכֹּהֵן אֲשֶׁר
ח יְכַפֶּר־בּוֹ לוֹ יִהְיֶה׃ וְהַכֹּהֵן הַמַּקְרִיב אֶת־עֹלַת אִישׁ עוֹר הָעֹלָה
ט אֲשֶׁר הִקְרִיב לַכֹּהֵן לוֹ יִהְיֶה׃ וְכָל־מִנְחָה אֲשֶׁר תֵּאָפֶה בַּתַּנּוּר
וְכָל־נַעֲשָׂה בַמַּרְחֶשֶׁת וְעַל־מַחֲבַת לַכֹּהֵן הַמַּקְרִיב אֹתָהּ לוֹ
י תִהְיֶה׃ וְכָל־מִנְחָה בְלוּלָה־בַשֶּׁמֶן וַחֲרֵבָה לְכָל־בְּנֵי אַהֲרֹן
תִּהְיֶה אִישׁ כְּאָחִיו׃
יא יב וְזֹאת תּוֹרַת זֶבַח הַשְּׁלָמִים אֲשֶׁר יַקְרִיב לַיהוָה׃ אִם עַל־תּוֹדָה שלישי
יַקְרִיבֶנּוּ וְהִקְרִיב ׀ עַל־זֶבַח הַתּוֹדָה חַלּוֹת מַצּוֹת בְּלוּלֹת בַּשֶּׁמֶן
וּרְקִיקֵי מַצּוֹת מְשֻׁחִים בַּשָּׁמֶן וְסֹלֶת מֻרְבֶּכֶת חַלֹּת בְּלוּלֹת
יג בַּשָּׁמֶן׃ עַל־חַלֹּת לֶחֶם חָמֵץ יַקְרִיב קָרְבָּנוֹ עַל־זֶבַח תּוֹדַת
יד שְׁלָמָיו׃ וְהִקְרִיב מִמֶּנּוּ אֶחָד מִכָּל־קָרְבָּן תְּרוּמָה לַיהוָה לַכֹּהֵן
טו הַזֹּרֵק אֶת־דַּם הַשְּׁלָמִים לוֹ יִהְיֶה׃ וּבְשַׂר זֶבַח תּוֹדַת שְׁלָמָיו
טז בְּיוֹם קָרְבָּנוֹ יֵאָכֵל לֹא־יַנִּיחַ מִמֶּנּוּ עַד־בֹּקֶר׃ וְאִם־נֶדֶר ׀ אוֹ
נְדָבָה זֶבַח קָרְבָּנוֹ בְּיוֹם הַקְרִיבוֹ אֶת־זִבְחוֹ יֵאָכֵל וּמִמָּחֳרָת
יז וְהַנּוֹתָר מִמֶּנּוּ יֵאָכֵל׃ וְהַנּוֹתָר מִבְּשַׂר הַזָּבַח בַּיּוֹם הַשְּׁלִישִׁי
יח בָּאֵשׁ יִשָּׂרֵף׃ וְאִם הֵאָכֹל יֵאָכֵל מִבְּשַׂר־זֶבַח שְׁלָמָיו בַּיּוֹם
הַשְּׁלִישִׁי לֹא יֵרָצֶה הַמַּקְרִיב אֹתוֹ לֹא יֵחָשֵׁב לוֹ פִּגּוּל יִהְיֶה

יט וְהַנֶּפֶשׁ הָאֹכֶלֶת מִמֶּנּוּ עֲוֺנָהּ תִּשָּׂא׃ וְהַבָּשָׂר אֲשֶׁר־יִגַּע בְּכָל־
טָמֵא לֹא יֵאָכֵל בָּאֵשׁ יִשָּׂרֵף וְהַבָּשָׂר כָּל־טָהוֹר יֹאכַל בָּשָׂר׃
כ וְהַנֶּפֶשׁ אֲשֶׁר־תֹּאכַל בָּשָׂר מִזֶּבַח הַשְּׁלָמִים אֲשֶׁר לַיהוָה וְטֻמְאָתוֹ
כא עָלָיו וְנִכְרְתָה הַנֶּפֶשׁ הַהִוא מֵעַמֶּיהָ׃ וְנֶפֶשׁ כִּי־תִגַּע בְּכָל־טָמֵא
בְּטֻמְאַת אָדָם אוֹ בִּבְהֵמָה טְמֵאָה אוֹ בְּכָל־שֶׁקֶץ טָמֵא וְאָכַל
מִבְּשַׂר־זֶבַח הַשְּׁלָמִים אֲשֶׁר לַיהוָה וְנִכְרְתָה הַנֶּפֶשׁ הַהִוא
כב כג מֵעַמֶּיהָ׃ וַיְדַבֵּר יְהוָה אֶל־מֹשֶׁה לֵּאמֹר׃ דַּבֵּר אֶל־בְּנֵי יִשְׂרָאֵל
כד לֵאמֹר כָּל־חֵלֶב שׁוֹר וְכֶשֶׂב וָעֵז לֹא תֹאכֵלוּ׃ וְחֵלֶב נְבֵלָה
כה וְחֵלֶב טְרֵפָה יֵעָשֶׂה לְכָל־מְלָאכָה וְאָכֹל לֹא תֹאכְלֻהוּ׃ כִּי
כָּל־אֹכֵל חֵלֶב מִן־הַבְּהֵמָה אֲשֶׁר יַקְרִיב מִמֶּנָּה אִשֶּׁה לַיהוָה
כו וְנִכְרְתָה הַנֶּפֶשׁ הָאֹכֶלֶת מֵעַמֶּיהָ׃ וְכָל־דָּם לֹא תֹאכְלוּ בְּכֹל
כז מוֹשְׁבֹתֵיכֶם לָעוֹף וְלַבְּהֵמָה׃ כָּל־נֶפֶשׁ אֲשֶׁר־תֹּאכַל כָּל־דָּם
וְנִכְרְתָה הַנֶּפֶשׁ הַהִוא מֵעַמֶּיהָ׃
כח כט וַיְדַבֵּר יְהוָה אֶל־מֹשֶׁה לֵּאמֹר׃ דַּבֵּר אֶל־בְּנֵי יִשְׂרָאֵל לֵאמֹר
הַמַּקְרִיב אֶת־זֶבַח שְׁלָמָיו לַיהוָה יָבִיא אֶת־קָרְבָּנוֹ לַיהוָה
ל מִזֶּבַח שְׁלָמָיו׃ יָדָיו תְּבִיאֶינָה אֵת אִשֵּׁי יְהוָה אֶת־הַחֵלֶב עַל־
הֶחָזֶה יְבִיאֶנּוּ אֵת הֶחָזֶה לְהָנִיף אֹתוֹ תְּנוּפָה לִפְנֵי יְהוָה׃
לא וְהִקְטִיר הַכֹּהֵן אֶת־הַחֵלֶב הַמִּזְבֵּחָה וְהָיָה הֶחָזֶה לְאַהֲרֹן וּלְבָנָיו׃
לב וְאֵת שׁוֹק הַיָּמִין תִּתְּנוּ תְרוּמָה לַכֹּהֵן מִזִּבְחֵי שַׁלְמֵיכֶם׃
לג הַמַּקְרִיב אֶת־דַּם הַשְּׁלָמִים וְאֶת־הַחֵלֶב מִבְּנֵי אַהֲרֹן לוֹ תִהְיֶה
לד שׁוֹק הַיָּמִין לְמָנָה׃ כִּי אֶת־חֲזֵה הַתְּנוּפָה וְאֵת שׁוֹק הַתְּרוּמָה
לָקַחְתִּי מֵאֵת בְּנֵי־יִשְׂרָאֵל מִזִּבְחֵי שַׁלְמֵיהֶם וָאֶתֵּן אֹתָם
לה לְאַהֲרֹן הַכֹּהֵן וּלְבָנָיו לְחָק־עוֹלָם מֵאֵת בְּנֵי יִשְׂרָאֵל׃ זֹאת
מִשְׁחַת אַהֲרֹן וּמִשְׁחַת בָּנָיו מֵאִשֵּׁי יְהוָה בְּיוֹם הִקְרִיב אֹתָם
לו לְכַהֵן לַיהוָה׃ אֲשֶׁר צִוָּה יְהוָה לָתֵת לָהֶם בְּיוֹם מָשְׁחוֹ אֹתָם
לז מֵאֵת בְּנֵי יִשְׂרָאֵל חֻקַּת עוֹלָם לְדֹרֹתָם׃ זֹאת הַתּוֹרָה לָעֹלָה
לח לַמִּנְחָה וְלַחַטָּאת וְלָאָשָׁם וְלַמִּלּוּאִים וּלְזֶבַח הַשְּׁלָמִים׃ אֲשֶׁר

צִוָּה יְהוָה אֶת־מֹשֶׁה בְּהַר סִינָי בְּיוֹם צַוֹּתוֹ אֶת־בְּנֵי יִשְׂרָאֵל
לְהַקְרִיב אֶת־קָרְבְּנֵיהֶם לַיהוָה בְּמִדְבַּר סִינָי׃
ח א ב וַיְדַבֵּר יְהוָה אֶל־מֹשֶׁה לֵּאמֹר׃ קַח אֶת־אַהֲרֹן וְאֶת־בָּנָיו אִתּוֹ ד רביעי
וְאֵת הַבְּגָדִים וְאֵת שֶׁמֶן הַמִּשְׁחָה וְאֵת ׀ פַּר הַחַטָּאת וְאֵת שְׁנֵי
ג הָאֵילִים וְאֵת סַל הַמַּצּוֹת׃ וְאֵת כָּל־הָעֵדָה הַקְהֵל אֶל־פֶּתַח
ד אֹהֶל מוֹעֵד׃ וַיַּעַשׂ מֹשֶׁה כַּאֲשֶׁר צִוָּה יְהוָה אֹתוֹ וַתִּקָּהֵל הָעֵדָה
ה אֶל־פֶּתַח אֹהֶל מוֹעֵד׃ וַיֹּאמֶר מֹשֶׁה אֶל־הָעֵדָה זֶה הַדָּבָר
ו אֲשֶׁר־צִוָּה יְהוָה לַעֲשׂוֹת׃ וַיַּקְרֵב מֹשֶׁה אֶת־אַהֲרֹן וְאֶת־בָּנָיו
ז וַיִּרְחַץ אֹתָם בַּמָּיִם׃ וַיִּתֵּן עָלָיו אֶת־הַכֻּתֹּנֶת וַיַּחְגֹּר אֹתוֹ בָּאַבְנֵט
וַיַּלְבֵּשׁ אֹתוֹ אֶת־הַמְּעִיל וַיִּתֵּן עָלָיו אֶת־הָאֵפֹד וַיַּחְגֹּר אֹתוֹ
ח בְּחֵשֶׁב הָאֵפֹד וַיֶּאְפֹּד לוֹ בּוֹ׃ וַיָּשֶׂם עָלָיו אֶת־הַחֹשֶׁן וַיִּתֵּן אֶל־
ט הַחֹשֶׁן אֶת־הָאוּרִים וְאֶת־הַתֻּמִּים׃ וַיָּשֶׂם אֶת־הַמִּצְנֶפֶת עַל־
רֹאשׁוֹ וַיָּשֶׂם עַל־הַמִּצְנֶפֶת אֶל־מוּל פָּנָיו אֵת צִיץ הַזָּהָב נֵזֶר
י הַקֹּדֶשׁ כַּאֲשֶׁר צִוָּה יְהוָה אֶת־מֹשֶׁה׃ וַיִּקַּח מֹשֶׁה אֶת־שֶׁמֶן
הַמִּשְׁחָה וַיִּמְשַׁח אֶת־הַמִּשְׁכָּן וְאֶת־כָּל־אֲשֶׁר־בּוֹ וַיְקַדֵּשׁ אֹתָם׃
יא וַיַּז מִמֶּנּוּ עַל־הַמִּזְבֵּחַ שֶׁבַע פְּעָמִים וַיִּמְשַׁח אֶת־הַמִּזְבֵּחַ וְאֶת־
יב כָּל־כֵּלָיו וְאֶת־הַכִּיֹּר וְאֶת־כַּנּוֹ לְקַדְּשָׁם׃ וַיִּצֹק מִשֶּׁמֶן הַמִּשְׁחָה
יג עַל רֹאשׁ אַהֲרֹן וַיִּמְשַׁח אֹתוֹ לְקַדְּשׁוֹ׃ וַיַּקְרֵב מֹשֶׁה אֶת־בְּנֵי
אַהֲרֹן וַיַּלְבִּשֵׁם כֻּתֳּנֹת וַיַּחְגֹּר אֹתָם אַבְנֵט וַיַּחֲבֹשׁ לָהֶם מִגְבָּעוֹת
יד כַּאֲשֶׁר צִוָּה יְהוָה אֶת־מֹשֶׁה׃ וַיַּגֵּשׁ אֵת פַּר הַחַטָּאת וַיִּסְמֹךְ חמישי
טו אַהֲרֹן וּבָנָיו אֶת־יְדֵיהֶם עַל־רֹאשׁ פַּר הַחַטָּאת׃ וַיִּשְׁחָט וַיִּקַּח
מֹשֶׁה אֶת־הַדָּם וַיִּתֵּן עַל־קַרְנוֹת הַמִּזְבֵּחַ סָבִיב בְּאֶצְבָּעוֹ וַיְחַטֵּא
אֶת־הַמִּזְבֵּחַ וְאֶת־הַדָּם יָצַק אֶל־יְסוֹד הַמִּזְבֵּחַ וַיְקַדְּשֵׁהוּ לְכַפֵּר
טז עָלָיו׃ וַיִּקַּח אֶת־כָּל־הַחֵלֶב אֲשֶׁר עַל־הַקֶּרֶב וְאֵת יֹתֶרֶת הַכָּבֵד
יז וְאֶת־שְׁתֵּי הַכְּלָיֹת וְאֶת־חֶלְבְּהֶן וַיַּקְטֵר מֹשֶׁה הַמִּזְבֵּחָה׃ וְאֶת־
הַפָּר וְאֶת־עֹרוֹ וְאֶת־בְּשָׂרוֹ וְאֶת־פִּרְשׁוֹ שָׂרַף בָּאֵשׁ מִחוּץ
יח לַמַּחֲנֶה כַּאֲשֶׁר צִוָּה יְהוָה אֶת־מֹשֶׁה׃ וַיַּקְרֵב אֵת אֵיל הָעֹלָה

יט וַיִּסְמְכוּ אַהֲרֹן וּבָנָיו אֶת־יְדֵיהֶם עַל־רֹאשׁ הָאָיִל׃ וַיִּשְׁחָט וַיִּזְרֹק
כ מֹשֶׁה אֶת־הַדָּם עַל־הַמִּזְבֵּחַ סָבִיב׃ וְאֶת־הָאַיִל נִתַּח לִנְתָחָיו
כא וַיַּקְטֵר מֹשֶׁה אֶת־הָרֹאשׁ וְאֶת־הַנְּתָחִים וְאֶת־הַפָּדֶר׃ וְאֶת־
הַקֶּרֶב וְאֶת־הַכְּרָעַיִם רָחַץ בַּמָּיִם וַיַּקְטֵר מֹשֶׁה אֶת־כָּל־הָאַיִל
הַמִּזְבֵּחָה עֹלָה הוּא לְרֵיחַ־נִיחֹחַ אִשֶּׁה הוּא לַיהוָה כַּאֲשֶׁר צִוָּה
ששי כב יְהוָה אֶת־מֹשֶׁה׃ וַיַּקְרֵב אֶת־הָאַיִל הַשֵּׁנִי אֵיל הַמִּלֻּאִים וַיִּסְמְכוּ
כג אַהֲרֹן וּבָנָיו אֶת־יְדֵיהֶם עַל־רֹאשׁ הָאָיִל׃ וַיִּשְׁחָט ׀ וַיִּקַּח מֹשֶׁה
מִדָּמוֹ וַיִּתֵּן עַל־תְּנוּךְ אֹזֶן־אַהֲרֹן הַיְמָנִית וְעַל־בֹּהֶן יָדוֹ הַיְמָנִית
כד וְעַל־בֹּהֶן רַגְלוֹ הַיְמָנִית׃ וַיַּקְרֵב אֶת־בְּנֵי אַהֲרֹן וַיִּתֵּן מֹשֶׁה מִן־
הַדָּם עַל־תְּנוּךְ אָזְנָם הַיְמָנִית וְעַל־בֹּהֶן יָדָם הַיְמָנִית וְעַל־בֹּהֶן
כה רַגְלָם הַיְמָנִית וַיִּזְרֹק מֹשֶׁה אֶת־הַדָּם עַל־הַמִּזְבֵּחַ סָבִיב׃ וַיִּקַּח
אֶת־הַחֵלֶב וְאֶת־הָאַלְיָה וְאֶת־כָּל־הַחֵלֶב אֲשֶׁר עַל־הַקֶּרֶב
וְאֵת יֹתֶרֶת הַכָּבֵד וְאֶת־שְׁתֵּי הַכְּלָיֹת וְאֶת־חֶלְבְּהֶן וְאֵת שׁוֹק
כו הַיָּמִין׃ וּמִסַּל הַמַּצּוֹת אֲשֶׁר ׀ לִפְנֵי יְהוָה לָקַח חַלַּת מַצָּה אַחַת
וְחַלַּת לֶחֶם שֶׁמֶן אַחַת וְרָקִיק אֶחָד וַיָּשֶׂם עַל־הַחֲלָבִים וְעַל
כז שׁוֹק הַיָּמִין׃ וַיִּתֵּן אֶת־הַכֹּל עַל כַּפֵּי אַהֲרֹן וְעַל כַּפֵּי בָנָיו וַיָּנֶף
כח אֹתָם תְּנוּפָה לִפְנֵי יְהוָה׃ וַיִּקַּח מֹשֶׁה אֹתָם מֵעַל כַּפֵּיהֶם וַיַּקְטֵר
הַמִּזְבֵּחָה עַל־הָעֹלָה מִלֻּאִים הֵם לְרֵיחַ נִיחֹחַ אִשֶּׁה הוּא לַיהוָה׃
כט וַיִּקַּח מֹשֶׁה אֶת־הֶחָזֶה וַיְנִיפֵהוּ תְנוּפָה לִפְנֵי יְהוָה מֵאֵיל הַמִּלֻּאִים
שביעי ל לְמֹשֶׁה הָיָה לְמָנָה כַּאֲשֶׁר צִוָּה יְהוָה אֶת־מֹשֶׁה׃ וַיִּקַּח מֹשֶׁה
מִשֶּׁמֶן הַמִּשְׁחָה וּמִן־הַדָּם אֲשֶׁר עַל־הַמִּזְבֵּחַ וַיַּז עַל־אַהֲרֹן
עַל־בְּגָדָיו וְעַל־בָּנָיו וְעַל־בִּגְדֵי בָנָיו אִתּוֹ וַיְקַדֵּשׁ אֶת־אַהֲרֹן
לא אֶת־בְּגָדָיו וְאֶת־בָּנָיו וְאֶת־בִּגְדֵי בָנָיו אִתּוֹ׃ וַיֹּאמֶר מֹשֶׁה אֶל־
אַהֲרֹן וְאֶל־בָּנָיו בַּשְּׁלוּ אֶת־הַבָּשָׂר פֶּתַח אֹהֶל מוֹעֵד וְשָׁם
תֹּאכְלוּ אֹתוֹ וְאֶת־הַלֶּחֶם אֲשֶׁר בְּסַל הַמִּלֻּאִים כַּאֲשֶׁר צִוֵּיתִי
לב לֵאמֹר אַהֲרֹן וּבָנָיו יֹאכְלֻהוּ׃ וְהַנּוֹתָר בַּבָּשָׂר וּבַלָּחֶם בָּאֵשׁ
מפטיר לג תִּשְׂרֹפוּ׃ וּמִפֶּתַח אֹהֶל מוֹעֵד לֹא תֵצְאוּ שִׁבְעַת יָמִים עַד יוֹם

לד מְלֹאת יְמֵי מִלֻּאֵיכֶם כִּי שִׁבְעַת יָמִים יְמַלֵּא אֶת־יֶדְכֶם׃ כַּאֲשֶׁר
לה עָשָׂה בַּיּוֹם הַזֶּה צִוָּה יְהוָה לַעֲשֹׂת לְכַפֵּר עֲלֵיכֶם׃ וּפֶתַח אֹהֶל
מוֹעֵד תֵּשְׁבוּ יוֹמָם וָלַיְלָה שִׁבְעַת יָמִים וּשְׁמַרְתֶּם אֶת־מִשְׁמֶרֶת
לו יְהוָה וְלֹא תָמוּתוּ כִּי־כֵן צֻוֵּיתִי׃ וַיַּעַשׂ אַהֲרֹן וּבָנָיו אֵת כָּל־
ט א הַדְּבָרִים אֲשֶׁר־צִוָּה יְהוָה בְּיַד־מֹשֶׁה׃ וַיְהִי שמיני
ב בַּיּוֹם הַשְּׁמִינִי קָרָא מֹשֶׁה לְאַהֲרֹן וּלְבָנָיו וּלְזִקְנֵי יִשְׂרָאֵל׃ וַיֹּאמֶר
אֶל־אַהֲרֹן קַח־לְךָ עֵגֶל בֶּן־בָּקָר לְחַטָּאת וְאַיִל לְעֹלָה תְּמִימִם
ג וְהַקְרֵב לִפְנֵי יְהוָה׃ וְאֶל־בְּנֵי יִשְׂרָאֵל תְּדַבֵּר לֵאמֹר קְחוּ שְׂעִיר־
ד עִזִּים לְחַטָּאת וְעֵגֶל וָכֶבֶשׂ בְּנֵי־שָׁנָה תְּמִימִם לְעֹלָה׃ וְשׁוֹר
וָאַיִל לִשְׁלָמִים לִזְבֹּחַ לִפְנֵי יְהוָה וּמִנְחָה בְּלוּלָה בַשָּׁמֶן כִּי הַיּוֹם
ה יְהוָה נִרְאָה אֲלֵיכֶם׃ וַיִּקְחוּ אֵת אֲשֶׁר צִוָּה מֹשֶׁה אֶל־פְּנֵי אֹהֶל
ו מוֹעֵד וַיִּקְרְבוּ כָּל־הָעֵדָה וַיַּעַמְדוּ לִפְנֵי יְהוָה׃ וַיֹּאמֶר מֹשֶׁה זֶה
ז הַדָּבָר אֲשֶׁר־צִוָּה יְהוָה תַּעֲשׂוּ וְיֵרָא אֲלֵיכֶם כְּבוֹד יְהוָה׃ וַיֹּאמֶר
מֹשֶׁה אֶל־אַהֲרֹן קְרַב אֶל־הַמִּזְבֵּחַ וַעֲשֵׂה אֶת־חַטָּאתְךָ וְאֶת־
עֹלָתֶךָ וְכַפֵּר בַּעַדְךָ וּבְעַד הָעָם וַעֲשֵׂה אֶת־קָרְבַּן הָעָם וְכַפֵּר
ח בַּעֲדָם כַּאֲשֶׁר צִוָּה יְהוָה׃ וַיִּקְרַב אַהֲרֹן אֶל־הַמִּזְבֵּחַ וַיִּשְׁחַט
ט אֶת־עֵגֶל הַחַטָּאת אֲשֶׁר־לוֹ׃ וַיַּקְרִבוּ בְּנֵי אַהֲרֹן אֶת־הַדָּם אֵלָיו
וַיִּטְבֹּל אֶצְבָּעוֹ בַּדָּם וַיִּתֵּן עַל־קַרְנוֹת הַמִּזְבֵּחַ וְאֶת־הַדָּם יָצַק
י אֶל־יְסוֹד הַמִּזְבֵּחַ׃ וְאֶת־הַחֵלֶב וְאֶת־הַכְּלָיֹת וְאֶת־הַיֹּתֶרֶת מִן־
הַכָּבֵד מִן־הַחַטָּאת הִקְטִיר הַמִּזְבֵּחָה כַּאֲשֶׁר צִוָּה יְהוָה אֶת־
יא מֹשֶׁה׃ וְאֶת־הַבָּשָׂר וְאֶת־הָעוֹר שָׂרַף בָּאֵשׁ מִחוּץ לַמַּחֲנֶה׃
יב וַיִּשְׁחַט אֶת־הָעֹלָה וַיַּמְצִאוּ בְּנֵי אַהֲרֹן אֵלָיו אֶת־הַדָּם וַיִּזְרְקֵהוּ
יג עַל־הַמִּזְבֵּחַ סָבִיב׃ וְאֶת־הָעֹלָה הִמְצִיאוּ אֵלָיו לִנְתָחֶיהָ וְאֶת־
יד הָרֹאשׁ וַיַּקְטֵר עַל־הַמִּזְבֵּחַ׃ וַיִּרְחַץ אֶת־הַקֶּרֶב וְאֶת־הַכְּרָעָיִם
טו וַיַּקְטֵר עַל־הָעֹלָה הַמִּזְבֵּחָה׃ וַיַּקְרֵב אֵת קָרְבַּן הָעָם וַיִּקַּח אֶת־
טז שְׂעִיר הַחַטָּאת אֲשֶׁר לָעָם וַיִּשְׁחָטֵהוּ וַיְחַטְּאֵהוּ כָּרִאשׁוֹן׃ וַיַּקְרֵב
יז אֶת־הָעֹלָה וַיַּעֲשֶׂהָ כַּמִּשְׁפָּט׃ וַיַּקְרֵב אֶת־הַמִּנְחָה וַיְמַלֵּא כַפּוֹ שני

יח מִמֶּנָּה וַיַּקְטֵר עַל־הַמִּזְבֵּחַ מִלְּבַד עֹלַת הַבֹּקֶר: וַיִּשְׁחַט אֶת־
הַשּׁוֹר וְאֶת־הָאַיִל זֶבַח הַשְּׁלָמִים אֲשֶׁר לָעָם וַיַּמְצִאוּ בְּנֵי אַהֲרֹן
יט אֶת־הַדָּם אֵלָיו וַיִּזְרְקֵהוּ עַל־הַמִּזְבֵּחַ סָבִיב: וְאֶת־הַחֲלָבִים
מִן־הַשּׁוֹר וּמִן־הָאַיִל הָאַלְיָה וְהַמְכַסֶּה וְהַכְּלָיֹת וְיֹתֶרֶת הַכָּבֵד:
כ וַיָּשִׂימוּ אֶת־הַחֲלָבִים עַל־הֶחָזוֹת וַיַּקְטֵר הַחֲלָבִים הַמִּזְבֵּחָה:
כא וְאֵת הֶחָזוֹת וְאֵת שׁוֹק הַיָּמִין הֵנִיף אַהֲרֹן תְּנוּפָה לִפְנֵי יְהוָה
כב כַּאֲשֶׁר צִוָּה מֹשֶׁה: וַיִּשָּׂא אַהֲרֹן אֶת־יָדָו אֶל־הָעָם וַיְבָרְכֵם
כג וַיֵּרֶד מֵעֲשֹׂת הַחַטָּאת וְהָעֹלָה וְהַשְּׁלָמִים: וַיָּבֹא מֹשֶׁה וְאַהֲרֹן
אֶל־אֹהֶל מוֹעֵד וַיֵּצְאוּ וַיְבָרְכוּ אֶת־הָעָם וַיֵּרָא כְבוֹד־יְהוָה אֶל־
כד כָּל־הָעָם: וַתֵּצֵא אֵשׁ מִלִּפְנֵי יְהוָה וַתֹּאכַל עַל־הַמִּזְבֵּחַ אֶת־ שלישי
הָעֹלָה וְאֶת־הַחֲלָבִים וַיַּרְא כָּל־הָעָם וַיָּרֹנּוּ וַיִּפְּלוּ עַל־פְּנֵיהֶם:
י א וַיִּקְחוּ בְנֵי־אַהֲרֹן נָדָב וַאֲבִיהוּא אִישׁ מַחְתָּתוֹ וַיִּתְּנוּ בָהֵן אֵשׁ
וַיָּשִׂימוּ עָלֶיהָ קְטֹרֶת וַיַּקְרִיבוּ לִפְנֵי יְהוָה אֵשׁ זָרָה אֲשֶׁר לֹא
ב צִוָּה אֹתָם: וַתֵּצֵא אֵשׁ מִלִּפְנֵי יְהוָה וַתֹּאכַל אוֹתָם וַיָּמֻתוּ לִפְנֵי
ג יְהוָה: וַיֹּאמֶר מֹשֶׁה אֶל־אַהֲרֹן הוּא אֲשֶׁר־דִּבֶּר יְהוָה ׀ לֵאמֹר
ד בִּקְרֹבַי אֶקָּדֵשׁ וְעַל־פְּנֵי כָל־הָעָם אֶכָּבֵד וַיִּדֹּם אַהֲרֹן: וַיִּקְרָא
מֹשֶׁה אֶל־מִישָׁאֵל וְאֶל אֶלְצָפָן בְּנֵי עֻזִּיאֵל דֹּד אַהֲרֹן וַיֹּאמֶר
אֲלֵהֶם קִרְבוּ שְׂאוּ אֶת־אֲחֵיכֶם מֵאֵת פְּנֵי־הַקֹּדֶשׁ אֶל־מִחוּץ
ה לַמַּחֲנֶה: וַיִּקְרְבוּ וַיִּשָּׂאֻם בְּכֻתֳּנֹתָם אֶל־מִחוּץ לַמַּחֲנֶה כַּאֲשֶׁר
ו דִּבֶּר מֹשֶׁה: וַיֹּאמֶר מֹשֶׁה אֶל־אַהֲרֹן וּלְאֶלְעָזָר וּלְאִיתָמָר ׀ בָּנָיו
רָאשֵׁיכֶם אַל־תִּפְרָעוּ ׀ וּבִגְדֵיכֶם לֹא־תִפְרֹמוּ וְלֹא תָמֻתוּ וְעַל כָּל־
הָעֵדָה יִקְצֹף וַאֲחֵיכֶם כָּל־בֵּית יִשְׂרָאֵל יִבְכּוּ אֶת־הַשְּׂרֵפָה
ז אֲשֶׁר שָׂרַף יְהוָה: וּמִפֶּתַח אֹהֶל מוֹעֵד לֹא תֵצְאוּ פֶּן־תָּמֻתוּ כִּי־
שֶׁמֶן מִשְׁחַת יְהוָה עֲלֵיכֶם וַיַּעֲשׂוּ כִּדְבַר מֹשֶׁה:
ח ט וַיְדַבֵּר יְהוָה אֶל־אַהֲרֹן לֵאמֹר: יַיִן וְשֵׁכָר אַל־תֵּשְׁתְּ ׀ אַתָּה ׀ ה
וּבָנֶיךָ אִתָּךְ בְּבֹאֲכֶם אֶל־אֹהֶל מוֹעֵד וְלֹא תָמֻתוּ חֻקַּת עוֹלָם
י לְדֹרֹתֵיכֶם: וּלֲהַבְדִּיל בֵּין הַקֹּדֶשׁ וּבֵין הַחֹל וּבֵין הַטָּמֵא וּבֵין

יא הַטָּהוֹר׃ וּלְהוֹרֹת אֶת־בְּנֵי יִשְׂרָאֵל אֵת כָּל־הַחֻקִּים אֲשֶׁר דִּבֶּר
יְהוָה אֲלֵיהֶם בְּיַד־מֹשֶׁה׃
יב וַיְדַבֵּר מֹשֶׁה אֶל־אַהֲרֹן וְאֶל אֶלְעָזָר וְאֶל־אִיתָמָר ׀ בָּנָיו הַנּוֹתָרִים רביעי
קְחוּ אֶת־הַמִּנְחָה הַנּוֹתֶרֶת מֵאִשֵּׁי יְהוָה וְאִכְלוּהָ מַצּוֹת אֵצֶל
יג הַמִּזְבֵּחַ כִּי קֹדֶשׁ קָדָשִׁים הִוא׃ וַאֲכַלְתֶּם אֹתָהּ בְּמָקוֹם קָדוֹשׁ
יד כִּי חָקְךָ וְחָק־בָּנֶיךָ הִוא מֵאִשֵּׁי יְהוָה כִּי־כֵן צֻוֵּיתִי׃ וְאֵת
חֲזֵה הַתְּנוּפָה וְאֵת ׀ שׁוֹק הַתְּרוּמָה תֹּאכְלוּ בְּמָקוֹם טָהוֹר
אַתָּה וּבָנֶיךָ וּבְנֹתֶיךָ אִתָּךְ כִּי־חָקְךָ וְחָק־בָּנֶיךָ נִתְּנוּ מִזִּבְחֵי
טו שַׁלְמֵי בְּנֵי יִשְׂרָאֵל׃ שׁוֹק הַתְּרוּמָה וַחֲזֵה הַתְּנוּפָה עַל אִשֵּׁי
הַחֲלָבִים יָבִיאוּ לְהָנִיף תְּנוּפָה לִפְנֵי יְהוָה וְהָיָה לְךָ וּלְבָנֶיךָ אִתְּךָ
טז לְחָק־עוֹלָם כַּאֲשֶׁר צִוָּה יְהוָה׃ וְאֵת ׀ שְׂעִיר הַחַטָּאת דָּרֹשׁ חמישי
דָּרַשׁ מֹשֶׁה וְהִנֵּה שֹׂרָף וַיִּקְצֹף עַל־אֶלְעָזָר וְעַל־אִיתָמָר בְּנֵי אַהֲרֹן
יז הַנּוֹתָרִם לֵאמֹר׃ מַדּוּעַ לֹא־אֲכַלְתֶּם אֶת־הַחַטָּאת בִּמְקוֹם
הַקֹּדֶשׁ כִּי קֹדֶשׁ קָדָשִׁים הִוא וְאֹתָהּ ׀ נָתַן לָכֶם לָשֵׂאת אֶת־
יח עֲוֹן הָעֵדָה לְכַפֵּר עֲלֵיהֶם לִפְנֵי יְהוָה׃ הֵן לֹא־הוּבָא אֶת־דָּמָהּ
אֶל־הַקֹּדֶשׁ פְּנִימָה אָכוֹל תֹּאכְלוּ אֹתָהּ בַּקֹּדֶשׁ כַּאֲשֶׁר צִוֵּיתִי׃
יט וַיְדַבֵּר אַהֲרֹן אֶל־מֹשֶׁה הֵן הַיּוֹם הִקְרִיבוּ אֶת־חַטָּאתָם וְאֶת־
עֹלָתָם לִפְנֵי יְהוָה וַתִּקְרֶאנָה אֹתִי כָּאֵלֶּה וְאָכַלְתִּי חַטָּאת הַיּוֹם
כ הַיִּיטַב בְּעֵינֵי יְהוָה׃ וַיִּשְׁמַע מֹשֶׁה וַיִּיטַב בְּעֵינָיו׃
יא א ב וַיְדַבֵּר יְהוָה אֶל־מֹשֶׁה וְאֶל־אַהֲרֹן לֵאמֹר אֲלֵהֶם׃ דַּבְּרוּ אֶל־ ו ששי
בְּנֵי יִשְׂרָאֵל לֵאמֹר זֹאת הַחַיָּה אֲשֶׁר תֹּאכְלוּ מִכָּל־הַבְּהֵמָה
ג אֲשֶׁר עַל־הָאָרֶץ׃ כֹּל ׀ מַפְרֶסֶת פַּרְסָה וְשֹׁסַעַת שֶׁסַע פְּרָסֹת
ד מַעֲלַת גֵּרָה בַּבְּהֵמָה אֹתָהּ תֹּאכֵלוּ׃ אַךְ אֶת־זֶה לֹא תֹאכְלוּ
מִמַּעֲלֵי הַגֵּרָה וּמִמַּפְרִסֵי הַפַּרְסָה אֶת־הַגָּמָל כִּי־מַעֲלֵה גֵרָה
ה הוּא וּפַרְסָה אֵינֶנּוּ מַפְרִיס טָמֵא הוּא לָכֶם׃ וְאֶת־הַשָּׁפָן כִּי־
ו מַעֲלֵה גֵרָה הוּא וּפַרְסָה לֹא יַפְרִיס טָמֵא הוּא לָכֶם׃ וְאֶת־
הָאַרְנֶבֶת כִּי־מַעֲלַת גֵּרָה הִוא וּפַרְסָה לֹא הִפְרִיסָה טְמֵאָה

הוּא לָכֶם׃ וְאֶת־הַחֲזִיר כִּי־מַפְרִיס פַּרְסָה הוּא וְשֹׁסַע שֶׁסַע ז
פַּרְסָה וְהוּא גֵּרָה לֹא־יִגָּר טָמֵא הוּא לָכֶם׃ מִבְּשָׂרָם לֹא ח
תֹאכֵלוּ וּבְנִבְלָתָם לֹא תִגָּעוּ טְמֵאִים הֵם לָכֶם׃ אֶת־זֶה תֹּאכְלוּ ט
מִכֹּל אֲשֶׁר בַּמָּיִם כֹּל אֲשֶׁר־לוֹ סְנַפִּיר וְקַשְׂקֶשֶׂת בַּמַּיִם בַּיַּמִּים
וּבַנְּחָלִים אֹתָם תֹּאכֵלוּ׃ וְכֹל אֲשֶׁר אֵין־לוֹ סְנַפִּיר וְקַשְׂקֶשֶׂת י
בַּיַּמִּים וּבַנְּחָלִים מִכֹּל שֶׁרֶץ הַמַּיִם וּמִכֹּל נֶפֶשׁ הַחַיָּה אֲשֶׁר
בַּמָּיִם שֶׁקֶץ הֵם לָכֶם׃ וְשֶׁקֶץ יִהְיוּ לָכֶם מִבְּשָׂרָם לֹא תֹאכֵלוּ יא
וְאֶת־נִבְלָתָם תְּשַׁקֵּצוּ׃ כֹּל אֲשֶׁר אֵין־לוֹ סְנַפִּיר וְקַשְׂקֶשֶׂת בַּמָּיִם יב
שֶׁקֶץ הוּא לָכֶם׃ וְאֶת־אֵלֶּה תְּשַׁקְּצוּ מִן־הָעוֹף לֹא יֵאָכְלוּ שֶׁקֶץ יג
הֵם אֶת־הַנֶּשֶׁר וְאֶת־הַפֶּרֶס וְאֵת הָעָזְנִיָּה׃ וְאֶת־הַדָּאָה וְאֶת־ יד
הָאַיָּה לְמִינָהּ׃ אֵת כָּל־עֹרֵב לְמִינוֹ׃ וְאֵת בַּת הַיַּעֲנָה וְאֶת־ טו טז
הַתַּחְמָס וְאֶת־הַשָּׁחַף וְאֶת־הַנֵּץ לְמִינֵהוּ׃ וְאֶת־הַכּוֹס וְאֶת־ יז
הַשָּׁלָךְ וְאֶת־הַיַּנְשׁוּף׃ וְאֶת־הַתִּנְשֶׁמֶת וְאֶת־הַקָּאָת וְאֶת־ יח
הָרָחָם׃ וְאֵת הַחֲסִידָה הָאֲנָפָה לְמִינָהּ וְאֶת־הַדּוּכִיפַת וְאֶת־ יט
הָעֲטַלֵּף׃ כֹּל שֶׁרֶץ הָעוֹף הַהֹלֵךְ עַל־אַרְבַּע שֶׁקֶץ הוּא לָכֶם׃ כ
אַךְ אֶת־זֶה תֹּאכְלוּ מִכֹּל שֶׁרֶץ הָעוֹף הַהֹלֵךְ עַל־אַרְבַּע אֲשֶׁר־ כא
לֹא כְרָעַיִם מִמַּעַל לְרַגְלָיו לְנַתֵּר בָּהֵן עַל־הָאָרֶץ׃ אֶת־אֵלֶּה כב לוֹ
מֵהֶם תֹּאכֵלוּ אֶת־הָאַרְבֶּה לְמִינוֹ וְאֶת־הַסָּלְעָם לְמִינֵהוּ וְאֶת־
הַחַרְגֹּל לְמִינֵהוּ וְאֶת־הֶחָגָב לְמִינֵהוּ׃ וְכֹל שֶׁרֶץ הָעוֹף אֲשֶׁר־ כג
לוֹ אַרְבַּע רַגְלָיִם שֶׁקֶץ הוּא לָכֶם׃ וּלְאֵלֶּה תִּטַּמָּאוּ כָּל־הַנֹּגֵעַ כד
בְּנִבְלָתָם יִטְמָא עַד־הָעָרֶב׃ וְכָל־הַנֹּשֵׂא מִנִּבְלָתָם יְכַבֵּס בְּגָדָיו כה
וְטָמֵא עַד־הָעָרֶב׃ לְכָל־הַבְּהֵמָה אֲשֶׁר הִוא מַפְרֶסֶת פַּרְסָה כו
וְשֶׁסַע ׀ אֵינֶנָּה שֹׁסַעַת וְגֵרָה אֵינֶנָּה מַעֲלָה טְמֵאִים הֵם לָכֶם
כָּל־הַנֹּגֵעַ בָּהֶם יִטְמָא׃ וְכֹל ׀ הוֹלֵךְ עַל־כַּפָּיו בְּכָל־הַחַיָּה כז
הַהֹלֶכֶת עַל־אַרְבַּע טְמֵאִים הֵם לָכֶם כָּל־הַנֹּגֵעַ בְּנִבְלָתָם
יִטְמָא עַד־הָעָרֶב׃ וְהַנֹּשֵׂא אֶת־נִבְלָתָם יְכַבֵּס בְּגָדָיו וְטָמֵא כח
עַד־הָעָרֶב טְמֵאִים הֵמָּה לָכֶם׃ וְזֶה לָכֶם הַטָּמֵא כט

בשרץ השרץ על־הארץ החלד והעכבר והצב למינהו:
ל לא והאנקה והכח והלטאה והחמט והתנשמת: אלה הטמאים
לב לכם בכל־השרץ כל־הנגע בהם במתם יטמא עד־הערב: וכל
אשר־יפל עליו מהם | במתם יטמא מכל־כלי־עץ או בגד או־
עור או שק כל־כלי אשר־יעשה מלאכה בהם במים יובא וטמא
לג עד־הערב וטהר: וכל־כלי־חרש אשר־יפל מהם אל־תוכו שביעי
לד כל אשר בתוכו יטמא ואתו תשברו: מכל־האכל אשר
יאכל אשר יבוא עליו מים יטמא וכל־משקה אשר ישתה
לה בכל־כלי יטמא: וכל אשר־יפל מנבלתם | עליו יטמא תנור
לו וכירים יתץ טמאים הם וטמאים יהיו לכם: אך מעין ובור
לז מקוה־מים יהיה טהור ונגע בנבלתם יטמא: וכי יפל מנבלתם
לח על־כל־זרע זרוע אשר יזרע טהור הוא: וכי יתן־מים על־
לט זרע ונפל מנבלתם עליו טמא הוא לכם: וכי
ימות מן־הבהמה אשר־היא לכם לאכלה הנגע בנבלתה
מ יטמא עד־הערב: והאכל מנבלתה יכבס בגדיו וטמא עד־
הערב והנשא את־נבלתה יכבס בגדיו וטמא עד־הערב:
מא מב וכל־השרץ השרץ על־הארץ שקץ הוא לא יאכל: כל הולך
על־גחון וכל | הולך על־ארבע עד כל־מרבה רגלים לכל־
מג השרץ השרץ על־הארץ לא תאכלום כי־שקץ הם: אל־
תשקצו את־נפשתיכם בכל־השרץ השרץ ולא תטמאו בהם
מד ונטמתם בם: כי אני יהוה אלהיכם והתקדשתם והייתם
קדשים כי קדוש אני ולא תטמאו את־נפשתיכם בכל־השרץ
מה הרמש על־הארץ: כי | אני יהוה המעלה אתכם מארץ מצרים מפטיר
מו להית לכם לאלהים והייתם קדשים כי קדוש אני: זאת
תורת הבהמה והעוף וכל נפש החיה הרמשת במים ולכל־
מז נפש השרצת על־הארץ: להבדיל בין הטמא ובין הטהר ובין
החיה הנאכלת ובין החיה אשר לא תאכל:

תזריע ז וַיְדַבֵּר יְהוָה אֶל־מֹשֶׁה לֵּאמֹר׃ דַּבֵּר אֶל־בְּנֵי יִשְׂרָאֵל לֵאמֹר א ב
אִשָּׁה כִּי תַזְרִיעַ וְיָלְדָה זָכָר וְטָמְאָה שִׁבְעַת יָמִים כִּימֵי נִדַּת
דְּוֺתָהּ תִּטְמָא׃ וּבַיּוֹם הַשְּׁמִינִי יִמּוֹל בְּשַׂר עָרְלָתוֹ׃ וּשְׁלֹשִׁים ג ד
יוֹם וּשְׁלֹשֶׁת יָמִים תֵּשֵׁב בִּדְמֵי טׇהֳרָה בְּכׇל־קֹדֶשׁ לֹא־תִגָּע
וְאֶל־הַמִּקְדָּשׁ לֹא תָבֹא עַד־מְלֹאת יְמֵי טׇהֳרָהּ׃ וְאִם־נְקֵבָה ה
תֵלֵד וְטָמְאָה שְׁבֻעַיִם כְּנִדָּתָהּ וְשִׁשִּׁים יוֹם וְשֵׁשֶׁת יָמִים תֵּשֵׁב
עַל־דְּמֵי טׇהֳרָה׃ וּבִמְלֹאת ׀ יְמֵי טׇהֳרָהּ לְבֵן אוֹ לְבַת תָּבִיא ו
כֶּבֶשׂ בֶּן־שְׁנָתוֹ לְעֹלָה וּבֶן־יוֹנָה אוֹ־תֹר לְחַטָּאת אֶל־פֶּתַח אֹהֶל־
מוֹעֵד אֶל־הַכֹּהֵן׃ וְהִקְרִיבוֹ לִפְנֵי יְהוָה וְכִפֶּר עָלֶיהָ וְטָהֲרָה ז
מִמְּקֹר דָּמֶיהָ זֹאת תּוֹרַת הַיֹּלֶדֶת לַזָּכָר אוֹ לַנְּקֵבָה׃ וְאִם־לֹא ח
תִמְצָא יָדָהּ דֵּי שֶׂה וְלָקְחָה שְׁתֵּי־תֹרִים אוֹ שְׁנֵי בְּנֵי יוֹנָה אֶחָד
לְעֹלָה וְאֶחָד לְחַטָּאת וְכִפֶּר עָלֶיהָ הַכֹּהֵן וְטָהֵרָה׃

וַיְדַבֵּר יְהוָה אֶל־מֹשֶׁה וְאֶל־אַהֲרֹן לֵאמֹר׃ אָדָם כִּי־יִהְיֶה א ב יג
בְעוֹר־בְּשָׂרוֹ שְׂאֵת אוֹ־סַפַּחַת אוֹ בַהֶרֶת וְהָיָה בְעוֹר־בְּשָׂרוֹ
לְנֶגַע צָרָעַת וְהוּבָא אֶל־אַהֲרֹן הַכֹּהֵן אוֹ אֶל־אַחַד מִבָּנָיו
הַכֹּהֲנִים׃ וְרָאָה הַכֹּהֵן אֶת־הַנֶּגַע בְּעוֹר־הַבָּשָׂר וְשֵׂעָר בַּנֶּגַע ג
הָפַךְ ׀ לָבָן וּמַרְאֵה הַנֶּגַע עָמֹק מֵעוֹר בְּשָׂרוֹ נֶגַע צָרַעַת הוּא
וְרָאָהוּ הַכֹּהֵן וְטִמֵּא אֹתוֹ׃ וְאִם־בַּהֶרֶת לְבָנָה הִוא בְּעוֹר בְּשָׂרוֹ ד
וְעָמֹק אֵין־מַרְאֶהָ מִן־הָעוֹר וּשְׂעָרָה לֹא־הָפַךְ לָבָן וְהִסְגִּיר
הַכֹּהֵן אֶת־הַנֶּגַע שִׁבְעַת יָמִים׃ וְרָאָהוּ הַכֹּהֵן בַּיּוֹם הַשְּׁבִיעִי ה
וְהִנֵּה הַנֶּגַע עָמַד בְּעֵינָיו לֹא־פָשָׂה הַנֶּגַע בָּעוֹר וְהִסְגִּירוֹ הַכֹּהֵן
שני שִׁבְעַת יָמִים שֵׁנִית׃ וְרָאָה הַכֹּהֵן אֹתוֹ בַּיּוֹם הַשְּׁבִיעִי שֵׁנִית ו
וְהִנֵּה כֵּהָה הַנֶּגַע וְלֹא־פָשָׂה הַנֶּגַע בָּעוֹר וְטִהֲרוֹ הַכֹּהֵן מִסְפַּחַת
הִוא וְכִבֶּס בְּגָדָיו וְטָהֵר׃ וְאִם־פָּשֹׂה תִפְשֶׂה הַמִּסְפַּחַת בָּעוֹר ז
אַחֲרֵי הֵרָאֹתוֹ אֶל־הַכֹּהֵן לְטׇהֳרָתוֹ וְנִרְאָה שֵׁנִית אֶל־הַכֹּהֵן׃
וְרָאָה הַכֹּהֵן וְהִנֵּה פָּשְׂתָה הַמִּסְפַּחַת בָּעוֹר וְטִמְּאוֹ הַכֹּהֵן ח
צָרַעַת הִוא׃

ט י נֶ֣גַע צָרַ֔עַת כִּ֥י תִהְיֶ֖ה בְּאָדָ֑ם וְהוּבָ֖א אֶל־הַכֹּהֵֽן׃ וְרָאָ֣ה הַכֹּהֵ֗ן
וְהִנֵּ֤ה שְׂאֵת־לְבָנָה֙ בָּע֔וֹר וְהִ֕יא הָפְכָ֖ה שֵׂעָ֣ר לָבָ֑ן וּמִחְיַ֛ת בָּשָׂ֥ר
יא חַ֖י בַּשְׂאֵֽת׃ צָרַ֨עַת נוֹשֶׁ֤נֶת הִוא֙ בְּע֣וֹר בְּשָׂר֔וֹ וְטִמְּא֖וֹ הַכֹּהֵ֑ן
יב לֹ֣א יַסְגִּרֶ֔נּוּ כִּ֥י טָמֵ֖א הֽוּא׃ וְאִם־פָּר֨וֹחַ תִּפְרַ֤ח הַצָּרַ֨עַת֙ בָּע֔וֹר
וְכִסְּתָ֣ה הַצָּרַ֗עַת אֵ֚ת כָּל־ע֣וֹר הַנֶּ֔גַע מֵרֹאשׁ֖וֹ וְעַד־רַגְלָ֑יו לְכָל־
יג מַרְאֵ֖ה עֵינֵ֥י הַכֹּהֵֽן׃ וְרָאָ֣ה הַכֹּהֵ֗ן וְהִנֵּ֨ה כִסְּתָ֤ה הַצָּרַ֨עַת֙ אֶת־
יד כָּל־בְּשָׂר֔וֹ וְטִהַ֖ר אֶת־הַנָּ֑גַע כֻּלּ֛וֹ הָפַ֥ךְ לָבָ֖ן טָה֥וֹר הֽוּא׃ וּבְי֨וֹם
טו הֵרָא֥וֹת בּ֛וֹ בָּשָׂ֥ר חַ֖י יִטְמָֽא׃ וְרָאָ֧ה הַכֹּהֵ֛ן אֶת־הַבָּשָׂ֥ר הַחַ֖י
טז וְטִמְּא֑וֹ הַבָּשָׂ֥ר הַחַ֛י טָמֵ֥א ה֖וּא צָרַ֥עַת הֽוּא׃ א֣וֹ כִ֥י יָשׁ֛וּב הַבָּשָׂ֥ר
יז הַחַ֖י וְנֶהְפַּ֣ךְ לְלָבָ֑ן וּבָ֖א אֶל־הַכֹּהֵֽן׃ וְרָאָ֨הוּ֙ הַכֹּהֵ֔ן וְהִנֵּ֛ה נֶהְפַּ֥ךְ
הַנֶּ֖גַע לְלָבָ֑ן וְטִהַ֧ר הַכֹּהֵ֛ן אֶת־הַנֶּ֖גַע טָה֥וֹר הֽוּא׃
יח יט וּבָשָׂ֕ר כִּֽי־יִהְיֶ֥ה בֽוֹ־בְעֹר֖וֹ שְׁחִ֑ין וְנִרְפָּֽא׃ וְהָיָ֞ה בִּמְק֤וֹם הַשְּׁחִין֙ שְׂאֵ֣ת שלישי
כ לְבָנָ֔ה א֥וֹ בַהֶ֖רֶת לְבָנָ֣ה אֲדַמְדָּ֑מֶת וְנִרְאָ֖ה אֶל־הַכֹּהֵֽן׃ וְרָאָ֣ה
הַכֹּהֵ֗ן וְהִנֵּ֤ה מַרְאֶ֨הָ֙ שָׁפָ֣ל מִן־הָע֔וֹר וּשְׂעָרָ֖הּ הָפַ֣ךְ לָבָ֑ן וְטִמְּא֧וֹ
כא הַכֹּהֵ֛ן נֶֽגַע־צָרַ֥עַת הִ֖וא בַּשְּׁחִ֥ין פָּרָֽחָה׃ וְאִ֣ם ׀ יִרְאֶ֣נָּה הַכֹּהֵ֗ן וְהִנֵּ֤ה
אֵֽין־בָּהּ֙ שֵׂעָ֣ר לָבָ֔ן וּשְׁפָלָ֥ה אֵינֶ֛נָּה מִן־הָע֖וֹר וְהִ֣יא כֵהָ֑ה וְהִסְגִּיר֥וֹ
כב הַכֹּהֵ֖ן שִׁבְעַ֥ת יָמִֽים׃ וְאִם־פָּשֹׂ֥ה תִפְשֶׂ֖ה בָּע֑וֹר וְטִמֵּ֧א הַכֹּהֵ֛ן אֹת֖וֹ
כג נֶ֥גַע הִֽוא׃ וְאִם־תַּחְתֶּ֜יהָ תַּעֲמֹ֤ד הַבַּהֶ֨רֶת֙ לֹ֣א פָשָׂ֔תָה צָרֶ֥בֶת
כד הַשְּׁחִ֖ין הִ֑וא וְטִהֲר֖וֹ הַכֹּהֵֽן׃ א֣וֹ בָשָׂ֔ר כִּֽי־יִהְיֶ֥ה רביעי /שני/
בְעֹר֖וֹ מִכְוַת־אֵ֑שׁ וְהָֽיְתָ֞ה מִחְיַ֣ת הַמִּכְוָ֗ה בַּהֶ֛רֶת לְבָנָ֥ה אֲדַמְדֶּ֖מֶת
כה א֥וֹ לְבָנָֽה׃ וְרָאָ֣ה אֹתָ֣הּ הַכֹּהֵ֡ן וְהִנֵּ֣ה נֶהְפַּךְ֩ שֵׂעָ֨ר לָבָ֜ן בַּבַּהֶ֗רֶת
וּמַרְאֶ֨הָ֙ עָמֹ֣ק מִן־הָע֔וֹר צָרַ֣עַת הִ֔וא בַּמִּכְוָ֖ה פָּרָ֑חָה וְטִמֵּ֤א אֹתוֹ֙
כו הַכֹּהֵ֔ן נֶ֥גַע צָרַ֖עַת הִֽוא׃ וְאִ֣ם ׀ יִרְאֶ֣נָּה הַכֹּהֵ֗ן וְהִנֵּ֤ה אֵין־בַּבַּהֶ֨רֶת֙
שֵׂעָ֣ר לָבָ֔ן וּשְׁפָלָ֥ה אֵינֶ֛נָּה מִן־הָע֖וֹר וְהִ֣וא כֵהָ֑ה וְהִסְגִּיר֥וֹ הַכֹּהֵ֖ן
כז שִׁבְעַ֥ת יָמִֽים׃ וְרָאָ֥הוּ הַכֹּהֵ֖ן בַּיּ֣וֹם הַשְּׁבִיעִ֑י אִם־פָּשֹׂ֤ה תִפְשֶׂה֙
כח בָּע֔וֹר וְטִמֵּ֤א הַכֹּהֵן֙ אֹת֔וֹ נֶ֥גַע צָרַ֖עַת הִֽוא׃ וְאִם־תַּחְתֶּ֜יהָ תַעֲמֹ֣ד
הַבַּהֶ֗רֶת לֹא־פָשְׂתָ֥ה בָעוֹר֙ וְהִ֣וא כֵהָ֔ה שְׂאֵ֥ת הַמִּכְוָ֖ה הִ֑וא

וְטִהֲרוֹ הַכֹּהֵן כִּי־צָרֶבֶת הַמִּכְוָה הִוא׃
כט ל חמישי ח וְאִישׁ אוֹ אִשָּׁה כִּי־יִהְיֶה בוֹ נָגַע בְּרֹאשׁ אוֹ בְזָקָן׃ וְרָאָה הַכֹּהֵן
אֶת־הַנֶּגַע וְהִנֵּה מַרְאֵהוּ עָמֹק מִן־הָעוֹר וּבוֹ שֵׂעָר צָהֹב דָּק
וְטִמֵּא אֹתוֹ הַכֹּהֵן נֶתֶק הוּא צָרַעַת הָרֹאשׁ אוֹ הַזָּקָן הוּא׃
לא וְכִי־יִרְאֶה הַכֹּהֵן אֶת־נֶגַע הַנֶּתֶק וְהִנֵּה אֵין־מַרְאֵהוּ עָמֹק מִן־
הָעוֹר וְשֵׂעָר שָׁחֹר אֵין בּוֹ וְהִסְגִּיר הַכֹּהֵן אֶת־נֶגַע הַנֶּתֶק שִׁבְעַת
לב יָמִים׃ וְרָאָה הַכֹּהֵן אֶת־הַנֶּגַע בַּיּוֹם הַשְּׁבִיעִי וְהִנֵּה לֹא־פָשָׂה
הַנֶּתֶק וְלֹא־הָיָה בוֹ שֵׂעָר צָהֹב וּמַרְאֵה הַנֶּתֶק אֵין עָמֹק מִן־
לג הָעוֹר׃ וְהִתְגַּלָּח וְאֶת־הַנֶּתֶק לֹא יְגַלֵּחַ וְהִסְגִּיר הַכֹּהֵן אֶת־הַנֶּתֶק
לד שִׁבְעַת יָמִים שֵׁנִית׃ וְרָאָה הַכֹּהֵן אֶת־הַנֶּתֶק בַּיּוֹם הַשְּׁבִיעִי
וְהִנֵּה לֹא־פָשָׂה הַנֶּתֶק בָּעוֹר וּמַרְאֵהוּ אֵינֶנּוּ עָמֹק מִן־הָעוֹר
לה וְטִהַר אֹתוֹ הַכֹּהֵן וְכִבֶּס בְּגָדָיו וְטָהֵר׃ וְאִם־פָּשֹׂה יִפְשֶׂה הַנֶּתֶק
לו בָּעוֹר אַחֲרֵי טָהֳרָתוֹ׃ וְרָאָהוּ הַכֹּהֵן וְהִנֵּה פָּשָׂה הַנֶּתֶק בָּעוֹר
לז לֹא־יְבַקֵּר הַכֹּהֵן לַשֵּׂעָר הַצָּהֹב טָמֵא הוּא׃ וְאִם־בְּעֵינָיו עָמַד
הַנֶּתֶק וְשֵׂעָר שָׁחֹר צָמַח־בּוֹ נִרְפָּא הַנֶּתֶק טָהוֹר הוּא וְטִהֲרוֹ
לח הַכֹּהֵן׃ וְאִישׁ אוֹ־אִשָּׁה כִּי־יִהְיֶה בְעוֹר־בְּשָׂרָם בֶּהָרֹת
לט בֶּהָרֹת לְבָנֹת׃ וְרָאָה הַכֹּהֵן וְהִנֵּה בְעוֹר־בְּשָׂרָם בֶּהָרֹת כֵּהוֹת
מ ששי (שלישי) לְבָנֹת בֹּהַק הוּא פָּרַח בָּעוֹר טָהוֹר הוּא׃ וְאִישׁ
מא כִּי יִמָּרֵט רֹאשׁוֹ קֵרֵחַ הוּא טָהוֹר הוּא׃ וְאִם מִפְּאַת פָּנָיו יִמָּרֵט
מב רֹאשׁוֹ גִּבֵּחַ הוּא טָהוֹר הוּא׃ וְכִי־יִהְיֶה בַקָּרַחַת אוֹ בַגַּבַּחַת
נֶגַע לָבָן אֲדַמְדָּם צָרַעַת פֹּרַחַת הִוא בְּקָרַחְתּוֹ אוֹ בְגַבַּחְתּוֹ׃
מג וְרָאָה אֹתוֹ הַכֹּהֵן וְהִנֵּה שְׂאֵת־הַנֶּגַע לְבָנָה אֲדַמְדֶּמֶת בְּקָרַחְתּוֹ
מד אוֹ בְגַבַּחְתּוֹ כְּמַרְאֵה צָרַעַת עוֹר בָּשָׂר׃ אִישׁ־צָרוּעַ הוּא טָמֵא
מה הוּא טַמֵּא יְטַמְּאֶנּוּ הַכֹּהֵן בְּרֹאשׁוֹ נִגְעוֹ׃ וְהַצָּרוּעַ אֲשֶׁר־בּוֹ הַנֶּגַע
בְּגָדָיו יִהְיוּ פְרֻמִים וְרֹאשׁוֹ יִהְיֶה פָרוּעַ וְעַל־שָׂפָם יַעְטֶה וְטָמֵא
מו טָמֵא יִקְרָא׃ כָּל־יְמֵי אֲשֶׁר הַנֶּגַע בּוֹ יִטְמָא טָמֵא הוּא בָּדָד
מז יֵשֵׁב מִחוּץ לַמַּחֲנֶה מוֹשָׁבוֹ׃ וְהַבֶּגֶד כִּי־יִהְיֶה בוֹ

מח נֶגַע צָרַעַת בְּבֶגֶד צֶמֶר אוֹ בְּבֶגֶד פִּשְׁתִּים: אוֹ בִשְׁתִי אוֹ בְעֵרֶב
מט לַפִּשְׁתִּים וְלַצָּמֶר אוֹ בְעוֹר אוֹ בְּכָל־מְלֶאכֶת עוֹר: וְהָיָה הַנֶּגַע
יְרַקְרַק | אוֹ אֲדַמְדָּם בַּבֶּגֶד אוֹ בָעוֹר אוֹ־בַשְּׁתִי אוֹ־בָעֵרֶב אוֹ
נ בְכָל־כְּלִי־עוֹר נֶגַע צָרַעַת הוּא וְהָרְאָה אֶת־הַכֹּהֵן: וְרָאָה
נא הַכֹּהֵן אֶת־הַנָּגַע וְהִסְגִּיר אֶת־הַנֶּגַע שִׁבְעַת יָמִים: וְרָאָה אֶת־
הַנֶּגַע בַּיּוֹם הַשְּׁבִיעִי כִּי־פָשָׂה הַנֶּגַע בַּבֶּגֶד אוֹ־בַשְּׁתִי אוֹ־בָעֵרֶב
אוֹ בָעוֹר לְכֹל אֲשֶׁר־יֵעָשֶׂה הָעוֹר לִמְלָאכָה צָרַעַת מַמְאֶרֶת
נב הַנֶּגַע טָמֵא הוּא: וְשָׂרַף אֶת־הַבֶּגֶד אוֹ אֶת־הַשְּׁתִי | אוֹ אֶת־
הָעֵרֶב בַּצֶּמֶר אוֹ בַפִּשְׁתִּים אוֹ אֶת־כָּל־כְּלִי הָעוֹר אֲשֶׁר־
נג יִהְיֶה בוֹ הַנָּגַע כִּי־צָרַעַת מַמְאֶרֶת הִוא בָּאֵשׁ תִּשָּׂרֵף: וְאִם
יִרְאֶה הַכֹּהֵן וְהִנֵּה לֹא־פָשָׂה הַנֶּגַע בַּבֶּגֶד אוֹ בַשְּׁתִי אוֹ בָעֵרֶב
נד אוֹ בְּכָל־כְּלִי־עוֹר: וְצִוָּה הַכֹּהֵן וְכִבְּסוּ אֵת אֲשֶׁר־בּוֹ הַנָּגַע
נה וְהִסְגִּירוֹ שִׁבְעַת־יָמִים שֵׁנִית: וְרָאָה הַכֹּהֵן אַחֲרֵי | הֻכַּבֵּס שביעי /רביעי/
אֶת־הַנֶּגַע וְהִנֵּה לֹא־הָפַךְ הַנֶּגַע אֶת־עֵינוֹ וְהַנֶּגַע לֹא־פָשָׂה
טָמֵא הוּא בָּאֵשׁ תִּשְׂרְפֶנּוּ פְּחֶתֶת הִוא בְּקָרַחְתּוֹ אוֹ בְגַבַּחְתּוֹ:
נו וְאִם רָאָה הַכֹּהֵן וְהִנֵּה כֵּהָה הַנֶּגַע אַחֲרֵי הֻכַּבֵּס אֹתוֹ וְקָרַע
אֹתוֹ מִן־הַבֶּגֶד אוֹ מִן־הָעוֹר אוֹ מִן־הַשְּׁתִי אוֹ מִן־הָעֵרֶב:
נז וְאִם־תֵּרָאֶה עוֹד בַּבֶּגֶד אוֹ־בַשְּׁתִי אוֹ־בָעֵרֶב אוֹ בְכָל־כְּלִי־ מפטיר
נח עוֹר פֹּרַחַת הִוא בָּאֵשׁ תִּשְׂרְפֶנּוּ אֵת אֲשֶׁר־בּוֹ הַנָּגַע: וְהַבֶּגֶד
אוֹ־הַשְּׁתִי אוֹ־הָעֵרֶב אוֹ־כָל־כְּלִי הָעוֹר אֲשֶׁר תְּכַבֵּס וְסָר
נט מֵהֶם הַנָּגַע וְכֻבַּס שֵׁנִית וְטָהֵר: זֹאת תּוֹרַת נֶגַע־צָרַעַת בֶּגֶד
הַצֶּמֶר | אוֹ הַפִּשְׁתִּים אוֹ הַשְּׁתִי אוֹ הָעֵרֶב אוֹ כָּל־כְּלִי־עוֹר
לְטַהֲרוֹ אוֹ לְטַמְּאוֹ:

יד א ב וַיְדַבֵּר יְהוָה אֶל־מֹשֶׁה לֵּאמֹר: זֹאת תִּהְיֶה תּוֹרַת הַמְּצֹרָע ט מצרע
ג בְּיוֹם טָהֳרָתוֹ וְהוּבָא אֶל־הַכֹּהֵן: וְיָצָא הַכֹּהֵן אֶל־מִחוּץ לַמַּחֲנֶה
ד וְרָאָה הַכֹּהֵן וְהִנֵּה נִרְפָּא נֶגַע־הַצָּרַעַת מִן־הַצָּרוּעַ: וְצִוָּה הַכֹּהֵן
וְלָקַח לַמִּטַּהֵר שְׁתֵּי־צִפֳּרִים חַיּוֹת טְהֹרוֹת וְעֵץ אֶרֶז וּשְׁנִי תוֹלַעַת

ה וְאֵזֹב׃ וְצִוָּה הַכֹּהֵן וְשָׁחַט אֶת־הַצִּפּוֹר הָאֶחָת אֶל־כְּלִי־חֶרֶשׂ
ו עַל־מַיִם חַיִּים׃ אֶת־הַצִּפֹּר הַחַיָּה יִקַּח אֹתָהּ וְאֶת־עֵץ הָאֶרֶז
וְאֶת־שְׁנִי הַתּוֹלַעַת וְאֶת־הָאֵזֹב וְטָבַל אוֹתָם וְאֵת ׀ הַצִּפֹּר הַחַיָּה
ז בְּדַם הַצִּפֹּר הַשְּׁחֻטָה עַל הַמַּיִם הַחַיִּים׃ וְהִזָּה עַל הַמִּטַּהֵר
מִן־הַצָּרַעַת שֶׁבַע פְּעָמִים וְטִהֲרוֹ וְשִׁלַּח אֶת־הַצִּפֹּר הַחַיָּה
ח עַל־פְּנֵי הַשָּׂדֶה׃ וְכִבֶּס הַמִּטַּהֵר אֶת־בְּגָדָיו וְגִלַּח אֶת־כָּל־
שְׂעָרוֹ וְרָחַץ בַּמַּיִם וְטָהֵר וְאַחַר יָבוֹא אֶל־הַמַּחֲנֶה וְיָשַׁב
ט מִחוּץ לְאָהֳלוֹ שִׁבְעַת יָמִים׃ וְהָיָה בַיּוֹם הַשְּׁבִיעִי יְגַלַּח אֶת־
כָּל־שְׂעָרוֹ אֶת־רֹאשׁוֹ וְאֶת־זְקָנוֹ וְאֵת גַּבֹּת עֵינָיו וְאֶת־כָּל־
שְׂעָרוֹ יְגַלֵּחַ וְכִבֶּס אֶת־בְּגָדָיו וְרָחַץ אֶת־בְּשָׂרוֹ בַּמַּיִם וְטָהֵר׃
י וּבַיּוֹם הַשְּׁמִינִי יִקַּח שְׁנֵי־כְבָשִׂים תְּמִימִם וְכַבְשָׂה אַחַת בַּת־
שְׁנָתָהּ תְּמִימָה וּשְׁלֹשָׁה עֶשְׂרֹנִים סֹלֶת מִנְחָה בְּלוּלָה בַשֶּׁמֶן
יא וְלֹג אֶחָד שָׁמֶן׃ וְהֶעֱמִיד הַכֹּהֵן הַמְטַהֵר אֵת הָאִישׁ הַמִּטַּהֵר
יב וְאֹתָם לִפְנֵי יהוה פֶּתַח אֹהֶל מוֹעֵד׃ וְלָקַח הַכֹּהֵן אֶת־הַכֶּבֶשׂ
הָאֶחָד וְהִקְרִיב אֹתוֹ לְאָשָׁם וְאֶת־לֹג הַשָּׁמֶן וְהֵנִיף אֹתָם תְּנוּפָה
שני יג לִפְנֵי יהוה׃ וְשָׁחַט אֶת־הַכֶּבֶשׂ בִּמְקוֹם אֲשֶׁר יִשְׁחַט אֶת־
הַחַטָּאת וְאֶת־הָעֹלָה בִּמְקוֹם הַקֹּדֶשׁ כִּי כַּחַטָּאת הָאָשָׁם הוּא
יד לַכֹּהֵן קֹדֶשׁ קָדָשִׁים הוּא׃ וְלָקַח הַכֹּהֵן מִדַּם הָאָשָׁם וְנָתַן
הַכֹּהֵן עַל־תְּנוּךְ אֹזֶן הַמִּטַּהֵר הַיְמָנִית וְעַל־בֹּהֶן יָדוֹ הַיְמָנִית
טו וְעַל־בֹּהֶן רַגְלוֹ הַיְמָנִית׃ וְלָקַח הַכֹּהֵן מִלֹּג הַשָּׁמֶן וְיָצַק עַל־
טז כַּף הַכֹּהֵן הַשְּׂמָאלִית׃ וְטָבַל הַכֹּהֵן אֶת־אֶצְבָּעוֹ הַיְמָנִית מִן־
הַשֶּׁמֶן אֲשֶׁר עַל־כַּפּוֹ הַשְּׂמָאלִית וְהִזָּה מִן־הַשֶּׁמֶן בְּאֶצְבָּעוֹ
יז שֶׁבַע פְּעָמִים לִפְנֵי יהוה׃ וּמִיֶּתֶר הַשֶּׁמֶן אֲשֶׁר עַל־כַּפּוֹ יִתֵּן
הַכֹּהֵן עַל־תְּנוּךְ אֹזֶן הַמִּטַּהֵר הַיְמָנִית וְעַל־בֹּהֶן יָדוֹ הַיְמָנִית
יח וְעַל־בֹּהֶן רַגְלוֹ הַיְמָנִית עַל דַּם הָאָשָׁם׃ וְהַנּוֹתָר בַּשֶּׁמֶן אֲשֶׁר
עַל־כַּף הַכֹּהֵן יִתֵּן עַל־רֹאשׁ הַמִּטַּהֵר וְכִפֶּר עָלָיו הַכֹּהֵן לִפְנֵי
יט יהוה׃ וְעָשָׂה הַכֹּהֵן אֶת־הַחַטָּאת וְכִפֶּר עַל־הַמִּטַּהֵר מִטֻּמְאָתוֹ

כ וְאַחַר יִשְׁחַט אֶת־הָעֹלָה: וְהֶעֱלָה הַכֹּהֵן אֶת־הָעֹלָה וְאֶת־
כא הַמִּנְחָה הַמִּזְבֵּחָה וְכִפֶּר עָלָיו הַכֹּהֵן וְטָהֵר: וְאִם־ שלישי /חמישי/
דַּל הוּא וְאֵין יָדוֹ מַשֶּׂגֶת וְלָקַח כֶּבֶשׂ אֶחָד אָשָׁם לִתְנוּפָה לְכַפֵּר
כב עָלָיו וְעִשָּׂרוֹן סֹלֶת אֶחָד בָּלוּל בַּשֶּׁמֶן לְמִנְחָה וְלֹג שָׁמֶן: וּשְׁתֵּי
תֹרִים אוֹ שְׁנֵי בְּנֵי יוֹנָה אֲשֶׁר תַּשִּׂיג יָדוֹ וְהָיָה אֶחָד חַטָּאת
כג וְהָאֶחָד עֹלָה: וְהֵבִיא אֹתָם בַּיּוֹם הַשְּׁמִינִי לְטָהֳרָתוֹ אֶל־הַכֹּהֵן
כד אֶל־פֶּתַח אֹהֶל־מוֹעֵד לִפְנֵי יְהוָה: וְלָקַח הַכֹּהֵן אֶת־כֶּבֶשׂ
הָאָשָׁם וְאֶת־לֹג הַשָּׁמֶן וְהֵנִיף אֹתָם הַכֹּהֵן תְּנוּפָה לִפְנֵי יְהוָה:
כה וְשָׁחַט אֶת־כֶּבֶשׂ הָאָשָׁם וְלָקַח הַכֹּהֵן מִדַּם הָאָשָׁם וְנָתַן עַל־
תְּנוּךְ אֹזֶן־הַמִּטַּהֵר הַיְמָנִית וְעַל־בֹּהֶן יָדוֹ הַיְמָנִית וְעַל־בֹּהֶן
כו רַגְלוֹ הַיְמָנִית: וּמִן־הַשֶּׁמֶן יִצֹק הַכֹּהֵן עַל־כַּף הַכֹּהֵן הַשְּׂמָאלִית:
כז וְהִזָּה הַכֹּהֵן בְּאֶצְבָּעוֹ הַיְמָנִית מִן־הַשֶּׁמֶן אֲשֶׁר עַל־כַּפּוֹ
כח הַשְּׂמָאלִית שֶׁבַע פְּעָמִים לִפְנֵי יְהוָה: וְנָתַן הַכֹּהֵן מִן־הַשֶּׁמֶן ׀
אֲשֶׁר עַל־כַּפּוֹ עַל־תְּנוּךְ אֹזֶן הַמִּטַּהֵר הַיְמָנִית וְעַל־בֹּהֶן יָדוֹ
כט הַיְמָנִית וְעַל־בֹּהֶן רַגְלוֹ הַיְמָנִית עַל־מְקוֹם דַּם הָאָשָׁם: וְהַנּוֹתָר
מִן־הַשֶּׁמֶן אֲשֶׁר עַל־כַּף הַכֹּהֵן יִתֵּן עַל־רֹאשׁ הַמִּטַּהֵר לְכַפֵּר
ל עָלָיו לִפְנֵי יְהוָה: וְעָשָׂה אֶת־הָאֶחָד מִן־הַתֹּרִים אוֹ מִן־בְּנֵי
לא הַיּוֹנָה מֵאֲשֶׁר תַּשִּׂיג יָדוֹ: אֵת אֲשֶׁר־תַּשִּׂיג יָדוֹ אֶת־הָאֶחָד
חַטָּאת וְאֶת־הָאֶחָד עֹלָה עַל־הַמִּנְחָה וְכִפֶּר הַכֹּהֵן עַל הַמִּטַּהֵר
לב לִפְנֵי יְהוָה: זֹאת תּוֹרַת אֲשֶׁר־בּוֹ נֶגַע צָרָעַת אֲשֶׁר לֹא־תַשִּׂיג
יָדוֹ בְּטָהֳרָתוֹ:
לג לד וַיְדַבֵּר יְהוָה אֶל־מֹשֶׁה וְאֶל־אַהֲרֹן לֵאמֹר: כִּי תָבֹאוּ אֶל־אֶרֶץ י רביעי /ששי/
כְּנַעַן אֲשֶׁר אֲנִי נֹתֵן לָכֶם לַאֲחֻזָּה וְנָתַתִּי נֶגַע צָרַעַת בְּבֵית
לה אֶרֶץ אֲחֻזַּתְכֶם: וּבָא אֲשֶׁר־לוֹ הַבַּיִת וְהִגִּיד לַכֹּהֵן לֵאמֹר
לו כְּנֶגַע נִרְאָה לִי בַּבָּיִת: וְצִוָּה הַכֹּהֵן וּפִנּוּ אֶת־הַבַּיִת בְּטֶרֶם
יָבֹא הַכֹּהֵן לִרְאוֹת אֶת־הַנֶּגַע וְלֹא יִטְמָא כָּל־אֲשֶׁר בַּבָּיִת וְאַחַר
לז כֵּן יָבֹא הַכֹּהֵן לִרְאוֹת אֶת־הַבָּיִת: וְרָאָה אֶת־הַנֶּגַע וְהִנֵּה

הַנֶּגַע בְּקִירֹת הַבַּיִת שְׁקַעֲרוּרֹת יְרַקְרַקֹּת אוֹ אֲדַמְדַּמֹּת וּמַרְאֵיהֶן
שָׁפָל מִן־הַקִּיר׃ וְיָצָא הַכֹּהֵן מִן־הַבַּיִת אֶל־פֶּתַח הַבָּיִת וְהִסְגִּיר לח
אֶת־הַבַּיִת שִׁבְעַת יָמִים׃ וְשָׁב הַכֹּהֵן בַּיּוֹם הַשְּׁבִיעִי וְרָאָה וְהִנֵּה לט
פָּשָׂה הַנֶּגַע בְּקִירֹת הַבָּיִת׃ וְצִוָּה הַכֹּהֵן וְחִלְּצוּ אֶת־הָאֲבָנִים מ
אֲשֶׁר בָּהֵן הַנָּגַע וְהִשְׁלִיכוּ אֶתְהֶן אֶל־מִחוּץ לָעִיר אֶל־מָקוֹם
טָמֵא׃ וְאֶת־הַבַּיִת יַקְצִעַ מִבַּיִת סָבִיב וְשָׁפְכוּ אֶת־הֶעָפָר אֲשֶׁר מא
הִקְצוּ אֶל־מִחוּץ לָעִיר אֶל־מָקוֹם טָמֵא׃ וְלָקְחוּ אֲבָנִים אֲחֵרוֹת מב
וְהֵבִיאוּ אֶל־תַּחַת הָאֲבָנִים וְעָפָר אַחֵר יִקַּח וְטָח אֶת־הַבָּיִת׃
וְאִם־יָשׁוּב הַנֶּגַע וּפָרַח בַּבַּיִת אַחַר חִלֵּץ אֶת־הָאֲבָנִים וְאַחֲרֵי מג
הִקְצוֹת אֶת־הַבַּיִת וְאַחֲרֵי הִטּוֹחַ׃ וּבָא הַכֹּהֵן וְרָאָה וְהִנֵּה פָּשָׂה מד
הַנֶּגַע בַּבָּיִת צָרַעַת מַמְאֶרֶת הִוא בַּבַּיִת טָמֵא הוּא׃ וְנָתַץ מה
אֶת־הַבַּיִת אֶת־אֲבָנָיו וְאֶת־עֵצָיו וְאֵת כָּל־עֲפַר הַבָּיִת וְהוֹצִיא
אֶל־מִחוּץ לָעִיר אֶל־מָקוֹם טָמֵא׃ וְהַבָּא אֶל־הַבַּיִת כָּל־יְמֵי מו
הִסְגִּיר אֹתוֹ יִטְמָא עַד־הָעָרֶב׃ וְהַשֹּׁכֵב בַּבַּיִת יְכַבֵּס אֶת־בְּגָדָיו מז
וְהָאֹכֵל בַּבַּיִת יְכַבֵּס אֶת־בְּגָדָיו׃ וְאִם־בֹּא יָבֹא הַכֹּהֵן וְרָאָה מח
וְהִנֵּה לֹא־פָשָׂה הַנֶּגַע בַּבַּיִת אַחֲרֵי הִטֹּחַ אֶת־הַבָּיִת וְטִהַר
הַכֹּהֵן אֶת־הַבַּיִת כִּי נִרְפָּא הַנָּגַע׃ וְלָקַח לְחַטֵּא אֶת־הַבַּיִת מט
שְׁתֵּי צִפֳּרִים וְעֵץ אֶרֶז וּשְׁנִי תוֹלַעַת וְאֵזֹב׃ וְשָׁחַט אֶת־הַצִּפֹּר נ
הָאֶחָת אֶל־כְּלִי־חֶרֶשׂ עַל־מַיִם חַיִּים׃ וְלָקַח אֶת־עֵץ־הָאֶרֶז נא
וְאֶת־הָאֵזֹב וְאֵת ׀ שְׁנִי הַתּוֹלַעַת וְאֵת הַצִּפֹּר הַחַיָּה וְטָבַל אֹתָם
בְּדַם הַצִּפֹּר הַשְּׁחוּטָה וּבַמַּיִם הַחַיִּים וְהִזָּה אֶל־הַבַּיִת שֶׁבַע
פְּעָמִים׃ וְחִטֵּא אֶת־הַבַּיִת בְּדַם הַצִּפּוֹר וּבַמַּיִם הַחַיִּים וּבַצִּפֹּר נב
הַחַיָּה וּבְעֵץ הָאֶרֶז וּבָאֵזֹב וּבִשְׁנִי הַתּוֹלָעַת׃ וְשִׁלַּח אֶת־הַצִּפֹּר נג
הַחַיָּה אֶל־מִחוּץ לָעִיר אֶל־פְּנֵי הַשָּׂדֶה וְכִפֶּר עַל־הַבַּיִת וְטָהֵר׃
חמישי זֹאת הַתּוֹרָה לְכָל־נֶגַע הַצָּרַעַת וְלַנָּתֶק׃ וּלְצָרַעַת הַבֶּגֶד וְלַבָּיִת׃ נד נה
וְלַשְׂאֵת וְלַסַּפַּחַת וְלַבֶּהָרֶת׃ לְהוֹרֹת בְּיוֹם הַטָּמֵא וּבְיוֹם הַטָּהֹר נו נז
זֹאת תּוֹרַת הַצָּרָעַת׃

א ב וַיְדַבֵּר יהוה אֶל־מֹשֶׁה וְאֶל־אַהֲרֹן לֵאמֹר׃ דַּבְּרוּ אֶל־בְּנֵי יִשְׂרָאֵל יא
וַאֲמַרְתֶּם אֲלֵהֶם אִישׁ אִישׁ כִּי יִהְיֶה זָב מִבְּשָׂרוֹ זוֹבוֹ טָמֵא הוּא׃
ג וְזֹאת תִּהְיֶה טֻמְאָתוֹ בְּזוֹבוֹ רָר בְּשָׂרוֹ אֶת־זוֹבוֹ אוֹ־הֶחְתִּים
ד בְּשָׂרוֹ מִזּוֹבוֹ טֻמְאָתוֹ הִוא׃ כָּל־הַמִּשְׁכָּב אֲשֶׁר יִשְׁכַּב עָלָיו
ה הַזָּב יִטְמָא וְכָל־הַכְּלִי אֲשֶׁר־יֵשֵׁב עָלָיו יִטְמָא׃ וְאִישׁ אֲשֶׁר יִגַּע
ו בְּמִשְׁכָּבוֹ יְכַבֵּס בְּגָדָיו וְרָחַץ בַּמַּיִם וְטָמֵא עַד־הָעָרֶב׃ וְהַיֹּשֵׁב
עַל־הַכְּלִי אֲשֶׁר־יֵשֵׁב עָלָיו הַזָּב יְכַבֵּס בְּגָדָיו וְרָחַץ בַּמַּיִם וְטָמֵא
ז עַד־הָעָרֶב׃ וְהַנֹּגֵעַ בִּבְשַׂר הַזָּב יְכַבֵּס בְּגָדָיו וְרָחַץ בַּמַּיִם וְטָמֵא
ח עַד־הָעָרֶב׃ וְכִי־יָרֹק הַזָּב בַּטָּהוֹר וְכִבֶּס בְּגָדָיו וְרָחַץ בַּמַּיִם
ט וְטָמֵא עַד־הָעָרֶב׃ וְכָל־הַמֶּרְכָּב אֲשֶׁר יִרְכַּב עָלָיו הַזָּב יִטְמָא׃
י וְכָל־הַנֹּגֵעַ בְּכֹל אֲשֶׁר יִהְיֶה תַחְתָּיו יִטְמָא עַד־הָעָרֶב וְהַנּוֹשֵׂא
יא אוֹתָם יְכַבֵּס בְּגָדָיו וְרָחַץ בַּמַּיִם וְטָמֵא עַד־הָעָרֶב׃ וְכֹל אֲשֶׁר
יִגַּע־בּוֹ הַזָּב וְיָדָיו לֹא־שָׁטַף בַּמָּיִם וְכִבֶּס בְּגָדָיו וְרָחַץ בַּמַּיִם
יב וְטָמֵא עַד־הָעָרֶב׃ וּכְלִי־חֶרֶשׂ אֲשֶׁר־יִגַּע־בּוֹ הַזָּב יִשָּׁבֵר וְכָל־
יג כְּלִי־עֵץ יִשָּׁטֵף בַּמָּיִם׃ וְכִי־יִטְהַר הַזָּב מִזּוֹבוֹ וְסָפַר לוֹ שִׁבְעַת
יָמִים לְטָהֳרָתוֹ וְכִבֶּס בְּגָדָיו וְרָחַץ בְּשָׂרוֹ בְּמַיִם חַיִּים וְטָהֵר׃
יד וּבַיּוֹם הַשְּׁמִינִי יִקַּח־לוֹ שְׁתֵּי תֹרִים אוֹ שְׁנֵי בְּנֵי יוֹנָה וּבָא ׀ לִפְנֵי
טו יהוה אֶל־פֶּתַח אֹהֶל מוֹעֵד וּנְתָנָם אֶל־הַכֹּהֵן׃ וְעָשָׂה אֹתָם
הַכֹּהֵן אֶחָד חַטָּאת וְהָאֶחָד עֹלָה וְכִפֶּר עָלָיו הַכֹּהֵן לִפְנֵי יהוה
טז מִזּוֹבוֹ׃ וְאִישׁ כִּי־תֵצֵא מִמֶּנּוּ שִׁכְבַת־זָרַע וְרָחַץ ששי /שביעי/
יז בַּמַּיִם אֶת־כָּל־בְּשָׂרוֹ וְטָמֵא עַד־הָעָרֶב׃ וְכָל־בֶּגֶד וְכָל־עוֹר
אֲשֶׁר־יִהְיֶה עָלָיו שִׁכְבַת־זָרַע וְכֻבַּס בַּמַּיִם וְטָמֵא עַד־הָעָרֶב׃
יח וְאִשָּׁה אֲשֶׁר יִשְׁכַּב אִישׁ אֹתָהּ שִׁכְבַת־זָרַע וְרָחֲצוּ בַמַּיִם וְטָמְאוּ
עַד־הָעָרֶב׃

יט וְאִשָּׁה כִּי־תִהְיֶה זָבָה דָּם יִהְיֶה זֹבָהּ בִּבְשָׂרָהּ שִׁבְעַת יָמִים
כ תִּהְיֶה בְנִדָּתָהּ וְכָל־הַנֹּגֵעַ בָּהּ יִטְמָא עַד־הָעָרֶב׃ וְכֹל אֲשֶׁר
כא תִּשְׁכַּב עָלָיו בְּנִדָּתָהּ יִטְמָא וְכֹל אֲשֶׁר־תֵּשֵׁב עָלָיו יִטְמָא׃ וְכָל־

הנגע במשכבה יכבס בגדיו ורחץ במים וטמא עד־הערב׃
וכל־הנגע בכל־כלי אשר־תשב עליו יכבס בגדיו ורחץ במים כב
וטמא עד־הערב׃ ואם על־המשכב הוא או על־הכלי אשר־ כג
הוא ישבת־עליו בנגעו־בו יטמא עד־הערב׃ ואם שכב ישכב כד
איש אתה ותהי נדתה עליו וטמא שבעת ימים וכל־המשכב
יב אשר־ישכב עליו יטמא׃ ואשה כי־יזוב זוב כה
דמה ימים רבים בלא עת־נדתה או כי־תזוב על־נדתה כל־
ימי זוב טמאתה כימי נדתה תהיה טמאה הוא׃ כל־המשכב כו
אשר־תשכב עליו כל־ימי זובה כמשכב נדתה יהיה־לה
וכל־הכלי אשר תשב עליו טמא יהיה כטמאת נדתה׃
וכל־הנוגע בם יטמא וכבס בגדיו ורחץ במים וטמא עד־ כז
הערב׃ ואם־טהרה מזובה וספרה־לה שבעת ימים ואחר כח
שביעי תטהר׃ וביום השמיני תקח־לה שתי תרים או שני בני יונה כט
והביאה אותם אל־הכהן אל־פתח אהל מועד׃ ועשה הכהן ל
את־האחד חטאת ואת־האחד עלה וכפר עליה הכהן לפני
מפטיר יהוה מזוב טמאתה׃ והזרתם את־בני־ישראל מטמאתם לא
ולא ימתו בטמאתם בטמאם את־משכני אשר בתוכם׃ זאת לב
תורת הזב ואשר תצא ממנו שכבת־זרע לטמאה־בה׃ והדוה לג
בנדתה והזב את־זובו לזכר ולנקבה ולאיש אשר ישכב עם־
טמאה׃

אחרי מות

וידבר יהוה אל־משה אחרי מות שני בני אהרן בקרבתם א טז
לפני־יהוה וימתו׃ ויאמר יהוה אל־משה דבר אל־אהרן אחיך ב
ואל־יבא בכל־עת אל־הקדש מבית לפרכת אל־פני הכפרת
אשר על־הארן ולא ימות כי בענן אראה על־הכפרת׃ בזאת ג
יבא אהרן אל־הקדש בפר בן־בקר לחטאת ואיל לעלה׃
כתנת־בד קדש ילבש ומכנסי־בד יהיו על־בשרו ובאבנט ד
בד יחגר ובמצנפת בד יצנף בגדי־קדש הם ורחץ במים את־

ה בְּשָׂרוֹ וּלְבֵשָׁם׃ וּמֵאֵת עֲדַת בְּנֵי יִשְׂרָאֵל יִקַּח שְׁנֵי־שְׂעִירֵי עִזִּים
ו לְחַטָּאת וְאַיִל אֶחָד לְעֹלָה׃ וְהִקְרִיב אַהֲרֹן אֶת־פַּר הַחַטָּאת
ז אֲשֶׁר־לוֹ וְכִפֶּר בַּעֲדוֹ וּבְעַד בֵּיתוֹ׃ וְלָקַח אֶת־שְׁנֵי הַשְּׂעִירִם
ח וְהֶעֱמִיד אֹתָם לִפְנֵי יהוה פֶּתַח אֹהֶל מוֹעֵד׃ וְנָתַן אַהֲרֹן עַל־
שְׁנֵי הַשְּׂעִירִם גֹּרָלוֹת גּוֹרָל אֶחָד לַיהוה וְגוֹרָל אֶחָד לַעֲזָאזֵל׃
ט וְהִקְרִיב אַהֲרֹן אֶת־הַשָּׂעִיר אֲשֶׁר עָלָה עָלָיו הַגּוֹרָל לַיהוה
י וְעָשָׂהוּ חַטָּאת׃ וְהַשָּׂעִיר אֲשֶׁר עָלָה עָלָיו הַגּוֹרָל לַעֲזָאזֵל יָעֳמַד־
חַי לִפְנֵי יהוה לְכַפֵּר עָלָיו לְשַׁלַּח אֹתוֹ לַעֲזָאזֵל הַמִּדְבָּרָה׃
יא וְהִקְרִיב אַהֲרֹן אֶת־פַּר הַחַטָּאת אֲשֶׁר־לוֹ וְכִפֶּר בַּעֲדוֹ וּבְעַד
יב בֵּיתוֹ וְשָׁחַט אֶת־פַּר הַחַטָּאת אֲשֶׁר־לוֹ׃ וְלָקַח מְלֹא־הַמַּחְתָּה
גַּחֲלֵי־אֵשׁ מֵעַל הַמִּזְבֵּחַ מִלִּפְנֵי יהוה וּמְלֹא חָפְנָיו קְטֹרֶת סַמִּים
יג דַּקָּה וְהֵבִיא מִבֵּית לַפָּרֹכֶת׃ וְנָתַן אֶת־הַקְּטֹרֶת עַל־הָאֵשׁ לִפְנֵי
יהוה וְכִסָּה ׀ עֲנַן הַקְּטֹרֶת אֶת־הַכַּפֹּרֶת אֲשֶׁר עַל־הָעֵדוּת וְלֹא
יד יָמוּת׃ וְלָקַח מִדַּם הַפָּר וְהִזָּה בְאֶצְבָּעוֹ עַל־פְּנֵי הַכַּפֹּרֶת קֵדְמָה
טו וְלִפְנֵי הַכַּפֹּרֶת יַזֶּה שֶׁבַע־פְּעָמִים מִן־הַדָּם בְּאֶצְבָּעוֹ׃ וְשָׁחַט
אֶת־שְׂעִיר הַחַטָּאת אֲשֶׁר לָעָם וְהֵבִיא אֶת־דָּמוֹ אֶל־מִבֵּית
לַפָּרֹכֶת וְעָשָׂה אֶת־דָּמוֹ כַּאֲשֶׁר עָשָׂה לְדַם הַפָּר וְהִזָּה אֹתוֹ עַל־
טז הַכַּפֹּרֶת וְלִפְנֵי הַכַּפֹּרֶת׃ וְכִפֶּר עַל־הַקֹּדֶשׁ מִטֻּמְאֹת בְּנֵי יִשְׂרָאֵל
וּמִפִּשְׁעֵיהֶם לְכָל־חַטֹּאתָם וְכֵן יַעֲשֶׂה לְאֹהֶל מוֹעֵד הַשֹּׁכֵן אִתָּם
יז בְּתוֹךְ טֻמְאֹתָם׃ וְכָל־אָדָם לֹא־יִהְיֶה ׀ בְּאֹהֶל מוֹעֵד בְּבֹאוֹ
לְכַפֵּר בַּקֹּדֶשׁ עַד־צֵאתוֹ וְכִפֶּר בַּעֲדוֹ וּבְעַד בֵּיתוֹ וּבְעַד כָּל־
יח קְהַל יִשְׂרָאֵל׃ וְיָצָא אֶל־הַמִּזְבֵּחַ אֲשֶׁר לִפְנֵי־יהוה וְכִפֶּר עָלָיו שני
וְלָקַח מִדַּם הַפָּר וּמִדַּם הַשָּׂעִיר וְנָתַן עַל־קַרְנוֹת הַמִּזְבֵּחַ סָבִיב׃
יט וְהִזָּה עָלָיו מִן־הַדָּם בְּאֶצְבָּעוֹ שֶׁבַע פְּעָמִים וְטִהֲרוֹ וְקִדְּשׁוֹ
כ מִטֻּמְאֹת בְּנֵי יִשְׂרָאֵל׃ וְכִלָּה מִכַּפֵּר אֶת־הַקֹּדֶשׁ וְאֶת־אֹהֶל
כא מוֹעֵד וְאֶת־הַמִּזְבֵּחַ וְהִקְרִיב אֶת־הַשָּׂעִיר הֶחָי׃ וְסָמַךְ אַהֲרֹן
אֶת־שְׁתֵּי יָדָו עַל־רֹאשׁ הַשָּׂעִיר הַחַי וְהִתְוַדָּה עָלָיו אֶת־כָּל־

עֲוֺנֹת בְּנֵי יִשְׂרָאֵל וְאֶת־כָּל־פִּשְׁעֵיהֶם לְכָל־חַטֹּאתָם וְנָתַן אֹתָם
עַל־רֹאשׁ הַשָּׂעִיר וְשִׁלַּח בְּיַד־אִישׁ עִתִּי הַמִּדְבָּרָה׃ וְנָשָׂא כב
הַשָּׂעִיר עָלָיו אֶת־כָּל־עֲוֺנֹתָם אֶל־אֶרֶץ גְּזֵרָה וְשִׁלַּח אֶת־הַשָּׂעִיר
בַּמִּדְבָּר׃ וּבָא אַהֲרֹן אֶל־אֹהֶל מוֹעֵד וּפָשַׁט אֶת־בִּגְדֵי הַבָּד כג
אֲשֶׁר לָבַשׁ בְּבֹאוֹ אֶל־הַקֹּדֶשׁ וְהִנִּיחָם שָׁם׃ וְרָחַץ אֶת־בְּשָׂרוֹ כד
בַמַּיִם בְּמָקוֹם קָדוֹשׁ וְלָבַשׁ אֶת־בְּגָדָיו וְיָצָא וְעָשָׂה אֶת־עֹלָתוֹ
שלישי /שני/ וְאֶת־עֹלַת הָעָם וְכִפֶּר בַּעֲדוֹ וּבְעַד הָעָם׃ וְאֵת חֵלֶב הַחַטָּאת כה
יַקְטִיר הַמִּזְבֵּחָה׃ וְהַמְשַׁלֵּחַ אֶת־הַשָּׂעִיר לַעֲזָאזֵל יְכַבֵּס בְּגָדָיו כו
וְרָחַץ אֶת־בְּשָׂרוֹ בַּמָּיִם וְאַחֲרֵי־כֵן יָבוֹא אֶל־הַמַּחֲנֶה׃ וְאֵת כז
פַּר הַחַטָּאת וְאֵת ׀ שְׂעִיר הַחַטָּאת אֲשֶׁר הוּבָא אֶת־דָּמָם לְכַפֵּר
בַּקֹּדֶשׁ יוֹצִיא אֶל־מִחוּץ לַמַּחֲנֶה וְשָׂרְפוּ בָאֵשׁ אֶת־עֹרֹתָם וְאֶת־
בְּשָׂרָם וְאֶת־פִּרְשָׁם׃ וְהַשֹּׂרֵף אֹתָם יְכַבֵּס בְּגָדָיו וְרָחַץ אֶת־ כח
בְּשָׂרוֹ בַּמָּיִם וְאַחֲרֵי־כֵן יָבוֹא אֶל־הַמַּחֲנֶה׃ וְהָיְתָה לָכֶם לְחֻקַּת כט
עוֹלָם בַּחֹדֶשׁ הַשְּׁבִיעִי בֶּעָשׂוֹר לַחֹדֶשׁ תְּעַנּוּ אֶת־נַפְשֹׁתֵיכֶם
וְכָל־מְלָאכָה לֹא תַעֲשׂוּ הָאֶזְרָח וְהַגֵּר הַגָּר בְּתוֹכְכֶם׃ כִּי־בַיּוֹם ל
הַזֶּה יְכַפֵּר עֲלֵיכֶם לְטַהֵר אֶתְכֶם מִכֹּל חַטֹּאתֵיכֶם לִפְנֵי יְהֹוָה
תִּטְהָרוּ׃ שַׁבַּת שַׁבָּתוֹן הִיא לָכֶם וְעִנִּיתֶם אֶת־נַפְשֹׁתֵיכֶם חֻקַּת לא
עוֹלָם׃ וְכִפֶּר הַכֹּהֵן אֲשֶׁר־יִמְשַׁח אֹתוֹ וַאֲשֶׁר יְמַלֵּא אֶת־יָדוֹ לב
לְכַהֵן תַּחַת אָבִיו וְלָבַשׁ אֶת־בִּגְדֵי הַבָּד בִּגְדֵי הַקֹּדֶשׁ׃ וְכִפֶּר לג
אֶת־מִקְדַּשׁ הַקֹּדֶשׁ וְאֶת־אֹהֶל מוֹעֵד וְאֶת־הַמִּזְבֵּחַ יְכַפֵּר וְעַל
הַכֹּהֲנִים וְעַל־כָּל־עַם הַקָּהָל יְכַפֵּר׃ וְהָיְתָה־זֹּאת לָכֶם לְחֻקַּת לד
עוֹלָם לְכַפֵּר עַל־בְּנֵי יִשְׂרָאֵל מִכָּל־חַטֹּאתָם אַחַת בַּשָּׁנָה וַיַּעַשׂ
כַּאֲשֶׁר צִוָּה יְהֹוָה אֶת־מֹשֶׁה׃

רביעי יג וַיְדַבֵּר יְהֹוָה אֶל־מֹשֶׁה לֵּאמֹר׃ דַּבֵּר אֶל־אַהֲרֹן וְאֶל־בָּנָיו וְאֶל יז א ב
כָּל־בְּנֵי יִשְׂרָאֵל וְאָמַרְתָּ אֲלֵיהֶם זֶה הַדָּבָר אֲשֶׁר־צִוָּה יְהֹוָה
לֵאמֹר׃ אִישׁ אִישׁ מִבֵּית יִשְׂרָאֵל אֲשֶׁר יִשְׁחַט שׁוֹר אוֹ־כֶשֶׂב ג
אוֹ־עֵז בַּמַּחֲנֶה אוֹ אֲשֶׁר יִשְׁחַט מִחוּץ לַמַּחֲנֶה׃ וְאֶל־פֶּתַח ד

אהל מועד לא הביאו להקריב קרבן ליהוה לפני משכן יהוה
דם יחשב לאיש ההוא דם שפך ונכרת האיש ההוא מקרב
ה עמו: למען אשר יביאו בני ישראל את־זבחיהם אשר הם
זבחים על־פני השדה והביאם ליהוה אל־פתח אהל מועד
ו אל־הכהן וזבחו זבחי שלמים ליהוה אותם: וזרק הכהן את־
הדם על־מזבח יהוה פתח אהל מועד והקטיר החלב לריח
ז ניחח ליהוה: ולא־יזבחו עוד את־זבחיהם לשעירם אשר הם
ח זנים אחריהם חקת עולם תהיה־זאת להם לדרתם: ואלהם חמישי (שלישי)
תאמר איש איש מבית ישראל ומן־הגר אשר־יגור בתוכם
ט אשר־יעלה עלה או־זבח: ואל־פתח אהל מועד לא יביאנו
י לעשות אתו ליהוה ונכרת האיש ההוא מעמיו: ואיש איש
מבית ישראל ומן־הגר הגר בתוכם אשר יאכל כל־דם
ונתתי פני בנפש האכלת את־הדם והכרתי אתה מקרב
יא עמה: כי־נפש הבשר בדם הוא ואני נתתיו לכם על־המזבח
יב לכפר על־נפשתיכם כי־הדם הוא בנפש יכפר: על־כן
אמרתי לבני ישראל כל־נפש מכם לא־תאכל דם והגר
יג הגר בתוככם לא־יאכל דם: ואיש איש מבני ישראל ומן־
הגר הגר בתוכם אשר יצוד ציד חיה או־עוף אשר יאכל
יד ושפך את־דמו וכסהו בעפר: כי־נפש כל־בשר דמו בנפשו
הוא ואמר לבני ישראל דם כל־בשר לא תאכלו כי נפש
טו כל־בשר דמו הוא כל־אכליו יכרת: וכל־נפש אשר תאכל
נבלה וטרפה באזרח ובגר וכבס בגדיו ורחץ במים וטמא
טז עד־הערב וטהר: ואם לא יכבס ובשרו לא ירחץ ונשא
עונו:

יח ב וידבר יהוה אל־משה לאמר: דבר אל־בני ישראל ואמרת יד
ג אלהם אני יהוה אלהיכם: כמעשה ארץ־מצרים אשר ישבתם־
בה לא תעשו וכמעשה ארץ־כנען אשר אני מביא אתכם

שְׁמָּה לֹא תַעֲשׂוּ וּבְחֻקֹּתֵיהֶם לֹא תֵלֵכוּ׃ אֶת־מִשְׁפָּטַי תַּעֲשׂוּ ד
וְאֶת־חֻקֹּתַי תִּשְׁמְרוּ לָלֶכֶת בָּהֶם אֲנִי יְהוָה אֱלֹהֵיכֶם׃ וּשְׁמַרְתֶּם ה
אֶת־חֻקֹּתַי וְאֶת־מִשְׁפָּטַי אֲשֶׁר יַעֲשֶׂה אֹתָם הָאָדָם וָחַי בָּהֶם אֲנִי
ששי יְהוָה׃ אִישׁ אִישׁ אֶל־כָּל־שְׁאֵר בְּשָׂרוֹ לֹא תִקְרְבוּ ו
לְגַלּוֹת עֶרְוָה אֲנִי יְהוָה׃ עֶרְוַת אָבִיךָ וְעֶרְוַת אִמְּךָ ז
לֹא תְגַלֵּה אִמְּךָ הִוא לֹא תְגַלֶּה עֶרְוָתָהּ׃ עֶרְוַת ח
אֵשֶׁת־אָבִיךָ לֹא תְגַלֵּה עֶרְוַת אָבִיךָ הִוא׃ עֶרְוַת ט
אֲחוֹתְךָ בַת־אָבִיךָ אוֹ בַת־אִמֶּךָ מוֹלֶדֶת בַּיִת אוֹ מוֹלֶדֶת חוּץ
לֹא תְגַלֶּה עֶרְוָתָן׃ עֶרְוַת בַּת־בִּנְךָ אוֹ בַת־ י
בִּתְּךָ לֹא תְגַלֶּה עֶרְוָתָן כִּי עֶרְוָתְךָ הֵנָּה׃ עֶרְוַת יא
בַּת־אֵשֶׁת אָבִיךָ מוֹלֶדֶת אָבִיךָ אֲחוֹתְךָ הִוא לֹא תְגַלֶּה
עֶרְוָתָהּ׃ עֶרְוַת אֲחוֹת־אָבִיךָ לֹא תְגַלֵּה שְׁאֵר יב
אָבִיךָ הִוא׃ עֶרְוַת אֲחוֹת־אִמְּךָ לֹא תְגַלֵּה כִּי־ יג
שְׁאֵר אִמְּךָ הִוא׃ עֶרְוַת אֲחִי־אָבִיךָ לֹא תְגַלֵּה אֶל־ יד
אִשְׁתּוֹ לֹא תִקְרָב דֹּדָתְךָ הִוא׃ עֶרְוַת כַּלָּתְךָ לֹא טו
תְגַלֵּה אֵשֶׁת בִּנְךָ הִוא לֹא תְגַלֶּה עֶרְוָתָהּ׃ עֶרְוַת טז
אֵשֶׁת־אָחִיךָ לֹא תְגַלֵּה עֶרְוַת אָחִיךָ הִוא׃ עֶרְוַת יז
אִשָּׁה וּבִתָּהּ לֹא תְגַלֵּה אֶת־בַּת־בְּנָהּ וְאֶת־בַּת־בִּתָּהּ לֹא
תִקַּח לְגַלּוֹת עֶרְוָתָהּ שַׁאֲרָה הֵנָּה זִמָּה הִוא׃ וְאִשָּׁה אֶל־ יח
אֲחֹתָהּ לֹא תִקָּח לִצְרֹר לְגַלּוֹת עֶרְוָתָהּ עָלֶיהָ בְּחַיֶּיהָ׃ וְאֶל־ יט
אִשָּׁה בְּנִדַּת טֻמְאָתָהּ לֹא תִקְרַב לְגַלּוֹת עֶרְוָתָהּ׃ וְאֶל־אֵשֶׁת כ
עֲמִיתְךָ לֹא־תִתֵּן שְׁכָבְתְּךָ לְזָרַע לְטָמְאָה־בָהּ׃ וּמִזַּרְעֲךָ לֹא־ כא
תִתֵּן לְהַעֲבִיר לַמֹּלֶךְ וְלֹא תְחַלֵּל אֶת־שֵׁם אֱלֹהֶיךָ אֲנִי יְהוָה׃
שביעי /רביעי/ וְאֶת־זָכָר לֹא תִשְׁכַּב מִשְׁכְּבֵי אִשָּׁה תּוֹעֵבָה הִוא׃ וּבְכָל־בְּהֵמָה כב כג
לֹא־תִתֵּן שְׁכָבְתְּךָ לְטָמְאָה־בָהּ וְאִשָּׁה לֹא־תַעֲמֹד לִפְנֵי בְהֵמָה
לְרִבְעָהּ תֶּבֶל הוּא׃ אַל־תִּטַּמְּאוּ בְּכָל־אֵלֶּה כִּי בְכָל־אֵלֶּה כד
נִטְמְאוּ הַגּוֹיִם אֲשֶׁר־אֲנִי מְשַׁלֵּחַ מִפְּנֵיכֶם׃ וַתִּטְמָא הָאָרֶץ כה

כו וְאֶפְקֹד עֲוֺנָהּ עָלֶיהָ וַתָּקִא הָאָרֶץ אֶת־יֹשְׁבֶיהָ׃ וּשְׁמַרְתֶּם אַתֶּם
אֶת־חֻקֹּתַי וְאֶת־מִשְׁפָּטַי וְלֹא תַעֲשׂוּ מִכֹּל הַתּוֹעֵבֹת הָאֵלֶּה
כז הָאֶזְרָח וְהַגֵּר הַגָּר בְּתוֹכְכֶם׃ כִּי אֶת־כָּל־הַתּוֹעֵבֹת הָאֵל עָשׂוּ
כח אַנְשֵׁי־הָאָרֶץ אֲשֶׁר לִפְנֵיכֶם וַתִּטְמָא הָאָרֶץ׃ וְלֹא־תָקִיא הָאָרֶץ מפטיר
אֶתְכֶם בְּטַמַּאֲכֶם אֹתָהּ כַּאֲשֶׁר קָאָה אֶת־הַגּוֹי אֲשֶׁר לִפְנֵיכֶם׃
כט כִּי כָּל־אֲשֶׁר יַעֲשֶׂה מִכֹּל הַתּוֹעֵבֹת הָאֵלֶּה וְנִכְרְתוּ הַנְּפָשׁוֹת
ל הָעֹשֹׂת מִקֶּרֶב עַמָּם׃ וּשְׁמַרְתֶּם אֶת־מִשְׁמַרְתִּי לְבִלְתִּי עֲשׂוֹת
מֵחֻקּוֹת הַתּוֹעֵבֹת אֲשֶׁר נַעֲשׂוּ לִפְנֵיכֶם וְלֹא תִטַּמְּאוּ בָּהֶם אֲנִי
יְהוָה אֱלֹהֵיכֶם׃

יט א ב וַיְדַבֵּר יְהוָה אֶל־מֹשֶׁה לֵּאמֹר׃ דַּבֵּר אֶל־כָּל־עֲדַת בְּנֵי־יִשְׂרָאֵל טו קדשים
וְאָמַרְתָּ אֲלֵהֶם קְדֹשִׁים תִּהְיוּ כִּי קָדוֹשׁ אֲנִי יְהוָה אֱלֹהֵיכֶם׃
ג אִישׁ אִמּוֹ וְאָבִיו תִּירָאוּ וְאֶת־שַׁבְּתֹתַי תִּשְׁמֹרוּ אֲנִי יְהוָה
ד אֱלֹהֵיכֶם׃ אַל־תִּפְנוּ אֶל־הָאֱלִילִם וֵאלֹהֵי מַסֵּכָה לֹא תַעֲשׂוּ
ה לָכֶם אֲנִי יְהוָה אֱלֹהֵיכֶם׃ וְכִי תִזְבְּחוּ זֶבַח שְׁלָמִים לַיהוָה
ו לִרְצֹנְכֶם תִּזְבָּחֻהוּ׃ בְּיוֹם זִבְחֲכֶם יֵאָכֵל וּמִמָּחֳרָת וְהַנּוֹתָר עַד־
ז יוֹם הַשְּׁלִישִׁי בָּאֵשׁ יִשָּׂרֵף׃ וְאִם הֵאָכֹל יֵאָכֵל בַּיּוֹם הַשְּׁלִישִׁי
ח פִּגּוּל הוּא לֹא יֵרָצֶה׃ וְאֹכְלָיו עֲוֺנוֹ יִשָּׂא כִּי־אֶת־קֹדֶשׁ יְהוָה
ט חִלֵּל וְנִכְרְתָה הַנֶּפֶשׁ הַהִוא מֵעַמֶּיהָ׃ וּבְקֻצְרְכֶם אֶת־קְצִיר
אַרְצְכֶם לֹא תְכַלֶּה פְּאַת שָׂדְךָ לִקְצֹר וְלֶקֶט קְצִירְךָ לֹא תְלַקֵּט׃
י וְכַרְמְךָ לֹא תְעוֹלֵל וּפֶרֶט כַּרְמְךָ לֹא תְלַקֵּט לֶעָנִי וְלַגֵּר תַּעֲזֹב
יא אֹתָם אֲנִי יְהוָה אֱלֹהֵיכֶם׃ לֹא תִּגְנֹבוּ וְלֹא־תְכַחֲשׁוּ וְלֹא־תְשַׁקְּרוּ
יב אִישׁ בַּעֲמִיתוֹ׃ וְלֹא־תִשָּׁבְעוּ בִשְׁמִי לַשָּׁקֶר וְחִלַּלְתָּ אֶת־שֵׁם
יג אֱלֹהֶיךָ אֲנִי יְהוָה׃ לֹא־תַעֲשֹׁק אֶת־רֵעֲךָ וְלֹא תִגְזֹל לֹא־תָלִין
יד פְּעֻלַּת שָׂכִיר אִתְּךָ עַד־בֹּקֶר׃ לֹא־תְקַלֵּל חֵרֵשׁ וְלִפְנֵי עִוֵּר לֹא
טו תִתֵּן מִכְשֹׁל וְיָרֵאתָ מֵּאֱלֹהֶיךָ אֲנִי יְהוָה׃ לֹא־תַעֲשׂוּ עָוֶל בַּמִּשְׁפָּט שני /חמישי/
לֹא־תִשָּׂא פְנֵי־דָל וְלֹא תֶהְדַּר פְּנֵי גָדוֹל בְּצֶדֶק תִּשְׁפֹּט עֲמִיתֶךָ׃
טז לֹא־תֵלֵךְ רָכִיל בְּעַמֶּיךָ לֹא תַעֲמֹד עַל־דַּם רֵעֶךָ אֲנִי יְהוָה׃

יז לֹא־תִשְׂנָא אֶת־אָחִיךָ בִּלְבָבֶךָ הוֹכֵחַ תּוֹכִיחַ אֶת־עֲמִיתֶךָ וְלֹא־
יח תִשָּׂא עָלָיו חֵטְא׃ לֹא־תִקֹּם וְלֹא־תִטֹּר אֶת־בְּנֵי עַמֶּךָ וְאָהַבְתָּ
יט לְרֵעֲךָ כָּמוֹךָ אֲנִי יְהוָה׃ אֶת־חֻקֹּתַי תִּשְׁמְרוּ בְּהֶמְתְּךָ לֹא־תַרְבִּיעַ
כִּלְאַיִם שָׂדְךָ לֹא־תִזְרַע כִּלְאָיִם וּבֶגֶד כִּלְאַיִם שַׁעַטְנֵז לֹא יַעֲלֶה
כ עָלֶיךָ׃ וְאִישׁ כִּי־יִשְׁכַּב אֶת־אִשָּׁה שִׁכְבַת־זֶרַע וְהִוא שִׁפְחָה
נֶחֱרֶפֶת לְאִישׁ וְהׇפְדֵּה לֹא נִפְדָּתָה אוֹ חֻפְשָׁה לֹא נִתַּן־לָהּ
כא בִּקֹּרֶת תִּהְיֶה לֹא יוּמְתוּ כִּי־לֹא חֻפָּשָׁה׃ וְהֵבִיא אֶת־אֲשָׁמוֹ
כב לַיהוָה אֶל־פֶּתַח אֹהֶל מוֹעֵד אֵיל אָשָׁם׃ וְכִפֶּר עָלָיו הַכֹּהֵן
בְּאֵיל הָאָשָׁם לִפְנֵי יְהוָה עַל־חַטָּאתוֹ אֲשֶׁר חָטָא וְנִסְלַח לוֹ
מֵחַטָּאתוֹ אֲשֶׁר חָטָא׃
כג וְכִי־תָבֹאוּ אֶל־הָאָרֶץ וּנְטַעְתֶּם כׇּל־עֵץ מַאֲכָל וַעֲרַלְתֶּם עׇרְלָתוֹ שלישי טז
כד אֶת־פִּרְיוֹ שָׁלֹשׁ שָׁנִים יִהְיֶה לָכֶם עֲרֵלִים לֹא יֵאָכֵל׃ וּבַשָּׁנָה
כה הָרְבִיעִת יִהְיֶה כׇּל־פִּרְיוֹ קֹדֶשׁ הִלּוּלִים לַיהוָה׃ וּבַשָּׁנָה הַחֲמִישִׁת
תֹּאכְלוּ אֶת־פִּרְיוֹ לְהוֹסִיף לָכֶם תְּבוּאָתוֹ אֲנִי יְהוָה אֱלֹהֵיכֶם׃
כו כז לֹא תֹאכְלוּ עַל־הַדָּם לֹא תְנַחֲשׁוּ וְלֹא תְעוֹנֵנוּ׃ לֹא תַקִּפוּ
כח פְּאַת רֹאשְׁכֶם וְלֹא תַשְׁחִית אֵת פְּאַת זְקָנֶךָ׃ וְשֶׂרֶט לָנֶפֶשׁ
לֹא תִתְּנוּ בִּבְשַׂרְכֶם וּכְתֹבֶת קַעֲקַע לֹא תִתְּנוּ בָּכֶם אֲנִי יְהוָה׃
כט אַל־תְּחַלֵּל אֶת־בִּתְּךָ לְהַזְנוֹתָהּ וְלֹא־תִזְנֶה הָאָרֶץ וּמָלְאָה
ל הָאָרֶץ זִמָּה׃ אֶת־שַׁבְּתֹתַי תִּשְׁמֹרוּ וּמִקְדָּשִׁי תִּירָאוּ אֲנִי יְהוָה׃
לא אַל־תִּפְנוּ אֶל־הָאֹבֹת וְאֶל־הַיִּדְּעֹנִים אַל־תְּבַקְשׁוּ לְטׇמְאָה
לב בָהֶם אֲנִי יְהוָה אֱלֹהֵיכֶם׃ מִפְּנֵי שֵׂיבָה תָּקוּם וְהָדַרְתָּ פְּנֵי זָקֵן
לג וְיָרֵאתָ מֵּאֱלֹהֶיךָ אֲנִי יְהוָה׃ וְכִי־יָגוּר אִתְּךָ גֵּר רביעי (ששי)
לד בְּאַרְצְכֶם לֹא תוֹנוּ אֹתוֹ׃ כְּאֶזְרָח מִכֶּם יִהְיֶה לָכֶם הַגֵּר ׀ הַגָּר
אִתְּכֶם וְאָהַבְתָּ לוֹ כָּמוֹךָ כִּי־גֵרִים הֱיִיתֶם בְּאֶרֶץ מִצְרָיִם אֲנִי
לה יְהוָה אֱלֹהֵיכֶם׃ לֹא־תַעֲשׂוּ עָוֶל בַּמִּשְׁפָּט בַּמִּדָּה בַּמִּשְׁקָל
לו וּבַמְּשׂוּרָה׃ מֹאזְנֵי צֶדֶק אַבְנֵי־צֶדֶק אֵיפַת צֶדֶק וְהִין צֶדֶק יִהְיֶה
לָכֶם אֲנִי יְהוָה אֱלֹהֵיכֶם אֲשֶׁר־הוֹצֵאתִי אֶתְכֶם מֵאֶרֶץ מִצְרָיִם׃

לז וּשְׁמַרְתֶּם אֶת־כָּל־חֻקֹּתַי וְאֶת־כָּל־מִשְׁפָּטַי וַעֲשִׂיתֶם אֹתָם
אֲנִי יְהוָה׃
כ א ב וַיְדַבֵּר יְהוָה אֶל־מֹשֶׁה לֵּאמֹר׃ וְאֶל־בְּנֵי יִשְׂרָאֵל תֹּאמַר אִישׁ חמישי
אִישׁ מִבְּנֵי יִשְׂרָאֵל וּמִן־הַגֵּר ׀ הַגָּר בְּיִשְׂרָאֵל אֲשֶׁר יִתֵּן מִזַּרְעוֹ
ג לַמֹּלֶךְ מוֹת יוּמָת עַם הָאָרֶץ יִרְגְּמֻהוּ בָאָבֶן׃ וַאֲנִי אֶתֵּן אֶת־
פָּנַי בָּאִישׁ הַהוּא וְהִכְרַתִּי אֹתוֹ מִקֶּרֶב עַמּוֹ כִּי מִזַּרְעוֹ נָתַן
ד לַמֹּלֶךְ לְמַעַן טַמֵּא אֶת־מִקְדָּשִׁי וּלְחַלֵּל אֶת־שֵׁם קָדְשִׁי׃ וְאִם
הַעְלֵם יַעְלִימוּ עַם הָאָרֶץ אֶת־עֵינֵיהֶם מִן־הָאִישׁ הַהוּא בְּתִתּוֹ
ה מִזַּרְעוֹ לַמֹּלֶךְ לְבִלְתִּי הָמִית אֹתוֹ׃ וְשַׂמְתִּי אֲנִי אֶת־פָּנַי בָּאִישׁ
הַהוּא וּבְמִשְׁפַּחְתּוֹ וְהִכְרַתִּי אֹתוֹ וְאֵת ׀ כָּל־הַזֹּנִים אַחֲרָיו לִזְנוֹת
ו אַחֲרֵי הַמֹּלֶךְ מִקֶּרֶב עַמָּם׃ וְהַנֶּפֶשׁ אֲשֶׁר תִּפְנֶה אֶל־הָאֹבֹת
וְאֶל־הַיִּדְּעֹנִים לִזְנֹת אַחֲרֵיהֶם וְנָתַתִּי אֶת־פָּנַי בַּנֶּפֶשׁ הַהִוא
ז וְהִכְרַתִּי אֹתוֹ מִקֶּרֶב עַמּוֹ׃ וְהִתְקַדִּשְׁתֶּם וִהְיִיתֶם קְדֹשִׁים כִּי
ח אֲנִי יְהוָה אֱלֹהֵיכֶם׃ וּשְׁמַרְתֶּם אֶת־חֻקֹּתַי וַעֲשִׂיתֶם אֹתָם אֲנִי ששי /שביעי/
ט יְהוָה מְקַדִּשְׁכֶם׃ כִּי־אִישׁ אִישׁ אֲשֶׁר יְקַלֵּל אֶת־אָבִיו וְאֶת־
י אִמּוֹ מוֹת יוּמָת אָבִיו וְאִמּוֹ קִלֵּל דָּמָיו בּוֹ׃ וְאִישׁ אֲשֶׁר יִנְאַף
אֶת־אֵשֶׁת אִישׁ אֲשֶׁר יִנְאַף אֶת־אֵשֶׁת רֵעֵהוּ מוֹת־יוּמַת הַנֹּאֵף
יא וְהַנֹּאָפֶת׃ וְאִישׁ אֲשֶׁר יִשְׁכַּב אֶת־אֵשֶׁת אָבִיו עֶרְוַת אָבִיו גִּלָּה
יב מוֹת־יוּמְתוּ שְׁנֵיהֶם דְּמֵיהֶם בָּם׃ וְאִישׁ אֲשֶׁר יִשְׁכַּב אֶת־כַּלָּתוֹ
יג מוֹת יוּמְתוּ שְׁנֵיהֶם תֶּבֶל עָשׂוּ דְּמֵיהֶם בָּם׃ וְאִישׁ אֲשֶׁר יִשְׁכַּב
אֶת־זָכָר מִשְׁכְּבֵי אִשָּׁה תּוֹעֵבָה עָשׂוּ שְׁנֵיהֶם מוֹת יוּמָתוּ דְּמֵיהֶם
יד בָּם׃ וְאִישׁ אֲשֶׁר יִקַּח אֶת־אִשָּׁה וְאֶת־אִמָּהּ זִמָּה הִוא בָּאֵשׁ
טו יִשְׂרְפוּ אֹתוֹ וְאֶתְהֶן וְלֹא־תִהְיֶה זִמָּה בְּתוֹכְכֶם׃ וְאִישׁ אֲשֶׁר
טז יִתֵּן שְׁכָבְתּוֹ בִּבְהֵמָה מוֹת יוּמָת וְאֶת־הַבְּהֵמָה תַּהֲרֹגוּ׃ וְאִשָּׁה
אֲשֶׁר תִּקְרַב אֶל־כָּל־בְּהֵמָה לְרִבְעָה אֹתָהּ וְהָרַגְתָּ אֶת־הָאִשָּׁה
יז וְאֶת־הַבְּהֵמָה מוֹת יוּמָתוּ דְּמֵיהֶם בָּם׃ וְאִישׁ אֲשֶׁר־יִקַּח אֶת־
אֲחֹתוֹ בַּת־אָבִיו אוֹ בַת־אִמּוֹ וְרָאָה אֶת־עֶרְוָתָהּ וְהִיא תִרְאֶה

אֶת־עֶרְוָתוֹ חֶסֶד הוּא וְנִכְרְתוּ לְעֵינֵי בְּנֵי עַמָּם עֶרְוַת אֲחֹתוֹ
יח גִּלָּה עֲוֺנוֹ יִשָּׂא׃ וְאִישׁ אֲשֶׁר־יִשְׁכַּב אֶת־אִשָּׁה דָּוָה וְגִלָּה אֶת־
עֶרְוָתָהּ אֶת־מְקֹרָהּ הֶעֱרָה וְהִוא גִּלְּתָה אֶת־מְקוֹר דָּמֶיהָ וְנִכְרְתוּ
יט שְׁנֵיהֶם מִקֶּרֶב עַמָּם׃ וְעֶרְוַת אֲחוֹת אִמְּךָ וַאֲחוֹת אָבִיךָ לֹא
כ תְגַלֵּה כִּי אֶת־שְׁאֵרוֹ הֶעֱרָה עֲוֺנָם יִשָּׂאוּ׃ וְאִישׁ אֲשֶׁר יִשְׁכַּב
כא אֶת־דֹּדָתוֹ עֶרְוַת דֹּדוֹ גִּלָּה חֶטְאָם יִשָּׂאוּ עֲרִירִים יָמֻתוּ׃ וְאִישׁ
אֲשֶׁר יִקַּח אֶת־אֵשֶׁת אָחִיו נִדָּה הִוא עֶרְוַת אָחִיו גִּלָּה עֲרִירִים
כב יִהְיוּ׃ וּשְׁמַרְתֶּם אֶת־כָּל־חֻקֹּתַי וְאֶת־כָּל־מִשְׁפָּטַי וַעֲשִׂיתֶם
אֹתָם וְלֹא־תָקִיא אֶתְכֶם הָאָרֶץ אֲשֶׁר אֲנִי מֵבִיא אֶתְכֶם שָׁמָּה
שביעי כג לָשֶׁבֶת בָּהּ׃ וְלֹא תֵלְכוּ בְּחֻקֹּת הַגּוֹי אֲשֶׁר־אֲנִי מְשַׁלֵּחַ מִפְּנֵיכֶם
כד כִּי אֶת־כָּל־אֵלֶּה עָשׂוּ וָאָקֻץ בָּם׃ וָאֹמַר לָכֶם אַתֶּם תִּירְשׁוּ
אֶת־אַדְמָתָם וַאֲנִי אֶתְּנֶנָּה לָכֶם לָרֶשֶׁת אֹתָהּ אֶרֶץ זָבַת חָלָב
וּדְבָשׁ אֲנִי יהוה אֱלֹהֵיכֶם אֲשֶׁר־הִבְדַּלְתִּי אֶתְכֶם מִן־הָעַמִּים׃
מפטיר כה וְהִבְדַּלְתֶּם בֵּין־הַבְּהֵמָה הַטְּהֹרָה לַטְּמֵאָה וּבֵין־הָעוֹף הַטָּמֵא
לַטָּהֹר וְלֹא־תְשַׁקְּצוּ אֶת־נַפְשֹׁתֵיכֶם בַּבְּהֵמָה וּבָעוֹף וּבְכֹל
כו אֲשֶׁר תִּרְמֹשׂ הָאֲדָמָה אֲשֶׁר־הִבְדַּלְתִּי לָכֶם לְטַמֵּא׃ וִהְיִיתֶם לִי
קְדֹשִׁים כִּי קָדוֹשׁ אֲנִי יהוה וָאַבְדִּל אֶתְכֶם מִן־הָעַמִּים לִהְיוֹת
כז לִי׃ וְאִישׁ אוֹ־אִשָּׁה כִּי־יִהְיֶה בָהֶם אוֹב אוֹ יִדְּעֹנִי מוֹת יוּמָתוּ
בָּאֶבֶן יִרְגְּמוּ אֹתָם דְּמֵיהֶם בָּם׃

אמר יז כא א וַיֹּאמֶר יהוה אֶל־מֹשֶׁה אֱמֹר אֶל־הַכֹּהֲנִים בְּנֵי אַהֲרֹן וְאָמַרְתָּ
ב אֲלֵהֶם לְנֶפֶשׁ לֹא־יִטַּמָּא בְּעַמָּיו׃ כִּי אִם־לִשְׁאֵרוֹ הַקָּרֹב אֵלָיו
ג לְאִמּוֹ וּלְאָבִיו וְלִבְנוֹ וּלְבִתּוֹ וּלְאָחִיו׃ וְלַאֲחֹתוֹ הַבְּתוּלָה הַקְּרוֹבָה
ד אֵלָיו אֲשֶׁר לֹא־הָיְתָה לְאִישׁ לָהּ יִטַּמָּא׃ לֹא יִטַּמָּא בַּעַל בְּעַמָּיו
יִקְרְחוּ ה לְהֵחַלּוֹ׃ לֹא־יקרחה קָרְחָה בְּרֹאשָׁם וּפְאַת זְקָנָם לֹא יְגַלֵּחוּ
ו וּבִבְשָׂרָם לֹא יִשְׂרְטוּ שָׂרָטֶת׃ קְדֹשִׁים יִהְיוּ לֵאלֹהֵיהֶם וְלֹא
יְחַלְּלוּ שֵׁם אֱלֹהֵיהֶם כִּי אֶת־אִשֵּׁי יהוה לֶחֶם אֱלֹהֵיהֶם הֵם
ז מַקְרִיבִם וְהָיוּ קֹדֶשׁ׃ אִשָּׁה זֹנָה וַחֲלָלָה לֹא יִקָּחוּ וְאִשָּׁה גְּרוּשָׁה

ח מֵאִישָׁהּ לֹא יִקָּחוּ כִּי־קָדֹשׁ הוּא לֵאלֹהָיו׃ וְקִדַּשְׁתּוֹ כִּי־אֶת־
לֶחֶם אֱלֹהֶיךָ הוּא מַקְרִיב קָדֹשׁ יִהְיֶה־לָּךְ כִּי קָדוֹשׁ אֲנִי יהוה
ט מְקַדִּשְׁכֶם׃ וּבַת אִישׁ כֹּהֵן כִּי תֵחֵל לִזְנוֹת אֶת־אָבִיהָ הִיא
י מְחַלֶּלֶת בָּאֵשׁ תִּשָּׂרֵף׃ וְהַכֹּהֵן הַגָּדוֹל מֵאֶחָיו
אֲשֶׁר־יוּצַק עַל־רֹאשׁוֹ ׀ שֶׁמֶן הַמִּשְׁחָה וּמִלֵּא אֶת־יָדוֹ לִלְבֹּשׁ
יא אֶת־הַבְּגָדִים אֶת־רֹאשׁוֹ לֹא יִפְרָע וּבְגָדָיו לֹא יִפְרֹם׃ וְעַל כָּל־
יב נַפְשֹׁת מֵת לֹא יָבֹא לְאָבִיו וּלְאִמּוֹ לֹא יִטַּמָּא׃ וּמִן־הַמִּקְדָּשׁ
לֹא יֵצֵא וְלֹא יְחַלֵּל אֵת מִקְדַּשׁ אֱלֹהָיו כִּי נֵזֶר שֶׁמֶן מִשְׁחַת
יג יד אֱלֹהָיו עָלָיו אֲנִי יהוה׃ וְהוּא אִשָּׁה בִבְתוּלֶיהָ יִקָּח׃ אַלְמָנָה
וּגְרוּשָׁה וַחֲלָלָה זֹנָה אֶת־אֵלֶּה לֹא יִקָּח כִּי אִם־בְּתוּלָה
טו מֵעַמָּיו יִקַּח אִשָּׁה׃ וְלֹא־יְחַלֵּל זַרְעוֹ בְּעַמָּיו כִּי אֲנִי יהוה
טז יז מְקַדְּשׁוֹ׃ וַיְדַבֵּר יהוה אֶל־מֹשֶׁה לֵּאמֹר׃ דַּבֵּר שני
אֶל־אַהֲרֹן לֵאמֹר אִישׁ מִזַּרְעֲךָ לְדֹרֹתָם אֲשֶׁר יִהְיֶה בוֹ מוּם לֹא
יח יִקְרַב לְהַקְרִיב לֶחֶם אֱלֹהָיו׃ כִּי כָל־אִישׁ אֲשֶׁר־בּוֹ מוּם לֹא
יט יִקְרָב אִישׁ עִוֵּר אוֹ פִסֵּחַ אוֹ חָרֻם אוֹ שָׂרוּעַ׃ אוֹ אִישׁ אֲשֶׁר־
כ יִהְיֶה בוֹ שֶׁבֶר רָגֶל אוֹ שֶׁבֶר יָד׃ אוֹ־גִבֵּן אוֹ־דַק אוֹ תְּבַלֻּל בְּעֵינוֹ
כא אוֹ גָרָב אוֹ יַלֶּפֶת אוֹ מְרוֹחַ אָשֶׁךְ׃ כָּל־אִישׁ אֲשֶׁר־בּוֹ מוּם
מִזֶּרַע אַהֲרֹן הַכֹּהֵן לֹא יִגַּשׁ לְהַקְרִיב אֶת־אִשֵּׁי יהוה מוּם בּוֹ
כב אֵת לֶחֶם אֱלֹהָיו לֹא יִגַּשׁ לְהַקְרִיב׃ לֶחֶם אֱלֹהָיו מִקָּדְשֵׁי
כג הַקֳּדָשִׁים וּמִן־הַקֳּדָשִׁים יֹאכֵל׃ אַךְ אֶל־הַפָּרֹכֶת לֹא יָבֹא וְאֶל־
הַמִּזְבֵּחַ לֹא יִגַּשׁ כִּי־מוּם בּוֹ וְלֹא יְחַלֵּל אֶת־מִקְדָּשַׁי כִּי אֲנִי
כד יהוה מְקַדְּשָׁם׃ וַיְדַבֵּר מֹשֶׁה אֶל־אַהֲרֹן וְאֶל־בָּנָיו וְאֶל־כָּל־
בְּנֵי יִשְׂרָאֵל׃

כב א ב וַיְדַבֵּר יהוה אֶל־מֹשֶׁה לֵּאמֹר׃ דַּבֵּר אֶל־אַהֲרֹן וְאֶל־בָּנָיו וְיִנָּזְרוּ
מִקָּדְשֵׁי בְנֵי־יִשְׂרָאֵל וְלֹא יְחַלְּלוּ אֶת־שֵׁם קָדְשִׁי אֲשֶׁר הֵם
ג מַקְדִּשִׁים לִי אֲנִי יהוה׃ אֱמֹר אֲלֵהֶם לְדֹרֹתֵיכֶם כָּל־אִישׁ ׀ אֲשֶׁר־
יִקְרַב מִכָּל־זַרְעֲכֶם אֶל־הַקֳּדָשִׁים אֲשֶׁר יַקְדִּישׁוּ בְנֵי־יִשְׂרָאֵל

לַיהֹוָה וְטֻמְאָתוֹ עָלָיו וְנִכְרְתָה הַנֶּפֶשׁ הַהִוא מִלְּפָנַי אֲנִי יְהֹוָה׃
ד אִישׁ אִישׁ מִזֶּרַע אַהֲרֹן וְהוּא צָרוּעַ אוֹ זָב בַּקֳּדָשִׁים לֹא יֹאכַל
עַד אֲשֶׁר יִטְהָר וְהַנֹּגֵעַ בְּכָל־טְמֵא־נֶפֶשׁ אוֹ אִישׁ אֲשֶׁר־תֵּצֵא
ה מִמֶּנּוּ שִׁכְבַת־זָרַע׃ אוֹ־אִישׁ אֲשֶׁר יִגַּע בְּכָל־שֶׁרֶץ אֲשֶׁר יִטְמָא־
ו לוֹ אוֹ בְאָדָם אֲשֶׁר יִטְמָא־לוֹ לְכֹל טֻמְאָתוֹ׃ נֶפֶשׁ אֲשֶׁר תִּגַּע־
בּוֹ וְטָמְאָה עַד־הָעָרֶב וְלֹא יֹאכַל מִן־הַקֳּדָשִׁים כִּי אִם־רָחַץ
ז בְּשָׂרוֹ בַּמָּיִם׃ וּבָא הַשֶּׁמֶשׁ וְטָהֵר וְאַחַר יֹאכַל מִן־הַקֳּדָשִׁים
ח כִּי לַחְמוֹ הוּא׃ נְבֵלָה וּטְרֵפָה לֹא יֹאכַל לְטָמְאָה־בָהּ אֲנִי יְהֹוָה׃
ט וְשָׁמְרוּ אֶת־מִשְׁמַרְתִּי וְלֹא־יִשְׂאוּ עָלָיו חֵטְא וּמֵתוּ בוֹ כִּי יְחַלְּלֻהוּ
י אֲנִי יְהֹוָה מְקַדְּשָׁם׃ וְכָל־זָר לֹא־יֹאכַל קֹדֶשׁ תּוֹשַׁב כֹּהֵן וְשָׂכִיר
יא לֹא־יֹאכַל קֹדֶשׁ׃ וְכֹהֵן כִּי־יִקְנֶה נֶפֶשׁ קִנְיַן כַּסְפּוֹ הוּא יֹאכַל
יב בּוֹ וִילִיד בֵּיתוֹ הֵם יֹאכְלוּ בְלַחְמוֹ׃ וּבַת־כֹּהֵן כִּי תִהְיֶה לְאִישׁ
יג זָר הִוא בִּתְרוּמַת הַקֳּדָשִׁים לֹא תֹאכֵל׃ וּבַת־כֹּהֵן כִּי תִהְיֶה
אַלְמָנָה וּגְרוּשָׁה וְזֶרַע אֵין לָהּ וְשָׁבָה אֶל־בֵּית אָבִיהָ כִּנְעוּרֶיהָ
יד מִלֶּחֶם אָבִיהָ תֹּאכֵל וְכָל־זָר לֹא־יֹאכַל בּוֹ׃ וְאִישׁ כִּי־יֹאכַל
קֹדֶשׁ בִּשְׁגָגָה וְיָסַף חֲמִשִׁיתוֹ עָלָיו וְנָתַן לַכֹּהֵן אֶת־הַקֹּדֶשׁ׃
טו וְלֹא יְחַלְּלוּ אֶת־קָדְשֵׁי בְּנֵי יִשְׂרָאֵל אֵת אֲשֶׁר־יָרִימוּ לַיהֹוָה׃
טז וְהִשִּׂיאוּ אוֹתָם עֲוֺן אַשְׁמָה בְּאָכְלָם אֶת־קָדְשֵׁיהֶם כִּי אֲנִי יְהֹוָה
מְקַדְּשָׁם׃
שלישי יח יז יח וַיְדַבֵּר יְהֹוָה אֶל־מֹשֶׁה לֵּאמֹר׃ דַּבֵּר אֶל־אַהֲרֹן וְאֶל־בָּנָיו וְאֶל
כָּל־בְּנֵי יִשְׂרָאֵל וְאָמַרְתָּ אֲלֵהֶם אִישׁ אִישׁ מִבֵּית יִשְׂרָאֵל וּמִן־
הַגֵּר בְּיִשְׂרָאֵל אֲשֶׁר יַקְרִיב קָרְבָּנוֹ לְכָל־נִדְרֵיהֶם וּלְכָל־נִדְבוֹתָם
יט אֲשֶׁר־יַקְרִיבוּ לַיהֹוָה לְעֹלָה׃ לִרְצֹנְכֶם תָּמִים זָכָר בַּבָּקָר
כ בַּכְּשָׂבִים וּבָעִזִּים׃ כֹּל אֲשֶׁר־בּוֹ מוּם לֹא תַקְרִיבוּ כִּי־לֹא לְרָצוֹן
כא יִהְיֶה לָכֶם׃ וְאִישׁ כִּי־יַקְרִיב זֶבַח־שְׁלָמִים לַיהֹוָה לְפַלֵּא־נֶדֶר
אוֹ לִנְדָבָה בַּבָּקָר אוֹ בַצֹּאן תָּמִים יִהְיֶה לְרָצוֹן כָּל־מוּם לֹא
כב יִהְיֶה־בּוֹ׃ עַוֶּרֶת אוֹ שָׁבוּר אוֹ־חָרוּץ אוֹ־יַבֶּלֶת אוֹ גָרָב אוֹ

יַלֶּפֶת לֹא־תַקְרִיבוּ אֵלֶּה לַיהוָה וְאִשֶּׁה לֹא־תִתְּנוּ מֵהֶם עַל־
כג הַמִּזְבֵּחַ לַיהוָה׃ וְשׁוֹר וָשֶׂה שָׂרוּעַ וְקָלוּט נְדָבָה תַּעֲשֶׂה אֹתוֹ
כד וּלְנֵדֶר לֹא יֵרָצֶה׃ וּמָעוּךְ וְכָתוּת וְנָתוּק וְכָרוּת לֹא תַקְרִיבוּ
כה לַיהוָה וּבְאַרְצְכֶם לֹא תַעֲשׂוּ׃ וּמִיַּד בֶּן־נֵכָר לֹא תַקְרִיבוּ אֶת־
לֶחֶם אֱלֹהֵיכֶם מִכָּל־אֵלֶּה כִּי מָשְׁחָתָם בָּהֶם מוּם בָּם לֹא יֵרָצוּ
כו כז לָכֶם׃ וַיְדַבֵּר יהוה אֶל־מֹשֶׁה לֵּאמֹר׃ שׁוֹר אוֹ־
כֶשֶׂב אוֹ־עֵז כִּי יִוָּלֵד וְהָיָה שִׁבְעַת יָמִים תַּחַת אִמּוֹ וּמִיּוֹם הַשְּׁמִינִי
כח וָהָלְאָה יֵרָצֶה לְקָרְבַּן אִשֶּׁה לַיהוָה׃ וְשׁוֹר אוֹ־שֶׂה אֹתוֹ וְאֶת־
כט בְּנוֹ לֹא תִשְׁחֲטוּ בְּיוֹם אֶחָד׃ וְכִי־תִזְבְּחוּ זֶבַח־תּוֹדָה לַיהוָה
ל לִרְצֹנְכֶם תִּזְבָּחוּ׃ בַּיּוֹם הַהוּא יֵאָכֵל לֹא־תוֹתִירוּ מִמֶּנּוּ עַד־
לא בֹּקֶר אֲנִי יהוה׃ וּשְׁמַרְתֶּם מִצְוֹתַי וַעֲשִׂיתֶם אֹתָם אֲנִי יְהוָה׃
לב וְלֹא תְחַלְּלוּ אֶת־שֵׁם קָדְשִׁי וְנִקְדַּשְׁתִּי בְּתוֹךְ בְּנֵי יִשְׂרָאֵל אֲנִי
לג יְהוָה מְקַדִּשְׁכֶם׃ הַמּוֹצִיא אֶתְכֶם מֵאֶרֶץ מִצְרַיִם לִהְיוֹת לָכֶם
לֵאלֹהִים אֲנִי יְהוָה׃

כג א ב וַיְדַבֵּר יְהוָה אֶל־מֹשֶׁה לֵּאמֹר׃ דַּבֵּר אֶל־בְּנֵי יִשְׂרָאֵל וְאָמַרְתָּ רביעי
אֲלֵהֶם מוֹעֲדֵי יהוה אֲשֶׁר־תִּקְרְאוּ אֹתָם מִקְרָאֵי קֹדֶשׁ אֵלֶּה
ג הֵם מוֹעֲדָי׃ שֵׁשֶׁת יָמִים תֵּעָשֶׂה מְלָאכָה וּבַיּוֹם הַשְּׁבִיעִי שַׁבַּת
שַׁבָּתוֹן מִקְרָא־קֹדֶשׁ כָּל־מְלָאכָה לֹא תַעֲשׂוּ שַׁבָּת הִוא לַיהוָה
בְּכֹל מוֹשְׁבֹתֵיכֶם׃

ד אֵלֶּה מוֹעֲדֵי יהוה מִקְרָאֵי קֹדֶשׁ אֲשֶׁר־תִּקְרְאוּ אֹתָם בְּמוֹעֲדָם׃
ה בַּחֹדֶשׁ הָרִאשׁוֹן בְּאַרְבָּעָה עָשָׂר לַחֹדֶשׁ בֵּין הָעַרְבָּיִם פֶּסַח
ו לַיהוָה׃ וּבַחֲמִשָּׁה עָשָׂר יוֹם לַחֹדֶשׁ הַזֶּה חַג הַמַּצּוֹת לַיהוָה
ז שִׁבְעַת יָמִים מַצּוֹת תֹּאכֵלוּ׃ בַּיּוֹם הָרִאשׁוֹן מִקְרָא־קֹדֶשׁ יִהְיֶה
ח לָכֶם כָּל־מְלֶאכֶת עֲבֹדָה לֹא תַעֲשׂוּ׃ וְהִקְרַבְתֶּם אִשֶּׁה לַיהוָה
שִׁבְעַת יָמִים בַּיּוֹם הַשְּׁבִיעִי מִקְרָא־קֹדֶשׁ כָּל־מְלֶאכֶת עֲבֹדָה
לֹא תַעֲשׂוּ׃

ט וַיְדַבֵּר יְהוָה אֶל־מֹשֶׁה לֵּאמֹר׃ דַּבֵּר אֶל־בְּנֵי יִשְׂרָאֵל וְאָמַרְתָּ

אֱלֵהֶם כִּי־תָבֹאוּ אֶל־הָאָרֶץ אֲשֶׁר אֲנִי נֹתֵן לָכֶם וּקְצַרְתֶּם
אֶת־קְצִירָהּ וַהֲבֵאתֶם אֶת־עֹמֶר רֵאשִׁית קְצִירְכֶם אֶל־הַכֹּהֵן׃
וְהֵנִיף אֶת־הָעֹמֶר לִפְנֵי יְהֹוָה לִרְצֹנְכֶם מִמָּחֳרַת הַשַּׁבָּת יְנִיפֶנּוּ יא
הַכֹּהֵן׃ וַעֲשִׂיתֶם בְּיוֹם הֲנִיפְכֶם אֶת־הָעֹמֶר כֶּבֶשׂ תָּמִים בֶּן־ יב
שְׁנָתוֹ לְעֹלָה לַיהֹוָה׃ וּמִנְחָתוֹ שְׁנֵי עֶשְׂרֹנִים סֹלֶת בְּלוּלָה יג
בַשֶּׁמֶן אִשֶּׁה לַיהֹוָה רֵיחַ נִיחֹחַ וְנִסְכֹּה יַיִן רְבִיעִת הַהִין׃
וְלֶחֶם וְקָלִי וְכַרְמֶל לֹא תֹאכְלוּ עַד־עֶצֶם הַיּוֹם הַזֶּה עַד יד
הֲבִיאֲכֶם אֶת־קָרְבַּן אֱלֹהֵיכֶם חֻקַּת עוֹלָם לְדֹרֹתֵיכֶם בְּכֹל
יט מֹשְׁבֹתֵיכֶם׃ וּסְפַרְתֶּם לָכֶם מִמָּחֳרַת הַשַּׁבָּת טו
מִיּוֹם הֲבִיאֲכֶם אֶת־עֹמֶר הַתְּנוּפָה שֶׁבַע שַׁבָּתוֹת תְּמִימֹת
תִּהְיֶינָה׃ עַד מִמָּחֳרַת הַשַּׁבָּת הַשְּׁבִיעִת תִּסְפְּרוּ חֲמִשִּׁים יוֹם טז
וְהִקְרַבְתֶּם מִנְחָה חֲדָשָׁה לַיהֹוָה׃ מִמּוֹשְׁבֹתֵיכֶם תָּבִיאוּ ׀ לֶחֶם יז
תְּנוּפָה שְׁתַּיִם שְׁנֵי עֶשְׂרֹנִים סֹלֶת תִּהְיֶינָה חָמֵץ תֵּאָפֶינָה בִּכּוּרִים
לַיהֹוָה׃ וְהִקְרַבְתֶּם עַל־הַלֶּחֶם שִׁבְעַת כְּבָשִׂים תְּמִימִם בְּנֵי יח
שָׁנָה וּפַר בֶּן־בָּקָר אֶחָד וְאֵילִם שְׁנָיִם יִהְיוּ עֹלָה לַיהֹוָה וּמִנְחָתָם
וְנִסְכֵּיהֶם אִשֵּׁה רֵיחַ־נִיחֹחַ לַיהֹוָה׃ וַעֲשִׂיתֶם שְׂעִיר־עִזִּים אֶחָד יט
לְחַטָּאת וּשְׁנֵי כְבָשִׂים בְּנֵי שָׁנָה לְזֶבַח שְׁלָמִים׃ וְהֵנִיף הַכֹּהֵן ׀ כ
אֹתָם עַל לֶחֶם הַבִּכֻּרִים תְּנוּפָה לִפְנֵי יְהֹוָה עַל־שְׁנֵי כְּבָשִׂים
קֹדֶשׁ יִהְיוּ לַיהֹוָה לַכֹּהֵן׃ וּקְרָאתֶם בְּעֶצֶם ׀ הַיּוֹם הַזֶּה מִקְרָא־ כא
קֹדֶשׁ יִהְיֶה לָכֶם כָּל־מְלֶאכֶת עֲבֹדָה לֹא תַעֲשׂוּ חֻקַּת עוֹלָם
בְּכָל־מוֹשְׁבֹתֵיכֶם לְדֹרֹתֵיכֶם׃ וּבְקֻצְרְכֶם אֶת־קְצִיר אַרְצְכֶם כב
לֹא־תְכַלֶּה פְּאַת שָׂדְךָ בְּקֻצְרֶךָ וְלֶקֶט קְצִירְךָ לֹא תְלַקֵּט לֶעָנִי
וְלַגֵּר תַּעֲזֹב אֹתָם אֲנִי יְהֹוָה אֱלֹהֵיכֶם׃
חמישי וַיְדַבֵּר יְהֹוָה אֶל־מֹשֶׁה לֵּאמֹר׃ דַּבֵּר אֶל־בְּנֵי יִשְׂרָאֵל לֵאמֹר כג כד
בַּחֹדֶשׁ הַשְּׁבִיעִי בְּאֶחָד לַחֹדֶשׁ יִהְיֶה לָכֶם שַׁבָּתוֹן זִכְרוֹן תְּרוּעָה
מִקְרָא־קֹדֶשׁ׃ כָּל־מְלֶאכֶת עֲבֹדָה לֹא תַעֲשׂוּ וְהִקְרַבְתֶּם אִשֶּׁה כה
לַיהֹוָה׃ וַיְדַבֵּר יְהֹוָה אֶל־מֹשֶׁה לֵּאמֹר׃ אַךְ כו כז

בֶּעָשׂוֹר לַחֹדֶשׁ הַשְּׁבִיעִי הַזֶּה יוֹם הַכִּפֻּרִים הוּא מִקְרָא־קֹדֶשׁ
יִהְיֶה לָכֶם וְעִנִּיתֶם אֶת־נַפְשֹׁתֵיכֶם וְהִקְרַבְתֶּם אִשֶּׁה לַיהוָה׃
כח וְכָל־מְלָאכָה לֹא תַעֲשׂוּ בְּעֶצֶם הַיּוֹם הַזֶּה כִּי יוֹם כִּפֻּרִים הוּא
כט לְכַפֵּר עֲלֵיכֶם לִפְנֵי יְהוָה אֱלֹהֵיכֶם׃ כִּי כָל־הַנֶּפֶשׁ אֲשֶׁר לֹא־
ל תְעֻנֶּה בְּעֶצֶם הַיּוֹם הַזֶּה וְנִכְרְתָה מֵעַמֶּיהָ׃ וְכָל־הַנֶּפֶשׁ אֲשֶׁר
תַּעֲשֶׂה כָּל־מְלָאכָה בְּעֶצֶם הַיּוֹם הַזֶּה וְהַאֲבַדְתִּי אֶת־הַנֶּפֶשׁ
לא הַהִוא מִקֶּרֶב עַמָּהּ׃ כָּל־מְלָאכָה לֹא תַעֲשׂוּ חֻקַּת עוֹלָם
לב לְדֹרֹתֵיכֶם בְּכֹל מֹשְׁבֹתֵיכֶם׃ שַׁבַּת שַׁבָּתוֹן הוּא לָכֶם וְעִנִּיתֶם
אֶת־נַפְשֹׁתֵיכֶם בְּתִשְׁעָה לַחֹדֶשׁ בָּעֶרֶב מֵעֶרֶב עַד־עֶרֶב תִּשְׁבְּתוּ
שַׁבַּתְּכֶם׃

לג לד וַיְדַבֵּר יְהוָה אֶל־מֹשֶׁה לֵּאמֹר׃ דַּבֵּר אֶל־בְּנֵי יִשְׂרָאֵל לֵאמֹר ששי
בַּחֲמִשָּׁה עָשָׂר יוֹם לַחֹדֶשׁ הַשְּׁבִיעִי הַזֶּה חַג הַסֻּכּוֹת שִׁבְעַת
לה יָמִים לַיהוָה׃ בַּיּוֹם הָרִאשׁוֹן מִקְרָא־קֹדֶשׁ כָּל־מְלֶאכֶת עֲבֹדָה
לו לֹא תַעֲשׂוּ׃ שִׁבְעַת יָמִים תַּקְרִיבוּ אִשֶּׁה לַיהוָה בַּיּוֹם הַשְּׁמִינִי
מִקְרָא־קֹדֶשׁ יִהְיֶה לָכֶם וְהִקְרַבְתֶּם אִשֶּׁה לַיהוָה עֲצֶרֶת הִוא
לז כָּל־מְלֶאכֶת עֲבֹדָה לֹא תַעֲשׂוּ׃ אֵלֶּה מוֹעֲדֵי יְהוָה אֲשֶׁר־
תִּקְרְאוּ אֹתָם מִקְרָאֵי קֹדֶשׁ לְהַקְרִיב אִשֶּׁה לַיהוָה עֹלָה וּמִנְחָה
לח זֶבַח וּנְסָכִים דְּבַר־יוֹם בְּיוֹמוֹ׃ מִלְּבַד שַׁבְּתֹת יְהוָה וּמִלְּבַד
מַתְּנוֹתֵיכֶם וּמִלְּבַד כָּל־נִדְרֵיכֶם וּמִלְּבַד כָּל־נִדְבֹתֵיכֶם אֲשֶׁר
לט תִּתְּנוּ לַיהוָה׃ אַךְ בַּחֲמִשָּׁה עָשָׂר יוֹם לַחֹדֶשׁ הַשְּׁבִיעִי בְּאָסְפְּכֶם
אֶת־תְּבוּאַת הָאָרֶץ תָּחֹגּוּ אֶת־חַג־יְהוָה שִׁבְעַת יָמִים בַּיּוֹם
מ הָרִאשׁוֹן שַׁבָּתוֹן וּבַיּוֹם הַשְּׁמִינִי שַׁבָּתוֹן׃ וּלְקַחְתֶּם לָכֶם בַּיּוֹם
הָרִאשׁוֹן פְּרִי עֵץ הָדָר כַּפֹּת תְּמָרִים וַעֲנַף עֵץ־עָבֹת וְעַרְבֵי־
מא נָחַל וּשְׂמַחְתֶּם לִפְנֵי יְהוָה אֱלֹהֵיכֶם שִׁבְעַת יָמִים׃ וְחַגֹּתֶם
אֹתוֹ חַג לַיהוָה שִׁבְעַת יָמִים בַּשָּׁנָה חֻקַּת עוֹלָם לְדֹרֹתֵיכֶם
מב בַּחֹדֶשׁ הַשְּׁבִיעִי תָּחֹגּוּ אֹתוֹ׃ בַּסֻּכֹּת תֵּשְׁבוּ שִׁבְעַת יָמִים כָּל־
מג הָאֶזְרָח בְּיִשְׂרָאֵל יֵשְׁבוּ בַּסֻּכֹּת׃ לְמַעַן יֵדְעוּ דֹרֹתֵיכֶם כִּי בַסֻּכּוֹת

הוֹשַׁבְתִּי אֶת־בְּנֵי יִשְׂרָאֵל בְּהוֹצִיאִי אוֹתָם מֵאֶרֶץ מִצְרָיִם
אֲנִי יְהוָה אֱלֹהֵיכֶם׃ וַיְדַבֵּר מֹשֶׁה אֶת־מֹעֲדֵי יְהוָה אֶל־בְּנֵי מד
יִשְׂרָאֵל׃

שביעי וַיְדַבֵּר יְהוָה אֶל־מֹשֶׁה לֵּאמֹר׃ צַו אֶת־בְּנֵי יִשְׂרָאֵל וְיִקְחוּ אֵלֶיךָ כד א ב
שֶׁמֶן זַיִת זָךְ כָּתִית לַמָּאוֹר לְהַעֲלֹת נֵר תָּמִיד׃ מִחוּץ לְפָרֹכֶת ג
הָעֵדֻת בְּאֹהֶל מוֹעֵד יַעֲרֹךְ אֹתוֹ אַהֲרֹן מֵעֶרֶב עַד־בֹּקֶר לִפְנֵי
יְהוָה תָּמִיד חֻקַּת עוֹלָם לְדֹרֹתֵיכֶם׃ עַל הַמְּנֹרָה הַטְּהֹרָה יַעֲרֹךְ ד
אֶת־הַנֵּרוֹת לִפְנֵי יְהוָה תָּמִיד׃
וְלָקַחְתָּ סֹלֶת וְאָפִיתָ אֹתָהּ שְׁתֵּים עֶשְׂרֵה חַלּוֹת שְׁנֵי עֶשְׂרֹנִים יִהְיֶה ה
הַחַלָּה הָאֶחָת׃ וְשַׂמְתָּ אוֹתָם שְׁתַּיִם מַעֲרָכוֹת שֵׁשׁ הַמַּעֲרָכֶת ו
עַל הַשֻּׁלְחָן הַטָּהֹר לִפְנֵי יְהוָה׃ וְנָתַתָּ עַל־הַמַּעֲרֶכֶת לְבֹנָה ז
זַכָּה וְהָיְתָה לַלֶּחֶם לְאַזְכָּרָה אִשֶּׁה לַיהוָה׃ בְּיוֹם הַשַּׁבָּת בְּיוֹם ח
הַשַּׁבָּת יַעַרְכֶנּוּ לִפְנֵי יְהוָה תָּמִיד מֵאֵת בְּנֵי־יִשְׂרָאֵל בְּרִית עוֹלָם׃
וְהָיְתָה לְאַהֲרֹן וּלְבָנָיו וַאֲכָלֻהוּ בְּמָקוֹם קָדֹשׁ כִּי קֹדֶשׁ קָדָשִׁים ט
הוּא לוֹ מֵאִשֵּׁי יְהוָה חָק־עוֹלָם׃ וַיֵּצֵא בֶּן־אִשָּׁה י
יִשְׂרְאֵלִית וְהוּא בֶּן־אִישׁ מִצְרִי בְּתוֹךְ בְּנֵי יִשְׂרָאֵל וַיִּנָּצוּ בַּמַּחֲנֶה
בֶּן הַיִּשְׂרְאֵלִית וְאִישׁ הַיִּשְׂרְאֵלִי׃ וַיִּקֹּב בֶּן־הָאִשָּׁה הַיִּשְׂרְאֵלִית יא
אֶת־הַשֵּׁם וַיְקַלֵּל וַיָּבִיאוּ אֹתוֹ אֶל־מֹשֶׁה וְשֵׁם אִמּוֹ שְׁלֹמִית
בַּת־דִּבְרִי לְמַטֵּה־דָן׃ וַיַּנִּיחֻהוּ בַּמִּשְׁמָר לִפְרֹשׁ לָהֶם עַל־פִּי יב
יְהוָה׃

וַיְדַבֵּר יְהוָה אֶל־מֹשֶׁה לֵּאמֹר׃ הוֹצֵא אֶת־הַמְקַלֵּל אֶל־מִחוּץ יג יד
לַמַּחֲנֶה וְסָמְכוּ כָל־הַשֹּׁמְעִים אֶת־יְדֵיהֶם עַל־רֹאשׁוֹ וְרָגְמוּ אֹתוֹ
כָּל־הָעֵדָה׃ וְאֶל־בְּנֵי יִשְׂרָאֵל תְּדַבֵּר לֵאמֹר אִישׁ אִישׁ כִּי־ טו
יְקַלֵּל אֱלֹהָיו וְנָשָׂא חֶטְאוֹ׃ וְנֹקֵב שֵׁם־יְהוָה מוֹת יוּמָת רָגוֹם טז
יִרְגְּמוּ־בוֹ כָּל־הָעֵדָה כַּגֵּר כָּאֶזְרָח בְּנָקְבוֹ־שֵׁם יוּמָת׃ וְאִישׁ כִּי יז
יַכֶּה כָּל־נֶפֶשׁ אָדָם מוֹת יוּמָת׃ וּמַכֵּה נֶפֶשׁ־בְּהֵמָה יְשַׁלְּמֶנָּה יח
נֶפֶשׁ תַּחַת נָפֶשׁ׃ וְאִישׁ כִּי־יִתֵּן מוּם בַּעֲמִיתוֹ כַּאֲשֶׁר עָשָׂה כֵּן יט

כ יֵעָשֶׂה בּוֹ: שֶׁבֶר תַּחַת שֶׁבֶר עַיִן תַּחַת עַיִן שֵׁן תַּחַת שֵׁן כַּאֲשֶׁר
כא יִתֵּן מוּם בָּאָדָם כֵּן יִנָּתֶן בּוֹ: וּמַכֵּה בְהֵמָה יְשַׁלְּמֶנָּה וּמַכֵּה מפטיר
כב אָדָם יוּמָת: מִשְׁפַּט אֶחָד יִהְיֶה לָכֶם כַּגֵּר כָּאֶזְרָח יִהְיֶה כִּי אֲנִי
כג יְהוָה אֱלֹהֵיכֶם: וַיְדַבֵּר מֹשֶׁה אֶל־בְּנֵי יִשְׂרָאֵל וַיּוֹצִיאוּ אֶת־
הַמְקַלֵּל אֶל־מִחוּץ לַמַּחֲנֶה וַיִּרְגְּמוּ אֹתוֹ אָבֶן וּבְנֵי־יִשְׂרָאֵל עָשׂוּ
כַּאֲשֶׁר צִוָּה יְהוָה אֶת־מֹשֶׁה:
כה א ב וַיְדַבֵּר יְהוָה אֶל־מֹשֶׁה בְּהַר סִינַי לֵאמֹר: דַּבֵּר אֶל־בְּנֵי יִשְׂרָאֵל בהר סיני
וְאָמַרְתָּ אֲלֵהֶם כִּי תָבֹאוּ אֶל־הָאָרֶץ אֲשֶׁר אֲנִי נֹתֵן לָכֶם
ג וְשָׁבְתָה הָאָרֶץ שַׁבָּת לַיהוָה: שֵׁשׁ שָׁנִים תִּזְרַע שָׂדֶךָ וְשֵׁשׁ
ד שָׁנִים תִּזְמֹר כַּרְמֶךָ וְאָסַפְתָּ אֶת־תְּבוּאָתָהּ: וּבַשָּׁנָה הַשְּׁבִיעִת
שַׁבַּת שַׁבָּתוֹן יִהְיֶה לָאָרֶץ שַׁבָּת לַיהוָה שָׂדְךָ לֹא תִזְרָע וְכַרְמְךָ
ה לֹא תִזְמֹר: אֵת סְפִיחַ קְצִירְךָ לֹא תִקְצוֹר וְאֶת־עִנְּבֵי נְזִירֶךָ
ו לֹא תִבְצֹר שְׁנַת שַׁבָּתוֹן יִהְיֶה לָאָרֶץ: וְהָיְתָה שַׁבַּת הָאָרֶץ
לָכֶם לְאָכְלָה לְךָ וּלְעַבְדְּךָ וְלַאֲמָתֶךָ וְלִשְׂכִירְךָ וּלְתוֹשָׁבְךָ הַגָּרִים
ז עִמָּךְ: וְלִבְהֶמְתְּךָ וְלַחַיָּה אֲשֶׁר בְּאַרְצֶךָ תִּהְיֶה כָל־תְּבוּאָתָהּ
ח לֶאֱכֹל: וְסָפַרְתָּ לְךָ שֶׁבַע שַׁבְּתֹת שָׁנִים שֶׁבַע
שָׁנִים שֶׁבַע פְּעָמִים וְהָיוּ לְךָ יְמֵי שֶׁבַע שַׁבְּתֹת הַשָּׁנִים תֵּשַׁע
ט וְאַרְבָּעִים שָׁנָה: וְהַעֲבַרְתָּ שׁוֹפַר תְּרוּעָה בַּחֹדֶשׁ הַשְּׁבִעִי בֶּעָשׂוֹר
י לַחֹדֶשׁ בְּיוֹם הַכִּפֻּרִים תַּעֲבִירוּ שׁוֹפָר בְּכָל־אַרְצְכֶם: וְקִדַּשְׁתֶּם
אֵת שְׁנַת הַחֲמִשִּׁים שָׁנָה וּקְרָאתֶם דְּרוֹר בָּאָרֶץ לְכָל־יֹשְׁבֶיהָ
יוֹבֵל הִוא תִּהְיֶה לָכֶם וְשַׁבְתֶּם אִישׁ אֶל־אֲחֻזָּתוֹ וְאִישׁ אֶל־
יא מִשְׁפַּחְתּוֹ תָּשֻׁבוּ: יוֹבֵל הִוא שְׁנַת הַחֲמִשִּׁים שָׁנָה תִּהְיֶה לָכֶם
לֹא תִזְרָעוּ וְלֹא תִקְצְרוּ אֶת־סְפִיחֶיהָ וְלֹא תִבְצְרוּ אֶת־נְזִרֶיהָ:
יב כִּי יוֹבֵל הִוא קֹדֶשׁ תִּהְיֶה לָכֶם מִן־הַשָּׂדֶה תֹּאכְלוּ אֶת־תְּבוּאָתָהּ:
יג יד בִּשְׁנַת הַיּוֹבֵל הַזֹּאת תָּשֻׁבוּ אִישׁ אֶל־אֲחֻזָּתוֹ: וְכִי־תִמְכְּרוּ ב שני
מִמְכָּר לַעֲמִיתֶךָ אוֹ קָנֹה מִיַּד עֲמִיתֶךָ אַל־תּוֹנוּ אִישׁ אֶת־
טו אָחִיו: בְּמִסְפַּר שָׁנִים אַחַר הַיּוֹבֵל תִּקְנֶה מֵאֵת עֲמִיתֶךָ בְּמִסְפַּר

טז שְׁנֵי־תְבוּאֹת יִמְכָּר־לָךְ׃ לְפִי ׀ רֹב הַשָּׁנִים תַּרְבֶּה מִקְנָתוֹ
וּלְפִי מְעֹט הַשָּׁנִים תַּמְעִיט מִקְנָתוֹ כִּי מִסְפַּר תְּבוּאֹת הוּא
יז מֹכֵר לָךְ׃ וְלֹא תוֹנוּ אִישׁ אֶת־עֲמִיתוֹ וְיָרֵאתָ מֵאֱלֹהֶיךָ כִּי
יח אֲנִי יְהוָה אֱלֹהֵיכֶם׃ וַעֲשִׂיתֶם אֶת־חֻקֹּתַי וְאֶת־מִשְׁפָּטַי תִּשְׁמְרוּ
שלישי /שני/ יט וַעֲשִׂיתֶם אֹתָם וִישַׁבְתֶּם עַל־הָאָרֶץ לָבֶטַח׃ וְנָתְנָה הָאָרֶץ
כ פִּרְיָהּ וַאֲכַלְתֶּם לָשֹׂבַע וִישַׁבְתֶּם לָבֶטַח עָלֶיהָ׃ וְכִי תֹאמְרוּ
מַה־נֹּאכַל בַּשָּׁנָה הַשְּׁבִיעִת הֵן לֹא נִזְרָע וְלֹא נֶאֱסֹף אֶת־
כא תְּבוּאָתֵנוּ׃ וְצִוִּיתִי אֶת־בִּרְכָתִי לָכֶם בַּשָּׁנָה הַשִּׁשִּׁית וְעָשָׂת
כב אֶת־הַתְּבוּאָה לִשְׁלֹשׁ הַשָּׁנִים׃ וּזְרַעְתֶּם אֵת הַשָּׁנָה הַשְּׁמִינִת
וַאֲכַלְתֶּם מִן־הַתְּבוּאָה יָשָׁן עַד ׀ הַשָּׁנָה הַתְּשִׁיעִת עַד־בּוֹא
כג תְּבוּאָתָהּ תֹּאכְלוּ יָשָׁן׃ וְהָאָרֶץ לֹא תִמָּכֵר לִצְמִתֻת כִּי־לִי
כד הָאָרֶץ כִּי־גֵרִים וְתוֹשָׁבִים אַתֶּם עִמָּדִי׃ וּבְכֹל אֶרֶץ אֲחֻזַּתְכֶם
רביעי כה גְּאֻלָּה תִּתְּנוּ לָאָרֶץ׃ כִּי־יָמוּךְ אָחִיךָ וּמָכַר
מֵאֲחֻזָּתוֹ וּבָא גֹאֲלוֹ הַקָּרֹב אֵלָיו וְגָאַל אֵת מִמְכַּר אָחִיו׃
כו וְאִישׁ כִּי לֹא יִהְיֶה־לּוֹ גֹּאֵל וְהִשִּׂיגָה יָדוֹ וּמָצָא כְּדֵי גְאֻלָּתוֹ׃
כז וְחִשַּׁב אֶת־שְׁנֵי מִמְכָּרוֹ וְהֵשִׁיב אֶת־הָעֹדֵף לָאִישׁ אֲשֶׁר מָכַר־
כח לוֹ וְשָׁב לַאֲחֻזָּתוֹ׃ וְאִם לֹא־מָצְאָה יָדוֹ דֵּי הָשִׁיב לוֹ וְהָיָה
מִמְכָּרוֹ בְּיַד הַקֹּנֶה אֹתוֹ עַד שְׁנַת הַיּוֹבֵל וְיָצָא בַּיֹּבֵל וְשָׁב
חמישי /שלישי/ כט לַאֲחֻזָּתוֹ׃ וְאִישׁ כִּי־יִמְכֹּר בֵּית־מוֹשַׁב עִיר
חוֹמָה וְהָיְתָה גְּאֻלָּתוֹ עַד־תֹּם שְׁנַת מִמְכָּרוֹ יָמִים תִּהְיֶה
ל גְאֻלָּתוֹ׃ וְאִם לֹא־יִגָּאֵל עַד־מְלֹאת לוֹ שָׁנָה תְמִימָה וְקָם
לו הַבַּיִת אֲשֶׁר־בָּעִיר אֲשֶׁר־לֹא חֹמָה לַצְּמִיתֻת לַקֹּנֶה אֹתוֹ
לא לְדֹרֹתָיו לֹא יֵצֵא בַּיֹּבֵל׃ וּבָתֵּי הַחֲצֵרִים אֲשֶׁר אֵין־לָהֶם
חֹמָה סָבִיב עַל־שְׂדֵה הָאָרֶץ יֵחָשֵׁב גְּאֻלָּה תִּהְיֶה־לּוֹ וּבַיֹּבֵל
לב יֵצֵא׃ וְעָרֵי הַלְוִיִּם בָּתֵּי עָרֵי אֲחֻזָּתָם גְּאֻלַּת עוֹלָם תִּהְיֶה
לג לַלְוִיִּם׃ וַאֲשֶׁר יִגְאַל מִן־הַלְוִיִּם וְיָצָא מִמְכַּר־בַּיִת וְעִיר
אֲחֻזָּתוֹ בַּיֹּבֵל כִּי בָתֵּי עָרֵי הַלְוִיִּם הִוא אֲחֻזָּתָם בְּתוֹךְ בְּנֵי

לד יִשְׂרָאֵל: וּשְׂדֵה מִגְרַשׁ עָרֵיהֶם לֹא יִמָּכֵר כִּי־אֲחֻזַּת עוֹלָם הוּא
לה לָהֶם: וְכִי־יָמוּךְ אָחִיךָ וּמָטָה יָדוֹ עִמָּךְ וְהֶחֱזַקְתָּ כא
לו בּוֹ גֵּר וְתוֹשָׁב וָחַי עִמָּךְ: אַל־תִּקַּח מֵאִתּוֹ נֶשֶׁךְ וְתַרְבִּית וְיָרֵאתָ
לז מֵאֱלֹהֶיךָ וְחֵי אָחִיךָ עִמָּךְ: אֶת־כַּסְפְּךָ לֹא־תִתֵּן לוֹ בְּנֶשֶׁךְ
לח וּבְמַרְבִּית לֹא־תִתֵּן אָכְלֶךָ: אֲנִי יהוה אֱלֹהֵיכֶם אֲשֶׁר־הוֹצֵאתִי
אֶתְכֶם מֵאֶרֶץ מִצְרָיִם לָתֵת לָכֶם אֶת־אֶרֶץ כְּנַעַן לִהְיוֹת לָכֶם
לט לֵאלֹהִים: וְכִי־יָמוּךְ אָחִיךָ עִמָּךְ וְנִמְכַּר־לָךְ לֹא־ ששי /רביעי
מ תַעֲבֹד בּוֹ עֲבֹדַת עָבֶד: כְּשָׂכִיר כְּתוֹשָׁב יִהְיֶה עִמָּךְ עַד־שְׁנַת
מא הַיֹּבֵל יַעֲבֹד עִמָּךְ: וְיָצָא מֵעִמָּךְ הוּא וּבָנָיו עִמּוֹ וְשָׁב אֶל־
מב מִשְׁפַּחְתּוֹ וְאֶל־אֲחֻזַּת אֲבֹתָיו יָשׁוּב: כִּי־עֲבָדַי הֵם אֲשֶׁר־
מג הוֹצֵאתִי אֹתָם מֵאֶרֶץ מִצְרָיִם לֹא יִמָּכְרוּ מִמְכֶּרֶת עָבֶד: לֹא־
מד תִרְדֶּה בוֹ בְּפָרֶךְ וְיָרֵאתָ מֵאֱלֹהֶיךָ: וְעַבְדְּךָ וַאֲמָתְךָ אֲשֶׁר יִהְיוּ־
לָךְ מֵאֵת הַגּוֹיִם אֲשֶׁר סְבִיבֹתֵיכֶם מֵהֶם תִּקְנוּ עֶבֶד וְאָמָה:
מה וְגַם מִבְּנֵי הַתּוֹשָׁבִים הַגָּרִים עִמָּכֶם מֵהֶם תִּקְנוּ וּמִמִּשְׁפַּחְתָּם
אֲשֶׁר עִמָּכֶם אֲשֶׁר הוֹלִידוּ בְּאַרְצְכֶם וְהָיוּ לָכֶם לַאֲחֻזָּה:
מו וְהִתְנַחַלְתֶּם אֹתָם לִבְנֵיכֶם אַחֲרֵיכֶם לָרֶשֶׁת אֲחֻזָּה לְעֹלָם בָּהֶם
תַּעֲבֹדוּ וּבְאַחֵיכֶם בְּנֵי־יִשְׂרָאֵל אִישׁ בְּאָחִיו לֹא־תִרְדֶּה בוֹ
מז בְּפָרֶךְ: וְכִי תַשִּׂיג יַד גֵּר וְתוֹשָׁב עִמָּךְ וּמָךְ אָחִיךָ שביעי
מח עִמּוֹ וְנִמְכַּר לְגֵר תּוֹשָׁב עִמָּךְ אוֹ לְעֵקֶר מִשְׁפַּחַת גֵּר: אַחֲרֵי
מט נִמְכַּר גְּאֻלָּה תִּהְיֶה־לּוֹ אֶחָד מֵאֶחָיו יִגְאָלֶנּוּ: אוֹ־דֹדוֹ אוֹ בֶן־
דֹּדוֹ יִגְאָלֶנּוּ אוֹ־מִשְּׁאֵר בְּשָׂרוֹ מִמִּשְׁפַּחְתּוֹ יִגְאָלֶנּוּ אוֹ־הִשִּׂיגָה
נ יָדוֹ וְנִגְאָל: וְחִשַּׁב עִם־קֹנֵהוּ מִשְּׁנַת הִמָּכְרוֹ לוֹ עַד שְׁנַת הַיֹּבֵל
נא וְהָיָה כֶּסֶף מִמְכָּרוֹ בְּמִסְפַּר שָׁנִים כִּימֵי שָׂכִיר יִהְיֶה עִמּוֹ: אִם־
נב עוֹד רַבּוֹת בַּשָּׁנִים לְפִיהֶן יָשִׁיב גְּאֻלָּתוֹ מִכֶּסֶף מִקְנָתוֹ: וְאִם־
מְעַט נִשְׁאַר בַּשָּׁנִים עַד־שְׁנַת הַיֹּבֵל וְחִשַּׁב־לוֹ כְּפִי שָׁנָיו יָשִׁיב
נג אֶת־גְּאֻלָּתוֹ: כִּשְׂכִיר שָׁנָה בְּשָׁנָה יִהְיֶה עִמּוֹ לֹא־יִרְדֶּנּוּ בְּפֶרֶךְ
נד לְעֵינֶיךָ: וְאִם־לֹא יִגָּאֵל בְּאֵלֶּה וְיָצָא בִּשְׁנַת הַיֹּבֵל הוּא וּבָנָיו

מפטיר נה עַמּוֹ: כִּי־לִי בְנֵי־יִשְׂרָאֵל עֲבָדִים עֲבָדַי הֵם אֲשֶׁר־הוֹצֵאתִי
כו א אוֹתָם מֵאֶרֶץ מִצְרָיִם אֲנִי יְהוָה אֱלֹהֵיכֶם: לֹא־תַעֲשׂוּ לָכֶם
אֱלִילִם וּפֶסֶל וּמַצֵּבָה לֹא־תָקִימוּ לָכֶם וְאֶבֶן מַשְׂכִּית לֹא תִתְּנוּ
ב בְּאַרְצְכֶם לְהִשְׁתַּחֲוֹת עָלֶיהָ כִּי אֲנִי יְהוָה אֱלֹהֵיכֶם: אֶת־שַׁבְּתֹתַי
תִּשְׁמֹרוּ וּמִקְדָּשִׁי תִּירָאוּ אֲנִי יְהוָה:

בחקתי כב
ג ד אִם־בְּחֻקֹּתַי תֵּלֵכוּ וְאֶת־מִצְוֹתַי תִּשְׁמְרוּ וַעֲשִׂיתֶם אֹתָם: וְנָתַתִּי
גִשְׁמֵיכֶם בְּעִתָּם וְנָתְנָה הָאָרֶץ יְבוּלָהּ וְעֵץ הַשָּׂדֶה יִתֵּן פִּרְיוֹ:
ה וְהִשִּׂיג לָכֶם דַּיִשׁ אֶת־בָּצִיר וּבָצִיר יַשִּׂיג אֶת־זָרַע וַאֲכַלְתֶּם
שני ו לַחְמְכֶם לָשֹׂבַע וִישַׁבְתֶּם לָבֶטַח בְּאַרְצְכֶם: וְנָתַתִּי שָׁלוֹם בָּאָרֶץ
וּשְׁכַבְתֶּם וְאֵין מַחֲרִיד וְהִשְׁבַּתִּי חַיָּה רָעָה מִן־הָאָרֶץ וְחֶרֶב
ז לֹא־תַעֲבֹר בְּאַרְצְכֶם: וּרְדַפְתֶּם אֶת־אֹיְבֵיכֶם וְנָפְלוּ לִפְנֵיכֶם
ח לֶחָרֶב: וְרָדְפוּ מִכֶּם חֲמִשָּׁה מֵאָה וּמֵאָה מִכֶּם רְבָבָה יִרְדֹּפוּ
ט וְנָפְלוּ אֹיְבֵיכֶם לִפְנֵיכֶם לֶחָרֶב: וּפָנִיתִי אֲלֵיכֶם וְהִפְרֵיתִי אֶתְכֶם
שלישי /חמישי/ י וְהִרְבֵּיתִי אֶתְכֶם וַהֲקִימֹתִי אֶת־בְּרִיתִי אִתְּכֶם: וַאֲכַלְתֶּם יָשָׁן
יא נוֹשָׁן וְיָשָׁן מִפְּנֵי חָדָשׁ תּוֹצִיאוּ: וְנָתַתִּי מִשְׁכָּנִי בְּתוֹכְכֶם וְלֹא־
יב תִגְעַל נַפְשִׁי אֶתְכֶם: וְהִתְהַלַּכְתִּי בְּתוֹכְכֶם וְהָיִיתִי לָכֶם לֵאלֹהִים
יג וְאַתֶּם תִּהְיוּ־לִי לְעָם: אֲנִי יְהוָה אֱלֹהֵיכֶם אֲשֶׁר הוֹצֵאתִי אֶתְכֶם
מֵאֶרֶץ מִצְרַיִם מִהְיֹת לָהֶם עֲבָדִים וָאֶשְׁבֹּר מֹטֹת עֻלְּכֶם וָאוֹלֵךְ
אֶתְכֶם קוֹמְמִיּוּת:

יד טו וְאִם־לֹא תִשְׁמְעוּ לִי וְלֹא תַעֲשׂוּ אֵת כָּל־הַמִּצְוֹת הָאֵלֶּה: וְאִם־
בְּחֻקֹּתַי תִּמְאָסוּ וְאִם אֶת־מִשְׁפָּטַי תִּגְעַל נַפְשְׁכֶם לְבִלְתִּי עֲשׂוֹת
טז אֶת־כָּל־מִצְוֹתַי לְהַפְרְכֶם אֶת־בְּרִיתִי: אַף־אֲנִי אֶעֱשֶׂה־זֹּאת
לָכֶם וְהִפְקַדְתִּי עֲלֵיכֶם בֶּהָלָה אֶת־הַשַּׁחֶפֶת וְאֶת־הַקַּדַּחַת
מְכַלּוֹת עֵינַיִם וּמְדִיבֹת נָפֶשׁ וּזְרַעְתֶּם לָרִיק זַרְעֲכֶם וַאֲכָלֻהוּ
יז אֹיְבֵיכֶם: וְנָתַתִּי פָנַי בָּכֶם וְנִגַּפְתֶּם לִפְנֵי אֹיְבֵיכֶם וְרָדוּ בָכֶם
יח שֹׂנְאֵיכֶם וְנַסְתֶּם וְאֵין־רֹדֵף אֶתְכֶם: וְאִם־עַד־אֵלֶּה לֹא תִשְׁמְעוּ
יט לִי וְיָסַפְתִּי לְיַסְּרָה אֶתְכֶם שֶׁבַע עַל־חַטֹּאתֵיכֶם: וְשָׁבַרְתִּי אֶת־

גְּא֣וֹן עֻזְּכֶ֑ם וְנָתַתִּ֤י אֶת־שְׁמֵיכֶם֙ כַּבַּרְזֶ֔ל וְאֶת־אַרְצְכֶ֖ם כַּנְּחֻשָֽׁה׃
כ וְתַ֥ם לָרִ֖יק כֹּֽחֲכֶ֑ם וְלֹֽא־תִתֵּ֤ן אַרְצְכֶם֙ אֶת־יְבוּלָ֔הּ וְעֵ֣ץ הָאָ֔רֶץ
כא לֹ֥א יִתֵּ֖ן פִּרְיֽוֹ׃ וְאִם־תֵּלְכ֤וּ עִמִּי֙ קֶ֔רִי וְלֹ֥א תֹאב֖וּ לִשְׁמֹ֣עַ לִ֑י
כב וְיָסַפְתִּ֤י עֲלֵיכֶם֙ מַכָּ֔ה שֶׁ֖בַע כְּחַטֹּאתֵיכֶֽם׃ וְהִשְׁלַחְתִּ֨י בָכֶ֜ם אֶת־
חַיַּ֤ת הַשָּׂדֶה֙ וְשִׁכְּלָ֣ה אֶתְכֶ֔ם וְהִכְרִ֙יתָה֙ אֶת־בְּהֶמְתְּכֶ֔ם וְהִמְעִ֖יטָה
כג אֶתְכֶ֑ם וְנָשַׁ֖מּוּ דַּרְכֵיכֶֽם׃ וְאִ֨ם־בְּאֵ֔לֶּה לֹ֥א תִוָּסְר֖וּ לִ֑י וַהֲלַכְתֶּ֥ם
כד עִמִּ֖י קֶֽרִי׃ וְהָלַכְתִּ֧י אַף־אֲנִ֛י עִמָּכֶ֖ם בְּקֶ֑רִי וְהִכֵּיתִ֤י אֶתְכֶם֙ גַּם־
כה אָ֔נִי שֶׁ֖בַע עַל־חַטֹּאתֵיכֶֽם׃ וְהֵבֵאתִ֨י עֲלֵיכֶ֜ם חֶ֗רֶב נֹקֶ֙מֶת֙
נְקַם־בְּרִ֔ית וְנֶאֱסַפְתֶּ֖ם אֶל־עָרֵיכֶ֑ם וְשִׁלַּ֤חְתִּי דֶ֙בֶר֙ בְּת֣וֹכְכֶ֔ם
כו וְנִתַּתֶּ֖ם בְּיַד־אוֹיֵֽב׃ בְּשִׁבְרִ֣י לָכֶם֮ מַטֵּה־לֶ֒חֶם֒ וְ֠אָפוּ עֶ֣שֶׂר נָשִׁ֤ים
לַחְמְכֶם֙ בְּתַנּ֣וּר אֶחָ֔ד וְהֵשִׁ֥יבוּ לַחְמְכֶ֖ם בַּמִּשְׁקָ֑ל וַאֲכַלְתֶּ֖ם וְלֹ֥א
כז תִשְׂבָּֽעוּ׃ וְאִ֨ם־בְּזֹ֔את לֹ֥א תִשְׁמְע֖וּ לִ֑י וַהֲלַכְתֶּ֥ם
כח עִמִּ֖י בְּקֶֽרִי׃ וְהָלַכְתִּ֥י עִמָּכֶ֖ם בַּחֲמַת־קֶ֑רִי וְיִסַּרְתִּ֤י אֶתְכֶם֙ אַף־
כט אָ֔נִי שֶׁ֖בַע עַל־חַטֹּאתֵיכֶֽם׃ וַאֲכַלְתֶּ֖ם בְּשַׂ֣ר בְּנֵיכֶ֑ם וּבְשַׂ֥ר בְּנֹתֵיכֶ֖ם
ל תֹּאכֵֽלוּ׃ וְהִשְׁמַדְתִּ֞י אֶת־בָּמֹתֵיכֶ֗ם וְהִכְרַתִּי֙ אֶת־חַמָּ֣נֵיכֶ֔ם וְנָתַתִּי֙
לא אֶת־פִּגְרֵיכֶ֔ם עַל־פִּגְרֵ֖י גִּלּוּלֵיכֶ֑ם וְגָעֲלָ֥ה נַפְשִׁ֖י אֶתְכֶֽם׃ וְנָתַתִּ֤י
אֶת־עָרֵיכֶם֙ חָרְבָּ֔ה וַהֲשִׁמּוֹתִ֖י אֶת־מִקְדְּשֵׁיכֶ֑ם וְלֹ֣א אָרִ֔יחַ בְּרֵ֖יחַ
לב נִיחֹֽחֲכֶֽם׃ וַהֲשִׁמֹּתִ֥י אֲנִ֖י אֶת־הָאָ֑רֶץ וְשָֽׁמְמ֤וּ עָלֶ֙יהָ֙ אֹֽיְבֵיכֶ֔ם
לג הַיֹּשְׁבִ֖ים בָּֽהּ׃ וְאֶתְכֶם֙ אֱזָרֶ֣ה בַגּוֹיִ֔ם וַהֲרִיקֹתִ֥י אַחֲרֵיכֶ֖ם חָ֑רֶב
לד וְהָיְתָ֤ה אַרְצְכֶם֙ שְׁמָמָ֔ה וְעָרֵיכֶ֖ם יִהְי֥וּ חָרְבָּֽה׃ אָז֩ תִּרְצֶ֨ה הָאָ֜רֶץ
אֶת־שַׁבְּתֹתֶ֗יהָ כֹּ֚ל יְמֵ֣י הֳשַׁמָּ֔ה וְאַתֶּ֖ם בְּאֶ֣רֶץ אֹיְבֵיכֶ֑ם אָ֚ז תִּשְׁבַּ֣ת
לה הָאָ֔רֶץ וְהִרְצָ֖ת אֶת־שַׁבְּתֹתֶֽיהָ׃ כָּל־יְמֵ֥י הָשַּׁמָּ֖ה תִּשְׁבֹּ֑ת אֵ֣ת
לו אֲשֶׁ֧ר לֹֽא־שָׁבְתָ֛ה בְּשַׁבְּתֹתֵיכֶ֖ם בְּשִׁבְתְּכֶ֥ם עָלֶֽיהָ׃ וְהַנִּשְׁאָרִ֣ים
בָּכֶ֔ם וְהֵבֵ֤אתִי מֹ֙רֶךְ֙ בִּלְבָבָ֔ם בְּאַרְצֹ֖ת אֹיְבֵיהֶ֑ם וְרָדַ֣ף אֹתָ֗ם ק֚וֹל
לז עָלֶ֣ה נִדָּ֔ף וְנָס֧וּ מְנֻֽסַת־חֶ֛רֶב וְנָפְל֖וּ וְאֵ֥ין רֹדֵֽף׃ וְכָשְׁל֧וּ אִֽישׁ־
בְּאָחִ֛יו כְּמִפְּנֵי־חֶ֖רֶב וְרֹדֵ֣ף אָ֑יִן וְלֹא־תִהְיֶ֤ה לָכֶם֙ תְּקוּמָ֔ה לִפְנֵ֖י
לח אֹיְבֵיכֶֽם׃ וַאֲבַדְתֶּ֖ם בַּגּוֹיִ֑ם וְאָכְלָ֣ה אֶתְכֶ֔ם אֶ֖רֶץ אֹיְבֵיכֶֽם׃

לט וְהַנִּשְׁאָרִים בָּכֶם יִמַּקּוּ בַּעֲוֺנָם בְּאַרְצֹת אֹיְבֵיכֶם וְאַף בַּעֲוֺנֹת
מ אֲבֹתָם אִתָּם יִמָּקּוּ׃ וְהִתְוַדּוּ אֶת־עֲוֺנָם וְאֶת־עֲוֺן אֲבֹתָם בְּמַעֲלָם
מא אֲשֶׁר מָעֲלוּ־בִי וְאַף אֲשֶׁר־הָלְכוּ עִמִּי בְּקֶרִי׃ אַף־אֲנִי אֵלֵךְ
עִמָּם בְּקֶרִי וְהֵבֵאתִי אֹתָם בְּאֶרֶץ אֹיְבֵיהֶם אוֹ־אָז יִכָּנַע לְבָבָם
מב הֶעָרֵל וְאָז יִרְצוּ אֶת־עֲוֺנָם׃ וְזָכַרְתִּי אֶת־בְּרִיתִי יַעֲקוֹב וְאַף
אֶת־בְּרִיתִי יִצְחָק וְאַף אֶת־בְּרִיתִי אַבְרָהָם אֶזְכֹּר וְהָאָרֶץ אֶזְכֹּר׃
מג וְהָאָרֶץ תֵּעָזֵב מֵהֶם וְתִרֶץ אֶת־שַׁבְּתֹתֶיהָ בָּהְשַׁמָּה מֵהֶם וְהֵם
יִרְצוּ אֶת־עֲוֺנָם יַעַן וּבְיַעַן בְּמִשְׁפָּטַי מָאָסוּ וְאֶת־חֻקֹּתַי גָּעֲלָה
מד נַפְשָׁם׃ וְאַף גַּם־זֹאת בִּהְיוֹתָם בְּאֶרֶץ אֹיְבֵיהֶם לֹא־מְאַסְתִּים
וְלֹא־גְעַלְתִּים לְכַלֹּתָם לְהָפֵר בְּרִיתִי אִתָּם כִּי אֲנִי יהוה אֱלֹהֵיהֶם׃
מה וְזָכַרְתִּי לָהֶם בְּרִית רִאשֹׁנִים אֲשֶׁר הוֹצֵאתִי־אֹתָם מֵאֶרֶץ מִצְרַיִם
מו לְעֵינֵי הַגּוֹיִם לִהְיוֹת לָהֶם לֵאלֹהִים אֲנִי יהוה׃ אֵלֶּה הַחֻקִּים
וְהַמִּשְׁפָּטִים וְהַתּוֹרֹת אֲשֶׁר נָתַן יהוה בֵּינוֹ וּבֵין בְּנֵי יִשְׂרָאֵל
בְּהַר סִינַי בְּיַד־מֹשֶׁה׃

רביעי (ששי) כג
כז א ב וַיְדַבֵּר יהוה אֶל־מֹשֶׁה לֵּאמֹר׃ דַּבֵּר אֶל־בְּנֵי יִשְׂרָאֵל וְאָמַרְתָּ
ג אֲלֵהֶם אִישׁ כִּי יַפְלִא נֶדֶר בְּעֶרְכְּךָ נְפָשֹׁת לַיהוה׃ וְהָיָה עֶרְכְּךָ
הַזָּכָר מִבֶּן עֶשְׂרִים שָׁנָה וְעַד בֶּן־שִׁשִּׁים שָׁנָה וְהָיָה עֶרְכְּךָ
ד חֲמִשִּׁים שֶׁקֶל כֶּסֶף בְּשֶׁקֶל הַקֹּדֶשׁ׃ וְאִם־נְקֵבָה הִוא וְהָיָה
ה עֶרְכְּךָ שְׁלֹשִׁים שָׁקֶל׃ וְאִם מִבֶּן־חָמֵשׁ שָׁנִים וְעַד בֶּן־עֶשְׂרִים
שָׁנָה וְהָיָה עֶרְכְּךָ הַזָּכָר עֶשְׂרִים שְׁקָלִים וְלַנְּקֵבָה עֲשֶׂרֶת שְׁקָלִים׃
ו וְאִם מִבֶּן־חֹדֶשׁ וְעַד בֶּן־חָמֵשׁ שָׁנִים וְהָיָה עֶרְכְּךָ הַזָּכָר חֲמִשָּׁה
ז שְׁקָלִים כָּסֶף וְלַנְּקֵבָה עֶרְכְּךָ שְׁלֹשֶׁת שְׁקָלִים כָּסֶף׃ וְאִם מִבֶּן־
שִׁשִּׁים שָׁנָה וָמַעְלָה אִם־זָכָר וְהָיָה עֶרְכְּךָ חֲמִשָּׁה עָשָׂר שָׁקֶל
ח וְלַנְּקֵבָה עֲשָׂרָה שְׁקָלִים׃ וְאִם־מָךְ הוּא מֵעֶרְכֶּךָ וְהֶעֱמִידוֹ לִפְנֵי
הַכֹּהֵן וְהֶעֱרִיךְ אֹתוֹ הַכֹּהֵן עַל־פִּי אֲשֶׁר תַּשִּׂיג יַד הַנֹּדֵר יַעֲרִיכֶנּוּ
ט הַכֹּהֵן׃ וְאִם־בְּהֵמָה אֲשֶׁר יַקְרִיבוּ מִמֶּנָּה קָרְבָּן
י לַיהוה כֹּל אֲשֶׁר יִתֵּן מִמֶּנּוּ לַיהוה יִהְיֶה־קֹּדֶשׁ׃ לֹא יַחֲלִיפֶנּוּ

וְלֹא־יָמִיר אֹתוֹ טוֹב בְּרָע אוֹ־רַע בְּטוֹב וְאִם־הָמֵר יָמִיר בְּהֵמָה
יא בִּבְהֵמָה וְהָיָה־הוּא וּתְמוּרָתוֹ יִהְיֶה־קֹּדֶשׁ: וְאִם כָּל־בְּהֵמָה
טְמֵאָה אֲשֶׁר לֹא־יַקְרִיבוּ מִמֶּנָּה קָרְבָּן לַיהוָה וְהֶעֱמִיד אֶת־
יב הַבְּהֵמָה לִפְנֵי הַכֹּהֵן: וְהֶעֱרִיךְ הַכֹּהֵן אֹתָהּ בֵּין טוֹב וּבֵין רָע
יג כְּעֶרְכְּךָ הַכֹּהֵן כֵּן יִהְיֶה: וְאִם־גָּאֹל יִגְאָלֶנָּה וְיָסַף חֲמִישִׁתוֹ עַל־
יד עֶרְכֶּךָ: וְאִישׁ כִּי־יַקְדִּשׁ אֶת־בֵּיתוֹ קֹדֶשׁ לַיהוָה וְהֶעֱרִיכוֹ הַכֹּהֵן
טו בֵּין טוֹב וּבֵין רָע כַּאֲשֶׁר יַעֲרִיךְ אֹתוֹ הַכֹּהֵן כֵּן יָקוּם: וְאִם־
הַמַּקְדִּישׁ יִגְאַל אֶת־בֵּיתוֹ וְיָסַף חֲמִישִׁית כֶּסֶף־עֶרְכְּךָ עָלָיו
טז וְהָיָה לוֹ: וְאִם ׀ מִשְּׂדֵה אֲחֻזָּתוֹ יַקְדִּישׁ אִישׁ לַיהוָה וְהָיָה עֶרְכְּךָ חמישי /שביעי/
יז לְפִי זַרְעוֹ זֶרַע חֹמֶר שְׂעֹרִים בַּחֲמִשִּׁים שֶׁקֶל כָּסֶף: אִם־מִשְּׁנַת
יח הַיֹּבֵל יַקְדִּישׁ שָׂדֵהוּ כְּעֶרְכְּךָ יָקוּם: וְאִם־אַחַר הַיֹּבֵל יַקְדִּישׁ
שָׂדֵהוּ וְחִשַּׁב־לוֹ הַכֹּהֵן אֶת־הַכֶּסֶף עַל־פִּי הַשָּׁנִים הַנּוֹתָרֹת
יט עַד שְׁנַת הַיֹּבֵל וְנִגְרַע מֵעֶרְכֶּךָ: וְאִם־גָּאֹל יִגְאַל אֶת־הַשָּׂדֶה
כ הַמַּקְדִּישׁ אֹתוֹ וְיָסַף חֲמִשִׁית כֶּסֶף־עֶרְכְּךָ עָלָיו וְקָם לוֹ: וְאִם־
לֹא יִגְאַל אֶת־הַשָּׂדֶה וְאִם־מָכַר אֶת־הַשָּׂדֶה לְאִישׁ אַחֵר לֹא־
כא יִגָּאֵל עוֹד: וְהָיָה הַשָּׂדֶה בְּצֵאתוֹ בַיֹּבֵל קֹדֶשׁ לַיהוָה כִּשְׂדֵה
כב הַחֵרֶם לַכֹּהֵן תִּהְיֶה אֲחֻזָּתוֹ: וְאִם אֶת־שְׂדֵה מִקְנָתוֹ אֲשֶׁר לֹא ששי
כג מִשְּׂדֵה אֲחֻזָּתוֹ יַקְדִּישׁ לַיהוָה: וְחִשַּׁב־לוֹ הַכֹּהֵן אֵת מִכְסַת
הָעֶרְכְּךָ עַד שְׁנַת הַיֹּבֵל וְנָתַן אֶת־הָעֶרְכְּךָ בַּיּוֹם הַהוּא קֹדֶשׁ
כד לַיהוָה: בִּשְׁנַת הַיּוֹבֵל יָשׁוּב הַשָּׂדֶה לַאֲשֶׁר קָנָהוּ מֵאִתּוֹ
כה לַאֲשֶׁר־לוֹ אֲחֻזַּת הָאָרֶץ: וְכָל־עֶרְכְּךָ יִהְיֶה בְּשֶׁקֶל הַקֹּדֶשׁ
כו עֶשְׂרִים גֵּרָה יִהְיֶה הַשָּׁקֶל: אַךְ־בְּכוֹר אֲשֶׁר יְבֻכַּר לַיהוָה
בִּבְהֵמָה לֹא־יַקְדִּישׁ אִישׁ אֹתוֹ אִם־שׁוֹר אִם־שֶׂה לַיהוָה
כז הוּא: וְאִם בַּבְּהֵמָה הַטְּמֵאָה וּפָדָה בְעֶרְכֶּךָ וְיָסַף חֲמִשִׁתוֹ עָלָיו
כח וְאִם־לֹא יִגָּאֵל וְנִמְכַּר בְּעֶרְכֶּךָ: אַךְ כָּל־חֵרֶם אֲשֶׁר יַחֲרִם אִישׁ
לַיהוָה מִכָּל־אֲשֶׁר־לוֹ מֵאָדָם וּבְהֵמָה וּמִשְּׂדֵה אֲחֻזָּתוֹ לֹא יִמָּכֵר
כט וְלֹא יִגָּאֵל כָּל־חֵרֶם קֹדֶשׁ־קָדָשִׁים הוּא לַיהוָה: כָּל־חֵרֶם שביעי

ל אֲשֶׁר יָחֳרַם מִן־הָאָדָם לֹא יִפָּדֶה מוֹת יוּמָת׃ וְכָל־מַעְשַׂר
הָאָרֶץ מִזֶּרַע הָאָרֶץ מִפְּרִי הָעֵץ לַיהוָה הוּא קֹדֶשׁ לַיהוָה׃
מפטיר לא וְאִם־גָּאֹל יִגְאַל אִישׁ מִמַּעַשְׂרוֹ חֲמִשִׁיתוֹ יֹסֵף עָלָיו׃ וְכָל־
לב מַעְשַׂר בָּקָר וָצֹאן כֹּל אֲשֶׁר־יַעֲבֹר תַּחַת הַשָּׁבֶט הָעֲשִׂירִי יִהְיֶה־
לג קֹּדֶשׁ לַיהוָה׃ לֹא יְבַקֵּר בֵּין־טוֹב לָרַע וְלֹא יְמִירֶנּוּ וְאִם־הָמֵר
לד יְמִירֶנּוּ וְהָיָה־הוּא וּתְמוּרָתוֹ יִהְיֶה־קֹּדֶשׁ לֹא יִגָּאֵל׃ אֵלֶּה
הַמִּצְוֹת אֲשֶׁר צִוָּה יְהוָה אֶת־מֹשֶׁה אֶל־בְּנֵי יִשְׂרָאֵל בְּהַר סִינָי׃

במדבר

א

א וַיְדַבֵּר יהוה אֶל־מֹשֶׁה בְּמִדְבַּר סִינַי בְּאֹהֶל מוֹעֵד בְּאֶחָד לַחֹדֶשׁ א
ב הַשֵּׁנִי בַּשָּׁנָה הַשֵּׁנִית לְצֵאתָם מֵאֶרֶץ מִצְרַיִם לֵאמֹר: שְׂאוּ אֶת־
רֹאשׁ כָּל־עֲדַת בְּנֵי־יִשְׂרָאֵל לְמִשְׁפְּחֹתָם לְבֵית אֲבֹתָם בְּמִסְפַּר
ג שֵׁמוֹת כָּל־זָכָר לְגֻלְגְּלֹתָם: מִבֶּן עֶשְׂרִים שָׁנָה וָמַעְלָה כָּל־יֹצֵא
ד צָבָא בְּיִשְׂרָאֵל תִּפְקְדוּ אֹתָם לְצִבְאֹתָם אַתָּה וְאַהֲרֹן: וְאִתְּכֶם
ה יִהְיוּ אִישׁ אִישׁ לַמַּטֶּה אִישׁ רֹאשׁ לְבֵית־אֲבֹתָיו הוּא: וְאֵלֶּה
שְׁמוֹת הָאֲנָשִׁים אֲשֶׁר יַעַמְדוּ אִתְּכֶם לִרְאוּבֵן אֱלִיצוּר בֶּן־
ו ז שְׁדֵיאוּר: לְשִׁמְעוֹן שְׁלֻמִיאֵל בֶּן־צוּרִישַׁדָּי: לִיהוּדָה נַחְשׁוֹן בֶּן־
ח ט עַמִּינָדָב: לְיִשָּׂשכָר נְתַנְאֵל בֶּן־צוּעָר: לִזְבוּלֻן אֱלִיאָב בֶּן־חֵלֹן:
י לִבְנֵי יוֹסֵף לְאֶפְרַיִם אֱלִישָׁמָע בֶּן־עַמִּיהוּד לִמְנַשֶּׁה גַּמְלִיאֵל בֶּן־
יא יב פְּדָהצוּר: לְבִנְיָמִן אֲבִידָן בֶּן־גִּדְעֹנִי: לְדָן אֲחִיעֶזֶר בֶּן־עַמִּישַׁדָּי:
יג יד טו לְאָשֵׁר פַּגְעִיאֵל בֶּן־עָכְרָן: לְגָד אֶלְיָסָף בֶּן־דְּעוּאֵל: לְנַפְתָּלִי
טז אֲחִירַע בֶּן־עֵינָן: אֵלֶּה קריאי הָעֵדָה נְשִׂיאֵי מַטּוֹת אֲבוֹתָם רָאשֵׁי קְרוּאֵי
יז אַלְפֵי יִשְׂרָאֵל הֵם: וַיִּקַּח מֹשֶׁה וְאַהֲרֹן אֵת הָאֲנָשִׁים הָאֵלֶּה
יח אֲשֶׁר נִקְּבוּ בְּשֵׁמוֹת: וְאֵת כָּל־הָעֵדָה הִקְהִילוּ בְּאֶחָד לַחֹדֶשׁ
הַשֵּׁנִי וַיִּתְיַלְדוּ עַל־מִשְׁפְּחֹתָם לְבֵית אֲבֹתָם בְּמִסְפַּר שֵׁמוֹת
יט מִבֶּן עֶשְׂרִים שָׁנָה וָמַעְלָה לְגֻלְגְּלֹתָם: כַּאֲשֶׁר צִוָּה יהוה אֶת־
כ מֹשֶׁה וַיִּפְקְדֵם בְּמִדְבַּר סִינָי: וַיִּהְיוּ בְנֵי־רְאוּבֵן שני
בְּכֹר יִשְׂרָאֵל תּוֹלְדֹתָם לְמִשְׁפְּחֹתָם לְבֵית אֲבֹתָם בְּמִסְפַּר
שֵׁמוֹת לְגֻלְגְּלֹתָם כָּל־זָכָר מִבֶּן עֶשְׂרִים שָׁנָה וָמַעְלָה כֹּל יֹצֵא
כא צָבָא: פְּקֻדֵיהֶם לְמַטֵּה רְאוּבֵן שִׁשָּׁה וְאַרְבָּעִים אֶלֶף וַחֲמֵשׁ
מֵאוֹת:
כב לִבְנֵי שִׁמְעוֹן תּוֹלְדֹתָם לְמִשְׁפְּחֹתָם לְבֵית אֲבֹתָם פְּקֻדָיו בְּמִסְפַּר
שֵׁמוֹת לְגֻלְגְּלֹתָם כָּל־זָכָר מִבֶּן עֶשְׂרִים שָׁנָה וָמַעְלָה כֹּל יֹצֵא
כג צָבָא: פְּקֻדֵיהֶם לְמַטֵּה שִׁמְעוֹן תִּשְׁעָה וַחֲמִשִּׁים אֶלֶף וּשְׁלֹשׁ
מֵאוֹת:
כד לִבְנֵי גָד תּוֹלְדֹתָם לְמִשְׁפְּחֹתָם לְבֵית אֲבֹתָם בְּמִסְפַּר שֵׁמוֹת

כה מִבֶּן עֶשְׂרִים שָׁנָה וָמַעְלָה כֹּל יֹצֵא צָבָא׃ פְּקֻדֵיהֶם לְמַטֵּה גָד
חֲמִשָּׁה וְאַרְבָּעִים אֶלֶף וְשֵׁשׁ מֵאוֹת וַחֲמִשִּׁים׃
כו לִבְנֵי יְהוּדָה תּוֹלְדֹתָם לְמִשְׁפְּחֹתָם לְבֵית אֲבֹתָם בְּמִסְפַּר שֵׁמֹת
כז מִבֶּן עֶשְׂרִים שָׁנָה וָמַעְלָה כֹּל יֹצֵא צָבָא׃ פְּקֻדֵיהֶם לְמַטֵּה יְהוּדָה
אַרְבָּעָה וְשִׁבְעִים אֶלֶף וְשֵׁשׁ מֵאוֹת׃
כח לִבְנֵי יִשָּׂשכָר תּוֹלְדֹתָם לְמִשְׁפְּחֹתָם לְבֵית אֲבֹתָם בְּמִסְפַּר
כט שְׁמֹת מִבֶּן עֶשְׂרִים שָׁנָה וָמַעְלָה כֹּל יֹצֵא צָבָא׃ פְּקֻדֵיהֶם לְמַטֵּה
יִשָּׂשכָר אַרְבָּעָה וַחֲמִשִּׁים אֶלֶף וְאַרְבַּע מֵאוֹת׃
ל לִבְנֵי זְבוּלֻן תּוֹלְדֹתָם לְמִשְׁפְּחֹתָם לְבֵית אֲבֹתָם בְּמִסְפַּר שֵׁמֹת
לא מִבֶּן עֶשְׂרִים שָׁנָה וָמַעְלָה כֹּל יֹצֵא צָבָא׃ פְּקֻדֵיהֶם לְמַטֵּה זְבוּלֻן
שִׁבְעָה וַחֲמִשִּׁים אֶלֶף וְאַרְבַּע מֵאוֹת׃
לב לִבְנֵי יוֹסֵף לִבְנֵי אֶפְרַיִם תּוֹלְדֹתָם לְמִשְׁפְּחֹתָם לְבֵית אֲבֹתָם
לג בְּמִסְפַּר שֵׁמֹת מִבֶּן עֶשְׂרִים שָׁנָה וָמַעְלָה כֹּל יֹצֵא צָבָא׃ פְּקֻדֵיהֶם
לְמַטֵּה אֶפְרָיִם אַרְבָּעִים אֶלֶף וַחֲמֵשׁ מֵאוֹת׃
לד לִבְנֵי מְנַשֶּׁה תּוֹלְדֹתָם לְמִשְׁפְּחֹתָם לְבֵית אֲבֹתָם בְּמִסְפַּר שֵׁמוֹת
לה מִבֶּן עֶשְׂרִים שָׁנָה וָמַעְלָה כֹּל יֹצֵא צָבָא׃ פְּקֻדֵיהֶם לְמַטֵּה מְנַשֶּׁה
שְׁנַיִם וּשְׁלֹשִׁים אֶלֶף וּמָאתָיִם׃
לו לִבְנֵי בִנְיָמִן תּוֹלְדֹתָם לְמִשְׁפְּחֹתָם לְבֵית אֲבֹתָם בְּמִסְפַּר שֵׁמֹת
לז מִבֶּן עֶשְׂרִים שָׁנָה וָמַעְלָה כֹּל יֹצֵא צָבָא׃ פְּקֻדֵיהֶם לְמַטֵּה בִנְיָמִן
חֲמִשָּׁה וּשְׁלֹשִׁים אֶלֶף וְאַרְבַּע מֵאוֹת׃
לח לִבְנֵי דָן תּוֹלְדֹתָם לְמִשְׁפְּחֹתָם לְבֵית אֲבֹתָם בְּמִסְפַּר שֵׁמֹת מִבֶּן
לט עֶשְׂרִים שָׁנָה וָמַעְלָה כֹּל יֹצֵא צָבָא׃ פְּקֻדֵיהֶם לְמַטֵּה דָן שְׁנַיִם
וְשִׁשִּׁים אֶלֶף וּשְׁבַע מֵאוֹת׃
מ לִבְנֵי אָשֵׁר תּוֹלְדֹתָם לְמִשְׁפְּחֹתָם לְבֵית אֲבֹתָם בְּמִסְפַּר שֵׁמֹת
מא מִבֶּן עֶשְׂרִים שָׁנָה וָמַעְלָה כֹּל יֹצֵא צָבָא׃ פְּקֻדֵיהֶם לְמַטֵּה אָשֵׁר
אֶחָד וְאַרְבָּעִים אֶלֶף וַחֲמֵשׁ מֵאוֹת׃
מב בְּנֵי נַפְתָּלִי תּוֹלְדֹתָם לְמִשְׁפְּחֹתָם לְבֵית אֲבֹתָם בְּמִסְפַּר שֵׁמֹת

א

מג מִבֶּן עֶשְׂרִים שָׁנָה וָמַעְלָה כֹּל יֹצֵא צָבָא׃ פְּקֻדֵיהֶם לְמַטֵּה נַפְתָּלִי
שְׁלֹשָׁה וַחֲמִשִּׁים אֶלֶף וְאַרְבַּע מֵאוֹת׃
מד אֵלֶּה הַפְּקֻדִים אֲשֶׁר פָּקַד מֹשֶׁה וְאַהֲרֹן וּנְשִׂיאֵי יִשְׂרָאֵל שְׁנֵים
מה עָשָׂר אִישׁ אִישׁ־אֶחָד לְבֵית־אֲבֹתָיו הָיוּ׃ וַיִּהְיוּ כָּל־פְּקוּדֵי בְנֵי־
יִשְׂרָאֵל לְבֵית אֲבֹתָם מִבֶּן עֶשְׂרִים שָׁנָה וָמַעְלָה כָּל־יֹצֵא צָבָא
מו בְּיִשְׂרָאֵל׃ וַיִּהְיוּ כָּל־הַפְּקֻדִים שֵׁשׁ־מֵאוֹת אֶלֶף וּשְׁלֹשֶׁת אֲלָפִים
מז וַחֲמֵשׁ מֵאוֹת וַחֲמִשִּׁים׃ וְהַלְוִיִּם לְמַטֵּה אֲבֹתָם לֹא הָתְפָּקְדוּ
בְּתוֹכָם׃
מח מט וַיְדַבֵּר יהוה אֶל־מֹשֶׁה לֵּאמֹר׃ אַךְ אֶת־מַטֵּה לֵוִי לֹא תִפְקֹד
נ וְאֶת־רֹאשָׁם לֹא תִשָּׂא בְּתוֹךְ בְּנֵי יִשְׂרָאֵל׃ וְאַתָּה הַפְקֵד אֶת־
הַלְוִיִּם עַל־מִשְׁכַּן הָעֵדֻת וְעַל כָּל־כֵּלָיו וְעַל כָּל־אֲשֶׁר־לוֹ הֵמָּה
יִשְׂאוּ אֶת־הַמִּשְׁכָּן וְאֶת־כָּל־כֵּלָיו וְהֵם יְשָׁרְתֻהוּ וְסָבִיב לַמִּשְׁכָּן
נא יַחֲנוּ׃ וּבִנְסֹעַ הַמִּשְׁכָּן יוֹרִידוּ אֹתוֹ הַלְוִיִּם וּבַחֲנֹת הַמִּשְׁכָּן יָקִימוּ
נב אֹתוֹ הַלְוִיִּם וְהַזָּר הַקָּרֵב יוּמָת׃ וְחָנוּ בְּנֵי יִשְׂרָאֵל אִישׁ עַל־
נג מַחֲנֵהוּ וְאִישׁ עַל־דִּגְלוֹ לְצִבְאֹתָם׃ וְהַלְוִיִּם יַחֲנוּ סָבִיב לְמִשְׁכַּן
הָעֵדֻת וְלֹא־יִהְיֶה קֶצֶף עַל־עֲדַת בְּנֵי יִשְׂרָאֵל וְשָׁמְרוּ הַלְוִיִּם
נד אֶת־מִשְׁמֶרֶת מִשְׁכַּן הָעֵדוּת׃ וַיַּעֲשׂוּ בְּנֵי יִשְׂרָאֵל כְּכֹל אֲשֶׁר
צִוָּה יהוה אֶת־מֹשֶׁה כֵּן עָשׂוּ׃
ב א ב וַיְדַבֵּר יהוה אֶל־מֹשֶׁה וְאֶל־אַהֲרֹן לֵאמֹר׃ אִישׁ עַל־דִּגְלוֹ ב שלישי
בְאֹתֹת לְבֵית אֲבֹתָם יַחֲנוּ בְּנֵי יִשְׂרָאֵל מִנֶּגֶד סָבִיב לְאֹהֶל־
ג מוֹעֵד יַחֲנוּ׃ וְהַחֹנִים קֵדְמָה מִזְרָחָה דֶּגֶל מַחֲנֵה יְהוּדָה לְצִבְאֹתָם
ד וְנָשִׂיא לִבְנֵי יְהוּדָה נַחְשׁוֹן בֶּן־עַמִּינָדָב׃ וּצְבָאוֹ וּפְקֻדֵיהֶם
ה אַרְבָּעָה וְשִׁבְעִים אֶלֶף וְשֵׁשׁ מֵאוֹת׃ וְהַחֹנִים עָלָיו מַטֵּה
ו יִשָּׂשכָר וְנָשִׂיא לִבְנֵי יִשָּׂשכָר נְתַנְאֵל בֶּן־צוּעָר׃ וּצְבָאוֹ וּפְקֻדָיו
ז אַרְבָּעָה וַחֲמִשִּׁים אֶלֶף וְאַרְבַּע מֵאוֹת׃ מַטֵּה זְבוּלֻן וְנָשִׂיא
ח לִבְנֵי זְבוּלֻן אֱלִיאָב בֶּן־חֵלֹן׃ וּצְבָאוֹ וּפְקֻדָיו שִׁבְעָה וַחֲמִשִּׁים
ט אֶלֶף וְאַרְבַּע מֵאוֹת׃ כָּל־הַפְּקֻדִים לְמַחֲנֵה יְהוּדָה מְאַת אֶלֶף

וּשְׁמֹנִים אֶלֶף וְשֵׁשֶׁת־אֲלָפִים וְאַרְבַּע־מֵאוֹת לְצִבְאֹתָם רִאשֹׁנָה
יִסָּעוּ׃ דֶּגֶל מַחֲנֵה רְאוּבֵן תֵּימָנָה לְצִבְאֹתָם י
וְנָשִׂיא לִבְנֵי רְאוּבֵן אֱלִיצוּר בֶּן־שְׁדֵיאוּר׃ וּצְבָאוֹ וּפְקֻדָיו יא
שִׁשָּׁה וְאַרְבָּעִים אֶלֶף וַחֲמֵשׁ מֵאוֹת׃ וְהַחוֹנִם עָלָיו מַטֵּה שִׁמְעוֹן יב
וְנָשִׂיא לִבְנֵי שִׁמְעוֹן שְׁלֻמִיאֵל בֶּן־צוּרִישַׁדָּי׃ וּצְבָאוֹ וּפְקֻדֵיהֶם יג
תִּשְׁעָה וַחֲמִשִּׁים אֶלֶף וּשְׁלֹשׁ מֵאוֹת׃ וּמַטֵּה גָּד וְנָשִׂיא לִבְנֵי גָד יד
אֶלְיָסָף בֶּן־רְעוּאֵל׃ וּצְבָאוֹ וּפְקֻדֵיהֶם חֲמִשָּׁה וְאַרְבָּעִים אֶלֶף טו
וְשֵׁשׁ מֵאוֹת וַחֲמִשִּׁים׃ כָּל־הַפְּקֻדִים לְמַחֲנֵה רְאוּבֵן מְאַת טז
אֶלֶף וְאֶחָד וַחֲמִשִּׁים אֶלֶף וְאַרְבַּע־מֵאוֹת וַחֲמִשִּׁים לְצִבְאֹתָם
וּשְׁנִיִּם יִסָּעוּ׃ וְנָסַע אֹהֶל־מוֹעֵד מַחֲנֵה יז
הַלְוִיִּם בְּתוֹךְ הַמַּחֲנֹת כַּאֲשֶׁר יַחֲנוּ כֵּן יִסָּעוּ אִישׁ עַל־יָדוֹ
לְדִגְלֵיהֶם׃ דֶּגֶל מַחֲנֵה אֶפְרַיִם לְצִבְאֹתָם יח
יָמָּה וְנָשִׂיא לִבְנֵי אֶפְרַיִם אֱלִישָׁמָע בֶּן־עַמִּיהוּד׃ וּצְבָאוֹ וּפְקֻדֵיהֶם יט
אַרְבָּעִים אֶלֶף וַחֲמֵשׁ מֵאוֹת׃ וְעָלָיו מַטֵּה מְנַשֶּׁה וְנָשִׂיא לִבְנֵי כ
מְנַשֶּׁה גַּמְלִיאֵל בֶּן־פְּדָהצוּר׃ וּצְבָאוֹ וּפְקֻדֵיהֶם שְׁנַיִם וּשְׁלֹשִׁים כא
אֶלֶף וּמָאתָיִם׃ וּמַטֵּה בִּנְיָמִן וְנָשִׂיא לִבְנֵי בִנְיָמִן אֲבִידָן בֶּן־ כב
גִּדְעֹנִי׃ וּצְבָאוֹ וּפְקֻדֵיהֶם חֲמִשָּׁה וּשְׁלֹשִׁים אֶלֶף וְאַרְבַּע מֵאוֹת׃ כג
כָּל־הַפְּקֻדִים לְמַחֲנֵה אֶפְרַיִם מְאַת אֶלֶף וּשְׁמֹנַת־אֲלָפִים וּמֵאָה כד
לְצִבְאֹתָם וּשְׁלִשִׁים יִסָּעוּ׃ דֶּגֶל מַחֲנֵה דָן צָפֹנָה כה
לְצִבְאֹתָם וְנָשִׂיא לִבְנֵי דָן אֲחִיעֶזֶר בֶּן־עַמִּישַׁדָּי׃ וּצְבָאוֹ וּפְקֻדֵיהֶם כו
שְׁנַיִם וְשִׁשִּׁים אֶלֶף וּשְׁבַע מֵאוֹת׃ וְהַחֹנִים עָלָיו מַטֵּה אָשֵׁר כז
וְנָשִׂיא לִבְנֵי אָשֵׁר פַּגְעִיאֵל בֶּן־עָכְרָן׃ וּצְבָאוֹ וּפְקֻדֵיהֶם אֶחָד כח
וְאַרְבָּעִים אֶלֶף וַחֲמֵשׁ מֵאוֹת׃ וּמַטֵּה נַפְתָּלִי וְנָשִׂיא לִבְנֵי נַפְתָּלִי כט
אֲחִירַע בֶּן־עֵינָן׃ וּצְבָאוֹ וּפְקֻדֵיהֶם שְׁלֹשָׁה וַחֲמִשִּׁים אֶלֶף וְאַרְבַּע ל
מֵאוֹת׃ כָּל־הַפְּקֻדִים לְמַחֲנֵה דָן מְאַת אֶלֶף וְשִׁבְעָה וַחֲמִשִּׁים לא
אֶלֶף וְשֵׁשׁ מֵאוֹת לָאַחֲרֹנָה יִסְעוּ לְדִגְלֵיהֶם׃
אֵלֶּה פְּקוּדֵי בְנֵי־יִשְׂרָאֵל לְבֵית אֲבֹתָם כָּל־פְּקוּדֵי הַמַּחֲנֹת לב

לְצִבְאֹתָם שֵׁשׁ־מֵאוֹת אֶלֶף וּשְׁלֹשֶׁת אֲלָפִים וַחֲמֵשׁ מֵאוֹת
לג וַחֲמִשִּׁים׃ וְהַלְוִיִּם לֹא הָתְפָּקְדוּ בְּתוֹךְ בְּנֵי יִשְׂרָאֵל כַּאֲשֶׁר צִוָּה
לד יְהוָה אֶת־מֹשֶׁה׃ וַיַּעֲשׂוּ בְּנֵי יִשְׂרָאֵל כְּכֹל אֲשֶׁר־צִוָּה יְהוָה
אֶת־מֹשֶׁה כֵּן־חָנוּ לְדִגְלֵיהֶם וְכֵן נָסָעוּ אִישׁ לְמִשְׁפְּחֹתָיו עַל־
בֵּית אֲבֹתָיו׃

ג א וְאֵלֶּה תּוֹלְדֹת אַהֲרֹן וּמֹשֶׁה בְּיוֹם דִּבֶּר יְהוָה אֶת־מֹשֶׁה בְּהַר ג רביעי
ב סִינָי׃ וְאֵלֶּה שְׁמוֹת בְּנֵי־אַהֲרֹן הַבְּכֹר ׀ נָדָב וַאֲבִיהוּא אֶלְעָזָר
ג וְאִיתָמָר׃ אֵלֶּה שְׁמוֹת בְּנֵי אַהֲרֹן הַכֹּהֲנִים הַמְּשֻׁחִים אֲשֶׁר־מִלֵּא
ד יָדָם לְכַהֵן׃ וַיָּמָת נָדָב וַאֲבִיהוּא לִפְנֵי יְהוָה בְּהַקְרִבָם אֵשׁ זָרָה
לִפְנֵי יְהוָה בְּמִדְבַּר סִינַי וּבָנִים לֹא־הָיוּ לָהֶם וַיְכַהֵן אֶלְעָזָר
וְאִיתָמָר עַל־פְּנֵי אַהֲרֹן אֲבִיהֶם׃

ה ו וַיְדַבֵּר יְהוָה אֶל־מֹשֶׁה לֵּאמֹר׃ הַקְרֵב אֶת־מַטֵּה לֵוִי וְהַעֲמַדְתָּ
ז אֹתוֹ לִפְנֵי אַהֲרֹן הַכֹּהֵן וְשֵׁרְתוּ אֹתוֹ׃ וְשָׁמְרוּ אֶת־מִשְׁמַרְתּוֹ
וְאֶת־מִשְׁמֶרֶת כָּל־הָעֵדָה לִפְנֵי אֹהֶל מוֹעֵד לַעֲבֹד אֶת־עֲבֹדַת
ח הַמִּשְׁכָּן׃ וְשָׁמְרוּ אֶת־כָּל־כְּלֵי אֹהֶל מוֹעֵד וְאֶת־מִשְׁמֶרֶת
ט בְּנֵי יִשְׂרָאֵל לַעֲבֹד אֶת־עֲבֹדַת הַמִּשְׁכָּן׃ וְנָתַתָּה אֶת־הַלְוִיִּם
לְאַהֲרֹן וּלְבָנָיו נְתוּנִם נְתוּנִם הֵמָּה לוֹ מֵאֵת בְּנֵי יִשְׂרָאֵל׃
י וְאֶת־אַהֲרֹן וְאֶת־בָּנָיו תִּפְקֹד וְשָׁמְרוּ אֶת־כְּהֻנָּתָם וְהַזָּר הַקָּרֵב
יוּמָת׃

יא יב וַיְדַבֵּר יְהוָה אֶל־מֹשֶׁה לֵּאמֹר׃ וַאֲנִי הִנֵּה לָקַחְתִּי אֶת־הַלְוִיִּם
מִתּוֹךְ בְּנֵי יִשְׂרָאֵל תַּחַת כָּל־בְּכוֹר פֶּטֶר רֶחֶם מִבְּנֵי יִשְׂרָאֵל
יג וְהָיוּ לִי הַלְוִיִּם׃ כִּי לִי כָּל־בְּכוֹר בְּיוֹם הַכֹּתִי כָל־בְּכוֹר בְּאֶרֶץ
מִצְרַיִם הִקְדַּשְׁתִּי לִי כָל־בְּכוֹר בְּיִשְׂרָאֵל מֵאָדָם עַד־בְּהֵמָה
לִי יִהְיוּ אֲנִי יְהוָה׃

יד טו וַיְדַבֵּר יְהוָה אֶל־מֹשֶׁה בְּמִדְבַּר סִינַי לֵאמֹר׃ פְּקֹד אֶת־בְּנֵי לֵוִי חמישי
לְבֵית אֲבֹתָם לְמִשְׁפְּחֹתָם כָּל־זָכָר מִבֶּן־חֹדֶשׁ וָמַעְלָה תִּפְקְדֵם׃
טז יז וַיִּפְקֹד אֹתָם מֹשֶׁה עַל־פִּי יְהוָה כַּאֲשֶׁר צֻוָּה׃ וַיִּהְיוּ־אֵלֶּה בְנֵי־

יח לֵוִי בִּשְׁמֹתָם גֵּרְשׁוֹן וּקְהָת וּמְרָרִי׃ וְאֵלֶּה שְׁמוֹת בְּנֵי־גֵרְשׁוֹן
יט לְמִשְׁפְּחֹתָם לִבְנִי וְשִׁמְעִי׃ וּבְנֵי קְהָת לְמִשְׁפְּחֹתָם עַמְרָם וְיִצְהָר
כ חֶבְרוֹן וְעֻזִּיאֵל׃ וּבְנֵי מְרָרִי לְמִשְׁפְּחֹתָם מַחְלִי וּמוּשִׁי אֵלֶּה הֵם
כא מִשְׁפְּחֹת הַלֵּוִי לְבֵית אֲבֹתָם׃ לְגֵרְשׁוֹן מִשְׁפַּחַת הַלִּבְנִי וּמִשְׁפַּחַת
כב הַשִּׁמְעִי אֵלֶּה הֵם מִשְׁפְּחֹת הַגֵּרְשֻׁנִּי׃ פְּקֻדֵיהֶם בְּמִסְפַּר כָּל־זָכָר
מִבֶּן־חֹדֶשׁ וָמָעְלָה פְּקֻדֵיהֶם שִׁבְעַת אֲלָפִים וַחֲמֵשׁ מֵאוֹת׃
כג כד מִשְׁפְּחֹת הַגֵּרְשֻׁנִּי אַחֲרֵי הַמִּשְׁכָּן יַחֲנוּ יָמָּה׃ וּנְשִׂיא בֵית־אָב
כה לַגֵּרְשֻׁנִּי אֶלְיָסָף בֶּן־לָאֵל׃ וּמִשְׁמֶרֶת בְּנֵי־גֵרְשׁוֹן בְּאֹהֶל מוֹעֵד
כו הַמִּשְׁכָּן וְהָאֹהֶל מִכְסֵהוּ וּמָסַךְ פֶּתַח אֹהֶל מוֹעֵד׃ וְקַלְעֵי הֶחָצֵר
וְאֶת־מָסַךְ פֶּתַח הֶחָצֵר אֲשֶׁר עַל־הַמִּשְׁכָּן וְעַל־הַמִּזְבֵּחַ סָבִיב
כז וְאֵת מֵיתָרָיו לְכֹל עֲבֹדָתוֹ׃ וְלִקְהָת מִשְׁפַּחַת
הָעַמְרָמִי וּמִשְׁפַּחַת הַיִּצְהָרִי וּמִשְׁפַּחַת הַחֶבְרֹנִי וּמִשְׁפַּחַת
כח הָעָזִּיאֵלִי אֵלֶּה הֵם מִשְׁפְּחֹת הַקְּהָתִי׃ בְּמִסְפַּר כָּל־זָכָר מִבֶּן־
חֹדֶשׁ וָמָעְלָה שְׁמֹנַת אֲלָפִים וְשֵׁשׁ מֵאוֹת שֹׁמְרֵי מִשְׁמֶרֶת
כט ל הַקֹּדֶשׁ׃ מִשְׁפְּחֹת בְּנֵי־קְהָת יַחֲנוּ עַל יֶרֶךְ הַמִּשְׁכָּן תֵּימָנָה׃ וּנְשִׂיא
לא בֵית־אָב לְמִשְׁפְּחֹת הַקְּהָתִי אֱלִיצָפָן בֶּן־עֻזִּיאֵל׃ וּמִשְׁמַרְתָּם
הָאָרֹן וְהַשֻּׁלְחָן וְהַמְּנֹרָה וְהַמִּזְבְּחֹת וּכְלֵי הַקֹּדֶשׁ אֲשֶׁר יְשָׁרְתוּ
לב בָּהֶם וְהַמָּסָךְ וְכֹל עֲבֹדָתוֹ׃ וּנְשִׂיא נְשִׂיאֵי הַלֵּוִי אֶלְעָזָר בֶּן־
לג אַהֲרֹן הַכֹּהֵן פְּקֻדַּת שֹׁמְרֵי מִשְׁמֶרֶת הַקֹּדֶשׁ׃ לִמְרָרִי מִשְׁפַּחַת
לד הַמַּחְלִי וּמִשְׁפַּחַת הַמּוּשִׁי אֵלֶּה הֵם מִשְׁפְּחֹת מְרָרִי׃ וּפְקֻדֵיהֶם
בְּמִסְפַּר כָּל־זָכָר מִבֶּן־חֹדֶשׁ וָמָעְלָה שֵׁשֶׁת אֲלָפִים וּמָאתָיִם׃
לה וּנְשִׂיא בֵית־אָב לְמִשְׁפְּחֹת מְרָרִי צוּרִיאֵל בֶּן־אֲבִיחָיִל עַל יֶרֶךְ
לו הַמִּשְׁכָּן יַחֲנוּ צָפֹנָה׃ וּפְקֻדַּת מִשְׁמֶרֶת בְּנֵי מְרָרִי קַרְשֵׁי הַמִּשְׁכָּן
לז וּבְרִיחָיו וְעַמֻּדָיו וַאֲדָנָיו וְכָל־כֵּלָיו וְכֹל עֲבֹדָתוֹ׃ וְעַמֻּדֵי הֶחָצֵר
לח סָבִיב וְאַדְנֵיהֶם וִיתֵדֹתָם וּמֵיתְרֵיהֶם׃ וְהַחֹנִים לִפְנֵי הַמִּשְׁכָּן
קֵדְמָה לִפְנֵי אֹהֶל־מוֹעֵד ׀ מִזְרָחָה מֹשֶׁה ׀ וְאַהֲרֹן וּבָנָיו שֹׁמְרִים
מִשְׁמֶרֶת הַמִּקְדָּשׁ לְמִשְׁמֶרֶת בְּנֵי יִשְׂרָאֵל וְהַזָּר הַקָּרֵב יוּמָת׃

לט כָּל־פְּקוּדֵי הַלְוִיִּם אֲשֶׁר פָּקַד מֹשֶׁה וְאַהֲרֹן עַל־פִּי יְהוָה
לְמִשְׁפְּחֹתָם כָּל־זָכָר מִבֶּן־חֹדֶשׁ וָמַעְלָה שְׁנַיִם וְעֶשְׂרִים
מ אָלֶף׃ וַיֹּאמֶר יְהוָה אֶל־מֹשֶׁה פְּקֹד כָּל־בְּכֹר ששי
זָכָר לִבְנֵי יִשְׂרָאֵל מִבֶּן־חֹדֶשׁ וָמָעְלָה וְשָׂא אֵת מִסְפַּר שְׁמֹתָם׃
מא וְלָקַחְתָּ אֶת־הַלְוִיִּם לִי אֲנִי יְהוָה תַּחַת כָּל־בְּכֹר בִּבְנֵי יִשְׂרָאֵל
וְאֵת בֶּהֱמַת הַלְוִיִּם תַּחַת כָּל־בְּכוֹר בְּבֶהֱמַת בְּנֵי יִשְׂרָאֵל׃
מב וַיִּפְקֹד מֹשֶׁה כַּאֲשֶׁר צִוָּה יְהוָה אֹתוֹ אֶת־כָּל־בְּכוֹר בִּבְנֵי יִשְׂרָאֵל׃
מג וַיְהִי כָל־בְּכוֹר זָכָר בְּמִסְפַּר שֵׁמֹת מִבֶּן־חֹדֶשׁ וָמַעְלָה לִפְקֻדֵיהֶם
שְׁנַיִם וְעֶשְׂרִים אֶלֶף שְׁלֹשָׁה וְשִׁבְעִים וּמָאתָיִם׃
מד מה וַיְדַבֵּר יְהוָה אֶל־מֹשֶׁה לֵּאמֹר׃ קַח אֶת־הַלְוִיִּם תַּחַת כָּל־בְּכוֹר
בִּבְנֵי יִשְׂרָאֵל וְאֶת־בֶּהֱמַת הַלְוִיִּם תַּחַת בְּהֶמְתָּם וְהָיוּ־לִי
מו הַלְוִיִּם אֲנִי יְהוָה׃ וְאֵת פְּדוּיֵי הַשְּׁלֹשָׁה וְהַשִּׁבְעִים וְהַמָּאתָיִם
מז הָעֹדְפִים עַל־הַלְוִיִּם מִבְּכוֹר בְּנֵי יִשְׂרָאֵל׃ וְלָקַחְתָּ חֲמֵשֶׁת
חֲמֵשֶׁת שְׁקָלִים לַגֻּלְגֹּלֶת בְּשֶׁקֶל הַקֹּדֶשׁ תִּקָּח עֶשְׂרִים גֵּרָה
מח הַשָּׁקֶל׃ וְנָתַתָּה הַכֶּסֶף לְאַהֲרֹן וּלְבָנָיו פְּדוּיֵי הָעֹדְפִים בָּהֶם׃
מט וַיִּקַּח מֹשֶׁה אֵת כֶּסֶף הַפִּדְיוֹם מֵאֵת הָעֹדְפִים עַל פְּדוּיֵי הַלְוִיִּם׃
נ מֵאֵת בְּכוֹר בְּנֵי יִשְׂרָאֵל לָקַח אֶת־הַכָּסֶף חֲמִשָּׁה וְשִׁשִּׁים
נא וּשְׁלֹשׁ מֵאוֹת וָאֶלֶף בְּשֶׁקֶל הַקֹּדֶשׁ׃ וַיִּתֵּן מֹשֶׁה אֶת־כֶּסֶף
הַפְּדֻיִם לְאַהֲרֹן וּלְבָנָיו עַל־פִּי יְהוָה כַּאֲשֶׁר צִוָּה יְהוָה אֶת־
מֹשֶׁה׃

ד א ב וַיְדַבֵּר יְהוָה אֶל־מֹשֶׁה וְאֶל־אַהֲרֹן לֵאמֹר׃ נָשֹׂא אֶת־רֹאשׁ בְּנֵי שביעי
ג קְהָת מִתּוֹךְ בְּנֵי לֵוִי לְמִשְׁפְּחֹתָם לְבֵית אֲבֹתָם׃ מִבֶּן שְׁלֹשִׁים
שָׁנָה וָמַעְלָה וְעַד בֶּן־חֲמִשִּׁים שָׁנָה כָּל־בָּא לַצָּבָא לַעֲשׂוֹת
ד מְלָאכָה בְּאֹהֶל מוֹעֵד׃ זֹאת עֲבֹדַת בְּנֵי־קְהָת בְּאֹהֶל מוֹעֵד
ה קֹדֶשׁ הַקֳּדָשִׁים׃ וּבָא אַהֲרֹן וּבָנָיו בִּנְסֹעַ הַמַּחֲנֶה וְהוֹרִדוּ אֵת
ו פָּרֹכֶת הַמָּסָךְ וְכִסּוּ־בָהּ אֵת אֲרֹן הָעֵדֻת׃ וְנָתְנוּ עָלָיו כְּסוּי
עוֹר תַּחַשׁ וּפָרְשׂוּ בֶגֶד־כְּלִיל תְּכֵלֶת מִלְמָעְלָה וְשָׂמוּ בַּדָּיו׃

וְעַל ׀ שֻׁלְחַן הַפָּנִים יִפְרְשׂוּ בֶּגֶד תְּכֵלֶת וְנָתְנוּ עָלָיו אֶת־הַקְּעָרֹת ז
וְאֶת־הַכַּפֹּת וְאֶת־הַמְּנַקִּיֹּת וְאֵת קְשׂוֹת הַנָּסֶךְ וְלֶחֶם הַתָּמִיד
עָלָיו יִהְיֶה׃ וּפָרְשׂוּ עֲלֵיהֶם בֶּגֶד תּוֹלַעַת שָׁנִי וְכִסּוּ אֹתוֹ בְּמִכְסֵה ח
עוֹר תָּחַשׁ וְשָׂמוּ אֶת־בַּדָּיו׃ וְלָקְחוּ ׀ בֶּגֶד תְּכֵלֶת וְכִסּוּ אֶת־ ט
מְנֹרַת הַמָּאוֹר וְאֶת־נֵרֹתֶיהָ וְאֶת־מַלְקָחֶיהָ וְאֶת־מַחְתֹּתֶיהָ
וְאֵת כָּל־כְּלֵי שַׁמְנָהּ אֲשֶׁר יְשָׁרְתוּ־לָהּ בָּהֶם׃ וְנָתְנוּ אֹתָהּ וְאֶת־ י
כָּל־כֵּלֶיהָ אֶל־מִכְסֵה עוֹר תָּחַשׁ וְנָתְנוּ עַל־הַמּוֹט׃ וְעַל ׀ מִזְבַּח יא
הַזָּהָב יִפְרְשׂוּ בֶּגֶד תְּכֵלֶת וְכִסּוּ אֹתוֹ בְּמִכְסֵה עוֹר תָּחַשׁ וְשָׂמוּ
אֶת־בַּדָּיו׃ וְלָקְחוּ אֶת־כָּל־כְּלֵי הַשָּׁרֵת אֲשֶׁר יְשָׁרְתוּ־בָם בַּקֹּדֶשׁ יב
וְנָתְנוּ אֶל־בֶּגֶד תְּכֵלֶת וְכִסּוּ אוֹתָם בְּמִכְסֵה עוֹר תָּחַשׁ וְנָתְנוּ
עַל־הַמּוֹט׃ וְדִשְּׁנוּ אֶת־הַמִּזְבֵּחַ וּפָרְשׂוּ עָלָיו בֶּגֶד אַרְגָּמָן׃ וְנָתְנוּ יג יד
עָלָיו אֶת־כָּל־כֵּלָיו אֲשֶׁר יְשָׁרְתוּ עָלָיו בָּהֶם אֶת־הַמַּחְתֹּת אֶת־
הַמִּזְלָגֹת וְאֶת־הַיָּעִים וְאֶת־הַמִּזְרָקֹת כֹּל כְּלֵי הַמִּזְבֵּחַ וּפָרְשׂוּ
עָלָיו כְּסוּי עוֹר תַּחַשׁ וְשָׂמוּ בַדָּיו׃ וְכִלָּה אַהֲרֹן־וּבָנָיו לְכַסֹּת אֶת־ טו
הַקֹּדֶשׁ וְאֶת־כָּל־כְּלֵי הַקֹּדֶשׁ בִּנְסֹעַ הַמַּחֲנֶה וְאַחֲרֵי־כֵן יָבֹאוּ בְנֵי־
קְהָת לָשֵׂאת וְלֹא־יִגְּעוּ אֶל־הַקֹּדֶשׁ וָמֵתוּ אֵלֶּה מַשָּׂא בְנֵי־קְהָת
בְּאֹהֶל מוֹעֵד׃ וּפְקֻדַּת אֶלְעָזָר ׀ בֶּן־אַהֲרֹן הַכֹּהֵן שֶׁמֶן הַמָּאוֹר טז
וּקְטֹרֶת הַסַּמִּים וּמִנְחַת הַתָּמִיד וְשֶׁמֶן הַמִּשְׁחָה פְּקֻדַּת כָּל־
הַמִּשְׁכָּן וְכָל־אֲשֶׁר־בּוֹ בְּקֹדֶשׁ וּבְכֵלָיו׃

מפטיר ד וַיְדַבֵּר יהוה אֶל־מֹשֶׁה וְאֶל־אַהֲרֹן לֵאמֹר׃ אַל־תַּכְרִיתוּ אֶת־ יז יח
שֵׁבֶט מִשְׁפְּחֹת הַקְּהָתִי מִתּוֹךְ הַלְוִיִּם׃ וְזֹאת ׀ עֲשׂוּ לָהֶם וְחָיוּ יט
וְלֹא יָמֻתוּ בְּגִשְׁתָּם אֶת־קֹדֶשׁ הַקֳּדָשִׁים אַהֲרֹן וּבָנָיו יָבֹאוּ וְשָׂמוּ
אוֹתָם אִישׁ אִישׁ עַל־עֲבֹדָתוֹ וְאֶל־מַשָּׂאוֹ׃ וְלֹא־יָבֹאוּ לִרְאוֹת כ
כְּבַלַּע אֶת־הַקֹּדֶשׁ וָמֵתוּ׃

נשא וַיְדַבֵּר יהוה אֶל־מֹשֶׁה לֵּאמֹר׃ נָשֹׂא אֶת־רֹאשׁ בְּנֵי גֵרְשׁוֹן גַּם־ כא כב
הֵם לְבֵית אֲבֹתָם לְמִשְׁפְּחֹתָם׃ מִבֶּן שְׁלֹשִׁים שָׁנָה וָמַעְלָה עַד כג
בֶּן־חֲמִשִּׁים שָׁנָה תִּפְקֹד אוֹתָם כָּל־הַבָּא לִצְבֹא צָבָא לַעֲבֹד

כד עֲבֹדָה בְּאֹהֶל מוֹעֵד׃ זֹאת עֲבֹדַת מִשְׁפְּחֹת הַגֵּרְשֻׁנִּי לַעֲבֹד
כה וּלְמַשָּׂא׃ וְנָשְׂאוּ אֶת־יְרִיעֹת הַמִּשְׁכָּן וְאֶת־אֹהֶל מוֹעֵד מִכְסֵהוּ
וּמִכְסֵה הַתַּחַשׁ אֲשֶׁר־עָלָיו מִלְמָעְלָה וְאֶת־מָסַךְ פֶּתַח אֹהֶל
כו מוֹעֵד׃ וְאֵת קַלְעֵי הֶחָצֵר וְאֶת־מָסַךְ ׀ פֶּתַח ׀ שַׁעַר הֶחָצֵר אֲשֶׁר
עַל־הַמִּשְׁכָּן וְעַל־הַמִּזְבֵּחַ סָבִיב וְאֵת מֵיתְרֵיהֶם וְאֶת־כָּל־כְּלֵי
כז עֲבֹדָתָם וְאֵת כָּל־אֲשֶׁר יֵעָשֶׂה לָהֶם וְעָבָדוּ׃ עַל־פִּי אַהֲרֹן וּבָנָיו
תִּהְיֶה כָּל־עֲבֹדַת בְּנֵי הַגֵּרְשֻׁנִּי לְכָל־מַשָּׂאָם וּלְכֹל עֲבֹדָתָם
כח וּפְקַדְתֶּם עֲלֵהֶם בְּמִשְׁמֶרֶת אֵת כָּל־מַשָּׂאָם׃ זֹאת עֲבֹדַת
מִשְׁפְּחֹת בְּנֵי הַגֵּרְשֻׁנִּי בְּאֹהֶל מוֹעֵד וּמִשְׁמַרְתָּם בְּיַד אִיתָמָר בֶּן־
כט אַהֲרֹן הַכֹּהֵן׃ בְּנֵי מְרָרִי לְמִשְׁפְּחֹתָם לְבֵית־
ל אֲבֹתָם תִּפְקֹד אֹתָם׃ מִבֶּן שְׁלֹשִׁים שָׁנָה וָמַעְלָה וְעַד בֶּן־חֲמִשִּׁים
שָׁנָה תִּפְקְדֵם כָּל־הַבָּא לַצָּבָא לַעֲבֹד אֶת־עֲבֹדַת אֹהֶל מוֹעֵד׃
לא וְזֹאת מִשְׁמֶרֶת מַשָּׂאָם לְכָל־עֲבֹדָתָם בְּאֹהֶל מוֹעֵד קַרְשֵׁי הַמִּשְׁכָּן
לב וּבְרִיחָיו וְעַמּוּדָיו וַאֲדָנָיו׃ וְעַמּוּדֵי הֶחָצֵר סָבִיב וְאַדְנֵיהֶם וִיתֵדֹתָם
וּמֵיתְרֵיהֶם לְכָל־כְּלֵיהֶם וּלְכֹל עֲבֹדָתָם וּבְשֵׁמֹת תִּפְקְדוּ אֶת־
לג כְּלֵי מִשְׁמֶרֶת מַשָּׂאָם׃ זֹאת עֲבֹדַת מִשְׁפְּחֹת בְּנֵי מְרָרִי לְכָל־
לד עֲבֹדָתָם בְּאֹהֶל מוֹעֵד בְּיַד אִיתָמָר בֶּן־אַהֲרֹן הַכֹּהֵן׃ וַיִּפְקֹד
מֹשֶׁה וְאַהֲרֹן וּנְשִׂיאֵי הָעֵדָה אֶת־בְּנֵי הַקְּהָתִי לְמִשְׁפְּחֹתָם וּלְבֵית
לה אֲבֹתָם׃ מִבֶּן שְׁלֹשִׁים שָׁנָה וָמַעְלָה וְעַד בֶּן־חֲמִשִּׁים שָׁנָה כָּל־
לו הַבָּא לַצָּבָא לַעֲבֹדָה בְּאֹהֶל מוֹעֵד׃ וַיִּהְיוּ פְקֻדֵיהֶם לְמִשְׁפְּחֹתָם
לז אַלְפַּיִם שְׁבַע מֵאוֹת וַחֲמִשִּׁים׃ אֵלֶּה פְקוּדֵי מִשְׁפְּחֹת הַקְּהָתִי
כָּל־הָעֹבֵד בְּאֹהֶל מוֹעֵד אֲשֶׁר פָּקַד מֹשֶׁה וְאַהֲרֹן עַל־פִּי יְהוָה
לח בְּיַד־מֹשֶׁה׃ וּפְקוּדֵי בְּנֵי גֵּרְשׁוֹן לְמִשְׁפְּחוֹתָם שני
לט וּלְבֵית אֲבֹתָם׃ מִבֶּן שְׁלֹשִׁים שָׁנָה וָמַעְלָה וְעַד בֶּן־חֲמִשִּׁים
מ שָׁנָה כָּל־הַבָּא לַצָּבָא לַעֲבֹדָה בְּאֹהֶל מוֹעֵד׃ וַיִּהְיוּ פְּקֻדֵיהֶם
מא לְמִשְׁפְּחֹתָם לְבֵית אֲבֹתָם אַלְפַּיִם וְשֵׁשׁ מֵאוֹת וּשְׁלֹשִׁים׃ אֵלֶּה
פְקוּדֵי מִשְׁפְּחֹת בְּנֵי גֵרְשׁוֹן כָּל־הָעֹבֵד בְּאֹהֶל מוֹעֵד אֲשֶׁר פָּקַד

מב מֹשֶׁה וְאַהֲרֹן עַל־פִּי יְהוָה׃ וּפְקוּדֵי מִשְׁפְּחֹת בְּנֵי מְרָרִי לְמִשְׁפְּחֹתָם
מג לְבֵית אֲבֹתָם׃ מִבֶּן שְׁלֹשִׁים שָׁנָה וָמַעְלָה וְעַד בֶּן־חֲמִשִּׁים
מד שָׁנָה כָּל־הַבָּא לַצָּבָא לַעֲבֹדָה בְּאֹהֶל מוֹעֵד׃ וַיִּהְיוּ פְקֻדֵיהֶם
מה לְמִשְׁפְּחֹתָם שְׁלֹשֶׁת אֲלָפִים וּמָאתָיִם׃ אֵלֶּה פְקוּדֵי מִשְׁפְּחֹת
בְּנֵי מְרָרִי אֲשֶׁר פָּקַד מֹשֶׁה וְאַהֲרֹן עַל־פִּי יְהוָה בְּיַד־מֹשֶׁה׃
מו כָּל־הַפְּקֻדִים אֲשֶׁר פָּקַד מֹשֶׁה וְאַהֲרֹן וּנְשִׂיאֵי יִשְׂרָאֵל אֶת־
מז הַלְוִיִּם לְמִשְׁפְּחֹתָם וּלְבֵית אֲבֹתָם׃ מִבֶּן שְׁלֹשִׁים שָׁנָה וָמַעְלָה
וְעַד בֶּן־חֲמִשִּׁים שָׁנָה כָּל־הַבָּא לַעֲבֹד עֲבֹדַת עֲבֹדָה וַעֲבֹדַת
מח מַשָּׂא בְּאֹהֶל מוֹעֵד׃ וַיִּהְיוּ פְּקֻדֵיהֶם שְׁמֹנַת אֲלָפִים וַחֲמֵשׁ מֵאוֹת
מט וּשְׁמֹנִים׃ עַל־פִּי יְהוָה פָּקַד אוֹתָם בְּיַד־מֹשֶׁה אִישׁ אִישׁ עַל־עֲבֹדָתוֹ
וְעַל־מַשָּׂאוֹ וּפְקֻדָיו אֲשֶׁר־צִוָּה יְהוָה אֶת־מֹשֶׁה׃

שלישי ה א ב וַיְדַבֵּר יְהוָה אֶל־מֹשֶׁה לֵּאמֹר׃ צַו אֶת־בְּנֵי יִשְׂרָאֵל וִישַׁלְּחוּ מִן־
ג הַמַּחֲנֶה כָּל־צָרוּעַ וְכָל־זָב וְכֹל טָמֵא לָנָפֶשׁ׃ מִזָּכָר עַד־נְקֵבָה
תְּשַׁלֵּחוּ אֶל־מִחוּץ לַמַּחֲנֶה תְּשַׁלְּחוּם וְלֹא יְטַמְּאוּ אֶת־מַחֲנֵיהֶם
ד אֲשֶׁר אֲנִי שֹׁכֵן בְּתוֹכָם׃ וַיַּעֲשׂוּ־כֵן בְּנֵי יִשְׂרָאֵל וַיְשַׁלְּחוּ אוֹתָם
אֶל־מִחוּץ לַמַּחֲנֶה כַּאֲשֶׁר דִּבֶּר יְהוָה אֶל־מֹשֶׁה כֵּן עָשׂוּ בְּנֵי
יִשְׂרָאֵל׃

ה ו וַיְדַבֵּר יְהוָה אֶל־מֹשֶׁה לֵּאמֹר׃ דַּבֵּר אֶל־בְּנֵי יִשְׂרָאֵל אִישׁ אוֹ־
אִשָּׁה כִּי יַעֲשׂוּ מִכָּל־חַטֹּאת הָאָדָם לִמְעֹל מַעַל בַּיהוָה
ז וְאָשְׁמָה הַנֶּפֶשׁ הַהִוא׃ וְהִתְוַדּוּ אֶת־חַטָּאתָם אֲשֶׁר עָשׂוּ וְהֵשִׁיב
אֶת־אֲשָׁמוֹ בְּרֹאשׁוֹ וַחֲמִישִׁתוֹ יֹסֵף עָלָיו וְנָתַן לַאֲשֶׁר אָשַׁם
ח לוֹ׃ וְאִם־אֵין לָאִישׁ גֹּאֵל לְהָשִׁיב הָאָשָׁם אֵלָיו הָאָשָׁם הַמּוּשָׁב
ט לַיהוָה לַכֹּהֵן מִלְּבַד אֵיל הַכִּפֻּרִים אֲשֶׁר יְכַפֶּר־בּוֹ עָלָיו׃ וְכָל־
תְּרוּמָה לְכָל־קָדְשֵׁי בְנֵי־יִשְׂרָאֵל אֲשֶׁר־יַקְרִיבוּ לַכֹּהֵן לוֹ
י יִהְיֶה׃ וְאִישׁ אֶת־קֳדָשָׁיו לוֹ יִהְיוּ אִישׁ אֲשֶׁר־יִתֵּן לַכֹּהֵן לוֹ
יִהְיֶה׃

רביעי ה יא יב וַיְדַבֵּר יְהוָה אֶל־מֹשֶׁה לֵּאמֹר׃ דַּבֵּר אֶל־בְּנֵי יִשְׂרָאֵל וְאָמַרְתָּ

יג אֲלֵהֶם אִישׁ אִישׁ כִּי־תִשְׂטֶה אִשְׁתּוֹ וּמָעֲלָה בוֹ מָעַל: וְשָׁכַב
אִישׁ אֹתָהּ שִׁכְבַת־זֶרַע וְנֶעְלַם מֵעֵינֵי אִישָׁהּ וְנִסְתְּרָה וְהִיא
יד נִטְמָאָה וְעֵד אֵין בָּהּ וְהִוא לֹא נִתְפָּשָׂה: וְעָבַר עָלָיו רוּחַ־
קִנְאָה וְקִנֵּא אֶת־אִשְׁתּוֹ וְהִוא נִטְמָאָה אוֹ־עָבַר עָלָיו רוּחַ־
טו קִנְאָה וְקִנֵּא אֶת־אִשְׁתּוֹ וְהִיא לֹא נִטְמָאָה: וְהֵבִיא הָאִישׁ
אֶת־אִשְׁתּוֹ אֶל־הַכֹּהֵן וְהֵבִיא אֶת־קָרְבָּנָהּ עָלֶיהָ עֲשִׂירִת הָאֵיפָה
קֶמַח שְׂעֹרִים לֹא־יִצֹק עָלָיו שֶׁמֶן וְלֹא־יִתֵּן עָלָיו לְבֹנָה כִּי־
טז מִנְחַת קְנָאֹת הוּא מִנְחַת זִכָּרוֹן מַזְכֶּרֶת עָוֺן: וְהִקְרִיב אֹתָהּ
יז הַכֹּהֵן וְהֶעֱמִדָהּ לִפְנֵי יהוה: וְלָקַח הַכֹּהֵן מַיִם קְדֹשִׁים בִּכְלִי־
חָרֶשׂ וּמִן־הֶעָפָר אֲשֶׁר יִהְיֶה בְּקַרְקַע הַמִּשְׁכָּן יִקַּח הַכֹּהֵן וְנָתַן
יח אֶל־הַמָּיִם: וְהֶעֱמִיד הַכֹּהֵן אֶת־הָאִשָּׁה לִפְנֵי יהוה וּפָרַע אֶת־
רֹאשׁ הָאִשָּׁה וְנָתַן עַל־כַּפֶּיהָ אֵת מִנְחַת הַזִּכָּרוֹן מִנְחַת קְנָאֹת
יט הִוא וּבְיַד הַכֹּהֵן יִהְיוּ מֵי הַמָּרִים הַמְאָרְרִים: וְהִשְׁבִּיעַ אֹתָהּ
הַכֹּהֵן וְאָמַר אֶל־הָאִשָּׁה אִם־לֹא שָׁכַב אִישׁ אֹתָךְ וְאִם־לֹא
שָׂטִית טֻמְאָה תַּחַת אִישֵׁךְ הִנָּקִי מִמֵּי הַמָּרִים הַמְאָרְרִים הָאֵלֶּה:
כ וְאַתְּ כִּי שָׂטִית תַּחַת אִישֵׁךְ וְכִי נִטְמֵאת וַיִּתֵּן אִישׁ בָּךְ אֶת־
כא שְׁכָבְתּוֹ מִבַּלְעֲדֵי אִישֵׁךְ: וְהִשְׁבִּיעַ הַכֹּהֵן אֶת־הָאִשָּׁה בִּשְׁבֻעַת
הָאָלָה וְאָמַר הַכֹּהֵן לָאִשָּׁה יִתֵּן יהוה אוֹתָךְ לְאָלָה וְלִשְׁבֻעָה
בְּתוֹךְ עַמֵּךְ בְּתֵת יהוה אֶת־יְרֵכֵךְ נֹפֶלֶת וְאֶת־בִּטְנֵךְ צָבָה:
כב וּבָאוּ הַמַּיִם הַמְאָרְרִים הָאֵלֶּה בְּמֵעַיִךְ לַצְבּוֹת בֶּטֶן וְלַנְפִּל יָרֵךְ
כג וְאָמְרָה הָאִשָּׁה אָמֵן ׀ אָמֵן: וְכָתַב אֶת־הָאָלֹת הָאֵלֶּה הַכֹּהֵן
כד בַּסֵּפֶר וּמָחָה אֶל־מֵי הַמָּרִים: וְהִשְׁקָה אֶת־הָאִשָּׁה אֶת־מֵי
כה הַמָּרִים הַמְאָרְרִים וּבָאוּ בָהּ הַמַּיִם הַמְאָרְרִים לְמָרִים: וְלָקַח
הַכֹּהֵן מִיַּד הָאִשָּׁה אֵת מִנְחַת הַקְּנָאֹת וְהֵנִיף אֶת־הַמִּנְחָה
כו לִפְנֵי יהוה וְהִקְרִיב אֹתָהּ אֶל־הַמִּזְבֵּחַ: וְקָמַץ הַכֹּהֵן מִן־הַמִּנְחָה
אֶת־אַזְכָּרָתָהּ וְהִקְטִיר הַמִּזְבֵּחָה וְאַחַר יַשְׁקֶה אֶת־הָאִשָּׁה אֶת־
כז הַמָּיִם: וְהִשְׁקָהּ אֶת־הַמַּיִם וְהָיְתָה אִם־נִטְמְאָה וַתִּמְעֹל מַעַל

בְּאִשָׁהּ וּבָאוּ בָהּ הַמַּיִם הַמְאָרְרִים לְמָרִים וְצָבְתָה בִטְנָהּ
וְנָפְלָה יְרֵכָהּ וְהָיְתָה הָאִשָּׁה לְאָלָה בְּקֶרֶב עַמָּהּ׃ וְאִם־לֹא כח
נִטְמְאָה הָאִשָּׁה וּטְהֹרָה הִוא וְנִקְּתָה וְנִזְרְעָה זָרַע׃ זֹאת כט
תּוֹרַת הַקְּנָאֹת אֲשֶׁר תִּשְׂטֶה אִשָּׁה תַּחַת אִישָׁהּ וְנִטְמָאָה׃
אוֹ אִישׁ אֲשֶׁר תַּעֲבֹר עָלָיו רוּחַ קִנְאָה וְקִנֵּא אֶת־אִשְׁתּוֹ ל
וְהֶעֱמִיד אֶת־הָאִשָּׁה לִפְנֵי יְהוָה וְעָשָׂה לָהּ הַכֹּהֵן אֵת כָּל־
הַתּוֹרָה הַזֹּאת׃ וְנִקָּה הָאִישׁ מֵעָוֺן וְהָאִשָּׁה הַהִוא תִּשָּׂא אֶת־ לא
עֲוֺנָהּ׃

וַיְדַבֵּר יְהוָה אֶל־מֹשֶׁה לֵּאמֹר׃ דַּבֵּר אֶל־בְּנֵי יִשְׂרָאֵל וְאָמַרְתָּ ו א ב
אֲלֵהֶם אִישׁ אוֹ־אִשָּׁה כִּי יַפְלִא לִנְדֹּר נֶדֶר נָזִיר לְהַזִּיר לַיהוָה׃
מִיַּיִן וְשֵׁכָר יַזִּיר חֹמֶץ יַיִן וְחֹמֶץ שֵׁכָר לֹא יִשְׁתֶּה וְכָל־מִשְׁרַת ג
עֲנָבִים לֹא יִשְׁתֶּה וַעֲנָבִים לַחִים וִיבֵשִׁים לֹא יֹאכֵל׃ כֹּל יְמֵי ד
נִזְרוֹ מִכֹּל אֲשֶׁר יֵעָשֶׂה מִגֶּפֶן הַיַּיִן מֵחַרְצַנִּים וְעַד־זָג לֹא יֹאכֵל׃
כָּל־יְמֵי נֶדֶר נִזְרוֹ תַּעַר לֹא־יַעֲבֹר עַל־רֹאשׁוֹ עַד־מְלֹאת הַיָּמִם ה
אֲשֶׁר־יַזִּיר לַיהוָה קָדֹשׁ יִהְיֶה גַּדֵּל פֶּרַע שְׂעַר רֹאשׁוֹ׃ כָּל־יְמֵי ו
הַזִּירוֹ לַיהוָה עַל־נֶפֶשׁ מֵת לֹא יָבֹא׃ לְאָבִיו וּלְאִמּוֹ לְאָחִיו ז
וּלְאַחֹתוֹ לֹא־יִטַּמָּא לָהֶם בְּמֹתָם כִּי נֵזֶר אֱלֹהָיו עַל־רֹאשׁוֹ׃
כֹּל יְמֵי נִזְרוֹ קָדֹשׁ הוּא לַיהוָה׃ וְכִי־יָמוּת מֵת עָלָיו בְּפֶתַע ח ט
פִּתְאֹם וְטִמֵּא רֹאשׁ נִזְרוֹ וְגִלַּח רֹאשׁוֹ בְּיוֹם טָהֳרָתוֹ בַּיּוֹם הַשְּׁבִיעִי
יְגַלְּחֶנּוּ׃ וּבַיּוֹם הַשְּׁמִינִי יָבִא שְׁתֵּי תֹרִים אוֹ שְׁנֵי בְּנֵי יוֹנָה אֶל־ י
הַכֹּהֵן אֶל־פֶּתַח אֹהֶל מוֹעֵד׃ וְעָשָׂה הַכֹּהֵן אֶחָד לְחַטָּאת וְאֶחָד יא
לְעֹלָה וְכִפֶּר עָלָיו מֵאֲשֶׁר חָטָא עַל־הַנָּפֶשׁ וְקִדַּשׁ אֶת־רֹאשׁוֹ
בַּיּוֹם הַהוּא׃ וְהִזִּיר לַיהוָה אֶת־יְמֵי נִזְרוֹ וְהֵבִיא כֶּבֶשׂ בֶּן־שְׁנָתוֹ יב
לְאָשָׁם וְהַיָּמִים הָרִאשֹׁנִים יִפְּלוּ כִּי טָמֵא נִזְרוֹ׃ וְזֹאת תּוֹרַת יג
הַנָּזִיר בְּיוֹם מְלֹאת יְמֵי נִזְרוֹ יָבִיא אֹתוֹ אֶל־פֶּתַח אֹהֶל מוֹעֵד׃
וְהִקְרִיב אֶת־קָרְבָּנוֹ לַיהוָה כֶּבֶשׂ בֶּן־שְׁנָתוֹ תָמִים אֶחָד לְעֹלָה יד
וְכַבְשָׂה אַחַת בַּת־שְׁנָתָהּ תְּמִימָה לְחַטָּאת וְאַיִל־אֶחָד תָּמִים

טו לִשְׁלָמִים׃ וְסַל מַצּוֹת סֹלֶת חַלֹּת בְּלוּלֹת בַּשֶּׁמֶן וּרְקִיקֵי מַצּוֹת
טז מְשֻׁחִים בַּשָּׁמֶן וּמִנְחָתָם וְנִסְכֵּיהֶם׃ וְהִקְרִיב הַכֹּהֵן לִפְנֵי יְהוָה
יז וְעָשָׂה אֶת־חַטָּאתוֹ וְאֶת־עֹלָתוֹ׃ וְאֶת־הָאַיִל יַעֲשֶׂה זֶבַח
שְׁלָמִים לַיהוָה עַל סַל הַמַּצּוֹת וְעָשָׂה הַכֹּהֵן אֶת־מִנְחָתוֹ וְאֶת־
יח נִסְכּוֹ׃ וְגִלַּח הַנָּזִיר פֶּתַח אֹהֶל מוֹעֵד אֶת־רֹאשׁ נִזְרוֹ וְלָקַח
אֶת־שְׂעַר רֹאשׁ נִזְרוֹ וְנָתַן עַל־הָאֵשׁ אֲשֶׁר־תַּחַת זֶבַח הַשְּׁלָמִים׃
יט וְלָקַח הַכֹּהֵן אֶת־הַזְּרֹעַ בְּשֵׁלָה מִן־הָאַיִל וְחַלַּת מַצָּה אַחַת
מִן־הַסַּל וּרְקִיק מַצָּה אֶחָד וְנָתַן עַל־כַּפֵּי הַנָּזִיר אַחַר הִתְגַּלְּחוֹ
כ אֶת־נִזְרוֹ׃ וְהֵנִיף אוֹתָם הַכֹּהֵן ׀ תְּנוּפָה לִפְנֵי יְהוָה קֹדֶשׁ הוּא
לַכֹּהֵן עַל חֲזֵה הַתְּנוּפָה וְעַל שׁוֹק הַתְּרוּמָה וְאַחַר יִשְׁתֶּה הַנָּזִיר
כא יָיִן׃ זֹאת תּוֹרַת הַנָּזִיר אֲשֶׁר יִדֹּר קָרְבָּנוֹ לַיהוָה עַל־נִזְרוֹ מִלְּבַד
אֲשֶׁר־תַּשִּׂיג יָדוֹ כְּפִי נִדְרוֹ אֲשֶׁר יִדֹּר כֵּן יַעֲשֶׂה עַל תּוֹרַת
נִזְרוֹ׃
כב כג וַיְדַבֵּר יְהוָה אֶל־מֹשֶׁה לֵּאמֹר׃ דַּבֵּר אֶל־אַהֲרֹן וְאֶל־בָּנָיו לֵאמֹר כֹּה ו
כד תְבָרְכוּ אֶת־בְּנֵי יִשְׂרָאֵל אָמוֹר לָהֶם׃ יְבָרֶכְךָ יְהוָה
כה כו וְיִשְׁמְרֶךָ׃ יָאֵר יְהוָה ׀ פָּנָיו אֵלֶיךָ וִיחֻנֶּךָּ׃ יִשָּׂא
כז יְהוָה ׀ פָּנָיו אֵלֶיךָ וְיָשֵׂם לְךָ שָׁלוֹם׃ וְשָׂמוּ אֶת־שְׁמִי
ז א עַל־בְּנֵי יִשְׂרָאֵל וַאֲנִי אֲבָרְכֵם׃ וַיְהִי בְּיוֹם כַּלּוֹת מֹשֶׁה חמישי
לְהָקִים אֶת־הַמִּשְׁכָּן וַיִּמְשַׁח אֹתוֹ וַיְקַדֵּשׁ אֹתוֹ וְאֶת־כָּל־כֵּלָיו
ב וְאֶת־הַמִּזְבֵּחַ וְאֶת־כָּל־כֵּלָיו וַיִּמְשָׁחֵם וַיְקַדֵּשׁ אֹתָם׃ וַיַּקְרִיבוּ
נְשִׂיאֵי יִשְׂרָאֵל רָאשֵׁי בֵּית אֲבֹתָם הֵם נְשִׂיאֵי הַמַּטֹּת הֵם
ג הָעֹמְדִים עַל־הַפְּקֻדִים׃ וַיָּבִיאוּ אֶת־קָרְבָּנָם לִפְנֵי יְהוָה שֵׁשׁ־
עֶגְלֹת צָב וּשְׁנֵי־עָשָׂר בָּקָר עֲגָלָה עַל־שְׁנֵי הַנְּשִׂאִים וְשׁוֹר
ד לְאֶחָד וַיַּקְרִיבוּ אוֹתָם לִפְנֵי הַמִּשְׁכָּן׃ וַיֹּאמֶר יְהוָה אֶל־מֹשֶׁה
ה לֵּאמֹר׃ קַח מֵאִתָּם וְהָיוּ לַעֲבֹד אֶת־עֲבֹדַת אֹהֶל מוֹעֵד וְנָתַתָּה
ו אוֹתָם אֶל־הַלְוִיִּם אִישׁ כְּפִי עֲבֹדָתוֹ׃ וַיִּקַּח מֹשֶׁה אֶת־הָעֲגָלֹת
ז וְאֶת־הַבָּקָר וַיִּתֵּן אוֹתָם אֶל־הַלְוִיִּם׃ אֵת ׀ שְׁתֵּי הָעֲגָלוֹת וְאֵת

ח אַרְבַּעַת הַבָּקָר נָתַן לִבְנֵי גֵרְשׁוֹן כְּפִי עֲבֹדָתָם: וְאֵת ׀ אַרְבַּע
הָעֲגָלֹת וְאֵת שְׁמֹנַת הַבָּקָר נָתַן לִבְנֵי מְרָרִי כְּפִי עֲבֹדָתָם בְּיַד
ט אִיתָמָר בֶּן־אַהֲרֹן הַכֹּהֵן: וְלִבְנֵי קְהָת לֹא נָתָן כִּי־עֲבֹדַת הַקֹּדֶשׁ
י עֲלֵהֶם בַּכָּתֵף יִשָּׂאוּ: וַיַּקְרִיבוּ הַנְּשִׂאִים אֵת חֲנֻכַּת הַמִּזְבֵּחַ בְּיוֹם
יא הִמָּשַׁח אֹתוֹ וַיַּקְרִיבוּ הַנְּשִׂיאִם אֶת־קָרְבָּנָם לִפְנֵי הַמִּזְבֵּחַ: וַיֹּאמֶר
יְהוָה אֶל־מֹשֶׁה נָשִׂיא אֶחָד לַיּוֹם נָשִׂיא אֶחָד לַיּוֹם יַקְרִיבוּ
יב אֶת־קָרְבָּנָם לַחֲנֻכַּת הַמִּזְבֵּחַ: וַיְהִי הַמַּקְרִיב בַּיּוֹם
יג הָרִאשׁוֹן אֶת־קָרְבָּנוֹ נַחְשׁוֹן בֶּן־עַמִּינָדָב לְמַטֵּה יְהוּדָה: וְקָרְבָּנוֹ
קַעֲרַת־כֶּסֶף אַחַת שְׁלֹשִׁים וּמֵאָה מִשְׁקָלָהּ מִזְרָק אֶחָד כֶּסֶף
שִׁבְעִים שֶׁקֶל בְּשֶׁקֶל הַקֹּדֶשׁ שְׁנֵיהֶם ׀ מְלֵאִים סֹלֶת בְּלוּלָה
יד טו בַשֶּׁמֶן לְמִנְחָה: כַּף אַחַת עֲשָׂרָה זָהָב מְלֵאָה קְטֹרֶת: פַּר אֶחָד
טז בֶּן־בָּקָר אַיִל אֶחָד כֶּבֶשׂ־אֶחָד בֶּן־שְׁנָתוֹ לְעֹלָה: שְׂעִיר־עִזִּים
יז אֶחָד לְחַטָּאת: וּלְזֶבַח הַשְּׁלָמִים בָּקָר שְׁנַיִם אֵילִם חֲמִשָּׁה
עַתּוּדִים חֲמִשָּׁה כְּבָשִׂים בְּנֵי־שָׁנָה חֲמִשָּׁה זֶה קָרְבַּן נַחְשׁוֹן
בֶּן־עַמִּינָדָב:
יח יט בַּיּוֹם הַשֵּׁנִי הִקְרִיב נְתַנְאֵל בֶּן־צוּעָר נְשִׂיא יִשָּׂשכָר: הִקְרִב
אֶת־קָרְבָּנוֹ קַעֲרַת־כֶּסֶף אַחַת שְׁלֹשִׁים וּמֵאָה מִשְׁקָלָהּ מִזְרָק
אֶחָד כֶּסֶף שִׁבְעִים שֶׁקֶל בְּשֶׁקֶל הַקֹּדֶשׁ שְׁנֵיהֶם ׀ מְלֵאִים סֹלֶת
כ בְּלוּלָה בַשֶּׁמֶן לְמִנְחָה: כַּף אַחַת עֲשָׂרָה זָהָב מְלֵאָה קְטֹרֶת:
כא פַּר אֶחָד בֶּן־בָּקָר אַיִל אֶחָד כֶּבֶשׂ־אֶחָד בֶּן־שְׁנָתוֹ לְעֹלָה:
כב כג שְׂעִיר־עִזִּים אֶחָד לְחַטָּאת: וּלְזֶבַח הַשְּׁלָמִים בָּקָר שְׁנַיִם אֵילִם
חֲמִשָּׁה עַתֻּדִים חֲמִשָּׁה כְּבָשִׂים בְּנֵי־שָׁנָה חֲמִשָּׁה זֶה קָרְבַּן
נְתַנְאֵל בֶּן־צוּעָר:
כד כה בַּיּוֹם הַשְּׁלִישִׁי נָשִׂיא לִבְנֵי זְבוּלֻן אֱלִיאָב בֶּן־חֵלֹן: קָרְבָּנוֹ
קַעֲרַת־כֶּסֶף אַחַת שְׁלֹשִׁים וּמֵאָה מִשְׁקָלָהּ מִזְרָק אֶחָד כֶּסֶף
שִׁבְעִים שֶׁקֶל בְּשֶׁקֶל הַקֹּדֶשׁ שְׁנֵיהֶם ׀ מְלֵאִים סֹלֶת בְּלוּלָה
כו כז בַשֶּׁמֶן לְמִנְחָה: כַּף אַחַת עֲשָׂרָה זָהָב מְלֵאָה קְטֹרֶת: פַּר אֶחָד

כח בֶּן־בָּקָר אַיִל אֶחָד כֶּבֶשׂ־אֶחָד בֶּן־שְׁנָתוֹ לְעֹלָה׃ שְׂעִיר־עִזִּים
כט אֶחָד לְחַטָּאת׃ וּלְזֶבַח הַשְּׁלָמִים בָּקָר שְׁנַיִם אֵילִם חֲמִשָּׁה
עַתֻּדִים חֲמִשָּׁה כְּבָשִׂים בְּנֵי־שָׁנָה חֲמִשָּׁה זֶה קָרְבַּן אֱלִיאָב
בֶּן־חֵלֹן׃

ל לא בַּיּוֹם הָרְבִיעִי נָשִׂיא לִבְנֵי רְאוּבֵן אֱלִיצוּר בֶּן־שְׁדֵיאוּר׃ קָרְבָּנוֹ
קַעֲרַת־כֶּסֶף אַחַת שְׁלֹשִׁים וּמֵאָה מִשְׁקָלָהּ מִזְרָק אֶחָד כֶּסֶף
שִׁבְעִים שֶׁקֶל בְּשֶׁקֶל הַקֹּדֶשׁ שְׁנֵיהֶם ׀ מְלֵאִים סֹלֶת בְּלוּלָה
לב לג בַשֶּׁמֶן לְמִנְחָה׃ כַּף אַחַת עֲשָׂרָה זָהָב מְלֵאָה קְטֹרֶת׃ פַּר
לד אֶחָד בֶּן־בָּקָר אַיִל אֶחָד כֶּבֶשׂ־אֶחָד בֶּן־שְׁנָתוֹ לְעֹלָה׃ שְׂעִיר־
לה עִזִּים אֶחָד לְחַטָּאת׃ וּלְזֶבַח הַשְּׁלָמִים בָּקָר שְׁנַיִם אֵילִם חֲמִשָּׁה
עַתֻּדִים חֲמִשָּׁה כְּבָשִׂים בְּנֵי־שָׁנָה חֲמִשָּׁה זֶה קָרְבַּן אֱלִיצוּר
בֶּן־שְׁדֵיאוּר׃

לו בַּיּוֹם הַחֲמִישִׁי נָשִׂיא לִבְנֵי שִׁמְעוֹן שְׁלֻמִיאֵל בֶּן־צוּרִישַׁדָּי׃
לז קָרְבָּנוֹ קַעֲרַת־כֶּסֶף אַחַת שְׁלֹשִׁים וּמֵאָה מִשְׁקָלָהּ מִזְרָק אֶחָד
כֶּסֶף שִׁבְעִים שֶׁקֶל בְּשֶׁקֶל הַקֹּדֶשׁ שְׁנֵיהֶם ׀ מְלֵאִים סֹלֶת בְּלוּלָה
לח לט בַשֶּׁמֶן לְמִנְחָה׃ כַּף אַחַת עֲשָׂרָה זָהָב מְלֵאָה קְטֹרֶת׃ פַּר
מ אֶחָד בֶּן־בָּקָר אַיִל אֶחָד כֶּבֶשׂ־אֶחָד בֶּן־שְׁנָתוֹ לְעֹלָה׃ שְׂעִיר־
מא עִזִּים אֶחָד לְחַטָּאת׃ וּלְזֶבַח הַשְּׁלָמִים בָּקָר שְׁנַיִם אֵילִם חֲמִשָּׁה
עַתֻּדִים חֲמִשָּׁה כְּבָשִׂים בְּנֵי־שָׁנָה חֲמִשָּׁה זֶה קָרְבַּן שְׁלֻמִיאֵל
בֶּן־צוּרִישַׁדָּי׃

מב מג בַּיּוֹם הַשִּׁשִּׁי נָשִׂיא לִבְנֵי גָד אֶלְיָסָף בֶּן־דְּעוּאֵל׃ קָרְבָּנוֹ קַעֲרַת־ ששי
כֶּסֶף אַחַת שְׁלֹשִׁים וּמֵאָה מִשְׁקָלָהּ מִזְרָק אֶחָד כֶּסֶף שִׁבְעִים
שֶׁקֶל בְּשֶׁקֶל הַקֹּדֶשׁ שְׁנֵיהֶם ׀ מְלֵאִים סֹלֶת בְּלוּלָה בַשֶּׁמֶן
מד מה לְמִנְחָה׃ כַּף אַחַת עֲשָׂרָה זָהָב מְלֵאָה קְטֹרֶת׃ פַּר אֶחָד בֶּן־
מו בָּקָר אַיִל אֶחָד כֶּבֶשׂ־אֶחָד בֶּן־שְׁנָתוֹ לְעֹלָה׃ שְׂעִיר־עִזִּים
מז אֶחָד לְחַטָּאת׃ וּלְזֶבַח הַשְּׁלָמִים בָּקָר שְׁנַיִם אֵילִם חֲמִשָּׁה
עַתֻּדִים חֲמִשָּׁה כְּבָשִׂים בְּנֵי־שָׁנָה חֲמִשָּׁה זֶה קָרְבַּן אֶלְיָסָף

בֶּן־דְּעוּאֵֽל׃
ז מח מט בַּיּוֹם֙ הַשְּׁבִיעִ֔י נָשִׂ֖יא לִבְנֵ֣י אֶפְרָ֑יִם אֱלִֽישָׁמָ֖ע בֶּן־עַמִּיהֽוּד׃ קָרְבָּנ֞וֹ
קַֽעֲרַת־כֶּ֣סֶף אַחַ֗ת שְׁלֹשִׁ֣ים וּמֵאָה֮ מִשְׁקָלָהּ֒ מִזְרָ֤ק אֶחָד֙ כֶּ֔סֶף
שִׁבְעִ֥ים שֶׁ֖קֶל בְּשֶׁ֣קֶל הַקֹּ֑דֶשׁ שְׁנֵיהֶ֣ם ׀ מְלֵאִ֗ים סֹ֛לֶת בְּלוּלָ֥ה
נ נא בַשֶּׁ֖מֶן לְמִנְחָֽה׃ כַּ֥ף אַחַ֛ת עֲשָׂרָ֥ה זָהָ֖ב מְלֵאָ֥ה קְטֹֽרֶת׃ פַּ֣ר אֶחָ֞ד
נב בֶּן־בָּקָ֗ר אַ֧יִל אֶחָ֛ד כֶּֽבֶשׂ־אֶחָ֥ד בֶּן־שְׁנָת֖וֹ לְעֹלָֽה׃ שְׂעִיר־עִזִּ֥ים
נג אֶחָ֖ד לְחַטָּֽאת׃ וּלְזֶ֣בַח הַשְּׁלָמִים֮ בָּקָ֣ר שְׁנַ֒יִם֒ אֵילִ֤ם חֲמִשָּׁה֙
עַתֻּדִ֣ים חֲמִשָּׁ֔ה כְּבָשִׂ֥ים בְּנֵֽי־שָׁנָ֖ה חֲמִשָּׁ֑ה זֶ֛ה קָרְבַּ֥ן אֱלִֽישָׁמָ֖ע
בֶּן־עַמִּיהֽוּד׃
נד נה בַּיּוֹם֙ הַשְּׁמִינִ֔י נָשִׂ֖יא לִבְנֵ֣י מְנַשֶּׁ֑ה גַּמְלִיאֵ֖ל בֶּן־פְּדָהצֽוּר׃ קָרְבָּנ֞וֹ
קַֽעֲרַת־כֶּ֣סֶף אַחַ֗ת שְׁלֹשִׁ֣ים וּמֵאָה֮ מִשְׁקָלָהּ֒ מִזְרָ֤ק אֶחָד֙ כֶּ֔סֶף
שִׁבְעִ֥ים שֶׁ֖קֶל בְּשֶׁ֣קֶל הַקֹּ֑דֶשׁ שְׁנֵיהֶ֣ם ׀ מְלֵאִ֗ים סֹ֛לֶת בְּלוּלָ֥ה
נו נז בַשֶּׁ֖מֶן לְמִנְחָֽה׃ כַּ֥ף אַחַ֛ת עֲשָׂרָ֥ה זָהָ֖ב מְלֵאָ֥ה קְטֹֽרֶת׃ פַּ֣ר אֶחָ֞ד
נח בֶּן־בָּקָ֗ר אַ֧יִל אֶחָ֛ד כֶּֽבֶשׂ־אֶחָ֥ד בֶּן־שְׁנָת֖וֹ לְעֹלָֽה׃ שְׂעִיר־עִזִּ֥ים
נט אֶחָ֖ד לְחַטָּֽאת׃ וּלְזֶ֣בַח הַשְּׁלָמִים֮ בָּקָ֣ר שְׁנַ֒יִם֒ אֵילִ֤ם חֲמִשָּׁה֙
עַתֻּדִ֣ים חֲמִשָּׁ֔ה כְּבָשִׂ֥ים בְּנֵֽי־שָׁנָ֖ה חֲמִשָּׁ֑ה זֶ֛ה קָרְבַּ֥ן גַּמְלִיאֵ֖ל
בֶּן־פְּדָהצֽוּר׃
ס סא בַּיּוֹם֙ הַתְּשִׁיעִ֔י נָשִׂ֖יא לִבְנֵ֣י בִנְיָמִ֑ן אֲבִידָ֖ן בֶּן־גִּדְעֹנִֽי׃ קָרְבָּנ֞וֹ
קַֽעֲרַת־כֶּ֣סֶף אַחַ֗ת שְׁלֹשִׁ֣ים וּמֵאָה֮ מִשְׁקָלָהּ֒ מִזְרָ֤ק אֶחָד֙ כֶּ֔סֶף
שִׁבְעִ֥ים שֶׁ֖קֶל בְּשֶׁ֣קֶל הַקֹּ֑דֶשׁ שְׁנֵיהֶ֣ם ׀ מְלֵאִ֗ים סֹ֛לֶת בְּלוּלָ֥ה
סב סג בַשֶּׁ֖מֶן לְמִנְחָֽה׃ כַּ֥ף אַחַ֛ת עֲשָׂרָ֥ה זָהָ֖ב מְלֵאָ֥ה קְטֹֽרֶת׃ פַּ֣ר אֶחָ֞ד
סד בֶּן־בָּקָ֗ר אַ֧יִל אֶחָ֛ד כֶּֽבֶשׂ־אֶחָ֥ד בֶּן־שְׁנָת֖וֹ לְעֹלָֽה׃ שְׂעִיר־עִזִּ֥ים
סה אֶחָ֖ד לְחַטָּֽאת׃ וּלְזֶ֣בַח הַשְּׁלָמִים֮ בָּקָ֣ר שְׁנַ֒יִם֒ אֵילִ֤ם חֲמִשָּׁה֙
עַתֻּדִ֣ים חֲמִשָּׁ֔ה כְּבָשִׂ֥ים בְּנֵֽי־שָׁנָ֖ה חֲמִשָּׁ֑ה זֶ֛ה קָרְבַּ֥ן אֲבִידָ֖ן
בֶּן־גִּדְעֹנִֽי׃
סו סז בַּיּוֹם֙ הָֽעֲשִׂירִ֔י נָשִׂ֖יא לִבְנֵ֣י דָ֑ן אֲחִיעֶ֖זֶר בֶּן־עַמִּֽישַׁדָּֽי׃ קָרְבָּנ֞וֹ
קַֽעֲרַת־כֶּ֣סֶף אַחַ֗ת שְׁלֹשִׁ֣ים וּמֵאָה֮ מִשְׁקָלָהּ֒ מִזְרָ֤ק אֶחָד֙ כֶּ֔סֶף

שִׁבְעִים שֶׁקֶל בְּשֶׁקֶל הַקֹּדֶשׁ שְׁנֵיהֶם ׀ מְלֵאִים סֹלֶת בְּלוּלָה
סח סט בַשֶּׁמֶן לְמִנְחָה: כַּף אַחַת עֲשָׂרָה זָהָב מְלֵאָה קְטֹרֶת: פַּר
ע אֶחָד בֶּן־בָּקָר אַיִל אֶחָד כֶּבֶשׂ־אֶחָד בֶּן־שְׁנָתוֹ לְעֹלָה: שְׂעִיר־
עא עִזִּים אֶחָד לְחַטָּאת: וּלְזֶבַח הַשְּׁלָמִים בָּקָר שְׁנַיִם אֵילִם חֲמִשָּׁה
עַתֻּדִים חֲמִשָּׁה כְּבָשִׂים בְּנֵי־שָׁנָה חֲמִשָּׁה זֶה קָרְבַּן אֲחִיעֶזֶר
בֶּן־עַמִּישַׁדָּי:

עב עג בְּיוֹם עַשְׁתֵּי עָשָׂר יוֹם נָשִׂיא לִבְנֵי אָשֵׁר פַּגְעִיאֵל בֶּן־עָכְרָן: קָרְבָּנוֹ שביעי
קַעֲרַת־כֶּסֶף אַחַת שְׁלֹשִׁים וּמֵאָה מִשְׁקָלָהּ מִזְרָק אֶחָד כֶּסֶף
שִׁבְעִים שֶׁקֶל בְּשֶׁקֶל הַקֹּדֶשׁ שְׁנֵיהֶם ׀ מְלֵאִים סֹלֶת בְּלוּלָה
עד עה בַשֶּׁמֶן לְמִנְחָה: כַּף אַחַת עֲשָׂרָה זָהָב מְלֵאָה קְטֹרֶת: פַּר אֶחָד
עו בֶּן־בָּקָר אַיִל אֶחָד כֶּבֶשׂ־אֶחָד בֶּן־שְׁנָתוֹ לְעֹלָה: שְׂעִיר־עִזִּים
עז אֶחָד לְחַטָּאת: וּלְזֶבַח הַשְּׁלָמִים בָּקָר שְׁנַיִם אֵילִם חֲמִשָּׁה
עַתֻּדִים חֲמִשָּׁה כְּבָשִׂים בְּנֵי־שָׁנָה חֲמִשָּׁה זֶה קָרְבַּן פַּגְעִיאֵל
בֶּן־עָכְרָן:

עח עט בְּיוֹם שְׁנֵים עָשָׂר יוֹם נָשִׂיא לִבְנֵי נַפְתָּלִי אֲחִירַע בֶּן־עֵינָן: קָרְבָּנוֹ
קַעֲרַת־כֶּסֶף אַחַת שְׁלֹשִׁים וּמֵאָה מִשְׁקָלָהּ מִזְרָק אֶחָד כֶּסֶף
שִׁבְעִים שֶׁקֶל בְּשֶׁקֶל הַקֹּדֶשׁ שְׁנֵיהֶם ׀ מְלֵאִים סֹלֶת בְּלוּלָה
פ פא בַשֶּׁמֶן לְמִנְחָה: כַּף אַחַת עֲשָׂרָה זָהָב מְלֵאָה קְטֹרֶת: פַּר אֶחָד
פב בֶּן־בָּקָר אַיִל אֶחָד כֶּבֶשׂ־אֶחָד בֶּן־שְׁנָתוֹ לְעֹלָה: שְׂעִיר־עִזִּים
פג אֶחָד לְחַטָּאת: וּלְזֶבַח הַשְּׁלָמִים בָּקָר שְׁנַיִם אֵילִם חֲמִשָּׁה
עַתֻּדִים חֲמִשָּׁה כְּבָשִׂים בְּנֵי־שָׁנָה חֲמִשָּׁה זֶה קָרְבַּן אֲחִירַע
בֶּן־עֵינָן:

פד זֹאת ׀ חֲנֻכַּת הַמִּזְבֵּחַ בְּיוֹם הִמָּשַׁח אֹתוֹ מֵאֵת נְשִׂיאֵי יִשְׂרָאֵל
קַעֲרֹת כֶּסֶף שְׁתֵּים עֶשְׂרֵה מִזְרְקֵי־כֶסֶף שְׁנֵים עָשָׂר כַּפּוֹת זָהָב
פה שְׁתֵּים עֶשְׂרֵה: שְׁלֹשִׁים וּמֵאָה הַקְּעָרָה הָאַחַת כֶּסֶף וְשִׁבְעִים
הַמִּזְרָק הָאֶחָד כֹּל כֶּסֶף הַכֵּלִים אַלְפַּיִם וְאַרְבַּע־מֵאוֹת בְּשֶׁקֶל
פו הַקֹּדֶשׁ: כַּפּוֹת זָהָב שְׁתֵּים־עֶשְׂרֵה מְלֵאֹת קְטֹרֶת עֲשָׂרָה

מפטיר פז הַכַּף בְּשֶׁקֶל הַקֹּדֶשׁ כָּל־זְהַב הַכַּפּוֹת עֶשְׂרִים וּמֵאָה׃ כָּל־הַבָּקָר
לָעֹלָה שְׁנֵים עָשָׂר פָּרִים אֵילִם שְׁנֵים־עָשָׂר כְּבָשִׂים בְּנֵי־שָׁנָה
פח שְׁנֵים עָשָׂר וּמִנְחָתָם וּשְׂעִירֵי עִזִּים שְׁנֵים עָשָׂר לְחַטָּאת׃ וְכֹל
בְּקַר ׀ זֶבַח הַשְּׁלָמִים עֶשְׂרִים וְאַרְבָּעָה פָּרִים אֵילִם שִׁשִּׁים
עַתֻּדִים שִׁשִּׁים כְּבָשִׂים בְּנֵי־שָׁנָה שִׁשִּׁים זֹאת חֲנֻכַּת הַמִּזְבֵּחַ
פט אַחֲרֵי הִמָּשַׁח אֹתוֹ׃ וּבְבֹא מֹשֶׁה אֶל־אֹהֶל מוֹעֵד לְדַבֵּר אִתּוֹ
וַיִּשְׁמַע אֶת־הַקּוֹל מִדַּבֵּר אֵלָיו מֵעַל הַכַּפֹּרֶת אֲשֶׁר עַל־אֲרֹן
הָעֵדֻת מִבֵּין שְׁנֵי הַכְּרֻבִים וַיְדַבֵּר אֵלָיו׃

בהעלתך ח
ח א ב וַיְדַבֵּר יהוה אֶל־מֹשֶׁה לֵּאמֹר׃ דַּבֵּר אֶל־אַהֲרֹן וְאָמַרְתָּ אֵלָיו
בְּהַעֲלֹתְךָ אֶת־הַנֵּרֹת אֶל־מוּל פְּנֵי הַמְּנוֹרָה יָאִירוּ שִׁבְעַת הַנֵּרוֹת׃
ג וַיַּעַשׂ כֵּן אַהֲרֹן אֶל־מוּל פְּנֵי הַמְּנוֹרָה הֶעֱלָה נֵרֹתֶיהָ כַּאֲשֶׁר
ד צִוָּה יהוה אֶת־מֹשֶׁה׃ וְזֶה מַעֲשֵׂה הַמְּנֹרָה מִקְשָׁה זָהָב עַד־
יְרֵכָהּ עַד־פִּרְחָהּ מִקְשָׁה הִוא כַּמַּרְאֶה אֲשֶׁר הֶרְאָה יהוה אֶת־
מֹשֶׁה כֵּן עָשָׂה אֶת־הַמְּנֹרָה׃

ה ו וַיְדַבֵּר יהוה אֶל־מֹשֶׁה לֵּאמֹר׃ קַח אֶת־הַלְוִיִּם מִתּוֹךְ בְּנֵי יִשְׂרָאֵל
ז וְטִהַרְתָּ אֹתָם׃ וְכֹה־תַעֲשֶׂה לָהֶם לְטַהֲרָם הַזֵּה עֲלֵיהֶם מֵי
חַטָּאת וְהֶעֱבִירוּ תַעַר עַל־כָּל־בְּשָׂרָם וְכִבְּסוּ בִגְדֵיהֶם וְהִטֶּהָרוּ׃
ח וְלָקְחוּ פַּר בֶּן־בָּקָר וּמִנְחָתוֹ סֹלֶת בְּלוּלָה בַשָּׁמֶן וּפַר־שֵׁנִי בֶן־
ט בָּקָר תִּקַּח לְחַטָּאת׃ וְהִקְרַבְתָּ אֶת־הַלְוִיִּם לִפְנֵי אֹהֶל מוֹעֵד
י וְהִקְהַלְתָּ אֶת־כָּל־עֲדַת בְּנֵי יִשְׂרָאֵל׃ וְהִקְרַבְתָּ אֶת־הַלְוִיִּם
יא לִפְנֵי יהוה וְסָמְכוּ בְנֵי־יִשְׂרָאֵל אֶת־יְדֵיהֶם עַל־הַלְוִיִּם׃ וְהֵנִיף
אַהֲרֹן אֶת־הַלְוִיִּם תְּנוּפָה לִפְנֵי יהוה מֵאֵת בְּנֵי יִשְׂרָאֵל וְהָיוּ
יב לַעֲבֹד אֶת־עֲבֹדַת יהוה׃ וְהַלְוִיִּם יִסְמְכוּ אֶת־יְדֵיהֶם עַל רֹאשׁ
הַפָּרִים וַעֲשֵׂה אֶת־הָאֶחָד חַטָּאת וְאֶת־הָאֶחָד עֹלָה לַיהוה
יג לְכַפֵּר עַל־הַלְוִיִּם׃ וְהַעֲמַדְתָּ אֶת־הַלְוִיִּם לִפְנֵי אַהֲרֹן וְלִפְנֵי בָנָיו
יד וְהֵנַפְתָּ אֹתָם תְּנוּפָה לַיהוה׃ וְהִבְדַּלְתָּ אֶת־הַלְוִיִּם מִתּוֹךְ בְּנֵי
שני טו יִשְׂרָאֵל וְהָיוּ לִי הַלְוִיִּם׃ וְאַחֲרֵי־כֵן יָבֹאוּ הַלְוִיִּם לַעֲבֹד אֶת־

טז אהל מועד וטהרת אתם והנפת אתם תנופה: כי נתנים
נתנים המה לי מתוך בני ישראל תחת פטרת כל־רחם בכור
יז כל מבני ישראל לקחתי אתם לי: כי לי כל־בכור בבני ישראל
באדם ובבהמה ביום הכתי כל־בכור בארץ מצרים הקדשתי
יח אתם לי: ואקח את־הלוים תחת כל־בכור בבני ישראל:
יט ואתנה את־הלוים נתנים ׀ לאהרן ולבניו מתוך בני ישראל
לעבד את־עבדת בני־ישראל באהל מועד ולכפר על־בני
ישראל ולא יהיה בבני ישראל נגף בגשת בני־ישראל אל־
כ הקדש: ויעש משה ואהרן וכל־עדת בני־ישראל ללוים
ככל אשר־צוה יהוה את־משה ללוים כן־עשו להם בני
כא ישראל: ויתחטאו הלוים ויכבסו בגדיהם וינף אהרן אתם
כב תנופה לפני יהוה ויכפר עליהם אהרן לטהרם: ואחרי־כן
באו הלוים לעבד את־עבדתם באהל מועד לפני אהרן
ולפני בניו כאשר צוה יהוה את־משה על־הלוים כן עשו
כג כד להם: וידבר יהוה אל־משה לאמר: זאת אשר
ללוים מבן חמש ועשרים שנה ומעלה יבוא לצבא צבא בעבדת
כה אהל מועד: ומבן חמשים שנה ישוב מצבא העבדה ולא יעבד
כו עוד: ושרת את־אחיו באהל מועד לשמר משמרת ועבדה
לא יעבד ככה תעשה ללוים במשמרתם:

ט א וידבר יהוה אל־משה במדבר־סיני בשנה השנית לצאתם שלישי
ב מארץ מצרים בחדש הראשון לאמר: ויעשו בני־ישראל
ג את־הפסח במועדו: בארבעה עשר־יום בחדש הזה בין
הערבים תעשו אתו במעדו ככל־חקתיו וככל־משפטיו
ד תעשו אתו: וידבר משה אל־בני ישראל לעשת הפסח:
ה ויעשו את־הפסח בראשון בארבעה עשר יום לחדש בין
הערבים במדבר סיני ככל אשר צוה יהוה את־משה כן עשו
ו בני ישראל: ויהי אנשים אשר היו טמאים לנפש אדם ולא־

יָכְלוּ לַעֲשֹׂת־הַפֶּסַח בַּיּוֹם הַהוּא וַיִּקְרְבוּ לִפְנֵי מֹשֶׁה וְלִפְנֵי
ז אַהֲרֹן בַּיּוֹם הַהוּא׃ וַיֹּאמְרוּ הָאֲנָשִׁים הָהֵמָּה אֵלָיו אֲנַחְנוּ
טְמֵאִים לְנֶפֶשׁ אָדָם לָמָּה נִגָּרַע לְבִלְתִּי הַקְרִב אֶת־קָרְבַּן יהוה
ח בְּמֹעֲדוֹ בְּתוֹךְ בְּנֵי יִשְׂרָאֵל׃ וַיֹּאמֶר אֲלֵהֶם מֹשֶׁה עִמְדוּ וְאֶשְׁמְעָה
מַה־יְצַוֶּה יהוה לָכֶם׃
ט וַיְדַבֵּר יהוה אֶל־מֹשֶׁה לֵּאמֹר׃ דַּבֵּר אֶל־בְּנֵי יִשְׂרָאֵל לֵאמֹר
אִישׁ אִישׁ כִּי־יִהְיֶה טָמֵא ׀ לָנֶפֶשׁ אוֹ בְדֶרֶךְ רְחֹקָה לָכֶם אוֹ
יא לְדֹרֹתֵיכֶם וְעָשָׂה פֶסַח לַיהוָה׃ בַּחֹדֶשׁ הַשֵּׁנִי בְּאַרְבָּעָה עָשָׂר
יוֹם בֵּין הָעַרְבַּיִם יַעֲשׂוּ אֹתוֹ עַל־מַצּוֹת וּמְרֹרִים יֹאכְלֻהוּ׃
יב לֹא־יַשְׁאִירוּ מִמֶּנּוּ עַד־בֹּקֶר וְעֶצֶם לֹא יִשְׁבְּרוּ־בוֹ כְּכָל־חֻקַּת
יג הַפֶּסַח יַעֲשׂוּ אֹתוֹ׃ וְהָאִישׁ אֲשֶׁר־הוּא טָהוֹר וּבְדֶרֶךְ לֹא־
הָיָה וְחָדַל לַעֲשׂוֹת הַפֶּסַח וְנִכְרְתָה הַנֶּפֶשׁ הַהִוא מֵעַמֶּיהָ
כִּי ׀ קָרְבַּן יהוה לֹא הִקְרִיב בְּמֹעֲדוֹ חֶטְאוֹ יִשָּׂא הָאִישׁ הַהוּא׃
יד וְכִי־יָגוּר אִתְּכֶם גֵּר וְעָשָׂה פֶסַח לַיהוָה כְּחֻקַּת הַפֶּסַח
וּכְמִשְׁפָּטוֹ כֵּן יַעֲשֶׂה חֻקָּה אַחַת יִהְיֶה לָכֶם וְלַגֵּר וּלְאֶזְרַח
טו הָאָרֶץ׃ וּבְיוֹם הָקִים אֶת־הַמִּשְׁכָּן כִּסָּה הֶעָנָן רביעי
אֶת־הַמִּשְׁכָּן לְאֹהֶל הָעֵדֻת וּבָעֶרֶב יִהְיֶה עַל־הַמִּשְׁכָּן כְּמַרְאֵה־
טז אֵשׁ עַד־בֹּקֶר׃ כֵּן יִהְיֶה תָמִיד הֶעָנָן יְכַסֶּנּוּ וּמַרְאֵה־אֵשׁ לָיְלָה׃
יז וּלְפִי הֵעָלוֹת הֶעָנָן מֵעַל הָאֹהֶל וְאַחֲרֵי כֵן יִסְעוּ בְּנֵי יִשְׂרָאֵל
יח וּבִמְקוֹם אֲשֶׁר יִשְׁכָּן־שָׁם הֶעָנָן שָׁם יַחֲנוּ בְּנֵי יִשְׂרָאֵל׃ עַל־
פִּי יהוה יִסְעוּ בְּנֵי יִשְׂרָאֵל וְעַל־פִּי יְהוָה יַחֲנוּ כָּל־יְמֵי אֲשֶׁר
יט יִשְׁכֹּן הֶעָנָן עַל־הַמִּשְׁכָּן יַחֲנוּ׃ וּבְהַאֲרִיךְ הֶעָנָן עַל־הַמִּשְׁכָּן
יָמִים רַבִּים וְשָׁמְרוּ בְנֵי־יִשְׂרָאֵל אֶת־מִשְׁמֶרֶת יהוה וְלֹא יִסָּעוּ׃
כ וְיֵשׁ אֲשֶׁר יִהְיֶה הֶעָנָן יָמִים מִסְפָּר עַל־הַמִּשְׁכָּן עַל־פִּי יהוה
כא יַחֲנוּ וְעַל־פִּי יהוה יִסָּעוּ׃ וְיֵשׁ אֲשֶׁר יִהְיֶה הֶעָנָן מֵעֶרֶב עַד־
בֹּקֶר וְנַעֲלָה הֶעָנָן בַּבֹּקֶר וְנָסָעוּ אוֹ יוֹמָם וָלַיְלָה וְנַעֲלָה הֶעָנָן
כב וְנָסָעוּ׃ אוֹ־יֹמַיִם אוֹ־חֹדֶשׁ אוֹ־יָמִים בְּהַאֲרִיךְ הֶעָנָן עַל־הַמִּשְׁכָּן

כג לִשְׁכֹּן עָלָיו יַחֲנוּ בְנֵי־יִשְׂרָאֵל וְלֹא יִסָּעוּ וּבְהֵעָלֹתוֹ יִסָּעוּ׃ עַל־
פִּי יהוה יַחֲנוּ וְעַל־פִּי יהוה יִסָּעוּ אֶת־מִשְׁמֶרֶת יהוה שָׁמָרוּ עַל־
פִּי יהוה בְּיַד־מֹשֶׁה׃

י א ב וַיְדַבֵּר יהוה אֶל־מֹשֶׁה לֵּאמֹר׃ עֲשֵׂה לְךָ שְׁתֵּי חֲצוֹצְרֹת כֶּסֶף ט
מִקְשָׁה תַּעֲשֶׂה אֹתָם וְהָיוּ לְךָ לְמִקְרָא הָעֵדָה וּלְמַסַּע אֶת־
ג הַמַּחֲנוֹת׃ וְתָקְעוּ בָּהֵן וְנוֹעֲדוּ אֵלֶיךָ כָּל־הָעֵדָה אֶל־פֶּתַח אֹהֶל
ד מוֹעֵד׃ וְאִם־בְּאַחַת יִתְקָעוּ וְנוֹעֲדוּ אֵלֶיךָ הַנְּשִׂיאִים רָאשֵׁי
ה אַלְפֵי יִשְׂרָאֵל׃ וּתְקַעְתֶּם תְּרוּעָה וְנָסְעוּ הַמַּחֲנוֹת הַחֹנִים קֵדְמָה׃
ו וּתְקַעְתֶּם תְּרוּעָה שֵׁנִית וְנָסְעוּ הַמַּחֲנוֹת הַחֹנִים תֵּימָנָה תְּרוּעָה
ז יִתְקְעוּ לְמַסְעֵיהֶם׃ וּבְהַקְהִיל אֶת־הַקָּהָל תִּתְקְעוּ וְלֹא תָרִיעוּ׃
ח וּבְנֵי אַהֲרֹן הַכֹּהֲנִים יִתְקְעוּ בַּחֲצֹצְרוֹת וְהָיוּ לָכֶם לְחֻקַּת עוֹלָם
ט לְדֹרֹתֵיכֶם׃ וְכִי־תָבֹאוּ מִלְחָמָה בְּאַרְצְכֶם עַל־הַצַּר הַצֹּרֵר אֶתְכֶם
וַהֲרֵעֹתֶם בַּחֲצֹצְרוֹת וְנִזְכַּרְתֶּם לִפְנֵי יהוה אֱלֹהֵיכֶם וְנוֹשַׁעְתֶּם
י מֵאֹיְבֵיכֶם׃ וּבְיוֹם שִׂמְחַתְכֶם וּבְמוֹעֲדֵיכֶם וּבְרָאשֵׁי חָדְשֵׁכֶם
וּתְקַעְתֶּם בַּחֲצֹצְרֹת עַל עֹלֹתֵיכֶם וְעַל זִבְחֵי שַׁלְמֵיכֶם וְהָיוּ לָכֶם
לְזִכָּרוֹן לִפְנֵי אֱלֹהֵיכֶם אֲנִי יהוה אֱלֹהֵיכֶם׃

יא וַיְהִי בַּשָּׁנָה הַשֵּׁנִית בַּחֹדֶשׁ הַשֵּׁנִי בְּעֶשְׂרִים בַּחֹדֶשׁ נַעֲלָה הֶעָנָן חמישי
יב מֵעַל מִשְׁכַּן הָעֵדֻת׃ וַיִּסְעוּ בְנֵי־יִשְׂרָאֵל לְמַסְעֵיהֶם מִמִּדְבַּר סִינָי
יג וַיִּשְׁכֹּן הֶעָנָן בְּמִדְבַּר פָּארָן׃ וַיִּסְעוּ בָּרִאשֹׁנָה עַל־פִּי יהוה בְּיַד־
יד מֹשֶׁה׃ וַיִּסַּע דֶּגֶל מַחֲנֵה בְנֵי־יְהוּדָה בָּרִאשֹׁנָה לְצִבְאֹתָם וְעַל־
טו צְבָאוֹ נַחְשׁוֹן בֶּן־עַמִּינָדָב׃ וְעַל־צְבָא מַטֵּה בְּנֵי יִשָּׂשכָר נְתַנְאֵל
טז יז בֶּן־צוּעָר׃ וְעַל־צְבָא מַטֵּה בְּנֵי זְבוּלֻן אֱלִיאָב בֶּן־חֵלֹן׃ וְהוּרַד
יח הַמִּשְׁכָּן וְנָסְעוּ בְנֵי־גֵרְשׁוֹן וּבְנֵי מְרָרִי נֹשְׂאֵי הַמִּשְׁכָּן׃ וְנָסַע דֶּגֶל
יט מַחֲנֵה רְאוּבֵן לְצִבְאֹתָם וְעַל־צְבָאוֹ אֱלִיצוּר בֶּן־שְׁדֵיאוּר׃ וְעַל־
כ צְבָא מַטֵּה בְּנֵי שִׁמְעוֹן שְׁלֻמִיאֵל בֶּן־צוּרִישַׁדָּי׃ וְעַל־צְבָא מַטֵּה
כא בְנֵי־גָד אֶלְיָסָף בֶּן־דְּעוּאֵל׃ וְנָסְעוּ הַקְּהָתִים נֹשְׂאֵי הַמִּקְדָּשׁ
כב וְהֵקִימוּ אֶת־הַמִּשְׁכָּן עַד־בֹּאָם׃ וְנָסַע דֶּגֶל מַחֲנֵה בְנֵי־אֶפְרַיִם

כג לְצִבְאֹתָם וְעַל־צְבָאוֹ אֱלִישָׁמָע בֶּן־עַמִּיהוּד: וְעַל־צְבָא מַטֵּה
כד בְּנֵי מְנַשֶּׁה גַּמְלִיאֵל בֶּן־פְּדָהצוּר: וְעַל־צְבָא מַטֵּה בְּנֵי בִנְיָמִן
כה אֲבִידָן בֶּן־גִּדְעוֹנִי: וְנָסַע דֶּגֶל מַחֲנֵה בְנֵי־דָן מְאַסֵּף לְכָל־
כו הַמַּחֲנֹת לְצִבְאֹתָם וְעַל־צְבָאוֹ אֲחִיעֶזֶר בֶּן־עַמִּישַׁדָּי: וְעַל־
כז צְבָא מַטֵּה בְּנֵי אָשֵׁר פַּגְעִיאֵל בֶּן־עָכְרָן: וְעַל־צְבָא מַטֵּה
כח בְּנֵי נַפְתָּלִי אֲחִירַע בֶּן־עֵינָן: אֵלֶּה מַסְעֵי בְנֵי־יִשְׂרָאֵל לְצִבְאֹתָם
כט וַיִּסָּעוּ: וַיֹּאמֶר מֹשֶׁה לְחֹבָב בֶּן־רְעוּאֵל הַמִּדְיָנִי
חֹתֵן מֹשֶׁה נֹסְעִים | אֲנַחְנוּ אֶל־הַמָּקוֹם אֲשֶׁר אָמַר יהוה אֹתוֹ
אֶתֵּן לָכֶם לְכָה אִתָּנוּ וְהֵטַבְנוּ לָךְ כִּי־יהוה דִּבֶּר־טוֹב עַל־יִשְׂרָאֵל:
ל וַיֹּאמֶר אֵלָיו לֹא אֵלֵךְ כִּי אִם־אֶל־אַרְצִי וְאֶל־מוֹלַדְתִּי אֵלֵךְ:
לא וַיֹּאמֶר אַל־נָא תַּעֲזֹב אֹתָנוּ כִּי | עַל־כֵּן יָדַעְתָּ חֲנֹתֵנוּ בַּמִּדְבָּר
לב וְהָיִיתָ לָּנוּ לְעֵינָיִם: וְהָיָה כִּי־תֵלֵךְ עִמָּנוּ וְהָיָה | הַטּוֹב הַהוּא
לג אֲשֶׁר יֵיטִיב יהוה עִמָּנוּ וְהֵטַבְנוּ לָךְ: וַיִּסְעוּ מֵהַר יהוה דֶּרֶךְ
שְׁלֹשֶׁת יָמִים וַאֲרוֹן בְּרִית־יהוה נֹסֵעַ לִפְנֵיהֶם דֶּרֶךְ שְׁלֹשֶׁת
לד יָמִים לָתוּר לָהֶם מְנוּחָה: וַעֲנַן יהוה עֲלֵיהֶם יוֹמָם בְּנָסְעָם מִן־
ששי לה הַמַּחֲנֶה: ׆ וַיְהִי בִּנְסֹעַ הָאָרֹן וַיֹּאמֶר מֹשֶׁה קוּמָה |
לו יהוה וְיָפֻצוּ אֹיְבֶיךָ וְיָנֻסוּ מְשַׂנְאֶיךָ מִפָּנֶיךָ: וּבְנֻחֹה יֹאמַר שׁוּבָה
יהוה רִבְבוֹת אַלְפֵי יִשְׂרָאֵל: ׆

יא א וַיְהִי הָעָם כְּמִתְאֹנְנִים רַע בְּאָזְנֵי יהוה וַיִּשְׁמַע יהוה וַיִּחַר אַפּוֹ
ב וַתִּבְעַר־בָּם אֵשׁ יהוה וַתֹּאכַל בִּקְצֵה הַמַּחֲנֶה: וַיִּצְעַק הָעָם
ג אֶל־מֹשֶׁה וַיִּתְפַּלֵּל מֹשֶׁה אֶל־יהוה וַתִּשְׁקַע הָאֵשׁ: וַיִּקְרָא שֵׁם־
ד הַמָּקוֹם הַהוּא תַּבְעֵרָה כִּי־בָעֲרָה בָם אֵשׁ יהוה: וְהָאסַפְסֻף
אֲשֶׁר בְּקִרְבּוֹ הִתְאַוּוּ תַּאֲוָה וַיָּשֻׁבוּ וַיִּבְכּוּ גַּם בְּנֵי יִשְׂרָאֵל וַיֹּאמְרוּ
ה מִי יַאֲכִלֵנוּ בָּשָׂר: זָכַרְנוּ אֶת־הַדָּגָה אֲשֶׁר־נֹאכַל בְּמִצְרַיִם חִנָּם
אֵת הַקִּשֻּׁאִים וְאֵת הָאֲבַטִּחִים וְאֶת־הֶחָצִיר וְאֶת־הַבְּצָלִים
ו וְאֶת־הַשּׁוּמִים: וְעַתָּה נַפְשֵׁנוּ יְבֵשָׁה אֵין כֹּל בִּלְתִּי אֶל־הַמָּן
ז ח עֵינֵינוּ: וְהַמָּן כִּזְרַע־גַּד הוּא וְעֵינוֹ כְּעֵין הַבְּדֹלַח: שָׁטוּ הָעָם

יא

וְלָקְט֜וּ וְטָחֲנ֣וּ בָרֵחַ֗יִם א֤וֹ דָכוּ֙ בַּמְּדֹכָ֔ה וּבִשְּׁלוּ֙ בַּפָּר֔וּר וְעָשׂ֥וּ אֹת֖וֹ
ט עֻג֑וֹת וְהָיָ֣ה טַעְמ֔וֹ כְּטַ֖עַם לְשַׁ֥ד הַשָּֽׁמֶן׃ וּבְרֶ֧דֶת הַטַּ֛ל עַל־הַֽמַּחֲנֶ֖ה
י לָ֑יְלָה יֵרֵ֥ד הַמָּ֖ן עָלָֽיו׃ וַיִּשְׁמַ֨ע מֹשֶׁ֜ה אֶת־הָעָ֗ם בֹּכֶה֙ לְמִשְׁפְּחֹתָ֔יו
יא אִ֖ישׁ לְפֶ֣תַח אָהֳל֑וֹ וַיִּֽחַר־אַ֤ף יְהוָה֙ מְאֹ֔ד וּבְעֵינֵ֥י מֹשֶׁ֖ה רָֽע׃ וַיֹּ֨אמֶר
מֹשֶׁ֜ה אֶל־יְהוָ֗ה לָמָ֤ה הֲרֵעֹ֙תָ֙ לְעַבְדֶּ֔ךָ וְלָ֛מָּה לֹא־מָצָ֥תִי חֵ֖ן בְּעֵינֶ֑יךָ
יב לָשׂ֗וּם אֶת־מַשָּׂ֛א כָּל־הָעָ֥ם הַזֶּ֖ה עָלָֽי׃ הֶאָנֹכִ֣י הָרִ֗יתִי אֵ֚ת כָּל־הָעָ֣ם
הַזֶּ֔ה אִם־אָנֹכִ֖י יְלִדְתִּ֑יהוּ כִּֽי־תֹאמַ֨ר אֵלַ֜י שָׂאֵ֣הוּ בְחֵיקֶ֗ךָ כַּאֲשֶׁ֨ר
יִשָּׂ֤א הָאֹמֵן֙ אֶת־הַיֹּנֵ֔ק עַ֚ל הָֽאֲדָמָ֔ה אֲשֶׁ֥ר נִשְׁבַּ֖עְתָּ לַאֲבֹתָֽיו׃
יג מֵאַ֤יִן לִי֙ בָּשָׂ֔ר לָתֵ֖ת לְכָל־הָעָ֣ם הַזֶּ֑ה כִּֽי־יִבְכּ֤וּ עָלַי֙ לֵאמֹ֔ר תְּנָה־
יד לָּ֥נוּ בָשָׂ֖ר וְנֹאכֵֽלָה׃ לֹֽא־אוּכַ֤ל אָֽנֹכִי֙ לְבַדִּ֔י לָשֵׂ֖את אֶת־כָּל־הָעָ֣ם
טו הַזֶּ֑ה כִּ֥י כָבֵ֖ד מִמֶּֽנִּי׃ וְאִם־כָּ֣כָה ׀ אַתְּ־עֹ֣שֶׂה לִּ֗י הָרְגֵ֤נִי נָא֙ הָרֹ֔ג אִם־
מָצָ֥אתִי חֵ֖ן בְּעֵינֶ֑יךָ וְאַל־אֶרְאֶ֖ה בְּרָעָתִֽי׃
טז וַיֹּ֨אמֶר יְהוָ֜ה אֶל־מֹשֶׁ֗ה אֶסְפָה־לִּ֞י שִׁבְעִ֣ים אִישׁ֮ מִזִּקְנֵ֣י יִשְׂרָאֵל֒ י
אֲשֶׁ֣ר יָדַ֔עְתָּ כִּי־הֵ֛ם זִקְנֵ֥י הָעָ֖ם וְשֹׁטְרָ֑יו וְלָקַחְתָּ֤ אֹתָם֙ אֶל־אֹ֣הֶל
יז מוֹעֵ֔ד וְהִֽתְיַצְּב֥וּ שָׁ֖ם עִמָּֽךְ׃ וְיָרַדְתִּ֗י וְדִבַּרְתִּ֣י עִמְּךָ֮ שָׁם֒ וְאָצַלְתִּ֗י
מִן־הָר֛וּחַ אֲשֶׁ֥ר עָלֶ֖יךָ וְשַׂמְתִּ֣י עֲלֵיהֶ֑ם וְנָשְׂא֤וּ אִתְּךָ֙ בְּמַשָּׂ֣א
יח הָעָ֔ם וְלֹֽא־תִשָּׂ֥א אַתָּ֖ה לְבַדֶּֽךָ׃ וְאֶל־הָעָ֨ם תֹּאמַ֜ר הִתְקַדְּשׁ֣וּ
לְמָחָר֮ וַאֲכַלְתֶּ֣ם בָּשָׂר֒ כִּ֚י בְּכִיתֶ֜ם בְּאָזְנֵ֨י יְהוָ֜ה לֵאמֹ֗ר מִ֤י יַאֲכִלֵ֙נוּ֙
בָּשָׂ֔ר כִּי־ט֥וֹב לָ֖נוּ בְּמִצְרָ֑יִם וְנָתַ֨ן יְהוָ֥ה לָכֶ֛ם בָּשָׂ֖ר וַאֲכַלְתֶּֽם׃
יט לֹ֣א י֥וֹם אֶחָ֛ד תֹּאכְל֖וּן וְלֹ֣א יוֹמָ֑יִם וְלֹ֣א ׀ חֲמִשָּׁ֣ה יָמִ֗ים וְלֹא֙
כ עֲשָׂרָ֣ה יָמִ֔ים וְלֹ֖א עֶשְׂרִ֥ים יֽוֹם׃ עַ֣ד ׀ חֹ֣דֶשׁ יָמִ֗ים עַ֤ד אֲשֶׁר־
יֵצֵא֙ מֵֽאַפְּכֶ֔ם וְהָיָ֥ה לָכֶ֖ם לְזָרָ֑א יַ֗עַן כִּֽי־מְאַסְתֶּ֤ם אֶת־יְהוָה֙
אֲשֶׁ֣ר בְּקִרְבְּכֶ֔ם וַתִּבְכּ֤וּ לְפָנָיו֙ לֵאמֹ֔ר לָ֥מָּה זֶּ֖ה יָצָ֥אנוּ מִמִּצְרָֽיִם׃
כא וַיֹּ֘אמֶר֮ מֹשֶׁה֒ שֵׁשׁ־מֵא֥וֹת אֶ֙לֶף֙ רַגְלִ֔י הָעָ֕ם אֲשֶׁ֥ר אָנֹכִ֖י בְּקִרְבּ֑וֹ
כב וְאַתָּ֣ה אָמַ֗רְתָּ בָּשָׂר֙ אֶתֵּ֣ן לָהֶ֔ם וְאָכְל֖וּ חֹ֥דֶשׁ יָמִֽים׃ הֲצֹ֧אן וּבָקָ֛ר
יִשָּׁחֵ֥ט לָהֶ֖ם וּמָצָ֣א לָהֶ֑ם אִ֣ם אֶת־כָּל־דְּגֵ֥י הַיָּ֛ם יֵאָסֵ֥ף לָהֶ֖ם וּמָצָ֥א
לָהֶֽם׃

יא וַיֹּאמֶר יְהוָה אֶל־מֹשֶׁה הֲיַד יְהוָה תִּקְצָר עַתָּה תִרְאֶה הֲיִקְרְךָ כג
דְבָרִי אִם־לֹא׃ וַיֵּצֵא מֹשֶׁה וַיְדַבֵּר אֶל־הָעָם אֵת דִּבְרֵי יְהוָה כד
וַיֶּאֱסֹף שִׁבְעִים אִישׁ מִזִּקְנֵי הָעָם וַיַּעֲמֵד אֹתָם סְבִיבֹת הָאֹהֶל׃
וַיֵּרֶד יְהוָה ׀ בֶּעָנָן וַיְדַבֵּר אֵלָיו וַיָּאצֶל מִן־הָרוּחַ אֲשֶׁר עָלָיו וַיִּתֵּן כה
עַל־שִׁבְעִים אִישׁ הַזְּקֵנִים וַיְהִי כְּנוֹחַ עֲלֵיהֶם הָרוּחַ וַיִּתְנַבְּאוּ
וְלֹא יָסָפוּ׃ וַיִּשָּׁאֲרוּ שְׁנֵי־אֲנָשִׁים ׀ בַּמַּחֲנֶה שֵׁם הָאֶחָד ׀ אֶלְדָּד כו
וְשֵׁם הַשֵּׁנִי מֵידָד וַתָּנַח עֲלֵהֶם הָרוּחַ וְהֵמָּה בַּכְּתֻבִים וְלֹא יָצְאוּ
הָאֹהֱלָה וַיִּתְנַבְּאוּ בַּמַּחֲנֶה׃ וַיָּרָץ הַנַּעַר וַיַּגֵּד לְמֹשֶׁה וַיֹּאמַר כז
אֶלְדָּד וּמֵידָד מִתְנַבְּאִים בַּמַּחֲנֶה׃ וַיַּעַן יְהוֹשֻׁעַ בִּן־נוּן מְשָׁרֵת כח
מֹשֶׁה מִבְּחֻרָיו וַיֹּאמַר אֲדֹנִי מֹשֶׁה כְּלָאֵם׃ וַיֹּאמֶר לוֹ מֹשֶׁה כט
הַמְקַנֵּא אַתָּה לִי וּמִי יִתֵּן כָּל־עַם יְהוָה נְבִיאִים כִּי־יִתֵּן יְהוָה
שביעי אֶת־רוּחוֹ עֲלֵיהֶם׃ וַיֵּאָסֵף מֹשֶׁה אֶל־הַמַּחֲנֶה הוּא וְזִקְנֵי יִשְׂרָאֵל׃ ל
וְרוּחַ נָסַע ׀ מֵאֵת יְהוָה וַיָּגָז שַׂלְוִים מִן־הַיָּם וַיִּטֹּשׁ עַל־הַמַּחֲנֶה לא
כְּדֶרֶךְ יוֹם כֹּה וּכְדֶרֶךְ יוֹם כֹּה סְבִיבוֹת הַמַּחֲנֶה וּכְאַמָּתַיִם עַל־
פְּנֵי הָאָרֶץ׃ וַיָּקָם הָעָם כָּל־הַיּוֹם הַהוּא וְכָל־הַלַּיְלָה וְכֹל ׀ יוֹם לב
הַמָּחֳרָת וַיַּאַסְפוּ אֶת־הַשְּׂלָו הַמַּמְעִיט אָסַף עֲשָׂרָה חֳמָרִים
וַיִּשְׁטְחוּ לָהֶם שָׁטוֹחַ סְבִיבוֹת הַמַּחֲנֶה׃ הַבָּשָׂר עוֹדֶנּוּ בֵּין שִׁנֵּיהֶם לג
טֶרֶם יִכָּרֵת וְאַף יְהוָה חָרָה בָעָם וַיַּךְ יְהוָה בָּעָם מַכָּה רַבָּה
מְאֹד׃ וַיִּקְרָא אֶת־שֵׁם־הַמָּקוֹם הַהוּא קִבְרוֹת הַתַּאֲוָה כִּי־ לד
שָׁם קָבְרוּ אֶת־הָעָם הַמִּתְאַוִּים׃ מִקִּבְרוֹת הַתַּאֲוָה נָסְעוּ הָעָם לה
חֲצֵרוֹת וַיִּהְיוּ בַּחֲצֵרוֹת׃
וַתְּדַבֵּר מִרְיָם וְאַהֲרֹן בְּמֹשֶׁה עַל־אֹדוֹת הָאִשָּׁה הַכֻּשִׁית אֲשֶׁר א יב
לָקָח כִּי־אִשָּׁה כֻשִׁית לָקָח׃ וַיֹּאמְרוּ הֲרַק אַךְ־בְּמֹשֶׁה דִּבֶּר יְהוָה ב
הֲלֹא גַּם־בָּנוּ דִבֵּר וַיִּשְׁמַע יְהוָה׃ וְהָאִישׁ מֹשֶׁה עָנָו מְאֹד מִכֹּל ג
הָאָדָם אֲשֶׁר עַל־פְּנֵי הָאֲדָמָה׃ וַיֹּאמֶר יְהוָה ד
פִּתְאֹם אֶל־מֹשֶׁה וְאֶל־אַהֲרֹן וְאֶל־מִרְיָם צְאוּ שְׁלָשְׁתְּכֶם אֶל־
אֹהֶל מוֹעֵד וַיֵּצְאוּ שְׁלָשְׁתָּם׃ וַיֵּרֶד יְהוָה בְּעַמּוּד עָנָן וַיַּעֲמֹד ה

ו פֶּ֣תַח הָאֹ֔הֶל וַיִּקְרָא֙ אַהֲרֹ֣ן וּמִרְיָ֔ם וַיֵּצְא֖וּ שְׁנֵיהֶֽם׃ וַיֹּ֖אמֶר שִׁמְעוּ־
נָ֣א דְבָרָ֑י אִם־יִֽהְיֶה֙ נְבִ֣יאֲכֶ֔ם יְהוָ֗ה בַּמַּרְאָה֙ אֵלָ֣יו אֶתְוַדָּ֔ע בַּחֲל֖וֹם
ז ח אֲדַבֶּר־בּֽוֹ׃ לֹא־כֵ֖ן עַבְדִּ֣י מֹשֶׁ֑ה בְּכָל־בֵּיתִ֖י נֶאֱמָ֥ן הֽוּא׃ פֶּ֣ה
אֶל־פֶּ֞ה אֲדַבֶּר־בּ֗וֹ וּמַרְאֶה֙ וְלֹ֣א בְחִידֹ֔ת וּתְמֻנַ֥ת יְהוָ֖ה יַבִּ֑יט
ט וּמַדּ֙וּעַ֙ לֹ֣א יְרֵאתֶ֔ם לְדַבֵּ֖ר בְּעַבְדִּ֥י בְמֹשֶֽׁה׃ וַיִּֽחַר־אַ֧ף יְהוָ֛ה בָּ֖ם
י וַיֵּלַֽךְ׃ וְהֶעָנָ֗ן סָ֚ר מֵעַ֣ל הָאֹ֔הֶל וְהִנֵּ֥ה מִרְיָ֖ם מְצֹרַ֣עַת כַּשָּׁ֑לֶג
יא וַיִּ֧פֶן אַהֲרֹ֛ן אֶל־מִרְיָ֖ם וְהִנֵּ֥ה מְצֹרָֽעַת׃ וַיֹּ֥אמֶר אַהֲרֹ֖ן אֶל־
מֹשֶׁ֑ה בִּ֣י אֲדֹנִ֔י אַל־נָ֨א תָשֵׁ֤ת עָלֵ֙ינוּ֙ חַטָּ֔את אֲשֶׁ֥ר נוֹאַ֖לְנוּ וַאֲשֶׁ֥ר
יב חָטָֽאנוּ׃ אַל־נָ֥א תְהִ֖י כַּמֵּ֑ת אֲשֶׁ֤ר בְּצֵאתוֹ֙ מֵרֶ֣חֶם אִמּ֔וֹ וַיֵּאָכֵ֖ל
יג חֲצִ֥י בְשָׂרֽוֹ׃ וַיִּצְעַ֣ק מֹשֶׁ֔ה אֶל־יְהוָ֖ה לֵאמֹ֑ר אֵ֕ל נָ֛א רְפָ֥א נָ֖א
לָֽהּ׃
יד מפטיר וַיֹּ֨אמֶר יְהוָ֜ה אֶל־מֹשֶׁ֗ה וְאָבִ֙יהָ֙ יָרֹ֤ק יָרַק֙ בְּפָנֶ֔יהָ הֲלֹ֥א תִכָּלֵ֖ם
שִׁבְעַ֣ת יָמִ֑ים תִּסָּגֵ֞ר שִׁבְעַ֤ת יָמִים֙ מִח֣וּץ לַֽמַּחֲנֶ֔ה וְאַחַ֖ר תֵּאָסֵֽף׃
טו וַתִּסָּגֵ֥ר מִרְיָ֛ם מִח֥וּץ לַֽמַּחֲנֶ֖ה שִׁבְעַ֣ת יָמִ֑ים וְהָעָם֙ לֹ֣א נָסַ֔ע
טז עַד־הֵאָסֵ֖ף מִרְיָֽם׃ וְאַחַ֛ר נָסְע֥וּ הָעָ֖ם מֵחֲצֵר֑וֹת וַֽיַּחֲנ֖וּ בְּמִדְבַּ֥ר
פָּארָֽן׃

יב שלח יג א ב וַיְדַבֵּ֥ר יְהוָ֖ה אֶל־מֹשֶׁ֥ה לֵּאמֹֽר׃ שְׁלַח־לְךָ֣ אֲנָשִׁ֗ים וְיָתֻ֙רוּ֙ אֶת־
אֶ֣רֶץ כְּנַ֔עַן אֲשֶׁר־אֲנִ֥י נֹתֵ֖ן לִבְנֵ֣י יִשְׂרָאֵ֑ל אִ֣ישׁ אֶחָד֩ אִ֨ישׁ אֶחָ֜ד
ג לְמַטֵּ֤ה אֲבֹתָיו֙ תִּשְׁלָ֔חוּ כֹּ֖ל נָשִׂ֥יא בָהֶֽם׃ וַיִּשְׁלַ֨ח אֹתָ֥ם מֹשֶׁ֛ה
מִמִּדְבַּ֥ר פָּארָ֖ן עַל־פִּ֣י יְהוָ֑ה כֻּלָּ֣ם אֲנָשִׁ֔ים רָאשֵׁ֥י בְנֵֽי־יִשְׂרָאֵ֖ל
ד ה הֵֽמָּה׃ וְאֵ֖לֶּה שְׁמוֹתָ֑ם לְמַטֵּ֣ה רְאוּבֵ֔ן שַׁמּ֖וּעַ בֶּן־זַכּֽוּר׃ לְמַטֵּ֣ה
ו ז שִׁמְע֔וֹן שָׁפָ֖ט בֶּן־חוֹרִֽי׃ לְמַטֵּ֣ה יְהוּדָ֔ה כָּלֵ֖ב בֶּן־יְפֻנֶּֽה׃ לְמַטֵּ֣ה
ח ט יִשָּׂשכָ֔ר יִגְאָ֖ל בֶּן־יוֹסֵֽף׃ לְמַטֵּ֥ה אֶפְרָ֖יִם הוֹשֵׁ֥עַ בִּן־נֽוּן׃ לְמַטֵּ֣ה
י יא בִנְיָמִ֔ן פַּלְטִ֖י בֶּן־רָפֽוּא׃ לְמַטֵּ֣ה זְבוּלֻ֔ן גַּדִּיאֵ֖ל בֶּן־סוֹדִֽי׃ לְמַטֵּ֥ה
יב יוֹסֵ֖ף לְמַטֵּ֣ה מְנַשֶּׁ֑ה גַּדִּ֖י בֶּן־סוּסִֽי׃ לְמַטֵּ֣ה דָ֔ן עַמִּיאֵ֖ל בֶּן־גְּמַלִּֽי׃
יג יד לְמַטֵּ֣ה אָשֵׁ֔ר סְת֖וּר בֶּן־מִיכָאֵֽל׃ לְמַטֵּ֥ה נַפְתָּלִ֖י נַחְבִּ֥י בֶּן־וָפְסִֽי׃
טו טז לְמַטֵּ֣ה גָ֔ד גְּאוּאֵ֖ל בֶּן־מָכִֽי׃ אֵ֚לֶּה שְׁמ֣וֹת הָֽאֲנָשִׁ֔ים אֲשֶׁר־שָׁלַ֥ח

מֹשֶׁה לָתוּר אֶת־הָאָרֶץ וַיִּקְרָא מֹשֶׁה לְהוֹשֵׁעַ בִּן־נוּן יְהוֹשֻׁעַ׃
יז וַיִּשְׁלַח אֹתָם מֹשֶׁה לָתוּר אֶת־אֶרֶץ כְּנָעַן וַיֹּאמֶר אֲלֵהֶם עֲלוּ
יח זֶה בַּנֶּגֶב וַעֲלִיתֶם אֶת־הָהָר׃ וּרְאִיתֶם אֶת־הָאָרֶץ מַה־הִוא
וְאֶת־הָעָם הַיֹּשֵׁב עָלֶיהָ הֶחָזָק הוּא הֲרָפֶה הַמְעַט הוּא אִם־
יט רָב׃ וּמָה הָאָרֶץ אֲשֶׁר־הוּא יֹשֵׁב בָּהּ הֲטוֹבָה הִוא אִם־רָעָה
וּמָה הֶעָרִים אֲשֶׁר־הוּא יוֹשֵׁב בָּהֵנָּה הַבְּמַחֲנִים אִם בְּמִבְצָרִים׃
כ וּמָה הָאָרֶץ הַשְּׁמֵנָה הִוא אִם־רָזָה הֲיֵשׁ־בָּהּ עֵץ אִם־אַיִן
וְהִתְחַזַּקְתֶּם וּלְקַחְתֶּם מִפְּרִי הָאָרֶץ וְהַיָּמִים יְמֵי בִּכּוּרֵי עֲנָבִים׃
כא וַיַּעֲלוּ וַיָּתֻרוּ אֶת־הָאָרֶץ מִמִּדְבַּר־צִן עַד־רְחֹב לְבֹא חֲמָת׃ שני
כב וַיַּעֲלוּ בַנֶּגֶב וַיָּבֹא עַד־חֶבְרוֹן וְשָׁם אֲחִימַן שֵׁשַׁי וְתַלְמַי יְלִידֵי
כג הָעֲנָק וְחֶבְרוֹן שֶׁבַע שָׁנִים נִבְנְתָה לִפְנֵי צֹעַן מִצְרָיִם׃ וַיָּבֹאוּ
עַד־נַחַל אֶשְׁכֹּל וַיִּכְרְתוּ מִשָּׁם זְמוֹרָה וְאֶשְׁכּוֹל עֲנָבִים אֶחָד
כד וַיִּשָּׂאֻהוּ בַמּוֹט בִּשְׁנָיִם וּמִן־הָרִמֹּנִים וּמִן־הַתְּאֵנִים׃ לַמָּקוֹם
הַהוּא קָרָא נַחַל אֶשְׁכּוֹל עַל אֹדוֹת הָאֶשְׁכּוֹל אֲשֶׁר־כָּרְתוּ מִשָּׁם
כה כו בְּנֵי יִשְׂרָאֵל׃ וַיָּשֻׁבוּ מִתּוּר הָאָרֶץ מִקֵּץ אַרְבָּעִים יוֹם׃ וַיֵּלְכוּ
וַיָּבֹאוּ אֶל־מֹשֶׁה וְאֶל־אַהֲרֹן וְאֶל־כָּל־עֲדַת בְּנֵי־יִשְׂרָאֵל אֶל־
מִדְבַּר פָּארָן קָדֵשָׁה וַיָּשִׁיבוּ אֹתָם דָּבָר וְאֶת־כָּל־הָעֵדָה וַיַּרְאוּם
כז אֶת־פְּרִי הָאָרֶץ׃ וַיְסַפְּרוּ־לוֹ וַיֹּאמְרוּ בָּאנוּ אֶל־הָאָרֶץ אֲשֶׁר
כח שְׁלַחְתָּנוּ וְגַם זָבַת חָלָב וּדְבַשׁ הִוא וְזֶה־פִּרְיָהּ׃ אֶפֶס כִּי־עַז
הָעָם הַיֹּשֵׁב בָּאָרֶץ וְהֶעָרִים בְּצֻרוֹת גְּדֹלֹת מְאֹד וְגַם־יְלִדֵי
כט הָעֲנָק רָאִינוּ שָׁם׃ עֲמָלֵק יוֹשֵׁב בְּאֶרֶץ הַנֶּגֶב וְהַחִתִּי וְהַיְבוּסִי
וְהָאֱמֹרִי יוֹשֵׁב בָּהָר וְהַכְּנַעֲנִי יֹשֵׁב עַל־הַיָּם וְעַל יַד הַיַּרְדֵּן׃
ל וַיַּהַס כָּלֵב אֶת־הָעָם אֶל־מֹשֶׁה וַיֹּאמֶר עָלֹה נַעֲלֶה וְיָרַשְׁנוּ
לא אֹתָהּ כִּי־יָכוֹל נוּכַל לָהּ׃ וְהָאֲנָשִׁים אֲשֶׁר עָלוּ עִמּוֹ אָמְרוּ לֹא
לב נוּכַל לַעֲלוֹת אֶל־הָעָם כִּי־חָזָק הוּא מִמֶּנּוּ׃ וַיֹּצִיאוּ דִּבַּת הָאָרֶץ
אֲשֶׁר תָּרוּ אֹתָהּ אֶל־בְּנֵי יִשְׂרָאֵל לֵאמֹר הָאָרֶץ אֲשֶׁר עָבַרְנוּ
בָהּ לָתוּר אֹתָהּ אֶרֶץ אֹכֶלֶת יוֹשְׁבֶיהָ הִוא וְכָל־הָעָם אֲשֶׁר־

לג רָאִינוּ בְתוֹכָהּ אַנְשֵׁי מִדּוֹת: וְשָׁם רָאִינוּ אֶת־הַנְּפִילִים בְּנֵי
עֲנָק מִן־הַנְּפִלִים וַנְּהִי בְעֵינֵינוּ כַּחֲגָבִים וְכֵן הָיִינוּ בְּעֵינֵיהֶם:
יד א וַתִּשָּׂא כָּל־הָעֵדָה וַיִּתְּנוּ אֶת־קוֹלָם וַיִּבְכּוּ הָעָם בַּלַּיְלָה הַהוּא:
ב וַיִּלֹּנוּ עַל־מֹשֶׁה וְעַל־אַהֲרֹן כֹּל בְּנֵי יִשְׂרָאֵל וַיֹּאמְרוּ אֲלֵהֶם כָּל־
הָעֵדָה לוּ־מַתְנוּ בְּאֶרֶץ מִצְרַיִם אוֹ בַּמִּדְבָּר הַזֶּה לוּ־מָתְנוּ:
ג וְלָמָה יהוה מֵבִיא אֹתָנוּ אֶל־הָאָרֶץ הַזֹּאת לִנְפֹּל בַּחֶרֶב נָשֵׁינוּ
ד וְטַפֵּנוּ יִהְיוּ לָבַז הֲלוֹא טוֹב לָנוּ שׁוּב מִצְרָיְמָה: וַיֹּאמְרוּ אִישׁ
ה אֶל־אָחִיו נִתְּנָה רֹאשׁ וְנָשׁוּבָה מִצְרָיְמָה: וַיִּפֹּל מֹשֶׁה וְאַהֲרֹן
ו עַל־פְּנֵיהֶם לִפְנֵי כָּל־קְהַל עֲדַת בְּנֵי יִשְׂרָאֵל: וִיהוֹשֻׁעַ בִּן־נוּן
ז וְכָלֵב בֶּן־יְפֻנֶּה מִן־הַתָּרִים אֶת־הָאָרֶץ קָרְעוּ בִּגְדֵיהֶם: וַיֹּאמְרוּ
אֶל־כָּל־עֲדַת בְּנֵי־יִשְׂרָאֵל לֵאמֹר הָאָרֶץ אֲשֶׁר עָבַרְנוּ בָהּ לָתוּר
ח אֹתָהּ טוֹבָה הָאָרֶץ מְאֹד מְאֹד: אִם־חָפֵץ בָּנוּ יהוה וְהֵבִיא שלישי
אֹתָנוּ אֶל־הָאָרֶץ הַזֹּאת וּנְתָנָהּ לָנוּ אֶרֶץ אֲשֶׁר־הִוא זָבַת חָלָב
ט וּדְבָשׁ: אַךְ בַּיהוה אַל־תִּמְרֹדוּ וְאַתֶּם אַל־תִּירְאוּ אֶת־עַם הָאָרֶץ
כִּי לַחְמֵנוּ הֵם סָר צִלָּם מֵעֲלֵיהֶם וַיהוה אִתָּנוּ אַל־תִּירָאֻם:
י וַיֹּאמְרוּ כָּל־הָעֵדָה לִרְגּוֹם אֹתָם בָּאֲבָנִים וּכְבוֹד יהוה נִרְאָה
בְּאֹהֶל מוֹעֵד אֶל־כָּל־בְּנֵי יִשְׂרָאֵל:

יא וַיֹּאמֶר יהוה אֶל־מֹשֶׁה עַד־אָנָה יְנַאֲצֻנִי הָעָם הַזֶּה וְעַד־אָנָה יג
יב לֹא־יַאֲמִינוּ בִי בְּכֹל הָאֹתוֹת אֲשֶׁר עָשִׂיתִי בְּקִרְבּוֹ: אַכֶּנּוּ בַדֶּבֶר
יג וְאוֹרִשֶׁנּוּ וְאֶעֱשֶׂה אֹתְךָ לְגוֹי־גָּדוֹל וְעָצוּם מִמֶּנּוּ: וַיֹּאמֶר מֹשֶׁה
אֶל־יהוה וְשָׁמְעוּ מִצְרַיִם כִּי־הֶעֱלִיתָ בְכֹחֲךָ אֶת־הָעָם הַזֶּה
יד מִקִּרְבּוֹ: וְאָמְרוּ אֶל־יוֹשֵׁב הָאָרֶץ הַזֹּאת שָׁמְעוּ כִּי־אַתָּה יהוה
בְּקֶרֶב הָעָם הַזֶּה אֲשֶׁר־עַיִן בְּעַיִן נִרְאָה ׀ אַתָּה יהוה וַעֲנָנְךָ
עֹמֵד עֲלֵהֶם וּבְעַמֻּד עָנָן אַתָּה הֹלֵךְ לִפְנֵיהֶם יוֹמָם וּבְעַמּוּד אֵשׁ
טו לָיְלָה: וְהֵמַתָּה אֶת־הָעָם הַזֶּה כְּאִישׁ אֶחָד וְאָמְרוּ הַגּוֹיִם אֲשֶׁר־
טז שָׁמְעוּ אֶת־שִׁמְעֲךָ לֵאמֹר: מִבִּלְתִּי יְכֹלֶת יהוה לְהָבִיא אֶת־
יז הָעָם הַזֶּה אֶל־הָאָרֶץ אֲשֶׁר־נִשְׁבַּע לָהֶם וַיִּשְׁחָטֵם בַּמִּדְבָּר: וְעַתָּה

יח יגדל־נא כח אדני כאשר דברת לאמר: יהוה ארך אפים
ורב־חסד נשא עון ופשע ונקה לא ינקה פקד עון אבות על־
יט בנים על־שלשים ועל־רבעים: סלח־נא לעון העם הזה כגדל
כ חסדך וכאשר נשאתה לעם הזה ממצרים ועד־הנה: ויאמר
כא יהוה סלחתי כדברך: ואולם חי־אני וימלא כבוד־יהוה את־
כב כל־הארץ: כי כל־האנשים הראים את־כבדי ואת־אתתי
אשר־עשיתי במצרים ובמדבר וינסו אתי זה עשר פעמים
כג ולא שמעו בקולי: אם־יראו את־הארץ אשר נשבעתי לאבתם
כד וכל־מנאצי לא יראוה: ועבדי כלב עקב היתה רוח אחרת
עמו וימלא אחרי והביאתיו אל־הארץ אשר־בא שמה וזרעו
כה יורשנה: והעמלקי והכנעני יושב בעמק מחר פנו וסעו לכם
המדבר דרך ים־סוף:
רביעי כו כז וידבר יהוה אל־משה ואל־אהרן לאמר: עד־מתי לעדה
הרעה הזאת אשר המה מלינים עלי את־תלנות בני ישראל
כח אשר המה מלינים עלי שמעתי: אמר אלהם חי־אני נאם־
כט יהוה אם־לא כאשר דברתם באזני כן אעשה לכם: במדבר
הזה יפלו פגריכם וכל־פקדיכם לכל־מספרכם מבן עשרים
ל שנה ומעלה אשר הלינתם עלי: אם־אתם תבאו אל־הארץ
אשר נשאתי את־ידי לשכן אתכם בה כי אם־כלב בן־יפנה
לא ויהושע בן־נון: וטפכם אשר אמרתם לבז יהיה והביאתי
לב אתם וידעו את־הארץ אשר מאסתם בה: ופגריכם אתם
לג יפלו במדבר הזה: ובניכם יהיו רעים במדבר ארבעים שנה
לד ונשאו את־זנותיכם עד־תם פגריכם במדבר: במספר הימים
אשר־תרתם את־הארץ ארבעים יום יום לשנה יום לשנה
תשאו את־עונתיכם ארבעים שנה וידעתם את־תנואתי:
לה אני יהוה דברתי אם־לא ׀ זאת אעשה לכל־העדה הרעה
לו הזאת הנועדים עלי במדבר הזה יתמו ושם ימתו: והאנשים

אֲשֶׁר־שָׁלַח מֹשֶׁה לָתוּר אֶת־הָאָרֶץ וַיָּשֻׁבוּ וילונו עָלָיו אֶת־ וַיַּלִּינוּ
לז כָּל־הָעֵדָה לְהוֹצִיא דִבָּה עַל־הָאָרֶץ׃ וַיָּמֻתוּ הָאֲנָשִׁים מוֹצִאֵי
לח דִבַּת־הָאָרֶץ רָעָה בַּמַּגֵּפָה לִפְנֵי יְהוָה׃ וִיהוֹשֻׁעַ בִּן־נוּן וְכָלֵב
בֶּן־יְפֻנֶּה חָיוּ מִן־הָאֲנָשִׁים הָהֵם הַהֹלְכִים לָתוּר אֶת־הָאָרֶץ׃
לט וַיְדַבֵּר מֹשֶׁה אֶת־הַדְּבָרִים הָאֵלֶּה אֶל־כָּל־בְּנֵי יִשְׂרָאֵל וַיִּתְאַבְּלוּ
מ הָעָם מְאֹד׃ וַיַּשְׁכִּמוּ בַבֹּקֶר וַיַּעֲלוּ אֶל־רֹאשׁ־הָהָר לֵאמֹר
מא הִנֶּנּוּ וְעָלִינוּ אֶל־הַמָּקוֹם אֲשֶׁר־אָמַר יְהוָה כִּי חָטָאנוּ׃ וַיֹּאמֶר
מֹשֶׁה לָמָּה זֶּה אַתֶּם עֹבְרִים אֶת־פִּי יְהוָה וְהִוא לֹא תִצְלָח׃
מב אַל־תַּעֲלוּ כִּי אֵין יְהוָה בְּקִרְבְּכֶם וְלֹא תִּנָּגְפוּ לִפְנֵי אֹיְבֵיכֶם׃
מג כִּי הָעֲמָלֵקִי וְהַכְּנַעֲנִי שָׁם לִפְנֵיכֶם וּנְפַלְתֶּם בֶּחָרֶב כִּי־עַל־כֵּן
מד שַׁבְתֶּם מֵאַחֲרֵי יְהוָה וְלֹא־יִהְיֶה יְהוָה עִמָּכֶם׃ וַיַּעְפִּלוּ לַעֲלוֹת
אֶל־רֹאשׁ הָהָר וַאֲרוֹן בְּרִית־יְהוָה וּמֹשֶׁה לֹא־מָשׁוּ מִקֶּרֶב
מה הַמַּחֲנֶה׃ וַיֵּרֶד הָעֲמָלֵקִי וְהַכְּנַעֲנִי הַיֹּשֵׁב בָּהָר הַהוּא וַיַּכּוּם
וַיַּכְּתוּם עַד־הַחָרְמָה׃

טו א ב וַיְדַבֵּר יְהוָה אֶל־מֹשֶׁה לֵּאמֹר׃ דַּבֵּר אֶל־בְּנֵי יִשְׂרָאֵל וְאָמַרְתָּ יד
אֲלֵהֶם כִּי תָבֹאוּ אֶל־אֶרֶץ מוֹשְׁבֹתֵיכֶם אֲשֶׁר אֲנִי נֹתֵן לָכֶם׃
ג וַעֲשִׂיתֶם אִשֶּׁה לַיהוָה עֹלָה אוֹ־זֶבַח לְפַלֵּא־נֶדֶר אוֹ בִנְדָבָה
אוֹ בְּמֹעֲדֵיכֶם לַעֲשׂוֹת רֵיחַ נִיחֹחַ לַיהוָה מִן־הַבָּקָר אוֹ מִן־
ד הַצֹּאן׃ וְהִקְרִיב הַמַּקְרִיב קָרְבָּנוֹ לַיהוָה מִנְחָה סֹלֶת עִשָּׂרוֹן
ה בָּלוּל בִּרְבִעִית הַהִין שָׁמֶן׃ וְיַיִן לַנֶּסֶךְ רְבִיעִית הַהִין תַּעֲשֶׂה
ו עַל־הָעֹלָה אוֹ לַזָּבַח לַכֶּבֶשׂ הָאֶחָד׃ אוֹ לָאַיִל תַּעֲשֶׂה מִנְחָה
ז סֹלֶת שְׁנֵי עֶשְׂרֹנִים בְּלוּלָה בַשֶּׁמֶן שְׁלִשִׁית הַהִין׃ וְיַיִן לַנֶּסֶךְ
ח שְׁלִשִׁית הַהִין תַּקְרִיב רֵיחַ־נִיחֹחַ לַיהוָה׃ וְכִי־תַעֲשֶׂה בֶן־בָּקָר חמישי
ט עֹלָה אוֹ־זָבַח לְפַלֵּא־נֶדֶר אוֹ־שְׁלָמִים לַיהוָה׃ וְהִקְרִיב עַל־
בֶּן־הַבָּקָר מִנְחָה סֹלֶת שְׁלֹשָׁה עֶשְׂרֹנִים בָּלוּל בַּשֶּׁמֶן חֲצִי הַהִין׃
י יא וְיַיִן תַּקְרִיב לַנֶּסֶךְ חֲצִי הַהִין אִשֵּׁה רֵיחַ־נִיחֹחַ לַיהוָה׃ כָּכָה
יֵעָשֶׂה לַשּׁוֹר הָאֶחָד אוֹ לָאַיִל הָאֶחָד אוֹ־לַשֶּׂה בַכְּבָשִׂים אוֹ

בָּעִזִּים׃ כַּמִּסְפָּר אֲשֶׁר תַּעֲשׂוּ כָּכָה תַּעֲשׂוּ לָאֶחָד כְּמִסְפָּרָם׃ יב
כָּל־הָאֶזְרָח יַעֲשֶׂה־כָּכָה אֶת־אֵלֶּה לְהַקְרִיב אִשֵּׁה רֵיחַ־נִיחֹחַ יג
לַיהוָה׃ וְכִי־יָגוּר אִתְּכֶם גֵּר אוֹ אֲשֶׁר־בְּתוֹכְכֶם לְדֹרֹתֵיכֶם וְעָשָׂה יד
אִשֵּׁה רֵיחַ־נִיחֹחַ לַיהוָה כַּאֲשֶׁר תַּעֲשׂוּ כֵּן יַעֲשֶׂה׃ הַקָּהָל חֻקָּה טו
אַחַת לָכֶם וְלַגֵּר הַגָּר חֻקַּת עוֹלָם לְדֹרֹתֵיכֶם כָּכֶם כַּגֵּר יִהְיֶה
לִפְנֵי יהוָה׃ תּוֹרָה אַחַת וּמִשְׁפָּט אֶחָד יִהְיֶה לָכֶם וְלַגֵּר הַגָּר טז
אִתְּכֶם׃

ששי וַיְדַבֵּר יהוָה אֶל־מֹשֶׁה לֵּאמֹר׃ דַּבֵּר אֶל־בְּנֵי יִשְׂרָאֵל וְאָמַרְתָּ יז יח
אֲלֵהֶם בְּבֹאֲכֶם אֶל־הָאָרֶץ אֲשֶׁר אֲנִי מֵבִיא אֶתְכֶם שָׁמָּה׃ וְהָיָה יט
בַּאֲכָלְכֶם מִלֶּחֶם הָאָרֶץ תָּרִימוּ תְרוּמָה לַיהוָה׃ רֵאשִׁית עֲרִסֹתֵכֶם כ
חַלָּה תָּרִימוּ תְרוּמָה כִּתְרוּמַת גֹּרֶן כֵּן תָּרִימוּ אֹתָהּ׃ מֵרֵאשִׁית כא
עֲרִסֹתֵיכֶם תִּתְּנוּ לַיהוָה תְּרוּמָה לְדֹרֹתֵיכֶם׃ וְכִי כב
תִשְׁגּוּ וְלֹא תַעֲשׂוּ אֵת כָּל־הַמִּצְוֺת הָאֵלֶּה אֲשֶׁר־דִּבֶּר יהוָה
אֶל־מֹשֶׁה׃ אֵת כָּל־אֲשֶׁר צִוָּה יהוָה אֲלֵיכֶם בְּיַד־מֹשֶׁה מִן־ כג
הַיּוֹם אֲשֶׁר צִוָּה יהוָה וָהָלְאָה לְדֹרֹתֵיכֶם׃ וְהָיָה אִם מֵעֵינֵי כד
הָעֵדָה נֶעֶשְׂתָה לִשְׁגָגָה וְעָשׂוּ כָל־הָעֵדָה פַּר בֶּן־בָּקָר אֶחָד
לְעֹלָה לְרֵיחַ נִיחֹחַ לַיהוָה וּמִנְחָתוֹ וְנִסְכּוֹ כַּמִּשְׁפָּט וּשְׂעִיר־עִזִּים
אֶחָד לְחַטָּת׃ וְכִפֶּר הַכֹּהֵן עַל־כָּל־עֲדַת בְּנֵי יִשְׂרָאֵל וְנִסְלַח כה
לָהֶם כִּי־שְׁגָגָה הִוא וְהֵם הֵבִיאוּ אֶת־קָרְבָּנָם אִשֶּׁה לַיהוָה
וְחַטָּאתָם לִפְנֵי יהוָה עַל־שִׁגְגָתָם׃ וְנִסְלַח לְכָל־עֲדַת בְּנֵי יִשְׂרָאֵל כו
שביעי וְלַגֵּר הַגָּר בְּתוֹכָם כִּי לְכָל־הָעָם בִּשְׁגָגָה׃ וְאִם־ כז
נֶפֶשׁ אַחַת תֶּחֱטָא בִשְׁגָגָה וְהִקְרִיבָה עֵז בַּת־שְׁנָתָהּ לְחַטָּאת׃
וְכִפֶּר הַכֹּהֵן עַל־הַנֶּפֶשׁ הַשֹּׁגֶגֶת בְּחֶטְאָה בִשְׁגָגָה לִפְנֵי יהוָה כח
לְכַפֵּר עָלָיו וְנִסְלַח לוֹ׃ הָאֶזְרָח בִּבְנֵי יִשְׂרָאֵל וְלַגֵּר הַגָּר בְּתוֹכָם כט
תּוֹרָה אַחַת יִהְיֶה לָכֶם לָעֹשֶׂה בִּשְׁגָגָה׃ וְהַנֶּפֶשׁ אֲשֶׁר־תַּעֲשֶׂה ל
בְּיָד רָמָה מִן־הָאֶזְרָח וּמִן־הַגֵּר אֶת־יהוָה הוּא מְגַדֵּף וְנִכְרְתָה
הַנֶּפֶשׁ הַהִוא מִקֶּרֶב עַמָּהּ׃ כִּי דְבַר־יהוָה בָּזָה וְאֶת־מִצְוָתוֹ לא

הֵפַר הִכָּרֵת ׀ תִּכָּרֵת הַנֶּפֶשׁ הַהִוא עֲוֺנָה בָהּ׃
לב וַיִּהְיוּ בְנֵי־יִשְׂרָאֵל בַּמִּדְבָּר וַיִּמְצְאוּ אִישׁ מְקֹשֵׁשׁ עֵצִים בְּיוֹם
לג הַשַּׁבָּת׃ וַיַּקְרִיבוּ אֹתוֹ הַמֹּצְאִים אֹתוֹ מְקֹשֵׁשׁ עֵצִים אֶל־מֹשֶׁה
לד וְאֶל־אַהֲרֹן וְאֶל כָּל־הָעֵדָה׃ וַיַּנִּיחוּ אֹתוֹ בַּמִּשְׁמָר כִּי לֹא פֹרַשׁ
לה מַה־יֵּעָשֶׂה לוֹ׃ וַיֹּאמֶר יהוה אֶל־מֹשֶׁה מוֹת
יוּמַת הָאִישׁ רָגוֹם אֹתוֹ בָאֲבָנִים כָּל־הָעֵדָה מִחוּץ לַמַּחֲנֶה׃
לו וַיֹּצִיאוּ אֹתוֹ כָּל־הָעֵדָה אֶל־מִחוּץ לַמַּחֲנֶה וַיִּרְגְּמוּ אֹתוֹ בָּאֲבָנִים
וַיָּמֹת כַּאֲשֶׁר צִוָּה יהוה אֶת־מֹשֶׁה׃
לז לח וַיֹּאמֶר יהוה אֶל־מֹשֶׁה לֵּאמֹר׃ דַּבֵּר אֶל־בְּנֵי יִשְׂרָאֵל וְאָמַרְתָּ מפטיר
אֲלֵהֶם וְעָשׂוּ לָהֶם צִיצִת עַל־כַּנְפֵי בִגְדֵיהֶם לְדֹרֹתָם וְנָתְנוּ עַל־
לט צִיצִת הַכָּנָף פְּתִיל תְּכֵלֶת׃ וְהָיָה לָכֶם לְצִיצִת וּרְאִיתֶם אֹתוֹ
וּזְכַרְתֶּם אֶת־כָּל־מִצְוֺת יהוה וַעֲשִׂיתֶם אֹתָם וְלֹא תָתוּרוּ אַחֲרֵי
מ לְבַבְכֶם וְאַחֲרֵי עֵינֵיכֶם אֲשֶׁר־אַתֶּם זֹנִים אַחֲרֵיהֶם׃ לְמַעַן תִּזְכְּרוּ
מא וַעֲשִׂיתֶם אֶת־כָּל־מִצְוֺתָי וִהְיִיתֶם קְדֹשִׁים לֵאלֹהֵיכֶם׃ אֲנִי יהוה
אֱלֹהֵיכֶם אֲשֶׁר הוֹצֵאתִי אֶתְכֶם מֵאֶרֶץ מִצְרַיִם לִהְיוֹת לָכֶם
לֵאלֹהִים אֲנִי יהוה אֱלֹהֵיכֶם׃

טז א וַיִּקַּח קֹרַח בֶּן־יִצְהָר בֶּן־קְהָת בֶּן־לֵוִי וְדָתָן וַאֲבִירָם בְּנֵי אֱלִיאָב טו קרח
ב וְאוֹן בֶּן־פֶּלֶת בְּנֵי רְאוּבֵן׃ וַיָּקֻמוּ לִפְנֵי מֹשֶׁה וַאֲנָשִׁים מִבְּנֵי־
יִשְׂרָאֵל חֲמִשִּׁים וּמָאתָיִם נְשִׂיאֵי עֵדָה קְרִאֵי מוֹעֵד אַנְשֵׁי־שֵׁם׃
ג וַיִּקָּהֲלוּ עַל־מֹשֶׁה וְעַל־אַהֲרֹן וַיֹּאמְרוּ אֲלֵהֶם רַב־לָכֶם כִּי כָל־
הָעֵדָה כֻּלָּם קְדֹשִׁים וּבְתוֹכָם יהוה וּמַדּוּעַ תִּתְנַשְּׂאוּ עַל־קְהַל
ד ה יהוה׃ וַיִּשְׁמַע מֹשֶׁה וַיִּפֹּל עַל־פָּנָיו׃ וַיְדַבֵּר אֶל־קֹרַח וְאֶל־כָּל־
עֲדָתוֹ לֵאמֹר בֹּקֶר וְיֹדַע יהוה אֶת־אֲשֶׁר־לוֹ וְאֶת־הַקָּדוֹשׁ וְהִקְרִיב
ו אֵלָיו וְאֵת אֲשֶׁר יִבְחַר־בּוֹ יַקְרִיב אֵלָיו׃ זֹאת עֲשׂוּ קְחוּ־לָכֶם
ז מַחְתּוֹת קֹרַח וְכָל־עֲדָתוֹ׃ וּתְנוּ־בָהֵן ׀ אֵשׁ וְשִׂימוּ עֲלֵיהֶן ׀ קְטֹרֶת
לִפְנֵי יהוה מָחָר וְהָיָה הָאִישׁ אֲשֶׁר־יִבְחַר יהוה הוּא הַקָּדוֹשׁ
ח רַב־לָכֶם בְּנֵי לֵוִי׃ וַיֹּאמֶר מֹשֶׁה אֶל־קֹרַח שִׁמְעוּ־נָא בְּנֵי לֵוִי׃

ט הַמְעַט מִכֶּם כִּי־הִבְדִּיל אֱלֹהֵי יִשְׂרָאֵל אֶתְכֶם מֵעֲדַת יִשְׂרָאֵל
לְהַקְרִיב אֶתְכֶם אֵלָיו לַעֲבֹד אֶת־עֲבֹדַת מִשְׁכַּן יְהוָה וְלַעֲמֹד
י לִפְנֵי הָעֵדָה לְשָׁרְתָם׃ וַיַּקְרֵב אֹתְךָ וְאֶת־כָּל־אַחֶיךָ בְנֵי־לֵוִי אִתָּךְ
יא וּבִקַּשְׁתֶּם גַּם־כְּהֻנָּה׃ לָכֵן אַתָּה וְכָל־עֲדָתְךָ הַנֹּעָדִים עַל־יְהוָה
יב וְאַהֲרֹן מַה־הוּא כִּי תלונו עָלָיו׃ וַיִּשְׁלַח מֹשֶׁה לִקְרֹא לְדָתָן תַּלִּינוּ
יג וְלַאֲבִירָם בְּנֵי אֱלִיאָב וַיֹּאמְרוּ לֹא נַעֲלֶה׃ הַמְעַט כִּי הֶעֱלִיתָנוּ
מֵאֶרֶץ זָבַת חָלָב וּדְבַשׁ לַהֲמִיתֵנוּ בַּמִּדְבָּר כִּי־תִשְׂתָּרֵר עָלֵינוּ
יד גַּם־הִשְׂתָּרֵר׃ אַף לֹא אֶל־אֶרֶץ זָבַת חָלָב וּדְבַשׁ הֲבִיאֹתָנוּ שני
וַתִּתֶּן־לָנוּ נַחֲלַת שָׂדֶה וָכָרֶם הַעֵינֵי הָאֲנָשִׁים הָהֵם תְּנַקֵּר לֹא
טו נַעֲלֶה׃ וַיִּחַר לְמֹשֶׁה מְאֹד וַיֹּאמֶר אֶל־יְהוָה אַל־תֵּפֶן אֶל־
מִנְחָתָם לֹא חֲמוֹר אֶחָד מֵהֶם נָשָׂאתִי וְלֹא הֲרֵעֹתִי אֶת־אַחַד
טז מֵהֶם׃ וַיֹּאמֶר מֹשֶׁה אֶל־קֹרַח אַתָּה וְכָל־עֲדָתְךָ הֱיוּ לִפְנֵי יְהוָה
יז אַתָּה וָהֵם וְאַהֲרֹן מָחָר׃ וּקְחוּ ׀ אִישׁ מַחְתָּתוֹ וּנְתַתֶּם עֲלֵיהֶם
קְטֹרֶת וְהִקְרַבְתֶּם לִפְנֵי יְהוָה אִישׁ מַחְתָּתוֹ חֲמִשִּׁים וּמָאתַיִם
יח מַחְתֹּת וְאַתָּה וְאַהֲרֹן אִישׁ מַחְתָּתוֹ׃ וַיִּקְחוּ אִישׁ מַחְתָּתוֹ וַיִּתְּנוּ
עֲלֵיהֶם אֵשׁ וַיָּשִׂימוּ עֲלֵיהֶם קְטֹרֶת וַיַּעַמְדוּ פֶּתַח אֹהֶל מוֹעֵד
יט וּמֹשֶׁה וְאַהֲרֹן׃ וַיַּקְהֵל עֲלֵיהֶם קֹרַח אֶת־כָּל־הָעֵדָה אֶל־פֶּתַח אֹהֶל
כ מוֹעֵד וַיֵּרָא כְבוֹד־יְהוָה אֶל־כָּל־הָעֵדָה׃ וַיְדַבֵּר שלישי
כא יְהוָה אֶל־מֹשֶׁה וְאֶל־אַהֲרֹן לֵאמֹר׃ הִבָּדְלוּ מִתּוֹךְ הָעֵדָה
כב הַזֹּאת וַאֲכַלֶּה אֹתָם כְּרָגַע׃ וַיִּפְּלוּ עַל־פְּנֵיהֶם וַיֹּאמְרוּ אֵל
אֱלֹהֵי הָרוּחֹת לְכָל־בָּשָׂר הָאִישׁ אֶחָד יֶחֱטָא וְעַל כָּל־הָעֵדָה
כג כד תִּקְצֹף׃ וַיְדַבֵּר יְהוָה אֶל־מֹשֶׁה לֵּאמֹר׃ דַּבֵּר
אֶל־הָעֵדָה לֵאמֹר הֵעָלוּ מִסָּבִיב לְמִשְׁכַּן־קֹרַח דָּתָן וַאֲבִירָם׃
כה וַיָּקָם מֹשֶׁה וַיֵּלֶךְ אֶל־דָּתָן וַאֲבִירָם וַיֵּלְכוּ אַחֲרָיו זִקְנֵי יִשְׂרָאֵל׃
כו וַיְדַבֵּר אֶל־הָעֵדָה לֵאמֹר סוּרוּ נָא מֵעַל אָהֳלֵי הָאֲנָשִׁים הָרְשָׁעִים
הָאֵלֶּה וְאַל־תִּגְּעוּ בְּכָל־אֲשֶׁר לָהֶם פֶּן־תִּסָּפוּ בְּכָל־חַטֹּאתָם׃
כז וַיֵּעָלוּ מֵעַל מִשְׁכַּן־קֹרַח דָּתָן וַאֲבִירָם מִסָּבִיב וְדָתָן וַאֲבִירָם

כח יָצְאוּ נִצָּבִים פֶּתַח אׇהֳלֵיהֶם וּנְשֵׁיהֶם וּבְנֵיהֶם וְטַפָּם׃ וַיֹּאמֶר
מֹשֶׁה בְּזֹאת תֵּדְעוּן כִּי־יְהוָה שְׁלָחַנִי לַעֲשׂוֹת אֵת כׇּל־הַמַּעֲשִׂים
כט הָאֵלֶּה כִּי־לֹא מִלִּבִּי׃ אִם־כְּמוֹת כׇּל־הָאָדָם יְמֻתוּן אֵלֶּה וּפְקֻדַּת
ל כׇּל־הָאָדָם יִפָּקֵד עֲלֵיהֶם לֹא יְהוָה שְׁלָחָנִי׃ וְאִם־בְּרִיאָה יִבְרָא
יְהוָה וּפָצְתָה הָאֲדָמָה אֶת־פִּיהָ וּבָלְעָה אֹתָם וְאֶת־כׇּל־אֲשֶׁר
לָהֶם וְיָרְדוּ חַיִּים שְׁאֹלָה וִידַעְתֶּם כִּי נִאֲצוּ הָאֲנָשִׁים הָאֵלֶּה
לא אֶת־יְהוָה׃ וַיְהִי כְּכַלֹּתוֹ לְדַבֵּר אֵת כׇּל־הַדְּבָרִים הָאֵלֶּה וַתִּבָּקַע
לב הָאֲדָמָה אֲשֶׁר תַּחְתֵּיהֶם׃ וַתִּפְתַּח הָאָרֶץ אֶת־פִּיהָ וַתִּבְלַע אֹתָם
לג וְאֶת־בָּתֵּיהֶם וְאֵת כׇּל־הָאָדָם אֲשֶׁר לְקֹרַח וְאֵת כׇּל־הָרְכוּשׁ׃ וַיֵּרְדוּ
הֵם וְכׇל־אֲשֶׁר לָהֶם חַיִּים שְׁאֹלָה וַתְּכַס עֲלֵיהֶם הָאָרֶץ וַיֹּאבְדוּ
לד מִתּוֹךְ הַקָּהָל׃ וְכׇל־יִשְׂרָאֵל אֲשֶׁר סְבִיבֹתֵיהֶם נָסוּ לְקֹלָם כִּי
לה אָמְרוּ פֶּן־תִּבְלָעֵנוּ הָאָרֶץ׃ וְאֵשׁ יָצְאָה מֵאֵת יְהוָה וַתֹּאכַל אֵת
יז א הַחֲמִשִּׁים וּמָאתַיִם אִישׁ מַקְרִיבֵי הַקְּטֹרֶת׃ וַיְדַבֵּר
ב יְהוָה אֶל־מֹשֶׁה לֵּאמֹר׃ אֱמֹר אֶל־אֶלְעָזָר בֶּן־אַהֲרֹן הַכֹּהֵן וְיָרֵם
אֶת־הַמַּחְתֹּת מִבֵּין הַשְּׂרֵפָה וְאֶת־הָאֵשׁ זְרֵה־הָלְאָה כִּי קָדֵשׁוּ׃
ג אֵת מַחְתּוֹת הַחַטָּאִים הָאֵלֶּה בְּנַפְשֹׁתָם וְעָשׂוּ אֹתָם רִקֻּעֵי
פַחִים צִפּוּי לַמִּזְבֵּחַ כִּי־הִקְרִיבֻם לִפְנֵי־יְהוָה וַיִּקְדָּשׁוּ וְיִהְיוּ לְאוֹת
ד לִבְנֵי יִשְׂרָאֵל׃ וַיִּקַּח אֶלְעָזָר הַכֹּהֵן אֵת מַחְתּוֹת הַנְּחֹשֶׁת אֲשֶׁר
ה הִקְרִיבוּ הַשְּׂרֻפִים וַיְרַקְּעוּם צִפּוּי לַמִּזְבֵּחַ׃ זִכָּרוֹן לִבְנֵי יִשְׂרָאֵל
לְמַעַן אֲשֶׁר לֹא־יִקְרַב אִישׁ זָר אֲשֶׁר לֹא מִזֶּרַע אַהֲרֹן הוּא
לְהַקְטִיר קְטֹרֶת לִפְנֵי יְהוָה וְלֹא־יִהְיֶה כְקֹרַח וְכַעֲדָתוֹ כַּאֲשֶׁר
דִּבֶּר יְהוָה בְּיַד־מֹשֶׁה לוֹ׃

ו וַיִּלֹּנוּ כׇּל־עֲדַת בְּנֵי־יִשְׂרָאֵל מִמָּחֳרָת עַל־מֹשֶׁה וְעַל־אַהֲרֹן
ז לֵאמֹר אַתֶּם הֲמִתֶּם אֶת־עַם יְהוָה׃ וַיְהִי בְּהִקָּהֵל הָעֵדָה
עַל־מֹשֶׁה וְעַל־אַהֲרֹן וַיִּפְנוּ אֶל־אֹהֶל מוֹעֵד וְהִנֵּה כִסָּהוּ
ח הֶעָנָן וַיֵּרָא כְּבוֹד יְהוָה׃ וַיָּבֹא מֹשֶׁה וְאַהֲרֹן אֶל־פְּנֵי אֹהֶל
ט מוֹעֵד׃ וַיְדַבֵּר יְהוָה אֶל־מֹשֶׁה לֵּאמֹר׃ הֵרֹמּוּ רביעי

מִתּוֹךְ הָעֵדָה הַזֹּאת וַאֲכַלֶּה אֹתָם כְּרָגַע וַיִּפְּלוּ עַל־פְּנֵיהֶם׃
וַיֹּאמֶר מֹשֶׁה אֶל־אַהֲרֹן קַח אֶת־הַמַּחְתָּה וְתֶן־עָלֶיהָ אֵשׁ יא
מֵעַל הַמִּזְבֵּחַ וְשִׂים קְטֹרֶת וְהוֹלֵךְ מְהֵרָה אֶל־הָעֵדָה וְכַפֵּר
עֲלֵיהֶם כִּי־יָצָא הַקֶּצֶף מִלִּפְנֵי יְהוָה הֵחֵל הַנָּגֶף׃ וַיִּקַּח אַהֲרֹן יב
כַּאֲשֶׁר ׀ דִּבֶּר מֹשֶׁה וַיָּרָץ אֶל־תּוֹךְ הַקָּהָל וְהִנֵּה הֵחֵל הַנֶּגֶף בָּעָם
וַיִּתֵּן אֶת־הַקְּטֹרֶת וַיְכַפֵּר עַל־הָעָם׃ וַיַּעֲמֹד בֵּין־הַמֵּתִים וּבֵין יג
הַחַיִּים וַתֵּעָצַר הַמַּגֵּפָה׃ וַיִּהְיוּ הַמֵּתִים בַּמַּגֵּפָה אַרְבָּעָה עָשָׂר יד
אֶלֶף וּשְׁבַע מֵאוֹת מִלְּבַד הַמֵּתִים עַל־דְּבַר־קֹרַח׃ וַיָּשָׁב אַהֲרֹן טו
אֶל־מֹשֶׁה אֶל־פֶּתַח אֹהֶל מוֹעֵד וְהַמַּגֵּפָה נֶעֱצָרָה׃
חמישי טז וַיְדַבֵּר יְהוָה אֶל־מֹשֶׁה לֵּאמֹר׃ דַּבֵּר ׀ אֶל־בְּנֵי יִשְׂרָאֵל וְקַח טז יז
מֵאִתָּם מַטֶּה מַטֶּה לְבֵית אָב מֵאֵת כָּל־נְשִׂיאֵהֶם לְבֵית אֲבֹתָם
שְׁנֵים עָשָׂר מַטּוֹת אִישׁ אֶת־שְׁמוֹ תִּכְתֹּב עַל־מַטֵּהוּ׃ וְאֵת שֵׁם יח
אַהֲרֹן תִּכְתֹּב עַל־מַטֵּה לֵוִי כִּי מַטֶּה אֶחָד לְרֹאשׁ בֵּית אֲבוֹתָם׃
וְהִנַּחְתָּם בְּאֹהֶל מוֹעֵד לִפְנֵי הָעֵדוּת אֲשֶׁר אִוָּעֵד לָכֶם שָׁמָּה׃ יט
וְהָיָה הָאִישׁ אֲשֶׁר אֶבְחַר־בּוֹ מַטֵּהוּ יִפְרָח וַהֲשִׁכֹּתִי מֵעָלַי אֶת־ כ
תְּלֻנּוֹת בְּנֵי יִשְׂרָאֵל אֲשֶׁר הֵם מַלִּינִם עֲלֵיכֶם׃ וַיְדַבֵּר מֹשֶׁה כא
אֶל־בְּנֵי יִשְׂרָאֵל וַיִּתְּנוּ אֵלָיו ׀ כָּל־נְשִׂיאֵיהֶם מַטֶּה לְנָשִׂיא אֶחָד
מַטֶּה לְנָשִׂיא אֶחָד לְבֵית אֲבֹתָם שְׁנֵים עָשָׂר מַטּוֹת וּמַטֵּה
אַהֲרֹן בְּתוֹךְ מַטּוֹתָם׃ וַיַּנַּח מֹשֶׁה אֶת־הַמַּטֹּת לִפְנֵי יְהוָה בְּאֹהֶל כב
הָעֵדֻת׃ וַיְהִי מִמָּחֳרָת וַיָּבֹא מֹשֶׁה אֶל־אֹהֶל הָעֵדוּת וְהִנֵּה פָּרַח כג
מַטֵּה־אַהֲרֹן לְבֵית לֵוִי וַיֹּצֵא פֶרַח וַיָּצֵץ צִיץ וַיִּגְמֹל שְׁקֵדִים׃
וַיֹּצֵא מֹשֶׁה אֶת־כָּל־הַמַּטֹּת מִלִּפְנֵי יְהוָה אֶל־כָּל־בְּנֵי יִשְׂרָאֵל כד
וַיִּרְאוּ וַיִּקְחוּ אִישׁ מַטֵּהוּ׃
ששי וַיֹּאמֶר יְהוָה אֶל־מֹשֶׁה הָשֵׁב אֶת־מַטֵּה אַהֲרֹן לִפְנֵי הָעֵדוּת כה
לְמִשְׁמֶרֶת לְאוֹת לִבְנֵי־מֶרִי וּתְכַל תְּלוּנֹּתָם מֵעָלַי וְלֹא יָמֻתוּ׃
וַיַּעַשׂ מֹשֶׁה כַּאֲשֶׁר צִוָּה יְהוָה אֹתוֹ כֵּן עָשָׂה׃ כו
וַיֹּאמְרוּ בְּנֵי יִשְׂרָאֵל אֶל־מֹשֶׁה לֵּאמֹר הֵן גָּוַעְנוּ אָבַדְנוּ כֻּלָּנוּ כז

כח אָבַֽדְנוּ׃ כֹּל הַקָּרֵב ׀ הַקָּרֵב אֶל־מִשְׁכַּן יהוה יָמוּת הַאִם תַּמְנוּ
יח א לִגְוֺעַ׃ וַיֹּאמֶר יהוה אֶל־אַהֲרֹן אַתָּה וּבָנֶיךָ וּבֵית־
אָבִיךָ אִתָּךְ תִּשְׂאוּ אֶת־עֲוֺן הַמִּקְדָּשׁ וְאַתָּה וּבָנֶיךָ אִתָּךְ תִּשְׂאוּ
ב אֶת־עֲוֺן כְּהֻנַּתְכֶם׃ וְגַם אֶת־אַחֶיךָ מַטֵּה לֵוִי שֵׁבֶט אָבִיךָ הַקְרֵב
אִתָּךְ וְיִלָּווּ עָלֶיךָ וִישָׁרְתוּךָ וְאַתָּה וּבָנֶיךָ אִתָּךְ לִפְנֵי אֹהֶל הָעֵדֻת׃
ג וְשָׁמְרוּ מִשְׁמַרְתְּךָ וּמִשְׁמֶרֶת כָּל־הָאֹהֶל אַךְ אֶל־כְּלֵי הַקֹּדֶשׁ
ד וְאֶל־הַמִּזְבֵּחַ לֹא יִקְרָבוּ וְלֹא־יָמֻתוּ גַם־הֵם גַּם־אַתֶּם׃ וְנִלְווּ
עָלֶיךָ וְשָׁמְרוּ אֶת־מִשְׁמֶרֶת אֹהֶל מוֹעֵד לְכֹל עֲבֹדַת הָאֹהֶל
ה וְזָר לֹא־יִקְרַב אֲלֵיכֶם׃ וּשְׁמַרְתֶּם אֵת מִשְׁמֶרֶת הַקֹּדֶשׁ וְאֵת
ו מִשְׁמֶרֶת הַמִּזְבֵּחַ וְלֹא־יִהְיֶה עוֹד קֶצֶף עַל־בְּנֵי יִשְׂרָאֵל׃ וַאֲנִי
הִנֵּה לָקַחְתִּי אֶת־אֲחֵיכֶם הַלְוִיִּם מִתּוֹךְ בְּנֵי יִשְׂרָאֵל לָכֶם
ז מַתָּנָה נְתֻנִים לַיהוה לַעֲבֹד אֶת־עֲבֹדַת אֹהֶל מוֹעֵד׃ וְאַתָּה
וּבָנֶיךָ אִתְּךָ תִּשְׁמְרוּ אֶת־כְּהֻנַּתְכֶם לְכָל־דְּבַר הַמִּזְבֵּחַ וּלְמִבֵּית
לַפָּרֹכֶת וַעֲבַדְתֶּם עֲבֹדַת מַתָּנָה אֶתֵּן אֶת־כְּהֻנַּתְכֶם וְהַזָּר הַקָּרֵב
יוּמָת׃

ח וַיְדַבֵּר יהוה אֶל־אַהֲרֹן וַאֲנִי הִנֵּה נָתַתִּי לְךָ אֶת־מִשְׁמֶרֶת
תְּרוּמֹתָי לְכָל־קָדְשֵׁי בְנֵי־יִשְׂרָאֵל לְךָ נְתַתִּים לְמָשְׁחָה וּלְבָנֶיךָ
ט לְחָק־עוֹלָם׃ זֶה יִהְיֶה לְךָ מִקֹּדֶשׁ הַקֳּדָשִׁים מִן־הָאֵשׁ כָּל־קָרְבָּנָם
לְכָל־מִנְחָתָם וּלְכָל־חַטָּאתָם וּלְכָל־אֲשָׁמָם אֲשֶׁר יָשִׁיבוּ לִי
י קֹדֶשׁ קָדָשִׁים לְךָ הוּא וּלְבָנֶיךָ׃ בְּקֹדֶשׁ הַקֳּדָשִׁים תֹּאכְלֶנּוּ כָּל־
יא זָכָר יֹאכַל אֹתוֹ קֹדֶשׁ יִהְיֶה־לָּךְ׃ וְזֶה־לְּךָ תְּרוּמַת מַתָּנָם לְכָל־
תְּנוּפֹת בְּנֵי יִשְׂרָאֵל לְךָ נְתַתִּים וּלְבָנֶיךָ וְלִבְנֹתֶיךָ אִתְּךָ לְחָק־
יב עוֹלָם כָּל־טָהוֹר בְּבֵיתְךָ יֹאכַל אֹתוֹ׃ כֹּל חֵלֶב יִצְהָר וְכָל־חֵלֶב
יג תִּירוֹשׁ וְדָגָן רֵאשִׁיתָם אֲשֶׁר־יִתְּנוּ לַיהוה לְךָ נְתַתִּים׃ בִּכּוּרֵי
כָּל־אֲשֶׁר בְּאַרְצָם אֲשֶׁר־יָבִיאוּ לַיהוה לְךָ יִהְיֶה כָּל־טָהוֹר בְּבֵיתְךָ
יד טו יֹאכְלֶנּוּ׃ כָּל־חֵרֶם בְּיִשְׂרָאֵל לְךָ יִהְיֶה׃ כָּל־פֶּטֶר רֶחֶם לְכָל־
בָּשָׂר אֲשֶׁר־יַקְרִיבוּ לַיהוה בָּאָדָם וּבַבְּהֵמָה יִהְיֶה־לָּךְ אַךְ ׀ פָּדֹה

תפדה את בכור האדם ואת בכור־הבהמה הטמאה תפדה:
ופדויו מבן־חדש תפדה בערכך כסף חמשת שקלים בשקל טז
הקדש עשרים גרה הוא: אך בכור־שור או־בכור כשב או־ יז
בכור עז לא תפדה קדש הם את־דמם תזרק על־המזבח
ואת־חלבם תקטיר אשה לריח ניחח ליהוה: ובשרם יהיה־ יח
לך כחזה התנופה וכשוק הימין לך יהיה: כל ׀ תרומת יט
הקדשים אשר ירימו בני־ישראל ליהוה נתתי לך ולבניך
ולבנתיך אתך לחק־עולם ברית מלח עולם הוא לפני יהוה
לך ולזרעך אתך: ויאמר יהוה אל־אהרן בארצם לא תנחל כ
וחלק לא־יהיה לך בתוכם אני חלקך ונחלתך בתוך בני
ישראל: שביעי ולבני לוי הנה נתתי כל־מעשר בישראל כא
לנחלה חלף עבדתם אשר־הם עבדים את־עבדת אהל מועד:
ולא־יקרבו עוד בני ישראל אל־אהל מועד לשאת חטא כב
למות: ועבד הלוי הוא את־עבדת אהל מועד והם ישאו כג
עונם חקת עולם לדרתיכם ובתוך בני ישראל לא ינחלו
נחלה: כי את־מעשר בני־ישראל אשר ירימו ליהוה תרומה כד
נתתי ללוים לנחלה על־כן אמרתי להם בתוך בני ישראל
לא ינחלו נחלה:

יז וידבר יהוה אל־משה לאמר: ואל־הלוים תדבר ואמרת כה כו
אלהם כי־תקחו מאת בני־ישראל את־המעשר אשר נתתי
לכם מאתם בנחלתכם והרמתם ממנו תרומת יהוה מעשר
מן־המעשר: ונחשב לכם תרומתכם כדגן מן־הגרן וכמלאה כז
מן־היקב: כן תרימו גם־אתם תרומת יהוה מכל מעשרתיכם כח
אשר תקחו מאת בני ישראל ונתתם ממנו את־תרומת יהוה
לאהרן הכהן: מכל מתנתיכם תרימו את כל־תרומת יהוה כט
מפטיר מכל־חלבו את־מקדשו ממנו: ואמרת אלהם בהרימכם ל
את־חלבו ממנו ונחשב ללוים כתבואת גרן וכתבואת יקב:

לא וַאֲכַלְתֶּם אֹתוֹ בְּכָל־מָקוֹם אַתֶּם וּבֵיתְכֶם כִּי־שָׂכָר הוּא לָכֶם
לב חֵלֶף עֲבֹדַתְכֶם בְּאֹהֶל מוֹעֵד: וְלֹא־תִשְׂאוּ עָלָיו חֵטְא בַּהֲרִימְכֶם
אֶת־חֶלְבּוֹ מִמֶּנּוּ וְאֶת־קׇדְשֵׁי בְנֵי־יִשְׂרָאֵל לֹא תְחַלְּלוּ וְלֹא
תָמוּתוּ:

יט א ב וַיְדַבֵּר יהוה אֶל־מֹשֶׁה וְאֶל־אַהֲרֹן לֵאמֹר: זֹאת חֻקַּת הַתּוֹרָה חקת
אֲשֶׁר־צִוָּה יהוה לֵאמֹר דַּבֵּר ׀ אֶל־בְּנֵי יִשְׂרָאֵל וְיִקְחוּ אֵלֶיךָ פָרָה
אֲדֻמָּה תְּמִימָה אֲשֶׁר אֵין־בָּהּ מוּם אֲשֶׁר לֹא־עָלָה עָלֶיהָ עֹל:
ג וּנְתַתֶּם אֹתָהּ אֶל־אֶלְעָזָר הַכֹּהֵן וְהוֹצִיא אֹתָהּ אֶל־מִחוּץ לַמַּחֲנֶה
ד וְשָׁחַט אֹתָהּ לְפָנָיו: וְלָקַח אֶלְעָזָר הַכֹּהֵן מִדָּמָהּ בְּאֶצְבָּעוֹ וְהִזָּה
ה אֶל־נֹכַח פְּנֵי אֹהֶל־מוֹעֵד מִדָּמָהּ שֶׁבַע פְּעָמִים: וְשָׂרַף אֶת־
הַפָּרָה לְעֵינָיו אֶת־עֹרָהּ וְאֶת־בְּשָׂרָהּ וְאֶת־דָּמָהּ עַל־פִּרְשָׁהּ
ו יִשְׂרֹף: וְלָקַח הַכֹּהֵן עֵץ אֶרֶז וְאֵזוֹב וּשְׁנִי תוֹלָעַת וְהִשְׁלִיךְ אֶל־
ז תּוֹךְ שְׂרֵפַת הַפָּרָה: וְכִבֶּס בְּגָדָיו הַכֹּהֵן וְרָחַץ בְּשָׂרוֹ בַּמַּיִם
ח וְאַחַר יָבֹא אֶל־הַמַּחֲנֶה וְטָמֵא הַכֹּהֵן עַד־הָעָרֶב: וְהַשֹּׂרֵף אֹתָהּ
יְכַבֵּס בְּגָדָיו בַּמַּיִם וְרָחַץ בְּשָׂרוֹ בַּמָּיִם וְטָמֵא עַד־הָעָרֶב:
ט וְאָסַף ׀ אִישׁ טָהוֹר אֵת אֵפֶר הַפָּרָה וְהִנִּיחַ מִחוּץ לַמַּחֲנֶה בְּמָקוֹם
טָהוֹר וְהָיְתָה לַעֲדַת בְּנֵי־יִשְׂרָאֵל לְמִשְׁמֶרֶת לְמֵי נִדָּה חַטָּאת
י הִוא: וְכִבֶּס הָאֹסֵף אֶת־אֵפֶר הַפָּרָה אֶת־בְּגָדָיו וְטָמֵא עַד־
הָעָרֶב וְהָיְתָה לִבְנֵי יִשְׂרָאֵל וְלַגֵּר הַגָּר בְּתוֹכָם לְחֻקַּת עוֹלָם:
יא יב הַנֹּגֵעַ בְּמֵת לְכָל־נֶפֶשׁ אָדָם וְטָמֵא שִׁבְעַת יָמִים: הוּא יִתְחַטָּא־
בוֹ בַּיּוֹם הַשְּׁלִישִׁי וּבַיּוֹם הַשְּׁבִיעִי יִטְהָר וְאִם־לֹא יִתְחַטָּא בַּיּוֹם
יג הַשְּׁלִישִׁי וּבַיּוֹם הַשְּׁבִיעִי לֹא יִטְהָר: כָּל־הַנֹּגֵעַ בְּמֵת בְּנֶפֶשׁ
הָאָדָם אֲשֶׁר־יָמוּת וְלֹא יִתְחַטָּא אֶת־מִשְׁכַּן יהוה טִמֵּא וְנִכְרְתָה
הַנֶּפֶשׁ הַהִוא מִיִּשְׂרָאֵל כִּי מֵי נִדָּה לֹא־זֹרַק עָלָיו טָמֵא יִהְיֶה
יד עוֹד טֻמְאָתוֹ בוֹ: זֹאת הַתּוֹרָה אָדָם כִּי־יָמוּת בְּאֹהֶל כָּל־
טו הַבָּא אֶל־הָאֹהֶל וְכָל־אֲשֶׁר בָּאֹהֶל יִטְמָא שִׁבְעַת יָמִים: וְכֹל
טז כְּלִי פָתוּחַ אֲשֶׁר אֵין־צָמִיד פָּתִיל עָלָיו טָמֵא הוּא: וְכֹל אֲשֶׁר־

יִגַּע עַל־פְּנֵי הַשָּׂדֶה בַּחֲלַל־חֶרֶב אוֹ בְמֵת אוֹ־בְעֶצֶם אָדָם אוֹ
יז בְקָבֶר יִטְמָא שִׁבְעַת יָמִים׃ וְלָקְחוּ לַטָּמֵא מֵעֲפַר שְׂרֵפַת
שני יח הַחַטָּאת וְנָתַן עָלָיו מַיִם חַיִּים אֶל־כֶּלִי׃ וְלָקַח אֵזוֹב וְטָבַל בַּמַּיִם
אִישׁ טָהוֹר וְהִזָּה עַל־הָאֹהֶל וְעַל־כָּל־הַכֵּלִים וְעַל־הַנְּפָשׁוֹת
אֲשֶׁר הָיוּ־שָׁם וְעַל־הַנֹּגֵעַ בַּעֶצֶם אוֹ בֶחָלָל אוֹ בַמֵּת אוֹ בַקָּבֶר׃
יט וְהִזָּה הַטָּהֹר עַל־הַטָּמֵא בַּיּוֹם הַשְּׁלִישִׁי וּבַיּוֹם הַשְּׁבִיעִי וְחִטְּאוֹ
כ בַּיּוֹם הַשְּׁבִיעִי וְכִבֶּס בְּגָדָיו וְרָחַץ בַּמַּיִם וְטָהֵר בָּעָרֶב׃ וְאִישׁ
אֲשֶׁר־יִטְמָא וְלֹא יִתְחַטָּא וְנִכְרְתָה הַנֶּפֶשׁ הַהִוא מִתּוֹךְ הַקָּהָל
כִּי אֶת־מִקְדַּשׁ יהוה טִמֵּא מֵי נִדָּה לֹא־זֹרַק עָלָיו טָמֵא הוּא׃
כא וְהָיְתָה לָהֶם לְחֻקַּת עוֹלָם וּמַזֵּה מֵי־הַנִּדָּה יְכַבֵּס בְּגָדָיו וְהַנֹּגֵעַ
כב בְּמֵי הַנִּדָּה יִטְמָא עַד־הָעָרֶב׃ וְכֹל אֲשֶׁר־יִגַּע־בּוֹ הַטָּמֵא יִטְמָא
וְהַנֶּפֶשׁ הַנֹּגַעַת תִּטְמָא עַד־הָעָרֶב׃

כ א וַיָּבֹאוּ בְנֵי־יִשְׂרָאֵל כָּל־הָעֵדָה מִדְבַּר־צִן בַּחֹדֶשׁ הָרִאשׁוֹן וַיֵּשֶׁב
ב הָעָם בְּקָדֵשׁ וַתָּמָת שָׁם מִרְיָם וַתִּקָּבֵר שָׁם׃ וְלֹא־הָיָה מַיִם
ג לָעֵדָה וַיִּקָּהֲלוּ עַל־מֹשֶׁה וְעַל־אַהֲרֹן׃ וַיָּרֶב הָעָם עִם־מֹשֶׁה
ד וַיֹּאמְרוּ לֵאמֹר וְלוּ גָוַעְנוּ בִּגְוַע אַחֵינוּ לִפְנֵי יהוה׃ וְלָמָה הֲבֵאתֶם
אֶת־קְהַל יהוה אֶל־הַמִּדְבָּר הַזֶּה לָמוּת שָׁם אֲנַחְנוּ וּבְעִירֵנוּ׃
ה וְלָמָה הֶעֱלִיתֻנוּ מִמִּצְרַיִם לְהָבִיא אֹתָנוּ אֶל־הַמָּקוֹם הָרָע הַזֶּה
ו לֹא מְקוֹם זֶרַע וּתְאֵנָה וְגֶפֶן וְרִמּוֹן וּמַיִם אַיִן לִשְׁתּוֹת׃ וַיָּבֹא
מֹשֶׁה וְאַהֲרֹן מִפְּנֵי הַקָּהָל אֶל־פֶּתַח אֹהֶל מוֹעֵד וַיִּפְּלוּ עַל־פְּנֵיהֶם
וַיֵּרָא כְבוֹד־יהוה אֲלֵיהֶם׃

שלישי / שני ח וַיְדַבֵּר יהוה אֶל־מֹשֶׁה לֵּאמֹר׃ קַח אֶת־הַמַּטֶּה וְהַקְהֵל אֶת־
הָעֵדָה אַתָּה וְאַהֲרֹן אָחִיךָ וְדִבַּרְתֶּם אֶל־הַסֶּלַע לְעֵינֵיהֶם
וְנָתַן מֵימָיו וְהוֹצֵאתָ לָהֶם מַיִם מִן־הַסֶּלַע וְהִשְׁקִיתָ אֶת־הָעֵדָה
ט וְאֶת־בְּעִירָם׃ וַיִּקַּח מֹשֶׁה אֶת־הַמַּטֶּה מִלִּפְנֵי יהוה כַּאֲשֶׁר
י צִוָּהוּ׃ וַיַּקְהִלוּ מֹשֶׁה וְאַהֲרֹן אֶת־הַקָּהָל אֶל־פְּנֵי הַסָּלַע וַיֹּאמֶר
לָהֶם שִׁמְעוּ־נָא הַמֹּרִים הֲמִן־הַסֶּלַע הַזֶּה נוֹצִיא לָכֶם מָיִם׃

יא וַיָּרֶם מֹשֶׁה אֶת־יָדוֹ וַיַּךְ אֶת־הַסֶּלַע בְּמַטֵּהוּ פַּעֲמָיִם וַיֵּצְאוּ
יב מַיִם רַבִּים וַתֵּשְׁתְּ הָעֵדָה וּבְעִירָם׃ וַיֹּאמֶר יהוה
אֶל־מֹשֶׁה וְאֶל־אַהֲרֹן יַעַן לֹא־הֶאֱמַנְתֶּם בִּי לְהַקְדִּישֵׁנִי לְעֵינֵי
בְּנֵי יִשְׂרָאֵל לָכֵן לֹא תָבִיאוּ אֶת־הַקָּהָל הַזֶּה אֶל־הָאָרֶץ אֲשֶׁר־
יג נָתַתִּי לָהֶם׃ הֵמָּה מֵי מְרִיבָה אֲשֶׁר־רָבוּ בְנֵי־יִשְׂרָאֵל אֶת־
יד יהוה וַיִּקָּדֵשׁ בָּם׃ וַיִּשְׁלַח מֹשֶׁה מַלְאָכִים מִקָּדֵשׁ יח רביעי
אֶל־מֶלֶךְ אֱדוֹם כֹּה אָמַר אָחִיךָ יִשְׂרָאֵל אַתָּה יָדַעְתָּ אֵת כָּל־
טו הַתְּלָאָה אֲשֶׁר מְצָאָתְנוּ׃ וַיֵּרְדוּ אֲבֹתֵינוּ מִצְרַיְמָה וַנֵּשֶׁב בְּמִצְרַיִם
טז יָמִים רַבִּים וַיָּרֵעוּ לָנוּ מִצְרַיִם וְלַאֲבֹתֵינוּ׃ וַנִּצְעַק אֶל־יהוה
וַיִּשְׁמַע קֹלֵנוּ וַיִּשְׁלַח מַלְאָךְ וַיֹּצִאֵנוּ מִמִּצְרָיִם וְהִנֵּה אֲנַחְנוּ בְקָדֵשׁ
יז עִיר קְצֵה גְבוּלֶךָ׃ נַעְבְּרָה־נָּא בְאַרְצֶךָ לֹא נַעֲבֹר בְּשָׂדֶה וּבְכֶרֶם
וְלֹא נִשְׁתֶּה מֵי בְאֵר דֶּרֶךְ הַמֶּלֶךְ נֵלֵךְ לֹא נִטֶּה יָמִין וּשְׂמֹאול
יח עַד אֲשֶׁר־נַעֲבֹר גְּבֻלֶךָ׃ וַיֹּאמֶר אֵלָיו אֱדוֹם לֹא תַעֲבֹר בִּי פֶּן־
יט בַּחֶרֶב אֵצֵא לִקְרָאתֶךָ׃ וַיֹּאמְרוּ אֵלָיו בְּנֵי־יִשְׂרָאֵל בַּמְסִלָּה נַעֲלֶה
וְאִם־מֵימֶיךָ נִשְׁתֶּה אֲנִי וּמִקְנַי וְנָתַתִּי מִכְרָם רַק אֵין־דָּבָר בְּרַגְלַי
כ אֶעֱבֹרָה׃ וַיֹּאמֶר לֹא תַעֲבֹר וַיֵּצֵא אֱדוֹם לִקְרָאתוֹ בְּעַם כָּבֵד
כא וּבְיָד חֲזָקָה׃ וַיְמָאֵן ׀ אֱדוֹם נְתֹן אֶת־יִשְׂרָאֵל עֲבֹר בִּגְבֻלוֹ וַיֵּט
יִשְׂרָאֵל מֵעָלָיו׃

כב כג וַיִּסְעוּ מִקָּדֵשׁ וַיָּבֹאוּ בְנֵי־יִשְׂרָאֵל כָּל־הָעֵדָה הֹר הָהָר׃ וַיֹּאמֶר חמישי ושלישי
יהוה אֶל־מֹשֶׁה וְאֶל־אַהֲרֹן בְּהֹר הָהָר עַל־גְּבוּל אֶרֶץ־אֱדוֹם
כד לֵאמֹר׃ יֵאָסֵף אַהֲרֹן אֶל־עַמָּיו כִּי לֹא יָבֹא אֶל־הָאָרֶץ אֲשֶׁר
נָתַתִּי לִבְנֵי יִשְׂרָאֵל עַל אֲשֶׁר־מְרִיתֶם אֶת־פִּי לְמֵי מְרִיבָה׃
כה כו קַח אֶת־אַהֲרֹן וְאֶת־אֶלְעָזָר בְּנוֹ וְהַעַל אֹתָם הֹר הָהָר׃ וְהַפְשֵׁט
אֶת־אַהֲרֹן אֶת־בְּגָדָיו וְהִלְבַּשְׁתָּם אֶת־אֶלְעָזָר בְּנוֹ וְאַהֲרֹן יֵאָסֵף
כז וּמֵת שָׁם׃ וַיַּעַשׂ מֹשֶׁה כַּאֲשֶׁר צִוָּה יהוה וַיַּעֲלוּ אֶל־הֹר הָהָר
כח לְעֵינֵי כָּל־הָעֵדָה׃ וַיַּפְשֵׁט מֹשֶׁה אֶת־אַהֲרֹן אֶת־בְּגָדָיו וַיַּלְבֵּשׁ
אֹתָם אֶת־אֶלְעָזָר בְּנוֹ וַיָּמָת אַהֲרֹן שָׁם בְּרֹאשׁ הָהָר וַיֵּרֶד מֹשֶׁה

וְאֶלְעָזָר מִן־הָהָר׃ וַיִּרְאוּ כָּל־הָעֵדָה כִּי גָוַע אַהֲרֹן וַיִּבְכּוּ אֶת־ כט
אַהֲרֹן שְׁלֹשִׁים יוֹם כֹּל בֵּית יִשְׂרָאֵל׃ וַיִּשְׁמַע א כא
הַכְּנַעֲנִי מֶלֶךְ־עֲרָד יֹשֵׁב הַנֶּגֶב כִּי בָּא יִשְׂרָאֵל דֶּרֶךְ הָאֲתָרִים
וַיִּלָּחֶם בְּיִשְׂרָאֵל וַיִּשְׁבְּ ׀ מִמֶּנּוּ שֶׁבִי׃ וַיִּדַּר יִשְׂרָאֵל נֶדֶר לַיהוָה ב
וַיֹּאמַר אִם־נָתֹן תִּתֵּן אֶת־הָעָם הַזֶּה בְּיָדִי וְהַחֲרַמְתִּי אֶת־
עָרֵיהֶם׃ וַיִּשְׁמַע יְהוָה בְּקוֹל יִשְׂרָאֵל וַיִּתֵּן אֶת־הַכְּנַעֲנִי וַיַּחֲרֵם ג
אֶתְהֶם וְאֶת־עָרֵיהֶם וַיִּקְרָא שֵׁם־הַמָּקוֹם חָרְמָה׃
וַיִּסְעוּ מֵהֹר הָהָר דֶּרֶךְ יַם־סוּף לִסְבֹב אֶת־אֶרֶץ אֱדוֹם וַתִּקְצַר ד
נֶפֶשׁ־הָעָם בַּדָּרֶךְ׃ וַיְדַבֵּר הָעָם בֵּאלֹהִים וּבְמֹשֶׁה לָמָה הֶעֱלִיתֻנוּ ה
מִמִּצְרַיִם לָמוּת בַּמִּדְבָּר כִּי אֵין לֶחֶם וְאֵין מַיִם וְנַפְשֵׁנוּ קָצָה
בַּלֶּחֶם הַקְּלֹקֵל׃ וַיְשַׁלַּח יְהוָה בָּעָם אֵת הַנְּחָשִׁים הַשְּׂרָפִים ו
וַיְנַשְּׁכוּ אֶת־הָעָם וַיָּמָת עַם־רָב מִיִּשְׂרָאֵל׃ וַיָּבֹא הָעָם אֶל־ ז
מֹשֶׁה וַיֹּאמְרוּ חָטָאנוּ כִּי־דִבַּרְנוּ בַיהוָה וָבָךְ הִתְפַּלֵּל אֶל־יְהוָה
וְיָסֵר מֵעָלֵינוּ אֶת־הַנָּחָשׁ וַיִּתְפַּלֵּל מֹשֶׁה בְּעַד הָעָם׃ וַיֹּאמֶר ח
יְהוָה אֶל־מֹשֶׁה עֲשֵׂה לְךָ שָׂרָף וְשִׂים אֹתוֹ עַל־נֵס וְהָיָה כָּל־
הַנָּשׁוּךְ וְרָאָה אֹתוֹ וָחָי׃ וַיַּעַשׂ מֹשֶׁה נְחַשׁ נְחֹשֶׁת וַיְשִׂמֵהוּ ט
עַל־הַנֵּס וְהָיָה אִם־נָשַׁךְ הַנָּחָשׁ אֶת־אִישׁ וְהִבִּיט אֶל־נְחַשׁ
ששי הַנְּחֹשֶׁת וָחָי׃ וַיִּסְעוּ בְּנֵי יִשְׂרָאֵל וַיַּחֲנוּ בְּאֹבֹת׃ וַיִּסְעוּ מֵאֹבֹת י יא
וַיַּחֲנוּ בְּעִיֵּי הָעֲבָרִים בַּמִּדְבָּר אֲשֶׁר עַל־פְּנֵי מוֹאָב מִמִּזְרַח
הַשָּׁמֶשׁ׃ מִשָּׁם נָסָעוּ וַיַּחֲנוּ בְּנַחַל זָרֶד׃ מִשָּׁם נָסָעוּ וַיַּחֲנוּ מֵעֵבֶר יב יג
אַרְנוֹן אֲשֶׁר בַּמִּדְבָּר הַיֹּצֵא מִגְּבֻל הָאֱמֹרִי כִּי אַרְנוֹן גְּבוּל מוֹאָב
בֵּין מוֹאָב וּבֵין הָאֱמֹרִי׃ עַל־כֵּן יֵאָמַר בְּסֵפֶר מִלְחֲמֹת יְהוָה יד
אֶת־וָהֵב בְּסוּפָה וְאֶת־הַנְּחָלִים אַרְנוֹן׃ וְאֶשֶׁד הַנְּחָלִים אֲשֶׁר טו
נָטָה לְשֶׁבֶת עָר וְנִשְׁעַן לִגְבוּל מוֹאָב׃ וּמִשָּׁם בְּאֵרָה הִוא טז
הַבְּאֵר אֲשֶׁר אָמַר יְהוָה לְמֹשֶׁה אֱסֹף אֶת־הָעָם וְאֶתְּנָה לָהֶם
מָיִם׃ אָז יָשִׁיר יִשְׂרָאֵל אֶת־הַשִּׁירָה הַזֹּאת עֲלִי יז
בְאֵר עֱנוּ־לָהּ׃ בְּאֵר חֲפָרוּהָ שָׂרִים כָּרוּהָ נְדִיבֵי הָעָם בִּמְחֹקֵק יח

יט בְּמִשְׁעֲנֹתָם וּמִמִּדְבָּר מַתָּנָה: וּמִמַּתָּנָה נַחֲלִיאֵל וּמִנַּחֲלִיאֵל
כ בָּמוֹת: וּמִבָּמוֹת הַגַּיְא אֲשֶׁר בִּשְׂדֵה מוֹאָב רֹאשׁ הַפִּסְגָּה וְנִשְׁקָפָה
עַל־פְּנֵי הַיְשִׁימֹן:
כא וַיִּשְׁלַח יִשְׂרָאֵל מַלְאָכִים אֶל־סִיחֹן מֶלֶךְ־הָאֱמֹרִי לֵאמֹר: שביעי /רביעי/
כב אֶעְבְּרָה בְאַרְצֶךָ לֹא נִטֶּה בְּשָׂדֶה וּבְכֶרֶם לֹא נִשְׁתֶּה מֵי בְאֵר
כג בְּדֶרֶךְ הַמֶּלֶךְ נֵלֵךְ עַד אֲשֶׁר־נַעֲבֹר גְּבֻלֶךָ: וְלֹא־נָתַן סִיחֹן אֶת־
יִשְׂרָאֵל עֲבֹר בִּגְבֻלוֹ וַיֶּאֱסֹף סִיחֹן אֶת־כָּל־עַמּוֹ וַיֵּצֵא לִקְרַאת
כד יִשְׂרָאֵל הַמִּדְבָּרָה וַיָּבֹא יָהְצָה וַיִּלָּחֶם בְּיִשְׂרָאֵל: וַיַּכֵּהוּ יִשְׂרָאֵל
לְפִי־חָרֶב וַיִּירַשׁ אֶת־אַרְצוֹ מֵאַרְנֹן עַד־יַבֹּק עַד־בְּנֵי עַמּוֹן כִּי
כה עַז גְּבוּל בְּנֵי עַמּוֹן: וַיִּקַּח יִשְׂרָאֵל אֵת כָּל־הֶעָרִים הָאֵלֶּה וַיֵּשֶׁב
כו יִשְׂרָאֵל בְּכָל־עָרֵי הָאֱמֹרִי בְּחֶשְׁבּוֹן וּבְכָל־בְּנֹתֶיהָ: כִּי חֶשְׁבּוֹן
עִיר סִיחֹן מֶלֶךְ הָאֱמֹרִי הִוא וְהוּא נִלְחַם בְּמֶלֶךְ מוֹאָב הָרִאשׁוֹן
כז וַיִּקַּח אֶת־כָּל־אַרְצוֹ מִיָּדוֹ עַד־אַרְנֹן: עַל־כֵּן יֹאמְרוּ הַמֹּשְׁלִים
כח בֹּאוּ חֶשְׁבּוֹן תִּבָּנֶה וְתִכּוֹנֵן עִיר סִיחוֹן: כִּי־אֵשׁ יָצְאָה מֵחֶשְׁבּוֹן
כט לֶהָבָה מִקִּרְיַת סִיחֹן אָכְלָה עָר מוֹאָב בַּעֲלֵי בָּמוֹת אַרְנֹן: אוֹי־
לְךָ מוֹאָב אָבַדְתָּ עַם־כְּמוֹשׁ נָתַן בָּנָיו פְּלֵיטִם וּבְנֹתָיו בַּשְּׁבִית
ל לְמֶלֶךְ אֱמֹרִי סִיחוֹן: וַנִּירָם אָבַד חֶשְׁבּוֹן עַד־דִּיבֹן וַנַּשִּׁים עַד־
לא לב נֹפַח אֲשֶׁר עַד־מֵידְבָא: וַיֵּשֶׁב יִשְׂרָאֵל בְּאֶרֶץ הָאֱמֹרִי: וַיִּשְׁלַח
מֹשֶׁה לְרַגֵּל אֶת־יַעְזֵר וַיִּלְכְּדוּ בְּנֹתֶיהָ ויירש אֶת־הָאֱמֹרִי אֲשֶׁר־ וַיּוֹרֶשׁ
לג שָׁם: וַיִּפְנוּ וַיַּעֲלוּ דֶּרֶךְ הַבָּשָׁן וַיֵּצֵא עוֹג מֶלֶךְ־הַבָּשָׁן לִקְרָאתָם
לד הוּא וְכָל־עַמּוֹ לַמִּלְחָמָה אֶדְרֶעִי: וַיֹּאמֶר יהוה אֶל־מֹשֶׁה אַל־ מפטיר
תִּירָא אֹתוֹ כִּי בְיָדְךָ נָתַתִּי אֹתוֹ וְאֶת־כָּל־עַמּוֹ וְאֶת־אַרְצוֹ וְעָשִׂיתָ
לּוֹ כַּאֲשֶׁר עָשִׂיתָ לְסִיחֹן מֶלֶךְ הָאֱמֹרִי אֲשֶׁר יוֹשֵׁב בְּחֶשְׁבּוֹן:
לה וַיַּכּוּ אֹתוֹ וְאֶת־בָּנָיו וְאֶת־כָּל־עַמּוֹ עַד־בִּלְתִּי הִשְׁאִיר־לוֹ שָׂרִיד
כב א וַיִּירְשׁוּ אֶת־אַרְצוֹ: וַיִּסְעוּ בְּנֵי יִשְׂרָאֵל וַיַּחֲנוּ בְּעַרְבוֹת מוֹאָב
ב מֵעֵבֶר לְיַרְדֵּן יְרֵחוֹ: וַיַּרְא בָּלָק בֶּן־צִפּוֹר אֵת יט בלק
ג כָּל־אֲשֶׁר־עָשָׂה יִשְׂרָאֵל לָאֱמֹרִי: וַיָּגָר מוֹאָב מִפְּנֵי הָעָם מְאֹד

ד כִּי רַב־הוּא וַיָּקָץ מוֹאָב מִפְּנֵי בְּנֵי יִשְׂרָאֵל׃ וַיֹּאמֶר מוֹאָב אֶל־
זִקְנֵי מִדְיָן עַתָּה יְלַחֲכוּ הַקָּהָל אֶת־כָּל־סְבִיבֹתֵינוּ כִּלְחֹךְ הַשּׁוֹר
אֵת יֶרֶק הַשָּׂדֶה וּבָלָק בֶּן־צִפּוֹר מֶלֶךְ לְמוֹאָב בָּעֵת הַהִוא׃
ה וַיִּשְׁלַח מַלְאָכִים אֶל־בִּלְעָם בֶּן־בְּעוֹר פְּתוֹרָה אֲשֶׁר עַל־הַנָּהָר
אֶרֶץ בְּנֵי־עַמּוֹ לִקְרֹא־לוֹ לֵאמֹר הִנֵּה עַם יָצָא מִמִּצְרַיִם הִנֵּה
ו כִסָּה אֶת־עֵין הָאָרֶץ וְהוּא יֹשֵׁב מִמֻּלִי׃ וְעַתָּה לְכָה־נָּא אָרָה־
לִּי אֶת־הָעָם הַזֶּה כִּי־עָצוּם הוּא מִמֶּנִּי אוּלַי אוּכַל נַכֶּה־בּוֹ
וַאֲגָרְשֶׁנּוּ מִן־הָאָרֶץ כִּי יָדַעְתִּי אֵת אֲשֶׁר־תְּבָרֵךְ מְבֹרָךְ וַאֲשֶׁר
ז תָּאֹר יוּאָר׃ וַיֵּלְכוּ זִקְנֵי מוֹאָב וְזִקְנֵי מִדְיָן וּקְסָמִים בְּיָדָם וַיָּבֹאוּ
ח אֶל־בִּלְעָם וַיְדַבְּרוּ אֵלָיו דִּבְרֵי בָלָק׃ וַיֹּאמֶר אֲלֵיהֶם לִינוּ פֹה
הַלַּיְלָה וַהֲשִׁבֹתִי אֶתְכֶם דָּבָר כַּאֲשֶׁר יְדַבֵּר יְהוָה אֵלָי וַיֵּשְׁבוּ
ט שָׂרֵי־מוֹאָב עִם־בִּלְעָם׃ וַיָּבֹא אֱלֹהִים אֶל־בִּלְעָם וַיֹּאמֶר מִי
י הָאֲנָשִׁים הָאֵלֶּה עִמָּךְ׃ וַיֹּאמֶר בִּלְעָם אֶל־הָאֱלֹהִים בָּלָק בֶּן־
יא צִפֹּר מֶלֶךְ מוֹאָב שָׁלַח אֵלָי׃ הִנֵּה הָעָם הַיֹּצֵא מִמִּצְרַיִם וַיְכַס
אֶת־עֵין הָאָרֶץ עַתָּה לְכָה קָבָה־לִּי אֹתוֹ אוּלַי אוּכַל לְהִלָּחֶם
יב בּוֹ וְגֵרַשְׁתִּיו׃ וַיֹּאמֶר אֱלֹהִים אֶל־בִּלְעָם לֹא תֵלֵךְ עִמָּהֶם לֹא
יג תָאֹר אֶת־הָעָם כִּי בָרוּךְ הוּא׃ וַיָּקָם בִּלְעָם בַּבֹּקֶר וַיֹּאמֶר שני (חמישי)
אֶל־שָׂרֵי בָלָק לְכוּ אֶל־אַרְצְכֶם כִּי מֵאֵן יְהוָה לְתִתִּי לַהֲלֹךְ
יד עִמָּכֶם׃ וַיָּקוּמוּ שָׂרֵי מוֹאָב וַיָּבֹאוּ אֶל־בָּלָק וַיֹּאמְרוּ מֵאֵן בִּלְעָם
טו הֲלֹךְ עִמָּנוּ׃ וַיֹּסֶף עוֹד בָּלָק שְׁלֹחַ שָׂרִים רַבִּים וְנִכְבָּדִים מֵאֵלֶּה׃
טז וַיָּבֹאוּ אֶל־בִּלְעָם וַיֹּאמְרוּ לוֹ כֹּה אָמַר בָּלָק בֶּן־צִפּוֹר אַל־
יז נָא תִמָּנַע מֵהֲלֹךְ אֵלָי׃ כִּי־כַבֵּד אֲכַבֶּדְךָ מְאֹד וְכֹל אֲשֶׁר־
יח תֹּאמַר אֵלַי אֶעֱשֶׂה וּלְכָה־נָּא קָבָה לִּי אֵת הָעָם הַזֶּה׃ וַיַּעַן
בִּלְעָם וַיֹּאמֶר אֶל־עַבְדֵי בָלָק אִם־יִתֶּן־לִי בָלָק מְלֹא בֵיתוֹ
כֶּסֶף וְזָהָב לֹא אוּכַל לַעֲבֹר אֶת־פִּי יְהוָה אֱלֹהָי לַעֲשׂוֹת קְטַנָּה
יט אוֹ גְדוֹלָה׃ וְעַתָּה שְׁבוּ נָא בָזֶה גַּם־אַתֶּם הַלָּיְלָה וְאֵדְעָה מַה־
כ יֹּסֵף יְהוָה דַּבֵּר עִמִּי׃ וַיָּבֹא אֱלֹהִים ׀ אֶל־בִּלְעָם לַיְלָה וַיֹּאמֶר

לוֹ אִם־לִקְרֹא לְךָ בָּאוּ הָאֲנָשִׁים קוּם לֵךְ אִתָּם וְאַךְ אֶת־הַדָּבָר
כא אֲשֶׁר־אֲדַבֵּר אֵלֶיךָ אֹתוֹ תַעֲשֶׂה: וַיָּקָם בִּלְעָם בַּבֹּקֶר וַיַּחֲבֹשׁ שלישי
כב אֶת־אֲתֹנוֹ וַיֵּלֶךְ עִם־שָׂרֵי מוֹאָב: וַיִּחַר־אַף אֱלֹהִים כִּי־הוֹלֵךְ
הוּא וַיִּתְיַצֵּב מַלְאַךְ יְהוָה בַּדֶּרֶךְ לְשָׂטָן לוֹ וְהוּא רֹכֵב עַל־אֲתֹנוֹ
כג וּשְׁנֵי נְעָרָיו עִמּוֹ: וַתֵּרֶא הָאָתוֹן אֶת־מַלְאַךְ יְהוָה נִצָּב בַּדֶּרֶךְ
וְחַרְבּוֹ שְׁלוּפָה בְּיָדוֹ וַתֵּט הָאָתוֹן מִן־הַדֶּרֶךְ וַתֵּלֶךְ בַּשָּׂדֶה וַיַּךְ
כד בִּלְעָם אֶת־הָאָתוֹן לְהַטֹּתָהּ הַדָּרֶךְ: וַיַּעֲמֹד מַלְאַךְ יְהוָה בְּמִשְׁעוֹל
כה הַכְּרָמִים גָּדֵר מִזֶּה וְגָדֵר מִזֶּה: וַתֵּרֶא הָאָתוֹן אֶת־מַלְאַךְ יְהוָה
וַתִּלָּחֵץ אֶל־הַקִּיר וַתִּלְחַץ אֶת־רֶגֶל בִּלְעָם אֶל־הַקִּיר וַיֹּסֶף
כו לְהַכֹּתָהּ: וַיּוֹסֶף מַלְאַךְ־יְהוָה עֲבוֹר וַיַּעֲמֹד בְּמָקוֹם צָר אֲשֶׁר
כז אֵין־דֶּרֶךְ לִנְטוֹת יָמִין וּשְׂמֹאול: וַתֵּרֶא הָאָתוֹן אֶת־מַלְאַךְ יְהוָה
וַתִּרְבַּץ תַּחַת בִּלְעָם וַיִּחַר־אַף בִּלְעָם וַיַּךְ אֶת־הָאָתוֹן בַּמַּקֵּל:
כח וַיִּפְתַּח יְהוָה אֶת־פִּי הָאָתוֹן וַתֹּאמֶר לְבִלְעָם מֶה־עָשִׂיתִי לְךָ
כט כִּי הִכִּיתַנִי זֶה שָׁלֹשׁ רְגָלִים: וַיֹּאמֶר בִּלְעָם לָאָתוֹן כִּי הִתְעַלַּלְתְּ
ל בִּי לוּ יֶשׁ־חֶרֶב בְּיָדִי כִּי עַתָּה הֲרַגְתִּיךְ: וַתֹּאמֶר הָאָתוֹן אֶל־
בִּלְעָם הֲלוֹא אָנֹכִי אֲתֹנְךָ אֲשֶׁר־רָכַבְתָּ עָלַי מֵעוֹדְךָ עַד־הַיּוֹם
לא הַזֶּה הַהַסְכֵּן הִסְכַּנְתִּי לַעֲשׂוֹת לְךָ כֹּה וַיֹּאמֶר לֹא: וַיְגַל יְהוָה
אֶת־עֵינֵי בִלְעָם וַיַּרְא אֶת־מַלְאַךְ יְהוָה נִצָּב בַּדֶּרֶךְ וְחַרְבּוֹ
לב שְׁלֻפָה בְּיָדוֹ וַיִּקֹּד וַיִּשְׁתַּחוּ לְאַפָּיו: וַיֹּאמֶר אֵלָיו מַלְאַךְ יְהוָה
עַל־מָה הִכִּיתָ אֶת־אֲתֹנְךָ זֶה שָׁלוֹשׁ רְגָלִים הִנֵּה אָנֹכִי יָצָאתִי
לג לְשָׂטָן כִּי־יָרַט הַדֶּרֶךְ לְנֶגְדִּי: וַתִּרְאַנִי הָאָתוֹן וַתֵּט לְפָנַי זֶה שָׁלֹשׁ
רְגָלִים אוּלַי נָטְתָה מִפָּנַי כִּי עַתָּה גַּם־אֹתְכָה הָרַגְתִּי וְאוֹתָהּ
לד הֶחֱיֵיתִי: וַיֹּאמֶר בִּלְעָם אֶל־מַלְאַךְ יְהוָה חָטָאתִי כִּי לֹא יָדַעְתִּי
כִּי אַתָּה נִצָּב לִקְרָאתִי בַּדָּרֶךְ וְעַתָּה אִם־רַע בְּעֵינֶיךָ אָשׁוּבָה
לה לִּי: וַיֹּאמֶר מַלְאַךְ יְהוָה אֶל־בִּלְעָם לֵךְ עִם־הָאֲנָשִׁים וְאֶפֶס
אֶת־הַדָּבָר אֲשֶׁר־אֲדַבֵּר אֵלֶיךָ אֹתוֹ תְדַבֵּר וַיֵּלֶךְ בִּלְעָם עִם־
לו שָׂרֵי בָלָק: וַיִּשְׁמַע בָּלָק כִּי־בָא בִלְעָם וַיֵּצֵא לִקְרָאתוֹ אֶל־

לז עִיר מוֹאָב אֲשֶׁר עַל־גְּבוּל אַרְנֹן אֲשֶׁר בִּקְצֵה הַגְּבוּל׃ וַיֹּאמֶר
בָּלָק אֶל־בִּלְעָם הֲלֹא שָׁלֹחַ שָׁלַחְתִּי אֵלֶיךָ לִקְרֹא־לָךְ לָמָּה
לח לֹא־הָלַכְתָּ אֵלָי הַאֻמְנָם לֹא אוּכַל כַּבְּדֶךָ׃ וַיֹּאמֶר בִּלְעָם אֶל־
בָּלָק הִנֵּה־בָאתִי אֵלֶיךָ עַתָּה הֲיָכֹל אוּכַל דַּבֵּר מְאוּמָה הַדָּבָר
לט אֲשֶׁר יָשִׂים אֱלֹהִים בְּפִי אֹתוֹ אֲדַבֵּר׃ וַיֵּלֶךְ בִּלְעָם עִם־בָּלָק רביעי ששי
מ וַיָּבֹאוּ קִרְיַת חֻצוֹת׃ וַיִּזְבַּח בָּלָק בָּקָר וָצֹאן וַיְשַׁלַּח לְבִלְעָם
מא וְלַשָּׂרִים אֲשֶׁר אִתּוֹ׃ וַיְהִי בַבֹּקֶר וַיִּקַּח בָּלָק אֶת־בִּלְעָם וַיַּעֲלֵהוּ
כג א בָּמוֹת בָּעַל וַיַּרְא מִשָּׁם קְצֵה הָעָם׃ וַיֹּאמֶר בִּלְעָם אֶל־בָּלָק
בְּנֵה־לִי בָזֶה שִׁבְעָה מִזְבְּחֹת וְהָכֵן לִי בָּזֶה שִׁבְעָה פָרִים וְשִׁבְעָה
ב אֵילִים׃ וַיַּעַשׂ בָּלָק כַּאֲשֶׁר דִּבֶּר בִּלְעָם וַיַּעַל בָּלָק וּבִלְעָם פַּר
ג וָאַיִל בַּמִּזְבֵּחַ׃ וַיֹּאמֶר בִּלְעָם לְבָלָק הִתְיַצֵּב עַל־עֹלָתֶךָ וְאֵלְכָה
אוּלַי יִקָּרֵה יהוה לִקְרָאתִי וּדְבַר מַה־יַּרְאֵנִי וְהִגַּדְתִּי לָךְ וַיֵּלֶךְ
ד שֶׁפִי׃ וַיִּקָּר אֱלֹהִים אֶל־בִּלְעָם וַיֹּאמֶר אֵלָיו אֶת־שִׁבְעַת הַמִּזְבְּחֹת
ה עָרַכְתִּי וָאַעַל פַּר וָאַיִל בַּמִּזְבֵּחַ׃ וַיָּשֶׂם יהוה דָּבָר בְּפִי בִלְעָם
ו וַיֹּאמֶר שׁוּב אֶל־בָּלָק וְכֹה תְדַבֵּר׃ וַיָּשָׁב אֵלָיו וְהִנֵּה נִצָּב עַל־
ז עֹלָתוֹ הוּא וְכָל־שָׂרֵי מוֹאָב׃ וַיִּשָּׂא מְשָׁלוֹ וַיֹּאמַר מִן־אֲרָם
יַנְחֵנִי בָלָק מֶלֶךְ־מוֹאָב מֵהַרְרֵי־קֶדֶם לְכָה אָרָה־לִּי יַעֲקֹב וּלְכָה
ח זֹעֲמָה יִשְׂרָאֵל׃ מָה אֶקֹּב לֹא קַבֹּה אֵל וּמָה אֶזְעֹם לֹא זָעַם
ט יהוה׃ כִּי־מֵרֹאשׁ צֻרִים אֶרְאֶנּוּ וּמִגְּבָעוֹת אֲשׁוּרֶנּוּ הֶן־עָם
י לְבָדָד יִשְׁכֹּן וּבַגּוֹיִם לֹא יִתְחַשָּׁב׃ מִי מָנָה עֲפַר יַעֲקֹב וּמִסְפָּר כ
אֶת־רֹבַע יִשְׂרָאֵל תָּמֹת נַפְשִׁי מוֹת יְשָׁרִים וּתְהִי אַחֲרִיתִי
יא כָּמֹהוּ׃ וַיֹּאמֶר בָּלָק אֶל־בִּלְעָם מֶה עָשִׂיתָ לִי לָקֹב אֹיְבַי
יב לְקַחְתִּיךָ וְהִנֵּה בֵּרַכְתָּ בָרֵךְ׃ וַיַּעַן וַיֹּאמַר הֲלֹא אֵת אֲשֶׁר יָשִׂים
יג יהוה בְּפִי אֹתוֹ אֶשְׁמֹר לְדַבֵּר׃ וַיֹּאמֶר אֵלָיו בָּלָק לְךָ־נָּא אִתִּי חמישי
אֶל־מָקוֹם אַחֵר אֲשֶׁר תִּרְאֶנּוּ מִשָּׁם אֶפֶס קָצֵהוּ תִרְאֶה וְכֻלּוֹ
יד לֹא תִרְאֶה וְקָבְנוֹ־לִי מִשָּׁם׃ וַיִּקָּחֵהוּ שְׂדֵה צֹפִים אֶל־רֹאשׁ
טו הַפִּסְגָּה וַיִּבֶן שִׁבְעָה מִזְבְּחֹת וַיַּעַל פַּר וָאַיִל בַּמִּזְבֵּחַ׃ וַיֹּאמֶר

טז אל־בלק התיצב כה על־עלתך ואנכי אקרה כה: ויקר יהוה
אל־בלעם וישם דבר בפיו ויאמר שוב אל־בלק וכה תדבר:
יז ויבא אליו והנו נצב על־עלתו ושרי מואב אתו ויאמר לו
יח בלק מה־דבר יהוה: וישא משלו ויאמר קום בלק ושמע
יט האזינה עדי בנו צפר: לא איש אל ויכזב ובן־אדם ויתנחם
כ ההוא אמר ולא יעשה ודבר ולא יקימנה: הנה ברך לקחתי
כא וברך ולא אשיבנה: לא־הביט און ביעקב ולא־ראה עמל
כב בישראל יהוה אלהיו עמו ותרועת מלך בו: אל מוציאם
כג ממצרים כתועפת ראם לו: כי לא־נחש ביעקב ולא־קסם
כד בישראל כעת יאמר ליעקב ולישראל מה־פעל אל: הן־עם
כלביא יקום וכארי יתנשא לא ישכב עד־יאכל טרף ודם־
כה חללים ישתה: ויאמר בלק אל־בלעם גם־קב לא תקבנו
כו גם־ברך לא תברכנו: ויען בלעם ויאמר אל־בלק הלא
ששי (שביעי) כז דברתי אליך לאמר כל אשר־ידבר יהוה אתו אעשה: ויאמר
בלק אל־בלעם לכה־נא אקחך אל־מקום אחר אולי יישר בעיני
כח האלהים וקבתו לי משם: ויקח בלק את־בלעם ראש הפעור
כט הנשקף על־פני הישימן: ויאמר בלעם אל־בלק בנה־לי בזה
ל שבעה מזבחת והכן לי בזה שבעה פרים ושבעה אילם: ויעש
כד א בלק כאשר אמר בלעם ויעל פר ואיל במזבח: וירא בלעם
כי טוב בעיני יהוה לברך את־ישראל ולא־הלך כפעם־בפעם
ב לקראת נחשים וישת אל־המדבר פניו: וישא בלעם את־עיניו
ג וירא את־ישראל שכן לשבטיו ותהי עליו רוח אלהים: וישא
משלו ויאמר נאם בלעם בנו בער ונאם הגבר שתם העין:
ד נאם שמע אמרי־אל אשר מחזה שדי יחזה נפל וגלוי עינים:
ה ו מה־טבו אהליך יעקב משכנתיך ישראל: כנחלים נטיו כגנת
ז עלי נהר כאהלים נטע יהוה כארזים עלי־מים: יזל־מים
מדליו וזרעו במים רבים וירם מאגג מלכו ותנשא מלכתו:

ח אֵל מוֹצִיאוֹ מִמִּצְרַיִם כְּתוֹעֲפֹת רְאֵם לוֹ יֹאכַל גּוֹיִם צָרָיו
ט וְעַצְמֹתֵיהֶם יְגָרֵם וְחִצָּיו יִמְחָץ: כָּרַע שָׁכַב כַּאֲרִי וּכְלָבִיא מִי
י יְקִימֶנּוּ מְבָרְכֶיךָ בָרוּךְ וְאֹרְרֶיךָ אָרוּר: וַיִּחַר־אַף בָּלָק אֶל־
בִּלְעָם וַיִּסְפֹּק אֶת־כַּפָּיו וַיֹּאמֶר בָּלָק אֶל־בִּלְעָם לָקֹב אֹיְבַי
יא קְרָאתִיךָ וְהִנֵּה בֵּרַכְתָּ בָרֵךְ זֶה שָׁלֹשׁ פְּעָמִים: וְעַתָּה בְּרַח־לְךָ
אֶל־מְקוֹמֶךָ אָמַרְתִּי כַּבֵּד אֲכַבֶּדְךָ וְהִנֵּה מְנָעֲךָ יְהוָה מִכָּבוֹד:
יב וַיֹּאמֶר בִּלְעָם אֶל־בָּלָק הֲלֹא גַּם אֶל־מַלְאָכֶיךָ אֲשֶׁר־שָׁלַחְתָּ
יג אֵלַי דִּבַּרְתִּי לֵאמֹר: אִם־יִתֶּן־לִי בָלָק מְלֹא בֵיתוֹ כֶּסֶף וְזָהָב
לֹא אוּכַל לַעֲבֹר אֶת־פִּי יְהוָה לַעֲשׂוֹת טוֹבָה אוֹ רָעָה מִלִּבִּי
שביעי
יד אֲשֶׁר־יְדַבֵּר יְהוָה אֹתוֹ אֲדַבֵּר: וְעַתָּה הִנְנִי הוֹלֵךְ לְעַמִּי לְכָה
טו אִיעָצְךָ אֲשֶׁר יַעֲשֶׂה הָעָם הַזֶּה לְעַמְּךָ בְּאַחֲרִית הַיָּמִים: וַיִּשָּׂא
מְשָׁלוֹ וַיֹּאמַר נְאֻם בִּלְעָם בְּנוֹ בְעֹר וּנְאֻם הַגֶּבֶר שְׁתֻם הָעָיִן:
טז נְאֻם שֹׁמֵעַ אִמְרֵי־אֵל וְיֹדֵעַ דַּעַת עֶלְיוֹן מַחֲזֵה שַׁדַּי יֶחֱזֶה נֹפֵל
יז וּגְלוּי עֵינָיִם: אֶרְאֶנּוּ וְלֹא עַתָּה אֲשׁוּרֶנּוּ וְלֹא קָרוֹב דָּרַךְ כּוֹכָב
מִיַּעֲקֹב וְקָם שֵׁבֶט מִיִּשְׂרָאֵל וּמָחַץ פַּאֲתֵי מוֹאָב וְקַרְקַר כָּל־
יח בְּנֵי־שֵׁת: וְהָיָה אֱדוֹם יְרֵשָׁה וְהָיָה יְרֵשָׁה שֵׂעִיר אֹיְבָיו וְיִשְׂרָאֵל
יט כ עֹשֶׂה חָיִל: וְיֵרְדְּ מִיַּעֲקֹב וְהֶאֱבִיד שָׂרִיד מֵעִיר: וַיַּרְא אֶת־
עֲמָלֵק וַיִּשָּׂא מְשָׁלוֹ וַיֹּאמַר רֵאשִׁית גּוֹיִם עֲמָלֵק וְאַחֲרִיתוֹ עֲדֵי
כא אֹבֵד: וַיַּרְא אֶת־הַקֵּינִי וַיִּשָּׂא מְשָׁלוֹ וַיֹּאמַר אֵיתָן מוֹשָׁבֶךָ וְשִׂים
כב בַּסֶּלַע קִנֶּךָ: כִּי אִם־יִהְיֶה לְבָעֵר קָיִן עַד־מָה אַשּׁוּר תִּשְׁבֶּךָּ:
כג כד וַיִּשָּׂא מְשָׁלוֹ וַיֹּאמַר אוֹי מִי יִחְיֶה מִשֻּׂמוֹ אֵל: וְצִים מִיַּד כִּתִּים
כה וְעִנּוּ אַשּׁוּר וְעִנּוּ־עֵבֶר וְגַם־הוּא עֲדֵי אֹבֵד: וַיָּקָם בִּלְעָם וַיֵּלֶךְ
וַיָּשָׁב לִמְקֹמוֹ וְגַם־בָּלָק הָלַךְ לְדַרְכּוֹ:

כה א וַיֵּשֶׁב יִשְׂרָאֵל בַּשִּׁטִּים וַיָּחֶל הָעָם לִזְנוֹת אֶל־בְּנוֹת מוֹאָב: כא
ב וַתִּקְרֶאןָ לָעָם לְזִבְחֵי אֱלֹהֵיהֶן וַיֹּאכַל הָעָם וַיִּשְׁתַּחֲווּ לֵאלֹהֵיהֶן:
ג ד וַיִּצָּמֶד יִשְׂרָאֵל לְבַעַל פְּעוֹר וַיִּחַר־אַף יְהוָה בְּיִשְׂרָאֵל: וַיֹּאמֶר
יְהוָה אֶל־מֹשֶׁה קַח אֶת־כָּל־רָאשֵׁי הָעָם וְהוֹקַע אוֹתָם לַיהוָה

ה נֶגֶד הַשָּׁמֶשׁ וְיָשֹׁב חֲרוֹן אַף־יְהוָה מִיִּשְׂרָאֵל׃ וַיֹּאמֶר מֹשֶׁה אֶל־
ו שֹׁפְטֵי יִשְׂרָאֵל הִרְגוּ אִישׁ אֲנָשָׁיו הַנִּצְמָדִים לְבַעַל פְּעוֹר׃ וְהִנֵּה
אִישׁ מִבְּנֵי יִשְׂרָאֵל בָּא וַיַּקְרֵב אֶל־אֶחָיו אֶת־הַמִּדְיָנִית לְעֵינֵי
מֹשֶׁה וּלְעֵינֵי כָּל־עֲדַת בְּנֵי־יִשְׂרָאֵל וְהֵמָּה בֹכִים פֶּתַח אֹהֶל
ז מוֹעֵד׃ וַיַּרְא פִּינְחָס בֶּן־אֶלְעָזָר בֶּן־אַהֲרֹן הַכֹּהֵן וַיָּקָם מִתּוֹךְ מפטיר
ח הָעֵדָה וַיִּקַּח רֹמַח בְּיָדוֹ׃ וַיָּבֹא אַחַר אִישׁ־יִשְׂרָאֵל אֶל־הַקֻּבָּה
וַיִּדְקֹר אֶת־שְׁנֵיהֶם אֵת אִישׁ יִשְׂרָאֵל וְאֶת־הָאִשָּׁה אֶל־קֳבָתָהּ
ט וַתֵּעָצַר הַמַּגֵּפָה מֵעַל בְּנֵי יִשְׂרָאֵל׃ וַיִּהְיוּ הַמֵּתִים בַּמַּגֵּפָה אַרְבָּעָה
וְעֶשְׂרִים אָלֶף׃

י יא וַיְדַבֵּר יְהוָה אֶל־מֹשֶׁה לֵּאמֹר׃ פִּינְחָס בֶּן־אֶלְעָזָר בֶּן־אַהֲרֹן הַכֹּהֵן כב פינחס
הֵשִׁיב אֶת־חֲמָתִי מֵעַל בְּנֵי־יִשְׂרָאֵל בְּקַנְאוֹ אֶת־קִנְאָתִי בְּתוֹכָם
יב וְלֹא־כִלִּיתִי אֶת־בְּנֵי־יִשְׂרָאֵל בְּקִנְאָתִי׃ לָכֵן אֱמֹר הִנְנִי נֹתֵן לוֹ
יג אֶת־בְּרִיתִי שָׁלוֹם׃ וְהָיְתָה לּוֹ וּלְזַרְעוֹ אַחֲרָיו בְּרִית כְּהֻנַּת עוֹלָם
יד תַּחַת אֲשֶׁר קִנֵּא לֵאלֹהָיו וַיְכַפֵּר עַל־בְּנֵי יִשְׂרָאֵל׃ וְשֵׁם אִישׁ
יִשְׂרָאֵל הַמֻּכֶּה אֲשֶׁר הֻכָּה אֶת־הַמִּדְיָנִית זִמְרִי בֶּן־סָלוּא נְשִׂיא
טו בֵּית־אָב לַשִּׁמְעֹנִי׃ וְשֵׁם הָאִשָּׁה הַמֻּכָּה הַמִּדְיָנִית כָּזְבִּי בַת־
צוּר רֹאשׁ אֻמּוֹת בֵּית־אָב בְּמִדְיָן הוּא׃

טז יז וַיְדַבֵּר יְהוָה אֶל־מֹשֶׁה לֵּאמֹר׃ צָרוֹר אֶת־הַמִּדְיָנִים וְהִכִּיתֶם
יח אוֹתָם׃ כִּי־צֹרְרִים הֵם לָכֶם בְּנִכְלֵיהֶם אֲשֶׁר־נִכְּלוּ לָכֶם עַל־דְּבַר
פְּעוֹר וְעַל־דְּבַר כָּזְבִּי בַת־נְשִׂיא מִדְיָן אֲחֹתָם הַמֻּכָּה בְיוֹם־
כו א הַמַּגֵּפָה עַל־דְּבַר פְּעוֹר׃ וַיְהִי אַחֲרֵי הַמַּגֵּפָה
וַיֹּאמֶר יְהוָה אֶל־מֹשֶׁה וְאֶל אֶלְעָזָר בֶּן־אַהֲרֹן הַכֹּהֵן לֵאמֹר׃
ב שְׂאוּ אֶת־רֹאשׁ כָּל־עֲדַת בְּנֵי־יִשְׂרָאֵל מִבֶּן עֶשְׂרִים שָׁנָה וָמַעְלָה
ג לְבֵית אֲבֹתָם כָּל־יֹצֵא צָבָא בְּיִשְׂרָאֵל׃ וַיְדַבֵּר מֹשֶׁה וְאֶלְעָזָר
ד הַכֹּהֵן אֹתָם בְּעַרְבֹת מוֹאָב עַל־יַרְדֵּן יְרֵחוֹ לֵאמֹר׃ מִבֶּן עֶשְׂרִים
שָׁנָה וָמָעְלָה כַּאֲשֶׁר צִוָּה יְהוָה אֶת־מֹשֶׁה וּבְנֵי יִשְׂרָאֵל הַיֹּצְאִים
ה מֵאֶרֶץ מִצְרָיִם׃ רְאוּבֵן בְּכוֹר יִשְׂרָאֵל בְּנֵי רְאוּבֵן חֲנוֹךְ מִשְׁפַּחַת שני

ו הַחֲנֹכִי לְפַלּוּא מִשְׁפַּחַת הַפַּלֻּאִי׃ לְחֶצְרֹן מִשְׁפַּחַת הַחֶצְרוֹנִי

ז לְכַרְמִי מִשְׁפַּחַת הַכַּרְמִי׃ אֵלֶּה מִשְׁפְּחֹת הָרֻאוּבֵנִי וַיִּהְיוּ פְקֻדֵיהֶם

ח שְׁלֹשָׁה וְאַרְבָּעִים אֶלֶף וּשְׁבַע מֵאוֹת וּשְׁלֹשִׁים׃ וּבְנֵי פַלּוּא

ט אֱלִיאָב׃ וּבְנֵי אֱלִיאָב נְמוּאֵל וְדָתָן וַאֲבִירָם הוּא־דָתָן וַאֲבִירָם

קרואי הָעֵדָה אֲשֶׁר הִצּוּ עַל־מֹשֶׁה וְעַל־אַהֲרֹן בַּעֲדַת־קֹרַח קְרִיאֵי

י בְּהַצֹּתָם עַל־יְהוָה׃ וַתִּפְתַּח הָאָרֶץ אֶת־פִּיהָ וַתִּבְלַע אֹתָם

וְאֶת־קֹרַח בְּמוֹת הָעֵדָה בַּאֲכֹל הָאֵשׁ אֵת חֲמִשִּׁים וּמָאתַיִם

יא יב אִישׁ וַיִּהְיוּ לְנֵס׃ וּבְנֵי־קֹרַח לֹא־מֵתוּ׃ בְּנֵי

שִׁמְעוֹן לְמִשְׁפְּחֹתָם לִנְמוּאֵל מִשְׁפַּחַת הַנְּמוּאֵלִי לְיָמִין מִשְׁפַּחַת

יג הַיָּמִינִי לְיָכִין מִשְׁפַּחַת הַיָּכִינִי׃ לְזֶרַח מִשְׁפַּחַת הַזַּרְחִי לְשָׁאוּל

יד מִשְׁפַּחַת הַשָּׁאוּלִי׃ אֵלֶּה מִשְׁפְּחֹת הַשִּׁמְעֹנִי שְׁנַיִם וְעֶשְׂרִים

טו אֶלֶף וּמָאתָיִם׃ בְּנֵי גָד לְמִשְׁפְּחֹתָם לִצְפוֹן מִשְׁפַּחַת

טז הַצְּפוֹנִי לְחַגִּי מִשְׁפַּחַת הַחַגִּי לְשׁוּנִי מִשְׁפַּחַת הַשּׁוּנִי׃ לְאָזְנִי מִשְׁפַּחַת

יז הָאָזְנִי לְעֵרִי מִשְׁפַּחַת הָעֵרִי׃ לַאֲרוֹד מִשְׁפַּחַת הָאֲרוֹדִי לְאַרְאֵלִי

יח מִשְׁפַּחַת הָאַרְאֵלִי׃ אֵלֶּה מִשְׁפְּחֹת בְּנֵי־גָד לִפְקֻדֵיהֶם אַרְבָּעִים

יט אֶלֶף וַחֲמֵשׁ מֵאוֹת׃ בְּנֵי יְהוּדָה עֵר וְאוֹנָן וַיָּמָת

כ עֵר וְאוֹנָן בְּאֶרֶץ כְּנָעַן׃ וַיִּהְיוּ בְנֵי־יְהוּדָה לְמִשְׁפְּחֹתָם לְשֵׁלָה

מִשְׁפַּחַת הַשֵּׁלָנִי לְפֶרֶץ מִשְׁפַּחַת הַפַּרְצִי לְזֶרַח מִשְׁפַּחַת הַזַּרְחִי׃

כא וַיִּהְיוּ בְנֵי־פֶרֶץ לְחֶצְרֹן מִשְׁפַּחַת הַחֶצְרֹנִי לְחָמוּל מִשְׁפַּחַת הֶחָמוּלִי׃

כב אֵלֶּה מִשְׁפְּחֹת יְהוּדָה לִפְקֻדֵיהֶם שִׁשָּׁה וְשִׁבְעִים אֶלֶף וַחֲמֵשׁ

כג מֵאוֹת׃ בְּנֵי יִשָּׂשכָר לְמִשְׁפְּחֹתָם תּוֹלָע מִשְׁפַּחַת

כד הַתּוֹלָעִי לְפֻוָה מִשְׁפַּחַת הַפּוּנִי׃ לְיָשׁוּב מִשְׁפַּחַת הַיָּשֻׁבִי לְשִׁמְרֹן

כה מִשְׁפַּחַת הַשִּׁמְרֹנִי׃ אֵלֶּה מִשְׁפְּחֹת יִשָּׂשכָר לִפְקֻדֵיהֶם אַרְבָּעָה

כו וְשִׁשִּׁים אֶלֶף וּשְׁלֹשׁ מֵאוֹת׃ בְּנֵי זְבוּלֻן לְמִשְׁפְּחֹתָם

לְסֶרֶד מִשְׁפַּחַת הַסַּרְדִּי לְאֵלוֹן מִשְׁפַּחַת הָאֵלֹנִי לְיַחְלְאֵל מִשְׁפַּחַת

כז הַיַּחְלְאֵלִי׃ אֵלֶּה מִשְׁפְּחֹת הַזְּבוּלֹנִי לִפְקֻדֵיהֶם שִׁשִּׁים אֶלֶף וַחֲמֵשׁ

כח מֵאוֹת׃ בְּנֵי יוֹסֵף לְמִשְׁפְּחֹתָם מְנַשֶּׁה וְאֶפְרָיִם׃

כט בְּנֵי מְנַשֶּׁה לְמָכִיר מִשְׁפַּחַת הַמָּכִירִי וּמָכִיר הוֹלִיד אֶת־גִּלְעָד
ל לְגִלְעָד מִשְׁפַּחַת הַגִּלְעָדִי׃ אֵלֶּה בְּנֵי גִלְעָד אִיעֶזֶר מִשְׁפַּחַת
לא הָאִיעֶזְרִי לְחֵלֶק מִשְׁפַּחַת הַחֶלְקִי׃ וְאַשְׂרִיאֵל מִשְׁפַּחַת הָאַשְׂרִאֵלִי
לב וְשֶׁכֶם מִשְׁפַּחַת הַשִּׁכְמִי׃ וּשְׁמִידָע מִשְׁפַּחַת הַשְּׁמִידָעִי וְחֵפֶר
לג מִשְׁפַּחַת הַחֶפְרִי׃ וּצְלָפְחָד בֶּן־חֵפֶר לֹא־הָיוּ לוֹ בָּנִים כִּי אִם־
בָּנוֹת וְשֵׁם בְּנוֹת צְלָפְחָד מַחְלָה וְנֹעָה חָגְלָה מִלְכָּה וְתִרְצָה׃
לד אֵלֶּה מִשְׁפְּחֹת מְנַשֶּׁה וּפְקֻדֵיהֶם שְׁנַיִם וַחֲמִשִּׁים אֶלֶף וּשְׁבַע
לה מֵאוֹת׃ אֵלֶּה בְנֵי־אֶפְרַיִם לְמִשְׁפְּחֹתָם לְשׁוּתֶלַח
מִשְׁפַּחַת הַשֻּׁתַלְחִי לְבֶכֶר מִשְׁפַּחַת הַבַּכְרִי לְתַחַן מִשְׁפַּחַת
לו לז הַתַּחֲנִי׃ וְאֵלֶּה בְּנֵי שׁוּתָלַח לְעֵרָן מִשְׁפַּחַת הָעֵרָנִי׃ אֵלֶּה מִשְׁפְּחֹת
בְּנֵי־אֶפְרַיִם לִפְקֻדֵיהֶם שְׁנַיִם וּשְׁלֹשִׁים אֶלֶף וַחֲמֵשׁ מֵאוֹת אֵלֶּה
לח בְנֵי־יוֹסֵף לְמִשְׁפְּחֹתָם׃ בְּנֵי בִנְיָמִן לְמִשְׁפְּחֹתָם
לְבֶלַע מִשְׁפַּחַת הַבַּלְעִי לְאַשְׁבֵּל מִשְׁפַּחַת הָאַשְׁבֵּלִי לַאֲחִירָם
לט מִשְׁפַּחַת הָאֲחִירָמִי׃ לִשְׁפוּפָם מִשְׁפַּחַת הַשּׁוּפָמִי לְחוּפָם מִשְׁפַּחַת
מ הַחוּפָמִי׃ וַיִּהְיוּ בְנֵי־בֶלַע אַרְדְּ וְנַעֲמָן מִשְׁפַּחַת הָאַרְדִּי לְנַעֲמָן
מא מִשְׁפַּחַת הַנַּעֲמִי׃ אֵלֶּה בְנֵי־בִנְיָמִן לְמִשְׁפְּחֹתָם וּפְקֻדֵיהֶם חֲמִשָּׁה
מב וְאַרְבָּעִים אֶלֶף וְשֵׁשׁ מֵאוֹת׃ אֵלֶּה בְנֵי־
דָן לְמִשְׁפְּחֹתָם לְשׁוּחָם מִשְׁפַּחַת הַשּׁוּחָמִי אֵלֶּה מִשְׁפְּחֹת דָּן
מג לְמִשְׁפְּחֹתָם׃ כָּל־מִשְׁפְּחֹת הַשּׁוּחָמִי לִפְקֻדֵיהֶם אַרְבָּעָה וְשִׁשִּׁים
מד אֶלֶף וְאַרְבַּע מֵאוֹת׃ בְּנֵי אָשֵׁר לְמִשְׁפְּחֹתָם
לְיִמְנָה מִשְׁפַּחַת הַיִּמְנָה לְיִשְׁוִי מִשְׁפַּחַת הַיִּשְׁוִי לִבְרִיעָה
מה מִשְׁפַּחַת הַבְּרִיעִי׃ לִבְנֵי בְרִיעָה לְחֶבֶר מִשְׁפַּחַת הַחֶבְרִי
מו מז לְמַלְכִּיאֵל מִשְׁפַּחַת הַמַּלְכִּיאֵלִי׃ וְשֵׁם בַּת־אָשֵׁר שָׂרַח׃ אֵלֶּה
מִשְׁפְּחֹת בְּנֵי־אָשֵׁר לִפְקֻדֵיהֶם שְׁלֹשָׁה וַחֲמִשִּׁים אֶלֶף וְאַרְבַּע
מח מֵאוֹת׃ בְּנֵי נַפְתָּלִי לְמִשְׁפְּחֹתָם לְיַחְצְאֵל מִשְׁפַּחַת
מט הַיַּחְצְאֵלִי לְגוּנִי מִשְׁפַּחַת הַגּוּנִי׃ לְיֵצֶר מִשְׁפַּחַת הַיִּצְרִי לְשִׁלֵּם
נ מִשְׁפַּחַת הַשִּׁלֵּמִי׃ אֵלֶּה מִשְׁפְּחֹת נַפְתָּלִי לְמִשְׁפְּחֹתָם וּפְקֻדֵיהֶם

חֲמִשָּׁה וְאַרְבָּעִים אֶלֶף וְאַרְבַּע מֵאוֹת: אֵלֶּה פְּקוּדֵי בְּנֵי יִשְׂרָאֵל נא
שֵׁשׁ־מֵאוֹת אֶלֶף וָאָלֶף שְׁבַע מֵאוֹת וּשְׁלֹשִׁים:
שלישי כג וַיְדַבֵּר יְהוָה אֶל־מֹשֶׁה לֵּאמֹר: לָאֵלֶּה תֵּחָלֵק הָאָרֶץ בְּנַחֲלָה נב נג
בְּמִסְפַּר שֵׁמוֹת: לָרַב תַּרְבֶּה נַחֲלָתוֹ וְלַמְעַט תַּמְעִיט נַחֲלָתוֹ נד
אִישׁ לְפִי פְקֻדָיו יֻתַּן נַחֲלָתוֹ: אַךְ־בְּגוֹרָל יֵחָלֵק אֶת־הָאָרֶץ נה
לִשְׁמוֹת מַטּוֹת־אֲבֹתָם יִנְחָלוּ: עַל־פִּי הַגּוֹרָל תֵּחָלֵק נַחֲלָתוֹ נו
בֵּין רַב לִמְעָט: וְאֵלֶּה פְקוּדֵי הַלֵּוִי לְמִשְׁפְּחֹתָם נז
לְגֵרְשׁוֹן מִשְׁפַּחַת הַגֵּרְשֻׁנִּי לִקְהָת מִשְׁפַּחַת הַקְּהָתִי לִמְרָרִי
מִשְׁפַּחַת הַמְּרָרִי: אֵלֶּה ׀ מִשְׁפְּחֹת לֵוִי מִשְׁפַּחַת הַלִּבְנִי מִשְׁפַּחַת נח
הַחֶבְרֹנִי מִשְׁפַּחַת הַמַּחְלִי מִשְׁפַּחַת הַמּוּשִׁי מִשְׁפַּחַת הַקָּרְחִי
וּקְהָת הוֹלִד אֶת־עַמְרָם: וְשֵׁם ׀ אֵשֶׁת עַמְרָם יוֹכֶבֶד בַּת־לֵוִי נט
אֲשֶׁר יָלְדָה אֹתָהּ לְלֵוִי בְּמִצְרָיִם וַתֵּלֶד לְעַמְרָם אֶת־אַהֲרֹן וְאֶת־
מֹשֶׁה וְאֵת מִרְיָם אֲחֹתָם: וַיִּוָּלֵד לְאַהֲרֹן אֶת־נָדָב וְאֶת־אֲבִיהוּא ס
אֶת־אֶלְעָזָר וְאֶת־אִיתָמָר: וַיָּמָת נָדָב וַאֲבִיהוּא בְּהַקְרִיבָם סא
אֵשׁ־זָרָה לִפְנֵי יְהוָה: וַיִּהְיוּ פְקֻדֵיהֶם שְׁלֹשָׁה וְעֶשְׂרִים אֶלֶף כָּל־ סב
זָכָר מִבֶּן־חֹדֶשׁ וָמָעְלָה כִּי ׀ לֹא הָתְפָּקְדוּ בְּתוֹךְ בְּנֵי יִשְׂרָאֵל כִּי
לֹא־נִתַּן לָהֶם נַחֲלָה בְּתוֹךְ בְּנֵי יִשְׂרָאֵל: אֵלֶּה פְּקוּדֵי מֹשֶׁה סג
וְאֶלְעָזָר הַכֹּהֵן אֲשֶׁר פָּקְדוּ אֶת־בְּנֵי יִשְׂרָאֵל בְּעַרְבֹת מוֹאָב
עַל יַרְדֵּן יְרֵחוֹ: וּבְאֵלֶּה לֹא־הָיָה אִישׁ מִפְּקוּדֵי מֹשֶׁה וְאַהֲרֹן סד
הַכֹּהֵן אֲשֶׁר פָּקְדוּ אֶת־בְּנֵי יִשְׂרָאֵל בְּמִדְבַּר סִינָי: כִּי־אָמַר יְהוָה סה
לָהֶם מוֹת יָמֻתוּ בַּמִּדְבָּר וְלֹא־נוֹתַר מֵהֶם אִישׁ כִּי אִם־כָּלֵב
בֶּן־יְפֻנֶּה וִיהוֹשֻׁעַ בִּן־נוּן: וַתִּקְרַבְנָה בְּנוֹת צְלָפְחָד א כז
בֶּן־חֵפֶר בֶּן־גִּלְעָד בֶּן־מָכִיר בֶּן־מְנַשֶּׁה לְמִשְׁפְּחֹת מְנַשֶּׁה בֶן־
יוֹסֵף וְאֵלֶּה שְׁמוֹת בְּנֹתָיו מַחְלָה נֹעָה וְחָגְלָה וּמִלְכָּה וְתִרְצָה:
וַתַּעֲמֹדְנָה לִפְנֵי מֹשֶׁה וְלִפְנֵי אֶלְעָזָר הַכֹּהֵן וְלִפְנֵי הַנְּשִׂיאִם וְכָל־ ב
הָעֵדָה פֶּתַח אֹהֶל־מוֹעֵד לֵאמֹר: אָבִינוּ מֵת בַּמִּדְבָּר וְהוּא לֹא־ ג
הָיָה בְּתוֹךְ הָעֵדָה הַנּוֹעָדִים עַל־יְהוָה בַּעֲדַת־קֹרַח כִּי־בְחֶטְאוֹ

ד מֵת וּבָנִים לֹא־הָיוּ לוֹ׃ לָמָּה יִגָּרַע שֵׁם־אָבִינוּ מִתּוֹךְ מִשְׁפַּחְתּוֹ
ה כִּי אֵין לוֹ בֵּן תְּנָה־לָּנוּ אֲחֻזָּה בְּתוֹךְ אֲחֵי אָבִינוּ׃ וַיַּקְרֵב מֹשֶׁה
אֶת־מִשְׁפָּטָן לִפְנֵי יְהוָה׃
ו ז וַיֹּאמֶר יְהוָה אֶל־מֹשֶׁה לֵּאמֹר׃ כֵּן בְּנוֹת צְלָפְחָד דֹּבְרֹת נָתֹן תִּתֵּן רביעי
לָהֶם אֲחֻזַּת נַחֲלָה בְּתוֹךְ אֲחֵי אֲבִיהֶם וְהַעֲבַרְתָּ אֶת־נַחֲלַת
ח אֲבִיהֶן לָהֶן׃ וְאֶל־בְּנֵי יִשְׂרָאֵל תְּדַבֵּר לֵאמֹר אִישׁ כִּי־יָמוּת וּבֵן
ט אֵין לוֹ וְהַעֲבַרְתֶּם אֶת־נַחֲלָתוֹ לְבִתּוֹ׃ וְאִם־אֵין לוֹ בַּת וּנְתַתֶּם
י אֶת־נַחֲלָתוֹ לְאֶחָיו׃ וְאִם־אֵין לוֹ אַחִים וּנְתַתֶּם אֶת־נַחֲלָתוֹ
יא לַאֲחֵי אָבִיו׃ וְאִם־אֵין אַחִים לְאָבִיו וּנְתַתֶּם אֶת־נַחֲלָתוֹ לִשְׁאֵרוֹ
הַקָּרֹב אֵלָיו מִמִּשְׁפַּחְתּוֹ וְיָרַשׁ אֹתָהּ וְהָיְתָה לִבְנֵי יִשְׂרָאֵל לְחֻקַּת
מִשְׁפָּט כַּאֲשֶׁר צִוָּה יְהוָה אֶת־מֹשֶׁה׃
יב וַיֹּאמֶר יְהוָה אֶל־מֹשֶׁה עֲלֵה אֶל־הַר הָעֲבָרִים הַזֶּה וּרְאֵה אֶת־
יג הָאָרֶץ אֲשֶׁר נָתַתִּי לִבְנֵי יִשְׂרָאֵל׃ וְרָאִיתָה אֹתָהּ וְנֶאֱסַפְתָּ אֶל־
יד עַמֶּיךָ גַּם־אָתָּה כַּאֲשֶׁר נֶאֱסַף אַהֲרֹן אָחִיךָ׃ כַּאֲשֶׁר מְרִיתֶם פִּי
בְּמִדְבַּר־צִן בִּמְרִיבַת הָעֵדָה לְהַקְדִּישֵׁנִי בַמַּיִם לְעֵינֵיהֶם הֵם מֵי־
טו מְרִיבַת קָדֵשׁ מִדְבַּר־צִן׃ וַיְדַבֵּר מֹשֶׁה אֶל־יְהוָה כד
טז לֵאמֹר׃ יִפְקֹד יְהוָה אֱלֹהֵי הָרוּחֹת לְכָל־בָּשָׂר אִישׁ עַל־הָעֵדָה׃
יז אֲשֶׁר־יֵצֵא לִפְנֵיהֶם וַאֲשֶׁר יָבֹא לִפְנֵיהֶם וַאֲשֶׁר יוֹצִיאֵם וַאֲשֶׁר
יְבִיאֵם וְלֹא תִהְיֶה עֲדַת יְהוָה כַּצֹּאן אֲשֶׁר אֵין־לָהֶם רֹעֶה׃
יח וַיֹּאמֶר יְהוָה אֶל־מֹשֶׁה קַח־לְךָ אֶת־יְהוֹשֻׁעַ בִּן־נוּן אִישׁ אֲשֶׁר־
יט רוּחַ בּוֹ וְסָמַכְתָּ אֶת־יָדְךָ עָלָיו׃ וְהַעֲמַדְתָּ אֹתוֹ לִפְנֵי אֶלְעָזָר
כ הַכֹּהֵן וְלִפְנֵי כָּל־הָעֵדָה וְצִוִּיתָה אֹתוֹ לְעֵינֵיהֶם׃ וְנָתַתָּה מֵהוֹדְךָ
כא עָלָיו לְמַעַן יִשְׁמְעוּ כָּל־עֲדַת בְּנֵי יִשְׂרָאֵל׃ וְלִפְנֵי אֶלְעָזָר הַכֹּהֵן
יַעֲמֹד וְשָׁאַל לוֹ בְּמִשְׁפַּט הָאוּרִים לִפְנֵי יְהוָה עַל־פִּיו יֵצְאוּ וְעַל־
כב פִּיו יָבֹאוּ הוּא וְכָל־בְּנֵי־יִשְׂרָאֵל אִתּוֹ וְכָל־הָעֵדָה׃ וַיַּעַשׂ מֹשֶׁה
כַּאֲשֶׁר צִוָּה יְהוָה אֹתוֹ וַיִּקַּח אֶת־יְהוֹשֻׁעַ וַיַּעֲמִדֵהוּ לִפְנֵי אֶלְעָזָר
כג הַכֹּהֵן וְלִפְנֵי כָּל־הָעֵדָה׃ וַיִּסְמֹךְ אֶת־יָדָיו עָלָיו וַיְצַוֵּהוּ כַּאֲשֶׁר

דִּבֶּ֥ר יְהוָ֖ה בְּיַד־מֹשֶֽׁה׃
חמישי וַיְדַבֵּ֥ר יְהוָ֖ה אֶל־מֹשֶׁ֥ה לֵּאמֹֽר׃ צַ֚ו אֶת־בְּנֵ֣י יִשְׂרָאֵ֔ל וְאָמַרְתָּ֖ כח א ב
אֲלֵהֶ֑ם אֶת־קָרְבָּנִ֨י לַחְמִ֜י לְאִשַּׁ֗י רֵ֚יחַ נִיחֹחִ֔י תִּשְׁמְר֕וּ לְהַקְרִ֥יב
לִ֖י בְּמוֹעֲדֽוֹ׃ וְאָמַרְתָּ֣ לָהֶ֔ם זֶ֚ה הָֽאִשֶּׁ֔ה אֲשֶׁ֥ר תַּקְרִ֖יבוּ לַיהוָ֑ה ג
כְּבָשִׂ֨ים בְּנֵֽי־שָׁנָ֧ה תְמִימִ֛ם שְׁנַ֥יִם לַיּ֖וֹם עֹלָ֥ה תָמִֽיד׃ אֶת־הַכֶּ֥בֶשׂ ד
אֶחָ֖ד תַּעֲשֶׂ֣ה בַבֹּ֑קֶר וְאֵת֙ הַכֶּ֣בֶשׂ הַשֵּׁנִ֔י תַּעֲשֶׂ֖ה בֵּ֥ין הָעַרְבָּֽיִם׃
וַעֲשִׂירִ֧ית הָאֵיפָ֛ה סֹ֖לֶת לְמִנְחָ֑ה בְּלוּלָ֛ה בְּשֶׁ֥מֶן כָּתִ֖ית רְבִיעִ֥ת ה
הַהִֽין׃ עֹלַ֖ת תָּמִ֑יד הָעֲשֻׂיָה֙ בְּהַ֣ר סִינַ֔י לְרֵ֣יחַ נִיחֹ֔חַ אִשֶּׁ֖ה לַיהוָֽה׃ ו
וְנִסְכּוֹ֙ רְבִיעִ֣ת הַהִ֔ין לַכֶּ֖בֶשׂ הָאֶחָ֑ד בַּקֹּ֗דֶשׁ הַסֵּ֛ךְ נֶ֥סֶךְ שֵׁכָ֖ר לַיהוָֽה׃ ז
וְאֵת֙ הַכֶּ֣בֶשׂ הַשֵּׁנִ֔י תַּעֲשֶׂ֖ה בֵּ֣ין הָעַרְבָּ֑יִם כְּמִנְחַ֨ת הַבֹּ֤קֶר וּכְנִסְכּוֹ֙ ח
תַּעֲשֶׂ֔ה אִשֵּׁ֛ה רֵ֥יחַ נִיחֹ֖חַ לַיהוָֽה׃
וּבְיוֹם֙ הַשַּׁבָּ֔ת שְׁנֵֽי־כְבָשִׂ֥ים בְּנֵֽי־שָׁנָ֖ה תְּמִימִ֑ם וּשְׁנֵ֣י עֶשְׂרֹנִ֗ים סֹ֛לֶת ט
מִנְחָ֛ה בְּלוּלָ֥ה בַשֶּׁ֖מֶן וְנִסְכּֽוֹ׃ עֹלַ֥ת שַׁבַּ֖ת בְּשַׁבַּתּ֑וֹ עַל־עֹלַ֥ת י
הַתָּמִ֖יד וְנִסְכָּֽהּ׃
וּבְרָאשֵׁי֙ חָדְשֵׁיכֶ֔ם תַּקְרִ֥יבוּ עֹלָ֖ה לַיהוָ֑ה פָּרִ֨ים בְּנֵֽי־בָקָ֤ר שְׁנַ֙יִם֙ יא
וְאַ֣יִל אֶחָ֔ד כְּבָשִׂ֧ים בְּנֵי־שָׁנָ֛ה שִׁבְעָ֖ה תְּמִימִֽם׃ וּשְׁלֹשָׁ֣ה עֶשְׂרֹנִ֗ים יב
סֹ֤לֶת מִנְחָה֙ בְּלוּלָ֣ה בַשֶּׁ֔מֶן לַפָּ֖ר הָאֶחָ֑ד וּשְׁנֵ֣י עֶשְׂרֹנִ֗ים סֹ֤לֶת
מִנְחָה֙ בְּלוּלָ֣ה בַשֶּׁ֔מֶן לָאַ֖יִל הָאֶחָֽד׃ וְעִשָּׂרֹ֣ן עִשָּׂר֗וֹן סֹ֛לֶת יג
מִנְחָ֛ה בְּלוּלָ֥ה בַשֶּׁ֖מֶן לַכֶּ֣בֶשׂ הָאֶחָ֑ד עֹלָה֙ רֵ֣יחַ נִיחֹ֔חַ אִשֶּׁ֖ה
לַיהוָֽה׃ וְנִסְכֵּיהֶ֗ם חֲצִ֣י הַהִין֩ יִהְיֶ֨ה לַפָּ֜ר וּשְׁלִישִׁ֧ת הַהִ֣ין לָאַ֗יִל יד
וּרְבִיעִ֥ת הַהִ֛ין לַכֶּ֖בֶשׂ יָ֑יִן זֹ֣את עֹלַ֥ת חֹ֙דֶשׁ֙ בְּחָדְשׁ֔וֹ לְחָדְשֵׁ֖י הַשָּׁנָֽה׃
וּשְׂעִ֨יר עִזִּ֥ים אֶחָ֛ד לְחַטָּ֖את לַיהוָ֑ה עַל־עֹלַ֧ת הַתָּמִ֛יד יֵעָשֶׂ֖ה טו
ששי וְנִסְכּֽוֹ׃ וּבַחֹ֣דֶשׁ הָרִאשׁ֗וֹן בְּאַרְבָּעָ֥ה עָשָׂ֛ר י֖וֹם טז
לַחֹ֑דֶשׁ פֶּ֖סַח לַיהוָֽה׃ וּבַחֲמִשָּׁ֨ה עָשָׂ֥ר י֛וֹם לַחֹ֥דֶשׁ הַזֶּ֖ה חָ֑ג שִׁבְעַ֣ת יז
יָמִ֔ים מַצּ֖וֹת יֵאָכֵֽל׃ בַּיּ֥וֹם הָרִאשׁ֖וֹן מִקְרָא־קֹ֑דֶשׁ כָּל־מְלֶ֥אכֶת יח
עֲבֹדָ֖ה לֹ֥א תַעֲשֽׂוּ׃ וְהִקְרַבְתֶּ֨ם אִשֶּׁ֤ה עֹלָה֙ לַֽיהוָ֔ה פָּרִ֧ים בְּנֵֽי־ יט
בָקָ֖ר שְׁנָ֑יִם וְאַ֣יִל אֶחָ֔ד וְשִׁבְעָ֤ה כְבָשִׂים֙ בְּנֵ֣י שָׁנָ֔ה תְּמִימִ֖ם יִהְי֥וּ

כ לָכֶם׃ וּמִנְחָתָם סֹלֶת בְּלוּלָה בַשָּׁמֶן שְׁלֹשָׁה עֶשְׂרֹנִים לַפָּר וּשְׁנֵי
כא עֶשְׂרֹנִים לָאַיִל תַּעֲשׂוּ׃ עִשָּׂרוֹן עִשָּׂרוֹן תַּעֲשֶׂה לַכֶּבֶשׂ הָאֶחָד
כב כג לְשִׁבְעַת הַכְּבָשִׂים׃ וּשְׂעִיר חַטָּאת אֶחָד לְכַפֵּר עֲלֵיכֶם׃ מִלְּבַד
כד עֹלַת הַבֹּקֶר אֲשֶׁר לְעֹלַת הַתָּמִיד תַּעֲשׂוּ אֶת־אֵלֶּה׃ כָּאֵלֶּה
תַּעֲשׂוּ לַיּוֹם שִׁבְעַת יָמִים לֶחֶם אִשֵּׁה רֵיחַ־נִיחֹחַ לַיהוָה עַל־
כה עוֹלַת הַתָּמִיד יֵעָשֶׂה וְנִסְכּוֹ׃ וּבַיּוֹם הַשְּׁבִיעִי מִקְרָא־קֹדֶשׁ יִהְיֶה
כו לָכֶם כָּל־מְלֶאכֶת עֲבֹדָה לֹא תַעֲשׂוּ׃ וּבְיוֹם כה
הַבִּכּוּרִים בְּהַקְרִיבְכֶם מִנְחָה חֲדָשָׁה לַיהוָה בְּשָׁבֻעֹתֵיכֶם
מִקְרָא־קֹדֶשׁ יִהְיֶה לָכֶם כָּל־מְלֶאכֶת עֲבֹדָה לֹא תַעֲשׂוּ׃
כז וְהִקְרַבְתֶּם עוֹלָה לְרֵיחַ נִיחֹחַ לַיהוָה פָּרִים בְּנֵי־בָקָר שְׁנַיִם אַיִל
כח אֶחָד שִׁבְעָה כְבָשִׂים בְּנֵי שָׁנָה׃ וּמִנְחָתָם סֹלֶת בְּלוּלָה בַשָּׁמֶן
כט שְׁלֹשָׁה עֶשְׂרֹנִים לַפָּר הָאֶחָד שְׁנֵי עֶשְׂרֹנִים לָאַיִל הָאֶחָד׃ עִשָּׂרוֹן
ל עִשָּׂרוֹן לַכֶּבֶשׂ הָאֶחָד לְשִׁבְעַת הַכְּבָשִׂים׃ שְׂעִיר עִזִּים אֶחָד
לא לְכַפֵּר עֲלֵיכֶם׃ מִלְּבַד עֹלַת הַתָּמִיד וּמִנְחָתוֹ תַּעֲשׂוּ תְּמִימִם
יִהְיוּ־לָכֶם וְנִסְכֵּיהֶם׃

כט א וּבַחֹדֶשׁ הַשְּׁבִיעִי בְּאֶחָד לַחֹדֶשׁ מִקְרָא־קֹדֶשׁ יִהְיֶה לָכֶם כָּל־
ב מְלֶאכֶת עֲבֹדָה לֹא תַעֲשׂוּ יוֹם תְּרוּעָה יִהְיֶה לָכֶם׃ וַעֲשִׂיתֶם
עֹלָה לְרֵיחַ נִיחֹחַ לַיהוָה פַּר בֶּן־בָּקָר אֶחָד אַיִל אֶחָד כְּבָשִׂים
ג בְּנֵי־שָׁנָה שִׁבְעָה תְּמִימִם׃ וּמִנְחָתָם סֹלֶת בְּלוּלָה בַשָּׁמֶן שְׁלֹשָׁה
ד עֶשְׂרֹנִים לַפָּר שְׁנֵי עֶשְׂרֹנִים לָאָיִל׃ וְעִשָּׂרוֹן אֶחָד לַכֶּבֶשׂ הָאֶחָד
ה לְשִׁבְעַת הַכְּבָשִׂים׃ וּשְׂעִיר־עִזִּים אֶחָד חַטָּאת לְכַפֵּר עֲלֵיכֶם׃
ו מִלְּבַד עֹלַת הַחֹדֶשׁ וּמִנְחָתָהּ וְעֹלַת הַתָּמִיד וּמִנְחָתָהּ וְנִסְכֵּיהֶם
ז כְּמִשְׁפָּטָם לְרֵיחַ נִיחֹחַ אִשֶּׁה לַיהוָה׃ וּבֶעָשׂוֹר
לַחֹדֶשׁ הַשְּׁבִיעִי הַזֶּה מִקְרָא־קֹדֶשׁ יִהְיֶה לָכֶם וְעִנִּיתֶם אֶת־
ח נַפְשֹׁתֵיכֶם כָּל־מְלָאכָה לֹא תַעֲשׂוּ׃ וְהִקְרַבְתֶּם עֹלָה לַיהוָה רֵיחַ
נִיחֹחַ פַּר בֶּן־בָּקָר אֶחָד אַיִל אֶחָד כְּבָשִׂים בְּנֵי־שָׁנָה שִׁבְעָה תְּמִימִם
ט יִהְיוּ לָכֶם׃ וּמִנְחָתָם סֹלֶת בְּלוּלָה בַשָּׁמֶן שְׁלֹשָׁה עֶשְׂרֹנִים לַפָּר

שְׁנֵי עֶשְׂרֹנִים לָאַיִל הָאֶחָד׃ עִשָּׂרוֹן עִשָּׂרוֹן לַכֶּבֶשׂ הָאֶחָד לְשִׁבְעַת י
הַכְּבָשִׂים׃ שְׂעִיר־עִזִּים אֶחָד חַטָּאת מִלְּבַד חַטַּאת הַכִּפֻּרִים יא
שביעי וְעֹלַת הַתָּמִיד וּמִנְחָתָהּ וְנִסְכֵּיהֶם׃ וּבַחֲמִשָּׁה יב
עָשָׂר יוֹם לַחֹדֶשׁ הַשְּׁבִיעִי מִקְרָא־קֹדֶשׁ יִהְיֶה לָכֶם כָּל־מְלֶאכֶת
עֲבֹדָה לֹא תַעֲשׂוּ וְחַגֹּתֶם חַג לַיהוָה שִׁבְעַת יָמִים׃ וְהִקְרַבְתֶּם יג
עֹלָה אִשֵּׁה רֵיחַ נִיחֹחַ לַיהוָה פָּרִים בְּנֵי־בָקָר שְׁלֹשָׁה עָשָׂר אֵילִם
שְׁנָיִם כְּבָשִׂים בְּנֵי־שָׁנָה אַרְבָּעָה עָשָׂר תְּמִימִם יִהְיוּ׃ וּמִנְחָתָם יד
סֹלֶת בְּלוּלָה בַשָּׁמֶן שְׁלֹשָׁה עֶשְׂרֹנִים לַפָּר הָאֶחָד לִשְׁלֹשָׁה עָשָׂר
פָּרִים שְׁנֵי עֶשְׂרֹנִים לָאַיִל הָאֶחָד לִשְׁנֵי הָאֵילִם׃ וְעִשָּׂרוֹן עִשָּׂרוֹן טו
לַכֶּבֶשׂ הָאֶחָד לְאַרְבָּעָה עָשָׂר כְּבָשִׂים׃ וּשְׂעִיר־עִזִּים אֶחָד חַטָּאת טז
מִלְּבַד עֹלַת הַתָּמִיד מִנְחָתָהּ וְנִסְכָּהּ׃ וּבַיּוֹם יז
הַשֵּׁנִי פָּרִים בְּנֵי־בָקָר שְׁנֵים עָשָׂר אֵילִם שְׁנָיִם כְּבָשִׂים בְּנֵי־שָׁנָה
אַרְבָּעָה עָשָׂר תְּמִימִם׃ וּמִנְחָתָם וְנִסְכֵּיהֶם לַפָּרִים לָאֵילִם יח
וְלַכְּבָשִׂים בְּמִסְפָּרָם כַּמִּשְׁפָּט׃ וּשְׂעִיר־עִזִּים אֶחָד חַטָּאת מִלְּבַד יט
עֹלַת הַתָּמִיד וּמִנְחָתָהּ וְנִסְכֵּיהֶם׃ וּבַיּוֹם הַשְּׁלִישִׁי כ
פָּרִים עַשְׁתֵּי־עָשָׂר אֵילִם שְׁנָיִם כְּבָשִׂים בְּנֵי־שָׁנָה אַרְבָּעָה
עָשָׂר תְּמִימִם׃ וּמִנְחָתָם וְנִסְכֵּיהֶם לַפָּרִים לָאֵילִם וְלַכְּבָשִׂים כא
בְּמִסְפָּרָם כַּמִּשְׁפָּט׃ וּשְׂעִיר חַטָּאת אֶחָד מִלְּבַד עֹלַת הַתָּמִיד כב
וּמִנְחָתָהּ וְנִסְכָּהּ׃ וּבַיּוֹם הָרְבִיעִי פָּרִים עֲשָׂרָה כג
אֵילִם שְׁנָיִם כְּבָשִׂים בְּנֵי־שָׁנָה אַרְבָּעָה עָשָׂר תְּמִימִם׃ מִנְחָתָם כד
וְנִסְכֵּיהֶם לַפָּרִים לָאֵילִם וְלַכְּבָשִׂים בְּמִסְפָּרָם כַּמִּשְׁפָּט׃
וּשְׂעִיר־עִזִּים אֶחָד חַטָּאת מִלְּבַד עֹלַת הַתָּמִיד מִנְחָתָהּ כה
וְנִסְכָּהּ׃ וּבַיּוֹם הַחֲמִישִׁי פָּרִים תִּשְׁעָה אֵילִם שְׁנָיִם כו
כְּבָשִׂים בְּנֵי־שָׁנָה אַרְבָּעָה עָשָׂר תְּמִימִם׃ וּמִנְחָתָם וְנִסְכֵּיהֶם כז
לַפָּרִים לָאֵילִם וְלַכְּבָשִׂים בְּמִסְפָּרָם כַּמִּשְׁפָּט׃ וּשְׂעִיר חַטָּאת כח
אֶחָד מִלְּבַד עֹלַת הַתָּמִיד וּמִנְחָתָהּ וְנִסְכָּהּ׃ וּבַיּוֹם כט
הַשִּׁשִּׁי פָּרִים שְׁמֹנָה אֵילִם שְׁנָיִם כְּבָשִׂים בְּנֵי־שָׁנָה אַרְבָּעָה

ל עֶשְׂרֵה תְּמִימִם׃ וּמִנְחָתָם וְנִסְכֵּיהֶם לַפָּרִים לָאֵילִם וְלַכְּבָשִׂים
לא בְּמִסְפָּרָם כַּמִּשְׁפָּט׃ וּשְׂעִיר חַטָּאת אֶחָד מִלְּבַד עֹלַת הַתָּמִיד
לב מִנְחָתָהּ וּנְסָכֶיהָ׃ וּבַיּוֹם הַשְּׁבִיעִי פָּרִים שִׁבְעָה
לג אֵילִם שְׁנָיִם כְּבָשִׂים בְּנֵי־שָׁנָה אַרְבָּעָה עָשָׂר תְּמִימִם׃ וּמִנְחָתָם
לד וְנִסְכֵּהֶם לַפָּרִים לָאֵילִם וְלַכְּבָשִׂים בְּמִסְפָּרָם כְּמִשְׁפָּטָם׃ וּשְׂעִיר
לה חַטָּאת אֶחָד מִלְּבַד עֹלַת הַתָּמִיד מִנְחָתָהּ וְנִסְכָּהּ׃ בַּיּוֹם מפטיר
הַשְּׁמִינִי עֲצֶרֶת תִּהְיֶה לָכֶם כָּל־מְלֶאכֶת עֲבֹדָה לֹא תַעֲשׂוּ׃
לו וְהִקְרַבְתֶּם עֹלָה אִשֵּׁה רֵיחַ נִיחֹחַ לַיהוָה פַּר אֶחָד אַיִל אֶחָד
לז כְּבָשִׂים בְּנֵי־שָׁנָה שִׁבְעָה תְּמִימִם׃ מִנְחָתָם וְנִסְכֵּיהֶם לַפָּר
לח לָאַיִל וְלַכְּבָשִׂים בְּמִסְפָּרָם כַּמִּשְׁפָּט׃ וּשְׂעִיר חַטָּאת אֶחָד
לט מִלְּבַד עֹלַת הַתָּמִיד וּמִנְחָתָהּ וְנִסְכָּהּ׃ אֵלֶּה תַּעֲשׂוּ לַיהוָה
בְּמוֹעֲדֵיכֶם לְבַד מִנִּדְרֵיכֶם וְנִדְבֹתֵיכֶם לְעֹלֹתֵיכֶם וּלְמִנְחֹתֵיכֶם
ל א וּלְנִסְכֵּיכֶם וּלְשַׁלְמֵיכֶם׃ וַיֹּאמֶר מֹשֶׁה אֶל־בְּנֵי יִשְׂרָאֵל כְּכֹל
אֲשֶׁר־צִוָּה יְהוָה אֶת־מֹשֶׁה׃

ב וַיְדַבֵּר מֹשֶׁה אֶל־רָאשֵׁי הַמַּטּוֹת לִבְנֵי יִשְׂרָאֵל לֵאמֹר זֶה הַדָּבָר כו מטות
ג אֲשֶׁר צִוָּה יְהוָה׃ אִישׁ כִּי־יִדֹּר נֶדֶר לַיהוָה אוֹ־הִשָּׁבַע שְׁבֻעָה
לֶאְסֹר אִסָּר עַל־נַפְשׁוֹ לֹא יַחֵל דְּבָרוֹ כְּכָל־הַיֹּצֵא מִפִּיו יַעֲשֶׂה׃
ד וְאִשָּׁה כִּי־תִדֹּר נֶדֶר לַיהוָה וְאָסְרָה אִסָּר בְּבֵית אָבִיהָ בִּנְעֻרֶיהָ׃
ה וְשָׁמַע אָבִיהָ אֶת־נִדְרָהּ וֶאֱסָרָהּ אֲשֶׁר אָסְרָה עַל־נַפְשָׁהּ וְהֶחֱרִישׁ
לָהּ אָבִיהָ וְקָמוּ כָּל־נְדָרֶיהָ וְכָל־אִסָּר אֲשֶׁר־אָסְרָה עַל־נַפְשָׁהּ
ו יָקוּם׃ וְאִם־הֵנִיא אָבִיהָ אֹתָהּ בְּיוֹם שָׁמְעוֹ כָּל־נְדָרֶיהָ וֶאֱסָרֶיהָ
אֲשֶׁר־אָסְרָה עַל־נַפְשָׁהּ לֹא יָקוּם וַיהוָה יִסְלַח־לָהּ כִּי־הֵנִיא
ז אָבִיהָ אֹתָהּ׃ וְאִם־הָיוֹ תִהְיֶה לְאִישׁ וּנְדָרֶיהָ עָלֶיהָ אוֹ מִבְטָא
ח שְׂפָתֶיהָ אֲשֶׁר אָסְרָה עַל־נַפְשָׁהּ׃ וְשָׁמַע אִישָׁהּ בְּיוֹם שָׁמְעוֹ
וְהֶחֱרִישׁ לָהּ וְקָמוּ נְדָרֶיהָ וֶאֱסָרֶהָ אֲשֶׁר־אָסְרָה עַל־נַפְשָׁהּ
ט יָקֻמוּ׃ וְאִם בְּיוֹם שְׁמֹעַ אִישָׁהּ יָנִיא אוֹתָהּ וְהֵפֵר אֶת־נִדְרָהּ
אֲשֶׁר עָלֶיהָ וְאֵת מִבְטָא שְׂפָתֶיהָ אֲשֶׁר אָסְרָה עַל־נַפְשָׁהּ וַיהוָה

יִסְלַח־לָהּ: וְנֵדֶר אַלְמָנָה וּגְרוּשָׁה כֹּל אֲשֶׁר־אָסְרָה עַל־נַפְשָׁהּ י
יָקוּם עָלֶיהָ: וְאִם־בֵּית אִישָׁהּ נָדָרָה אוֹ־אָסְרָה אִסָּר עַל־נַפְשָׁהּ יא
בִּשְׁבֻעָה: וְשָׁמַע אִישָׁהּ וְהֶחֱרִשׁ לָהּ לֹא הֵנִיא אֹתָהּ וְקָמוּ כָּל־ יב
נְדָרֶיהָ וְכָל־אִסָּר אֲשֶׁר־אָסְרָה עַל־נַפְשָׁהּ יָקוּם: וְאִם־הָפֵר יג
יָפֵר אֹתָם ׀ אִישָׁהּ בְּיוֹם שָׁמְעוֹ כָּל־מוֹצָא שְׂפָתֶיהָ לִנְדָרֶיהָ
וּלְאִסַּר נַפְשָׁהּ לֹא יָקוּם אִישָׁהּ הֲפֵרָם וַיהוָה יִסְלַח־לָהּ: כָּל־ יד
נֵדֶר וְכָל־שְׁבֻעַת אִסָּר לְעַנֹּת נָפֶשׁ אִישָׁהּ יְקִימֶנּוּ וְאִישָׁהּ יְפֵרֶנּוּ:
וְאִם־הַחֲרֵשׁ יַחֲרִישׁ לָהּ אִישָׁהּ מִיּוֹם אֶל־יוֹם וְהֵקִים אֶת־כָּל־ טו
נְדָרֶיהָ אוֹ אֶת־כָּל־אֱסָרֶיהָ אֲשֶׁר עָלֶיהָ הֵקִים אֹתָם כִּי־הֶחֱרִשׁ
לָהּ בְּיוֹם שָׁמְעוֹ: וְאִם־הָפֵר יָפֵר אֹתָם אַחֲרֵי שָׁמְעוֹ וְנָשָׂא אֶת־ טז
עֲוֺנָהּ: אֵלֶּה הַחֻקִּים אֲשֶׁר צִוָּה יְהוָה אֶת־מֹשֶׁה בֵּין אִישׁ יז
לְאִשְׁתּוֹ בֵּין־אָב לְבִתּוֹ בִּנְעֻרֶיהָ בֵּית אָבִיהָ:

שני כז וַיְדַבֵּר יְהוָה אֶל־מֹשֶׁה לֵּאמֹר: נְקֹם נִקְמַת בְּנֵי יִשְׂרָאֵל מֵאֵת א ב לא
הַמִּדְיָנִים אַחַר תֵּאָסֵף אֶל־עַמֶּיךָ: וַיְדַבֵּר מֹשֶׁה אֶל־הָעָם לֵאמֹר ג
הֵחָלְצוּ מֵאִתְּכֶם אֲנָשִׁים לַצָּבָא וְיִהְיוּ עַל־מִדְיָן לָתֵת נִקְמַת־
יְהוָה בְּמִדְיָן: אֶלֶף לַמַּטֶּה אֶלֶף לַמַּטֶּה לְכֹל מַטּוֹת יִשְׂרָאֵל ד
תִּשְׁלְחוּ לַצָּבָא: וַיִּמָּסְרוּ מֵאַלְפֵי יִשְׂרָאֵל אֶלֶף לַמַּטֶּה שְׁנֵים־ ה
עָשָׂר אֶלֶף חֲלוּצֵי צָבָא: וַיִּשְׁלַח אֹתָם מֹשֶׁה אֶלֶף לַמַּטֶּה לַצָּבָא ו
אֹתָם וְאֶת־פִּינְחָס בֶּן־אֶלְעָזָר הַכֹּהֵן לַצָּבָא וּכְלֵי הַקֹּדֶשׁ וַחֲצֹצְרוֹת
הַתְּרוּעָה בְּיָדוֹ: וַיִּצְבְּאוּ עַל־מִדְיָן כַּאֲשֶׁר צִוָּה יְהוָה אֶת־מֹשֶׁה ז
וַיַּהַרְגוּ כָּל־זָכָר: וְאֶת־מַלְכֵי מִדְיָן הָרְגוּ עַל־חַלְלֵיהֶם אֶת־אֱוִי ח
וְאֶת־רֶקֶם וְאֶת־צוּר וְאֶת־חוּר וְאֶת־רֶבַע חֲמֵשֶׁת מַלְכֵי מִדְיָן
וְאֵת בִּלְעָם בֶּן־בְּעוֹר הָרְגוּ בֶּחָרֶב: וַיִּשְׁבּוּ בְנֵי־יִשְׂרָאֵל אֶת־ ט
נְשֵׁי מִדְיָן וְאֶת־טַפָּם וְאֵת כָּל־בְּהֶמְתָּם וְאֶת־כָּל־מִקְנֵהֶם וְאֶת־
כָּל־חֵילָם בָּזָזוּ: וְאֵת כָּל־עָרֵיהֶם בְּמוֹשְׁבֹתָם וְאֵת כָּל־טִירֹתָם י
שָׂרְפוּ בָּאֵשׁ: וַיִּקְחוּ אֶת־כָּל־הַשָּׁלָל וְאֵת כָּל־הַמַּלְקוֹחַ בָּאָדָם יא
וּבַבְּהֵמָה: וַיָּבִאוּ אֶל־מֹשֶׁה וְאֶל־אֶלְעָזָר הַכֹּהֵן וְאֶל־עֲדַת בְּנֵי־ יב

יִשְׂרָאֵל אֶת־הַשְּׁבִי וְאֶת־הַמַּלְקוֹחַ וְאֶת־הַשָּׁלָל אֶל־הַמַּחֲנֶה
יג אֶל־עַרְבֹת מוֹאָב אֲשֶׁר עַל־יַרְדֵּן יְרֵחוֹ׃ וַיֵּצְאוּ שלישי (שני)
מֹשֶׁה וְאֶלְעָזָר הַכֹּהֵן וְכָל־נְשִׂיאֵי הָעֵדָה לִקְרָאתָם אֶל־מִחוּץ
יד לַמַּחֲנֶה׃ וַיִּקְצֹף מֹשֶׁה עַל פְּקוּדֵי הֶחָיִל שָׂרֵי הָאֲלָפִים וְשָׂרֵי
טו הַמֵּאוֹת הַבָּאִים מִצְּבָא הַמִּלְחָמָה׃ וַיֹּאמֶר אֲלֵיהֶם מֹשֶׁה
טז הַחִיִּיתֶם כָּל־נְקֵבָה׃ הֵן הֵנָּה הָיוּ לִבְנֵי יִשְׂרָאֵל בִּדְבַר בִּלְעָם
לִמְסָר־מַעַל בַּיהוָה עַל־דְּבַר פְּעוֹר וַתְּהִי הַמַּגֵּפָה בַּעֲדַת יְהוָה׃
יז וְעַתָּה הִרְגוּ כָל־זָכָר בַּטָּף וְכָל־אִשָּׁה יֹדַעַת אִישׁ לְמִשְׁכַּב
יח זָכָר הֲרֹגוּ׃ וְכֹל הַטַּף בַּנָּשִׁים אֲשֶׁר לֹא־יָדְעוּ מִשְׁכַּב זָכָר הַחֲיוּ
יט לָכֶם׃ וְאַתֶּם חֲנוּ מִחוּץ לַמַּחֲנֶה שִׁבְעַת יָמִים כֹּל הֹרֵג נֶפֶשׁ
וְכֹל ׀ נֹגֵעַ בֶּחָלָל תִּתְחַטְּאוּ בַּיּוֹם הַשְּׁלִישִׁי וּבַיּוֹם הַשְּׁבִיעִי אַתֶּם
כ וּשְׁבִיכֶם׃ וְכָל־בֶּגֶד וְכָל־כְּלִי־עוֹר וְכָל־מַעֲשֵׂה עִזִּים וְכָל־כְּלִי־
כא עֵץ תִּתְחַטָּאוּ׃ וַיֹּאמֶר אֶלְעָזָר הַכֹּהֵן אֶל־אַנְשֵׁי
הַצָּבָא הַבָּאִים לַמִּלְחָמָה זֹאת חֻקַּת הַתּוֹרָה אֲשֶׁר־צִוָּה יְהוָה
כב אֶת־מֹשֶׁה׃ אַךְ אֶת־הַזָּהָב וְאֶת־הַכָּסֶף אֶת־הַנְּחֹשֶׁת אֶת־הַבַּרְזֶל
כג אֶת־הַבְּדִיל וְאֶת־הָעֹפָרֶת׃ כָּל־דָּבָר אֲשֶׁר־יָבֹא בָאֵשׁ תַּעֲבִירוּ
בָאֵשׁ וְטָהֵר אַךְ בְּמֵי נִדָּה יִתְחַטָּא וְכֹל אֲשֶׁר לֹא־יָבֹא בָּאֵשׁ
כד תַּעֲבִירוּ בַמָּיִם׃ וְכִבַּסְתֶּם בִּגְדֵיכֶם בַּיּוֹם הַשְּׁבִיעִי וּטְהַרְתֶּם
כה וְאַחַר תָּבֹאוּ אֶל־הַמַּחֲנֶה׃ וַיֹּאמֶר יְהוָה אֶל־ כח רביעי
כו מֹשֶׁה לֵּאמֹר׃ שָׂא אֵת רֹאשׁ מַלְקוֹחַ הַשְּׁבִי בָּאָדָם וּבַבְּהֵמָה
כז אַתָּה וְאֶלְעָזָר הַכֹּהֵן וְרָאשֵׁי אֲבוֹת הָעֵדָה׃ וְחָצִיתָ אֶת־הַמַּלְקוֹחַ
כח בֵּין תֹּפְשֵׂי הַמִּלְחָמָה הַיֹּצְאִים לַצָּבָא וּבֵין כָּל־הָעֵדָה׃ וַהֲרֵמֹתָ
מֶכֶס לַיהוָה מֵאֵת אַנְשֵׁי הַמִּלְחָמָה הַיֹּצְאִים לַצָּבָא אֶחָד נֶפֶשׁ
מֵחֲמֵשׁ הַמֵּאוֹת מִן־הָאָדָם וּמִן־הַבָּקָר וּמִן־הַחֲמֹרִים וּמִן־הַצֹּאן׃
כט מִמַּחֲצִיתָם תִּקָּחוּ וְנָתַתָּה לְאֶלְעָזָר הַכֹּהֵן תְּרוּמַת יְהוָה׃
ל וּמִמַּחֲצִת בְּנֵי־יִשְׂרָאֵל תִּקַּח ׀ אֶחָד ׀ אָחֻז מִן־הַחֲמִשִּׁים מִן־הָאָדָם
מִן־הַבָּקָר מִן־הַחֲמֹרִים וּמִן־הַצֹּאן מִכָּל־הַבְּהֵמָה וְנָתַתָּה אֹתָם

לַלְוִיִּ֔ם שֹׁמְרֵ֕י מִשְׁמֶ֖רֶת מִשְׁכַּ֥ן יְהֹוָֽה׃ וַיַּ֣עַשׂ מֹשֶׁ֔ה וְאֶלְעָזָ֖ר הַכֹּהֵ֑ן לא
כַּאֲשֶׁ֛ר צִוָּ֥ה יְהֹוָ֖ה אֶת־מֹשֶֽׁה׃ וַֽיְהִי֙ הַמַּלְק֔וֹחַ יֶ֣תֶר הַבָּ֔ז אֲשֶׁ֥ר בָּזְז֖וּ לב
עַ֣ם הַצָּבָ֑א צֹ֗אן שֵׁשׁ־מֵא֥וֹת אֶ֛לֶף וְשִׁבְעִ֥ים אֶ֖לֶף וַחֲמֵ֥שֶׁת אֲלָפִֽים׃
וּבָקָ֕ר שְׁנַ֥יִם וְשִׁבְעִ֖ים אָֽלֶף׃ וַחֲמֹרִ֕ים אֶחָ֥ד וְשִׁשִּׁ֖ים אָֽלֶף׃ וְנֶ֣פֶשׁ לג לד לה
אָדָ֔ם מִן־הַ֨נָּשִׁ֔ים אֲשֶׁ֥ר לֹא־יָדְע֖וּ מִשְׁכַּ֣ב זָכָ֑ר כָּל־נֶ֕פֶשׁ שְׁנַ֥יִם
וּשְׁלֹשִׁ֖ים אָֽלֶף׃ וַתְּהִי֙ הַֽמֶּחֱצָ֔ה חֵ֕לֶק הַיֹּצְאִ֖ים בַּצָּבָ֑א מִסְפַּ֣ר לו
הַצֹּ֗אן שְׁלֹשׁ־מֵא֥וֹת אֶ֙לֶף֙ וּשְׁלֹשִׁ֣ים אֶ֔לֶף וְשִׁבְעַ֥ת אֲלָפִ֖ים וַחֲמֵ֥שׁ
מֵאֽוֹת׃ וַיְהִ֛י הַמֶּ֥כֶס לַיהֹוָ֖ה מִן־הַצֹּ֑אן שֵׁ֥שׁ מֵא֖וֹת חָמֵ֥שׁ וְשִׁבְעִֽים׃ לז
וְהַ֨בָּקָ֔ר שִׁשָּׁ֥ה וּשְׁלֹשִׁ֖ים אָ֑לֶף וּמִכְסָ֥ם לַיהֹוָ֖ה שְׁנַ֥יִם וְשִׁבְעִֽים׃ לח
וַחֲמֹרִ֕ים שְׁלֹשִׁ֥ים אֶ֖לֶף וַחֲמֵ֣שׁ מֵא֑וֹת וּמִכְסָ֥ם לַיהֹוָ֖ה אֶחָ֥ד וְשִׁשִּֽׁים׃ לט
וְנֶ֣פֶשׁ אָדָ֔ם שִׁשָּׁ֥ה עָשָׂ֖ר אָ֑לֶף וּמִכְסָם֙ לַיהֹוָ֔ה שְׁנַ֥יִם וּשְׁלֹשִׁ֖ים נָֽפֶשׁ׃ מ
וַיִּתֵּ֣ן מֹשֶׁ֗ה אֶת־מֶ֙כֶס֙ תְּרוּמַ֣ת יְהֹוָ֔ה לְאֶלְעָזָ֖ר הַכֹּהֵ֑ן כַּאֲשֶׁ֛ר צִוָּ֥ה מא
חמישי יְהֹוָ֖ה אֶת־מֹשֶֽׁה׃ וּמִמַּחֲצִ֖ית בְּנֵ֣י יִשְׂרָאֵ֑ל אֲשֶׁר֙ חָצָ֣ה מֹשֶׁ֔ה מִן־ מב
הָאֲנָשִׁ֖ים הַצֹּבְאִֽים׃ וַתְּהִ֛י מֶחֱצַ֥ת הָעֵדָ֖ה מִן־הַצֹּ֑אן שְׁלֹשׁ־מֵא֥וֹת מג
אֶ֙לֶף֙ וּשְׁלֹשִׁ֣ים אֶ֔לֶף שִׁבְעַ֥ת אֲלָפִ֖ים וַחֲמֵ֥שׁ מֵאֽוֹת׃ וּבָקָ֕ר שִׁשָּׁ֥ה מד
וּשְׁלֹשִׁ֖ים אָֽלֶף׃ וַחֲמֹרִ֕ים שְׁלֹשִׁ֥ים אֶ֖לֶף וַחֲמֵ֥שׁ מֵאֽוֹת׃ וְנֶ֣פֶשׁ אָדָ֔ם מה מו
שִׁשָּׁ֥ה עָשָׂ֖ר אָֽלֶף׃ וַיִּקַּ֨ח מֹשֶׁ֜ה מִמַּחֲצִ֣ת בְּנֵֽי־יִשְׂרָאֵ֗ל אֶת־הָֽאָחֻז֙ מז
אֶחָ֣ד מִן־הַחֲמִשִּׁ֔ים מִן־הָאָדָ֖ם וּמִן־הַבְּהֵמָ֑ה וַיִּתֵּ֨ן אֹתָ֜ם לַלְוִיִּ֗ם
שֹׁמְרֵי֙ מִשְׁמֶ֙רֶת֙ מִשְׁכַּ֣ן יְהֹוָ֔ה כַּאֲשֶׁ֛ר צִוָּ֥ה יְהֹוָ֖ה אֶת־מֹשֶֽׁה׃
וַֽיִּקְרְבוּ֙ אֶל־מֹשֶׁ֔ה הַפְּקֻדִ֕ים אֲשֶׁ֖ר לְאַלְפֵ֣י הַצָּבָ֑א שָׂרֵ֥י הָאֲלָפִ֖ים מח
וְשָׂרֵ֥י הַמֵּאֽוֹת׃ וַיֹּֽאמְרוּ֙ אֶל־מֹשֶׁ֔ה עֲבָדֶ֣יךָ נָֽשְׂא֔וּ אֶת־רֹ֛אשׁ מט
אַנְשֵׁ֥י הַמִּלְחָמָ֖ה אֲשֶׁ֣ר בְּיָדֵ֑נוּ וְלֹֽא־נִפְקַ֥ד מִמֶּ֖נּוּ אִֽישׁ׃ וַנַּקְרֵ֞ב נ
אֶת־קָרְבַּ֣ן יְהֹוָ֗ה אִישׁ֩ אֲשֶׁ֨ר מָצָ֤א כְלִֽי־זָהָב֙ אֶצְעָדָ֣ה וְצָמִ֔יד
טַבַּ֖עַת עָגִ֣יל וְכוּמָ֑ז לְכַפֵּ֥ר עַל־נַפְשֹׁתֵ֖ינוּ לִפְנֵ֥י יְהֹוָֽה׃ וַיִּקַּ֨ח מֹשֶׁ֜ה נא
וְאֶלְעָזָ֧ר הַכֹּהֵ֛ן אֶת־הַזָּהָ֖ב מֵאִתָּ֑ם כֹּ֖ל כְּלִ֥י מַעֲשֶֽׂה׃ וַיְהִ֣י ׀ כָּל־ נב
זְהַ֣ב הַתְּרוּמָ֗ה אֲשֶׁ֤ר הֵרִ֙ימוּ֙ לַֽיהֹוָ֔ה שִׁשָּׁ֨ה עָשָׂ֥ר אֶ֛לֶף שְׁבַֽע־
מֵא֥וֹת וַחֲמִשִּׁ֖ים שָׁ֑קֶל מֵאֵת֙ שָׂרֵ֣י הָאֲלָפִ֔ים וּמֵאֵ֖ת שָׂרֵ֥י הַמֵּאֽוֹת׃

נג אַנְשֵׁי֙ הַצָּבָ֔א בָּזְז֖וּ אִ֥ישׁ לֽוֹ׃ וַיִּקַּ֞ח מֹשֶׁ֤ה וְאֶלְעָזָר֙ הַכֹּהֵן֙ אֶת־הַזָּהָ֔ב
נד מֵאֵ֛ת שָׂרֵ֥י הָאֲלָפִ֖ים וְהַמֵּא֑וֹת וַיָּבִ֤אוּ אֹתוֹ֙ אֶל־אֹ֣הֶל מוֹעֵ֔ד זִכָּר֥וֹן
לִבְנֵֽי־יִשְׂרָאֵ֖ל לִפְנֵ֥י יְהוָֽה׃

לב א וּמִקְנֶ֣ה ׀ רַ֗ב הָיָ֞ה לִבְנֵ֧י רְאוּבֵ֛ן וְלִבְנֵי־גָ֖ד עָצ֣וּם מְאֹ֑ד וַיִּרְא֞וּ אֶת־ כט ששי (ושלישי)
ב אֶ֤רֶץ יַעְזֵר֙ וְאֶת־אֶ֣רֶץ גִּלְעָ֔ד וְהִנֵּ֥ה הַמָּק֖וֹם מְק֥וֹם מִקְנֶֽה׃ וַיָּבֹ֥אוּ
בְנֵי־גָ֖ד וּבְנֵ֣י רְאוּבֵ֑ן וַיֹּאמְר֤וּ אֶל־מֹשֶׁה֙ וְאֶל־אֶלְעָזָ֣ר הַכֹּהֵ֔ן וְאֶל־
ג נְשִׂיאֵ֥י הָעֵדָ֖ה לֵאמֹֽר׃ עֲטָר֤וֹת וְדִיבֹן֙ וְיַעְזֵ֣ר וְנִמְרָ֔ה וְחֶשְׁבּ֥וֹן
ד וְאֶלְעָלֵ֖ה וּשְׂבָ֣ם וּנְב֑וֹ וּבְעֹֽן׃ הָאָ֗רֶץ אֲשֶׁ֨ר הִכָּ֤ה יְהוָה֙ לִפְנֵי֙ עֲדַ֣ת
ה יִשְׂרָאֵ֔ל אֶ֥רֶץ מִקְנֶ֖ה הִ֑וא וְלַעֲבָדֶ֖יךָ מִקְנֶֽה׃ וַיֹּאמְר֗וּ
אִם־מָצָ֤אנוּ חֵן֙ בְּעֵינֶ֔יךָ יֻתַּ֞ן אֶת־הָאָ֧רֶץ הַזֹּ֛את לַעֲבָדֶ֖יךָ לַאֲחֻזָּ֑ה
ו אַל־תַּעֲבִרֵ֖נוּ אֶת־הַיַּרְדֵּֽן׃ וַיֹּ֣אמֶר מֹשֶׁ֔ה לִבְנֵי־גָ֖ד וְלִבְנֵ֣י רְאוּבֵ֑ן
ז הַאַחֵיכֶ֗ם יָבֹ֙אוּ֙ לַמִּלְחָמָ֔ה וְאַתֶּ֖ם תֵּ֥שְׁבוּ פֹֽה׃ וְלָ֣מָּה תנואון אֶת־ תְנִיאוּן
ח לֵ֖ב בְּנֵ֣י יִשְׂרָאֵ֑ל מֵעֲבֹר֙ אֶל־הָאָ֔רֶץ אֲשֶׁר־נָתַ֥ן לָהֶ֖ם יְהוָֽה׃ כֹּ֥ה
עָשׂ֖וּ אֲבֹתֵיכֶ֑ם בְּשָׁלְחִ֥י אֹתָ֛ם מִקָּדֵ֥שׁ בַּרְנֵ֖עַ לִרְא֥וֹת אֶת־הָאָֽרֶץ׃
ט וַֽיַּעֲל֞וּ עַד־נַ֣חַל אֶשְׁכּ֗וֹל וַיִּרְאוּ֙ אֶת־הָאָ֔רֶץ וַיָּנִ֕יאוּ אֶת־לֵ֖ב בְּנֵ֣י
י יִשְׂרָאֵ֑ל לְבִלְתִּי־בֹא֙ אֶל־הָאָ֔רֶץ אֲשֶׁר־נָתַ֥ן לָהֶ֖ם יְהוָֽה׃ וַיִּֽחַר־אַ֥ף
יא יְהוָ֖ה בַּיּ֣וֹם הַה֑וּא וַיִּשָּׁבַ֖ע לֵאמֹֽר׃ אִם־יִרְא֨וּ הָאֲנָשִׁ֜ים הָעֹלִ֣ים
מִמִּצְרַ֗יִם מִבֶּ֨ן עֶשְׂרִ֤ים שָׁנָה֙ וָמַ֔עְלָה אֵ֚ת הָאֲדָמָ֔ה אֲשֶׁ֥ר נִשְׁבַּ֛עְתִּי
יב לְאַבְרָהָ֥ם לְיִצְחָ֖ק וּֽלְיַעֲקֹ֑ב כִּ֥י לֹא־מִלְא֖וּ אַחֲרָֽי׃ בִּלְתִּ֞י כָּלֵ֤ב
יג בֶּן־יְפֻנֶּה֙ הַקְּנִזִּ֔י וִיהוֹשֻׁ֖עַ בִּן־נ֑וּן כִּ֥י מִלְא֖וּ אַחֲרֵ֥י יְהוָֽה׃ וַיִּֽחַר־
אַ֤ף יְהוָה֙ בְּיִשְׂרָאֵ֔ל וַיְנִעֵם֙ בַּמִּדְבָּ֔ר אַרְבָּעִ֖ים שָׁנָ֑ה עַד־תֹּם֙ כָּל־
יד הַדּ֔וֹר הָעֹשֶׂ֥ה הָרַ֖ע בְּעֵינֵ֥י יְהוָֽה׃ וְהִנֵּ֣ה קַמְתֶּ֗ם תַּ֚חַת אֲבֹ֣תֵיכֶ֔ם
תַּרְבּ֖וּת אֲנָשִׁ֣ים חַטָּאִ֑ים לִסְפּ֣וֹת ע֗וֹד עַ֛ל חֲר֥וֹן אַף־יְהוָ֖ה אֶל־
טו יִשְׂרָאֵֽל׃ כִּ֤י תְשׁוּבֻן֙ מֵאַ֣חֲרָ֔יו וְיָסַ֣ף ע֔וֹד לְהַנִּיח֖וֹ בַּמִּדְבָּ֑ר וְשִׁחַתֶּ֖ם
טז לְכָל־הָעָ֥ם הַזֶּֽה׃ וַיִּגְּשׁ֤וּ אֵלָיו֙ וַיֹּ֣אמְר֔וּ גִּדְרֹ֥ת צֹ֛אן
יז נִבְנֶ֥ה לְמִקְנֵ֖נוּ פֹּ֑ה וְעָרִ֖ים לְטַפֵּֽנוּ׃ וַאֲנַ֜חְנוּ נֵחָלֵ֣ץ חֻשִׁ֗ים לִפְנֵי֙ בְּנֵ֣י
יִשְׂרָאֵ֔ל עַ֛ד אֲשֶׁ֥ר אִם־הֲבִיאֹנֻ֖ם אֶל־מְקוֹמָ֑ם וְיָשַׁ֤ב טַפֵּ֙נוּ֙ בְּעָרֵ֣י

יח הַמִּבְצָר מִפְּנֵי יֹשְׁבֵי הָאָרֶץ: לֹא נָשׁוּב אֶל־בָּתֵּינוּ עַד הִתְנַחֵל בְּנֵי
יט יִשְׂרָאֵל אִישׁ נַחֲלָתוֹ: כִּי לֹא נִנְחַל אִתָּם מֵעֵבֶר לַיַּרְדֵּן וָהָלְאָה
כִּי בָאָה נַחֲלָתֵנוּ אֵלֵינוּ מֵעֵבֶר הַיַּרְדֵּן מִזְרָחָה:
שביעי /רביעי/ כ וַיֹּאמֶר אֲלֵיהֶם מֹשֶׁה אִם־תַּעֲשׂוּן אֶת־הַדָּבָר הַזֶּה אִם־תֵּחָלְצוּ
כא לִפְנֵי יְהוָה לַמִּלְחָמָה: וְעָבַר לָכֶם כָּל־חָלוּץ אֶת־הַיַּרְדֵּן לִפְנֵי
כב יְהוָה עַד הוֹרִישׁוֹ אֶת־אֹיְבָיו מִפָּנָיו: וְנִכְבְּשָׁה הָאָרֶץ לִפְנֵי יְהוָה
וְאַחַר תָּשֻׁבוּ וִהְיִיתֶם נְקִיִּם מֵיְהוָה וּמִיִּשְׂרָאֵל וְהָיְתָה הָאָרֶץ
כג הַזֹּאת לָכֶם לַאֲחֻזָּה לִפְנֵי יְהוָה: וְאִם־לֹא תַעֲשׂוּן כֵּן הִנֵּה חֲטָאתֶם
כד לַיהוָה וּדְעוּ חַטַּאתְכֶם אֲשֶׁר תִּמְצָא אֶתְכֶם: בְּנוּ־לָכֶם עָרִים
כה לְטַפְּכֶם וּגְדֵרֹת לְצֹנַאֲכֶם וְהַיֹּצֵא מִפִּיכֶם תַּעֲשׂוּ: וַיֹּאמֶר בְּנֵי־
גָד וּבְנֵי רְאוּבֵן אֶל־מֹשֶׁה לֵאמֹר עֲבָדֶיךָ יַעֲשׂוּ כַּאֲשֶׁר אֲדֹנִי
כו מְצַוֶּה: טַפֵּנוּ נָשֵׁינוּ מִקְנֵנוּ וְכָל־בְּהֶמְתֵּנוּ יִהְיוּ־שָׁם בְּעָרֵי הַגִּלְעָד:
כז וַעֲבָדֶיךָ יַעַבְרוּ כָּל־חֲלוּץ צָבָא לִפְנֵי יְהוָה לַמִּלְחָמָה כַּאֲשֶׁר
כח אֲדֹנִי דֹּבֵר: וַיְצַו לָהֶם מֹשֶׁה אֵת אֶלְעָזָר הַכֹּהֵן וְאֵת יְהוֹשֻׁעַ
כט בִּן־נוּן וְאֶת־רָאשֵׁי אֲבוֹת הַמַּטּוֹת לִבְנֵי יִשְׂרָאֵל: וַיֹּאמֶר מֹשֶׁה
אֲלֵהֶם אִם־יַעַבְרוּ בְנֵי־גָד וּבְנֵי־רְאוּבֵן ׀ אִתְּכֶם אֶת־הַיַּרְדֵּן כָּל־
חָלוּץ לַמִּלְחָמָה לִפְנֵי יְהוָה וְנִכְבְּשָׁה הָאָרֶץ לִפְנֵיכֶם וּנְתַתֶּם
ל לָהֶם אֶת־אֶרֶץ הַגִּלְעָד לַאֲחֻזָּה: וְאִם־לֹא יַעַבְרוּ חֲלוּצִים אִתְּכֶם
לא וְנֹאחֲזוּ בְתֹכְכֶם בְּאֶרֶץ כְּנָעַן: וַיַּעֲנוּ בְנֵי־גָד וּבְנֵי רְאוּבֵן לֵאמֹר
לב אֵת אֲשֶׁר דִּבֶּר יְהוָה אֶל־עֲבָדֶיךָ כֵּן נַעֲשֶׂה: נַחְנוּ נַעֲבֹר חֲלוּצִים
לִפְנֵי יְהוָה אֶרֶץ כְּנָעַן וְאִתָּנוּ אֲחֻזַּת נַחֲלָתֵנוּ מֵעֵבֶר לַיַּרְדֵּן:
לג וַיִּתֵּן לָהֶם ׀ מֹשֶׁה לִבְנֵי־גָד וְלִבְנֵי רְאוּבֵן וְלַחֲצִי ׀ שֵׁבֶט ׀ מְנַשֶּׁה
בֶן־יוֹסֵף אֶת־מַמְלֶכֶת סִיחֹן מֶלֶךְ הָאֱמֹרִי וְאֶת־מַמְלֶכֶת עוֹג
לד מֶלֶךְ הַבָּשָׁן הָאָרֶץ לְעָרֶיהָ בִּגְבֻלֹת עָרֵי הָאָרֶץ סָבִיב: וַיִּבְנוּ
לה בְנֵי־גָד אֶת־דִּיבֹן וְאֶת־עֲטָרֹת וְאֵת עֲרֹעֵר: וְאֶת־עַטְרֹת שׁוֹפָן
לו וְאֶת־יַעְזֵר וְיָגְבְּהָה: וְאֶת־בֵּית נִמְרָה וְאֶת־בֵּית הָרָן עָרֵי מִבְצָר
לז וְגִדְרֹת צֹאן: וּבְנֵי רְאוּבֵן בָּנוּ אֶת־חֶשְׁבּוֹן וְאֶת־אֶלְעָלֵא וְאֵת

לח קִרְיָתָֽיִם׃ וְאֶת־נְבוֹ וְאֶת־בַּעַל מְעוֹן מוּסַבֹּת שֵׁם וְאֶת־שִׂבְמָה
לט וַיִּקְרְאוּ בְשֵׁמֹת אֶת־שְׁמוֹת הֶעָרִים אֲשֶׁר בָּנֽוּ׃ וַיֵּלְכוּ בְּנֵי
מָכִיר בֶּן־מְנַשֶּׁה גִּלְעָדָה וַיִּלְכְּדֻהָ וַיּוֹרֶשׁ אֶת־הָאֱמֹרִי אֲשֶׁר־
מ בָּֽהּ׃ וַיִּתֵּן מֹשֶׁה אֶת־הַגִּלְעָד לְמָכִיר בֶּן־מְנַשֶּׁה וַיֵּשֶׁב בָּֽהּ׃ מפטיר
מא וְיָאִיר בֶּן־מְנַשֶּׁה הָלַךְ וַיִּלְכֹּד אֶת־חַוֺּתֵיהֶם וַיִּקְרָא אֶתְהֶן חַוֺּת
מב יָאִֽיר׃ וְנֹבַח הָלַךְ וַיִּלְכֹּד אֶת־קְנָת וְאֶת־בְּנֹתֶיהָ וַיִּקְרָא לָה
נֹבַח בִּשְׁמֽוֹ׃

לג א אֵלֶּה מַסְעֵי בְנֵי־יִשְׂרָאֵל אֲשֶׁר יָצְאוּ מֵאֶרֶץ מִצְרַיִם לְצִבְאֹתָם ל מסעי
ב בְּיַד־מֹשֶׁה וְאַהֲרֹֽן׃ וַיִּכְתֹּב מֹשֶׁה אֶת־מוֹצָאֵיהֶם לְמַסְעֵיהֶם
ג עַל־פִּי יְהוָה וְאֵלֶּה מַסְעֵיהֶם לְמוֹצָאֵיהֶֽם׃ וַיִּסְעוּ מֵרַעְמְסֵס
בַּחֹדֶשׁ הָרִאשׁוֹן בַּחֲמִשָּׁה עָשָׂר יוֹם לַחֹדֶשׁ הָרִאשׁוֹן מִמָּחֳרַת
ד הַפֶּסַח יָצְאוּ בְנֵי־יִשְׂרָאֵל בְּיָד רָמָה לְעֵינֵי כָּל־מִצְרָֽיִם׃ וּמִצְרַיִם
מְקַבְּרִים אֵת אֲשֶׁר הִכָּה יְהוָה בָּהֶם כָּל־בְּכוֹר וּבֵאלֹהֵיהֶם
ה עָשָׂה יְהוָה שְׁפָטִֽים׃ וַיִּסְעוּ בְנֵי־יִשְׂרָאֵל מֵרַעְמְסֵס וַיַּחֲנוּ בְּסֻכֹּֽת׃
ו ז וַיִּסְעוּ מִסֻּכֹּת וַיַּחֲנוּ בְאֵתָם אֲשֶׁר בִּקְצֵה הַמִּדְבָּֽר׃ וַיִּסְעוּ מֵאֵתָם
וַיָּשָׁב עַל־פִּי הַחִירֹת אֲשֶׁר עַל־פְּנֵי בַּעַל צְפוֹן וַיַּחֲנוּ לִפְנֵי מִגְדֹּֽל׃
ח וַיִּסְעוּ מִפְּנֵי הַחִירֹת וַיַּעַבְרוּ בְתוֹךְ־הַיָּם הַמִּדְבָּרָה וַיֵּלְכוּ דֶּרֶךְ
ט שְׁלֹשֶׁת יָמִים בְּמִדְבַּר אֵתָם וַיַּחֲנוּ בְּמָרָֽה׃ וַיִּסְעוּ מִמָּרָה וַיָּבֹאוּ
אֵילִמָה וּבְאֵילִם שְׁתֵּים עֶשְׂרֵה עֵינֹת מַיִם וְשִׁבְעִים תְּמָרִים
י יא וַיַּחֲנוּ־שָֽׁם׃ וַיִּסְעוּ מֵאֵילִם וַיַּחֲנוּ עַל־יַם־סֽוּף׃ וַיִּסְעוּ מִיַּם־סוּף שני
יב יג וַיַּחֲנוּ בְּמִדְבַּר־סִֽין׃ וַיִּסְעוּ מִמִּדְבַּר־סִין וַיַּחֲנוּ בְּדָפְקָֽה׃ וַיִּסְעוּ
יד מִדָּפְקָה וַיַּחֲנוּ בְּאָלֽוּשׁ׃ וַיִּסְעוּ מֵאָלוּשׁ וַיַּחֲנוּ בִּרְפִידִם וְלֹא־
טו הָיָה שָׁם מַיִם לָעָם לִשְׁתּֽוֹת׃ וַיִּסְעוּ מֵרְפִידִם וַיַּחֲנוּ בְּמִדְבַּר
טז יז סִינָֽי׃ וַיִּסְעוּ מִמִּדְבַּר סִינָי וַיַּחֲנוּ בְּקִבְרֹת הַתַּאֲוָֽה׃ וַיִּסְעוּ מִקִּבְרֹת
יח יט הַתַּאֲוָה וַיַּחֲנוּ בַּחֲצֵרֹֽת׃ וַיִּסְעוּ מֵחֲצֵרֹת וַיַּחֲנוּ בְּרִתְמָֽה׃ וַיִּסְעוּ
כ מֵרִתְמָה וַיַּחֲנוּ בְּרִמֹּן פָּֽרֶץ׃ וַיִּסְעוּ מֵרִמֹּן פָּרֶץ וַיַּחֲנוּ בְּלִבְנָֽה׃
כא כב וַיִּסְעוּ מִלִּבְנָה וַיַּחֲנוּ בְּרִסָּֽה׃ וַיִּסְעוּ מֵרִסָּה וַיַּחֲנוּ בִּקְהֵלָֽתָה׃

וַיִּסְעוּ מִקְּהֵלָתָה וַיַּחֲנוּ בְּהַר־שָׁפֶר׃ וַיִּסְעוּ מֵהַר־שָׁפֶר וַיַּחֲנוּ כג כד
בַּחֲרָדָה׃ וַיִּסְעוּ מֵחֲרָדָה וַיַּחֲנוּ בְּמַקְהֵלֹת׃ וַיִּסְעוּ מִמַּקְהֵלֹת כה כו
וַיַּחֲנוּ בְּתָחַת׃ וַיִּסְעוּ מִתָּחַת וַיַּחֲנוּ בְּתָרַח׃ וַיִּסְעוּ מִתָּרַח וַיַּחֲנוּ כז כח
בְּמִתְקָה׃ וַיִּסְעוּ מִמִּתְקָה וַיַּחֲנוּ בְּחַשְׁמֹנָה׃ וַיִּסְעוּ מֵחַשְׁמֹנָה כט ל
וַיַּחֲנוּ בְּמֹסֵרוֹת׃ וַיִּסְעוּ מִמֹּסֵרוֹת וַיַּחֲנוּ בִּבְנֵי יַעֲקָן׃ וַיִּסְעוּ מִבְּנֵי לא לב
יַעֲקָן וַיַּחֲנוּ בְּחֹר הַגִּדְגָּד׃ וַיִּסְעוּ מֵחֹר הַגִּדְגָּד וַיַּחֲנוּ בְּיָטְבָתָה׃ לג
וַיִּסְעוּ מִיָּטְבָתָה וַיַּחֲנוּ בְּעַבְרֹנָה׃ וַיִּסְעוּ מֵעַבְרֹנָה וַיַּחֲנוּ בְּעֶצְיֹן לד לה
גָּבֶר׃ וַיִּסְעוּ מֵעֶצְיֹן גָּבֶר וַיַּחֲנוּ בְמִדְבַּר־צִן הִוא קָדֵשׁ׃ וַיִּסְעוּ לו לז
מִקָּדֵשׁ וַיַּחֲנוּ בְּהֹר הָהָר בִּקְצֵה אֶרֶץ אֱדוֹם׃ וַיַּעַל אַהֲרֹן לח
הַכֹּהֵן אֶל־הֹר הָהָר עַל־פִּי יְהוָה וַיָּמָת שָׁם בִּשְׁנַת הָאַרְבָּעִים
לְצֵאת בְּנֵי־יִשְׂרָאֵל מֵאֶרֶץ מִצְרַיִם בַּחֹדֶשׁ הַחֲמִישִׁי בְּאֶחָד
לַחֹדֶשׁ׃ וְאַהֲרֹן בֶּן־שָׁלֹשׁ וְעֶשְׂרִים וּמְאַת שָׁנָה בְּמֹתוֹ בְּהֹר לט
הָהָר׃   וַיִּשְׁמַע הַכְּנַעֲנִי מֶלֶךְ עֲרָד וְהוּא־יֹשֵׁב מ
בַּנֶּגֶב בְּאֶרֶץ כְּנָעַן בְּבֹא בְּנֵי יִשְׂרָאֵל׃ וַיִּסְעוּ מֵהֹר הָהָר וַיַּחֲנוּ מא
בְּצַלְמֹנָה׃ וַיִּסְעוּ מִצַּלְמֹנָה וַיַּחֲנוּ בְּפוּנֹן׃ וַיִּסְעוּ מִפּוּנֹן וַיַּחֲנוּ מב מג
בְּאֹבֹת׃ וַיִּסְעוּ מֵאֹבֹת וַיַּחֲנוּ בְּעִיֵּי הָעֲבָרִים בִּגְבוּל מוֹאָב׃ מד
וַיִּסְעוּ מֵעִיִּים וַיַּחֲנוּ בְּדִיבֹן גָּד׃ וַיִּסְעוּ מִדִּיבֹן גָּד וַיַּחֲנוּ בְּעַלְמֹן מה מו
דִּבְלָתָיְמָה׃ וַיִּסְעוּ מֵעַלְמֹן דִּבְלָתָיְמָה וַיַּחֲנוּ בְּהָרֵי הָעֲבָרִים מז
לִפְנֵי נְבוֹ׃ וַיִּסְעוּ מֵהָרֵי הָעֲבָרִים וַיַּחֲנוּ בְּעַרְבֹת מוֹאָב עַל יַרְדֵּן מח
יְרֵחוֹ׃ וַיַּחֲנוּ עַל־הַיַּרְדֵּן מִבֵּית הַיְשִׁמֹת עַד אָבֵל הַשִּׁטִּים בְּעַרְבֹת מט
שלישי (חמישי) מוֹאָב׃   וַיְדַבֵּר יְהוָה אֶל־מֹשֶׁה בְּעַרְבֹת מוֹאָב נ
עַל־יַרְדֵּן יְרֵחוֹ לֵאמֹר׃ דַּבֵּר אֶל־בְּנֵי יִשְׂרָאֵל וְאָמַרְתָּ אֲלֵהֶם נא
כִּי אַתֶּם עֹבְרִים אֶת־הַיַּרְדֵּן אֶל־אֶרֶץ כְּנָעַן׃ וְהוֹרַשְׁתֶּם אֶת־ נב
כָּל־יֹשְׁבֵי הָאָרֶץ מִפְּנֵיכֶם וְאִבַּדְתֶּם אֵת כָּל־מַשְׂכִּיֹּתָם וְאֵת
כָּל־צַלְמֵי מַסֵּכֹתָם תְּאַבֵּדוּ וְאֵת כָּל־בָּמוֹתָם תַּשְׁמִידוּ׃ וְהוֹרַשְׁתֶּם נג
אֶת־הָאָרֶץ וִישַׁבְתֶּם־בָּהּ כִּי לָכֶם נָתַתִּי אֶת־הָאָרֶץ לָרֶשֶׁת
אֹתָהּ׃ וְהִתְנַחַלְתֶּם אֶת־הָאָרֶץ בְּגוֹרָל לְמִשְׁפְּחֹתֵיכֶם לָרַב נד

תרבו את־נחלתו ולמעט תמעיט את־נחלתו אל אשר־יצא
נה לו שמה הגורל לו יהיה למטות אבתיכם תתנחלו: ואם־
לא תורישו את־ישבי הארץ מפניכם והיה אשר תותירו
מהם לשכים בעיניכם ולצנינם בצדיכם וצררו אתכם על־
נו הארץ אשר אתם ישבים בה: והיה כאשר דמיתי לעשות
להם אעשה לכם:

לד א ב וידבר יהוה אל־משה לאמר: צו את־בני ישראל ואמרת לא
אלהם כי־אתם באים אל־הארץ כנען זאת הארץ אשר
ג תפל לכם בנחלה ארץ כנען לגבלתיה: והיה לכם פאת־
נגב ממדבר־צן על־ידי אדום והיה לכם גבול נגב מקצה ים־
ד המלח קדמה: ונסב לכם הגבול מנגב למעלה עקרבים ועבר
צנה והיה תוצאתיו מנגב לקדש ברנע ויצא חצר־אדר ועבר והיו
ה עצמנה: ונסב הגבול מעצמון נחלה מצרים והיו תוצאתיו
ו הימה: וגבול ים והיה לכם הים הגדול וגבול זה־יהיה לכם
ז גבול ים: וזה־יהיה לכם גבול צפון מן־הים הגדל תתאו לכם
ח הר ההר: מהר ההר תתאו לבא חמת והיו תוצאת הגבל
ט צדדה: ויצא הגבל זפרנה והיו תוצאתיו חצר עינן זה־יהיה
י לכם גבול צפון: והתאויתם לכם לגבול קדמה מחצר עינן
יא שפמה: וירד הגבל משפם הרבלה מקדם לעין וירד הגבל ומחה
יב על־כתף ים־כנרת קדמה: וירד הגבול הירדנה והיו תוצאתיו
יג ים המלח זאת תהיה לכם הארץ לגבלתיה סביב: ויצו משה
את־בני ישראל לאמר זאת הארץ אשר תתנחלו אתה בגורל
יד אשר צוה יהוה לתת לתשעת המטות וחצי המטה: כי לקחו
מטה בני הראובני לבית אבתם ומטה בני־הגדי לבית אבתם
טו וחצי מטה מנשה לקחו נחלתם: שני המטות וחצי המטה לקחו
נחלתם מעבר לירדן ירחו קדמה מזרחה:

טז יז וידבר יהוה אל־משה לאמר: אלה שמות האנשים אשר־ רביעי /ששי/ רסה

יִנְחֲלוּ לָכֶם אֶת־הָאָרֶץ אֶלְעָזָר הַכֹּהֵן וִיהוֹשֻׁעַ בִּן־נוּן׃ וְנָשִׂיא יח
אֶחָד נָשִׂיא אֶחָד מִמַּטֶּה תִּקְחוּ לִנְחֹל אֶת־הָאָרֶץ׃ וְאֵלֶּה שְׁמוֹת יט
הָאֲנָשִׁים לְמַטֵּה יְהוּדָה כָּלֵב בֶּן־יְפֻנֶּה׃ וּלְמַטֵּה בְּנֵי שִׁמְעוֹן כ
שְׁמוּאֵל בֶּן־עַמִּיהוּד׃ לְמַטֵּה בִנְיָמִן אֱלִידָד בֶּן־כִּסְלוֹן׃ וּלְמַטֵּה כא כב
בְנֵי־דָן נָשִׂיא בֻּקִּי בֶּן־יָגְלִי׃ לִבְנֵי יוֹסֵף לְמַטֵּה בְנֵי־מְנַשֶּׁה נָשִׂיא כג
חַנִּיאֵל בֶּן־אֵפֹד׃ וּלְמַטֵּה בְנֵי־אֶפְרַיִם נָשִׂיא קְמוּאֵל בֶּן־שִׁפְטָן׃ כד
וּלְמַטֵּה בְנֵי־זְבוּלֻן נָשִׂיא אֱלִיצָפָן בֶּן־פַּרְנָךְ׃ וּלְמַטֵּה בְנֵי־יִשָּׂשכָר כה כו
נָשִׂיא פַּלְטִיאֵל בֶּן־עַזָּן׃ וּלְמַטֵּה בְנֵי־אָשֵׁר נָשִׂיא אֲחִיהוּד בֶּן־שְׁלֹמִי׃ כז
וּלְמַטֵּה בְנֵי־נַפְתָּלִי נָשִׂיא פְּדַהְאֵל בֶּן־עַמִּיהוּד׃ אֵלֶּה אֲשֶׁר צִוָּה כח כט
יְהוָה לְנַחֵל אֶת־בְּנֵי־יִשְׂרָאֵל בְּאֶרֶץ כְּנָעַן׃

חמישי וַיְדַבֵּר יְהוָה אֶל־מֹשֶׁה בְּעַרְבֹת מוֹאָב עַל־יַרְדֵּן יְרֵחוֹ לֵאמֹר׃ לה א
צַו אֶת־בְּנֵי יִשְׂרָאֵל וְנָתְנוּ לַלְוִיִּם מִנַּחֲלַת אֲחֻזָּתָם עָרִים לָשָׁבֶת ב
וּמִגְרָשׁ לֶעָרִים סְבִיבֹתֵיהֶם תִּתְּנוּ לַלְוִיִּם׃ וְהָיוּ הֶעָרִים לָהֶם ג
לָשָׁבֶת וּמִגְרְשֵׁיהֶם יִהְיוּ לִבְהֶמְתָּם וְלִרְכֻשָׁם וּלְכֹל חַיָּתָם׃
וּמִגְרְשֵׁי הֶעָרִים אֲשֶׁר תִּתְּנוּ לַלְוִיִּם מִקִּיר הָעִיר וָחוּצָה אֶלֶף אַמָּה ד
סָבִיב׃ וּמַדֹּתֶם מִחוּץ לָעִיר אֶת־פְּאַת־קֵדְמָה אַלְפַּיִם בָּאַמָּה ה
וְאֶת־פְּאַת־נֶגֶב אַלְפַּיִם בָּאַמָּה וְאֶת־פְּאַת־יָם ׀ אַלְפַּיִם בָּאַמָּה
וְאֵת פְּאַת צָפוֹן אַלְפַּיִם בָּאַמָּה וְהָעִיר בַּתָּוֶךְ זֶה יִהְיֶה לָהֶם
מִגְרְשֵׁי הֶעָרִים׃ וְאֵת הֶעָרִים אֲשֶׁר תִּתְּנוּ לַלְוִיִּם אֵת שֵׁשׁ־עָרֵי ו
הַמִּקְלָט אֲשֶׁר תִּתְּנוּ לָנֻס שָׁמָּה הָרֹצֵחַ וַעֲלֵיהֶם תִּתְּנוּ אַרְבָּעִים
וּשְׁתַּיִם עִיר׃ כָּל־הֶעָרִים אֲשֶׁר תִּתְּנוּ לַלְוִיִּם אַרְבָּעִים וּשְׁמֹנֶה עִיר ז
אֶתְהֶן וְאֶת־מִגְרְשֵׁיהֶן׃ וְהֶעָרִים אֲשֶׁר תִּתְּנוּ מֵאֲחֻזַּת בְּנֵי־יִשְׂרָאֵל ח
מֵאֵת הָרַב תַּרְבּוּ וּמֵאֵת הַמְעַט תַּמְעִיטוּ אִישׁ כְּפִי נַחֲלָתוֹ אֲשֶׁר
יִנְחָלוּ יִתֵּן מֵעָרָיו לַלְוִיִּם׃

ששי /שביעי/ לב וַיְדַבֵּר יְהוָה אֶל־מֹשֶׁה לֵּאמֹר׃ דַּבֵּר אֶל־בְּנֵי יִשְׂרָאֵל וְאָמַרְתָּ ט
אֲלֵהֶם כִּי אַתֶּם עֹבְרִים אֶת־הַיַּרְדֵּן אַרְצָה כְּנָעַן׃ וְהִקְרִיתֶם יא
לָכֶם עָרִים עָרֵי מִקְלָט תִּהְיֶינָה לָכֶם וְנָס שָׁמָּה רֹצֵחַ מַכֵּה־

יב נֶפֶשׁ בִּשְׁגָגָה׃ וְהָיוּ לָכֶם הֶעָרִים לְמִקְלָט מִגֹּאֵל וְלֹא יָמוּת הָרֹצֵחַ
יג עַד־עָמְדוֹ לִפְנֵי הָעֵדָה לַמִּשְׁפָּט׃ וְהֶעָרִים אֲשֶׁר תִּתֵּנוּ שֵׁשׁ־
יד עָרֵי מִקְלָט תִּהְיֶינָה לָכֶם׃ אֵת ׀ שְׁלֹשׁ הֶעָרִים תִּתְּנוּ מֵעֵבֶר
לַיַּרְדֵּן וְאֵת שְׁלֹשׁ הֶעָרִים תִּתְּנוּ בְּאֶרֶץ כְּנָעַן עָרֵי מִקְלָט תִּהְיֶינָה׃
טו לִבְנֵי יִשְׂרָאֵל וְלַגֵּר וְלַתּוֹשָׁב בְּתוֹכָם תִּהְיֶינָה שֵׁשׁ־הֶעָרִים הָאֵלֶּה
טז לְמִקְלָט לָנוּס שָׁמָּה כָּל־מַכֵּה־נֶפֶשׁ בִּשְׁגָגָה׃ וְאִם־בִּכְלִי בַרְזֶל ׀
יז הִכָּהוּ וַיָּמֹת רֹצֵחַ הוּא מוֹת יוּמַת הָרֹצֵחַ׃ וְאִם בְּאֶבֶן יָד אֲשֶׁר־
יח יָמוּת בָּהּ הִכָּהוּ וַיָּמֹת רֹצֵחַ הוּא מוֹת יוּמַת הָרֹצֵחַ׃ אוֹ בִּכְלִי
עֵץ־יָד אֲשֶׁר־יָמוּת בּוֹ הִכָּהוּ וַיָּמֹת רֹצֵחַ הוּא מוֹת יוּמַת הָרֹצֵחַ׃
יט כ גֹּאֵל הַדָּם הוּא יָמִית אֶת־הָרֹצֵחַ בְּפִגְעוֹ־בוֹ הוּא יְמִתֶנּוּ׃ וְאִם־
כא בְּשִׂנְאָה יֶהְדֳּפֶנּוּ אוֹ־הִשְׁלִיךְ עָלָיו בִּצְדִיָּה וַיָּמֹת׃ אוֹ בְאֵיבָה
הִכָּהוּ בְיָדוֹ וַיָּמֹת מוֹת־יוּמַת הַמַּכֶּה רֹצֵחַ הוּא גֹּאֵל הַדָּם יָמִית
כב אֶת־הָרֹצֵחַ בְּפִגְעוֹ־בוֹ׃ וְאִם־בְּפֶתַע בְּלֹא־אֵיבָה הֲדָפוֹ אוֹ־
כג הִשְׁלִיךְ עָלָיו כָּל־כְּלִי בְּלֹא צְדִיָּה׃ אוֹ בְכָל־אֶבֶן אֲשֶׁר־יָמוּת
בָּהּ בְּלֹא רְאוֹת וַיַּפֵּל עָלָיו וַיָּמֹת וְהוּא לֹא־אוֹיֵב לוֹ וְלֹא מְבַקֵּשׁ
כד רָעָתוֹ׃ וְשָׁפְטוּ הָעֵדָה בֵּין הַמַּכֶּה וּבֵין גֹּאֵל הַדָּם עַל הַמִּשְׁפָּטִים
כה הָאֵלֶּה׃ וְהִצִּילוּ הָעֵדָה אֶת־הָרֹצֵחַ מִיַּד גֹּאֵל הַדָּם וְהֵשִׁיבוּ אֹתוֹ
הָעֵדָה אֶל־עִיר מִקְלָטוֹ אֲשֶׁר־נָס שָׁמָּה וְיָשַׁב בָּהּ עַד־מוֹת
כו הַכֹּהֵן הַגָּדֹל אֲשֶׁר־מָשַׁח אֹתוֹ בְּשֶׁמֶן הַקֹּדֶשׁ׃ וְאִם־יָצֹא יֵצֵא
כז הָרֹצֵחַ אֶת־גְּבוּל עִיר מִקְלָטוֹ אֲשֶׁר יָנוּס שָׁמָּה׃ וּמָצָא אֹתוֹ
גֹּאֵל הַדָּם מִחוּץ לִגְבוּל עִיר מִקְלָטוֹ וְרָצַח גֹּאֵל הַדָּם אֶת־הָרֹצֵחַ
כח אֵין לוֹ דָּם׃ כִּי בְעִיר מִקְלָטוֹ יֵשֵׁב עַד־מוֹת הַכֹּהֵן הַגָּדֹל וְאַחֲרֵי־
כט מוֹת הַכֹּהֵן הַגָּדֹל יָשׁוּב הָרֹצֵחַ אֶל־אֶרֶץ אֲחֻזָּתוֹ׃ וְהָיוּ אֵלֶּה
ל לָכֶם לְחֻקַּת מִשְׁפָּט לְדֹרֹתֵיכֶם בְּכֹל מוֹשְׁבֹתֵיכֶם׃ כָּל־מַכֵּה־
נֶפֶשׁ לְפִי עֵדִים יִרְצַח אֶת־הָרֹצֵחַ וְעֵד אֶחָד לֹא־יַעֲנֶה בְנֶפֶשׁ
לא לָמוּת׃ וְלֹא־תִקְחוּ כֹפֶר לְנֶפֶשׁ רֹצֵחַ אֲשֶׁר־הוּא רָשָׁע לָמוּת
לב כִּי־מוֹת יוּמָת׃ וְלֹא־תִקְחוּ כֹפֶר לָנוּס אֶל־עִיר מִקְלָטוֹ לָשׁוּב

לָשֶׁבֶת בָּאָרֶץ עַד־מוֹת הַכֹּהֵן׃ וְלֹא־תַחֲנִיפוּ אֶת־הָאָרֶץ אֲשֶׁר לג
אַתֶּם בָּהּ כִּי הַדָּם הוּא יַחֲנִיף אֶת־הָאָרֶץ וְלָאָרֶץ לֹא־יְכֻפַּר
לַדָּם אֲשֶׁר שֻׁפַּךְ־בָּהּ כִּי־אִם בְּדַם שֹׁפְכוֹ׃ וְלֹא תְטַמֵּא אֶת־ לד
הָאָרֶץ אֲשֶׁר אַתֶּם יֹשְׁבִים בָּהּ אֲשֶׁר אֲנִי שֹׁכֵן בְּתוֹכָהּ כִּי אֲנִי
יְהוָה שֹׁכֵן בְּתוֹךְ בְּנֵי יִשְׂרָאֵל׃

שביעי וַיִּקְרְבוּ רָאשֵׁי הָאָבוֹת לְמִשְׁפַּחַת בְּנֵי־גִלְעָד בֶּן־מָכִיר בֶּן־מְנַשֶּׁה אלו
מִמִּשְׁפְּחֹת בְּנֵי יוֹסֵף וַיְדַבְּרוּ לִפְנֵי מֹשֶׁה וְלִפְנֵי הַנְּשִׂאִים רָאשֵׁי
אָבוֹת לִבְנֵי יִשְׂרָאֵל׃ וַיֹּאמְרוּ אֶת־אֲדֹנִי צִוָּה יְהוָה לָתֵת אֶת־הָאָרֶץ ב
בְּנַחֲלָה בְּגוֹרָל לִבְנֵי יִשְׂרָאֵל וַאדֹנִי צֻוָּה בַיהוָה לָתֵת אֶת־נַחֲלַת
צְלָפְחָד אָחִינוּ לִבְנֹתָיו׃ וְהָיוּ לְאֶחָד מִבְּנֵי שִׁבְטֵי בְנֵי־יִשְׂרָאֵל ג
לְנָשִׁים וְנִגְרְעָה נַחֲלָתָן מִנַּחֲלַת אֲבֹתֵינוּ וְנוֹסַף עַל נַחֲלַת הַמַּטֶּה
אֲשֶׁר תִּהְיֶינָה לָהֶם וּמִגֹּרַל נַחֲלָתֵנוּ יִגָּרֵעַ׃ וְאִם־יִהְיֶה הַיֹּבֵל לִבְנֵי ד
יִשְׂרָאֵל וְנוֹסְפָה נַחֲלָתָן עַל נַחֲלַת הַמַּטֶּה אֲשֶׁר תִּהְיֶינָה לָהֶם
וּמִנַּחֲלַת מַטֵּה אֲבֹתֵינוּ יִגָּרַע נַחֲלָתָן׃ וַיְצַו מֹשֶׁה אֶת־בְּנֵי יִשְׂרָאֵל ה
עַל־פִּי יְהוָה לֵאמֹר כֵּן מַטֵּה בְנֵי־יוֹסֵף דֹּבְרִים׃ זֶה הַדָּבָר אֲשֶׁר־צִוָּה ו
יְהוָה לִבְנוֹת צְלָפְחָד לֵאמֹר לַטּוֹב בְּעֵינֵיהֶם תִּהְיֶינָה לְנָשִׁים אַךְ
לְמִשְׁפַּחַת מַטֵּה אֲבִיהֶם תִּהְיֶינָה לְנָשִׁים׃ וְלֹא־תִסֹּב נַחֲלָה ז
לִבְנֵי יִשְׂרָאֵל מִמַּטֶּה אֶל־מַטֶּה כִּי אִישׁ בְּנַחֲלַת מַטֵּה אֲבֹתָיו
יִדְבְּקוּ בְּנֵי יִשְׂרָאֵל׃ וְכָל־בַּת יֹרֶשֶׁת נַחֲלָה מִמַּטּוֹת בְּנֵי יִשְׂרָאֵל ח
לְאֶחָד מִמִּשְׁפַּחַת מַטֵּה אָבִיהָ תִּהְיֶה לְאִשָּׁה לְמַעַן יִירְשׁוּ
בְּנֵי יִשְׂרָאֵל אִישׁ נַחֲלַת אֲבֹתָיו׃ וְלֹא־תִסֹּב נַחֲלָה מִמַּטֶּה ט
לְמַטֶּה אַחֵר כִּי־אִישׁ בְּנַחֲלָתוֹ יִדְבְּקוּ מַטּוֹת בְּנֵי יִשְׂרָאֵל׃ כַּאֲשֶׁר י
מפטיר צִוָּה יְהוָה אֶת־מֹשֶׁה כֵּן עָשׂוּ בְּנוֹת צְלָפְחָד׃ וַתִּהְיֶינָה מַחְלָה יא
תִרְצָה וְחָגְלָה וּמִלְכָּה וְנֹעָה בְּנוֹת צְלָפְחָד לִבְנֵי דֹדֵיהֶן לְנָשִׁים׃
מִמִּשְׁפְּחֹת בְּנֵי־מְנַשֶּׁה בֶן־יוֹסֵף הָיוּ לְנָשִׁים וַתְּהִי נַחֲלָתָן עַל־ יב
מַטֵּה מִשְׁפַּחַת אֲבִיהֶן׃ אֵלֶּה הַמִּצְוֹת וְהַמִּשְׁפָּטִים אֲשֶׁר צִוָּה יג
יְהוָה בְּיַד־מֹשֶׁה אֶל־בְּנֵי יִשְׂרָאֵל בְּעַרְבֹת מוֹאָב עַל יַרְדֵּן יְרֵחוֹ׃

דברים

א א אֵלֶּה הַדְּבָרִים אֲשֶׁר דִּבֶּר מֹשֶׁה אֶל־כָּל־יִשְׂרָאֵל בְּעֵבֶר הַיַּרְדֵּן
בַּמִּדְבָּר בָּעֲרָבָה מוֹל סוּף בֵּין־פָּארָן וּבֵין־תֹּפֶל וְלָבָן וַחֲצֵרֹת
ב וְדִי זָהָב׃ אַחַד עָשָׂר יוֹם מֵחֹרֵב דֶּרֶךְ הַר־שֵׂעִיר עַד קָדֵשׁ בַּרְנֵעַ׃
ג וַיְהִי בְּאַרְבָּעִים שָׁנָה בְּעַשְׁתֵּי־עָשָׂר חֹדֶשׁ בְּאֶחָד לַחֹדֶשׁ דִּבֶּר
ד מֹשֶׁה אֶל־בְּנֵי יִשְׂרָאֵל כְּכֹל אֲשֶׁר צִוָּה יְהוָה אֹתוֹ אֲלֵהֶם׃ אַחֲרֵי
הַכֹּתוֹ אֵת סִיחֹן מֶלֶךְ הָאֱמֹרִי אֲשֶׁר יוֹשֵׁב בְּחֶשְׁבּוֹן וְאֵת עוֹג
ה מֶלֶךְ הַבָּשָׁן אֲשֶׁר־יוֹשֵׁב בְּעַשְׁתָּרֹת בְּאֶדְרֶעִי׃ בְּעֵבֶר הַיַּרְדֵּן
בְּאֶרֶץ מוֹאָב הוֹאִיל מֹשֶׁה בֵּאֵר אֶת־הַתּוֹרָה הַזֹּאת לֵאמֹר׃
ו יְהוָה אֱלֹהֵינוּ דִּבֶּר אֵלֵינוּ בְּחֹרֵב לֵאמֹר רַב־לָכֶם שֶׁבֶת בָּהָר
ז הַזֶּה׃ פְּנוּ ׀ וּסְעוּ לָכֶם וּבֹאוּ הַר הָאֱמֹרִי וְאֶל־כָּל־שְׁכֵנָיו בָּעֲרָבָה
בָהָר וּבַשְּׁפֵלָה וּבַנֶּגֶב וּבְחוֹף הַיָּם אֶרֶץ הַכְּנַעֲנִי וְהַלְּבָנוֹן עַד־
ח הַנָּהָר הַגָּדֹל נְהַר־פְּרָת׃ רְאֵה נָתַתִּי לִפְנֵיכֶם אֶת־הָאָרֶץ בֹּאוּ
וּרְשׁוּ אֶת־הָאָרֶץ אֲשֶׁר נִשְׁבַּע יְהוָה לַאֲבֹתֵיכֶם לְאַבְרָהָם לְיִצְחָק
ט וּלְיַעֲקֹב לָתֵת לָהֶם וּלְזַרְעָם אַחֲרֵיהֶם׃ וָאֹמַר אֲלֵכֶם בָּעֵת הַהִוא
י לֵאמֹר לֹא־אוּכַל לְבַדִּי שְׂאֵת אֶתְכֶם׃ יְהוָה אֱלֹהֵיכֶם הִרְבָּה
שני יא אֶתְכֶם וְהִנְּכֶם הַיּוֹם כְּכוֹכְבֵי הַשָּׁמַיִם לָרֹב׃ יְהוָה אֱלֹהֵי אֲבוֹתֵכֶם
יֹסֵף עֲלֵיכֶם כָּכֶם אֶלֶף פְּעָמִים וִיבָרֵךְ אֶתְכֶם כַּאֲשֶׁר דִּבֶּר לָכֶם׃
יב יג אֵיכָה אֶשָּׂא לְבַדִּי טָרְחֲכֶם וּמַשַּׂאֲכֶם וְרִיבְכֶם׃ הָבוּ לָכֶם אֲנָשִׁים
יד חֲכָמִים וּנְבֹנִים וִידֻעִים לְשִׁבְטֵיכֶם וַאֲשִׂימֵם בְּרָאשֵׁיכֶם׃ וַתַּעֲנוּ
טו אֹתִי וַתֹּאמְרוּ טוֹב־הַדָּבָר אֲשֶׁר־דִּבַּרְתָּ לַעֲשׂוֹת׃ וָאֶקַּח אֶת־
רָאשֵׁי שִׁבְטֵיכֶם אֲנָשִׁים חֲכָמִים וִידֻעִים וָאֶתֵּן אֹתָם רָאשִׁים
עֲלֵיכֶם שָׂרֵי אֲלָפִים וְשָׂרֵי מֵאוֹת וְשָׂרֵי חֲמִשִּׁים וְשָׂרֵי עֲשָׂרֹת
טז וְשֹׁטְרִים לְשִׁבְטֵיכֶם׃ וָאֲצַוֶּה אֶת־שֹׁפְטֵיכֶם בָּעֵת הַהִוא לֵאמֹר
שָׁמֹעַ בֵּין־אֲחֵיכֶם וּשְׁפַטְתֶּם צֶדֶק בֵּין־אִישׁ וּבֵין־אָחִיו וּבֵין גֵּרוֹ׃
יז לֹא־תַכִּירוּ פָנִים בַּמִּשְׁפָּט כַּקָּטֹן כַּגָּדֹל תִּשְׁמָעוּן לֹא תָגוּרוּ
מִפְּנֵי־אִישׁ כִּי הַמִּשְׁפָּט לֵאלֹהִים הוּא וְהַדָּבָר אֲשֶׁר יִקְשֶׁה מִכֶּם
יח תַּקְרִבוּן אֵלַי וּשְׁמַעְתִּיו׃ וָאֲצַוֶּה אֶתְכֶם בָּעֵת הַהִוא אֵת כָּל־

יט הַדְּבָרִים אֲשֶׁר תַּעֲשׂוּן׃ וַנִּסַּע מֵחֹרֵב וַנֵּלֶךְ אֵת כָּל־הַמִּדְבָּר
הַגָּדוֹל וְהַנּוֹרָא הַהוּא אֲשֶׁר רְאִיתֶם דֶּרֶךְ הַר הָאֱמֹרִי כַּאֲשֶׁר
כ צִוָּה יהוה אֱלֹהֵינוּ אֹתָנוּ וַנָּבֹא עַד קָדֵשׁ בַּרְנֵעַ׃ וָאֹמַר אֲלֵכֶם
כא בָּאתֶם עַד־הַר הָאֱמֹרִי אֲשֶׁר־יהוה אֱלֹהֵינוּ נֹתֵן לָנוּ׃ רְאֵה נָתַן
יהוה אֱלֹהֶיךָ לְפָנֶיךָ אֶת־הָאָרֶץ עֲלֵה רֵשׁ כַּאֲשֶׁר דִּבֶּר יהוה
שלישי כב אֱלֹהֵי אֲבֹתֶיךָ לָךְ אַל־תִּירָא וְאַל־תֵּחָת׃ וַתִּקְרְבוּן אֵלַי כֻּלְּכֶם
וַתֹּאמְרוּ נִשְׁלְחָה אֲנָשִׁים לְפָנֵינוּ וְיַחְפְּרוּ־לָנוּ אֶת־הָאָרֶץ וְיָשִׁבוּ
אֹתָנוּ דָּבָר אֶת־הַדֶּרֶךְ אֲשֶׁר נַעֲלֶה־בָּהּ וְאֵת הֶעָרִים אֲשֶׁר נָבֹא
כג אֲלֵיהֶן׃ וַיִּיטַב בְּעֵינַי הַדָּבָר וָאֶקַּח מִכֶּם שְׁנֵים עָשָׂר אֲנָשִׁים אִישׁ
כד אֶחָד לַשָּׁבֶט׃ וַיִּפְנוּ וַיַּעֲלוּ הָהָרָה וַיָּבֹאוּ עַד־נַחַל אֶשְׁכֹּל וַיְרַגְּלוּ
כה אֹתָהּ׃ וַיִּקְחוּ בְיָדָם מִפְּרִי הָאָרֶץ וַיּוֹרִדוּ אֵלֵינוּ וַיָּשִׁבוּ אֹתָנוּ
כו דָבָר וַיֹּאמְרוּ טוֹבָה הָאָרֶץ אֲשֶׁר־יהוה אֱלֹהֵינוּ נֹתֵן לָנוּ׃ וְלֹא
כז אֲבִיתֶם לַעֲלֹת וַתַּמְרוּ אֶת־פִּי יהוה אֱלֹהֵיכֶם׃ וַתֵּרָגְנוּ בְאָהֳלֵיכֶם
וַתֹּאמְרוּ בְּשִׂנְאַת יהוה אֹתָנוּ הוֹצִיאָנוּ מֵאֶרֶץ מִצְרָיִם לָתֵת
כח אֹתָנוּ בְּיַד הָאֱמֹרִי לְהַשְׁמִידֵנוּ׃ אָנָה ׀ אֲנַחְנוּ עֹלִים אַחֵינוּ הֵמַסּוּ
אֶת־לְבָבֵנוּ לֵאמֹר עַם גָּדוֹל וָרָם מִמֶּנּוּ עָרִים גְּדֹלֹת וּבְצוּרֹת
כט בַּשָּׁמָיִם וְגַם־בְּנֵי עֲנָקִים רָאִינוּ שָׁם׃ וָאֹמַר אֲלֵכֶם לֹא־תַעַרְצוּן
ל וְלֹא־תִירְאוּן מֵהֶם׃ יהוה אֱלֹהֵיכֶם הַהֹלֵךְ לִפְנֵיכֶם הוּא יִלָּחֵם
לא לָכֶם כְּכֹל אֲשֶׁר עָשָׂה אִתְּכֶם בְּמִצְרַיִם לְעֵינֵיכֶם׃ וּבַמִּדְבָּר
אֲשֶׁר רָאִיתָ אֲשֶׁר נְשָׂאֲךָ יהוה אֱלֹהֶיךָ כַּאֲשֶׁר יִשָּׂא־אִישׁ אֶת־
בְּנוֹ בְּכָל־הַדֶּרֶךְ אֲשֶׁר הֲלַכְתֶּם עַד־בֹּאֲכֶם עַד־הַמָּקוֹם הַזֶּה׃
לב לג וּבַדָּבָר הַזֶּה אֵינְכֶם מַאֲמִינִם בַּיהוה אֱלֹהֵיכֶם׃ הַהֹלֵךְ לִפְנֵיכֶם
בַּדֶּרֶךְ לָתוּר לָכֶם מָקוֹם לַחֲנֹתְכֶם בָּאֵשׁ ׀ לַיְלָה לַרְאֹתְכֶם בַּדֶּרֶךְ
לד אֲשֶׁר תֵּלְכוּ־בָהּ וּבֶעָנָן יוֹמָם׃ וַיִּשְׁמַע יהוה אֶת־קוֹל דִּבְרֵיכֶם
לה וַיִּקְצֹף וַיִּשָּׁבַע לֵאמֹר׃ אִם־יִרְאֶה אִישׁ בָּאֲנָשִׁים הָאֵלֶּה הַדּוֹר
הָרָע הַזֶּה אֵת הָאָרֶץ הַטּוֹבָה אֲשֶׁר נִשְׁבַּעְתִּי לָתֵת לַאֲבֹתֵיכֶם׃
לו זוּלָתִי כָּלֵב בֶּן־יְפֻנֶּה הוּא יִרְאֶנָּה וְלוֹ־אֶתֵּן אֶת־הָאָרֶץ אֲשֶׁר

לז דָּרַךְ־בָּהּ וּלְבָנָיו יַעַן אֲשֶׁר מִלֵּא אַחֲרֵי יְהוָה׃ גַּם־בִּי הִתְאַנַּף
לח יְהוָה בִּגְלַלְכֶם לֵאמֹר גַּם־אַתָּה לֹא־תָבֹא שָׁם׃ יְהוֹשֻׁעַ בִּן־נוּן
הָעֹמֵד לְפָנֶיךָ הוּא יָבֹא שָׁמָּה אֹתוֹ חַזֵּק כִּי־הוּא יַנְחִלֶנָּה אֶת־
לט יִשְׂרָאֵל׃ וְטַפְּכֶם אֲשֶׁר אֲמַרְתֶּם לָבַז יִהְיֶה וּבְנֵיכֶם אֲשֶׁר לֹא־ רביעי
יָדְעוּ הַיּוֹם טוֹב וָרָע הֵמָּה יָבֹאוּ שָׁמָּה וְלָהֶם אֶתְּנֶנָּה וְהֵם
מ מא יִירָשׁוּהָ׃ וְאַתֶּם פְּנוּ לָכֶם וּסְעוּ הַמִּדְבָּרָה דֶּרֶךְ יַם־סוּף׃ וַתַּעֲנוּ
וַתֹּאמְרוּ אֵלַי חָטָאנוּ לַיהוָה אֲנַחְנוּ נַעֲלֶה וְנִלְחַמְנוּ כְּכֹל אֲשֶׁר־
צִוָּנוּ יְהוָה אֱלֹהֵינוּ וַתַּחְגְּרוּ אִישׁ אֶת־כְּלֵי מִלְחַמְתּוֹ וַתָּהִינוּ
מב לַעֲלֹת הָהָרָה׃ וַיֹּאמֶר יְהוָה אֵלַי אֱמֹר לָהֶם לֹא תַעֲלוּ וְלֹא
מג תִלָּחֲמוּ כִּי אֵינֶנִּי בְּקִרְבְּכֶם וְלֹא תִּנָּגְפוּ לִפְנֵי אֹיְבֵיכֶם׃ וָאֲדַבֵּר
אֲלֵיכֶם וְלֹא שְׁמַעְתֶּם וַתַּמְרוּ אֶת־פִּי יְהוָה וַתָּזִדוּ וַתַּעֲלוּ הָהָרָה׃
מד וַיֵּצֵא הָאֱמֹרִי הַיֹּשֵׁב בָּהָר הַהוּא לִקְרַאתְכֶם וַיִּרְדְּפוּ אֶתְכֶם
כַּאֲשֶׁר תַּעֲשֶׂינָה הַדְּבֹרִים וַיַּכְּתוּ אֶתְכֶם בְּשֵׂעִיר עַד־חָרְמָה׃
מה וַתָּשֻׁבוּ וַתִּבְכּוּ לִפְנֵי יְהוָה וְלֹא־שָׁמַע יְהוָה בְּקֹלְכֶם וְלֹא הֶאֱזִין
מו אֲלֵיכֶם׃ וַתֵּשְׁבוּ בְקָדֵשׁ יָמִים רַבִּים כַּיָּמִים אֲשֶׁר יְשַׁבְתֶּם׃
ב א וַנֵּפֶן וַנִּסַּע הַמִּדְבָּרָה דֶּרֶךְ יַם־סוּף כַּאֲשֶׁר דִּבֶּר יְהוָה אֵלָי וַנָּסָב
ב אֶת־הַר־שֵׂעִיר יָמִים רַבִּים׃ וַיֹּאמֶר יְהוָה אֵלָי ב חמישי
ג ד לֵאמֹר׃ רַב־לָכֶם סֹב אֶת־הָהָר הַזֶּה פְּנוּ לָכֶם צָפֹנָה׃ וְאֶת־הָעָם
צַו לֵאמֹר אַתֶּם עֹבְרִים בִּגְבוּל אֲחֵיכֶם בְּנֵי־עֵשָׂו הַיֹּשְׁבִים
ה בְּשֵׂעִיר וְיִירְאוּ מִכֶּם וְנִשְׁמַרְתֶּם מְאֹד׃ אַל־תִּתְגָּרוּ בָם כִּי לֹא־
אֶתֵּן לָכֶם מֵאַרְצָם עַד מִדְרַךְ כַּף־רָגֶל כִּי־יְרֻשָּׁה לְעֵשָׂו נָתַתִּי
ו אֶת־הַר שֵׂעִיר׃ אֹכֶל תִּשְׁבְּרוּ מֵאִתָּם בַּכֶּסֶף וַאֲכַלְתֶּם וְגַם־
ז מַיִם תִּכְרוּ מֵאִתָּם בַּכֶּסֶף וּשְׁתִיתֶם׃ כִּי יְהוָה אֱלֹהֶיךָ בֵּרַכְךָ
בְּכֹל מַעֲשֵׂה יָדֶךָ יָדַע לֶכְתְּךָ אֶת־הַמִּדְבָּר הַגָּדֹל הַזֶּה זֶה אַרְבָּעִים
ח שָׁנָה יְהוָה אֱלֹהֶיךָ עִמָּךְ לֹא חָסַרְתָּ דָּבָר׃ וַנַּעֲבֹר מֵאֵת אַחֵינוּ
בְנֵי־עֵשָׂו הַיֹּשְׁבִים בְּשֵׂעִיר מִדֶּרֶךְ הָעֲרָבָה מֵאֵילַת וּמֵעֶצְיֹן
ט גָּבֶר וַנֵּפֶן וַנַּעֲבֹר דֶּרֶךְ מִדְבַּר מוֹאָב׃ וַיֹּאמֶר

יְהוָה אֵלַי אַל־תָּצַר אֶת־מוֹאָב וְאַל־תִּתְגָּר בָּם מִלְחָמָה כִּי
לֹא־אֶתֵּן לְךָ מֵאַרְצוֹ יְרֻשָּׁה כִּי לִבְנֵי־לוֹט נָתַתִּי אֶת־עָר יְרֻשָּׁה׃
יא הָאֵמִים לְפָנִים יָשְׁבוּ בָהּ עַם גָּדוֹל וְרַב וָרָם כַּעֲנָקִים׃ רְפָאִים
יב יֵחָשְׁבוּ אַף־הֵם כָּעֲנָקִים וְהַמֹּאָבִים יִקְרְאוּ לָהֶם אֵמִים׃ וּבְשֵׂעִיר
יָשְׁבוּ הַחֹרִים לְפָנִים וּבְנֵי עֵשָׂו יִירָשׁוּם וַיַּשְׁמִידוּם מִפְּנֵיהֶם וַיֵּשְׁבוּ
תַּחְתָּם כַּאֲשֶׁר עָשָׂה יִשְׂרָאֵל לְאֶרֶץ יְרֻשָּׁתוֹ אֲשֶׁר־נָתַן יְהוָה
יג לָהֶם׃ עַתָּה קֻמוּ וְעִבְרוּ לָכֶם אֶת־נַחַל זָרֶד וַנַּעֲבֹר אֶת־נַחַל זָרֶד׃
יד וְהַיָּמִים אֲשֶׁר־הָלַכְנוּ ׀ מִקָּדֵשׁ בַּרְנֵעַ עַד אֲשֶׁר־עָבַרְנוּ אֶת־נַחַל
זֶרֶד שְׁלֹשִׁים וּשְׁמֹנֶה שָׁנָה עַד־תֹּם כָּל־הַדּוֹר אַנְשֵׁי הַמִּלְחָמָה
טו מִקֶּרֶב הַמַּחֲנֶה כַּאֲשֶׁר נִשְׁבַּע יְהוָה לָהֶם׃ וְגַם יַד־יְהוָה הָיְתָה בָּם
טז לְהֻמָּם מִקֶּרֶב הַמַּחֲנֶה עַד תֻּמָּם׃ וַיְהִי כַאֲשֶׁר־תַּמּוּ כָּל־אַנְשֵׁי
יז הַמִּלְחָמָה לָמוּת מִקֶּרֶב הָעָם׃ וַיְדַבֵּר יְהוָה אֵלַי
יח יט לֵאמֹר׃ אַתָּה עֹבֵר הַיּוֹם אֶת־גְּבוּל מוֹאָב אֶת־עָר׃ וְקָרַבְתָּ
מוּל בְּנֵי עַמּוֹן אַל־תְּצֻרֵם וְאַל־תִּתְגָּר בָּם כִּי לֹא־אֶתֵּן מֵאֶרֶץ
כ בְּנֵי־עַמּוֹן לְךָ יְרֻשָּׁה כִּי לִבְנֵי־לוֹט נְתַתִּיהָ יְרֻשָּׁה׃ אֶרֶץ־רְפָאִים
תֵּחָשֵׁב אַף־הִוא רְפָאִים יָשְׁבוּ־בָהּ לְפָנִים וְהָעַמֹּנִים יִקְרְאוּ לָהֶם
כא זַמְזֻמִּים׃ עַם גָּדוֹל וְרַב וָרָם כָּעֲנָקִים וַיַּשְׁמִידֵם יְהוָה מִפְּנֵיהֶם
כב וַיִּירָשֻׁם וַיֵּשְׁבוּ תַחְתָּם׃ כַּאֲשֶׁר עָשָׂה לִבְנֵי עֵשָׂו הַיֹּשְׁבִים בְּשֵׂעִיר
אֲשֶׁר הִשְׁמִיד אֶת־הַחֹרִי מִפְּנֵיהֶם וַיִּירָשֻׁם וַיֵּשְׁבוּ תַחְתָּם עַד הַיּוֹם
כג הַזֶּה׃ וְהָעַוִּים הַיֹּשְׁבִים בַּחֲצֵרִים עַד־עַזָּה כַּפְתֹּרִים הַיֹּצְאִים
כד מִכַּפְתֹּר הִשְׁמִידֻם וַיֵּשְׁבוּ תַחְתָּם׃ קוּמוּ סְּעוּ וְעִבְרוּ אֶת־נַחַל
אַרְנֹן רְאֵה נָתַתִּי בְיָדְךָ אֶת־סִיחֹן מֶלֶךְ־חֶשְׁבּוֹן הָאֱמֹרִי וְאֶת־
כה אַרְצוֹ הָחֵל רָשׁ וְהִתְגָּר בּוֹ מִלְחָמָה׃ הַיּוֹם הַזֶּה אָחֵל תֵּת פַּחְדְּךָ
וְיִרְאָתְךָ עַל־פְּנֵי הָעַמִּים תַּחַת כָּל־הַשָּׁמָיִם אֲשֶׁר יִשְׁמְעוּן שִׁמְעֲךָ
כו וְרָגְזוּ וְחָלוּ מִפָּנֶיךָ׃ וָאֶשְׁלַח מַלְאָכִים מִמִּדְבַּר קְדֵמוֹת אֶל־
כז סִיחוֹן מֶלֶךְ חֶשְׁבּוֹן דִּבְרֵי שָׁלוֹם לֵאמֹר׃ אֶעְבְּרָה בְאַרְצֶךָ בַּדֶּרֶךְ
כח בַּדֶּרֶךְ אֵלֵךְ לֹא אָסוּר יָמִין וּשְׂמֹאול׃ אֹכֶל בַּכֶּסֶף תַּשְׁבִּרֵנִי

וְאָכַלְתִּי וּמַיִם בַּכֶּסֶף תִּתֶּן־לִי וְשָׁתִיתִי רַק אֶעְבְּרָה בְרַגְלָי׃
כט כַּאֲשֶׁר עָשׂוּ־לִי בְּנֵי עֵשָׂו הַיֹּשְׁבִים בְּשֵׂעִיר וְהַמּוֹאָבִים הַיֹּשְׁבִים
בְּעָר עַד אֲשֶׁר־אֶעֱבֹר אֶת־הַיַּרְדֵּן אֶל־הָאָרֶץ אֲשֶׁר־יְהוָה
ל אֱלֹהֵינוּ נֹתֵן לָנוּ׃ וְלֹא אָבָה סִיחֹן מֶלֶךְ חֶשְׁבּוֹן הַעֲבִרֵנוּ בּוֹ
כִּי־הִקְשָׁה יְהוָה אֱלֹהֶיךָ אֶת־רוּחוֹ וְאִמֵּץ אֶת־לְבָבוֹ לְמַעַן תִּתּוֹ
לא בְיָדְךָ כַּיּוֹם הַזֶּה׃ וַיֹּאמֶר יְהוָה אֵלַי רְאֵה הַחִלֹּתִי ג ששי
תֵּת לְפָנֶיךָ אֶת־סִיחֹן וְאֶת־אַרְצוֹ הָחֵל רָשׁ לָרֶשֶׁת אֶת־אַרְצוֹ׃
לב לג וַיֵּצֵא סִיחֹן לִקְרָאתֵנוּ הוּא וְכָל־עַמּוֹ לַמִּלְחָמָה יָהְצָה׃ וַיִּתְּנֵהוּ
לד יְהוָה אֱלֹהֵינוּ לְפָנֵינוּ וַנַּךְ אֹתוֹ וְאֶת־בָּנָו וְאֶת־כָּל־עַמּוֹ׃ וַנִּלְכֹּד
אֶת־כָּל־עָרָיו בָּעֵת הַהִוא וַנַּחֲרֵם אֶת־כָּל־עִיר מְתִם וְהַנָּשִׁים
לה וְהַטָּף לֹא הִשְׁאַרְנוּ שָׂרִיד׃ רַק הַבְּהֵמָה בָּזַזְנוּ לָנוּ וּשְׁלַל הֶעָרִים
לו אֲשֶׁר לָכָדְנוּ׃ מֵעֲרֹעֵר אֲשֶׁר עַל־שְׂפַת־נַחַל אַרְנֹן וְהָעִיר אֲשֶׁר
בַּנַּחַל וְעַד־הַגִּלְעָד לֹא הָיְתָה קִרְיָה אֲשֶׁר שָׂגְבָה מִמֶּנּוּ אֶת־
לז הַכֹּל נָתַן יְהוָה אֱלֹהֵינוּ לְפָנֵינוּ׃ רַק אֶל־אֶרֶץ בְּנֵי־עַמּוֹן לֹא
קָרָבְתָּ כָּל־יַד נַחַל יַבֹּק וְעָרֵי הָהָר וְכֹל אֲשֶׁר־צִוָּה יְהוָה אֱלֹהֵינוּ׃
ג א וַנֵּפֶן וַנַּעַל דֶּרֶךְ הַבָּשָׁן וַיֵּצֵא עוֹג מֶלֶךְ־הַבָּשָׁן לִקְרָאתֵנוּ הוּא
ב וְכָל־עַמּוֹ לַמִּלְחָמָה אֶדְרֶעִי׃ וַיֹּאמֶר יְהוָה אֵלַי אַל־תִּירָא אֹתוֹ
כִּי בְיָדְךָ נָתַתִּי אֹתוֹ וְאֶת־כָּל־עַמּוֹ וְאֶת־אַרְצוֹ וְעָשִׂיתָ לּוֹ כַּאֲשֶׁר
ג עָשִׂיתָ לְסִיחֹן מֶלֶךְ הָאֱמֹרִי אֲשֶׁר יוֹשֵׁב בְּחֶשְׁבּוֹן׃ וַיִּתֵּן יְהוָה
אֱלֹהֵינוּ בְּיָדֵנוּ גַּם אֶת־עוֹג מֶלֶךְ־הַבָּשָׁן וְאֶת־כָּל־עַמּוֹ וַנַּכֵּהוּ
ד עַד־בִּלְתִּי הִשְׁאִיר־לוֹ שָׂרִיד׃ וַנִּלְכֹּד אֶת־כָּל־עָרָיו בָּעֵת הַהִוא
לֹא הָיְתָה קִרְיָה אֲשֶׁר לֹא־לָקַחְנוּ מֵאִתָּם שִׁשִּׁים עִיר כָּל־חֶבֶל
ה אַרְגֹּב מַמְלֶכֶת עוֹג בַּבָּשָׁן׃ כָּל־אֵלֶּה עָרִים בְּצֻרֹת חוֹמָה גְבֹהָה
ו דְּלָתַיִם וּבְרִיחַ לְבַד מֵעָרֵי הַפְּרָזִי הַרְבֵּה מְאֹד׃ וַנַּחֲרֵם אוֹתָם
כַּאֲשֶׁר עָשִׂינוּ לְסִיחֹן מֶלֶךְ חֶשְׁבּוֹן הַחֲרֵם כָּל־עִיר מְתִם הַנָּשִׁים
ז ח וְהַטָּף׃ וְכָל־הַבְּהֵמָה וּשְׁלַל הֶעָרִים בַּזּוֹנוּ לָנוּ׃ וַנִּקַּח בָּעֵת הַהִוא
אֶת־הָאָרֶץ מִיַּד שְׁנֵי מַלְכֵי הָאֱמֹרִי אֲשֶׁר בְּעֵבֶר הַיַּרְדֵּן מִנַּחַל

ט אַרְנֹן עַד־הַר חֶרְמוֹן׃ צִידֹנִים יִקְרְאוּ לְחֶרְמוֹן שִׂרְיֹן וְהָאֱמֹרִי
י יִקְרְאוּ־לוֹ שְׂנִיר׃ כֹּל ׀ עָרֵי הַמִּישֹׁר וְכָל־הַגִּלְעָד וְכָל־הַבָּשָׁן עַד־
יא סַלְכָה וְאֶדְרֶעִי עָרֵי מַמְלֶכֶת עוֹג בַּבָּשָׁן׃ כִּי רַק־עוֹג מֶלֶךְ הַבָּשָׁן
נִשְׁאַר מִיֶּתֶר הָרְפָאִים הִנֵּה עַרְשׂוֹ עֶרֶשׂ בַּרְזֶל הֲלֹה הִוא בְּרַבַּת
בְּנֵי עַמּוֹן תֵּשַׁע אַמּוֹת אָרְכָּהּ וְאַרְבַּע אַמּוֹת רָחְבָּהּ בְּאַמַּת־
יב אִישׁ׃ וְאֶת־הָאָרֶץ הַזֹּאת יָרַשְׁנוּ בָּעֵת הַהִוא מֵעֲרֹעֵר אֲשֶׁר־עַל־
יג נַחַל אַרְנֹן וַחֲצִי הַר־הַגִּלְעָד וְעָרָיו נָתַתִּי לָרֻאוּבֵנִי וְלַגָּדִי׃ וְיֶתֶר
הַגִּלְעָד וְכָל־הַבָּשָׁן מַמְלֶכֶת עוֹג נָתַתִּי לַחֲצִי שֵׁבֶט הַמְנַשֶּׁה
יד כֹּל חֶבֶל הָאַרְגֹּב לְכָל־הַבָּשָׁן הַהוּא יִקָּרֵא אֶרֶץ רְפָאִים׃ יָאִיר
בֶּן־מְנַשֶּׁה לָקַח אֶת־כָּל־חֶבֶל אַרְגֹּב עַד־גְּבוּל הַגְּשׁוּרִי וְהַמַּעֲכָתִי
וַיִּקְרָא אֹתָם עַל־שְׁמוֹ אֶת־הַבָּשָׁן חַוֺּת יָאִיר עַד הַיּוֹם הַזֶּה׃
טו טז וּלְמָכִיר נָתַתִּי אֶת־הַגִּלְעָד׃ וְלָרֻאוּבֵנִי וְלַגָּדִי נָתַתִּי מִן־הַגִּלְעָד שביעי
וְעַד־נַחַל אַרְנֹן תּוֹךְ הַנַּחַל וּגְבֻל וְעַד יַבֹּק הַנַּחַל גְּבוּל בְּנֵי עַמּוֹן׃
יז וְהָעֲרָבָה וְהַיַּרְדֵּן וּגְבֻל מִכִּנֶּרֶת וְעַד יָם הָעֲרָבָה יָם הַמֶּלַח תַּחַת
יח אַשְׁדֹּת הַפִּסְגָּה מִזְרָחָה׃ וָאֲצַו אֶתְכֶם בָּעֵת הַהִוא לֵאמֹר יְהוָה
אֱלֹהֵיכֶם נָתַן לָכֶם אֶת־הָאָרֶץ הַזֹּאת לְרִשְׁתָּהּ חֲלוּצִים תַּעַבְרוּ
יט לִפְנֵי אֲחֵיכֶם בְּנֵי־יִשְׂרָאֵל כָּל־בְּנֵי־חָיִל׃ רַק נְשֵׁיכֶם וְטַפְּכֶם
וּמִקְנֵכֶם יָדַעְתִּי כִּי־מִקְנֶה רַב לָכֶם יֵשְׁבוּ בְּעָרֵיכֶם אֲשֶׁר נָתַתִּי
כ לָכֶם׃ עַד אֲשֶׁר־יָנִיחַ יְהוָה ׀ לַאֲחֵיכֶם כָּכֶם וְיָרְשׁוּ גַם־הֵם אֶת־ מפטיר
הָאָרֶץ אֲשֶׁר יְהוָה אֱלֹהֵיכֶם נֹתֵן לָהֶם בְּעֵבֶר הַיַּרְדֵּן וְשַׁבְתֶּם
כא אִישׁ לִירֻשָּׁתוֹ אֲשֶׁר נָתַתִּי לָכֶם׃ וְאֶת־יְהוֹשׁוּעַ צִוֵּיתִי בָּעֵת
הַהִוא לֵאמֹר עֵינֶיךָ הָרֹאֹת אֵת כָּל־אֲשֶׁר עָשָׂה יְהוָה אֱלֹהֵיכֶם
לִשְׁנֵי הַמְּלָכִים הָאֵלֶּה כֵּן־יַעֲשֶׂה יְהוָה לְכָל־הַמַּמְלָכוֹת אֲשֶׁר
כב אַתָּה עֹבֵר שָׁמָּה׃ לֹא תִּירָאוּם כִּי יְהוָה אֱלֹהֵיכֶם הוּא הַנִּלְחָם
כג לָכֶם׃ וָאֶתְחַנַּן אֶל־יְהוָה בָּעֵת הַהִוא לֵאמֹר׃ ואתחנן ד
כד אֲדֹנָי יֱהוִה אַתָּה הַחִלּוֹתָ לְהַרְאוֹת אֶת־עַבְדְּךָ אֶת־גָּדְלְךָ וְאֶת־
יָדְךָ הַחֲזָקָה אֲשֶׁר מִי־אֵל בַּשָּׁמַיִם וּבָאָרֶץ אֲשֶׁר־יַעֲשֶׂה כְמַעֲשֶׂיךָ

כה וְכִגְבוּרֹתֶךָ׃ אֶעְבְּרָה־נָּא וְאֶרְאֶה אֶת־הָאָרֶץ הַטּוֹבָה אֲשֶׁר בְּעֵבֶר
כו הַיַּרְדֵּן הָהָר הַטּוֹב הַזֶּה וְהַלְּבָנֹן׃ וַיִּתְעַבֵּר יְהוָה בִּי לְמַעַנְכֶם
וְלֹא שָׁמַע אֵלָי וַיֹּאמֶר יְהוָה אֵלַי רַב־לָךְ אַל־תּוֹסֶף דַּבֵּר אֵלַי
כז עוֹד בַּדָּבָר הַזֶּה׃ עֲלֵה ׀ רֹאשׁ הַפִּסְגָּה וְשָׂא עֵינֶיךָ יָמָּה וְצָפֹנָה
וְתֵימָנָה וּמִזְרָחָה וּרְאֵה בְעֵינֶיךָ כִּי־לֹא תַעֲבֹר אֶת־הַיַּרְדֵּן הַזֶּה׃
כח וְצַו אֶת־יְהוֹשֻׁעַ וְחַזְּקֵהוּ וְאַמְּצֵהוּ כִּי־הוּא יַעֲבֹר לִפְנֵי הָעָם הַזֶּה
כט וְהוּא יַנְחִיל אוֹתָם אֶת־הָאָרֶץ אֲשֶׁר תִּרְאֶה׃ וַנֵּשֶׁב בַּגָּיְא מוּל
בֵּית פְּעוֹר׃

ד א וְעַתָּה יִשְׂרָאֵל שְׁמַע אֶל־הַחֻקִּים וְאֶל־הַמִּשְׁפָּטִים אֲשֶׁר אָנֹכִי
מְלַמֵּד אֶתְכֶם לַעֲשׂוֹת לְמַעַן תִּחְיוּ וּבָאתֶם וִירִשְׁתֶּם אֶת־הָאָרֶץ
ב אֲשֶׁר יְהוָה אֱלֹהֵי אֲבֹתֵיכֶם נֹתֵן לָכֶם׃ לֹא תֹסִפוּ עַל־הַדָּבָר
אֲשֶׁר אָנֹכִי מְצַוֶּה אֶתְכֶם וְלֹא תִגְרְעוּ מִמֶּנּוּ לִשְׁמֹר אֶת־מִצְוֹת
ג יְהוָה אֱלֹהֵיכֶם אֲשֶׁר אָנֹכִי מְצַוֶּה אֶתְכֶם׃ עֵינֵיכֶם הָרֹאוֹת אֵת
אֲשֶׁר־עָשָׂה יְהוָה בְּבַעַל פְּעוֹר כִּי כָל־הָאִישׁ אֲשֶׁר הָלַךְ אַחֲרֵי
ד בַעַל־פְּעוֹר הִשְׁמִידוֹ יְהוָה אֱלֹהֶיךָ מִקִּרְבֶּךָ׃ וְאַתֶּם הַדְּבֵקִים
ה בַּיהוָה אֱלֹהֵיכֶם חַיִּים כֻּלְּכֶם הַיּוֹם׃ רְאֵה ׀ לִמַּדְתִּי אֶתְכֶם חֻקִּים שני
וּמִשְׁפָּטִים כַּאֲשֶׁר צִוַּנִי יְהוָה אֱלֹהָי לַעֲשׂוֹת כֵּן בְּקֶרֶב הָאָרֶץ
ו אֲשֶׁר אַתֶּם בָּאִים שָׁמָּה לְרִשְׁתָּהּ׃ וּשְׁמַרְתֶּם וַעֲשִׂיתֶם כִּי הִוא
חָכְמַתְכֶם וּבִינַתְכֶם לְעֵינֵי הָעַמִּים אֲשֶׁר יִשְׁמְעוּן אֵת כָּל־הַחֻקִּים
ז הָאֵלֶּה וְאָמְרוּ רַק עַם־חָכָם וְנָבוֹן הַגּוֹי הַגָּדוֹל הַזֶּה׃ כִּי מִי־
גוֹי גָּדוֹל אֲשֶׁר־לוֹ אֱלֹהִים קְרֹבִים אֵלָיו כַּיהוָה אֱלֹהֵינוּ בְּכָל־
ח קָרְאֵנוּ אֵלָיו׃ וּמִי גּוֹי גָּדוֹל אֲשֶׁר־לוֹ חֻקִּים וּמִשְׁפָּטִים צַדִּיקִם
ט כְּכֹל הַתּוֹרָה הַזֹּאת אֲשֶׁר אָנֹכִי נֹתֵן לִפְנֵיכֶם הַיּוֹם׃ רַק הִשָּׁמֶר
לְךָ וּשְׁמֹר נַפְשְׁךָ מְאֹד פֶּן־תִּשְׁכַּח אֶת־הַדְּבָרִים אֲשֶׁר־רָאוּ
עֵינֶיךָ וּפֶן־יָסוּרוּ מִלְּבָבְךָ כֹּל יְמֵי חַיֶּיךָ וְהוֹדַעְתָּם לְבָנֶיךָ וְלִבְנֵי
י בָנֶיךָ׃ יוֹם אֲשֶׁר עָמַדְתָּ לִפְנֵי יְהוָה אֱלֹהֶיךָ בְּחֹרֵב בֶּאֱמֹר יְהוָה
אֵלַי הַקְהֶל־לִי אֶת־הָעָם וְאַשְׁמִעֵם אֶת־דְּבָרָי אֲשֶׁר יִלְמְדוּן

לְיִרְאָה אֹתִי כָּל־הַיָּמִים אֲשֶׁר הֵם חַיִּים עַל־הָאֲדָמָה וְאֶת־
בְּנֵיהֶם יְלַמֵּדוּן׃ וַתִּקְרְבוּן וַתַּעַמְדוּן תַּחַת הָהָר וְהָהָר בֹּעֵר יא
בָּאֵשׁ עַד־לֵב הַשָּׁמַיִם חֹשֶׁךְ עָנָן וַעֲרָפֶל׃ וַיְדַבֵּר יְהוָה אֲלֵיכֶם יב
מִתּוֹךְ הָאֵשׁ קוֹל דְּבָרִים אַתֶּם שֹׁמְעִים וּתְמוּנָה אֵינְכֶם רֹאִים
זוּלָתִי קוֹל׃ וַיַּגֵּד לָכֶם אֶת־בְּרִיתוֹ אֲשֶׁר צִוָּה אֶתְכֶם לַעֲשׂוֹת יג
עֲשֶׂרֶת הַדְּבָרִים וַיִּכְתְּבֵם עַל־שְׁנֵי לֻחוֹת אֲבָנִים׃ וְאֹתִי צִוָּה יד
יְהוָה בָּעֵת הַהִוא לְלַמֵּד אֶתְכֶם חֻקִּים וּמִשְׁפָּטִים לַעֲשֹׂתְכֶם
אֹתָם בָּאָרֶץ אֲשֶׁר אַתֶּם עֹבְרִים שָׁמָּה לְרִשְׁתָּהּ׃ וְנִשְׁמַרְתֶּם טו
מְאֹד לְנַפְשֹׁתֵיכֶם כִּי לֹא רְאִיתֶם כָּל־תְּמוּנָה בְּיוֹם דִּבֶּר יְהוָה
אֲלֵיכֶם בְּחֹרֵב מִתּוֹךְ הָאֵשׁ׃ פֶּן־תַּשְׁחִתוּן וַעֲשִׂיתֶם לָכֶם פֶּסֶל טז
תְּמוּנַת כָּל־סָמֶל תַּבְנִית זָכָר אוֹ נְקֵבָה׃ תַּבְנִית כָּל־בְּהֵמָה אֲשֶׁר יז
בָּאָרֶץ תַּבְנִית כָּל־צִפּוֹר כָּנָף אֲשֶׁר תָּעוּף בַּשָּׁמָיִם׃ תַּבְנִית כָּל־ יח
רֹמֵשׂ בָּאֲדָמָה תַּבְנִית כָּל־דָּגָה אֲשֶׁר־בַּמַּיִם מִתַּחַת לָאָרֶץ׃
וּפֶן־תִּשָּׂא עֵינֶיךָ הַשָּׁמַיְמָה וְרָאִיתָ אֶת־הַשֶּׁמֶשׁ וְאֶת־הַיָּרֵחַ יט
וְאֶת־הַכּוֹכָבִים כֹּל צְבָא הַשָּׁמַיִם וְנִדַּחְתָּ וְהִשְׁתַּחֲוִיתָ לָהֶם
וַעֲבַדְתָּם אֲשֶׁר חָלַק יְהוָה אֱלֹהֶיךָ אֹתָם לְכֹל הָעַמִּים תַּחַת
כָּל־הַשָּׁמָיִם׃ וְאֶתְכֶם לָקַח יְהוָה וַיּוֹצִא אֶתְכֶם מִכּוּר הַבַּרְזֶל כ
מִמִּצְרָיִם לִהְיוֹת לוֹ לְעַם נַחֲלָה כַּיּוֹם הַזֶּה׃ וַיהוָה הִתְאַנַּף־ כא
בִּי עַל־דִּבְרֵיכֶם וַיִּשָּׁבַע לְבִלְתִּי עָבְרִי אֶת־הַיַּרְדֵּן וּלְבִלְתִּי־בֹא
אֶל־הָאָרֶץ הַטּוֹבָה אֲשֶׁר יְהוָה אֱלֹהֶיךָ נֹתֵן לְךָ נַחֲלָה׃ כִּי אָנֹכִי כב
מֵת בָּאָרֶץ הַזֹּאת אֵינֶנִּי עֹבֵר אֶת־הַיַּרְדֵּן וְאַתֶּם עֹבְרִים וִירִשְׁתֶּם
אֶת־הָאָרֶץ הַטּוֹבָה הַזֹּאת׃ הִשָּׁמְרוּ לָכֶם פֶּן־תִּשְׁכְּחוּ אֶת־בְּרִית כג
יְהוָה אֱלֹהֵיכֶם אֲשֶׁר כָּרַת עִמָּכֶם וַעֲשִׂיתֶם לָכֶם פֶּסֶל תְּמוּנַת
כֹּל אֲשֶׁר צִוְּךָ יְהוָה אֱלֹהֶיךָ׃ כִּי יְהוָה אֱלֹהֶיךָ אֵשׁ אֹכְלָה הוּא כד
אֵל קַנָּא׃

כִּי־תוֹלִיד בָּנִים וּבְנֵי בָנִים וְנוֹשַׁנְתֶּם בָּאָרֶץ וְהִשְׁחַתֶּם וַעֲשִׂיתֶם כה
פֶּסֶל תְּמוּנַת כֹּל וַעֲשִׂיתֶם הָרַע בְּעֵינֵי־יְהוָה אֱלֹהֶיךָ לְהַכְעִיסוֹ׃

כו הַעִידֹ֨תִי בָכֶ֜ם הַיּ֗וֹם אֶת־הַשָּׁמַ֣יִם וְאֶת־הָאָ֒רֶץ֒ כִּֽי־אָבֹ֣ד תֹּאבֵד֮וּן֮
מַהֵר֒ מֵעַ֣ל הָאָ֗רֶץ אֲשֶׁ֨ר אַתֶּ֜ם עֹבְרִ֧ים אֶת־הַיַּרְדֵּ֛ן שָׁ֖מָּה לְרִשְׁתָּ֑הּ
כז לֹא־תַאֲרִיכֻ֤ן יָמִים֙ עָלֶ֔יהָ כִּ֥י הִשָּׁמֵ֖ד תִּשָּׁמֵדֽוּן׃ וְהֵפִ֧יץ יְהוָ֛ה אֶתְכֶ֖ם
בָּֽעַמִּ֑ים וְנִשְׁאַרְתֶּם֙ מְתֵ֣י מִסְפָּ֔ר בַּגּוֹיִ֕ם אֲשֶׁ֨ר יְנַהֵ֧ג יְהוָ֛ה אֶתְכֶ֖ם
כח שָֽׁמָּה׃ וַעֲבַדְתֶּם־שָׁ֣ם אֱלֹהִ֔ים מַעֲשֵׂ֖ה יְדֵ֣י אָדָ֑ם עֵ֣ץ וָאֶ֔בֶן אֲשֶׁ֧ר
כט לֹא־יִרְאוּן֙ וְלֹ֣א יִשְׁמְע֔וּן וְלֹ֥א יֹֽאכְל֖וּן וְלֹ֥א יְרִיחֻֽן׃ וּבִקַּשְׁתֶּ֥ם מִשָּׁ֛ם
אֶת־יְהוָ֥ה אֱלֹהֶ֖יךָ וּמָצָ֑אתָ כִּ֣י תִדְרְשֶׁ֔נּוּ בְּכָל־לְבָבְךָ֖ וּבְכָל־
ל נַפְשֶֽׁךָ׃ בַּצַּ֣ר לְךָ֔ וּמְצָא֕וּךָ כֹּ֖ל הַדְּבָרִ֣ים הָאֵ֑לֶּה בְּאַחֲרִית֙ הַיָּמִ֔ים
לא וְשַׁבְתָּ֙ עַד־יְהוָ֣ה אֱלֹהֶ֔יךָ וְשָׁמַעְתָּ֖ בְּקֹלֽוֹ׃ כִּ֣י אֵ֤ל רַחוּם֙ יְהוָ֣ה
אֱלֹהֶ֔יךָ לֹ֥א יַרְפְּךָ֖ וְלֹ֣א יַשְׁחִיתֶ֑ךָ וְלֹ֤א יִשְׁכַּח֙ אֶת־בְּרִ֣ית אֲבֹתֶ֔יךָ
לב אֲשֶׁ֥ר נִשְׁבַּ֖ע לָהֶֽם׃ כִּ֣י שְׁאַל־נָ֠א לְיָמִ֨ים רִֽאשֹׁנִ֜ים אֲשֶׁר־הָי֣וּ לְפָנֶ֗יךָ
לְמִן־הַיּוֹם֙ אֲשֶׁר֩ בָּרָ֨א אֱלֹהִ֤ים ׀ אָדָם֙ עַל־הָאָ֔רֶץ וּלְמִקְצֵ֥ה הַשָּׁמַ֖יִם
וְעַד־קְצֵ֣ה הַשָּׁמָ֑יִם הֲנִֽהְיָ֗ה כַּדָּבָ֤ר הַגָּדוֹל֙ הַזֶּ֔ה א֖וֹ הֲנִשְׁמַ֥ע כָּמֹֽהוּ׃
לג הֲשָׁ֣מַֽע עָם֩ ק֨וֹל אֱלֹהִ֜ים מְדַבֵּ֧ר מִתּוֹךְ־הָאֵ֛שׁ כַּאֲשֶׁר־שָׁמַ֥עְתָּ
לד אַתָּ֖ה וַיֶּֽחִי׃ א֣וֹ ׀ הֲנִסָּ֣ה אֱלֹהִ֗ים לָ֠בוֹא לָקַ֨חַת ל֣וֹ ג֘וֹי מִקֶּ֣רֶב גּוֹי֒
בְּמַסֹּת֩ בְּאֹתֹ֨ת וּבְמוֹפְתִ֜ים וּבְמִלְחָמָ֗ה וּבְיָ֤ד חֲזָקָה֙ וּבִזְר֣וֹעַ נְטוּיָ֔ה
וּבְמוֹרָאִ֖ים גְּדֹלִ֑ים כְּכֹל֩ אֲשֶׁר־עָשָׂ֨ה לָכֶ֜ם יְהוָ֧ה אֱלֹהֵיכֶ֛ם בְּמִצְרַ֖יִם
לה לְעֵינֶֽיךָ׃ אַתָּה֙ הָרְאֵ֣תָ לָדַ֔עַת כִּ֥י יְהוָ֖ה ה֣וּא הָאֱלֹהִ֑ים אֵ֥ין ע֖וֹד
לו מִלְּבַדּֽוֹ׃ מִן־הַשָּׁמַ֛יִם הִשְׁמִֽיעֲךָ֥ אֶת־קֹל֖וֹ לְיַסְּרֶ֑ךָּ וְעַל־הָאָ֗רֶץ
לז הֶרְאֲךָ֙ אֶת־אִשּׁ֣וֹ הַגְּדוֹלָ֔ה וּדְבָרָ֥יו שָׁמַ֖עְתָּ מִתּ֥וֹךְ הָאֵֽשׁ׃ וְתַ֗חַת
כִּ֤י אָהַב֙ אֶת־אֲבֹתֶ֔יךָ וַיִּבְחַ֥ר בְּזַרְע֖וֹ אַחֲרָ֑יו וַיּוֹצִֽאֲךָ֥ בְּפָנָ֛יו בְּכֹח֥וֹ
לח הַגָּדֹ֖ל מִמִּצְרָֽיִם׃ לְהוֹרִ֗ישׁ גּוֹיִ֛ם גְּדֹלִ֧ים וַעֲצֻמִ֛ים מִמְּךָ֖ מִפָּנֶ֑יךָ
לט לַהֲבִיאֲךָ֗ לָֽתֶת־לְךָ֧ אֶת־אַרְצָ֛ם נַחֲלָ֖ה כַּיּ֥וֹם הַזֶּֽה׃ וְיָדַעְתָּ֣ הַיּ֗וֹם
וַהֲשֵׁבֹתָ֮ אֶל־לְבָבֶךָ֒ כִּ֤י יְהוָה֙ ה֣וּא הָאֱלֹהִ֔ים בַּשָּׁמַ֣יִם מִמַּ֔עַל וְעַל־
מ הָאָ֖רֶץ מִתָּ֑חַת אֵ֖ין עֽוֹד׃ וְשָׁמַרְתָּ֞ אֶת־חֻקָּ֣יו וְאֶת־מִצְוֺתָ֗יו אֲשֶׁ֨ר אָנֹכִ֤י
מְצַוְּךָ֙ הַיּ֔וֹם אֲשֶׁר֙ יִיטַ֣ב לְךָ֔ וּלְבָנֶ֖יךָ אַחֲרֶ֑יךָ וּלְמַ֨עַן תַּאֲרִ֤יךְ יָמִים֙ עַל־
הָ֣אֲדָמָ֔ה אֲשֶׁ֨ר יְהוָ֧ה אֱלֹהֶ֛יךָ נֹתֵ֥ן לְךָ֖ כָּל־הַיָּמִֽים׃

שלישי ה אָז יַבְדִּיל מֹשֶׁה שָׁלֹשׁ עָרִים בְּעֵבֶר הַיַּרְדֵּן מִזְרְחָה שָׁמֶשׁ׃ לָנֻס מא מב
שָׁמָּה רוֹצֵחַ אֲשֶׁר יִרְצַח אֶת־רֵעֵהוּ בִּבְלִי־דַעַת וְהוּא לֹא־שֹׂנֵא
לוֹ מִתְּמֹל שִׁלְשֹׁם וְנָס אֶל־אַחַת מִן־הֶעָרִים הָאֵל וָחָי׃ אֶת־בֶּצֶר מג
בַּמִּדְבָּר בְּאֶרֶץ הַמִּישֹׁר לָרֻאוּבֵנִי וְאֶת־רָאמֹת בַּגִּלְעָד לַגָּדִי
וְאֶת־גּוֹלָן בַּבָּשָׁן לַמְנַשִּׁי׃ וְזֹאת הַתּוֹרָה אֲשֶׁר־שָׂם מֹשֶׁה לִפְנֵי מד
בְּנֵי יִשְׂרָאֵל׃ אֵלֶּה הָעֵדֹת וְהַחֻקִּים וְהַמִּשְׁפָּטִים אֲשֶׁר דִּבֶּר מֹשֶׁה מה
אֶל־בְּנֵי יִשְׂרָאֵל בְּצֵאתָם מִמִּצְרָיִם׃ בְּעֵבֶר הַיַּרְדֵּן בַּגַּיְא מוּל מו
בֵּית פְּעוֹר בְּאֶרֶץ סִיחֹן מֶלֶךְ הָאֱמֹרִי אֲשֶׁר יוֹשֵׁב בְּחֶשְׁבּוֹן אֲשֶׁר
הִכָּה מֹשֶׁה וּבְנֵי יִשְׂרָאֵל בְּצֵאתָם מִמִּצְרָיִם׃ וַיִּירְשׁוּ אֶת־אַרְצוֹ מז
וְאֶת־אֶרֶץ ׀ עוֹג מֶלֶךְ־הַבָּשָׁן שְׁנֵי מַלְכֵי הָאֱמֹרִי אֲשֶׁר בְּעֵבֶר
הַיַּרְדֵּן מִזְרַח שָׁמֶשׁ׃ מֵעֲרֹעֵר אֲשֶׁר עַל־שְׂפַת־נַחַל אַרְנֹן וְעַד־הַר מח
שִׂיאֹן הוּא חֶרְמוֹן׃ וְכָל־הָעֲרָבָה עֵבֶר הַיַּרְדֵּן מִזְרָחָה וְעַד יָם מט
הָעֲרָבָה תַּחַת אַשְׁדֹּת הַפִּסְגָּה׃

רביעי וַיִּקְרָא מֹשֶׁה אֶל־כָּל־יִשְׂרָאֵל וַיֹּאמֶר אֲלֵהֶם שְׁמַע יִשְׂרָאֵל ה א
אֶת־הַחֻקִּים וְאֶת־הַמִּשְׁפָּטִים אֲשֶׁר אָנֹכִי דֹּבֵר בְּאָזְנֵיכֶם הַיּוֹם
וּלְמַדְתֶּם אֹתָם וּשְׁמַרְתֶּם לַעֲשֹׂתָם׃ יהוה אֱלֹהֵינוּ כָּרַת עִמָּנוּ ב
בְּרִית בְּחֹרֵב׃ לֹא אֶת־אֲבֹתֵינוּ כָּרַת יהוה אֶת־הַבְּרִית הַזֹּאת ג
כִּי אִתָּנוּ אֲנַחְנוּ אֵלֶּה פֹה הַיּוֹם כֻּלָּנוּ חַיִּים׃ פָּנִים ׀ בְּפָנִים דִּבֶּר ד
יהוה עִמָּכֶם בָּהָר מִתּוֹךְ הָאֵשׁ׃ אָנֹכִי עֹמֵד בֵּין־יהוה וּבֵינֵיכֶם ה
בָּעֵת הַהִוא לְהַגִּיד לָכֶם אֶת־דְּבַר יהוה כִּי יְרֵאתֶם מִפְּנֵי הָאֵשׁ
וְלֹא־עֲלִיתֶם בָּהָר לֵאמֹר׃ אָנֹכִי יהוה אֱלֹהֶיךָ ו
אֲשֶׁר הוֹצֵאתִיךָ מֵאֶרֶץ מִצְרַיִם מִבֵּית עֲבָדִים׃ לֹא־יִהְיֶה לְךָ ז
אֱלֹהִים אֲחֵרִים עַל־פָּנָי׃ לֹא־תַעֲשֶׂה לְךָ פֶסֶל כָּל־תְּמוּנָה ח
אֲשֶׁר בַּשָּׁמַיִם מִמַּעַל וַאֲשֶׁר בָּאָרֶץ מִתָּחַת וַאֲשֶׁר בַּמַּיִם
מִתַּחַת לָאָרֶץ׃ לֹא־תִשְׁתַּחֲוֶה לָהֶם וְלֹא תָעָבְדֵם כִּי אָנֹכִי יהוה ט
אֱלֹהֶיךָ אֵל קַנָּא פֹּקֵד עֲוֺן אָבוֹת עַל־בָּנִים וְעַל־שִׁלֵּשִׁים
וְעַל־רִבֵּעִים לְשֹׂנְאָי׃ וְעֹשֶׂה חֶסֶד לַאֲלָפִים לְאֹהֲבַי וּלְשֹׁמְרֵי י

יא מצותו: לֹא תִשָּׂא אֶת־שֵׁם־יְהוָה אֱלֹהֶיךָ לַשָּׁוְא כִּי לֹא — מִצְוֺתָי
יב יְנַקֶּה יְהוָה אֵת אֲשֶׁר־יִשָּׂא אֶת־שְׁמוֹ לַשָּׁוְא: שָׁמוֹר
יג אֶת־יוֹם הַשַּׁבָּת לְקַדְּשׁוֹ כַּאֲשֶׁר צִוְּךָ יְהוָה אֱלֹהֶיךָ: שֵׁשֶׁת יָמִים
יד תַּעֲבֹד וְעָשִׂיתָ כָּל־מְלַאכְתֶּךָ: וְיוֹם הַשְּׁבִיעִי שַׁבָּת לַיהוָה
אֱלֹהֶיךָ לֹא תַעֲשֶׂה כָל־מְלָאכָה אַתָּה ׀ וּבִנְךָ־וּבִתֶּךָ וְעַבְדְּךָ־
וַאֲמָתֶךָ וְשׁוֹרְךָ וַחֲמֹרְךָ וְכָל־בְּהֶמְתֶּךָ וְגֵרְךָ אֲשֶׁר בִּשְׁעָרֶיךָ לְמַעַן
טו יָנוּחַ עַבְדְּךָ וַאֲמָתְךָ כָּמוֹךָ: וְזָכַרְתָּ כִּי עֶבֶד הָיִיתָ בְּאֶרֶץ מִצְרַיִם
וַיֹּצִאֲךָ יְהוָה אֱלֹהֶיךָ מִשָּׁם בְּיָד חֲזָקָה וּבִזְרֹעַ נְטוּיָה עַל־כֵּן צִוְּךָ
טז יְהוָה אֱלֹהֶיךָ לַעֲשׂוֹת אֶת־יוֹם הַשַּׁבָּת: כַּבֵּד
אֶת־אָבִיךָ וְאֶת־אִמֶּךָ כַּאֲשֶׁר צִוְּךָ יְהוָה אֱלֹהֶיךָ לְמַעַן ׀ יַאֲרִיכֻן
יָמֶיךָ וּלְמַעַן יִיטַב לָךְ עַל הָאֲדָמָה אֲשֶׁר־יְהוָה אֱלֹהֶיךָ נֹתֵן
יז לָךְ: לֹא תִרְצָח וְלֹא
תִנְאָף וְלֹא תִגְנֹב וְלֹא
יח תַעֲנֶה בְרֵעֲךָ עֵד שָׁוְא: וְלֹא
תַחְמֹד אֵשֶׁת רֵעֶךָ וְלֹא
תִתְאַוֶּה בֵּית רֵעֶךָ שָׂדֵהוּ וְעַבְדּוֹ וַאֲמָתוֹ שׁוֹרוֹ וַחֲמֹרוֹ וְכֹל אֲשֶׁר
יט לְרֵעֶךָ: אֶת־הַדְּבָרִים הָאֵלֶּה דִּבֶּר יְהוָה אֶל־כָּל־ חמישי
קְהַלְכֶם בָּהָר מִתּוֹךְ הָאֵשׁ הֶעָנָן וְהָעֲרָפֶל קוֹל גָּדוֹל וְלֹא יָסָף
כ וַיִּכְתְּבֵם עַל־שְׁנֵי לֻחֹת אֲבָנִים וַיִּתְּנֵם אֵלָי: וַיְהִי כְּשָׁמְעֲכֶם אֶת־
הַקּוֹל מִתּוֹךְ הַחֹשֶׁךְ וְהָהָר בֹּעֵר בָּאֵשׁ וַתִּקְרְבוּן אֵלַי כָּל־רָאשֵׁי
כא שִׁבְטֵיכֶם וְזִקְנֵיכֶם: וַתֹּאמְרוּ הֵן הֶרְאָנוּ יְהוָה אֱלֹהֵינוּ אֶת־כְּבֹדוֹ
וְאֶת־גָּדְלוֹ וְאֶת־קֹלוֹ שָׁמַעְנוּ מִתּוֹךְ הָאֵשׁ הַיּוֹם הַזֶּה רָאִינוּ כִּי־
כב יְדַבֵּר אֱלֹהִים אֶת־הָאָדָם וָחָי: וְעַתָּה לָמָּה נָמוּת כִּי תֹאכְלֵנוּ
הָאֵשׁ הַגְּדֹלָה הַזֹּאת אִם־יֹסְפִים ׀ אֲנַחְנוּ לִשְׁמֹעַ אֶת־קוֹל יְהוָה
כג אֱלֹהֵינוּ עוֹד וָמָתְנוּ: כִּי מִי כָל־בָּשָׂר אֲשֶׁר שָׁמַע קוֹל אֱלֹהִים
כד חַיִּים מְדַבֵּר מִתּוֹךְ־הָאֵשׁ כָּמֹנוּ וַיֶּחִי: קְרַב אַתָּה וּשְׁמָע אֵת כָּל־
אֲשֶׁר יֹאמַר יְהוָה אֱלֹהֵינוּ וְאַתְּ ׀ תְּדַבֵּר אֵלֵינוּ אֵת כָּל־אֲשֶׁר

יְדַבֵּר יהוה אֱלֹהֵינוּ אֵלֶיךָ וְשָׁמַעְנוּ וְעָשִׂינוּ: כה וַיִּשְׁמַע יהוה אֶת־
קוֹל דִּבְרֵיכֶם בְּדַבֶּרְכֶם אֵלָי וַיֹּאמֶר יהוה אֵלַי שָׁמַעְתִּי אֶת־קוֹל
כו דִּבְרֵי הָעָם הַזֶּה אֲשֶׁר דִּבְּרוּ אֵלֶיךָ הֵיטִיבוּ כָּל־אֲשֶׁר דִּבֵּרוּ: מִי־
יִתֵּן וְהָיָה לְבָבָם זֶה לָהֶם לְיִרְאָה אֹתִי וְלִשְׁמֹר אֶת־כָּל־מִצְוֺתַי
כז כָּל־הַיָּמִים לְמַעַן יִיטַב לָהֶם וְלִבְנֵיהֶם לְעֹלָם: לֵךְ אֱמֹר לָהֶם שׁוּבוּ
כח לָכֶם לְאָהֳלֵיכֶם: וְאַתָּה פֹּה עֲמֹד עִמָּדִי וַאֲדַבְּרָה אֵלֶיךָ אֵת כָּל־
הַמִּצְוָה וְהַחֻקִּים וְהַמִּשְׁפָּטִים אֲשֶׁר תְּלַמְּדֵם וְעָשׂוּ בָאָרֶץ אֲשֶׁר
כט אָנֹכִי נֹתֵן לָהֶם לְרִשְׁתָּהּ: וּשְׁמַרְתֶּם לַעֲשׂוֹת כַּאֲשֶׁר צִוָּה יהוה
ל אֱלֹהֵיכֶם אֶתְכֶם לֹא תָסֻרוּ יָמִין וּשְׂמֹאל: בְּכָל־הַדֶּרֶךְ אֲשֶׁר צִוָּה
יהוה אֱלֹהֵיכֶם אֶתְכֶם תֵּלֵכוּ לְמַעַן תִּחְיוּן וְטוֹב לָכֶם וְהַאֲרַכְתֶּם
ו א יָמִים בָּאָרֶץ אֲשֶׁר תִּירָשׁוּן: וְזֹאת הַמִּצְוָה הַחֻקִּים וְהַמִּשְׁפָּטִים
אֲשֶׁר צִוָּה יהוה אֱלֹהֵיכֶם לְלַמֵּד אֶתְכֶם לַעֲשׂוֹת בָּאָרֶץ אֲשֶׁר
ב אַתֶּם עֹבְרִים שָׁמָּה לְרִשְׁתָּהּ: לְמַעַן תִּירָא אֶת־יהוה אֱלֹהֶיךָ
לִשְׁמֹר אֶת־כָּל־חֻקֹּתָיו וּמִצְוֺתָיו אֲשֶׁר אָנֹכִי מְצַוֶּךָ אַתָּה וּבִנְךָ
ג וּבֶן־בִּנְךָ כֹּל יְמֵי חַיֶּיךָ וּלְמַעַן יַאֲרִכֻן יָמֶיךָ: וְשָׁמַעְתָּ יִשְׂרָאֵל
וְשָׁמַרְתָּ לַעֲשׂוֹת אֲשֶׁר יִיטַב לְךָ וַאֲשֶׁר תִּרְבּוּן מְאֹד כַּאֲשֶׁר דִּבֶּר
יהוה אֱלֹהֵי אֲבֹתֶיךָ לָךְ אֶרֶץ זָבַת חָלָב וּדְבָשׁ:

ד ה שְׁמַע יִשְׂרָאֵל יהוה אֱלֹהֵינוּ יהוה ׀ אֶחָד: וְאָהַבְתָּ אֵת יהוה ששי ו
ו אֱלֹהֶיךָ בְּכָל־לְבָבְךָ וּבְכָל־נַפְשְׁךָ וּבְכָל־מְאֹדֶךָ: וְהָיוּ הַדְּבָרִים
ז הָאֵלֶּה אֲשֶׁר אָנֹכִי מְצַוְּךָ הַיּוֹם עַל־לְבָבֶךָ: וְשִׁנַּנְתָּם לְבָנֶיךָ
וְדִבַּרְתָּ בָּם בְּשִׁבְתְּךָ בְּבֵיתֶךָ וּבְלֶכְתְּךָ בַדֶּרֶךְ וּבְשָׁכְבְּךָ וּבְקוּמֶךָ:
ח ט וּקְשַׁרְתָּם לְאוֹת עַל־יָדֶךָ וְהָיוּ לְטֹטָפֹת בֵּין עֵינֶיךָ: וּכְתַבְתָּם
י עַל־מְזֻזֹת בֵּיתֶךָ וּבִשְׁעָרֶיךָ: וְהָיָה כִּי־יְבִיאֲךָ ׀ יהוה
אֱלֹהֶיךָ אֶל־הָאָרֶץ אֲשֶׁר נִשְׁבַּע לַאֲבֹתֶיךָ לְאַבְרָהָם לְיִצְחָק
יא וּלְיַעֲקֹב לָתֶת לָךְ עָרִים גְּדֹלֹת וְטֹבֹת אֲשֶׁר לֹא־בָנִיתָ: וּבָתִּים
מְלֵאִים כָּל־טוּב אֲשֶׁר לֹא־מִלֵּאתָ וּבֹרֹת חֲצוּבִים אֲשֶׁר לֹא־
יב חָצַבְתָּ כְּרָמִים וְזֵיתִים אֲשֶׁר לֹא־נָטָעְתָּ וְאָכַלְתָּ וְשָׂבָעְתָּ: הִשָּׁמֶר

לְךָ פֶּן־תִּשְׁכַּח אֶת־יְהוָה אֲשֶׁר הוֹצִיאֲךָ מֵאֶרֶץ מִצְרַיִם מִבֵּית
יג יד עֲבָדִים: אֶת־יְהוָה אֱלֹהֶיךָ תִּירָא וְאֹתוֹ תַעֲבֹד וּבִשְׁמוֹ תִּשָּׁבֵעַ: לֹא
תֵלְכוּן אַחֲרֵי אֱלֹהִים אֲחֵרִים מֵאֱלֹהֵי הָעַמִּים אֲשֶׁר סְבִיבוֹתֵיכֶם:
טו כִּי אֵל קַנָּא יְהוָה אֱלֹהֶיךָ בְּקִרְבֶּךָ פֶּן־יֶחֱרֶה אַף־יְהוָה אֱלֹהֶיךָ
טז בָּךְ וְהִשְׁמִידְךָ מֵעַל פְּנֵי הָאֲדָמָה: לֹא תְנַסּוּ אֶת־
יז יְהוָה אֱלֹהֵיכֶם כַּאֲשֶׁר נִסִּיתֶם בַּמַּסָּה: שָׁמוֹר תִּשְׁמְרוּן אֶת־
יח מִצְוֹת יְהוָה אֱלֹהֵיכֶם וְעֵדֹתָיו וְחֻקָּיו אֲשֶׁר צִוָּךְ: וְעָשִׂיתָ הַיָּשָׁר
וְהַטּוֹב בְּעֵינֵי יְהוָה לְמַעַן יִיטַב לָךְ וּבָאתָ וְיָרַשְׁתָּ אֶת־הָאָרֶץ
יט הַטֹּבָה אֲשֶׁר־נִשְׁבַּע יְהוָה לַאֲבֹתֶיךָ: לַהֲדֹף אֶת־כָּל־אֹיְבֶיךָ
כ מִפָּנֶיךָ כַּאֲשֶׁר דִּבֶּר יְהוָה: כִּי־יִשְׁאָלְךָ בִנְךָ מָחָר
לֵאמֹר מָה הָעֵדֹת וְהַחֻקִּים וְהַמִּשְׁפָּטִים אֲשֶׁר צִוָּה יְהוָה אֱלֹהֵינוּ
כא אֶתְכֶם: וְאָמַרְתָּ לְבִנְךָ עֲבָדִים הָיִינוּ לְפַרְעֹה בְּמִצְרָיִם וַיֹּצִיאֵנוּ
כב יְהוָה מִמִּצְרַיִם בְּיָד חֲזָקָה: וַיִּתֵּן יְהוָה אוֹתֹת וּמֹפְתִים גְּדֹלִים
כג וְרָעִים | בְּמִצְרַיִם בְּפַרְעֹה וּבְכָל־בֵּיתוֹ לְעֵינֵינוּ: וְאוֹתָנוּ הוֹצִיא
מִשָּׁם לְמַעַן הָבִיא אֹתָנוּ לָתֶת לָנוּ אֶת־הָאָרֶץ אֲשֶׁר נִשְׁבַּע
כד לַאֲבֹתֵינוּ: וַיְצַוֵּנוּ יְהוָה לַעֲשׂוֹת אֶת־כָּל־הַחֻקִּים הָאֵלֶּה לְיִרְאָה
אֶת־יְהוָה אֱלֹהֵינוּ לְטוֹב לָנוּ כָּל־הַיָּמִים לְחַיֹּתֵנוּ כְּהַיּוֹם הַזֶּה:
כה וּצְדָקָה תִּהְיֶה־לָּנוּ כִּי־נִשְׁמֹר לַעֲשׂוֹת אֶת־כָּל־הַמִּצְוָה הַזֹּאת
ז א לִפְנֵי יְהוָה אֱלֹהֵינוּ כַּאֲשֶׁר צִוָּנוּ: כִּי יְבִיאֲךָ יְהוָה שביעי
אֱלֹהֶיךָ אֶל־הָאָרֶץ אֲשֶׁר־אַתָּה בָא־שָׁמָּה לְרִשְׁתָּהּ וְנָשַׁל גּוֹיִם־
רַבִּים | מִפָּנֶיךָ הַחִתִּי וְהַגִּרְגָּשִׁי וְהָאֱמֹרִי וְהַכְּנַעֲנִי וְהַפְּרִזִּי וְהַחִוִּי
ב וְהַיְבוּסִי שִׁבְעָה גוֹיִם רַבִּים וַעֲצוּמִים מִמֶּךָּ: וּנְתָנָם יְהוָה אֱלֹהֶיךָ
לְפָנֶיךָ וְהִכִּיתָם הַחֲרֵם תַּחֲרִים אֹתָם לֹא־תִכְרֹת לָהֶם בְּרִית
ג וְלֹא תְחָנֵּם: וְלֹא תִתְחַתֵּן בָּם בִּתְּךָ לֹא־תִתֵּן לִבְנוֹ וּבִתּוֹ לֹא־
ד תִקַּח לִבְנֶךָ: כִּי־יָסִיר אֶת־בִּנְךָ מֵאַחֲרַי וְעָבְדוּ אֱלֹהִים אֲחֵרִים
ה וְחָרָה אַף־יְהוָה בָּכֶם וְהִשְׁמִידְךָ מַהֵר: כִּי אִם־כֹּה תַעֲשׂוּ
לָהֶם מִזְבְּחֹתֵיהֶם תִּתֹּצוּ וּמַצֵּבֹתָם תְּשַׁבֵּרוּ וַאֲשֵׁירֵהֶם תְּגַדֵּעוּן

ו וּפְסִילֵיהֶם תִּשְׂרְפוּן בָּאֵשׁ׃ כִּי עַם קָדוֹשׁ אַתָּה לַיהוָה אֱלֹהֶיךָ
בְּךָ בָּחַר ׀ יְהוָה אֱלֹהֶיךָ לִהְיוֹת לוֹ לְעַם סְגֻלָּה מִכֹּל הָעַמִּים
ז אֲשֶׁר עַל־פְּנֵי הָאֲדָמָה׃ לֹא מֵרֻבְּכֶם מִכָּל־הָעַמִּים חָשַׁק יְהוָה
ח בָּכֶם וַיִּבְחַר בָּכֶם כִּי־אַתֶּם הַמְעַט מִכָּל־הָעַמִּים׃ כִּי מֵאַהֲבַת
יְהוָה אֶתְכֶם וּמִשָּׁמְרוֹ אֶת־הַשְּׁבֻעָה אֲשֶׁר נִשְׁבַּע לַאֲבֹתֵיכֶם
הוֹצִיא יְהוָה אֶתְכֶם בְּיָד חֲזָקָה וַיִּפְדְּךָ מִבֵּית עֲבָדִים מִיַּד פַּרְעֹה
ט מֶלֶךְ־מִצְרָיִם׃ וְיָדַעְתָּ כִּי־יְהוָה אֱלֹהֶיךָ הוּא הָאֱלֹהִים הָאֵל מפטיר
הַנֶּאֱמָן שֹׁמֵר הַבְּרִית וְהַחֶסֶד לְאֹהֲבָיו וּלְשֹׁמְרֵי מִצְוֺתָו לְאֶלֶף
י דּוֹר׃ וּמְשַׁלֵּם לְשֹׂנְאָיו אֶל־פָּנָיו לְהַאֲבִידוֹ לֹא יְאַחֵר לְשֹׂנְאוֹ אֶל־
יא פָּנָיו יְשַׁלֶּם־לוֹ׃ וְשָׁמַרְתָּ אֶת־הַמִּצְוָה וְאֶת־הַחֻקִּים וְאֶת־הַמִּשְׁפָּטִים
אֲשֶׁר אָנֹכִי מְצַוְּךָ הַיּוֹם לַעֲשׂוֹתָם׃

יב וְהָיָה ׀ עֵקֶב תִּשְׁמְעוּן אֵת הַמִּשְׁפָּטִים הָאֵלֶּה וּשְׁמַרְתֶּם וַעֲשִׂיתֶם אֹתָם עקב ז
וְשָׁמַר יְהוָה אֱלֹהֶיךָ לְךָ אֶת־הַבְּרִית וְאֶת־הַחֶסֶד אֲשֶׁר
יג נִשְׁבַּע לַאֲבֹתֶיךָ׃ וַאֲהֵבְךָ וּבֵרַכְךָ וְהִרְבֶּךָ וּבֵרַךְ פְּרִי־בִטְנְךָ וּפְרִי־
אַדְמָתֶךָ דְּגָנְךָ וְתִירֹשְׁךָ וְיִצְהָרֶךָ שְׁגַר־אֲלָפֶיךָ וְעַשְׁתְּרֹת צֹאנֶךָ
יד עַל הָאֲדָמָה אֲשֶׁר־נִשְׁבַּע לַאֲבֹתֶיךָ לָתֶת לָךְ׃ בָּרוּךְ תִּהְיֶה מִכָּל־
טו הָעַמִּים לֹא־יִהְיֶה בְךָ עָקָר וַעֲקָרָה וּבִבְהֶמְתֶּךָ׃ וְהֵסִיר יְהוָה
מִמְּךָ כָּל־חֹלִי וְכָל־מַדְוֵי מִצְרַיִם הָרָעִים אֲשֶׁר יָדַעְתָּ לֹא יְשִׂימָם
טז בָּךְ וּנְתָנָם בְּכָל־שֹׂנְאֶיךָ׃ וְאָכַלְתָּ אֶת־כָּל־הָעַמִּים אֲשֶׁר יְהוָה
אֱלֹהֶיךָ נֹתֵן לָךְ לֹא־תָחוֹס עֵינְךָ עֲלֵיהֶם וְלֹא תַעֲבֹד אֶת־אֱלֹהֵיהֶם
יז כִּי־מוֹקֵשׁ הוּא לָךְ׃ כִּי תֹאמַר בִּלְבָבְךָ רַבִּים
יח הַגּוֹיִם הָאֵלֶּה מִמֶּנִּי אֵיכָה אוּכַל לְהוֹרִישָׁם׃ לֹא תִירָא מֵהֶם
זָכֹר תִּזְכֹּר אֵת אֲשֶׁר־עָשָׂה יְהוָה אֱלֹהֶיךָ לְפַרְעֹה וּלְכָל־מִצְרָיִם׃
יט הַמַּסֹּת הַגְּדֹלֹת אֲשֶׁר־רָאוּ עֵינֶיךָ וְהָאֹתֹת וְהַמֹּפְתִים וְהַיָּד הַחֲזָקָה
וְהַזְּרֹעַ הַנְּטוּיָה אֲשֶׁר הוֹצִאֲךָ יְהוָה אֱלֹהֶיךָ כֵּן־יַעֲשֶׂה יְהוָה אֱלֹהֶיךָ
כ לְכָל־הָעַמִּים אֲשֶׁר־אַתָּה יָרֵא מִפְּנֵיהֶם׃ וְגַם אֶת־הַצִּרְעָה
יְשַׁלַּח יְהוָה אֱלֹהֶיךָ בָּם עַד־אֲבֹד הַנִּשְׁאָרִים וְהַנִּסְתָּרִים מִפָּנֶיךָ׃

כא לֹא תַעֲרֹץ מִפְּנֵיהֶם כִּי־יהוה אֱלֹהֶיךָ בְּקִרְבֶּךָ אֵל גָּדוֹל וְנוֹרָא׃
כב וְנָשַׁל יהוה אֱלֹהֶיךָ אֶת־הַגּוֹיִם הָאֵל מִפָּנֶיךָ מְעַט מְעָט לֹא
כג תוּכַל כַּלֹּתָם מַהֵר פֶּן־תִּרְבֶּה עָלֶיךָ חַיַּת הַשָּׂדֶה׃ וּנְתָנָם יהוה
כד אֱלֹהֶיךָ לְפָנֶיךָ וְהָמָם מְהוּמָה גְדֹלָה עַד הִשָּׁמְדָם׃ וְנָתַן מַלְכֵיהֶם
בְּיָדֶךָ וְהַאֲבַדְתָּ אֶת־שְׁמָם מִתַּחַת הַשָּׁמָיִם לֹא־יִתְיַצֵּב אִישׁ בְּפָנֶיךָ
כה עַד הִשְׁמִדְךָ אֹתָם׃ פְּסִילֵי אֱלֹהֵיהֶם תִּשְׂרְפוּן בָּאֵשׁ לֹא־תַחְמֹד
כֶּסֶף וְזָהָב עֲלֵיהֶם וְלָקַחְתָּ לָךְ פֶּן תִּוָּקֵשׁ בּוֹ כִּי תוֹעֲבַת יהוה
כו אֱלֹהֶיךָ הוּא׃ וְלֹא־תָבִיא תוֹעֵבָה אֶל־בֵּיתֶךָ וְהָיִיתָ חֵרֶם כָּמֹהוּ
שַׁקֵּץ ׀ תְּשַׁקְּצֶנּוּ וְתַעֵב ׀ תְּתַעֲבֶנּוּ כִּי־חֵרֶם הוּא׃
ח א כָּל־הַמִּצְוָה אֲשֶׁר אָנֹכִי מְצַוְּךָ הַיּוֹם תִּשְׁמְרוּן לַעֲשׂוֹת לְמַעַן
תִּחְיוּן וּרְבִיתֶם וּבָאתֶם וִירִשְׁתֶּם אֶת־הָאָרֶץ אֲשֶׁר־נִשְׁבַּע יהוה
ב לַאֲבֹתֵיכֶם׃ וְזָכַרְתָּ אֶת־כָּל־הַדֶּרֶךְ אֲשֶׁר הוֹלִיכֲךָ יהוה אֱלֹהֶיךָ
זֶה אַרְבָּעִים שָׁנָה בַּמִּדְבָּר לְמַעַן עַנֹּתְךָ לְנַסֹּתְךָ לָדַעַת אֶת־
ג אֲשֶׁר בִּלְבָבְךָ הֲתִשְׁמֹר מִצְוֹתָו אִם־לֹא׃ וַיְעַנְּךָ וַיַּרְעִבֶךָ וַיַּאֲכִלְךָ
אֶת־הַמָּן אֲשֶׁר לֹא־יָדַעְתָּ וְלֹא יָדְעוּן אֲבֹתֶיךָ לְמַעַן הוֹדִיעֲךָ
כִּי לֹא עַל־הַלֶּחֶם לְבַדּוֹ יִחְיֶה הָאָדָם כִּי עַל־כָּל־מוֹצָא פִי־
ד יהוה יִחְיֶה הָאָדָם׃ שִׂמְלָתְךָ לֹא בָלְתָה מֵעָלֶיךָ וְרַגְלְךָ לֹא
ה בָצֵקָה זֶה אַרְבָּעִים שָׁנָה׃ וְיָדַעְתָּ עִם־לְבָבֶךָ כִּי כַּאֲשֶׁר יְיַסֵּר
ו אִישׁ אֶת־בְּנוֹ יהוה אֱלֹהֶיךָ מְיַסְּרֶךָּ׃ וְשָׁמַרְתָּ אֶת־מִצְוֹת יהוה
ז אֱלֹהֶיךָ לָלֶכֶת בִּדְרָכָיו וּלְיִרְאָה אֹתוֹ׃ כִּי יהוה אֱלֹהֶיךָ מְבִיאֲךָ
אֶל־אֶרֶץ טוֹבָה אֶרֶץ נַחֲלֵי מָיִם עֲיָנֹת וּתְהֹמֹת יֹצְאִים בַּבִּקְעָה
ח וּבָהָר׃ אֶרֶץ חִטָּה וּשְׂעֹרָה וְגֶפֶן וּתְאֵנָה וְרִמּוֹן אֶרֶץ־זֵית שֶׁמֶן
ט וּדְבָשׁ׃ אֶרֶץ אֲשֶׁר לֹא בְמִסְכֵּנֻת תֹּאכַל־בָּהּ לֶחֶם לֹא־תֶחְסַר
כֹּל בָּהּ אֶרֶץ אֲשֶׁר אֲבָנֶיהָ בַרְזֶל וּמֵהֲרָרֶיהָ תַּחְצֹב נְחֹשֶׁת׃
י וְאָכַלְתָּ וְשָׂבָעְתָּ וּבֵרַכְתָּ אֶת־יהוה אֱלֹהֶיךָ עַל־הָאָרֶץ הַטֹּבָה
יא אֲשֶׁר נָתַן־לָךְ׃ הִשָּׁמֶר לְךָ פֶּן־תִּשְׁכַּח אֶת־יהוה אֱלֹהֶיךָ לְבִלְתִּי שני
יב שְׁמֹר מִצְוֹתָיו וּמִשְׁפָּטָיו וְחֻקֹּתָיו אֲשֶׁר אָנֹכִי מְצַוְּךָ הַיּוֹם׃ פֶּן־

יג תֹּאכַל וְשָׂבָעְתָּ וּבָתִּים טֹבִים תִּבְנֶה וְיָשָׁבְתָּ׃ וּבְקָרְךָ וְצֹאנְךָ
יד יִרְבְּיֻן וְכֶסֶף וְזָהָב יִרְבֶּה־לָּךְ וְכֹל אֲשֶׁר־לְךָ יִרְבֶּה׃ וְרָם לְבָבֶךָ
וְשָׁכַחְתָּ אֶת־יהוה אֱלֹהֶיךָ הַמּוֹצִיאֲךָ מֵאֶרֶץ מִצְרַיִם מִבֵּית
טו עֲבָדִים׃ הַמּוֹלִיכְךָ בַּמִּדְבָּר ׀ הַגָּדֹל וְהַנּוֹרָא נָחָשׁ ׀ שָׂרָף וְעַקְרָב
וְצִמָּאוֹן אֲשֶׁר אֵין־מָיִם הַמּוֹצִיא לְךָ מַיִם מִצּוּר הַחַלָּמִישׁ׃
טז הַמַּאֲכִלְךָ מָן בַּמִּדְבָּר אֲשֶׁר לֹא־יָדְעוּן אֲבֹתֶיךָ לְמַעַן עַנֹּתְךָ
יז וּלְמַעַן נַסֹּתֶךָ לְהֵיטִבְךָ בְּאַחֲרִיתֶךָ׃ וְאָמַרְתָּ בִּלְבָבֶךָ כֹּחִי וְעֹצֶם
יח יָדִי עָשָׂה לִי אֶת־הַחַיִל הַזֶּה׃ וְזָכַרְתָּ אֶת־יהוה אֱלֹהֶיךָ כִּי הוּא
הַנֹּתֵן לְךָ כֹּחַ לַעֲשׂוֹת חָיִל לְמַעַן הָקִים אֶת־בְּרִיתוֹ אֲשֶׁר־נִשְׁבַּע
לַאֲבֹתֶיךָ כַּיּוֹם הַזֶּה׃
יט וְהָיָה אִם־שָׁכֹחַ תִּשְׁכַּח אֶת־יהוה אֱלֹהֶיךָ וְהָלַכְתָּ אַחֲרֵי אֱלֹהִים
אֲחֵרִים וַעֲבַדְתָּם וְהִשְׁתַּחֲוִיתָ לָהֶם הַעִדֹתִי בָכֶם הַיּוֹם כִּי אָבֹד
כ תֹּאבֵדוּן׃ כַּגּוֹיִם אֲשֶׁר יהוה מַאֲבִיד מִפְּנֵיכֶם כֵּן תֹּאבֵדוּן עֵקֶב
לֹא תִשְׁמְעוּן בְּקוֹל יהוה אֱלֹהֵיכֶם׃
ח ט א שְׁמַע יִשְׂרָאֵל אַתָּה עֹבֵר הַיּוֹם אֶת־הַיַּרְדֵּן לָבֹא לָרֶשֶׁת גּוֹיִם
ב גְּדֹלִים וַעֲצֻמִים מִמֶּךָּ עָרִים גְּדֹלֹת וּבְצֻרֹת בַּשָּׁמָיִם׃ עַם־גָּדוֹל
וָרָם בְּנֵי עֲנָקִים אֲשֶׁר אַתָּה יָדַעְתָּ וְאַתָּה שָׁמַעְתָּ מִי יִתְיַצֵּב לִפְנֵי
ג בְּנֵי עֲנָק׃ וְיָדַעְתָּ הַיּוֹם כִּי יהוה אֱלֹהֶיךָ הוּא־הָעֹבֵר לְפָנֶיךָ אֵשׁ
אֹכְלָה הוּא יַשְׁמִידֵם וְהוּא יַכְנִיעֵם לְפָנֶיךָ וְהוֹרַשְׁתָּם וְהַאֲבַדְתָּם
שלישי ד מַהֵר כַּאֲשֶׁר דִּבֶּר יהוה לָךְ׃ אַל־תֹּאמַר בִּלְבָבְךָ בַּהֲדֹף יהוה
אֱלֹהֶיךָ אֹתָם ׀ מִלְּפָנֶיךָ לֵאמֹר בְּצִדְקָתִי הֱבִיאַנִי יהוה לָרֶשֶׁת
אֶת־הָאָרֶץ הַזֹּאת וּבְרִשְׁעַת הַגּוֹיִם הָאֵלֶּה יהוה מוֹרִישָׁם מִפָּנֶיךָ׃
ה לֹא בְצִדְקָתְךָ וּבְיֹשֶׁר לְבָבְךָ אַתָּה בָא לָרֶשֶׁת אֶת־אַרְצָם כִּי
בְּרִשְׁעַת ׀ הַגּוֹיִם הָאֵלֶּה יהוה אֱלֹהֶיךָ מוֹרִישָׁם מִפָּנֶיךָ וּלְמַעַן
הָקִים אֶת־הַדָּבָר אֲשֶׁר נִשְׁבַּע יהוה לַאֲבֹתֶיךָ לְאַבְרָהָם לְיִצְחָק
ו וּלְיַעֲקֹב׃ וְיָדַעְתָּ כִּי לֹא בְצִדְקָתְךָ יהוה אֱלֹהֶיךָ נֹתֵן לְךָ אֶת־
ז הָאָרֶץ הַטּוֹבָה הַזֹּאת לְרִשְׁתָּהּ כִּי עַם־קְשֵׁה־עֹרֶף אָתָּה׃ זְכֹר

אַל־תִּשְׁכַּח אֵת אֲשֶׁר־הִקְצַפְתָּ אֶת־יְהוָה אֱלֹהֶיךָ בַּמִּדְבָּר לְמִן־
הַיּוֹם אֲשֶׁר־יָצָאתָ ׀ מֵאֶרֶץ מִצְרַיִם עַד־בֹּאֲכֶם עַד־הַמָּקוֹם הַזֶּה
ח מַמְרִים הֱיִיתֶם עִם־יְהוָה׃ וּבְחֹרֵב הִקְצַפְתֶּם אֶת־יְהוָה וַיִּתְאַנַּף
ט יְהוָה בָּכֶם לְהַשְׁמִיד אֶתְכֶם׃ בַּעֲלֹתִי הָהָרָה לָקַחַת לוּחֹת
הָאֲבָנִים לוּחֹת הַבְּרִית אֲשֶׁר־כָּרַת יְהוָה עִמָּכֶם וָאֵשֵׁב בָּהָר
אַרְבָּעִים יוֹם וְאַרְבָּעִים לַיְלָה לֶחֶם לֹא אָכַלְתִּי וּמַיִם לֹא שָׁתִיתִי׃
י וַיִּתֵּן יְהוָה אֵלַי אֶת־שְׁנֵי לוּחֹת הָאֲבָנִים כְּתֻבִים בְּאֶצְבַּע אֱלֹהִים
וַעֲלֵיהֶם כְּכָל־הַדְּבָרִים אֲשֶׁר דִּבֶּר יְהוָה עִמָּכֶם בָּהָר מִתּוֹךְ הָאֵשׁ
יא בְּיוֹם הַקָּהָל׃ וַיְהִי מִקֵּץ אַרְבָּעִים יוֹם וְאַרְבָּעִים לַיְלָה נָתַן יְהוָה
יב אֵלַי אֶת־שְׁנֵי לֻחֹת הָאֲבָנִים לֻחוֹת הַבְּרִית׃ וַיֹּאמֶר יְהוָה אֵלַי קוּם
רֵד מַהֵר מִזֶּה כִּי שִׁחֵת עַמְּךָ אֲשֶׁר הוֹצֵאתָ מִמִּצְרָיִם סָרוּ מַהֵר
יג מִן־הַדֶּרֶךְ אֲשֶׁר צִוִּיתִם עָשׂוּ לָהֶם מַסֵּכָה׃ וַיֹּאמֶר יְהוָה אֵלַי
יד לֵאמֹר רָאִיתִי אֶת־הָעָם הַזֶּה וְהִנֵּה עַם־קְשֵׁה־עֹרֶף הוּא׃ הֶרֶף
מִמֶּנִּי וְאַשְׁמִידֵם וְאֶמְחֶה אֶת־שְׁמָם מִתַּחַת הַשָּׁמָיִם וְאֶעֱשֶׂה
טו אוֹתְךָ לְגוֹי־עָצוּם וָרָב מִמֶּנּוּ׃ וָאֵפֶן וָאֵרֵד מִן־הָהָר וְהָהָר בֹּעֵר
טז בָּאֵשׁ וּשְׁנֵי לוּחֹת הַבְּרִית עַל שְׁתֵּי יָדָי׃ וָאֵרֶא וְהִנֵּה חֲטָאתֶם
לַיהוָה אֱלֹהֵיכֶם עֲשִׂיתֶם לָכֶם עֵגֶל מַסֵּכָה סַרְתֶּם מַהֵר מִן־
יז הַדֶּרֶךְ אֲשֶׁר־צִוָּה יְהוָה אֶתְכֶם׃ וָאֶתְפֹּשׂ בִּשְׁנֵי הַלֻּחֹת וָאַשְׁלִכֵם
יח מֵעַל שְׁתֵּי יָדָי וָאֲשַׁבְּרֵם לְעֵינֵיכֶם׃ וָאֶתְנַפַּל לִפְנֵי יְהוָה כָּרִאשֹׁנָה
אַרְבָּעִים יוֹם וְאַרְבָּעִים לַיְלָה לֶחֶם לֹא אָכַלְתִּי וּמַיִם לֹא שָׁתִיתִי
עַל כָּל־חַטַּאתְכֶם אֲשֶׁר חֲטָאתֶם לַעֲשׂוֹת הָרַע בְּעֵינֵי יְהוָה
יט לְהַכְעִיסוֹ׃ כִּי יָגֹרְתִּי מִפְּנֵי הָאַף וְהַחֵמָה אֲשֶׁר קָצַף יְהוָה עֲלֵיכֶם
כ לְהַשְׁמִיד אֶתְכֶם וַיִּשְׁמַע יְהוָה אֵלַי גַּם בַּפַּעַם הַהִוא׃ וּבְאַהֲרֹן
הִתְאַנַּף יְהוָה מְאֹד לְהַשְׁמִידוֹ וָאֶתְפַּלֵּל גַּם־בְּעַד אַהֲרֹן בָּעֵת
כא הַהִוא׃ וְאֶת־חַטַּאתְכֶם אֲשֶׁר־עֲשִׂיתֶם אֶת־הָעֵגֶל לָקַחְתִּי וָאֶשְׂרֹף
אֹתוֹ ׀ בָּאֵשׁ וָאֶכֹּת אֹתוֹ טָחוֹן הֵיטֵב עַד אֲשֶׁר־דַּק לְעָפָר וָאַשְׁלִךְ
כב אֶת־עֲפָרוֹ אֶל־הַנַּחַל הַיֹּרֵד מִן־הָהָר׃ וּבְתַבְעֵרָה וּבְמַסָּה

וּבְקִבְרֹת הַתַּאֲוָה מַקְצִפִים הֱיִיתֶם אֶת־יְהוָה׃ וּבִשְׁלֹחַ יְהוָה כג
אֶתְכֶם מִקָּדֵשׁ בַּרְנֵעַ לֵאמֹר עֲלוּ וּרְשׁוּ אֶת־הָאָרֶץ אֲשֶׁר נָתַתִּי
לָכֶם וַתַּמְרוּ אֶת־פִּי יְהוָה אֱלֹהֵיכֶם וְלֹא הֶאֱמַנְתֶּם לוֹ וְלֹא
שְׁמַעְתֶּם בְּקֹלוֹ׃ מַמְרִים הֱיִיתֶם עִם־יְהוָה מִיּוֹם דַּעְתִּי אֶתְכֶם׃ כד
וָאֶתְנַפַּל לִפְנֵי יְהוָה אֵת אַרְבָּעִים הַיּוֹם וְאֶת־אַרְבָּעִים הַלַּיְלָה כה
אֲשֶׁר הִתְנַפָּלְתִּי כִּי־אָמַר יְהוָה לְהַשְׁמִיד אֶתְכֶם׃ וָאֶתְפַּלֵּל כו
אֶל־יְהוָה וָאֹמַר אֲדֹנָי יֱהוִה אַל־תַּשְׁחֵת עַמְּךָ וְנַחֲלָתְךָ אֲשֶׁר
פָּדִיתָ בְּגָדְלֶךָ אֲשֶׁר־הוֹצֵאתָ מִמִּצְרַיִם בְּיָד חֲזָקָה׃ זְכֹר לַעֲבָדֶיךָ כז
לְאַבְרָהָם לְיִצְחָק וּלְיַעֲקֹב אַל־תֵּפֶן אֶל־קְשִׁי הָעָם הַזֶּה וְאֶל־
רִשְׁעוֹ וְאֶל־חַטָּאתוֹ׃ פֶּן־יֹאמְרוּ הָאָרֶץ אֲשֶׁר הוֹצֵאתָנוּ מִשָּׁם כח
מִבְּלִי יְכֹלֶת יְהוָה לַהֲבִיאָם אֶל־הָאָרֶץ אֲשֶׁר־דִּבֶּר לָהֶם וּמִשִּׂנְאָתוֹ
אוֹתָם הוֹצִיאָם לַהֲמִתָם בַּמִּדְבָּר׃ וְהֵם עַמְּךָ וְנַחֲלָתֶךָ אֲשֶׁר כט
הוֹצֵאתָ בְּכֹחֲךָ הַגָּדֹל וּבִזְרֹעֲךָ הַנְּטוּיָה׃

רביעי ט בָּעֵת הַהִוא אָמַר יְהוָה אֵלַי פְּסָל־לְךָ שְׁנֵי־לוּחֹת אֲבָנִים כָּרִאשֹׁנִים אי
וַעֲלֵה אֵלַי הָהָרָה וְעָשִׂיתָ לְּךָ אֲרוֹן עֵץ׃ וְאֶכְתֹּב עַל־הַלֻּחֹת אֶת־ ב
הַדְּבָרִים אֲשֶׁר הָיוּ עַל־הַלֻּחֹת הָרִאשֹׁנִים אֲשֶׁר שִׁבַּרְתָּ וְשַׂמְתָּם
בָּאָרוֹן׃ וָאַעַשׂ אֲרוֹן עֲצֵי שִׁטִּים וָאֶפְסֹל שְׁנֵי־לֻחֹת אֲבָנִים ג
כָּרִאשֹׁנִים וָאַעַל הָהָרָה וּשְׁנֵי הַלֻּחֹת בְּיָדִי׃ וַיִּכְתֹּב עַל־הַלֻּחֹת ד
כַּמִּכְתָּב הָרִאשׁוֹן אֵת עֲשֶׂרֶת הַדְּבָרִים אֲשֶׁר דִּבֶּר יְהוָה אֲלֵיכֶם
בָּהָר מִתּוֹךְ הָאֵשׁ בְּיוֹם הַקָּהָל וַיִּתְּנֵם יְהוָה אֵלָי׃ וָאֵפֶן וָאֵרֵד ה
מִן־הָהָר וָאָשִׂם אֶת־הַלֻּחֹת בָּאָרוֹן אֲשֶׁר עָשִׂיתִי וַיִּהְיוּ שָׁם כַּאֲשֶׁר
צִוַּנִי יְהוָה׃ וּבְנֵי יִשְׂרָאֵל נָסְעוּ מִבְּאֵרֹת בְּנֵי־יַעֲקָן מוֹסֵרָה שָׁם ו
מֵת אַהֲרֹן וַיִּקָּבֵר שָׁם וַיְכַהֵן אֶלְעָזָר בְּנוֹ תַּחְתָּיו׃ מִשָּׁם נָסְעוּ ז
הַגֻּדְגֹּדָה וּמִן־הַגֻּדְגֹּדָה יָטְבָתָה אֶרֶץ נַחֲלֵי מָיִם׃ בָּעֵת הַהִוא ח
הִבְדִּיל יְהוָה אֶת־שֵׁבֶט הַלֵּוִי לָשֵׂאת אֶת־אֲרוֹן בְּרִית־יְהוָה
לַעֲמֹד לִפְנֵי יְהוָה לְשָׁרְתוֹ וּלְבָרֵךְ בִּשְׁמוֹ עַד הַיּוֹם הַזֶּה׃ עַל־ ט
כֵּן לֹא־הָיָה לְלֵוִי חֵלֶק וְנַחֲלָה עִם־אֶחָיו יְהוָה הוּא נַחֲלָתוֹ

י כַּאֲשֶׁר דִּבֶּר יְהוָה אֱלֹהֶיךָ לוֹ׃ וְאָנֹכִי עָמַדְתִּי בָהָר כַּיָּמִים
הָרִאשֹׁנִים אַרְבָּעִים יוֹם וְאַרְבָּעִים לָיְלָה וַיִּשְׁמַע יְהוָה אֵלַי גַּם
יא בַּפַּעַם הַהִוא לֹא־אָבָה יְהוָה הַשְׁחִיתֶךָ׃ וַיֹּאמֶר יְהוָה אֵלַי קוּם
לֵךְ לְמַסַּע לִפְנֵי הָעָם וְיָבֹאוּ וְיִירְשׁוּ אֶת־הָאָרֶץ אֲשֶׁר־נִשְׁבַּעְתִּי
לַאֲבֹתָם לָתֵת לָהֶם׃
יב וְעַתָּה יִשְׂרָאֵל מָה יְהוָה אֱלֹהֶיךָ שֹׁאֵל מֵעִמָּךְ כִּי אִם־לְיִרְאָה חמישי
אֶת־יְהוָה אֱלֹהֶיךָ לָלֶכֶת בְּכָל־דְּרָכָיו וּלְאַהֲבָה אֹתוֹ וְלַעֲבֹד
יג אֶת־יְהוָה אֱלֹהֶיךָ בְּכָל־לְבָבְךָ וּבְכָל־נַפְשֶׁךָ׃ לִשְׁמֹר אֶת־מִצְוֹת
יד יְהוָה וְאֶת־חֻקֹּתָיו אֲשֶׁר אָנֹכִי מְצַוְּךָ הַיּוֹם לְטוֹב לָךְ׃ הֵן לַיהוָה
טו אֱלֹהֶיךָ הַשָּׁמַיִם וּשְׁמֵי הַשָּׁמָיִם הָאָרֶץ וְכָל־אֲשֶׁר־בָּהּ׃ רַק
בַּאֲבֹתֶיךָ חָשַׁק יְהוָה לְאַהֲבָה אוֹתָם וַיִּבְחַר בְּזַרְעָם אַחֲרֵיהֶם
טז בָּכֶם מִכָּל־הָעַמִּים כַּיּוֹם הַזֶּה׃ וּמַלְתֶּם אֵת עָרְלַת לְבַבְכֶם
יז וְעָרְפְּכֶם לֹא תַקְשׁוּ עוֹד׃ כִּי יְהוָה אֱלֹהֵיכֶם הוּא אֱלֹהֵי הָאֱלֹהִים
וַאֲדֹנֵי הָאֲדֹנִים הָאֵל הַגָּדֹל הַגִּבֹּר וְהַנּוֹרָא אֲשֶׁר לֹא־יִשָּׂא פָנִים
יח וְלֹא יִקַּח שֹׁחַד׃ עֹשֶׂה מִשְׁפַּט יָתוֹם וְאַלְמָנָה וְאֹהֵב גֵּר לָתֶת לוֹ
יט לֶחֶם וְשִׂמְלָה׃ וַאֲהַבְתֶּם אֶת־הַגֵּר כִּי־גֵרִים הֱיִיתֶם בְּאֶרֶץ מִצְרָיִם׃
כ אֶת־יְהוָה אֱלֹהֶיךָ תִּירָא אֹתוֹ תַעֲבֹד וּבוֹ תִדְבָּק וּבִשְׁמוֹ תִּשָּׁבֵעַ׃
כא הוּא תְהִלָּתְךָ וְהוּא אֱלֹהֶיךָ אֲשֶׁר־עָשָׂה אִתְּךָ אֶת־הַגְּדֹלֹת
כב וְאֶת־הַנּוֹרָאֹת הָאֵלֶּה אֲשֶׁר רָאוּ עֵינֶיךָ׃ בְּשִׁבְעִים נֶפֶשׁ יָרְדוּ
אֲבֹתֶיךָ מִצְרָיְמָה וְעַתָּה שָׂמְךָ יְהוָה אֱלֹהֶיךָ כְּכוֹכְבֵי הַשָּׁמַיִם
יא א לָרֹב׃ וְאָהַבְתָּ אֵת יְהוָה אֱלֹהֶיךָ וְשָׁמַרְתָּ מִשְׁמַרְתּוֹ וְחֻקֹּתָיו
ב וּמִשְׁפָּטָיו וּמִצְוֹתָיו כָּל־הַיָּמִים׃ וִידַעְתֶּם הַיּוֹם כִּי לֹא אֶת־בְּנֵיכֶם
אֲשֶׁר לֹא־יָדְעוּ וַאֲשֶׁר לֹא־רָאוּ אֶת־מוּסַר יְהוָה אֱלֹהֵיכֶם אֶת־
ג גָּדְלוֹ אֶת־יָדוֹ הַחֲזָקָה וּזְרֹעוֹ הַנְּטוּיָה׃ וְאֶת־אֹתֹתָיו וְאֶת־מַעֲשָׂיו
אֲשֶׁר עָשָׂה בְּתוֹךְ מִצְרָיִם לְפַרְעֹה מֶלֶךְ־מִצְרַיִם וּלְכָל־אַרְצוֹ׃
ד וַאֲשֶׁר עָשָׂה לְחֵיל מִצְרַיִם לְסוּסָיו וּלְרִכְבּוֹ אֲשֶׁר הֵצִיף אֶת־מֵי
יַם־סוּף עַל־פְּנֵיהֶם בְּרָדְפָם אַחֲרֵיכֶם וַיְאַבְּדֵם יְהוָה עַד הַיּוֹם

ה הַזֶּה׃ וַאֲשֶׁר עָשָׂה לָכֶם בַּמִּדְבָּר עַד־בֹּאֲכֶם עַד־הַמָּקוֹם הַזֶּה׃
ו וַאֲשֶׁר עָשָׂה לְדָתָן וְלַאֲבִירָם בְּנֵי אֱלִיאָב בֶּן־רְאוּבֵן אֲשֶׁר פָּצְתָה
הָאָרֶץ אֶת־פִּיהָ וַתִּבְלָעֵם וְאֶת־בָּתֵּיהֶם וְאֶת־אָהֳלֵיהֶם וְאֵת כָּל־
ז הַיְקוּם אֲשֶׁר בְּרַגְלֵיהֶם בְּקֶרֶב כָּל־יִשְׂרָאֵל׃ כִּי עֵינֵיכֶם הָרֹאֹת
ח אֶת כָּל־מַעֲשֵׂה יהוה הַגָּדֹל אֲשֶׁר עָשָׂה׃ וּשְׁמַרְתֶּם אֶת־כָּל־
הַמִּצְוָה אֲשֶׁר אָנֹכִי מְצַוְּךָ הַיּוֹם לְמַעַן תֶּחֶזְקוּ וּבָאתֶם וִירִשְׁתֶּם
ט אֶת־הָאָרֶץ אֲשֶׁר אַתֶּם עֹבְרִים שָׁמָּה לְרִשְׁתָּהּ׃ וּלְמַעַן תַּאֲרִיכוּ
יָמִים עַל־הָאֲדָמָה אֲשֶׁר נִשְׁבַּע יהוה לַאֲבֹתֵיכֶם לָתֵת לָהֶם
ששי י וּלְזַרְעָם אֶרֶץ זָבַת חָלָב וּדְבָשׁ׃ כִּי הָאָרֶץ אֲשֶׁר
אַתָּה בָא־שָׁמָּה לְרִשְׁתָּהּ לֹא כְאֶרֶץ מִצְרַיִם הִוא אֲשֶׁר יְצָאתֶם
יא מִשָּׁם אֲשֶׁר תִּזְרַע אֶת־זַרְעֲךָ וְהִשְׁקִיתָ בְרַגְלְךָ כְּגַן הַיָּרָק׃ וְהָאָרֶץ
אֲשֶׁר אַתֶּם עֹבְרִים שָׁמָּה לְרִשְׁתָּהּ אֶרֶץ הָרִים וּבְקָעֹת לִמְטַר
יב הַשָּׁמַיִם תִּשְׁתֶּה־מָּיִם׃ אֶרֶץ אֲשֶׁר־יהוה אֱלֹהֶיךָ דֹּרֵשׁ אֹתָהּ
תָּמִיד עֵינֵי יהוה אֱלֹהֶיךָ בָּהּ מֵרֵשִׁית הַשָּׁנָה וְעַד אַחֲרִית
יג שָׁנָה׃ וְהָיָה אִם־שָׁמֹעַ תִּשְׁמְעוּ אֶל־מִצְוֺתַי אֲשֶׁר
אָנֹכִי מְצַוֶּה אֶתְכֶם הַיּוֹם לְאַהֲבָה אֶת־יהוה אֱלֹהֵיכֶם וּלְעָבְדוֹ
יד בְּכָל־לְבַבְכֶם וּבְכָל־נַפְשְׁכֶם׃ וְנָתַתִּי מְטַר־אַרְצְכֶם בְּעִתּוֹ יוֹרֶה
טו וּמַלְקוֹשׁ וְאָסַפְתָּ דְגָנֶךָ וְתִירֹשְׁךָ וְיִצְהָרֶךָ׃ וְנָתַתִּי עֵשֶׂב בְּשָׂדְךָ
טז לִבְהֶמְתֶּךָ וְאָכַלְתָּ וְשָׂבָעְתָּ׃ הִשָּׁמְרוּ לָכֶם פֶּן־יִפְתֶּה לְבַבְכֶם
יז וְסַרְתֶּם וַעֲבַדְתֶּם אֱלֹהִים אֲחֵרִים וְהִשְׁתַּחֲוִיתֶם לָהֶם׃ וְחָרָה
אַף־יהוה בָּכֶם וְעָצַר אֶת־הַשָּׁמַיִם וְלֹא־יִהְיֶה מָטָר וְהָאֲדָמָה
לֹא תִתֵּן אֶת־יְבוּלָהּ וַאֲבַדְתֶּם מְהֵרָה מֵעַל הָאָרֶץ הַטֹּבָה אֲשֶׁר
יח יהוה נֹתֵן לָכֶם׃ וְשַׂמְתֶּם אֶת־דְּבָרַי אֵלֶּה עַל־לְבַבְכֶם וְעַל־
נַפְשְׁכֶם וּקְשַׁרְתֶּם אֹתָם לְאוֹת עַל־יֶדְכֶם וְהָיוּ לְטוֹטָפֹת בֵּין
יט עֵינֵיכֶם׃ וְלִמַּדְתֶּם אֹתָם אֶת־בְּנֵיכֶם לְדַבֵּר בָּם בְּשִׁבְתְּךָ בְּבֵיתֶךָ
כ וּבְלֶכְתְּךָ בַדֶּרֶךְ וּבְשָׁכְבְּךָ וּבְקוּמֶךָ׃ וּכְתַבְתָּם עַל־מְזוּזוֹת
כא בֵּיתֶךָ וּבִשְׁעָרֶיךָ׃ לְמַעַן יִרְבּוּ יְמֵיכֶם וִימֵי בְנֵיכֶם עַל הָאֲדָמָה

אֲשֶׁר נִשְׁבַּע יְהוָה לַאֲבֹתֵיכֶם לָתֵת לָהֶם כִּימֵי הַשָּׁמַיִם עַל־
כב הָאָרֶץ׃ כִּי אִם־שָׁמֹר תִּשְׁמְרוּן אֶת־כָּל־ שביעי ומפטיר
הַמִּצְוָה הַזֹּאת אֲשֶׁר אָנֹכִי מְצַוֶּה אֶתְכֶם לַעֲשֹׂתָהּ לְאַהֲבָה
כג אֶת־יְהוָה אֱלֹהֵיכֶם לָלֶכֶת בְּכָל־דְּרָכָיו וּלְדָבְקָה־בוֹ׃ וְהוֹרִישׁ
יְהוָה אֶת־כָּל־הַגּוֹיִם הָאֵלֶּה מִלִּפְנֵיכֶם וִירִשְׁתֶּם גּוֹיִם גְּדֹלִים
כד וַעֲצֻמִים מִכֶּם׃ כָּל־הַמָּקוֹם אֲשֶׁר תִּדְרֹךְ כַּף־רַגְלְכֶם בּוֹ לָכֶם
יִהְיֶה מִן־הַמִּדְבָּר וְהַלְּבָנוֹן מִן־הַנָּהָר נְהַר־פְּרָת וְעַד הַיָּם הָאַחֲרוֹן
כה יִהְיֶה גְּבֻלְכֶם׃ לֹא־יִתְיַצֵּב אִישׁ בִּפְנֵיכֶם פַּחְדְּכֶם וּמוֹרַאֲכֶם יִתֵּן ׀
יְהוָה אֱלֹהֵיכֶם עַל־פְּנֵי כָל־הָאָרֶץ אֲשֶׁר תִּדְרְכוּ־בָהּ כַּאֲשֶׁר דִּבֶּר
כו לָכֶם׃ רְאֵה אָנֹכִי נֹתֵן לִפְנֵיכֶם הַיּוֹם בְּרָכָה ראה
כז וּקְלָלָה׃ אֶת־הַבְּרָכָה אֲשֶׁר תִּשְׁמְעוּ אֶל־מִצְוֺת יְהוָה אֱלֹהֵיכֶם
כח אֲשֶׁר אָנֹכִי מְצַוֶּה אֶתְכֶם הַיּוֹם׃ וְהַקְּלָלָה אִם־לֹא תִשְׁמְעוּ
אֶל־מִצְוֺת יְהוָה אֱלֹהֵיכֶם וְסַרְתֶּם מִן־הַדֶּרֶךְ אֲשֶׁר אָנֹכִי
מְצַוֶּה אֶתְכֶם הַיּוֹם לָלֶכֶת אַחֲרֵי אֱלֹהִים אֲחֵרִים אֲשֶׁר לֹא־
כט יְדַעְתֶּם׃ וְהָיָה כִּי יְבִיאֲךָ יְהוָה אֱלֹהֶיךָ אֶל־
הָאָרֶץ אֲשֶׁר־אַתָּה בָא־שָׁמָּה לְרִשְׁתָּהּ וְנָתַתָּה אֶת־הַבְּרָכָה
ל עַל־הַר גְּרִזִים וְאֶת־הַקְּלָלָה עַל־הַר עֵיבָל׃ הֲלֹא־הֵמָּה בְּעֵבֶר
הַיַּרְדֵּן אַחֲרֵי דֶּרֶךְ מְבוֹא הַשֶּׁמֶשׁ בְּאֶרֶץ הַכְּנַעֲנִי הַיֹּשֵׁב בָּעֲרָבָה
לא מוּל הַגִּלְגָּל אֵצֶל אֵלוֹנֵי מֹרֶה׃ כִּי אַתֶּם עֹבְרִים אֶת־הַיַּרְדֵּן
לָבֹא לָרֶשֶׁת אֶת־הָאָרֶץ אֲשֶׁר־יְהוָה אֱלֹהֵיכֶם נֹתֵן לָכֶם וִירִשְׁתֶּם
לב אֹתָהּ וִישַׁבְתֶּם־בָּהּ׃ וּשְׁמַרְתֶּם לַעֲשׂוֹת אֵת כָּל־הַחֻקִּים וְאֶת־
יב א הַמִּשְׁפָּטִים אֲשֶׁר אָנֹכִי נֹתֵן לִפְנֵיכֶם הַיּוֹם׃ אֵלֶּה הַחֻקִּים
וְהַמִּשְׁפָּטִים אֲשֶׁר תִּשְׁמְרוּן לַעֲשׂוֹת בָּאָרֶץ אֲשֶׁר נָתַן יְהוָה
אֱלֹהֵי אֲבֹתֶיךָ לְךָ לְרִשְׁתָּהּ כָּל־הַיָּמִים אֲשֶׁר־אַתֶּם חַיִּים עַל־
ב הָאֲדָמָה׃ אַבֵּד תְּאַבְּדוּן אֶת־כָּל־הַמְּקֹמוֹת אֲשֶׁר עָבְדוּ־שָׁם
הַגּוֹיִם אֲשֶׁר אַתֶּם יֹרְשִׁים אֹתָם אֶת־אֱלֹהֵיהֶם עַל־הֶהָרִים
ג הָרָמִים וְעַל־הַגְּבָעוֹת וְתַחַת כָּל־עֵץ רַעֲנָן׃ וְנִתַּצְתֶּם אֶת־

מִזְבְּחֹתָם וְשִׁבַּרְתֶּם אֶת־מַצֵּבֹתָם וַאֲשֵׁרֵיהֶם תִּשְׂרְפוּן בָּאֵשׁ
וּפְסִילֵי אֱלֹהֵיהֶם תְּגַדֵּעוּן וְאִבַּדְתֶּם אֶת־שְׁמָם מִן־הַמָּקוֹם הַהוּא׃
ד ה לֹא־תַעֲשׂוּן כֵּן לַיהוָה אֱלֹהֵיכֶם׃ כִּי אִם־אֶל־הַמָּקוֹם אֲשֶׁר־יִבְחַר
יְהוָה אֱלֹהֵיכֶם מִכָּל־שִׁבְטֵיכֶם לָשׂוּם אֶת־שְׁמוֹ שָׁם לְשִׁכְנוֹ
ו תִדְרְשׁוּ וּבָאתָ שָׁמָּה׃ וַהֲבֵאתֶם שָׁמָּה עֹלֹתֵיכֶם וְזִבְחֵיכֶם וְאֵת
מַעְשְׂרֹתֵיכֶם וְאֵת תְּרוּמַת יֶדְכֶם וְנִדְרֵיכֶם וְנִדְבֹתֵיכֶם וּבְכֹרֹת
ז בְּקַרְכֶם וְצֹאנְכֶם׃ וַאֲכַלְתֶּם־שָׁם לִפְנֵי יְהוָה אֱלֹהֵיכֶם וּשְׂמַחְתֶּם
בְּכֹל מִשְׁלַח יֶדְכֶם אַתֶּם וּבָתֵּיכֶם אֲשֶׁר בֵּרַכְךָ יְהוָה אֱלֹהֶיךָ׃
ח לֹא תַעֲשׂוּן כְּכֹל אֲשֶׁר אֲנַחְנוּ עֹשִׂים פֹּה הַיּוֹם אִישׁ כָּל־הַיָּשָׁר
ט בְּעֵינָיו׃ כִּי לֹא־בָאתֶם עַד־עָתָּה אֶל־הַמְּנוּחָה וְאֶל־הַנַּחֲלָה
י אֲשֶׁר־יְהוָה אֱלֹהֶיךָ נֹתֵן לָךְ׃ וַעֲבַרְתֶּם אֶת־הַיַּרְדֵּן וִישַׁבְתֶּם
בָּאָרֶץ אֲשֶׁר־יְהוָה אֱלֹהֵיכֶם מַנְחִיל אֶתְכֶם וְהֵנִיחַ לָכֶם מִכָּל־
שני יא אֹיְבֵיכֶם מִסָּבִיב וִישַׁבְתֶּם־בֶּטַח׃ וְהָיָה הַמָּקוֹם אֲשֶׁר־יִבְחַר יְהוָה
אֱלֹהֵיכֶם בּוֹ לְשַׁכֵּן שְׁמוֹ שָׁם שָׁמָּה תָבִיאוּ אֵת כָּל־אֲשֶׁר אָנֹכִי
מְצַוֶּה אֶתְכֶם עוֹלֹתֵיכֶם וְזִבְחֵיכֶם מַעְשְׂרֹתֵיכֶם וּתְרֻמַת יֶדְכֶם
יב וְכֹל מִבְחַר נִדְרֵיכֶם אֲשֶׁר תִּדְּרוּ לַיהוָה׃ וּשְׂמַחְתֶּם לִפְנֵי יְהוָה
אֱלֹהֵיכֶם אַתֶּם וּבְנֵיכֶם וּבְנֹתֵיכֶם וְעַבְדֵיכֶם וְאַמְהֹתֵיכֶם וְהַלֵּוִי
יג אֲשֶׁר בְּשַׁעֲרֵיכֶם כִּי אֵין לוֹ חֵלֶק וְנַחֲלָה אִתְּכֶם׃ הִשָּׁמֶר לְךָ פֶּן־
יד תַּעֲלֶה עֹלֹתֶיךָ בְּכָל־מָקוֹם אֲשֶׁר תִּרְאֶה׃ כִּי אִם־בַּמָּקוֹם אֲשֶׁר־
יִבְחַר יְהוָה בְּאַחַד שְׁבָטֶיךָ שָׁם תַּעֲלֶה עֹלֹתֶיךָ וְשָׁם תַּעֲשֶׂה כֹּל
טו אֲשֶׁר אָנֹכִי מְצַוֶּךָּ׃ רַק בְּכָל־אַוַּת נַפְשְׁךָ תִּזְבַּח ׀ וְאָכַלְתָּ בָשָׂר
כְּבִרְכַּת יְהוָה אֱלֹהֶיךָ אֲשֶׁר נָתַן־לְךָ בְּכָל־שְׁעָרֶיךָ הַטָּמֵא וְהַטָּהוֹר
טז יֹאכְלֶנּוּ כַּצְּבִי וְכָאַיָּל׃ רַק הַדָּם לֹא תֹאכֵלוּ עַל־הָאָרֶץ תִּשְׁפְּכֶנּוּ
יז כַּמָּיִם׃ לֹא־תוּכַל לֶאֱכֹל בִּשְׁעָרֶיךָ מַעְשַׂר דְּגָנְךָ וְתִירֹשְׁךָ וְיִצְהָרֶךָ
וּבְכֹרֹת בְּקָרְךָ וְצֹאנֶךָ וְכָל־נְדָרֶיךָ אֲשֶׁר תִּדֹּר וְנִדְבֹתֶיךָ וּתְרוּמַת
יח יָדֶךָ׃ כִּי אִם־לִפְנֵי יְהוָה אֱלֹהֶיךָ תֹּאכְלֶנּוּ בַּמָּקוֹם אֲשֶׁר יִבְחַר
יְהוָה אֱלֹהֶיךָ בּוֹ אַתָּה וּבִנְךָ וּבִתֶּךָ וְעַבְדְּךָ וַאֲמָתֶךָ וְהַלֵּוִי אֲשֶׁר

יט בִּשְׁעָרֶיךָ וְשָׂמַחְתָּ לִפְנֵי יְהוָה אֱלֹהֶיךָ בְּכֹל מִשְׁלַח יָדֶךָ׃ הִשָּׁמֶר
כ לְךָ פֶּן־תַּעֲזֹב אֶת־הַלֵּוִי כָּל־יָמֶיךָ עַל־אַדְמָתֶךָ׃ כִּי־ יא
יַרְחִיב יְהוָה אֱלֹהֶיךָ אֶת־גְּבֻלְךָ כַּאֲשֶׁר דִּבֶּר־לָךְ וְאָמַרְתָּ אֹכְלָה
בָשָׂר כִּי־תְאַוֶּה נַפְשְׁךָ לֶאֱכֹל בָּשָׂר בְּכָל־אַוַּת נַפְשְׁךָ תֹּאכַל
כא בָּשָׂר׃ כִּי־יִרְחַק מִמְּךָ הַמָּקוֹם אֲשֶׁר יִבְחַר יְהוָה אֱלֹהֶיךָ לָשׂוּם
שְׁמוֹ שָׁם וְזָבַחְתָּ מִבְּקָרְךָ וּמִצֹּאנְךָ אֲשֶׁר נָתַן יְהוָה לְךָ כַּאֲשֶׁר
כב צִוִּיתִךָ וְאָכַלְתָּ בִּשְׁעָרֶיךָ בְּכֹל אַוַּת נַפְשֶׁךָ׃ אַךְ כַּאֲשֶׁר יֵאָכֵל
אֶת־הַצְּבִי וְאֶת־הָאַיָּל כֵּן תֹּאכְלֶנּוּ הַטָּמֵא וְהַטָּהוֹר יַחְדָּו
כג יֹאכְלֶנּוּ׃ רַק חֲזַק לְבִלְתִּי אֲכֹל הַדָּם כִּי הַדָּם הוּא הַנָּפֶשׁ וְלֹא־
כד תֹאכַל הַנֶּפֶשׁ עִם־הַבָּשָׂר׃ לֹא תֹּאכְלֶנּוּ עַל־הָאָרֶץ תִּשְׁפְּכֶנּוּ
כה כַּמָּיִם׃ לֹא תֹּאכְלֶנּוּ לְמַעַן יִיטַב לְךָ וּלְבָנֶיךָ אַחֲרֶיךָ כִּי־תַעֲשֶׂה
כו הַיָּשָׁר בְּעֵינֵי יְהוָה׃ רַק קָדָשֶׁיךָ אֲשֶׁר־יִהְיוּ לְךָ וּנְדָרֶיךָ תִּשָּׂא וּבָאתָ
כז אֶל־הַמָּקוֹם אֲשֶׁר־יִבְחַר יְהוָה׃ וְעָשִׂיתָ עֹלֹתֶיךָ הַבָּשָׂר וְהַדָּם עַל־
מִזְבַּח יְהוָה אֱלֹהֶיךָ וְדַם־זְבָחֶיךָ יִשָּׁפֵךְ עַל־מִזְבַּח יְהוָה אֱלֹהֶיךָ
כח וְהַבָּשָׂר תֹּאכֵל׃ שְׁמֹר וְשָׁמַעְתָּ אֵת כָּל־הַדְּבָרִים הָאֵלֶּה אֲשֶׁר
אָנֹכִי מְצַוֶּךָּ לְמַעַן יִיטַב לְךָ וּלְבָנֶיךָ אַחֲרֶיךָ עַד־עוֹלָם כִּי תַעֲשֶׂה
כט הַטּוֹב וְהַיָּשָׁר בְּעֵינֵי יְהוָה אֱלֹהֶיךָ׃ כִּי־יַכְרִית שלישי
יְהוָה אֱלֹהֶיךָ אֶת־הַגּוֹיִם אֲשֶׁר אַתָּה בָא־שָׁמָּה לָרֶשֶׁת אוֹתָם
ל מִפָּנֶיךָ וְיָרַשְׁתָּ אֹתָם וְיָשַׁבְתָּ בְּאַרְצָם׃ הִשָּׁמֶר לְךָ פֶּן־תִּנָּקֵשׁ
אַחֲרֵיהֶם אַחֲרֵי הִשָּׁמְדָם מִפָּנֶיךָ וּפֶן־תִּדְרֹשׁ לֵאלֹהֵיהֶם לֵאמֹר
אֵיכָה יַעַבְדוּ הַגּוֹיִם הָאֵלֶּה אֶת־אֱלֹהֵיהֶם וְאֶעֱשֶׂה־כֵּן גַּם־אָנִי׃
לא לֹא־תַעֲשֶׂה כֵן לַיהוָה אֱלֹהֶיךָ כִּי כָל־תּוֹעֲבַת יְהוָה אֲשֶׁר שָׂנֵא
עָשׂוּ לֵאלֹהֵיהֶם כִּי גַם אֶת־בְּנֵיהֶם וְאֶת־בְּנֹתֵיהֶם יִשְׂרְפוּ בָאֵשׁ
יג א לֵאלֹהֵיהֶם׃ אֵת כָּל־הַדָּבָר אֲשֶׁר אָנֹכִי מְצַוֶּה אֶתְכֶם אֹתוֹ תִשְׁמְרוּ
לַעֲשׂוֹת לֹא־תֹסֵף עָלָיו וְלֹא תִגְרַע מִמֶּנּוּ׃
ב כִּי־יָקוּם בְּקִרְבְּךָ נָבִיא אוֹ חֹלֵם חֲלוֹם וְנָתַן אֵלֶיךָ אוֹת אוֹ
ג מוֹפֵת׃ וּבָא הָאוֹת וְהַמּוֹפֵת אֲשֶׁר־דִּבֶּר אֵלֶיךָ לֵאמֹר נֵלְכָה

ד אַחֲרֵי אֱלֹהִים אֲחֵרִים אֲשֶׁר לֹא־יְדַעְתָּם וְנָעָבְדֵם׃ לֹא תִשְׁמַע
אֶל־דִּבְרֵי הַנָּבִיא הַהוּא אוֹ אֶל־חוֹלֵם הַחֲלוֹם הַהוּא כִּי מְנַסֶּה
יְהוָה אֱלֹהֵיכֶם אֶתְכֶם לָדַעַת הֲיִשְׁכֶם אֹהֲבִים אֶת־יְהוָה
ה אֱלֹהֵיכֶם בְּכָל־לְבַבְכֶם וּבְכָל־נַפְשְׁכֶם׃ אַחֲרֵי יְהוָה אֱלֹהֵיכֶם
תֵּלֵכוּ וְאֹתוֹ תִירָאוּ וְאֶת־מִצְוֺתָיו תִּשְׁמֹרוּ וּבְקֹלוֹ תִשְׁמָעוּ וְאֹתוֹ
ו תַעֲבֹדוּ וּבוֹ תִדְבָּקוּן׃ וְהַנָּבִיא הַהוּא אוֹ חֹלֵם הַחֲלוֹם הַהוּא
יוּמָת כִּי דִבֶּר־סָרָה עַל־יְהוָה אֱלֹהֵיכֶם הַמּוֹצִיא אֶתְכֶם ׀ מֵאֶרֶץ
מִצְרַיִם וְהַפֹּדְךָ מִבֵּית עֲבָדִים לְהַדִּיחֲךָ מִן־הַדֶּרֶךְ אֲשֶׁר צִוְּךָ יְהוָה
ז אֱלֹהֶיךָ לָלֶכֶת בָּהּ וּבִעַרְתָּ הָרָע מִקִּרְבֶּךָ׃ כִּי
יְסִיתְךָ אָחִיךָ בֶן־אִמֶּךָ אוֹ־בִנְךָ אוֹ־בִתְּךָ אוֹ ׀ אֵשֶׁת חֵיקֶךָ אוֹ
רֵעֲךָ אֲשֶׁר כְּנַפְשְׁךָ בַּסֵּתֶר לֵאמֹר נֵלְכָה וְנַעַבְדָה אֱלֹהִים אֲחֵרִים
ח אֲשֶׁר לֹא יָדַעְתָּ אַתָּה וַאֲבֹתֶיךָ׃ מֵאֱלֹהֵי הָעַמִּים אֲשֶׁר סְבִיבֹתֵיכֶם
הַקְּרֹבִים אֵלֶיךָ אוֹ הָרְחֹקִים מִמֶּךָּ מִקְצֵה הָאָרֶץ וְעַד־קְצֵה
ט הָאָרֶץ׃ לֹא־תֹאבֶה לוֹ וְלֹא תִשְׁמַע אֵלָיו וְלֹא־תָחוֹס עֵינְךָ עָלָיו
י וְלֹא־תַחְמֹל וְלֹא־תְכַסֶּה עָלָיו׃ כִּי הָרֹג תַּהַרְגֶנּוּ יָדְךָ תִּהְיֶה־בּוֹ
יא בָרִאשׁוֹנָה לַהֲמִיתוֹ וְיַד כָּל־הָעָם בָּאַחֲרֹנָה׃ וּסְקַלְתּוֹ בָאֲבָנִים
וָמֵת כִּי בִקֵּשׁ לְהַדִּיחֲךָ מֵעַל יְהוָה אֱלֹהֶיךָ הַמּוֹצִיאֲךָ מֵאֶרֶץ
יב מִצְרַיִם מִבֵּית עֲבָדִים׃ וְכָל־יִשְׂרָאֵל יִשְׁמְעוּ וְיִרָאוּן וְלֹא־יוֹסִפוּ
יג לַעֲשׂוֹת כַּדָּבָר הָרָע הַזֶּה בְּקִרְבֶּךָ׃ כִּי־תִשְׁמַע
בְּאַחַת עָרֶיךָ אֲשֶׁר יְהוָה אֱלֹהֶיךָ נֹתֵן לְךָ לָשֶׁבֶת שָׁם לֵאמֹר׃
יד יָצְאוּ אֲנָשִׁים בְּנֵי־בְלִיַּעַל מִקִּרְבֶּךָ וַיַּדִּיחוּ אֶת־יֹשְׁבֵי עִירָם לֵאמֹר
טו נֵלְכָה וְנַעַבְדָה אֱלֹהִים אֲחֵרִים אֲשֶׁר לֹא־יְדַעְתֶּם׃ וְדָרַשְׁתָּ
וְחָקַרְתָּ וְשָׁאַלְתָּ הֵיטֵב וְהִנֵּה אֱמֶת נָכוֹן הַדָּבָר נֶעֶשְׂתָה הַתּוֹעֵבָה
טז הַזֹּאת בְּקִרְבֶּךָ׃ הַכֵּה תַכֶּה אֶת־יֹשְׁבֵי הָעִיר הַהִוא לְפִי־חָרֶב
הַחֲרֵם אֹתָהּ וְאֶת־כָּל־אֲשֶׁר־בָּהּ וְאֶת־בְּהֶמְתָּהּ לְפִי־חָרֶב׃
יז וְאֶת־כָּל־שְׁלָלָהּ תִּקְבֹּץ אֶל־תּוֹךְ רְחֹבָהּ וְשָׂרַפְתָּ בָאֵשׁ אֶת־
הָעִיר וְאֶת־כָּל־שְׁלָלָהּ כָּלִיל לַיהוָה אֱלֹהֶיךָ וְהָיְתָה תֵּל עוֹלָם

יח לֹא תִבָּנֶה עוֹד׃ וְלֹא־יִדְבַּק בְּיָדְךָ מְאוּמָה מִן־הַחֵרֶם לְמַעַן יָשׁוּב
יְהוָה מֵחֲרוֹן אַפּוֹ וְנָתַן־לְךָ רַחֲמִים וְרִחַמְךָ וְהִרְבֶּךָ כַּאֲשֶׁר
יט נִשְׁבַּע לַאֲבֹתֶיךָ׃ כִּי תִשְׁמַע בְּקוֹל יְהוָה אֱלֹהֶיךָ לִשְׁמֹר אֶת־
כָּל־מִצְוֹתָיו אֲשֶׁר אָנֹכִי מְצַוְּךָ הַיּוֹם לַעֲשׂוֹת הַיָּשָׁר בְּעֵינֵי יְהוָה
יד א אֱלֹהֶיךָ׃ בָּנִים אַתֶּם לַיהוָה אֱלֹהֵיכֶם לֹא תִתְגֹּדְדוּ יב רביעי
ב וְלֹא־תָשִׂימוּ קָרְחָה בֵּין עֵינֵיכֶם לָמֵת׃ כִּי עַם קָדוֹשׁ אַתָּה
לַיהוָה אֱלֹהֶיךָ וּבְךָ בָּחַר יְהוָה לִהְיוֹת לוֹ לְעַם סְגֻלָּה מִכֹּל
ג הָעַמִּים אֲשֶׁר עַל־פְּנֵי הָאֲדָמָה׃ לֹא תֹאכַל כָּל־
ד תּוֹעֵבָה׃ זֹאת הַבְּהֵמָה אֲשֶׁר תֹּאכֵלוּ שׁוֹר שֵׂה כְשָׂבִים וְשֵׂה
ה ו עִזִּים׃ אַיָּל וּצְבִי וְיַחְמוּר וְאַקּוֹ וְדִישֹׁן וּתְאוֹ וָזָמֶר׃ וְכָל־בְּהֵמָה
מַפְרֶסֶת פַּרְסָה וְשֹׁסַעַת שֶׁסַע שְׁתֵּי פְרָסוֹת מַעֲלַת גֵּרָה בַּבְּהֵמָה
ז אֹתָהּ תֹּאכֵלוּ׃ אַךְ אֶת־זֶה לֹא תֹאכְלוּ מִמַּעֲלֵי הַגֵּרָה וּמִמַּפְרִיסֵי
הַפַּרְסָה הַשְּׁסוּעָה אֶת־הַגָּמָל וְאֶת־הָאַרְנֶבֶת וְאֶת־הַשָּׁפָן כִּי־
ח מַעֲלֵה גֵרָה הֵמָּה וּפַרְסָה לֹא הִפְרִיסוּ טְמֵאִים הֵם לָכֶם׃ וְאֶת־
הַחֲזִיר כִּי־מַפְרִיס פַּרְסָה הוּא וְלֹא גֵרָה טָמֵא הוּא לָכֶם מִבְּשָׂרָם
ט לֹא תֹאכֵלוּ וּבְנִבְלָתָם לֹא תִגָּעוּ׃ אֶת־זֶה
תֹּאכְלוּ מִכֹּל אֲשֶׁר בַּמָּיִם כֹּל אֲשֶׁר־לוֹ סְנַפִּיר וְקַשְׂקֶשֶׂת תֹּאכֵלוּ׃
י וְכֹל אֲשֶׁר אֵין־לוֹ סְנַפִּיר וְקַשְׂקֶשֶׂת לֹא תֹאכֵלוּ טָמֵא הוּא
יא יב לָכֶם׃ כָּל־צִפּוֹר טְהֹרָה תֹּאכֵלוּ׃ וְזֶה אֲשֶׁר לֹא־
יג תֹאכְלוּ מֵהֶם הַנֶּשֶׁר וְהַפֶּרֶס וְהָעָזְנִיָּה׃ וְהָרָאָה וְאֶת־הָאַיָּה וְהַדַּיָּה
יד טו לְמִינָהּ׃ וְאֵת כָּל־עֹרֵב לְמִינוֹ׃ וְאֵת בַּת הַיַּעֲנָה וְאֶת־הַתַּחְמָס וְאֶת־
טז הַשָּׁחַף וְאֶת־הַנֵּץ לְמִינֵהוּ׃ אֶת־הַכּוֹס וְאֶת־הַיַּנְשׁוּף וְהַתִּנְשָׁמֶת׃
יז יח וְהַקָּאָת וְאֶת־הָרָחָמָה וְאֶת־הַשָּׁלָךְ׃ וְהַחֲסִידָה וְהָאֲנָפָה לְמִינָהּ
יט וְהַדּוּכִיפַת וְהָעֲטַלֵּף׃ וְכֹל שֶׁרֶץ הָעוֹף טָמֵא הוּא לָכֶם לֹא יֵאָכֵלוּ׃
כ כא כָּל־עוֹף טָהוֹר תֹּאכֵלוּ׃ לֹא תֹאכְלוּ כָל־נְבֵלָה לַגֵּר אֲשֶׁר־בִּשְׁעָרֶיךָ
תִּתְּנֶנָּה וַאֲכָלָהּ אוֹ מָכֹר לְנָכְרִי כִּי עַם קָדוֹשׁ אַתָּה לַיהוָה אֱלֹהֶיךָ
לֹא־תְבַשֵּׁל גְּדִי בַּחֲלֵב אִמּוֹ׃

חמישי כב עַשֵּׂר תְּעַשֵּׂר אֵת כָּל־תְּבוּאַת זַרְעֶךָ הַיֹּצֵא הַשָּׂדֶה שָׁנָה שָׁנָה׃
כג וְאָכַלְתָּ לִפְנֵי ׀ יְהוָה אֱלֹהֶיךָ בַּמָּקוֹם אֲשֶׁר־יִבְחַר לְשַׁכֵּן שְׁמוֹ
שָׁם מַעְשַׂר דְּגָנְךָ תִּירֹשְׁךָ וְיִצְהָרֶךָ וּבְכֹרֹת בְּקָרְךָ וְצֹאנֶךָ לְמַעַן
כד תִּלְמַד לְיִרְאָה אֶת־יְהוָה אֱלֹהֶיךָ כָּל־הַיָּמִים׃ וְכִי־יִרְבֶּה
מִמְּךָ הַדֶּרֶךְ כִּי לֹא תוּכַל שְׂאֵתוֹ כִּי־יִרְחַק מִמְּךָ הַמָּקוֹם אֲשֶׁר
יִבְחַר יְהוָה אֱלֹהֶיךָ לָשׂוּם שְׁמוֹ שָׁם כִּי יְבָרֶכְךָ יְהוָה אֱלֹהֶיךָ׃
כה וְנָתַתָּה בַּכָּסֶף וְצַרְתָּ הַכֶּסֶף בְּיָדְךָ וְהָלַכְתָּ אֶל־הַמָּקוֹם אֲשֶׁר
כו יִבְחַר יְהוָה אֱלֹהֶיךָ בּוֹ׃ וְנָתַתָּה הַכֶּסֶף בְּכֹל אֲשֶׁר־תְּאַוֶּה
נַפְשְׁךָ בַּבָּקָר וּבַצֹּאן וּבַיַּיִן וּבַשֵּׁכָר וּבְכֹל אֲשֶׁר תִּשְׁאָלְךָ
נַפְשֶׁךָ וְאָכַלְתָּ שָּׁם לִפְנֵי יְהוָה אֱלֹהֶיךָ וְשָׂמַחְתָּ אַתָּה וּבֵיתֶךָ׃
כז וְהַלֵּוִי אֲשֶׁר־בִּשְׁעָרֶיךָ לֹא תַעַזְבֶנּוּ כִּי אֵין לוֹ חֵלֶק וְנַחֲלָה
כח עִמָּךְ׃ מִקְצֵה ׀ שָׁלֹשׁ שָׁנִים תּוֹצִיא אֶת־כָּל־מַעְשַׂר
כט תְּבוּאָתְךָ בַּשָּׁנָה הַהִוא וְהִנַּחְתָּ בִּשְׁעָרֶיךָ׃ וּבָא הַלֵּוִי כִּי אֵין־
לוֹ חֵלֶק וְנַחֲלָה עִמָּךְ וְהַגֵּר וְהַיָּתוֹם וְהָאַלְמָנָה אֲשֶׁר בִּשְׁעָרֶיךָ
וְאָכְלוּ וְשָׂבֵעוּ לְמַעַן יְבָרֶכְךָ יְהוָה אֱלֹהֶיךָ בְּכָל־מַעֲשֵׂה יָדְךָ
ששי טו א אֲשֶׁר תַּעֲשֶׂה׃ מִקֵּץ שֶׁבַע־שָׁנִים תַּעֲשֶׂה שְׁמִטָּה׃
ב וְזֶה דְּבַר הַשְּׁמִטָּה שָׁמוֹט כָּל־בַּעַל מַשֵּׁה יָדוֹ אֲשֶׁר יַשֶּׁה בְּרֵעֵהוּ
ג לֹא־יִגֹּשׂ אֶת־רֵעֵהוּ וְאֶת־אָחִיו כִּי־קָרָא שְׁמִטָּה לַיהוָה׃ אֶת־
ד הַנָּכְרִי תִּגֹּשׂ וַאֲשֶׁר יִהְיֶה לְךָ אֶת־אָחִיךָ תַּשְׁמֵט יָדֶךָ׃ אֶפֶס
כִּי לֹא יִהְיֶה־בְּךָ אֶבְיוֹן כִּי־בָרֵךְ יְבָרֶכְךָ יְהוָה בָּאָרֶץ אֲשֶׁר יְהוָה
ה אֱלֹהֶיךָ נֹתֵן־לְךָ נַחֲלָה לְרִשְׁתָּהּ׃ רַק אִם־שָׁמוֹעַ תִּשְׁמַע בְּקוֹל
יְהוָה אֱלֹהֶיךָ לִשְׁמֹר לַעֲשׂוֹת אֶת־כָּל־הַמִּצְוָה הַזֹּאת אֲשֶׁר
ו אָנֹכִי מְצַוְּךָ הַיּוֹם׃ כִּי־יְהוָה אֱלֹהֶיךָ בֵּרַכְךָ כַּאֲשֶׁר דִּבֶּר־לָךְ
וְהַעֲבַטְתָּ גּוֹיִם רַבִּים וְאַתָּה לֹא תַעֲבֹט וּמָשַׁלְתָּ בְּגוֹיִם רַבִּים
יג ז וּבְךָ לֹא יִמְשֹׁלוּ׃ כִּי־יִהְיֶה בְךָ אֶבְיוֹן מֵאַחַד
אַחֶיךָ בְּאַחַד שְׁעָרֶיךָ בְּאַרְצְךָ אֲשֶׁר־יְהוָה אֱלֹהֶיךָ נֹתֵן לָךְ לֹא
ח תְאַמֵּץ אֶת־לְבָבְךָ וְלֹא תִקְפֹּץ אֶת־יָדְךָ מֵאָחִיךָ הָאֶבְיוֹן׃ כִּי־

פָּתֹחַ תִּפְתַּח אֶת־יָדְךָ לוֹ וְהַעֲבֵט תַּעֲבִיטֶנּוּ דֵּי מַחְסֹרוֹ אֲשֶׁר
ט יֶחְסַר לוֹ׃ הִשָּׁמֶר לְךָ פֶּן־יִהְיֶה דָבָר עִם־לְבָבְךָ בְלִיַּעַל לֵאמֹר
קָרְבָה שְׁנַת־הַשֶּׁבַע שְׁנַת הַשְּׁמִטָּה וְרָעָה עֵינְךָ בְּאָחִיךָ הָאֶבְיוֹן
י וְלֹא תִתֵּן לוֹ וְקָרָא עָלֶיךָ אֶל־יְהוָה וְהָיָה בְךָ חֵטְא׃ נָתוֹן תִּתֵּן
לוֹ וְלֹא־יֵרַע לְבָבְךָ בְּתִתְּךָ לוֹ כִּי בִּגְלַל ׀ הַדָּבָר הַזֶּה יְבָרֶכְךָ יְהוָה
יא אֱלֹהֶיךָ בְּכָל־מַעֲשֶׂךָ וּבְכֹל מִשְׁלַח יָדֶךָ׃ כִּי לֹא־יֶחְדַּל אֶבְיוֹן
מִקֶּרֶב הָאָרֶץ עַל־כֵּן אָנֹכִי מְצַוְּךָ לֵאמֹר פָּתֹחַ תִּפְתַּח אֶת־
יב יָדְךָ לְאָחִיךָ לַעֲנִיֶּךָ וּלְאֶבְיֹנְךָ בְּאַרְצֶךָ׃ כִּי־יִמָּכֵר
לְךָ אָחִיךָ הָעִבְרִי אוֹ הָעִבְרִיָּה וַעֲבָדְךָ שֵׁשׁ שָׁנִים וּבַשָּׁנָה הַשְּׁבִיעִת
יג תְּשַׁלְּחֶנּוּ חָפְשִׁי מֵעִמָּךְ׃ וְכִי־תְשַׁלְּחֶנּוּ חָפְשִׁי מֵעִמָּךְ לֹא תְשַׁלְּחֶנּוּ
יד רֵיקָם׃ הַעֲנֵיק תַּעֲנִיק לוֹ מִצֹּאנְךָ וּמִגָּרְנְךָ וּמִיִּקְבֶךָ אֲשֶׁר בֵּרַכְךָ
טו יְהוָה אֱלֹהֶיךָ תִּתֶּן־לוֹ׃ וְזָכַרְתָּ כִּי עֶבֶד הָיִיתָ בְּאֶרֶץ מִצְרַיִם
וַיִּפְדְּךָ יְהוָה אֱלֹהֶיךָ עַל־כֵּן אָנֹכִי מְצַוְּךָ אֶת־הַדָּבָר הַזֶּה הַיּוֹם׃
טז וְהָיָה כִּי־יֹאמַר אֵלֶיךָ לֹא אֵצֵא מֵעִמָּךְ כִּי אֲהֵבְךָ וְאֶת־בֵּיתֶךָ
יז כִּי־טוֹב לוֹ עִמָּךְ׃ וְלָקַחְתָּ אֶת־הַמַּרְצֵעַ וְנָתַתָּה בְאָזְנוֹ וּבַדֶּלֶת
יח וְהָיָה לְךָ עֶבֶד עוֹלָם וְאַף לַאֲמָתְךָ תַּעֲשֶׂה־כֵּן׃ לֹא־יִקְשֶׁה בְעֵינֶךָ
בְּשַׁלֵּחֲךָ אֹתוֹ חָפְשִׁי מֵעִמָּךְ כִּי מִשְׁנֶה שְׂכַר שָׂכִיר עֲבָדְךָ שֵׁשׁ
שָׁנִים וּבֵרַכְךָ יְהוָה אֱלֹהֶיךָ בְּכֹל אֲשֶׁר תַּעֲשֶׂה׃
שביעי יט כָּל־הַבְּכוֹר אֲשֶׁר יִוָּלֵד בִּבְקָרְךָ וּבְצֹאנְךָ הַזָּכָר תַּקְדִּישׁ לַיהוָה
כ אֱלֹהֶיךָ לֹא תַעֲבֹד בִּבְכֹר שׁוֹרֶךָ וְלֹא תָגֹז בְּכוֹר צֹאנֶךָ׃ לִפְנֵי
יְהוָה אֱלֹהֶיךָ תֹאכְלֶנּוּ שָׁנָה בְשָׁנָה בַּמָּקוֹם אֲשֶׁר־יִבְחַר יְהוָה
כא אַתָּה וּבֵיתֶךָ׃ וְכִי־יִהְיֶה בוֹ מוּם פִּסֵּחַ אוֹ עִוֵּר כֹּל מוּם רָע
כב לֹא תִזְבָּחֶנּוּ לַיהוָה אֱלֹהֶיךָ׃ בִּשְׁעָרֶיךָ תֹּאכְלֶנּוּ הַטָּמֵא וְהַטָּהוֹר
כג יַחְדָּו כַּצְּבִי וְכָאַיָּל׃ רַק אֶת־דָּמוֹ לֹא תֹאכֵל עַל־הָאָרֶץ תִּשְׁפְּכֶנּוּ
כַּמָּיִם׃

טז א שָׁמוֹר אֶת־חֹדֶשׁ הָאָבִיב וְעָשִׂיתָ פֶּסַח לַיהוָה אֱלֹהֶיךָ כִּי בְּחֹדֶשׁ
ב הָאָבִיב הוֹצִיאֲךָ יְהוָה אֱלֹהֶיךָ מִמִּצְרַיִם לָיְלָה׃ וְזָבַחְתָּ פֶּסַח

לַיהוָה אֱלֹהֶיךָ צֹאן וּבָקָר בַּמָּקוֹם אֲשֶׁר יִבְחַר יְהוָה לְשַׁכֵּן
ג שְׁמוֹ שָׁם׃ לֹא־תֹאכַל עָלָיו חָמֵץ שִׁבְעַת יָמִים תֹּאכַל־עָלָיו מַצּוֹת
לֶחֶם עֹנִי כִּי בְחִפָּזוֹן יָצָאתָ מֵאֶרֶץ מִצְרַיִם לְמַעַן תִּזְכֹּר אֶת־יוֹם
ד צֵאתְךָ מֵאֶרֶץ מִצְרַיִם כֹּל יְמֵי חַיֶּיךָ׃ וְלֹא־יֵרָאֶה לְךָ שְׂאֹר בְּכָל־
גְּבֻלְךָ שִׁבְעַת יָמִים וְלֹא־יָלִין מִן־הַבָּשָׂר אֲשֶׁר תִּזְבַּח בָּעֶרֶב
ה בַּיּוֹם הָרִאשׁוֹן לַבֹּקֶר׃ לֹא תוּכַל לִזְבֹּחַ אֶת־הַפָּסַח בְּאַחַד
ו שְׁעָרֶיךָ אֲשֶׁר־יְהוָה אֱלֹהֶיךָ נֹתֵן לָךְ׃ כִּי אִם־אֶל־הַמָּקוֹם אֲשֶׁר־
יִבְחַר יְהוָה אֱלֹהֶיךָ לְשַׁכֵּן שְׁמוֹ שָׁם תִּזְבַּח אֶת־הַפֶּסַח בָּעָרֶב
ז כְּבוֹא הַשֶּׁמֶשׁ מוֹעֵד צֵאתְךָ מִמִּצְרָיִם׃ וּבִשַּׁלְתָּ וְאָכַלְתָּ בַּמָּקוֹם
אֲשֶׁר יִבְחַר יְהוָה אֱלֹהֶיךָ בּוֹ וּפָנִיתָ בַבֹּקֶר וְהָלַכְתָּ לְאֹהָלֶיךָ׃
ח שֵׁשֶׁת יָמִים תֹּאכַל מַצּוֹת וּבַיּוֹם הַשְּׁבִיעִי עֲצֶרֶת לַיהוָה אֱלֹהֶיךָ
ט לֹא תַעֲשֶׂה מְלָאכָה׃ שִׁבְעָה שָׁבֻעֹת תִּסְפָּר־לָךְ
י מֵהָחֵל חֶרְמֵשׁ בַּקָּמָה תָּחֵל לִסְפֹּר שִׁבְעָה שָׁבֻעוֹת׃ וְעָשִׂיתָ חַג
שָׁבֻעוֹת לַיהוָה אֱלֹהֶיךָ מִסַּת נִדְבַת יָדְךָ אֲשֶׁר תִּתֵּן כַּאֲשֶׁר
יא יְבָרֶכְךָ יְהוָה אֱלֹהֶיךָ׃ וְשָׂמַחְתָּ לִפְנֵי ׀ יְהוָה אֱלֹהֶיךָ אַתָּה וּבִנְךָ
וּבִתֶּךָ וְעַבְדְּךָ וַאֲמָתֶךָ וְהַלֵּוִי אֲשֶׁר בִּשְׁעָרֶיךָ וְהַגֵּר וְהַיָּתוֹם
וְהָאַלְמָנָה אֲשֶׁר בְּקִרְבֶּךָ בַּמָּקוֹם אֲשֶׁר יִבְחַר יְהוָה אֱלֹהֶיךָ
יב לְשַׁכֵּן שְׁמוֹ שָׁם׃ וְזָכַרְתָּ כִּי־עֶבֶד הָיִיתָ בְּמִצְרָיִם וְשָׁמַרְתָּ וְעָשִׂיתָ
אֶת־הַחֻקִּים הָאֵלֶּה׃

מפטיר
יג חַג הַסֻּכֹּת תַּעֲשֶׂה לְךָ שִׁבְעַת יָמִים בְּאָסְפְּךָ מִגָּרְנְךָ וּמִיִּקְבֶךָ׃
יד וְשָׂמַחְתָּ בְּחַגֶּךָ אַתָּה וּבִנְךָ וּבִתֶּךָ וְעַבְדְּךָ וַאֲמָתֶךָ וְהַלֵּוִי וְהַגֵּר
טו וְהַיָּתוֹם וְהָאַלְמָנָה אֲשֶׁר בִּשְׁעָרֶיךָ׃ שִׁבְעַת יָמִים תָּחֹג לַיהוָה
אֱלֹהֶיךָ בַּמָּקוֹם אֲשֶׁר־יִבְחַר יְהוָה כִּי יְבָרֶכְךָ יְהוָה אֱלֹהֶיךָ בְּכָל־
טז תְּבוּאָתְךָ וּבְכֹל מַעֲשֵׂה יָדֶיךָ וְהָיִיתָ אַךְ שָׂמֵחַ׃ שָׁלוֹשׁ פְּעָמִים ׀
בַּשָּׁנָה יֵרָאֶה כָל־זְכוּרְךָ אֶת־פְּנֵי ׀ יְהוָה אֱלֹהֶיךָ בַּמָּקוֹם אֲשֶׁר
יִבְחָר בְּחַג הַמַּצּוֹת וּבְחַג הַשָּׁבֻעוֹת וּבְחַג הַסֻּכּוֹת וְלֹא יֵרָאֶה
יז אֶת־פְּנֵי יְהוָה רֵיקָם׃ אִישׁ כְּמַתְּנַת יָדוֹ כְּבִרְכַּת יְהוָה אֱלֹהֶיךָ

יח אֲשֶׁ֥ר נֹתֵ֖ן לָֽךְ׃ שֹׁפְטִ֣ים וְשֹֽׁטְרִ֗ים תִּֽתֶּן־לְךָ֙ בְּכָל־ יד
שְׁעָרֶ֔יךָ אֲשֶׁ֨ר יְהוָ֧ה אֱלֹהֶ֛יךָ נֹתֵ֥ן לְךָ֖ לִשְׁבָטֶ֑יךָ וְשָׁפְט֥וּ אֶת־הָעָ֖ם
יט מִשְׁפַּט־צֶֽדֶק׃ לֹא־תַטֶּ֣ה מִשְׁפָּ֔ט לֹ֥א תַכִּ֖יר פָּנִ֑ים וְלֹא־תִקַּ֣ח
כ שֹׁ֔חַד כִּ֣י הַשֹּׁ֗חַד יְעַוֵּר֙ עֵינֵ֣י חֲכָמִ֔ים וִֽיסַלֵּ֖ף דִּבְרֵ֥י צַדִּיקִֽם׃ צֶ֥דֶק
צֶ֖דֶק תִּרְדֹּ֑ף לְמַ֤עַן תִּֽחְיֶה֙ וְיָרַשְׁתָּ֣ אֶת־הָאָ֔רֶץ אֲשֶׁר־יְהוָ֥ה אֱלֹהֶ֖יךָ
כא נֹתֵ֥ן לָֽךְ׃ לֹֽא־תִטַּ֥ע לְךָ֛ אֲשֵׁרָ֖ה כָּל־עֵ֑ץ אֵ֗צֶל
כב מִזְבַּ֛ח יְהוָ֥ה אֱלֹהֶ֖יךָ אֲשֶׁ֥ר תַּעֲשֶׂה־לָּֽךְ׃ וְלֹֽא־תָקִ֥ים לְךָ֖ מַצֵּבָ֑ה
יז א אֲשֶׁ֥ר שָׂנֵ֖א יְהוָ֥ה אֱלֹהֶֽיךָ׃ לֹא־תִזְבַּח֩ לַֽיהוָ֨ה
אֱלֹהֶ֜יךָ שׁ֣וֹר וָשֶׂ֗ה אֲשֶׁ֨ר יִהְיֶ֥ה בוֹ֙ מ֔וּם כֹּ֖ל דָּבָ֣ר רָ֑ע כִּ֧י תוֹעֲבַ֛ת
ב יְהוָ֥ה אֱלֹהֶ֖יךָ הֽוּא׃ כִּֽי־יִמָּצֵ֤א בְקִרְבְּךָ֙ בְּאַחַ֣ד
שְׁעָרֶ֔יךָ אֲשֶׁר־יְהוָ֥ה אֱלֹהֶ֖יךָ נֹתֵ֣ן לָ֑ךְ אִ֣ישׁ אוֹ־אִשָּׁ֗ה אֲשֶׁ֨ר יַעֲשֶׂ֥ה
ג אֶת־הָרַ֛ע בְּעֵינֵ֥י יְהוָֽה־אֱלֹהֶ֖יךָ לַעֲבֹ֥ר בְּרִיתֽוֹ׃ וַיֵּ֗לֶךְ וַֽיַּעֲבֹד֙ אֱלֹהִ֣ים
אֲחֵרִ֔ים וַיִּשְׁתַּ֖חוּ לָהֶ֑ם וְלַשֶּׁ֣מֶשׁ ׀ א֣וֹ לַיָּרֵ֗חַ א֛וֹ לְכָל־צְבָ֥א הַשָּׁמַ֖יִם
ד אֲשֶׁ֥ר לֹא־צִוִּֽיתִי׃ וְהֻגַּד־לְךָ֖ וְשָׁמָ֑עְתָּ וְדָרַשְׁתָּ֣ הֵיטֵ֗ב וְהִנֵּ֤ה אֱמֶת֙
ה נָכ֣וֹן הַדָּבָ֔ר נֶעֶשְׂתָ֛ה הַתּוֹעֵבָ֥ה הַזֹּ֖את בְּיִשְׂרָאֵֽל׃ וְהוֹצֵאתָ֣ אֶת־
הָאִ֣ישׁ הַ֠הוּא א֨וֹ אֶת־הָאִשָּׁ֜ה הַהִ֗וא אֲשֶׁ֨ר עָשׂ֜וּ אֶת־הַדָּבָ֨ר הָרָ֤ע
הַזֶּה֙ אֶל־שְׁעָרֶ֔יךָ אֶת־הָאִ֕ישׁ א֖וֹ אֶת־הָאִשָּׁ֑ה וּסְקַלְתָּ֥ם בָּאֲבָנִ֖ים
ו וָמֵֽתוּ׃ עַל־פִּ֣י ׀ שְׁנַ֣יִם עֵדִ֗ים א֛וֹ שְׁלֹשָׁ֥ה עֵדִ֖ים יוּמַ֣ת הַמֵּ֑ת לֹ֣א יוּמַ֔ת
ז עַל־פִּ֖י עֵ֥ד אֶחָֽד׃ יַ֣ד הָעֵדִ֞ים תִּֽהְיֶה־בּ֤וֹ בָרִאשֹׁנָה֙ לַהֲמִית֔וֹ וְיַ֥ד כָּל־
הָעָ֖ם בָּאַחֲרֹנָ֑ה וּבִֽעַרְתָּ֥ הָרָ֖ע מִקִּרְבֶּֽךָ׃
ח כִּ֣י יִפָּלֵא֩ מִמְּךָ֨ דָבָ֜ר לַמִּשְׁפָּ֗ט בֵּֽין־דָּ֨ם ׀ לְדָ֜ם בֵּֽין־דִּ֣ין לְדִ֗ין וּבֵ֥ין
נֶ֙גַע֙ לָנֶ֔גַע דִּבְרֵ֥י רִיבֹ֖ת בִּשְׁעָרֶ֑יךָ וְקַמְתָּ֣ וְעָלִ֔יתָ אֶ֨ל־הַמָּק֔וֹם
ט אֲשֶׁ֥ר יִבְחַ֛ר יְהוָ֥ה אֱלֹהֶ֖יךָ בּֽוֹ׃ וּבָאתָ֗ אֶל־הַכֹּהֲנִים֙ הַלְוִיִּ֔ם וְאֶ֨ל־
הַשֹּׁפֵ֔ט אֲשֶׁ֥ר יִהְיֶ֖ה בַּיָּמִ֣ים הָהֵ֑ם וְדָרַשְׁתָּ֙ וְהִגִּ֣ידוּ לְךָ֔ אֵ֖ת דְּבַ֥ר
י הַמִּשְׁפָּֽט׃ וְעָשִׂ֗יתָ עַל־פִּ֤י הַדָּבָר֙ אֲשֶׁ֣ר יַגִּ֣ידוּ לְךָ֔ מִן־הַמָּק֣וֹם
הַה֔וּא אֲשֶׁ֖ר יִבְחַ֣ר יְהוָ֑ה וְשָׁמַרְתָּ֣ לַעֲשׂ֔וֹת כְּכֹ֖ל אֲשֶׁ֥ר יוֹרֽוּךָ׃
יא עַל־פִּ֨י הַתּוֹרָ֜ה אֲשֶׁ֣ר יוֹר֗וּךָ וְעַל־הַמִּשְׁפָּ֛ט אֲשֶׁר־יֹאמְר֥וּ לְךָ֖

תעשה לא תסור מן־הדבר אשר־יגידו לך ימין ושמאל:
יב והאיש אשר־יעשה בזדון לבלתי שמע אל־הכהן העמד
לשרת שם את־יהוה אלהיך או אל־השפט ומת האיש ההוא
יג ובערת הרע מישראל: וכל־העם ישמעו ויראו ולא יזידון
שני טו יד עוד: כי־תבא אל־הארץ אשר יהוה אלהיך
נתן לך וירשתה וישבתה בה ואמרת אשימה עלי מלך ככל־
טו הגוים אשר סביבתי: שום תשים עליך מלך אשר יבחר יהוה
אלהיך בו מקרב אחיך תשים עליך מלך לא תוכל לתת
טז עליך איש נכרי אשר לא־אחיך הוא: רק לא־ירבה־לו סוסים
ולא־ישיב את־העם מצרימה למען הרבות סוס ויהוה אמר
יז לכם לא תספון לשוב בדרך הזה עוד: ולא ירבה־לו נשים
יח ולא יסור לבבו וכסף וזהב לא ירבה־לו מאד: והיה כשבתו
על כסא ממלכתו וכתב לו את־משנה התורה הזאת על־
יט ספר מלפני הכהנים הלוים: והיתה עמו וקרא בו כל־ימי
חייו למען ילמד ליראה את־יהוה אלהיו לשמר את־כל־דברי
כ התורה הזאת ואת־החקים האלה לעשתם: לבלתי רום־לבבו
מאחיו ולבלתי סור מן־המצוה ימין ושמאול למען יאריך
שלישי יח א ימים על־ממלכתו הוא ובניו בקרב ישראל: לא־
יהיה לכהנים הלוים כל־שבט לוי חלק ונחלה עם־ישראל
ב אשי יהוה ונחלתו יאכלון: ונחלה לא־יהיה־לו בקרב אחיו
ג יהוה הוא נחלתו כאשר דבר־לו: וזה יהיה
משפט הכהנים מאת העם מאת זבחי הזבח אם־שור אם־
ד שה ונתן לכהן הזרע והלחיים והקבה: ראשית דגנך תירשך
ה ויצהרך וראשית גז צאנך תתן־לו: כי בו בחר יהוה אלהיך
מכל־שבטיך לעמד לשרת בשם־יהוה הוא ובניו כל־
רביעי ו הימים: וכי־יבא הלוי מאחד שעריך מכל־
ישראל אשר־הוא גר שם ובא בכל־אות נפשו אל־המקום

ז אֲשֶׁר־יִבְחַר יְהוָה׃ וְשֵׁרֵת בְּשֵׁם יְהוָה אֱלֹהָיו כְּכָל־אֶחָיו הַלְוִיִּם
ח הָעֹמְדִים שָׁם לִפְנֵי יְהוָה׃ חֵלֶק כְּחֵלֶק יֹאכֵלוּ לְבַד מִמְכָּרָיו
ט עַל־הָאָבוֹת׃ כִּי אַתָּה בָּא אֶל־הָאָרֶץ אֲשֶׁר־
יְהוָה אֱלֹהֶיךָ נֹתֵן לָךְ לֹא־תִלְמַד לַעֲשׂוֹת כְּתוֹעֲבֹת הַגּוֹיִם הָהֵם׃
י לֹא־יִמָּצֵא בְךָ מַעֲבִיר בְּנוֹ־וּבִתּוֹ בָּאֵשׁ קֹסֵם קְסָמִים מְעוֹנֵן
יא וּמְנַחֵשׁ וּמְכַשֵּׁף׃ וְחֹבֵר חָבֶר וְשֹׁאֵל אוֹב וְיִדְּעֹנִי וְדֹרֵשׁ אֶל־
יב הַמֵּתִים׃ כִּי־תוֹעֲבַת יְהוָה כָּל־עֹשֵׂה אֵלֶּה וּבִגְלַל הַתּוֹעֵבֹת
יג הָאֵלֶּה יְהוָה אֱלֹהֶיךָ מוֹרִישׁ אוֹתָם מִפָּנֶיךָ׃ תָּמִים תִּהְיֶה עִם
יד יְהוָה אֱלֹהֶיךָ׃ כִּי ׀ הַגּוֹיִם הָאֵלֶּה אֲשֶׁר אַתָּה יוֹרֵשׁ אוֹתָם אֶל־ חמישי
מְעֹנְנִים וְאֶל־קֹסְמִים יִשְׁמָעוּ וְאַתָּה לֹא כֵן נָתַן לְךָ יְהוָה אֱלֹהֶיךָ׃
טו נָבִיא מִקִּרְבְּךָ מֵאַחֶיךָ כָּמֹנִי יָקִים לְךָ יְהוָה אֱלֹהֶיךָ אֵלָיו תִּשְׁמָעוּן׃
טז כְּכֹל אֲשֶׁר־שָׁאַלְתָּ מֵעִם יְהוָה אֱלֹהֶיךָ בְּחֹרֵב בְּיוֹם הַקָּהָל לֵאמֹר
לֹא אֹסֵף לִשְׁמֹעַ אֶת־קוֹל יְהוָה אֱלֹהָי וְאֶת־הָאֵשׁ הַגְּדֹלָה הַזֹּאת
יז לֹא־אֶרְאֶה עוֹד וְלֹא אָמוּת׃ וַיֹּאמֶר יְהוָה אֵלָי הֵיטִיבוּ אֲשֶׁר
יח דִּבֵּרוּ׃ נָבִיא אָקִים לָהֶם מִקֶּרֶב אֲחֵיהֶם כָּמוֹךָ וְנָתַתִּי דְבָרַי
יט בְּפִיו וְדִבֶּר אֲלֵיהֶם אֵת כָּל־אֲשֶׁר אֲצַוֶּנּוּ׃ וְהָיָה הָאִישׁ אֲשֶׁר
לֹא־יִשְׁמַע אֶל־דְּבָרַי אֲשֶׁר יְדַבֵּר בִּשְׁמִי אָנֹכִי אֶדְרֹשׁ מֵעִמּוֹ׃
כ אַךְ הַנָּבִיא אֲשֶׁר יָזִיד לְדַבֵּר דָּבָר בִּשְׁמִי אֵת אֲשֶׁר לֹא־צִוִּיתִיו
לְדַבֵּר וַאֲשֶׁר יְדַבֵּר בְּשֵׁם אֱלֹהִים אֲחֵרִים וּמֵת הַנָּבִיא הַהוּא׃
כא וְכִי תֹאמַר בִּלְבָבֶךָ אֵיכָה נֵדַע אֶת־הַדָּבָר אֲשֶׁר לֹא־דִבְּרוֹ
כב יְהוָה׃ אֲשֶׁר יְדַבֵּר הַנָּבִיא בְּשֵׁם יְהוָה וְלֹא־יִהְיֶה הַדָּבָר וְלֹא
יָבֹא הוּא הַדָּבָר אֲשֶׁר לֹא־דִבְּרוֹ יְהוָה בְּזָדוֹן דִּבְּרוֹ הַנָּבִיא לֹא
יט א תָּגוּר מִמֶּנּוּ׃ כִּי־יַכְרִית יְהוָה אֱלֹהֶיךָ אֶת־הַגּוֹיִם
אֲשֶׁר יְהוָה אֱלֹהֶיךָ נֹתֵן לְךָ אֶת־אַרְצָם וִירִשְׁתָּם וְיָשַׁבְתָּ בְעָרֵיהֶם
ב וּבְבָתֵּיהֶם׃ שָׁלוֹשׁ עָרִים תַּבְדִּיל לָךְ בְּתוֹךְ אַרְצְךָ אֲשֶׁר יְהוָה
ג אֱלֹהֶיךָ נֹתֵן לְךָ לְרִשְׁתָּהּ׃ תָּכִין לְךָ הַדֶּרֶךְ וְשִׁלַּשְׁתָּ אֶת־גְּבוּל
אַרְצְךָ אֲשֶׁר יַנְחִילְךָ יְהוָה אֱלֹהֶיךָ וְהָיָה לָנוּס שָׁמָּה כָּל־רֹצֵחַ׃

וְזֶה דְּבַר הָרֹצֵחַ אֲשֶׁר־יָנוּס שָׁמָּה וָחָי אֲשֶׁר יַכֶּה אֶת־רֵעֵהוּ ד
בִּבְלִי־דַעַת וְהוּא לֹא־שֹׂנֵא לוֹ מִתְּמֹל שִׁלְשֹׁם: וַאֲשֶׁר יָבֹא אֶת־ ה
רֵעֵהוּ בַיַּעַר לַחְטֹב עֵצִים וְנִדְּחָה יָדוֹ בַגַּרְזֶן לִכְרֹת הָעֵץ וְנָשַׁל
הַבַּרְזֶל מִן־הָעֵץ וּמָצָא אֶת־רֵעֵהוּ וָמֵת הוּא יָנוּס אֶל־אַחַת
הֶעָרִים־הָאֵלֶּה וָחָי: פֶּן־יִרְדֹּף גֹּאֵל הַדָּם אַחֲרֵי הָרֹצֵחַ כִּי יֵחַם ו
לְבָבוֹ וְהִשִּׂיגוֹ כִּי־יִרְבֶּה הַדֶּרֶךְ וְהִכָּהוּ נָפֶשׁ וְלוֹ אֵין מִשְׁפַּט־
מָוֶת כִּי לֹא־שֹׂנֵא הוּא לוֹ מִתְּמוֹל שִׁלְשׁוֹם: עַל־כֵּן אָנֹכִי מְצַוְּךָ ז
לֵאמֹר שָׁלֹשׁ עָרִים תַּבְדִּיל לָךְ: וְאִם־יַרְחִיב יְהוָה אֱלֹהֶיךָ אֶת־ ח
גְּבֻלְךָ כַּאֲשֶׁר נִשְׁבַּע לַאֲבֹתֶיךָ וְנָתַן לְךָ אֶת־כָּל־הָאָרֶץ אֲשֶׁר
דִּבֶּר לָתֵת לַאֲבֹתֶיךָ: כִּי־תִשְׁמֹר אֶת־כָּל־הַמִּצְוָה הַזֹּאת לַעֲשֹׂתָהּ ט
אֲשֶׁר אָנֹכִי מְצַוְּךָ הַיּוֹם לְאַהֲבָה אֶת־יְהוָה אֱלֹהֶיךָ וְלָלֶכֶת בִּדְרָכָיו
כָּל־הַיָּמִים וְיָסַפְתָּ לְךָ עוֹד שָׁלֹשׁ עָרִים עַל הַשָּׁלֹשׁ הָאֵלֶּה: וְלֹא י
יִשָּׁפֵךְ דָּם נָקִי בְּקֶרֶב אַרְצְךָ אֲשֶׁר יְהוָה אֱלֹהֶיךָ נֹתֵן לְךָ נַחֲלָה
וְהָיָה עָלֶיךָ דָּמִים:
וְכִי־יִהְיֶה אִישׁ שֹׂנֵא לְרֵעֵהוּ וְאָרַב לוֹ וְקָם עָלָיו וְהִכָּהוּ נֶפֶשׁ וָמֵת יא
וְנָס אֶל־אַחַת הֶעָרִים הָאֵל: וְשָׁלְחוּ זִקְנֵי עִירוֹ וְלָקְחוּ אֹתוֹ מִשָּׁם יב
וְנָתְנוּ אֹתוֹ בְּיַד גֹּאֵל הַדָּם וָמֵת: לֹא־תָחוֹס עֵינְךָ עָלָיו וּבִעַרְתָּ דַם־ יג
ששי הַנָּקִי מִיִּשְׂרָאֵל וְטוֹב לָךְ: לֹא תַסִּיג גְּבוּל רֵעֲךָ יד
אֲשֶׁר גָּבְלוּ רִאשֹׁנִים בְּנַחֲלָתְךָ אֲשֶׁר תִּנְחַל בָּאָרֶץ אֲשֶׁר יְהוָה
אֱלֹהֶיךָ נֹתֵן לְךָ לְרִשְׁתָּהּ: לֹא־יָקוּם עֵד אֶחָד טו
בְּאִישׁ לְכָל־עָוֺן וּלְכָל־חַטָּאת בְּכָל־חֵטְא אֲשֶׁר יֶחֱטָא עַל־
פִּי ׀ שְׁנֵי עֵדִים אוֹ עַל־פִּי שְׁלֹשָׁה־עֵדִים יָקוּם דָּבָר: כִּי־יָקוּם עֵד־ טז
חָמָס בְּאִישׁ לַעֲנוֹת בּוֹ סָרָה: וְעָמְדוּ שְׁנֵי־הָאֲנָשִׁים אֲשֶׁר־לָהֶם יז
הָרִיב לִפְנֵי יְהוָה לִפְנֵי הַכֹּהֲנִים וְהַשֹּׁפְטִים אֲשֶׁר יִהְיוּ בַּיָּמִים
הָהֵם: וְדָרְשׁוּ הַשֹּׁפְטִים הֵיטֵב וְהִנֵּה עֵד־שֶׁקֶר הָעֵד שֶׁקֶר עָנָה יח
בְאָחִיו: וַעֲשִׂיתֶם לוֹ כַּאֲשֶׁר זָמַם לַעֲשׂוֹת לְאָחִיו וּבִעַרְתָּ הָרָע יט
מִקִּרְבֶּךָ: וְהַנִּשְׁאָרִים יִשְׁמְעוּ וְיִרָאוּ וְלֹא־יֹסִפוּ לַעֲשׂוֹת עוֹד כַּדָּבָר כ

כא הָרָע הַזֶּה בְּקִרְבֶּךָ: וְלֹא תָחוֹס עֵינֶךָ נֶפֶשׁ בְּנֶפֶשׁ עַיִן בְּעַיִן שֵׁן
כ א בְּשֵׁן יָד בְּיָד רֶגֶל בְּרָגֶל: כִּי־תֵצֵא לַמִּלְחָמָה עַל־
אֹיְבֶךָ וְרָאִיתָ סוּס וָרֶכֶב עַם רַב מִמְּךָ לֹא תִירָא מֵהֶם כִּי־יְהוָה
ב אֱלֹהֶיךָ עִמָּךְ הַמַּעַלְךָ מֵאֶרֶץ מִצְרָיִם: וְהָיָה כְּקָרָבְכֶם אֶל־
ג הַמִּלְחָמָה וְנִגַּשׁ הַכֹּהֵן וְדִבֶּר אֶל־הָעָם: וְאָמַר אֲלֵהֶם שְׁמַע
יִשְׂרָאֵל אַתֶּם קְרֵבִים הַיּוֹם לַמִּלְחָמָה עַל־אֹיְבֵיכֶם אַל־יֵרַךְ
ד לְבַבְכֶם אַל־תִּירְאוּ וְאַל־תַּחְפְּזוּ וְאַל־תַּעַרְצוּ מִפְּנֵיהֶם: כִּי יְהוָה
אֱלֹהֵיכֶם הַהֹלֵךְ עִמָּכֶם לְהִלָּחֵם לָכֶם עִם־אֹיְבֵיכֶם לְהוֹשִׁיעַ
ה אֶתְכֶם: וְדִבְּרוּ הַשֹּׁטְרִים אֶל־הָעָם לֵאמֹר מִי־הָאִישׁ אֲשֶׁר בָּנָה
בַיִת־חָדָשׁ וְלֹא חֲנָכוֹ יֵלֵךְ וְיָשֹׁב לְבֵיתוֹ פֶּן־יָמוּת בַּמִּלְחָמָה
ו וְאִישׁ אַחֵר יַחְנְכֶנּוּ: וּמִי־הָאִישׁ אֲשֶׁר נָטַע כֶּרֶם וְלֹא חִלְּלוֹ יֵלֵךְ
ז וְיָשֹׁב לְבֵיתוֹ פֶּן־יָמוּת בַּמִּלְחָמָה וְאִישׁ אַחֵר יְחַלְּלֶנּוּ: וּמִי־
הָאִישׁ אֲשֶׁר אֵרַשׂ אִשָּׁה וְלֹא לְקָחָהּ יֵלֵךְ וְיָשֹׁב לְבֵיתוֹ פֶּן־יָמוּת
ח בַּמִּלְחָמָה וְאִישׁ אַחֵר יִקָּחֶנָּה: וְיָסְפוּ הַשֹּׁטְרִים לְדַבֵּר אֶל־הָעָם
וְאָמְרוּ מִי־הָאִישׁ הַיָּרֵא וְרַךְ הַלֵּבָב יֵלֵךְ וְיָשֹׁב לְבֵיתוֹ וְלֹא יִמַּס
ט אֶת־לְבַב אֶחָיו כִּלְבָבוֹ: וְהָיָה כְּכַלֹּת הַשֹּׁטְרִים לְדַבֵּר אֶל־הָעָם
י וּפָקְדוּ שָׂרֵי צְבָאוֹת בְּרֹאשׁ הָעָם: כִּי־תִקְרַב אֶל־ טז שביעי
יא עִיר לְהִלָּחֵם עָלֶיהָ וְקָרָאתָ אֵלֶיהָ לְשָׁלוֹם: וְהָיָה אִם־שָׁלוֹם
תַּעַנְךָ וּפָתְחָה לָךְ וְהָיָה כָּל־הָעָם הַנִּמְצָא־בָהּ יִהְיוּ לְךָ לָמַס
יב וַעֲבָדוּךָ: וְאִם־לֹא תַשְׁלִים עִמָּךְ וְעָשְׂתָה עִמְּךָ מִלְחָמָה וְצַרְתָּ
יג עָלֶיהָ: וּנְתָנָהּ יְהוָה אֱלֹהֶיךָ בְּיָדֶךָ וְהִכִּיתָ אֶת־כָּל־זְכוּרָהּ לְפִי־
יד חָרֶב: רַק הַנָּשִׁים וְהַטַּף וְהַבְּהֵמָה וְכֹל אֲשֶׁר יִהְיֶה בָעִיר כָּל־
שְׁלָלָהּ תָּבֹז לָךְ וְאָכַלְתָּ אֶת־שְׁלַל אֹיְבֶיךָ אֲשֶׁר נָתַן יְהוָה אֱלֹהֶיךָ
טו לָךְ: כֵּן תַּעֲשֶׂה לְכָל־הֶעָרִים הָרְחֹקֹת מִמְּךָ מְאֹד אֲשֶׁר לֹא־מֵעָרֵי
טז הַגּוֹיִם־הָאֵלֶּה הֵנָּה: רַק מֵעָרֵי הָעַמִּים הָאֵלֶּה אֲשֶׁר יְהוָה אֱלֹהֶיךָ
יז נֹתֵן לְךָ נַחֲלָה לֹא תְחַיֶּה כָּל־נְשָׁמָה: כִּי־הַחֲרֵם תַּחֲרִימֵם הַחִתִּי
וְהָאֱמֹרִי הַכְּנַעֲנִי וְהַפְּרִזִּי הַחִוִּי וְהַיְבוּסִי כַּאֲשֶׁר צִוְּךָ יְהוָה אֱלֹהֶיךָ:

יח לְמַ֗עַן אֲשֶׁ֤ר לֹא־יְלַמְּד֣וּ אֶתְכֶם֙ לַעֲשׂ֔וֹת כְּכֹל֙ תּוֹעֲבֹתָ֔ם אֲשֶׁ֥ר
יט עָשׂ֖וּ לֵאלֹהֵיהֶ֑ם וַחֲטָאתֶ֖ם לַיהוָ֥ה אֱלֹהֵיכֶֽם׃ כִּֽי־
תָצ֣וּר אֶל־עִיר֩ יָמִ֨ים רַבִּ֜ים לְֽהִלָּחֵ֧ם עָלֶ֣יהָ לְתָפְשָׂ֗הּ לֹֽא־תַשְׁחִ֤ית
אֶת־עֵצָהּ֙ לִנְדֹּ֤חַ עָלָיו֙ גַּרְזֶ֔ן כִּ֚י מִמֶּ֣נּוּ תֹאכֵ֔ל וְאֹת֖וֹ לֹ֣א תִכְרֹ֑ת כִּ֤י
כ הָֽאָדָם֙ עֵ֣ץ הַשָּׂדֶ֔ה לָבֹ֥א מִפָּנֶ֖יךָ בַּמָּצֽוֹר׃ רַ֞ק עֵ֣ץ אֲשֶׁר־תֵּדַ֗ע כִּֽי־לֹא־
עֵ֤ץ מַאֲכָל֙ ה֔וּא אֹת֥וֹ תַשְׁחִ֖ית וְכָרָ֑תָּ וּבָנִ֣יתָ מָצ֗וֹר עַל־הָעִיר֙
אֲשֶׁר־הִ֨וא עֹשָׂ֥ה עִמְּךָ֛ מִלְחָמָ֖ה עַ֥ד רִדְתָּֽהּ׃
כא א כִּֽי־יִמָּצֵ֣א חָלָ֗ל בָּאֲדָמָה֙ אֲשֶׁר֩ יְהוָ֨ה אֱלֹהֶ֜יךָ נֹתֵ֤ן לְךָ֙ לְרִשְׁתָּ֔הּ נֹפֵ֖ל
ב בַּשָּׂדֶ֑ה לֹ֥א נוֹדַ֖ע מִ֥י הִכָּֽהוּ׃ וְיָצְא֥וּ זְקֵנֶ֖יךָ וְשֹׁפְטֶ֑יךָ וּמָדְדוּ֙ אֶל־
ג הֶ֣עָרִ֔ים אֲשֶׁ֖ר סְבִיבֹ֥ת הֶחָלָֽל׃ וְהָיָ֣ה הָעִ֔יר הַקְּרֹבָ֖ה אֶל־הֶחָלָ֑ל
וְלָֽקְח֡וּ זִקְנֵי֩ הָעִ֨יר הַהִ֜וא עֶגְלַ֣ת בָּקָ֗ר אֲשֶׁ֤ר לֹֽא־עֻבַּד֙ בָּ֔הּ אֲשֶׁ֥ר
ד לֹא־מָשְׁכָ֖ה בְּעֹֽל׃ וְהוֹרִ֡דוּ זִקְנֵי֩ הָעִ֨יר הַהִ֤וא אֶת־הָֽעֶגְלָה֙ אֶל־
נַ֣חַל אֵיתָ֔ן אֲשֶׁ֛ר לֹא־יֵעָבֵ֥ד בּ֖וֹ וְלֹ֣א יִזָּרֵ֑עַ וְעָֽרְפוּ־שָׁ֥ם אֶת־הָעֶגְלָ֖ה
ה בַּנָּֽחַל׃ וְנִגְּשׁ֣וּ הַכֹּהֲנִים֮ בְּנֵ֣י לֵוִי֒ כִּ֣י בָ֗ם בָּחַ֞ר יְהוָ֤ה אֱלֹהֶ֙יךָ֙ לְשָׁ֣רְת֔וֹ
ו וּלְבָרֵ֖ךְ בְּשֵׁ֣ם יְהוָ֑ה וְעַל־פִּיהֶ֥ם יִהְיֶ֖ה כָּל־רִ֥יב וְכָל־נָֽגַע׃ וְכֹ֗ל
זִקְנֵי֙ הָעִ֣יר הַהִ֔וא הַקְּרֹבִ֖ים אֶל־הֶחָלָ֑ל יִרְחֲצוּ֙ אֶת־יְדֵיהֶ֔ם עַל־
מפטיר
ז הָעֶגְלָ֖ה הָעֲרוּפָ֥ה בַנָּֽחַל׃ וְעָנ֖וּ וְאָמְר֑וּ יָדֵ֗ינוּ לֹ֤א שפכה֙ אֶת־ שָֽׁפְכ֔וּ
ח הַדָּ֣ם הַזֶּ֔ה וְעֵינֵ֖ינוּ לֹ֥א רָאֽוּ׃ כַּפֵּר֙ לְעַמְּךָ֤ יִשְׂרָאֵל֙ אֲשֶׁר־פָּדִ֔יתָ
יְהוָ֔ה וְאַל־תִּתֵּן֙ דָּ֣ם נָקִ֔י בְּקֶ֖רֶב עַמְּךָ֣ יִשְׂרָאֵ֑ל וְנִכַּפֵּ֥ר לָהֶ֖ם
ט הַדָּֽם׃ וְאַתָּ֗ה תְּבַעֵ֛ר הַדָּ֥ם הַנָּקִ֖י מִקִּרְבֶּ֑ךָ כִּֽי־תַעֲשֶׂ֥ה הַיָּשָׁ֖ר
י בְּעֵינֵ֥י יְהוָֽה׃ כִּֽי־תֵצֵ֥א לַמִּלְחָמָ֖ה עַל־אֹיְבֶ֑יךָ כי תצא
יא וּנְתָנ֞וֹ יְהוָ֧ה אֱלֹהֶ֛יךָ בְּיָדֶ֖ךָ וְשָׁבִ֥יתָ שִׁבְיֽוֹ׃ וְרָאִ֙יתָ֙ בַּשִּׁבְיָ֔ה אֵ֖שֶׁת
יב יְפַת־תֹּ֑אַר וְחָשַׁקְתָּ֣ בָ֔הּ וְלָקַחְתָּ֥ לְךָ֖ לְאִשָּֽׁה׃ וַהֲבֵאתָ֖הּ אֶל־
יג תּ֣וֹךְ בֵּיתֶ֑ךָ וְגִלְּחָה֙ אֶת־רֹאשָׁ֔הּ וְעָשְׂתָ֖ה אֶת־צִפָּרְנֶֽיהָ׃ וְהֵסִ֩ירָה֩
אֶת־שִׂמְלַ֨ת שִׁבְיָ֜הּ מֵעָלֶ֗יהָ וְיָֽשְׁבָה֙ בְּבֵיתֶ֔ךָ וּבָכְתָ֛ה אֶת־אָבִ֥יהָ
וְאֶת־אִמָּ֖הּ יֶ֣רַח יָמִ֑ים וְאַ֨חַר כֵּ֜ן תָּב֤וֹא אֵלֶ֙יהָ֙ וּבְעַלְתָּ֔הּ וְהָיְתָ֥ה
יד לְךָ֖ לְאִשָּֽׁה׃ וְהָיָ֞ה אִם־לֹ֧א חָפַ֣צְתָּ בָּ֗הּ וְשִׁלַּחְתָּהּ֙ לְנַפְשָׁ֔הּ

וּמָכֹר לֹא־תִמְכְּרֶנָּה בַּכָּסֶף לֹא־תִתְעַמֵּר בָּהּ תַּחַת אֲשֶׁר
טו עִנִּיתָהּ׃ כִּי־תִהְיֶיןָ לְאִישׁ שְׁתֵּי נָשִׁים הָאַחַת
אֲהוּבָה וְהָאַחַת שְׂנוּאָה וְיָלְדוּ־לוֹ בָנִים הָאֲהוּבָה וְהַשְּׂנוּאָה
טז וְהָיָה הַבֵּן הַבְּכֹר לַשְּׂנִיאָה׃ וְהָיָה בְּיוֹם הַנְחִילוֹ אֶת־בָּנָיו אֵת
אֲשֶׁר־יִהְיֶה לוֹ לֹא יוּכַל לְבַכֵּר אֶת־בֶּן־הָאֲהוּבָה עַל־פְּנֵי בֶן־
יז הַשְּׂנוּאָה הַבְּכֹר׃ כִּי אֶת־הַבְּכֹר בֶּן־הַשְּׂנוּאָה יַכִּיר לָתֶת לוֹ
פִּי שְׁנַיִם בְּכֹל אֲשֶׁר־יִמָּצֵא לוֹ כִּי־הוּא רֵאשִׁית אֹנוֹ לוֹ מִשְׁפַּט
יח הַבְּכֹרָה׃ כִּי־יִהְיֶה לְאִישׁ בֵּן סוֹרֵר וּמוֹרֶה אֵינֶנּוּ
שֹׁמֵעַ בְּקוֹל אָבִיו וּבְקוֹל אִמּוֹ וְיִסְּרוּ אֹתוֹ וְלֹא יִשְׁמַע אֲלֵיהֶם׃
יט וְתָפְשׂוּ בוֹ אָבִיו וְאִמּוֹ וְהוֹצִיאוּ אֹתוֹ אֶל־זִקְנֵי עִירוֹ וְאֶל־שַׁעַר
כ מְקֹמוֹ׃ וְאָמְרוּ אֶל־זִקְנֵי עִירוֹ בְּנֵנוּ זֶה סוֹרֵר וּמֹרֶה אֵינֶנּוּ שֹׁמֵעַ
כא בְּקֹלֵנוּ זוֹלֵל וְסֹבֵא׃ וּרְגָמֻהוּ כָּל־אַנְשֵׁי עִירוֹ בָאֲבָנִים וָמֵת וּבִעַרְתָּ
כב הָרָע מִקִּרְבֶּךָ וְכָל־יִשְׂרָאֵל יִשְׁמְעוּ וְיִרָאוּ׃ וְכִי־ שני
יִהְיֶה בְאִישׁ חֵטְא מִשְׁפַּט־מָוֶת וְהוּמָת וְתָלִיתָ אֹתוֹ עַל־עֵץ׃
כג לֹא־תָלִין נִבְלָתוֹ עַל־הָעֵץ כִּי־קָבוֹר תִּקְבְּרֶנּוּ בַּיּוֹם הַהוּא כִּי־
קִלְלַת אֱלֹהִים תָּלוּי וְלֹא תְטַמֵּא אֶת־אַדְמָתְךָ אֲשֶׁר יְהוָה אֱלֹהֶיךָ
כב א נֹתֵן לְךָ נַחֲלָה׃ לֹא־תִרְאֶה אֶת־שׁוֹר אָחִיךָ אוֹ
ב אֶת־שֵׂיוֹ נִדָּחִים וְהִתְעַלַּמְתָּ מֵהֶם הָשֵׁב תְּשִׁיבֵם לְאָחִיךָ׃ וְאִם־
לֹא קָרוֹב אָחִיךָ אֵלֶיךָ וְלֹא יְדַעְתּוֹ וַאֲסַפְתּוֹ אֶל־תּוֹךְ בֵּיתֶךָ וְהָיָה
ג עִמְּךָ עַד דְּרֹשׁ אָחִיךָ אֹתוֹ וַהֲשֵׁבֹתוֹ לוֹ׃ וְכֵן תַּעֲשֶׂה לַחֲמֹרוֹ וְכֵן
תַּעֲשֶׂה לְשִׂמְלָתוֹ וְכֵן תַּעֲשֶׂה לְכָל־אֲבֵדַת אָחִיךָ אֲשֶׁר־תֹּאבַד
ד מִמֶּנּוּ וּמְצָאתָהּ לֹא תוּכַל לְהִתְעַלֵּם׃ לֹא־תִרְאֶה
אֶת־חֲמוֹר אָחִיךָ אוֹ שׁוֹרוֹ נֹפְלִים בַּדֶּרֶךְ וְהִתְעַלַּמְתָּ מֵהֶם הָקֵם
ה תָּקִים עִמּוֹ׃ לֹא־יִהְיֶה כְלִי־גֶבֶר עַל־אִשָּׁה וְלֹא־
יִלְבַּשׁ גֶּבֶר שִׂמְלַת אִשָּׁה כִּי תוֹעֲבַת יְהוָה אֱלֹהֶיךָ כָּל־עֹשֵׂה
אֵלֶּה׃
ו כִּי יִקָּרֵא קַן־צִפּוֹר ׀ לְפָנֶיךָ בַּדֶּרֶךְ בְּכָל־עֵץ ׀ אוֹ עַל־הָאָרֶץ יז

אֶפְרֹחִים אוֹ בֵיצִים וְהָאֵם רֹבֶצֶת עַל־הָאֶפְרֹחִים אוֹ עַל־הַבֵּיצִים
ז לֹא־תִקַּח הָאֵם עַל־הַבָּנִים׃ שַׁלֵּחַ תְּשַׁלַּח אֶת־הָאֵם וְאֶת־הַבָּנִים
ח שלישי תִּקַּח־לָךְ לְמַעַן יִיטַב לָךְ וְהַאֲרַכְתָּ יָמִים׃ כִּי
תִבְנֶה בַּיִת חָדָשׁ וְעָשִׂיתָ מַעֲקֶה לְגַגֶּךָ וְלֹא־תָשִׂים דָּמִים בְּבֵיתֶךָ
ט כִּי־יִפֹּל הַנֹּפֵל מִמֶּנּוּ׃ לֹא־תִזְרַע כַּרְמְךָ כִּלְאָיִם פֶּן־תִּקְדַּשׁ
י הַמְלֵאָה הַזֶּרַע אֲשֶׁר תִּזְרָע וּתְבוּאַת הַכָּרֶם׃ לֹא־
יא תַחֲרֹשׁ בְּשׁוֹר־וּבַחֲמֹר יַחְדָּו׃ לֹא תִלְבַּשׁ שַׁעַטְנֵז צֶמֶר וּפִשְׁתִּים
יב יַחְדָּו׃ גְּדִלִים תַּעֲשֶׂה־לָּךְ עַל־אַרְבַּע כַּנְפוֹת
יג כְּסוּתְךָ אֲשֶׁר תְּכַסֶּה־בָּהּ׃ כִּי־יִקַּח אִישׁ אִשָּׁה
יד וּבָא אֵלֶיהָ וּשְׂנֵאָהּ׃ וְשָׂם לָהּ עֲלִילֹת דְּבָרִים וְהוֹצִא עָלֶיהָ
שֵׁם רָע וְאָמַר אֶת־הָאִשָּׁה הַזֹּאת לָקַחְתִּי וָאֶקְרַב אֵלֶיהָ וְלֹא־
טו מָצָאתִי לָהּ בְּתוּלִים׃ וְלָקַח אֲבִי הַנַּעֲרָ וְאִמָּהּ וְהוֹצִיאוּ אֶת־
טז בְּתוּלֵי הַנַּעֲרָ אֶל־זִקְנֵי הָעִיר הַשָּׁעְרָה׃ וְאָמַר אֲבִי הַנַּעֲרָ אֶל־
יז הַזְּקֵנִים אֶת־בִּתִּי נָתַתִּי לָאִישׁ הַזֶּה לְאִשָּׁה וַיִּשְׂנָאֶהָ׃ וְהִנֵּה־הוּא
שָׂם עֲלִילֹת דְּבָרִים לֵאמֹר לֹא־מָצָאתִי לְבִתְּךָ בְּתוּלִים וְאֵלֶּה
יח בְּתוּלֵי בִתִּי וּפָרְשׂוּ הַשִּׂמְלָה לִפְנֵי זִקְנֵי הָעִיר׃ וְלָקְחוּ זִקְנֵי הָעִיר־
יט הַהִוא אֶת־הָאִישׁ וְיִסְּרוּ אֹתוֹ׃ וְעָנְשׁוּ אֹתוֹ מֵאָה כֶסֶף וְנָתְנוּ
לַאֲבִי הַנַּעֲרָה כִּי הוֹצִיא שֵׁם רָע עַל בְּתוּלַת יִשְׂרָאֵל וְלוֹ־תִהְיֶה
כ לְאִשָּׁה לֹא־יוּכַל לְשַׁלְּחָהּ כָּל־יָמָיו׃ וְאִם־אֱמֶת הָיָה
כא הַדָּבָר הַזֶּה לֹא־נִמְצְאוּ בְתוּלִים לַנַּעֲרָ׃ וְהוֹצִיאוּ אֶת־הַנַּעֲרָ
אֶל־פֶּתַח בֵּית־אָבִיהָ וּסְקָלוּהָ אַנְשֵׁי עִירָהּ בָּאֲבָנִים וָמֵתָה
כִּי־עָשְׂתָה נְבָלָה בְּיִשְׂרָאֵל לִזְנוֹת בֵּית אָבִיהָ וּבִעַרְתָּ הָרָע
כב מִקִּרְבֶּךָ׃ כִּי־יִמָּצֵא אִישׁ שֹׁכֵב ׀ עִם־אִשָּׁה בְעֻלַת־
בַּעַל וּמֵתוּ גַּם־שְׁנֵיהֶם הָאִישׁ הַשֹּׁכֵב עִם־הָאִשָּׁה וְהָאִשָּׁה וּבִעַרְתָּ
כג הָרָע מִיִּשְׂרָאֵל׃ כִּי יִהְיֶה נַעֲרָ בְתוּלָה מְאֹרָשָׂה
כד לְאִישׁ וּמְצָאָהּ אִישׁ בָּעִיר וְשָׁכַב עִמָּהּ׃ וְהוֹצֵאתֶם אֶת־שְׁנֵיהֶם אֶל־
שַׁעַר ׀ הָעִיר הַהִוא וּסְקַלְתֶּם אֹתָם בָּאֲבָנִים וָמֵתוּ אֶת־הַנַּעֲרָ עַל־

דְּבַר֙ אֲשֶׁ֣ר לֹא־צָעֲקָ֣ה בָעִ֔יר וְאֶת־הָאִ֔ישׁ עַל־דְּבַ֥ר אֲשֶׁר־עִנָּ֖ה אֶת־
כה אֵ֣שֶׁת רֵעֵ֑הוּ וּבִעַרְתָּ֥ הָרָ֖ע מִקִּרְבֶּֽךָ׃ וְאִם־בַּשָּׂדֶ֞ה
יִמְצָ֣א הָאִ֗ישׁ אֶת־הַנַּֽעֲרָ֙ הַמְאֹ֣רָשָׂ֔ה וְהֶחֱזִֽיק־בָּ֥הּ הָאִ֖ישׁ וְשָׁכַ֣ב
כו עִמָּ֑הּ וּמֵ֛ת הָאִ֛ישׁ אֲשֶׁר־שָׁכַ֥ב עִמָּ֖הּ לְבַדּֽוֹ׃ וְלַֽנַּעֲרָ֙ לֹא־תַעֲשֶׂ֣ה
דָבָ֔ר אֵ֥ין לַֽנַּעֲרָ֖ חֵ֣טְא מָ֑וֶת כִּ֡י כַּאֲשֶׁר֩ יָק֨וּם אִ֤ישׁ עַל־רֵעֵ֙הוּ֙ וּרְצָח֣וֹ
כז נֶ֔פֶשׁ כֵּ֖ן הַדָּבָ֥ר הַזֶּֽה׃ כִּ֥י בַשָּׂדֶ֖ה מְצָאָ֑הּ צָעֲקָ֗ה הַנַּעֲרָ֙ הַמְאֹ֣רָשָׂ֔ה
כח וְאֵ֥ין מוֹשִׁ֖יעַ לָֽהּ׃ כִּֽי־יִמְצָ֣א אִ֗ישׁ נַעֲרָ֤ בְתוּלָה֙
כט אֲשֶׁ֣ר לֹא־אֹרָ֔שָׂה וּתְפָשָׂ֖הּ וְשָׁכַ֣ב עִמָּ֑הּ וְנִמְצָֽאוּ׃ וְנָתַן֩ הָאִ֨ישׁ
הַשֹּׁכֵ֥ב עִמָּ֛הּ לַאֲבִ֥י הַֽנַּעֲרָ֖ חֲמִשִּׁ֣ים כָּ֑סֶף וְלֽוֹ־תִהְיֶ֣ה לְאִשָּׁ֗ה תַּ֚חַת
כג א אֲשֶׁ֣ר עִנָּ֔הּ לֹא־יוּכַ֥ל שַׁלְּחָ֖הּ כָּל־יָמָֽיו׃ לֹא־יִקַּ֥ח
ב אִ֖ישׁ אֶת־אֵ֣שֶׁת אָבִ֑יו וְלֹ֥א יְגַלֶּ֖ה כְּנַ֥ף אָבִֽיו׃ לֹא־
ג יָבֹ֧א פְצֽוּעַ־דַּכָּ֛א וּכְר֥וּת שָׁפְכָ֖ה בִּקְהַ֥ל יְהוָֽה׃ לֹא־
יָבֹ֥א מַמְזֵ֖ר בִּקְהַ֣ל יְהוָ֑ה גַּ֚ם דּ֣וֹר עֲשִׂירִ֔י לֹא־יָ֥בֹא ל֖וֹ בִּקְהַ֥ל
ד יְהוָֽה׃ לֹא־יָבֹ֧א עַמּוֹנִ֛י וּמוֹאָבִ֖י בִּקְהַ֣ל יְהוָ֑ה גַּ֚ם
ה דּ֣וֹר עֲשִׂירִ֔י לֹא־יָבֹ֥א לָהֶ֛ם בִּקְהַ֥ל יְהוָ֖ה עַד־עוֹלָֽם׃ עַל־דְּבַ֞ר אֲשֶׁ֨ר
לֹא־קִדְּמ֤וּ אֶתְכֶם֙ בַּלֶּ֣חֶם וּבַמַּ֔יִם בַּדֶּ֖רֶךְ בְּצֵאתְכֶ֣ם מִמִּצְרָ֑יִם
וַאֲשֶׁ֣ר שָׂכַ֩ר עָלֶ֨יךָ אֶת־בִּלְעָ֤ם בֶּן־בְּעוֹר֙ מִפְּת֛וֹר אֲרַ֥ם נַהֲרַ֖יִם
ו לְקַֽלְלֶֽךָּ׃ וְלֹֽא־אָבָ֞ה יְהוָ֤ה אֱלֹהֶ֙יךָ֙ לִשְׁמֹ֣עַ אֶל־בִּלְעָ֔ם וַיַּהֲפֹךְ֩ יְהוָ֨ה
ז אֱלֹהֶ֧יךָ לְּךָ֛ אֶת־הַקְּלָלָ֖ה לִבְרָכָ֑ה כִּ֥י אֲהֵֽבְךָ֖ יְהוָ֥ה אֱלֹהֶֽיךָ׃ לֹֽא־
ח תִדְרֹ֥שׁ שְׁלֹמָ֖ם וְטֹבָתָ֑ם כָּל־יָמֶ֖יךָ לְעוֹלָֽם׃ לֹֽא־ רביעי
תְתַעֵ֣ב אֲדֹמִ֔י כִּ֥י אָחִ֖יךָ ה֑וּא לֹא־תְתַעֵ֣ב מִצְרִ֔י כִּי־גֵ֖ר הָיִ֥יתָ
ט בְאַרְצֽוֹ׃ בָּנִ֛ים אֲשֶׁר־יִוָּלְד֥וּ לָהֶ֖ם דּ֣וֹר שְׁלִישִׁ֑י יָבֹ֥א לָהֶ֖ם בִּקְהַ֥ל
י יְהוָֽה׃ כִּֽי־תֵצֵ֥א מַחֲנֶ֖ה עַל־אֹיְבֶ֑יךָ וְנִ֨שְׁמַרְתָּ֔ יח
יא מִכֹּ֖ל דָּבָ֥ר רָֽע׃ כִּֽי־יִהְיֶ֤ה בְךָ֙ אִ֔ישׁ אֲשֶׁ֛ר לֹא־יִהְיֶ֥ה טָה֖וֹר מִקְּרֵה־
יב לָ֑יְלָה וְיָצָא֙ אֶל־מִח֣וּץ לַֽמַּחֲנֶ֔ה לֹ֥א יָבֹ֖א אֶל־תּ֥וֹךְ הַֽמַּחֲנֶֽה׃ וְהָיָ֥ה
לִפְנֽוֹת־עֶ֖רֶב יִרְחַ֣ץ בַּמָּ֑יִם וּכְבֹ֣א הַשֶּׁ֔מֶשׁ יָבֹ֖א אֶל־תּ֥וֹךְ הַֽמַּחֲנֶֽה׃
יג יד וְיָד֙ תִּהְיֶ֣ה לְךָ֔ מִח֖וּץ לַֽמַּחֲנֶ֑ה וְיָצָ֥אתָ שָׁ֖מָּה חֽוּץ׃ וְיָתֵ֛ד תִּהְיֶ֥ה לְךָ֖

עַל־אֲזֵנֶךָ וְהָיָה בְּשִׁבְתְּךָ חוּץ וְחָפַרְתָּה בָהּ וְשַׁבְתָּ וְכִסִּיתָ אֶת־
צֵאָתֶךָ: כִּי יְהוָה אֱלֹהֶיךָ מִתְהַלֵּךְ ׀ בְּקֶרֶב מַחֲנֶךָ לְהַצִּילְךָ וְלָתֵת טו
אֹיְבֶיךָ לְפָנֶיךָ וְהָיָה מַחֲנֶיךָ קָדוֹשׁ וְלֹא־יִרְאֶה בְךָ עֶרְוַת דָּבָר
וְשָׁב מֵאַחֲרֶיךָ: לֹא־תַסְגִּיר עֶבֶד אֶל־אֲדֹנָיו אֲשֶׁר־ טז
יִנָּצֵל אֵלֶיךָ מֵעִם אֲדֹנָיו: עִמְּךָ יֵשֵׁב בְּקִרְבְּךָ בַּמָּקוֹם אֲשֶׁר־יִבְחַר יז
בְּאַחַד שְׁעָרֶיךָ בַּטּוֹב לוֹ לֹא תּוֹנֶנּוּ: לֹא־תִהְיֶה יח
קְדֵשָׁה מִבְּנוֹת יִשְׂרָאֵל וְלֹא־יִהְיֶה קָדֵשׁ מִבְּנֵי יִשְׂרָאֵל: לֹא־תָבִיא יט
אֶתְנַן זוֹנָה וּמְחִיר כֶּלֶב בֵּית יְהוָה אֱלֹהֶיךָ לְכָל־נֶדֶר כִּי תוֹעֲבַת
יְהוָה אֱלֹהֶיךָ גַּם־שְׁנֵיהֶם: לֹא־תַשִּׁיךְ לְאָחִיךָ נֶשֶׁךְ כ
כֶּסֶף נֶשֶׁךְ אֹכֶל נֶשֶׁךְ כָּל־דָּבָר אֲשֶׁר יִשָּׁךְ: לַנָּכְרִי תַשִּׁיךְ וּלְאָחִיךָ כא
לֹא תַשִּׁיךְ לְמַעַן יְבָרֶכְךָ יְהוָה אֱלֹהֶיךָ בְּכֹל מִשְׁלַח יָדֶךָ עַל־הָאָרֶץ
יט אֲשֶׁר־אַתָּה בָא־שָׁמָּה לְרִשְׁתָּהּ: כִּי־תִדֹּר נֶדֶר כב
לַיהוָה אֱלֹהֶיךָ לֹא תְאַחֵר לְשַׁלְּמוֹ כִּי־דָרֹשׁ יִדְרְשֶׁנּוּ יְהוָה אֱלֹהֶיךָ
מֵעִמָּךְ וְהָיָה בְךָ חֵטְא: וְכִי תֶחְדַּל לִנְדֹּר לֹא־יִהְיֶה בְךָ חֵטְא: כג
מוֹצָא שְׂפָתֶיךָ תִּשְׁמֹר וְעָשִׂיתָ כַּאֲשֶׁר נָדַרְתָּ לַיהוָה אֱלֹהֶיךָ נְדָבָה כד
חמישי אֲשֶׁר דִּבַּרְתָּ בְּפִיךָ: כִּי תָבֹא בְּכֶרֶם רֵעֶךָ וְאָכַלְתָּ כה
עֲנָבִים כְּנַפְשְׁךָ שָׂבְעֶךָ וְאֶל־כֶּלְיְךָ לֹא תִתֵּן: כִּי כו
תָבֹא בְּקָמַת רֵעֶךָ וְקָטַפְתָּ מְלִילֹת בְּיָדֶךָ וְחֶרְמֵשׁ לֹא תָנִיף עַל
קָמַת רֵעֶךָ: כִּי־יִקַּח אִישׁ אִשָּׁה וּבְעָלָהּ וְהָיָה אִם־לֹא א כד
תִמְצָא־חֵן בְּעֵינָיו כִּי־מָצָא בָהּ עֶרְוַת דָּבָר וְכָתַב לָהּ סֵפֶר כְּרִיתֻת
וְנָתַן בְּיָדָהּ וְשִׁלְּחָהּ מִבֵּיתוֹ: וְיָצְאָה מִבֵּיתוֹ וְהָלְכָה וְהָיְתָה ב
לְאִישׁ־אַחֵר: וּשְׂנֵאָהּ הָאִישׁ הָאַחֲרוֹן וְכָתַב לָהּ סֵפֶר כְּרִיתֻת ג
וְנָתַן בְּיָדָהּ וְשִׁלְּחָהּ מִבֵּיתוֹ אוֹ כִי יָמוּת הָאִישׁ הָאַחֲרוֹן אֲשֶׁר־
לְקָחָהּ לוֹ לְאִשָּׁה: לֹא־יוּכַל בַּעְלָהּ הָרִאשׁוֹן אֲשֶׁר־שִׁלְּחָהּ לָשׁוּב ד
לְקַחְתָּהּ לִהְיוֹת לוֹ לְאִשָּׁה אַחֲרֵי אֲשֶׁר הֻטַּמָּאָה כִּי־תוֹעֵבָה
הִוא לִפְנֵי יְהוָה וְלֹא תַחֲטִיא אֶת־הָאָרֶץ אֲשֶׁר יְהוָה אֱלֹהֶיךָ נֹתֵן
ששי לְךָ נַחֲלָה: כִּי־יִקַּח אִישׁ אִשָּׁה חֲדָשָׁה לֹא יֵצֵא ה

בַּצָּבָא וְלֹא־יַעֲבֹר עָלָיו לְכָל־דָּבָר נָקִי יִהְיֶה לְבֵיתוֹ שָׁנָה אֶחָת
ו וְשִׂמַּח אֶת־אִשְׁתּוֹ אֲשֶׁר־לָקָח׃ לֹא־יַחֲבֹל רֵחַיִם וָרָכֶב כִּי־נֶפֶשׁ
ז הוּא חֹבֵל׃ כִּי־יִמָּצֵא אִישׁ גֹּנֵב נֶפֶשׁ מֵאֶחָיו מִבְּנֵי
יִשְׂרָאֵל וְהִתְעַמֶּר־בּוֹ וּמְכָרוֹ וּמֵת הַגַּנָּב הַהוּא וּבִעַרְתָּ הָרָע
ח מִקִּרְבֶּךָ׃ הִשָּׁמֶר בְּנֶגַע־הַצָּרַעַת לִשְׁמֹר מְאֹד
וְלַעֲשׂוֹת כְּכֹל אֲשֶׁר־יוֹרוּ אֶתְכֶם הַכֹּהֲנִים הַלְוִיִּם כַּאֲשֶׁר צִוִּיתִם
ט תִּשְׁמְרוּ לַעֲשׂוֹת׃ זָכוֹר אֵת אֲשֶׁר־עָשָׂה יהוה אֱלֹהֶיךָ לְמִרְיָם
י בַּדֶּרֶךְ בְּצֵאתְכֶם מִמִּצְרָיִם׃ כִּי־תַשֶּׁה בְרֵעֲךָ
יא מַשַּׁאת מְאוּמָה לֹא־תָבֹא אֶל־בֵּיתוֹ לַעֲבֹט עֲבֹטוֹ׃ בַּחוּץ
תַּעֲמֹד וְהָאִישׁ אֲשֶׁר אַתָּה נֹשֶׁה בוֹ יוֹצִיא אֵלֶיךָ אֶת־הַעֲבוֹט
יב יג הַחוּצָה׃ וְאִם־אִישׁ עָנִי הוּא לֹא תִשְׁכַּב בַּעֲבֹטוֹ׃ הָשֵׁב תָּשִׁיב
לוֹ אֶת־הָעֲבוֹט כְּבוֹא הַשֶּׁמֶשׁ וְשָׁכַב בְּשַׂלְמָתוֹ וּבֵרְכֶךָּ וּלְךָ
יד תִּהְיֶה צְדָקָה לִפְנֵי יהוה אֱלֹהֶיךָ׃ לֹא־תַעֲשֹׁק שביעי
שָׂכִיר עָנִי וְאֶבְיוֹן מֵאַחֶיךָ אוֹ מִגֵּרְךָ אֲשֶׁר בְּאַרְצְךָ בִּשְׁעָרֶיךָ׃
טו בְּיוֹמוֹ תִתֵּן שְׂכָרוֹ וְלֹא־תָבוֹא עָלָיו הַשֶּׁמֶשׁ כִּי עָנִי הוּא וְאֵלָיו
הוּא נֹשֵׂא אֶת־נַפְשׁוֹ וְלֹא־יִקְרָא עָלֶיךָ אֶל־יהוה וְהָיָה בְךָ
טז חֵטְא׃ לֹא־יוּמְתוּ אָבוֹת עַל־בָּנִים וּבָנִים לֹא־
יז יוּמְתוּ עַל־אָבוֹת אִישׁ בְּחֶטְאוֹ יוּמָתוּ׃ לֹא תַטֶּה
יח מִשְׁפַּט גֵּר יָתוֹם וְלֹא תַחֲבֹל בֶּגֶד אַלְמָנָה׃ וְזָכַרְתָּ כִּי עֶבֶד הָיִיתָ
בְּמִצְרַיִם וַיִּפְדְּךָ יהוה אֱלֹהֶיךָ מִשָּׁם עַל־כֵּן אָנֹכִי מְצַוְּךָ לַעֲשׂוֹת
יט אֶת־הַדָּבָר הַזֶּה׃ כִּי תִקְצֹר קְצִירְךָ בְשָׂדֶךָ וְשָׁכַחְתָּ כ
עֹמֶר בַּשָּׂדֶה לֹא תָשׁוּב לְקַחְתּוֹ לַגֵּר לַיָּתוֹם וְלָאַלְמָנָה יִהְיֶה
כ לְמַעַן יְבָרֶכְךָ יהוה אֱלֹהֶיךָ בְּכֹל מַעֲשֵׂה יָדֶיךָ׃ כִּי
תַחְבֹּט זֵיתְךָ לֹא תְפַאֵר אַחֲרֶיךָ לַגֵּר לַיָּתוֹם וְלָאַלְמָנָה יִהְיֶה׃
כא כִּי תִבְצֹר כַּרְמְךָ לֹא תְעוֹלֵל אַחֲרֶיךָ לַגֵּר לַיָּתוֹם וְלָאַלְמָנָה יִהְיֶה׃
כב וְזָכַרְתָּ כִּי־עֶבֶד הָיִיתָ בְּאֶרֶץ מִצְרָיִם עַל־כֵּן אָנֹכִי מְצַוְּךָ לַעֲשׂוֹת
כה א אֶת־הַדָּבָר הַזֶּה׃ כִּי־יִהְיֶה רִיב בֵּין אֲנָשִׁים וְנִגְּשׁוּ

אֶל־הַמִּשְׁפָּט וּשְׁפָטוּם וְהִצְדִּיקוּ אֶת־הַצַּדִּיק וְהִרְשִׁיעוּ אֶת־
ב הָרָשָׁע׃ וְהָיָה אִם־בִּן הַכּוֹת הָרָשָׁע וְהִפִּילוֹ הַשֹּׁפֵט וְהִכָּהוּ
ג לְפָנָיו כְּדֵי רִשְׁעָתוֹ בְּמִסְפָּר׃ אַרְבָּעִים יַכֶּנּוּ לֹא יֹסִיף פֶּן־יֹסִיף
ד לְהַכֹּתוֹ עַל־אֵלֶּה מַכָּה רַבָּה וְנִקְלָה אָחִיךָ לְעֵינֶיךָ׃ לֹא־תַחְסֹם
ה שׁוֹר בְּדִישׁוֹ׃ כִּי־יֵשְׁבוּ אַחִים יַחְדָּו וּמֵת אַחַד
מֵהֶם וּבֵן אֵין־לוֹ לֹא־תִהְיֶה אֵשֶׁת־הַמֵּת הַחוּצָה לְאִישׁ זָר יְבָמָהּ
ו יָבֹא עָלֶיהָ וּלְקָחָהּ לוֹ לְאִשָּׁה וְיִבְּמָהּ׃ וְהָיָה הַבְּכוֹר אֲשֶׁר תֵּלֵד
ז יָקוּם עַל־שֵׁם אָחִיו הַמֵּת וְלֹא־יִמָּחֶה שְׁמוֹ מִיִּשְׂרָאֵל׃ וְאִם־
לֹא יַחְפֹּץ הָאִישׁ לָקַחַת אֶת־יְבִמְתּוֹ וְעָלְתָה יְבִמְתּוֹ הַשַּׁעְרָה
אֶל־הַזְּקֵנִים וְאָמְרָה מֵאֵין יְבָמִי לְהָקִים לְאָחִיו שֵׁם בְּיִשְׂרָאֵל
ח לֹא אָבָה יַבְּמִי׃ וְקָרְאוּ־לוֹ זִקְנֵי־עִירוֹ וְדִבְּרוּ אֵלָיו וְעָמַד וְאָמַר
ט לֹא חָפַצְתִּי לְקַחְתָּהּ׃ וְנִגְּשָׁה יְבִמְתּוֹ אֵלָיו לְעֵינֵי הַזְּקֵנִים וְחָלְצָה
נַעֲלוֹ מֵעַל רַגְלוֹ וְיָרְקָה בְּפָנָיו וְעָנְתָה וְאָמְרָה כָּכָה יֵעָשֶׂה לָאִישׁ
י אֲשֶׁר לֹא־יִבְנֶה אֶת־בֵּית אָחִיו׃ וְנִקְרָא שְׁמוֹ בְּיִשְׂרָאֵל בֵּית חֲלוּץ
יא הַנָּעַל׃ כִּי־יִנָּצוּ אֲנָשִׁים יַחְדָּו אִישׁ וְאָחִיו וְקָרְבָה
אֵשֶׁת הָאֶחָד לְהַצִּיל אֶת־אִישָׁהּ מִיַּד מַכֵּהוּ וְשָׁלְחָה יָדָהּ וְהֶחֱזִיקָה
יב יג בִּמְבֻשָׁיו׃ וְקַצֹּתָה אֶת־כַּפָּהּ לֹא תָחוֹס עֵינֶךָ׃ לֹא־
יד יִהְיֶה לְךָ בְּכִיסְךָ אֶבֶן וָאָבֶן גְּדוֹלָה וּקְטַנָּה׃ לֹא־יִהְיֶה לְךָ בְּבֵיתְךָ
טו אֵיפָה וְאֵיפָה גְּדוֹלָה וּקְטַנָּה׃ אֶבֶן שְׁלֵמָה וָצֶדֶק יִהְיֶה־לָּךְ אֵיפָה
שְׁלֵמָה וָצֶדֶק יִהְיֶה־לָּךְ לְמַעַן יַאֲרִיכוּ יָמֶיךָ עַל הָאֲדָמָה אֲשֶׁר־
טז יְהוָה אֱלֹהֶיךָ נֹתֵן לָךְ׃ כִּי תוֹעֲבַת יְהוָה אֱלֹהֶיךָ כָּל־עֹשֵׂה אֵלֶּה
כֹּל עֹשֵׂה עָוֶל׃

מפטיר יז יח זָכוֹר אֵת אֲשֶׁר־עָשָׂה לְךָ עֲמָלֵק בַּדֶּרֶךְ בְּצֵאתְכֶם מִמִּצְרָיִם׃ אֲשֶׁר
קָרְךָ בַּדֶּרֶךְ וַיְזַנֵּב בְּךָ כָּל־הַנֶּחֱשָׁלִים אַחֲרֶיךָ וְאַתָּה עָיֵף וְיָגֵעַ וְלֹא
יט יָרֵא אֱלֹהִים׃ וְהָיָה בְּהָנִיחַ יְהוָה אֱלֹהֶיךָ לְךָ מִכָּל־אֹיְבֶיךָ מִסָּבִיב
בָּאָרֶץ אֲשֶׁר־יְהוָה אֱלֹהֶיךָ נֹתֵן לְךָ נַחֲלָה לְרִשְׁתָּהּ תִּמְחֶה אֶת־
זֵכֶר עֲמָלֵק מִתַּחַת הַשָּׁמָיִם לֹא תִּשְׁכָּח׃

א וְהָיָה֙ כִּֽי־תָב֣וֹא אֶל־הָאָ֔רֶץ אֲשֶׁר֙ יְהוָ֣ה אֱלֹהֶ֔יךָ נֹתֵ֥ן לְךָ֖ נַחֲלָ֑ה כא
ב וִֽירִשְׁתָּ֖הּ וְיָשַׁ֥בְתָּ בָּֽהּ׃ וְלָקַחְתָּ֞ מֵרֵאשִׁ֣ית ׀ כָּל־פְּרִ֣י הָאֲדָמָ֗ה אֲשֶׁ֨ר
תָּבִ֧יא מֵֽאַרְצְךָ֛ אֲשֶׁ֨ר יְהוָ֧ה אֱלֹהֶ֛יךָ נֹתֵ֥ן לָ֖ךְ וְשַׂמְתָּ֣ בַטֶּ֑נֶא וְהָֽלַכְתָּ֙
ג אֶל־הַמָּק֔וֹם אֲשֶׁ֤ר יִבְחַר֙ יְהוָ֣ה אֱלֹהֶ֔יךָ לְשַׁכֵּ֥ן שְׁמ֖וֹ שָֽׁם׃ וּבָאתָ֙
אֶל־הַכֹּהֵ֔ן אֲשֶׁ֥ר יִהְיֶ֖ה בַּיָּמִ֣ים הָהֵ֑ם וְאָמַרְתָּ֣ אֵלָ֗יו הִגַּ֤דְתִּי הַיּוֹם֙
לַיהוָ֣ה אֱלֹהֶ֔יךָ כִּי־בָ֙אתִי֙ אֶל־הָאָ֔רֶץ אֲשֶׁ֨ר נִשְׁבַּ֧ע יְהוָ֛ה לַאֲבֹתֵ֖ינוּ
ד לָ֥תֶת לָֽנוּ׃ וְלָקַ֧ח הַכֹּהֵ֛ן הַטֶּ֖נֶא מִיָּדֶ֑ךָ וְהִ֨נִּיח֔וֹ לִפְנֵ֕י מִזְבַּ֖ח יְהוָ֥ה
ה אֱלֹהֶֽיךָ׃ וְעָנִ֨יתָ וְאָמַרְתָּ֜ לִפְנֵ֣י ׀ יְהוָ֣ה אֱלֹהֶ֗יךָ אֲרַמִּי֙ אֹבֵ֣ד אָבִ֔י וַיֵּ֣רֶד
מִצְרַ֔יְמָה וַיָּ֥גָר שָׁ֖ם בִּמְתֵ֣י מְעָ֑ט וַֽיְהִי־שָׁ֕ם לְג֥וֹי גָּד֖וֹל עָצ֥וּם וָרָֽב׃
ו ז וַיָּרֵ֧עוּ אֹתָ֛נוּ הַמִּצְרִ֖ים וַיְעַנּ֑וּנוּ וַיִּתְּנ֥וּ עָלֵ֖ינוּ עֲבֹדָ֥ה קָשָֽׁה׃ וַנִּצְעַ֕ק
אֶל־יְהוָ֖ה אֱלֹהֵ֣י אֲבֹתֵ֑ינוּ וַיִּשְׁמַ֤ע יְהוָה֙ אֶת־קֹלֵ֔נוּ וַיַּ֧רְא אֶת־
ח עָנְיֵ֛נוּ וְאֶת־עֲמָלֵ֖נוּ וְאֶת־לַחֲצֵֽנוּ׃ וַיּוֹצִאֵ֤נוּ יְהוָה֙ מִמִּצְרַ֔יִם בְּיָ֤ד חֲזָקָה֙
ט וּבִזְרֹ֣עַ נְטוּיָ֔ה וּבְמֹרָ֖א גָּדֹ֑ל וּבְאֹת֖וֹת וּבְמֹפְתִֽים׃ וַיְבִאֵ֖נוּ אֶל־
הַמָּק֣וֹם הַזֶּ֑ה וַיִּתֶּן־לָ֙נוּ֙ אֶת־הָאָ֣רֶץ הַזֹּ֔את אֶ֛רֶץ זָבַ֥ת חָלָ֖ב וּדְבָֽשׁ׃
י וְעַתָּ֗ה הִנֵּ֤ה הֵבֵ֙אתִי֙ אֶת־רֵאשִׁית֙ פְּרִ֣י הָאֲדָמָ֔ה אֲשֶׁר־נָתַ֥תָּה לִּ֖י
יְהוָ֑ה וְהִנַּחְתּ֗וֹ לִפְנֵי֙ יְהוָ֣ה אֱלֹהֶ֔יךָ וְהִֽשְׁתַּחֲוִ֔יתָ לִפְנֵ֖י יְהוָ֥ה אֱלֹהֶֽיךָ׃
יא וְשָׂמַחְתָּ֣ בְכָל־הַטּ֗וֹב אֲשֶׁ֧ר נָֽתַן־לְךָ֛ יְהוָ֥ה אֱלֹהֶ֖יךָ וּלְבֵיתֶ֑ךָ אַתָּה֙
יב וְהַלֵּוִ֔י וְהַגֵּ֖ר אֲשֶׁ֥ר בְּקִרְבֶּֽךָ׃   כִּ֣י תְכַלֶּ֞ה לַ֠עְשֵׂ֠ר אֶֽת־ שני
כָּל־מַעְשַׂ֧ר תְּבוּאָתְךָ֛ בַּשָּׁנָ֥ה הַשְּׁלִישִׁ֖ת שְׁנַ֣ת הַֽמַּעֲשֵׂ֑ר וְנָתַתָּ֣ה
יג לַלֵּוִ֗י לַגֵּר֙ לַיָּת֣וֹם וְלָאַלְמָנָ֔ה וְאָכְל֥וּ בִשְׁעָרֶ֖יךָ וְשָׂבֵֽעוּ׃ וְאָמַרְתָּ֡
לִפְנֵי֩ יְהוָ֨ה אֱלֹהֶ֜יךָ בִּעַ֧רְתִּי הַקֹּ֣דֶשׁ מִן־הַבַּ֗יִת וְגַ֨ם נְתַתִּ֤יו לַלֵּוִי֙
וְלַגֵּר֙ לַיָּת֣וֹם וְלָאַלְמָנָ֔ה כְּכָל־מִצְוָתְךָ֖ אֲשֶׁ֣ר צִוִּיתָ֑נִי לֹֽא־עָבַ֥רְתִּי
יד מִמִּצְוֺתֶ֖יךָ וְלֹ֥א שָׁכָֽחְתִּי׃ לֹא־אָכַ֨לְתִּי בְאֹנִ֜י מִמֶּ֗נּוּ וְלֹֽא־בִעַ֤רְתִּי
מִמֶּ֙נּוּ֙ בְּטָמֵ֔א וְלֹא־נָתַ֥תִּי מִמֶּ֖נּוּ לְמֵ֑ת שָׁמַ֗עְתִּי בְּקוֹל֙ יְהוָ֣ה אֱלֹהָ֔י
טו עָשִׂ֕יתִי כְּכֹ֖ל אֲשֶׁ֥ר צִוִּיתָֽנִי׃ הַשְׁקִ֩יפָה֩ מִמְּע֨וֹן קָדְשְׁךָ֜ מִן־הַשָּׁמַ֗יִם
וּבָרֵ֤ךְ אֶֽת־עַמְּךָ֙ אֶת־יִשְׂרָאֵ֔ל וְאֵת֙ הָאֲדָמָ֔ה אֲשֶׁ֥ר נָתַ֖תָּה לָ֑נוּ כַּאֲשֶׁ֤ר
טז נִשְׁבַּ֙עְתָּ֙ לַאֲבֹתֵ֔ינוּ אֶ֛רֶץ זָבַ֥ת חָלָ֖ב וּדְבָֽשׁ׃   הַיּ֣וֹם שלישי

הַזֶּה יְהוָה אֱלֹהֶיךָ מְצַוְּךָ לַעֲשׂוֹת אֶת־הַחֻקִּים הָאֵלֶּה וְאֶת־
הַמִּשְׁפָּטִים וְשָׁמַרְתָּ וְעָשִׂיתָ אוֹתָם בְּכָל־לְבָבְךָ וּבְכָל־נַפְשֶׁךָ׃
יז אֶת־יְהוָה הֶאֱמַרְתָּ הַיּוֹם לִהְיוֹת לְךָ לֵאלֹהִים וְלָלֶכֶת בִּדְרָכָיו
יח וְלִשְׁמֹר חֻקָּיו וּמִצְוֺתָיו וּמִשְׁפָּטָיו וְלִשְׁמֹעַ בְּקֹלוֹ׃ וַיהוָה הֶאֱמִירְךָ
הַיּוֹם לִהְיוֹת לוֹ לְעַם סְגֻלָּה כַּאֲשֶׁר דִּבֶּר־לָךְ וְלִשְׁמֹר כָּל־מִצְוֺתָיו׃
יט וּלְתִתְּךָ עֶלְיוֹן עַל כָּל־הַגּוֹיִם אֲשֶׁר עָשָׂה לִתְהִלָּה וּלְשֵׁם וּלְתִפְאָרֶת
וְלִהְיֹתְךָ עַם־קָדֹשׁ לַיהוָה אֱלֹהֶיךָ כַּאֲשֶׁר דִּבֵּר׃
רביעי א כז וַיְצַו מֹשֶׁה וְזִקְנֵי יִשְׂרָאֵל אֶת־הָעָם לֵאמֹר שָׁמֹר אֶת־כָּל־הַמִּצְוָה
ב אֲשֶׁר אָנֹכִי מְצַוֶּה אֶתְכֶם הַיּוֹם׃ וְהָיָה בַּיּוֹם אֲשֶׁר תַּעַבְרוּ אֶת־
הַיַּרְדֵּן אֶל־הָאָרֶץ אֲשֶׁר־יְהוָה אֱלֹהֶיךָ נֹתֵן לָךְ וַהֲקֵמֹתָ לְךָ אֲבָנִים
ג גְּדֹלוֹת וְשַׂדְתָּ אֹתָם בַּשִּׂיד׃ וְכָתַבְתָּ עֲלֵיהֶן אֶת־כָּל־דִּבְרֵי הַתּוֹרָה
הַזֹּאת בְּעָבְרֶךָ לְמַעַן אֲשֶׁר תָּבֹא אֶל־הָאָרֶץ אֲשֶׁר־יְהוָה אֱלֹהֶיךָ ׀
נֹתֵן לְךָ אֶרֶץ זָבַת חָלָב וּדְבַשׁ כַּאֲשֶׁר דִּבֶּר יְהוָה אֱלֹהֵי־אֲבֹתֶיךָ
ד לָךְ׃ וְהָיָה בְּעָבְרְכֶם אֶת־הַיַּרְדֵּן תָּקִימוּ אֶת־הָאֲבָנִים הָאֵלֶּה
אֲשֶׁר אָנֹכִי מְצַוֶּה אֶתְכֶם הַיּוֹם בְּהַר עֵיבָל וְשַׂדְתָּ אוֹתָם בַּשִּׂיד׃
ה וּבָנִיתָ שָּׁם מִזְבֵּחַ לַיהוָה אֱלֹהֶיךָ מִזְבַּח אֲבָנִים לֹא־תָנִיף עֲלֵיהֶם
ו בַּרְזֶל׃ אֲבָנִים שְׁלֵמוֹת תִּבְנֶה אֶת־מִזְבַּח יְהוָה אֱלֹהֶיךָ וְהַעֲלִיתָ
ז עָלָיו עוֹלֹת לַיהוָה אֱלֹהֶיךָ׃ וְזָבַחְתָּ שְׁלָמִים וְאָכַלְתָּ שָּׁם וְשָׂמַחְתָּ
ח לִפְנֵי יְהוָה אֱלֹהֶיךָ׃ וְכָתַבְתָּ עַל־הָאֲבָנִים אֶת־כָּל־דִּבְרֵי הַתּוֹרָה
ט הַזֹּאת בַּאֵר הֵיטֵב׃ וַיְדַבֵּר מֹשֶׁה וְהַכֹּהֲנִים הַלְוִיִּם
אֶל־כָּל־יִשְׂרָאֵל לֵאמֹר הַסְכֵּת ׀ וּשְׁמַע יִשְׂרָאֵל הַיּוֹם הַזֶּה נִהְיֵיתָ
י לְעָם לַיהוָה אֱלֹהֶיךָ׃ וְשָׁמַעְתָּ בְּקוֹל יְהוָה אֱלֹהֶיךָ וְעָשִׂיתָ אֶת־
חמישי יא מִצְוֺתָו וְאֶת־חֻקָּיו אֲשֶׁר אָנֹכִי מְצַוְּךָ הַיּוֹם׃ וַיְצַו
יב מֹשֶׁה אֶת־הָעָם בַּיּוֹם הַהוּא לֵאמֹר׃ אֵלֶּה יַעַמְדוּ לְבָרֵךְ אֶת־
הָעָם עַל־הַר גְּרִזִּים בְּעָבְרְכֶם אֶת־הַיַּרְדֵּן שִׁמְעוֹן וְלֵוִי וִיהוּדָה
יג וְיִשָּׂשכָר וְיוֹסֵף וּבִנְיָמִן׃ וְאֵלֶּה יַעַמְדוּ עַל־הַקְּלָלָה בְּהַר עֵיבָל
יד רְאוּבֵן גָּד וְאָשֵׁר וּזְבוּלֻן דָּן וְנַפְתָּלִי׃ וְעָנוּ הַלְוִיִּם וְאָמְרוּ אֶל־כָּל־

טו אִישׁ יִשְׂרָאֵל קוֹל רָם׃ אָרוּר הָאִישׁ אֲשֶׁר יַעֲשֶׂה
פֶסֶל וּמַסֵּכָה תּוֹעֲבַת יהוה מַעֲשֵׂה יְדֵי חָרָשׁ וְשָׂם בַּסָּתֶר וְעָנוּ
טז כָל־הָעָם וְאָמְרוּ אָמֵן׃ אָרוּר מַקְלֶה אָבִיו וְאִמּוֹ
יז וְאָמַר כָּל־הָעָם אָמֵן׃ אָרוּר מַסִּיג גְּבוּל רֵעֵהוּ
יח וְאָמַר כָּל־הָעָם אָמֵן׃ אָרוּר מַשְׁגֶּה עִוֵּר בַּדָּרֶךְ
יט וְאָמַר כָּל־הָעָם אָמֵן׃ אָרוּר מַטֶּה מִשְׁפַּט גֵּר־
כ יָתוֹם וְאַלְמָנָה וְאָמַר כָּל־הָעָם אָמֵן׃ אָרוּר שֹׁכֵב עִם־אֵשֶׁת
כא אָבִיו כִּי גִלָּה כְּנַף אָבִיו וְאָמַר כָּל־הָעָם אָמֵן׃ אָרוּר
כב שֹׁכֵב עִם־כָּל־בְּהֵמָה וְאָמַר כָּל־הָעָם אָמֵן׃ אָרוּר
שֹׁכֵב עִם־אֲחֹתוֹ בַּת־אָבִיו אוֹ בַת־אִמּוֹ וְאָמַר כָּל־הָעָם
כג אָמֵן׃ אָרוּר שֹׁכֵב עִם־חֹתַנְתּוֹ וְאָמַר כָּל־הָעָם
כד אָמֵן׃ אָרוּר מַכֵּה רֵעֵהוּ בַּסָּתֶר וְאָמַר כָּל־הָעָם
כה אָמֵן׃ אָרוּר לֹקֵחַ שֹׁחַד לְהַכּוֹת נֶפֶשׁ דָּם נָקִי
כו וְאָמַר כָּל־הָעָם אָמֵן׃ אָרוּר אֲשֶׁר לֹא־יָקִים
אֶת־דִּבְרֵי הַתּוֹרָה־הַזֹּאת לַעֲשׂוֹת אוֹתָם וְאָמַר כָּל־הָעָם
אָמֵן׃

כח א וְהָיָה אִם־שָׁמוֹעַ תִּשְׁמַע בְּקוֹל יְהוָה אֱלֹהֶיךָ לִשְׁמֹר לַעֲשׂוֹת אֶת־ כב
כָּל־מִצְוֺתָיו אֲשֶׁר אָנֹכִי מְצַוְּךָ הַיּוֹם וּנְתָנְךָ יְהוָה אֱלֹהֶיךָ עֶלְיוֹן
ב עַל כָּל־גּוֹיֵי הָאָרֶץ׃ וּבָאוּ עָלֶיךָ כָּל־הַבְּרָכוֹת הָאֵלֶּה וְהִשִּׂיגֻךָ
ג כִּי תִשְׁמַע בְּקוֹל יְהוָה אֱלֹהֶיךָ׃ בָּרוּךְ אַתָּה בָּעִיר וּבָרוּךְ אַתָּה
ד בַּשָּׂדֶה׃ בָּרוּךְ פְּרִי־בִטְנְךָ וּפְרִי אַדְמָתְךָ וּפְרִי בְהֶמְתֶּךָ שְׁגַר
ה ו אֲלָפֶיךָ וְעַשְׁתְּרוֹת צֹאנֶךָ׃ בָּרוּךְ טַנְאֲךָ וּמִשְׁאַרְתֶּךָ׃ בָּרוּךְ אַתָּה
ז בְּבֹאֶךָ וּבָרוּךְ אַתָּה בְּצֵאתֶךָ׃ יִתֵּן יְהוָה אֶת־אֹיְבֶיךָ הַקָּמִים ששי
עָלֶיךָ נִגָּפִים לְפָנֶיךָ בְּדֶרֶךְ אֶחָד יֵצְאוּ אֵלֶיךָ וּבְשִׁבְעָה דְרָכִים
ח יָנוּסוּ לְפָנֶיךָ׃ יְצַו יְהוָה אִתְּךָ אֶת־הַבְּרָכָה בַּאֲסָמֶיךָ וּבְכֹל
ט מִשְׁלַח יָדֶךָ וּבֵרַכְךָ בָּאָרֶץ אֲשֶׁר־יְהוָה אֱלֹהֶיךָ נֹתֵן לָךְ׃ יְקִימְךָ
יְהוָה לוֹ לְעַם קָדוֹשׁ כַּאֲשֶׁר נִשְׁבַּע־לָךְ כִּי תִשְׁמֹר אֶת־מִצְוֺת

יְהוָה אֱלֹהֶיךָ וְהָלַכְתָּ בִּדְרָכָיו׃ וְרָאוּ כָּל־עַמֵּי הָאָרֶץ כִּי שֵׁם י
יְהוָה נִקְרָא עָלֶיךָ וְיָרְאוּ מִמֶּךָּ׃ וְהוֹתִרְךָ יְהוָה לְטוֹבָה בִּפְרִי יא
בִטְנְךָ וּבִפְרִי בְהֶמְתְּךָ וּבִפְרִי אַדְמָתֶךָ עַל הָאֲדָמָה אֲשֶׁר נִשְׁבַּע
יְהוָה לַאֲבֹתֶיךָ לָתֶת לָךְ׃ יִפְתַּח יְהוָה ׀ לְךָ אֶת־אוֹצָרוֹ הַטּוֹב יב
אֶת־הַשָּׁמַיִם לָתֵת מְטַר־אַרְצְךָ בְּעִתּוֹ וּלְבָרֵךְ אֵת כָּל־מַעֲשֵׂה
יָדֶךָ וְהִלְוִיתָ גּוֹיִם רַבִּים וְאַתָּה לֹא תִלְוֶה׃ וּנְתָנְךָ יְהוָה לְרֹאשׁ יג
וְלֹא לְזָנָב וְהָיִיתָ רַק לְמַעְלָה וְלֹא תִהְיֶה לְמָטָּה כִּי־תִשְׁמַע אֶל־
מִצְוֹת ׀ יְהוָה אֱלֹהֶיךָ אֲשֶׁר אָנֹכִי מְצַוְּךָ הַיּוֹם לִשְׁמֹר וְלַעֲשׂוֹת׃
וְלֹא תָסוּר מִכָּל־הַדְּבָרִים אֲשֶׁר אָנֹכִי מְצַוֶּה אֶתְכֶם הַיּוֹם יָמִין יד
וּשְׂמֹאול לָלֶכֶת אַחֲרֵי אֱלֹהִים אֲחֵרִים לְעָבְדָם׃

וְהָיָה אִם־לֹא תִשְׁמַע בְּקוֹל יְהוָה אֱלֹהֶיךָ לִשְׁמֹר לַעֲשׂוֹת אֶת־כָּל־ טו
מִצְוֹתָיו וְחֻקֹּתָיו אֲשֶׁר אָנֹכִי מְצַוְּךָ הַיּוֹם וּבָאוּ עָלֶיךָ כָּל־הַקְּלָלוֹת
הָאֵלֶּה וְהִשִּׂיגוּךָ׃ אָרוּר אַתָּה בָּעִיר וְאָרוּר אַתָּה בַּשָּׂדֶה׃ אָרוּר טז יז
טַנְאֲךָ וּמִשְׁאַרְתֶּךָ׃ אָרוּר פְּרִי־בִטְנְךָ וּפְרִי אַדְמָתֶךָ שְׁגַר אֲלָפֶיךָ יח
וְעַשְׁתְּרֹת צֹאנֶךָ׃ אָרוּר אַתָּה בְּבֹאֶךָ וְאָרוּר אַתָּה בְּצֵאתֶךָ׃ יט
יְשַׁלַּח יְהוָה ׀ בְּךָ אֶת־הַמְּאֵרָה אֶת־הַמְּהוּמָה וְאֶת־הַמִּגְעֶרֶת כ
בְּכָל־מִשְׁלַח יָדְךָ אֲשֶׁר תַּעֲשֶׂה עַד הִשָּׁמֶדְךָ וְעַד־אֲבָדְךָ מַהֵר
מִפְּנֵי רֹעַ מַעֲלָלֶיךָ אֲשֶׁר עֲזַבְתָּנִי׃ יַדְבֵּק יְהוָה בְּךָ אֶת־הַדָּבֶר עַד כא
כַּלֹּתוֹ אֹתְךָ מֵעַל הָאֲדָמָה אֲשֶׁר־אַתָּה בָא־שָׁמָּה לְרִשְׁתָּהּ׃
יַכְּכָה יְהוָה בַּשַּׁחֶפֶת וּבַקַּדַּחַת וּבַדַּלֶּקֶת וּבַחַרְחֻר וּבַחֶרֶב כב
וּבַשִּׁדָּפוֹן וּבַיֵּרָקוֹן וּרְדָפוּךָ עַד אָבְדֶךָ׃ וְהָיוּ שָׁמֶיךָ אֲשֶׁר עַל־ כג
רֹאשְׁךָ נְחֹשֶׁת וְהָאָרֶץ אֲשֶׁר־תַּחְתֶּיךָ בַּרְזֶל׃ יִתֵּן יְהוָה אֶת־ כד
מְטַר אַרְצְךָ אָבָק וְעָפָר מִן־הַשָּׁמַיִם יֵרֵד עָלֶיךָ עַד הִשָּׁמְדָךְ׃
יִתֶּנְךָ יְהוָה ׀ נִגָּף לִפְנֵי אֹיְבֶיךָ בְּדֶרֶךְ אֶחָד תֵּצֵא אֵלָיו וּבְשִׁבְעָה כה
דְרָכִים תָּנוּס לְפָנָיו וְהָיִיתָ לְזַעֲוָה לְכֹל מַמְלְכוֹת הָאָרֶץ׃ וְהָיְתָה כו
נִבְלָתְךָ לְמַאֲכָל לְכָל־עוֹף הַשָּׁמַיִם וּלְבֶהֱמַת הָאָרֶץ וְאֵין מַחֲרִיד׃
יַכְּכָה יְהוָה בִּשְׁחִין מִצְרַיִם וּבָעְפָלִים וּבַגָּרָב וּבֶחָרֶס אֲשֶׁר לֹא־ כז

וּבַטְּחֹרִים

כח תּוּכַל לְהֵרָפֵא: יַכְּכָה יְהוָה בְּשִׁגָּעוֹן וּבְעִוָּרוֹן וּבְתִמְהוֹן לֵבָב:
כט וְהָיִיתָ מְמַשֵּׁשׁ בַּצָּהֳרַיִם כַּאֲשֶׁר יְמַשֵּׁשׁ הָעִוֵּר בָּאֲפֵלָה וְלֹא תַצְלִיחַ
אֶת־דְּרָכֶיךָ וְהָיִיתָ אַךְ עָשׁוּק וְגָזוּל כָּל־הַיָּמִים וְאֵין מוֹשִׁיעַ:
ל אִשָּׁה תְאָרֵשׂ וְאִישׁ אַחֵר ישגלנה בַּיִת תִּבְנֶה וְלֹא־תֵשֵׁב בּוֹ יִשְׁכָּבֶנָּה
לא כֶּרֶם תִּטַּע וְלֹא תְחַלְּלֶנּוּ: שׁוֹרְךָ טָבוּחַ לְעֵינֶיךָ וְלֹא תֹאכַל מִמֶּנּוּ
חֲמֹרְךָ גָּזוּל מִלְּפָנֶיךָ וְלֹא יָשׁוּב לָךְ צֹאנְךָ נְתֻנוֹת לְאֹיְבֶיךָ וְאֵין לְךָ
לב מוֹשִׁיעַ: בָּנֶיךָ וּבְנֹתֶיךָ נְתֻנִים לְעַם אַחֵר וְעֵינֶיךָ רֹאוֹת וְכָלוֹת
לג אֲלֵיהֶם כָּל־הַיּוֹם וְאֵין לְאֵל יָדֶךָ: פְּרִי אַדְמָתְךָ וְכָל־יְגִיעֲךָ יֹאכַל
לד עַם אֲשֶׁר לֹא־יָדָעְתָּ וְהָיִיתָ רַק עָשׁוּק וְרָצוּץ כָּל־הַיָּמִים: וְהָיִיתָ
לה מְשֻׁגָּע מִמַּרְאֵה עֵינֶיךָ אֲשֶׁר תִּרְאֶה: יַכְּכָה יְהוָה בִּשְׁחִין רָע
עַל־הַבִּרְכַּיִם וְעַל־הַשֹּׁקַיִם אֲשֶׁר לֹא־תוּכַל לְהֵרָפֵא מִכַּף רַגְלְךָ
לו וְעַד קָדְקֳדֶךָ: יוֹלֵךְ יְהוָה אֹתְךָ וְאֶת־מַלְכְּךָ אֲשֶׁר תָּקִים עָלֶיךָ
אֶל־גּוֹי אֲשֶׁר לֹא־יָדַעְתָּ אַתָּה וַאֲבֹתֶיךָ וְעָבַדְתָּ שָּׁם אֱלֹהִים
לז אֲחֵרִים עֵץ וָאָבֶן: וְהָיִיתָ לְשַׁמָּה לְמָשָׁל וְלִשְׁנִינָה בְּכֹל הָעַמִּים
לח אֲשֶׁר־יְנַהֶגְךָ יְהוָה שָׁמָּה: זֶרַע רַב תּוֹצִיא הַשָּׂדֶה וּמְעַט תֶּאֱסֹף
לט כִּי יַחְסְלֶנּוּ הָאַרְבֶּה: כְּרָמִים תִּטַּע וְעָבָדְתָּ וְיַיִן לֹא־תִשְׁתֶּה וְלֹא
מ תֶאֱגֹר כִּי תֹאכְלֶנּוּ הַתֹּלָעַת: זֵיתִים יִהְיוּ לְךָ בְּכָל־גְּבוּלֶךָ וְשֶׁמֶן
מא לֹא תָסוּךְ כִּי יִשַּׁל זֵיתֶךָ: בָּנִים וּבָנוֹת תּוֹלִיד וְלֹא־יִהְיוּ לָךְ כִּי
מב מג יֵלְכוּ בַּשֶּׁבִי: כָּל־עֵצְךָ וּפְרִי אַדְמָתֶךָ יְיָרֵשׁ הַצְּלָצַל: הַגֵּר אֲשֶׁר
בְּקִרְבְּךָ יַעֲלֶה עָלֶיךָ מַעְלָה מָּעְלָה וְאַתָּה תֵרֵד מַטָּה מָּטָּה:
מד הוּא יַלְוְךָ וְאַתָּה לֹא תַלְוֶנּוּ הוּא יִהְיֶה לְרֹאשׁ וְאַתָּה תִּהְיֶה לְזָנָב:
מה וּבָאוּ עָלֶיךָ כָּל־הַקְּלָלוֹת הָאֵלֶּה וּרְדָפוּךָ וְהִשִּׂיגוּךָ עַד הִשָּׁמְדָךְ
כִּי־לֹא שָׁמַעְתָּ בְּקוֹל יְהוָה אֱלֹהֶיךָ לִשְׁמֹר מִצְוֺתָיו וְחֻקֹּתָיו אֲשֶׁר
מו מז צִוָּךְ: וְהָיוּ בְךָ לְאוֹת וּלְמוֹפֵת וּבְזַרְעֲךָ עַד־עוֹלָם: תַּחַת אֲשֶׁר
לֹא־עָבַדְתָּ אֶת־יְהוָה אֱלֹהֶיךָ בְּשִׂמְחָה וּבְטוּב לֵבָב מֵרֹב כֹּל:
מח וְעָבַדְתָּ אֶת־אֹיְבֶיךָ אֲשֶׁר יְשַׁלְּחֶנּוּ יְהוָה בָּךְ בְּרָעָב וּבְצָמָא
וּבְעֵירֹם וּבְחֹסֶר כֹּל וְנָתַן עֹל בַּרְזֶל עַל־צַוָּארֶךָ עַד הִשְׁמִידוֹ

אֹתָךְ: יִשָּׂא יְהוָה עָלֶיךָ גּוֹי מֵרָחֹק מִקְצֵה הָאָרֶץ כַּאֲשֶׁר יִדְאֶה מט
הַנָּשֶׁר גּוֹי אֲשֶׁר לֹא־תִשְׁמַע לְשֹׁנוֹ: גּוֹי עַז פָּנִים אֲשֶׁר לֹא־יִשָּׂא נ
פָנִים לְזָקֵן וְנַעַר לֹא יָחֹן: וְאָכַל פְּרִי בְהֶמְתְּךָ וּפְרִי־אַדְמָתְךָ נא
עַד הִשָּׁמְדָךְ אֲשֶׁר לֹא־יַשְׁאִיר לְךָ דָּגָן תִּירוֹשׁ וְיִצְהָר שְׁגַר אֲלָפֶיךָ
וְעַשְׁתְּרֹת צֹאנֶךָ עַד הַאֲבִידוֹ אֹתָךְ: וְהֵצַר לְךָ בְּכָל־שְׁעָרֶיךָ עַד נב
רֶדֶת חֹמֹתֶיךָ הַגְּבֹהֹת וְהַבְּצֻרוֹת אֲשֶׁר אַתָּה בֹּטֵחַ בָּהֵן בְּכָל־
אַרְצֶךָ וְהֵצַר לְךָ בְּכָל־שְׁעָרֶיךָ בְּכָל־אַרְצְךָ אֲשֶׁר נָתַן יְהוָה
אֱלֹהֶיךָ לָךְ: וְאָכַלְתָּ פְרִי־בִטְנְךָ בְּשַׂר בָּנֶיךָ וּבְנֹתֶיךָ אֲשֶׁר נָתַן־ נג
לְךָ יְהוָה אֱלֹהֶיךָ בְּמָצוֹר וּבְמָצוֹק אֲשֶׁר־יָצִיק לְךָ אֹיְבֶךָ: הָאִישׁ נד
הָרַךְ בְּךָ וְהֶעָנֹג מְאֹד תֵּרַע עֵינוֹ בְאָחִיו וּבְאֵשֶׁת חֵיקוֹ וּבְיֶתֶר
בָּנָיו אֲשֶׁר יוֹתִיר: מִתֵּת ׀ לְאַחַד מֵהֶם מִבְּשַׂר בָּנָיו אֲשֶׁר יֹאכֵל נה
מִבְּלִי הִשְׁאִיר־לוֹ כֹּל בְּמָצוֹר וּבְמָצוֹק אֲשֶׁר יָצִיק לְךָ אֹיִבְךָ
בְּכָל־שְׁעָרֶיךָ: הָרַכָּה בְךָ וְהָעֲנֻגָּה אֲשֶׁר לֹא־נִסְּתָה כַף־רַגְלָהּ נו
הַצֵּג עַל־הָאָרֶץ מֵהִתְעַנֵּג וּמֵרֹךְ תֵּרַע עֵינָהּ בְּאִישׁ חֵיקָהּ וּבִבְנָהּ
וּבְבִתָּהּ: וּבְשִׁלְיָתָהּ הַיּוֹצֵת ׀ מִבֵּין רַגְלֶיהָ וּבְבָנֶיהָ אֲשֶׁר תֵּלֵד נז
כִּי־תֹאכְלֵם בְּחֹסֶר־כֹּל בַּסָּתֶר בְּמָצוֹר וּבְמָצוֹק אֲשֶׁר יָצִיק לְךָ
אֹיִבְךָ בִּשְׁעָרֶיךָ: אִם־לֹא תִשְׁמֹר לַעֲשׂוֹת אֶת־כָּל־דִּבְרֵי הַתּוֹרָה נח
הַזֹּאת הַכְּתֻבִים בַּסֵּפֶר הַזֶּה לְיִרְאָה אֶת־הַשֵּׁם הַנִּכְבָּד וְהַנּוֹרָא
הַזֶּה אֵת יְהוָה אֱלֹהֶיךָ: וְהִפְלָא יְהוָה אֶת־מַכֹּתְךָ וְאֵת מַכּוֹת נט
זַרְעֶךָ מַכּוֹת גְּדֹלֹת וְנֶאֱמָנוֹת וָחֳלָיִם רָעִים וְנֶאֱמָנִים: וְהֵשִׁיב ס
בְּךָ אֵת כָּל־מַדְוֵה מִצְרַיִם אֲשֶׁר יָגֹרְתָּ מִפְּנֵיהֶם וְדָבְקוּ בָּךְ:
גַּם כָּל־חֳלִי וְכָל־מַכָּה אֲשֶׁר לֹא כָתוּב בְּסֵפֶר הַתּוֹרָה הַזֹּאת יַעְלֵם סא
יְהוָה עָלֶיךָ עַד הִשָּׁמְדָךְ: וְנִשְׁאַרְתֶּם בִּמְתֵי מְעָט תַּחַת אֲשֶׁר סב
הֱיִיתֶם כְּכוֹכְבֵי הַשָּׁמַיִם לָרֹב כִּי־לֹא שָׁמַעְתָּ בְּקוֹל יְהוָה אֱלֹהֶיךָ:
וְהָיָה כַּאֲשֶׁר־שָׂשׂ יְהוָה עֲלֵיכֶם לְהֵיטִיב אֶתְכֶם וּלְהַרְבּוֹת אֶתְכֶם סג
כֵּן יָשִׂישׂ יְהוָה עֲלֵיכֶם לְהַאֲבִיד אֶתְכֶם וּלְהַשְׁמִיד אֶתְכֶם
וְנִסַּחְתֶּם מֵעַל הָאֲדָמָה אֲשֶׁר־אַתָּה בָא־שָׁמָּה לְרִשְׁתָּהּ: וֶהֱפִיצְךָ סד

יהוה֙ בְּכָל־הָ֣עַמִּ֔ים מִקְצֵ֥ה הָאָ֖רֶץ וְעַד־קְצֵ֣ה הָאָ֑רֶץ וְעָבַ֨דְתָּ שָּׁ֜ם
סה אֱלֹהִ֣ים אֲחֵרִ֗ים אֲשֶׁ֧ר לֹא־יָדַ֛עְתָּ אַתָּ֥ה וַאֲבֹתֶ֖יךָ עֵ֥ץ וָאָֽבֶן׃ וּבַגּוֹיִ֤ם
הָהֵם֙ לֹ֣א תַרְגִּ֔יעַ וְלֹא־יִהְיֶ֥ה מָנ֖וֹחַ לְכַף־רַגְלֶ֑ךָ וְנָתַן֩ יהוה֨ לְךָ֥
סו שָׁם֙ לֵ֣ב רַגָּ֔ז וְכִלְי֥וֹן עֵינַ֖יִם וְדַאֲב֥וֹן נָֽפֶשׁ׃ וְהָי֣וּ חַיֶּ֔יךָ תְּלֻאִ֥ים לְךָ֖
סז מִנֶּ֑גֶד וּפָֽחַדְתָּ֙ לַ֣יְלָה וְיוֹמָ֔ם וְלֹ֥א תַאֲמִ֖ין בְּחַיֶּֽיךָ׃ בַּבֹּ֤קֶר תֹּאמַר֙ מִֽי־
יִתֵּ֣ן עֶ֔רֶב וּבָעֶ֥רֶב תֹּאמַ֖ר מִֽי־יִתֵּ֣ן בֹּ֑קֶר מִפַּ֤חַד לְבָֽבְךָ֙ אֲשֶׁ֣ר תִּפְחָ֔ד
סח וּמִמַּרְאֵ֥ה עֵינֶ֖יךָ אֲשֶׁ֥ר תִּרְאֶֽה׃ וֶהֱשִֽׁיבְךָ֨ יהוה֥ ׀ מִצְרַ֘יִם֮ בָּאֳנִיּוֹת֒
בַּדֶּ֙רֶךְ֙ אֲשֶׁ֣ר אָמַ֣רְתִּֽי לְךָ֔ לֹא־תֹסִ֥יף ע֖וֹד לִרְאֹתָ֑הּ וְהִתְמַכַּרְתֶּ֨ם
סט שָׁ֧ם לְאֹיְבֶ֛יךָ לַעֲבָדִ֥ים וְלִשְׁפָח֖וֹת וְאֵ֥ין קֹנֶֽה׃ אֵלֶּה֩
דִבְרֵ֨י הַבְּרִ֜ית אֲשֶׁר־צִוָּ֧ה יהוה֣ אֶת־מֹשֶׁ֗ה לִכְרֹ֛ת אֶת־בְּנֵ֥י יִשְׂרָאֵ֖ל
בְּאֶ֣רֶץ מוֹאָ֑ב מִלְּבַ֣ד הַבְּרִ֔ית אֲשֶׁר־כָּרַ֥ת אִתָּ֖ם בְּחֹרֵֽב׃
כט א וַיִּקְרָ֥א מֹשֶׁ֛ה אֶל־כָּל־יִשְׂרָאֵ֖ל וַיֹּ֣אמֶר אֲלֵהֶ֑ם אַתֶּ֣ם רְאִיתֶ֗ם אֵ֣ת שביעי
כָּל־אֲשֶׁר֩ עָשָׂ֨ה יהוה֤ לְעֵֽינֵיכֶם֙ בְּאֶ֣רֶץ מִצְרַ֔יִם לְפַרְעֹ֥ה וּלְכָל־
ב עֲבָדָ֖יו וּלְכָל־אַרְצֽוֹ׃ הַמַּסּוֹת֙ הַגְּדֹלֹ֔ת אֲשֶׁ֥ר רָא֖וּ עֵינֶ֑יךָ הָאֹתֹ֛ת
ג וְהַמֹּפְתִ֥ים הַגְּדֹלִ֖ים הָהֵֽם׃ וְלֹֽא־נָתַן֩ יהוה֨ לָכֶ֥ם לֵב֙ לָדַ֔עַת
ד וְעֵינַ֥יִם לִרְא֖וֹת וְאָזְנַ֣יִם לִשְׁמֹ֑עַ עַ֖ד הַיּ֥וֹם הַזֶּֽה׃ וָאוֹלֵ֥ךְ אֶתְכֶ֛ם
אַרְבָּעִ֥ים שָׁנָ֖ה בַּמִּדְבָּ֑ר לֹא־בָל֤וּ שַׂלְמֹֽתֵיכֶם֙ מֵעֲלֵיכֶ֔ם וְנַעַלְךָ֥ לֹא־
ה בָלְתָ֖ה מֵעַ֥ל רַגְלֶֽךָ׃ לֶ֚חֶם לֹ֣א אֲכַלְתֶּ֔ם וְיַ֥יִן וְשֵׁכָ֖ר לֹ֣א שְׁתִיתֶ֑ם
ו לְמַ֙עַן֙ תֵּֽדְע֔וּ כִּ֛י אֲנִ֥י יהוה֖ אֱלֹהֵיכֶֽם׃ וַתָּבֹ֖אוּ אֶל־הַמָּק֣וֹם הַזֶּ֑ה מפטיר
וַיֵּצֵ֣א סִיחֹ֣ן מֶֽלֶךְ־חֶ֠שְׁבּוֹן וְע֨וֹג מֶֽלֶךְ־הַבָּשָׁ֧ן לִקְרָאתֵ֛נוּ לַמִּלְחָמָ֖ה
ז וַנַּכֵּֽם׃ וַנִּקַּח֙ אֶת־אַרְצָ֔ם וַנִּתְּנָ֣הּ לְנַחֲלָ֔ה לָרֽאוּבֵנִ֖י וְלַגָּדִ֑י וְלַחֲצִ֖י
ח שֵׁ֥בֶט הַֽמְנַשִּֽׁי׃ וּשְׁמַרְתֶּ֗ם אֶת־דִּבְרֵי֙ הַבְּרִ֣ית הַזֹּ֔את וַעֲשִׂיתֶ֖ם
אֹתָ֑ם לְמַ֣עַן תַּשְׂכִּ֔ילוּ אֵ֖ת כָּל־אֲשֶׁ֥ר תַּעֲשֽׂוּן׃
ט אַתֶּ֨ם נִצָּבִ֤ים הַיּוֹם֙ כֻּלְּכֶ֔ם לִפְנֵ֖י יהוה֣ אֱלֹהֵיכֶ֑ם רָאשֵׁיכֶ֣ם שִׁבְטֵיכֶ֗ם כג נצבים
י זִקְנֵיכֶם֙ וְשֹׁ֣טְרֵיכֶ֔ם כֹּ֖ל אִ֥ישׁ יִשְׂרָאֵֽל׃ טַפְּכֶ֣ם נְשֵׁיכֶ֔ם וְגֵ֣רְךָ֔ אֲשֶׁ֖ר
יא בְּקֶ֣רֶב מַחֲנֶ֑יךָ מֵחֹטֵ֣ב עֵצֶ֔יךָ עַ֖ד שֹׁאֵ֥ב מֵימֶֽיךָ׃ לְעָבְרְךָ֗ בִּבְרִ֛ית
יהוה֥ אֱלֹהֶ֖יךָ וּבְאָלָת֑וֹ אֲשֶׁר֙ יהוה֣ אֱלֹהֶ֔יךָ כֹּרֵ֥ת עִמְּךָ֖ הַיּֽוֹם׃

שני יב לְמַעַן הָקִים־אֹתְךָ הַיּוֹם ׀ לוֹ לְעָם וְהוּא יִהְיֶה־לְּךָ לֵאלֹהִים כַּאֲשֶׁר
דִּבֶּר־לָךְ וְכַאֲשֶׁר נִשְׁבַּע לַאֲבֹתֶיךָ לְאַבְרָהָם לְיִצְחָק וּלְיַעֲקֹב׃
יג וְלֹא אִתְּכֶם לְבַדְּכֶם אָנֹכִי כֹּרֵת אֶת־הַבְּרִית הַזֹּאת וְאֶת־הָאָלָה
יד הַזֹּאת׃ כִּי אֶת־אֲשֶׁר יֶשְׁנוֹ פֹּה עִמָּנוּ עֹמֵד הַיּוֹם לִפְנֵי יְהוָה אֱלֹהֵינוּ
שלישי טו וְאֵת אֲשֶׁר אֵינֶנּוּ פֹּה עִמָּנוּ הַיּוֹם׃ כִּי־אַתֶּם יְדַעְתֶּם אֵת אֲשֶׁר־
יָשַׁבְנוּ בְּאֶרֶץ מִצְרָיִם וְאֵת אֲשֶׁר־עָבַרְנוּ בְּקֶרֶב הַגּוֹיִם אֲשֶׁר
טז עֲבַרְתֶּם׃ וַתִּרְאוּ אֶת־שִׁקּוּצֵיהֶם וְאֵת גִּלֻּלֵיהֶם עֵץ וָאֶבֶן כֶּסֶף
יז וְזָהָב אֲשֶׁר עִמָּהֶם׃ פֶּן־יֵשׁ בָּכֶם אִישׁ אוֹ־אִשָּׁה אוֹ מִשְׁפָּחָה אוֹ־
שֵׁבֶט אֲשֶׁר לְבָבוֹ פֹנֶה הַיּוֹם מֵעִם יְהוָה אֱלֹהֵינוּ לָלֶכֶת לַעֲבֹד
אֶת־אֱלֹהֵי הַגּוֹיִם הָהֵם פֶּן־יֵשׁ בָּכֶם שֹׁרֶשׁ פֹּרֶה רֹאשׁ וְלַעֲנָה׃
יח וְהָיָה בְּשָׁמְעוֹ אֶת־דִּבְרֵי הָאָלָה הַזֹּאת וְהִתְבָּרֵךְ בִּלְבָבוֹ לֵאמֹר
שָׁלוֹם יִהְיֶה־לִּי כִּי בִּשְׁרִרוּת לִבִּי אֵלֵךְ לְמַעַן סְפוֹת הָרָוָה אֶת־
יט הַצְּמֵאָה׃ לֹא־יֹאבֶה יְהוָה סְלֹחַ לוֹ כִּי אָז יֶעְשַׁן אַף־יְהוָה וְקִנְאָתוֹ
בָּאִישׁ הַהוּא וְרָבְצָה בּוֹ כָּל־הָאָלָה הַכְּתוּבָה בַּסֵּפֶר הַזֶּה וּמָחָה
כ יְהוָה אֶת־שְׁמוֹ מִתַּחַת הַשָּׁמָיִם׃ וְהִבְדִּילוֹ יְהוָה לְרָעָה מִכֹּל
שִׁבְטֵי יִשְׂרָאֵל כְּכֹל אָלוֹת הַבְּרִית הַכְּתוּבָה בְּסֵפֶר הַתּוֹרָה
כא הַזֶּה׃ וְאָמַר הַדּוֹר הָאַחֲרוֹן בְּנֵיכֶם אֲשֶׁר יָקוּמוּ מֵאַחֲרֵיכֶם
וְהַנָּכְרִי אֲשֶׁר יָבֹא מֵאֶרֶץ רְחוֹקָה וְרָאוּ אֶת־מַכּוֹת הָאָרֶץ הַהִוא
כב וְאֶת־תַּחֲלֻאֶיהָ אֲשֶׁר־חִלָּה יְהוָה בָּהּ׃ גָּפְרִית וָמֶלַח שְׂרֵפָה
כָל־אַרְצָהּ לֹא תִזָּרַע וְלֹא תַצְמִחַ וְלֹא־יַעֲלֶה בָהּ כָּל־עֵשֶׂב
וּצְבוֹיִם כְּמַהְפֵּכַת סְדֹם וַעֲמֹרָה אַדְמָה וצביים אֲשֶׁר הָפַךְ יְהוָה בְּאַפּוֹ
כג וּבַחֲמָתוֹ׃ וְאָמְרוּ כָּל־הַגּוֹיִם עַל־מֶה עָשָׂה יְהוָה כָּכָה לָאָרֶץ
כד הַזֹּאת מֶה חֳרִי הָאַף הַגָּדוֹל הַזֶּה׃ וְאָמְרוּ עַל אֲשֶׁר עָזְבוּ אֶת־
בְּרִית יְהוָה אֱלֹהֵי אֲבֹתָם אֲשֶׁר כָּרַת עִמָּם בְּהוֹצִיאוֹ אֹתָם
כה מֵאֶרֶץ מִצְרָיִם׃ וַיֵּלְכוּ וַיַּעַבְדוּ אֱלֹהִים אֲחֵרִים וַיִּשְׁתַּחֲווּ לָהֶם
כו אֱלֹהִים אֲשֶׁר לֹא־יְדָעוּם וְלֹא חָלַק לָהֶם׃ וַיִּחַר־אַף יְהוָה
בָּאָרֶץ הַהִוא לְהָבִיא עָלֶיהָ אֶת־כָּל־הַקְּלָלָה הַכְּתוּבָה בַּסֵּפֶר

כז הַזֶּה: וַיִּתְּשֵׁם יְהוָה מֵעַל אַדְמָתָם בְּאַף וּבְחֵמָה וּבְקֶצֶף גָּדוֹל
כח וַיַּשְׁלִכֵם אֶל־אֶרֶץ אַחֶרֶת כַּיּוֹם הַזֶּה: הַנִּסְתָּרֹת לַיהוָה אֱלֹהֵינוּ
וְהַנִּגְלֹת לָנוּ וּלְבָנֵינוּ עַד־עוֹלָם לַעֲשׂוֹת אֶת־כָּל־דִּבְרֵי הַתּוֹרָה
ל א הַזֹּאת: וְהָיָה כִי־יָבֹאוּ עָלֶיךָ כָּל־הַדְּבָרִים הָאֵלֶּה רביעי /שני/
הַבְּרָכָה וְהַקְּלָלָה אֲשֶׁר נָתַתִּי לְפָנֶיךָ וַהֲשֵׁבֹתָ אֶל־לְבָבֶךָ בְּכָל־
ב הַגּוֹיִם אֲשֶׁר הִדִּיחֲךָ יְהוָה אֱלֹהֶיךָ שָׁמָּה: וְשַׁבְתָּ עַד־יְהוָה
אֱלֹהֶיךָ וְשָׁמַעְתָּ בְקֹלוֹ כְּכֹל אֲשֶׁר־אָנֹכִי מְצַוְּךָ הַיּוֹם אַתָּה
ג וּבָנֶיךָ בְּכָל־לְבָבְךָ וּבְכָל־נַפְשֶׁךָ: וְשָׁב יְהוָה אֱלֹהֶיךָ אֶת־שְׁבוּתְךָ
וְרִחֲמֶךָ וְשָׁב וְקִבֶּצְךָ מִכָּל־הָעַמִּים אֲשֶׁר הֱפִיצְךָ יְהוָה אֱלֹהֶיךָ
ד שָׁמָּה: אִם־יִהְיֶה נִדַּחֲךָ בִּקְצֵה הַשָּׁמָיִם מִשָּׁם יְקַבֶּצְךָ יְהוָה
ה אֱלֹהֶיךָ וּמִשָּׁם יִקָּחֶךָ: וֶהֱבִיאֲךָ יְהוָה אֱלֹהֶיךָ אֶל־הָאָרֶץ אֲשֶׁר־
ו יָרְשׁוּ אֲבֹתֶיךָ וִירִשְׁתָּהּ וְהֵיטִבְךָ וְהִרְבְּךָ מֵאֲבֹתֶיךָ: וּמָל יְהוָה
אֱלֹהֶיךָ אֶת־לְבָבְךָ וְאֶת־לְבַב זַרְעֶךָ לְאַהֲבָה אֶת־יְהוָה אֱלֹהֶיךָ
ז בְּכָל־לְבָבְךָ וּבְכָל־נַפְשְׁךָ לְמַעַן חַיֶּיךָ: וְנָתַן יְהוָה אֱלֹהֶיךָ אֵת חמישי /שלישי/
ח כָּל־הָאָלוֹת הָאֵלֶּה עַל־אֹיְבֶיךָ וְעַל־שֹׂנְאֶיךָ אֲשֶׁר רְדָפוּךָ: וְאַתָּה
תָשׁוּב וְשָׁמַעְתָּ בְּקוֹל יְהוָה וְעָשִׂיתָ אֶת־כָּל־מִצְוֺתָיו אֲשֶׁר אָנֹכִי
ט מְצַוְּךָ הַיּוֹם: וְהוֹתִירְךָ יְהוָה אֱלֹהֶיךָ בְּכֹל ׀ מַעֲשֵׂה יָדֶךָ בִּפְרִי
בִטְנְךָ וּבִפְרִי בְהֶמְתְּךָ וּבִפְרִי אַדְמָתְךָ לְטֹבָה כִּי ׀ יָשׁוּב יְהוָה
י לָשׂוּשׂ עָלֶיךָ לְטוֹב כַּאֲשֶׁר־שָׂשׂ עַל־אֲבֹתֶיךָ: כִּי תִשְׁמַע
בְּקוֹל יְהוָה אֱלֹהֶיךָ לִשְׁמֹר מִצְוֺתָיו וְחֻקֹּתָיו הַכְּתוּבָה בְּסֵפֶר
הַתּוֹרָה הַזֶּה כִּי תָשׁוּב אֶל־יְהוָה אֱלֹהֶיךָ בְּכָל־לְבָבְךָ וּבְכָל־
יא נַפְשֶׁךָ: כִּי הַמִּצְוָה הַזֹּאת אֲשֶׁר אָנֹכִי מְצַוְּךָ הַיּוֹם כד ששי
יב לֹא־נִפְלֵאת הִוא מִמְּךָ וְלֹא־רְחֹקָה הִוא: לֹא בַשָּׁמַיִם הִוא
לֵאמֹר מִי יַעֲלֶה־לָּנוּ הַשָּׁמַיְמָה וְיִקָּחֶהָ לָּנוּ וְיַשְׁמִעֵנוּ אֹתָהּ
יג וְנַעֲשֶׂנָּה: וְלֹא־מֵעֵבֶר לַיָּם הִוא לֵאמֹר מִי יַעֲבָר־לָנוּ אֶל־עֵבֶר
יד הַיָּם וְיִקָּחֶהָ לָּנוּ וְיַשְׁמִעֵנוּ אֹתָהּ וְנַעֲשֶׂנָּה: כִּי־קָרוֹב אֵלֶיךָ הַדָּבָר
טו מְאֹד בְּפִיךָ וּבִלְבָבְךָ לַעֲשֹׂתוֹ: רְאֵה נָתַתִּי לְפָנֶיךָ שביעי ומפטיר /רביעי/

הַיּוֹם אֶת־הַחַיִּים וְאֶת־הַטּוֹב וְאֶת־הַמָּוֶת וְאֶת־הָרָע׃ אֲשֶׁר טז
אָנֹכִי מְצַוְּךָ הַיּוֹם לְאַהֲבָה אֶת־יְהוָה אֱלֹהֶיךָ לָלֶכֶת בִּדְרָכָיו
וְלִשְׁמֹר מִצְוֹתָיו וְחֻקֹּתָיו וּמִשְׁפָּטָיו וְחָיִיתָ וְרָבִיתָ וּבֵרַכְךָ יְהוָה
אֱלֹהֶיךָ בָּאָרֶץ אֲשֶׁר־אַתָּה בָא־שָׁמָּה לְרִשְׁתָּהּ׃ וְאִם־יִפְנֶה יז
לְבָבְךָ וְלֹא תִשְׁמָע וְנִדַּחְתָּ וְהִשְׁתַּחֲוִיתָ לֵאלֹהִים אֲחֵרִים
וַעֲבַדְתָּם׃ הִגַּדְתִּי לָכֶם הַיּוֹם כִּי אָבֹד תֹּאבֵדוּן לֹא־תַאֲרִיכֻן יח
יָמִים עַל־הָאֲדָמָה אֲשֶׁר אַתָּה עֹבֵר אֶת־הַיַּרְדֵּן לָבוֹא שָׁמָּה
לְרִשְׁתָּהּ׃ הַעִדֹתִי בָכֶם הַיּוֹם אֶת־הַשָּׁמַיִם וְאֶת־הָאָרֶץ הַחַיִּים יט
וְהַמָּוֶת נָתַתִּי לְפָנֶיךָ הַבְּרָכָה וְהַקְּלָלָה וּבָחַרְתָּ בַּחַיִּים לְמַעַן
תִּחְיֶה אַתָּה וְזַרְעֶךָ׃ לְאַהֲבָה אֶת־יְהוָה אֱלֹהֶיךָ לִשְׁמֹעַ בְּקֹלוֹ כ
וּלְדָבְקָה־בוֹ כִּי הוּא חַיֶּיךָ וְאֹרֶךְ יָמֶיךָ לָשֶׁבֶת עַל־הָאֲדָמָה
אֲשֶׁר נִשְׁבַּע יְהוָה לַאֲבֹתֶיךָ לְאַבְרָהָם לְיִצְחָק וּלְיַעֲקֹב לָתֵת
לָהֶם׃

וילך וַיֵּלֶךְ מֹשֶׁה וַיְדַבֵּר אֶת־הַדְּבָרִים הָאֵלֶּה אֶל־כָּל־יִשְׂרָאֵל׃ וַיֹּאמֶר א ב לא
אֲלֵהֶם בֶּן־מֵאָה וְעֶשְׂרִים שָׁנָה אָנֹכִי הַיּוֹם לֹא־אוּכַל עוֹד
לָצֵאת וְלָבוֹא וַיהוָה אָמַר אֵלַי לֹא תַעֲבֹר אֶת־הַיַּרְדֵּן הַזֶּה׃
יְהוָה אֱלֹהֶיךָ הוּא עֹבֵר לְפָנֶיךָ הוּא־יַשְׁמִיד אֶת־הַגּוֹיִם הָאֵלֶּה ג
מִלְּפָנֶיךָ וִירִשְׁתָּם יְהוֹשֻׁעַ הוּא עֹבֵר לְפָנֶיךָ כַּאֲשֶׁר דִּבֶּר יְהוָה׃
שני וְעָשָׂה יְהוָה לָהֶם כַּאֲשֶׁר עָשָׂה לְסִיחוֹן וּלְעוֹג מַלְכֵי הָאֱמֹרִי ד
וּלְאַרְצָם אֲשֶׁר הִשְׁמִיד אֹתָם׃ וּנְתָנָם יְהוָה לִפְנֵיכֶם וַעֲשִׂיתֶם ה
לָהֶם כְּכָל־הַמִּצְוָה אֲשֶׁר צִוִּיתִי אֶתְכֶם׃ חִזְקוּ וְאִמְצוּ אַל־תִּירְאוּ ו
וְאַל־תַּעַרְצוּ מִפְּנֵיהֶם כִּי יְהוָה אֱלֹהֶיךָ הוּא הַהֹלֵךְ עִמָּךְ לֹא
שלישי (וחמישי) יַרְפְּךָ וְלֹא יַעַזְבֶךָּ׃ וַיִּקְרָא מֹשֶׁה לִיהוֹשֻׁעַ וַיֹּאמֶר ז
אֵלָיו לְעֵינֵי כָל־יִשְׂרָאֵל חֲזַק וֶאֱמָץ כִּי אַתָּה תָּבוֹא אֶת־הָעָם
הַזֶּה אֶל־הָאָרֶץ אֲשֶׁר נִשְׁבַּע יְהוָה לַאֲבֹתָם לָתֵת לָהֶם וְאַתָּה
תַּנְחִילֶנָּה אוֹתָם׃ וַיהוָה הוּא הַהֹלֵךְ לְפָנֶיךָ הוּא יִהְיֶה עִמָּךְ ח
לֹא יַרְפְּךָ וְלֹא יַעַזְבֶךָּ לֹא תִירָא וְלֹא תֵחָת׃ וַיִּכְתֹּב מֹשֶׁה אֶת־ ט

הַתּוֹרָה הַזֹּאת וַיִּתְּנָהּ אֶל־הַכֹּהֲנִים בְּנֵי לֵוִי הַנֹּשְׂאִים אֶת־אֲרוֹן
י בְּרִית יהוה וְאֶל־כָּל־זִקְנֵי יִשְׂרָאֵל׃ וַיְצַו מֹשֶׁה אוֹתָם לֵאמֹר רביעי
יא מִקֵּץ ׀ שֶׁבַע שָׁנִים בְּמֹעֵד שְׁנַת הַשְּׁמִטָּה בְּחַג הַסֻּכּוֹת׃ בְּבוֹא
כָל־יִשְׂרָאֵל לֵרָאוֹת אֶת־פְּנֵי יהוה אֱלֹהֶיךָ בַּמָּקוֹם אֲשֶׁר יִבְחָר
יב תִּקְרָא אֶת־הַתּוֹרָה הַזֹּאת נֶגֶד כָּל־יִשְׂרָאֵל בְּאָזְנֵיהֶם׃ הַקְהֵל
אֶת־הָעָם הָאֲנָשִׁים וְהַנָּשִׁים וְהַטַּף וְגֵרְךָ אֲשֶׁר בִּשְׁעָרֶיךָ לְמַעַן
יִשְׁמְעוּ וּלְמַעַן יִלְמְדוּ וְיָרְאוּ אֶת־יהוה אֱלֹהֵיכֶם וְשָׁמְרוּ לַעֲשׂוֹת
יג אֶת־כָּל־דִּבְרֵי הַתּוֹרָה הַזֹּאת׃ וּבְנֵיהֶם אֲשֶׁר לֹא־יָדְעוּ יִשְׁמְעוּ
וְלָמְדוּ לְיִרְאָה אֶת־יהוה אֱלֹהֵיכֶם כָּל־הַיָּמִים אֲשֶׁר אַתֶּם
חַיִּים עַל־הָאֲדָמָה אֲשֶׁר אַתֶּם עֹבְרִים אֶת־הַיַּרְדֵּן שָׁמָּה
לְרִשְׁתָּהּ׃
יד וַיֹּאמֶר יהוה אֶל־מֹשֶׁה הֵן קָרְבוּ יָמֶיךָ לָמוּת קְרָא אֶת־יְהוֹשֻׁעַ כה חמישי ששי
וְהִתְיַצְּבוּ בְּאֹהֶל מוֹעֵד וַאֲצַוֶּנּוּ וַיֵּלֶךְ מֹשֶׁה וִיהוֹשֻׁעַ וַיִּתְיַצְּבוּ בְּאֹהֶל
טו מוֹעֵד׃ וַיֵּרָא יהוה בָּאֹהֶל בְּעַמּוּד עָנָן וַיַּעֲמֹד עַמּוּד הֶעָנָן עַל־
טז פֶּתַח הָאֹהֶל׃ וַיֹּאמֶר יהוה אֶל־מֹשֶׁה הִנְּךָ שֹׁכֵב עִם־אֲבֹתֶיךָ
וְקָם הָעָם הַזֶּה וְזָנָה ׀ אַחֲרֵי ׀ אֱלֹהֵי נֵכַר־הָאָרֶץ אֲשֶׁר הוּא בָא־
יז שָׁמָּה בְּקִרְבּוֹ וַעֲזָבַנִי וְהֵפֵר אֶת־בְּרִיתִי אֲשֶׁר כָּרַתִּי אִתּוֹ׃ וְחָרָה
אַפִּי בוֹ בַיּוֹם־הַהוּא וַעֲזַבְתִּים וְהִסְתַּרְתִּי פָנַי מֵהֶם וְהָיָה לֶאֱכֹל
וּמְצָאֻהוּ רָעוֹת רַבּוֹת וְצָרוֹת וְאָמַר בַּיּוֹם הַהוּא הֲלֹא עַל כִּי־
יח אֵין אֱלֹהַי בְּקִרְבִּי מְצָאוּנִי הָרָעוֹת הָאֵלֶּה׃ וְאָנֹכִי הַסְתֵּר אַסְתִּיר
פָּנַי בַּיּוֹם הַהוּא עַל כָּל־הָרָעָה אֲשֶׁר עָשָׂה כִּי פָנָה אֶל־אֱלֹהִים
יט אֲחֵרִים׃ וְעַתָּה כִּתְבוּ לָכֶם אֶת־הַשִּׁירָה הַזֹּאת וְלַמְּדָהּ אֶת־בְּנֵי־
יִשְׂרָאֵל שִׂימָהּ בְּפִיהֶם לְמַעַן תִּהְיֶה־לִּי הַשִּׁירָה הַזֹּאת לְעֵד בִּבְנֵי
כ יִשְׂרָאֵל׃ כִּי־אֲבִיאֶנּוּ אֶל־הָאֲדָמָה ׀ אֲשֶׁר־נִשְׁבַּעְתִּי לַאֲבֹתָיו זָבַת ששי ושביעי
חָלָב וּדְבַשׁ וְאָכַל וְשָׂבַע וְדָשֵׁן וּפָנָה אֶל־אֱלֹהִים אֲחֵרִים וַעֲבָדוּם
כא וְנִאֲצוּנִי וְהֵפֵר אֶת־בְּרִיתִי׃ וְהָיָה כִּי־תִמְצֶאןָ אֹתוֹ רָעוֹת רַבּוֹת
וְצָרוֹת וְעָנְתָה הַשִּׁירָה הַזֹּאת לְפָנָיו לְעֵד כִּי לֹא תִשָּׁכַח מִפִּי

זִרְעוֹ כִּי יָדַעְתִּי אֶת־יִצְרוֹ אֲשֶׁר הוּא עֹשֶׂה הַיּוֹם בְּטֶרֶם אֲבִיאֶנּוּ
כב אֶל־הָאָרֶץ אֲשֶׁר נִשְׁבָּעְתִּי: וַיִּכְתֹּב מֹשֶׁה אֶת־הַשִּׁירָה הַזֹּאת
כג בַּיּוֹם הַהוּא וַיְלַמְּדָהּ אֶת־בְּנֵי יִשְׂרָאֵל: וַיְצַו אֶת־יְהוֹשֻׁעַ בִּן־
נוּן וַיֹּאמֶר חֲזַק וֶאֱמָץ כִּי אַתָּה תָּבִיא אֶת־בְּנֵי יִשְׂרָאֵל אֶל־
כד הָאָרֶץ אֲשֶׁר־נִשְׁבַּעְתִּי לָהֶם וְאָנֹכִי אֶהְיֶה עִמָּךְ: וַיְהִי ׀ כְּכַלּוֹת
מֹשֶׁה לִכְתֹּב אֶת־דִּבְרֵי הַתּוֹרָה־הַזֹּאת עַל־סֵפֶר עַד תֻּמָּם:
שביעי כה כו וַיְצַו מֹשֶׁה אֶת־הַלְוִיִּם נֹשְׂאֵי אֲרוֹן בְּרִית־יְהוָה לֵאמֹר: לָקֹחַ
אֵת סֵפֶר הַתּוֹרָה הַזֶּה וְשַׂמְתֶּם אֹתוֹ מִצַּד אֲרוֹן בְּרִית־יְהוָה
כז אֱלֹהֵיכֶם וְהָיָה־שָׁם בְּךָ לְעֵד: כִּי אָנֹכִי יָדַעְתִּי אֶת־מֶרְיְךָ
וְאֶת־עָרְפְּךָ הַקָּשֶׁה הֵן בְּעוֹדֶנִּי חַי עִמָּכֶם הַיּוֹם מַמְרִים הֱיִתֶם
מפטיר כח עִם־יְהוָה וְאַף כִּי־אַחֲרֵי מוֹתִי: הַקְהִילוּ אֵלַי אֶת־כָּל־זִקְנֵי
שִׁבְטֵיכֶם וְשֹׁטְרֵיכֶם וַאֲדַבְּרָה בְאָזְנֵיהֶם אֵת הַדְּבָרִים הָאֵלֶּה
כט וְאָעִידָה בָּם אֶת־הַשָּׁמַיִם וְאֶת־הָאָרֶץ: כִּי יָדַעְתִּי אַחֲרֵי מוֹתִי
כִּי־הַשְׁחֵת תַּשְׁחִתוּן וְסַרְתֶּם מִן־הַדֶּרֶךְ אֲשֶׁר צִוִּיתִי אֶתְכֶם וְקָרָאת
אֶתְכֶם הָרָעָה בְּאַחֲרִית הַיָּמִים כִּי־תַעֲשׂוּ אֶת־הָרַע בְּעֵינֵי יְהוָה
ל לְהַכְעִיסוֹ בְּמַעֲשֵׂה יְדֵיכֶם: וַיְדַבֵּר מֹשֶׁה בְּאָזְנֵי כָּל־קְהַל יִשְׂרָאֵל
אֶת־דִּבְרֵי הַשִּׁירָה הַזֹּאת עַד תֻּמָּם:

האזינו כו

לב א הַאֲזִינוּ הַשָּׁמַיִם וַאֲדַבֵּרָה   וְתִשְׁמַע הָאָרֶץ אִמְרֵי־פִי:
ב יַעֲרֹף כַּמָּטָר לִקְחִי   תִּזַּל כַּטַּל אִמְרָתִי
כִּשְׂעִירִם עֲלֵי־דֶשֶׁא   וְכִרְבִיבִים עֲלֵי־עֵשֶׂב:
ג כִּי שֵׁם יְהוָה אֶקְרָא   הָבוּ גֹדֶל לֵאלֹהֵינוּ:
ד הַצּוּר תָּמִים פָּעֳלוֹ   כִּי כָל־דְּרָכָיו מִשְׁפָּט
אֵל אֱמוּנָה וְאֵין עָוֶל   צַדִּיק וְיָשָׁר הוּא:
ה שִׁחֵת לוֹ לֹא בָּנָיו מוּמָם   דּוֹר עִקֵּשׁ וּפְתַלְתֹּל:
ו הַ לַיהוָה תִּגְמְלוּ־זֹאת   עַם נָבָל וְלֹא חָכָם
הֲלוֹא־הוּא אָבִיךָ קָּנֶךָ   הוּא עָשְׂךָ וַיְכֹנְנֶךָ:

ז זְכֹר יְמוֹת עוֹלָם בִּינוּ שְׁנוֹת דֹּר־וָדֹר שני
שְׁאַל אָבִיךָ וְיַגֵּדְךָ זְקֵנֶיךָ וְיֹאמְרוּ לָךְ׃
ח בְּהַנְחֵל עֶלְיוֹן גּוֹיִם בְּהַפְרִידוֹ בְּנֵי אָדָם
יַצֵּב גְּבֻלֹת עַמִּים לְמִסְפַּר בְּנֵי יִשְׂרָאֵל׃
ט כִּי חֵלֶק יְהוָה עַמּוֹ יַעֲקֹב חֶבֶל נַחֲלָתוֹ׃
י יִמְצָאֵהוּ בְּאֶרֶץ מִדְבָּר וּבְתֹהוּ יְלֵל יְשִׁמֹן
יְסֹבְבֶנְהוּ יְבוֹנְנֵהוּ יִצְּרֶנְהוּ כְּאִישׁוֹן עֵינוֹ׃
יא כְּנֶשֶׁר יָעִיר קִנּוֹ עַל־גּוֹזָלָיו יְרַחֵף
יִפְרֹשׂ כְּנָפָיו יִקָּחֵהוּ יִשָּׂאֵהוּ עַל־אֶבְרָתוֹ׃
יב יְהוָה בָּדָד יַנְחֶנּוּ וְאֵין עִמּוֹ אֵל נֵכָר׃ שלישי
יג יַרְכִּבֵהוּ עַל־במותי אָרֶץ וַיֹּאכַל תְּנוּבֹת שָׂדָי בָּמֳתֵי
וַיֵּנִקֵהוּ דְבַשׁ מִסֶּלַע וְשֶׁמֶן מֵחַלְמִישׁ צוּר׃
יד חֶמְאַת בָּקָר וַחֲלֵב צֹאן עִם־חֵלֶב כָּרִים
וְאֵילִים בְּנֵי־בָשָׁן וְעַתּוּדִים עִם־חֵלֶב כִּלְיוֹת חִטָּה
טו וְדַם־עֵנָב תִּשְׁתֶּה־חָמֶר׃ וַיִּשְׁמַן יְשֻׁרוּן וַיִּבְעָט
שָׁמַנְתָּ עָבִיתָ כָּשִׂיתָ וַיִּטֹּשׁ אֱלוֹהַ עָשָׂהוּ
טז וַיְנַבֵּל צוּר יְשֻׁעָתוֹ׃ יַקְנִאֻהוּ בְּזָרִים
יז בְּתוֹעֵבֹת יַכְעִיסֻהוּ׃ יִזְבְּחוּ לַשֵּׁדִים לֹא אֱלֹהַּ
אֱלֹהִים לֹא יְדָעוּם חֲדָשִׁים מִקָּרֹב בָּאוּ
יח לֹא שְׂעָרוּם אֲבֹתֵיכֶם׃ צוּר יְלָדְךָ תֶּשִׁי
יט וַתִּשְׁכַּח אֵל מְחֹלְלֶךָ׃ וַיַּרְא יְהוָה וַיִּנְאָץ רביעי
כ מִכַּעַס בָּנָיו וּבְנֹתָיו׃ וַיֹּאמֶר אַסְתִּירָה פָנַי מֵהֶם
אֶרְאֶה מָה אַחֲרִיתָם כִּי דוֹר תַּהְפֻּכֹת הֵמָּה
כא בָּנִים לֹא־אֵמֻן בָּם׃ הֵם קִנְאוּנִי בְלֹא־אֵל
כִּעֲסוּנִי בְּהַבְלֵיהֶם וַאֲנִי אַקְנִיאֵם בְּלֹא־עָם
כב בְּגוֹי נָבָל אַכְעִיסֵם׃ כִּי־אֵשׁ קָדְחָה בְאַפִּי
וַתִּיקַד עַד־שְׁאוֹל תַּחְתִּית וַתֹּאכַל אֶרֶץ וִיבֻלָהּ

וַתְּלַהֵט מוֹסְדֵי הָרִים: אַסְפֶּה עָלֵימוֹ רָעוֹת כג
חִצַּי אֲכַלֶּה־בָּם: מְזֵי רָעָב וּלְחֻמֵי רֶשֶׁף כד
וְקֶטֶב מְרִירִי וְשֶׁן־בְּהֵמֹת אֲשַׁלַּח־בָּם
עִם־חֲמַת זֹחֲלֵי עָפָר: מִחוּץ תְּשַׁכֶּל־חֶרֶב כה
וּמֵחֲדָרִים אֵימָה גַּם־בָּחוּר גַּם־בְּתוּלָה
יוֹנֵק עִם־אִישׁ שֵׂיבָה: אָמַרְתִּי אַפְאֵיהֶם כו
אַשְׁבִּיתָה מֵאֱנוֹשׁ זִכְרָם: לוּלֵי כַּעַס אוֹיֵב אָגוּר כז
פֶּן־יְנַכְּרוּ צָרֵימוֹ פֶּן־יֹאמְרוּ יָדֵנוּ רָמָה
וְלֹא יְהוָה פָּעַל כָּל־זֹאת: כִּי־גוֹי אֹבַד עֵצוֹת הֵמָּה כח
חמישי וְאֵין בָּהֶם תְּבוּנָה: לוּ חָכְמוּ יַשְׂכִּילוּ זֹאת כט
יָבִינוּ לְאַחֲרִיתָם: אֵיכָה יִרְדֹּף אֶחָד אֶלֶף ל
וּשְׁנַיִם יָנִיסוּ רְבָבָה אִם־לֹא כִּי־צוּרָם מְכָרָם
וַיהוָה הִסְגִּירָם: כִּי לֹא כְצוּרֵנוּ צוּרָם לא
וְאֹיְבֵינוּ פְּלִילִים: כִּי־מִגֶּפֶן סְדֹם גַּפְנָם לב
וּמִשַּׁדְמֹת עֲמֹרָה עֲנָבֵמוֹ עִנְּבֵי־רוֹשׁ
אַשְׁכְּלֹת מְרֹרֹת לָמוֹ: חֲמַת תַּנִּינִם יֵינָם לג
וְרֹאשׁ פְּתָנִים אַכְזָר: הֲלֹא־הוּא כָּמֻס עִמָּדִי לד
חָתוּם בְּאוֹצְרֹתָי: לִי נָקָם וְשִׁלֵּם לה
לְעֵת תָּמוּט רַגְלָם כִּי קָרוֹב יוֹם אֵידָם
וְחָשׁ עֲתִדֹת לָמוֹ: כִּי־יָדִין יְהוָה עַמּוֹ לו
וְעַל־עֲבָדָיו יִתְנֶחָם כִּי יִרְאֶה כִּי־אָזְלַת יָד
וְאֶפֶס עָצוּר וְעָזוּב: וְאָמַר אֵי אֱלֹהֵימוֹ לז
צוּר חָסָיוּ בוֹ: אֲשֶׁר חֵלֶב זְבָחֵימוֹ יֹאכֵלוּ לח
יִשְׁתּוּ יֵין נְסִיכָם יָקוּמוּ וְיַעְזְרֻכֶם
יְהִי עֲלֵיכֶם סִתְרָה: רְאוּ ׀ עַתָּה כִּי אֲנִי אֲנִי הוּא לט
וְאֵין אֱלֹהִים עִמָּדִי אֲנִי אָמִית וַאֲחַיֶּה
מָחַצְתִּי וַאֲנִי אֶרְפָּא וְאֵין מִיָּדִי מַצִּיל:

מ כִּי־אֶשָּׂא אֶל־שָׁמַיִם יָדִי   וְאָמַרְתִּי חַי אָנֹכִי לְעֹלָם׃ ששי
מא אִם־שַׁנּוֹתִי בְּרַק חַרְבִּי   וְתֹאחֵז בְּמִשְׁפָּט יָדִי
אָשִׁיב נָקָם לְצָרָי   וְלִמְשַׂנְאַי אֲשַׁלֵּם׃
מב אַשְׁכִּיר חִצַּי מִדָּם   וְחַרְבִּי תֹּאכַל בָּשָׂר
מִדַּם חָלָל וְשִׁבְיָה   מֵרֹאשׁ פַּרְעוֹת אוֹיֵב׃
מג הַרְנִינוּ גוֹיִם עַמּוֹ   כִּי דַם־עֲבָדָיו יִקּוֹם
וְנָקָם יָשִׁיב לְצָרָיו   וְכִפֶּר אַדְמָתוֹ עַמּוֹ׃

מד וַיָּבֹא מֹשֶׁה וַיְדַבֵּר אֶת־כָּל־דִּבְרֵי הַשִּׁירָה־הַזֹּאת בְּאָזְנֵי הָעָם הוּא שביעי
מה וְהוֹשֵׁעַ בִּן־נוּן׃ וַיְכַל מֹשֶׁה לְדַבֵּר אֶת־כָּל־הַדְּבָרִים הָאֵלֶּה אֶל־
מו כָּל־יִשְׂרָאֵל׃ וַיֹּאמֶר אֲלֵהֶם שִׂימוּ לְבַבְכֶם לְכָל־הַדְּבָרִים אֲשֶׁר
אָנֹכִי מֵעִיד בָּכֶם הַיּוֹם אֲשֶׁר תְּצַוֻּם אֶת־בְּנֵיכֶם לִשְׁמֹר לַעֲשׂוֹת
מז אֶת־כָּל־דִּבְרֵי הַתּוֹרָה הַזֹּאת׃ כִּי לֹא־דָבָר רֵק הוּא מִכֶּם כִּי־הוּא
חַיֵּיכֶם וּבַדָּבָר הַזֶּה תַּאֲרִיכוּ יָמִים עַל־הָאֲדָמָה אֲשֶׁר אַתֶּם עֹבְרִים
אֶת־הַיַּרְדֵּן שָׁמָּה לְרִשְׁתָּהּ׃
מח מט וַיְדַבֵּר יְהוָה אֶל־מֹשֶׁה בְּעֶצֶם הַיּוֹם הַזֶּה לֵאמֹר׃ עֲלֵה אֶל־ מפטיר
הַר הָעֲבָרִים הַזֶּה הַר־נְבוֹ אֲשֶׁר בְּאֶרֶץ מוֹאָב אֲשֶׁר עַל־פְּנֵי
יְרֵחוֹ וּרְאֵה אֶת־אֶרֶץ כְּנַעַן אֲשֶׁר אֲנִי נֹתֵן לִבְנֵי יִשְׂרָאֵל
נ לַאֲחֻזָּה׃ וּמֻת בָּהָר אֲשֶׁר אַתָּה עֹלֶה שָׁמָּה וְהֵאָסֵף אֶל־עַמֶּיךָ
נא כַּאֲשֶׁר־מֵת אַהֲרֹן אָחִיךָ בְּהֹר הָהָר וַיֵּאָסֶף אֶל־עַמָּיו׃ עַל אֲשֶׁר
מְעַלְתֶּם בִּי בְּתוֹךְ בְּנֵי יִשְׂרָאֵל בְּמֵי־מְרִיבַת קָדֵשׁ מִדְבַּר־צִן
נב עַל אֲשֶׁר לֹא־קִדַּשְׁתֶּם אוֹתִי בְּתוֹךְ בְּנֵי יִשְׂרָאֵל׃ כִּי מִנֶּגֶד תִּרְאֶה
אֶת־הָאָרֶץ וְשָׁמָּה לֹא תָבוֹא אֶל־הָאָרֶץ אֲשֶׁר־אֲנִי נֹתֵן לִבְנֵי
יִשְׂרָאֵל׃

כז
לג א וְזֹאת הַבְּרָכָה אֲשֶׁר בֵּרַךְ מֹשֶׁה אִישׁ הָאֱלֹהִים אֶת־בְּנֵי יִשְׂרָאֵל וזאת הברכה
ב לִפְנֵי מוֹתוֹ׃ וַיֹּאמַר יְהוָה מִסִּינַי בָּא וְזָרַח מִשֵּׂעִיר לָמוֹ הוֹפִיעַ
ג מֵהַר פָּארָן וְאָתָה מֵרִבְבֹת קֹדֶשׁ מִימִינוֹ אשדת לָמוֹ׃ אַף חֹבֵב אֵשׁ דָּת

עַמִּים כׇּל־קְדֹשָׁיו בְּיָדֶךָ וְהֵם תֻּכּוּ לְרַגְלֶךָ יִשָּׂא מִדַּבְּרֹתֶיךָ׃
ד ה תּוֹרָה צִוָּה־לָנוּ מֹשֶׁה מוֹרָשָׁה קְהִלַּת יַעֲקֹב׃ וַיְהִי בִישֻׁרוּן מֶלֶךְ
ו בְּהִתְאַסֵּף רָאשֵׁי עָם יַחַד שִׁבְטֵי יִשְׂרָאֵל׃ יְחִי רְאוּבֵן וְאַל־יָמֹת
ז וִיהִי מְתָיו מִסְפָּר׃ וְזֹאת לִיהוּדָה וַיֹּאמַר שְׁמַע
יהוה קוֹל יְהוּדָה וְאֶל־עַמּוֹ תְּבִיאֶנּוּ יָדָיו רָב לוֹ וְעֵזֶר מִצָּרָיו
תִּהְיֶה׃
שני ח וּלְלֵוִי אָמַר תֻּמֶּיךָ וְאוּרֶיךָ לְאִישׁ חֲסִידֶךָ אֲשֶׁר נִסִּיתוֹ בְּמַסָּה
ט תְּרִיבֵהוּ עַל־מֵי מְרִיבָה׃ הָאֹמֵר לְאָבִיו וּלְאִמּוֹ לֹא רְאִיתִיו וְאֶת־
אֶחָיו לֹא הִכִּיר וְאֶת־בָּנָו לֹא יָדָע כִּי שָׁמְרוּ אִמְרָתֶךָ וּבְרִיתְךָ
י יִנְצֹרוּ׃ יוֹרוּ מִשְׁפָּטֶיךָ לְיַעֲקֹב וְתוֹרָתְךָ לְיִשְׂרָאֵל יָשִׂימוּ קְטוֹרָה
יא בְּאַפֶּךָ וְכָלִיל עַל־מִזְבְּחֶךָ׃ בָּרֵךְ יהוה חֵילוֹ וּפֹעַל יָדָיו תִּרְצֶה
יב מְחַץ מׇתְנַיִם קָמָיו וּמְשַׂנְאָיו מִן־יְקוּמוּן׃ לְבִנְיָמִן
אָמַר יְדִיד יהוה יִשְׁכֹּן לָבֶטַח עָלָיו חֹפֵף עָלָיו כׇּל־הַיּוֹם וּבֵין
שלישי יג כְּתֵפָיו שָׁכֵן׃ וּלְיוֹסֵף אָמַר מְבֹרֶכֶת יהוה אַרְצוֹ
יד מִמֶּגֶד שָׁמַיִם מִטָּל וּמִתְּהוֹם רֹבֶצֶת תָּחַת׃ וּמִמֶּגֶד תְּבוּאֹת שָׁמֶשׁ
טו וּמִמֶּגֶד גֶּרֶשׁ יְרָחִים׃ וּמֵרֹאשׁ הַרְרֵי־קֶדֶם וּמִמֶּגֶד גִּבְעוֹת עוֹלָם׃
טז וּמִמֶּגֶד אֶרֶץ וּמְלֹאָהּ וּרְצוֹן שֹׁכְנִי סְנֶה תָּבוֹאתָה לְרֹאשׁ יוֹסֵף
יז וּלְקׇדְקֹד נְזִיר אֶחָיו׃ בְּכוֹר שׁוֹרוֹ הָדָר לוֹ וְקַרְנֵי רְאֵם קַרְנָיו בָּהֶם
עַמִּים יְנַגַּח יַחְדָּו אַפְסֵי־אָרֶץ וְהֵם רִבְבוֹת אֶפְרַיִם וְהֵם אַלְפֵי
רביעי יח מְנַשֶּׁה׃ וְלִזְבוּלֻן אָמַר שְׂמַח זְבוּלֻן בְּצֵאתֶךָ
יט וְיִשָּׂשכָר בְּאֹהָלֶיךָ׃ עַמִּים הַר־יִקְרָאוּ שָׁם יִזְבְּחוּ זִבְחֵי־צֶדֶק כִּי
כ שֶׁפַע יַמִּים יִינָקוּ וּשְׂפֻנֵי טְמוּנֵי חוֹל׃ וּלְגָד אָמַר
כא בָּרוּךְ מַרְחִיב גָּד כְּלָבִיא שָׁכֵן וְטָרַף זְרוֹעַ אַף־קׇדְקֹד׃ וַיַּרְא
רֵאשִׁית לוֹ כִּי־שָׁם חֶלְקַת מְחֹקֵק סָפוּן וַיֵּתֵא רָאשֵׁי עָם צִדְקַת
חמישי כב יהוה עָשָׂה וּמִשְׁפָּטָיו עִם־יִשְׂרָאֵל׃ וּלְדָן אָמַר
כג דָּן גּוּר אַרְיֵה יְזַנֵּק מִן־הַבָּשָׁן׃ וּלְנַפְתָּלִי אָמַר נַפְתָּלִי שְׂבַע רָצוֹן
כד וּמָלֵא בִּרְכַּת יהוה יָם וְדָרוֹם יְרָשָׁה׃ וּלְאָשֵׁר

אָמַ֔ר בָּר֥וּךְ מִבָּנִ֖ים אָשֵׁ֑ר יְהִ֤י רְצוּי֙ אֶחָ֔יו וְטֹבֵ֥ל בַּשֶּׁ֖מֶן רַגְלֽוֹ׃
כה כו בַּרְזֶ֥ל וּנְחֹ֖שֶׁת מִנְעָלֶ֑ךָ וּכְיָמֶ֖יךָ דׇּבְאֶֽךָ׃ אֵ֥ין כָּאֵ֖ל יְשֻׁר֑וּן רֹכֵ֤ב
כז שָׁמַ֙יִם֙ בְּעֶזְרֶ֔ךָ וּבְגַאֲוָת֖וֹ שְׁחָקִֽים׃ מְעֹנָה֙ אֱלֹ֣הֵי קֶ֔דֶם וּמִתַּ֖חַת חתן התורה
כח זְרֹעֹ֣ת עוֹלָ֑ם וַיְגָ֧רֶשׁ מִפָּנֶ֛יךָ אוֹיֵ֖ב וַיֹּ֥אמֶר הַשְׁמֵֽד׃ וַיִּשְׁכֹּן֩ יִשְׂרָאֵ֨ל
בֶּ֤טַח בָּדָד֙ עֵ֣ין יַעֲקֹ֔ב אֶל־אֶ֖רֶץ דָּגָ֣ן וְתִיר֑וֹשׁ אַף־שָׁמָ֖יו יַ֥עַרְפוּ־
כט טָֽל׃ אַשְׁרֶ֨יךָ יִשְׂרָאֵ֜ל מִ֣י כָמ֗וֹךָ עַ֚ם נוֹשַׁ֣ע בַּֽיהוָ֔ה מָגֵ֣ן עֶזְרֶ֔ךָ
וַאֲשֶׁר־חֶ֖רֶב גַּאֲוָתֶ֑ךָ וְיִכָּחֲשׁ֤וּ אֹיְבֶ֙יךָ֙ לָ֔ךְ וְאַתָּ֖ה עַל־בָּמוֹתֵ֥ימוֹ
לד א תִדְרֹֽךְ׃ וַיַּ֨עַל מֹשֶׁ֜ה מֵעַרְבֹ֤ת מוֹאָב֙ אֶל־הַ֣ר נְב֔וֹ
רֹ֚אשׁ הַפִּסְגָּ֔ה אֲשֶׁ֖ר עַל־פְּנֵ֣י יְרֵח֑וֹ וַיַּרְאֵ֨הוּ יְהוָ֧ה אֶת־כׇּל־הָאָ֛רֶץ
ב אֶת־הַגִּלְעָ֖ד עַד־דָּֽן׃ וְאֵת֙ כׇּל־נַפְתָּלִ֔י וְאֶת־אֶ֥רֶץ אֶפְרַ֖יִם וּמְנַשֶּׁ֑ה
ג וְאֵת֙ כׇּל־אֶ֣רֶץ יְהוּדָ֔ה עַ֖ד הַיָּ֥ם הָאַחֲרֽוֹן׃ וְאֶת־הַנֶּ֗גֶב וְאֶת־הַכִּכָּ֞ר
ד בִּקְעַ֧ת יְרֵח֛וֹ עִ֥יר הַתְּמָרִ֖ים עַד־צֹֽעַר׃ וַיֹּ֨אמֶר יְהוָ֜ה אֵלָ֗יו זֹ֤את
הָאָ֙רֶץ֙ אֲשֶׁ֨ר נִשְׁבַּ֜עְתִּי לְאַבְרָהָ֨ם לְיִצְחָ֤ק וּֽלְיַעֲקֹב֙ לֵאמֹ֔ר לְזַרְעֲךָ֖
ה אֶתְּנֶ֑נָּה הֶרְאִיתִ֣יךָ בְעֵינֶ֔יךָ וְשָׁ֖מָּה לֹ֥א תַעֲבֹֽר׃ וַיָּ֨מׇת שָׁ֜ם מֹשֶׁ֧ה
ו עֶֽבֶד־יְהוָ֛ה בְּאֶ֥רֶץ מוֹאָ֖ב עַל־פִּ֥י יְהוָֽה׃ וַיִּקְבֹּ֨ר אֹת֤וֹ בַגַּיְ֙ בְּאֶ֣רֶץ
מוֹאָ֔ב מ֖וּל בֵּ֣ית פְּע֑וֹר וְלֹא־יָדַ֥ע אִישׁ֙ אֶת־קְבֻ֣רָת֔וֹ עַ֖ד הַיּ֥וֹם הַזֶּֽה׃
ז וּמֹשֶׁ֗ה בֶּן־מֵאָ֧ה וְעֶשְׂרִ֛ים שָׁנָ֖ה בְּמֹת֑וֹ לֹא־כָהֲתָ֥ה עֵינ֖וֹ וְלֹא־
ח נָ֥ס לֵחֹֽה׃ וַיִּבְכּוּ֩ בְנֵ֨י יִשְׂרָאֵ֧ל אֶת־מֹשֶׁ֛ה בְּעַרְבֹ֥ת מוֹאָ֖ב שְׁלֹשִׁ֣ים
ט י֑וֹם וַיִּתְּמ֔וּ יְמֵ֥י בְכִ֖י אֵ֥בֶל מֹשֶֽׁה׃ וִיהוֹשֻׁ֣עַ בִּן־נ֗וּן מָלֵא֙ ר֣וּחַ חׇכְמָ֔ה
כִּֽי־סָמַ֥ךְ מֹשֶׁ֛ה אֶת־יָדָ֖יו עָלָ֑יו וַיִּשְׁמְע֨וּ אֵלָ֤יו בְּנֵֽי־יִשְׂרָאֵל֙ וַֽיַּעֲשׂ֔וּ
י כַּאֲשֶׁ֛ר צִוָּ֥ה יְהוָ֖ה אֶת־מֹשֶֽׁה׃ וְלֹֽא־קָ֨ם נָבִ֥יא ע֛וֹד בְּיִשְׂרָאֵ֖ל
יא כְּמֹשֶׁ֑ה אֲשֶׁר֙ יְדָע֣וֹ יְהוָ֔ה פָּנִ֖ים אֶל־פָּנִֽים׃ לְכׇל־הָ֨אֹתֹ֜ת וְהַמּֽוֹפְתִ֗ים
אֲשֶׁ֤ר שְׁלָחוֹ֙ יְהוָ֔ה לַעֲשׂ֖וֹת בְּאֶ֣רֶץ מִצְרָ֑יִם לְפַרְעֹ֥ה וּלְכׇל־עֲבָדָ֖יו
יב וּלְכׇל־אַרְצֽוֹ׃ וּלְכֹל֙ הַיָּ֣ד הַחֲזָקָ֔ה וּלְכֹ֖ל הַמּוֹרָ֣א הַגָּד֑וֹל אֲשֶׁר֙
עָשָׂ֣ה מֹשֶׁ֔ה לְעֵינֵ֖י כׇּל־יִשְׂרָאֵֽל׃

נביאים

יהושע
שופטים
שמואל
מלכים
ישעיה
ירמיה
יחזקאל
שנים עשר
הושע
יואל
עמוס
עובדיה
יונה
מיכה
נחום
חבקוק
צפניה
חגי
זכריה
מלאכי

יהושע

א א וַיְהִי אַחֲרֵי מוֹת מֹשֶׁה עֶבֶד יְהוָה וַיֹּאמֶר יְהוָה אֶל־יְהוֹשֻׁעַ בִּן־
ב נוּן מְשָׁרֵת מֹשֶׁה לֵאמֹר׃ מֹשֶׁה עַבְדִּי מֵת וְעַתָּה קוּם עֲבֹר אֶת־
הַיַּרְדֵּן הַזֶּה אַתָּה וְכָל־הָעָם הַזֶּה אֶל־הָאָרֶץ אֲשֶׁר אָנֹכִי נֹתֵן
ג לָהֶם לִבְנֵי יִשְׂרָאֵל׃ כָּל־מָקוֹם אֲשֶׁר תִּדְרֹךְ כַּף־רַגְלְכֶם בּוֹ
ד לָכֶם נְתַתִּיו כַּאֲשֶׁר דִּבַּרְתִּי אֶל־מֹשֶׁה׃ מֵהַמִּדְבָּר וְהַלְּבָנוֹן הַזֶּה
וְעַד־הַנָּהָר הַגָּדוֹל נְהַר־פְּרָת כֹּל אֶרֶץ הַחִתִּים וְעַד־הַיָּם
ה הַגָּדוֹל מְבוֹא הַשָּׁמֶשׁ יִהְיֶה גְּבוּלְכֶם׃ לֹא־יִתְיַצֵּב אִישׁ לְפָנֶיךָ
כֹּל יְמֵי חַיֶּיךָ כַּאֲשֶׁר הָיִיתִי עִם־מֹשֶׁה אֶהְיֶה עִמָּךְ לֹא אַרְפְּךָ
ו וְלֹא אֶעֶזְבֶךָּ׃ חֲזַק וֶאֱמָץ כִּי אַתָּה תַּנְחִיל אֶת־הָעָם הַזֶּה אֶת־
ז הָאָרֶץ אֲשֶׁר־נִשְׁבַּעְתִּי לַאֲבוֹתָם לָתֵת לָהֶם׃ רַק חֲזַק וֶאֱמַץ
מְאֹד לִשְׁמֹר לַעֲשׂוֹת כְּכָל־הַתּוֹרָה אֲשֶׁר צִוְּךָ מֹשֶׁה עַבְדִּי אַל־
תָּסוּר מִמֶּנּוּ יָמִין וּשְׂמֹאול לְמַעַן תַּשְׂכִּיל בְּכֹל אֲשֶׁר תֵּלֵךְ׃
ח לֹא־יָמוּשׁ סֵפֶר הַתּוֹרָה הַזֶּה מִפִּיךָ וְהָגִיתָ בּוֹ יוֹמָם וָלַיְלָה לְמַעַן
תִּשְׁמֹר לַעֲשׂוֹת כְּכָל־הַכָּתוּב בּוֹ כִּי־אָז תַּצְלִיחַ אֶת־דְּרָכֶךָ וְאָז
ט תַּשְׂכִּיל׃ הֲלוֹא צִוִּיתִיךָ חֲזַק וֶאֱמָץ אַל־תַּעֲרֹץ וְאַל־תֵּחָת כִּי
י עִמְּךָ יְהוָה אֱלֹהֶיךָ בְּכֹל אֲשֶׁר תֵּלֵךְ׃ וַיְצַו יְהוֹשֻׁעַ
יא אֶת־שֹׁטְרֵי הָעָם לֵאמֹר׃ עִבְרוּ ׀ בְּקֶרֶב הַמַּחֲנֶה וְצַוּוּ אֶת־
הָעָם לֵאמֹר הָכִינוּ לָכֶם צֵידָה כִּי בְּעוֹד ׀ שְׁלֹשֶׁת יָמִים אַתֶּם
עֹבְרִים אֶת־הַיַּרְדֵּן הַזֶּה לָבוֹא לָרֶשֶׁת אֶת־הָאָרֶץ אֲשֶׁר יְהוָה
יב אֱלֹהֵיכֶם נֹתֵן לָכֶם לְרִשְׁתָּהּ׃ וְלָראוּבֵנִי וְלַגָּדִי
יג וְלַחֲצִי שֵׁבֶט הַמְנַשֶּׁה אָמַר יְהוֹשֻׁעַ לֵאמֹר׃ זָכוֹר אֶת־הַדָּבָר
אֲשֶׁר צִוָּה אֶתְכֶם מֹשֶׁה עֶבֶד־יְהוָה לֵאמֹר יְהוָה אֱלֹהֵיכֶם מֵנִיחַ
יד לָכֶם וְנָתַן לָכֶם אֶת־הָאָרֶץ הַזֹּאת׃ נְשֵׁיכֶם טַפְּכֶם וּמִקְנֵיכֶם
יֵשְׁבוּ בָּאָרֶץ אֲשֶׁר נָתַן לָכֶם מֹשֶׁה בְּעֵבֶר הַיַּרְדֵּן וְאַתֶּם תַּעַבְרוּ
טו חֲמֻשִׁים לִפְנֵי אֲחֵיכֶם כֹּל גִּבּוֹרֵי הַחַיִל וַעֲזַרְתֶּם אוֹתָם׃ עַד
אֲשֶׁר־יָנִיחַ יְהוָה ׀ לַאֲחֵיכֶם כָּכֶם וְיָרְשׁוּ גַם־הֵמָּה אֶת־הָאָרֶץ
אֲשֶׁר־יְהוָה אֱלֹהֵיכֶם נֹתֵן לָהֶם וְשַׁבְתֶּם לְאֶרֶץ יְרֻשַּׁתְכֶם

וִירִשְׁתֶּם אוֹתָהּ אֲשֶׁר ׀ נָתַן לָכֶם מֹשֶׁה עֶבֶד יְהוָה בְּעֵבֶר הַיַּרְדֵּן
טז מִזְרַח הַשָּׁמֶשׁ׃ וַיַּעֲנוּ אֶת־יְהוֹשֻׁעַ לֵאמֹר כֹּל אֲשֶׁר־צִוִּיתָנוּ
יז נַעֲשֶׂה וְאֶל־כָּל־אֲשֶׁר תִּשְׁלָחֵנוּ נֵלֵךְ׃ כְּכֹל אֲשֶׁר־שָׁמַעְנוּ אֶל־
מֹשֶׁה כֵּן נִשְׁמַע אֵלֶיךָ רַק יִהְיֶה יְהוָה אֱלֹהֶיךָ עִמָּךְ כַּאֲשֶׁר הָיָה
יח עִם־מֹשֶׁה׃ כָּל־אִישׁ אֲשֶׁר־יַמְרֶה אֶת־פִּיךָ וְלֹא־יִשְׁמַע אֶת־
דְּבָרֶיךָ לְכֹל אֲשֶׁר־תְּצַוֶּנּוּ יוּמָת רַק חֲזַק וֶאֱמָץ׃

ב א וַיִּשְׁלַח יְהוֹשֻׁעַ בִּן־נוּן מִן־הַשִּׁטִּים שְׁנַיִם אֲנָשִׁים מְרַגְּלִים חֶרֶשׁ
לֵאמֹר לְכוּ רְאוּ אֶת־הָאָרֶץ וְאֶת־יְרִיחוֹ וַיֵּלְכוּ וַיָּבֹאוּ בֵּית אִשָּׁה
ב זוֹנָה וּשְׁמָהּ רָחָב וַיִּשְׁכְּבוּ־שָׁמָּה׃ וַיֵּאָמַר לְמֶלֶךְ יְרִיחוֹ לֵאמֹר
הִנֵּה אֲנָשִׁים בָּאוּ הֵנָּה הַלַּיְלָה מִבְּנֵי יִשְׂרָאֵל לַחְפֹּר אֶת־הָאָרֶץ׃
ג וַיִּשְׁלַח מֶלֶךְ יְרִיחוֹ אֶל־רָחָב לֵאמֹר הוֹצִיאִי הָאֲנָשִׁים הַבָּאִים
ד אֵלַיִךְ אֲשֶׁר־בָּאוּ לְבֵיתֵךְ כִּי לַחְפֹּר אֶת־כָּל־הָאָרֶץ בָּאוּ׃ וַתִּקַּח
הָאִשָּׁה אֶת־שְׁנֵי הָאֲנָשִׁים וַתִּצְפְּנוֹ וַתֹּאמֶר ׀ כֵּן בָּאוּ אֵלַי
ה הָאֲנָשִׁים וְלֹא יָדַעְתִּי מֵאַיִן הֵמָּה׃ וַיְהִי הַשַּׁעַר לִסְגּוֹר בַּחֹשֶׁךְ
וְהָאֲנָשִׁים יָצָאוּ לֹא יָדַעְתִּי אָנָה הָלְכוּ הָאֲנָשִׁים רִדְפוּ מַהֵר
ו אַחֲרֵיהֶם כִּי תַשִּׂיגוּם׃ וְהִיא הֶעֱלָתַם הַגָּגָה וַתִּטְמְנֵם בְּפִשְׁתֵּי
ז הָעֵץ הָעֲרֻכוֹת לָהּ עַל־הַגָּג׃ וְהָאֲנָשִׁים רָדְפוּ אַחֲרֵיהֶם דֶּרֶךְ
הַיַּרְדֵּן עַל הַמַּעְבְּרוֹת וְהַשַּׁעַר סָגָרוּ אַחֲרֵי כַּאֲשֶׁר יָצְאוּ
ח הָרֹדְפִים אַחֲרֵיהֶם׃ וְהֵמָּה טֶרֶם יִשְׁכָּבוּן וְהִיא עָלְתָה עֲלֵיהֶם
ט עַל־הַגָּג׃ וַתֹּאמֶר אֶל־הָאֲנָשִׁים יָדַעְתִּי כִּי־נָתַן יְהוָה לָכֶם
אֶת־הָאָרֶץ וְכִי־נָפְלָה אֵימַתְכֶם עָלֵינוּ וְכִי נָמֹגוּ כָּל־יֹשְׁבֵי
י הָאָרֶץ מִפְּנֵיכֶם׃ כִּי שָׁמַעְנוּ אֵת אֲשֶׁר־הוֹבִישׁ יְהוָה אֶת־מֵי
יַם־סוּף מִפְּנֵיכֶם בְּצֵאתְכֶם מִמִּצְרָיִם וַאֲשֶׁר עֲשִׂיתֶם לִשְׁנֵי מַלְכֵי
הָאֱמֹרִי אֲשֶׁר בְּעֵבֶר הַיַּרְדֵּן לְסִיחֹן וּלְעוֹג אֲשֶׁר הֶחֱרַמְתֶּם
יא אוֹתָם׃ וַנִּשְׁמַע וַיִּמַּס לְבָבֵנוּ וְלֹא־קָמָה עוֹד רוּחַ בְּאִישׁ
מִפְּנֵיכֶם כִּי יְהוָה אֱלֹהֵיכֶם הוּא אֱלֹהִים בַּשָּׁמַיִם מִמַּעַל וְעַל־
יב הָאָרֶץ מִתָּחַת׃ וְעַתָּה הִשָּׁבְעוּ־נָא לִי בַּיהוָה כִּי־עָשִׂיתִי עִמָּכֶם

חֶסֶד וַעֲשִׂיתֶם גַּם־אַתֶּם עִם־בֵּית אָבִי חֶסֶד וּנְתַתֶּם לִי אוֹת
יג אֱמֶת׃ וְהַחֲיִתֶם אֶת־אָבִי וְאֶת־אִמִּי וְאֶת־אַחַי וְאֶת־אחותי אַחְיוֹתַי
יד וְאֵת כָּל־אֲשֶׁר לָהֶם וְהִצַּלְתֶּם אֶת־נַפְשֹׁתֵינוּ מִמָּוֶת׃ וַיֹּאמְרוּ
לָהּ הָאֲנָשִׁים נַפְשֵׁנוּ תַחְתֵּיכֶם לָמוּת אִם לֹא תַגִּידוּ אֶת־
דְּבָרֵנוּ זֶה וְהָיָה בְּתֵת־יהוה לָנוּ אֶת־הָאָרֶץ וְעָשִׂינוּ עִמָּךְ חֶסֶד
טו וֶאֱמֶת׃ וַתּוֹרִדֵם בַּחֶבֶל בְּעַד הַחַלּוֹן כִּי בֵיתָהּ בְּקִיר הַחוֹמָה
טז וּבַחוֹמָה הִיא יוֹשָׁבֶת׃ וַתֹּאמֶר לָהֶם הָהָרָה לֵּכוּ פֶּן־יִפְגְּעוּ
בָכֶם הָרֹדְפִים וְנַחְבֵּתֶם שָׁמָּה שְׁלֹשֶׁת יָמִים עַד שׁוֹב הָרֹדְפִים
יז וְאַחַר תֵּלְכוּ לְדַרְכְּכֶם׃ וַיֹּאמְרוּ אֵלֶיהָ הָאֲנָשִׁים נְקִיִּם אֲנַחְנוּ
יח מִשְּׁבֻעָתֵךְ הַזֶּה אֲשֶׁר הִשְׁבַּעְתָּנוּ׃ הִנֵּה אֲנַחְנוּ בָאִים בָּאָרֶץ
אֶת־תִּקְוַת חוּט הַשָּׁנִי הַזֶּה תִּקְשְׁרִי בַּחַלּוֹן אֲשֶׁר הוֹרַדְתֵּנוּ
בוֹ וְאֶת־אָבִיךְ וְאֶת־אִמֵּךְ וְאֶת־אַחַיִךְ וְאֵת כָּל־בֵּית אָבִיךְ
יט תַּאַסְפִי אֵלַיִךְ הַבָּיְתָה׃ וְהָיָה כֹּל אֲשֶׁר־יֵצֵא מִדַּלְתֵי בֵיתֵךְ
הַחוּצָה דָּמוֹ בְרֹאשׁוֹ וַאֲנַחְנוּ נְקִיִּם וְכֹל אֲשֶׁר יִהְיֶה אִתָּךְ בַּבַּיִת
כ דָּמוֹ בְרֹאשֵׁנוּ אִם־יָד תִּהְיֶה־בּוֹ׃ וְאִם־תַּגִּידִי אֶת־דְּבָרֵנוּ זֶה
כא וְהָיִינוּ נְקִיִּם מִשְּׁבֻעָתֵךְ אֲשֶׁר הִשְׁבַּעְתָּנוּ׃ וַתֹּאמֶר כְּדִבְרֵיכֶם
כֶּן־הוּא וַתְּשַׁלְּחֵם וַיֵּלֵכוּ וַתִּקְשֹׁר אֶת־תִּקְוַת הַשָּׁנִי בַּחַלּוֹן׃
כב וַיֵּלְכוּ וַיָּבֹאוּ הָהָרָה וַיֵּשְׁבוּ שָׁם שְׁלֹשֶׁת יָמִים עַד־שָׁבוּ הָרֹדְפִים
כג וַיְבַקְשׁוּ הָרֹדְפִים בְּכָל־הַדֶּרֶךְ וְלֹא מָצָאוּ׃ וַיָּשֻׁבוּ שְׁנֵי הָאֲנָשִׁים
וַיֵּרְדוּ מֵהָהָר וַיַּעַבְרוּ וַיָּבֹאוּ אֶל־יְהוֹשֻׁעַ בִּן־נוּן וַיְסַפְּרוּ־
כד לוֹ אֵת כָּל־הַמֹּצְאוֹת אוֹתָם׃ וַיֹּאמְרוּ אֶל־יְהוֹשֻׁעַ כִּי־נָתַן
יהוה בְּיָדֵנוּ אֶת־כָּל־הָאָרֶץ וְגַם־נָמֹגוּ כָּל־יֹשְׁבֵי הָאָרֶץ
ג א מִפָּנֵינוּ׃ וַיַּשְׁכֵּם יְהוֹשֻׁעַ בַּבֹּקֶר וַיִּסְעוּ מֵהַשִּׁטִּים
וַיָּבֹאוּ עַד־הַיַּרְדֵּן הוּא וְכָל־בְּנֵי יִשְׂרָאֵל וַיָּלִנוּ שָׁם טֶרֶם יַעֲבֹרוּ׃
ב וַיְהִי מִקְצֵה שְׁלֹשֶׁת יָמִים וַיַּעַבְרוּ הַשֹּׁטְרִים בְּקֶרֶב הַמַּחֲנֶה׃
ג וַיְצַוּוּ אֶת־הָעָם לֵאמֹר כִּרְאֹתְכֶם אֵת אֲרוֹן בְּרִית־יהוה
אֱלֹהֵיכֶם וְהַכֹּהֲנִים הַלְוִיִּם נֹשְׂאִים אֹתוֹ וְאַתֶּם תִּסְעוּ מִמְּקוֹמְכֶם

ד וַהֲלַכְתֶּם אַחֲרָיו אַךְ ׀ רָחוֹק יִהְיֶה בֵּינֵיכֶם וּבֵינָו כְּאַלְפַּיִם אַמָּה
בַּמִּדָּה אַל־תִּקְרְבוּ אֵלָיו לְמַעַן אֲשֶׁר־תֵּדְעוּ אֶת־הַדֶּרֶךְ אֲשֶׁר תֵּלְכוּ־
ה בָהּ כִּי לֹא עֲבַרְתֶּם בַּדֶּרֶךְ מִתְּמוֹל שִׁלְשׁוֹם׃ וַיֹּאמֶר
יְהוֹשֻׁעַ אֶל־הָעָם הִתְקַדָּשׁוּ כִּי מָחָר יַעֲשֶׂה יְהוָה בְּקִרְבְּכֶם
ו נִפְלָאוֹת׃ וַיֹּאמֶר יְהוֹשֻׁעַ אֶל־הַכֹּהֲנִים לֵאמֹר שְׂאוּ אֶת־אֲרוֹן
הַבְּרִית וְעִבְרוּ לִפְנֵי הָעָם וַיִּשְׂאוּ אֶת־אֲרוֹן הַבְּרִית וַיֵּלְכוּ
ב ז לִפְנֵי הָעָם׃ וַיֹּאמֶר יְהוָה אֶל־יְהוֹשֻׁעַ הַיּוֹם הַזֶּה
אָחֵל גַּדֶּלְךָ בְּעֵינֵי כָּל־יִשְׂרָאֵל אֲשֶׁר יֵדְעוּן כִּי כַּאֲשֶׁר הָיִיתִי
ח עִם־מֹשֶׁה אֶהְיֶה עִמָּךְ׃ וְאַתָּה תְּצַוֶּה אֶת־הַכֹּהֲנִים נֹשְׂאֵי
אֲרוֹן־הַבְּרִית לֵאמֹר כְּבֹאֲכֶם עַד־קְצֵה מֵי הַיַּרְדֵּן בַּיַּרְדֵּן
ט תַּעֲמֹדוּ׃ וַיֹּאמֶר יְהוֹשֻׁעַ אֶל־בְּנֵי יִשְׂרָאֵל גֹּשׁוּ הֵנָּה
י וְשִׁמְעוּ אֶת־דִּבְרֵי יְהוָה אֱלֹהֵיכֶם׃ וַיֹּאמֶר יְהוֹשֻׁעַ בְּזֹאת
תֵּדְעוּן כִּי אֵל חַי בְּקִרְבְּכֶם וְהוֹרֵשׁ יוֹרִישׁ מִפְּנֵיכֶם אֶת־הַכְּנַעֲנִי
וְאֶת־הַחִתִּי וְאֶת־הַחִוִּי וְאֶת־הַפְּרִזִּי וְאֶת־הַגִּרְגָּשִׁי וְהָאֱמֹרִי
יא וְהַיְבוּסִי׃ הִנֵּה אֲרוֹן הַבְּרִית אֲדוֹן כָּל־הָאָרֶץ עֹבֵר לִפְנֵיכֶם
יב בַּיַּרְדֵּן׃ וְעַתָּה קְחוּ לָכֶם שְׁנֵי עָשָׂר אִישׁ מִשִּׁבְטֵי יִשְׂרָאֵל אִישׁ־
יג אֶחָד אִישׁ־אֶחָד לַשָּׁבֶט׃ וְהָיָה כְּנוֹחַ כַּפּוֹת רַגְלֵי הַכֹּהֲנִים נֹשְׂאֵי
אֲרוֹן יְהוָה אֲדוֹן כָּל־הָאָרֶץ בְּמֵי הַיַּרְדֵּן מֵי הַיַּרְדֵּן יִכָּרֵתוּן
יד הַמַּיִם הַיֹּרְדִים מִלְמָעְלָה וְיַעַמְדוּ נֵד אֶחָד׃ וַיְהִי בִּנְסֹעַ הָעָם
מֵאָהֳלֵיהֶם לַעֲבֹר אֶת־הַיַּרְדֵּן וְהַכֹּהֲנִים נֹשְׂאֵי הָאָרוֹן הַבְּרִית
טו לִפְנֵי הָעָם׃ וּכְבוֹא נֹשְׂאֵי הָאָרוֹן עַד־הַיַּרְדֵּן וְרַגְלֵי הַכֹּהֲנִים
נֹשְׂאֵי הָאָרוֹן נִטְבְּלוּ בִּקְצֵה הַמָּיִם וְהַיַּרְדֵּן מָלֵא עַל־כָּל־גְּדוֹתָיו
טז כֹּל יְמֵי קָצִיר׃ וַיַּעַמְדוּ הַמַּיִם הַיֹּרְדִים מִלְמַעְלָה קָמוּ נֵד־אֶחָד
הַרְחֵק מְאֹד בָאָדָם הָעִיר אֲשֶׁר מִצַּד צָרְתָן וְהַיֹּרְדִים עַל יָם מֵאָדָם
יז הָעֲרָבָה יָם־הַמֶּלַח תַּמּוּ נִכְרָתוּ וְהָעָם עָבְרוּ נֶגֶד יְרִיחוֹ׃ וַיַּעַמְדוּ
הַכֹּהֲנִים נֹשְׂאֵי הָאָרוֹן בְּרִית־יְהוָה בֶּחָרָבָה בְּתוֹךְ הַיַּרְדֵּן
הָכֵן וְכָל־יִשְׂרָאֵל עֹבְרִים בֶּחָרָבָה עַד אֲשֶׁר־תַּמּוּ כָּל־הַגּוֹי

ד

א לַעֲבוֹר אֶת־הַיַּרְדֵּן׃ וַיְהִי כַּאֲשֶׁר־תַּמּוּ כָל־הַגּוֹי לַעֲבוֹר אֶת־
ב הַיַּרְדֵּן וַיֹּאמֶר יְהוָה אֶל־יְהוֹשֻׁעַ לֵאמֹר׃ קְחוּ
לָכֶם מִן־הָעָם שְׁנֵים עָשָׂר אֲנָשִׁים אִישׁ־אֶחָד אִישׁ־אֶחָד
ג מִשָּׁבֶט׃ וְצַוּוּ אוֹתָם לֵאמֹר שְׂאוּ־לָכֶם מִזֶּה מִתּוֹךְ הַיַּרְדֵּן
מִמַּצַּב רַגְלֵי הַכֹּהֲנִים הָכִין שְׁתֵּים־עֶשְׂרֵה אֲבָנִים וְהַעֲבַרְתֶּם
אוֹתָם עִמָּכֶם וְהִנַּחְתֶּם אוֹתָם בַּמָּלוֹן אֲשֶׁר־תָּלִינוּ בוֹ
ד הַלָּיְלָה׃ וַיִּקְרָא יְהוֹשֻׁעַ אֶל־שְׁנֵים הֶעָשָׂר אִישׁ
ה אֲשֶׁר הֵכִין מִבְּנֵי יִשְׂרָאֵל אִישׁ־אֶחָד אִישׁ־אֶחָד מִשָּׁבֶט׃ וַיֹּאמֶר
לָהֶם יְהוֹשֻׁעַ עִבְרוּ לִפְנֵי אֲרוֹן יְהוָה אֱלֹהֵיכֶם אֶל־תּוֹךְ הַיַּרְדֵּן
וְהָרִימוּ לָכֶם אִישׁ אֶבֶן אַחַת עַל־שִׁכְמוֹ לְמִסְפַּר שִׁבְטֵי בְנֵי־
ו יִשְׂרָאֵל׃ לְמַעַן תִּהְיֶה זֹאת אוֹת בְּקִרְבְּכֶם כִּי־יִשְׁאָלוּן בְּנֵיכֶם
ז מָחָר לֵאמֹר מָה הָאֲבָנִים הָאֵלֶּה לָכֶם׃ וַאֲמַרְתֶּם לָהֶם אֲשֶׁר
נִכְרְתוּ מֵימֵי הַיַּרְדֵּן מִפְּנֵי אֲרוֹן בְּרִית־יְהוָה בְּעָבְרוֹ בַּיַּרְדֵּן
נִכְרְתוּ מֵי הַיַּרְדֵּן וְהָיוּ הָאֲבָנִים הָאֵלֶּה לְזִכָּרוֹן לִבְנֵי יִשְׂרָאֵל
ח עַד־עוֹלָם׃ וַיַּעֲשׂוּ־כֵן בְּנֵי־יִשְׂרָאֵל כַּאֲשֶׁר צִוָּה יְהוֹשֻׁעַ וַיִּשְׂאוּ
שְׁתֵּי־עֶשְׂרֵה אֲבָנִים מִתּוֹךְ הַיַּרְדֵּן כַּאֲשֶׁר דִּבֶּר יְהוָה אֶל־יְהוֹשֻׁעַ
לְמִסְפַּר שִׁבְטֵי בְנֵי־יִשְׂרָאֵל וַיַּעֲבִרוּם עִמָּם אֶל־הַמָּלוֹן וַיַּנִּחוּם
ט שָׁם׃ וּשְׁתֵּים עֶשְׂרֵה אֲבָנִים הֵקִים יְהוֹשֻׁעַ בְּתוֹךְ הַיַּרְדֵּן תַּחַת
מַצַּב רַגְלֵי הַכֹּהֲנִים נֹשְׂאֵי אֲרוֹן הַבְּרִית וַיִּהְיוּ שָׁם עַד הַיּוֹם
י הַזֶּה׃ וְהַכֹּהֲנִים נֹשְׂאֵי הָאָרוֹן עֹמְדִים בְּתוֹךְ הַיַּרְדֵּן עַד־תֹּם
כָּל־הַדָּבָר אֲשֶׁר־צִוָּה יְהוָה אֶת־יְהוֹשֻׁעַ לְדַבֵּר אֶל־הָעָם כְּכֹל
יא אֲשֶׁר־צִוָּה מֹשֶׁה אֶת־יְהוֹשֻׁעַ וַיְמַהֲרוּ הָעָם וַיַּעֲבֹרוּ׃ וַיְהִי
כַּאֲשֶׁר־תַּם כָּל־הָעָם לַעֲבוֹר וַיַּעֲבֹר אֲרוֹן־יְהוָה וְהַכֹּהֲנִים לִפְנֵי
יב הָעָם׃ וַיַּעַבְרוּ בְּנֵי־רְאוּבֵן וּבְנֵי־גָד וַחֲצִי שֵׁבֶט הַמְנַשֶּׁה חֲמֻשִׁים
יג לִפְנֵי בְּנֵי יִשְׂרָאֵל כַּאֲשֶׁר דִּבֶּר אֲלֵיהֶם מֹשֶׁה׃ כְּאַרְבָּעִים
אֶלֶף חֲלוּצֵי הַצָּבָא עָבְרוּ לִפְנֵי יְהוָה לַמִּלְחָמָה אֶל עַרְבוֹת
יד יְרִיחוֹ׃ בַּיּוֹם הַהוּא גִּדַּל יְהוָה אֶת־יְהוֹשֻׁעַ בְּעֵינֵי

ה

כָּל־יִשְׂרָאֵל וַיִּרְאוּ אֹתוֹ כַּאֲשֶׁר יָרְאוּ אֶת־מֹשֶׁה כָּל־יְמֵי
חַיָּיו׃ וַיֹּאמֶר יְהוָה אֶל־יְהוֹשֻׁעַ לֵאמֹר׃ צַוֵּה טו טז
אֶת־הַכֹּהֲנִים נֹשְׂאֵי אֲרוֹן הָעֵדוּת וְיַעֲלוּ מִן־הַיַּרְדֵּן׃ וַיְצַו יְהוֹשֻׁעַ יז
כַּעֲלוֹת אֶת־הַכֹּהֲנִים לֵאמֹר עֲלוּ מִן־הַיַּרְדֵּן׃ וַיְהִי בעלות הַכֹּהֲנִים יח
נֹשְׂאֵי אֲרוֹן בְּרִית־יְהוָה מִתּוֹךְ הַיַּרְדֵּן נִתְּקוּ כַּפּוֹת רַגְלֵי
הַכֹּהֲנִים אֶל הֶחָרָבָה וַיָּשֻׁבוּ מֵי־הַיַּרְדֵּן לִמְקוֹמָם וַיֵּלְכוּ כִתְמוֹל־
שִׁלְשׁוֹם עַל־כָּל־גְּדוֹתָיו׃ וְהָעָם עָלוּ מִן־הַיַּרְדֵּן בֶּעָשׂוֹר לַחֹדֶשׁ יט
הָרִאשׁוֹן וַיַּחֲנוּ בַּגִּלְגָּל בִּקְצֵה מִזְרַח יְרִיחוֹ׃ וְאֵת שְׁתֵּים עֶשְׂרֵה כ
הָאֲבָנִים הָאֵלֶּה אֲשֶׁר לָקְחוּ מִן־הַיַּרְדֵּן הֵקִים יְהוֹשֻׁעַ בַּגִּלְגָּל׃
וַיֹּאמֶר אֶל־בְּנֵי יִשְׂרָאֵל לֵאמֹר אֲשֶׁר יִשְׁאָלוּן בְּנֵיכֶם מָחָר אֶת־ כא
אֲבוֹתָם לֵאמֹר מָה הָאֲבָנִים הָאֵלֶּה׃ וְהוֹדַעְתֶּם אֶת־בְּנֵיכֶם כב
לֵאמֹר בַּיַּבָּשָׁה עָבַר יִשְׂרָאֵל אֶת־הַיַּרְדֵּן הַזֶּה׃ אֲשֶׁר־הוֹבִישׁ כג
יְהוָה אֱלֹהֵיכֶם אֶת־מֵי הַיַּרְדֵּן מִפְּנֵיכֶם עַד־עָבְרְכֶם כַּאֲשֶׁר עָשָׂה
יְהוָה אֱלֹהֵיכֶם לְיַם־סוּף אֲשֶׁר־הוֹבִישׁ מִפָּנֵינוּ עַד־עָבְרֵנוּ׃
ג לְמַעַן דַּעַת כָּל־עַמֵּי הָאָרֶץ אֶת־יַד יְהוָה כִּי חֲזָקָה הִיא לְמַעַן כד
יְרָאתֶם אֶת־יְהוָה אֱלֹהֵיכֶם כָּל־הַיָּמִים׃ וַיְהִי א ה
כִשְׁמֹעַ כָּל־מַלְכֵי הָאֱמֹרִי אֲשֶׁר בְּעֵבֶר הַיַּרְדֵּן יָמָּה וְכָל־מַלְכֵי
הַכְּנַעֲנִי אֲשֶׁר עַל־הַיָּם אֵת אֲשֶׁר־הוֹבִישׁ יְהוָה אֶת־מֵי הַיַּרְדֵּן
עָבְרָם מִפְּנֵי בְנֵי־יִשְׂרָאֵל עַד־עברנו וַיִּמַּס לְבָבָם וְלֹא־הָיָה בָם עוֹד
רוּחַ מִפְּנֵי בְּנֵי־יִשְׂרָאֵל׃ בָּעֵת הַהִיא אָמַר יְהוָה ב
אֶל־יְהוֹשֻׁעַ עֲשֵׂה לְךָ חַרְבוֹת צֻרִים וְשׁוּב מֹל אֶת־בְּנֵי־יִשְׂרָאֵל
שֵׁנִית׃ וַיַּעַשׂ־לוֹ יְהוֹשֻׁעַ חַרְבוֹת צֻרִים וַיָּמָל אֶת־בְּנֵי יִשְׂרָאֵל ג
אֶל־גִּבְעַת הָעֲרָלוֹת׃ וְזֶה הַדָּבָר אֲשֶׁר־מָל יְהוֹשֻׁעַ כָּל־הָעָם ד
הַיֹּצֵא מִמִּצְרַיִם הַזְּכָרִים כֹּל ׀ אַנְשֵׁי הַמִּלְחָמָה מֵתוּ בַמִּדְבָּר
בַּדֶּרֶךְ בְּצֵאתָם מִמִּצְרָיִם׃ כִּי־מֻלִים הָיוּ כָּל־הָעָם הַיֹּצְאִים ה
וְכָל־הָעָם הַיִּלֹּדִים בַּמִּדְבָּר בַּדֶּרֶךְ בְּצֵאתָם מִמִּצְרַיִם לֹא־מָלוּ׃
כִּי ׀ אַרְבָּעִים שָׁנָה הָלְכוּ בְנֵי־יִשְׂרָאֵל בַּמִּדְבָּר עַד־תֹּם כָּל־ ו

הַגּוֹי אַנְשֵׁי הַמִּלְחָמָה הַיֹּצְאִים מִמִּצְרַיִם אֲשֶׁר לֹא־שָׁמְעוּ בְּקוֹל
יְהוָה אֲשֶׁר נִשְׁבַּע יְהוָה לָהֶם לְבִלְתִּי הַרְאוֹתָם אֶת־הָאָרֶץ
אֲשֶׁר נִשְׁבַּע יְהוָה לַאֲבוֹתָם לָתֶת לָנוּ אֶרֶץ זָבַת חָלָב וּדְבָשׁ׃
ז וְאֶת־בְּנֵיהֶם הֵקִים תַּחְתָּם אֹתָם מָל יְהוֹשֻׁעַ כִּי־עֲרֵלִים הָיוּ כִּי
ח לֹא־מָלוּ אוֹתָם בַּדָּרֶךְ׃ וַיְהִי כַּאֲשֶׁר־תַּמּוּ כָל־הַגּוֹי לְהִמּוֹל
ט וַיֵּשְׁבוּ תַחְתָּם בַּמַּחֲנֶה עַד חֲיוֹתָם׃ וַיֹּאמֶר יְהוָה
אֶל־יְהוֹשֻׁעַ הַיּוֹם גַּלּוֹתִי אֶת־חֶרְפַּת מִצְרַיִם מֵעֲלֵיכֶם וַיִּקְרָא
י שֵׁם הַמָּקוֹם הַהוּא גִּלְגָּל עַד הַיּוֹם הַזֶּה׃ וַיַּחֲנוּ בְנֵי־יִשְׂרָאֵל
בַּגִּלְגָּל וַיַּעֲשׂוּ אֶת־הַפֶּסַח בְּאַרְבָּעָה עָשָׂר יוֹם לַחֹדֶשׁ בָּעֶרֶב
יא בְּעַרְבוֹת יְרִיחוֹ׃ וַיֹּאכְלוּ מֵעֲבוּר הָאָרֶץ מִמָּחֳרַת הַפֶּסַח מַצּוֹת
יב וְקָלוּי בְּעֶצֶם הַיּוֹם הַזֶּה׃ וַיִּשְׁבֹּת הַמָּן מִמָּחֳרָת בְּאָכְלָם מֵעֲבוּר
הָאָרֶץ וְלֹא־הָיָה עוֹד לִבְנֵי יִשְׂרָאֵל מָן וַיֹּאכְלוּ מִתְּבוּאַת אֶרֶץ
יג כְּנַעַן בַּשָּׁנָה הַהִיא׃ וַיְהִי בִּהְיוֹת יְהוֹשֻׁעַ בִּירִיחוֹ
וַיִּשָּׂא עֵינָיו וַיַּרְא וְהִנֵּה־אִישׁ עֹמֵד לְנֶגְדּוֹ וְחַרְבּוֹ שְׁלוּפָה בְּיָדוֹ
יד וַיֵּלֶךְ יְהוֹשֻׁעַ אֵלָיו וַיֹּאמֶר לוֹ הֲלָנוּ אַתָּה אִם־לְצָרֵינוּ׃ וַיֹּאמֶר ׀
לֹא כִּי אֲנִי שַׂר־צְבָא־יְהוָה עַתָּה בָאתִי וַיִּפֹּל יְהוֹשֻׁעַ אֶל־
פָּנָיו אַרְצָה וַיִּשְׁתָּחוּ וַיֹּאמֶר לוֹ מָה אֲדֹנִי מְדַבֵּר אֶל־עַבְדּוֹ׃
טו וַיֹּאמֶר שַׂר־צְבָא יְהוָה אֶל־יְהוֹשֻׁעַ שַׁל־נַעַלְךָ מֵעַל רַגְלֶךָ כִּי
הַמָּקוֹם אֲשֶׁר אַתָּה עֹמֵד עָלָיו קֹדֶשׁ הוּא וַיַּעַשׂ יְהוֹשֻׁעַ כֵּן׃
ו א וִירִיחוֹ סֹגֶרֶת וּמְסֻגֶּרֶת מִפְּנֵי בְּנֵי יִשְׂרָאֵל אֵין יוֹצֵא וְאֵין
ב בָּא׃ וַיֹּאמֶר יְהוָה אֶל־יְהוֹשֻׁעַ רְאֵה נָתַתִּי בְיָדְךָ
ג אֶת־יְרִיחוֹ וְאֶת־מַלְכָּהּ גִּבּוֹרֵי הֶחָיִל׃ וְסַבֹּתֶם אֶת־הָעִיר כֹּל
אַנְשֵׁי הַמִּלְחָמָה הַקֵּיף אֶת־הָעִיר פַּעַם אֶחָת כֹּה תַעֲשֶׂה שֵׁשֶׁת
ד יָמִים׃ וְשִׁבְעָה כֹהֲנִים יִשְׂאוּ שִׁבְעָה שׁוֹפְרוֹת הַיּוֹבְלִים לִפְנֵי
הָאָרוֹן וּבַיּוֹם הַשְּׁבִיעִי תָּסֹבּוּ אֶת־הָעִיר שֶׁבַע פְּעָמִים וְהַכֹּהֲנִים
ה יִתְקְעוּ בַּשּׁוֹפָרוֹת׃ וְהָיָה בִּמְשֹׁךְ ׀ בְּקֶרֶן הַיּוֹבֵל בשמעכם אֶת־ כִּשְׁמְעֲכֶם
קוֹל הַשּׁוֹפָר יָרִיעוּ כָל־הָעָם תְּרוּעָה גְדוֹלָה וְנָפְלָה חוֹמַת הָעִיר

ו

ו תַּחְתֶּיהָ וְעָלוּ הָעָם אִישׁ נֶגְדּוֹ׃ וַיִּקְרָא יְהוֹשֻׁעַ בִּן־נוּן אֶל־
הַכֹּהֲנִים וַיֹּאמֶר אֲלֵהֶם שְׂאוּ אֶת־אֲרוֹן הַבְּרִית וְשִׁבְעָה כֹהֲנִים
ז יִשְׂאוּ שִׁבְעָה שׁוֹפְרוֹת יוֹבְלִים לִפְנֵי אֲרוֹן יְהוָה׃ וַיֹּאמְרוּ אֶל־ וַיֹּאמֶר
הָעָם עִבְרוּ וְסֹבּוּ אֶת־הָעִיר וְהֶחָלוּץ יַעֲבֹר לִפְנֵי אֲרוֹן יְהוָה׃
ח וַיְהִי כֶּאֱמֹר יְהוֹשֻׁעַ אֶל־הָעָם וְשִׁבְעָה הַכֹּהֲנִים נֹשְׂאִים שִׁבְעָה
שׁוֹפְרוֹת הַיּוֹבְלִים לִפְנֵי יְהוָה עָבְרוּ וְתָקְעוּ בַּשּׁוֹפָרוֹת וַאֲרוֹן
ט בְּרִית יְהוָה הֹלֵךְ אַחֲרֵיהֶם׃ וְהֶחָלוּץ הֹלֵךְ לִפְנֵי הַכֹּהֲנִים תקעו תִּקְעֵי
הַשּׁוֹפָרוֹת וְהַמְאַסֵּף הֹלֵךְ אַחֲרֵי הָאָרוֹן הָלוֹךְ וְתָקוֹעַ בַּשּׁוֹפָרוֹת׃
י וְאֶת־הָעָם צִוָּה יְהוֹשֻׁעַ לֵאמֹר לֹא תָרִיעוּ וְלֹא־תַשְׁמִיעוּ אֶת־
קוֹלְכֶם וְלֹא־יֵצֵא מִפִּיכֶם דָּבָר עַד יוֹם אָמְרִי אֲלֵיכֶם הָרִיעוּ
יא וַהֲרֵיעֹתֶם׃ וַיַּסֵּב אֲרוֹן־יְהוָה אֶת־הָעִיר הַקֵּף פַּעַם אֶחָת וַיָּבֹאוּ
יב הַמַּחֲנֶה וַיָּלִינוּ בַּמַּחֲנֶה׃ וַיַּשְׁכֵּם יְהוֹשֻׁעַ בַּבֹּקֶר
יג וַיִּשְׂאוּ הַכֹּהֲנִים אֶת־אֲרוֹן יְהוָה׃ וְשִׁבְעָה הַכֹּהֲנִים נֹשְׂאִים
שִׁבְעָה שׁוֹפְרוֹת הַיֹּבְלִים לִפְנֵי אֲרוֹן יְהוָה הֹלְכִים הָלוֹךְ וְתָקְעוּ
בַּשּׁוֹפָרוֹת וְהֶחָלוּץ הֹלֵךְ לִפְנֵיהֶם וְהַמְאַסֵּף הֹלֵךְ אַחֲרֵי אֲרוֹן
יד יְהוָה הולך וְתָקוֹעַ בַּשּׁוֹפָרוֹת׃ וַיָּסֹבּוּ אֶת־הָעִיר בַּיּוֹם הַשֵּׁנִי הָלוֹךְ
טו פַּעַם אַחַת וַיָּשֻׁבוּ הַמַּחֲנֶה כֹּה עָשׂוּ שֵׁשֶׁת יָמִים׃ וַיְהִי ׀ בַּיּוֹם
הַשְּׁבִיעִי וַיַּשְׁכִּמוּ כַּעֲלוֹת הַשַּׁחַר וַיָּסֹבּוּ אֶת־הָעִיר כַּמִּשְׁפָּט הַזֶּה
שֶׁבַע פְּעָמִים רַק בַּיּוֹם הַהוּא סָבְבוּ אֶת־הָעִיר שֶׁבַע פְּעָמִים׃
טז וַיְהִי בַּפַּעַם הַשְּׁבִיעִית תָּקְעוּ הַכֹּהֲנִים בַּשּׁוֹפָרוֹת וַיֹּאמֶר יְהוֹשֻׁעַ
יז אֶל־הָעָם הָרִיעוּ כִּי־נָתַן יְהוָה לָכֶם אֶת־הָעִיר׃ וְהָיְתָה הָעִיר
חֵרֶם הִיא וְכָל־אֲשֶׁר־בָּהּ לַיהוָה רַק רָחָב הַזּוֹנָה תִּחְיֶה הִיא
וְכָל־אֲשֶׁר אִתָּהּ בַּבַּיִת כִּי הֶחְבְּאַתָה אֶת־הַמַּלְאָכִים אֲשֶׁר
יח שָׁלָחְנוּ׃ וְרַק־אַתֶּם שִׁמְרוּ מִן־הַחֵרֶם פֶּן־תַּחֲרִימוּ וּלְקַחְתֶּם מִן־
יט הַחֵרֶם וְשַׂמְתֶּם אֶת־מַחֲנֵה יִשְׂרָאֵל לְחֵרֶם וַעֲכַרְתֶּם אוֹתוֹ׃ וְכֹל ׀
כֶּסֶף וְזָהָב וּכְלֵי נְחֹשֶׁת וּבַרְזֶל קֹדֶשׁ הוּא לַיהוָה אוֹצַר יְהוָה
כ יָבוֹא׃ וַיָּרַע הָעָם וַיִּתְקְעוּ בַּשּׁוֹפָרוֹת וַיְהִי כִשְׁמֹעַ הָעָם אֶת־

קול השופר ויריעו העם תרועה גדולה ותפל החומה תחתיה
כא ויעל העם העירה איש נגדו וילכדו את־העיר: ויחרימו את־
כל־אשר בעיר מאיש ועד־אשה מנער ועד־זקן ועד שור
כב ושה וחמור לפי־חרב: ולשנים האנשים המרגלים את־הארץ
אמר יהושע באו בית־האשה הזונה והוציאו משם את־
כג האשה ואת־כל־אשר־לה כאשר נשבעתם לה: ויבאו
הנערים המרגלים ויציאו את־רחב ואת־אביה ואת־אמה
ואת־אחיה ואת־כל־אשר־לה ואת כל־משפחותיה הוציאו
כד וינחום מחוץ למחנה ישראל: והעיר שרפו באש וכל־אשר־
בה רק | הכסף והזהב וכלי הנחשת והברזל נתנו אוצר
כה בית־יהוה: ואת־רחב הזונה ואת־בית אביה ואת־כל־
אשר־לה החיה יהושע ותשב בקרב ישראל עד היום הזה
כי החביאה את־המלאכים אשר־שלח יהושע לרגל את־
כו יריחו: וישבע יהושע בעת ההיא לאמר ארור
האיש לפני יהוה אשר יקום ובנה את־העיר הזאת את־יריחו
כז בבכרו ייסדנה ובצעירו יציב דלתיה: ויהי ד
ז א יהוה את־יהושע ויהי שמעו בכל־הארץ: וימעלו בני־ישראל
מעל בחרם ויקח עכן בן־כרמי בן־זבדי בן־זרח למטה יהודה
ב מן־החרם ויחר־אף יהוה בבני ישראל: וישלח
יהושע אנשים מיריחו העי אשר עם־בית און מקדם לבית־
אל ויאמר אליהם לאמר עלו ורגלו את־הארץ ויעלו
ג האנשים וירגלו את־העי: וישבו אל־יהושע ויאמרו אליו
אל־יעל כל־העם כאלפים איש או כשלשת אלפים איש
יעלו ויכו את־העי אל־תיגע שמה את־כל־העם כי מעט
ד המה: ויעלו מן־העם שמה כשלשת אלפים איש וינסו לפני
ה אנשי העי: ויכו מהם אנשי העי כשלשים וששה איש
וירדפום לפני השער עד־השברים ויכום במורד וימס לבב־

הָעָם וַיְהִי לְמָיִם׃ וַיִּקְרַע יְהוֹשֻׁעַ שִׂמְלֹתָיו וַיִּפֹּל עַל־פָּנָיו אַרְצָה ו
לִפְנֵי אֲרוֹן יהוה עַד־הָעֶרֶב הוּא וְזִקְנֵי יִשְׂרָאֵל וַיַּעֲלוּ עָפָר עַל־
רֹאשָׁם׃ וַיֹּאמֶר יְהוֹשֻׁעַ אֲהָהּ ׀ אֲדֹנָי יֱהֹוִה לָמָה הֵעֲבַרְתָּ ז
הַעֲבִיר אֶת־הָעָם הַזֶּה אֶת־הַיַּרְדֵּן לָתֵת אֹתָנוּ בְּיַד הָאֱמֹרִי
לְהַאֲבִידֵנוּ וְלוּ הוֹאַלְנוּ וַנֵּשֶׁב בְּעֵבֶר הַיַּרְדֵּן׃ בִּי אֲדֹנָי מָה אֹמַר ח
אַחֲרֵי אֲשֶׁר הָפַךְ יִשְׂרָאֵל עֹרֶף לִפְנֵי אֹיְבָיו׃ וְיִשְׁמְעוּ הַכְּנַעֲנִי ט
וְכֹל יֹשְׁבֵי הָאָרֶץ וְנָסַבּוּ עָלֵינוּ וְהִכְרִיתוּ אֶת־שְׁמֵנוּ מִן־הָאָרֶץ
וּמַה־תַּעֲשֵׂה לְשִׁמְךָ הַגָּדוֹל׃ וַיֹּאמֶר יהוה אֶל־ י
יְהוֹשֻׁעַ קֻם לָךְ לָמָּה זֶּה אַתָּה נֹפֵל עַל־פָּנֶיךָ׃ חָטָא יִשְׂרָאֵל יא
וְגַם עָבְרוּ אֶת־בְּרִיתִי אֲשֶׁר צִוִּיתִי אוֹתָם וְגַם לָקְחוּ מִן־הַחֵרֶם
וְגַם גָּנְבוּ וְגַם כִּחֲשׁוּ וְגַם שָׂמוּ בִכְלֵיהֶם׃ וְלֹא יֻכְלוּ בְּנֵי יִשְׂרָאֵל יב
לָקוּם לִפְנֵי אֹיְבֵיהֶם עֹרֶף יִפְנוּ לִפְנֵי אֹיְבֵיהֶם כִּי הָיוּ לְחֵרֶם לֹא
אוֹסִיף לִהְיוֹת עִמָּכֶם אִם־לֹא תַשְׁמִידוּ הַחֵרֶם מִקִּרְבְּכֶם׃ קֻם יג
קַדֵּשׁ אֶת־הָעָם וְאָמַרְתָּ הִתְקַדְּשׁוּ לְמָחָר כִּי כֹה אָמַר יהוה
אֱלֹהֵי יִשְׂרָאֵל חֵרֶם בְּקִרְבְּךָ יִשְׂרָאֵל לֹא תוּכַל לָקוּם לִפְנֵי
אֹיְבֶיךָ עַד־הֲסִירְכֶם הַחֵרֶם מִקִּרְבְּכֶם׃ וְנִקְרַבְתֶּם בַּבֹּקֶר יד
לְשִׁבְטֵיכֶם וְהָיָה הַשֵּׁבֶט אֲשֶׁר־יִלְכְּדֶנּוּ יהוה יִקְרַב לַמִּשְׁפָּחוֹת
וְהַמִּשְׁפָּחָה אֲשֶׁר־יִלְכְּדֶנָּה יהוה תִּקְרַב לַבָּתִּים וְהַבַּיִת אֲשֶׁר
יִלְכְּדֶנּוּ יהוה יִקְרַב לַגְּבָרִים׃ וְהָיָה הַנִּלְכָּד בַּחֵרֶם יִשָּׂרֵף בָּאֵשׁ טו
אֹתוֹ וְאֶת־כָּל־אֲשֶׁר־לוֹ כִּי עָבַר אֶת־בְּרִית יהוה וְכִי־עָשָׂה
נְבָלָה בְּיִשְׂרָאֵל׃ וַיַּשְׁכֵּם יְהוֹשֻׁעַ בַּבֹּקֶר וַיַּקְרֵב אֶת־יִשְׂרָאֵל טז
לִשְׁבָטָיו וַיִּלָּכֵד שֵׁבֶט יְהוּדָה׃ וַיַּקְרֵב אֶת־מִשְׁפַּחַת יְהוּדָה יז
וַיִּלְכֹּד אֵת מִשְׁפַּחַת הַזַּרְחִי וַיַּקְרֵב אֶת־מִשְׁפַּחַת הַזַּרְחִי
לַגְּבָרִים וַיִּלָּכֵד זַבְדִּי׃ וַיַּקְרֵב אֶת־בֵּיתוֹ לַגְּבָרִים וַיִּלָּכֵד עָכָן יח
בֶּן־כַּרְמִי בֶן־זַבְדִּי בֶּן־זֶרַח לְמַטֵּה יְהוּדָה׃ וַיֹּאמֶר יְהוֹשֻׁעַ אֶל־ יט
עָכָן בְּנִי שִׂים־נָא כָבוֹד לַיהוה אֱלֹהֵי יִשְׂרָאֵל וְתֶן־לוֹ תוֹדָה
וְהַגֶּד־נָא לִי מֶה עָשִׂיתָ אַל־תְּכַחֵד מִמֶּנִּי׃ וַיַּעַן עָכָן אֶת־יְהוֹשֻׁעַ כ

וַיֹּאמֶר אָמְנָה אָנֹכִי חָטָאתִי לַיהוה אֱלֹהֵי יִשְׂרָאֵל וְכָזֹאת
כא וְכָזֹאת עָשִׂיתִי׃ ואראה בַשָּׁלָל אַדֶּרֶת שִׁנְעָר אַחַת טוֹבָה וָאֵרֶא
וּמָאתַיִם שְׁקָלִים כֶּסֶף וּלְשׁוֹן זָהָב אֶחָד חֲמִשִּׁים שְׁקָלִים
מִשְׁקָלוֹ וָאֶחְמְדֵם וָאֶקָּחֵם וְהִנָּם טְמוּנִים בָּאָרֶץ בְּתוֹךְ הָאָהֳלִי
כב וְהַכֶּסֶף תַּחְתֶּיהָ׃ וַיִּשְׁלַח יְהוֹשֻׁעַ מַלְאָכִים וַיָּרֻצוּ הָאֹהֱלָה וְהִנֵּה
כג טְמוּנָה בְּאָהֳלוֹ וְהַכֶּסֶף תַּחְתֶּיהָ׃ וַיִּקָּחוּם מִתּוֹךְ הָאֹהֶל וַיְבִאוּם
כד אֶל־יְהוֹשֻׁעַ וְאֶל כָּל־בְּנֵי יִשְׂרָאֵל וַיַּצִּקֻם לִפְנֵי יהוה׃ וַיִּקַּח
יְהוֹשֻׁעַ אֶת־עָכָן בֶּן־זֶרַח וְאֶת־הַכֶּסֶף וְאֶת־הָאַדֶּרֶת וְאֶת־
לְשׁוֹן הַזָּהָב וְאֶת־בָּנָיו וְאֶת־בְּנֹתָיו וְאֶת־שׁוֹרוֹ וְאֶת־חֲמֹרוֹ
וְאֶת־צֹאנוֹ וְאֶת־אָהֳלוֹ וְאֶת־כָּל־אֲשֶׁר־לוֹ וְכָל־יִשְׂרָאֵל עִמּוֹ
כה וַיַּעֲלוּ אֹתָם עֵמֶק עָכוֹר׃ וַיֹּאמֶר יְהוֹשֻׁעַ מֶה עֲכַרְתָּנוּ יַעְכָּרְךָ
יהוה בַּיּוֹם הַזֶּה וַיִּרְגְּמוּ אֹתוֹ כָל־יִשְׂרָאֵל אֶבֶן וַיִּשְׂרְפוּ אֹתָם
כו בָּאֵשׁ וַיִּסְקְלוּ אֹתָם בָּאֲבָנִים׃ וַיָּקִימוּ עָלָיו גַּל־אֲבָנִים גָּדוֹל עַד
הַיּוֹם הַזֶּה וַיָּשָׁב יהוה מֵחֲרוֹן אַפּוֹ עַל־כֵּן קָרָא שֵׁם הַמָּקוֹם
הַהוּא עֵמֶק עָכוֹר עַד הַיּוֹם הַזֶּה׃

ח א וַיֹּאמֶר יהוה אֶל־יְהוֹשֻׁעַ אַל־תִּירָא וְאַל־תֵּחָת קַח עִמְּךָ אֵת
כָּל־עַם הַמִּלְחָמָה וְקוּם עֲלֵה הָעָי רְאֵה ׀ נָתַתִּי בְיָדְךָ אֶת־
ב מֶלֶךְ הָעַי וְאֶת־עַמּוֹ וְאֶת־עִירוֹ וְאֶת־אַרְצוֹ׃ וְעָשִׂיתָ לָעַי
וּלְמַלְכָּהּ כַּאֲשֶׁר עָשִׂיתָ לִירִיחוֹ וּלְמַלְכָּהּ רַק־שְׁלָלָהּ וּבְהֶמְתָּהּ
ג תָּבֹזּוּ לָכֶם שִׂים־לְךָ אֹרֵב לָעִיר מֵאַחֲרֶיהָ׃ וַיָּקָם יְהוֹשֻׁעַ וְכָל־
עַם הַמִּלְחָמָה לַעֲלוֹת הָעָי וַיִּבְחַר יְהוֹשֻׁעַ שְׁלֹשִׁים אֶלֶף אִישׁ
ד גִּבּוֹרֵי הַחַיִל וַיִּשְׁלָחֵם לָיְלָה׃ וַיְצַו אֹתָם לֵאמֹר רְאוּ אַתֶּם
אֹרְבִים לָעִיר מֵאַחֲרֵי הָעִיר אַל־תַּרְחִיקוּ מִן־הָעִיר מְאֹד
ה וִהְיִיתֶם כֻּלְּכֶם נְכֹנִים׃ וַאֲנִי וְכָל־הָעָם אֲשֶׁר אִתִּי נִקְרַב אֶל־
הָעִיר וְהָיָה כִּי־יֵצְאוּ לִקְרָאתֵנוּ כַּאֲשֶׁר בָּרִאשֹׁנָה וְנַסְנוּ
ו לִפְנֵיהֶם׃ וְיָצְאוּ אַחֲרֵינוּ עַד הַתִּיקֵנוּ אוֹתָם מִן־הָעִיר כִּי יֹאמְרוּ
ז נָסִים לְפָנֵינוּ כַּאֲשֶׁר בָּרִאשֹׁנָה וְנַסְנוּ לִפְנֵיהֶם׃ וְאַתֶּם תָּקֻמוּ

מֵהָ֣אוֹרֵ֔ב וְהֽוֹרַשְׁתֶּ֖ם אֶת־הָעִ֑יר וּנְתָנָ֛הּ יְהוָ֥ה אֱלֹהֵיכֶ֖ם בְּיֶדְכֶֽם׃
ח וְהָיָ֞ה כְּתָפְשְׂכֶ֣ם אֶת־הָעִ֗יר תַּצִּ֤יתוּ אֶת־הָעִיר֙ בָּאֵ֔שׁ כִּדְבַ֥ר יְהוָ֖ה
ט תַּעֲשׂ֑וּ רְא֖וּ צִוִּ֥יתִי אֶתְכֶֽם׃ וַיִּשְׁלָחֵ֣ם יְהוֹשֻׁ֗עַ וַיֵּֽלְכוּ֙ אֶל־הַמַּאְרָ֔ב
וַיֵּשְׁב֗וּ בֵּ֧ין בֵּֽית־אֵ֛ל וּבֵ֥ין הָעַ֖י מִיָּ֣ם לָעָ֑י וַיָּ֧לֶן יְהוֹשֻׁ֛עַ בַּלַּ֥יְלָה
י הַה֖וּא בְּת֥וֹךְ הָעָֽם׃ וַיַּשְׁכֵּ֤ם יְהוֹשֻׁ֙עַ֙ בַּבֹּ֔קֶר וַיִּפְקֹ֖ד אֶת־הָעָ֑ם
יא וַיַּ֜עַל ה֣וּא וְזִקְנֵ֧י יִשְׂרָאֵ֛ל לִפְנֵ֥י הָעָ֖ם הָעָֽי׃ וְכָל־הָעָ֨ם הַמִּלְחָמָ֜ה
אֲשֶׁ֣ר אִתּ֗וֹ עָלוּ֙ וַֽיִּגְּשׁ֔וּ וַיָּבֹ֖אוּ נֶ֣גֶד הָעִ֑יר וַֽיַּחֲנוּ֙ מִצְּפ֣וֹן לָעַ֔י וְהַגַּ֖י
יב בֵּינָ֥ו וּבֵ֥ין הָעָֽי׃ וַיִּקַּ֕ח כַּחֲמֵ֥שֶׁת אֲלָפִ֖ים אִ֑ישׁ וַיָּ֨שֶׂם אוֹתָ֜ם אוֹרֵ֗ב
יג בֵּ֧ין בֵּֽית־אֵ֛ל וּבֵ֥ין הָעַ֖י מִיָּ֥ם לְעִֽיר׃ וַיָּשִׂ֨ימוּ הָעָ֜ם אֶת־כָּל־ לָעָ֑י
הַֽמַּחֲנֶ֗ה אֲשֶׁר֙ מִצְּפ֣וֹן לָעִ֔יר וְאֶת־עֲקֵב֖וֹ מִיָּ֣ם לָעִ֑יר וַיֵּ֧לֶךְ יְהוֹשֻׁ֛עַ
יד בַּלַּ֥יְלָה הַה֖וּא בְּת֥וֹךְ הָעֵֽמֶק׃ וַיְהִ֞י כִּרְא֣וֹת מֶֽלֶךְ־הָעַ֗י וַיְמַהֲר֞וּ
וַיַּשְׁכִּ֠ימוּ וַיֵּצְא֨וּ אַנְשֵֽׁי־הָעִ֜יר לִקְרַֽאת־יִשְׂרָאֵ֤ל לַמִּלְחָמָה֙ ה֣וּא
וְכָל־עַמּ֔וֹ לַמּוֹעֵ֖ד לִפְנֵ֣י הָעֲרָבָ֑ה וְהוּא֙ לֹ֣א יָדַ֔ע כִּֽי־אוֹרֵ֥ב ל֖וֹ
טו מֵאַחֲרֵ֥י הָעִֽיר׃ וַיִּנָּגְע֛וּ יְהוֹשֻׁ֥עַ וְכָל־יִשְׂרָאֵ֖ל לִפְנֵיהֶ֑ם וַיָּנֻ֖סוּ דֶּ֥רֶךְ
טז הַמִּדְבָּֽר׃ וַיִּזָּעֲק֗וּ כָּל־הָעָם֙ אֲשֶׁ֣ר בָּעִ֔יר לִרְדֹּ֖ף אַחֲרֵיהֶ֑ם וַֽיִּרְדְּפוּ֙ בְּעָ֔י
יז אַחֲרֵ֣י יְהוֹשֻׁ֔עַ וַיִּנָּתְק֖וּ מִן־הָעִֽיר׃ וְלֹֽא־נִשְׁאַ֣ר אִ֗ישׁ בָּעַי֙ וּבֵ֣ית
אֵ֔ל אֲשֶׁ֥ר לֹא־יָצְא֖וּ אַחֲרֵ֣י יִשְׂרָאֵ֑ל וַיַּעַזְב֤וּ אֶת־הָעִיר֙ פְּתוּחָ֔ה
יח וַֽיִּרְדְּפ֖וּ אַחֲרֵ֥י יִשְׂרָאֵֽל׃ וַיֹּ֨אמֶר יְהוָ֜ה אֶל־יְהוֹשֻׁ֗עַ
נְטֵ֞ה בַּכִּיד֤וֹן אֲשֶׁר־בְּיָדְךָ֙ אֶל־הָעַ֔י כִּ֥י בְיָדְךָ֖ אֶתְּנֶ֑נָּה וַיֵּ֧ט יְהוֹשֻׁ֛עַ
יט בַּכִּיד֥וֹן אֲשֶׁר־בְּיָד֖וֹ אֶל־הָעִֽיר׃ וְהָאוֹרֵ֡ב קָם֩ מְהֵרָ֨ה מִמְּקוֹמ֜וֹ
וַיָּר֙וּצוּ֙ כִּנְט֣וֹת יָד֔וֹ וַיָּבֹ֥אוּ הָעִ֖יר וַֽיִּלְכְּד֑וּהָ וַיְמַהֲר֕וּ וַיַּצִּ֥יתוּ אֶת־
כ הָעִ֖יר בָּאֵֽשׁ׃ וַיִּפְנ֣וּ אַנְשֵׁי֩ הָעַ֨י אַחֲרֵיהֶ֜ם וַיִּרְא֗וּ וְהִנֵּ֨ה עָלָ֜ה עֲשַׁ֤ן
הָעִיר֙ הַשָּׁמַ֔יְמָה וְלֹא־הָיָ֥ה בָהֶ֛ם יָדַ֖יִם לָנ֣וּס הֵ֣נָּה וָהֵ֑נָּה וְהָעָם֙
כא הַנָּ֣ס הַמִּדְבָּ֔ר נֶהְפַּ֖ךְ אֶל־הָרוֹדֵֽף׃ וִיהוֹשֻׁ֨עַ וְכָל־יִשְׂרָאֵ֜ל רָא֗וּ כִּֽי־
לָכַ֤ד הָאֹרֵב֙ אֶת־הָעִ֔יר וְכִ֥י עָלָ֖ה עֲשַׁ֣ן הָעִ֑יר וַיָּשֻׁ֕בוּ וַיַּכּ֖וּ אֶת־
כב אַנְשֵׁ֥י הָעָֽי׃ וְאֵ֨לֶּה יָצְא֤וּ מִן־הָעִיר֙ לִקְרָאתָ֔ם וַיִּהְי֤וּ לְיִשְׂרָאֵל֙
בַּתָּ֔וֶךְ אֵ֥לֶּה מִזֶּ֖ה וְאֵ֣לֶּה מִזֶּ֑ה וַיַּכּ֣וּ אוֹתָ֔ם עַד־בִּלְתִּ֥י הִשְׁאִֽיר־

כג לוֹ שָׂרִיד וּפָלִיט׃ וְאֶת־מֶלֶךְ הָעַי תָּפְשׂוּ חָי וַיַּקְרִבוּ אֹתוֹ
כד אֶל־יְהוֹשֻׁעַ׃ וַיְהִי כְּכַלּוֹת יִשְׂרָאֵל לַהֲרֹג אֶת־כָּל־יֹשְׁבֵי הָעַי
בַּשָּׂדֶה בַּמִּדְבָּר אֲשֶׁר רְדָפוּם בּוֹ וַיִּפְּלוּ כֻלָּם לְפִי־חֶרֶב עַד־
תֻּמָּם וַיָּשֻׁבוּ כָל־יִשְׂרָאֵל הָעַי וַיַּכּוּ אֹתָהּ לְפִי־
כה חָרֶב׃ וַיְהִי כָל־הַנֹּפְלִים בַּיּוֹם הַהוּא מֵאִישׁ וְעַד־אִשָּׁה שְׁנֵים
כו עָשָׂר אָלֶף כֹּל אַנְשֵׁי הָעָי׃ וִיהוֹשֻׁעַ לֹא־הֵשִׁיב יָדוֹ אֲשֶׁר נָטָה
כז בַּכִּידוֹן עַד אֲשֶׁר הֶחֱרִים אֵת כָּל־יֹשְׁבֵי הָעָי׃ רַק הַבְּהֵמָה
וּשְׁלַל הָעִיר הַהִיא בָּזְזוּ לָהֶם יִשְׂרָאֵל כִּדְבַר יְהוָה אֲשֶׁר צִוָּה
כח אֶת־יְהוֹשֻׁעַ׃ וַיִּשְׂרֹף יְהוֹשֻׁעַ אֶת־הָעָי וַיְשִׂימֶהָ תֵּל־עוֹלָם
כט שְׁמָמָה עַד הַיּוֹם הַזֶּה׃ וְאֶת־מֶלֶךְ הָעַי תָּלָה עַל־הָעֵץ עַד־
עֵת הָעָרֶב וּכְבוֹא הַשֶּׁמֶשׁ צִוָּה יְהוֹשֻׁעַ וַיֹּרִידוּ אֶת־נִבְלָתוֹ מִן־
הָעֵץ וַיַּשְׁלִיכוּ אוֹתָהּ אֶל־פֶּתַח שַׁעַר הָעִיר וַיָּקִימוּ עָלָיו גַּל־
אֲבָנִים גָּדוֹל עַד הַיּוֹם הַזֶּה׃
ל אָז יִבְנֶה יְהוֹשֻׁעַ מִזְבֵּחַ לַיהוָה אֱלֹהֵי יִשְׂרָאֵל בְּהַר עֵיבָל׃
לא כַּאֲשֶׁר צִוָּה מֹשֶׁה עֶבֶד־יְהוָה אֶת־בְּנֵי יִשְׂרָאֵל כַּכָּתוּב בְּסֵפֶר
תּוֹרַת מֹשֶׁה מִזְבַּח אֲבָנִים שְׁלֵמוֹת אֲשֶׁר לֹא־הֵנִיף עֲלֵיהֶן
לב בַּרְזֶל וַיַּעֲלוּ עָלָיו עֹלוֹת לַיהוָה וַיִּזְבְּחוּ שְׁלָמִים׃ וַיִּכְתָּב־שָׁם
עַל־הָאֲבָנִים אֵת מִשְׁנֵה תּוֹרַת מֹשֶׁה אֲשֶׁר כָּתַב לִפְנֵי בְּנֵי
לג יִשְׂרָאֵל׃ וְכָל־יִשְׂרָאֵל וּזְקֵנָיו וְשֹׁטְרִים ׀ וְשֹׁפְטָיו עֹמְדִים מִזֶּה ׀ ה
וּמִזֶּה ׀ לָאָרוֹן נֶגֶד הַכֹּהֲנִים הַלְוִיִּם נֹשְׂאֵי ׀ אֲרוֹן בְּרִית־יְהוָה כַּגֵּר
כָּאֶזְרָח חֶצְיוֹ אֶל־מוּל הַר־גְּרִזִּים וְהַחֶצְיוֹ אֶל־מוּל הַר־עֵיבָל
כַּאֲשֶׁר צִוָּה מֹשֶׁה עֶבֶד־יְהוָה לְבָרֵךְ אֶת־הָעָם יִשְׂרָאֵל
לד בָּרִאשֹׁנָה׃ וְאַחֲרֵי־כֵן קָרָא אֶת־כָּל־דִּבְרֵי הַתּוֹרָה הַבְּרָכָה
לה וְהַקְּלָלָה כְּכָל־הַכָּתוּב בְּסֵפֶר הַתּוֹרָה׃ לֹא־הָיָה דָבָר מִכֹּל
אֲשֶׁר־צִוָּה מֹשֶׁה אֲשֶׁר לֹא־קָרָא יְהוֹשֻׁעַ נֶגֶד כָּל־קְהַל יִשְׂרָאֵל
ט א וְהַנָּשִׁים וְהַטַּף וְהַגֵּר הַהֹלֵךְ בְּקִרְבָּם׃ וַיְהִי כִשְׁמֹעַ
כָּל־הַמְּלָכִים אֲשֶׁר בְּעֵבֶר הַיַּרְדֵּן בָּהָר וּבַשְּׁפֵלָה וּבְכֹל חוֹף הַיָּם

הַגָּדוֹל אֶל־מוּל הַלְּבָנוֹן הַחִתִּי וְהָאֱמֹרִי הַכְּנַעֲנִי הַפְּרִזִּי הַחִוִּי
וְהַיְבוּסִי׃ וַיִּתְקַבְּצוּ יַחְדָּו לְהִלָּחֵם עִם־יְהוֹשֻׁעַ וְעִם־יִשְׂרָאֵל פֶּה ב
אֶחָד׃ וְיֹשְׁבֵי גִבְעוֹן שָׁמְעוּ אֵת אֲשֶׁר עָשָׂה ג
יְהוֹשֻׁעַ לִירִיחוֹ וְלָעָי׃ וַיַּעֲשׂוּ גַם־הֵמָּה בְּעָרְמָה וַיֵּלְכוּ וַיִּצְטַיָּרוּ ד
וַיִּקְחוּ שַׂקִּים בָּלִים לַחֲמוֹרֵיהֶם וְנֹאדוֹת יַיִן בָּלִים וּמְבֻקָּעִים
וּמְצֹרָרִים׃ וּנְעָלוֹת בָּלוֹת וּמְטֻלָּאוֹת בְּרַגְלֵיהֶם וּשְׂלָמוֹת בָּלוֹת ה
עֲלֵיהֶם וְכֹל לֶחֶם צֵידָם יָבֵשׁ הָיָה נִקֻּדִים׃ וַיֵּלְכוּ אֶל־יְהוֹשֻׁעַ ו
אֶל־הַמַּחֲנֶה הַגִּלְגָּל וַיֹּאמְרוּ אֵלָיו וְאֶל־אִישׁ יִשְׂרָאֵל מֵאֶרֶץ
וַיֹּאמֶר רְחוֹקָה בָּאנוּ וְעַתָּה כִּרְתוּ־לָנוּ בְרִית׃ וַיֹּאמרו אִישׁ־יִשְׂרָאֵל ז
אֶכְרָת־ אֶל־הַחִוִּי אוּלַי בְּקִרְבִּי אַתָּה יוֹשֵׁב וְאֵיךְ אכרות־לְךָ בְרִית׃
וַיֹּאמְרוּ אֶל־יְהוֹשֻׁעַ עֲבָדֶיךָ אֲנָחְנוּ וַיֹּאמֶר אֲלֵיהֶם יְהוֹשֻׁעַ מִי ח
אַתֶּם וּמֵאַיִן תָּבֹאוּ׃ וַיֹּאמְרוּ אֵלָיו מֵאֶרֶץ רְחוֹקָה מְאֹד בָּאוּ ט
עֲבָדֶיךָ לְשֵׁם יְהוָה אֱלֹהֶיךָ כִּי־שָׁמַעְנוּ שָׁמְעוֹ וְאֵת כָּל־אֲשֶׁר
עָשָׂה בְּמִצְרָיִם׃ וְאֵת ׀ כָּל־אֲשֶׁר עָשָׂה לִשְׁנֵי מַלְכֵי הָאֱמֹרִי י
אֲשֶׁר בְּעֵבֶר הַיַּרְדֵּן לְסִיחוֹן מֶלֶךְ חֶשְׁבּוֹן וּלְעוֹג מֶלֶךְ־הַבָּשָׁן
אֲשֶׁר בְּעַשְׁתָּרוֹת׃ וַיֹּאמְרוּ אֵלֵינוּ זְקֵינֵינוּ וְכָל־יֹשְׁבֵי אַרְצֵנוּ יא
לֵאמֹר קְחוּ בְיֶדְכֶם צֵידָה לַדֶּרֶךְ וּלְכוּ לִקְרָאתָם וַאֲמַרְתֶּם
אֲלֵיהֶם עַבְדֵיכֶם אֲנַחְנוּ וְעַתָּה כִּרְתוּ־לָנוּ בְרִית׃ זֶה ׀ לַחְמֵנוּ יב
חָם הִצְטַיַּדְנוּ אֹתוֹ מִבָּתֵּינוּ בְּיוֹם צֵאתֵנוּ לָלֶכֶת אֲלֵיכֶם וְעַתָּה
הִנֵּה יָבֵשׁ וְהָיָה נִקֻּדִים׃ וְאֵלֶּה נֹאדוֹת הַיַּיִן אֲשֶׁר מִלֵּאנוּ יג
חֲדָשִׁים וְהִנֵּה הִתְבַּקָּעוּ וְאֵלֶּה שַׂלְמוֹתֵינוּ וּנְעָלֵינוּ בָּלוּ מֵרֹב
הַדֶּרֶךְ מְאֹד׃ וַיִּקְחוּ הָאֲנָשִׁים מִצֵּידָם וְאֶת־פִּי יְהוָה לֹא שָׁאָלוּ׃ יד
וַיַּעַשׂ לָהֶם יְהוֹשֻׁעַ שָׁלוֹם וַיִּכְרֹת לָהֶם בְּרִית לְחַיּוֹתָם וַיִּשָּׁבְעוּ טו
לָהֶם נְשִׂיאֵי הָעֵדָה׃ וַיְהִי מִקְצֵה שְׁלֹשֶׁת יָמִים אַחֲרֵי אֲשֶׁר־ טז
כָּרְתוּ לָהֶם בְּרִית וַיִּשְׁמְעוּ כִּי־קְרֹבִים הֵם אֵלָיו וּבְקִרְבּוֹ הֵם
יֹשְׁבִים׃ וַיִּסְעוּ בְנֵי־יִשְׂרָאֵל וַיָּבֹאוּ אֶל־עָרֵיהֶם בַּיּוֹם הַשְּׁלִישִׁי יז
וְעָרֵיהֶם גִּבְעוֹן וְהַכְּפִירָה וּבְאֵרוֹת וְקִרְיַת יְעָרִים׃ וְלֹא הִכּוּם יח

בְּנֵי יִשְׂרָאֵל כִּי־נִשְׁבְּעוּ לָהֶם נְשִׂיאֵי הָעֵדָה בַּיהוָה אֱלֹהֵי
יט יִשְׂרָאֵל וַיִּלֹּנוּ כָל־הָעֵדָה עַל־הַנְּשִׂיאִים׃ וַיֹּאמְרוּ כָל־הַנְּשִׂיאִים
אֶל־כָּל־הָעֵדָה אֲנַחְנוּ נִשְׁבַּעְנוּ לָהֶם בַּיהוָה אֱלֹהֵי יִשְׂרָאֵל
כ וְעַתָּה לֹא נוּכַל לִנְגֹּעַ בָּהֶם׃ זֹאת נַעֲשֶׂה לָהֶם וְהַחֲיֵה אוֹתָם
וְלֹא־יִהְיֶה עָלֵינוּ קֶצֶף עַל־הַשְּׁבוּעָה אֲשֶׁר־נִשְׁבַּעְנוּ לָהֶם׃
כא וַיֹּאמְרוּ אֲלֵיהֶם הַנְּשִׂיאִים יִחְיוּ וַיִּהְיוּ חֹטְבֵי עֵצִים וְשֹׁאֲבֵי־
כב מַיִם לְכָל־הָעֵדָה כַּאֲשֶׁר דִּבְּרוּ לָהֶם הַנְּשִׂיאִים׃ וַיִּקְרָא לָהֶם
יְהוֹשֻׁעַ וַיְדַבֵּר אֲלֵיהֶם לֵאמֹר לָמָּה רִמִּיתֶם אֹתָנוּ לֵאמֹר
כג רְחוֹקִים אֲנַחְנוּ מִכֶּם מְאֹד וְאַתֶּם בְּקִרְבֵּנוּ יֹשְׁבִים׃ וְעַתָּה
אֲרוּרִים אַתֶּם וְלֹא־יִכָּרֵת מִכֶּם עֶבֶד וְחֹטְבֵי עֵצִים וְשֹׁאֲבֵי מַיִם
כד לְבֵית אֱלֹהָי׃ וַיַּעֲנוּ אֶת־יְהוֹשֻׁעַ וַיֹּאמְרוּ כִּי הֻגֵּד הֻגַּד לַעֲבָדֶיךָ
אֵת אֲשֶׁר צִוָּה יְהוָה אֱלֹהֶיךָ אֶת־מֹשֶׁה עַבְדּוֹ לָתֵת לָכֶם אֶת־
כָּל־הָאָרֶץ וּלְהַשְׁמִיד אֶת־כָּל־יֹשְׁבֵי הָאָרֶץ מִפְּנֵיכֶם וַנִּירָא
כה מְאֹד לְנַפְשֹׁתֵינוּ מִפְּנֵיכֶם וַנַּעֲשֵׂה אֶת־הַדָּבָר הַזֶּה׃ וְעַתָּה הִנְנוּ
כו בְיָדֶךָ כַּטּוֹב וְכַיָּשָׁר בְּעֵינֶיךָ לַעֲשׂוֹת לָנוּ עֲשֵׂה׃ וַיַּעַשׂ לָהֶם כֵּן
כז וַיַּצֵּל אוֹתָם מִיַּד בְּנֵי־יִשְׂרָאֵל וְלֹא הֲרָגוּם׃ וַיִּתְּנֵם יְהוֹשֻׁעַ בַּיּוֹם
הַהוּא חֹטְבֵי עֵצִים וְשֹׁאֲבֵי מַיִם לָעֵדָה וּלְמִזְבַּח יְהוָה עַד־
י א הַיּוֹם הַזֶּה אֶל־הַמָּקוֹם אֲשֶׁר יִבְחָר׃ וַיְהִי כִשְׁמֹעַ
אֲדֹנִי־צֶדֶק מֶלֶךְ יְרוּשָׁלַםִ כִּי־לָכַד יְהוֹשֻׁעַ אֶת־הָעַי וַיַּחֲרִימָהּ
כַּאֲשֶׁר עָשָׂה לִירִיחוֹ וּלְמַלְכָּהּ כֵּן־עָשָׂה לָעַי וּלְמַלְכָּהּ וְכִי
ב הִשְׁלִימוּ יֹשְׁבֵי גִבְעוֹן אֶת־יִשְׂרָאֵל וַיִּהְיוּ בְּקִרְבָּם׃ וַיִּירְאוּ מְאֹד
כִּי עִיר גְּדוֹלָה גִּבְעוֹן כְּאַחַת עָרֵי הַמַּמְלָכָה וְכִי הִיא גְדוֹלָה
ג מִן־הָעַי וְכָל־אֲנָשֶׁיהָ גִּבֹּרִים׃ וַיִּשְׁלַח אֲדֹנִי־צֶדֶק מֶלֶךְ יְרוּשָׁלַםִ
אֶל־הוֹהָם מֶלֶךְ־חֶבְרוֹן וְאֶל־פִּרְאָם מֶלֶךְ־יַרְמוּת וְאֶל־יָפִיעַ
ד מֶלֶךְ־לָכִישׁ וְאֶל־דְּבִיר מֶלֶךְ־עֶגְלוֹן לֵאמֹר׃ עֲלוּ־אֵלַי וְעִזְרֻנִי
וְנַכֶּה אֶת־גִּבְעוֹן כִּי־הִשְׁלִימָה אֶת־יְהוֹשֻׁעַ וְאֶת־בְּנֵי יִשְׂרָאֵל׃
ה וַיֵּאָסְפוּ וַיַּעֲלוּ חֲמֵשֶׁת ׀ מַלְכֵי הָאֱמֹרִי מֶלֶךְ יְרוּשָׁלַםִ מֶלֶךְ־

חֶבְרוֹן מֶלֶךְ־יַרְמוּת מֶלֶךְ־לָכִישׁ מֶלֶךְ־עֶגְלוֹן הֵם וְכָל־מַחֲנֵיהֶם
וַיַּחֲנוּ עַל־גִּבְעוֹן וַיִּלָּחֲמוּ עָלֶיהָ׃ וַיִּשְׁלְחוּ אַנְשֵׁי גִבְעוֹן אֶל־ ו
יְהוֹשֻׁעַ אֶל־הַמַּחֲנֶה הַגִּלְגָּלָה לֵאמֹר אַל־תֶּרֶף יָדֶיךָ מֵעֲבָדֶיךָ
עֲלֵה אֵלֵינוּ מְהֵרָה וְהוֹשִׁיעָה לָּנוּ וְעָזְרֵנוּ כִּי נִקְבְּצוּ אֵלֵינוּ כָּל־
מַלְכֵי הָאֱמֹרִי יֹשְׁבֵי הָהָר׃ וַיַּעַל יְהוֹשֻׁעַ מִן־הַגִּלְגָּל הוּא וְכָל־ ז
ו עַם הַמִּלְחָמָה עִמּוֹ וְכֹל גִּבּוֹרֵי הֶחָיִל׃ וַיֹּאמֶר ח
יְהוָה אֶל־יְהוֹשֻׁעַ אַל־תִּירָא מֵהֶם כִּי בְיָדְךָ נְתַתִּים לֹא־יַעֲמֹד
אִישׁ מֵהֶם בְּפָנֶיךָ׃ וַיָּבֹא אֲלֵיהֶם יְהוֹשֻׁעַ פִּתְאֹם כָּל־הַלַּיְלָה ט
עָלָה מִן־הַגִּלְגָּל׃ וַיְהֻמֵּם יְהוָה לִפְנֵי יִשְׂרָאֵל וַיַּכֵּם מַכָּה־גְדוֹלָה י
בְּגִבְעוֹן וַיִּרְדְּפֵם דֶּרֶךְ מַעֲלֵה בֵית־חוֹרֹן וַיַּכֵּם עַד־עֲזֵקָה וְעַד־
מַקֵּדָה׃ וַיְהִי בְּנֻסָם ׀ מִפְּנֵי יִשְׂרָאֵל הֵם בְּמוֹרַד בֵּית־חוֹרֹן וַיהוָה יא
הִשְׁלִיךְ עֲלֵיהֶם אֲבָנִים גְּדֹלוֹת מִן־הַשָּׁמַיִם עַד־עֲזֵקָה וַיָּמֻתוּ
רַבִּים אֲשֶׁר־מֵתוּ בְּאַבְנֵי הַבָּרָד מֵאֲשֶׁר הָרְגוּ בְּנֵי יִשְׂרָאֵל
בֶּחָרֶב׃ אָז יְדַבֵּר יְהוֹשֻׁעַ לַיהוָה בְּיוֹם תֵּת יְהוָה יב
אֶת־הָאֱמֹרִי לִפְנֵי בְּנֵי יִשְׂרָאֵל וַיֹּאמֶר ׀ לְעֵינֵי יִשְׂרָאֵל שֶׁמֶשׁ
בְּגִבְעוֹן דּוֹם וְיָרֵחַ בְּעֵמֶק אַיָּלוֹן׃ וַיִּדֹּם הַשֶּׁמֶשׁ וְיָרֵחַ עָמָד עַד־ יג
יִקֹּם גּוֹי אֹיְבָיו הֲלֹא־הִיא כְתוּבָה עַל־סֵפֶר הַיָּשָׁר וַיַּעֲמֹד
הַשֶּׁמֶשׁ בַּחֲצִי הַשָּׁמַיִם וְלֹא־אָץ לָבוֹא כְּיוֹם תָּמִים׃ וְלֹא הָיָה יד
כַּיּוֹם הַהוּא לְפָנָיו וְאַחֲרָיו לִשְׁמֹעַ יְהוָה בְּקוֹל אִישׁ כִּי יְהוָה
נִלְחָם לְיִשְׂרָאֵל׃ וַיָּשָׁב יְהוֹשֻׁעַ וְכָל־יִשְׂרָאֵל עִמּוֹ טו
אֶל־הַמַּחֲנֶה הַגִּלְגָּלָה׃ וַיָּנֻסוּ חֲמֵשֶׁת הַמְּלָכִים הָאֵלֶּה וַיֵּחָבְאוּ טז
בַמְּעָרָה בְּמַקֵּדָה׃ וַיֻּגַּד לִיהוֹשֻׁעַ לֵאמֹר נִמְצְאוּ חֲמֵשֶׁת יז
הַמְּלָכִים נֶחְבְּאִים בַּמְּעָרָה בְּמַקֵּדָה׃ וַיֹּאמֶר יְהוֹשֻׁעַ גֹּלּוּ אֲבָנִים יח
גְּדֹלוֹת אֶל־פִּי הַמְּעָרָה וְהַפְקִידוּ עָלֶיהָ אֲנָשִׁים לְשָׁמְרָם׃ וְאַתֶּם יט
אַל־תַּעֲמֹדוּ רִדְפוּ אַחֲרֵי אֹיְבֵיכֶם וְזִנַּבְתֶּם אוֹתָם אַל־תִּתְּנוּם
לָבוֹא אֶל־עָרֵיהֶם כִּי נְתָנָם יְהוָה אֱלֹהֵיכֶם בְּיֶדְכֶם׃ וַיְהִי כ
כְּכַלּוֹת יְהוֹשֻׁעַ וּבְנֵי יִשְׂרָאֵל לְהַכּוֹתָם מַכָּה גְדוֹלָה־מְאֹד עַד־

כא תֻּמָּם וְהַשְּׂרִידִים שָׂרְדוּ מֵהֶם וַיָּבֹאוּ אֶל־עָרֵי הַמִּבְצָר׃ וַיָּשֻׁבוּ
כָל־הָעָם אֶל־הַמַּחֲנֶה אֶל־יְהוֹשֻׁעַ מַקֵּדָה בְּשָׁלוֹם לֹא־חָרַץ
כב לִבְנֵי יִשְׂרָאֵל לְאִישׁ אֶת־לְשֹׁנוֹ׃ וַיֹּאמֶר יְהוֹשֻׁעַ פִּתְחוּ אֶת־פִּי
הַמְּעָרָה וְהוֹצִיאוּ אֵלַי אֶת־חֲמֵשֶׁת הַמְּלָכִים הָאֵלֶּה מִן־
כג הַמְּעָרָה׃ וַיַּעֲשׂוּ כֵן וַיֹּצִיאוּ אֵלָיו אֶת־חֲמֵשֶׁת הַמְּלָכִים הָאֵלֶּה
מִן־הַמְּעָרָה אֵת ׀ מֶלֶךְ יְרוּשָׁלִַם אֶת־מֶלֶךְ חֶבְרוֹן אֶת־מֶלֶךְ
כד יַרְמוּת אֶת־מֶלֶךְ לָכִישׁ אֶת־מֶלֶךְ עֶגְלוֹן׃ וַיְהִי כְּהוֹצִיאָם אֶת־
הַמְּלָכִים הָאֵלֶּה אֶל־יְהוֹשֻׁעַ וַיִּקְרָא יְהוֹשֻׁעַ אֶל־כָּל־אִישׁ
יִשְׂרָאֵל וַיֹּאמֶר אֶל־קְצִינֵי אַנְשֵׁי הַמִּלְחָמָה הֶהָלְכוּא אִתּוֹ
קִרְבוּ שִׂימוּ אֶת־רַגְלֵיכֶם עַל־צַוְּארֵי הַמְּלָכִים הָאֵלֶּה וַיִּקְרְבוּ
כה וַיָּשִׂימוּ אֶת־רַגְלֵיהֶם עַל־צַוְּארֵיהֶם׃ וַיֹּאמֶר אֲלֵיהֶם יְהוֹשֻׁעַ אַל־
תִּירְאוּ וְאַל־תֵּחָתּוּ חִזְקוּ וְאִמְצוּ כִּי כָכָה יַעֲשֶׂה יְהוָה לְכָל־
כו אֹיְבֵיכֶם אֲשֶׁר אַתֶּם נִלְחָמִים אוֹתָם׃ וַיַּכֵּם יְהוֹשֻׁעַ אַחֲרֵי־כֵן
וַיְמִיתֵם וַיִּתְלֵם עַל חֲמִשָּׁה עֵצִים וַיִּהְיוּ תְּלוּיִם עַל־הָעֵצִים
כז עַד־הָעָרֶב׃ וַיְהִי לְעֵת ׀ בּוֹא הַשֶּׁמֶשׁ צִוָּה יְהוֹשֻׁעַ וַיֹּרִידוּם מֵעַל
הָעֵצִים וַיַּשְׁלִכֻם אֶל־הַמְּעָרָה אֲשֶׁר נֶחְבְּאוּ־שָׁם וַיָּשִׂמוּ אֲבָנִים
כח גְּדֹלוֹת עַל־פִּי הַמְּעָרָה עַד־עֶצֶם הַיּוֹם הַזֶּה׃ וְאֶת־
מַקֵּדָה לָכַד יְהוֹשֻׁעַ בַּיּוֹם הַהוּא וַיַּכֶּהָ לְפִי־חֶרֶב וְאֶת־מַלְכָּהּ
הֶחֱרִם אוֹתָם וְאֶת־כָּל־הַנֶּפֶשׁ אֲשֶׁר־בָּהּ לֹא הִשְׁאִיר שָׂרִיד וַיַּעַשׂ
כט לְמֶלֶךְ מַקֵּדָה כַּאֲשֶׁר עָשָׂה לְמֶלֶךְ יְרִיחוֹ׃ וַיַּעֲבֹר
יְהוֹשֻׁעַ וְכָל־יִשְׂרָאֵל עִמּוֹ מִמַּקֵּדָה לִבְנָה וַיִּלָּחֶם עִם־לִבְנָה׃
ל וַיִּתֵּן יְהוָה גַּם־אוֹתָהּ בְּיַד יִשְׂרָאֵל וְאֶת־מַלְכָּהּ וַיַּכֶּהָ לְפִי־חֶרֶב
וְאֶת־כָּל־הַנֶּפֶשׁ אֲשֶׁר־בָּהּ לֹא־הִשְׁאִיר בָּהּ שָׂרִיד וַיַּעַשׂ
לא לְמַלְכָּהּ כַּאֲשֶׁר עָשָׂה לְמֶלֶךְ יְרִיחוֹ׃ וַיַּעֲבֹר יְהוֹשֻׁעַ
וְכָל־יִשְׂרָאֵל עִמּוֹ מִלִּבְנָה לָכִישָׁה וַיִּחַן עָלֶיהָ וַיִּלָּחֶם בָּהּ׃
לב וַיִּתֵּן יְהוָה אֶת־לָכִישׁ בְּיַד יִשְׂרָאֵל וַיִּלְכְּדָהּ בַּיּוֹם הַשֵּׁנִי
וַיַּכֶּהָ לְפִי־חֶרֶב וְאֶת־כָּל־הַנֶּפֶשׁ אֲשֶׁר־בָּהּ כְּכֹל אֲשֶׁר־עָשָׂה

ללבנה: אז עלה הרם מלך גזר לעזר לג
את-לכיש ויכהו יהושע ואת-עמו עד-בלתי השאיר-לו
שריד: ויעבר יהושע וכל-ישראל עמו לד
מלכיש עגלנה ויחנו עליה וילחמו עליה: וילכדוה ביום ההוא לה
ויכוה לפי-חרב ואת כל-הנפש אשר-בה ביום ההוא החרים
ככל אשר-עשה ללכיש: ויעל יהושע וכל- לו
ישראל עמו מעגלונה חברונה וילחמו עליה: וילכדוה ויכוה- לז
לפי-חרב ואת-מלכה ואת-כל-עריה ואת-כל-הנפש אשר-
בה לא-השאיר שריד ככל אשר-עשה לעגלון ויחרם אותה
ואת-כל-הנפש אשר-בה: וישב יהושע לח
וכל-ישראל עמו דבירה וילחם עליה: וילכדה ואת-מלכה לט
ואת-כל-עריה ויכום לפי-חרב ויחרימו את-כל-נפש אשר-
בה לא השאיר שריד כאשר עשה לחברון כן-עשה לדברה
ולמלכה וכאשר עשה ללבנה ולמלכה: ויכה יהושע את- מ
כל-הארץ ההר והנגב והשפלה והאשדות ואת כל-מלכיהם
לא השאיר שריד ואת כל-הנשמה החרים כאשר צוה יהוה
אלהי ישראל: ויכם יהושע מקדש ברנע ועד-עזה ואת כל- מא
ז ארץ גשן ועד-גבעון: ואת כל-המלכים האלה ואת-ארצם מב
לכד יהושע פעם אחת כי יהוה אלהי ישראל נלחם
לישראל: וישב יהושע וכל-ישראל עמו אל-המחנה מג
הגלגלה: ויהי כשמע יבין מלך-חצור וישלח א יא
אל-יובב מלך מדון ואל-מלך שמרון ואל-מלך אכשף:
ואל-המלכים אשר מצפון בהר ובערבה נגב כנרות ובשפלה ב
ובנפות דור מים: הכנעני ממזרח ומים והאמרי והחתי והפרזי ג
והיבוסי בהר והחוי תחת חרמון בארץ המצפה: ויצאו הם ד
וכל-מחניהם עמם עם-רב כחול אשר על-שפת-הים לרב
וסוס ורכב רב-מאד: ויועדו כל המלכים האלה ויבאו ויחנו ה

ו יַחְדָּו אֶל־מֵי מֵרוֹם לְהִלָּחֵם עִם־יִשְׂרָאֵל׃ וַיֹּאמֶר
יְהוָה אֶל־יְהוֹשֻׁעַ אַל־תִּירָא מִפְּנֵיהֶם כִּי מָחָר כָּעֵת הַזֹּאת
אָנֹכִי נֹתֵן אֶת־כֻּלָּם חֲלָלִים לִפְנֵי יִשְׂרָאֵל אֶת־סוּסֵיהֶם תְּעַקֵּר
ז וְאֶת־מַרְכְּבֹתֵיהֶם תִּשְׂרֹף בָּאֵשׁ׃ וַיָּבֹא יְהוֹשֻׁעַ וְכָל־עַם הַמִּלְחָמָה
ח עִמּוֹ עֲלֵיהֶם עַל־מֵי מֵרוֹם פִּתְאֹם וַיִּפְּלוּ בָּהֶם׃ וַיִּתְּנֵם יְהוָה
בְּיַד־יִשְׂרָאֵל וַיַּכּוּם וַיִּרְדְּפוּם עַד־צִידוֹן רַבָּה וְעַד מִשְׂרְפוֹת מַיִם
וְעַד־בִּקְעַת מִצְפֶּה מִזְרָחָה וַיַּכֻּם עַד־בִּלְתִּי הִשְׁאִיר־לָהֶם
ט שָׂרִיד׃ וַיַּעַשׂ לָהֶם יְהוֹשֻׁעַ כַּאֲשֶׁר אָמַר־לוֹ יְהוָה אֶת־סוּסֵיהֶם
י עִקֵּר וְאֶת־מַרְכְּבֹתֵיהֶם שָׂרַף בָּאֵשׁ׃ וַיָּשָׁב יְהוֹשֻׁעַ
בָּעֵת הַהִיא וַיִּלְכֹּד אֶת־חָצוֹר וְאֶת־מַלְכָּהּ הִכָּה בֶחָרֶב כִּי־
יא חָצוֹר לְפָנִים הִיא רֹאשׁ כָּל־הַמַּמְלָכוֹת הָאֵלֶּה׃ וַיַּכּוּ אֶת־כָּל־
הַנֶּפֶשׁ אֲשֶׁר־בָּהּ לְפִי־חֶרֶב הַחֲרֵם לֹא נוֹתַר כָּל־נְשָׁמָה וְאֶת־
יב חָצוֹר שָׂרַף בָּאֵשׁ׃ וְאֶת־כָּל־עָרֵי הַמְּלָכִים־הָאֵלֶּה וְאֶת־כָּל־
מַלְכֵיהֶם לָכַד יְהוֹשֻׁעַ וַיַּכֵּם לְפִי־חֶרֶב הֶחֱרִים אוֹתָם כַּאֲשֶׁר
יג צִוָּה מֹשֶׁה עֶבֶד יְהוָה׃ רַק כָּל־הֶעָרִים הָעֹמְדוֹת עַל־תִּלָּם
יד לֹא־שְׂרָפָם יִשְׂרָאֵל זוּלָתִי אֶת־חָצוֹר לְבַדָּהּ שָׂרַף יְהוֹשֻׁעַ׃ וְכֹל
שְׁלַל הֶעָרִים הָאֵלֶּה וְהַבְּהֵמָה בָּזְזוּ לָהֶם בְּנֵי יִשְׂרָאֵל רַק אֶת־
כָּל־הָאָדָם הִכּוּ לְפִי־חֶרֶב עַד־הִשְׁמִדָם אוֹתָם לֹא הִשְׁאִירוּ
טו כָּל־נְשָׁמָה׃ כַּאֲשֶׁר צִוָּה יְהוָה אֶת־מֹשֶׁה עַבְדּוֹ כֵּן־צִוָּה מֹשֶׁה
אֶת־יְהוֹשֻׁעַ וְכֵן עָשָׂה יְהוֹשֻׁעַ לֹא־הֵסִיר דָּבָר מִכֹּל אֲשֶׁר־צִוָּה
טז יְהוָה אֶת־מֹשֶׁה׃ וַיִּקַּח יְהוֹשֻׁעַ אֶת־כָּל־הָאָרֶץ הַזֹּאת הָהָר
וְאֶת־כָּל־הַנֶּגֶב וְאֵת כָּל־אֶרֶץ הַגֹּשֶׁן וְאֶת־הַשְּׁפֵלָה וְאֶת־
יז הָעֲרָבָה וְאֶת־הַר יִשְׂרָאֵל וּשְׁפֵלָתֹה׃ מִן־הָהָר הֶחָלָק הָעֹלֶה
שֵׂעִיר וְעַד־בַּעַל גָּד בְּבִקְעַת הַלְּבָנוֹן תַּחַת הַר־חֶרְמוֹן וְאֵת
יח כָּל־מַלְכֵיהֶם לָכַד וַיַּכֵּם וַיְמִיתֵם׃ יָמִים רַבִּים עָשָׂה יְהוֹשֻׁעַ
יט אֶת־כָּל־הַמְּלָכִים הָאֵלֶּה מִלְחָמָה׃ לֹא־הָיְתָה עִיר אֲשֶׁר
הִשְׁלִימָה אֶל־בְּנֵי יִשְׂרָאֵל בִּלְתִּי הַחִוִּי יֹשְׁבֵי גִבְעוֹן אֶת־הַכֹּל

לָקְחוּ בַמִּלְחָמָה׃ כִּי מֵאֵת יְהוָה ׀ הָיְתָה לְחַזֵּק אֶת־לִבָּם כ
לִקְרַאת הַמִּלְחָמָה אֶת־יִשְׂרָאֵל לְמַעַן הַחֲרִימָם לְבִלְתִּי הֱיוֹת־
לָהֶם תְּחִנָּה כִּי לְמַעַן הַשְׁמִידָם כַּאֲשֶׁר צִוָּה יְהוָה אֶת־
מֹשֶׁה׃ וַיָּבֹא יְהוֹשֻׁעַ בָּעֵת הַהִיא וַיַּכְרֵת אֶת־ כא
הָעֲנָקִים מִן־הָהָר מִן־חֶבְרוֹן מִן־דְּבִר מִן־עֲנָב וּמִכֹּל הַר
יְהוּדָה וּמִכֹּל הַר יִשְׂרָאֵל עִם־עָרֵיהֶם הֶחֱרִימָם יְהוֹשֻׁעַ׃ לֹא־ כב
נוֹתַר עֲנָקִים בְּאֶרֶץ בְּנֵי יִשְׂרָאֵל רַק בְּעַזָּה בְּגַת וּבְאַשְׁדּוֹד
נִשְׁאָרוּ׃ וַיִּקַּח יְהוֹשֻׁעַ אֶת־כָּל־הָאָרֶץ כְּכֹל אֲשֶׁר דִּבֶּר יְהוָה אֶל־ כג
מֹשֶׁה וַיִּתְּנָהּ יְהוֹשֻׁעַ לְנַחֲלָה לְיִשְׂרָאֵל כְּמַחְלְקֹתָם לְשִׁבְטֵיהֶם
וְהָאָרֶץ שָׁקְטָה מִמִּלְחָמָה׃ וְאֵלֶּה ׀ מַלְכֵי הָאָרֶץ א יב
אֲשֶׁר הִכּוּ בְנֵי־יִשְׂרָאֵל וַיִּרְשׁוּ אֶת־אַרְצָם בְּעֵבֶר הַיַּרְדֵּן מִזְרְחָה
הַשָּׁמֶשׁ מִנַּחַל אַרְנוֹן עַד־הַר חֶרְמוֹן וְכָל־הָעֲרָבָה מִזְרָחָה׃
סִיחוֹן מֶלֶךְ הָאֱמֹרִי הַיּוֹשֵׁב בְּחֶשְׁבּוֹן מֹשֵׁל מֵעֲרוֹעֵר אֲשֶׁר ב
עַל־שְׂפַת־נַחַל אַרְנוֹן וְתוֹךְ הַנַּחַל וַחֲצִי הַגִּלְעָד וְעַד יַבֹּק
הַנַּחַל גְּבוּל בְּנֵי עַמּוֹן׃ וְהָעֲרָבָה עַד־יָם כִּנְרוֹת מִזְרָחָה ג
וְעַד יָם הָעֲרָבָה יָם־הַמֶּלַח מִזְרָחָה דֶּרֶךְ בֵּית הַיְשִׁמוֹת
וּמִתֵּימָן תַּחַת אַשְׁדּוֹת הַפִּסְגָּה׃ וּגְבוּל עוֹג מֶלֶךְ הַבָּשָׁן מִיֶּתֶר ד
הָרְפָאִים הַיּוֹשֵׁב בְּעַשְׁתָּרוֹת וּבְאֶדְרֶעִי׃ וּמֹשֵׁל בְּהַר חֶרְמוֹן ה
וּבְסַלְכָה וּבְכָל־הַבָּשָׁן עַד־גְּבוּל הַגְּשׁוּרִי וְהַמַּעֲכָתִי וַחֲצִי
הַגִּלְעָד גְּבוּל סִיחוֹן מֶלֶךְ־חֶשְׁבּוֹן׃ מֹשֶׁה עֶבֶד־יְהוָה וּבְנֵי ו
יִשְׂרָאֵל הִכּוּם וַיִּתְּנָהּ מֹשֶׁה עֶבֶד־יְהוָה יְרֻשָּׁה לָרְאוּבֵנִי וְלַגָּדִי
וְלַחֲצִי שֵׁבֶט הַמְנַשֶּׁה׃ וְאֵלֶּה מַלְכֵי הָאָרֶץ ז
אֲשֶׁר הִכָּה יְהוֹשֻׁעַ וּבְנֵי יִשְׂרָאֵל בְּעֵבֶר הַיַּרְדֵּן יָמָּה מִבַּעַל גָּד
בְּבִקְעַת הַלְּבָנוֹן וְעַד־הָהָר הֶחָלָק הָעֹלֶה שֵׂעִירָה וַיִּתְּנָהּ
יְהוֹשֻׁעַ לְשִׁבְטֵי יִשְׂרָאֵל יְרֻשָּׁה כְּמַחְלְקֹתָם׃ בָּהָר וּבַשְּׁפֵלָה ח
וּבָעֲרָבָה וּבָאֲשֵׁדוֹת וּבַמִּדְבָּר וּבַנֶּגֶב הַחִתִּי הָאֱמֹרִי וְהַכְּנַעֲנִי
הַפְּרִזִּי הַחִוִּי וְהַיְבוּסִי׃

ט מֶלֶךְ יְרִיחוֹ אֶחָד
מֶלֶךְ הָעַי אֲשֶׁר־מִצַּד בֵּית־אֵל אֶחָד׃
י מֶלֶךְ יְרוּשָׁלִַם אֶחָד
מֶלֶךְ חֶבְרוֹן אֶחָד׃
יא מֶלֶךְ יַרְמוּת אֶחָד
מֶלֶךְ לָכִישׁ אֶחָד׃
יב מֶלֶךְ עֶגְלוֹן אֶחָד
מֶלֶךְ גֶּזֶר אֶחָד׃
יג מֶלֶךְ דְּבִר אֶחָד
מֶלֶךְ גֶּדֶר אֶחָד׃
יד מֶלֶךְ חָרְמָה אֶחָד
מֶלֶךְ עֲרָד אֶחָד׃
טו מֶלֶךְ לִבְנָה אֶחָד
מֶלֶךְ עֲדֻלָּם אֶחָד׃
טז מֶלֶךְ מַקֵּדָה אֶחָד
מֶלֶךְ בֵּית־אֵל אֶחָד׃
יז מֶלֶךְ תַּפּוּחַ אֶחָד
מֶלֶךְ חֵפֶר אֶחָד׃
יח מֶלֶךְ אֲפֵק אֶחָד
מֶלֶךְ לַשָּׁרוֹן אֶחָד׃
יט מֶלֶךְ מָדוֹן אֶחָד
מֶלֶךְ חָצוֹר אֶחָד׃
כ מֶלֶךְ שִׁמְרוֹן מְראוֹן אֶחָד
מֶלֶךְ אַכְשָׁף אֶחָד׃
כא מֶלֶךְ תַּעְנַךְ אֶחָד
מֶלֶךְ מְגִדּוֹ אֶחָד׃
כב מֶלֶךְ קֶדֶשׁ אֶחָד

מֶ֣לֶךְ־יָקְנְעָ֥ם לַֽכַּרְמֶ֖ל אֶחָֽד׃
כג מֶ֣לֶךְ דּ֤וֹר לְנָפַת֙ דּ֔וֹר אֶחָ֑ד
מֶֽלֶךְ־גּוֹיִ֥ם לְגִלְגָּ֖ל אֶחָֽד׃
כד מֶ֥לֶךְ תִּרְצָ֖ה אֶחָ֑ד
כָּל־מְלָכִ֖ים שְׁלֹשִׁ֥ים וְאֶחָֽד׃

ח יג א וִיהוֹשֻׁ֣עַ זָקֵ֔ן בָּ֖א בַּיָּמִ֑ים וַיֹּ֨אמֶר יְהֹוָ֜ה אֵלָ֗יו אַתָּ֤ה זָקַ֨נְתָּה֙ בָּ֣אתָ
ב בַיָּמִ֔ים וְהָאָ֛רֶץ נִשְׁאֲרָ֥ה הַרְבֵּֽה־מְאֹ֖ד לְרִשְׁתָּֽהּ׃ זֹ֖את הָאָ֣רֶץ
ג הַנִּשְׁאָ֑רֶת כָּל־גְּלִיל֥וֹת הַפְּלִשְׁתִּ֖ים וְכָל־הַגְּשׁוּרִֽי׃ מִן־הַשִּׁיח֞וֹר
אֲשֶׁ֣ר ׀ עַל־פְּנֵ֣י מִצְרַ֗יִם וְעַ֨ד גְּב֤וּל עֶקְרוֹן֙ צָפ֔וֹנָה לַֽכְּנַעֲנִ֖י תֵּחָשֵׁ֑ב
חֲמֵ֣שֶׁת ׀ סַרְנֵ֣י פְלִשְׁתִּ֗ים הָעַזָּתִ֤י וְהָֽאַשְׁדּוֹדִי֙ הָֽאֶשְׁקְלוֹנִ֣י הַגִּתִּ֔י
ד וְהָֽעֶקְרוֹנִ֖י וְהָֽעַוִּֽים׃ מִתֵּימָ֞ן כָּל־אֶ֣רֶץ הַֽכְּנַעֲנִ֗י וּמְעָרָ֛ה אֲשֶׁ֥ר
ה לַצִּידֹנִ֖ים עַד־אֲפֵ֑קָה עַ֖ד גְּב֥וּל הָאֱמֹרִֽי׃ וְהָאָ֣רֶץ הַגִּבְלִ֗י וְכָל־
הַלְּבָנוֹן֙ מִזְרַ֣ח הַשֶּׁ֔מֶשׁ מִבַּ֣עַל גָּ֔ד תַּ֖חַת הַר־חֶרְמ֑וֹן עַ֖ד לְב֥וֹא
ו חֲמָֽת׃ כָּל־יֹשְׁבֵ֨י הָהָ֤ר מִן־הַלְּבָנוֹן֙ עַד־מִשְׂרְפֹ֣ת מַ֔יִם כָּל־
צִידֹנִ֔ים אָנֹכִ֥י אוֹרִישֵׁ֖ם מִפְּנֵ֣י בְּנֵ֣י יִשְׂרָאֵ֑ל רַ֗ק הַפִּלֶ֤הָ לְיִשְׂרָאֵל֙
ז בְּנַ֣חֲלָ֔ה כַּאֲשֶׁ֖ר צִוִּיתִֽיךָ׃ וְעַתָּ֗ה חַלֵּ֞ק אֶת־הָאָ֤רֶץ הַזֹּאת֙ בְּֽנַחֲלָ֔ה
ח לְתִשְׁעַ֖ת הַשְּׁבָטִ֑ים וַחֲצִ֖י הַשֵּׁ֥בֶט הַֽמְנַשֶּֽׁה׃ עִמּ֗וֹ הָרֽאוּבֵנִי֙ וְהַגָּדִ֔י
לָקְח֖וּ נַחֲלָתָ֑ם אֲשֶׁר֩ נָתַ֨ן לָהֶ֜ם מֹשֶׁ֗ה בְּעֵ֤בֶר הַיַּרְדֵּן֙ מִזְרָ֔חָה
ט כַּאֲשֶׁר֙ נָתַ֣ן לָהֶ֔ם מֹשֶׁ֖ה עֶ֥בֶד יְהֹוָֽה׃ מֵעֲרוֹעֵ֞ר אֲשֶׁ֨ר עַל־שְׂפַת־
נַ֤חַל אַרְנוֹן֙ וְהָעִיר֙ אֲשֶׁ֣ר בְּתוֹךְ־הַנַּ֔חַל וְכָל־הַמִּישֹׁ֥ר מֵידְבָ֖א
י עַד־דִּיבֽוֹן׃ וְכֹ֗ל עָרֵי֙ סִיח֚וֹן מֶ֣לֶךְ הָאֱמֹרִ֔י אֲשֶׁ֥ר מָלַ֖ךְ בְּחֶשְׁבּ֑וֹן
יא עַד־גְּב֖וּל בְּנֵ֥י עַמּֽוֹן׃ וְהַגִּלְעָ֗ד וּגְב֛וּל הַגְּשׁוּרִ֥י וְהַמַּעֲכָתִ֖י וְכֹל֙ הַ֣ר
יב חֶרְמ֔וֹן וְכָל־הַבָּשָׁ֖ן עַד־סַלְכָֽה׃ כָּל־מַמְלְכ֤וּת עוֹג֙ בַּבָּשָׁ֔ן אֲשֶׁר־
מָלַ֥ךְ בְּעַשְׁתָּר֖וֹת וּבְאֶדְרֶ֑עִי ה֚וּא נִשְׁאַר֙ מִיֶּ֣תֶר הָֽרְפָאִ֔ים וַיַּכֵּ֥ם
יג מֹשֶׁ֖ה וַיֹּרִשֵֽׁם׃ וְלֹ֣א הוֹרִ֗ישׁוּ בְּנֵ֤י יִשְׂרָאֵל֙ אֶת־הַגְּשׁוּרִ֖י וְאֶת־
הַמַּעֲכָתִ֑י וַיֵּ֨שֶׁב גְּשׁ֤וּר וּמַעֲכָת֙ בְּקֶ֣רֶב יִשְׂרָאֵ֔ל עַ֖ד הַיּ֥וֹם הַזֶּֽה׃
יד רַ֚ק לְשֵׁ֣בֶט הַלֵּוִ֔י לֹ֥א נָתַ֖ן נַחֲלָ֑ה אִשֵּׁ֞י יְהֹוָ֨ה אֱלֹהֵ֤י יִשְׂרָאֵל֙ ה֣וּא

טו נַחֲלָתוֹ כַּאֲשֶׁר דִּבֶּר־לוֹ׃ וַיִּתֵּן מֹשֶׁה לְמַטֵּה בְנֵי־
טז רְאוּבֵן לְמִשְׁפְּחֹתָם׃ וַיְהִי לָהֶם הַגְּבוּל מֵעֲרוֹעֵר אֲשֶׁר עַל־
שְׂפַת־נַחַל אַרְנוֹן וְהָעִיר אֲשֶׁר בְּתוֹךְ־הַנַּחַל וְכָל־הַמִּישֹׁר עַל־
יז מֵידְבָא׃ חֶשְׁבּוֹן וְכָל־עָרֶיהָ אֲשֶׁר בַּמִּישֹׁר דִּיבוֹן וּבָמוֹת בַּעַל
יח יט וּבֵית בַּעַל מְעוֹן׃ וְיַהְצָה וּקְדֵמֹת וּמֵפָעַת׃ וְקִרְיָתַיִם וְשִׂבְמָה
כ וְצֶרֶת הַשַּׁחַר בְּהַר הָעֵמֶק׃ וּבֵית פְּעוֹר וְאַשְׁדּוֹת הַפִּסְגָּה וּבֵית
כא הַיְשִׁמוֹת׃ וְכֹל עָרֵי הַמִּישֹׁר וְכָל־מַמְלְכוּת סִיחוֹן מֶלֶךְ הָאֱמֹרִי
אֲשֶׁר מָלַךְ בְּחֶשְׁבּוֹן אֲשֶׁר הִכָּה מֹשֶׁה אֹתוֹ ׀ וְאֶת־נְשִׂיאֵי
מִדְיָן אֶת־אֱוִי וְאֶת־רֶקֶם וְאֶת־צוּר וְאֶת־חוּר וְאֶת־רֶבַע
כב נְסִיכֵי סִיחוֹן יֹשְׁבֵי הָאָרֶץ׃ וְאֶת־בִּלְעָם בֶּן־בְּעוֹר הַקּוֹסֵם
כג הָרְגוּ בְנֵי־יִשְׂרָאֵל בַּחֶרֶב אֶל־חַלְלֵיהֶם׃ וַיְהִי גְּבוּל בְּנֵי רְאוּבֵן
הַיַּרְדֵּן וּגְבוּל זֹאת נַחֲלַת בְּנֵי־רְאוּבֵן לְמִשְׁפְּחוֹתָם הֶעָרִים
כד וְחַצְרֵיהֶן׃ וַיִּתֵּן מֹשֶׁה לְמַטֵּה גָד לִבְנֵי גָד
כה לְמִשְׁפְּחֹתָם׃ וַיְהִי לָהֶם הַגְּבוּל יַעְזֵר וְכָל־עָרֵי הַגִּלְעָד וַחֲצִי
כו אֶרֶץ בְּנֵי עַמּוֹן עַד־עֲרוֹעֵר אֲשֶׁר עַל־פְּנֵי רַבָּה׃ וּמֵחֶשְׁבּוֹן
עַד־רָמַת הַמִּצְפֶּה וּבְטֹנִים וּמִמַּחֲנַיִם עַד־גְּבוּל לִדְבִר׃
כז וּבָעֵמֶק בֵּית הָרָם וּבֵית נִמְרָה וְסֻכּוֹת וְצָפוֹן יֶתֶר מַמְלְכוּת
סִיחוֹן מֶלֶךְ חֶשְׁבּוֹן הַיַּרְדֵּן וּגְבֻל עַד־קְצֵה יָם־כִּנֶּרֶת עֵבֶר
כח הַיַּרְדֵּן מִזְרָחָה׃ זֹאת נַחֲלַת בְּנֵי־גָד לְמִשְׁפְּחֹתָם הֶעָרִים
כט וְחַצְרֵיהֶם׃ וַיִּתֵּן מֹשֶׁה לַחֲצִי שֵׁבֶט מְנַשֶּׁה וַיְהִי
ל לַחֲצִי מַטֵּה בְנֵי־מְנַשֶּׁה לְמִשְׁפְּחוֹתָם׃ וַיְהִי גְבוּלָם מִמַּחֲנַיִם
כָּל־הַבָּשָׁן כָּל־מַמְלְכוּת ׀ עוֹג מֶלֶךְ־הַבָּשָׁן וְכָל־חַוֺּת יָאִיר
לא אֲשֶׁר בַּבָּשָׁן שִׁשִּׁים עִיר׃ וַחֲצִי הַגִּלְעָד וְעַשְׁתָּרוֹת וְאֶדְרֶעִי עָרֵי
מַמְלְכוּת עוֹג בַּבָּשָׁן לִבְנֵי מָכִיר בֶּן־מְנַשֶּׁה לַחֲצִי בְנֵי־מָכִיר
לב לְמִשְׁפְּחוֹתָם׃ אֵלֶּה אֲשֶׁר־נִחַל מֹשֶׁה בְּעַרְבוֹת מוֹאָב מֵעֵבֶר
לג לְיַרְדֵּן יְרִיחוֹ מִזְרָחָה׃ וּלְשֵׁבֶט הַלֵּוִי לֹא־נָתַן מֹשֶׁה נַחֲלָה יְהוָה
יד א אֱלֹהֵי יִשְׂרָאֵל הוּא נַחֲלָתָם כַּאֲשֶׁר דִּבֶּר לָהֶם׃ וְאֵלֶּה אֲשֶׁר־

נָחֲלוּ בְנֵי־יִשְׂרָאֵל בְּאֶרֶץ כְּנָעַן אֲשֶׁר נִחֲלוּ אוֹתָם אֶלְעָזָר הַכֹּהֵן
וִיהוֹשֻׁעַ בִּן־נוּן וְרָאשֵׁי אֲבוֹת הַמַּטּוֹת לִבְנֵי יִשְׂרָאֵל: בְּגוֹרַל ב
נַחֲלָתָם כַּאֲשֶׁר צִוָּה יהוה בְּיַד־מֹשֶׁה לְתִשְׁעַת הַמַּטּוֹת וַחֲצִי
הַמַּטֶּה: כִּי־נָתַן מֹשֶׁה נַחֲלַת שְׁנֵי הַמַּטּוֹת וַחֲצִי הַמַּטֶּה מֵעֵבֶר ג
לַיַּרְדֵּן וְלַלְוִיִּם לֹא־נָתַן נַחֲלָה בְּתוֹכָם: כִּי־הָיוּ בְנֵי־יוֹסֵף שְׁנֵי ד
מַטּוֹת מְנַשֶּׁה וְאֶפְרָיִם וְלֹא־נָתְנוּ חֵלֶק לַלְוִיִּם בָּאָרֶץ כִּי
אִם־עָרִים לָשֶׁבֶת וּמִגְרְשֵׁיהֶם לְמִקְנֵיהֶם וּלְקִנְיָנָם: כַּאֲשֶׁר ה
צִוָּה יהוה אֶת־מֹשֶׁה כֵּן עָשׂוּ בְּנֵי יִשְׂרָאֵל וַיַּחְלְקוּ אֶת־
הָאָרֶץ: וַיִּגְּשׁוּ בְנֵי־יְהוּדָה אֶל־יְהוֹשֻׁעַ בַּגִּלְגָּל ו
וַיֹּאמֶר אֵלָיו כָּלֵב בֶּן־יְפֻנֶּה הַקְּנִזִּי אַתָּה יָדַעְתָּ אֶת־הַדָּבָר
אֲשֶׁר־דִּבֶּר יהוה אֶל־מֹשֶׁה אִישׁ־הָאֱלֹהִים עַל אֹדוֹתַי וְעַל־
אֹדוֹתֶיךָ בְּקָדֵשׁ בַּרְנֵעַ: בֶּן־אַרְבָּעִים שָׁנָה אָנֹכִי בִּשְׁלֹחַ מֹשֶׁה ז
עֶבֶד־יהוה אֹתִי מִקָּדֵשׁ בַּרְנֵעַ לְרַגֵּל אֶת־הָאָרֶץ וָאָשֵׁב אֹתוֹ
דָּבָר כַּאֲשֶׁר עִם־לְבָבִי: וְאַחַי אֲשֶׁר עָלוּ עִמִּי הִמְסִיו אֶת־לֵב ח
הָעָם וְאָנֹכִי מִלֵּאתִי אַחֲרֵי יהוה אֱלֹהָי: וַיִּשָּׁבַע מֹשֶׁה בַּיּוֹם ט
הַהוּא לֵאמֹר אִם־לֹא הָאָרֶץ אֲשֶׁר דָּרְכָה רַגְלְךָ בָּהּ לְךָ תִהְיֶה
לְנַחֲלָה וּלְבָנֶיךָ עַד־עוֹלָם כִּי מִלֵּאתָ אַחֲרֵי יהוה אֱלֹהָי: וְעַתָּה י
הִנֵּה הֶחֱיָה יהוה | אוֹתִי כַּאֲשֶׁר דִּבֵּר זֶה אַרְבָּעִים וְחָמֵשׁ שָׁנָה
מֵאָז דִּבֶּר יהוה אֶת־הַדָּבָר הַזֶּה אֶל־מֹשֶׁה אֲשֶׁר־הָלַךְ יִשְׂרָאֵל
בַּמִּדְבָּר וְעַתָּה הִנֵּה אָנֹכִי הַיּוֹם בֶּן־חָמֵשׁ וּשְׁמוֹנִים שָׁנָה: עוֹדֶנִּי יא
הַיּוֹם חָזָק כַּאֲשֶׁר בְּיוֹם שְׁלֹחַ אוֹתִי מֹשֶׁה כְּכֹחִי אָז וּכְכֹחִי עָתָּה
לַמִּלְחָמָה וְלָצֵאת וְלָבוֹא: וְעַתָּה תְּנָה־לִּי אֶת־הָהָר הַזֶּה יב
אֲשֶׁר־דִּבֶּר יהוה בַּיּוֹם הַהוּא כִּי־אַתָּה שָׁמַעְתָּ בַּיּוֹם הַהוּא כִּי־
עֲנָקִים שָׁם וְעָרִים גְּדֹלוֹת בְּצֻרוֹת אוּלַי יהוה אוֹתִי וְהוֹרַשְׁתִּים
כַּאֲשֶׁר דִּבֶּר יהוה: וַיְבָרְכֵהוּ יְהוֹשֻׁעַ וַיִּתֵּן אֶת־חֶבְרוֹן לְכָלֵב יג
בֶּן־יְפֻנֶּה לְנַחֲלָה: עַל־כֵּן הָיְתָה־חֶבְרוֹן לְכָלֵב בֶּן־יְפֻנֶּה הַקְּנִזִּי יד
לְנַחֲלָה עַד הַיּוֹם הַזֶּה יַעַן אֲשֶׁר מִלֵּא אַחֲרֵי יהוה אֱלֹהֵי

טו יִשְׂרָאֵל: וְשֵׁם חֶבְרוֹן לְפָנִים קִרְיַת אַרְבַּע הָאָדָם הַגָּדוֹל ט
טו א בָּעֲנָקִים הוּא וְהָאָרֶץ שָׁקְטָה מִמִּלְחָמָה: וַיְהִי
הַגּוֹרָל לְמַטֵּה בְּנֵי יְהוּדָה לְמִשְׁפְּחֹתָם אֶל־גְּבוּל אֱדוֹם מִדְבַּר־
ב צִן נֶגְבָּה מִקְצֵה תֵימָן: וַיְהִי לָהֶם גְּבוּל נֶגֶב מִקְצֵה יָם הַמֶּלַח
ג מִן־הַלָּשֹׁן הַפֹּנֶה נֶגְבָּה: וְיָצָא אֶל־מִנֶּגֶב לְמַעֲלֵה עַקְרַבִּים
וְעָבַר צִנָה וְעָלָה מִנֶּגֶב לְקָדֵשׁ בַּרְנֵעַ וְעָבַר חֶצְרוֹן וְעָלָה
ד אַדָּרָה וְנָסַב הַקַּרְקָעָה: וְעָבַר עַצְמוֹנָה וְיָצָא נַחַל מִצְרַיִם והיה
וְהָיוּ
ה תֹּצְאוֹת הַגְּבוּל יָמָּה זֶה־יִהְיֶה לָכֶם גְּבוּל נֶגֶב: וּגְבוּל קֵדְמָה
יָם הַמֶּלַח עַד־קְצֵה הַיַּרְדֵּן וּגְבוּל לִפְאַת צָפוֹנָה מִלְּשׁוֹן הַיָּם
ו מִקְצֵה הַיַּרְדֵּן: וְעָלָה הַגְּבוּל בֵּית חָגְלָה וְעָבַר מִצְּפוֹן לְבֵית
ז הָעֲרָבָה וְעָלָה הַגְּבוּל אֶבֶן בֹּהַן בֶּן־רְאוּבֵן: וְעָלָה הַגְּבוּל ׀
דְּבִרָה מֵעֵמֶק עָכוֹר וְצָפוֹנָה פֹּנֶה אֶל־הַגִּלְגָּל אֲשֶׁר־נֹכַח
לְמַעֲלֵה אֲדֻמִּים אֲשֶׁר מִנֶּגֶב לַנָּחַל וְעָבַר הַגְּבוּל אֶל־מֵי עֵין־
ח שֶׁמֶשׁ וְהָיוּ תֹצְאֹתָיו אֶל־עֵין רֹגֵל: וְעָלָה הַגְּבוּל גֵּי בֶן־הִנֹּם
אֶל־כֶּתֶף הַיְבוּסִי מִנֶּגֶב הִיא יְרוּשָׁלִָם וְעָלָה הַגְּבוּל אֶל־רֹאשׁ
הָהָר אֲשֶׁר עַל־פְּנֵי גֵי־הִנֹּם יָמָּה אֲשֶׁר בִּקְצֵה עֵמֶק־רְפָאִים
ט צָפוֹנָה: וְתָאַר הַגְּבוּל מֵרֹאשׁ הָהָר אֶל־מַעְיַן מֵי נֶפְתּוֹחַ וְיָצָא
אֶל־עָרֵי הַר־עֶפְרוֹן וְתָאַר הַגְּבוּל בַּעֲלָה הִיא קִרְיַת יְעָרִים:
י וְנָסַב הַגְּבוּל מִבַּעֲלָה יָמָּה אֶל־הַר שֵׂעִיר וְעָבַר אֶל־כֶּתֶף הַר־
יְעָרִים מִצָּפוֹנָה הִיא כְסָלוֹן וְיָרַד בֵּית־שֶׁמֶשׁ וְעָבַר תִּמְנָה:
יא וְיָצָא הַגְּבוּל אֶל־כֶּתֶף עֶקְרוֹן צָפוֹנָה וְתָאַר הַגְּבוּל שִׁכְּרוֹנָה
וְעָבַר הַר־הַבַּעֲלָה וְיָצָא יַבְנְאֵל וְהָיוּ תֹּצְאוֹת הַגְּבוּל יָמָּה:
יב וּגְבוּל יָם הַיָּמָּה הַגָּדוֹל וּגְבוּל זֶה גְּבוּל בְּנֵי־יְהוּדָה סָבִיב
יג לְמִשְׁפְּחֹתָם: וּלְכָלֵב בֶּן־יְפֻנֶּה נָתַן חֵלֶק בְּתוֹךְ בְּנֵי־יְהוּדָה אֶל־
פִּי יְהוָה לִיהוֹשֻׁעַ אֶת־קִרְיַת אַרְבַּע אֲבִי הָעֲנָק הִיא חֶבְרוֹן:
יד וַיֹּרֶשׁ מִשָּׁם כָּלֵב אֶת־שְׁלוֹשָׁה בְּנֵי הָעֲנָק אֶת־שֵׁשַׁי וְאֶת־אֲחִימַן
טו וְאֶת־תַּלְמַי יְלִידֵי הָעֲנָק: וַיַּעַל מִשָּׁם אֶל־יֹשְׁבֵי דְּבִר וְשֵׁם־

טז דְּבִר לְפָנִים קִרְיַת־סֵפֶר: וַיֹּאמֶר כָּלֵב אֲשֶׁר־יַכֶּה אֶת־קִרְיַת־
יז סֵפֶר וּלְכָדָהּ וְנָתַתִּי לוֹ אֶת־עַכְסָה בִתִּי לְאִשָּׁה: וַיִּלְכְּדָהּ
עָתְנִיאֵל בֶּן־קְנַז אֲחִי כָלֵב וַיִּתֶּן־לוֹ אֶת־עַכְסָה בִתּוֹ לְאִשָּׁה:
יח וַיְהִי בְּבוֹאָהּ וַתְּסִיתֵהוּ לִשְׁאוֹל מֵאֵת־אָבִיהָ שָׂדֶה וַתִּצְנַח מֵעַל
יט הַחֲמוֹר וַיֹּאמֶר־לָהּ כָּלֵב מַה־לָּךְ: וַתֹּאמֶר תְּנָה־לִּי בְרָכָה כִּי
אֶרֶץ הַנֶּגֶב נְתַתָּנִי וְנָתַתָּה לִי גֻּלֹּת מָיִם וַיִּתֶּן־לָהּ אֵת גֻּלֹּת
כ עִלִּיּוֹת וְאֵת גֻּלֹּת תַּחְתִּיּוֹת: זֹאת נַחֲלַת מַטֵּה
כא בְנֵי־יְהוּדָה לְמִשְׁפְּחֹתָם: וַיִּהְיוּ הֶעָרִים מִקְצֵה לְמַטֵּה בְנֵי־
כב יְהוּדָה אֶל־גְּבוּל אֱדוֹם בַּנֶּגְבָּה קַבְצְאֵל וְעֵדֶר וְיָגוּר: וְקִינָה
כג כד וְדִימוֹנָה וְעַדְעָדָה: וְקֶדֶשׁ וְחָצוֹר וְיִתְנָן: זִיף וָטֶלֶם וּבְעָלוֹת:
כה כו וְחָצוֹר חֲדַתָּה וּקְרִיּוֹת חֶצְרוֹן הִיא חָצוֹר: אֲמָם וּשְׁמַע וּמוֹלָדָה:
כז כח וַחֲצַר גַּדָּה וְחֶשְׁמוֹן וּבֵית פָּלֶט: וַחֲצַר שׁוּעָל וּבְאֵר שֶׁבַע
כט ל לא וּבִזְיוֹתְיָה: בַּעֲלָה וְעִיִּים וָעָצֶם: וְאֶלְתּוֹלַד וּכְסִיל וְחָרְמָה: וְצִקְלַג
לב וּמַדְמַנָּה וְסַנְסַנָּה: וּלְבָאוֹת וְשִׁלְחִים וְעַיִן וְרִמּוֹן כָּל־עָרִים
לג עֶשְׂרִים וָתֵשַׁע וְחַצְרֵיהֶן: בַּשְּׁפֵלָה אֶשְׁתָּאוֹל
לד לה וְצָרְעָה וְאַשְׁנָה: וְזָנוֹחַ וְעֵין גַּנִּים תַּפּוּחַ וְהָעֵינָם: יַרְמוּת
לו וַעֲדֻלָּם שׂוֹכֹה וַעֲזֵקָה: וְשַׁעֲרַיִם וַעֲדִיתַיִם וְהַגְּדֵרָה וּגְדֵרֹתָיִם
לז עָרִים אַרְבַּע־עֶשְׂרֵה וְחַצְרֵיהֶן: צְנָן וַחֲדָשָׁה
לח לט וּמִגְדַּל־גָּד: וְדִלְעָן וְהַמִּצְפֶּה וְיָקְתְאֵל: לָכִישׁ וּבָצְקַת וְעֶגְלוֹן:
מ מא וְכַבּוֹן וְלַחְמָס וְכִתְלִישׁ: וּגְדֵרוֹת בֵּית־דָּגוֹן וְנַעֲמָה וּמַקֵּדָה
מב עָרִים שֵׁשׁ־עֶשְׂרֵה וְחַצְרֵיהֶן: לִבְנָה וָעֶתֶר וְעָשָׁן:
מג מד וְיִפְתָּח וְאַשְׁנָה וּנְצִיב: וּקְעִילָה וְאַכְזִיב וּמָרֵאשָׁה עָרִים תֵּשַׁע
מה מו וְחַצְרֵיהֶן: עֶקְרוֹן וּבְנֹתֶיהָ וַחֲצֵרֶיהָ: מֵעֶקְרוֹן
מז וָיָמָּה כֹּל אֲשֶׁר־עַל־יַד אַשְׁדּוֹד וְחַצְרֵיהֶן: אַשְׁדּוֹד
בְּנוֹתֶיהָ וַחֲצֵרֶיהָ עַזָּה בְּנוֹתֶיהָ וַחֲצֵרֶיהָ עַד־נַחַל מִצְרָיִם וְהַיָּם
מח מט הגבול וּגְבוּל: וּבָהָר שָׁמִיר וְיַתִּיר וְשׂוֹכֹה: וְדַנָּה וְקִרְיַת־סַנָּה הַגָּדוֹל
נ נא הִיא דְבִר: וַעֲנָב וְאֶשְׁתְּמֹה וְעָנִים: וְגֹשֶׁן וְחֹלֹן וְגִלֹה עָרִים

נב אַחַת־עֶשְׂרֵה וְחַצְרֵיהֶן: אֲרַב וְדוּמָה וְאֶשְׁעָן:
נג נד וְיָנִים וּבֵית־תַּפּוּחַ וַאֲפֵקָה: וְחֻמְטָה וְקִרְיַת אַרְבַּע הִיא וְיָנוּם
נה חֶבְרוֹן וְצִיעֹר עָרִים תֵּשַׁע וְחַצְרֵיהֶן: מָעוֹן ׀
נו נז כַּרְמֶל וָזִיף וְיוּטָּה: וְיִזְרְעֶאל וְיָקְדְעָם וְזָנוֹחַ: הַקַּיִן גִּבְעָה
נח וְתִמְנָה עָרִים עֶשֶׂר וְחַצְרֵיהֶן: חַלְחוּל
נט בֵּית־צוּר וּגְדוֹר: וּמַעֲרָת וּבֵית־עֲנוֹת וְאֶלְתְּקֹן עָרִים שֵׁשׁ
ס וְחַצְרֵיהֶן: קִרְיַת־בַּעַל הִיא קִרְיַת יְעָרִים
סא וְהָרַבָּה עָרִים שְׁתַּיִם וְחַצְרֵיהֶן: בַּמִּדְבָּר
סב בֵּית הָעֲרָבָה מִדִּין וּסְכָכָה: וְהַנִּבְשָׁן וְעִיר־הַמֶּלַח וְעֵין
סג גֶּדִי עָרִים שֵׁשׁ וְחַצְרֵיהֶן: וְאֶת־הַיְבוּסִי יוֹשְׁבֵי
יְרוּשָׁלַ͏ִם לֹא־יוכלו בְנֵי־יְהוּדָה לְהוֹרִישָׁם וַיֵּשֶׁב הַיְבוּסִי אֶת־ יָכְלוּ
טז א בְּנֵי יְהוּדָה בִּירוּשָׁלַ͏ִם עַד הַיּוֹם הַזֶּה: וַיֵּצֵא הַגּוֹרָל
לִבְנֵי יוֹסֵף מִיַּרְדֵּן יְרִיחוֹ לְמֵי יְרִיחוֹ מִזְרָחָה הַמִּדְבָּר עֹלֶה
ב מִירִיחוֹ בָּהָר בֵּית־אֵל: וְיָצָא מִבֵּית־אֵל לוּזָה וְעָבַר אֶל־גְּבוּל
ג הָאַרְכִּי עֲטָרוֹת: וְיָרַד יָמָּה אֶל־גְּבוּל הַיַּפְלֵטִי עַד־גְּבוּל בֵּית־
ד חוֹרֹן תַּחְתּוֹן וְעַד־גָּזֶר וְהָיוּ תֹצְאֹתָו יָמָּה: וַיִּנְחֲלוּ בְנֵי־יוֹסֵף
ה מְנַשֶּׁה וְאֶפְרָיִם: וַיְהִי גְּבוּל בְּנֵי־אֶפְרַיִם לְמִשְׁפְּחֹתָם וַיְהִי גְּבוּל
ו נַחֲלָתָם מִזְרָחָה עַטְרוֹת אַדָּר עַד־בֵּית חוֹרֹן עֶלְיוֹן: וְיָצָא
הַגְּבוּל הַיָּמָּה הַמִּכְמְתָת מִצָּפוֹן וְנָסַב הַגְּבוּל מִזְרָחָה תַּאֲנַת
ז שִׁלֹה וְעָבַר אוֹתוֹ מִמִּזְרַח יָנוֹחָה: וְיָרַד מִיָּנוֹחָה עֲטָרוֹת
ח וְנַעֲרָתָה וּפָגַע בִּירִיחוֹ וְיָצָא הַיַּרְדֵּן: מִתַּפּוּחַ יֵלֵךְ הַגְּבוּל יָמָּה
נַחַל קָנָה וְהָיוּ תֹצְאֹתָיו הַיָּמָּה זֹאת נַחֲלַת מַטֵּה בְנֵי־אֶפְרַיִם
ט לְמִשְׁפְּחֹתָם: וְהֶעָרִים הַמִּבְדָּלוֹת לִבְנֵי אֶפְרַיִם בְּתוֹךְ נַחֲלַת
י בְּנֵי־מְנַשֶּׁה כָּל־הֶעָרִים וְחַצְרֵיהֶן: וְלֹא הוֹרִישׁוּ אֶת־הַכְּנַעֲנִי
הַיּוֹשֵׁב בְּגָזֶר וַיֵּשֶׁב הַכְּנַעֲנִי בְּקֶרֶב אֶפְרַיִם עַד־הַיּוֹם הַזֶּה וַיְהִי
יז א לְמַס־עֹבֵד: וַיְהִי הַגּוֹרָל לְמַטֵּה מְנַשֶּׁה כִּי־הוּא
בְּכוֹר יוֹסֵף לְמָכִיר בְּכוֹר מְנַשֶּׁה אֲבִי הַגִּלְעָד כִּי הוּא הָיָה אִישׁ

מִלְחָמָה וַיְהִי־לוֹ הַגִּלְעָד וְהַבָּשָׁן: וַיְהִי לִבְנֵי מְנַשֶּׁה הַנּוֹתָרִים ב
לְמִשְׁפְּחֹתָם לִבְנֵי אֲבִיעֶזֶר וְלִבְנֵי־חֵלֶק וְלִבְנֵי אַשְׂרִיאֵל וְלִבְנֵי־
שֶׁכֶם וְלִבְנֵי־חֵפֶר וְלִבְנֵי שְׁמִידָע אֵלֶּה בְּנֵי מְנַשֶּׁה בֶּן־יוֹסֵף
הַזְּכָרִים לְמִשְׁפְּחֹתָם: וְלִצְלָפְחָד בֶּן־חֵפֶר בֶּן־גִּלְעָד בֶּן־מָכִיר ג
בֶּן־מְנַשֶּׁה לֹא־הָיוּ לוֹ בָּנִים כִּי אִם־בָּנוֹת וְאֵלֶּה שְׁמוֹת בְּנֹתָיו
י מַחְלָה וְנֹעָה חָגְלָה מִלְכָּה וְתִרְצָה: וַתִּקְרַבְנָה לִפְנֵי אֶלְעָזָר ד
הַכֹּהֵן וְלִפְנֵי ׀ יְהוֹשֻׁעַ בִּן־נוּן וְלִפְנֵי הַנְּשִׂיאִים לֵאמֹר יְהוָה צִוָּה
אֶת־מֹשֶׁה לָתֶת־לָנוּ נַחֲלָה בְּתוֹךְ אַחֵינוּ וַיִּתֵּן לָהֶם אֶל־פִּי
יְהוָה נַחֲלָה בְּתוֹךְ אֲחֵי אֲבִיהֶן: וַיִּפְּלוּ חַבְלֵי־מְנַשֶּׁה עֲשָׂרָה ה
לְבַד מֵאֶרֶץ הַגִּלְעָד וְהַבָּשָׁן אֲשֶׁר מֵעֵבֶר לַיַּרְדֵּן: כִּי בְּנוֹת ו
מְנַשֶּׁה נָחֲלוּ נַחֲלָה בְּתוֹךְ בָּנָיו וְאֶרֶץ הַגִּלְעָד הָיְתָה לִבְנֵי־
מְנַשֶּׁה הַנּוֹתָרִים: וַיְהִי גְבוּל־מְנַשֶּׁה מֵאָשֵׁר הַמִּכְמְתָת אֲשֶׁר ז
עַל־פְּנֵי שְׁכֶם וְהָלַךְ הַגְּבוּל אֶל־הַיָּמִין אֶל־יֹשְׁבֵי עֵין תַּפּוּחַ:
לִמְנַשֶּׁה הָיְתָה אֶרֶץ תַּפּוּחַ וְתַפּוּחַ אֶל־גְּבוּל מְנַשֶּׁה לִבְנֵי ח
אֶפְרָיִם: וְיָרַד הַגְּבוּל נַחַל קָנָה נֶגְבָּה לַנַּחַל עָרִים הָאֵלֶּה ט
לְאֶפְרַיִם בְּתוֹךְ עָרֵי מְנַשֶּׁה וּגְבוּל מְנַשֶּׁה מִצְּפוֹן לַנַּחַל וַיְהִי
תֹצְאֹתָיו הַיָּמָּה: נֶגְבָּה לְאֶפְרַיִם וְצָפוֹנָה לִמְנַשֶּׁה וַיְהִי הַיָּם י
גְּבוּלוֹ וּבְאָשֵׁר יִפְגְּעוּן מִצָּפוֹן וּבְיִשָּׂשכָר מִמִּזְרָח: וַיְהִי לִמְנַשֶּׁה יא
בְּיִשָּׂשכָר וּבְאָשֵׁר בֵּית־שְׁאָן וּבְנוֹתֶיהָ וְיִבְלְעָם וּבְנוֹתֶיהָ וְאֶת־
יֹשְׁבֵי דֹאר וּבְנוֹתֶיהָ וְיֹשְׁבֵי עֵין־דֹּר וּבְנֹתֶיהָ וְיֹשְׁבֵי תַעְנַךְ
וּבְנֹתֶיהָ וְיֹשְׁבֵי מְגִדּוֹ וּבְנוֹתֶיהָ שְׁלֹשֶׁת הַנָּפֶת: וְלֹא יָכְלוּ בְּנֵי יב
מְנַשֶּׁה לְהוֹרִישׁ אֶת־הֶעָרִים הָאֵלֶּה וַיּוֹאֶל הַכְּנַעֲנִי לָשֶׁבֶת
בָּאָרֶץ הַזֹּאת: וַיְהִי כִּי חָזְקוּ בְּנֵי יִשְׂרָאֵל וַיִּתְּנוּ אֶת־הַכְּנַעֲנִי יג
לָמַס וְהוֹרֵשׁ לֹא הוֹרִישׁוֹ: וַיְדַבְּרוּ בְּנֵי יוֹסֵף אֶת־ יד
יְהוֹשֻׁעַ לֵאמֹר מַדּוּעַ נָתַתָּה לִּי נַחֲלָה גּוֹרָל אֶחָד וְחֶבֶל אֶחָד
וַאֲנִי עַם רָב עַד אֲשֶׁר־עַד־כֹּה בֵּרְכַנִי יְהוָה: וַיֹּאמֶר אֲלֵיהֶם טו
יְהוֹשֻׁעַ אִם־עַם־רַב אַתָּה עֲלֵה לְךָ הַיַּעְרָה וּבֵרֵאתָ לְךָ שָׁם

טז בְּאֶרֶץ הַפְּרִזִּי וְהָרְפָאִים כִּי־אָץ לְךָ הַר־אֶפְרָיִם׃ וַיֹּאמְרוּ בְּנֵי
יוֹסֵף לֹא־יִמָּצֵא לָנוּ הָהָר וְרֶכֶב בַּרְזֶל בְּכָל־הַכְּנַעֲנִי הַיֹּשֵׁב
בְּאֶרֶץ־הָעֵמֶק לַאֲשֶׁר בְּבֵית־שְׁאָן וּבְנוֹתֶיהָ וְלַאֲשֶׁר בְּעֵמֶק
יז יִזְרְעֶאל׃ וַיֹּאמֶר יְהוֹשֻׁעַ אֶל־בֵּית יוֹסֵף לְאֶפְרַיִם וְלִמְנַשֶּׁה
לֵאמֹר עַם־רַב אַתָּה וְכֹחַ גָּדוֹל לָךְ לֹא־יִהְיֶה לְךָ גּוֹרָל
יח אֶחָד׃ כִּי הַר יִהְיֶה־לָּךְ כִּי־יַעַר הוּא וּבֵרֵאתוֹ וְהָיָה לְךָ
תֹּצְאֹתָיו כִּי־תוֹרִישׁ אֶת־הַכְּנַעֲנִי כִּי רֶכֶב בַּרְזֶל לוֹ כִּי
יח א חָזָק הוּא׃ וַיִּקָּהֲלוּ כָּל־עֲדַת בְּנֵי־יִשְׂרָאֵל שִׁלֹה
ב וַיַּשְׁכִּינוּ שָׁם אֶת־אֹהֶל מוֹעֵד וְהָאָרֶץ נִכְבְּשָׁה לִפְנֵיהֶם׃ וַיִּוָּתְרוּ
בִּבְנֵי יִשְׂרָאֵל אֲשֶׁר לֹא־חָלְקוּ אֶת־נַחֲלָתָם שִׁבְעָה שְׁבָטִים׃
ג וַיֹּאמֶר יְהוֹשֻׁעַ אֶל־בְּנֵי יִשְׂרָאֵל עַד־אָנָה אַתֶּם מִתְרַפִּים לָבוֹא
ד לָרֶשֶׁת אֶת־הָאָרֶץ אֲשֶׁר נָתַן לָכֶם יְהוָה אֱלֹהֵי אֲבוֹתֵיכֶם׃ הָבוּ
לָכֶם שְׁלֹשָׁה אֲנָשִׁים לַשָּׁבֶט וְאֶשְׁלָחֵם וְיָקֻמוּ וְיִתְהַלְּכוּ בָאָרֶץ
ה וְיִכְתְּבוּ אוֹתָהּ לְפִי נַחֲלָתָם וְיָבֹאוּ אֵלָי׃ וְהִתְחַלְּקוּ אֹתָהּ
לְשִׁבְעָה חֲלָקִים יְהוּדָה יַעֲמֹד עַל־גְּבוּלוֹ מִנֶּגֶב וּבֵית יוֹסֵף
ו יַעַמְדוּ עַל־גְּבוּלָם מִצָּפוֹן׃ וְאַתֶּם תִּכְתְּבוּ אֶת־הָאָרֶץ שִׁבְעָה
חֲלָקִים וַהֲבֵאתֶם אֵלַי הֵנָּה וְיָרִיתִי לָכֶם גּוֹרָל פֹּה לִפְנֵי יְהוָה
ז אֱלֹהֵינוּ׃ כִּי אֵין־חֵלֶק לַלְוִיִּם בְּקִרְבְּכֶם כִּי־כְהֻנַּת יְהוָה
נַחֲלָתוֹ וְגָד וּרְאוּבֵן וַחֲצִי שֵׁבֶט הַמְנַשֶּׁה לָקְחוּ נַחֲלָתָם מֵעֵבֶר
ח לַיַּרְדֵּן מִזְרָחָה אֲשֶׁר נָתַן לָהֶם מֹשֶׁה עֶבֶד יְהוָה׃ וַיָּקֻמוּ
הָאֲנָשִׁים וַיֵּלֵכוּ וַיְצַו יְהוֹשֻׁעַ אֶת־הַהֹלְכִים לִכְתֹּב אֶת־הָאָרֶץ
לֵאמֹר לְכוּ וְהִתְהַלְּכוּ בָאָרֶץ וְכִתְבוּ אוֹתָהּ וְשׁוּבוּ אֵלַי וּפֹה
ט אַשְׁלִיךְ לָכֶם גּוֹרָל לִפְנֵי יְהוָה בְּשִׁלֹה׃ וַיֵּלְכוּ הָאֲנָשִׁים וַיַּעַבְרוּ
בָאָרֶץ וַיִּכְתְּבוּהָ לֶעָרִים לְשִׁבְעָה חֲלָקִים עַל־סֵפֶר וַיָּבֹאוּ
י אֶל־יְהוֹשֻׁעַ אֶל־הַמַּחֲנֶה שִׁלֹה׃ וַיַּשְׁלֵךְ לָהֶם יְהוֹשֻׁעַ גּוֹרָל
בְּשִׁלֹה לִפְנֵי יְהוָה וַיְחַלֶּק־שָׁם יְהוֹשֻׁעַ אֶת־הָאָרֶץ לִבְנֵי
יא יִשְׂרָאֵל כְּמַחְלְקֹתָם׃ וַיַּעַל גּוֹרַל מַטֵּה בְנֵי־בִנְיָמִן

לְמִשְׁפְּחֹתָם וַיֵּצֵא גְּבוּל גּוֹרָלָם בֵּין בְּנֵי יְהוּדָה וּבֵין בְּנֵי יוֹסֵף׃
וַיְהִי לָהֶם הַגְּבוּל לִפְאַת צָפוֹנָה מִן־הַיַּרְדֵּן וְעָלָה הַגְּבוּל אֶל־ יב
וְהָיוּ כֶּתֶף יְרִיחוֹ מִצָּפוֹן וְעָלָה בָהָר יָמָּה והיה תֹּצְאֹתָיו מִדְבַּרָה
בֵּית אָוֶן׃ וְעָבַר מִשָּׁם הַגְּבוּל לוּזָה אֶל־כֶּתֶף לוּזָה נֶגְבָּה הִיא יג
בֵּית־אֵל וְיָרַד הַגְּבוּל עַטְרוֹת אַדָּר עַל־הָהָר אֲשֶׁר מִנֶּגֶב
לְבֵית־חֹרוֹן תַּחְתּוֹן׃ וְתָאַר הַגְּבוּל וְנָסַב לִפְאַת־יָם נֶגְבָּה מִן־ יד
וְהָיוּ הָהָר אֲשֶׁר עַל־פְּנֵי בֵית־חֹרוֹן נֶגְבָּה והיה תֹצְאֹתָיו אֶל־קִרְיַת־
בַּעַל הִיא קִרְיַת יְעָרִים עִיר בְּנֵי יְהוּדָה זֹאת פְּאַת־יָם׃ וּפְאַת־ טו
נֶגְבָּה מִקְצֵה קִרְיַת יְעָרִים וְיָצָא הַגְּבוּל יָמָּה וְיָצָא אֶל־מַעְיַן
מֵי נֶפְתּוֹחַ׃ וְיָרַד הַגְּבוּל אֶל־קְצֵה הָהָר אֲשֶׁר עַל־פְּנֵי גֵּי בֶן־ טז
הִנֹּם אֲשֶׁר בְּעֵמֶק רְפָאִים צָפוֹנָה וְיָרַד גֵּי הִנֹּם אֶל־כֶּתֶף
הַיְבוּסִי נֶגְבָּה וְיָרַד עֵין רֹגֵל׃ וְתָאַר מִצָּפוֹן וְיָצָא עֵין שֶׁמֶשׁ יז
וְיָצָא אֶל־גְּלִילוֹת אֲשֶׁר־נֹכַח מַעֲלֵה אֲדֻמִּים וְיָרַד אֶבֶן
בֹּהַן בֶּן־רְאוּבֵן׃ וְעָבַר אֶל־כֶּתֶף מוּל־הָעֲרָבָה צָפוֹנָה וְיָרַד יח
וְהָיוּ הָעֲרָבָתָה׃ וְעָבַר הַגְּבוּל אֶל־כֶּתֶף בֵּית־חָגְלָה צָפוֹנָה והיה יט
תּוֹצְאוֹת תוצאותיו הַגְּבוּל אֶל־לְשׁוֹן יָם־הַמֶּלַח צָפוֹנָה אֶל־קְצֵה הַיַּרְדֵּן
נֶגְבָּה זֶה גְּבוּל נֶגֶב׃ וְהַיַּרְדֵּן יִגְבֹּל־אֹתוֹ לִפְאַת־קֵדְמָה זֹאת כ
נַחֲלַת בְּנֵי בִנְיָמִן לִגְבוּלֹתֶיהָ סָבִיב לְמִשְׁפְּחֹתָם׃ וְהָיוּ הֶעָרִים כא
לְמַטֵּה בְּנֵי בִנְיָמִן לְמִשְׁפְּחוֹתֵיהֶם יְרִיחוֹ וּבֵית־חָגְלָה וְעֵמֶק
קְצִיץ׃ וּבֵית הָעֲרָבָה וּצְמָרַיִם וּבֵית־אֵל׃ וְהָעַוִּים וְהַפָּרָה כב כג
הָעַמֹּנָה וְעָפְרָה׃ וּכְפַר העמני וְהָעָפְנִי וָגָבַע עָרִים שְׁתֵּים־עֶשְׂרֵה כד
וְחַצְרֵיהֶן׃ גִּבְעוֹן וְהָרָמָה וּבְאֵרוֹת׃ וְהַמִּצְפֶּה וְהַכְּפִירָה וְהַמֹּצָה׃ כה כו
יא וְרֶקֶם וְיִרְפְּאֵל וְתַרְאֲלָה׃ וְצֵלַע הָאֶלֶף וְהַיְבוּסִי הִיא יְרוּשָׁלִַם כז כח
גִּבְעַת קִרְיַת עָרִים אַרְבַּע־עֶשְׂרֵה וְחַצְרֵיהֶן זֹאת נַחֲלַת בְּנֵי־
בִנְיָמִן לְמִשְׁפְּחֹתָם׃ וַיֵּצֵא הַגּוֹרָל הַשֵּׁנִי לְשִׁמְעוֹן א יט
לְמַטֵּה בְנֵי־שִׁמְעוֹן לְמִשְׁפְּחוֹתָם וַיְהִי נַחֲלָתָם בְּתוֹךְ נַחֲלַת
בְּנֵי־יְהוּדָה׃ וַיְהִי לָהֶם בְּנַחֲלָתָם בְּאֵר־שֶׁבַע וְשֶׁבַע וּמוֹלָדָה׃ ב

ג ד ה וַחֲצַר שׁוּעָל וּבָלָה וָעָצֶם׃ וְאֶלְתּוֹלַד וּבְתוּל וְחָרְמָה׃ וְצִקְלַג
ו וּבֵית־הַמַּרְכָּבוֹת וַחֲצַר סוּסָה׃ וּבֵית לְבָאוֹת וְשָׁרוּחֶן עָרִים
ז שְׁלֹשׁ־עֶשְׂרֵה וְחַצְרֵיהֶן׃ עַיִן רִמּוֹן וָעֶתֶר וְעָשָׁן עָרִים אַרְבַּע
ח וְחַצְרֵיהֶן׃ וְכָל־הַחֲצֵרִים אֲשֶׁר סְבִיבוֹת הֶעָרִים הָאֵלֶּה עַד־
בַּעֲלַת בְּאֵר רָאמַת נֶגֶב זֹאת נַחֲלַת מַטֵּה בְנֵי־שִׁמְעוֹן
ט לְמִשְׁפְּחֹתָם׃ מֵחֶבֶל בְּנֵי יְהוּדָה נַחֲלַת בְּנֵי שִׁמְעוֹן כִּי־
הָיָה חֵלֶק בְּנֵי־יְהוּדָה רַב מֵהֶם וַיִּנְחֲלוּ בְנֵי־שִׁמְעוֹן בְּתוֹךְ
י נַחֲלָתָם׃ וַיַּעַל הַגּוֹרָל הַשְּׁלִישִׁי לִבְנֵי זְבוּלֻן
יא לְמִשְׁפְּחֹתָם וַיְהִי גְּבוּל נַחֲלָתָם עַד־שָׂרִיד׃ וְעָלָה גְבוּלָם ׀ לַיָּמָּה
וּמַרְעֲלָה וּפָגַע בְּדַבָּשֶׁת וּפָגַע אֶל־הַנַּחַל אֲשֶׁר עַל־פְּנֵי יָקְנְעָם׃
יב וְשָׁב מִשָּׂרִיד קֵדְמָה מִזְרַח הַשֶּׁמֶשׁ עַל־גְּבוּל כִּסְלֹת תָּבֹר
יג וְיָצָא אֶל־הַדָּבְרַת וְעָלָה יָפִיעַ׃ וּמִשָּׁם עָבַר קֵדְמָה מִזְרָחָה
יד גִּתָּה חֵפֶר עִתָּה קָצִין וְיָצָא רִמּוֹן הַמְּתֹאָר הַנֵּעָה׃ וְנָסַב אֹתוֹ
טו הַגְּבוּל מִצְּפוֹן חַנָּתֹן וְהָיוּ תֹּצְאֹתָיו גֵּי יִפְתַּח־אֵל׃ וְקַטָּת
וְנַהֲלָל וְשִׁמְרוֹן וְיִדְאֲלָה וּבֵית לָחֶם עָרִים שְׁתֵּים־עֶשְׂרֵה
טז וְחַצְרֵיהֶן׃ זֹאת נַחֲלַת בְּנֵי־זְבוּלֻן לְמִשְׁפְּחוֹתָם הֶעָרִים הָאֵלֶּה
יז וְחַצְרֵיהֶן׃ לְיִשָּׂשכָר יָצָא הַגּוֹרָל הָרְבִיעִי לִבְנֵי
יח יִשָּׂשכָר לְמִשְׁפְּחוֹתָם׃ וַיְהִי גְּבוּלָם יִזְרְעֶאלָה וְהַכְּסֻלּוֹת וְשׁוּנֵם׃
יט כ כא וַחֲפָרַיִם וְשִׁיאֹן וַאֲנָחֲרַת׃ וְהָרַבִּית וְקִשְׁיוֹן וָאָבֶץ׃ וְרֶמֶת וְעֵין־
כב גַּנִּים וְעֵין חַדָּה וּבֵית פַּצֵּץ׃ וּפָגַע הַגְּבוּל בְּתָבוֹר ושחצומה וְשַׁחֲצִימָה
וּבֵית שֶׁמֶשׁ וְהָיוּ תֹּצְאוֹת גְּבוּלָם הַיַּרְדֵּן עָרִים שֵׁשׁ־עֶשְׂרֵה
כג וְחַצְרֵיהֶן׃ זֹאת נַחֲלַת מַטֵּה בְנֵי־יִשָּׂשכָר לְמִשְׁפְּחֹתָם הֶעָרִים
כד וְחַצְרֵיהֶן׃ וַיֵּצֵא הַגּוֹרָל הַחֲמִישִׁי לְמַטֵּה בְנֵי־
כה אָשֵׁר לְמִשְׁפְּחוֹתָם׃ וַיְהִי גְּבוּלָם חֶלְקַת וַחֲלִי וָבֶטֶן וְאַכְשָׁף׃
כו וְאַלַמֶּלֶךְ וְעַמְעָד וּמִשְׁאָל וּפָגַע בְּכַרְמֶל הַיָּמָּה וּבְשִׁיחוֹר לִבְנָת׃
כז וְשָׁב מִזְרַח הַשֶּׁמֶשׁ בֵּית דָּגֹן וּפָגַע בִּזְבֻלוּן וּבְגֵי יִפְתַּח־אֵל
כח צָפוֹנָה בֵּית הָעֵמֶק וּנְעִיאֵל וְיָצָא אֶל־כָּבוּל מִשְּׂמֹאל׃ וְעֶבְרֹן

ורחב וחמון וקנה עד צידון רבה: ושב הגבול הרמה ועד־ כט
והיו עיר מבצר־צר ושב הגבול חסה ויהיו תצאתיו הימה מחבל
אכזיבה: ועמה ואפק ורחב ערים עשרים ושתים וחצריהן: ל
זאת נחלת מטה בני־אשר למשפחתם הערים האלה לא
וחצריהן: לבני נפתלי יצא הגורל הששי לבני לב
נפתלי למשפחתם: ויהי גבולם מחלף מאלון בצעננים ואדמי לג
הנקב ויבנאל עד־לקום ויהי תצאתיו הירדן: ושב הגבול לד
ימה אזנות תבור ויצא משם חוקקה ופגע בזבלון מנגב
ובאשר פגע מים וביהודה הירדן מזרח השמש: וערי מבצר לה
הצדים צר וחמת רקת וכנרת: ואדמה והרמה וחצור: וקדש לו לז
ואדרעי ועין חצור: ויראון ומגדל־אל חרם ובית־ענת ובית לח
שמש ערים תשע־עשרה וחצריהן: זאת נחלת מטה בני־ לט
נפתלי למשפחתם הערים וחצריהן: למטה מ
בני־דן למשפחתם יצא הגורל השביעי: ויהי גבול נחלתם מא
צרעה ואשתאול ועיר שמש: ושעלבין ואילון ויתלה: ואילון מב מג
ותמנתה ועקרון: ואלתקה וגבתון ובעלת: ויהד ובני־ברק מד מה
וגת־רמון: ומי הירקון והרקון עם־הגבול מול יפו: ויצא מו מז
גבול בני־דן מהם ויעלו בני־דן וילחמו עם־לשם וילכדו
אותה ׀ ויכו אותה לפי־חרב וירשו אותה וישבו בה ויקראו
ללשם דן כשם דן אביהם: זאת נחלת מטה בני־דן מח
למשפחתם הערים האלה וחצריהן: ויכלו מט
לנחל את־הארץ לגבולתיה ויתנו בני־ישראל נחלה
ליהושע בן־נון בתוכם: על־פי יהוה נתנו לו את־העיר נ
אשר שאל את־תמנת־סרח בהר אפרים ויבנה את־
יב העיר וישב בה: אלה הנחלת אשר־נחלו נא
אלעזר הכהן ׀ ויהושע בן־נון וראשי האבות למטות בני־
ישראל ׀ בגורל ׀ בשלה לפני יהוה פתח אהל מועד ויכלו

מְחַלֵּק אֶת־הָאָרֶץ׃
כ א ב וַיְדַבֵּר יְהוָה אֶל־יְהוֹשֻׁעַ לֵאמֹר׃ דַּבֵּר אֶל־בְּנֵי יִשְׂרָאֵל לֵאמֹר
תְּנוּ לָכֶם אֶת־עָרֵי הַמִּקְלָט אֲשֶׁר־דִּבַּרְתִּי אֲלֵיכֶם בְּיַד־מֹשֶׁה׃
ג לָנוּס שָׁמָּה רוֹצֵחַ מַכֵּה־נֶפֶשׁ בִּשְׁגָגָה בִּבְלִי־דָעַת וְהָיוּ לָכֶם
ד לְמִקְלָט מִגֹּאֵל הַדָּם׃ וְנָס אֶל־אַחַת ׀ מֵהֶעָרִים הָאֵלֶּה וְעָמַד
פֶּתַח שַׁעַר הָעִיר וְדִבֶּר בְּאָזְנֵי זִקְנֵי הָעִיר־הַהִיא אֶת־דְּבָרָיו
ה וְאָסְפוּ אֹתוֹ הָעִירָה אֲלֵיהֶם וְנָתְנוּ־לוֹ מָקוֹם וְיָשַׁב עִמָּם׃ וְכִי
יִרְדֹּף גֹּאֵל הַדָּם אַחֲרָיו וְלֹא־יַסְגִּרוּ אֶת־הָרֹצֵחַ בְּיָדוֹ כִּי בִבְלִי־
דַעַת הִכָּה אֶת־רֵעֵהוּ וְלֹא־שֹׂנֵא הוּא לוֹ מִתְּמוֹל שִׁלְשׁוֹם׃
ו וְיָשַׁב ׀ בָּעִיר הַהִיא עַד־עָמְדוֹ לִפְנֵי הָעֵדָה לַמִּשְׁפָּט עַד־מוֹת
הַכֹּהֵן הַגָּדוֹל אֲשֶׁר יִהְיֶה בַּיָּמִים הָהֵם אָז ׀ יָשׁוּב הָרוֹצֵחַ וּבָא
ז אֶל־עִירוֹ וְאֶל־בֵּיתוֹ אֶל־הָעִיר אֲשֶׁר־נָס מִשָּׁם׃ וַיַּקְדִּשׁוּ אֶת־
קֶדֶשׁ בַּגָּלִיל בְּהַר נַפְתָּלִי וְאֶת־שְׁכֶם בְּהַר אֶפְרָיִם וְאֶת־קִרְיַת
ח אַרְבַּע הִיא חֶבְרוֹן בְּהַר יְהוּדָה׃ וּמֵעֵבֶר לְיַרְדֵּן יְרִיחוֹ מִזְרָחָה
נָתְנוּ אֶת־בֶּצֶר בַּמִּדְבָּר בַּמִּישֹׁר מִמַּטֵּה רְאוּבֵן וְאֶת־רָאמוֹת
ט בַּגִּלְעָד מִמַּטֵּה גָד וְאֶת־גלון בַּבָּשָׁן מִמַּטֵּה מְנַשֶּׁה׃ אֵלֶּה הָיוּ גּוֹלָן
עָרֵי הַמּוּעָדָה לְכֹל ׀ בְּנֵי יִשְׂרָאֵל וְלַגֵּר הַגָּר בְּתוֹכָם לָנוּס שָׁמָּה
כָּל־מַכֵּה־נֶפֶשׁ בִּשְׁגָגָה וְלֹא יָמוּת בְּיַד גֹּאֵל הַדָּם עַד־עָמְדוֹ לִפְנֵי
כא א הָעֵדָה׃ וַיִּגְּשׁוּ רָאשֵׁי אֲבוֹת הַלְוִיִּם אֶל־אֶלְעָזָר
הַכֹּהֵן וְאֶל־יְהוֹשֻׁעַ בִּן־נוּן וְאֶל־רָאשֵׁי אֲבוֹת הַמַּטּוֹת לִבְנֵי
ב יִשְׂרָאֵל׃ וַיְדַבְּרוּ אֲלֵיהֶם בְּשִׁלֹה בְּאֶרֶץ כְּנַעַן לֵאמֹר יְהוָה צִוָּה בְיַד־
ג מֹשֶׁה לָתֶת־לָנוּ עָרִים לָשָׁבֶת וּמִגְרְשֵׁיהֶן לִבְהֶמְתֵּנוּ׃ וַיִּתְּנוּ בְנֵי־
יִשְׂרָאֵל לַלְוִיִּם מִנַּחֲלָתָם אֶל־פִּי יְהוָה אֶת־הֶעָרִים הָאֵלֶּה וְאֶת־
ד מִגְרְשֵׁיהֶן׃ וַיֵּצֵא הַגּוֹרָל לְמִשְׁפְּחֹת הַקְּהָתִי וַיְהִי
לִבְנֵי אַהֲרֹן הַכֹּהֵן מִן־הַלְוִיִּם מִמַּטֵּה יְהוּדָה וּמִמַּטֵּה הַשִּׁמְעֹנִי
ה וּמִמַּטֵּה בִנְיָמִן בַּגּוֹרָל עָרִים שְׁלֹשׁ עֶשְׂרֵה׃ וְלִבְנֵי
קְהָת הַנּוֹתָרִים מִמִּשְׁפְּחֹת מַטֵּה־אֶפְרַיִם וּמִמַּטֵּה־דָן וּמֵחֲצִי

מַטֵּ֧ה מְנַשֶּׁ֛ה בַּגּוֹרָ֖ל עָרִ֥ים עֶשֶׂר׃ וְלִבְנֵ֣י ו
גֵרְשׁ֗וֹן מִֽמִּשְׁפְּח֣וֹת מַטֵּֽה־יִשָּׂשכָ֡ר וּֽמִמַּטֵּה־אָ֠שֵׁר וּמִמַּטֵּ֨ה
נַפְתָּלִ֜י וּמֵחֲצִ֨י מַטֵּ֤ה מְנַשֶּׁה֙ בַבָּשָׁ֔ן בַּגּוֹרָ֕ל עָרִ֖ים שְׁלֹ֥שׁ
עֶשְׂרֵֽה׃ לִבְנֵ֤י מְרָרִי֙ לְמִשְׁפְּחֹתָ֔ם מִמַּטֵּ֨ה רְאוּבֵ֤ן וּמִמַּטֵּה ז
גָד֙ וּמִמַּטֵּ֣ה זְבוּל֔וּן עָרִ֖ים שְׁתֵּ֥ים עֶשְׂרֵֽה׃ וַיִּתְּנ֤וּ בְנֵֽי־ ח
יִשְׂרָאֵל֙ לַלְוִיִּ֔ם אֶת־הֶעָרִ֥ים הָאֵ֖לֶּה וְאֶת־מִגְרְשֵׁיהֶ֑ן כַּאֲשֶׁ֨ר
צִוָּ֧ה יְהוָ֛ה בְּיַד־מֹשֶׁ֖ה בַּגּוֹרָֽל׃ וַֽיִּתְּנ֗וּ מִמַּטֵּה֙ בְּנֵ֣י ט
יְהוּדָ֔ה וּמִמַּטֵּ֖ה בְּנֵ֣י שִׁמְע֑וֹן אֵ֚ת הֶעָרִ֣ים הָאֵ֔לֶּה אֲשֶׁר־יִקְרָ֥א
אֶתְהֶ֖ן בְּשֵֽׁם׃ וַיְהִי֙ לִבְנֵ֣י אַהֲרֹ֔ן מִמִּשְׁפְּח֥וֹת הַקְּהָתִ֖י מִבְּנֵ֣י י
לֵוִ֑י כִּ֥י לָהֶ֛ם הָיָ֥ה הַגּוֹרָ֖ל רִֽאישֹׁנָֽה׃ וַיִּתְּנ֨וּ לָהֶ֜ם אֶת־קִרְיַ֨ת יא
אַרְבַּ֛ע אֲבִ֥י הָעֲנ֖וֹק הִ֣יא חֶבְר֑וֹן בְּהַ֣ר יְהוּדָ֔ה וְאֶת־מִגְרָשֶׁ֖הָ
סְבִיבֹתֶֽיהָ׃ וְאֶת־שְׂדֵ֥ה הָעִ֖יר וְאֶת־חֲצֵרֶ֑יהָ נָתְנ֛וּ לְכָלֵ֥ב בֶּן־יְפֻנֶּ֖ה יב
בַּאֲחֻזָּתֽוֹ׃ וְלִבְנֵ֣י ׀ אַהֲרֹ֣ן הַכֹּהֵ֗ן נָֽתְנוּ֙ אֶת־עִ֣יר מִקְלַ֣ט יג
הָרֹצֵ֔חַ אֶת־חֶבְר֖וֹן וְאֶת־מִגְרָשֶׁ֑הָ וְאֶת־לִבְנָ֖ה וְאֶת־מִגְרָשֶֽׁהָ׃
וְאֶת־יַתִּר֙ וְאֶת־מִגְרָשֶׁ֔הָ וְאֶת־אֶשְׁתְּמֹ֖עַ וְאֶת־מִגְרָשֶֽׁהָ׃ וְאֶת־ יד טו
חֹלֹן֙ וְאֶת־מִגְרָשֶׁ֔הָ וְאֶת־דְּבִ֖ר וְאֶת־מִגְרָשֶֽׁהָ׃ וְאֶת־עַ֣יִן וְאֶת־ טז
מִגְרָשֶׁ֗הָ וְאֶת־יֻטָּה֙ וְאֶת־מִגְרָשֶׁ֔הָ אֶת־בֵּ֥ית שֶׁ֖מֶשׁ וְאֶת־מִגְרָשֶׁ֑הָ
עָרִ֣ים תֵּ֔שַׁע מֵאֵ֕ת שְׁנֵ֖י הַשְּׁבָטִ֥ים הָאֵֽלֶּה׃ וּמִמַּטֵּה֙ יז
בִנְיָמִ֔ן אֶת־גִּבְע֖וֹן וְאֶת־מִגְרָשֶׁ֑הָ אֶת־גֶּ֖בַע וְאֶת־מִגְרָשֶֽׁהָ׃
אֶת־עֲנָתוֹת֙ וְאֶת־מִגְרָשֶׁ֔הָ וְאֶת־עַלְמ֖וֹן וְאֶת־מִגְרָשֶׁ֑הָ עָרִ֖ים יח
אַרְבַּֽע׃ כָּל־עָרֵ֥י בְנֵֽי־אַהֲרֹ֖ן הַכֹּהֲנִ֑ים שְׁלֹשׁ־עֶשְׂרֵ֥ה עָרִ֖ים יט
וּמִגְרְשֵׁיהֶֽן׃ וּלְמִשְׁפְּח֤וֹת בְּנֵֽי־קְהָת֙ הַלְוִיִּ֔ם הַנּֽוֹתָרִ֖ים כ
מִבְּנֵ֣י קְהָ֑ת וַיְהִי֙ עָרֵ֣י גֽוֹרָלָ֔ם מִמַּטֵּ֖ה אֶפְרָֽיִם׃ וַיִּתְּנ֨וּ לָהֶ֜ם אֶת־ כא
עִ֨יר מִקְלַ֧ט הָרֹצֵ֛חַ אֶת־שְׁכֶ֥ם וְאֶת־מִגְרָשֶׁ֖הָ בְּהַ֣ר אֶפְרָ֑יִם וְאֶת־
גֶּ֖זֶר וְאֶת־מִגְרָשֶֽׁהָ׃ וְאֶת־קִבְצַ֙יִם֙ וְאֶת־מִגְרָשֶׁ֔הָ וְאֶת־בֵּ֥ית חֹר֖וֹן כב
וְאֶת־מִגְרָשֶׁ֑הָ עָרִ֖ים אַרְבַּֽע׃ וּמִמַּטֵּה־דָ֔ן אֶֽת־אֶלְתְּקֵ֖א כג
וְאֶת־מִגְרָשֶׁ֑הָ אֶת־גִּבְּת֖וֹן וְאֶת־מִגְרָשֶֽׁהָ׃ אֶת־אַיָּלוֹן֙ וְאֶת־מִגְרָשֶׁ֔הָ כד

כה אֶת־גַּת־רִמּוֹן וְאֶת־מִגְרָשֶׁהָ עָרִים אַרְבַּע׃ וּמִמַּחֲצִית
מַטֵּה מְנַשֶּׁה אֶת־תַּעְנַךְ וְאֶת־מִגְרָשֶׁהָ וְאֶת־גַּת רִמּוֹן וְאֶת־
כו מִגְרָשֶׁהָ עָרִים שְׁתָּיִם׃ כָּל־עָרִים עֶשֶׂר וּמִגְרְשֵׁיהֶן לְמִשְׁפְּחוֹת
כז בְּנֵי־קְהָת הַנּוֹתָרִים׃ וְלִבְנֵי גֵרְשׁוֹן מִמִּשְׁפְּחֹת
הַלְוִיִּם מֵחֲצִי מַטֵּה מְנַשֶּׁה אֶת־עִיר מִקְלַט הָרֹצֵחַ אֶת־גלון גּוֹלָן
בַּבָּשָׁן וְאֶת־מִגְרָשֶׁהָ וְאֶת־בְּעֶשְׁתְּרָה וְאֶת־מִגְרָשֶׁהָ עָרִים
כח שְׁתָּיִם׃ וּמִמַּטֵּה יִשָּׂשכָר אֶת־קִשְׁיוֹן וְאֶת־
כט מִגְרָשֶׁהָ אֶת־דָּבְרַת וְאֶת־מִגְרָשֶׁהָ׃ אֶת־יַרְמוּת וְאֶת־מִגְרָשֶׁהָ
ל אֶת־עֵין גַּנִּים וְאֶת־מִגְרָשֶׁהָ עָרִים אַרְבַּע׃ וּמִמַּטֵּה
אָשֵׁר אֶת־מִשְׁאָל וְאֶת־מִגְרָשֶׁהָ אֶת־עַבְדּוֹן וְאֶת־מִגְרָשֶׁהָ׃
לא אֶת־חֶלְקָת וְאֶת־מִגְרָשֶׁהָ וְאֶת־רְחֹב וְאֶת־מִגְרָשֶׁהָ עָרִים
לב אַרְבַּע׃ וּמִמַּטֵּה נַפְתָּלִי אֶת־עִיר ׀ מִקְלַט הָרֹצֵחַ
אֶת־קֶדֶשׁ בַּגָּלִיל וְאֶת־מִגְרָשֶׁהָ וְאֶת־חַמֹּת דֹּאר וְאֶת־מִגְרָשֶׁהָ
לג וְאֶת־קַרְתָּן וְאֶת־מִגְרָשֶׁהָ עָרִים שָׁלֹשׁ׃ כָּל־עָרֵי הַגֵּרְשֻׁנִּי
לד לְמִשְׁפְּחֹתָם שְׁלֹשׁ־עֶשְׂרֵה עִיר וּמִגְרְשֵׁיהֶן׃ וּלְמִשְׁפְּחוֹת
בְּנֵי־מְרָרִי הַלְוִיִּם הַנּוֹתָרִים מֵאֵת מַטֵּה זְבוּלֻן אֶת־יָקְנְעָם וְאֶת־
לה מִגְרָשֶׁהָ אֶת־קַרְתָּה וְאֶת־מִגְרָשֶׁהָ׃ אֶת־דִּמְנָה וְאֶת־מִגְרָשֶׁהָ
לו אֶת־נַהֲלָל וְאֶת־מִגְרָשֶׁהָ עָרִים אַרְבַּע׃ וּמִמַּטֵּה־
גָד אֶת־עִיר מִקְלַט הָרֹצֵחַ אֶת־רָמֹת בַּגִּלְעָד וְאֶת־מִגְרָשֶׁהָ
לז וְאֶת־מַחֲנַיִם וְאֶת־מִגְרָשֶׁהָ׃ אֶת־חֶשְׁבּוֹן וְאֶת־מִגְרָשֶׁהָ אֶת־
לח יַעְזֵר וְאֶת־מִגְרָשֶׁהָ כָּל־עָרִים אַרְבַּע׃ כָּל־
הֶעָרִים לִבְנֵי מְרָרִי לְמִשְׁפְּחֹתָם הַנּוֹתָרִים מִמִּשְׁפְּחוֹת הַלְוִיִּם
לט וַיְהִי גּוֹרָלָם עָרִים שְׁתֵּים עֶשְׂרֵה׃ כֹּל עָרֵי הַלְוִיִּם בְּתוֹךְ אֲחֻזַּת
מ בְּנֵי־יִשְׂרָאֵל עָרִים אַרְבָּעִים וּשְׁמֹנֶה וּמִגְרְשֵׁיהֶן׃ תִּהְיֶינָה

בקצת ספרים אחר פסוק לה
וּמִמַּטֵּה רְאוּבֵן אֶת־בֶּצֶר וְאֶת־מִגְרָשֶׁהָ וְאֶת־יַהְצָה וְאֶת־מִגְרָשֶׁהָ׃
אֶת־קְדֵמוֹת וְאֶת־מִגְרָשֶׁהָ וְאֶת־מֵיפָעַת וְאֶת־מִגְרָשֶׁהָ עָרִים אַרְבַּע׃

הערים האלה עיר עיר ומגרשיה סביבתיה כן לכל־הערים
יג האלה׃ ויתן יהוה לישראל את־כל־הארץ מא
אשר נשבע לתת לאבותם וירשוה וישבו בה׃ וינח יהוה מב
להם מסביב ככל אשר־נשבע לאבותם ולא־עמד איש
בפניהם מכל־איביהם את כל־איביהם נתן יהוה בידם׃
לא־נפל דבר מכל הדבר הטוב אשר־דבר יהוה אל־בית מג
ישראל הכל בא׃ אז יקרא יהושע לראובני א כב
ולגדי ולחצי מטה מנשה׃ ויאמר אליהם אתם שמרתם את ב
כל־אשר צוה אתכם משה עבד יהוה ותשמעו בקולי לכל
אשר־צויתי אתכם׃ לא־עזבתם את־אחיכם זה ימים רבים ג
עד היום הזה ושמרתם את־משמרת מצות יהוה אלהיכם׃
ועתה הניח יהוה אלהיכם לאחיכם כאשר דבר להם ועתה ד
פנו ולכו לכם לאהליכם אל־ארץ אחזתכם אשר ׀ נתן לכם
משה עבד יהוה בעבר הירדן׃ רק ׀ שמרו מאד לעשות את־ ה
המצוה ואת־התורה אשר צוה אתכם משה עבד־יהוה
לאהבה את־יהוה אלהיכם וללכת בכל־דרכיו ולשמר מצותיו
ולדבקה־בו ולעבדו בכל־לבבכם ובכל־נפשכם׃ ויברכם ו
יהושע וישלחם וילכו אל־אהליהם׃ ולחצי ׀ ז
שבט המנשה נתן משה בבשן ולחציו נתן יהושע עם־
בעבר אחיהם מעבר הירדן ימה וגם כי שלחם יהושע אל־
אהליהם ויברכם׃ ויאמר אליהם לאמר בנכסים רבים שובו ח
אל־אהליכם ובמקנה רב־מאד בכסף ובזהב ובנחשת
ובברזל ובשלמות הרבה מאד חלקו שלל־איביכם עם־
אחיכם׃ וישבו וילכו בני־ראובן ובני־גד וחצי ׀ ט
שבט המנשה מאת בני ישראל משלה אשר־בארץ כנען
ללכת אל־ארץ הגלעד אל־ארץ אחזתם אשר נאחזו־בה
על־פי יהוה ביד־משה׃ ויבאו אל־גלילות הירדן אשר בארץ י

כְּנָעַן וַיִּבְנוּ בְנֵי־רְאוּבֵן וּבְנֵי־גָד וַחֲצִי שֵׁבֶט הַמְנַשֶּׁה שָׁם מִזְבֵּחַ
יא עַל־הַיַּרְדֵּן מִזְבֵּחַ גָּדוֹל לְמַרְאֶה׃ וַיִּשְׁמְעוּ בְנֵי־יִשְׂרָאֵל לֵאמֹר
הִנֵּה־בָנוּ בְנֵי־רְאוּבֵן וּבְנֵי־גָד וַחֲצִי שֵׁבֶט הַמְנַשֶּׁה אֶת־הַמִּזְבֵּחַ
אֶל־מוּל אֶרֶץ כְּנַעַן אֶל־גְּלִילוֹת הַיַּרְדֵּן אֶל־עֵבֶר בְּנֵי יִשְׂרָאֵל׃
יב וַיִּשְׁמְעוּ בְּנֵי יִשְׂרָאֵל וַיִּקָּהֲלוּ כָּל־עֲדַת בְּנֵי־יִשְׂרָאֵל שִׁלֹה
יג לַעֲלוֹת עֲלֵיהֶם לַצָּבָא׃ וַיִּשְׁלְחוּ בְנֵי־יִשְׂרָאֵל
אֶל־בְּנֵי־רְאוּבֵן וְאֶל־בְּנֵי־גָד וְאֶל־חֲצִי שֵׁבֶט־מְנַשֶּׁה אֶל־אֶרֶץ
יד הַגִּלְעָד אֶת־פִּינְחָס בֶּן־אֶלְעָזָר הַכֹּהֵן׃ וַעֲשָׂרָה נְשִׂאִים עִמּוֹ
נָשִׂיא אֶחָד נָשִׂיא אֶחָד לְבֵית אָב לְכֹל מַטּוֹת יִשְׂרָאֵל וְאִישׁ
טו רֹאשׁ בֵּית־אֲבוֹתָם הֵמָּה לְאַלְפֵי יִשְׂרָאֵל׃ וַיָּבֹאוּ אֶל־בְּנֵי־
רְאוּבֵן וְאֶל־בְּנֵי־גָד וְאֶל־חֲצִי שֵׁבֶט־מְנַשֶּׁה אֶל־אֶרֶץ הַגִּלְעָד
טז וַיְדַבְּרוּ אִתָּם לֵאמֹר׃ כֹּה אָמְרוּ כֹּל ׀ עֲדַת יְהוָה מָה־הַמַּעַל
הַזֶּה אֲשֶׁר מְעַלְתֶּם בֵּאלֹהֵי יִשְׂרָאֵל לָשׁוּב הַיּוֹם מֵאַחֲרֵי יְהוָה
יז בִּבְנוֹתְכֶם לָכֶם מִזְבֵּחַ לִמְרָדְכֶם הַיּוֹם בַּיהוָה׃ הַמְעַט־לָנוּ אֶת־
עֲוֺן פְּעוֹר אֲשֶׁר לֹא־הִטַּהַרְנוּ מִמֶּנּוּ עַד הַיּוֹם הַזֶּה וַיְהִי הַנֶּגֶף
יח בַּעֲדַת יְהוָה׃ וְאַתֶּם תָּשֻׁבוּ הַיּוֹם מֵאַחֲרֵי יְהוָה וְהָיָה אַתֶּם
יט תִּמְרְדוּ הַיּוֹם בַּיהוָה וּמָחָר אֶל־כָּל־עֲדַת יִשְׂרָאֵל יִקְצֹף׃ וְאַךְ
אִם־טְמֵאָה אֶרֶץ אֲחֻזַּתְכֶם עִבְרוּ לָכֶם אֶל־אֶרֶץ אֲחֻזַּת יְהוָה
אֲשֶׁר שָׁכַן־שָׁם מִשְׁכַּן יְהוָה וְהֵאָחֲזוּ בְּתוֹכֵנוּ וּבַיהוָה אַל־
תִּמְרֹדוּ וְאֹתָנוּ אַל־תִּמְרֹדוּ בִּבְנֹתְכֶם לָכֶם מִזְבֵּחַ מִבַּלְעֲדֵי
כ מִזְבַּח יְהוָה אֱלֹהֵינוּ׃ הֲלוֹא ׀ עָכָן בֶּן־זֶרַח מָעַל מַעַל בַּחֵרֶם
וְעַל־כָּל־עֲדַת יִשְׂרָאֵל הָיָה קָצֶף וְהוּא אִישׁ אֶחָד לֹא גָוַע
כא בַּעֲוֺנוֹ׃ וַיַּעֲנוּ בְּנֵי־רְאוּבֵן וּבְנֵי־גָד וַחֲצִי שֵׁבֶט
כב הַמְנַשֶּׁה וַיְדַבְּרוּ אֶת־רָאשֵׁי אַלְפֵי יִשְׂרָאֵל׃ אֵל ׀ אֱלֹהִים ׀ יְהוָה
אֵל ׀ אֱלֹהִים ׀ יְהוָה הוּא יֹדֵעַ וְיִשְׂרָאֵל הוּא יֵדָע אִם־בְּמֶרֶד
כג וְאִם־בְּמַעַל בַּיהוָה אַל־תּוֹשִׁיעֵנוּ הַיּוֹם הַזֶּה׃ לִבְנוֹת לָנוּ מִזְבֵּחַ
לָשׁוּב מֵאַחֲרֵי יְהוָה וְאִם־לְהַעֲלוֹת עָלָיו עוֹלָה וּמִנְחָה וְאִם־

כד לעשות עליו זבחי שלמים יהוה הוא יבקש: ואם־לא מדאגה
מדבר עשינו את־זאת לאמר מחר יאמרו בניכם לבנינו
כה לאמר מה־לכם וליהוה אלהי ישראל: וגבול נתן־יהוה בינינו
ובינכם בני־ראובן ובני־גד את־הירדן אין־לכם חלק ביהוה
כו והשביתו בניכם את־בנינו לבלתי ירא את־יהוה: ונאמר
כז נעשה־נא לנו לבנות את־המזבח לא לעולה ולא לזבח: כי
עד הוא בינינו וביניכם ובין דורותינו אחרינו לעבד את־
עבדת יהוה לפניו בעלותינו ובזבחינו ובשלמינו ולא־יאמרו
כח בניכם מחר לבנינו אין־לכם חלק ביהוה: ונאמר והיה כי־
יאמרו אלינו ואל־דרתינו מחר ואמרנו ראו את־תבנית
מזבח יהוה אשר־עשו אבותינו לא לעולה ולא לזבח כי־
כט עד הוא בינינו וביניכם: חלילה לנו ממנו למרד ביהוה ולשוב
היום מאחרי יהוה לבנות מזבח לעלה למנחה ולזבח מלבד
ל מזבח יהוה אלהינו אשר לפני משכנו: וישמע
פינחס הכהן ונשיאי העדה וראשי אלפי ישראל אשר אתו
את־הדברים אשר דברו בני־ראובן ובני־גד ובני מנשה וייטב
לא בעיניהם: ויאמר פינחס בן־אלעזר הכהן אל־בני־ראובן
ואל־בני־גד ואל־בני מנשה היום ידענו כי־בתוכנו יהוה
אשר לא־מעלתם ביהוה המעל הזה אז הצלתם את־בני
לב ישראל מיד יהוה: וישב פינחס בן־אלעזר הכהן והנשיאים
מאת בני־ראובן ומאת בני־גד מארץ הגלעד אל־ארץ כנען
לג אל־בני ישראל וישבו אותם דבר: וייטב הדבר בעיני בני
ישראל ויברכו אלהים בני ישראל ולא אמרו לעלות עליהם
לצבא לשחת את־הארץ אשר בני־ראובן ובני־גד ישבים
לד בה: ויקראו בני־ראובן ובני־גד למזבח כי־עד הוא בינתינו יד
כי יהוה האלהים:

כג א ויהי מימים רבים אחרי אשר־הניח יהוה לישראל מכל־

ב אֹיְבֵיהֶם מִסָּבִיב וִיהוֹשֻׁעַ זָקֵן בָּא בַּיָּמִים: וַיִּקְרָא יְהוֹשֻׁעַ לְכָל־
יִשְׂרָאֵל לִזְקֵנָיו וּלְרָאשָׁיו וּלְשֹׁפְטָיו וּלְשֹׁטְרָיו וַיֹּאמֶר אֲלֵהֶם
ג אֲנִי זָקַנְתִּי בָּאתִי בַּיָּמִים: וְאַתֶּם רְאִיתֶם אֵת כָּל־אֲשֶׁר עָשָׂה
יְהוָה אֱלֹהֵיכֶם לְכָל־הַגּוֹיִם הָאֵלֶּה מִפְּנֵיכֶם כִּי יְהוָה אֱלֹהֵיכֶם
ד הוּא הַנִּלְחָם לָכֶם: רְאוּ הִפַּלְתִּי לָכֶם אֶת־הַגּוֹיִם הַנִּשְׁאָרִים
הָאֵלֶּה בְּנַחֲלָה לְשִׁבְטֵיכֶם מִן־הַיַּרְדֵּן וְכָל־הַגּוֹיִם אֲשֶׁר הִכְרַתִּי
ה וְהַיָּם הַגָּדוֹל מְבוֹא הַשָּׁמֶשׁ: וַיהוָה אֱלֹהֵיכֶם הוּא יֶהְדֳּפֵם
מִפְּנֵיכֶם וְהוֹרִישׁ אֹתָם מִלִּפְנֵיכֶם וִירִשְׁתֶּם אֶת־אַרְצָם כַּאֲשֶׁר
ו דִּבֶּר יְהוָה אֱלֹהֵיכֶם לָכֶם: וַחֲזַקְתֶּם מְאֹד לִשְׁמֹר וְלַעֲשׂוֹת אֵת
כָּל־הַכָּתוּב בְּסֵפֶר תּוֹרַת מֹשֶׁה לְבִלְתִּי סוּר־מִמֶּנּוּ יָמִין
ז וּשְׂמֹאול: לְבִלְתִּי־בוֹא בַּגּוֹיִם הָאֵלֶּה הַנִּשְׁאָרִים הָאֵלֶּה אִתְּכֶם
וּבְשֵׁם אֱלֹהֵיהֶם לֹא־תַזְכִּירוּ וְלֹא תַשְׁבִּיעוּ וְלֹא תַעַבְדוּם וְלֹא
ח תִשְׁתַּחֲווּ לָהֶם: כִּי אִם־בַּיהוָה אֱלֹהֵיכֶם תִּדְבָּקוּ כַּאֲשֶׁר עֲשִׂיתֶם
ט עַד הַיּוֹם הַזֶּה: וַיּוֹרֶשׁ יְהוָה מִפְּנֵיכֶם גּוֹיִם גְּדֹלִים וַעֲצוּמִים
י וְאַתֶּם לֹא־עָמַד אִישׁ בִּפְנֵיכֶם עַד הַיּוֹם הַזֶּה: אִישׁ־אֶחָד מִכֶּם
יִרְדָּף־אָלֶף כִּי ׀ יְהוָה אֱלֹהֵיכֶם הוּא הַנִּלְחָם לָכֶם כַּאֲשֶׁר דִּבֶּר
יא לָכֶם: וְנִשְׁמַרְתֶּם מְאֹד לְנַפְשֹׁתֵיכֶם לְאַהֲבָה אֶת־יְהוָה אֱלֹהֵיכֶם:
יב כִּי ׀ אִם־שׁוֹב תָּשׁוּבוּ וּדְבַקְתֶּם בְּיֶתֶר הַגּוֹיִם הָאֵלֶּה הַנִּשְׁאָרִים
יג הָאֵלֶּה אִתְּכֶם וְהִתְחַתַּנְתֶּם בָּהֶם וּבָאתֶם בָּהֶם וְהֵם בָּכֶם: יָדוֹעַ
תֵּדְעוּ כִּי לֹא יוֹסִיף יְהוָה אֱלֹהֵיכֶם לְהוֹרִישׁ אֶת־הַגּוֹיִם הָאֵלֶּה
מִלִּפְנֵיכֶם וְהָיוּ לָכֶם לְפַח וּלְמוֹקֵשׁ וּלְשֹׁטֵט בְּצִדֵּיכֶם וְלִצְנִנִים
בְּעֵינֵיכֶם עַד אֲבָדְכֶם מֵעַל הָאֲדָמָה הַטּוֹבָה הַזֹּאת אֲשֶׁר נָתַן
יד לָכֶם יְהוָה אֱלֹהֵיכֶם: וְהִנֵּה אָנֹכִי הוֹלֵךְ הַיּוֹם בְּדֶרֶךְ כָּל־הָאָרֶץ
וִידַעְתֶּם בְּכָל־לְבַבְכֶם וּבְכָל־נַפְשְׁכֶם כִּי לֹא־נָפַל דָּבָר אֶחָד
מִכֹּל ׀ הַדְּבָרִים הַטּוֹבִים אֲשֶׁר דִּבֶּר יְהוָה אֱלֹהֵיכֶם עֲלֵיכֶם הַכֹּל
טו בָּאוּ לָכֶם לֹא־נָפַל מִמֶּנּוּ דָּבָר אֶחָד: וְהָיָה כַּאֲשֶׁר־בָּא עֲלֵיכֶם
כָּל־הַדָּבָר הַטּוֹב אֲשֶׁר דִּבֶּר יְהוָה אֱלֹהֵיכֶם אֲלֵיכֶם כֵּן יָבִיא

יְהוָה עֲלֵיכֶם אֵת כָּל־הַדָּבָר הָרָע עַד־הַשְׁמִידוֹ אוֹתְכֶם מֵעַל
הָאֲדָמָה הַטּוֹבָה הַזֹּאת אֲשֶׁר נָתַן לָכֶם יְהוָה אֱלֹהֵיכֶם׃
טז בְּעָבְרְכֶם אֶת־בְּרִית יְהוָה אֱלֹהֵיכֶם אֲשֶׁר צִוָּה אֶתְכֶם וַהֲלַכְתֶּם
וַעֲבַדְתֶּם אֱלֹהִים אֲחֵרִים וְהִשְׁתַּחֲוִיתֶם לָהֶם וְחָרָה אַף־
יְהוָה בָּכֶם וַאֲבַדְתֶּם מְהֵרָה מֵעַל הָאָרֶץ הַטּוֹבָה אֲשֶׁר נָתַן
כד א לָכֶם׃ וַיֶּאֶסֹף יְהוֹשֻׁעַ אֶת־כָּל־שִׁבְטֵי יִשְׂרָאֵל
שְׁכֶמָה וַיִּקְרָא לְזִקְנֵי יִשְׂרָאֵל וּלְרָאשָׁיו וּלְשֹׁפְטָיו וּלְשֹׁטְרָיו
ב וַיִּתְיַצְּבוּ לִפְנֵי הָאֱלֹהִים׃ וַיֹּאמֶר יְהוֹשֻׁעַ אֶל־כָּל־הָעָם כֹּה־אָמַר
יְהוָה אֱלֹהֵי יִשְׂרָאֵל בְּעֵבֶר הַנָּהָר יָשְׁבוּ אֲבוֹתֵיכֶם מֵעוֹלָם תֶּרַח
ג אֲבִי אַבְרָהָם וַאֲבִי נָחוֹר וַיַּעַבְדוּ אֱלֹהִים אֲחֵרִים׃ וָאֶקַּח אֶת־
אֲבִיכֶם אֶת־אַבְרָהָם מֵעֵבֶר הַנָּהָר וָאוֹלֵךְ אוֹתוֹ בְּכָל־אֶרֶץ
ד כְּנָעַן וָאַרְבֶּ אֶת־זַרְעוֹ וָאֶתֶּן־לוֹ אֶת־יִצְחָק׃ וָאֶתֵּן לְיִצְחָק אֶת־
יַעֲקֹב וְאֶת־עֵשָׂו וָאֶתֵּן לְעֵשָׂו אֶת־הַר שֵׂעִיר לָרֶשֶׁת אוֹתוֹ
ה וְיַעֲקֹב וּבָנָיו יָרְדוּ מִצְרָיִם׃ וָאֶשְׁלַח אֶת־מֹשֶׁה וְאֶת־אַהֲרֹן וָאֶגֹּף
אֶת־מִצְרַיִם כַּאֲשֶׁר עָשִׂיתִי בְּקִרְבּוֹ וְאַחַר הוֹצֵאתִי אֶתְכֶם׃
ו וָאוֹצִיא אֶת־אֲבוֹתֵיכֶם מִמִּצְרַיִם וַתָּבֹאוּ הַיָּמָּה וַיִּרְדְּפוּ מִצְרַיִם
ז אַחֲרֵי אֲבוֹתֵיכֶם בְּרֶכֶב וּבְפָרָשִׁים יַם־סוּף׃ וַיִּצְעֲקוּ אֶל־יְהוָה
וַיָּשֶׂם מַאֲפֵל בֵּינֵיכֶם ׀ וּבֵין הַמִּצְרִים וַיָּבֵא עָלָיו אֶת־הַיָּם
וַיְכַסֵּהוּ וַתִּרְאֶינָה עֵינֵיכֶם אֵת אֲשֶׁר־עָשִׂיתִי בְּמִצְרָיִם וַתֵּשְׁבוּ
ח בַּמִּדְבָּר יָמִים רַבִּים׃ ואביאה אֶתְכֶם אֶל־אֶרֶץ הָאֱמֹרִי הַיּוֹשֵׁב וָאָבִיא
בְּעֵבֶר הַיַּרְדֵּן וַיִּלָּחֲמוּ אִתְּכֶם וָאֶתֵּן אוֹתָם בְּיֶדְכֶם וַתִּירְשׁוּ אֶת־
ט אַרְצָם וָאַשְׁמִידֵם מִפְּנֵיכֶם׃ וַיָּקָם בָּלָק בֶּן־צִפּוֹר מֶלֶךְ מוֹאָב
וַיִּלָּחֶם בְּיִשְׂרָאֵל וַיִּשְׁלַח וַיִּקְרָא לְבִלְעָם בֶּן־בְּעוֹר לְקַלֵּל אֶתְכֶם׃
י וְלֹא אָבִיתִי לִשְׁמֹעַ לְבִלְעָם וַיְבָרֶךְ בָּרוֹךְ אֶתְכֶם וָאַצִּל אֶתְכֶם
יא מִיָּדוֹ׃ וַתַּעַבְרוּ אֶת־הַיַּרְדֵּן וַתָּבֹאוּ אֶל־יְרִיחוֹ וַיִּלָּחֲמוּ בָכֶם
בַּעֲלֵי־יְרִיחוֹ הָאֱמֹרִי וְהַפְּרִזִּי וְהַכְּנַעֲנִי וְהַחִתִּי וְהַגִּרְגָּשִׁי הַחִוִּי
יב וְהַיְבוּסִי וָאֶתֵּן אוֹתָם בְּיֶדְכֶם׃ וָאֶשְׁלַח לִפְנֵיכֶם אֶת־הַצִּרְעָה

וַתְּגָרֶשׁ אוֹתָם מִפְּנֵיכֶם שְׁנֵי מַלְכֵי הָאֱמֹרִי לֹא בְחַרְבְּךָ וְלֹא
יג בְקַשְׁתֶּךָ: וָאֶתֵּן לָכֶם אֶרֶץ אֲשֶׁר לֹא־יָגַעְתָּ בָּהּ וְעָרִים אֲשֶׁר
לֹא־בְנִיתֶם וַתֵּשְׁבוּ בָּהֶם כְּרָמִים וְזֵיתִים אֲשֶׁר לֹא־נְטַעְתֶּם
יד אַתֶּם אֹכְלִים: וְעַתָּה יְראוּ אֶת־יהוה וְעִבְדוּ אֹתוֹ בְּתָמִים
וּבֶאֱמֶת וְהָסִירוּ אֶת־אֱלֹהִים אֲשֶׁר עָבְדוּ אֲבוֹתֵיכֶם בְּעֵבֶר
טו הַנָּהָר וּבְמִצְרַיִם וְעִבְדוּ אֶת־יהוה: וְאִם רַע בְּעֵינֵיכֶם לַעֲבֹד
אֶת־יהוה בַּחֲרוּ לָכֶם הַיּוֹם אֶת־מִי תַעֲבֹדוּן אִם אֶת־אֱלֹהִים
אֲשֶׁר־עָבְדוּ אֲבוֹתֵיכֶם אֲשֶׁר בעבר הַנָּהָר וְאִם אֶת־אֱלֹהֵי מֵעֵבֶר
הָאֱמֹרִי אֲשֶׁר אַתֶּם יֹשְׁבִים בְּאַרְצָם וְאָנֹכִי וּבֵיתִי נַעֲבֹד אֶת־
טז יהוה: וַיַּעַן הָעָם וַיֹּאמֶר חָלִילָה לָּנוּ מֵעֲזֹב אֶת־
יז יהוה לַעֲבֹד אֱלֹהִים אֲחֵרִים: כִּי יהוה אֱלֹהֵינוּ הוּא הַמַּעֲלֶה
אֹתָנוּ וְאֶת־אֲבוֹתֵינוּ מֵאֶרֶץ מִצְרַיִם מִבֵּית עֲבָדִים וַאֲשֶׁר עָשָׂה
לְעֵינֵינוּ אֶת־הָאֹתוֹת הַגְּדֹלוֹת הָאֵלֶּה וַיִּשְׁמְרֵנוּ בְּכָל־הַדֶּרֶךְ
יח אֲשֶׁר הָלַכְנוּ בָהּ וּבְכֹל הָעַמִּים אֲשֶׁר עָבַרְנוּ בְּקִרְבָּם: וַיְגָרֶשׁ
יהוה אֶת־כָּל־הָעַמִּים וְאֶת־הָאֱמֹרִי יֹשֵׁב הָאָרֶץ מִפָּנֵינוּ גַּם־
יט אֲנַחְנוּ נַעֲבֹד אֶת־יהוה כִּי־הוּא אֱלֹהֵינוּ: וַיֹּאמֶר
יְהוֹשֻׁעַ אֶל־הָעָם לֹא תוּכְלוּ לַעֲבֹד אֶת־יהוה כִּי־אֱלֹהִים
קְדֹשִׁים הוּא אֵל־קַנּוֹא הוּא לֹא־יִשָּׂא לְפִשְׁעֲכֶם וּלְחַטֹּאותֵיכֶם:
כ כִּי תַעַזְבוּ אֶת־יהוה וַעֲבַדְתֶּם אֱלֹהֵי נֵכָר וְשָׁב וְהֵרַע לָכֶם
כא וְכִלָּה אֶתְכֶם אַחֲרֵי אֲשֶׁר־הֵיטִיב לָכֶם: וַיֹּאמֶר הָעָם אֶל־
כב יְהוֹשֻׁעַ לֹא כִּי אֶת־יהוה נַעֲבֹד: וַיֹּאמֶר יְהוֹשֻׁעַ אֶל־הָעָם עֵדִים
אַתֶּם בָּכֶם כִּי־אַתֶּם בְּחַרְתֶּם לָכֶם אֶת־יהוה לַעֲבֹד אוֹתוֹ
כג וַיֹּאמְרוּ עֵדִים: וְעַתָּה הָסִירוּ אֶת־אֱלֹהֵי הַנֵּכָר אֲשֶׁר בְּקִרְבְּכֶם
כד וְהַטּוּ אֶת־לְבַבְכֶם אֶל־יהוה אֱלֹהֵי יִשְׂרָאֵל: וַיֹּאמְרוּ הָעָם
כה אֶל־יְהוֹשֻׁעַ אֶת־יהוה אֱלֹהֵינוּ נַעֲבֹד וּבְקוֹלוֹ נִשְׁמָע: וַיִּכְרֹת
יְהוֹשֻׁעַ בְּרִית לָעָם בַּיּוֹם הַהוּא וַיָּשֶׂם לוֹ חֹק וּמִשְׁפָּט בִּשְׁכֶם:
כו וַיִּכְתֹּב יְהוֹשֻׁעַ אֶת־הַדְּבָרִים הָאֵלֶּה בְּסֵפֶר תּוֹרַת אֱלֹהִים

וַיִּקַּח אֶבֶן גְּדוֹלָה וַיְקִימֶהָ שָּׁם תַּחַת הָאַלָּה אֲשֶׁר בְּמִקְדַּשׁ
כו יְהוָה: וַיֹּאמֶר יְהוֹשֻׁעַ אֶל־כָּל־הָעָם הִנֵּה הָאֶבֶן
הַזֹּאת תִּהְיֶה־בָּנוּ לְעֵדָה כִּי־הִיא שָׁמְעָה אֵת כָּל־אִמְרֵי יְהוָה
אֲשֶׁר דִּבֶּר עִמָּנוּ וְהָיְתָה בָכֶם לְעֵדָה פֶּן־תְּכַחֲשׁוּן בֵּאלֹהֵיכֶם:
כח כט וַיְשַׁלַּח יְהוֹשֻׁעַ אֶת־הָעָם אִישׁ לְנַחֲלָתוֹ: וַיְהִי
אַחֲרֵי הַדְּבָרִים הָאֵלֶּה וַיָּמָת יְהוֹשֻׁעַ בִּן־נוּן עֶבֶד יְהוָה בֶּן־
ל מֵאָה וָעֶשֶׂר שָׁנִים: וַיִּקְבְּרוּ אֹתוֹ בִּגְבוּל נַחֲלָתוֹ בְּתִמְנַת־סֶרַח
לא אֲשֶׁר בְּהַר־אֶפְרָיִם מִצְּפוֹן לְהַר־גָּעַשׁ: וַיַּעֲבֹד יִשְׂרָאֵל אֶת־
יְהוָה כֹּל יְמֵי יְהוֹשֻׁעַ וְכֹל ׀ יְמֵי הַזְּקֵנִים אֲשֶׁר הֶאֱרִיכוּ יָמִים
אַחֲרֵי יְהוֹשֻׁעַ וַאֲשֶׁר יָדְעוּ אֵת כָּל־מַעֲשֵׂה יְהוָה אֲשֶׁר עָשָׂה
לב לְיִשְׂרָאֵל: וְאֶת־עַצְמוֹת יוֹסֵף אֲשֶׁר־הֶעֱלוּ בְנֵי־יִשְׂרָאֵל ׀
מִמִּצְרַיִם קָבְרוּ בִשְׁכֶם בְּחֶלְקַת הַשָּׂדֶה אֲשֶׁר קָנָה יַעֲקֹב מֵאֵת
בְּנֵי־חֲמוֹר אֲבִי־שְׁכֶם בְּמֵאָה קְשִׂיטָה וַיִּהְיוּ לִבְנֵי־יוֹסֵף לְנַחֲלָה:
לג וְאֶלְעָזָר בֶּן־אַהֲרֹן מֵת וַיִּקְבְּרוּ אֹתוֹ בְּגִבְעַת פִּינְחָס בְּנוֹ אֲשֶׁר
נִתַּן־לוֹ בְּהַר אֶפְרָיִם:

שופטים

א ויהי אחרי מות יהושע וישאלו בני ישראל ביהוה לאמר מי א
יעלה־לנו אל־הכנעני בתחלה להלחם בו: ויאמר יהוה ב
יהודה יעלה הנה נתתי את־הארץ בידו: ויאמר יהודה ג
לשמעון אחיו עלה אתי בגרלי ונלחמה בכנעני והלכתי גם־
אני אתך בגורלך וילך אתו שמעון: ויעל יהודה ויתן יהוה את־ ד
הכנעני והפרזי בידם ויכום בבזק עשרת אלפים איש: וימצאו ה
את־אדני בזק בבזק וילחמו בו ויכו את־הכנעני ואת־הפרזי:
וינס אדני בזק וירדפו אחריו ויאחזו אתו ויקצצו את־בהנות ו
ידיו ורגליו: ויאמר אדני־בזק שבעים ׀ מלכים בהנות ידיהם ז
ורגליהם מקצצים היו מלקטים תחת שלחני כאשר עשיתי
כן שלם־לי אלהים ויביאהו ירושלם וימת שם:
וילחמו בני־יהודה בירושלם וילכדו אותה ויכוה לפי־חרב ח
ואת־העיר שלחו באש: ואחר ירדו בני יהודה להלחם בכנעני ט
יושב ההר והנגב והשפלה: וילך יהודה אל־הכנעני היושב י
בחברון ושם־חברון לפנים קרית ארבע ויכו את־ששי ואת־
אחימן ואת־תלמי: וילך משם אל־יושבי דביר ושם־דביר יא
לפנים קרית־ספר: ויאמר כלב אשר־יכה את־קרית־ספר יב
ולכדה ונתתי לו את־עכסה בתי לאשה: וילכדה עתניאל יג
בן־קנז אחי כלב הקטן ממנו ויתן־לו את־עכסה בתו לאשה:
ויהי בבואה ותסיתהו לשאל מאת־אביה השדה ותצנח מעל יד
החמור ויאמר־לה כלב מה־לך: ותאמר לו הבה־לי ברכה טו
כי ארץ הנגב נתתני ונתתה לי גלת מים ויתן־לה כלב את
גלת עלית ואת גלת תחתית: ובני קיני חתן טז
משה עלו מעיר התמרים את־בני יהודה מדבר יהודה אשר
בנגב ערד וילך וישב את־העם: וילך יהודה את־שמעון יז
אחיו ויכו את־הכנעני יושב צפת ויחרימו אותה ויקרא את־
שם־העיר חרמה: וילכד יהודה את־עזה ואת־גבולה ואת־ יח

אַשְׁקְלוֹן וְאֶת־גְּבוּלָהּ וְאֶת־עֶקְרוֹן וְאֶת־גְּבוּלָהּ׃ וַיְהִי יְהוָה יט
אֶת־יְהוּדָה וַיֹּרֶשׁ אֶת־הָהָר כִּי לֹא לְהוֹרִישׁ אֶת־יֹשְׁבֵי הָעֵמֶק
כִּי־רֶכֶב בַּרְזֶל לָהֶם׃ וַיִּתְּנוּ לְכָלֵב אֶת־חֶבְרוֹן כַּאֲשֶׁר דִּבֶּר כ
מֹשֶׁה וַיּוֹרֶשׁ מִשָּׁם אֶת־שְׁלֹשָׁה בְּנֵי הָעֲנָק׃ וְאֶת־הַיְבוּסִי יֹשֵׁב כא
יְרוּשָׁלִַם לֹא הוֹרִישׁוּ בְּנֵי בִנְיָמִן וַיֵּשֶׁב הַיְבוּסִי אֶת־בְּנֵי בִנְיָמִן
בִּירוּשָׁלִַם עַד הַיּוֹם הַזֶּה׃ וַיַּעֲלוּ בֵית־יוֹסֵף גַּם־ כב
הֵם בֵּית־אֵל וַיהוָה עִמָּם׃ וַיָּתִירוּ בֵית־יוֹסֵף בְּבֵית־אֵל וְשֵׁם־ כג
הָעִיר לְפָנִים לוּז׃ וַיִּרְאוּ הַשֹּׁמְרִים אִישׁ יוֹצֵא מִן־הָעִיר וַיֹּאמְרוּ כד
לוֹ הַרְאֵנוּ נָא אֶת־מְבוֹא הָעִיר וְעָשִׂינוּ עִמְּךָ חָסֶד׃ וַיַּרְאֵם אֶת־ כה
מְבוֹא הָעִיר וַיַּכּוּ אֶת־הָעִיר לְפִי־חָרֶב וְאֶת־הָאִישׁ וְאֶת־כָּל־
מִשְׁפַּחְתּוֹ שִׁלֵּחוּ׃ וַיֵּלֶךְ הָאִישׁ אֶרֶץ הַחִתִּים וַיִּבֶן עִיר וַיִּקְרָא כו
שְׁמָהּ לוּז הוּא שְׁמָהּ עַד הַיּוֹם הַזֶּה׃ וְלֹא־הוֹרִישׁ כז
מְנַשֶּׁה אֶת־בֵּית־שְׁאָן וְאֶת־בְּנוֹתֶיהָ וְאֶת־תַּעְנַךְ וְאֶת־בְּנֹתֶיהָ
וְאֶת־יֹשְׁבֵ דוֹר וְאֶת־בְּנוֹתֶיהָ וְאֶת־יוֹשְׁבֵי יִבְלְעָם וְאֶת־בְּנֹתֶיהָ
וְאֶת־יוֹשְׁבֵי מְגִדּוֹ וְאֶת־בְּנוֹתֶיהָ וַיּוֹאֶל הַכְּנַעֲנִי לָשֶׁבֶת בָּאָרֶץ
הַזֹּאת׃ וַיְהִי כִּי־חָזַק יִשְׂרָאֵל וַיָּשֶׂם אֶת־הַכְּנַעֲנִי לָמַס וְהוֹרֵישׁ כח
לֹא הוֹרִישׁוֹ׃ וְאֶפְרַיִם לֹא הוֹרִישׁ אֶת־הַכְּנַעֲנִי כט
הַיּוֹשֵׁב בְּגָזֶר וַיֵּשֶׁב הַכְּנַעֲנִי בְּקִרְבּוֹ בְּגָזֶר׃ זְבוּלֻן ל
לֹא הוֹרִישׁ אֶת־יוֹשְׁבֵי קִטְרוֹן וְאֶת־יוֹשְׁבֵי נַהֲלֹל וַיֵּשֶׁב הַכְּנַעֲנִי
בְּקִרְבּוֹ וַיִּהְיוּ לָמַס׃ אָשֵׁר לֹא הוֹרִישׁ אֶת־יֹשְׁבֵי לא
עַכּוֹ וְאֶת־יוֹשְׁבֵי צִידוֹן וְאֶת־אַחְלָב וְאֶת־אַכְזִיב וְאֶת־חֶלְבָּה
וְאֶת־אֲפִיק וְאֶת־רְחֹב׃ וַיֵּשֶׁב הָאָשֵׁרִי בְּקֶרֶב הַכְּנַעֲנִי יֹשְׁבֵי לב
הָאָרֶץ כִּי לֹא הוֹרִישׁוֹ׃ נַפְתָּלִי לֹא־הוֹרִישׁ אֶת־ לג
יֹשְׁבֵי בֵית־שֶׁמֶשׁ וְאֶת־יֹשְׁבֵי בֵית־עֲנָת וַיֵּשֶׁב בְּקֶרֶב הַכְּנַעֲנִי
יֹשְׁבֵי הָאָרֶץ וְיֹשְׁבֵי בֵית־שֶׁמֶשׁ וּבֵית עֲנָת הָיוּ לָהֶם לָמַס׃
וַיִּלְחֲצוּ הָאֱמֹרִי אֶת־בְּנֵי־דָן הָהָרָה כִּי־לֹא נְתָנוֹ לָרֶדֶת לָעֵמֶק׃ לד
וַיּוֹאֶל הָאֱמֹרִי לָשֶׁבֶת בְּהַר־חֶרֶס בְּאַיָּלוֹן וּבְשַׁעַלְבִים וַתִּכְבַּד לה

לו יד בית־יוסף ויהיו למס: וגבול האמרי ממעלה עקרבים
ב א מהסלע ומעלה: ויעל מלאך־יהוה מן־הגלגל
אל־הבכים ויאמר אעלה אתכם ממצרים
ואביא אתכם אל־הארץ אשר נשבעתי לאבתיכם ואמר
ב לא־אפר בריתי אתכם לעולם: ואתם לא־תכרתו ברית
לישבי הארץ הזאת מזבחותיהם תתצון ולא־שמעתם בקלי
ג מה־זאת עשיתם: וגם אמרתי לא־אגרש אותם מפניכם והיו
ד לכם לצדים ואלהיהם יהיו לכם למוקש: ויהי כדבר מלאך
יהוה את־הדברים האלה אל־כל־בני ישראל וישאו העם
ה את־קולם ויבכו: ויקראו שם־המקום ההוא בכים ויזבחו־שם
ו ליהוה: וישלח יהושע את־העם וילכו בני־
ז ישראל איש לנחלתו לרשת את־הארץ: ויעבדו העם את־ ב
יהוה כל ימי יהושע וכל ׀ ימי הזקנים אשר האריכו ימים
אחרי יהושוע אשר ראו את כל־מעשה יהוה הגדול אשר
ח עשה לישראל: וימת יהושע בן־נון עבד יהוה בן־מאה
ט ועשר שנים: ויקברו אותו בגבול נחלתו בתמנת־חרס בהר
י אפרים מצפון להר־געש: וגם כל־הדור ההוא נאספו אל־
אבותיו ויקם דור אחר אחריהם אשר לא־ידעו את־יהוה
יא וגם את־המעשה אשר עשה לישראל: ויעשו
בני־ישראל את־הרע בעיני יהוה ויעבדו את־הבעלים:
יב ויעזבו את־יהוה ׀ אלהי אבותם המוציא אותם מארץ
מצרים וילכו אחרי ׀ אלהים אחרים מאלהי העמים אשר
יג סביבותיהם וישתחוו להם ויכעסו את־יהוה: ויעזבו את־
יד יהוה ויעבדו לבעל ולעשתרות: ויחר־אף יהוה בישראל
ויתנם ביד שסים וישסו אותם וימכרם ביד אויביהם מסביב
טו ולא־יכלו עוד לעמד לפני אויביהם: בכל ׀ אשר יצאו יד־
יהוה היתה־בם לרעה כאשר דבר יהוה וכאשר נשבע יהוה

לָהֶם וַיֵּצֶר לָהֶם מְאֹד׃ וַיָּקֶם יְהוָה שֹׁפְטִים וַיּוֹשִׁיעוּם מִיַּד טז
שֹׁסֵיהֶם׃ וְגַם אֶל־שֹׁפְטֵיהֶם לֹא שָׁמֵעוּ כִּי זָנוּ אַחֲרֵי אֱלֹהִים יז
אֲחֵרִים וַיִּשְׁתַּחֲווּ לָהֶם סָרוּ מַהֵר מִן־הַדֶּרֶךְ אֲשֶׁר הָלְכוּ אֲבוֹתָם
לִשְׁמֹעַ מִצְוֹת־יְהוָה לֹא־עָשׂוּ כֵן׃ וְכִי־הֵקִים יְהוָה ׀ לָהֶם יח
שֹׁפְטִים וְהָיָה יְהוָה עִם־הַשֹּׁפֵט וְהוֹשִׁיעָם מִיַּד אֹיְבֵיהֶם כֹּל יְמֵי
הַשּׁוֹפֵט כִּי־יִנָּחֵם יְהוָה מִנַּאֲקָתָם מִפְּנֵי לֹחֲצֵיהֶם וְדֹחֲקֵיהֶם׃ וְהָיָה יט
בְּמוֹת הַשּׁוֹפֵט יָשֻׁבוּ וְהִשְׁחִיתוּ מֵאֲבוֹתָם לָלֶכֶת אַחֲרֵי אֱלֹהִים
אֲחֵרִים לְעָבְדָם וּלְהִשְׁתַּחֲוֺת לָהֶם לֹא הִפִּילוּ מִמַּעַלְלֵיהֶם
וּמִדַּרְכָּם הַקָּשָׁה׃ וַיִּחַר־אַף יְהוָה בְּיִשְׂרָאֵל וַיֹּאמֶר יַעַן אֲשֶׁר כ
עָבְרוּ הַגּוֹי הַזֶּה אֶת־בְּרִיתִי אֲשֶׁר צִוִּיתִי אֶת־אֲבוֹתָם וְלֹא
שָׁמְעוּ לְקוֹלִי׃ גַּם־אֲנִי לֹא אוֹסִיף לְהוֹרִישׁ אִישׁ מִפְּנֵיהֶם מִן־ כא
הַגּוֹיִם אֲשֶׁר־עָזַב יְהוֹשֻׁעַ וַיָּמֹת׃ לְמַעַן נַסּוֹת בָּם אֶת־יִשְׂרָאֵל כב
הֲשֹׁמְרִים הֵם אֶת־דֶּרֶךְ יְהוָה לָלֶכֶת בָּם כַּאֲשֶׁר שָׁמְרוּ אֲבוֹתָם
אִם־לֹא׃ וַיַּנַּח יְהוָה אֶת־הַגּוֹיִם הָאֵלֶּה לְבִלְתִּי הוֹרִישָׁם מַהֵר כג
וְלֹא נְתָנָם בְּיַד יְהוֹשֻׁעַ׃ וְאֵלֶּה הַגּוֹיִם אֲשֶׁר הִנִּיחַ א ג
יְהוָה לְנַסּוֹת בָּם אֶת־יִשְׂרָאֵל אֵת כָּל־אֲשֶׁר לֹא־יָדְעוּ אֵת כָּל־
מִלְחֲמוֹת כְּנָעַן׃ רַק לְמַעַן דַּעַת דֹּרוֹת בְּנֵי־יִשְׂרָאֵל לְלַמְּדָם ב
מִלְחָמָה רַק אֲשֶׁר־לְפָנִים לֹא יְדָעוּם׃ חֲמֵשֶׁת ׀ סַרְנֵי פְלִשְׁתִּים ג
וְכָל־הַכְּנַעֲנִי וְהַצִּידֹנִי וְהַחִוִּי יֹשֵׁב הַר הַלְּבָנוֹן מֵהַר בַּעַל חֶרְמוֹן
עַד לְבוֹא חֲמָת׃ וַיִּהְיוּ לְנַסּוֹת בָּם אֶת־יִשְׂרָאֵל לָדַעַת הֲיִשְׁמְעוּ ד
אֶת־מִצְוֹת יְהוָה אֲשֶׁר־צִוָּה אֶת־אֲבוֹתָם בְּיַד־מֹשֶׁה׃ וּבְנֵי ה
יִשְׂרָאֵל יָשְׁבוּ בְּקֶרֶב הַכְּנַעֲנִי הַחִתִּי וְהָאֱמֹרִי וְהַפְּרִזִּי וְהַחִוִּי
וְהַיְבוּסִי׃ וַיִּקְחוּ אֶת־בְּנוֹתֵיהֶם לָהֶם לְנָשִׁים וְאֶת־בְּנוֹתֵיהֶם ו
נָתְנוּ לִבְנֵיהֶם וַיַּעַבְדוּ אֶת־אֱלֹהֵיהֶם׃ וַיַּעֲשׂוּ ז
בְנֵי־יִשְׂרָאֵל אֶת־הָרַע בְּעֵינֵי יְהוָה וַיִּשְׁכְּחוּ אֶת־יְהוָה אֱלֹהֵיהֶם
וַיַּעַבְדוּ אֶת־הַבְּעָלִים וְאֶת־הָאֲשֵׁרוֹת׃ וַיִּחַר־אַף יְהוָה בְּיִשְׂרָאֵל ח
וַיִּמְכְּרֵם בְּיַד כּוּשַׁן רִשְׁעָתַיִם מֶלֶךְ אֲרַם נַהֲרָיִם וַיַּעַבְדוּ בְנֵי־

ישראל את־כושן רשעתים שמנה שנים׃ ויזעקו בני־ישראל ט
אל־יהוה ויקם יהוה מושיע לבני ישראל ויושיעם את עתניאל
בן־קנז אחי כלב הקטן ממנו׃ ותהי עליו רוח־יהוה וישפט י
את־ישראל ויצא למלחמה ויתן יהוה בידו את־כושן רשעתים
מלך ארם ותעז ידו על כושן רשעתים׃ ותשקט הארץ יא
ארבעים שנה וימת עתניאל בן־קנז׃ ויספו בני יב
ישראל לעשות הרע בעיני יהוה ויחזק יהוה את־עגלון מלך־
מואב על־ישראל על כי־עשו את־הרע בעיני יהוה׃ ויאסף יג
אליו את־בני עמון ועמלק וילך ויך את־ישראל ויירשו את־
עיר התמרים׃ ויעבדו בני־ישראל את־עגלון מלך־מואב יד
שמונה עשרה שנה׃ ויזעקו בני־ישראל אל־יהוה ויקם יהוה טו
להם מושיע את־אהוד בן־גרא בן־הימיני איש אטר יד־
ימינו וישלחו בני־ישראל בידו מנחה לעגלון מלך מואב׃
ויעש לו אהוד חרב ולה שני פיות גמד ארכה ויחגר אותה טז
מתחת למדיו על ירך ימינו׃ ויקרב את־המנחה לעגלון מלך יז
מואב ועגלון איש בריא מאד׃ ויהי כאשר כלה להקריב יח
את־המנחה וישלח את־העם נשאי המנחה׃ והוא שב מן־ יט
הפסילים אשר את־הגלגל ויאמר דבר־סתר לי אליך המלך
ויאמר הס ויצאו מעליו כל־העמדים עליו׃ ואהוד ׀ בא אליו כ
והוא ישב בעלית המקרה אשר־לו לבדו ויאמר אהוד דבר־
אלהים לי אליך ויקם מעל הכסא׃ וישלח אהוד את־יד כא
שמאלו ויקח את־החרב מעל ירך ימינו ויתקעה בבטנו׃
ויבא גם־הנצב אחר הלהב ויסגר החלב בעד הלהב כי לא כב
שלף החרב מבטנו ויצא הפרשדנה׃ ויצא אהוד המסדרונה כג
ויסגר דלתות העליה בעדו ונעל׃ והוא יצא ועבדיו באו כד
ויראו והנה דלתות העליה נעלות ויאמרו אך מסיך הוא
את־רגליו בחדר המקרה׃ ויחילו עד־בוש והנה איננו פתח כה

דַּלְתוֹת הָעֲלִיָּה וַיִּקְחוּ אֶת־הַמַּפְתֵּחַ וַיִּפְתָּחוּ וְהִנֵּה אֲדֹנֵיהֶם נֹפֵל
אַרְצָה מֵת׃ וְאֵהוּד נִמְלַט עַד הִתְמַהְמְהָם וְהוּא עָבַר אֶת־ כו
הַפְּסִילִים וַיִּמָּלֵט הַשְּׂעִירָתָה׃ וַיְהִי בְּבוֹאוֹ וַיִּתְקַע בַּשּׁוֹפָר כז
בְּהַר אֶפְרָיִם וַיֵּרְדוּ עִמּוֹ בְנֵי־יִשְׂרָאֵל מִן־הָהָר וְהוּא לִפְנֵיהֶם׃
וַיֹּאמֶר אֲלֵהֶם רִדְפוּ אַחֲרַי כִּי־נָתַן יְהוָה אֶת־אֹיְבֵיכֶם אֶת־ כח
מוֹאָב בְּיֶדְכֶם וַיֵּרְדוּ אַחֲרָיו וַיִּלְכְּדוּ אֶת־מַעְבְּרוֹת הַיַּרְדֵּן
לְמוֹאָב וְלֹא־נָתְנוּ אִישׁ לַעֲבֹר׃ וַיַּכּוּ אֶת־מוֹאָב בָּעֵת הַהִיא כט
כַּעֲשֶׂרֶת אֲלָפִים אִישׁ כָּל־שָׁמֵן וְכָל־אִישׁ חָיִל וְלֹא נִמְלַט אִישׁ׃
וַתִּכָּנַע מוֹאָב בַּיּוֹם הַהוּא תַּחַת יַד יִשְׂרָאֵל וַתִּשְׁקֹט הָאָרֶץ ל
ג שְׁמוֹנִים שָׁנָה׃ וְאַחֲרָיו הָיָה שַׁמְגַּר בֶּן־עֲנָת וַיַּךְ לא
אֶת־פְּלִשְׁתִּים שֵׁשׁ־מֵאוֹת אִישׁ בְּמַלְמַד הַבָּקָר וַיֹּשַׁע גַּם־הוּא
אֶת־יִשְׂרָאֵל׃ וַיֹּסִפוּ בְּנֵי יִשְׂרָאֵל לַעֲשׂוֹת הָרַע א ד
בְּעֵינֵי יְהוָה וְאֵהוּד מֵת׃ וַיִּמְכְּרֵם יְהוָה בְּיַד יָבִין מֶלֶךְ־כְּנַעַן אֲשֶׁר ב
מָלַךְ בְּחָצוֹר וְשַׂר־צְבָאוֹ סִיסְרָא וְהוּא יוֹשֵׁב בַּחֲרֹשֶׁת הַגּוֹיִם׃
וַיִּצְעֲקוּ בְנֵי־יִשְׂרָאֵל אֶל־יְהוָה כִּי תְּשַׁע מֵאוֹת רֶכֶב־בַּרְזֶל לוֹ ג
וְהוּא לָחַץ אֶת־בְּנֵי יִשְׂרָאֵל בְּחָזְקָה עֶשְׂרִים שָׁנָה׃
וּדְבוֹרָה אִשָּׁה נְבִיאָה אֵשֶׁת לַפִּידוֹת הִיא שֹׁפְטָה אֶת־יִשְׂרָאֵל ד
בָּעֵת הַהִיא׃ וְהִיא יוֹשֶׁבֶת תַּחַת־תֹּמֶר דְּבוֹרָה בֵּין הָרָמָה וּבֵין ה
בֵּית־אֵל בְּהַר אֶפְרָיִם וַיַּעֲלוּ אֵלֶיהָ בְּנֵי יִשְׂרָאֵל לַמִּשְׁפָּט׃
וַתִּשְׁלַח וַתִּקְרָא לְבָרָק בֶּן־אֲבִינֹעַם מִקֶּדֶשׁ נַפְתָּלִי וַתֹּאמֶר ו
אֵלָיו הֲלֹא־צִוָּה ׀ יְהוָה אֱלֹהֵי־יִשְׂרָאֵל לֵךְ וּמָשַׁכְתָּ בְּהַר תָּבוֹר
וְלָקַחְתָּ עִמְּךָ עֲשֶׂרֶת אֲלָפִים אִישׁ מִבְּנֵי נַפְתָּלִי וּמִבְּנֵי זְבֻלוּן׃
וּמָשַׁכְתִּי אֵלֶיךָ אֶל־נַחַל קִישׁוֹן אֶת־סִיסְרָא שַׂר־צְבָא יָבִין ז
וְאֶת־רִכְבּוֹ וְאֶת־הֲמוֹנוֹ וּנְתַתִּיהוּ בְּיָדֶךָ׃ וַיֹּאמֶר אֵלֶיהָ בָּרָק ח
אִם־תֵּלְכִי עִמִּי וְהָלָכְתִּי וְאִם־לֹא תֵלְכִי עִמִּי לֹא אֵלֵךְ׃ וַתֹּאמֶר ט
הָלֹךְ אֵלֵךְ עִמָּךְ אֶפֶס כִּי לֹא תִהְיֶה תִּפְאַרְתְּךָ עַל־הַדֶּרֶךְ אֲשֶׁר
אַתָּה הוֹלֵךְ כִּי בְיַד־אִשָּׁה יִמְכֹּר יְהוָה אֶת־סִיסְרָא וַתָּקָם

י דְּבוֹרָה וַתֵּלֶךְ עִם־בָּרָק קֶדְשָׁה׃ וַיַּזְעֵק בָּרָק אֶת־זְבוּלֻן וְאֶת־
נַפְתָּלִי קֶדְשָׁה וַיַּעַל בְּרַגְלָיו עֲשֶׂרֶת אַלְפֵי אִישׁ וַתַּעַל עִמּוֹ
יא דְּבוֹרָה׃ וְחֶבֶר הַקֵּינִי נִפְרָד מִקַּיִן מִבְּנֵי חֹבָב חֹתֵן מֹשֶׁה וַיֵּט
יב אָהֳלוֹ עַד־אֵלוֹן בצענים אֲשֶׁר אֶת־קֶדֶשׁ׃ וַיַּגִּדוּ לְסִיסְרָא כִּי בְּצַעֲנַנִּים
יג עָלָה בָּרָק בֶּן־אֲבִינֹעַם הַר־תָּבוֹר׃ וַיַּזְעֵק סִיסְרָא אֶת־כָּל־
רִכְבּוֹ תְּשַׁע מֵאוֹת רֶכֶב בַּרְזֶל וְאֶת־כָּל־הָעָם אֲשֶׁר אִתּוֹ
יד מֵחֲרֹשֶׁת הַגּוֹיִם אֶל־נַחַל קִישׁוֹן׃ וַתֹּאמֶר דְּבֹרָה אֶל־בָּרָק קוּם
כִּי זֶה הַיּוֹם אֲשֶׁר נָתַן יהוה אֶת־סִיסְרָא בְּיָדֶךָ הֲלֹא יהוה יָצָא
לְפָנֶיךָ וַיֵּרֶד בָּרָק מֵהַר תָּבוֹר וַעֲשֶׂרֶת אֲלָפִים אִישׁ אַחֲרָיו׃
טו וַיָּהָם יהוה אֶת־סִיסְרָא וְאֶת־כָּל־הָרֶכֶב וְאֶת־כָּל־הַמַּחֲנֶה
לְפִי־חֶרֶב לִפְנֵי בָרָק וַיֵּרֶד סִיסְרָא מֵעַל הַמֶּרְכָּבָה וַיָּנָס בְּרַגְלָיו׃
טז וּבָרָק רָדַף אַחֲרֵי הָרֶכֶב וְאַחֲרֵי הַמַּחֲנֶה עַד חֲרֹשֶׁת הַגּוֹיִם וַיִּפֹּל
יז כָּל־מַחֲנֵה סִיסְרָא לְפִי־חֶרֶב לֹא נִשְׁאַר עַד־אֶחָד׃ וְסִיסְרָא נָס
בְּרַגְלָיו אֶל־אֹהֶל יָעֵל אֵשֶׁת חֶבֶר הַקֵּינִי כִּי שָׁלוֹם בֵּין יָבִין
יח מֶלֶךְ־חָצוֹר וּבֵין בֵּית חֶבֶר הַקֵּינִי׃ וַתֵּצֵא יָעֵל לִקְרַאת סִיסְרָא
וַתֹּאמֶר אֵלָיו סוּרָה אֲדֹנִי סוּרָה אֵלַי אַל־תִּירָא וַיָּסַר אֵלֶיהָ
יט הָאֹהֱלָה וַתְּכַסֵּהוּ בַּשְּׂמִיכָה׃ וַיֹּאמֶר אֵלֶיהָ הַשְׁקִינִי־נָא מְעַט־
מַיִם כִּי צָמֵאתִי וַתִּפְתַּח אֶת־נֹאוד הֶחָלָב וַתַּשְׁקֵהוּ וַתְּכַסֵּהוּ׃
כ וַיֹּאמֶר אֵלֶיהָ עֲמֹד פֶּתַח הָאֹהֶל וְהָיָה אִם־אִישׁ יָבֹא וּשְׁאֵלֵךְ
כא וְאָמַר הֲיֵשׁ־פֹּה אִישׁ וְאָמַרְתְּ אָיִן׃ וַתִּקַּח יָעֵל אֵשֶׁת־חֶבֶר
אֶת־יְתַד הָאֹהֶל וַתָּשֶׂם אֶת־הַמַּקֶּבֶת בְּיָדָהּ וַתָּבוֹא אֵלָיו
בַּלָּאט וַתִּתְקַע אֶת־הַיָּתֵד בְּרַקָּתוֹ וַתִּצְנַח בָּאָרֶץ וְהוּא־
כב נִרְדָּם וַיָּעַף וַיָּמֹת׃ וְהִנֵּה בָרָק רֹדֵף אֶת־סִיסְרָא וַתֵּצֵא
יָעֵל לִקְרָאתוֹ וַתֹּאמֶר לוֹ לֵךְ וְאַרְאֶךָּ אֶת־הָאִישׁ אֲשֶׁר־
אַתָּה מְבַקֵּשׁ וַיָּבֹא אֵלֶיהָ וְהִנֵּה סִיסְרָא נֹפֵל מֵת וְהַיָּתֵד
כג בְּרַקָּתוֹ׃ וַיַּכְנַע אֱלֹהִים בַּיּוֹם הַהוּא אֵת יָבִין מֶלֶךְ־כְּנָעַן
כד לִפְנֵי בְּנֵי יִשְׂרָאֵל׃ וַתֵּלֶךְ יַד בְּנֵי־יִשְׂרָאֵל הָלוֹךְ וְקָשָׁה עַל

יָבִין מֶלֶךְ־כְּנָעַן עַד אֲשֶׁר הִכְרִיתוּ אֵת יָבִין מֶלֶךְ־כְּנָעַן׃

וַתָּשַׁר דְּבוֹרָה וּבָרָק בֶּן־אֲבִינֹעַם בַּיּוֹם הַהוּא א ה
לֵאמֹר׃ בִּפְרֹעַ פְּרָעוֹת בְּיִשְׂרָאֵל בְּהִתְנַדֵּב ב
עָם בָּרְכוּ יְהוָה׃ שִׁמְעוּ מְלָכִים הַאֲזִינוּ ג
רֹזְנִים אָנֹכִי לַיהוָה אָנֹכִי אָשִׁירָה אֲזַמֵּר
לַיהוָה אֱלֹהֵי יִשְׂרָאֵל׃ יְהוָה בְּצֵאתְךָ ד
מִשֵּׂעִיר בְּצַעְדְּךָ מִשְּׂדֵה אֱדוֹם אֶרֶץ
רָעָשָׁה גַּם־שָׁמַיִם נָטָפוּ גַּם־עָבִים נָטְפוּ
מָיִם׃ הָרִים נָזְלוּ מִפְּנֵי יְהוָה זֶה ה
סִינַי מִפְּנֵי יְהוָה אֱלֹהֵי יִשְׂרָאֵל׃ בִּימֵי שַׁמְגַּר בֶּן־ ו
עֲנָת בִּימֵי יָעֵל חָדְלוּ אֳרָחוֹת וְהֹלְכֵי
נְתִיבוֹת יֵלְכוּ אֳרָחוֹת עֲקַלְקַלּוֹת׃ חָדְלוּ פְרָזוֹן בְּיִשְׂרָאֵל ז
חָדֵלּוּ עַד שַׁקַּמְתִּי דְּבוֹרָה שַׁקַּמְתִּי
אֵם בְּיִשְׂרָאֵל׃ יִבְחַר אֱלֹהִים ח
חֲדָשִׁים אָז לָחֶם שְׁעָרִים מָגֵן
אִם־יֵרָאֶה וָרֹמַח בְּאַרְבָּעִים אֶלֶף
בְּיִשְׂרָאֵל׃ לִבִּי לְחוֹקְקֵי יִשְׂרָאֵל הַמִּתְנַדְּבִים ט
בָּעָם בָּרְכוּ יְהוָה׃ רֹכְבֵי אֲתֹנוֹת י
צְחֹרוֹת יֹשְׁבֵי עַל־מִדִּין וְהֹלְכֵי
עַל־דֶּרֶךְ שִׂיחוּ׃ מִקּוֹל מְחַצְצִים בֵּין יא
מַשְׁאַבִּים שָׁם יְתַנּוּ צִדְקוֹת יְהוָה צִדְקֹת
פִּרְזוֹנוֹ בְּיִשְׂרָאֵל אָז יָרְדוּ לַשְּׁעָרִים עַם־
יְהוָה׃ עוּרִי עוּרִי דְּבוֹרָה עוּרִי יב
עוּרִי דַּבְּרִי־שִׁיר קוּם בָּרָק וּשְׁבֵה שֶׁבְיְךָ בֶּן־
אֲבִינֹעַם׃ אָז יְרַד שָׂרִיד לְאַדִּירִים עָם יְהוָה יג
יְרַד־לִי בַּגִּבּוֹרִים׃ מִנִּי אֶפְרַיִם שָׁרְשָׁם יד

בַּעֲמָלֵק אַחֲרֶיךָ בִנְיָמִין בַּעֲמָמֶיךָ מִנִּי
מָכִיר יָרְדוּ מְחֹקְקִים וּמִזְּבוּלֻן מֹשְׁכִים בְּשֵׁבֶט
טו סֹפֵר׃ וְשָׂרַי בְּיִשָּׂשכָר עִם־דְּבֹרָה וְיִשָּׂשכָר
כֵּן בָּרָק בָּעֵמֶק שֻׁלַּח
בְּרַגְלָיו בִּפְלַגּוֹת רְאוּבֵן גְּדֹלִים
טז חִקְקֵי־לֵב׃ לָמָּה יָשַׁבְתָּ בֵּין
הַמִּשְׁפְּתַיִם לִשְׁמֹעַ שְׁרִקוֹת עֲדָרִים לִפְלַגּוֹת
יז רְאוּבֵן גְּדוֹלִים חִקְרֵי־לֵב׃ גִּלְעָד בְּעֵבֶר הַיַּרְדֵּן
שָׁכֵן וְדָן לָמָּה יָגוּר אֳנִיּוֹת אָשֵׁר
יָשַׁב לְחוֹף יַמִּים וְעַל מִפְרָצָיו
יח יִשְׁכּוֹן׃ זְבֻלוּן עַם חֵרֵף נַפְשׁוֹ לָמוּת וְנַפְתָּלִי
יט עַל מְרוֹמֵי שָׂדֶה׃ בָּאוּ מְלָכִים
נִלְחָמוּ אָז נִלְחֲמוּ מַלְכֵי כְנַעַן בְּתַעְנַךְ
עַל־מֵי מְגִדּוֹ בֶּצַע כֶּסֶף לֹא
כ לָקָחוּ׃ מִן־שָׁמַיִם נִלְחָמוּ הַכּוֹכָבִים
כא מִמְּסִלּוֹתָם נִלְחֲמוּ עִם סִיסְרָא׃ נַחַל קִישׁוֹן
גְּרָפָם נַחַל קְדוּמִים נַחַל קִישׁוֹן תִּדְרְכִי
כב נַפְשִׁי עֹז׃ אָז הָלְמוּ עִקְּבֵי־
כג סוּס מִדַּהֲרוֹת דַּהֲרוֹת אַבִּירָיו׃ אוֹרוּ
מֵרוֹז אָמַר מַלְאַךְ יְהוָה אֹרוּ אָרוֹר
יֹשְׁבֶיהָ כִּי לֹא־בָאוּ לְעֶזְרַת יְהוָה לְעֶזְרַת
כד יְהוָה בַּגִּבּוֹרִים׃ תְּבֹרַךְ מִנָּשִׁים
יָעֵל אֵשֶׁת חֶבֶר הַקֵּינִי מִנָּשִׁים
כה בָּאֹהֶל תְּבֹרָךְ׃ מַיִם שָׁאַל חָלָב
כו נָתָנָה בְּסֵפֶל אַדִּירִים הִקְרִיבָה חֶמְאָה׃ יָדָהּ
לַיָּתֵד תִּשְׁלַחְנָה וִימִינָהּ לְהַלְמוּת
עֲמֵלִים וְהָלְמָה סִיסְרָא מָחֲקָה רֹאשׁוֹ וּמָחֲצָה

וְחָלְפָה רַקָּתוֹ׃ בֵּין רַגְלֶיהָ כָּרַע נָפַל כז
שָׁכָב בֵּין רַגְלֶיהָ כָּרַע נָפָל בַּאֲשֶׁר
כָּרַע שָׁם נָפַל שָׁדוּד׃ בְּעַד הַחַלּוֹן נִשְׁקְפָה כח
וַתְּיַבֵּב אֵם סִיסְרָא בְּעַד הָאֶשְׁנָב מַדּוּעַ
בֹּשֵׁשׁ רִכְבּוֹ לָבוֹא מַדּוּעַ אֶחֱרוּ פַּעֲמֵי
מַרְכְּבוֹתָיו׃ חַכְמוֹת שָׂרוֹתֶיהָ תַּעֲנֶינָּה אַף־ כט
הִיא תָּשִׁיב אֲמָרֶיהָ לָהּ׃ הֲלֹא יִמְצְאוּ יְחַלְּקוּ ל
שָׁלָל רַחַם רַחֲמָתַיִם לְרֹאשׁ גֶּבֶר שְׁלַל
צְבָעִים לְסִיסְרָא שְׁלַל צְבָעִים
ד רִקְמָה צֶבַע רִקְמָתַיִם לְצַוְּארֵי שָׁלָל׃ כֵּן לא
יֹאבְדוּ כָל־אוֹיְבֶיךָ יְהוָה וְאֹהֲבָיו כְּצֵאת הַשֶּׁמֶשׁ
בִּגְבֻרָתוֹ וַתִּשְׁקֹט הָאָרֶץ אַרְבָּעִים שָׁנָה׃

וַיַּעֲשׂוּ בְנֵי־יִשְׂרָאֵל הָרַע בְּעֵינֵי יְהוָה וַיִּתְּנֵם יְהוָה בְּיַד־מִדְיָן ו א
שֶׁבַע שָׁנִים׃ וַתָּעָז יַד־מִדְיָן עַל־יִשְׂרָאֵל מִפְּנֵי מִדְיָן עָשׂוּ לָהֶם ׀ ב
בְּנֵי יִשְׂרָאֵל אֶת־הַמִּנְהָרוֹת אֲשֶׁר בֶּהָרִים וְאֶת־הַמְּעָרוֹת וְאֶת־
הַמְּצָדוֹת׃ וְהָיָה אִם־זָרַע יִשְׂרָאֵל וְעָלָה מִדְיָן וַעֲמָלֵק וּבְנֵי־ ג
קֶדֶם וְעָלוּ עָלָיו׃ וַיַּחֲנוּ עֲלֵיהֶם וַיַּשְׁחִיתוּ אֶת־יְבוּל הָאָרֶץ עַד־ ד
בּוֹאֲךָ עַזָּה וְלֹא־יַשְׁאִירוּ מִחְיָה בְּיִשְׂרָאֵל וְשֶׂה וָשׁוֹר וַחֲמוֹר׃ כִּי ה
וּבָאוּ הֵם וּמִקְנֵיהֶם יַעֲלוּ וְאָהֳלֵיהֶם יבאו כְדֵי־אַרְבֶּה לָרֹב וְלָהֶם
וְלִגְמַלֵּיהֶם אֵין מִסְפָּר וַיָּבֹאוּ בָאָרֶץ לְשַׁחֲתָהּ׃ וַיִּדַּל יִשְׂרָאֵל ו
מְאֹד מִפְּנֵי מִדְיָן וַיִּזְעֲקוּ בְנֵי־יִשְׂרָאֵל אֶל־יְהוָה׃ וַיְהִי כִּי־זָעֲקוּ ז
בְנֵי־יִשְׂרָאֵל אֶל־יְהוָה עַל אֹדוֹת מִדְיָן׃ וַיִּשְׁלַח יְהוָה אִישׁ נָבִיא ח
אֶל־בְּנֵי יִשְׂרָאֵל וַיֹּאמֶר לָהֶם כֹּה־אָמַר יְהוָה ׀ אֱלֹהֵי יִשְׂרָאֵל
אָנֹכִי הֶעֱלֵיתִי אֶתְכֶם מִמִּצְרַיִם וָאֹצִיא אֶתְכֶם מִבֵּית עֲבָדִים׃
וָאַצִּל אֶתְכֶם מִיַּד מִצְרַיִם וּמִיַּד כָּל־לֹחֲצֵיכֶם וָאֲגָרֵשׁ אוֹתָם ט
מִפְּנֵיכֶם וָאֶתְּנָה לָכֶם אֶת־אַרְצָם׃ וָאֹמְרָה לָכֶם אֲנִי יְהוָה י

אלהיכם לא תיראו את־אלהי האמרי אשר אתם יושבים
יא בארצם ולא שמעתם בקולי: ויבא מלאך יהוה
וישב תחת האלה אשר בעפרה אשר ליואש אבי העזרי
יב וגדעון בנו חבט חטים בגת להניס מפני מדין: וירא אליו
יג מלאך יהוה ויאמר אליו יהוה עמך גבור החיל: ויאמר אליו
גדעון בי אדני ויש יהוה עמנו ולמה מצאתנו כל־זאת ואיה
כל־נפלאותיו אשר ספרו־לנו אבותינו לאמר הלא ממצרים
יד העלנו יהוה ועתה נטשנו יהוה ויתננו בכף מדין: ויפן אליו
יהוה ויאמר לך בכחך זה והושעת את־ישראל מכף מדין
טו הלא שלחתיך: ויאמר אליו בי אדני במה אושיע את־
ישראל הנה אלפי הדל במנשה ואנכי הצעיר בבית אבי:
טז ויאמר אליו יהוה כי אהיה עמך והכית את־מדין כאיש
יז אחד: ויאמר אליו אם־נא מצאתי חן בעיניך ועשית לי אות
יח שאתה מדבר עמי: אל־נא תמש מזה עד־באי אליך
והצאתי את־מנחתי והנחתי לפניך ויאמר אנכי אשב עד
יט שובך: וגדעון בא ויעש גדי־עזים ואיפת־קמח מצות הבשר
שם בסל והמרק שם בפרור ויוצא אליו אל־תחת האלה
כ ויגש: ויאמר אליו מלאך האלהים קח את־
הבשר ואת־המצות והנח אל־הסלע הלז ואת־המרק שפוך
כא ויעש כן: וישלח מלאך יהוה את־קצה המשענת אשר בידו
ויגע בבשר ובמצות ותעל האש מן־הצור ותאכל את־
כב הבשר ואת־המצות ומלאך יהוה הלך מעיניו: וירא גדעון
כי־מלאך יהוה הוא ויאמר גדעון אהה אדני יהוה כי־
כג על־כן ראיתי מלאך יהוה פנים אל־פנים: ויאמר לו יהוה
כד שלום לך אל־תירא לא תמות: ויבן שם גדעון מזבח ליהוה
ויקרא־לו יהוה | שלום עד היום הזה עודנו בעפרת אבי
כה העזרי: ויהי בלילה ההוא ויאמר לו יהוה קח

את־פר־השור אשר לאביך ופר השני שבע שנים והרסת
את־מזבח הבעל אשר לאביך ואת־האשרה אשר־עליו
תכרת: ובנית מזבח ליהוה אלהיך על ראש המעוז הזה כו
במערכה ולקחת את־הפר השני והעלית עולה בעצי
האשרה אשר תכרת: ויקח גדעון עשרה אנשים מעבדיו כז
ויעש כאשר דבר אליו יהוה ויהי כאשר ירא את־בית אביו
ואת־אנשי העיר מעשות יומם ויעש לילה: וישכימו אנשי כח
העיר בבקר והנה נתץ מזבח הבעל והאשרה אשר־עליו
כרתה ואת הפר השני העלה על־המזבח הבנוי: ויאמרו איש כט
אל־רעהו מי עשה הדבר הזה וידרשו ויבקשו ויאמרו גדעון
בן־יואש עשה הדבר הזה: ויאמרו אנשי העיר אל־יואש ל
הוצא את־בנך וימת כי נתץ את־מזבח הבעל וכי כרת
האשרה אשר־עליו: ויאמר יואש לכל אשר־עמדו עליו לא
האתם ׀ תריבון לבעל אם־אתם תושיעון אותו אשר יריב
לו יומת עד־הבקר אם־אלהים הוא ירב לו כי נתץ את־
מזבחו: ויקרא־לו ביום־ההוא ירבעל לאמר ירב בו הבעל כי לב
נתץ את־מזבחו: וכל־מדין ועמלק ובני־קדם לג
נאספו יחדו ויעברו ויחנו בעמק יזרעאל: ורוח יהוה לבשה לד
את־גדעון ויתקע בשופר ויזעק אביעזר אחריו: ומלאכים לה
שלח בכל־מנשה ויזעק גם־הוא אחריו ומלאכים שלח
באשר ובזבלון ובנפתלי ויעלו לקראתם: ויאמר גדעון אל־ לו
האלהים אם־ישך מושיע בידי את־ישראל כאשר דברת:
הנה אנכי מציג את־גזת הצמר בגרן אם טל יהיה על־הגזה לז
לבדה ועל כל־הארץ חרב וידעתי כי־תושיע בידי את־
ישראל כאשר דברת: ויהי־כן וישכם ממחרת ויזר את־ לח
הגזה וימץ טל מן־הגזה מלוא הספל מים: ויאמר גדעון אל־ לט
האלהים אל־יחר אפך בי ואדברה אך הפעם אנסה נא־רק

הַפַּעַם בַּגִּזָּה יְהִי־נָא חֹרֶב אֶל־הַגִּזָּה לְבַדָּהּ וְעַל־כָּל־הָאָרֶץ
מ יִהְיֶה־טָּל׃ וַיַּעַשׂ אֱלֹהִים כֵּן בַּלַּיְלָה הַהוּא וַיְהִי־חֹרֶב אֶל־הַגִּזָּה ה
ז א לְבַדָּהּ וְעַל־כָּל־הָאָרֶץ הָיָה טָל׃ וַיַּשְׁכֵּם יְרֻבַּעַל הוּא גִדְעוֹן
וְכָל־הָעָם אֲשֶׁר אִתּוֹ וַיַּחֲנוּ עַל־עֵין חֲרֹד וּמַחֲנֵה מִדְיָן הָיָה־לוֹ
ב מִצָּפוֹן מִגִּבְעַת הַמּוֹרֶה בָּעֵמֶק׃ וַיֹּאמֶר יהוה
אֶל־גִּדְעוֹן רַב הָעָם אֲשֶׁר אִתָּךְ מִתִּתִּי אֶת־מִדְיָן בְּיָדָם פֶּן־
ג יִתְפָּאֵר עָלַי יִשְׂרָאֵל לֵאמֹר יָדִי הוֹשִׁיעָה לִּי׃ וְעַתָּה קְרָא
נָא בְּאָזְנֵי הָעָם לֵאמֹר מִי־יָרֵא וְחָרֵד יָשֹׁב וְיִצְפֹּר מֵהַר
הַגִּלְעָד וַיָּשָׁב מִן־הָעָם עֶשְׂרִים וּשְׁנַיִם אֶלֶף וַעֲשֶׂרֶת אֲלָפִים
ד נִשְׁאָרוּ׃ וַיֹּאמֶר יהוה אֶל־גִּדְעוֹן עוֹד הָעָם רָב
הוֹרֵד אוֹתָם אֶל־הַמַּיִם וְאֶצְרְפֶנּוּ לְךָ שָׁם וְהָיָה אֲשֶׁר אֹמַר אֵלֶיךָ
זֶה ׀ יֵלֵךְ אִתָּךְ הוּא יֵלֵךְ אִתָּךְ וְכֹל אֲשֶׁר־אֹמַר אֵלֶיךָ זֶה לֹא־
ה יֵלֵךְ עִמָּךְ הוּא לֹא יֵלֵךְ׃ וַיּוֹרֶד אֶת־הָעָם אֶל־הַמָּיִם וַיֹּאמֶר יהוה
אֶל־גִּדְעוֹן כֹּל אֲשֶׁר־יָלֹק בִּלְשׁוֹנוֹ מִן־הַמַּיִם כַּאֲשֶׁר יָלֹק הַכֶּלֶב
ו תַּצִּיג אוֹתוֹ לְבָד וְכֹל אֲשֶׁר־יִכְרַע עַל־בִּרְכָּיו לִשְׁתּוֹת׃ וַיְהִי
מִסְפַּר הַמְלַקְקִים בְּיָדָם אֶל־פִּיהֶם שְׁלֹשׁ מֵאוֹת אִישׁ וְכֹל יֶתֶר
ז הָעָם כָּרְעוּ עַל־בִּרְכֵיהֶם לִשְׁתּוֹת מָיִם׃ וַיֹּאמֶר
יהוה אֶל־גִּדְעוֹן בִּשְׁלֹשׁ מֵאוֹת הָאִישׁ הַמְלַקְקִים אוֹשִׁיעַ אֶתְכֶם
ח וְנָתַתִּי אֶת־מִדְיָן בְּיָדֶךָ וְכָל־הָעָם יֵלְכוּ אִישׁ לִמְקֹמוֹ׃ וַיִּקְחוּ
אֶת־צֵדָה הָעָם בְּיָדָם וְאֵת שׁוֹפְרֹתֵיהֶם וְאֵת כָּל־אִישׁ יִשְׂרָאֵל
שִׁלַּח אִישׁ לְאֹהָלָיו וּבִשְׁלֹשׁ־מֵאוֹת הָאִישׁ הֶחֱזִיק וּמַחֲנֵה מִדְיָן
ט הָיָה לוֹ מִתַּחַת בָּעֵמֶק׃ וַיְהִי בַּלַּיְלָה הַהוּא
י וַיֹּאמֶר אֵלָיו יהוה קוּם רֵד בַּמַּחֲנֶה כִּי נְתַתִּיו בְּיָדֶךָ׃ וְאִם־יָרֵא
יא אַתָּה לָרֶדֶת רֵד אַתָּה וּפֻרָה נַעַרְךָ אֶל־הַמַּחֲנֶה׃ וְשָׁמַעְתָּ מַה־
יְדַבֵּרוּ וְאַחַר תֶּחֱזַקְנָה יָדֶיךָ וְיָרַדְתָּ בַּמַּחֲנֶה וַיֵּרֶד הוּא וּפֻרָה
יב נַעֲרוֹ אֶל־קְצֵה הַחֲמֻשִׁים אֲשֶׁר בַּמַּחֲנֶה׃ וּמִדְיָן וַעֲמָלֵק וְכָל־
בְּנֵי־קֶדֶם נֹפְלִים בָּעֵמֶק כָּאַרְבֶּה לָרֹב וְלִגְמַלֵּיהֶם אֵין מִסְפָּר

יג כחול שעל־שפת הים לרב: ויבא גדעון והנה־איש מספר
לרעהו חלום ויאמר הנה חלום חלמתי והנה צלול לחם צליל
שערים מתהפך במחנה מדין ויבא עד־האהל ויכהו ויפל
יד ויהפכהו למעלה ונפל האהל: ויען רעהו ויאמר אין זאת
בלתי אם־חרב גדעון בן־יואש איש ישראל נתן האלהים
טו בידו את־מדין ואת־כל־המחנה: ויהי כשמע
גדעון את־מספר החלום ואת־שברו וישתחו וישב אל־
מחנה ישראל ויאמר קומו כי־נתן יהוה בידכם את־מחנה
טז מדין: ויחץ את־שלש־מאות האיש שלשה ראשים ויתן
יז שופרות ביד־כלם וכדים ריקים ולפדים בתוך הכדים: ויאמר
אליהם ממני תראו וכן תעשו והנה אנכי בא בקצה המחנה
יח והיה כאשר אעשה כן תעשון: ותקעתי בשופר אנכי וכל־
אשר אתי ותקעתם בשופרות גם־אתם סביבות כל־המחנה
יט ואמרתם ליהוה ולגדעון: ויבא גדעון ומאה־
איש אשר־אתו בקצה המחנה ראש האשמרת התיכונה אך
הקם הקימו את־השמרים ויתקעו בשופרות ונפוץ הכדים
כ אשר בידם: ויתקעו שלשת הראשים בשופרות וישברו
הכדים ויחזיקו ביד־שמאולם בלפדים וביד־ימינם השופרות
כא לתקוע ויקראו חרב ליהוה ולגדעון: ויעמדו איש תחתיו
כב סביב למחנה וירץ כל־המחנה ויריעו ויניסו: ויתקעו שלש־ וינוסו
מאות השופרות וישם יהוה את־חרב איש ברעהו ובכל־
המחנה וינס המחנה עד־בית השטה צררתה עד שפת־אבל
כג מחולה על־טבת: ויצעק איש־ישראל מנפתלי ומן־אשר
כד ומן־כל־מנשה וירדפו אחרי מדין: ומלאכים שלח גדעון
בכל־הר אפרים לאמר רדו לקראת מדין ולכדו להם את־
המים עד בית ברה ואת־הירדן ויצעק כל־איש אפרים
כה וילכדו את־המים עד בית ברה ואת־הירדן: וילכדו שני־שרי

מדין את־ערב ואת־זאב ויהרגו את־עורב בצור־עורב ואת־
זאב הרגו ביקב־זאב וירדפו אל־מדין וראש־ערב וזאב
ח א הביאו אל־גדעון מעבר לירדן: ויאמרו אליו איש אפרים
מה־הדבר הזה עשית לנו לבלתי קראות לנו כי הלכת
ב להלחם במדין ויריבון אתו בחזקה: ויאמר אליהם מה־
עשיתי עתה ככם הלא טוב עללות אפרים מבציר אביעזר:
ג בידכם נתן אלהים את־שרי מדין את־ערב ואת־זאב ומה־ ו
יכלתי עשות ככם אז רפתה רוחם מעליו בדברו הדבר הזה:
ד ויבא גדעון הירדנה עבר הוא ושלש־מאות האיש אשר אתו
ה עיפים ורדפים: ויאמר לאנשי סכות תנו־נא ככרות לחם לעם
אשר ברגלי כי־עיפים הם ואנכי רדף אחרי זבח וצלמנע
ו מלכי מדין: ויאמר שרי סכות הכף זבח וצלמנע עתה בידך
ז כי־נתן לצבאך לחם: ויאמר גדעון לכן בתת יהוה את־זבח
ואת־צלמנע בידי ודשתי את־בשרכם את־קוצי המדבר
ח ואת־הברקנים: ויעל משם פנואל וידבר אליהם כזאת
ט ויענו אותו אנשי פנואל כאשר ענו אנשי סכות: ויאמר
גם־לאנשי פנואל לאמר בשובי בשלום אתץ את־המגדל
י הזה: וזבח וצלמנע בקרקר ומחניהם עמם
כחמשת עשר אלף כל הנותרים מכל מחנה בני־קדם
יא והנפלים מאה ועשרים אלף איש שלף חרב: ויעל גדעון דרך
השכוני באהלים מקדם לנבח ויגבהה ויך את־המחנה
יב והמחנה היה בטח: וינסו זבח וצלמנע וירדף אחריהם וילכד
את־שני | מלכי מדין את־זבח ואת־צלמנע וכל־המחנה
יג החריד: וישב גדעון בן־יואש מן־המלחמה מלמעלה החרס:
יד וילכד־נער מאנשי סכות וישאלהו ויכתב אליו את־שרי
טו סכות ואת־זקניה שבעים ושבעה איש: ויבא אל־אנשי סכות
ויאמר הנה זבח וצלמנע אשר חרפתם אותי לאמר הכף זבח

טז וְצַלְמֻנָּע עַתָּה בְּיָדֶךָ כִּי נִתֵּן לַאֲנָשֶׁיךָ הַיְּעֵפִים לָחֶם: וַיִּקַּח אֶת־
זִקְנֵי הָעִיר וְאֶת־קוֹצֵי הַמִּדְבָּר וְאֶת־הַבַּרְקֳנִים וַיֹּדַע בָּהֶם אֵת
יז אַנְשֵׁי סֻכּוֹת: וְאֶת־מִגְדַּל פְּנוּאֵל נָתָץ וַיַּהֲרֹג אֶת־אַנְשֵׁי הָעִיר:
יח וַיֹּאמֶר אֶל־זֶבַח וְאֶל־צַלְמֻנָּע אֵיפֹה הָאֲנָשִׁים אֲשֶׁר הֲרַגְתֶּם
יט בְּתָבוֹר וַיֹּאמְרוּ כָּמוֹךָ כְמוֹהֶם אֶחָד כְּתֹאַר בְּנֵי הַמֶּלֶךְ: וַיֹּאמַר
אַחַי בְּנֵי־אִמִּי הֵם חַי־יְהוָה לוּ הַחֲיִתֶם אוֹתָם לֹא הָרַגְתִּי
כ אֶתְכֶם: וַיֹּאמֶר לְיֶתֶר בְּכוֹרוֹ קוּם הֲרֹג אוֹתָם וְלֹא־שָׁלַף
כא הַנַּעַר חַרְבּוֹ כִּי יָרֵא כִּי עוֹדֶנּוּ נָעַר: וַיֹּאמֶר זֶבַח וְצַלְמֻנָּע
קוּם אַתָּה וּפְגַע־בָּנוּ כִּי כָאִישׁ גְּבוּרָתוֹ וַיָּקָם גִּדְעוֹן וַיַּהֲרֹג
אֶת־זֶבַח וְאֶת־צַלְמֻנָּע וַיִּקַּח אֶת־הַשַּׂהֲרֹנִים אֲשֶׁר בְּצַוְּארֵי
כב גְמַלֵּיהֶם: וַיֹּאמְרוּ אִישׁ־יִשְׂרָאֵל אֶל־גִּדְעוֹן
מְשָׁל־בָּנוּ גַּם־אַתָּה גַּם־בִּנְךָ גַּם בֶּן־בְּנֶךָ כִּי הוֹשַׁעְתָּנוּ מִיַּד
כג מִדְיָן: וַיֹּאמֶר אֲלֵהֶם גִּדְעוֹן לֹא־אֶמְשֹׁל אֲנִי בָּכֶם וְלֹא־יִמְשֹׁל
כד בְּנִי בָּכֶם יְהוָה יִמְשֹׁל בָּכֶם: וַיֹּאמֶר אֲלֵהֶם גִּדְעוֹן אֶשְׁאֲלָה מִכֶּם
שְׁאֵלָה וּתְנוּ־לִי אִישׁ נֶזֶם שְׁלָלוֹ כִּי־נִזְמֵי זָהָב לָהֶם כִּי
כה יִשְׁמְעֵאלִים הֵם: וַיֹּאמְרוּ נָתוֹן נִתֵּן וַיִּפְרְשׂוּ אֶת־הַשִּׂמְלָה
כו וַיַּשְׁלִיכוּ שָׁמָּה אִישׁ נֶזֶם שְׁלָלוֹ: וַיְהִי מִשְׁקַל נִזְמֵי הַזָּהָב אֲשֶׁר
שָׁאָל אֶלֶף וּשְׁבַע־מֵאוֹת זָהָב לְבַד מִן־הַשַּׂהֲרֹנִים וְהַנְּטִיפוֹת
וּבִגְדֵי הָאַרְגָּמָן שֶׁעַל מַלְכֵי מִדְיָן וּלְבַד מִן־הָעֲנָקוֹת אֲשֶׁר
כז בְּצַוְּארֵי גְמַלֵּיהֶם: וַיַּעַשׂ אוֹתוֹ גִדְעוֹן לְאֵפוֹד וַיַּצֵּג אוֹתוֹ בְעִירוֹ
בְּעָפְרָה וַיִּזְנוּ כָל־יִשְׂרָאֵל אַחֲרָיו שָׁם וַיְהִי לְגִדְעוֹן וּלְבֵיתוֹ
כח לְמוֹקֵשׁ: וַיִּכָּנַע מִדְיָן לִפְנֵי בְּנֵי יִשְׂרָאֵל וְלֹא יָסְפוּ לָשֵׂאת רֹאשָׁם
כט וַתִּשְׁקֹט הָאָרֶץ אַרְבָּעִים שָׁנָה בִּימֵי גִדְעוֹן: וַיֵּלֶךְ
ל יְרֻבַּעַל בֶּן־יוֹאָשׁ וַיֵּשֶׁב בְּבֵיתוֹ: וּלְגִדְעוֹן הָיוּ שִׁבְעִים בָּנִים יֹצְאֵי
לא יְרֵכוֹ כִּי־נָשִׁים רַבּוֹת הָיוּ לוֹ: וּפִילַגְשׁוֹ אֲשֶׁר בִּשְׁכֶם יָלְדָה־לּוֹ
לב גַם־הִיא בֵּן וַיָּשֶׂם אֶת־שְׁמוֹ אֲבִימֶלֶךְ: וַיָּמָת גִּדְעוֹן בֶּן־
יוֹאָשׁ בְּשֵׂיבָה טוֹבָה וַיִּקָּבֵר בְּקֶבֶר יוֹאָשׁ אָבִיו בְּעָפְרָה אֲבִי

לג הָעֶזְרִי׃ וַיְהִי כַּאֲשֶׁר מֵת גִּדְעוֹן וַיָּשׁוּבוּ בְּנֵי
יִשְׂרָאֵל וַיִּזְנוּ אַחֲרֵי הַבְּעָלִים וַיָּשִׂימוּ לָהֶם בַּעַל בְּרִית לֵאלֹהִים׃
לד וְלֹא זָכְרוּ בְּנֵי יִשְׂרָאֵל אֶת־יְהוָה אֱלֹהֵיהֶם הַמַּצִּיל אוֹתָם מִיַּד
לה כָּל־אֹיְבֵיהֶם מִסָּבִיב׃ וְלֹא־עָשׂוּ חֶסֶד עִם־בֵּית יְרֻבַּעַל גִּדְעוֹן
ט א כְּכָל־הַטּוֹבָה אֲשֶׁר עָשָׂה עִם־יִשְׂרָאֵל׃ וַיֵּלֶךְ
אֲבִימֶלֶךְ בֶּן־יְרֻבַּעַל שְׁכֶמָה אֶל־אֲחֵי אִמּוֹ וַיְדַבֵּר אֲלֵיהֶם וְאֶל־
ב כָּל־מִשְׁפַּחַת בֵּית־אֲבִי אִמּוֹ לֵאמֹר׃ דַּבְּרוּ־נָא בְּאָזְנֵי כָל־בַּעֲלֵי
שְׁכֶם מַה־טּוֹב לָכֶם הַמְשֹׁל בָּכֶם שִׁבְעִים אִישׁ כֹּל בְּנֵי יְרֻבַּעַל
אִם־מְשֹׁל בָּכֶם אִישׁ אֶחָד וּזְכַרְתֶּם כִּי־עַצְמְכֶם וּבְשַׂרְכֶם אָנִי׃
ג וַיְדַבְּרוּ אֲחֵי־אִמּוֹ עָלָיו בְּאָזְנֵי כָּל־בַּעֲלֵי שְׁכֶם אֵת כָּל־הַדְּבָרִים
ד הָאֵלֶּה וַיֵּט לִבָּם אַחֲרֵי אֲבִימֶלֶךְ כִּי אָמְרוּ אָחִינוּ הוּא׃ וַיִּתְּנוּ־
לוֹ שִׁבְעִים כֶּסֶף מִבֵּית בַּעַל בְּרִית וַיִּשְׂכֹּר בָּהֶם אֲבִימֶלֶךְ
ה אֲנָשִׁים רֵיקִים וּפֹחֲזִים וַיֵּלְכוּ אַחֲרָיו׃ וַיָּבֹא בֵית־אָבִיו עָפְרָתָה
וַיַּהֲרֹג אֶת־אֶחָיו בְּנֵי־יְרֻבַּעַל שִׁבְעִים אִישׁ עַל־אֶבֶן אֶחָת וַיִּוָּתֵר
ו יוֹתָם בֶּן־יְרֻבַּעַל הַקָּטֹן כִּי נֶחְבָּא׃ וַיֵּאָסְפוּ כָּל־
בַּעֲלֵי שְׁכֶם וְכָל־בֵּית מִלּוֹא וַיֵּלְכוּ וַיַּמְלִיכוּ אֶת־אֲבִימֶלֶךְ
ז לְמֶלֶךְ עִם־אֵלוֹן מֻצָּב אֲשֶׁר בִּשְׁכֶם׃ וַיַּגִּדוּ לְיוֹתָם וַיֵּלֶךְ וַיַּעֲמֹד ז
בְּרֹאשׁ הַר־גְּרִזִים וַיִּשָּׂא קוֹלוֹ וַיִּקְרָא וַיֹּאמֶר לָהֶם שִׁמְעוּ אֵלַי
ח בַּעֲלֵי שְׁכֶם וְיִשְׁמַע אֲלֵיכֶם אֱלֹהִים׃ הָלוֹךְ הָלְכוּ הָעֵצִים לִמְשֹׁחַ
ט עֲלֵיהֶם מֶלֶךְ וַיֹּאמְרוּ לַזַּיִת מלוכה עָלֵינוּ׃ וַיֹּאמֶר לָהֶם הַזַּיִת מָלְכָה
הֶחֳדַלְתִּי אֶת־דִּשְׁנִי אֲשֶׁר־בִּי יְכַבְּדוּ אֱלֹהִים וַאֲנָשִׁים וְהָלַכְתִּי
י לָנוּעַ עַל־הָעֵצִים׃ וַיֹּאמְרוּ הָעֵצִים לַתְּאֵנָה לְכִי־אַתְּ מָלְכִי
יא עָלֵינוּ׃ וַתֹּאמֶר לָהֶם הַתְּאֵנָה הֶחֳדַלְתִּי אֶת־מָתְקִי וְאֶת־
יב תְּנוּבָתִי הַטּוֹבָה וְהָלַכְתִּי לָנוּעַ עַל־הָעֵצִים׃ וַיֹּאמְרוּ הָעֵצִים
יג לַגֶּפֶן לְכִי־אַתְּ מלוכי עָלֵינוּ׃ וַתֹּאמֶר לָהֶם הַגֶּפֶן הֶחֳדַלְתִּי אֶת־ מָלְכִי
תִּירוֹשִׁי הַמְשַׂמֵּחַ אֱלֹהִים וַאֲנָשִׁים וְהָלַכְתִּי לָנוּעַ עַל־הָעֵצִים׃
יד טו וַיֹּאמְרוּ כָל־הָעֵצִים אֶל־הָאָטָד לֵךְ אַתָּה מְלָךְ־עָלֵינוּ׃ וַיֹּאמֶר

הָאָטָד אֶל־הָעֵצִים אִם בֶּאֱמֶת אַתֶּם מֹשְׁחִים אֹתִי לְמֶלֶךְ
עֲלֵיכֶם בֹּאוּ חֲסוּ בְצִלִּי וְאִם־אַיִן תֵּצֵא אֵשׁ מִן־הָאָטָד וְתֹאכַל
טז אֶת־אַרְזֵי הַלְּבָנוֹן׃ וְעַתָּה אִם־בֶּאֱמֶת וּבְתָמִים עֲשִׂיתֶם
וַתַּמְלִיכוּ אֶת־אֲבִימֶלֶךְ וְאִם־טוֹבָה עֲשִׂיתֶם עִם־יְרֻבַּעַל וְעִם־
יז בֵּיתוֹ וְאִם־כִּגְמוּל יָדָיו עֲשִׂיתֶם לוֹ׃ אֲשֶׁר־נִלְחַם אָבִי עֲלֵיכֶם
יח וַיַּשְׁלֵךְ אֶת־נַפְשׁוֹ מִנֶּגֶד וַיַּצֵּל אֶתְכֶם מִיַּד מִדְיָן׃ וְאַתֶּם קַמְתֶּם
עַל־בֵּית אָבִי הַיּוֹם וַתַּהַרְגוּ אֶת־בָּנָיו שִׁבְעִים אִישׁ עַל־אֶבֶן
אֶחָת וַתַּמְלִיכוּ אֶת־אֲבִימֶלֶךְ בֶּן־אֲמָתוֹ עַל־בַּעֲלֵי שְׁכֶם כִּי
יט אֲחִיכֶם הוּא׃ וְאִם־בֶּאֱמֶת וּבְתָמִים עֲשִׂיתֶם עִם־יְרֻבַּעַל וְעִם־
כ בֵּיתוֹ הַיּוֹם הַזֶּה שִׂמְחוּ בַּאֲבִימֶלֶךְ וְיִשְׂמַח גַּם־הוּא בָּכֶם׃ וְאִם־
אַיִן תֵּצֵא אֵשׁ מֵאֲבִימֶלֶךְ וְתֹאכַל אֶת־בַּעֲלֵי שְׁכֶם וְאֶת־בֵּית
מִלּוֹא וְתֵצֵא אֵשׁ מִבַּעֲלֵי שְׁכֶם וּמִבֵּית מִלּוֹא וְתֹאכַל אֶת־
כא אֲבִימֶלֶךְ׃ וַיָּנָס יוֹתָם וַיִּבְרַח וַיֵּלֶךְ בְּאֵרָה וַיֵּשֶׁב שָׁם מִפְּנֵי
כב אֲבִימֶלֶךְ אָחִיו׃ וַיָּשַׂר אֲבִימֶלֶךְ עַל־יִשְׂרָאֵל
כג שָׁלֹשׁ שָׁנִים׃ וַיִּשְׁלַח אֱלֹהִים רוּחַ רָעָה בֵּין אֲבִימֶלֶךְ וּבֵין בַּעֲלֵי
כד שְׁכֶם וַיִּבְגְּדוּ בַעֲלֵי־שְׁכֶם בַּאֲבִימֶלֶךְ׃ לָבוֹא חֲמַס שִׁבְעִים
בְּנֵי־יְרֻבָּעַל וְדָמָם לָשׂוּם עַל־אֲבִימֶלֶךְ אֲחִיהֶם אֲשֶׁר הָרַג אוֹתָם
כה וְעַל בַּעֲלֵי שְׁכֶם אֲשֶׁר־חִזְּקוּ אֶת־יָדָיו לַהֲרֹג אֶת־אֶחָיו׃ וַיָּשִׂימוּ
לוֹ בַעֲלֵי שְׁכֶם מְאָרְבִים עַל רָאשֵׁי הֶהָרִים וַיִּגְזְלוּ אֵת כָּל־
כו אֲשֶׁר־יַעֲבֹר עֲלֵיהֶם בַּדָּרֶךְ וַיֻּגַּד לַאֲבִימֶלֶךְ׃ וַיָּבֹא
גַּעַל בֶּן־עֶבֶד וְאֶחָיו וַיַּעַבְרוּ בִּשְׁכֶם וַיִּבְטְחוּ־בוֹ בַּעֲלֵי שְׁכֶם׃
כז וַיֵּצְאוּ הַשָּׂדֶה וַיִּבְצְרוּ אֶת־כַּרְמֵיהֶם וַיִּדְרְכוּ וַיַּעֲשׂוּ הִלּוּלִים
וַיָּבֹאוּ בֵּית אֱלֹהֵיהֶם וַיֹּאכְלוּ וַיִּשְׁתּוּ וַיְקַלְלוּ אֶת־אֲבִימֶלֶךְ׃
כח וַיֹּאמֶר ׀ גַּעַל בֶּן־עֶבֶד מִי־אֲבִימֶלֶךְ וּמִי־שְׁכֶם כִּי נַעַבְדֶנּוּ הֲלֹא
בֶן־יְרֻבַּעַל וּזְבֻל פְּקִידוֹ עִבְדוּ אֶת־אַנְשֵׁי חֲמוֹר אֲבִי שְׁכֶם
כט וּמַדּוּעַ נַעַבְדֶנּוּ אֲנָחְנוּ׃ וּמִי יִתֵּן אֶת־הָעָם הַזֶּה בְּיָדִי וְאָסִירָה
ל אֶת־אֲבִימֶלֶךְ וַיֹּאמֶר לַאֲבִימֶלֶךְ רַבֶּה צְבָאֲךָ וָצֵאָה׃ וַיִּשְׁמַע

לא זבל שר־העיר את־דברי געל בן־עבד ויחר אפו: וישלח
מלאכים אל־אבימלך בתרמה לאמר הנה געל בן־עבד
לב ואחיו באים שכמה והנם צרים את־העיר עליך: ועתה קום
לג לילה אתה והעם אשר־אתך וארב בשדה: והיה בבקר
כזרח השמש תשכים ופשטת על־העיר והנה־הוא והעם
לד אשר־אתו יצאים אליך ועשית לו כאשר תמצא ידך: ויקם
אבימלך וכל־העם אשר־עמו לילה ויארבו על־שכם
לה ארבעה ראשים: ויצא געל בן־עבד ויעמד פתח שער העיר
לו ויקם אבימלך והעם אשר־אתו מן־המארב: וירא־געל את־
העם ויאמר אל־זבל הנה־עם יורד מראשי ההרים ויאמר
לז אליו זבל את צל ההרים אתה ראה כאנשים: ויסף עוד
געל לדבר ויאמר הנה־עם יורדים מעם טבור הארץ וראש־
לח אחד בא מדרך אלון מעוננים: ויאמר אליו זבל איה אפוא
פיך אשר תאמר מי אבימלך כי נעבדנו הלא זה העם אשר־
לט מאסתה בו צא־נא עתה והלחם בו: ויצא געל לפני בעלי
מ שכם וילחם באבימלך: וירדפהו אבימלך וינס מפניו ויפלו
מא חללים רבים עד־פתח השער: וישב אבימלך בארומה ויגרש
מב זבל את־געל ואת־אחיו משבת בשכם: ויהי
מג ממחרת ויצא העם השדה ויגדו לאבימלך: ויקח את־העם
ויחצם לשלשה ראשים ויארב בשדה וירא והנה העם יצא
מד מן־העיר ויקם עליהם ויכם: ואבימלך והראשים אשר עמו
פשטו ויעמדו פתח שער העיר ושני הראשים פשטו על־כל־
מה אשר בשדה ויכום: ואבימלך נלחם בעיר כל היום ההוא
וילכד את־העיר ואת־העם אשר־בה הרג ויתץ את־העיר
מו ויזרעה מלח: וישמעו כל־בעלי מגדל־שכם
מז ויבאו אל־צריח בית אל ברית: ויגד לאבימלך כי התקבצו
מח כל־בעלי מגדל־שכם: ויעל אבימלך הר־צלמון הוא וכל־

הָעָם אֲשֶׁר־אִתּוֹ וַיִּקַּח אֲבִימֶלֶךְ אֶת־הַקַּרְדֻּמּוֹת בְּיָדוֹ וַיִּכְרֹת
שׂוֹכַת עֵצִים וַיִּשָּׂאֶהָ וַיָּשֶׂם עַל־שִׁכְמוֹ וַיֹּאמֶר אֶל־הָעָם אֲשֶׁר־
מט עִמּוֹ מָה רְאִיתֶם עָשִׂיתִי מַהֲרוּ עֲשׂוּ כָמוֹנִי: וַיִּכְרְתוּ גַם־כָּל־
הָעָם אִישׁ שׂוֹכֹה וַיֵּלְכוּ אַחֲרֵי אֲבִימֶלֶךְ וַיָּשִׂימוּ עַל־הַצְּרִיחַ
וַיַּצִּיתוּ עֲלֵיהֶם אֶת־הַצְּרִיחַ בָּאֵשׁ וַיָּמֻתוּ גַּם כָּל־אַנְשֵׁי מִגְדַּל־
נ שְׁכֶם כְּאֶלֶף אִישׁ וְאִשָּׁה: וַיֵּלֶךְ אֲבִימֶלֶךְ אֶל־
נא תֵּבֵץ וַיִּחַן בְּתֵבֵץ וַיִּלְכְּדָהּ: וּמִגְדַּל־עֹז הָיָה בְתוֹךְ־הָעִיר וַיָּנֻסוּ
שָׁמָּה כָּל־הָאֲנָשִׁים וְהַנָּשִׁים וְכֹל בַּעֲלֵי הָעִיר וַיִּסְגְּרוּ בַּעֲדָם
נב וַיַּעֲלוּ עַל־גַּג הַמִּגְדָּל: וַיָּבֹא אֲבִימֶלֶךְ עַד־הַמִּגְדָּל וַיִּלָּחֶם בּוֹ
נג וַיִּגַּשׁ עַד־פֶּתַח הַמִּגְדָּל לְשָׂרְפוֹ בָאֵשׁ: וַתַּשְׁלֵךְ אִשָּׁה אַחַת פֶּלַח
נד רֶכֶב עַל־רֹאשׁ אֲבִימֶלֶךְ וַתָּרִץ אֶת־גֻּלְגָּלְתּוֹ: וַיִּקְרָא מְהֵרָה
אֶל־הַנַּעַר ׀ נֹשֵׂא כֵלָיו וַיֹּאמֶר לוֹ שְׁלֹף חַרְבְּךָ וּמוֹתְתֵנִי פֶּן־
נה יֹאמְרוּ לִי אִשָּׁה הֲרָגָתְהוּ וַיִּדְקְרֵהוּ נַעֲרוֹ וַיָּמֹת: וַיִּרְאוּ אִישׁ־
נו יִשְׂרָאֵל כִּי מֵת אֲבִימֶלֶךְ וַיֵּלְכוּ אִישׁ לִמְקֹמוֹ: וַיָּשֶׁב אֱלֹהִים אֵת
רָעַת אֲבִימֶלֶךְ אֲשֶׁר עָשָׂה לְאָבִיו לַהֲרֹג אֶת־שִׁבְעִים אֶחָיו:
נז וְאֵת כָּל־רָעַת אַנְשֵׁי שְׁכֶם הֵשִׁיב אֱלֹהִים בְּרֹאשָׁם וַתָּבֹא
ח י א אֲלֵיהֶם קִלְלַת יוֹתָם בֶּן־יְרֻבָּעַל: וַיָּקָם אַחֲרֵי
אֲבִימֶלֶךְ לְהוֹשִׁיעַ אֶת־יִשְׂרָאֵל תּוֹלָע בֶּן־פּוּאָה בֶּן־דּוֹדוֹ אִישׁ
ב יִשָּׂשכָר וְהוּא־יֹשֵׁב בְּשָׁמִיר בְּהַר אֶפְרָיִם: וַיִּשְׁפֹּט אֶת־יִשְׂרָאֵל
ג עֶשְׂרִים וְשָׁלֹשׁ שָׁנָה וַיָּמָת וַיִּקָּבֵר בְּשָׁמִיר: וַיָּקָם
אַחֲרָיו יָאִיר הַגִּלְעָדִי וַיִּשְׁפֹּט אֶת־יִשְׂרָאֵל עֶשְׂרִים וּשְׁתַּיִם
ד שָׁנָה: וַיְהִי־לוֹ שְׁלֹשִׁים בָּנִים רֹכְבִים עַל־שְׁלֹשִׁים עֲיָרִים
וּשְׁלֹשִׁים עֲיָרִים לָהֶם לָהֶם יִקְרְאוּ ׀ חַוֺּת יָאִיר עַד הַיּוֹם הַזֶּה
ה אֲשֶׁר בְּאֶרֶץ הַגִּלְעָד: וַיָּמָת יָאִיר וַיִּקָּבֵר בְּקָמוֹן:
ו וַיֹּסִפוּ ׀ בְּנֵי יִשְׂרָאֵל לַעֲשׂוֹת הָרַע בְּעֵינֵי יהוה וַיַּעַבְדוּ אֶת־
הַבְּעָלִים וְאֶת־הָעַשְׁתָּרוֹת וְאֶת־אֱלֹהֵי אֲרָם וְאֶת־אֱלֹהֵי צִידוֹן
וְאֵת ׀ אֱלֹהֵי מוֹאָב וְאֵת אֱלֹהֵי בְנֵי־עַמּוֹן וְאֵת אֱלֹהֵי פְלִשְׁתִּים

ז ויעזבו את־יהוה ולא עבדוהו: ויחר־אף יהוה בישראל
ח וימכרם ביד־פלשתים וביד בני עמון: וירעצו וירצצו את־
בני ישראל בשנה ההיא שמנה עשרה שנה את־כל־בני
ישראל אשר בעבר הירדן בארץ האמרי אשר בגלעד:
ט ויעברו בני־עמון את־הירדן להלחם גם־ביהודה ובבנימין
י ובבית אפרים ותצר לישראל מאד: ויזעקו בני ישראל אל־
יהוה לאמר חטאנו לך וכי עזבנו את־אלהינו ונעבד את־
יא הבעלים: ויאמר יהוה אל־בני ישראל הלא
יב ממצרים ומן־האמרי ומן־בני עמון ומן־פלשתים: וצידונים
ועמלק ומעון לחצו אתכם ותצעקו אלי ואושיעה אתכם
יג מידם: ואתם עזבתם אותי ותעבדו אלהים אחרים לכן לא־
יד אוסיף להושיע אתכם: לכו וזעקו אל־האלהים אשר בחרתם
טו בם המה יושיעו לכם בעת צרתכם: ויאמרו בני־ישראל אל־
יהוה חטאנו עשה־אתה לנו ככל־הטוב בעיניך אך הצילנו נא
טז היום הזה: ויסירו את־אלהי הנכר מקרבם ויעבדו את־יהוה
יז ותקצר נפשו בעמל ישראל: ויצעקו בני עמון
יח ויחנו בגלעד ויאספו בני ישראל ויחנו במצפה: ויאמרו העם
שרי גלעד איש אל־רעהו מי האיש אשר יחל להלחם בבני
יא א עמון יהיה לראש לכל ישבי גלעד: ויפתח
הגלעדי היה גבור חיל והוא בן־אשה זונה ויולד גלעד את־
ב יפתח: ותלד אשת־גלעד לו בנים ויגדלו בני־האשה ויגרשו
את־יפתח ויאמרו לו לא־תנחל בבית־אבינו כי בן־אשה אחרת
ג אתה: ויברח יפתח מפני אחיו וישב בארץ טוב ויתלקטו
ד אל־יפתח אנשים ריקים ויצאו עמו: ויהי
ה מימים וילחמו בני־עמון עם־ישראל: ויהי כאשר־נלחמו
בני־עמון עם־ישראל וילכו זקני גלעד לקחת את־יפתח
ו מארץ טוב: ויאמרו ליפתח לכה והייתה לנו לקצין ונלחמה

ז בבני עמון: ויאמר יפתח לזקני גלעד הלא אתם שנאתם
אותי ותגרשוני מבית אבי ומדוע באתם אלי עתה כאשר
ח צר לכם: ויאמרו זקני גלעד אל־יפתח לכן עתה שבנו אליך
והלכת עמנו ונלחמת בבני עמון והיית לנו לראש לכל ישבי
ט גלעד: ויאמר יפתח אל־זקני גלעד אם־משיבים אתם אותי
להלחם בבני עמון ונתן יהוה אותם לפני אנכי אהיה לכם
י לראש: ויאמרו זקני־גלעד אל־יפתח יהוה יהיה שמע
יא בינותינו אם־לא כדברך כן נעשה: וילך יפתח עם־זקני
גלעד וישימו העם אותו עליהם לראש ולקצין וידבר יפתח
יב את־כל־דבריו לפני יהוה במצפה: וישלח
יפתח מלאכים אל־מלך בני־עמון לאמר מה־לי ולך כי־
יג באת אלי להלחם בארצי: ויאמר מלך בני־עמון אל־מלאכי
יפתח כי־לקח ישראל את־ארצי בעלותו ממצרים מארנון
יד ועד־היבק ועד־הירדן ועתה השיבה אתהן בשלום: ויוסף
טו עוד יפתח וישלח מלאכים אל־מלך בני עמון: ויאמר לו כה
אמר יפתח לא־לקח ישראל את־ארץ מואב ואת־ארץ
טז בני עמון: כי בעלותם ממצרים וילך ישראל במדבר עד־
יז ים־סוף ויבא קדשה: וישלח ישראל מלאכים ׀ אל־מלך
אדום לאמר אעברה־נא בארצך ולא שמע מלך אדום וגם
יח אל־מלך מואב שלח ולא אבה וישב ישראל בקדש: וילך
במדבר ויסב את־ארץ אדום ואת־ארץ מואב ויבא ממזרח־
שמש לארץ מואב ויחנון בעבר ארנון ולא־באו בגבול מואב
יט כי ארנון גבול מואב: וישלח ישראל מלאכים אל־סיחון
מלך־האמרי מלך חשבון ויאמר לו ישראל נעברה־נא
כ בארצך עד־מקומי: ולא־האמין סיחון את־ישראל עבר
בגבלו ויאסף סיחון את־כל־עמו ויחנו ביהצה וילחם עם־
כא ישראל: ויתן יהוה אלהי־ישראל את־סיחון ואת־כל־עמו

ביד ישראל ויכום ויירש ישראל את כל־ארץ האמרי יושב
כב הארץ ההיא: ויירשו את כל־גבול האמרי מארנון ועד־היבק
כג ומן־המדבר ועד־הירדן: ועתה יהוה | אלהי ישראל הוריש
כד את־האמרי מפני עמו ישראל ואתה תירשנו: הלא את אשר
יורישך כמוש אלהיך אותו תירש ואת כל־אשר הוריש יהוה
כה אלהינו מפנינו אותו נירש: ועתה הטוב טוב אתה מבלק בן־
צפור מלך מואב הרוב רב עם־ישראל אם־נלחם נלחם בם:
כו בשבת ישראל בחשבון ובבנותיה ובערעור ובבנותיה ובכל־
הערים אשר על־ידי ארנון שלש מאות שנה ומדוע לא־
כז הצלתם בעת ההיא: ואנכי לא־חטאתי לך ואתה עשה אתי
רעה להלחם בי ישפט יהוה השפט היום בין בני ישראל ובין
כח בני עמון: ולא שמע מלך בני עמון אל־דברי יפתח אשר
כט שלח אליו: ותהי על־יפתח רוח יהוה ויעבר
את־הגלעד ואת־מנשה ויעבר את־מצפה גלעד וממצפה
ל גלעד עבר בני עמון: וידר יפתח נדר ליהוה ויאמר אם־
לא נתון תתן את־בני עמון בידי: והיה היוצא אשר יצא
מדלתי ביתי לקראתי בשובי בשלום מבני עמון והיה
ליהוה והעליתיהו עולה:
לב ויעבר יפתח אל־בני עמון להלחם בם ויתנם יהוה בידו: ט
לג ויכם מערוער ועד־באך מנית עשרים עיר ועד אבל
כרמים מכה גדולה מאד ויכנעו בני עמון מפני בני
לד ישראל: ויבא יפתח המצפה אל־ביתו והנה
בתו יצאת לקראתו בתפים ובמחלות ורק היא יחידה אין־
לה לו ממנו בן או־בת: ויהי כראותו אותה ויקרע את־בגדיו
ויאמר אהה בתי הכרע הכרעתני ואת היית בעכרי ואנכי
לו פציתי פי אל־יהוה ולא אוכל לשוב: ותאמר אליו אבי
פציתה את־פיך אל־יהוה עשה לי כאשר יצא מפיך אחרי

לז אֲשֶׁר עָשָׂה לְךָ יְהוָה נְקָמוֹת מֵאֹיְבֶיךָ מִבְּנֵי עַמּוֹן׃ וַתֹּאמֶר אֶל־
אָבִיהָ יֵעָשֶׂה לִּי הַדָּבָר הַזֶּה הַרְפֵּה מִמֶּנִּי שְׁנַיִם חֳדָשִׁים וְאֵלְכָה
לח וְיָרַדְתִּי עַל־הֶהָרִים וְאֶבְכֶּה עַל־בְּתוּלַי אָנֹכִי ורעיתי׃ וַיֹּאמֶר וְרֵעוֹתָי
לֵכִי וַיִּשְׁלַח אוֹתָהּ שְׁנֵי חֳדָשִׁים וַתֵּלֶךְ הִיא וְרֵעוֹתֶיהָ וַתֵּבְךְּ עַל־
לט בְּתוּלֶיהָ עַל־הֶהָרִים׃ וַיְהִי מִקֵּץ ׀ שְׁנַיִם חֳדָשִׁים וַתָּשָׁב אֶל־אָבִיהָ
וַיַּעַשׂ לָהּ אֶת־נִדְרוֹ אֲשֶׁר נָדָר וְהִיא לֹא־יָדְעָה אִישׁ וַתְּהִי־חֹק
מ בְּיִשְׂרָאֵל׃ מִיָּמִים ׀ יָמִימָה תֵּלַכְנָה בְּנוֹת יִשְׂרָאֵל לְתַנּוֹת לְבַת־
יב א יִפְתָּח הַגִּלְעָדִי אַרְבַּעַת יָמִים בַּשָּׁנָה׃ וַיִּצָּעֵק
אִישׁ אֶפְרַיִם וַיַּעֲבֹר צָפוֹנָה וַיֹּאמְרוּ לְיִפְתָּח מַדּוּעַ ׀ עָבַרְתָּ ׀
לְהִלָּחֵם בִּבְנֵי־עַמּוֹן וְלָנוּ לֹא קָרָאתָ לָלֶכֶת עִמָּךְ בֵּיתְךָ נִשְׂרֹף
ב עָלֶיךָ בָּאֵשׁ׃ וַיֹּאמֶר יִפְתָּח אֲלֵיהֶם אִישׁ רִיב הָיִיתִי אֲנִי וְעַמִּי
וּבְנֵי־עַמּוֹן מְאֹד וָאֶזְעַק אֶתְכֶם וְלֹא־הוֹשַׁעְתֶּם אוֹתִי מִיָּדָם׃
ג וָאֶרְאֶה כִּי־אֵינְךָ מוֹשִׁיעַ וָאָשִׂימָה נַפְשִׁי בְכַפִּי וָאֶעְבְּרָה אֶל־
בְּנֵי עַמּוֹן וַיִּתְּנֵם יְהוָה בְּיָדִי וְלָמָה עֲלִיתֶם אֵלַי הַיּוֹם הַזֶּה
ד לְהִלָּחֶם בִּי׃ וַיִּקְבֹּץ יִפְתָּח אֶת־כָּל־אַנְשֵׁי גִלְעָד וַיִּלָּחֶם אֶת־
אֶפְרָיִם וַיַּכּוּ אַנְשֵׁי גִלְעָד אֶת־אֶפְרַיִם כִּי אָמְרוּ פְּלִיטֵי אֶפְרַיִם
ה אַתֶּם גִּלְעָד בְּתוֹךְ אֶפְרַיִם בְּתוֹךְ מְנַשֶּׁה׃ וַיִּלְכֹּד גִּלְעָד אֶת־
מַעְבְּרוֹת הַיַּרְדֵּן לְאֶפְרָיִם וְהָיָה כִּי יֹאמְרוּ פְּלִיטֵי אֶפְרַיִם
אֶעֱבֹרָה וַיֹּאמְרוּ לוֹ אַנְשֵׁי־גִלְעָד הַאֶפְרָתִי אַתָּה וַיֹּאמֶר ׀
ו לֹא׃ וַיֹּאמְרוּ לוֹ אֱמָר־נָא שִׁבֹּלֶת וַיֹּאמֶר סִבֹּלֶת וְלֹא יָכִין
לְדַבֵּר כֵּן וַיֹּאחֲזוּ אוֹתוֹ וַיִּשְׁחָטוּהוּ אֶל־מַעְבְּרוֹת הַיַּרְדֵּן וַיִּפֹּל
ז בָּעֵת הַהִיא מֵאֶפְרַיִם אַרְבָּעִים וּשְׁנַיִם אָלֶף׃ וַיִּשְׁפֹּט יִפְתָּח
אֶת־יִשְׂרָאֵל שֵׁשׁ שָׁנִים וַיָּמָת יִפְתָּח הַגִּלְעָדִי וַיִּקָּבֵר בְּעָרֵי
ח גִלְעָד׃ וַיִּשְׁפֹּט אַחֲרָיו אֶת־יִשְׂרָאֵל אִבְצָן מִבֵּית
ט לָחֶם׃ וַיְהִי־לוֹ שְׁלֹשִׁים בָּנִים וּשְׁלֹשִׁים בָּנוֹת שִׁלַּח הַחוּצָה
וּשְׁלֹשִׁים בָּנוֹת הֵבִיא לְבָנָיו מִן־הַחוּץ וַיִּשְׁפֹּט אֶת־יִשְׂרָאֵל שֶׁבַע
י יא שָׁנִים׃ וַיָּמָת אִבְצָן וַיִּקָּבֵר בְּבֵית לָחֶם׃ וַיִּשְׁפֹּט

אַחֲרָיו֙ אֶת־יִשְׂרָאֵ֔ל אֵיל֖וֹן הַזְּבוּלֹנִ֑י וַיִּשְׁפֹּ֥ט אֶת־יִשְׂרָאֵ֖ל
יב עֶ֥שֶׂר שָׁנִֽים׃ וַיָּ֖מָת אֵיל֣וֹן הַזְּבוּלֹנִ֑י וַיִּקָּבֵ֥ר בְּאַיָּל֖וֹן בְּאֶ֥רֶץ
יג זְבוּלֻֽן׃ וַיִּשְׁפֹּ֤ט אַחֲרָיו֙ אֶת־יִשְׂרָאֵ֔ל עַבְדּ֥וֹן בֶּן־
יד הִלֵּ֖ל הַפִּרְעָתוֹנִֽי׃ וַיְהִי־ל֞וֹ אַרְבָּעִ֣ים בָּנִ֗ים וּשְׁלֹשִׁים֙ בְּנֵ֣י בָנִ֔ים
רֹכְבִ֖ים עַל־שִׁבְעִ֣ים עֲיָרִ֑ם וַיִּשְׁפֹּ֥ט אֶת־יִשְׂרָאֵ֖ל שְׁמֹנֶ֥ה שָׁנִֽים׃
טו וַיָּ֛מָת עַבְדּ֥וֹן בֶּן־הִלֵּ֖ל הַפִּרְעָתוֹנִ֑י וַיִּקָּבֵ֞ר בְּפִרְעָת֙וֹן בְּאֶ֣רֶץ
יג א אֶפְרַ֔יִם בְּהַ֖ר הָעֲמָלֵקִֽי׃ וַיֹּסִ֙פוּ֙ בְּנֵ֣י יִשְׂרָאֵ֔ל
לַעֲשׂ֥וֹת הָרַ֖ע בְּעֵינֵ֣י יְהֹוָ֑ה וַיִּתְּנֵ֧ם יְהֹוָ֛ה בְּיַד־פְּלִשְׁתִּ֖ים אַרְבָּעִ֥ים
ב שָׁנָֽה׃ וַיְהִי֩ אִ֨ישׁ אֶחָ֧ד מִצָּרְעָ֛ה מִמִּשְׁפַּ֥חַת הַדָּנִ֖י
ג וּשְׁמ֣וֹ מָנ֑וֹחַ וְאִשְׁתּ֥וֹ עֲקָרָ֖ה וְלֹ֥א יָלָֽדָה׃ וַיֵּרָ֥א מַלְאַךְ־יְהֹוָ֖ה אֶל־
הָאִשָּׁ֑ה וַיֹּ֣אמֶר אֵלֶ֗יהָ הִנֵּה־נָ֤א אַתְּ־עֲקָרָה֙ וְלֹ֣א יָלַ֔דְתְּ וְהָרִ֖ית
ד וְיָלַ֥דְתְּ בֵּֽן׃ וְעַתָּה֙ הִשָּׁ֣מְרִי נָ֔א וְאַל־תִּשְׁתִּ֖י יַ֣יִן וְשֵׁכָ֑ר וְאַל־
ה תֹּאכְלִ֖י כָּל־טָמֵֽא׃ כִּי֩ הִנָּ֨ךְ הָרָ֜ה וְיֹלַ֣דְתְּ בֵּ֗ן וּמוֹרָה֙ לֹא־יַעֲלֶ֣ה
עַל־רֹאשׁ֔וֹ כִּֽי־נְזִ֧יר אֱלֹהִ֛ים יִהְיֶ֥ה הַנַּ֖עַר מִן־הַבָּ֑טֶן וְה֗וּא יָחֵ֛ל
ו לְהוֹשִׁ֥יעַ אֶת־יִשְׂרָאֵ֖ל מִיַּ֥ד פְּלִשְׁתִּֽים׃ וַתָּבֹ֣א הָאִשָּׁ֗ה וַתֹּ֣אמֶר
לְאִישָׁהּ֮ לֵאמֹר֒ אִ֤ישׁ הָֽאֱלֹהִים֙ בָּ֣א אֵלַ֔י וּמַרְאֵ֕הוּ כְּמַרְאֵ֛ה מַלְאַ֥ךְ
הָאֱלֹהִ֖ים נוֹרָ֣א מְאֹ֑ד וְלֹ֤א שְׁאִלְתִּ֙יהוּ֙ אֵי־מִזֶּ֣ה ה֔וּא וְאֶת־שְׁמ֖וֹ
ז לֹא־הִגִּ֥יד לִֽי׃ וַיֹּ֣אמֶר לִ֔י הִנָּ֥ךְ הָרָ֖ה וְיֹלַ֣דְתְּ בֵּ֑ן וְעַתָּ֞ה אַל־תִּשְׁתִּ֣י ׀
יַ֣יִן וְשֵׁכָ֗ר וְאַל־תֹּֽאכְלִי֙ כָּל־טֻמְאָ֔ה כִּֽי־נְזִ֤יר אֱלֹהִים֙ יִהְיֶ֣ה הַנַּ֔עַר
מִן־הַבֶּ֖טֶן עַד־י֥וֹם מוֹתֽוֹ׃

ח וַיֶּעְתַּ֥ר מָנ֛וֹחַ אֶל־יְהֹוָ֖ה וַיֹּאמַ֑ר בִּ֣י אֲדוֹנָ֔י אִ֣ישׁ הָאֱלֹהִ֞ים אֲשֶׁ֣ר
שָׁלַ֗חְתָּ יָבוֹא־נָ֥א עוֹד֙ אֵלֵ֔ינוּ וְיוֹרֵ֕נוּ מַה־נַּעֲשֶׂ֖ה לַנַּ֥עַר הַיּוּלָּֽד׃
ט וַיִּשְׁמַ֥ע הָאֱלֹהִ֖ים בְּק֣וֹל מָנ֑וֹחַ וַיָּבֹ֨א מַלְאַ֜ךְ הָאֱלֹהִ֗ים ע֤וֹד אֶל־
י הָֽאִשָּׁה֙ וְהִ֣יא יוֹשֶׁ֣בֶת בַּשָּׂדֶ֔ה וּמָנ֥וֹחַ אִישָׁ֖הּ אֵ֥ין עִמָּֽהּ׃ וַתְּמַהֵר֙
הָֽאִשָּׁ֔ה וַתָּ֖רָץ וַתַּגֵּ֣ד לְאִישָׁ֑הּ וַתֹּ֣אמֶר אֵלָ֗יו הִנֵּ֨ה נִרְאָ֤ה אֵלַי֙
יא הָאִ֔ישׁ אֲשֶׁר־בָּ֥א בַיּ֖וֹם אֵלָֽי׃ וַיָּ֛קָם וַיֵּ֥לֶךְ מָנ֖וֹחַ אַחֲרֵ֣י אִשְׁתּ֑וֹ
וַיָּבֹא֙ אֶל־הָאִ֔ישׁ וַיֹּ֣אמֶר ל֗וֹ הַאַתָּ֥ה הָאִ֛ישׁ אֲשֶׁר־דִּבַּ֥רְתָּ אֶל־

האשה ויאמר אני׃ ויאמר מנוח עתה יבא דבריך מה־יהיה יב
משפט־הנער ומעשהו׃ ויאמר מלאך יהוה אל־מנוח מכל יג
אשר־אמרתי אל־האשה תשמר׃ מכל אשר־יצא מגפן היין יד
לא תאכל ויין ושכר אל־תשת וכל־טמאה אל־תאכל כל
אשר־צויתיה תשמר׃ ויאמר מנוח אל־מלאך יהוה נעצרה־ טו
נא אותך ונעשה לפניך גדי עזים׃ ויאמר מלאך יהוה אל־ טז
מנוח אם־תעצרני לא־אכל בלחמך ואם־תעשה עלה ליהוה
תעלנה כי לא־ידע מנוח כי־מלאך יהוה הוא׃ ויאמר מנוח יז
דברך אל־מלאך יהוה מי שמך כי־יבא דבריך וכבדנוך׃ ויאמר יח
לו מלאך יהוה למה זה תשאל לשמי והוא־פלאי׃ ויקח מנוח יט
את־גדי העזים ואת־המנחה ויעל על־הצור ליהוה ומפלא
לעשות ומנוח ואשתו ראים׃ ויהי בעלות הלהב מעל המזבח כ
השמימה ויעל מלאך־יהוה בלהב המזבח ומנוח ואשתו
ראים ויפלו על־פניהם ארצה׃ ולא־יסף עוד מלאך יהוה כא
להראה אל־מנוח ואל־אשתו אז ידע מנוח כי־מלאך יהוה
הוא׃ ויאמר מנוח אל־אשתו מות נמות כי אלהים ראינו׃ כב
ותאמר לו אשתו לו חפץ יהוה להמיתנו לא־לקח מידנו כג
עלה ומנחה ולא הראנו את־כל־אלה וכעת לא השמיענו
י כזאת׃ ותלד האשה בן ותקרא את־שמו שמשון ויגדל הנער כד
ויברכהו יהוה׃ ותחל רוח יהוה לפעמו במחנה־דן בין צרעה כה
ובין אשתאול׃ וירד שמשון תמנתה וירא א יד
אשה בתמנתה מבנות פלשתים׃ ויעל ויגד לאביו ולאמו ב
ויאמר אשה ראיתי בתמנתה מבנות פלשתים ועתה קחו־
אותה לי לאשה׃ ויאמר לו אביו ואמו האין בבנות אחיך ג
ובכל־עמי אשה כי־אתה הולך לקחת אשה מפלשתים
הערלים ויאמר שמשון אל־אביו אותה קח־לי כי־היא ישרה
בעיני׃ ואביו ואמו לא ידעו כי מיהוה היא כי־תאנה הוא־ ד

מְבַקֵּשׁ מִפְּלִשְׁתִּים וּבָעֵת הַהִיא פְּלִשְׁתִּים מֹשְׁלִים בְּיִשְׂרָאֵל׃
ה וַיֵּרֶד שִׁמְשׁוֹן וְאָבִיו וְאִמּוֹ תִּמְנָתָה וַיָּבֹאוּ עַד־כַּרְמֵי תִמְנָתָה
ו וְהִנֵּה כְּפִיר אֲרָיוֹת שֹׁאֵג לִקְרָאתוֹ׃ וַתִּצְלַח עָלָיו רוּחַ יהוה
וַיְשַׁסְּעֵהוּ כְּשַׁסַּע הַגְּדִי וּמְאוּמָה אֵין בְּיָדוֹ וְלֹא הִגִּיד לְאָבִיו
ז וּלְאִמּוֹ אֵת אֲשֶׁר עָשָׂה׃ וַיֵּרֶד וַיְדַבֵּר לָאִשָּׁה וַתִּישַׁר בְּעֵינֵי
ח שִׁמְשׁוֹן׃ וַיָּשָׁב מִיָּמִים לְקַחְתָּהּ וַיָּסַר לִרְאוֹת אֵת מַפֶּלֶת
ט הָאַרְיֵה וְהִנֵּה עֲדַת דְּבוֹרִים בִּגְוִיַּת הָאַרְיֵה וּדְבָשׁ׃ וַיִּרְדֵּהוּ אֶל־
כַּפָּיו וַיֵּלֶךְ הָלוֹךְ וְאָכֹל וַיֵּלֶךְ אֶל־אָבִיו וְאֶל־אִמּוֹ וַיִּתֵּן לָהֶם
י וַיֹּאכֵלוּ וְלֹא־הִגִּיד לָהֶם כִּי מִגְּוִיַּת הָאַרְיֵה רָדָה הַדְּבָשׁ׃ וַיֵּרֶד
אָבִיהוּ אֶל־הָאִשָּׁה וַיַּעַשׂ שָׁם שִׁמְשׁוֹן מִשְׁתֶּה כִּי כֵּן יַעֲשׂוּ
יא הַבַּחוּרִים׃ וַיְהִי כִּרְאוֹתָם אוֹתוֹ וַיִּקְחוּ שְׁלֹשִׁים מֵרֵעִים וַיִּהְיוּ
יב אִתּוֹ׃ וַיֹּאמֶר לָהֶם שִׁמְשׁוֹן אָחוּדָה־נָּא לָכֶם חִידָה אִם־הַגֵּד
תַּגִּידוּ אוֹתָהּ לִי שִׁבְעַת יְמֵי הַמִּשְׁתֶּה וּמְצָאתֶם וְנָתַתִּי לָכֶם
יג שְׁלֹשִׁים סְדִינִים וּשְׁלֹשִׁים חֲלִפֹת בְּגָדִים׃ וְאִם־לֹא תוּכְלוּ לְהַגִּיד
לִי וּנְתַתֶּם אַתֶּם לִי שְׁלֹשִׁים סְדִינִים וּשְׁלֹשִׁים חֲלִיפוֹת בְּגָדִים
יד וַיֹּאמְרוּ לוֹ חוּדָה חִידָתְךָ וְנִשְׁמָעֶנָּה׃ וַיֹּאמֶר לָהֶם מֵהָאֹכֵל יָצָא
מַאֲכָל וּמֵעַז יָצָא מָתוֹק וְלֹא יָכְלוּ לְהַגִּיד הַחִידָה שְׁלֹשֶׁת
טו יָמִים׃ וַיְהִי ׀ בַּיּוֹם הַשְּׁבִיעִי וַיֹּאמְרוּ לְאֵשֶׁת־שִׁמְשׁוֹן פַּתִּי אֶת־
אִישֵׁךְ וְיַגֶּד־לָנוּ אֶת־הַחִידָה פֶּן־נִשְׂרֹף אוֹתָךְ וְאֶת־בֵּית אָבִיךְ
טז בָּאֵשׁ הַלְיָרְשֵׁנוּ קְרָאתֶם לָנוּ הֲלֹא׃ וַתֵּבְךְּ אֵשֶׁת שִׁמְשׁוֹן עָלָיו
וַתֹּאמֶר רַק־שְׂנֵאתַנִי וְלֹא אֲהַבְתָּנִי הַחִידָה חַדְתָּ לִבְנֵי עַמִּי
וְלִי לֹא הִגַּדְתָּה וַיֹּאמֶר לָהּ הִנֵּה לְאָבִי וּלְאִמִּי לֹא הִגַּדְתִּי וְלָךְ
יז אַגִּיד׃ וַתֵּבְךְּ עָלָיו שִׁבְעַת הַיָּמִים אֲשֶׁר־הָיָה לָהֶם הַמִּשְׁתֶּה
וַיְהִי ׀ בַּיּוֹם הַשְּׁבִיעִי וַיַּגֶּד־לָהּ כִּי הֱצִיקַתְהוּ וַתַּגֵּד הַחִידָה לִבְנֵי
יח עַמָּהּ׃ וַיֹּאמְרוּ לוֹ אַנְשֵׁי הָעִיר בַּיּוֹם הַשְּׁבִיעִי בְּטֶרֶם יָבֹא
הַחַרְסָה מַה־מָּתוֹק מִדְּבַשׁ וּמֶה עַז מֵאֲרִי וַיֹּאמֶר לָהֶם לוּלֵא
יט חֲרַשְׁתֶּם בְּעֶגְלָתִי לֹא מְצָאתֶם חִידָתִי׃ וַתִּצְלַח עָלָיו רוּחַ יהוה

וַיֵּרֶד אַשְׁקְלוֹן וַיַּךְ מֵהֶם ׀ שְׁלֹשִׁים אִישׁ וַיִּקַּח אֶת־חֲלִיצוֹתָם
וַיִּתֵּן הַחֲלִיפוֹת לְמַגִּידֵי הַחִידָה וַיִּחַר אַפּוֹ וַיַּעַל בֵּית אָבִיהוּ׃
וַתְּהִי אֵשֶׁת שִׁמְשׁוֹן לְמֵרֵעֵהוּ אֲשֶׁר רֵעָה לוֹ׃ וַיְהִי כ
טו
מִיָּמִים בִּימֵי קְצִיר־חִטִּים וַיִּפְקֹד שִׁמְשׁוֹן אֶת־אִשְׁתּוֹ בִּגְדִי א
עִזִּים וַיֹּאמֶר אָבֹאָה אֶל־אִשְׁתִּי הֶחָדְרָה וְלֹא־נְתָנוֹ אָבִיהָ
לָבוֹא׃ וַיֹּאמֶר אָבִיהָ אָמֹר אָמַרְתִּי כִּי־שָׂנֹא שְׂנֵאתָהּ וָאֶתְּנֶנָּה ב
לְמֵרֵעֶךָ הֲלֹא אֲחוֹתָהּ הַקְּטַנָּה טוֹבָה מִמֶּנָּה תְּהִי־נָא לְךָ
תַּחְתֶּיהָ׃ וַיֹּאמֶר לָהֶם שִׁמְשׁוֹן נִקֵּיתִי הַפַּעַם מִפְּלִשְׁתִּים כִּי־ ג
עֹשֶׂה אֲנִי עִמָּם רָעָה׃ וַיֵּלֶךְ שִׁמְשׁוֹן וַיִּלְכֹּד שְׁלֹשׁ־מֵאוֹת ד
שׁוּעָלִים וַיִּקַּח לַפִּדִים וַיֶּפֶן זָנָב אֶל־זָנָב וַיָּשֶׂם לַפִּיד אֶחָד בֵּין־
שְׁנֵי הַזְּנָבוֹת בַּתָּוֶךְ׃ וַיַּבְעֶר־אֵשׁ בַּלַּפִּידִים וַיְשַׁלַּח בְּקָמוֹת ה
פְלִשְׁתִּים וַיַּבְעֵר מִגָּדִישׁ וְעַד־קָמָה וְעַד־כֶּרֶם זָיִת׃ וַיֹּאמְרוּ ו
פְלִשְׁתִּים מִי עָשָׂה זֹאת וַיֹּאמְרוּ שִׁמְשׁוֹן חֲתַן הַתִּמְנִי כִּי לָקַח
אֶת־אִשְׁתּוֹ וַיִּתְּנָהּ לְמֵרֵעֵהוּ וַיַּעֲלוּ פְלִשְׁתִּים וַיִּשְׂרְפוּ אוֹתָהּ
וְאֶת־אָבִיהָ בָּאֵשׁ׃ וַיֹּאמֶר לָהֶם שִׁמְשׁוֹן אִם־תַּעֲשׂוּן כָּזֹאת כִּי ז
אִם־נִקַּמְתִּי בָכֶם וְאַחַר אֶחְדָּל׃ וַיַּךְ אוֹתָם שׁוֹק עַל־יָרֵךְ מַכָּה ח
גְדוֹלָה וַיֵּרֶד וַיֵּשֶׁב בִּסְעִיף סֶלַע עֵיטָם׃ וַיַּעֲלוּ ט
פְלִשְׁתִּים וַיַּחֲנוּ בִּיהוּדָה וַיִּנָּטְשׁוּ בַּלֶּחִי׃ וַיֹּאמְרוּ אִישׁ יְהוּדָה י
לָמָה עֲלִיתֶם עָלֵינוּ וַיֹּאמְרוּ לֶאֱסוֹר אֶת־שִׁמְשׁוֹן עָלִינוּ לַעֲשׂוֹת
לוֹ כַּאֲשֶׁר עָשָׂה לָנוּ׃ וַיֵּרְדוּ שְׁלֹשֶׁת אֲלָפִים אִישׁ מִיהוּדָה אֶל־ יא
סְעִיף סֶלַע עֵיטָם וַיֹּאמְרוּ לְשִׁמְשׁוֹן הֲלֹא יָדַעְתָּ כִּי־מֹשְׁלִים בָּנוּ
פְּלִשְׁתִּים וּמַה־זֹּאת עָשִׂיתָ לָּנוּ וַיֹּאמֶר לָהֶם כַּאֲשֶׁר עָשׂוּ לִי כֵּן
עָשִׂיתִי לָהֶם׃ וַיֹּאמְרוּ לוֹ לֶאֱסָרְךָ יָרַדְנוּ לְתִתְּךָ בְּיַד־פְּלִשְׁתִּים יב
וַיֹּאמֶר לָהֶם שִׁמְשׁוֹן הִשָּׁבְעוּ לִי פֶּן־תִּפְגְּעוּן בִּי אַתֶּם׃ וַיֹּאמְרוּ יג
לוֹ לֵאמֹר לֹא כִּי־אָסֹר נֶאֱסָרְךָ וּנְתַנּוּךָ בְיָדָם וְהָמֵת לֹא נְמִיתֶךָ
וַיַּאַסְרֻהוּ בִּשְׁנַיִם עֲבֹתִים חֲדָשִׁים וַיַּעֲלוּהוּ מִן־הַסָּלַע׃ הוּא־בָא יד
עַד־לֶחִי וּפְלִשְׁתִּים הֵרִיעוּ לִקְרָאתוֹ וַתִּצְלַח עָלָיו רוּחַ יְהוָה

וַתִּהְיֶינָה הָעֲבֹתוֹת אֲשֶׁר־עַל־זְרוֹעוֹתָיו כַּפִּשְׁתִּים אֲשֶׁר בָּעֲרוּ
טו בָאֵשׁ וַיִּמַּסּוּ אֱסוּרָיו מֵעַל יָדָיו׃ וַיִּמְצָא לְחִי־חֲמוֹר טְרִיָּה וַיִּשְׁלַח
טז יָדוֹ וַיִּקָּחֶהָ וַיַּךְ־בָּהּ אֶלֶף אִישׁ׃ וַיֹּאמֶר שִׁמְשׁוֹן בִּלְחִי הַחֲמוֹר
יז חֲמוֹר חֲמֹרָתָיִם בִּלְחִי הַחֲמוֹר הִכֵּיתִי אֶלֶף אִישׁ׃ וַיְהִי כְּכַלֹּתוֹ
לְדַבֵּר וַיַּשְׁלֵךְ הַלְּחִי מִיָּדוֹ וַיִּקְרָא לַמָּקוֹם הַהוּא רָמַת לֶחִי׃
יח וַיִּצְמָא מְאֹד וַיִּקְרָא אֶל־יהוה וַיֹּאמַר אַתָּה נָתַתָּ בְיַד־עַבְדְּךָ
אֶת־הַתְּשׁוּעָה הַגְּדֹלָה הַזֹּאת וְעַתָּה אָמוּת בַּצָּמָא וְנָפַלְתִּי בְּיַד
יט הָעֲרֵלִים׃ וַיִּבְקַע אֱלֹהִים אֶת־הַמַּכְתֵּשׁ אֲשֶׁר־בַּלְּחִי וַיֵּצְאוּ מִמֶּנּוּ
מַיִם וַיֵּשְׁתְּ וַתָּשָׁב רוּחוֹ וַיֶּחִי עַל־כֵּן ׀ קָרָא שְׁמָהּ עֵין הַקּוֹרֵא
כ אֲשֶׁר בַּלֶּחִי עַד הַיּוֹם הַזֶּה׃ וַיִּשְׁפֹּט אֶת־יִשְׂרָאֵל בִּימֵי פְלִשְׁתִּים
טז א עֶשְׂרִים שָׁנָה׃ וַיֵּלֶךְ שִׁמְשׁוֹן עַזָּתָה וַיַּרְא־שָׁם
ב אִשָּׁה זוֹנָה וַיָּבֹא אֵלֶיהָ׃ לָעַזָּתִים ׀ לֵאמֹר בָּא שִׁמְשׁוֹן הֵנָּה
וַיָּסֹבּוּ וַיֶּאֶרְבוּ־לוֹ כָל־הַלַּיְלָה בְּשַׁעַר הָעִיר וַיִּתְחָרְשׁוּ כָל־
ג הַלַּיְלָה לֵאמֹר עַד־אוֹר הַבֹּקֶר וַהֲרַגְנֻהוּ׃ וַיִּשְׁכַּב שִׁמְשׁוֹן עַד־ יא
חֲצִי הַלַּיְלָה וַיָּקָם ׀ בַּחֲצִי הַלַּיְלָה וַיֶּאֱחֹז בְּדַלְתוֹת שַׁעַר־הָעִיר
וּבִשְׁתֵּי הַמְּזֻזוֹת וַיִּסָּעֵם עִם־הַבְּרִיחַ וַיָּשֶׂם עַל־כְּתֵפָיו וַיַּעֲלֵם
ד אֶל־רֹאשׁ הָהָר אֲשֶׁר עַל־פְּנֵי חֶבְרוֹן׃ וַיְהִי
ה אַחֲרֵי־כֵן וַיֶּאֱהַב אִשָּׁה בְּנַחַל שֹׂרֵק וּשְׁמָהּ דְּלִילָה׃ וַיַּעֲלוּ
אֵלֶיהָ סַרְנֵי פְלִשְׁתִּים וַיֹּאמְרוּ לָהּ פַּתִּי אוֹתוֹ וּרְאִי בַּמֶּה כֹּחוֹ
גָדוֹל וּבַמֶּה נוּכַל לוֹ וַאֲסַרְנֻהוּ לְעַנֹּתוֹ וַאֲנַחְנוּ נִתַּן־לָךְ אִישׁ
ו אֶלֶף וּמֵאָה כָּסֶף׃ וַתֹּאמֶר דְּלִילָה אֶל־שִׁמְשׁוֹן הַגִּידָה־נָּא
ז לִי בַּמֶּה כֹּחֲךָ גָדוֹל וּבַמֶּה תֵאָסֵר לְעַנּוֹתֶךָ׃ וַיֹּאמֶר אֵלֶיהָ
שִׁמְשׁוֹן אִם־יַאַסְרֻנִי בְּשִׁבְעָה יְתָרִים לַחִים אֲשֶׁר לֹא־חֹרָבוּ
ח וְחָלִיתִי וְהָיִיתִי כְּאַחַד הָאָדָם׃ וַיַּעֲלוּ־לָהּ סַרְנֵי פְלִשְׁתִּים שִׁבְעָה
ט יְתָרִים לַחִים אֲשֶׁר לֹא־חֹרָבוּ וַתַּאַסְרֵהוּ בָּהֶם׃ וְהָאֹרֵב יֹשֵׁב
לָהּ בַּחֶדֶר וַתֹּאמֶר אֵלָיו פְּלִשְׁתִּים עָלֶיךָ שִׁמְשׁוֹן וַיְנַתֵּק אֶת־
הַיְתָרִים כַּאֲשֶׁר יִנָּתֵק פְּתִיל־הַנְּעֹרֶת בַּהֲרִיחוֹ אֵשׁ וְלֹא נוֹדַע

י כחו: ותאמר דלילה אל־שמשון הנה התלת בי ותדבר אלי
יא כזבים עתה הגידה־נא לי במה תאסר: ויאמר אליה אם־
אסור יאסרוני בעבתים חדשים אשר לא־נעשה בהם מלאכה
יב וחליתי והייתי כאחד האדם: ותקח דלילה עבתים חדשים
ותאסרהו בהם ותאמר אליו פלשתים עליך שמשון והארב
יג ישב בחדר וינתקם מעל זרעתיו כחוט: ותאמר דלילה אל־
שמשון עד־הנה התלת בי ותדבר אלי כזבים הגידה לי במה
תאסר ויאמר אליה אם־תארגי את־שבע מחלפות ראשי
יד עם־המסכת: ותתקע ביתד ותאמר אליו פלשתים עליך
שמשון וייקץ משנתו ויסע את־היתד הארג ואת־המסכת:
טו ותאמר אליו איך תאמרי אהבתיך ולבך אין אתי זה שלש
טז פעמים התלת בי ולא־הגדת לי במה כחך גדול: ויהי כי־
הציקה לו בדבריה כל־הימים ותאלצהו ותקצר נפשו למות:
יז ויגד־לה את־כל־לבו ויאמר לה מורה לא־עלה על־ראשי
כי־נזיר אלהים אני מבטן אמי אם־גלחתי וסר ממני כחי
יח וחליתי והייתי ככל־האדם: ותרא דלילה כי־הגיד לה את־
כל־לבו ותשלח ותקרא לסרני פלשתים לאמר עלו הפעם
כי־הגיד לה את־כל־לבו ועלו אליה סרני פלשתים ויעלו (לִי)
יט הכסף בידם: ותישנהו על־ברכיה ותקרא לאיש ותגלח את־
כ שבע מחלפות ראשו ותחל לענותו ויסר כחו מעליו: ותאמר
פלשתים עליך שמשון ויקץ משנתו ויאמר אצא כפעם
כא בפעם ואנער והוא לא ידע כי יהוה סר מעליו: ויאחזוהו
פלשתים וינקרו את־עיניו ויורידו אותו עזתה ויאסרוהו
כב בנחשתים ויהי טוחן בבית האסירים: ויחל שער־ראשו (הָאֲסוּרִים)
כג לצמח כאשר גלח: וסרני פלשתים נאספו לזבח
זבח־גדול לדגון אלהיהם ולשמחה ויאמרו נתן אלהינו בידנו
כד את שמשון אויבנו: ויראו אתו העם ויהללו את־אלהיהם

כִּי אָמְרוּ נָתַן אֱלֹהֵינוּ בְּיָדֵנוּ אֶת־אוֹיְבֵנוּ וְאֵת מַחֲרִיב אַרְצֵנוּ
כה וַאֲשֶׁר הִרְבָּה אֶת־חֲלָלֵינוּ׃ וַיְהִי כִּי טוֹב לִבָּם וַיֹּאמְרוּ קִרְאוּ כְּטוֹב
לְשִׁמְשׁוֹן וִישַׂחֶק־לָנוּ וַיִּקְרְאוּ לְשִׁמְשׁוֹן מִבֵּית האסירים וַיְצַחֵק הָאֲסוּרִים
כו לִפְנֵיהֶם וַיַּעֲמִידוּ אוֹתוֹ בֵּין הָעַמּוּדִים׃ וַיֹּאמֶר שִׁמְשׁוֹן אֶל־
הַנַּעַר הַמַּחֲזִיק בְּיָדוֹ הַנִּיחָה אוֹתִי והימשני אֶת־הָעַמֻּדִים אֲשֶׁר וַהֲמִשֵׁנִי
כז הַבַּיִת נָכוֹן עֲלֵיהֶם וְאֶשָּׁעֵן עֲלֵיהֶם׃ וְהַבַּיִת מָלֵא הָאֲנָשִׁים
וְהַנָּשִׁים וְשָׁמָּה כֹּל סַרְנֵי פְלִשְׁתִּים וְעַל־הַגָּג כִּשְׁלֹשֶׁת אֲלָפִים
כח אִישׁ וְאִשָּׁה הָרֹאִים בִּשְׂחוֹק שִׁמְשׁוֹן׃ וַיִּקְרָא שִׁמְשׁוֹן אֶל־יְהוָה
וַיֹּאמַר אֲדֹנָי יֱהֹוִה זָכְרֵנִי נָא וְחַזְּקֵנִי נָא אַךְ הַפַּעַם הַזֶּה הָאֱלֹהִים
כט וְאִנָּקְמָה נְקַם־אַחַת מִשְּׁתֵי עֵינַי מִפְּלִשְׁתִּים׃ וַיִּלְפֹּת שִׁמְשׁוֹן
אֶת־שְׁנֵי ׀ עַמּוּדֵי הַתָּוֶךְ אֲשֶׁר הַבַּיִת נָכוֹן עֲלֵיהֶם וַיִּסָּמֵךְ עֲלֵיהֶם
ל אֶחָד בִּימִינוֹ וְאֶחָד בִּשְׂמֹאלוֹ׃ וַיֹּאמֶר שִׁמְשׁוֹן תָּמוֹת נַפְשִׁי עִם־
פְּלִשְׁתִּים וַיֵּט בְּכֹחַ וַיִּפֹּל הַבַּיִת עַל־הַסְּרָנִים וְעַל־כָּל־הָעָם
אֲשֶׁר־בּוֹ וַיִּהְיוּ הַמֵּתִים אֲשֶׁר הֵמִית בְּמוֹתוֹ רַבִּים מֵאֲשֶׁר
לא הֵמִית בְּחַיָּיו׃ וַיֵּרְדוּ אֶחָיו וְכָל־בֵּית אָבִיהוּ וַיִּשְׂאוּ אֹתוֹ וַיַּעֲלוּ ׀
וַיִּקְבְּרוּ אוֹתוֹ בֵּין צָרְעָה וּבֵין אֶשְׁתָּאֹל בְּקֶבֶר מָנוֹחַ אָבִיו וְהוּא
יז א שָׁפַט אֶת־יִשְׂרָאֵל עֶשְׂרִים שָׁנָה׃ וַיְהִי־אִישׁ
ב מֵהַר־אֶפְרָיִם וּשְׁמוֹ מִיכָיְהוּ׃ וַיֹּאמֶר לְאִמּוֹ אֶלֶף וּמֵאָה הַכֶּסֶף
אֲשֶׁר לֻקַּח־לָךְ ואתי אָלִית וְגַם אָמַרְתְּ בְּאָזְנַי הִנֵּה־הַכֶּסֶף אִתִּי וְאַתְּ
ג אֲנִי לְקַחְתִּיו וַתֹּאמֶר אִמּוֹ בָּרוּךְ בְּנִי לַיהוָה׃ וַיָּשֶׁב אֶת־אֶלֶף־
וּמֵאָה הַכֶּסֶף לְאִמּוֹ וַתֹּאמֶר אִמּוֹ הַקְדֵּשׁ הִקְדַּשְׁתִּי אֶת־הַכֶּסֶף
לַיהוָה מִיָּדִי לִבְנִי לַעֲשׂוֹת פֶּסֶל וּמַסֵּכָה וְעַתָּה אֲשִׁיבֶנּוּ לָךְ׃
ד וַיָּשֶׁב אֶת־הַכֶּסֶף לְאִמּוֹ וַתִּקַּח אִמּוֹ מָאתַיִם כֶּסֶף וַתִּתְּנֵהוּ
ה לַצּוֹרֵף וַיַּעֲשֵׂהוּ פֶּסֶל וּמַסֵּכָה וַיְהִי בְּבֵית מִיכָיְהוּ׃ וְהָאִישׁ מִיכָה
לוֹ בֵּית אֱלֹהִים וַיַּעַשׂ אֵפוֹד וּתְרָפִים וַיְמַלֵּא אֶת־יַד אַחַד
ו מִבָּנָיו וַיְהִי־לוֹ לְכֹהֵן׃ בַּיָּמִים הָהֵם אֵין מֶלֶךְ בְּיִשְׂרָאֵל אִישׁ
ז הַיָּשָׁר בְּעֵינָיו יַעֲשֶׂה׃ וַיְהִי־נַעַר מִבֵּית לֶחֶם

ח יהודה ממשפחת יהודה והוא לוי והוא גר־שם: וילך האיש
מהעיר מבית לחם יהודה לגור באשר ימצא ויבא הר־
ט אפרים עד־בית מיכה לעשות דרכו: ויאמר־לו מיכה מאין
תבוא ויאמר אליו לוי אנכי מבית לחם יהודה ואנכי הלך
י לגור באשר אמצא: ויאמר לו מיכה שבה עמדי והיה־לי
לאב ולכהן ואנכי אתן־לך עשרת כסף לימים וערך בגדים
יא ומחיתך וילך הלוי: ויואל הלוי לשבת את־האיש ויהי הנער
יב לו כאחד מבניו: וימלא מיכה את־יד הלוי ויהי־לו הנער
יג לכהן ויהי בבית מיכה: ויאמר מיכה עתה ידעתי כי־ייטיב
יח א יהוה לי כי היה־לי הלוי לכהן: בימים ההם אין מלך
בישראל ובימים ההם שבט הדני מבקש־לו נחלה לשבת
כי לא־נפלה לו עד־היום ההוא בתוך־שבטי ישראל
ב בנחלה: וישלחו בני־דן ׀ ממשפחתם חמשה
אנשים מקצותם אנשים בני־חיל מצרעה ומאשתאל לרגל
את־הארץ ולחקרה ויאמרו אלהם לכו חקרו את־הארץ
ג ויבאו הר־אפרים עד־בית מיכה וילינו שם: המה עם־בית
מיכה והמה הכירו את־קול הנער הלוי ויסורו שם ויאמרו
ד לו מי־הביאך הלם ומה־אתה עשה בזה ומה־לך פה: ויאמר
אלהם כזה וכזה עשה לי מיכה וישכרני ואהי־לו לכהן:
ה ויאמרו לו שאל־נא באלהים ונדעה התצלח דרכנו אשר
ו אנחנו הלכים עליה: ויאמר להם הכהן לכו לשלום נכח יב
ז יהוה דרככם אשר תלכו־בה: וילכו חמשת
האנשים ויבאו לישה ויראו את־העם אשר־בקרבה יושבת
לבטח כמשפט צדנים שקט ׀ ובטח ואין־מכלים דבר בארץ
יורש עצר ורחוקים המה מצידנים ודבר אין־להם עם־אדם:
ח ויבאו אל־אחיהם צרעה ואשתאל ויאמרו להם אחיהם מה
ט אתם: ויאמרו קומה ונעלה עליהם כי ראינו את־הארץ והנה

טוֹבָה מְאֹד וְאַתֶּם מַחְשִׁים אַל־תֵּעָצְלוּ לָלֶכֶת לָבֹא לָרֶשֶׁת
י אֶת־הָאָרֶץ׃ כְּבֹאֲכֶם תָּבֹאוּ ׀ אֶל־עַם בֹּטֵחַ וְהָאָרֶץ רַחֲבַת
יָדַיִם כִּי־נְתָנָהּ אֱלֹהִים בְּיֶדְכֶם מָקוֹם אֲשֶׁר אֵין־שָׁם מַחְסוֹר
יא כָּל־דָּבָר אֲשֶׁר בָּאָרֶץ׃ וַיִּסְעוּ מִשָּׁם מִמִּשְׁפַּחַת הַדָּנִי מִצָּרְעָה
יב וּמֵאֶשְׁתָּאֹל שֵׁשׁ־מֵאוֹת אִישׁ חָגוּר כְּלֵי מִלְחָמָה׃ וַיַּעֲלוּ וַיַּחֲנוּ
בְּקִרְיַת יְעָרִים בִּיהוּדָה עַל־כֵּן קָרְאוּ לַמָּקוֹם הַהוּא מַחֲנֵה־דָן
יג עַד הַיּוֹם הַזֶּה הִנֵּה אַחֲרֵי קִרְיַת יְעָרִים׃ וַיַּעַבְרוּ מִשָּׁם הַר־
יד אֶפְרָיִם וַיָּבֹאוּ עַד־בֵּית מִיכָה׃ וַיַּעֲנוּ חֲמֵשֶׁת הָאֲנָשִׁים הַהֹלְכִים
לְרַגֵּל אֶת־הָאָרֶץ לַיִשׁ וַיֹּאמְרוּ אֶל־אֲחֵיהֶם הַיְדַעְתֶּם כִּי יֵשׁ
בַּבָּתִּים הָאֵלֶּה אֵפוֹד וּתְרָפִים וּפֶסֶל וּמַסֵּכָה וְעַתָּה דְּעוּ מַה־
טו תַּעֲשׂוּ׃ וַיָּסוּרוּ שָׁמָּה וַיָּבֹאוּ אֶל־בֵּית־הַנַּעַר הַלֵּוִי בֵּית מִיכָה
טז וַיִּשְׁאֲלוּ־לוֹ לְשָׁלוֹם׃ וְשֵׁשׁ־מֵאוֹת אִישׁ חֲגוּרִים כְּלֵי מִלְחַמְתָּם
יז נִצָּבִים פֶּתַח הַשָּׁעַר אֲשֶׁר מִבְּנֵי־דָן׃ וַיַּעֲלוּ חֲמֵשֶׁת הָאֲנָשִׁים
הַהֹלְכִים לְרַגֵּל אֶת־הָאָרֶץ בָּאוּ שָׁמָּה לָקְחוּ אֶת־הַפֶּסֶל וְאֶת־
הָאֵפוֹד וְאֶת־הַתְּרָפִים וְאֶת־הַמַּסֵּכָה וְהַכֹּהֵן נִצָּב פֶּתַח הַשַּׁעַר
יח וְשֵׁשׁ־מֵאוֹת הָאִישׁ הֶחָגוּר כְּלֵי הַמִּלְחָמָה׃ וְאֵלֶּה בָּאוּ בֵּית
מִיכָה וַיִּקְחוּ אֶת־פֶּסֶל הָאֵפוֹד וְאֶת־הַתְּרָפִים וְאֶת־הַמַּסֵּכָה
יט וַיֹּאמֶר אֲלֵיהֶם הַכֹּהֵן מָה אַתֶּם עֹשִׂים׃ וַיֹּאמְרוּ לוֹ הַחֲרֵשׁ שִׂים־
יָדְךָ עַל־פִּיךָ וְלֵךְ עִמָּנוּ וֶהְיֵה־לָנוּ לְאָב וּלְכֹהֵן הֲטוֹב ׀ הֱיוֹתְךָ
כֹהֵן לְבֵית אִישׁ אֶחָד אוֹ הֱיוֹתְךָ כֹהֵן לְשֵׁבֶט וּלְמִשְׁפָּחָה
כ בְּיִשְׂרָאֵל׃ וַיִּיטַב לֵב הַכֹּהֵן וַיִּקַּח אֶת־הָאֵפוֹד וְאֶת־הַתְּרָפִים
כא וְאֶת־הַפָּסֶל וַיָּבֹא בְּקֶרֶב הָעָם׃ וַיִּפְנוּ וַיֵּלֵכוּ וַיָּשִׂימוּ אֶת־הַטַּף
כב וְאֶת־הַמִּקְנֶה וְאֶת־הַכְּבוּדָּה לִפְנֵיהֶם׃ הֵמָּה הִרְחִיקוּ מִבֵּית
מִיכָה וְהָאֲנָשִׁים אֲשֶׁר בַּבָּתִּים אֲשֶׁר עִם־בֵּית מִיכָה נִזְעֲקוּ
כג וַיַּדְבִּיקוּ אֶת־בְּנֵי־דָן׃ וַיִּקְרְאוּ אֶל־בְּנֵי־דָן וַיַּסֵּבּוּ פְּנֵיהֶם וַיֹּאמְרוּ
כד לְמִיכָה מַה־לְּךָ כִּי נִזְעָקְתָּ׃ וַיֹּאמֶר אֶת־אֱלֹהַי אֲשֶׁר־עָשִׂיתִי
לְקַחְתֶּם וְאֶת־הַכֹּהֵן וַתֵּלְכוּ וּמַה־לִּי עוֹד וּמַה־זֶּה תֹּאמְרוּ אֵלַי

כה מה־לך: ויאמרו אליו בני־דן אל־תשמע קולך עמנו פן־
יפגעו בכם אנשים מרי נפש ואספתה נפשך ונפש ביתך:
כו וילכו בני־דן לדרכם וירא מיכה כי־חזקים המה ממנו ויפן
כז וישב אל־ביתו: והמה לקחו את אשר־עשה מיכה ואת־
הכהן אשר היה־לו ויבאו על־ליש על־עם שקט ובטח ויכו
כח אותם לפי־חרב ואת־העיר שרפו באש: ואין מציל כי
רחוקה־היא מצידון ודבר אין־להם עם־אדם והיא בעמק
כט אשר לבית־רחוב ויבנו את־העיר וישבו בה: ויקראו שם־
העיר דן בשם דן אביהם אשר יולד לישראל ואולם ליש
ל שם־העיר לראשנה: ויקימו להם בני־דן את־הפסל ויהונתן
בן־גרשם בן־מנשה הוא ובניו היו כהנים לשבט הדני עד־
לא יום גלות הארץ: וישימו להם את־פסל מיכה אשר עשה
יט א כל־ימי היות בית־האלהים בשלה: ויהי
בימים ההם ומלך אין בישראל ויהי ׀ איש לוי גר בירכתי
ב הר־אפרים ויקח־לו אשה פילגש מבית לחם יהודה: ותזנה
עליו פילגשו ותלך מאתו אל־בית אביה אל־בית לחם
ג יהודה ותהי־שם ימים ארבעה חדשים: ויקם אישה וילך
אחריה לדבר על־לבה להשיבו ונערו עמו וצמד חמרים להשיבה
ותביאהו בית אביה ויראהו אבי הנערה וישמח לקראתו:
ד ויחזק־בו חתנו אבי הנערה וישב אתו שלשת ימים ויאכלו
ה וישתו וילינו שם: ויהי ביום הרביעי וישכימו בבקר ויקם
ללכת ויאמר אבי הנערה אל־חתנו סעד לבך פת־לחם
ו ואחר תלכו: וישבו ויאכלו שניהם יחדו וישתו ויאמר אבי
ז הנערה אל־האיש הואל־נא ולין ויטב לבך: ויקם האיש
ח ללכת ויפצר־בו חתנו וישב וילן שם: וישכם בבקר ביום
החמישי ללכת ויאמר ׀ אבי הנערה סעד־נא לבבך
ט והתמהמהו עד־נטות היום ויאכלו שניהם: ויקם האיש ללכת

הוּא וּפִֽילַגְשׁוֹ וְנַעֲרוֹ וַיֹּאמֶר לוֹ חֹתְנוֹ אֲבִי הַנַּעֲרָה הִנֵּה נָא
רָפָה הַיּוֹם לַעֲרֹב לִֽינוּ־נָא הִנֵּה חֲנוֹת הַיּוֹם לִין פֹּה וְיִיטַב
י לְבָבֶךָ וְהִשְׁכַּמְתֶּם מָחָר לְדַרְכְּכֶם וְהָלַכְתָּ לְאֹהָלֶךָ׃ וְלֹא־אָבָה
הָאִישׁ לָלוּן וַיָּקָם וַיֵּלֶךְ וַיָּבֹא עַד־נֹכַח יְבוּס הִיא יְרוּשָׁלִָם וְעִמּוֹ
יא צֶמֶד חֲמוֹרִים חֲבוּשִׁים וּפִֽילַגְשׁוֹ עִמּוֹ׃ הֵם עִם־יְבוּס וְהַיּוֹם רַד
מְאֹד וַיֹּאמֶר הַנַּעַר אֶל־אֲדֹנָיו לְכָה־נָּא וְנָסוּרָה אֶל־עִיר־
יב הַיְבוּסִי הַזֹּאת וְנָלִין בָּהּ׃ וַיֹּאמֶר אֵלָיו אֲדֹנָיו לֹא נָסוּר אֶל־
עִיר נָכְרִי אֲשֶׁר לֹא־מִבְּנֵי יִשְׂרָאֵל הֵנָּה וְעָבַרְנוּ עַד־גִּבְעָה׃
יג וַיֹּאמֶר לְנַעֲרוֹ לְךָ וְנִקְרְבָה בְּאַחַד הַמְּקֹמוֹת וְלַנּוּ בַגִּבְעָה אוֹ
יד בָרָמָה׃ וַיַּעַבְרוּ וַיֵּלֵכוּ וַתָּבֹא לָהֶם הַשֶּׁמֶשׁ אֵצֶל הַגִּבְעָה אֲשֶׁר
טו לְבִנְיָמִן׃ וַיָּסֻרוּ שָׁם לָבוֹא לָלוּן בַּגִּבְעָה וַיָּבֹא וַיֵּשֶׁב בִּרְחוֹב
טז הָעִיר וְאֵין אִישׁ מְאַסֵּף־אוֹתָם הַבַּיְתָה לָלוּן׃ וְהִנֵּה ׀ אִישׁ זָקֵן
בָּא מִן־מַעֲשֵׂהוּ מִן־הַשָּׂדֶה בָּעֶרֶב וְהָאִישׁ מֵהַר אֶפְרַיִם וְהוּא־
יז גָר בַּגִּבְעָה וְאַנְשֵׁי הַמָּקוֹם בְּנֵי יְמִינִי׃ וַיִּשָּׂא עֵינָיו וַיַּרְא אֶת־
הָאִישׁ הָאֹרֵחַ בִּרְחוֹב הָעִיר וַיֹּאמֶר הָאִישׁ הַזָּקֵן אָנָה תֵלֵךְ
יח וּמֵאַיִן תָּבוֹא׃ וַיֹּאמֶר אֵלָיו עֹבְרִים אֲנַחְנוּ מִבֵּית־לֶחֶם יְהוּדָה
עַד־יַרְכְּתֵי הַר־אֶפְרַיִם מִשָּׁם אָנֹכִי וָאֵלֵךְ עַד־בֵּית לֶחֶם
יְהוּדָה וְאֶת־בֵּית יהוה אֲנִי הֹלֵךְ וְאֵין אִישׁ מְאַסֵּף אוֹתִי
יט הַבָּיְתָה׃ וְגַם־תֶּבֶן גַּם־מִסְפּוֹא יֵשׁ לַחֲמוֹרֵינוּ וְגַם לֶחֶם וָיַיִן יֶשׁ־
כ לִי וְלַאֲמָתֶךָ וְלַנַּעַר עִם־עֲבָדֶיךָ אֵין מַחְסוֹר כָּל־דָּבָר׃ וַיֹּאמֶר יג
הָאִישׁ הַזָּקֵן שָׁלוֹם לָךְ רַק כָּל־מַחְסוֹרְךָ עָלָי רַק בָּרְחוֹב אַל־
כא תָּלַן׃ וַיְבִיאֵהוּ לְבֵיתוֹ ויבול לַחֲמוֹרִים וַיִּרְחֲצוּ רַגְלֵיהֶם וַיֹּאכְלוּ וַיָּבָל
כב וַיִּשְׁתּוּ׃ הֵמָּה מֵיטִיבִים אֶת־לִבָּם וְהִנֵּה אַנְשֵׁי הָעִיר אַנְשֵׁי בְנֵי־
בְלִיַּעַל נָסַבּוּ אֶת־הַבַּיִת מִתְדַּפְּקִים עַל־הַדָּלֶת וַיֹּאמְרוּ אֶל־
הָאִישׁ בַּעַל הַבַּיִת הַזָּקֵן לֵאמֹר הוֹצֵא אֶת־הָאִישׁ אֲשֶׁר־בָּא
כג אֶל־בֵּיתְךָ וְנֵדָעֶנּוּ׃ וַיֵּצֵא אֲלֵיהֶם הָאִישׁ בַּעַל הַבַּיִת וַיֹּאמֶר
אֲלֵהֶם אַל־אַחַי אַל־תָּרֵעוּ נָא אַחֲרֵי אֲשֶׁר־בָּא הָאִישׁ הַזֶּה

כד אל־ביתי אל־תעשו את־הנבלה הזאת: הנה בתי הבתולה
ופילגשהו אוציאה־נא אותם וענו אותם ועשו להם הטוב
כה בעיניכם ולאיש הזה לא תעשו דבר הנבלה הזאת: ולא־
אבו האנשים לשמע לו ויחזק האיש בפילגשו ויצא אליהם
החוץ וידעו אותה ויתעללו־בה כל־הלילה עד־הבקר
כו וישלחוה בעלות השחר: ותבא האשה לפנות הבקר ותפל כעלות
כז פתח בית־האיש אשר־אדוניה שם עד־האור: ויקם אדניה
בבקר ויפתח דלתות הבית ויצא ללכת לדרכו והנה האשה
כח פילגשו נפלת פתח הבית וידיה על־הסף: ויאמר אליה קומי
ונלכה ואין ענה ויקחה על־החמור ויקם האיש וילך למקמו:
כט ויבא אל־ביתו ויקח את־המאכלת ויחזק בפילגשו וינתחה
לעצמיה לשנים עשר נתחים וישלחה בכל גבול ישראל:
ל והיה כל־הראה ואמר לא־נהיתה ולא־נראתה כזאת למיום
עלות בני־ישראל מארץ מצרים עד היום הזה שימו־לכם
כ א עליה עצו ודברו: ויצאו כל־בני ישראל ותקהל
העדה כאיש אחד למדן ועד־באר שבע וארץ הגלעד אל־
ב יהוה המצפה: ויתיצבו פנות כל־העם כל שבטי ישראל
בקהל עם האלהים ארבע מאות אלף איש רגלי שלף
ג חרב: וישמעו בני בנימן כי־עלו בני־ישראל
המצפה ויאמרו בני ישראל דברו איכה נהיתה הרעה הזאת:
ד ויען האיש הלוי איש האשה הנרצחה ויאמר הגבעתה אשר
ה לבנימן באתי אני ופילגשי ללון: ויקמו עלי בעלי הגבעה
ויסבו עלי את־הבית לילה אותי דמו להרג ואת־פילגשי ענו
ו ותמת: ואחז בפילגשי ואנתחה ואשלחה בכל־שדה נחלת
ז ישראל כי עשו זמה ונבלה בישראל: הנה כלכם בני ישראל
ח הבו לכם דבר ועצה הלם: ויקם כל־העם כאיש אחד לאמר
ט לא נלך איש לאהלו ולא נסור איש לביתו: ועתה זה הדבר

י אשר נעשה לגבעה עליה בגורל: ולקחנו עשרה אנשים
למאה לכל | שבטי ישראל ומאה לאלף ואלף לרבבה לקחת
צדה לעם לעשות לבואם לגבע בנימן ככל־הנבלה אשר
יא עשה בישראל: ויאסף כל־איש ישראל אל־העיר כאיש
יב אחד חברים: וישלחו שבטי ישראל אנשים
בכל־שבטי בנימן לאמר מה הרעה הזאת אשר נהיתה
יג בכם: ועתה תנו את־האנשים בני־בליעל אשר בגבעה
ונמיתם ונבערה רעה מישראל ולא אבו בנימן לשמע בני
יד בקול אחיהם בני־ישראל: ויאספו בני־בנימן מן־הערים
טו הגבעתה לצאת למלחמה עם־בני ישראל: ויתפקדו בני
בנימן ביום ההוא מהערים עשרים וששה אלף איש שלף
חרב לבד מישבי הגבעה התפקדו שבע מאות איש בחור:
טז מכל | העם הזה שבע מאות איש בחור אטר יד־ימינו כל־זה
יז קלע באבן אל־השערה ולא יחטא: ואיש
ישראל התפקדו לבד מבנימן ארבע מאות אלף איש שלף
יח חרב כל־זה איש מלחמה: ויקמו ויעלו בית־אל וישאלו
באלהים ויאמרו בני ישראל מי יעלה־לנו בתחלה למלחמה
יט עם־בני בנימן ויאמר יהוה יהודה בתחלה: ויקומו בני־
כ ישראל בבקר ויחנו על־הגבעה: ויצא איש ישראל למלחמה
עם־בנימן ויערכו אתם איש־ישראל מלחמה אל־הגבעה:
כא ויצאו בני־בנימן מן־הגבעה וישחיתו בישראל ביום ההוא
כב שנים ועשרים אלף איש ארצה: ויתחזק העם איש ישראל
ויספו לערך מלחמה במקום אשר־ערכו שם ביום הראשון:
כג ויעלו בני־ישראל ויבכו לפני־יהוה עד־הערב וישאלו ביהוה
לאמר האוסיף לגשת למלחמה עם־בני בנימן אחי ויאמר
כד יהוה עלו אליו: ויקרבו בני־ישראל אל־בני
כה בנימן ביום השני: ויצא בנימן | לקראתם | מן־הגבעה ביום

השני וישחיתו בבני ישראל עוד שמנת עשר אלף איש ארצה
כו כל־אלה שלפי חרב: ויעלו כל־בני ישראל וכל־העם ויבאו
בית־אל ויבכו וישבו שם לפני יהוה ויצומו ביום־ההוא עד־
יד כז הערב ויעלו עלות ושלמים לפני יהוה: וישאלו בני־ישראל
כח ביהוה ושם ארון ברית האלהים בימים ההם: ופינחס בן־
אלעזר בן־אהרן עמד | לפניו בימים ההם לאמר האוסף עוד
לצאת למלחמה עם־בני־בנימן אחי אם־אחדל ויאמר יהוה
כט עלו כי מחר אתננו בידך: וישם ישראל ארבים אל־הגבעה
ל סביב: ויעלו בני־ישראל אל־בני בנימן ביום
לא השלישי ויערכו אל־הגבעה כפעם בפעם: ויצאו בני־בנימן
לקראת העם הנתקו מן־העיר ויחלו להכות מהעם חללים
כפעם | בפעם במסלות אשר אחת עלה בית־אל ואחת
לב גבעתה בשדה כשלשים איש בישראל: ויאמרו בני בנימן
נגפים הם לפנינו כבראשנה ובני ישראל אמרו ננוסה
לג ונתקנוהו מן־העיר אל־המסלות: וכל | איש ישראל קמו
ממקומו ויערכו בבעל תמר וארב ישראל מגיח ממקמו
לד ממערה־גבע: ויבאו מנגד לגבעה עשרת אלפים איש בחור
מכל־ישראל והמלחמה כבדה והם לא ידעו כי־נגעת
לה עליהם הרעה: ויגף יהוה | את־בנימן לפני
ישראל וישחיתו בני ישראל בבנימן ביום ההוא עשרים
לו וחמשה אלף ומאה איש כל־אלה שלף חרב: ויראו בני־
בנימן כי נגפו ויתנו איש־ישראל מקום לבנימן כי בטחו אל־
לז הארב אשר שמו אל־הגבעה: והארב החישו ויפשטו אל־
לח הגבעה וימשך הארב ויך את־כל־העיר לפי־חרב: והמועד
היה לאיש ישראל עם־הארב הרב להעלותם משאת העשן
לט מן־העיר: ויהפך איש־ישראל במלחמה ובנימן החל להכות
חללים באיש־ישראל כשלשים איש כי אמרו אך נגוף נגף

מ הוּא לְפָנֵינוּ כַּמִּלְחָמָה הָרִאשֹׁנָה׃ וְהַמַּשְׂאֵת הֵחֵלָּה לַעֲלוֹת מִן־
הָעִיר עַמּוּד עָשָׁן וַיִּפֶן בִּנְיָמִן אַחֲרָיו וְהִנֵּה עָלָה כְלִיל־הָעִיר
מא הַשָּׁמָיְמָה׃ וְאִישׁ יִשְׂרָאֵל הָפַךְ וַיִּבָּהֵל אִישׁ בִּנְיָמִן כִּי רָאָה כִּי־
מב נָגְעָה עָלָיו הָרָעָה׃ וַיִּפְנוּ לִפְנֵי אִישׁ יִשְׂרָאֵל אֶל־דֶּרֶךְ הַמִּדְבָּר
וְהַמִּלְחָמָה הִדְבִּיקָתְהוּ וַאֲשֶׁר מֵהֶעָרִים מַשְׁחִיתִים אוֹתוֹ
מג בְּתוֹכוֹ׃ כִּתְּרוּ אֶת־בִּנְיָמִן הִרְדִיפֻהוּ מְנוּחָה הִדְרִיכֻהוּ עַד נֹכַח
מד הַגִּבְעָה מִמִּזְרַח־שָׁמֶשׁ׃ וַיִּפְּלוּ מִבִּנְיָמִן שְׁמֹנָה־עָשָׂר אֶלֶף אִישׁ
מה אֶת־כָּל־אֵלֶּה אַנְשֵׁי־חָיִל׃ וַיִּפְנוּ וַיָּנֻסוּ הַמִּדְבָּרָה אֶל־סֶלַע
הָרִמּוֹן וַיְעֹלְלֻהוּ בַּמְסִלּוֹת חֲמֵשֶׁת אֲלָפִים אִישׁ וַיַּדְבִּיקוּ אַחֲרָיו
מו עַד־גִּדְעֹם וַיַּכּוּ מִמֶּנּוּ אַלְפַּיִם אִישׁ׃ וַיְהִי כָל־הַנֹּפְלִים מִבִּנְיָמִן
עֶשְׂרִים וַחֲמִשָּׁה אֶלֶף אִישׁ שֹׁלֵף חֶרֶב בַּיּוֹם הַהוּא אֶת־כָּל־
מז אֵלֶּה אַנְשֵׁי־חָיִל׃ וַיִּפְנוּ וַיָּנֻסוּ הַמִּדְבָּרָה אֶל־סֶלַע הָרִמּוֹן שֵׁשׁ
מח מֵאוֹת אִישׁ וַיֵּשְׁבוּ בְּסֶלַע רִמּוֹן אַרְבָּעָה חֳדָשִׁים׃ וְאִישׁ יִשְׂרָאֵל
שָׁבוּ אֶל־בְּנֵי בִנְיָמִן וַיַּכּוּם לְפִי־חֶרֶב מֵעִיר מְתֹם עַד־
בְּהֵמָה עַד כָּל־הַנִּמְצָא גַּם כָּל־הֶעָרִים הַנִּמְצָאוֹת שִׁלְּחוּ
כא א בָּאֵשׁ׃ וְאִישׁ יִשְׂרָאֵל נִשְׁבַּע בַּמִּצְפָּה לֵאמֹר אִישׁ
ב מִמֶּנּוּ לֹא־יִתֵּן בִּתּוֹ לְבִנְיָמִן לְאִשָּׁה׃ וַיָּבֹא הָעָם בֵּית־אֵל וַיֵּשְׁבוּ
שָׁם עַד־הָעֶרֶב לִפְנֵי הָאֱלֹהִים וַיִּשְׂאוּ קוֹלָם וַיִּבְכּוּ בְּכִי גָדוֹל׃
ג וַיֹּאמְרוּ לָמָה יהוה אֱלֹהֵי יִשְׂרָאֵל הָיְתָה זֹּאת בְּיִשְׂרָאֵל
ד לְהִפָּקֵד הַיּוֹם מִיִּשְׂרָאֵל שֵׁבֶט אֶחָד׃ וַיְהִי מִמָּחֳרָת וַיַּשְׁכִּימוּ הָעָם
ה וַיִּבְנוּ־שָׁם מִזְבֵּחַ וַיַּעֲלוּ עֹלוֹת וּשְׁלָמִים׃ וַיֹּאמְרוּ
בְּנֵי יִשְׂרָאֵל מִי אֲשֶׁר לֹא־עָלָה בַקָּהָל מִכָּל־שִׁבְטֵי יִשְׂרָאֵל
אֶל־יהוה כִּי הַשְּׁבוּעָה הַגְּדוֹלָה הָיְתָה לַאֲשֶׁר לֹא־עָלָה אֶל־
ו יהוה הַמִּצְפָּה לֵאמֹר מוֹת יוּמָת׃ וַיִּנָּחֲמוּ בְּנֵי יִשְׂרָאֵל אֶל־
ז בִּנְיָמִן אָחִיו וַיֹּאמְרוּ נִגְדַּע הַיּוֹם שֵׁבֶט אֶחָד מִיִּשְׂרָאֵל׃ מַה־
נַּעֲשֶׂה לָהֶם לַנּוֹתָרִים לְנָשִׁים וַאֲנַחְנוּ נִשְׁבַּעְנוּ בַיהוה לְבִלְתִּי
ח תֵּת־לָהֶם מִבְּנוֹתֵינוּ לְנָשִׁים׃ וַיֹּאמְרוּ מִי אֶחָד מִשִּׁבְטֵי יִשְׂרָאֵל

אשר לא־עלה אל־יהוה המצפה והנה לא בא־איש אל־
המחנה מיביש גלעד אל־הקהל: ויתפקד העם והנה אין־ ט
שם איש מיושבי יבש גלעד: וישלחו־שם העדה שנים־עשר י
אלף איש מבני החיל ויצוו אותם לאמר לכו והכיתם את־
יושבי יבש גלעד לפי־חרב והנשים והטף: וזה הדבר אשר יא
תעשו כל־זכר וכל־אשה ידעת משכב־זכר תחרימו:
וימצאו מיושבי ׀ יביש גלעד ארבע מאות נערה בתולה אשר יב
לא־ידעה איש למשכב זכר ויביאו אותם אל־המחנה שלה
אשר בארץ כנען: וישלחו כל־העדה וידברו יג
אל־בני בנימן אשר בסלע רמון ויקראו להם שלום:
וישב בנימן בעת ההיא ויתנו להם הנשים אשר חיו מנשי יד
יבש גלעד ולא־מצאו להם כן: והעם נחם לבנימן כי־עשה טו
יהוה פרץ בשבטי ישראל: ויאמרו זקני העדה מה־נעשה טז
לנותרים לנשים כי־נשמדה מבנימן אשה: ויאמרו ירשת יז
פליטה לבנימן ולא־ימחה שבט מישראל: ואנחנו לא נוכל יח
לתת־להם נשים מבנותינו כי־נשבעו בני־ישראל לאמר
ארור נתן אשה לבנימן: ויאמרו הנה חג־יהוה בשלו מימים ׀ יט
ימימה אשר מצפונה לבית־אל מזרחה השמש למסלה
העלה מבית־אל שכמה ומנגב ללבונה: ויצו את־בני בנימן כ
לאמר לכו וארבתם בכרמים: וראיתם והנה אם־יצאו בנות־ כא
שילו לחול במחלות ויצאתם מן־הכרמים וחטפתם לכם איש
אשתו מבנות שילו והלכתם ארץ בנימן: והיה כי־יבאו כב
לריב אבותם או אחיהם לרוב ׀ אלינו ואמרנו אליהם חנונו אותם
כי לא לקחנו איש אשתו במלחמה כי לא אתם נתתם להם
כעת תאשמו: ויעשו־כן בני בנימן וישאו נשים למספרם מן־ כג
המחללות אשר גזלו וילכו וישובו אל־נחלתם ויבנו את־
הערים וישבו בהם: ויתהלכו משם בני־ישראל בעת ההיא כד

כה אִ֥ישׁ לְשִׁבְט֖וֹ וּלְמִשְׁפַּחְתּ֑וֹ וַיֵּצְא֣וּ מִשָּׁ֔ם אִ֖ישׁ לְנַחֲלָתֽוֹ׃ בַּיָּמִ֣ים
הָהֵ֔ם אֵ֥ין מֶ֖לֶךְ בְּיִשְׂרָאֵ֑ל אִ֛ישׁ הַיָּשָׁ֥ר בְּעֵינָ֖יו יַעֲשֶֽׂה׃

שמואל

א ויהי איש אחד מן־הרמתים צופים מהר אפרים ושמו אלקנה א
ב בן־ירחם בן־אליהוא בן־תחו בן־צוף אפרתי׃ ולו שתי נשים
שם אחת חנה ושם השנית פננה ויהי לפננה ילדים ולחנה
ג אין ילדים׃ ועלה האיש ההוא מעירו מימים ׀ ימימה
להשתחות ולזבח ליהוה צבאות בשלה ושם שני בני־עלי
ד חפני ופנחס כהנים ליהוה׃ ויהי היום ויזבח אלקנה ונתן
ה לפננה אשתו ולכל־בניה ובנותיה מנות׃ ולחנה יתן מנה
ו אחת אפים כי את־חנה אהב ויהוה סגר רחמה׃ וכעסתה
צרתה גם־כעס בעבור הרעמה כי־סגר יהוה בעד רחמה׃
ז וכן יעשה שנה בשנה מדי עלתה בבית יהוה כן תכעסנה
ח ותבכה ולא תאכל׃ ויאמר לה אלקנה אישה חנה למה
תבכי ולמה לא תאכלי ולמה ירע לבבך הלוא אנכי טוב
ט לך מעשרה בנים׃ ותקם חנה אחרי אכלה בשלה ואחרי
י שתה ועלי הכהן ישב על־הכסא על־מזוזת היכל יהוה׃ והיא
יא מרת נפש ותתפלל על־יהוה ובכה תבכה׃ ותדר נדר ותאמר
יהוה צבאות אם־ראה תראה ׀ בעני אמתך וזכרתני ולא־
תשכח את־אמתך ונתתה לאמתך זרע אנשים ונתתיו
יב ליהוה כל־ימי חייו ומורה לא־יעלה על־ראשו׃ והיה כי
יג הרבתה להתפלל לפני יהוה ועלי שמר את־פיה׃ וחנה היא
מדברת על־לבה רק שפתיה נעות וקולה לא ישמע ויחשבה
יד עלי לשכרה׃ ויאמר אליה עלי עד־מתי תשתכרין הסירי
טו את־יינך מעליך׃ ותען חנה ותאמר לא אדני אשה קשת־
רוח אנכי ויין ושכר לא שתיתי ואשפך את־נפשי לפני יהוה׃
טז אל־תתן את־אמתך לפני בת־בליעל כי־מרב שיחי וכעסי
יז דברתי עד־הנה׃ ויען עלי ויאמר לכי לשלום ואלהי ישראל
יח יתן את־שלתך אשר שאלת מעמו׃ ותאמר תמצא שפחתך
חן בעיניך ותלך האשה לדרכה ותאכל ופניה לא־היו־לה

יט עוֹד וַיַּשְׁכִּמוּ בַבֹּקֶר וַיִּשְׁתַּחֲווּ לִפְנֵי יְהוָה וַיָּשֻׁבוּ וַיָּבֹאוּ אֶל־
בֵּיתָם הָרָמָתָה וַיֵּדַע אֶלְקָנָה אֶת־חַנָּה אִשְׁתּוֹ וַיִּזְכְּרֶהָ יְהוָה׃
כ וַיְהִי לִתְקֻפוֹת הַיָּמִים וַתַּהַר חַנָּה וַתֵּלֶד בֵּן וַתִּקְרָא אֶת־שְׁמוֹ
כא שְׁמוּאֵל כִּי מֵיְהוָה שְׁאִלְתִּיו׃ וַיַּעַל הָאִישׁ אֶלְקָנָה וְכָל־בֵּיתוֹ
כב לִזְבֹּחַ לַיהוָה אֶת־זֶבַח הַיָּמִים וְאֶת־נִדְרוֹ׃ וְחַנָּה לֹא עָלָתָה כִּי־
אָמְרָה לְאִישָׁהּ עַד יִגָּמֵל הַנַּעַר וַהֲבִאֹתִיו וְנִרְאָה אֶת־פְּנֵי יְהוָה
כג וְיָשַׁב שָׁם עַד־עוֹלָם׃ וַיֹּאמֶר לָהּ אֶלְקָנָה אִישָׁהּ עֲשִׂי הַטּוֹב
בְּעֵינַיִךְ שְׁבִי עַד־גָּמְלֵךְ אֹתוֹ אַךְ יָקֵם יְהוָה אֶת־דְּבָרוֹ וַתֵּשֶׁב
כד הָאִשָּׁה וַתֵּינֶק אֶת־בְּנָהּ עַד־גָמְלָהּ אֹתוֹ׃ וַתַּעֲלֵהוּ עִמָּהּ כַּאֲשֶׁר
גְּמָלַתּוּ בְּפָרִים שְׁלֹשָׁה וְאֵיפָה אַחַת קֶמַח וְנֵבֶל יַיִן וַתְּבִאֵהוּ
כה בֵית־יְהוָה שִׁלוֹ וְהַנַּעַר נָעַר׃ וַיִּשְׁחֲטוּ אֶת־הַפָּר וַיָּבִאוּ אֶת־
כו הַנַּעַר אֶל־עֵלִי׃ וַתֹּאמֶר בִּי אֲדֹנִי חֵי נַפְשְׁךָ אֲדֹנִי אֲנִי הָאִשָּׁה
כז הַנִּצֶּבֶת עִמְּכָה בָּזֶה לְהִתְפַּלֵּל אֶל־יְהוָה׃ אֶל־הַנַּעַר הַזֶּה
הִתְפַּלָּלְתִּי וַיִּתֵּן יְהוָה לִי אֶת־שְׁאֵלָתִי אֲשֶׁר שָׁאַלְתִּי מֵעִמּוֹ׃
כח וְגַם אָנֹכִי הִשְׁאִלְתִּהוּ לַיהוָה כָּל־הַיָּמִים אֲשֶׁר הָיָה הוּא שָׁאוּל
ב א לַיהוָה וַיִּשְׁתַּחוּ שָׁם לַיהוָה׃ וַתִּתְפַּלֵּל חַנָּה
וַתֹּאמַר עָלַץ לִבִּי בַּיהוָה רָמָה קַרְנִי בַּיהוָה רָחַב פִּי עַל־אוֹיְבַי
ב כִּי שָׂמַחְתִּי בִּישׁוּעָתֶךָ׃ אֵין־קָדוֹשׁ כַּיהוָה כִּי־אֵין בִּלְתֶּךָ וְאֵין
ג צוּר כֵּאלֹהֵינוּ׃ אַל־תַּרְבּוּ תְדַבְּרוּ גְּבֹהָה גְבֹהָה יֵצֵא עָתָק
ד מִפִּיכֶם כִּי אֵל דֵּעוֹת יְהוָה וְלֹא נִתְכְּנוּ עֲלִלוֹת׃ קֶשֶׁת גִּבֹּרִים וְלוֹ
ה חַתִּים וְנִכְשָׁלִים אָזְרוּ חָיִל׃ שְׂבֵעִים בַּלֶּחֶם נִשְׂכָּרוּ וּרְעֵבִים חָדֵלּוּ
ו עַד־עֲקָרָה יָלְדָה שִׁבְעָה וְרַבַּת בָּנִים אֻמְלָלָה׃ יְהוָה מֵמִית
ז וּמְחַיֶּה מוֹרִיד שְׁאוֹל וַיָּעַל׃ יְהוָה מוֹרִישׁ וּמַעֲשִׁיר מַשְׁפִּיל
ח אַף־מְרוֹמֵם׃ מֵקִים מֵעָפָר דָּל מֵאַשְׁפֹּת יָרִים אֶבְיוֹן לְהוֹשִׁיב
עִם־נְדִיבִים וְכִסֵּא כָבוֹד יַנְחִלֵם כִּי לַיהוָה מְצֻקֵי אֶרֶץ וַיָּשֶׁת
ט עֲלֵיהֶם תֵּבֵל׃ רַגְלֵי חֲסִידָו יִשְׁמֹר וּרְשָׁעִים בַּחֹשֶׁךְ יִדָּמּוּ כִּי־לֹא
י בְכֹחַ יִגְבַּר־אִישׁ׃ יְהוָה יֵחַתּוּ מְרִיבָו עָלָו בַּשָּׁמַיִם יַרְעֵם יְהוָה ב

יָדִין אַפְסֵי־אָרֶץ וְיִתֶּן־עֹז לְמַלְכּוֹ וְיָרֵם קֶרֶן מְשִׁיחוֹ׃
יא וַיֵּלֶךְ אֶלְקָנָה הָרָמָתָה עַל־בֵּיתוֹ וְהַנַּעַר הָיָה מְשָׁרֵת אֶת־יְהוָה
יב אֶת־פְּנֵי עֵלִי הַכֹּהֵן׃ וּבְנֵי עֵלִי בְּנֵי בְלִיָּעַל לֹא יָדְעוּ אֶת־יְהוָה׃
יג וּמִשְׁפַּט הַכֹּהֲנִים אֶת־הָעָם כָּל־אִישׁ זֹבֵחַ זֶבַח וּבָא נַעַר הַכֹּהֵן
יד כְּבַשֵּׁל הַבָּשָׂר וְהַמַּזְלֵג שְׁלֹשׁ הַשִּׁנַּיִם בְּיָדוֹ׃ וְהִכָּה בַכִּיּוֹר אוֹ
בַדּוּד אוֹ בַקַּלַּחַת אוֹ בַפָּרוּר כֹּל אֲשֶׁר יַעֲלֶה הַמַּזְלֵג יִקַּח הַכֹּהֵן
טו בּוֹ כָּכָה יַעֲשׂוּ לְכָל־יִשְׂרָאֵל הַבָּאִים שָׁם בְּשִׁלֹה׃ גַּם בְּטֶרֶם
יַקְטִרוּן אֶת־הַחֵלֶב וּבָא ׀ נַעַר הַכֹּהֵן וְאָמַר לָאִישׁ הַזֹּבֵחַ תְּנָה
בָשָׂר לִצְלוֹת לַכֹּהֵן וְלֹא־יִקַּח מִמְּךָ בָּשָׂר מְבֻשָּׁל כִּי אִם־חָי׃
טז וַיֹּאמֶר אֵלָיו הָאִישׁ קַטֵּר יַקְטִירוּן כַּיּוֹם הַחֵלֶב וְקַח־לְךָ כַּאֲשֶׁר
תְּאַוֶּה נַפְשֶׁךָ וְאָמַר ׀ לוֹ כִּי עַתָּה תִתֵּן וְאִם־לֹא לָקַחְתִּי לא
יז בְחָזְקָה׃ וַתְּהִי חַטַּאת הַנְּעָרִים גְּדוֹלָה מְאֹד אֶת־פְּנֵי יְהוָה כִּי
יח נִאֲצוּ הָאֲנָשִׁים אֵת מִנְחַת יְהוָה׃ וּשְׁמוּאֵל מְשָׁרֵת אֶת־פְּנֵי
יט יְהוָה נַעַר חָגוּר אֵפוֹד בָּד׃ וּמְעִיל קָטֹן תַּעֲשֶׂה־לּוֹ אִמּוֹ
וְהַעַלְתָה לוֹ מִיָּמִים ׀ יָמִימָה בַּעֲלוֹתָהּ אֶת־אִישָׁהּ לִזְבֹּחַ אֶת־
כ זֶבַח הַיָּמִים׃ וּבֵרַךְ עֵלִי אֶת־אֶלְקָנָה וְאֶת־אִשְׁתּוֹ וְאָמַר
יָשֵׂם יְהוָה לְךָ זֶרַע מִן־הָאִשָּׁה הַזֹּאת תַּחַת הַשְּׁאֵלָה אֲשֶׁר
כא שָׁאַל לַיהוָה וְהָלְכוּ לִמְקֹמוֹ׃ כִּי־פָקַד יְהוָה אֶת־חַנָּה וַתַּהַר
וַתֵּלֶד שְׁלֹשָׁה־בָנִים וּשְׁתֵּי בָנוֹת וַיִּגְדַּל הַנַּעַר שְׁמוּאֵל עִם־
כב יְהוָה׃ וְעֵלִי זָקֵן מְאֹד וְשָׁמַע אֵת כָּל־אֲשֶׁר
יַעֲשׂוּן בָּנָיו לְכָל־יִשְׂרָאֵל וְאֵת אֲשֶׁר־יִשְׁכְּבֻן אֶת־הַנָּשִׁים
כג הַצֹּבְאוֹת פֶּתַח אֹהֶל מוֹעֵד׃ וַיֹּאמֶר לָהֶם לָמָּה תַעֲשׂוּן כַּדְּבָרִים
הָאֵלֶּה אֲשֶׁר אָנֹכִי שֹׁמֵעַ אֶת־דִּבְרֵיכֶם רָעִים מֵאֵת כָּל־הָעָם
כד אֵלֶּה׃ אַל בָּנָי כִּי לוֹא־טוֹבָה הַשְּׁמֻעָה אֲשֶׁר אָנֹכִי שֹׁמֵעַ
כה מַעֲבִרִים עַם־יְהוָה׃ אִם־יֶחֱטָא אִישׁ לְאִישׁ וּפִלְלוֹ אֱלֹהִים
וְאִם לַיהוָה יֶחֱטָא־אִישׁ מִי יִתְפַּלֶּל־לוֹ וְלֹא יִשְׁמְעוּ לְקוֹל
כו אֲבִיהֶם כִּי־חָפֵץ יְהוָה לַהֲמִיתָם׃ וְהַנַּעַר שְׁמוּאֵל הֹלֵךְ וְגָדֵל

וְט֑וֹב גַּ֚ם עִם־יהוה וְגַ֖ם עִם־אֲנָשִֽׁים׃
כז וַיָּבֹ֥א אִישׁ־אֱלֹהִ֖ים אֶל־עֵלִ֑י וַיֹּ֣אמֶר אֵלָ֗יו כֹּ֚ה אָמַ֣ר יהוה הֲנִגְלֹ֤ה
כח נִגְלֵ֙יתִי֙ אֶל־בֵּ֣ית אָבִ֔יךָ בִּֽהְיוֹתָ֥ם בְּמִצְרַ֖יִם לְבֵ֥ית פַּרְעֹֽה׃ וּבָחֹ֣ר
אֹ֠תוֹ מִכׇּל־שִׁבְטֵ֨י יִשְׂרָאֵ֥ל לִי֙ לְכֹהֵ֔ן לַעֲל֣וֹת עַֽל־מִזְבְּחִ֔י לְהַקְטִ֥יר
קְטֹ֛רֶת לָשֵׂ֥את אֵפ֖וֹד לְפָנָ֑י וָאֶתְּנָה֙ לְבֵ֣ית אָבִ֔יךָ אֶת־כׇּל־אִשֵּׁ֖י
כט בְּנֵ֥י יִשְׂרָאֵֽל׃ לָ֣מָּה תִבְעֲט֗וּ בְּזִבְחִי֙ וּבְמִנְחָתִ֔י אֲשֶׁ֥ר צִוִּ֖יתִי מָע֑וֹן
וַתְּכַבֵּ֤ד אֶת־בָּנֶ֙יךָ֙ מִמֶּ֔נִּי לְהַבְרִֽיאֲכֶ֗ם מֵרֵאשִׁ֛ית כׇּל־מִנְחַ֥ת
ל יִשְׂרָאֵ֖ל לְעַמִּֽי׃ לָכֵ֗ן נְאֻם יהוה֮ אֱלֹהֵ֣י יִשְׂרָאֵל֒ אָמ֣וֹר אָמַ֔רְתִּי
בֵּֽיתְךָ֙ וּבֵ֣ית אָבִ֔יךָ יִתְהַלְּכ֥וּ לְפָנַ֖י עַד־עוֹלָ֑ם וְעַתָּ֤ה נְאֻם־יהוה֙
לא חָלִ֣ילָה לִּ֔י כִּֽי־מְכַבְּדַ֥י אֲכַבֵּ֖ד וּבֹזַ֥י יֵקָֽלּוּ׃ הִנֵּה֙ יָמִ֣ים בָּאִ֔ים
וְגָֽדַעְתִּי֙ אֶת־זְרֹ֣עֲךָ֔ וְאֶת־זְרֹ֖עַ בֵּ֣ית אָבִ֑יךָ מִהְי֥וֹת זָקֵ֖ן בְּבֵיתֶֽךָ׃
לב וְהִבַּטְתָּ֙ צַ֣ר מָע֔וֹן בְּכֹ֥ל אֲשֶׁר־יֵיטִ֖יב אֶת־יִשְׂרָאֵ֑ל וְלֹֽא־יִהְיֶ֥ה
לג זָקֵ֛ן בְּבֵיתְךָ֖ כׇּל־הַיָּמִֽים׃ וְאִ֗ישׁ לֹֽא־אַכְרִ֤ית לְךָ֙ מֵעִ֣ם מִזְבְּחִ֔י
לְכַלּ֥וֹת אֶת־עֵינֶ֖יךָ וְלַאֲדִ֣יב אֶת־נַפְשֶׁ֑ךָ וְכׇל־מַרְבִּ֥ית בֵּיתְךָ֖
לד יָמ֥וּתוּ אֲנָשִֽׁים׃ וְזֶה־לְּךָ֣ הָא֗וֹת אֲשֶׁ֤ר יָבֹא֙ אֶל־שְׁנֵ֣י בָנֶ֔יךָ אֶל־
לה חׇפְנִ֖י וּפִֽינְחָ֑ס בְּי֥וֹם אֶחָ֖ד יָמ֥וּתוּ שְׁנֵיהֶֽם׃ וַהֲקִימֹתִ֣י לִי֮ כֹּהֵ֣ן נֶאֱמָן֒
כַּאֲשֶׁ֛ר בִּלְבָבִ֥י וּבְנַפְשִׁ֖י יַעֲשֶׂ֑ה וּבָנִ֤יתִי לוֹ֙ בַּ֣יִת נֶאֱמָ֔ן וְהִתְהַלֵּ֥ךְ
לו לִפְנֵֽי־מְשִׁיחִ֖י כׇּל־הַיָּמִֽים׃ וְהָיָ֗ה כׇּל־הַנּוֹתָר֙ בְּבֵ֣יתְךָ֔ יָבוֹא֙
לְהִשְׁתַּחֲוֺ֣ת ל֔וֹ לַאֲג֥וֹרַת כֶּ֖סֶף וְכִכַּר־לָ֑חֶם וְאָמַ֗ר סְפָחֵ֥נִי נָ֛א אֶל־
ג א אַחַ֥ת הַכְּהֻנּ֖וֹת לֶאֱכֹ֥ל פַּת־לָֽחֶם׃ וְהַנַּ֧עַר שְׁמוּאֵ֛ל
מְשָׁרֵ֥ת אֶת־יהוה לִפְנֵ֣י עֵלִ֑י וּדְבַר יהוה הָיָ֤ה יָקָר֙ בַּיָּמִ֣ים הָהֵ֔ם
ב אֵ֥ין חָז֖וֹן נִפְרָֽץ׃ וַיְהִי֙ בַּיּ֣וֹם הַה֔וּא וְעֵלִ֖י שֹׁכֵ֣ב בִּמְקֹמ֑וֹ וְעֵינָו֙ הֵחֵ֣לּוּ
ג כֵה֔וֹת לֹ֥א יוּכַ֖ל לִרְאֽוֹת׃ וְנֵ֤ר אֱלֹהִים֙ טֶ֣רֶם יִכְבֶּ֔ה וּשְׁמוּאֵ֖ל שֹׁכֵ֑ב
ד בְּהֵיכַ֣ל יהוה אֲשֶׁר־שָׁ֖ם אֲר֥וֹן אֱלֹהִֽים׃ וַיִּקְרָ֧א
ה יהוה אֶל־שְׁמוּאֵ֖ל וַיֹּ֥אמֶר הִנֵּֽנִי׃ וַיָּ֣רׇץ אֶל־עֵלִ֗י וַיֹּ֤אמֶר הִנְנִי֙ כִּֽי־
ו קָרָ֣אתָ לִּ֔י וַיֹּ֥אמֶר לֹֽא־קָרָ֖אתִי שׁ֣וּב שְׁכָ֑ב וַיֵּ֖לֶךְ וַיִּשְׁכָּֽב׃ וַיֹּ֣סֶף
יהוה קְרֹ֣א עוֹד֮ שְׁמוּאֵל֒ וַיָּ֤קׇם שְׁמוּאֵל֙ וַיֵּ֣לֶךְ אֶל־עֵלִ֔י וַיֹּ֖אמֶר

ז הִנְנִי כִּי קָרָאתָ לִי וַיֹּאמֶר לֹא־קָרָאתִי בְנִי שׁוּב שְׁכָב׃ וּשְׁמוּאֵל
ח טֶרֶם יָדַע אֶת־יְהוָה וְטֶרֶם יִגָּלֶה אֵלָיו דְּבַר־יְהוָה׃ וַיֹּסֶף יְהוָה
קְרֹא־שְׁמוּאֵל בַּשְּׁלִשִׁית וַיָּקָם וַיֵּלֶךְ אֶל־עֵלִי וַיֹּאמֶר הִנְנִי כִּי
ט קָרָאתָ לִי וַיָּבֶן עֵלִי כִּי יְהוָה קֹרֵא לַנָּעַר׃ וַיֹּאמֶר עֵלִי לִשְׁמוּאֵל
לֵךְ שְׁכָב וְהָיָה אִם־יִקְרָא אֵלֶיךָ וְאָמַרְתָּ דַּבֵּר יְהוָה כִּי שֹׁמֵעַ
י עַבְדֶּךָ וַיֵּלֶךְ שְׁמוּאֵל וַיִּשְׁכַּב בִּמְקוֹמוֹ׃ וַיָּבֹא יְהוָה וַיִּתְיַצַּב וַיִּקְרָא
כְפַעַם־בְּפַעַם שְׁמוּאֵל ׀ שְׁמוּאֵל וַיֹּאמֶר שְׁמוּאֵל דַּבֵּר כִּי שֹׁמֵעַ
יא עַבְדֶּךָ׃ וַיֹּאמֶר יְהוָה אֶל־שְׁמוּאֵל הִנֵּה אָנֹכִי
יב עֹשֶׂה דָבָר בְּיִשְׂרָאֵל אֲשֶׁר כָּל־שֹׁמְעוֹ תְּצִלֶּינָה שְׁתֵּי אָזְנָיו׃ בַּיּוֹם
הַהוּא אָקִים אֶל־עֵלִי אֵת כָּל־אֲשֶׁר דִּבַּרְתִּי אֶל־בֵּיתוֹ הָחֵל
יג וְכַלֵּה׃ וְהִגַּדְתִּי לוֹ כִּי־שֹׁפֵט אֲנִי אֶת־בֵּיתוֹ עַד־עוֹלָם בַּעֲוֹן
יד אֲשֶׁר־יָדַע כִּי־מְקַלְלִים לָהֶם בָּנָיו וְלֹא כִהָה בָּם׃ וְלָכֵן נִשְׁבַּעְתִּי
לְבֵית עֵלִי אִם־יִתְכַּפֵּר עֲוֹן בֵּית־עֵלִי בְּזֶבַח וּבְמִנְחָה עַד־עוֹלָם׃
טו וַיִּשְׁכַּב שְׁמוּאֵל עַד־הַבֹּקֶר וַיִּפְתַּח אֶת־דַּלְתוֹת בֵּית־יְהוָה
טז וּשְׁמוּאֵל יָרֵא מֵהַגִּיד אֶת־הַמַּרְאָה אֶל־עֵלִי׃ וַיִּקְרָא עֵלִי אֶת־
יז שְׁמוּאֵל וַיֹּאמֶר שְׁמוּאֵל בְּנִי וַיֹּאמֶר הִנֵּנִי׃ וַיֹּאמֶר מָה הַדָּבָר
אֲשֶׁר דִּבֶּר אֵלֶיךָ אַל־נָא תְכַחֵד מִמֶּנִּי כֹּה יַעֲשֶׂה־לְּךָ אֱלֹהִים
וְכֹה יוֹסִיף אִם־תְּכַחֵד מִמֶּנִּי דָּבָר מִכָּל־הַדָּבָר אֲשֶׁר־דִּבֶּר
יח אֵלֶיךָ׃ וַיַּגֶּד־לוֹ שְׁמוּאֵל אֶת־כָּל־הַדְּבָרִים וְלֹא כִחֵד מִמֶּנּוּ
יט וַיֹּאמַר יְהוָה הוּא הַטּוֹב בְּעֵינָו יַעֲשֶׂה׃ וַיִּגְדַּל
כ שְׁמוּאֵל וַיהוָה הָיָה עִמּוֹ וְלֹא־הִפִּיל מִכָּל־דְּבָרָיו אָרְצָה׃ וַיֵּדַע ג
כָּל־יִשְׂרָאֵל מִדָּן וְעַד־בְּאֵר שָׁבַע כִּי־נֶאֱמָן שְׁמוּאֵל לְנָבִיא
כא לַיהוָה׃ וַיֹּסֶף יְהוָה לְהֵרָאֹה בְשִׁלֹה כִּי־נִגְלָה
ד א יְהוָה אֶל־שְׁמוּאֵל בְּשִׁלוֹ בִּדְבַר יְהוָה׃ וַיְהִי
דְבַר־שְׁמוּאֵל לְכָל־יִשְׂרָאֵל° וַיֵּצֵא יִשְׂרָאֵל
לִקְרַאת פְּלִשְׁתִּים לַמִּלְחָמָה וַיַּחֲנוּ עַל־הָאֶבֶן הָעֵזֶר וּפְלִשְׁתִּים
ב חָנוּ בַאֲפֵק׃ וַיַּעַרְכוּ פְלִשְׁתִּים לִקְרַאת יִשְׂרָאֵל וַתִּטֹּשׁ הַמִּלְחָמָה

וַיִּנָּגֶף יִשְׂרָאֵל לִפְנֵי פְלִשְׁתִּים וַיַּכּוּ בַמַּעֲרָכָה בַּשָּׂדֶה כְּאַרְבַּעַת
אֲלָפִים אִישׁ׃ וַיָּבֹא הָעָם אֶל־הַמַּחֲנֶה וַיֹּאמְרוּ זִקְנֵי יִשְׂרָאֵל ג
לָמָּה נְגָפָנוּ יְהוָה הַיּוֹם לִפְנֵי פְלִשְׁתִּים נִקְחָה אֵלֵינוּ מִשִּׁלֹה אֶת־
אֲרוֹן בְּרִית יְהוָה וְיָבֹא בְקִרְבֵּנוּ וְיֹשִׁעֵנוּ מִכַּף אֹיְבֵינוּ׃ וַיִּשְׁלַח ד
הָעָם שִׁלֹה וַיִּשְׂאוּ מִשָּׁם אֵת אֲרוֹן בְּרִית־יְהוָה צְבָאוֹת יֹשֵׁב
הַכְּרֻבִים וְשָׁם שְׁנֵי בְנֵי־עֵלִי עִם־אֲרוֹן בְּרִית הָאֱלֹהִים חָפְנִי
וּפִינְחָס׃ וַיְהִי כְּבוֹא אֲרוֹן בְּרִית־יְהוָה אֶל־הַמַּחֲנֶה וַיָּרִעוּ כָל־ ה
יִשְׂרָאֵל תְּרוּעָה גְדוֹלָה וַתֵּהֹם הָאָרֶץ׃ וַיִּשְׁמְעוּ פְלִשְׁתִּים אֶת־ ו
קוֹל הַתְּרוּעָה וַיֹּאמְרוּ מֶה קוֹל הַתְּרוּעָה הַגְּדוֹלָה הַזֹּאת
בְּמַחֲנֵה הָעִבְרִים וַיֵּדְעוּ כִּי אֲרוֹן יְהוָה בָּא אֶל־הַמַּחֲנֶה׃ וַיִּרְאוּ ז
הַפְּלִשְׁתִּים כִּי אָמְרוּ בָּא אֱלֹהִים אֶל־הַמַּחֲנֶה וַיֹּאמְרוּ אוֹי לָנוּ
כִּי לֹא הָיְתָה כָּזֹאת אֶתְמוֹל שִׁלְשֹׁם׃ אוֹי לָנוּ מִי יַצִּילֵנוּ מִיַּד ח
הָאֱלֹהִים הָאַדִּירִים הָאֵלֶּה אֵלֶּה הֵם הָאֱלֹהִים הַמַּכִּים אֶת־
מִצְרַיִם בְּכָל־מַכָּה בַּמִּדְבָּר׃ הִתְחַזְּקוּ וִהְיוּ לַאֲנָשִׁים פְּלִשְׁתִּים ט
פֶּן תַּעַבְדוּ לָעִבְרִים כַּאֲשֶׁר עָבְדוּ לָכֶם וִהְיִיתֶם לַאֲנָשִׁים
וְנִלְחַמְתֶּם׃ וַיִּלָּחֲמוּ פְלִשְׁתִּים וַיִּנָּגֶף יִשְׂרָאֵל וַיָּנֻסוּ אִישׁ לְאֹהָלָיו י
וַתְּהִי הַמַּכָּה גְּדוֹלָה מְאֹד וַיִּפֹּל מִיִּשְׂרָאֵל שְׁלֹשִׁים אֶלֶף רַגְלִי׃
וַאֲרוֹן אֱלֹהִים נִלְקָח וּשְׁנֵי בְנֵי־עֵלִי מֵתוּ חָפְנִי וּפִינְחָס׃ וַיָּרָץ יא יב
אִישׁ־בִּנְיָמִן מֵהַמַּעֲרָכָה וַיָּבֹא שִׁלֹה בַּיּוֹם הַהוּא וּמַדָּיו קְרֻעִים
יַד וַאֲדָמָה עַל־רֹאשׁוֹ׃ וַיָּבוֹא וְהִנֵּה עֵלִי יֹשֵׁב עַל־הַכִּסֵּא יך דֶּרֶךְ יג
מְצַפֶּה כִּי־הָיָה לִבּוֹ חָרֵד עַל אֲרוֹן הָאֱלֹהִים וְהָאִישׁ בָּא לְהַגִּיד
בָּעִיר וַתִּזְעַק כָּל־הָעִיר׃ וַיִּשְׁמַע עֵלִי אֶת־קוֹל הַצְּעָקָה וַיֹּאמֶר יד
מֶה קוֹל הֶהָמוֹן הַזֶּה וְהָאִישׁ מִהַר וַיָּבֹא וַיַּגֵּד לְעֵלִי׃ וְעֵלִי בֶּן־ טו
תִּשְׁעִים וּשְׁמֹנֶה שָׁנָה וְעֵינָיו קָמָה וְלֹא יָכוֹל לִרְאוֹת׃ וַיֹּאמֶר טז
הָאִישׁ אֶל־עֵלִי אָנֹכִי הַבָּא מִן־הַמַּעֲרָכָה וַאֲנִי מִן־הַמַּעֲרָכָה
נַסְתִּי הַיּוֹם וַיֹּאמֶר מֶה־הָיָה הַדָּבָר בְּנִי׃ וַיַּעַן הַמְבַשֵּׂר וַיֹּאמֶר יז
נָס יִשְׂרָאֵל לִפְנֵי פְלִשְׁתִּים וְגַם מַגֵּפָה גְדוֹלָה הָיְתָה בָעָם וְגַם־

יח שְׁנֵי בָנֶיךָ מֵתוּ חָפְנִי וּפִינְחָס וַאֲרוֹן הָאֱלֹהִים נִלְקָחָה׃ וַיְהִי
כְּהַזְכִּירוֹ ׀ אֶת־אֲרוֹן הָאֱלֹהִים וַיִּפֹּל מֵעַל־הַכִּסֵּא אֲחֹרַנִּית בְּעַד ׀
יַד הַשַּׁעַר וַתִּשָּׁבֵר מַפְרַקְתּוֹ וַיָּמֹת כִּי־זָקֵן הָאִישׁ וְכָבֵד וְהוּא
יט שָׁפַט אֶת־יִשְׂרָאֵל אַרְבָּעִים שָׁנָה׃ וְכַלָּתוֹ אֵשֶׁת־פִּינְחָס הָרָה
לָלַת וַתִּשְׁמַע אֶת־הַשְּׁמֻעָה אֶל־הִלָּקַח אֲרוֹן הָאֱלֹהִים וּמֵת
כ חָמִיהָ וְאִישָׁהּ וַתִּכְרַע וַתֵּלֶד כִּי־נֶהֶפְכוּ עָלֶיהָ צִרֶיהָ׃ וּכְעֵת
מוּתָהּ וַתְּדַבֵּרְנָה הַנִּצָּבוֹת עָלֶיהָ אַל־תִּירְאִי כִּי־בֵן יָלָדְתְּ וְלֹא
כא עָנְתָה וְלֹא־שָׁתָה לִבָּהּ׃ וַתִּקְרָא לַנַּעַר אִי כָבוֹד לֵאמֹר גָּלָה
כָבוֹד מִיִּשְׂרָאֵל אֶל־הִלָּקַח אֲרוֹן הָאֱלֹהִים וְאֶל־חָמִיהָ וְאִישָׁהּ׃
כב וַתֹּאמֶר גָּלָה כָבוֹד מִיִּשְׂרָאֵל כִּי נִלְקַח אֲרוֹן הָאֱלֹהִים׃
ה א וּפְלִשְׁתִּים לָקְחוּ אֵת אֲרוֹן הָאֱלֹהִים וַיְבִאֻהוּ מֵאֶבֶן הָעֶזֶר
ב אַשְׁדּוֹדָה׃ וַיִּקְחוּ פְלִשְׁתִּים אֶת־אֲרוֹן הָאֱלֹהִים וַיָּבִיאוּ אֹתוֹ בֵּית
ג דָּגוֹן וַיַּצִּיגוּ אֹתוֹ אֵצֶל דָּגוֹן׃ וַיַּשְׁכִּמוּ אַשְׁדּוֹדִים מִמָּחֳרָת וְהִנֵּה
דָגוֹן נֹפֵל לְפָנָיו אַרְצָה לִפְנֵי אֲרוֹן יְהוָה וַיִּקְחוּ אֶת־דָּגוֹן וַיָּשִׁבוּ
ד אֹתוֹ לִמְקוֹמוֹ׃ וַיַּשְׁכִּמוּ בַבֹּקֶר מִמָּחֳרָת וְהִנֵּה דָגוֹן נֹפֵל לְפָנָיו
אַרְצָה לִפְנֵי אֲרוֹן יְהוָה וְרֹאשׁ דָּגוֹן וּשְׁתֵּי ׀ כַּפּוֹת יָדָיו כְּרֻתוֹת
ה אֶל־הַמִּפְתָּן רַק דָּגוֹן נִשְׁאַר עָלָיו׃ עַל־כֵּן לֹא־יִדְרְכוּ כֹהֲנֵי דָגוֹן
וְכָל־הַבָּאִים בֵּית־דָּגוֹן עַל־מִפְתַּן דָּגוֹן בְּאַשְׁדּוֹד עַד הַיּוֹם
ו הַזֶּה׃ וַתִּכְבַּד יַד־יְהוָה אֶל־הָאַשְׁדּוֹדִים וַיְשִׁמֵּם
ז וַיַּךְ אֹתָם בעפלים אֶת־אַשְׁדּוֹד וְאֶת־גְּבוּלֶיהָ׃ וַיִּרְאוּ אַנְשֵׁי־ בַּטְּחֹרִים
אַשְׁדּוֹד כִּי־כֵן וְאָמְרוּ לֹא־יֵשֵׁב אֲרוֹן אֱלֹהֵי יִשְׂרָאֵל עִמָּנוּ כִּי־
ח קָשְׁתָה יָדוֹ עָלֵינוּ וְעַל דָּגוֹן אֱלֹהֵינוּ׃ וַיִּשְׁלְחוּ וַיַּאַסְפוּ אֶת־כָּל־
סַרְנֵי פְלִשְׁתִּים אֲלֵיהֶם וַיֹּאמְרוּ מַה־נַּעֲשֶׂה לַאֲרוֹן אֱלֹהֵי
יִשְׂרָאֵל וַיֹּאמְרוּ גַּת יִסֹּב אֲרוֹן אֱלֹהֵי יִשְׂרָאֵל וַיַּסֵּבּוּ אֶת־אֲרוֹן
ט אֱלֹהֵי יִשְׂרָאֵל׃ וַיְהִי אַחֲרֵי ׀ הֵסַבּוּ אֹתוֹ וַתְּהִי יַד־יְהוָה בָּעִיר
מְהוּמָה גְּדוֹלָה מְאֹד וַיַּךְ אֶת־אַנְשֵׁי הָעִיר מִקָּטֹן וְעַד־גָּדוֹל
י וַיִּשָּׂתְרוּ לָהֶם עפלים׃ וַיְשַׁלְּחוּ אֶת־אֲרוֹן הָאֱלֹהִים עֶקְרוֹן וַיְהִי טְחֹרִים

כבוא ארון האלהים עקרון ויזעקו העקרנים לאמר הסבו
אלי את־ארון אלהי ישראל להמיתני ואת־עמי: וישלחו יא
ויאספו את־כל־סרני פלשתים ויאמרו שלחו את־ארון אלהי
ישראל וישב למקומו ולא־ימית אתי ואת־עמי כי־היתה
מהומת־מות בכל־העיר כבדה מאד יד האלהים שם:
בטחרים והאנשים אשר לא־מתו הכו בעפלים ותעל שועת העיר יב
השמים: ויהי ארון־יהוה בשדה פלשתים ו א
שבעה חדשים: ויקראו פלשתים לכהנים ולקסמים לאמר ב
מה־נעשה לארון יהוה הודענו במה נשלחנו למקומו:
ויאמרו אם־משלחים את־ארון אלהי ישראל אל־תשלחו ג
אתו ריקם כי־השב תשיבו לו אשם אז תרפאו ונודע לכם
למה לא־תסור ידו מכם: ויאמרו מה האשם אשר נשיב לו ד
טחרי ויאמרו מספר סרני פלשתים חמשה עפלי זהב וחמשה
עכברי זהב כי־מגפה אחת לכלם ולסרניכם: ועשיתם צלמי ה
טחריכם עפליכם וצלמי עכבריכם המשחיתם את־הארץ ונתתם
לאלהי ישראל כבוד אולי יקל את־ידו מעליכם ומעל
אלהיכם ומעל ארצכם: ולמה תכבדו את־לבבכם כאשר ו
כבדו מצרים ופרעה את־לבם הלוא כאשר התעלל בהם
וישלחום וילכו: ועתה קחו ועשו עגלה חדשה אחת ושתי ז
פרות עלות אשר לא־עלה עליהם על ואסרתם את־הפרות
בעגלה והשיבתם בניהם מאחריהם הביתה: ולקחתם את־ ח
ארון יהוה ונתתם אתו אל־העגלה ואת ׀ כלי הזהב אשר
השבתם לו אשם תשימו בארגז מצדו ושלחתם אתו והלך:
וראיתם אם־דרך גבולו יעלה בית שמש הוא עשה לנו את־ ט
הרעה הגדולה הזאת ואם־לא וידענו כי לא ידו נגעה
בנו מקרה הוא היה לנו: ויעשו האנשים כן ויקחו שתי י
פרות עלות ויאסרום בעגלה ואת־בניהם כלו בבית: וישמו יא

אֶת־אֲרוֹן יְהוָה אֶל־הָעֲגָלָה וְאֵת הָאַרְגַּז וְאֵת עַכְבְּרֵי הַזָּהָב
יב וְאֵת צַלְמֵי טְחֹרֵיהֶם׃ וַיִּשַּׁרְנָה הַפָּרוֹת בַּדֶּרֶךְ עַל־דֶּרֶךְ בֵּית
שֶׁמֶשׁ בִּמְסִלָּה אַחַת הָלְכוּ הָלֹךְ וְגָעוֹ וְלֹא־סָרוּ יָמִין וּשְׂמֹאול
יג וְסַרְנֵי פְלִשְׁתִּים הֹלְכִים אַחֲרֵיהֶם עַד־גְּבוּל בֵּית שָׁמֶשׁ׃ וּבֵית
שֶׁמֶשׁ קֹצְרִים קְצִיר־חִטִּים בָּעֵמֶק וַיִּשְׂאוּ אֶת־עֵינֵיהֶם וַיִּרְאוּ
יד אֶת־הָאָרוֹן וַיִּשְׂמְחוּ לִרְאוֹת׃ וְהָעֲגָלָה בָּאָה אֶל־שְׂדֵה יְהוֹשֻׁעַ ד
בֵּית־הַשִּׁמְשִׁי וַתַּעֲמֹד שָׁם וְשָׁם אֶבֶן גְּדוֹלָה וַיְבַקְּעוּ אֶת־עֲצֵי
טו הָעֲגָלָה וְאֶת־הַפָּרוֹת הֶעֱלוּ עֹלָה לַיהוָה׃ וְהַלְוִיִּם
הוֹרִידוּ ׀ אֶת־אֲרוֹן יְהוָה וְאֶת־הָאַרְגַּז אֲשֶׁר־אִתּוֹ אֲשֶׁר־בּוֹ
כְלֵי־זָהָב וַיָּשִׂמוּ אֶל־הָאֶבֶן הַגְּדוֹלָה וְאַנְשֵׁי בֵית־שֶׁמֶשׁ הֶעֱלוּ
טז עֹלוֹת וַיִּזְבְּחוּ זְבָחִים בַּיּוֹם הַהוּא לַיהוָה׃ וַחֲמִשָּׁה סַרְנֵי־
יז פְלִשְׁתִּים רָאוּ וַיָּשֻׁבוּ עֶקְרוֹן בַּיּוֹם הַהוּא׃ וְאֵלֶּה
טְחֹרֵי הַזָּהָב אֲשֶׁר הֵשִׁיבוּ פְלִשְׁתִּים אָשָׁם לַיהוָה לְאַשְׁדּוֹד
אֶחָד לְעַזָּה אֶחָד לְאַשְׁקְלוֹן אֶחָד לְגַת אֶחָד לְעֶקְרוֹן
יח אֶחָד׃ וְעַכְבְּרֵי הַזָּהָב מִסְפַּר כָּל־עָרֵי פְלִשְׁתִּים
לַחֲמֵשֶׁת הַסְּרָנִים מֵעִיר מִבְצָר וְעַד כֹּפֶר הַפְּרָזִי וְעַד ׀ אָבֵל
הַגְּדוֹלָה אֲשֶׁר הִנִּיחוּ עָלֶיהָ אֵת אֲרוֹן יְהוָה עַד הַיּוֹם הַזֶּה בִּשְׂדֵה
יט יְהוֹשֻׁעַ בֵּית־הַשִּׁמְשִׁי׃ וַיַּךְ בְּאַנְשֵׁי בֵית־שֶׁמֶשׁ כִּי רָאוּ בַּאֲרוֹן
יְהוָה וַיַּךְ בָּעָם שִׁבְעִים אִישׁ חֲמִשִּׁים אֶלֶף אִישׁ וַיִּתְאַבְּלוּ הָעָם
כ כִּי־הִכָּה יְהוָה בָּעָם מַכָּה גְדוֹלָה׃ וַיֹּאמְרוּ אַנְשֵׁי בֵית־שֶׁמֶשׁ
מִי יוּכַל לַעֲמֹד לִפְנֵי יְהוָה הָאֱלֹהִים הַקָּדוֹשׁ הַזֶּה וְאֶל־מִי
כא יַעֲלֶה מֵעָלֵינוּ׃ וַיִּשְׁלְחוּ מַלְאָכִים אֶל־יוֹשְׁבֵי קִרְיַת־יְעָרִים
לֵאמֹר הֵשִׁבוּ פְלִשְׁתִּים אֶת־אֲרוֹן יְהוָה רְדוּ הַעֲלוּ אֹתוֹ
ז א אֲלֵיכֶם׃ וַיָּבֹאוּ אַנְשֵׁי ׀ קִרְיַת יְעָרִים וַיַּעֲלוּ אֶת־אֲרוֹן יְהוָה
וַיָּבִאוּ אֹתוֹ אֶל־בֵּית אֲבִינָדָב בַּגִּבְעָה וְאֶת־אֶלְעָזָר בְּנוֹ קִדְּשׁוּ
ב לִשְׁמֹר אֶת־אֲרוֹן יְהוָה׃ וַיְהִי מִיּוֹם שֶׁבֶת הָאָרוֹן
בְּקִרְיַת יְעָרִים וַיִּרְבּוּ הַיָּמִים וַיִּהְיוּ עֶשְׂרִים שָׁנָה וַיִּנָּהוּ כָּל־בֵּית

יִשְׂרָאֵל אַחֲרֵי יְהוָה׃ וַיֹּאמֶר שְׁמוּאֵל אֶל־כָּל־ ג
בֵּית יִשְׂרָאֵל לֵאמֹר אִם־בְּכָל־לְבַבְכֶם אַתֶּם שָׁבִים אֶל־יְהוָה
הָסִירוּ אֶת־אֱלֹהֵי הַנֵּכָר מִתּוֹכְכֶם וְהָעַשְׁתָּרוֹת וְהָכִינוּ לְבַבְכֶם
אֶל־יְהוָה וְעִבְדֻהוּ לְבַדּוֹ וְיַצֵּל אֶתְכֶם מִיַּד פְּלִשְׁתִּים׃ וַיָּסִירוּ בְּנֵי ד
יִשְׂרָאֵל אֶת־הַבְּעָלִים וְאֶת־הָעַשְׁתָּרֹת וַיַּעַבְדוּ אֶת־יְהוָה
לְבַדּוֹ׃ וַיֹּאמֶר שְׁמוּאֵל קִבְצוּ אֶת־כָּל־יִשְׂרָאֵל ה
הַמִּצְפָּתָה וְאֶתְפַּלֵּל בַּעַדְכֶם אֶל־יְהוָה׃ וַיִּקָּבְצוּ הַמִּצְפָּתָה ו
וַיִּשְׁאֲבוּ־מַיִם וַיִּשְׁפְּכוּ ׀ לִפְנֵי יְהוָה וַיָּצוּמוּ בַּיּוֹם הַהוּא וַיֹּאמְרוּ
שָׁם חָטָאנוּ לַיהוָה וַיִּשְׁפֹּט שְׁמוּאֵל אֶת־בְּנֵי יִשְׂרָאֵל בַּמִּצְפָּה׃
וַיִּשְׁמְעוּ פְלִשְׁתִּים כִּי־הִתְקַבְּצוּ בְנֵי־יִשְׂרָאֵל הַמִּצְפָּתָה וַיַּעֲלוּ ז
סַרְנֵי־פְלִשְׁתִּים אֶל־יִשְׂרָאֵל וַיִּשְׁמְעוּ בְּנֵי יִשְׂרָאֵל וַיִּרְאוּ מִפְּנֵי
פְלִשְׁתִּים׃ וַיֹּאמְרוּ בְנֵי־יִשְׂרָאֵל אֶל־שְׁמוּאֵל אַל־תַּחֲרֵשׁ מִמֶּנּוּ ח
מִזְּעֹק אֶל־יְהוָה אֱלֹהֵינוּ וְיֹשִׁעֵנוּ מִיַּד פְּלִשְׁתִּים׃ וַיִּקַּח שְׁמוּאֵל ט
טְלֵה חָלָב אֶחָד וַיַּעֲלֵה עוֹלָה כָּלִיל לַיהוָה וַיִּזְעַק שְׁמוּאֵל אֶל־
יְהוָה בְּעַד יִשְׂרָאֵל וַיַּעֲנֵהוּ יְהוָה׃ וַיְהִי שְׁמוּאֵל מַעֲלֶה הָעוֹלָה י
וּפְלִשְׁתִּים נִגְּשׁוּ לַמִּלְחָמָה בְּיִשְׂרָאֵל וַיַּרְעֵם יְהוָה ׀ בְּקוֹל־גָּדוֹל
בַּיּוֹם הַהוּא עַל־פְּלִשְׁתִּים וַיְהֻמֵּם וַיִּנָּגְפוּ לִפְנֵי יִשְׂרָאֵל׃ וַיֵּצְאוּ יא
אַנְשֵׁי יִשְׂרָאֵל מִן־הַמִּצְפָּה וַיִּרְדְּפוּ אֶת־פְּלִשְׁתִּים וַיַּכּוּם עַד־
מִתַּחַת לְבֵית כָּר׃ וַיִּקַּח שְׁמוּאֵל אֶבֶן אַחַת וַיָּשֶׂם בֵּין־הַמִּצְפָּה יב
וּבֵין הַשֵּׁן וַיִּקְרָא אֶת־שְׁמָהּ אֶבֶן הָעָזֶר וַיֹּאמַר עַד־הֵנָּה עֲזָרָנוּ
יְהוָה׃ וַיִּכָּנְעוּ הַפְּלִשְׁתִּים וְלֹא־יָסְפוּ עוֹד לָבוֹא בִּגְבוּל יִשְׂרָאֵל יג
וַתְּהִי יַד־יְהוָה בַּפְּלִשְׁתִּים כֹּל יְמֵי שְׁמוּאֵל׃ וַתָּשֹׁבְנָה הֶעָרִים יד
אֲשֶׁר לָקְחוּ־פְלִשְׁתִּים מֵאֵת יִשְׂרָאֵל ׀ לְיִשְׂרָאֵל מֵעֶקְרוֹן וְעַד־
גַּת וְאֶת־גְּבוּלָן הִצִּיל יִשְׂרָאֵל מִיַּד פְּלִשְׁתִּים וַיְהִי שָׁלוֹם
בֵּין יִשְׂרָאֵל וּבֵין הָאֱמֹרִי׃ וַיִּשְׁפֹּט שְׁמוּאֵל אֶת־יִשְׂרָאֵל כֹּל טו
יְמֵי חַיָּיו׃ וְהָלַךְ מִדֵּי שָׁנָה בְּשָׁנָה וְסָבַב בֵּית־אֵל וְהַגִּלְגָּל טז
וְהַמִּצְפָּה וְשָׁפַט אֶת־יִשְׂרָאֵל אֵת כָּל־הַמְּקוֹמוֹת הָאֵלֶּה׃

יז ותשבתו הרמתה כי־שם ביתו ושם שפט את־ישראל
ויבן־שם מזבח ליהוה:
ח א ויהי כאשר זקן שמואל וישם את־בניו שפטים לישראל:
ב ויהי שם־בנו הבכור יואל ושם משנהו אביה שפטים בבאר
ג שבע: ולא־הלכו בניו בדרכו ויטו אחרי הבצע ויקחו־שחד
ד ויטו משפט: ויתקבצו כל זקני ישראל ויבאו
ה אל־שמואל הרמתה: ויאמרו אליו הנה אתה זקנת ובניך לא
הלכו בדרכיך עתה שימה־לנו מלך לשפטנו ככל־הגוים:
ו וירע הדבר בעיני שמואל כאשר אמרו תנה־לנו מלך
ז לשפטנו ויתפלל שמואל אל־יהוה: ויאמר
יהוה אל־שמואל שמע בקול העם לכל אשר־יאמרו אליך
ח כי לא אתך מאסו כי־אתי מאסו ממלך עליהם: ככל־
המעשים אשר־עשו מיום העלתי אותם ממצרים ועד־היום
הזה ויעזבני ויעבדו אלהים אחרים כן המה עשים גם־לך:
ט ועתה שמע בקולם אך כי־העד תעיד בהם והגדת להם
י משפט המלך אשר ימלך עליהם: ויאמר
שמואל את כל־דברי יהוה אל־העם השאלים מאתו
יא מלך: ויאמר זה יהיה משפט המלך אשר ימלך
עליכם את־בניכם יקח ושם לו במרכבתו ובפרשיו ורצו לפני
יב מרכבתו: ולשום לו שרי אלפים ושרי חמשים ולחרש חרישו
יג ולקצר קצירו ולעשות כלי־מלחמתו וכלי רכבו: ואת־
יד בנותיכם יקח לרקחות ולטבחות ולאפות: ואת־שדותיכם
טו ואת־כרמיכם וזיתיכם הטובים יקח ונתן לעבדיו: וזרעיכם
טז וכרמיכם יעשר ונתן לסריסיו ולעבדיו: ואת־עבדיכם ואת־
שפחותיכם ואת־בחוריכם הטובים ואת־חמוריכם יקח
יז ועשה למלאכתו: צאנכם יעשר ואתם תהיו־לו לעבדים:
יח וזעקתם ביום ההוא מלפני מלככם אשר בחרתם לכם ולא־

יט יַעֲנֶה יְהוָה אֶתְכֶם בַּיּוֹם הַהוּא׃ וַיְמָאֲנוּ הָעָם לִשְׁמֹעַ בְּקוֹל
כ שְׁמוּאֵל וַיֹּאמְרוּ לֹּא כִּי אִם־מֶלֶךְ יִהְיֶה עָלֵינוּ׃ וְהָיִינוּ גַם־
אֲנַחְנוּ כְּכָל־הַגּוֹיִם וּשְׁפָטָנוּ מַלְכֵּנוּ וְיָצָא לְפָנֵינוּ וְנִלְחַם אֶת־
כא מִלְחֲמֹתֵנוּ׃ וַיִּשְׁמַע שְׁמוּאֵל אֵת כָּל־דִּבְרֵי הָעָם וַיְדַבְּרֵם בְּאָזְנֵי
כב יְהוָה׃ וַיֹּאמֶר יְהוָה אֶל־שְׁמוּאֵל שְׁמַע בְּקוֹלָם
וְהִמְלַכְתָּ לָהֶם מֶלֶךְ וַיֹּאמֶר שְׁמוּאֵל אֶל־אַנְשֵׁי יִשְׂרָאֵל לְכוּ
ט א אִישׁ לְעִירוֹ׃ וַיְהִי־אִישׁ מבן ימין וּשְׁמוֹ קִישׁ בֶּן־ מִבִּנְיָמִין
אֲבִיאֵל בֶּן־צְרוֹר בֶּן־בְּכוֹרַת בֶּן־אֲפִיחַ בֶּן־אִישׁ יְמִינִי גִּבּוֹר
ב חָיִל׃ וְלוֹ־הָיָה בֵן וּשְׁמוֹ שָׁאוּל בָּחוּר וָטוֹב וְאֵין אִישׁ מִבְּנֵי ה
ג יִשְׂרָאֵל טוֹב מִמֶּנּוּ מִשִּׁכְמוֹ וָמַעְלָה גָּבֹהַּ מִכָּל־הָעָם׃ וַתֹּאבַדְנָה
הָאֲתֹנוֹת לְקִישׁ אֲבִי שָׁאוּל וַיֹּאמֶר קִישׁ אֶל־שָׁאוּל בְּנוֹ קַח־נָא
ד אִתְּךָ אֶת־אַחַד מֵהַנְּעָרִים וְקוּם לֵךְ בַּקֵּשׁ אֶת־הָאֲתֹנֹת׃ וַיַּעֲבֹר
בְּהַר־אֶפְרַיִם וַיַּעֲבֹר בְּאֶרֶץ־שָׁלִשָׁה וְלֹא מָצָאוּ וַיַּעַבְרוּ בְאֶרֶץ־
ה שַׁעֲלִים וָאַיִן וַיַּעֲבֹר בְּאֶרֶץ־יְמִינִי וְלֹא מָצָאוּ׃ הֵמָּה בָּאוּ בְּאֶרֶץ
צוּף וְשָׁאוּל אָמַר לְנַעֲרוֹ אֲשֶׁר־עִמּוֹ לְכָה וְנָשׁוּבָה פֶּן־יֶחְדַּל אָבִי
ו מִן־הָאֲתֹנוֹת וְדָאַג לָנוּ׃ וַיֹּאמֶר לוֹ הִנֵּה־נָא אִישׁ־אֱלֹהִים בָּעִיר
הַזֹּאת וְהָאִישׁ נִכְבָּד כֹּל אֲשֶׁר־יְדַבֵּר בּוֹא יָבוֹא עַתָּה נֵלְכָה שָּׁם
ז אוּלַי יַגִּיד לָנוּ אֶת־דַּרְכֵּנוּ אֲשֶׁר־הָלַכְנוּ עָלֶיהָ׃ וַיֹּאמֶר שָׁאוּל
לְנַעֲרוֹ וְהִנֵּה נֵלֵךְ וּמַה־נָּבִיא לָאִישׁ כִּי הַלֶּחֶם אָזַל מִכֵּלֵינוּ
ח וּתְשׁוּרָה אֵין־לְהָבִיא לְאִישׁ הָאֱלֹהִים מָה אִתָּנוּ׃ וַיֹּסֶף הַנַּעַר
לַעֲנוֹת אֶת־שָׁאוּל וַיֹּאמֶר הִנֵּה נִמְצָא בְיָדִי רֶבַע שֶׁקֶל כָּסֶף
ט וְנָתַתִּי לְאִישׁ הָאֱלֹהִים וְהִגִּיד לָנוּ אֶת־דַּרְכֵּנוּ׃ לְפָנִים ׀ בְּיִשְׂרָאֵל
כֹּה־אָמַר הָאִישׁ בְּלֶכְתּוֹ לִדְרוֹשׁ אֱלֹהִים לְכוּ וְנֵלְכָה עַד־הָרֹאֶה
י כִּי לַנָּבִיא הַיּוֹם יִקָּרֵא לְפָנִים הָרֹאֶה׃ וַיֹּאמֶר שָׁאוּל לְנַעֲרוֹ טוֹב
דְּבָרְךָ לְכָה ׀ נֵלֵכָה וַיֵּלְכוּ אֶל־הָעִיר אֲשֶׁר־שָׁם אִישׁ הָאֱלֹהִים׃
יא הֵמָּה עֹלִים בְּמַעֲלֵה הָעִיר וְהֵמָּה מָצְאוּ נְעָרוֹת יֹצְאוֹת לִשְׁאֹב
יב מָיִם וַיֹּאמְרוּ לָהֶן הֲיֵשׁ בָּזֶה הָרֹאֶה׃ וַתַּעֲנֶינָה אוֹתָם וַתֹּאמַרְנָה

יש הנה לפניך מהר ׀ עתה כי היום בא לעיר כי זבח היום
יג לעם בבמה: כבאכם העיר כן תמצאון אתו בטרם יעלה
הבמתה לאכל כי לא־יאכל העם עד־באו כי־הוא יברך
הזבח אחרי־כן יאכלו הקראים ועתה עלו כי־אתו כהיום
יד תמצאון אתו: ויעלו העיר המה באים בתוך העיר והנה
טו שמואל יצא לקראתם לעלות הבמה: ויהוה
טז גלה את־אזן שמואל יום אחד לפני בוא־שאול לאמר: כעת ׀
מחר אשלח אליך איש מארץ בנימן ומשחתו לנגיד על־עמי
ישראל והושיע את־עמי מיד פלשתים כי ראיתי את־עמי
יז כי באה צעקתו אלי: ושמואל ראה את־שאול ויהוה ענהו
יח הנה האיש אשר אמרתי אליך זה יעצר בעמי: ויגש שאול
את־שמואל בתוך השער ויאמר הגידה־נא לי אי־זה בית
יט הראה: ויען שמואל את־שאול ויאמר אנכי הראה עלה
לפני הבמה ואכלתם עמי היום ושלחתיך בבקר וכל אשר
כ בלבבך אגיד לך: ולאתנות האבדות לך היום שלשת הימים
אל־תשם את־לבך להם כי נמצאו ולמי כל־חמדת ישראל
כא הלוא לך ולכל בית אביך: ויען שאול ויאמר
הלוא בן־ימיני אנכי מקטני שבטי ישראל ומשפחתי הצערה
מכל־משפחות שבטי בנימן ולמה דברת אלי כדבר
כב הזה: ויקח שמואל את־שאול ואת־נערו
ויביאם לשכתה ויתן להם מקום בראש הקרואים והמה
כג כשלשים איש: ויאמר שמואל לטבח תנה את־המנה אשר
כד נתתי לך אשר אמרתי אליך שים אתה עמך: וירם הטבח
את־השוק והעליה וישם ׀ לפני שאול ויאמר הנה הנשאר
שים־לפניך אכל כי למועד שמור־לך לאמר העם קראתי
כה ויאכל שאול עם־שמואל ביום ההוא: וירדו מהבמה העיר
כו וידבר עם־שאול על־הגג: וישכמו ויהי כעלות השחר ויקרא

שְׁמוּאֵל אֶל־שָׁאוּל הַגָּג לֵאמֹר קוּמָה וַאֲשַׁלְּחֶךָּ וַיָּקָם שָׁאוּל
כז וַיֵּצְאוּ שְׁנֵיהֶם הוּא וּשְׁמוּאֵל הַחוּצָה: הֵמָּה יוֹרְדִים בִּקְצֵה הָעִיר
וּשְׁמוּאֵל אָמַר אֶל־שָׁאוּל אֱמֹר לַנַּעַר וְיַעֲבֹר לְפָנֵינוּ וַיַּעֲבֹר וְאַתָּה
א י עֲמֹד כַּיּוֹם וְאַשְׁמִיעֲךָ אֶת־דְּבַר אֱלֹהִים: וַיִּקַּח
שְׁמוּאֵל אֶת־פַּךְ הַשֶּׁמֶן וַיִּצֹק עַל־רֹאשׁוֹ וַיִּשָּׁקֵהוּ וַיֹּאמֶר הֲלוֹא
ב כִּי־מְשָׁחֲךָ יְהוָה עַל־נַחֲלָתוֹ לְנָגִיד: בְּלֶכְתְּךָ הַיּוֹם מֵעִמָּדִי
וּמָצָאתָ שְׁנֵי אֲנָשִׁים עִם־קְבֻרַת רָחֵל בִּגְבוּל בִּנְיָמִן בְּצֶלְצַח
וְאָמְרוּ אֵלֶיךָ נִמְצְאוּ הָאֲתֹנוֹת אֲשֶׁר הָלַכְתָּ לְבַקֵּשׁ וְהִנֵּה נָטַשׁ
אָבִיךָ אֶת־דִּבְרֵי הָאֲתֹנוֹת וְדָאַג לָכֶם לֵאמֹר מָה אֶעֱשֶׂה לִבְנִי:
ג וְחָלַפְתָּ מִשָּׁם וָהָלְאָה וּבָאתָ עַד־אֵלוֹן תָּבוֹר וּמְצָאוּךָ שָּׁם
שְׁלֹשָׁה אֲנָשִׁים עֹלִים אֶל־הָאֱלֹהִים בֵּית־אֵל אֶחָד נֹשֵׂא ׀
שְׁלֹשָׁה גְדָיִים וְאֶחָד נֹשֵׂא שְׁלֹשֶׁת כִּכְּרוֹת לֶחֶם וְאֶחָד נֹשֵׂא
ד נֵבֶל־יָיִן: וְשָׁאֲלוּ לְךָ לְשָׁלוֹם וְנָתְנוּ לְךָ שְׁתֵּי־לֶחֶם וְלָקַחְתָּ
ה מִיָּדָם: אַחַר כֵּן תָּבוֹא גִּבְעַת הָאֱלֹהִים אֲשֶׁר־שָׁם נְצִבֵי
פְלִשְׁתִּים וִיהִי כְבֹאֲךָ שָׁם הָעִיר וּפָגַעְתָּ חֶבֶל נְבִאִים יֹרְדִים
מֵהַבָּמָה וְלִפְנֵיהֶם נֵבֶל וְתֹף וְחָלִיל וְכִנּוֹר וְהֵמָּה מִתְנַבְּאִים:
ו וְצָלְחָה עָלֶיךָ רוּחַ יְהוָה וְהִתְנַבִּיתָ עִמָּם וְנֶהְפַּכְתָּ לְאִישׁ אַחֵר:
ז וְהָיָה כִּי תְבֹאֶינָה הָאֹתוֹת הָאֵלֶּה לָךְ עֲשֵׂה לְךָ אֲשֶׁר תִּמְצָא תָבֹאנָה
ח יָדֶךָ כִּי הָאֱלֹהִים עִמָּךְ: וְיָרַדְתָּ לְפָנַי הַגִּלְגָּל וְהִנֵּה אָנֹכִי יֹרֵד
אֵלֶיךָ לְהַעֲלוֹת עֹלוֹת לִזְבֹּחַ זִבְחֵי שְׁלָמִים שִׁבְעַת יָמִים תּוֹחֵל
ט עַד־בּוֹאִי אֵלֶיךָ וְהוֹדַעְתִּי לְךָ אֵת אֲשֶׁר תַּעֲשֶׂה: וְהָיָה כְּהַפְנֹתוֹ
שִׁכְמוֹ לָלֶכֶת מֵעִם שְׁמוּאֵל וַיַּהֲפָךְ־לוֹ אֱלֹהִים לֵב אַחֵר וַיָּבֹאוּ
י כָּל־הָאֹתוֹת הָאֵלֶּה בַּיּוֹם הַהוּא: וַיָּבֹאוּ שָׁם
הַגִּבְעָתָה וְהִנֵּה חֶבֶל־נְבִאִים לִקְרָאתוֹ וַתִּצְלַח עָלָיו רוּחַ אֱלֹהִים
יא וַיִּתְנַבֵּא בְּתוֹכָם: וַיְהִי כָּל־יוֹדְעוֹ מֵאִתְּמוֹל שִׁלְשֹׁם וַיִּרְאוּ
וְהִנֵּה עִם־נְבִאִים נִבָּא וַיֹּאמֶר הָעָם אִישׁ אֶל־
יב רֵעֵהוּ מַה־זֶּה הָיָה לְבֶן־קִישׁ הֲגַם שָׁאוּל בַּנְּבִיאִים: וַיַּעַן אִישׁ

מִשָּׁם וַיֹּאמֶר וּמִי אֲבִיהֶם עַל־כֵּן הָיְתָה לְמָשָׁל הֲגַם שָׁאוּל
יג יד בַּנְּבִאִים׃ וַיְכַל מֵהִתְנַבּוֹת וַיָּבֹא הַבָּמָה׃ וַיֹּאמֶר דּוֹד שָׁאוּל
אֵלָיו וְאֶל־נַעֲרוֹ אָן הֲלַכְתֶּם וַיֹּאמֶר לְבַקֵּשׁ אֶת־הָאֲתֹנוֹת
טו וַנִּרְאֶה כִי־אַיִן וַנָּבוֹא אֶל־שְׁמוּאֵל׃ וַיֹּאמֶר דּוֹד שָׁאוּל הַגִּידָה־
טז נָּא לִי מָה־אָמַר לָכֶם שְׁמוּאֵל׃ וַיֹּאמֶר שָׁאוּל אֶל־דּוֹדוֹ הַגֵּד
הִגִּיד לָנוּ כִּי נִמְצְאוּ הָאֲתֹנוֹת וְאֶת־דְּבַר הַמְּלוּכָה לֹא־הִגִּיד לוֹ
יז אֲשֶׁר אָמַר שְׁמוּאֵל׃ וַיַּצְעֵק שְׁמוּאֵל אֶת־הָעָם
יח אֶל־יְהוָה הַמִּצְפָּה׃ וַיֹּאמֶר ׀ אֶל־בְּנֵי יִשְׂרָאֵל כֹּה־אָמַר יְהוָה
אֱלֹהֵי יִשְׂרָאֵל אָנֹכִי הֶעֱלֵיתִי אֶת־יִשְׂרָאֵל מִמִּצְרָיִם וָאַצִּיל
אֶתְכֶם מִיַּד מִצְרַיִם וּמִיַּד כָּל־הַמַּמְלָכוֹת הַלֹּחֲצִים אֶתְכֶם׃
יט וְאַתֶּם הַיּוֹם מְאַסְתֶּם אֶת־אֱלֹהֵיכֶם אֲשֶׁר־הוּא מוֹשִׁיעַ לָכֶם
מִכָּל־רָעוֹתֵיכֶם וְצָרֹתֵיכֶם וַתֹּאמְרוּ לוֹ כִּי־מֶלֶךְ תָּשִׂים עָלֵינוּ
כ וְעַתָּה הִתְיַצְּבוּ לִפְנֵי יְהוָה לְשִׁבְטֵיכֶם וּלְאַלְפֵיכֶם׃ וַיַּקְרֵב
כא שְׁמוּאֵל אֵת כָּל־שִׁבְטֵי יִשְׂרָאֵל וַיִּלָּכֵד שֵׁבֶט בִּנְיָמִן׃ וַיַּקְרֵב
אֶת־שֵׁבֶט בִּנְיָמִן לְמִשְׁפְּחֹתָו וַתִּלָּכֵד מִשְׁפַּחַת הַמַּטְרִי וַיִּלָּכֵד
כב שָׁאוּל בֶּן־קִישׁ וַיְבַקְשֻׁהוּ וְלֹא נִמְצָא׃ וַיִּשְׁאֲלוּ־עוֹד בַּיהוָה
הֲבָא עוֹד הֲלֹם אִישׁ וַיֹּאמֶר יְהוָה הִנֵּה־הוּא
כג נֶחְבָּא אֶל־הַכֵּלִים׃ וַיָּרֻצוּ וַיִּקָּחֻהוּ מִשָּׁם וַיִּתְיַצֵּב בְּתוֹךְ הָעָם
כד וַיִּגְבַּהּ מִכָּל־הָעָם מִשִּׁכְמוֹ וָמָעְלָה׃ וַיֹּאמֶר שְׁמוּאֵל אֶל־כָּל־ ו
הָעָם הַרְּאִיתֶם אֲשֶׁר בָּחַר־בּוֹ יְהוָה כִּי אֵין כָּמֹהוּ בְּכָל־הָעָם
כה וַיָּרִעוּ כָל־הָעָם וַיֹּאמְרוּ יְחִי הַמֶּלֶךְ׃ וַיְדַבֵּר שְׁמוּאֵל
אֶל־הָעָם אֵת מִשְׁפַּט הַמְּלֻכָה וַיִּכְתֹּב בַּסֵּפֶר וַיַּנַּח לִפְנֵי
כו יְהוָה וַיְשַׁלַּח שְׁמוּאֵל אֶת־כָּל־הָעָם אִישׁ לְבֵיתוֹ׃ וְגַם־שָׁאוּל
הָלַךְ לְבֵיתוֹ גִּבְעָתָה וַיֵּלְכוּ עִמּוֹ הַחַיִל אֲשֶׁר־נָגַע אֱלֹהִים
כז בְּלִבָּם׃ וּבְנֵי בְלִיַּעַל אָמְרוּ מַה־יֹּשִׁעֵנוּ זֶה וַיִּבְזֻהוּ וְלֹא־הֵבִיאוּ
יא א לוֹ מִנְחָה וַיְהִי כְּמַחֲרִישׁ׃ וַיַּעַל נָחָשׁ הָעַמּוֹנִי וַיִּחַן
עַל־יָבֵישׁ גִּלְעָד וַיֹּאמְרוּ כָּל־אַנְשֵׁי יָבֵישׁ אֶל־נָחָשׁ כְּרָת־לָנוּ

ב בְּרִ֖ית וְנַֽעַבְדֶֽךָּ׃ וַיֹּ֤אמֶר אֲלֵיהֶם֙ נָחָ֣שׁ הָֽעַמּוֹנִ֔י בְּזֹאת֙ אֶכְרֹ֣ת
לָכֶ֔ם בִּנְק֥וֹר לָכֶ֖ם כָּל־עֵ֣ין יָמִ֑ין וְשַׂמְתִּ֥יהָ חֶרְפָּ֖ה עַל־כָּל־
ג יִשְׂרָאֵֽל׃ וַיֹּ֨אמְרוּ אֵלָ֜יו זִקְנֵ֣י יָבֵ֗ישׁ הֶ֤רֶף לָ֙נוּ֙ שִׁבְעַ֣ת יָמִ֔ים
וְנִשְׁלְחָה֙ מַלְאָכִ֔ים בְּכֹ֖ל גְּב֣וּל יִשְׂרָאֵ֑ל וְאִם־אֵ֥ין מוֹשִׁ֛יעַ אֹתָ֖נוּ
ד וְיָצָ֥אנוּ אֵלֶֽיךָ׃ וַיָּבֹ֤אוּ הַמַּלְאָכִים֙ גִּבְעַ֣ת שָׁא֔וּל וַיְדַבְּר֥וּ הַדְּבָרִ֖ים
ה בְּאָזְנֵ֣י הָעָ֑ם וַיִּשְׂא֧וּ כָל־הָעָ֛ם אֶת־קוֹלָ֖ם וַיִּבְכּֽוּ׃ וְהִנֵּ֨ה שָׁא֜וּל בָּ֣א
אַחֲרֵ֤י הַבָּקָר֙ מִן־הַשָּׂדֶ֔ה וַיֹּ֣אמֶר שָׁא֔וּל מַה־לָּעָ֖ם כִּ֣י יִבְכּ֑וּ
ו וַיְסַ֨פְּרוּ־ל֔וֹ אֶת־דִּבְרֵ֖י אַנְשֵׁ֥י יָבֵֽישׁ׃ וַתִּצְלַ֤ח רֽוּחַ־אֱלֹהִים֙ עַל־
ז שָׁא֔וּל בשמעו אֶת־הַדְּבָרִ֖ים הָאֵ֑לֶּה וַיִּ֥חַר אַפּ֖וֹ מְאֹֽד׃ וַיִּקַּח֩ כְּשָׁמְעוֹ
צֶ֨מֶד בָּקָ֜ר וַֽיְנַתְּחֵ֗הוּ וַיְשַׁלַּ֞ח בְּכָל־גְּב֣וּל יִשְׂרָאֵל֮ בְּיַ֣ד הַמַּלְאָכִ֣ים ׀
לֵאמֹר֒ אֲשֶׁר֩ אֵינֶ֨נּוּ יֹצֵ֜א אַחֲרֵ֤י שָׁאוּל֙ וְאַחַ֣ר שְׁמוּאֵ֔ל כֹּ֥ה יֵעָשֶׂ֖ה
ח לִבְקָר֑וֹ וַיִּפֹּ֤ל פַּֽחַד־יְהוָה֙ עַל־הָעָ֔ם וַיֵּצְא֖וּ כְּאִ֥ישׁ אֶחָֽד׃ וַֽיִּפְקְדֵ֖ם
בְּבָ֑זֶק וַיִּהְי֤וּ בְנֵֽי־יִשְׂרָאֵל֙ שְׁלֹ֣שׁ מֵא֣וֹת אֶ֔לֶף וְאִ֥ישׁ יְהוּדָ֖ה שְׁלֹשִׁ֥ים
ט אָֽלֶף׃ וַיֹּאמְר֞וּ לַמַּלְאָכִ֣ים הַבָּאִ֗ים כֹּ֤ה תֹֽאמְרוּן֙ לְאִישׁ֙ יָבֵ֣ישׁ
גִּלְעָ֔ד מָחָ֛ר תִּֽהְיֶה־לָכֶ֥ם תְּשׁוּעָ֖ה בחם הַשָּׁ֑מֶשׁ וַיָּבֹ֣אוּ הַמַּלְאָכִ֗ים כְּחֹם
י וַיַּגִּ֛ידוּ לְאַנְשֵׁ֥י יָבֵ֖ישׁ וַיִּשְׂמָֽחוּ׃ וַֽיֹּאמְרוּ֙ אַנְשֵׁ֣י יָבֵ֔ישׁ מָחָ֖ר נֵצֵ֣א
יא אֲלֵיכֶ֑ם וַעֲשִׂיתֶ֣ם לָּ֔נוּ כְּכָל־הַטּ֖וֹב בְּעֵינֵיכֶֽם׃ וַיְהִ֣י
מִֽמָּחֳרָ֗ת וַיָּ֨שֶׂם שָׁא֣וּל אֶת־הָעָם֮ שְׁלֹשָׁ֣ה רָאשִׁים֒ וַיָּבֹ֤אוּ בְתוֹךְ־
הַֽמַּחֲנֶה֙ בְּאַשְׁמֹ֣רֶת הַבֹּ֔קֶר וַיַּכּ֥וּ אֶת־עַמּ֖וֹן עַד־חֹ֣ם הַיּ֑וֹם וַיְהִ֣י
יב הַנִּשְׁאָרִים֙ וַיָּפֻ֔צוּ וְלֹ֥א נִשְׁאֲרוּ־בָ֖ם שְׁנַ֥יִם יָֽחַד׃ וַיֹּ֤אמֶר הָעָם֙ אֶל־
שְׁמוּאֵ֔ל מִ֣י הָאֹמֵ֔ר שָׁא֖וּל יִמְלֹ֣ךְ עָלֵ֑ינוּ תְּנ֥וּ הָאֲנָשִׁ֖ים וּנְמִיתֵֽם׃
יג וַיֹּ֣אמֶר שָׁא֔וּל לֹֽא־יוּמַ֥ת אִ֖ישׁ בַּיּ֣וֹם הַזֶּ֑ה כִּ֥י הַיּ֛וֹם עָשָֽׂה־יְהוָ֥ה
יד תְּשׁוּעָ֖ה בְּיִשְׂרָאֵֽל׃ וַיֹּ֧אמֶר שְׁמוּאֵ֛ל אֶל־הָעָ֖ם
טו לְכ֖וּ וְנֵלְכָ֣ה הַגִּלְגָּ֑ל וּנְחַדֵּ֥שׁ שָׁ֖ם הַמְּלוּכָֽה׃ וַיֵּלְכ֨וּ כָל־הָעָ֜ם
הַגִּלְגָּ֗ל וַיַּמְלִ֨כוּ שָׁ֜ם אֶת־שָׁא֗וּל לִפְנֵ֤י יְהוָה֙ בַּגִּלְגָּ֔ל וַיִּזְבְּחוּ־שָׁ֛ם
זְבָחִ֥ים שְׁלָמִ֖ים לִפְנֵ֣י יְהוָ֑ה וַיִּשְׂמַ֨ח שָׁ֥ם שָׁא֛וּל וְכָל־אַנְשֵׁ֥י
יב א יִשְׂרָאֵ֖ל עַד־מְאֹֽד׃ וַיֹּ֤אמֶר שְׁמוּאֵל֙ אֶל־כָּל־

ישראל הנה שמעתי בקלכם לכל אשר־אמרתם לי ואמליך
ב עליכם מלך: ועתה הנה המלך | מתהלך לפניכם ואני זקנתי
ושבתי ובני הנם אתכם ואני התהלכתי לפניכם מנערי עד־
ג היום הזה: הנני ענו בי נגד יהוה ונגד משיחו את־שור | מי
לקחתי וחמור מי לקחתי ואת־מי עשקתי את־מי רצותי
ד ומיד־מי לקחתי כפר ואעלים עיני בו ואשיב לכם: ויאמרו
לא עשקתנו ולא רצותנו ולא־לקחת מיד־איש מאומה:
ה ויאמר אליהם עד יהוה בכם ועד משיחו היום הזה כי לא
ו מצאתם בידי מאומה ויאמר עד: ויאמר
שמואל אל־העם יהוה אשר עשה את־משה ואת־אהרן
ז ואשר העלה את־אבותיכם מארץ מצרים: ועתה התיצבו
ואשפטה אתכם לפני יהוה את כל־צדקות יהוה אשר־עשה
ח אתכם ואת־אבותיכם: כאשר־בא יעקב מצרים ויזעקו
אבותיכם אל־יהוה וישלח יהוה את־משה ואת־אהרן
ט ויוציאו את־אבותיכם ממצרים וישבום במקום הזה: וישכחו
את־יהוה אלהיהם וימכר אתם ביד סיסרא שר־צבא חצור
י וביד־פלשתים וביד מלך מואב וילחמו בם: ויזעקו אל־יהוה
ויאמר חטאנו כי עזבנו את־יהוה ונעבד את־הבעלים ואת־
יא העשתרות ועתה הצילנו מיד איבינו ונעבדך: וישלח יהוה
את־ירבעל ואת־בדן ואת־יפתח ואת־שמואל ויצל אתכם
יב מיד איביכם מסביב ותשבו בטח: ותראו כי נחש מלך בני־
עמון בא עליכם ותאמרו לי לא כי־מלך ימלך עלינו ויהוה
יג אלהיכם מלככם: ועתה הנה המלך אשר בחרתם אשר
יד שאלתם והנה נתן יהוה עליכם מלך: אם־תיראו את־יהוה
ועבדתם אתו ושמעתם בקולו ולא תמרו את־פי יהוה והיתם
גם־אתם וגם־המלך אשר מלך עליכם אחר יהוה אלהיכם:
טו ואם־לא תשמעו בקול יהוה ומריתם את־פי יהוה והיתה

טז יַד־יְהוָה בָּכֶם וּבַאֲבֹתֵיכֶם׃ גַּם־עַתָּה הִתְיַצְּבוּ וּרְאוּ אֶת־
יז הַדָּבָר הַגָּדוֹל הַזֶּה אֲשֶׁר יְהוָה עֹשֶׂה לְעֵינֵיכֶם׃ הֲלוֹא קְצִיר־
חִטִּים הַיּוֹם אֶקְרָא אֶל־יְהוָה וְיִתֵּן קֹלוֹת וּמָטָר וּדְעוּ וּרְאוּ
כִּי־רָעַתְכֶם רַבָּה אֲשֶׁר עֲשִׂיתֶם בְּעֵינֵי יְהוָה לִשְׁאוֹל לָכֶם
יח מֶלֶךְ׃ וַיִּקְרָא שְׁמוּאֵל אֶל־יְהוָה וַיִּתֵּן יְהוָה קֹלֹת
וּמָטָר בַּיּוֹם הַהוּא וַיִּירָא כָל־הָעָם מְאֹד אֶת־יְהוָה וְאֶת־
יט שְׁמוּאֵל׃ וַיֹּאמְרוּ כָל־הָעָם אֶל־שְׁמוּאֵל הִתְפַּלֵּל בְּעַד־עֲבָדֶיךָ
אֶל־יְהוָה אֱלֹהֶיךָ וְאַל־נָמוּת כִּי־יָסַפְנוּ עַל־כָּל־חַטֹּאתֵינוּ
כ רָעָה לִשְׁאֹל לָנוּ מֶלֶךְ׃ וַיֹּאמֶר שְׁמוּאֵל אֶל־הָעָם
אַל־תִּירָאוּ אַתֶּם עֲשִׂיתֶם אֵת כָּל־הָרָעָה הַזֹּאת אַךְ אַל־
כא תָּסוּרוּ מֵאַחֲרֵי יְהוָה וַעֲבַדְתֶּם אֶת־יְהוָה בְּכָל־לְבַבְכֶם׃ וְלֹא
תָּסוּרוּ כִּי ׀ אַחֲרֵי הַתֹּהוּ אֲשֶׁר לֹא־יוֹעִילוּ וְלֹא יַצִּילוּ כִּי־תֹהוּ
כב הֵמָּה׃ כִּי לֹא־יִטֹּשׁ יְהוָה אֶת־עַמּוֹ בַּעֲבוּר שְׁמוֹ הַגָּדוֹל כִּי ז
כג הוֹאִיל יְהוָה לַעֲשׂוֹת אֶתְכֶם לוֹ לְעָם׃ גַּם אָנֹכִי חָלִילָה לִּי
מֵחֲטֹא לַיהוָה מֵחֲדֹל לְהִתְפַּלֵּל בַּעַדְכֶם וְהוֹרֵיתִי אֶתְכֶם בְּדֶרֶךְ
כד הַטּוֹבָה וְהַיְשָׁרָה׃ אַךְ ׀ יְראוּ אֶת־יְהוָה וַעֲבַדְתֶּם אֹתוֹ בֶּאֱמֶת
כה בְּכָל־לְבַבְכֶם כִּי רְאוּ אֵת אֲשֶׁר־הִגְדִּל עִמָּכֶם׃ וְאִם־הָרֵעַ
תָּרֵעוּ גַּם־אַתֶּם גַּם־מַלְכְּכֶם תִּסָּפוּ׃
יג א ב בֶּן־שָׁנָה שָׁאוּל בְּמָלְכוֹ וּשְׁתֵּי שָׁנִים מָלַךְ עַל־יִשְׂרָאֵל׃ וַיִּבְחַר־
לוֹ שָׁאוּל שְׁלֹשֶׁת אֲלָפִים מִיִּשְׂרָאֵל וַיִּהְיוּ עִם־שָׁאוּל אַלְפַּיִם
בְּמִכְמָשׂ וּבְהַר בֵּית־אֵל וְאֶלֶף הָיוּ עִם־יוֹנָתָן בְּגִבְעַת בִּנְיָמִין
ג וְיֶתֶר הָעָם שִׁלַּח אִישׁ לְאֹהָלָיו׃ וַיַּךְ יוֹנָתָן אֵת נְצִיב פְּלִשְׁתִּים
אֲשֶׁר בְּגֶבַע וַיִּשְׁמְעוּ פְּלִשְׁתִּים וְשָׁאוּל תָּקַע בַּשּׁוֹפָר בְּכָל־
ד הָאָרֶץ לֵאמֹר יִשְׁמְעוּ הָעִבְרִים׃ וְכָל־יִשְׂרָאֵל שָׁמְעוּ לֵאמֹר
הִכָּה שָׁאוּל אֶת־נְצִיב פְּלִשְׁתִּים וְגַם־נִבְאַשׁ יִשְׂרָאֵל בַּפְּלִשְׁתִּים
ה וַיִּצָּעֲקוּ הָעָם אַחֲרֵי שָׁאוּל הַגִּלְגָּל׃ וּפְלִשְׁתִּים נֶאֶסְפוּ ׀ לְהִלָּחֵם
עִם־יִשְׂרָאֵל שְׁלֹשִׁים אֶלֶף רֶכֶב וְשֵׁשֶׁת אֲלָפִים פָּרָשִׁים וְעָם

כַּחוֹל אֲשֶׁר עַל־שְׂפַת־הַיָּם לָרֹב וַיַּעֲלוּ וַיַּחֲנוּ בְמִכְמָשׂ קִדְמַת
ו בֵּית אָוֶן׃ וְאִישׁ יִשְׂרָאֵל רָאוּ כִּי צַר־לוֹ כִּי נִגַּשׂ הָעָם וַיִּתְחַבְּאוּ
ז הָעָם בַּמְּעָרוֹת וּבַחֲוָחִים וּבַסְּלָעִים וּבַצְּרִחִים וּבַבֹּרוֹת׃ וְעִבְרִים
עָבְרוּ אֶת־הַיַּרְדֵּן אֶרֶץ גָּד וְגִלְעָד וְשָׁאוּל עוֹדֶנּוּ בַגִּלְגָּל וְכָל־
ח הָעָם חָרְדוּ אַחֲרָיו׃ וייחל שִׁבְעַת יָמִים לַמּוֹעֵד אֲשֶׁר שְׁמוּאֵל וַיּוֹחֶל
ט וְלֹא־בָא שְׁמוּאֵל הַגִּלְגָּל וַיָּפֶץ הָעָם מֵעָלָיו׃ וַיֹּאמֶר שָׁאוּל הַגִּשׁוּ
י אֵלַי הָעֹלָה וְהַשְּׁלָמִים וַיַּעַל הָעֹלָה׃ וַיְהִי כְּכַלֹּתוֹ לְהַעֲלוֹת
יא הָעֹלָה וְהִנֵּה שְׁמוּאֵל בָּא וַיֵּצֵא שָׁאוּל לִקְרָאתוֹ לְבָרְכוֹ׃ וַיֹּאמֶר
שְׁמוּאֵל מֶה עָשִׂיתָ וַיֹּאמֶר שָׁאוּל כִּי־רָאִיתִי כִי־נָפַץ הָעָם
מֵעָלַי וְאַתָּה לֹא־בָאתָ לְמוֹעֵד הַיָּמִים וּפְלִשְׁתִּים נֶאֱסָפִים
יב מִכְמָשׂ׃ וָאֹמַר עַתָּה יֵרְדוּ פְלִשְׁתִּים אֵלַי הַגִּלְגָּל וּפְנֵי יהוה לֹא
יג חִלִּיתִי וָאֶתְאַפַּק וָאַעֲלֶה הָעֹלָה׃ וַיֹּאמֶר שְׁמוּאֵל
אֶל־שָׁאוּל נִסְכָּלְתָּ לֹא שָׁמַרְתָּ אֶת־מִצְוַת יהוה אֱלֹהֶיךָ אֲשֶׁר
צִוָּךְ כִּי עַתָּה הֵכִין יהוה אֶת־מַמְלַכְתְּךָ אֶל־יִשְׂרָאֵל עַד־
יד עוֹלָם׃ וְעַתָּה מַמְלַכְתְּךָ לֹא־תָקוּם בִּקֵּשׁ יהוה לוֹ אִישׁ כִּלְבָבוֹ
וַיְצַוֵּהוּ יהוה לְנָגִיד עַל־עַמּוֹ כִּי לֹא שָׁמַרְתָּ אֵת אֲשֶׁר־צִוְּךָ
טו יהוה׃ וַיָּקָם שְׁמוּאֵל וַיַּעַל מִן־הַגִּלְגָּל גִּבְעַת
בִּנְיָמִן וַיִּפְקֹד שָׁאוּל אֶת־הָעָם הַנִּמְצְאִים עִמּוֹ כְּשֵׁשׁ מֵאוֹת
טז אִישׁ׃ וְשָׁאוּל וְיוֹנָתָן בְּנוֹ וְהָעָם הַנִּמְצָא עִמָּם יֹשְׁבִים בְּגֶבַע
יז בִּנְיָמִן וּפְלִשְׁתִּים חָנוּ בְמִכְמָשׂ׃ וַיֵּצֵא הַמַּשְׁחִית מִמַּחֲנֵה
פְלִשְׁתִּים שְׁלֹשָׁה רָאשִׁים הָרֹאשׁ אֶחָד יִפְנֶה אֶל־דֶּרֶךְ
יח עָפְרָה אֶל־אֶרֶץ שׁוּעָל׃ וְהָרֹאשׁ אֶחָד יִפְנֶה דֶּרֶךְ בֵּית חֹרוֹן
וְהָרֹאשׁ אֶחָד יִפְנֶה דֶּרֶךְ הַגְּבוּל הַנִּשְׁקָף עַל־גֵּי הַצְּבֹעִים
יט הַמִּדְבָּרָה׃ וְחָרָשׁ לֹא יִמָּצֵא בְּכֹל אֶרֶץ יִשְׂרָאֵל
כ כִּי־אָמַר פְּלִשְׁתִּים פֶּן יַעֲשׂוּ הָעִבְרִים חֶרֶב אוֹ חֲנִית׃ וַיֵּרְדוּ
כָל־יִשְׂרָאֵל הַפְּלִשְׁתִּים לִלְטוֹשׁ אִישׁ אֶת־מַחֲרַשְׁתּוֹ וְאֶת־אֵתוֹ
כא וְאֶת־קַרְדֻּמּוֹ וְאֵת מַחֲרֵשָׁתוֹ׃ וְהָיְתָה הַפְּצִירָה פִים לַמַּחֲרֵשֹׁת

ולאתים ולשלש קלשון ולהקרדמים ולהציב הדרבן׃ והיה כב
ביום מלחמת ולא נמצא חרב וחנית ביד כל־העם אשר
את־שאול ואת־יונתן ותמצא לשאול וליונתן בנו׃ ויצא כג
מצב פלשתים אל־מעבר מכמש׃   ויהי היום א יד
ויאמר יונתן בן־שאול אל־הנער נשא כליו לכה ונעברה
אל־מצב פלשתים אשר מעבר הלז ולאביו לא הגיד׃ ושאול ב
יושב בקצה הגבעה תחת הרמון אשר במגרון והעם אשר
עמו כשש מאות איש׃ ואחיה בן־אחטוב אחי איכבוד בן־ ג
פינחס בן־עלי כהן יהוה בשלו נשא אפוד והעם לא ידע כי
הלך יונתן׃ ובין המעברות אשר בקש יונתן לעבר על־מצב ד
פלשתים שן־הסלע מהעבר מזה ושן־הסלע מהעבר מזה
ושם האחד בוצץ ושם האחד סנה׃ השן האחד מצוק מצפון ה
מול מכמש והאחד מנגב מול גבע׃   ויאמר ו
יהונתן אל־הנער נשא כליו לכה ונעברה אל־מצב הערלים
האלה אולי יעשה יהוה לנו כי אין ליהוה מעצור להושיע
ברב או במעט׃ ויאמר לו נשא כליו עשה כל־אשר בלבבך ז
נטה לך הנני עמך כלבבך׃   ויאמר יהונתן הנה ח
אנחנו עברים אל־האנשים ונגלינו אליהם׃ אם־כה יאמרו ט
אלינו דמו עד־הגיענו אליכם ועמדנו תחתינו ולא נעלה
אליהם׃ ואם־כה יאמרו עלו עלינו ועלינו כי־נתנם יהוה י
בידנו וזה־לנו האות׃ ויגלו שניהם אל־מצב פלשתים ויאמרו יא
פלשתים הנה עברים יצאים מן־החרים אשר התחבאו־שם׃
ויענו אנשי המצבה את־יונתן ואת־נשא כליו ויאמרו עלו יב
אלינו ונודיעה אתכם דבר   ויאמר יונתן אל־
נשא כליו עלה אחרי כי־נתנם יהוה ביד ישראל׃ ויעל יונתן יג
על־ידיו ועל־רגליו ונשא כליו אחריו ויפלו לפני יונתן ונשא
כליו ממותת אחריו׃ ותהי המכה הראשנה אשר הכה יונתן יד

ונשא כליו כעשרים איש כבחצי מענה צמד שדה:
טו ותהי חרדה במחנה בשדה ובכל-העם המצב והמשחית
טז חרדו גם-המה ותרגז הארץ ותהי לחרדת אלהים: ויראו
הצפים לשאול בגבעת בנימן והנה ההמון נמוג וילך
יז והלם: ויאמר שאול לעם אשר אתו פקדו-
נא וראו מי הלך מעמנו ויפקדו והנה אין יונתן ונשא
יח כליו: ויאמר שאול לאחיה הגישה ארון האלהים כי-
יט היה ארון האלהים ביום ההוא ובני ישראל: ויהי עד דבר
שאול אל-הכהן וההמון אשר במחנה פלשתים וילך הלוך
כ ורב ויאמר שאול אל-הכהן אסף ידך: ויזעק
שאול וכל-העם אשר אתו ויבאו עד-המלחמה והנה היתה
כא חרב איש ברעהו מהומה גדולה מאד: והעברים היו
לפלשתים כאתמול שלשום אשר עלו עמם במחנה סביב
כב וגם-המה להיות עם-ישראל אשר עם-שאול ויונתן: וכל
איש ישראל המתחבאים בהר-אפרים שמעו כי-נסו
כג פלשתים וידבקו גם-המה אחריהם במלחמה: ויושע יהוה ח
ביום ההוא את-ישראל והמלחמה עברה את-בית און:
כד ואיש-ישראל נגש ביום ההוא ויאל שאול את-העם לאמר
ארור האיש אשר-יאכל לחם עד-הערב ונקמתי מאיבי ולא-
כה טעם כל-העם לחם: וכל-הארץ באו ביער ויהי דבש על-
כו פני השדה: ויבא העם אל-היער והנה הלך דבש ואין-משיג
כז ידו אל-פיו כי-ירא העם את-השבעה: ויונתן לא-שמע
בהשביע אביו את-העם וישלח את-קצה המטה אשר בידו
ויטבל אותה ביערת הדבש וישב ידו אל-פיו ותראנה עיניו: ותארנה
כח ויען איש מהעם ויאמר השבע השביע אביך את-העם
כט לאמר ארור האיש אשר-יאכל לחם היום ויעף העם: ויאמר
יונתן עכר אבי את-הארץ ראו-נא כי-ארו עיני כי טעמתי

ל מְעַט דְּבַשׁ הַזֶּה׃ אַף כִּי לוּא אָכֹל אָכַל הַיּוֹם הָעָם מִשְּׁלַל
לא אֹיְבָיו אֲשֶׁר מָצָא כִּי עַתָּה לֹא־רָבְתָה מַכָּה בַּפְּלִשְׁתִּים׃ וַיַּכּוּ
לב בַּיּוֹם הַהוּא בַּפְּלִשְׁתִּים מִמִּכְמָשׂ אַיָּלֹנָה וַיָּעַף הָעָם מְאֹד׃ ויעש (וַיַּעַט)
הָעָם אֶל־שלל וַיִּקְחוּ צֹאן וּבָקָר וּבְנֵי בָקָר וַיִּשְׁחֲטוּ אָרְצָה (הַשָּׁלָל)
לג וַיֹּאכַל הָעָם עַל־הַדָּם׃ וַיַּגִּידוּ לְשָׁאוּל לֵאמֹר הִנֵּה הָעָם חֹטְאִים
לַיהוָה לֶאֱכֹל עַל־הַדָּם וַיֹּאמֶר בְּגַדְתֶּם גֹּלּוּ אֵלַי הַיּוֹם אֶבֶן
לד גְּדוֹלָה׃ וַיֹּאמֶר שָׁאוּל פֻּצוּ בָעָם וַאֲמַרְתֶּם לָהֶם הַגִּישׁוּ אֵלַי אִישׁ
שׁוֹרוֹ וְאִישׁ שֵׂיֵהוּ וּשְׁחַטְתֶּם בָּזֶה וַאֲכַלְתֶּם וְלֹא־תֶחֶטְאוּ לַיהוָה
לֶאֱכֹל אֶל־הַדָּם וַיַּגִּשׁוּ כָל־הָעָם אִישׁ שׁוֹרוֹ בְיָדוֹ הַלַּיְלָה
לה וַיִּשְׁחֲטוּ־שָׁם׃ וַיִּבֶן שָׁאוּל מִזְבֵּחַ לַיהוָה אֹתוֹ הֵחֵל לִבְנוֹת מִזְבֵּחַ
לו לַיהוָה׃ וַיֹּאמֶר שָׁאוּל נֵרְדָה אַחֲרֵי פְלִשְׁתִּים
לַיְלָה וְנָבֹזָּה בָהֶם ׀ עַד־אוֹר הַבֹּקֶר וְלֹא־נַשְׁאֵר בָּהֶם אִישׁ
וַיֹּאמְרוּ כָּל־הַטּוֹב בְּעֵינֶיךָ עֲשֵׂה וַיֹּאמֶר הַכֹּהֵן
לז נִקְרְבָה הֲלֹם אֶל־הָאֱלֹהִים׃ וַיִּשְׁאַל שָׁאוּל בֵּאלֹהִים הַאֵרֵד
אַחֲרֵי פְלִשְׁתִּים הֲתִתְּנֵם בְּיַד יִשְׂרָאֵל וְלֹא עָנָהוּ בַּיּוֹם הַהוּא׃
לח וַיֹּאמֶר שָׁאוּל גֹּשׁוּ הֲלֹם כֹּל פִּנּוֹת הָעָם וּדְעוּ וּרְאוּ בַּמָּה הָיְתָה
לט הַחַטָּאת הַזֹּאת הַיּוֹם׃ כִּי חַי־יְהוָה הַמּוֹשִׁיעַ אֶת־יִשְׂרָאֵל כִּי
אִם־יֶשְׁנוֹ בְּיוֹנָתָן בְּנִי כִּי מוֹת יָמוּת וְאֵין עֹנֵהוּ מִכָּל־הָעָם׃
מ וַיֹּאמֶר אֶל־כָּל־יִשְׂרָאֵל אַתֶּם תִּהְיוּ לְעֵבֶר אֶחָד וַאֲנִי וְיוֹנָתָן
בְּנִי נִהְיֶה לְעֵבֶר אֶחָד וַיֹּאמְרוּ הָעָם אֶל־שָׁאוּל הַטּוֹב בְּעֵינֶיךָ
מא עֲשֵׂה׃ וַיֹּאמֶר שָׁאוּל אֶל־יְהוָה אֱלֹהֵי יִשְׂרָאֵל
מב הָבָה תָמִים וַיִּלָּכֵד יוֹנָתָן וְשָׁאוּל וְהָעָם יָצָאוּ׃ וַיֹּאמֶר שָׁאוּל
מג הַפִּילוּ בֵּינִי וּבֵין יוֹנָתָן בְּנִי וַיִּלָּכֵד יוֹנָתָן׃ וַיֹּאמֶר שָׁאוּל אֶל־
יוֹנָתָן הַגִּידָה לִּי מֶה עָשִׂיתָה וַיַּגֶּד־לוֹ יוֹנָתָן וַיֹּאמֶר טָעֹם
טָעַמְתִּי בִּקְצֵה הַמַּטֶּה אֲשֶׁר־בְּיָדִי מְעַט דְּבַשׁ הִנְנִי אָמוּת׃
מד וַיֹּאמֶר שָׁאוּל כֹּה־יַעֲשֶׂה אֱלֹהִים וְכֹה יוֹסִף כִּי־מוֹת תָּמוּת
מה יוֹנָתָן׃ וַיֹּאמֶר הָעָם אֶל־שָׁאוּל הֲיוֹנָתָן יָמוּת אֲשֶׁר עָשָׂה

הַיְשׁוּעָה הַגְּדוֹלָה הַזֹּאת בְּיִשְׂרָאֵל חָלִילָה חַי־יהוה אִם־יִפֹּל
מִשַּׂעֲרַת רֹאשׁוֹ אַרְצָה כִּי־עִם־אֱלֹהִים עָשָׂה הַיּוֹם הַזֶּה וַיִּפְדּוּ
מו הָעָם אֶת־יוֹנָתָן וְלֹא־מֵת׃ וַיַּעַל שָׁאוּל מֵאַחֲרֵי
מז פְּלִשְׁתִּים וּפְלִשְׁתִּים הָלְכוּ לִמְקוֹמָם׃ וְשָׁאוּל לָכַד הַמְּלוּכָה
עַל־יִשְׂרָאֵל וַיִּלָּחֶם סָבִיב ׀ בְּכָל־אֹיְבָיו בְּמוֹאָב ׀ וּבִבְנֵי־
עַמּוֹן וּבֶאֱדוֹם וּבְמַלְכֵי צוֹבָה וּבַפְּלִשְׁתִּים וּבְכֹל אֲשֶׁר־יִפְנֶה
מח יַרְשִׁיעַ׃ וַיַּעַשׂ חַיִל וַיַּךְ אֶת־עֲמָלֵק וַיַּצֵּל אֶת־יִשְׂרָאֵל מִיַּד
מט שֹׁסֵהוּ׃ וַיִּהְיוּ בְּנֵי שָׁאוּל יוֹנָתָן וְיִשְׁוִי וּמַלְכִּי־שׁוּעַ
נ וְשֵׁם שְׁתֵּי בְנֹתָיו שֵׁם הַבְּכִירָה מֵרַב וְשֵׁם הַקְּטַנָּה מִיכַל׃ וְשֵׁם
אֵשֶׁת שָׁאוּל אֲחִינֹעַם בַּת־אֲחִימָעַץ וְשֵׁם שַׂר־צְבָאוֹ אֲבִינֵר
נא בֶּן־נֵר דּוֹד שָׁאוּל׃ וְקִישׁ אֲבִי־שָׁאוּל וְנֵר אֲבִי־אַבְנֵר בֶּן־
נב אֲבִיאֵל׃ וַתְּהִי הַמִּלְחָמָה חֲזָקָה עַל־פְּלִשְׁתִּים
כֹּל יְמֵי שָׁאוּל וְרָאָה שָׁאוּל כָּל־אִישׁ גִּבּוֹר וְכָל־בֶּן־חַיִל
טו א וַיַּאַסְפֵהוּ אֵלָיו׃ וַיֹּאמֶר שְׁמוּאֵל אֶל־שָׁאוּל אֹתִי
שָׁלַח יהוה לִמְשָׁחֳךָ לְמֶלֶךְ עַל־עַמּוֹ עַל־יִשְׂרָאֵל וְעַתָּה
ב שְׁמַע לְקוֹל דִּבְרֵי יהוה׃ כֹּה אָמַר יהוה צְבָאוֹת
פָּקַדְתִּי אֵת אֲשֶׁר־עָשָׂה עֲמָלֵק לְיִשְׂרָאֵל אֲשֶׁר־שָׂם לוֹ
ג בַּדֶּרֶךְ בַּעֲלֹתוֹ מִמִּצְרָיִם׃ עַתָּה לֵךְ וְהִכִּיתָה אֶת־עֲמָלֵק
וְהַחֲרַמְתֶּם אֶת־כָּל־אֲשֶׁר־לוֹ וְלֹא תַחְמֹל עָלָיו וְהֵמַתָּה מֵאִישׁ
עַד־אִשָּׁה מֵעֹלֵל וְעַד־יוֹנֵק מִשּׁוֹר וְעַד־שֶׂה מִגָּמָל וְעַד־
ד חֲמוֹר׃ וַיְשַׁמַּע שָׁאוּל אֶת־הָעָם וַיִּפְקְדֵם בַּטְּלָאִים
ה מָאתַיִם אֶלֶף רַגְלִי וַעֲשֶׂרֶת אֲלָפִים אֶת־אִישׁ יְהוּדָה׃ וַיָּבֹא
ו שָׁאוּל עַד־עִיר עֲמָלֵק וַיָּרֶב בַּנָּחַל׃ וַיֹּאמֶר שָׁאוּל אֶל־הַקֵּינִי
לְכוּ סֻּרוּ רְדוּ מִתּוֹךְ עֲמָלֵקִי פֶּן־אֹסִפְךָ עִמּוֹ וְאַתָּה עָשִׂיתָה
חֶסֶד עִם־כָּל־בְּנֵי יִשְׂרָאֵל בַּעֲלוֹתָם מִמִּצְרָיִם וַיָּסַר קֵינִי מִתּוֹךְ
ז עֲמָלֵק׃ וַיַּךְ שָׁאוּל אֶת־עֲמָלֵק מֵחֲוִילָה בּוֹאֲךָ שׁוּר אֲשֶׁר עַל־
ח פְּנֵי מִצְרָיִם׃ וַיִּתְפֹּשׂ אֶת־אֲגַג מֶלֶךְ־עֲמָלֵק חָי וְאֶת־כָּל־הָעָם

ט הֶחֱרִים לְפִי־חָֽרֶב׃ וַיַּחְמֹל שָׁאוּל וְהָעָם עַל־אֲגָג וְעַל־
מֵיטַב הַצֹּאן וְהַבָּקָר וְהַמִּשְׁנִים וְעַל־הַכָּרִים וְעַל־כָּל־הַטּוֹב
וְלֹא אָבוּ הַחֲרִימָם וְכָל־הַמְּלָאכָה נְמִבְזָה וְנָמֵס אֹתָהּ
י הֶחֱרִֽימוּ׃ וַיְהִי דְּבַר יְהוָה אֶל־שְׁמוּאֵל לֵאמֹֽר׃
יא נִחַמְתִּי כִּי־הִמְלַכְתִּי אֶת־שָׁאוּל לְמֶלֶךְ כִּי־שָׁב מֵאַחֲרַי
וְאֶת־דְּבָרַי לֹא הֵקִים וַיִּחַר לִשְׁמוּאֵל וַיִּזְעַק אֶל־יְהוָה
יב כָּל־הַלָּֽיְלָה׃ וַיַּשְׁכֵּם שְׁמוּאֵל לִקְרַאת שָׁאוּל בַּבֹּקֶר וַיֻּגַּד
לִשְׁמוּאֵל לֵאמֹר בָּֽא־שָׁאוּל הַכַּרְמֶלָה וְהִנֵּה מַצִּיב לוֹ יָד וַיִּסֹּב
יג וַיַּעֲבֹר וַיֵּרֶד הַגִּלְגָּֽל׃ וַיָּבֹא שְׁמוּאֵל אֶל־שָׁאוּל וַיֹּאמֶר לוֹ
יד שָׁאוּל בָּרוּךְ אַתָּה לַיהוָה הֲקִימֹתִי אֶת־דְּבַר יְהוָֽה׃ וַיֹּאמֶר
שְׁמוּאֵל וּמֶה קוֹל־הַצֹּאן הַזֶּה בְּאָזְנָי וְקוֹל הַבָּקָר אֲשֶׁר אָנֹכִי
טו שֹׁמֵֽעַ׃ וַיֹּאמֶר שָׁאוּל מֵעֲמָלֵקִי הֱבִיאוּם אֲשֶׁר חָמַל הָעָם
עַל־מֵיטַב הַצֹּאן וְהַבָּקָר לְמַעַן זְבֹחַ לַיהוָה אֱלֹהֶיךָ וְאֶת־
טז הַיּוֹתֵר הֶחֱרַֽמְנוּ׃ וַיֹּאמֶר שְׁמוּאֵל אֶל־שָׁאוּל הֶרֶף
וְאַגִּידָה לְּךָ אֵת אֲשֶׁר דִּבֶּר יְהוָה אֵלַי הַלָּיְלָה ויאמרו לוֹ וַיֹּאמֶר
יז דַּבֵּֽר׃ וַיֹּאמֶר שְׁמוּאֵל הֲלוֹא אִם־קָטֹן אַתָּה ט
בְּעֵינֶיךָ רֹאשׁ שִׁבְטֵי יִשְׂרָאֵל אָתָּה וַיִּמְשָׁחֲךָ יְהוָה לְמֶלֶךְ עַל־
יח יִשְׂרָאֵֽל׃ וַיִּשְׁלָחֲךָ יְהוָה בְּדָרֶךְ וַיֹּאמֶר לֵךְ וְהַחֲרַמְתָּה אֶת־
יט הַחַטָּאִים אֶת־עֲמָלֵק וְנִלְחַמְתָּ בוֹ עַד־כַּלּוֹתָם אֹתָֽם׃ וְלָמָּה
לֹא־שָׁמַעְתָּ בְּקוֹל יְהוָה וַתַּעַט אֶל־הַשָּׁלָל וַתַּעַשׂ הָרַע
כ בְּעֵינֵי יְהוָֽה׃ וַיֹּאמֶר שָׁאוּל אֶל־שְׁמוּאֵל אֲשֶׁר
שָׁמַעְתִּי בְּקוֹל יְהוָה וָאֵלֵךְ בַּדֶּרֶךְ אֲשֶׁר־שְׁלָחַנִי יְהוָה וָאָבִיא
כא אֶת־אֲגַג מֶלֶךְ עֲמָלֵק וְאֶת־עֲמָלֵק הֶחֱרַֽמְתִּי׃ וַיִּקַּח הָעָם
מֵהַשָּׁלָל צֹאן וּבָקָר רֵאשִׁית הַחֵרֶם לִזְבֹּחַ לַיהוָה אֱלֹהֶיךָ
כב בַּגִּלְגָּֽל׃ וַיֹּאמֶר שְׁמוּאֵל הַחֵפֶץ לַיהוָה בְּעֹלוֹת
וּזְבָחִים כִּשְׁמֹעַ בְּקוֹל יְהוָה הִנֵּה שְׁמֹעַ מִזֶּבַח טוֹב לְהַקְשִׁיב
כג מֵחֵלֶב אֵילִֽים׃ כִּי חַטַּאת־קֶסֶם מֶרִי וְאָוֶן וּתְרָפִים הַפְצַר יַעַן

כד מָאַ֙סְתָּ֙ אֶת־דְּבַ֣ר יְהוָ֔ה וַיִּמְאָסְךָ֖ מִמֶּֽלֶךְ׃ וַיֹּ֨אמֶר
שָׁא֤וּל אֶל־שְׁמוּאֵל֙ חָטָ֔אתִי כִּֽי־עָבַ֥רְתִּי אֶת־פִּֽי־יְהוָ֖ה וְאֶת־
כה דְּבָרֶ֑יךָ כִּ֤י יָרֵ֙אתִי֙ אֶת־הָעָ֔ם וָאֶשְׁמַ֖ע בְּקוֹלָֽם׃ וְעַתָּ֕ה שָׂ֥א נָ֖א
כו אֶת־חַטָּאתִ֑י וְשׁ֣וּב עִמִּ֔י וְאֶֽשְׁתַּחֲוֶ֖ה לַֽיהוָֽה׃ וַיֹּ֤אמֶר שְׁמוּאֵל֙ אֶל־
שָׁא֔וּל לֹ֥א אָשׁ֖וּב עִמָּ֑ךְ כִּ֤י מָאַ֙סְתָּה֙ אֶת־דְּבַ֣ר יְהוָ֔ה וַיִּמְאָסְךָ֣
כז יְהוָ֔ה מִהְי֥וֹת מֶ֖לֶךְ עַל־יִשְׂרָאֵֽל׃ וַיִּסֹּ֥ב שְׁמוּאֵ֖ל לָלֶ֑כֶת וַיַּחֲזֵ֥ק
כח בִּכְנַף־מְעִיל֖וֹ וַיִּקָּרַֽע׃ וַיֹּ֤אמֶר אֵלָיו֙ שְׁמוּאֵ֔ל קָרַ֨ע יְהוָ֜ה אֶֽת־
כט מַמְלְכ֧וּת יִשְׂרָאֵ֛ל מֵעָלֶ֖יךָ הַיּ֑וֹם וּנְתָנָ֕הּ לְרֵעֲךָ֖ הַטּ֥וֹב מִמֶּֽךָּ׃ וְגַם֙
נֵ֣צַח יִשְׂרָאֵ֔ל לֹ֥א יְשַׁקֵּ֖ר וְלֹ֣א יִנָּחֵ֑ם כִּ֣י לֹ֥א אָדָ֛ם ה֖וּא לְהִנָּחֵֽם׃
ל וַיֹּ֣אמֶר חָטָ֔אתִי עַתָּ֗ה כַּבְּדֵ֥נִי נָ֛א נֶ֥גֶד זִקְנֵֽי־עַמִּ֖י וְנֶ֣גֶד יִשְׂרָאֵ֑ל
לא וְשׁ֣וּב עִמִּ֔י וְהִֽשְׁתַּחֲוֵ֖יתִי לַֽיהוָ֥ה אֱלֹהֶֽיךָ׃ וַיָּ֥שָׁב שְׁמוּאֵ֖ל אַחֲרֵ֣י
לב שָׁא֑וּל וַיִּשְׁתַּ֥חוּ שָׁא֖וּל לַֽיהוָֽה׃ וַיֹּ֣אמֶר שְׁמוּאֵ֗ל
הַגִּ֤ישׁוּ אֵלַי֙ אֶת־אֲגַג֙ מֶ֣לֶךְ עֲמָלֵ֔ק וַיֵּ֣לֶךְ אֵלָ֔יו אֲגַ֖ג מַעֲדַנֹּ֑ת
לג וַיֹּ֣אמֶר אֲגָ֔ג אָכֵ֖ן סָ֥ר מַר־הַמָּֽוֶת׃ וַיֹּ֣אמֶר שְׁמוּאֵ֔ל כַּאֲשֶׁ֨ר שִׁכְּלָ֤ה
נָשִׁים֙ חַרְבֶּ֔ךָ כֵּן־תִּשְׁכַּ֥ל מִנָּשִׁ֖ים אִמֶּ֑ךָ וַיְשַׁסֵּ֨ף שְׁמוּאֵ֧ל אֶת־אֲגָ֛ג
לד לִפְנֵ֥י יְהוָ֖ה בַּגִּלְגָּֽל׃ וַיֵּ֥לֶךְ שְׁמוּאֵ֖ל הָרָמָ֑תָה וְשָׁא֛וּל
לה עָלָ֥ה אֶל־בֵּית֖וֹ גִּבְעַ֥ת שָׁאֽוּל׃ וְלֹא־יָסַ֨ף שְׁמוּאֵ֜ל לִרְא֤וֹת אֶת־
שָׁאוּל֙ עַד־י֣וֹם מוֹת֔וֹ כִּֽי־הִתְאַבֵּ֥ל שְׁמוּאֵ֖ל אֶל־שָׁא֑וּל וַֽיהוָ֣ה נִחָ֔ם
טז א כִּֽי־הִמְלִ֥יךְ אֶת־שָׁא֖וּל עַל־יִשְׂרָאֵֽל׃ וַיֹּ֨אמֶר
יְהוָ֜ה אֶל־שְׁמוּאֵ֗ל עַד־מָתַי֙ אַתָּה֙ מִתְאַבֵּ֣ל אֶל־שָׁא֔וּל וַאֲנִ֣י
מְאַסְתִּ֔יו מִמְּלֹ֖ךְ עַל־יִשְׂרָאֵ֑ל מַלֵּ֨א קַרְנְךָ֜ שֶׁ֗מֶן וְלֵ֨ךְ אֶֽשְׁלָחֲךָ֙
ב אֶל־יִשַׁ֣י בֵּֽית־הַלַּחְמִ֔י כִּֽי־רָאִ֧יתִי בְּבָנָ֛יו לִ֖י מֶֽלֶךְ׃ וַיֹּ֣אמֶר
שְׁמוּאֵל֙ אֵ֣יךְ אֵלֵ֔ךְ וְשָׁמַ֥ע שָׁא֖וּל וַהֲרָגָ֑נִי וַיֹּ֣אמֶר
יְהוָ֗ה עֶגְלַ֤ת בָּקָר֙ תִּקַּ֣ח בְּיָדֶ֔ךָ וְאָ֣מַרְתָּ֔ לִזְבֹּ֥חַ לַיהוָ֖ה בָּֽאתִי׃
ג וְקָרָ֥אתָ לְיִשַׁ֖י בַּזָּ֑בַח וְאָנֹכִ֗י אוֹדִֽיעֲךָ֙ אֵ֣ת אֲשֶׁר־תַּעֲשֶׂ֔ה וּמָשַׁחְתָּ֣
ד לִ֔י אֵ֥ת אֲשֶׁר־אֹמַ֖ר אֵלֶֽיךָ׃ וַיַּ֣עַשׂ שְׁמוּאֵ֔ל אֵ֖ת אֲשֶׁ֣ר דִּבֶּ֣ר יְהוָ֑ה
וַיָּבֹא֙ בֵּ֣ית לָ֔חֶם וַיֶּחֶרְד֞וּ זִקְנֵ֤י הָעִיר֙ לִקְרָאת֔וֹ וַיֹּ֖אמֶר שָׁלֹ֥ם

ה בואך: ויאמר ׀ שלום לזבח ליהוה באתי התקדשו ובאתם
אתי בזבח ויקדש את־ישי ואת־בניו ויקרא להם לזבח:
ו ויהי בבואם וירא את־אליאב ויאמר אך נגד יהוה
ז משיחו: ויאמר יהוה אל־שמואל אל־תבט
אל־מראהו ואל־גבה קומתו כי מאסתיהו כי ׀ לא אשר
יראה האדם כי האדם יראה לעינים ויהוה יראה ללבב:
ח ויקרא ישי אל־אבינדב ויעברהו לפני שמואל ויאמר
ט גם־בזה לא־בחר יהוה: ויעבר ישי שמה ויאמר גם־בזה
י לא־בחר יהוה: ויעבר ישי שבעת בניו לפני שמואל
יא ויאמר שמואל אל־ישי לא־בחר יהוה באלה: ויאמר
שמואל אל־ישי התמו הנערים ויאמר עוד שאר הקטן והנה
רעה בצאן ויאמר שמואל אל־ישי שלחה וקחנו כי לא־נסב
יב עד־באו פה: וישלח ויביאהו והוא אדמוני עם־יפה עינים
וטוב ראי ויאמר יהוה קום משחהו כי־זה הוא:
יג ויקח שמואל את־קרן השמן וימשח אתו בקרב אחיו ותצלח
רוח־יהוה אל־דוד מהיום ההוא ומעלה ויקם שמואל וילך
יד הרמתה: ורוח יהוה סרה מעם שאול ובעתתו רוח־רעה מאת
טו יהוה: ויאמרו עבדי־שאול אליו הנה־נא רוח־אלהים רעה
טז מבעתך: יאמר־נא אדננו עבדיך לפניך יבקשו איש ידע
מנגן בכנור והיה בהיות עליך רוח־אלהים רעה ונגן בידו
יז וטוב לך: ויאמר שאול אל־עבדיו ראו־נא לי איש מיטיב
יח לנגן והביאותם אלי: ויען אחד מהנערים ויאמר הנה ראיתי י
בן לישי בית הלחמי ידע נגן וגבור חיל ואיש מלחמה ונבון
יט דבר ואיש תאר ויהוה עמו: וישלח שאול מלאכים אל־ישי
כ ויאמר שלחה אלי את־דוד בנך אשר בצאן: ויקח ישי חמור
לחם ונאד יין וגדי עזים אחד וישלח ביד־דוד בנו אל־שאול:
כא ויבא דוד אל־שאול ויעמד לפניו ויאהבהו מאד ויהי־לו נשא

כב כֵּלִים׃ וַיִּשְׁלַח שָׁאוּל אֶל־יִשַׁי לֵאמֹר יַעֲמָד־נָא דָוִד לְפָנַי כִּי־
כג מָצָא חֵן בְּעֵינָי׃ וְהָיָה בִּהְיוֹת רוּחַ־אֱלֹהִים אֶל־שָׁאוּל וְלָקַח
דָּוִד אֶת־הַכִּנּוֹר וְנִגֵּן בְּיָדוֹ וְרָוַח לְשָׁאוּל וְטוֹב לוֹ וְסָרָה מֵעָלָיו
יז א רוּחַ הָרָעָה׃ וַיַּאַסְפוּ פְלִשְׁתִּים אֶת־מַחֲנֵיהֶם
לַמִּלְחָמָה וַיֵּאָסְפוּ שֹׂכֹה אֲשֶׁר לִיהוּדָה וַיַּחֲנוּ בֵּין־שׂוֹכֹה וּבֵין־
ב עֲזֵקָה בְּאֶפֶס דַּמִּים׃ וְשָׁאוּל וְאִישׁ־יִשְׂרָאֵל נֶאֶסְפוּ וַיַּחֲנוּ בְּעֵמֶק
ג הָאֵלָה וַיַּעַרְכוּ מִלְחָמָה לִקְרַאת פְּלִשְׁתִּים׃ וּפְלִשְׁתִּים עֹמְדִים
אֶל־הָהָר מִזֶּה וְיִשְׂרָאֵל עֹמְדִים אֶל־הָהָר מִזֶּה וְהַגַּיְא בֵּינֵיהֶם׃
ד וַיֵּצֵא אִישׁ־הַבֵּנַיִם מִמַּחֲנוֹת פְּלִשְׁתִּים גָּלְיָת שְׁמוֹ מִגַּת גָּבְהוֹ
ה שֵׁשׁ אַמּוֹת וָזָרֶת׃ וְכוֹבַע נְחֹשֶׁת עַל־רֹאשׁוֹ וְשִׁרְיוֹן קַשְׂקַשִּׂים
הוּא לָבוּשׁ וּמִשְׁקַל הַשִּׁרְיוֹן חֲמֵשֶׁת־אֲלָפִים שְׁקָלִים נְחֹשֶׁת׃
ו ז וּמִצְחַת נְחֹשֶׁת עַל־רַגְלָיו וְכִידוֹן נְחֹשֶׁת בֵּין כְּתֵפָיו׃ וחץ חֲנִיתוֹ וְעֵץ
כִּמְנוֹר אֹרְגִים וְלַהֶבֶת חֲנִיתוֹ שֵׁשׁ־מֵאוֹת שְׁקָלִים בַּרְזֶל וְנֹשֵׂא
ח הַצִּנָּה הֹלֵךְ לְפָנָיו׃ וַיַּעֲמֹד וַיִּקְרָא אֶל־מַעַרְכֹת יִשְׂרָאֵל וַיֹּאמֶר
לָהֶם לָמָּה תֵצְאוּ לַעֲרֹךְ מִלְחָמָה הֲלוֹא אָנֹכִי הַפְּלִשְׁתִּי וְאַתֶּם
ט עֲבָדִים לְשָׁאוּל בְּרוּ־לָכֶם אִישׁ וְיֵרֵד אֵלָי׃ אִם־יוּכַל לְהִלָּחֵם
אִתִּי וְהִכָּנִי וְהָיִינוּ לָכֶם לַעֲבָדִים וְאִם־אֲנִי אוּכַל־לוֹ וְהִכִּיתִיו
י וִהְיִיתֶם לָנוּ לַעֲבָדִים וַעֲבַדְתֶּם אֹתָנוּ׃ וַיֹּאמֶר הַפְּלִשְׁתִּי אֲנִי
חֵרַפְתִּי אֶת־מַעַרְכוֹת יִשְׂרָאֵל הַיּוֹם הַזֶּה תְּנוּ־לִי אִישׁ וְנִלָּחֲמָה
יא יָחַד׃ וַיִּשְׁמַע שָׁאוּל וְכָל־יִשְׂרָאֵל אֶת־דִּבְרֵי הַפְּלִשְׁתִּי הָאֵלֶּה
יב וַיֵּחַתּוּ וַיִּרְאוּ מְאֹד׃ וְדָוִד בֶּן־אִישׁ אֶפְרָתִי הַזֶּה
מִבֵּית לֶחֶם יְהוּדָה וּשְׁמוֹ יִשַׁי וְלוֹ שְׁמֹנָה בָנִים וְהָאִישׁ
יג בִּימֵי שָׁאוּל זָקֵן בָּא בַאֲנָשִׁים׃ וַיֵּלְכוּ שְׁלֹשֶׁת בְּנֵי־יִשַׁי הַגְּדֹלִים
הָלְכוּ אַחֲרֵי־שָׁאוּל לַמִּלְחָמָה וְשֵׁם ׀ שְׁלֹשֶׁת בָּנָיו אֲשֶׁר
הָלְכוּ בַּמִּלְחָמָה אֱלִיאָב הַבְּכוֹר וּמִשְׁנֵהוּ אֲבִינָדָב וְהַשְּׁלִשִׁי
יד שַׁמָּה׃ וְדָוִד הוּא הַקָּטָן וּשְׁלֹשָׁה הַגְּדֹלִים הָלְכוּ אַחֲרֵי
טו שָׁאוּל׃ וְדָוִד הֹלֵךְ וָשָׁב מֵעַל שָׁאוּל לִרְעוֹת אֶת־צֹאן אָבִיו

טז בֵּית־לָחֶם׃ וַיִּגַּשׁ הַפְּלִשְׁתִּי הַשְׁכֵּם וְהַעֲרֵב וַיִּתְיַצֵּב אַרְבָּעִים
יז יוֹם׃ וַיֹּאמֶר יִשַׁי לְדָוִד בְּנוֹ קַח־נָא לְאַחֶיךָ אֵיפַת
יח הַקָּלִיא הַזֶּה וַעֲשָׂרָה לֶחֶם הַזֶּה וְהָרֵץ הַמַּחֲנֶה לְאַחֶיךָ׃ וְאֵת
עֲשֶׂרֶת חֲרִיצֵי הֶחָלָב הָאֵלֶּה תָּבִיא לְשַׂר הָאָלֶף וְאֶת־אַחֶיךָ תִּפְקֹד
יט לְשָׁלוֹם וְאֶת־עֲרֻבָּתָם תִּקָּח׃ וְשָׁאוּל וְהֵמָּה וְכָל־אִישׁ יִשְׂרָאֵל
כ בְּעֵמֶק הָאֵלָה נִלְחָמִים עִם־פְּלִשְׁתִּים׃ וַיַּשְׁכֵּם
דָּוִד בַּבֹּקֶר וַיִּטֹּשׁ אֶת־הַצֹּאן עַל־שֹׁמֵר וַיִּשָּׂא וַיֵּלֶךְ כַּאֲשֶׁר צִוָּהוּ
יִשָׁי וַיָּבֹא הַמַּעְגָּלָה וְהַחַיִל הַיֹּצֵא אֶל־הַמַּעֲרָכָה וְהֵרֵעוּ
כא בַּמִּלְחָמָה׃ וַתַּעֲרֹךְ יִשְׂרָאֵל וּפְלִשְׁתִּים מַעֲרָכָה לִקְרַאת
כב מַעֲרָכָה׃ וַיִּטֹּשׁ דָּוִד אֶת־הַכֵּלִים מֵעָלָיו עַל־יַד שׁוֹמֵר הַכֵּלִים
כג וַיָּרָץ הַמַּעֲרָכָה וַיָּבֹא וַיִּשְׁאַל לְאֶחָיו לְשָׁלוֹם׃ וְהוּא ׀ מְדַבֵּר עִמָּם
וְהִנֵּה אִישׁ הַבֵּנַיִם עוֹלֶה גָּלְיָת הַפְּלִשְׁתִּי שְׁמוֹ מִגַּת ממערות
מִמַּעַרְכוֹת
כד פְּלִשְׁתִּים וַיְדַבֵּר כַּדְּבָרִים הָאֵלֶּה וַיִּשְׁמַע דָּוִד׃ וְכֹל אִישׁ
יִשְׂרָאֵל בִּרְאוֹתָם אֶת־הָאִישׁ וַיָּנֻסוּ מִפָּנָיו וַיִּירְאוּ מְאֹד׃
כה וַיֹּאמֶר ׀ אִישׁ יִשְׂרָאֵל הַרְּאִיתֶם הָאִישׁ הָעֹלֶה הַזֶּה כִּי לְחָרֵף
אֶת־יִשְׂרָאֵל עֹלֶה וְהָיָה הָאִישׁ אֲשֶׁר־יַכֶּנּוּ יַעְשְׁרֶנּוּ הַמֶּלֶךְ ׀
עֹשֶׁר גָּדוֹל וְאֶת־בִּתּוֹ יִתֶּן־לוֹ וְאֵת בֵּית אָבִיו יַעֲשֶׂה חָפְשִׁי
כו בְּיִשְׂרָאֵל׃ וַיֹּאמֶר דָּוִד אֶל־הָאֲנָשִׁים הָעֹמְדִים
עִמּוֹ לֵאמֹר מַה־יֵּעָשֶׂה לָאִישׁ אֲשֶׁר יַכֶּה אֶת־הַפְּלִשְׁתִּי הַלָּז
וְהֵסִיר חֶרְפָּה מֵעַל יִשְׂרָאֵל כִּי מִי הַפְּלִשְׁתִּי הֶעָרֵל הַזֶּה כִּי
כז חֵרֵף מַעַרְכוֹת אֱלֹהִים חַיִּים׃ וַיֹּאמֶר לוֹ הָעָם כַּדָּבָר הַזֶּה לֵאמֹר
כח כֹּה יֵעָשֶׂה לָאִישׁ אֲשֶׁר יַכֶּנּוּ׃ וַיִּשְׁמַע אֱלִיאָב אָחִיו הַגָּדוֹל
בְּדַבְּרוֹ אֶל־הָאֲנָשִׁים וַיִּחַר־אַף אֱלִיאָב בְּדָוִד וַיֹּאמֶר ׀ לָמָּה־זֶּה
יָרַדְתָּ וְעַל־מִי נָטַשְׁתָּ מְעַט הַצֹּאן הָהֵנָּה בַּמִּדְבָּר אֲנִי יָדַעְתִּי
אֶת־זְדֹנְךָ וְאֵת רֹעַ לְבָבֶךָ כִּי לְמַעַן רְאוֹת הַמִּלְחָמָה יָרָדְתָּ׃
כט וַיֹּאמֶר דָּוִד מֶה עָשִׂיתִי עָתָּה הֲלוֹא דָּבָר הוּא׃ וַיִּסֹּב מֵאֶצְלוֹ
אֶל־מוּל אַחֵר וַיֹּאמֶר כַּדָּבָר הַזֶּה וַיְשִׁבֻהוּ הָעָם דָּבָר כַּדָּבָר

לא הָרִאשׁוֹן׃ וַיִּשָּׁמְעוּ הַדְּבָרִים אֲשֶׁר דִּבֶּר דָּוִד וַיַּגִּדוּ לִפְנֵי־שָׁאוּל
לב וַיִּקָּחֵהוּ׃ וַיֹּאמֶר דָּוִד אֶל־שָׁאוּל אַל־יִפֹּל לֵב־אָדָם עָלָיו עַבְדְּךָ
לג יֵלֵךְ וְנִלְחַם עִם־הַפְּלִשְׁתִּי הַזֶּה׃ וַיֹּאמֶר שָׁאוּל אֶל־דָּוִד לֹא
תוּכַל לָלֶכֶת אֶל־הַפְּלִשְׁתִּי הַזֶּה לְהִלָּחֵם עִמּוֹ כִּי־נַעַר אַתָּה
לד וְהוּא אִישׁ מִלְחָמָה מִנְּעֻרָיו׃ וַיֹּאמֶר דָּוִד אֶל־
שָׁאוּל רֹעֶה הָיָה עַבְדְּךָ לְאָבִיו בַּצֹּאן וּבָא הָאֲרִי וְאֶת־הַדּוֹב
לה וְנָשָׂא שֶׂה מֵהָעֵדֶר׃ וְיָצָאתִי אַחֲרָיו וְהִכִּתִיו וְהִצַּלְתִּי מִפִּיו וַיָּקָם
לו עָלַי וְהֶחֱזַקְתִּי בִּזְקָנוֹ וְהִכִּתִיו וַהֲמִיתִּיו׃ גַּם אֶת־הָאֲרִי גַּם־הַדּוֹב
הִכָּה עַבְדֶּךָ וְהָיָה הַפְּלִשְׁתִּי הֶעָרֵל הַזֶּה כְּאַחַד מֵהֶם כִּי חֵרֵף
לז מַעַרְכֹת אֱלֹהִים חַיִּים׃ וַיֹּאמֶר דָּוִד יְהוָה אֲשֶׁר יא
הִצִּלַנִי מִיַּד הָאֲרִי וּמִיַּד הַדֹּב הוּא יַצִּילֵנִי מִיַּד הַפְּלִשְׁתִּי
הַזֶּה וַיֹּאמֶר שָׁאוּל אֶל־דָּוִד לֵךְ וַיהוָה יִהְיֶה
לח עִמָּךְ׃ וַיַּלְבֵּשׁ שָׁאוּל אֶת־דָּוִד מַדָּיו וְנָתַן קוֹבַע נְחֹשֶׁת עַל־
לט רֹאשׁוֹ וַיַּלְבֵּשׁ אֹתוֹ שִׁרְיוֹן׃ וַיַּחְגֹּר דָּוִד אֶת־חַרְבּוֹ מֵעַל לְמַדָּיו
וַיֹּאֶל לָלֶכֶת כִּי לֹא־נִסָּה וַיֹּאמֶר דָּוִד אֶל־שָׁאוּל לֹא אוּכַל
מ לָלֶכֶת בָּאֵלֶּה כִּי לֹא נִסִּיתִי וַיְסִרֵם דָּוִד מֵעָלָיו׃ וַיִּקַּח מַקְלוֹ
בְּיָדוֹ וַיִּבְחַר־לוֹ חֲמִשָּׁה חַלֻּקֵי אֲבָנִים ׀ מִן־הַנַּחַל וַיָּשֶׂם אֹתָם
בִּכְלִי הָרֹעִים אֲשֶׁר־לוֹ וּבַיַּלְקוּט וְקַלְעוֹ בְיָדוֹ וַיִּגַּשׁ אֶל־
מא הַפְּלִשְׁתִּי׃ וַיֵּלֶךְ הַפְּלִשְׁתִּי הֹלֵךְ וְקָרֵב אֶל־דָּוִד וְהָאִישׁ נֹשֵׂא
מב הַצִּנָּה לְפָנָיו׃ וַיַּבֵּט הַפְּלִשְׁתִּי וַיִּרְאֶה אֶת־דָּוִד וַיִּבְזֵהוּ כִּי־הָיָה
מג נַעַר וְאַדְמֹנִי עִם־יְפֵה מַרְאֶה׃ וַיֹּאמֶר הַפְּלִשְׁתִּי אֶל־דָּוִד הֲכֶלֶב
אָנֹכִי כִּי־אַתָּה בָא־אֵלַי בַּמַּקְלוֹת וַיְקַלֵּל הַפְּלִשְׁתִּי אֶת־דָּוִד
מד בֵּאלֹהָיו׃ וַיֹּאמֶר הַפְּלִשְׁתִּי אֶל־דָּוִד לְכָה אֵלַי וְאֶתְּנָה אֶת־
מה בְּשָׂרְךָ לְעוֹף הַשָּׁמַיִם וּלְבֶהֱמַת הַשָּׂדֶה׃ וַיֹּאמֶר
דָּוִד אֶל־הַפְּלִשְׁתִּי אַתָּה בָּא אֵלַי בְּחֶרֶב וּבַחֲנִית וּבְכִידוֹן וְאָנֹכִי
בָא־אֵלֶיךָ בְּשֵׁם יְהוָה צְבָאוֹת אֱלֹהֵי מַעַרְכוֹת יִשְׂרָאֵל אֲשֶׁר
מו חֵרַפְתָּ׃ הַיּוֹם הַזֶּה יְסַגֶּרְךָ יְהוָה בְּיָדִי וְהִכִּיתִךָ וַהֲסִרֹתִי אֶת־

ראשך מעליך ונתתי פגר מחנה פלשתים היום הזה לעוף
השמים ולחית הארץ וידעו כל־הארץ כי יש אלהים
לישראל: וידעו כל־הקהל הזה כי־לא בחרב ובחנית יהושיע מז
יהוה כי ליהוה המלחמה ונתן אתכם בידנו: והיה כי־קם מח
הפלשתי וילך ויקרב לקראת דוד וימהר דוד וירץ המערכה
לקראת הפלשתי: וישלח דוד את־ידו אל־הכלי ויקח משם מט
אבן ויקלע ויך את־הפלשתי אל־מצחו ותטבע האבן במצחו
ויפל על־פניו ארצה: ויחזק דוד מן־הפלשתי בקלע ובאבן נ
ויך את־הפלשתי וימיתהו וחרב אין ביד־דוד: וירץ דוד נא
ויעמד אל־הפלשתי ויקח את־חרבו וישלפה מתערה
וימתתהו ויכרת־בה את־ראשו ויראו הפלשתים כי־מת
גבורם וינסו: ויקמו אנשי ישראל ויהודה וירעו וירדפו את־ נב
הפלשתים עד־בואך גיא ועד שערי עקרון ויפלו חללי
פלשתים בדרך שערים ועד־גת ועד־עקרון: וישבו בני נג
ישראל מדלק אחרי פלשתים וישסו את־מחניהם: ויקח נד
דוד את־ראש הפלשתי ויבאהו ירושלם ואת־כליו שם
באהלו: וכראות שאול את־דוד יצא לקראת נה
הפלשתי אמר אל־אבנר שר הצבא בן־מי־זה הנער אבנר
ויאמר אבנר חי־נפשך המלך אם־ידעתי: ויאמר המלך שאל נו
אתה בן־מי־זה העלם: וכשוב דוד מהכות נז
את־הפלשתי ויקח אתו אבנר ויבאהו לפני שאול וראש
הפלשתי בידו: ויאמר אליו שאול בן־מי אתה הנער ויאמר נח
דוד בן־עבדך ישי בית הלחמי: ויהי ככלתו לדבר אל־שאול א יח
ונפש יהונתן נקשרה בנפש דוד ויאהבו יהונתן כנפשו: ויאהבהו
ויקחהו שאול ביום ההוא ולא נתנו לשוב בית אביו: ויכרת ב ג
יהונתן ודוד ברית באהבתו אתו כנפשו: ויתפשט יהונתן ד
את־המעיל אשר עליו ויתנהו לדוד ומדיו ועד־חרבו ועד־

ה קשתו ועד־חגרו׃ ויצא דוד בכל אשר ישלחנו שאול ישכיל
וישמהו שאול על אנשי המלחמה וייטב בעיני כל־העם וגם
ו בעיני עבדי שאול׃ ויהי בבואם בשוב דוד
מהכות את־הפלשתי ותצאנה הנשים מכל־ערי ישראל
לשור והמחלות לקראת שאול המלך בתפים בשמחה לשיר
ז ובשלשים׃ ותענינה הנשים המשחקות ותאמרן הכה שאול
ח באלפו ודוד ברבבתיו׃ ויחר לשאול מאד וירע בעיניו הדבר
הזה ויאמר נתנו לדוד רבבות ולי נתנו האלפים ועוד
ט לו אך המלוכה׃ ויהי שאול עון את־דוד מהיום ההוא עוין
י והלאה׃ ויהי ממחרת ותצלח רוח אלהים ׀
רעה ׀ אל־שאול ויתנבא בתוך־הבית ודוד מנגן בידו כיום ׀
יא ביום והחנית ביד־שאול׃ ויטל שאול את־החנית ויאמר אכה
יב בדוד ובקיר ויסב דוד מפניו פעמים׃ וירא שאול מלפני דוד
יג כי־היה יהוה עמו ומעם שאול סר׃ ויסרהו שאול מעמו
יד וישמהו לו שר־אלף ויצא ויבא לפני העם׃ ויהי יב
טו דוד לכל־דרכו משכיל ויהוה עמו׃ וירא שאול אשר־הוא
טז משכיל מאד ויגר מפניו׃ וכל־ישראל ויהודה אהב את־דוד
יז כי־הוא יוצא ובא לפניהם׃ ויאמר שאול אל־
דוד הנה בתי הגדולה מרב אתה אתן־לך לאשה אך היה־לי
לבן־חיל והלחם מלחמות יהוה ושאול אמר אל־תהי ידי בו
יח ותהי־בו יד־פלשתים׃ ויאמר דוד אל־שאול
מי אנכי ומי חיי משפחת אבי בישראל כי־אהיה חתן למלך׃
יט ויהי בעת תת את־מרב בת־שאול לדוד והיא נתנה
כ לעדריאל המחלתי לאשה׃ ותאהב מיכל בת־שאול את־
כא דוד ויגדו לשאול וישר הדבר בעיניו׃ ויאמר שאול אתננה לו
ותהי־לו למוקש ותהי־בו יד־פלשתים ויאמר שאול אל־דוד
כב בשתים תתחתן בי היום׃ ויצו שאול את־עבדו דברו אל־

דָּוִד בַּלָּט לֵאמֹר הִנֵּה חָפֵץ בְּךָ הַמֶּלֶךְ וְכָל־עֲבָדָיו אֲהֵבוּךָ
וְעַתָּה הִתְחַתֵּן בַּמֶּלֶךְ׃ וַיְדַבְּרוּ עַבְדֵי שָׁאוּל בְּאָזְנֵי דָוִד אֶת־ כג
הַדְּבָרִים הָאֵלֶּה וַיֹּאמֶר דָּוִד הַנְקַלָּה בְעֵינֵיכֶם הִתְחַתֵּן בַּמֶּלֶךְ
וְאָנֹכִי אִישׁ־רָשׁ וְנִקְלֶה׃ וַיַּגִּדוּ עַבְדֵי שָׁאוּל לוֹ לֵאמֹר כַּדְּבָרִים כד
הָאֵלֶּה דִּבֶּר דָּוִד׃ וַיֹּאמֶר שָׁאוּל כֹּה־תֹאמְרוּ כה
לְדָוִד אֵין־חֵפֶץ לַמֶּלֶךְ בְּמֹהַר כִּי בְּמֵאָה עָרְלוֹת פְּלִשְׁתִּים
לְהִנָּקֵם בְּאֹיְבֵי הַמֶּלֶךְ וְשָׁאוּל חָשַׁב לְהַפִּיל אֶת־דָּוִד בְּיַד־
פְּלִשְׁתִּים׃ וַיַּגִּדוּ עֲבָדָיו לְדָוִד אֶת־הַדְּבָרִים הָאֵלֶּה וַיִּשַׁר הַדָּבָר כו
בְּעֵינֵי דָוִד לְהִתְחַתֵּן בַּמֶּלֶךְ וְלֹא מָלְאוּ הַיָּמִים׃ וַיָּקָם דָּוִד וַיֵּלֶךְ ׀ כז
הוּא וַאֲנָשָׁיו וַיַּךְ בַּפְּלִשְׁתִּים מָאתַיִם אִישׁ וַיָּבֵא דָוִד אֶת־
עָרְלֹתֵיהֶם וַיְמַלְאוּם לַמֶּלֶךְ לְהִתְחַתֵּן בַּמֶּלֶךְ וַיִּתֶּן־לוֹ שָׁאוּל
אֶת־מִיכַל בִּתּוֹ לְאִשָּׁה׃ וַיַּרְא שָׁאוּל וַיֵּדַע כִּי יְהוָה עִם־דָּוִד כח
וּמִיכַל בַּת־שָׁאוּל אֲהֵבַתְהוּ׃ וַיֹּאסֶף שָׁאוּל לֵרֹא מִפְּנֵי דָוִד עוֹד כט
וַיְהִי שָׁאוּל אֹיֵב אֶת־דָּוִד כָּל־הַיָּמִים׃ וַיֵּצְאוּ ל
שָׂרֵי פְלִשְׁתִּים וַיְהִי ׀ מִדֵּי צֵאתָם שָׂכַל דָּוִד מִכֹּל עַבְדֵי שָׁאוּל
וַיִּיקַר שְׁמוֹ מְאֹד׃ וַיְדַבֵּר שָׁאוּל אֶל־יוֹנָתָן בְּנוֹ א יט
וְאֶל־כָּל־עֲבָדָיו לְהָמִית אֶת־דָּוִד וִיהוֹנָתָן בֶּן־שָׁאוּל חָפֵץ
בְּדָוִד מְאֹד׃ וַיַּגֵּד יְהוֹנָתָן לְדָוִד לֵאמֹר מְבַקֵּשׁ שָׁאוּל אָבִי ב
לַהֲמִיתֶךָ וְעַתָּה הִשָּׁמֶר־נָא בַבֹּקֶר וְיָשַׁבְתָּ בַסֵּתֶר וְנַחְבֵּאתָ׃
וַאֲנִי אֵצֵא וְעָמַדְתִּי לְיַד־אָבִי בַּשָּׂדֶה אֲשֶׁר אַתָּה שָׁם וַאֲנִי אֲדַבֵּר ג
בְּךָ אֶל־אָבִי וְרָאִיתִי מָה וְהִגַּדְתִּי לָךְ׃ וַיְדַבֵּר ד
יְהוֹנָתָן בְּדָוִד טוֹב אֶל־שָׁאוּל אָבִיו וַיֹּאמֶר אֵלָיו אַל־יֶחֱטָא
הַמֶּלֶךְ בְּעַבְדּוֹ בְדָוִד כִּי לוֹא חָטָא לָךְ וְכִי מַעֲשָׂיו טוֹב־לְךָ
מְאֹד׃ וַיָּשֶׂם אֶת־נַפְשׁוֹ בְכַפּוֹ וַיַּךְ אֶת־הַפְּלִשְׁתִּי וַיַּעַשׂ יְהוָה ה
תְּשׁוּעָה גְדוֹלָה לְכָל־יִשְׂרָאֵל רָאִיתָ וַתִּשְׂמָח וְלָמָּה תֶחֱטָא בְּדָם
נָקִי לְהָמִית אֶת־דָּוִד חִנָּם׃ וַיִּשְׁמַע שָׁאוּל בְּקוֹל יְהוֹנָתָן וַיִּשָּׁבַע ו
שָׁאוּל חַי־יְהוָה אִם־יוּמָת׃ וַיִּקְרָא יְהוֹנָתָן לְדָוִד וַיַּגֶּד־לוֹ יְהוֹנָתָן ז

אֵת כָּל־הַדְּבָרִים הָאֵלֶּה וַיָּבֵא יְהוֹנָתָן אֶת־דָּוִד אֶל־שָׁאוּל
ח וַיְהִי לְפָנָיו כְּאֶתְמוֹל שִׁלְשׁוֹם׃ וַתּוֹסֶף הַמִּלְחָמָה
לִהְיוֹת וַיֵּצֵא דָוִד וַיִּלָּחֶם בַּפְּלִשְׁתִּים וַיַּךְ בָּהֶם מַכָּה גְדוֹלָה וַיָּנֻסוּ
ט מִפָּנָיו׃ וַתְּהִי רוּחַ יְהוָה ׀ רָעָה אֶל־שָׁאוּל וְהוּא בְּבֵיתוֹ יוֹשֵׁב
י וַחֲנִיתוֹ בְּיָדוֹ וְדָוִד מְנַגֵּן בְּיָד׃ וַיְבַקֵּשׁ שָׁאוּל לְהַכּוֹת בַּחֲנִית בְּדָוִד
וּבַקִּיר וַיִּפְטַר מִפְּנֵי שָׁאוּל וַיַּךְ אֶת־הַחֲנִית בַּקִּיר וְדָוִד נָס וַיִּמָּלֵט
יא בַּלַּיְלָה הוּא׃ וַיִּשְׁלַח שָׁאוּל מַלְאָכִים אֶל־בֵּית
דָּוִד לְשָׁמְרוֹ וְלַהֲמִיתוֹ בַּבֹּקֶר וַתַּגֵּד לְדָוִד מִיכַל אִשְׁתּוֹ לֵאמֹר
יב אִם־אֵינְךָ מְמַלֵּט אֶת־נַפְשְׁךָ הַלַּיְלָה מָחָר אַתָּה מוּמָת׃ וַתֹּרֶד
יג מִיכַל אֶת־דָּוִד בְּעַד הַחַלּוֹן וַיֵּלֶךְ וַיִּבְרַח וַיִּמָּלֵט׃ וַתִּקַּח מִיכַל
אֶת־הַתְּרָפִים וַתָּשֶׂם אֶל־הַמִּטָּה וְאֵת כְּבִיר הָעִזִּים שָׂמָה
יד מְרַאֲשֹׁתָיו וַתְּכַס בַּבָּגֶד׃ וַיִּשְׁלַח שָׁאוּל מַלְאָכִים
טו לָקַחַת אֶת־דָּוִד וַתֹּאמֶר חֹלֶה הוּא׃ וַיִּשְׁלַח
שָׁאוּל אֶת־הַמַּלְאָכִים לִרְאוֹת אֶת־דָּוִד לֵאמֹר הַעֲלוּ אֹתוֹ
טז בַמִּטָּה אֵלַי לַהֲמִתוֹ׃ וַיָּבֹאוּ הַמַּלְאָכִים וְהִנֵּה הַתְּרָפִים אֶל־
יז הַמִּטָּה וּכְבִיר הָעִזִּים מְרַאֲשֹׁתָיו׃ וַיֹּאמֶר שָׁאוּל
אֶל־מִיכַל לָמָּה כָּכָה רִמִּיתִנִי וַתְּשַׁלְּחִי אֶת־אֹיְבִי וַיִּמָּלֵט
וַתֹּאמֶר מִיכַל אֶל־שָׁאוּל הוּא־אָמַר אֵלַי שַׁלְּחִנִי לָמָה אֲמִיתֵךְ׃
יח וְדָוִד בָּרַח וַיִּמָּלֵט וַיָּבֹא אֶל־שְׁמוּאֵל הָרָמָתָה וַיַּגֶּד־לוֹ אֵת כָּל־
יט אֲשֶׁר עָשָׂה־לוֹ שָׁאוּל וַיֵּלֶךְ הוּא וּשְׁמוּאֵל וַיֵּשְׁבוּ בנוית׃ וַיֻּגַּד בְּנָיוֹת
כ לְשָׁאוּל לֵאמֹר הִנֵּה דָוִד בנוית בָּרָמָה׃ וַיִּשְׁלַח שָׁאוּל מַלְאָכִים בְּנָיוֹת
לָקַחַת אֶת־דָּוִד וַיַּרְא אֶת־לַהֲקַת הַנְּבִיאִים נִבְּאִים וּשְׁמוּאֵל
עֹמֵד נִצָּב עֲלֵיהֶם וַתְּהִי עַל־מַלְאֲכֵי שָׁאוּל רוּחַ אֱלֹהִים
כא וַיִּתְנַבְּאוּ גַּם־הֵמָּה׃ וַיַּגִּדוּ לְשָׁאוּל וַיִּשְׁלַח מַלְאָכִים אֲחֵרִים
וַיִּתְנַבְּאוּ גַּם־הֵמָּה וַיֹּסֶף שָׁאוּל וַיִּשְׁלַח מַלְאָכִים שְׁלִשִׁים
כב וַיִּתְנַבְּאוּ גַּם־הֵמָּה׃ וַיֵּלֶךְ גַּם־הוּא הָרָמָתָה וַיָּבֹא עַד־בּוֹר
הַגָּדוֹל אֲשֶׁר בַּשֶּׂכוּ וַיִּשְׁאַל וַיֹּאמֶר אֵיפֹה שְׁמוּאֵל וְדָוִד וַיֹּאמֶר

בניות ניות הנה בנוית ברמה: וילך שם אל־נוית ברמה ותהי עליו גם־ כג
בניות הוא רוח אלהים וילך הלוך ויתנבא עד־באו בנוית ברמה:
ויפשט גם־הוא בגדיו ויתנבא גם־הוא לפני שמואל ויפל כד
ערם כל־היום ההוא וכל־הלילה על־כן יאמרו הגם שאול
מניות בנביאם: ויברח דוד מנוית ברמה ויבא ויאמר א כ
לפני יהונתן מה עשיתי מה־עוני ומה־חטאתי לפני אביך כי
לא־יעשה מבקש את־נפשי: ויאמר לו חלילה לא תמות הנה לו עשה ב
אבי דבר גדול או דבר קטן ולא יגלה את־אזני ומדוע יסתיר
אבי ממני את־הדבר הזה אין זאת: וישבע עוד דוד ויאמר ג
ידע ידע אביך כי־מצאתי חן בעיניך ויאמר אל־ידע־זאת
יהונתן פן־יעצב ואולם חי־יהוה וחי נפשך כי כפשע ביני ובין
יג המות: ויאמר יהונתן אל־דוד מה־תאמר נפשך ואעשה־ ד
לך: ויאמר דוד אל־יהונתן הנה־חדש מחר ה
ואנכי ישב־אשב עם־המלך לאכול ושלחתני ונסתרתי בשדה
עד הערב השלשית: אם־פקד יפקדני אביך ואמרת נשאל ו
נשאל ממני דוד לרוץ בית־לחם עירו כי זבח הימים שם לכל־
המשפחה: אם־כה יאמר טוב שלום לעבדך ואם־חרה יחרה ז
לו דע כי־כלתה הרעה מעמו: ועשית חסד על־עבדך כי ח
בברית יהוה הבאת את־עבדך עמך ואם־יש־בי עון המיתני
אתה ועד־אביך למה־זה תביאני: ויאמר ט
יהונתן חלילה לך כי ׀ אם־ידע אדע כי־כלתה הרעה מעם
אבי לבוא עליך ולא אתה אגיד לך: ויאמר י
דוד אל־יהונתן מי יגיד לי או מה־יענך אביך קשה:
ויאמר יהונתן אל־דוד לכה ונצא השדה ויצאו שניהם יא
השדה: ויאמר יהונתן אל־דוד יהוה אלהי יב
ישראל כי־אחקר את־אבי כעת ׀ מחר השלשית והנה־טוב
אל־דוד ולא־אז אשלח אליך וגליתי את־אזנך: כה־יעשה יג

יהוה ליהונתן וכה יסיף כי-ייטב אל-אבי את-הרעה עליך
וגליתי את-אזנך ושלחתיך והלכת לשלום ויהי יהוה עמך
יד כאשר היה עם-אבי: ולא אם-עודני חי ולא-תעשה עמדי
טו חסד יהוה ולא אמות: ולא-תכרית את-חסדך מעם ביתי
עד-עולם ולא בהכרת יהוה את-איבי דוד איש מעל פני
טז האדמה: ויכרת יהונתן עם-בית דוד ובקש יהוה מיד איבי
יז דוד: ויוסף יהונתן להשביע את-דוד באהבתו אתו כי-
יח אהבת נפשו אהבו: ויאמר-לו יהונתן מחר
יט חדש ונפקדת כי יפקד מושבך: ושלשת תרד מאד ובאת
אל-המקום אשר-נסתרת שם ביום המעשה וישבת אצל
כ האבן האזל: ואני שלשת החצים צדה אורה לשלח-לי
כא למטרה: והנה אשלח את-הנער לך מצא את-החצים אם-
אמר אמר לנער הנה החצים | ממך והנה קחנו ובאה כי-
כב שלום לך ואין דבר חי-יהוה: ואם-כה אמר לעלם הנה החצים
כג ממך והלאה לך כי שלחך יהוה: והדבר אשר דברנו אני
כד ואתה הנה יהוה ביני ובינך עד-עולם: ויסתר
כה דוד בשדה ויהי החדש וישב המלך על-הלחם לאכול: וישב אל-
המלך על-מושבו כפעם | בפעם אל-מושב הקיר ויקם יהונתן
כו וישב אבנר מצד שאול ויפקד מקום דוד: ולא-דבר שאול
מאומה ביום ההוא כי אמר מקרה הוא בלתי טהור הוא כי-
כז לא טהור: ויהי ממחרת החדש השני ויפקד
מקום דוד ויאמר שאול אל-יהונתן בנו מדוע לא-בא בן-ישי
כח גם-תמול גם-היום אל-הלחם: ויען יהונתן את-שאול נשאל
כט נשאל דוד מעמדי עד-בית לחם: ויאמר שלחני נא כי זבח
משפחה לנו בעיר והוא צוה-לי אחי ועתה אם-מצאתי חן
בעיניך אמלטה נא ואראה את-אחי על-כן לא-בא אל-
ל שלחן המלך: ויחר-אף שאול ביהונתן ויאמר

לו בן־נעות המרדות הלוא ידעתי כי־בחר אתה לבן־ישי
לא לבשתך ולבשת ערות אמך: כי כל־הימים אשר בן־ישי חי
על־האדמה לא תכון אתה ומלכותך ועתה שלח וקח אתו
לב אלי כי בן־מות הוא: ויען יהונתן את־שאול
לג אביו ויאמר אליו למה יומת מה עשה: ויטל שאול את־
החנית עליו להכתו וידע יהונתן כי־כלה היא מעם אביו
לד להמית את־דוד: ויקם יהונתן מעם השלחן
בחרי־אף ולא־אכל ביום־החדש השני לחם כי נעצב
לה אל־דוד כי הכלמו אביו: ויהי בבקר ויצא
לו יהונתן השדה למועד דוד ונער קטן עמו: ויאמר לנערו רץ
מצא־נא את־החצים אשר אנכי מורה הנער רץ והוא־ירה
לז החצי להעברו: ויבא הנער עד־מקום החצי אשר ירה יהונתן
ויקרא יהונתן אחרי הנער ויאמר הלוא החצי ממך והלאה:
לח ויקרא יהונתן אחרי הנער מהרה חושה אל־תעמד וילקט
לט נער יהונתן את־החצי ויבא אל־אדניו: והנער לא־ידע החצים
מ מאומה אך יהונתן ודוד ידעו את־הדבר: ויתן יהונתן את־
מא כליו אל־הנער אשר־לו ויאמר לו לך הביא העיר: הנער
בא ודוד קם מאצל הנגב ויפל לאפיו ארצה וישתחו שלש
פעמים וישקו ׀ איש את־רעהו ויבכו איש את־רעהו עד־
מב דוד הגדיל: ויאמר יהונתן לדוד לך לשלום אשר נשבענו יד
שנינו אנחנו בשם יהוה לאמר יהוה יהיה ׀ ביני ובינך ובין
כא א זרעי ובין זרעך עד־עולם: ויקם וילך ויהונתן
ב בא העיר: ויבא דוד נבה אל־אחימלך הכהן ויחרד אחימלך
לקראת דוד ויאמר לו מדוע אתה לבדך ואיש אין אתך:
ג ויאמר דוד לאחימלך הכהן המלך צוני דבר ויאמר אלי איש
אל־ידע מאומה את־הדבר אשר־אנכי שלחך ואשר צויתך
ד ואת־הנערים יודעתי אל־מקום פלני אלמני: ועתה מה־יש

ה תחת־ידך חמשה־לחם תנה בידי או הנמצא: ויען הכהן את־
דוד ויאמר אין־לחם חל אל־תחת ידי כי־אם־לחם קדש יש
ו אם־נשמרו הנערים אך מאשה: ויען דוד את־
הכהן ויאמר לו כי אם־אשה עצרה־לנו כתמול שלשם
בצאתי ויהיו כלי־הנערים קדש והוא דרך חל ואף כי היום
ז יקדש בכלי: ויתן־לו הכהן קדש כי לא־היה שם לחם כי־
אם־לחם הפנים המוסרים מלפני יהוה לשום לחם חם ביום
ח הלקחו: ושם איש מעבדי שאול ביום ההוא נעצר לפני יהוה
ט ושמו דאג האדמי אביר הרעים אשר לשאול: ויאמר
דוד לאחימלך ואין יש־פה תחת־ידך חנית או־חרב כי
גם־חרבי וגם־כלי לא־לקחתי בידי כי־היה דבר־המלך
י נחוץ: ויאמר הכהן חרב גלית הפלשתי אשר־
הכית ׀ בעמק האלה הנה־היא לוטה בשמלה אחרי
האפוד אם־אתה תקח־לך קח כי אין אחרת זולתה
יא בזה ויאמר דוד אין כמוה תננה לי: ויקם דוד
ויברח ביום־ההוא מפני שאול ויבא אל־אכיש מלך גת:
יב ויאמרו עבדי אכיש אליו הלוא־זה דוד מלך הארץ הלוא לזה
יג יענו במחלות לאמר הכה שאול באלפו ודוד ברבבתו: וישם
דוד את־הדברים האלה בלבבו וירא מאד מפני אכיש מלך־
יד גת: וישנו את־טעמו בעיניהם ויתהלל בידם ויתו על־דלתות
טו השער ויורד רירו אל־זקנו: ויאמר אכיש אל־
טז עבדיו הנה תראו איש משתגע למה תביאו אתו אלי: חסר
משגעים אני כי־הבאתם את־זה להשתגע עלי הזה יבוא
כב א אל־ביתי: וילך דוד משם וימלט אל־מערת
עדלם וישמעו אחיו וכל־בית אביו וירדו אליו שמה:
ב ויתקבצו אליו כל־איש מצוק וכל־איש אשר־לו נשא וכל־
איש מר־נפש ויהי עליהם לשר ויהיו עמו כארבע מאות

איש: וילך דוד משם מצפה מואב ויאמר ׀ אל־מלך מואב ג
יצא־נא אבי ואמי אתכם עד אשר אדע מה־יעשה־לי
אלהים: וינחם את־פני מלך מואב וישבו עמו כל־ימי היות־ ד
דוד במצודה: ויאמר גד הנביא אל־דוד לא ה
תשב במצודה לך ובאת־לך ארץ יהודה וילך דוד ויבא יער
חרת: וישמע שאול כי נודע דוד ואנשים אשר ו
אתו ושאול יושב בגבעה תחת־האשל ברמה וחניתו בידו
וכל־עבדיו נצבים עליו: ויאמר שאול לעבדיו הנצבים עליו ז
שמעו־נא בני ימיני גם־לכלכם יתן בן־ישי שדות וכרמים
לכלכם ישים שרי אלפים ושרי מאות: כי קשרתם כלכם ח
עלי ואין־גלה את־אזני בכרת־בני עם־בן־ישי ואין־חלה
מכם עלי וגלה את־אזני כי הקים בני את־עבדי עלי
לארב כיום הזה: ויען דאג האדמי והוא נצב ט
על־עבדי־שאול ויאמר ראיתי את־בן־ישי בא נבה אל־
אחימלך בן־אחטוב: וישאל־לו ביהוה וצידה נתן לו ואת י
חרב גלית הפלשתי נתן לו: וישלח המלך לקרא את־ יא
אחימלך בן־אחיטוב הכהן ואת כל־בית אביו הכהנים אשר
בנב ויבאו כלם אל־המלך: ויאמר שאול יב
שמע־נא בן־אחיטוב ויאמר הנני אדני: ויאמר אלו שאול יג
למה קשרתם עלי אתה ובן־ישי בתתך לו לחם וחרב ושאול
לו באלהים לקום אלי לארב כיום הזה: ויען יד
אחימלך את־המלך ויאמר ומי בכל־עבדיך כדוד נאמן
וחתן המלך וסר אל־משמעתך ונכבד בביתך: היום החלתי טו
לִשְׁאָל־ לשאול־לו באלהים חלילה לי אל־ישם המלך בעבדו דבר
בכל־בית אבי כי לא־ידע עבדך בכל־זאת דבר קטן או גדול:
ויאמר המלך מות תמות אחימלך אתה וכל־בית אביך: טז
ויאמר המלך לרצים הנצבים עליו סבו והמיתו ׀ כהני יהוה יז

כי גם־ידם עם־דוד וכי ידעו כי־ברח הוא ולא גלו את־
אזנו ולא־אבו עבדי המלך לשלח את־ידם לפגע בכהני אזני
יח יהוה: ויאמר המלך לדויג סב אתה ופגע לדואג
בכהנים ויסב דויג האדמי ויפגע־הוא בכהנים וימת | ביום דואג
יט ההוא שמנים וחמשה איש נשא אפוד בד: ואת נב עיר־
הכהנים הכה לפי־חרב מאיש ועד־אשה מעולל ועד־יונק
כ ושור וחמור ושה לפי־חרב: וימלט בן־אחד לאחימלך בן־
כא אחטוב ושמו אביתר ויברח אחרי דוד: ויגד אביתר לדוד
כב כי הרג שאול את כהני יהוה: ויאמר דוד לאביתר ידעתי
ביום ההוא כי־שם דויג האדמי כי־הגד יגיד לשאול אנכי דואג
כג סבתי בכל־נפש בית אביך: שבה אתי אל־תירא כי אשר־
יבקש את־נפשי יבקש את־נפשך כי־משמרת אתה עמדי:
כג א ויגדו לדוד לאמר הנה פלשתים נלחמים בקעילה והמה
ב שסים את־הגרנות: וישאל דוד ביהוה לאמר האלך והכיתי
בפלשתים האלה ויאמר יהוה אל־דוד לך
ג והכית בפלשתים והושעת את־קעילה: ויאמרו אנשי דוד
אליו הנה אנחנו פה ביהודה יראים ואף כי־נלך קעלה אל־
ד מערכות פלשתים: ויוסף עוד דוד לשאול טו
ביהוה ויענהו יהוה ויאמר קום רד קעילה כי־
ה אני נתן את־פלשתים בידך: וילך דוד ואנשו קעילה וילחם
בפלשתים וינהג את־מקניהם ויך בהם מכה גדולה ויושע
ו דוד את ישבי קעילה: ויהי בברח אביתר בן־
ז אחימלך אל־דוד קעילה אפוד ירד בידו: ויגד לשאול כי־בא
דוד קעילה ויאמר שאול נכר אתו אלהים בידי כי נסגר
ח לבוא בעיר דלתים ובריח: וישמע שאול את־כל־העם
ט למלחמה לרדת קעילה לצור אל־דוד ואל־אנשיו: וידע דוד
כי עליו שאול מחריש הרעה ויאמר אל־אביתר הכהן

י הַגִּישָׁה הָאֵפוֹד׃ וַיֹּאמֶר דָּוִד יְהוָה אֱלֹהֵי יִשְׂרָאֵל
שָׁמֹעַ שָׁמַע עַבְדְּךָ כִּי־מְבַקֵּשׁ שָׁאוּל לָבוֹא אֶל־קְעִילָה
יא לְשַׁחֵת לָעִיר בַּעֲבוּרִי׃ הֲיַסְגִּרֻנִי בַעֲלֵי קְעִילָה בְיָדוֹ הֲיֵרֵד
שָׁאוּל כַּאֲשֶׁר שָׁמַע עַבְדֶּךָ יְהוָה אֱלֹהֵי יִשְׂרָאֵל הַגֶּד־נָא
יב לְעַבְדֶּךָ וַיֹּאמֶר יְהוָה יֵרֵד׃ וַיֹּאמֶר דָּוִד הֲיַסְגִּרוּ
בַּעֲלֵי קְעִילָה אֹתִי וְאֶת־אֲנָשַׁי בְּיַד שָׁאוּל וַיֹּאמֶר יְהוָה
יג יַסְגִּירוּ׃ וַיָּקָם דָּוִד וַאֲנָשָׁיו כְּשֵׁשׁ־מֵאוֹת אִישׁ
וַיֵּצְאוּ מִקְּעִלָה וַיִּתְהַלְּכוּ בַּאֲשֶׁר יִתְהַלָּכוּ וּלְשָׁאוּל הֻגַּד כִּי־נִמְלַט
יד דָּוִד מִקְּעִילָה וַיֶּחְדַּל לָצֵאת׃ וַיֵּשֶׁב דָּוִד בַּמִּדְבָּר בַּמְּצָדוֹת וַיֵּשֶׁב
בָּהָר בְּמִדְבַּר־זִיף וַיְבַקְשֵׁהוּ שָׁאוּל כָּל־הַיָּמִים וְלֹא־נְתָנוֹ אֱלֹהִים
טו בְּיָדוֹ׃ וַיַּרְא דָוִד כִּי־יָצָא שָׁאוּל לְבַקֵּשׁ אֶת־נַפְשׁוֹ וְדָוִד בְּמִדְבַּר־
טז זִיף בַּחֹרְשָׁה׃ וַיָּקָם יְהוֹנָתָן בֶּן־שָׁאוּל וַיֵּלֶךְ אֶל־
יז דָּוִד חֹרְשָׁה וַיְחַזֵּק אֶת־יָדוֹ בֵּאלֹהִים׃ וַיֹּאמֶר אֵלָיו אַל־תִּירָא
כִּי לֹא תִמְצָאֲךָ יַד־שָׁאוּל אָבִי וְאַתָּה תִּמְלֹךְ עַל־יִשְׂרָאֵל
יח וְאָנֹכִי אֶהְיֶה־לְּךָ לְמִשְׁנֶה וְגַם־שָׁאוּל אָבִי יֹדֵעַ כֵּן׃ וַיִּכְרְתוּ
שְׁנֵיהֶם בְּרִית לִפְנֵי יְהוָה וַיֵּשֶׁב דָּוִד בַּחֹרְשָׁה וִיהוֹנָתָן הָלַךְ
יט לְבֵיתוֹ׃ וַיַּעֲלוּ זִפִים אֶל־שָׁאוּל הַגִּבְעָתָה לֵאמֹר
הֲלוֹא דָוִד מִסְתַּתֵּר עִמָּנוּ בַמְּצָדוֹת בַּחֹרְשָׁה בְּגִבְעַת הַחֲכִילָה
כ אֲשֶׁר מִימִין הַיְשִׁימוֹן׃ וְעַתָּה לְכָל־אַוַּת נַפְשְׁךָ הַמֶּלֶךְ לָרֶדֶת
כא רֵד וְלָנוּ הַסְגִּירוֹ בְּיַד הַמֶּלֶךְ׃ וַיֹּאמֶר שָׁאוּל בְּרוּכִים אַתֶּם
כב לַיהוָה כִּי חֲמַלְתֶּם עָלָי׃ לְכוּ־נָא הָכִינוּ עוֹד וּדְעוּ וּרְאוּ אֶת־
מְקוֹמוֹ אֲשֶׁר תִּהְיֶה רַגְלוֹ מִי רָאָהוּ שָׁם כִּי אָמַר אֵלַי עָרוֹם
כג יַעְרִם הוּא׃ וּרְאוּ וּדְעוּ מִכֹּל הַמַּחֲבֹאִים אֲשֶׁר יִתְחַבֵּא שָׁם
וְשַׁבְתֶּם אֵלַי אֶל־נָכוֹן וְהָלַכְתִּי אִתְּכֶם וְהָיָה אִם־יֶשְׁנוֹ בָאָרֶץ
כד וְחִפַּשְׂתִּי אֹתוֹ בְּכֹל אַלְפֵי יְהוּדָה׃ וַיָּקוּמוּ וַיֵּלְכוּ זִיפָה לִפְנֵי
שָׁאוּל וְדָוִד וַאֲנָשָׁיו בְּמִדְבַּר מָעוֹן בָּעֲרָבָה אֶל יְמִין הַיְשִׁימוֹן׃
כה וַיֵּלֶךְ שָׁאוּל וַאֲנָשָׁיו לְבַקֵּשׁ וַיַּגִּדוּ לְדָוִד וַיֵּרֶד הַסֶּלַע וַיֵּשֶׁב

בְּמִדְבַּר מָעוֹן וַיִּשְׁמַע שָׁאוּל וַיִּרְדֹּף אַחֲרֵי־דָוִד מִדְבַּר מָעוֹן׃
כו וַיֵּלֶךְ שָׁאוּל מִצַּד הָהָר מִזֶּה וְדָוִד וַאֲנָשָׁיו מִצַּד הָהָר מִזֶּה וַיְהִי
דָוִד נֶחְפָּז לָלֶכֶת מִפְּנֵי שָׁאוּל וְשָׁאוּל וַאֲנָשָׁיו עֹטְרִים אֶל־דָּוִד
כז וְאֶל־אֲנָשָׁיו לְתָפְשָׂם׃ וּמַלְאָךְ בָּא אֶל־שָׁאוּל לֵאמֹר מַהֲרָה
כח וְלֵכָה כִּי־פָשְׁטוּ פְלִשְׁתִּים עַל־הָאָרֶץ׃ וַיָּשָׁב שָׁאוּל מִרְדֹף
אַחֲרֵי דָוִד וַיֵּלֶךְ לִקְרַאת פְּלִשְׁתִּים עַל־כֵּן קָרְאוּ לַמָּקוֹם
כט הַהוּא סֶלַע הַמַּחְלְקוֹת׃ וַיַּעַל דָּוִד מִשָּׁם וַיֵּשֶׁב בִּמְצָדוֹת עֵין
כד א גֶּדִי׃ וַיְהִי כַּאֲשֶׁר שָׁב שָׁאוּל מֵאַחֲרֵי פְּלִשְׁתִּים
ב וַיַּגִּדוּ לוֹ לֵאמֹר הִנֵּה דָוִד בְּמִדְבַּר עֵין גֶּדִי׃ וַיִּקַּח
שָׁאוּל שְׁלֹשֶׁת אֲלָפִים אִישׁ בָּחוּר מִכָּל־יִשְׂרָאֵל וַיֵּלֶךְ לְבַקֵּשׁ
ג אֶת־דָּוִד וַאֲנָשָׁיו עַל־פְּנֵי צוּרֵי הַיְּעֵלִים׃ וַיָּבֹא אֶל־גִּדְרוֹת הַצֹּאן
עַל־הַדֶּרֶךְ וְשָׁם מְעָרָה וַיָּבֹא שָׁאוּל לְהָסֵךְ אֶת־רַגְלָיו וְדָוִד
ד וַאֲנָשָׁיו בְּיַרְכְּתֵי הַמְּעָרָה יֹשְׁבִים׃ וַיֹּאמְרוּ אַנְשֵׁי דָוִד אֵלָיו הִנֵּה
הַיּוֹם אֲשֶׁר־אָמַר יְהוָה אֵלֶיךָ הִנֵּה אָנֹכִי נֹתֵן אֶת־איביך בְּיָדֶךָ אֹיִבְךָ
וְעָשִׂיתָ לּוֹ כַּאֲשֶׁר יִטַב בְּעֵינֶיךָ וַיָּקָם דָּוִד וַיִּכְרֹת אֶת־כְּנַף־
ה הַמְּעִיל אֲשֶׁר־לְשָׁאוּל בַּלָּט׃ וַיְהִי אַחֲרֵי־כֵן וַיַּךְ לֵב־דָּוִד אֹתוֹ
ו עַל אֲשֶׁר כָּרַת אֶת־כָּנָף אֲשֶׁר לְשָׁאוּל׃ וַיֹּאמֶר לַאֲנָשָׁיו חָלִילָה
לִּי מֵיְהוָה אִם־אֶעֱשֶׂה אֶת־הַדָּבָר הַזֶּה לַאדֹנִי לִמְשִׁיחַ יְהוָה
ז לִשְׁלֹחַ יָדִי בּוֹ כִּי־מְשִׁיחַ יְהוָה הוּא׃ וַיְשַׁסַּע דָּוִד אֶת־אֲנָשָׁיו
בַּדְּבָרִים וְלֹא נְתָנָם לָקוּם אֶל־שָׁאוּל וְשָׁאוּל קָם מֵהַמְּעָרָה
ח וַיֵּלֶךְ בַּדָּרֶךְ׃ וַיָּקָם דָּוִד אַחֲרֵי־כֵן וַיֵּצֵא מן המערה מֵהַמְּעָרָה
וַיִּקְרָא אַחֲרֵי־שָׁאוּל לֵאמֹר אֲדֹנִי הַמֶּלֶךְ וַיַּבֵּט שָׁאוּל אַחֲרָיו
ט וַיִּקֹּד דָּוִד אַפַּיִם אַרְצָה וַיִּשְׁתָּחוּ׃ וַיֹּאמֶר דָּוִד לְשָׁאוּל לָמָּה
י תִשְׁמַע אֶת־דִּבְרֵי אָדָם לֵאמֹר הִנֵּה דָוִד מְבַקֵּשׁ רָעָתֶךָ׃ הִנֵּה
הַיּוֹם הַזֶּה רָאוּ עֵינֶיךָ אֵת אֲשֶׁר־נְתָנְךָ יְהוָה ׀ הַיּוֹם ׀ בְּיָדִי
בַּמְּעָרָה וְאָמַר לַהֲרָגְךָ וַתָּחָס עָלֶיךָ וָאֹמַר לֹא־אֶשְׁלַח יָדִי בַּאדֹנִי
יא כִּי־מְשִׁיחַ יְהוָה הוּא׃ וְאָבִי רְאֵה גַּם רְאֵה אֶת־כְּנַף מְעִילְךָ בְּיָדִי

כי בכרתי את־כנף מעילך ולא הרגתיך דע וראה כי אין בידי
רעה ופשע ולא־חטאתי לך ואתה צדה את־נפשי לקחתה:
יב ישפט יהוה ביני ובינך ונקמני יהוה ממך וידי לא תהיה־בך:
יג כאשר יאמר משל הקדמני מרשעים יצא רשע וידי לא
יד תהיה־בך: אחרי מי יצא מלך ישראל אחרי מי אתה רדף
טו אחרי כלב מת אחרי פרעש אחד: והיה יהוה לדין ושפט ביני
טז ובינך וירא וירב את־ריבי וישפטני מידך: ויהי
ככלות דוד לדבר את־הדברים האלה אל־שאול ויאמר
יז שאול הקלך זה בני דוד וישא שאול קלו ויבך: ויאמר אל־
דוד צדיק אתה ממני כי אתה גמלתני הטובה ואני גמלתיך
יח הרעה: ואת הגדת היום את אשר־עשיתה אתי טובה את
יט אשר סגרני יהוה בידך ולא הרגתני: וכי־ימצא איש את־
איבו ושלחו בדרך טובה ויהוה ישלמך טובה תחת היום הזה
כ אשר עשיתה לי: ועתה הנה ידעתי כי מלך תמלוך וקמה טז
כא בידך ממלכת ישראל: ועתה השבעה לי ביהוה אם־תכרית
כב את־זרעי אחרי ואם־תשמיד את־שמי מבית אבי: וישבע
דוד לשאול וילך שאול אל־ביתו ודוד ואנשיו עלו על־
כה א המצודה: וימת שמואל ויקבצו כל־ישראל
ויספדו־לו ויקברהו בביתו ברמה ויקם דוד וירד אל־מדבר
ב פארן: ואיש במעון ומעשהו בכרמל והאיש
גדול מאד ולו צאן שלשת־אלפים ואלף עזים ויהי בגזז את־
ג צאנו בכרמל: ושם האיש נבל ושם אשתו אבגיל והאשה
טובת־שכל ויפת תאר והאיש קשה ורע מעללים והוא
ד ה כלבו: וישמע דוד במדבר כי־גזז נבל את־צאנו: וישלח דוד כלבי
עשרה נערים ויאמר דוד לנערים עלו כרמלה ובאתם אל־
ו נבל ושאלתם־לו בשמי לשלום: ואמרתם כה לחי ואתה
ז שלום וביתך שלום וכל אשר־לך שלום: ועתה שמעתי כי

גֹּזְזִים לָךְ עַתָּה הָרֹעִים אֲשֶׁר־לְךָ הָיוּ עִמָּנוּ לֹא הֶכְלַמְנוּם וְלֹא־
ח נִפְקַד לָהֶם מְאוּמָה כָּל־יְמֵי הֱיוֹתָם בַּכַּרְמֶל׃ שְׁאַל אֶת־
נְעָרֶיךָ וְיַגִּידוּ לָךְ וְיִמְצְאוּ הַנְּעָרִים חֵן בְּעֵינֶיךָ כִּי־עַל־יוֹם טוֹב
בנו תְּנָה־נָּא אֵת אֲשֶׁר תִּמְצָא יָדְךָ לַעֲבָדֶיךָ וּלְבִנְךָ לְדָוִד׃ בָּאנוּ
ט וַיָּבֹאוּ נַעֲרֵי דָוִד וַיְדַבְּרוּ אֶל־נָבָל כְּכָל־הַדְּבָרִים הָאֵלֶּה בְּשֵׁם
י דָּוִד וַיָּנוּחוּ׃ וַיַּעַן נָבָל אֶת־עַבְדֵי דָוִד וַיֹּאמֶר מִי דָוִד וּמִי בֶן־
יא יִשָׁי הַיּוֹם רַבּוּ עֲבָדִים הַמִּתְפָּרְצִים אִישׁ מִפְּנֵי אֲדֹנָיו׃ וְלָקַחְתִּי
אֶת־לַחְמִי וְאֶת־מֵימַי וְאֵת טִבְחָתִי אֲשֶׁר טָבַחְתִּי לְגֹזְזָי וְנָתַתִּי
יב לַאֲנָשִׁים אֲשֶׁר לֹא יָדַעְתִּי אֵי מִזֶּה הֵמָּה׃ וַיַּהַפְכוּ נַעֲרֵי־דָוִד
יג לְדַרְכָּם וַיָּשֻׁבוּ וַיָּבֹאוּ וַיַּגִּדוּ לוֹ כְּכֹל הַדְּבָרִים הָאֵלֶּה׃ וַיֹּאמֶר
דָּוִד לַאֲנָשָׁיו חִגְרוּ ׀ אִישׁ אֶת־חַרְבּוֹ וַיַּחְגְּרוּ אִישׁ אֶת־חַרְבּוֹ
וַיַּחְגֹּר גַּם־דָּוִד אֶת־חַרְבּוֹ וַיַּעֲלוּ ׀ אַחֲרֵי דָוִד כְּאַרְבַּע מֵאוֹת
יד אִישׁ וּמָאתַיִם יָשְׁבוּ עַל־הַכֵּלִים׃ וְלַאֲבִיגַיִל אֵשֶׁת נָבָל הִגִּיד
נַעַר־אֶחָד מֵהַנְּעָרִים לֵאמֹר הִנֵּה שָׁלַח דָּוִד מַלְאָכִים ׀
טו מֵהַמִּדְבָּר לְבָרֵךְ אֶת־אֲדֹנֵינוּ וַיָּעַט בָּהֶם׃ וְהָאֲנָשִׁים טֹבִים לָנוּ
מְאֹד וְלֹא הָכְלַמְנוּ וְלֹא־פָקַדְנוּ מְאוּמָה כָּל־יְמֵי הִתְהַלַּכְנוּ
טז אִתָּם בִּהְיוֹתֵנוּ בַּשָּׂדֶה׃ חוֹמָה הָיוּ עָלֵינוּ גַּם־לַיְלָה גַּם־יוֹמָם
יז כָּל־יְמֵי הֱיוֹתֵנוּ עִמָּם רֹעִים הַצֹּאן׃ וְעַתָּה דְּעִי וּרְאִי מַה־תַּעֲשִׂי
כִּי־כָלְתָה הָרָעָה אֶל־אֲדֹנֵינוּ וְעַל־כָּל־בֵּיתוֹ וְהוּא בֶּן־בְּלִיַּעַל
יח מִדַּבֵּר אֵלָיו׃ וַתְּמַהֵר אבוגיל וַתִּקַּח מָאתַיִם לֶחֶם וּשְׁנַיִם נִבְלֵי־ אֲבִיגַיִל
יַיִן וְחָמֵשׁ צֹאן עשוות וְחָמֵשׁ סְאִים קָלִי וּמֵאָה צִמֻּקִים עֲשׂוּיוֹת
יט וּמָאתַיִם דְּבֵלִים וַתָּשֶׂם עַל־הַחֲמֹרִים׃ וַתֹּאמֶר לִנְעָרֶיהָ עִבְרוּ
כ לְפָנַי הִנְנִי אַחֲרֵיכֶם בָּאָה וּלְאִישָׁהּ נָבָל לֹא הִגִּידָה׃ וְהָיָה הִיא ׀
רֹכֶבֶת עַל־הַחֲמוֹר וְיֹרֶדֶת בְּסֵתֶר הָהָר וְהִנֵּה דָוִד וַאֲנָשָׁיו
כא יֹרְדִים לִקְרָאתָהּ וַתִּפְגֹּשׁ אֹתָם׃ וְדָוִד אָמַר אַךְ לַשֶּׁקֶר שָׁמַרְתִּי
אֶת־כָּל־אֲשֶׁר לָזֶה בַּמִּדְבָּר וְלֹא־נִפְקַד מִכָּל־אֲשֶׁר־לוֹ מְאוּמָה
כב וַיָּשֶׁב־לִי רָעָה תַּחַת טוֹבָה׃ כֹּה־יַעֲשֶׂה אֱלֹהִים לְאֹיְבֵי דָוִד וְכֹה

יסיף אם־אשאיר מכל־אשר־לו עד־אור הבקר משתין
בקיר׃ ותרא אביגיל את־דוד ותמהר ותרד מעל החמור כג
ותפל לאפי דוד על־פניה ותשתחו ארץ׃ ותפל על־רגליו כד
ותאמר בי־אני אדני העון ותדבר־נא אמתך באזניך ושמע
את דברי אמתך׃ אל־נא ישים אדני ׀ את־לבו אל־איש כה
הבליעל הזה על־נבל כי כשמו כן־הוא נבל שמו ונבלה
עמו ואני אמתך לא ראיתי את־נערי אדני אשר שלחת׃
ועתה אדני חי־יהוה וחי־נפשך אשר מנעך יהוה מבוא כו
בדמים והושע ידך לך ועתה יהיו כנבל איביך והמבקשים
אל־אדני רעה׃ ועתה הברכה הזאת אשר־הביא שפחתך כז
לאדני ונתנה לנערים המתהלכים ברגלי אדני׃ שא נא כח
לפשע אמתך כי־עשה יעשה יהוה לאדני בית נאמן כי־
מלחמות יהוה אדני נלחם ורעה לא־תמצא בך מימיך׃ ויקם כט
אדם לרדפך ולבקש את־נפשך והיתה נפש אדני צרורה ׀
בצרור החיים את יהוה אלהיך ואת נפש איביך יקלענה
בתוך כף הקלע׃ והיה כי־יעשה יהוה לאדני ככל אשר־ ל
דבר את־הטובה עליך וצוך לנגיד על־ישראל׃ ולא לא
תהיה זאת ׀ לך לפוקה ולמכשול לב לאדני ולשפך־דם
חנם ולהושיע אדני לו והיטב יהוה לאדני וזכרת את־
אמתך׃ ויאמר דוד לאביגל ברוך יהוה אלהי לב
יז ישראל אשר שלחך היום הזה לקראתי׃ וברוך טעמך לג
וברוכה את אשר כלתני היום הזה מבוא בדמים והשע ידי
לי׃ ואולם חי־יהוה אלהי ישראל אשר מנעני מהרע אתך לד
ותבאת כי ׀ לולי מהרת ותבאתי לקראתי כי אם־נותר לנבל עד־
אור הבקר משתין בקיר׃ ויקח דוד מידה את אשר־הביאה לה
לו ולה אמר עלי לשלום לביתך ראי שמעתי בקולך ואשא
פניך׃ ותבא אביגיל ׀ אל־נבל והנה־לו משתה בביתו לו

כְּמִשְׁתֵּה הַמֶּלֶךְ וְלֵב נָבָל טוֹב עָלָיו וְהוּא שִׁכֹּר עַד־מְאֹד וְלֹא־
לז הִגִּידָה לּוֹ דָּבָר קָטֹן וְגָדוֹל עַד־אוֹר הַבֹּקֶר׃ וַיְהִי בַבֹּקֶר בְּצֵאת
הַיַּיִן מִנָּבָל וַתַּגֶּד־לוֹ אִשְׁתּוֹ אֶת־הַדְּבָרִים הָאֵלֶּה וַיָּמָת לִבּוֹ
לח בְּקִרְבּוֹ וְהוּא הָיָה לְאָבֶן׃ וַיְהִי כַּעֲשֶׂרֶת הַיָּמִים וַיִּגֹּף יְהוָה אֶת־
לט נָבָל וַיָּמֹת׃ וַיִּשְׁמַע דָּוִד כִּי מֵת נָבָל וַיֹּאמֶר בָּרוּךְ יְהוָה אֲשֶׁר
רָב אֶת־רִיב חֶרְפָּתִי מִיַּד נָבָל וְאֶת־עַבְדּוֹ חָשַׂךְ מֵרָעָה וְאֵת
רָעַת נָבָל הֵשִׁיב יְהוָה בְּרֹאשׁוֹ וַיִּשְׁלַח דָּוִד וַיְדַבֵּר בַּאֲבִיגַיִל
מ לְקַחְתָּהּ לוֹ לְאִשָּׁה׃ וַיָּבֹאוּ עַבְדֵי דָוִד אֶל־אֲבִיגַיִל הַכַּרְמֶלָה
וַיְדַבְּרוּ אֵלֶיהָ לֵאמֹר דָּוִד שְׁלָחָנוּ אֵלַיִךְ לְקַחְתֵּךְ לוֹ לְאִשָּׁה׃
מא וַתָּקָם וַתִּשְׁתַּחוּ אַפַּיִם אָרְצָה וַתֹּאמֶר הִנֵּה אֲמָתְךָ לְשִׁפְחָה
מב לִרְחֹץ רַגְלֵי עַבְדֵי אֲדֹנִי׃ וַתְּמַהֵר וַתָּקָם אֲבִיגַיִל וַתִּרְכַּב עַל־
הַחֲמוֹר וְחָמֵשׁ נַעֲרֹתֶיהָ הַהֹלְכוֹת לְרַגְלָהּ וַתֵּלֶךְ אַחֲרֵי מַלְאֲכֵי
מג דָוִד וַתְּהִי־לוֹ לְאִשָּׁה׃ וְאֶת־אֲחִינֹעַם לָקַח דָּוִד מִיִּזְרְעֶאל
מד וַתִּהְיֶיןָ גַּם־שְׁתֵּיהֶן לוֹ לְנָשִׁים׃ וְשָׁאוּל נָתַן אֶת־
כו א מִיכַל בִּתּוֹ אֵשֶׁת דָּוִד לְפַלְטִי בֶן־לַיִשׁ אֲשֶׁר מִגַּלִּים׃ וַיָּבֹאוּ
הַזִּפִים אֶל־שָׁאוּל הַגִּבְעָתָה לֵאמֹר הֲלוֹא דָוִד מִסְתַּתֵּר בְּגִבְעַת
ב הַחֲכִילָה עַל פְּנֵי הַיְשִׁימֹן׃ וַיָּקָם שָׁאוּל וַיֵּרֶד אֶל־מִדְבַּר־זִיף
וְאִתּוֹ שְׁלֹשֶׁת־אֲלָפִים אִישׁ בְּחוּרֵי יִשְׂרָאֵל לְבַקֵּשׁ אֶת־דָּוִד
ג בְּמִדְבַּר־זִיף׃ וַיִּחַן שָׁאוּל בְּגִבְעַת הַחֲכִילָה אֲשֶׁר עַל־פְּנֵי
הַיְשִׁימֹן עַל־הַדָּרֶךְ וְדָוִד יֹשֵׁב בַּמִּדְבָּר וַיַּרְא כִּי בָא שָׁאוּל
ד אַחֲרָיו הַמִּדְבָּרָה׃ וַיִּשְׁלַח דָּוִד מְרַגְּלִים וַיֵּדַע כִּי־בָא שָׁאוּל אֶל־
ה נָכוֹן׃ וַיָּקָם דָּוִד וַיָּבֹא אֶל־הַמָּקוֹם אֲשֶׁר חָנָה־שָׁם שָׁאוּל וַיַּרְא
דָּוִד אֶת־הַמָּקוֹם אֲשֶׁר שָׁכַב־שָׁם שָׁאוּל וְאַבְנֵר בֶּן־נֵר שַׂר־
ו צְבָאוֹ וְשָׁאוּל שֹׁכֵב בַּמַּעְגָּל וְהָעָם חֹנִים סְבִיבֹתָו׃ וַיַּעַן דָּוִד
וַיֹּאמֶר ׀ אֶל־אֲחִימֶלֶךְ הַחִתִּי וְאֶל־אֲבִישַׁי בֶּן־צְרוּיָה אֲחִי יוֹאָב
לֵאמֹר מִי־יֵרֵד אִתִּי אֶל־שָׁאוּל אֶל־הַמַּחֲנֶה וַיֹּאמֶר אֲבִישַׁי אֲנִי
ז אֵרֵד עִמָּךְ׃ וַיָּבֹא דָוִד וַאֲבִישַׁי ׀ אֶל־הָעָם לַיְלָה וְהִנֵּה שָׁאוּל

שֹׁכֵב יָשֵׁן בַּמַּעְגָּל וַחֲנִיתוֹ מְעוּכָה־בָאָרֶץ מְרַאֲשֹׁתָו וְאַבְנֵר
וְהָעָם שֹׁכְבִים סְבִיבֹתָו׃ וַיֹּאמֶר אֲבִישַׁי אֶל־דָּוִד ח
סִגַּר אֱלֹהִים הַיּוֹם אֶת־אוֹיִבְךָ בְּיָדֶךָ וְעַתָּה אַכֶּנּוּ נָא בַּחֲנִית
וּבָאָרֶץ פַּעַם אַחַת וְלֹא אֶשְׁנֶה לוֹ׃ וַיֹּאמֶר דָּוִד אֶל־אֲבִישַׁי אַל־ ט
תַּשְׁחִיתֵהוּ כִּי מִי שָׁלַח יָדוֹ בִּמְשִׁיחַ יְהוָה וְנִקָּה׃ וַיֹּאמֶר דָּוִד חַי־ י
יְהוָה כִּי אִם־יְהוָה יִגָּפֶנּוּ אוֹ־יוֹמוֹ יָבוֹא וָמֵת אוֹ בַמִּלְחָמָה יֵרֵד
וְנִסְפָּה׃ חָלִילָה לִּי מֵיְהוָה מִשְּׁלֹחַ יָדִי בִּמְשִׁיחַ יְהוָה וְעַתָּה קַח־ יא
נָא אֶת־הַחֲנִית אֲשֶׁר מְרַאֲשֹׁתָו וְאֶת־צַפַּחַת הַמַּיִם וְנֵלְכָה־
לָּנוּ׃ וַיִּקַּח דָּוִד אֶת־הַחֲנִית וְאֶת־צַפַּחַת הַמַּיִם מֵרַאֲשֹׁתֵי יב
שָׁאוּל וַיֵּלְכוּ לָהֶם וְאֵין רֹאֶה וְאֵין יוֹדֵעַ וְאֵין מֵקִיץ כִּי כֻלָּם
יְשֵׁנִים כִּי תַּרְדֵּמַת יְהוָה נָפְלָה עֲלֵיהֶם׃ וַיַּעֲבֹר דָּוִד הָעֵבֶר יג
וַיַּעֲמֹד עַל־רֹאשׁ־הָהָר מֵרָחֹק רַב הַמָּקוֹם בֵּינֵיהֶם׃ וַיִּקְרָא דָוִד יד
אֶל־הָעָם וְאֶל־אַבְנֵר בֶּן־נֵר לֵאמֹר הֲלוֹא תַעֲנֶה אַבְנֵר וַיַּעַן
אַבְנֵר וַיֹּאמֶר מִי אַתָּה קָרָאתָ אֶל־הַמֶּלֶךְ׃ וַיֹּאמֶר דָּוִד אֶל־ טו
אַבְנֵר הֲלוֹא־אִישׁ אַתָּה וּמִי כָמוֹךָ בְּיִשְׂרָאֵל וְלָמָּה לֹא שָׁמַרְתָּ
אֶל־אֲדֹנֶיךָ הַמֶּלֶךְ כִּי־בָא אַחַד הָעָם לְהַשְׁחִית אֶת־הַמֶּלֶךְ
אֲדֹנֶיךָ׃ לֹא־טוֹב הַדָּבָר הַזֶּה אֲשֶׁר עָשִׂיתָ חַי־יְהוָה כִּי בְנֵי־מָוֶת טז
אַתֶּם אֲשֶׁר לֹא־שְׁמַרְתֶּם עַל־אֲדֹנֵיכֶם עַל־מְשִׁיחַ יְהוָה וְעַתָּה ׀
רְאֵה אֵי־חֲנִית הַמֶּלֶךְ וְאֶת־צַפַּחַת הַמַּיִם אֲשֶׁר מְרַאֲשֹׁתָו׃ וַיַּכֵּר יז
שָׁאוּל אֶת־קוֹל דָּוִד וַיֹּאמֶר הֲקוֹלְךָ זֶה בְּנִי דָוִד וַיֹּאמֶר דָּוִד
קוֹלִי אֲדֹנִי הַמֶּלֶךְ׃ וַיֹּאמֶר לָמָּה זֶּה אֲדֹנִי רֹדֵף אַחֲרֵי עַבְדּוֹ כִּי יח
מֶה עָשִׂיתִי וּמַה־בְּיָדִי רָעָה׃ וְעַתָּה יִשְׁמַע־נָא אֲדֹנִי הַמֶּלֶךְ אֵת יט
דִּבְרֵי עַבְדּוֹ אִם־יְהוָה הֱסִיתְךָ בִי יָרַח מִנְחָה וְאִם ׀ בְּנֵי הָאָדָם
אֲרוּרִים הֵם לִפְנֵי יְהוָה כִּי־גֵרְשׁוּנִי הַיּוֹם מֵהִסְתַּפֵּחַ בְּנַחֲלַת יְהוָה
לֵאמֹר לֵךְ עֲבֹד אֱלֹהִים אֲחֵרִים׃ וְעַתָּה אַל־יִפֹּל דָּמִי אַרְצָה כ
מִנֶּגֶד פְּנֵי יְהוָה כִּי־יָצָא מֶלֶךְ יִשְׂרָאֵל לְבַקֵּשׁ אֶת־פַּרְעֹשׁ אֶחָד
כַּאֲשֶׁר יִרְדֹּף הַקֹּרֵא בֶּהָרִים׃ וַיֹּאמֶר שָׁאוּל חָטָאתִי שׁוּב בְּנִי־ כא

דָּוִד כִּי לֹא־אָרַע לְךָ עוֹד תַּחַת אֲשֶׁר יָקְרָה נַפְשִׁי בְּעֵינֶיךָ הַיּוֹם
כב הַזֶּה הִנֵּה הִסְכַּלְתִּי וָאֶשְׁגֶּה הַרְבֵּה מְאֹד׃ וַיַּעַן דָּוִד וַיֹּאמֶר הִנֵּה
כג החנית הַמֶּלֶךְ וְיַעֲבֹר אֶחָד מֵהַנְּעָרִים וְיִקָּחֶהָ׃ וַיהוָה יָשִׁיב לָאִישׁ חֲנִית
אֶת־צִדְקָתוֹ וְאֶת־אֱמֻנָתוֹ אֲשֶׁר נְתָנְךָ יְהוָה ׀ הַיּוֹם בְּיָד וְלֹא
כד אָבִיתִי לִשְׁלֹחַ יָדִי בִּמְשִׁיחַ יְהוָה׃ וְהִנֵּה כַּאֲשֶׁר גָּדְלָה נַפְשְׁךָ
הַיּוֹם הַזֶּה בְּעֵינָי כֵּן תִּגְדַּל נַפְשִׁי בְּעֵינֵי יְהוָה וְיַצִּלֵנִי מִכָּל־
כה צָרָה׃ וַיֹּאמֶר שָׁאוּל אֶל־דָּוִד בָּרוּךְ אַתָּה בְּנִי דָוִד גַּם יח
עָשֹׂה תַעֲשֶׂה וְגַם יָכֹל תּוּכָל וַיֵּלֶךְ דָּוִד לְדַרְכּוֹ וְשָׁאוּל שָׁב
כז א לִמְקוֹמוֹ׃ וַיֹּאמֶר דָּוִד אֶל־לִבּוֹ עַתָּה אֶסָּפֶה יוֹם־
אֶחָד בְּיַד־שָׁאוּל אֵין־לִי טוֹב כִּי הִמָּלֵט אִמָּלֵט ׀ אֶל־אֶרֶץ
פְּלִשְׁתִּים וְנוֹאַשׁ מִמֶּנִּי שָׁאוּל לְבַקְשֵׁנִי עוֹד בְּכָל־גְּבוּל יִשְׂרָאֵל
ב וְנִמְלַטְתִּי מִיָּדוֹ׃ וַיָּקָם דָּוִד וַיַּעֲבֹר הוּא וְשֵׁשׁ־מֵאוֹת אִישׁ אֲשֶׁר
ג עִמּוֹ אֶל־אָכִישׁ בֶּן־מָעוֹךְ מֶלֶךְ גַּת׃ וַיֵּשֶׁב דָּוִד עִם־אָכִישׁ בְּגַת
הוּא וַאֲנָשָׁיו אִישׁ וּבֵיתוֹ דָּוִד וּשְׁתֵּי נָשָׁיו אֲחִינֹעַם הַיִּזְרְעֵאלִת
ד וַאֲבִיגַיִל אֵשֶׁת־נָבָל הַכַּרְמְלִית׃ וַיֻּגַּד לְשָׁאוּל כִּי־בָרַח דָּוִד גַּת
ה וְלֹא־יוסף עוֹד לְבַקְשׁוֹ׃ וַיֹּאמֶר דָּוִד אֶל־אָכִישׁ יָסַף
אִם־נָא מָצָאתִי חֵן בְּעֵינֶיךָ יִתְּנוּ־לִי מָקוֹם בְּאַחַת עָרֵי הַשָּׂדֶה
ו וְאֵשְׁבָה שָּׁם וְלָמָּה יֵשֵׁב עַבְדְּךָ בְּעִיר הַמַּמְלָכָה עִמָּךְ׃ וַיִּתֶּן־לוֹ
אָכִישׁ בַּיּוֹם הַהוּא אֶת־צִקְלָג לָכֵן הָיְתָה צִקְלַג לְמַלְכֵי יְהוּדָה
ז עַד הַיּוֹם הַזֶּה׃ וַיְהִי מִסְפַּר הַיָּמִים אֲשֶׁר־יָשַׁב
ח דָּוִד בִּשְׂדֵה פְלִשְׁתִּים יָמִים וְאַרְבָּעָה חֳדָשִׁים׃ וַיַּעַל דָּוִד וַאֲנָשָׁיו
וַיִּפְשְׁטוּ אֶל־הַגְּשׁוּרִי והגרזי וְהָעֲמָלֵקִי כִּי הֵנָּה יֹשְׁבוֹת הָאָרֶץ וְהַגִּזְרִי
ט אֲשֶׁר מֵעוֹלָם בּוֹאֲךָ שׁוּרָה וְעַד־אֶרֶץ מִצְרָיִם׃ וְהִכָּה דָוִד אֶת־
הָאָרֶץ וְלֹא יְחַיֶּה אִישׁ וְאִשָּׁה וְלָקַח צֹאן וּבָקָר וַחֲמֹרִים וּגְמַלִּים
י וּבְגָדִים וַיָּשָׁב וַיָּבֹא אֶל־אָכִישׁ׃ וַיֹּאמֶר אָכִישׁ אַל־פְּשַׁטְתֶּם
הַיּוֹם וַיֹּאמֶר דָּוִד עַל־נֶגֶב יְהוּדָה וְעַל־נֶגֶב הַיְּרַחְמְאֵלִי וְאֶל־
יא נֶגֶב הַקֵּינִי׃ וְאִישׁ וְאִשָּׁה לֹא־יְחַיֶּה דָוִד לְהָבִיא גַת לֵאמֹר פֶּן־

יגדו עלינו לאמר כה־עשה דוד וכה משפטו כל־הימים אשר
ישב בשדה פלשתים׃ ויאמן אכיש בדוד לאמר הבאש יב
הבאיש בעמו בישראל והיה לי לעבד עולם׃ ויהי א כח
בימים ההם ויקבצו פלשתים את־מחניהם לצבא להלחם
בישראל ויאמר אכיש אל־דוד ידע תדע כי אתי תצא
במחנה אתה ואנשיך׃ ויאמר דוד אל־אכיש לכן אתה ב
תדע את אשר־יעשה עבדך ויאמר אכיש אל־דוד לכן
שמר לראשי אשימך כל־הימים׃
ושמואל מת ויספדו־לו כל־ישראל ויקברהו ברמה ובעירו ג
ושאול הסיר האבות ואת־הידענים מהארץ׃ ויקבצו ד
פלשתים ויבאו ויחנו בשונם ויקבץ שאול את־כל־ישראל
ויחנו בגלבע׃ וירא שאול את־מחנה פלשתים וירא ויחרד ה
לבו מאד׃ וישאל שאול ביהוה ולא ענהו יהוה גם בחלמות ו
גם באורים גם בנביאם׃ ויאמר שאול לעבדיו בקשו־לי אשת ז
בעלת־אוב ואלכה אליה ואדרשה־בה ויאמרו עבדיו אליו
הנה אשת בעלת־אוב בעין דור׃ ויתחפש שאול וילבש ח
בגדים אחרים וילך הוא ושני אנשים עמו ויבאו אל־האשה
קסמי לילה ויאמר קסומי־נא לי באוב והעלי לי את אשר־אמר
אליך׃ ותאמר האשה אליו הנה אתה ידעת את אשר־עשה ט
שאול אשר הכרית את־האבות ואת־הידעני מן־הארץ
ולמה אתה מתנקש בנפשי להמיתני׃ וישבע לה שאול י
ביהוה לאמר חי־יהוה אם־יקרך עון בדבר הזה׃ ותאמר יא
האשה את־מי אעלה־לך ויאמר את־שמואל העלי־לי׃
ותרא האשה את־שמואל ותזעק בקול גדול ותאמר האשה יב
אל־שאול ׀ לאמר למה רמיתני ואתה שאול׃ ויאמר לה יג
המלך אל־תיראי כי מה ראית ותאמר האשה אל־שאול
אלהים ראיתי עלים מן־הארץ׃ ויאמר לה מה־תארו ותאמר יד

אִישׁ זָקֵן עֹלֶה וְהוּא עֹטֶה מְעִיל וַיֵּדַע שָׁאוּל כִּי־שְׁמוּאֵל הוּא
טו וַיִּקֹּד אַפַּיִם אַרְצָה וַיִּשְׁתָּחוּ׃ וַיֹּאמֶר שְׁמוּאֵל
אֶל־שָׁאוּל לָמָּה הִרְגַּזְתַּנִי לְהַעֲלוֹת אֹתִי וַיֹּאמֶר שָׁאוּל צַר־לִי
מְאֹד וּפְלִשְׁתִּים ׀ נִלְחָמִים בִּי וֵאלֹהִים סָר מֵעָלַי וְלֹא־עָנָנִי עוֹד
גַּם בְּיַד הַנְּבִיאִים גַּם בַּחֲלֹמוֹת וָאֶקְרָאֶה לְךָ לְהוֹדִיעֵנִי מָה
טז אֶעֱשֶׂה׃ וַיֹּאמֶר שְׁמוּאֵל וְלָמָּה תִּשְׁאָלֵנִי וַיהוה סָר מֵעָלֶיךָ וַיְהִי
יז עָרֶךָ׃ וַיַּעַשׂ יהוה לוֹ כַּאֲשֶׁר דִּבֶּר בְּיָדִי וַיִּקְרַע יהוה אֶת־
יח הַמַּמְלָכָה מִיָּדֶךָ וַיִּתְּנָהּ לְרֵעֲךָ לְדָוִד׃ כַּאֲשֶׁר לֹא־שָׁמַעְתָּ בְּקוֹל
יהוה וְלֹא־עָשִׂיתָ חֲרוֹן־אַפּוֹ בַּעֲמָלֵק עַל־כֵּן הַדָּבָר הַזֶּה עָשָׂה־
יט לְךָ יהוה הַיּוֹם הַזֶּה׃ וְיִתֵּן יהוה גַּם אֶת־יִשְׂרָאֵל עִמְּךָ בְּיַד־
פְּלִשְׁתִּים וּמָחָר אַתָּה וּבָנֶיךָ עִמִּי גַּם אֶת־מַחֲנֵה יִשְׂרָאֵל יִתֵּן
כ יהוה בְּיַד־פְּלִשְׁתִּים׃ וַיְמַהֵר שָׁאוּל וַיִּפֹּל מְלֹא־קוֹמָתוֹ אַרְצָה
וַיִּרָא מְאֹד מִדִּבְרֵי שְׁמוּאֵל גַּם־כֹּחַ לֹא־הָיָה בוֹ כִּי לֹא אָכַל
כא לֶחֶם כָּל־הַיּוֹם וְכָל־הַלָּיְלָה׃ וַתָּבוֹא הָאִשָּׁה אֶל־שָׁאוּל וַתֵּרֶא
כִּי־נִבְהַל מְאֹד וַתֹּאמֶר אֵלָיו הִנֵּה שָׁמְעָה שִׁפְחָתְךָ בְּקוֹלֶךָ
וָאָשִׂים נַפְשִׁי בְּכַפִּי וָאֶשְׁמַע אֶת־דְּבָרֶיךָ אֲשֶׁר דִּבַּרְתָּ אֵלָי׃
כב וְעַתָּה שְׁמַע־נָא גַם־אַתָּה בְּקוֹל שִׁפְחָתֶךָ וְאָשִׂמָה לְפָנֶיךָ
כג פַּת־לֶחֶם וֶאֱכוֹל וִיהִי בְךָ כֹּחַ כִּי תֵלֵךְ בַּדָּרֶךְ׃ וַיְמָאֵן
וַיֹּאמֶר לֹא אֹכַל וַיִּפְרְצוּ־בוֹ עֲבָדָיו וְגַם־הָאִשָּׁה וַיִּשְׁמַע
כד לְקֹלָם וַיָּקָם מֵהָאָרֶץ וַיֵּשֶׁב אֶל־הַמִּטָּה׃ וְלָאִשָּׁה עֵגֶל־מַרְבֵּק יט
בַּבַּיִת וַתְּמַהֵר וַתִּזְבָּחֵהוּ וַתִּקַּח־קֶמַח וַתָּלָשׁ וַתֹּפֵהוּ מַצּוֹת׃
כה וַתַּגֵּשׁ לִפְנֵי־שָׁאוּל וְלִפְנֵי עֲבָדָיו וַיֹּאכֵלוּ וַיָּקֻמוּ וַיֵּלְכוּ בַּלַּיְלָה
כט א הַהוּא׃ וַיִּקְבְּצוּ פְלִשְׁתִּים אֶת־כָּל־מַחֲנֵיהֶם
ב אֲפֵקָה וְיִשְׂרָאֵל חֹנִים בַּעַיִן אֲשֶׁר בְּיִזְרְעֶאל׃ וְסַרְנֵי פְלִשְׁתִּים
עֹבְרִים לְמֵאוֹת וְלַאֲלָפִים וְדָוִד וַאֲנָשָׁיו עֹבְרִים בָּאַחֲרֹנָה
ג עִם־אָכִישׁ׃ וַיֹּאמְרוּ שָׂרֵי פְלִשְׁתִּים מָה הָעִבְרִים הָאֵלֶּה וַיֹּאמֶר
אָכִישׁ אֶל־שָׂרֵי פְלִשְׁתִּים הֲלוֹא־זֶה דָוִד עֶבֶד ׀ שָׁאוּל מֶלֶךְ־

ישראל אשר היה אתי זה ימים או־זה שנים ולא־מצאתי
בו מאומה מיום נפלו עד־היום הזה: ויקצפו ד
עליו שרי פלשתים ויאמרו לו שרי פלשתים השב את־
האיש וישב אל־מקומו אשר הפקדתו שם ולא־ירד עמנו
במלחמה ולא־יהיה־לנו לשטן במלחמה ובמה יתרצה זה
אל־אדניו הלוא בראשי האנשים ההם: הלוא־זה דוד ה
אשר יענו־לו במחלות לאמר הכה שאול באלפו ודוד
ברבבתו: ויקרא אכיש אל־דוד ויאמר אליו ו
חי־יהוה כי־ישר אתה וטוב בעיני צאתך ובאך אתי במחנה
כי לא־מצאתי בך רעה מיום באך אלי עד־היום הזה ובעיני
הסרנים לא־טוב אתה: ועתה שוב ולך בשלום ולא־תעשה ז
רע בעיני סרני פלשתים: ויאמר דוד אל־אכיש ח
כי מה עשיתי ומה־מצאת בעבדך מיום אשר הייתי לפניך
עד היום הזה כי לא אבוא ונלחמתי באיבי אדני המלך:
ויען אכיש ויאמר אל־דוד ידעתי כי טוב אתה בעיני ט
כמלאך אלהים אך שרי פלשתים אמרו לא־יעלה עמנו
במלחמה: ועתה השכם בבקר ועבדי אדניך אשר־באו אתך י
והשכמתם בבקר ואור לכם ולכו: וישכם דוד הוא ואנשיו יא
ללכת בבקר לשוב אל־ארץ פלשתים ופלשתים עלו
יזרעאל: ויהי בבא דוד ואנשיו צקלג ביום א ל
השלישי ועמלקי פשטו אל־נגב ואל־צקלג ויכו את־צקלג
וישרפו אתה באש: וישבו את־הנשים אשר־בה מקטן ועד־ ב
גדול לא המיתו איש וינהגו וילכו לדרכם: ויבא דוד ואנשיו ג
אל־העיר והנה שרופה באש ונשיהם ובניהם ובנתיהם נשבו:
וישא דוד והעם אשר־אתו את־קולם ויבכו עד אשר אין־ ד
בהם כח לבכות: ושתי נשי־דוד נשבו אחינעם היזרעלית ה
ואביגיל אשת נבל הכרמלי: ותצר לדוד מאד כי־אמרו העם ו

לְסָקְלוֹ כִּי־מָרָה נֶפֶשׁ כָּל־הָעָם אִישׁ עַל־בָּנָו וְעַל־בְּנֹתָיו
ז וַיִּתְחַזֵּק דָּוִד בַּיהוָה אֱלֹהָיו׃ וַיֹּאמֶר דָּוִד אֶל־
אֶבְיָתָר הַכֹּהֵן בֶּן־אֲחִימֶלֶךְ הַגִּישָׁה־נָּא לִי הָאֵפוֹד וַיַּגֵּשׁ אֶבְיָתָר
ח אֶת־הָאֵפוֹד אֶל־דָּוִד׃ וַיִּשְׁאַל דָּוִד בַּיהוָה לֵאמֹר אֶרְדֹּף אַחֲרֵי
הַגְּדוּד־הַזֶּה הַאַשִּׂגֶנּוּ וַיֹּאמֶר לוֹ רְדֹף כִּי־הַשֵּׂג תַּשִּׂיג וְהַצֵּל
ט תַּצִּיל׃ וַיֵּלֶךְ דָּוִד הוּא וְשֵׁשׁ־מֵאוֹת אִישׁ אֲשֶׁר אִתּוֹ וַיָּבֹאוּ עַד־
י נַחַל הַבְּשׂוֹר וְהַנּוֹתָרִים עָמָדוּ׃ וַיִּרְדֹּף דָּוִד הוּא וְאַרְבַּע־מֵאוֹת
אִישׁ וַיַּעַמְדוּ מָאתַיִם אִישׁ אֲשֶׁר פִּגְּרוּ מֵעֲבֹר אֶת־נַחַל הַבְּשׂוֹר׃
יא וַיִּמְצְאוּ אִישׁ־מִצְרִי בַּשָּׂדֶה וַיִּקְחוּ אֹתוֹ אֶל־דָּוִד וַיִּתְּנוּ־לוֹ לֶחֶם
יב וַיֹּאכַל וַיַּשְׁקֻהוּ מָיִם׃ וַיִּתְּנוּ־לוֹ פֶלַח דְּבֵלָה וּשְׁנֵי צִמֻּקִים וַיֹּאכַל
וַתָּשָׁב רוּחוֹ אֵלָיו כִּי לֹא־אָכַל לֶחֶם וְלֹא־שָׁתָה מַיִם שְׁלֹשָׁה
יג יָמִים וּשְׁלֹשָׁה לֵילוֹת׃ וַיֹּאמֶר לוֹ דָוִד לְמִי־אַתָּה
וְאֵי מִזֶּה אָתָּה וַיֹּאמֶר נַעַר מִצְרִי אָנֹכִי עֶבֶד לְאִישׁ עֲמָלֵקִי
יד וַיַּעַזְבֵנִי אֲדֹנִי כִּי חָלִיתִי הַיּוֹם שְׁלֹשָׁה׃ אֲנַחְנוּ פָּשַׁטְנוּ נֶגֶב
הַכְּרֵתִי וְעַל־אֲשֶׁר לִיהוּדָה וְעַל־נֶגֶב כָּלֵב וְאֶת־צִקְלַג שָׂרַפְנוּ
טו בָאֵשׁ׃ וַיֹּאמֶר אֵלָיו דָּוִד הֲתוֹרִדֵנִי אֶל־הַגְּדוּד הַזֶּה וַיֹּאמֶר
הִשָּׁבְעָה לִּי בֵאלֹהִים אִם־תְּמִיתֵנִי וְאִם־תַּסְגִּרֵנִי בְּיַד־אֲדֹנִי
טז וְאוֹרִדְךָ אֶל־הַגְּדוּד הַזֶּה׃ וַיֹּרִדֵהוּ וְהִנֵּה נְטֻשִׁים עַל־פְּנֵי כָל־
הָאָרֶץ אֹכְלִים וְשֹׁתִים וְחֹגְגִים בְּכֹל הַשָּׁלָל הַגָּדוֹל אֲשֶׁר לָקְחוּ
יז מֵאֶרֶץ פְּלִשְׁתִּים וּמֵאֶרֶץ יְהוּדָה׃ וַיַּכֵּם דָּוִד מֵהַנֶּשֶׁף וְעַד־הָעֶרֶב
לְמָחֳרָתָם וְלֹא־נִמְלַט מֵהֶם אִישׁ כִּי אִם־אַרְבַּע מֵאוֹת אִישׁ־
יח נַעַר אֲשֶׁר־רָכְבוּ עַל־הַגְּמַלִּים וַיָּנֻסוּ׃ וַיַּצֵּל דָּוִד אֵת כָּל־אֲשֶׁר
יט לָקְחוּ עֲמָלֵק וְאֶת־שְׁתֵּי נָשָׁיו הִצִּיל דָּוִד׃ וְלֹא נֶעְדַּר־לָהֶם מִן־
הַקָּטֹן וְעַד־הַגָּדוֹל וְעַד־בָּנִים וּבָנוֹת וּמִשָּׁלָל וְעַד כָּל־אֲשֶׁר
כ לָקְחוּ לָהֶם הַכֹּל הֵשִׁיב דָּוִד׃ וַיִּקַּח דָּוִד אֶת־כָּל־הַצֹּאן וְהַבָּקָר
כא נָהֲגוּ לִפְנֵי הַמִּקְנֶה הַהוּא וַיֹּאמְרוּ זֶה שְׁלַל דָּוִד׃ וַיָּבֹא דָוִד אֶל־
מָאתַיִם הָאֲנָשִׁים אֲשֶׁר־פִּגְּרוּ ׀ מִלֶּכֶת ׀ אַחֲרֵי דָוִד וַיֹּשִׁבֻם בְּנַחַל

הַבְּשׂוֹר וַיֵּצְאוּ לִקְרַאת דָּוִד וְלִקְרַאת הָעָם אֲשֶׁר אִתּוֹ וַיִּגַּשׁ דָּוִד
אֶת־הָעָם וַיִּשְׁאַל לָהֶם לְשָׁלוֹם׃ וַיַּעַן כָּל־אִישׁ כב
רָע וּבְלִיַּעַל מֵהָאֲנָשִׁים אֲשֶׁר הָלְכוּ עִם־דָּוִד וַיֹּאמְרוּ יַעַן אֲשֶׁר
לֹא־הָלְכוּ עִמִּי לֹא־נִתֵּן לָהֶם מֵהַשָּׁלָל אֲשֶׁר הִצַּלְנוּ כִּי־אִם־
אִישׁ אֶת־אִשְׁתּוֹ וְאֶת־בָּנָיו וְיִנְהֲגוּ וְיֵלֵכוּ׃ וַיֹּאמֶר כג
דָּוִד לֹא־תַעֲשׂוּ כֵן אֶחָי אֵת אֲשֶׁר־נָתַן יְהוָה לָנוּ וַיִּשְׁמֹר אֹתָנוּ
וַיִּתֵּן אֶת־הַגְּדוּד הַבָּא עָלֵינוּ בְּיָדֵנוּ׃ וּמִי יִשְׁמַע לָכֶם לַדָּבָר כד
הַיֹּרֵד הַזֶּה כִּי כְּחֵלֶק ׀ הירד בַּמִּלְחָמָה וּכְחֵלֶק הַיֹּשֵׁב עַל־הַכֵּלִים
כ יַחְדָּו יַחֲלֹקוּ׃ וַיְהִי מֵהַיּוֹם הַהוּא וָמָעְלָה וַיְשִׂמֶהָ כה
לְחֹק וּלְמִשְׁפָּט לְיִשְׂרָאֵל עַד הַיּוֹם הַזֶּה׃ וַיָּבֹא כו
דָוִד אֶל־צִקְלַג וַיְשַׁלַּח מֵהַשָּׁלָל לְזִקְנֵי יְהוּדָה לְרֵעֵהוּ לֵאמֹר
הִנֵּה לָכֶם בְּרָכָה מִשְּׁלַל אֹיְבֵי יְהוָה׃ לַאֲשֶׁר בְּבֵית־אֵל וְלַאֲשֶׁר כז
בְּרָמוֹת־נֶגֶב וְלַאֲשֶׁר בְּיַתִּר׃ וְלַאֲשֶׁר בַּעֲרֹעֵר וְלַאֲשֶׁר בְּשִׂפְמוֹת כח
וְלַאֲשֶׁר בְּאֶשְׁתְּמֹעַ׃ וְלַאֲשֶׁר בְּרָכָל וְלַאֲשֶׁר בְּעָרֵי הַיְּרַחְמְאֵלִי כט
וְלַאֲשֶׁר בְּעָרֵי הַקֵּינִי׃ וְלַאֲשֶׁר בְּחָרְמָה וְלַאֲשֶׁר בְּבוֹר־עָשָׁן ל
וְלַאֲשֶׁר בַּעֲתָךְ׃ וְלַאֲשֶׁר בְּחֶבְרוֹן וּלְכָל־הַמְּקֹמוֹת אֲשֶׁר־ לא
הִתְהַלֶּךְ־שָׁם דָּוִד הוּא וַאֲנָשָׁיו׃
וּפְלִשְׁתִּים נִלְחָמִים בְּיִשְׂרָאֵל וַיָּנֻסוּ אַנְשֵׁי יִשְׂרָאֵל מִפְּנֵי א לא
פְלִשְׁתִּים וַיִּפְּלוּ חֲלָלִים בְּהַר הַגִּלְבֹּעַ׃ וַיַּדְבְּקוּ פְלִשְׁתִּים אֶת־ ב
שָׁאוּל וְאֶת־בָּנָיו וַיַּכּוּ פְלִשְׁתִּים אֶת־יְהוֹנָתָן וְאֶת־אֲבִינָדָב
וְאֶת־מַלְכִּי־שׁוּעַ בְּנֵי שָׁאוּל׃ וַתִּכְבַּד הַמִּלְחָמָה אֶל־שָׁאוּל ג
וַיִּמְצָאֻהוּ הַמּוֹרִים אֲנָשִׁים בַּקָּשֶׁת וַיָּחֶל מְאֹד מֵהַמּוֹרִים׃ וַיֹּאמֶר ד
שָׁאוּל לְנֹשֵׂא כֵלָיו שְׁלֹף חַרְבְּךָ ׀ וְדָקְרֵנִי בָהּ פֶּן־יָבוֹאוּ הָעֲרֵלִים
הָאֵלֶּה וּדְקָרֻנִי וְהִתְעַלְּלוּ־בִי וְלֹא אָבָה נֹשֵׂא כֵלָיו כִּי יָרֵא מְאֹד
וַיִּקַּח שָׁאוּל אֶת־הַחֶרֶב וַיִּפֹּל עָלֶיהָ׃ וַיַּרְא נֹשֵׂא־כֵלָיו כִּי מֵת ה
שָׁאוּל וַיִּפֹּל גַּם־הוּא עַל־חַרְבּוֹ וַיָּמָת עִמּוֹ׃ וַיָּמָת שָׁאוּל וּשְׁלֹשֶׁת ו
בָּנָיו וְנֹשֵׂא כֵלָיו גַּם כָּל־אֲנָשָׁיו בַּיּוֹם הַהוּא יַחְדָּו׃ וַיִּרְאוּ אַנְשֵׁי־ ז

ז ישראל אשר־בעבר העמק ואשר ׀ בעבר הירדן כי־נסו אנשי
ישראל וכי־מתו שאול ובניו ויעזבו את־הערים וינסו ויבאו
ח פלשתים וישבו בהן: ויהי ממחרת ויבאו
פלשתים לפשט את־החללים וימצאו את־שאול ואת־
ט שלשת בניו נפלים בהר הגלבע: ויכרתו את־ראשו ויפשטו
את־כליו וישלחו בארץ־פלשתים סביב לבשר בית עצביהם
י ואת־העם: וישמו את־כליו בית עשתרות ואת־גויתו תקעו
יא בחומת בית שן: וישמעו אליו ישבי יביש גלעד את אשר־
יב עשו פלשתים לשאול: ויקומו כל־איש חיל וילכו כל־הלילה
ויקחו את־גוית שאול ואת גוית בניו מחומת בית שן ויבאו
יג יבשה וישרפו אתם שם: ויקחו את־עצמתיהם ויקברו תחת־
האשל ביבשה ויצמו שבעת ימים:

א א ויהי אחרי
מות שאול ודוד שב מהכות את־העמלק וישב דוד
ב בצקלג ימים שנים: ויהי ׀ ביום השלישי והנה איש בא
מן־המחנה מעם שאול ובגדיו קרעים ואדמה על־ראשו ויהי
ג בבאו אל־דוד ויפל ארצה וישתחו: ויאמר לו דוד אי מזה
ד תבוא ויאמר אליו ממחנה ישראל נמלטתי: ויאמר אליו
דוד מה־היה הדבר הגד־נא לי ויאמר אשר־נס העם מן־
המלחמה וגם־הרבה נפל מן־העם וימתו וגם שאול ויהונתן
ה בנו מתו: ויאמר דוד אל־הנער המגיד לו איך ידעת כי־
ו מת שאול ויהונתן בנו: ויאמר הנער ׀ המגיד לו נקרא
נקריתי בהר הגלבע והנה שאול נשען על־חניתו והנה
ז הרכב ובעלי הפרשים הדבקהו: ויפן אחריו ויראני ויקרא
ח אלי ואמר הנני: ויאמר לי מי־אתה ויאמר אליו עמלקי ואמר
ט אנכי: ויאמר אלי עמד־נא עלי ומתתני כי אחזני השבץ כי־
י כל־עוד נפשי בי: ואעמד עליו ואמתתהו כי ידעתי כי לא
יחיה אחרי נפלו ואקח הנזר ׀ אשר על־ראשו ואצעדה אשר

יא על־זרעו ואביאם אל־אדני הנה: ויחזק דוד בבגדו ויקרעם
יב וגם כל־האנשים אשר אתו: ויספדו ויבכו ויצמו עד־הערב
על־שאול ועל־יהונתן בנו ועל־עם יהוה ועל־בית ישראל
יג כי נפלו בחרב: ויאמר דוד אל־הנער המגיד
יד לו אי מזה אתה ויאמר בן־איש גר עמלקי אנכי: ויאמר
אליו דוד איך לא יראת לשלח ידך לשחת את־משיח יהוה:
טו ויקרא דוד לאחד מהנערים ויאמר גש פגע־בו ויכהו וימת:
טז ויאמר אליו דוד דמיך על־ראשך כי פיך ענה בך לאמר דמך
יז אנכי מתתי את־משיח יהוה: ויקנן דוד את־
יח הקינה הזאת על־שאול ועל־יהונתן בנו: ויאמר ללמד בני־
יט יהודה קשת הנה כתובה על־ספר הישר: הצבי ישראל על־
כ במותיך חלל איך נפלו גבורים: אל־תגידו בגת אל־תבשרו
בחוצת אשקלון פן־תשמחנה בנות פלשתים פן־תעלזנה
כא בנות הערלים: הרי בגלבע אל־טל ואל־מטר עליכם ושדי
תרומת כי שם נגעל מגן גבורים מגן שאול בלי משיח בשמן:
כב מדם חללים מחלב גבורים קשת יהונתן לא נשוג אחור
כג וחרב שאול לא תשוב ריקם: שאול ויהונתן הנאהבים
והנעימם בחייהם ובמותם לא נפרדו מנשרים קלו מאריות
כד גברו: בנות ישראל אל־שאול בכינה המלבשכם שני עם־
כה עדנים המעלה עדי זהב על לבושכן: איך נפלו גברים בתוך
כו המלחמה יהונתן על־במותיך חלל: צר־לי עליך אחי יהונתן
כז נעמת לי מאד נפלאתה אהבתך לי מאהבת נשים: איך
ב א נפלו גבורים ויאבדו כלי מלחמה: ויהי אחרי־
כן וישאל דוד ביהוה לאמר האעלה באחת ערי יהודה
ויאמר יהוה אליו עלה ויאמר דוד אנה אעלה ויאמר חברנה:
ב ויעל שם דוד וגם שתי נשיו אחינעם היזרעלית ואביגיל אשת
ג נבל הכרמלי: ואנשיו אשר־עמו העלה דוד איש וביתו וישבו

ד בְּעָרֵי חֶבְרוֹן׃ וַיָּבֹאוּ אַנְשֵׁי יְהוּדָה וַיִּמְשְׁחוּ־שָׁם אֶת־דָּוִד לְמֶלֶךְ
עַל־בֵּית יְהוּדָה וַיַּגִּדוּ לְדָוִד לֵאמֹר אַנְשֵׁי יָבֵישׁ גִּלְעָד אֲשֶׁר
ה קָבְרוּ אֶת־שָׁאוּל׃ וַיִּשְׁלַח דָּוִד מַלְאָכִים אֶל־
אַנְשֵׁי יָבֵישׁ גִּלְעָד וַיֹּאמֶר אֲלֵיהֶם בְּרֻכִים אַתֶּם לַיהוָה אֲשֶׁר
עֲשִׂיתֶם הַחֶסֶד הַזֶּה עִם־אֲדֹנֵיכֶם עִם־שָׁאוּל וַתִּקְבְּרוּ אֹתוֹ׃
ו וְעַתָּה יַעַשׂ־יְהוָה עִמָּכֶם חֶסֶד וֶאֱמֶת וְגַם אָנֹכִי אֶעֱשֶׂה אִתְּכֶם
ז הַטּוֹבָה הַזֹּאת אֲשֶׁר עֲשִׂיתֶם הַדָּבָר הַזֶּה׃ וְעַתָּה ׀ תֶּחֱזַקְנָה כא
יְדֵיכֶם וִהְיוּ לִבְנֵי־חַיִל כִּי־מֵת אֲדֹנֵיכֶם שָׁאוּל וְגַם אֹתִי מָשְׁחוּ
ח בֵית־יְהוּדָה לְמֶלֶךְ עֲלֵיהֶם׃ וְאַבְנֵר בֶּן־נֵר שַׂר־
צָבָא אֲשֶׁר לְשָׁאוּל לָקַח אֶת־אִישׁ בֹּשֶׁת בֶּן־שָׁאוּל וַיַּעֲבִרֵהוּ
ט מַחֲנָיִם׃ וַיַּמְלִכֵהוּ אֶל־הַגִּלְעָד וְאֶל־הָאֲשׁוּרִי וְאֶל־יִזְרְעֶאל
י וְעַל־אֶפְרַיִם וְעַל־בִּנְיָמִן וְעַל־יִשְׂרָאֵל כֻּלֹּה׃ בֶּן־
אַרְבָּעִים שָׁנָה אִישׁ־בֹּשֶׁת בֶּן־שָׁאוּל בְּמָלְכוֹ עַל־יִשְׂרָאֵל
יא וּשְׁתַּיִם שָׁנִים מָלָךְ אַךְ בֵּית יְהוּדָה הָיוּ אַחֲרֵי דָוִד׃ וַיְהִי מִסְפַּר
הַיָּמִים אֲשֶׁר הָיָה דָוִד מֶלֶךְ בְּחֶבְרוֹן עַל־בֵּית יְהוּדָה שֶׁבַע
יב שָׁנִים וְשִׁשָּׁה חֳדָשִׁים׃ וַיֵּצֵא אַבְנֵר בֶּן־נֵר וְעַבְדֵי
יג אִישׁ־בֹּשֶׁת בֶּן־שָׁאוּל מִמַּחֲנַיִם גִּבְעוֹנָה׃ וְיוֹאָב בֶּן־צְרוּיָה
וְעַבְדֵי דָוִד יָצְאוּ וַיִּפְגְּשׁוּם עַל־בְּרֵכַת גִּבְעוֹן יַחְדָּו וַיֵּשְׁבוּ אֵלֶּה
יד עַל־הַבְּרֵכָה מִזֶּה וְאֵלֶּה עַל־הַבְּרֵכָה מִזֶּה׃ וַיֹּאמֶר אַבְנֵר אֶל־
יוֹאָב יָקוּמוּ נָא הַנְּעָרִים וִישַׂחֲקוּ לְפָנֵינוּ וַיֹּאמֶר יוֹאָב יָקֻמוּ׃
טו וַיָּקֻמוּ וַיַּעַבְרוּ בְמִסְפָּר שְׁנֵים עָשָׂר לְבִנְיָמִן וּלְאִישׁ בֹּשֶׁת בֶּן־
טז שָׁאוּל וּשְׁנֵים עָשָׂר מֵעַבְדֵי דָוִד׃ וַיַּחֲזִקוּ אִישׁ ׀ בְּרֹאשׁ רֵעֵהוּ
וְחַרְבּוֹ בְּצַד רֵעֵהוּ וַיִּפְּלוּ יַחְדָּו וַיִּקְרָא לַמָּקוֹם הַהוּא חֶלְקַת
יז הַצֻּרִים אֲשֶׁר בְּגִבְעוֹן׃ וַתְּהִי הַמִּלְחָמָה קָשָׁה עַד־מְאֹד בַּיּוֹם
יח הַהוּא וַיִּנָּגֶף אַבְנֵר וְאַנְשֵׁי יִשְׂרָאֵל לִפְנֵי עַבְדֵי דָוִד׃ וַיִּהְיוּ שָׁם
שְׁלֹשָׁה בְּנֵי צְרוּיָה יוֹאָב וַאֲבִישַׁי וַעֲשָׂהאֵל וַעֲשָׂהאֵל קַל
יט בְּרַגְלָיו כְּאַחַד הַצְּבָיִם אֲשֶׁר בַּשָּׂדֶה׃ וַיִּרְדֹּף עֲשָׂהאֵל אַחֲרֵי

אַבְנֵר וְלֹא־נָטָה לָלֶכֶת עַל־הַיָּמִין וְעַל־הַשְּׂמֹאול מֵאַחֲרֵי
כ אַבְנֵר׃ וַיִּפֶן אַבְנֵר אַחֲרָיו וַיֹּאמֶר הַאַתָּה זֶה עֲשָׂהאֵל וַיֹּאמֶר
כא אָנֹכִי׃ וַיֹּאמֶר לוֹ אַבְנֵר נְטֵה לְךָ עַל־יְמִינְךָ אוֹ עַל־שְׂמֹאלֶךָ
וֶאֱחֹז לְךָ אֶחָד מֵהַנְּעָרִים וְקַח־לְךָ אֶת־חֲלִצָתוֹ וְלֹא־אָבָה
כב עֲשָׂהאֵל לָסוּר מֵאַחֲרָיו׃ וַיֹּסֶף עוֹד אַבְנֵר לֵאמֹר אֶל־עֲשָׂהאֵל
סוּר לְךָ מֵאַחֲרָי לָמָּה אַכֶּכָּה אַרְצָה וְאֵיךְ אֶשָּׂא פָנַי אֶל־יוֹאָב
כג אָחִיךָ׃ וַיְמָאֵן לָסוּר וַיַּכֵּהוּ אַבְנֵר בְּאַחֲרֵי הַחֲנִית אֶל־הַחֹמֶשׁ
וַתֵּצֵא הַחֲנִית מֵאַחֲרָיו וַיִּפָּל־שָׁם וַיָּמָת תַּחְתָּו וַיְהִי כָּל־הַבָּא
כד אֶל־הַמָּקוֹם אֲשֶׁר־נָפַל שָׁם עֲשָׂהאֵל וַיָּמֹת וַיַּעֲמֹדוּ׃ וַיִּרְדְּפוּ
יוֹאָב וַאֲבִישַׁי אַחֲרֵי אַבְנֵר וְהַשֶּׁמֶשׁ בָּאָה וְהֵמָּה בָּאוּ עַד־
כה גִּבְעַת אַמָּה אֲשֶׁר עַל־פְּנֵי־גִיחַ דֶּרֶךְ מִדְבַּר גִּבְעוֹן׃ וַיִּתְקַבְּצוּ
בְנֵי־בִנְיָמִן אַחֲרֵי אַבְנֵר וַיִּהְיוּ לַאֲגֻדָּה אֶחָת וַיַּעַמְדוּ עַל רֹאשׁ־
כו גִּבְעָה אֶחָת׃ וַיִּקְרָא אַבְנֵר אֶל־יוֹאָב וַיֹּאמֶר הֲלָנֶצַח תֹּאכַל
חֶרֶב הֲלוֹא יָדַעְתָּה כִּי־מָרָה תִהְיֶה בָּאַחֲרוֹנָה וְעַד־מָתַי לֹא־
כז תֹאמַר לָעָם לָשׁוּב מֵאַחֲרֵי אֲחֵיהֶם׃ וַיֹּאמֶר יוֹאָב חַי הָאֱלֹהִים
כִּי לוּלֵא דִּבַּרְתָּ כִּי אָז מֵהַבֹּקֶר נַעֲלָה הָעָם אִישׁ מֵאַחֲרֵי אָחִיו׃
כח וַיִּתְקַע יוֹאָב בַּשּׁוֹפָר וַיַּעַמְדוּ כָּל־הָעָם וְלֹא־יִרְדְּפוּ עוֹד אַחֲרֵי
כט יִשְׂרָאֵל וְלֹא־יָסְפוּ עוֹד לְהִלָּחֵם׃ וְאַבְנֵר וַאֲנָשָׁיו הָלְכוּ בָּעֲרָבָה
כֹּל הַלַּיְלָה הַהוּא וַיַּעַבְרוּ אֶת־הַיַּרְדֵּן וַיֵּלְכוּ כָּל־הַבִּתְרוֹן וַיָּבֹאוּ
ל מַחֲנָיִם׃ וְיוֹאָב שָׁב מֵאַחֲרֵי אַבְנֵר וַיִּקְבֹּץ אֶת־כָּל־הָעָם וַיִּפָּקְדוּ
לא מֵעַבְדֵי דָוִד תִּשְׁעָה־עָשָׂר אִישׁ וַעֲשָׂהאֵל׃ וְעַבְדֵי דָוִד הִכּוּ
לב מִבִּנְיָמִן וּבְאַנְשֵׁי אַבְנֵר שְׁלֹשׁ־מֵאוֹת וְשִׁשִּׁים אִישׁ מֵתוּ׃ וַיִּשְׂאוּ
אֶת־עֲשָׂהאֵל וַיִּקְבְּרֻהוּ בְּקֶבֶר אָבִיו אֲשֶׁר בֵּית לָחֶם וַיֵּלְכוּ כָל־
ג א הַלַּיְלָה יוֹאָב וַאֲנָשָׁיו וַיֵּאֹר לָהֶם בְּחֶבְרוֹן׃ וַתְּהִי הַמִּלְחָמָה
אֲרֻכָּה בֵּין בֵּית שָׁאוּל וּבֵין בֵּית דָּוִד וְדָוִד הֹלֵךְ וְחָזֵק וּבֵית
ב שָׁאוּל הֹלְכִים וְדַלִּים׃ וילדו לְדָוִד בָּנִים בְּחֶבְרוֹן   ויולדו
ג וַיְהִי בְכוֹרוֹ אַמְנוֹן לַאֲחִינֹעַם הַיִּזְרְעֵאלִת׃ וּמִשְׁנֵהוּ כִלְאָב

לַאֲבִיגַל אֵשֶׁת נָבָל הַכַּרְמְלִי וְהַשְּׁלִשִׁי אַבְשָׁלוֹם בֶּן־מַעֲכָה לַאֲבִיגַיִל
ד בַּת־תַּלְמַי מֶלֶךְ גְּשׁוּר׃ וְהָרְבִיעִי אֲדֹנִיָּה בֶן־חַגִּית וְהַחֲמִישִׁי
ה שְׁפַטְיָה בֶן־אֲבִיטָל׃ וְהַשִּׁשִּׁי יִתְרְעָם לְעֶגְלָה אֵשֶׁת דָּוִד אֵלֶּה
ו יֻלְּדוּ לְדָוִד בְּחֶבְרוֹן׃ וַיְהִי בִּהְיוֹת הַמִּלְחָמָה בֵּין
בֵּית שָׁאוּל וּבֵין בֵּית דָּוִד וְאַבְנֵר הָיָה מִתְחַזֵּק בְּבֵית שָׁאוּל׃
ז וּלְשָׁאוּל פִּלֶגֶשׁ וּשְׁמָהּ רִצְפָּה בַת־אַיָּה וַיֹּאמֶר אֶל־אַבְנֵר מַדּוּעַ
ח בָּאתָה אֶל־פִּילֶגֶשׁ אָבִי׃ וַיִּחַר לְאַבְנֵר מְאֹד עַל־דִּבְרֵי אִישׁ־
בֹּשֶׁת וַיֹּאמֶר הֲרֹאשׁ כֶּלֶב אָנֹכִי אֲשֶׁר לִיהוּדָה הַיּוֹם אֶעֱשֶׂה־
חֶסֶד עִם־בֵּית ׀ שָׁאוּל אָבִיךָ אֶל־אֶחָיו וְאֶל־מֵרֵעֵהוּ וְלֹא
ט הִמְצִיתִךָ בְּיַד־דָּוִד וַתִּפְקֹד עָלַי עֲוֺן הָאִשָּׁה הַיּוֹם׃ כֹּה־יַעֲשֶׂה
אֱלֹהִים לְאַבְנֵר וְכֹה יֹסִיף לוֹ כִּי כַּאֲשֶׁר נִשְׁבַּע יְהוָה לְדָוִד כִּי־
י כֵן אֶעֱשֶׂה־לּוֹ׃ לְהַעֲבִיר הַמַּמְלָכָה מִבֵּית שָׁאוּל וּלְהָקִים
אֶת־כִּסֵּא דָוִד עַל־יִשְׂרָאֵל וְעַל־יְהוּדָה מִדָּן וְעַד־בְּאֵר
יא שָׁבַע׃ וְלֹא־יָכֹל עוֹד לְהָשִׁיב אֶת־אַבְנֵר דָּבָר מִיִּרְאָתוֹ
יב אֹתוֹ׃ וַיִּשְׁלַח אַבְנֵר מַלְאָכִים ׀ אֶל־דָּוִד תַּחְתָּו
לֵאמֹר לְמִי־אָרֶץ לֵאמֹר כָּרְתָה בְרִיתְךָ אִתִּי וְהִנֵּה יָדִי עִמָּךְ
יג לְהָסֵב אֵלֶיךָ אֶת־כָּל־יִשְׂרָאֵל׃ וַיֹּאמֶר טוֹב אֲנִי אֶכְרֹת אִתְּךָ
בְּרִית אַךְ דָּבָר אֶחָד אָנֹכִי שֹׁאֵל מֵאִתְּךָ לֵאמֹר לֹא־תִרְאֶה אֶת־
פָּנַי כִּי ׀ אִם־לִפְנֵי הֱבִיאֲךָ אֵת מִיכַל בַּת־שָׁאוּל בְּבֹאֲךָ לִרְאוֹת
יד אֶת־פָּנָי׃ וַיִּשְׁלַח דָּוִד מַלְאָכִים אֶל־אִישׁ־בֹּשֶׁת
בֶּן־שָׁאוּל לֵאמֹר תְּנָה אֶת־אִשְׁתִּי אֶת־מִיכַל אֲשֶׁר אֵרַשְׂתִּי לִי
טו בְּמֵאָה עָרְלוֹת פְּלִשְׁתִּים׃ וַיִּשְׁלַח אִישׁ בֹּשֶׁת וַיִּקָּחֶהָ מֵעִם אִישׁ
טז מֵעִם פַּלְטִיאֵל בֶּן־לוּשׁ׃ וַיֵּלֶךְ אִתָּהּ אִישָׁהּ הָלוֹךְ וּבָכֹה אַחֲרֶיהָ לַיִשׁ
יז עַד־בַּחֻרִים וַיֹּאמֶר אֵלָיו אַבְנֵר לֵךְ שׁוּב וַיָּשֹׁב׃ וּדְבַר־אַבְנֵר
הָיָה עִם־זִקְנֵי יִשְׂרָאֵל לֵאמֹר גַּם־תְּמוֹל גַּם־שִׁלְשֹׁם הֱיִיתֶם
יח מְבַקְשִׁים אֶת־דָּוִד לְמֶלֶךְ עֲלֵיכֶם׃ וְעַתָּה עֲשׂוּ כִּי יְהוָה אָמַר
אֶל־דָּוִד לֵאמֹר בְּיַד ׀ דָּוִד עַבְדִּי הוֹשִׁיעַ אֶת־עַמִּי יִשְׂרָאֵל מִיַּד

יט פְּלִשְׁתִּים וּמִיַּד כָּל־אֹיְבֵיהֶם׃ וַיְדַבֵּר גַּם־אַבְנֵר בְּאָזְנֵי בִנְיָמִין
וַיֵּלֶךְ גַּם־אַבְנֵר לְדַבֵּר בְּאָזְנֵי דָוִד בְּחֶבְרוֹן אֵת כָּל־אֲשֶׁר־טוֹב
כ בְּעֵינֵי יִשְׂרָאֵל וּבְעֵינֵי כָּל־בֵּית בִּנְיָמִן׃ וַיָּבֹא אַבְנֵר אֶל־דָּוִד
חֶבְרוֹן וְאִתּוֹ עֶשְׂרִים אֲנָשִׁים וַיַּעַשׂ דָּוִד לְאַבְנֵר וְלַאֲנָשִׁים אֲשֶׁר־
כא אִתּוֹ מִשְׁתֶּה׃ וַיֹּאמֶר אַבְנֵר אֶל־דָּוִד אָקוּמָה ׀ וְאֵלֵכָה וְאֶקְבְּצָה כב
אֶל־אֲדֹנִי הַמֶּלֶךְ אֶת־כָּל־יִשְׂרָאֵל וְיִכְרְתוּ אִתְּךָ בְּרִית וּמָלַכְתָּ
בְּכֹל אֲשֶׁר־תְּאַוֶּה נַפְשֶׁךָ וַיְשַׁלַּח דָּוִד אֶת־אַבְנֵר וַיֵּלֶךְ בְּשָׁלוֹם׃
כב וְהִנֵּה עַבְדֵי דָוִד וְיוֹאָב בָּא מֵהַגְּדוּד וְשָׁלָל רָב עִמָּם הֵבִיאוּ
כג וְאַבְנֵר אֵינֶנּוּ עִם־דָּוִד בְּחֶבְרוֹן כִּי שִׁלְּחוֹ וַיֵּלֶךְ בְּשָׁלוֹם׃ וְיוֹאָב
וְכָל־הַצָּבָא אֲשֶׁר־אִתּוֹ בָּאוּ וַיַּגִּדוּ לְיוֹאָב לֵאמֹר בָּא־אַבְנֵר בֶּן־
כד נֵר אֶל־הַמֶּלֶךְ וַיְשַׁלְּחֵהוּ וַיֵּלֶךְ בְּשָׁלוֹם׃ וַיָּבֹא יוֹאָב אֶל־הַמֶּלֶךְ
וַיֹּאמֶר מֶה עָשִׂיתָה הִנֵּה־בָא אַבְנֵר אֵלֶיךָ לָמָּה־זֶּה שִׁלַּחְתּוֹ
כה וַיֵּלֶךְ הָלוֹךְ׃ יָדַעְתָּ אֶת־אַבְנֵר בֶּן־נֵר כִּי לְפַתֹּתְךָ בָּא וְלָדַעַת
אֶת־מוֹצָאֲךָ וְאֶת־מבואך וְלָדַעַת אֵת כָּל־אֲשֶׁר אַתָּה עֹשֶׂה׃ מֹובָאֶךָ
כו וַיֵּצֵא יוֹאָב מֵעִם דָּוִד וַיִּשְׁלַח מַלְאָכִים אַחֲרֵי אַבְנֵר וַיָּשִׁבוּ אֹתוֹ
כז מִבּוֹר הַסִּרָה וְדָוִד לֹא יָדָע׃ וַיָּשָׁב אַבְנֵר חֶבְרוֹן וַיַּטֵּהוּ יוֹאָב
אֶל־תּוֹךְ הַשַּׁעַר לְדַבֵּר אִתּוֹ בַּשֶּׁלִי וַיַּכֵּהוּ שָׁם הַחֹמֶשׁ וַיָּמָת
כח בְּדַם עֲשָׂהאֵל אָחִיו׃ וַיִּשְׁמַע דָּוִד מֵאַחֲרֵי כֵן וַיֹּאמֶר נָקִי אָנֹכִי
כט וּמַמְלַכְתִּי מֵעִם יהוה עַד־עוֹלָם מִדְּמֵי אַבְנֵר בֶּן־נֵר׃ יָחֻלוּ עַל־
רֹאשׁ יוֹאָב וְאֶל כָּל־בֵּית אָבִיו וְאַל־יִכָּרֵת מִבֵּית יוֹאָב זָב
ל וּמְצֹרָע וּמַחֲזִיק בַּפֶּלֶךְ וְנֹפֵל בַּחֶרֶב וַחֲסַר־לָחֶם׃ וְיוֹאָב וַאֲבִישַׁי
אָחִיו הָרְגוּ לְאַבְנֵר עַל אֲשֶׁר הֵמִית אֶת־עֲשָׂהאֵל אֲחִיהֶם
לא בְּגִבְעוֹן בַּמִּלְחָמָה׃ וַיֹּאמֶר דָּוִד אֶל־יוֹאָב וְאֶל־
כָּל־הָעָם אֲשֶׁר־אִתּוֹ קִרְעוּ בִגְדֵיכֶם וְחִגְרוּ שַׂקִּים וְסִפְדוּ לִפְנֵי
לב אַבְנֵר וְהַמֶּלֶךְ דָּוִד הֹלֵךְ אַחֲרֵי הַמִּטָּה׃ וַיִּקְבְּרוּ אֶת־אַבְנֵר
בְּחֶבְרוֹן וַיִּשָּׂא הַמֶּלֶךְ אֶת־קוֹלוֹ וַיֵּבְךְּ אֶל־קֶבֶר אַבְנֵר וַיִּבְכּוּ כָּל־
לג הָעָם׃ וַיְקֹנֵן הַמֶּלֶךְ אֶל־אַבְנֵר וַיֹּאמַר הַכְּמוֹת

לד נְבָל יָמוּת אַבְנֵר׃ יָדֶךָ לֹא־אֲסֻרוֹת וְרַגְלֶיךָ לֹא־לִנְחֻשְׁתַּיִם
הֻגָּשׁוּ כִּנְפוֹל לִפְנֵי בְנֵי־עַוְלָה נָפָלְתָּ וַיֹּסִפוּ כָל־הָעָם לִבְכּוֹת
לה עָלָיו׃ וַיָּבֹא כָל־הָעָם לְהַבְרוֹת אֶת־דָּוִד לֶחֶם בְּעוֹד הַיּוֹם
וַיִּשָּׁבַע דָּוִד לֵאמֹר כֹּה יַעֲשֶׂה־לִּי אֱלֹהִים וְכֹה יֹסִיף כִּי אִם־
לו לִפְנֵי בוֹא־הַשֶּׁמֶשׁ אֶטְעַם־לֶחֶם אוֹ כָל־מְאוּמָה׃ וְכָל־הָעָם
הִכִּירוּ וַיִּיטַב בְּעֵינֵיהֶם כְּכֹל אֲשֶׁר עָשָׂה הַמֶּלֶךְ בְּעֵינֵי כָל־הָעָם
לז טוֹב׃ וַיֵּדְעוּ כָל־הָעָם וְכָל־יִשְׂרָאֵל בַּיּוֹם הַהוּא כִּי לֹא הָיְתָה
לח מֵהַמֶּלֶךְ לְהָמִית אֶת־אַבְנֵר בֶּן־נֵר׃ וַיֹּאמֶר
הַמֶּלֶךְ אֶל־עֲבָדָיו הֲלוֹא תֵדְעוּ כִּי־שַׂר וְגָדוֹל נָפַל הַיּוֹם
לט הַזֶּה בְּיִשְׂרָאֵל׃ וְאָנֹכִי הַיּוֹם רַךְ וּמָשׁוּחַ מֶלֶךְ וְהָאֲנָשִׁים
הָאֵלֶּה בְּנֵי צְרוּיָה קָשִׁים מִמֶּנִּי יְשַׁלֵּם יְהוָה לְעֹשֵׂה הָרָעָה
ד א כְּרָעָתוֹ׃ וַיִּשְׁמַע בֶּן־שָׁאוּל כִּי מֵת אַבְנֵר בְּחֶבְרוֹן
ב וַיִּרְפּוּ יָדָיו וְכָל־יִשְׂרָאֵל נִבְהָלוּ׃ וּשְׁנֵי אֲנָשִׁים שָׂרֵי־גְדוּדִים הָיוּ
בֶן־שָׁאוּל שֵׁם הָאֶחָד בַּעֲנָה וְשֵׁם הַשֵּׁנִי רֵכָב בְּנֵי רִמּוֹן הַבְּאֵרֹתִי
ג מִבְּנֵי בִנְיָמִן כִּי גַּם־בְּאֵרוֹת תֵּחָשֵׁב עַל־בִּנְיָמִן׃ וַיִּבְרְחוּ הַבְּאֵרֹתִים
ד גִּתָּיְמָה וַיִּהְיוּ־שָׁם גָּרִים עַד הַיּוֹם הַזֶּה׃ וְלִיהוֹנָתָן
בֶּן־שָׁאוּל בֵּן נְכֵה רַגְלָיִם בֶּן־חָמֵשׁ שָׁנִים הָיָה בְּבֹא שְׁמֻעַת
שָׁאוּל וִיהוֹנָתָן מִיִּזְרְעֶאל וַתִּשָּׂאֵהוּ אֹמַנְתּוֹ וַתָּנֹס וַיְהִי בְּחָפְזָהּ
ה לָנוּס וַיִּפֹּל וַיִּפָּסֵחַ וּשְׁמוֹ מְפִיבֹשֶׁת׃ וַיֵּלְכוּ בְּנֵי־רִמּוֹן הַבְּאֵרֹתִי
רֵכָב וּבַעֲנָה וַיָּבֹאוּ כְּחֹם הַיּוֹם אֶל־בֵּית אִישׁ בֹּשֶׁת וְהוּא שֹׁכֵב
ו אֵת מִשְׁכַּב הַצָּהֳרָיִם׃ וְהֵנָּה בָּאוּ עַד־תּוֹךְ הַבַּיִת לֹקְחֵי חִטִּים
ז וַיַּכֻּהוּ אֶל־הַחֹמֶשׁ וְרֵכָב וּבַעֲנָה אָחִיו נִמְלָטוּ׃ וַיָּבֹאוּ הַבַּיִת
וְהוּא־שֹׁכֵב עַל־מִטָּתוֹ בַּחֲדַר מִשְׁכָּבוֹ וַיַּכֻּהוּ וַיְמִתֻהוּ וַיָּסִירוּ אֶת־
ח רֹאשׁוֹ וַיִּקְחוּ אֶת־רֹאשׁוֹ וַיֵּלְכוּ דֶּרֶךְ הָעֲרָבָה כָּל־הַלָּיְלָה׃ וַיָּבִאוּ
אֶת־רֹאשׁ אִישׁ־בֹּשֶׁת אֶל־דָּוִד חֶבְרוֹן וַיֹּאמְרוּ אֶל־הַמֶּלֶךְ
הִנֵּה־רֹאשׁ אִישׁ־בֹּשֶׁת בֶּן־שָׁאוּל אֹיִבְךָ אֲשֶׁר בִּקֵּשׁ אֶת־נַפְשֶׁךָ
וַיִּתֵּן יְהוָה לַאדֹנִי הַמֶּלֶךְ נְקָמוֹת הַיּוֹם הַזֶּה מִשָּׁאוּל וּמִזַּרְעוֹ׃

ויען דוד את־רכב ׀ ואת־בענה אחיו בני רמון הבארתי ט
ויאמר להם חי־יהוה אשר־פדה את־נפשי מכל־צרה: כי י
המגיד לי לאמר הנה־מת שאול והוא־היה כמבשר בעיניו
ואחזה בו ואהרגהו בצקלג אשר לתתי־לו בשרה: אף כי־ יא
אנשים רשעים הרגו את־איש־צדיק בביתו על־משכבו
ועתה הלוא אבקש את־דמו מידכם ובערתי אתכם מן־
הארץ: ויצו דוד את־הנערים ויהרגום ויקצצו את־ידיהם יב
ואת־רגליהם ויתלו על־הברכה בחברון ואת ראש איש־
בשת לקחו ויקברו בקבר־אבנר בחברון: ויבאו ה א
כל־שבטי ישראל אל־דוד חברונה ויאמרו לאמר הננו
עצמך ובשרך אנחנו: גם־אתמול גם־שלשום בהיות ב
המוציא שאול מלך עלינו אתה הייתה מוציא והמבי את־
ישראל ויאמר יהוה לך אתה תרעה את־עמי
את־ישראל ואתה תהיה לנגיד על־ישראל: ויבאו כל־ ג
זקני ישראל אל־המלך חברונה ויכרת להם המלך דוד
ברית בחברון לפני יהוה וימשחו את־דוד למלך על־
ישראל: בן־שלשים שנה דוד במלכו ארבעים ד
שנה מלך: בחברון מלך על־יהודה שבע שנים וששה חדשים ה
ובירושלם מלך שלשים ושלש שנה על כל־ישראל ויהודה:
וילך המלך ואנשיו ירושלם אל־היבסי יושב הארץ ויאמר ו
לדוד לאמר לא־תבוא הנה כי אם־הסירך העורים והפסחים
לאמר לא־יבוא דוד הנה: וילכד דוד את מצדת ציון היא ז
עיר דוד: ויאמר דוד ביום ההוא כל־מכה יבסי ויגע בצנור ח
שנאי ואת־הפסחים ואת־העורים שנאו נפש דוד על־כן יאמרו
עור ופסח לא יבוא אל־הבית: וישב דוד במצדה ויקרא־לה ט
כג עיר דוד ויבן דוד סביב מן־המלוא וביתה: וילך דוד הלוך י
וגדול ויהוה אלהי צבאות עמו: וישלח חירם יא

מֶלֶךְ־צֹר מַלְאָכִים אֶל־דָּוִד וַעֲצֵי אֲרָזִים וְחָרָשֵׁי עֵץ וְחָרָשֵׁי אֶבֶן
יב קִיר וַיִּבְנוּ־בַיִת לְדָוִד׃ וַיֵּדַע דָּוִד כִּי־הֱכִינוֹ יְהוָה לְמֶלֶךְ עַל־יִשְׂרָאֵל
יג וְכִי נִשֵּׂא מַמְלַכְתּוֹ בַּעֲבוּר עַמּוֹ יִשְׂרָאֵל׃ וַיִּקַּח
דָּוִד עוֹד פִּלַגְשִׁים וְנָשִׁים מִירוּשָׁלִַם אַחֲרֵי בֹּאוֹ מֵחֶבְרוֹן וַיִּוָּלְדוּ
יד עוֹד לְדָוִד בָּנִים וּבָנוֹת׃ וְאֵלֶּה שְׁמוֹת הַיִּלֹּדִים לוֹ בִּירוּשָׁלִָם
טו שַׁמּוּעַ וְשׁוֹבָב וְנָתָן וּשְׁלֹמֹה׃ וְיִבְחָר וֶאֱלִישׁוּעַ וְנֶפֶג וְיָפִיעַ׃
טז יז וֶאֱלִישָׁמָע וְאֶלְיָדָע וֶאֱלִיפָלֶט׃ וַיִּשְׁמְעוּ פְלִשְׁתִּים
כִּי־מָשְׁחוּ אֶת־דָּוִד לְמֶלֶךְ עַל־יִשְׂרָאֵל וַיַּעֲלוּ כָל־פְּלִשְׁתִּים
יח לְבַקֵּשׁ אֶת־דָּוִד וַיִּשְׁמַע דָּוִד וַיֵּרֶד אֶל־הַמְּצוּדָה׃ וּפְלִשְׁתִּים
יט בָּאוּ וַיִּנָּטְשׁוּ בְּעֵמֶק רְפָאִים׃ וַיִּשְׁאַל דָּוִד בַּיהוָה לֵאמֹר הַאֶעֱלֶה
אֶל־פְּלִשְׁתִּים הֲתִתְּנֵם בְּיָדִי וַיֹּאמֶר יְהוָה אֶל־
כ דָּוִד עֲלֵה כִּי־נָתֹן אֶתֵּן אֶת־הַפְּלִשְׁתִּים בְּיָדֶךָ׃ וַיָּבֹא דָוִד
בְּבַעַל־פְּרָצִים וַיַּכֵּם שָׁם דָּוִד וַיֹּאמֶר פָּרַץ יְהוָה אֶת־אֹיְבַי לְפָנַי
כא כְּפֶרֶץ מָיִם עַל־כֵּן קָרָא שֵׁם־הַמָּקוֹם הַהוּא בַּעַל פְּרָצִים׃ וַיַּעַזְבוּ־
כב שָׁם אֶת־עֲצַבֵּיהֶם וַיִּשָּׂאֵם דָּוִד וַאֲנָשָׁיו׃ וַיֹּסִפוּ
כג עוֹד פְּלִשְׁתִּים לַעֲלוֹת וַיִּנָּטְשׁוּ בְּעֵמֶק רְפָאִים׃ וַיִּשְׁאַל דָּוִד
בַּיהוָה וַיֹּאמֶר לֹא תַעֲלֶה הָסֵב אֶל־אַחֲרֵיהֶם וּבָאתָ לָהֶם מִמּוּל
כד בְּכָאִים׃ וִיהִי בשמעך אֶת־קוֹל צְעָדָה בְּרָאשֵׁי הַבְּכָאִים אָז כְּשָׁמְעֲךָ
כה תֶּחֱרָץ כִּי אָז יָצָא יְהוָה לְפָנֶיךָ לְהַכּוֹת בְּמַחֲנֵה פְלִשְׁתִּים׃ וַיַּעַשׂ
דָּוִד כֵּן כַּאֲשֶׁר צִוָּהוּ יְהוָה וַיַּךְ אֶת־פְּלִשְׁתִּים מִגֶּבַע עַד־בֹּאֲךָ
ו א גָזֶר׃ וַיֹּסֶף עוֹד דָּוִד אֶת־כָּל־בָּחוּר בְּיִשְׂרָאֵל
ב שְׁלֹשִׁים אָלֶף׃ וַיָּקָם ׀ וַיֵּלֶךְ דָּוִד וְכָל־הָעָם אֲשֶׁר אִתּוֹ מִבַּעֲלֵי
יְהוּדָה לְהַעֲלוֹת מִשָּׁם אֵת אֲרוֹן הָאֱלֹהִים אֲשֶׁר־נִקְרָא שֵׁם שֵׁם
ג יְהוָה צְבָאוֹת יֹשֵׁב הַכְּרֻבִים עָלָיו׃ וַיַּרְכִּבוּ אֶת־אֲרוֹן הָאֱלֹהִים
אֶל־עֲגָלָה חֲדָשָׁה וַיִּשָּׂאֻהוּ מִבֵּית אֲבִינָדָב אֲשֶׁר בַּגִּבְעָה וְעֻזָּא
ד וְאַחְיוֹ בְּנֵי אֲבִינָדָב נֹהֲגִים אֶת־הָעֲגָלָה חֲדָשָׁה׃ וַיִּשָּׂאֻהוּ מִבֵּית
אֲבִינָדָב אֲשֶׁר בַּגִּבְעָה עִם אֲרוֹן הָאֱלֹהִים וְאַחְיוֹ הֹלֵךְ לִפְנֵי

הָאָרוֹן׃ וְדָוִד ׀ וְכָל־בֵּית יִשְׂרָאֵל מְשַׂחֲקִים לִפְנֵי יְהוָה בְּכֹל עֲצֵי ה
בְרוֹשִׁים וּבְכִנֹּרוֹת וּבִנְבָלִים וּבְתֻפִּים וּבִמְנַעַנְעִים וּבְצֶלְצֶלִים׃
וַיָּבֹאוּ עַד־גֹּרֶן נָכוֹן וַיִּשְׁלַח עֻזָּה אֶל־אֲרוֹן הָאֱלֹהִים וַיֹּאחֶז בּוֹ ו
כִּי שָׁמְטוּ הַבָּקָר׃ וַיִּחַר־אַף יְהוָה בְּעֻזָּה וַיַּכֵּהוּ שָׁם הָאֱלֹהִים ז
עַל־הַשַּׁל וַיָּמָת שָׁם עִם אֲרוֹן הָאֱלֹהִים׃ וַיִּחַר לְדָוִד עַל אֲשֶׁר ח
פָּרַץ יְהוָה פֶּרֶץ בְּעֻזָּה וַיִּקְרָא לַמָּקוֹם הַהוּא פֶּרֶץ עֻזָּה עַד
הַיּוֹם הַזֶּה׃ וַיִּרָא דָוִד אֶת־יְהוָה בַּיּוֹם הַהוּא וַיֹּאמֶר אֵיךְ יָבוֹא ט
אֵלַי אֲרוֹן יְהוָה׃ וְלֹא־אָבָה דָוִד לְהָסִיר אֵלָיו אֶת־אֲרוֹן יְהוָה י
עַל־עִיר דָּוִד וַיַּטֵּהוּ דָוִד בֵּית עֹבֵד־אֱדֹם הַגִּתִּי׃ וַיֵּשֶׁב אֲרוֹן יא
יְהוָה בֵּית עֹבֵד אֱדֹם הַגִּתִּי שְׁלֹשָׁה חֳדָשִׁים וַיְבָרֶךְ יְהוָה אֶת־
עֹבֵד אֱדֹם וְאֶת־כָּל־בֵּיתוֹ׃ וַיֻּגַּד לַמֶּלֶךְ דָּוִד לֵאמֹר בֵּרַךְ יְהוָה יב
אֶת־בֵּית עֹבֵד אֱדֹם וְאֶת־כָּל־אֲשֶׁר־לוֹ בַּעֲבוּר אֲרוֹן הָאֱלֹהִים
וַיֵּלֶךְ דָּוִד וַיַּעַל אֶת־אֲרוֹן הָאֱלֹהִים מִבֵּית עֹבֵד אֱדֹם עִיר דָּוִד
בְּשִׂמְחָה׃ וַיְהִי כִּי צָעֲדוּ נֹשְׂאֵי אֲרוֹן־יְהוָה שִׁשָּׁה צְעָדִים וַיִּזְבַּח יג
שׁוֹר וּמְרִיא׃ וְדָוִד מְכַרְכֵּר בְּכָל־עֹז לִפְנֵי יְהוָה וְדָוִד חָגוּר יד
אֵפוֹד בָּד׃ וְדָוִד וְכָל־בֵּית יִשְׂרָאֵל מַעֲלִים אֶת־אֲרוֹן יְהוָה טו
בִּתְרוּעָה וּבְקוֹל שׁוֹפָר׃ וְהָיָה אֲרוֹן יְהוָה בָּא עִיר דָּוִד וּמִיכַל טז
בַּת־שָׁאוּל נִשְׁקְפָה ׀ בְּעַד הַחַלּוֹן וַתֵּרֶא אֶת־הַמֶּלֶךְ דָּוִד מְפַזֵּז
וּמְכַרְכֵּר לִפְנֵי יְהוָה וַתִּבֶז לוֹ בְּלִבָּהּ׃ וַיָּבִאוּ אֶת־אֲרוֹן יְהוָה יז
וַיַּצִּגוּ אֹתוֹ בִּמְקוֹמוֹ בְּתוֹךְ הָאֹהֶל אֲשֶׁר נָטָה־לוֹ דָּוִד וַיַּעַל דָּוִד
עֹלוֹת לִפְנֵי יְהוָה וּשְׁלָמִים׃ וַיְכַל דָּוִד מֵהַעֲלוֹת הָעוֹלָה יח
וְהַשְּׁלָמִים וַיְבָרֶךְ אֶת־הָעָם בְּשֵׁם יְהוָה צְבָאוֹת׃ וַיְחַלֵּק לְכָל־ יט
הָעָם לְכָל־הֲמוֹן יִשְׂרָאֵל לְמֵאִישׁ וְעַד־אִשָּׁה לְאִישׁ חַלַּת לֶחֶם
אַחַת וְאֶשְׁפָּר אֶחָד וַאֲשִׁישָׁה אֶחָת וַיֵּלֶךְ כָּל־הָעָם אִישׁ לְבֵיתוֹ׃
וַיָּשָׁב דָּוִד לְבָרֵךְ אֶת־בֵּיתוֹ וַתֵּצֵא מִיכַל בַּת־שָׁאוּל לִקְרַאת כ
דָּוִד וַתֹּאמֶר מַה־נִּכְבַּד הַיּוֹם מֶלֶךְ יִשְׂרָאֵל אֲשֶׁר נִגְלָה הַיּוֹם
לְעֵינֵי אַמְהוֹת עֲבָדָיו כְּהִגָּלוֹת נִגְלוֹת אַחַד הָרֵקִים׃ וַיֹּאמֶר דָּוִד כא

ו
אל־מיכל לפני יהוה אשר בחר־בי מאביך ומכל־ביתו לצות
כב אתי נגיד על־עם יהוה על־ישראל ושחקתי לפני יהוה׃ ונקלתי
עוד מזאת והייתי שפל בעיני ועם־האמהות אשר אמרת
כג עמם אכבדה׃ ולמיכל בת־שאול לא־היה לה ילד עד יום
ז א מותה׃ ויהי כי־ישב המלך בביתו ויהוה הניח־
ב לו מסביב מכל־איביו׃ ויאמר המלך אל־נתן הנביא ראה נא
אנכי יושב בבית ארזים וארון האלהים ישב בתוך היריעה׃
ג ויאמר נתן אל־המלך כל אשר בלבבך לך עשה כי יהוה
ד עמך׃ ויהי בלילה ההוא ויהי
ה דבר־יהוה אל־נתן לאמר׃ לך ואמרת אל־עבדי אל־דוד
ו כה אמר יהוה האתה תבנה־לי בית לשבתי׃ כי לא ישבתי
בבית למיום העלתי את־בני ישראל ממצרים ועד היום הזה
ז ואהיה מתהלך באהל ובמשכן׃ בכל אשר־התהלכתי בכל־
בני ישראל הדבר דברתי את־אחד שבטי ישראל אשר
צויתי לרעות את־עמי את־ישראל לאמר למה לא־בניתם
ח לי בית ארזים׃ ועתה כה־תאמר לעבדי לדוד כה אמר יהוה
צבאות אני לקחתיך מן־הנוה מאחר הצאן להיות נגיד על־
ט עמי על־ישראל׃ ואהיה עמך בכל אשר הלכת ואכרתה
את־כל־איביך מפניך ועשתי לך שם גדול כשם הגדלים
י אשר בארץ׃ ושמתי מקום לעמי לישראל ונטעתיו ושכן
תחתיו ולא ירגז עוד ולא־יסיפו בני־עולה לענותו כאשר
יא בראשונה׃ ולמן־היום אשר צויתי שפטים על־עמי ישראל
והניחתי לך מכל־איביך והגיד לך יהוה כי־בית יעשה־לך
יב יהוה׃ כי ׀ ימלאו ימיך ושכבת את־אבתיך והקימתי את־
יג זרעך אחריך אשר יצא ממעיך והכינתי את־ממלכתו׃ הוא
יד יבנה־בית לשמי וכננתי את־כסא ממלכתו עד־עולם׃ אני
אהיה־לו לאב והוא יהיה־לי לבן אשר בהעותו והכחתיו

טו בשבט אנשים ובנגעי בני אדם: וחסדי לא־יסור ממנו כאשר
טז הסרתי מעם שאול אשר הסרתי מלפניך: ונאמן ביתך [כד]
יז וממלכתך עד־עולם לפניך כסאך יהיה נכון עד־עולם: ככל
הדברים האלה וככל החזיון הזה כן דבר נתן אל־דוד:
יח ויבא המלך דוד וישב לפני יהוה ויאמר מי אנכי אדני יהוה
יט ומי ביתי כי הביאתני עד־הלם: ותקטן עוד זאת בעיניך אדני
יהוה ותדבר גם אל־בית־עבדך למרחוק וזאת תורת האדם
כ אדני יהוה: ומה־יוסיף דוד עוד לדבר אליך ואתה ידעת
כא את־עבדך אדני יהוה: בעבור דברך וכלבך עשית את כל־
כב הגדולה הזאת להודיע את־עבדך: על־כן גדלת יהוה אלהים
כי־אין כמוך ואין אלהים זולתך בכל אשר־שמענו באזנינו:
כג ומי כעמך כישראל גוי אחד בארץ אשר הלכו־אלהים
לפדות־לו לעם ולשום לו שם ולעשות לכם הגדולה ונראות
לארצך מפני עמך אשר פדית לך ממצרים גוים ואלהיו:
כד ותכונן לך את־עמך ישראל ׀ לך לעם עד־עולם ואתה יהוה
כה היית להם לאלהים: ועתה יהוה אלהים הדבר אשר דברת
על־עבדך ועל־ביתו הקם עד־עולם ועשה כאשר דברת:
כו ויגדל שמך עד־עולם לאמר יהוה צבאות אלהים על־ישראל
כז ובית עבדך דוד יהיה נכון לפניך: כי־אתה יהוה צבאות
אלהי ישראל גליתה את־אזן עבדך לאמר בית אבנה־
לך על־כן מצא עבדך את־לבו להתפלל אליך את־
כח התפלה הזאת: ועתה ׀ אדני יהוה אתה־הוא האלהים
ודבריך יהיו אמת ותדבר אל־עבדך את־הטובה הזאת:
כט ועתה הואל וברך את־בית עבדך להיות לעולם לפניך
כי־אתה אדני יהוה דברת ומברכתך יברך בית־עבדך
ח א לעולם: ויהי אחרי־כן ויך דוד את־פלשתים
ב ויכניעם ויקח דוד את־מתג האמה מיד פלשתים: ויך את־

מואב וימדדם בחבל השכב אותם ארצה וימדד שני־חבלים
להמית ומלא החבל להחיות ותהי מואב לדוד לעבדים נשאי
ג מנחה: ויך דוד את־הדדעזר בן־רחב מלך צובה בלכתו
ד להשיב ידו בנהר: וילכד דוד ממנו אלף ושבע־מאות פרת
פרשים ועשרים אלף איש רגלי ויעקר דוד את־כל־הרכב
ה ויותר ממנו מאה רכב: ותבא ארם דמשק לעזר להדדעזר
ו מלך צובה ויך דוד בארם עשרים־ושנים אלף איש: וישם
דוד נצבים בארם דמשק ותהי ארם לדוד לעבדים נושאי
ז מנחה וישע יהוה את־דוד בכל אשר הלך: ויקח דוד את
שלטי הזהב אשר היו אל עבדי הדדעזר ויביאם ירושלם:
ח ומבטח ומברתי ערי הדדעזר לקח המלך דוד נחשת הרבה
ט מאד: וישמע תעי מלך חמת כי הכה דוד את
י כל־חיל הדדעזר: וישלח תעי את־יורם־בנו אל־המלך דוד
לשאל־לו לשלום ולברכו על אשר נלחם בהדדעזר ויכהו כי־
איש מלחמות תעי היה הדדעזר ובידו היו כלי־כסף וכלי־
יא זהב וכלי נחשת: גם־אתם הקדיש המלך דוד ליהוה עם־
יב הכסף והזהב אשר הקדיש מכל־הגוים אשר כבש: מארם
וממואב ומבני עמון ומפלשתים ומעמלק ומשלל הדדעזר
יג בן־רחב מלך צובה: ויעש דוד שם בשבו מהכותו את־ארם
יד בגיא־מלח שמונה עשר אלף: וישם באדום נצבים בכל־
אדום שם נצבים ויהי כל־אדום עבדים לדוד ויושע יהוה את־
טו דוד בכל אשר הלך: וימלך דוד על־כל־ישראל ויהי דוד עשה
טז משפט וצדקה לכל־עמו: ויואב בן־צרויה על־הצבא ויהושפט
יז בן־אחילוד מזכיר: וצדוק בן־אחיטוב ואחימלך בן־אביתר
יח כהנים ושריה סופר: ובניהו בן־יהוידע והכרתי והפלתי ובני
ט א דוד כהנים היו: ויאמר דוד הכי יש־עוד אשר
ב נותר לבית שאול ואעשה עמו חסד בעבור יהונתן: ולבית

שָׁאוּל עֶבֶד וּשְׁמוֹ צִיבָא וַיִּקְרְאוּ־לוֹ אֶל־דָּוִד וַיֹּאמֶר הַמֶּלֶךְ
ג אֵלָיו הַאַתָּה צִיבָא וַיֹּאמֶר עַבְדֶּךָ׃ וַיֹּאמֶר הַמֶּלֶךְ הַאֶפֶס עוֹד
אִישׁ לְבֵית שָׁאוּל וְאֶעֱשֶׂה עִמּוֹ חֶסֶד אֱלֹהִים וַיֹּאמֶר צִיבָא אֶל־
ד הַמֶּלֶךְ עוֹד בֵּן לִיהוֹנָתָן נְכֵה רַגְלָיִם׃ וַיֹּאמֶר־לוֹ הַמֶּלֶךְ אֵיפֹה
הוּא וַיֹּאמֶר צִיבָא אֶל־הַמֶּלֶךְ הִנֵּה־הוּא בֵּית מָכִיר בֶּן־עַמִּיאֵל
ה בְּלוֹ דְבָר׃ וַיִּשְׁלַח הַמֶּלֶךְ דָּוִד וַיִּקָּחֵהוּ מִבֵּית מָכִיר בֶּן־עַמִּיאֵל
ו מִלּוֹ דְבָר׃ וַיָּבֹא מְפִיבֹשֶׁת בֶּן־יְהוֹנָתָן בֶּן־שָׁאוּל אֶל־דָּוִד וַיִּפֹּל
עַל־פָּנָיו וַיִּשְׁתָּחוּ וַיֹּאמֶר דָּוִד מְפִיבֹשֶׁת וַיֹּאמֶר הִנֵּה עַבְדֶּךָ׃
ז וַיֹּאמֶר לוֹ דָוִד אַל־תִּירָא כִּי עָשֹׂה אֶעֱשֶׂה עִמְּךָ חֶסֶד בַּעֲבוּר
יְהוֹנָתָן אָבִיךָ וַהֲשִׁבֹתִי לְךָ אֶת־כָּל־שְׂדֵה שָׁאוּל אָבִיךָ
ח וְאַתָּה תֹּאכַל לֶחֶם עַל־שֻׁלְחָנִי תָּמִיד׃ וַיִּשְׁתַּחוּ וַיֹּאמֶר מֶה
ט עַבְדֶּךָ כִּי פָנִיתָ אֶל־הַכֶּלֶב הַמֵּת אֲשֶׁר כָּמוֹנִי׃ וַיִּקְרָא הַמֶּלֶךְ
אֶל־צִיבָא נַעַר שָׁאוּל וַיֹּאמֶר אֵלָיו כֹּל אֲשֶׁר הָיָה לְשָׁאוּל
י וּלְכָל־בֵּיתוֹ נָתַתִּי לְבֶן־אֲדֹנֶיךָ׃ וְעָבַדְתָּ לּוֹ אֶת־הָאֲדָמָה אַתָּה
וּבָנֶיךָ וַעֲבָדֶיךָ וְהֵבֵאתָ וְהָיָה לְבֶן־אֲדֹנֶיךָ לֶּחֶם וַאֲכָלוֹ וּמְפִיבֹשֶׁת
בֶּן־אֲדֹנֶיךָ יֹאכַל תָּמִיד לֶחֶם עַל־שֻׁלְחָנִי וּלְצִיבָא חֲמִשָּׁה עָשָׂר
יא בָּנִים וְעֶשְׂרִים עֲבָדִים׃ וַיֹּאמֶר צִיבָא אֶל־הַמֶּלֶךְ כְּכֹל אֲשֶׁר
יְצַוֶּה אֲדֹנִי הַמֶּלֶךְ אֶת־עַבְדּוֹ כֵּן יַעֲשֶׂה עַבְדֶּךָ וּמְפִיבֹשֶׁת אֹכֵל
יב עַל־שֻׁלְחָנִי כְּאַחַד מִבְּנֵי הַמֶּלֶךְ׃ וְלִמְפִיבֹשֶׁת בֵּן־קָטָן וּשְׁמוֹ
יג מִיכָא וְכֹל מוֹשַׁב בֵּית־צִיבָא עֲבָדִים לִמְפִיבֹשֶׁת׃ וּמְפִיבֹשֶׁת
יֹשֵׁב בִּירוּשָׁלַם כִּי עַל־שֻׁלְחַן הַמֶּלֶךְ תָּמִיד הוּא אֹכֵל וְהוּא
י א פִּסֵּחַ שְׁתֵּי רַגְלָיו׃ וַיְהִי אַחֲרֵי־כֵן וַיָּמָת מֶלֶךְ בְּנֵי
ב עַמּוֹן וַיִּמְלֹךְ חָנוּן בְּנוֹ תַּחְתָּיו׃ וַיֹּאמֶר דָּוִד אֶעֱשֶׂה־חֶסֶד ׀ עִם־
חָנוּן בֶּן־נָחָשׁ כַּאֲשֶׁר עָשָׂה אָבִיו עִמָּדִי חֶסֶד וַיִּשְׁלַח דָּוִד
לְנַחֲמוֹ בְּיַד־עֲבָדָיו אֶל־אָבִיו וַיָּבֹאוּ עַבְדֵי דָוִד אֶרֶץ בְּנֵי עַמּוֹן׃
ג וַיֹּאמְרוּ שָׂרֵי בְנֵי־עַמּוֹן אֶל־חָנוּן אֲדֹנֵיהֶם הַמְכַבֵּד דָּוִד אֶת־
אָבִיךָ בְּעֵינֶיךָ כִּי־שָׁלַח לְךָ מְנַחֲמִים הֲלוֹא בַּעֲבוּר חֲקֹר אֶת־

ד העיר ולרגלה ולהפכה שלח דוד את־עבדיו אליך: ויקח חנון
את־עבדי דוד ויגלח את־חצי זקנם ויכרת את־מדויהם
ה בחצי עד־שתותיהם וישלחם: ויגדו לדוד וישלח לקראתם
כי־היו האנשים נכלמים מאד ויאמר המלך שבו בירחו עד־
ו יצמח זקנכם ושבתם: ויראו בני עמון כי נבאשו בדוד
וישלחו בני־עמון וישכרו את־ארם בית־רחוב ואת־ארם
צובא עשרים אלף רגלי ואת־מלך מעכה אלף איש ואיש
ז טוב שנים־עשר אלף איש: וישמע דוד וישלח את־יואב
ח ואת כל־הצבא הגברים: ויצאו בני עמון ויערכו מלחמה
פתח השער וארם צובא ורחוב ואיש־טוב ומעכה לבדם
ט בשדה: וירא יואב כי־היתה אליו פני המלחמה מפנים
ומאחור ויבחר מכל בחורי בישראל ויערך לקראת ארם: ישראל
י ואת יתר העם נתן ביד אבשי אחיו ויערך לקראת בני עמון:
יא ויאמר אם־תחזק ארם ממני והיתה לי לישועה ואם־בני עמון
יב יחזקו ממך והלכתי להושיע לך: חזק ונתחזק בעד עמנו
יג ובעד ערי אלהינו ויהוה יעשה הטוב בעיניו: ויגש יואב כה
יד והעם אשר עמו למלחמה בארם וינסו מפניו: ובני עמון ראו
כי־נס ארם וינסו מפני אבישי ויבאו העיר וישב יואב מעל
טו בני עמון ויבא ירושלם: וירא ארם כי נגף לפני ישראל
טז ויאספו יחד: וישלח הדדעזר ויצא את־ארם אשר מעבר
יז הנהר ויבאו חילם ושובך שר־צבא הדדעזר לפניהם: ויגד
לדוד ויאסף את־כל־ישראל ויעבר את־הירדן ויבא
יח חלאמה ויערכו ארם לקראת דוד וילחמו עמו: וינס ארם
מפני ישראל ויהרג דוד מארם שבע מאות רכב וארבעים
יט אלף פרשים ואת שובך שר־צבאו הכה וימת שם: ויראו
כל־המלכים עבדי הדדעזר כי נגפו לפני ישראל וישלמו
את־ישראל ויעבדום ויראו ארם להושיע עוד את־בני

א עמון׃ ויהי לתשובת השנה לעת ׀ צאת
המלאכים וישלח דוד את־יואב ואת־עבדיו עמו ואת־כל־
ישראל וישחתו את־בני עמון ויצרו על־רבה ודוד יושב
ב בירושלם׃ ויהי ׀ לעת הערב ויקם דוד מעל
משכבו ויתהלך על־גג בית־המלך וירא אשה רחצת מעל
ג הגג והאשה טובת מראה מאד׃ וישלח דוד וידרש לאשה
ויאמר הלוא־זאת בת־שבע בת־אליעם אשת אוריה החתי׃
ד וישלח דוד מלאכים ויקחה ותבוא אליו וישכב עמה
ה והיא מתקדשת מטמאתה ותשב אל־ביתה׃ ותהר האשה
ו ותשלח ותגד לדוד ותאמר הרה אנכי׃ וישלח דוד אל־יואב
שלח אלי את־אוריה החתי וישלח יואב את־אוריה אל־
ז דוד׃ ויבא אוריה אליו וישאל דוד לשלום יואב ולשלום
ח העם ולשלום המלחמה׃ ויאמר דוד לאוריה רד לביתך ורחץ
רגליך ויצא אוריה מבית המלך ותצא אחריו משאת המלך׃
ט וישכב אוריה פתח בית המלך את כל־עבדי אדניו ולא ירד
י אל־ביתו׃ ויגדו לדוד לאמר לא־ירד אוריה אל־ביתו ויאמר
דוד אל־אוריה הלוא מדרך אתה בא מדוע לא־ירדת אל־
יא ביתך׃ ויאמר אוריה אל־דוד הארון וישראל ויהודה ישבים
בסכות ואדני יואב ועבדי אדני על־פני השדה חנים ואני
אבוא אל־ביתי לאכל ולשתות ולשכב עם־אשתי חיך וחי
יב נפשך אם־אעשה את־הדבר הזה׃ ויאמר דוד אל־אוריה
שב בזה גם־היום ומחר אשלחך וישב אוריה בירושלם ביום
יג ההוא וממחרת׃ ויקרא־לו דוד ויאכל לפניו וישת וישכרהו
ויצא בערב לשכב במשכבו עם־עבדי אדניו ואל־ביתו לא
יד ירד׃ ויהי בבקר ויכתב דוד ספר אל־יואב וישלח ביד אוריה׃
טו ויכתב בספר לאמר הבו את־אוריה אל־מול פני המלחמה
טז החזקה ושבתם מאחריו ונכה ומת׃ ויהי

בִּשְׁמוֹר יוֹאָב אֶל־הָעִיר וַיִּתֵּן אֶת־אוּרִיָּה אֶל־הַמָּקוֹם אֲשֶׁר
יז יָדַע כִּי אַנְשֵׁי־חַיִל שָׁם׃ וַיֵּצְאוּ אַנְשֵׁי הָעִיר וַיִּלָּחֲמוּ אֶת־יוֹאָב
יח וַיִּפֹּל מִן־הָעָם מֵעַבְדֵי דָוִד וַיָּמָת גַּם אוּרִיָּה הַחִתִּי׃ וַיִּשְׁלַח
יט יוֹאָב וַיַּגֵּד לְדָוִד אֶת־כָּל־דִּבְרֵי הַמִּלְחָמָה׃ וַיְצַו אֶת־הַמַּלְאָךְ
לֵאמֹר כְּכַלּוֹתְךָ אֵת כָּל־דִּבְרֵי הַמִּלְחָמָה לְדַבֵּר אֶל־הַמֶּלֶךְ׃
כ וְהָיָה אִם־תַּעֲלֶה חֲמַת הַמֶּלֶךְ וְאָמַר לְךָ מַדּוּעַ נִגַּשְׁתֶּם אֶל־
כא הָעִיר לְהִלָּחֵם הֲלוֹא יְדַעְתֶּם אֵת אֲשֶׁר־יֹרוּ מֵעַל הַחוֹמָה׃ מִי־
הִכָּה אֶת־אֲבִימֶלֶךְ בֶּן־יְרֻבֶּשֶׁת הֲלוֹא אִשָּׁה הִשְׁלִיכָה עָלָיו
פֶּלַח רֶכֶב מֵעַל הַחוֹמָה וַיָּמָת בְּתֵבֵץ לָמָּה נִגַּשְׁתֶּם אֶל־הַחוֹמָה
כב וְאָמַרְתָּ גַּם עַבְדְּךָ אוּרִיָּה הַחִתִּי מֵת׃ וַיֵּלֶךְ הַמַּלְאָךְ וַיָּבֹא
כג וַיַּגֵּד לְדָוִד אֵת כָּל־אֲשֶׁר שְׁלָחוֹ יוֹאָב׃ וַיֹּאמֶר הַמַּלְאָךְ אֶל־
דָּוִד כִּי־גָבְרוּ עָלֵינוּ הָאֲנָשִׁים וַיֵּצְאוּ אֵלֵינוּ הַשָּׂדֶה וַנִּהְיֶה
כד עֲלֵיהֶם עַד־פֶּתַח הַשָּׁעַר׃ וַיֹּרְאוּ הַמּוֹרְאִים אֶל־עֲבָדֶיךָ מֵעַל
הַחוֹמָה וַיָּמוּתוּ מֵעַבְדֵי הַמֶּלֶךְ וְגַם עַבְדְּךָ אוּרִיָּה הַחִתִּי
כה מֵת׃ וַיֹּאמֶר דָּוִד אֶל־הַמַּלְאָךְ כֹּה־תֹאמַר אֶל־
יוֹאָב אַל־יֵרַע בְּעֵינֶיךָ אֶת־הַדָּבָר הַזֶּה כִּי־כָזֹה וְכָזֶה תֹּאכַל
כו הֶחָרֶב הַחֲזֵק מִלְחַמְתְּךָ אֶל־הָעִיר וְהָרְסָהּ וְחַזְּקֵהוּ׃ וַתִּשְׁמַע
אֵשֶׁת אוּרִיָּה כִּי־מֵת אוּרִיָּה אִישָׁהּ וַתִּסְפֹּד עַל־בַּעְלָהּ׃
כז וַיַּעֲבֹר הָאֵבֶל וַיִּשְׁלַח דָּוִד וַיַּאַסְפָהּ אֶל־בֵּיתוֹ וַתְּהִי־לוֹ
לְאִשָּׁה וַתֵּלֶד לוֹ בֵּן וַיֵּרַע הַדָּבָר אֲשֶׁר־עָשָׂה דָוִד בְּעֵינֵי
יב א יְהוָה׃ וַיִּשְׁלַח יְהוָה אֶת־נָתָן אֶל־דָּוִד וַיָּבֹא אֵלָיו
וַיֹּאמֶר לוֹ שְׁנֵי אֲנָשִׁים הָיוּ בְּעִיר אֶחָת אֶחָד עָשִׁיר וְאֶחָד רָאשׁ׃
ב ג לְעָשִׁיר הָיָה צֹאן וּבָקָר הַרְבֵּה מְאֹד׃ וְלָרָשׁ אֵין־כֹּל כִּי אִם־
כִּבְשָׂה אַחַת קְטַנָּה אֲשֶׁר קָנָה וַיְחַיֶּהָ וַתִּגְדַּל עִמּוֹ וְעִם־בָּנָיו
יַחְדָּו מִפִּתּוֹ תֹאכַל וּמִכֹּסוֹ תִשְׁתֶּה וּבְחֵיקוֹ תִשְׁכָּב וַתְּהִי־לוֹ
ד כְּבַת׃ וַיָּבֹא הֵלֶךְ לְאִישׁ הֶעָשִׁיר וַיַּחְמֹל לָקַחַת מִצֹּאנוֹ וּמִבְּקָרוֹ
לַעֲשׂוֹת לָאֹרֵחַ הַבָּא־לוֹ וַיִּקַּח אֶת־כִּבְשַׂת הָאִישׁ הָרָאשׁ וַיַּעֲשֶׂהָ

ה לָאִישׁ הַבָּא אֵלָיו׃ וַיִּחַר־אַף דָּוִד בָּאִישׁ מְאֹד וַיֹּאמֶר אֶל־נָתָן
ו חַי־יְהוָה כִּי בֶן־מָוֶת הָאִישׁ הָעֹשֶׂה זֹאת׃ וְאֶת־הַכִּבְשָׂה יְשַׁלֵּם
אַרְבַּעְתָּיִם עֵקֶב אֲשֶׁר עָשָׂה אֶת־הַדָּבָר הַזֶּה וְעַל אֲשֶׁר לֹא־
ז חָמָל׃ וַיֹּאמֶר נָתָן אֶל־דָּוִד אַתָּה הָאִישׁ כֹּה־
אָמַר יְהוָה אֱלֹהֵי יִשְׂרָאֵל אָנֹכִי מְשַׁחְתִּיךָ לְמֶלֶךְ עַל־יִשְׂרָאֵל
ח וְאָנֹכִי הִצַּלְתִּיךָ מִיַּד שָׁאוּל׃ וָאֶתְּנָה לְךָ אֶת־בֵּית אֲדֹנֶיךָ וְאֶת־
נְשֵׁי אֲדֹנֶיךָ בְּחֵיקֶךָ וָאֶתְּנָה לְךָ אֶת־בֵּית יִשְׂרָאֵל וִיהוּדָה וְאִם־
ט מְעָט וְאֹסִפָה לְּךָ כָּהֵנָּה וְכָהֵנָּה׃ מַדּוּעַ בָּזִיתָ ׀ אֶת־דְּבַר יְהוָה
לַעֲשׂוֹת הָרַע בעינו אֵת אוּרִיָּה הַחִתִּי הִכִּיתָ בַחֶרֶב וְאֶת־ בְּעֵינַי
י אִשְׁתּוֹ לָקַחְתָּ לְּךָ לְאִשָּׁה וְאֹתוֹ הָרַגְתָּ בְּחֶרֶב בְּנֵי עַמּוֹן׃ וְעַתָּה
לֹא־תָסוּר חֶרֶב מִבֵּיתְךָ עַד־עוֹלָם עֵקֶב כִּי בְזִתָנִי וַתִּקַּח אֶת־
יא אֵשֶׁת אוּרִיָּה הַחִתִּי לִהְיוֹת לְךָ לְאִשָּׁה׃ כֹּה ׀
אָמַר יְהוָה הִנְנִי מֵקִים עָלֶיךָ רָעָה מִבֵּיתֶךָ וְלָקַחְתִּי אֶת־נָשֶׁיךָ
לְעֵינֶיךָ וְנָתַתִּי לְרֵעֶיךָ וְשָׁכַב עִם־נָשֶׁיךָ לְעֵינֵי הַשֶּׁמֶשׁ הַזֹּאת׃
יב כִּי אַתָּה עָשִׂיתָ בַסָּתֶר וַאֲנִי אֶעֱשֶׂה אֶת־הַדָּבָר הַזֶּה נֶגֶד כָּל־
יג יִשְׂרָאֵל וְנֶגֶד הַשָּׁמֶשׁ׃ וַיֹּאמֶר דָּוִד אֶל־נָתָן כו
חָטָאתִי לַיהוָה וַיֹּאמֶר נָתָן אֶל־דָּוִד גַּם־יְהוָה
יד הֶעֱבִיר חַטָּאתְךָ לֹא תָמוּת׃ אֶפֶס כִּי־נִאֵץ נִאַצְתָּ אֶת־אֹיְבֵי
טו יְהוָה בַּדָּבָר הַזֶּה גַּם הַבֵּן הַיִּלּוֹד לְךָ מוֹת יָמוּת׃ וַיֵּלֶךְ נָתָן אֶל־
בֵּיתוֹ וַיִּגֹּף יְהוָה אֶת־הַיֶּלֶד אֲשֶׁר יָלְדָה אֵשֶׁת־אוּרִיָּה לְדָוִד
טז וַיֵּאָנַשׁ׃ וַיְבַקֵּשׁ דָּוִד אֶת־הָאֱלֹהִים בְּעַד הַנָּעַר וַיָּצָם דָּוִד צוֹם
יז וּבָא וְלָן וְשָׁכַב אָרְצָה׃ וַיָּקֻמוּ זִקְנֵי בֵיתוֹ עָלָיו לַהֲקִימוֹ מִן־
יח הָאָרֶץ וְלֹא אָבָה וְלֹא־בָרָא אִתָּם לָחֶם׃ וַיְהִי בַּיּוֹם הַשְּׁבִיעִי
וַיָּמָת הַיָּלֶד וַיִּרְאוּ עַבְדֵי דָוִד לְהַגִּיד לוֹ ׀ כִּי־מֵת הַיֶּלֶד כִּי
אָמְרוּ הִנֵּה בִהְיוֹת הַיֶּלֶד חַי דִּבַּרְנוּ אֵלָיו וְלֹא־שָׁמַע בְּקוֹלֵנוּ
יט וְאֵיךְ נֹאמַר אֵלָיו מֵת הַיֶּלֶד וְעָשָׂה רָעָה׃ וַיַּרְא דָּוִד כִּי עֲבָדָיו
מִתְלַחֲשִׁים וַיָּבֶן דָּוִד כִּי מֵת הַיָּלֶד וַיֹּאמֶר דָּוִד אֶל־עֲבָדָיו הֲמֵת

כ הַיֶּלֶד וַיֹּאמְרוּ מֵת׃ וַיָּקָם דָּוִד מֵהָאָרֶץ וַיִּרְחַץ וַיָּסֶךְ וַיְחַלֵּף
שִׂמְלֹתָו וַיָּבֹא בֵית־יהוה וַיִּשְׁתָּחוּ וַיָּבֹא אֶל־בֵּיתוֹ וַיִּשְׁאַל
כא וַיָּשִׂימוּ לוֹ לֶחֶם וַיֹּאכַל׃ וַיֹּאמְרוּ עֲבָדָיו אֵלָיו מָה־הַדָּבָר הַזֶּה
אֲשֶׁר עָשִׂיתָה בַּעֲבוּר הַיֶּלֶד חַי צַמְתָּ וַתֵּבְךְּ וְכַאֲשֶׁר מֵת הַיֶּלֶד
כב קַמְתָּ וַתֹּאכַל לָחֶם׃ וַיֹּאמֶר בְּעוֹד הַיֶּלֶד חַי צַמְתִּי וָאֶבְכֶּה כִּי
כג אָמַרְתִּי מִי יוֹדֵעַ יחנני יהוה וְחַי הַיָּלֶד׃ וְעַתָּה ׀ מֵת לָמָּה זֶּה וְחַנַּנִי
אֲנִי צָם הַאוּכַל לַהֲשִׁיבוֹ עוֹד אֲנִי הֹלֵךְ אֵלָיו וְהוּא לֹא־יָשׁוּב
כד אֵלָי׃ וַיְנַחֵם דָּוִד אֵת בַּת־שֶׁבַע אִשְׁתּוֹ וַיָּבֹא אֵלֶיהָ וַיִּשְׁכַּב
עִמָּהּ וַתֵּלֶד בֵּן ויקרא אֶת־שְׁמוֹ שְׁלֹמֹה וַיהוה אֲהֵבוֹ׃ וַתִּקְרָא
כה וַיִּשְׁלַח בְּיַד נָתָן הַנָּבִיא וַיִּקְרָא אֶת־שְׁמוֹ יְדִידְיָהּ בַּעֲבוּר
כו יהוה׃ וַיִּלָּחֶם יוֹאָב בְּרַבַּת בְּנֵי עַמּוֹן וַיִּלְכֹּד אֶת־
כז עִיר הַמְּלוּכָה׃ וַיִּשְׁלַח יוֹאָב מַלְאָכִים אֶל־דָּוִד וַיֹּאמֶר נִלְחַמְתִּי
כח בְרַבָּה גַּם־לָכַדְתִּי אֶת־עִיר הַמָּיִם׃ וְעַתָּה אֱסֹף אֶת־יֶתֶר הָעָם
וַחֲנֵה עַל־הָעִיר וְלָכְדָהּ פֶּן־אֶלְכֹּד אֲנִי אֶת־הָעִיר וְנִקְרָא
כט שְׁמִי עָלֶיהָ׃ וַיֶּאֱסֹף דָּוִד אֶת־כָּל־הָעָם וַיֵּלֶךְ רַבָּתָה וַיִּלָּחֶם בָּהּ
ל וַיִּלְכְּדָהּ׃ וַיִּקַּח אֶת־עֲטֶרֶת־מַלְכָּם מֵעַל רֹאשׁוֹ וּמִשְׁקָלָהּ כִּכַּר
זָהָב וְאֶבֶן יְקָרָה וַתְּהִי עַל־רֹאשׁ דָּוִד וּשְׁלַל הָעִיר הוֹצִיא הַרְבֵּה
לא מְאֹד׃ וְאֶת־הָעָם אֲשֶׁר־בָּהּ הוֹצִיא וַיָּשֶׂם בַּמְּגֵרָה וּבַחֲרִצֵי הַבַּרְזֶל
וּבְמַגְזְרֹת הַבַּרְזֶל וְהֶעֱבִיר אוֹתָם במלכן וְכֵן יַעֲשֶׂה לְכֹל עָרֵי בַּמַּלְבֵּן
יג א בְנֵי־עַמּוֹן וַיָּשָׁב דָּוִד וְכָל־הָעָם יְרוּשָׁלִָם׃ וַיְהִי
אַחֲרֵי־כֵן וּלְאַבְשָׁלוֹם בֶּן־דָּוִד אָחוֹת יָפָה וּשְׁמָהּ תָּמָר וַיֶּאֱהָבֶהָ
ב אַמְנוֹן בֶּן־דָּוִד׃ וַיֵּצֶר לְאַמְנוֹן לְהִתְחַלּוֹת בַּעֲבוּר תָּמָר אֲחֹתוֹ
כִּי בְתוּלָה הִיא וַיִּפָּלֵא בְּעֵינֵי אַמְנוֹן לַעֲשׂוֹת לָהּ מְאוּמָה׃
ג וּלְאַמְנוֹן רֵעַ וּשְׁמוֹ יוֹנָדָב בֶּן־שִׁמְעָה אֲחִי דָוִד וְיוֹנָדָב אִישׁ
ד חָכָם מְאֹד׃ וַיֹּאמֶר לוֹ מַדּוּעַ אַתָּה כָּכָה דַּל בֶּן־הַמֶּלֶךְ בַּבֹּקֶר
בַּבֹּקֶר הֲלוֹא תַּגִּיד לִי וַיֹּאמֶר לוֹ אַמְנוֹן אֶת־תָּמָר אֲחוֹת
ה אַבְשָׁלֹם אָחִי אֲנִי אֹהֵב׃ וַיֹּאמֶר לוֹ יְהוֹנָדָב שְׁכַב עַל־מִשְׁכָּבְךָ

וְהִתְחָל וּבָא אָבִיךָ לִרְאוֹתֶךָ וְאָמַרְתָּ אֵלָיו תָּבֹא נָא תָמָר
אֲחוֹתִי וְתַבְרֵנִי לֶחֶם וְעָשְׂתָה לְעֵינַי אֶת־הַבִּרְיָה לְמַעַן אֲשֶׁר
ו אֶרְאֶה וְאָכַלְתִּי מִיָּדָהּ׃ וַיִּשְׁכַּב אַמְנוֹן וַיִּתְחָל וַיָּבֹא הַמֶּלֶךְ
לִרְאוֹתוֹ וַיֹּאמֶר אַמְנוֹן אֶל־הַמֶּלֶךְ תָּבוֹא־נָא תָּמָר אֲחֹתִי
ז וּתְלַבֵּב לְעֵינַי שְׁתֵּי לְבִבוֹת וְאֶבְרֶה מִיָּדָהּ׃ וַיִּשְׁלַח דָּוִד אֶל־
תָּמָר הַבַּיְתָה לֵאמֹר לְכִי נָא בֵּית אַמְנוֹן אָחִיךְ וַעֲשִׂי־לוֹ
ח הַבִּרְיָה׃ וַתֵּלֶךְ תָּמָר בֵּית אַמְנוֹן אָחִיהָ וְהוּא שֹׁכֵב וַתִּקַּח אֶת־
ט וַתָּלָשׁ הַבָּצֵק ותלוש וַתְּלַבֵּב לְעֵינָיו וַתְּבַשֵּׁל אֶת־הַלְּבִבוֹת׃ וַתִּקַּח
אֶת־הַמַּשְׂרֵת וַתִּצֹק לְפָנָיו וַיְמָאֵן לֶאֱכוֹל וַיֹּאמֶר אַמְנוֹן הוֹצִיאוּ
י כָל־אִישׁ מֵעָלַי וַיֵּצְאוּ כָל־אִישׁ מֵעָלָיו׃ וַיֹּאמֶר אַמְנוֹן אֶל־תָּמָר
הָבִיאִי הַבִּרְיָה הַחֶדֶר וְאֶבְרֶה מִיָּדֵךְ וַתִּקַּח תָּמָר אֶת־הַלְּבִבוֹת
יא אֲשֶׁר עָשָׂתָה וַתָּבֵא לְאַמְנוֹן אָחִיהָ הֶחָדְרָה׃ וַתַּגֵּשׁ אֵלָיו לֶאֱכֹל
יב וַיַּחֲזֶק־בָּהּ וַיֹּאמֶר לָהּ בּוֹאִי שִׁכְבִי עִמִּי אֲחוֹתִי׃ וַתֹּאמֶר לוֹ אַל־
אָחִי אַל־תְּעַנֵּנִי כִּי לֹא־יֵעָשֶׂה כֵן בְּיִשְׂרָאֵל אַל־תַּעֲשֵׂה אֶת־
יג הַנְּבָלָה הַזֹּאת׃ וַאֲנִי אָנָה אוֹלִיךְ אֶת־חֶרְפָּתִי וְאַתָּה תִּהְיֶה
כְּאַחַד הַנְּבָלִים בְּיִשְׂרָאֵל וְעַתָּה דַּבֶּר־נָא אֶל־הַמֶּלֶךְ כִּי לֹא
יד יִמְנָעֵנִי מִמֶּךָּ׃ וְלֹא אָבָה לִשְׁמֹעַ בְּקוֹלָהּ וַיֶּחֱזַק מִמֶּנָּה וַיְעַנֶּהָ
טו וַיִּשְׁכַּב אֹתָהּ׃ וַיִּשְׂנָאֶהָ אַמְנוֹן שִׂנְאָה גְּדוֹלָה מְאֹד כִּי גְדוֹלָה
הַשִּׂנְאָה אֲשֶׁר שְׂנֵאָהּ מֵאַהֲבָה אֲשֶׁר אֲהֵבָהּ וַיֹּאמֶר־לָהּ אַמְנוֹן
טז קוּמִי לֵכִי׃ וַתֹּאמֶר לוֹ אַל־אוֹדֹת הָרָעָה הַגְּדוֹלָה הַזֹּאת
מֵאַחֶרֶת אֲשֶׁר־עָשִׂיתָ עִמִּי לְשַׁלְּחֵנִי וְלֹא אָבָה לִשְׁמֹעַ לָהּ׃
יז וַיִּקְרָא אֶת־נַעֲרוֹ מְשָׁרְתוֹ וַיֹּאמֶר שִׁלְחוּ־נָא אֶת־זֹאת מֵעָלַי
יח הַחוּצָה וּנְעֹל הַדֶּלֶת אַחֲרֶיהָ׃ וְעָלֶיהָ כְּתֹנֶת פַּסִּים כִּי כֵן
תִּלְבַּשְׁןָ בְנוֹת־הַמֶּלֶךְ הַבְּתוּלֹת מְעִילִים וַיֹּצֵא אוֹתָהּ מְשָׁרְתוֹ
יט הַחוּץ וְנָעַל הַדֶּלֶת אַחֲרֶיהָ׃ וַתִּקַּח תָּמָר אֵפֶר עַל־רֹאשָׁהּ
וּכְתֹנֶת הַפַּסִּים אֲשֶׁר עָלֶיהָ קָרָעָה וַתָּשֶׂם יָדָהּ עַל־רֹאשָׁהּ
כ וַתֵּלֶךְ הָלוֹךְ וְזָעָקָה׃ וַיֹּאמֶר אֵלֶיהָ אַבְשָׁלוֹם אָחִיהָ הַאֲמִינוֹן

אחיך היה עמך ועתה אחותי החרישי אחיך הוא אל־תשיתי
את־לבך לדבר הזה ותשב תמר ושממה בית אבשלום
כא אחיה: והמלך דוד שמע את כל־הדברים האלה ויחר לו
כב מאד: ולא־דבר אבשלום עם־אמנון למרע ועד־טוב כי־
שנא אבשלום את־אמנון על־דבר אשר ענה את תמר
כג אחתו: ויהי לשנתים ימים ויהיו גזזים לאבשלום
בבעל חצור אשר עם־אפרים ויקרא אבשלום לכל־בני
כד המלך: ויבא אבשלום אל־המלך ויאמר הנה־נא גזזים
כה לעבדך ילך־נא המלך ועבדיו עם־עבדך: ויאמר המלך אל־ כז
אבשלום אל־בני אל־נא נלך כלנו ולא נכבד עליך ויפרץ־
כו בו ולא־אבה ללכת ויברכהו: ויאמר אבשלום ולא ילך־
נא אתנו אמנון אחי ויאמר לו המלך למה ילך עמך:
כז ויפרץ־בו אבשלום וישלח אתו את־אמנון ואת כל־בני
כח המלך: ויצו אבשלום את־נעריו לאמר ראו־
נא כטוב לב־אמנון ביין ואמרתי אליכם הכו את־אמנון
והמתם אתו אל־תיראו הלוא כי אנכי צויתי אתכם
כט חזקו והיו לבני־חיל: ויעשו נערי אבשלום לאמנון כאשר
צוה אבשלום ויקמו | כל־בני המלך וירכבו איש על־
ל פרדו וינסו: ויהי המה בדרך והשמעה באה אל־דוד
לאמר הכה אבשלום את־כל־בני המלך ולא־נותר מהם
לא אחד: ויקם המלך ויקרע את־בגדיו וישכב
לב ארצה וכל־עבדיו נצבים קרעי בגדים: ויען
יונדב | בן־שמעה אחי־דוד ויאמר אל־יאמר אדני את כל־
הנערים בני־המלך המיתו כי־אמנון לבדו מת כי־על־פי
לג אבשלום היתה שימה מיום ענתו את תמר אחתו: ועתה שוממה
אל־ישם אדני המלך אל־לבו דבר לאמר כל־בני המלך מתו
לד כי־אם אמנון לבדו מת: ויברח אבשלום וישא

הַנַּעַר הַצֹּפֶה אֶת־עֵינָו וַיַּרְא וְהִנֵּה עַם־רַב הֹלְכִים מִדֶּרֶךְ
אַחֲרָיו מִצַּד הָהָר׃ וַיֹּאמֶר יוֹנָדָב אֶל־הַמֶּלֶךְ הִנֵּה בְנֵי־הַמֶּלֶךְ לה
בָּאוּ כִּדְבַר עַבְדְּךָ כֵּן הָיָה׃ וַיְהִי ׀ כְּכַלֹּתוֹ לְדַבֵּר וְהִנֵּה בְנֵי־ לו
הַמֶּלֶךְ בָּאוּ וַיִּשְׂאוּ קוֹלָם וַיִּבְכּוּ וְגַם־הַמֶּלֶךְ וְכָל־עֲבָדָיו בָּכוּ בְּכִי
עַמִּיהוּד גָּדוֹל מְאֹד׃ וְאַבְשָׁלוֹם בָּרַח וַיֵּלֶךְ אֶל־תַּלְמַי בֶּן־עמיחור מֶלֶךְ לז
גְּשׁוּר וַיִּתְאַבֵּל עַל־בְּנוֹ כָּל־הַיָּמִים׃ וְאַבְשָׁלוֹם בָּרַח וַיֵּלֶךְ גְּשׁוּר לח
וַיְהִי־שָׁם שָׁלֹשׁ שָׁנִים׃ וַתְּכַל דָּוִד הַמֶּלֶךְ לָצֵאת אֶל־אַבְשָׁלוֹם לט
כִּי־נִחַם עַל־אַמְנוֹן כִּי־מֵת׃ וַיֵּדַע יוֹאָב בֶּן־ א יד
צְרֻיָה כִּי־לֵב הַמֶּלֶךְ עַל־אַבְשָׁלוֹם׃ וַיִּשְׁלַח יוֹאָב תְּקוֹעָה וַיִּקַּח ב
מִשָּׁם אִשָּׁה חֲכָמָה וַיֹּאמֶר אֵלֶיהָ הִתְאַבְּלִי־נָא וְלִבְשִׁי־נָא
בִגְדֵי־אֵבֶל וְאַל־תָּסוּכִי שֶׁמֶן וְהָיִית כְּאִשָּׁה זֶה יָמִים רַבִּים
מִתְאַבֶּלֶת עַל־מֵת׃ וּבָאת אֶל־הַמֶּלֶךְ וְדִבַּרְתְּ אֵלָיו כַּדָּבָר ג
הַזֶּה וַיָּשֶׂם יוֹאָב אֶת־הַדְּבָרִים בְּפִיהָ׃ וַתֹּאמֶר הָאִשָּׁה הַתְּקֹעִית ד
אֶל־הַמֶּלֶךְ וַתִּפֹּל עַל־אַפֶּיהָ אַרְצָה וַתִּשְׁתָּחוּ וַתֹּאמֶר הוֹשִׁעָה
הַמֶּלֶךְ׃ וַיֹּאמֶר־לָהּ הַמֶּלֶךְ מַה־לָּךְ וַתֹּאמֶר ה
אֲבָל אִשָּׁה־אַלְמָנָה אָנִי וַיָּמָת אִישִׁי׃ וּלְשִׁפְחָתְךָ שְׁנֵי בָנִים ו
וַיִּנָּצוּ שְׁנֵיהֶם בַּשָּׂדֶה וְאֵין מַצִּיל בֵּינֵיהֶם וַיַּכּוּ הָאֶחָד אֶת־הָאֶחָד
וַיָּמֶת אֹתוֹ׃ וְהִנֵּה קָמָה כָל־הַמִּשְׁפָּחָה עַל־שִׁפְחָתֶךָ וַיֹּאמְרוּ ז
תְּנִי ׀ אֶת־מַכֵּה אָחִיו וּנְמִתֵהוּ בְּנֶפֶשׁ אָחִיו אֲשֶׁר הָרָג וְנַשְׁמִידָה
שִׂים גַּם אֶת־הַיּוֹרֵשׁ וְכִבּוּ אֶת־גַּחַלְתִּי אֲשֶׁר נִשְׁאָרָה לְבִלְתִּי שום־
לְאִישִׁי שֵׁם וּשְׁאֵרִית עַל־פְּנֵי הָאֲדָמָה׃ וַיֹּאמֶר ח
הַמֶּלֶךְ אֶל־הָאִשָּׁה לְכִי לְבֵיתֵךְ וַאֲנִי אֲצַוֶּה עָלָיִךְ׃ וַתֹּאמֶר ט
הָאִשָּׁה הַתְּקוֹעִית אֶל־הַמֶּלֶךְ עָלַי אֲדֹנִי הַמֶּלֶךְ הֶעָוֺן וְעַל־בֵּית
אָבִי וְהַמֶּלֶךְ וְכִסְאוֹ נָקִי׃ וַיֹּאמֶר הַמֶּלֶךְ הַמְדַבֵּר י
אֵלַיִךְ וַהֲבֵאתוֹ אֵלַי וְלֹא־יֹסִיף עוֹד לָגַעַת בָּךְ׃ וַתֹּאמֶר יִזְכָּר־ יא
מֵהַרְבַּת נָא הַמֶּלֶךְ אֶת־יְהוָה אֱלֹהֶיךָ מהרבית גֹּאֵל הַדָּם לְשַׁחֵת וְלֹא
יַשְׁמִידוּ אֶת־בְּנִי וַיֹּאמֶר חַי־יְהוָה אִם־יִפֹּל מִשַּׂעֲרַת בְּנֵךְ

יב אַרְצָה: וַתֹּאמֶר הָאִשָּׁה תְּדַבֶּר־נָא שִׁפְחָתְךָ אֶל־אֲדֹנִי הַמֶּלֶךְ
יג דָּבָר וַיֹּאמֶר דַּבֵּרִי: וַתֹּאמֶר הָאִשָּׁה וְלָמָּה
חָשַׁבְתָּה כָּזֹאת עַל־עַם אֱלֹהִים וּמִדַּבֵּר הַמֶּלֶךְ הַדָּבָר הַזֶּה
יד כְּאָשֵׁם לְבִלְתִּי הָשִׁיב הַמֶּלֶךְ אֶת־נִדְּחוֹ: כִּי־מוֹת נָמוּת וְכַמַּיִם
הַנִּגָּרִים אַרְצָה אֲשֶׁר לֹא יֵאָסֵפוּ וְלֹא־יִשָּׂא אֱלֹהִים נֶפֶשׁ וְחָשַׁב
טו מַחֲשָׁבוֹת לְבִלְתִּי יִדַּח מִמֶּנּוּ נִדָּח: וְעַתָּה אֲשֶׁר־בָּאתִי לְדַבֵּר
אֶל־הַמֶּלֶךְ אֲדֹנִי אֶת־הַדָּבָר הַזֶּה כִּי יֵרְאֻנִי הָעָם וַתֹּאמֶר
שִׁפְחָתְךָ אֲדַבְּרָה־נָּא אֶל־הַמֶּלֶךְ אוּלַי יַעֲשֶׂה הַמֶּלֶךְ אֶת־דְּבַר
טז אֲמָתוֹ: כִּי יִשְׁמַע הַמֶּלֶךְ לְהַצִּיל אֶת־אֲמָתוֹ מִכַּף הָאִישׁ
יז לְהַשְׁמִיד אֹתִי וְאֶת־בְּנִי יַחַד מִנַּחֲלַת אֱלֹהִים: וַתֹּאמֶר שִׁפְחָתְךָ
יִהְיֶה־נָּא דְּבַר־אֲדֹנִי הַמֶּלֶךְ לִמְנֻחָה כִּי ׀ כְּמַלְאַךְ הָאֱלֹהִים
כֵּן אֲדֹנִי הַמֶּלֶךְ לִשְׁמֹעַ הַטּוֹב וְהָרָע וַיהוָה אֱלֹהֶיךָ יְהִי
יח עִמָּךְ: וַיַּעַן הַמֶּלֶךְ וַיֹּאמֶר אֶל־הָאִשָּׁה אַל־נָא
תְכַחֲדִי מִמֶּנִּי דָּבָר אֲשֶׁר אָנֹכִי שֹׁאֵל אֹתָךְ וַתֹּאמֶר הָאִשָּׁה
יט יְדַבֶּר־נָא אֲדֹנִי הַמֶּלֶךְ: וַיֹּאמֶר הַמֶּלֶךְ הֲיַד יוֹאָב אִתָּךְ בְּכָל־
זֹאת וַתַּעַן הָאִשָּׁה וַתֹּאמֶר חֵי־נַפְשְׁךָ אֲדֹנִי הַמֶּלֶךְ אִם־אִשׁ ׀
לְהֵמִין וּלְהַשְׂמִיל מִכֹּל אֲשֶׁר־דִּבֶּר אֲדֹנִי הַמֶּלֶךְ כִּי־עַבְדְּךָ יוֹאָב
הוּא צִוָּנִי וְהוּא שָׂם בְּפִי שִׁפְחָתְךָ אֵת כָּל־הַדְּבָרִים הָאֵלֶּה:
כ לְבַעֲבוּר סַבֵּב אֶת־פְּנֵי הַדָּבָר עָשָׂה עַבְדְּךָ יוֹאָב אֶת־הַדָּבָר
הַזֶּה וַאדֹנִי חָכָם כְּחָכְמַת מַלְאַךְ הָאֱלֹהִים לָדַעַת אֶת־כָּל־
כא אֲשֶׁר בָּאָרֶץ: וַיֹּאמֶר הַמֶּלֶךְ אֶל־יוֹאָב הִנֵּה־נָא
עָשִׂיתִי אֶת־הַדָּבָר הַזֶּה וְלֵךְ הָשֵׁב אֶת־הַנַּעַר אֶת־אַבְשָׁלוֹם:
כב וַיִּפֹּל יוֹאָב אֶל־פָּנָיו אַרְצָה וַיִּשְׁתַּחוּ וַיְבָרֶךְ אֶת־הַמֶּלֶךְ וַיֹּאמֶר
יוֹאָב הַיּוֹם יָדַע עַבְדְּךָ כִּי־מָצָאתִי חֵן בְּעֵינֶיךָ אֲדֹנִי הַמֶּלֶךְ
כג אֲשֶׁר־עָשָׂה הַמֶּלֶךְ אֶת־דְּבַר עבדו: וַיָּקָם יוֹאָב וַיֵּלֶךְ גְּשׁוּרָה עַבְדֶּךָ
כד וַיָּבֵא אֶת־אַבְשָׁלוֹם יְרוּשָׁלָם: וַיֹּאמֶר הַמֶּלֶךְ
יִסֹּב אֶל־בֵּיתוֹ וּפָנַי לֹא יִרְאֶה וַיִּסֹּב אַבְשָׁלוֹם אֶל־בֵּיתוֹ וּפְנֵי

כה הַמֶּלֶךְ לֹא רָאָה׃ וּכְאַבְשָׁלוֹם לֹא־הָיָה אִישׁ־
יָפֶה בְּכָל־יִשְׂרָאֵל לְהַלֵּל מְאֹד מִכַּף רַגְלוֹ וְעַד קָדְקֳדוֹ לֹא־
כו הָיָה בוֹ מוּם׃ וּבְגַלְּחוֹ אֶת־רֹאשׁוֹ וְהָיָה מִקֵּץ יָמִים ׀ לַיָּמִים
אֲשֶׁר יְגַלֵּחַ כִּי־כָבֵד עָלָיו וְגִלְּחוֹ וְשָׁקַל אֶת־שְׂעַר רֹאשׁוֹ
כז מָאתַיִם שְׁקָלִים בְּאֶבֶן הַמֶּלֶךְ׃ וַיִּוָּלְדוּ לְאַבְשָׁלוֹם שְׁלוֹשָׁה
בָנִים וּבַת אַחַת וּשְׁמָהּ תָּמָר הִיא הָיְתָה אִשָּׁה יְפַת
כח מַרְאֶה׃ וַיֵּשֶׁב אַבְשָׁלוֹם בִּירוּשָׁלִַם שְׁנָתַיִם יָמִים
כט וּפְנֵי הַמֶּלֶךְ לֹא רָאָה׃ וַיִּשְׁלַח אַבְשָׁלוֹם אֶל־יוֹאָב לִשְׁלֹחַ אֹתוֹ
אֶל־הַמֶּלֶךְ וְלֹא אָבָה לָבוֹא אֵלָיו וַיִּשְׁלַח עוֹד שֵׁנִית וְלֹא אָבָה
ל לָבוֹא׃ וַיֹּאמֶר אֶל־עֲבָדָיו רְאוּ חֶלְקַת יוֹאָב אֶל־יָדִי וְלוֹ־שָׁם
שְׂעֹרִים לְכוּ והוצתיה בָאֵשׁ וַיַּצִּתוּ עַבְדֵי אַבְשָׁלוֹם אֶת־ וְהַצִּיתוּהָ
לא הַחֶלְקָה בָּאֵשׁ׃ וַיָּקָם יוֹאָב וַיָּבֹא אֶל־אַבְשָׁלוֹם
הַבָּיְתָה וַיֹּאמֶר אֵלָיו לָמָּה הִצִּיתוּ עֲבָדֶיךָ אֶת־הַחֶלְקָה אֲשֶׁר־
לב לִי בָּאֵשׁ׃ וַיֹּאמֶר אַבְשָׁלוֹם אֶל־יוֹאָב הִנֵּה שָׁלַחְתִּי אֵלֶיךָ ׀
לֵאמֹר בֹּא הֵנָּה וְאֶשְׁלְחָה אֹתְךָ אֶל־הַמֶּלֶךְ לֵאמֹר לָמָּה בָּאתִי
מִגְּשׁוּר טוֹב לִי עֹד אֲנִי־שָׁם וְעַתָּה אֶרְאֶה פְּנֵי הַמֶּלֶךְ וְאִם־יֶשׁ־
לג בִּי עָוֺן וֶהֱמִתָנִי׃ וַיָּבֹא יוֹאָב אֶל־הַמֶּלֶךְ וַיַּגֶּד־לוֹ וַיִּקְרָא אֶל־ כח
אַבְשָׁלוֹם וַיָּבֹא אֶל־הַמֶּלֶךְ וַיִּשְׁתַּחוּ לוֹ עַל־אַפָּיו אַרְצָה לִפְנֵי
טו א הַמֶּלֶךְ וַיִּשַּׁק הַמֶּלֶךְ לְאַבְשָׁלוֹם׃ וַיְהִי מֵאַחֲרֵי כֵן
וַיַּעַשׂ לוֹ אַבְשָׁלוֹם מֶרְכָּבָה וְסֻסִים וַחֲמִשִּׁים אִישׁ רָצִים לְפָנָיו׃
ב וְהִשְׁכִּים אַבְשָׁלוֹם וְעָמַד עַל־יַד דֶּרֶךְ הַשָּׁעַר וַיְהִי כָּל־הָאִישׁ
אֲשֶׁר־יִהְיֶה־לּוֹ רִיב לָבוֹא אֶל־הַמֶּלֶךְ לַמִּשְׁפָּט וַיִּקְרָא אַבְשָׁלוֹם
אֵלָיו וַיֹּאמֶר אֵי־מִזֶּה עִיר אַתָּה וַיֹּאמֶר מֵאַחַד שִׁבְטֵי־יִשְׂרָאֵל
ג עַבְדֶּךָ׃ וַיֹּאמֶר אֵלָיו אַבְשָׁלוֹם רְאֵה דְבָרֶיךָ טוֹבִים וּנְכֹחִים
ד וְשֹׁמֵעַ אֵין־לְךָ מֵאֵת הַמֶּלֶךְ׃ וַיֹּאמֶר אַבְשָׁלוֹם מִי־יְשִׂמֵנִי שֹׁפֵט
בָּאָרֶץ וְעָלַי יָבוֹא כָּל־אִישׁ אֲשֶׁר־יִהְיֶה־לּוֹ רִיב וּמִשְׁפָּט
ה וְהִצְדַּקְתִּיו׃ וְהָיָה בִּקְרָב־אִישׁ לְהִשְׁתַּחֲוֺת לוֹ וְשָׁלַח אֶת־יָדוֹ

ו והחזיק לו ונשק לו׃ ויעש אבשלום כדבר הזה לכל־
ישראל אשר־יבאו למשפט אל־המלך ויגנב אבשלום את־
ז לב אנשי ישראל׃ ויהי מקץ ארבעים שנה
ויאמר אבשלום אל־המלך אלכה נא ואשלם את־נדרי
ח אשר־נדרתי ליהוה בחברון׃ כי־נדר נדר עבדך בשבתי
בגשור בארם לאמר אם־ישיב ישיבני יהוה ירושלם ישוב
ט ועבדתי את־יהוה׃ ויאמר־לו המלך לך בשלום ויקם וילך
י חברונה׃ וישלח אבשלום מרגלים בכל־שבטי
ישראל לאמר כשמעכם את־קול השפר ואמרתם מלך
יא אבשלום בחברון׃ ואת־אבשלום הלכו מאתים איש
יב מירושלם קראים והלכים לתמם ולא ידעו כל־דבר׃ וישלח
אבשלום את־אחיתפל הגילני יועץ דוד מעירו מגלה בזבחו
את־הזבחים ויהי הקשר אמץ והעם הולך ורב את־
יג אבשלום׃ ויבא המגיד אל־דוד לאמר היה לב־איש ישראל
יד אחרי אבשלום׃ ויאמר דוד לכל־עבדיו אשר־אתו בירושלם
קומו ונברחה כי לא־תהיה־לנו פליטה מפני אבשלום מהרו
ללכת פן־ימהר והשגנו והדיח עלינו את־הרעה והכה העיר
טו לפי־חרב׃ ויאמרו עבדי־המלך אל־המלך ככל אשר־יבחר
טז אדני המלך הנה עבדיך׃ ויצא המלך וכל־ביתו ברגליו ויעזב
יז המלך את עשר נשים פלגשים לשמר הבית׃ ויצא המלך וכל־
יח העם ברגליו ויעמדו בית המרחק׃ וכל־עבדיו עברים על־ידו
וכל־הכרתי וכל־הפלתי וכל־הגתים שש־מאות איש אשר־
יט באו ברגלו מגת עברים על־פני המלך׃ ויאמר
המלך אל־אתי הגתי למה תלך גם־אתה אתנו שוב ושב
כ עם־המלך כי־נכרי אתה וגם־גלה אתה למקומך׃ תמול
בואך והיום אנועך עמנו ללכת ואני הולך על אשר־אני הולך אניעך
כא שוב והשב את־אחיך עמך חסד ואמת׃ ויען אתי את־המלך

ויאמר חי־יהוה וחי אדני המלך כי אם במקום אשר יהיה־
שם ׀ אדני המלך אם־למות אם־לחיים כי־שם יהיה עבדך׃
כב ויאמר דוד אל־אתי לך ועבר ויעבר אתי הגתי וכל־אנשיו
כג וכל־הטף אשר אתו׃ וכל־הארץ בוכים קול גדול וכל־העם
עברים והמלך עבר בנחל קדרון וכל־העם עברים על־פני דרך
כד את־המדבר׃ והנה גם־צדוק וכל־הלוים אתו נשאים את־
ארון ברית האלהים ויצקו את־ארון האלהים ויעל אביתר
כה עד־תם כל־העם לעבור מן־העיר׃ ויאמר
המלך לצדוק השב את־ארון האלהים העיר אם־אמצא
כו חן בעיני יהוה והשבני והראני אתו ואת־נוהו׃ ואם
כה יאמר לא חפצתי בך הנני יעשה־לי כאשר טוב
כז בעיניו׃ ויאמר המלך אל־צדוק הכהן הרואה
אתה שבה העיר בשלום ואחימעץ בנך ויהונתן בן־אביתר
כח שני בניכם אתכם׃ ראו אנכי מתמהמה בעברות המדבר בערבות
כט עד בוא דבר מעמכם להגיד לי׃ וישב צדוק ואביתר את־
ל ארון האלהים ירושלם וישבו שם׃ ודוד עלה במעלה הזיתים
עלה ׀ ובוכה וראש לו חפוי והוא הלך יחף וכל־העם אשר־
לא אתו חפו איש ראשו ועלו עלה ובכה׃ ודוד הגיד לאמר
אחיתפל בקשרים עם־אבשלום ויאמר דוד סכל־נא את־
לב עצת אחיתפל יהוה׃ ויהי דוד בא עד־הראש אשר־ישתחוה
שם לאלהים והנה לקראתו חושי הארכי קרוע כתנתו
לג ואדמה על־ראשו׃ ויאמר לו דוד אם עברת אתי והית עלי
לד למשא׃ ואם־העיר תשוב ואמרת לאבשלום עבדך אני
המלך אהיה עבד אביך ואני מאז ועתה ואני עבדך והפרתה
לה לי את עצת אחיתפל׃ והלוא עמך שם צדוק ואביתר
הכהנים והיה כל־הדבר אשר תשמע מבית המלך תגיד
לו לצדוק ולאביתר הכהנים׃ הנה־שם עמם שני בניהם אחימעץ

לְצָדוֹק וִיהוֹנָתָן לְאֶבְיָתָר וּשְׁלַחְתֶּם בְּיָדָם אֵלַי כָּל־דָּבָר
לז אֲשֶׁר תִּשְׁמָעוּ׃ וַיָּבֹא חוּשַׁי רֵעֶה דָוִד הָעִיר וְאַבְשָׁלוֹם יָבוֹא כט
טז א יְרוּשָׁלִָם׃ וְדָוִד עָבַר מְעַט מֵהָרֹאשׁ וְהִנֵּה צִיבָא
נַעַר מְפִי־בֹשֶׁת לִקְרָאתוֹ וְצֶמֶד חֲמֹרִים חֲבֻשִׁים וַעֲלֵיהֶם מָאתַיִם
ב לֶחֶם וּמֵאָה צִמּוּקִים וּמֵאָה קַיִץ וְנֵבֶל יָיִן׃ וַיֹּאמֶר הַמֶּלֶךְ אֶל־
צִיבָא מָה־אֵלֶּה לָּךְ וַיֹּאמֶר צִיבָא הַחֲמוֹרִים לְבֵית־הַמֶּלֶךְ
לִרְכֹּב ולהלחם וְהַקַּיִץ לֶאֱכוֹל הַנְּעָרִים וְהַיַּיִן לִשְׁתּוֹת הַיָּעֵף וְהַלֶּחֶם
ג בַּמִּדְבָּר׃ וַיֹּאמֶר הַמֶּלֶךְ וְאַיֵּה בֶּן־אֲדֹנֶיךָ וַיֹּאמֶר צִיבָא אֶל־
הַמֶּלֶךְ הִנֵּה יוֹשֵׁב בִּירוּשָׁלִַם כִּי אָמַר הַיּוֹם יָשִׁיבוּ לִי בֵּית יִשְׂרָאֵל
ד אֵת מַמְלְכוּת אָבִי׃ וַיֹּאמֶר הַמֶּלֶךְ לְצִבָא הִנֵּה לְךָ כֹּל אֲשֶׁר
לִמְפִי־בֹשֶׁת וַיֹּאמֶר צִיבָא הִשְׁתַּחֲוֵיתִי אֶמְצָא־חֵן בְּעֵינֶיךָ אֲדֹנִי
ה הַמֶּלֶךְ׃ וּבָא הַמֶּלֶךְ דָּוִד עַד־בַּחוּרִים וְהִנֵּה מִשָּׁם אִישׁ יוֹצֵא
מִמִּשְׁפַּחַת בֵּית־שָׁאוּל וּשְׁמוֹ שִׁמְעִי בֶן־גֵּרָא יֹצֵא יָצוֹא
ו וּמְקַלֵּל׃ וַיְסַקֵּל בָּאֲבָנִים אֶת־דָּוִד וְאֶת־כָּל־עַבְדֵי הַמֶּלֶךְ דָּוִד
ז וְכָל־הָעָם וְכָל־הַגִּבֹּרִים מִימִינוֹ וּמִשְּׂמֹאלוֹ׃ וְכֹה־אָמַר שִׁמְעִי
ח בְּקַלְלוֹ צֵא צֵא אִישׁ הַדָּמִים וְאִישׁ הַבְּלִיָּעַל׃ הֵשִׁיב עָלֶיךָ יְהוָה
כֹּל ׀ דְּמֵי בֵית־שָׁאוּל אֲשֶׁר מָלַכְתָּ תַּחְתָּו וַיִּתֵּן יְהוָה אֶת־
הַמְּלוּכָה בְּיַד אַבְשָׁלוֹם בְּנֶךָ וְהִנְּךָ בְּרָעָתֶךָ כִּי אִישׁ דָּמִים
ט אָתָּה׃ וַיֹּאמֶר אֲבִישַׁי בֶּן־צְרוּיָה אֶל־הַמֶּלֶךְ לָמָּה יְקַלֵּל
הַכֶּלֶב הַמֵּת הַזֶּה אֶת־אֲדֹנִי הַמֶּלֶךְ אֶעְבְּרָה־נָּא וְאָסִירָה אֶת־
י רֹאשׁוֹ׃ וַיֹּאמֶר הַמֶּלֶךְ מַה־לִּי וְלָכֶם בְּנֵי צְרֻיָה
כִּי יְקַלֵּל וכי יְהוָה אָמַר לוֹ קַלֵּל אֶת־דָּוִד וּמִי יֹאמַר מַדּוּעַ כֹּה כִּי
יא עָשִׂיתָה כֵּן׃ וַיֹּאמֶר דָּוִד אֶל־אֲבִישַׁי וְאֶל־כָּל־
עֲבָדָיו הִנֵּה בְנִי אֲשֶׁר־יָצָא מִמֵּעַי מְבַקֵּשׁ אֶת־נַפְשִׁי וְאַף כִּי־
יב עַתָּה בֶּן־הַיְמִינִי הַנִּחוּ לוֹ וִיקַלֵּל כִּי אָמַר־לוֹ יְהוָה׃ אוּלַי יִרְאֶה
יְהוָה בעוני וְהֵשִׁיב יְהוָה לִי טוֹבָה תַּחַת קִלְלָתוֹ הַיּוֹם הַזֶּה׃ בְּעֵינִי
יג וַיֵּלֶךְ דָּוִד וַאֲנָשָׁיו בַּדָּרֶךְ וְשִׁמְעִי הֹלֵךְ בְּצֵלַע

הָהָר לְעֻמָּתוֹ הָלוֹךְ וַיְקַלֵּל וַיְסַקֵּל בָּאֲבָנִים לְעֻמָּתוֹ וְעִפַּר
יד בֶּעָפָר׃ וַיָּבֹא הַמֶּלֶךְ וְכָל־הָעָם אֲשֶׁר־אִתּוֹ
טו עֲיֵפִים וַיִּנָּפֶשׁ שָׁם׃ וְאַבְשָׁלוֹם וְכָל־הָעָם אִישׁ יִשְׂרָאֵל בָּאוּ
טז יְרוּשָׁלָםִ וַאֲחִיתֹפֶל אִתּוֹ׃ וַיְהִי כַּאֲשֶׁר־בָּא חוּשַׁי הָאַרְכִּי רֵעֶה
דָוִד אֶל־אַבְשָׁלוֹם וַיֹּאמֶר חוּשַׁי אֶל־אַבְשָׁלוֹם יְחִי הַמֶּלֶךְ יְחִי
יז הַמֶּלֶךְ׃ וַיֹּאמֶר אַבְשָׁלוֹם אֶל־חוּשַׁי זֶה חַסְדְּךָ אֶת־רֵעֶךָ לָמָּה
יח לֹא־הָלַכְתָּ אֶת־רֵעֶךָ׃ וַיֹּאמֶר חוּשַׁי אֶל־אַבְשָׁלֹם לֹא כִּי אֲשֶׁר
בָּחַר יְהוָה וְהָעָם הַזֶּה וְכָל־אִישׁ יִשְׂרָאֵל לא אֶהְיֶה וְאִתּוֹ לוֹ
יט אֵשֵׁב׃ וְהַשֵּׁנִית לְמִי אֲנִי אֶעֱבֹד הֲלוֹא לִפְנֵי בְנוֹ כַּאֲשֶׁר עָבַדְתִּי
כ לִפְנֵי אָבִיךָ כֵּן אֶהְיֶה לְפָנֶיךָ׃ וַיֹּאמֶר אַבְשָׁלוֹם
כא אֶל־אֲחִיתֹפֶל הָבוּ לָכֶם עֵצָה מַה־נַּעֲשֶׂה׃ וַיֹּאמֶר אֲחִיתֹפֶל
אֶל־אַבְשָׁלֹם בּוֹא אֶל־פִּלַגְשֵׁי אָבִיךָ אֲשֶׁר הִנִּיחַ לִשְׁמוֹר הַבָּיִת
וְשָׁמַע כָּל־יִשְׂרָאֵל כִּי־נִבְאַשְׁתָּ אֶת־אָבִיךָ וְחָזְקוּ יְדֵי כָּל־אֲשֶׁר
כב אִתָּךְ׃ וַיַּטּוּ לְאַבְשָׁלוֹם הָאֹהֶל עַל־הַגָּג וַיָּבֹא אַבְשָׁלוֹם אֶל־
כג פִּלַגְשֵׁי אָבִיו לְעֵינֵי כָּל־יִשְׂרָאֵל׃ וַעֲצַת אֲחִיתֹפֶל אֲשֶׁר יָעַץ
בַּיָּמִים הָהֵם כַּאֲשֶׁר יִשְׁאַל־ בִּדְבַר הָאֱלֹהִים כֵּן כָּל־עֲצַת אִישׁ
יז א אֲחִיתֹפֶל גַּם־לְדָוִד גַּם־לְאַבְשָׁלֹם׃ וַיֹּאמֶר
אֲחִיתֹפֶל אֶל־אַבְשָׁלֹם אֶבְחֲרָה־נָּא שְׁנֵים־עָשָׂר אֶלֶף אִישׁ
ב וְאָקוּמָה וְאֶרְדְּפָה אַחֲרֵי־דָוִד הַלָּיְלָה׃ וְאָבוֹא עָלָיו וְהוּא יָגֵעַ
וּרְפֵה יָדַיִם וְהַחֲרַדְתִּי אֹתוֹ וְנָס כָּל־הָעָם אֲשֶׁר־אִתּוֹ וְהִכֵּיתִי
ג אֶת־הַמֶּלֶךְ לְבַדּוֹ׃ וְאָשִׁיבָה כָל־הָעָם אֵלֶיךָ כְּשׁוּב הַכֹּל הָאִישׁ
ד אֲשֶׁר אַתָּה מְבַקֵּשׁ כָּל־הָעָם יִהְיֶה שָׁלוֹם׃ וַיִּישַׁר הַדָּבָר בְּעֵינֵי
ה אַבְשָׁלֹם וּבְעֵינֵי כָּל־זִקְנֵי יִשְׂרָאֵל׃ וַיֹּאמֶר
אַבְשָׁלוֹם קְרָא נָא גַּם לְחוּשַׁי הָאַרְכִּי וְנִשְׁמְעָה מַה־בְּפִיו גַּם־
ו הוּא׃ וַיָּבֹא חוּשַׁי אֶל־אַבְשָׁלוֹם וַיֹּאמֶר אַבְשָׁלוֹם אֵלָיו לֵאמֹר
כַּדָּבָר הַזֶּה דִּבֶּר אֲחִיתֹפֶל הֲנַעֲשֶׂה אֶת־דְּבָרוֹ אִם־אַיִן אַתָּה
ז דַבֵּר׃ וַיֹּאמֶר חוּשַׁי אֶל־אַבְשָׁלוֹם לֹא־טוֹבָה

ח העצה אשר־יעץ אחיתפל בפעם הזאת: ויאמר חושי אתה
ידעת את־אביך ואת־אנשיו כי גברים המה ומרי נפש המה
כדב שכול בשדה ואביך איש מלחמה ולא ילין את־העם:
ט הנה עתה הוא־נחבא באחת הפחתים או באחד המקומת
והיה כנפל בהם בתחלה ושמע השמע ואמר היתה מגפה
י בעם אשר אחרי אבשלם: והוא גם־בן־חיל אשר לבו כלב
האריה המס ימס כי־ידע כל־ישראל כי־גבור אביך ובני־
יא חיל אשר אתו: כי יעצתי האסף יאסף עליך כל־ישראל מדן
ועד־באר שבע כחול אשר־על־הים לרב ופניך הלכים
יב בקרב: ובאנו אליו באחת המקומת אשר נמצא שם ונחנו באחד
עליו כאשר יפל הטל על־האדמה ולא־נותר בו ובכל־
יג האנשים אשר־אתו גם־אחד: ואם־אל־עיר יאסף והשיאו
כל־ישראל אל־העיר ההיא חבלים וסחבנו אתו עד־הנחל
יד עד אשר־לא־נמצא שם גם־צרור: ויאמר
אבשלום וכל־איש ישראל טובה עצת חושי הארכי
מעצת אחיתפל ויהוה צוה להפר את־עצת
אחיתפל הטובה לבעבור הביא יהוה אל־אבשלום את־
טו הרעה: ויאמר חושי אל־צדוק ואל־אביתר
הכהנים כזאת וכזאת יעץ אחיתפל את־אבשלם ואת זקני
טז ישראל וכזאת וכזאת יעצתי אני: ועתה שלחו מהרה והגידו
לדוד לאמר אל־תלן הלילה בערבות המדבר וגם עבור
יז תעבור פן יבלע למלך ולכל־העם אשר אתו: ויהונתן
ואחימעץ עמדים בעין־רגל והלכה השפחה והגידה להם והם
ילכו והגידו למלך דוד כי לא יוכלו להראות לבוא העירה:
יח וירא אתם נער ויגד לאבשלם וילכו שניהם מהרה ויבאו
יט אל־בית־איש בבחרים ולו באר בחצרו וירדו שם: ותקח
האשה ותפרש את־המסך על־פני הבאר ותשטח עליו

ל הרפות ולא נודע דבר: ויבאו עבדי אבשלום אל־ כ
האשה הביתה ויאמרו איה אחימעץ ויהונתן ותאמר להם
האשה עברו מיכל המים ויבקשו ולא מצאו וישבו
ירושלם: ויהי ׀ אחרי לכתם ויעלו מהבאר כא
וילכו ויגדו למלך דוד ויאמרו אל־דוד קומו ועברו מהרה
את־המים כי־ככה יעץ עליכם אחיתפל: ויקם דוד וכל־העם כב
אשר אתו ויעברו את־הירדן עד־אור הבקר עד־אחד
לא נעדר אשר לא־עבר את־הירדן: ואחיתפל ראה כי כג
לא נעשתה עצתו ויחבש את־החמור ויקם וילך אל־
ביתו אל־עירו ויצו אל־ביתו ויחנק וימת ויקבר בקבר
אביו: ודוד בא מחנימה ואבשלם עבר את־ כד
הירדן הוא וכל־איש ישראל עמו: ואת־עמשא שם אבשלם כה
תחת יואב על־הצבא ועמשא בן־איש ושמו יתרא הישראלי
אשר־בא אל־אביגל בת־נחש אחות צרויה אם יואב: ויחן כו
ישראל ואבשלם ארץ הגלעד: ויהי כבוא דוד כז
מחנימה ושבי בן־נחש מרבת בני־עמון ומכיר בן־עמיאל
מלא דבר וברזלי הגלעדי מרגלים: משכב וספות וכלי יוצר כח
וחטים ושערים וקמח וקלי ופול ועדשים וקלי: ודבש וחמאה כט
וצאן ושפות בקר הגישו לדוד ולעם אשר־אתו לאכול כי
אמרו העם רעב ועיף וצמא במדבר: ויפקד דוד את־העם יח א
אשר אתו וישם עליהם שרי אלפים ושרי מאות: וישלח דוד ב
את־העם השלשית ביד־יואב והשלשית ביד אבישי בן־צרויה
אחי יואב והשלשת ביד אתי הגתי ויאמר
המלך אל־העם יצא אצא גם־אני עמכם: ויאמר העם לא ג
תצא כי אם־נס ננוס לא־ישימו אלינו לב ואם־ימתו חצינו
לא־ישימו אלינו לב כי־עתה כמנו עשרה אלפים ועתה טוב
לעזור כי־תהיה־לנו מעיר לעזיר: ויאמר אליהם ד

המלך אשר־ייטב בעיניכם אעשה ויעמד המלך אל־יד
ה השער וכל־העם יצאו למאות ולאלפים: ויצו המלך את־
יואב ואת־אבישי ואת־אתי לאמר לאט־לי לנער לאבשלום
וכל־העם שמעו בצות המלך את־כל־השרים על־דבר
ו אבשלום: ויצא העם השדה לקראת ישראל ותהי המלחמה
ז ביער אפרים: וינגפו שם עם ישראל לפני עבדי דוד ותהי־
ח שם המגפה גדולה ביום ההוא עשרים אלף: ותהי־שם
המלחמה נפצות על־פני כל־הארץ וירב היער לאכל בעם נפוצת
ט מאשר אכלה החרב ביום ההוא: ויקרא אבשלום לפני עבדי
דוד ואבשלום רכב על־הפרד ויבא הפרד תחת שובך האלה
הגדולה ויחזק ראשו באלה ויתן בין השמים ובין הארץ
י והפרד אשר־תחתיו עבר: וירא איש אחד ויגד ליואב ויאמר
יא הנה ראיתי את־אבשלם תלוי באלה: ויאמר יואב לאיש
המגיד לו והנה ראית ומדוע לא־הכיתו שם ארצה ועלי
יב לתת לך עשרה כסף וחגרה אחת: ויאמר האיש אל־יואב
ולא אנכי שקל על־כפי אלף כסף לא־אשלח ידי אל־בן־ ולו
המלך כי באזנינו צוה המלך אתך ואת־אבישי ואת־אתי
יג לאמר שמרו־מי בנער באבשלום: או־עשיתי בנפשו שקר בנפשי
יד וכל־דבר לא־יכחד מן־המלך ואתה תתיצב מנגד: ויאמר
יואב לא־כן אחילה לפניך ויקח שלשה שבטים בכפו
טו ויתקעם בלב אבשלום עודנו חי בלב האלה: ויסבו עשרה
טז נערים נשאי כלי יואב ויכו את־אבשלום וימתהו: ויתקע
יואב בשפר וישב העם מרדף אחרי ישראל כי־חשך יואב
יז את־העם: ויקחו את־אבשלום וישלכו אתו ביער אל־הפחת
הגדול ויצבו עליו גל־אבנים גדול מאד וכל־ישראל נסו איש
יח לאהלו: ואבשלם לקח ויצב־לו בחיו את־מצבת אשר
בעמק־המלך כי אמר אין־לי בן בעבור הזכיר שמי

וַיִּקְרָא לַמַּצֶּבֶת עַל־שְׁמוֹ וַיִּקָּרֵא לָהּ יַד אַבְשָׁלוֹם עַד הַיּוֹם
הַזֶּה׃ וַאֲחִימַעַץ בֶּן־צָדוֹק אָמַר אָרוּצָה נָּא יט
וַאֲבַשְּׂרָה אֶת־הַמֶּלֶךְ כִּי־שְׁפָטוֹ יְהוָה מִיַּד אֹיְבָיו׃ וַיֹּאמֶר לוֹ כ
יוֹאָב לֹא אִישׁ בְּשֹׂרָה אַתָּה הַיּוֹם הַזֶּה וּבִשַּׂרְתָּ בְּיוֹם אַחֵר
כֵּן וְהַיּוֹם הַזֶּה לֹא תְבַשֵּׂר כִּי עַל־ בֶּן־הַמֶּלֶךְ מֵת׃ וַיֹּאמֶר יוֹאָב כא
לַכּוּשִׁי לֵךְ הַגֵּד לַמֶּלֶךְ אֲשֶׁר רָאִיתָה וַיִּשְׁתַּחוּ כוּשִׁי לְיוֹאָב
וַיָּרֹץ׃ וַיֹּסֶף עוֹד אֲחִימַעַץ בֶּן־צָדוֹק וַיֹּאמֶר אֶל־יוֹאָב וִיהִי מָה כב
אָרֻצָה־נָּא גַם־אָנִי אַחֲרֵי הַכּוּשִׁי וַיֹּאמֶר יוֹאָב לָמָּה זֶּה אַתָּה
רָץ בְּנִי וּלְכָה אֵין־בְּשׂוֹרָה מֹצֵאת׃ וִיהִי־מָה אָרוּץ וַיֹּאמֶר לוֹ כג
רוּץ וַיָּרָץ אֲחִימַעַץ דֶּרֶךְ הַכִּכָּר וַיַּעֲבֹר אֶת־הַכּוּשִׁי׃ וְדָוִד יוֹשֵׁב כד
בֵּין־שְׁנֵי הַשְּׁעָרִים וַיֵּלֶךְ הַצֹּפֶה אֶל־גַּג הַשַּׁעַר אֶל־הַחוֹמָה
וַיִּשָּׂא אֶת־עֵינָיו וַיַּרְא וְהִנֵּה־אִישׁ רָץ לְבַדּוֹ׃ וַיִּקְרָא הַצֹּפֶה וַיַּגֵּד כה
לַמֶּלֶךְ וַיֹּאמֶר הַמֶּלֶךְ אִם־לְבַדּוֹ בְּשׂוֹרָה בְּפִיו וַיֵּלֶךְ הָלוֹךְ וְקָרֵב׃
וַיַּרְא הַצֹּפֶה אִישׁ־אַחֵר רָץ וַיִּקְרָא הַצֹּפֶה אֶל־הַשֹּׁעֵר וַיֹּאמֶר כו
לא הִנֵּה־אִישׁ רָץ לְבַדּוֹ וַיֹּאמֶר הַמֶּלֶךְ גַּם־זֶה מְבַשֵּׂר׃ וַיֹּאמֶר כז
הַצֹּפֶה אֲנִי רֹאֶה אֶת־מְרוּצַת הָרִאשׁוֹן כִּמְרֻצַת אֲחִימַעַץ בֶּן־
צָדוֹק וַיֹּאמֶר הַמֶּלֶךְ אִישׁ־טוֹב זֶה וְאֶל־בְּשׂוֹרָה טוֹבָה יָבוֹא׃
וַיִּקְרָא אֲחִימַעַץ וַיֹּאמֶר אֶל־הַמֶּלֶךְ שָׁלוֹם וַיִּשְׁתַּחוּ לַמֶּלֶךְ לְאַפָּיו כח
אָרְצָה וַיֹּאמֶר בָּרוּךְ יְהוָה אֱלֹהֶיךָ אֲשֶׁר סִגַּר אֶת־הָאֲנָשִׁים
אֲשֶׁר־נָשְׂאוּ אֶת־יָדָם בַּאדֹנִי הַמֶּלֶךְ׃ וַיֹּאמֶר כט
הַמֶּלֶךְ שָׁלוֹם לַנַּעַר לְאַבְשָׁלוֹם וַיֹּאמֶר אֲחִימַעַץ רָאִיתִי הֶהָמוֹן
הַגָּדוֹל לִשְׁלֹחַ אֶת־עֶבֶד הַמֶּלֶךְ יוֹאָב וְאֶת־עַבְדֶּךָ וְלֹא יָדַעְתִּי
מָה׃ וַיֹּאמֶר הַמֶּלֶךְ סֹב הִתְיַצֵּב כֹּה וַיִּסֹּב וַיַּעֲמֹד׃ וְהִנֵּה הַכּוּשִׁי ל / לא
בָּא וַיֹּאמֶר הַכּוּשִׁי יִתְבַּשֵּׂר אֲדֹנִי הַמֶּלֶךְ כִּי־שְׁפָטְךָ יְהוָה הַיּוֹם
מִיַּד כָּל־הַקָּמִים עָלֶיךָ׃ וַיֹּאמֶר הַמֶּלֶךְ אֶל־ לב
הַכּוּשִׁי הֲשָׁלוֹם לַנַּעַר לְאַבְשָׁלוֹם וַיֹּאמֶר הַכּוּשִׁי יִהְיוּ כַנַּעַר אֹיְבֵי
אֲדֹנִי הַמֶּלֶךְ וְכֹל אֲשֶׁר־קָמוּ עָלֶיךָ לְרָעָה׃ וַיִּרְגַּז א יט

הַמֶּלֶךְ וַיַּעַל עַל־עֲלִיַּת הַשַּׁעַר וַיֵּבְךְּ וְכֹה ׀ אָמַר בְּלֶכְתּוֹ בְּנִי
אַבְשָׁלוֹם בְּנִי בְנִי אַבְשָׁלוֹם מִי־יִתֵּן מוּתִי אֲנִי תַחְתֶּיךָ אַבְשָׁלוֹם
ב בְּנִי בְנִי׃ וַיֻּגַּד לְיוֹאָב הִנֵּה הַמֶּלֶךְ בֹּכֶה וַיִּתְאַבֵּל עַל־אַבְשָׁלֹם׃
ג וַתְּהִי הַתְּשֻׁעָה בַּיּוֹם הַהוּא לְאֵבֶל לְכָל־הָעָם כִּי־שָׁמַע הָעָם
ד בַּיּוֹם הַהוּא לֵאמֹר נֶעֱצַב הַמֶּלֶךְ עַל־בְּנוֹ׃ וַיִּתְגַּנֵּב הָעָם בַּיּוֹם
הַהוּא לָבוֹא הָעִיר כַּאֲשֶׁר יִתְגַּנֵּב הָעָם הַנִּכְלָמִים בְּנוּסָם
ה בַּמִּלְחָמָה׃ וְהַמֶּלֶךְ לָאַט אֶת־פָּנָיו וַיִּזְעַק הַמֶּלֶךְ קוֹל גָּדוֹל בְּנִי
ו אַבְשָׁלוֹם אַבְשָׁלוֹם בְּנִי בְנִי׃ וַיָּבֹא יוֹאָב אֶל־הַמֶּלֶךְ
הַבָּיִת וַיֹּאמֶר הֹבַשְׁתָּ הַיּוֹם אֶת־פְּנֵי כָל־עֲבָדֶיךָ הַמְמַלְּטִים
אֶת־נַפְשְׁךָ הַיּוֹם וְאֵת נֶפֶשׁ בָּנֶיךָ וּבְנֹתֶיךָ וְנֶפֶשׁ נָשֶׁיךָ וְנֶפֶשׁ
ז פִּלַגְשֶׁיךָ׃ לְאַהֲבָה אֶת־שֹׂנְאֶיךָ וְלִשְׂנֹא אֶת־אֹהֲבֶיךָ כִּי ׀ הִגַּדְתָּ
הַיּוֹם כִּי אֵין לְךָ שָׂרִים וַעֲבָדִים כִּי ׀ יָדַעְתִּי הַיּוֹם כִּי לֹא אַבְשָׁלוֹם לו
ח חַי וְכֻלָּנוּ הַיּוֹם מֵתִים כִּי־אָז יָשָׁר בְּעֵינֶיךָ׃ וְעַתָּה קוּם צֵא וְדַבֵּר
עַל־לֵב עֲבָדֶיךָ כִּי בַיהוָה נִשְׁבַּעְתִּי כִּי־אֵינְךָ יוֹצֵא אִם־יָלִין
אִישׁ אִתְּךָ הַלַּיְלָה וְרָעָה לְךָ זֹאת מִכָּל־הָרָעָה אֲשֶׁר־בָּאָה עָלֶיךָ
ט מִנְּעֻרֶיךָ עַד־עָתָּה׃ וַיָּקָם הַמֶּלֶךְ וַיֵּשֶׁב בַּשָּׁעַר
וּלְכָל־הָעָם הִגִּידוּ לֵאמֹר הִנֵּה הַמֶּלֶךְ יוֹשֵׁב בַּשַּׁעַר וַיָּבֹא כָל־
י הָעָם לִפְנֵי הַמֶּלֶךְ וְיִשְׂרָאֵל נָס אִישׁ לְאֹהָלָיו׃ וַיְהִי
כָל־הָעָם נָדוֹן בְּכָל־שִׁבְטֵי יִשְׂרָאֵל לֵאמֹר הַמֶּלֶךְ הִצִּילָנוּ ׀ מִכַּף
אֹיְבֵינוּ וְהוּא מִלְּטָנוּ מִכַּף פְּלִשְׁתִּים וְעַתָּה בָּרַח מִן־הָאָרֶץ מֵעַל
יא אַבְשָׁלוֹם׃ וְאַבְשָׁלוֹם אֲשֶׁר מָשַׁחְנוּ עָלֵינוּ מֵת בַּמִּלְחָמָה וְעַתָּה
יב לָמָה אַתֶּם מַחֲרִשִׁים לְהָשִׁיב אֶת־הַמֶּלֶךְ׃ וְהַמֶּלֶךְ
דָּוִד שָׁלַח אֶל־צָדוֹק וְאֶל־אֶבְיָתָר הַכֹּהֲנִים לֵאמֹר דַּבְּרוּ אֶל־
זִקְנֵי יְהוּדָה לֵאמֹר לָמָּה תִהְיוּ אַחֲרֹנִים לְהָשִׁיב אֶת־הַמֶּלֶךְ אֶל־
יג בֵּיתוֹ וּדְבַר כָּל־יִשְׂרָאֵל בָּא אֶל־הַמֶּלֶךְ אֶל־בֵּיתוֹ׃ אַחַי אַתֶּם
עַצְמִי וּבְשָׂרִי אַתֶּם וְלָמָּה תִהְיוּ אַחֲרֹנִים לְהָשִׁיב אֶת־הַמֶּלֶךְ׃
יד וְלַעֲמָשָׂא תֹּמְרוּ הֲלוֹא עַצְמִי וּבְשָׂרִי אָתָּה כֹּה יַעֲשֶׂה־לִּי

אֱלֹהִים וְכֹה יוֹסִיף אִם־לֹא שַׂר־צָבָא תִּהְיֶה לְפָנַי כָּל־הַיָּמִים
טו תַּחַת יוֹאָב׃ וַיַּט אֶת־לְבַב כָּל־אִישׁ־יְהוּדָה כְּאִישׁ אֶחָד
טז וַיִּשְׁלְחוּ אֶל־הַמֶּלֶךְ שׁוּב אַתָּה וְכָל־עֲבָדֶיךָ׃ וַיָּשָׁב הַמֶּלֶךְ וַיָּבֹא
עַד־הַיַּרְדֵּן וִיהוּדָה בָּא הַגִּלְגָּלָה לָלֶכֶת לִקְרַאת הַמֶּלֶךְ
יז לְהַעֲבִיר אֶת־הַמֶּלֶךְ אֶת־הַיַּרְדֵּן׃ וַיְמַהֵר שִׁמְעִי בֶן־גֵּרָא בֶן־
הַיְמִינִי אֲשֶׁר מִבַּחוּרִים וַיֵּרֶד עִם־אִישׁ יְהוּדָה לִקְרַאת הַמֶּלֶךְ
יח דָּוִד׃ וְאֶלֶף אִישׁ עִמּוֹ מִבִּנְיָמִן וְצִיבָא נַעַר בֵּית שָׁאוּל וַחֲמֵשֶׁת
עָשָׂר בָּנָיו וְעֶשְׂרִים עֲבָדָיו אִתּוֹ וְצָלְחוּ הַיַּרְדֵּן לִפְנֵי הַמֶּלֶךְ׃
יט וְעָבְרָה הָעֲבָרָה לַעֲבִיר אֶת־בֵּית הַמֶּלֶךְ וְלַעֲשׂוֹת הַטּוֹב בְּעֵינָו
כ וְשִׁמְעִי בֶן־גֵּרָא נָפַל לִפְנֵי הַמֶּלֶךְ בְּעָבְרוֹ בַּיַּרְדֵּן׃ וַיֹּאמֶר
אֶל־הַמֶּלֶךְ אַל־יַחֲשָׁב־לִי אֲדֹנִי עָוֹן וְאַל־תִּזְכֹּר אֵת אֲשֶׁר
הֶעֱוָה עַבְדְּךָ בַּיּוֹם אֲשֶׁר־יָצָא אֲדֹנִי־הַמֶּלֶךְ מִירוּשָׁלִָם לָשׂוּם
כא הַמֶּלֶךְ אֶל־לִבּוֹ׃ כִּי יָדַע עַבְדְּךָ כִּי אֲנִי חָטָאתִי וְהִנֵּה־
בָאתִי הַיּוֹם רִאשׁוֹן לְכָל־בֵּית יוֹסֵף לָרֶדֶת לִקְרַאת אֲדֹנִי
כב הַמֶּלֶךְ׃ וַיַּעַן אֲבִישַׁי בֶּן־צְרוּיָה וַיֹּאמֶר הֲתַחַת זֹאת
כג לֹא יוּמַת שִׁמְעִי כִּי קִלֵּל אֶת־מְשִׁיחַ יְהוָה׃ וַיֹּאמֶר
דָּוִד מַה־לִּי וְלָכֶם בְּנֵי צְרוּיָה כִּי־תִהְיוּ־לִי הַיּוֹם לְשָׂטָן הַיּוֹם
יוּמַת אִישׁ בְּיִשְׂרָאֵל כִּי הֲלוֹא יָדַעְתִּי כִּי הַיּוֹם אֲנִי־מֶלֶךְ עַל־
כד יִשְׂרָאֵל׃ וַיֹּאמֶר הַמֶּלֶךְ אֶל־שִׁמְעִי לֹא תָמוּת וַיִּשָּׁבַע לוֹ
כה הַמֶּלֶךְ׃ וּמְפִבֹשֶׁת בֶּן־שָׁאוּל יָרַד לִקְרַאת הַמֶּלֶךְ
וְלֹא־עָשָׂה רַגְלָיו וְלֹא־עָשָׂה שְׂפָמוֹ וְאֶת־בְּגָדָיו לֹא כִבֵּס לְמִן־
כו הַיּוֹם לֶכֶת הַמֶּלֶךְ עַד־הַיּוֹם אֲשֶׁר־בָּא בְשָׁלוֹם׃ וַיְהִי כִּי־בָא
יְרוּשָׁלִַם לִקְרַאת הַמֶּלֶךְ וַיֹּאמֶר לוֹ הַמֶּלֶךְ לָמָּה לֹא־הָלַכְתָּ
כז עִמִּי מְפִיבֹשֶׁת׃ וַיֹּאמַר אֲדֹנִי הַמֶּלֶךְ עַבְדִּי רִמָּנִי כִּי־אָמַר עַבְדְּךָ
אֶחְבְּשָׁה־לִּי הַחֲמוֹר וְאֶרְכַּב עָלֶיהָ וְאֵלֵךְ אֶת־הַמֶּלֶךְ כִּי
כח פִסֵּחַ עַבְדֶּךָ׃ וַיְרַגֵּל בְּעַבְדְּךָ אֶל־אֲדֹנִי הַמֶּלֶךְ וַאדֹנִי הַמֶּלֶךְ
כט כְּמַלְאַךְ הָאֱלֹהִים וַעֲשֵׂה הַטּוֹב בְּעֵינֶיךָ׃ כִּי לֹא הָיָה כָּל־

בֵּית אָבִי כִּי אִם־אַנְשֵׁי־מָוֶת לַאדֹנִי הַמֶּלֶךְ וַתָּשֶׁת אֶת־עַבְדְּךָ
בְּאֹכְלֵי שֻׁלְחָנֶךָ וּמַה־יֶּשׁ־לִי עוֹד צְדָקָה וְלִזְעֹק עוֹד אֶל־
ל הַמֶּלֶךְ׃ וַיֹּאמֶר לוֹ הַמֶּלֶךְ לָמָּה תְּדַבֵּר עוֹד
לא דְּבָרֶיךָ אָמַרְתִּי אַתָּה וְצִיבָא תַּחְלְקוּ אֶת־הַשָּׂדֶה׃ וַיֹּאמֶר
מְפִיבֹשֶׁת אֶל־הַמֶּלֶךְ גַּם אֶת־הַכֹּל יִקָּח אַחֲרֵי אֲשֶׁר־בָּא אֲדֹנִי
לב הַמֶּלֶךְ בְּשָׁלוֹם אֶל־בֵּיתוֹ׃ וּבַרְזִלַּי הַגִּלְעָדִי יָרַד
לג מֵרֹגְלִים וַיַּעֲבֹר אֶת־הַמֶּלֶךְ הַיַּרְדֵּן לְשַׁלְּחוֹ אֶת־בירדן׃ וּבַרְזִלַּי הַיַּרְדֵּן
זָקֵן מְאֹד בֶּן־שְׁמֹנִים שָׁנָה וְהוּא־כִלְכַּל אֶת־הַמֶּלֶךְ בְּשִׁיבָתוֹ
לד בְמַחֲנַיִם כִּי־אִישׁ גָּדוֹל הוּא מְאֹד׃ וַיֹּאמֶר הַמֶּלֶךְ אֶל־בַּרְזִלָּי
לה אַתָּה עֲבֹר אִתִּי וְכִלְכַּלְתִּי אֹתְךָ עִמָּדִי בִּירוּשָׁלָ͏ִם׃ וַיֹּאמֶר
בַּרְזִלַּי אֶל־הַמֶּלֶךְ כַּמָּה יְמֵי שְׁנֵי חַיַּי כִּי־אֶעֱלֶה אֶת־הַמֶּלֶךְ
לו יְרוּשָׁלָ͏ִם׃ בֶּן־שְׁמֹנִים שָׁנָה אָנֹכִי הַיּוֹם הַאֵדַע ׀ בֵּין־טוֹב לְרָע
אִם־יִטְעַם עַבְדְּךָ אֶת־אֲשֶׁר אֹכַל וְאֶת־אֲשֶׁר אֶשְׁתֶּה אִם־
אֶשְׁמַע עוֹד בְּקוֹל שָׁרִים וְשָׁרוֹת וְלָמָּה יִהְיֶה עַבְדְּךָ עוֹד לְמַשָּׂא
לז אֶל־אֲדֹנִי הַמֶּלֶךְ׃ כִּמְעַט יַעֲבֹר עַבְדְּךָ אֶת־הַיַּרְדֵּן אֶת־הַמֶּלֶךְ
לח וְלָמָּה יִגְמְלֵנִי הַמֶּלֶךְ הַגְּמוּלָה הַזֹּאת׃ יָשָׁב־נָא עַבְדְּךָ וְאָמֻת
בְּעִירִי עִם קֶבֶר אָבִי וְאִמִּי וְהִנֵּה ׀ עַבְדְּךָ כִמְהָם יַעֲבֹר עִם־אֲדֹנִי
לט הַמֶּלֶךְ וַעֲשֵׂה־לוֹ אֵת אֲשֶׁר־טוֹב בְּעֵינֶיךָ׃ וַיֹּאמֶר
הַמֶּלֶךְ אִתִּי יַעֲבֹר כִּמְהָם וַאֲנִי אֶעֱשֶׂה־לּוֹ אֶת־הַטּוֹב בְּעֵינֶיךָ
מ וְכֹל אֲשֶׁר־תִּבְחַר עָלַי אֶעֱשֶׂה־לָּךְ׃ וַיַּעֲבֹר כׇּל־הָעָם אֶת־ לב
הַיַּרְדֵּן וְהַמֶּלֶךְ עָבָר וַיִּשַּׁק הַמֶּלֶךְ לְבַרְזִלַּי וַיְבָרְכֵהוּ וַיָּשׇׁב
מא לִמְקֹמוֹ׃ וַיַּעֲבֹר הַמֶּלֶךְ הַגִּלְגָּלָה וְכִמְהָן עָבַר עִמּוֹ
וְכׇל־עַם יְהוּדָה ויעבירו אֶת־הַמֶּלֶךְ וְגַם חֲצִי עַם יִשְׂרָאֵל׃ הֶעֱבִירוּ
מב וְהִנֵּה כׇּל־אִישׁ יִשְׂרָאֵל בָּאִים אֶל־הַמֶּלֶךְ וַיֹּאמְרוּ אֶל־הַמֶּלֶךְ
מַדּוּעַ גְּנָבוּךָ אַחֵינוּ אִישׁ יְהוּדָה וַיַּעֲבִרוּ אֶת־הַמֶּלֶךְ וְאֶת־בֵּיתוֹ
מג אֶת־הַיַּרְדֵּן וְכׇל־אַנְשֵׁי דָוִד עִמּוֹ׃ וַיַּעַן כׇּל־אִישׁ
יְהוּדָה עַל־אִישׁ יִשְׂרָאֵל כִּי־קָרוֹב הַמֶּלֶךְ אֵלַי וְלָמָּה זֶּה חָרָה

לך על־הדבר הזה האכול אכלנו מן־המלך אם־נשאת נשא
מד לנו: ויען איש־ישראל את־איש יהודה ויאמר
עשר־ידות לי במלך וגם־בדוד אני ממך ומדוע הקלתני ולא־
היה דברי ראשון לי להשיב את־מלכי ויקש דבר־איש
כ א יהודה מדבר איש ישראל: ושם נקרא איש בליעל ושמו
שבע בן־בכרי איש ימיני ויתקע בשופר ויאמר אין־לנו חלק
ב בדוד ולא נחלה־לנו בבן־ישי איש לאהליו ישראל: ויעל
כל־איש ישראל מאחרי דוד אחרי שבע בן־בכרי ואיש
ג יהודה דבקו במלכם מן־הירדן ועד־ירושלם: ויבא דוד
אל־ביתו ירושלם ויקח המלך את עשר־נשים ׀ פלגשים
אשר הניח לשמר הבית ויתנם בית־משמרת ויכלכלם
ואליהם לא־בא ותהיינה צררות עד־יום מתן אלמנות
ד חיות: ויאמר המלך אל־עמשא הזעק־לי את־
ה איש־יהודה שלשת ימים ואתה פה עמד: וילך עמשא להזעיק
ו את־יהודה וייחר מן־המועד אשר יעדו: ויאמר ויוחר
דוד אל־אבישי עתה ירע לנו שבע בן־בכרי מן־אבשלום
אתה קח את־עבדי אדניך ורדף אחריו פן־מצא לו ערים
ז בצרות והציל עיננו: ויצאו אחריו אנשי יואב והכרתי
והפלתי וכל־הגברים ויצאו מירושלם לרדף אחרי שבע בן־
ח בכרי: הם עם־האבן הגדולה אשר בגבעון ועמשא בא
לפניהם ויואב חגור ׀ מדו לבשו ועלו חגור חרב מצמדת על־
ט מתניו בתערה והוא יצא ותפל: ויאמר יואב
לעמשא השלום אתה אחי ותחז יד־ימין יואב בזקן עמשא
י לנשק־לו: ועמשא לא־נשמר בחרב ׀ אשר ביד־יואב
ויכהו בה אל־החמש וישפך מעיו ארצה ולא־שנה לו
וימת ויואב ואבישי אחיו רדף אחרי שבע בן־
יא בכרי: ואיש עמד עליו מנערי יואב ויאמר מי אשר חפץ

יב בְּיוֹאָב וּמִי אֲשֶׁר־לְדָוִד אַחֲרֵי יוֹאָב׃ וַעֲמָשָׂא מִתְגֹּלֵל בַּדָּם
בְּתוֹךְ הַמְסִלָּה וַיַּרְא הָאִישׁ כִּי־עָמַד כָּל־הָעָם וַיַּסֵּב אֶת־
עֲמָשָׂא מִן־הַמְסִלָּה הַשָּׂדֶה וַיַּשְׁלֵךְ עָלָיו בֶּגֶד כַּאֲשֶׁר רָאָה כָּל־
יג הַבָּא עָלָיו וְעָמָד׃ כַּאֲשֶׁר הֹגָה מִן־הַמְסִלָּה עָבַר כָּל־אִישׁ
יד אַחֲרֵי יוֹאָב לִרְדֹּף אַחֲרֵי שֶׁבַע בֶּן־בִּכְרִי׃ וַיַּעֲבֹר בְּכָל־שִׁבְטֵי
יִשְׂרָאֵל אָבֵלָה וּבֵית מַעֲכָה וְכָל־הַבֵּרִים ויקלהו וַיָּבֹאוּ אַף־ (וַיִּקָּהֲלוּ)
טו אַחֲרָיו׃ וַיָּבֹאוּ וַיָּצֻרוּ עָלָיו בְּאָבֵלָה בֵּית הַמַּעֲכָה וַיִּשְׁפְּכוּ סֹלְלָה
אֶל־הָעִיר וַתַּעֲמֹד בַּחֵל וְכָל־הָעָם אֲשֶׁר אֶת־יוֹאָב מַשְׁחִיתִם
טז לְהַפִּיל הַחוֹמָה׃ וַתִּקְרָא אִשָּׁה חֲכָמָה מִן־הָעִיר שִׁמְעוּ שִׁמְעוּ
יז אִמְרוּ־נָא אֶל־יוֹאָב קְרַב עַד־הֵנָּה וַאֲדַבְּרָה אֵלֶיךָ׃ וַיִּקְרַב
אֵלֶיהָ וַתֹּאמֶר הָאִשָּׁה הַאַתָּה יוֹאָב וַיֹּאמֶר אָנִי וַתֹּאמֶר לוֹ
יח שְׁמַע דִּבְרֵי אֲמָתֶךָ וַיֹּאמֶר שֹׁמֵעַ אָנֹכִי׃ וַתֹּאמֶר לֵאמֹר דַּבֵּר
יט יְדַבְּרוּ בָרִאשֹׁנָה לֵאמֹר שָׁאֹל יְשָׁאֲלוּ בְּאָבֵל וְכֵן הֵתַמּוּ׃ אָנֹכִי
שְׁלֻמֵי אֱמוּנֵי יִשְׂרָאֵל אַתָּה מְבַקֵּשׁ לְהָמִית עִיר וְאֵם בְּיִשְׂרָאֵל
כ לָמָּה תְבַלַּע נַחֲלַת יְהוָה׃ וַיַּעַן יוֹאָב וַיֹּאמַר
כא חָלִילָה חָלִילָה לִי אִם־אֲבַלַּע וְאִם־אַשְׁחִית׃ לֹא־כֵן הַדָּבָר כִּי
אִישׁ מֵהַר אֶפְרַיִם שֶׁבַע בֶּן־בִּכְרִי שְׁמוֹ נָשָׂא יָדוֹ בַּמֶּלֶךְ בְּדָוִד
תְּנוּ־אֹתוֹ לְבַדּוֹ וְאֵלְכָה מֵעַל הָעִיר וַתֹּאמֶר הָאִשָּׁה אֶל־יוֹאָב
כב הִנֵּה רֹאשׁוֹ מֻשְׁלָךְ אֵלֶיךָ בְּעַד הַחוֹמָה׃ וַתָּבוֹא הָאִשָּׁה אֶל־כָּל־
הָעָם בְּחָכְמָתָהּ וַיִּכְרְתוּ אֶת־רֹאשׁ שֶׁבַע בֶּן־בִּכְרִי וַיַּשְׁלִכוּ אֶל־
יוֹאָב וַיִּתְקַע בַּשֹּׁפָר וַיָּפֻצוּ מֵעַל־הָעִיר אִישׁ לְאֹהָלָיו וְיוֹאָב
כג שָׁב יְרוּשָׁלִַם אֶל־הַמֶּלֶךְ׃ וְיוֹאָב אֶל כָּל־הַצָּבָא
כד יִשְׂרָאֵל וּבְנָיָה בֶּן־יְהוֹיָדָע עַל־הכרי וְעַל־הַפְּלֵתִי׃ וַאֲדֹרָם עַל־ (הַכְּרֵתִי)
כה הַמַּס וִיהוֹשָׁפָט בֶּן־אֲחִילוּד הַמַּזְכִּיר׃ ושיא סֹפֵר וְצָדוֹק וְאֶבְיָתָר (וּשְׁוָא)
כו כֹּהֲנִים׃ וְגַם עִירָא הַיָּאִרִי הָיָה כֹהֵן לְדָוִד׃ וַיְהִי
כא א
רָעָב בִּימֵי דָוִד שָׁלֹשׁ שָׁנִים שָׁנָה אַחֲרֵי שָׁנָה וַיְבַקֵּשׁ דָּוִד אֶת־
פְּנֵי יְהוָה וַיֹּאמֶר יְהוָה אֶל־שָׁאוּל וְאֶל־בֵּית

הַדָּמִים עַל אֲשֶׁר־הֵמִית אֶת־הַגִּבְעֹנִים׃ וַיִּקְרָא הַמֶּלֶךְ ב
לַגִּבְעֹנִים וַיֹּאמֶר אֲלֵיהֶם וְהַגִּבְעֹנִים לֹא מִבְּנֵי יִשְׂרָאֵל הֵמָּה כִּי
אִם־מִיֶּתֶר הָאֱמֹרִי וּבְנֵי יִשְׂרָאֵל נִשְׁבְּעוּ לָהֶם וַיְבַקֵּשׁ שָׁאוּל
לְהַכֹּתָם בְּקַנֹּאתוֹ לִבְנֵי־יִשְׂרָאֵל וִיהוּדָה׃ וַיֹּאמֶר דָּוִד אֶל־ ג
הַגִּבְעֹנִים מָה אֶעֱשֶׂה לָכֶם וּבַמָּה אֲכַפֵּר וּבָרְכוּ אֶת־נַחֲלַת
לָנוּ יהוה׃ וַיֹּאמְרוּ לוֹ הַגִּבְעֹנִים אֵין־לִי כֶּסֶף וְזָהָב עִם־שָׁאוּל וְעִם־ ד
בֵּיתוֹ וְאֵין־לָנוּ אִישׁ לְהָמִית בְּיִשְׂרָאֵל וַיֹּאמֶר מָה־אַתֶּם
אֹמְרִים אֶעֱשֶׂה לָכֶם׃ וַיֹּאמְרוּ אֶל־הַמֶּלֶךְ הָאִישׁ אֲשֶׁר כִּלָּנוּ ה
יֻתַּן וַאֲשֶׁר דִּמָּה־לָנוּ נִשְׁמַדְנוּ מֵהִתְיַצֵּב בְּכָל־גְּבֻל יִשְׂרָאֵל׃ ינתן־ ו
לָנוּ שִׁבְעָה אֲנָשִׁים מִבָּנָיו וְהוֹקַעֲנוּם לַיהוה בְּגִבְעַת שָׁאוּל בְּחִיר
לג יהוה וַיֹּאמֶר הַמֶּלֶךְ אֲנִי אֶתֵּן׃ וַיַּחְמֹל הַמֶּלֶךְ עַל־ ז
מְפִיבֹשֶׁת בֶּן־יְהוֹנָתָן בֶּן־שָׁאוּל עַל־שְׁבֻעַת יהוה אֲשֶׁר בֵּינֹתָם
בֵּין דָּוִד וּבֵין יְהוֹנָתָן בֶּן־שָׁאוּל׃ וַיִּקַּח הַמֶּלֶךְ אֶת־שְׁנֵי בְּנֵי ח
רִצְפָּה בַת־אַיָּה אֲשֶׁר יָלְדָה לְשָׁאוּל אֶת־אַרְמֹנִי וְאֶת־
מְפִבֹשֶׁת וְאֶת־חֲמֵשֶׁת בְּנֵי מִיכַל בַּת־שָׁאוּל אֲשֶׁר יָלְדָה
לְעַדְרִיאֵל בֶּן־בַּרְזִלַּי הַמְּחֹלָתִי׃ וַיִּתְּנֵם בְּיַד הַגִּבְעֹנִים וַיֹּקִיעֻם ט
שִׁבְעָתָם וְהֵמָּה בִּתְחִלַּת בָּהָר לִפְנֵי יהוה וַיִּפְּלוּ שבעתים יָחַד והם הֻמְתוּ בִּימֵי קָצִיר
בָּרִאשֹׁנִים תחלת קְצִיר שְׂעֹרִים׃ וַתִּקַּח רִצְפָּה בַת־אַיָּה אֶת־ י
הַשַּׂק וַתַּטֵּהוּ לָהּ אֶל־הַצּוּר מִתְּחִלַּת קָצִיר עַד נִתַּךְ־מַיִם
עֲלֵיהֶם מִן־הַשָּׁמָיִם וְלֹא־נָתְנָה עוֹף הַשָּׁמַיִם לָנוּחַ עֲלֵיהֶם יוֹמָם
וְאֶת־חַיַּת הַשָּׂדֶה לָיְלָה׃ וַיֻּגַּד לְדָוִד אֵת אֲשֶׁר־עָשְׂתָה רִצְפָּה יא
בַת־אַיָּה פִּלֶגֶשׁ שָׁאוּל׃ וַיֵּלֶךְ דָּוִד וַיִּקַּח אֶת־עַצְמוֹת שָׁאוּל יב
וְאֶת־עַצְמוֹת יְהוֹנָתָן בְּנוֹ מֵאֵת בַּעֲלֵי יָבֵישׁ גִּלְעָד אֲשֶׁר
תְּלָאוּם שָׁמָּה פְּלִשְׁתִּים גָּנְבוּ אֹתָם מֵרְחֹב בֵּית־שַׁן אֲשֶׁר תלום שם הפלשתים
בְּיוֹם הַכּוֹת פְּלִשְׁתִּים אֶת־שָׁאוּל בַּגִּלְבֹּעַ׃ וַיַּעַל מִשָּׁם אֶת־ יג
עַצְמוֹת שָׁאוּל וְאֶת־עַצְמוֹת יְהוֹנָתָן בְּנוֹ וַיַּאַסְפוּ אֶת־עַצְמוֹת
הַמּוּקָעִים׃ וַיִּקְבְּרוּ אֶת־עַצְמוֹת־שָׁאוּל וִיהוֹנָתָן בְּנוֹ בְּאֶרֶץ יד

בִּנְיָמִן בְּצֵלָע בְּקֶבֶר קִישׁ אָבִיו וַיַּעֲשׂוּ כֹּל אֲשֶׁר־צִוָּה הַמֶּלֶךְ
טו וַיֵּעָתֵר אֱלֹהִים לָאָרֶץ אַחֲרֵי־כֵן׃ וַתְּהִי־עוֹד
מִלְחָמָה לַפְּלִשְׁתִּים אֶת־יִשְׂרָאֵל וַיֵּרֶד דָּוִד וַעֲבָדָיו עִמּוֹ
טז וַיִּלָּחֲמוּ אֶת־פְּלִשְׁתִּים וַיָּעַף דָּוִד׃ וישבו בְּנֹב אֲשֶׁר ׀ בִּילִידֵי וְיִשְׁבִּי
הָרָפָה וּמִשְׁקַל קֵינוֹ שְׁלֹשׁ מֵאוֹת מִשְׁקַל נְחֹשֶׁת וְהוּא
יז חָגוּר חֲדָשָׁה וַיֹּאמֶר לְהַכּוֹת אֶת־דָּוִד׃ וַיַּעֲזָר־לוֹ אֲבִישַׁי בֶּן־
צְרוּיָה וַיַּךְ אֶת־הַפְּלִשְׁתִּי וַיְמִתֵהוּ אָז נִשְׁבְּעוּ אַנְשֵׁי־דָוִד לוֹ
לֵאמֹר לֹא־תֵצֵא עוֹד אִתָּנוּ לַמִּלְחָמָה וְלֹא תְכַבֶּה אֶת־נֵר
יח יִשְׂרָאֵל׃ וַיְהִי אַחֲרֵי־כֵן וַתְּהִי־עוֹד הַמִּלְחָמָה
בְּגוֹב עִם־פְּלִשְׁתִּים אָז הִכָּה סִבְּכַי הַחֻשָׁתִי אֶת־סַף אֲשֶׁר בִּילִדֵי
יט הָרָפָה׃ וַתְּהִי־עוֹד הַמִּלְחָמָה בְּגוֹב עִם־פְּלִשְׁתִּים
וַיַּךְ אֶלְחָנָן בֶּן־יַעְרֵי אֹרְגִים בֵּית הַלַּחְמִי אֵת גָּלְיָת הַגִּתִּי
כ וְעֵץ חֲנִיתוֹ כִּמְנוֹר אֹרְגִים׃ וַתְּהִי־עוֹד מִלְחָמָה
בְּגַת וַיְהִי ׀ אִישׁ מדין וְאֶצְבְּעֹת יָדָיו וְאֶצְבְּעֹת רַגְלָיו שֵׁשׁ וָשֵׁשׁ מָדוֹן
כא עֶשְׂרִים וְאַרְבַּע מִסְפָּר וְגַם־הוּא יֻלַּד לְהָרָפָה׃ וַיְחָרֵף אֶת־
כב יִשְׂרָאֵל וַיַּכֵּהוּ יְהוֹנָתָן בֶּן־שמעי אֲחִי דָוִד׃ אֶת־אַרְבַּעַת שִׁמְעָה
אֵלֶּה יֻלְּדוּ לְהָרָפָה בְּגַת וַיִּפְּלוּ בְיַד־דָּוִד וּבְיַד עֲבָדָיו׃

כב א וַיְדַבֵּר דָּוִד לַיהוָה אֶת־דִּבְרֵי הַשִּׁירָה הַזֹּאת בְּיוֹם
הִצִּיל יְהוָה אֹתוֹ מִכַּף כָּל־אֹיְבָיו וּמִכַּף שָׁאוּל׃
ב ג וַיֹּאמַר יְהוָה סַלְעִי וּמְצֻדָתִי וּמְפַלְטִי־לִי׃ אֱלֹהֵי
צוּרִי אֶחֱסֶה־בּוֹ מָגִנִּי וְקֶרֶן יִשְׁעִי מִשְׂגַּבִּי
ד וּמְנוּסִי מֹשִׁעִי מֵחָמָס תֹּשִׁעֵנִי׃ מְהֻלָּל
ה אֶקְרָא יְהוָה וּמֵאֹיְבַי אִוָּשֵׁעַ׃ כִּי אֲפָפֻנִי מִשְׁבְּרֵי־
ו מָוֶת נַחֲלֵי בְלִיַּעַל יְבַעֲתֻנִי׃ חֶבְלֵי
שְׁאוֹל סַבֻּנִי קִדְּמֻנִי מֹקְשֵׁי־
ז מָוֶת׃ בַּצַּר־לִי אֶקְרָא יְהוָה וְאֶל־

אֱלֹהַי אֶקְרָא וַיִּשְׁמַע מֵהֵיכָלוֹ
ויִּתְגָּעַשׁ קוֹלִי וְשַׁוְעָתִי בְּאָזְנָיו׃ ותגעשׁ ח
וַתִּרְעַשׁ הָאָרֶץ מוֹסְדוֹת הַשָּׁמַיִם
יִרְגָּזוּ וַיִּתְגָּעֲשׁוּ כִּי־חָרָה לוֹ׃ עָלָה ט
עָשָׁן בְּאַפּוֹ וְאֵשׁ מִפִּיו
תֹּאכֵל גֶּחָלִים בָּעֲרוּ מִמֶּנּוּ׃ וַיֵּט י
שָׁמַיִם וַיֵּרַד וַעֲרָפֶל תַּחַת
רַגְלָיו׃ וַיִּרְכַּב עַל־כְּרוּב וַיָּעֹף וַיֵּרָא יא
עַל־כַּנְפֵי־רוּחַ׃ וַיָּשֶׁת חֹשֶׁךְ סְבִיבֹתָיו יב
סֻכּוֹת חַשְׁרַת־מַיִם עָבֵי שְׁחָקִים׃ מִנֹּגַהּ יג
נֶגְדּוֹ בָּעֲרוּ גַּחֲלֵי־אֵשׁ׃ יַרְעֵם מִן־שָׁמַיִם יד
יְהוָה וְעֶלְיוֹן יִתֵּן קוֹלוֹ׃ וַיִּשְׁלַח טו
ויָּהֹם חִצִּים וַיְפִיצֵם בָּרָק ויהמם׃ וַיֵּרָאוּ אֲפִקֵי טז
יָם יִגָּלוּ מֹסְדוֹת תֵּבֵל בְּגַעֲרַת
יְהוָה מִנִּשְׁמַת רוּחַ אַפּוֹ׃ יִשְׁלַח מִמָּרוֹם יז
יִקָּחֵנִי יַמְשֵׁנִי מִמַּיִם רַבִּים׃ יַצִּילֵנִי יח
מֵאֹיְבִי עָז מִשֹּׂנְאַי כִּי אָמְצוּ
מִמֶּנִּי׃ יְקַדְּמֻנִי בְּיוֹם אֵידִי וַיְהִי יט
יְהוָה מִשְׁעָן לִי׃ וַיֹּצֵא לַמֶּרְחָב כ
אֹתִי יְחַלְּצֵנִי כִּי־חָפֵץ בִּי׃ יִגְמְלֵנִי כא
יְהוָה כְּצִדְקָתִי כְּבֹר יָדַי יָשִׁיב
לִי׃ כִּי שָׁמַרְתִּי דַּרְכֵי יְהוָה וְלֹא כב
רָשַׁעְתִּי מֵאֱלֹהָי׃ כִּי כָל־מִשְׁפָּטָו כג
לְנֶגְדִּי וְחֻקֹּתָיו לֹא־אָסוּר מִמֶּנָּה׃ וָאֶהְיֶה כד
תָמִים לוֹ וָאֶשְׁתַּמְּרָה מֵעֲוֺנִי׃ וַיָּשֶׁב יְהוָה לִי כה
כְּצִדְקָתִי כְּבֹרִי לְנֶגֶד עֵינָיו׃ עִם־ כו
חָסִיד תִּתְחַסָּד עִם־גְּבוֹר תְּמִים

כז תִּתַּמָּם׃ עִם־נָבָר תִּתָּבָר וְעִם־
כח עִקֵּשׁ תִּתַּפָּל׃ וְאֶת־עַם עָנִי
כט תּוֹשִׁיעַ וְעֵינֶיךָ עַל־רָמִים תַּשְׁפִּיל׃ כִּי־
אַתָּה נֵירִי יְהוָה וַיהוָה יַגִּיהַּ
ל חָשְׁכִּי׃ כִּי בְכָה אָרוּץ גְּדוּד בֵּאלֹהַי
לא אֲדַלֶּג־שׁוּר׃ הָאֵל תָּמִים
דַּרְכּוֹ אִמְרַת יְהוָה צְרוּפָה מָגֵן
לב הוּא לְכֹל הַחֹסִים בּוֹ׃ כִּי מִי־אֵל מִבַּלְעֲדֵי
לג יְהוָה וּמִי צוּר מִבַּלְעֲדֵי אֱלֹהֵינוּ׃ הָאֵל
מָעוּזִּי חָיִל וַיַּתֵּר תָּמִים
לד דרכו׃ מְשַׁוֶּה רגליו כָּאַיָּלוֹת וְעַל־ דַּרְכִּי רַגְלַי
לה בָּמוֹתַי יַעֲמִדֵנִי׃ מְלַמֵּד יָדַי
לו לַמִּלְחָמָה וְנִחַת קֶשֶׁת־נְחוּשָׁה זְרֹעֹתָי׃ וַתִּתֶּן־
לז לִי מָגֵן יִשְׁעֶךָ וַעֲנֹתְךָ תַּרְבֵּנִי׃ תַּרְחִיב צַעֲדִי
לח תַּחְתֵּנִי וְלֹא מָעֲדוּ קַרְסֻלָּי׃ אֶרְדְּפָה
אֹיְבַי וָאַשְׁמִידֵם וְלֹא אָשׁוּב עַד־
לט כַּלּוֹתָם׃ וָאֲכַלֵּם וָאֶמְחָצֵם וְלֹא יְקוּמוּן וַיִּפְּלוּ
מ תַּחַת רַגְלָי׃ וַתַּזְרֵנִי חַיִל
מא לַמִּלְחָמָה תַּכְרִיעַ קָמַי תַּחְתֵּנִי׃ וְאֹיְבַי
מב תַּתָּה לִּי עֹרֶף מְשַׂנְאַי וָאַצְמִיתֵם׃ יִשְׁעוּ וְאֵין
מג מֹשִׁיעַ אֶל־יְהוָה וְלֹא עָנָם׃ וְאֶשְׁחָקֵם
כַּעֲפַר־אָרֶץ כְּטִיט־חוּצוֹת אֲדִקֵּם
מד אֶרְקָעֵם׃ וַתְּפַלְּטֵנִי מֵרִיבֵי עַמִּי תִּשְׁמְרֵנִי
לְרֹאשׁ גּוֹיִם עַם לֹא־יָדַעְתִּי
מה יַעַבְדֻנִי׃ בְּנֵי נֵכָר יִתְכַּחֲשׁוּ־לִי לִשְׁמוֹעַ
מו אֹזֶן יִשָּׁמְעוּ לִי׃ בְּנֵי נֵכָר יִבֹּלוּ וְיַחְגְּרוּ
מז מִמִּסְגְּרוֹתָם׃ חַי־יְהוָה וּבָרוּךְ צוּרִי וְיָרֻם

אֱלֹהֵי צוּר יִשְׁעִי׃ הָאֵל הַנֹּתֵן נְקָמֹת מח
לִי וּמוֹרִיד עַמִּים תַּחְתֵּנִי׃ וּמוֹצִיאִי מט
מֵאֹיְבָי וּמִקָּמַי תְּרוֹמְמֵנִי מֵאִישׁ חֲמָסִים
תַּצִּילֵנִי׃ עַל־כֵּן אוֹדְךָ יְהוָה בַּגּוֹיִם וּלְשִׁמְךָ נ
אֲזַמֵּר׃ מגדיל יְשׁוּעוֹת נא — מִגְדּוֹל לד
מַלְכּוֹ וְעֹשֶׂה־חֶסֶד לִמְשִׁיחוֹ
לְדָוִד וּלְזַרְעוֹ עַד־עוֹלָם׃

וְאֵלֶּה דִּבְרֵי דָוִד הָאַחֲרֹנִים נְאֻם דָּוִד בֶּן־יִשַׁי וּנְאֻם הַגֶּבֶר הֻקַם א כג
עָל מְשִׁיחַ אֱלֹהֵי יַעֲקֹב וּנְעִים זְמִרוֹת יִשְׂרָאֵל׃ רוּחַ יְהוָה דִּבֶּר־ ב
בִּי וּמִלָּתוֹ עַל־לְשׁוֹנִי׃ אָמַר אֱלֹהֵי יִשְׂרָאֵל לִי דִבֶּר צוּר יִשְׂרָאֵל ג
מוֹשֵׁל בָּאָדָם צַדִּיק מוֹשֵׁל יִרְאַת אֱלֹהִים׃ וּכְאוֹר בֹּקֶר יִזְרַח־ ד
שָׁמֶשׁ בֹּקֶר לֹא עָבוֹת מִנֹּגַהּ מִמָּטָר דֶּשֶׁא מֵאָרֶץ׃ כִּי־לֹא־כֵן ה
בֵּיתִי עִם־אֵל כִּי בְרִית עוֹלָם שָׂם לִי עֲרוּכָה בַכֹּל וּשְׁמֻרָה כִּי־
כָל־יִשְׁעִי וְכָל־חֵפֶץ כִּי־לֹא יַצְמִיחַ׃ וּבְלִיַּעַל כְּקוֹץ מֻנָד כֻּלָּהַם ו
כִּי־לֹא בְיָד יִקָּחוּ׃ וְאִישׁ יִגַּע בָּהֶם יִמָּלֵא בַרְזֶל וְעֵץ חֲנִית ז
וּבָאֵשׁ שָׂרוֹף יִשָּׂרְפוּ בַּשָּׁבֶת׃
אֵלֶּה שְׁמוֹת הַגִּבֹּרִים אֲשֶׁר לְדָוִד יֹשֵׁב בַּשֶּׁבֶת תַּחְכְּמֹנִי רֹאשׁ ח
הַשָּׁלִשִׁי הוּא עֲדִינוֹ העצנו עַל־שְׁמֹנֶה מֵאוֹת חָלָל בְּפַעַם — הָעֶצְנִי
אחד׃ וְאַחֲרָו אֶלְעָזָר בֶּן־דדי בֶּן־אֲחֹחִי בִּשְׁלֹשָׁה גברים ט — אֶחָת דֹּדוֹ הַגִּבֹּרִים
עִם־דָּוִד בְּחָרְפָם בַּפְּלִשְׁתִּים נֶאֶסְפוּ־שָׁם לַמִּלְחָמָה וַיַּעֲלוּ אִישׁ
יִשְׂרָאֵל׃ הוּא קָם וַיַּךְ בַּפְּלִשְׁתִּים עַד ׀ כִּי־יָגְעָה יָדוֹ וַתִּדְבַּק יָדוֹ י
אֶל־הַחֶרֶב וַיַּעַשׂ יְהוָה תְּשׁוּעָה גְדוֹלָה בַּיּוֹם הַהוּא וְהָעָם יָשֻׁבוּ
אַחֲרָיו אַךְ לְפַשֵּׁט׃ וְאַחֲרָיו שַׁמָּא בֶן־אָגֵא הָרָרִי וַיֵּאָסְפוּ יא
פְלִשְׁתִּים לַחַיָּה וַתְּהִי־שָׁם חֶלְקַת הַשָּׂדֶה מְלֵאָה עֲדָשִׁים וְהָעָם
נָס מִפְּנֵי פְלִשְׁתִּים׃ וַיִּתְיַצֵּב בְּתוֹךְ־הַחֶלְקָה וַיַּצִּילֶהָ וַיַּךְ אֶת־ יב
פְּלִשְׁתִּים וַיַּעַשׂ יְהוָה תְּשׁוּעָה גְדוֹלָה׃ וַיֵּרְדוּ שלשים יג — שְׁלֹשָׁה

מֵהַשְּׁלֹשִׁים רֹאשׁ וַיָּבֹאוּ אֶל־קָצִיר אֶל־דָּוִד אֶל־מְעָרַת עֲדֻלָּם
יד וְחַיַּת פְּלִשְׁתִּים חֹנָה בְּעֵמֶק רְפָאִים׃ וְדָוִד אָז בַּמְּצוּדָה וּמַצַּב
טו פְּלִשְׁתִּים אָז בֵּית לָחֶם׃ וַיִּתְאַוֶּה דָוִד וַיֹּאמַר מִי יַשְׁקֵנִי מַיִם
טז מִבֹּאר בֵּית־לֶחֶם אֲשֶׁר בַּשָּׁעַר׃ וַיִּבְקְעוּ שְׁלֹשֶׁת הַגִּבֹּרִים
בְּמַחֲנֵה פְלִשְׁתִּים וַיִּשְׁאֲבוּ־מַיִם מִבֹּאר בֵּית־לֶחֶם אֲשֶׁר בַּשַּׁעַר
וַיִּשְׂאוּ וַיָּבִאוּ אֶל־דָּוִד וְלֹא אָבָה לִשְׁתּוֹתָם וַיַּסֵּךְ אֹתָם
יז לַיהוָה׃ וַיֹּאמֶר חָלִילָה לִּי יְהוָה מֵעֲשֹׂתִי זֹאת הֲדַם הָאֲנָשִׁים
הַהֹלְכִים בְּנַפְשׁוֹתָם וְלֹא אָבָה לִשְׁתּוֹתָם אֵלֶּה עָשׂוּ שְׁלֹשֶׁת
יח הַגִּבֹּרִים׃ וַאֲבִישַׁי אֲחִי ׀ יוֹאָב בֶּן־צְרוּיָה הוּא רֹאשׁ
השלשי וְהוּא עוֹרֵר אֶת־חֲנִיתוֹ עַל־שְׁלֹשׁ מֵאוֹת חָלָל וְלוֹ־שֵׁם הַשְּׁלֹשָׁה
יט בַּשְּׁלֹשָׁה׃ מִן־הַשְּׁלֹשָׁה הֲכִי נִכְבָּד וַיְהִי לָהֶם לְשָׂר וְעַד־
כ הַשְּׁלֹשָׁה לֹא־בָא׃ וּבְנָיָהוּ בֶן־יְהוֹיָדָע בֶּן־אִישׁ־חַי רַב־ חַיִל
פְּעָלִים מִקַּבְצְאֵל הוּא הִכָּה אֵת שְׁנֵי אֲרִאֵל מוֹאָב וְהוּא יָרַד
כא וְהִכָּה אֶת־האריה בְּתוֹךְ הַבֹּאר בְּיוֹם הַשָּׁלֶג׃ וְהוּא הִכָּה הָאֲרִי
אֶת־איש מִצְרִי אֲשֶׁר מַרְאֶה וּבְיַד הַמִּצְרִי חֲנִית וַיֵּרֶד אֵלָיו אִישׁ
בַּשָּׁבֶט וַיִּגְזֹל אֶת־הַחֲנִית מִיַּד הַמִּצְרִי וַיַּהַרְגֵהוּ בַּחֲנִיתוֹ׃
כב אֵלֶּה עָשָׂה בְּנָיָהוּ בֶּן־יְהוֹיָדָע וְלוֹ־שֵׁם בִּשְׁלֹשָׁה הַגִּבֹּרִים׃
כג מִן־הַשְּׁלֹשִׁים נִכְבָּד וְאֶל־הַשְּׁלֹשָׁה לֹא־בָא וַיְשִׂמֵהוּ דָוִד
כד אֶל־מִשְׁמַעְתּוֹ׃ עֲשָׂהאֵל אֲחִי־יוֹאָב בַּשְּׁלֹשִׁים אֶלְחָנָן
כה כו בֶּן־דדי בֵּית לָחֶם׃ שַׁמָּה הַחֲרֹדִי אֱלִיקָא הַחֲרֹדִי׃ חֶלֶץ דֹּדוֹ
כז הַפַּלְטִי עִירָא בֶן־עִקֵּשׁ הַתְּקוֹעִי׃ אֲבִיעֶזֶר הָעַנְּתֹתִי מְבֻנַּי
כח כט הַחֻשָׁתִי׃ צַלְמוֹן הָאֲחֹחִי מַהְרַי הַנְּטֹפָתִי׃ חֵלֶב בֶּן־
ל בַּעֲנָה הַנְּטֹפָתִי אִתַּי בֶּן־רִיבַי מִגִּבְעַת בְּנֵי בִנְיָמִן׃ בְּנָיָהוּ
לא פִּרְעָתֹנִי הִדַּי מִנַּחֲלֵי גָעַשׁ׃ אֲבִי־עַלְבוֹן הָעַרְבָתִי עַזְמָוֶת
לב לג הַבַּרְחֻמִי׃ אֶלְיַחְבָּא הַשַּׁעַלְבֹנִי בְּנֵי יָשֵׁן יְהוֹנָתָן׃ שַׁמָּה
לד הַהֲרָרִי אֲחִיאָם בֶּן־שָׁרָר הָארָרִי׃ אֱלִיפֶלֶט בֶּן־אֲחַסְבַּי
לה בֶּן־הַמַּעֲכָתִי אֱלִיעָם בֶּן־אֲחִיתֹפֶל הַגִּלֹנִי׃ חצרו הַכַּרְמְלִי חֶצְרַי

לו לז פַּעֲרַי הָאַרְבִּי: יִגְאָל בֶּן־נָתָן מִצֹּבָה בָּנִי הַגָּדִי: צֶלֶק
לח הָעַמֹּנִי נַחְרַי הַבְּאֵרֹתִי נשאי כְּלֵי יוֹאָב בֶּן־צְרֻיָה: עִירָא
נֹשֵׂא
לט הַיִּתְרִי גָּרֵב הַיִּתְרִי: אוּרִיָּה הַחִתִּי כֹּל שְׁלֹשִׁים
כד א וְשִׁבְעָה: וַיֹּסֶף אַף־יהוה לַחֲרוֹת בְּיִשְׂרָאֵל וַיָּסֶת
אֶת־דָּוִד בָּהֶם לֵאמֹר לֵךְ מְנֵה אֶת־יִשְׂרָאֵל וְאֶת־יְהוּדָה:
ב וַיֹּאמֶר הַמֶּלֶךְ אֶל־יוֹאָב ׀ שַׂר־הַחַיִל אֲשֶׁר־אִתּוֹ שׁוּט־נָא בְּכָל־
שִׁבְטֵי יִשְׂרָאֵל מִדָּן וְעַד־בְּאֵר שֶׁבַע וּפִקְדוּ אֶת־הָעָם וְיָדַעְתִּי
ג אֵת מִסְפַּר הָעָם: וַיֹּאמֶר יוֹאָב אֶל־הַמֶּלֶךְ וְיוֹסֵף
יהוה אֱלֹהֶיךָ אֶל־הָעָם כָּהֵם ׀ וְכָהֵם מֵאָה פְעָמִים וְעֵינֵי אֲדֹנִי־
ד הַמֶּלֶךְ רֹאוֹת וַאדֹנִי הַמֶּלֶךְ לָמָּה חָפֵץ בַּדָּבָר הַזֶּה: וַיֶּחֱזַק דְּבַר־
הַמֶּלֶךְ אֶל־יוֹאָב וְעַל שָׂרֵי הֶחָיִל וַיֵּצֵא יוֹאָב וְשָׂרֵי הַחַיִל לִפְנֵי
ה הַמֶּלֶךְ לִפְקֹד אֶת־הָעָם אֶת־יִשְׂרָאֵל: וַיַּעַבְרוּ אֶת־הַיַּרְדֵּן
וַיַּחֲנוּ בַעֲרוֹעֵר יְמִין הָעִיר אֲשֶׁר בְּתוֹךְ־הַנַּחַל הַגָּד וְאֶל־יַעְזֵר:
ו וַיָּבֹאוּ הַגִּלְעָדָה וְאֶל־אֶרֶץ תַּחְתִּים חָדְשִׁי וַיָּבֹאוּ דָּנָה יַּעַן
ז וְסָבִיב אֶל־צִידוֹן: וַיָּבֹאוּ מִבְצַר־צֹר וְכָל־עָרֵי הַחִוִּי וְהַכְּנַעֲנִי
ח וַיֵּצְאוּ אֶל־נֶגֶב יְהוּדָה בְּאֵר שָׁבַע: וַיָּשֻׁטוּ בְּכָל־הָאָרֶץ
ט וַיָּבֹאוּ מִקְצֵה תִשְׁעָה חֳדָשִׁים וְעֶשְׂרִים יוֹם יְרוּשָׁלִָם: וַיִּתֵּן
יוֹאָב אֶת־מִסְפַּר מִפְקַד־הָעָם אֶל־הַמֶּלֶךְ וַתְּהִי יִשְׂרָאֵל
שְׁמֹנֶה מֵאוֹת אֶלֶף אִישׁ־חַיִל שֹׁלֵף חֶרֶב וְאִישׁ יְהוּדָה חֲמֵשׁ־
י מֵאוֹת אֶלֶף אִישׁ: וַיַּךְ לֵב־דָּוִד אֹתוֹ אַחֲרֵי־כֵן סָפַר אֶת־
הָעָם וַיֹּאמֶר דָּוִד אֶל־יהוה חָטָאתִי מְאֹד אֲשֶׁר
עָשִׂיתִי וְעַתָּה יהוה הַעֲבֶר־נָא אֶת־עֲוֺן עַבְדְּךָ כִּי נִסְכַּלְתִּי
יא מְאֹד: וַיָּקָם דָּוִד בַּבֹּקֶר וּדְבַר־יהוה הָיָה אֶל־גָּד
יב הַנָּבִיא חֹזֵה דָוִד לֵאמֹר: הָלוֹךְ וְדִבַּרְתָּ אֶל־דָּוִד כֹּה אָמַר יהוה
שָׁלֹשׁ אָנֹכִי נוֹטֵל עָלֶיךָ בְּחַר־לְךָ אַחַת־מֵהֶם וְאֶעֱשֶׂה־לָּךְ:
יג וַיָּבֹא־גָד אֶל־דָּוִד וַיַּגֶּד־לוֹ וַיֹּאמֶר לוֹ הֲתָבוֹא לְךָ שֶׁבַע־שָׁנִים ׀
רָעָב ׀ בְּאַרְצֶךָ וְאִם־שְׁלֹשָׁה חֳדָשִׁים נֻסְךָ לִפְנֵי־צָרֶיךָ וְהוּא

רֹדְפֶךָ וְאִם־הֱיוֹת שְׁלֹשֶׁת יָמִים דֶּבֶר בְּאַרְצֶךָ עַתָּה דַּע וּרְאֵה
יד מָה־אָשִׁיב שֹׁלְחִי דָּבָר׃ וַיֹּאמֶר דָּוִד אֶל־גָּד צַר־
לִי מְאֹד נִפְּלָה־נָּא בְיַד־יְהוָה כִּי־רַבִּים רַחֲמָו וּבְיַד־אָדָם אַל־
טו אֶפֹּלָה׃ וַיִּתֵּן יְהוָה דֶּבֶר בְּיִשְׂרָאֵל מֵהַבֹּקֶר וְעַד־עֵת מוֹעֵד וַיָּמָת
טז מִן־הָעָם מִדָּן וְעַד־בְּאֵר שֶׁבַע שִׁבְעִים אֶלֶף אִישׁ׃ וַיִּשְׁלַח יָדוֹ
הַמַּלְאָךְ ׀ יְרוּשָׁלִַם לְשַׁחֲתָהּ וַיִּנָּחֶם יְהוָה אֶל־הָרָעָה וַיֹּאמֶר
לַמַּלְאָךְ הַמַּשְׁחִית בָּעָם רַב עַתָּה הֶרֶף יָדֶךָ וּמַלְאַךְ יְהוָה הָיָה
יז עִם־גֹּרֶן הָאוֹרְנָה הַיְבֻסִי׃ וַיֹּאמֶר דָּוִד אֶל־יְהוָה הָאֲרַוְנָה
בִּרְאֹתוֹ ׀ אֶת־הַמַּלְאָךְ ׀ הַמַּכֶּה בָעָם וַיֹּאמֶר הִנֵּה אָנֹכִי חָטָאתִי
וְאָנֹכִי הֶעֱוֵיתִי וְאֵלֶּה הַצֹּאן מֶה עָשׂוּ תְּהִי נָא יָדְךָ בִּי וּבְבֵית
יח אָבִי׃ וַיָּבֹא־גָד אֶל־דָּוִד בַּיּוֹם הַהוּא וַיֹּאמֶר לוֹ
יט עֲלֵה הָקֵם לַיהוָה מִזְבֵּחַ בְּגֹרֶן ארניה הַיְבֻסִי׃ וַיַּעַל דָּוִד כִּדְבַר־ אֲרַוְנָה
כ גָּד כַּאֲשֶׁר צִוָּה יְהוָה׃ וַיַּשְׁקֵף אֲרַוְנָה וַיַּרְא אֶת־הַמֶּלֶךְ וְאֶת־
עֲבָדָיו עֹבְרִים עָלָיו וַיֵּצֵא אֲרַוְנָה וַיִּשְׁתַּחוּ לַמֶּלֶךְ אַפָּיו אָרְצָה׃
כא וַיֹּאמֶר אֲרַוְנָה מַדּוּעַ בָּא אֲדֹנִי־הַמֶּלֶךְ אֶל־עַבְדּוֹ וַיֹּאמֶר דָּוִד
לִקְנוֹת מֵעִמְּךָ אֶת־הַגֹּרֶן לִבְנוֹת מִזְבֵּחַ לַיהוָה וְתֵעָצַר הַמַּגֵּפָה
כב מֵעַל הָעָם׃ וַיֹּאמֶר אֲרַוְנָה אֶל־דָּוִד יִקַּח וְיַעַל אֲדֹנִי הַמֶּלֶךְ
הַטּוֹב בְּעֵינוֹ רְאֵה הַבָּקָר לָעֹלָה וְהַמֹּרִגִּים וּכְלֵי הַבָּקָר לָעֵצִים׃
כג הַכֹּל נָתַן אֲרַוְנָה הַמֶּלֶךְ לַמֶּלֶךְ וַיֹּאמֶר אֲרַוְנָה
כד אֶל־הַמֶּלֶךְ יְהוָה אֱלֹהֶיךָ יִרְצֶךָ׃ וַיֹּאמֶר הַמֶּלֶךְ אֶל־אֲרַוְנָה לֹא
כִּי־קָנוֹ אֶקְנֶה מֵאוֹתְךָ בִּמְחִיר וְלֹא אַעֲלֶה לַיהוָה אֱלֹהַי עֹלוֹת
חִנָּם וַיִּקֶן דָּוִד אֶת־הַגֹּרֶן וְאֶת־הַבָּקָר בְּכֶסֶף שְׁקָלִים חֲמִשִּׁים׃
כה וַיִּבֶן שָׁם דָּוִד מִזְבֵּחַ לַיהוָה וַיַּעַל עֹלוֹת וּשְׁלָמִים וַיֵּעָתֵר יְהוָה
לָאָרֶץ וַתֵּעָצַר הַמַּגֵּפָה מֵעַל יִשְׂרָאֵל׃

מלכים

א והמלך דוד זקן בא בימים ויכסהו בבגדים ולא יחם לו: א
ב ויאמרו לו עבדיו יבקשו לאדני המלך נערה בתולה ועמדה
לפני המלך ותהי־לו סכנת ושכבה בחיקך וחם לאדני המלך:
ג ויבקשו נערה יפה בכל גבול ישראל וימצאו את־אבישג
ד השונמית ויבאו אתה למלך: והנערה יפה עד־מאד ותהי
ה למלך סכנת ותשרתהו והמלך לא ידעה: ואדניה בן־חגית
מתנשא לאמר אני אמלך ויעש לו רכב ופרשים וחמשים
ו איש רצים לפניו: ולא־עצבו אביו מימיו לאמר מדוע ככה
עשית וגם־הוא טוב־תאר מאד ואתו ילדה אחרי אבשלום:
ז ויהיו דבריו עם יואב בן־צרויה ועם אביתר הכהן ויעזרו
ח אחרי אדניה: וצדוק הכהן ובניהו בן־יהוידע ונתן הנביא
ט ושמעי ורעי והגבורים אשר לדוד לא היו עם־אדניהו: ויזבח
אדניהו צאן ובקר ומריא עם אבן הזחלת אשר־אצל עין
רגל ויקרא את־כל־אחיו בני המלך ולכל־אנשי יהודה עבדי
י המלך: ואת־נתן הנביא ובניהו ואת־הגבורים ואת־שלמה
יא אחיו לא קרא: ויאמר נתן אל־בת־שבע אם־שלמה לאמר
הלוא שמעת כי מלך אדניהו בן־חגית ואדנינו דוד לא ידע:
יב ועתה לכי איעצך נא עצה ומלטי את־נפשך ואת־נפש בנך
יג שלמה: לכי ובאי | אל־המלך דוד ואמרת אליו הלא־אתה
אדני המלך נשבעת לאמתך לאמר כי־שלמה בנך ימלך
יד אחרי והוא ישב על־כסאי ומדוע מלך אדניהו: הנה עודך
מדברת שם עם־המלך ואני אבוא אחריך ומלאתי את־
טו דבריך: ותבא בת־שבע אל־המלך החדרה והמלך זקן מאד
טז ואבישג השונמית משרת את־המלך: ותקד בת־שבע
יז ותשתחו למלך ויאמר המלך מה־לך: ותאמר לו אדני אתה
נשבעת ביהוה אלהיך לאמתך כי־שלמה בנך ימלך אחרי
יח והוא ישב על־כסאי: ועתה הנה אדניה מלך ועתה אדני

יט הַמֶּלֶךְ לֹא יְדָעַתְּ׃ וַיִּזְבַּח שׁוֹר וּמְרִיא־וְצֹאן לָרֹב וַיִּקְרָא לְכָל־
בְּנֵי הַמֶּלֶךְ וּלְאֶבְיָתָר הַכֹּהֵן וּלְיֹאָב שַׂר הַצָּבָא וְלִשְׁלֹמֹה עַבְדְּךָ
כ לֹא קָרָא׃ וְאַתָּה אֲדֹנִי הַמֶּלֶךְ עֵינֵי כָל־יִשְׂרָאֵל עָלֶיךָ לְהַגִּיד
כא לָהֶם מִי יֵשֵׁב עַל־כִּסֵּא אֲדֹנִי־הַמֶּלֶךְ אַחֲרָיו׃ וְהָיָה כִּשְׁכַב
כב אֲדֹנִי־הַמֶּלֶךְ עִם־אֲבֹתָיו וְהָיִיתִי אֲנִי וּבְנִי שְׁלֹמֹה חַטָּאִים׃ וְהִנֵּה
כג עוֹדֶנָּה מְדַבֶּרֶת עִם־הַמֶּלֶךְ וְנָתָן הַנָּבִיא בָּא׃ וַיַּגִּידוּ לַמֶּלֶךְ
לֵאמֹר הִנֵּה נָתָן הַנָּבִיא וַיָּבֹא לִפְנֵי הַמֶּלֶךְ וַיִּשְׁתַּחוּ לַמֶּלֶךְ עַל־
כד אַפָּיו אָרְצָה׃ וַיֹּאמֶר נָתָן אֲדֹנִי הַמֶּלֶךְ אַתָּה אָמַרְתָּ אֲדֹנִיָּהוּ
כה יִמְלֹךְ אַחֲרָי וְהוּא יֵשֵׁב עַל־כִּסְאִי׃ כִּי ׀ יָרַד הַיּוֹם וַיִּזְבַּח שׁוֹר
וּמְרִיא־וְצֹאן לָרֹב וַיִּקְרָא לְכָל־בְּנֵי הַמֶּלֶךְ וּלְשָׂרֵי הַצָּבָא
וּלְאֶבְיָתָר הַכֹּהֵן וְהִנָּם אֹכְלִים וְשֹׁתִים לְפָנָיו וַיֹּאמְרוּ יְחִי הַמֶּלֶךְ
כו אֲדֹנִיָּהוּ׃ וְלִי אֲנִי־עַבְדֶּךָ וּלְצָדֹק הַכֹּהֵן וְלִבְנָיָהוּ בֶן־יְהוֹיָדָע
כז וְלִשְׁלֹמֹה עַבְדְּךָ לֹא קָרָא׃ אִם מֵאֵת אֲדֹנִי הַמֶּלֶךְ נִהְיָה הַדָּבָר
הַזֶּה וְלֹא הוֹדַעְתָּ אֶת־עַבְדֶּיךָ מִי יֵשֵׁב עַל־כִּסֵּא אֲדֹנִי־הַמֶּלֶךְ עַבְדְּךָ
כח אַחֲרָיו׃ וַיַּעַן הַמֶּלֶךְ דָּוִד וַיֹּאמֶר קִרְאוּ־לִי לְבַת־שָׁבַע וַתָּבֹא
כט לִפְנֵי הַמֶּלֶךְ וַתַּעֲמֹד לִפְנֵי הַמֶּלֶךְ׃ וַיִּשָּׁבַע הַמֶּלֶךְ וַיֹּאמַר חַי־
ל יְהוָה אֲשֶׁר־פָּדָה אֶת־נַפְשִׁי מִכָּל־צָרָה׃ כִּי כַּאֲשֶׁר נִשְׁבַּעְתִּי
לְךָ בַּיהוָה אֱלֹהֵי יִשְׂרָאֵל לֵאמֹר כִּי־שְׁלֹמֹה בְנֵךְ יִמְלֹךְ אַחֲרַי
לא וְהוּא יֵשֵׁב עַל־כִּסְאִי תַּחְתָּי כִּי כֵּן אֶעֱשֶׂה הַיּוֹם הַזֶּה׃ וַתִּקֹּד
בַּת־שֶׁבַע אַפַּיִם אֶרֶץ וַתִּשְׁתַּחוּ לַמֶּלֶךְ וַתֹּאמֶר יְחִי אֲדֹנִי הַמֶּלֶךְ
לב דָּוִד לְעֹלָם׃ וַיֹּאמֶר הַמֶּלֶךְ דָּוִד קִרְאוּ־לִי לְצָדוֹק
הַכֹּהֵן וּלְנָתָן הַנָּבִיא וְלִבְנָיָהוּ בֶּן־יְהוֹיָדָע וַיָּבֹאוּ לִפְנֵי הַמֶּלֶךְ׃
לג וַיֹּאמֶר הַמֶּלֶךְ לָהֶם קְחוּ עִמָּכֶם אֶת־עַבְדֵי אֲדֹנֵיכֶם וְהִרְכַּבְתֶּם
אֶת־שְׁלֹמֹה בְנִי עַל־הַפִּרְדָּה אֲשֶׁר־לִי וְהוֹרַדְתֶּם אֹתוֹ אֶל־
לד גִּחוֹן׃ וּמָשַׁח אֹתוֹ שָׁם צָדוֹק הַכֹּהֵן וְנָתָן הַנָּבִיא לְמֶלֶךְ עַל־
לה יִשְׂרָאֵל וּתְקַעְתֶּם בַּשּׁוֹפָר וַאֲמַרְתֶּם יְחִי הַמֶּלֶךְ שְׁלֹמֹה׃ וַעֲלִיתֶם
אַחֲרָיו וּבָא וְיָשַׁב עַל־כִּסְאִי וְהוּא יִמְלֹךְ תַּחְתָּי וְאֹתוֹ צִוִּיתִי

א

לו לִהְיוֹת נָגִיד עַל־יִשְׂרָאֵל וְעַל־יְהוּדָה׃ וַיַּעַן בְּנָיָהוּ בֶן־יְהוֹיָדָע
אֶת־הַמֶּלֶךְ וַיֹּאמֶר ׀ אָמֵן כֵּן יֹאמַר יְהוָה אֱלֹהֵי אֲדֹנִי הַמֶּלֶךְ׃
לז כַּאֲשֶׁר הָיָה יְהוָה עִם־אֲדֹנִי הַמֶּלֶךְ כֵּן יְהִי עִם־שְׁלֹמֹה וִיגַדֵּל
לח אֶת־כִּסְאוֹ מִכִּסֵּא אֲדֹנִי הַמֶּלֶךְ דָּוִד׃ וַיֵּרֶד צָדוֹק הַכֹּהֵן וְנָתָן
הַנָּבִיא וּבְנָיָהוּ בֶן־יְהוֹיָדָע וְהַכְּרֵתִי וְהַפְּלֵתִי וַיַּרְכִּבוּ אֶת־
לט שְׁלֹמֹה עַל־פִּרְדַּת הַמֶּלֶךְ דָּוִד וַיֹּלִכוּ אֹתוֹ עַל־גִּחוֹן׃ וַיִּקַּח צָדוֹק
הַכֹּהֵן אֶת־קֶרֶן הַשֶּׁמֶן מִן־הָאֹהֶל וַיִּמְשַׁח אֶת־שְׁלֹמֹה וַיִּתְקְעוּ
מ בַּשּׁוֹפָר וַיֹּאמְרוּ כָּל־הָעָם יְחִי הַמֶּלֶךְ שְׁלֹמֹה׃ וַיַּעֲלוּ כָל־הָעָם
אַחֲרָיו וְהָעָם מְחַלְּלִים בַּחֲלִלִים וּשְׂמֵחִים שִׂמְחָה גְדוֹלָה וַתִּבָּקַע
מא הָאָרֶץ בְּקוֹלָם׃ וַיִּשְׁמַע אֲדֹנִיָּהוּ וְכָל־הַקְּרֻאִים אֲשֶׁר אִתּוֹ וְהֵם
כִּלּוּ לֶאֱכֹל וַיִּשְׁמַע יוֹאָב אֶת־קוֹל הַשּׁוֹפָר וַיֹּאמֶר מַדּוּעַ קוֹל־
מב הַקִּרְיָה הוֹמָה׃ עוֹדֶנּוּ מְדַבֵּר וְהִנֵּה יוֹנָתָן בֶּן־אֶבְיָתָר הַכֹּהֵן בָּא
מג וַיֹּאמֶר אֲדֹנִיָּהוּ בֹּא כִּי אִישׁ חַיִל אַתָּה וְטוֹב תְּבַשֵּׂר׃ וַיַּעַן יוֹנָתָן
וַיֹּאמֶר לַאֲדֹנִיָּהוּ אֲבָל אֲדֹנֵינוּ הַמֶּלֶךְ־דָּוִד הִמְלִיךְ אֶת־שְׁלֹמֹה׃
מד וַיִּשְׁלַח אִתּוֹ הַמֶּלֶךְ אֶת־צָדוֹק הַכֹּהֵן וְאֶת־נָתָן הַנָּבִיא וּבְנָיָהוּ
בֶּן־יְהוֹיָדָע וְהַכְּרֵתִי וְהַפְּלֵתִי וַיַּרְכִּבוּ אֹתוֹ עַל פִּרְדַּת הַמֶּלֶךְ׃
מה וַיִּמְשְׁחוּ אֹתוֹ צָדוֹק הַכֹּהֵן וְנָתָן הַנָּבִיא ׀ לְמֶלֶךְ בְּגִחוֹן וַיַּעֲלוּ
מו מִשָּׁם שְׂמֵחִים וַתֵּהֹם הַקִּרְיָה הוּא הַקּוֹל אֲשֶׁר שְׁמַעְתֶּם׃ וְגַם
מז יָשַׁב שְׁלֹמֹה עַל כִּסֵּא הַמְּלוּכָה׃ וְגַם־בָּאוּ עַבְדֵי הַמֶּלֶךְ לְבָרֵךְ
אֶת־אֲדֹנֵינוּ הַמֶּלֶךְ דָּוִד לֵאמֹר יֵיטֵב אלהיך אֶת־שֵׁם שְׁלֹמֹה אֱלֹהִים
מִשְּׁמֶךָ וִיגַדֵּל אֶת־כִּסְאוֹ מִכִּסְאֶךָ וַיִּשְׁתַּחוּ הַמֶּלֶךְ עַל־
מח הַמִּשְׁכָּב׃ וְגַם־כָּכָה אָמַר הַמֶּלֶךְ בָּרוּךְ יְהוָה אֱלֹהֵי יִשְׂרָאֵל ב
מט אֲשֶׁר נָתַן הַיּוֹם יֹשֵׁב עַל־כִּסְאִי וְעֵינַי רֹאוֹת׃ וַיֶּחֶרְדוּ וַיָּקֻמוּ כָּל־
נ הַקְּרֻאִים אֲשֶׁר לַאֲדֹנִיָּהוּ וַיֵּלְכוּ אִישׁ לְדַרְכּוֹ׃ וַאֲדֹנִיָּהוּ יָרֵא מִפְּנֵי
נא שְׁלֹמֹה וַיָּקָם וַיֵּלֶךְ וַיַּחֲזֵק בְּקַרְנוֹת הַמִּזְבֵּחַ׃ וַיֻּגַּד לִשְׁלֹמֹה לֵאמֹר
הִנֵּה אֲדֹנִיָּהוּ יָרֵא אֶת־הַמֶּלֶךְ שְׁלֹמֹה וְהִנֵּה אָחַז בְּקַרְנוֹת
הַמִּזְבֵּחַ לֵאמֹר יִשָּׁבַע־לִי כַיּוֹם הַמֶּלֶךְ שְׁלֹמֹה אִם־יָמִית אֶת־

עַבְדּוֹ בֶּחָרֶב׃ וַיֹּאמֶר שְׁלֹמֹה אִם יִהְיֶה לְבֶן־חַיִל לֹא־יִפֹּל נב
מִשַּׂעֲרָתוֹ אָרְצָה וְאִם־רָעָה תִמָּצֵא־בוֹ וָמֵת׃ וַיִּשְׁלַח הַמֶּלֶךְ נג
שְׁלֹמֹה וַיֹּרִדֻהוּ מֵעַל הַמִּזְבֵּחַ וַיָּבֹא וַיִּשְׁתַּחוּ לַמֶּלֶךְ שְׁלֹמֹה
וַיֹּאמֶר־לוֹ שְׁלֹמֹה לֵךְ לְבֵיתֶךָ׃ וַיִּקְרְבוּ יְמֵי־דָוִד א ב
לָמוּת וַיְצַו אֶת־שְׁלֹמֹה בְנוֹ לֵאמֹר׃ אָנֹכִי הֹלֵךְ בְּדֶרֶךְ כָּל־ ב
הָאָרֶץ וְחָזַקְתָּ וְהָיִיתָ לְאִישׁ׃ וְשָׁמַרְתָּ אֶת־מִשְׁמֶרֶת ׀ יְהוָה ג
אֱלֹהֶיךָ לָלֶכֶת בִּדְרָכָיו לִשְׁמֹר חֻקֹּתָיו מִצְוֺתָיו וּמִשְׁפָּטָיו
וְעֵדְוֺתָיו כַּכָּתוּב בְּתוֹרַת מֹשֶׁה לְמַעַן תַּשְׂכִּיל אֵת כָּל־אֲשֶׁר
תַּעֲשֶׂה וְאֵת כָּל־אֲשֶׁר תִּפְנֶה שָׁם׃ לְמַעַן יָקִים יְהוָה אֶת־דְּבָרוֹ ד
אֲשֶׁר דִּבֶּר עָלַי לֵאמֹר אִם־יִשְׁמְרוּ בָנֶיךָ אֶת־דַּרְכָּם לָלֶכֶת
לְפָנַי בֶּאֱמֶת בְּכָל־לְבָבָם וּבְכָל־נַפְשָׁם לֵאמֹר לֹא־יִכָּרֵת לְךָ
אִישׁ מֵעַל כִּסֵּא יִשְׂרָאֵל׃ וְגַם אַתָּה יָדַעְתָּ אֵת אֲשֶׁר־עָשָׂה לִי ה
יוֹאָב בֶּן־צְרוּיָה אֲשֶׁר עָשָׂה לִשְׁנֵי־שָׂרֵי צִבְאוֹת יִשְׂרָאֵל
לְאַבְנֵר בֶּן־נֵר וְלַעֲמָשָׂא בֶן־יֶתֶר וַיַּהַרְגֵם וַיָּשֶׂם דְּמֵי־מִלְחָמָה
בְּשָׁלֹם וַיִּתֵּן דְּמֵי מִלְחָמָה בַּחֲגֹרָתוֹ אֲשֶׁר בְּמָתְנָיו וּבְנַעֲלוֹ
אֲשֶׁר בְּרַגְלָיו׃ וְעָשִׂיתָ כְּחָכְמָתֶךָ וְלֹא־תוֹרֵד שֵׂיבָתוֹ בְּשָׁלֹם ו
שְׁאֹל׃ וְלִבְנֵי בַרְזִלַּי הַגִּלְעָדִי תַּעֲשֶׂה־חֶסֶד וְהָיוּ ז
בְּאֹכְלֵי שֻׁלְחָנֶךָ כִּי־כֵן קָרְבוּ אֵלַי בְּבָרְחִי מִפְּנֵי אַבְשָׁלוֹם אָחִיךָ׃
וְהִנֵּה עִמְּךָ שִׁמְעִי בֶן־גֵּרָא בֶן־הַיְמִינִי מִבַּחֻרִים וְהוּא קִלְלַנִי ח
קְלָלָה נִמְרֶצֶת בְּיוֹם לֶכְתִּי מַחֲנָיִם וְהוּא־יָרַד לִקְרָאתִי הַיַּרְדֵּן
וָאֶשָּׁבַע לוֹ בַיהוָה לֵאמֹר אִם־אֲמִיתְךָ בֶּחָרֶב׃ וְעַתָּה אַל־ ט
תְּנַקֵּהוּ כִּי אִישׁ חָכָם אָתָּה וְיָדַעְתָּ אֵת אֲשֶׁר תַּעֲשֶׂה־לּוֹ
וְהוֹרַדְתָּ אֶת־שֵׂיבָתוֹ בְּדָם שְׁאוֹל׃ וַיִּשְׁכַּב דָּוִד עִם־אֲבֹתָיו י
וַיִּקָּבֵר בְּעִיר דָּוִד׃ וְהַיָּמִים אֲשֶׁר מָלַךְ דָּוִד עַל־ יא
יִשְׂרָאֵל אַרְבָּעִים שָׁנָה בְּחֶבְרוֹן מָלַךְ שֶׁבַע שָׁנִים וּבִירוּשָׁלִַם
מָלַךְ שְׁלֹשִׁים וְשָׁלֹשׁ שָׁנִים׃ וּשְׁלֹמֹה יָשַׁב עַל־כִּסֵּא דָּוִד אָבִיו יב
וַתִּכֹּן מַלְכֻתוֹ מְאֹד׃ וַיָּבֹא אֲדֹנִיָּהוּ בֶן־חַגִּית יג

אֶל־בַּת־שֶׁבַע אֵם־שְׁלֹמֹה וַתֹּאמֶר הֲשָׁלוֹם בֹּאֶךָ וַיֹּאמֶר שָׁלוֹם׃
יד טו וַיֹּאמֶר דָּבָר לִי אֵלָיִךְ וַתֹּאמֶר דַּבֵּר׃ וַיֹּאמֶר אַתְּ יָדַעַתְּ כִּי־לִי
הָיְתָה הַמְּלוּכָה וְעָלַי שָׂמוּ כָל־יִשְׂרָאֵל פְּנֵיהֶם לִמְלֹךְ וַתִּסֹּב
טז הַמְּלוּכָה וַתְּהִי לְאָחִי כִּי מֵיְהוָה הָיְתָה לּוֹ׃ וְעַתָּה שְׁאֵלָה אַחַת
אָנֹכִי שֹׁאֵל מֵאִתָּךְ אַל־תָּשִׁבִי אֶת־פָּנָי וַתֹּאמֶר אֵלָיו דַּבֵּר׃
יז וַיֹּאמֶר אִמְרִי־נָא לִשְׁלֹמֹה הַמֶּלֶךְ כִּי לֹא־יָשִׁיב אֶת־פָּנָיִךְ
יח וְיִתֶּן־לִי אֶת־אֲבִישַׁג הַשּׁוּנַמִּית לְאִשָּׁה׃ וַתֹּאמֶר בַּת־שֶׁבַע
יט טוֹב אָנֹכִי אֲדַבֵּר עָלֶיךָ אֶל־הַמֶּלֶךְ׃ וַתָּבֹא בַת־שֶׁבַע אֶל־
הַמֶּלֶךְ שְׁלֹמֹה לְדַבֶּר־לוֹ עַל־אֲדֹנִיָּהוּ וַיָּקָם הַמֶּלֶךְ לִקְרָאתָהּ
וַיִּשְׁתַּחוּ לָהּ וַיֵּשֶׁב עַל־כִּסְאוֹ וַיָּשֶׂם כִּסֵּא לְאֵם הַמֶּלֶךְ וַתֵּשֶׁב
כ לִימִינוֹ׃ וַתֹּאמֶר שְׁאֵלָה אַחַת קְטַנָּה אָנֹכִי שֹׁאֶלֶת מֵאִתָּךְ אַל־
תָּשֶׁב אֶת־פָּנָי וַיֹּאמֶר לָהּ הַמֶּלֶךְ שַׁאֲלִי אִמִּי כִּי לֹא־אָשִׁיב
כא אֶת־פָּנָיִךְ׃ וַתֹּאמֶר יֻתַּן אֶת־אֲבִישַׁג הַשֻּׁנַמִּית לַאֲדֹנִיָּהוּ אָחִיךָ
כב לְאִשָּׁה׃ וַיַּעַן הַמֶּלֶךְ שְׁלֹמֹה וַיֹּאמֶר לְאִמּוֹ וְלָמָה אַתְּ שֹׁאֶלֶת
אֶת־אֲבִישַׁג הַשֻּׁנַמִּית לַאֲדֹנִיָּהוּ וְשַׁאֲלִי־לוֹ אֶת־הַמְּלוּכָה כִּי
הוּא אָחִי הַגָּדוֹל מִמֶּנִּי וְלוֹ וּלְאֶבְיָתָר הַכֹּהֵן וּלְיוֹאָב בֶּן־
כג צְרוּיָה׃ וַיִּשָּׁבַע הַמֶּלֶךְ שְׁלֹמֹה בַּיהוָה לֵאמֹר כֹּה
יַעֲשֶׂה־לִּי אֱלֹהִים וְכֹה יוֹסִיף כִּי בְנַפְשׁוֹ דִּבֶּר אֲדֹנִיָּהוּ אֶת־
כד הַדָּבָר הַזֶּה׃ וְעַתָּה חַי־יְהוָה אֲשֶׁר הֱכִינַנִי ויושיבַנִי עַל־כִּסֵּא וַיּוֹשִׁיבַנִי
דָּוִד אָבִי וַאֲשֶׁר עָשָׂה־לִי בַּיִת כַּאֲשֶׁר דִּבֵּר כִּי הַיּוֹם יוּמַת
כה אֲדֹנִיָּהוּ׃ וַיִּשְׁלַח הַמֶּלֶךְ שְׁלֹמֹה בְּיַד בְּנָיָהוּ בֶן־יְהוֹיָדָע וַיִּפְגַּע־
כו בּוֹ וַיָּמֹת׃ וּלְאֶבְיָתָר הַכֹּהֵן אָמַר הַמֶּלֶךְ עֲנָתֹת
לֵךְ עַל־שָׂדֶיךָ כִּי אִישׁ מָוֶת אָתָּה וּבַיּוֹם הַזֶּה לֹא אֲמִיתֶךָּ כִּי־
נָשָׂאתָ אֶת־אֲרוֹן אֲדֹנָי יְהוִה לִפְנֵי דָּוִד אָבִי וְכִי הִתְעַנִּיתָ בְּכֹל
כז אֲשֶׁר־הִתְעַנָּה אָבִי׃ וַיְגָרֶשׁ שְׁלֹמֹה אֶת־אֶבְיָתָר מִהְיוֹת כֹּהֵן
לַיהוָה לְמַלֵּא אֶת־דְּבַר יְהוָה אֲשֶׁר דִּבֶּר עַל־בֵּית עֵלִי
כח בְּשִׁלֹה׃ וְהַשְּׁמֻעָה בָּאָה עַד־יוֹאָב כִּי יוֹאָב נָטָה

אחרי אדניה ואחרי אבשלום לא נטה וינס יואב אל־אהל
יהוה ויחזק בקרנות המזבח: ויגד למלך שלמה כי נס יואב כט
אל־אהל יהוה והנה אצל המזבח וישלח שלמה את־בניהו
בן־יהוידע לאמר לך פגע־בו: ויבא בניהו אל־אהל יהוה ל
ויאמר אליו כה־אמר המלך צא ויאמר | לא כי פה אמות
וישב בניהו את־המלך דבר לאמר כה־דבר יואב וכה ענני:
ויאמר לו המלך עשה כאשר דבר ופגע־בו וקברתו והסירת | לא
דמי חנם אשר שפך יואב מעלי ומעל בית אבי: והשיב יהוה לב
את־דמו על־ראשו אשר פגע בשני־אנשים צדקים וטבים
ממנו ויהרגם בחרב ואבי דוד לא ידע את־אבנר בן־נר שר־
צבא ישראל ואת־עמשא בן־יתר שר־צבא יהודה: ושבו לג
דמיהם בראש יואב ובראש זרעו לעלם ולדוד ולזרעו ולביתו
ולכסאו יהיה שלום עד־עולם מעם יהוה: ויעל בניהו בן־ לד
יהוידע ויפגע־בו וימתהו ויקבר בביתו במדבר: ויתן המלך לה
את־בניהו בן־יהוידע תחתיו על־הצבא ואת־צדוק הכהן
נתן המלך תחת אביתר: וישלח המלך ויקרא לשמעי ויאמר לו
לו בנה־לך בית בירושלם וישבת שם ולא־תצא משם אנה
ואנה: והיה | ביום צאתך ועברת את־נחל קדרון ידע תדע לז
כי מות תמות דמך יהיה בראשך: ויאמר שמעי למלך טוב לח
הדבר כאשר דבר אדני המלך כן יעשה עבדך וישב שמעי
בירושלם ימים רבים: ויהי מקץ שלש שנים לט
ויברחו שני־עבדים לשמעי אל־אכיש בן־מעכה מלך גת
ויגדו לשמעי לאמר הנה עבדיך בגת: ויקם שמעי ויחבש מ
את־חמרו וילך גתה אל־אכיש לבקש את־עבדיו וילך
שמעי ויבא את־עבדיו מגת: ויגד לשלמה מא
כי־הלך שמעי מירושלם גת וישב: וישלח המלך ויקרא מב
לשמעי ויאמר אליו הלוא השבעתיך ביהוה ואעד בך לאמר

ביום צאתך והלכת אנה ואנה ידע תדע כי מות תמות
מג ותאמר אלי טוב הדבר שמעתי: ומדוע לא שמרת את
מד שבעת יהוה ואת־המצוה אשר־צויתי עליך: ויאמר המלך
אל־שמעי אתה ידעת את כל־הרעה אשר ידע לבבך אשר
מה עשית לדוד אבי והשיב יהוה את־רעתך בראשך: והמלך ג
מו שלמה ברוך וכסא דוד יהיה נכון לפני יהוה עד־עולם: ויצו
המלך את־בניהו בן־יהוידע ויצא ויפגע־בו וימת והממלכה
ג א נכונה ביד־שלמה: ויתחתן שלמה את־פרעה
מלך מצרים ויקח את־בת־פרעה ויביאה אל־עיר דוד עד
כלתו לבנות את־ביתו ואת־בית יהוה ואת־חומת ירושלם
ב סביב: רק העם מזבחים בבמות כי לא־נבנה בית לשם יהוה
ג עד הימים ההם: ויאהב שלמה את־יהוה
ללכת בחקות דוד אביו רק בבמות הוא מזבח ומקטיר:
ד וילך המלך גבענה לזבח שם כי־היא הבמה הגדולה אלף
ה עלות יעלה שלמה על המזבח ההוא: בגבעון
נראה יהוה אל־שלמה בחלום הלילה ויאמר אלהים שאל
ו מה אתן־לך: ויאמר שלמה אתה עשית עם־עבדך דוד אבי
חסד גדול כאשר הלך לפניך באמת ובצדקה ובישרת לבב
עמך ותשמר־לו את־החסד הגדול הזה ותתן־לו בן ישב
ז על־כסאו כיום הזה: ועתה יהוה אלהי אתה המלכת את־
עבדך תחת דוד אבי ואנכי נער קטן לא אדע צאת ובא:
ח ועבדך בתוך עמך אשר בחרת עם־רב אשר לא־ימנה ולא
ט יספר מרב: ונתת לעבדך לב שמע לשפט את־עמך להבין
י בין־טוב לרע כי מי יוכל לשפט את־עמך הכבד הזה: וייטב
יא הדבר בעיני אדני כי שאל שלמה את־הדבר הזה: ויאמר
אלהים אליו יען אשר שאלת את־הדבר הזה ולא־שאלת
לך ימים רבים ולא־שאלת לך עשר ולא שאלת נפש איביך

יב וְשָׁאַלְתָּ לְּךָ הָבִין לִשְׁמֹעַ מִשְׁפָּט׃ הִנֵּה עָשִׂיתִי כִּדְבָרֶיךָ הִנֵּה ׀
נָתַתִּי לְךָ לֵב חָכָם וְנָבוֹן אֲשֶׁר כָּמוֹךָ לֹא־הָיָה לְפָנֶיךָ וְאַחֲרֶיךָ
יג לֹא־יָקוּם כָּמוֹךָ׃ וְגַם אֲשֶׁר לֹא־שָׁאַלְתָּ נָתַתִּי לָךְ גַּם־עֹשֶׁר גַּם־
יד כָּבוֹד אֲשֶׁר לֹא־הָיָה כָמוֹךָ אִישׁ בַּמְּלָכִים כָּל־יָמֶיךָ׃ וְאִם ׀
תֵּלֵךְ בִּדְרָכַי לִשְׁמֹר חֻקַּי וּמִצְוֺתַי כַּאֲשֶׁר הָלַךְ דָּוִיד אָבִיךָ
טו וְהַאֲרַכְתִּי אֶת־יָמֶיךָ׃ וַיִּקַץ שְׁלֹמֹה וְהִנֵּה חֲלוֹם
וַיָּבוֹא יְרוּשָׁלִַם וַיַּעֲמֹד ׀ לִפְנֵי ׀ אֲרוֹן בְּרִית־אֲדֹנָי וַיַּעַל עֹלוֹת וַיַּעַשׂ
טז שְׁלָמִים וַיַּעַשׂ מִשְׁתֶּה לְכָל־עֲבָדָיו׃ אָז תָּבֹאנָה
יז שְׁתַּיִם נָשִׁים זֹנוֹת אֶל־הַמֶּלֶךְ וַתַּעֲמֹדְנָה לְפָנָיו׃ וַתֹּאמֶר הָאִשָּׁה
הָאַחַת בִּי אֲדֹנִי אֲנִי וְהָאִשָּׁה הַזֹּאת יֹשְׁבֹת בְּבַיִת אֶחָד וָאֵלֵד
יח עִמָּהּ בַּבָּיִת׃ וַיְהִי בַּיּוֹם הַשְּׁלִישִׁי לְלִדְתִּי וַתֵּלֶד גַּם־הָאִשָּׁה
הַזֹּאת וַאֲנַחְנוּ יַחְדָּו אֵין־זָר אִתָּנוּ בַּבַּיִת זוּלָתִי שְׁתַּיִם־אֲנַחְנוּ
יט כ בַּבָּיִת׃ וַיָּמָת בֶּן־הָאִשָּׁה הַזֹּאת לָיְלָה אֲשֶׁר שָׁכְבָה עָלָיו׃ וַתָּקָם
בְּתוֹךְ הַלַּיְלָה וַתִּקַּח אֶת־בְּנִי מֵאֶצְלִי וַאֲמָתְךָ יְשֵׁנָה וַתַּשְׁכִּיבֵהוּ
כא בְּחֵיקָהּ וְאֶת־בְּנָהּ הַמֵּת הִשְׁכִּיבָה בְחֵיקִי׃ וָאָקֻם בַּבֹּקֶר
לְהֵינִיק אֶת־בְּנִי וְהִנֵּה־מֵת וָאֶתְבּוֹנֵן אֵלָיו בַּבֹּקֶר וְהִנֵּה לֹא־
כב הָיָה בְנִי אֲשֶׁר יָלָדְתִּי׃ וַתֹּאמֶר הָאִשָּׁה הָאַחֶרֶת לֹא כִי בְּנִי הַחַי
וּבְנֵךְ הַמֵּת וְזֹאת אֹמֶרֶת לֹא כִי בְּנֵךְ הַמֵּת וּבְנִי הֶחָי וַתְּדַבֵּרְנָה
כג לִפְנֵי הַמֶּלֶךְ׃ וַיֹּאמֶר הַמֶּלֶךְ זֹאת אֹמֶרֶת זֶה־בְּנִי הַחַי וּבְנֵךְ הַמֵּת
כד וְזֹאת אֹמֶרֶת לֹא כִי בְּנֵךְ הַמֵּת וּבְנִי הֶחָי׃ וַיֹּאמֶר
כה הַמֶּלֶךְ קְחוּ לִי־חָרֶב וַיָּבִאוּ הַחֶרֶב לִפְנֵי הַמֶּלֶךְ׃ וַיֹּאמֶר הַמֶּלֶךְ
גִּזְרוּ אֶת־הַיֶּלֶד הַחַי לִשְׁנָיִם וּתְנוּ אֶת־הַחֲצִי לְאַחַת וְאֶת־
כו הַחֲצִי לְאֶחָת׃ וַתֹּאמֶר הָאִשָּׁה אֲשֶׁר־בְּנָהּ הַחַי אֶל־הַמֶּלֶךְ כִּי־
נִכְמְרוּ רַחֲמֶיהָ עַל־בְּנָהּ וַתֹּאמֶר ׀ בִּי אֲדֹנִי תְּנוּ־לָהּ אֶת־הַיָּלוּד
הַחַי וְהָמֵת אַל־תְּמִיתֻהוּ וְזֹאת אֹמֶרֶת גַּם־לִי גַם־לָךְ לֹא יִהְיֶה
כז גְּזֹרוּ׃ וַיַּעַן הַמֶּלֶךְ וַיֹּאמֶר תְּנוּ־לָהּ אֶת־הַיָּלוּד הַחַי וְהָמֵת לֹא
כח תְמִיתֻהוּ הִיא אִמּוֹ׃ וַיִּשְׁמְעוּ כָל־יִשְׂרָאֵל אֶת־הַמִּשְׁפָּט אֲשֶׁר

שָׁפַט הַמֶּלֶךְ וַיִּרְאוּ מִפְּנֵי הַמֶּלֶךְ כִּי רָאוּ כִּי־חׇכְמַת אֱלֹהִים
ד א בְּקִרְבּוֹ לַעֲשׂוֹת מִשְׁפָּט׃ וַיְהִי הַמֶּלֶךְ שְׁלֹמֹה מֶלֶךְ עַל־כׇּל־
ב יִשְׂרָאֵל׃ וְאֵלֶּה הַשָּׂרִים אֲשֶׁר־לוֹ עֲזַרְיָהוּ בֶן־צָדוֹק
ג הַכֹּהֵן׃ אֱלִיחֹרֶף וַאֲחִיָּה בְּנֵי שִׁישָׁא סֹפְרִים יְהוֹשָׁפָט בֶּן־
ד אֲחִילוּד הַמַּזְכִּיר׃ וּבְנָיָהוּ בֶּן־יְהוֹיָדָע עַל־הַצָּבָא וְצָדוֹק
ה וְאֶבְיָתָר כֹּהֲנִים׃ וַעֲזַרְיָהוּ בֶן־נָתָן עַל־הַנִּצָּבִים וְזָבוּד בֶּן־נָתָן
ו כֹּהֵן רֵעֶה הַמֶּלֶךְ׃ וַאֲחִישָׁר עַל־הַבָּיִת וַאֲדֹנִירָם בֶּן־עַבְדָּא
ז עַל־הַמַּס׃ וְלִשְׁלֹמֹה שְׁנֵים־עָשָׂר נִצָּבִים עַל־כׇּל־
יִשְׂרָאֵל וְכִלְכְּלוּ אֶת־הַמֶּלֶךְ וְאֶת־בֵּיתוֹ חֹדֶשׁ בַּשָּׁנָה יִהְיֶה עַל־
ח ט אחד לְכַלְכֵּל׃ וְאֵלֶּה שְׁמוֹתָם בֶּן־חוּר בְּהַר אֶפְרָיִם׃ בֶּן־דֶּקֶר הָאֶחָד
י בְּמָקַץ וּבְשַׁעַלְבִים וּבֵית שָׁמֶשׁ וְאֵילוֹן בֵּית חָנָן׃ בֶּן־חֶסֶד
יא בָּאֲרֻבּוֹת לוֹ שֹׂכֹה וְכׇל־אֶרֶץ חֵפֶר׃ בֶּן־אֲבִינָדָב כׇּל־נָפַת דֹּאר
יב טָפַת בַּת־שְׁלֹמֹה הָיְתָה לּוֹ לְאִשָּׁה׃ בַּעֲנָא בֶּן־
אֲחִילוּד תַּעְנַךְ וּמְגִדּוֹ וְכׇל־בֵּית שְׁאָן אֲשֶׁר אֵצֶל צָרְתַנָה
מִתַּחַת לְיִזְרְעֶאל מִבֵּית שְׁאָן עַד אָבֵל מְחוֹלָה עַד מֵעֵבֶר
יג לְיׇקְמֳעָם׃ בֶּן־גֶּבֶר בְּרָמֹת גִּלְעָד לוֹ חַוֺּת יָאִיר
בֶּן־מְנַשֶּׁה אֲשֶׁר בַּגִּלְעָד לוֹ חֶבֶל אַרְגֹּב אֲשֶׁר בַּבָּשָׁן שִׁשִּׁים
יד עָרִים גְּדֹלוֹת חוֹמָה וּבְרִיחַ נְחֹשֶׁת׃ אֲחִינָדָב
טו בֶּן־עִדֹּא מַחֲנָיְמָה׃ אֲחִימַעַץ בְּנַפְתָּלִי גַּם־הוּא
טז לָקַח אֶת־בָּשְׂמַת בַּת־שְׁלֹמֹה לְאִשָּׁה׃ בַּעֲנָא
יז בֶּן־חוּשָׁי בְּאָשֵׁר וּבְעָלוֹת׃ יְהוֹשָׁפָט בֶּן־פָּרוּחַ
יח יט בְּיִשָּׂשכָר׃ שִׁמְעִי בֶן־אֵלָא בְּבִנְיָמִן׃ גֶּבֶר
בֶּן־אֻרִי בְּאֶרֶץ גִּלְעָד אֶרֶץ סִיחוֹן ׀ מֶלֶךְ הָאֱמֹרִי וְעֹג מֶלֶךְ
כ הַבָּשָׁן וּנְצִיב אֶחָד אֲשֶׁר בָּאָרֶץ׃ יְהוּדָה וְיִשְׂרָאֵל רַבִּים ד
ה א כַּחוֹל אֲשֶׁר־עַל־הַיָּם לָרֹב אֹכְלִים וְשֹׁתִים וּשְׂמֵחִים׃ וּשְׁלֹמֹה
הָיָה מוֹשֵׁל בְּכׇל־הַמַּמְלָכוֹת מִן־הַנָּהָר אֶרֶץ פְּלִשְׁתִּים וְעַד
גְּבוּל מִצְרָיִם מַגִּשִׁים מִנְחָה וְעֹבְדִים אֶת־שְׁלֹמֹה כׇּל־יְמֵי

ב חַיָּיו׃ וַיְהִי לֶחֶם־שְׁלֹמֹה לְיוֹם אֶחָד שְׁלֹשִׁים כֹּר
ג סֹלֶת וְשִׁשִּׁים כֹּר קָמַח׃ עֲשָׂרָה בָקָר בְּרִאִים וְעֶשְׂרִים בָּקָר
רְעִי וּמֵאָה צֹאן לְבַד מֵאַיָּל וּצְבִי וְיַחְמוּר וּבַרְבֻּרִים אֲבוּסִים׃
ד כִּי־הוּא רֹדֶה בְּכָל־עֵבֶר הַנָּהָר מִתִּפְסַח וְעַד־עַזָּה בְּכָל־מַלְכֵי
ה עֵבֶר הַנָּהָר וְשָׁלוֹם הָיָה לוֹ מִכָּל־עֲבָרָיו מִסָּבִיב׃ וַיֵּשֶׁב יְהוּדָה
וְיִשְׂרָאֵל לָבֶטַח אִישׁ תַּחַת גַּפְנוֹ וְתַחַת תְּאֵנָתוֹ מִדָּן וְעַד־בְּאֵר
ו שָׁבַע כֹּל יְמֵי שְׁלֹמֹה׃ וַיְהִי לִשְׁלֹמֹה אַרְבָּעִים
ז אֶלֶף אֻרְוֹת סוּסִים לְמֶרְכָּבוֹ וּשְׁנֵים־עָשָׂר אֶלֶף פָּרָשִׁים׃ וְכִלְכְּלוּ
הַנִּצָּבִים הָאֵלֶּה אֶת־הַמֶּלֶךְ שְׁלֹמֹה וְאֵת כָּל־הַקָּרֵב אֶל־שֻׁלְחַן
ח הַמֶּלֶךְ־שְׁלֹמֹה אִישׁ חָדְשׁוֹ לֹא יְעַדְּרוּ דָּבָר׃ וְהַשְּׂעֹרִים וְהַתֶּבֶן
לַסּוּסִים וְלָרָכֶשׁ יָבִאוּ אֶל־הַמָּקוֹם אֲשֶׁר יִהְיֶה־שָּׁם אִישׁ
ט כְּמִשְׁפָּטוֹ׃ וַיִּתֵּן אֱלֹהִים חָכְמָה לִשְׁלֹמֹה וּתְבוּנָה
י הַרְבֵּה מְאֹד וְרֹחַב לֵב כַּחוֹל אֲשֶׁר עַל־שְׂפַת הַיָּם׃ וַתֵּרֶב
חָכְמַת שְׁלֹמֹה מֵחָכְמַת כָּל־בְּנֵי־קֶדֶם וּמִכֹּל חָכְמַת מִצְרָיִם׃
יא וַיֶּחְכַּם מִכָּל־הָאָדָם מֵאֵיתָן הָאֶזְרָחִי וְהֵימָן וְכַלְכֹּל וְדַרְדַּע בְּנֵי
יב מָחוֹל וַיְהִי־שְׁמוֹ בְכָל־הַגּוֹיִם סָבִיב׃ וַיְדַבֵּר שְׁלֹשֶׁת אֲלָפִים
יג מָשָׁל וַיְהִי שִׁירוֹ חֲמִשָּׁה וָאָלֶף׃ וַיְדַבֵּר עַל־הָעֵצִים מִן־הָאֶרֶז
אֲשֶׁר בַּלְּבָנוֹן וְעַד הָאֵזוֹב אֲשֶׁר יֹצֵא בַּקִּיר וַיְדַבֵּר עַל־הַבְּהֵמָה
יד וְעַל־הָעוֹף וְעַל־הָרֶמֶשׂ וְעַל־הַדָּגִים׃ וַיָּבֹאוּ מִכָּל־הָעַמִּים
לִשְׁמֹעַ אֵת חָכְמַת שְׁלֹמֹה מֵאֵת כָּל־מַלְכֵי הָאָרֶץ אֲשֶׁר שָׁמְעוּ
טו אֶת־חָכְמָתוֹ׃ וַיִּשְׁלַח חִירָם מֶלֶךְ־צוֹר אֶת־
עֲבָדָיו אֶל־שְׁלֹמֹה כִּי שָׁמַע כִּי אֹתוֹ מָשְׁחוּ לְמֶלֶךְ תַּחַת אָבִיהוּ
טז כִּי אֹהֵב הָיָה חִירָם לְדָוִד כָּל־הַיָּמִים׃ וַיִּשְׁלַח
יז שְׁלֹמֹה אֶל־חִירָם לֵאמֹר׃ אַתָּה יָדַעְתָּ אֶת־דָּוִד אָבִי כִּי לֹא
יָכֹל לִבְנוֹת בַּיִת לְשֵׁם יְהוָה אֱלֹהָיו מִפְּנֵי הַמִּלְחָמָה אֲשֶׁר
יח סְבָבֻהוּ עַד תֵּת־יְהוָה אֹתָם תַּחַת כַּפּוֹת רגלו׃ וְעַתָּה הֵנִיחַ רַגְלָי
יט יְהוָה אֱלֹהַי לִי מִסָּבִיב אֵין שָׂטָן וְאֵין פֶּגַע רָע׃ וְהִנְנִי אֹמֵר

לִבְנ֣וֹת בַּ֔יִת לְשֵׁ֖ם יְהוָ֣ה אֱלֹהָ֑י כַּאֲשֶׁ֣ר ׀ דִּבֶּ֣ר יְהוָ֗ה אֶל־דָּוִ֤ד אָבִי֙
לֵאמֹ֗ר בִּנְךָ֙ אֲשֶׁ֨ר אֶתֵּ֤ן תַּחְתֶּ֙יךָ֙ עַל־כִּסְאֶ֔ךָ הֽוּא־יִבְנֶ֥ה הַבַּ֖יִת
כ לִשְׁמִֽי׃ וְעַתָּ֡ה צַוֵּה֩ וְיִכְרְתוּ־לִ֨י אֲרָזִ֜ים מִן־הַלְּבָנ֗וֹן וַעֲבָדַ֞י
יִהְי֣וּ עִם־עֲבָדֶ֗יךָ וּשְׂכַ֤ר עֲבָדֶ֙יךָ֙ אֶתֵּ֣ן לְךָ֔ כְּכֹ֖ל אֲשֶׁ֣ר תֹּאמֵ֑ר
כִּ֣י ׀ אַתָּ֣ה יָדַ֗עְתָּ כִּ֣י אֵ֥ין בָּ֙נוּ֙ אִ֔ישׁ יֹדֵ֥עַ לִכְרָת־עֵצִ֖ים
כא כַּצִּדֹנִֽים׃ וַיְהִ֗י כִּשְׁמֹ֛עַ חִירָ֖ם אֶת־דִּבְרֵ֣י שְׁלֹמֹ֑ה
וַיִּשְׂמַ֣ח מְאֹ֔ד וַיֹּ֗אמֶר בָּר֤וּךְ יְהוָה֙ הַיּ֔וֹם אֲשֶׁ֨ר נָתַ֤ן לְדָוִד֙ בֵּ֣ן
כב חָכָ֔ם עַל־הָעָ֥ם הָרָ֖ב הַזֶּֽה׃ וַיִּשְׁלַ֤ח חִירָם֙ אֶל־שְׁלֹמֹ֣ה לֵאמֹ֔ר
שָׁמַ֕עְתִּי אֵ֖ת אֲשֶׁר־שָׁלַ֣חְתָּ אֵלָ֑י אֲנִ֗י אֶעֱשֶׂה֙ אֶת־כָּל־חֶפְצְךָ֔
כג בַּעֲצֵ֥י אֲרָזִ֖ים וּבַעֲצֵ֥י בְרוֹשִֽׁים׃ עֲבָדַ֞י יֹרִ֧דוּ מִן־הַלְּבָנ֣וֹן יָ֗מָּה
וַ֠אֲנִי אֲשִׂימֵ֨ם דֹּבְר֜וֹת בַּיָּ֗ם עַד־הַמָּק֞וֹם אֲשֶׁר־תִּשְׁלַ֥ח אֵלַ֛י
וְנִפַּצְתִּ֥ים שָׁ֖ם וְאַתָּ֣ה תִשָּׂ֑א וְאַתָּה֙ תַּעֲשֶׂ֣ה אֶת־חֶפְצִ֔י לָתֵ֖ת
כד לֶ֥חֶם בֵּיתִֽי׃ וַיְהִ֣י חִירוֹם֩ נֹתֵ֨ן לִשְׁלֹמֹ֜ה עֲצֵ֧י אֲרָזִ֛ים וַעֲצֵ֥י
כה בְרוֹשִׁ֖ים כָּל־חֶפְצֽוֹ׃ וּשְׁלֹמֹ֡ה נָתַ֣ן לְחִירָם֩ עֶשְׂרִ֨ים אֶ֤לֶף כֹּר֙
חִטִּים֙ מַכֹּ֣לֶת לְבֵית֔וֹ וְעֶשְׂרִ֥ים כֹּ֖ר שֶׁ֣מֶן כָּתִ֑ית כֹּֽה־יִתֵּ֧ן
שְׁלֹמֹ֛ה לְחִירָ֖ם שָׁנָ֥ה בְשָׁנָֽה׃
כו וַֽיהוָ֗ה נָתַ֤ן חָכְמָה֙ לִשְׁלֹמֹ֔ה כַּאֲשֶׁ֖ר דִּבֶּר־ל֑וֹ וַיְהִ֣י שָׁלֹ֗ם בֵּ֤ין
כז חִירָם֙ וּבֵ֣ין שְׁלֹמֹ֔ה וַיִּכְרְת֥וּ בְרִ֖ית שְׁנֵיהֶֽם׃ וַיַּ֨עַל הַמֶּ֧לֶךְ שְׁלֹמֹ֛ה
כח מַ֖ס מִכָּל־יִשְׂרָאֵ֑ל וַיְהִ֣י הַמַּ֔ס שְׁלֹשִׁ֥ים אֶ֖לֶף אִֽישׁ׃ וַיִּשְׁלָחֵ֣ם
לְבָנ֗וֹנָה עֲשֶׂ֨רֶת אֲלָפִ֤ים בַּחֹ֙דֶשׁ֙ חֲלִיפ֔וֹת חֹ֚דֶשׁ יִהְי֣וּ בַלְּבָנ֔וֹן
כט שְׁנַ֥יִם חֳדָשִׁ֖ים בְּבֵית֑וֹ וַאֲדֹנִירָ֖ם עַל־הַמַּֽס׃ וַיְהִ֧י
לִשְׁלֹמֹ֛ה שִׁבְעִ֥ים אֶ֖לֶף נֹשֵׂ֣א סַבָּ֑ל וּשְׁמֹנִ֥ים אֶ֛לֶף חֹצֵ֖ב בָּהָֽר׃
ל לְ֠בַד מִשָּׂרֵ֨י הַנִּצָּבִ֤ים לִשְׁלֹמֹה֙ אֲשֶׁ֣ר עַל־הַמְּלָאכָ֔ה שְׁלֹ֥שֶׁת
לא אֲלָפִ֖ים וּשְׁלֹ֣שׁ מֵא֑וֹת הָרֹדִ֣ים בָּעָ֔ם הָעֹשִׂ֖ים בַּמְּלָאכָֽה׃ וַיְצַ֣ו
הַמֶּ֡לֶךְ וַיַּסִּ֜עוּ אֲבָנִ֨ים גְּדֹל֜וֹת אֲבָנִ֧ים יְקָר֛וֹת לְיַסֵּ֥ד הַבָּ֖יִת אַבְנֵ֥י
לב גָזִֽית׃ וַֽיִּפְסְל֞וּ בֹּנֵ֧י שְׁלֹמֹ֛ה וּבֹנֵ֥י חִיר֖וֹם וְהַגִּבְלִ֑ים וַיָּכִ֛ינוּ הָעֵצִ֥ים
ו א וְהָאֲבָנִ֖ים לִבְנ֥וֹת הַבָּֽיִת׃ וַיְהִ֣י בִשְׁמוֹנִ֣ים שָׁנָ֣ה

וְאַרְבַּע מֵאוֹת שָׁנָה לְצֵאת בְּנֵי־יִשְׂרָאֵל מֵאֶרֶץ־מִצְרַיִם בַּשָּׁנָה
הָרְבִיעִית בְּחֹדֶשׁ זִו הוּא הַחֹדֶשׁ הַשֵּׁנִי לִמְלֹךְ שְׁלֹמֹה עַל־
ב יִשְׂרָאֵל וַיִּבֶן הַבַּיִת לַיהוָה׃ וְהַבַּיִת אֲשֶׁר בָּנָה הַמֶּלֶךְ שְׁלֹמֹה
לַיהוָה שִׁשִּׁים־אַמָּה אָרְכּוֹ וְעֶשְׂרִים רָחְבּוֹ וּשְׁלֹשִׁים אַמָּה
ג קוֹמָתוֹ׃ וְהָאוּלָם עַל־פְּנֵי הֵיכַל הַבַּיִת עֶשְׂרִים אַמָּה אָרְכּוֹ עַל־
ד פְּנֵי רֹחַב הַבָּיִת עֶשֶׂר בָּאַמָּה רָחְבּוֹ עַל־פְּנֵי הַבָּיִת׃ וַיַּעַשׂ לַבָּיִת
ה חַלּוֹנֵי שְׁקֻפִים אֲטֻמִים׃ וַיִּבֶן עַל־קִיר הַבַּיִת יצוע סָבִיב אֶת־ יְצִיעַ
ו קִירוֹת הַבַּיִת סָבִיב לַהֵיכָל וְלַדְּבִיר וַיַּעַשׂ צְלָעוֹת סָבִיב׃ היצוע הַיָּצִיעַ
הַתַּחְתֹּנָה חָמֵשׁ בָּאַמָּה רָחְבָּהּ וְהַתִּיכֹנָה שֵׁשׁ בָּאַמָּה רָחְבָּהּ
וְהַשְּׁלִישִׁית שֶׁבַע בָּאַמָּה רָחְבָּהּ כִּי מִגְרָעוֹת נָתַן לַבַּיִת סָבִיב
ז חוּצָה לְבִלְתִּי אֲחֹז בְּקִירוֹת הַבָּיִת׃ וְהַבַּיִת בְּהִבָּנֹתוֹ אֶבֶן־
שְׁלֵמָה מַסָּע נִבְנָה וּמַקָּבוֹת וְהַגַּרְזֶן כָּל־כְּלִי בַרְזֶל לֹא־נִשְׁמַע
ח בַּבַּיִת בְּהִבָּנֹתוֹ׃ פֶּתַח הַצֵּלָע הַתִּיכֹנָה אֶל־כֶּתֶף הַבַּיִת הַיְמָנִית
וּבְלוּלִּים יַעֲלוּ עַל־הַתִּיכֹנָה וּמִן־הַתִּיכֹנָה אֶל־הַשְּׁלִשִׁים׃
ט וַיִּבֶן אֶת־הַבַּיִת וַיְכַלֵּהוּ וַיִּסְפֹּן אֶת־הַבַּיִת גֵּבִים וּשְׂדֵרֹת
י בָּאֲרָזִים׃ וַיִּבֶן אֶת־היצוע עַל־כָּל־הַבַּיִת חָמֵשׁ אַמּוֹת קוֹמָתוֹ הַיָּצִיעַ
יא וַיֶּאֱחֹז אֶת־הַבַּיִת בַּעֲצֵי אֲרָזִים׃ וַיְהִי דְּבַר־
יב יְהוָה אֶל־שְׁלֹמֹה לֵאמֹר׃ הַבַּיִת הַזֶּה אֲשֶׁר־אַתָּה בֹנֶה אִם־
תֵּלֵךְ בְּחֻקֹּתַי וְאֶת־מִשְׁפָּטַי תַּעֲשֶׂה וְשָׁמַרְתָּ אֶת־כָּל־מִצְוֺתַי
לָלֶכֶת בָּהֶם וַהֲקִמֹתִי אֶת־דְּבָרִי אִתָּךְ אֲשֶׁר דִּבַּרְתִּי אֶל־דָּוִד
יג אָבִיךָ׃ וְשָׁכַנְתִּי בְּתוֹךְ בְּנֵי יִשְׂרָאֵל וְלֹא אֶעֱזֹב אֶת־עַמִּי ה
יד טו יִשְׂרָאֵל׃ וַיִּבֶן שְׁלֹמֹה אֶת־הַבַּיִת וַיְכַלֵּהוּ׃ וַיִּבֶן
אֶת־קִירוֹת הַבַּיִת מִבַּיְתָה בְּצַלְעוֹת אֲרָזִים מִקַּרְקַע הַבַּיִת עַד־
קִירוֹת הַסִּפֻּן צִפָּה עֵץ מִבָּיִת וַיְצַף אֶת־קַרְקַע הַבַּיִת בְּצַלְעוֹת
טז בְּרוֹשִׁים׃ וַיִּבֶן אֶת־עֶשְׂרִים אַמָּה מירכותי הַבַּיִת בְּצַלְעוֹת מִיַּרְכְּתֵי
אֲרָזִים מִן־הַקַּרְקַע עַד־הַקִּירוֹת וַיִּבֶן לוֹ מִבַּיִת לִדְבִיר לְקֹדֶשׁ
יז הַקֳּדָשִׁים׃ וְאַרְבָּעִים בָּאַמָּה הָיָה הַבָּיִת הוּא הַהֵיכָל לִפְנָי׃

יח וְאֶרֶז אֶל־הַבַּיִת פְּנִימָה מִקְלַעַת פְּקָעִים וּפְטוּרֵי צִצִּים הַכֹּל אֶרֶז
יט אֵין אֶבֶן נִרְאָה׃ וּדְבִיר בְּתוֹךְ־הַבַּיִת מִפְּנִימָה הֵכִין לְתִתֵּן שָׁם
כ אֶת־אֲרוֹן בְּרִית יְהוָה׃ וְלִפְנֵי הַדְּבִיר עֶשְׂרִים אַמָּה אֹרֶךְ
וְעֶשְׂרִים אַמָּה רֹחַב וְעֶשְׂרִים אַמָּה קוֹמָתוֹ וַיְצַפֵּהוּ זָהָב סָגוּר
כא וַיְצַף מִזְבֵּחַ אָרֶז׃ וַיְצַף שְׁלֹמֹה אֶת־הַבַּיִת מִפְּנִימָה זָהָב סָגוּר
כב וַיְעַבֵּר ברתיקות זָהָב לִפְנֵי הַדְּבִיר וַיְצַפֵּהוּ זָהָב׃ וְאֶת־כָּל־הַבַּיִת (בְּרַתּוּקוֹת)
צִפָּה זָהָב עַד־תֹּם כָּל־הַבָּיִת וְכָל־הַמִּזְבֵּחַ אֲשֶׁר־לַדְּבִיר צִפָּה
כג זָהָב׃ וַיַּעַשׂ בַּדְּבִיר שְׁנֵי כְרוּבִים עֲצֵי־שָׁמֶן עֶשֶׂר אַמּוֹת קוֹמָתוֹ׃
כד וְחָמֵשׁ אַמּוֹת כְּנַף הַכְּרוּב הָאֶחָת וְחָמֵשׁ אַמּוֹת כְּנַף הַכְּרוּב
כה הַשֵּׁנִית עֶשֶׂר אַמּוֹת מִקְצוֹת כְּנָפָיו וְעַד־קְצוֹת כְּנָפָיו׃ וְעֶשֶׂר
בָּאַמָּה הַכְּרוּב הַשֵּׁנִי מִדָּה אַחַת וְקֶצֶב אֶחָד לִשְׁנֵי הַכְּרֻבִים׃
כו כז קוֹמַת הַכְּרוּב הָאֶחָד עֶשֶׂר בָּאַמָּה וְכֵן הַכְּרוּב הַשֵּׁנִי׃ וַיִּתֵּן אֶת־
הַכְּרוּבִים בְּתוֹךְ ׀ הַבַּיִת הַפְּנִימִי וַיִּפְרְשׂוּ אֶת־כַּנְפֵי הַכְּרֻבִים
וַתִּגַּע כְּנַף־הָאֶחָד בַּקִּיר וּכְנַף הַכְּרוּב הַשֵּׁנִי נֹגַעַת בַּקִּיר הַשֵּׁנִי
כח וְכַנְפֵיהֶם אֶל־תּוֹךְ הַבַּיִת נֹגְעֹת כָּנָף אֶל־כָּנָף׃ וַיְצַף אֶת־
כט הַכְּרוּבִים זָהָב׃ וְאֵת כָּל־קִירוֹת הַבַּיִת מֵסַב ׀ קָלַע פִּתּוּחֵי
ל מִקְלְעוֹת כְּרוּבִים וְתִמֹרֹת וּפְטוּרֵי צִצִּים מִלִּפְנִים וְלַחִיצוֹן׃ וְאֶת־
לא קַרְקַע הַבַּיִת צִפָּה זָהָב לִפְנִימָה וְלַחִיצוֹן׃ וְאֵת פֶּתַח הַדְּבִיר
לב עָשָׂה דַּלְתוֹת עֲצֵי־שָׁמֶן הָאַיִל מְזֻזוֹת חֲמִשִׁית׃ וּשְׁתֵּי דַּלְתוֹת
עֲצֵי־שֶׁמֶן וְקָלַע עֲלֵיהֶם מִקְלְעוֹת כְּרוּבִים וְתִמֹרוֹת וּפְטוּרֵי צִצִּים
לג וְצִפָּה זָהָב וַיָּרֶד עַל־הַכְּרוּבִים וְעַל־הַתִּמֹרוֹת אֶת־הַזָּהָב׃ וְכֵן
לד עָשָׂה לְפֶתַח הַהֵיכָל מְזוּזוֹת עֲצֵי־שָׁמֶן מֵאֵת רְבִעִית׃ וּשְׁתֵּי
דַלְתוֹת עֲצֵי בְרוֹשִׁים שְׁנֵי צְלָעִים הַדֶּלֶת הָאַחַת גְּלִילִים וּשְׁנֵי
לה קְלָעִים הַדֶּלֶת הַשֵּׁנִית גְּלִילִים׃ וְקָלַע כְּרוּבִים וְתִמֹרוֹת וּפְטֻרֵי
לו צִצִּים וְצִפָּה זָהָב מְיֻשָּׁר עַל־הַמְּחֻקֶּה׃ וַיִּבֶן אֶת־הֶחָצֵר הַפְּנִימִית
לז שְׁלֹשָׁה טוּרֵי גָזִית וְטוּר כְּרֻתֹת אֲרָזִים׃ בַּשָּׁנָה הָרְבִיעִית יֻסַּד בֵּית
לח יְהוָה בְּיֶרַח זִו׃ וּבַשָּׁנָה הָאַחַת עֶשְׂרֵה בְּיֶרַח בּוּל הוּא הַחֹדֶשׁ

הַשְּׁמִינִי כִּלָּה הַבַּיִת לְכָל־דְּבָרָיו וּלְכָל־מִשְׁפָּטָו וַיִּבְנֵהוּ שֶׁבַע
ז א שָׁנִים׃ וְאֶת־בֵּיתוֹ בָּנָה שְׁלֹמֹה שְׁלֹשׁ עֶשְׂרֵה שָׁנָה וַיְכַל אֶת־כָּל־
ב בֵּיתוֹ׃ וַיִּבֶן אֶת־בֵּית ׀ יַעַר הַלְּבָנוֹן מֵאָה אַמָּה אָרְכּוֹ וַחֲמִשִּׁים
אַמָּה רָחְבּוֹ וּשְׁלֹשִׁים אַמָּה קוֹמָתוֹ עַל אַרְבָּעָה טוּרֵי עַמּוּדֵי
ג אֲרָזִים וּכְרֻתוֹת אֲרָזִים עַל־הָעַמּוּדִים׃ וְסָפֻן בָּאֶרֶז מִמַּעַל עַל־
הַצְּלָעֹת אֲשֶׁר עַל־הָעַמּוּדִים אַרְבָּעִים וַחֲמִשָּׁה חֲמִשָּׁה עָשָׂר
ד הַטּוּר׃ וּשְׁקֻפִים שְׁלֹשָׁה טוּרִים וּמֶחֱזָה אֶל־מֶחֱזָה שָׁלֹשׁ פְּעָמִים׃
ה וְכָל־הַפְּתָחִים וְהַמְּזוּזֹת רְבֻעִים שָׁקֶף וּמוּל מֶחֱזָה אֶל־מֶחֱזָה
ו שָׁלֹשׁ פְּעָמִים׃ וְאֵת אוּלָם הָעַמּוּדִים עָשָׂה חֲמִשִּׁים אַמָּה אָרְכּוֹ
וּשְׁלֹשִׁים אַמָּה רָחְבּוֹ וְאוּלָם עַל־פְּנֵיהֶם וְעַמֻּדִים וְעָב עַל־פְּנֵיהֶם׃
ז וְאוּלָם הַכִּסֵּא אֲשֶׁר יִשְׁפָּט־שָׁם אֻלָם הַמִּשְׁפָּט עָשָׂה וְסָפוּן בָּאֶרֶז
ח מֵהַקַּרְקַע עַד־הַקַּרְקָע׃ וּבֵיתוֹ אֲשֶׁר־יֵשֶׁב שָׁם חָצֵר הָאַחֶרֶת
מִבֵּית לָאוּלָם כַּמַּעֲשֶׂה הַזֶּה הָיָה וּבַיִת יַעֲשֶׂה לְבַת־פַּרְעֹה
ט אֲשֶׁר לָקַח שְׁלֹמֹה כָּאוּלָם הַזֶּה׃ כָּל־אֵלֶּה אֲבָנִים יְקָרֹת כְּמִדֹּת
גָּזִית מְגֹרָרוֹת בַּמְּגֵרָה מִבַּיִת וּמִחוּץ וּמִמַּסָּד עַד־הַטְּפָחוֹת
י וּמִחוּץ עַד־הֶחָצֵר הַגְּדוֹלָה׃ וּמְיֻסָּד אֲבָנִים יְקָרוֹת אֲבָנִים גְּדֹלוֹת
יא אַבְנֵי עֶשֶׂר אַמּוֹת וְאַבְנֵי שְׁמֹנֶה אַמּוֹת׃ וּמִלְמַעְלָה אֲבָנִים
יב יְקָרוֹת כְּמִדּוֹת גָּזִית וָאָרֶז׃ וְחָצֵר הַגְּדוֹלָה סָבִיב שְׁלֹשָׁה טוּרִים
גָּזִית וְטוּר כְּרֻתֹת אֲרָזִים וְלַחֲצַר בֵּית־יְהוָה הַפְּנִימִית וּלְאֻלָם
יג הַבָּיִת׃ וַיִּשְׁלַח הַמֶּלֶךְ שְׁלֹמֹה וַיִּקַּח אֶת־חִירָם
יד מִצֹּר׃ בֶּן־אִשָּׁה אַלְמָנָה הוּא מִמַּטֵּה נַפְתָּלִי וְאָבִיו אִישׁ־צֹרִי
חֹרֵשׁ נְחֹשֶׁת וַיִּמָּלֵא אֶת־הַחָכְמָה וְאֶת־הַתְּבוּנָה וְאֶת־הַדַּעַת
לַעֲשׂוֹת כָּל־מְלָאכָה בַּנְּחֹשֶׁת וַיָּבוֹא אֶל־הַמֶּלֶךְ שְׁלֹמֹה וַיַּעַשׂ
טו אֶת־כָּל־מְלַאכְתּוֹ׃ וַיָּצַר אֶת־שְׁנֵי הָעַמּוּדִים נְחֹשֶׁת שְׁמֹנֶה
עֶשְׂרֵה אַמָּה קוֹמַת הָעַמּוּד הָאֶחָד וְחוּט שְׁתֵּים־עֶשְׂרֵה אַמָּה
טז יָסֹב אֶת־הָעַמּוּד הַשֵּׁנִי׃ וּשְׁתֵּי כֹתָרֹת עָשָׂה לָתֵת עַל־רָאשֵׁי
הָעַמּוּדִים מֻצַק נְחֹשֶׁת חָמֵשׁ אַמּוֹת קוֹמַת הַכֹּתֶרֶת הָאֶחָת

יז וְחָמֵשׁ אַמּוֹת קוֹמַת הַכֹּתֶרֶת הַשֵּׁנִית׃ שְׂבָכִים מַעֲשֵׂה שְׂבָכָה
גְּדִלִים מַעֲשֵׂה שַׁרְשְׁרוֹת לַכֹּתָרֹת אֲשֶׁר עַל־רֹאשׁ הָעַמּוּדִים
יח שִׁבְעָה לַכֹּתֶרֶת הָאֶחָת וְשִׁבְעָה לַכֹּתֶרֶת הַשֵּׁנִית׃ וַיַּעַשׂ אֶת־
הָעַמּוּדִים וּשְׁנֵי טוּרִים סָבִיב עַל־הַשְּׂבָכָה הָאֶחָת לְכַסּוֹת אֶת־
הַכֹּתָרֹת אֲשֶׁר עַל־רֹאשׁ הָרִמֹּנִים וְכֵן עָשָׂה לַכֹּתֶרֶת הַשֵּׁנִית׃
יט וְכֹתָרֹת אֲשֶׁר עַל־רֹאשׁ הָעַמּוּדִים מַעֲשֵׂה שׁוּשַׁן בָּאוּלָם
כ אַרְבַּע אַמּוֹת׃ וְכֹתָרֹת עַל־שְׁנֵי הָעַמּוּדִים גַּם־מִמַּעַל מִלְּעֻמַּת
הַבֶּטֶן אֲשֶׁר לְעֵבֶר שבכה וְהָרִמּוֹנִים מָאתַיִם טֻרִים סָבִיב עַל הַשְּׂבָכָה
כא הַכֹּתֶרֶת הַשֵּׁנִית׃ וַיָּקֶם אֶת־הָעַמֻּדִים לְאֻלָם הַהֵיכָל וַיָּקֶם ׀
אֶת־הָעַמּוּד הַיְמָנִי וַיִּקְרָא אֶת־שְׁמוֹ יָכִין וַיָּקֶם אֶת־הָעַמּוּד
כב הַשְּׂמָאלִי וַיִּקְרָא אֶת־שְׁמוֹ בֹּעַז׃ וְעַל רֹאשׁ הָעַמּוּדִים מַעֲשֵׂה
כג שׁוֹשָׁן וַתִּתֹּם מְלֶאכֶת הָעַמּוּדִים׃ וַיַּעַשׂ אֶת־
הַיָּם מוּצָק עֶשֶׂר בָּאַמָּה מִשְּׂפָתוֹ עַד־שְׂפָתוֹ עָגֹל ׀ סָבִיב וְחָמֵשׁ
כד בָּאַמָּה קוֹמָתוֹ וקוה שְׁלֹשִׁים בָּאַמָּה יָסֹב אֹתוֹ סָבִיב׃ וּפְקָעִים וְקָו
מִתַּחַת לִשְׂפָתוֹ ׀ סָבִיב סֹבְבִים אֹתוֹ עֶשֶׂר בָּאַמָּה מַקִּפִים אֶת־
כה הַיָּם סָבִיב שְׁנֵי טוּרִים הַפְּקָעִים יְצֻקִים בִּיצֻקָתוֹ׃ עֹמֵד עַל־שְׁנֵי
עָשָׂר בָּקָר שְׁלֹשָׁה פֹנִים ׀ צָפוֹנָה וּשְׁלֹשָׁה פֹנִים ׀ יָמָּה וּשְׁלֹשָׁה ׀
פֹּנִים נֶגְבָּה וּשְׁלֹשָׁה פֹּנִים מִזְרָחָה וְהַיָּם עֲלֵיהֶם מִלְמָעְלָה וְכָל־
כו אֲחֹרֵיהֶם בָּיְתָה׃ וְעָבְיוֹ טֶפַח וּשְׂפָתוֹ כְּמַעֲשֵׂה שְׂפַת־כּוֹס פֶּרַח
כז שׁוֹשָׁן אַלְפַּיִם בַּת יָכִיל׃ וַיַּעַשׂ אֶת־הַמְּכֹנוֹת
עֶשֶׂר נְחֹשֶׁת אַרְבַּע בָּאַמָּה אֹרֶךְ הַמְּכוֹנָה הָאֶחָת וְאַרְבַּע
כח בָּאַמָּה רָחְבָּהּ וְשָׁלֹשׁ בָּאַמָּה קוֹמָתָהּ׃ וְזֶה מַעֲשֵׂה הַמְּכוֹנָה
כט מִסְגְּרֹת לָהֶם וּמִסְגְּרֹת בֵּין הַשְׁלַבִּים׃ וְעַל־הַמִּסְגְּרוֹת אֲשֶׁר ׀
בֵּין הַשְׁלַבִּים אֲרָיוֹת ׀ בָּקָר וּכְרוּבִים וְעַל־הַשְׁלַבִּים כֵּן מִמָּעַל
ל וּמִתַּחַת לָאֲרָיוֹת וְלַבָּקָר לֹיוֹת מַעֲשֵׂה מוֹרָד׃ וְאַרְבָּעָה אוֹפַנֵּי
נְחֹשֶׁת לַמְּכוֹנָה הָאַחַת וְסַרְנֵי נְחֹשֶׁת וְאַרְבָּעָה פַעֲמֹתָיו כְּתֵפֹת
לא לָהֶם מִתַּחַת לַכִּיֹּר הַכְּתֵפֹת יְצֻקוֹת מֵעֵבֶר אִישׁ לֹיוֹת׃ וּפִיהוּ

מִבֵּית לַכֹּתֶרֶת וָמַעְלָה בָּאַמָּה וּפִיהָ עָגֹל מַעֲשֵׂה־כֵן אַמָּה וַחֲצִי
הָאַמָּה וְגַם־עַל־פִּיהָ מִקְלָעוֹת וּמִסְגְּרֹתֵיהֶם מְרֻבָּעוֹת לֹא
עֲגֻלּוֹת׃ וְאַרְבַּעַת הָאוֹפַנִּים לְמִתַּחַת לַמִּסְגְּרוֹת וִידוֹת הָאוֹפַנִּים לב
בַּמְּכֹנָה וְקוֹמַת הָאוֹפַן הָאֶחָד אַמָּה וַחֲצִי הָאַמָּה׃ וּמַעֲשֵׂה לג
הָאוֹפַנִּים כְּמַעֲשֵׂה אוֹפַן הַמֶּרְכָּבָה יְדוֹתָם וְגַבֵּיהֶם וְחִשֻּׁקֵיהֶם
וְחִשֻּׁרֵיהֶם הַכֹּל מוּצָק׃ וְאַרְבַּע כְּתֵפוֹת אֶל אַרְבַּע פִּנּוֹת לד
הַמְּכֹנָה הָאֶחָת מִן־הַמְּכֹנָה כְּתֵפֶיהָ׃ וּבְרֹאשׁ הַמְּכוֹנָה חֲצִי לה
הָאַמָּה קוֹמָה עָגֹל ׀ סָבִיב וְעַל רֹאשׁ הַמְּכֹנָה יְדֹתֶיהָ וּמִסְגְּרֹתֶיהָ
מִסְגְּרֹתֶיהָ מִמֶּנָּה׃ וַיְפַתַּח עַל־הַלֻּחֹת יְדֹתֶיהָ וְעַל ומסגרתיה כְּרוּבִים לו
אֲרָיוֹת וְתִמֹרֹת כְּמַעַר־אִישׁ וְלֹיוֹת סָבִיב׃ כָּזֹאת עָשָׂה לז
אֵת עֶשֶׂר הַמְּכֹנוֹת מוּצָק אֶחָד מִדָּה אַחַת קֶצֶב אֶחָד
לְכֻלָּהְנָה׃ וַיַּעַשׂ עֲשָׂרָה כִיֹּרוֹת נְחֹשֶׁת אַרְבָּעִים לח
בַּת יָכִיל ׀ הַכִּיּוֹר הָאֶחָד אַרְבַּע בָּאַמָּה הַכִּיּוֹר הָאֶחָד כִּיּוֹר
אֶחָד עַל־הַמְּכוֹנָה הָאַחַת לְעֶשֶׂר הַמְּכֹנוֹת׃ וַיִּתֵּן אֶת־ לט
הַמְּכֹנוֹת חָמֵשׁ עַל־כֶּתֶף הַבַּיִת מִיָּמִין וְחָמֵשׁ עַל־כֶּתֶף הַבַּיִת
מִשְּׂמֹאלוֹ וְאֶת־הַיָּם נָתַן מִכֶּתֶף הַבַּיִת הַיְמָנִית קֵדְמָה מִמּוּל
נֶגֶב׃ וַיַּעַשׂ חִירוֹם אֶת־הַכִּיֹּרוֹת וְאֶת־הַיָּעִים מ
וְאֶת־הַמִּזְרָקוֹת וַיְכַל חִירָם לַעֲשׂוֹת אֶת־כָּל־הַמְּלָאכָה אֲשֶׁר
עָשָׂה לַמֶּלֶךְ שְׁלֹמֹה בֵּית יְהוָה׃ עַמֻּדִים שְׁנַיִם וְגֻלֹּת הַכֹּתָרֹת מא
אֲשֶׁר־עַל־רֹאשׁ הָעַמֻּדִים שְׁתָּיִם וְהַשְּׂבָכוֹת שְׁתַּיִם לְכַסּוֹת
אֶת־שְׁתֵּי גֻּלּוֹת הַכֹּתָרֹת אֲשֶׁר עַל־רֹאשׁ הָעַמּוּדִים׃ וְאֶת־ מב
הָרִמֹּנִים אַרְבַּע מֵאוֹת לִשְׁתֵּי הַשְּׂבָכוֹת שְׁנֵי־טוּרִים רִמֹּנִים
לַשְּׂבָכָה הָאֶחָת לְכַסּוֹת אֶת־שְׁתֵּי גֻּלֹּת הַכֹּתָרֹת אֲשֶׁר עַל־
פְּנֵי הָעַמּוּדִים׃ וְאֶת־הַמְּכֹנוֹת עָשֶׂר וְאֶת־הַכִּיֹּרֹת עֲשָׂרָה עַל־ מג
הַמְּכֹנוֹת׃ וְאֶת־הַיָּם הָאֶחָד וְאֶת־הַבָּקָר שְׁנֵים־עָשָׂר תַּחַת מד
הַיָּם׃ וְאֶת־הַסִּירוֹת וְאֶת־הַיָּעִים וְאֶת־הַמִּזְרָקוֹת וְאֵת כָּל־ מה
הָאֵלֶּה הַכֵּלִים האהל אֲשֶׁר עָשָׂה חִירָם לַמֶּלֶךְ שְׁלֹמֹה בֵּית יְהוָה

מו נְחֹשֶׁת מְמֹרָט׃ בְּכִכַּר הַיַּרְדֵּן יְצָקָם הַמֶּלֶךְ בְּמַעֲבֵה הָאֲדָמָה
מז בֵּין סֻכּוֹת וּבֵין צָרְתָן׃ וַיַּנַּח שְׁלֹמֹה אֶת־כָּל־הַכֵּלִים מֵרֹב מְאֹד
מח מְאֹד לֹא נֶחְקַר מִשְׁקַל הַנְּחֹשֶׁת׃ וַיַּעַשׂ שְׁלֹמֹה אֵת כָּל־
הַכֵּלִים אֲשֶׁר בֵּית יְהוָה אֵת מִזְבַּח הַזָּהָב וְאֶת־הַשֻּׁלְחָן אֲשֶׁר
מט עָלָיו לֶחֶם הַפָּנִים זָהָב׃ וְאֶת־הַמְּנֹרוֹת חָמֵשׁ מִיָּמִין וְחָמֵשׁ
מִשְּׂמֹאל לִפְנֵי הַדְּבִיר זָהָב סָגוּר וְהַפֶּרַח וְהַנֵּרֹת וְהַמֶּלְקַחַיִם
נ זָהָב׃ וְהַסִּפּוֹת וְהַמְזַמְּרוֹת וְהַמִּזְרָקוֹת וְהַכַּפּוֹת וְהַמַּחְתּוֹת זָהָב
סָגוּר וְהַפֹּתוֹת לְדַלְתוֹת הַבַּיִת הַפְּנִימִי לְקֹדֶשׁ הַקֳּדָשִׁים לְדַלְתֵי
נא הַבַּיִת לְהֵיכָל זָהָב׃ וַתִּשְׁלַם כָּל־הַמְּלָאכָה אֲשֶׁר
עָשָׂה הַמֶּלֶךְ שְׁלֹמֹה בֵּית יְהוָה וַיָּבֵא שְׁלֹמֹה אֶת־קָדְשֵׁי ׀ דָּוִד
אָבִיו אֶת־הַכֶּסֶף וְאֶת־הַזָּהָב וְאֶת־הַכֵּלִים נָתַן בְּאֹצְרוֹת בֵּית
ח א יְהוָה׃ אָז יַקְהֵל שְׁלֹמֹה אֶת־זִקְנֵי יִשְׂרָאֵל אֶת־
כָּל־רָאשֵׁי הַמַּטּוֹת נְשִׂיאֵי הָאָבוֹת לִבְנֵי יִשְׂרָאֵל אֶל־הַמֶּלֶךְ
שְׁלֹמֹה יְרוּשָׁלָםִ לְהַעֲלוֹת אֶת־אֲרוֹן בְּרִית־יְהוָה מֵעִיר דָּוִד
ב הִיא צִיּוֹן׃ וַיִּקָּהֲלוּ אֶל־הַמֶּלֶךְ שְׁלֹמֹה כָּל־אִישׁ יִשְׂרָאֵל בְּיֶרַח
ג הָאֵתָנִים בֶּחָג הוּא הַחֹדֶשׁ הַשְּׁבִיעִי׃ וַיָּבֹאוּ כֹּל זִקְנֵי יִשְׂרָאֵל
ד וַיִּשְׂאוּ הַכֹּהֲנִים אֶת־הָאָרוֹן׃ וַיַּעֲלוּ אֶת־אֲרוֹן יְהוָה וְאֶת־אֹהֶל
מוֹעֵד וְאֶת־כָּל־כְּלֵי הַקֹּדֶשׁ אֲשֶׁר בָּאֹהֶל וַיַּעֲלוּ אֹתָם הַכֹּהֲנִים
ה וְהַלְוִיִּם׃ וְהַמֶּלֶךְ שְׁלֹמֹה וְכָל־עֲדַת יִשְׂרָאֵל הַנּוֹעָדִים עָלָיו אִתּוֹ
לִפְנֵי הָאָרוֹן מְזַבְּחִים צֹאן וּבָקָר אֲשֶׁר לֹא־יִסָּפְרוּ וְלֹא יִמָּנוּ מֵרֹב׃
ו וַיָּבִאוּ הַכֹּהֲנִים אֶת־אֲרוֹן בְּרִית־יְהוָה אֶל־מְקוֹמוֹ אֶל־דְּבִיר
ז הַבַּיִת אֶל־קֹדֶשׁ הַקֳּדָשִׁים אֶל־תַּחַת כַּנְפֵי הַכְּרוּבִים׃ כִּי הַכְּרוּבִים
פֹּרְשִׂים כְּנָפַיִם אֶל־מְקוֹם הָאָרוֹן וַיָּסֹכּוּ הַכְּרֻבִים עַל־הָאָרוֹן וְעַל־
ח בַּדָּיו מִלְמָעְלָה׃ וַיַּאֲרִכוּ הַבַּדִּים וַיֵּרָאוּ רָאשֵׁי הַבַּדִּים מִן־הַקֹּדֶשׁ
עַל־פְּנֵי הַדְּבִיר וְלֹא יֵרָאוּ הַחוּצָה וַיִּהְיוּ שָׁם עַד הַיּוֹם הַזֶּה׃
ט אֵין בָּאָרוֹן רַק שְׁנֵי לֻחוֹת הָאֲבָנִים אֲשֶׁר הִנִּחַ שָׁם מֹשֶׁה בְּחֹרֵב
י אֲשֶׁר כָּרַת יְהוָה עִם־בְּנֵי יִשְׂרָאֵל בְּצֵאתָם מֵאֶרֶץ מִצְרָיִם׃ וַיְהִי

ז בְּצֵאת הַכֹּהֲנִים מִן־הַקֹּדֶשׁ וְהֶעָנָן מָלֵא אֶת־בֵּית יְהוָה׃ וְלֹא־ יא
יָכְלוּ הַכֹּהֲנִים לַעֲמֹד לְשָׁרֵת מִפְּנֵי הֶעָנָן כִּי־מָלֵא כְבוֹד־יְהוָה
אֶת־בֵּית יְהוָה׃ אָז אָמַר שְׁלֹמֹה יְהוָה אָמַר יב
לִשְׁכֹּן בָּעֲרָפֶל׃ בָּנֹה בָנִיתִי בֵּית זְבֻל לָךְ מָכוֹן לְשִׁבְתְּךָ עוֹלָמִים׃ יג
וַיַּסֵּב הַמֶּלֶךְ אֶת־פָּנָיו וַיְבָרֶךְ אֵת כָּל־קְהַל יִשְׂרָאֵל וְכָל־קְהַל יד
יִשְׂרָאֵל עֹמֵד׃ וַיֹּאמֶר בָּרוּךְ יְהוָה אֱלֹהֵי יִשְׂרָאֵל אֲשֶׁר דִּבֶּר טו
בְּפִיו אֵת דָּוִד אָבִי וּבְיָדוֹ מִלֵּא לֵאמֹר׃ מִן־הַיּוֹם אֲשֶׁר הוֹצֵאתִי טז
אֶת־עַמִּי אֶת־יִשְׂרָאֵל מִמִּצְרַיִם לֹא־בָחַרְתִּי בְעִיר מִכֹּל שִׁבְטֵי
יִשְׂרָאֵל לִבְנוֹת בַּיִת לִהְיוֹת שְׁמִי שָׁם וָאֶבְחַר בְּדָוִד לִהְיוֹת עַל־
עַמִּי יִשְׂרָאֵל׃ וַיְהִי עִם־לְבַב דָּוִד אָבִי לִבְנוֹת בַּיִת לְשֵׁם יְהוָה יז
אֱלֹהֵי יִשְׂרָאֵל׃ וַיֹּאמֶר יְהוָה אֶל־דָּוִד אָבִי יַעַן אֲשֶׁר הָיָה עִם־ יח
לְבָבְךָ לִבְנוֹת בַּיִת לִשְׁמִי הֱטִיבֹתָ כִּי הָיָה עִם־לְבָבֶךָ׃ רַק אַתָּה יט
לֹא תִבְנֶה הַבָּיִת כִּי אִם־בִּנְךָ הַיֹּצֵא מֵחֲלָצֶיךָ הוּא־יִבְנֶה הַבַּיִת
לִשְׁמִי׃ וַיָּקֶם יְהוָה אֶת־דְּבָרוֹ אֲשֶׁר דִּבֵּר וָאָקֻם תַּחַת דָּוִד אָבִי כ
וָאֵשֵׁב ׀ עַל־כִּסֵּא יִשְׂרָאֵל כַּאֲשֶׁר דִּבֶּר יְהוָה וָאֶבְנֶה הַבַּיִת לְשֵׁם
יְהוָה אֱלֹהֵי יִשְׂרָאֵל׃ וָאָשִׂם שָׁם מָקוֹם לָאָרוֹן אֲשֶׁר־שָׁם כא
בְּרִית יְהוָה אֲשֶׁר כָּרַת עִם־אֲבֹתֵינוּ בְּהוֹצִיאוֹ אֹתָם מֵאֶרֶץ
מִצְרָיִם׃ וַיַּעֲמֹד שְׁלֹמֹה לִפְנֵי מִזְבַּח יְהוָה נֶגֶד כב
כָּל־קְהַל יִשְׂרָאֵל וַיִּפְרֹשׂ כַּפָּיו הַשָּׁמָיִם׃ וַיֹּאמַר יְהוָה אֱלֹהֵי כג
יִשְׂרָאֵל אֵין־כָּמוֹךָ אֱלֹהִים בַּשָּׁמַיִם מִמַּעַל וְעַל־הָאָרֶץ מִתָּחַת
שֹׁמֵר הַבְּרִית וְהַחֶסֶד לַעֲבָדֶיךָ הַהֹלְכִים לְפָנֶיךָ בְּכָל־לִבָּם׃
אֲשֶׁר שָׁמַרְתָּ לְעַבְדְּךָ דָּוִד אָבִי אֵת אֲשֶׁר־דִּבַּרְתָּ לוֹ וַתְּדַבֵּר כד
בְּפִיךָ וּבְיָדְךָ מִלֵּאתָ כַּיּוֹם הַזֶּה׃ וְעַתָּה יְהוָה ׀ אֱלֹהֵי יִשְׂרָאֵל כה
שְׁמֹר לְעַבְדְּךָ דָוִד אָבִי אֵת אֲשֶׁר דִּבַּרְתָּ לּוֹ לֵאמֹר לֹא־יִכָּרֵת
לְךָ אִישׁ מִלְּפָנַי יֹשֵׁב עַל־כִּסֵּא יִשְׂרָאֵל רַק אִם־יִשְׁמְרוּ בָנֶיךָ
אֶת־דַּרְכָּם לָלֶכֶת לְפָנַי כַּאֲשֶׁר הָלַכְתָּ לְפָנָי׃ וְעַתָּה אֱלֹהֵי כו
דְּבָרְךָ יִשְׂרָאֵל יֵאָמֶן נָא דבריך אֲשֶׁר דִּבַּרְתָּ לְעַבְדְּךָ דָּוִד אָבִי׃ כִּי כז

הַאֻמְנָם יֵשֵׁב אֱלֹהִים עַל־הָאָרֶץ הִנֵּה הַשָּׁמַיִם וּשְׁמֵי הַשָּׁמַיִם
כח לֹא יְכַלְכְּלוּךָ אַף כִּי־הַבַּיִת הַזֶּה אֲשֶׁר בָּנִיתִי: וּפָנִיתָ אֶל־תְּפִלַּת
עַבְדְּךָ וְאֶל־תְּחִנָּתוֹ יְהוָה אֱלֹהָי לִשְׁמֹעַ אֶל־הָרִנָּה וְאֶל־
כט הַתְּפִלָּה אֲשֶׁר עַבְדְּךָ מִתְפַּלֵּל לְפָנֶיךָ הַיּוֹם: לִהְיוֹת עֵינֶךָ פְתֻחֹת
אֶל־הַבַּיִת הַזֶּה לַיְלָה וָיוֹם אֶל־הַמָּקוֹם אֲשֶׁר אָמַרְתָּ יִהְיֶה שְׁמִי
שָׁם לִשְׁמֹעַ אֶל־הַתְּפִלָּה אֲשֶׁר יִתְפַּלֵּל עַבְדְּךָ אֶל־הַמָּקוֹם הַזֶּה:
ל וְשָׁמַעְתָּ אֶל־תְּחִנַּת עַבְדְּךָ וְעַמְּךָ יִשְׂרָאֵל אֲשֶׁר יִתְפַּלְלוּ
אֶל־הַמָּקוֹם הַזֶּה וְאַתָּה תִּשְׁמַע אֶל־מְקוֹם שִׁבְתְּךָ אֶל־
לא הַשָּׁמַיִם וְשָׁמַעְתָּ וְסָלָחְתָּ: אֵת אֲשֶׁר יֶחֱטָא אִישׁ לְרֵעֵהוּ
וְנָשָׁא־בוֹ אָלָה לְהַאֲלֹתוֹ וּבָא אָלָה לִפְנֵי מִזְבַּחֲךָ בַּבַּיִת
לב הַזֶּה: וְאַתָּה ׀ תִּשְׁמַע הַשָּׁמַיִם וְעָשִׂיתָ וְשָׁפַטְתָּ אֶת־עֲבָדֶיךָ
לְהַרְשִׁיעַ רָשָׁע לָתֵת דַּרְכּוֹ בְּרֹאשׁוֹ וּלְהַצְדִּיק צַדִּיק לָתֶת
לג לוֹ כְּצִדְקָתוֹ: בְּהִנָּגֵף עַמְּךָ יִשְׂרָאֵל לִפְנֵי אוֹיֵב
אֲשֶׁר יֶחֶטְאוּ־לָךְ וְשָׁבוּ אֵלֶיךָ וְהוֹדוּ אֶת־שְׁמֶךָ וְהִתְפַּלְלוּ
לד וְהִתְחַנְּנוּ אֵלֶיךָ בַּבַּיִת הַזֶּה: וְאַתָּה תִּשְׁמַע הַשָּׁמַיִם וְסָלַחְתָּ
לְחַטַּאת עַמְּךָ יִשְׂרָאֵל וַהֲשֵׁבֹתָם אֶל־הָאֲדָמָה אֲשֶׁר נָתַתָּ
לה לַאֲבוֹתָם: בְּהֵעָצֵר שָׁמַיִם וְלֹא־יִהְיֶה מָטָר כִּי
יֶחֶטְאוּ־לָךְ וְהִתְפַּלְלוּ אֶל־הַמָּקוֹם הַזֶּה וְהוֹדוּ אֶת־שְׁמֶךָ
לו וּמֵחַטָּאתָם יְשׁוּבוּן כִּי תַעֲנֵם: וְאַתָּה ׀ תִּשְׁמַע הַשָּׁמַיִם וְסָלַחְתָּ
לְחַטַּאת עֲבָדֶיךָ וְעַמְּךָ יִשְׂרָאֵל כִּי תוֹרֵם אֶת־הַדֶּרֶךְ הַטּוֹבָה
אֲשֶׁר יֵלְכוּ־בָהּ וְנָתַתָּה מָטָר עַל־אַרְצְךָ אֲשֶׁר־נָתַתָּה לְעַמְּךָ
לז לְנַחֲלָה: רָעָב כִּי־יִהְיֶה בָאָרֶץ דֶּבֶר כִּי־יִהְיֶה
שִׁדָּפוֹן יֵרָקוֹן אַרְבֶּה חָסִיל כִּי יִהְיֶה כִּי יָצַר־לוֹ אֹיְבוֹ בְּאֶרֶץ
לח שְׁעָרָיו כָּל־נֶגַע כָּל־מַחֲלָה: כָּל־תְּפִלָּה כָל־תְּחִנָּה אֲשֶׁר תִהְיֶה
לְכָל־הָאָדָם לְכֹל עַמְּךָ יִשְׂרָאֵל אֲשֶׁר יֵדְעוּן אִישׁ נֶגַע לְבָבוֹ
לט וּפָרַשׂ כַּפָּיו אֶל־הַבַּיִת הַזֶּה: וְאַתָּה תִּשְׁמַע הַשָּׁמַיִם מְכוֹן
שִׁבְתֶּךָ וְסָלַחְתָּ וְעָשִׂיתָ וְנָתַתָּ לָאִישׁ כְּכָל־דְּרָכָיו אֲשֶׁר תֵּדַע

אֶת־לְבָבוֹ כִּי־אַתָּה יָדַעְתָּ לְבַדְּךָ אֶת־לְבַב כָּל־בְּנֵי הָאָדָם׃
מ לְמַעַן יִרָאוּךָ כָּל־הַיָּמִים אֲשֶׁר־הֵם חַיִּים עַל־פְּנֵי הָאֲדָמָה אֲשֶׁר
מא נָתַתָּה לַאֲבֹתֵינוּ׃ וְגַם אֶל־הַנָּכְרִי אֲשֶׁר לֹא־
מב מֵעַמְּךָ יִשְׂרָאֵל הוּא וּבָא מֵאֶרֶץ רְחוֹקָה לְמַעַן שְׁמֶךָ׃ כִּי
יִשְׁמְעוּן אֶת־שִׁמְךָ הַגָּדוֹל וְאֶת־יָדְךָ הַחֲזָקָה וּזְרֹעֲךָ הַנְּטוּיָה
מג וּבָא וְהִתְפַּלֵּל אֶל־הַבַּיִת הַזֶּה׃ אַתָּה תִּשְׁמַע הַשָּׁמַיִם מְכוֹן
שִׁבְתֶּךָ וְעָשִׂיתָ כְּכֹל אֲשֶׁר־יִקְרָא אֵלֶיךָ הַנָּכְרִי לְמַעַן יֵדְעוּן כָּל־
עַמֵּי הָאָרֶץ אֶת־שְׁמֶךָ לְיִרְאָה אֹתְךָ כְּעַמְּךָ יִשְׂרָאֵל וְלָדַעַת כִּי־
מד שִׁמְךָ נִקְרָא עַל־הַבַּיִת הַזֶּה אֲשֶׁר בָּנִיתִי׃ כִּי־
יֵצֵא עַמְּךָ לַמִּלְחָמָה עַל־אֹיְבוֹ בַּדֶּרֶךְ אֲשֶׁר תִּשְׁלָחֵם וְהִתְפַּלְלוּ
אֶל־יְהוָה דֶּרֶךְ הָעִיר אֲשֶׁר בָּחַרְתָּ בָּהּ וְהַבַּיִת אֲשֶׁר־בָּנִתִי
מה לִשְׁמֶךָ׃ וְשָׁמַעְתָּ הַשָּׁמַיִם אֶת־תְּפִלָּתָם וְאֶת־תְּחִנָּתָם וְעָשִׂיתָ
מו מִשְׁפָּטָם׃ כִּי יֶחֶטְאוּ־לָךְ כִּי אֵין אָדָם אֲשֶׁר לֹא־יֶחֱטָא וְאָנַפְתָּ
בָם וּנְתַתָּם לִפְנֵי אוֹיֵב וְשָׁבוּם שֹׁבֵיהֶם אֶל־אֶרֶץ הָאוֹיֵב
מז רְחוֹקָה אוֹ קְרוֹבָה׃ וְהֵשִׁיבוּ אֶל־לִבָּם בָּאָרֶץ אֲשֶׁר נִשְׁבּוּ־שָׁם
וְשָׁבוּ ׀ וְהִתְחַנְּנוּ אֵלֶיךָ בְּאֶרֶץ שֹׁבֵיהֶם לֵאמֹר חָטָאנוּ וְהֶעֱוִינוּ
מח רָשָׁעְנוּ׃ וְשָׁבוּ אֵלֶיךָ בְּכָל־לְבָבָם וּבְכָל־נַפְשָׁם בְּאֶרֶץ אֹיְבֵיהֶם
אֲשֶׁר־שָׁבוּ אֹתָם וְהִתְפַּלְלוּ אֵלֶיךָ דֶּרֶךְ אַרְצָם אֲשֶׁר נָתַתָּה
לַאֲבוֹתָם הָעִיר אֲשֶׁר בָּחַרְתָּ וְהַבַּיִת אֲשֶׁר־בָּנִית לִשְׁמֶךָ׃
מט וְשָׁמַעְתָּ הַשָּׁמַיִם מְכוֹן שִׁבְתְּךָ אֶת־תְּפִלָּתָם וְאֶת־תְּחִנָּתָם
נ וְעָשִׂיתָ מִשְׁפָּטָם׃ וְסָלַחְתָּ לְעַמְּךָ אֲשֶׁר חָטְאוּ־לָךְ וּלְכָל־
פִּשְׁעֵיהֶם אֲשֶׁר פָּשְׁעוּ־בָךְ וּנְתַתָּם לְרַחֲמִים לִפְנֵי שֹׁבֵיהֶם
נא וְרִחֲמוּם׃ כִּי־עַמְּךָ וְנַחֲלָתְךָ הֵם אֲשֶׁר הוֹצֵאתָ מִמִּצְרַיִם מִתּוֹךְ
נב כּוּר הַבַּרְזֶל׃ לִהְיוֹת עֵינֶיךָ פְתֻחֹת אֶל־תְּחִנַּת עַבְדְּךָ וְאֶל־
נג תְּחִנַּת עַמְּךָ יִשְׂרָאֵל לִשְׁמֹעַ אֲלֵיהֶם בְּכֹל קָרְאָם אֵלֶיךָ׃ כִּי־
אַתָּה הִבְדַּלְתָּם לְךָ לְנַחֲלָה מִכֹּל עַמֵּי הָאָרֶץ כַּאֲשֶׁר דִּבַּרְתָּ
בְּיַד ׀ מֹשֶׁה עַבְדֶּךָ בְּהוֹצִיאֲךָ אֶת־אֲבֹתֵינוּ מִמִּצְרַיִם אֲדֹנָי

נד יְהוָה׃ וַיְהִי ׀ כְּכַלּוֹת שְׁלֹמֹה לְהִתְפַּלֵּל אֶל־יְהוָה
אֵת כָּל־הַתְּפִלָּה וְהַתְּחִנָּה הַזֹּאת קָם מִלִּפְנֵי מִזְבַּח יְהוָה מִכְּרֹעַ
נה עַל־בִּרְכָּיו וְכַפָּיו פְּרֻשׂוֹת הַשָּׁמָיִם׃ וַיַּעֲמֹד וַיְבָרֶךְ אֵת כָּל־קְהַל
נו יִשְׂרָאֵל קוֹל גָּדוֹל לֵאמֹר׃ בָּרוּךְ יְהוָה אֲשֶׁר נָתַן מְנוּחָה לְעַמּוֹ
יִשְׂרָאֵל כְּכֹל אֲשֶׁר דִּבֵּר לֹא־נָפַל דָּבָר אֶחָד מִכֹּל דְּבָרוֹ הַטּוֹב
נז אֲשֶׁר דִּבֶּר בְּיַד מֹשֶׁה עַבְדּוֹ׃ יְהִי יְהוָה אֱלֹהֵינוּ עִמָּנוּ כַּאֲשֶׁר
נח הָיָה עִם־אֲבֹתֵינוּ אַל־יַעַזְבֵנוּ וְאַל־יִטְּשֵׁנוּ׃ לְהַטּוֹת לְבָבֵנוּ אֵלָיו ח
לָלֶכֶת בְּכָל־דְּרָכָיו וְלִשְׁמֹר מִצְוֺתָיו וְחֻקָּיו וּמִשְׁפָּטָיו אֲשֶׁר צִוָּה
נט אֶת־אֲבֹתֵינוּ׃ וְיִהְיוּ דְבָרַי אֵלֶּה אֲשֶׁר הִתְחַנַּנְתִּי לִפְנֵי יְהוָה
קְרֹבִים אֶל־יְהוָה אֱלֹהֵינוּ יוֹמָם וָלָיְלָה לַעֲשׂוֹת ׀ מִשְׁפַּט עַבְדּוֹ
ס וּמִשְׁפַּט עַמּוֹ יִשְׂרָאֵל דְּבַר־יוֹם בְּיוֹמוֹ׃ לְמַעַן דַּעַת כָּל־עַמֵּי
סא הָאָרֶץ כִּי יְהוָה הוּא הָאֱלֹהִים אֵין עוֹד׃ וְהָיָה לְבַבְכֶם שָׁלֵם
עִם יְהוָה אֱלֹהֵינוּ לָלֶכֶת בְּחֻקָּיו וְלִשְׁמֹר מִצְוֺתָיו כַּיּוֹם הַזֶּה׃
סב סג וְהַמֶּלֶךְ וְכָל־יִשְׂרָאֵל עִמּוֹ זֹבְחִים זֶבַח לִפְנֵי יְהוָה׃ וַיִּזְבַּח שְׁלֹמֹה
אֵת זֶבַח הַשְּׁלָמִים אֲשֶׁר זָבַח לַיהוָה בָּקָר עֶשְׂרִים וּשְׁנַיִם אֶלֶף
וְצֹאן מֵאָה וְעֶשְׂרִים אָלֶף וַיַּחְנְכוּ אֶת־בֵּית יְהוָה הַמֶּלֶךְ וְכָל־
סד בְּנֵי יִשְׂרָאֵל׃ בַּיּוֹם הַהוּא קִדַּשׁ הַמֶּלֶךְ אֶת־תּוֹךְ הֶחָצֵר אֲשֶׁר
לִפְנֵי בֵית־יְהוָה כִּי־עָשָׂה שָׁם אֶת־הָעֹלָה וְאֶת־הַמִּנְחָה וְאֵת
חֶלְבֵי הַשְּׁלָמִים כִּי־מִזְבַּח הַנְּחֹשֶׁת אֲשֶׁר לִפְנֵי יְהוָה קָטֹן
סה מֵהָכִיל אֶת־הָעֹלָה וְאֶת־הַמִּנְחָה וְאֵת חֶלְבֵי הַשְּׁלָמִים׃ וַיַּעַשׂ
שְׁלֹמֹה בָעֵת־הַהִיא ׀ אֶת־הֶחָג וְכָל־יִשְׂרָאֵל עִמּוֹ קָהָל גָּדוֹל
מִלְּבוֹא חֲמָת ׀ עַד־נַחַל מִצְרַיִם לִפְנֵי יְהוָה אֱלֹהֵינוּ שִׁבְעַת
סו יָמִים וְשִׁבְעַת יָמִים אַרְבָּעָה עָשָׂר יוֹם׃ בַּיּוֹם הַשְּׁמִינִי שִׁלַּח
אֶת־הָעָם וַיְבָרְכוּ אֶת־הַמֶּלֶךְ וַיֵּלְכוּ לְאָהֳלֵיהֶם שְׂמֵחִים וְטוֹבֵי
לֵב עַל כָּל־הַטּוֹבָה אֲשֶׁר עָשָׂה יְהוָה לְדָוִד עַבְדּוֹ וּלְיִשְׂרָאֵל
ט א עַמּוֹ׃ וַיְהִי כְּכַלּוֹת שְׁלֹמֹה לִבְנוֹת אֶת־בֵּית־
יְהוָה וְאֶת־בֵּית הַמֶּלֶךְ וְאֵת כָּל־חֵשֶׁק שְׁלֹמֹה אֲשֶׁר חָפֵץ

לַעֲשׂוֹת׃ וַיֵּרָא יְהוָה אֶל־שְׁלֹמֹה שֵׁנִית כַּאֲשֶׁר ב
נִרְאָה אֵלָיו בְּגִבְעוֹן׃ וַיֹּאמֶר יְהוָה אֵלָיו שָׁמַעְתִּי אֶת־תְּפִלָּתְךָ ג
וְאֶת־תְּחִנָּתְךָ אֲשֶׁר הִתְחַנַּנְתָּה לְפָנַי הִקְדַּשְׁתִּי אֶת־הַבַּיִת הַזֶּה
אֲשֶׁר בָּנִתָה לָשׂוּם־שְׁמִי שָׁם עַד־עוֹלָם וְהָיוּ עֵינַי וְלִבִּי שָׁם כָּל־
הַיָּמִים׃ וְאַתָּה אִם־תֵּלֵךְ לְפָנַי כַּאֲשֶׁר הָלַךְ דָּוִד אָבִיךָ בְּתָם־ ד
לֵבָב וּבְיֹשֶׁר לַעֲשׂוֹת כְּכֹל אֲשֶׁר צִוִּיתִיךָ חֻקַּי וּמִשְׁפָּטַי תִּשְׁמֹר׃
וַהֲקִמֹתִי אֶת־כִּסֵּא מַמְלַכְתְּךָ עַל־יִשְׂרָאֵל לְעֹלָם כַּאֲשֶׁר ה
דִּבַּרְתִּי עַל־דָּוִד אָבִיךָ לֵאמֹר לֹא־יִכָּרֵת לְךָ אִישׁ מֵעַל כִּסֵּא
יִשְׂרָאֵל׃ אִם־שׁוֹב תְּשֻׁבוּן אַתֶּם וּבְנֵיכֶם מֵאַחֲרַי וְלֹא תִשְׁמְרוּ ו
מִצְוֹתַי חֻקֹּתַי אֲשֶׁר נָתַתִּי לִפְנֵיכֶם וַהֲלַכְתֶּם וַעֲבַדְתֶּם אֱלֹהִים
אֲחֵרִים וְהִשְׁתַּחֲוִיתֶם לָהֶם׃ וְהִכְרַתִּי אֶת־יִשְׂרָאֵל מֵעַל פְּנֵי ז
הָאֲדָמָה אֲשֶׁר נָתַתִּי לָהֶם וְאֶת־הַבַּיִת אֲשֶׁר הִקְדַּשְׁתִּי לִשְׁמִי
אֲשַׁלַּח מֵעַל פָּנָי וְהָיָה יִשְׂרָאֵל לְמָשָׁל וְלִשְׁנִינָה בְּכָל־הָעַמִּים׃
וְהַבַּיִת הַזֶּה יִהְיֶה עֶלְיוֹן כָּל־עֹבֵר עָלָיו יִשֹּׁם וְשָׁרָק וְאָמְרוּ עַל־ ח
מֶה עָשָׂה יְהוָה כָּכָה לָאָרֶץ הַזֹּאת וְלַבַּיִת הַזֶּה׃ וְאָמְרוּ עַל אֲשֶׁר ט
עָזְבוּ אֶת־יְהוָה אֱלֹהֵיהֶם אֲשֶׁר הוֹצִיא אֶת־אֲבֹתָם מֵאֶרֶץ
מִצְרַיִם וַיַּחֲזִקוּ בֵּאלֹהִים אֲחֵרִים וַיִּשְׁתַּחֲווּ לָהֶם וַיַּעַבְדֻם עַל־כֵּן
הֵבִיא יְהוָה עֲלֵיהֶם אֵת כָּל־הָרָעָה הַזֹּאת׃ וַיְהִי י
מִקְצֵה עֶשְׂרִים שָׁנָה אֲשֶׁר־בָּנָה שְׁלֹמֹה אֶת־שְׁנֵי הַבָּתִּים אֶת־
בֵּית יְהוָה וְאֶת־בֵּית הַמֶּלֶךְ׃ חִירָם מֶלֶךְ־צֹר נִשָּׂא אֶת־שְׁלֹמֹה יא
בַּעֲצֵי אֲרָזִים וּבַעֲצֵי בְרוֹשִׁים וּבַזָּהָב לְכָל־חֶפְצוֹ אָז יִתֵּן הַמֶּלֶךְ
שְׁלֹמֹה לְחִירָם עֶשְׂרִים עִיר בְּאֶרֶץ הַגָּלִיל׃ וַיֵּצֵא חִירָם מִצֹּר יב
לִרְאוֹת אֶת־הֶעָרִים אֲשֶׁר נָתַן־לוֹ שְׁלֹמֹה וְלֹא יָשְׁרוּ בְּעֵינָיו׃
וַיֹּאמֶר מָה הֶעָרִים הָאֵלֶּה אֲשֶׁר־נָתַתָּה לִּי אָחִי וַיִּקְרָא לָהֶם יג
אֶרֶץ כָּבוּל עַד הַיּוֹם הַזֶּה׃ וַיִּשְׁלַח חִירָם לַמֶּלֶךְ יד
מֵאָה וְעֶשְׂרִים כִּכַּר זָהָב׃ וְזֶה דְבַר־הַמַּס אֲשֶׁר־הֶעֱלָה ׀ הַמֶּלֶךְ טו
שְׁלֹמֹה לִבְנוֹת אֶת־בֵּית יְהוָה וְאֶת־בֵּיתוֹ וְאֶת־הַמִּלּוֹא וְאֵת

טז חומת ירושלם ואת־חצר ואת־מגדו ואת־גזר: פרעה מלך־
מצרים עלה וילכד את־גזר וישרפה באש ואת־הכנעני
יז הישב בעיר הרג ויתנה שלחים לבתו אשת שלמה: ויבן
יח שלמה את־גזר ואת־בית חרן תחתון: ואת־בעלת ואת־
יט תמר במדבר בארץ: ואת כל־ערי המסכנות אשר היו תדמר
לשלמה ואת ערי הרכב ואת ערי הפרשים ואת ׀ חשק
שלמה אשר חשק לבנות בירושלם ובלבנון ובכל ארץ
כ ממשלתו: כל־העם הנותר מן־האמרי החתי הפרזי החוי
כא והיבוסי אשר לא־מבני ישראל המה: בניהם אשר נתרו
אחריהם בארץ אשר לא־יכלו בני ישראל להחרימם ויעלם
כב שלמה למס־עבד עד היום הזה: ומבני ישראל לא־נתן
שלמה עבד כי־הם אנשי המלחמה ועבדיו ושריו ושלישיו
כג ושרי רכבו ופרשיו: אלה ׀ שרי הנצבים אשר
על־המלאכה לשלמה חמשים וחמש מאות הרדים בעם
כד העשים במלאכה: אך בת־פרעה עלתה מעיר דוד אל־
כה ביתה אשר בנה־לה אז בנה את־המלוא: והעלה שלמה
שלש פעמים בשנה עלות ושלמים על־המזבח אשר בנה
כו ליהוה והקטיר אתו אשר לפני יהוה ושלם את־הבית: ואני
עשה המלך שלמה בעציון־גבר אשר את־אלות על־שפת
כז ים־סוף בארץ אדום: וישלח חירם באני את־עבדיו אנשי
כח אניות ידעי הים עם עבדי שלמה: ויבאו אופירה ויקחו
משם זהב ארבע־מאות ועשרים ככר ויבאו אל־המלך
י א שלמה: ומלכת־שבא שמעת את־שמע שלמה
ב לשם יהוה ותבא לנסתו בחידות: ותבא ירושלמה בחיל
כבד מאד גמלים נשאים בשמים וזהב רב־מאד ואבן יקרה
ותבא אל־שלמה ותדבר אליו את כל־אשר היה עם־לבבה:
ג ויגד־לה שלמה את־כל־דבריה לא־היה דבר נעלם מן־

הַמֶּלֶךְ אֲשֶׁר לֹא הִגִּיד לָהּ׃ וַתֵּרֶא מַלְכַּת־שְׁבָא אֵת כָּל־חָכְמַת ד
שְׁלֹמֹה וְהַבַּיִת אֲשֶׁר בָּנָה׃ וּמַאֲכַל שֻׁלְחָנוֹ וּמוֹשַׁב עֲבָדָיו ה
וּמַעֲמַד מְשָׁרְתָיו וּמַלְבֻּשֵׁיהֶם וּמַשְׁקָיו וְעֹלָתוֹ אֲשֶׁר יַעֲלֶה בֵּית
יְהוָה וְלֹא־הָיָה בָהּ עוֹד רוּחַ׃ וַתֹּאמֶר אֶל־הַמֶּלֶךְ אֱמֶת הָיָה הַדָּבָר ו
אֲשֶׁר שָׁמַעְתִּי בְּאַרְצִי עַל־דְּבָרֶיךָ וְעַל־חָכְמָתֶךָ׃ וְלֹא־הֶאֱמַנְתִּי ז
לַדְּבָרִים עַד אֲשֶׁר־בָּאתִי וַתִּרְאֶינָה עֵינַי וְהִנֵּה לֹא־הֻגַּד־לִי
הַחֵצִי הוֹסַפְתָּ חָכְמָה וָטוֹב אֶל־הַשְּׁמוּעָה אֲשֶׁר שָׁמָעְתִּי׃ אַשְׁרֵי ח
אֲנָשֶׁיךָ אַשְׁרֵי עֲבָדֶיךָ אֵלֶּה הָעֹמְדִים לְפָנֶיךָ תָּמִיד הַשֹּׁמְעִים
ט אֶת־חָכְמָתֶךָ׃ יְהִי יְהוָה אֱלֹהֶיךָ בָּרוּךְ אֲשֶׁר חָפֵץ בְּךָ לְתִתְּךָ ט
עַל־כִּסֵּא יִשְׂרָאֵל בְּאַהֲבַת יְהוָה אֶת־יִשְׂרָאֵל לְעֹלָם וַיְשִׂימְךָ
לְמֶלֶךְ לַעֲשׂוֹת מִשְׁפָּט וּצְדָקָה׃ וַתִּתֵּן לַמֶּלֶךְ מֵאָה וְעֶשְׂרִים י
כִּכַּר זָהָב וּבְשָׂמִים הַרְבֵּה מְאֹד וְאֶבֶן יְקָרָה לֹא בָא כַבֹּשֶׂם
הַהוּא עוֹד לָרֹב אֲשֶׁר־נָתְנָה מַלְכַּת־שְׁבָא לַמֶּלֶךְ שְׁלֹמֹה׃ וְגַם יא
אֳנִי חִירָם אֲשֶׁר־נָשָׂא זָהָב מֵאוֹפִיר הֵבִיא מֵאֹפִיר עֲצֵי אַלְמֻגִּים
הַרְבֵּה מְאֹד וְאֶבֶן יְקָרָה׃ וַיַּעַשׂ הַמֶּלֶךְ אֶת־עֲצֵי הָאַלְמֻגִּים יב
מִסְעָד לְבֵית־יְהוָה וּלְבֵית הַמֶּלֶךְ וְכִנֹּרוֹת וּנְבָלִים לַשָּׁרִים לֹא
בָא־כֵן עֲצֵי אַלְמֻגִּים וְלֹא נִרְאָה עַד הַיּוֹם הַזֶּה׃ וְהַמֶּלֶךְ שְׁלֹמֹה יג
נָתַן לְמַלְכַּת־שְׁבָא אֶת־כָּל־חֶפְצָהּ אֲשֶׁר שָׁאָלָה מִלְּבַד
אֲשֶׁר נָתַן־לָהּ כְּיַד הַמֶּלֶךְ שְׁלֹמֹה וַתֵּפֶן וַתֵּלֶךְ לְאַרְצָהּ הִיא
וַעֲבָדֶיהָ׃ וַיְהִי מִשְׁקַל הַזָּהָב אֲשֶׁר־בָּא לִשְׁלֹמֹה יד
בְּשָׁנָה אֶחָת שֵׁשׁ מֵאוֹת שִׁשִּׁים וָשֵׁשׁ כִּכַּר זָהָב׃ לְבַד מֵאַנְשֵׁי טו
הַתָּרִים וּמִסְחַר הָרֹכְלִים וְכָל־מַלְכֵי הָעֶרֶב וּפַחוֹת הָאָרֶץ׃
וַיַּעַשׂ הַמֶּלֶךְ שְׁלֹמֹה מָאתַיִם צִנָּה זָהָב שָׁחוּט שֵׁשׁ־מֵאוֹת זָהָב טז
יַעֲלֶה עַל־הַצִּנָּה הָאֶחָת׃ וּשְׁלֹשׁ־מֵאוֹת מָגִנִּים זָהָב שָׁחוּט יז
שְׁלֹשֶׁת מָנִים זָהָב יַעֲלֶה עַל־הַמָּגֵן הָאֶחָת וַיִּתְּנֵם הַמֶּלֶךְ בֵּית
יַעַר הַלְּבָנוֹן׃ וַיַּעַשׂ הַמֶּלֶךְ כִּסֵּא־שֵׁן גָּדוֹל וַיְצַפֵּהוּ יח
זָהָב מוּפָז׃ שֵׁשׁ מַעֲלוֹת לַכִּסֵּה וְרֹאשׁ־עָגוֹל לַכִּסֵּה מֵאַחֲרָיו יט

וְיָדֹת מִזֶּה וּמִזֶּה אֶל־מְקוֹם הַשָּׁבֶת וּשְׁנַיִם אֲרָיוֹת עֹמְדִים אֵצֶל
כ הַיָּדוֹת׃ וּשְׁנֵים עָשָׂר אֲרָיִים עֹמְדִים שָׁם עַל־שֵׁשׁ הַמַּעֲלוֹת מִזֶּה
כא וּמִזֶּה לֹא־נַעֲשָׂה כֵן לְכָל־מַמְלָכוֹת׃ וְכֹל כְּלֵי מַשְׁקֵה הַמֶּלֶךְ
שְׁלֹמֹה זָהָב וְכֹל כְּלֵי בֵּית־יַעַר הַלְּבָנוֹן זָהָב סָגוּר אֵין כֶּסֶף לֹא
כב נֶחְשָׁב בִּימֵי שְׁלֹמֹה לִמְאוּמָה׃ כִּי אֳנִי תַרְשִׁישׁ לַמֶּלֶךְ בַּיָּם עִם
אֳנִי חִירָם אַחַת לְשָׁלֹשׁ שָׁנִים תָּבוֹא ׀ אֳנִי תַרְשִׁישׁ נֹשְׂאֵת זָהָב
כג וָכֶסֶף שֶׁנְהַבִּים וְקֹפִים וְתֻכִּיִּים׃ וַיִּגְדַּל הַמֶּלֶךְ שְׁלֹמֹה מִכֹּל מַלְכֵי
כד הָאָרֶץ לְעֹשֶׁר וּלְחָכְמָה׃ וְכָל־הָאָרֶץ מְבַקְשִׁים אֶת־פְּנֵי שְׁלֹמֹה
כה לִשְׁמֹעַ אֶת־חָכְמָתוֹ אֲשֶׁר־נָתַן אֱלֹהִים בְּלִבּוֹ׃ וְהֵמָּה מְבִאִים
אִישׁ מִנְחָתוֹ כְּלֵי כֶסֶף וּכְלֵי זָהָב וּשְׂלָמוֹת וְנֶשֶׁק וּבְשָׂמִים סוּסִים
כו וּפְרָדִים דְּבַר־שָׁנָה בְּשָׁנָה׃ וַיֶּאֱסֹף שְׁלֹמֹה רֶכֶב
וּפָרָשִׁים וַיְהִי־לוֹ אֶלֶף וְאַרְבַּע־מֵאוֹת רֶכֶב וּשְׁנֵים־עָשָׂר אֶלֶף
כז פָּרָשִׁים וַיַּנְחֵם בְּעָרֵי הָרֶכֶב וְעִם־הַמֶּלֶךְ בִּירוּשָׁלִָם׃ וַיִּתֵּן הַמֶּלֶךְ
אֶת־הַכֶּסֶף בִּירוּשָׁלִַם כָּאֲבָנִים וְאֵת הָאֲרָזִים נָתַן כַּשִּׁקְמִים
כח אֲשֶׁר־בַּשְּׁפֵלָה לָרֹב׃ וּמוֹצָא הַסּוּסִים אֲשֶׁר לִשְׁלֹמֹה מִמִּצְרָיִם
כט וּמִקְוֵה סֹחֲרֵי הַמֶּלֶךְ יִקְחוּ מִקְוֵא בִּמְחִיר׃ וַתַּעֲלֶה וַתֵּצֵא מֶרְכָּבָה
מִמִּצְרַיִם בְּשֵׁשׁ מֵאוֹת כֶּסֶף וְסוּס בַּחֲמִשִּׁים וּמֵאָה וְכֵן לְכָל־
יא א מַלְכֵי הַחִתִּים וּלְמַלְכֵי אֲרָם בְּיָדָם יֵצִאוּ׃ וְהַמֶּלֶךְ
שְׁלֹמֹה אָהַב נָשִׁים נָכְרִיּוֹת רַבּוֹת וְאֶת־בַּת־פַּרְעֹה מוֹאֲבִיּוֹת
ב עַמֳּנִיּוֹת אֲדֹמִיֹּת צֵדְנִיֹּת חִתִּיֹּת׃ מִן־הַגּוֹיִם אֲשֶׁר אָמַר־יְהוָה
אֶל־בְּנֵי יִשְׂרָאֵל לֹא־תָבֹאוּ בָהֶם וְהֵם לֹא־יָבֹאוּ בָכֶם אָכֵן יַטּוּ
ג אֶת־לְבַבְכֶם אַחֲרֵי אֱלֹהֵיהֶם בָּהֶם דָּבַק שְׁלֹמֹה לְאַהֲבָה׃ וַיְהִי־
לוֹ נָשִׁים שָׂרוֹת שְׁבַע מֵאוֹת וּפִלַגְשִׁים שְׁלֹשׁ מֵאוֹת וַיַּטּוּ נָשָׁיו
ד אֶת־לִבּוֹ׃ וַיְהִי לְעֵת זִקְנַת שְׁלֹמֹה נָשָׁיו הִטּוּ אֶת־לְבָבוֹ אַחֲרֵי
אֱלֹהִים אֲחֵרִים וְלֹא־הָיָה לְבָבוֹ שָׁלֵם עִם־יְהוָה אֱלֹהָיו כִּלְבַב
ה דָּוִיד אָבִיו׃ וַיֵּלֶךְ שְׁלֹמֹה אַחֲרֵי עַשְׁתֹּרֶת אֱלֹהֵי צִדֹנִים וְאַחֲרֵי
ו מִלְכֹּם שִׁקֻּץ עַמֹּנִים׃ וַיַּעַשׂ שְׁלֹמֹה הָרַע בְּעֵינֵי יְהוָה וְלֹא מִלֵּא

אַחֲרֵי יְהוָה כְּדָוִד אָבִיו׃ אָז יִבְנֶה שְׁלֹמֹה בָּמָה ז
לִכְמוֹשׁ שִׁקֻּץ מוֹאָב בָּהָר אֲשֶׁר עַל־פְּנֵי יְרוּשָׁלִָם וּלְמֹלֶךְ שִׁקֻּץ
בְּנֵי עַמּוֹן׃ וְכֵן עָשָׂה לְכָל־נָשָׁיו הַנָּכְרִיּוֹת מַקְטִירוֹת וּמְזַבְּחוֹת ח
לֵאלֹהֵיהֶן׃ וַיִּתְאַנַּף יְהוָה בִּשְׁלֹמֹה כִּי־נָטָה לְבָבוֹ מֵעִם יְהוָה ט
אֱלֹהֵי יִשְׂרָאֵל הַנִּרְאָה אֵלָיו פַּעֲמָיִם׃ וְצִוָּה אֵלָיו עַל־הַדָּבָר הַזֶּה י
לְבִלְתִּי־לֶכֶת אַחֲרֵי אֱלֹהִים אֲחֵרִים וְלֹא שָׁמַר אֵת אֲשֶׁר־צִוָּה
יְהוָה׃ וַיֹּאמֶר יְהוָה לִשְׁלֹמֹה יַעַן אֲשֶׁר הָיְתָה־ יא
זֹּאת עִמָּךְ וְלֹא שָׁמַרְתָּ בְּרִיתִי וְחֻקֹּתַי אֲשֶׁר צִוִּיתִי עָלֶיךָ קָרֹעַ
אֶקְרַע אֶת־הַמַּמְלָכָה מֵעָלֶיךָ וּנְתַתִּיהָ לְעַבְדֶּךָ׃ אַךְ־בְּיָמֶיךָ יב
לֹא אֶעֱשֶׂנָּה לְמַעַן דָּוִד אָבִיךָ מִיַּד בִּנְךָ אֶקְרָעֶנָּה׃ רַק אֶת־ יג
כָּל־הַמַּמְלָכָה לֹא אֶקְרָע שֵׁבֶט אֶחָד אֶתֵּן לִבְנֶךָ לְמַעַן דָּוִד
עַבְדִּי וּלְמַעַן יְרוּשָׁלִַם אֲשֶׁר בָּחָרְתִּי׃ וַיָּקֶם יְהוָה יד
שָׂטָן לִשְׁלֹמֹה אֵת הֲדַד הָאֲדֹמִי מִזֶּרַע הַמֶּלֶךְ הוּא בֶּאֱדוֹם׃
וַיְהִי בִּהְיוֹת דָּוִד אֶת־אֱדוֹם בַּעֲלוֹת יוֹאָב שַׂר הַצָּבָא לְקַבֵּר טו
אֶת־הַחֲלָלִים וַיַּךְ כָּל־זָכָר בֶּאֱדוֹם׃ כִּי שֵׁשֶׁת חֳדָשִׁים יָשַׁב־שָׁם טז
יוֹאָב וְכָל־יִשְׂרָאֵל עַד־הִכְרִית כָּל־זָכָר בֶּאֱדוֹם׃ וַיִּבְרַח אֲדַד יז
הוּא וַאֲנָשִׁים אֲדֹמִיִּים מֵעַבְדֵי אָבִיו אִתּוֹ לָבוֹא מִצְרָיִם וַהֲדַד
נַעַר קָטָן׃ וַיָּקֻמוּ מִמִּדְיָן וַיָּבֹאוּ פָּארָן וַיִּקְחוּ אֲנָשִׁים עִמָּם יח
מִפָּארָן וַיָּבֹאוּ מִצְרַיִם אֶל־פַּרְעֹה מֶלֶךְ־מִצְרַיִם וַיִּתֶּן־לוֹ בַיִת
וְלֶחֶם אָמַר לוֹ וְאֶרֶץ נָתַן לוֹ׃ וַיִּמְצָא הֲדַד חֵן בְּעֵינֵי פַרְעֹה יט
מְאֹד וַיִּתֶּן־לוֹ אִשָּׁה אֶת־אֲחוֹת אִשְׁתּוֹ אֲחוֹת תַּחְפְּנֵיס הַגְּבִירָה׃
וַתֵּלֶד לוֹ אֲחוֹת תַּחְפְּנֵיס אֵת גְּנֻבַת בְּנוֹ וַתִּגְמְלֵהוּ תַחְפְּנֵס בְּתוֹךְ כ
בֵּית פַּרְעֹה וַיְהִי גְנֻבַת בֵּית פַּרְעֹה בְּתוֹךְ בְּנֵי פַרְעֹה׃ וַהֲדַד כא
שָׁמַע בְּמִצְרַיִם כִּי־שָׁכַב דָּוִד עִם־אֲבֹתָיו וְכִי־מֵת יוֹאָב שַׂר־
הַצָּבָא וַיֹּאמֶר הֲדַד אֶל־פַּרְעֹה שַׁלְּחֵנִי וְאֵלֵךְ אֶל־אַרְצִי׃ וַיֹּאמֶר כב
לוֹ פַרְעֹה כִּי מָה־אַתָּה חָסֵר עִמִּי וְהִנְּךָ מְבַקֵּשׁ לָלֶכֶת אֶל־
אַרְצֶךָ וַיֹּאמֶר ׀ לֹא כִּי שַׁלֵּחַ תְּשַׁלְּחֵנִי׃ וַיָּקֶם אֱלֹהִים לוֹ שָׂטָן כג

אֶת־רְזוֹן בֶּן־אֶלְיָדָע אֲשֶׁר בָּרַח מֵאֵת הֲדַדְעֶזֶר מֶלֶךְ־צוֹבָה
כד אֲדֹנָיו׃ וַיִּקְבֹּץ עָלָיו אֲנָשִׁים וַיְהִי שַׂר־גְּדוּד בַּהֲרֹג דָּוִד אֹתָם
כה וַיֵּלְכוּ דַמֶּשֶׂק וַיֵּשְׁבוּ בָהּ וַיִּמְלְכוּ בְּדַמָּשֶׂק׃ וַיְהִי שָׂטָן לְיִשְׂרָאֵל
כָּל־יְמֵי שְׁלֹמֹה וְאֶת־הָרָעָה אֲשֶׁר הֲדָד וַיָּקָץ בְּיִשְׂרָאֵל וַיִּמְלֹךְ
כו עַל־אֲרָם׃ וְיָרָבְעָם בֶּן־נְבָט אֶפְרָתִי מִן־הַצְּרֵדָה
וְשֵׁם אִמּוֹ צְרוּעָה אִשָּׁה אַלְמָנָה עֶבֶד לִשְׁלֹמֹה וַיָּרֶם יָד בַּמֶּלֶךְ׃
כז וְזֶה הַדָּבָר אֲשֶׁר־הֵרִים יָד בַּמֶּלֶךְ שְׁלֹמֹה בָּנָה אֶת־הַמִּלּוֹא
כח סָגַר אֶת־פֶּרֶץ עִיר דָּוִד אָבִיו׃ וְהָאִישׁ יָרָבְעָם גִּבּוֹר חָיִל וַיַּרְא י
שְׁלֹמֹה אֶת־הַנַּעַר כִּי־עֹשֵׂה מְלָאכָה הוּא וַיַּפְקֵד אֹתוֹ לְכָל־
כט סֵבֶל בֵּית יוֹסֵף׃ וַיְהִי בָּעֵת הַהִיא וְיָרָבְעָם יָצָא
מִירוּשָׁלָםִ וַיִּמְצָא אֹתוֹ אֲחִיָּה הַשִּׁילֹנִי הַנָּבִיא בַּדֶּרֶךְ וְהוּא
ל מִתְכַּסֶּה בְּשַׂלְמָה חֲדָשָׁה וּשְׁנֵיהֶם לְבַדָּם בַּשָּׂדֶה׃ וַיִּתְפֹּשׂ אֲחִיָּה
בַּשַּׂלְמָה הַחֲדָשָׁה אֲשֶׁר עָלָיו וַיִּקְרָעֶהָ שְׁנֵים עָשָׂר קְרָעִים׃
לא וַיֹּאמֶר לְיָרָבְעָם קַח־לְךָ עֲשָׂרָה קְרָעִים כִּי כֹה אָמַר יְהוָה
אֱלֹהֵי יִשְׂרָאֵל הִנְנִי קֹרֵעַ אֶת־הַמַּמְלָכָה מִיַּד שְׁלֹמֹה וְנָתַתִּי לְךָ
לב אֵת עֲשָׂרָה הַשְּׁבָטִים׃ וְהַשֵּׁבֶט הָאֶחָד יִהְיֶה־לּוֹ לְמַעַן ׀ עַבְדִּי
דָוִד וּלְמַעַן יְרוּשָׁלַםִ הָעִיר אֲשֶׁר בָּחַרְתִּי בָהּ מִכֹּל שִׁבְטֵי
לג יִשְׂרָאֵל׃ יַעַן ׀ אֲשֶׁר עֲזָבוּנִי וַיִּשְׁתַּחֲווּ לְעַשְׁתֹּרֶת אֱלֹהֵי צִדֹנִין
לִכְמוֹשׁ אֱלֹהֵי מוֹאָב וּלְמִלְכֹּם אֱלֹהֵי בְנֵי־עַמּוֹן וְלֹא־הָלְכוּ
לד בִדְרָכַי לַעֲשׂוֹת הַיָּשָׁר בְּעֵינַי וְחֻקֹּתַי וּמִשְׁפָּטַי כְּדָוִד אָבִיו׃ וְלֹא־
אֶקַּח אֶת־כָּל־הַמַּמְלָכָה מִיָּדוֹ כִּי ׀ נָשִׂיא אֲשִׁתֶנּוּ כֹּל יְמֵי חַיָּיו
לְמַעַן דָּוִד עַבְדִּי אֲשֶׁר בָּחַרְתִּי אֹתוֹ אֲשֶׁר שָׁמַר מִצְוֹתַי וְחֻקֹּתָי׃
לה וְלָקַחְתִּי הַמְּלוּכָה מִיַּד בְּנוֹ וּנְתַתִּיהָ לְּךָ אֵת עֲשֶׂרֶת הַשְּׁבָטִים׃
לו וְלִבְנוֹ אֶתֵּן שֵׁבֶט־אֶחָד לְמַעַן הֱיוֹת־נִיר לְדָוִיד־עַבְדִּי כָּל־
הַיָּמִים ׀ לְפָנַי בִּירוּשָׁלַםִ הָעִיר אֲשֶׁר בָּחַרְתִּי לִי לָשׂוּם שְׁמִי
לז שָׁם׃ וְאֹתְךָ אֶקַּח וּמָלַכְתָּ בְּכֹל אֲשֶׁר־תְּאַוֶּה נַפְשֶׁךָ וְהָיִיתָ מֶּלֶךְ
לח עַל־יִשְׂרָאֵל׃ וְהָיָה אִם־תִּשְׁמַע אֶת־כָּל־אֲשֶׁר אֲצַוֶּךָ וְהָלַכְתָּ

בִּדְרָכַ֗י וְעָשִׂ֤יתָ הַיָּשָׁר֙ בְּעֵינַ֔י לִשְׁמ֤וֹר חֻקּוֹתַי֙ וּמִצְוֺתַ֔י כַּאֲשֶׁ֥ר עָשָׂ֖ה
דָּוִ֣ד עַבְדִּ֑י וְהָיִ֣יתִי עִמָּ֗ךְ וּבָנִ֨יתִי לְךָ֤ בַֽיִת־נֶאֱמָן֙ כַּאֲשֶׁ֣ר בָּנִ֣יתִי
לט לְדָוִ֔ד וְנָתַתִּ֥י לְךָ֖ אֶת־יִשְׂרָאֵֽל׃ וַאְעַנֶּ֛ה אֶת־זֶ֥רַע דָּוִ֖ד לְמַ֣עַן
מ זֹ֑את אַ֖ךְ לֹ֥א כָל־הַיָּמִֽים׃ וַיְבַקֵּ֥שׁ שְׁלֹמֹ֖ה לְהָמִ֣ית אֶת־יָרָבְעָ֑ם
וַיָּ֣קָם יָרָבְעָ֗ם וַיִּבְרַ֤ח מִצְרַ֙יִם֙ אֶל־שִׁישַׁ֣ק מֶֽלֶךְ־מִצְרַ֔יִם וַיְהִ֥י
מא בְמִצְרַ֖יִם עַד־מ֥וֹת שְׁלֹמֹֽה׃ וְיֶ֙תֶר֙ דִּבְרֵ֣י שְׁלֹמֹ֔ה וְכָל־אֲשֶׁ֥ר עָשָׂ֖ה
מב וְחָכְמָת֑וֹ הֲלוֹא־הֵ֣ם כְּתֻבִ֔ים עַל־סֵ֖פֶר דִּבְרֵ֥י שְׁלֹמֹֽה׃ וְהַיָּמִ֗ים
אֲשֶׁ֨ר מָלַ֤ךְ שְׁלֹמֹה֙ בִירֽוּשָׁלִַ֔ם עַל־כָּל־יִשְׂרָאֵ֖ל אַרְבָּעִ֥ים שָׁנָֽה׃
מג וַיִּשְׁכַּ֤ב שְׁלֹמֹה֙ עִם־אֲבֹתָ֔יו וַיִּקָּבֵ֕ר בְּעִ֖יר דָּוִ֣ד אָבִ֑יו וַיִּמְלֹ֛ךְ
יב א רְחַבְעָ֥ם בְּנ֖וֹ תַּחְתָּֽיו׃ וַיֵּ֥לֶךְ רְחַבְעָ֖ם שְׁכֶ֑ם כִּ֥י שְׁכֶ֛ם
ב בָּ֥א כָל־יִשְׂרָאֵ֖ל לְהַמְלִ֥יךְ אֹתֽוֹ׃ וַיְהִ֞י כִּשְׁמֹ֣עַ ׀ יָרָבְעָ֣ם בֶּן־נְבָ֗ט
וְהוּא֙ עוֹדֶ֣נּוּ בְמִצְרַ֔יִם אֲשֶׁ֣ר בָּרַ֔ח מִפְּנֵ֖י הַמֶּ֣לֶךְ שְׁלֹמֹ֑ה וַיֵּ֥שֶׁב
ג יָרָבְעָ֖ם בְּמִצְרָֽיִם׃ וַיִּשְׁלְח֙וּ וַיִּקְרְאוּ־ל֔וֹ ויבאו יָרָבְעָ֖ם וְכָל־קְהַ֣ל וַיָּבֹ֥א
ד יִשְׂרָאֵ֑ל וַיְדַבְּר֕וּ אֶל־רְחַבְעָ֖ם לֵאמֹֽר׃ אָבִ֖יךָ הִקְשָׁ֣ה אֶת־עֻלֵּ֑נוּ
וְאַתָּ֡ה עַתָּ֣ה הָקֵל֩ מֵעֲבֹדַ֨ת אָבִ֜יךָ הַקָּשָׁ֗ה וּמֵעֻלּ֧וֹ הַכָּבֵ֛ד אֲשֶׁר־
ה נָתַ֥ן עָלֵ֖ינוּ וְנַעַבְדֶֽךָּ׃ וַיֹּ֣אמֶר אֲלֵיהֶ֔ם לְכ֥וּ עֹ֛ד שְׁלֹשָׁ֥ה יָמִ֖ים וְשׁ֣וּבוּ
ו אֵלָ֑י וַיֵּלְכ֖וּ הָעָֽם׃ וַיִּוָּעַ֞ץ הַמֶּ֣לֶךְ רְחַבְעָ֗ם אֶת־הַזְּקֵנִים֙ אֲשֶׁר־הָי֣וּ
עֹֽמְדִ֗ים אֶת־פְּנֵי֙ שְׁלֹמֹ֣ה אָבִ֔יו בִּהְיֹת֥וֹ חַ֖י לֵאמֹ֑ר אֵ֚יךְ אַתֶּ֣ם
ז נֽוֹעָצִ֔ים לְהָשִׁ֥יב אֶת־הָעָֽם־הַזֶּ֖ה דָּבָֽר׃ וַיְדַבֵּ֨ר אֵלָ֜יו לֵאמֹ֗ר אִם־
הַיּ֨וֹם תִּֽהְיֶה־עֶ֜בֶד לָעָ֤ם הַזֶּה֙ וַעֲבַדְתָּ֔ם וַעֲנִיתָ֕ם וְדִבַּרְתָּ֥ אֲלֵיהֶ֖ם
ח דְּבָרִ֣ים טוֹבִ֑ים וְהָי֥וּ לְךָ֛ עֲבָדִ֖ים כָּל־הַיָּמִֽים׃ וַיַּעֲזֹ֛ב אֶת־עֲצַ֥ת
הַזְּקֵנִ֖ים אֲשֶׁ֣ר יְעָצֻ֑הוּ וַיִּוָּעַ֗ץ אֶת־הַיְלָדִים֙ אֲשֶׁ֣ר גָּדְל֣וּ אִתּ֔וֹ אֲשֶׁ֥ר
ט הָעֹמְדִ֖ים לְפָנָֽיו׃ וַיֹּ֣אמֶר אֲלֵיהֶ֗ם מָ֤ה אַתֶּם֙ נֽוֹעָצִ֔ים וְנָשִׁ֥יב דָּבָ֖ר
אֶת־הָעָ֣ם הַזֶּ֑ה אֲשֶׁ֨ר דִּבְּר֤וּ אֵלַי֙ לֵאמֹ֔ר הָקֵל֙ מִן־הָעֹ֔ל אֲשֶׁר־
י נָתַ֥ן אָבִ֖יךָ עָלֵֽינוּ׃ וַיְדַבְּר֣וּ אֵלָ֗יו הַיְלָדִים֙ אֲשֶׁ֣ר גָּדְל֣וּ אִתּוֹ֮ לֵאמֹר֒
כֹּֽה־תֹאמַ֞ר לָעָ֣ם הַ֠זֶּה אֲשֶׁ֨ר דִּבְּר֜וּ אֵלֶ֗יךָ לֵאמֹר֙ אָבִ֙יךָ֙ הִכְבִּ֣יד
אֶת־עֻלֵּ֔נוּ וְאַתָּ֖ה הָקֵ֣ל מֵעָלֵ֑ינוּ כֹּ֚ה תְּדַבֵּ֣ר אֲלֵיהֶ֔ם קָֽטָנִּ֥י עָבָ֖ה

יא מִמָּתְנֵי אָבִי׃ וְעַתָּה אָבִי הֶעְמִיס עֲלֵיכֶם עֹל כָּבֵד וַאֲנִי אֹסִיף
עַל־עֻלְּכֶם אָבִי יִסַּר אֶתְכֶם בַּשּׁוֹטִים וַאֲנִי אֲיַסֵּר אֶתְכֶם
יב בָּעַקְרַבִּים׃ וַיָּבוֹ יָרָבְעָם וְכָל־הָעָם אֶל־רְחַבְעָם בַּיּוֹם הַשְּׁלִישִׁי
יג כַּאֲשֶׁר דִּבֶּר הַמֶּלֶךְ לֵאמֹר שׁוּבוּ אֵלַי בַּיּוֹם הַשְּׁלִישִׁי׃ וַיַּעַן
הַמֶּלֶךְ אֶת־הָעָם קָשָׁה וַיַּעֲזֹב אֶת־עֲצַת הַזְּקֵנִים אֲשֶׁר יְעָצֻהוּ׃
יד וַיְדַבֵּר אֲלֵיהֶם כַּעֲצַת הַיְלָדִים לֵאמֹר אָבִי הִכְבִּיד אֶת־עֻלְּכֶם
וַאֲנִי אֹסִיף עַל־עֻלְּכֶם אָבִי יִסַּר אֶתְכֶם בַּשּׁוֹטִים וַאֲנִי אֲיַסֵּר
טו אֶתְכֶם בָּעַקְרַבִּים׃ וְלֹא־שָׁמַע הַמֶּלֶךְ אֶל־הָעָם כִּי־הָיְתָה סִבָּה
מֵעִם יְהוָה לְמַעַן הָקִים אֶת־דְּבָרוֹ אֲשֶׁר דִּבֶּר יְהוָה בְּיַד אֲחִיָּה
טז הַשִּׁילֹנִי אֶל־יָרָבְעָם בֶּן־נְבָט׃ וַיַּרְא כָּל־יִשְׂרָאֵל כִּי לֹא־שָׁמַע
הַמֶּלֶךְ אֲלֵהֶם וַיָּשִׁבוּ הָעָם אֶת־הַמֶּלֶךְ ׀ דָּבָר ׀ לֵאמֹר מַה־לָּנוּ
חֵלֶק בְּדָוִד וְלֹא־נַחֲלָה בְּבֶן־יִשַׁי לְאֹהָלֶיךָ יִשְׂרָאֵל עַתָּה רְאֵה
יז בֵיתְךָ דָּוִד וַיֵּלֶךְ יִשְׂרָאֵל לְאֹהָלָיו׃ וּבְנֵי יִשְׂרָאֵל הַיֹּשְׁבִים בְּעָרֵי
יְהוּדָה וַיִּמְלֹךְ עֲלֵיהֶם רְחַבְעָם׃
יח וַיִּשְׁלַח הַמֶּלֶךְ רְחַבְעָם אֶת־אֲדֹרָם אֲשֶׁר עַל־הַמַּס וַיִּרְגְּמוּ כָל־
יִשְׂרָאֵל בּוֹ אֶבֶן וַיָּמֹת וְהַמֶּלֶךְ רְחַבְעָם הִתְאַמֵּץ לַעֲלוֹת
יט בַּמֶּרְכָּבָה לָנוּס יְרוּשָׁלִָם׃ וַיִּפְשְׁעוּ יִשְׂרָאֵל בְּבֵית דָּוִד עַד הַיּוֹם
כ הַזֶּה׃ וַיְהִי כִּשְׁמֹעַ כָּל־יִשְׂרָאֵל כִּי־שָׁב יָרָבְעָם
וַיִּשְׁלְחוּ וַיִּקְרְאוּ אֹתוֹ אֶל־הָעֵדָה וַיַּמְלִיכוּ אֹתוֹ עַל־כָּל־
יִשְׂרָאֵל לֹא הָיָה אַחֲרֵי בֵית־דָּוִד זוּלָתִי שֵׁבֶט־יְהוּדָה לְבַדּוֹ׃
כא וַיָּבֹאוּ רְחַבְעָם יְרוּשָׁלַםִ וַיַּקְהֵל אֶת־כָּל־בֵּית יְהוּדָה וְאֶת־ וַיָּבֹא
שֵׁבֶט בִּנְיָמִן מֵאָה וּשְׁמֹנִים אֶלֶף בָּחוּר עֹשֵׂה מִלְחָמָה
לְהִלָּחֵם עִם־בֵּית יִשְׂרָאֵל לְהָשִׁיב אֶת־הַמְּלוּכָה לִרְחַבְעָם
כב בֶּן־שְׁלֹמֹה׃ וַיְהִי דְּבַר הָאֱלֹהִים אֶל־שְׁמַעְיָה
כג אִישׁ־הָאֱלֹהִים לֵאמֹר׃ אֱמֹר אֶל־רְחַבְעָם בֶּן־שְׁלֹמֹה מֶלֶךְ
כד יְהוּדָה וְאֶל־כָּל־בֵּית יְהוּדָה וּבִנְיָמִין וְיֶתֶר הָעָם לֵאמֹר׃ כֹּה יא
אָמַר יְהוָה לֹא־תַעֲלוּ וְלֹא־תִלָּחֲמוּן עִם־אֲחֵיכֶם בְּנֵי־יִשְׂרָאֵל

שֻׁבוּ אִישׁ לְבֵיתוֹ כִּי מֵאִתִּי נִהְיָה הַדָּבָר הַזֶּה וַיִּשְׁמְעוּ אֶת־
כה דְּבַר יְהוָה וַיָּשֻׁבוּ לָלֶכֶת כִּדְבַר יְהוָה׃ וַיִּבֶן
יָרָבְעָם אֶת־שְׁכֶם בְּהַר אֶפְרַיִם וַיֵּשֶׁב בָּהּ וַיֵּצֵא מִשָּׁם וַיִּבֶן אֶת־
כו פְּנוּאֵל׃ וַיֹּאמֶר יָרָבְעָם בְּלִבּוֹ עַתָּה תָּשׁוּב הַמַּמְלָכָה לְבֵית־
כז דָּוִד׃ אִם־יַעֲלֶה ׀ הָעָם הַזֶּה לַעֲשׂוֹת זְבָחִים בְּבֵית־יְהוָה
בִּירוּשָׁלִַם וְשָׁב לֵב הָעָם הַזֶּה אֶל־אֲדֹנֵיהֶם אֶל־רְחַבְעָם מֶלֶךְ
כח יְהוּדָה וַהֲרָגֻנִי וְשָׁבוּ אֶל־רְחַבְעָם מֶלֶךְ־יְהוּדָה׃ וַיִּוָּעַץ הַמֶּלֶךְ
וַיַּעַשׂ שְׁנֵי עֶגְלֵי זָהָב וַיֹּאמֶר אֲלֵהֶם רַב־לָכֶם מֵעֲלוֹת יְרוּשָׁלִַם
כט הִנֵּה אֱלֹהֶיךָ יִשְׂרָאֵל אֲשֶׁר הֶעֱלוּךָ מֵאֶרֶץ מִצְרָיִם׃ וַיָּשֶׂם אֶת־
ל הָאֶחָד בְּבֵית־אֵל וְאֶת־הָאֶחָד נָתַן בְּדָן׃ וַיְהִי הַדָּבָר הַזֶּה
לא לְחַטָּאת וַיֵּלְכוּ הָעָם לִפְנֵי הָאֶחָד עַד־דָּן׃ וַיַּעַשׂ אֶת־בֵּית בָּמוֹת
לב וַיַּעַשׂ כֹּהֲנִים מִקְצוֹת הָעָם אֲשֶׁר לֹא־הָיוּ מִבְּנֵי לֵוִי׃ וַיַּעַשׂ
יָרָבְעָם ׀ חָג בַּחֹדֶשׁ הַשְּׁמִינִי בַּחֲמִשָּׁה־עָשָׂר יוֹם ׀ לַחֹדֶשׁ כֶּחָג ׀
אֲשֶׁר בִּיהוּדָה וַיַּעַל עַל־הַמִּזְבֵּחַ כֵּן עָשָׂה בְּבֵית־אֵל לְזַבֵּחַ
לָעֲגָלִים אֲשֶׁר־עָשָׂה וְהֶעֱמִיד בְּבֵית אֵל אֶת־כֹּהֲנֵי הַבָּמוֹת
לג אֲשֶׁר עָשָׂה׃ וַיַּעַל עַל־הַמִּזְבֵּחַ ׀ אֲשֶׁר־עָשָׂה בְּבֵית־אֵל בַּחֲמִשָּׁה
עָשָׂר יוֹם בַּחֹדֶשׁ הַשְּׁמִינִי בַּחֹדֶשׁ אֲשֶׁר־בָּדָא מלבד וַיַּעַשׂ חָג מִלִּבּוֹ
יג א לִבְנֵי יִשְׂרָאֵל וַיַּעַל עַל־הַמִּזְבֵּחַ לְהַקְטִיר׃ וְהִנֵּה ׀
אִישׁ אֱלֹהִים בָּא מִיהוּדָה בִּדְבַר יְהוָה אֶל־בֵּית־אֵל וְיָרָבְעָם
ב עֹמֵד עַל־הַמִּזְבֵּחַ לְהַקְטִיר׃ וַיִּקְרָא עַל־הַמִּזְבֵּחַ בִּדְבַר יְהוָה
וַיֹּאמֶר מִזְבֵּחַ מִזְבֵּחַ כֹּה אָמַר יְהוָה הִנֵּה־בֵן נוֹלָד לְבֵית־דָּוִד
יֹאשִׁיָּהוּ שְׁמוֹ וְזָבַח עָלֶיךָ אֶת־כֹּהֲנֵי הַבָּמוֹת הַמַּקְטִרִים עָלֶיךָ
ג וְעַצְמוֹת אָדָם יִשְׂרְפוּ עָלֶיךָ׃ וְנָתַן בַּיּוֹם הַהוּא מוֹפֵת לֵאמֹר זֶה
הַמּוֹפֵת אֲשֶׁר דִּבֶּר יְהוָה הִנֵּה הַמִּזְבֵּחַ נִקְרָע וְנִשְׁפַּךְ הַדֶּשֶׁן
ד אֲשֶׁר־עָלָיו׃ וַיְהִי כִשְׁמֹעַ הַמֶּלֶךְ אֶת־דְּבַר אִישׁ־הָאֱלֹהִים אֲשֶׁר
קָרָא עַל־הַמִּזְבֵּחַ בְּבֵית־אֵל וַיִּשְׁלַח יָרָבְעָם אֶת־יָדוֹ מֵעַל
הַמִּזְבֵּחַ לֵאמֹר ׀ תִּפְשֻׂהוּ וַתִּיבַשׁ יָדוֹ אֲשֶׁר שָׁלַח עָלָיו וְלֹא יָכֹל

ה לְהָשִׁיבָהּ אֵלָיו׃ וְהַמִּזְבֵּחַ נִקְרָע וַיִּשָּׁפֵךְ הַדֶּשֶׁן מִן־הַמִּזְבֵּחַ
ו כַּמּוֹפֵת אֲשֶׁר נָתַן אִישׁ הָאֱלֹהִים בִּדְבַר יְהוָה׃ וַיַּעַן הַמֶּלֶךְ
וַיֹּאמֶר ׀ אֶל־אִישׁ הָאֱלֹהִים חַל־נָא אֶת־פְּנֵי יְהוָה אֱלֹהֶיךָ
וְהִתְפַּלֵּל בַּעֲדִי וְתָשֹׁב יָדִי אֵלָי וַיְחַל אִישׁ־הָאֱלֹהִים אֶת־פְּנֵי
ז יְהוָה וַתָּשָׁב יַד־הַמֶּלֶךְ אֵלָיו וַתְּהִי כְּבָרִאשֹׁנָה׃ וַיְדַבֵּר הַמֶּלֶךְ
אֶל־אִישׁ הָאֱלֹהִים בֹּאָה־אִתִּי הַבַּיְתָה וּסְעָדָה וְאֶתְּנָה לְךָ
ח מַתָּת׃ וַיֹּאמֶר אִישׁ־הָאֱלֹהִים אֶל־הַמֶּלֶךְ אִם־תִּתֶּן־לִי אֶת־
חֲצִי בֵיתֶךָ לֹא אָבֹא עִמָּךְ וְלֹא־אֹכַל לֶחֶם וְלֹא אֶשְׁתֶּה־מַּיִם
ט בַּמָּקוֹם הַזֶּה׃ כִּי־כֵן ׀ צִוָּה אֹתִי בִּדְבַר יְהוָה לֵאמֹר לֹא־תֹאכַל
לֶחֶם וְלֹא תִשְׁתֶּה־מָּיִם וְלֹא תָשׁוּב בַּדֶּרֶךְ אֲשֶׁר הָלָכְתָּ׃
י וַיֵּלֶךְ בְּדֶרֶךְ אַחֵר וְלֹא־שָׁב בַּדֶּרֶךְ אֲשֶׁר בָּא בָהּ אֶל־בֵּית־
יא אֵל׃ וְנָבִיא אֶחָד זָקֵן יֹשֵׁב בְּבֵית־אֵל וַיָּבוֹא בְנוֹ
וַיְסַפֶּר־לוֹ אֶת־כָּל־הַמַּעֲשֶׂה אֲשֶׁר־עָשָׂה אִישׁ־הָאֱלֹהִים ׀ הַיּוֹם
בְּבֵית־אֵל אֶת־הַדְּבָרִים אֲשֶׁר דִּבֶּר אֶל־הַמֶּלֶךְ וַיְסַפְּרוּם
יב לַאֲבִיהֶם׃ וַיְדַבֵּר אֲלֵהֶם אֲבִיהֶם אֵי־זֶה הַדֶּרֶךְ הָלָךְ וַיִּרְאוּ בָנָיו
אֶת־הַדֶּרֶךְ אֲשֶׁר הָלַךְ אִישׁ הָאֱלֹהִים אֲשֶׁר־בָּא מִיהוּדָה׃
יג וַיֹּאמֶר אֶל־בָּנָיו חִבְשׁוּ־לִי הַחֲמוֹר וַיַּחְבְּשׁוּ־לוֹ הַחֲמוֹר וַיִּרְכַּב
יד עָלָיו׃ וַיֵּלֶךְ אַחֲרֵי אִישׁ הָאֱלֹהִים וַיִּמְצָאֵהוּ יֹשֵׁב תַּחַת הָאֵלָה
וַיֹּאמֶר אֵלָיו הַאַתָּה אִישׁ־הָאֱלֹהִים אֲשֶׁר־בָּאתָ מִיהוּדָה
טו טז וַיֹּאמֶר אָנִי׃ וַיֹּאמֶר אֵלָיו לֵךְ אִתִּי הַבָּיְתָה וֶאֱכֹל לָחֶם׃ וַיֹּאמֶר
לֹא אוּכַל לָשׁוּב אִתָּךְ וְלָבוֹא אִתָּךְ וְלֹא־אֹכַל לֶחֶם וְלֹא־אֶשְׁתֶּה
יז אִתְּךָ מַיִם בַּמָּקוֹם הַזֶּה׃ כִּי־דָבָר אֵלַי בִּדְבַר יְהוָה לֹא־תֹאכַל
לֶחֶם וְלֹא־תִשְׁתֶּה שָׁם מָיִם לֹא־תָשׁוּב לָלֶכֶת בַּדֶּרֶךְ אֲשֶׁר־
יח הָלַכְתָּ בָּהּ׃ וַיֹּאמֶר לוֹ גַּם־אֲנִי נָבִיא כָּמוֹךָ וּמַלְאָךְ דִּבֶּר אֵלַי
בִּדְבַר יְהוָה לֵאמֹר הֲשִׁבֵהוּ אִתְּךָ אֶל־בֵּיתֶךָ וְיֹאכַל לֶחֶם וְיֵשְׁתְּ
יט כ מָיִם כִּחֵשׁ לוֹ׃ וַיָּשָׁב אִתּוֹ וַיֹּאכַל לֶחֶם בְּבֵיתוֹ וַיֵּשְׁתְּ מָיִם׃ וַיְהִי
הֵם יֹשְׁבִים אֶל־הַשֻּׁלְחָן וַיְהִי דְּבַר־יְהוָה אֶל־הַנָּבִיא אֲשֶׁר

הֵשִׁיבֽוֹ׃ וַיִּקְרָא אֶל־אִישׁ הָאֱלֹהִים אֲשֶׁר־בָּא מִיהוּדָה לֵאמֹר כא
כֹּה אָמַר יהוה יַעַן כִּי מָרִיתָ פִּי יהוה וְלֹא שָׁמַרְתָּ אֶת־הַמִּצְוָה
אֲשֶׁר צִוְּךָ יהוה אֱלֹהֶיךָ׃ וַתָּשָׁב וַתֹּאכַל לֶחֶם וַתֵּשְׁתְּ מַיִם כב
בַּמָּקוֹם אֲשֶׁר דִּבֶּר אֵלֶיךָ אַל־תֹּאכַל לֶחֶם וְאַל־תֵּשְׁתְּ מָיִם לֹא־
תָבוֹא נִבְלָתְךָ אֶל־קֶבֶר אֲבֹתֶיךָ׃ וַיְהִי אַחֲרֵי אָכְלוֹ לֶחֶם וְאַחֲרֵי כג
שְׁתוֹתוֹ וַיַּחֲבָשׁ־לוֹ הַחֲמוֹר לַנָּבִיא אֲשֶׁר הֱשִׁיבוֹ׃ וַיֵּלֶךְ וַיִּמְצָאֵהוּ כד
אַרְיֵה בַּדֶּרֶךְ וַיְמִיתֵהוּ וַתְּהִי נִבְלָתוֹ מֻשְׁלֶכֶת בַּדֶּרֶךְ וְהַחֲמוֹר
עֹמֵד אֶצְלָהּ וְהָאַרְיֵה עֹמֵד אֵצֶל הַנְּבֵלָה׃ וְהִנֵּה אֲנָשִׁים עֹבְרִים כה
וַיִּרְאוּ אֶת־הַנְּבֵלָה מֻשְׁלֶכֶת בַּדֶּרֶךְ וְאֶת־הָאַרְיֵה עֹמֵד אֵצֶל
הַנְּבֵלָה וַיָּבֹאוּ וַיְדַבְּרוּ בָעִיר אֲשֶׁר הַנָּבִיא הַזָּקֵן יֹשֵׁב בָּהּ׃
וַיִּשְׁמַע הַנָּבִיא אֲשֶׁר הֱשִׁיבוֹ מִן־הַדֶּרֶךְ וַיֹּאמֶר אִישׁ הָאֱלֹהִים כו
הוּא אֲשֶׁר מָרָה אֶת־פִּי יהוה וַיִּתְּנֵהוּ יהוה לָאַרְיֵה וַיִּשְׁבְּרֵהוּ
וַיְמִתֵהוּ כִּדְבַר יהוה אֲשֶׁר דִּבֶּר־לוֹ׃ וַיְדַבֵּר אֶל־בָּנָיו לֵאמֹר כז
חִבְשׁוּ־לִי אֶת־הַחֲמוֹר וַיַּחֲבֹשׁוּ׃ וַיֵּלֶךְ וַיִּמְצָא אֶת־נִבְלָתוֹ כח
מֻשְׁלֶכֶת בַּדֶּרֶךְ וַחֲמוֹר וְהָאַרְיֵה עֹמְדִים אֵצֶל הַנְּבֵלָה לֹא־אָכַל
הָאַרְיֵה אֶת־הַנְּבֵלָה וְלֹא שָׁבַר אֶת־הַחֲמוֹר׃ וַיִּשָּׂא הַנָּבִיא כט
אֶת־נִבְלַת אִישׁ־הָאֱלֹהִים וַיַּנִּחֵהוּ אֶל־הַחֲמוֹר וַיְשִׁיבֵהוּ וַיָּבֹא
אֶל־עִיר הַנָּבִיא הַזָּקֵן לִסְפֹּד וּלְקָבְרוֹ׃ וַיַּנַּח אֶת־נִבְלָתוֹ בְּקִבְרוֹ ל
יב וַיִּסְפְּדוּ עָלָיו הוֹי אָחִי׃ וַיְהִי אַחֲרֵי קָבְרוֹ אֹתוֹ וַיֹּאמֶר אֶל־בָּנָיו לא
לֵאמֹר בְּמוֹתִי וּקְבַרְתֶּם אֹתִי בַּקֶּבֶר אֲשֶׁר אִישׁ הָאֱלֹהִים קָבוּר
בּוֹ אֵצֶל עַצְמֹתָיו הַנִּיחוּ אֶת־עַצְמֹתָי׃ כִּי הָיֹה יִהְיֶה הַדָּבָר לב
אֲשֶׁר קָרָא בִּדְבַר יהוה עַל־הַמִּזְבֵּחַ אֲשֶׁר בְּבֵית־אֵל וְעַל כָּל־
בָּתֵּי הַבָּמוֹת אֲשֶׁר בְּעָרֵי שֹׁמְרוֹן׃ אַחַר הַדָּבָר לג
הַזֶּה לֹא־שָׁב יָרָבְעָם מִדַּרְכּוֹ הָרָעָה וַיָּשָׁב וַיַּעַשׂ מִקְצוֹת הָעָם
כֹּהֲנֵי בָמוֹת הֶחָפֵץ יְמַלֵּא אֶת־יָדוֹ וִיהִי כֹּהֲנֵי בָמוֹת׃ וַיְהִי לד
בַּדָּבָר הַזֶּה לְחַטַּאת בֵּית יָרָבְעָם וּלְהַכְחִיד וּלְהַשְׁמִיד מֵעַל פְּנֵי
הָאֲדָמָה׃ בָּעֵת הַהִיא חָלָה אֲבִיָּה בֶן־יָרָבְעָם׃ יד א

ב ויאמר ירבעם לאשתו קומי נא והשתנית ולא ידעו כי־אתי את
אשת ירבעם והלכת שלה הנה־שם אחיה הנביא הוא־דבר
ג עלי למלך על־העם הזה: ולקחת בידך עשרה לחם ונקדים
ד ובקבק דבש ובאת אליו הוא יגיד לך מה־יהיה לנער: ותעש
כן אשת ירבעם ותקם ותלך שלה ותבא בית אחיה ואחיהו
ה לא־יכל לראות כי קמו עיניו משיבו: ויהוה
אמר אל־אחיהו הנה אשת ירבעם באה לדרש דבר מעמך
אל־בנה כי־חלה הוא כזה וכזה תדבר אליה ויהי כבאה
ו והיא מתנכרה: ויהי כשמע אחיהו את־קול רגליה באה
בפתח ויאמר באי אשת ירבעם למה זה את מתנכרה ואנכי
ז שלוח אליך קשה: לכי אמרי לירבעם כה־אמר יהוה אלהי
ישראל יען אשר הרמתיך מתוך העם ואתנך נגיד על עמי
ח ישראל: ואקרע את־הממלכה מבית דוד ואתנה לך ולא־
היית כעבדי דוד אשר שמר מצותי ואשר הלך אחרי בכל־
ט לבבו לעשות רק הישר בעיני: ותרע לעשות מכל אשר־היו
לפניך ותלך ותעשה־לך אלהים אחרים ומסכות להכעיסני
י ואתי השלכת אחרי גוך: לכן הנני מביא רעה אל־בית
ירבעם והכרתי לירבעם משתין בקיר עצור ועזוב בישראל
ובערתי אחרי בית־ירבעם כאשר יבער הגלל עד־תמו:
יא המת לירבעם בעיר יאכלו הכלבים והמת בשדה יאכלו עוף
יב השמים כי יהוה דבר: ואת קומי לכי לביתך בבאה רגליך
יג העירה ומת הילד: וספדו־לו כל־ישראל וקברו אתו כי־זה
לבדו יבא לירבעם אל־קבר יען נמצא־בו דבר טוב אל־יהוה
יד אלהי ישראל בבית ירבעם: והקים יהוה לו מלך על־ישראל
טו אשר יכרית את־בית ירבעם זה היום ומה גם־עתה: והכה
יהוה את־ישראל כאשר ינוד הקנה במים ונתש את־ישראל
מעל האדמה הטובה הזאת אשר נתן לאבותיהם וזרם

מעבר לנהר יען אשר עשו את־אשריהם מכעיסים את־
טז יהוה: ויתן את־ישראל בגלל חטאות ירבעם אשר חטא
יז ואשר החטיא את־ישראל: ותקם אשת ירבעם ותלך ותבא
יח תרצתה היא באה בסף־הבית והנער מת: ויקברו אתו
ויספדו־לו כל־ישראל כדבר יהוה אשר דבר ביד־עבדו
יט אחיהו הנביא: ויתר דברי ירבעם אשר נלחם ואשר מלך
כ הנם כתובים על־ספר דברי הימים למלכי ישראל: והימים
אשר מלך ירבעם עשרים ושתים שנה וישכב עם־אבתיו
כא וימלך נדב בנו תחתיו: ורחבעם בן־שלמה
מלך ביהודה בן־ארבעים ואחת שנה רחבעם במלכו ושבע
עשרה שנה | מלך בירושלם העיר אשר־בחר יהוה לשום
את־שמו שם מכל שבטי ישראל ושם אמו נעמה העמנית:
כב ויעש יהודה הרע בעיני יהוה ויקנאו אתו מכל אשר עשו
כג אבתם בחטאתם אשר חטאו: ויבנו גם־המה להם במות
ומצבות ואשרים על כל־גבעה גבהה ותחת כל־עץ רענן:
כד וגם־קדש היה בארץ עשו ככל התועבת הגוים אשר הוריש
כה יהוה מפני בני ישראל: ויהי בשנה החמישית
כו למלך רחבעם עלה שושק מלך־מצרים על־ירושלם: ויקח שישק
את־אצרות בית־יהוה ואת־אוצרות בית המלך ואת־הכל
כז לקח ויקח את־כל־מגני הזהב אשר עשה שלמה: ויעש
המלך רחבעם תחתם מגני נחשת והפקיד על־יד שרי
כח הרצים השמרים פתח בית המלך: ויהי מדי־בא המלך בית
כט יהוה ישאום הרצים והשיבום אל־תא הרצים: ויתר דברי
רחבעם וכל־אשר עשה הלא־המה כתובים על־ספר דברי
ל הימים למלכי יהודה: ומלחמה היתה בין־רחבעם ובין
לא ירבעם כל־הימים: וישכב רחבעם עם־אבתיו ויקבר עם־
אבתיו בעיר דוד ושם אמו נעמה העמנית וימלך אבים בנו

טו א תַּחְתָּיו׃ וּבִשְׁנַת שְׁמֹנֶה עֶשְׂרֵה לַמֶּלֶךְ יָרָבְעָם
ב בֶּן־נְבָט מָלַךְ אֲבִיָּם עַל־יְהוּדָה׃ שָׁלֹשׁ שָׁנִים מָלַךְ בִּירוּשָׁלִָם
ג וְשֵׁם אִמּוֹ מַעֲכָה בַּת־אֲבִישָׁלוֹם׃ וַיֵּלֶךְ בְּכָל־חַטֹּאות אָבִיו
אֲשֶׁר־עָשָׂה לְפָנָיו וְלֹא־הָיָה לְבָבוֹ שָׁלֵם עִם־יְהוָה אֱלֹהָיו
ד כִּלְבַב דָּוִד אָבִיו׃ כִּי לְמַעַן דָּוִד נָתַן יְהוָה אֱלֹהָיו לוֹ נִיר
בִּירוּשָׁלִָם לְהָקִים אֶת־בְּנוֹ אַחֲרָיו וּלְהַעֲמִיד אֶת־יְרוּשָׁלִָם׃
ה אֲשֶׁר עָשָׂה דָוִד אֶת־הַיָּשָׁר בְּעֵינֵי יְהוָה וְלֹא־סָר מִכֹּל ׀ אֲשֶׁר
ו צִוָּהוּ כֹּל יְמֵי חַיָּיו רַק בִּדְבַר אוּרִיָּה הַחִתִּי׃ וּמִלְחָמָה הָיְתָה
ז בֵּין־רְחַבְעָם וּבֵין יָרָבְעָם כָּל־יְמֵי חַיָּיו׃ וְיֶתֶר דִּבְרֵי אֲבִיָּם וְכָל־
אֲשֶׁר עָשָׂה הֲלוֹא־הֵם כְּתוּבִים עַל־סֵפֶר דִּבְרֵי הַיָּמִים לְמַלְכֵי
ח יְהוּדָה וּמִלְחָמָה הָיְתָה בֵּין אֲבִיָּם וּבֵין יָרָבְעָם׃ וַיִּשְׁכַּב יג
אֲבִיָּם עִם־אֲבֹתָיו וַיִּקְבְּרוּ אֹתוֹ בְּעִיר דָּוִד וַיִּמְלֹךְ אָסָא בְנוֹ
ט תַּחְתָּיו׃ וּבִשְׁנַת עֶשְׂרִים לְיָרָבְעָם מֶלֶךְ יִשְׂרָאֵל
י מָלַךְ אָסָא עַל־יְהוּדָה׃ וְאַרְבָּעִים וְאַחַת שָׁנָה מָלַךְ בִּירוּשָׁלִָם
יא וְשֵׁם אִמּוֹ מַעֲכָה בַּת־אֲבִישָׁלוֹם׃ וַיַּעַשׂ אָסָא הַיָּשָׁר בְּעֵינֵי
יב יְהוָה כְּדָוִד אָבִיו׃ וַיַּעֲבֵר הַקְּדֵשִׁים מִן־הָאָרֶץ וַיָּסַר אֶת־כָּל־
יג הַגִּלֻּלִים אֲשֶׁר עָשׂוּ אֲבֹתָיו׃ וְגַם ׀ אֶת־מַעֲכָה אִמּוֹ וַיְסִרֶהָ
מִגְּבִירָה אֲשֶׁר־עָשְׂתָה מִפְלֶצֶת לָאֲשֵׁרָה וַיִּכְרֹת אָסָא אֶת־
יד מִפְלַצְתָּהּ וַיִּשְׂרֹף בְּנַחַל קִדְרוֹן׃ וְהַבָּמוֹת לֹא־סָרוּ רַק לְבַב־
טו אָסָא הָיָה שָׁלֵם עִם־יְהוָה כָּל־יָמָיו׃ וַיָּבֵא אֶת־קָדְשֵׁי אָבִיו
טז וקדשו בֵּית יְהוָה כֶּסֶף וְזָהָב וְכֵלִים׃ וּמִלְחָמָה הָיְתָה בֵּין אָסָא וְקָדְשֵׁי
יז וּבֵין בַּעְשָׁא מֶלֶךְ־יִשְׂרָאֵל כָּל־יְמֵיהֶם׃ וַיַּעַל בַּעְשָׁא מֶלֶךְ־
יִשְׂרָאֵל עַל־יְהוּדָה וַיִּבֶן אֶת־הָרָמָה לְבִלְתִּי תֵּת יֹצֵא וָבָא
יח לְאָסָא מֶלֶךְ יְהוּדָה׃ וַיִּקַּח אָסָא אֶת־כָּל־הַכֶּסֶף וְהַזָּהָב
הַנּוֹתָרִים ׀ בְּאוֹצְרוֹת בֵּית־יְהוָה וְאֶת־אוֹצְרוֹת בֵּית מלך וַיִּתְּנֵם הַמֶּלֶךְ
בְּיַד עֲבָדָיו וַיִּשְׁלָחֵם הַמֶּלֶךְ אָסָא אֶל־בֶּן־הֲדַד בֶּן־טַבְרִמֹּן בֶּן־
יט חֶזְיוֹן מֶלֶךְ אֲרָם הַיֹּשֵׁב בְּדַמֶּשֶׂק לֵאמֹר׃ בְּרִית בֵּינִי וּבֵינֶךָ בֵּין

אבי ובין אביך הנה שלחתי לך שחד כסף וזהב לך הפרה
כ את־בריתך את־בעשא מלך־ישראל ויעלה מעלי׃ וישמע
בן־הדד אל־המלך אסא וישלח את־שרי החילים אשר־לו
על־ערי ישראל ויך את־עיון ואת־דן ואת אבל בית־מעכה
כא ואת כל־כנרות על כל־ארץ נפתלי׃ ויהי כשמע בעשא
כב ויחדל מבנות את־הרמה וישב בתרצה׃ והמלך אסא
השמיע את־כל־יהודה אין נקי וישאו את־אבני הרמה ואת־
עציה אשר בנה בעשא ויבן בם המלך אסא את־גבע בנימן
כג ואת־המצפה׃ ויתר כל־דברי אסא וכל־גבורתו וכל־אשר
עשה והערים אשר בנה הלא־המה כתובים על־ספר דברי
כד הימים למלכי יהודה רק לעת זקנתו חלה את־רגליו׃ וישכב
אסא עם־אבתיו ויקבר עם־אבתיו בעיר דוד אביו וימלך
כה יהושפט בנו תחתיו׃ ונדב בן־ירבעם מלך על־
ישראל בשנת שתים לאסא מלך יהודה וימלך על־ישראל
כו שנתים׃ ויעש הרע בעיני יהוה וילך בדרך אביו ובחטאתו
כז אשר החטיא את־ישראל׃ ויקשר עליו בעשא בן־אחיה לבית
יששכר ויכהו בעשא בגבתון אשר לפלשתים ונדב וכל־
כח ישראל צרים על־גבתון׃ וימתהו בעשא בשנת שלש לאסא
כט מלך יהודה וימלך תחתיו׃ ויהי כמלכו הכה את־כל־בית
ירבעם לא־השאיר כל־נשמה לירבעם עד־השמדו כדבר
ל יהוה אשר דבר ביד־עבדו אחיה השילני׃ על־חטאות ירבעם
אשר חטא ואשר החטיא את־ישראל בכעסו אשר הכעיס
לא את־יהוה אלהי ישראל׃ ויתר דברי נדב וכל־אשר עשה
הלא־הם כתובים על־ספר דברי הימים למלכי ישראל׃
לב ומלחמה היתה בין אסא ובין בעשא מלך־ישראל כל־
לג ימיהם׃ בשנת שלש לאסא מלך יהודה מלך
בעשא בן־אחיה על־כל־ישראל בתרצה עשרים וארבע

לד שנה: ויעש הרע בעיני יהוה וילך בדרך ירבעם ובחטאתו
טז א אשר החטיא את־ישראל: ויהי דבר־יהוה
ב אל־יהוא בן־חנני על־בעשא לאמר: יען אשר הרימתיך מן־
העפר ואתנך נגיד על עמי ישראל ותלך ׀ בדרך ירבעם
ג ותחטא את־עמי ישראל להכעיסני בחטאתם: הנני מבעיר
אחרי בעשא ואחרי ביתו ונתתי את־ביתך כבית ירבעם בן־
ד נבט: המת לבעשא בעיר יאכלו הכלבים והמת לו בשדה
ה יאכלו עוף השמים: ויתר דברי בעשא ואשר עשה וגבורתו
הלא־הם כתובים על־ספר דברי הימים למלכי ישראל:
ו וישכב בעשא עם־אבתיו ויקבר בתרצה וימלך אלה בנו
ז תחתיו: וגם ביד יהוא בן־חנני הנביא דבר־יהוה היה אל־
בעשא ואל־ביתו ועל כל־הרעה ׀ אשר־עשה ׀ בעיני יהוה
להכעיסו במעשה ידיו להיות כבית ירבעם ועל אשר־הכה
ח אתו: בשנת עשרים ושש שנה לאסא מלך
יהודה מלך אלה בן־בעשא על־ישראל בתרצה שנתים:
ט ויקשר עליו עבדו זמרי שר מחצית הרכב והוא בתרצה
י שתה שכור בית ארצא אשר על־הבית בתרצה: ויבא זמרי
ויכהו וימיתהו בשנת עשרים ושבע לאסא מלך יהודה וימלך
יא תחתיו: ויהי במלכו כשבתו על־כסאו הכה את־כל־בית
יב בעשא לא־השאיר לו משתין בקיר וגאליו ורעהו: וישמד
זמרי את כל־בית בעשא כדבר יהוה אשר דבר אל־בעשא
יג ביד יהוא הנביא: אל כל־חטאות בעשא וחטאות אלה בנו
אשר חטאו ואשר החטיאו את־ישראל להכעיס את־יהוה
יד אלהי ישראל בהבליהם: ויתר דברי אלה וכל־אשר
עשה הלוא־הם כתובים על־ספר דברי הימים למלכי
טו ישראל: בשנת עשרים ושבע שנה לאסא מלך יד
יהודה מלך זמרי שבעת ימים בתרצה והעם חנים על־גבתון

טו אֲשֶׁר לַפְּלִשְׁתִּים׃ וַיִּשְׁמַע הָעָם הַחֹנִים לֵאמֹר קָשַׁר זִמְרִי וְגַם
הִכָּה אֶת־הַמֶּלֶךְ וַיַּמְלִכוּ כָל־יִשְׂרָאֵל אֶת־עָמְרִי שַׂר־צָבָא
יז עַל־יִשְׂרָאֵל בַּיּוֹם הַהוּא בַּמַּחֲנֶה׃ וַיַּעֲלֶה עָמְרִי וְכָל־יִשְׂרָאֵל
יח עִמּוֹ מִגִּבְּתוֹן וַיָּצֻרוּ עַל־תִּרְצָה׃ וַיְהִי כִּרְאוֹת זִמְרִי כִּי־נִלְכְּדָה
הָעִיר וַיָּבֹא אֶל־אַרְמוֹן בֵּית־הַמֶּלֶךְ וַיִּשְׂרֹף עָלָיו אֶת־בֵּית־
יט מֶלֶךְ בָּאֵשׁ וַיָּמֹת׃ עַל־חַטֹּאתָיו אֲשֶׁר חָטָא לַעֲשׂוֹת הָרַע בְּעֵינֵי
יְהוָה לָלֶכֶת בְּדֶרֶךְ יָרָבְעָם וּבְחַטָּאתוֹ אֲשֶׁר עָשָׂה לְהַחֲטִיא אֶת־
כ יִשְׂרָאֵל׃ וְיֶתֶר דִּבְרֵי זִמְרִי וְקִשְׁרוֹ אֲשֶׁר קָשָׁר הֲלֹא־הֵם כְּתוּבִים
כא עַל־סֵפֶר דִּבְרֵי הַיָּמִים לְמַלְכֵי יִשְׂרָאֵל׃ אָז
יֵחָלֵק הָעָם יִשְׂרָאֵל לַחֵצִי חֲצִי הָעָם הָיָה אַחֲרֵי תִבְנִי
כב בֶן־גִּינַת לְהַמְלִיכוֹ וְהַחֲצִי אַחֲרֵי עָמְרִי׃ וַיֶּחֱזַק הָעָם אֲשֶׁר
אַחֲרֵי עָמְרִי אֶת־הָעָם אֲשֶׁר אַחֲרֵי תִּבְנִי בֶן־גִּינַת וַיָּמָת
תִּבְנִי וַיִּמְלֹךְ עָמְרִי׃
כג בִּשְׁנַת שְׁלֹשִׁים וְאַחַת שָׁנָה לְאָסָא מֶלֶךְ יְהוּדָה מָלַךְ עָמְרִי
כד עַל־יִשְׂרָאֵל שְׁתֵּים עֶשְׂרֵה שָׁנָה בְּתִרְצָה מָלַךְ שֶׁשׁ־שָׁנִים׃ וַיִּקֶן
אֶת־הָהָר שֹׁמְרוֹן מֵאֶת שֶׁמֶר בְּכִכְּרַיִם כָּסֶף וַיִּבֶן אֶת־הָהָר
וַיִּקְרָא אֶת־שֵׁם הָעִיר אֲשֶׁר בָּנָה עַל שֶׁם־שֶׁמֶר אֲדֹנֵי
כה הָהָר שֹׁמְרוֹן׃ וַיַּעֲשֶׂה עָמְרִי הָרַע בְּעֵינֵי יְהוָה וַיָּרַע מִכֹּל
כו אֲשֶׁר לְפָנָיו׃ וַיֵּלֶךְ בְּכָל־דֶּרֶךְ יָרָבְעָם בֶּן־נְבָט ובחטאתיו וּבְחַטָּאתוֹ
אֲשֶׁר הֶחֱטִיא אֶת־יִשְׂרָאֵל לְהַכְעִיס אֶת־יְהוָה אֱלֹהֵי יִשְׂרָאֵל
כז בְּהַבְלֵיהֶם׃ וְיֶתֶר דִּבְרֵי עָמְרִי אֲשֶׁר עָשָׂה וּגְבוּרָתוֹ אֲשֶׁר עָשָׂה
הֲלֹא־הֵם כְּתוּבִים עַל־סֵפֶר דִּבְרֵי הַיָּמִים לְמַלְכֵי יִשְׂרָאֵל׃
כח וַיִּשְׁכַּב עָמְרִי עִם־אֲבֹתָיו וַיִּקָּבֵר בְּשֹׁמְרוֹן וַיִּמְלֹךְ אַחְאָב בְּנוֹ
כט תַּחְתָּיו׃ וְאַחְאָב בֶּן־עָמְרִי מָלַךְ עַל־יִשְׂרָאֵל
בִּשְׁנַת שְׁלֹשִׁים וּשְׁמֹנֶה שָׁנָה לְאָסָא מֶלֶךְ יְהוּדָה וַיִּמְלֹךְ אַחְאָב
ל בֶּן־עָמְרִי עַל־יִשְׂרָאֵל בְּשֹׁמְרוֹן עֶשְׂרִים וּשְׁתַּיִם שָׁנָה׃ וַיַּעַשׂ
לא אַחְאָב בֶּן־עָמְרִי הָרַע בְּעֵינֵי יְהוָה מִכֹּל אֲשֶׁר לְפָנָיו׃ וַיְהִי

הֲנָקֵל לֶכְתּוֹ בְּחַטֹּאות יָרָבְעָם בֶּן־נְבָט וַיִּקַּח אִשָּׁה אֶת־אִיזֶבֶל
בַּת־אֶתְבַּעַל מֶלֶךְ צִידֹנִים וַיֵּלֶךְ וַיַּעֲבֹד אֶת־הַבַּעַל וַיִּשְׁתַּחוּ לוֹ׃
לב לג וַיָּקֶם מִזְבֵּחַ לַבָּעַל בֵּית הַבַּעַל אֲשֶׁר בָּנָה בְּשֹׁמְרוֹן׃ וַיַּעַשׂ
אַחְאָב אֶת־הָאֲשֵׁרָה וַיּוֹסֶף אַחְאָב לַעֲשׂוֹת לְהַכְעִיס אֶת־יְהוָה
לד אֱלֹהֵי יִשְׂרָאֵל מִכֹּל מַלְכֵי יִשְׂרָאֵל אֲשֶׁר הָיוּ לְפָנָיו׃ בְּיָמָיו בָּנָה
חִיאֵל בֵּית הָאֱלִי אֶת־יְרִיחֹה בַּאֲבִירָם בְּכֹרוֹ יִסְּדָהּ ובשגיב וּבִשְׂגוּב
צְעִירוֹ הִצִּיב דְּלָתֶיהָ כִּדְבַר יְהוָה אֲשֶׁר דִּבֶּר בְּיַד יְהוֹשֻׁעַ בִּן־
יז א נוּן׃ וַיֹּאמֶר אֵלִיָּהוּ הַתִּשְׁבִּי מִתֹּשָׁבֵי גִלְעָד אֶל־
אַחְאָב חַי־יְהוָה אֱלֹהֵי יִשְׂרָאֵל אֲשֶׁר עָמַדְתִּי לְפָנָיו אִם־יִהְיֶה
ב הַשָּׁנִים הָאֵלֶּה טַל וּמָטָר כִּי אִם־לְפִי דְבָרִי׃ וַיְהִי
ג דְבַר־יְהוָה אֵלָיו לֵאמֹר׃ לֵךְ מִזֶּה וּפָנִיתָ לְּךָ קֵדְמָה וְנִסְתַּרְתָּ
ד בְּנַחַל כְּרִית אֲשֶׁר עַל־פְּנֵי הַיַּרְדֵּן׃ וְהָיָה מֵהַנַּחַל תִּשְׁתֶּה וְאֶת־
ה הָעֹרְבִים צִוִּיתִי לְכַלְכֶּלְךָ שָׁם׃ וַיֵּלֶךְ וַיַּעַשׂ כִּדְבַר יְהוָה וַיֵּלֶךְ וַיֵּשֶׁב
ו בְּנַחַל כְּרִית אֲשֶׁר עַל־פְּנֵי הַיַּרְדֵּן׃ וְהָעֹרְבִים מְבִיאִים לוֹ לֶחֶם
ז וּבָשָׂר בַּבֹּקֶר וְלֶחֶם וּבָשָׂר בָּעָרֶב וּמִן־הַנַּחַל יִשְׁתֶּה׃ וַיְהִי מִקֵּץ
ח יָמִים וַיִּיבַשׁ הַנָּחַל כִּי לֹא־הָיָה גֶשֶׁם בָּאָרֶץ׃ וַיְהִי
ט דְבַר־יְהוָה אֵלָיו לֵאמֹר׃ קוּם לֵךְ צָרְפַתָה אֲשֶׁר לְצִידוֹן וְיָשַׁבְתָּ
י שָׁם הִנֵּה צִוִּיתִי שָׁם אִשָּׁה אַלְמָנָה לְכַלְכְּלֶךָ׃ וַיָּקָם וַיֵּלֶךְ צָרְפַתָה
וַיָּבֹא אֶל־פֶּתַח הָעִיר וְהִנֵּה־שָׁם אִשָּׁה אַלְמָנָה מְקֹשֶׁשֶׁת עֵצִים
וַיִּקְרָא אֵלֶיהָ וַיֹּאמַר קְחִי־נָא לִי מְעַט־מַיִם בַּכְּלִי וְאֶשְׁתֶּה׃
יא וַתֵּלֶךְ לָקַחַת וַיִּקְרָא אֵלֶיהָ וַיֹּאמַר לִקְחִי־נָא לִי פַּת־לֶחֶם בְּיָדֵךְ׃
יב וַתֹּאמֶר חַי־יְהוָה אֱלֹהֶיךָ אִם־יֶשׁ־לִי מָעוֹג כִּי אִם־מְלֹא
כַף־קֶמַח בַּכַּד וּמְעַט־שֶׁמֶן בַּצַּפָּחַת וְהִנְנִי מְקֹשֶׁשֶׁת שְׁנַיִם
יג עֵצִים וּבָאתִי וַעֲשִׂיתִיהוּ לִי וְלִבְנִי וַאֲכַלְנֻהוּ וָמָתְנוּ׃ וַיֹּאמֶר
אֵלֶיהָ אֵלִיָּהוּ אַל־תִּירְאִי בֹּאִי עֲשִׂי כִדְבָרֵךְ אַךְ עֲשִׂי־לִי
מִשָּׁם עֻגָה קְטַנָּה בָרִאשֹׁנָה וְהוֹצֵאת לִי וְלָךְ וְלִבְנֵךְ תַּעֲשִׂי
יד בָּאַחֲרֹנָה׃ כִּי כֹה אָמַר יְהוָה אֱלֹהֵי יִשְׂרָאֵל כַּד

תֵּת הַקֶּמַח לֹא תִכְלָה וְצַפַּחַת הַשֶּׁמֶן לֹא תֶחְסָר עַד יוֹם תתן־יְהוָה
גֶּשֶׁם עַל־פְּנֵי הָאֲדָמָה׃ וַתֵּלֶךְ וַתַּעֲשֶׂה כִּדְבַר אֵלִיָּהוּ וַתֹּאכַל טו
הִיא־וָהוּא הוא־והיא וּבֵיתָהּ יָמִים׃ כַּד הַקֶּמַח לֹא כָלָתָה וְצַפַּחַת הַשֶּׁמֶן טז
לֹא חָסֵר כִּדְבַר יְהוָה אֲשֶׁר דִּבֶּר בְּיַד אֵלִיָּהוּ׃ וַיְהִי יז
אַחַר הַדְּבָרִים הָאֵלֶּה חָלָה בֶּן־הָאִשָּׁה בַּעֲלַת הַבָּיִת וַיְהִי חָלְיוֹ
חָזָק מְאֹד עַד אֲשֶׁר לֹא־נוֹתְרָה־בוֹ נְשָׁמָה׃ וַתֹּאמֶר אֶל־אֵלִיָּהוּ יח
מַה־לִּי וָלָךְ אִישׁ הָאֱלֹהִים בָּאתָ אֵלַי לְהַזְכִּיר אֶת־עֲוֺנִי
וּלְהָמִית אֶת־בְּנִי׃ וַיֹּאמֶר אֵלֶיהָ תְּנִי־לִי אֶת־בְּנֵךְ וַיִּקָּחֵהוּ יט
מֵחֵיקָהּ וַיַּעֲלֵהוּ אֶל־הָעֲלִיָּה אֲשֶׁר־הוּא יֹשֵׁב שָׁם וַיַּשְׁכִּבֵהוּ עַל־
מִטָּתוֹ׃ וַיִּקְרָא אֶל־יְהוָה וַיֹּאמַר יְהוָה אֱלֹהָי הֲגַם עַל־הָאַלְמָנָה כ
אֲשֶׁר־אֲנִי מִתְגּוֹרֵר עִמָּהּ הֲרֵעוֹתָ לְהָמִית אֶת־בְּנָהּ׃ וַיִּתְמֹדֵד כא
עַל־הַיֶּלֶד שָׁלֹשׁ פְּעָמִים וַיִּקְרָא אֶל־יְהוָה וַיֹּאמַר יְהוָה אֱלֹהָי
תָּשָׁב־נָא נֶפֶשׁ־הַיֶּלֶד הַזֶּה עַל־קִרְבּוֹ׃ וַיִּשְׁמַע יְהוָה בְּקוֹל כב
אֵלִיָּהוּ וַתָּשָׁב נֶפֶשׁ־הַיֶּלֶד עַל־קִרְבּוֹ וַיֶּחִי׃ וַיִּקַּח אֵלִיָּהוּ אֶת־ כג
הַיֶּלֶד וַיֹּרִדֵהוּ מִן־הָעֲלִיָּה הַבַּיְתָה וַיִּתְּנֵהוּ לְאִמּוֹ וַיֹּאמֶר אֵלִיָּהוּ
טו רְאִי חַי בְּנֵךְ׃ וַתֹּאמֶר הָאִשָּׁה אֶל־אֵלִיָּהוּ עַתָּה זֶה יָדַעְתִּי כִּי כד
אִישׁ אֱלֹהִים אָתָּה וּדְבַר־יְהוָה בְּפִיךָ אֱמֶת׃ וַיְהִי א יח
יָמִים רַבִּים וּדְבַר־יְהוָה הָיָה אֶל־אֵלִיָּהוּ בַּשָּׁנָה הַשְּׁלִישִׁית
לֵאמֹר לֵךְ הֵרָאֵה אֶל־אַחְאָב וְאֶתְּנָה מָטָר עַל־פְּנֵי הָאֲדָמָה׃
וַיֵּלֶךְ אֵלִיָּהוּ לְהֵרָאוֹת אֶל־אַחְאָב וְהָרָעָב חָזָק בְּשֹׁמְרוֹן׃ וַיִּקְרָא ב ג
אַחְאָב אֶל־עֹבַדְיָהוּ אֲשֶׁר עַל־הַבָּיִת וְעֹבַדְיָהוּ הָיָה יָרֵא אֶת־
יְהוָה מְאֹד׃ וַיְהִי בְּהַכְרִית אִיזֶבֶל אֵת נְבִיאֵי יְהוָה וַיִּקַּח ד
עֹבַדְיָהוּ מֵאָה נְבִאִים וַיַּחְבִּיאֵם חֲמִשִּׁים אִישׁ בַּמְּעָרָה וְכִלְכְּלָם
לֶחֶם וָמָיִם׃ וַיֹּאמֶר אַחְאָב אֶל־עֹבַדְיָהוּ לֵךְ בָּאָרֶץ אֶל־כָּל־ ה
מַעְיְנֵי הַמַּיִם וְאֶל כָּל־הַנְּחָלִים אוּלַי ׀ נִמְצָא חָצִיר וּנְחַיֶּה סוּס
וָפֶרֶד וְלוֹא נַכְרִית מֵהַבְּהֵמָה׃ וַיְחַלְּקוּ לָהֶם אֶת־הָאָרֶץ לַעֲבָר־ ו
בָּהּ אַחְאָב הָלַךְ בְּדֶרֶךְ אֶחָד לְבַדּוֹ וְעֹבַדְיָהוּ הָלַךְ בְּדֶרֶךְ־אֶחָד

ז לְבַדּוֹ׃ וַיְהִי עֹבַדְיָהוּ בַּדֶּרֶךְ וְהִנֵּה אֵלִיָּהוּ לִקְרָאתוֹ וַיַּכִּרֵהוּ וַיִּפֹּל
ח עַל־פָּנָיו וַיֹּאמֶר הַאַתָּה זֶה אֲדֹנִי אֵלִיָּהוּ׃ וַיֹּאמֶר לוֹ אָנִי לֵךְ
ט אֱמֹר לַאדֹנֶיךָ הִנֵּה אֵלִיָּהוּ׃ וַיֹּאמֶר מֶה חָטָאתִי כִּי־אַתָּה נֹתֵן
י אֶת־עַבְדְּךָ בְּיַד־אַחְאָב לַהֲמִיתֵנִי׃ חַי ׀ יהוה אֱלֹהֶיךָ אִם־יֶשׁ־
גּוֹי וּמַמְלָכָה אֲשֶׁר לֹא־שָׁלַח אֲדֹנִי שָׁם לְבַקֶּשְׁךָ וְאָמְרוּ אָיִן
יא וְהִשְׁבִּיעַ אֶת־הַמַּמְלָכָה וְאֶת־הַגּוֹי כִּי לֹא יִמְצָאֶכָּה׃ וְעַתָּה
יב אַתָּה אֹמֵר לֵךְ אֱמֹר לַאדֹנֶיךָ הִנֵּה אֵלִיָּהוּ׃ וְהָיָה אֲנִי ׀ אֵלֵךְ
מֵאִתָּךְ וְרוּחַ יהוה ׀ יִשָּׂאֲךָ עַל אֲשֶׁר לֹא־אֵדָע וּבָאתִי לְהַגִּיד
לְאַחְאָב וְלֹא יִמְצָאֲךָ וַהֲרָגָנִי וְעַבְדְּךָ יָרֵא אֶת־יהוה מִנְּעֻרָי׃
יג הֲלֹא־הֻגַּד לַאדֹנִי אֵת אֲשֶׁר־עָשִׂיתִי בַּהֲרֹג אִיזֶבֶל אֵת נְבִיאֵי
יהוה וָאַחְבִּא מִנְּבִיאֵי יהוה מֵאָה אִישׁ חֲמִשִּׁים חֲמִשִּׁים אִישׁ
יד בַּמְּעָרָה וָאֲכַלְכְּלֵם לֶחֶם וָמָיִם׃ וְעַתָּה אַתָּה אֹמֵר לֵךְ אֱמֹר
טו לַאדֹנֶיךָ הִנֵּה אֵלִיָּהוּ וַהֲרָגָנִי׃ וַיֹּאמֶר אֵלִיָּהוּ חַי יהוה צְבָאוֹת
טז אֲשֶׁר עָמַדְתִּי לְפָנָיו כִּי הַיּוֹם אֵרָאֶה אֵלָיו׃ וַיֵּלֶךְ עֹבַדְיָהוּ
יז לִקְרַאת אַחְאָב וַיַּגֶּד־לוֹ וַיֵּלֶךְ אַחְאָב לִקְרַאת אֵלִיָּהוּ׃ וַיְהִי
כִּרְאוֹת אַחְאָב אֶת־אֵלִיָּהוּ וַיֹּאמֶר אַחְאָב אֵלָיו הַאַתָּה זֶה עֹכֵר
יח יִשְׂרָאֵל׃ וַיֹּאמֶר לֹא עָכַרְתִּי אֶת־יִשְׂרָאֵל כִּי אִם־אַתָּה וּבֵית
יט אָבִיךָ בַּעֲזָבְכֶם אֶת־מִצְוֺת יהוה וַתֵּלֶךְ אַחֲרֵי הַבְּעָלִים׃ וְעַתָּה
שְׁלַח קְבֹץ אֵלַי אֶת־כָּל־יִשְׂרָאֵל אֶל־הַר הַכַּרְמֶל וְאֶת־נְבִיאֵי
הַבַּעַל אַרְבַּע מֵאוֹת וַחֲמִשִּׁים וּנְבִיאֵי הָאֲשֵׁרָה אַרְבַּע מֵאוֹת
כ אֹכְלֵי שֻׁלְחַן אִיזָבֶל׃ וַיִּשְׁלַח אַחְאָב בְּכָל־בְּנֵי יִשְׂרָאֵל וַיִּקְבֹּץ
כא אֶת־הַנְּבִיאִים אֶל־הַר הַכַּרְמֶל׃ וַיִּגַּשׁ אֵלִיָּהוּ אֶל־כָּל־הָעָם
וַיֹּאמֶר עַד־מָתַי אַתֶּם פֹּסְחִים עַל־שְׁתֵּי הַסְּעִפִּים אִם־יהוה
הָאֱלֹהִים לְכוּ אַחֲרָיו וְאִם־הַבַּעַל לְכוּ אַחֲרָיו וְלֹא־עָנוּ הָעָם
כב אֹתוֹ דָּבָר׃ וַיֹּאמֶר אֵלִיָּהוּ אֶל־הָעָם אֲנִי נוֹתַרְתִּי נָבִיא לַיהוה
כג לְבַדִּי וּנְבִיאֵי הַבַּעַל אַרְבַּע־מֵאוֹת וַחֲמִשִּׁים אִישׁ׃ וְיִתְּנוּ־לָנוּ
שְׁנַיִם פָּרִים וְיִבְחֲרוּ לָהֶם הַפָּר הָאֶחָד וִינַתְּחֻהוּ וְיָשִׂימוּ עַל־

הָֽעֵצִ֔ים וְאֵ֖שׁ לֹ֣א יָשִׂ֑ימוּ וַאֲנִ֞י אֶעֱשֶׂ֣ה ׀ אֶת־הַפָּ֣ר הָאֶחָ֗ד וְנָתַתִּי֙
כד עַל־הָ֣עֵצִ֔ים וְאֵ֖שׁ לֹ֥א אָשִֽׂים׃ וּקְרָאתֶ֞ם בְּשֵׁ֣ם אֱלֹֽהֵיכֶ֗ם וַאֲנִי֙
אֶקְרָ֣א בְשֵׁם־יְהוָ֔ה וְהָיָ֧ה הָאֱלֹהִ֛ים אֲשֶׁר־יַעֲנֶ֥ה בָאֵ֖שׁ ה֣וּא
כה הָאֱלֹהִ֑ים וַיַּ֧עַן כָּל־הָעָ֛ם וַיֹּאמְר֖וּ ט֥וֹב הַדָּבָֽר׃ וַיֹּ֨אמֶר אֵלִיָּ֜הוּ
לִנְבִיאֵ֣י הַבַּ֗עַל בַּחֲר֨וּ לָכֶ֜ם הַפָּ֤ר הָֽאֶחָד֙ וַעֲשׂ֣וּ רִֽאשֹׁנָ֔ה כִּ֥י אַתֶּ֖ם
כו הָרַבִּ֑ים וְקִרְאוּ֙ בְּשֵׁ֣ם אֱלֹֽהֵיכֶ֔ם וְאֵ֖שׁ לֹ֥א תָשִֽׂימוּ׃ וַ֠יִּקְחוּ אֶת־
הַפָּ֨ר אֲשֶׁר־נָתַ֣ן לָהֶם֮ וַיַּעֲשׂוּ֒ וַֽיִּקְרְא֣וּ בְשֵׁם־הַ֠בַּעַל מֵהַבֹּ֨קֶר
וְעַד־הַֽצָּהֳרַ֤יִם לֵאמֹר֙ הַבַּ֣עַל עֲנֵ֔נוּ וְאֵ֥ין ק֖וֹל וְאֵ֣ין עֹנֶ֑ה וַֽיְפַסְּח֔וּ
כז עַל־הַמִּזְבֵּ֖חַ אֲשֶׁ֥ר עָשָֽׂה׃ וַיְהִ֣י בַֽצָּהֳרַ֗יִם וַיְהַתֵּ֣ל בָּהֶם֮ אֵלִיָּ֒הוּ֒
וַיֹּ֨אמֶר֙ קִרְא֤וּ בְקוֹל־גָּדוֹל֙ כִּֽי־אֱלֹהִ֣ים ה֔וּא כִּֽי־שִׂ֥יחַ וְכִֽי־שִׂ֛יג ל֖וֹ
כח וְכִֽי־דֶ֣רֶךְ ל֑וֹ אוּלַ֛י יָשֵׁ֥ן ה֖וּא וְיִקָֽץ׃ וַֽיִּקְרְאוּ֙ בְּק֣וֹל גָּד֔וֹל וַיִּתְגֹּֽדְדוּ֙
כט כְּמִשְׁפָּטָ֔ם בַּחֲרָב֖וֹת וּבָֽרְמָחִ֑ים עַד־שְׁפָךְ־דָּ֖ם עֲלֵיהֶֽם׃ וַיְהִי֙
כַּעֲבֹ֣ר הַֽצָּהֳרַ֔יִם וַיִּֽתְנַבְּא֔וּ עַ֖ד לַעֲל֣וֹת הַמִּנְחָ֑ה וְאֵֽין־ק֥וֹל וְאֵין־
ל עֹנֶ֖ה וְאֵ֥ין קָֽשֶׁב׃ וַיֹּ֨אמֶר אֵלִיָּ֤הוּ לְכָל־הָעָם֙ גְּשׁ֣וּ אֵלַ֔י וַיִּגְּשׁ֥וּ כָל־
לא הָעָ֖ם אֵלָ֑יו וַיְרַפֵּ֛א אֶת־מִזְבַּ֥ח יְהוָ֖ה הֶהָרֽוּס׃ וַיִּקַּ֣ח אֵלִיָּ֗הוּ שְׁתֵּ֤ים
עֶשְׂרֵה֙ אֲבָנִ֔ים כְּמִסְפַּ֖ר שִׁבְטֵ֣י בְנֵֽי־יַעֲקֹ֑ב אֲשֶׁ֨ר הָיָ֤ה דְבַר־יְהוָה֙
לב אֵלָיו֙ לֵאמֹ֔ר יִשְׂרָאֵ֖ל יִהְיֶ֥ה שְׁמֶֽךָ׃ וַיִּבְנֶ֧ה אֶת־הָאֲבָנִ֛ים מִזְבֵּ֖חַ
בְּשֵׁ֣ם יְהוָ֑ה וַיַּ֣עַשׂ תְּעָלָ֗ה כְּבֵית֙ סָאתַ֣יִם זֶ֔רַע סָבִ֖יב לַמִּזְבֵּֽחַ׃
לג לד וַיַּעֲרֹ֖ךְ אֶת־הָעֵצִ֑ים וַיְנַתַּח֙ אֶת־הַפָּ֔ר וַיָּ֖שֶׂם עַל־הָעֵצִֽים׃ וַיֹּ֗אמֶר
מִלְא֨וּ אַרְבָּעָ֤ה כַדִּים֙ מַ֔יִם וְיִצְק֥וּ עַל־הָעֹלָ֖ה וְעַל־הָעֵצִ֑ים וַיֹּ֤אמֶר
לה שְׁנוּ֙ וַיִּשְׁנ֔וּ וַיֹּ֥אמֶר שַׁלֵּ֖שׁוּ וַיְשַׁלֵּֽשׁוּ׃ וַיֵּלְכ֣וּ הַמַּ֔יִם סָבִ֖יב לַמִּזְבֵּ֑חַ
לו וְגַ֥ם אֶת־הַתְּעָלָ֖ה מִלֵּא־מָֽיִם׃ וַיְהִ֣י ׀ בַּעֲל֣וֹת הַמִּנְחָ֗ה וַיִּגַּ֞שׁ
אֵלִיָּ֣הוּ הַנָּבִיא֮ וַיֹּאמַר֒ יְהוָ֗ה אֱלֹהֵ֤י אַבְרָהָם֙ יִצְחָ֣ק וְיִשְׂרָאֵ֔ל הַיּ֣וֹם
יִוָּדַ֗ע כִּֽי־אַתָּ֧ה אֱלֹהִ֛ים בְּיִשְׂרָאֵ֖ל וַאֲנִ֣י עַבְדֶּ֑ךָ ובדבריך עָשִׂ֔יתִי וּבִדְבָרְךָ֣
לז אֵ֥ת כָּל־הַדְּבָרִ֖ים הָאֵֽלֶּה׃ עֲנֵ֤נִי יְהוָה֙ עֲנֵ֔נִי וְיֵֽדְעוּ֙ הָעָ֣ם הַזֶּ֔ה כִּֽי־
לח אַתָּ֥ה יְהוָ֖ה הָאֱלֹהִ֑ים וְאַתָּ֛ה הֲסִבֹּ֥תָ אֶת־לִבָּ֖ם אֲחֹרַנִּֽית׃ וַתִּפֹּ֣ל
אֵשׁ־יְהוָ֗ה וַתֹּ֤אכַל אֶת־הָעֹלָה֙ וְאֶת־הָ֣עֵצִ֔ים וְאֶת־הָאֲבָנִ֖ים

לט ואת־העפר ואת־המים אשר־בתעלה לחכה: וירא כל־ טז
העם ויפלו על־פניהם ויאמרו יהוה הוא האלהים יהוה הוא
מ האלהים: ויאמר אליהו להם תפשו | את־נביאי הבעל איש
אל־ימלט מהם ויתפשום ויורדם אליהו אל־נחל קישון
מא וישחטם שם: ויאמר אליהו לאחאב עלה אכל ושתה כי־
מב קול המון הגשם: ויעלה אחאב לאכל ולשתות ואליהו עלה
מג אל־ראש הכרמל ויגהר ארצה וישם פניו בין ברכו: ויאמר
אל־נערו עלה־נא הבט דרך־ים ויעל ויבט ויאמר אין
מד מאומה ויאמר שב שבע פעמים: ויהי בשבעית ויאמר הנה־
עב קטנה ככף־איש עלה מים ויאמר עלה אמר אל־אחאב
מה אסר ורד ולא יעצרכה הגשם: ויהי | עד־כה ועד־כה והשמים
התקדרו עבים ורוח ויהי גשם גדול וירכב אחאב וילך
מו יזרעאלה: ויד־יהוה היתה אל־אליהו וישנס
יט א מתניו וירץ לפני אחאב עד־באכה יזרעאלה: ויגד אחאב
לאיזבל את כל־אשר עשה אליהו ואת כל־אשר הרג את־
ב כל־הנביאים בחרב: ותשלח איזבל מלאך אל־אליהו לאמר
כה־יעשון אלהים וכה יוספון כי־כעת מחר אשים את־נפשך
ג כנפש אחד מהם: וירא ויקם וילך אל־נפשו ויבא באר שבע
ד אשר ליהודה וינח את־נערו שם: והוא־הלך במדבר דרך יום
ויבא וישב תחת רתם אחת וישאל את־נפשו למות ויאמר | אחד
ה רב עתה יהוה קח נפשי כי־לא־טוב אנכי מאבתי: וישכב
ויישן תחת רתם אחד והנה־זה מלאך נגע בו ויאמר לו קום
ו אכול: ויבט והנה מראשתיו עגת רצפים וצפחת מים ויאכל
ז וישת וישב וישכב: וישב מלאך יהוה | שנית ויגע־בו ויאמר
ח קום אכל כי רב ממך הדרך: ויקם ויאכל וישתה וילך
בכח | האכילה ההיא ארבעים יום וארבעים לילה עד הר
ט האלהים חרב: ויבא־שם אל־המערה וילן שם והנה דבר־

י יְהוָה אֵלָיו וַיֹּאמֶר לוֹ מַה־לְּךָ פֹה אֵלִיָּהוּ: וַיֹּאמֶר קַנֹּא קִנֵּאתִי
לַיהוָה | אֱלֹהֵי צְבָאוֹת כִּי־עָזְבוּ בְרִיתְךָ בְּנֵי יִשְׂרָאֵל אֶת־
מִזְבְּחֹתֶיךָ הָרָסוּ וְאֶת־נְבִיאֶיךָ הָרְגוּ בֶחָרֶב וָאִוָּתֵר אֲנִי לְבַדִּי
יא וַיְבַקְשׁוּ אֶת־נַפְשִׁי לְקַחְתָּהּ: וַיֹּאמֶר צֵא וְעָמַדְתָּ בָהָר לִפְנֵי
יְהוָה וְהִנֵּה יְהוָה עֹבֵר וְרוּחַ גְּדוֹלָה וְחָזָק מְפָרֵק הָרִים וּמְשַׁבֵּר
סְלָעִים לִפְנֵי יְהוָה לֹא בָרוּחַ יְהוָה וְאַחַר הָרוּחַ רַעַשׁ לֹא בָרַעַשׁ
יב יְהוָה: וְאַחַר הָרַעַשׁ אֵשׁ לֹא בָאֵשׁ יְהוָה וְאַחַר הָאֵשׁ קוֹל
יג דְּמָמָה דַקָּה: וַיְהִי | כִּשְׁמֹעַ אֵלִיָּהוּ וַיָּלֶט פָּנָיו בְּאַדַּרְתּוֹ
וַיֵּצֵא וַיַּעֲמֹד פֶּתַח הַמְּעָרָה וְהִנֵּה אֵלָיו קוֹל וַיֹּאמֶר מַה־לְּךָ
יד פֹה אֵלִיָּהוּ: וַיֹּאמֶר קַנֹּא קִנֵּאתִי לַיהוָה | אֱלֹהֵי צְבָאוֹת
כִּי־עָזְבוּ בְרִיתְךָ בְּנֵי יִשְׂרָאֵל אֶת־מִזְבְּחֹתֶיךָ הָרָסוּ וְאֶת־
נְבִיאֶיךָ הָרְגוּ בֶחָרֶב וָאִוָּתֵר אֲנִי לְבַדִּי וַיְבַקְשׁוּ אֶת־נַפְשִׁי
טו לְקַחְתָּהּ: וַיֹּאמֶר יְהוָה אֵלָיו לֵךְ שׁוּב לְדַרְכְּךָ
מִדְבַּרָה דַמָּשֶׂק וּבָאתָ וּמָשַׁחְתָּ אֶת־חֲזָאֵל לְמֶלֶךְ עַל־אֲרָם:
טז וְאֵת יֵהוּא בֶן־נִמְשִׁי תִּמְשַׁח לְמֶלֶךְ עַל־יִשְׂרָאֵל וְאֶת־אֱלִישָׁע
יז בֶּן־שָׁפָט מֵאָבֵל מְחוֹלָה תִּמְשַׁח לְנָבִיא תַּחְתֶּיךָ: וְהָיָה הַנִּמְלָט
מֵחֶרֶב חֲזָאֵל יָמִית יֵהוּא וְהַנִּמְלָט מֵחֶרֶב יֵהוּא יָמִית אֱלִישָׁע:
יח וְהִשְׁאַרְתִּי בְיִשְׂרָאֵל שִׁבְעַת אֲלָפִים כָּל־הַבִּרְכַּיִם אֲשֶׁר לֹא־
יט כָרְעוּ לַבַּעַל וְכָל־הַפֶּה אֲשֶׁר לֹא־נָשַׁק לוֹ: וַיֵּלֶךְ מִשָּׁם וַיִּמְצָא
אֶת־אֱלִישָׁע בֶּן־שָׁפָט וְהוּא חֹרֵשׁ שְׁנֵים־עָשָׂר צְמָדִים לְפָנָיו
וְהוּא בִּשְׁנֵים הֶעָשָׂר וַיַּעֲבֹר אֵלִיָּהוּ אֵלָיו וַיַּשְׁלֵךְ אַדַּרְתּוֹ אֵלָיו:
כ וַיַּעֲזֹב אֶת־הַבָּקָר וַיָּרָץ אַחֲרֵי אֵלִיָּהוּ וַיֹּאמֶר אֶשְּׁקָה־נָּא לְאָבִי
וּלְאִמִּי וְאֵלְכָה אַחֲרֶיךָ וַיֹּאמֶר לוֹ לֵךְ שׁוּב כִּי מֶה־עָשִׂיתִי לָךְ:
כא וַיָּשָׁב מֵאַחֲרָיו וַיִּקַּח אֶת־צֶמֶד הַבָּקָר וַיִּזְבָּחֵהוּ וּבִכְלִי הַבָּקָר
בִּשְּׁלָם הַבָּשָׂר וַיִּתֵּן לָעָם וַיֹּאכֵלוּ וַיָּקָם וַיֵּלֶךְ אַחֲרֵי אֵלִיָּהוּ
כ א וַיְשָׁרְתֵהוּ: וּבֶן־הֲדַד מֶלֶךְ־אֲרָם קָבַץ אֶת־כָּל־
חֵילוֹ וּשְׁלֹשִׁים וּשְׁנַיִם מֶלֶךְ אִתּוֹ וְסוּס וָרָכֶב וַיַּעַל וַיָּצַר עַל־

ב שֹׁמְר֖וֹן וַיִּלָּ֥חֶם בָּֽהּ׃ וַיִּשְׁלַ֧ח מַלְאָכִ֛ים אֶל־אַחְאָ֥ב מֶלֶךְ־יִשְׂרָאֵ֖ל
ג הָעִֽירָה׃ וַיֹּ֣אמֶר ל֔וֹ כֹּ֖ה אָמַ֥ר בֶּן־הֲדַ֖ד כַּסְפְּךָ֥ וּזְהָבְךָ֖ לִי־ה֑וּא
ד וְנָשֶׁ֧יךָ וּבָנֶ֛יךָ הַטּוֹבִ֖ים לִי־הֵֽם׃ וַיַּ֤עַן מֶֽלֶךְ־יִשְׂרָאֵל֙ וַיֹּ֔אמֶר
ה כִּדְבָרְךָ֖ אֲדֹנִ֣י הַמֶּ֑לֶךְ לְךָ֣ אֲנִ֔י וְכָל־אֲשֶׁר־לִֽי׃ וַיָּשֻׁ֙בוּ֙ הַמַּלְאָכִ֔ים
וַיֹּ֣אמְר֔וּ כֹּֽה־אָמַ֥ר בֶּן־הֲדַ֖ד לֵאמֹ֑ר כִּֽי־שָׁלַ֤חְתִּי אֵלֶ֙יךָ֙ לֵאמֹ֔ר
ו כַּסְפְּךָ֧ וּזְהָבְךָ֛ וְנָשֶׁ֥יךָ וּבָנֶ֖יךָ לִ֥י תִתֵּֽן׃ כִּ֣י ׀ אִם־כָּעֵ֣ת מָחָ֗ר אֶשְׁלַ֤ח
אֶת־עֲבָדַי֙ אֵלֶ֔יךָ וְחִפְּשׂוּ֙ אֶת־בֵּ֣יתְךָ֔ וְאֵ֖ת בָּתֵּ֣י עֲבָדֶ֑יךָ וְהָיָ֗ה
ז כָּל־מַחְמַ֣ד עֵינֶ֔יךָ יָשִׂ֥ימוּ בְיָדָ֖ם וְלָקָֽחוּ׃ וַיִּקְרָ֤א מֶֽלֶךְ־יִשְׂרָאֵל֙
לְכָל־זִקְנֵ֣י הָאָ֔רֶץ וַיֹּ֙אמֶר֙ דְּעוּ־נָ֣א וּרְא֔וּ כִּ֥י רָעָ֖ה זֶ֣ה מְבַקֵּ֑שׁ כִּֽי־
שָׁלַ֨ח אֵלַ֜י לְנָשַׁ֤י וּלְבָנַי֙ וּלְכַסְפִּ֣י וְלִזְהָבִ֔י וְלֹ֥א מָנַ֖עְתִּי מִמֶּֽנּוּ׃
ח וַיֹּאמְר֥וּ אֵלָ֛יו כָּל־הַזְּקֵנִ֖ים וְכָל־הָעָ֑ם אַל־תִּשְׁמַ֖ע וְל֥וֹא תֹאבֶֽה׃
ט וַיֹּ֜אמֶר לְמַלְאֲכֵ֣י בֶן־הֲדַ֗ד אִמְר֞וּ לַאדֹנִ֣י הַמֶּ֗לֶךְ כֹּל֩ אֲשֶׁר־שָׁלַ֨חְתָּ
אֶל־עַבְדְּךָ֤ בָרִאשֹׁנָה֙ אֶעֱשֶׂ֔ה וְהַדָּבָ֣ר הַזֶּ֔ה לֹ֥א אוּכַ֖ל לַעֲשׂ֑וֹת
י וַיֵּֽלְכוּ֙ הַמַּלְאָכִ֔ים וַיְשִׁבֻ֖הוּ דָּבָֽר׃ וַיִּשְׁלַ֤ח אֵלָיו֙ בֶּן־הֲדַ֔ד וַיֹּ֕אמֶר
כֹּֽה־יַעֲשׂ֥וּן לִי֙ אֱלֹהִ֔ים וְכֹ֖ה יוֹסִ֑פוּ אִם־יִשְׂפֹּק֙ עֲפַ֣ר שֹׁמְר֔וֹן
יא לִשְׁעָלִ֔ים לְכָל־הָעָ֖ם אֲשֶׁ֥ר בְּרַגְלָֽי׃ וַיַּ֤עַן מֶֽלֶךְ־יִשְׂרָאֵל֙ וַיֹּ֔אמֶר
יב דַּבְּר֕וּ אַל־יִתְהַלֵּ֥ל חֹגֵ֖ר כִּמְפַתֵּֽחַ׃ וַיְהִ֗י כִּשְׁמֹ֙עַ֙ אֶת־הַדָּבָ֣ר הַזֶּ֔ה
וְה֥וּא שֹׁתֶ֛ה ה֥וּא וְהַמְּלָכִ֖ים בַּסֻּכּ֑וֹת וַיֹּ֤אמֶר אֶל־עֲבָדָיו֙ שִׂ֔ימוּ
יג וַיָּשִׂ֖ימוּ עַל־הָעִֽיר׃ וְהִנֵּ֨ה ׀ נָבִ֣יא אֶחָ֗ד נִגַּשׁ֙ אֶל־אַחְאָ֣ב מֶֽלֶךְ־ יז
יִשְׂרָאֵל֒ וַיֹּ֗אמֶר כֹּ֚ה אָמַ֣ר יְהוָ֔ה הֲרָאִ֕יתָ אֵ֛ת כָּל־הֶהָמ֥וֹן הַגָּד֖וֹל
יד הַזֶּ֑ה הִנְנִ֨י נֹתְנ֤וֹ בְיָֽדְךָ֙ הַיּ֔וֹם וְיָדַעְתָּ֖ כִּֽי־אֲנִ֥י יְהוָֽה׃ וַיֹּ֤אמֶר אַחְאָב֙
בְּמִ֔י וַיֹּ֗אמֶר כֹּֽה־אָמַ֣ר יְהוָ֔ה בְּנַעֲרֵ֖י שָׂרֵ֣י הַמְּדִינ֑וֹת וַיֹּ֛אמֶר מִֽי־
טו יֶאְסֹ֥ר הַמִּלְחָמָ֖ה וַיֹּ֥אמֶר אָֽתָּה׃ וַיִּפְקֹ֗ד אֶֽת־נַעֲרֵי֙ שָׂרֵ֣י הַמְּדִינ֔וֹת
וַיִּ֣הְי֔וּ מָאתַ֖יִם שְׁנַ֣יִם וּשְׁלֹשִׁ֑ים וְאַחֲרֵיהֶ֗ם פָּקַ֤ד אֶת־כָּל־הָעָם֙
טז כָּל־בְּנֵ֣י יִשְׂרָאֵ֔ל שִׁבְעַ֖ת אֲלָפִֽים׃ וַיֵּצְא֖וּ בַּֽצָּהֳרָ֑יִם וּבֶן־הֲדַ֗ד
שֹׁתֶ֤ה שִׁכּוֹר֙ בַּסֻּכּ֔וֹת ה֧וּא וְהַמְּלָכִ֛ים שְׁלֹשִֽׁים־וּשְׁנַ֥יִם מֶ֖לֶךְ עֹזֵ֥ר
יז אֹתֽוֹ׃ וַ֠יֵּצְאוּ נַעֲרֵ֨י שָׂרֵ֤י הַמְּדִינוֹת֙ בָּרִאשֹׁנָ֔ה וַיִּשְׁלַ֣ח בֶּן־הֲדַ֗ד

יח וַיַּגִּידוּ לוֹ לֵאמֹר אֲנָשִׁים יָצְאוּ מִשֹּׁמְרוֹן: וַיֹּאמֶר אִם־לְשָׁלוֹם
יט יָצָאוּ תִּפְשׂוּם חַיִּים וְאִם לְמִלְחָמָה יָצְאוּ חַיִּים תִּפְשׂוּם: וְאֵלֶּה
יָצְאוּ מִן־הָעִיר נַעֲרֵי שָׂרֵי הַמְּדִינוֹת וְהַחַיִל אֲשֶׁר אַחֲרֵיהֶם:
כ וַיַּכּוּ אִישׁ אִישׁוֹ וַיָּנֻסוּ אֲרָם וַיִּרְדְּפֵם יִשְׂרָאֵל וַיִּמָּלֵט בֶּן־הֲדַד
כא מֶלֶךְ אֲרָם עַל־סוּס וּפָרָשִׁים: וַיֵּצֵא מֶלֶךְ יִשְׂרָאֵל וַיַּךְ אֶת־
כב הַסּוּס וְאֶת־הָרֶכֶב וְהִכָּה בַאֲרָם מַכָּה גְדוֹלָה: וַיִּגַּשׁ הַנָּבִיא אֶל־
מֶלֶךְ יִשְׂרָאֵל וַיֹּאמֶר לוֹ לֵךְ הִתְחַזַּק וְדַע וּרְאֵה אֵת אֲשֶׁר־
תַּעֲשֶׂה כִּי לִתְשׁוּבַת הַשָּׁנָה מֶלֶךְ אֲרָם עֹלֶה עָלֶיךָ:
כג וְעַבְדֵי מֶלֶךְ־אֲרָם אָמְרוּ אֵלָיו אֱלֹהֵי הָרִים אֱלֹהֵיהֶם עַל־כֵּן
חָזְקוּ מִמֶּנּוּ וְאוּלָם נִלָּחֵם אִתָּם בַּמִּישׁוֹר אִם־לֹא נֶחֱזַק מֵהֶם:
כד וְאֶת־הַדָּבָר הַזֶּה עֲשֵׂה הָסֵר הַמְּלָכִים אִישׁ מִמְּקֹמוֹ וְשִׂים
כה פַּחוֹת תַּחְתֵּיהֶם: וְאַתָּה תִמְנֶה־לְךָ ׀ חַיִל כַּחַיִל הַנֹּפֵל מֵאוֹתָךְ
וְסוּס כַּסּוּס ׀ וְרֶכֶב כָּרֶכֶב וְנִלָּחֲמָה אוֹתָם בַּמִּישׁוֹר אִם־לֹא נֶחֱזַק
כו מֵהֶם וַיִּשְׁמַע לְקֹלָם וַיַּעַשׂ כֵּן: וַיְהִי לִתְשׁוּבַת
הַשָּׁנָה וַיִּפְקֹד בֶּן־הֲדַד אֶת־אֲרָם וַיַּעַל אֲפֵקָה לַמִּלְחָמָה עִם־
כז יִשְׂרָאֵל: וּבְנֵי יִשְׂרָאֵל הָתְפָּקְדוּ וְכָלְכְּלוּ וַיֵּלְכוּ לִקְרָאתָם וַיַּחֲנוּ
בְנֵי־יִשְׂרָאֵל נֶגְדָּם כִּשְׁנֵי חֲשִׂפֵי עִזִּים וַאֲרָם מִלְאוּ אֶת־הָאָרֶץ:
כח וַיִּגַּשׁ אִישׁ הָאֱלֹהִים וַיֹּאמֶר אֶל־מֶלֶךְ יִשְׂרָאֵל וַיֹּאמֶר כֹּה־אָמַר
יהוה יַעַן אֲשֶׁר אָמְרוּ אֲרָם אֱלֹהֵי הָרִים יהוה וְלֹא־אֱלֹהֵי
עֲמָקִים הוּא וְנָתַתִּי אֶת־כָּל־הֶהָמוֹן הַגָּדוֹל הַזֶּה בְּיָדֶךָ וִידַעְתֶּם
כט כִּי־אֲנִי יהוה: וַיַּחֲנוּ אֵלֶּה נֹכַח־אֵלֶּה שִׁבְעַת יָמִים וַיְהִי ׀ בַּיּוֹם
הַשְּׁבִיעִי וַתִּקְרַב הַמִּלְחָמָה וַיַּכּוּ בְנֵי־יִשְׂרָאֵל אֶת־אֲרָם מֵאָה־
ל אֶלֶף רַגְלִי בְּיוֹם אֶחָד: וַיָּנֻסוּ הַנּוֹתָרִים ׀ אֲפֵקָה אֶל־הָעִיר וַתִּפֹּל
הַחוֹמָה עַל־עֶשְׂרִים וְשִׁבְעָה אֶלֶף אִישׁ הַנּוֹתָרִים וּבֶן־הֲדַד נָס
לא וַיָּבֹא אֶל־הָעִיר חֶדֶר בְּחָדֶר: וַיֹּאמְרוּ אֵלָיו עֲבָדָיו הִנֵּה־נָא
שָׁמַעְנוּ כִּי מַלְכֵי בֵּית יִשְׂרָאֵל כִּי־מַלְכֵי חֶסֶד הֵם נָשִׂימָה נָּא
שַׂקִּים בְּמָתְנֵינוּ וַחֲבָלִים בְּרֹאשֵׁנוּ וְנֵצֵא אֶל־מֶלֶךְ יִשְׂרָאֵל אוּלַי

לב יְחַיֶּה אֶת־נַפְשֶׁךָ׃ וַיַּחְגְּרוּ שַׂקִּים בְּמָתְנֵיהֶם וַחֲבָלִים בְּרָאשֵׁיהֶם
וַיָּבֹאוּ אֶל־מֶלֶךְ יִשְׂרָאֵל וַיֹּאמְרוּ עַבְדְּךָ בֶן־הֲדַד אָמַר תְּחִי־נָא
לג נַפְשִׁי וַיֹּאמֶר הַעוֹדֶנּוּ חַי אָחִי הוּא׃ וְהָאֲנָשִׁים יְנַחֲשׁוּ וַיְמַהֲרוּ
וַיַּחְלְטוּ הֲמִמֶּנּוּ וַיֹּאמְרוּ אָחִיךָ בֶן־הֲדַד וַיֹּאמֶר בֹּאוּ קָחֻהוּ וַיֵּצֵא
לד אֵלָיו בֶּן־הֲדַד וַיַּעֲלֵהוּ עַל־הַמֶּרְכָּבָה׃ וַיֹּאמֶר אֵלָיו הֶעָרִים
אֲשֶׁר־לָקַח־אָבִי מֵאֵת אָבִיךָ אָשִׁיב וְחוּצוֹת תָּשִׂים לְךָ בְדַמֶּשֶׂק
כַּאֲשֶׁר־שָׂם אָבִי בְּשֹׁמְרוֹן וַאֲנִי בַּבְּרִית אֲשַׁלְּחֶךָּ וַיִּכְרָת־לוֹ
לה בְרִית וַיְשַׁלְּחֵהוּ׃ וְאִישׁ אֶחָד מִבְּנֵי הַנְּבִיאִים
אָמַר אֶל־רֵעֵהוּ בִּדְבַר יהוה הַכֵּינִי נָא וַיְמָאֵן הָאִישׁ לְהַכֹּתוֹ׃
לו וַיֹּאמֶר לוֹ יַעַן אֲשֶׁר לֹא־שָׁמַעְתָּ בְּקוֹל יהוה הִנְּךָ הוֹלֵךְ מֵאִתִּי
לז וְהִכְּךָ הָאַרְיֵה וַיֵּלֶךְ מֵאֶצְלוֹ וַיִּמְצָאֵהוּ הָאַרְיֵה וַיַּכֵּהוּ׃ וַיִּמְצָא
לח אִישׁ אַחֵר וַיֹּאמֶר הַכֵּינִי נָא וַיַּכֵּהוּ הָאִישׁ הַכֵּה וּפָצֹעַ׃ וַיֵּלֶךְ
הַנָּבִיא וַיַּעֲמֹד לַמֶּלֶךְ עַל־הַדָּרֶךְ וַיִּתְחַפֵּשׂ בָּאֲפֵר עַל־עֵינָיו׃
לט וַיְהִי הַמֶּלֶךְ עֹבֵר וְהוּא צָעַק אֶל־הַמֶּלֶךְ וַיֹּאמֶר עַבְדְּךָ ׀ יָצָא
בְקֶרֶב־הַמִּלְחָמָה וְהִנֵּה־אִישׁ סָר וַיָּבֵא אֵלַי אִישׁ וַיֹּאמֶר שְׁמֹר
אֶת־הָאִישׁ הַזֶּה אִם־הִפָּקֵד יִפָּקֵד וְהָיְתָה נַפְשְׁךָ תַּחַת נַפְשׁוֹ אוֹ
מ כִכַּר־כֶּסֶף תִּשְׁקוֹל׃ וַיְהִי עַבְדְּךָ עֹשֵׂה הֵנָּה וָהֵנָּה וְהוּא אֵינֶנּוּ
מא וַיֹּאמֶר אֵלָיו מֶלֶךְ־יִשְׂרָאֵל כֵּן מִשְׁפָּטֶךָ אַתָּה חָרָצְתָּ׃ וַיְמַהֵר
וַיָּסַר אֶת־הָאֲפֵר מֵעַל עֵינָיו וַיַּכֵּר אֹתוֹ מֶלֶךְ יִשְׂרָאֵל כִּי
מב מֵהַנְּבִאִים הוּא׃ וַיֹּאמֶר אֵלָיו כֹּה אָמַר יהוה יַעַן שִׁלַּחְתָּ
אֶת־אִישׁ־חֶרְמִי מִיָּד וְהָיְתָה נַפְשְׁךָ תַּחַת נַפְשׁוֹ וְעַמְּךָ
מג תַּחַת עַמּוֹ׃ וַיֵּלֶךְ מֶלֶךְ־יִשְׂרָאֵל עַל־בֵּיתוֹ סַר וְזָעֵף וַיָּבֹא
כא א שֹׁמְרוֹנָה׃ וַיְהִי אַחַר הַדְּבָרִים הָאֵלֶּה כֶּרֶם הָיָה
לְנָבוֹת הַיִּזְרְעֵאלִי אֲשֶׁר בְּיִזְרְעֶאל אֵצֶל הֵיכַל אַחְאָב מֶלֶךְ
ב שֹׁמְרוֹן׃ וַיְדַבֵּר אַחְאָב אֶל־נָבוֹת ׀ לֵאמֹר ׀ תְּנָה־לִּי אֶת־כַּרְמְךָ
וִיהִי־לִי לְגַן־יָרָק כִּי הוּא קָרוֹב אֵצֶל בֵּיתִי וְאֶתְּנָה לְךָ תַּחְתָּיו
כֶּרֶם טוֹב מִמֶּנּוּ אִם טוֹב בְּעֵינֶיךָ אֶתְּנָה־לְךָ כֶסֶף מְחִיר זֶה׃

ג ויאמר נבות אל־אחאב חלילה לי מיהוה מתתי את־נחלת
ד אבתי לך׃ ויבא אחאב אל־ביתו סר וזעף על־הדבר אשר־
דבר אליו נבות היזרעאלי ויאמר לא־אתן לך את־נחלת
אבותי וישכב על־מטתו ויסב את־פניו ולא־אכל לחם׃
ה ותבא אליו איזבל אשתו ותדבר אליו מה־זה רוחך סרה
ו ואינך אכל לחם׃ וידבר אליה כי־אדבר אל־נבות היזרעאלי
ואמר לו תנה־לי את־כרמך בכסף או אם־חפץ אתה אתנה־
ז לך כרם תחתיו ויאמר לא־אתן לך את־כרמי׃ ותאמר אליו
איזבל אשתו אתה עתה תעשה מלוכה על־ישראל קום
אכל־לחם ויטב לבך אני אתן לך את־כרם נבות היזרעאלי׃
ח ותכתב ספרים בשם אחאב ותחתם בחתמו ותשלח הספרים ספרים
אל־הזקנים ואל־החרים אשר בעירו הישבים את־נבות׃
ט ותכתב בספרים לאמר קראו־צום והשיבו את־נבות בראש
י העם׃ והושיבו שנים אנשים בני־בליעל נגדו ויעדהו לאמר
יא ברכת אלהים ומלך והוציאהו וסקלהו וימת׃ ויעשו אנשי
עירו הזקנים והחרים אשר הישבים בעירו כאשר שלחה
אליהם איזבל כאשר כתוב בספרים אשר שלחה אליהם׃
יב יג קראו צום והשיבו את־נבות בראש העם׃ ויבאו שני האנשים
בני־בליעל וישבו נגדו ויעדהו אנשי הבליעל את־נבות נגד
העם לאמר ברך נבות אלהים ומלך ויצאהו מחוץ לעיר
יד ויסקלהו באבנים וימת׃ וישלחו אל־איזבל לאמר סקל נבות
טו וימת׃ ויהי כשמע איזבל כי־סקל נבות וימת ותאמר איזבל
אל־אחאב קום רש את־כרם ׀ נבות היזרעאלי אשר מאן
טז לתת־לך בכסף כי אין נבות חי כי־מת׃ ויהי כשמע אחאב
כי מת נבות ויקם אחאב לרדת אל־כרם נבות היזרעאלי
יז לרשתו׃ ויהי דבר־יהוה אל־אליהו התשבי
יח לאמר׃ קום רד לקראת אחאב מלך־ישראל אשר בשמרון יח
רלו

יט הנה בכרם נבות אשר־ירד שם לרשתו: ודברת אליו לאמר
כה אמר יהוה הרצחת וגם־ירשת ודברת אליו לאמר כה
אמר יהוה במקום אשר לקקו הכלבים את־דם נבות ילקו
כ הכלבים את־דמך גם־אתה: ויאמר אחאב אל־אליהו
המצאתני איבי ויאמר מצאתי יען התמכרך לעשות הרע
כא בעיני יהוה: הנני מבי אליך רעה ובערתי אחריך והכרתי
כב לאחאב משתין בקיר ועצור ועזוב בישראל: ונתתי את־
ביתך כבית ירבעם בן־נבט וכבית בעשא בן־אחיה אל־
כג הכעס אשר הכעסת ותחטא את־ישראל: וגם־לאיזבל דבר
כד יהוה לאמר הכלבים יאכלו את־איזבל בחל יזרעאל: המת
לאחאב בעיר יאכלו הכלבים והמת בשדה יאכלו עוף
כה השמים: רק לא־היה כאחאב אשר התמכר לעשות הרע
כו בעיני יהוה אשר־הסתה אתו איזבל אשתו: ויתעב מאד
ללכת אחרי הגללים ככל אשר עשו האמרי אשר הוריש
כז יהוה מפני בני ישראל: ויהי כשמע אחאב את־הדברים
האלה ויקרע בגדיו וישם־שק על־בשרו ויצום וישכב בשק
כח ויהלך אט: ויהי דבר־יהוה אל־אליהו התשבי
כט לאמר: הראית כי־נכנע אחאב מלפני יען כי־נכנע מפני לא־
כב א אבי הרעה בימיו בימי בנו אביא הרעה על־ביתו: וישבו אָבִיא
ב שלש שנים אין מלחמה בין ארם ובין ישראל:
ויהי בשנה השלישית וירד יהושפט מלך־יהודה אל־מלך
ג ישראל: ויאמר מלך־ישראל אל־עבדיו הידעתם כי־לנו רמת
ד גלעד ואנחנו מחשים מקחת אתה מיד מלך ארם: ויאמר
אל־יהושפט התלך אתי למלחמה רמת גלעד ויאמר יהושפט
אל־מלך ישראל כמוני כמוך כעמי כעמך כסוסי כסוסיך:
ה ויאמר יהושפט אל־מלך ישראל דרש־נא כיום את־דבר
ו יהוה: ויקבץ מלך־ישראל את־הנביאים כארבע מאות איש

וַיֹּאמֶר אֲלֵהֶם הַאֵלֵךְ עַל־רָמֹת גִּלְעָד לַמִּלְחָמָה אִם־אֶחְדָּל
וַיֹּאמְרוּ עֲלֵה וְיִתֵּן אֲדֹנָי בְּיַד הַמֶּלֶךְ׃ וַיֹּאמֶר יְהוֹשָׁפָט הַאֵין פֹּה ז
נָבִיא לַיהוָה עוֹד וְנִדְרְשָׁה מֵאוֹתוֹ׃ וַיֹּאמֶר מֶלֶךְ־יִשְׂרָאֵל ׀ אֶל־ ח
יְהוֹשָׁפָט עוֹד אִישׁ־אֶחָד לִדְרֹשׁ אֶת־יְהוָה מֵאֹתוֹ וַאֲנִי שְׂנֵאתִיו
כִּי לֹא־יִתְנַבֵּא עָלַי טוֹב כִּי אִם־רָע מִיכָיְהוּ בֶּן־יִמְלָה וַיֹּאמֶר
יְהוֹשָׁפָט אַל־יֹאמַר הַמֶּלֶךְ כֵּן׃ וַיִּקְרָא מֶלֶךְ יִשְׂרָאֵל אֶל־סָרִיס ט
אֶחָד וַיֹּאמֶר מַהֲרָה מִיכָיְהוּ בֶן־יִמְלָה׃ וּמֶלֶךְ יִשְׂרָאֵל וִיהוֹשָׁפָט י
מֶלֶךְ־יְהוּדָה יֹשְׁבִים אִישׁ עַל־כִּסְאוֹ מְלֻבָּשִׁים בְּגָדִים בְּגֹרֶן
פֶּתַח שַׁעַר שֹׁמְרוֹן וְכָל־הַנְּבִיאִים מִתְנַבְּאִים לִפְנֵיהֶם׃ וַיַּעַשׂ לוֹ יא
צִדְקִיָּה בֶן־כְּנַעֲנָה קַרְנֵי בַרְזֶל וַיֹּאמֶר כֹּה־אָמַר יְהוָה בְּאֵלֶּה
תְּנַגַּח אֶת־אֲרָם עַד־כַּלֹּתָם׃ וְכָל־הַנְּבִאִים נִבְּאִים כֵּן לֵאמֹר יב
עֲלֵה רָמֹת גִּלְעָד וְהַצְלַח וְנָתַן יְהוָה בְּיַד הַמֶּלֶךְ׃ וְהַמַּלְאָךְ יג
אֲשֶׁר־הָלַךְ ׀ לִקְרֹא מִיכָיְהוּ דִּבֶּר אֵלָיו לֵאמֹר הִנֵּה־נָא דִּבְרֵי
הַנְּבִיאִים פֶּה־אֶחָד טוֹב אֶל־הַמֶּלֶךְ יְהִי־נָא דבריך כִּדְבַר אַחַד דְבָרְךָ
מֵהֶם וְדִבַּרְתָּ טּוֹב׃ וַיֹּאמֶר מִיכָיְהוּ חַי־יְהוָה כִּי אֶת־אֲשֶׁר יֹאמַר יד
יְהוָה אֵלַי אֹתוֹ אֲדַבֵּר׃ וַיָּבוֹא אֶל־הַמֶּלֶךְ וַיֹּאמֶר הַמֶּלֶךְ אֵלָיו טו
מִיכָיְהוּ הֲנֵלֵךְ אֶל־רָמֹת גִּלְעָד לַמִּלְחָמָה אִם־נֶחְדָּל וַיֹּאמֶר
אֵלָיו עֲלֵה וְהַצְלַח וְנָתַן יְהוָה בְּיַד הַמֶּלֶךְ׃ וַיֹּאמֶר אֵלָיו הַמֶּלֶךְ טז
עַד־כַּמֶּה פְעָמִים אֲנִי מַשְׁבִּעֶךָ אֲשֶׁר לֹא־תְדַבֵּר אֵלַי רַק־
אֱמֶת בְּשֵׁם יְהוָה׃ וַיֹּאמֶר רָאִיתִי אֶת־כָּל־יִשְׂרָאֵל נְפֹצִים אֶל־ יז
הֶהָרִים כַּצֹּאן אֲשֶׁר אֵין־לָהֶם רֹעֶה וַיֹּאמֶר יְהוָה לֹא־אֲדֹנִים
לָאֵלֶּה יָשׁוּבוּ אִישׁ־לְבֵיתוֹ בְּשָׁלוֹם׃ וַיֹּאמֶר מֶלֶךְ־יִשְׂרָאֵל אֶל־ יח
יְהוֹשָׁפָט הֲלוֹא אָמַרְתִּי אֵלֶיךָ לוֹא־יִתְנַבֵּא עָלַי טוֹב כִּי אִם־רָע׃
וַיֹּאמֶר לָכֵן שְׁמַע דְּבַר־יְהוָה רָאִיתִי אֶת־יְהוָה יֹשֵׁב עַל־כִּסְאוֹ יט
וְכָל־צְבָא הַשָּׁמַיִם עֹמֵד עָלָיו מִימִינוֹ וּמִשְּׂמֹאלוֹ׃ וַיֹּאמֶר יְהוָה כ
מִי יְפַתֶּה אֶת־אַחְאָב וְיַעַל וְיִפֹּל בְּרָמֹת גִּלְעָד וַיֹּאמֶר זֶה בְּכֹה
וְזֶה אֹמֵר בְּכֹה׃ וַיֵּצֵא הָרוּחַ וַיַּעֲמֹד לִפְנֵי יְהוָה וַיֹּאמֶר אֲנִי כא

כב אֲפַתֶּנּוּ וַיֹּאמֶר יְהוָה אֵלָיו בַּמָּה וַיֹּאמֶר אֵצֵא וְהָיִיתִי רוּחַ שֶׁקֶר
כג בְּפִי כָּל־נְבִיאָיו וַיֹּאמֶר תְּפַתֶּה וְגַם־תּוּכָל צֵא וַעֲשֵׂה־כֵן׃ וְעַתָּה
הִנֵּה נָתַן יְהוָה רוּחַ שֶׁקֶר בְּפִי כָּל־נְבִיאֶיךָ אֵלֶּה וַיהוָה דִּבֶּר
כד עָלֶיךָ רָעָה׃ וַיִּגַּשׁ צִדְקִיָּהוּ בֶן־כְּנַעֲנָה וַיַּכֶּה אֶת־מִיכָיְהוּ עַל־
הַלֶּחִי וַיֹּאמֶר אֵי־זֶה עָבַר רוּחַ־יְהוָה מֵאִתִּי לְדַבֵּר אוֹתָךְ׃
כה וַיֹּאמֶר מִיכָיְהוּ הִנְּךָ רֹאֶה בַּיּוֹם הַהוּא אֲשֶׁר תָּבֹא חֶדֶר בְּחֶדֶר
כו לְהֵחָבֵה׃ וַיֹּאמֶר מֶלֶךְ יִשְׂרָאֵל קַח אֶת־מִיכָיְהוּ וַהֲשִׁיבֵהוּ אֶל־
כז אָמֹן שַׂר־הָעִיר וְאֶל־יוֹאָשׁ בֶּן־הַמֶּלֶךְ׃ וְאָמַרְתָּ כֹּה אָמַר
הַמֶּלֶךְ שִׂימוּ אֶת־זֶה בֵּית הַכֶּלֶא וְהַאֲכִלֻהוּ לֶחֶם לַחַץ וּמַיִם
כח לַחַץ עַד בֹּאִי בְשָׁלוֹם׃ וַיֹּאמֶר מִיכָיְהוּ אִם־שׁוֹב תָּשׁוּב בְּשָׁלוֹם
כט לֹא־דִבֶּר יְהוָה בִּי וַיֹּאמֶר שִׁמְעוּ עַמִּים כֻּלָּם׃ וַיַּעַל מֶלֶךְ־
ל יִשְׂרָאֵל וִיהוֹשָׁפָט מֶלֶךְ־יְהוּדָה רָמֹת גִּלְעָד׃ וַיֹּאמֶר מֶלֶךְ
יִשְׂרָאֵל אֶל־יְהוֹשָׁפָט הִתְחַפֵּשׂ וָבֹא בַמִּלְחָמָה וְאַתָּה לְבַשׁ
לא בְּגָדֶיךָ וַיִּתְחַפֵּשׂ מֶלֶךְ יִשְׂרָאֵל וַיָּבוֹא בַּמִּלְחָמָה׃ וּמֶלֶךְ אֲרָם
צִוָּה אֶת־שָׂרֵי הָרֶכֶב אֲשֶׁר־לוֹ שְׁלֹשִׁים וּשְׁנַיִם לֵאמֹר לֹא
תִּלָּחֲמוּ אֶת־קָטֹן וְאֶת־גָּדוֹל כִּי אִם־אֶת־מֶלֶךְ יִשְׂרָאֵל לְבַדּוֹ׃
לב וַיְהִי כִּרְאוֹת שָׂרֵי הָרֶכֶב אֶת־יְהוֹשָׁפָט וְהֵמָּה אָמְרוּ אַךְ מֶלֶךְ־
לג יִשְׂרָאֵל הוּא וַיָּסֻרוּ עָלָיו לְהִלָּחֵם וַיִּזְעַק יְהוֹשָׁפָט׃ וַיְהִי כִּרְאוֹת
לד שָׂרֵי הָרֶכֶב כִּי־לֹא־מֶלֶךְ יִשְׂרָאֵל הוּא וַיָּשׁוּבוּ מֵאַחֲרָיו׃ וְאִישׁ
מָשַׁךְ בַּקֶּשֶׁת לְתֻמּוֹ וַיַּכֶּה אֶת־מֶלֶךְ יִשְׂרָאֵל בֵּין הַדְּבָקִים וּבֵין
הַשִּׁרְיָן וַיֹּאמֶר לְרַכָּבוֹ הֲפֹךְ יָדְךָ וְהוֹצִיאֵנִי מִן־הַמַּחֲנֶה כִּי
לה הָחֳלֵיתִי׃ וַתַּעֲלֶה הַמִּלְחָמָה בַּיּוֹם הַהוּא וְהַמֶּלֶךְ הָיָה מָעֳמָד
בַּמֶּרְכָּבָה נֹכַח אֲרָם וַיָּמָת בָּעֶרֶב וַיִּצֶק דַּם־הַמַּכָּה אֶל־חֵיק
לו הָרָכֶב׃ וַיַּעֲבֹר הָרִנָּה בַּמַּחֲנֶה כְּבֹא הַשֶּׁמֶשׁ לֵאמֹר אִישׁ אֶל־עִירוֹ
לז וְאִישׁ אֶל־אַרְצוֹ׃ וַיָּמָת הַמֶּלֶךְ וַיָּבוֹא שֹׁמְרוֹן וַיִּקְבְּרוּ אֶת־הַמֶּלֶךְ
לח בְּשֹׁמְרוֹן׃ וַיִּשְׁטֹף אֶת־הָרֶכֶב עַל ׀ בְּרֵכַת שֹׁמְרוֹן וַיָּלֹקּוּ הַכְּלָבִים
לט אֶת־דָּמוֹ וְהַזֹּנוֹת רָחָצוּ כִּדְבַר יְהוָה אֲשֶׁר דִּבֵּר׃ וְיֶתֶר דִּבְרֵי

אחאב וכל־אשר עשה ובית השן אשר בנה וכל־הערים
אשר בנה הלוא־הם כתובים על־ספר דברי הימים למלכי
מ ישראל: וישכב אחאב עם־אבתיו וימלך אחזיהו בנו
מא תחתיו: ויהושפט בן־אסא מלך על־יהודה
מב בשנת ארבע לאחאב מלך ישראל: יהושפט בן־שלשים
וחמש שנה במלכו ועשרים וחמש שנה מלך בירושלם ושם
מג אמו עזובה בת־שלחי: וילך בכל־דרך אסא אביו לא־סר יט
מד ממנו לעשות הישר בעיני יהוה: אך הבמות לא־סרו עוד
מה העם מזבחים ומקטרים בבמות: וישלם יהושפט עם־מלך
מו ישראל: ויתר דברי יהושפט וגבורתו אשר־עשה ואשר
נלחם הלא־הם כתובים על־ספר דברי הימים למלכי יהודה:
מז ויתר הקדש אשר נשאר בימי אסא אביו בער מן־הארץ:
מח מט ומלך אין באדום נצב מלך: יהושפט עשר אניות תרשיש (עשה)
ללכת אופירה לזהב ולא הלך כי־נשברה אניות בעציון (נשברו)
נ גבר: אז אמר אחזיהו בן־אחאב אל־יהושפט ילכו עבדי
נא עם־עבדיך באניות ולא אבה יהושפט: וישכב יהושפט עם־
אבתיו ויקבר עם־אבתיו בעיר דוד אביו וימלך יהורם בנו
נב תחתיו: אחזיהו בן־אחאב מלך על־ישראל
בשמרון בשנת שבע עשרה ליהושפט מלך יהודה וימלך
נג על־ישראל שנתים: ויעש הרע בעיני יהוה וילך בדרך אביו
ובדרך אמו ובדרך ירבעם בן־נבט אשר החטיא את־
נד ישראל: ויעבד את־הבעל וישתחוה לו ויכעס את־יהוה

מלכים ב

א א אלהי ישראל ככל אשר־עשה אביו: ויפשע מואב בישראל
ב אחרי מות אחאב: ויפל אחזיה בעד השבכה בעליתו אשר
בשמרון ויחל וישלח מלאכים ויאמר אלהם לכו דרשו בבעל
ג זבוב אלהי עקרון אם־אחיה מחלי זה: ומלאך
יהוה דבר אל־אליה התשבי קום עלה לקראת מלאכי

מֶ֣לֶךְ־שֹׁמְר֑וֹן וְדַבֵּ֣ר אֲלֵהֶ֗ם הֲמִבְּלִ֤י אֵין־אֱלֹהִים֙ בְּיִשְׂרָאֵ֔ל
ד אַתֶּם֙ הֹלְכִ֔ים לִדְרֹ֕שׁ בְּבַ֥עַל זְב֖וּב אֱלֹהֵ֥י עֶקְרֽוֹן׃ וְלָכֵ֞ן כֹּֽה־
אָמַ֣ר יְהוָ֗ה הַמִּטָּ֞ה אֲשֶׁר־עָלִ֣יתָ שָּׁ֔ם לֹא־תֵרֵ֣ד מִמֶּ֔נָּה כִּ֥י מ֖וֹת
ה תָּמ֑וּת וַיֵּ֖לֶךְ אֵלִיָּֽה׃ וַיָּשׁ֥וּבוּ הַמַּלְאָכִ֖ים אֵלָ֑יו וַיֹּ֣אמֶר אֲלֵיהֶ֔ם מַה־
ו זֶּ֖ה שַׁבְתֶּֽם׃ וַיֹּאמְר֣וּ אֵ֠לָיו אִ֣ישׁ ׀ עָלָ֣ה לִקְרָאתֵ֗נוּ וַיֹּ֣אמֶר אֵלֵ֡ינוּ
לְכ֨וּ שׁ֜וּבוּ אֶל־הַמֶּ֣לֶךְ אֲשֶׁר־שָׁלַ֣ח אֶתְכֶם֮ וְדִבַּרְתֶּ֣ם אֵלָיו֒ כֹּ֚ה
אָמַ֣ר יְהוָ֔ה הֲמִבְּלִ֤י אֵין־אֱלֹהִים֙ בְּיִשְׂרָאֵ֔ל אַתָּ֣ה שֹׁלֵ֔חַ לִדְרֹ֕שׁ
בְּבַ֥עַל זְב֖וּב אֱלֹהֵ֣י עֶקְר֑וֹן לָכֵ֗ן הַמִּטָּ֞ה אֲשֶׁר־עָלִ֣יתָ שָּׁ֔ם לֹא־
ז תֵרֵ֣ד מִמֶּ֔נָּה כִּי־מ֖וֹת תָּמֽוּת׃ וַיְדַבֵּ֣ר אֲלֵהֶ֔ם מֶ֚ה מִשְׁפַּ֣ט הָאִ֔ישׁ
אֲשֶׁ֥ר עָלָ֖ה לִקְרַאתְכֶ֑ם וַיְדַבֵּ֣ר אֲלֵיכֶ֔ם אֶת־הַדְּבָרִ֖ים הָאֵֽלֶּה׃
ח וַיֹּאמְר֣וּ אֵלָ֗יו אִ֚ישׁ בַּ֣עַל שֵׂעָ֔ר וְאֵז֥וֹר ע֖וֹר אָז֣וּר בְּמָתְנָ֑יו וַיֹּאמַ֕ר
ט אֵלִיָּ֥ה הַתִּשְׁבִּ֖י הֽוּא׃ וַיִּשְׁלַ֥ח אֵלָ֛יו שַׂר־חֲמִשִּׁ֖ים וַחֲמִשָּׁ֑יו וַיַּ֣עַל
אֵלָ֗יו וְהִנֵּה֙ יֹשֵׁ֣ב עַל־רֹ֣אשׁ הָהָ֔ר וַיְדַבֵּ֣ר אֵלָ֗יו אִ֚ישׁ הָֽאֱלֹהִ֔ים
י הַמֶּ֥לֶךְ דִּבֶּ֖ר רֵֽדָה׃ וַיַּעֲנֶ֨ה אֵלִיָּ֜הוּ וַיְדַבֵּ֣ר אֶל־שַׂ֣ר הַחֲמִשִּׁ֗ים וְאִם־
אִ֤ישׁ אֱלֹהִים֙ אָ֔נִי תֵּ֤רֶד אֵשׁ֙ מִן־הַשָּׁמַ֔יִם וְתֹאכַ֥ל אֹתְךָ֖ וְאֶת־
חֲמִשֶּׁ֑יךָ וַתֵּ֤רֶד אֵשׁ֙ מִן־הַשָּׁמַ֔יִם וַתֹּ֥אכַל אֹת֖וֹ וְאֶת־חֲמִשָּֽׁיו׃
יא וַיָּ֕שָׁב וַיִּשְׁלַ֥ח אֵלָ֛יו שַׂר־חֲמִשִּׁ֥ים אַחֵ֖ר וַחֲמִשָּׁ֑יו וַיַּ֙עַן֙ וַיְדַבֵּ֣ר אֵלָ֔יו
יב אִ֣ישׁ הָאֱלֹהִ֔ים כֹּֽה־אָמַ֣ר הַמֶּ֔לֶךְ מְהֵרָ֖ה רֵֽדָה׃ וַיַּ֨עַן אֵלִיָּ֜ה וַיְדַבֵּ֣ר
אֲלֵיהֶ֗ם אִם־אִ֤ישׁ הָאֱלֹהִים֙ אָ֔נִי תֵּ֤רֶד אֵשׁ֙ מִן־הַשָּׁמַ֔יִם וְתֹאכַ֥ל
אֹתְךָ֖ וְאֶת־חֲמִשֶּׁ֑יךָ וַתֵּ֜רֶד אֵשׁ־אֱלֹהִים֙ מִן־הַשָּׁמַ֔יִם וַתֹּ֥אכַל
יג אֹת֖וֹ וְאֶת־חֲמִשָּֽׁיו׃ וַיָּ֗שָׁב וַיִּשְׁלַ֛ח שַׂר־חֲמִשִּׁ֥ים שְׁלִשִׁ֖ים וַחֲמִשָּׁ֑יו
וַיַּ֨עַל וַיָּבֹ֜א שַׂר־הַחֲמִשִּׁ֣ים הַשְּׁלִישִׁ֗י וַיִּכְרַ֣ע עַל־בִּרְכָּ֣יו ׀ לְנֶ֣גֶד
אֵלִיָּ֗הוּ וַיִּתְחַנֵּ֤ן אֵלָיו֙ וַיְדַבֵּ֣ר אֵלָ֔יו אִ֚ישׁ הָאֱלֹהִ֔ים תִּֽיקַר־נָ֣א נַפְשִׁ֔י
יד וְנֶ֨פֶשׁ עֲבָדֶ֧יךָ אֵ֛לֶּה חֲמִשִּׁ֖ים בְּעֵינֶֽיךָ׃ הִנֵּה֙ יָ֤רְדָה אֵשׁ֙ מִן־הַשָּׁמַ֔יִם
וַתֹּ֗אכַל אֶת־שְׁנֵ֛י שָׂרֵ֥י הַחֲמִשִּׁ֛ים הָרִאשֹׁנִ֖ים וְאֶת־חֲמִשֵּׁיהֶ֑ם
טו וְעַתָּ֕ה תִּיקַ֥ר נַפְשִׁ֖י בְּעֵינֶֽיךָ׃ וַיְדַבֵּ֞ר מַלְאַ֤ךְ יְהוָה֙
אֶל־אֵ֣לִיָּ֔הוּ רֵ֣ד אוֹת֔וֹ אַל־תִּירָ֖א מִפָּנָ֑יו וַיָּ֥קָם וַיֵּ֛רֶד אוֹת֖וֹ אֶל־

טז הַמֶּלֶךְ: וַיְדַבֵּר אֵלָיו כֹּה־אָמַר יהוה יַעַן אֲשֶׁר־שָׁלַחְתָּ מַלְאָכִים
לִדְרֹשׁ בְּבַעַל זְבוּב אֱלֹהֵי עֶקְרוֹן הֲמִבְּלִי אֵין־אֱלֹהִים בְּיִשְׂרָאֵל
לִדְרֹשׁ בִּדְבָרוֹ לָכֵן הַמִּטָּה אֲשֶׁר־עָלִיתָ שָּׁם לֹא־תֵרֵד מִמֶּנָּה
יז כִּי־מוֹת תָּמוּת: וַיָּמָת כִּדְבַר־יהוה ׀ אֲשֶׁר־דִּבֶּר אֵלִיָּהוּ וַיִּמְלֹךְ
יְהוֹרָם תַּחְתָּיו בִּשְׁנַת שְׁתַּיִם לִיהוֹרָם בֶּן־יְהוֹשָׁפָט
יח מֶלֶךְ יְהוּדָה כִּי לֹא־הָיָה לוֹ בֵּן: וְיֶתֶר דִּבְרֵי אֲחַזְיָהוּ אֲשֶׁר
עָשָׂה הֲלוֹא־הֵמָּה כְתוּבִים עַל־סֵפֶר דִּבְרֵי הַיָּמִים לְמַלְכֵי
ב א יִשְׂרָאֵל: וַיְהִי בְּהַעֲלוֹת יהוה אֶת־אֵלִיָּהוּ בִּסְעָרָה
ב הַשָּׁמָיִם וַיֵּלֶךְ אֵלִיָּהוּ וֶאֱלִישָׁע מִן־הַגִּלְגָּל: וַיֹּאמֶר אֵלִיָּהוּ אֶל־
אֱלִישָׁע שֵׁב־נָא פֹה כִּי יהוה שְׁלָחַנִי עַד־בֵּית־אֵל וַיֹּאמֶר
אֱלִישָׁע חַי־יהוה וְחֵי־נַפְשְׁךָ אִם־אֶעֶזְבֶךָּ וַיֵּרְדוּ בֵּית־אֵל:
ג וַיֵּצְאוּ בְנֵי־הַנְּבִיאִים אֲשֶׁר־בֵּית־אֵל אֶל־אֱלִישָׁע וַיֹּאמְרוּ אֵלָיו
הֲיָדַעְתָּ כִּי הַיּוֹם יהוה לֹקֵחַ אֶת־אֲדֹנֶיךָ מֵעַל רֹאשֶׁךָ וַיֹּאמֶר
ד גַּם־אֲנִי יָדַעְתִּי הֶחֱשׁוּ: וַיֹּאמֶר לוֹ אֵלִיָּהוּ אֱלִישָׁע ׀ שֵׁב־נָא פֹה
כִּי יהוה שְׁלָחַנִי יְרִיחוֹ וַיֹּאמֶר חַי־יהוה וְחֵי־נַפְשְׁךָ אִם־אֶעֶזְבֶךָּ
ה וַיָּבֹאוּ יְרִיחוֹ: וַיִּגְּשׁוּ בְנֵי־הַנְּבִיאִים ׀ אֲשֶׁר־בִּירִיחוֹ אֶל־אֱלִישָׁע
וַיֹּאמְרוּ אֵלָיו הֲיָדַעְתָּ כִּי הַיּוֹם יהוה לֹקֵחַ אֶת־אֲדֹנֶיךָ מֵעַל
ו רֹאשֶׁךָ וַיֹּאמֶר גַּם־אֲנִי יָדַעְתִּי הֶחֱשׁוּ: וַיֹּאמֶר לוֹ אֵלִיָּהוּ שֵׁב־
נָא פֹה כִּי יהוה שְׁלָחַנִי הַיַּרְדֵּנָה וַיֹּאמֶר חַי־יהוה וְחֵי־נַפְשְׁךָ
ז אִם־אֶעֶזְבֶךָּ וַיֵּלְכוּ שְׁנֵיהֶם: וַחֲמִשִּׁים אִישׁ מִבְּנֵי הַנְּבִיאִים הָלְכוּ
ח וַיַּעַמְדוּ מִנֶּגֶד מֵרָחוֹק וּשְׁנֵיהֶם עָמְדוּ עַל־הַיַּרְדֵּן: וַיִּקַּח אֵלִיָּהוּ
אֶת־אַדַּרְתּוֹ וַיִּגְלֹם וַיַּכֶּה אֶת־הַמַּיִם וַיֵּחָצוּ הֵנָּה וָהֵנָּה וַיַּעַבְרוּ
ט שְׁנֵיהֶם בֶּחָרָבָה: וַיְהִי כְעָבְרָם וְאֵלִיָּהוּ אָמַר אֶל־אֱלִישָׁע שְׁאַל
מָה אֶעֱשֶׂה־לָּךְ בְּטֶרֶם אֶלָּקַח מֵעִמָּךְ וַיֹּאמֶר אֱלִישָׁע וִיהִי־נָא
י פִּי־שְׁנַיִם בְּרוּחֲךָ אֵלָי: וַיֹּאמֶר הִקְשִׁיתָ לִשְׁאוֹל אִם־תִּרְאֶה
יא אֹתִי לֻקָּח מֵאִתָּךְ יְהִי־לְךָ כֵן וְאִם־אַיִן לֹא יִהְיֶה: וַיְהִי הֵמָּה
הֹלְכִים הָלוֹךְ וְדַבֵּר וְהִנֵּה רֶכֶב־אֵשׁ וְסוּסֵי אֵשׁ וַיַּפְרִדוּ בֵּין

יב שְׁנֵיהֶם וַיַּעַל אֵלִיָּהוּ בַּסְּעָרָה הַשָּׁמָיִם׃ וֶאֱלִישָׁע רֹאֶה וְהוּא
מְצַעֵק אָבִי ׀ אָבִי רֶכֶב יִשְׂרָאֵל וּפָרָשָׁיו וְלֹא רָאָהוּ עוֹד וַיַּחֲזֵק
יג בִּבְגָדָיו וַיִּקְרָעֵם לִשְׁנַיִם קְרָעִים׃ וַיָּרֶם אֶת־אַדֶּרֶת אֵלִיָּהוּ אֲשֶׁר
יד נָפְלָה מֵעָלָיו וַיָּשָׁב וַיַּעֲמֹד עַל־שְׂפַת הַיַּרְדֵּן׃ וַיִּקַּח אֶת־אַדֶּרֶת
אֵלִיָּהוּ אֲשֶׁר־נָפְלָה מֵעָלָיו וַיַּכֶּה אֶת־הַמַּיִם וַיֹּאמַר אַיֵּה יְהוָה
אֱלֹהֵי אֵלִיָּהוּ אַף־הוּא ׀ וַיַּכֶּה אֶת־הַמַּיִם וַיֵּחָצוּ הֵנָּה וָהֵנָּה
טו וַיַּעֲבֹר אֱלִישָׁע׃ וַיִּרְאֻהוּ בְנֵי־הַנְּבִיאִים אֲשֶׁר־בִּירִיחוֹ מִנֶּגֶד כ
וַיֹּאמְרוּ נָחָה רוּחַ אֵלִיָּהוּ עַל־אֱלִישָׁע וַיָּבֹאוּ לִקְרָאתוֹ וַיִּשְׁתַּחֲווּ־
טז לוֹ אָרְצָה׃ וַיֹּאמְרוּ אֵלָיו הִנֵּה־נָא יֵשׁ־אֶת־עֲבָדֶיךָ חֲמִשִּׁים
אֲנָשִׁים בְּנֵי־חַיִל יֵלְכוּ־נָא וִיבַקְשׁוּ אֶת־אֲדֹנֶיךָ פֶּן־נְשָׂאוֹ רוּחַ
יְהוָה וַיַּשְׁלִכֵהוּ בְּאַחַד הֶהָרִים אוֹ בְּאַחַת הגיאות וַיֹּאמֶר לֹא הַגֵּאָיוֹת
יז תִשְׁלָחוּ׃ וַיִּפְצְרוּ־בוֹ עַד־בֹּשׁ וַיֹּאמֶר שְׁלָחוּ וַיִּשְׁלְחוּ חֲמִשִּׁים
יח אִישׁ וַיְבַקְשׁוּ שְׁלֹשָׁה־יָמִים וְלֹא מְצָאֻהוּ׃ וַיָּשֻׁבוּ אֵלָיו וְהוּא
יֹשֵׁב בִּירִיחוֹ וַיֹּאמֶר אֲלֵהֶם הֲלוֹא־אָמַרְתִּי אֲלֵיכֶם אַל־תֵּלֵכוּ׃
יט וַיֹּאמְרוּ אַנְשֵׁי הָעִיר אֶל־אֱלִישָׁע הִנֵּה־נָא מוֹשַׁב הָעִיר טוֹב
כ כַּאֲשֶׁר אֲדֹנִי רֹאֶה וְהַמַּיִם רָעִים וְהָאָרֶץ מְשַׁכָּלֶת׃ וַיֹּאמֶר קְחוּ־
כא לִי צְלֹחִית חֲדָשָׁה וְשִׂימוּ שָׁם מֶלַח וַיִּקְחוּ אֵלָיו׃ וַיֵּצֵא אֶל־
מוֹצָא הַמַּיִם וַיַּשְׁלֶךְ־שָׁם מֶלַח וַיֹּאמֶר כֹּה־אָמַר יְהוָה רִפִּאתִי
כב לַמַּיִם הָאֵלֶּה לֹא־יִהְיֶה מִשָּׁם עוֹד מָוֶת וּמְשַׁכָּלֶת׃ וַיֵּרָפוּ הַמַּיִם
כג עַד הַיּוֹם הַזֶּה כִּדְבַר אֱלִישָׁע אֲשֶׁר דִּבֵּר׃ וַיַּעַל
מִשָּׁם בֵּית־אֵל וְהוּא ׀ עֹלֶה בַדֶּרֶךְ וּנְעָרִים קְטַנִּים יָצְאוּ מִן־
כד הָעִיר וַיִּתְקַלְּסוּ־בוֹ וַיֹּאמְרוּ לוֹ עֲלֵה קֵרֵחַ עֲלֵה קֵרֵחַ׃ וַיִּפֶן
אַחֲרָיו וַיִּרְאֵם וַיְקַלְלֵם בְּשֵׁם יְהוָה וַתֵּצֶאנָה שְׁתַּיִם דֻּבִּים מִן־
כה הַיַּעַר וַתְּבַקַּעְנָה מֵהֶם אַרְבָּעִים וּשְׁנֵי יְלָדִים׃ וַיֵּלֶךְ מִשָּׁם אֶל־
ג א הַר הַכַּרְמֶל וּמִשָּׁם שָׁב שֹׁמְרוֹן׃ וִיהוֹרָם בֶּן־
אַחְאָב מָלַךְ עַל־יִשְׂרָאֵל בְּשֹׁמְרוֹן בִּשְׁנַת שְׁמֹנֶה עֶשְׂרֵה
ב לִיהוֹשָׁפָט מֶלֶךְ יְהוּדָה וַיִּמְלֹךְ שְׁתֵּים־עֶשְׂרֵה שָׁנָה׃ וַיַּעֲשֶׂה

הרע בעיני יהוה רק לא כאביו וכאמו ויסר את־מצבת הבעל
אשר עשה אביו: רק בחטאות ירבעם בן־נבט אשר־החטיא ג
את־ישראל דבק לא־סר ממנה: ומישע מלך־ ד
מואב היה נקד והשיב למלך־ישראל מאה־אלף כרים
ומאה אלף אילים צמר: ויהי כמות אחאב ויפשע מלך־ ה
מואב במלך ישראל: ויצא המלך יהורם ביום ההוא משמרון ו
ויפקד את־כל־ישראל: וילך וישלח אל־יהושפט מלך־ ז
יהודה לאמר מלך מואב פשע בי התלך אתי אל־מואב
למלחמה ויאמר אעלה כמוני כמוך כעמי כעמך כסוסי
כסוסיך: ויאמר אי־זה הדרך נעלה ויאמר דרך מדבר אדום: ח
וילך מלך ישראל ומלך יהודה ומלך אדום ויסבו דרך שבעת ט
ימים ולא־היה מים למחנה ולבהמה אשר ברגליהם: ויאמר י
מלך ישראל אהה כי־קרא יהוה לשלשת המלכים האלה
לתת אותם ביד־מואב: ויאמר יהושפט האין פה נביא ליהוה יא
ונדרשה את־יהוה מאותו ויען אחד מעבדי מלך־ישראל
ויאמר פה אלישע בן־שפט אשר־יצק מים על־ידי אליהו:
ויאמר יהושפט יש אותו דבר־יהוה וירדו אליו מלך ישראל יב
ויהושפט ומלך אדום: ויאמר אלישע אל־מלך ישראל מה־ יג
לי ולך לך אל־נביאי אביך ואל־נביאי אמך ויאמר לו מלך
ישראל אל כי־קרא יהוה לשלשת המלכים האלה לתת
אותם ביד מואב: ויאמר אלישע חי־יהוה צבאות אשר יד
עמדתי לפניו כי לולי פני־יהושפט מלך־יהודה אני נשא אם־
אביט אליך ואם־אראך: ועתה קחו־לי מנגן והיה כנגן טו
המנגן ותהי עליו יד יהוה: ויאמר כה אמר יהוה עשה הנחל טז
הזה גבים ׀ גבים: כי־כה ׀ אמר יהוה לא־תראו רוח ולא־ יז
תראו גשם והנחל ההוא ימלא מים ושתיתם אתם ומקניכם
ובהמתכם: ונקל זאת בעיני יהוה ונתן את־מואב בידכם: יח

יט והכיתם כל-עיר מבצר וכל-עיר מבחור וכל-עץ טוב תפילו
וכל-מעיני-מים תסתמו וכל החלקה הטובה תכאבו
כ באבנים: ויהי בבקר כעלות המנחה והנה-מים באים מדרך
כא אדום ותמלא הארץ את-המים: וכל-מואב שמעו כי-עלו
המלכים להלחם בם ויצעקו מכל חגר חגרה ומעלה ויעמדו
כב על-הגבול: וישכימו בבקר והשמש זרחה על-המים ויראו
כג מואב מנגד את-המים אדמים כדם: ויאמרו דם זה החרב
נחרבו המלכים ויכו איש את-רעהו ועתה לשלל מואב:
כד ויבאו אל-מחנה ישראל ויקמו ישראל ויכו את-מואב וינסו
כה מפניהם ויבו-בה והכות את-מואב: והערים יהרסו וכל- ויכו-
חלקה טובה ישליכו איש-אבנו ומלאוה וכל-מעין-מים
יסתמו וכל-עץ-טוב יפילו עד-השאיר אבניה בקיר חרשת
כו ויסבו הקלעים ויכוה: וירא מלך מואב כי-חזק ממנו
המלחמה ויקח אותו שבע-מאות איש שלף חרב להבקיע
כז אל-מלך אדום ולא יכלו: ויקח את-בנו הבכור אשר-ימלך
תחתיו ויעלהו עלה על-החמה ויהי קצף-גדול על-ישראל
ד א ויסעו מעליו וישבו לארץ: ואשה אחת מנשי
בני-הנביאים צעקה אל-אלישע לאמר עבדך אישי מת
ואתה ידעת כי עבדך היה ירא את-יהוה והנשה בא לקחת
ב את-שני ילדי לו לעבדים: ויאמר אליה אלישע מה אעשה-
לך הגידי לי מה-יש-לכי בבית ותאמר אין לשפחתך כל לך
ג בבית כי אם-אסוך שמן: ויאמר לכי שאלי-לך כלים מן-
ד החוץ מאת כל-שכניכי כלים רקים אל-תמעיטי: ובאת שכניך
וסגרת הדלת בעדך ובעד-בניך ויצקת על כל-הכלים האלה
ה והמלא תסיעי: ותלך מאתו ותסגר הדלת בעדה ובעד בניה
ו הם מגישים אליה והיא מיצקת: ויהי כמלאת הכלים מוצקת
ותאמר אל-בנה הגישה אלי עוד כלי ויאמר אליה אין עוד

ז כֵּלִי וַיַּעֲמֹד הַשָּׁמֶן׃ וַתָּבֹא וַתַּגֵּד לְאִישׁ הָאֱלֹהִים וַיֹּאמֶר
לְכִי מִכְרִי אֶת־הַשֶּׁמֶן וְשַׁלְּמִי אֶת־נשיכי וְאַתְּ בניכי תִּחְיִי נִשְׁיֵךְ | וּבָנַיִךְ
ח בַּנּוֹתָר׃ וַיְהִי הַיּוֹם וַיַּעֲבֹר אֱלִישָׁע אֶל־שׁוּנֵם
וְשָׁם אִשָּׁה גְדוֹלָה וַתַּחֲזֶק־בּוֹ לֶאֱכָל־לָחֶם וַיְהִי מִדֵּי עָבְרוֹ יָסֻר
ט שָׁמָּה לֶאֱכָל־לָחֶם׃ וַתֹּאמֶר אֶל־אִישָׁהּ הִנֵּה־נָא יָדַעְתִּי כִּי
י אִישׁ אֱלֹהִים קָדוֹשׁ הוּא עֹבֵר עָלֵינוּ תָּמִיד׃ נַעֲשֶׂה־נָּא עֲלִיַּת־
קִיר קְטַנָּה וְנָשִׂים לוֹ שָׁם מִטָּה וְשֻׁלְחָן וְכִסֵּא וּמְנוֹרָה וְהָיָה
יא בְּבֹאוֹ אֵלֵינוּ יָסוּר שָׁמָּה׃ וַיְהִי הַיּוֹם וַיָּבֹא שָׁמָּה וַיָּסַר אֶל־
יב הָעֲלִיָּה וַיִּשְׁכַּב־שָׁמָּה׃ וַיֹּאמֶר אֶל־גֵּיחֲזִי נַעֲרוֹ קְרָא לַשּׁוּנַמִּית
יג הַזֹּאת וַיִּקְרָא־לָהּ וַתַּעֲמֹד לְפָנָיו׃ וַיֹּאמֶר לוֹ אֱמָר־נָא אֵלֶיהָ
הִנֵּה חָרַדְתְּ ׀ אֵלֵינוּ אֶת־כָּל־הַחֲרָדָה הַזֹּאת מֶה לַעֲשׂוֹת לָךְ
הֲיֵשׁ לְדַבֶּר־לָךְ אֶל־הַמֶּלֶךְ אוֹ אֶל־שַׂר הַצָּבָא וַתֹּאמֶר בְּתוֹךְ
יד עַמִּי אָנֹכִי יֹשָׁבֶת׃ וַיֹּאמֶר וּמֶה לַעֲשׂוֹת לָהּ וַיֹּאמֶר גֵּיחֲזִי אֲבָל
טו בֵּן אֵין־לָהּ וְאִישָׁהּ זָקֵן׃ וַיֹּאמֶר קְרָא־לָהּ וַיִּקְרָא־לָהּ וַתַּעֲמֹד
טז בַּפָּתַח׃ וַיֹּאמֶר לַמּוֹעֵד הַזֶּה כָּעֵת חַיָּה אתי חֹבֶקֶת בֵּן וַתֹּאמֶר אַתְּ
יז אַל־אֲדֹנִי אִישׁ הָאֱלֹהִים אַל־תְּכַזֵּב בְּשִׁפְחָתֶךָ׃ וַתַּהַר הָאִשָּׁה
וַתֵּלֶד בֵּן לַמּוֹעֵד הַזֶּה כָּעֵת חַיָּה אֲשֶׁר־דִּבֶּר אֵלֶיהָ אֱלִישָׁע׃
יח יט וַיִּגְדַּל הַיָּלֶד וַיְהִי הַיּוֹם וַיֵּצֵא אֶל־אָבִיו אֶל־הַקֹּצְרִים׃ וַיֹּאמֶר
אֶל־אָבִיו רֹאשִׁי ׀ רֹאשִׁי וַיֹּאמֶר אֶל־הַנַּעַר שָׂאֵהוּ אֶל־אִמּוֹ׃
כ וַיִּשָּׂאֵהוּ וַיְבִיאֵהוּ אֶל־אִמּוֹ וַיֵּשֶׁב עַל־בִּרְכֶּיהָ עַד־הַצָּהֳרַיִם
כא וַיָּמֹת׃ וַתַּעַל וַתַּשְׁכִּבֵהוּ עַל־מִטַּת אִישׁ הָאֱלֹהִים וַתִּסְגֹּר בַּעֲדוֹ
כב וַתֵּצֵא׃ וַתִּקְרָא אֶל־אִישָׁהּ וַתֹּאמֶר שִׁלְחָה נָא לִי אֶחָד מִן־
הַנְּעָרִים וְאַחַת הָאֲתֹנוֹת וְאָרוּצָה עַד־אִישׁ הָאֱלֹהִים וְאָשׁוּבָה׃
כג וַיֹּאמֶר מַדּוּעַ אתי הלכתי אֵלָיו הַיּוֹם לֹא־חֹדֶשׁ וְלֹא שַׁבָּת אַתְּ הֹלֶכֶת
כד וַתֹּאמֶר שָׁלוֹם׃ וַתַּחֲבֹשׁ הָאָתוֹן וַתֹּאמֶר אֶל־נַעֲרָהּ נְהַג וָלֵךְ
כה אַל־תַּעֲצָר־לִי לִרְכֹּב כִּי אִם־אָמַרְתִּי לָךְ׃ וַתֵּלֶךְ וַתָּבוֹא אֶל־
אִישׁ הָאֱלֹהִים אֶל־הַר הַכַּרְמֶל וַיְהִי כִּרְאוֹת אִישׁ־הָאֱלֹהִים

כו אתה מנגד ויאמר אל־גיחזי נערו הנה השונמית הלז: עתה כא
רוץ־נא לקראתה ואמר־לה השלום לך השלום לאישך
כז השלום לילד ותאמר שלום: ותבא אל־איש האלהים אל־
ההר ותחזק ברגליו ויגש גיחזי להדפה ויאמר איש האלהים
הרפה־לה כי־נפשה מרה־לה ויהוה העלים ממני ולא הגיד
כח לי: ותאמר השאלתי בן מאת אדני הלא אמרתי לא תשלה
כט אתי: ויאמר לגיחזי חגר מתניך וקח משענתי בידך ולך כי־
תמצא איש לא תברכנו וכי־יברכך איש לא תעננו ושמת
ל משענתי על־פני הנער: ותאמר אם הנער חי־יהוה וחי־נפשך
לא אם־אעזבך ויקם וילך אחריה: וגחזי עבר לפניהם וישם את־
המשענת על־פני הנער ואין קול ואין קשב וישב לקראתו
לב ויגד־לו לאמר לא הקיץ הנער: ויבא אלישע הביתה והנה
לג הנער מת משכב על־מטתו: ויבא ויסגר הדלת בעד שניהם
לד ויתפלל אל־יהוה: ויעל וישכב על־הילד וישם פיו על־פיו
ועיניו על־עיניו וכפיו על־כפו ויגהר עליו ויחם בשר הילד:
לה וישב וילך בבית אחת הנה ואחת הנה ויעל ויגהר עליו ויזורר
לו הנער עד־שבע פעמים ויפקח הנער את־עיניו: ויקרא אל־
גיחזי ויאמר קרא אל־השנמית הזאת ויקראה ותבוא אליו
לז ויאמר שאי בנך: ותבא ותפל על־רגליו ותשתחו ארצה
לח ותשא את־בנה ותצא: ואלישע שב הגלגלה
והרעב בארץ ובני הנביאים ישבים לפניו ויאמר לנערו שפת
לט הסיר הגדולה ובשל נזיד לבני הנביאים: ויצא אחד אל־
השדה ללקט ארת וימצא גפן שדה וילקט ממנו פקעת שדה
מ מלא בגדו ויבא ויפלח אל־סיר הנזיד כי־לא ידעו: ויצקו
לאנשים לאכול ויהי כאכלם מהנזיד והמה צעקו ויאמרו מות
מא בסיר איש האלהים ולא יכלו לאכל: ויאמר וקחו־קמח
וישלך אל־הסיר ויאמר צק לעם ויאכלו ולא היה דבר רע

מב בַּסִּיר׃ וְאִישׁ בָּא מִבַּעַל שָׁלִשָׁה וַיָּבֵא לְאִישׁ
הָאֱלֹהִים לֶחֶם בִּכּוּרִים עֶשְׂרִים־לֶחֶם שְׂעֹרִים וְכַרְמֶל בְּצִקְלֹנוֹ
מג וַיֹּאמֶר תֵּן לָעָם וְיֹאכֵלוּ׃ וַיֹּאמֶר מְשָׁרְתוֹ מָה אֶתֵּן זֶה לִפְנֵי מֵאָה
אִישׁ וַיֹּאמֶר תֵּן לָעָם וְיֹאכֵלוּ כִּי כֹה אָמַר יְהוָה אָכֹל וְהוֹתֵר׃
מד ה א וַיִּתֵּן לִפְנֵיהֶם וַיֹּאכְלוּ וַיּוֹתִרוּ כִּדְבַר יְהוָה׃ וְנַעֲמָן
שַׂר־צְבָא מֶלֶךְ־אֲרָם הָיָה אִישׁ גָּדוֹל לִפְנֵי אֲדֹנָיו וּנְשֻׂא פָנִים
כִּי־בוֹ נָתַן־יְהוָה תְּשׁוּעָה לַאֲרָם וְהָאִישׁ הָיָה גִּבּוֹר חַיִל מְצֹרָע׃
ב וַאֲרָם יָצְאוּ גְדוּדִים וַיִּשְׁבּוּ מֵאֶרֶץ יִשְׂרָאֵל נַעֲרָה קְטַנָּה וַתְּהִי
ג לִפְנֵי אֵשֶׁת נַעֲמָן׃ וַתֹּאמֶר אֶל־גְּבִרְתָּהּ אַחֲלֵי אֲדֹנִי לִפְנֵי
ד הַנָּבִיא אֲשֶׁר בְּשֹׁמְרוֹן אָז יֶאֱסֹף אֹתוֹ מִצָּרַעְתּוֹ׃ וַיָּבֹא וַיַּגֵּד
לַאדֹנָיו לֵאמֹר כָּזֹאת וְכָזֹאת דִּבְּרָה הַנַּעֲרָה אֲשֶׁר מֵאֶרֶץ
ה יִשְׂרָאֵל׃ וַיֹּאמֶר מֶלֶךְ־אֲרָם לֶךְ־בֹּא וְאֶשְׁלְחָה סֵפֶר אֶל־מֶלֶךְ
יִשְׂרָאֵל וַיֵּלֶךְ וַיִּקַּח בְּיָדוֹ עֶשֶׂר כִּכְּרֵי־כֶסֶף וְשֵׁשֶׁת אֲלָפִים זָהָב
ו וְעֶשֶׂר חֲלִיפוֹת בְּגָדִים׃ וַיָּבֵא הַסֵּפֶר אֶל־מֶלֶךְ יִשְׂרָאֵל לֵאמֹר
וְעַתָּה כְּבוֹא הַסֵּפֶר הַזֶּה אֵלֶיךָ הִנֵּה שָׁלַחְתִּי אֵלֶיךָ אֶת־
ז נַעֲמָן עַבְדִּי וַאֲסַפְתּוֹ מִצָּרַעְתּוֹ׃ וַיְהִי כִּקְרֹא מֶלֶךְ־יִשְׂרָאֵל אֶת־
הַסֵּפֶר וַיִּקְרַע בְּגָדָיו וַיֹּאמֶר הַאֱלֹהִים אָנִי לְהָמִית וּלְהַחֲיוֹת כִּי־
זֶה שֹׁלֵחַ אֵלַי לֶאֱסֹף אִישׁ מִצָּרַעְתּוֹ כִּי אַךְ־דְּעוּ־נָא וּרְאוּ כִּי־
ח מִתְאַנֶּה הוּא לִי׃ וַיְהִי כִּשְׁמֹעַ ׀ אֱלִישָׁע אִישׁ־הָאֱלֹהִים כִּי־
קָרַע מֶלֶךְ־יִשְׂרָאֵל אֶת־בְּגָדָיו וַיִּשְׁלַח אֶל־הַמֶּלֶךְ לֵאמֹר לָמָּה
ט קָרַעְתָּ בְּגָדֶיךָ יָבֹא־נָא אֵלַי וְיֵדַע כִּי יֵשׁ נָבִיא בְּיִשְׂרָאֵל׃ וַיָּבֹא
י נַעֲמָן בְּסוּסָו וּבְרִכְבּוֹ וַיַּעֲמֹד פֶּתַח־הַבַּיִת לֶאֱלִישָׁע׃ וַיִּשְׁלַח
אֵלָיו אֱלִישָׁע מַלְאָךְ לֵאמֹר הָלוֹךְ וְרָחַצְתָּ שֶׁבַע־פְּעָמִים בַּיַּרְדֵּן
יא וְיָשֹׁב בְּשָׂרְךָ לְךָ וּטְהָר׃ וַיִּקְצֹף נַעֲמָן וַיֵּלַךְ וַיֹּאמֶר הִנֵּה אָמַרְתִּי
אֵלַי ׀ יֵצֵא יָצוֹא וְעָמַד וְקָרָא בְּשֵׁם־יְהוָה אֱלֹהָיו וְהֵנִיף יָדוֹ אֶל־
יב הַמָּקוֹם וְאָסַף הַמְּצֹרָע׃ הֲלֹא טוֹב אבנה וּפַרְפַּר נַהֲרוֹת דַּמֶּשֶׂק אֲמָנָה
מִכֹּל מֵימֵי יִשְׂרָאֵל הֲלֹא־אֶרְחַץ בָּהֶם וְטָהַרְתִּי וַיִּפֶן וַיֵּלֶךְ

יג בְּחֵמָה׃ וַיִּגְּשׁוּ עֲבָדָיו וַיְדַבְּרוּ אֵלָיו וַיֹּאמְרוּ אָבִי דָּבָר גָּדוֹל
הַנָּבִיא דִּבֶּר אֵלֶיךָ הֲלוֹא תַעֲשֶׂה וְאַף כִּי־אָמַר אֵלֶיךָ רְחַץ
יד וּטְהָר׃ וַיֵּרֶד וַיִּטְבֹּל בַּיַּרְדֵּן שֶׁבַע פְּעָמִים כִּדְבַר אִישׁ הָאֱלֹהִים
טו וַיָּשָׁב בְּשָׂרוֹ כִּבְשַׂר נַעַר קָטֹן וַיִּטְהָר׃ וַיָּשָׁב אֶל־אִישׁ הָאֱלֹהִים
הוּא וְכָל־מַחֲנֵהוּ וַיָּבֹא וַיַּעֲמֹד לְפָנָיו וַיֹּאמֶר הִנֵּה־נָא יָדַעְתִּי כִּי
אֵין אֱלֹהִים בְּכָל־הָאָרֶץ כִּי אִם־בְּיִשְׂרָאֵל וְעַתָּה קַח־נָא
טז בְרָכָה מֵאֵת עַבְדֶּךָ׃ וַיֹּאמֶר חַי־יְהוָה אֲשֶׁר־עָמַדְתִּי לְפָנָיו אִם־
יז אֶקָּח וַיִּפְצַר־בּוֹ לָקַחַת וַיְמָאֵן׃ וַיֹּאמֶר נַעֲמָן וָלֹא יֻתַּן־נָא
לְעַבְדְּךָ מַשָּׂא צֶמֶד־פְּרָדִים אֲדָמָה כִּי לוֹא־יַעֲשֶׂה עוֹד עַבְדְּךָ
יח עֹלָה וָזֶבַח לֵאלֹהִים אֲחֵרִים כִּי אִם־לַיהוָה׃ לַדָּבָר הַזֶּה יִסְלַח
יְהוָה לְעַבְדֶּךָ בְּבוֹא אֲדֹנִי בֵית־רִמּוֹן לְהִשְׁתַּחֲוֺת שָׁמָּה וְהוּא ׀
נִשְׁעָן עַל־יָדִי וְהִשְׁתַּחֲוֵיתִי בֵּית רִמֹּן בְּהִשְׁתַּחֲוָיָתִי בֵּית רִמֹּן
יט יִסְלַח־נָא יְהוָה לְעַבְדְּךָ בַּדָּבָר הַזֶּה׃ וַיֹּאמֶר לוֹ לֵךְ לְשָׁלוֹם
כ וַיֵּלֶךְ מֵאִתּוֹ כִּבְרַת אָרֶץ׃ וַיֹּאמֶר גֵּיחֲזִי נַעַר
אֱלִישָׁע אִישׁ־הָאֱלֹהִים הִנֵּה ׀ חָשַׂךְ אֲדֹנִי אֶת נַעֲמָן הָאֲרַמִּי
הַזֶּה מִקַּחַת מִיָּדוֹ אֵת אֲשֶׁר־הֵבִיא חַי־יְהוָה כִּי־אִם־רַצְתִּי
כא אַחֲרָיו וְלָקַחְתִּי מֵאִתּוֹ מְאוּמָה׃ וַיִּרְדֹּף גֵּיחֲזִי אַחֲרֵי נַעֲמָן
וַיִּרְאֶה נַעֲמָן רָץ אַחֲרָיו וַיִּפֹּל מֵעַל הַמֶּרְכָּבָה לִקְרָאתוֹ וַיֹּאמֶר
כב הֲשָׁלוֹם׃ וַיֹּאמֶר ׀ שָׁלוֹם אֲדֹנִי שְׁלָחַנִי לֵאמֹר הִנֵּה עַתָּה זֶה בָּאוּ
אֵלַי שְׁנֵי־נְעָרִים מֵהַר אֶפְרַיִם מִבְּנֵי הַנְּבִיאִים תְּנָה־נָּא לָהֶם
כג כִּכַּר־כֶּסֶף וּשְׁתֵּי חֲלִפוֹת בְּגָדִים׃ וַיֹּאמֶר נַעֲמָן הוֹאֵל קַח
כִּכָּרָיִם וַיִּפְרָץ־בּוֹ וַיָּצַר כִּכְּרַיִם כֶּסֶף בִּשְׁנֵי חֲרִטִים וּשְׁתֵּי חֲלִפוֹת
כד בְּגָדִים וַיִּתֵּן אֶל־שְׁנֵי נְעָרָיו וַיִּשְׂאוּ לְפָנָיו׃ וַיָּבֹא אֶל־הָעֹפֶל וַיִּקַּח
כה מִיָּדָם וַיִּפְקֹד בַּבָּיִת וַיְשַׁלַּח אֶת־הָאֲנָשִׁים וַיֵּלֵכוּ׃ וְהוּא־בָא
וַיַּעֲמֹד אֶל־אֲדֹנָיו וַיֹּאמֶר אֵלָיו אֱלִישָׁע מֵאַן גֵּחֲזִי וַיֹּאמֶר לֹא־ מֵאַיִן
כו הָלַךְ עַבְדְּךָ אָנֶה וָאָנָה׃ וַיֹּאמֶר אֵלָיו לֹא־לִבִּי הָלַךְ כַּאֲשֶׁר
הָפַךְ־אִישׁ מֵעַל מֶרְכַּבְתּוֹ לִקְרָאתֶךָ הַעֵת לָקַחַת אֶת־הַכֶּסֶף

ולקחת בגדים וזיתים וכרמים וצאן ובקר ועבדים ושפחות:
כז וצרעת נעמן תדבק־בך ובזרעך לעולם ויצא מלפניו מצרע
ו א כשלג: ויאמרו בני־הנביאים אל־אלישע הנה־
ב נא המקום אשר אנחנו ישבים שם לפניך צר ממנו: נלכה־
נא עד־הירדן ונקחה משם איש קורה אחת ונעשה־לנו שם
ג מקום לשבת שם ויאמר לכו: ויאמר האחד הואל נא ולך
ד את־עבדיך ויאמר אני אלך: וילך אתם ויבאו הירדנה
ה ויגזרו העצים: ויהי האחד מפיל הקורה ואת־הברזל נפל
ו אל־המים ויצעק ויאמר אהה אדני והוא שאול: ויאמר
איש־האלהים אנה נפל ויראהו את־המקום ויקצב־עץ
ז וישלך־שמה ויצף הברזל: ויאמר הרם לך וישלח ידו
ח ויקחהו: ומלך ארם היה נלחם בישראל ויועץ
ט אל־עבדיו לאמר אל־מקום פלני אלמני תחנתי: וישלח איש
האלהים אל־מלך ישראל לאמר השמר מעבר המקום הזה
י כי־שם ארם נחתים: וישלח מלך ישראל אל־המקום אשר
אמר־לו איש־האלהים והזהירה ונשמר־שם לא־אחת ולא
יא שתים: ויסער לב מלך־ארם על־הדבר הזה ויקרא אל־
עבדיו ויאמר אליהם הלוא תגידו לי מי משלנו אל־מלך
יב ישראל: ויאמר אחד מעבדיו לוא אדני המלך כי־אלישע
הנביא אשר בישראל יגיד למלך ישראל את־הדברים אשר
יג תדבר בחדר משכבך: ויאמר לכו וראו איכה הוא ואשלח
יד ואקחהו ויגד־לו לאמר הנה בדתן: וישלח שמה סוסים ורכב
טו וחיל כבד ויבאו לילה ויקפו על־העיר: וישכם משרת איש
האלהים לקום ויצא והנה־חיל סובב את־העיר וסוס ורכב
טז ויאמר נערו אליו אהה אדני איכה נעשה: ויאמר אל־תירא
יז כי רבים אשר אתנו מאשר אותם: ויתפלל אלישע ויאמר
יהוה פקח־נא את־עיניו ויראה ויפקח יהוה את־עיני הנער

ו

וַיַּרְא וְהִנֵּה הָהָר מָלֵא סוּסִים וְרֶכֶב אֵשׁ סְבִיבֹת אֱלִישָׁע׃
יח וַיֵּרְדוּ אֵלָיו וַיִּתְפַּלֵּל אֱלִישָׁע אֶל־יהוה וַיֹּאמַר הַךְ־נָא אֶת־
יט הַגּוֹי־הַזֶּה בַּסַּנְוֵרִים וַיַּכֵּם בַּסַּנְוֵרִים כִּדְבַר אֱלִישָׁע׃ וַיֹּאמֶר
אֲלֵהֶם אֱלִישָׁע לֹא־זֶה הַדֶּרֶךְ וְלֹא־זֹה הָעִיר לְכוּ אַחֲרַי
וְאוֹלִיכָה אֶתְכֶם אֶל־הָאִישׁ אֲשֶׁר תְּבַקֵּשׁוּן וַיֵּלֶךְ אוֹתָם
כ שֹׁמְרוֹנָה׃ וַיְהִי כְּבֹאָם שֹׁמְרוֹן וַיֹּאמֶר אֱלִישָׁע יהוה פְּקַח אֶת־
עֵינֵי־אֵלֶּה וְיִרְאוּ וַיִּפְקַח יהוה אֶת־עֵינֵיהֶם וַיִּרְאוּ וְהִנֵּה בְּתוֹךְ
כא שֹׁמְרוֹן׃ וַיֹּאמֶר מֶלֶךְ־יִשְׂרָאֵל אֶל־אֱלִישָׁע כִּרְאֹתוֹ אוֹתָם
כב הַאַכֶּה אַכֶּה אָבִי׃ וַיֹּאמֶר לֹא תַכֶּה הַאֲשֶׁר שָׁבִיתָ בְּחַרְבְּךָ
וּבְקַשְׁתְּךָ אַתָּה מַכֶּה שִׂים לֶחֶם וָמַיִם לִפְנֵיהֶם וְיֹאכְלוּ וְיִשְׁתּוּ
כג וְיֵלְכוּ אֶל־אֲדֹנֵיהֶם׃ וַיִּכְרֶה לָהֶם כֵּרָה גְדוֹלָה וַיֹּאכְלוּ וַיִּשְׁתּוּ כב
וַיְשַׁלְּחֵם וַיֵּלְכוּ אֶל־אֲדֹנֵיהֶם וְלֹא־יָסְפוּ עוֹד גְּדוּדֵי אֲרָם לָבוֹא
כד בְּאֶרֶץ יִשְׂרָאֵל׃ וַיְהִי אַחֲרֵי־כֵן וַיִּקְבֹּץ בֶּן־הֲדַד
כה מֶלֶךְ־אֲרָם אֶת־כָּל־מַחֲנֵהוּ וַיַּעַל וַיָּצַר עַל־שֹׁמְרוֹן׃ וַיְהִי רָעָב
גָּדוֹל בְּשֹׁמְרוֹן וְהִנֵּה צָרִים עָלֶיהָ עַד הֱיוֹת רֹאשׁ־חֲמוֹר בִּשְׁמֹנִים
כו כֶּסֶף וְרֹבַע הַקַּב חרייונים בַּחֲמִשָּׁה כָסֶף׃ וַיְהִי מֶלֶךְ יִשְׂרָאֵל דִּבְיוֹנִים
עֹבֵר עַל־הַחֹמָה וְאִשָּׁה צָעֲקָה אֵלָיו לֵאמֹר הוֹשִׁיעָה אֲדֹנִי
כז הַמֶּלֶךְ׃ וַיֹּאמֶר אַל־יוֹשִׁעֵךְ יהוה מֵאַיִן אוֹשִׁיעֵךְ הֲמִן־הַגֹּרֶן אוֹ
כח מִן־הַיָּקֶב׃ וַיֹּאמֶר־לָהּ הַמֶּלֶךְ מַה־לָּךְ וַתֹּאמֶר הָאִשָּׁה הַזֹּאת
אָמְרָה אֵלַי תְּנִי אֶת־בְּנֵךְ וְנֹאכְלֶנּוּ הַיּוֹם וְאֶת־בְּנִי נֹאכַל מָחָר׃
כט וַנְּבַשֵּׁל אֶת־בְּנִי וַנֹּאכְלֵהוּ וָאֹמַר אֵלֶיהָ בַּיּוֹם הָאַחֵר תְּנִי אֶת־
ל בְּנֵךְ וְנֹאכְלֶנּוּ וַתַּחְבִּא אֶת־בְּנָהּ׃ וַיְהִי כִשְׁמֹעַ הַמֶּלֶךְ אֶת־דִּבְרֵי
הָאִשָּׁה וַיִּקְרַע אֶת־בְּגָדָיו וְהוּא עֹבֵר עַל־הַחֹמָה וַיַּרְא הָעָם
לא וְהִנֵּה הַשַּׂק עַל־בְּשָׂרוֹ מִבָּיִת׃ וַיֹּאמֶר כֹּה־יַעֲשֶׂה־לִּי אֱלֹהִים
וְכֹה יוֹסִף אִם־יַעֲמֹד רֹאשׁ אֱלִישָׁע בֶּן־שָׁפָט עָלָיו הַיּוֹם׃
לב וֶאֱלִישָׁע יֹשֵׁב בְּבֵיתוֹ וְהַזְּקֵנִים יֹשְׁבִים אִתּוֹ וַיִּשְׁלַח אִישׁ מִלְּפָנָיו
בְּטֶרֶם יָבֹא הַמַּלְאָךְ אֵלָיו וְהוּא ׀ אָמַר אֶל־הַזְּקֵנִים הַרְּאִיתֶם

כִּי־שָׁלַח בֶּן־הַמְרַצֵּחַ הַזֶּה לְהָסִיר אֶת־רֹאשִׁי רְאוּ ׀ כְּבֹא
הַמַּלְאָךְ סִגְרוּ הַדֶּלֶת וּלְחַצְתֶּם אֹתוֹ בַּדֶּלֶת הֲלוֹא קוֹל רַגְלֵי
לג אֲדֹנָיו אַחֲרָיו׃ עוֹדֶנּוּ מְדַבֵּר עִמָּם וְהִנֵּה הַמַּלְאָךְ יֹרֵד אֵלָיו
וַיֹּאמֶר הִנֵּה־זֹאת הָרָעָה מֵאֵת יהוה מָה־אוֹחִיל לַיהוה
ז א עוֹד׃ וַיֹּאמֶר אֱלִישָׁע שִׁמְעוּ דְּבַר־יהוה כֹּה ׀
אָמַר יהוה כָּעֵת ׀ מָחָר סְאָה־סֹלֶת בְּשֶׁקֶל וְסָאתַיִם שְׂעֹרִים
ב בְּשֶׁקֶל בְּשַׁעַר שֹׁמְרוֹן׃ וַיַּעַן הַשָּׁלִישׁ אֲשֶׁר לַמֶּלֶךְ נִשְׁעָן עַל־
יָדוֹ אֶת־אִישׁ הָאֱלֹהִים וַיֹּאמַר הִנֵּה יהוה עֹשֶׂה אֲרֻבּוֹת בַּשָּׁמַיִם
הֲיִהְיֶה הַדָּבָר הַזֶּה וַיֹּאמֶר הִנְּכָה רֹאֶה בְּעֵינֶיךָ וּמִשָּׁם לֹא
ג תֹאכֵל׃ וְאַרְבָּעָה אֲנָשִׁים הָיוּ מְצֹרָעִים פֶּתַח
הַשָּׁעַר וַיֹּאמְרוּ אִישׁ אֶל־רֵעֵהוּ מָה אֲנַחְנוּ יֹשְׁבִים פֹּה עַד־
ד מָתְנוּ׃ אִם־אָמַרְנוּ נָבוֹא הָעִיר וְהָרָעָב בָּעִיר וָמַתְנוּ שָׁם וְאִם־
יָשַׁבְנוּ פֹה וָמָתְנוּ וְעַתָּה לְכוּ וְנִפְּלָה אֶל־מַחֲנֵה אֲרָם אִם־יְחַיֻּנוּ
ה נִחְיֶה וְאִם־יְמִיתֻנוּ וָמָתְנוּ׃ וַיָּקֻמוּ בַנֶּשֶׁף לָבוֹא אֶל־מַחֲנֵה אֲרָם
ו וַיָּבֹאוּ עַד־קְצֵה מַחֲנֵה אֲרָם וְהִנֵּה אֵין־שָׁם אִישׁ׃ וַאדֹנָי
הִשְׁמִיעַ ׀ אֶת־מַחֲנֵה אֲרָם קוֹל רֶכֶב קוֹל סוּס קוֹל חַיִל גָּדוֹל
וַיֹּאמְרוּ אִישׁ אֶל־אָחִיו הִנֵּה שָׂכַר־עָלֵינוּ מֶלֶךְ יִשְׂרָאֵל אֶת־
ז מַלְכֵי הַחִתִּים וְאֶת־מַלְכֵי מִצְרַיִם לָבוֹא עָלֵינוּ׃ וַיָּקוּמוּ וַיָּנוּסוּ
בַנֶּשֶׁף וַיַּעַזְבוּ אֶת־אָהֳלֵיהֶם וְאֶת־סוּסֵיהֶם וְאֶת־חֲמֹרֵיהֶם
ח הַמַּחֲנֶה כַּאֲשֶׁר הִיא וַיָּנֻסוּ אֶל־נַפְשָׁם׃ וַיָּבֹאוּ הַמְצֹרָעִים הָאֵלֶּה
עַד־קְצֵה הַמַּחֲנֶה וַיָּבֹאוּ אֶל־אֹהֶל אֶחָד וַיֹּאכְלוּ וַיִּשְׁתּוּ וַיִּשְׂאוּ
מִשָּׁם כֶּסֶף וְזָהָב וּבְגָדִים וַיֵּלְכוּ וַיַּטְמִנוּ וַיָּשֻׁבוּ וַיָּבֹאוּ אֶל־אֹהֶל
ט אַחֵר וַיִּשְׂאוּ מִשָּׁם וַיֵּלְכוּ וַיַּטְמִנוּ׃ וַיֹּאמְרוּ אִישׁ אֶל־רֵעֵהוּ לֹא־
כֵן ׀ אֲנַחְנוּ עֹשִׂים הַיּוֹם הַזֶּה יוֹם־בְּשֹׂרָה הוּא וַאֲנַחְנוּ מַחְשִׁים
וְחִכִּינוּ עַד־אוֹר הַבֹּקֶר וּמְצָאָנוּ עָווֹן וְעַתָּה לְכוּ וְנָבֹאָה וְנַגִּידָה
י בֵּית הַמֶּלֶךְ׃ וַיָּבֹאוּ וַיִּקְרְאוּ אֶל־שֹׁעֵר הָעִיר וַיַּגִּידוּ לָהֶם לֵאמֹר
בָּאנוּ אֶל־מַחֲנֵה אֲרָם וְהִנֵּה אֵין־שָׁם אִישׁ וְקוֹל אָדָם כִּי אִם־

יא הַסּוּס אָסוּר וְהַחֲמוֹר אָסוּר וְאֹהָלִים כַּאֲשֶׁר הֵמָּה: וַיִּקְרָא
יב הַשֹּׁעֲרִים וַיַּגִּידוּ בֵּית הַמֶּלֶךְ פְּנִימָה: וַיָּקָם הַמֶּלֶךְ לַיְלָה וַיֹּאמֶר
אֶל־עֲבָדָיו אַגִּידָה־נָּא לָכֶם אֵת אֲשֶׁר־עָשׂוּ לָנוּ אֲרָם יָדְעוּ
כִּי־רְעֵבִים אֲנַחְנוּ וַיֵּצְאוּ מִן־הַמַּחֲנֶה לְהֵחָבֵה בהשדה לֵאמֹר בַּשָּׂדֶה
יג כִּי־יֵצְאוּ מִן־הָעִיר וְנִתְפְּשֵׂם חַיִּים וְאֶל־הָעִיר נָבֹא: וַיַּעַן אֶחָד
מֵעֲבָדָיו וַיֹּאמֶר וְיִקְחוּ־נָא חֲמִשָּׁה מִן־הַסּוּסִים הַנִּשְׁאָרִים
אֲשֶׁר נִשְׁאֲרוּ־בָהּ הִנָּם כְּכָל־ההמון יִשְׂרָאֵל אֲשֶׁר נִשְׁאֲרוּ־בָהּ הֶהָמוֹן
יד הִנָּם כְּכָל־הֲמוֹן יִשְׂרָאֵל אֲשֶׁר־תָּמּוּ וְנִשְׁלְחָה וְנִרְאֶה: וַיִּקְחוּ
שְׁנֵי רֶכֶב סוּסִים וַיִּשְׁלַח הַמֶּלֶךְ אַחֲרֵי מַחֲנֵה־אֲרָם לֵאמֹר לְכוּ
טו וּרְאוּ: וַיֵּלְכוּ אַחֲרֵיהֶם עַד־הַיַּרְדֵּן וְהִנֵּה כָל־הַדֶּרֶךְ מְלֵאָה
בְגָדִים וְכֵלִים אֲשֶׁר־הִשְׁלִיכוּ אֲרָם בהחפזם וַיָּשֻׁבוּ הַמַּלְאָכִים בְּחָפְזָם
טז וַיַּגִּדוּ לַמֶּלֶךְ: וַיֵּצֵא הָעָם וַיָּבֹזּוּ אֵת מַחֲנֵה אֲרָם וַיְהִי סְאָה־סֹלֶת כג
יז בְּשֶׁקֶל וְסָאתַיִם שְׂעֹרִים בְּשֶׁקֶל כִּדְבַר יְהוָה: וְהַמֶּלֶךְ הִפְקִיד
אֶת־הַשָּׁלִישׁ אֲשֶׁר־נִשְׁעָן עַל־יָדוֹ עַל־הַשַּׁעַר וַיִּרְמְסֻהוּ הָעָם
בַּשַּׁעַר וַיָּמֹת כַּאֲשֶׁר דִּבֶּר אִישׁ הָאֱלֹהִים אֲשֶׁר דִּבֶּר בְּרֶדֶת
יח הַמֶּלֶךְ אֵלָיו: וַיְהִי כְּדַבֵּר אִישׁ הָאֱלֹהִים אֶל־הַמֶּלֶךְ לֵאמֹר
סָאתַיִם שְׂעֹרִים בְּשֶׁקֶל וּסְאָה־סֹלֶת בְּשֶׁקֶל יִהְיֶה כָּעֵת מָחָר
יט בְּשַׁעַר שֹׁמְרוֹן: וַיַּעַן הַשָּׁלִישׁ אֶת־אִישׁ הָאֱלֹהִים וַיֹּאמַר וְהִנֵּה
יְהוָה עֹשֶׂה אֲרֻבּוֹת בַּשָּׁמַיִם הֲיִהְיֶה כַּדָּבָר הַזֶּה וַיֹּאמֶר הִנְּכָה
כ רֹאֶה בְּעֵינֶיךָ וּמִשָּׁם לֹא תֹאכֵל: וַיְהִי־לוֹ כֵּן וַיִּרְמְסוּ אֹתוֹ הָעָם
ח א בַּשַּׁעַר וַיָּמֹת: וֶאֱלִישָׁע דִּבֶּר אֶל־הָאִשָּׁה אֲשֶׁר־
הֶחֱיָה אֶת־בְּנָהּ לֵאמֹר קוּמִי ולכי אתי וּבֵיתֵךְ וְגוּרִי בַּאֲשֶׁר אַתְּ
תָּגוּרִי כִּי־קָרָא יְהוָה לָרָעָב וְגַם־בָּא אֶל־הָאָרֶץ שֶׁבַע שָׁנִים:
ב וַתָּקָם הָאִשָּׁה וַתַּעַשׂ כִּדְבַר אִישׁ הָאֱלֹהִים וַתֵּלֶךְ הִיא וּבֵיתָהּ
ג וַתָּגָר בְּאֶרֶץ־פְּלִשְׁתִּים שֶׁבַע שָׁנִים: וַיְהִי מִקְצֵה שֶׁבַע שָׁנִים
וַתָּשָׁב הָאִשָּׁה מֵאֶרֶץ פְּלִשְׁתִּים וַתֵּצֵא לִצְעֹק אֶל־הַמֶּלֶךְ אֶל־
ד בֵּיתָהּ וְאֶל־שָׂדָהּ: וְהַמֶּלֶךְ מְדַבֵּר אֶל־גֵּחֲזִי נַעַר אִישׁ־הָאֱלֹהִים

לֵאמֹר סַפְּרָה־נָּא לִי אֵת כָּל־הַגְּדֹלוֹת אֲשֶׁר־עָשָׂה אֱלִישָׁע׃
ה וַיְהִי הוּא מְסַפֵּר לַמֶּלֶךְ אֵת אֲשֶׁר־הֶחֱיָה אֶת־הַמֵּת וְהִנֵּה
הָאִשָּׁה אֲשֶׁר־הֶחֱיָה אֶת־בְּנָהּ צֹעֶקֶת אֶל־הַמֶּלֶךְ עַל־בֵּיתָהּ
וְעַל־שָׂדָהּ וַיֹּאמֶר גֵּחֲזִי אֲדֹנִי הַמֶּלֶךְ זֹאת הָאִשָּׁה וְזֶה־
ו בְּנָהּ אֲשֶׁר־הֶחֱיָה אֱלִישָׁע׃ וַיִּשְׁאַל הַמֶּלֶךְ לָאִשָּׁה וַתְּסַפֶּר־
לוֹ וַיִּתֶּן־לָהּ הַמֶּלֶךְ סָרִיס אֶחָד לֵאמֹר הָשֵׁיב אֶת־כָּל־
אֲשֶׁר־לָהּ וְאֵת כָּל־תְּבוּאֹת הַשָּׂדֶה מִיּוֹם עָזְבָה אֶת־
הָאָרֶץ וְעַד־עָתָּה׃
ז וַיָּבֹא אֱלִישָׁע דַּמֶּשֶׂק וּבֶן־הֲדַד מֶלֶךְ־אֲרָם חֹלֶה וַיֻּגַּד־לוֹ לֵאמֹר
ח בָּא אִישׁ הָאֱלֹהִים עַד־הֵנָּה׃ וַיֹּאמֶר הַמֶּלֶךְ אֶל־חֲזָהאֵל קַח
בְּיָדְךָ מִנְחָה וְלֵךְ לִקְרַאת אִישׁ הָאֱלֹהִים וְדָרַשְׁתָּ אֶת־יְהוָה
ט מֵאוֹתוֹ לֵאמֹר הַאֶחְיֶה מֵחֳלִי זֶה׃ וַיֵּלֶךְ חֲזָאֵל לִקְרָאתוֹ וַיִּקַּח
מִנְחָה בְיָדוֹ וְכָל־טוּב דַּמֶּשֶׂק מַשָּׂא אַרְבָּעִים גָּמָל וַיָּבֹא וַיַּעֲמֹד
לְפָנָיו וַיֹּאמֶר בִּנְךָ בֶן־הֲדַד מֶלֶךְ־אֲרָם שְׁלָחַנִי אֵלֶיךָ לֵאמֹר
י הַאֶחְיֶה מֵחֳלִי זֶה׃ וַיֹּאמֶר אֵלָיו אֱלִישָׁע לֵךְ אֱמָר־לא חָיֹה לו
יא תִחְיֶה וְהִרְאַנִי יְהוָה כִּי־מוֹת יָמוּת׃ וַיַּעֲמֵד אֶת־פָּנָיו וַיָּשֶׂם עַד־
יב בֹּשׁ וַיֵּבְךְּ אִישׁ הָאֱלֹהִים׃ וַיֹּאמֶר חֲזָאֵל מַדּוּעַ אֲדֹנִי בֹכֶה וַיֹּאמֶר
כִּי־יָדַעְתִּי אֵת אֲשֶׁר־תַּעֲשֶׂה לִבְנֵי יִשְׂרָאֵל רָעָה מִבְצְרֵיהֶם
תְּשַׁלַּח בָּאֵשׁ וּבַחֻרֵיהֶם בַּחֶרֶב תַּהֲרֹג וְעֹלְלֵיהֶם תְּרַטֵּשׁ
יג וְהָרֹתֵיהֶם תְּבַקֵּעַ׃ וַיֹּאמֶר חֲזָהאֵל כִּי מָה עַבְדְּךָ הַכֶּלֶב כִּי
יַעֲשֶׂה הַדָּבָר הַגָּדוֹל הַזֶּה וַיֹּאמֶר אֱלִישָׁע הִרְאַנִי יְהוָה אֹתְךָ
יד מֶלֶךְ עַל־אֲרָם׃ וַיֵּלֶךְ ׀ מֵאֵת אֱלִישָׁע וַיָּבֹא אֶל־אֲדֹנָיו וַיֹּאמֶר
טו לוֹ מָה־אָמַר לְךָ אֱלִישָׁע וַיֹּאמֶר אָמַר לִי חָיֹה תִחְיֶה׃ וַיְהִי
מִמָּחֳרָת וַיִּקַּח הַמַּכְבֵּר וַיִּטְבֹּל בַּמַּיִם וַיִּפְרֹשׂ עַל־פָּנָיו וַיָּמֹת
טז וַיִּמְלֹךְ חֲזָהאֵל תַּחְתָּיו׃ וּבִשְׁנַת חָמֵשׁ לְיוֹרָם בֶּן־
אַחְאָב מֶלֶךְ יִשְׂרָאֵל וִיהוֹשָׁפָט מֶלֶךְ יְהוּדָה מָלַךְ יְהוֹרָם בֶּן־
יז יְהוֹשָׁפָט מֶלֶךְ יְהוּדָה׃ בֶּן־שְׁלֹשִׁים וּשְׁתַּיִם שָׁנָה הָיָה בְמָלְכוֹ

יח וּשְׁמֹנֶה שָׁנָה מָלַךְ בִּירוּשָׁלָם: וַיֵּלֶךְ בְּדֶרֶךְ ׀ מַלְכֵי יִשְׂרָאֵל שָׁנִים
כַּאֲשֶׁר עָשׂוּ בֵּית אַחְאָב כִּי בַּת־אַחְאָב הָיְתָה־לּוֹ לְאִשָּׁה וַיַּעַשׂ
יט הָרַע בְּעֵינֵי יְהוָה: וְלֹא־אָבָה יְהוָה לְהַשְׁחִית אֶת־יְהוּדָה לְמַעַן
דָּוִד עַבְדּוֹ כַּאֲשֶׁר אָמַר־לוֹ לָתֵת לוֹ נִיר וּלְבָנָיו כָּל־הַיָּמִים:
כ בְּיָמָיו פָּשַׁע אֱדוֹם מִתַּחַת יַד־יְהוּדָה וַיַּמְלִכוּ עֲלֵיהֶם מֶלֶךְ:
כא וַיַּעֲבֹר יוֹרָם צָעִירָה וְכָל־הָרֶכֶב עִמּוֹ וַיְהִי־הוּא קָם לַיְלָה וַיַּכֶּה
אֶת־אֱדוֹם הַסֹּבֵיב אֵלָיו וְאֵת שָׂרֵי הָרֶכֶב וַיָּנָס הָעָם לְאֹהָלָיו:
כב וַיִּפְשַׁע אֱדוֹם מִתַּחַת יַד־יְהוּדָה עַד הַיּוֹם הַזֶּה אָז תִּפְשַׁע לִבְנָה
כג בָּעֵת הַהִיא: וְיֶתֶר דִּבְרֵי יוֹרָם וְכָל־אֲשֶׁר עָשָׂה הֲלֹא־הֵם
כד כְּתוּבִים עַל־סֵפֶר דִּבְרֵי הַיָּמִים לְמַלְכֵי יְהוּדָה: וַיִּשְׁכַּב יוֹרָם
עִם־אֲבֹתָיו וַיִּקָּבֵר עִם־אֲבֹתָיו בְּעִיר דָּוִד וַיִּמְלֹךְ אֲחַזְיָהוּ בְנוֹ
כה תַּחְתָּיו: בִּשְׁנַת שְׁתֵּים־עֶשְׂרֵה שָׁנָה לְיוֹרָם בֶּן־
כו אַחְאָב מֶלֶךְ יִשְׂרָאֵל מָלַךְ אֲחַזְיָהוּ בֶן־יְהוֹרָם מֶלֶךְ יְהוּדָה: בֶּן־
עֶשְׂרִים וּשְׁתַּיִם שָׁנָה אֲחַזְיָהוּ בְמָלְכוֹ וְשָׁנָה אַחַת מָלַךְ
כז בִּירוּשָׁלָם וְשֵׁם אִמּוֹ עֲתַלְיָהוּ בַּת־עָמְרִי מֶלֶךְ יִשְׂרָאֵל: וַיֵּלֶךְ
בְּדֶרֶךְ בֵּית אַחְאָב וַיַּעַשׂ הָרַע בְּעֵינֵי יְהוָה כְּבֵית אַחְאָב כִּי
כח חֲתַן בֵּית־אַחְאָב הוּא: וַיֵּלֶךְ אֶת־יוֹרָם בֶּן־אַחְאָב לַמִּלְחָמָה
עִם־חֲזָאֵל מֶלֶךְ־אֲרָם בְּרָמֹת גִּלְעָד וַיַּכּוּ אֲרַמִּים אֶת־יוֹרָם:
כט וַיָּשָׁב יוֹרָם הַמֶּלֶךְ לְהִתְרַפֵּא בְיִזְרְעֶאל מִן־הַמַּכִּים אֲשֶׁר יַכֻּהוּ
אֲרַמִּים בָּרָמָה בְּהִלָּחֲמוֹ אֶת־חֲזָהאֵל מֶלֶךְ אֲרָם וַאֲחַזְיָהוּ בֶן־
יְהוֹרָם מֶלֶךְ יְהוּדָה יָרַד לִרְאוֹת אֶת־יוֹרָם בֶּן־אַחְאָב בְּיִזְרְעֶאל
ט א כִּי־חֹלֶה הוּא: וֶאֱלִישָׁע הַנָּבִיא קָרָא לְאַחַד
מִבְּנֵי הַנְּבִיאִים וַיֹּאמֶר לוֹ חֲגֹר מָתְנֶיךָ וְקַח פַּךְ הַשֶּׁמֶן הַזֶּה
ב בְּיָדֶךָ וְלֵךְ רָמֹת גִּלְעָד: וּבָאתָ שָׁמָּה וּרְאֵה־שָׁם יֵהוּא בֶן־
יְהוֹשָׁפָט בֶּן־נִמְשִׁי וּבָאתָ וַהֲקֵמֹתוֹ מִתּוֹךְ אֶחָיו וְהֵבֵיאתָ אֹתוֹ
ג חֶדֶר בְּחָדֶר: וְלָקַחְתָּ פַךְ־הַשֶּׁמֶן וְיָצַקְתָּ עַל־רֹאשׁוֹ וְאָמַרְתָּ
כֹּה־אָמַר יְהוָה מְשַׁחְתִּיךָ לְמֶלֶךְ אֶל־יִשְׂרָאֵל וּפָתַחְתָּ הַדֶּלֶת

ד ונסתה ולא תחכה: וילך הנער הנער הנביא רמת גלעד:
ה ויבא והנה שרי החיל ישבים ויאמר דבר לי אליך השר
ו ויאמר יהוא אל־מי מכלנו ויאמר אליך השר: ויקם ויבא
הביתה ויצק השמן אל־ראשו ויאמר לו כה־אמר יהוה
אלהי ישראל משחתיך למלך אל־עם יהוה אל־ישראל:
ז והכיתה את־בית אחאב אדניך ונקמתי דמי ׀ עבדי הנביאים
ח ודמי כל־עבדי יהוה מיד איזבל: ואבד כל־בית אחאב
ט והכרתי לאחאב משתין בקיר ועצור ועזוב בישראל: ונתתי
את־בית אחאב כבית ירבעם בן־נבט וכבית בעשא בן־
י אחיה: ואת־איזבל יאכלו הכלבים בחלק יזרעאל ואין קבר
יא ויפתח הדלת וינס: ויהוא יצא אל־עבדי אדניו ויאמר לו
השלום מדוע בא־המשגע הזה אליך ויאמר אליהם אתם
יב ידעתם את־האיש ואת־שיחו: ויאמרו שקר הגד־נא לנו
ויאמר כזאת וכזאת אמר אלי לאמר כה אמר יהוה משחתיך
יג למלך אל־ישראל: וימהרו ויקחו איש בגדו וישימו תחתיו כד
אל־גרם המעלות ויתקעו בשופר ויאמרו מלך יהוא:
יד ויתקשר יהוא בן־יהושפט בן־נמשי אל־יורם ויורם היה
שמר ברמת גלעד הוא וכל־ישראל מפני חזאל מלך ארם:
טו וישב יהורם המלך להתרפא ביזרעאל מן־המכים אשר יכהו
ארמים בהלחמו את־חזאל מלך ארם ויאמר יהוא אם־יש
נפשכם אל־יצא פליט מן־העיר ללכת לגיד ביזרעאל: להגיד
טז וירכב יהוא וילך יזרעאלה כי יורם שכב שמה ואחזיה מלך
יז יהודה ירד לראות את־יורם: והצפה עמד על־המגדל
ביזרעאל וירא את־שפעת יהוא בבאו ויאמר שפעת אני
ראה ויאמר יהורם קח רכב ושלח לקראתם ויאמר השלום:
יח וילך רכב הסוס לקראתו ויאמר כה־אמר המלך השלום
ויאמר יהוא מה־לך ולשלום סב אל־אחרי ויגד הצפה לאמר

יט בָּא־הַמַּלְאָךְ עַד־הֵם וְלֹא־שָׁב׃ וַיִּשְׁלַח רֹכֵב סוּס שֵׁנִי וַיָּבֹא
אֲלֵהֶם וַיֹּאמֶר כֹּה־אָמַר הַמֶּלֶךְ שָׁלוֹם וַיֹּאמֶר יֵהוּא מַה־לְּךָ
כ וּלְשָׁלוֹם סֹב אֶל־אַחֲרָי׃ וַיַּגֵּד הַצֹּפֶה לֵאמֹר בָּא עַד־אֲלֵיהֶם
וְלֹא־שָׁב וְהַמִּנְהָג כְּמִנְהַג יֵהוּא בֶן־נִמְשִׁי כִּי בְשִׁגָּעוֹן יִנְהָג׃
כא וַיֹּאמֶר יְהוֹרָם אֱסֹר וַיֶּאְסֹר רִכְבּוֹ וַיֵּצֵא יְהוֹרָם מֶלֶךְ־יִשְׂרָאֵל
וַאֲחַזְיָהוּ מֶלֶךְ־יְהוּדָה אִישׁ בְּרִכְבּוֹ וַיֵּצְאוּ לִקְרַאת יֵהוּא
כב וַיִּמְצָאֻהוּ בְּחֶלְקַת נָבוֹת הַיִּזְרְעֵאלִי׃ וַיְהִי כִּרְאוֹת יְהוֹרָם אֶת־
יֵהוּא וַיֹּאמֶר הֲשָׁלוֹם יֵהוּא וַיֹּאמֶר מָה הַשָּׁלוֹם עַד־זְנוּנֵי אִיזֶבֶל
כג אִמְּךָ וּכְשָׁפֶיהָ הָרַבִּים׃ וַיַּהֲפֹךְ יְהוֹרָם יָדָיו וַיָּנֹס וַיֹּאמֶר אֶל־
כד אֲחַזְיָהוּ מִרְמָה אֲחַזְיָה׃ וְיֵהוּא מִלֵּא יָדוֹ בַקֶּשֶׁת וַיַּךְ אֶת־יְהוֹרָם
כה בֵּין זְרֹעָיו וַיֵּצֵא הַחֵצִי מִלִּבּוֹ וַיִּכְרַע בְּרִכְבּוֹ׃ וַיֹּאמֶר אֶל־בִּדְקַר
שָׁלִשֹׁה שָׂא הַשְׁלִכֵהוּ בְּחֶלְקַת שְׂדֵה נָבוֹת הַיִּזְרְעֵאלִי כִּי־זְכֹר
אֲנִי וָאַתָּה אֵת רֹכְבִים צְמָדִים אַחֲרֵי אַחְאָב אָבִיו וַיהוָה נָשָׂא
כו עָלָיו אֶת־הַמַּשָּׂא הַזֶּה׃ אִם־לֹא אֶת־דְּמֵי נָבוֹת וְאֶת־דְּמֵי בָנָיו
רָאִיתִי אֶמֶשׁ נְאֻם־יְהוָה וְשִׁלַּמְתִּי לְךָ בַּחֶלְקָה הַזֹּאת נְאֻם־
כז יְהוָה וְעַתָּה שָׂא הַשְׁלִכֵהוּ בַּחֶלְקָה כִּדְבַר יְהוָה׃ וַאֲחַזְיָה מֶלֶךְ־
יְהוּדָה רָאָה וַיָּנָס דֶּרֶךְ בֵּית הַגָּן וַיִּרְדֹּף אַחֲרָיו יֵהוּא וַיֹּאמֶר
גַּם־אֹתוֹ הַכֻּהוּ אֶל־הַמֶּרְכָּבָה בְּמַעֲלֵה־גוּר אֲשֶׁר אֶת־יִבְלְעָם
כח וַיָּנָס מְגִדּוֹ וַיָּמָת שָׁם׃ וַיַּרְכִּבוּ אֹתוֹ עֲבָדָיו יְרוּשָׁלָמָה וַיִּקְבְּרוּ
כט אֹתוֹ בִקְבֻרָתוֹ עִם־אֲבֹתָיו בְּעִיר דָּוִד׃ וּבִשְׁנַת
אַחַת עֶשְׂרֵה שָׁנָה לְיוֹרָם בֶּן־אַחְאָב מָלַךְ אֲחַזְיָה עַל־יְהוּדָה׃
ל וַיָּבוֹא יֵהוּא יִזְרְעֶאלָה וְאִיזֶבֶל שָׁמְעָה וַתָּשֶׂם בַּפּוּךְ עֵינֶיהָ
לא וַתֵּיטֶב אֶת־רֹאשָׁהּ וַתַּשְׁקֵף בְּעַד הַחַלּוֹן׃ וְיֵהוּא בָּא בַשַּׁעַר
לב וַתֹּאמֶר הֲשָׁלוֹם זִמְרִי הֹרֵג אֲדֹנָיו׃ וַיִּשָּׂא פָנָיו אֶל־הַחַלּוֹן וַיֹּאמֶר
לג מִי אִתִּי מִי וַיַּשְׁקִיפוּ אֵלָיו שְׁנַיִם שְׁלֹשָׁה סָרִיסִים׃ וַיֹּאמֶר
שמטהו וַיִּשְׁמְטוּהָ וַיִּז מִדָּמָהּ אֶל־הַקִּיר וְאֶל־הַסּוּסִים שִׁמְטֻהָ
לד וַיִּרְמְסֶנָּה׃ וַיָּבֹא וַיֹּאכַל וַיֵּשְׁתְּ וַיֹּאמֶר פִּקְדוּ־נָא אֶת־הָאֲרוּרָה

לה הַזֹּאת וְקִבְרוּהָ כִּי בַת־מֶלֶךְ הִיא: וַיֵּלְכוּ לְקָבְרָהּ וְלֹא־מָצְאוּ
לו בָהּ כִּי אִם־הַגֻּלְגֹּלֶת וְהָרַגְלַיִם וְכַפּוֹת הַיָּדָיִם: וַיָּשֻׁבוּ וַיַּגִּידוּ לוֹ
וַיֹּאמֶר דְּבַר־יְהוָה הוּא אֲשֶׁר דִּבֶּר בְּיַד־עַבְדּוֹ אֵלִיָּהוּ הַתִּשְׁבִּי
לז לֵאמֹר בְּחֵלֶק יִזְרְעֶאל יֹאכְלוּ הַכְּלָבִים אֶת־בְּשַׂר אִיזָבֶל: וְהָיְתָ
נִבְלַת אִיזֶבֶל כְּדֹמֶן עַל־פְּנֵי הַשָּׂדֶה בְּחֵלֶק יִזְרְעֶאל אֲשֶׁר לֹא־
י א יֹאמְרוּ זֹאת אִיזָבֶל: וּלְאַחְאָב שִׁבְעִים בָּנִים
בְּשֹׁמְרוֹן וַיִּכְתֹּב יֵהוּא סְפָרִים וַיִּשְׁלַח שֹׁמְרוֹן אֶל־שָׂרֵי יִזְרְעֶאל
ב הַזְּקֵנִים וְאֶל־הָאֹמְנִים אַחְאָב לֵאמֹר: וְעַתָּה כְּבֹא הַסֵּפֶר הַזֶּה
אֲלֵיכֶם וְאִתְּכֶם בְּנֵי אֲדֹנֵיכֶם וְאִתְּכֶם הָרֶכֶב וְהַסּוּסִים וְעִיר
ג מִבְצָר וְהַנָּשֶׁק: וּרְאִיתֶם הַטּוֹב וְהַיָּשָׁר מִבְּנֵי אֲדֹנֵיכֶם וְשַׂמְתֶּם
ד עַל־כִּסֵּא אָבִיו וְהִלָּחֲמוּ עַל־בֵּית אֲדֹנֵיכֶם: וַיִּרְאוּ מְאֹד מְאֹד
וַיֹּאמְרוּ הִנֵּה שְׁנֵי הַמְּלָכִים לֹא עָמְדוּ לְפָנָיו וְאֵיךְ נַעֲמֹד אֲנָחְנוּ:
ה וַיִּשְׁלַח אֲשֶׁר־עַל־הַבַּיִת וַאֲשֶׁר עַל־הָעִיר וְהַזְּקֵנִים וְהָאֹמְנִים
אֶל־יֵהוּא ׀ לֵאמֹר עֲבָדֶיךָ אֲנַחְנוּ וְכֹל אֲשֶׁר־תֹּאמַר אֵלֵינוּ
ו נַעֲשֶׂה לֹא־נַמְלִיךְ אִישׁ הַטּוֹב בְּעֵינֶיךָ עֲשֵׂה: וַיִּכְתֹּב אֲלֵיהֶם
סֵפֶר ׀ שֵׁנִית לֵאמֹר אִם־לִי אַתֶּם וּלְקֹלִי ׀ אַתֶּם שֹׁמְעִים קְחוּ
אֶת־רָאשֵׁי אַנְשֵׁי בְנֵי־אֲדֹנֵיכֶם וּבֹאוּ אֵלַי כָּעֵת מָחָר יִזְרְעֶאלָה
ז וּבְנֵי הַמֶּלֶךְ שִׁבְעִים אִישׁ אֶת־גְּדֹלֵי הָעִיר מְגַדְּלִים אוֹתָם: וַיְהִי
כְּבֹא הַסֵּפֶר אֲלֵיהֶם וַיִּקְחוּ אֶת־בְּנֵי הַמֶּלֶךְ וַיִּשְׁחֲטוּ שִׁבְעִים
אִישׁ וַיָּשִׂימוּ אֶת־רָאשֵׁיהֶם בַּדּוּדִים וַיִּשְׁלְחוּ אֵלָיו יִזְרְעֶאלָה:
ח וַיָּבֹא הַמַּלְאָךְ וַיַּגֶּד־לוֹ לֵאמֹר הֵבִיאוּ רָאשֵׁי בְנֵי־הַמֶּלֶךְ וַיֹּאמֶר
ט שִׂימוּ אֹתָם שְׁנֵי צִבֻּרִים פֶּתַח הַשַּׁעַר עַד־הַבֹּקֶר: וַיְהִי בַבֹּקֶר
וַיֵּצֵא וַיַּעֲמֹד וַיֹּאמֶר אֶל־כָּל־הָעָם צַדִּקִים אַתֶּם הִנֵּה אֲנִי
י קָשַׁרְתִּי עַל־אֲדֹנִי וָאֶהֶרְגֵהוּ וּמִי הִכָּה אֶת־כָּל־אֵלֶּה: דְּעוּ
אֵפוֹא כִּי לֹא יִפֹּל מִדְּבַר יְהוָה אַרְצָה אֲשֶׁר־דִּבֶּר יְהוָה עַל־
יא בֵּית אַחְאָב וַיהוָה עָשָׂה אֵת אֲשֶׁר דִּבֶּר בְּיַד עַבְדּוֹ אֵלִיָּהוּ: וַיַּךְ
יֵהוּא אֵת כָּל־הַנִּשְׁאָרִים לְבֵית־אַחְאָב בְּיִזְרְעֶאל וְכָל־גְּדֹלָיו

יב וּמְיֻדָּעָיו וְכֹהֲנָיו עַד־בִּלְתִּי הִשְׁאִיר־לוֹ שָׂרִיד: וַיָּקָם וַיָּבֹא וַיֵּלֶךְ
יג שֹׁמְרוֹן הוּא בֵּית־עֵקֶד הָרֹעִים בַּדָּרֶךְ: וְיֵהוּא מָצָא אֶת־אֲחֵי
אֲחַזְיָהוּ מֶלֶךְ־יְהוּדָה וַיֹּאמֶר מִי אַתֶּם וַיֹּאמְרוּ אֲחֵי אֲחַזְיָהוּ
יד אֲנַחְנוּ וַנֵּרֶד לִשְׁלוֹם בְּנֵי־הַמֶּלֶךְ וּבְנֵי הַגְּבִירָה: וַיֹּאמֶר תִּפְשׂוּם
חַיִּים וַיִּתְפְּשׂוּם חַיִּים וַיִּשְׁחָטוּם אֶל־בּוֹר בֵּית־עֵקֶד אַרְבָּעִים
טו וּשְׁנַיִם אִישׁ וְלֹא־הִשְׁאִיר אִישׁ מֵהֶם: וַיֵּלֶךְ כה
מִשָּׁם וַיִּמְצָא אֶת־יְהוֹנָדָב בֶּן־רֵכָב לִקְרָאתוֹ וַיְבָרְכֵהוּ וַיֹּאמֶר
אֵלָיו הֲיֵשׁ אֶת־לְבָבְךָ יָשָׁר כַּאֲשֶׁר לְבָבִי עִם־לְבָבֶךָ וַיֹּאמֶר
יְהוֹנָדָב יֵשׁ וָיֵשׁ תְּנָה אֶת־יָדֶךָ וַיִּתֵּן יָדוֹ וַיַּעֲלֵהוּ אֵלָיו
טז אֶל־הַמֶּרְכָּבָה: וַיֹּאמֶר לְכָה אִתִּי וּרְאֵה בְּקִנְאָתִי לַיהוָה
יז וַיַּרְכִּבוּ אֹתוֹ בְּרִכְבּוֹ: וַיָּבֹא שֹׁמְרוֹן וַיַּךְ אֶת־כָּל־הַנִּשְׁאָרִים
לְאַחְאָב בְּשֹׁמְרוֹן עַד־הִשְׁמִדוֹ כִּדְבַר יְהוָה אֲשֶׁר דִּבֶּר אֶל־
יח אֵלִיָּהוּ: וַיִּקְבֹּץ יֵהוּא אֶת־כָּל־הָעָם וַיֹּאמֶר
אֲלֵהֶם אַחְאָב עָבַד אֶת־הַבַּעַל מְעָט יֵהוּא יַעַבְדֶנּוּ הַרְבֵּה:
יט וְעַתָּה כָל־נְבִיאֵי הַבַּעַל כָּל־עֹבְדָיו וְכָל־כֹּהֲנָיו קִרְאוּ אֵלַי אִישׁ
אַל־יִפָּקֵד כִּי זֶבַח גָּדוֹל לִי לַבַּעַל כֹּל אֲשֶׁר־יִפָּקֵד לֹא יִחְיֶה וְיֵהוּא
כ עָשָׂה בְעָקְבָּה לְמַעַן הַאֲבִיד אֶת־עֹבְדֵי הַבָּעַל: וַיֹּאמֶר יֵהוּא
כא קַדְּשׁוּ עֲצָרָה לַבַּעַל וַיִּקְרָאוּ: וַיִּשְׁלַח יֵהוּא בְּכָל־יִשְׂרָאֵל וַיָּבֹאוּ
כָּל־עֹבְדֵי הַבַּעַל וְלֹא־נִשְׁאַר אִישׁ אֲשֶׁר לֹא־בָא וַיָּבֹאוּ בֵּית
כב הַבַּעַל וַיִּמָּלֵא בֵית־הַבַּעַל פֶּה לָפֶה: וַיֹּאמֶר לַאֲשֶׁר עַל־
הַמֶּלְתָּחָה הוֹצֵא לְבוּשׁ לְכֹל עֹבְדֵי הַבָּעַל וַיֹּצֵא לָהֶם הַמַּלְבּוּשׁ:
כג וַיָּבֹא יֵהוּא וִיהוֹנָדָב בֶּן־רֵכָב בֵּית הַבָּעַל וַיֹּאמֶר לְעֹבְדֵי הַבַּעַל
חַפְּשׂוּ וּרְאוּ פֶּן־יֶשׁ־פֹּה עִמָּכֶם מֵעַבְדֵי יְהוָה כִּי אִם־עֹבְדֵי
כד הַבַּעַל לְבַדָּם: וַיָּבֹאוּ לַעֲשׂוֹת זְבָחִים וְעֹלוֹת וְיֵהוּא שָׂם־לוֹ בַחוּץ
שְׁמֹנִים אִישׁ וַיֹּאמֶר הָאִישׁ אֲשֶׁר־יִמָּלֵט מִן־הָאֲנָשִׁים אֲשֶׁר אֲנִי
כה מֵבִיא עַל־יְדֵיכֶם נַפְשׁוֹ תַּחַת נַפְשׁוֹ: וַיְהִי כְּכַלֹּתוֹ ׀ לַעֲשׂוֹת
הָעֹלָה וַיֹּאמֶר יֵהוּא לָרָצִים וְלַשָּׁלִשִׁים בֹּאוּ הַכּוּם אִישׁ אַל־יֵצֵא

וַיַּכּוּם לְפִי־חָרֶב וַיַּשְׁלִכוּ הָרָצִים וְהַשָּׁלִשִׁים וַיֵּלְכוּ עַד־עִיר
בֵּית־הַבָּעַל׃ וַיֹּצִאוּ אֶת־מַצְּבוֹת בֵּית־הַבַּעַל וַיִּשְׂרְפוּהָ׃ כו
וַיִּתְּצוּ אֵת מַצְּבַת הַבָּעַל וַיִּתְּצוּ אֶת־בֵּית הַבַּעַל וַיְשִׂמֻהוּ כז
למחראות עַד־הַיּוֹם׃ וַיַּשְׁמֵד יֵהוּא אֶת־הַבַּעַל מִיִּשְׂרָאֵל׃ רַק כח כט למוֹצָאוֹת
חֲטָאֵי יָרָבְעָם בֶּן־נְבָט אֲשֶׁר הֶחֱטִיא אֶת־יִשְׂרָאֵל לֹא־
סָר יֵהוּא מֵאַחֲרֵיהֶם עֶגְלֵי הַזָּהָב אֲשֶׁר בֵּית־אֵל וַאֲשֶׁר
בְּדָן׃ וַיֹּאמֶר יְהוָה אֶל־יֵהוּא יַעַן אֲשֶׁר־הֱטִיבֹתָ ל
לַעֲשׂוֹת הַיָּשָׁר בְּעֵינַי כְּכֹל אֲשֶׁר בִּלְבָבִי עָשִׂיתָ לְבֵית אַחְאָב
בְּנֵי רְבִעִים יֵשְׁבוּ לְךָ עַל־כִּסֵּא יִשְׂרָאֵל׃ וְיֵהוּא לֹא שָׁמַר לָלֶכֶת לא
בְּתוֹרַת־יְהוָה אֱלֹהֵי־יִשְׂרָאֵל בְּכָל־לְבָבוֹ לֹא סָר מֵעַל חַטֹּאות
יָרָבְעָם אֲשֶׁר הֶחֱטִיא אֶת־יִשְׂרָאֵל׃ בַּיָּמִים הָהֵם הֵחֵל יְהוָה לב
לְקַצּוֹת בְּיִשְׂרָאֵל וַיַּכֵּם חֲזָאֵל בְּכָל־גְּבוּל יִשְׂרָאֵל׃ מִן־הַיַּרְדֵּן לג
מִזְרַח הַשֶּׁמֶשׁ אֵת כָּל־אֶרֶץ הַגִּלְעָד הַגָּדִי וְהָראוּבֵנִי וְהַמְנַשִּׁי
מֵעֲרֹעֵר אֲשֶׁר עַל־נַחַל אַרְנֹן וְהַגִּלְעָד וְהַבָּשָׁן׃ וְיֶתֶר דִּבְרֵי לד
יֵהוּא וְכָל־אֲשֶׁר עָשָׂה וְכָל־גְּבוּרָתוֹ הֲלוֹא־הֵם כְּתוּבִים
עַל־סֵפֶר דִּבְרֵי הַיָּמִים לְמַלְכֵי יִשְׂרָאֵל׃ וַיִּשְׁכַּב יֵהוּא עִם־ לה
אֲבֹתָיו וַיִּקְבְּרוּ אֹתוֹ בְּשֹׁמְרוֹן וַיִּמְלֹךְ יְהוֹאָחָז בְּנוֹ תַּחְתָּיו׃
וְהַיָּמִים אֲשֶׁר מָלַךְ יֵהוּא עַל־יִשְׂרָאֵל עֶשְׂרִים־וּשְׁמֹנֶה שָׁנָה לו
בְּשֹׁמְרוֹן׃ וַעֲתַלְיָה אֵם אֲחַזְיָהוּ וראתה כִּי מֵת א יא רָאֲתָה
בְּנָהּ וַתָּקָם וַתְּאַבֵּד אֵת כָּל־זֶרַע הַמַּמְלָכָה׃ וַתִּקַּח יְהוֹשֶׁבַע ב
בַּת־הַמֶּלֶךְ־יוֹרָם אֲחוֹת אֲחַזְיָהוּ אֶת־יוֹאָשׁ בֶּן־אֲחַזְיָה וַתִּגְנֹב
אֹתוֹ מִתּוֹךְ בְּנֵי־הַמֶּלֶךְ הממותתים אֹתוֹ וְאֶת־מֵינִקְתּוֹ בַּחֲדַר הַמּוּמָתִים
הַמִּטּוֹת וַיַּסְתִּרוּ אֹתוֹ מִפְּנֵי עֲתַלְיָהוּ וְלֹא הוּמָת׃ וַיְהִי ג
אִתָּהּ בֵּית יְהוָה מִתְחַבֵּא שֵׁשׁ שָׁנִים וַעֲתַלְיָה מֹלֶכֶת עַל־
הָאָרֶץ׃ וּבַשָּׁנָה הַשְּׁבִיעִית שָׁלַח יְהוֹיָדָע וַיִּקַּח ד
אֶת־שָׂרֵי המאיות לַכָּרִי וְלָרָצִים וַיָּבֵא אֹתָם אֵלָיו בֵּית יְהוָה הַמֵּאוֹת
וַיִּכְרֹת לָהֶם בְּרִית וַיַּשְׁבַּע אֹתָם בְּבֵית יְהוָה וַיַּרְא אֹתָם אֶת־

ה בֶּן־הַמֶּלֶךְ: וַיְצַוֵּם לֵאמֹר זֶה הַדָּבָר אֲשֶׁר תַּעֲשׂוּן הַשְּׁלִשִׁית
ו מִכֶּם בָּאֵי הַשַּׁבָּת וְשֹׁמְרֵי מִשְׁמֶרֶת בֵּית הַמֶּלֶךְ: וְהַשְּׁלִשִׁית
בְּשַׁעַר סוּר וְהַשְּׁלִשִׁית בַּשַּׁעַר אַחַר הָרָצִים וּשְׁמַרְתֶּם אֶת־
ז מִשְׁמֶרֶת הַבַּיִת מַסָּח: וּשְׁתֵּי הַיָּדוֹת בָּכֶם כֹּל יֹצְאֵי הַשַּׁבָּת
ח וְשָׁמְרוּ אֶת־מִשְׁמֶרֶת בֵּית־יְהוָה אֶל־הַמֶּלֶךְ: וְהִקַּפְתֶּם עַל־
הַמֶּלֶךְ סָבִיב אִישׁ וְכֵלָיו בְּיָדוֹ וְהַבָּא אֶל־הַשְּׂדֵרוֹת יוּמָת וִהְיוּ
ט אֶת־הַמֶּלֶךְ בְּצֵאתוֹ וּבְבֹאוֹ: וַיַּעֲשׂוּ שָׂרֵי המאיות כְּכֹל אֲשֶׁר־ הַמֵּאוֹת
צִוָּה יְהוֹיָדָע הַכֹּהֵן וַיִּקְחוּ אִישׁ אֶת־אֲנָשָׁיו בָּאֵי הַשַּׁבָּת עִם
י יֹצְאֵי הַשַּׁבָּת וַיָּבֹאוּ אֶל־יְהוֹיָדָע הַכֹּהֵן: וַיִּתֵּן הַכֹּהֵן לְשָׂרֵי
המאיות אֶת־הַחֲנִית וְאֶת־הַשְּׁלָטִים אֲשֶׁר לַמֶּלֶךְ דָּוִד אֲשֶׁר הַמֵּאוֹת
יא בְּבֵית יְהוָה: וַיַּעַמְדוּ הָרָצִים אִישׁ ׀ וְכֵלָיו בְּיָדוֹ מִכֶּתֶף הַבַּיִת
הַיְמָנִית עַד־כֶּתֶף הַבַּיִת הַשְּׂמָאלִית לַמִּזְבֵּחַ וְלַבָּיִת עַל־
יב הַמֶּלֶךְ סָבִיב: וַיּוֹצִא אֶת־בֶּן־הַמֶּלֶךְ וַיִּתֵּן עָלָיו אֶת־הַנֵּזֶר
וְאֶת־הָעֵדוּת וַיַּמְלִכוּ אֹתוֹ וַיִּמְשָׁחֻהוּ וַיַּכּוּ־כָף וַיֹּאמְרוּ יְחִי
יג הַמֶּלֶךְ: וַתִּשְׁמַע עֲתַלְיָה אֶת־קוֹל הָרָצִין הָעָם
יד וַתָּבֹא אֶל־הָעָם בֵּית יְהוָה: וַתֵּרֶא וְהִנֵּה הַמֶּלֶךְ עֹמֵד עַל־
הָעַמּוּד כַּמִּשְׁפָּט וְהַשָּׂרִים וְהַחֲצֹצְרוֹת אֶל־הַמֶּלֶךְ וְכָל־עַם
הָאָרֶץ שָׂמֵחַ וְתֹקֵעַ בַּחֲצֹצְרוֹת וַתִּקְרַע עֲתַלְיָה אֶת־בְּגָדֶיהָ
טו וַתִּקְרָא קֶשֶׁר קָשֶׁר: וַיְצַו יְהוֹיָדָע הַכֹּהֵן אֶת־שָׂרֵי המאיות ׀ הַמֵּאוֹת ׀
פְּקֻדֵי הַחַיִל וַיֹּאמֶר אֲלֵיהֶם הוֹצִיאוּ אֹתָהּ אֶל־מִבֵּית לַשְּׂדֵרֹת
וְהַבָּא אַחֲרֶיהָ הָמֵת בֶּחָרֶב כִּי אָמַר הַכֹּהֵן אַל־תּוּמַת בֵּית
טז יְהוָה: וַיָּשִׂמוּ לָהּ יָדַיִם וַתָּבוֹא דֶּרֶךְ־מְבוֹא הַסּוּסִים בֵּית הַמֶּלֶךְ
יז וַתּוּמַת שָׁם: וַיִּכְרֹת יְהוֹיָדָע אֶת־הַבְּרִית בֵּין
יְהוָה וּבֵין הַמֶּלֶךְ וּבֵין הָעָם לִהְיוֹת לְעָם לַיהוָה וּבֵין הַמֶּלֶךְ וּבֵין
יח הָעָם: וַיָּבֹאוּ כָל־עַם הָאָרֶץ בֵּית־הַבַּעַל וַיִּתְּצֻהוּ אֶת־מִזְבְּחֹתָו
וְאֶת־צְלָמָיו שִׁבְּרוּ הֵיטֵב וְאֵת מַתָּן כֹּהֵן הַבַּעַל הָרְגוּ לִפְנֵי
יט הַמִּזְבְּחוֹת וַיָּשֶׂם הַכֹּהֵן פְּקֻדֹּת עַל־בֵּית יְהוָה: וַיִּקַּח אֶת־שָׂרֵי

הַמֵּאוֹת וְאֶת־הַכָּרִי וְאֶת־הָרָצִים וְאֵת ׀ כָּל־עַם הָאָרֶץ
וַיֹּרִידוּ אֶת־הַמֶּלֶךְ מִבֵּית יְהוָה וַיָּבוֹאוּ דֶּרֶךְ־שַׁעַר הָרָצִים
בֵּית הַמֶּלֶךְ וַיֵּשֶׁב עַל־כִּסֵּא הַמְּלָכִים׃ וַיִּשְׂמַח כָּל־עַם־ כ
הָאָרֶץ וְהָעִיר שָׁקָטָה וְאֶת־עֲתַלְיָהוּ הֵמִיתוּ בַחֶרֶב בֵּית
הַמֶּלֶךְ מלך׃ בֶּן־שֶׁבַע שָׁנִים יְהוֹאָשׁ בְּמָלְכוֹ׃ בִּשְׁנַת־ יב א ב
שֶׁבַע לְיֵהוּא מָלַךְ יְהוֹאָשׁ וְאַרְבָּעִים שָׁנָה מָלַךְ בִּירוּשָׁלִָם וְשֵׁם
כו אִמּוֹ צִבְיָה מִבְּאֵר שָׁבַע׃ וַיַּעַשׂ יְהוֹאָשׁ הַיָּשָׁר בְּעֵינֵי יְהוָה כָּל־ ג
יָמָיו אֲשֶׁר הוֹרָהוּ יְהוֹיָדָע הַכֹּהֵן׃ רַק הַבָּמוֹת לֹא־סָרוּ עוֹד הָעָם ד
מְזַבְּחִים וּמְקַטְּרִים בַּבָּמוֹת׃ וַיֹּאמֶר יְהוֹאָשׁ אֶל־הַכֹּהֲנִים כֹּל ה
כֶּסֶף הַקֳּדָשִׁים אֲשֶׁר יוּבָא בֵית־יְהוָה כֶּסֶף עוֹבֵר אִישׁ כֶּסֶף
נַפְשׁוֹת עֶרְכּוֹ כָּל־כֶּסֶף אֲשֶׁר יַעֲלֶה עַל לֶב־אִישׁ לְהָבִיא בֵּית
יְהוָה׃ יִקְחוּ לָהֶם הַכֹּהֲנִים אִישׁ מֵאֵת מַכָּרוֹ וְהֵם יְחַזְּקוּ אֶת־ ו
בֶּדֶק הַבַּיִת לְכֹל אֲשֶׁר־יִמָּצֵא שָׁם בָּדֶק׃ וַיְהִי ז
בִּשְׁנַת עֶשְׂרִים וְשָׁלֹשׁ שָׁנָה לַמֶּלֶךְ יְהוֹאָשׁ לֹא־חִזְּקוּ הַכֹּהֲנִים
אֶת־בֶּדֶק הַבָּיִת׃ וַיִּקְרָא הַמֶּלֶךְ יְהוֹאָשׁ לִיהוֹיָדָע הַכֹּהֵן ח
וְלַכֹּהֲנִים וַיֹּאמֶר אֲלֵהֶם מַדּוּעַ אֵינְכֶם מְחַזְּקִים אֶת־בֶּדֶק הַבָּיִת
וְעַתָּה אַל־תִּקְחוּ־כֶסֶף מֵאֵת מַכָּרֵיכֶם כִּי־לְבֶדֶק הַבַּיִת
תִּתְּנֻהוּ׃ וַיֵּאֹתוּ הַכֹּהֲנִים לְבִלְתִּי קְחַת־כֶּסֶף מֵאֵת הָעָם וּלְבִלְתִּי ט
חַזֵּק אֶת־בֶּדֶק הַבָּיִת׃ וַיִּקַּח יְהוֹיָדָע הַכֹּהֵן אֲרוֹן אֶחָד וַיִּקֹּב י
מִיָּמִין חֹר בְּדַלְתּוֹ וַיִּתֵּן אֹתוֹ אֵצֶל הַמִּזְבֵּחַ בימין בְּבוֹא־אִישׁ בֵּית
יְהוָה וְנָתְנוּ־שָׁמָּה הַכֹּהֲנִים שֹׁמְרֵי הַסַּף אֶת־כָּל־הַכֶּסֶף הַמּוּבָא
בֵּית־יְהוָה׃ וַיְהִי כִּרְאוֹתָם כִּי־רַב הַכֶּסֶף בָּאָרוֹן וַיַּעַל סֹפֵר יא
הַמֶּלֶךְ וְהַכֹּהֵן הַגָּדוֹל וַיָּצֻרוּ וַיִּמְנוּ אֶת־הַכֶּסֶף הַנִּמְצָא בֵית־
יְהוָה׃ וְנָתְנוּ אֶת־הַכֶּסֶף הַמְתֻכָּן עַל־יַד עֹשֵׂי הַמְּלָאכָה יב
הַמֻּפְקָדִים הפקדים בֵּית יְהוָה וַיּוֹצִיאֻהוּ לְחָרָשֵׁי הָעֵץ וְלַבֹּנִים הָעֹשִׂים
בֵּית יְהוָה׃ וְלַגֹּדְרִים וּלְחֹצְבֵי הָאֶבֶן וְלִקְנוֹת עֵצִים וְאַבְנֵי מַחְצֵב יג
לְחַזֵּק אֶת־בֶּדֶק בֵּית־יְהוָה וּלְכֹל אֲשֶׁר־יֵצֵא עַל־הַבַּיִת

יד לַחֲזָקָה׃ אַךְ לֹא יֵעָשֶׂה בֵּית יְהוָה סִפּוֹת כֶּסֶף מְזַמְּרוֹת מִזְרָקוֹת
חֲצֹצְרוֹת כָּל־כְּלִי זָהָב וּכְלִי־כָסֶף מִן־הַכֶּסֶף הַמּוּבָא בֵית־
טו יְהוָה׃ כִּי־לְעֹשֵׂי הַמְּלָאכָה יִתְּנֻהוּ וְחִזְּקוּ־בוֹ אֶת־בֵּית יְהוָה׃
טז וְלֹא יְחַשְּׁבוּ אֶת־הָאֲנָשִׁים אֲשֶׁר יִתְּנוּ אֶת־הַכֶּסֶף עַל־יָדָם
יז לָתֵת לְעֹשֵׂי הַמְּלָאכָה כִּי בֶאֱמֻנָה הֵם עֹשִׂים׃ כֶּסֶף אָשָׁם וְכֶסֶף
יח חַטָּאוֹת לֹא יוּבָא בֵּית יְהוָה לַכֹּהֲנִים יִהְיוּ׃ אָז
יַעֲלֶה חֲזָאֵל מֶלֶךְ אֲרָם וַיִּלָּחֶם עַל־גַּת וַיִּלְכְּדָהּ וַיָּשֶׂם חֲזָאֵל
יט פָּנָיו לַעֲלוֹת עַל־יְרוּשָׁלִָם׃ וַיִּקַּח יְהוֹאָשׁ מֶלֶךְ־יְהוּדָה אֵת כָּל־
הַקֳּדָשִׁים אֲשֶׁר־הִקְדִּישׁוּ יְהוֹשָׁפָט וִיהוֹרָם וַאֲחַזְיָהוּ אֲבֹתָיו
מַלְכֵי יְהוּדָה וְאֶת־קֳדָשָׁיו וְאֵת כָּל־הַזָּהָב הַנִּמְצָא בְּאֹצְרוֹת
בֵּית־יְהוָה וּבֵית הַמֶּלֶךְ וַיִּשְׁלַח לַחֲזָאֵל מֶלֶךְ אֲרָם וַיַּעַל מֵעַל
כ יְרוּשָׁלִָם׃ וְיֶתֶר דִּבְרֵי יוֹאָשׁ וְכָל־אֲשֶׁר עָשָׂה הֲלוֹא־הֵם כְּתוּבִים
כא עַל־סֵפֶר דִּבְרֵי הַיָּמִים לְמַלְכֵי יְהוּדָה׃ וַיָּקֻמוּ עֲבָדָיו וַיִּקְשְׁרוּ־
כב קָשֶׁר וַיַּכּוּ אֶת־יוֹאָשׁ בֵּית מִלֹּא הַיֹּרֵד סִלָּא׃ וְיוֹזָכָר בֶּן־שִׁמְעָת
וִיהוֹזָבָד בֶּן־שֹׁמֵר ׀ עֲבָדָיו הִכֻּהוּ וַיָּמֹת וַיִּקְבְּרוּ אֹתוֹ עִם־אֲבֹתָיו
יג א בְּעִיר דָּוִד וַיִּמְלֹךְ אֲמַצְיָה בְנוֹ תַּחְתָּיו׃ בִּשְׁנַת
עֶשְׂרִים וְשָׁלֹשׁ שָׁנָה לְיוֹאָשׁ בֶּן־אֲחַזְיָהוּ מֶלֶךְ יְהוּדָה מָלַךְ
יְהוֹאָחָז בֶּן־יֵהוּא עַל־יִשְׂרָאֵל בְּשֹׁמְרוֹן שְׁבַע עֶשְׂרֵה שָׁנָה׃
ב וַיַּעַשׂ הָרַע בְּעֵינֵי יְהוָה וַיֵּלֶךְ אַחַר חַטֹּאת יָרָבְעָם בֶּן־נְבָט
ג אֲשֶׁר־הֶחֱטִיא אֶת־יִשְׂרָאֵל לֹא־סָר מִמֶּנָּה׃ וַיִּחַר־אַף יְהוָה
בְּיִשְׂרָאֵל וַיִּתְּנֵם בְּיַד ׀ חֲזָאֵל מֶלֶךְ־אֲרָם וּבְיַד בֶּן־הֲדַד בֶּן־
ד חֲזָאֵל כָּל־הַיָּמִים׃ וַיְחַל יְהוֹאָחָז אֶת־פְּנֵי יְהוָה וַיִּשְׁמַע אֵלָיו
יְהוָה כִּי רָאָה אֶת־לַחַץ יִשְׂרָאֵל כִּי־לָחַץ אֹתָם מֶלֶךְ אֲרָם׃
ה וַיִּתֵּן יְהוָה לְיִשְׂרָאֵל מוֹשִׁיעַ וַיֵּצְאוּ מִתַּחַת יַד־אֲרָם וַיֵּשְׁבוּ בְנֵי־
ו יִשְׂרָאֵל בְּאָהֳלֵיהֶם כִּתְמוֹל שִׁלְשׁוֹם׃ אַךְ לֹא־סָרוּ מֵחַטֹּאת
בֵּית־יָרָבְעָם אֲשֶׁר־הֶחֱטִי אֶת־יִשְׂרָאֵל בָּהּ הָלָךְ וְגַם הָאֲשֵׁרָה
ז עָמְדָה בְּשֹׁמְרוֹן׃ כִּי לֹא הִשְׁאִיר לִיהוֹאָחָז עָם כִּי אִם־חֲמִשִּׁים

פרשים ועשרה רכב ועשרת אלפים רגלי כי אבדם מלך
ח ארם וישמם כעפר לדש: ויתר דברי יהואחז וכל־אשר עשה
וגבורתו הלוא־הם כתובים על־ספר דברי הימים למלכי
ט ישראל: וישכב יהואחז עם־אבתיו ויקברהו בשמרון וימלך
יואש בנו תחתיו:
י בשנת שלשים ושבע שנה ליואש מלך יהודה מלך יהואש
יא בן־יהואחז על־ישראל בשמרון שש עשרה שנה: ויעשה
הרע בעיני יהוה לא סר מכל־חטאות ירבעם בן־נבט אשר־
יב החטיא את־ישראל בה הלך: ויתר דברי יואש וכל־אשר
עשה וגבורתו אשר נלחם עם אמציה מלך־יהודה הלא־הם
יג כתובים על־ספר דברי הימים למלכי ישראל: וישכב יואש
עם־אבתיו וירבעם ישב על־כסאו ויקבר יואש בשמרון עם
יד מלכי ישראל: ואלישע חלה את־חליו אשר
ימות בו וירד אליו יואש מלך־ישראל ויבך על־פניו ויאמר
טו אבי | אבי רכב ישראל ופרשיו: ויאמר לו אלישע קח קשת
טז וחצים ויקח אליו קשת וחצים: ויאמר | למלך ישראל הרכב
ידך על־הקשת וירכב ידו וישם אלישע ידיו על־ידי המלך:
יז ויאמר פתח החלון קדמה ויפתח ויאמר אלישע ירה ויור
ויאמר חץ־תשועה ליהוה וחץ־תשועה בארם והכית את־
יח ארם באפק עד־כלה: ויאמר קח החצים ויקח ויאמר למלך־
יט ישראל הך ארצה ויך שלש־פעמים ויעמד: ויקצף עליו
איש האלהים ויאמר להכות חמש או־שש פעמים אז
הכית את־ארם עד־כלה ועתה שלש פעמים תכה את־
כ ארם: וימת אלישע ויקברהו וגדודי מואב
כא יבאו בארץ בא שנה: ויהי הם | קברים איש והנה ראו את־
הגדוד וישליכו את־האיש בקבר אלישע וילך ויגע האיש
כב בעצמות אלישע ויחי ויקם על־רגליו: וחזאל מלך ארם לחץ

כג את־ישראל כל ימי יהואחז: ויחן יהוה אתם וירחמם ויפן כז
אליהם למען בריתו את־אברהם יצחק ויעקב ולא אבה
כד השחיתם ולא־השליכם מעל־פניו עד־עתה: וימת חזאל
כה מלך־ארם וימלך בן־הדד בנו תחתיו: וישב יהואש בן־
יהואחז ויקח את־הערים מיד בן־הדד בן־חזאל אשר לקח
מיד יהואחז אביו במלחמה שלש פעמים הכהו יואש וישב
יד א את־ערי ישראל: בשנת שתים ליואש בן־
ב יואחז מלך ישראל מלך אמציהו בן־יואש מלך יהודה: בן־
עשרים וחמש שנה היה במלכו ועשרים ותשע שנה מלך
ג בירושלם ושם אמו יהועדין מן־ירושלם: ויעש הישר בעיני יהועדן
יהוה רק לא כדוד אביו ככל אשר־עשה יואש אביו עשה:
ד רק הבמות לא־סרו עוד העם מזבחים ומקטרים בבמות:
ה ויהי כאשר חזקה הממלכה בידו ויך את־עבדיו המכים את־
ו המלך אביו: ואת־בני המכים לא המית ככתוב בספר תורת־
משה אשר־צוה יהוה לאמר לא־יומתו אבות על־בנים
ובנים לא־יומתו על־אבות כי אם־איש בחטאו ימות: יומת
ז הוא־הכה את־אדום בגיא־המלח עשרת אלפים ותפש מלח
את־הסלע במלחמה ויקרא את־שמה יקתאל עד היום
ח הזה: אז שלח אמציה מלאכים אל־יהואש
בן־יהואחז בן־יהוא מלך ישראל לאמר לכה נתראה פנים:
ט וישלח יהואש מלך־ישראל אל־אמציהו מלך־יהודה לאמר
החוח אשר בלבנון שלח אל־הארז אשר בלבנון לאמר תנה
את־בתך לבני לאשה ותעבר חית השדה אשר בלבנון
י ותרמס את־החוח: הכה הכית את־אדום ונשאך לבך הכבד
ושב בביתך ולמה תתגרה ברעה ונפלתה אתה ויהודה
יא עמך: ולא־שמע אמציהו ויעל יהואש מלך־ישראל ויתראו
פנים הוא ואמציהו מלך־יהודה בבית שמש אשר ליהודה:

ויגף יהודה לפני ישראל וינסו איש לאהלו: ואת אמציהו יב יג
מלך־יהודה בן־יהואש בן־אחזיהו תפש יהואש מלך־
ישראל בבית שמש ויבאו ירושלם ויפרץ בחומת ירושלם   ויבא
בשער אפרים עד־שער הפנה ארבע מאות אמה: ולקח את־ יד
כל־הזהב והכסף ואת כל־הכלים הנמצאים בית־יהוה
ובאוצרות בית המלך ואת בני התערבות וישב שמרונה:
ויתר דברי יהואש אשר עשה וגבורתו ואשר נלחם עם טו
אמציהו מלך־יהודה הלא־הם כתובים על־ספר דברי הימים
למלכי ישראל: וישכב יהואש עם־אבתיו ויקבר בשמרון עם טז
מלכי ישראל וימלך ירבעם בנו תחתיו: ויחי יז
אמציהו בן־יואש מלך יהודה אחרי מות יהואש בן־יהואחז
מלך ישראל חמש עשרה שנה: ויתר דברי אמציהו הלא־הם יח
כתבים על־ספר דברי הימים למלכי יהודה: ויקשרו עליו יט
קשר בירושלם וינס לכישה וישלחו אחריו לכישה וימתהו
שם: וישאו אתו על־הסוסים ויקבר בירושלם עם־אבתיו כ
בעיר דוד: ויקחו כל־עם יהודה את־עזריה והוא בן־ כא
שש עשרה שנה וימלכו אתו תחת אביו אמציהו: הוא כב
בנה את־אילת וישבה ליהודה אחרי שכב־המלך עם־
אבתיו: בשנת חמש־עשרה שנה לאמציהו כג
בן־יואש מלך יהודה מלך ירבעם בן־יואש מלך־ישראל
בשמרון ארבעים ואחת שנה: ויעש הרע בעיני יהוה לא סר כד
מכל־חטאות ירבעם בן־נבט אשר החטיא את־ישראל:
הוא השיב את־גבול ישראל מלבוא חמת עד־ים הערבה כה
כדבר יהוה אלהי ישראל אשר דבר ביד־עבדו יונה בן־
אמתי הנביא אשר מגת החפר: כי־ראה יהוה את־עני כו
ישראל מרה מאד ואפס עצור ואפס עזוב ואין עזר לישראל:
ולא־דבר יהוה למחות את־שם ישראל מתחת השמים כז

כח וַיּוֹשִׁעָם בְּיַד יָרָבְעָם בֶּן־יוֹאָשׁ׃ וְיֶתֶר דִּבְרֵי יָרָבְעָם וְכָל־אֲשֶׁר
עָשָׂה וּגְבוּרָתוֹ אֲשֶׁר־נִלְחָם וַאֲשֶׁר הֵשִׁיב אֶת־דַּמֶּשֶׂק וְאֶת־
חֲמָת לִיהוּדָה בְּיִשְׂרָאֵל הֲלֹא־הֵם כְּתוּבִים עַל־סֵפֶר דִּבְרֵי
כט הַיָּמִים לְמַלְכֵי יִשְׂרָאֵל׃ וַיִּשְׁכַּב יָרָבְעָם עִם־אֲבֹתָיו עִם מַלְכֵי
טו א יִשְׂרָאֵל וַיִּמְלֹךְ זְכַרְיָה בְנוֹ תַּחְתָּיו׃ בִּשְׁנַת
עֶשְׂרִים וָשֶׁבַע שָׁנָה לְיָרָבְעָם מֶלֶךְ יִשְׂרָאֵל מָלַךְ עֲזַרְיָה בֶן־
ב אֲמַצְיָה מֶלֶךְ יְהוּדָה׃ בֶּן־שֵׁשׁ עֶשְׂרֵה שָׁנָה הָיָה בְמָלְכוֹ
וַחֲמִשִּׁים וּשְׁתַּיִם שָׁנָה מָלַךְ בִּירוּשָׁלִָם וְשֵׁם אִמּוֹ יְכָלְיָהוּ
ג מִירוּשָׁלִָם׃ וַיַּעַשׂ הַיָּשָׁר בְּעֵינֵי יְהוָה כְּכֹל אֲשֶׁר־עָשָׂה אֲמַצְיָהוּ
ד אָבִיו׃ רַק הַבָּמוֹת לֹא־סָרוּ עוֹד הָעָם מְזַבְּחִים וּמְקַטְּרִים
ה בַּבָּמוֹת׃ וַיְנַגַּע יְהוָה אֶת־הַמֶּלֶךְ וַיְהִי מְצֹרָע עַד־יוֹם מֹתוֹ
וַיֵּשֶׁב בְּבֵית הַחָפְשִׁית וְיוֹתָם בֶּן־הַמֶּלֶךְ עַל־הַבַּיִת שֹׁפֵט אֶת־
ו עַם הָאָרֶץ׃ וְיֶתֶר דִּבְרֵי עֲזַרְיָהוּ וְכָל־אֲשֶׁר עָשָׂה הֲלֹא־הֵם
ז כְּתוּבִים עַל־סֵפֶר דִּבְרֵי הַיָּמִים לְמַלְכֵי יְהוּדָה׃ וַיִּשְׁכַּב עֲזַרְיָה כח
עִם־אֲבֹתָיו וַיִּקְבְּרוּ אֹתוֹ עִם־אֲבֹתָיו בְּעִיר דָּוִד וַיִּמְלֹךְ יוֹתָם בְּנוֹ
ח תַּחְתָּיו׃ בִּשְׁנַת שְׁלֹשִׁים וּשְׁמֹנֶה שָׁנָה לַעֲזַרְיָהוּ
מֶלֶךְ יְהוּדָה מָלַךְ זְכַרְיָהוּ בֶן־יָרָבְעָם עַל־יִשְׂרָאֵל בְּשֹׁמְרוֹן
ט שִׁשָּׁה חֳדָשִׁים׃ וַיַּעַשׂ הָרַע בְּעֵינֵי יְהוָה כַּאֲשֶׁר עָשׂוּ אֲבֹתָיו לֹא
סָר מֵחַטֹּאות יָרָבְעָם בֶּן־נְבָט אֲשֶׁר הֶחֱטִיא אֶת־יִשְׂרָאֵל׃
י וַיִּקְשֹׁר עָלָיו שַׁלֻּם בֶּן־יָבֵשׁ וַיַּכֵּהוּ קָבָל־עָם וַיְמִיתֵהוּ וַיִּמְלֹךְ
יא תַּחְתָּיו׃ וְיֶתֶר דִּבְרֵי זְכַרְיָה הִנָּם כְּתוּבִים עַל־סֵפֶר דִּבְרֵי הַיָּמִים
יב לְמַלְכֵי יִשְׂרָאֵל׃ הוּא דְבַר־יְהוָה אֲשֶׁר דִּבֶּר אֶל־יֵהוּא
לֵאמֹר בְּנֵי רְבִיעִים יֵשְׁבוּ לְךָ עַל־כִּסֵּא יִשְׂרָאֵל וַיְהִי־
יג כֵן׃ שַׁלּוּם בֶּן־יָבֵישׁ מָלַךְ בִּשְׁנַת שְׁלֹשִׁים וָתֵשַׁע
יד שָׁנָה לְעֻזִּיָּה מֶלֶךְ יְהוּדָה וַיִּמְלֹךְ יֶרַח־יָמִים בְּשֹׁמְרוֹן׃ וַיַּעַל
מְנַחֵם בֶּן־גָּדִי מִתִּרְצָה וַיָּבֹא שֹׁמְרוֹן וַיַּךְ אֶת־שַׁלּוּם בֶּן־יָבֵישׁ
טו בְּשֹׁמְרוֹן וַיְמִיתֵהוּ וַיִּמְלֹךְ תַּחְתָּיו׃ וְיֶתֶר דִּבְרֵי שַׁלּוּם וְקִשְׁרוֹ

אֲשֶׁר קָשָׁר הִנָּם כְּתוּבִים עַל־סֵפֶר דִּבְרֵי הַיָּמִים לְמַלְכֵי
יִשְׂרָאֵל׃ אָז יַכֶּה־מְנַחֵם אֶת־תִּפְסַח וְאֶת־כָּל־אֲשֶׁר־בָּהּ טז
וְאֶת־גְּבוּלֶיהָ מִתִּרְצָה כִּי לֹא פָתַח וַיַּךְ אֵת כָּל־הֶהָרוֹתֶיהָ
בִּקֵּעַ׃ בִּשְׁנַת שְׁלֹשִׁים וָתֵשַׁע שָׁנָה לַעֲזַרְיָה מֶלֶךְ יז
יְהוּדָה מָלַךְ מְנַחֵם בֶּן־גָּדִי עַל־יִשְׂרָאֵל עֶשֶׂר שָׁנִים בְּשֹׁמְרוֹן׃
וַיַּעַשׂ הָרַע בְּעֵינֵי יהוה לֹא סָר מֵעַל חַטֹּאות יָרָבְעָם בֶּן־נְבָט יח
אֲשֶׁר־הֶחֱטִיא אֶת־יִשְׂרָאֵל כָּל־יָמָיו׃ בָּא פוּל מֶלֶךְ־אַשּׁוּר עַל־ יט
הָאָרֶץ וַיִּתֵּן מְנַחֵם לְפוּל אֶלֶף כִּכַּר־כָּסֶף לִהְיוֹת יָדָיו אִתּוֹ
לְהַחֲזִיק הַמַּמְלָכָה בְּיָדוֹ׃ וַיֹּצֵא מְנַחֵם אֶת־הַכֶּסֶף עַל־יִשְׂרָאֵל כ
עַל כָּל־גִּבּוֹרֵי הַחַיִל לָתֵת לְמֶלֶךְ אַשּׁוּר חֲמִשִּׁים שְׁקָלִים כֶּסֶף
לְאִישׁ אֶחָד וַיָּשָׁב מֶלֶךְ אַשּׁוּר וְלֹא־עָמַד שָׁם בָּאָרֶץ׃ וְיֶתֶר כא
דִּבְרֵי מְנַחֵם וְכָל־אֲשֶׁר עָשָׂה הֲלוֹא־הֵם כְּתוּבִים עַל־סֵפֶר
דִּבְרֵי הַיָּמִים לְמַלְכֵי יִשְׂרָאֵל׃ וַיִּשְׁכַּב מְנַחֵם עִם־אֲבֹתָיו וַיִּמְלֹךְ כב
פְּקַחְיָה בְנוֹ תַּחְתָּיו׃ בִּשְׁנַת חֲמִשִּׁים שָׁנָה לַעֲזַרְיָה כג
מֶלֶךְ יְהוּדָה מָלַךְ פְּקַחְיָה בֶּן־מְנַחֵם עַל־יִשְׂרָאֵל בְּשֹׁמְרוֹן
שְׁנָתָיִם׃ וַיַּעַשׂ הָרַע בְּעֵינֵי יהוה לֹא סָר מֵחַטֹּאות יָרָבְעָם בֶּן־ כד
נְבָט אֲשֶׁר הֶחֱטִיא אֶת־יִשְׂרָאֵל׃ וַיִּקְשֹׁר עָלָיו פֶּקַח בֶּן־רְמַלְיָהוּ כה
הַמֶּלֶךְ
שָׁלִישׁוֹ וַיַּכֵּהוּ בְשֹׁמְרוֹן בְּאַרְמוֹן בֵּית־מֶלֶךְ אֶת־אַרְגֹּב וְאֶת־
הָאַרְיֵה וְעִמּוֹ חֲמִשִּׁים אִישׁ מִבְּנֵי גִלְעָדִים וַיְמִתֵהוּ וַיִּמְלֹךְ
תַּחְתָּיו׃ וְיֶתֶר דִּבְרֵי פְקַחְיָה וְכָל־אֲשֶׁר עָשָׂה הִנָּם כְּתוּבִים כו
עַל־סֵפֶר דִּבְרֵי הַיָּמִים לְמַלְכֵי יִשְׂרָאֵל׃ בִּשְׁנַת כז
חֲמִשִּׁים וּשְׁתַּיִם שָׁנָה לַעֲזַרְיָה מֶלֶךְ יְהוּדָה מָלַךְ פֶּקַח בֶּן־
רְמַלְיָהוּ עַל־יִשְׂרָאֵל בְּשֹׁמְרוֹן עֶשְׂרִים שָׁנָה׃ וַיַּעַשׂ הָרַע בְּעֵינֵי כח
יהוה לֹא סָר מִן־חַטֹּאות יָרָבְעָם בֶּן־נְבָט אֲשֶׁר הֶחֱטִיא אֶת־
יִשְׂרָאֵל׃ בִּימֵי פֶּקַח מֶלֶךְ־יִשְׂרָאֵל בָּא תִּגְלַת פִּלְאֶסֶר מֶלֶךְ כט
אַשּׁוּר וַיִּקַּח אֶת־עִיּוֹן וְאֶת־אָבֵל בֵּית־מַעֲכָה וְאֶת־יָנוֹחַ וְאֶת־
קֶדֶשׁ וְאֶת־חָצוֹר וְאֶת־הַגִּלְעָד וְאֶת־הַגָּלִילָה כֹּל אֶרֶץ נַפְתָּלִי

ל וַיִּגְלֵם אַשּׁוּרָה׃ וַיִּקְשָׁר־קֶשֶׁר הוֹשֵׁעַ בֶּן־אֵלָה עַל־פֶּקַח בֶּן־
רְמַלְיָהוּ וַיַּכֵּהוּ וַיְמִיתֵהוּ וַיִּמְלֹךְ תַּחְתָּיו בִּשְׁנַת עֶשְׂרִים לְיוֹתָם
לא בֶּן־עֻזִּיָּה׃ וְיֶתֶר דִּבְרֵי־פֶקַח וְכָל־אֲשֶׁר עָשָׂה הִנָּם כְּתוּבִים
לב עַל־סֵפֶר דִּבְרֵי הַיָּמִים לְמַלְכֵי יִשְׂרָאֵל׃ בִּשְׁנַת
שְׁתַּיִם לְפֶקַח בֶּן־רְמַלְיָהוּ מֶלֶךְ יִשְׂרָאֵל מָלַךְ יוֹתָם בֶּן־עֻזִּיָּהוּ
לג מֶלֶךְ יְהוּדָה׃ בֶּן־עֶשְׂרִים וְחָמֵשׁ שָׁנָה הָיָה בְמָלְכוֹ וְשֵׁשׁ־עֶשְׂרֵה
לד שָׁנָה מָלַךְ בִּירוּשָׁלִָם וְשֵׁם אִמּוֹ יְרוּשָׁא בַּת־צָדוֹק׃ וַיַּעַשׂ הַיָּשָׁר
לה בְּעֵינֵי יְהוָה כְּכֹל אֲשֶׁר־עָשָׂה עֻזִּיָּהוּ אָבִיו עָשָׂה׃ רַק הַבָּמוֹת
לֹא סָרוּ עוֹד הָעָם מְזַבְּחִים וּמְקַטְּרִים בַּבָּמוֹת הוּא בָּנָה אֶת־
לו שַׁעַר בֵּית־יְהוָה הָעֶלְיוֹן׃ וְיֶתֶר דִּבְרֵי יוֹתָם וְכָל־אֲשֶׁר עָשָׂה
לז הֲלֹא־הֵם כְּתוּבִים עַל־סֵפֶר דִּבְרֵי הַיָּמִים לְמַלְכֵי יְהוּדָה׃ בַּיָּמִים
הָהֵם הֵחֵל יְהוָה לְהַשְׁלִיחַ בִּיהוּדָה רְצִין מֶלֶךְ אֲרָם וְאֵת פֶּקַח
לח בֶּן־רְמַלְיָהוּ׃ וַיִּשְׁכַּב יוֹתָם עִם־אֲבֹתָיו וַיִּקָּבֵר עִם־אֲבֹתָיו בְּעִיר
טז א דָּוִד אָבִיו וַיִּמְלֹךְ אָחָז בְּנוֹ תַּחְתָּיו׃ בִּשְׁנַת שְׁבַע־
עֶשְׂרֵה שָׁנָה לְפֶקַח בֶּן־רְמַלְיָהוּ מָלַךְ אָחָז בֶּן־יוֹתָם מֶלֶךְ
ב יְהוּדָה׃ בֶּן־עֶשְׂרִים שָׁנָה אָחָז בְּמָלְכוֹ וְשֵׁשׁ־עֶשְׂרֵה שָׁנָה מָלַךְ
בִּירוּשָׁלִָם וְלֹא־עָשָׂה הַיָּשָׁר בְּעֵינֵי יְהוָה אֱלֹהָיו כְּדָוִד אָבִיו׃
ג וַיֵּלֶךְ בְּדֶרֶךְ מַלְכֵי יִשְׂרָאֵל וְגַם אֶת־בְּנוֹ הֶעֱבִיר בָּאֵשׁ כְּתֹעֲבוֹת
ד הַגּוֹיִם אֲשֶׁר הוֹרִישׁ יְהוָה אֹתָם מִפְּנֵי בְּנֵי יִשְׂרָאֵל׃ וַיְזַבֵּחַ וַיְקַטֵּר
ה בַּבָּמוֹת וְעַל־הַגְּבָעוֹת וְתַחַת כָּל־עֵץ רַעֲנָן׃ אָז יַעֲלֶה רְצִין
מֶלֶךְ־אֲרָם וּפֶקַח בֶּן־רְמַלְיָהוּ מֶלֶךְ־יִשְׂרָאֵל יְרוּשָׁלִַם לַמִּלְחָמָה
ו וַיָּצֻרוּ עַל־אָחָז וְלֹא יָכְלוּ לְהִלָּחֵם׃ בָּעֵת הַהִיא הֵשִׁיב רְצִין
מֶלֶךְ־אֲרָם אֶת־אֵילַת לַאֲרָם וַיְנַשֵּׁל אֶת־הַיְהוּדִים מֵאֵילוֹת
ז וארומים בָּאוּ אֵילַת וַיֵּשְׁבוּ שָׁם עַד הַיּוֹם הַזֶּה׃ וַיִּשְׁלַח אָחָז וַאֲדוֹמִים
מַלְאָכִים אֶל־תִּגְלַת פְּלֶסֶר מֶלֶךְ־אַשּׁוּר לֵאמֹר עַבְדְּךָ וּבִנְךָ אָנִי
עֲלֵה וְהוֹשִׁעֵנִי מִכַּף מֶלֶךְ־אֲרָם וּמִכַּף מֶלֶךְ יִשְׂרָאֵל הַקּוֹמִים
ח עָלָי׃ וַיִּקַּח אָחָז אֶת־הַכֶּסֶף וְאֶת־הַזָּהָב הַנִּמְצָא בֵּית יְהוָה

ט וּבְאֹצְרוֹת בֵּית הַמֶּלֶךְ וַיִּשְׁלַח לְמֶלֶךְ אַשּׁוּר שֹׁחַד׃ וַיִּשְׁמַע אֵלָיו
מֶלֶךְ אַשּׁוּר וַיַּעַל מֶלֶךְ אַשּׁוּר אֶל־דַּמֶּשֶׂק וַיִּתְפְּשֶׂהָ וַיַּגְלֶהָ קִירָה
י וְאֶת־רְצִין הֵמִית׃ וַיֵּלֶךְ הַמֶּלֶךְ אָחָז לִקְרַאת תִּגְלַת פִּלְאֶסֶר
מֶלֶךְ־אַשּׁוּר דּוּמֶּשֶׂק וַיַּרְא אֶת־הַמִּזְבֵּחַ אֲשֶׁר בְּדַמָּשֶׂק וַיִּשְׁלַח
הַמֶּלֶךְ אָחָז אֶל־אוּרִיָּה הַכֹּהֵן אֶת־דְּמוּת הַמִּזְבֵּחַ וְאֶת־תַּבְנִיתוֹ
יא לְכָל־מַעֲשֵׂהוּ׃ וַיִּבֶן אוּרִיָּה הַכֹּהֵן אֶת־הַמִּזְבֵּחַ כְּכֹל אֲשֶׁר־שָׁלַח
הַמֶּלֶךְ אָחָז מִדַּמֶּשֶׂק כֵּן עָשָׂה אוּרִיָּה הַכֹּהֵן עַד־בּוֹא הַמֶּלֶךְ־
יב אָחָז מִדַּמָּשֶׂק׃ וַיָּבֹא הַמֶּלֶךְ מִדַּמֶּשֶׂק וַיַּרְא הַמֶּלֶךְ אֶת־הַמִּזְבֵּחַ
יג וַיִּקְרַב הַמֶּלֶךְ עַל־הַמִּזְבֵּחַ וַיַּעַל עָלָיו׃ וַיַּקְטֵר אֶת־עֹלָתוֹ וְאֶת־
מִנְחָתוֹ וַיַּסֵּךְ אֶת־נִסְכּוֹ וַיִּזְרֹק אֶת־דַּם־הַשְּׁלָמִים אֲשֶׁר־לוֹ
יד עַל־הַמִּזְבֵּחַ׃ וְאֵת הַמִּזְבַּח הַנְּחֹשֶׁת אֲשֶׁר לִפְנֵי יְהוָה וַיַּקְרֵב
מֵאֵת פְּנֵי הַבַּיִת מִבֵּין הַמִּזְבֵּחַ וּמִבֵּין בֵּית יְהוָה וַיִּתֵּן אֹתוֹ עַל־
טו יֶרֶךְ הַמִּזְבֵּחַ צָפוֹנָה׃ ויצוהו הַמֶּלֶךְ אָחָז אֶת־אוּרִיָּה הַכֹּהֵן וַיְצַוֵּהוּ
לֵאמֹר עַל הַמִּזְבֵּחַ הַגָּדוֹל הַקְטֵר אֶת־עֹלַת־הַבֹּקֶר וְאֶת־
מִנְחַת הָעֶרֶב וְאֶת־עֹלַת הַמֶּלֶךְ וְאֶת־מִנְחָתוֹ וְאֵת עֹלַת כָּל־
עַם הָאָרֶץ וּמִנְחָתָם וְנִסְכֵּיהֶם וְכָל־דַּם עֹלָה וְכָל־דַּם־זֶבַח עָלָיו
טז תִּזְרֹק וּמִזְבַּח הַנְּחֹשֶׁת יִהְיֶה־לִּי לְבַקֵּר׃ וַיַּעַשׂ אוּרִיָּה הַכֹּהֵן
יז כְּכֹל אֲשֶׁר־צִוָּה הַמֶּלֶךְ אָחָז׃ וַיְקַצֵּץ הַמֶּלֶךְ אָחָז אֶת־הַמִּסְגְּרוֹת
הַמְּכֹנוֹת וַיָּסַר מֵעֲלֵיהֶם ואת־הַכִּיֹּר וְאֶת־הַיָּם הוֹרִד מֵעַל אֶת
הַבָּקָר הַנְּחֹשֶׁת אֲשֶׁר תַּחְתֶּיהָ וַיִּתֵּן אֹתוֹ עַל מַרְצֶפֶת אֲבָנִים׃
יח וְאֶת־מיסך הַשַּׁבָּת אֲשֶׁר־בָּנוּ בַבַּיִת וְאֶת־מְבוֹא הַמֶּלֶךְ מוּסַךְ
יט הַחִיצוֹנָה הֵסֵב בֵּית יְהוָה מִפְּנֵי מֶלֶךְ אַשּׁוּר׃ וְיֶתֶר דִּבְרֵי אָחָז
אֲשֶׁר עָשָׂה הֲלֹא־הֵם כְּתוּבִים עַל־סֵפֶר דִּבְרֵי הַיָּמִים לְמַלְכֵי
כ יְהוּדָה׃ וַיִּשְׁכַּב אָחָז עִם־אֲבֹתָיו וַיִּקָּבֵר עִם־אֲבֹתָיו בְּעִיר דָּוִד כט
יז א וַיִּמְלֹךְ חִזְקִיָּהוּ בְנוֹ תַּחְתָּיו׃ בִּשְׁנַת שְׁתֵּים עֶשְׂרֵה
לְאָחָז מֶלֶךְ יְהוּדָה מָלַךְ הוֹשֵׁעַ בֶּן־אֵלָה בְשֹׁמְרוֹן עַל־יִשְׂרָאֵל
ב תֵּשַׁע שָׁנִים׃ וַיַּעַשׂ הָרַע בְּעֵינֵי יְהוָה רַק לֹא כְּמַלְכֵי יִשְׂרָאֵל

ג אֲשֶׁר הָיוּ לְפָנָיו: עָלָיו עָלָה שַׁלְמַנְאֶסֶר מֶלֶךְ אַשּׁוּר וַיְהִי־לוֹ
ד הוֹשֵׁעַ עֶבֶד וַיָּשֶׁב לוֹ מִנְחָה: וַיִּמְצָא מֶלֶךְ־אַשּׁוּר בְּהוֹשֵׁעַ קֶשֶׁר
אֲשֶׁר שָׁלַח מַלְאָכִים אֶל־סוֹא מֶלֶךְ־מִצְרַיִם וְלֹא־הֶעֱלָה מִנְחָה
לְמֶלֶךְ אַשּׁוּר כְּשָׁנָה בְשָׁנָה וַיַּעַצְרֵהוּ מֶלֶךְ אַשּׁוּר וַיַּאַסְרֵהוּ בֵּית
ה כֶּלֶא: וַיַּעַל מֶלֶךְ־אַשּׁוּר בְּכָל־הָאָרֶץ וַיַּעַל שֹׁמְרוֹן וַיָּצַר עָלֶיהָ
ו שָׁלֹשׁ שָׁנִים: בִּשְׁנַת הַתְּשִׁיעִית לְהוֹשֵׁעַ לָכַד מֶלֶךְ־אַשּׁוּר אֶת־
שֹׁמְרוֹן וַיֶּגֶל אֶת־יִשְׂרָאֵל אַשּׁוּרָה וַיֹּשֶׁב אֹתָם בַּחְלַח וּבְחָבוֹר
ז נְהַר גּוֹזָן וְעָרֵי מָדָי: וַיְהִי כִּי־חָטְאוּ בְנֵי־יִשְׂרָאֵל
לַיהוָה אֱלֹהֵיהֶם הַמַּעֲלֶה אֹתָם מֵאֶרֶץ מִצְרַיִם מִתַּחַת יַד
ח פַּרְעֹה מֶלֶךְ־מִצְרָיִם וַיִּירְאוּ אֱלֹהִים אֲחֵרִים: וַיֵּלְכוּ בְּחֻקּוֹת
הַגּוֹיִם אֲשֶׁר הוֹרִישׁ יְהוָה מִפְּנֵי בְּנֵי יִשְׂרָאֵל וּמַלְכֵי יִשְׂרָאֵל אֲשֶׁר
ט עָשׂוּ: וַיְחַפְּאוּ בְנֵי־יִשְׂרָאֵל דְּבָרִים אֲשֶׁר לֹא־כֵן עַל־יְהוָה
אֱלֹהֵיהֶם וַיִּבְנוּ לָהֶם בָּמוֹת בְּכָל־עָרֵיהֶם מִמִּגְדַּל נוֹצְרִים עַד־
י עִיר מִבְצָר: וַיַּצִּבוּ לָהֶם מַצֵּבוֹת וַאֲשֵׁרִים עַל כָּל־גִּבְעָה גְבֹהָה
יא וְתַחַת כָּל־עֵץ רַעֲנָן: וַיְקַטְּרוּ־שָׁם בְּכָל־בָּמוֹת כַּגּוֹיִם אֲשֶׁר־
הֶגְלָה יְהוָה מִפְּנֵיהֶם וַיַּעֲשׂוּ דְּבָרִים רָעִים לְהַכְעִיס אֶת־יְהוָה:
יב וַיַּעַבְדוּ הַגִּלֻּלִים אֲשֶׁר אָמַר יְהוָה לָהֶם לֹא תַעֲשׂוּ אֶת־הַדָּבָר
יג הַזֶּה: וַיָּעַד יְהוָה בְּיִשְׂרָאֵל וּבִיהוּדָה בְּיַד כָּל־נביאו כָל־חֹזֶה נְבִיאֵי
לֵאמֹר שֻׁבוּ מִדַּרְכֵיכֶם הָרָעִים וְשִׁמְרוּ מִצְוֹתַי חֻקּוֹתַי כְּכָל־
הַתּוֹרָה אֲשֶׁר צִוִּיתִי אֶת־אֲבֹתֵיכֶם וַאֲשֶׁר שָׁלַחְתִּי אֲלֵיכֶם בְּיַד
יד עֲבָדַי הַנְּבִיאִים: וְלֹא שָׁמֵעוּ וַיַּקְשׁוּ אֶת־עָרְפָּם כְּעֹרֶף אֲבוֹתָם
טו אֲשֶׁר לֹא הֶאֱמִינוּ בַּיהוָה אֱלֹהֵיהֶם: וַיִּמְאֲסוּ אֶת־חֻקָּיו וְאֶת־
בְּרִיתוֹ אֲשֶׁר כָּרַת אֶת־אֲבוֹתָם וְאֵת עֵדְוֹתָיו אֲשֶׁר הֵעִיד בָּם
וַיֵּלְכוּ אַחֲרֵי הַהֶבֶל וַיֶּהְבָּלוּ וְאַחֲרֵי הַגּוֹיִם אֲשֶׁר סְבִיבֹתָם אֲשֶׁר
טז צִוָּה יְהוָה אֹתָם לְבִלְתִּי עֲשׂוֹת כָּהֶם: וַיַּעַזְבוּ אֶת־כָּל־מִצְוֹת
יְהוָה אֱלֹהֵיהֶם וַיַּעֲשׂוּ לָהֶם מַסֵּכָה שְׁנֵים עֲגָלִים וַיַּעֲשׂוּ אֲשֵׁירָה שֵׁנִי
יז וַיִּשְׁתַּחֲווּ לְכָל־צְבָא הַשָּׁמַיִם וַיַּעַבְדוּ אֶת־הַבָּעַל: וַיַּעֲבִירוּ אֶת־

בְּנֵיהֶם וְאֶת־בְּנוֹתֵיהֶם בָּאֵשׁ וַיִּקְסְמוּ קְסָמִים וַיְנַחֵשׁוּ וַיִּתְמַכְּרוּ
יח לַעֲשׂוֹת הָרַע בְּעֵינֵי יְהוָה לְהַכְעִיסוֹ: וַיִּתְאַנַּף יְהוָה מְאֹד
בְּיִשְׂרָאֵל וַיְסִרֵם מֵעַל פָּנָיו לֹא נִשְׁאַר רַק שֵׁבֶט יְהוּדָה לְבַדּוֹ:
יט גַּם־יְהוּדָה לֹא שָׁמַר אֶת־מִצְוֹת יְהוָה אֱלֹהֵיהֶם וַיֵּלְכוּ בְּחֻקּוֹת
כ יִשְׂרָאֵל אֲשֶׁר עָשׂוּ: וַיִּמְאַס יְהוָה בְּכָל־זֶרַע יִשְׂרָאֵל וַיְעַנֵּם
כא וַיִּתְּנֵם בְּיַד־שֹׁסִים עַד אֲשֶׁר הִשְׁלִיכָם מִפָּנָיו: כִּי־קָרַע יִשְׂרָאֵל
מֵעַל בֵּית דָּוִד וַיַּמְלִיכוּ אֶת־יָרָבְעָם בֶּן־נְבָט וידא יָרָבְעָם אֶת־ (וַיַּדַּח)
כב יִשְׂרָאֵל מֵאַחֲרֵי יְהוָה וְהֶחֱטִיאָם חֲטָאָה גְדוֹלָה: וַיֵּלְכוּ בְּנֵי
כג יִשְׂרָאֵל בְּכָל־חַטֹּאות יָרָבְעָם אֲשֶׁר עָשָׂה לֹא־סָרוּ מִמֶּנָּה: עַד
אֲשֶׁר־הֵסִיר יְהוָה אֶת־יִשְׂרָאֵל מֵעַל פָּנָיו כַּאֲשֶׁר דִּבֶּר בְּיַד כָּל־
עֲבָדָיו הַנְּבִיאִים וַיִּגֶל יִשְׂרָאֵל מֵעַל אַדְמָתוֹ אַשּׁוּרָה עַד הַיּוֹם
כד הַזֶּה: וַיָּבֵא מֶלֶךְ־אַשּׁוּר מִבָּבֶל וּמִכּוּתָה וּמֵעַוָּא
וּמֵחֲמָת וספרוים וַיֹּשֶׁב בְּעָרֵי שֹׁמְרוֹן תַּחַת בְּנֵי יִשְׂרָאֵל וַיִּרְשׁוּ (וּמִסְפְרַוִים)
כה אֶת־שֹׁמְרוֹן וַיֵּשְׁבוּ בְּעָרֶיהָ: וַיְהִי בִּתְחִלַּת שִׁבְתָּם שָׁם לֹא יָרְאוּ
אֶת־יְהוָה וַיְשַׁלַּח יְהוָה בָּהֶם אֶת־הָאֲרָיוֹת וַיִּהְיוּ הֹרְגִים בָּהֶם:
כו וַיֹּאמְרוּ לְמֶלֶךְ אַשּׁוּר לֵאמֹר הַגּוֹיִם אֲשֶׁר הִגְלִיתָ וַתּוֹשֶׁב בְּעָרֵי
שֹׁמְרוֹן לֹא יָדְעוּ אֶת־מִשְׁפַּט אֱלֹהֵי הָאָרֶץ וַיְשַׁלַּח־בָּם אֶת־
הָאֲרָיוֹת וְהִנָּם מְמִיתִים אוֹתָם כַּאֲשֶׁר אֵינָם יֹדְעִים אֶת־מִשְׁפַּט
כז אֱלֹהֵי הָאָרֶץ: וַיְצַו מֶלֶךְ־אַשּׁוּר לֵאמֹר הֹלִיכוּ שָׁמָּה אֶחָד
מֵהַכֹּהֲנִים אֲשֶׁר הִגְלִיתֶם מִשָּׁם וְיֵלְכוּ וְיֵשְׁבוּ שָׁם וְיֹרֵם אֶת־
כח מִשְׁפַּט אֱלֹהֵי הָאָרֶץ: וַיָּבֹא אֶחָד מֵהַכֹּהֲנִים אֲשֶׁר הִגְלוּ
מִשֹּׁמְרוֹן וַיֵּשֶׁב בְּבֵית־אֵל וַיְהִי מוֹרֶה אֹתָם אֵיךְ יִירְאוּ אֶת־
כט יְהוָה: וַיִּהְיוּ עֹשִׂים גּוֹי גּוֹי אֱלֹהָיו וַיַּנִּיחוּ | בְּבֵית הַבָּמוֹת אֲשֶׁר
ל עָשׂוּ הַשֹּׁמְרֹנִים גּוֹי גּוֹי בְּעָרֵיהֶם אֲשֶׁר הֵם יֹשְׁבִים שָׁם: וְאַנְשֵׁי
בָבֶל עָשׂוּ אֶת־סֻכּוֹת בְּנוֹת וְאַנְשֵׁי־כוּת עָשׂוּ אֶת־נֵרְגַל וְאַנְשֵׁי
לא חֲמָת עָשׂוּ אֶת־אֲשִׁימָא: וְהָעַוִּים עָשׂוּ נִבְחַז וְאֶת־תַּרְתָּק
וְהַסְפַרְוִים שֹׂרְפִים אֶת־בְּנֵיהֶם בָּאֵשׁ לְאַדְרַמֶּלֶךְ וַעֲנַמֶּלֶךְ אֱלֹהַ

לב ספרים: וַיִּהְיוּ יְרֵאִים אֶת־יְהוָה וַיַּעֲשׂוּ לָהֶם מִקְצוֹתָם כֹּהֲנֵי ספרוים
לג בָמוֹת וַיִּהְיוּ עֹשִׂים לָהֶם בְּבֵית הַבָּמוֹת: אֶת־יְהוָה הָיוּ יְרֵאִים
וְאֶת־אֱלֹהֵיהֶם הָיוּ עֹבְדִים כְּמִשְׁפַּט הַגּוֹיִם אֲשֶׁר־הִגְלוּ אֹתָם
לד מִשָּׁם: עַד הַיּוֹם הַזֶּה הֵם עֹשִׂים כַּמִּשְׁפָּטִים הָרִאשֹׁנִים אֵינָם
יְרֵאִים אֶת־יְהוָה וְאֵינָם עֹשִׂים כְּחֻקֹּתָם וּכְמִשְׁפָּטָם וְכַתּוֹרָה
וְכַמִּצְוָה אֲשֶׁר צִוָּה יְהוָה אֶת־בְּנֵי יַעֲקֹב אֲשֶׁר־שָׂם שְׁמוֹ
לה יִשְׂרָאֵל: וַיִּכְרֹת יְהוָה אִתָּם בְּרִית וַיְצַוֵּם לֵאמֹר לֹא תִירְאוּ
אֱלֹהִים אֲחֵרִים וְלֹא־תִשְׁתַּחֲווּ לָהֶם וְלֹא תַעַבְדוּם וְלֹא תִזְבְּחוּ
לו לָהֶם: כִּי ׀ אִם־אֶת־יְהוָה אֲשֶׁר הֶעֱלָה אֶתְכֶם מֵאֶרֶץ מִצְרַיִם
בְּכֹחַ גָּדוֹל וּבִזְרוֹעַ נְטוּיָה אֹתוֹ תִירָאוּ וְלוֹ תִשְׁתַּחֲווּ וְלוֹ תִזְבָּחוּ:
לז וְאֶת־הַחֻקִּים וְאֶת־הַמִּשְׁפָּטִים וְהַתּוֹרָה וְהַמִּצְוָה אֲשֶׁר כָּתַב
לָכֶם תִּשְׁמְרוּן לַעֲשׂוֹת כָּל־הַיָּמִים וְלֹא תִירְאוּ אֱלֹהִים אֲחֵרִים:
לח וְהַבְּרִית אֲשֶׁר־כָּרַתִּי אִתְּכֶם לֹא תִשְׁכָּחוּ וְלֹא תִירְאוּ אֱלֹהִים
לט אֲחֵרִים: כִּי אִם־אֶת־יְהוָה אֱלֹהֵיכֶם תִּירָאוּ וְהוּא יַצִּיל אֶתְכֶם
מ מִיַּד כָּל־אֹיְבֵיכֶם: וְלֹא שָׁמֵעוּ כִּי אִם־כְּמִשְׁפָּטָם הָרִאשׁוֹן הֵם
מא עֹשִׂים: וַיִּהְיוּ ׀ הַגּוֹיִם הָאֵלֶּה יְרֵאִים אֶת־יְהוָה וְאֶת־פְּסִילֵיהֶם
הָיוּ עֹבְדִים גַּם־בְּנֵיהֶם ׀ וּבְנֵי בְנֵיהֶם כַּאֲשֶׁר עָשׂוּ אֲבֹתָם הֵם
יח א עֹשִׂים עַד הַיּוֹם הַזֶּה: וַיְהִי בִּשְׁנַת שָׁלֹשׁ לְהוֹשֵׁעַ
ב בֶּן־אֵלָה מֶלֶךְ יִשְׂרָאֵל מָלַךְ חִזְקִיָּה בֶן־אָחָז מֶלֶךְ יְהוּדָה: בֶּן־
עֶשְׂרִים וְחָמֵשׁ שָׁנָה הָיָה בְמָלְכוֹ וְעֶשְׂרִים וָתֵשַׁע שָׁנָה מָלַךְ
ג בִּירוּשָׁלָםִ וְשֵׁם אִמּוֹ אֲבִי בַּת־זְכַרְיָה: וַיַּעַשׂ הַיָּשָׁר בְּעֵינֵי יְהוָה
ד כְּכֹל אֲשֶׁר־עָשָׂה דָּוִד אָבִיו: הוּא ׀ הֵסִיר אֶת־הַבָּמוֹת וְשִׁבַּר
אֶת־הַמַּצֵּבֹת וְכָרַת אֶת־הָאֲשֵׁרָה וְכִתַּת נְחַשׁ הַנְּחֹשֶׁת אֲשֶׁר־
עָשָׂה מֹשֶׁה כִּי עַד־הַיָּמִים הָהֵמָּה הָיוּ בְנֵי־יִשְׂרָאֵל מְקַטְּרִים
ה לוֹ וַיִּקְרָא־לוֹ נְחֻשְׁתָּן: בַּיהוָה אֱלֹהֵי־יִשְׂרָאֵל בָּטָח וְאַחֲרָיו לֹא־
ו הָיָה כָמֹהוּ בְּכֹל מַלְכֵי יְהוּדָה וַאֲשֶׁר הָיוּ לְפָנָיו: וַיִּדְבַּק בַּיהוָה ל
לֹא־סָר מֵאַחֲרָיו וַיִּשְׁמֹר מִצְוֺתָיו אֲשֶׁר־צִוָּה יְהוָה אֶת־מֹשֶׁה:

והיה יהוה עמו בכל אשר־יצא ישכיל וימרד במלך־אשור ז
ולא עבדו: הוא־הכה את־פלשתים עד־עזה ואת־גבוליה ח
ממגדל נוצרים עד־עיר מבצר: ויהי בשנה ט
הרביעית למלך חזקיהו היא השנה השביעית להושע בן־
אלה מלך ישראל עלה שלמנאסר מלך־אשור על־שמרון
ויצר עליה: וילכדה מקצה שלש שנים בשנת־שש לחזקיה י
היא שנת־תשע להושע מלך ישראל נלכדה שמרון: ויגל יא
מלך־אשור את־ישראל אשורה וינחם בחלח ובחבור נהר
גוזן וערי מדי: על ׀ אשר לא־שמעו בקול יהוה אלהיהם יב
ויעברו את־בריתו את כל־אשר צוה משה עבד יהוה
ולא שמעו ולא עשו:
ובארבע עשרה שנה למלך חזקיה עלה סנחריב מלך־אשור יג
על כל־ערי יהודה הבצרות ויתפשם: וישלח חזקיה מלך־ יד
יהודה אל־מלך־אשור ׀ לכישה ׀ לאמר ׀ חטאתי שוב מעלי
את אשר־תתן עלי אשא וישם מלך־אשור על־חזקיה מלך־
יהודה שלש מאות ככר־כסף ושלשים ככר זהב: ויתן חזקיה טו
את־כל־הכסף הנמצא בית־יהוה ובאוצרות בית המלך:
בעת ההיא קצץ חזקיה את־דלתות היכל יהוה ואת־ טז
האמנות אשר צפה חזקיה מלך יהודה ויתנם למלך
אשור: וישלח מלך־אשור את־תרתן ואת־ יז
רב־סריס ׀ ואת־רבשקה מן־לכיש אל־המלך חזקיהו בחיל
כבד ירושלם ויעלו ויבאו ירושלם ויעלו ויבאו ויעמדו
בתעלת הברכה העליונה אשר במסלת שדה כובס: ויקראו יח
אל־המלך ויצא אלהם אליקים בן־חלקיהו אשר על־הבית
ושבנה הספר ויואח בן־אסף המזכיר: ויאמר אליהם רבשקה יט
אמרו־נא אל־חזקיהו כה־אמר המלך הגדול מלך אשור מה
הבטחון הזה אשר בטחת: אמרת אך־דבר שפתים עצה כ

כא וּגְבוּרָה לַמִּלְחָמָה עַתָּה עַל־מִי בָטַחְתָּ כִּי מָרַדְתָּ בִּי׃ עַתָּה
הִנֵּה בָטַחְתָּ לְּךָ עַל־מִשְׁעֶנֶת הַקָּנֶה הָרָצוּץ הַזֶּה עַל־מִצְרַיִם
אֲשֶׁר יִסָּמֵךְ אִישׁ עָלָיו וּבָא בְכַפּוֹ וּנְקָבָהּ כֵּן פַּרְעֹה מֶלֶךְ־
כב מִצְרַיִם לְכָל־הַבֹּטְחִים עָלָיו׃ וְכִי־תֹאמְרוּן אֵלַי אֶל־יְהוָה
אֱלֹהֵינוּ בָּטָחְנוּ הֲלוֹא־הוּא אֲשֶׁר הֵסִיר חִזְקִיָּהוּ אֶת־בָּמֹתָיו
וְאֶת־מִזְבְּחֹתָיו וַיֹּאמֶר לִיהוּדָה וְלִירוּשָׁלַ͏ִם לִפְנֵי הַמִּזְבֵּחַ הַזֶּה
כג תִּשְׁתַּחֲווּ בִּירוּשָׁלָ͏ִם׃ וְעַתָּה הִתְעָרֶב נָא אֶת־אֲדֹנִי אֶת־מֶלֶךְ
אַשּׁוּר וְאֶתְּנָה לְךָ אַלְפַּיִם סוּסִים אִם־תּוּכַל לָתֶת לְךָ רֹכְבִים
כד עֲלֵיהֶם׃ וְאֵיךְ תָּשִׁיב אֵת פְּנֵי פַחַת אַחַד עַבְדֵי אֲדֹנִי הַקְּטַנִּים
כה וַתִּבְטַח לְךָ עַל־מִצְרַיִם לְרֶכֶב וּלְפָרָשִׁים׃ עַתָּה הֲמִבַּלְעֲדֵי
יְהוָה עָלִיתִי עַל־הַמָּקוֹם הַזֶּה לְהַשְׁחִתוֹ יְהוָה אָמַר אֵלַי עֲלֵה
כו עַל־הָאָרֶץ הַזֹּאת וְהַשְׁחִיתָהּ׃ וַיֹּאמֶר אֶלְיָקִים בֶּן־חִלְקִיָּהוּ
וְשֶׁבְנָה וְיוֹאָח אֶל־רַבְשָׁקֵה דַּבֶּר־נָא אֶל־עֲבָדֶיךָ אֲרָמִית כִּי
שֹׁמְעִים אֲנָחְנוּ וְאַל־תְּדַבֵּר עִמָּנוּ יְהוּדִית בְּאָזְנֵי הָעָם אֲשֶׁר
כז עַל־הַחֹמָה׃ וַיֹּאמֶר אֲלֵיהֶם רַבְשָׁקֵה הַעַל אֲדֹנֶיךָ וְאֵלֶיךָ שְׁלָחַנִי
אֲדֹנִי לְדַבֵּר אֶת־הַדְּבָרִים הָאֵלֶּה הֲלֹא עַל־הָאֲנָשִׁים הַיֹּשְׁבִים
עַל־הַחֹמָה לֶאֱכֹל אֶת־חריהם וְלִשְׁתּוֹת אֶת־שיניהם עִמָּכֶם׃
צוֹאָתָם
מֵימֵי רַגְלֵיהֶם
כח וַיַּעֲמֹד רַבְשָׁקֵה וַיִּקְרָא בְקוֹל־גָּדוֹל יְהוּדִית וַיְדַבֵּר וַיֹּאמֶר
כט שִׁמְעוּ דְּבַר־הַמֶּלֶךְ הַגָּדוֹל מֶלֶךְ אַשּׁוּר׃ כֹּה אָמַר הַמֶּלֶךְ אַל־
ל יַשִּׁא לָכֶם חִזְקִיָּהוּ כִּי־לֹא יוּכַל לְהַצִּיל אֶתְכֶם מִיָּדוֹ׃ וְאַל־
יַבְטַח אֶתְכֶם חִזְקִיָּהוּ אֶל־יְהוָה לֵאמֹר הַצֵּל יַצִּילֵנוּ יְהוָה וְלֹא
לא תִנָּתֵן אֶת־הָעִיר הַזֹּאת בְּיַד מֶלֶךְ אַשּׁוּר׃ אַל־תִּשְׁמְעוּ אֶל־
חִזְקִיָּהוּ כִּי כֹה אָמַר מֶלֶךְ אַשּׁוּר עֲשׂוּ אִתִּי בְרָכָה וּצְאוּ אֵלַי
לב וְאִכְלוּ אִישׁ־גַּפְנוֹ וְאִישׁ תְּאֵנָתוֹ וּשְׁתוּ אִישׁ מֵי־בֹרוֹ׃ עַד־בֹּאִי
וְלָקַחְתִּי אֶתְכֶם אֶל־אֶרֶץ כְּאַרְצְכֶם אֶרֶץ דָּגָן וְתִירוֹשׁ אֶרֶץ
לֶחֶם וּכְרָמִים אֶרֶץ זֵית יִצְהָר וּדְבַשׁ וִחְיוּ וְלֹא תָמֻתוּ וְאַל־
תִּשְׁמְעוּ אֶל־חִזְקִיָּהוּ כִּי־יַסִּית אֶתְכֶם לֵאמֹר יְהוָה יַצִּילֵנוּ׃

לג הַהַצֵּל הִצִּילוּ אֱלֹהֵי הַגּוֹיִם אִישׁ אֶת־אַרְצוֹ מִיַּד מֶלֶךְ אַשּׁוּר׃
לד אַיֵּה אֱלֹהֵי חֲמָת וְאַרְפָּד אַיֵּה אֱלֹהֵי סְפַרְוַיִם הֵנַע וְעִוָּה כִּי־
לה הִצִּילוּ אֶת־שֹׁמְרוֹן מִיָּדִי׃ מִי בְּכָל־אֱלֹהֵי הָאֲרָצוֹת אֲשֶׁר־
הִצִּילוּ אֶת־אַרְצָם מִיָּדִי כִּי־יַצִּיל יְהוָה אֶת־יְרוּשָׁלִַם מִיָּדִי׃
לו וְהֶחֱרִישׁוּ הָעָם וְלֹא־עָנוּ אֹתוֹ דָּבָר כִּי־מִצְוַת הַמֶּלֶךְ הִיא
לז לֵאמֹר לֹא תַעֲנֻהוּ׃ וַיָּבֹא אֶלְיָקִים בֶּן־חִלְקִיָּה אֲשֶׁר־עַל־הַבַּיִת
וְשֶׁבְנָא הַסֹּפֵר וְיוֹאָח בֶּן־אָסָף הַמַּזְכִּיר אֶל־חִזְקִיָּהוּ קְרוּעֵי
יט א בְגָדִים וַיַּגִּדוּ לוֹ דִּבְרֵי רַבְשָׁקֵה׃ וַיְהִי כִּשְׁמֹעַ הַמֶּלֶךְ חִזְקִיָּהוּ
ב וַיִּקְרַע אֶת־בְּגָדָיו וַיִּתְכַּס בַּשָּׂק וַיָּבֹא בֵּית יְהוָה׃ וַיִּשְׁלַח אֶת־
אֶלְיָקִים אֲשֶׁר־עַל־הַבַּיִת וְשֶׁבְנָא הַסֹּפֵר וְאֵת זִקְנֵי הַכֹּהֲנִים
ג מִתְכַּסִּים בַּשַּׂקִּים אֶל־יְשַׁעְיָהוּ הַנָּבִיא בֶּן־אָמוֹץ׃ וַיֹּאמְרוּ אֵלָיו
כֹּה אָמַר חִזְקִיָּהוּ יוֹם־צָרָה וְתוֹכֵחָה וּנְאָצָה הַיּוֹם הַזֶּה כִּי־בָאוּ
ד בָנִים עַד־מַשְׁבֵּר וְכֹחַ אַיִן לְלֵדָה׃ אוּלַי יִשְׁמַע יְהוָה אֱלֹהֶיךָ
אֵת ׀ כָּל־דִּבְרֵי רַבְשָׁקֵה אֲשֶׁר שְׁלָחוֹ מֶלֶךְ־אַשּׁוּר ׀ אֲדֹנָיו לְחָרֵף
אֱלֹהִים חַי וְהוֹכִיחַ בַּדְּבָרִים אֲשֶׁר שָׁמַע יְהוָה אֱלֹהֶיךָ וְנָשָׂאתָ
ה תְפִלָּה בְּעַד הַשְּׁאֵרִית הַנִּמְצָאָה׃ וַיָּבֹאוּ עַבְדֵי הַמֶּלֶךְ חִזְקִיָּהוּ
ו אֶל־יְשַׁעְיָהוּ׃ וַיֹּאמֶר לָהֶם יְשַׁעְיָהוּ כֹּה תֹאמְרוּן אֶל־אֲדֹנֵיכֶם
כֹּה ׀ אָמַר יְהוָה אַל־תִּירָא מִפְּנֵי הַדְּבָרִים אֲשֶׁר שָׁמַעְתָּ אֲשֶׁר
ז גִּדְּפוּ נַעֲרֵי מֶלֶךְ־אַשּׁוּר אֹתִי׃ הִנְנִי נֹתֵן בּוֹ רוּחַ וְשָׁמַע שְׁמוּעָה
ח וְשָׁב לְאַרְצוֹ וְהִפַּלְתִּיו בַּחֶרֶב בְּאַרְצוֹ׃ וַיָּשָׁב רַבְשָׁקֵה וַיִּמְצָא
אֶת־מֶלֶךְ אַשּׁוּר נִלְחָם עַל־לִבְנָה כִּי שָׁמַע כִּי נָסַע מִלָּכִישׁ׃
ט וַיִּשְׁמַע אֶל־תִּרְהָקָה מֶלֶךְ־כּוּשׁ לֵאמֹר הִנֵּה יָצָא לְהִלָּחֵם אִתָּךְ
י וַיָּשָׁב וַיִּשְׁלַח מַלְאָכִים אֶל־חִזְקִיָּהוּ לֵאמֹר׃ כֹּה תֹאמְרוּן אֶל־
חִזְקִיָּהוּ מֶלֶךְ־יְהוּדָה לֵאמֹר אַל־יַשִּׁאֲךָ אֱלֹהֶיךָ אֲשֶׁר אַתָּה
יא בֹּטֵחַ בּוֹ לֵאמֹר לֹא תִנָּתֵן יְרוּשָׁלִַם בְּיַד מֶלֶךְ אַשּׁוּר׃ הִנֵּה ׀ אַתָּה
שָׁמַעְתָּ אֵת אֲשֶׁר עָשׂוּ מַלְכֵי אַשּׁוּר לְכָל־הָאֲרָצוֹת לְהַחֲרִימָם
יב וְאַתָּה תִּנָּצֵל׃ הַהִצִּילוּ אוֹתָם אֱלֹהֵי הַגּוֹיִם אֲשֶׁר שִׁחֲתוּ אֲבוֹתַי

יג את־גוזן ואת־חרן ורצף ובני־עדן אשר בתלאשר: איו מלך־
יד חמת ומלך ארפד ומלך לעיר ספרוים הנע ועוה: ויקח
חזקיהו את־הספרים מיד המלאכים ויקראם ויעל בית יהוה
ויפרשהו חזקיהו לפני יהוה:
טו ויתפלל חזקיהו לפני יהוה ויאמר יהוה אלהי ישראל ישב
הכרבים אתה־הוא האלהים לבדך לכל ממלכות הארץ
טז אתה עשית את־השמים ואת־הארץ: הטה יהוה | אזנך
ושמע פקח יהוה עיניך וראה ושמע את דברי סנחריב אשר
יז שלחו לחרף אלהים חי: אמנם יהוה החריבו מלכי אשור את־
יח הגוים ואת־ארצם: ונתנו את־אלהיהם באש כי לא אלהים
יט המה כי אם־מעשה ידי־אדם עץ ואבן ויאבדום: ועתה יהוה לא
אלהינו הושיענו נא מידו וידעו כל־ממלכות הארץ כי אתה
כ יהוה אלהים לבדך: וישלח ישעיהו בן־אמוץ
אל־חזקיהו לאמר כה־אמר יהוה אלהי ישראל אשר
כא התפללת אלי אל־סנחרב מלך־אשור שמעתי: זה הדבר
אשר־דבר יהוה עליו בזה לך לעגה לך בתולת בת־ציון
כב אחריך ראש הניעה בת ירושלם: את־מי חרפת וגדפת ועל־
כג מי הרימות קול ותשא מרום עיניך על־קדוש ישראל: ביד
מלאכיך חרפת | אדני ותאמר ברכב רכבי אני עליתי מרום בְּרֹב
הרים ירכתי לבנון ואכרת קומת ארזיו מבחור ברשיו
כד ואבואה מלון קצה יער כרמלו: אני קרתי ושתיתי מים זרים
כה ואחרב בכף־פעמי כל יארי מצור: הלא־שמעת למרחוק
אתה עשיתי למימי קדם ויצרתיה עתה הביאתיה ותהי
כו להשות גלים נצים ערים בצרות: וישביהן קצרי־יד חתו
ויבשו היו עשב שדה וירק דשא חציר גגות ושדפה לפני
כז כח קמה: ושבתך וצאתך ובאך ידעתי ואת התרגזך אלי: יען
התרגזך אלי ושאננך עלה באזני ושמתי חחי באפך ומתגי

כט בִּשְׂפָתֶיךָ וַהֲשִׁבֹתִיךָ בַּדֶּרֶךְ אֲשֶׁר־בָּאתָ בָּהּ׃ וְזֶה־לְּךָ הָאוֹת
אָכוֹל הַשָּׁנָה סָפִיחַ וּבַשָּׁנָה הַשֵּׁנִית סָחִישׁ וּבַשָּׁנָה הַשְּׁלִישִׁית
ל זִרְעוּ וְקִצְרוּ וְנִטְעוּ כְרָמִים וְאִכְלוּ פִרְיָם׃ וְיָסְפָה פְּלֵיטַת בֵּית־
לא יְהוּדָה הַנִּשְׁאָרָה שֹׁרֶשׁ לְמָטָּה וְעָשָׂה פְרִי לְמָעְלָה׃ כִּי
מִירוּשָׁלִַם תֵּצֵא שְׁאֵרִית וּפְלֵיטָה מֵהַר צִיּוֹן קִנְאַת יהוה צְבָאוֹת
לב תַּעֲשֶׂה־זֹּאת׃ לָכֵן כֹּה־אָמַר יהוה אֶל־מֶלֶךְ
אַשּׁוּר לֹא יָבֹא אֶל־הָעִיר הַזֹּאת וְלֹא־יוֹרֶה שָׁם חֵץ וְלֹא־
לג יְקַדְּמֶנָּה מָגֵן וְלֹא־יִשְׁפֹּךְ עָלֶיהָ סֹלְלָה׃ בַּדֶּרֶךְ אֲשֶׁר־יָבֹא בָּהּ
לד יָשׁוּב וְאֶל־הָעִיר הַזֹּאת לֹא יָבֹא נְאֻם־יהוה׃ וְגַנּוֹתִי אֶל־הָעִיר
לה הַזֹּאת לְהוֹשִׁיעָהּ לְמַעֲנִי וּלְמַעַן דָּוִד עַבְדִּי׃ וַיְהִי
בַּלַּיְלָה הַהוּא וַיֵּצֵא ׀ מַלְאַךְ יהוה וַיַּךְ בְּמַחֲנֵה אַשּׁוּר מֵאָה
שְׁמוֹנִים וַחֲמִשָּׁה אָלֶף וַיַּשְׁכִּימוּ בַבֹּקֶר וְהִנֵּה כֻלָּם פְּגָרִים מֵתִים׃
לו לז וַיִּסַּע וַיֵּלֶךְ וַיָּשָׁב סַנְחֵרִיב מֶלֶךְ־אַשּׁוּר וַיֵּשֶׁב בְּנִינְוֵה׃ וַיְהִי
הוּא מִשְׁתַּחֲוֶה בֵּית ׀ נִסְרֹךְ אֱלֹהָיו וְאַדְרַמֶּלֶךְ וְשַׂרְאֶצֶר בָּנָיו
הִכֻּהוּ בַחֶרֶב וְהֵמָּה נִמְלְטוּ אֶרֶץ אֲרָרָט וַיִּמְלֹךְ אֵסַר־חַדֹּן
כ א בְּנוֹ תַּחְתָּיו׃ בַּיָּמִים הָהֵם חָלָה חִזְקִיָּהוּ לָמוּת וַיָּבֹא
אֵלָיו יְשַׁעְיָהוּ בֶן־אָמוֹץ הַנָּבִיא וַיֹּאמֶר אֵלָיו כֹּה־אָמַר יהוה
ב צַו לְבֵיתֶךָ כִּי מֵת אַתָּה וְלֹא תִחְיֶה׃ וַיַּסֵּב אֶת־פָּנָיו אֶל־הַקִּיר
ג וַיִּתְפַּלֵּל אֶל־יהוה לֵאמֹר׃ אָנָּה יהוה זְכָר־נָא אֵת אֲשֶׁר
הִתְהַלַּכְתִּי לְפָנֶיךָ בֶּאֱמֶת וּבְלֵבָב שָׁלֵם וְהַטּוֹב בְּעֵינֶיךָ עָשִׂיתִי
ד וַיֵּבְךְּ חִזְקִיָּהוּ בְּכִי גָדוֹל׃ וַיְהִי יְשַׁעְיָהוּ לֹא יָצָא
ה הָעִיר הַתִּיכֹנָה וּדְבַר־יהוה הָיָה אֵלָיו לֵאמֹר׃ שׁוּב וְאָמַרְתָּ חָצֵר
אֶל־חִזְקִיָּהוּ נְגִיד־עַמִּי כֹּה־אָמַר יהוה אֱלֹהֵי דָּוִד אָבִיךָ
שָׁמַעְתִּי אֶת־תְּפִלָּתֶךָ רָאִיתִי אֶת־דִּמְעָתֶךָ הִנְנִי רֹפֵא לָךְ בַּיּוֹם
ו הַשְּׁלִישִׁי תַּעֲלֶה בֵּית יהוה׃ וְהֹסַפְתִּי עַל־יָמֶיךָ חֲמֵשׁ עֶשְׂרֵה
שָׁנָה וּמִכַּף מֶלֶךְ־אַשּׁוּר אַצִּלְךָ וְאֵת הָעִיר הַזֹּאת וְגַנּוֹתִי עַל־
ז הָעִיר הַזֹּאת לְמַעֲנִי וּלְמַעַן דָּוִד עַבְדִּי׃ וַיֹּאמֶר יְשַׁעְיָהוּ קְחוּ

לב דבלת תאנים ויקחו וישימו על־השחין ויחי׃ ויאמר חזקיהו ח
אל־ישעיהו מה אות כי־ירפא יהוה לי ועליתי ביום השלישי
בית יהוה׃ ויאמר ישעיהו זה־לך האות מאת יהוה כי יעשה ט
יהוה את־הדבר אשר דבר הלך הצל עשר מעלות אם־ישוב
עשר מעלות׃ ויאמר יחזקיהו נקל לצל לנטות עשר מעלות י
לא כי ישוב הצל אחרנית עשר מעלות׃ ויקרא ישעיהו יא
הנביא אל־יהוה וישב את־הצל במעלות אשר ירדה
במעלות אחז אחרנית עשר מעלות׃ בעת יב
ההיא שלח בראדך בלאדן בן־בלאדן מלך־בבל ספרים
ומנחה אל־חזקיהו כי שמע כי חלה חזקיהו׃ וישמע עליהם יג
חזקיהו ויראם את־כל־בית נכתה את־הכסף ואת־הזהב
ואת־הבשמים ואת ׀ שמן הטוב ואת בית כליו ואת כל־אשר
נמצא באוצרתיו לא־היה דבר אשר לא־הראם חזקיהו
בביתו ובכל־ממשלתו׃ ויבא ישעיהו הנביא אל־המלך יד
חזקיהו ויאמר אליו מה־אמרו ׀ האנשים האלה ומאין יבאו
אליך ויאמר חזקיהו מארץ רחוקה באו מבבל׃ ויאמר מה טו
ראו בביתך ויאמר חזקיהו את כל־אשר בביתי ראו לא־
היה דבר אשר לא־הראיתם באצרתי׃ ויאמר ישעיהו אל־ טז
חזקיהו שמע דבר־יהוה׃ הנה ימים באים ונשא ׀ כל־אשר יז
בביתך ואשר אצרו אבתיך עד־היום הזה בבלה לא־יותר
דבר אמר יהוה׃ ומבניך אשר יצאו ממך אשר תוליד יקח והיו יח
סריסים בהיכל מלך בבל׃ ויאמר חזקיהו אל־ישעיהו טוב יט
דבר־יהוה אשר דברת ויאמר הלוא אם־שלום ואמת יהיה
בימי׃ ויתר דברי חזקיהו וכל־גבורתו ואשר עשה את־ כ
הברכה ואת־התעלה ויבא את־המים העירה הלא־הם
כתובים על־ספר דברי הימים למלכי יהודה׃ וישכב חזקיהו כא
עם־אבתיו וימלך מנשה בנו תחתיו׃ בן־ כא א

א שתים עשרה שנה מנשה במלכו וחמשים וחמש שנה מלך
ב בירושלם ושם אמו חפצי־בה: ויעש הרע בעיני יהוה
ג כתועבת הגוים אשר הוריש יהוה מפני בני ישראל: וישב
ויבן את־הבמות אשר אבד חזקיהו אביו ויקם מזבחת
לבעל ויעש אשרה כאשר עשה אחאב מלך ישראל וישתחו
ד לכל־צבא השמים ויעבד אתם: ובנה מזבחת בבית יהוה
ה אשר אמר יהוה בירושלם אשים את־שמי: ויבן מזבחות
ו לכל־צבא השמים בשתי חצרות בית־יהוה: והעביר את־
בנו באש ועונן ונחש ועשה אוב וידענים הרבה לעשות הרע
ז בעיני יהוה להכעיס: וישם את־פסל האשרה אשר עשה
בבית אשר אמר יהוה אל־דוד ואל־שלמה בנו בבית הזה
ובירושלם אשר בחרתי מכל שבטי ישראל אשים את־שמי
ח לעולם: ולא אסיף להניד רגל ישראל מן־האדמה אשר
נתתי לאבותם רק | אם־ישמרו לעשות ככל אשר צויתים
ט ולכל־התורה אשר־צוה אתם עבדי משה: ולא שמעו ויתעם
מנשה לעשות את־הרע מן־הגוים אשר השמיד יהוה מפני
י יא בני ישראל: וידבר יהוה ביד־עבדיו הנביאים לאמר: יען
אשר עשה מנשה מלך־יהודה התעבות האלה הרע מכל
אשר־עשו האמרי אשר לפניו ויחטא גם־את־יהודה
יב בגלוליו: לכן כה־אמר יהוה אלהי ישראל
הנני מביא רעה על־ירושלם ויהודה אשר כל־שמעיו שמעה
יג תצלנה שתי אזניו: ונטיתי על־ירושלם את קו שמרון ואת־
משקלת בית אחאב ומחיתי את־ירושלם כאשר־ימחה
יד את־הצלחת מחה והפך על־פניה: ונטשתי את שארית
נחלתי ונתתים ביד איביהם והיו לבז ולמשסה לכל־
טו איביהם: יען אשר עשו את־הרע בעיני ויהיו מכעסים אתי
טז מן־היום אשר יצאו אבותם ממצרים ועד היום הזה: וגם

דָּם נָקִי שָׁפַךְ מְנַשֶּׁה הַרְבֵּה מְאֹד עַד אֲשֶׁר־מִלֵּא אֶת־יְרוּשָׁלִַם
פֶּה לָפֶה לְבַד מֵחַטָּאתוֹ אֲשֶׁר הֶחֱטִיא אֶת־יְהוּדָה לַעֲשׂוֹת
יז הָרַע בְּעֵינֵי יהוה: וְיֶתֶר דִּבְרֵי מְנַשֶּׁה וְכָל־אֲשֶׁר עָשָׂה וְחַטָּאתוֹ
אֲשֶׁר חָטָא הֲלֹא־הֵם כְּתוּבִים עַל־סֵפֶר דִּבְרֵי הַיָּמִים לְמַלְכֵי
יח יְהוּדָה: וַיִּשְׁכַּב מְנַשֶּׁה עִם־אֲבֹתָיו וַיִּקָּבֵר בְּגַן־בֵּיתוֹ בְּגַן־עֻזָּא
יט וַיִּמְלֹךְ אָמוֹן בְּנוֹ תַּחְתָּיו: בֶּן־עֶשְׂרִים וּשְׁתַּיִם
שָׁנָה אָמוֹן בְּמָלְכוֹ וּשְׁתַּיִם שָׁנִים מָלַךְ בִּירוּשָׁלִָם וְשֵׁם אִמּוֹ
כ מְשֻׁלֶּמֶת בַּת־חָרוּץ מִן־יָטְבָה: וַיַּעַשׂ הָרַע בְּעֵינֵי יהוה כַּאֲשֶׁר
כא עָשָׂה מְנַשֶּׁה אָבִיו: וַיֵּלֶךְ בְּכָל־הַדֶּרֶךְ אֲשֶׁר־הָלַךְ אָבִיו וַיַּעֲבֹד
כב אֶת־הַגִּלֻּלִים אֲשֶׁר עָבַד אָבִיו וַיִּשְׁתַּחוּ לָהֶם: וַיַּעֲזֹב אֶת־יהוה
כג אֱלֹהֵי אֲבֹתָיו וְלֹא־הָלַךְ בְּדֶרֶךְ יהוה: וַיִּקְשְׁרוּ עַבְדֵי־אָמוֹן עָלָיו
כד וַיָּמִיתוּ אֶת־הַמֶּלֶךְ בְּבֵיתוֹ: וַיַּךְ עַם־הָאָרֶץ אֵת כָּל־הַקֹּשְׁרִים
עַל־הַמֶּלֶךְ אָמוֹן וַיַּמְלִיכוּ עַם־הָאָרֶץ אֶת־יֹאשִׁיָּהוּ בְנוֹ תַּחְתָּיו:
כה וְיֶתֶר דִּבְרֵי אָמוֹן אֲשֶׁר עָשָׂה הֲלֹא־הֵם כְּתוּבִים עַל־סֵפֶר דִּבְרֵי
כו הַיָּמִים לְמַלְכֵי יְהוּדָה: וַיִּקְבֹּר אֹתוֹ בִּקְבֻרָתוֹ בְּגַן־עֻזָּא וַיִּמְלֹךְ
כב א יֹאשִׁיָּהוּ בְנוֹ תַּחְתָּיו: בֶּן־שְׁמֹנֶה שָׁנָה יֹאשִׁיָּהוּ
בְמָלְכוֹ וּשְׁלֹשִׁים וְאַחַת שָׁנָה מָלַךְ בִּירוּשָׁלִָם וְשֵׁם אִמּוֹ יְדִידָה
ב בַּת־עֲדָיָה מִבָּצְקַת: וַיַּעַשׂ הַיָּשָׁר בְּעֵינֵי יהוה וַיֵּלֶךְ בְּכָל־דֶּרֶךְ לג
ג דָּוִד אָבִיו וְלֹא־סָר יָמִין וּשְׂמֹאול: וַיְהִי בִּשְׁמֹנֶה עֶשְׂרֵה שָׁנָה
לַמֶּלֶךְ יֹאשִׁיָּהוּ שָׁלַח הַמֶּלֶךְ אֶת־שָׁפָן בֶּן־אֲצַלְיָהוּ בֶן־מְשֻׁלָּם
ד הַסֹּפֵר בֵּית יהוה לֵאמֹר: עֲלֵה אֶל־חִלְקִיָּהוּ הַכֹּהֵן הַגָּדוֹל וְיַתֵּם
אֶת־הַכֶּסֶף הַמּוּבָא בֵּית יהוה אֲשֶׁר אָסְפוּ שֹׁמְרֵי הַסַּף מֵאֵת
ה הָעָם: וְיִתְּנֻה עַל־יַד עֹשֵׂי הַמְּלָאכָה הַמֻּפְקָדִים בבית יהוה בֵּית
וְיִתְּנוּ אֹתוֹ לְעֹשֵׂי הַמְּלָאכָה אֲשֶׁר בְּבֵית יהוה לְחַזֵּק בֶּדֶק
ו הַבָּיִת: לֶחָרָשִׁים וְלַבֹּנִים וְלַגֹּדְרִים וְלִקְנוֹת עֵצִים וְאַבְנֵי מַחְצֵב
ז לְחַזֵּק אֶת־הַבָּיִת: אַךְ לֹא־יֵחָשֵׁב אִתָּם הַכֶּסֶף הַנִּתָּן עַל־יָדָם
ח כִּי בֶאֱמוּנָה הֵם עֹשִׂים: וַיֹּאמֶר חִלְקִיָּהוּ הַכֹּהֵן הַגָּדוֹל עַל־שָׁפָן

הספר ספר התורה מצאתי בבית יהוה ויתן חלקיה את־
הספר אל־שפן ויקראהו׃ ויבא שפן הספר אל־המלך וישב ט
את־המלך דבר ויאמר התיכו עבדיך את־הכסף הנמצא
בבית ויתנהו על־יד עשי המלאכה המפקדים בית יהוה׃
ויגד שפן הספר למלך לאמר ספר נתן לי חלקיה הכהן י
ויקראהו שפן לפני המלך׃ ויהי כשמע המלך את־דברי יא
ספר התורה ויקרע את־בגדיו׃ ויצו המלך את־חלקיה הכהן יב
ואת־אחיקם בן־שפן ואת־עכבור בן־מיכיה ואת ׀ שפן הספר
ואת עשיה עבד־המלך לאמר׃ לכו דרשו את־יהוה בעדי יג
ובעד־העם ובעד כל־יהודה על־דברי הספר הנמצא הזה
כי־גדולה חמת יהוה אשר־היא נצתה בנו על אשר לא־
שמעו אבתינו על־דברי הספר הזה לעשות ככל־הכתוב
עלינו׃ וילך חלקיהו הכהן ואחיקם ועכבור ושפן ועשיה אל־ יד
חלדה הנביאה אשת ׀ שלם בן־תקוה בן־חרחס שמר הבגדים
והיא ישבת בירושלם במשנה וידברו אליה׃ ותאמר אליהם טו
כה־אמר יהוה אלהי ישראל אמרו לאיש אשר־שלח אתכם
אלי׃ כה אמר יהוה הנני מביא רעה אל־המקום הזה ועל־ טז
ישביו את כל־דברי הספר אשר קרא מלך יהודה׃ תחת ׀ יז
אשר עזבוני ויקטרו לאלהים אחרים למען הכעיסני בכל
מעשה ידיהם ונצתה חמתי במקום הזה ולא תכבה׃ ואל־ יח
מלך יהודה השלח אתכם לדרש את־יהוה כה תאמרו אליו
כה־אמר יהוה אלהי ישראל הדברים אשר שמעת׃ יען רך־ יט
לבבך ותכנע ׀ מפני יהוה בשמעך אשר דברתי על־המקום
הזה ועל־ישביו להיות לשמה ולקללה ותקרע את־בגדיך
ותבכה לפני וגם אנכי שמעתי נאם־יהוה׃ לכן הנני אספך כ
על־אבתיך ונאספת אל־קברתיך בשלום ולא־תראינה
עיניך בכל הרעה אשר־אני מביא על־המקום הזה וישבו

א אֶת־הַמֶּלֶךְ דָּבָר׃ וַיִּשְׁלַח הַמֶּלֶךְ וַיַּאַסְפוּ אֵלָיו כָּל־זִקְנֵי יְהוּדָה
ב וִירוּשָׁלִָם׃ וַיַּעַל הַמֶּלֶךְ בֵּית־יְהוָה וְכָל־אִישׁ יְהוּדָה וְכָל־יֹשְׁבֵי
יְרוּשָׁלִַם אִתּוֹ וְהַכֹּהֲנִים וְהַנְּבִיאִים וְכָל־הָעָם לְמִקָּטֹן וְעַד־גָּדוֹל
וַיִּקְרָא בְאָזְנֵיהֶם אֶת־כָּל־דִּבְרֵי סֵפֶר הַבְּרִית הַנִּמְצָא בְּבֵית
ג יְהוָה׃ וַיַּעֲמֹד הַמֶּלֶךְ עַל־הָעַמּוּד וַיִּכְרֹת אֶת־הַבְּרִית ׀ לִפְנֵי
יְהוָה לָלֶכֶת אַחַר יְהוָה וְלִשְׁמֹר מִצְוֺתָיו וְאֶת־עֵדְוֺתָיו וְאֶת־
חֻקֹּתָיו בְּכָל־לֵב וּבְכָל־נֶפֶשׁ לְהָקִים אֶת־דִּבְרֵי הַבְּרִית הַזֹּאת
ד הַכְּתֻבִים עַל־הַסֵּפֶר הַזֶּה וַיַּעֲמֹד כָּל־הָעָם בַּבְּרִית׃ וַיְצַו
הַמֶּלֶךְ אֶת־חִלְקִיָּהוּ הַכֹּהֵן הַגָּדוֹל וְאֶת־כֹּהֲנֵי הַמִּשְׁנֶה וְאֶת־
שֹׁמְרֵי הַסַּף לְהוֹצִיא מֵהֵיכַל יְהוָה אֵת כָּל־הַכֵּלִים הָעֲשׂוּיִם
לַבַּעַל וְלָאֲשֵׁרָה וּלְכֹל צְבָא הַשָּׁמָיִם וַיִּשְׂרְפֵם מִחוּץ לִירוּשָׁלִַם
ה בְּשַׁדְמוֹת קִדְרוֹן וְנָשָׂא אֶת עֲפָרָם בֵּית־אֵל׃ וְהִשְׁבִּית אֶת־
הַכְּמָרִים אֲשֶׁר נָתְנוּ מַלְכֵי יְהוּדָה וַיְקַטֵּר בַּבָּמוֹת בְּעָרֵי
יְהוּדָה וּמְסִבֵּי יְרוּשָׁלִָם וְאֶת־הַמְקַטְּרִים לַבַּעַל לַשֶּׁמֶשׁ וְלַיָּרֵחַ
ו וְלַמַּזָּלוֹת וּלְכֹל צְבָא הַשָּׁמָיִם׃ וַיֹּצֵא אֶת־הָאֲשֵׁרָה מִבֵּית יְהוָה
מִחוּץ לִירוּשָׁלִַם אֶל־נַחַל קִדְרוֹן וַיִּשְׂרֹף אֹתָהּ בְּנַחַל קִדְרוֹן
ז וַיָּדֶק לְעָפָר וַיַּשְׁלֵךְ אֶת־עֲפָרָהּ עַל־קֶבֶר בְּנֵי הָעָם׃ וַיִּתֹּץ אֶת־
בָּתֵּי הַקְּדֵשִׁים אֲשֶׁר בְּבֵית יְהוָה אֲשֶׁר הַנָּשִׁים אֹרְגוֹת שָׁם
ח בָּתִּים לָאֲשֵׁרָה׃ וַיָּבֵא אֶת־כָּל־הַכֹּהֲנִים מֵעָרֵי יְהוּדָה וַיְטַמֵּא
אֶת־הַבָּמוֹת אֲשֶׁר קִטְּרוּ־שָׁמָּה הַכֹּהֲנִים מִגֶּבַע עַד־בְּאֵר שָׁבַע
וְנָתַץ אֶת־בָּמוֹת הַשְּׁעָרִים אֲשֶׁר־פֶּתַח שַׁעַר יְהוֹשֻׁעַ שַׂר־הָעִיר
ט אֲשֶׁר־עַל־שְׂמֹאול אִישׁ בְּשַׁעַר הָעִיר׃ אַךְ לֹא יַעֲלוּ כֹּהֲנֵי
הַבָּמוֹת אֶל־מִזְבַּח יְהוָה בִּירוּשָׁלִָם כִּי אִם־אָכְלוּ מַצּוֹת בְּתוֹךְ
י אֲחֵיהֶם׃ וְטִמֵּא אֶת־הַתֹּפֶת אֲשֶׁר בְּגֵי בני־הִנֹּם לְבִלְתִּי בן־
יא לְהַעֲבִיר אִישׁ אֶת־בְּנוֹ וְאֶת־בִּתּוֹ בָּאֵשׁ לַמֹּלֶךְ׃ וַיַּשְׁבֵּת אֶת־
הַסּוּסִים אֲשֶׁר נָתְנוּ מַלְכֵי יְהוּדָה לַשֶּׁמֶשׁ מִבֹּא בֵית־יְהוָה אֶל־
לִשְׁכַּת נְתַן־מֶלֶךְ הַסָּרִיס אֲשֶׁר בַּפַּרְוָרִים וְאֶת־מַרְכְּבוֹת

יב הַשֶּׁמֶשׁ שָׂרַף בָּאֵשׁ: וְאֶת־הַמִּזְבְּחוֹת אֲשֶׁר עַל־הַגָּג עֲלִיַּת אָחָז
אֲשֶׁר־עָשׂוּ ׀ מַלְכֵי יְהוּדָה וְאֶת־הַמִּזְבְּחוֹת אֲשֶׁר עָשָׂה מְנַשֶּׁה
בִּשְׁתֵּי חַצְרוֹת בֵּית־יְהוָה נָתַץ הַמֶּלֶךְ וַיָּרָץ מִשָּׁם וְהִשְׁלִיךְ
יג אֶת־עֲפָרָם אֶל־נַחַל קִדְרוֹן: וְאֶת־הַבָּמוֹת אֲשֶׁר ׀ עַל־פְּנֵי
יְרוּשָׁלַ͏ִם אֲשֶׁר מִימִין לְהַר־הַמַּשְׁחִית אֲשֶׁר בָּנָה שְׁלֹמֹה מֶלֶךְ־
יִשְׂרָאֵל לְעַשְׁתֹּרֶת ׀ שִׁקֻּץ צִידֹנִים וְלִכְמוֹשׁ שִׁקֻּץ מוֹאָב
יד וּלְמִלְכֹּם תּוֹעֲבַת בְּנֵי־עַמּוֹן טִמֵּא הַמֶּלֶךְ: וְשִׁבַּר אֶת־הַמַּצֵּבוֹת
טו וַיִּכְרֹת אֶת־הָאֲשֵׁרִים וַיְמַלֵּא אֶת־מְקוֹמָם עַצְמוֹת אָדָם: וְגַם
אֶת־הַמִּזְבֵּחַ אֲשֶׁר בְּבֵית־אֵל הַבָּמָה אֲשֶׁר עָשָׂה יָרָבְעָם בֶּן־
נְבָט אֲשֶׁר הֶחֱטִיא אֶת־יִשְׂרָאֵל גַּם אֶת־הַמִּזְבֵּחַ הַהוּא וְאֶת־
טז הַבָּמָה נָתָץ וַיִּשְׂרֹף אֶת־הַבָּמָה הֵדַק לְעָפָר וְשָׂרַף אֲשֵׁרָה: וַיִּפֶן
יֹאשִׁיָּהוּ וַיַּרְא אֶת־הַקְּבָרִים אֲשֶׁר־שָׁם בָּהָר וַיִּשְׁלַח וַיִּקַּח אֶת־
הָעֲצָמוֹת מִן־הַקְּבָרִים וַיִּשְׂרֹף עַל־הַמִּזְבֵּחַ וַיְטַמְּאֵהוּ כִּדְבַר
יְהוָה אֲשֶׁר קָרָא אִישׁ הָאֱלֹהִים אֲשֶׁר קָרָא אֶת־הַדְּבָרִים
יז הָאֵלֶּה: וַיֹּאמֶר מָה הַצִּיּוּן הַלָּז אֲשֶׁר אֲנִי רֹאֶה וַיֹּאמְרוּ אֵלָיו
אַנְשֵׁי הָעִיר הַקֶּבֶר אִישׁ־הָאֱלֹהִים אֲשֶׁר־בָּא מִיהוּדָה וַיִּקְרָא
יח אֶת־הַדְּבָרִים הָאֵלֶּה אֲשֶׁר עָשִׂיתָ עַל הַמִּזְבַּח בֵּית־אֵל: וַיֹּאמֶר
הַנִּיחוּ לוֹ אִישׁ אַל־יָנַע עַצְמֹתָיו וַיְמַלְּטוּ עַצְמֹתָיו אֵת עַצְמוֹת
יט הַנָּבִיא אֲשֶׁר־בָּא מִשֹּׁמְרוֹן: וְגַם אֶת־כָּל־בָּתֵּי הַבָּמוֹת אֲשֶׁר ׀
בְּעָרֵי שֹׁמְרוֹן אֲשֶׁר עָשׂוּ מַלְכֵי יִשְׂרָאֵל לְהַכְעִיס הֵסִיר יֹאשִׁיָּהוּ
כ וַיַּעַשׂ לָהֶם כְּכָל־הַמַּעֲשִׂים אֲשֶׁר עָשָׂה בְּבֵית־אֵל: וַיִּזְבַּח
אֶת־כָּל־כֹּהֲנֵי הַבָּמוֹת אֲשֶׁר־שָׁם עַל־הַמִּזְבְּחוֹת וַיִּשְׂרֹף אֶת־
כא עַצְמוֹת אָדָם עֲלֵיהֶם וַיָּשָׁב יְרוּשָׁלָ͏ִם: וַיְצַו הַמֶּלֶךְ אֶת־כָּל־הָעָם
לֵאמֹר עֲשׂוּ פֶסַח לַיהוָה אֱלֹהֵיכֶם כַּכָּתוּב עַל סֵפֶר הַבְּרִית
כב הַזֶּה: כִּי לֹא נַעֲשָׂה כַּפֶּסַח הַזֶּה מִימֵי הַשֹּׁפְטִים אֲשֶׁר שָׁפְטוּ
כג אֶת־יִשְׂרָאֵל וְכֹל יְמֵי מַלְכֵי יִשְׂרָאֵל וּמַלְכֵי יְהוּדָה: כִּי אִם־
בִּשְׁמֹנֶה עֶשְׂרֵה שָׁנָה לַמֶּלֶךְ יֹאשִׁיָּהוּ נַעֲשָׂה הַפֶּסַח הַזֶּה לַיהוָה

כד בירושלם: וגם את־האבות ואת־הידענים ואת־התרפים
ואת־הגללים ואת כל־השקצים אשר נראו בארץ יהודה
ובירושלם בער יאשיהו למען הקים את־דברי התורה
הכתבים על־הספר אשר מצא חלקיהו הכהן בית יהוה:
כה וכמהו לא־היה לפניו מלך אשר־שב אל־יהוה בכל־לבבו לד
ובכל־נפשו ובכל־מאדו ככל תורת משה ואחריו לא־קם
כו כמהו: אך ׀ לא־שב יהוה מחרון אפו הגדול אשר־חרה אפו
כז ביהודה על כל־הכעסים אשר הכעיסו מנשה: ויאמר יהוה גם
את־יהודה אסיר מעל פני כאשר הסרתי את־ישראל ומאסתי
את־העיר הזאת אשר־בחרתי את־ירושלם ואת־הבית
כח אשר אמרתי יהיה שמי שם: ויתר דברי יאשיהו וכל־אשר
עשה הלא־הם כתובים על־ספר דברי הימים למלכי יהודה:
כט בימיו עלה פרעה נכה מלך־מצרים על־מלך אשור על־נהר
פרת וילך המלך יאשיהו לקראתו וימיתהו במגדו כראתו
ל אתו: וירכבהו עבדיו מת ממגדו ויבאהו ירושלם ויקברהו
בקברתו ויקח עם־הארץ את־יהואחז בן־יאשיהו וימשחו
לא אתו וימליכו אתו תחת אביו: בן־עשרים
ושלש שנה יהואחז במלכו ושלשה חדשים מלך בירושלם
לב ושם אמו חמוטל בת־ירמיהו מלבנה: ויעש הרע בעיני יהוה
לג ככל אשר־עשו אבתיו: ויאסרהו פרעה נכה ברבלה בארץ
חמת במלך בירושלם ויתן־ענש על־הארץ מאה ככר־ ממלך
לד כסף וככר זהב: וימלך פרעה נכה את־אליקים בן־יאשיהו
תחת יאשיהו אביו ויסב את־שמו יהויקים ואת־יהואחז לקח
לה ויבא מצרים וימת שם: והכסף והזהב נתן יהויקים לפרעה
אך העריך את־הארץ לתת את־הכסף על־פי פרעה איש
כערכו נגש את־הכסף ואת־הזהב את־עם הארץ לתת
לו לפרעה נכה: בן־עשרים וחמש שנה יהויקים

זְבוּדָה בְּמָלְכוֹ וְאַחַת עֶשְׂרֵה שָׁנָה מָלַךְ בִּירוּשָׁלָ͏ִם וְשֵׁם אִמּוֹ זבידה
בַת־פְּדָיָה מִן־רוּמָה׃ וַיַּעַשׂ הָרַע בְּעֵינֵי יהוה כְּכֹל אֲשֶׁר־עָשׂוּ לז
אֲבֹתָיו׃ בְּיָמָיו עָלָה נְבֻכַדְנֶאצַּר מֶלֶךְ בָּבֶל וַיְהִי־לוֹ יְהוֹיָקִים א כד
עֶבֶד שָׁלֹשׁ שָׁנִים וַיָּשָׁב וַיִּמְרָד־בּוֹ׃ וַיְשַׁלַּח יהוה ׀ בּוֹ אֶת־גְּדוּדֵי ב
כַשְׂדִּים וְאֶת־גְּדוּדֵי אֲרָם וְאֵת ׀ גְּדוּדֵי מוֹאָב וְאֵת גְּדוּדֵי בְנֵי־
עַמּוֹן וַיְשַׁלְּחֵם בִּיהוּדָה לְהַאֲבִידוֹ כִּדְבַר יהוה אֲשֶׁר דִּבֶּר בְּיַד
עֲבָדָיו הַנְּבִיאִים׃ אַךְ ׀ עַל־פִּי יהוה הָיְתָה בִּיהוּדָה לְהָסִיר ג
מֵעַל פָּנָיו בְּחַטֹּאת מְנַשֶּׁה כְּכֹל אֲשֶׁר עָשָׂה׃ וְגַם דַּם־הַנָּקִי ד
אֲשֶׁר שָׁפָךְ וַיְמַלֵּא אֶת־יְרוּשָׁלַ͏ִם דָּם נָקִי וְלֹא־אָבָה יהוה
לִסְלֹחַ׃ וְיֶתֶר דִּבְרֵי יְהוֹיָקִים וְכָל־אֲשֶׁר עָשָׂה הֲלֹא־הֵם כְּתוּבִים ה
עַל־סֵפֶר דִּבְרֵי הַיָּמִים לְמַלְכֵי יְהוּדָה׃ וַיִּשְׁכַּב יְהוֹיָקִים עִם־ ו
אֲבֹתָיו וַיִּמְלֹךְ יְהוֹיָכִין בְּנוֹ תַּחְתָּיו׃ וְלֹא־הֹסִיף עוֹד מֶלֶךְ ז
מִצְרַיִם לָצֵאת מֵאַרְצוֹ כִּי־לָקַח מֶלֶךְ בָּבֶל מִנַּחַל מִצְרַיִם עַד־
נְהַר פְּרָת כֹּל אֲשֶׁר הָיְתָה לְמֶלֶךְ מִצְרָיִם׃ בֶּן־ ח
שְׁמֹנֶה עֶשְׂרֵה שָׁנָה יְהוֹיָכִין בְּמָלְכוֹ וּשְׁלֹשָׁה חֳדָשִׁים מָלַךְ
בִּירוּשָׁלָ͏ִם וְשֵׁם אִמּוֹ נְחֻשְׁתָּא בַת־אֶלְנָתָן מִירוּשָׁלָ͏ִם׃ וַיַּעַשׂ ט
עָלוּ הָרַע בְּעֵינֵי יהוה כְּכֹל אֲשֶׁר־עָשָׂה אָבִיו׃ בָּעֵת הַהִיא עלה י
עַבְדֵי נְבֻכַדְנֶאצַּר מֶלֶךְ־בָּבֶל יְרוּשָׁלָ͏ִם וַתָּבֹא הָעִיר בַּמָּצוֹר׃
וַיָּבֹא נְבֻכַדְנֶאצַּר מֶלֶךְ־בָּבֶל עַל־הָעִיר וַעֲבָדָיו צָרִים עָלֶיהָ׃ יא
וַיֵּצֵא יְהוֹיָכִין מֶלֶךְ־יְהוּדָה עַל־מֶלֶךְ בָּבֶל הוּא וְאִמּוֹ וַעֲבָדָיו יב
וְשָׂרָיו וְסָרִיסָיו וַיִּקַּח אֹתוֹ מֶלֶךְ בָּבֶל בִּשְׁנַת שְׁמֹנֶה לְמָלְכוֹ׃
וַיּוֹצֵא מִשָּׁם אֶת־כָּל־אוֹצְרוֹת בֵּית יהוה וְאוֹצְרוֹת בֵּית הַמֶּלֶךְ יג
וַיְקַצֵּץ אֶת־כָּל־כְּלֵי הַזָּהָב אֲשֶׁר עָשָׂה שְׁלֹמֹה מֶלֶךְ־יִשְׂרָאֵל
בְּהֵיכַל יהוה כַּאֲשֶׁר דִּבֶּר יהוה׃ וְהִגְלָה אֶת־כָּל־יְרוּשָׁלַ͏ִם וְאֶת־ יד
עֲשֶׂרֶת כָּל־הַשָּׂרִים וְאֵת ׀ כָּל־גִּבּוֹרֵי הַחַיִל עשרה אֲלָפִים גּוֹלֶה וְכָל־
הֶחָרָשׁ וְהַמַּסְגֵּר לֹא נִשְׁאַר זוּלַת דַּלַּת עַם־הָאָרֶץ׃ וַיֶּגֶל אֶת־ טו
יְהוֹיָכִין בָּבֶלָה וְאֶת־אֵם הַמֶּלֶךְ וְאֶת־נְשֵׁי הַמֶּלֶךְ וְאֶת־סָרִיסָיו

טז וְאֵת אולי הָאָרֶץ הוֹלִיךְ גּוֹלָה מִירוּשָׁלִַם בָּבֶלָה׃ וְאֵת כָּל־ אֵילֵי
אַנְשֵׁי הַחַיִל שִׁבְעַת אֲלָפִים וְהֶחָרָשׁ וְהַמַּסְגֵּר אֶלֶף הַכֹּל
גִּבּוֹרִים עֹשֵׂי מִלְחָמָה וַיְבִיאֵם מֶלֶךְ־בָּבֶל גּוֹלָה בָּבֶלָה׃
יז וַיַּמְלֵךְ מֶלֶךְ־בָּבֶל אֶת־מַתַּנְיָה דֹדוֹ תַּחְתָּיו וַיַּסֵּב אֶת־
יח שְׁמוֹ צִדְקִיָּהוּ׃ בֶּן־עֶשְׂרִים וְאַחַת שָׁנָה צִדְקִיָּהוּ לה
בְמָלְכוֹ וְאַחַת עֶשְׂרֵה שָׁנָה מָלַךְ בִּירוּשָׁלִָם וְשֵׁם אִמּוֹ
יט חמיטל בַּת־יִרְמְיָהוּ מִלִּבְנָה׃ וַיַּעַשׂ הָרַע בְּעֵינֵי יְהוָה כְּכֹל חֲמוּטַל
כ אֲשֶׁר־עָשָׂה יְהוֹיָקִים׃ כִּי ׀ עַל־אַף יְהוָה הָיְתָה בִירוּשָׁלִַם
וּבִיהוּדָה עַד־הִשְׁלִכוֹ אֹתָם מֵעַל פָּנָיו וַיִּמְרֹד צִדְקִיָּהוּ בְּמֶלֶךְ
כה א בָּבֶל׃ וַיְהִי בִשְׁנַת הַתְּשִׁיעִית לְמָלְכוֹ בַּחֹדֶשׁ
הָעֲשִׂירִי בֶּעָשׂוֹר לַחֹדֶשׁ בָּא נְבֻכַדְנֶאצַּר מֶלֶךְ־בָּבֶל הוּא וְכָל־
ב חֵילוֹ עַל־יְרוּשָׁלִַם וַיִּחַן עָלֶיהָ וַיִּבְנוּ עָלֶיהָ דָּיֵק סָבִיב׃ וַתָּבֹא
ג הָעִיר בַּמָּצוֹר עַד עַשְׁתֵּי עֶשְׂרֵה שָׁנָה לַמֶּלֶךְ צִדְקִיָּהוּ׃ בְּתִשְׁעָה
ד לַחֹדֶשׁ וַיֶּחֱזַק הָרָעָב בָּעִיר וְלֹא־הָיָה לֶחֶם לְעַם הָאָרֶץ׃ וַתִּבָּקַע
הָעִיר וְכָל־אַנְשֵׁי הַמִּלְחָמָה ׀ הַלַּיְלָה דֶּרֶךְ שַׁעַר ׀ בֵּין הַחֹמֹתַיִם
אֲשֶׁר עַל־גַּן הַמֶּלֶךְ וְכַשְׂדִּים עַל־הָעִיר סָבִיב וַיֵּלֶךְ דֶּרֶךְ
ה הָעֲרָבָה׃ וַיִּרְדְּפוּ חֵיל־כַּשְׂדִּים אַחַר הַמֶּלֶךְ וַיַּשִּׂגוּ אֹתוֹ בְּעַרְבוֹת
ו יְרֵחוֹ וְכָל־חֵילוֹ נָפֹצוּ מֵעָלָיו׃ וַיִּתְפְּשׂוּ אֶת־הַמֶּלֶךְ וַיַּעֲלוּ אֹתוֹ
ז אֶל־מֶלֶךְ בָּבֶל רִבְלָתָה וַיְדַבְּרוּ אִתּוֹ מִשְׁפָּט׃ וְאֶת־בְּנֵי צִדְקִיָּהוּ
שָׁחֲטוּ לְעֵינָיו וְאֶת־עֵינֵי צִדְקִיָּהוּ עִוֵּר וַיַּאַסְרֵהוּ בַנְחֻשְׁתַּיִם
ח וַיְבִאֵהוּ בָּבֶל׃ וּבַחֹדֶשׁ הַחֲמִישִׁי בְּשִׁבְעָה לַחֹדֶשׁ
הִיא שְׁנַת תְּשַׁע־עֶשְׂרֵה שָׁנָה לַמֶּלֶךְ נְבֻכַדְנֶאצַּר מֶלֶךְ־בָּבֶל
ט בָּא נְבוּזַרְאֲדָן רַב־טַבָּחִים עֶבֶד מֶלֶךְ־בָּבֶל יְרוּשָׁלִָם׃ וַיִּשְׂרֹף
אֶת־בֵּית־יְהוָה וְאֶת־בֵּית הַמֶּלֶךְ וְאֵת כָּל־בָּתֵּי יְרוּשָׁלִַם וְאֶת־
י כָּל־בֵּית גָּדוֹל שָׂרַף בָּאֵשׁ׃ וְאֶת־חוֹמֹת יְרוּשָׁלִַם סָבִיב נָתְצוּ
יא כָּל־חֵיל כַּשְׂדִּים אֲשֶׁר רַב־טַבָּחִים׃ וְאֵת יֶתֶר הָעָם הַנִּשְׁאָרִים
בָּעִיר וְאֶת־הַנֹּפְלִים אֲשֶׁר נָפְלוּ עַל־הַמֶּלֶךְ בָּבֶל וְאֵת יֶתֶר

הֶהָמוֹן הֶגְלָה נְבוּזַרְאֲדָן רַב־טַבָּחִים׃ וּמִדַּלַּת הָאָרֶץ הִשְׁאִיר יב
וּלְיוֹגְבִים
רַב־טַבָּחִים לְכֹרְמִים ולגבים׃ וְאֶת־עַמּוּדֵי הַנְּחֹשֶׁת אֲשֶׁר יג
בֵּית־יְהוָה וְאֶת־הַמְּכֹנוֹת וְאֶת־יָם הַנְּחֹשֶׁת אֲשֶׁר בְּבֵית־יְהוָה
שִׁבְּרוּ כַשְׂדִּים וַיִּשְׂאוּ אֶת־נְחֻשְׁתָּם בָּבֶלָה׃ וְאֶת־הַסִּירוֹת יד
וְאֶת־הַיָּעִים וְאֶת־הַמְזַמְּרוֹת וְאֶת־הַכַּפּוֹת וְאֵת כָּל־כְּלֵי
הַנְּחֹשֶׁת אֲשֶׁר יְשָׁרְתוּ־בָם לָקָחוּ׃ וְאֶת־הַמַּחְתּוֹת וְאֶת־ טו
הַמִּזְרָקוֹת אֲשֶׁר זָהָב זָהָב וַאֲשֶׁר־כֶּסֶף כָּסֶף לָקַח רַב־טַבָּחִים׃
הָעַמּוּדִים ׀ שְׁנַיִם הַיָּם הָאֶחָד וְהַמְּכֹנוֹת אֲשֶׁר־עָשָׂה שְׁלֹמֹה טז
לְבֵית יְהוָה לֹא־הָיָה מִשְׁקָל לִנְחֹשֶׁת כָּל־הַכֵּלִים הָאֵלֶּה׃
שְׁמֹנֶה עֶשְׂרֵה אַמָּה קוֹמַת ׀ הָעַמּוּד הָאֶחָד וְכֹתֶרֶת עָלָיו ׀ יז
אַמּוֹת
נְחֹשֶׁת וְקוֹמַת הַכֹּתֶרֶת שָׁלֹשׁ אמה וּשְׂבָכָה וְרִמֹּנִים עַל־
הַכֹּתֶרֶת סָבִיב הַכֹּל נְחֹשֶׁת וְכָאֵלֶּה לַעַמּוּד הַשֵּׁנִי עַל־הַשְּׂבָכָה׃
וַיִּקַּח רַב־טַבָּחִים אֶת־שְׂרָיָה כֹּהֵן הָרֹאשׁ וְאֶת־צְפַנְיָהוּ כֹּהֵן יח
מִשְׁנֶה וְאֶת־שְׁלֹשֶׁת שֹׁמְרֵי הַסַּף׃ וּמִן־הָעִיר לָקַח סָרִיס אֶחָד יט
אֲשֶׁר־הוּא פָקִיד ׀ עַל־אַנְשֵׁי הַמִּלְחָמָה וַחֲמִשָּׁה אֲנָשִׁים מֵרֹאֵי
פְנֵי־הַמֶּלֶךְ אֲשֶׁר נִמְצְאוּ בָעִיר וְאֵת הַסֹּפֵר שַׂר הַצָּבָא הַמַּצְבִּא
אֶת־עַם הָאָרֶץ וְשִׁשִּׁים אִישׁ מֵעַם הָאָרֶץ הַנִּמְצְאִים בָּעִיר׃
וַיִּקַּח אֹתָם נְבוּזַרְאֲדָן רַב־טַבָּחִים וַיֹּלֶךְ אֹתָם עַל־מֶלֶךְ בָּבֶל כ
רִבְלָתָה׃ וַיַּךְ אֹתָם מֶלֶךְ בָּבֶל וַיְמִיתֵם בְּרִבְלָה בְּאֶרֶץ חֲמָת כא
וַיִּגֶל יְהוּדָה מֵעַל אַדְמָתוֹ׃ וְהָעָם הַנִּשְׁאָר בְּאֶרֶץ יְהוּדָה אֲשֶׁר כב
הִשְׁאִיר נְבוּכַדְנֶאצַּר מֶלֶךְ בָּבֶל וַיַּפְקֵד עֲלֵיהֶם אֶת־גְּדַלְיָהוּ
בֶּן־אֲחִיקָם בֶּן־שָׁפָן׃ וַיִּשְׁמְעוּ כָל־שָׂרֵי הַחֲיָלִים הֵמָּה וְהָאֲנָשִׁים כג
כִּי־הִפְקִיד מֶלֶךְ־בָּבֶל אֶת־גְּדַלְיָהוּ וַיָּבֹאוּ אֶל־גְּדַלְיָהוּ הַמִּצְפָּה
וְיִשְׁמָעֵאל בֶּן־נְתַנְיָה וְיוֹחָנָן בֶּן־קָרֵחַ וּשְׂרָיָה בֶן־תַּנְחֻמֶת
הַנְּטֹפָתִי וְיַאֲזַנְיָהוּ בֶּן־הַמַּעֲכָתִי הֵמָּה וְאַנְשֵׁיהֶם׃ וַיִּשָּׁבַע לָהֶם כד
גְּדַלְיָהוּ וּלְאַנְשֵׁיהֶם וַיֹּאמֶר לָהֶם אַל־תִּירְאוּ מֵעַבְדֵי הַכַּשְׂדִּים
שְׁבוּ בָאָרֶץ וְעִבְדוּ אֶת־מֶלֶךְ בָּבֶל וְיִטַב לָכֶם׃ וַיְהִי כה

בַּחֹדֶשׁ הַשְּׁבִיעִי בָּא יִשְׁמָעֵאל בֶּן־נְתַנְיָה בֶן־אֱלִישָׁמָע מִזֶּרַע
הַמְּלוּכָה וַעֲשָׂרָה אֲנָשִׁים אִתּוֹ וַיַּכּוּ אֶת־גְּדַלְיָהוּ וַיָּמֹת וְאֶת־
כו הַיְּהוּדִים וְאֶת־הַכַּשְׂדִּים אֲשֶׁר־הָיוּ אִתּוֹ בַּמִּצְפָּה: וַיָּקֻמוּ כָל־
הָעָם מִקָּטֹן וְעַד־גָּדוֹל וְשָׂרֵי הַחֲיָלִים וַיָּבֹאוּ מִצְרָיִם כִּי יָרְאוּ
כז מִפְּנֵי כַשְׂדִּים: וַיְהִי בִשְׁלֹשִׁים וָשֶׁבַע שָׁנָה לְגָלוּת
יְהוֹיָכִין מֶלֶךְ־יְהוּדָה בִּשְׁנֵים עָשָׂר חֹדֶשׁ בְּעֶשְׂרִים וְשִׁבְעָה
לַחֹדֶשׁ נָשָׂא אֱוִיל מְרֹדַךְ מֶלֶךְ בָּבֶל בִּשְׁנַת מָלְכוֹ אֶת־רֹאשׁ
כח יְהוֹיָכִין מֶלֶךְ־יְהוּדָה מִבֵּית כֶּלֶא: וַיְדַבֵּר אִתּוֹ טֹבוֹת וַיִּתֵּן אֶת־
כט כִּסְאוֹ מֵעַל כִּסֵּא הַמְּלָכִים אֲשֶׁר אִתּוֹ בְּבָבֶל: וְשִׁנָּא אֵת בִּגְדֵי
ל כִלְאוֹ וְאָכַל לֶחֶם תָּמִיד לְפָנָיו כָּל־יְמֵי חַיָּיו: וַאֲרֻחָתוֹ אֲרֻחַת
תָּמִיד נִתְּנָה־לּוֹ מֵאֵת הַמֶּלֶךְ דְּבַר־יוֹם בְּיוֹמוֹ כֹּל יְמֵי חַיָּו:

ישעיה

א חֲזוֹן יְשַׁעְיָהוּ בֶן־אָמוֹץ אֲשֶׁר חָזָה עַל־יְהוּדָה וִירוּשָׁלָ͏ִם בִּימֵי א
ב עֻזִּיָּהוּ יוֹתָם אָחָז יְחִזְקִיָּהוּ מַלְכֵי יְהוּדָה׃ שִׁמְעוּ שָׁמַיִם וְהַאֲזִינִי
ג אֶרֶץ כִּי יְהוָה דִּבֵּר בָּנִים גִּדַּלְתִּי וְרוֹמַמְתִּי וְהֵם פָּשְׁעוּ בִי׃ יָדַע
שׁוֹר קֹנֵהוּ וַחֲמוֹר אֵבוּס בְּעָלָיו יִשְׂרָאֵל לֹא יָדַע עַמִּי לֹא
ד הִתְבּוֹנָן׃ הוֹי ׀ גּוֹי חֹטֵא עַם כֶּבֶד עָוֺן זֶרַע מְרֵעִים בָּנִים מַשְׁחִיתִים
ה עָזְבוּ אֶת־יְהוָה נִאֲצוּ אֶת־קְדוֹשׁ יִשְׂרָאֵל נָזֹרוּ אָחוֹר׃ עַל מֶה
ו תֻכּוּ עוֹד תּוֹסִיפוּ סָרָה כָּל־רֹאשׁ לָחֳלִי וְכָל־לֵבָב דַּוָּי׃ מִכַּף־רֶגֶל
וְעַד־רֹאשׁ אֵין־בּוֹ מְתֹם פֶּצַע וְחַבּוּרָה וּמַכָּה טְרִיָּה לֹא־זֹרוּ
ז וְלֹא חֻבָּשׁוּ וְלֹא רֻכְּכָה בַּשָּׁמֶן׃ אַרְצְכֶם שְׁמָמָה עָרֵיכֶם שְׂרֻפוֹת
אֵשׁ אַדְמַתְכֶם לְנֶגְדְּכֶם זָרִים אֹכְלִים אֹתָהּ וּשְׁמָמָה כְּמַהְפֵּכַת
ח זָרִים׃ וְנוֹתְרָה בַת־צִיּוֹן כְּסֻכָּה בְכָרֶם כִּמְלוּנָה בְמִקְשָׁה כְּעִיר
ט נְצוּרָה׃ לוּלֵי יְהוָה צְבָאוֹת הוֹתִיר לָנוּ שָׂרִיד כִּמְעָט כִּסְדֹם
י הָיִינוּ לַעֲמֹרָה דָּמִינוּ׃ שִׁמְעוּ דְבַר־יְהוָה קְצִינֵי
יא סְדֹם הַאֲזִינוּ תּוֹרַת אֱלֹהֵינוּ עַם עֲמֹרָה׃ לָמָּה לִּי רֹב־זִבְחֵיכֶם
יֹאמַר יְהוָה שָׂבַעְתִּי עֹלוֹת אֵילִים וְחֵלֶב מְרִיאִים וְדַם פָּרִים
יב וּכְבָשִׂים וְעַתּוּדִים לֹא חָפָצְתִּי׃ כִּי תָבֹאוּ לֵרָאוֹת פָּנָי מִי־בִקֵּשׁ
יג זֹאת מִיֶּדְכֶם רְמֹס חֲצֵרָי׃ לֹא תוֹסִיפוּ הָבִיא מִנְחַת־שָׁוְא
קְטֹרֶת תּוֹעֵבָה הִיא לִי חֹדֶשׁ וְשַׁבָּת קְרֹא מִקְרָא לֹא־אוּכַל
יד אָוֶן וַעֲצָרָה׃ חָדְשֵׁיכֶם וּמוֹעֲדֵיכֶם שָׂנְאָה נַפְשִׁי הָיוּ עָלַי
טו לָטֹרַח נִלְאֵיתִי נְשֹׂא׃ וּבְפָרִשְׂכֶם כַּפֵּיכֶם אַעְלִים עֵינַי מִכֶּם
גַּם כִּי־תַרְבּוּ תְפִלָּה אֵינֶנִּי שֹׁמֵעַ יְדֵיכֶם דָּמִים מָלֵאוּ׃
טז רַחֲצוּ הִזַּכּוּ הָסִירוּ רֹעַ מַעַלְלֵיכֶם מִנֶּגֶד עֵינָי חִדְלוּ הָרֵעַ׃
יז לִמְדוּ הֵיטֵב דִּרְשׁוּ מִשְׁפָּט אַשְּׁרוּ חָמוֹץ שִׁפְטוּ יָתוֹם רִיבוּ
יח אַלְמָנָה׃ לְכוּ־נָא וְנִוָּכְחָה יֹאמַר יְהוָה אִם־יִהְיוּ
חֲטָאֵיכֶם כַּשָּׁנִים כַּשֶּׁלֶג יַלְבִּינוּ אִם־יַאְדִּימוּ כַתּוֹלָע כַּצֶּמֶר יִהְיוּ׃
יט כ אִם־תֹּאבוּ וּשְׁמַעְתֶּם טוּב הָאָרֶץ תֹּאכֵלוּ׃ וְאִם־תְּמָאֲנוּ
כא וּמְרִיתֶם חֶרֶב תְּאֻכְּלוּ כִּי פִּי יְהוָה דִּבֵּר׃ אֵיכָה

היתה לזונה קריה נאמנה מלאתי משפט צדק ילין בה ועתה
כב כג מרצחים: כספך היה לסיגים סבאך מהול במים: שריך
סוררים וחברי גנבים כלו אהב שחד ורדף שלמנים יתום לא
כד ישפטו וריב אלמנה לא־יבוא אליהם: לכן
נאם האדון יהוה צבאות אביר ישראל הוי אנחם מצרי
כה ואנקמה מאויבי: ואשיבה ידי עליך ואצרף כבר סיגיך
כו ואסירה כל־בדיליך: ואשיבה שפטיך כבראשנה ויעציך
כז כבתחלה אחרי־כן יקרא לך עיר הצדק קריה נאמנה: ציון
כח במשפט תפדה ושביה בצדקה: ושבר פשעים וחטאים יחדו
כט ועזבי יהוה יכלו: כי יבשו מאילים אשר חמדתם ותחפרו
ל מהגנות אשר בחרתם: כי תהיו כאלה נבלת עלה וכגנה
לא אשר־מים אין לה: והיה החסן לנערת ופעלו לניצוץ ובערו
ב א שניהם יחדו ואין מכבה: הדבר אשר חזה
ב ישעיהו בן־אמוץ על־יהודה וירושלם: והיה | באחרית
הימים נכון יהיה הר בית־יהוה בראש ההרים ונשא מגבעות
ג ונהרו אליו כל־הגוים: והלכו עמים רבים ואמרו לכו | ונעלה
אל־הר־יהוה אל־בית אלהי יעקב וירנו מדרכיו ונלכה
ד בארחתיו כי מציון תצא תורה ודבר־יהוה מירושלם: ושפט
בין הגוים והוכיח לעמים רבים וכתתו חרבותם לאתים
וחניתותיהם למזמרות לא־ישא גוי אל־גוי חרב ולא־ילמדו
ה עוד מלחמה: בית יעקב לכו ונלכה באור
ו יהוה: כי נטשתה עמך בית יעקב כי מלאו מקדם ועננים
ז כפלשתים ובילדי נכרים ישפיקו: ותמלא ארצו כסף
וזהב ואין קצה לאצרתיו ותמלא ארצו סוסים ואין קצה
ח למרכבתיו: ותמלא ארצו אלילים למעשה ידיו ישתחוו
ט לאשר עשו אצבעתיו: וישח אדם וישפל־איש ואל־תשא
י להם: בוא בצור והטמן בעפר מפני פחד יהוה ומהדר גאנו:

יא עיני גבהות אדם שפל ושח רום אנשים ונשגב יהוה לבדו
יב ביום ההוא: כי יום ליהוה צבאות על כל־גאה
יג ורם ועל כל־נשא ושפל: ועל כל־ארזי הלבנון הרמים
יד והנשאים ועל כל־אלוני הבשן: ועל כל־ההרים הרמים ועל
טו כל־הגבעות הנשאות: ועל כל־מגדל גבה ועל כל־חומה
טז בצורה: ועל כל־אניות תרשיש ועל כל־שכיות החמדה:
יז ושח גבהות האדם ושפל רום אנשים ונשגב יהוה לבדו ביום
יח יט ההוא: והאלילים כליל יחלף: ובאו במערות צרים ובמחלות
כ עפר מפני פחד יהוה ומהדר גאונו בקומו לערץ הארץ: ביום
ההוא ישליך האדם את אלילי כספו ואת אלילי זהבו אשר
כא עשו־לו להשתחות לחפר פרות ולעטלפים: לבוא בנקרות
הצרים ובסעפי הסלעים מפני פחד יהוה ומהדר גאונו בקומו
כב לערץ הארץ: חדלו לכם מן־האדם אשר נשמה באפו כי
ג א במה נחשב הוא: כי הנה האדון יהוה צבאות
מסיר מירושלם ומיהודה משען ומשענה כל משען־לחם
ב וכל משען־מים: גבור ואיש מלחמה שופט ונביא וקסם וזקן:
ג שר־חמשים ונשוא פנים ויועץ וחכם חרשים ונבון לחש:
ד ה ונתתי נערים שריהם ותעלולים ימשלו־בם: ונגש העם איש
ו באיש ואיש ברעהו ירהבו הנער בזקן והנקלה בנכבד: כי־
יתפש איש באחיו בית אביו שמלה לכה קצין תהיה־לנו
ז והמכשלה הזאת תחת ידך: ישא ביום ההוא | לאמר לא־
אהיה חבש ובביתי אין לחם ואין שמלה לא תשימני קצין
ח עם: כי כשלה ירושלם ויהודה נפל כי־לשונם ומעלליהם
ט אל־יהוה למרות עני כבודו: הכרת פניהם ענתה בם וחטאתם
כסדם הגידו לא כחדו אוי לנפשם כי־גמלו להם רעה:
י יא אמרו צדיק כי־טוב כי־פרי מעלליהם יאכלו: אוי לרשע רע
יב כי־גמול ידיו יעשה לו: עמי נגשיו מעולל ונשים משלו בו עמי

מְאַשְּׁרֶיךָ מַתְעִים וְדֶרֶךְ אֹרְחֹתֶיךָ בִּלֵּעוּ׃ נִצָּב יג
לָרִיב יהוה וְעֹמֵד לָדִין עַמִּים׃ יהוה בְּמִשְׁפָּט יָבוֹא עִם־זִקְנֵי יד
עַמּוֹ וְשָׂרָיו וְאַתֶּם בִּעַרְתֶּם הַכֶּרֶם גְּזֵלַת הֶעָנִי בְּבָתֵּיכֶם׃
מַה־לָּכֶם מלכם תְּדַכְּאוּ עַמִּי וּפְנֵי עֲנִיִּים תִּטְחָנוּ נְאֻם־אֲדֹנָי יֱהוִה טו
צְבָאוֹת׃ וַיֹּאמֶר יהוה יַעַן כִּי גָבְהוּ בְּנוֹת צִיּוֹן טז
נְטוּיוֹת וַתֵּלַכְנָה נטוות גָּרוֹן וּמְשַׂקְּרוֹת עֵינָיִם הָלוֹךְ וְטָפֹף תֵּלַכְנָה
וּבְרַגְלֵיהֶם תְּעַכַּסְנָה׃ וְשִׂפַּח אֲדֹנָי קָדְקֹד בְּנוֹת צִיּוֹן וַיהוה פָּתְהֵן יז
יְעָרֶה׃ בַּיּוֹם הַהוּא יָסִיר אֲדֹנָי אֵת תִּפְאֶרֶת יח
הָעֲכָסִים וְהַשְּׁבִיסִים וְהַשַּׂהֲרֹנִים׃ הַנְּטִפוֹת וְהַשֵּׁירוֹת וְהָרְעָלוֹת׃ יט
הַפְּאֵרִים וְהַצְּעָדוֹת וְהַקִּשֻּׁרִים וּבָתֵּי הַנֶּפֶשׁ וְהַלְּחָשִׁים׃ הַטַּבָּעוֹת כ כא
וְנִזְמֵי הָאָף׃ הַמַּחֲלָצוֹת וְהַמַּעֲטָפוֹת וְהַמִּטְפָּחוֹת וְהָחֲרִיטִים׃ כב
הַגִּלְיֹנִים וְהַסְּדִינִים וְהַצְּנִיפוֹת וְהָרְדִידִים׃ וְהָיָה תַחַת בֹּשֶׂם מַק כג כד
יִהְיֶה וְתַחַת חֲגוֹרָה נִקְפָּה וְתַחַת מַעֲשֶׂה מִקְשֶׁה קָרְחָה
וְתַחַת פְּתִיגִיל מַחֲגֹרֶת שָׂק כִּי־תַחַת יֹפִי׃ מְתַיִךְ בַּחֶרֶב יִפֹּלוּ כה
וּגְבוּרָתֵךְ בַּמִּלְחָמָה׃ וְאָנוּ וְאָבְלוּ פְּתָחֶיהָ וְנִקָּתָה לָאָרֶץ כו
תֵּשֵׁב׃ וְהֶחֱזִיקוּ שֶׁבַע נָשִׁים בְּאִישׁ אֶחָד בַּיּוֹם הַהוּא לֵאמֹר א ד
לַחְמֵנוּ נֹאכֵל וְשִׂמְלָתֵנוּ נִלְבָּשׁ רַק יִקָּרֵא שִׁמְךָ עָלֵינוּ אֱסֹף
חֶרְפָּתֵנוּ׃ בַּיּוֹם הַהוּא יִהְיֶה צֶמַח יהוה לִצְבִי ב
ב וּלְכָבוֹד וּפְרִי הָאָרֶץ לְגָאוֹן וּלְתִפְאֶרֶת לִפְלֵיטַת יִשְׂרָאֵל׃ וְהָיָה ׀ ג
הַנִּשְׁאָר בְּצִיּוֹן וְהַנּוֹתָר בִּירוּשָׁלִַם קָדוֹשׁ יֵאָמֶר לוֹ כָּל־הַכָּתוּב
לַחַיִּים בִּירוּשָׁלִָם׃ אִם ׀ רָחַץ אֲדֹנָי אֵת צֹאַת בְּנוֹת־צִיּוֹן וְאֶת־ ד
דְּמֵי יְרוּשָׁלִַם יָדִיחַ מִקִּרְבָּהּ בְּרוּחַ מִשְׁפָּט וּבְרוּחַ בָּעֵר׃ וּבָרָא ה
יהוה עַל כָּל־מְכוֹן הַר־צִיּוֹן וְעַל־מִקְרָאֶהָ עָנָן ׀ יוֹמָם
וְעָשָׁן וְנֹגַהּ אֵשׁ לֶהָבָה לָיְלָה כִּי עַל־כָּל־כָּבוֹד חֻפָּה׃
וְסֻכָּה תִּהְיֶה לְצֵל־יוֹמָם מֵחֹרֶב וּלְמַחְסֶה וּלְמִסְתּוֹר מִזֶּרֶם ו
וּמִמָּטָר׃ אָשִׁירָה נָּא לִידִידִי שִׁירַת דּוֹדִי לְכַרְמוֹ א ה
כֶּרֶם הָיָה לִידִידִי בְּקֶרֶן בֶּן־שָׁמֶן׃ וַיְעַזְּקֵהוּ וַיְסַקְּלֵהוּ וַיִּטָּעֵהוּ ב

שרק ויבן מגדל בתוכו וגם־יקב חצב בו ויקו לעשות ענבים
ג ויעש באשים: ועתה יושב ירושלם ואיש יהודה שפטו־נא
ד ביני ובין כרמי: מה־לעשות עוד לכרמי ולא עשיתי בו
ה מדוע קויתי לעשות ענבים ויעש באשים: ועתה אודיעה־נא
אתכם את אשר־אני עשה לכרמי הסר משוכתו והיה לבער
ו פרץ גדרו והיה למרמס: ואשיתהו בתה לא יזמר ולא
יעדר ועלה שמיר ושית ועל העבים אצוה מהמטיר עליו
ז מטר: כי כרם יהוה צבאות בית ישראל ואיש יהודה
נטע שעשועיו ויקו למשפט והנה משפח לצדקה והנה
ח צעקה: הוי מגיעי בית בבית שדה בשדה
יקריבו עד אפס מקום והושבתם לבדכם בקרב הארץ:
ט באזני יהוה צבאות אם־לא בתים רבים לשמה יהיו גדלים
י וטובים מאין יושב: כי עשרת צמדי־כרם יעשו בת אחת
יא וזרע חמר יעשה איפה: הוי משכימי בבקר
יב שכר ירדפו מאחרי בנשף יין ידליקם: והיה כנור ונבל תף
וחליל ויין משתיהם ואת פעל יהוה לא יביטו ומעשה ידיו
יג לא ראו: לכן גלה עמי מבלי־דעת וכבודו מתי רעב והמונו
יד צחה צמא: לכן הרחיבה שאול נפשה ופערה פיה לבלי־
טו חק וירד הדרה והמונה ושאונה ועלז בה: וישח אדם
טז וישפל־איש ועיני גבהים תשפלנה: ויגבה יהוה צבאות
יז במשפט והאל הקדוש נקדש בצדקה: ורעו כבשים כדברם
יח וחרבות מחים גרים יאכלו: הוי משכי העון
יט בחבלי השוא וכעבות העגלה חטאה: האמרים ימהר ׀
יחישה מעשהו למען נראה ותקרב ותבואה עצת קדוש
כ ישראל ונדעה: הוי האמרים לרע טוב ולטוב
רע שמים חשך לאור ואור לחשך שמים מר למתוק
כא ומתוק למר: הוי חכמים בעיניהם ונגד פניהם

כב נְבֹנִים׃ הוֹי גִּבּוֹרִים לִשְׁתּוֹת יָיִן וְאַנְשֵׁי־חַיִל
כג לִמְסֹךְ שֵׁכָר׃ מַצְדִּיקֵי רָשָׁע עֵקֶב שֹׁחַד וְצִדְקַת צַדִּיקִים יָסִירוּ
כד מִמֶּנּוּ׃ לָכֵן כֶּאֱכֹל קַשׁ לְשׁוֹן אֵשׁ וַחֲשַׁשׁ לֶהָבָה
יִרְפֶּה שָׁרְשָׁם כַּמָּק יִהְיֶה וּפִרְחָם כָּאָבָק יַעֲלֶה כִּי מָאֲסוּ אֵת
כה תּוֹרַת יהוה צְבָאוֹת וְאֵת אִמְרַת קְדוֹשׁ־יִשְׂרָאֵל נִאֵצוּ׃ עַל־כֵּן
חָרָה אַף־יהוה בְּעַמּוֹ וַיֵּט יָדוֹ עָלָיו וַיַּכֵּהוּ וַיִּרְגְּזוּ הֶהָרִים וַתְּהִי
נִבְלָתָם כַּסּוּחָה בְּקֶרֶב חוּצוֹת בְּכָל־זֹאת לֹא־שָׁב אַפּוֹ וְעוֹד
כו יָדוֹ נְטוּיָה׃ וְנָשָׂא־נֵס לַגּוֹיִם מֵרָחוֹק וְשָׁרַק לוֹ מִקְצֵה הָאָרֶץ
כז וְהִנֵּה מְהֵרָה קַל יָבוֹא׃ אֵין־עָיֵף וְאֵין־כּוֹשֵׁל בּוֹ לֹא יָנוּם וְלֹא
כח יִישָׁן וְלֹא נִפְתַּח אֵזוֹר חֲלָצָיו וְלֹא נִתַּק שְׂרוֹךְ נְעָלָיו׃ אֲשֶׁר
חִצָּיו שְׁנוּנִים וְכָל־קַשְּׁתֹתָיו דְּרֻכוֹת פַּרְסוֹת סוּסָיו כַּצַּר
כט נֶחְשָׁבוּ וְגַלְגִּלָּיו כַּסּוּפָה׃ שְׁאָגָה לוֹ כַּלָּבִיא ושאג כַּכְּפִירִים יִשְׁאַג
ל וְיִנְהֹם וְיֹאחֵז טֶרֶף וְיַפְלִיט וְאֵין מַצִּיל׃ וְיִנְהֹם עָלָיו בַּיּוֹם
הַהוּא כְּנַהֲמַת־יָם וְנִבַּט לָאָרֶץ וְהִנֵּה־חֹשֶׁךְ צַר וָאוֹר חָשַׁךְ
ו א בַּעֲרִיפֶיהָ׃ בִּשְׁנַת־מוֹת הַמֶּלֶךְ עֻזִּיָּהוּ וָאֶרְאֶה
אֶת־אֲדֹנָי יֹשֵׁב עַל־כִּסֵּא רָם וְנִשָּׂא וְשׁוּלָיו מְלֵאִים אֶת־
ב הַהֵיכָל׃ שְׂרָפִים עֹמְדִים ׀ מִמַּעַל לוֹ שֵׁשׁ כְּנָפַיִם שֵׁשׁ כְּנָפַיִם
לְאֶחָד בִּשְׁתַּיִם ׀ יְכַסֶּה פָנָיו וּבִשְׁתַּיִם יְכַסֶּה רַגְלָיו וּבִשְׁתַּיִם
ג יְעוֹפֵף׃ וְקָרָא זֶה אֶל־זֶה וְאָמַר קָדוֹשׁ ׀ קָדוֹשׁ יהוה ג
ד צְבָאוֹת מְלֹא כָל־הָאָרֶץ כְּבוֹדוֹ׃ וַיָּנֻעוּ אַמּוֹת הַסִּפִּים מִקּוֹל
ה הַקּוֹרֵא וְהַבַּיִת יִמָּלֵא עָשָׁן׃ וָאֹמַר אוֹי־לִי כִי־נִדְמֵיתִי כִּי אִישׁ
טְמֵא־שְׂפָתַיִם אָנֹכִי וּבְתוֹךְ עַם־טְמֵא שְׂפָתַיִם אָנֹכִי יֹשֵׁב כִּי
ו אֶת־הַמֶּלֶךְ יהוה צְבָאוֹת רָאוּ עֵינָי׃ וַיָּעָף אֵלַי אֶחָד מִן־
ז הַשְּׂרָפִים וּבְיָדוֹ רִצְפָּה בְּמֶלְקַחַיִם לָקַח מֵעַל הַמִּזְבֵּחַ׃ וַיַּגַּע עַל־
פִּי וַיֹּאמֶר הִנֵּה נָגַע זֶה עַל־שְׂפָתֶיךָ וְסָר עֲוֺנֶךָ וְחַטָּאתְךָ
ח תְּכֻפָּר׃ וָאֶשְׁמַע אֶת־קוֹל אֲדֹנָי אֹמֵר אֶת־מִי אֶשְׁלַח וּמִי יֵלֶךְ־
ט לָנוּ וָאֹמַר הִנְנִי שְׁלָחֵנִי׃ וַיֹּאמֶר לֵךְ וְאָמַרְתָּ לָעָם הַזֶּה שִׁמְעוּ

י שָׁמוֹעַ וְאַל־תָּבִינוּ וּרְאוּ רָאוֹ וְאַל־תֵּדָעוּ׃ הַשְׁמֵן לֵב־הָעָם הַזֶּה
וְאׇזְנָיו הַכְבֵּד וְעֵינָיו הָשַׁע פֶּן־יִרְאֶה בְעֵינָיו וּבְאׇזְנָיו יִשְׁמָע וּלְבָבוֹ
יא יָבִין וָשָׁב וְרָפָא לוֹ׃ וָאֹמַר עַד־מָתַי אֲדֹנָי וַיֹּאמֶר עַד אֲשֶׁר
אִם־שָׁאוּ עָרִים מֵאֵין יוֹשֵׁב וּבָתִּים מֵאֵין אָדָם וְהָאֲדָמָה תִּשָּׁאֶה
יב שְׁמָמָה׃ וְרִחַק יְהֹוָה אֶת־הָאָדָם וְרַבָּה הָעֲזוּבָה בְּקֶרֶב הָאָרֶץ׃
יג וְעוֹד בָּהּ עֲשִׂרִיָּה וְשָׁבָה וְהָיְתָה לְבָעֵר כָּאֵלָה וְכָאַלּוֹן אֲשֶׁר
ז א בְּשַׁלֶּכֶת מַצֶּבֶת בָּם זֶרַע קֹדֶשׁ מַצַּבְתָּהּ׃ וַיְהִי
בִּימֵי אָחָז בֶּן־יוֹתָם בֶּן־עֻזִּיָּהוּ מֶלֶךְ יְהוּדָה עָלָה רְצִין מֶלֶךְ־
אֲרָם וּפֶקַח בֶּן־רְמַלְיָהוּ מֶלֶךְ־יִשְׂרָאֵל יְרוּשָׁלַםִ לַמִּלְחָמָה עָלֶיהָ
ב וְלֹא יָכֹל לְהִלָּחֵם עָלֶיהָ׃ וַיֻּגַּד לְבֵית דָּוִד לֵאמֹר נָחָה אֲרָם
עַל־אֶפְרָיִם וַיָּנַע לְבָבוֹ וּלְבַב עַמּוֹ כְּנוֹעַ עֲצֵי־יַעַר מִפְּנֵי־
ג רוּחַ׃ וַיֹּאמֶר יְהֹוָה אֶל־יְשַׁעְיָהוּ צֵא־נָא לִקְרַאת
אָחָז אַתָּה וּשְׁאָר יָשׁוּב בְּנֶךָ אֶל־קְצֵה תְּעָלַת הַבְּרֵכָה הָעֶלְיוֹנָה
ד אֶל־מְסִלַּת שְׂדֵה כוֹבֵס׃ וְאָמַרְתָּ אֵלָיו הִשָּׁמֵר וְהַשְׁקֵט אַל־
תִּירָא וּלְבָבְךָ אַל־יֵרַךְ מִשְּׁנֵי זַנְבוֹת הָאוּדִים הָעֲשֵׁנִים הָאֵלֶּה
ה בׇּחֳרִי־אַף רְצִין וַאֲרָם וּבֶן־רְמַלְיָהוּ׃ יַעַן כִּי־יָעַץ עָלֶיךָ
ו אֲרָם רָעָה אֶפְרַיִם וּבֶן־רְמַלְיָהוּ לֵאמֹר׃ נַעֲלֶה בִיהוּדָה
וּנְקִיצֶנָּה וְנַבְקִעֶנָּה אֵלֵינוּ וְנַמְלִיךְ מֶלֶךְ בְּתוֹכָהּ אֵת בֶּן־
ז טָבְאַל׃ כֹּה אָמַר אֲדֹנָי יֱהֹוִה לֹא תָקוּם וְלֹא
ח תִהְיֶה׃ כִּי רֹאשׁ אֲרָם דַּמֶּשֶׂק וְרֹאשׁ דַּמֶּשֶׂק רְצִין וּבְעוֹד
ט שִׁשִּׁים וְחָמֵשׁ שָׁנָה יֵחַת אֶפְרַיִם מֵעָם׃ וְרֹאשׁ אֶפְרַיִם
שֹׁמְרוֹן וְרֹאשׁ שֹׁמְרוֹן בֶּן־רְמַלְיָהוּ אִם לֹא תַאֲמִינוּ כִּי לֹא
י תֵאָמֵנוּ׃ וַיּוֹסֶף יְהֹוָה דַּבֵּר אֶל־אָחָז לֵאמֹר׃
יא שְׁאַל־לְךָ אוֹת מֵעִם יְהֹוָה אֱלֹהֶיךָ הַעְמֵק שְׁאָלָה אוֹ הַגְבֵּהַּ
יב לְמָעְלָה׃ וַיֹּאמֶר אָחָז לֹא־אֶשְׁאַל וְלֹא־אֲנַסֶּה אֶת־יְהֹוָה׃
יג וַיֹּאמֶר שִׁמְעוּ־נָא בֵּית דָּוִד הַמְעַט מִכֶּם הַלְאוֹת אֲנָשִׁים כִּי
יד תַלְאוּ גַּם אֶת־אֱלֹהָי׃ לָכֵן יִתֵּן אֲדֹנָי הוּא לָכֶם אוֹת הִנֵּה

טו הָעַלְמָה הָרָה וְיֹלֶדֶת בֵּן וְקָרָאת שְׁמוֹ עִמָּנוּ אֵל׃ חֶמְאָה וּדְבַשׁ
טז יֹאכֵל לְדַעְתּוֹ מָאוֹס בָּרָע וּבָחוֹר בַּטּוֹב׃ כִּי בְּטֶרֶם יֵדַע הַנַּעַר
מָאֹס בָּרָע וּבָחֹר בַּטּוֹב תֵּעָזֵב הָאֲדָמָה אֲשֶׁר־אַתָּה קָץ מִפְּנֵי
יז שְׁנֵי מְלָכֶיהָ׃ יָבִיא יְהוָה עָלֶיךָ וְעַל־עַמְּךָ וְעַל־בֵּית אָבִיךָ יָמִים
אֲשֶׁר לֹא־בָאוּ לְמִיּוֹם סוּר־אֶפְרַיִם מֵעַל יְהוּדָה אֵת מֶלֶךְ
יח אַשּׁוּר׃ וְהָיָה ׀ בַּיּוֹם הַהוּא יִשְׁרֹק יְהוָה לַזְּבוּב
יט אֲשֶׁר בִּקְצֵה יְאֹרֵי מִצְרָיִם וְלַדְּבוֹרָה אֲשֶׁר בְּאֶרֶץ אַשּׁוּר׃ וּבָאוּ
וְנָחוּ כֻלָּם בְּנַחֲלֵי הַבַּתּוֹת וּבִנְקִיקֵי הַסְּלָעִים וּבְכֹל הַנַּעֲצוּצִים
כ וּבְכֹל הַנַּהֲלֹלִים׃ בַּיּוֹם הַהוּא יְגַלַּח אֲדֹנָי בְּתַעַר הַשְּׂכִירָה
בְּעֶבְרֵי נָהָר בְּמֶלֶךְ אַשּׁוּר אֶת־הָרֹאשׁ וְשַׂעַר הָרַגְלָיִם וְגַם אֶת־
כא הַזָּקָן תִּסְפֶּה׃ וְהָיָה בַּיּוֹם הַהוּא יְחַיֶּה־אִישׁ
כב עֶגְלַת בָּקָר וּשְׁתֵּי־צֹאן׃ וְהָיָה מֵרֹב עֲשׂוֹת חָלָב יֹאכַל חֶמְאָה
כג כִּי־חֶמְאָה וּדְבַשׁ יֹאכֵל כָּל־הַנּוֹתָר בְּקֶרֶב הָאָרֶץ׃ וְהָיָה בַּיּוֹם
הַהוּא יִהְיֶה כָל־מָקוֹם אֲשֶׁר יִהְיֶה־שָּׁם אֶלֶף גֶּפֶן בְּאֶלֶף כָּסֶף
כד לַשָּׁמִיר וְלַשַּׁיִת יִהְיֶה׃ בַּחִצִּים וּבַקֶּשֶׁת יָבוֹא שָׁמָּה כִּי־שָׁמִיר
כה וָשַׁיִת תִּהְיֶה כָל־הָאָרֶץ׃ וְכֹל הֶהָרִים אֲשֶׁר בַּמַּעְדֵּר יֵעָדֵרוּן
לֹא־תָבוֹא שָׁמָּה יִרְאַת שָׁמִיר וָשָׁיִת וְהָיָה לְמִשְׁלַח שׁוֹר
ח א וּלְמִרְמַס שֶׂה׃ וַיֹּאמֶר יְהוָה אֵלַי קַח־לְךָ גִּלָּיוֹן
ב גָּדוֹל וּכְתֹב עָלָיו בְּחֶרֶט אֱנוֹשׁ לְמַהֵר שָׁלָל חָשׁ בַּז׃ וְאָעִידָה
לִּי עֵדִים נֶאֱמָנִים אֵת אוּרִיָּה הַכֹּהֵן וְאֶת־זְכַרְיָהוּ בֶּן יְבֶרֶכְיָהוּ׃
ג וָאֶקְרַב אֶל־הַנְּבִיאָה וַתַּהַר וַתֵּלֶד בֵּן וַיֹּאמֶר יְהוָה אֵלַי קְרָא
ד שְׁמוֹ מַהֵר שָׁלָל חָשׁ בַּז׃ כִּי בְּטֶרֶם יֵדַע הַנַּעַר קְרֹא אָבִי
וְאִמִּי יִשָּׂא ׀ אֶת־חֵיל דַּמֶּשֶׂק וְאֵת שְׁלַל שֹׁמְרוֹן לִפְנֵי מֶלֶךְ
ה ו אַשּׁוּר׃ וַיֹּסֶף יְהוָה דַּבֵּר אֵלַי עוֹד לֵאמֹר׃ יַעַן
כִּי מָאַס הָעָם הַזֶּה אֵת מֵי הַשִּׁלֹחַ הַהֹלְכִים לְאַט וּמְשׂוֹשׂ אֶת־
ז רְצִין וּבֶן־רְמַלְיָהוּ׃ וְלָכֵן הִנֵּה אֲדֹנָי מַעֲלֶה עֲלֵיהֶם אֶת־מֵי
הַנָּהָר הָעֲצוּמִים וְהָרַבִּים אֶת־מֶלֶךְ אַשּׁוּר וְאֶת־כָּל־כְּבוֹדוֹ

ח וְעָלָה עַל־כָּל־אֲפִיקָיו וְהָלַךְ עַל־כָּל־גְּדוֹתָיו׃ וְחָלַף בִּיהוּדָה
שָׁטַף וְעָבַר עַד־צַוָּאר יַגִּיעַ וְהָיָה מֻטּוֹת כְּנָפָיו מְלֹא רֹחַב־
ט אַרְצְךָ עִמָּנוּ אֵל׃ רֹעוּ עַמִּים וָחֹתּוּ וְהַאֲזִינוּ כֹּל
י מֶרְחַקֵּי־אָרֶץ הִתְאַזְּרוּ וָחֹתּוּ הִתְאַזְּרוּ וָחֹתּוּ׃ עֻצוּ עֵצָה וְתֻפָר
יא דַּבְּרוּ דָבָר וְלֹא יָקוּם כִּי עִמָּנוּ אֵל׃ כִּי כֹה אָמַר
יְהוָה אֵלַי כְּחֶזְקַת הַיָּד וְיִסְּרֵנִי מִלֶּכֶת בְּדֶרֶךְ הָעָם־הַזֶּה לֵאמֹר׃
יב לֹא־תֹאמְרוּן קֶשֶׁר לְכֹל אֲשֶׁר־יֹאמַר הָעָם הַזֶּה קָשֶׁר וְאֶת־
יג מוֹרָאוֹ לֹא־תִירְאוּ וְלֹא תַעֲרִיצוּ׃ אֶת־יְהוָה צְבָאוֹת אֹתוֹ
יד תַקְדִּישׁוּ וְהוּא מוֹרַאֲכֶם וְהוּא מַעֲרִצְכֶם׃ וְהָיָה לְמִקְדָּשׁ
וּלְאֶבֶן נֶגֶף וּלְצוּר מִכְשׁוֹל לִשְׁנֵי בָתֵּי יִשְׂרָאֵל לְפַח וּלְמוֹקֵשׁ
טו לְיוֹשֵׁב יְרוּשָׁלִָם׃ וְכָשְׁלוּ בָם רַבִּים וְנָפְלוּ וְנִשְׁבָּרוּ וְנוֹקְשׁוּ
טז וְנִלְכָּדוּ׃ צוֹר תְּעוּדָה חֲתוֹם תּוֹרָה בְּלִמֻּדָי׃
יז יח וְחִכִּיתִי לַיהוָה הַמַּסְתִּיר פָּנָיו מִבֵּית יַעֲקֹב וְקִוֵּיתִי־לוֹ׃ הִנֵּה
אָנֹכִי וְהַיְלָדִים אֲשֶׁר נָתַן־לִי יְהוָה לְאֹתוֹת וּלְמוֹפְתִים בְּיִשְׂרָאֵל
יט מֵעִם יְהוָה צְבָאוֹת הַשֹּׁכֵן בְּהַר צִיּוֹן׃ וְכִי־
יֹאמְרוּ אֲלֵיכֶם דִּרְשׁוּ אֶל־הָאֹבוֹת וְאֶל־הַיִּדְּעֹנִים הַמְצַפְצְפִים
וְהַמַּהְגִּים הֲלוֹא־עַם אֶל־אֱלֹהָיו יִדְרֹשׁ בְּעַד הַחַיִּים אֶל־
כ הַמֵּתִים׃ לְתוֹרָה וְלִתְעוּדָה אִם־לֹא יֹאמְרוּ כַּדָּבָר הַזֶּה אֲשֶׁר
כא אֵין־לוֹ שָׁחַר׃ וְעָבַר בָּהּ נִקְשֶׁה וְרָעֵב וְהָיָה כִי־יִרְעַב וְהִתְקַצַּף
כב וְקִלֵּל בְּמַלְכּוֹ וּבֵאלֹהָיו וּפָנָה לְמָעְלָה׃ וְאֶל־אֶרֶץ יַבִּיט וְהִנֵּה
כג צָרָה וַחֲשֵׁכָה מְעוּף צוּקָה וַאֲפֵלָה מְנֻדָּח׃ כִּי לֹא מוּעָף לַאֲשֶׁר
מוּצָק לָהּ כָּעֵת הָרִאשׁוֹן הֵקַל אַרְצָה זְבֻלוּן וְאַרְצָה נַפְתָּלִי
ט א וְהָאַחֲרוֹן הִכְבִּיד דֶּרֶךְ הַיָּם עֵבֶר הַיַּרְדֵּן גְּלִיל הַגּוֹיִם׃ הָעָם
הַהֹלְכִים בַּחֹשֶׁךְ רָאוּ אוֹר גָּדוֹל יֹשְׁבֵי בְּאֶרֶץ צַלְמָוֶת אוֹר נָגַהּ
ב עֲלֵיהֶם׃ הִרְבִּיתָ הַגּוֹי לֹא הִגְדַּלְתָּ הַשִּׂמְחָה שָׂמְחוּ לְפָנֶיךָ לוֹ
ג כְּשִׂמְחַת בַּקָּצִיר כַּאֲשֶׁר יָגִילוּ בְּחַלְּקָם שָׁלָל׃ כִּי ׀ אֶת־עֹל
סֻבֳּלוֹ וְאֵת מַטֵּה שִׁכְמוֹ שֵׁבֶט הַנֹּגֵשׂ בּוֹ הַחִתֹּתָ כְּיוֹם מִדְיָן׃

ד כִּי כָל־סְאוֹן סֹאֵן בְּרַעַשׁ וְשִׂמְלָה מְגוֹלָלָה בְדָמִים וְהָיְתָה
ה לִשְׂרֵפָה מַאֲכֹלֶת אֵשׁ׃ כִּי־יֶלֶד יֻלַּד־לָנוּ בֵּן נִתַּן־לָנוּ וַתְּהִי
הַמִּשְׂרָה עַל־שִׁכְמוֹ וַיִּקְרָא שְׁמוֹ פֶּלֶא יוֹעֵץ אֵל גִּבּוֹר אֲבִי־
ו עַד שַׂר־שָׁלוֹם׃ לםרבה הַמִּשְׂרָה וּלְשָׁלוֹם אֵין־קֵץ עַל־ לְמַרְבֵּה ד
כִּסֵּא דָוִד וְעַל־מַמְלַכְתּוֹ לְהָכִין אֹתָהּ וּלְסַעֲדָהּ בְּמִשְׁפָּט
וּבִצְדָקָה מֵעַתָּה וְעַד־עוֹלָם קִנְאַת יְהוָה צְבָאוֹת תַּעֲשֶׂה־
ז זֹּאת׃ דָּבָר שָׁלַח אֲדֹנָי בְּיַעֲקֹב וְנָפַל בְּיִשְׂרָאֵל׃
ח וְיָדְעוּ הָעָם כֻּלּוֹ אֶפְרַיִם וְיוֹשֵׁב שֹׁמְרוֹן בְּגַאֲוָה וּבְגֹדֶל לֵבָב
ט לֵאמֹר׃ לְבֵנִים נָפָלוּ וְגָזִית נִבְנֶה שִׁקְמִים גֻּדָּעוּ וַאֲרָזִים נַחֲלִיף׃
י יא וַיְשַׂגֵּב יְהוָה אֶת־צָרֵי רְצִין עָלָיו וְאֶת־אֹיְבָיו יְסַכְסֵךְ׃ אֲרָם
מִקֶּדֶם וּפְלִשְׁתִּים מֵאָחוֹר וַיֹּאכְלוּ אֶת־יִשְׂרָאֵל בְּכָל־פֶּה בְּכָל־
יב זֹאת לֹא־שָׁב אַפּוֹ וְעוֹד יָדוֹ נְטוּיָה׃ וְהָעָם לֹא־שָׁב עַד־הַמַּכֵּהוּ
יג וְאֶת־יְהוָה צְבָאוֹת לֹא דָרָשׁוּ׃ וַיַּכְרֵת יְהוָה
יד מִיִּשְׂרָאֵל רֹאשׁ וְזָנָב כִּפָּה וְאַגְמוֹן יוֹם אֶחָד׃ זָקֵן וּנְשׂוּא־פָנִים
טו הוּא הָרֹאשׁ וְנָבִיא מוֹרֶה־שֶּׁקֶר הוּא הַזָּנָב׃ וַיִּהְיוּ מְאַשְּׁרֵי
טז הָעָם־הַזֶּה מַתְעִים וּמְאֻשָּׁרָיו מְבֻלָּעִים׃ עַל־כֵּן עַל־בַּחוּרָיו
לֹא־יִשְׂמַח ׀ אֲדֹנָי וְאֶת־יְתֹמָיו וְאֶת־אַלְמְנֹתָיו לֹא יְרַחֵם כִּי
כֻלּוֹ חָנֵף וּמֵרַע וְכָל־פֶּה דֹּבֵר נְבָלָה בְּכָל־זֹאת לֹא־שָׁב אַפּוֹ
יז וְעוֹד יָדוֹ נְטוּיָה׃ כִּי־בָעֲרָה כָאֵשׁ רִשְׁעָה שָׁמִיר וָשַׁיִת תֹּאכֵל
יח וַתִּצַּת בְּסִבְכֵי הַיַּעַר וַיִּתְאַבְּכוּ גֵּאוּת עָשָׁן׃ בְּעֶבְרַת יְהוָה
צְבָאוֹת נֶעְתַּם אָרֶץ וַיְהִי הָעָם כְּמַאֲכֹלֶת אֵשׁ אִישׁ אֶל־אָחִיו
יט לֹא יַחְמֹלוּ׃ וַיִּגְזֹר עַל־יָמִין וְרָעֵב וַיֹּאכַל עַל־שְׂמֹאול וְלֹא שָׂבֵעוּ
כ אִישׁ בְּשַׂר־זְרֹעוֹ יֹאכֵלוּ׃ מְנַשֶּׁה אֶת־אֶפְרַיִם וְאֶפְרַיִם אֶת־
מְנַשֶּׁה יַחְדָּו הֵמָּה עַל־יְהוּדָה בְּכָל־זֹאת לֹא־שָׁב אַפּוֹ וְעוֹד יָדוֹ
י א נְטוּיָה׃ הוֹי הַחֹקְקִים חִקְקֵי־אָוֶן וּמְכַתְּבִים עָמָל
ב כִּתֵּבוּ׃ לְהַטּוֹת מִדִּין דַּלִּים וְלִגְזֹל מִשְׁפַּט עֲנִיֵּי עַמִּי לִהְיוֹת
ג אַלְמָנוֹת שְׁלָלָם וְאֶת־יְתוֹמִים יָבֹזּוּ׃ וּמַה־תַּעֲשׂוּ לְיוֹם פְּקֻדָּה

וּלְשׁוֹאָה מִמֶּרְחָק תָּבוֹא עַל־מִי תָּנוּסוּ לְעֶזְרָה וְאָנָה תַעַזְבוּ
ד כְּבוֹדְכֶם׃ בִּלְתִּי כָרַע תַּחַת אַסִּיר וְתַחַת הֲרוּגִים יִפֹּלוּ בְּכָל־
ה זֹאת לֹא־שָׁב אַפּוֹ וְעוֹד יָדוֹ נְטוּיָה׃ הוֹי אַשּׁוּר
ו שֵׁבֶט אַפִּי וּמַטֶּה־הוּא בְיָדָם זַעְמִי׃ בְּגוֹי חָנֵף אֲשַׁלְּחֶנּוּ וְעַל־עַם
עֶבְרָתִי אֲצַוֶּנּוּ לִשְׁלֹל שָׁלָל וְלָבֹז בַּז ולשימו מִרְמָס כְּחֹמֶר וּלְשׁוּמוֹ
ז חוּצוֹת׃ וְהוּא לֹא־כֵן יְדַמֶּה וּלְבָבוֹ לֹא־כֵן יַחְשֹׁב כִּי לְהַשְׁמִיד
ח בִּלְבָבוֹ וּלְהַכְרִית גּוֹיִם לֹא מְעָט׃ כִּי יֹאמַר הֲלֹא שָׂרַי יַחְדָּו
ט מְלָכִים׃ הֲלֹא כְּכַרְכְּמִישׁ כַּלְנוֹ אִם־לֹא כְאַרְפַּד חֲמָת אִם־
י לֹא כְדַמֶּשֶׂק שֹׁמְרוֹן׃ כַּאֲשֶׁר מָצְאָה יָדִי לְמַמְלְכֹת הָאֱלִיל
יא וּפְסִילֵיהֶם מִירוּשָׁלִַם וּמִשֹּׁמְרוֹן׃ הֲלֹא כַּאֲשֶׁר עָשִׂיתִי לְשֹׁמְרוֹן
יב וְלֶאֱלִילֶיהָ כֵּן אֶעֱשֶׂה לִירוּשָׁלִַם וְלַעֲצַבֶּיהָ׃ וְהָיָה
כִּי־יְבַצַּע אֲדֹנָי אֶת־כָּל־מַעֲשֵׂהוּ בְּהַר צִיּוֹן וּבִירוּשָׁלִָם אֶפְקֹד
יג עַל־פְּרִי־גֹדֶל לְבַב מֶלֶךְ־אַשּׁוּר וְעַל־תִּפְאֶרֶת רוּם עֵינָיו׃ כִּי
אָמַר בְּכֹחַ יָדִי עָשִׂיתִי וּבְחָכְמָתִי כִּי נְבֻנוֹתִי וְאָסִיר ׀ גְּבוּלֹת
יד עַמִּים ועתידתיהם שׁוֹשֵׂתִי וְאוֹרִיד כַּאבִּיר יוֹשְׁבִים׃ וַתִּמְצָא וַעֲתוּדֹתֵיהֶם
כַקֵּן ׀ יָדִי לְחֵיל הָעַמִּים וְכֶאֱסֹף בֵּיצִים עֲזֻבוֹת כָּל־הָאָרֶץ אֲנִי
טו אָסָפְתִּי וְלֹא הָיָה נֹדֵד כָּנָף וּפֹצֶה פֶה וּמְצַפְצֵף׃ הֲיִתְפָּאֵר הַגַּרְזֶן
עַל הַחֹצֵב בּוֹ אִם־יִתְגַּדֵּל הַמַּשּׂוֹר עַל־מְנִיפוֹ כְּהָנִיף שֵׁבֶט
טז וְאֶת־מְרִימָיו כְּהָרִים מַטֶּה לֹא־עֵץ׃ לָכֵן יְשַׁלַּח
הָאָדוֹן יהוה צְבָאוֹת בְּמִשְׁמַנָּיו רָזוֹן וְתַחַת כְּבֹדוֹ יֵקַד יְקֹד
יז כִּיקוֹד אֵשׁ׃ וְהָיָה אוֹר־יִשְׂרָאֵל לְאֵשׁ וּקְדוֹשׁוֹ לְלֶהָבָה וּבָעֲרָה
יח וְאָכְלָה שִׁיתוֹ וּשְׁמִירוֹ בְּיוֹם אֶחָד׃ וּכְבוֹד יַעְרוֹ וְכַרְמִלּוֹ מִנֶּפֶשׁ
יט וְעַד־בָּשָׂר יְכַלֶּה וְהָיָה כִּמְסֹס נֹסֵס׃ וּשְׁאָר עֵץ יַעְרוֹ מִסְפָּר יִהְיוּ
כ וְנַעַר יִכְתְּבֵם׃ וְהָיָה ׀ בַּיּוֹם הַהוּא לֹא־יוֹסִיף עוֹד
שְׁאָר יִשְׂרָאֵל וּפְלֵיטַת בֵּית־יַעֲקֹב לְהִשָּׁעֵן עַל־מַכֵּהוּ וְנִשְׁעַן
כא עַל־יהוה קְדוֹשׁ יִשְׂרָאֵל בֶּאֱמֶת׃ שְׁאָר יָשׁוּב שְׁאָר יַעֲקֹב אֶל־
כב אֵל גִּבּוֹר׃ כִּי אִם־יִהְיֶה עַמְּךָ יִשְׂרָאֵל כְּחוֹל הַיָּם שְׁאָר יָשׁוּב

בּוֹ כִלָּיוֹן חָרוּץ שׁוֹטֵף צְדָקָה׃ כִּי כָלָה וְנֶחֱרָצָה אֲדֹנָי יֱהֹוִה כג
צְבָאוֹת עֹשֶׂה בְּקֶרֶב כָּל־הָאָרֶץ׃ לָכֵן כֹּה־אָמַר כד
אֲדֹנָי יֱהֹוִה צְבָאוֹת אַל־תִּירָא עַמִּי יֹשֵׁב צִיּוֹן מֵאַשּׁוּר בַּשֵּׁבֶט
יַכֶּכָּה וּמַטֵּהוּ יִשָּׂא־עָלֶיךָ בְּדֶרֶךְ מִצְרָיִם׃ כִּי־עוֹד מְעַט מִזְעָר כה
וְכָלָה זַעַם וְאַפִּי עַל־תַּבְלִיתָם׃ וְעוֹרֵר עָלָיו יְהוָה צְבָאוֹת שׁוֹט כו
כְּמַכַּת מִדְיָן בְּצוּר עוֹרֵב וּמַטֵּהוּ עַל־הַיָּם וּנְשָׂאוֹ בְּדֶרֶךְ
מִצְרָיִם׃ וְהָיָה ׀ בַּיּוֹם הַהוּא יָסוּר סֻבֳּלוֹ מֵעַל שִׁכְמֶךָ וְעֻלּוֹ מֵעַל כז
צַוָּארֶךָ וְחֻבַּל עֹל מִפְּנֵי־שָׁמֶן׃ בָּא עַל־עַיַּת עָבַר בְּמִגְרוֹן כח
לְמִכְמָשׂ יַפְקִיד כֵּלָיו׃ עָבְרוּ מַעְבָּרָה גֶּבַע מָלוֹן לָנוּ חָרְדָה כט
הָרָמָה גִּבְעַת שָׁאוּל נָסָה׃ צַהֲלִי קוֹלֵךְ בַּת־גַּלִּים הַקְשִׁיבִי ל
לַיְשָׁה עֲנִיָּה עֲנָתוֹת׃ נָדְדָה מַדְמֵנָה יֹשְׁבֵי הַגֵּבִים הֵעִיזוּ׃ לא
בַּת׳ עוֹד הַיּוֹם בְּנֹב לַעֲמֹד יְנֹפֵף יָדוֹ הַר בֵּית־צִיּוֹן גִּבְעַת לב
יְרוּשָׁלִָם׃ הִנֵּה הָאָדוֹן יְהוָה צְבָאוֹת מְסָעֵף לג
פֻּארָה בְּמַעֲרָצָה וְרָמֵי הַקּוֹמָה גְּדֻעִים וְהַגְּבֹהִים יִשְׁפָּלוּ׃ וְנִקַּף לד
סִבְכֵי הַיַּעַר בַּבַּרְזֶל וְהַלְּבָנוֹן בְּאַדִּיר יִפּוֹל׃ וְיָצָא א יא
ה חֹטֶר מִגֵּזַע יִשָׁי וְנֵצֶר מִשָּׁרָשָׁיו יִפְרֶה׃ וְנָחָה עָלָיו רוּחַ יְהוָה ב
רוּחַ חָכְמָה וּבִינָה רוּחַ עֵצָה וּגְבוּרָה רוּחַ דַּעַת וְיִרְאַת יְהוָה׃
וַהֲרִיחוֹ בְּיִרְאַת יְהוָה וְלֹא־לְמַרְאֵה עֵינָיו יִשְׁפּוֹט וְלֹא־לְמִשְׁמַע ג
אָזְנָיו יוֹכִיחַ׃ וְשָׁפַט בְּצֶדֶק דַּלִּים וְהוֹכִיחַ בְּמִישׁוֹר לְעַנְוֵי־אָרֶץ ד
וְהִכָּה־אֶרֶץ בְּשֵׁבֶט פִּיו וּבְרוּחַ שְׂפָתָיו יָמִית רָשָׁע׃ וְהָיָה ה
צֶדֶק אֵזוֹר מָתְנָיו וְהָאֱמוּנָה אֵזוֹר חֲלָצָיו׃ וְגָר זְאֵב עִם־ ו
כֶּבֶשׂ וְנָמֵר עִם־גְּדִי יִרְבָּץ וְעֵגֶל וּכְפִיר וּמְרִיא יַחְדָּו וְנַעַר
קָטֹן נֹהֵג בָּם׃ וּפָרָה וָדֹב תִּרְעֶינָה יַחְדָּו יִרְבְּצוּ יַלְדֵיהֶן ז
וְאַרְיֵה כַּבָּקָר יֹאכַל־תֶּבֶן׃ וְשִׁעֲשַׁע יוֹנֵק עַל־חֻר פָּתֶן וְעַל ח
מְאוּרַת צִפְעוֹנִי גָּמוּל יָדוֹ הָדָה׃ לֹא־יָרֵעוּ וְלֹא־יַשְׁחִיתוּ ט
בְּכָל־הַר קָדְשִׁי כִּי־מָלְאָה הָאָרֶץ דֵּעָה אֶת־יְהוָה כַּמַּיִם
לַיָּם מְכַסִּים׃ וְהָיָה בַּיּוֹם הַהוּא שֹׁרֶשׁ יִשַׁי י

אשר עמד לנס עמים אליו גוים ידרשו והיתה מנחתו
יא כבוד: והיה ׀ ביום ההוא יוסיף אדני ׀ שנית
ידו לקנות את־שאר עמו אשר ישאר מאשור וממצרים
יב ומפתרוס ומכוש ומעילם ומשנער ומחמת ומאיי הים: ונשא
נס לגוים ואסף נדחי ישראל ונפצות יהודה יקבץ מארבע
יג כנפות הארץ: וסרה קנאת אפרים וצררי יהודה יכרתו
אפרים לא־יקנא את־יהודה ויהודה לא־יצר את־אפרים:
יד ועפו בכתף פלשתים ימה יחדו יבזו את־בני־קדם אדום
טו ומואב משלוח ידם ובני עמון משמעתם: והחרים יהוה את
לשון ים־מצרים והניף ידו על־הנהר בעים רוחו והכהו
טז לשבעה נחלים והדריך בנעלים: והיתה מסלה לשאר עמו
אשר ישאר מאשור כאשר היתה לישראל ביום עלתו מארץ
יב א מצרים: ואמרת ביום ההוא אודך יהוה כי אנפת בי ישב אפך
ב ותנחמני: הנה אל ישועתי אבטח ולא אפחד כי־עזי וזמרת
ג יה יהוה ויהי־לי לישועה: ושאבתם־מים בששון ממעיני
ד הישועה: ואמרתם ביום ההוא הודו ליהוה קראו בשמו
ה הודיעו בעמים עלילתיו הזכירו כי נשגב שמו: זמרו יהוה
ו כי גאות עשה מידעת זאת בכל־הארץ: צהלי ורני יושבת מודעת
יג א ציון כי־גדול בקרבך קדוש ישראל: משא
ב בבל אשר חזה ישעיהו בן־אמוץ: על הר־נשפה שאו־נס
ג הרימו קול להם הניפו יד ויבאו פתחי נדיבים: אני צויתי
ד למקדשי גם קראתי גבורי לאפי עליזי גאותי: קול המון
בהרים דמות עם־רב קול שאון ממלכות גוים נאספים יהוה
ה צבאות מפקד צבא מלחמה: באים מארץ מרחק מקצה
ו השמים יהוה וכלי זעמו לחבל כל־הארץ: הילילו כי קרוב
ז יום יהוה כשד משדי יבוא: על־כן כל־ידים תרפינה וכל־
ח לבב אנוש ימס: ונבהלו ׀ צירים וחבלים יאחזון כיולדה

יְחִילוּן אִישׁ אֶל־רֵעֵהוּ יִתְמָהוּ פְּנֵי לְהָבִים פְּנֵיהֶם׃ הִנֵּה יוֹם־ ט
יהוה בָּא אַכְזָרִי וְעֶבְרָה וַחֲרוֹן אָף לָשׂוּם הָאָרֶץ לְשַׁמָּה
וְחַטָּאֶיהָ יַשְׁמִיד מִמֶּנָּה׃ כִּי־כוֹכְבֵי הַשָּׁמַיִם וּכְסִילֵיהֶם לֹא יָהֵלּוּ י
אוֹרָם חָשַׁךְ הַשֶּׁמֶשׁ בְּצֵאתוֹ וְיָרֵחַ לֹא־יַגִּיהַּ אוֹרוֹ׃ וּפָקַדְתִּי עַל־ יא
תֵּבֵל רָעָה וְעַל־רְשָׁעִים עֲוֺנָם וְהִשְׁבַּתִּי גְּאוֹן זֵדִים וְגַאֲוַת
עָרִיצִים אַשְׁפִּיל׃ אוֹקִיר אֱנוֹשׁ מִפָּז וְאָדָם מִכֶּתֶם אוֹפִיר׃ עַל־ יב יג
כֵּן שָׁמַיִם אַרְגִּיז וְתִרְעַשׁ הָאָרֶץ מִמְּקוֹמָהּ בְּעֶבְרַת יהוה
צְבָאוֹת וּבְיוֹם חֲרוֹן אַפּוֹ׃ וְהָיָה כִּצְבִי מֻדָּח וּכְצֹאן וְאֵין מְקַבֵּץ יד
אִישׁ אֶל־עַמּוֹ יִפְנוּ וְאִישׁ אֶל־אַרְצוֹ יָנוּסוּ׃ כָּל־הַנִּמְצָא יִדָּקֵר טו
וְכָל־הַנִּסְפֶּה יִפּוֹל בֶּחָרֶב׃ וְעֹלְלֵיהֶם יְרֻטְּשׁוּ לְעֵינֵיהֶם יִשַּׁסּוּ טז
תִּשָּׁכַבְנָה בָּתֵּיהֶם וּנְשֵׁיהֶם תשגלנה׃ הִנְנִי מֵעִיר עֲלֵיהֶם אֶת־מָדָי אֲשֶׁר־ יז
כֶּסֶף לֹא יַחְשֹׁבוּ וְזָהָב לֹא יַחְפְּצוּ־בוֹ׃ וּקְשָׁתוֹת נְעָרִים תְּרַטַּשְׁנָה יח
וּפְרִי־בֶטֶן לֹא יְרַחֵמוּ עַל־בָּנִים לֹא־תָחוּס עֵינָם׃ וְהָיְתָה בָבֶל יט
צְבִי מַמְלָכוֹת תִּפְאֶרֶת גְּאוֹן כַּשְׂדִּים כְּמַהְפֵּכַת אֱלֹהִים אֶת־
סְדֹם וְאֶת־עֲמֹרָה׃ לֹא־תֵשֵׁב לָנֶצַח וְלֹא תִשְׁכֹּן עַד־דּוֹר וָדוֹר כ
וְלֹא־יַהֵל שָׁם עֲרָבִי וְרֹעִים לֹא־יַרְבִּצוּ שָׁם׃ וְרָבְצוּ־שָׁם צִיִּים כא
וּמָלְאוּ בָתֵּיהֶם אֹחִים וְשָׁכְנוּ שָׁם בְּנוֹת יַעֲנָה וּשְׂעִירִים יְרַקְּדוּ־
שָׁם׃ וְעָנָה אִיִּים בְּאַלְמְנוֹתָיו וְתַנִּים בְּהֵיכְלֵי עֹנֶג וְקָרוֹב לָבוֹא כב
עִתָּהּ וְיָמֶיהָ לֹא יִמָּשֵׁכוּ׃ כִּי יְרַחֵם יהוה אֶת־יַעֲקֹב וּבָחַר עוֹד א יד
בְּיִשְׂרָאֵל וְהִנִּיחָם עַל־אַדְמָתָם וְנִלְוָה הַגֵּר עֲלֵיהֶם וְנִסְפְּחוּ עַל־
ו בֵּית יַעֲקֹב׃ וּלְקָחוּם עַמִּים וֶהֱבִיאוּם אֶל־מְקוֹמָם וְהִתְנַחֲלוּם ב
בֵּית־יִשְׂרָאֵל עַל אַדְמַת יהוה לַעֲבָדִים וְלִשְׁפָחוֹת וְהָיוּ שֹׁבִים
לְשֹׁבֵיהֶם וְרָדוּ בְּנֹגְשֵׂיהֶם׃ וְהָיָה בְּיוֹם הָנִיחַ יהוה ג
לְךָ מֵעָצְבְּךָ וּמִרָגְזֶךָ וּמִן־הָעֲבֹדָה הַקָּשָׁה אֲשֶׁר עֻבַּד־בָּךְ׃
וְנָשָׂאתָ הַמָּשָׁל הַזֶּה עַל־מֶלֶךְ בָּבֶל וְאָמָרְתָּ אֵיךְ שָׁבַת נֹגֵשׂ ד
שָׁבְתָה מַדְהֵבָה׃ שָׁבַר יהוה מַטֵּה רְשָׁעִים שֵׁבֶט מֹשְׁלִים׃ מַכֶּה ה ו
עַמִּים בְּעֶבְרָה מַכַּת בִּלְתִּי סָרָה רֹדֶה בָאַף גּוֹיִם מֻרְדָּף בְּלִי

ז ח חָשָׂךְ׃ נָחָה שָׁקְטָה כָּל־הָאָרֶץ פָּצְחוּ רִנָּה׃ גַּם־בְּרוֹשִׁים שָׂמְחוּ
ט לְךָ אַרְזֵי לְבָנוֹן מֵאָז שָׁכַבְתָּ לֹא־יַעֲלֶה הַכֹּרֵת עָלֵינוּ׃ שְׁאוֹל
מִתַּחַת רָגְזָה לְךָ לִקְרַאת בּוֹאֶךָ עוֹרֵר לְךָ רְפָאִים כָּל־עַתּוּדֵי
י אָרֶץ הֵקִים מִכִּסְאוֹתָם כֹּל מַלְכֵי גוֹיִם׃ כֻּלָּם יַעֲנוּ וְיֹאמְרוּ
יא אֵלֶיךָ גַּם־אַתָּה חֻלֵּיתָ כָמוֹנוּ אֵלֵינוּ נִמְשָׁלְתָּ׃ הוּרַד שְׁאוֹל
יב גְּאוֹנֶךָ הֶמְיַת נְבָלֶיךָ תַּחְתֶּיךָ יֻצַּע רִמָּה וּמְכַסֶּיךָ תּוֹלֵעָה׃ אֵיךְ
נָפַלְתָּ מִשָּׁמַיִם הֵילֵל בֶּן־שָׁחַר נִגְדַּעְתָּ לָאָרֶץ חוֹלֵשׁ עַל־גּוֹיִם׃
יג וְאַתָּה אָמַרְתָּ בִלְבָבְךָ הַשָּׁמַיִם אֶעֱלֶה מִמַּעַל לְכוֹכְבֵי־אֵל
יד אָרִים כִּסְאִי וְאֵשֵׁב בְּהַר־מוֹעֵד בְּיַרְכְּתֵי צָפוֹן׃ אֶעֱלֶה עַל־
טו בָּמֳתֵי עָב אֶדַּמֶּה לְעֶלְיוֹן׃ אַךְ אֶל־שְׁאוֹל תּוּרָד אֶל־יַרְכְּתֵי־
טז בוֹר׃ רֹאֶיךָ אֵלֶיךָ יַשְׁגִּיחוּ אֵלֶיךָ יִתְבּוֹנָנוּ הֲזֶה הָאִישׁ מַרְגִּיז
יז הָאָרֶץ מַרְעִישׁ מַמְלָכוֹת׃ שָׂם תֵּבֵל כַּמִּדְבָּר וְעָרָיו הָרָס
יח אֲסִירָיו לֹא־פָתַח בָּיְתָה׃ כָּל־מַלְכֵי גוֹיִם כֻּלָּם שָׁכְבוּ בְכָבוֹד
יט אִישׁ בְּבֵיתוֹ׃ וְאַתָּה הָשְׁלַכְתָּ מִקִּבְרְךָ כְּנֵצֶר נִתְעָב לְבוּשׁ הֲרֻגִים
כ מְטֹעֲנֵי חָרֶב יוֹרְדֵי אֶל־אַבְנֵי־בוֹר כְּפֶגֶר מוּבָס׃ לֹא־תֵחַד אִתָּם
בִּקְבוּרָה כִּי־אַרְצְךָ שִׁחַתָּ עַמְּךָ הָרָגְתָּ לֹא־יִקָּרֵא לְעוֹלָם זֶרַע
כא מְרֵעִים׃ הָכִינוּ לְבָנָיו מַטְבֵּחַ בַּעֲוֺן אֲבוֹתָם בַּל־יָקֻמוּ וְיָרְשׁוּ
כב אָרֶץ וּמָלְאוּ פְנֵי־תֵבֵל עָרִים׃ וְקַמְתִּי עֲלֵיהֶם נְאֻם יְהוָה צְבָאוֹת
כג וְהִכְרַתִּי לְבָבֶל שֵׁם וּשְׁאָר וְנִין וָנֶכֶד נְאֻם־יְהוָה׃ וְשַׂמְתִּיהָ
לְמוֹרַשׁ קִפֹּד וְאַגְמֵי־מָיִם וְטֵאטֵאתִיהָ בְּמַטְאֲטֵא הַשְׁמֵד נְאֻם
כד יְהוָה צְבָאוֹת׃ נִשְׁבַּע יְהוָה צְבָאוֹת לֵאמֹר אִם־
כה לֹא כַּאֲשֶׁר דִּמִּיתִי כֵּן הָיָתָה וְכַאֲשֶׁר יָעַצְתִּי הִיא תָקוּם׃ לִשְׁבֹּר
אַשּׁוּר בְּאַרְצִי וְעַל־הָרַי אֲבוּסֶנּוּ וְסָר מֵעֲלֵיהֶם עֻלּוֹ וְסֻבֳּלוֹ מֵעַל
כו שִׁכְמוֹ יָסוּר׃ זֹאת הָעֵצָה הַיְּעוּצָה עַל־כָּל־הָאָרֶץ וְזֹאת הַיָּד
כז הַנְּטוּיָה עַל־כָּל־הַגּוֹיִם׃ כִּי־יְהוָה צְבָאוֹת יָעָץ וּמִי יָפֵר וְיָדוֹ
כח הַנְּטוּיָה וּמִי יְשִׁיבֶנָּה׃ בִּשְׁנַת־מוֹת הַמֶּלֶךְ אָחָז
כט הָיָה הַמַּשָּׂא הַזֶּה׃ אַל־תִּשְׂמְחִי פְלֶשֶׁת כֻּלֵּךְ כִּי נִשְׁבַּר שֵׁבֶט

ל מַכֵּךְ כִּי־מִשֹּׁרֶשׁ נָחָשׁ יֵצֵא צֶפַע וּפִרְיוֹ שָׂרָף מְעוֹפֵף׃ וְרָעוּ
בְּכוֹרֵי דַלִּים וְאֶבְיוֹנִים לָבֶטַח יִרְבָּצוּ וְהֵמַתִּי בָרָעָב שָׁרְשֵׁךְ
לא וּשְׁאֵרִיתֵךְ יַהֲרֹג׃ הֵילִילִי שַׁעַר זַעֲקִי־עִיר נָמוֹג פְּלֶשֶׁת כֻּלֵּךְ כִּי
לב מִצָּפוֹן עָשָׁן בָּא וְאֵין בּוֹדֵד בְּמוֹעָדָיו׃ וּמַה־יַּעֲנֶה מַלְאֲכֵי־גוֹי כִּי
טו א יהוה יִסַּד צִיּוֹן וּבָהּ יֶחֱסוּ עֲנִיֵּי עַמּוֹ׃ מַשָּׂא מוֹאָב
כִּי בְּלֵיל שֻׁדַּד עָר מוֹאָב נִדְמָה כִּי בְּלֵיל שֻׁדַּד קִיר־מוֹאָב
ב נִדְמָה׃ עָלָה הַבַּיִת וְדִיבֹן הַבָּמוֹת לְבֶכִי עַל־נְבוֹ וְעַל מֵידְבָא
ג מוֹאָב יְיֵלִיל בְּכָל־רֹאשָׁיו קָרְחָה כָּל־זָקָן גְּרוּעָה׃ בְּחוּצֹתָיו
חָגְרוּ שָׂק עַל גַּגּוֹתֶיהָ וּבִרְחֹבֹתֶיהָ כֻּלֹּה יְיֵלִיל יֹרֵד בַּבֶּכִי׃
ד וַתִּזְעַק חֶשְׁבּוֹן וְאֶלְעָלֵה עַד־יַהַץ נִשְׁמַע קוֹלָם עַל־כֵּן חֲלֻצֵי
ה מוֹאָב יָרִיעוּ נַפְשׁוֹ יָרְעָה לּוֹ׃ לִבִּי לְמוֹאָב יִזְעָק בְּרִיחֶהָ עַד־
צֹעַר עֶגְלַת שְׁלִשִׁיָּה כִּי ׀ מַעֲלֵה הַלּוּחִית בִּבְכִי יַעֲלֶה־בּוֹ כִּי
ו דֶּרֶךְ חוֹרֹנַיִם זַעֲקַת־שֶׁבֶר יְעֹעֵרוּ׃ כִּי־מֵי נִמְרִים מְשַׁמּוֹת יִהְיוּ
ז כִּי־יָבֵשׁ חָצִיר כָּלָה דֶשֶׁא יֶרֶק לֹא הָיָה׃ עַל־כֵּן יִתְרָה עָשָׂה
ח וּפְקֻדָּתָם עַל נַחַל הָעֲרָבִים יִשָּׂאוּם׃ כִּי־הִקִּיפָה הַזְּעָקָה אֶת־
ט גְּבוּל מוֹאָב עַד־אֶגְלַיִם יִלְלָתָהּ וּבְאֵר אֵילִים יִלְלָתָהּ׃ כִּי מֵי
דִימוֹן מָלְאוּ דָם כִּי־אָשִׁית עַל־דִּימוֹן נוֹסָפוֹת לִפְלֵיטַת מוֹאָב
טז א אַרְיֵה וְלִשְׁאֵרִית אֲדָמָה׃ שִׁלְחוּ־כַר מֹשֵׁל־אֶרֶץ מִסֶּלַע
ב מִדְבָּרָה אֶל־הַר בַּת־צִיּוֹן׃ וְהָיָה כְעוֹף־נוֹדֵד קֵן מְשֻׁלָּח תִּהְיֶינָה
ג בְּנוֹת מוֹאָב מַעְבָּרֹת לְאַרְנוֹן׃ הָבִיאוּ עֵצָה עֲשׂוּ פְלִילָה שִׁיתִי הָבִיאִי | עֲשׂוּ
ד כַלַּיִל צִלֵּךְ בְּתוֹךְ צָהֳרָיִם סַתְּרִי נִדָּחִים נֹדֵד אַל־תְּגַלִּי׃ יָגוּרוּ
בָךְ נִדָּחַי מוֹאָב הֱוִי־סֵתֶר לָמוֹ מִפְּנֵי שׁוֹדֵד כִּי־אָפֵס הַמֵּץ כָּלָה
ה שֹׁד תַּמּוּ רֹמֵס מִן־הָאָרֶץ׃ וְהוּכַן בַּחֶסֶד כִּסֵּא ז
וְיָשַׁב עָלָיו בֶּאֱמֶת בְּאֹהֶל דָּוִד שֹׁפֵט וְדֹרֵשׁ מִשְׁפָּט וּמְהִר צֶדֶק׃
ו שָׁמַעְנוּ גְאוֹן־מוֹאָב גֵּא מְאֹד גַּאֲוָתוֹ וּגְאוֹנוֹ וְעֶבְרָתוֹ לֹא־כֵן
ז בַּדָּיו׃ לָכֵן יְיֵלִיל מוֹאָב לְמוֹאָב כֻּלֹּה יְיֵלִיל לַאֲשִׁישֵׁי קִיר־
ח חֲרֶשֶׂת תֶּהְגּוּ אַךְ־נְכָאִים׃ כִּי שַׁדְמוֹת חֶשְׁבּוֹן אֻמְלָל גֶּפֶן

שִׁבְמָה בַּעֲלֵי גוֹיִם הָלְמוּ שְׂרוּקֶּיהָ עַד־יַעְזֵר נָגָעוּ תָּעוּ מִדְבָּר
ט שְׁלֻחוֹתֶיהָ נִטְּשׁוּ עָבְרוּ יָם׃ עַל־כֵּן אֶבְכֶּה בִּבְכִי יַעְזֵר גֶּפֶן
שִׂבְמָה אֲרַיָּוֶךְ דִּמְעָתִי חֶשְׁבּוֹן וְאֶלְעָלֵה כִּי עַל־קֵיצֵךְ וְעַל־
י קְצִירֵךְ הֵידָד נָפָל׃ וְנֶאֱסַף שִׂמְחָה וָגִיל מִן־הַכַּרְמֶל וּבַכְּרָמִים
לֹא־יְרֻנָּן לֹא יְרֹעָע יַיִן בַּיְקָבִים לֹא־יִדְרֹךְ הַדֹּרֵךְ הֵידָד
יא הִשְׁבַּתִּי׃ עַל־כֵּן מֵעַי לְמוֹאָב כַּכִּנּוֹר יֶהֱמוּ וְקִרְבִּי לְקִיר חָרֶשׂ׃
יב וְהָיָה כִי־נִרְאָה כִּי־נִלְאָה מוֹאָב עַל־הַבָּמָה וּבָא אֶל־מִקְדָּשׁוֹ
יג לְהִתְפַּלֵּל וְלֹא יוּכָל׃ זֶה הַדָּבָר אֲשֶׁר דִּבֶּר יהוה
יד אֶל־מוֹאָב מֵאָז׃ וְעַתָּה דִּבֶּר יהוה לֵאמֹר בְּשָׁלֹשׁ שָׁנִים כִּשְׁנֵי
שָׂכִיר וְנִקְלָה כְּבוֹד מוֹאָב בְּכֹל הֶהָמוֹן הָרָב וּשְׁאָר מְעַט מִזְעָר
יז א לוֹא כַבִּיר׃ מַשָּׂא דַּמָּשֶׂק הִנֵּה דַמֶּשֶׂק מוּסָר
ב מֵעִיר וְהָיְתָה מְעִי מַפָּלָה׃ עֲזֻבוֹת עָרֵי עֲרֹעֵר לַעֲדָרִים תִּהְיֶינָה
ג וְרָבְצוּ וְאֵין מַחֲרִיד׃ וְנִשְׁבַּת מִבְצָר מֵאֶפְרַיִם וּמַמְלָכָה
מִדַּמֶּשֶׂק וּשְׁאָר אֲרָם כִּכְבוֹד בְּנֵי־יִשְׂרָאֵל יִהְיוּ נְאֻם יהוה
ד צְבָאוֹת׃ וְהָיָה בַּיּוֹם הַהוּא יִדַּל כְּבוֹד יַעֲקֹב
ה וּמִשְׁמַן בְּשָׂרוֹ יֵרָזֶה׃ וְהָיָה כֶּאֱסֹף קָצִיר קָמָה וּזְרֹעוֹ שִׁבֳּלִים
ו יִקְצוֹר וְהָיָה כִּמְלַקֵּט שִׁבֳּלִים בְּעֵמֶק רְפָאִים׃ וְנִשְׁאַר־בּוֹ עֹלֵלֹת
כְּנֹקֶף זַיִת שְׁנַיִם שְׁלֹשָׁה גַּרְגְּרִים בְּרֹאשׁ אָמִיר אַרְבָּעָה חֲמִשָּׁה
ז בִּסְעִפֶיהָ פֹּרִיָּה נְאֻם־יהוה אֱלֹהֵי יִשְׂרָאֵל׃ בַּיּוֹם
הַהוּא יִשְׁעֶה הָאָדָם עַל־עֹשֵׂהוּ וְעֵינָיו אֶל־קְדוֹשׁ יִשְׂרָאֵל
ח תִּרְאֶינָה׃ וְלֹא יִשְׁעֶה אֶל־הַמִּזְבְּחוֹת מַעֲשֵׂה יָדָיו וַאֲשֶׁר עָשׂוּ
ט אֶצְבְּעֹתָיו לֹא יִרְאֶה וְהָאֲשֵׁרִים וְהַחַמָּנִים׃ בַּיּוֹם
הַהוּא יִהְיוּ ׀ עָרֵי מָעֻזּוֹ כַּעֲזוּבַת הַחֹרֶשׁ וְהָאָמִיר אֲשֶׁר עָזְבוּ
י מִפְּנֵי בְּנֵי יִשְׂרָאֵל וְהָיְתָה שְׁמָמָה׃ כִּי שָׁכַחַתְּ אֱלֹהֵי יִשְׁעֵךְ וְצוּר
מָעֻזֵּךְ לֹא זָכָרְתְּ עַל־כֵּן תִּטְּעִי נִטְעֵי נַעֲמָנִים וּזְמֹרַת זָר
יא תִּזְרָעֶנּוּ׃ בְּיוֹם נִטְעֵךְ תְּשַׂגְשֵׂגִי וּבַבֹּקֶר זַרְעֵךְ תַּפְרִיחִי נֵד קָצִיר
יב בְּיוֹם נַחֲלָה וּכְאֵב אָנוּשׁ׃ הוֹי הֲמוֹן עַמִּים רַבִּים

כַּהֲמוֹת יַמִּים יֶהֱמָיוּן וּשְׁאוֹן לְאֻמִּים כִּשְׁאוֹן מַיִם כַּבִּירִים
יִשָּׁאוּן׃ לְאֻמִּים כִּשְׁאוֹן מַיִם רַבִּים יִשָּׁאוּן וְגָעַר בּוֹ וְנָס מִמֶּרְחָק יג
וְרֻדַּף כְּמֹץ הָרִים לִפְנֵי־רוּחַ וּכְגַלְגַּל לִפְנֵי סוּפָה׃ לְעֵת עֶרֶב יד
וְהִנֵּה בַלָּהָה בְּטֶרֶם בֹּקֶר אֵינֶנּוּ זֶה חֵלֶק שׁוֹסֵינוּ וְגוֹרָל
לְבֹזְזֵינוּ׃ הוֹי אֶרֶץ צִלְצַל כְּנָפָיִם אֲשֶׁר מֵעֵבֶר א יח
לְנַהֲרֵי־כוּשׁ׃ הַשֹּׁלֵחַ בַּיָּם צִירִים וּבִכְלֵי־גֹמֶא עַל־פְּנֵי־מַיִם לְכוּ ב
מַלְאָכִים קַלִּים אֶל־גּוֹי מְמֻשָּׁךְ וּמוֹרָט אֶל־עַם נוֹרָא מִן־הוּא
וָהָלְאָה גּוֹי קַו־קָו וּמְבוּסָה אֲשֶׁר־בָּזְאוּ נְהָרִים אַרְצוֹ׃ כָּל־ ג
יֹשְׁבֵי תֵבֵל וְשֹׁכְנֵי אָרֶץ כִּנְשֹׂא־נֵס הָרִים תִּרְאוּ וְכִתְקֹעַ שׁוֹפָר
אֶשְׁקְטָה תִּשְׁמָעוּ׃ כִּי כֹה אָמַר יְהוָה אֵלַי אשקוטה ד
וְאַבִּיטָה בִמְכוֹנִי כְּחֹם צַח עֲלֵי־אוֹר כְּעָב טַל בְּחֹם קָצִיר׃ כִּי־ ה
לִפְנֵי קָצִיר כְּתָם־פֶּרַח וּבֹסֶר גֹּמֵל יִהְיֶה נִצָּה וְכָרַת הַזַּלְזַלִּים
בַּמַּזְמֵרוֹת וְאֶת־הַנְּטִישׁוֹת הֵסִיר הֵתַז׃ יֵעָזְבוּ יַחְדָּו לְעֵיט הָרִים ו
וּלְבֶהֱמַת הָאָרֶץ וְקָץ עָלָיו הָעַיִט וְכָל־בֶּהֱמַת הָאָרֶץ עָלָיו
תֶּחֱרָף׃ בָּעֵת הַהִיא יוּבַל־שַׁי לַיהוָה צְבָאוֹת עַם ז
מְמֻשָּׁךְ וּמוֹרָט וּמֵעַם נוֹרָא מִן־הוּא וָהָלְאָה גּוֹי קַו־קָו וּמְבוּסָה
אֲשֶׁר בָּזְאוּ נְהָרִים אַרְצוֹ אֶל־מְקוֹם שֵׁם־יְהוָה צְבָאוֹת הַר־
צִיּוֹן׃ מַשָּׂא מִצְרָיִם הִנֵּה יְהוָה רֹכֵב עַל־עָב קַל א יט
וּבָא מִצְרַיִם וְנָעוּ אֱלִילֵי מִצְרַיִם מִפָּנָיו וּלְבַב מִצְרַיִם יִמַּס
בְּקִרְבּוֹ׃ וְסִכְסַכְתִּי מִצְרַיִם בְּמִצְרַיִם וְנִלְחֲמוּ אִישׁ בְּאָחִיו וְאִישׁ ב
בְּרֵעֵהוּ עִיר בְּעִיר מַמְלָכָה בְּמַמְלָכָה׃ וְנָבְקָה רוּחַ־מִצְרַיִם ג
בְּקִרְבּוֹ וַעֲצָתוֹ אֲבַלֵּעַ וְדָרְשׁוּ אֶל־הָאֱלִילִים וְאֶל־הָאִטִּים וְאֶל־
הָאֹבוֹת וְאֶל־הַיִּדְּעֹנִים׃ וְסִכַּרְתִּי אֶת־מִצְרַיִם בְּיַד אֲדֹנִים קָשֶׁה ד
וּמֶלֶךְ עַז יִמְשָׁל־בָּם נְאֻם הָאָדוֹן יְהוָה צְבָאוֹת׃ וְנִשְּׁתוּ־מַיִם ה
מֵהַיָּם וְנָהָר יֶחֱרַב וְיָבֵשׁ׃ וְהֶאֶזְנִיחוּ נְהָרוֹת דָּלְלוּ וְחָרְבוּ יְאֹרֵי ו
מָצוֹר קָנֶה וָסוּף קָמֵלוּ׃ עָרוֹת עַל־יְאוֹר עַל־פִּי יְאוֹר וְכֹל ז
מִזְרַע יְאוֹר יִיבַשׁ נִדַּף וְאֵינֶנּוּ׃ וְאָנוּ הַדַּיָּגִים וְאָבְלוּ כָּל־מַשְׁלִיכֵי ח

ט ביאור חכה ופרשי מכמרת על־פני־מים אמללו: ובשו עבדי
י פשתים שריקות וארגים חורי: והיו שתתיה מדכאים כל־
יא עשי שכר אגמי־נפש: אך־אולים שרי צען חכמי יעצי פרעה
עצה נבערה איך תאמרו אל־פרעה בן־חכמים אני בן־
יב מלכי־קדם: אים אפוא חכמיך ויגידו נא לך וידעו מה־יעץ
יג יהוה צבאות על־מצרים: נואלו שרי צען נשאו שרי נף
יד התעו את־מצרים פנת שבטיה: יהוה מסך בקרבה רוח
עועים והתעו את־מצרים בכל־מעשהו כהתעות שכור
טו בקיאו: ולא־יהיה למצרים מעשה אשר יעשה ראש וזנב
טז כפה ואגמון: ביום ההוא יהיה מצרים כנשים
וחרד ׀ ופחד מפני תנופת יד־יהוה צבאות אשר־הוא מניף
יז עליו: והיתה אדמת יהודה למצרים לחגא כל אשר יזכיר
אתה אליו יפחד מפני עצת יהוה צבאות אשר־הוא יועץ
יח עליו: ביום ההוא יהיו חמש ערים בארץ
מצרים מדברות שפת כנען ונשבעות ליהוה צבאות עיר
יט ההרס יאמר לאחת: ביום ההוא יהיה מזבח
כ ליהוה בתוך ארץ מצרים ומצבה אצל־גבולה ליהוה: והיה
לאות ולעד ליהוה צבאות בארץ מצרים כי־יצעקו אל־יהוה
כא מפני לחצים וישלח להם מושיע ורב והצילם: ונודע יהוה
למצרים וידעו מצרים את־יהוה ביום ההוא ועבדו זבח ומנחה
כב ונדרו־נדר ליהוה ושלמו: ונגף יהוה את־מצרים נגף ורפוא
כג ושבו עד־יהוה ונעתר להם ורפאם: ביום ההוא
תהיה מסלה ממצרים אשורה ובא־אשור במצרים ומצרים
כד באשור ועבדו מצרים את־אשור: ביום ההוא
יהיה ישראל שלישיה למצרים ולאשור ברכה בקרב הארץ:
כה אשר ברכו יהוה צבאות לאמר ברוך עמי מצרים ומעשה ח
כ א ידי אשור ונחלתי ישראל: בשנת בא תרתן

כ

אַשְׁדּ֔וֹדָה בִּשְׁלֹ֣חַ אֹת֔וֹ סַרְג֖וֹן מֶ֣לֶךְ אַשּׁ֑וּר וַיִּלָּ֥חֶם בְּאַשְׁדּ֖וֹד
ב וַֽיִּלְכְּדָֽהּ׃ בָּעֵ֣ת הַהִ֗יא דִּבֶּ֣ר יְהוָה֮ בְּיַ֣ד יְשַֽׁעְיָ֣הוּ בֶן־אָמוֹץ֮ לֵאמֹר֒
לֵ֗ךְ וּפִתַּחְתָּ֤ הַשַּׂק֙ מֵעַ֣ל מָתְנֶ֔יךָ וְנַעַלְךָ֥ תַחֲלֹ֖ץ מֵעַ֣ל רַגְלֶ֑ךָ וַיַּ֣עַשׂ
ג כֵּ֔ן הָלֹ֖ךְ עָר֥וֹם וְיָחֵֽף׃ וַיֹּ֣אמֶר יְהוָ֔ה כַּאֲשֶׁ֥ר הָלַ֛ךְ
עַבְדִּ֥י יְשַֽׁעְיָ֖הוּ עָר֣וֹם וְיָחֵ֑ף שָׁלֹ֣שׁ שָׁנִ֗ים א֣וֹת וּמוֹפֵ֔ת עַל־מִצְרַ֖יִם
ד וְעַל־כּֽוּשׁ׃ כֵּ֣ן יִנְהַ֣ג מֶֽלֶךְ־אַ֠שּׁוּר אֶת־שְׁבִ֨י מִצְרַ֜יִם וְאֶת־גָּל֥וּת
ה כּ֛וּשׁ נְעָרִ֥ים וּזְקֵנִ֖ים עָר֣וֹם וְיָחֵ֑ף וַחֲשׂוּפַ֥י שֵׁ֖ת עֶרְוַ֥ת מִצְרָֽיִם׃ וְחַתּ֖וּ
ו וָבֹ֑שׁוּ מִכּוּשׁ֙ מַבָּטָ֔ם וּמִן־מִצְרַ֖יִם תִּפְאַרְתָּֽם׃ וְ֠אָמַר יֹשֵׁ֨ב הָאִ֜י
הַזֶּ֗ה בַּיּ֣וֹם הַהוּא֮ הִנֵּה־כֹ֣ה מַבָּטֵ֒נוּ֒ אֲשֶׁר נַ֣סְנוּ שָׁ֔ם לְעֶזְרָ֔ה לְהִ֨נָּצֵ֔ל
כא א מִפְּנֵ֖י מֶ֣לֶךְ אַשּׁ֑וּר וְאֵ֖יךְ נִמָּלֵ֥ט אֲנָֽחְנוּ׃ מַשָּׂ֖א
מִדְבַּר־יָ֑ם כְּסוּפ֤וֹת בַּנֶּ֙גֶב֙ לַחֲל֔וֹף מִמִּדְבָּ֣ר בָּ֔א מֵאֶ֖רֶץ נוֹרָאָֽה׃
ב חָז֥וּת קָשָׁ֖ה הֻגַּד־לִ֑י הַבּוֹגֵ֤ד ׀ בּוֹגֵד֙ וְהַשּׁוֹדֵ֣ד ׀ שׁוֹדֵ֔ד עֲלִ֤י עֵילָם֙
ג צוּרִ֣י מָדַ֔י כָּל־אַנְחָתָ֖ה הִשְׁבַּֽתִּי׃ עַל־כֵּ֗ן מָלְא֤וּ מָתְנַי֙ חַלְחָלָ֔ה
צִירִ֣ים אֲחָז֔וּנִי כְּצִירֵ֖י יוֹלֵדָ֑ה נַעֲוֵ֙יתִי֙ מִשְּׁמֹ֔עַ נִבְהַ֖לְתִּי מֵרְאֽוֹת׃
ד תָּעָ֣ה לְבָבִ֔י פַּלָּצ֖וּת בִּֽעֲתָ֑תְנִי אֵ֚ת נֶ֣שֶׁף חִשְׁקִ֔י שָׂ֥ם לִ֖י לַחֲרָדָֽה׃
ה עָרֹ֧ךְ הַשֻּׁלְחָ֛ן צָפֹ֥ה הַצָּפִ֖ית אָכ֣וֹל שָׁת֑וֹ ק֥וּמוּ הַשָּׂרִ֖ים מִשְׁח֥וּ
ו מָגֵֽן׃ כִּ֛י כֹ֥ה אָמַ֖ר אֵלַ֣י אֲדֹנָ֑י לֵ֚ךְ הַעֲמֵ֣ד הַֽמְצַפֶּ֔ה
ז אֲשֶׁ֥ר יִרְאֶ֖ה יַגִּֽיד׃ וְרָ֣אָה רֶ֗כֶב צֶ֚מֶד פָּֽרָשִׁ֔ים רֶ֣כֶב חֲמ֔וֹר רֶ֖כֶב
ח גָּמָ֑ל וְהִקְשִׁ֥יב קֶ֖שֶׁב רַב־קָֽשֶׁב׃ וַיִּקְרָ֖א אַרְיֵ֑ה עַל־מִצְפֶּ֣ה ׀ אֲדֹנָ֗י
אָנֹכִ֞י עֹמֵ֤ד תָּמִיד֙ יוֹמָ֔ם וְעַל־מִ֨שְׁמַרְתִּ֔י אָנֹכִ֥י נִצָּ֖ב כָּל־הַלֵּילֽוֹת׃
ט וְהִנֵּה־זֶ֥ה בָא֙ רֶ֣כֶב אִ֔ישׁ צֶ֖מֶד פָּרָשִׁ֑ים וַיַּ֣עַן וַיֹּ֔אמֶר נָֽפְלָ֤ה נָֽפְלָה֙
י בָּבֶ֔ל וְכָל־פְּסִילֵ֥י אֱלֹהֶ֖יהָ שִׁבַּ֥ר לָאָֽרֶץ׃ מְדֻשָׁתִ֖י וּבֶן־גָּרְנִ֑י
אֲשֶׁ֨ר שָׁמַ֜עְתִּי מֵאֵ֨ת יְהוָ֧ה צְבָא֛וֹת אֱלֹהֵ֥י יִשְׂרָאֵ֖ל הִגַּ֥דְתִּי
יא לָכֶֽם׃ מַשָּׂ֖א דּוּמָ֑ה אֵלַי֙ קֹרֵ֣א מִשֵּׂעִ֔יר שֹׁמֵר֙ מַה־
יב מִלַּ֔יְלָה שֹׁמֵ֖ר מַה־מִלֵּֽיל׃ אָמַ֣ר שֹׁמֵ֔ר אָתָ֥א בֹ֖קֶר וְגַם־לָ֑יְלָה
יג אִם־תִּבְעָי֥וּן בְּעָ֖יוּ שֻׁ֥בוּ אֵתָֽיוּ׃ מַשָּׂ֖א בַּעְרָ֑ב
יד בַּיַּ֤עַר בַּעְרַב֙ תָּלִ֔ינוּ אֹֽרְח֖וֹת דְּדָנִֽים׃ לִקְרַ֥את צָמֵ֖א הֵתָ֣יוּ

טו מַיִם יֹשְׁבֵי אֶרֶץ תֵּימָא בְּלַחְמוֹ קִדְּמוּ נֹדֵד׃ כִּי־מִפְּנֵי חֲרָבוֹת
נָדָדוּ מִפְּנֵי ׀ חֶרֶב נְטוּשָׁה וּמִפְּנֵי קֶשֶׁת דְּרוּכָה וּמִפְּנֵי כֹּבֶד
טז מִלְחָמָה׃ כִּי־כֹה אָמַר אֲדֹנָי אֵלָי בְּעוֹד שָׁנָה כִּשְׁנֵי
יז שָׂכִיר וְכָלָה כָּל־כְּבוֹד קֵדָר׃ וּשְׁאָר מִסְפַּר־קֶשֶׁת גִּבּוֹרֵי בְנֵי־
כב א קֵדָר יִמְעָטוּ כִּי יְהוָה אֱלֹהֵי־יִשְׂרָאֵל דִּבֵּר׃ מַשָּׂא
ב גֵּיא חִזָּיוֹן מַה־לָּךְ אֵפוֹא כִּי־עָלִית כֻּלָּךְ לַגַּגּוֹת׃ תְּשֻׁאוֹת ׀
מְלֵאָה עִיר הוֹמִיָּה קִרְיָה עַלִּיזָה חֲלָלַיִךְ לֹא חַלְלֵי־חֶרֶב וְלֹא
ג מֵתֵי מִלְחָמָה׃ כָּל־קְצִינַיִךְ נָדְדוּ יַחַד מִקֶּשֶׁת אֻסָּרוּ כָּל־
ד נִמְצָאַיִךְ אֻסְּרוּ יַחְדָּו מֵרָחוֹק בָּרָחוּ׃ עַל־כֵּן אָמַרְתִּי שְׁעוּ מִנִּי
ה אֲמָרֵר בַּבֶּכִי אַל־תָּאִיצוּ לְנַחֲמֵנִי עַל־שֹׁד בַּת־עַמִּי׃ כִּי יוֹם
מְהוּמָה וּמְבוּסָה וּמְבוּכָה לַאדֹנָי יֱהֹוִה צְבָאוֹת בְּגֵיא חִזָּיוֹן
ו מְקַרְקַר קִר וְשׁוֹעַ אֶל־הָהָר׃ וְעֵילָם נָשָׂא אַשְׁפָּה בְּרֶכֶב אָדָם
ז פָּרָשִׁים וְקִיר עֵרָה מָגֵן׃ וַיְהִי מִבְחַר־עֲמָקַיִךְ מָלְאוּ רָכֶב
ח וְהַפָּרָשִׁים שֹׁת שָׁתוּ הַשָּׁעְרָה׃ וַיְגַל אֵת מָסַךְ יְהוּדָה וַתַּבֵּט
ט בַּיּוֹם הַהוּא אֶל־נֶשֶׁק בֵּית הַיָּעַר׃ וְאֵת בְּקִיעֵי עִיר־דָּוִד רְאִיתֶם
י כִּי־רָבּוּ וַתְּקַבְּצוּ אֶת־מֵי הַבְּרֵכָה הַתַּחְתּוֹנָה׃ וְאֶת־בָּתֵּי
יא יְרוּשָׁלִַם סְפַרְתֶּם וַתִּתְצוּ הַבָּתִּים לְבַצֵּר הַחוֹמָה׃ וּמִקְוָה
עֲשִׂיתֶם בֵּין הַחֹמֹתַיִם לְמֵי הַבְּרֵכָה הַיְשָׁנָה וְלֹא הִבַּטְתֶּם אֶל־
יב עֹשֶׂיהָ וְיֹצְרָהּ מֵרָחוֹק לֹא רְאִיתֶם׃ וַיִּקְרָא אֲדֹנָי יֱהֹוִה צְבָאוֹת
יג בַּיּוֹם הַהוּא לִבְכִי וּלְמִסְפֵּד וּלְקָרְחָה וְלַחֲגֹר שָׂק׃ וְהִנֵּה ׀ שָׂשׂוֹן
וְשִׂמְחָה הָרֹג ׀ בָּקָר וְשָׁחֹט צֹאן אָכֹל בָּשָׂר וְשָׁתוֹת יָיִן
יד אָכוֹל וְשָׁתוֹ כִּי מָחָר נָמוּת׃ וְנִגְלָה בְאָזְנָי יְהוָה צְבָאוֹת
אִם־יְכֻפַּר הֶעָוֹן הַזֶּה לָכֶם עַד־תְּמֻתוּן אָמַר אֲדֹנָי יֱהֹוִה
טו צְבָאוֹת׃ כֹּה אָמַר אֲדֹנָי יֱהֹוִה צְבָאוֹת לֶךְ־בֹּא
טז אֶל־הַסֹּכֵן הַזֶּה עַל־שֶׁבְנָא אֲשֶׁר עַל־הַבָּיִת׃ מַה־לְּךָ פֹה וּמִי
לְךָ פֹה כִּי־חָצַבְתָּ לְּךָ פֹּה קָבֶר חֹצְבִי מָרוֹם קִבְרוֹ חֹקְקִי בַסֶּלַע
יז מִשְׁכָּן לוֹ׃ הִנֵּה יְהוָה מְטַלְטֶלְךָ טַלְטֵלָה גָּבֶר וְעֹטְךָ עָטֹה׃

צָנוֹף יִצְנָפְךָ צְנֵפָה כַּדּוּר אֶל־אֶרֶץ רַחֲבַת יָדָיִם שָׁמָּה תָמוּת יח
וְשָׁמָּה מַרְכְּבוֹת כְּבוֹדֶךָ קְלוֹן בֵּית אֲדֹנֶיךָ׃ וַהֲדַפְתִּיךָ מִמַּצָּבֶךָ יט
וּמִמַּעֲמָדְךָ יֶהֶרְסֶךָ׃ וְהָיָה בַּיּוֹם הַהוּא וְקָרָאתִי לְעַבְדִּי לְאֶלְיָקִים כ
בֶּן־חִלְקִיָּהוּ׃ וְהִלְבַּשְׁתִּיו כֻּתָּנְתֶּךָ וְאַבְנֵטְךָ אֲחַזְּקֶנּוּ וּמֶמְשַׁלְתְּךָ כא
אֶתֵּן בְּיָדוֹ וְהָיָה לְאָב לְיוֹשֵׁב יְרוּשָׁלִַם וּלְבֵית יְהוּדָה׃ וְנָתַתִּי כב
מַפְתֵּחַ בֵּית־דָּוִד עַל־שִׁכְמוֹ וּפָתַח וְאֵין סֹגֵר וְסָגַר וְאֵין פֹּתֵחַ׃
ט וּתְקַעְתִּיו יָתֵד בְּמָקוֹם נֶאֱמָן וְהָיָה לְכִסֵּא כָבוֹד לְבֵית אָבִיו׃ כג
וְתָלוּ עָלָיו כֹּל ׀ כְּבוֹד בֵּית־אָבִיו הַצֶּאֱצָאִים וְהַצְּפִעוֹת כֹּל כד
כְּלֵי הַקָּטָן מִכְּלֵי הָאַגָּנוֹת וְעַד כָּל־כְּלֵי הַנְּבָלִים׃ בַּיּוֹם כה
הַהוּא נְאֻם יְהוָה צְבָאוֹת תָּמוּשׁ הַיָּתֵד הַתְּקוּעָה בְּמָקוֹם
נֶאֱמָן וְנִגְדְּעָה וְנָפְלָה וְנִכְרַת הַמַּשָּׂא אֲשֶׁר־עָלֶיהָ כִּי יְהוָה
דִּבֵּר׃ מַשָּׂא צֹר הֵילִילוּ ׀ אֳנִיּוֹת תַּרְשִׁישׁ כִּי־שֻׁדַּד א כג
מִבַּיִת מִבּוֹא מֵאֶרֶץ כִּתִּים נִגְלָה־לָמוֹ׃ דֹּמּוּ יֹשְׁבֵי אִי סֹחֵר ב
צִידוֹן עֹבֵר יָם מִלְאוּךְ׃ וּבְמַיִם רַבִּים זֶרַע שִׁחֹר קְצִיר יְאוֹר ג
תְּבוּאָתָהּ וַתְּהִי סְחַר גּוֹיִם׃ בּוֹשִׁי צִידוֹן כִּי־אָמַר יָם מָעוֹז הַיָּם ד
לֵאמֹר לֹא־חַלְתִּי וְלֹא־יָלַדְתִּי וְלֹא גִדַּלְתִּי בַחוּרִים רוֹמַמְתִּי
בְתוּלוֹת׃ כַּאֲשֶׁר שֵׁמַע לְמִצְרָיִם יָחִילוּ כְּשֵׁמַע צֹר׃ עִבְרוּ ה ו
תַּרְשִׁישָׁה הֵילִילוּ יֹשְׁבֵי אִי׃ הֲזֹאת לָכֶם עַלִּיזָה מִימֵי־קֶדֶם ז
קַדְמָתָהּ יֹבִלוּהָ רַגְלֶיהָ מֵרָחוֹק לָגוּר׃ מִי יָעַץ זֹאת עַל־צֹר ח
הַמַּעֲטִירָה אֲשֶׁר סֹחֲרֶיהָ שָׂרִים כִּנְעָנֶיהָ נִכְבַּדֵּי־אָרֶץ׃ יְהוָה ט
צְבָאוֹת יְעָצָהּ לְחַלֵּל גְּאוֹן כָּל־צְבִי לְהָקֵל כָּל־נִכְבַּדֵּי־אָרֶץ׃
עִבְרִי אַרְצֵךְ כַּיְאֹר בַּת־תַּרְשִׁישׁ אֵין מֵזַח עוֹד׃ יָדוֹ נָטָה עַל־ י יא
הַיָּם הִרְגִּיז מַמְלָכוֹת יְהוָה צִוָּה אֶל־כְּנַעַן לַשְׁמִד מָעֻזְנֶיהָ׃
וַיֹּאמֶר לֹא־תוֹסִיפִי עוֹד לַעֲלוֹז הַמְעֻשָּׁקָה בְּתוּלַת בַּת־צִידוֹן יב
כִּתִּים כתיים קוּמִי עֲבֹרִי גַּם־שָׁם לֹא־יָנוּחַ לָךְ׃ הֵן ׀ אֶרֶץ כַּשְׂדִּים זֶה יג
בַחוּנָיו הָעָם לֹא הָיָה אַשּׁוּר יְסָדָהּ לְצִיִּים הֵקִימוּ בחיניו עֹרְרוּ
אַרְמְנוֹתֶיהָ שָׂמָהּ לְמַפֵּלָה׃ הֵילִילוּ אֳנִיּוֹת תַּרְשִׁישׁ כִּי שֻׁדַּד יד

טו מָעֻזְּכֶן׃ וְהָיָה בַּיּוֹם הַהוּא וְנִשְׁכַּחַת צֹר שִׁבְעִים
שָׁנָה כִּימֵי מֶלֶךְ אֶחָד מִקֵּץ שִׁבְעִים שָׁנָה יִהְיֶה לְצֹר כְּשִׁירַת
טז הַזּוֹנָה׃ קְחִי כִנּוֹר סֹבִּי עִיר זוֹנָה נִשְׁכָּחָה הֵיטִיבִי נַגֵּן הַרְבִּי־
יז שִׁיר לְמַעַן תִּזָּכֵרִי׃ וְהָיָה מִקֵּץ ׀ שִׁבְעִים שָׁנָה יִפְקֹד יְהוָה אֶת־
צֹר וְשָׁבָה לְאֶתְנַנָּה וְזָנְתָה אֶת־כָּל־מַמְלְכוֹת הָאָרֶץ עַל־פְּנֵי
יח הָאֲדָמָה׃ וְהָיָה סַחְרָהּ וְאֶתְנַנָּהּ קֹדֶשׁ לַיהוָה לֹא יֵאָצֵר וְלֹא יֵחָסֵן
כִּי לַיֹּשְׁבִים לִפְנֵי יְהוָה יִהְיֶה סַחְרָהּ לֶאֱכֹל לְשָׂבְעָה וְלִמְכַסֶּה
כד א עָתִיק׃ הִנֵּה יְהוָה בּוֹקֵק הָאָרֶץ וּבוֹלְקָהּ וְעִוָּה
ב פָנֶיהָ וְהֵפִיץ יֹשְׁבֶיהָ׃ וְהָיָה כָעָם כַּכֹּהֵן כַּעֶבֶד כַּאדֹנָיו כַּשִּׁפְחָה
כַּגְּבִרְתָּהּ כַּקּוֹנֶה כַּמּוֹכֵר כַּמַּלְוֶה כַּלֹּוֶה כַּנֹּשֶׁה כַּאֲשֶׁר נֹשֶׁא בוֹ׃
ג הִבּוֹק ׀ תִּבּוֹק הָאָרֶץ וְהִבּוֹז ׀ תִּבּוֹז כִּי יְהוָה דִּבֶּר אֶת־הַדָּבָר
ד הַזֶּה׃ אָבְלָה נָבְלָה הָאָרֶץ אֻמְלְלָה נָבְלָה תֵּבֵל אֻמְלָלוּ מְרוֹם
ה עַם־הָאָרֶץ׃ וְהָאָרֶץ חָנְפָה תַּחַת יֹשְׁבֶיהָ כִּי־עָבְרוּ תוֹרֹת חָלְפוּ
ו חֹק הֵפֵרוּ בְּרִית עוֹלָם׃ עַל־כֵּן אָלָה אָכְלָה אֶרֶץ וַיֶּאְשְׁמוּ יֹשְׁבֵי
ז בָהּ עַל־כֵּן חָרוּ יֹשְׁבֵי אֶרֶץ וְנִשְׁאַר אֱנוֹשׁ מִזְעָר׃ אָבַל תִּירוֹשׁ
ח אֻמְלְלָה־גָפֶן נֶאֶנְחוּ כָּל־שִׂמְחֵי־לֵב׃ שָׁבַת מְשׂוֹשׂ תֻּפִּים חָדַל
ט שְׁאוֹן עַלִּיזִים שָׁבַת מְשׂוֹשׂ כִּנּוֹר׃ בַּשִּׁיר לֹא יִשְׁתּוּ־יָיִן יֵמַר
י יא שֵׁכָר לְשֹׁתָיו׃ נִשְׁבְּרָה קִרְיַת־תֹּהוּ סֻגַּר כָּל־בַּיִת מִבּוֹא׃ צְוָחָה
יב עַל־הַיַּיִן בַּחוּצוֹת עָרְבָה כָּל־שִׂמְחָה גָּלָה מְשׂוֹשׂ הָאָרֶץ׃ נִשְׁאַר
יג בָּעִיר שַׁמָּה וּשְׁאִיָּה יֻכַּת־שָׁעַר׃ כִּי כֹה יִהְיֶה בְּקֶרֶב הָאָרֶץ
יד בְּתוֹךְ הָעַמִּים כְּנֹקֶף זַיִת כְּעוֹלֵלֹת אִם־כָּלָה בָצִיר׃ הֵמָּה יִשְׂאוּ
טו קוֹלָם יָרֹנּוּ בִּגְאוֹן יְהוָה צָהֲלוּ מִיָּם׃ עַל־כֵּן בָּאֻרִים כַּבְּדוּ יְהוָה
טז בְּאִיֵּי הַיָּם שֵׁם יְהוָה אֱלֹהֵי יִשְׂרָאֵל׃ מִכְּנַף
הָאָרֶץ זְמִרֹת שָׁמַעְנוּ צְבִי לַצַּדִּיק וָאֹמַר רָזִי־לִי רָזִי־לִי אוֹי לִי
יז בֹּגְדִים בָּגָדוּ וּבֶגֶד בּוֹגְדִים בָּגָדוּ׃ פַּחַד וָפַחַת וָפָח עָלֶיךָ יוֹשֵׁב
יח הָאָרֶץ׃ וְהָיָה הַנָּס מִקּוֹל הַפַּחַד יִפֹּל אֶל־הַפַּחַת וְהָעוֹלֶה מִתּוֹךְ
הַפַּחַת יִלָּכֵד בַּפָּח כִּי־אֲרֻבּוֹת מִמָּרוֹם נִפְתָּחוּ וַיִּרְעֲשׁוּ מוֹסְדֵי

אָרֶץ: רֹעָה הִתְרֹעֲעָה הָאָרֶץ פּוֹר הִתְפּוֹרְרָה אֶרֶץ מוֹט יט
הִתְמוֹטְטָה אָרֶץ: נוֹעַ תָּנוּעַ אֶרֶץ כַּשִּׁכּוֹר וְהִתְנוֹדְדָה כַּמְּלוּנָה כ
וְכָבַד עָלֶיהָ פִּשְׁעָהּ וְנָפְלָה וְלֹא־תֹסִיף קוּם: וְהָיָה כא
בַּיּוֹם הַהוּא יִפְקֹד יהוה עַל־צְבָא הַמָּרוֹם בַּמָּרוֹם וְעַל־מַלְכֵי
הָאֲדָמָה עַל־הָאֲדָמָה: וְאֻסְּפוּ אֲסֵפָה אַסִּיר עַל־בּוֹר וְסֻגְּרוּ עַל־ כב
י מַסְגֵּר וּמֵרֹב יָמִים יִפָּקֵדוּ: וְחָפְרָה הַלְּבָנָה וּבוֹשָׁה הַחַמָּה כג
כִּי־מָלַךְ יהוה צְבָאוֹת בְּהַר צִיּוֹן וּבִירוּשָׁלִַם וְנֶגֶד זְקֵנָיו
כָּבוֹד: יהוה אֱלֹהַי אַתָּה אֲרוֹמִמְךָ אוֹדֶה שִׁמְךָ א כה
כִּי עָשִׂיתָ פֶּלֶא עֵצוֹת מֵרָחוֹק אֱמוּנָה אֹמֶן: כִּי שַׂמְתָּ מֵעִיר לַגַּל ב
קִרְיָה בְצוּרָה לְמַפֵּלָה אַרְמוֹן זָרִים מֵעִיר לְעוֹלָם לֹא יִבָּנֶה:
עַל־כֵּן יְכַבְּדוּךָ עַם־עָז קִרְיַת גּוֹיִם עָרִיצִים יִירָאוּךָ: כִּי־הָיִיתָ ג ד
מָעוֹז לַדָּל מָעוֹז לָאֶבְיוֹן בַּצַּר־לוֹ מַחְסֶה מִזֶּרֶם צֵל מֵחֹרֶב כִּי
רוּחַ עָרִיצִים כְּזֶרֶם קִיר: כְּחֹרֶב בְּצָיוֹן שְׁאוֹן זָרִים תַּכְנִיעַ חֹרֶב ה
בְּצֵל עָב זְמִיר עָרִיצִים יַעֲנֶה: וְעָשָׂה יהוה ו
צְבָאוֹת לְכָל־הָעַמִּים בָּהָר הַזֶּה מִשְׁתֵּה שְׁמָנִים מִשְׁתֵּה שְׁמָרִים
שְׁמָנִים מְמֻחָיִם שְׁמָרִים מְזֻקָּקִים: וּבִלַּע בָּהָר הַזֶּה פְּנֵי־הַלּוֹט ׀ ז
הַלּוֹט עַל־כָּל־הָעַמִּים וְהַמַּסֵּכָה הַנְּסוּכָה עַל־כָּל־הַגּוֹיִם: בִּלַּע ח
הַמָּוֶת לָנֶצַח וּמָחָה אֲדֹנָי יֱהוִה דִּמְעָה מֵעַל כָּל־פָּנִים וְחֶרְפַּת
עַמּוֹ יָסִיר מֵעַל כָּל־הָאָרֶץ כִּי יהוה דִּבֵּר: וְאָמַר ט
בַּיּוֹם הַהוּא הִנֵּה אֱלֹהֵינוּ זֶה קִוִּינוּ לוֹ וְיוֹשִׁיעֵנוּ זֶה יהוה קִוִּינוּ
לוֹ נָגִילָה וְנִשְׂמְחָה בִּישׁוּעָתוֹ: כִּי־תָנוּחַ יַד־יהוה בָּהָר הַזֶּה י
בְּמוֹ וְנָדוֹשׁ מוֹאָב תַּחְתָּיו כְּהִדּוֹשׁ מַתְבֵּן בְּמִי מַדְמֵנָה: וּפֵרַשׂ יָדָיו יא
בְּקִרְבּוֹ כַּאֲשֶׁר יְפָרֵשׂ הַשֹּׂחֶה לִשְׂחוֹת וְהִשְׁפִּיל גַּאֲוָתוֹ עִם
אָרְבּוֹת יָדָיו: וּמִבְצַר מִשְׂגַּב חוֹמֹתֶיךָ הֵשַׁח הִשְׁפִּיל הִגִּיעַ יב
לָאָרֶץ עַד־עָפָר: בַּיּוֹם הַהוּא יוּשַׁר הַשִּׁיר־הַזֶּה א כו
בְּאֶרֶץ יְהוּדָה עִיר עָז־לָנוּ יְשׁוּעָה יָשִׁית חוֹמוֹת וָחֵל: פִּתְחוּ ב
שְׁעָרִים וְיָבֹא גוֹי־צַדִּיק שֹׁמֵר אֱמֻנִים: יֵצֶר סָמוּךְ תִּצֹּר שָׁלוֹם ׀ ג

ד שָׁלוֹם כִּי בְךָ בָּטוּחַ׃ בִּטְחוּ בַיהוָה עֲדֵי־עַד כִּי בְּיָהּ יְהוָה צוּר
ה עוֹלָמִים׃ כִּי הֵשַׁח יֹשְׁבֵי מָרוֹם קִרְיָה נִשְׂגָּבָה יַשְׁפִּילֶנָּה יַשְׁפִּילָהּ
ו עַד־אֶרֶץ יַגִּיעֶנָּה עַד־עָפָר׃ תִּרְמְסֶנָּה רָגֶל רַגְלֵי עָנִי פַּעֲמֵי
ז ח דַלִּים׃ אֹרַח לַצַּדִּיק מֵישָׁרִים יָשָׁר מַעְגַּל צַדִּיק תְּפַלֵּס׃ אַף
ט אֹרַח מִשְׁפָּטֶיךָ יְהוָה קִוִּינוּךָ לְשִׁמְךָ וּלְזִכְרְךָ תַּאֲוַת־נָפֶשׁ׃ נַפְשִׁי
אִוִּיתִךָ בַּלַּיְלָה אַף־רוּחִי בְקִרְבִּי אֲשַׁחֲרֶךָּ כִּי כַּאֲשֶׁר מִשְׁפָּטֶיךָ
י לָאָרֶץ צֶדֶק לָמְדוּ יֹשְׁבֵי תֵבֵל׃ יֻחַן רָשָׁע בַּל־לָמַד צֶדֶק בְּאֶרֶץ
יא נְכֹחוֹת יְעַוֵּל וּבַל־יִרְאֶה גֵּאוּת יְהוָה׃ יְהוָה רָמָה
יָדְךָ בַּל־יֶחֱזָיוּן יֶחֱזוּ וְיֵבֹשׁוּ קִנְאַת־עָם אַף־אֵשׁ צָרֶיךָ תֹאכְלֵם׃
יב יג יְהוָה תִּשְׁפֹּת שָׁלוֹם לָנוּ כִּי גַּם כָּל־מַעֲשֵׂינוּ פָּעַלְתָּ לָּנוּ׃ יְהוָה
יד אֱלֹהֵינוּ בְּעָלוּנוּ אֲדֹנִים זוּלָתֶךָ לְבַד־בְּךָ נַזְכִּיר שְׁמֶךָ׃ מֵתִים
בַּל־יִחְיוּ רְפָאִים בַּל־יָקֻמוּ לָכֵן פָּקַדְתָּ וַתַּשְׁמִידֵם וַתְּאַבֵּד כָּל־
טו זֵכֶר לָמוֹ׃ יָסַפְתָּ לַגּוֹי יְהוָה יָסַפְתָּ לַגּוֹי נִכְבָּדְתָּ רִחַקְתָּ כָּל־
טז קַצְוֵי־אָרֶץ׃ יְהוָה בַּצַּר פְּקָדוּךָ צָקוּן לַחַשׁ
יז מוּסָרְךָ לָמוֹ׃ כְּמוֹ הָרָה תַּקְרִיב לָלֶדֶת תָּחִיל תִּזְעַק בַּחֲבָלֶיהָ
יח כֵּן הָיִינוּ מִפָּנֶיךָ יְהוָה׃ הָרִינוּ חַלְנוּ כְּמוֹ יָלַדְנוּ רוּחַ יְשׁוּעֹת בַּל־
יט נַעֲשֶׂה אֶרֶץ וּבַל־יִפְּלוּ יֹשְׁבֵי תֵבֵל׃ יִחְיוּ מֵתֶיךָ נְבֵלָתִי יְקוּמוּן
הָקִיצוּ וְרַנְּנוּ שֹׁכְנֵי עָפָר כִּי טַל אוֹרֹת טַלֶּךָ וָאָרֶץ רְפָאִים
כ תַּפִּיל׃ לֵךְ עַמִּי בֹּא בַחֲדָרֶיךָ וּסְגֹר דלתיך בַּעֲדֶךָ דְּלָתְךָ
כא חֲבִי כִמְעַט־רֶגַע עַד־יעבור־זָעַם׃ כִּי־הִנֵּה יְהוָה יֹצֵא מִמְּקוֹמוֹ יַעֲבָר־
לִפְקֹד עֲוֺן יֹשֵׁב־הָאָרֶץ עָלָיו וְגִלְּתָה הָאָרֶץ אֶת־דָּמֶיהָ
כז א וְלֹא־תְכַסֶּה עוֹד עַל־הֲרוּגֶיהָ׃ בַּיּוֹם הַהוּא יִפְקֹד
יְהוָה בְּחַרְבּוֹ הַקָּשָׁה וְהַגְּדוֹלָה וְהַחֲזָקָה עַל לִוְיָתָן נָחָשׁ
בָּרִחַ וְעַל לִוְיָתָן נָחָשׁ עֲקַלָּתוֹן וְהָרַג אֶת־הַתַּנִּין אֲשֶׁר
ב ג בַּיָּם׃ בַּיּוֹם הַהוּא כֶּרֶם חֶמֶר עַנּוּ־לָהּ׃ אֲנִי יְהוָה
נֹצְרָהּ לִרְגָעִים אַשְׁקֶנָּה פֶּן יִפְקֹד עָלֶיהָ לַיְלָה וָיוֹם אֶצֳּרֶנָּה׃
ד חֵמָה אֵין לִי מִי־יִתְּנֵנִי שָׁמִיר שַׁיִת בַּמִּלְחָמָה אֶפְשְׂעָה בָהּ

אֲצִיתֶנָּה יָּחַד׃ אוֹ יַחֲזֵק בְּמָעוּזִּי יַעֲשֶׂה שָׁלוֹם לִי שָׁלוֹם יַעֲשֶׂה־ ה
לִּי׃ הַבָּאִים יַשְׁרֵשׁ יַעֲקֹב יָצִיץ וּפָרַח יִשְׂרָאֵל וּמָלְאוּ פְנֵי־תֵבֵל ו
תְּנוּבָה׃ הַכְּמַכַּת מַכֵּהוּ הִכָּהוּ אִם־כְּהֶרֶג הֲרֻגָיו ז
הֹרָג׃ בְּסַאסְּאָה בְּשַׁלְחָהּ תְּרִיבֶנָּה הָגָה בְּרוּחוֹ הַקָּשָׁה בְּיוֹם ח
קָדִים׃ לָכֵן בְּזֹאת יְכֻפַּר עֲוֹן־יַעֲקֹב וְזֶה כָּל־פְּרִי הָסִר חַטָּאתוֹ ט
בְּשׂוּמוֹ ׀ כָּל־אַבְנֵי מִזְבֵּחַ כְּאַבְנֵי־גִר מְנֻפָּצוֹת לֹא־יָקֻמוּ אֲשֵׁרִים
וְחַמָּנִים׃ כִּי עִיר בְּצוּרָה בָּדָד נָוֶה מְשֻׁלָּח וְנֶעֱזָב כַּמִּדְבָּר שָׁם י
יִרְעֶה עֵגֶל וְשָׁם יִרְבָּץ וְכִלָּה סְעִפֶיהָ׃ בִּיבֹשׁ קְצִירָהּ תִּשָּׁבַרְנָה יא
נָשִׁים בָּאוֹת מְאִירוֹת אוֹתָהּ כִּי לֹא עַם־בִּינוֹת הוּא עַל־כֵּן
יא לֹא־יְרַחֲמֶנּוּ עֹשֵׂהוּ וְיֹצְרוֹ לֹא יְחֻנֶּנּוּ׃ וְהָיָה בַּיּוֹם יב
הַהוּא יַחְבֹּט יְהוָה מִשִּׁבֹּלֶת הַנָּהָר עַד־נַחַל מִצְרָיִם וְאַתֶּם
תְּלֻקְּטוּ לְאַחַד אֶחָד בְּנֵי יִשְׂרָאֵל׃ וְהָיָה ׀ בַּיּוֹם יג
הַהוּא יִתָּקַע בְּשׁוֹפָר גָּדוֹל וּבָאוּ הָאֹבְדִים בְּאֶרֶץ אַשּׁוּר
וְהַנִּדָּחִים בְּאֶרֶץ מִצְרָיִם וְהִשְׁתַּחֲווּ לַיהוָה בְּהַר הַקֹּדֶשׁ
בִּירוּשָׁלָםִ׃ הוֹי עֲטֶרֶת גֵּאוּת שִׁכֹּרֵי אֶפְרַיִם וְצִיץ א כח
נֹבֵל צְבִי תִפְאַרְתּוֹ אֲשֶׁר עַל־רֹאשׁ גֵּיא־שְׁמָנִים הֲלוּמֵי יָיִן׃ הִנֵּה ב
חָזָק וְאַמִּץ לַאדֹנָי כְּזֶרֶם בָּרָד שַׂעַר קָטֶב כְּזֶרֶם מַיִם כַּבִּירִים
שֹׁטְפִים הִנִּיחַ לָאָרֶץ בְּיָד׃ בְּרַגְלַיִם תֵּרָמַסְנָה עֲטֶרֶת גֵּאוּת ג
שִׁכּוֹרֵי אֶפְרָיִם׃ וְהָיְתָה צִיצַת נֹבֵל צְבִי תִפְאַרְתּוֹ אֲשֶׁר עַל־ ד
רֹאשׁ גֵּיא שְׁמָנִים כְּבִכּוּרָהּ בְּטֶרֶם קַיִץ אֲשֶׁר יִרְאֶה הָרֹאֶה
אוֹתָהּ בְּעוֹדָהּ בְּכַפּוֹ יִבְלָעֶנָּה׃ בַּיּוֹם הַהוּא יִהְיֶה ה
יְהוָה צְבָאוֹת לַעֲטֶרֶת צְבִי וְלִצְפִירַת תִּפְאָרָה לִשְׁאָר עַמּוֹ׃
וּלְרוּחַ מִשְׁפָּט לַיּוֹשֵׁב עַל־הַמִּשְׁפָּט וְלִגְבוּרָה מְשִׁיבֵי מִלְחָמָה ו
שָׁעְרָה׃ וְגַם־אֵלֶּה בַּיַּיִן שָׁגוּ וּבַשֵּׁכָר תָּעוּ כֹּהֵן וְנָבִיא שָׁגוּ בַשֵּׁכָר ז
נִבְלְעוּ מִן־הַיַּיִן תָּעוּ מִן־הַשֵּׁכָר שָׁגוּ בָּרֹאֶה פָּקוּ פְּלִילִיָּה׃ כִּי ח
כָּל־שֻׁלְחָנוֹת מָלְאוּ קִיא צֹאָה בְּלִי מָקוֹם׃ אֶת־ ט
מִי יוֹרֶה דֵעָה וְאֶת־מִי יָבִין שְׁמוּעָה גְּמוּלֵי מֵחָלָב עַתִּיקֵי

י יא מִשָּׁדָיִם׃ כִּי צַו לָצָו צַו לָצָו קַו לָקָו קַו לָקָו זְעֵיר שָׁם זְעֵיר שָׁם׃ כִּי
יב בְּלַעֲגֵי שָׂפָה וּבְלָשׁוֹן אַחֶרֶת יְדַבֵּר אֶל־הָעָם הַזֶּה׃ אֲשֶׁר ׀ אָמַר
אֲלֵיהֶם זֹאת הַמְּנוּחָה הָנִיחוּ לֶעָיֵף וְזֹאת הַמַּרְגֵּעָה וְלֹא אָבוּא
יג שְׁמוֹעַ׃ וְהָיָה לָהֶם דְּבַר־יְהוָה צַו לָצָו צַו לָצָו קַו לָקָו קַו לָקָו
זְעֵיר שָׁם זְעֵיר שָׁם לְמַעַן יֵלְכוּ וְכָשְׁלוּ אָחוֹר וְנִשְׁבָּרוּ וְנוֹקְשׁוּ
יד וְנִלְכָּדוּ׃ לָכֵן שִׁמְעוּ דְבַר־יְהוָה אַנְשֵׁי לָצוֹן
טו מֹשְׁלֵי הָעָם הַזֶּה אֲשֶׁר בִּירוּשָׁלִָם׃ כִּי אֲמַרְתֶּם כָּרַתְנוּ בְרִית
אֶת־מָוֶת וְעִם־שְׁאוֹל עָשִׂינוּ חֹזֶה שִׁיט שׁוֹטֵף כִּי־עבר לֹא יְבוֹאֵנוּ שׁוֹט | יַעֲבֹור
טז כִּי שַׂמְנוּ כָזָב מַחְסֵנוּ וּבַשֶּׁקֶר נִסְתָּרְנוּ׃ לָכֵן כֹּה
אָמַר אֲדֹנָי יֱהוִה הִנְנִי יִסַּד בְּצִיּוֹן אָבֶן אֶבֶן בֹּחַן פִּנַּת יִקְרַת
יז מוּסָד מוּסָּד הַמַּאֲמִין לֹא יָחִישׁ׃ וְשַׂמְתִּי מִשְׁפָּט לְקָו וּצְדָקָה
יח לְמִשְׁקָלֶת וְיָעָה בָרָד מַחְסֵה כָזָב וְסֵתֶר מַיִם יִשְׁטֹפוּ׃ וְכֻפַּר
בְּרִיתְכֶם אֶת־מָוֶת וְחָזוּתְכֶם אֶת־שְׁאוֹל לֹא תָקוּם שׁוֹט שׁוֹטֵף
יט כִּי יַעֲבֹר וִהְיִיתֶם לוֹ לְמִרְמָס׃ מִדֵּי עָבְרוֹ יִקַּח אֶתְכֶם כִּי־בַבֹּקֶר
כ בַּבֹּקֶר יַעֲבֹר בַּיּוֹם וּבַלָּיְלָה וְהָיָה רַק־זְוָעָה הָבִין שְׁמוּעָה׃ כִּי־
כא קָצַר הַמַּצָּע מֵהִשְׂתָּרֵעַ וְהַמַּסֵּכָה צָרָה כְּהִתְכַּנֵּס׃ כִּי כְהַר־
פְּרָצִים יָקוּם יְהוָה כְּעֵמֶק בְּגִבְעוֹן יִרְגָּז לַעֲשׂוֹת מַעֲשֵׂהוּ זָר
כב מַעֲשֵׂהוּ וְלַעֲבֹד עֲבֹדָתוֹ נָכְרִיָּה עֲבֹדָתוֹ׃ וְעַתָּה אַל־תִּתְלוֹצָצוּ
פֶּן־יֶחְזְקוּ מוֹסְרֵיכֶם כִּי־כָלָה וְנֶחֱרָצָה שָׁמַעְתִּי מֵאֵת אֲדֹנָי יֱהוִה
כג צְבָאוֹת עַל־כָּל־הָאָרֶץ׃ הַאֲזִינוּ וְשִׁמְעוּ קוֹלִי
כד הַקְשִׁיבוּ וְשִׁמְעוּ אִמְרָתִי׃ הֲכֹל הַיּוֹם יַחֲרֹשׁ הַחֹרֵשׁ לִזְרֹעַ יְפַתַּח
כה וִישַׂדֵּד אַדְמָתוֹ׃ הֲלוֹא אִם־שִׁוָּה פָנֶיהָ וְהֵפִיץ קֶצַח וְכַמֹּן יִזְרֹק
כו וְשָׂם חִטָּה שׂוֹרָה וּשְׂעֹרָה נִסְמָן וְכֻסֶּמֶת גְּבֻלָתוֹ׃ וְיִסְּרוֹ לַמִּשְׁפָּט
כז אֱלֹהָיו יוֹרֶנּוּ׃ כִּי לֹא בֶחָרוּץ יוּדַשׁ קֶצַח וְאוֹפַן עֲגָלָה עַל־כַּמֹּן
כח יוּסָּב כִּי בַמַּטֶּה יֵחָבֶט קֶצַח וְכַמֹּן בַּשָּׁבֶט׃ לֶחֶם יוּדָק כִּי
לֹא לָנֶצַח אָדוֹשׁ יְדוּשֶׁנּוּ וְהָמַם גִּלְגַּל עֶגְלָתוֹ וּפָרָשָׁיו לֹא
כט יְדֻקֶּנּוּ׃ גַּם־זֹאת מֵעִם יְהוָה צְבָאוֹת יָצָאָה הִפְלִא עֵצָה הִגְדִּיל

א תושיה: הוי אריאל אריאל קרית חנה דוד ספו
ב שנה על־שנה חגים ינקפו: והציקותי לאריאל והיתה תאניה
ג ואניה והיתה לי כאריאל: וחניתי כדור עליך וצרתי עליך
ד מצב והקימתי עליך מצרת: ושפלת מארץ תדברי ומעפר
תשח אמרתך והיה כאוב מארץ קולך ומעפר אמרתך
ה תצפצף: והיה כאבק דק המון זריך וכמץ עבר המון עריצים
ו והיה לפתע פתאם: מעם יהוה צבאות תפקד ברעם וברעש
ז וקול גדול סופה וסערה ולהב אש אוכלה: והיה כחלום חזון
לילה המון כל־הגוים הצבאים על־אריאל וכל־צביה
ח ומצדתה והמציקים לה: והיה כאשר יחלם הרעב והנה אוכל
והקיץ וריקה נפשו וכאשר יחלם הצמא והנה שתה והקיץ
והנה עיף ונפשו שוקקה כן יהיה המון כל־הגוים הצבאים
ט על־הר ציון: התמהמהו ותמהו השתעשעו
י ושעו שכרו ולא־יין נעו ולא שכר: כי־נסך עליכם יהוה רוח
תרדמה ויעצם את־עיניכם את־הנביאים ואת־ראשיכם
יא החזים כסה: ותהי לכם חזות הכל כדברי הספר החתום
אשר־יתנו אתו אל־יודע הספר לאמר קרא נא־זה ואמר לא ספר
יב אוכל כי חתום הוא: ונתן הספר על אשר לא־ידע ספר לאמר
יג קרא נא־זה ואמר לא ידעתי ספר: ויאמר
אדני יען כי נגש העם הזה בפיו ובשפתיו כבדוני ולבו רחק
יד ממני ותהי יראתם אתי מצות אנשים מלמדה: לכן הנני
יוסף להפליא את־העם־הזה הפלא ופלא ואבדה חכמת
טו חכמיו ובינת נבניו תסתתר: הוי המעמיקים
מיהוה לסתר עצה והיה במחשך מעשיהם ויאמרו מי ראנו
טז ומי ידענו: הפככם אם־כחמר היצר יחשב כי־יאמר מעשה
יז לעשהו לא עשני ויצר אמר ליצרו לא הבין: הלא־עוד מעט
יח מזער ושב לבנון לכרמל והכרמל ליער יחשב: ושמעו ביום־

הַהוּא הַחֵרְשִׁים דִּבְרֵי־סֵפֶר וּמֵאֹפֶל וּמֵחֹשֶׁךְ עֵינֵי עִוְרִים
יט תִּרְאֶינָה: וְיָסְפוּ עֲנָוִים בַּיהוָה שִׂמְחָה וְאֶבְיוֹנֵי אָדָם בִּקְדוֹשׁ
כ יִשְׂרָאֵל יָגִילוּ: כִּי־אָפֵס עָרִיץ וְכָלָה לֵץ וְנִכְרְתוּ כָּל־שֹׁקְדֵי
כא אָוֶן: מַחֲטִיאֵי אָדָם בְּדָבָר וְלַמּוֹכִיחַ בַּשַּׁעַר יְקֹשׁוּן וַיַּטּוּ בַתֹּהוּ
כב צַדִּיק: לָכֵן כֹּה־אָמַר יְהוָה אֶל־בֵּית יַעֲקֹב אֲשֶׁר
פָּדָה אֶת־אַבְרָהָם לֹא־עַתָּה יֵבוֹשׁ יַעֲקֹב וְלֹא עַתָּה פָּנָיו יֶחֱוָרוּ:
כג כִּי בִרְאֹתוֹ יְלָדָיו מַעֲשֵׂה יָדַי בְּקִרְבּוֹ יַקְדִּישׁוּ שְׁמִי וְהִקְדִּישׁוּ יב
כד אֶת־קְדוֹשׁ יַעֲקֹב וְאֶת־אֱלֹהֵי יִשְׂרָאֵל יַעֲרִיצוּ: וְיָדְעוּ תֹעֵי־רוּחַ
ל א בִּינָה וְרוֹגְנִים יִלְמְדוּ־לֶקַח: הוֹי בָּנִים סוֹרְרִים
נְאֻם־יְהוָה לַעֲשׂוֹת עֵצָה וְלֹא מִנִּי וְלִנְסֹךְ מַסֵּכָה וְלֹא רוּחִי
ב לְמַעַן סְפוֹת חַטָּאת עַל־חַטָּאת: הַהֹלְכִים לָרֶדֶת מִצְרַיִם וּפִי
ג לֹא שָׁאָלוּ לָעוֹז בְּמָעוֹז פַּרְעֹה וְלַחְסוֹת בְּצֵל מִצְרָיִם: וְהָיָה
ד לָכֶם מָעוֹז פַּרְעֹה לְבֹשֶׁת וְהֶחָסוּת בְּצֵל־מִצְרַיִם לִכְלִמָּה: כִּי־
ה הָיוּ בְצֹעַן שָׂרָיו וּמַלְאָכָיו חָנֵס יַגִּיעוּ: כֹּל הִבְאִישׁ עַל־עַם
לֹא־יוֹעִילוּ לָמוֹ לֹא לְעֵזֶר וְלֹא לְהוֹעִיל כִּי לְבֹשֶׁת וְגַם־
ו לְחֶרְפָּה: מַשָּׂא בַּהֲמוֹת נֶגֶב בְּאֶרֶץ צָרָה וְצוּקָה
לָבִיא וָלַיִשׁ מֵהֶם אֶפְעֶה וְשָׂרָף מְעוֹפֵף יִשְׂאוּ עַל־כֶּתֶף עורים עֲיָרִים
חֵילֵיהֶם וְעַל־דַּבֶּשֶׁת גְּמַלִּים אוֹצְרֹתָם עַל־עַם לֹא יוֹעִילוּ:
ז וּמִצְרַיִם הֶבֶל וָרִיק יַעְזֹרוּ לָכֵן קָרָאתִי לָזֹאת רַהַב הֵם שָׁבֶת:
ח עַתָּה בּוֹא כָתְבָהּ עַל־לוּחַ אִתָּם וְעַל־סֵפֶר חֻקָּהּ וּתְהִי לְיוֹם
ט אַחֲרוֹן לָעַד עַד־עוֹלָם: כִּי עַם מְרִי הוּא בָּנִים כֶּחָשִׁים בָּנִים
י לֹא־אָבוּ שְׁמוֹעַ תּוֹרַת יְהוָה: אֲשֶׁר אָמְרוּ לָרֹאִים לֹא תִרְאוּ
וְלַחֹזִים לֹא־תֶחֱזוּ־לָנוּ נְכֹחוֹת דַּבְּרוּ־לָנוּ חֲלָקוֹת חֲזוּ מַהֲתַלּוֹת:
יא סוּרוּ מִנֵּי־דֶרֶךְ הַטּוּ מִנֵּי־אֹרַח הַשְׁבִּיתוּ מִפָּנֵינוּ אֶת־קְדוֹשׁ
יב יִשְׂרָאֵל: לָכֵן כֹּה אָמַר קְדוֹשׁ יִשְׂרָאֵל יַעַן
יג מָאָסְכֶם בַּדָּבָר הַזֶּה וַתִּבְטְחוּ בְּעֹשֶׁק וְנָלוֹז וַתִּשָּׁעֲנוּ עָלָיו: לָכֵן
יִהְיֶה לָכֶם הֶעָוֹן הַזֶּה כְּפֶרֶץ נֹפֵל נִבְעֶה בְּחוֹמָה נִשְׂגָּבָה אֲשֶׁר־

פִּתְאֹם לְפֶתַע יָבוֹא שִׁבְרָהּ׃ וּשְׁבָרָהּ כְּשֵׁבֶר נֵבֶל יוֹצְרִים כָּתוּת יד
לֹא יַחְמֹל וְלֹא־יִמָּצֵא בִמְכִתָּתוֹ חֶרֶשׂ לַחְתּוֹת אֵשׁ מִיָּקוּד
וְלַחְשֹׂף מַיִם מִגֶּבֶא׃ כִּי כֹה־אָמַר אֲדֹנָי יֱהוִה טו
קְדוֹשׁ יִשְׂרָאֵל בְּשׁוּבָה וָנַחַת תִּוָּשֵׁעוּן בְּהַשְׁקֵט וּבְבִטְחָה תִּהְיֶה
גְּבוּרַתְכֶם וְלֹא אֲבִיתֶם׃ וַתֹּאמְרוּ לֹא־כִי עַל־סוּס נָנוּס עַל־כֵּן טז
תְּנוּסוּן וְעַל־קַל נִרְכָּב עַל־כֵּן יִקַּלּוּ רֹדְפֵיכֶם׃ אֶלֶף אֶחָד מִפְּנֵי יז
גַּעֲרַת אֶחָד מִפְּנֵי גַּעֲרַת חֲמִשָּׁה תָּנֻסוּ עַד אִם־נוֹתַרְתֶּם כַּתֹּרֶן
עַל־רֹאשׁ הָהָר וְכַנֵּס עַל־הַגִּבְעָה׃ וְלָכֵן יְחַכֶּה יהוה לַחֲנַנְכֶם יח
וְלָכֵן יָרוּם לְרַחֶמְכֶם כִּי־אֱלֹהֵי מִשְׁפָּט יהוה אַשְׁרֵי כָּל־חוֹכֵי
לוֹ׃ כִּי־עַם בְּצִיּוֹן יֵשֵׁב בִּירוּשָׁלִָם בָּכוֹ לֹא־ יט
תִבְכֶּה חָנוֹן יָחְנְךָ לְקוֹל זַעֲקֶךָ כְּשָׁמְעָתוֹ עָנָךְ׃ וְנָתַן לָכֶם אֲדֹנָי כ
לֶחֶם צָר וּמַיִם לָחַץ וְלֹא־יִכָּנֵף עוֹד מוֹרֶיךָ וְהָיוּ עֵינֶיךָ רֹאוֹת
אֶת־מוֹרֶיךָ׃ וְאָזְנֶיךָ תִּשְׁמַעְנָה דָבָר מֵאַחֲרֶיךָ לֵאמֹר זֶה הַדֶּרֶךְ כא
לְכוּ בוֹ כִּי תַאֲמִינוּ וְכִי תַשְׂמְאִילוּ׃ וְטִמֵּאתֶם אֶת־צִפּוּי פְּסִילֵי כב
כַסְפֶּךָ וְאֶת־אֲפֻדַּת מַסֵּכַת זְהָבֶךָ תִּזְרֵם כְּמוֹ דָוָה צֵא תֹּאמַר
לוֹ׃ וְנָתַן מְטַר זַרְעֲךָ אֲשֶׁר־תִּזְרַע אֶת־הָאֲדָמָה וְלֶחֶם תְּבוּאַת כג
הָאֲדָמָה וְהָיָה דָשֵׁן וְשָׁמֵן יִרְעֶה מִקְנֶיךָ בַּיּוֹם הַהוּא כַּר נִרְחָב׃
וְהָאֲלָפִים וְהָעֲיָרִים עֹבְדֵי הָאֲדָמָה בְּלִיל חָמִיץ יֹאכֵלוּ אֲשֶׁר־ כד
זֹרֶה בָרַחַת וּבַמִּזְרֶה׃ וְהָיָה ׀ עַל־כָּל־הַר גָּבֹהַּ וְעַל כָּל־גִּבְעָה כה
נִשָּׂאָה פְּלָגִים יִבְלֵי־מָיִם בְּיוֹם הֶרֶג רָב בִּנְפֹל מִגְדָּלִים׃ וְהָיָה כו
אוֹר־הַלְּבָנָה כְּאוֹר הַחַמָּה וְאוֹר הַחַמָּה יִהְיֶה שִׁבְעָתַיִם כְּאוֹר
שִׁבְעַת הַיָּמִים בְּיוֹם חֲבֹשׁ יהוה אֶת־שֶׁבֶר עַמּוֹ וּמַחַץ מַכָּתוֹ
יִרְפָּא׃ הִנֵּה שֵׁם־יהוה בָּא מִמֶּרְחָק בֹּעֵר אַפּוֹ כז
וְכֹבֶד מַשָּׂאָה שְׂפָתָיו מָלְאוּ זַעַם וּלְשׁוֹנוֹ כְּאֵשׁ אֹכָלֶת׃ וְרוּחוֹ כח
כְּנַחַל שׁוֹטֵף עַד־צַוָּאר יֶחֱצֶה לַהֲנָפָה גוֹיִם בְּנָפַת שָׁוְא וְרֶסֶן
מַתְעֶה עַל לְחָיֵי עַמִּים׃ הַשִּׁיר יִהְיֶה לָכֶם כְּלֵיל הִתְקַדֶּשׁ־חָג כט
וְשִׂמְחַת לֵבָב כַּהוֹלֵךְ בֶּחָלִיל לָבוֹא בְהַר־יהוה אֶל־צוּר

ל יִשְׂרָאֵל: וְהִשְׁמִיעַ יְהוָה אֶת־הוֹד קוֹלוֹ וְנַחַת זְרוֹעוֹ יַרְאֶה
לא בְּזַעַף אַף וְלַהַב אֵשׁ אוֹכֵלָה נֶפֶץ וָזֶרֶם וְאֶבֶן בָּרָד: כִּי־מִקּוֹל
לב יְהוָה יֵחַת אַשּׁוּר בַּשֵּׁבֶט יַכֶּה: וְהָיָה כֹּל מַעֲבַר מַטֵּה מוּסָדָה
אֲשֶׁר יָנִיחַ יְהוָה עָלָיו בְּתֻפִּים וּבְכִנֹּרוֹת וּבְמִלְחֲמוֹת תְּנוּפָה
לג נִלְחַם־בָּהּ: כִּי־עָרוּךְ מֵאֶתְמוּל תָּפְתֶּה גַּם־הוּא לַמֶּלֶךְ הוּכָן בָּם הִיא
הֶעְמִיק הִרְחִב מְדֻרָתָהּ אֵשׁ וְעֵצִים הַרְבֵּה נִשְׁמַת יְהוָה כְּנַחַל
לא א גָּפְרִית בֹּעֲרָה בָּהּ: הוֹי הַיֹּרְדִים מִצְרַיִם לְעֶזְרָה
עַל־סוּסִים יִשָּׁעֵנוּ וַיִּבְטְחוּ עַל־רֶכֶב כִּי רָב וְעַל פָּרָשִׁים כִּי־
עָצְמוּ מְאֹד וְלֹא שָׁעוּ עַל־קְדוֹשׁ יִשְׂרָאֵל וְאֶת־יְהוָה לֹא דָרָשׁוּ:
ב וְגַם־הוּא חָכָם וַיָּבֵא רָע וְאֶת־דְּבָרָיו לֹא הֵסִיר וְקָם עַל־בֵּית
ג מְרֵעִים וְעַל־עֶזְרַת פֹּעֲלֵי אָוֶן: וּמִצְרַיִם אָדָם וְלֹא־אֵל וְסוּסֵיהֶם
בָּשָׂר וְלֹא־רוּחַ וַיהוָה יַטֶּה יָדוֹ וְכָשַׁל עוֹזֵר וְנָפַל עָזֻר וְיַחְדָּו
ד כֻּלָּם יִכְלָיוּן: כִּי כֹה אָמַר־יְהוָה ׀ אֵלַי כַּאֲשֶׁר
יֶהְגֶּה הָאַרְיֵה וְהַכְּפִיר עַל־טַרְפּוֹ אֲשֶׁר יִקָּרֵא עָלָיו מְלֹא רֹעִים
מִקּוֹלָם לֹא יֵחָת וּמֵהֲמוֹנָם לֹא יַעֲנֶה כֵּן יֵרֵד יְהוָה צְבָאוֹת
ה לִצְבֹּא עַל־הַר־צִיּוֹן וְעַל־גִּבְעָתָהּ: כְּצִפֳּרִים עָפוֹת כֵּן יָגֵן יְהוָה
ו צְבָאוֹת עַל־יְרוּשָׁלִָם גָּנוֹן וְהִצִּיל פָּסֹחַ וְהִמְלִיט: שׁוּבוּ לַאֲשֶׁר
ז הֶעְמִיקוּ סָרָה בְּנֵי יִשְׂרָאֵל: כִּי בַּיּוֹם הַהוּא יִמְאָסוּן אִישׁ אֱלִילֵי
ח כַסְפּוֹ וֶאֱלִילֵי זְהָבוֹ אֲשֶׁר עָשׂוּ לָכֶם יְדֵיכֶם חֵטְא: וְנָפַל אַשּׁוּר
בְּחֶרֶב לֹא־אִישׁ וְחֶרֶב לֹא־אָדָם תֹּאכְלֶנּוּ וְנָס לוֹ מִפְּנֵי־חֶרֶב
ט וּבַחוּרָיו לָמַס יִהְיוּ: וְסַלְעוֹ מִמָּגוֹר יַעֲבוֹר וְחַתּוּ מִנֵּס שָׂרָיו נְאֻם־
לב א יְהוָה אֲשֶׁר־אוּר לוֹ בְּצִיּוֹן וְתַנּוּר לוֹ בִּירוּשָׁלִָם: הֵן
ב לְצֶדֶק יִמְלָךְ־מֶלֶךְ וּלְשָׂרִים לְמִשְׁפָּט יָשֹׂרוּ: וְהָיָה־אִישׁ
כְּמַחֲבֵא־רוּחַ וְסֵתֶר זָרֶם כְּפַלְגֵי־מַיִם בְּצָיוֹן כְּצֵל סֶלַע־כָּבֵד
ג בְּאֶרֶץ עֲיֵפָה: וְלֹא תִשְׁעֶינָה עֵינֵי רֹאִים וְאָזְנֵי שֹׁמְעִים
ד תִּקְשַׁבְנָה: וּלְבַב נִמְהָרִים יָבִין לָדָעַת וּלְשׁוֹן עִלְּגִים תְּמַהֵר
ה לְדַבֵּר צָחוֹת: לֹא־יִקָּרֵא עוֹד לְנָבָל נָדִיב וּלְכִילַי לֹא יֵאָמֵר

שׁוֹעַ׃ כִּי נָבָל נְבָלָה יְדַבֵּר וְלִבּוֹ יַעֲשֶׂה־אָוֶן לַעֲשׂוֹת חֹנֶף ו
וּלְדַבֵּר אֶל־יְהוָה תּוֹעָה לְהָרִיק נֶפֶשׁ רָעֵב וּמַשְׁקֶה צָמֵא
עֲנִיִּים יַחְסִיר׃ וְכֵלַי כֵּלָיו רָעִים הוּא זִמּוֹת יָעָץ לְחַבֵּל עֲנָוִים בְּאִמְרֵי־ ז
שֶׁקֶר וּבְדַבֵּר אֶבְיוֹן מִשְׁפָּט׃ וְנָדִיב נְדִיבוֹת יָעָץ וְהוּא עַל־ ח
נְדִיבוֹת יָקוּם׃ נָשִׁים שַׁאֲנַנּוֹת קֹמְנָה שְׁמַעְנָה ט
קוֹלִי בָּנוֹת בֹּטְחוֹת הַאְזֵנָּה אִמְרָתִי׃ יָמִים עַל־שָׁנָה תִּרְגַּזְנָה י
בֹּטְחוֹת כִּי כָּלָה בָצִיר אֹסֶף בְּלִי יָבוֹא׃ חִרְדוּ שַׁאֲנַנּוֹת רְגָזָה יא
בֹּטְחוֹת פְּשֹׁטָה וְעֹרָה וַחֲגוֹרָה עַל־חֲלָצָיִם׃ עַל־שָׁדַיִם סֹפְדִים יב
עַל־שְׂדֵי־חֶמֶד עַל־גֶּפֶן פֹּרִיָּה׃ עַל אַדְמַת עַמִּי קוֹץ שָׁמִיר יג
תַּעֲלֶה כִּי עַל־כָּל־בָּתֵּי מָשׂוֹשׂ קִרְיָה עַלִּיזָה׃ כִּי־אַרְמוֹן נֻטָּשׁ יד
הֲמוֹן עִיר עֻזָּב עֹפֶל וָבַחַן הָיָה בְעַד מְעָרוֹת עַד־עוֹלָם מְשׂוֹשׂ
פְּרָאִים מִרְעֵה עֲדָרִים׃ עַד־יֵעָרֶה עָלֵינוּ רוּחַ מִמָּרוֹם וְהָיָה טו
וְהַכַּרְמֶל מִדְבָּר לַכַּרְמֶל וְכַרְמֶל לַיַּעַר יֵחָשֵׁב׃ וְשָׁכַן בַּמִּדְבָּר מִשְׁפָּט טז
וּצְדָקָה בַּכַּרְמֶל תֵּשֵׁב׃ וְהָיָה מַעֲשֵׂה הַצְּדָקָה שָׁלוֹם וַעֲבֹדַת יז
יג הַצְּדָקָה הַשְׁקֵט וָבֶטַח עַד־עוֹלָם׃ וְיָשַׁב עַמִּי בִּנְוֵה שָׁלוֹם יח
וּבְמִשְׁכְּנוֹת מִבְטַחִים וּבִמְנוּחֹת שַׁאֲנַנּוֹת׃ וּבָרַד בְּרֶדֶת הַיָּעַר יט
וּבַשִּׁפְלָה תִּשְׁפַּל הָעִיר׃ אַשְׁרֵיכֶם זֹרְעֵי עַל־כָּל־מָיִם מְשַׁלְּחֵי כ
רֶגֶל־הַשּׁוֹר וְהַחֲמוֹר׃ הוֹי שׁוֹדֵד וְאַתָּה לֹא שָׁדוּד א לג
וּבוֹגֵד וְלֹא־בָגְדוּ בוֹ כַּהֲתִמְךָ שׁוֹדֵד תּוּשַּׁד כַּנְּלֹתְךָ לִבְגֹּד
יִבְגְּדוּ־בָךְ׃ יְהוָה חָנֵּנוּ לְךָ קִוִּינוּ הֱיֵה זְרֹעָם ב
לַבְּקָרִים אַף־יְשׁוּעָתֵנוּ בְּעֵת צָרָה׃ מִקּוֹל הָמוֹן נָדְדוּ עַמִּים ג
מֵרוֹמְמֻתֶךָ נָפְצוּ גּוֹיִם׃ וְאֻסַּף שְׁלַלְכֶם אֹסֶף הֶחָסִיל כְּמַשַּׁק ד
גֵּבִים שֹׁקֵק בּוֹ׃ נִשְׂגָּב יְהוָה כִּי שֹׁכֵן מָרוֹם מִלֵּא צִיּוֹן מִשְׁפָּט ה
וּצְדָקָה׃ וְהָיָה אֱמוּנַת עִתֶּיךָ חֹסֶן יְשׁוּעֹת חָכְמַת וָדָעַת יִרְאַת ו
יְהוָה הִיא אוֹצָרוֹ׃ הֵן אֶרְאֶלָּם צָעֲקוּ חֻצָה ז
מַלְאֲכֵי שָׁלוֹם מַר יִבְכָּיוּן׃ נָשַׁמּוּ מְסִלּוֹת שָׁבַת עֹבֵר אֹרַח הֵפֵר ח
בְּרִית מָאַס עָרִים לֹא חָשַׁב אֱנוֹשׁ׃ אָבַל אֻמְלְלָה אֶרֶץ הֶחְפִּיר ט

י לְבָנוֹן קָמַל הָיָה הַשָּׁרוֹן כָּעֲרָבָה וְנֹעֵר בָּשָׁן וְכַרְמֶל׃ עַתָּה
יא אָקוּם יֹאמַר יְהוָה עַתָּה אֵרוֹמָם עַתָּה אֶנָּשֵׂא׃ תַּהֲרוּ חֲשַׁשׁ
יב תֵּלְדוּ קַשׁ רוּחֲכֶם אֵשׁ תֹּאכַלְכֶם׃ וְהָיוּ עַמִּים מִשְׂרְפוֹת שִׂיד
יג קוֹצִים כְּסוּחִים בָּאֵשׁ יִצַּתּוּ׃ שִׁמְעוּ רְחוֹקִים
יד אֲשֶׁר עָשִׂיתִי וּדְעוּ קְרוֹבִים גְּבֻרָתִי׃ פָּחֲדוּ בְצִיּוֹן חַטָּאִים אָחֲזָה
רְעָדָה חֲנֵפִים מִי ׀ יָגוּר לָנוּ אֵשׁ אוֹכֵלָה מִי־יָגוּר לָנוּ מוֹקְדֵי
טו עוֹלָם׃ הֹלֵךְ צְדָקוֹת וְדֹבֵר מֵישָׁרִים מֹאֵס בְּבֶצַע מַעֲשַׁקּוֹת נֹעֵר
כַּפָּיו מִתְּמֹךְ בַּשֹּׁחַד אֹטֵם אָזְנוֹ מִשְּׁמֹעַ דָּמִים וְעֹצֵם עֵינָיו
טז מֵרְאוֹת בְּרָע׃ הוּא מְרוֹמִים יִשְׁכֹּן מְצָדוֹת סְלָעִים מִשְׂגַּבּוֹ
יז לַחְמוֹ נִתָּן מֵימָיו נֶאֱמָנִים׃ מֶלֶךְ בְּיָפְיוֹ תֶּחֱזֶינָה עֵינֶיךָ תִּרְאֶינָה
יח אֶרֶץ מַרְחַקִּים׃ לִבְּךָ יֶהְגֶּה אֵימָה אַיֵּה סֹפֵר אַיֵּה שֹׁקֵל אַיֵּה
יט סֹפֵר אֶת־הַמִּגְדָּלִים׃ אֶת־עַם נוֹעָז לֹא תִרְאֶה עַם עִמְקֵי שָׂפָה
כ מִשְּׁמוֹעַ נִלְעַג לָשׁוֹן אֵין בִּינָה׃ חֲזֵה צִיּוֹן קִרְיַת מוֹעֲדֵנוּ עֵינֶיךָ
תִרְאֶינָה יְרוּשָׁלִַם נָוֶה שַׁאֲנָן אֹהֶל בַּל־יִצְעָן בַּל־יִסַּע יְתֵדֹתָיו
כא לָנֶצַח וְכָל־חֲבָלָיו בַּל־יִנָּתֵקוּ׃ כִּי אִם־שָׁם אַדִּיר יְהוָה לָנוּ
מְקוֹם־נְהָרִים יְאֹרִים רַחֲבֵי יָדָיִם בַּל־תֵּלֶךְ בּוֹ אֳנִי־שַׁיִט וְצִי
כב אַדִּיר לֹא יַעַבְרֶנּוּ׃ כִּי יְהוָה שֹׁפְטֵנוּ יְהוָה מְחֹקְקֵנוּ יְהוָה מַלְכֵּנוּ
כג הוּא יוֹשִׁיעֵנוּ׃ נִטְּשׁוּ חֲבָלָיִךְ בַּל־יְחַזְּקוּ כֵן־תָּרְנָם בַּל־פָּרְשׂוּ
כד נֵס אָז חֻלַּק עַד־שָׁלָל מַרְבֶּה פִּסְחִים בָּזְזוּ בַז׃ וּבַל־יֹאמַר שָׁכֵן
לד א חָלִיתִי הָעָם הַיֹּשֵׁב בָּהּ נְשֻׂא עָוֹן׃ קִרְבוּ גוֹיִם
לִשְׁמֹעַ וּלְאֻמִּים הַקְשִׁיבוּ תִּשְׁמַע הָאָרֶץ וּמְלֹאָהּ תֵּבֵל וְכָל־
ב צֶאֱצָאֶיהָ׃ כִּי קֶצֶף לַיהוָה עַל־כָּל־הַגּוֹיִם וְחֵמָה עַל־כָּל־צְבָאָם
ג הֶחֱרִימָם נְתָנָם לַטָּבַח׃ וְחַלְלֵיהֶם יֻשְׁלָכוּ וּפִגְרֵיהֶם יַעֲלֶה בָאְשָׁם
ד וְנָמַסּוּ הָרִים מִדָּמָם׃ וְנָמַקּוּ כָּל־צְבָא הַשָּׁמַיִם וְנָגֹלּוּ כַסֵּפֶר
הַשָּׁמָיִם וְכָל־צְבָאָם יִבּוֹל כִּנְבֹל עָלֶה מִגֶּפֶן וּכְנֹבֶלֶת מִתְּאֵנָה׃
ה כִּי־רִוְּתָה בַשָּׁמַיִם חַרְבִּי הִנֵּה עַל־אֱדוֹם תֵּרֵד וְעַל־עַם חֶרְמִי
ו לְמִשְׁפָּט׃ חֶרֶב לַיהוָה מָלְאָה דָם הֻדַּשְּׁנָה מֵחֵלֶב מִדַּם כָּרִים

ועתודים מחלב כליות אילים כי זבח ליהוה בבצרה וטבח
ז גדול בארץ אדום׃ וירדו ראמים עמם ופרים עם־אבירים
ח ורותה ארצם מדם ועפרם מחלב ידשן׃ כי יום נקם ליהוה
ט שנת שלומים לריב ציון׃ ונהפכו נחליה לזפת ועפרה
י לגפרית והיתה ארצה לזפת בערה׃ לילה ויומם לא תכבה
לעולם יעלה עשנה מדור לדור תחרב לנצח נצחים אין עבר
יא בה׃ וירשוה קאת וקפוד וינשוף וערב ישכנו־בה ונטה עליה
יב קו־תהו ואבני־בהו׃ חריה ואין־שם מלוכה יקראו וכל־
יג שריה יהיו אפס׃ ועלתה ארמנתיה סירים קמוש וחוח
יד במבצריה והיתה נוה תנים חציר לבנות יענה׃ ופגשו ציים
את־איים ושעיר על־רעהו יקרא אך־שם הרגיעה לילית
טו ומצאה לה מנוח׃ שמה קננה קפוז ותמלט ובקעה ודגרה
טז בצלה אך־שם נקבצו דיות אשה רעותה׃ דרשו מעל־ספר
יהוה וקראו אחת מהנה לא נעדרה אשה רעותה לא פקדו
יז כי־פי הוא צוה ורוחו הוא קבצן׃ והוא־הפיל להן גורל וידו
חלקתה להם בקו עד־עולם יירשוה לדור ודור ישכנו־
לה א בה׃ יששום מדבר וציה ותגל ערבה ותפרח
ב כחבצלת׃ פרח תפרח ותגל אף גילת ורנן כבוד הלבנון
נתן־לה הדר הכרמל והשרון המה יראו כבוד־יהוה הדר
ג אלהינו׃ חזקו ידים רפות וברכים כשלות
ד אמצו׃ אמרו לנמהרי־לב חזקו אל־תיראו הנה אלהיכם
ה נקם יבוא גמול אלהים הוא יבוא וישעכם׃ אז תפקחנה עיני
ו עורים ואזני חרשים תפתחנה׃ אז ידלג כאיל פסח ותרן לשון
ז אלם כי־נבקעו במדבר מים ונחלים בערבה׃ והיה השרב
לאגם וצמאון למבועי מים בנוה תנים רבצה חציר לקנה
ח וגמא׃ והיה־שם מסלול ודרך ודרך הקדש יקרא לה לא־
ט יעברנו טמא והוא־למו הלך דרך ואוילים לא יתעו׃ לא־

יהיה שם אריה ופריץ חיות בל־יעלנה לא תמצא שם והלכו
י גאולים: ופדויי יהוה ישבון ובאו ציון ברנה ושמחת עולם על־ יד
ראשם ששון ושמחה ישיגו ונסו יגון ואנחה:

לו א ויהי בארבע עשרה שנה למלך חזקיהו עלה סנחריב מלך־
ב אשור על כל־ערי יהודה הבצרות ויתפשם: וישלח מלך־
אשור | את־רבשקה מלכיש ירושלמה אל־המלך חזקיהו
בחיל כבד ויעמד בתעלת הברכה העליונה במסלת שדה
ג כובס: ויצא אליו אליקים בן־חלקיהו אשר על־הבית ושבנא
ד הספר ויואח בן־אסף המזכיר: ויאמר אליהם רבשקה אמרו־
נא אל־חזקיהו כה־אמר המלך הגדול מלך אשור מה
ה הבטחון הזה אשר בטחת: אמרתי אך־דבר־שפתים עצה
ו וגבורה למלחמה עתה על־מי בטחת כי מרדת בי: הנה
בטחת על־משענת הקנה הרצוץ הזה על־מצרים אשר
יסמך איש עליו ובא בכפו ונקבה כן פרעה מלך־מצרים
ז לכל־הבטחים עליו: וכי־תאמר אלי אל־יהוה אלהינו
בטחנו הלוא הוא אשר הסיר חזקיהו את־במתיו ואת־
מזבחתיו ויאמר ליהודה ולירושלם לפני המזבח הזה
ח תשתחוו: ועתה התערב נא את־אדני המלך אשור ואתנה
ט לך אלפים סוסים אם־תוכל לתת לך רכבים עליהם: ואיך
תשיב את פני פחת אחד עבדי אדני הקטנים ותבטח לך
י על־מצרים לרכב ולפרשים: ועתה המבלעדי יהוה עליתי
על־הארץ הזאת להשחיתה יהוה אמר אלי עלה אל־הארץ
יא הזאת והשחיתה: ויאמר אליקים ושבנא ויואח אל־רבשקה
דבר־נא אל־עבדיך ארמית כי שמעים אנחנו ואל־תדבר
יב אלינו יהודית באזני העם אשר על־החומה: ויאמר רבשקה
האל אדניך ואליך שלחני אדני לדבר את־הדברים האלה
הלא על־האנשים הישבים על־החומה לאכל את־חראיהם צואתם

מימי רגליהם

יג ולשתות את־שיניהם עמכם: ויעמד רבשקה ויקרא בקול־
גדול יהודית ויאמר שמעו את־דברי המלך הגדול מלך
יד אשור: כה אמר המלך אל־ישא לכם חזקיהו כי לא־יוכל
טו להציל אתכם: ואל־יבטח אתכם חזקיהו אל־יהוה לאמר
הצל יצילנו יהוה לא תנתן העיר הזאת ביד מלך אשור:
טז אל־תשמעו אל־חזקיהו כי כה אמר המלך אשור עשו אתי
ברכה וצאו אלי ואכלו איש־גפנו ואיש תאנתו ושתו איש
יז מי־בורו: עד־באי ולקחתי אתכם אל־ארץ כארצכם ארץ
יח דגן ותירוש ארץ לחם וכרמים: פן־יסית אתכם חזקיהו
לאמר יהוה יצילנו ההצילו אלהי הגוים איש את־ארצו מיד
יט מלך אשור: איה אלהי חמת וארפד איה אלהי ספרוים וכי־
כ הצילו את־שמרון מידי: מי בכל־אלהי הארצות האלה
אשר־הצילו את־ארצם מידי כי־יציל יהוה את־ירושלם
כא מידי: ויחרישו ולא־ענו אתו דבר כי־מצות המלך היא
כב לאמר לא תענהו: ויבא אליקים בן־חלקיהו אשר־על־הבית
ושבנא הספר ויואח בן־אסף המזכיר אל־חזקיהו קרועי
לז א בגדים ויגידו לו את דברי רבשקה: ויהי כשמע
המלך חזקיהו ויקרע את־בגדיו ויתכס בשק ויבא בית יהוה:
ב וישלח את־אליקים אשר־על־הבית ואת שבנא הספר
ואת זקני הכהנים מתכסים בשקים אל־ישעיהו בן־אמוץ
ג הנביא: ויאמרו אליו כה אמר חזקיהו יום־צרה ותוכחה
ונאצה היום הזה כי באו בנים עד־משבר וכח אין ללדה:
ד אולי ישמע יהוה אלהיך את דברי רבשקה אשר שלחו
מלך־אשור אדניו לחרף אלהים חי והוכיח בדברים אשר
שמע יהוה אלהיך ונשאת תפלה בעד השארית הנמצאה:
ה ויבאו עבדי המלך חזקיהו אל־ישעיהו: ויאמר אליהם
ישעיהו כה תאמרון אל־אדניכם כה אמר יהוה אל־תירא

מִפְּנֵי הַדְּבָרִים אֲשֶׁר שָׁמַעְתָּ אֲשֶׁר גִּדְּפוּ נַעֲרֵי מֶלֶךְ־אַשּׁוּר
ז אוֹתִי׃ הִנְנִי נוֹתֵן בּוֹ רוּחַ וְשָׁמַע שְׁמוּעָה וְשָׁב אֶל־אַרְצוֹ
ח וְהִפַּלְתִּיו בַּחֶרֶב בְּאַרְצוֹ׃ וַיָּשָׁב רַבְשָׁקֵה וַיִּמְצָא אֶת־מֶלֶךְ
ט אַשּׁוּר נִלְחָם עַל־לִבְנָה כִּי שָׁמַע כִּי נָסַע מִלָּכִישׁ׃ וַיִּשְׁמַע עַל־
תִּרְהָקָה מֶלֶךְ־כּוּשׁ לֵאמֹר יָצָא לְהִלָּחֵם אִתָּךְ וַיִּשְׁמַע וַיִּשְׁלַח
י מַלְאָכִים אֶל־חִזְקִיָּהוּ לֵאמֹר׃ כֹּה תֹאמְרוּן אֶל־חִזְקִיָּהוּ מֶלֶךְ־
יְהוּדָה לֵאמֹר אַל־יַשִּׁאֲךָ אֱלֹהֶיךָ אֲשֶׁר אַתָּה בּוֹטֵחַ בּוֹ לֵאמֹר
יא לֹא תִנָּתֵן יְרוּשָׁלַםִ בְּיַד מֶלֶךְ אַשּׁוּר׃ הִנֵּה ׀ אַתָּה שָׁמַעְתָּ אֲשֶׁר
עָשׂוּ מַלְכֵי אַשּׁוּר לְכָל־הָאֲרָצוֹת לְהַחֲרִימָם וְאַתָּה תִּנָּצֵל׃
יב הַהִצִּילוּ אוֹתָם אֱלֹהֵי הַגּוֹיִם אֲשֶׁר הִשְׁחִיתוּ אֲבוֹתַי אֶת־גּוֹזָן
יג וְאֶת־חָרָן וְרֶצֶף וּבְנֵי־עֶדֶן אֲשֶׁר בִּתְלַשָּׂר׃ אַיֵּה מֶלֶךְ־חֲמָת
יד וּמֶלֶךְ אַרְפָּד וּמֶלֶךְ לָעִיר סְפַרְוָיִם הֵנַע וְעִוָּה׃ וַיִּקַּח חִזְקִיָּהוּ
אֶת־הַסְּפָרִים מִיַּד הַמַּלְאָכִים וַיִּקְרָאֵהוּ וַיַּעַל בֵּית יְהוָה
טו וַיִּפְרְשֵׂהוּ חִזְקִיָּהוּ לִפְנֵי יְהוָה׃ וַיִּתְפַּלֵּל חִזְקִיָּהוּ אֶל־יְהוָה לֵאמֹר׃
טז יְהוָה צְבָאוֹת אֱלֹהֵי יִשְׂרָאֵל יֹשֵׁב הַכְּרֻבִים אַתָּה־הוּא הָאֱלֹהִים
לְבַדְּךָ לְכֹל מַמְלְכוֹת הָאָרֶץ אַתָּה עָשִׂיתָ אֶת־הַשָּׁמַיִם וְאֶת־
יז הָאָרֶץ׃ הַטֵּה יְהוָה ׀ אָזְנְךָ וּשְׁמָע פְּקַח יְהוָה עֵינֶךָ וּרְאֵה וּשְׁמַע
יח אֵת כָּל־דִּבְרֵי סַנְחֵרִיב אֲשֶׁר שָׁלַח לְחָרֵף אֱלֹהִים חָי׃ אָמְנָם
יְהוָה הֶחֱרִיבוּ מַלְכֵי אַשּׁוּר אֶת־כָּל־הָאֲרָצוֹת וְאֶת־אַרְצָם׃
יט וְנָתֹן אֶת־אֱלֹהֵיהֶם בָּאֵשׁ כִּי לֹא אֱלֹהִים הֵמָּה כִּי אִם־מַעֲשֵׂה
כ יְדֵי־אָדָם עֵץ וָאֶבֶן וַיְאַבְּדוּם׃ וְעַתָּה יְהוָה אֱלֹהֵינוּ הוֹשִׁיעֵנוּ טו
כא מִיָּדוֹ וְיֵדְעוּ כָּל־מַמְלְכוֹת הָאָרֶץ כִּי־אַתָּה יְהוָה לְבַדֶּךָ׃ וַיִּשְׁלַח
יְשַׁעְיָהוּ בֶן־אָמוֹץ אֶל־חִזְקִיָּהוּ לֵאמֹר כֹּה־אָמַר יְהוָה אֱלֹהֵי
כב יִשְׂרָאֵל אֲשֶׁר הִתְפַּלַּלְתָּ אֵלַי אֶל־סַנְחֵרִיב מֶלֶךְ אַשּׁוּר׃ זֶה
הַדָּבָר אֲשֶׁר־דִּבֶּר יְהוָה עָלָיו בָּזָה לְךָ לָעֲגָה לְךָ בְּתוּלַת בַּת־
כג צִיּוֹן אַחֲרֶיךָ רֹאשׁ הֵנִיעָה בַּת יְרוּשָׁלָםִ׃ אֶת־מִי חֵרַפְתָּ וְגִדַּפְתָּ
וְעַל־מִי הֲרִימוֹתָה קּוֹל וַתִּשָּׂא מָרוֹם עֵינֶיךָ אֶל־קְדוֹשׁ יִשְׂרָאֵל׃

כד בְּיַד עֲבָדֶיךָ חֵרַפְתָּ ׀ אֲדֹנָי וַתֹּאמֶר בְּרֹב רִכְבִּי אֲנִי עָלִיתִי מְרוֹם
הָרִים יַרְכְּתֵי לְבָנוֹן וְאֶכְרֹת קוֹמַת אֲרָזָיו מִבְחַר בְּרֹשָׁיו וְאָבוֹא
כה מְרוֹם קִצּוֹ יַעַר כַּרְמִלּוֹ׃ אֲנִי קַרְתִּי וְשָׁתִיתִי מָיִם וְאַחְרִב בְּכַף־
כו פְּעָמַי כֹּל יְאֹרֵי מָצוֹר׃ הֲלוֹא־שָׁמַעְתָּ לְמֵרָחוֹק אוֹתָהּ עָשִׂיתִי
מִימֵי קֶדֶם וִיצַרְתִּיהָ עַתָּה הֲבֵאתִיהָ וּתְהִי לְהַשְׁאוֹת גַּלִּים נִצִּים
כז עָרִים בְּצֻרוֹת׃ וְיֹשְׁבֵיהֶן קִצְרֵי־יָד חַתּוּ וָבֹשׁוּ הָיוּ עֵשֶׂב שָׂדֶה
כח וִירַק דֶּשֶׁא חֲצִיר גַּגּוֹת וּשְׁדֵמָה לִפְנֵי קָמָה׃ וְשִׁבְתְּךָ וְצֵאתְךָ
כט וּבוֹאֲךָ יָדָעְתִּי וְאֵת הִתְרַגֶּזְךָ אֵלָי׃ יַעַן הִתְרַגֶּזְךָ אֵלַי וְשַׁאֲנַנְךָ
עָלָה בְאָזְנָי וְשַׂמְתִּי חַחִי בְּאַפֶּךָ וּמִתְגִּי בִּשְׂפָתֶיךָ וַהֲשִׁיבֹתִיךָ
ל בַּדֶּרֶךְ אֲשֶׁר־בָּאתָ בָּהּ׃ וְזֶה־לְּךָ הָאוֹת אָכוֹל הַשָּׁנָה סָפִיחַ
וּבַשָּׁנָה הַשֵּׁנִית שָׁחִיס וּבַשָּׁנָה הַשְּׁלִישִׁית זִרְעוּ וְקִצְרוּ וְנִטְעוּ
לא כְרָמִים וְאָכוֹל פִּרְיָם׃ וְיָסְפָה פְּלֵיטַת בֵּית־יְהוּדָה הַנִּשְׁאָרָה וְאִכְלוּ
לב שֹׁרֶשׁ לְמָטָּה וְעָשָׂה פְרִי לְמָעְלָה׃ כִּי מִירוּשָׁלַםִ תֵּצֵא
שְׁאֵרִית וּפְלֵיטָה מֵהַר צִיּוֹן קִנְאַת יְהוָה צְבָאוֹת תַּעֲשֶׂה־
לג זֹּאת׃ לָכֵן כֹּה־אָמַר יְהוָה אֶל־מֶלֶךְ אַשּׁוּר לֹא
יָבוֹא אֶל־הָעִיר הַזֹּאת וְלֹא־יוֹרֶה שָׁם חֵץ וְלֹא־יְקַדְּמֶנָּה מָגֵן
לד וְלֹא־יִשְׁפֹּךְ עָלֶיהָ סֹלְלָה׃ בַּדֶּרֶךְ אֲשֶׁר־בָּא בָּהּ יָשׁוּב וְאֶל־
לה הָעִיר הַזֹּאת לֹא יָבוֹא נְאֻם־יְהוָה׃ וְגַנּוֹתִי עַל־הָעִיר הַזֹּאת
לו לְהוֹשִׁיעָהּ לְמַעֲנִי וּלְמַעַן דָּוִד עַבְדִּי׃ וַיֵּצֵא ׀
מַלְאַךְ יְהוָה וַיַּכֶּה בְּמַחֲנֵה אַשּׁוּר מֵאָה וּשְׁמֹנִים וַחֲמִשָּׁה
לז אָלֶף וַיַּשְׁכִּימוּ בַבֹּקֶר וְהִנֵּה כֻלָּם פְּגָרִים מֵתִים׃ וַיִּסַּע
לח וַיֵּלֶךְ וַיָּשָׁב סַנְחֵרִיב מֶלֶךְ־אַשּׁוּר וַיֵּשֶׁב בְּנִינְוֵה׃ וַיְהִי הוּא
מִשְׁתַּחֲוֶה בֵּית ׀ נִסְרֹךְ אֱלֹהָיו וְאַדְרַמֶּלֶךְ וְשַׂרְאֶצֶר בָּנָיו הִכֻּהוּ
בַחֶרֶב וְהֵמָּה נִמְלְטוּ אֶרֶץ אֲרָרָט וַיִּמְלֹךְ אֵסַר־חַדֹּן בְּנוֹ
לח א תַּחְתָּיו׃ בַּיָּמִים הָהֵם חָלָה חִזְקִיָּהוּ לָמוּת וַיָּבוֹא
אֵלָיו יְשַׁעְיָהוּ בֶן־אָמוֹץ הַנָּבִיא וַיֹּאמֶר אֵלָיו כֹּה־אָמַר יְהוָה צַו
ב לְבֵיתֶךָ כִּי מֵת אַתָּה וְלֹא תִחְיֶה׃ וַיַּסֵּב חִזְקִיָּהוּ פָּנָיו אֶל־הַקִּיר

ג וַיִּתְפַּלֵּל אֶל־יְהוָה׃ וַיֹּאמַר אָנָּה יְהוָה זְכָר־נָא אֵת אֲשֶׁר
הִתְהַלַּכְתִּי לְפָנֶיךָ בֶּאֱמֶת וּבְלֵב שָׁלֵם וְהַטּוֹב בְּעֵינֶיךָ עָשִׂיתִי
ד וַיֵּבְךְּ חִזְקִיָּהוּ בְּכִי גָדוֹל׃ וַיְהִי דְּבַר־יְהוָה אֶל־
ה יְשַׁעְיָהוּ לֵאמֹר׃ הָלוֹךְ וְאָמַרְתָּ אֶל־חִזְקִיָּהוּ כֹּה־אָמַר יְהוָה
אֱלֹהֵי דָּוִד אָבִיךָ שָׁמַעְתִּי אֶת־תְּפִלָּתֶךָ רָאִיתִי אֶת־דִּמְעָתֶךָ
ו הִנְנִי יוֹסִף עַל־יָמֶיךָ חֲמֵשׁ עֶשְׂרֵה שָׁנָה׃ וּמִכַּף מֶלֶךְ־אַשּׁוּר
ז אַצִּילְךָ וְאֵת הָעִיר הַזֹּאת וְגַנּוֹתִי עַל־הָעִיר הַזֹּאת׃ וְזֶה־לְּךָ
הָאוֹת מֵאֵת יְהוָה אֲשֶׁר יַעֲשֶׂה יְהוָה אֶת־הַדָּבָר הַזֶּה אֲשֶׁר
ח דִּבֵּר׃ הִנְנִי מֵשִׁיב אֶת־צֵל הַמַּעֲלוֹת אֲשֶׁר יָרְדָה בְמַעֲלוֹת אָחָז
בַּשֶּׁמֶשׁ אֲחֹרַנִּית עֶשֶׂר מַעֲלוֹת וַתָּשָׁב הַשֶּׁמֶשׁ עֶשֶׂר מַעֲלוֹת
ט בַּמַּעֲלוֹת אֲשֶׁר יָרָדָה׃ מִכְתָּב לְחִזְקִיָּהוּ מֶלֶךְ־
י יְהוּדָה בַּחֲלֹתוֹ וַיְחִי מֵחָלְיוֹ׃ אֲנִי אָמַרְתִּי בִּדְמִי יָמַי אֵלֵכָה
יא בְּשַׁעֲרֵי שְׁאוֹל פֻּקַּדְתִּי יֶתֶר שְׁנוֹתָי׃ אָמַרְתִּי לֹא־אֶרְאֶה יָהּ יָהּ
יב בְּאֶרֶץ הַחַיִּים לֹא־אַבִּיט אָדָם עוֹד עִם־יוֹשְׁבֵי חָדֶל׃ דּוֹרִי נִסַּע
וְנִגְלָה מִנִּי כְּאֹהֶל רֹעִי קִפַּדְתִּי כָאֹרֵג חַיַּי מִדַּלָּה יְבַצְּעֵנִי מִיּוֹם
יג עַד־לַיְלָה תַּשְׁלִימֵנִי׃ שִׁוִּיתִי עַד־בֹּקֶר כָּאֲרִי כֵּן יְשַׁבֵּר כָּל־
יד עַצְמוֹתָי מִיּוֹם עַד־לַיְלָה תַּשְׁלִימֵנִי׃ כְּסוּס עָגוּר כֵּן אֲצַפְצֵף
טו אֶהְגֶּה כַּיּוֹנָה דַּלּוּ עֵינַי לַמָּרוֹם אֲדֹנָי עָשְׁקָה־לִּי עָרְבֵנִי׃ מָה־
אֲדַבֵּר וְאָמַר־לִי וְהוּא עָשָׂה אֶדַּדֶּה כָל־שְׁנוֹתַי עַל־מַר נַפְשִׁי׃
טז יז אֲדֹנָי עֲלֵיהֶם יִחְיוּ וּלְכָל־בָּהֶן חַיֵּי רוּחִי וְתַחֲלִימֵנִי וְהַחֲיֵנִי׃ הִנֵּה
לְשָׁלוֹם מַר־לִי מָר וְאַתָּה חָשַׁקְתָּ נַפְשִׁי מִשַּׁחַת בְּלִי כִּי
יח הִשְׁלַכְתָּ אַחֲרֵי גֵוְךָ כָּל־חֲטָאָי׃ כִּי לֹא שְׁאוֹל תּוֹדֶךָּ מָוֶת
יט יְהַלְלֶךָּ לֹא־יְשַׂבְּרוּ יוֹרְדֵי־בוֹר אֶל־אֲמִתֶּךָ׃ חַי חַי הוּא יוֹדֶךָ
כ כָּמוֹנִי הַיּוֹם אָב לְבָנִים יוֹדִיעַ אֶל־אֲמִתֶּךָ׃ יְהוָה לְהוֹשִׁיעֵנִי
כא וּנְגִנוֹתַי נְנַגֵּן כָּל־יְמֵי חַיֵּינוּ עַל־בֵּית יְהוָה׃ וַיֹּאמֶר יְשַׁעְיָהוּ
כב יִשְׂאוּ דְּבֶלֶת תְּאֵנִים וְיִמְרְחוּ עַל־הַשְּׁחִין וְיֶחִי׃ וַיֹּאמֶר חִזְקִיָּהוּ
לט א מָה אוֹת כִּי אֶעֱלֶה בֵּית יְהוָה׃ בָּעֵת הַהִוא שָׁלַח

מְרֹאדַךְ בַּלְאֲדָן בֶּן־בַּלְאֲדָן מֶלֶךְ־בָּבֶל סְפָרִים וּמִנְחָה אֶל־
חִזְקִיָּהוּ וַיִּשְׁמַע כִּי חָלָה וַיֶּחֱזָק׃ וַיִּשְׂמַח עֲלֵיהֶם חִזְקִיָּהוּ וַיַּרְאֵם ב
אֶת־בֵּית נְכֹתֹה אֶת־הַכֶּסֶף וְאֶת־הַזָּהָב וְאֶת־הַבְּשָׂמִים וְאֵת ׀
הַשֶּׁמֶן הַטּוֹב וְאֵת כָּל־בֵּית כֵּלָיו וְאֵת כָּל־אֲשֶׁר נִמְצָא
בְּאוֹצְרֹתָיו לֹא־הָיָה דָבָר אֲשֶׁר לֹא־הֶרְאָם חִזְקִיָּהוּ בְּבֵיתוֹ
וּבְכָל־מֶמְשַׁלְתּוֹ׃ וַיָּבֹא יְשַׁעְיָהוּ הַנָּבִיא אֶל־הַמֶּלֶךְ חִזְקִיָּהוּ ג
וַיֹּאמֶר אֵלָיו מָה אָמְרוּ ׀ הָאֲנָשִׁים הָאֵלֶּה וּמֵאַיִן יָבֹאוּ אֵלֶיךָ
וַיֹּאמֶר חִזְקִיָּהוּ מֵאֶרֶץ רְחוֹקָה בָּאוּ אֵלַי מִבָּבֶל׃ וַיֹּאמֶר מָה ד
רָאוּ בְּבֵיתֶךָ וַיֹּאמֶר חִזְקִיָּהוּ אֵת כָּל־אֲשֶׁר בְּבֵיתִי רָאוּ לֹא־הָיָה
דָבָר אֲשֶׁר לֹא־הִרְאִיתִים בְּאוֹצְרֹתָי׃ וַיֹּאמֶר יְשַׁעְיָהוּ אֶל־ ה
חִזְקִיָּהוּ שְׁמַע דְּבַר־יְהוָה צְבָאוֹת׃ הִנֵּה יָמִים בָּאִים וְנִשָּׂא ׀ כָּל־ ו
אֲשֶׁר בְּבֵיתֶךָ וַאֲשֶׁר אָצְרוּ אֲבֹתֶיךָ עַד־הַיּוֹם הַזֶּה בָּבֶל לֹא־
יִוָּתֵר דָּבָר אָמַר יְהוָה׃ וּמִבָּנֶיךָ אֲשֶׁר יֵצְאוּ מִמְּךָ אֲשֶׁר תּוֹלִיד ז
יִקָּחוּ וְהָיוּ סָרִיסִים בְּהֵיכַל מֶלֶךְ בָּבֶל׃ וַיֹּאמֶר חִזְקִיָּהוּ אֶל־ ח
יְשַׁעְיָהוּ טוֹב דְּבַר־יְהוָה אֲשֶׁר דִּבַּרְתָּ וַיֹּאמֶר כִּי יִהְיֶה
טז שָׁלוֹם וֶאֱמֶת בְּיָמָי׃ נַחֲמוּ נַחֲמוּ עַמִּי יֹאמַר א מ
אֱלֹהֵיכֶם׃ דַּבְּרוּ עַל־לֵב יְרוּשָׁלִַם וְקִרְאוּ אֵלֶיהָ כִּי מָלְאָה ב
צְבָאָהּ כִּי נִרְצָה עֲוֺנָהּ כִּי לָקְחָה מִיַּד יְהוָה כִּפְלַיִם בְּכָל־
חַטֹּאתֶיהָ׃ קוֹל קוֹרֵא בַּמִּדְבָּר פַּנּוּ דֶּרֶךְ יְהוָה ג
יַשְּׁרוּ בָּעֲרָבָה מְסִלָּה לֵאלֹהֵינוּ׃ כָּל־גֶּיא יִנָּשֵׂא וְכָל־הַר וְגִבְעָה ד
יִשְׁפָּלוּ וְהָיָה הֶעָקֹב לְמִישׁוֹר וְהָרְכָסִים לְבִקְעָה׃ וְנִגְלָה כְּבוֹד ה
יְהוָה וְרָאוּ כָל־בָּשָׂר יַחְדָּו כִּי פִּי יְהוָה דִּבֵּר׃ קוֹל ו
אֹמֵר קְרָא וְאָמַר מָה אֶקְרָא כָּל־הַבָּשָׂר חָצִיר וְכָל־חַסְדּוֹ
כְּצִיץ הַשָּׂדֶה׃ יָבֵשׁ חָצִיר נָבֵל צִיץ כִּי רוּחַ יְהוָה נָשְׁבָה בּוֹ ז
אָכֵן חָצִיר הָעָם׃ יָבֵשׁ חָצִיר נָבֵל צִיץ וּדְבַר אֱלֹהֵינוּ יָקוּם ח
לְעוֹלָם׃ עַל הַר־גָּבֹהַּ עֲלִי־לָךְ מְבַשֶּׂרֶת צִיּוֹן ט
הָרִימִי בַכֹּחַ קוֹלֵךְ מְבַשֶּׂרֶת יְרוּשָׁלִָם הָרִימִי אַל־תִּירָאִי

אִמְרִי לְעָרֵי יְהוּדָה הִנֵּה אֱלֹהֵיכֶם׃ הִנֵּה אֲדֹנָי יֱהוִה בְּחָזָק
י יָבוֹא וּזְרֹעוֹ מֹשְׁלָה לוֹ הִנֵּה שְׂכָרוֹ אִתּוֹ וּפְעֻלָּתוֹ לְפָנָיו׃
יא כְּרֹעֶה עֶדְרוֹ יִרְעֶה בִּזְרֹעוֹ יְקַבֵּץ טְלָאִים וּבְחֵיקוֹ יִשָּׂא עָלוֹת
יב יְנַהֵל׃ מִי־מָדַד בְּשָׁעֳלוֹ מַיִם וְשָׁמַיִם בַּזֶּרֶת תִּכֵּן
וְכָל בַּשָּׁלִשׁ עֲפַר הָאָרֶץ וְשָׁקַל בַּפֶּלֶס הָרִים וּגְבָעוֹת בְּמֹאזְנָיִם׃
יג יד מִי־תִכֵּן אֶת־רוּחַ יְהוָה וְאִישׁ עֲצָתוֹ יוֹדִיעֶנּוּ׃ אֶת־מִי נוֹעָץ
וַיְבִינֵהוּ וַיְלַמְּדֵהוּ בְּאֹרַח מִשְׁפָּט וַיְלַמְּדֵהוּ דַעַת וְדֶרֶךְ תְּבוּנוֹת
טו יוֹדִיעֶנּוּ׃ הֵן גּוֹיִם כְּמַר מִדְּלִי וּכְשַׁחַק מֹאזְנַיִם נֶחְשָׁבוּ
טז הֵן אִיִּים כַּדַּק יִטּוֹל׃ וּלְבָנוֹן אֵין דֵּי בָּעֵר וְחַיָּתוֹ אֵין דֵּי
יז עוֹלָה׃ כָּל־הַגּוֹיִם כְּאַיִן נֶגְדּוֹ מֵאֶפֶס וָתֹהוּ
יח נֶחְשְׁבוּ־לוֹ׃ וְאֶל־מִי תְּדַמְּיוּן אֵל וּמַה־דְּמוּת תַּעַרְכוּ־לוֹ׃
יט הַפֶּסֶל נָסַךְ חָרָשׁ וְצֹרֵף בַּזָּהָב יְרַקְּעֶנּוּ וּרְתֻקוֹת כֶּסֶף צוֹרֵף׃
כ הַמְסֻכָּן תְּרוּמָה עֵץ לֹא־יִרְקַב יִבְחָר חָרָשׁ חָכָם יְבַקֶּשׁ־לוֹ
כא לְהָכִין פֶּסֶל לֹא יִמּוֹט׃ הֲלוֹא תֵדְעוּ הֲלוֹא תִשְׁמָעוּ הֲלוֹא הֻגַּד
כב מֵרֹאשׁ לָכֶם הֲלוֹא הֲבִינֹתֶם מוֹסְדוֹת הָאָרֶץ׃ הַיֹּשֵׁב עַל־חוּג
הָאָרֶץ וְיֹשְׁבֶיהָ כַּחֲגָבִים הַנּוֹטֶה כַדֹּק שָׁמַיִם וַיִּמְתָּחֵם כָּאֹהֶל
כג כד לָשָׁבֶת׃ הַנּוֹתֵן רוֹזְנִים לְאָיִן שֹׁפְטֵי אֶרֶץ כַּתֹּהוּ עָשָׂה׃ אַף בַּל־
נִטָּעוּ אַף בַּל־זֹרָעוּ אַף בַּל־שֹׁרֵשׁ בָּאָרֶץ גִּזְעָם וְגַם נָשַׁף בָּהֶם
כה וַיִּבָשׁוּ וּסְעָרָה כַּקַּשׁ תִּשָּׂאֵם׃ וְאֶל־מִי תְדַמְּיוּנִי
כו וְאֶשְׁוֶה יֹאמַר קָדוֹשׁ׃ שְׂאוּ־מָרוֹם עֵינֵיכֶם וּרְאוּ מִי־בָרָא אֵלֶּה
הַמּוֹצִיא בְמִסְפָּר צְבָאָם לְכֻלָּם בְּשֵׁם יִקְרָא מֵרֹב אוֹנִים וְאַמִּיץ
כז כֹּחַ אִישׁ לֹא נֶעְדָּר׃ לָמָּה תֹאמַר יַעֲקֹב וּתְדַבֵּר
כח יִשְׂרָאֵל נִסְתְּרָה דַרְכִּי מֵיְהוָה וּמֵאֱלֹהַי מִשְׁפָּטִי יַעֲבוֹר׃ הֲלוֹא
יָדַעְתָּ אִם־לֹא שָׁמַעְתָּ אֱלֹהֵי עוֹלָם ׀ יְהוָה בּוֹרֵא קְצוֹת הָאָרֶץ
כט לֹא יִיעַף וְלֹא יִיגָע אֵין חֵקֶר לִתְבוּנָתוֹ׃ נֹתֵן לַיָּעֵף כֹּחַ וּלְאֵין
ל אוֹנִים עָצְמָה יַרְבֶּה׃ וְיִעֲפוּ נְעָרִים וְיִגָעוּ וּבַחוּרִים כָּשׁוֹל יִכָּשֵׁלוּ׃
לא וְקוֹיֵ יְהוָה יַחֲלִיפוּ כֹחַ יַעֲלוּ אֵבֶר כַּנְּשָׁרִים יָרוּצוּ וְלֹא יִיגָעוּ

יֵלְכוּ וְלֹא יִיעָפוּ׃ הַחֲרִישׁוּ אֵלַי אִיִּים וּלְאֻמִּים א
יַחֲלִיפוּ כֹחַ יִגְּשׁוּ אָז יְדַבֵּרוּ יַחְדָּו לַמִּשְׁפָּט נִקְרָבָה׃ מִי הֵעִיר ב
מִמִּזְרָח צֶדֶק יִקְרָאֵהוּ לְרַגְלוֹ יִתֵּן לְפָנָיו גּוֹיִם וּמְלָכִים יַרְדְּ יִתֵּן
כֶּעָפָר חַרְבּוֹ כְּקַשׁ נִדָּף קַשְׁתּוֹ׃ יִרְדְּפֵם יַעֲבוֹר שָׁלוֹם אֹרַח ג
בְּרַגְלָיו לֹא יָבוֹא׃ מִי־פָעַל וְעָשָׂה קֹרֵא הַדֹּרוֹת מֵרֹאשׁ אֲנִי ד
יְהוָה רִאשׁוֹן וְאֶת־אַחֲרֹנִים אֲנִי־הוּא׃ רָאוּ אִיִּים וְיִירָאוּ קְצוֹת ה
הָאָרֶץ יֶחֱרָדוּ קָרְבוּ וַיֶּאֱתָיוּן׃ אִישׁ אֶת־רֵעֵהוּ יַעְזֹרוּ וּלְאָחִיו ו
יֹאמַר חֲזָק׃ וַיְחַזֵּק חָרָשׁ אֶת־צֹרֵף מַחֲלִיק פַּטִּישׁ אֶת־ ז
הוֹלֶם פָּעַם אֹמֵר לַדֶּבֶק טוֹב הוּא וַיְחַזְּקֵהוּ בְמַסְמְרִים לֹא
יִמּוֹט׃ וְאַתָּה יִשְׂרָאֵל עַבְדִּי יַעֲקֹב אֲשֶׁר בְּחַרְתִּיךָ ח
זֶרַע אַבְרָהָם אֹהֲבִי׃ אֲשֶׁר הֶחֱזַקְתִּיךָ מִקְצוֹת הָאָרֶץ וּמֵאֲצִילֶיהָ ט
קְרָאתִיךָ וָאֹמַר לְךָ עַבְדִּי־אַתָּה בְּחַרְתִּיךָ וְלֹא מְאַסְתִּיךָ׃ אַל־ י
תִּירָא כִּי עִמְּךָ־אָנִי אַל־תִּשְׁתָּע כִּי־אֲנִי אֱלֹהֶיךָ אִמַּצְתִּיךָ אַף־
עֲזַרְתִּיךָ אַף־תְּמַכְתִּיךָ בִּימִין צִדְקִי׃ הֵן יֵבֹשׁוּ וְיִכָּלְמוּ כֹּל יא
הַנֶּחֱרִים בָּךְ יִהְיוּ כְאַיִן וְיֹאבְדוּ אַנְשֵׁי רִיבֶךָ׃ תְּבַקְשֵׁם וְלֹא יב
תִמְצָאֵם אַנְשֵׁי מַצֻּתֶךָ יִהְיוּ כְאַיִן וּכְאֶפֶס אַנְשֵׁי מִלְחַמְתֶּךָ׃ כִּי יג
אֲנִי יְהוָה אֱלֹהֶיךָ מַחֲזִיק יְמִינֶךָ הָאֹמֵר לְךָ אַל־תִּירָא אֲנִי
עֲזַרְתִּיךָ׃ אַל־תִּירְאִי תּוֹלַעַת יַעֲקֹב מְתֵי יִשְׂרָאֵל יד
אֲנִי עֲזַרְתִּיךְ נְאֻם־יְהוָה וְגֹאֲלֵךְ קְדוֹשׁ יִשְׂרָאֵל׃ הִנֵּה שַׂמְתִּיךְ טו
לְמוֹרַג חָרוּץ חָדָשׁ בַּעַל פִּיפִיּוֹת תָּדוּשׁ הָרִים וְתָדֹק וּגְבָעוֹת
כַּמֹּץ תָּשִׂים׃ תִּזְרֵם וְרוּחַ תִּשָּׂאֵם וּסְעָרָה תָּפִיץ אוֹתָם וְאַתָּה טז
תָּגִיל בַּיהוָה בִּקְדוֹשׁ יִשְׂרָאֵל תִּתְהַלָּל׃ הָעֲנִיִּים יז
וְהָאֶבְיוֹנִים מְבַקְשִׁים מַיִם וָאַיִן לְשׁוֹנָם בַּצָּמָא נָשָׁתָּה אֲנִי יְהוָה
אֶעֱנֵם אֱלֹהֵי יִשְׂרָאֵל לֹא אֶעֶזְבֵם׃ אֶפְתַּח עַל־שְׁפָיִים נְהָרוֹת יח
וּבְתוֹךְ בְּקָעוֹת מַעְיָנוֹת אָשִׂים מִדְבָּר לַאֲגַם־מַיִם וְאֶרֶץ צִיָּה
לְמוֹצָאֵי מָיִם׃ אֶתֵּן בַּמִּדְבָּר אֶרֶז שִׁטָּה וַהֲדַס וְעֵץ שָׁמֶן אָשִׂים יט
בָּעֲרָבָה בְּרוֹשׁ תִּדְהָר וּתְאַשּׁוּר יַחְדָּו׃ לְמַעַן יִרְאוּ וְיֵדְעוּ וְיָשִׂימוּ כ

וְיַשְׂכִּילוּ יַחְדָּו כִּי יַד־יְהוָה עָשְׂתָה זֹּאת וּקְדוֹשׁ יִשְׂרָאֵל
כא בְּרָאָהּ׃ קָרְבוּ רִיבְכֶם יֹאמַר יְהוָה הַגִּישׁוּ
כב עֲצֻמוֹתֵיכֶם יֹאמַר מֶלֶךְ יַעֲקֹב׃ יַגִּישׁוּ וְיַגִּידוּ לָנוּ אֵת אֲשֶׁר
תִּקְרֶינָה הָרִאשֹׁנוֹת ׀ מָה הֵנָּה הַגִּידוּ וְנָשִׂימָה לִבֵּנוּ וְנֵדְעָה
כג אַחֲרִיתָן אוֹ הַבָּאוֹת הַשְׁמִיעֻנוּ׃ הַגִּידוּ הָאֹתִיּוֹת לְאָחוֹר
וְנֵדְעָה כִּי אֱלֹהִים אַתֶּם אַף־תֵּיטִיבוּ וְתָרֵעוּ וְנִשְׁתָּעָה
כד וְנִרְאֶ יַחְדָּו׃ הֵן־אַתֶּם מֵאַיִן וּפָעָלְכֶם מֵאָפַע תּוֹעֵבָה יִבְחַר
כה בָּכֶם׃ הַעִירוֹתִי מִצָּפוֹן וַיַּאת מִמִּזְרַח־שֶׁמֶשׁ
יִקְרָא בִשְׁמִי וְיָבֹא סְגָנִים כְּמוֹ־חֹמֶר וּכְמוֹ יוֹצֵר יִרְמָס־טִיט׃
כו מִי־הִגִּיד מֵרֹאשׁ וְנֵדָעָה וּמִלְּפָנִים וְנֹאמַר צַדִּיק אַף אֵין־מַגִּיד
כז אַף אֵין מַשְׁמִיעַ אַף אֵין־שֹׁמֵעַ אִמְרֵיכֶם׃ רִאשׁוֹן לְצִיּוֹן הִנֵּה יז
כח הִנָּם וְלִירוּשָׁלִַם מְבַשֵּׂר אֶתֵּן׃ וְאֵרֶא וְאֵין אִישׁ וּמֵאֵלֶּה וְאֵין
כט יוֹעֵץ וְאֶשְׁאָלֵם וְיָשִׁיבוּ דָבָר׃ הֵן כֻּלָּם אָוֶן אֶפֶס מַעֲשֵׂיהֶם רוּחַ
מב א וָתֹהוּ נִסְכֵּיהֶם׃ הֵן עַבְדִּי אֶתְמָךְ־בּוֹ בְּחִירִי
ב רָצְתָה נַפְשִׁי נָתַתִּי רוּחִי עָלָיו מִשְׁפָּט לַגּוֹיִם יוֹצִיא׃ לֹא
ג יִצְעַק וְלֹא יִשָּׂא וְלֹא־יַשְׁמִיעַ בַּחוּץ קוֹלוֹ׃ קָנֶה רָצוּץ לֹא
ד יִשְׁבּוֹר וּפִשְׁתָּה כֵהָה לֹא יְכַבֶּנָּה לֶאֱמֶת יוֹצִיא מִשְׁפָּט׃ לֹא
יִכְהֶה וְלֹא יָרוּץ עַד־יָשִׂים בָּאָרֶץ מִשְׁפָּט וּלְתוֹרָתוֹ אִיִּים
ה יְיַחֵלוּ׃ כֹּה־אָמַר הָאֵל ׀ יְהוָה בּוֹרֵא הַשָּׁמַיִם
וְנוֹטֵיהֶם רֹקַע הָאָרֶץ וְצֶאֱצָאֶיהָ נֹתֵן נְשָׁמָה לָעָם עָלֶיהָ וְרוּחַ
ו לַהֹלְכִים בָּהּ׃ אֲנִי יְהוָה קְרָאתִיךָ בְצֶדֶק וְאַחְזֵק בְּיָדֶךָ וְאֶצָּרְךָ
ז וְאֶתֶּנְךָ לִבְרִית עָם לְאוֹר גּוֹיִם׃ לִפְקֹחַ עֵינַיִם עִוְרוֹת לְהוֹצִיא
ח מִמַּסְגֵּר אַסִּיר מִבֵּית כֶּלֶא יֹשְׁבֵי חֹשֶׁךְ׃ אֲנִי יְהוָה הוּא
ט שְׁמִי וּכְבוֹדִי לְאַחֵר לֹא־אֶתֵּן וּתְהִלָּתִי לַפְּסִילִים׃ הָרִאשֹׁנוֹת
הִנֵּה־בָאוּ וַחֲדָשׁוֹת אֲנִי מַגִּיד בְּטֶרֶם תִּצְמַחְנָה אַשְׁמִיעַ
י אֶתְכֶם׃ שִׁירוּ לַיהוָה שִׁיר חָדָשׁ תְּהִלָּתוֹ
יא מִקְצֵה הָאָרֶץ יוֹרְדֵי הַיָּם וּמְלֹאוֹ אִיִּים וְיֹשְׁבֵיהֶם׃ יִשְׂאוּ מִדְבָּר

וְעָרָיו חֲצֵרִים תֵּשֵׁב קֵדָר יָרֹנּוּ יֹשְׁבֵי סֶלַע מֵרֹאשׁ הָרִים יִצְוָחוּ׃
יב יג יָשִׂימוּ לַיהוָה כָּבוֹד וּתְהִלָּתוֹ בָּאִיִּים יַגִּידוּ׃ יְהוָה כַּגִּבּוֹר יֵצֵא
כְּאִישׁ מִלְחָמוֹת יָעִיר קִנְאָה יָרִיעַ אַף־יַצְרִיחַ עַל־אֹיְבָיו
יד יִתְגַּבָּר׃ הֶחֱשֵׁיתִי מֵעוֹלָם אַחֲרִישׁ אֶתְאַפָּק כַּיּוֹלֵדָה
טו אֶפְעֶה אֶשֹּׁם וְאֶשְׁאַף יָחַד׃ אַחֲרִיב הָרִים וּגְבָעוֹת וְכָל־עֶשְׂבָּם
טז אוֹבִישׁ וְשַׂמְתִּי נְהָרוֹת לָאִיִּים וַאֲגַמִּים אוֹבִישׁ׃ וְהוֹלַכְתִּי עִוְרִים
בְּדֶרֶךְ לֹא יָדָעוּ בִּנְתִיבוֹת לֹא־יָדְעוּ אַדְרִיכֵם אָשִׂים מַחְשָׁךְ
לִפְנֵיהֶם לָאוֹר וּמַעֲקַשִּׁים לְמִישׁוֹר אֵלֶּה הַדְּבָרִים עֲשִׂיתִם וְלֹא
יז עֲזַבְתִּים׃ נָסֹגוּ אָחוֹר יֵבֹשׁוּ בֹשֶׁת הַבֹּטְחִים בַּפָּסֶל הָאֹמְרִים
יח לְמַסֵּכָה אַתֶּם אֱלֹהֵינוּ׃ הַחֵרְשִׁים שְׁמָעוּ וְהַעִוְרִים
יט הַבִּיטוּ לִרְאוֹת׃ מִי עִוֵּר כִּי אִם־עַבְדִּי וְחֵרֵשׁ כְּמַלְאָכִי אֶשְׁלָח מִי
כ עִוֵּר כִּמְשֻׁלָּם וְעִוֵּר כְּעֶבֶד יְהוָה׃ רָאִית רַבּוֹת וְלֹא תִשְׁמֹר פָּקוֹחַ רָאוֹת
כא אָזְנַיִם וְלֹא יִשְׁמָע׃ יְהוָה חָפֵץ לְמַעַן צִדְקוֹ יַגְדִּיל תּוֹרָה
כב וְיַאְדִּיר׃ וְהוּא עַם־בָּזוּז וְשָׁסוּי הָפֵחַ בַּחוּרִים כֻּלָּם וּבְבָתֵּי
כְלָאִים הָחְבָּאוּ הָיוּ לָבַז וְאֵין מַצִּיל מְשִׁסָּה וְאֵין־אֹמֵר הָשַׁב׃
כג כד מִי בָכֶם יַאֲזִין זֹאת יַקְשִׁב וְיִשְׁמַע לְאָחוֹר׃ מִי־נָתַן לִמְשׁוֹסָה לִמְשִׁסָּה
יַעֲקֹב וְיִשְׂרָאֵל לְבֹזְזִים הֲלוֹא יְהוָה זוּ חָטָאנוּ לוֹ וְלֹא־אָבוּ
כה בִדְרָכָיו הָלוֹךְ וְלֹא שָׁמְעוּ בְּתוֹרָתוֹ׃ וַיִּשְׁפֹּךְ עָלָיו חֵמָה אַפּוֹ
וֶעֱזוּז מִלְחָמָה וַתְּלַהֲטֵהוּ מִסָּבִיב וְלֹא יָדָע וַתִּבְעַר־בּוֹ וְלֹא־
מג א יָשִׂים עַל־לֵב׃ וְעַתָּה כֹּה־אָמַר יְהוָה בֹּרַאֲךָ
יַעֲקֹב וְיֹצֶרְךָ יִשְׂרָאֵל אַל־תִּירָא כִּי גְאַלְתִּיךָ קָרָאתִי בְשִׁמְךָ
ב לִי־אָתָּה׃ כִּי־תַעֲבֹר בַּמַּיִם אִתְּךָ אָנִי וּבַנְּהָרוֹת לֹא יִשְׁטְפוּךָ
ג כִּי־תֵלֵךְ בְּמוֹ־אֵשׁ לֹא תִכָּוֶה וְלֶהָבָה לֹא תִבְעַר־בָּךְ׃ כִּי אֲנִי
יְהוָה אֱלֹהֶיךָ קְדוֹשׁ יִשְׂרָאֵל מוֹשִׁיעֶךָ נָתַתִּי כָפְרְךָ מִצְרַיִם כּוּשׁ
ד וּסְבָא תַּחְתֶּיךָ׃ מֵאֲשֶׁר יָקַרְתָּ בְעֵינַי נִכְבַּדְתָּ וַאֲנִי אֲהַבְתִּיךָ
ה וְאֶתֵּן אָדָם תַּחְתֶּיךָ וּלְאֻמִּים תַּחַת נַפְשֶׁךָ׃ אַל־תִּירָא כִּי אִתְּךָ־
ו אָנִי מִמִּזְרָח אָבִיא זַרְעֶךָ וּמִמַּעֲרָב אֲקַבְּצֶךָּ׃ אֹמַר לַצָּפוֹן תֵּנִי

ו ולתימן אל־תכלאי הביאי בני מרחוק ובנותי מקצה הארץ:
ז כל הנקרא בשמי ולכבודי בראתיו יצרתיו אף־עשיתיו:
ח ט הוציא עם־עור ועינים יש וחרשים ואזנים למו: כל־הגוים
נקבצו יחדו ויאספו לאמים מי בהם יגיד זאת וראשנות
י ישמיענו יתנו עדיהם ויצדקו וישמעו ויאמרו אמת: אתם
עדי נאם־יהוה ועבדי אשר בחרתי למען תדעו ותאמינו
לי ותבינו כי־אני הוא לפני לא־נוצר אל ואחרי לא
יא יהיה: אנכי אנכי יהוה ואין מבלעדי מושיע:
יב אנכי הגדתי והושעתי והשמעתי ואין בכם זר ואתם עדי
יג נאם־יהוה ואני־אל: גם־מיום אני הוא ואין מידי מציל אפעל
יד ומי ישיבנה: כה־אמר יהוה גאלכם קדוש
ישראל למענכם שלחתי בבלה והורדתי בריחים כלם
טו וכשדים באניות רנתם: אני יהוה קדושכם בורא ישראל
טז מלככם: כה אמר יהוה הנותן בים דרך ובמים
יז עזים נתיבה: המוציא רכב־וסוס חיל ועזוז יחדו ישכבו בל־
יח יקומו דעכו כפשתה כבו: אל־תזכרו ראשנות וקדמניות
יט אל־תתבננו: הנני עשה חדשה עתה תצמח הלוא תדעוה
כ אף אשים במדבר דרך בישמון נהרות: תכבדני חית השדה
תנים ובנות יענה כי־נתתי במדבר מים נהרות בישימן
כא כב להשקות עמי בחירי: עם־זו יצרתי לי תהלתי יספרו: ולא־
כג אתי קראת יעקב כי־יגעת בי ישראל: לא־הביאת לי שה
עלתיך וזבחיך לא כבדתני לא העבדתיך במנחה ולא
כד הוגעתיך בלבונה: לא־קנית לי בכסף קנה וחלב זבחיך לא
כה הרויתני אך העבדתני בחטאותיך הוגעתני בעונתיך: אנכי
כו אנכי הוא מחה פשעיך למעני וחטאתיך לא אזכר: הזכירני
כז נשפטה יחד ספר אתה למען תצדק: אביך הראשון חטא
כח ומליציך פשעו בי: ואחלל שרי קדש ואתנה לחרם יעקב

וישראל לגדופים: ועתה שמע יעקב עבדי א
וישראל בחרתי בו: כה־אמר יהוה עשך ויצרך מבטן יעזרך ב
אל־תירא עבדי יעקב וישרון בחרתי בו: כי אצק־מים על־ ג
צמא ונזלים על־יבשה אצק רוחי על־זרעך וברכתי על־
צאצאיך: וצמחו בבין חציר כערבים על־יבלי־מים: זה ד ה
יאמר ליהוה אני וזה יקרא בשם־יעקב וזה יכתב ידו ליהוה
יח ובשם ישראל יכנה: כה־אמר יהוה מלך־ ו
ישראל וגאלו יהוה צבאות אני ראשון ואני אחרון ומבלעדי
אין אלהים: ומי־כמוני יקרא ויגידה ויערכה לי משומי עם־ ז
עולם ואתיות ואשר תבאנה יגידו למו: אל־תפחדו ואל־ ח
תרהו הלא מאז השמעתיך והגדתי ואתם עדי היש אלוה
מבלעדי ואין צור בל־ידעתי: יצרי־פסל כלם תהו וחמודיהם ט
בל־יועילו ועדיהם המה בל־יראו ובל־ידעו למען יבשו: מי־ י
יצר אל ופסל נסך לבלתי הועיל: הן כל־חבריו יבשו וחרשים יא
המה מאדם יתקבצו כלם יעמדו יפחדו יבשו יחד: חרש יב
ברזל מעצד ופעל בפחם ובמקבות יצרהו ויפעלהו בזרוע
כחו גם־רעב ואין כח לא־שתה מים ויעף: חרש עצים נטה יג
קו יתארהו בשרד יעשהו במקצעות ובמחוגה יתארהו
ויעשהו כתבנית איש כתפארת אדם לשבת בית: לכרת־לו יד
ארזים ויקח תרזה ואלון ויאמץ־לו בעצי־יער נטע ארן וגשם
יגדל: והיה לאדם לבער ויקח מהם ויחם אף־ישיק ואפה טו
לחם אף־יפעל־אל וישתחו עשהו פסל ויסגד־למו: חציו טז
שרף במו־אש על־חציו בשר יאכל יצלה צלי וישבע אף־יחם
ויאמר האח חמותי ראיתי אור: ושאריתו לאל עשה לפסלו יז
יִסְגָּד־ יסגוד־לו וישתחו ויתפלל אליו ויאמר הצילני כי אלי אתה:
לא ידעו ולא יבינו כי טח מראות עיניהם מהשכיל לבתם: יח
ולא־ישיב אל־לבו ולא דעת ולא־תבונה לאמר חציו יט

שָׂרַפְתִּי בְמוֹ־אֵשׁ וְאַף אָפִיתִי עַל־גֶּחָלָיו לֶחֶם אֶצְלֶה בָשָׂר
כ וְאֹכֵל וְיִתְרוֹ לְתוֹעֵבָה אֶעֱשֶׂה לְבוּל עֵץ אֶסְגּוֹד: רֹעֶה אֵפֶר לֵב
הוּתַל הִטָּהוּ וְלֹא־יַצִּיל אֶת־נַפְשׁוֹ וְלֹא יֹאמַר הֲלוֹא שֶׁקֶר
כא בִּימִינִי: זְכָר־אֵלֶּה יַעֲקֹב וְיִשְׂרָאֵל כִּי עַבְדִּי־
כב אָתָּה יְצַרְתִּיךָ עֶבֶד־לִי אַתָּה יִשְׂרָאֵל לֹא תִנָּשֵׁנִי: מָחִיתִי כָעָב
כג פְּשָׁעֶיךָ וְכֶעָנָן חַטֹּאותֶיךָ שׁוּבָה אֵלַי כִּי גְאַלְתִּיךָ: רָנּוּ שָׁמַיִם כִּי־
עָשָׂה יהוה הָרִיעוּ תַּחְתִּיּוֹת אָרֶץ פִּצְחוּ הָרִים רִנָּה יַעַר וְכָל־עֵץ
כד בּוֹ כִּי־גָאַל יהוה יַעֲקֹב וּבְיִשְׂרָאֵל יִתְפָּאָר: כֹּה־
אָמַר יהוה גֹּאֲלֶךָ וְיֹצֶרְךָ מִבָּטֶן אָנֹכִי יהוה עֹשֶׂה כֹּל נֹטֶה
כה שָׁמַיִם לְבַדִּי רֹקַע הָאָרֶץ מִי אִתִּי: מֵפֵר אֹתוֹת בַּדִּים וְקֹסְמִים מֵאִתִּי
כו יְהוֹלֵל מֵשִׁיב חֲכָמִים אָחוֹר וְדַעְתָּם יְסַכֵּל: מֵקִים דְּבַר עַבְדּוֹ
וַעֲצַת מַלְאָכָיו יַשְׁלִים הָאֹמֵר לִירוּשָׁלִַם תּוּשָׁב וּלְעָרֵי יְהוּדָה
כז תִּבָּנֶינָה וְחָרְבוֹתֶיהָ אֲקוֹמֵם: הָאֹמֵר לַצּוּלָה חֳרָבִי וְנַהֲרֹתַיִךְ
כח אוֹבִישׁ: הָאֹמֵר לְכוֹרֶשׁ רֹעִי וְכָל־חֶפְצִי יַשְׁלִם וְלֵאמֹר לִירוּשָׁלִַם
מה א תִּבָּנֶה וְהֵיכָל תִּוָּסֵד: כֹּה־אָמַר יהוה לִמְשִׁיחוֹ
לְכוֹרֶשׁ אֲשֶׁר־הֶחֱזַקְתִּי בִימִינוֹ לְרַד לְפָנָיו גּוֹיִם וּמָתְנֵי מְלָכִים
ב אֲפַתֵּחַ לִפְתֹּחַ לְפָנָיו דְּלָתַיִם וּשְׁעָרִים לֹא יִסָּגֵרוּ: אֲנִי לְפָנֶיךָ
אֵלֵךְ וַהֲדוּרִים אושר דְּלָתוֹת נְחוּשָׁה אֲשַׁבֵּר וּבְרִיחֵי בַרְזֶל אֲיַשֵּׁר
ג אֲגַדֵּעַ: וְנָתַתִּי לְךָ אוֹצְרוֹת חֹשֶׁךְ וּמַטְמֻנֵי מִסְתָּרִים לְמַעַן תֵּדַע
ד כִּי אֲנִי יהוה הַקּוֹרֵא בְשִׁמְךָ אֱלֹהֵי יִשְׂרָאֵל: לְמַעַן עַבְדִּי יַעֲקֹב
ה וְיִשְׂרָאֵל בְּחִירִי וָאֶקְרָא לְךָ בִּשְׁמֶךָ אֲכַנְּךָ וְלֹא יְדַעְתָּנִי: אֲנִי
ו יהוה וְאֵין עוֹד זוּלָתִי אֵין אֱלֹהִים אֲאַזֶּרְךָ וְלֹא יְדַעְתָּנִי: לְמַעַן
יֵדְעוּ מִמִּזְרַח־שֶׁמֶשׁ וּמִמַּעֲרָבָה כִּי־אֶפֶס בִּלְעָדָי אֲנִי יהוה וְאֵין
ז עוֹד: יוֹצֵר אוֹר וּבוֹרֵא חֹשֶׁךְ עֹשֶׂה שָׁלוֹם וּבוֹרֵא רָע אֲנִי יהוה
ח עֹשֶׂה כָל־אֵלֶּה: הַרְעִיפוּ שָׁמַיִם מִמַּעַל וּשְׁחָקִים
יִזְּלוּ־צֶדֶק תִּפְתַּח־אֶרֶץ וְיִפְרוּ־יֶשַׁע וּצְדָקָה תַצְמִיחַ יַחַד אֲנִי
ט יהוה בְּרָאתִיו: הוֹי רָב אֶת־יֹצְרוֹ חֶרֶשׂ אֶת־

חַרְשֵׂי אֲדָמָה הֲיֹאמַר חֹמֶר לְיֹצְרוֹ מַה־תַּעֲשֶׂה וּפָעָלְךָ אֵין־
י יָדַיִם לוֹ׃ הוֹי אֹמֵר לְאָב מַה־תּוֹלִיד וּלְאִשָּׁה
יא מַה־תְּחִילִין׃ כֹּה־אָמַר יְהוָה קְדוֹשׁ יִשְׂרָאֵל
יב וְיֹצְרוֹ הָאֹתִיּוֹת שְׁאָלוּנִי עַל־בָּנַי וְעַל־פֹּעַל יָדַי תְּצַוֻּנִי׃ אָנֹכִי
עָשִׂיתִי אֶרֶץ וְאָדָם עָלֶיהָ בָרָאתִי אֲנִי יָדַי נָטוּ שָׁמַיִם וְכָל־
יג צְבָאָם צִוֵּיתִי׃ אָנֹכִי הַעִירֹתִהוּ בְצֶדֶק וְכָל־דְּרָכָיו אֲיַשֵּׁר הוּא־
יִבְנֶה עִירִי וְגָלוּתִי יְשַׁלֵּחַ לֹא בִמְחִיר וְלֹא בְשֹׁחַד אָמַר יְהוָה
יד צְבָאוֹת׃ כֹּה ׀ אָמַר יְהוָה יְגִיעַ מִצְרַיִם וּסְחַר־
כּוּשׁ וּסְבָאִים אַנְשֵׁי מִדָּה עָלַיִךְ יַעֲבֹרוּ וְלָךְ יִהְיוּ אַחֲרַיִךְ יֵלֵכוּ
בַּזִּקִּים יַעֲבֹרוּ וְאֵלַיִךְ יִשְׁתַּחֲווּ אֵלַיִךְ יִתְפַּלָּלוּ אַךְ בָּךְ אֵל וְאֵין
טו עוֹד אֶפֶס אֱלֹהִים׃ אָכֵן אַתָּה אֵל מִסְתַּתֵּר אֱלֹהֵי יִשְׂרָאֵל
טז מוֹשִׁיעַ׃ בּוֹשׁוּ וְגַם־נִכְלְמוּ כֻּלָּם יַחְדָּו הָלְכוּ בַכְּלִמָּה חָרָשֵׁי
יט יז צִירִים׃ יִשְׂרָאֵל נוֹשַׁע בַּיהוָה תְּשׁוּעַת עוֹלָמִים לֹא־תֵבֹשׁוּ
יח וְלֹא־תִכָּלְמוּ עַד־עוֹלְמֵי עַד׃ כִּי כֹה אָמַר־
יְהוָה בּוֹרֵא הַשָּׁמַיִם הוּא הָאֱלֹהִים יֹצֵר הָאָרֶץ וְעֹשָׂהּ הוּא
יט כוֹנְנָהּ לֹא־תֹהוּ בְרָאָהּ לָשֶׁבֶת יְצָרָהּ אֲנִי יְהוָה וְאֵין עוֹד׃ לֹא
בַסֵּתֶר דִּבַּרְתִּי בִּמְקוֹם אֶרֶץ חֹשֶׁךְ לֹא אָמַרְתִּי לְזֶרַע יַעֲקֹב תֹּהוּ
כ בַקְּשׁוּנִי אֲנִי יְהוָה דֹּבֵר צֶדֶק מַגִּיד מֵישָׁרִים׃ הִקָּבְצוּ וָבֹאוּ
הִתְנַגְּשׁוּ יַחְדָּו פְּלִיטֵי הַגּוֹיִם לֹא יָדְעוּ הַנֹּשְׂאִים אֶת־עֵץ פִּסְלָם
כא וּמִתְפַּלְלִים אֶל־אֵל לֹא יוֹשִׁיעַ׃ הַגִּידוּ וְהַגִּישׁוּ אַף יִוָּעֲצוּ יַחְדָּו
מִי הִשְׁמִיעַ זֹאת מִקֶּדֶם מֵאָז הִגִּידָהּ הֲלוֹא אֲנִי יְהוָה וְאֵין־עוֹד
כב אֱלֹהִים מִבַּלְעָדַי אֵל־צַדִּיק וּמוֹשִׁיעַ אַיִן זוּלָתִי׃ פְּנוּ־אֵלַי
כג וְהִוָּשְׁעוּ כָּל־אַפְסֵי־אָרֶץ כִּי אֲנִי־אֵל וְאֵין עוֹד׃ בִּי נִשְׁבַּעְתִּי
יָצָא מִפִּי צְדָקָה דָּבָר וְלֹא יָשׁוּב כִּי־לִי תִּכְרַע כָּל־בֶּרֶךְ תִּשָּׁבַע
כד כָּל־לָשׁוֹן׃ אַךְ בַּיהוָה לִי אָמַר צְדָקוֹת וָעֹז עָדָיו יָבוֹא וְיֵבֹשׁוּ
כה מו א כֹּל הַנֶּחֱרִים בּוֹ׃ בַּיהוָה יִצְדְּקוּ וְיִתְהַלְלוּ כָּל־זֶרַע יִשְׂרָאֵל׃ כָּרַע
בֵּל קֹרֵס נְבוֹ הָיוּ עֲצַבֵּיהֶם לַחַיָּה וְלַבְּהֵמָה נְשֻׂאֹתֵיכֶם עֲמוּסוֹת

ב מַשָּׂא לַעֲיֵפָה׃ קָרְסוּ כָרְעוּ יַחְדָּו לֹא יָכְלוּ מַלֵּט מַשָּׂא וְנַפְשָׁם
ג בַּשְּׁבִי הָלָכָה׃ שִׁמְעוּ אֵלַי בֵּית יַעֲקֹב וְכָל־
שְׁאֵרִית בֵּית יִשְׂרָאֵל הָעֲמֻסִים מִנִּי־בֶטֶן הַנְּשֻׂאִים מִנִּי־רָחַם׃
ד וְעַד־זִקְנָה אֲנִי הוּא וְעַד־שֵׂיבָה אֲנִי אֶסְבֹּל אֲנִי עָשִׂיתִי וַאֲנִי
ה אֶשָּׂא וַאֲנִי אֶסְבֹּל וַאֲמַלֵּט׃ לְמִי תְדַמְּיוּנִי וְתַשְׁווּ
ו וְתַמְשִׁלוּנִי וְנִדְמֶה׃ הַזָּלִים זָהָב מִכִּיס וְכֶסֶף בַּקָּנֶה יִשְׁקֹלוּ
ז יִשְׂכְּרוּ צוֹרֵף וְיַעֲשֵׂהוּ אֵל יִסְגְּדוּ אַף־יִשְׁתַּחֲווּ׃ יִשָּׂאֻהוּ עַל־כָּתֵף
יִסְבְּלֻהוּ וְיַנִּיחֻהוּ תַחְתָּיו וְיַעֲמֹד מִמְּקוֹמוֹ לֹא יָמִישׁ אַף־יִצְעַק
ח אֵלָיו וְלֹא יַעֲנֶה מִצָּרָתוֹ לֹא יוֹשִׁיעֶנּוּ׃ זִכְרוּ־זֹאת
ט וְהִתְאֹשָׁשׁוּ הָשִׁיבוּ פוֹשְׁעִים עַל־לֵב׃ זִכְרוּ רִאשֹׁנוֹת מֵעוֹלָם כִּי
י אָנֹכִי אֵל וְאֵין עוֹד אֱלֹהִים וְאֶפֶס כָּמוֹנִי׃ מַגִּיד מֵרֵאשִׁית
אַחֲרִית וּמִקֶּדֶם אֲשֶׁר לֹא־נַעֲשׂוּ אֹמֵר עֲצָתִי תָקוּם וְכָל־חֶפְצִי
יא אֶעֱשֶׂה׃ קֹרֵא מִמִּזְרָח עַיִט מֵאֶרֶץ מֶרְחָק אִישׁ עצתו אַף־ עֲצָתִי
יב דִּבַּרְתִּי אַף־אֲבִיאֶנָּה יָצַרְתִּי אַף־אֶעֱשֶׂנָּה׃ שִׁמְעוּ
יג אֵלַי אַבִּירֵי לֵב הָרְחוֹקִים מִצְּדָקָה׃ קֵרַבְתִּי צִדְקָתִי לֹא
תִרְחָק וּתְשׁוּעָתִי לֹא תְאַחֵר וְנָתַתִּי בְצִיּוֹן תְּשׁוּעָה לְיִשְׂרָאֵל
מז א תִּפְאַרְתִּי׃ רְדִי ׀ וּשְׁבִי עַל־עָפָר בְּתוּלַת בַּת־
בָּבֶל שְׁבִי־לָאָרֶץ אֵין־כִּסֵּא בַּת־כַּשְׂדִּים כִּי לֹא תוֹסִיפִי
ב יִקְרְאוּ־לָךְ רַכָּה וַעֲנֻגָּה׃ קְחִי רֵחַיִם וְטַחֲנִי קָמַח גַּלִּי צַמָּתֵךְ
ג חֶשְׂפִּי־שֹׁבֶל גַּלִּי־שׁוֹק עִבְרִי נְהָרוֹת׃ תִּגָּל עֶרְוָתֵךְ גַּם תֵּרָאֶה
ד חֶרְפָּתֵךְ נָקָם אֶקָּח וְלֹא אֶפְגַּע אָדָם׃ גֹּאֲלֵנוּ יְהוָה
ה צְבָאוֹת שְׁמוֹ קְדוֹשׁ יִשְׂרָאֵל׃ שְׁבִי דוּמָם וּבֹאִי בַחֹשֶׁךְ בַּת־
ו כַּשְׂדִּים כִּי לֹא יִקְרְאוּ־לָךְ גְּבֶרֶת מַמְלָכוֹת׃ קָצַפְתִּי עַל־
עַמִּי חִלַּלְתִּי נַחֲלָתִי וָאֶתְּנֵם בְּיָדֵךְ לֹא־שַׂמְתְּ לָהֶם רַחֲמִים עַל־
ז זָקֵן הִכְבַּדְתְּ עֻלֵּךְ מְאֹד׃ וַתֹּאמְרִי לְעוֹלָם אֶהְיֶה גְבָרֶת עַד לֹא־
ח שַׂמְתְּ אֵלֶּה עַל־לִבֵּךְ לֹא זָכַרְתְּ אַחֲרִיתָהּ׃ וְעַתָּה
שִׁמְעִי־זֹאת עֲדִינָה הַיּוֹשֶׁבֶת לָבֶטַח הָאֹמְרָה בִּלְבָבָהּ אֲנִי

ט ואפסי עוד לא אשב אלמנה ולא אדע שכול: ותבאנה לך
שתי־אלה רגע ביום אחד שכול ואלמן כתמם באו עליך
י ברב כשפיך בעצמת חבריך מאד: ותבטחי ברעתך אמרת
אין ראני חכמתך ודעתך היא שובבתך ותאמרי בלבך אני
יא ואפסי עוד: ובא עליך רעה לא תדעי שחרה ותפל עליך הוה
יב לא תוכלי כפרה ותבא עליך פתאם שואה לא תדעי: עמדי־
נא בחבריך וברב כשפיך באשר יגעת מנעוריך אולי תוכלי
יג הועיל אולי תערוצי: נלאית ברב עצתיך יעמדו־נא ויושיעך
הברו שמים החזים בכוכבים מודיעים לחדשים מאשר יבאו הברי
יד עליך: הנה היו כקש אש שרפתם לא־יצילו את־נפשם
טו מיד להבה אין־גחלת לחמם אור לשבת נגדו: כן היו־
לך אשר יגעת סחריך מנעוריך איש לעברו תעו אין
מח א מושיעך: שמעו־זאת בית־יעקב הנקראים
בשם ישראל וממי יהודה יצאו הנשבעים | בשם יהוה
ב ובאלהי ישראל יזכירו לא באמת ולא בצדקה: כי־מעיר כ
הקדש נקראו ועל־אלהי ישראל נסמכו יהוה צבאות
ג שמו: הראשנות מאז הגדתי ומפי יצאו
ד ואשמיעם פתאם עשיתי ותבאנה: מדעתי כי קשה אתה
ה וגיד ברזל ערפך ומצחך נחושה: ואגיד לך מאז בטרם תבוא
ו השמעתיך פן־תאמר עצבי עשם ופסלי ונסכי צום: שמעת
חזה כלה ואתם הלוא תגידו השמעתיך חדשות מעתה
ז ונצרות ולא ידעתם: עתה נבראו ולא מאז ולפני־יום ולא
ח שמעתם פן־תאמר הנה ידעתין: גם לא־שמעת גם לא
ידעת גם מאז לא־פתחה אזנך כי ידעתי בגוד תבגוד ופשע
ט מבטן קרא לך: למען שמי אאריך אפי ותהלתי אחטם־לך
י לבלתי הכריתך: הנה צרפתיך ולא בכסף בחרתיך בכור
יא עני: למעני למעני אעשה כי איך יחל וכבודי לאחר לא־

יב אֶתָּֽן׃ שְׁמַע אֵלַי יַעֲקֹב וְיִשְׂרָאֵל מְקֹרָאִי אֲנִי־
יג הוּא אֲנִי רִאשׁוֹן אַף אֲנִי אַחֲרֽוֹן׃ אַף־יָדִי יָסְדָה אֶרֶץ וִימִינִי
יד טִפְּחָה שָׁמָיִם קֹרֵא אֲנִי אֲלֵיהֶם יַעַמְדוּ יַחְדָּֽו׃ הִקָּבְצוּ כֻלְּכֶם
וּֽשֲׁמָעוּ מִי בָהֶם הִגִּיד אֶת־אֵלֶּה יְהוָה אֲהֵבוֹ יַעֲשֶׂה חֶפְצוֹ
טו בְּבָבֶל וּזְרֹעוֹ כַּשְׂדִּֽים׃ אֲנִי אֲנִי דִּבַּרְתִּי אַף־קְרָאתִיו הֲבִאֹתִיו
טז וְהִצְלִיחַ דַּרְכּֽוֹ׃ קִרְבוּ אֵלַי שִׁמְעוּ־זֹאת לֹא מֵרֹאשׁ בַּסֵּתֶר
דִּבַּרְתִּי מֵעֵת הֱיוֹתָהּ שָׁם אָנִי וְעַתָּה אֲדֹנָי יֱהוִה שְׁלָחַנִי
יז וְרוּחֽוֹ׃ כֹּה־אָמַר יְהוָה גֹּאַלְךָ קְדוֹשׁ יִשְׂרָאֵל אֲנִי
יח יְהוָה אֱלֹהֶיךָ מְלַמֶּדְךָ לְהוֹעִיל מַדְרִיכְךָ בְּדֶרֶךְ תֵּלֵֽךְ׃ לוּא
יט הִקְשַׁבְתָּ לְמִצְוֺתָי וַיְהִי כַנָּהָר שְׁלוֹמֶךָ וְצִדְקָתְךָ כְּגַלֵּי הַיָּֽם׃ וַיְהִי
כַחוֹל זַרְעֶךָ וְצֶאֱצָאֵי מֵעֶיךָ כִּמְעֹתָיו לֹא־יִכָּרֵת וְלֹא־יִשָּׁמֵד
כ שְׁמוֹ מִלְּפָנָֽי׃ צְאוּ מִבָּבֶל בִּרְחוּ מִכַּשְׂדִּים בְּקוֹל
רִנָּה הַגִּידוּ הַשְׁמִיעוּ זֹאת הוֹצִיאוּהָ עַד־קְצֵה הָאָרֶץ אִמְרוּ
כא גָּאַל יְהוָה עַבְדּוֹ יַעֲקֹֽב׃ וְלֹא צָמְאוּ בָּחֳרָבוֹת הוֹלִיכָם מַיִם
כב מִצּוּר הִזִּיל לָמוֹ וַיִּבְקַע־צוּר וַיָּזֻבוּ מָֽיִם׃ אֵין שָׁלוֹם אָמַר יְהוָה
מט א לָרְשָׁעִֽים׃ שִׁמְעוּ אִיִּים אֵלַי וְהַקְשִׁיבוּ לְאֻמִּים
ב מֵרָחוֹק יְהוָה מִבֶּטֶן קְרָאָנִי מִמְּעֵי אִמִּי הִזְכִּיר שְׁמִֽי׃ וַיָּשֶׂם פִּי
כְּחֶרֶב חַדָּה בְּצֵל יָדוֹ הֶחְבִּיאָנִי וַיְשִׂימֵנִי לְחֵץ בָּרוּר בְּאַשְׁפָּתוֹ
ג הִסְתִּירָֽנִי׃ וַיֹּאמֶר לִי עַבְדִּי־אָתָּה יִשְׂרָאֵל אֲשֶׁר־בְּךָ אֶתְפָּאָֽר׃
ד וַאֲנִי אָמַרְתִּי לְרִיק יָגַעְתִּי לְתֹהוּ וְהֶבֶל כֹּחִי כִלֵּיתִי אָכֵן מִשְׁפָּטִי
ה אֶת־יְהוָה וּפְעֻלָּתִי אֶת־אֱלֹהָֽי׃ וְעַתָּה ׀ אָמַר
יְהוָה יֹצְרִי מִבֶּטֶן לְעֶבֶד לוֹ לְשׁוֹבֵב יַעֲקֹב אֵלָיו וְיִשְׂרָאֵל לא לוֹ
ו יֵאָסֵף וְאֶכָּבֵד בְּעֵינֵי יְהוָה וֵאלֹהַי הָיָה עֻזִּֽי׃ וַיֹּאמֶר נָקֵל
מִהְיוֹתְךָ לִי עֶבֶד לְהָקִים אֶת־שִׁבְטֵי יַעֲקֹב ונצירי יִשְׂרָאֵל וּנְצוּרֵי
לְהָשִׁיב וּנְתַתִּיךָ לְאוֹר גּוֹיִם לִהְיוֹת יְשׁוּעָתִי עַד־קְצֵה
ז הָאָֽרֶץ׃ כֹּה אָֽמַר־יְהוָה גֹּאֵל יִשְׂרָאֵל קְדוֹשׁוֹ
לִבְזֹה־נֶפֶשׁ לִמְתָעֵב גּוֹי לְעֶבֶד מֹשְׁלִים מְלָכִים יִרְאוּ וָקָמוּ

שרים וישתחוו למען יהוה אשר נאמן קדש ישראל
ויבחרך: כה ׀ אמר יהוה בעת רצון עניתיך ח
וביום ישועה עזרתיך ואצרך ואתנך לברית עם להקים ארץ
להנחיל נחלות שממות: לאמר לאסורים צאו לאשר בחשך ט
הגלו על־דרכים ירעו ובכל־שפיים מרעיתם: לא ירעבו ולא י
יצמאו ולא־יכם שרב ושמש כי־מרחמם ינהגם ועל־
מבועי מים ינהלם: ושמתי כל־הרי לדרך ומסלתי ירמון: יא
הנה־אלה מרחוק יבאו והנה־אלה מצפון ומים ואלה מארץ יב
ופצחו סינים: רנו שמים וגילי ארץ יפצחו הרים רנה כי־נחם יהוה יג
עמו ועניו ירחם: ותאמר ציון עזבני יהוה ואדני יד
שכחני: התשכח אשה עולה מרחם בן־בטנה גם־אלה טו
תשכחנה ואנכי לא אשכחך: הן על־כפים חקתיך חומתיך טז
נגדי תמיד: מהרו בניך מהרסיך ומחריביך ממך יצאו: שאי־ יז יח
סביב עיניך וראי כלם נקבצו באו־לך חי־אני נאם־יהוה כי
כלם כעדי תלבשי ותקשרים ככלה: כי חרבתיך ושממתיך יט
וארץ הרסתך כי עתה תצרי מיושב ורחקו מבלעיך: עוד כ
יאמרו באזניך בני שכליך צר־לי המקום גשה־לי ואשבה:
ואמרת בלבבך מי ילד־לי את־אלה ואני שכולה וגלמודה כא
גלה ׀ וסורה ואלה מי גדל הן אני נשארתי לבדי אלה איפה
הם: כה־אמר אדני יהוה הנה אשא אל־גוים כב
ידי ואל־עמים ארים נסי והביאו בניך בחצן ובנתיך על־
כתף תנשאנה: והיו מלכים אמניך ושרותיהם מיניקתיך כג
אפים ארץ ישתחוו־לך ועפר רגליך ילחכו וידעת כי־אני
יהוה אשר לא־יבשו קוי: היקח מגבור מלקוח כד
ואם־שבי צדיק ימלט: כי־כה ׀ אמר יהוה גם־שבי גבור יקח כה
ומלקוח עריץ ימלט ואת־יריבך אנכי אריב ואת־בניך אנכי
כא אושיע: והאכלתי את־מוניך את־בשרם וכעסיס דמם כו

יִשְׁכָּר֑וּן וְיָדְע֣וּ כָל־בָּשָׂ֗ר כִּ֣י אֲנִ֤י יְהוָה֙ מוֹשִׁיעֵ֔ךְ וְגֹאֲלֵ֖ךְ אֲבִ֥יר
נ א יַעֲקֹֽב׃ כֹּ֣ה ׀ אָמַ֣ר יְהוָ֗ה אֵ֣י זֶ֠ה סֵ֣פֶר כְּרִית֤וּת
אִמְּכֶם֙ אֲשֶׁ֣ר שִׁלַּחְתִּ֔יהָ א֚וֹ מִ֣י מִנּוֹשַׁ֔י אֲשֶׁר־מָכַ֥רְתִּי אֶתְכֶ֖ם ל֑וֹ
ב הֵ֤ן בַּעֲוֺנֹתֵיכֶם֙ נִמְכַּרְתֶּ֔ם וּבְפִשְׁעֵיכֶ֖ם שֻׁלְּחָ֥ה אִמְּכֶֽם׃ מַדּ֨וּעַ
בָּ֜אתִי וְאֵ֣ין אִ֗ישׁ קָ֙רָאתִי֙ וְאֵ֣ין עוֹנֶ֔ה הֲקָצ֨וֹר קָצְרָ֤ה יָדִי֙ מִפְּד֔וּת
וְאִם־אֵֽין־בִּ֥י כֹ֖חַ לְהַצִּ֑יל הֵ֣ן בְּגַעֲרָתִ֞י אַחֲרִ֣יב יָ֗ם אָשִׂ֤ים נְהָרוֹת֙
ג מִדְבָּ֔ר תִּבְאַ֤שׁ דְּגָתָם֙ מֵאֵ֣ין מַ֔יִם וְתָמֹ֖ת בַּצָּמָֽא׃ אַלְבִּ֥ישׁ שָׁמַ֖יִם
ד קַדְר֑וּת וְשַׂ֖ק אָשִׂ֥ים כְּסוּתָֽם׃ אֲדֹנָ֣י יֱהוִ֗ה נָ֤תַן לִי֙
לְשׁ֣וֹן לִמּוּדִ֔ים לָדַ֛עַת לָע֥וּת אֶת־יָעֵ֖ף דָּבָ֑ר יָעִ֣יר ׀ בַּבֹּ֣קֶר בַּבֹּ֗קֶר
ה יָעִ֥יר לִי֙ אֹ֔זֶן לִשְׁמֹ֖עַ כַּלִּמּוּדִֽים׃ אֲדֹנָ֤י יֱהוִה֙ פָּֽתַח־לִ֣י אֹ֔זֶן וְאָנֹכִ֖י
ו לֹ֣א מָרִ֑יתִי אָח֖וֹר לֹ֥א נְסוּגֹֽתִי׃ גֵּוִי֙ נָתַ֣תִּי לְמַכִּ֔ים וּלְחָיַ֖י לְמֹרְטִ֑ים
ז פָּנַי֙ לֹ֣א הִסְתַּ֔רְתִּי מִכְּלִמּ֖וֹת וָרֹֽק׃ וַאדֹנָ֤י יֱהוִה֙ יַֽעֲזָר־לִ֔י עַל־כֵּ֖ן
לֹ֣א נִכְלָ֑מְתִּי עַל־כֵּ֞ן שַׂ֤מְתִּי פָנַי֙ כַּֽחַלָּמִ֔ישׁ וָאֵדַ֖ע כִּי־לֹ֥א אֵבֽוֹשׁ׃
ח קָרוֹב֙ מַצְדִּיקִ֔י מִֽי־יָרִ֥יב אִתִּ֖י נַ֣עַמְדָה יָּ֑חַד מִֽי־בַ֥עַל מִשְׁפָּטִ֖י יִגַּ֥שׁ
ט אֵלָֽי׃ הֵ֣ן אֲדֹנָ֤י יֱהוִה֙ יַֽעֲזָר־לִ֔י מִי־ה֖וּא יַרְשִׁיעֵ֑נִי הֵ֤ן כֻּלָּם֙ כַּבֶּ֣גֶד
י יִבְל֔וּ עָ֖שׁ יֹאכְלֵֽם׃ מִ֤י בָכֶם֙ יְרֵ֣א יְהוָ֔ה שֹׁמֵ֖עַ בְּק֣וֹל
עַבְדּ֑וֹ אֲשֶׁ֣ר ׀ הָלַ֣ךְ חֲשֵׁכִ֗ים וְאֵ֥ין נֹ֙גַהּ֙ ל֔וֹ יִבְטַח֙ בְּשֵׁ֣ם יְהוָ֔ה וְיִשָּׁעֵ֖ן
יא בֵּאלֹהָֽיו׃ הֵ֧ן כֻּלְּכֶ֛ם קֹ֥דְחֵי אֵ֖שׁ מְאַזְּרֵ֣י זִיק֑וֹת לְכ֣וּ ׀ בְּא֣וּר
אֶשְׁכֶ֗ם וּבְזִיקוֹת֙ בִּֽעַרְתֶּ֔ם מִיָּדִי֙ הָֽיְתָה־זֹּ֣את לָכֶ֔ם לְמַעֲצֵבָ֖ה
נא א תִּשְׁכָּבֽוּן׃ שִׁמְע֥וּ אֵלַ֛י רֹ֥דְפֵי צֶ֖דֶק מְבַקְשֵׁ֣י יְהוָ֑ה
ב הַבִּ֙יטוּ֙ אֶל־צ֣וּר חֻצַּבְתֶּ֔ם וְאֶל־מַקֶּ֥בֶת בּ֖וֹר נֻקַּרְתֶּֽם׃ הַבִּ֙יטוּ֙ אֶל־
אַבְרָהָ֣ם אֲבִיכֶ֔ם וְאֶל־שָׂרָ֖ה תְּחוֹלֶלְכֶ֑ם כִּי־אֶחָ֣ד קְרָאתִ֔יו
ג וַאֲבָרְכֵ֖הוּ וְאַרְבֵּֽהוּ׃ כִּֽי־נִחַ֨ם יְהוָ֜ה צִיּ֗וֹן נִחַם֙ כָּל־חָרְבֹתֶ֔יהָ וַיָּ֤שֶׂם
מִדְבָּרָהּ֙ כְּעֵ֔דֶן וְעַרְבָתָ֖הּ כְּגַן־יְהוָ֑ה שָׂשׂ֤וֹן וְשִׂמְחָה֙ יִמָּ֣צֵא בָ֔הּ
ד תּוֹדָ֖ה וְק֥וֹל זִמְרָֽה׃ הַקְשִׁ֤יבוּ אֵלַי֙ עַמִּ֔י וּלְאוּמִּ֖י
אֵלַ֣י הַאֲזִ֑ינוּ כִּ֤י תוֹרָה֙ מֵאִתִּ֣י תֵצֵ֔א וּמִשְׁפָּטִ֕י לְא֥וֹר עַמִּ֖ים אַרְגִּֽיעַ׃
ה קָר֤וֹב צִדְקִי֙ יָצָ֣א יִשְׁעִ֔י וּזְרֹעַ֖י עַמִּ֣ים יִשְׁפֹּ֑טוּ אֵלַ֗י אִיִּ֣ים יְקַוּ֔וּ

ואל־זרעי ייחלון: שאו לשמים עיניכם והביטו אל־הארץ ו
מתחת כי־שמים כעשן נמלחו והארץ כבגד תבלה
וישביה כמו־כן ימותון וישועתי לעולם תהיה וצדקתי לא
תחת: שמעו אלי ידעי צדק עם תורתי בלבם ז
אל־תיראו חרפת אנוש ומגדפתם אל־תחתו: כי כבגד ח
יאכלם עש וכצמר יאכלם סס וצדקתי לעולם תהיה וישועתי
לדור דורים: עורי עורי לבשי־עז זרוע יהוה ט
עורי כימי קדם דורות עולמים הלוא את־היא המחצבת
רהב מחוללת תנין: הלוא את־היא המחרבת ים מי תהום י
רבה השמה מעמקי־ים דרך לעבר גאולים: ופדויי יהוה יא
ישובון ובאו ציון ברנה ושמחת עולם על־ראשם ששון
ושמחה ישיגון נסו יגון ואנחה: אנכי אנכי הוא יב
מנחמכם מי־את ותיראי מאנוש ימות ומבן־אדם חציר
ינתן: ותשכח יהוה עשך נוטה שמים ויסד ארץ ותפחד יג
תמיד כל־היום מפני חמת המציק כאשר כונן להשחית
ואיה חמת המציק: מהר צעה להפתח ולא־ימות לשחת ולא יד
יחסר לחמו: ואנכי יהוה אלהיך רגע הים ויהמו גליו יהוה טו
צבאות שמו: ואשם דברי בפיך ובצל ידי כסיתיך לנטע שמים טז
וליסד ארץ ולאמר לציון עמי־אתה: התעוררי יז
התעוררי קומי ירושלם אשר שתית מיד יהוה את־כוס חמתו
את־קבעת כוס התרעלה שתית מצית: אין־מנהל לה מכל־ יח
בנים ילדה ואין מחזיק בידה מכל־בנים גדלה: שתים הנה יט
קראתיך מי ינוד לך השד והשבר והרעב והחרב מי אנחמך:
בניך עלפו שכבו בראש כל־חוצות כתוא מכמר המלאים כ
חמת־יהוה גערת אלהיך: לכן שמעי־נא זאת עניה ושכרת כא
ולא מיין: כה־אמר אדניך יהוה ואלהיך יריב כב
עמו הנה לקחתי מידך את־כוס התרעלה את־קבעת

כג כּוֹס חֲמָתִי לֹא־תוֹסִיפִי לִשְׁתּוֹתָהּ עוֹד׃ וְשַׂמְתִּיהָ בְּיַד־מוֹגַיִךְ
אֲשֶׁר־אָמְרוּ לְנַפְשֵׁךְ שְׁחִי וְנַעֲבֹרָה וַתָּשִׂימִי כָאָרֶץ גֵּוֵךְ וְכַחוּץ
נב א לַעֹבְרִים׃ עוּרִי עוּרִי לִבְשִׁי עֻזֵּךְ צִיּוֹן לִבְשִׁי ׀ בִּגְדֵי
תִפְאַרְתֵּךְ יְרוּשָׁלַםִ עִיר הַקֹּדֶשׁ כִּי לֹא יוֹסִיף יָבֹא־בָךְ עוֹד עָרֵל
ב וְטָמֵא׃ הִתְנַעֲרִי מֵעָפָר קוּמִי שְּׁבִי יְרוּשָׁלָםִ התפתחו מוֹסְרֵי התפתחי
ג צַוָּארֵךְ שְׁבִיָּה בַּת־צִיּוֹן׃ כִּי־כֹה אָמַר יְהוָה חִנָּם
ד נִמְכַּרְתֶּם וְלֹא בְכֶסֶף תִּגָּאֵלוּ׃ כִּי כֹה אָמַר אֲדֹנָי
יֱהוִה מִצְרַיִם יָרַד־עַמִּי בָרִאשֹׁנָה לָגוּר שָׁם וְאַשּׁוּר בְּאֶפֶס
ה עֲשָׁקוֹ׃ וְעַתָּה מַה־לִּי־פֹה נְאֻם־יְהוָה כִּי־לֻקַּח עַמִּי חִנָּם מֹשְׁלָו
ו יְהֵילִילוּ נְאֻם־יְהוָה וְתָמִיד כָּל־הַיּוֹם שְׁמִי מִנֹּאָץ׃ לָכֵן
יֵדַע עַמִּי שְׁמִי לָכֵן בַּיּוֹם הַהוּא כִּי־אֲנִי־הוּא הַמְדַבֵּר
ז הִנֵּנִי׃ מַה־נָּאווּ עַל־הֶהָרִים רַגְלֵי מְבַשֵּׂר מַשְׁמִיעַ כב
שָׁלוֹם מְבַשֵּׂר טוֹב מַשְׁמִיעַ יְשׁוּעָה אֹמֵר לְצִיּוֹן מָלַךְ אֱלֹהָיִךְ׃
ח קוֹל צֹפַיִךְ נָשְׂאוּ קוֹל יַחְדָּו יְרַנֵּנוּ כִּי עַיִן בְּעַיִן יִרְאוּ בְּשׁוּב יְהוָה
ט צִיּוֹן׃ פִּצְחוּ רַנְּנוּ יַחְדָּו חָרְבוֹת יְרוּשָׁלָםִ כִּי־נִחַם יְהוָה עַמּוֹ גָּאַל
י יְרוּשָׁלָםִ׃ חָשַׂף יְהוָה אֶת־זְרוֹעַ קָדְשׁוֹ לְעֵינֵי כָּל־הַגּוֹיִם וְרָאוּ
יא כָּל־אַפְסֵי־אָרֶץ אֵת יְשׁוּעַת אֱלֹהֵינוּ׃ סוּרוּ סוּרוּ
צְאוּ מִשָּׁם טָמֵא אַל־תִּגָּעוּ צְאוּ מִתּוֹכָהּ הִבָּרוּ נֹשְׂאֵי כְּלֵי יְהוָה׃
יב כִּי לֹא בְחִפָּזוֹן תֵּצֵאוּ וּבִמְנוּסָה לֹא תֵלֵכוּן כִּי־הֹלֵךְ לִפְנֵיכֶם
יג יְהוָה וּמְאַסִּפְכֶם אֱלֹהֵי יִשְׂרָאֵל׃ הִנֵּה יַשְׂכִּיל
יד עַבְדִּי יָרוּם וְנִשָּׂא וְגָבַהּ מְאֹד׃ כַּאֲשֶׁר שָׁמְמוּ עָלֶיךָ רַבִּים כֵּן־
טו מִשְׁחַת מֵאִישׁ מַרְאֵהוּ וְתֹאֲרוֹ מִבְּנֵי אָדָם׃ כֵּן יַזֶּה גּוֹיִם רַבִּים
עָלָיו יִקְפְּצוּ מְלָכִים פִּיהֶם כִּי אֲשֶׁר לֹא־סֻפַּר לָהֶם רָאוּ וַאֲשֶׁר
נג א לֹא־שָׁמְעוּ הִתְבּוֹנָנוּ׃ מִי הֶאֱמִין לִשְׁמֻעָתֵנוּ וּזְרוֹעַ יְהוָה עַל־מִי
ב נִגְלָתָה׃ וַיַּעַל כַּיּוֹנֵק לְפָנָיו וְכַשֹּׁרֶשׁ מֵאֶרֶץ צִיָּה לֹא־תֹאַר לוֹ
ג וְלֹא הָדָר וְנִרְאֵהוּ וְלֹא־מַרְאֶה וְנֶחְמְדֵהוּ׃ נִבְזֶה וַחֲדַל אִישִׁים
אִישׁ מַכְאֹבוֹת וִידוּעַ חֹלִי וּכְמַסְתֵּר פָּנִים מִמֶּנּוּ נִבְזֶה וְלֹא

ד חֲשַׁבְנֻֽהוּ׃ אָכֵן חֳלָיֵנוּ הוּא נָשָׂא וּמַכְאֹבֵינוּ סְבָלָם וַאֲנַחְנוּ
ה חֲשַׁבְנֻהוּ נָגוּעַ מֻכֵּה אֱלֹהִים וּמְעֻנֶּה׃ וְהוּא מְחֹלָל מִפְּשָׁעֵנוּ
מְדֻכָּא מֵעֲוֺנֹתֵינוּ מוּסַר שְׁלוֹמֵנוּ עָלָיו וּבַחֲבֻרָתוֹ נִרְפָּא־לָֽנוּ׃
ו כֻּלָּנוּ כַּצֹּאן תָּעִינוּ אִישׁ לְדַרְכּוֹ פָּנִינוּ וַיהוָה הִפְגִּיעַ בּוֹ אֵת עֲוֺן
ז כֻּלָּֽנוּ׃ נִגַּשׂ וְהוּא נַעֲנֶה וְלֹא יִפְתַּח־פִּיו כַּשֶּׂה לַטֶּבַח יוּבָל
ח וּכְרָחֵל לִפְנֵי גֹזְזֶיהָ נֶאֱלָמָה וְלֹא יִפְתַּח פִּֽיו׃ מֵעֹצֶר וּמִמִּשְׁפָּט
לֻקָּח וְאֶת־דּוֹרוֹ מִי יְשׂוֹחֵחַ כִּי נִגְזַר מֵאֶרֶץ חַיִּים מִפֶּשַׁע עַמִּי
ט נֶגַע לָֽמוֹ׃ וַיִּתֵּן אֶת־רְשָׁעִים קִבְרוֹ וְאֶת־עָשִׁיר בְּמֹתָיו עַל לֹא־
י חָמָס עָשָׂה וְלֹא מִרְמָה בְּפִֽיו׃ וַיהוָה חָפֵץ דַּכְּאוֹ הֶחֱלִי אִם־
תָּשִׂים אָשָׁם נַפְשׁוֹ יִרְאֶה זֶרַע יַאֲרִיךְ יָמִים וְחֵפֶץ יְהוָה
יא בְּיָדוֹ יִצְלָֽח׃ מֵעֲמַל נַפְשׁוֹ יִרְאֶה יִשְׂבָּע בְּדַעְתּוֹ יַצְדִּיק
יב צַדִּיק עַבְדִּי לָרַבִּים וַעֲוֺנֹתָם הוּא יִסְבֹּֽל׃ לָכֵן אֲחַלֶּק־לוֹ
בָרַבִּים וְאֶת־עֲצוּמִים יְחַלֵּק שָׁלָל תַּחַת אֲשֶׁר הֶעֱרָה לַמָּוֶת
נַפְשׁוֹ וְאֶת־פֹּשְׁעִים נִמְנָה וְהוּא חֵטְא־רַבִּים נָשָׂא וְלַפֹּשְׁעִים
נד א יַפְגִּֽיעַ׃ רָנִּי עֲקָרָה לֹא יָלָדָה פִּצְחִי רִנָּה וְצַהֲלִי
לֹא־חָלָה כִּי־רַבִּים בְּנֵי־שׁוֹמֵמָה מִבְּנֵי בְעוּלָה אָמַר יְהוָֽה׃
ב הַרְחִיבִי ׀ מְקוֹם אָהֳלֵךְ וִירִיעוֹת מִשְׁכְּנוֹתַיִךְ יַטּוּ אַל־תַּחְשֹׂכִי
ג הַאֲרִיכִי מֵיתָרַיִךְ וִיתֵדֹתַיִךְ חַזֵּֽקִי׃ כִּי־יָמִין וּשְׂמֹאול תִּפְרֹצִי
ד וְזַרְעֵךְ גּוֹיִם יִירָשׁ וְעָרִים נְשַׁמּוֹת יוֹשִֽׁיבוּ׃ אַל־תִּירְאִי כִּי־לֹא
תֵבוֹשִׁי וְאַל־תִּכָּלְמִי כִּי לֹא תַחְפִּירִי כִּי בֹשֶׁת עֲלוּמַיִךְ תִּשְׁכָּחִי
ה וְחֶרְפַּת אַלְמְנוּתַיִךְ לֹא תִזְכְּרִי־עֽוֹד׃ כִּי בֹעֲלַיִךְ עֹשַׂיִךְ יְהוָה
צְבָאוֹת שְׁמוֹ וְגֹאֲלֵךְ קְדוֹשׁ יִשְׂרָאֵל אֱלֹהֵי כָל־הָאָרֶץ יִקָּרֵֽא׃
ו כִּי־כְאִשָּׁה עֲזוּבָה וַעֲצוּבַת רוּחַ קְרָאָךְ יְהוָה וְאֵשֶׁת נְעוּרִים כִּי
ז תִמָּאֵס אָמַר אֱלֹהָֽיִךְ׃ בְּרֶגַע קָטֹן עֲזַבְתִּיךְ וּבְרַחֲמִים גְּדֹלִים
ח אֲקַבְּצֵֽךְ׃ בְּשֶׁצֶף קֶצֶף הִסְתַּרְתִּי פָנַי רֶגַע מִמֵּךְ וּבְחֶסֶד עוֹלָם
ט רִחַמְתִּיךְ אָמַר גֹּאֲלֵךְ יְהוָֽה׃ כִּי־מֵי נֹחַ זֹאת לִי
אֲשֶׁר נִשְׁבַּעְתִּי מֵעֲבֹר מֵי־נֹחַ עוֹד עַל־הָאָרֶץ כֵּן נִשְׁבַּעְתִּי

י מקצף עליך ומגער־בך: כי ההרים ימושו והגבעות תמוטינה
וחסדי מאתך לא־ימוש וברית שלומי לא תמוט אמר
יא מרחמך יהוה: עניה סערה לא נחמה הנה
יב אנכי מרביץ בפוך אבניך ויסדתיך בספירים: ושמתי כדכד
שמשתיך ושעריך לאבני אקדח וכל־גבולך לאבני־חפץ:
יג יד וכל־בניך למודי יהוה ורב שלום בניך: בצדקה תכונני רחקי
טו מעשק כי־לא תיראי וממחתה כי לא־תקרב אליך: הן גור
טז יגור אפס מאותי מי־גר אתך עליך יפול: הן אנכי בראתי הנה
חרש נפח באש פחם ומוציא כלי למעשהו ואנכי בראתי
יז משחית לחבל: כל־כלי יוצר עליך לא יצלח וכל־לשון
תקום־אתך למשפט תרשיעי זאת נחלת עבדי יהוה וצדקתם
נה א מאתי נאם־יהוה: הוי כל־צמא לכו למים
ואשר אין־לו כסף לכו שברו ואכלו ולכו שברו בלוא־כסף
ב ובלוא מחיר יין וחלב: למה תשקלו־כסף בלוא־לחם
ויגיעכם בלוא לשבעה שמעו שמוע אלי ואכלו־טוב ותתענג
ג בדשן נפשכם: הטו אזנכם ולכו אלי שמעו ותחי נפשכם
ד ואכרתה לכם ברית עולם חסדי דוד הנאמנים: הן עד
ה לאומים נתתיו נגיד ומצוה לאמים: הן גוי לא־תדע תקרא
וגוי לא־ידעוך אליך ירוצו למען יהוה אלהיך ולקדוש
ו ישראל כי פארך: דרשו יהוה בהמצאו קראהו
ז בהיותו קרוב: יעזב רשע דרכו ואיש און מחשבתיו וישב
ח אל־יהוה וירחמהו ואל־אלהינו כי־ירבה לסלוח: כי לא
ט מחשבותי מחשבותיכם ולא דרכיכם דרכי נאם יהוה: כי־
גבהו שמים מארץ כן גבהו דרכי מדרכיכם ומחשבתי
י ממחשבתיכם: כי כאשר ירד הגשם והשלג מן־השמים
ושמה לא ישוב כי אם־הרוה את־הארץ והולידה והצמיחה
יא ונתן זרע לזרע ולחם לאכל: כן יהיה דברי אשר יצא מפי

לֹא־יָשׁוּב אֵלַי רֵיקָם כִּי אִם־עָשָׂה אֶת־אֲשֶׁר חָפַצְתִּי וְהִצְלִיחַ
אֲשֶׁר שְׁלַחְתִּיו׃ כִּי־בְשִׂמְחָה תֵצֵאוּ וּבְשָׁלוֹם תּוּבָלוּן הֶהָרִים יב
וְהַגְּבָעוֹת יִפְצְחוּ לִפְנֵיכֶם רִנָּה וְכָל־עֲצֵי הַשָּׂדֶה יִמְחֲאוּ־כָף׃
וְתַחַת כג תַּחַת הַנַּעֲצוּץ יַעֲלֶה בְרוֹשׁ תחת הַסִּרְפַּד יַעֲלֶה הֲדַס וְהָיָה יג
לַיהוָה לְשֵׁם לְאוֹת עוֹלָם לֹא יִכָּרֵת׃ כֹּה אָמַר א נו
יְהוָה שִׁמְרוּ מִשְׁפָּט וַעֲשׂוּ צְדָקָה כִּי־קְרוֹבָה יְשׁוּעָתִי לָבוֹא
וְצִדְקָתִי לְהִגָּלוֹת׃ אַשְׁרֵי אֱנוֹשׁ יַעֲשֶׂה־זֹּאת וּבֶן־אָדָם יַחֲזִיק ב
בָּהּ שֹׁמֵר שַׁבָּת מֵחַלְּלוֹ וְשֹׁמֵר יָדוֹ מֵעֲשׂוֹת כָּל־רָע׃ וְאַל־יֹאמַר ג
בֶּן־הַנֵּכָר הַנִּלְוָה אֶל־יְהוָה לֵאמֹר הַבְדֵּל יַבְדִּילַנִי יְהוָה מֵעַל
עַמּוֹ וְאַל־יֹאמַר הַסָּרִיס הֵן אֲנִי עֵץ יָבֵשׁ׃ כִּי־ ד
כֹה ׀ אָמַר יְהוָה לַסָּרִיסִים אֲשֶׁר יִשְׁמְרוּ אֶת־שַׁבְּתוֹתַי וּבָחֲרוּ
בַּאֲשֶׁר חָפָצְתִּי וּמַחֲזִיקִים בִּבְרִיתִי׃ וְנָתַתִּי לָהֶם בְּבֵיתִי ה
וּבְחוֹמֹתַי יָד וָשֵׁם טוֹב מִבָּנִים וּמִבָּנוֹת שֵׁם עוֹלָם אֶתֶּן־לּוֹ אֲשֶׁר
לֹא יִכָּרֵת׃ וּבְנֵי הַנֵּכָר הַנִּלְוִים עַל־יְהוָה לְשָׁרְתוֹ ו
וּלְאַהֲבָה אֶת־שֵׁם יְהוָה לִהְיוֹת לוֹ לַעֲבָדִים כָּל־שֹׁמֵר שַׁבָּת
מֵחַלְּלוֹ וּמַחֲזִיקִים בִּבְרִיתִי׃ וַהֲבִיאוֹתִים אֶל־הַר קָדְשִׁי ז
וְשִׂמַּחְתִּים בְּבֵית תְּפִלָּתִי עוֹלֹתֵיהֶם וְזִבְחֵיהֶם לְרָצוֹן עַל־
מִזְבְּחִי כִּי בֵיתִי בֵּית־תְּפִלָּה יִקָּרֵא לְכָל־הָעַמִּים׃ נְאֻם אֲדֹנָי ח
יֱהוִה מְקַבֵּץ נִדְחֵי יִשְׂרָאֵל עוֹד אֲקַבֵּץ עָלָיו לְנִקְבָּצָיו׃ כֹּל חַיְתוֹ ט
שָׂדָי אֵתָיוּ לֶאֱכֹל כָּל־חַיְתוֹ בַּיָּעַר׃ צֹפָו עִוְרִים י
כֻּלָּם לֹא יָדָעוּ כֻּלָּם כְּלָבִים אִלְּמִים לֹא יוּכְלוּ לִנְבֹּחַ הֹזִים
שֹׁכְבִים אֹהֲבֵי לָנוּם׃ וְהַכְּלָבִים עַזֵּי־נֶפֶשׁ לֹא יָדְעוּ שָׂבְעָה וְהֵמָּה יא
רֹעִים לֹא יָדְעוּ הָבִין כֻּלָּם לְדַרְכָּם פָּנוּ אִישׁ לְבִצְעוֹ מִקָּצֵהוּ׃
אֵתָיוּ אֶקְחָה־יַיִן וְנִסְבְּאָה שֵׁכָר וְהָיָה כָזֶה יוֹם מָחָר גָּדוֹל יֶתֶר יב
מְאֹד׃ הַצַּדִּיק אָבָד וְאֵין אִישׁ שָׂם עַל־לֵב וְאַנְשֵׁי־חֶסֶד א נז
נֶאֱסָפִים בְּאֵין מֵבִין כִּי־מִפְּנֵי הָרָעָה נֶאֱסַף הַצַּדִּיק׃ יָבוֹא שָׁלוֹם ב
יָנוּחוּ עַל־מִשְׁכְּבוֹתָם הֹלֵךְ נְכֹחוֹ׃ וְאַתֶּם קִרְבוּ־ ג

ד הֵנָּה בְּנֵי עֹנְנָה זֶרַע מְנָאֵף וַתִּזְנֶה׃ עַל־מִי תִּתְעַנָּגוּ עַל־מִי
תַּרְחִיבוּ פֶה תַּאֲרִיכוּ לָשׁוֹן הֲלוֹא־אַתֶּם יִלְדֵי־פֶשַׁע זֶרַע שָׁקֶר׃
ה הַנֵּחָמִים בָּאֵלִים תַּחַת כָּל־עֵץ רַעֲנָן שֹׁחֲטֵי הַיְלָדִים בַּנְּחָלִים
ו תַּחַת סְעִפֵי הַסְּלָעִים׃ בְּחַלְּקֵי־נַחַל חֶלְקֵךְ הֵם הֵם גּוֹרָלֵךְ גַּם־
ז לָהֶם שָׁפַכְתְּ נֶסֶךְ הֶעֱלִית מִנְחָה הַעַל אֵלֶּה אֶנָּחֵם׃ עַל הַר־גָּבֹהַּ
ח וְנִשָּׂא שַׂמְתְּ מִשְׁכָּבֵךְ גַּם־שָׁם עָלִית לִזְבֹּחַ זָבַח׃ וְאַחַר הַדֶּלֶת
וְהַמְּזוּזָה שַׂמְתְּ זִכְרוֹנֵךְ כִּי מֵאִתִּי גִּלִּית וַתַּעֲלִי הִרְחַבְתְּ מִשְׁכָּבֵךְ
ט וַתִּכְרָת־לָךְ מֵהֶם אָהַבְתְּ מִשְׁכָּבָם יָד חָזִית׃ וַתָּשֻׁרִי לַמֶּלֶךְ
בַּשֶּׁמֶן וַתַּרְבִּי רִקֻּחָיִךְ וַתְּשַׁלְּחִי צִרַיִךְ עַד־מֵרָחֹק וַתַּשְׁפִּילִי עַד־
י שְׁאוֹל׃ בְּרֹב דַּרְכֵּךְ יָגַעַתְּ לֹא אָמַרְתְּ נוֹאָשׁ חַיַּת יָדֵךְ מָצָאת
יא עַל־כֵּן לֹא חָלִית׃ וְאֶת־מִי דָּאַגְתְּ וַתִּירְאִי כִּי תְכַזֵּבִי וְאוֹתִי לֹא
זָכַרְתְּ לֹא־שַׂמְתְּ עַל־לִבֵּךְ הֲלֹא אֲנִי מַחְשֶׁה וּמֵעֹלָם וְאוֹתִי לֹא
יב יג תִירָאִי׃ אֲנִי אַגִּיד צִדְקָתֵךְ וְאֶת־מַעֲשַׂיִךְ וְלֹא יוֹעִילוּךְ׃ בְּזַעֲקֵךְ
יַצִּילֻךְ קִבּוּצַיִךְ וְאֶת־כֻּלָּם יִשָּׂא־רוּחַ יִקַּח־הָבֶל וְהַחוֹסֶה בִי
יד יִנְחַל־אֶרֶץ וְיִירַשׁ הַר קָדְשִׁי׃ וְאָמַר סֹלּוּ־סֹלּוּ פַּנּוּ־דָרֶךְ הָרִימוּ
טו מִכְשׁוֹל מִדֶּרֶךְ עַמִּי׃ כִּי כֹה אָמַר רָם וְנִשָּׂא שֹׁכֵן
עַד וְקָדוֹשׁ שְׁמוֹ מָרוֹם וְקָדוֹשׁ אֶשְׁכּוֹן וְאֶת־דַּכָּא וּשְׁפַל־רוּחַ
טז לְהַחֲיוֹת רוּחַ שְׁפָלִים וּלְהַחֲיוֹת לֵב נִדְכָּאִים׃ כִּי לֹא לְעוֹלָם
אָרִיב וְלֹא לָנֶצַח אֶקְּצוֹף כִּי־רוּחַ מִלְּפָנַי יַעֲטוֹף וּנְשָׁמוֹת אֲנִי
יז עָשִׂיתִי׃ בַּעֲוֹן בִּצְעוֹ קָצַפְתִּי וְאַכֵּהוּ הַסְתֵּר וְאֶקְצֹף וַיֵּלֶךְ שׁוֹבָב
יח בְּדֶרֶךְ לִבּוֹ׃ דְּרָכָיו רָאִיתִי וְאֶרְפָּאֵהוּ וְאַנְחֵהוּ וַאֲשַׁלֵּם נִחֻמִים
יט לוֹ וְלַאֲבֵלָיו׃ בּוֹרֵא נוב שְׂפָתָיִם שָׁלוֹם ׀ שָׁלוֹם לָרָחוֹק וְלַקָּרוֹב ניב
כ אָמַר יְהוָה וּרְפָאתִיו׃ וְהָרְשָׁעִים כַּיָּם נִגְרָשׁ כִּי הַשְׁקֵט לֹא
כא יוּכָל וַיִּגְרְשׁוּ מֵימָיו רֶפֶשׁ וָטִיט׃ אֵין שָׁלוֹם אָמַר אֱלֹהַי
נח א לָרְשָׁעִים׃ קְרָא בְגָרוֹן אַל־תַּחְשֹׂךְ כַּשּׁוֹפָר הָרֵם
ב קוֹלֶךָ וְהַגֵּד לְעַמִּי פִּשְׁעָם וּלְבֵית יַעֲקֹב חַטֹּאתָם׃ וְאוֹתִי יוֹם יוֹם
יִדְרֹשׁוּן וְדַעַת דְּרָכַי יֶחְפָּצוּן כְּגוֹי אֲשֶׁר־צְדָקָה עָשָׂה וּמִשְׁפַּט

אֱלֹהָיו לֹא עָזָב יִשְׁאָלוּנִי מִשְׁפְּטֵי־צֶדֶק קִרְבַת אֱלֹהִים יֶחְפָּצוּן:
ג לָמָּה צַּמְנוּ וְלֹא רָאִיתָ עִנִּינוּ נַפְשֵׁנוּ וְלֹא תֵדָע הֵן בְּיוֹם צֹמְכֶם
ד תִּמְצְאוּ־חֵפֶץ וְכָל־עַצְּבֵיכֶם תִּנְגֹּשׂוּ: הֵן לְרִיב וּמַצָּה תָּצוּמוּ
וּלְהַכּוֹת בְּאֶגְרֹף רֶשַׁע לֹא־תָצוּמוּ כַיּוֹם לְהַשְׁמִיעַ בַּמָּרוֹם
ה קוֹלְכֶם: הֲכָזֶה יִהְיֶה צוֹם אֶבְחָרֵהוּ יוֹם עַנּוֹת אָדָם נַפְשׁוֹ הֲלָכֹף
כְּאַגְמֹן רֹאשׁוֹ וְשַׂק וָאֵפֶר יַצִּיעַ הֲלָזֶה תִּקְרָא־צוֹם וְיוֹם רָצוֹן
ו לַיהוָה: הֲלוֹא זֶה צוֹם אֶבְחָרֵהוּ פַּתֵּחַ חַרְצֻבּוֹת רֶשַׁע הַתֵּר
ז אֲגֻדּוֹת מוֹטָה וְשַׁלַּח רְצוּצִים חָפְשִׁים וְכָל־מוֹטָה תְּנַתֵּקוּ: הֲלוֹא
פָרֹס לָרָעֵב לַחְמֶךָ וַעֲנִיִּים מְרוּדִים תָּבִיא בָיִת כִּי־תִרְאֶה עָרֹם
ח וְכִסִּיתוֹ וּמִבְּשָׂרְךָ לֹא תִתְעַלָּם: אָז יִבָּקַע כַּשַּׁחַר אוֹרֶךָ וַאֲרֻכָתְךָ
ט מְהֵרָה תִצְמָח וְהָלַךְ לְפָנֶיךָ צִדְקֶךָ כְּבוֹד יְהוָה יַאַסְפֶךָ: אָז
תִּקְרָא וַיהוָה יַעֲנֶה תְּשַׁוַּע וְיֹאמַר הִנֵּנִי אִם־תָּסִיר מִתּוֹכְךָ
י מוֹטָה שְׁלַח אֶצְבַּע וְדַבֶּר־אָוֶן: וְתָפֵק לָרָעֵב נַפְשֶׁךָ וְנֶפֶשׁ נַעֲנָה
יא תַּשְׂבִּיעַ וְזָרַח בַּחֹשֶׁךְ אוֹרֶךָ וַאֲפֵלָתְךָ כַּצָּהֳרָיִם: וְנָחֲךָ יְהוָה
תָּמִיד וְהִשְׂבִּיעַ בְּצַחְצָחוֹת נַפְשֶׁךָ וְעַצְמֹתֶיךָ יַחֲלִיץ וְהָיִיתָ כְּגַן
יב רָוֶה וּכְמוֹצָא מַיִם אֲשֶׁר לֹא־יְכַזְּבוּ מֵימָיו: וּבָנוּ מִמְּךָ חָרְבוֹת
עוֹלָם מוֹסְדֵי דוֹר־וָדוֹר תְּקוֹמֵם וְקֹרָא לְךָ גֹּדֵר פֶּרֶץ מְשֹׁבֵב
יג נְתִיבוֹת לָשָׁבֶת: אִם־תָּשִׁיב מִשַּׁבָּת רַגְלֶךָ עֲשׂוֹת חֲפָצֶךָ בְּיוֹם
קָדְשִׁי וְקָרָאתָ לַשַּׁבָּת עֹנֶג לִקְדוֹשׁ יְהוָה מְכֻבָּד וְכִבַּדְתּוֹ
יד מֵעֲשׂוֹת דְּרָכֶיךָ מִמְּצוֹא חֶפְצְךָ וְדַבֵּר דָּבָר: אָז תִּתְעַנַּג עַל־ כד
יְהוָה וְהִרְכַּבְתִּיךָ עַל־בָּמֳותֵי אָרֶץ וְהַאֲכַלְתִּיךָ נַחֲלַת יַעֲקֹב במתי
נט א אָבִיךָ כִּי פִּי יְהוָה דִּבֵּר: הֵן לֹא־קָצְרָה יַד־יְהוָה
ב מֵהוֹשִׁיעַ וְלֹא־כָבְדָה אָזְנוֹ מִשְּׁמוֹעַ: כִּי אִם־עֲוֹנֹתֵיכֶם הָיוּ
מַבְדִּלִים בֵּינֵכֶם לְבֵין אֱלֹהֵיכֶם וְחַטֹּאותֵיכֶם הִסְתִּירוּ פָנִים מִכֶּם
ג מִשְּׁמוֹעַ: כִּי כַפֵּיכֶם נְגֹאֲלוּ בַדָּם וְאֶצְבְּעוֹתֵיכֶם בֶּעָוֹן שִׂפְתוֹתֵיכֶם
ד דִּבְּרוּ־שֶׁקֶר לְשׁוֹנְכֶם עוֹלָה תֶהְגֶּה: אֵין־קֹרֵא בְצֶדֶק וְאֵין נִשְׁפָּט
בֶּאֱמוּנָה בָּטוֹחַ עַל־תֹּהוּ וְדַבֶּר־שָׁוְא הָרוֹ עָמָל וְהוֹלֵיד אָוֶן:

ה ביצי צפעוני בקעו וקורי עכביש יארגו האכל מביציהם ימות
ו והזורה תבקע אפעה: קוריהם לא־יהיו לבגד ולא יתכסו
ז במעשיהם מעשיהם מעשי־און ופעל חמס בכפיהם: רגליהם
לרע ירצו וימהרו לשפך דם נקי מחשבותיהם מחשבות און
ח שד ושבר במסלותם: דרך שלום לא ידעו ואין משפט
במעגלתם נתיבותיהם עקשו להם כל דרך בה לא ידע
ט שלום: על־כן רחק משפט ממנו ולא תשיגנו צדקה נקוה
י לאור והנה־חשך לנגהות באפלות נהלך: נגששה כעורים
קיר וכאין עינים נגששה כשלנו בצהרים כנשף באשמנים
יא כמתים: נהמה כדבים כלנו וכיונים הגה נהגה נקוה למשפט
יב ואין לישועה רחקה ממנו: כי־רבו פשעינו נגדך וחטאותינו
יג ענתה בנו כי־פשעינו אתנו ועונתינו ידענום: פשע וכחש
ביהוה ונסוג מאחר אלהינו דבר־עשק וסרה הרו והגו מלב
יד דברי־שקר: והסג אחור משפט וצדקה מרחוק תעמד כי־
טו כשלה ברחוב אמת ונכחה לא־תוכל לבוא: ותהי האמת
נעדרת וסר מרע משתולל וירא יהוה וירע בעיניו כי־אין
טז משפט: וירא כי־אין איש וישתומם כי אין מפגיע ותושע
יז לו זרעו וצדקתו היא סמכתהו: וילבש צדקה כשרין וכובע
ישועה בראשו וילבש בגדי נקם תלבשת ויעט כמעיל קנאה:
יח כעל גמלות כעל ישלם חמה לצריו גמול לאיביו לאיים גמול
יט ישלם: וייראו ממערב את־שם יהוה וממזרח־שמש את־
כ כבודו כי־יבוא כנהר צר רוח יהוה נססה בו: ובא לציון גואל
כא ולשבי פשע ביעקב נאם יהוה: ואני זאת בריתי אותם אמר
יהוה רוחי אשר עליך ודברי אשר־שמתי בפיך לא־ימושו
מפיך ומפי זרעך ומפי זרע זרעך אמר יהוה מעתה ועד־
ס א עולם: קומי אורי כי בא אורך וכבוד יהוה
ב עליך זרח: כי־הנה החשך יכסה־ארץ וערפל לאמים ועליך

יִזְרַח יהוה וּכְבוֹדוֹ עָלַיִךְ יֵרָאֶה: וְהָלְכוּ גוֹיִם לְאוֹרֵךְ וּמְלָכִים ג
לְנֹגַהּ זַרְחֵךְ: שְׂאִי־סָבִיב עֵינַיִךְ וּרְאִי כֻּלָּם נִקְבְּצוּ בָאוּ־ ד
לָךְ בָּנַיִךְ מֵרָחוֹק יָבֹאוּ וּבְנֹתַיִךְ עַל־צַד תֵּאָמַנָה: אָז תִּרְאִי ה
וְנָהַרְתְּ וּפָחַד וְרָחַב לְבָבֵךְ כִּי־יֵהָפֵךְ עָלַיִךְ הֲמוֹן יָם חֵיל גּוֹיִם
יָבֹאוּ לָךְ: שִׁפְעַת גְּמַלִּים תְּכַסֵּךְ בִּכְרֵי מִדְיָן וְעֵיפָה כֻּלָּם ו
מִשְּׁבָא יָבֹאוּ זָהָב וּלְבוֹנָה יִשָּׂאוּ וּתְהִלֹּת יהוה יְבַשֵּׂרוּ: כָּל־ ז
צֹאן קֵדָר יִקָּבְצוּ לָךְ אֵילֵי נְבָיוֹת יְשָׁרְתוּנֶךְ יַעֲלוּ עַל־רָצוֹן
מִזְבְּחִי וּבֵית תִּפְאַרְתִּי אֲפָאֵר: מִי־אֵלֶּה כָּעָב תְּעוּפֶינָה וְכַיּוֹנִים ח
אֶל־אֲרֻבֹּתֵיהֶם: כִּי־לִי ׀ אִיִּים יְקַוּוּ וָאֳנִיּוֹת תַּרְשִׁישׁ בָּרִאשֹׁנָה ט
לְהָבִיא בָנַיִךְ מֵרָחוֹק כַּסְפָּם וּזְהָבָם אִתָּם לְשֵׁם יהוה אֱלֹהַיִךְ
וְלִקְדוֹשׁ יִשְׂרָאֵל כִּי פֵאֲרָךְ: וּבָנוּ בְנֵי־נֵכָר חֹמֹתַיִךְ וּמַלְכֵיהֶם י
יְשָׁרְתוּנֶךְ כִּי בְקִצְפִּי הִכִּיתִיךְ וּבִרְצוֹנִי רִחַמְתִּיךְ: וּפִתְּחוּ שְׁעָרַיִךְ יא
תָּמִיד יוֹמָם וָלַיְלָה לֹא יִסָּגֵרוּ לְהָבִיא אֵלַיִךְ חֵיל גּוֹיִם וּמַלְכֵיהֶם
נְהוּגִים: כִּי־הַגּוֹי וְהַמַּמְלָכָה אֲשֶׁר לֹא־יַעַבְדוּךְ יֹאבֵדוּ וְהַגּוֹיִם יב
חָרֹב יֶחֱרָבוּ: כְּבוֹד הַלְּבָנוֹן אֵלַיִךְ יָבוֹא בְּרוֹשׁ תִּדְהָר וּתְאַשּׁוּר יג
יַחְדָּו לְפָאֵר מְקוֹם מִקְדָּשִׁי וּמְקוֹם רַגְלַי אֲכַבֵּד: וְהָלְכוּ אֵלַיִךְ יד
שְׁחוֹחַ בְּנֵי מְעַנַּיִךְ וְהִשְׁתַּחֲווּ עַל־כַּפּוֹת רַגְלַיִךְ כָּל־מְנַאֲצָיִךְ
וְקָרְאוּ לָךְ עִיר יהוה צִיּוֹן קְדוֹשׁ יִשְׂרָאֵל: תַּחַת הֱיוֹתֵךְ עֲזוּבָה טו
וּשְׂנוּאָה וְאֵין עוֹבֵר וְשַׂמְתִּיךְ לִגְאוֹן עוֹלָם מְשׂוֹשׂ דּוֹר וָדוֹר:
וְיָנַקְתְּ חֲלֵב גּוֹיִם וְשֹׁד מְלָכִים תִּינָקִי וְיָדַעַתְּ כִּי אֲנִי יהוה טז
מוֹשִׁיעֵךְ וְגֹאֲלֵךְ אֲבִיר יַעֲקֹב: תַּחַת הַנְּחֹשֶׁת אָבִיא זָהָב וְתַחַת יז
הַבַּרְזֶל אָבִיא כֶסֶף וְתַחַת הָעֵצִים נְחֹשֶׁת וְתַחַת הָאֲבָנִים בַּרְזֶל
וְשַׂמְתִּי פְקֻדָּתֵךְ שָׁלוֹם וְנֹגְשַׂיִךְ צְדָקָה: לֹא־יִשָּׁמַע עוֹד חָמָס יח
בְּאַרְצֵךְ שֹׁד וָשֶׁבֶר בִּגְבוּלָיִךְ וְקָרָאת יְשׁוּעָה חוֹמֹתַיִךְ וּשְׁעָרַיִךְ
תְּהִלָּה: לֹא־יִהְיֶה־לָּךְ עוֹד הַשֶּׁמֶשׁ לְאוֹר יוֹמָם וּלְנֹגַהּ הַיָּרֵחַ יט
לֹא־יָאִיר לָךְ וְהָיָה־לָךְ יהוה לְאוֹר עוֹלָם וֵאלֹהַיִךְ לְתִפְאַרְתֵּךְ:
לֹא־יָבוֹא עוֹד שִׁמְשֵׁךְ וִירֵחֵךְ לֹא יֵאָסֵף כִּי יהוה יִהְיֶה־לָּךְ כ

כא לְאוֹר עוֹלָם וְשָׁלְמוּ יְמֵי אֶבְלֵךְ׃ וְעַמֵּךְ כֻּלָּם צַדִּיקִים לְעוֹלָם
כב יִירְשׁוּ אָרֶץ נֵצֶר מטעו מַעֲשֵׂה יָדַי לְהִתְפָּאֵר׃ הַקָּטֹן יִהְיֶה לָאֶלֶף מַטָּעַי
סא א וְהַצָּעִיר לְגוֹי עָצוּם אֲנִי יְהוָה בְּעִתָּהּ אֲחִישֶׁנָּה׃ רוּחַ
אֲדֹנָי יֱהוִה עָלָי יַעַן מָשַׁח יְהוָה אֹתִי לְבַשֵּׂר עֲנָוִים שְׁלָחַנִי לַחֲבֹשׁ
לְנִשְׁבְּרֵי־לֵב לִקְרֹא לִשְׁבוּיִם דְּרוֹר וְלַאֲסוּרִים פְּקַח־קוֹחַ׃
ב לִקְרֹא שְׁנַת־רָצוֹן לַיהוָה וְיוֹם נָקָם לֵאלֹהֵינוּ לְנַחֵם כָּל־
ג אֲבֵלִים׃ לָשׂוּם ׀ לַאֲבֵלֵי צִיּוֹן לָתֵת לָהֶם פְּאֵר תַּחַת אֵפֶר שֶׁמֶן
שָׂשׂוֹן תַּחַת אֵבֶל מַעֲטֵה תְהִלָּה תַּחַת רוּחַ כֵּהָה וְקֹרָא לָהֶם
ד אֵילֵי הַצֶּדֶק מַטַּע יְהוָה לְהִתְפָּאֵר׃ וּבָנוּ חָרְבוֹת עוֹלָם שֹׁמְמוֹת
ה רִאשֹׁנִים יְקוֹמֵמוּ וְחִדְּשׁוּ עָרֵי חֹרֶב שֹׁמְמוֹת דּוֹר וָדוֹר׃ וְעָמְדוּ
ו זָרִים וְרָעוּ צֹאנְכֶם וּבְנֵי נֵכָר אִכָּרֵיכֶם וְכֹרְמֵיכֶם׃ וְאַתֶּם כֹּהֲנֵי
יְהוָה תִּקָּרֵאוּ מְשָׁרְתֵי אֱלֹהֵינוּ יֵאָמֵר לָכֶם חֵיל גּוֹיִם תֹּאכֵלוּ
ז וּבִכְבוֹדָם תִּתְיַמָּרוּ׃ תַּחַת בָּשְׁתְּכֶם מִשְׁנֶה וּכְלִמָּה יָרֹנּוּ חֶלְקָם
ח לָכֵן בְּאַרְצָם מִשְׁנֶה יִירָשׁוּ שִׂמְחַת עוֹלָם תִּהְיֶה לָהֶם׃ כִּי
אֲנִי יְהוָה אֹהֵב מִשְׁפָּט שֹׂנֵא גָזֵל בְּעוֹלָה וְנָתַתִּי פְעֻלָּתָם
ט בֶּאֱמֶת וּבְרִית עוֹלָם אֶכְרוֹת לָהֶם׃ וְנוֹדַע בַּגּוֹיִם זַרְעָם כה
וְצֶאֱצָאֵיהֶם בְּתוֹךְ הָעַמִּים כָּל־רֹאֵיהֶם יַכִּירוּם כִּי הֵם זֶרַע בֵּרַךְ
י יְהוָה׃ שׂוֹשׂ אָשִׂישׂ בַּיהוָה תָּגֵל נַפְשִׁי בֵּאלֹהַי כִּי
הִלְבִּישַׁנִי בִּגְדֵי־יֶשַׁע מְעִיל צְדָקָה יְעָטָנִי כֶּחָתָן יְכַהֵן פְּאֵר
יא וְכַכַּלָּה תַּעְדֶּה כֵלֶיהָ׃ כִּי כָאָרֶץ תּוֹצִיא צִמְחָהּ וּכְגַנָּה זֵרוּעֶיהָ
תַצְמִיחַ כֵּן ׀ אֲדֹנָי יֱהוִה יַצְמִיחַ צְדָקָה וּתְהִלָּה נֶגֶד כָּל־הַגּוֹיִם׃
סב א לְמַעַן צִיּוֹן לֹא אֶחֱשֶׁה וּלְמַעַן יְרוּשָׁלַםִ לֹא אֶשְׁקוֹט עַד־יֵצֵא
ב כַנֹּגַהּ צִדְקָהּ וִישׁוּעָתָהּ כְּלַפִּיד יִבְעָר׃ וְרָאוּ גוֹיִם צִדְקֵךְ וְכָל־
מְלָכִים כְּבוֹדֵךְ וְקֹרָא לָךְ שֵׁם חָדָשׁ אֲשֶׁר פִּי יְהוָה יִקֳּבֶנּוּ׃
ג וְהָיִית עֲטֶרֶת תִּפְאֶרֶת בְּיַד־יְהוָה וצנוף מְלוּכָה בְּכַף־אֱלֹהָיִךְ׃ וּצְנִיף
ד לֹא־יֵאָמֵר לָךְ עוֹד עֲזוּבָה וּלְאַרְצֵךְ לֹא־יֵאָמֵר עוֹד שְׁמָמָה כִּי
לָךְ יִקָּרֵא חֶפְצִי־בָהּ וּלְאַרְצֵךְ בְּעוּלָה כִּי־חָפֵץ יְהוָה בָּךְ וְאַרְצֵךְ

תבעל: כי־יבעל בחור בתולה יבעלוך בניך ומשוש חתן על־ ה
כלה ישיש עליך אלהיך: על־חומתיך ירושלם הפקדתי ו
שמרים כל־היום וכל־הלילה תמיד לא יחשו המזכרים את־
יהוה אל־דמי לכם: ואל־תתנו דמי לו עד־יכונן ועד־ישים ז
את־ירושלם תהלה בארץ: נשבע יהוה בימינו ובזרוע עזו ח
אם־אתן את־דגנך עוד מאכל לאיביך ואם־ישתו בני־נכר
תירושך אשר יגעת בו: כי מאספיו יאכלהו והללו את־יהוה ט
ומקבציו ישתהו בחצרות קדשי: עברו עברו י
בשערים פנו דרך העם סלו סלו המסלה סקלו מאבן הרימו
נס על־העמים: הנה יהוה השמיע אל־קצה הארץ אמרו יא
לבת־ציון הנה ישעך בא הנה שכרו אתו ופעלתו לפניו:
וקראו להם עם־הקדש גאולי יהוה ולך יקרא דרושה עיר לא יב
נעזבה: מי־זה ׀ בא מאדום חמוץ בגדים א סג
מבצרה זה הדור בלבושו צעה ברב כחו אני מדבר בצדקה
רב להושיע: מדוע אדם ללבושך ובגדיך כדרך בגת: פורה ׀ ב ג
דרכתי לבדי ומעמים אין־איש אתי ואדרכם באפי וארמסם
בחמתי ויז נצחם על־בגדי וכל־מלבושי אגאלתי: כי יום נקם ד
בלבי ושנת גאולי באה: ואביט ואין עזר ואשתומם ואין ה
סומך ותושע לי זרעי וחמתי היא סמכתני: ואבוס עמים באפי ו
ואשכרם בחמתי ואוריד לארץ נצחם: חסדי ז
יהוה ׀ אזכיר תהלת יהוה כעל כל אשר־גמלנו יהוה ורב־
טוב לבית ישראל אשר־גמלם כרחמיו וכרב חסדיו: ויאמר ח
אך־עמי המה בנים לא ישקרו ויהי להם למושיע: בכל־ ט
לו צרתם ׀ לא צר ומלאך פניו הושיעם באהבתו ובחמלתו הוא
גאלם וינטלם וינשאם כל־ימי עולם: והמה מרו ועצבו את־ י
רוח קדשו ויהפך להם לאויב הוא נלחם־בם: ויזכר ימי־עולם יא
משה עמו איה ׀ המעלם מים את רעה צאנו איה השם בקרבו

יב אֶת־רוּחַ קָדְשׁוֹ: מוֹלִיךְ לִימִין מֹשֶׁה זְרוֹעַ תִּפְאַרְתּוֹ בּוֹקֵעַ מַיִם
יג מִפְּנֵיהֶם לַעֲשׂוֹת לוֹ שֵׁם עוֹלָם: מוֹלִיכָם בַּתְּהֹמוֹת כַּסּוּס
יד בַּמִּדְבָּר לֹא יִכָּשֵׁלוּ: כַּבְּהֵמָה בַּבִּקְעָה תֵרֵד רוּחַ יהוה תְּנִיחֶנּוּ
טו כֵּן נִהַגְתָּ עַמְּךָ לַעֲשׂוֹת לְךָ שֵׁם תִּפְאָרֶת: הַבֵּט מִשָּׁמַיִם וּרְאֵה
מִזְּבֻל קָדְשְׁךָ וְתִפְאַרְתֶּךָ אַיֵּה קִנְאָתְךָ וּגְבוּרֹתֶיךָ הֲמוֹן מֵעֶיךָ
טז וְרַחֲמֶיךָ אֵלַי הִתְאַפָּקוּ: כִּי־אַתָּה אָבִינוּ כִּי אַבְרָהָם לֹא יְדָעָנוּ
וְיִשְׂרָאֵל לֹא יַכִּירָנוּ אַתָּה יהוה אָבִינוּ גֹּאֲלֵנוּ מֵעוֹלָם שְׁמֶךָ:
יז לָמָּה תַתְעֵנוּ יהוה מִדְּרָכֶיךָ תַּקְשִׁיחַ לִבֵּנוּ מִיִּרְאָתֶךָ שׁוּב לְמַעַן
יח עֲבָדֶיךָ שִׁבְטֵי נַחֲלָתֶךָ: לַמִּצְעָר יָרְשׁוּ עַם־קָדְשֶׁךָ צָרֵינוּ בּוֹסְסוּ
יט מִקְדָּשֶׁךָ: הָיִינוּ מֵעוֹלָם לֹא־מָשַׁלְתָּ בָּם לֹא־נִקְרָא שִׁמְךָ
סד א עֲלֵיהֶם לוּא־קָרַעְתָּ שָׁמַיִם יָרַדְתָּ מִפָּנֶיךָ הָרִים נָזֹלּוּ: כִּקְדֹחַ
אֵשׁ הֲמָסִים מַיִם תִּבְעֶה־אֵשׁ לְהוֹדִיעַ שִׁמְךָ לְצָרֶיךָ מִפָּנֶיךָ גּוֹיִם
ב יִרְגָּזוּ: בַּעֲשׂוֹתְךָ נוֹרָאוֹת לֹא נְקַוֶּה יָרַדְתָּ מִפָּנֶיךָ הָרִים נָזֹלּוּ:
ג וּמֵעוֹלָם לֹא־שָׁמְעוּ לֹא הֶאֱזִינוּ עַיִן לֹא־רָאָתָה אֱלֹהִים זוּלָתְךָ
ד יַעֲשֶׂה לִמְחַכֵּה־לוֹ: פָּגַעְתָּ אֶת־שָׂשׂ וְעֹשֵׂה צֶדֶק בִּדְרָכֶיךָ
ה יִזְכְּרוּךָ הֵן־אַתָּה קָצַפְתָּ וַנֶּחֱטָא בָּהֶם עוֹלָם וְנִוָּשֵׁעַ: וַנְּהִי כַטָּמֵא
כֻּלָּנוּ וּכְבֶגֶד עִדִּים כָּל־צִדְקֹתֵינוּ וַנָּבֶל כֶּעָלֶה כֻּלָּנוּ וַעֲוֺנֵנוּ כָּרוּחַ
ו יִשָּׂאֻנוּ: וְאֵין־קוֹרֵא בְשִׁמְךָ מִתְעוֹרֵר לְהַחֲזִיק בָּךְ כִּי־הִסְתַּרְתָּ
ז פָנֶיךָ מִמֶּנּוּ וַתְּמוּגֵנוּ בְּיַד־עֲוֺנֵנוּ: וְעַתָּה יהוה אָבִינוּ אָתָּה אֲנַחְנוּ
ח הַחֹמֶר וְאַתָּה יֹצְרֵנוּ וּמַעֲשֵׂה יָדְךָ כֻּלָּנוּ: אַל־תִּקְצֹף יהוה עַד־
ט מְאֹד וְאַל־לָעַד תִּזְכֹּר עָוֺן הֵן הַבֶּט־נָא עַמְּךָ כֻלָּנוּ: עָרֵי קָדְשְׁךָ
י הָיוּ מִדְבָּר צִיּוֹן מִדְבָּר הָיָתָה יְרוּשָׁלִַם שְׁמָמָה: בֵּית קָדְשֵׁנוּ
וְתִפְאַרְתֵּנוּ אֲשֶׁר הִלְלוּךָ אֲבֹתֵינוּ הָיָה לִשְׂרֵפַת אֵשׁ וְכָל־
יא מַחֲמַדֵּינוּ הָיָה לְחָרְבָּה: הַעַל־אֵלֶּה תִתְאַפַּק יהוה תֶּחֱשֶׁה
סה א וּתְעַנֵּנוּ עַד־מְאֹד: נִדְרַשְׁתִּי לְלוֹא שָׁאָלוּ נִמְצֵאתִי
לְלֹא בִקְשֻׁנִי אָמַרְתִּי הִנֵּנִי הִנֵּנִי אֶל־גּוֹי לֹא־קֹרָא בִשְׁמִי:
ב פֵּרַשְׂתִּי יָדַי כָּל־הַיּוֹם אֶל־עַם סוֹרֵר הַהֹלְכִים הַדֶּרֶךְ לֹא־טוֹב

אַחַר מַחְשְׁבֹתֵיהֶם׃ הָעָם הַמַּכְעִסִים אוֹתִי עַל־פָּנַי תָּמִיד ג
זֹבְחִים בַּגַּנּוֹת וּמְקַטְּרִים עַל־הַלְּבֵנִים׃ הַיֹּשְׁבִים בַּקְּבָרִים ד
ומרק וּבַנְּצוּרִים יָלִינוּ הָאֹכְלִים בְּשַׂר הַחֲזִיר ופרק פִּגֻּלִים כְּלֵיהֶם׃
הָאֹמְרִים קְרַב אֵלֶיךָ אַל־תִּגַּשׁ־בִּי כִּי קְדַשְׁתִּיךָ אֵלֶּה עָשָׁן ה
בְּאַפִּי אֵשׁ יֹקֶדֶת כָּל־הַיּוֹם׃ הִנֵּה כְתוּבָה לְפָנָי לֹא אֶחֱשֶׁה כִּי ו
אִם־שִׁלַּמְתִּי וְשִׁלַּמְתִּי עַל־חֵיקָם׃ עֲוֺנֹתֵיכֶם וַעֲוֺנֹת אֲבוֹתֵיכֶם ז
יַחְדָּו אָמַר יְהוָה אֲשֶׁר קִטְּרוּ עַל־הֶהָרִים וְעַל־הַגְּבָעוֹת חֵרְפוּנִי
אל־ וּמַדֹּתִי פְעֻלָּתָם רִאשֹׁנָה עַל־חֵיקָם׃ כֹּה ׀ אָמַר ח
יְהוָה כַּאֲשֶׁר יִמָּצֵא הַתִּירוֹשׁ בָּאֶשְׁכּוֹל וְאָמַר אַל־תַּשְׁחִיתֵהוּ כִּי
בְרָכָה בּוֹ כֵּן אֶעֱשֶׂה לְמַעַן עֲבָדַי לְבִלְתִּי הַשְׁחִית הַכֹּל׃
כו וְהוֹצֵאתִי מִיַּעֲקֹב זֶרַע וּמִיהוּדָה יוֹרֵשׁ הָרָי וִירֵשׁוּהָ בְחִירַי ט
וַעֲבָדַי יִשְׁכְּנוּ־שָׁמָּה׃ וְהָיָה הַשָּׁרוֹן לִנְוֵה־צֹאן וְעֵמֶק עָכוֹר י
לְרֵבֶץ בָּקָר לְעַמִּי אֲשֶׁר דְּרָשׁוּנִי׃ וְאַתֶּם עֹזְבֵי יְהוָה הַשְּׁכֵחִים יא
אֶת־הַר קָדְשִׁי הַעֹרְכִים לַגַּד שֻׁלְחָן וְהַמְמַלְאִים לַמְנִי מִמְסָךְ׃
וּמָנִיתִי אֶתְכֶם לַחֶרֶב וְכֻלְּכֶם לַטֶּבַח תִּכְרָעוּ יַעַן קָרָאתִי וְלֹא יב
עֲנִיתֶם דִּבַּרְתִּי וְלֹא שְׁמַעְתֶּם וַתַּעֲשׂוּ הָרַע בְּעֵינַי וּבַאֲשֶׁר לֹא־
חָפַצְתִּי בְּחַרְתֶּם׃ לָכֵן כֹּה־אָמַר ׀ אֲדֹנָי יֱהוִה הִנֵּה יג
עֲבָדַי ׀ יֹאכֵלוּ וְאַתֶּם תִּרְעָבוּ הִנֵּה עֲבָדַי יִשְׁתּוּ וְאַתֶּם תִּצְמָאוּ
הִנֵּה עֲבָדַי יִשְׂמָחוּ וְאַתֶּם תֵּבֹשׁוּ׃ הִנֵּה עֲבָדַי יָרֹנּוּ מִטּוּב לֵב יד
וְאַתֶּם תִּצְעֲקוּ מִכְּאֵב לֵב וּמִשֵּׁבֶר רוּחַ תְּיֵלִילוּ׃ וְהִנַּחְתֶּם שִׁמְכֶם טו
לִשְׁבוּעָה לִבְחִירַי וֶהֱמִיתְךָ אֲדֹנָי יֱהוִה וְלַעֲבָדָיו יִקְרָא שֵׁם
אַחֵר׃ אֲשֶׁר הַמִּתְבָּרֵךְ בָּאָרֶץ יִתְבָּרֵךְ בֵּאלֹהֵי אָמֵן וְהַנִּשְׁבָּע טז
בָּאָרֶץ יִשָּׁבַע בֵּאלֹהֵי אָמֵן כִּי נִשְׁכְּחוּ הַצָּרוֹת הָרִאשֹׁנוֹת וְכִי
נִסְתְּרוּ מֵעֵינָי׃ כִּי־הִנְנִי בוֹרֵא שָׁמַיִם חֲדָשִׁים וָאָרֶץ חֲדָשָׁה וְלֹא יז
תִזָּכַרְנָה הָרִאשֹׁנוֹת וְלֹא תַעֲלֶינָה עַל־לֵב׃ כִּי־אִם־שִׂישׂוּ וְגִילוּ יח
עֲדֵי־עַד אֲשֶׁר אֲנִי בוֹרֵא כִּי הִנְנִי בוֹרֵא אֶת־יְרוּשָׁלַםִ גִּילָה
וְעַמָּהּ מָשׂוֹשׂ׃ וְגַלְתִּי בִירוּשָׁלַםִ וְשַׂשְׂתִּי בְעַמִּי וְלֹא־יִשָּׁמַע בָּהּ יט

כ עוֹד קוֹל בְּכִי וְקוֹל זְעָקָה: לֹא־יִהְיֶה מִשָּׁם עוֹד עוּל יָמִים וְזָקֵן
אֲשֶׁר לֹא־יְמַלֵּא אֶת־יָמָיו כִּי הַנַּעַר בֶּן־מֵאָה שָׁנָה יָמוּת
כא וְהַחוֹטֶא בֶּן־מֵאָה שָׁנָה יְקֻלָּל: וּבָנוּ בָתִּים וְיָשָׁבוּ וְנָטְעוּ כְרָמִים
כב וְאָכְלוּ פִּרְיָם: לֹא יִבְנוּ וְאַחֵר יֵשֵׁב לֹא יִטְּעוּ וְאַחֵר יֹאכֵל כִּי־
כג כִימֵי הָעֵץ יְמֵי עַמִּי וּמַעֲשֵׂה יְדֵיהֶם יְבַלּוּ בְחִירָי: לֹא יִיגְעוּ
לָרִיק וְלֹא יֵלְדוּ לַבֶּהָלָה כִּי זֶרַע בְּרוּכֵי יהוה הֵמָּה וְצֶאֱצָאֵיהֶם
כד אִתָּם: וְהָיָה טֶרֶם יִקְרָאוּ וַאֲנִי אֶעֱנֶה עוֹד הֵם מְדַבְּרִים וַאֲנִי
כה אֶשְׁמָע: זְאֵב וְטָלֶה יִרְעוּ כְאֶחָד וְאַרְיֵה כַּבָּקָר יֹאכַל־תֶּבֶן וְנָחָשׁ
עָפָר לַחְמוֹ לֹא־יָרֵעוּ וְלֹא־יַשְׁחִיתוּ בְּכָל־הַר קָדְשִׁי אָמַר
סו א יהוה: כֹּה אָמַר יהוה הַשָּׁמַיִם כִּסְאִי וְהָאָרֶץ
הֲדֹם רַגְלָי אֵי־זֶה בַיִת אֲשֶׁר תִּבְנוּ־לִי וְאֵי־זֶה מָקוֹם מְנוּחָתִי:
ב וְאֶת־כָּל־אֵלֶּה יָדִי עָשָׂתָה וַיִּהְיוּ כָל־אֵלֶּה נְאֻם־יהוה וְאֶל־זֶה
ג אַבִּיט אֶל־עָנִי וּנְכֵה־רוּחַ וְחָרֵד עַל־דְּבָרִי: שׁוֹחֵט הַשּׁוֹר מַכֵּה־
אִישׁ זוֹבֵחַ הַשֶּׂה עֹרֵף כֶּלֶב מַעֲלֵה מִנְחָה דַּם־חֲזִיר מַזְכִּיר
לְבֹנָה מְבָרֵךְ אָוֶן גַּם־הֵמָּה בָּחֲרוּ בְּדַרְכֵיהֶם וּבְשִׁקּוּצֵיהֶם נַפְשָׁם
ד חָפֵצָה: גַּם־אֲנִי אֶבְחַר בְּתַעֲלֻלֵיהֶם וּמְגוּרֹתָם אָבִיא לָהֶם יַעַן
קָרָאתִי וְאֵין עוֹנֶה דִּבַּרְתִּי וְלֹא שָׁמֵעוּ וַיַּעֲשׂוּ הָרַע בְּעֵינַי
ה וּבַאֲשֶׁר לֹא־חָפַצְתִּי בָּחָרוּ: שִׁמְעוּ דְּבַר־יהוה
הַחֲרֵדִים אֶל־דְּבָרוֹ אָמְרוּ אֲחֵיכֶם שֹׂנְאֵיכֶם מְנַדֵּיכֶם לְמַעַן שְׁמִי
ו יִכְבַּד יהוה וְנִרְאֶה בְשִׂמְחַתְכֶם וְהֵם יֵבֹשׁוּ: קוֹל שָׁאוֹן מֵעִיר
ז קוֹל מֵהֵיכָל קוֹל יהוה מְשַׁלֵּם גְּמוּל לְאֹיְבָיו: בְּטֶרֶם תָּחִיל
ח יָלָדָה בְּטֶרֶם יָבוֹא חֵבֶל לָהּ וְהִמְלִיטָה זָכָר: מִי־שָׁמַע כָּזֹאת
מִי רָאָה כָּאֵלֶּה הֲיוּחַל אֶרֶץ בְּיוֹם אֶחָד אִם־יִוָּלֵד גּוֹי פַּעַם
ט אֶחָת כִּי־חָלָה גַּם־יָלְדָה צִיּוֹן אֶת־בָּנֶיהָ: הַאֲנִי אַשְׁבִּיר
וְלֹא אוֹלִיד יֹאמַר יהוה אִם־אֲנִי הַמּוֹלִיד וְעָצַרְתִּי אָמַר
י אֱלֹהָיִךְ: שִׂמְחוּ אֶת־יְרוּשָׁלִַם וְגִילוּ בָהּ כָּל־
יא אֹהֲבֶיהָ שִׂישׂוּ אִתָּהּ מָשׂוֹשׂ כָּל־הַמִּתְאַבְּלִים עָלֶיהָ: לְמַעַן

תִּינְקוּ וּשְׂבַעְתֶּם מִשֹּׁד תַּנְחֻמֶיהָ לְמַעַן תָּמֹצּוּ וְהִתְעַנַּגְתֶּם מִזִּיז
יב כְּבוֹדָהּ׃ כִּי־כֹה ׀ אָמַר יְהוָה הִנְנִי נֹטֶה־אֵלֶיהָ
כְּנָהָר שָׁלוֹם וּכְנַחַל שׁוֹטֵף כְּבוֹד גּוֹיִם וִינַקְתֶּם עַל־צַד תִּנָּשֵׂאוּ
יג וְעַל־בִּרְכַּיִם תְּשָׁעֳשָׁעוּ׃ כְּאִישׁ אֲשֶׁר אִמּוֹ תְּנַחֲמֶנּוּ כֵּן אָנֹכִי
יד אֲנַחֶמְכֶם וּבִירוּשָׁלַםִ תְּנֻחָמוּ׃ וּרְאִיתֶם וְשָׂשׂ לִבְּכֶם וְעַצְמוֹתֵיכֶם
כַּדֶּשֶׁא תִפְרַחְנָה וְנוֹדְעָה יַד־יְהוָה אֶת־עֲבָדָיו וְזָעַם אֶת־
טו אֹיְבָיו׃ כִּי־הִנֵּה יְהוָה בָּאֵשׁ יָבוֹא וְכַסּוּפָה מַרְכְּבֹתָיו לְהָשִׁיב
טז בְּחֵמָה אַפּוֹ וְגַעֲרָתוֹ בְּלַהֲבֵי־אֵשׁ׃ כִּי בָאֵשׁ יְהוָה נִשְׁפָּט וּבְחַרְבּוֹ
יז אֶת־כָּל־בָּשָׂר וְרַבּוּ חַלְלֵי יְהוָה׃ הַמִּתְקַדְּשִׁים וְהַמִּטַּהֲרִים אֶל־
הַגַּנּוֹת אַחַר אַחַד בַּתָּוֶךְ אֹכְלֵי בְּשַׂר הַחֲזִיר וְהַשֶּׁקֶץ וְהָעַכְבָּר אחת
יח יַחְדָּו יָסֻפוּ נְאֻם־יְהוָה׃ וְאָנֹכִי מַעֲשֵׂיהֶם וּמַחְשְׁבֹתֵיהֶם בָּאָה
לְקַבֵּץ אֶת־כָּל־הַגּוֹיִם וְהַלְּשֹׁנוֹת וּבָאוּ וְרָאוּ אֶת־כְּבוֹדִי׃
יט וְשַׂמְתִּי בָהֶם אוֹת וְשִׁלַּחְתִּי מֵהֶם ׀ פְּלֵיטִים אֶל־הַגּוֹיִם תַּרְשִׁישׁ
פּוּל וְלוּד מֹשְׁכֵי קֶשֶׁת תֻּבַל וְיָוָן הָאִיִּים הָרְחֹקִים אֲשֶׁר לֹא־
שָׁמְעוּ אֶת־שִׁמְעִי וְלֹא־רָאוּ אֶת־כְּבוֹדִי וְהִגִּידוּ אֶת־כְּבוֹדִי
כ בַּגּוֹיִם׃ וְהֵבִיאוּ אֶת־כָּל־אֲחֵיכֶם ׀ מִכָּל־הַגּוֹיִם ׀ מִנְחָה ׀ לַיהוָה
בַּסּוּסִים וּבָרֶכֶב וּבַצַּבִּים וּבַפְּרָדִים וּבַכִּרְכָּרוֹת עַל הַר קָדְשִׁי
יְרוּשָׁלַםִ אָמַר יְהוָה כַּאֲשֶׁר יָבִיאוּ בְנֵי יִשְׂרָאֵל אֶת־הַמִּנְחָה
כא בִּכְלִי טָהוֹר בֵּית יְהוָה׃ וְגַם־מֵהֶם אֶקַּח לַכֹּהֲנִים לַלְוִיִּם אָמַר
כב יְהוָה׃ כִּי כַאֲשֶׁר הַשָּׁמַיִם הַחֲדָשִׁים וְהָאָרֶץ הַחֲדָשָׁה אֲשֶׁר אֲנִי
עֹשֶׂה עֹמְדִים לְפָנַי נְאֻם־יְהוָה כֵּן יַעֲמֹד זַרְעֲכֶם וְשִׁמְכֶם׃
כג וְהָיָה מִדֵּי־חֹדֶשׁ בְּחָדְשׁוֹ וּמִדֵּי שַׁבָּת בְּשַׁבַּתּוֹ יָבוֹא כָל־בָּשָׂר
כד לְהִשְׁתַּחֲוֺת לְפָנַי אָמַר יְהוָה׃ וְיָצְאוּ וְרָאוּ בְּפִגְרֵי הָאֲנָשִׁים
הַפֹּשְׁעִים בִּי כִּי תוֹלַעְתָּם לֹא תָמוּת וְאִשָּׁם לֹא תִכְבֶּה
וְהָיוּ דֵרָאוֹן לְכָל־בָּשָׂר׃

והיה מדי חדש בחדשו ומדי שבת בשבתו
יבוא כל בשר להשתחות לפני
אמר יהוה

ירמיה

א

א דִּבְרֵי יִרְמְיָהוּ בֶּן־חִלְקִיָּהוּ מִן־הַכֹּהֲנִים אֲשֶׁר בַּעֲנָתוֹת בְּאֶרֶץ
ב בִּנְיָמִן׃ אֲשֶׁר הָיָה דְבַר־יְהוָה אֵלָיו בִּימֵי יֹאשִׁיָּהוּ בֶן־אָמוֹן
ג מֶלֶךְ יְהוּדָה בִּשְׁלֹשׁ־עֶשְׂרֵה שָׁנָה לְמָלְכוֹ׃ וַיְהִי בִּימֵי יְהוֹיָקִים
בֶּן־יֹאשִׁיָּהוּ מֶלֶךְ יְהוּדָה עַד־תֹּם עַשְׁתֵּי־עֶשְׂרֵה שָׁנָה
לְצִדְקִיָּהוּ בֶן־יֹאשִׁיָּהוּ מֶלֶךְ יְהוּדָה עַד־גְּלוֹת יְרוּשָׁלַם בַּחֹדֶשׁ
ד ה הַחֲמִישִׁי׃ וַיְהִי דְבַר־יְהוָה אֵלַי לֵאמֹר׃ בְּטֶרֶם
אצורך בַבֶּטֶן יְדַעְתִּיךָ וּבְטֶרֶם תֵּצֵא מֵרֶחֶם הִקְדַּשְׁתִּיךָ נָבִיא אֶצָּרְךָ
ו לַגּוֹיִם נְתַתִּיךָ׃ וָאֹמַר אֲהָהּ אֲדֹנָי יֱהוִה הִנֵּה לֹא־יָדַעְתִּי דַּבֵּר
ז כִּי־נַעַר אָנֹכִי׃ וַיֹּאמֶר יְהוָה אֵלַי אַל־תֹּאמַר נַעַר אָנֹכִי כִּי עַל־
ח כָּל־אֲשֶׁר אֶשְׁלָחֲךָ תֵּלֵךְ וְאֵת כָּל־אֲשֶׁר אֲצַוְּךָ תְּדַבֵּר׃ אַל־
ט תִּירָא מִפְּנֵיהֶם כִּי־אִתְּךָ אֲנִי לְהַצִּלֶךָ נְאֻם־יְהוָה׃ וַיִּשְׁלַח יְהוָה
אֶת־יָדוֹ וַיַּגַּע עַל־פִּי וַיֹּאמֶר יְהוָה אֵלַי הִנֵּה נָתַתִּי דְבָרַי בְּפִיךָ׃
י רְאֵה הִפְקַדְתִּיךָ ׀ הַיּוֹם הַזֶּה עַל־הַגּוֹיִם וְעַל־הַמַּמְלָכוֹת לִנְתוֹשׁ
יא וְלִנְתוֹץ וּלְהַאֲבִיד וְלַהֲרוֹס לִבְנוֹת וְלִנְטוֹעַ׃ וַיְהִי
דְבַר־יְהוָה אֵלַי לֵאמֹר מָה־אַתָּה רֹאֶה יִרְמְיָהוּ וָאֹמַר מַקֵּל
יב שָׁקֵד אֲנִי רֹאֶה׃ וַיֹּאמֶר יְהוָה אֵלַי הֵיטַבְתָּ לִרְאוֹת כִּי־שֹׁקֵד
יג אֲנִי עַל־דְּבָרִי לַעֲשֹׂתוֹ׃ וַיְהִי דְבַר־יְהוָה ׀ אֵלַי
שֵׁנִית לֵאמֹר מָה אַתָּה רֹאֶה וָאֹמַר סִיר נָפוּחַ אֲנִי רֹאֶה וּפָנָיו
יד מִפְּנֵי צָפוֹנָה׃ וַיֹּאמֶר יְהוָה אֵלָי מִצָּפוֹן תִּפָּתַח הָרָעָה עַל כָּל־
טו יֹשְׁבֵי הָאָרֶץ׃ כִּי ׀ הִנְנִי קֹרֵא לְכָל־מִשְׁפְּחוֹת מַמְלְכוֹת צָפוֹנָה
נְאֻם־יְהוָה וּבָאוּ וְנָתְנוּ אִישׁ כִּסְאוֹ פֶּתַח ׀ שַׁעֲרֵי יְרוּשָׁלַם וְעַל
טז כָּל־חוֹמֹתֶיהָ סָבִיב וְעַל כָּל־עָרֵי יְהוּדָה׃ וְדִבַּרְתִּי מִשְׁפָּטַי
אוֹתָם עַל כָּל־רָעָתָם אֲשֶׁר עֲזָבוּנִי וַיְקַטְּרוּ לֵאלֹהִים אֲחֵרִים
יז וַיִּשְׁתַּחֲווּ לְמַעֲשֵׂי יְדֵיהֶם׃ וְאַתָּה תֶּאְזֹר מָתְנֶיךָ וְקַמְתָּ וְדִבַּרְתָּ
אֲלֵיהֶם אֵת כָּל־אֲשֶׁר אָנֹכִי אֲצַוֶּךָּ אַל־תֵּחַת מִפְּנֵיהֶם פֶּן־
יח אֲחִתְּךָ לִפְנֵיהֶם׃ וַאֲנִי הִנֵּה נְתַתִּיךָ הַיּוֹם לְעִיר מִבְצָר וּלְעַמּוּד
בַּרְזֶל וּלְחֹמוֹת נְחֹשֶׁת עַל־כָּל־הָאָרֶץ לְמַלְכֵי יְהוּדָה לְשָׂרֶיהָ

יט לכהניה ולעם הארץ: ונלחמו אליך ולא־יוכלו לך כי־אתך
ב א אני נאם־יהוה להצילך: ויהי דבר־יהוה אלי
ב לאמר: הלך וקראת באזני ירושלם לאמר כה אמר יהוה
זכרתי לך חסד נעוריך אהבת כלולתיך לכתך אחרי
ג במדבר בארץ לא זרועה: קדש ישראל ליהוה ראשית
תבואתה כל־אכליו יאשמו רעה תבא אליהם נאם־
ד יהוה: שמעו דבר־יהוה בית יעקב וכל־
ה משפחות בית ישראל: כה ׀ אמר יהוה מה־מצאו אבותיכם
ו בי עול כי רחקו מעלי וילכו אחרי ההבל ויהבלו: ולא אמרו
איה יהוה המעלה אתנו מארץ מצרים המוליך אתנו
במדבר בארץ ערבה ושוחה בארץ ציה וצלמות בארץ לא־
ז עבר בה איש ולא־ישב אדם שם: ואביא אתכם אל־ארץ
הכרמל לאכל פריה וטובה ותבאו ותטמאו את־ארצי
ח ונחלתי שמתם לתועבה: הכהנים לא אמרו איה יהוה ותפשי
התורה לא ידעוני והרעים פשעו בי והנביאים נבאו בבעל
ט ואחרי לא־יועלו הלכו: לכן עד אריב אתכם נאם־יהוה
י ואת־בני בניכם אריב: כי עברו איי כתיים וראו וקדר שלחו
יא והתבוננו מאד וראו הן היתה כזאת: ההימיר גוי אלהים
יב והמה לא אלהים ועמי המיר כבודו בלוא יועיל: שמו שמים
יג על־זאת ושערו חרבו מאד נאם־יהוה: כי־שתים רעות עשה
עמי אתי עזבו מקור ׀ מים חיים לחצב להם בארות בארת
יד נשברים אשר לא־יכלו המים: העבד ישראל אם־יליד בית
טו הוא מדוע היה לבז: עליו ישאגו כפרים נתנו קולם וישיתו
טז ארצו לשמה עריו נצתה מבלי ישב: גם־בני־נף ותחפנס נצתו | ותחפנחס
יז ירעוך קדקד: הלוא־זאת תעשה־לך עזבך את־יהוה אלהיך
יח בעת מולכך בדרך: ועתה מה־לך לדרך מצרים לשתות מי
יט שחור ומה־לך לדרך אשור לשתות מי נהר: תיסרך רעתך

וּמְשֻׁבוֹתַיִךְ תּוֹכִחֻךְ וּדְעִי וּרְאִי כִּי־רַע וָמָר עָזְבֵךְ אֶת־יהוה
כ אֱלֹהָיִךְ וְלֹא פַחְדָּתִי אֵלַיִךְ נְאֻם־אֲדֹנָי יֱהוִה צְבָאוֹת׃ כִּי מֵעוֹלָם
שָׁבַרְתִּי עֻלֵּךְ נִתַּקְתִּי מוֹסְרוֹתַיִךְ וַתֹּאמְרִי לֹא אעבוד כִּי עַל־ אֶעֱבוֹר
כא כָּל־גִּבְעָה גְּבֹהָה וְתַחַת כָּל־עֵץ רַעֲנָן אַתְּ צֹעָה זֹנָה׃ וְאָנֹכִי
נְטַעְתִּיךְ שׂוֹרֵק כֻּלֹּה זֶרַע אֱמֶת וְאֵיךְ נֶהְפַּכְתְּ לִי סוּרֵי הַגֶּפֶן
כב נָכְרִיָּה׃ כִּי אִם־תְּכַבְּסִי בַּנֶּתֶר וְתַרְבִּי־לָךְ בֹּרִית נִכְתָּם עֲוֺנֵךְ
כג לְפָנַי נְאֻם אֲדֹנָי יֱהוִה׃ אֵיךְ תֹּאמְרִי לֹא נִטְמֵאתִי אַחֲרֵי
הַבְּעָלִים לֹא הָלַכְתִּי רְאִי דַרְכֵּךְ בַּגַּיְא דְּעִי מֶה עָשִׂית בִּכְרָה
כד קַלָּה מְשָׂרֶכֶת דְּרָכֶיהָ׃ פֶּרֶה ׀ לִמֻּד מִדְבָּר בְּאַוַּת נפשו שָׁאֲפָה נַפְשָׁהּ
רוּחַ תַּאֲנָתָהּ מִי יְשִׁיבֶנָּה כָּל־מְבַקְשֶׁיהָ לֹא יִיעָפוּ בְּחָדְשָׁהּ
כה יִמְצָאוּנְהָ׃ מִנְעִי רַגְלֵךְ מִיָּחֵף וגורנך מִצִּמְאָה וַתֹּאמְרִי נוֹאָשׁ וּגְרוֹנֵךְ
כו לוֹא כִּי־אָהַבְתִּי זָרִים וְאַחֲרֵיהֶם אֵלֵךְ׃ כְּבֹשֶׁת גַּנָּב כִּי יִמָּצֵא
כֵּן הֹבִישׁוּ בֵּית יִשְׂרָאֵל הֵמָּה מַלְכֵיהֶם שָׂרֵיהֶם וְכֹהֲנֵיהֶם
כז וּנְבִיאֵיהֶם׃ אֹמְרִים לָעֵץ אָבִי אַתָּה וְלָאֶבֶן אַתְּ ילדתני כִּי־פָנוּ יְלִדְתָּנוּ
אֵלַי עֹרֶף וְלֹא פָנִים וּבְעֵת רָעָתָם יֹאמְרוּ קוּמָה וְהוֹשִׁיעֵנוּ׃
כח וְאַיֵּה אֱלֹהֶיךָ אֲשֶׁר עָשִׂיתָ לָּךְ יָקוּמוּ אִם־יוֹשִׁיעוּךָ בְּעֵת רָעָתֶךָ
כט כִּי מִסְפַּר עָרֶיךָ הָיוּ אֱלֹהֶיךָ יְהוּדָה׃ לָמָּה תָרִיבוּ
ל אֵלָי כֻּלְּכֶם פְּשַׁעְתֶּם בִּי נְאֻם־יהוה׃ לַשָּׁוְא הִכֵּיתִי אֶת־בְּנֵיכֶם
מוּסָר לֹא לָקָחוּ אָכְלָה חַרְבְּכֶם נְבִיאֵיכֶם כְּאַרְיֵה מַשְׁחִית׃
לא הַדּוֹר אַתֶּם רְאוּ דְבַר־יהוה הֲמִדְבָּר הָיִיתִי לְיִשְׂרָאֵל אִם אֶרֶץ
מַאְפֵּלְיָה מַדּוּעַ אָמְרוּ עַמִּי רַדְנוּ לוֹא־נָבוֹא עוֹד אֵלֶיךָ׃
לב הֲתִשְׁכַּח בְּתוּלָה עֶדְיָהּ כַּלָּה קִשֻּׁרֶיהָ וְעַמִּי שְׁכֵחוּנִי יָמִים אֵין
לג מִסְפָּר׃ מַה־תֵּיטִבִי דַּרְכֵּךְ לְבַקֵּשׁ אַהֲבָה לָכֵן גַּם אֶת־הָרָעוֹת
לד למדתי אֶת־דְּרָכָיִךְ׃ גַּם בִּכְנָפַיִךְ נִמְצְאוּ דַּם נַפְשׁוֹת אֶבְיוֹנִים לִמַּדְתְּ
לה נְקִיִּים לֹא־בַמַּחְתֶּרֶת מְצָאתִים כִּי עַל־כָּל־אֵלֶּה׃ וַתֹּאמְרִי כִּי
נִקֵּיתִי אַךְ שָׁב אַפּוֹ מִמֶּנִּי הִנְנִי נִשְׁפָּט אוֹתָךְ עַל־אָמְרֵךְ לֹא
לו חָטָאתִי׃ מַה־תֵּזְלִי מְאֹד לְשַׁנּוֹת אֶת־דַּרְכֵּךְ גַּם מִמִּצְרַיִם

לז תֵּבֹשִׁי כַּאֲשֶׁר־בֹּשְׁתְּ מֵאַשּׁוּר׃ גַּם מֵאֵת זֶה תֵּצְאִי וְיָדַיִךְ עַל־
א ג רֹאשֵׁךְ כִּי־מָאַס יְהוָה בְּמִבְטַחַיִךְ וְלֹא תַצְלִיחִי לָהֶם׃ לֵאמֹר הֵן
יְשַׁלַּח אִישׁ אֶת־אִשְׁתּוֹ וְהָלְכָה מֵאִתּוֹ וְהָיְתָה לְאִישׁ־אַחֵר
הֲיָשׁוּב אֵלֶיהָ עוֹד הֲלוֹא חָנוֹף תֶּחֱנַף הָאָרֶץ הַהִיא וְאַתְּ זָנִית
ב רֵעִים רַבִּים וְשׁוֹב אֵלַי נְאֻם־יְהוָה׃ שְׂאִי־עֵינַיִךְ עַל־שְׁפָיִם וּרְאִי
אֵיפֹה לֹא שגלת עַל־דְּרָכִים יָשַׁבְתְּ לָהֶם כַּעֲרָבִי בַּמִּדְבָּר וַתַּחֲנִיפִי שֻׁכַּבְתְּ
ג אֶרֶץ בִּזְנוּתַיִךְ וּבְרָעָתֵךְ׃ וַיִּמָּנְעוּ רְבִבִים וּמַלְקוֹשׁ לוֹא הָיָה
ד וּמֵצַח אִשָּׁה זוֹנָה הָיָה לָךְ מֵאַנְתְּ הִכָּלֵם׃ הֲלוֹא מֵעַתָּה קראתי קָרָאת ב
ה לִי אָבִי אַלּוּף נְעֻרַי אָתָּה׃ הֲיִנְטֹר לְעוֹלָם אִם־יִשְׁמֹר לָנֶצַח
ו הִנֵּה דִבַּרְתְּ וַתַּעֲשִׂי הָרָעוֹת וַתּוּכָל׃ וַיֹּאמֶר יְהוָה
אֵלַי בִּימֵי יֹאשִׁיָּהוּ הַמֶּלֶךְ הֲרָאִיתָ אֲשֶׁר עָשְׂתָה מְשֻׁבָה יִשְׂרָאֵל
הֹלְכָה הִיא עַל־כָּל־הַר גָּבֹהַּ וְאֶל־תַּחַת כָּל־עֵץ רַעֲנָן וַתִּזְנִי־
ז שָׁם׃ וָאֹמַר אַחֲרֵי עֲשׂוֹתָהּ אֶת־כָּל־אֵלֶּה אֵלַי תָּשׁוּב וְלֹא־שָׁבָה
ח ותראה בָּגוֹדָה אֲחוֹתָהּ יְהוּדָה׃ וָאֵרֶא כִּי עַל־כָּל־אֹדוֹת אֲשֶׁר וַתִּרְאֶה
נִאֲפָה מְשֻׁבָה יִשְׂרָאֵל שִׁלַּחְתִּיהָ וָאֶתֵּן אֶת־סֵפֶר כְּרִיתֻתֶיהָ
אֵלֶיהָ וְלֹא יָרְאָה בֹּגֵדָה יְהוּדָה אֲחוֹתָהּ וַתֵּלֶךְ וַתִּזֶן גַּם־הִיא׃
ט וְהָיָה מִקֹּל זְנוּתָהּ וַתֶּחֱנַף אֶת־הָאָרֶץ וַתִּנְאַף אֶת־הָאֶבֶן וְאֶת־
י הָעֵץ׃ וְגַם־בְּכָל־זֹאת לֹא־שָׁבָה אֵלַי בָּגוֹדָה אֲחוֹתָהּ יְהוּדָה
יא בְּכָל־לִבָּהּ כִּי אִם־בְּשָׁקֶר נְאֻם־יְהוָה׃ וַיֹּאמֶר
יב יְהוָה אֵלַי צִדְּקָה נַפְשָׁהּ מְשֻׁבָה יִשְׂרָאֵל מִבֹּגֵדָה יְהוּדָה׃ הָלֹךְ
וְקָרָאתָ אֶת־הַדְּבָרִים הָאֵלֶּה צָפוֹנָה וְאָמַרְתָּ שׁוּבָה מְשֻׁבָה
יִשְׂרָאֵל נְאֻם־יְהוָה לוֹא־אַפִּיל פָּנַי בָּכֶם כִּי־חָסִיד אֲנִי נְאֻם־
יג יְהוָה לֹא אֶטּוֹר לְעוֹלָם׃ אַךְ דְּעִי עֲוֹנֵךְ כִּי בַּיהוָה אֱלֹהַיִךְ
פָּשָׁעַתְּ וַתְּפַזְּרִי אֶת־דְּרָכַיִךְ לַזָּרִים תַּחַת כָּל־עֵץ רַעֲנָן וּבְקוֹלִי
יד לֹא־שְׁמַעְתֶּם נְאֻם־יְהוָה׃ שׁוּבוּ בָנִים שׁוֹבָבִים נְאֻם־יְהוָה כִּי
אָנֹכִי בָּעַלְתִּי בָכֶם וְלָקַחְתִּי אֶתְכֶם אֶחָד מֵעִיר וּשְׁנַיִם
טו מִמִּשְׁפָּחָה וְהֵבֵאתִי אֶתְכֶם צִיּוֹן׃ וְנָתַתִּי לָכֶם רֹעִים כְּלִבִּי וְרָעוּ

טז אֶתְכֶם דֵּעָה וְהַשְׂכֵּיל׃ וְהָיָה כִּי תִרְבּוּ וּפְרִיתֶם בָּאָרֶץ בַּיָּמִים
הָהֵמָּה נְאֻם־יְהוָה לֹא־יֹאמְרוּ עוֹד אֲרוֹן בְּרִית־יְהוָה וְלֹא יַעֲלֶה
יז עַל־לֵב וְלֹא יִזְכְּרוּ־בוֹ וְלֹא יִפְקֹדוּ וְלֹא יֵעָשֶׂה עוֹד׃ בָּעֵת
הַהִיא יִקְרְאוּ לִירוּשָׁלִַם כִּסֵּא יְהוָה וְנִקְווּ אֵלֶיהָ כָל־הַגּוֹיִם
לְשֵׁם יְהוָה לִירוּשָׁלִָם וְלֹא־יֵלְכוּ עוֹד אַחֲרֵי שְׁרִרוּת לִבָּם
יח הָרָע׃ בַּיָּמִים הָהֵמָּה יֵלְכוּ בֵית־יְהוּדָה עַל־בֵּית
יִשְׂרָאֵל וְיָבֹאוּ יַחְדָּו מֵאֶרֶץ צָפוֹן עַל־הָאָרֶץ אֲשֶׁר הִנְחַלְתִּי
יט אֶת־אֲבוֹתֵיכֶם׃ וְאָנֹכִי אָמַרְתִּי אֵיךְ אֲשִׁיתֵךְ בַּבָּנִים וְאֶתֶּן־לָךְ
אֶרֶץ חֶמְדָּה נַחֲלַת צְבִי צִבְאוֹת גּוֹיִם וָאֹמַר אָבִי תקראו־לִי תִּקְרְאִי
כ וּמֵאַחֲרַי לֹא תשובו׃ אָכֵן בָּגְדָה אִשָּׁה מֵרֵעָהּ כֵּן בְּגַדְתֶּם בִּי תָשׁוּבִי
כא בֵּית יִשְׂרָאֵל נְאֻם־יְהוָה׃ קוֹל עַל־שְׁפָיִים נִשְׁמָע בְּכִי תַחֲנוּנֵי
בְּנֵי יִשְׂרָאֵל כִּי הֶעֱווּ אֶת־דַּרְכָּם שָׁכְחוּ אֶת־יְהוָה אֱלֹהֵיהֶם׃
כב שׁוּבוּ בָּנִים שׁוֹבָבִים אֶרְפָּה מְשׁוּבֹתֵיכֶם הִנְנוּ אָתָנוּ לָךְ כִּי אַתָּה
כג יְהוָה אֱלֹהֵינוּ׃ אָכֵן לַשֶּׁקֶר מִגְּבָעוֹת הָמוֹן הָרִים אָכֵן בַּיהוָה
כד אֱלֹהֵינוּ תְּשׁוּעַת יִשְׂרָאֵל׃ וְהַבֹּשֶׁת אָכְלָה אֶת־יְגִיעַ אֲבוֹתֵינוּ
מִנְּעוּרֵינוּ אֶת־צֹאנָם וְאֶת־בְּקָרָם אֶת־בְּנֵיהֶם וְאֶת־בְּנוֹתֵיהֶם׃
כה נִשְׁכְּבָה בְּבָשְׁתֵּנוּ וּתְכַסֵּנוּ כְּלִמָּתֵנוּ כִּי לַיהוָה אֱלֹהֵינוּ חָטָאנוּ
אֲנַחְנוּ וַאֲבוֹתֵינוּ מִנְּעוּרֵינוּ וְעַד־הַיּוֹם הַזֶּה וְלֹא שָׁמַעְנוּ
ד א בְּקוֹל יְהוָה אֱלֹהֵינוּ׃ אִם־תָּשׁוּב יִשְׂרָאֵל ׀ נְאֻם־יְהוָה אֵלַי
ב תָּשׁוּב וְאִם־תָּסִיר שִׁקּוּצֶיךָ מִפָּנַי וְלֹא תָנוּד׃ וְנִשְׁבַּעְתָּ
חַי־יְהוָה בֶּאֱמֶת בְּמִשְׁפָּט וּבִצְדָקָה וְהִתְבָּרְכוּ בוֹ גּוֹיִם וּבוֹ
ג יִתְהַלָּלוּ׃ כִּי־כֹה ׀ אָמַר יְהוָה לְאִישׁ יְהוּדָה
ד וְלִירוּשָׁלִַם נִירוּ לָכֶם נִיר וְאַל־תִּזְרְעוּ אֶל־קֹצִים׃ הִמֹּלוּ לַיהוָה
וְהָסִרוּ עָרְלוֹת לְבַבְכֶם אִישׁ יְהוּדָה וְיֹשְׁבֵי יְרוּשָׁלִָם פֶּן־תֵּצֵא
ה כָאֵשׁ חֲמָתִי וּבָעֲרָה וְאֵין מְכַבֶּה מִפְּנֵי רֹעַ מַעַלְלֵיכֶם׃ הַגִּידוּ
בִיהוּדָה וּבִירוּשָׁלִַם הַשְׁמִיעוּ וְאִמְרוּ ותקעו שׁוֹפָר בָּאָרֶץ קִרְאוּ תִּקְעוּ
ו מַלְאוּ וְאִמְרוּ הֵאָסְפוּ וְנָבוֹאָה אֶל־עָרֵי הַמִּבְצָר׃ שְׂאוּ־נֵס

צִיּוֹנָה הָעִיזוּ אַל־תַּעֲמֹדוּ כִּי רָעָה אָנֹכִי מֵבִיא מִצָּפוֹן וְשֶׁבֶר
ז גָּדוֹל׃ עָלָה אַרְיֵה מִסֻּבְּכוֹ וּמַשְׁחִית גּוֹיִם נָסַע יָצָא מִמְּקֹמוֹ
ח לָשׂוּם אַרְצֵךְ לְשַׁמָּה עָרַיִךְ תִּצֶּינָה מֵאֵין יוֹשֵׁב׃ עַל־זֹאת
חִגְרוּ שַׂקִּים סִפְדוּ וְהֵילִילוּ כִּי לֹא־שָׁב חֲרוֹן אַף־יְהֹוָה
ט מִמֶּנּוּ׃ וְהָיָה בַיּוֹם־הַהוּא נְאֻם־יְהֹוָה יֹאבַד לֵב־
י הַמֶּלֶךְ וְלֵב הַשָּׂרִים וְנָשַׁמּוּ הַכֹּהֲנִים וְהַנְּבִאִים יִתְמָהוּ׃ וָאֹמַר
אֲהָהּ ׀ אֲדֹנָי יֱהֹוִה אָכֵן הַשֵּׁא הִשֵּׁאתָ לָעָם הַזֶּה וְלִירוּשָׁלִַם
יא לֵאמֹר שָׁלוֹם יִהְיֶה לָכֶם וְנָגְעָה חֶרֶב עַד־הַנָּפֶשׁ׃ בָּעֵת הַהִיא
יֵאָמֵר לָעָם־הַזֶּה וְלִירוּשָׁלִַם רוּחַ צַח שְׁפָיִים בַּמִּדְבָּר דֶּרֶךְ בַּת־
יב עַמִּי לוֹא לִזְרוֹת וְלוֹא לְהָבַר׃ רוּחַ מָלֵא מֵאֵלֶּה יָבוֹא לִי עַתָּה
יג גַּם־אֲנִי אֲדַבֵּר מִשְׁפָּטִים אוֹתָם׃ הִנֵּה ׀ כַּעֲנָנִים יַעֲלֶה וְכַסּוּפָה
יד מַרְכְּבוֹתָיו קַלּוּ מִנְּשָׁרִים סוּסָיו אוֹי לָנוּ כִּי שֻׁדָּדְנוּ׃ כַּבְּסִי
מֵרָעָה לִבֵּךְ יְרוּשָׁלִַם לְמַעַן תִּוָּשֵׁעִי עַד־מָתַי תָּלִין בְּקִרְבֵּךְ
טו מַחְשְׁבוֹת אוֹנֵךְ׃ כִּי קוֹל מַגִּיד מִדָּן וּמַשְׁמִיעַ אָוֶן מֵהַר אֶפְרָיִם׃
טז הַזְכִּירוּ לַגּוֹיִם הִנֵּה הַשְׁמִיעוּ עַל־יְרוּשָׁלִַם נֹצְרִים בָּאִים מֵאֶרֶץ
יז הַמֶּרְחָק וַיִּתְּנוּ עַל־עָרֵי יְהוּדָה קוֹלָם׃ כְּשֹׁמְרֵי שָׂדַי הָיוּ עָלֶיהָ
יח מִסָּבִיב כִּי־אֹתִי מָרָתָה נְאֻם־יְהֹוָה׃ דַּרְכֵּךְ וּמַעֲלָלַיִךְ עָשׂוֹ אֵלֶּה
יט לָךְ זֹאת רָעָתֵךְ כִּי מָר כִּי נָגַע עַד־לִבֵּךְ׃ מֵעַי ׀
מֵעַי ׀ אחולה קִירוֹת לִבִּי הֹמֶה־לִּי לִבִּי לֹא אַחֲרִשׁ כִּי קוֹל אוֹחִילָה
כ שׁוֹפָר שמעתי נַפְשִׁי תְּרוּעַת מִלְחָמָה׃ שֶׁבֶר עַל־שֶׁבֶר נִקְרָא שָׁמַעַתְּ
כא כִּי־שֻׁדְּדָה כׇּל־הָאָרֶץ פִּתְאֹם שֻׁדְּדוּ אֹהָלַי רֶגַע יְרִיעֹתָי׃ עַד־
כב מָתַי אֶרְאֶה־נֵּס אֶשְׁמְעָה קוֹל שׁוֹפָר׃ כִּי ׀ אֱוִיל
עַמִּי אוֹתִי לֹא יָדָעוּ בָּנִים סְכָלִים הֵמָּה וְלֹא נְבוֹנִים הֵמָּה
כג חֲכָמִים הֵמָּה לְהָרַע וּלְהֵיטִיב לֹא יָדָעוּ׃ רָאִיתִי אֶת־הָאָרֶץ
כד וְהִנֵּה־תֹהוּ וָבֹהוּ וְאֶל־הַשָּׁמַיִם וְאֵין אוֹרָם׃ רָאִיתִי הֶהָרִים וְהִנֵּה
כה רֹעֲשִׁים וְכׇל־הַגְּבָעוֹת הִתְקַלְקָלוּ׃ רָאִיתִי וְהִנֵּה אֵין הָאָדָם
כו וְכׇל־עוֹף הַשָּׁמַיִם נָדָדוּ׃ רָאִיתִי וְהִנֵּה הַכַּרְמֶל הַמִּדְבָּר וְכׇל־

עָרָיו נִתְּצוּ מִפְּנֵי יְהוָה מִפְּנֵי חֲרוֹן אַפּוֹ׃ כִּי־כֹה כז
אָמַר יְהוָה שְׁמָמָה תִהְיֶה כָּל־הָאָרֶץ וְכָלָה לֹא אֶעֱשֶׂה׃ עַל־ כח
זֹאת תֶּאֱבַל הָאָרֶץ וְקָדְרוּ הַשָּׁמַיִם מִמָּעַל עַל כִּי־דִבַּרְתִּי זַמֹּתִי
וְלֹא נִחַמְתִּי וְלֹא־אָשׁוּב מִמֶּנָּה׃ מִקּוֹל פָּרָשׁ וְרֹמֵה קֶשֶׁת כט
בֹּרַחַת כָּל־הָעִיר בָּאוּ בֶּעָבִים וּבַכֵּפִים עָלוּ כָּל־הָעִיר עֲזוּבָה
וְאַתְּ וְאֵין־יוֹשֵׁב בָּהֵן אִישׁ׃ ואתי שָׁדוּד מַה־תַּעֲשִׂי כִּי־תִלְבְּשִׁי שָׁנִי ל
כִּי־תַעְדִּי עֲדִי־זָהָב כִּי־תִקְרְעִי בַפּוּךְ עֵינַיִךְ לַשָּׁוְא תִּתְיַפִּי
מָאֲסוּ־בָךְ עֹגְבִים נַפְשֵׁךְ יְבַקֵּשׁוּ׃ כִּי קוֹל כְּחוֹלָה שָׁמַעְתִּי צָרָה לא
כְּמַבְכִּירָה קוֹל בַּת־צִיּוֹן תִּתְיַפֵּחַ תְּפָרֵשׂ כַּפֶּיהָ אוֹי־נָא לִי כִּי־
ג עָיְפָה נַפְשִׁי לְהֹרְגִים׃ שׁוֹטְטוּ בְּחוּצוֹת יְרוּשָׁלַםִ ה א
וּרְאוּ־נָא וּדְעוּ וּבַקְשׁוּ בִרְחוֹבוֹתֶיהָ אִם־תִּמְצְאוּ אִישׁ אִם־יֵשׁ
עֹשֶׂה מִשְׁפָּט מְבַקֵּשׁ אֱמוּנָה וְאֶסְלַח לָהּ׃ וְאִם חַי־יְהוָה יֹאמֵרוּ ב
לָכֵן לַשֶּׁקֶר יִשָּׁבֵעוּ׃ יְהוָה עֵינֶיךָ הֲלוֹא לֶאֱמוּנָה הִכִּיתָה אֹתָם ג
וְלֹא־חָלוּ כִּלִּיתָם מֵאֲנוּ קַחַת מוּסָר חִזְּקוּ פְנֵיהֶם מִסֶּלַע מֵאֲנוּ
לָשׁוּב׃ וַאֲנִי אָמַרְתִּי אַךְ־דַּלִּים הֵם נוֹאֲלוּ כִּי לֹא יָדְעוּ דֶּרֶךְ ד
יְהוָה מִשְׁפַּט אֱלֹהֵיהֶם׃ אֵלֲכָה־לִּי אֶל־הַגְּדֹלִים וַאֲדַבְּרָה אוֹתָם ה
כִּי הֵמָּה יָדְעוּ דֶּרֶךְ יְהוָה מִשְׁפַּט אֱלֹהֵיהֶם אַךְ הֵמָּה יַחְדָּו שָׁבְרוּ
עֹל נִתְּקוּ מוֹסֵרוֹת׃ עַל־כֵּן הִכָּם אַרְיֵה מִיַּעַר זְאֵב עֲרָבוֹת ו
יְשָׁדְדֵם נָמֵר שֹׁקֵד עַל־עָרֵיהֶם כָּל־הַיּוֹצֵא מֵהֵנָּה יִטָּרֵף כִּי רַבּוּ
אֶסְלַח־ פִּשְׁעֵיהֶם עָצְמוּ מְשֻׁבוֹתֵיהֶם׃ אֵי לָזֹאת אסלוח־לָךְ בָּנַיִךְ ז
עֲזָבוּנִי וַיִּשָּׁבְעוּ בְּלֹא אֱלֹהִים וָאַשְׂבִּעַ אוֹתָם וַיִּנְאָפוּ וּבֵית זוֹנָה
מְיֻזָּנִים יִתְגֹּדָדוּ׃ סוּסִים מוזנים מַשְׁכִּים הָיוּ אִישׁ אֶל־אֵשֶׁת רֵעֵהוּ ח
יִצְהָלוּ׃ הַעַל־אֵלֶּה לוֹא־אֶפְקֹד נְאֻם־יְהוָה וְאִם בְּגוֹי אֲשֶׁר־ ט
כָּזֶה לֹא תִתְנַקֵּם נַפְשִׁי׃ עֲלוּ בְשָׁרוֹתֶיהָ וְשַׁחֵתוּ י
וְכָלָה אַל־תַּעֲשׂוּ הָסִירוּ נְטִישׁוֹתֶיהָ כִּי לוֹא לַיהוָה הֵמָּה׃ כִּי יא
בָגוֹד בָּגְדוּ בִּי בֵּית יִשְׂרָאֵל וּבֵית יְהוּדָה נְאֻם־יְהוָה׃ כִּחֲשׁוּ יב
בַּיהוָה וַיֹּאמְרוּ לוֹא־הוּא וְלֹא־תָבוֹא עָלֵינוּ רָעָה וְחֶרֶב וְרָעָב

יג לוֹא נִרְאֶה׃ וְהַנְּבִיאִים יִהְיוּ לְרוּחַ וְהַדִּבֵּר אֵין בָּהֶם כֹּה יֵעָשֶׂה
יד לָהֶם׃ לָכֵן כֹּה־אָמַר יְהוָה אֱלֹהֵי צְבָאוֹת יַעַן
דַּבֶּרְכֶם אֶת־הַדָּבָר הַזֶּה הִנְנִי נֹתֵן דְּבָרַי בְּפִיךָ לְאֵשׁ וְהָעָם הַזֶּה
טו עֵצִים וַאֲכָלָתַם׃ הִנְנִי מֵבִיא עֲלֵיכֶם גּוֹי מִמֶּרְחָק בֵּית יִשְׂרָאֵל
נְאֻם־יְהוָה גּוֹי ׀ אֵיתָן הוּא גּוֹי מֵעוֹלָם הוּא גּוֹי לֹא־תֵדַע לְשֹׁנוֹ
טז וְלֹא תִשְׁמַע מַה־יְדַבֵּר׃ אַשְׁפָּתוֹ כְּקֶבֶר פָּתוּחַ כֻּלָּם גִּבּוֹרִים׃
יז וְאָכַל קְצִירְךָ וְלַחְמֶךָ יֹאכְלוּ בָּנֶיךָ וּבְנוֹתֶיךָ יֹאכַל צֹאנְךָ וּבְקָרֶךָ
יֹאכַל גַּפְנְךָ וּתְאֵנָתֶךָ יְרֹשֵׁשׁ עָרֵי מִבְצָרֶיךָ אֲשֶׁר אַתָּה בּוֹטֵחַ
יח בָּהֵנָּה בֶּחָרֶב׃ וְגַם בַּיָּמִים הָהֵמָּה נְאֻם־יְהוָה לֹא־אֶעֱשֶׂה אִתְּכֶם
יט כָּלָה׃ וְהָיָה כִּי תֹאמְרוּ תַּחַת מֶה עָשָׂה יְהוָה אֱלֹהֵינוּ
לָנוּ אֶת־כָּל־אֵלֶּה וְאָמַרְתָּ אֲלֵיהֶם כַּאֲשֶׁר עֲזַבְתֶּם אוֹתִי
וַתַּעַבְדוּ אֱלֹהֵי נֵכָר בְּאַרְצְכֶם כֵּן תַּעַבְדוּ זָרִים בְּאֶרֶץ לֹא
כ לָכֶם׃ הַגִּידוּ זֹאת בְּבֵית יַעֲקֹב וְהַשְׁמִיעוּהָ
כא בִיהוּדָה לֵאמֹר׃ שִׁמְעוּ־נָא זֹאת עַם סָכָל וְאֵין לֵב עֵינַיִם
כב לָהֶם וְלֹא יִרְאוּ אָזְנַיִם לָהֶם וְלֹא יִשְׁמָעוּ׃ הַאוֹתִי לֹא־תִירָאוּ
נְאֻם־יְהוָה אִם מִפָּנַי לֹא תָחִילוּ אֲשֶׁר־שַׂמְתִּי חוֹל גְּבוּל לַיָּם
חָק־עוֹלָם וְלֹא יַעַבְרֶנְהוּ וַיִּתְגָּעֲשׁוּ וְלֹא יוּכָלוּ וְהָמוּ גַלָּיו וְלֹא־
כג כד יַעַבְרֻנְהוּ׃ וְלָעָם הַזֶּה הָיָה לֵב סוֹרֵר וּמוֹרֶה סָרוּ וַיֵּלֵכוּ׃ וְלוֹא־
יוֹרֶה אָמְרוּ בִלְבָבָם נִירָא נָא אֶת־יְהוָה אֱלֹהֵינוּ הַנֹּתֵן גֶּשֶׁם וירה
כה וּמַלְקוֹשׁ בְּעִתּוֹ שְׁבֻעֹת חֻקּוֹת קָצִיר יִשְׁמָר־לָנוּ׃ עֲוֺנוֹתֵיכֶם
כו הִטּוּ־אֵלֶּה וְחַטֹּאותֵיכֶם מָנְעוּ הַטּוֹב מִכֶּם׃ כִּי־נִמְצְאוּ בְעַמִּי
רְשָׁעִים יָשׁוּר כְּשַׁךְ יְקוּשִׁים הִצִּיבוּ מַשְׁחִית אֲנָשִׁים יִלְכֹּדוּ׃
כז כִּכְלוּב מָלֵא עוֹף כֵּן בָּתֵּיהֶם מְלֵאִים מִרְמָה עַל־כֵּן גָּדְלוּ
כח וַיַּעֲשִׁירוּ׃ שָׁמְנוּ עָשְׁתוּ גַּם עָבְרוּ דִבְרֵי־רָע דִּין לֹא־דָנוּ
כט דִּין יָתוֹם וְיַצְלִיחוּ וּמִשְׁפַּט אֶבְיוֹנִים לֹא שָׁפָטוּ׃ הַעַל־אֵלֶּה
לֹא־אֶפְקֹד נְאֻם־יְהוָה אִם בְּגוֹי אֲשֶׁר־כָּזֶה לֹא תִתְנַקֵּם
ל לא נַפְשִׁי׃ שַׁמָּה וְשַׁעֲרוּרָה נִהְיְתָה בָּאָרֶץ׃ הַנְּבִאִים

נְבִאוּ בַשֶּׁקֶר וְהַכֹּהֲנִים יִרְדּוּ עַל־יְדֵיהֶם וְעַמִּי אָהֲבוּ כֵן וּמַה־
ו א תַּעֲשׂוּ לְאַחֲרִיתָהּ׃ הָעִזוּ ׀ בְּנֵי בִנְיָמִן מִקֶּרֶב יְרוּשָׁלִַם וּבִתְקוֹעַ
תִּקְעוּ שׁוֹפָר וְעַל־בֵּית הַכֶּרֶם שְׂאוּ מַשְׂאֵת כִּי רָעָה נִשְׁקְפָה
ב ג מִצָּפוֹן וְשֶׁבֶר גָּדוֹל׃ הַנָּוָה וְהַמְּעֻנָּגָה דָּמִיתִי בַּת־צִיּוֹן׃ אֵלֶיהָ ד
יָבֹאוּ רֹעִים וְעֶדְרֵיהֶם תָּקְעוּ עָלֶיהָ אֹהָלִים סָבִיב רָעוּ אִישׁ אֶת־
ד יָדוֹ׃ קַדְּשׁוּ עָלֶיהָ מִלְחָמָה קוּמוּ וְנַעֲלֶה בַצָּהֳרָיִם אוֹי לָנוּ כִּי־
ה פָנָה הַיּוֹם כִּי־יִנָּטוּ צִלְלֵי־עָרֶב׃ קוּמוּ וְנַעֲלֶה בַלָּיְלָה וְנַשְׁחִיתָה
ו אַרְמְנוֹתֶיהָ׃ כִּי כֹה אָמַר יְהוָה צְבָאוֹת כִּרְתוּ
עֵצָה וְשִׁפְכוּ עַל־יְרוּשָׁלִַם סֹלְלָה הִיא הָעִיר הָפְקַד כֻּלָּהּ עֹשֶׁק
ז בְּקִרְבָּהּ׃ כְּהָקִיר בור מֵימֶיהָ כֵּן הֵקֵרָה רָעָתָהּ חָמָס וָשֹׁד יִשָּׁמַע בַּיִר
ח בָּהּ עַל־פָּנַי תָּמִיד חֳלִי וּמַכָּה׃ הִוָּסְרִי יְרוּשָׁלִַם פֶּן־תֵּקַע נַפְשִׁי
ט מִמֵּךְ פֶּן־אֲשִׂימֵךְ שְׁמָמָה אֶרֶץ לוֹא נוֹשָׁבָה׃ כֹּה
אָמַר יְהוָה צְבָאוֹת עוֹלֵל יְעוֹלְלוּ כַגֶּפֶן שְׁאֵרִית יִשְׂרָאֵל הָשֵׁב
י יָדְךָ כְּבוֹצֵר עַל־סַלְסִלּוֹת׃ עַל־מִי אֲדַבְּרָה וְאָעִידָה וְיִשְׁמָעוּ
הִנֵּה עֲרֵלָה אָזְנָם וְלֹא יוּכְלוּ לְהַקְשִׁיב הִנֵּה דְבַר־יְהוָה הָיָה
יא לָהֶם לְחֶרְפָּה לֹא יַחְפְּצוּ־בוֹ׃ וְאֵת חֲמַת יְהוָה ׀ מָלֵאתִי נִלְאֵיתִי
הָכִיל שְׁפֹךְ עַל־עוֹלָל בַּחוּץ וְעַל סוֹד בַּחוּרִים יַחְדָּו כִּי־גַם־אִישׁ
יב עִם־אִשָּׁה יִלָּכֵדוּ זָקֵן עִם־מְלֵא יָמִים׃ וְנָסַבּוּ בָתֵּיהֶם לַאֲחֵרִים
שָׂדוֹת וְנָשִׁים יַחְדָּו כִּי־אַטֶּה אֶת־יָדִי עַל־יֹשְׁבֵי הָאָרֶץ נְאֻם־
יג יְהוָה׃ כִּי מִקְּטַנָּם וְעַד־גְּדוֹלָם כֻּלּוֹ בּוֹצֵעַ בָּצַע וּמִנָּבִיא וְעַד־
יד כֹּהֵן כֻּלּוֹ עֹשֶׂה שָּׁקֶר׃ וַיְרַפְּאוּ אֶת־שֶׁבֶר עַמִּי עַל־נְקַלָּה לֵאמֹר
טו שָׁלוֹם ׀ שָׁלוֹם וְאֵין שָׁלוֹם׃ הֹבִישׁוּ כִּי־תוֹעֵבָה עָשׂוּ גַּם־בּוֹשׁ
לֹא־יֵבוֹשׁוּ גַּם־הַכְלִים לֹא יָדָעוּ לָכֵן יִפְּלוּ בַנֹּפְלִים בְּעֵת־
טז פְּקַדְתִּים יִכָּשְׁלוּ אָמַר יְהוָה׃ כֹּה אָמַר יְהוָה
עִמְדוּ עַל־דְּרָכִים וּרְאוּ וְשַׁאֲלוּ ׀ לִנְתִבוֹת עוֹלָם אֵי־זֶה דֶרֶךְ
הַטּוֹב וּלְכוּ־בָהּ וּמִצְאוּ מַרְגּוֹעַ לְנַפְשְׁכֶם וַיֹּאמְרוּ לֹא נֵלֵךְ׃
יז וַהֲקִמֹתִי עֲלֵיכֶם צֹפִים הַקְשִׁיבוּ לְקוֹל שׁוֹפָר וַיֹּאמְרוּ לֹא

נקשיב: לכן שמעו הגוים ודעי עדה את־אשר־בם: שמעי יח יט
הארץ הנה אנכי מביא רעה אל־העם הזה פרי מחשבותם
כי על־דברי לא הקשיבו ותורתי וימאסו־בה: למה־זה לי כ
לבונה משבא תבוא וקנה הטוב מארץ מרחק עלותיכם לא
לרצון וזבחיכם לא־ערבו לי: לכן כה אמר כא
יהוה הנני נתן אל־העם הזה מכשלים וכשלו בם אבות ובנים
ואבדו יחדו שכן ורעו יאבדו: כה אמר יהוה הנה עם כב
בא מארץ צפון וגוי גדול יעור מירכתי־ארץ: קשת וכידון כג
יחזיקו אכזרי הוא ולא ירחמו קולם כים יהמה ועל־סוסים
ירכבו ערוך כאיש למלחמה עליך בת־ציון: שמענו את־ כד
תצאו שמעו רפו ידינו צרה החזקתנו חיל כיולדה: אל־תצאי כה
תלכו השדה ובדרך אל־תלכי כי חרב לאיב מגור מסביב: בת־ כו
עמי חגרי־שק והתפלשי באפר אבל יחיד עשי־לך מספד
תמרורים כי פתאם יבא השדד עלינו: בחון נתתיך בעמי כז
מבצר ותדע ובחנת את־דרכם: כלם סרי סוררים הלכי רכיל כח
מאש תם נחשת וברזל כלם משחיתם המה: נחר מפח מאשתם כט
עפרת לשוא צרף צרוף ורעים לא נתקו: כסף נמאס קראו ל
להם כי־מאס יהוה בהם: הדבר אשר־היה א ז
אל־ירמיהו מאת יהוה לאמר: עמד בשער בית יהוה וקראת ב
שם את־הדבר הזה ואמרת שמעו דבר־יהוה כל־יהודה
הבאים בשערים האלה להשתחות ליהוה: כה־ ג
אמר יהוה צבאות אלהי ישראל היטיבו דרכיכם ומעלליכם
ואשכנה אתכם במקום הזה: אל־תבטחו לכם אל־דברי ד
השקר לאמר היכל יהוה היכל יהוה היכל יהוה המה: כי אם־ ה
היטיב תיטיבו את־דרכיכם ואת־מעלליכם אם־עשו תעשו
משפט בין איש ובין רעהו: גר יתום ואלמנה לא תעשקו ודם ו
נקי אל־תשפכו במקום הזה ואחרי אלהים אחרים לא תלכו

ז לְרַע לָכֶם׃ וְשִׁכַּנְתִּי אֶתְכֶם בַּמָּקוֹם הַזֶּה בָּאָרֶץ אֲשֶׁר נָתַתִּי
ח לַאֲבוֹתֵיכֶם לְמִן־עוֹלָם וְעַד־עוֹלָם׃ הִנֵּה אַתֶּם בֹּטְחִים לָכֶם
ט עַל־דִּבְרֵי הַשָּׁקֶר לְבִלְתִּי הוֹעִיל׃ הֲגָנֹב ׀ רָצֹחַ וְנָאֹף וְהִשָּׁבֵעַ
לַשֶּׁקֶר וְקַטֵּר לַבָּעַל וְהָלֹךְ אַחֲרֵי אֱלֹהִים אֲחֵרִים אֲשֶׁר לֹא־
י יְדַעְתֶּם׃ וּבָאתֶם וַעֲמַדְתֶּם לְפָנַי בַּבַּיִת הַזֶּה אֲשֶׁר נִקְרָא־שְׁמִי
עָלָיו וַאֲמַרְתֶּם נִצַּלְנוּ לְמַעַן עֲשׂוֹת אֵת כָּל־הַתּוֹעֵבוֹת הָאֵלֶּה׃
יא הַמְעָרַת פָּרִצִים הָיָה הַבַּיִת הַזֶּה אֲשֶׁר־נִקְרָא־שְׁמִי עָלָיו
יב בְּעֵינֵיכֶם גַּם אָנֹכִי הִנֵּה רָאִיתִי נְאֻם־יהוה׃ כִּי לְכוּ־נָא אֶל־
מְקוֹמִי אֲשֶׁר בְּשִׁילוֹ אֲשֶׁר שִׁכַּנְתִּי שְׁמִי שָׁם בָּרִאשׁוֹנָה וּרְאוּ
יג אֵת אֲשֶׁר־עָשִׂיתִי לוֹ מִפְּנֵי רָעַת עַמִּי יִשְׂרָאֵל׃ וְעַתָּה יַעַן
עֲשׂוֹתְכֶם אֶת־כָּל־הַמַּעֲשִׂים הָאֵלֶּה נְאֻם־יהוה וָאֲדַבֵּר אֲלֵיכֶם
הַשְׁכֵּם וְדַבֵּר וְלֹא שְׁמַעְתֶּם וָאֶקְרָא אֶתְכֶם וְלֹא עֲנִיתֶם׃
יד וְעָשִׂיתִי לַבַּיִת ׀ אֲשֶׁר נִקְרָא־שְׁמִי עָלָיו אֲשֶׁר אַתֶּם בֹּטְחִים בּוֹ
וְלַמָּקוֹם אֲשֶׁר־נָתַתִּי לָכֶם וְלַאֲבוֹתֵיכֶם כַּאֲשֶׁר עָשִׂיתִי לְשִׁלוֹ׃
טו וְהִשְׁלַכְתִּי אֶתְכֶם מֵעַל פָּנָי כַּאֲשֶׁר הִשְׁלַכְתִּי אֶת־כָּל־אֲחֵיכֶם
טז אֵת כָּל־זֶרַע אֶפְרָיִם׃ וְאַתָּה אַל־תִּתְפַּלֵּל ׀ בְּעַד־
הָעָם הַזֶּה וְאַל־תִּשָּׂא בַעֲדָם רִנָּה וּתְפִלָּה וְאַל־תִּפְגַּע־בִּי
יז כִּי־אֵינֶנִּי שֹׁמֵעַ אֹתָךְ׃ הַאֵינְךָ רֹאֶה מָה הֵמָּה עֹשִׂים בְּעָרֵי
יח יְהוּדָה וּבְחֻצוֹת יְרוּשָׁלָםִ׃ הַבָּנִים מְלַקְּטִים עֵצִים וְהָאָבוֹת
מְבַעֲרִים אֶת־הָאֵשׁ וְהַנָּשִׁים לָשׁוֹת בָּצֵק לַעֲשׂוֹת כַּוָּנִים
לִמְלֶכֶת הַשָּׁמַיִם וְהַסֵּךְ נְסָכִים לֵאלֹהִים אֲחֵרִים לְמַעַן הַכְעִסֵנִי׃
יט הַאֹתִי הֵם מַכְעִסִים נְאֻם־יהוה הֲלוֹא אֹתָם לְמַעַן בֹּשֶׁת
כ פְּנֵיהֶם׃ לָכֵן כֹּה־אָמַר ׀ אֲדֹנָי יהוה הִנֵּה אַפִּי וַחֲמָתִי
נִתֶּכֶת אֶל־הַמָּקוֹם הַזֶּה עַל־הָאָדָם וְעַל־הַבְּהֵמָה וְעַל־עֵץ
כא הַשָּׂדֶה וְעַל־פְּרִי הָאֲדָמָה וּבָעֲרָה וְלֹא תִכְבֶּה׃ כֹּה
אָמַר יהוה צְבָאוֹת אֱלֹהֵי יִשְׂרָאֵל עֹלוֹתֵיכֶם סְפוּ עַל־זִבְחֵיכֶם
כב וְאִכְלוּ בָשָׂר׃ כִּי לֹא־דִבַּרְתִּי אֶת־אֲבוֹתֵיכֶם וְלֹא צִוִּיתִים בְּיוֹם

ה הוציא אותם מארץ מצרים על־דברי עולה וזבח: כי אם־ כג
את־הדבר הזה צויתי אותם לאמר שמעו בקולי והייתי לכם
לאלהים ואתם תהיו־לי לעם והלכתם בכל־הדרך אשר
אצוה אתכם למען ייטב לכם: ולא שמעו ולא־הטו את־ כד
אזנם וילכו במעצות בשררות לבם הרע ויהיו לאחור ולא
לפנים: למן־היום אשר יצאו אבותיכם מארץ מצרים עד כה
היום הזה ואשלח אליכם את־כל־עבדי הנביאים יום השכם
ושלח: ולוא שמעו אלי ולא הטו את־אזנם ויקשו את־ערפם כו
הרעו מאבותם: ודברת אליהם את־כל־הדברים האלה ולא כז
ישמעו אליך וקראת אליהם ולא יענוכה: ואמרת אליהם זה כח
הגוי אשר לוא־שמעו בקול יהוה אלהיו ולא לקחו מוסר
אבדה האמונה ונכרתה מפיהם: גזי נזרך כט
והשליכי ושאי על־שפים קינה כי מאס יהוה ויטש את־דור
עברתו: כי־עשו בני־יהודה הרע בעיני נאם־יהוה שמו ל
שקוציהם בבית אשר־נקרא־שמי עליו לטמאו: ובנו במות לא
התפת אשר בגיא בן־הנם לשרף את־בניהם ואת־בנתיהם
באש אשר לא צויתי ולא עלתה על־לבי: לכן לב
הנה ימים באים נאם־יהוה ולא־יאמר עוד התפת וגיא בן־
הנם כי אם־גיא ההרגה וקברו בתפת מאין מקום: והיתה לג
נבלת העם הזה למאכל לעוף השמים ולבהמת הארץ ואין
מחריד: והשבתי ׀ מערי יהודה ומחצות ירושלם קול ששון לד
וקול שמחה קול חתן וקול כלה כי לחרבה תהיה הארץ:
יוציאו בעת ההיא נאם־יהוה ויוציאו את־עצמות מלכי־יהודה ח א
ואת־עצמות שריו ואת־עצמות הכהנים ואת ׀ עצמות
הנביאים ואת עצמות יושבי־ירושלם מקבריהם: ושטחום ב
לשמש ולירח ולכל ׀ צבא השמים אשר אהבום ואשר עבדום
ואשר הלכו אחריהם ואשר דרשום ואשר השתחוו להם לא

ג יֵאָסְפוּ וְלֹא יִקָּבֵרוּ לְדֹמֶן עַל־פְּנֵי הָאֲדָמָה יִהְיוּ׃ וְנִבְחַר מָוֶת
מֵחַיִּים לְכֹל הַשְּׁאֵרִית הַנִּשְׁאָרִים מִן־הַמִּשְׁפָּחָה הָרָעָה הַזֹּאת
בְּכָל־הַמְּקֹמוֹת הַנִּשְׁאָרִים אֲשֶׁר הִדַּחְתִּים שָׁם נְאֻם יְהוָה
ד צְבָאוֹת׃ וְאָמַרְתָּ אֲלֵיהֶם כֹּה אָמַר יְהוָה הֲיִפְּלוּ
ה וְלֹא יָקוּמוּ אִם־יָשׁוּב וְלֹא יָשׁוּב׃ מַדּוּעַ שׁוֹבְבָה הָעָם הַזֶּה
יְרוּשָׁלִַם מְשֻׁבָה נִצַּחַת הֶחֱזִיקוּ בַּתַּרְמִית מֵאֲנוּ לָשׁוּב׃
ו הִקְשַׁבְתִּי וָאֶשְׁמָע לוֹא־כֵן יְדַבֵּרוּ אֵין אִישׁ נִחָם עַל־רָעָתוֹ
לֵאמֹר מֶה עָשִׂיתִי כֻּלֹּה שָׁב במרצותם כְּסוּס שׁוֹטֵף בַּמִּלְחָמָה׃ בִּמְרוּצָתָם
ז גַּם־חֲסִידָה בַשָּׁמַיִם יָדְעָה מוֹעֲדֶיהָ וְתֹר וסוס וְעָגוּר שָׁמְרוּ אֶת־ וְסִיס
ח עֵת בֹּאָנָה וְעַמִּי לֹא יָדְעוּ אֵת מִשְׁפַּט יְהוָה׃ אֵיכָה תֹאמְרוּ
חֲכָמִים אֲנַחְנוּ וְתוֹרַת יְהוָה אִתָּנוּ אָכֵן הִנֵּה לַשֶּׁקֶר עָשָׂה עֵט
ט שֶׁקֶר סֹפְרִים׃ הֹבִשׁוּ חֲכָמִים חַתּוּ וַיִּלָּכֵדוּ הִנֵּה בִדְבַר־יְהוָה
י מָאָסוּ וְחָכְמַת־מֶה לָהֶם׃ לָכֵן אֶתֵּן אֶת־נְשֵׁיהֶם לַאֲחֵרִים
שְׂדוֹתֵיהֶם לְיוֹרְשִׁים כִּי מִקָּטֹן וְעַד־גָּדוֹל כֻּלֹּה בֹּצֵעַ בָּצַע מִנָּבִיא
יא וְעַד־כֹּהֵן כֻּלֹּה עֹשֶׂה שָּׁקֶר׃ וַיְרַפּוּ אֶת־שֶׁבֶר בַּת־עַמִּי עַל־
יב נְקַלָּה לֵאמֹר שָׁלוֹם ׀ שָׁלוֹם וְאֵין שָׁלוֹם׃ הֹבִשׁוּ כִּי תוֹעֵבָה עָשׂוּ
גַּם־בּוֹשׁ לֹא־יֵבֹשׁוּ וְהִכָּלֵם לֹא יָדָעוּ לָכֵן יִפְּלוּ בַנֹּפְלִים בְּעֵת
יג פְּקֻדָּתָם יִכָּשְׁלוּ אָמַר יְהוָה׃ אָסֹף אֲסִיפֵם נְאֻם־יְהוָה
אֵין עֲנָבִים בַּגֶּפֶן וְאֵין תְּאֵנִים בַּתְּאֵנָה וְהֶעָלֶה נָבֵל וָאֶתֵּן לָהֶם
יד יַעַבְרוּם׃ עַל־מָה אֲנַחְנוּ יֹשְׁבִים הֵאָסְפוּ וְנָבוֹא אֶל־עָרֵי
הַמִּבְצָר וְנִדְּמָה־שָּׁם כִּי יְהוָה אֱלֹהֵינוּ הֲדִמָּנוּ וַיַּשְׁקֵנוּ מֵי־רֹאשׁ
טו כִּי חָטָאנוּ לַיהוָה׃ קַוֵּה לְשָׁלוֹם וְאֵין טוֹב לְעֵת מַרְפֵּה וְהִנֵּה
טז בְעָתָה׃ מִדָּן נִשְׁמַע נַחְרַת סוּסָיו מִקּוֹל מִצְהֲלוֹת אַבִּירָיו
רָעֲשָׁה כָּל־הָאָרֶץ וַיָּבוֹאוּ וַיֹּאכְלוּ אֶרֶץ וּמְלוֹאָהּ עִיר וְיֹשְׁבֵי
יז בָהּ׃ כִּי הִנְנִי מְשַׁלֵּחַ בָּכֶם נְחָשִׁים צִפְעֹנִים אֲשֶׁר אֵין־לָהֶם לָחַשׁ
יח וְנִשְּׁכוּ אֶתְכֶם נְאֻם־יְהוָה׃ מַבְלִיגִיתִי עֲלֵי יָגוֹן
יט עָלַי לִבִּי דַוָּי׃ הִנֵּה־קוֹל שַׁוְעַת בַּת־עַמִּי מֵאֶרֶץ מַרְחַקִּים

יְהוָה אֵין בְּצִיּוֹן אִם־מַלְכָּהּ אֵין בָּהּ מַדּוּעַ הִכְעִסוּנִי בִּפְסִלֵיהֶם
בְּהַבְלֵי נֵכָר׃ עָבַר קָצִיר כָּלָה קָיִץ וַאֲנַחְנוּ לוֹא נוֹשָׁעְנוּ׃ עַל־ כ כא
שֶׁבֶר בַּת־עַמִּי הָשְׁבָּרְתִּי קָדַרְתִּי שַׁמָּה הֶחֱזִקָתְנִי׃ הַצֳרִי אֵין כב
בְּגִלְעָד אִם־רֹפֵא אֵין שָׁם כִּי מַדּוּעַ לֹא עָלְתָה אֲרֻכַת בַּת־
עַמִּי׃ מִי־יִתֵּן רֹאשִׁי מַיִם וְעֵינִי מְקוֹר דִּמְעָה כג
וְאֶבְכֶּה יוֹמָם וָלַיְלָה אֵת חַלְלֵי בַת־עַמִּי׃ מִי־יִתְּנֵנִי בַמִּדְבָּר ט א
מְלוֹן אֹרְחִים וְאֶעֶזְבָה אֶת־עַמִּי וְאֵלְכָה מֵאִתָּם כִּי כֻלָּם
מְנָאֲפִים עֲצֶרֶת בֹּגְדִים׃ וַיַּדְרְכוּ אֶת־לְשׁוֹנָם קַשְׁתָּם שֶׁקֶר וְלֹא ב
לֶאֱמוּנָה גָּבְרוּ בָאָרֶץ כִּי מֵרָעָה אֶל־רָעָה ׀ יָצָאוּ וְאֹתִי לֹא־
יָדָעוּ נְאֻם־יְהוָה׃ אִישׁ מֵרֵעֵהוּ הִשָּׁמֵרוּ וְעַל־כָּל־אָח אַל־ ג
תִּבְטָחוּ כִּי כָל־אָח עָקוֹב יַעְקֹב וְכָל־רֵעַ רָכִיל יַהֲלֹךְ׃ וְאִישׁ ד
בְּרֵעֵהוּ יְהָתֵלּוּ וֶאֱמֶת לֹא יְדַבֵּרוּ לִמְּדוּ לְשׁוֹנָם דַּבֶּר־שֶׁקֶר הַעֲוֵה
נִלְאוּ׃ שִׁבְתְּךָ בְּתוֹךְ מִרְמָה בְּמִרְמָה מֵאֲנוּ דַעַת־אוֹתִי נְאֻם־ ה
יְהוָה׃ לָכֵן כֹּה אָמַר יְהוָה צְבָאוֹת הִנְנִי צוֹרְפָם ו
שָׁחוּט וּבְחַנְתִּים כִּי־אֵיךְ אֶעֱשֶׂה מִפְּנֵי בַּת־עַמִּי׃ חֵץ שוחט לְשׁוֹנָם ז
מִרְמָה דִבֵּר בְּפִיו שָׁלוֹם אֶת־רֵעֵהוּ יְדַבֵּר וּבְקִרְבּוֹ יָשִׂים אָרְבּוֹ׃
הַעַל־אֵלֶּה לֹא־אֶפְקָד־בָּם נְאֻם־יְהוָה אִם בְּגוֹי אֲשֶׁר־כָּזֶה לֹא ח
תִתְנַקֵּם נַפְשִׁי׃ עַל־הֶהָרִים אֶשָּׂא בְכִי וָנֶהִי ט
וְעַל־נְאוֹת מִדְבָּר קִינָה כִּי נִצְּתוּ מִבְּלִי־אִישׁ עֹבֵר וְלֹא שָׁמְעוּ
קוֹל מִקְנֶה מֵעוֹף הַשָּׁמַיִם וְעַד־בְּהֵמָה נָדְדוּ הָלָכוּ׃ וְנָתַתִּי אֶת־ י
יְרוּשָׁלִַם לְגַלִּים מְעוֹן תַּנִּים וְאֶת־עָרֵי יְהוּדָה אֶתֵּן שְׁמָמָה מִבְּלִי
יוֹשֵׁב׃ מִי־הָאִישׁ הֶחָכָם וְיָבֵן אֶת־זֹאת וַאֲשֶׁר יא
דִּבֶּר פִּי־יְהוָה אֵלָיו וְיַגִּדָהּ עַל־מָה אָבְדָה הָאָרֶץ נִצְּתָה
כַמִּדְבָּר מִבְּלִי עֹבֵר׃ וַיֹּאמֶר יְהוָה עַל־עָזְבָם יב
אֶת־תּוֹרָתִי אֲשֶׁר נָתַתִּי לִפְנֵיהֶם וְלֹא־שָׁמְעוּ בְקוֹלִי וְלֹא־הָלְכוּ
בָהּ׃ וַיֵּלְכוּ אַחֲרֵי שְׁרִרוּת לִבָּם וְאַחֲרֵי הַבְּעָלִים אֲשֶׁר לִמְּדוּם יג
אֲבוֹתָם׃ לָכֵן כֹּה־אָמַר יְהוָה צְבָאוֹת אֱלֹהֵי יד

יִשְׂרָאֵל הִנְנִי מַאֲכִילָם אֶת־הָעָם הַזֶּה לַעֲנָה וְהִשְׁקִיתִים מֵי־
טו רֹאשׁ׃ וַהֲפִצוֹתִים בַּגּוֹיִם אֲשֶׁר לֹא יָדְעוּ הֵמָּה וַאֲבוֹתָם וְשִׁלַּחְתִּי
טז אַחֲרֵיהֶם אֶת־הַחֶרֶב עַד כַּלּוֹתִי אוֹתָם׃ כֹּה
אָמַר יהוה צְבָאוֹת הִתְבּוֹנְנוּ וְקִרְאוּ לַמְקוֹנְנוֹת וּתְבוֹאֶינָה וְאֶל־
יז הַחֲכָמוֹת שִׁלְחוּ וְתָבוֹאנָה׃ וּתְמַהֵרְנָה וְתִשֶּׂנָה עָלֵינוּ נֶהִי
יח וְתֵרַדְנָה עֵינֵינוּ דִּמְעָה וְעַפְעַפֵּינוּ יִזְּלוּ־מָיִם׃ כִּי קוֹל נְהִי נִשְׁמַע
מִצִּיּוֹן אֵיךְ שֻׁדָּדְנוּ בֹּשְׁנוּ מְאֹד כִּי־עָזַבְנוּ אָרֶץ כִּי הִשְׁלִיכוּ
יט מִשְׁכְּנוֹתֵינוּ׃ כִּי־שְׁמַעְנָה נָשִׁים דְּבַר־יהוה וְתִקַּח
אָזְנְכֶם דְּבַר־פִּיו וְלַמֵּדְנָה בְנוֹתֵיכֶם נֶהִי וְאִשָּׁה רְעוּתָהּ קִינָה׃
כ כִּי־עָלָה מָוֶת בְּחַלּוֹנֵינוּ בָּא בְּאַרְמְנוֹתֵינוּ לְהַכְרִית עוֹלָל
כא מִחוּץ בַּחוּרִים מֵרְחֹבוֹת׃ דַּבֵּר כֹּה נְאֻם־יהוה וְנָפְלָה נִבְלַת
הָאָדָם כְּדֹמֶן עַל־פְּנֵי הַשָּׂדֶה וּכְעָמִיר מֵאַחֲרֵי הַקֹּצֵר וְאֵין
כב מְאַסֵּף׃ כֹּה ׀ אָמַר יהוה אַל־יִתְהַלֵּל חָכָם
בְּחָכְמָתוֹ וְאַל־יִתְהַלֵּל הַגִּבּוֹר בִּגְבוּרָתוֹ אַל־יִתְהַלֵּל עָשִׁיר
כג בְּעָשְׁרוֹ׃ כִּי אִם־בְּזֹאת יִתְהַלֵּל הַמִּתְהַלֵּל הַשְׂכֵּל וְיָדֹעַ אוֹתִי ו
כִּי אֲנִי יהוה עֹשֶׂה חֶסֶד מִשְׁפָּט וּצְדָקָה בָּאָרֶץ כִּי־בְאֵלֶּה
כד חָפַצְתִּי נְאֻם־יהוה׃ הִנֵּה יָמִים בָּאִים נְאֻם־יהוה
כה וּפָקַדְתִּי עַל־כָּל־מוּל בְּעָרְלָה׃ עַל־מִצְרַיִם וְעַל־יְהוּדָה וְעַל־
אֱדוֹם וְעַל־בְּנֵי עַמּוֹן וְעַל־מוֹאָב וְעַל כָּל־קְצוּצֵי פֵאָה הַיֹּשְׁבִים
בַּמִּדְבָּר כִּי כָל־הַגּוֹיִם עֲרֵלִים וְכָל־בֵּית יִשְׂרָאֵל עַרְלֵי־
י א לֵב׃ שִׁמְעוּ אֶת־הַדָּבָר אֲשֶׁר דִּבֶּר יהוה עֲלֵיכֶם
ב בֵּית יִשְׂרָאֵל׃ כֹּה ׀ אָמַר יהוה אֶל־דֶּרֶךְ הַגּוֹיִם אַל־תִּלְמָדוּ
ג וּמֵאֹתוֹת הַשָּׁמַיִם אַל־תֵּחָתּוּ כִּי־יֵחַתּוּ הַגּוֹיִם מֵהֵמָּה׃ כִּי־
חֻקּוֹת הָעַמִּים הֶבֶל הוּא כִּי־עֵץ מִיַּעַר כְּרָתוֹ מַעֲשֵׂה יְדֵי־חָרָשׁ
ד בַּמַּעֲצָד׃ בְּכֶסֶף וּבְזָהָב יְיַפֵּהוּ בְּמַסְמְרוֹת וּבְמַקָּבוֹת יְחַזְּקוּם
ה וְלוֹא יָפִיק׃ כְּתֹמֶר מִקְשָׁה הֵמָּה וְלֹא יְדַבֵּרוּ נָשׂוֹא יִנָּשׂוּא
כִּי לֹא יִצְעָדוּ אַל־תִּירְאוּ מֵהֶם כִּי־לֹא יָרֵעוּ וְגַם־הֵיטֵיב אֵין

ו אוֹתָם׃ מֵאֵין כָּמוֹךָ יְהוָה גָּדוֹל אַתָּה וְגָדוֹל שִׁמְךָ
ז בִּגְבוּרָה׃ מִי לֹא יִרָאֲךָ מֶלֶךְ הַגּוֹיִם כִּי לְךָ יָאָתָה כִּי בְכָל־חַכְמֵי
ח הַגּוֹיִם וּבְכָל־מַלְכוּתָם מֵאֵין כָּמוֹךָ׃ וּבְאַחַת יִבְעֲרוּ וְיִכְסָלוּ
ט מוּסַר הֲבָלִים עֵץ הוּא׃ כֶּסֶף מְרֻקָּע מִתַּרְשִׁישׁ יוּבָא וְזָהָב מֵאוּפָז
מַעֲשֵׂה חָרָשׁ וִידֵי צוֹרֵף תְּכֵלֶת וְאַרְגָּמָן לְבוּשָׁם מַעֲשֵׂה חֲכָמִים
י כֻּלָּם׃ וַיהוָה אֱלֹהִים אֱמֶת הוּא־אֱלֹהִים חַיִּים וּמֶלֶךְ עוֹלָם מִקִּצְפּוֹ
יא תִּרְעַשׁ הָאָרֶץ וְלֹא־יָכִלוּ גוֹיִם זַעְמוֹ׃ כִּדְנָה
תֵּאמְרוּן לְהוֹם אֱלָהַיָּא דִּי־שְׁמַיָּא וְאַרְקָא לָא עֲבַדוּ יֵאבַדוּ
יב מֵאַרְעָא וּמִן־תְּחוֹת שְׁמַיָּא אֵלֶּה׃ עֹשֵׂה אֶרֶץ
יג בְּכֹחוֹ מֵכִין תֵּבֵל בְּחָכְמָתוֹ וּבִתְבוּנָתוֹ נָטָה שָׁמָיִם׃ לְקוֹל
תִּתּוֹ הֲמוֹן מַיִם בַּשָּׁמַיִם וַיַּעֲלֶה נְשִׂאִים מִקְצֵה אֶרֶץ בְּרָקִים הָאָרֶץ
יד לַמָּטָר עָשָׂה וַיּוֹצֵא רוּחַ מֵאֹצְרֹתָיו׃ נִבְעַר כָּל־אָדָם מִדַּעַת
טו הֹבִישׁ כָּל־צוֹרֵף מִפָּסֶל כִּי שֶׁקֶר נִסְכּוֹ וְלֹא־רוּחַ בָּם׃ הֶבֶל
טז הֵמָּה מַעֲשֵׂה תַּעְתֻּעִים בְּעֵת פְּקֻדָּתָם יֹאבֵדוּ׃ לֹא־כְאֵלֶּה
חֵלֶק יַעֲקוֹב כִּי־יוֹצֵר הַכֹּל הוּא וְיִשְׂרָאֵל שֵׁבֶט נַחֲלָתוֹ
יז יְהוָה צְבָאוֹת שְׁמוֹ׃ אִסְפִּי מֵאֶרֶץ כִּנְעָתֵךְ
יח יושבתי בַּמָּצוֹר׃ כִּי־כֹה אָמַר יְהוָה הִנְנִי יֹשֶׁבֶת
קוֹלֵעַ אֶת־יוֹשְׁבֵי הָאָרֶץ בַּפַּעַם הַזֹּאת וַהֲצֵרוֹתִי לָהֶם לְמַעַן
יט יִמְצָאוּ׃ אוֹי לִי עַל־שִׁבְרִי נַחְלָה מַכָּתִי וַאֲנִי
כ אָמַרְתִּי אַךְ זֶה חֳלִי וְאֶשָּׂאֶנּוּ׃ אָהֳלִי שֻׁדָּד וְכָל־מֵיתָרַי נִתָּקוּ
כא בָּנַי יְצָאֻנִי וְאֵינָם אֵין־נֹטֶה עוֹד אָהֳלִי וּמֵקִים יְרִיעוֹתָי׃ כִּי
נִבְעֲרוּ הָרֹעִים וְאֶת־יְהוָה לֹא דָרָשׁוּ עַל־כֵּן לֹא הִשְׂכִּילוּ וְכָל־
כב מַרְעִיתָם נְפוֹצָה׃ קוֹל שְׁמוּעָה הִנֵּה בָאָה וְרַעַשׁ
גָּדוֹל מֵאֶרֶץ צָפוֹן לָשׂוּם אֶת־עָרֵי יְהוּדָה שְׁמָמָה מְעוֹן תַּנִּים׃
כג יָדַעְתִּי יְהוָה כִּי לֹא לָאָדָם דַּרְכּוֹ לֹא־לְאִישׁ הֹלֵךְ וְהָכִין אֶת־
כד כה צַעֲדוֹ׃ יַסְּרֵנִי יְהוָה אַךְ־בְּמִשְׁפָּט אַל־בְּאַפְּךָ פֶּן־תַּמְעִטֵנִי׃ שְׁפֹךְ
חֲמָתְךָ עַל־הַגּוֹיִם אֲשֶׁר לֹא־יְדָעוּךָ וְעַל מִשְׁפָּחוֹת אֲשֶׁר בְּשִׁמְךָ

לֹ֣א קָרָ֔אוּ כִּֽי־אָכְל֣וּ אֶֽת־יַעֲקֹ֗ב וַאֲכָלֻ֙הוּ֙ וַיְכַלֻּ֔הוּ וְאֶת־נָוֵ֖הוּ
יא א הֵשַֽׁמּוּ׃ הַדָּבָר֙ אֲשֶׁ֣ר הָיָ֣ה אֶֽל־יִרְמְיָ֔הוּ מֵאֵ֥ת
ב יְהוָ֖ה לֵאמֹֽר׃ שִׁמְע֕וּ אֶת־דִּבְרֵ֖י הַבְּרִ֣ית הַזֹּ֑את וְדִבַּרְתָּם֙ אֶל־
ג אִ֣ישׁ יְהוּדָ֔ה וְעַל־יֹשְׁבֵ֖י יְרוּשָׁלִָֽם׃ וְאָמַרְתָּ֣ אֲלֵיהֶ֔ם כֹּֽה־אָמַ֥ר
יְהוָ֖ה אֱלֹהֵ֣י יִשְׂרָאֵ֑ל אָר֣וּר הָאִ֔ישׁ אֲשֶׁר֙ לֹ֣א יִשְׁמַ֔ע אֶת־דִּבְרֵ֖י
ד הַבְּרִ֥ית הַזֹּֽאת׃ אֲשֶׁ֣ר צִוִּ֣יתִי אֶת־אֲ֠בוֹתֵיכֶם בְּי֨וֹם הוֹצִֽיאִי־
אוֹתָ֥ם מֵאֶֽרֶץ־מִצְרַ֘יִם֮ מִכּ֣וּר הַבַּרְזֶל֒ לֵאמֹר֙ שִׁמְע֣וּ בְקוֹלִ֔י
וַעֲשִׂיתֶ֣ם אוֹתָ֔ם כְּכֹ֥ל אֲשֶׁר־אֲצַוֶּ֖ה אֶתְכֶ֑ם וִהְיִ֤יתֶם לִי֙ לְעָ֔ם
ה וְאָ֣נֹכִ֔י אֶהְיֶ֥ה לָכֶ֖ם לֵאלֹהִֽים׃ לְמַ֩עַן֩ הָקִ֨ים אֶת־הַשְּׁבוּעָ֜ה אֲשֶׁר־
נִשְׁבַּ֣עְתִּי לַאֲבוֹתֵיכֶ֗ם לָתֵ֤ת לָהֶם֙ אֶ֛רֶץ זָבַ֥ת חָלָ֖ב וּדְבַ֑שׁ כַּיּ֣וֹם
ו הַזֶּ֑ה וָאַ֥עַן וָאֹמַ֖ר אָמֵ֥ן ׀ יְהוָֽה׃ וַיֹּ֤אמֶר יְהוָה֙ אֵלַ֔י
קְרָ֨א אֶת־כָּל־הַדְּבָרִ֤ים הָאֵ֙לֶּה֙ בְּעָרֵ֣י יְהוּדָ֔ה וּבְחֻצ֥וֹת יְרוּשָׁלִַ֖ם
ז לֵאמֹ֑ר שִׁמְע֗וּ אֶת־דִּבְרֵי֙ הַבְּרִ֣ית הַזֹּ֔את וַעֲשִׂיתֶ֖ם אוֹתָֽם׃ כִּ֡י
הָעֵ֣ד הַעִדֹ֩תִי֩ בַּאֲב֨וֹתֵיכֶ֜ם בְּי֨וֹם הַעֲלוֹתִ֤י אוֹתָם֙ מֵאֶ֣רֶץ מִצְרַ֔יִם
ח עַד־הַיּ֣וֹם הַזֶּ֑ה הַשְׁכֵּ֣ם וְהָעֵ֔ד לֵאמֹ֖ר שִׁמְע֥וּ בְּקוֹלִֽי׃ וְלֹ֤א שָֽׁמְעוּ֙
וְלֹֽא־הִטּ֣וּ אֶת־אָזְנָ֔ם וַיֵּלְכ֕וּ אִ֕ישׁ בִּשְׁרִיר֖וּת לִבָּ֣ם הָרָ֑ע וָאָבִ֨יא
עֲלֵיהֶ֜ם אֶֽת־כָּל־דִּבְרֵ֧י הַבְּרִית־הַזֹּ֛את אֲשֶׁר־צִוִּ֥יתִי לַעֲשׂ֖וֹת
ט וְלֹ֥א עָשֽׂוּ׃ וַיֹּ֥אמֶר יְהוָ֖ה אֵלָ֑י נִמְצָא־קֶ֙שֶׁר֙ בְּאִ֣ישׁ
י יְהוּדָ֔ה וּבְיֹשְׁבֵ֖י יְרוּשָׁלִָֽם׃ שָׁ֡בוּ עַל־עֲוֺנֹת֩ אֲבוֹתָ֨ם הָרִאשֹׁנִ֜ים
אֲשֶׁ֤ר מֵֽאֲנוּ֙ לִשְׁמ֣וֹעַ אֶת־דְּבָרַ֔י וְהֵ֣מָּה הָלְכ֔וּ אַחֲרֵ֛י אֱלֹהִ֥ים
אֲחֵרִ֖ים לְעָבְדָ֑ם הֵפֵ֤רוּ בֵֽית־יִשְׂרָאֵל֙ וּבֵ֣ית יְהוּדָ֔ה אֶת־בְּרִיתִ֕י
יא אֲשֶׁ֥ר כָּרַ֖תִּי אֶת־אֲבוֹתָֽם׃ לָכֵ֗ן כֹּ֚ה אָמַ֣ר יְהוָ֔ה
הִנְנִ֨י מֵבִ֤יא אֲלֵיהֶם֙ רָעָ֔ה אֲשֶׁ֥ר לֹא־יוּכְל֖וּ לָצֵ֣את מִמֶּ֑נָּה וְזָעֲק֣וּ
יב אֵלַ֔י וְלֹ֥א אֶשְׁמַ֖ע אֲלֵיהֶֽם׃ וְהָלְכ֞וּ עָרֵ֣י יְהוּדָ֗ה וְיֹשְׁבֵי֙ יְרוּשָׁלִַ֔ם
וְזָעֲקוּ֙ אֶל־הָ֣אֱלֹהִ֔ים אֲשֶׁ֛ר הֵ֥ם מְקַטְּרִ֖ים לָהֶ֑ם וְהוֹשֵׁ֛עַ לֹא־
יג יוֹשִׁ֥יעוּ לָהֶ֖ם בְּעֵ֥ת רָעָתָֽם׃ כִּ֚י מִסְפַּ֣ר עָרֶ֔יךָ הָי֥וּ אֱלֹהֶ֖יךָ יְהוּדָ֑ה
וּמִסְפַּ֞ר חֻצ֣וֹת יְרוּשָׁלִַ֗ם שַׂמְתֶּ֤ם מִזְבְּחוֹת֙ לַבֹּ֔שֶׁת מִזְבְּח֖וֹת

יד לְקַטֵּר לַבָּעַל׃ וְאַתָּה אַל־תִּתְפַּלֵּל בְּעַד־הָעָם הַזֶּה
וְאַל־תִּשָּׂא בַעֲדָם רִנָּה וּתְפִלָּה כִּי ׀ אֵינֶנִּי שֹׁמֵעַ בְּעֵת קָרְאָם
טו אֵלַי בְּעַד רָעָתָם׃ מֶה לִידִידִי בְּבֵיתִי עֲשׂוֹתָהּ
הַמְזִמָּתָה הָרַבִּים וּבְשַׂר־קֹדֶשׁ יַעַבְרוּ מֵעָלָיִךְ כִּי רָעָתֵכִי אָז
טז תַּעֲלֹזִי׃ זַיִת רַעֲנָן יְפֵה פְרִי־תֹאַר קָרָא יהוה שְׁמֵךְ לְקוֹל ׀ הֲמוּלָּה
יז גְדֹלָה הִצִּית אֵשׁ עָלֶיהָ וְרָעוּ דָּלִיּוֹתָיו׃ וַיהוה צְבָאוֹת הַנּוֹטֵעַ
אוֹתָךְ דִּבֶּר עָלַיִךְ רָעָה בִּגְלַל רָעַת בֵּית־יִשְׂרָאֵל וּבֵית יְהוּדָה
יח אֲשֶׁר עָשׂוּ לָהֶם לְהַכְעִסֵנִי לְקַטֵּר לַבָּעַל׃ וַיהוה
יט הוֹדִיעַנִי וָאֵדָעָה אָז הִרְאִיתַנִי מַעַלְלֵיהֶם׃ וַאֲנִי כְּכֶבֶשׂ
אַלּוּף יוּבַל לִטְבוֹחַ וְלֹא־יָדַעְתִּי כִּי־עָלַי ׀ חָשְׁבוּ מַחֲשָׁבוֹת
נַשְׁחִיתָה עֵץ בְּלַחְמוֹ וְנִכְרְתֶנּוּ מֵאֶרֶץ חַיִּים וּשְׁמוֹ לֹא־
כ יִזָּכֵר עוֹד׃ וַיהוה צְבָאוֹת שֹׁפֵט צֶדֶק בֹּחֵן
כְּלָיוֹת וָלֵב אֶרְאֶה נִקְמָתְךָ מֵהֶם כִּי אֵלֶיךָ גִּלִּיתִי אֶת־
כא רִיבִי׃ לָכֵן כֹּה־אָמַר יהוה עַל־אַנְשֵׁי עֲנָתוֹת
הַמְבַקְשִׁים אֶת־נַפְשְׁךָ לֵאמֹר לֹא תִנָּבֵא בְּשֵׁם יהוה וְלֹא
כב תָמוּת בְּיָדֵנוּ׃ לָכֵן כֹּה אָמַר יהוה צְבָאוֹת הִנְנִי
פֹקֵד עֲלֵיהֶם הַבַּחוּרִים יָמֻתוּ בַחֶרֶב בְּנֵיהֶם וּבְנוֹתֵיהֶם יָמֻתוּ
כג בָּרָעָב׃ וּשְׁאֵרִית לֹא תִהְיֶה לָהֶם כִּי־אָבִיא רָעָה אֶל־אַנְשֵׁי
יב א עֲנָתוֹת שְׁנַת פְּקֻדָּתָם׃ צַדִּיק אַתָּה יהוה כִּי
אָרִיב אֵלֶיךָ אַךְ מִשְׁפָּטִים אֲדַבֵּר אוֹתָךְ מַדּוּעַ דֶּרֶךְ רְשָׁעִים
ב צָלֵחָה שָׁלוּ כָּל־בֹּגְדֵי בָגֶד׃ נְטַעְתָּם גַּם־שֹׁרָשׁוּ יֵלְכוּ גַּם־עָשׂוּ
ג פֶרִי קָרוֹב אַתָּה בְּפִיהֶם וְרָחוֹק מִכִּלְיוֹתֵיהֶם׃ וְאַתָּה יהוה
יְדַעְתָּנִי תִּרְאֵנִי וּבָחַנְתָּ לִבִּי אִתָּךְ הַתִּקֵם כְּצֹאן לְטִבְחָה
ד וְהַקְדִּשֵׁם לְיוֹם הֲרֵגָה׃ עַד־מָתַי תֶּאֱבַל הָאָרֶץ
וְעֵשֶׂב כָּל־הַשָּׂדֶה יִיבָשׁ מֵרָעַת יֹשְׁבֵי־בָהּ סָפְתָה בְהֵמוֹת וָעוֹף
ה כִּי אָמְרוּ לֹא יִרְאֶה אֶת־אַחֲרִיתֵנוּ׃ כִּי אֶת־רַגְלִים ׀ רַצְתָּה וַיַּלְאוּךָ
וְאֵיךְ תְּתַחֲרֶה אֶת־הַסּוּסִים וּבְאֶרֶץ שָׁלוֹם אַתָּה בוֹטֵחַ וְאֵיךְ

ו תעשה בגאון הירדן: כי גם־אחיך ובית־אביך גם־המה בגדו
בך גם־המה קראו אחריך מלא אל־תאמן בם כי־ידברו
ז אליך טובות: עזבתי את־ביתי נטשתי את־
ח נחלתי נתתי את־ידדות נפשי בכף איביה: היתה־לי נחלתי
ט כאריה ביער נתנה עלי בקולה על־כן שנאתיה: העיט צבוע
נחלתי לי העיט סביב עליה לכו אספו כל־חית השדה התיו
י לאכלה: רעים רבים שחתו כרמי בססו את־חלקתי נתנו
יא את־חלקת חמדתי למדבר שממה: שמה לשממה אבלה
יב עלי שממה נשמה כל־הארץ כי אין איש שם על־לב: על־
כל־שפים במדבר באו שדדים כי חרב ליהוה אכלה מקצה
יג ארץ ועד־קצה הארץ אין שלום לכל־בשר: זרעו חטים
וקצים קצרו נחלו לא יועלו ובשו מתבואתיכם מחרון אף־
יד יהוה: כה ׀ אמר יהוה על־כל־שכני הרעים
הנגעים בנחלה אשר־הנחלתי את־עמי את־ישראל הנני
טו נתשם מעל אדמתם ואת־בית יהודה אתוש מתוכם: והיה ז
אחרי נתשי אותם אשוב ורחמתים והשבתים איש לנחלתו
טז ואיש לארצו: והיה אם־למד ילמדו את־דרכי עמי להשבע
בשמי חי־יהוה כאשר למדו את־עמי להשבע בבעל ונבנו
יז בתוך עמי: ואם לא ישמעו ונתשתי את־הגוי ההוא
יג א נתוש ואבד נאם־יהוה: כה־אמר יהוה אלי
הלוך וקנית לך אזור פשתים ושמתו על־מתניך ובמים
ב לא תבאהו: ואקנה את־האזור כדבר יהוה ואשם על־
ג ד מתני: ויהי דבר־יהוה אלי שנית לאמר: קח
את־האזור אשר קנית אשר על־מתניך וקום לך פרתה
ה וטמנהו שם בנקיק הסלע: ואלך ואטמנהו בפרת כאשר צוה
ו יהוה אותי: ויהי מקץ ימים רבים ויאמר יהוה אלי קום לך
ז פרתה וקח משם את־האזור אשר צויתיך לטמנו־שם: ואלך

פרתה ואחפר ואקח את־האזור מן־המקום אשר־טמנתיו
שמה והנה נשחת האזור לא יצלח לכל׃ ויהי ח
דבר־יהוה אלי לאמר׃ כה אמר יהוה ככה אשחית את־גאון ט
יהודה ואת־גאון ירושלם הרב׃ העם הזה הרע המאנים י
לשמוע את־דברי ההלכים בשררות לבם וילכו אחרי אלהים
אחרים לעבדם ולהשתחות להם ויהי כאזור הזה אשר לא־
יצלח לכל׃ כי כאשר ידבק האזור אל־מתני איש כן הדבקתי יא
אלי את־כל־בית ישראל ואת־כל־בית יהודה נאם־יהוה
להיות לי לעם ולשם ולתהלה ולתפארת ולא שמעו׃ ואמרת יב
אליהם את־הדבר הזה כה־אמר יהוה אלהי ישראל כל־
נבל ימלא יין ואמרו אליך הידע לא נדע כי־
כל־נבל ימלא יין׃ ואמרת אליהם כה־אמר יהוה הנני ממלא יג
את־כל־ישבי הארץ הזאת ואת־המלכים הישבים לדוד
על־כסאו ואת־הכהנים ואת־הנביאים ואת כל־ישבי
ירושלם שכרון׃ ונפצתים איש אל־אחיו והאבות והבנים יד
יחדו נאם־יהוה לא־אחמול ולא־אחוס ולא ארחם
מהשחיתם׃ שמעו והאזינו אל־תגבהו כי טו
יהוה דבר׃ תנו ליהוה אלהיכם כבוד בטרם יחשך ובטרם טז
יתנגפו רגליכם על־הרי נשף וקויתם לאור ושמה לצלמות
ושית ישית לערפל׃ ואם לא תשמעוה במסתרים תבכה־נפשי יז
מפני גוה ודמע תדמע ותרד עיני דמעה כי נשבה עדר
יהוה׃ אמר למלך ולגבירה השפילו שבו כי יח
ירד מראשותיכם עטרת תפארתכם׃ ערי הנגב סגרו ואין יט
שאו פתח הגלת יהודה כלה הגלת שלומים׃ שאי כ
וראו עיניכם וראי הבאים מצפון איה העדר נתן־לך צאן
תפארתך׃ מה־תאמרי כי־יפקד עליך ואת למדת אתם כא
עליך אלפים לראש הלוא חבלים יאחזוך כמו אשת לדה׃

כב וְכִי תֹאמְרִי בִּלְבָבֵךְ מַדּוּעַ קְרָאֻנִי אֵלֶּה בְּרֹב עֲוֺנֵךְ נִגְלוּ שׁוּלַיִךְ
כג נֶחְמְסוּ עֲקֵבָיִךְ׃ הֲיַהֲפֹךְ כּוּשִׁי עוֹרוֹ וְנָמֵר חֲבַרְבֻּרֹתָיו גַּם־אַתֶּם
כד תּוּכְלוּ לְהֵיטִיב לִמֻּדֵי הָרֵעַ׃ וַאֲפִיצֵם כְּקַשׁ עוֹבֵר לְרוּחַ מִדְבָּר׃
כה זֶה גוֹרָלֵךְ מְנָת־מִדַּיִךְ מֵאִתִּי נְאֻם־יהוה אֲשֶׁר שָׁכַחַתְּ אוֹתִי
כו וַתִּבְטְחִי בַּשָּׁקֶר׃ וְגַם־אֲנִי חָשַׂפְתִּי שׁוּלַיִךְ עַל־פָּנָיִךְ וְנִרְאָה
כז קְלוֹנֵךְ׃ נִאֻפַיִךְ וּמִצְהֲלוֹתַיִךְ זִמַּת זְנוּתֵךְ עַל־גְּבָעוֹת בַּשָּׂדֶה
רָאִיתִי שִׁקּוּצָיִךְ אוֹי לָךְ יְרוּשָׁלַםִ לֹא תִטְהֲרִי אַחֲרֵי מָתַי
עֹד׃ יד א אֲשֶׁר הָיָה דְבַר־יהוה אֶל־יִרְמְיָהוּ עַל־
ב דִּבְרֵי הַבַּצָּרוֹת׃ אָבְלָה יְהוּדָה וּשְׁעָרֶיהָ אֻמְלְלוּ קָדְרוּ לָאָרֶץ
ג וְצִוְחַת יְרוּשָׁלַםִ עָלָתָה׃ וְאַדִּרֵיהֶם שָׁלְחוּ צעוריהם לַמָּיִם בָּאוּ צְעִירֵיהֶם
עַל־גֵּבִים לֹא־מָצְאוּ מַיִם שָׁבוּ כְלֵיהֶם רֵיקָם בֹּשׁוּ וְהָכְלְמוּ וְחָפוּ
ד רֹאשָׁם׃ בַּעֲבוּר הָאֲדָמָה חַתָּה כִּי לֹא־הָיָה גֶשֶׁם בָּאָרֶץ בֹּשׁוּ
ה אִכָּרִים חָפוּ רֹאשָׁם׃ כִּי גַם־אַיֶּלֶת בַּשָּׂדֶה יָלְדָה וְעָזוֹב כִּי לֹא־
ו הָיָה דֶּשֶׁא׃ וּפְרָאִים עָמְדוּ עַל־שְׁפָיִם שָׁאֲפוּ רוּחַ כַּתַּנִּים כָּלוּ
ז עֵינֵיהֶם כִּי־אֵין עֵשֶׂב׃ אִם־עֲוֺנֵינוּ עָנוּ בָנוּ יהוה עֲשֵׂה לְמַעַן
ח שְׁמֶךָ כִּי־רַבּוּ מְשׁוּבֹתֵינוּ לְךָ חָטָאנוּ׃ מִקְוֵה יִשְׂרָאֵל מוֹשִׁיעוֹ
ט בְּעֵת צָרָה לָמָּה תִהְיֶה כְּגֵר בָּאָרֶץ וּכְאֹרֵחַ נָטָה לָלוּן׃ לָמָּה
תִהְיֶה כְּאִישׁ נִדְהָם כְּגִבּוֹר לֹא־יוּכַל לְהוֹשִׁיעַ וְאַתָּה בְקִרְבֵּנוּ
י יהוה וְשִׁמְךָ עָלֵינוּ נִקְרָא אַל־תַּנִּחֵנוּ׃ כֹּה־אָמַר
יהוה לָעָם הַזֶּה כֵּן אָהֲבוּ לָנוּעַ רַגְלֵיהֶם לֹא חָשָׂכוּ וַיהוה לֹא
יא רָצָם עַתָּה יִזְכֹּר עֲוֺנָם וְיִפְקֹד חַטֹּאתָם׃ וַיֹּאמֶר
יב יהוה אֵלַי אַל־תִּתְפַּלֵּל בְּעַד־הָעָם הַזֶּה לְטוֹבָה׃ כִּי יָצֻמוּ אֵינֶנִּי
שֹׁמֵעַ אֶל־רִנָּתָם וְכִי יַעֲלוּ עֹלָה וּמִנְחָה אֵינֶנִּי רֹצָם כִּי בַּחֶרֶב
יג וּבָרָעָב וּבַדֶּבֶר אָנֹכִי מְכַלֶּה אוֹתָם׃ וָאֹמַר אֲהָהּ ׀ אֲדֹנָי יהוה הִנֵּה
הַנְּבִאִים אֹמְרִים לָהֶם לֹא־תִרְאוּ חֶרֶב וְרָעָב לֹא־יִהְיֶה לָכֶם
יד כִּי־שְׁלוֹם אֱמֶת אֶתֵּן לָכֶם בַּמָּקוֹם הַזֶּה׃ וַיֹּאמֶר
יהוה אֵלַי שֶׁקֶר הַנְּבִאִים נִבְּאִים בִּשְׁמִי לֹא שְׁלַחְתִּים וְלֹא

ואליל ותרמית צויתים ולא דברתי אליהם חזון שקר וקסם ואלול ותרמות
לבם המה מתנבאים לכם: לכן כה־אמר יהוה טו
על־הנבאים הנבאים בשמי ואני לא־שלחתים והמה אמרים
חרב ורעב לא יהיה בארץ הזאת בחרב וברעב יתמו הנבאים
ההמה: והעם אשר־המה נבאים להם יהיו משלכים בחצות טז
ירושלם מפני הרעב והחרב ואין מקבר להמה המה נשיהם
ובניהם ובנתיהם ושפכתי עליהם את־רעתם: ואמרת אליהם יז
את־הדבר הזה תרדנה עיני דמעה לילה ויומם ואל־תדמינה
כי שבר גדול נשברה בתולת בת־עמי מכה נחלה מאד:
אם־יצאתי השדה והנה חללי־חרב ואם באתי העיר והנה יח
תחלואי רעב כי גם־נביא גם־כהן סחרו אל־ארץ ולא
ידעו: המאס מאסת את־יהודה אם־בציון יט
געלה נפשך מדוע הכיתנו ואין לנו מרפא קוה לשלום ואין
טוב ולעת מרפא והנה בעתה: ידענו יהוה רשענו עון כ
אבותינו כי חטאנו לך: אל־תנאץ למען שמך אל־תנבל כא
ח כסא כבודך זכר אל־תפר בריתך אתנו: היש בהבלי כב
הגוים מגשמים ואם־השמים יתנו רבבים הלא אתה־
הוא יהוה אלהינו ונקוה־לך כי־אתה עשית את־כל־
אלה: ויאמר יהוה אלי אם־יעמד משה א טו
ושמואל לפני אין נפשי אל־העם הזה שלח מעל־פני ויצאו:
והיה כי־יאמרו אליך אנה נצא ואמרת אליהם כה־אמר ב
יהוה אשר למות למות ואשר לחרב לחרב ואשר לרעב
לרעב ואשר לשבי לשבי: ופקדתי עליהם ארבע משפחות ג
נאם־יהוה את־החרב להרג ואת־הכלבים לסחב ואת־עוף
לזעוה השמים ואת־בהמת הארץ לאכל ולהשחית: ונתתים לזועה ד
לכל ממלכות הארץ בגלל מנשה בן־יחזקיהו מלך יהודה
על אשר־עשה בירושלם: כי מי־יחמל עליך ירושלם ומי ה

ו יָנוּד לָךְ וּמִי יָסוּר לִשְׁאֹל לְשָׁלֹם לָךְ: אַתְּ נָטַשְׁתְּ אֹתִי נְאֻם־
יְהוָה אָחוֹר תֵּלֵכִי וָאַט אֶת־יָדִי עָלַיִךְ וָאַשְׁחִיתֵךְ נִלְאֵיתִי
ז הִנָּחֵם: וָאֶזְרֵם בְּמִזְרֶה בְּשַׁעֲרֵי הָאָרֶץ שִׁכַּלְתִּי אִבַּדְתִּי אֶת־עַמִּי
ח מִדַּרְכֵיהֶם לוֹא שָׁבוּ: עָצְמוּ־לִי אַלְמְנוֹתָו מֵחוֹל יַמִּים הֵבֵאתִי
לָהֶם עַל־אֵם בָּחוּר שֹׁדֵד בַּצָּהֳרָיִם הִפַּלְתִּי עָלֶיהָ פִּתְאֹם עִיר
ט וּבֶהָלוֹת: אֻמְלְלָה יֹלֶדֶת הַשִּׁבְעָה נָפְחָה נַפְשָׁהּ באה שִׁמְשָׁהּ בָּא
בְּעֹד יוֹמָם בּוֹשָׁה וְחָפֵרָה וּשְׁאֵרִיתָם לַחֶרֶב אֶתֵּן לִפְנֵי אֹיְבֵיהֶם
י נְאֻם־יְהוָה: אוֹי־לִי אִמִּי כִּי יְלִדְתִּנִי אִישׁ רִיב
וְאִישׁ מָדוֹן לְכָל־הָאָרֶץ לֹא־נָשִׁיתִי וְלֹא־נָשׁוּ־בִי כֻּלֹּה
יא מְקַלְלַונִי: אָמַר יְהוָה אִם־לֹא שרותך לְטוֹב אִם־לוֹא ׀ הִפְגַּעְתִּי שֵׁרִיתִךָ
יב בְךָ בְּעֵת רָעָה וּבְעֵת צָרָה אֶת־הָאֹיֵב: הֲיָרֹעַ בַּרְזֶל ׀ בַּרְזֶל
יג מִצָּפוֹן וּנְחֹשֶׁת: חֵילְךָ וְאוֹצְרוֹתֶיךָ לָבַז אֶתֵּן לֹא בִמְחִיר וּבְכָל־
יד חַטֹּאותֶיךָ וּבְכָל־גְּבוּלֶיךָ: וְהַעֲבַרְתִּי אֶת־אֹיְבֶיךָ בְּאֶרֶץ לֹא
טו יָדָעְתָּ כִּי־אֵשׁ קָדְחָה בְאַפִּי עֲלֵיכֶם תּוּקָד: אַתָּה
יָדַעְתָּ יְהוָה זָכְרֵנִי וּפָקְדֵנִי וְהִנָּקֶם לִי מֵרֹדְפַי אַל־לְאֶרֶךְ אַפְּךָ
טז תִּקָּחֵנִי דַּע שְׂאֵתִי עָלֶיךָ חֶרְפָּה: נִמְצְאוּ דְבָרֶיךָ וָאֹכְלֵם וַיְהִי
דבריך לִי לְשָׂשׂוֹן וּלְשִׂמְחַת לְבָבִי כִּי־נִקְרָא שִׁמְךָ עָלַי יְהוָה דְּבָרְךָ
יז אֱלֹהֵי צְבָאוֹת: לֹא־יָשַׁבְתִּי בְסוֹד־מְשַׂחֲקִים וָאֶעְלֹז מִפְּנֵי
יח יָדְךָ בָּדָד יָשַׁבְתִּי כִּי־זַעַם מִלֵּאתָנִי: לָמָּה הָיָה כְאֵבִי נֶצַח
וּמַכָּתִי אֲנוּשָׁה מֵאֲנָה הֵרָפֵא הָיוֹ תִהְיֶה לִי כְּמוֹ אַכְזָב מַיִם לֹא
יט נֶאֱמָנוּ: לָכֵן כֹּה־אָמַר יְהוָה אִם־תָּשׁוּב וַאֲשִׁיבְךָ
לְפָנַי תַּעֲמֹד וְאִם־תּוֹצִיא יָקָר מִזּוֹלֵל כְּפִי תִהְיֶה יָשֻׁבוּ הֵמָּה
כ אֵלֶיךָ וְאַתָּה לֹא־תָשׁוּב אֲלֵיהֶם: וּנְתַתִּיךָ לָעָם הַזֶּה לְחוֹמַת
נְחֹשֶׁת בְּצוּרָה וְנִלְחֲמוּ אֵלֶיךָ וְלֹא־יוּכְלוּ לָךְ כִּי־אִתְּךָ אֲנִי
כא לְהוֹשִׁיעֲךָ וּלְהַצִּילֶךָ נְאֻם־יְהוָה: וְהִצַּלְתִּיךָ מִיַּד רָעִים וּפְדִתִיךָ
טז א מִכַּף עָרִצִים: וַיְהִי דְבַר־יְהוָה אֵלַי לֵאמֹר:
ב לֹא־תִקַּח לְךָ אִשָּׁה וְלֹא־יִהְיוּ לְךָ בָּנִים וּבָנוֹת בַּמָּקוֹם

ג הַזֶּה: כִּי־כֹה ׀ אָמַר יְהוָה עַל־הַבָּנִים וְעַל־
הַבָּנוֹת הַיִּלּוֹדִים בַּמָּקוֹם הַזֶּה וְעַל־אִמֹּתָם הַיֹּלְדוֹת אוֹתָם וְעַל־
ד אֲבוֹתָם הַמּוֹלִדִים אוֹתָם בָּאָרֶץ הַזֹּאת: מְמוֹתֵי תַחֲלֻאִים יָמֻתוּ
לֹא יִסָּפְדוּ וְלֹא יִקָּבֵרוּ לְדֹמֶן עַל־פְּנֵי הָאֲדָמָה יִהְיוּ וּבַחֶרֶב
וּבָרָעָב יִכְלוּ וְהָיְתָה נִבְלָתָם לְמַאֲכָל לְעוֹף הַשָּׁמַיִם וּלְבֶהֱמַת
ה הָאָרֶץ: כִּי־כֹה ׀ אָמַר יְהוָה אַל־תָּבוֹא בֵּית
מַרְזֵחַ וְאַל־תֵּלֵךְ לִסְפּוֹד וְאַל־תָּנֹד לָהֶם כִּי־אָסַפְתִּי אֶת־
שְׁלוֹמִי מֵאֵת הָעָם הַזֶּה נְאֻם־יְהוָה אֶת־הַחֶסֶד וְאֶת־הָרַחֲמִים:
ו וּמֵתוּ גְדֹלִים וּקְטַנִּים בָּאָרֶץ הַזֹּאת לֹא יִקָּבֵרוּ וְלֹא־יִסְפְּדוּ לָהֶם
ז וְלֹא יִתְגֹּדַד וְלֹא יִקָּרֵחַ לָהֶם: וְלֹא־יִפְרְסוּ לָהֶם עַל־אֵבֶל
לְנַחֲמוֹ עַל־מֵת וְלֹא־יַשְׁקוּ אוֹתָם כּוֹס תַּנְחוּמִים עַל־אָבִיו
ח וְעַל־אִמּוֹ: וּבֵית־מִשְׁתֶּה לֹא־תָבוֹא לָשֶׁבֶת אוֹתָם לֶאֱכֹל
ט וְלִשְׁתּוֹת: כִּי כֹה אָמַר יְהוָה צְבָאוֹת אֱלֹהֵי
יִשְׂרָאֵל הִנְנִי מַשְׁבִּית מִן־הַמָּקוֹם הַזֶּה לְעֵינֵיכֶם וּבִימֵיכֶם קוֹל
י שָׂשׂוֹן וְקוֹל שִׂמְחָה קוֹל חָתָן וְקוֹל כַּלָּה: וְהָיָה כִּי תַגִּיד לָעָם
הַזֶּה אֵת כָּל־הַדְּבָרִים הָאֵלֶּה וְאָמְרוּ אֵלֶיךָ עַל־מֶה דִבֶּר יְהוָה
עָלֵינוּ אֵת כָּל־הָרָעָה הַגְּדוֹלָה הַזֹּאת וּמֶה עֲוֺנֵנוּ וּמֶה חַטָּאתֵנוּ
יא אֲשֶׁר חָטָאנוּ לַיהוָה אֱלֹהֵינוּ: וְאָמַרְתָּ אֲלֵיהֶם עַל אֲשֶׁר־עָזְבוּ
אֲבוֹתֵיכֶם אוֹתִי נְאֻם־יְהוָה וַיֵּלְכוּ אַחֲרֵי אֱלֹהִים אֲחֵרִים
וַיַּעַבְדוּם וַיִּשְׁתַּחֲווּ לָהֶם וְאֹתִי עָזָבוּ וְאֶת־תּוֹרָתִי לֹא שָׁמָרוּ:
יב וְאַתֶּם הֲרֵעֹתֶם לַעֲשׂוֹת מֵאֲבוֹתֵיכֶם וְהִנְּכֶם הֹלְכִים אִישׁ אַחֲרֵי
יג שְׁרִרוּת לִבּוֹ־הָרָע לְבִלְתִּי שְׁמֹעַ אֵלָי: וְהֵטַלְתִּי אֶתְכֶם מֵעַל
הָאָרֶץ הַזֹּאת עַל־הָאָרֶץ אֲשֶׁר לֹא יְדַעְתֶּם אַתֶּם וַאֲבוֹתֵיכֶם
וַעֲבַדְתֶּם־שָׁם אֶת־אֱלֹהִים אֲחֵרִים יוֹמָם וָלַיְלָה אֲשֶׁר לֹא־אֶתֵּן
יד לָכֶם חֲנִינָה: לָכֵן הִנֵּה־יָמִים בָּאִים נְאֻם־יְהוָה
וְלֹא־יֵאָמֵר עוֹד חַי־יְהוָה אֲשֶׁר הֶעֱלָה אֶת־בְּנֵי יִשְׂרָאֵל מֵאֶרֶץ
טו מִצְרָיִם: כִּי אִם־חַי־יְהוָה אֲשֶׁר הֶעֱלָה אֶת־בְּנֵי יִשְׂרָאֵל מֵאֶרֶץ

צָפוֹן וּמִכֹּל הָאֲרָצוֹת אֲשֶׁר הִדִּיחָם שָׁמָּה וַהֲשִׁבֹתִים עַל־
טז אַדְמָתָם אֲשֶׁר נָתַתִּי לַאֲבוֹתָם׃ הִנְנִי שֹׁלֵחַ
לדוגים רַבִּים נְאֻם־יְהוָה וְדִיגוּם וְאַחֲרֵי־כֵן אֶשְׁלַח לְרַבִּים לְדַיָּגִים
צַיָּדִים וְצָדוּם מֵעַל כָּל־הַר וּמֵעַל כָּל־גִּבְעָה וּמִנְּקִיקֵי הַסְּלָעִים׃
יז כִּי עֵינַי עַל־כָּל־דַּרְכֵיהֶם לֹא נִסְתְּרוּ מִלְּפָנָי וְלֹא־נִצְפַּן עֲוֺנָם
יח מִנֶּגֶד עֵינָי׃ וְשִׁלַּמְתִּי רִאשׁוֹנָה מִשְׁנֵה עֲוֺנָם וְחַטָּאתָם עַל
חַלְּלָם אֶת־אַרְצִי בְּנִבְלַת שִׁקּוּצֵיהֶם וְתוֹעֲבוֹתֵיהֶם מָלְאוּ אֶת־
יט נַחֲלָתִי׃ יְהוָה עֻזִּי וּמָעֻזִּי וּמְנוּסִי בְּיוֹם צָרָה אֵלֶיךָ
גּוֹיִם יָבֹאוּ מֵאַפְסֵי־אָרֶץ וְיֹאמְרוּ אַךְ־שֶׁקֶר נָחֲלוּ אֲבוֹתֵינוּ הֶבֶל
כ וְאֵין־בָּם מוֹעִיל׃ הֲיַעֲשֶׂה־לּוֹ אָדָם אֱלֹהִים וְהֵמָּה לֹא אֱלֹהִים׃
כא לָכֵן הִנְנִי מוֹדִיעָם בַּפַּעַם הַזֹּאת אוֹדִיעֵם אֶת־יָדִי וְאֶת־גְּבוּרָתִי
יז א וְיָדְעוּ כִּי־שְׁמִי יְהוָה׃ חַטַּאת יְהוּדָה כְּתוּבָה
בְּעֵט בַּרְזֶל בְּצִפֹּרֶן שָׁמִיר חֲרוּשָׁה עַל־לוּחַ לִבָּם וּלְקַרְנוֹת
ב מִזְבְּחוֹתֵיכֶם׃ כִּזְכֹּר בְּנֵיהֶם מִזְבְּחוֹתָם וַאֲשֵׁרֵיהֶם עַל־עֵץ רַעֲנָן
ג עַל גְּבָעוֹת הַגְּבֹהוֹת׃ הֲרָרִי בַּשָּׂדֶה חֵילְךָ כָל־אוֹצְרוֹתֶיךָ לָבַז
ד אֶתֵּן בָּמֹתֶיךָ בְּחַטָּאת בְּכָל־גְּבוּלֶיךָ׃ וְשָׁמַטְתָּה וּבְךָ מִנַּחֲלָתְךָ
אֲשֶׁר נָתַתִּי לָךְ וְהַעֲבַדְתִּיךָ אֶת־אֹיְבֶיךָ בָּאָרֶץ אֲשֶׁר לֹא־יָדָעְתָּ
ה כִּי־אֵשׁ קְדַחְתֶּם בְּאַפִּי עַד־עוֹלָם תּוּקָד׃ כֹּה ׀
אָמַר יְהוָה אָרוּר הַגֶּבֶר אֲשֶׁר יִבְטַח בָּאָדָם וְשָׂם בָּשָׂר זְרֹעוֹ
ו וּמִן־יְהוָה יָסוּר לִבּוֹ׃ וְהָיָה כְּעַרְעָר בָּעֲרָבָה וְלֹא יִרְאֶה
כִּי־יָבוֹא טוֹב וְשָׁכַן חֲרֵרִים בַּמִּדְבָּר אֶרֶץ מְלֵחָה וְלֹא
ז תֵשֵׁב׃ בָּרוּךְ הַגֶּבֶר אֲשֶׁר יִבְטַח בַּיהוָה וְהָיָה ט
ח יְהוָה מִבְטַחוֹ׃ וְהָיָה כְּעֵץ ׀ שָׁתוּל עַל־מַיִם וְעַל־יוּבַל יְשַׁלַּח
שָׁרָשָׁיו וְלֹא יִרְאֶ כִּי־יָבֹא חֹם וְהָיָה עָלֵהוּ רַעֲנָן וּבִשְׁנַת בַּצֹּרֶת
ט לֹא יִדְאָג וְלֹא יָמִישׁ מֵעֲשׂוֹת פֶּרִי׃ עָקֹב הַלֵּב מִכֹּל וְאָנֻשׁ הוּא
י מִי יֵדָעֶנּוּ׃ אֲנִי יְהוָה חֹקֵר לֵב בֹּחֵן כְּלָיוֹת וְלָתֵת לְאִישׁ כִּדְרָכָו
יא כִּפְרִי מַעֲלָלָיו׃ קֹרֵא דָגַר וְלֹא יָלָד עֹשֶׂה עֹשֶׁר

וְלֹא בְמִשְׁפָּט בַּחֲצִי ימו יַעַזְבֶנּוּ וּבְאַחֲרִיתוֹ יִהְיֶה נָבָל׃ כִּסֵּא יב
כְּבוֹד מָרוֹם מֵרִאשׁוֹן מְקוֹם מִקְדָּשֵׁנוּ׃ מִקְוֵה יִשְׂרָאֵל יְהוָה כָּל־ יג
וְסוּרַי עֹזְבֶיךָ יֵבֹשׁוּ יסורי בָּאָרֶץ יִכָּתֵבוּ כִּי עָזְבוּ מְקוֹר מַיִם־חַיִּים אֶת־
יְהוָה׃ רְפָאֵנִי יְהוָה וְאֵרָפֵא הוֹשִׁיעֵנִי וְאִוָּשֵׁעָה כִּי יד
תְהִלָּתִי אָתָּה׃ הִנֵּה־הֵמָּה אֹמְרִים אֵלָי אַיֵּה דְבַר־יְהוָה יָבוֹא־ טו
נָא׃ וַאֲנִי לֹא־אַצְתִּי מֵרֹעֶה אַחֲרֶיךָ וְיוֹם אָנוּשׁ לֹא הִתְאַוֵּיתִי טז
אַתָּה יָדָעְתָּ מוֹצָא שְׂפָתַי נֹכַח פָּנֶיךָ הָיָה׃ אַל־תִּהְיֵה־לִי יז
לִמְחִתָּה מַחֲסִי־אָתָּה בְּיוֹם רָעָה׃ יֵבֹשׁוּ רֹדְפַי וְאַל־אֵבֹשָׁה אָנִי יח
יֵחַתּוּ הֵמָּה וְאַל־אֵחַתָּה אָנִי הָבִיא עֲלֵיהֶם יוֹם רָעָה וּמִשְׁנֶה
שִׁבָּרוֹן שָׁבְרֵם׃ כֹּה־אָמַר יְהוָה אֵלַי הָלֹךְ יט
הָעָם וְעָמַדְתָּ בְּשַׁעַר בְּנֵי־עם אֲשֶׁר יָבֹאוּ בוֹ מַלְכֵי יְהוּדָה וַאֲשֶׁר
יֵצְאוּ בוֹ וּבְכֹל שַׁעֲרֵי יְרוּשָׁלִָם׃ וְאָמַרְתָּ אֲלֵיהֶם שִׁמְעוּ דְבַר־ כ
יְהוָה מַלְכֵי יְהוּדָה וְכָל־יְהוּדָה וְכֹל יֹשְׁבֵי יְרוּשָׁלִָם הַבָּאִים
בַּשְּׁעָרִים הָאֵלֶּה׃ כֹּה אָמַר יְהוָה הִשָּׁמְרוּ בְּנַפְשׁוֹתֵיכֶם וְאַל־ כא
תִּשְׂאוּ מַשָּׂא בְּיוֹם הַשַּׁבָּת וַהֲבֵאתֶם בְּשַׁעֲרֵי יְרוּשָׁלִָם׃ וְלֹא־ כב
תוֹצִיאוּ מַשָּׂא מִבָּתֵּיכֶם בְּיוֹם הַשַּׁבָּת וְכָל־מְלָאכָה לֹא תַעֲשׂוּ
וְקִדַּשְׁתֶּם אֶת־יוֹם הַשַּׁבָּת כַּאֲשֶׁר צִוִּיתִי אֶת־אֲבוֹתֵיכֶם׃ וְלֹא כג
שְׁמוֹעַ שָׁמְעוּ וְלֹא הִטּוּ אֶת־אָזְנָם וַיַּקְשׁוּ אֶת־עָרְפָּם לְבִלְתִּי שומע
וּלְבִלְתִּי קַחַת מוּסָר׃ וְהָיָה אִם־שָׁמֹעַ תִּשְׁמְעוּן אֵלַי נְאֻם־יְהוָה כד
לְבִלְתִּי׀ הָבִיא מַשָּׂא בְּשַׁעֲרֵי הָעִיר הַזֹּאת בְּיוֹם הַשַּׁבָּת וּלְקַדֵּשׁ
אֶת־יוֹם הַשַּׁבָּת לְבִלְתִּי עֲשׂוֹת־בָּהּ כָּל־מְלָאכָה׃ וּבָאוּ בְשַׁעֲרֵי כה
הָעִיר הַזֹּאת מְלָכִים׀ וְשָׂרִים יֹשְׁבִים עַל־כִּסֵּא דָוִד רֹכְבִים׀
בָּרֶכֶב וּבַסּוּסִים הֵמָּה וְשָׂרֵיהֶם אִישׁ יְהוּדָה וְיֹשְׁבֵי יְרוּשָׁלִָם
וְיָשְׁבָה הָעִיר הַזֹּאת לְעוֹלָם׃ וּבָאוּ מֵעָרֵי־יְהוּדָה וּמִסְּבִיבוֹת כו
יְרוּשָׁלִַם וּמֵאֶרֶץ בִּנְיָמִן וּמִן־הַשְּׁפֵלָה וּמִן־הָהָר וּמִן־הַנֶּגֶב
מְבִאִים עֹלָה וְזֶבַח וּמִנְחָה וּלְבוֹנָה וּמְבִאֵי תוֹדָה בֵּית יְהוָה׃
וְאִם־לֹא תִשְׁמְעוּ אֵלַי לְקַדֵּשׁ אֶת־יוֹם הַשַּׁבָּת וּלְבִלְתִּי׀ שְׂאֵת כז

מַשָּׂא וּבָא בְּשַׁעֲרֵי יְרוּשָׁלָ͏ִם בְּיוֹם הַשַּׁבָּת וְהִצַּתִּי אֵשׁ בִּשְׁעָרֶיהָ
יח א וְאָכְלָה אַרְמְנוֹת יְרוּשָׁלַ͏ִם וְלֹא תִכְבֶּה׃ הַדָּבָר
ב אֲשֶׁר הָיָה אֶל־יִרְמְיָהוּ מֵאֵת יְהוָה לֵאמֹר׃ קוּם וְיָרַדְתָּ בֵּית
ג הַיּוֹצֵר וְשָׁמָּה אַשְׁמִיעֲךָ אֶת־דְּבָרָי׃ וָאֵרֵד בֵּית הַיּוֹצֵר והנהו וְהִנֵּה־הוּא
ד עֹשֶׂה מְלָאכָה עַל־הָאָבְנָיִם׃ וְנִשְׁחַת הַכְּלִי אֲשֶׁר הוּא עֹשֶׂה
בַּחֹמֶר בְּיַד הַיּוֹצֵר וְשָׁב וַיַּעֲשֵׂהוּ כְּלִי אַחֵר כַּאֲשֶׁר יָשַׁר
ה בְּעֵינֵי הַיּוֹצֵר לַעֲשׂוֹת׃ וַיְהִי דְבַר־יְהוָה אֵלַי
ו לֵאמוֹר׃ הֲכַיּוֹצֵר הַזֶּה לֹא־אוּכַל לַעֲשׂוֹת לָכֶם בֵּית יִשְׂרָאֵל
נְאֻם־יְהוָה הִנֵּה כַחֹמֶר בְּיַד הַיּוֹצֵר כֵּן־אַתֶּם בְּיָדִי בֵּית
ז יִשְׂרָאֵל׃ רֶגַע אֲדַבֵּר עַל־גּוֹי וְעַל־מַמְלָכָה
ח לִנְתוֹשׁ וְלִנְתוֹץ וּלְהַאֲבִיד׃ וְשָׁב הַגּוֹי הַהוּא מֵרָעָתוֹ אֲשֶׁר
דִּבַּרְתִּי עָלָיו וְנִחַמְתִּי עַל־הָרָעָה אֲשֶׁר חָשַׁבְתִּי לַעֲשׂוֹת
ט לוֹ׃ וְרֶגַע אֲדַבֵּר עַל־גּוֹי וְעַל־מַמְלָכָה לִבְנֹת
י וְלִנְטֹעַ׃ וְעָשָׂה הרעה בְּעֵינַי לְבִלְתִּי שְׁמֹעַ בְּקוֹלִי וְנִחַמְתִּי עַל־ הָרַע
יא הַטּוֹבָה אֲשֶׁר אָמַרְתִּי לְהֵיטִיב אוֹתוֹ׃ וְעַתָּה אֱמָר־נָא אֶל־
אִישׁ־יְהוּדָה וְעַל־יוֹשְׁבֵי יְרוּשָׁלַ͏ִם לֵאמֹר כֹּה אָמַר יְהוָה הִנֵּה
אָנֹכִי יוֹצֵר עֲלֵיכֶם רָעָה וְחֹשֵׁב עֲלֵיכֶם מַחֲשָׁבָה שׁוּבוּ נָא
יב אִישׁ מִדַּרְכּוֹ הָרָעָה וְהֵיטִיבוּ דַרְכֵיכֶם וּמַעַלְלֵיכֶם׃ וְאָמְרוּ
נוֹאָשׁ כִּי־אַחֲרֵי מַחְשְׁבוֹתֵינוּ נֵלֵךְ וְאִישׁ שְׁרִרוּת לִבּוֹ־הָרָע
יג נַעֲשֶׂה׃ לָכֵן כֹּה אָמַר יְהוָה שַׁאֲלוּ־נָא בַּגּוֹיִם מִי
יד שָׁמַע כָּאֵלֶּה שַׁעֲרֻרִת עָשְׂתָה מְאֹד בְּתוּלַת יִשְׂרָאֵל׃ הֲיַעֲזֹב
טו מִצּוּר שָׂדַי שֶׁלֶג לְבָנוֹן אִם־יִנָּתְשׁוּ מַיִם זָרִים קָרִים נוֹזְלִים׃ כִּי־
שְׁכֵחֻנִי עַמִּי לַשָּׁוְא יְקַטֵּרוּ וַיַּכְשִׁלוּם בְּדַרְכֵיהֶם שבולי עוֹלָם שְׁבִילֵי
טז לָלֶכֶת נְתִיבוֹת דֶּרֶךְ לֹא סְלוּלָה׃ לָשׂוּם אַרְצָם לְשַׁמָּה
יז שרוקת עוֹלָם כֹּל עוֹבֵר עָלֶיהָ יִשֹּׁם וְיָנִיד בְּרֹאשׁוֹ׃ כְּרוּחַ שְׁרִיקוֹת
קָדִים אֲפִיצֵם לִפְנֵי אוֹיֵב עֹרֶף וְלֹא־פָנִים אֶרְאֵם בְּיוֹם
יח אֵידָם׃ וַיֹּאמְרוּ לְכוּ וְנַחְשְׁבָה עַל־יִרְמְיָהוּ

מַחֲשָׁבוֹת כִּי לֹא־תֹאבַד תּוֹרָה מִכֹּהֵן וְעֵצָה מֵחָכָם וְדָבָר
מִנָּבִיא לְכוּ וְנַכֵּהוּ בַלָּשׁוֹן וְאַל־נַקְשִׁיבָה אֶל־כָּל־דְּבָרָיו׃
יט כ הַקְשִׁיבָה יְהוָה אֵלָי וּשְׁמַע לְקוֹל יְרִיבָי׃ הַיְשֻׁלַּם תַּחַת־טוֹבָה י
רָעָה כִּי־כָרוּ שׁוּחָה לְנַפְשִׁי זְכֹר ׀ עָמְדִי לְפָנֶיךָ לְדַבֵּר עֲלֵיהֶם
כא טוֹבָה לְהָשִׁיב אֶת־חֲמָתְךָ מֵהֶם׃ לָכֵן תֵּן אֶת־בְּנֵיהֶם לָרָעָב
וְהַגִּרֵם עַל־יְדֵי־חֶרֶב וְתִהְיֶנָה נְשֵׁיהֶם שַׁכֻּלוֹת וְאַלְמָנוֹת
וְאַנְשֵׁיהֶם יִהְיוּ הֲרֻגֵי מָוֶת בַּחוּרֵיהֶם מֻכֵּי־חֶרֶב בַּמִּלְחָמָה׃
כב תִּשָּׁמַע זְעָקָה מִבָּתֵּיהֶם כִּי־תָבִיא עֲלֵיהֶם גְּדוּד פִּתְאֹם כִּי־כָרוּ
כג שִׁיחָה לְלָכְדֵנִי וּפַחִים טָמְנוּ לְרַגְלָי׃ וְאַתָּה יְהוָה יָדַעְתָּ אֶת־כָּל־ שׁוּחָה
עֲצָתָם עָלַי לַמָּוֶת אַל־תְּכַפֵּר עַל־עֲוֹנָם וְחַטָּאתָם מִלְּפָנֶיךָ אַל־
א יט תֶּמְחִי והיו מֻכְשָׁלִים לְפָנֶיךָ בְּעֵת אַפְּךָ עֲשֵׂה בָהֶם׃ כֹּה וְיִהְיוּ
אָמַר יְהוָה הָלֹךְ וְקָנִיתָ בַקְבֻּק יוֹצֵר חָרֶשׂ וּמִזִּקְנֵי הָעָם
ב וּמִזִּקְנֵי הַכֹּהֲנִים׃ וְיָצָאתָ אֶל־גֵּיא בֶן־הִנֹּם אֲשֶׁר פֶּתַח שַׁעַר
החרסות וְקָרָאתָ שָּׁם אֶת־הַדְּבָרִים אֲשֶׁר־אֲדַבֵּר אֵלֶיךָ׃ הַחַרְסִית
ג וְאָמַרְתָּ שִׁמְעוּ דְבַר־יְהוָה מַלְכֵי יְהוּדָה וְיֹשְׁבֵי יְרוּשָׁלִָם כֹּה־
אָמַר יְהוָה צְבָאוֹת אֱלֹהֵי יִשְׂרָאֵל הִנְנִי מֵבִיא רָעָה עַל־הַמָּקוֹם
ד הַזֶּה אֲשֶׁר כָּל־שֹׁמְעָהּ תִּצַּלְנָה אָזְנָיו׃ יַעַן ׀ אֲשֶׁר עֲזָבֻנִי וַיְנַכְּרוּ
אֶת־הַמָּקוֹם הַזֶּה וַיְקַטְּרוּ־בוֹ לֵאלֹהִים אֲחֵרִים אֲשֶׁר לֹא־
יְדָעוּם הֵמָּה וַאֲבוֹתֵיהֶם וּמַלְכֵי יְהוּדָה וּמָלְאוּ אֶת־הַמָּקוֹם הַזֶּה
ה דַּם נְקִיִּם׃ וּבָנוּ אֶת־בָּמוֹת הַבַּעַל לִשְׂרֹף אֶת־בְּנֵיהֶם בָּאֵשׁ
עֹלוֹת לַבָּעַל אֲשֶׁר לֹא־צִוִּיתִי וְלֹא דִבַּרְתִּי וְלֹא עָלְתָה
ו עַל־לִבִּי׃ לָכֵן הִנֵּה־יָמִים בָּאִים נְאֻם־יְהוָה וְלֹא־
יִקָּרֵא לַמָּקוֹם הַזֶּה עוֹד הַתֹּפֶת וְגֵיא בֶן־הִנֹּם כִּי אִם־גֵּיא
ז הַהֲרֵגָה׃ וּבַקֹּתִי אֶת־עֲצַת יְהוּדָה וִירוּשָׁלִַם בַּמָּקוֹם הַזֶּה
וְהִפַּלְתִּים בַּחֶרֶב לִפְנֵי אֹיְבֵיהֶם וּבְיַד מְבַקְשֵׁי נַפְשָׁם וְנָתַתִּי אֶת־
ח נִבְלָתָם לְמַאֲכָל לְעוֹף הַשָּׁמַיִם וּלְבֶהֱמַת הָאָרֶץ׃ וְשַׂמְתִּי אֶת־
הָעִיר הַזֹּאת לְשַׁמָּה וְלִשְׁרֵקָה כֹּל עֹבֵר עָלֶיהָ יִשֹּׁם וְיִשְׁרֹק עַל־

ט כָּל־מַכֹּתֶהָ׃ וְהַאֲכַלְתִּים אֶת־בְּשַׂר בְּנֵיהֶם וְאֵת בְּשַׂר בְּנֹתֵיהֶם
וְאִישׁ בְּשַׂר־רֵעֵהוּ יֹאכֵלוּ בְּמָצוֹר וּבְמָצוֹק אֲשֶׁר יָצִיקוּ לָהֶם
י אֹיְבֵיהֶם וּמְבַקְשֵׁי נַפְשָׁם׃ וְשָׁבַרְתָּ הַבַּקְבֻּק לְעֵינֵי הָאֲנָשִׁים
יא הַהֹלְכִים אוֹתָךְ׃ וְאָמַרְתָּ אֲלֵיהֶם כֹּה־אָמַר ׀ יהוה צְבָאוֹת כָּכָה
אֶשְׁבֹּר אֶת־הָעָם הַזֶּה וְאֶת־הָעִיר הַזֹּאת כַּאֲשֶׁר יִשְׁבֹּר אֶת־
כְּלִי הַיּוֹצֵר אֲשֶׁר לֹא־יוּכַל לְהֵרָפֵה עוֹד וּבְתֹפֶת יִקְבְּרוּ מֵאֵין
יב מָקוֹם לִקְבּוֹר׃ כֵּן־אֶעֱשֶׂה לַמָּקוֹם הַזֶּה נְאֻם־יהוה וּלְיוֹשְׁבָיו
יג וְלָתֵת אֶת־הָעִיר הַזֹּאת כְּתֹפֶת׃ וְהָיוּ בָּתֵּי יְרוּשָׁלִַם וּבָתֵּי
מַלְכֵי יְהוּדָה כִּמְקוֹם הַתֹּפֶת הַטְּמֵאִים לְכֹל הַבָּתִּים אֲשֶׁר
קִטְּרוּ עַל־גַּגֹּתֵיהֶם לְכֹל צְבָא הַשָּׁמַיִם וְהַסֵּךְ נְסָכִים לֵאלֹהִים
יד אֲחֵרִים׃ וַיָּבֹא יִרְמְיָהוּ מֵהַתֹּפֶת אֲשֶׁר שְׁלָחוֹ
יהוה שָׁם לְהִנָּבֵא וַיַּעֲמֹד בַּחֲצַר בֵּית־יהוה וַיֹּאמֶר אֶל־כָּל־
טו הָעָם׃ כֹּה־אָמַר יהוה צְבָאוֹת אֱלֹהֵי יִשְׂרָאֵל
הִנְנִי מֵבִי אֶל־הָעִיר הַזֹּאת וְעַל־כָּל־עָרֶיהָ אֵת כָּל־הָרָעָה
אֲשֶׁר דִּבַּרְתִּי עָלֶיהָ כִּי הִקְשׁוּ אֶת־עָרְפָּם לְבִלְתִּי שְׁמוֹעַ אֶת־
כ א דְּבָרָי׃ וַיִּשְׁמַע פַּשְׁחוּר בֶּן־אִמֵּר הַכֹּהֵן וְהוּא־פָקִיד נָגִיד בְּבֵית
ב יהוה אֶת־יִרְמְיָהוּ נִבָּא אֶת־הַדְּבָרִים הָאֵלֶּה׃ וַיַּכֶּה פַשְׁחוּר אֵת
יִרְמְיָהוּ הַנָּבִיא וַיִּתֵּן אֹתוֹ עַל־הַמַּהְפֶּכֶת אֲשֶׁר בְּשַׁעַר בִּנְיָמִן
ג הָעֶלְיוֹן אֲשֶׁר בְּבֵית יהוה׃ וַיְהִי מִמָּחֳרָת וַיֹּצֵא פַשְׁחוּר אֶת־
יִרְמְיָהוּ מִן־הַמַּהְפָּכֶת וַיֹּאמֶר אֵלָיו יִרְמְיָהוּ לֹא פַשְׁחוּר קָרָא
ד יהוה שְׁמֶךָ כִּי אִם־מָגוֹר מִסָּבִיב׃ כִּי כֹה
אָמַר יהוה הִנְנִי נֹתֶנְךָ לְמָגוֹר לְךָ וּלְכָל־אֹהֲבֶיךָ וְנָפְלוּ בְּחֶרֶב
אֹיְבֵיהֶם וְעֵינֶיךָ רֹאוֹת וְאֶת־כָּל־יְהוּדָה אֶתֵּן בְּיַד מֶלֶךְ־בָּבֶל
ה וְהִגְלָם בָּבֶלָה וְהִכָּם בֶּחָרֶב׃ וְנָתַתִּי אֶת־כָּל־חֹסֶן הָעִיר
הַזֹּאת וְאֶת־כָּל־יְגִיעָהּ וְאֶת־כָּל־יְקָרָהּ וְאֵת כָּל־אוֹצְרוֹת
מַלְכֵי יְהוּדָה אֶתֵּן בְּיַד אֹיְבֵיהֶם וּבְזָזוּם וּלְקָחוּם וֶהֱבִיאוּם
ו בָּבֶלָה׃ וְאַתָּה פַשְׁחוּר וְכֹל יֹשְׁבֵי בֵיתֶךָ תֵּלְכוּ בַּשֶּׁבִי וּבָבֶל

תָּבוֹא וְשָׁם תָּמוּת וְשָׁם תִּקָּבֵר אַתָּה וְכָל־אֹהֲבֶיךָ אֲשֶׁר־נִבֵּאתָ
ז לָהֶם בַּשָּׁקֶר׃ פִּתִּיתַנִי יְהוָה וָאֶפָּת חֲזַקְתַּנִי וַתּוּכָל
ח הָיִיתִי לִשְׂחוֹק כָּל־הַיּוֹם כֻּלֹּה לֹעֵג לִי׃ כִּי־מִדֵּי אֲדַבֵּר אֶזְעָק
חָמָס וָשֹׁד אֶקְרָא כִּי־הָיָה דְבַר־יְהוָה לִי לְחֶרְפָּה וּלְקֶלֶס כָּל־
ט הַיּוֹם׃ וְאָמַרְתִּי לֹא־אֶזְכְּרֶנּוּ וְלֹא־אֲדַבֵּר עוֹד בִּשְׁמוֹ וְהָיָה בְלִבִּי
י כְּאֵשׁ בֹּעֶרֶת עָצֻר בְּעַצְמֹתָי וְנִלְאֵיתִי כַּלְכֵל וְלֹא אוּכָל׃ כִּי
שָׁמַעְתִּי דִּבַּת רַבִּים מָגוֹר מִסָּבִיב הַגִּידוּ וְנַגִּידֶנּוּ כֹּל אֱנוֹשׁ
שְׁלֹמִי שֹׁמְרֵי צַלְעִי אוּלַי יְפֻתֶּה וְנוּכְלָה לוֹ וְנִקְחָה נִקְמָתֵנוּ
יא מִמֶּנּוּ׃ וַיהוָה אוֹתִי כְּגִבּוֹר עָרִיץ עַל־כֵּן רֹדְפַי יִכָּשְׁלוּ
וְלֹא יֻכָלוּ בֹּשׁוּ מְאֹד כִּי־לֹא הִשְׂכִּילוּ כְּלִמַּת עוֹלָם לֹא
יב תִשָּׁכֵחַ׃ וַיהוָה צְבָאוֹת בֹּחֵן צַדִּיק רֹאֶה כְלָיוֹת וָלֵב אֶרְאֶה
יג נִקְמָתְךָ מֵהֶם כִּי אֵלֶיךָ גִּלִּיתִי אֶת־רִיבִי׃ שִׁירוּ יא
לַיהוָה הַלְלוּ אֶת־יְהוָה כִּי הִצִּיל אֶת־נֶפֶשׁ אֶבְיוֹן מִיַּד
יד מְרֵעִים׃ אָרוּר הַיּוֹם אֲשֶׁר יֻלַּדְתִּי בּוֹ יוֹם אֲשֶׁר־
טו יְלָדַתְנִי אִמִּי אַל־יְהִי בָרוּךְ׃ אָרוּר הָאִישׁ אֲשֶׁר בִּשַּׂר אֶת־אָבִי
טז לֵאמֹר יֻלַּד־לְךָ בֵּן זָכָר שַׂמֵּחַ שִׂמְּחָהוּ׃ וְהָיָה הָאִישׁ הַהוּא
כֶּעָרִים אֲשֶׁר־הָפַךְ יְהוָה וְלֹא נִחָם וְשָׁמַע זְעָקָה בַּבֹּקֶר וּתְרוּעָה
יז בְּעֵת צָהֳרָיִם׃ אֲשֶׁר לֹא־מוֹתְתַנִי מֵרָחֶם וַתְּהִי־לִי אִמִּי קִבְרִי
יח וְרַחְמָה הֲרַת עוֹלָם׃ לָמָּה זֶּה מֵרֶחֶם יָצָאתִי לִרְאוֹת עָמָל
כא א וְיָגוֹן וַיִּכְלוּ בְּבֹשֶׁת יָמָי׃ הַדָּבָר אֲשֶׁר־הָיָה
אֶל־יִרְמְיָהוּ מֵאֵת יְהוָה בִּשְׁלֹחַ אֵלָיו הַמֶּלֶךְ צִדְקִיָּהוּ אֶת־
פַּשְׁחוּר בֶּן־מַלְכִּיָּה וְאֶת־צְפַנְיָה בֶן־מַעֲשֵׂיָה הַכֹּהֵן לֵאמֹר׃
ב דְּרָשׁ־נָא בַעֲדֵנוּ אֶת־יְהוָה כִּי נְבוּכַדְרֶאצַּר מֶלֶךְ־בָּבֶל
נִלְחָם עָלֵינוּ אוּלַי יַעֲשֶׂה יְהוָה אוֹתָנוּ כְּכָל־נִפְלְאֹתָיו וְיַעֲלֶה
ג מֵעָלֵינוּ׃ וַיֹּאמֶר יִרְמְיָהוּ אֲלֵיהֶם כֹּה תֹאמְרֻן
ד אֶל־צִדְקִיָּהוּ׃ כֹּה־אָמַר יְהוָה אֱלֹהֵי יִשְׂרָאֵל הִנְנִי מֵסֵב אֶת־
כְּלֵי הַמִּלְחָמָה אֲשֶׁר בְּיֶדְכֶם אֲשֶׁר אַתֶּם נִלְחָמִים בָּם אֶת־מֶלֶךְ

בָּבֶל וְאֶת־הַכַּשְׂדִּים הַצָּרִים עֲלֵיכֶם מִחוּץ לַחוֹמָה וְאָסַפְתִּי
ה אוֹתָם אֶל־תּוֹךְ הָעִיר הַזֹּאת׃ וְנִלְחַמְתִּי אֲנִי אִתְּכֶם בְּיָד נְטוּיָה
ו וּבִזְרוֹעַ חֲזָקָה וּבְאַף וּבְחֵמָה וּבְקֶצֶף גָּדוֹל׃ וְהִכֵּיתִי אֶת־יוֹשְׁבֵי
הָעִיר הַזֹּאת וְאֶת־הָאָדָם וְאֶת־הַבְּהֵמָה בְּדֶבֶר גָּדוֹל יָמֻתוּ׃
ז וְאַחֲרֵי־כֵן נְאֻם־יְהוָה אֶתֵּן אֶת־צִדְקִיָּהוּ מֶלֶךְ־יְהוּדָה וְאֶת־
עֲבָדָיו וְאֶת־הָעָם וְאֶת־הַנִּשְׁאָרִים בָּעִיר הַזֹּאת מִן־הַדֶּבֶר
מִן־הַחֶרֶב וּמִן־הָרָעָב בְּיַד נְבוּכַדְרֶאצַּר מֶלֶךְ־בָּבֶל וּבְיַד
אֹיְבֵיהֶם וּבְיַד מְבַקְשֵׁי נַפְשָׁם וְהִכָּם לְפִי־חֶרֶב לֹא־יָחוּס עֲלֵיהֶם
ח וְלֹא יַחְמֹל וְלֹא יְרַחֵם׃ וְאֶל־הָעָם הַזֶּה תֹּאמַר כֹּה אָמַר יְהוָה
ט הִנְנִי נֹתֵן לִפְנֵיכֶם אֶת־דֶּרֶךְ הַחַיִּים וְאֶת־דֶּרֶךְ הַמָּוֶת׃ הַיֹּשֵׁב בָּעִיר
הַזֹּאת יָמוּת בַּחֶרֶב וּבָרָעָב וּבַדָּבֶר וְהַיּוֹצֵא וְנָפַל עַל־הַכַּשְׂדִּים
י הַצָּרִים עֲלֵיכֶם יחיה וְהָיְתָה־לּוֹ נַפְשׁוֹ לְשָׁלָל׃ כִּי שַׂמְתִּי פָנַי וְחָיָה
בָּעִיר הַזֹּאת לְרָעָה וְלֹא לְטוֹבָה נְאֻם־יְהוָה בְּיַד מֶלֶךְ־בָּבֶל
יא תִּנָּתֵן וּשְׂרָפָהּ בָּאֵשׁ׃ וּלְבֵית מֶלֶךְ יְהוּדָה שִׁמְעוּ
יב דְּבַר־יְהוָה׃ בֵּית דָּוִד כֹּה אָמַר יְהוָה דִּינוּ לַבֹּקֶר מִשְׁפָּט
וְהַצִּילוּ גָזוּל מִיַּד עוֹשֵׁק פֶּן־תֵּצֵא כָאֵשׁ חֲמָתִי וּבָעֲרָה וְאֵין
יג מְכַבֶּה מִפְּנֵי רֹעַ מעלליהם׃ הִנְנִי אֵלַיִךְ יֹשֶׁבֶת הָעֵמֶק צוּר מַעַלְלֵיכֶם
הַמִּישֹׁר נְאֻם־יְהוָה הָאֹמְרִים מִי־יֵחַת עָלֵינוּ וּמִי יָבוֹא
יד בִּמְעוֹנוֹתֵינוּ׃ וּפָקַדְתִּי עֲלֵיכֶם כִּפְרִי מַעַלְלֵיכֶם נְאֻם־יְהוָה
כב א וְהִצַּתִּי אֵשׁ בְּיַעְרָהּ וְאָכְלָה כָּל־סְבִיבֶיהָ׃ כֹּה
אָמַר יְהוָה רֵד בֵּית־מֶלֶךְ יְהוּדָה וְדִבַּרְתָּ שָּׁם אֶת־הַדָּבָר הַזֶּה׃
ב וְאָמַרְתָּ שְׁמַע דְּבַר־יְהוָה מֶלֶךְ יְהוּדָה הַיֹּשֵׁב עַל־כִּסֵּא דָוִד
ג אַתָּה וַעֲבָדֶיךָ וְעַמְּךָ הַבָּאִים בַּשְּׁעָרִים הָאֵלֶּה׃ כֹּה אָמַר יְהוָה
עֲשׂוּ מִשְׁפָּט וּצְדָקָה וְהַצִּילוּ גָזוּל מִיַּד עָשׁוֹק וְגֵר יָתוֹם וְאַלְמָנָה
ד אַל־תֹּנוּ אַל־תַּחְמֹסוּ וְדָם נָקִי אַל־תִּשְׁפְּכוּ בַּמָּקוֹם הַזֶּה׃ כִּי אִם־
עָשׂוֹ תַּעֲשׂוּ אֶת־הַדָּבָר הַזֶּה וּבָאוּ בְשַׁעֲרֵי הַבַּיִת הַזֶּה מְלָכִים
יֹשְׁבִים לְדָוִד עַל־כִּסְאוֹ רֹכְבִים בָּרֶכֶב וּבַסּוּסִים הוּא וַעֲבָדָו

ועמו: ואם לא תשמעו את־הדברים האלה בי נשבעתי ה
נאם־יהוה כי־לחרבה יהיה הבית הזה: כי־ ו
כה ׀ אמר יהוה על־בית מלך יהודה גלעד אתה לי ראש
הלבנון אם־לא אשיתך מדבר ערים לא נושבה: וקדשתי ז
נושבו
עליך משחתים איש וכליו וכרתו מבחר ארזיך והפילו על־
האש: ועברו גוים רבים על העיר הזאת ואמרו איש אל־ ח
רעהו על־מה עשה יהוה ככה לעיר הגדולה הזאת: ואמרו ט
על אשר עזבו את־ברית יהוה אלהיהם וישתחוו לאלהים
אחרים ויעבדום: אל־תבכו למת ואל־תנדו י
לו בכו בכו להלך כי לא ישוב עוד וראה את־ארץ
מולדתו: כי־כה אמר־יהוה אל־שלם בן־ יא
יאשיהו מלך יהודה המלך תחת יאשיהו אביו אשר יצא מן־
המקום הזה לא־ישוב שם עוד: כי במקום אשר־הגלו אתו יב
שם ימות ואת־הארץ הזאת לא־יראה עוד: הוי יג
בנה ביתו בלא־צדק ועליותיו בלא משפט ברעהו יעבד חנם
ופעלו לא יתן־לו: האמר אבנה־לי בית מדות ועליות יד
מרווחים וקרע לו חלוני וספון בארז ומשוח בששר: התמלך טו
כי אתה מתחרה בארז אביך הלוא אכל ושתה ועשה
משפט וצדקה אז טוב לו: דן דין־עני ואביון אז טוב הלא־ טז
היא הדעת אתי נאם־יהוה: כי אין עיניך ולבך כי אם־ יז
על־בצעך ועל דם־הנקי לשפוך ועל־העשק ועל־המרוצה
לעשות: לכן כה־אמר יהוה אל־יהויקים בן־ יח
יאשיהו מלך יהודה לא־יספדו לו הוי אחי והוי אחות לא־
יספדו לו הוי אדון והוי הדה: קבורת חמור יקבר סחוב יט
והשלך מהלאה לשערי ירושלם: עלי הלבנון כ
וצעקי ובבשן תני קולך וצעקי מעברים כי נשברו כל־
מאהביך: דברתי אליך בשלותיך אמרת לא אשמע זה כא

כב דרכך מנעוריך כי לא־שמעת בקולי: כל־רעיך תרעה־רוח
ומאהביך בשבי ילכו כי אז תבשי ונכלמת מכל רעתך:
כג ישבתי בלבנון מקננתי בארזים מה־נחנת בבא־לך חבלים ישבת | מקננת
כד חיל כילדה: חי־אני נאם־יהוה כי אם־יהיה כניהו בן־
יהויקים מלך יהודה חותם על־יד ימיני כי משם אתקנך:
כה ונתתיך ביד מבקשי נפשך וביד אשר־אתה יגור מפניהם
כו וביד נבוכדראצר מלך־בבל וביד הכשדים: והטלתי אתך
ואת־אמך אשר ילדתך על הארץ אחרת אשר לא־ילדתם
כז שם ושם תמותו: ועל־הארץ אשר־הם מנשאים את־נפשם
כח לשוב שם שמה לא ישובו: העצב נבזה נפוץ
האיש הזה כניהו אם־כלי אין חפץ בו מדוע הוטלו הוא
כט וזרעו והשלכו על־הארץ אשר לא־ידעו: ארץ ארץ ארץ
ל שמעי דבר־יהוה: כה ׀ אמר יהוה כתבו את־האיש הזה
ערירי גבר לא־יצלח בימיו כי לא יצלח מזרעו איש ישב
כג א על־כסא דוד ומשל עוד ביהודה: הוי רעים
ב מאבדים ומפצים את־צאן מרעיתי נאם־יהוה: לכן כה־
אמר יהוה אלהי ישראל על־הרעים הרעים את־עמי אתם
הפצתם את־צאני ותדחום ולא פקדתם אתם הנני פקד
ג עליכם את־רע מעלליכם נאם־יהוה: ואני אקבץ את־
שארית צאני מכל הארצות אשר־הדחתי אתם שם והשבתי
ד אתהן על־נוהן ופרו ורבו: והקמתי עליהם רעים ורעום ולא־
ה ייראו עוד ולא־יחתו ולא יפקדו נאם־יהוה: הנה
ימים באים נאם־יהוה והקמתי לדוד צמח צדיק ומלך
ו מלך והשכיל ועשה משפט וצדקה בארץ: בימיו תושע יב
יהודה וישראל ישכן לבטח וזה־שמו אשר־יקראו יהוה ׀
ז צדקנו: לכן הנה־ימים באים נאם־יהוה ולא־
יאמרו עוד חי־יהוה אשר העלה את־בני ישראל מארץ

מִצְרָיִם׃ כִּי אִם־חַי־יְהוָה אֲשֶׁר הֶעֱלָה וַאֲשֶׁר הֵבִיא אֶת־זֶרַע ח
בֵּית יִשְׂרָאֵל מֵאֶרֶץ צָפוֹנָה וּמִכֹּל הָאֲרָצוֹת אֲשֶׁר הִדַּחְתִּים שָׁם
וְיָשְׁבוּ עַל־אַדְמָתָם׃ לַנְּבִאִים נִשְׁבַּר לִבִּי בְקִרְבִּי ט
רָחֲפוּ כָּל־עַצְמוֹתַי הָיִיתִי כְּאִישׁ שִׁכּוֹר וּכְגֶבֶר עֲבָרוֹ יָיִן מִפְּנֵי
יְהוָה וּמִפְּנֵי דִּבְרֵי קָדְשׁוֹ׃ כִּי מְנָאֲפִים מָלְאָה הָאָרֶץ כִּי־מִפְּנֵי י
אָלָה אָבְלָה הָאָרֶץ יָבְשׁוּ נְאוֹת מִדְבָּר וַתְּהִי מְרוּצָתָם רָעָה
וּגְבוּרָתָם לֹא־כֵן׃ כִּי־גַם־נָבִיא גַם־כֹּהֵן חָנֵפוּ גַּם־בְּבֵיתִי יא
מָצָאתִי רָעָתָם נְאֻם־יְהוָה׃ לָכֵן יִהְיֶה דַרְכָּם לָהֶם כַּחֲלַקְלַקּוֹת יב
בָּאֲפֵלָה יִדַּחוּ וְנָפְלוּ בָהּ כִּי־אָבִיא עֲלֵיהֶם רָעָה שְׁנַת פְּקֻדָּתָם
נְאֻם־יְהוָה׃ וּבִנְבִיאֵי שֹׁמְרוֹן רָאִיתִי תִפְלָה
הִנַּבְּאוּ בַבַּעַל וַיַּתְעוּ אֶת־עַמִּי אֶת־יִשְׂרָאֵל׃ וּבִנְבִאֵי יְרוּשָׁלִַם יד
רָאִיתִי שַׁעֲרוּרָה נָאוֹף וְהָלֹךְ בַּשֶּׁקֶר וְחִזְּקוּ יְדֵי מְרֵעִים
לְבִלְתִּי־שָׁבוּ אִישׁ מֵרָעָתוֹ הָיוּ־לִי כֻלָּם כִּסְדֹם וְיֹשְׁבֶיהָ
כַּעֲמֹרָה׃ לָכֵן כֹּה־אָמַר יְהוָה צְבָאוֹת עַל־ טו
הַנְּבִאִים הִנְנִי מַאֲכִיל אוֹתָם לַעֲנָה וְהִשְׁקִתִים מֵי־רֹאשׁ כִּי מֵאֵת
נְבִיאֵי יְרוּשָׁלִַם יָצְאָה חֲנֻפָּה לְכָל־הָאָרֶץ׃ כֹּה־ טז
אָמַר יְהוָה צְבָאוֹת אַל־תִּשְׁמְעוּ עַל־דִּבְרֵי הַנְּבִאִים הַנִּבְּאִים
לָכֶם מַהְבִּלִים הֵמָּה אֶתְכֶם חֲזוֹן לִבָּם יְדַבֵּרוּ לֹא מִפִּי יְהוָה׃
אֹמְרִים אָמוֹר לִמְנַאֲצַי דִּבֶּר יְהוָה שָׁלוֹם יִהְיֶה לָכֶם וְכֹל יז
הֹלֵךְ בִּשְׁרִרוּת לִבּוֹ אָמְרוּ לֹא־תָבוֹא עֲלֵיכֶם רָעָה׃ כִּי מִי יח
דְּבָרוֹ עָמַד בְּסוֹד יְהוָה וְיֵרֶא וְיִשְׁמַע אֶת־דְּבָרוֹ מִי־הִקְשִׁיב דברי
וַיִּשְׁמָע׃ הִנֵּה ׀ סַעֲרַת יְהוָה חֵמָה יָצְאָה וְסַעַר יט
מִתְחוֹלֵל עַל רֹאשׁ רְשָׁעִים יָחוּל׃ לֹא יָשׁוּב אַף־יְהוָה עַד־ כ
עֲשֹׂתוֹ וְעַד־הֲקִימוֹ מְזִמּוֹת לִבּוֹ בְּאַחֲרִית הַיָּמִים תִּתְבּוֹנְנוּ בָהּ
בִּינָה׃ לֹא־שָׁלַחְתִּי אֶת־הַנְּבִאִים וְהֵם רָצוּ לֹא־דִבַּרְתִּי אֲלֵיהֶם כא
וְהֵם נִבָּאוּ׃ וְאִם־עָמְדוּ בְּסוֹדִי וְיַשְׁמִעוּ דְבָרַי אֶת־עַמִּי וִישִׁבוּם כב
מִדַּרְכָּם הָרָע וּמֵרֹעַ מַעַלְלֵיהֶם׃ הַאֱלֹהֵי מִקָּרֹב כג

כד אני נאם־יהוה ולא אלהי מרחק: אם־יסתר איש במסתרים
ואני לא־אראנו נאם־יהוה הלוא את־השמים ואת־הארץ
כה אני מלא נאם־יהוה: שמעתי את אשר־אמרו הנבאים
כו הנבאים בשמי שקר לאמר חלמתי חלמתי: עד־מתי היש
כז בלב הנבאים נבאי השקר ונביאי תרמת לבם: החשבים
להשכיח את־עמי שמי בחלומתם אשר יספרו איש לרעהו
כח כאשר שכחו אבותם את־שמי בבעל: הנביא אשר־אתו
חלום יספר חלום ואשר דברי אתו ידבר דברי אמת מה־
כט לתבן את־הבר נאם־יהוה: הלוא כה דברי כאש נאם־יהוה
ל וכפטיש יפצץ סלע: לכן הנני על־הנבאים נאם־יהוה מגנבי
לא דברי איש מאת רעהו: הנני על־הנביאם נאם־יהוה הלקחים
לב לשונם וינאמו נאם: הנני על־נבאי חלמות שקר נאם־יהוה
ויספרום ויתעו את־עמי בשקריהם ובפחזותם ואנכי לא־
שלחתים ולא צויתים והועיל לא־יועילו לעם־הזה נאם־יהוה:
לג וכי־ישאלך העם הזה או־הנביא או־כהן לאמר מה־משא
יהוה ואמרת אליהם את־מה־משא ונטשתי אתכם נאם־
לד יהוה: והנביא והכהן והעם אשר יאמר משא יהוה ופקדתי
לה על־האיש ההוא ועל־ביתו: כה תאמרו איש על־רעהו ואיש
לו אל־אחיו מה־ענה יהוה ומה־דבר יהוה: ומשא יהוה לא
תזכרו־עוד כי המשא יהיה לאיש דברו והפכתם את־דברי
לז אלהים חיים יהוה צבאות אלהינו: כה תאמר אל־הנביא
לח מה־ענך יהוה ומה־דבר יהוה: ואם־משא יהוה תאמרו לכן
כה אמר יהוה יען אמרכם את־הדבר הזה משא יהוה
לט ואשלח אליכם לאמר לא תאמרו משא יהוה: לכן הנני
ונשיתי אתכם נשא ונטשתי אתכם ואת־העיר אשר נתתי
מ לכם ולאבותיכם מעל פני: ונתתי עליכם חרפת עולם וכלמות
כד א עולם אשר לא תשכח: הראני יהוה והנה שני

דּוּדָאֵי תְאֵנִים מוּעָדִים לִפְנֵי הֵיכַל יְהוָה אַחֲרֵי הַגְלוֹת
נְבוּכַדְרֶאצַּר מֶלֶךְ־בָּבֶל אֶת־יְכָנְיָהוּ בֶן־יְהוֹיָקִים מֶלֶךְ־יְהוּדָה
וְאֶת־שָׂרֵי יְהוּדָה וְאֶת־הֶחָרָשׁ וְאֶת־הַמַּסְגֵּר מִירוּשָׁלִַם
ב וַיְבִאֵם בָּבֶל׃ הַדּוּד אֶחָד תְּאֵנִים טֹבוֹת מְאֹד כִּתְאֵנֵי
הַבַּכֻּרוֹת וְהַדּוּד אֶחָד תְּאֵנִים רָעוֹת מְאֹד אֲשֶׁר לֹא־תֵאָכַלְנָה
ג מֵרֹעַ׃ וַיֹּאמֶר יְהוָה אֵלַי מָה־אַתָּה רֹאֶה יִרְמְיָהוּ
וָאֹמַר תְּאֵנִים הַתְּאֵנִים הַטֹּבוֹת טֹבוֹת מְאֹד וְהָרָעוֹת רָעוֹת
ד מְאֹד אֲשֶׁר לֹא־תֵאָכַלְנָה מֵרֹעַ׃ וַיְהִי דְבַר־
ה יְהוָה אֵלַי לֵאמֹר׃ כֹּה־אָמַר יְהוָה אֱלֹהֵי יִשְׂרָאֵל כַּתְּאֵנִים
הַטֹּבוֹת הָאֵלֶּה כֵּן אַכִּיר אֶת־גָּלוּת יְהוּדָה אֲשֶׁר שִׁלַּחְתִּי מִן־
ו הַמָּקוֹם הַזֶּה אֶרֶץ כַּשְׂדִּים לְטוֹבָה׃ וְשַׂמְתִּי עֵינִי עֲלֵיהֶם לְטוֹבָה
וַהֲשִׁבֹתִים עַל־הָאָרֶץ הַזֹּאת וּבְנִיתִים וְלֹא אֶהֱרֹס וּנְטַעְתִּים
ז וְלֹא אֶתּוֹשׁ׃ וְנָתַתִּי לָהֶם לֵב לָדַעַת אֹתִי כִּי אֲנִי יְהוָה וְהָיוּ־ יג
לִי לְעָם וְאָנֹכִי אֶהְיֶה לָהֶם לֵאלֹהִים כִּי־יָשֻׁבוּ אֵלַי בְּכָל־
ח לִבָּם׃ וְכַתְּאֵנִים הָרָעוֹת אֲשֶׁר לֹא־תֵאָכַלְנָה
מֵרֹעַ כִּי־כֹה ׀ אָמַר יְהוָה כֵּן אֶתֵּן אֶת־צִדְקִיָּהוּ מֶלֶךְ־יְהוּדָה
וְאֶת־שָׂרָיו וְאֵת ׀ שְׁאֵרִית יְרוּשָׁלִַם הַנִּשְׁאָרִים בָּאָרֶץ הַזֹּאת
ט וְהַיֹּשְׁבִים בְּאֶרֶץ מִצְרָיִם׃ וּנְתַתִּים לזועה לְרָעָה לְכֹל לְזַעֲוָה
מַמְלְכוֹת הָאָרֶץ לְחֶרְפָּה וּלְמָשָׁל לִשְׁנִינָה וְלִקְלָלָה בְּכָל־
י הַמְּקֹמוֹת אֲשֶׁר־אַדִּיחֵם שָׁם׃ וְשִׁלַּחְתִּי בָם אֶת־הַחֶרֶב אֶת־
הָרָעָב וְאֶת־הַדָּבֶר עַד־תֻּמָּם מֵעַל הָאֲדָמָה אֲשֶׁר־נָתַתִּי לָהֶם
כה א וְלַאֲבוֹתֵיהֶם׃ הַדָּבָר אֲשֶׁר־הָיָה עַל־יִרְמְיָהוּ
עַל־כָּל־עַם יְהוּדָה בַּשָּׁנָה הָרְבִעִית לִיהוֹיָקִים בֶּן־יֹאשִׁיָּהוּ
מֶלֶךְ יְהוּדָה הִיא הַשָּׁנָה הָרִאשֹׁנִית לִנְבוּכַדְרֶאצַּר מֶלֶךְ בָּבֶל׃
ב אֲשֶׁר דִּבֶּר יִרְמְיָהוּ הַנָּבִיא עַל־כָּל־עַם יְהוּדָה וְאֶל כָּל־יֹשְׁבֵי
ג יְרוּשָׁלִַם לֵאמֹר׃ מִן־שְׁלֹשׁ עֶשְׂרֵה שָׁנָה לְיֹאשִׁיָּהוּ בֶן־אָמוֹן
מֶלֶךְ יְהוּדָה וְעַד ׀ הַיּוֹם הַזֶּה זֶה שָׁלֹשׁ וְעֶשְׂרִים שָׁנָה הָיָה

דַּבֵּר־יְהוָה אֵלַי וָאֲדַבֵּר אֲלֵיכֶם אַשְׁכֵּים וְדַבֵּר וְלֹא שְׁמַעְתֶּם׃
ד וְשָׁלַח יְהוָה אֲלֵיכֶם אֶת־כָּל־עֲבָדָיו הַנְּבִאִים הַשְׁכֵּם וְשָׁלֹחַ וְלֹא
ה שְׁמַעְתֶּם וְלֹא־הִטִּיתֶם אֶת־אָזְנְכֶם לִשְׁמֹעַ׃ לֵאמֹר שׁוּבוּ־נָא
אִישׁ מִדַּרְכּוֹ הָרָעָה וּמֵרֹעַ מַעַלְלֵיכֶם וּשְׁבוּ עַל־הָאֲדָמָה אֲשֶׁר
ו נָתַן יְהוָה לָכֶם וְלַאֲבוֹתֵיכֶם לְמִן־עוֹלָם וְעַד־עוֹלָם׃ וְאַל־
תֵּלְכוּ אַחֲרֵי אֱלֹהִים אֲחֵרִים לְעָבְדָם וּלְהִשְׁתַּחֲוֺת לָהֶם
ז וְלֹא־תַכְעִיסוּ אוֹתִי בְּמַעֲשֵׂה יְדֵיכֶם וְלֹא אָרַע לָכֶם׃ וְלֹא־
שְׁמַעְתֶּם אֵלַי נְאֻם־יְהוָה לְמַעַן הכעסוני בְּמַעֲשֵׂה יְדֵיכֶם לְרַע הַכְעִסֵנִי
ח לָכֶם׃ לָכֵן כֹּה אָמַר יְהוָה צְבָאוֹת יַעַן אֲשֶׁר לֹא־
ט שְׁמַעְתֶּם אֶת־דְּבָרָי׃ הִנְנִי שֹׁלֵחַ וְלָקַחְתִּי אֶת־כָּל־מִשְׁפְּחוֹת
צָפוֹן נְאֻם־יְהוָה וְאֶל־נְבוּכַדְרֶאצַּר מֶלֶךְ־בָּבֶל עַבְדִּי וַהֲבִאֹתִים
עַל־הָאָרֶץ הַזֹּאת וְעַל־יֹשְׁבֶיהָ וְעַל כָּל־הַגּוֹיִם הָאֵלֶּה סָבִיב
וְהַחֲרַמְתִּים וְשַׂמְתִּים לְשַׁמָּה וְלִשְׁרֵקָה וּלְחָרְבוֹת עוֹלָם׃
י וְהַאֲבַדְתִּי מֵהֶם קוֹל שָׂשׂוֹן וְקוֹל שִׂמְחָה קוֹל חָתָן וְקוֹל כַּלָּה
יא קוֹל רֵחַיִם וְאוֹר נֵר׃ וְהָיְתָה כָּל־הָאָרֶץ הַזֹּאת לְחָרְבָּה לְשַׁמָּה
יב וְעָבְדוּ הַגּוֹיִם הָאֵלֶּה אֶת־מֶלֶךְ בָּבֶל שִׁבְעִים שָׁנָה׃ וְהָיָה
כִמְלֹאות שִׁבְעִים שָׁנָה אֶפְקֹד עַל־מֶלֶךְ־בָּבֶל וְעַל־הַגּוֹי הַהוּא
נְאֻם־יְהוָה אֶת־עֲוֺנָם וְעַל־אֶרֶץ כַּשְׂדִּים וְשַׂמְתִּי אֹתוֹ
יג לְשִׁמְמוֹת עוֹלָם׃ והבאותי עַל־הָאָרֶץ הַהִיא אֶת־כָּל־דְּבָרַי וְהֵבֵאתִי
אֲשֶׁר־דִּבַּרְתִּי עָלֶיהָ אֵת כָּל־הַכָּתוּב בַּסֵּפֶר הַזֶּה אֲשֶׁר־
יד נִבָּא יִרְמְיָהוּ עַל־כָּל־הַגּוֹיִם׃ כִּי עָבְדוּ־בָם גַּם־הֵמָּה גּוֹיִם
רַבִּים וּמְלָכִים גְּדוֹלִים וְשִׁלַּמְתִּי לָהֶם כְּפָעֳלָם וּכְמַעֲשֵׂה
טו יְדֵיהֶם׃ כִּי כֹה אָמַר יְהוָה אֱלֹהֵי יִשְׂרָאֵל אֵלַי
קַח אֶת־כּוֹס הַיַּיִן הַחֵמָה הַזֹּאת מִיָּדִי וְהִשְׁקִיתָה אֹתוֹ אֶת־
טז כָּל־הַגּוֹיִם אֲשֶׁר אָנֹכִי שֹׁלֵחַ אוֹתְךָ אֲלֵיהֶם׃ וְשָׁתוּ וְהִתְגֹּעֲשׁוּ
יז וְהִתְהֹלָלוּ מִפְּנֵי הַחֶרֶב אֲשֶׁר אָנֹכִי שֹׁלֵחַ בֵּינֹתָם׃ וָאֶקַּח אֶת־
הַכּוֹס מִיַּד יְהוָה וָאַשְׁקֶה אֶת־כָּל־הַגּוֹיִם אֲשֶׁר־שְׁלָחַנִי יְהוָה

יח אליהם: את־ירושלם ואת־ערי יהודה ואת־מלכיה את־
שריה לתת אתם לחרבה לשמה לשרקה ולקללה כיום הזה:
יט את־פרעה מלך־מצרים ואת־עבדיו ואת־שריו ואת־כל־
כ עמו: ואת כל־הערב ואת כל־מלכי ארץ העוץ ואת כל־
מלכי ארץ פלשתים ואת־אשקלון ואת־עזה ואת־עקרון
כא ואת שארית אשדוד: את־אדום ואת־מואב ואת־בני עמון:
כב ואת כל־מלכי צר ואת כל־מלכי צידון ואת מלכי האי אשר
כג בעבר הים: את־דדן ואת־תימא ואת־בוז ואת כל־קצוצי
כד פאה: ואת כל־מלכי ערב ואת כל־מלכי הערב השכנים
כה במדבר: ואת ׀ כל־מלכי זמרי ואת כל־מלכי עילם ואת כל־
כו מלכי מדי: ואת ׀ כל־מלכי הצפון הקרבים והרחקים איש
אל־אחיו ואת כל־הממלכות הארץ אשר על־פני האדמה
כז ומלך ששך ישתה אחריהם: ואמרת אליהם כה־אמר יהוה
צבאות אלהי ישראל שתו ושכרו וקיו ונפלו ולא תקומו מפני
כח החרב אשר אנכי שלח ביניכם: והיה כי ימאנו לקחת־הכוס
מידך לשתות ואמרת אליהם כה אמר יהוה צבאות שתו
כט תשתו: כי הנה בעיר אשר־נקרא שמי עליה אנכי מחל
להרע ואתם הנקה תנקו לא תנקו כי חרב אני קרא על־
ל כל־ישבי הארץ נאם יהוה צבאות: ואתה תנבא אליהם את
כל־הדברים האלה ואמרת אליהם יהוה ממרום ישאג
וממעון קדשו יתן קולו שאג ישאג על־נוהו הידד כדרכים
לא יענה אל כל־ישבי הארץ: בא שאון עד־קצה הארץ כי ריב
ליהוה בגוים נשפט הוא לכל־בשר הרשעים נתנם לחרב
לב נאם־יהוה: כה אמר יהוה צבאות הנה רעה
לג יצאת מגוי אל־גוי וסער גדול יעור מירכתי־ארץ: והיו חללי
יהוה ביום ההוא מקצה הארץ ועד־קצה הארץ לא יספדו
לד ולא יאספו ולא יקברו לדמן על־פני האדמה יהיו: הילילו

הָרֹעִים וְזַעֲקוּ וְהִתְפַּלְּשׁוּ אַדִּירֵי הַצֹּאן כִּי־מָלְאוּ יְמֵיכֶם לִטְבוֹחַ
לה וּתְפוֹצוֹתִיכֶם וּנְפַלְתֶּם כִּכְלִי חֶמְדָּה: וְאָבַד מָנוֹס מִן־הָרֹעִים
לו וּפְלֵיטָה מֵאַדִּירֵי הַצֹּאן: קוֹל צַעֲקַת הָרֹעִים וִילְלַת אַדִּירֵי
לז הַצֹּאן כִּי־שֹׁדֵד יְהוָה אֶת־מַרְעִיתָם: וְנָדַמּוּ נְאוֹת הַשָּׁלוֹם מִפְּנֵי
לח חֲרוֹן אַף־יְהוָה: עָזַב כַּכְּפִיר סֻכּוֹ כִּי־הָיְתָה אַרְצָם לְשַׁמָּה מִפְּנֵי
כו א חֲרוֹן הַיּוֹנָה וּמִפְּנֵי חֲרוֹן אַפּוֹ: בְּרֵאשִׁית מַמְלְכוּת יד
יְהוֹיָקִים בֶּן־יֹאשִׁיָּהוּ מֶלֶךְ יְהוּדָה הָיָה הַדָּבָר הַזֶּה מֵאֵת יְהוָה
ב לֵאמֹר: כֹּה ׀ אָמַר יְהוָה עֲמֹד בַּחֲצַר בֵּית־יְהוָה וְדִבַּרְתָּ עַל־
כָּל־עָרֵי יְהוּדָה הַבָּאִים לְהִשְׁתַּחֲוֺת בֵּית־יְהוָה אֵת כָּל־
ג הַדְּבָרִים אֲשֶׁר צִוִּיתִיךָ לְדַבֵּר אֲלֵיהֶם אַל־תִּגְרַע דָּבָר: אוּלַי
יִשְׁמְעוּ וְיָשֻׁבוּ אִישׁ מִדַּרְכּוֹ הָרָעָה וְנִחַמְתִּי אֶל־הָרָעָה אֲשֶׁר
ד אָנֹכִי חֹשֵׁב לַעֲשׂוֹת לָהֶם מִפְּנֵי רֹעַ מַעַלְלֵיהֶם: וְאָמַרְתָּ אֲלֵיהֶם
כֹּה אָמַר יְהוָה אִם־לֹא תִשְׁמְעוּ אֵלַי לָלֶכֶת בְּתוֹרָתִי אֲשֶׁר
ה נָתַתִּי לִפְנֵיכֶם: לִשְׁמֹעַ עַל־דִּבְרֵי עֲבָדַי הַנְּבִאִים אֲשֶׁר אָנֹכִי
ו שֹׁלֵחַ אֲלֵיכֶם וְהַשְׁכֵּם וְשָׁלֹחַ וְלֹא שְׁמַעְתֶּם: וְנָתַתִּי אֶת־
הַבַּיִת הַזֶּה כְּשִׁלֹה וְאֶת־הָעִיר הַזֹּאתָה אֶתֵּן לִקְלָלָה לְכֹל גּוֹיֵי הַזֹּאת
ז הָאָרֶץ: וַיִּשְׁמְעוּ הַכֹּהֲנִים וְהַנְּבִאִים וְכָל־הָעָם
ח אֶת־יִרְמְיָהוּ מְדַבֵּר אֶת־הַדְּבָרִים הָאֵלֶּה בְּבֵית יְהוָה: וַיְהִי ׀
כְּכַלּוֹת יִרְמְיָהוּ לְדַבֵּר אֵת כָּל־אֲשֶׁר־צִוָּה יְהוָה לְדַבֵּר אֶל־כָּל־
הָעָם וַיִּתְפְּשׂוּ אֹתוֹ הַכֹּהֲנִים וְהַנְּבִיאִים וְכָל־הָעָם לֵאמֹר מוֹת
ט תָּמוּת: מַדּוּעַ נִבֵּיתָ בְשֵׁם־יְהוָה לֵאמֹר כְּשִׁלוֹ יִהְיֶה הַבַּיִת הַזֶּה
וְהָעִיר הַזֹּאת תֶּחֱרַב מֵאֵין יוֹשֵׁב וַיִּקָּהֵל כָּל־הָעָם אֶל־יִרְמְיָהוּ
י בְּבֵית יְהוָה: וַיִּשְׁמְעוּ ׀ שָׂרֵי יְהוּדָה אֵת הַדְּבָרִים הָאֵלֶּה וַיַּעֲלוּ
מִבֵּית־הַמֶּלֶךְ בֵּית יְהוָה וַיֵּשְׁבוּ בְּפֶתַח שַׁעַר־יְהוָה הֶחָדָשׁ:
יא וַיֹּאמְרוּ הַכֹּהֲנִים וְהַנְּבִאִים אֶל־הַשָּׂרִים וְאֶל־כָּל־הָעָם לֵאמֹר
מִשְׁפַּט־מָוֶת לָאִישׁ הַזֶּה כִּי נִבָּא אֶל־הָעִיר הַזֹּאת כַּאֲשֶׁר
יב שְׁמַעְתֶּם בְּאָזְנֵיכֶם: וַיֹּאמֶר יִרְמְיָהוּ אֶל־כָּל־הַשָּׂרִים וְאֶל־כָּל־

הָעָם לֵאמֹר יְהוָה שְׁלָחַנִי לְהִנָּבֵא אֶל־הַבַּיִת הַזֶּה וְאֶל־הָעִיר
יג הַזֹּאת אֵת כָּל־הַדְּבָרִים אֲשֶׁר שְׁמַעְתֶּם: וְעַתָּה הֵיטִיבוּ
דַרְכֵיכֶם וּמַעַלְלֵיכֶם וְשִׁמְעוּ בְּקוֹל יְהוָה אֱלֹהֵיכֶם וְיִנָּחֵם יְהוָה
יד אֶל־הָרָעָה אֲשֶׁר דִּבֶּר עֲלֵיכֶם: וַאֲנִי הִנְנִי בְיֶדְכֶם עֲשׂוּ־לִי כַּטּוֹב
טו וְכַיָּשָׁר בְּעֵינֵיכֶם: אַךְ ׀ יָדֹעַ תֵּדְעוּ כִּי אִם־מְמִתִים אַתֶּם אֹתִי
כִּי־דָם נָקִי אַתֶּם נֹתְנִים עֲלֵיכֶם וְאֶל־הָעִיר הַזֹּאת וְאֶל־יֹשְׁבֶיהָ
כִּי בֶאֱמֶת שְׁלָחַנִי יְהוָה עֲלֵיכֶם לְדַבֵּר בְּאָזְנֵיכֶם אֵת כָּל־
טז הַדְּבָרִים הָאֵלֶּה: וַיֹּאמְרוּ הַשָּׂרִים וְכָל־הָעָם
אֶל־הַכֹּהֲנִים וְאֶל־הַנְּבִיאִים אֵין־לָאִישׁ הַזֶּה מִשְׁפַּט־מָוֶת כִּי
יז בְּשֵׁם יְהוָה אֱלֹהֵינוּ דִּבֶּר אֵלֵינוּ: וַיָּקֻמוּ אֲנָשִׁים מִזִּקְנֵי הָאָרֶץ
יח וַיֹּאמְרוּ אֶל־כָּל־קְהַל הָעָם לֵאמֹר: מִיכָיה הַמּוֹרַשְׁתִּי הָיָה נִבָּא
מִיכָה
בִּימֵי חִזְקִיָּהוּ מֶלֶךְ־יְהוּדָה וַיֹּאמֶר אֶל־כָּל־עַם יְהוּדָה לֵאמֹר
כֹּה־אָמַר ׀ יְהוָה צְבָאוֹת צִיּוֹן שָׂדֶה תֵחָרֵשׁ וִירוּשָׁלַיִם עִיִּים
יט תִּהְיֶה וְהַר הַבַּיִת לְבָמוֹת יָעַר: הֶהָמֵת הֱמִתֻהוּ חִזְקִיָּהוּ מֶלֶךְ־
יְהוּדָה וְכָל־יְהוּדָה הֲלֹא יָרֵא אֶת־יְהוָה וַיְחַל אֶת־פְּנֵי יְהוָה
וַיִּנָּחֶם יְהוָה אֶל־הָרָעָה אֲשֶׁר־דִּבֶּר עֲלֵיהֶם וַאֲנַחְנוּ עֹשִׂים רָעָה
כ גְדוֹלָה עַל־נַפְשׁוֹתֵינוּ: וְגַם־אִישׁ הָיָה מִתְנַבֵּא בְּשֵׁם יְהוָה
אוּרִיָּהוּ בֶּן־שְׁמַעְיָהוּ מִקִּרְיַת הַיְּעָרִים וַיִּנָּבֵא עַל־הָעִיר הַזֹּאת
כא וְעַל־הָאָרֶץ הַזֹּאת כְּכֹל דִּבְרֵי יִרְמְיָהוּ: וַיִּשְׁמַע הַמֶּלֶךְ יְהוֹיָקִים
וְכָל־גִּבּוֹרָיו וְכָל־הַשָּׂרִים אֶת־דְּבָרָיו וַיְבַקֵּשׁ הַמֶּלֶךְ הֲמִיתוֹ
כב וַיִּשְׁמַע אוּרִיָּהוּ וַיִּרָא וַיִּבְרַח וַיָּבֹא מִצְרָיִם: וַיִּשְׁלַח הַמֶּלֶךְ
יְהוֹיָקִים אֲנָשִׁים מִצְרָיִם אֶת־אֶלְנָתָן בֶּן־עַכְבּוֹר וַאֲנָשִׁים אִתּוֹ
כג אֶל־מִצְרָיִם: וַיּוֹצִיאוּ אֶת־אוּרִיָּהוּ מִמִּצְרַיִם וַיְבִאֻהוּ אֶל־הַמֶּלֶךְ
יְהוֹיָקִים וַיַּכֵּהוּ בֶּחָרֶב וַיַּשְׁלֵךְ אֶת־נִבְלָתוֹ אֶל־קִבְרֵי בְּנֵי הָעָם:
כד אַךְ יַד אֲחִיקָם בֶּן־שָׁפָן הָיְתָה אֶת־יִרְמְיָהוּ לְבִלְתִּי תֵּת־אֹתוֹ
כז א בְּיַד־הָעָם לַהֲמִיתוֹ: בְּרֵאשִׁית מַמְלֶכֶת יְהוֹיָקִם
בֶּן־יֹאושִׁיָּהוּ מֶלֶךְ יְהוּדָה הָיָה הַדָּבָר הַזֶּה אֶל־יִרְמְיָה מֵאֵת

ב יהוה לאמר: כה־אמר יהוה אלי עשה לך מוסרות ומטות
ג ונתתם על־צוארך: ושלחתם אל־מלך אדום ואל־מלך
מואב ואל־מלך בני עמון ואל־מלך צר ואל־מלך צידון ביד
ד מלאכים הבאים ירושלם אל־צדקיהו מלך יהודה: וצוית
אתם אל־אדניהם לאמר כה־אמר יהוה צבאות אלהי
ה ישראל כה תאמרו אל־אדניכם: אנכי עשיתי את־הארץ טו
את־האדם ואת־הבהמה אשר על־פני הארץ בכחי הגדול
ו ובזרועי הנטויה ונתתיה לאשר ישר בעיני: ועתה אנכי נתתי
את־כל־הארצות האלה ביד נבוכדנאצר מלך־בבל עבדי
ז וגם את־חית השדה נתתי לו לעבדו: ועבדו אתו כל־הגוים
ואת־בנו ואת־בן־בנו עד בא־עת ארצו גם־הוא ועבדו בו
ח גוים רבים ומלכים גדלים: והיה הגוי והממלכה אשר לא־
יעבדו אתו את־נבוכדנאצר מלך־בבל ואת אשר לא־יתן
את־צוארו בעל מלך בבל בחרב וברעב ובדבר אפקד על־
ט הגוי ההוא נאם־יהוה עד־תמי אתם בידו: ואתם אל־
תשמעו אל־נביאיכם ואל־קסמיכם ואל חלמתיכם ואל־
ענניכם ואל־כשפיכם אשר־הם אמרים אליכם לאמר לא
י תעבדו את־מלך בבל: כי שקר הם נבאים לכם למען
יא הרחיק אתכם מעל אדמתכם והדחתי אתכם ואבדתם: והגוי
אשר יביא את־צוארו בעל מלך־בבל ועבדו והנחתיו על־
יב אדמתו נאם־יהוה ועבדה וישב בה: ואל־צדקיה מלך־
יהודה דברתי ככל־הדברים האלה לאמר הביאו את־
יג צואריכם בעל מלך בבל ועבדו אתו ועמו וחיו: למה תמותו
אתה ועמך בחרב ברעב ובדבר כאשר דבר יהוה אל־הגוי
יד אשר לא־יעבד את־מלך בבל: ואל־תשמעו אל־דברי
הנבאים האמרים אליכם לאמר לא תעבדו את־מלך בבל
טו כי שקר הם נבאים לכם: כי לא שלחתים נאם־יהוה והם

נִבְּאִים בִּשְׁמִי לַשָּׁקֶר לְמַעַן הַדִּיחִי אֶתְכֶם וַאֲבַדְתֶּם אַתֶּם
טז וְהַנְּבִאִים הַנִּבְּאִים לָכֶם׃ וְאֶל־הַכֹּהֲנִים וְאֶל־כָּל־הָעָם הַזֶּה
דִּבַּרְתִּי לֵאמֹר כֹּה אָמַר יְהוָה אַל־תִּשְׁמְעוּ אֶל־דִּבְרֵי נְבִיאֵיכֶם
הַנִּבְּאִים לָכֶם לֵאמֹר הִנֵּה כְלֵי בֵית־יְהוָה מוּשָׁבִים מִבָּבֶלָה
יז עַתָּה מְהֵרָה כִּי שֶׁקֶר הֵמָּה נִבְּאִים לָכֶם׃ אַל־תִּשְׁמְעוּ אֲלֵיהֶם
עִבְדוּ אֶת־מֶלֶךְ־בָּבֶל וִחְיוּ לָמָּה תִהְיֶה הָעִיר הַזֹּאת חָרְבָּה׃
יח וְאִם־נְבִאִים הֵם וְאִם־יֵשׁ דְּבַר־יְהוָה אִתָּם יִפְגְּעוּ־נָא בַּיהוָה
צְבָאוֹת לְבִלְתִּי־בֹאוּ הַכֵּלִים ׀ הַנּוֹתָרִים בְּבֵית־יְהוָה וּבֵית מֶלֶךְ
יט יְהוּדָה וּבִירוּשָׁלִַם בָּבֶלָה׃ כִּי כֹה אָמַר יְהוָה
צְבָאוֹת אֶל־הָעַמֻּדִים וְעַל־הַיָּם וְעַל־הַמְּכֹנוֹת וְעַל יֶתֶר הַכֵּלִים
כ הַנּוֹתָרִים בָּעִיר הַזֹּאת׃ אֲשֶׁר לֹא־לְקָחָם נְבוּכַדְנֶאצַּר מֶלֶךְ
בָּבֶל בַּגְלוֹתוֹ אֶת־יכוניה בֶן־יְהוֹיָקִים מֶלֶךְ־יְהוּדָה מִירוּשָׁלִַם יְכָנְיָה
כא בָּבֶלָה וְאֵת כָּל־חֹרֵי יְהוּדָה וִירוּשָׁלִָם׃ כִּי כֹה
אָמַר יְהוָה צְבָאוֹת אֱלֹהֵי יִשְׂרָאֵל עַל־הַכֵּלִים הַנּוֹתָרִים בֵּית
כב יְהוָה וּבֵית מֶלֶךְ־יְהוּדָה וִירוּשָׁלִָם׃ בָּבֶלָה יוּבָאוּ וְשָׁמָּה יִהְיוּ עַד
יוֹם פָּקְדִי אֹתָם נְאֻם־יְהוָה וְהַעֲלִיתִים וַהֲשִׁבֹתִים אֶל־הַמָּקוֹם
כח א הַזֶּה׃ וַיְהִי ׀ בַּשָּׁנָה הַהִיא בְּרֵאשִׁית מַמְלֶכֶת
צִדְקִיָּה מֶלֶךְ־יְהוּדָה בשנת הָרְבִעִית בַּחֹדֶשׁ הַחֲמִישִׁי אָמַר בַּשָּׁנָה
אֵלַי חֲנַנְיָה בֶן־עַזּוּר הַנָּבִיא אֲשֶׁר מִגִּבְעוֹן בְּבֵית יְהוָה לְעֵינֵי
ב הַכֹּהֲנִים וְכָל־הָעָם לֵאמֹר׃ כֹּה־אָמַר יְהוָה צְבָאוֹת אֱלֹהֵי
ג יִשְׂרָאֵל לֵאמֹר שָׁבַרְתִּי אֶת־עֹל מֶלֶךְ בָּבֶל׃ בְּעוֹד ׀ שְׁנָתַיִם
יָמִים אֲנִי מֵשִׁיב אֶל־הַמָּקוֹם הַזֶּה אֶת־כָּל־כְּלֵי בֵּית יְהוָה
אֲשֶׁר לָקַח נְבוּכַדְנֶאצַּר מֶלֶךְ־בָּבֶל מִן־הַמָּקוֹם הַזֶּה וַיְבִיאֵם
ד בָּבֶל׃ וְאֶת־יְכָנְיָה בֶן־יְהוֹיָקִים מֶלֶךְ־יְהוּדָה וְאֶת־כָּל־גָּלוּת
יְהוּדָה הַבָּאִים בָּבֶלָה אֲנִי מֵשִׁיב אֶל־הַמָּקוֹם הַזֶּה נְאֻם־יְהוָה
ה כִּי אֶשְׁבֹּר אֶת־עֹל מֶלֶךְ בָּבֶל׃ וַיֹּאמֶר יִרְמְיָה הַנָּבִיא אֶל־
חֲנַנְיָה הַנָּבִיא לְעֵינֵי הַכֹּהֲנִים וּלְעֵינֵי כָל־הָעָם הָעֹמְדִים בְּבֵית

ו יהוה: ויאמר ירמיה הנביא אמן כן יעשה יהוה יקם יהוה
את־דבריך אשר נבאת להשיב כלי בית־יהוה וכל־הגולה
ז מבבל אל־המקום הזה: אך שמע־נא הדבר הזה אשר אנכי
ח דבר באזניך ובאזני כל־העם: הנביאים אשר היו לפני ולפניך
מן־העולם ויִנבאו אל־ארצות רבות ועל־ממלכות גדלות
ט למלחמה ולרעה ולדבר: הנביא אשר ינבא לשלום בבא
י דבר הנביא יודע הנביא אשר־שלחו יהוה באמת: ויקח
חנניה הנביא את־המוטה מעל צואר ירמיה הנביא
יא וישברהו: ויאמר חנניה לעיני כל־העם לאמר כה אמר
יהוה ככה אשבר את־על | נבכדנאצר מלך־בבל בעוד
שנתים ימים מעל צואר כל־הגוים וילך ירמיה הנביא
יב לדרכו: ויהי דבר־יהוה אל־ירמיה אחרי
שבור חנניה הנביא את־המוטה מעל צואר ירמיה הנביא
יג לאמר: הלוך ואמרת אל־חנניה לאמר כה אמר יהוה מוטת
יד עץ שברת ועשית תחתיהן מטות ברזל: כי כה־אמר יהוה
צבאות אלהי ישראל על ברזל נתתי על־צואר | כל־
הגוים האלה לעבד את־נבכדנאצר מלך־בבל ועבדהו
טו וגם את־חית השדה נתתי לו: ויאמר ירמיה הנביא אל־
חנניה הנביא שמע־נא חנניה לא־שלחך יהוה ואתה
טז הבטחת את־העם הזה על־שקר: לכן כה אמר יהוה הנני
משלחך מעל פני האדמה השנה אתה מת כי־סרה
יז דברת אל־יהוה: וימת חנניה הנביא בשנה ההיא בחדש
כט א השביעי: ואלה דברי הספר אשר שלח ירמיה
הנביא מירושלם אל־יתר זקני הגולה ואל־הכהנים ואל־
הנביאים ואל־כל־העם אשר הגלה נבוכדנאצר מירושלם
ב בבלה: אחרי צאת יכניה המלך והגבירה והסריסים שרי
ג יהודה וירושלם והחרש והמסגר מירושלם: ביד אלעשה

בן־שפן וגמריה בן־חלקיה אשר שלח צדקיה מלך־יהודה
ד אל־נבוכדנאצר מלך בבל בבלה לאמר: כה אמר יהוה
צבאות אלהי ישראל לכל־הגולה אשר־הגליתי מירושלם
ה ו בבלה: בנו בתים ושבו ונטעו גנות ואכלו את־פרין: קחו נשים
והולידו בנים ובנות וקחו לבניכם נשים ואת־בנותיכם תנו
ז לאנשים ותלדנה בנים ובנות ורבו־שם ואל־תמעטו: ודרשו טז
את־שלום העיר אשר הגליתי אתכם שמה והתפללו בעדה
ח אל־יהוה כי בשלומה יהיה לכם שלום: כי כה
אמר יהוה צבאות אלהי ישראל אל־ישיאו לכם נביאיכם
אשר־בקרבכם וקסמיכם ואל־תשמעו אל־חלמתיכם אשר
ט אתם מחלמים: כי בשקר הם נבאים לכם בשמי לא
י שלחתים נאם־יהוה: כי־כה אמר יהוה כי לפי
מלאת לבבל שבעים שנה אפקד אתכם והקמתי עליכם
יא את־דברי הטוב להשיב אתכם אל־המקום הזה: כי אנכי
ידעתי את־המחשבת אשר אנכי חשב עליכם נאם־יהוה
מחשבות שלום ולא לרעה לתת לכם אחרית ותקוה:
יב וקראתם אתי והלכתם והתפללתם אלי ושמעתי אליכם:
יג יד ובקשתם אתי ומצאתם כי תדרשני בכל־לבבכם: ונמצאתי
לכם נאם־יהוה ושבתי את־שביתכם וקבצתי אתכם מכל־ שבותכם
הגוים ומכל־המקומות אשר הדחתי אתכם שם נאם־יהוה
טו והשבתי אתכם אל־המקום אשר־הגליתי אתכם משם: כי
טז אמרתם הקים לנו יהוה נבאים בבלה: כי־
כה ׀ אמר יהוה אל־המלך היושב אל־כסא דוד ואל־כל־
העם היושב בעיר הזאת אחיכם אשר לא־יצאו אתכם
יז בגולה: כה אמר יהוה צבאות הנני משלח בם
את־החרב את־הרעב ואת־הדבר ונתתי אותם כתאנים
יח השערים אשר לא־תאכלנה מרע: ורדפתי אחריהם בחרב

ברעב ובדבר ונתתים לזועה לכל ׀ ממלכות הארץ לאלה לזעוה
ולשמה ולשרקה ולחרפה בכל־הגוים אשר־הדחתים שם׃
יט תחת אשר־לא־שמעו אל־דברי נאם־יהוה אשר שלחתי
אליהם את־עבדי הנבאים השכם ושלח ולא שמעתם נאם־
כ יהוה׃ ואתם שמעו דבר־יהוה כל־הגולה אשר־שלחתי
כא מירושלם בבלה׃ כה־אמר יהוה צבאות אלהי
ישראל אל־אחאב בן־קוליה ואל־צדקיהו בן־מעשיה
הנבאים לכם בשמי שקר הנני ׀ נתן אתם ביד נבוכדראצר
כב מלך־בבל והכם לעיניכם׃ ולקח מהם קללה לכל גלות
יהודה אשר בבבל לאמר ישמך יהוה כצדקיהו וכאחב אשר־
כג קלם מלך־בבל באש׃ יען אשר עשו נבלה בישראל וינאפו
את־נשי רעיהם וידברו דבר בשמי שקר אשר לוא צויתם
כד ואנכי הוידע ועד נאם־יהוה׃ ואל־שמעיהו היודע
כה הנחלמי תאמר לאמר׃ כה־אמר יהוה צבאות אלהי ישראל
לאמר יען אשר אתה שלחת בשמכה ספרים אל־כל־העם
אשר בירושלם ואל־צפניה בן־מעשיה הכהן ואל־כל־
כו הכהנים לאמר׃ יהוה נתנך כהן תחת יהוידע הכהן להיות
פקדים בית יהוה לכל־איש משגע ומתנבא ונתתה אתו אל־
כז המהפכת ואל־הצינק׃ ועתה למה לא גערת בירמיהו
כח הענתתי המתנבא לכם׃ כי על־כן שלח אלינו בבל לאמר
ארכה היא בנו בתים ושבו ונטעו גנות ואכלו את־
כט פריהן׃ ויקרא צפניה הכהן את־הספר הזה באזני ירמיהו
ל הנביא׃ ויהי דבר־יהוה אל־ירמיהו לאמר׃
לא שלח על־כל־הגולה לאמר כה אמר יהוה אל־שמעיה
הנחלמי יען אשר נבא לכם שמעיה ואני לא שלחתיו ויבטח
לב אתכם על־שקר׃ לכן כה־אמר יהוה הנני פקד על־שמעיה
הנחלמי ועל־זרעו לא־יהיה לו איש ׀ יושב ׀ בתוך־העם הזה

וְלֹא־יִרְאֶה בַטּוֹב אֲשֶׁר־אֲנִי עֹשֶׂה־לְעַמִּי נְאֻם־יהוה כִּי־סָרָה
דִבֶּר עַל־יהוה׃ הַדָּבָר אֲשֶׁר הָיָה אֶל־יִרְמְיָהוּ א ל
מֵאֵת יהוה לֵאמֹר׃ כֹּה־אָמַר יהוה אֱלֹהֵי יִשְׂרָאֵל לֵאמֹר ב
כְּתָב־לְךָ אֵת כָּל־הַדְּבָרִים אֲשֶׁר־דִּבַּרְתִּי אֵלֶיךָ אֶל־סֵפֶר׃ כִּי ג
הִנֵּה יָמִים בָּאִים נְאֻם־יהוה וְשַׁבְתִּי אֶת־שְׁבוּת עַמִּי יִשְׂרָאֵל
וִיהוּדָה אָמַר יהוה וַהֲשִׁבֹתִים אֶל־הָאָרֶץ אֲשֶׁר־נָתַתִּי לַאֲבוֹתָם
וִירֵשׁוּהָ׃ וְאֵלֶּה הַדְּבָרִים אֲשֶׁר דִּבֶּר יהוה אֶל־ ד
יִשְׂרָאֵל וְאֶל־יְהוּדָה׃ כִּי־כֹה אָמַר יהוה קוֹל חֲרָדָה שָׁמָעְנוּ ה
פַּחַד וְאֵין שָׁלוֹם׃ שַׁאֲלוּ־נָא וּרְאוּ אִם־יֹלֵד זָכָר מַדּוּעַ רָאִיתִי ו
כָל־גֶּבֶר יָדָיו עַל־חֲלָצָיו כַּיּוֹלֵדָה וְנֶהֶפְכוּ כָל־פָּנִים לְיֵרָקוֹן׃ הוֹי ז
כִּי גָדוֹל הַיּוֹם הַהוּא מֵאַיִן כָּמֹהוּ וְעֵת־צָרָה הִיא לְיַעֲקֹב וּמִמֶּנָּה
יִוָּשֵׁעַ׃ וְהָיָה בַיּוֹם הַהוּא נְאֻם ׀ יהוה צְבָאוֹת אֶשְׁבֹּר עֻלּוֹ ח
מֵעַל צַוָּארֶךָ וּמוֹסְרוֹתֶיךָ אֲנַתֵּק וְלֹא־יַעַבְדוּ־בוֹ עוֹד זָרִים׃
יז וְעָבְדוּ אֵת יהוה אֱלֹהֵיהֶם וְאֵת דָּוִד מַלְכָּם אֲשֶׁר אָקִים ט
לָהֶם׃ וְאַתָּה אַל־תִּירָא עַבְדִּי יַעֲקֹב נְאֻם־יהוה י
וְאַל־תֵּחַת יִשְׂרָאֵל כִּי הִנְנִי מוֹשִׁיעֲךָ מֵרָחוֹק וְאֶת־זַרְעֲךָ מֵאֶרֶץ
שִׁבְיָם וְשָׁב יַעֲקֹב וְשָׁקַט וְשַׁאֲנַן וְאֵין מַחֲרִיד׃ כִּי־אִתְּךָ אֲנִי יא
נְאֻם־יהוה לְהוֹשִׁיעֶךָ כִּי אֶעֱשֶׂה כָלָה בְּכָל־הַגּוֹיִם ׀ אֲשֶׁר
הֲפִצוֹתִיךָ שָּׁם אַךְ אֹתְךָ לֹא־אֶעֱשֶׂה כָלָה וְיִסַּרְתִּיךָ לַמִּשְׁפָּט
וְנַקֵּה לֹא אֲנַקֶּךָּ׃ כִּי כֹה אָמַר יהוה אָנוּשׁ יב
לְשִׁבְרֵךְ נַחְלָה מַכָּתֵךְ׃ אֵין־דָּן דִּינֵךְ לְמָזוֹר רְפֻאוֹת תְּעָלָה אֵין יג
לָךְ׃ כָּל־מְאַהֲבַיִךְ שְׁכֵחוּךְ אוֹתָךְ לֹא יִדְרֹשׁוּ כִּי מַכַּת אוֹיֵב יד
הִכִּיתִיךְ מוּסַר אַכְזָרִי עַל רֹב עֲוֺנֵךְ עָצְמוּ חַטֹּאתָיִךְ׃ מַה־ טו
תִּזְעַק עַל־שִׁבְרֵךְ אָנוּשׁ מַכְאֹבֵךְ עַל ׀ רֹב עֲוֺנֵךְ עָצְמוּ חַטֹּאתַיִךְ
עָשִׂיתִי אֵלֶּה לָךְ׃ לָכֵן כָּל־אֹכְלַיִךְ יֵאָכֵלוּ וְכָל־צָרַיִךְ כֻּלָּם טז
בַּשְּׁבִי יֵלֵכוּ וְהָיוּ שֹׁאסַיִךְ לִמְשִׁסָּה וְכָל־בֹּזְזַיִךְ אֶתֵּן לָבַז׃ כִּי יז
אַעֲלֶה אֲרֻכָה לָךְ וּמִמַּכּוֹתַיִךְ אֶרְפָּאֵךְ נְאֻם־יהוה כִּי נִדָּחָה

יח קראו לך ציון היא דרש אין לה: כה | אמר
יהוה הנני־שב שבות אהלי יעקוב ומשכנתיו ארחם ונבנתה
יט עיר על־תלה וארמון על־משפטו ישב: ויצא מהם תודה וקול
כ משחקים והרבתים ולא ימעטו והכבדתים ולא יצערו: והיו
כא בניו כקדם ועדתו לפני תכון ופקדתי על כל־לחציו: והיה
אדירו ממנו ומשלו מקרבו יצא והקרבתיו ונגש אלי כי מי
כב הוא־זה ערב את־לבו לגשת אלי נאם־יהוה: והייתם
כג לי לעם ואנכי אהיה לכם לאלהים: הנה |
סערת יהוה חמה יצאה סער מתגורר על ראש רשעים
כד יחול: לא ישוב חרון אף־יהוה עד־עשתו ועד־הקימו
כה מזמות לבו באחרית הימים תתבוננו בה: בעת ההיא נאם־
יהוה אהיה לאלהים לכל משפחות ישראל והמה יהיו־לי
לא א לעם: כה אמר יהוה מצא חן במדבר עם
ב שרידי חרב הלוך להרגיעו ישראל: מרחוק יהוה נראה לי
ג ואהבת עולם אהבתיך על־כן משכתיך חסד: עוד אבנך
ונבנית בתולת ישראל עוד תעדי תפיך ויצאת במחול
ד משחקים: עוד תטעי כרמים בהרי שמרון נטעו נטעים
ה וחללו: כי יש־יום קראו נצרים בהר אפרים קומו ונעלה ציון
ו אל־יהוה אלהינו: כי־כה | אמר יהוה רנו
ליעקב שמחה וצהלו בראש הגוים השמיעו הללו ואמרו
ז הושע יהוה את־עמך את שארית ישראל: הנני מביא אותם
מארץ צפון וקבצתים מירכתי־ארץ בם עור ופסח הרה
ח וילדת יחדו קהל גדול ישובו הנה: בבכי יבאו ובתחנונים
אובילם אוליכם אל־נחלי מים בדרך ישר לא יכשלו בה כי־
ט הייתי לישראל לאב ואפרים בכרי הוא: שמעו
דבר־יהוה גוים והגידו באיים ממרחק ואמרו מזרה ישראל
י יקבצנו ושמרו כרעה עדרו: כי־פדה יהוה את־יעקב וגאלו

יא מיד חזק ממנו׃ ובאו ורננו במרום־ציון ונהרו אל־טוב יהוה
על־דגן ועל־תירש ועל־יצהר ועל־בני־צאן ובקר והיתה
יב נפשם כגן רוה ולא־יוסיפו לדאבה עוד׃ אז תשמח בתולה
במחול ובחרים וזקנים יחדו והפכתי אבלם לששון ונחמתים
יג ושמחתים מיגונם׃ ורויתי נפש הכהנים דשן ועמי את־טובי
יד ישבעו נאם־יהוה׃ כה ׀ אמר יהוה קול ברמה
נשמע נהי בכי תמרורים רחל מבכה על־בניה מאנה להנחם
טו על־בניה כי איננו׃ כה ׀ אמר יהוה מנעי קולך
מבכי ועיניך מדמעה כי יש שכר לפעלתך נאם־יהוה ושבו
טז מארץ אויב׃ ויש־תקוה לאחריתך נאם־יהוה ושבו בנים
יז לגבולם׃ שמוע שמעתי אפרים מתנודד יסרתני ואוסר כעגל
יח לא למד השבני ואשובה כי אתה יהוה אלהי׃ כי־אחרי שובי
נחמתי ואחרי הודעי ספקתי על־ירך בשתי וגם־נכלמתי כי
יט נשאתי חרפת נעורי׃ הבן יקיר לי אפרים אם ילד שעשעים
כי־מדי דברי בו זכר אזכרנו עוד על־כן המו מעי לו רחם
כ ארחמנו נאם־יהוה׃ הציבי לך צינים שמי לך
תמרורים שתי לבך למסלה דרך הלכתי שובי בתולת הלכת
כא ישראל שבי אל־עריך אלה׃ עד־מתי תתחמקין הבת
השובבה כי־ברא יהוה חדשה בארץ נקבה תסובב
כב גבר׃ כה־אמר יהוה צבאות אלהי ישראל עוד
יאמרו את־הדבר הזה בארץ יהודה ובעריו בשובי את־
כג שבותם יברכך יהוה נוה־צדק הר הקדש׃ וישבו בה יהודה
כד וכל־עריו יחדו אכרים ונסעו בעדר׃ כי הרויתי נפש עיפה
כה וכל־נפש דאבה מלאתי׃ על־זאת הקיצתי ואראה ושנתי
כו ערבה לי׃ הנה ימים באים נאם־יהוה וזרעתי
את־בית ישראל ואת־בית יהודה זרע אדם וזרע בהמה׃
כז והיה כאשר שקדתי עליהם לנתוש ולנתוץ ולהרס ולהאביד

כח וּלְהָרַע כֵּן אֶשְׁקֹד עֲלֵיהֶם לִבְנוֹת וְלִנְטוֹעַ נְאֻם־יְהוָה׃ בַּיָּמִים
הָהֵם לֹא־יֹאמְרוּ עוֹד אָבוֹת אָכְלוּ בֹסֶר וְשִׁנֵּי בָנִים תִּקְהֶינָה׃
כט כִּי אִם־אִישׁ בַּעֲוֺנוֹ יָמוּת כָּל־הָאָדָם הָאֹכֵל הַבֹּסֶר תִּקְהֶינָה
ל שִׁנָּיו׃ הִנֵּה יָמִים בָּאִים נְאֻם־יְהוָה וְכָרַתִּי אֶת־
לא בֵּית יִשְׂרָאֵל וְאֶת־בֵּית יְהוּדָה בְּרִית חֲדָשָׁה׃ לֹא כַבְּרִית אֲשֶׁר
כָּרַתִּי אֶת־אֲבוֹתָם בְּיוֹם הֶחֱזִיקִי בְיָדָם לְהוֹצִיאָם מֵאֶרֶץ
מִצְרָיִם אֲשֶׁר־הֵמָּה הֵפֵרוּ אֶת־בְּרִיתִי וְאָנֹכִי בָּעַלְתִּי בָם נְאֻם־
לב יְהוָה׃ כִּי זֹאת הַבְּרִית אֲשֶׁר אֶכְרֹת אֶת־בֵּית יִשְׂרָאֵל אַחֲרֵי יח
הַיָּמִים הָהֵם נְאֻם־יְהוָה נָתַתִּי אֶת־תּוֹרָתִי בְּקִרְבָּם וְעַל־לִבָּם
לג אֶכְתֲּבֶנָּה וְהָיִיתִי לָהֶם לֵאלֹהִים וְהֵמָּה יִהְיוּ־לִי לְעָם׃ וְלֹא
יְלַמְּדוּ עוֹד אִישׁ אֶת־רֵעֵהוּ וְאִישׁ אֶת־אָחִיו לֵאמֹר דְּעוּ אֶת־
יְהוָה כִּי כוּלָּם יֵדְעוּ אוֹתִי לְמִקְּטַנָּם וְעַד־גְּדוֹלָם נְאֻם־יְהוָה כִּי
לד אֶסְלַח לַעֲוֺנָם וּלְחַטָּאתָם לֹא אֶזְכָּר־עוֹד׃ כֹּה ׀
אָמַר יְהוָה נֹתֵן שֶׁמֶשׁ לְאוֹר יוֹמָם חֻקֹּת יָרֵחַ וְכוֹכָבִים לְאוֹר
לה לָיְלָה רֹגַע הַיָּם וַיֶּהֱמוּ גַלָּיו יְהוָה צְבָאוֹת שְׁמוֹ׃ אִם־יָמֻשׁוּ
הַחֻקִּים הָאֵלֶּה מִלְּפָנַי נְאֻם־יְהוָה גַּם זֶרַע יִשְׂרָאֵל יִשְׁבְּתוּ
לו מִהְיוֹת גּוֹי לְפָנַי כָּל־הַיָּמִים׃ כֹּה ׀ אָמַר יְהוָה
אִם־יִמַּדּוּ שָׁמַיִם מִלְמַעְלָה וְיֵחָקְרוּ מוֹסְדֵי־אֶרֶץ לְמָטָּה גַּם־
אֲנִי אֶמְאַס בְּכָל־זֶרַע יִשְׂרָאֵל עַל־כָּל־אֲשֶׁר עָשׂוּ נְאֻם־
לז יְהוָה׃ הִנֵּה יָמִים נְאֻם־יְהוָה וְנִבְנְתָה הָעִיר בָּאִים
לח לַיהוָה מִמִּגְדַּל חֲנַנְאֵל עַד־שַׁעַר הַפִּנָּה׃ וְיָצָא עוֹד קוה הַמִּדָּה קָו
לט נֶגְדּוֹ עַל גִּבְעַת גָּרֵב וְנָסַב גֹּעָתָה׃ וְכָל־הָעֵמֶק הַפְּגָרִים ׀
וְהַדֶּשֶׁן וְכָל־השרמות עַד־נַחַל קִדְרוֹן עַד־פִּנַּת שַׁעַר הַשְּׁדֵמוֹת
הַסּוּסִים מִזְרָחָה קֹדֶשׁ לַיהוָה לֹא־יִנָּתֵשׁ וְלֹא־יֵהָרֵס עוֹד
לב א לְעוֹלָם׃ הַדָּבָר אֲשֶׁר הָיָה אֶל־יִרְמְיָהוּ מֵאֵת
יְהוָה בשנת הָעֲשִׂרִית לְצִדְקִיָּהוּ מֶלֶךְ יְהוּדָה הִיא הַשָּׁנָה בַּשָּׁנָה
ב שְׁמֹנֶה־עֶשְׂרֵה שָׁנָה לִנְבוּכַדְרֶאצַּר׃ וְאָז חֵיל מֶלֶךְ בָּבֶל צָרִים

על־ירושלם וירמיהו הנביא היה כלוא בחצר המטרה אשר
ג בית־מלך יהודה׃ אשר כלאו צדקיהו מלך־יהודה לאמר
מדוע אתה נבא לאמר כה אמר יהוה הנני נתן את־העיר
ד הזאת ביד מלך־בבל ולכדה׃ וצדקיהו מלך יהודה לא ימלט
מיד הכשדים כי־הנתן ינתן ביד מלך־בבל ודבר־פיו עם־
ה פיו ועיניו את־עינו תראינה׃ ובבל יולך את־צדקיהו ושם
יהיה עד־פקדי אתו נאם־יהוה כי תלחמו את־הכשדים לא
ו תצליחו׃ ויאמר ירמיהו היה דבר־יהוה אלי
ז לאמר׃ הנה חנמאל בן־שלם דדך בא אליך לאמר קנה לך
ח את־שדי אשר בענתות כי לך משפט הגאלה לקנות׃ ויבא
אלי חנמאל בן־דדי כדבר יהוה אל־חצר המטרה ויאמר
אלי קנה נא את־שדי אשר־בענתות אשר בארץ בנימין כי
לך משפט הירשה ולך הגאלה קנה־לך ואדע כי דבר־יהוה
ט הוא׃ ואקנה את־השדה מאת חנמאל בן־דדי אשר בענתות
ואשקלה־לו את־הכסף שבעה שקלים ועשרה הכסף׃
י ואכתב בספר ואחתם ואעד עדים ואשקל הכסף במאזנים׃
יא ואקח את־ספר המקנה את־החתום המצוה והחקים ואת־
יב הגלוי׃ ואתן את־הספר המקנה אל־ברוך בן־נריה בן־
מחסיה לעיני חנמאל דדי ולעיני העדים הכתבים בספר
יג המקנה לעיני כל־היהודים הישבים בחצר המטרה׃ ואצוה
יד את־ברוך לעיניהם לאמר׃ כה־אמר יהוה צבאות אלהי
ישראל לקוח את־הספרים האלה את ספר המקנה הזה ואת
החתום ואת ספר הגלוי הזה ונתתם בכלי־חרש למען
טו יעמדו ימים רבים׃ כי כה אמר יהוה צבאות
אלהי ישראל עוד יקנו בתים ושדות וכרמים בארץ
טז הזאת׃ ואתפלל אל־יהוה אחרי תתי את־
יז ספר המקנה אל־ברוך בן־נריה לאמר׃ אהה אדני יהוה

הנה ׀ אתה עשית את־השמים ואת־הארץ בכחך הגדול
יח ובזרעך הנטויה לא־יפלא ממך כל־דבר: עשה חסד
לאלפים ומשלם עון אבות אל־חיק בניהם אחריהם האל
יט הגדול הגבור יהוה צבאות שמו: גדל העצה ורב העליליה
אשר־עיניך פקחות על־כל־דרכי בני אדם לתת לאיש
כ כדרכיו וכפרי מעלליו: אשר שמת אתות ומפתים בארץ
מצרים עד־היום הזה ובישראל ובאדם ותעשה־לך שם כיום
כא הזה: ותצא את־עמך את־ישראל מארץ מצרים באתות
כב ובמופתים וביד חזקה ובאזרוע נטויה ובמורא גדול: ותתן יט
להם את־הארץ הזאת אשר־נשבעת לאבותם לתת להם
כג ארץ זבת חלב ודבש: ויבאו וירשו אתה ולא־שמעו בקולך
ובתרותך לא־הלכו את כל־אשר צויתה להם לעשות לא ובתורתך
כד עשו ותקרא אתם את כל־הרעה הזאת: הנה הסללות באו
העיר ללכדה והעיר נתנה ביד הכשדים הנלחמים עליה
מפני החרב והרעב והדבר ואשר דברת היה והנך ראה:
כה ואתה אמרת אלי אדני יהוה קנה־לך השדה בכסף והעד
כו עדים והעיר נתנה ביד הכשדים: ויהי דבר־
כז יהוה אל־ירמיהו לאמר: הנה אני יהוה אלהי כל־בשר
כח הממני יפלא כל־דבר: לכן כה אמר יהוה הנני נתן את־העיר
הזאת ביד הכשדים וביד נבוכדראצר מלך־בבל ולכדה:
כט ובאו הכשדים הנלחמים על־העיר הזאת והציתו את־העיר
הזאת באש ושרפוה ואת הבתים אשר קטרו על־גגותיהם
ל לבעל והסכו נסכים לאלהים אחרים למען הכעסני: כי־היו
בני־ישראל ובני יהודה אך עשים הרע בעיני מנערתיהם כי
לא בני־ישראל אך מכעסים אתי במעשה ידיהם נאם־יהוה: כי
על־אפי ועל־חמתי היתה לי העיר הזאת למן־היום אשר
לב בנו אותה ועד היום הזה להסירה מעל פני: על כל־רעת

בְּנֵי־יִשְׂרָאֵל וּבְנֵי יְהוּדָה אֲשֶׁר עָשׂוּ לְהַכְעִסֵנִי הֵמָּה מַלְכֵיהֶם
לג שָׂרֵיהֶם כֹּהֲנֵיהֶם וּנְבִיאֵיהֶם וְאִישׁ יְהוּדָה וְיֹשְׁבֵי יְרוּשָׁלִָם: וַיִּפְנוּ
אֵלַי עֹרֶף וְלֹא פָנִים וְלַמֵּד אֹתָם הַשְׁכֵּם וְלַמֵּד וְאֵינָם שֹׁמְעִים
לד לָקַחַת מוּסָר: וַיָּשִׂימוּ שִׁקּוּצֵיהֶם בַּבַּיִת אֲשֶׁר־נִקְרָא־שְׁמִי עָלָיו
לה לְטַמְּאוֹ: וַיִּבְנוּ אֶת־בָּמוֹת הַבַּעַל אֲשֶׁר ׀ בְּגֵיא בֶן־הִנֹּם לְהַעֲבִיר
אֶת־בְּנֵיהֶם וְאֶת־בְּנוֹתֵיהֶם לַמֹּלֶךְ אֲשֶׁר לֹא־צִוִּיתִים וְלֹא
עָלְתָה עַל־לִבִּי לַעֲשׂוֹת הַתּוֹעֵבָה הַזֹּאת לְמַעַן הַחֲטִי אֶת־
לו יְהוּדָה: וְעַתָּה לָכֵן כֹּה־אָמַר יְהוָה אֱלֹהֵי
יִשְׂרָאֵל אֶל־הָעִיר הַזֹּאת אֲשֶׁר ׀ אַתֶּם אֹמְרִים נִתְּנָה בְּיַד
לז מֶלֶךְ־בָּבֶל בַּחֶרֶב וּבָרָעָב וּבַדָּבֶר: הִנְנִי מְקַבְּצָם מִכָּל־הָאֲרָצוֹת
אֲשֶׁר הִדַּחְתִּים שָׁם בְּאַפִּי וּבַחֲמָתִי וּבְקֶצֶף גָּדוֹל וַהֲשִׁבֹתִים אֶל־
לח הַמָּקוֹם הַזֶּה וְהֹשַׁבְתִּים לָבֶטַח: וְהָיוּ לִי לְעָם וַאֲנִי אֶהְיֶה לָהֶם
לט לֵאלֹהִים: וְנָתַתִּי לָהֶם לֵב אֶחָד וְדֶרֶךְ אֶחָד לְיִרְאָה אוֹתִי כָּל־
מ הַיָּמִים לְטוֹב לָהֶם וְלִבְנֵיהֶם אַחֲרֵיהֶם: וְכָרַתִּי לָהֶם בְּרִית עוֹלָם
אֲשֶׁר לֹא־אָשׁוּב מֵאַחֲרֵיהֶם לְהֵיטִיבִי אוֹתָם וְאֶת־יִרְאָתִי
מא אֶתֵּן בִּלְבָבָם לְבִלְתִּי סוּר מֵעָלָי: וְשַׂשְׂתִּי עֲלֵיהֶם לְהֵטִיב
אוֹתָם וּנְטַעְתִּים בָּאָרֶץ הַזֹּאת בֶּאֱמֶת בְּכָל־לִבִּי וּבְכָל־
מב נַפְשִׁי: כִּי־כֹה אָמַר יְהוָה כַּאֲשֶׁר הֵבֵאתִי אֶל־
הָעָם הַזֶּה אֵת כָּל־הָרָעָה הַגְּדוֹלָה הַזֹּאת כֵּן אָנֹכִי מֵבִיא
מג עֲלֵיהֶם אֶת־כָּל־הַטּוֹבָה אֲשֶׁר אָנֹכִי דֹּבֵר עֲלֵיהֶם: וְנִקְנָה
הַשָּׂדֶה בָּאָרֶץ הַזֹּאת אֲשֶׁר ׀ אַתֶּם אֹמְרִים שְׁמָמָה הִיא מֵאֵין
מד אָדָם וּבְהֵמָה נִתְּנָה בְּיַד הַכַּשְׂדִּים: שָׂדוֹת בַּכֶּסֶף יִקְנוּ וְכָתוֹב
בַּסֵּפֶר ׀ וְחָתוֹם וְהָעֵד עֵדִים בְּאֶרֶץ בִּנְיָמִן וּבִסְבִיבֵי יְרוּשָׁלִַם
וּבְעָרֵי יְהוּדָה וּבְעָרֵי הָהָר וּבְעָרֵי הַשְּׁפֵלָה וּבְעָרֵי הַנֶּגֶב כִּי־
לג א אָשִׁיב אֶת־שְׁבוּתָם נְאֻם־יְהוָה: וַיְהִי דְבַר־
יְהוָה אֶל־יִרְמְיָהוּ שֵׁנִית וְהוּא עוֹדֶנּוּ עָצוּר בַּחֲצַר הַמַּטָּרָה
ב לֵאמֹר: כֹּה־אָמַר יְהוָה עֹשָׂהּ יְהוָה יוֹצֵר אוֹתָהּ לַהֲכִינָהּ יְהוָה

ג שמו: קרא אלי ואענך ואגידה לך גדלות ובצרות לא
ד ידעתם: כי כה אמר יהוה אלהי ישראל על-
בתי העיר הזאת ועל-בתי מלכי יהודה הנתצים אל-
ה הסללות ואל-החרב: באים להלחם את-הכשדים ולמלאם
את-פגרי האדם אשר-הכיתי באפי ובחמתי ואשר הסתרתי
ו פני מהעיר הזאת על כל-רעתם: הנני מעלה-לה ארכה
ז ומרפא ורפאתים וגליתי להם עתרת שלום ואמת: והשבתי
את-שבות יהודה ואת שבות ישראל ובנתים כבראשנה:
ח וטהרתים מכל-עונם אשר חטאו-לי וסלחתי לכול- לכל-
ט עונותיהם אשר חטאו-לי ואשר פשעו בי: והיתה לי לשם
ששון לתהלה ולתפארת לכל גויי הארץ אשר ישמעו את-
כל-הטובה אשר אנכי עשה אותם ופחדו ורגזו על כל-הטובה
י ועל כל-השלום אשר אנכי עשה לה: כה
אמר יהוה עוד ישמע במקום-הזה אשר אתם אמרים חרב
הוא מאין אדם ומאין בהמה בערי יהודה ובחצות ירושלם
יא הנשמות מאין אדם ומאין יושב ומאין בהמה: קול ששון
וקול שמחה קול חתן וקול כלה קול אמרים הודו את-
יהוה צבאות כי-טוב יהוה כי-לעולם חסדו מבאים תודה
בית יהוה כי-אשיב את-שבות-הארץ כבראשנה אמר
יב יהוה: כה אמר יהוה צבאות עוד יהיה | במקום
הזה החרב מאין-אדם ועד-בהמה ובכל-עריו נוה רעים
יג מרבצים צאן: בערי ההר בערי השפלה ובערי הנגב ובארץ
בנימן ובסביבי ירושלם ובערי יהודה עד תעברנה הצאן על-
יד ידי מונה אמר יהוה: הנה ימים באים נאם-
יהוה והקמתי את-הדבר הטוב אשר דברתי אל-בית
טו ישראל ועל-בית יהודה: בימים ההם ובעת ההיא אצמיח
טז לדוד צמח צדקה ועשה משפט וצדקה בארץ: בימים ההם כ

תִּוָּשַׁע יְהוּדָה וִירוּשָׁלַ͏ִם תִּשְׁכּוֹן לָבֶטַח וְזֶה אֲשֶׁר־יִקְרָא־לָהּ
יְהוָה ׀ צִדְקֵנוּ׃ כִּי־כֹה אָמַר יְהוָה לֹא־יִכָּרֵת יז
לְדָוִד אִישׁ יֹשֵׁב עַל־כִּסֵּא בֵית־יִשְׂרָאֵל׃ וְלַכֹּהֲנִים הַלְוִיִּם לֹא־ יח
יִכָּרֵת אִישׁ מִלְּפָנָי מַעֲלֶה עוֹלָה וּמַקְטִיר מִנְחָה וְעֹשֶׂה זֶּבַח כָּל־
הַיָּמִים׃ וַיְהִי דְּבַר־יְהוָה אֶל־יִרְמְיָהוּ לֵאמוֹר׃ יט
כֹּה אָמַר יְהוָה אִם־תָּפֵרוּ אֶת־בְּרִיתִי הַיּוֹם וְאֶת־בְּרִיתִי כ
הַלָּיְלָה וּלְבִלְתִּי הֱיוֹת יוֹמָם־וָלַיְלָה בְּעִתָּם׃ גַּם־בְּרִיתִי תֻפַר כא
אֶת־דָּוִד עַבְדִּי מִהְיוֹת־לוֹ בֵן מֹלֵךְ עַל־כִּסְאוֹ וְאֶת־הַלְוִיִּם
הַכֹּהֲנִים מְשָׁרְתָי׃ אֲשֶׁר לֹא־יִסָּפֵר צְבָא הַשָּׁמַיִם וְלֹא יִמַּד כב
חוֹל הַיָּם כֵּן אַרְבֶּה אֶת־זֶרַע דָּוִד עַבְדִּי וְאֶת־הַלְוִיִּם מְשָׁרְתֵי
אֹתִי׃ וַיְהִי דְּבַר־יְהוָה אֶל־יִרְמְיָהוּ לֵאמֹר׃ כג
הֲלוֹא רָאִיתָ מָה־הָעָם הַזֶּה דִּבְּרוּ לֵאמֹר שְׁתֵּי הַמִּשְׁפָּחוֹת כד
אֲשֶׁר בָּחַר יְהוָה בָּהֶם וַיִּמְאָסֵם וְאֶת־עַמִּי יִנְאָצוּן מִהְיוֹת עוֹד
גּוֹי לִפְנֵיהֶם׃ כֹּה אָמַר יְהוָה אִם־לֹא בְרִיתִי יוֹמָם כה
וָלָיְלָה חֻקּוֹת שָׁמַיִם וָאָרֶץ לֹא־שָׂמְתִּי׃ גַּם־זֶרַע יַעֲקוֹב וְדָוִד כו
עַבְדִּי אֶמְאַס מִקַּחַת מִזַּרְעוֹ מֹשְׁלִים אֶל־זֶרַע אַבְרָהָם יִשְׂחָק
אָשִׁיב וְיַעֲקֹב כִּי־אשוב אֶת־שְׁבוּתָם וְרִחַמְתִּים׃ הַדָּבָר א לד
אֲשֶׁר־הָיָה אֶל־יִרְמְיָהוּ מֵאֵת יְהוָה וּנְבוּכַדְרֶאצַּר מֶלֶךְ־בָּבֶל ׀
וְכָל־חֵילוֹ וְכָל־מַמְלְכוֹת אֶרֶץ מֶמְשֶׁלֶת יָדוֹ וְכָל־הָעַמִּים
נִלְחָמִים עַל־יְרוּשָׁלַ͏ִם וְעַל־כָּל־עָרֶיהָ לֵאמֹר׃ כֹּה־אָמַר יְהוָה ב
אֱלֹהֵי יִשְׂרָאֵל הָלֹךְ וְאָמַרְתָּ אֶל־צִדְקִיָּהוּ מֶלֶךְ יְהוּדָה וְאָמַרְתָּ
אֵלָיו כֹּה אָמַר יְהוָה הִנְנִי נֹתֵן אֶת־הָעִיר הַזֹּאת בְּיַד מֶלֶךְ־בָּבֶל
וּשְׂרָפָהּ בָּאֵשׁ׃ וְאַתָּה לֹא תִמָּלֵט מִיָּדוֹ כִּי תָּפֹשׂ תִּתָּפֵשׂ וּבְיָדוֹ ג
תִּנָּתֵן וְעֵינֶיךָ אֶת־עֵינֵי מֶלֶךְ־בָּבֶל תִּרְאֶינָה וּפִיהוּ אֶת־פִּיךָ
יְדַבֵּר וּבָבֶל תָּבוֹא׃ אַךְ שְׁמַע דְּבַר־יְהוָה צִדְקִיָּהוּ מֶלֶךְ יְהוּדָה ד
כֹּה־אָמַר יְהוָה עָלֶיךָ לֹא תָמוּת בֶּחָרֶב׃ בְּשָׁלוֹם תָּמוּת ה
וּבְמִשְׂרְפוֹת אֲבוֹתֶיךָ הַמְּלָכִים הָרִאשֹׁנִים אֲשֶׁר־הָיוּ לְפָנֶיךָ כֵּן

יִשְׂרְפוּ־לָךְ וְהוֹי אָדוֹן יִסְפְּדוּ־לָךְ כִּי־דָבָר אֲנִי־דִבַּרְתִּי נְאֻם־
ו יְהוָה׃ וַיְדַבֵּר יִרְמְיָהוּ הַנָּבִיא אֶל־צִדְקִיָּהוּ מֶלֶךְ
ז יְהוּדָה אֵת כָּל־הַדְּבָרִים הָאֵלֶּה בִּירוּשָׁלִָם׃ וְחֵיל מֶלֶךְ־
בָּבֶל נִלְחָמִים עַל־יְרוּשָׁלִַם וְעַל כָּל־עָרֵי יְהוּדָה הַנּוֹתָרוֹת
אֶל־לָכִישׁ וְאֶל־עֲזֵקָה כִּי הֵנָּה נִשְׁאֲרוּ בְּעָרֵי יְהוּדָה עָרֵי
ח מִבְצָר׃ הַדָּבָר אֲשֶׁר־הָיָה אֶל־יִרְמְיָהוּ מֵאֵת
יְהוָה אַחֲרֵי כְּרֹת הַמֶּלֶךְ צִדְקִיָּהוּ בְּרִית אֶת־כָּל־הָעָם אֲשֶׁר
ט בִּירוּשָׁלִַם לִקְרֹא לָהֶם דְּרוֹר׃ לְשַׁלַּח אִישׁ אֶת־עַבְדּוֹ וְאִישׁ
אֶת־שִׁפְחָתוֹ הָעִבְרִי וְהָעִבְרִיָּה חָפְשִׁים לְבִלְתִּי עֲבָד־בָּם
י בִּיהוּדִי אָחִיהוּ אִישׁ׃ וַיִּשְׁמְעוּ כָל־הַשָּׂרִים וְכָל־הָעָם אֲשֶׁר־
בָּאוּ בַבְּרִית לְשַׁלַּח אִישׁ אֶת־עַבְדּוֹ וְאִישׁ אֶת־שִׁפְחָתוֹ חָפְשִׁים
יא לְבִלְתִּי עֲבָד־בָּם עוֹד וַיִּשְׁמְעוּ וַיְשַׁלֵּחוּ׃ וַיָּשׁוּבוּ אַחֲרֵי־כֵן וַיָּשִׁבוּ
אֶת־הָעֲבָדִים וְאֶת־הַשְּׁפָחוֹת אֲשֶׁר שִׁלְּחוּ חָפְשִׁים ויכבישום וַיִּכְבְּשׁוּם
יב לַעֲבָדִים וְלִשְׁפָחוֹת׃ וַיְהִי דְבַר־יְהוָה אֶל־
יג יִרְמְיָהוּ מֵאֵת יְהוָה לֵאמֹר׃ כֹּה־אָמַר יְהוָה אֱלֹהֵי יִשְׂרָאֵל אָנֹכִי
כָּרַתִּי בְרִית אֶת־אֲבוֹתֵיכֶם בְּיוֹם הוֹצִאִי אוֹתָם מֵאֶרֶץ מִצְרַיִם
יד מִבֵּית עֲבָדִים לֵאמֹר׃ מִקֵּץ שֶׁבַע שָׁנִים תְּשַׁלְּחוּ אִישׁ אֶת־
אָחִיו הָעִבְרִי אֲשֶׁר־יִמָּכֵר לְךָ וַעֲבָדְךָ שֵׁשׁ שָׁנִים וְשִׁלַּחְתּוֹ חָפְשִׁי
טו מֵעִמָּךְ וְלֹא־שָׁמְעוּ אֲבוֹתֵיכֶם אֵלַי וְלֹא הִטּוּ אֶת־אָזְנָם׃ וַתָּשֻׁבוּ
אַתֶּם הַיּוֹם וַתַּעֲשׂוּ אֶת־הַיָּשָׁר בְּעֵינַי לִקְרֹא דְרוֹר אִישׁ לְרֵעֵהוּ
טז וַתִּכְרְתוּ בְרִית לְפָנַי בַּבַּיִת אֲשֶׁר־נִקְרָא שְׁמִי עָלָיו׃ וַתָּשֻׁבוּ
וַתְּחַלְּלוּ אֶת־שְׁמִי וַתָּשִׁבוּ אִישׁ אֶת־עַבְדּוֹ וְאִישׁ אֶת־שִׁפְחָתוֹ
אֲשֶׁר־שִׁלַּחְתֶּם חָפְשִׁים לְנַפְשָׁם וַתִּכְבְּשׁוּ אֹתָם לִהְיוֹת לָכֶם
יז לַעֲבָדִים וְלִשְׁפָחוֹת׃ לָכֵן כֹּה־אָמַר יְהוָה אַתֶּם
לֹא־שְׁמַעְתֶּם אֵלַי לִקְרֹא דְרוֹר אִישׁ לְאָחִיו וְאִישׁ לְרֵעֵהוּ הִנְנִי
קֹרֵא לָכֶם דְּרוֹר נְאֻם־יְהוָה אֶל־הַחֶרֶב אֶל־הַדֶּבֶר וְאֶל־הָרָעָב
יח וְנָתַתִּי אֶתְכֶם לזועה לְכֹל מַמְלְכוֹת הָאָרֶץ׃ וְנָתַתִּי אֶת־ לְזַעֲוָה

הָאֲנָשִׁים הָעֹבְרִים אֶת־בְּרִתִי אֲשֶׁר לֹא־הֵקִימוּ אֶת־דִּבְרֵי
הַבְּרִית אֲשֶׁר כָּרְתוּ לְפָנָי הָעֵגֶל אֲשֶׁר כָּרְתוּ לִשְׁנַיִם וַיַּעַבְרוּ
בֵּין בְּתָרָיו׃ שָׂרֵי יְהוּדָה וְשָׂרֵי יְרוּשָׁלִַם הַסָּרִסִים וְהַכֹּהֲנִים וְכֹל יט
עַם הָאָרֶץ הָעֹבְרִים בֵּין בִּתְרֵי הָעֵגֶל׃ וְנָתַתִּי אוֹתָם בְּיַד כ
אֹיְבֵיהֶם וּבְיַד מְבַקְשֵׁי נַפְשָׁם וְהָיְתָה נִבְלָתָם לְמַאֲכָל לְעוֹף
הַשָּׁמַיִם וּלְבֶהֱמַת הָאָרֶץ׃ וְאֶת־צִדְקִיָּהוּ מֶלֶךְ־יְהוּדָה וְאֶת־ כא
שָׂרָיו אֶתֵּן בְּיַד אֹיְבֵיהֶם וּבְיַד מְבַקְשֵׁי נַפְשָׁם וּבְיַד חֵיל מֶלֶךְ
בָּבֶל הָעֹלִים מֵעֲלֵיכֶם׃ הִנְנִי מְצַוֶּה נְאֻם־יְהוָה וַהֲשִׁבֹתִים אֶל־ כב
הָעִיר הַזֹּאת וְנִלְחֲמוּ עָלֶיהָ וּלְכָדוּהָ וּשְׂרָפֻהָ בָאֵשׁ וְאֶת־עָרֵי
יְהוּדָה אֶתֵּן שְׁמָמָה מֵאֵין יֹשֵׁב׃ הַדָּבָר אֲשֶׁר־ א לה
הָיָה אֶל־יִרְמְיָהוּ מֵאֵת יְהוָה בִּימֵי יְהוֹיָקִים בֶּן־יֹאשִׁיָּהוּ מֶלֶךְ
יְהוּדָה לֵאמֹר׃ הָלוֹךְ אֶל־בֵּית הָרֵכָבִים וְדִבַּרְתָּ אוֹתָם ב
וַהֲבִאוֹתָם בֵּית יְהוָה אֶל־אַחַת הַלְּשָׁכוֹת וְהִשְׁקִיתָ אוֹתָם יָיִן׃
וָאֶקַּח אֶת־יַאֲזַנְיָה בֶן־יִרְמְיָהוּ בֶּן־חֲבַצִּנְיָה וְאֶת־אֶחָיו וְאֶת־ ג
כָּל־בָּנָיו וְאֵת כָּל־בֵּית הָרֵכָבִים׃ וָאָבִא אֹתָם בֵּית יְהוָה אֶל־ ד
לִשְׁכַּת בְּנֵי חָנָן בֶּן־יִגְדַּלְיָהוּ אִישׁ הָאֱלֹהִים אֲשֶׁר־אֵצֶל לִשְׁכַּת
הַשָּׂרִים אֲשֶׁר מִמַּעַל לְלִשְׁכַּת מַעֲשֵׂיָהוּ בֶן־שַׁלֻּם שֹׁמֵר הַסַּף׃
וָאֶתֵּן לִפְנֵי ׀ בְּנֵי בֵית־הָרֵכָבִים גְּבִעִים מְלֵאִים יַיִן וְכֹסוֹת וָאֹמַר ה
אֲלֵיהֶם שְׁתוּ־יָיִן׃ וַיֹּאמְרוּ לֹא נִשְׁתֶּה־יָּיִן כִּי יוֹנָדָב בֶּן־רֵכָב ו
אָבִינוּ צִוָּה עָלֵינוּ לֵאמֹר לֹא תִשְׁתּוּ־יַיִן אַתֶּם וּבְנֵיכֶם עַד־עוֹלָם׃
וּבַיִת לֹא־תִבְנוּ וְזֶרַע לֹא־תִזְרָעוּ וְכֶרֶם לֹא־תִטָּעוּ וְלֹא יִהְיֶה ז
לָכֶם כִּי בָּאֳהָלִים תֵּשְׁבוּ כָּל־יְמֵיכֶם לְמַעַן תִּחְיוּ יָמִים רַבִּים
עַל־פְּנֵי הָאֲדָמָה אֲשֶׁר אַתֶּם גָּרִים שָׁם׃ וַנִּשְׁמַע בְּקוֹל יְהוֹנָדָב ח
בֶּן־רֵכָב אָבִינוּ לְכֹל אֲשֶׁר צִוָּנוּ לְבִלְתִּי שְׁתוֹת־יַיִן כָּל־יָמֵינוּ
אֲנַחְנוּ נָשֵׁינוּ בָּנֵינוּ וּבְנֹתֵינוּ׃ וּלְבִלְתִּי בְּנוֹת בָּתִּים לְשִׁבְתֵּנוּ ט
כא וְכֶרֶם וְשָׂדֶה וָזֶרַע לֹא יִהְיֶה־לָּנוּ׃ וַנֵּשֶׁב בָּאֳהָלִים וַנִּשְׁמַע וַנַּעַשׂ י
כְּכֹל אֲשֶׁר־צִוָּנוּ יוֹנָדָב אָבִינוּ׃ וַיְהִי בַּעֲלוֹת נְבוּכַדְרֶאצַּר מֶלֶךְ־ יא

בבל אל־הארץ ונאמר באו ונבוא ירושלם מפני חיל הכשדים
יב ומפני חיל ארם ונשב בירושלם: ויהי דבר־
יג יהוה אל־ירמיהו לאמר: כה־אמר יהוה צבאות אלהי
ישראל הלך ואמרת לאיש יהודה וליושבי ירושלם הלוא
יד תקחו מוסר לשמע אל־דברי נאם־יהוה: הוקם את־דברי
יהונדב בן־רכב אשר־צוה את־בניו לבלתי שתות־יין ולא
שתו עד־היום הזה כי שמעו את מצות אביהם ואנכי דברתי
טו אליכם השכם ודבר ולא שמעתם אלי: ואשלח אליכם
את־כל־עבדי הנבאים ׀ השכים ושלח ׀ לאמר שבו־נא
איש מדרכו הרעה והיטיבו מעלליכם ואל־תלכו אחרי
אלהים אחרים לעבדם ושבו אל־האדמה אשר־נתתי לכם
טז ולאבתיכם ולא הטיתם את־אזנכם ולא שמעתם אלי: כי
הקימו בני יהונדב בן־רכב את־מצות אביהם אשר צום
יז והעם הזה לא שמעו אלי: לכן כה־אמר יהוה
אלהי צבאות אלהי ישראל הנני מביא אל־יהודה ואל כל־
יושבי ירושלם את כל־הרעה אשר דברתי עליהם יען דברתי
יח אליהם ולא שמעו ואקרא להם ולא ענו: ולבית הרכבים
אמר ירמיהו כה־אמר יהוה צבאות אלהי ישראל יען אשר
שמעתם על־מצות יהונדב אביכם ותשמרו את־כל־מצותיו
יט ותעשו ככל אשר־צוה אתכם: לכן כה אמר יהוה צבאות
אלהי ישראל לא־יכרת איש ליונדב בן־רכב עמד לפני כל־
לו א הימים: ויהי בשנה הרבעית ליהויקים בן־
יאשיהו מלך יהודה היה הדבר הזה אל־ירמיהו מאת יהוה
ב לאמר: קח־לך מגלת־ספר וכתבת אליה את כל־הדברים
אשר דברתי אליך על־ישראל ועל־יהודה ועל־כל־הגוים
ג מיום דברתי אליך מימי יאשיהו ועד היום הזה: אולי
ישמעו בית יהודה את כל־הרעה אשר אנכי חשב לעשות

לָהֶם לְמַעַן יָשׁוּבוּ אִישׁ מִדַּרְכּוֹ הָרָעָה וְסָלַחְתִּי לַעֲוֺנָם
ד וּלְחַטָּאתָם׃ וַיִּקְרָא יִרְמְיָהוּ אֶת־בָּרוּךְ בֶּן־נֵרִיָּה
וַיִּכְתֹּב בָּרוּךְ מִפִּי יִרְמְיָהוּ אֵת כָּל־דִּבְרֵי יהוה אֲשֶׁר־דִּבֶּר אֵלָיו
ה עַל־מְגִלַּת־סֵפֶר׃ וַיְצַוֶּה יִרְמְיָהוּ אֶת־בָּרוּךְ לֵאמֹר אֲנִי עָצוּר לֹא
ו אוּכַל לָבוֹא בֵּית יהוה׃ וּבָאתָ אַתָּה וְקָרָאתָ בַמְּגִלָּה אֲשֶׁר־
כָּתַבְתָּ מִפִּי אֶת־דִּבְרֵי יהוה בְּאָזְנֵי הָעָם בֵּית יהוה בְּיוֹם צוֹם
ז וְגַם בְּאָזְנֵי כָל־יְהוּדָה הַבָּאִים מֵעָרֵיהֶם תִּקְרָאֵם׃ אוּלַי תִּפֹּל
תְּחִנָּתָם לִפְנֵי יהוה וְיָשֻׁבוּ אִישׁ מִדַּרְכּוֹ הָרָעָה כִּי־גָדוֹל הָאַף
ח וְהַחֵמָה אֲשֶׁר־דִּבֶּר יהוה אֶל־הָעָם הַזֶּה׃ וַיַּעַשׂ בָּרוּךְ בֶּן־נֵרִיָּה
כְּכֹל אֲשֶׁר־צִוָּהוּ יִרְמְיָהוּ הַנָּבִיא לִקְרֹא בַסֵּפֶר דִּבְרֵי יהוה בֵּית
ט יהוה׃ וַיְהִי בַשָּׁנָה הַחֲמִשִׁית לִיהוֹיָקִים בֶּן־
יֹאשִׁיָּהוּ מֶלֶךְ־יְהוּדָה בַּחֹדֶשׁ הַתְּשִׁעִי קָרְאוּ צוֹם לִפְנֵי יהוה
כָּל־הָעָם בִּירוּשָׁלָםִ וְכָל־הָעָם הַבָּאִים מֵעָרֵי יְהוּדָה בִּירוּשָׁלָםִ׃
י וַיִּקְרָא בָרוּךְ בַּסֵּפֶר אֶת־דִּבְרֵי יִרְמְיָהוּ בֵּית יהוה בְּלִשְׁכַּת
גְּמַרְיָהוּ בֶן־שָׁפָן הַסֹּפֵר בֶּחָצֵר הָעֶלְיוֹן פֶּתַח שַׁעַר בֵּית־יהוה
יא הֶחָדָשׁ בְּאָזְנֵי כָּל־הָעָם׃ וַיִּשְׁמַע מִכָיְהוּ בֶן־גְּמַרְיָהוּ בֶן־שָׁפָן
יב אֶת־כָּל־דִּבְרֵי יהוה מֵעַל הַסֵּפֶר׃ וַיֵּרֶד בֵּית־הַמֶּלֶךְ עַל־
לִשְׁכַּת הַסֹּפֵר וְהִנֵּה־שָׁם כָּל־הַשָּׂרִים יוֹשְׁבִים אֱלִישָׁמָע הַסֹּפֵר
וּדְלָיָהוּ בֶן־שְׁמַעְיָהוּ וְאֶלְנָתָן בֶּן־עַכְבּוֹר וּגְמַרְיָהוּ בֶן־שָׁפָן
יג וְצִדְקִיָּהוּ בֶן־חֲנַנְיָהוּ וְכָל־הַשָּׂרִים׃ וַיַּגֵּד לָהֶם מִכָיְהוּ אֵת כָּל־
יד הַדְּבָרִים אֲשֶׁר שָׁמֵעַ בִּקְרֹא בָרוּךְ בַּסֵּפֶר בְּאָזְנֵי הָעָם׃ וַיִּשְׁלְחוּ
כָל־הַשָּׂרִים אֶל־בָּרוּךְ אֶת־יְהוּדִי בֶּן־נְתַנְיָהוּ בֶּן־שֶׁלֶמְיָהוּ בֶן־
כּוּשִׁי לֵאמֹר הַמְּגִלָּה אֲשֶׁר קָרָאתָ בָּהּ בְּאָזְנֵי הָעָם קָחֶנָּה בְיָדְךָ
וָלֵךְ וַיִּקַּח בָּרוּךְ בֶּן־נֵרִיָּהוּ אֶת־הַמְּגִלָּה בְּיָדוֹ וַיָּבֹא אֲלֵיהֶם׃
טו וַיֹּאמְרוּ אֵלָיו שֵׁב נָא וּקְרָאֶנָּה בְּאָזְנֵינוּ וַיִּקְרָא בָרוּךְ בְּאָזְנֵיהֶם׃
טז וַיְהִי כְּשָׁמְעָם אֶת־כָּל־הַדְּבָרִים פָּחֲדוּ אִישׁ אֶל־רֵעֵהוּ וַיֹּאמְרוּ
יז אֶל־בָּרוּךְ הַגֵּיד נַגִּיד לַמֶּלֶךְ אֵת כָּל־הַדְּבָרִים הָאֵלֶּה׃ וְאֶת־

בָּר֖וּךְ שָׁאֲל֣וּ לֵאמֹ֑ר הַגֶּד־נָ֣א לָ֔נוּ אֵ֗יךְ כָּתַ֛בְתָּ אֶת־כָּל־הַדְּבָרִ֥ים
יח הָאֵ֖לֶּה מִפִּֽיו׃ וַיֹּ֤אמֶר לָהֶם֙ בָּר֔וּךְ מִפִּיו֙ יִקְרָ֣א אֵלַ֔י אֵ֥ת כָּל־
יט הַדְּבָרִ֖ים הָאֵ֑לֶּה וַאֲנִ֛י כֹּתֵ֥ב עַל־הַסֵּ֖פֶר בַּדְּיֽוֹ׃ וַיֹּאמְר֤וּ
הַשָּׂרִים֙ אֶל־בָּר֔וּךְ לֵ֥ךְ הִסָּתֵ֖ר אַתָּ֣ה וְיִרְמְיָ֑הוּ וְאִ֥ישׁ אַל־יֵדַ֖ע
כ אֵיפֹ֥ה אַתֶּֽם׃ וַיָּבֹ֤אוּ אֶל־הַמֶּ֙לֶךְ֙ חָצֵ֔רָה וְאֶת־הַמְּגִלָּ֣ה הִפְקִ֔דוּ
בְּלִשְׁכַּ֖ת אֱלִישָׁמָ֣ע הַסֹּפֵ֑ר וַיַּגִּ֙ידוּ֙ בְּאָזְנֵ֣י הַמֶּ֔לֶךְ אֵ֖ת כָּל־
כא הַדְּבָרִֽים׃ וַיִּשְׁלַ֨ח הַמֶּ֜לֶךְ אֶת־יְהוּדִ֗י לָקַ֙חַת֙ אֶת־הַמְּגִלָּ֔ה
וַיִּ֨קָּחֶ֔הָ מִלִּשְׁכַּ֖ת אֱלִישָׁמָ֣ע הַסֹּפֵ֑ר וַיִּקְרָאֶ֤הָ יְהוּדִי֙ בְּאָזְנֵ֣י הַמֶּ֔לֶךְ
כב וּבְאָזְנֵי֙ כָּל־הַשָּׂרִ֔ים הָעֹמְדִ֖ים מֵעַ֥ל הַמֶּֽלֶךְ׃ וְהַמֶּ֗לֶךְ יוֹשֵׁב֙ בֵּ֣ית
כג הַחֹ֔רֶף בַּחֹ֖דֶשׁ הַתְּשִׁיעִ֑י וְאֶת־הָאָ֖ח לְפָנָ֥יו מְבֹעָֽרֶת׃ וַיְהִ֣י ׀
כִּקְר֣וֹא יְהוּדִ֗י שָׁלֹ֤שׁ דְּלָתוֹת֙ וְאַרְבָּעָ֔ה יִקְרָעֶ֙הָ֙ בְּתַ֣עַר הַסֹּפֵ֔ר
וְהַשְׁלֵ֔ךְ אֶל־הָאֵ֖שׁ אֲשֶׁ֣ר אֶל־הָאָ֑ח עַד־תֹּם֙ כָּל־הַמְּגִלָּ֔ה עַל־
כד הָאֵ֖שׁ אֲשֶׁ֥ר עַל־הָאָֽח׃ וְלֹ֣א פָחֲד֔וּ וְלֹ֥א קָרְע֖וּ אֶת־בִּגְדֵיהֶ֑ם
כה הַמֶּ֙לֶךְ֙ וְכָל־עֲבָדָ֔יו הַשֹּׁ֣מְעִ֔ים אֵ֥ת כָּל־הַדְּבָרִ֖ים הָאֵֽלֶּה׃ וְגַ֡ם
אֶלְנָתָ֨ן וּדְלָיָ֤הוּ וּגְמַרְיָ֙הוּ֙ הִפְגִּ֣עוּ בַמֶּ֔לֶךְ לְבִלְתִּ֥י שְׂרֹ֖ף אֶת־
כו הַמְּגִלָּ֑ה וְלֹ֥א שָׁמַ֖ע אֲלֵיהֶֽם׃ וַיְצַוֶּ֣ה הַ֠מֶּלֶךְ אֶת־יְרַחְמְאֵ֨ל בֶּן־ כב
הַמֶּ֜לֶךְ וְאֶת־שְׂרָיָ֣הוּ בֶן־עַזְרִיאֵ֗ל וְאֶת־שֶֽׁלֶמְיָ֙הוּ֙ בֶּן־עַבְדְּאֵ֔ל
לָקַ֙חַת֙ אֶת־בָּר֣וּךְ הַסֹּפֵ֔ר וְאֵ֖ת יִרְמְיָ֣הוּ הַנָּבִ֑יא וַיַּסְתִּרֵ֖ם
כז יְהוָֽה׃ וַיְהִ֥י דְבַר־יְהוָ֖ה אֶֽל־יִרְמְיָ֑הוּ אַחֲרֵ֣י ׀ שְׂרֹ֣ף
הַמֶּ֗לֶךְ אֶת־הַמְּגִלָּה֙ וְאֶת־הַדְּבָרִ֔ים אֲשֶׁ֨ר כָּתַ֥ב בָּר֛וּךְ מִפִּ֥י
כח יִרְמְיָ֖הוּ לֵאמֹֽר׃ שׁ֥וּב קַח־לְךָ֖ מְגִלָּ֣ה אַחֶ֑רֶת וּכְתֹ֣ב עָלֶ֗יהָ אֵ֤ת
כָּל־הַדְּבָרִים֙ הָרִ֣אשֹׁנִ֔ים אֲשֶׁ֣ר הָי֗וּ עַל־הַמְּגִלָּה֙ הָרִ֣אשֹׁנָ֔ה אֲשֶׁ֥ר
כט שָׂרַ֖ף יְהוֹיָקִ֥ים מֶֽלֶךְ־יְהוּדָֽה׃ וְעַל־יְהוֹיָקִ֤ים מֶֽלֶךְ־יְהוּדָה֙ תֹּאמַ֔ר
כֹּ֖ה אָמַ֣ר יְהוָ֑ה אַ֠תָּה שָׂרַ֜פְתָּ אֶת־הַמְּגִלָּ֤ה הַזֹּאת֙ לֵאמֹ֔ר מַדּ֡וּעַ
כָּתַ֣בְתָּ עָלֶ֩יהָ֩ לֵאמֹ֨ר בֹּֽא־יָב֤וֹא מֶֽלֶךְ־בָּבֶל֙ וְהִשְׁחִית֙ אֶת־
ל הָאָ֣רֶץ הַזֹּ֔את וְהִשְׁבִּ֥ית מִמֶּ֖נָּה אָדָ֥ם וּבְהֵמָֽה׃ לָכֵ֞ן
כֹּֽה־אָמַ֣ר יְהוָ֗ה עַל־יְהוֹיָקִים֙ מֶ֣לֶךְ יְהוּדָ֔ה לֹא־יִֽהְיֶה־לּ֥וֹ יוֹשֵׁ֖ב

על־כסא דוד ונבלתו תהיה משלכת לחרב ביום ולקרח
בלילה: ופקדתי עליו ועל־זרעו ועל־עבדיו את־עונם לא
והבאתי עליהם ועל־ישבי ירושלם ואל־איש יהודה את כל־
הרעה אשר־דברתי אליהם ולא שמעו: וירמיהו לב
לקח | מגלה אחרת ויתנה אל־ברוך בן־נריהו הספר
ויכתב עליה מפי ירמיהו את כל־דברי הספר אשר שרף
יהויקים מלך־יהודה באש ועוד נוסף עליהם דברים רבים
כהמה: וימלך־מלך צדקיהו בן־יאשיהו תחת א לז
כניהו בן־יהויקים אשר המליך נבוכדראצר מלך־בבל
בארץ יהודה: ולא שמע הוא ועבדיו ועם הארץ אל־דברי ב
יהוה אשר דבר ביד ירמיהו הנביא: וישלח המלך צדקיהו ג
את־יהוכל בן־שלמיה ואת־צפניהו בן־מעשיה הכהן אל־
ירמיהו הנביא לאמר התפלל־נא בעדנו אל־יהוה אלהינו:
הכלוא וירמיהו בא ויצא בתוך העם ולא־נתנו אתו בית הכליא: ד
וחיל פרעה יצא ממצרים וישמעו הכשדים הצרים על־ ה
ירושלם את־שמעם ויעלו מעל ירושלם: ויהי ו
דבר־יהוה אל־ירמיהו הנביא לאמר: כה־אמר יהוה אלהי ז
ישראל כה תאמרו אל־מלך יהודה השלח אתכם אלי
לדרשני הנה | חיל פרעה היצא לכם לעזרה שב לארצו
מצרים: ושבו הכשדים ונלחמו על־העיר הזאת ולכדה ח
ושרפה באש: כה | אמר יהוה אל־תשאו נפשתיכם ט
לאמר הלך ילכו מעלינו הכשדים כי־לא ילכו: כי אם־ י
הכיתם כל־חיל כשדים הנלחמים אתכם ונשארו־בם
אנשים מדקרים איש באהלו יקומו ושרפו את־העיר הזאת
באש: והיה בהעלות חיל הכשדים מעל ירושלם מפני חיל יא
פרעה: ויצא ירמיהו מירושלם ללכת ארץ בנימן יב
לחלק משם בתוך העם: ויהי־הוא בשער בנימן ושם בעל יג

פְּקִדֻת וּשְׁמוֹ יִרְאִיָּיה בֶּן־שֶׁלֶמְיָה בֶּן־חֲנַנְיָה וַיִּתְפֹּשׂ אֶת־
יד יִרְמְיָהוּ הַנָּבִיא לֵאמֹר אֶל־הַכַּשְׂדִּים אַתָּה נֹפֵל׃ וַיֹּאמֶר
יִרְמְיָהוּ שֶׁקֶר אֵינֶנִּי נֹפֵל עַל־הַכַּשְׂדִּים וְלֹא שָׁמַע אֵלָיו וַיִּתְפֹּשׂ
טו יִרְאִיָּיה בְּיִרְמְיָהוּ וַיְבִאֵהוּ אֶל־הַשָּׂרִים׃ וַיִּקְצְפוּ הַשָּׂרִים עַל־
יִרְמְיָהוּ וְהִכּוּ אֹתוֹ וְנָתְנוּ אוֹתוֹ בֵּית הָאֵסוּר בֵּית יְהוֹנָתָן הַסֹּפֵר
טז כִּי־אֹתוֹ עָשׂוּ לְבֵית הַכֶּלֶא׃ כִּי בָא יִרְמְיָהוּ אֶל־בֵּית הַבּוֹר
יז וְאֶל־הַחֲנֻיוֹת וַיֵּשֶׁב־שָׁם יִרְמְיָהוּ יָמִים רַבִּים׃ וַיִּשְׁלַח הַמֶּלֶךְ
צִדְקִיָּהוּ וַיִּקָּחֵהוּ וַיִּשְׁאָלֵהוּ הַמֶּלֶךְ בְּבֵיתוֹ בַּסֵּתֶר וַיֹּאמֶר הֲיֵשׁ
דָּבָר מֵאֵת יהוה וַיֹּאמֶר יִרְמְיָהוּ יֵשׁ וַיֹּאמֶר בְּיַד מֶלֶךְ־בָּבֶל
יח תִּנָּתֵן׃ וַיֹּאמֶר יִרְמְיָהוּ אֶל־הַמֶּלֶךְ צִדְקִיָּהוּ מֶה חָטָאתִי לְךָ
יט וְלַעֲבָדֶיךָ וְלָעָם הַזֶּה כִּי־נְתַתֶּם אוֹתִי אֶל־בֵּית הַכֶּלֶא׃ ואיו וְאַיֵּה
נְבִיאֵיכֶם אֲשֶׁר־נִבְּאוּ לָכֶם לֵאמֹר לֹא־יָבֹא מֶלֶךְ־בָּבֶל עֲלֵיכֶם
כ וְעַל הָאָרֶץ הַזֹּאת׃ וְעַתָּה שְׁמַע־נָא אֲדֹנִי הַמֶּלֶךְ תִּפָּל־נָא
תְחִנָּתִי לְפָנֶיךָ וְאַל־תְּשִׁבֵנִי בֵּית יְהוֹנָתָן הַסֹּפֵר וְלֹא אָמוּת שָׁם׃
כא וַיְצַוֶּה הַמֶּלֶךְ צִדְקִיָּהוּ וַיַּפְקִדוּ אֶת־יִרְמְיָהוּ בַּחֲצַר הַמַּטָּרָה וְנָתֹן
לוֹ כִכַּר־לֶחֶם לַיּוֹם מִחוּץ הָאֹפִים עַד־תֹּם כָּל־הַלֶּחֶם מִן־הָעִיר
לח א וַיֵּשֶׁב יִרְמְיָהוּ בַּחֲצַר הַמַּטָּרָה׃ וַיִּשְׁמַע שְׁפַטְיָה בֶן־מַתָּן וּגְדַלְיָהוּ
בֶּן־פַּשְׁחוּר וְיוּכַל בֶּן־שֶׁלֶמְיָהוּ וּפַשְׁחוּר בֶּן־מַלְכִּיָּה אֶת־
ב הַדְּבָרִים אֲשֶׁר יִרְמְיָהוּ מְדַבֵּר אֶל־כָּל־הָעָם לֵאמֹר׃ כֹּה אָמַר
יהוה הַיֹּשֵׁב בָּעִיר הַזֹּאת יָמוּת בַּחֶרֶב בָּרָעָב וּבַדָּבֶר וְהַיֹּצֵא אֶל־
ג הַכַּשְׂדִּים יחיה וְהָיְתָה־לּוֹ נַפְשׁוֹ לְשָׁלָל וָחָי׃ כֹּה וְחָיָה
אָמַר יהוה הִנָּתֹן תִּנָּתֵן הָעִיר הַזֹּאת בְּיַד חֵיל מֶלֶךְ־בָּבֶל
ד וּלְכָדָהּ׃ וַיֹּאמְרוּ הַשָּׂרִים אֶל־הַמֶּלֶךְ יוּמַת נָא אֶת־הָאִישׁ הַזֶּה
כִּי עַל־כֵּן הוּא־מְרַפֵּא אֶת־יְדֵי אַנְשֵׁי הַמִּלְחָמָה הַנִּשְׁאָרִים ׀
בָּעִיר הַזֹּאת וְאֵת יְדֵי כָל־הָעָם לְדַבֵּר אֲלֵיהֶם כַּדְּבָרִים הָאֵלֶּה
כִּי ׀ הָאִישׁ הַזֶּה אֵינֶנּוּ דֹרֵשׁ לְשָׁלוֹם לָעָם הַזֶּה כִּי אִם־לְרָעָה׃
ה וַיֹּאמֶר הַמֶּלֶךְ צִדְקִיָּהוּ הִנֵּה־הוּא בְּיֶדְכֶם כִּי־אֵין הַמֶּלֶךְ יוּכַל

ו אתכם דבר: ויקחו את־ירמיהו וישלכו אתו אל־הבור
מלכיהו בן־המלך אשר בחצר המטרה וישלחו את־ירמיהו
בחבלים ובבור אין־מים כי אם־טיט ויטבע ירמיהו בטיט:
ז וישמע עבד־מלך הכושי איש סריס והוא בבית המלך כי־
כג ח נתנו את־ירמיהו אל־הבור והמלך יושב בשער בנימן: ויצא
ט עבד־מלך מבית המלך וידבר אל־המלך לאמר: אדני המלך
הרעו האנשים האלה את כל־אשר עשו לירמיהו הנביא את
אשר־השליכו אל־הבור וימת תחתיו מפני הרעב כי אין
י הלחם עוד בעיר: ויצוה המלך את עבד־מלך הכושי לאמר
קח בידך מזה שלשים אנשים והעלית את־ירמיהו הנביא
יא מן־הבור בטרם ימות: ויקח עבד־מלך את־האנשים בידו
סחבות ויבא בית־המלך אל־תחת האוצר ויקח משם בלוי הסחבות
יב ובלוי מלחים וישלחם אל־ירמיהו אל־הבור בחבלים: ויאמר
עבד־מלך הכושי אל־ירמיהו שים נא בלואי הסחבות
והמלחים תחת אצלות ידיך מתחת לחבלים ויעש ירמיהו
יג כן: וימשכו את־ירמיהו בחבלים ויעלו אתו מן־הבור וישב
יד ירמיהו בחצר המטרה: וישלח המלך צדקיהו
ויקח את־ירמיהו הנביא אליו אל־מבוא השלישי אשר
בבית יהוה ויאמר המלך אל־ירמיהו שאל אני אתך דבר
טו אל־תכחד ממני דבר: ויאמר ירמיהו אל־צדקיהו כי אגיד לך
טז הלוא המת תמיתני וכי איעצך לא תשמע אלי: וישבע המלך
צדקיהו אל־ירמיהו בסתר לאמר חי־יהוה את אשר עשה־
לנו את־הנפש הזאת אם־אמיתך ואם־אתנך ביד האנשים
יז האלה אשר מבקשים את־נפשך: ויאמר
ירמיהו אל־צדקיהו כה־אמר יהוה אלהי צבאות אלהי
ישראל אם־יצא תצא אל־שרי מלך־בבל וחיתה נפשך
יח והעיר הזאת לא תשרף באש וחיתה אתה וביתך: ואם לא־

תצא אל־שרי מלך בבל ונתנה העיר הזאת ביד הכשדים
יט ושרפוה באש ואתה לא־תמלט מידם׃ ויאמר
המלך צדקיהו אל־ירמיהו אני דאג את־היהודים אשר נפלו
כ אל־הכשדים פן־יתנו אתי בידם והתעללו־בי׃ ויאמר
ירמיהו לא יתנו שמע־נא ׀ בקול יהוה לאשר אני דבר אליך
כא וייטב לך ותחי נפשך׃ ואם־מאן אתה לצאת זה הדבר אשר
כב הראני יהוה׃ והנה כל־הנשים אשר נשארו בבית מלך־
יהודה מוצאות אל־שרי מלך בבל והנה אמרת הסיתוך
כג ויכלו לך אנשי שלמך הטבעו בבץ רגלך נסגו אחור׃ ואת־
כל־נשיך ואת־בניך מוצאים אל־הכשדים ואתה לא־תמלט
מידם כי ביד מלך־בבל תתפש ואת־העיר הזאת תשרף
כד באש׃ ויאמר צדקיהו אל־ירמיהו איש אל־ידע
כה בדברים־האלה ולא תמות׃ וכי־ישמעו השרים כי־דברתי
אתך ובאו אליך ואמרו אליך הגידה־נא לנו מה־דברת
אל־המלך אל־תכחד ממנו ולא נמיתך ומה־דבר אליך
כו המלך׃ ואמרת אליהם מפיל־אני תחנתי לפני המלך
כז לבלתי השיבני בית יהונתן למות שם׃ ויבאו כל־
השרים אל־ירמיהו וישאלו אתו ויגד להם ככל־הדברים
האלה אשר צוה המלך ויחרשו ממנו כי לא־נשמע
כח הדבר׃ וישב ירמיהו בחצר המטרה עד־יום אשר־
נלכדה ירושלם והיה כאשר נלכדה ירושלם׃
לט א בשנה התשעית לצדקיהו מלך־יהודה בחדש העשרי בא
נבוכדראצר מלך־בבל וכל־חילו אל־ירושלם ויצרו עליה׃
ב בעשתי־עשרה שנה לצדקיהו בחדש הרביעי בתשעה
ג לחדש הבקעה העיר׃ ויבאו כל שרי מלך־בבל וישבו בשער
התוך נרגל שראצר סמגר־נבו שרסכים רב־סריס נרגל
ד שראצר רב־מג וכל־שארית שרי מלך־בבל׃ ויהי כאשר

רָאָם צִדְקִיָּהוּ מֶלֶךְ־יְהוּדָה וְכֹל אַנְשֵׁי הַמִּלְחָמָה וַיִּבְרְחוּ וַיֵּצְאוּ
לַיְלָה מִן־הָעִיר דֶּרֶךְ גַּן הַמֶּלֶךְ בְּשַׁעַר בֵּין הַחֹמֹתָיִם וַיֵּצֵא דֶּרֶךְ
ה הָעֲרָבָה׃ וַיִּרְדְּפוּ חֵיל־כַּשְׂדִּים אַחֲרֵיהֶם וַיַּשִּׂגוּ אֶת־צִדְקִיָּהוּ
בְּעַרְבוֹת יְרֵחוֹ וַיִּקְחוּ אֹתוֹ וַיַּעֲלֻהוּ אֶל־נְבוּכַדְרֶאצַּר מֶלֶךְ־בָּבֶל
ו רִבְלָתָה בְּאֶרֶץ חֲמָת וַיְדַבֵּר אִתּוֹ מִשְׁפָּטִים׃ וַיִּשְׁחַט מֶלֶךְ בָּבֶל
אֶת־בְּנֵי צִדְקִיָּהוּ בְּרִבְלָה לְעֵינָיו וְאֵת כָּל־חֹרֵי יְהוּדָה שָׁחַט
ז מֶלֶךְ בָּבֶל׃ וְאֶת־עֵינֵי צִדְקִיָּהוּ עִוֵּר וַיַּאַסְרֵהוּ בַּנְחֻשְׁתַּיִם לָבִיא
ח אֹתוֹ בָּבֶלָה׃ וְאֶת־בֵּית הַמֶּלֶךְ וְאֶת־בֵּית הָעָם שָׂרְפוּ הַכַּשְׂדִּים
ט בָּאֵשׁ וְאֶת־חֹמוֹת יְרוּשָׁלִַם נָתָצוּ׃ וְאֵת יֶתֶר הָעָם הַנִּשְׁאָרִים
בָּעִיר וְאֶת־הַנֹּפְלִים אֲשֶׁר נָפְלוּ עָלָיו וְאֵת יֶתֶר הָעָם הַנִּשְׁאָרִים
י הֶגְלָה נְבוּזַרְאֲדָן רַב־טַבָּחִים בָּבֶל׃ וּמִן־הָעָם הַדַּלִּים אֲשֶׁר אֵין־
לָהֶם מְאוּמָה הִשְׁאִיר נְבוּזַרְאֲדָן רַב־טַבָּחִים בְּאֶרֶץ יְהוּדָה וַיִּתֵּן
יא לָהֶם כְּרָמִים וִיגֵבִים בַּיּוֹם הַהוּא׃ וַיְצַו נְבוּכַדְרֶאצַּר מֶלֶךְ־בָּבֶל
יב עַל־יִרְמְיָהוּ בְּיַד נְבוּזַרְאֲדָן רַב־טַבָּחִים לֵאמֹר׃ קָחֶנּוּ וְעֵינֶיךָ
שִׂים עָלָיו וְאַל־תַּעַשׂ לוֹ מְאוּמָה רָּע כִּי אִם כַּאֲשֶׁר יְדַבֵּר
יג אֵלֶיךָ כֵּן עֲשֵׂה עִמּוֹ׃ וַיִּשְׁלַח נְבוּזַרְאֲדָן רַב־טַבָּחִים וּנְבוּשַׁזְבָּן
רַב־סָרִיס וְנֵרְגַל שַׂרְאֶצֶר רַב־מָג וְכֹל רַבֵּי מֶלֶךְ־בָּבֶל׃
יד וַיִּשְׁלְחוּ וַיִּקְחוּ אֶת־יִרְמְיָהוּ מֵחֲצַר הַמַּטָּרָה וַיִּתְּנוּ אֹתוֹ אֶל־
גְּדַלְיָהוּ בֶּן־אֲחִיקָם בֶּן־שָׁפָן לְהוֹצִאֵהוּ אֶל־הַבָּיִת וַיֵּשֶׁב בְּתוֹךְ
טו הָעָם׃ וְאֶל־יִרְמְיָהוּ הָיָה דְבַר־יְהוָה בִּהְיֹתוֹ
טז עָצוּר בַּחֲצַר הַמַּטָּרָה לֵאמֹר׃ הָלוֹךְ וְאָמַרְתָּ לְעֶבֶד־מֶלֶךְ
הַכּוּשִׁי לֵאמֹר כֹּה־אָמַר יְהוָה צְבָאוֹת אֱלֹהֵי יִשְׂרָאֵל הִנְנִי מֵבִי
אֶת־דְּבָרַי אֶל־הָעִיר הַזֹּאת לְרָעָה וְלֹא לְטוֹבָה וְהָיוּ לְפָנֶיךָ
יז בַּיּוֹם הַהוּא׃ וְהִצַּלְתִּיךָ בַיּוֹם־הַהוּא נְאֻם־יְהוָה וְלֹא תִנָּתֵן בְּיַד
כד יח הָאֲנָשִׁים אֲשֶׁר־אַתָּה יָגוֹר מִפְּנֵיהֶם׃ כִּי מַלֵּט אֲמַלֶּטְךָ וּבַחֶרֶב
לֹא תִפֹּל וְהָיְתָה לְךָ נַפְשְׁךָ לְשָׁלָל כִּי־בָטַחְתָּ בִּי נְאֻם־
מ א יְהוָה׃ הַדָּבָר אֲשֶׁר־הָיָה אֶל־יִרְמְיָהוּ מֵאֵת יְהוָה

אַחַר ׀ שַׁלַּח אֹתוֹ נְבוּזַרְאֲדָן רַב־טַבָּחִים מִן־הָרָמָה בְּקַחְתּוֹ
אֹתוֹ וְהוּא־אָסוּר בָּאזִקִּים בְּתוֹךְ כָּל־גָּלוּת יְרוּשָׁלִַם וִיהוּדָה
ב הַמֻּגְלִים בָּבֶלָה: וַיִּקַּח רַב־טַבָּחִים לְיִרְמְיָהוּ וַיֹּאמֶר אֵלָיו יְהוָה
ג אֱלֹהֶיךָ דִּבֶּר אֶת־הָרָעָה הַזֹּאת אֶל־הַמָּקוֹם הַזֶּה: וַיָּבֵא וַיַּעַשׂ
יְהוָה כַּאֲשֶׁר דִּבֵּר כִּי־חֲטָאתֶם לַיהוָה וְלֹא־שְׁמַעְתֶּם בְּקוֹלוֹ
ד וְהָיָה לָכֶם דבר הַזֶּה: וְעַתָּה הִנֵּה פִתַּחְתִּיךָ הַיּוֹם מִן־הָאזִקִּים הַדָּבָר
אֲשֶׁר עַל־יָדֶךָ אִם־טוֹב בְּעֵינֶיךָ לָבוֹא אִתִּי בָבֶל בֹּא וְאָשִׂים
אֶת־עֵינִי עָלֶיךָ וְאִם־רַע בְּעֵינֶיךָ לָבוֹא־אִתִּי בָבֶל חֲדָל רְאֵה
כָּל־הָאָרֶץ לְפָנֶיךָ אֶל־טוֹב וְאֶל־הַיָּשָׁר בְּעֵינֶיךָ לָלֶכֶת שָׁמָּה
ה לֵךְ: וְעוֹדֶנּוּ לֹא־יָשׁוּב וְשֻׁבָה אֶל־גְּדַלְיָה בֶן־אֲחִיקָם בֶּן־שָׁפָן
אֲשֶׁר הִפְקִיד מֶלֶךְ־בָּבֶל בְּעָרֵי יְהוּדָה וְשֵׁב אִתּוֹ בְּתוֹךְ
הָעָם אוֹ אֶל־כָּל־הַיָּשָׁר בְּעֵינֶיךָ לָלֶכֶת לֵךְ וַיִּתֶּן־לוֹ רַב־
ו טַבָּחִים אֲרֻחָה וּמַשְׂאֵת וַיְשַׁלְּחֵהוּ: וַיָּבֹא יִרְמְיָהוּ אֶל־גְּדַלְיָה
בֶן־אֲחִיקָם הַמִּצְפָּתָה וַיֵּשֶׁב אִתּוֹ בְּתוֹךְ הָעָם הַנִּשְׁאָרִים
ז בָּאָרֶץ: וַיִּשְׁמְעוּ כָל־שָׂרֵי הַחֲיָלִים אֲשֶׁר בַּשָּׂדֶה
הֵמָּה וְאַנְשֵׁיהֶם כִּי־הִפְקִיד מֶלֶךְ־בָּבֶל אֶת־גְּדַלְיָהוּ בֶן־
אֲחִיקָם בָּאָרֶץ וְכִי ׀ הִפְקִיד אִתּוֹ אֲנָשִׁים וְנָשִׁים וָטָף וּמִדַּלַּת
ח הָאָרֶץ מֵאֲשֶׁר לֹא־הָגְלוּ בָּבֶלָה: וַיָּבֹאוּ אֶל־גְּדַלְיָה הַמִּצְפָּתָה
וְיִשְׁמָעֵאל בֶּן־נְתַנְיָהוּ וְיוֹחָנָן וְיוֹנָתָן בְּנֵי־קָרֵחַ וּשְׂרָיָה בֶן־תַּנְחֻמֶת
וּבְנֵי ׀ עופי הַנְּטֹפָתִי וִיזַנְיָהוּ בֶּן־הַמַּעֲכָתִי הֵמָּה וְאַנְשֵׁיהֶם: עֵיפַי
ט וַיִּשָּׁבַע לָהֶם גְּדַלְיָהוּ בֶן־אֲחִיקָם בֶּן־שָׁפָן וּלְאַנְשֵׁיהֶם לֵאמֹר
אַל־תִּירְאוּ מֵעֲבוֹד הַכַּשְׂדִּים שְׁבוּ בָאָרֶץ וְעִבְדוּ אֶת־מֶלֶךְ
י בָּבֶל וְיִיטַב לָכֶם: וַאֲנִי הִנְנִי יֹשֵׁב בַּמִּצְפָּה לַעֲמֹד לִפְנֵי הַכַּשְׂדִּים
אֲשֶׁר יָבֹאוּ אֵלֵינוּ וְאַתֶּם אִסְפוּ יַיִן וְקַיִץ וְשֶׁמֶן וְשִׂמוּ בִּכְלֵיכֶם
יא וּשְׁבוּ בְּעָרֵיכֶם אֲשֶׁר־תְּפַשְׂתֶּם: וְגַם כָּל־הַיְּהוּדִים אֲשֶׁר־
בְּמוֹאָב ׀ וּבִבְנֵי־עַמּוֹן וּבֶאֱדוֹם וַאֲשֶׁר בְּכָל־הָאֲרָצוֹת שָׁמְעוּ
כִּי־נָתַן מֶלֶךְ־בָּבֶל שְׁאֵרִית לִיהוּדָה וְכִי הִפְקִיד עֲלֵיהֶם אֶת־

גדליהו בן־אחיקם בן־שפן: וישבו כל־היהודים מכל־ יב
המקמות אשר נדחו־שם ויבאו ארץ־יהודה אל־גדליהו
המצפתה ויאספו יין וקיץ הרבה מאד: ויוחנן יג
בן־קרח וכל־שרי החילים אשר בשדה באו אל־גדליהו
המצפתה: ויאמרו אליו הידע תדע כי בעליס מלך בני־עמון יד
שלח את־ישמעאל בן־נתניה להכתך נפש ולא־האמין להם
גדליהו בן־אחיקם: ויוחנן בן־קרח אמר אל־גדליהו בסתר טו
במצפה לאמר אלכה נא ואכה את־ישמעאל בן־נתניה
ואיש לא ידע למה יככה נפש ונפצו כל־יהודה הנקבצים
אליך ואבדה שארית יהודה: ויאמר גדליהו בן־אחיקם אל־ טז
יוחנן בן־קרח אל־תעש את־הדבר הזה כי־שקר אתה
דבר אל־ישמעאל: ויהי בחדש השביעי בא א מא
ישמעאל בן־נתניה בן־אלישמע מזרע המלוכה ורבי המלך
ועשרה אנשים אתו אל־גדליהו בן־אחיקם המצפתה ויאכלו
שם לחם יחדו במצפה: ויקם ישמעאל בן־נתניה ועשרת ב
האנשים אשר־היו אתו ויכו את־גדליהו בן־אחיקם בן־שפן
בחרב וימת אתו אשר־הפקיד מלך־בבל בארץ: ואת כל־ ג
היהודים אשר־היו אתו את־גדליהו במצפה ואת־הכשדים
אשר נמצאו־שם את אנשי המלחמה הכה ישמעאל: ויהי ד
ביום השני להמית את־גדליהו ואיש לא ידע: ויבאו אנשים ה
משכם משלו ומשמרון שמנים איש מגלחי זקן וקרעי בגדים
ומתגדדים ומנחה ולבונה בידם להביא בית יהוה: ויצא ו
ישמעאל בן־נתניה לקראתם מן־המצפה הלך הלך ובכה
ויהי כפגש אתם ויאמר אליהם באו אל־גדליהו בן־אחיקם:
ויהי כבואם אל־תוך העיר וישחטם ישמעאל בן־נתניה אל־ ז
תוך הבור הוא והאנשים אשר־אתו: ועשרה אנשים נמצאו־ ח
בם ויאמרו אל־ישמעאל אל־תמתנו כי־יש־לנו מטמנים

בַּשָּׂדֶה חִטִּים וּשְׂעֹרִים וְשֶׁמֶן וּדְבָשׁ וַיֶּחְדַּל וְלֹא הֱמִיתָם בְּתוֹךְ
ט אֲחֵיהֶם׃ וְהַבּוֹר אֲשֶׁר הִשְׁלִיךְ שָׁם יִשְׁמָעֵאל אֵת ׀ כָּל־פִּגְרֵי
הָאֲנָשִׁים אֲשֶׁר הִכָּה בְּיַד־גְּדַלְיָהוּ הוּא אֲשֶׁר עָשָׂה הַמֶּלֶךְ
אָסָא מִפְּנֵי בַּעְשָׁא מֶלֶךְ־יִשְׂרָאֵל אֹתוֹ מִלֵּא יִשְׁמָעֵאל בֶּן־
י נְתַנְיָהוּ חֲלָלִים׃ וַיִּשְׁבְּ ׀ יִשְׁמָעֵאל אֶת־כָּל־שְׁאֵרִית הָעָם
אֲשֶׁר בַּמִּצְפָּה אֶת־בְּנוֹת הַמֶּלֶךְ וְאֶת־כָּל־הָעָם הַנִּשְׁאָרִים
בַּמִּצְפָּה אֲשֶׁר הִפְקִיד נְבוּזַרְאֲדָן רַב־טַבָּחִים אֶת־גְּדַלְיָהוּ בֶּן־
אֲחִיקָם וַיִּשְׁבֵּם יִשְׁמָעֵאל בֶּן־נְתַנְיָה וַיֵּלֶךְ לַעֲבֹר אֶל־בְּנֵי
יא עַמּוֹן׃ וַיִּשְׁמַע יוֹחָנָן בֶּן־קָרֵחַ וְכָל־שָׂרֵי הַחֲיָלִים
אֲשֶׁר אִתּוֹ אֵת כָּל־הָרָעָה אֲשֶׁר עָשָׂה יִשְׁמָעֵאל בֶּן־נְתַנְיָה׃
יב וַיִּקְחוּ אֶת־כָּל־הָאֲנָשִׁים וַיֵּלְכוּ לְהִלָּחֵם עִם־יִשְׁמָעֵאל בֶּן־
יג נְתַנְיָה וַיִּמְצְאוּ אֹתוֹ אֶל־מַיִם רַבִּים אֲשֶׁר בְּגִבְעוֹן׃ וַיְהִי כִּרְאוֹת
כָּל־הָעָם אֲשֶׁר אֶת־יִשְׁמָעֵאל אֶת־יוֹחָנָן בֶּן־קָרֵחַ וְאֵת כָּל־
יד שָׂרֵי הַחֲיָלִים אֲשֶׁר אִתּוֹ וַיִּשְׂמָחוּ׃ וַיָּסֹבּוּ כָּל־הָעָם אֲשֶׁר־שָׁבָה
יִשְׁמָעֵאל מִן־הַמִּצְפָּה וַיָּשֻׁבוּ וַיֵּלְכוּ אֶל־יוֹחָנָן בֶּן־קָרֵחַ׃
טו וְיִשְׁמָעֵאל בֶּן־נְתַנְיָה נִמְלַט בִּשְׁמֹנָה אֲנָשִׁים מִפְּנֵי יוֹחָנָן וַיֵּלֶךְ
טז אֶל־בְּנֵי עַמּוֹן׃ וַיִּקַּח יוֹחָנָן בֶּן־קָרֵחַ וְכָל־שָׂרֵי
הַחֲיָלִים אֲשֶׁר־אִתּוֹ אֵת כָּל־שְׁאֵרִית הָעָם אֲשֶׁר הֵשִׁיב מֵאֵת
יִשְׁמָעֵאל בֶּן־נְתַנְיָה מִן־הַמִּצְפָּה אַחַר הִכָּה אֶת־גְּדַלְיָה בֶּן־
אֲחִיקָם גְּבָרִים אַנְשֵׁי הַמִּלְחָמָה וְנָשִׁים וְטַף וְסָרִסִים אֲשֶׁר
יז הֵשִׁיב מִגִּבְעוֹן׃ וַיֵּלְכוּ וַיֵּשְׁבוּ בְּגֵרוּת כמוהם אֲשֶׁר־אֵצֶל בֵּית כִּמְהָם
יח לֶחֶם לָלֶכֶת לָבוֹא מִצְרָיִם׃ מִפְּנֵי הַכַּשְׂדִּים כִּי יָרְאוּ מִפְּנֵיהֶם
כִּי־הִכָּה יִשְׁמָעֵאל בֶּן־נְתַנְיָה אֶת־גְּדַלְיָהוּ בֶּן־אֲחִיקָם אֲשֶׁר־
מב א הִפְקִיד מֶלֶךְ־בָּבֶל בָּאָרֶץ׃ וַיִּגְּשׁוּ כָּל־שָׂרֵי
הַחֲיָלִים וְיוֹחָנָן בֶּן־קָרֵחַ וִיזַנְיָה בֶּן־הוֹשַׁעְיָה וְכָל־הָעָם מִקָּטֹן
ב וְעַד־גָּדוֹל׃ וַיֹּאמְרוּ אֶל־יִרְמְיָהוּ הַנָּבִיא תִּפָּל־נָא תְחִנָּתֵנוּ
לְפָנֶיךָ וְהִתְפַּלֵּל בַּעֲדֵנוּ אֶל־יְהוָה אֱלֹהֶיךָ בְּעַד כָּל־הַשְּׁאֵרִית

הזאת כי־נשארנו מעט מהרבה כאשר עיניך ראות אתנו:
ויגד־לנו יהוה אלהיך את־הדרך אשר נלך־בה ואת־הדבר ג
אשר נעשה: ויאמר אליהם ירמיהו הנביא שמעתי הנני ד
מתפלל אל־יהוה אלהיכם כדבריכם והיה כל־הדבר אשר־
יענה יהוה אתכם אגיד לכם לא־אמנע מכם דבר: והמה ה
אמרו אל־ירמיהו יהי יהוה בנו לעד אמת ונאמן אם־לא
ככל־הדבר אשר ישלחך יהוה אלהיך אלינו כן נעשה: אם־ ו
אנחנו טוב ואם־רע בקול ׀ יהוה אלהינו אשר אנו שלחים אתך
אליו נשמע למען אשר ייטב־לנו כי נשמע בקול יהוה
אלהינו: ויהי מקץ עשרת ימים ויהי דבר־ ז
יהוה אל־ירמיהו: ויקרא אל־יוחנן בן־קרח ואל כל־שרי ח
החילים אשר אתו ולכל־העם למקטן ועד־גדול: ויאמר ט
אליהם כה־אמר יהוה אלהי ישראל אשר שלחתם אתי
אליו להפיל תחנתכם לפניו: אם־שוב תשבו בארץ הזאת י
ובניתי אתכם ולא אהרס ונטעתי אתכם ולא אתוש כי
נחמתי אל־הרעה אשר עשיתי לכם: אל־תיראו מפני יא
מלך בבל אשר־אתם יראים מפניו אל־תיראו ממנו נאם־
יהוה כי־אתכם אני להושיע אתכם ולהציל אתכם מידו:
כה ואתן לכם רחמים ורחם אתכם והשיב אתכם אל־אדמתכם: יב
ואם־אמרים אתם לא נשב בארץ הזאת לבלתי שמע בקול יג
יהוה אלהיכם: לאמר לא כי ארץ מצרים נבוא אשר לא־ יד
נראה מלחמה וקול שופר לא נשמע וללחם לא־נרעב ושם
נשב: ועתה לכן שמעו דבר־יהוה שארית יהודה כה־אמר טו
יהוה צבאות אלהי ישראל אם־אתם שום תשמון פניכם
לבא מצרים ובאתם לגור שם: והיתה החרב אשר אתם טז
יראים ממנה שם תשיג אתכם בארץ מצרים והרעב אשר־
אתם דאגים ממנו שם ידבק אחריכם מצרים ושם תמתו:

יז וַיִּהְיוּ כׇל־הָאֲנָשִׁים אֲשֶׁר־שָׂמוּ אֶת־פְּנֵיהֶם לָבוֹא מִצְרַיִם לָגוּר
שָׁם יָמוּתוּ בַּחֶרֶב בָּרָעָב וּבַדָּבֶר וְלֹא־יִהְיֶה לָהֶם שָׂרִיד וּפָלִיט
יח מִפְּנֵי הָרָעָה אֲשֶׁר אֲנִי מֵבִיא עֲלֵיהֶם: כִּי כֹה אָמַר יְהוָה צְבָאוֹת
אֱלֹהֵי יִשְׂרָאֵל כַּאֲשֶׁר נִתַּךְ אַפִּי וַחֲמָתִי עַל־יֹשְׁבֵי יְרוּשָׁלִַם כֵּן
תִּתַּךְ חֲמָתִי עֲלֵיכֶם בְּבֹאֲכֶם מִצְרָיִם וִהְיִיתֶם לְאָלָה וּלְשַׁמָּה
יט וְלִקְלָלָה וּלְחֶרְפָּה וְלֹא־תִרְאוּ עוֹד אֶת־הַמָּקוֹם הַזֶּה: דִּבֶּר
יְהוָה עֲלֵיכֶם שְׁאֵרִית יְהוּדָה אַל־תָּבֹאוּ מִצְרָיִם יָדֹעַ תֵּדְעוּ
כ כִּי־הַעִידֹתִי בָכֶם הַיּוֹם: כִּי התעתים בְּנַפְשׁוֹתֵיכֶם כִּי־אַתֶּם הִתְעֵיתֶם
שְׁלַחְתֶּם אֹתִי אֶל־יְהוָה אֱלֹהֵיכֶם לֵאמֹר הִתְפַּלֵּל בַּעֲדֵנוּ אֶל־
יְהוָה אֱלֹהֵינוּ וּכְכֹל אֲשֶׁר יֹאמַר יְהוָה אֱלֹהֵינוּ כֵּן הַגֶּד־לָנוּ
כא וְעָשִׂינוּ: וָאַגִּד לָכֶם הַיּוֹם וְלֹא שְׁמַעְתֶּם בְּקוֹל יְהוָה אֱלֹהֵיכֶם
כב וּלְכֹל אֲשֶׁר־שְׁלָחַנִי אֲלֵיכֶם: וְעַתָּה יָדֹעַ תֵּדְעוּ כִּי בַּחֶרֶב
בָּרָעָב וּבַדֶּבֶר תָּמוּתוּ בַּמָּקוֹם אֲשֶׁר חֲפַצְתֶּם לָבוֹא לָגוּר
מג א שָׁם: וַיְהִי כְּכַלּוֹת יִרְמְיָהוּ לְדַבֵּר אֶל־כׇּל־הָעָם
אֶת־כׇּל־דִּבְרֵי יְהוָה אֱלֹהֵיהֶם אֲשֶׁר שְׁלָחוֹ יְהוָה אֱלֹהֵיהֶם
ב אֲלֵיהֶם אֵת כׇּל־הַדְּבָרִים הָאֵלֶּה: וַיֹּאמֶר עֲזַרְיָה
בֶן־הוֹשַׁעְיָה וְיוֹחָנָן בֶּן־קָרֵחַ וְכׇל־הָאֲנָשִׁים הַזֵּדִים אֹמְרִים
אֶל־יִרְמְיָהוּ שֶׁקֶר אַתָּה מְדַבֵּר לֹא שְׁלָחֲךָ יְהוָה אֱלֹהֵינוּ לֵאמֹר
ג לֹא־תָבֹאוּ מִצְרַיִם לָגוּר שָׁם: כִּי בָּרוּךְ בֶּן־נֵרִיָּה מַסִּית אֹתְךָ
בָּנוּ לְמַעַן תֵּת אֹתָנוּ בְיַד־הַכַּשְׂדִּים לְהָמִית אֹתָנוּ וּלְהַגְלוֹת
ד אֹתָנוּ בָּבֶל: וְלֹא־שָׁמַע יוֹחָנָן בֶּן־קָרֵחַ וְכׇל־שָׂרֵי הַחֲיָלִים וְכׇל־
ה הָעָם בְּקוֹל יְהוָה לָשֶׁבֶת בְּאֶרֶץ יְהוּדָה: וַיִּקַּח יוֹחָנָן בֶּן־קָרֵחַ
וְכׇל־שָׂרֵי הַחֲיָלִים אֵת כׇּל־שְׁאֵרִית יְהוּדָה אֲשֶׁר־שָׁבוּ מִכׇּל־
ו הַגּוֹיִם אֲשֶׁר נִדְּחוּ־שָׁם לָגוּר בְּאֶרֶץ יְהוּדָה: אֶת־הַגְּבָרִים וְאֶת־
הַנָּשִׁים וְאֶת־הַטַּף וְאֶת־בְּנוֹת הַמֶּלֶךְ וְאֵת כׇּל־הַנֶּפֶשׁ אֲשֶׁר
הִנִּיחַ נְבוּזַרְאֲדָן רַב־טַבָּחִים אֶת־גְּדַלְיָהוּ בֶּן־אֲחִיקָם בֶּן־שָׁפָן
ז וְאֵת יִרְמְיָהוּ הַנָּבִיא וְאֶת־בָּרוּךְ בֶּן־נֵרִיָּהוּ: וַיָּבֹאוּ אֶרֶץ מִצְרַיִם

ח כִּי לֹא שָׁמְעוּ בְּקוֹל יְהוָה וַיָּבֹאוּ עַד־תַּחְפַּנְחֵס׃ וַיְהִי
ט דְבַר־יְהוָה אֶל־יִרְמְיָהוּ בְּתַחְפַּנְחֵס לֵאמֹר׃ קַח בְּיָדְךָ אֲבָנִים
גְּדֹלוֹת וּטְמַנְתָּם בַּמֶּלֶט בַּמַּלְבֵּן אֲשֶׁר בְּפֶתַח בֵּית־פַּרְעֹה
י בְּתַחְפַּנְחֵס לְעֵינֵי אֲנָשִׁים יְהוּדִים׃ וְאָמַרְתָּ אֲלֵיהֶם כֹּה־אָמַר
יְהוָה צְבָאוֹת אֱלֹהֵי יִשְׂרָאֵל הִנְנִי שֹׁלֵחַ וְלָקַחְתִּי אֶת־
נְבוּכַדְרֶאצַּר מֶלֶךְ־בָּבֶל עַבְדִּי וְשַׂמְתִּי כִסְאוֹ מִמַּעַל לָאֲבָנִים
יא הָאֵלֶּה אֲשֶׁר טָמָנְתִּי וְנָטָה אֶת־שפרורו עֲלֵיהֶם׃ ובאה וְהִכָּה
שַׁפְרִירוֹ | וּבָא
אֶת־אֶרֶץ מִצְרָיִם אֲשֶׁר לַמָּוֶת לַמָּוֶת וַאֲשֶׁר לַשְּׁבִי לַשֶּׁבִי וַאֲשֶׁר
יב לַחֶרֶב לֶחָרֶב׃ וְהִצַּתִּי אֵשׁ בְּבָתֵּי אֱלֹהֵי מִצְרַיִם וּשְׂרָפָם וְשָׁבָם
וְעָטָה אֶת־אֶרֶץ מִצְרַיִם כַּאֲשֶׁר־יַעְטֶה הָרֹעֶה אֶת־בִּגְדוֹ וְיָצָא
יג מִשָּׁם בְּשָׁלוֹם׃ וְשִׁבַּר אֶת־מַצְּבוֹת בֵּית שֶׁמֶשׁ אֲשֶׁר בְּאֶרֶץ
מד א מִצְרָיִם וְאֶת־בָּתֵּי אֱלֹהֵי־מִצְרַיִם יִשְׂרֹף בָּאֵשׁ׃ הַדָּבָר
אֲשֶׁר הָיָה אֶל־יִרְמְיָהוּ אֶל כָּל־הַיְּהוּדִים הַיֹּשְׁבִים בְּאֶרֶץ
מִצְרָיִם הַיֹּשְׁבִים בְּמִגְדֹּל וּבְתַחְפַּנְחֵס וּבְנֹף וּבְאֶרֶץ פַּתְרוֹס
ב לֵאמֹר׃ כֹּה־אָמַר יְהוָה צְבָאוֹת אֱלֹהֵי יִשְׂרָאֵל אַתֶּם רְאִיתֶם
אֵת כָּל־הָרָעָה אֲשֶׁר הֵבֵאתִי עַל־יְרוּשָׁלִַם וְעַל כָּל־עָרֵי יְהוּדָה
ג וְהִנָּם חָרְבָּה הַיּוֹם הַזֶּה וְאֵין בָּהֶם יוֹשֵׁב׃ מִפְּנֵי רָעָתָם אֲשֶׁר עָשׂוּ
לְהַכְעִסֵנִי לָלֶכֶת לְקַטֵּר לַעֲבֹד לֵאלֹהִים אֲחֵרִים אֲשֶׁר לֹא
ד יְדָעוּם הֵמָּה אַתֶּם וַאֲבֹתֵיכֶם׃ וָאֶשְׁלַח אֲלֵיכֶם אֶת־כָּל־עֲבָדַי
הַנְּבִיאִים הַשְׁכֵּים וְשָׁלֹחַ לֵאמֹר אַל־נָא תַעֲשׂוּ אֵת דְּבַר־
ה הַתֹּעֵבָה הַזֹּאת אֲשֶׁר שָׂנֵאתִי׃ וְלֹא שָׁמְעוּ וְלֹא־הִטּוּ אֶת־אָזְנָם
ו לָשׁוּב מֵרָעָתָם לְבִלְתִּי קַטֵּר לֵאלֹהִים אֲחֵרִים׃ וַתִּתַּךְ חֲמָתִי
וְאַפִּי וַתִּבְעַר בְּעָרֵי יְהוּדָה וּבְחֻצוֹת יְרוּשָׁלִָם וַתִּהְיֶינָה לְחָרְבָּה
ז לִשְׁמָמָה כַּיּוֹם הַזֶּה׃ וְעַתָּה כֹּה־אָמַר יְהוָה אֱלֹהֵי
צְבָאוֹת אֱלֹהֵי יִשְׂרָאֵל לָמָה אַתֶּם עֹשִׂים רָעָה גְדוֹלָה אֶל־
נַפְשֹׁתֵכֶם לְהַכְרִית לָכֶם אִישׁ־וְאִשָּׁה עוֹלֵל וְיוֹנֵק מִתּוֹךְ יְהוּדָה
ח לְבִלְתִּי הוֹתִיר לָכֶם שְׁאֵרִית׃ לְהַכְעִסֵנִי בְּמַעֲשֵׂי יְדֵיכֶם לְקַטֵּר

לֵאלֹהִים אֲחֵרִים בְּאֶרֶץ מִצְרַיִם אֲשֶׁר־אַתֶּם בָּאִים לָגוּר שָׁם
לְמַעַן הַכְרִית לָכֶם וּלְמַעַן הֱיוֹתְכֶם לִקְלָלָה וּלְחֶרְפָּה בְּכֹל גּוֹיֵ
ט הָאָרֶץ: הַשְׁכַחְתֶּם אֶת־רָעוֹת אֲבוֹתֵיכֶם וְאֶת־רָעוֹת ׀ מַלְכֵי
יְהוּדָה וְאֵת רָעוֹת נָשָׁיו וְאֵת רָעֹתֵיכֶם וְאֵת רָעֹת נְשֵׁיכֶם אֲשֶׁר
י עָשׂוּ בְּאֶרֶץ יְהוּדָה וּבְחֻצוֹת יְרוּשָׁלִָם: לֹא דֻכְּאוּ עַד הַיּוֹם הַזֶּה
וְלֹא יָרְאוּ וְלֹא־הָלְכוּ בְתוֹרָתִי וּבְחֻקֹּתַי אֲשֶׁר־נָתַתִּי לִפְנֵיכֶם
יא וְלִפְנֵי אֲבוֹתֵיכֶם: לָכֵן כֹּה־אָמַר יְהוָה צְבָאוֹת
אֱלֹהֵי יִשְׂרָאֵל הִנְנִי שָׂם פָּנַי בָּכֶם לְרָעָה וּלְהַכְרִית אֶת־כָּל־
יב יְהוּדָה: וְלָקַחְתִּי אֶת־שְׁאֵרִית יְהוּדָה אֲשֶׁר־שָׂמוּ פְנֵיהֶם לָבוֹא
אֶרֶץ־מִצְרַיִם לָגוּר שָׁם וְתַמּוּ כֹל בְּאֶרֶץ מִצְרַיִם יִפֹּלוּ בַּחֶרֶב
בָּרָעָב יִתַּמּוּ מִקָּטֹן וְעַד־גָּדוֹל בַּחֶרֶב וּבָרָעָב יָמֻתוּ וְהָיוּ
יג לְאָלָה לְשַׁמָּה וְלִקְלָלָה וּלְחֶרְפָּה: וּפָקַדְתִּי עַל הַיּוֹשְׁבִים
בְּאֶרֶץ מִצְרַיִם כַּאֲשֶׁר פָּקַדְתִּי עַל־יְרוּשָׁלִָם בַּחֶרֶב בָּרָעָב
יד וּבַדָּבֶר: וְלֹא יִהְיֶה פָּלִיט וְשָׂרִיד לִשְׁאֵרִית יְהוּדָה הַבָּאִים
לָגוּר־שָׁם בְּאֶרֶץ מִצְרָיִם וְלָשׁוּב ׀ אֶרֶץ יְהוּדָה אֲשֶׁר־הֵמָּה
מְנַשְּׂאִים אֶת־נַפְשָׁם לָשׁוּב לָשֶׁבֶת שָׁם כִּי לֹא־יָשׁוּבוּ כִּי
טו אִם־פְּלֵטִים: וַיַּעֲנוּ אֶת־יִרְמְיָהוּ כָּל־הָאֲנָשִׁים
הַיֹּדְעִים כִּי־מְקַטְּרוֹת נְשֵׁיהֶם לֵאלֹהִים אֲחֵרִים וְכָל־הַנָּשִׁים
הָעֹמְדוֹת קָהָל גָּדוֹל וְכָל־הָעָם הַיֹּשְׁבִים בְּאֶרֶץ־מִצְרַיִם
טז בְּפַתְרוֹס לֵאמֹר: הַדָּבָר אֲשֶׁר־דִּבַּרְתָּ אֵלֵינוּ בְּשֵׁם יְהוָה אֵינֶנּוּ
יז שֹׁמְעִים אֵלֶיךָ: כִּי עָשֹׂה נַעֲשֶׂה אֶת־כָּל־הַדָּבָר ׀ אֲשֶׁר־יָצָא
מִפִּינוּ לְקַטֵּר לִמְלֶכֶת הַשָּׁמַיִם וְהַסֵּיךְ־לָהּ נְסָכִים כַּאֲשֶׁר עָשִׂינוּ
אֲנַחְנוּ וַאֲבֹתֵינוּ מְלָכֵינוּ וְשָׂרֵינוּ בְּעָרֵי יְהוּדָה וּבְחֻצוֹת יְרוּשָׁלִָם
יח וַנִּשְׂבַּע־לֶחֶם וַנִּהְיֶה טוֹבִים וְרָעָה לֹא רָאִינוּ: וּמִן־אָז חָדַלְנוּ
לְקַטֵּר לִמְלֶכֶת הַשָּׁמַיִם וְהַסֵּךְ־לָהּ נְסָכִים חָסַרְנוּ כֹל וּבַחֶרֶב
יט וּבָרָעָב תַּמְנוּ: וְכִי־אֲנַחְנוּ מְקַטְּרִים לִמְלֶכֶת הַשָּׁמַיִם וּלְהַסֵּךְ
לָהּ נְסָכִים הֲמִבַּלְעָדֵי אֲנָשֵׁינוּ עָשִׂינוּ לָהּ כַּוָּנִים לְהַעֲצִבָה וְהַסֵּךְ

כו לה נסכים: ויאמר ירמיהו אל־כל־העם על־ כ
הגברים ועל־הנשים ועל־כל־העם הענים אתו דבר לאמר:
כא הלוא את־הקטר אשר קטרתם בערי יהודה ובחצות ירושלם
אתם ואבותיכם מלכיכם ושריכם ועם הארץ אתם זכר יהוה
כב ותעלה על־לבו: ולא־יוכל יהוה עוד לשאת מפני רע
מעלליכם מפני התועבת אשר עשיתם ותהי ארצכם לחרבה
כג ולשמה ולקללה מאין יושב כהיום הזה: מפני אשר קטרתם
ואשר חטאתם ליהוה ולא שמעתם בקול יהוה ובתרתו
ובחקתיו ובעדותיו לא הלכתם על־כן קראת אתכם הרעה
כד הזאת כיום הזה: ויאמר ירמיהו אל־כל־העם
ואל כל־הנשים שמעו דבר־יהוה כל־יהודה אשר בארץ
כה מצרים: כה־אמר יהוה־צבאות אלהי ישראל לאמר אתם
ונשיכם ותדברנה בפיכם ובידיכם מלאתם | לאמר עשה
נעשה את־נדרינו אשר נדרנו לקטר למלכת השמים ולהסך
לה נסכים הקים תקימנה את־נדריכם ועשה תעשינה את־
כו נדריכם: לכן שמעו דבר־יהוה כל־יהודה הישבים בארץ
מצרים הנני נשבעתי בשמי הגדול אמר יהוה אם־יהיה עוד
שמי נקרא | בפי | כל־איש יהודה אמר חי־אדני יהוה בכל־
כז ארץ מצרים: הנני שקד עליהם לרעה ולא לטובה ותמו כל־
איש יהודה אשר בארץ־מצרים בחרב וברעב עד־כלותם:
כח ופליטי חרב ישבון מן־ארץ מצרים ארץ יהודה מתי מספר
וידעו כל־שארית יהודה הבאים לארץ־מצרים לגור שם
כט דבר־מי יקום ממני ומהם: וזאת לכם האות נאם־יהוה כי־
פקד אני עליכם במקום הזה למען תדעו כי קום יקומו דברי
ל עליכם לרעה: כה | אמר יהוה הנני נתן את־
פרעה חפרע מלך־מצרים ביד איביו וביד מבקשי נפשו
כאשר נתתי את־צדקיהו מלך־יהודה ביד נבוכדראצר

א מֶלֶךְ־בָּבֶל אֹיְבוֹ וּמְבַקֵּשׁ נַפְשׁוֹ׃ הַדָּבָר אֲשֶׁר
דִּבֶּר יִרְמְיָהוּ הַנָּבִיא אֶל־בָּרוּךְ בֶּן־נֵרִיָּה בְּכָתְבוֹ אֶת־הַדְּבָרִים
הָאֵלֶּה עַל־סֵפֶר מִפִּי יִרְמְיָהוּ בַּשָּׁנָה הָרְבִעִית לִיהוֹיָקִים בֶּן־
ב יֹאשִׁיָּהוּ מֶלֶךְ יְהוּדָה לֵאמֹר׃ כֹּה־אָמַר יהוה אֱלֹהֵי יִשְׂרָאֵל
ג עָלֶיךָ בָּרוּךְ׃ אָמַרְתָּ אוֹי־נָא לִי כִּי־יָסַף יהוה יָגוֹן עַל־מַכְאֹבִי
ד יָגַעְתִּי בְּאַנְחָתִי וּמְנוּחָה לֹא מָצָאתִי׃ כֹּה ׀ תֹּאמַר אֵלָיו כֹּה
אָמַר יהוה הִנֵּה אֲשֶׁר־בָּנִיתִי אֲנִי הֹרֵס וְאֵת אֲשֶׁר־נָטַעְתִּי
ה אֲנִי נֹתֵשׁ וְאֶת־כָּל־הָאָרֶץ הִיא׃ וְאַתָּה תְּבַקֶּשׁ־לְךָ גְדֹלוֹת
אַל־תְּבַקֵּשׁ כִּי הִנְנִי מֵבִיא רָעָה עַל־כָּל־בָּשָׂר נְאֻם־יהוה
וְנָתַתִּי לְךָ אֶת־נַפְשְׁךָ לְשָׁלָל עַל כָּל־הַמְּקֹמוֹת אֲשֶׁר תֵּלֶךְ־
מו א שָׁם׃ אֲשֶׁר הָיָה דְבַר־יהוה אֶל־יִרְמְיָהוּ הַנָּבִיא
ב עַל־הַגּוֹיִם׃ לְמִצְרַיִם עַל־חֵיל פַּרְעֹה נְכוֹ מֶלֶךְ מִצְרַיִם אֲשֶׁר־
הָיָה עַל־נְהַר־פְּרָת בְּכַרְכְּמִשׁ אֲשֶׁר הִכָּה נְבוּכַדְרֶאצַּר מֶלֶךְ
בָּבֶל בִּשְׁנַת הָרְבִיעִית לִיהוֹיָקִים בֶּן־יֹאשִׁיָּהוּ מֶלֶךְ יְהוּדָה׃
ג ד עִרְכוּ מָגֵן וְצִנָּה וּגְשׁוּ לַמִּלְחָמָה׃ אִסְרוּ הַסּוּסִים וַעֲלוּ הַפָּרָשִׁים
ה וְהִתְיַצְּבוּ בְּכוֹבָעִים מִרְקוּ הָרְמָחִים לִבְשׁוּ הַסִּרְיֹנֹת׃ מַדּוּעַ
רָאִיתִי הֵמָּה חַתִּים נְסֹגִים אָחוֹר וְגִבּוֹרֵיהֶם יֻכַּתּוּ וּמָנוֹס נָסוּ
ו וְלֹא הִפְנוּ מָגוֹר מִסָּבִיב נְאֻם־יהוה׃ אַל־יָנוּס הַקַּל וְאַל־יִמָּלֵט
ז הַגִּבּוֹר צָפוֹנָה עַל־יַד נְהַר־פְּרָת כָּשְׁלוּ וְנָפָלוּ׃ מִי־זֶה כַּיְאֹר
ח יַעֲלֶה כַּנְּהָרוֹת יִתְגָּעֲשׁוּ מֵימָיו׃ מִצְרַיִם כַּיְאֹר יַעֲלֶה וְכַנְּהָרוֹת
יִתְגֹּעֲשׁוּ מָיִם וַיֹּאמֶר אַעֲלֶה אֲכַסֶּה־אֶרֶץ אֹבִידָה עִיר וְיֹשְׁבֵי
ט בָהּ׃ עֲלוּ הַסּוּסִים וְהִתְהֹלְלוּ הָרֶכֶב וְיֵצְאוּ הַגִּבּוֹרִים כּוּשׁ וּפוּט
י תֹּפְשֵׂי מָגֵן וְלוּדִים תֹּפְשֵׂי דֹּרְכֵי קָשֶׁת׃ וְהַיּוֹם הַהוּא לַאדֹנָי יֱהוִה
צְבָאוֹת יוֹם נְקָמָה לְהִנָּקֵם מִצָּרָיו וְאָכְלָה חֶרֶב וְשָׂבְעָה
וְרָוְתָה מִדָּמָם כִּי זֶבַח לַאדֹנָי יֱהוִה צְבָאוֹת בְּאֶרֶץ צָפוֹן
יא אֶל־נְהַר־פְּרָת׃ עֲלִי גִלְעָד וּקְחִי צֳרִי בְּתוּלַת בַּת־מִצְרָיִם
יב לַשָּׁוְא הרביתי רְפֻאוֹת תְּעָלָה אֵין לָךְ׃ שָׁמְעוּ גוֹיִם קְלוֹנֵךְ הִרְבֵּית

וְצִוְחָתֵךְ מָלְאָה הָאָרֶץ כִּי־גִבּוֹר בְּגִבּוֹר כָּשָׁלוּ יַחְדָּיו נָפְלוּ
יג שְׁנֵיהֶם׃ הַדָּבָר אֲשֶׁר דִּבֶּר יהוה אֶל־יִרְמְיָהוּ
הַנָּבִיא לָבוֹא נְבוּכַדְרֶאצַּר מֶלֶךְ בָּבֶל לְהַכּוֹת אֶת־אֶרֶץ
יד מִצְרָיִם׃ הַגִּידוּ בְמִצְרַיִם וְהַשְׁמִיעוּ בְמִגְדּוֹל וְהַשְׁמִיעוּ בְנֹף
וּבְתַחְפַּנְחֵס אִמְרוּ הִתְיַצֵּב וְהָכֵן לָךְ כִּי־אָכְלָה חֶרֶב סְבִיבֶיךָ׃
טו טז מַדּוּעַ נִסְחַף אַבִּירֶיךָ לֹא עָמַד כִּי יהוה הֲדָפוֹ׃ הִרְבָּה כּוֹשֵׁל
גַּם־נָפַל אִישׁ אֶל־רֵעֵהוּ וַיֹּאמְרוּ קוּמָה וְנָשֻׁבָה אֶל־עַמֵּנוּ וְאֶל־
יז אֶרֶץ מוֹלַדְתֵּנוּ מִפְּנֵי חֶרֶב הַיּוֹנָה׃ קָרְאוּ שָׁם פַּרְעֹה מֶלֶךְ־
יח מִצְרַיִם שָׁאוֹן הֶעֱבִיר הַמּוֹעֵד׃ חַי־אָנִי נְאֻם־הַמֶּלֶךְ יהוה
יט צְבָאוֹת שְׁמוֹ כִּי כְּתָבוֹר בֶּהָרִים וּכְכַרְמֶל בַּיָּם יָבוֹא׃ כְּלֵי גוֹלָה
עֲשִׂי לָךְ יוֹשֶׁבֶת בַּת־מִצְרָיִם כִּי־נֹף לְשַׁמָּה תִהְיֶה וְנִצְּתָה מֵאֵין
כ יוֹשֵׁב׃ עֶגְלָה יְפֵה־פִיָּה מִצְרָיִם קֶרֶץ מִצָּפוֹן בָּא
כא בָא׃ גַּם־שְׂכִרֶיהָ בְקִרְבָּהּ כְּעֶגְלֵי מַרְבֵּק כִּי־גַם־הֵמָּה הִפְנוּ נָסוּ
כב יַחְדָּיו לֹא עָמָדוּ כִּי יוֹם אֵידָם בָּא עֲלֵיהֶם עֵת פְּקֻדָּתָם׃ קוֹלָהּ
כַּנָּחָשׁ יֵלֵךְ כִּי־בְחַיִל יֵלֵכוּ וּבְקַרְדֻּמּוֹת בָּאוּ לָהּ כְּחֹטְבֵי עֵצִים׃
כג כָּרְתוּ יַעְרָהּ נְאֻם־יהוה כִּי לֹא יֵחָקֵר כִּי רַבּוּ מֵאַרְבֶּה וְאֵין
כד כה לָהֶם מִסְפָּר׃ הֹבִישָׁה בַּת־מִצְרָיִם נִתְּנָה בְּיַד עַם־צָפוֹן׃ אָמַר
יהוה צְבָאוֹת אֱלֹהֵי יִשְׂרָאֵל הִנְנִי פוֹקֵד אֶל־אָמוֹן מִנֹּא וְעַל־
פַּרְעֹה וְעַל־מִצְרַיִם וְעַל־אֱלֹהֶיהָ וְעַל־מְלָכֶיהָ וְעַל־פַּרְעֹה וְעַל
כו הַבֹּטְחִים בּוֹ׃ וּנְתַתִּים בְּיַד מְבַקְשֵׁי נַפְשָׁם וּבְיַד נְבוּכַדְרֶאצַּר
מֶלֶךְ־בָּבֶל וּבְיַד עֲבָדָיו וְאַחֲרֵי־כֵן תִּשְׁכֹּן כִּימֵי־קֶדֶם נְאֻם־
כז כז יהוה׃ וְאַתָּה אַל־תִּירָא עַבְדִּי יַעֲקֹב וְאַל־תֵּחַת
יִשְׂרָאֵל כִּי הִנְנִי מוֹשִׁעֲךָ מֵרָחוֹק וְאֶת־זַרְעֲךָ מֵאֶרֶץ שִׁבְיָם
כח וְשָׁב יַעֲקוֹב וְשָׁקַט וְשַׁאֲנַן וְאֵין מַחֲרִיד׃ אַתָּה אַל־תִּירָא עַבְדִּי
יַעֲקֹב נְאֻם־יהוה כִּי אִתְּךָ אָנִי כִּי אֶעֱשֶׂה כָלָה בְּכָל־הַגּוֹיִם ׀
אֲשֶׁר הִדַּחְתִּיךָ שָׁמָּה וְאֹתְךָ לֹא־אֶעֱשֶׂה כָלָה וְיִסַּרְתִּיךָ לַמִּשְׁפָּט
מז א וְנַקֵּה לֹא אֲנַקֶּךָּ׃ אֲשֶׁר הָיָה דְבַר־יהוה אֶל־

ירמיהו הנביא אל־פלשתים בטרם יכה פרעה את־עזה׃
ב כה ׀ אמר יהוה הנה־מים עלים מצפון והיו לנחל שוטף
וישטפו ארץ ומלואה עיר וישבי בה וזעקו האדם והילל כל
ג יושב הארץ׃ מקול שעטת פרסות אביריו מרעש לרכבו
ד המון גלגליו לא־הפנו אבות אל־בנים מרפיון ידים׃ על־היום
הבא לשדוד את־כל־פלשתים להכרית לצר ולצידון כל
שריד עזר כי־שדד יהוה את־פלשתים שארית אי כפתור׃
ה באה קרחה אל־עזה נדמתה אשקלון שארית עמקם עד־
ו מתי תתגודדי׃ הוי חרב ליהוה עד־אנה לא תשקטי האספי
ז אל־תערך הרגעי ודמי׃ איך תשקטי ויהוה צוה־לה אל־
מח א אשקלון ואל־חוף הים שם יעדה׃ למואב כה־
אמר יהוה צבאות אלהי ישראל הוי אל־נבו כי שדדה
ב הבישה נלכדה קריתים הבישה המשגב וחתה׃ אין עוד
תהלת מואב בחשבון חשבו עליה רעה לכו ונכריתנה מגוי
ג גם־מדמן תדמי אחריך תלך חרב׃ קול צעקה מחרונים שד
ד ה ושבר גדול׃ נשברה מואב השמיעו זעקה צעוריה׃ כי מעלה צעיריה
הלחות בבכי יעלה־בכי כי במורד חורנים צרי צעקת־שבר הלוחית
ו ז שמעו׃ נסו מלטו נפשכם ותהיינה כערוער במדבר׃ כי יען
בטחך במעשיך ובאוצרותיך גם־את תלכדי ויצא כמיש כמוש
ח בגולה כהניו ושריו יחד׃ ויבא שדד אל־כל־עיר ועיר לא יחדו
ט תמלט ואבד העמק ונשמד המישר אשר אמר יהוה׃ תנו־
ציץ למואב כי נצא תצא ועריה לשמה תהיינה מאין יושב
י בהן׃ ארור עשה מלאכת יהוה רמיה וארור מנע חרבו מדם׃
יא שאנן מואב מנעוריו ושקט הוא אל־שמריו ולא־הורק מכלי
אל־כלי ובגולה לא הלך על־כן עמד טעמו בו וריחו
יב לא נמר׃ לכן הנה־ימים באים נאם־יהוה
יג ושלחתי־לו צעים וצעהו וכליו יריקו ונבליהם ינפצו׃ ובש

מואב מכמוש כאשר־בשו בית ישראל מבית אל מבטחם׃
יד טו איך תאמרו גבורים אנחנו ואנשי־חיל למלחמה׃ שדד מואב
ועריה עלה ומבחר בחוריו ירדו לטבח נאם־המלך יהוה
טז צבאות שמו׃ קרוב איד־מואב לבוא ורעתו מהרה מאד׃
יז נדו לו כל־סביביו וכל ידעי שמו אמרו איכה נשבר מטה־עז
יח מקל תפארה׃ רדי מכבוד ישבי בצמא ישבת בת־דיבון כי־ ושבי
יט שדד מואב עלה בך שחת מבצריך׃ אל־דרך עמדי וצפי
כ יושבת ערוער שאלי־נס ונמלטה אמרי מה־נהיתה׃ הביש
מואב כי־חתה הילילי ׀ וזעקי הגידו בארנון כי שדד מואב׃ הלילו וזעקו
כא ומשפט בא אל־ארץ המישר אל־חלון ואל־יהצה ועל־
כב כג מופעת׃ ועל־דיבון ועל־נבו ועל־בית דבלתים׃ ועל קריתים מיפעת
כד ועל־בית גמול ועל־בית מעון׃ ועל־קריות ועל־בצרה ועל
כה כל־ערי ארץ מואב הרחקות והקרבות׃ נגדעה קרן מואב
כו וזרעו נשברה נאם יהוה׃ השכירהו כי על־יהוה הגדיל וספק
כז מואב בקיאו והיה לשחק גם־הוא׃ ואם ׀ לוא השחק היה
לך ישראל אם־בגנבים נמצאה כי־מדי דבריך בו תתנודד׃ נמצא
כח עזבו ערים ושכנו בסלע ישבי מואב והיו כיונה תקנן בעברי
כט פי־פחת׃ שמענו גאון־מואב גאה מאד גבהו וגאונו וגאותו
ל ורם לבו׃ אני ידעתי נאם־יהוה עברתו ולא־כן בדיו לא־כן
לא עשו׃ על־כן על־מואב איליל ולמואב כלה אזעק אל־אנשי
לב קיר־חרש יהגה׃ מבכי יעזר אבכה־לך הגפן שבמה
נטישתיך עברו ים עד ים יעזר נגעו על־קיצך ועל־בצירך
לג שדד נפל׃ ונאספה שמחה וגיל מכרמל ומארץ מואב ויין
לד מיקבים השבתי לא־ידרך הידד הידד לא הידד׃ מזעקת
חשבון עד־אלעלה עד־יהץ נתנו קולם מצער עד־חרנים
לה עגלת שלשיה כי גם־מי נמרים למשמות יהיו׃ והשבתי
לו למואב נאם־יהוה מעלה במה ומקטיר לאלהיו׃ על־כן לבי

לְמוֹאָב כַּחֲלִלִים יֶהֱמֶה וְלִבִּי אֶל־אַנְשֵׁי קִיר־חֶרֶשׂ כַּחֲלִילִים
לז יֶהֱמֶה עַל־כֵּן יִתְרַת עָשָׂה אָבָדוּ׃ כִּי כָל־רֹאשׁ קָרְחָה וְכָל־זָקָן
לח גְּרֻעָה עַל כָּל־יָדַיִם גְּדֻדֹת וְעַל־מָתְנַיִם שָׂק׃ עַל כָּל־גַּגּוֹת
מוֹאָב וּבִרְחֹבֹתֶיהָ כֻּלֹּה מִסְפֵּד כִּי־שָׁבַרְתִּי אֶת־מוֹאָב כִּכְלִי
לט אֵין־חֵפֶץ בּוֹ נְאֻם־יְהוָה׃ אֵיךְ חַתָּה הֵילִילוּ אֵיךְ הִפְנָה־
עֹרֶף מוֹאָב בּוֹשׁ וְהָיָה מוֹאָב לִשְׂחֹק וְלִמְחִתָּה לְכָל־
מ סְבִיבָיו׃ כִּי־כֹה אָמַר יְהוָה הִנֵּה כַנֶּשֶׁר יִדְאֶה
מא וּפָרַשׂ כְּנָפָיו אֶל־מוֹאָב׃ נִלְכְּדָה הַקְּרִיּוֹת וְהַמְּצָדוֹת נִתְפָּשָׂה
מב וְהָיָה לֵב גִּבּוֹרֵי מוֹאָב בַּיּוֹם הַהוּא כְּלֵב אִשָּׁה מְצֵרָה׃ וְנִשְׁמַד
מג מוֹאָב מֵעָם כִּי עַל־יְהוָה הִגְדִּיל׃ פַּחַד וָפַחַת וָפָח עָלֶיךָ יוֹשֵׁב
מד מוֹאָב נְאֻם־יְהוָה׃ הַנִּיס מִפְּנֵי הַפַּחַד יִפֹּל אֶל־הַפַּחַת וְהָעֹלֶה הַנָּס
מִן־הַפַּחַת יִלָּכֵד בַּפָּח כִּי־אָבִיא אֵלֶיהָ אֶל־מוֹאָב שְׁנַת
מה פְּקֻדָּתָם נְאֻם־יְהוָה׃ בְּצֵל חֶשְׁבּוֹן עָמְדוּ מִכֹּחַ נָסִים כִּי־אֵשׁ
יָצָא מֵחֶשְׁבּוֹן וְלֶהָבָה מִבֵּין סִיחוֹן וַתֹּאכַל פְּאַת מוֹאָב וְקָדְקֹד
מו בְּנֵי שָׁאוֹן׃ אוֹי־לְךָ מוֹאָב אָבַד עַם־כְּמוֹשׁ כִּי־לֻקְּחוּ בָנֶיךָ בַּשֶּׁבִי
מז וּבְנֹתֶיךָ בַּשִּׁבְיָה׃ וְשַׁבְתִּי שְׁבוּת־מוֹאָב בְּאַחֲרִית הַיָּמִים נְאֻם־
מט א יְהוָה עַד־הֵנָּה מִשְׁפַּט מוֹאָב׃ לִבְנֵי עַמּוֹן כֹּה
אָמַר יְהוָה הֲבָנִים אֵין לְיִשְׂרָאֵל אִם־יוֹרֵשׁ אֵין לוֹ מַדּוּעַ יָרַשׁ
ב מַלְכָּם אֶת־גָּד וְעַמּוֹ בְּעָרָיו יָשָׁב׃ לָכֵן הִנֵּה יָמִים בָּאִים נְאֻם־ כח
יְהוָה וְהִשְׁמַעְתִּי אֶל־רַבַּת בְּנֵי־עַמּוֹן תְּרוּעַת מִלְחָמָה וְהָיְתָה
לְתֵל שְׁמָמָה וּבְנֹתֶיהָ בָּאֵשׁ תִּצַּתְנָה וְיָרַשׁ יִשְׂרָאֵל אֶת־יֹרְשָׁיו
ג אָמַר יְהוָה׃ הֵילִילִי חֶשְׁבּוֹן כִּי שֻׁדְּדָה־עַי צְעַקְנָה בְּנוֹת רַבָּה
חֲגֹרְנָה שַׂקִּים סְפֹדְנָה וְהִתְשׁוֹטַטְנָה בַּגְּדֵרוֹת כִּי מַלְכָּם בַּגּוֹלָה
ד יֵלֵךְ כֹּהֲנָיו וְשָׂרָיו יַחְדָּיו׃ מַה־תִּתְהַלְלִי בָּעֲמָקִים זָב עִמְקֵךְ
ה הַבַּת הַשּׁוֹבֵבָה הַבֹּטְחָה בְּאֹצְרֹתֶיהָ מִי יָבוֹא אֵלָי׃ הִנְנִי מֵבִיא
עָלַיִךְ פַּחַד נְאֻם־אֲדֹנָי יְהוִה צְבָאוֹת מִכָּל־סְבִיבָיִךְ וְנִדַּחְתֶּם
ו אִישׁ לְפָנָיו וְאֵין מְקַבֵּץ לַנֹּדֵד׃ וְאַחֲרֵי־כֵן אָשִׁיב אֶת־שְׁבוּת

בני־עמון נאם־יהוה: לאדום כה אמר יהוה ז
צבאות האין עוד חכמה בתימן אבדה עצה מבנים נסרחה
חכמתם: נסו הפנו העמקו לשבת ישבי דדן כי איד עשו ח
הבאתי עליו עת פקדתיו: אם־בצרים באו לך לא ישארו ט
עוללות אם־גנבים בלילה השחיתו דים: כי־אני חשפתי י
את־עשו גליתי את־מסתריו ונחבה לא יוכל שדד זרעו
ואחיו ושכניו ואיננו: עזבה יתמיך אני אחיה ואלמנותיך עלי יא
תבטחו: כי־כה | אמר יהוה הנה אשר־אין יב
משפטם לשתות הכוס שתו ישתו ואתה הוא נקה תנקה לא
תנקה כי שתה תשתה: כי בי נשבעתי נאם־יהוה כי־לשמה יג
לחרפה לחרב ולקללה תהיה בצרה וכל־עריה תהיינה
לחרבות עולם: שמועה שמעתי מאת יהוה וציר בגוים שלוח יד
התקבצו ובאו עליה וקומו למלחמה: כי־הנה קטן נתתיך טו
בגוים בזוי באדם: תפלצתך השיא אתך זדון לבך שכני בחגוי טז
הסלע תפשי מרום גבעה כי־תגביה כנשר קנך משם אורידך
נאם־יהוה: והיתה אדום לשמה כל עבר עליה ישם וישרק יז
על־כל־מכותה: כמהפכת סדם ועמרה ושכניה אמר יהוה יח
לא־ישב שם איש ולא־יגור בה בן־אדם: הנה כאריה יעלה יט
מגאון הירדן אל־נוה איתן כי־ארגיעה אריצנו מעליה ומי
בחור אליה אפקד כי מי כמוני ומי יעידני ומי־זה רעה אשר
יעמד לפני: לכן שמעו עצת־יהוה אשר יעץ אל־אדום כ
ומחשבותיו אשר חשב אל־ישבי תימן אם־לוא יסחבום
צעירי הצאן אם־לא ישים עליהם נוהם: מקול נפלם רעשה כא
הארץ צעקה בים־סוף נשמע קולה: הנה כנשר יעלה וידאה כב
ויפרש כנפיו על־בצרה והיה לב גבורי אדום ביום ההוא כלב
אשה מצרה: לדמשק בושה חמת וארפד כי־ כג
שמעה רעה שמעו נמגו בים דאגה השקט לא יוכל: רפתה כד

דַּמֶּשֶׂק הִפְנְתָה לָנוּס וְרֶטֶט ׀ הֶחֱזִיקָה צָרָה וַחֲבָלִים אֲחָזַתָּה
כה כו כַּיּוֹלֵדָה׃ אֵיךְ לֹא־עֻזְּבָה עִיר תהלה קִרְיַת מְשׂוֹשִׂי׃ לָכֵן יִפְּלוּ תְּהִלָּת
בַחוּרֶיהָ בִּרְחֹבֹתֶיהָ וְכָל־אַנְשֵׁי הַמִּלְחָמָה יִדַּמּוּ בַּיּוֹם הַהוּא
כז נְאֻם יְהוָה צְבָאוֹת׃ וְהִצַּתִּי אֵשׁ בְּחוֹמַת דַּמָּשֶׂק וְאָכְלָה אַרְמְנוֹת
כח בֶּן־הֲדָד׃ לְקֵדָר ׀ וּלְמַמְלְכוֹת חָצוֹר אֲשֶׁר הִכָּה
נבוכדראצור מֶלֶךְ־בָּבֶל כֹּה אָמַר יְהוָה קוּמוּ עֲלוּ אֶל־קֵדָר נְבוּכַדְרֶאצַּר
כט וְשָׁדְדוּ אֶת־בְּנֵי־קֶדֶם׃ אָהֳלֵיהֶם וְצֹאנָם יִקָּחוּ יְרִיעוֹתֵיהֶם וְכָל־
ל כְּלֵיהֶם וּגְמַלֵּיהֶם יִשְׂאוּ לָהֶם וְקָרְאוּ עֲלֵיהֶם מָגוֹר מִסָּבִיב׃ נֻסוּ
נֻּדוּ מְאֹד הֶעְמִיקוּ לָשֶׁבֶת יֹשְׁבֵי חָצוֹר נְאֻם־יְהוָה כִּי־יָעַץ
עֲלֵיכֶם נְבוּכַדְרֶאצַּר מֶלֶךְ־בָּבֶל עֵצָה וְחָשַׁב עליהם מַחֲשָׁבָה׃ עֲלֵיכֶם
לא קוּמוּ עֲלוּ אֶל־גּוֹי שְׁלֵיו יוֹשֵׁב לָבֶטַח נְאֻם־יְהוָה לֹא־דְלָתַיִם
לב וְלֹא־בְרִיחַ לוֹ בָּדָד יִשְׁכֹּנוּ׃ וְהָיוּ גְמַלֵּיהֶם לָבַז וַהֲמוֹן
מִקְנֵיהֶם לְשָׁלָל וְזֵרִתִים לְכָל־רוּחַ קְצוּצֵי פֵאָה וּמִכָּל־עֲבָרָיו
לג אָבִיא אֶת־אֵידָם נְאֻם־יְהוָה׃ וְהָיְתָה חָצוֹר לִמְעוֹן תַּנִּים
שְׁמָמָה עַד־עוֹלָם לֹא־יֵשֵׁב שָׁם אִישׁ וְלֹא־יָגוּר בָּהּ בֶּן־
לד אָדָם׃ אֲשֶׁר הָיָה דְבַר־יְהוָה אֶל־יִרְמְיָהוּ הַנָּבִיא
לה אֶל־עֵילָם בְּרֵאשִׁית מַלְכוּת צִדְקִיָּה מֶלֶךְ־יְהוּדָה לֵאמֹר׃ כֹּה
אָמַר יְהוָה צְבָאוֹת הִנְנִי שֹׁבֵר אֶת־קֶשֶׁת עֵילָם רֵאשִׁית
לו גְּבוּרָתָם׃ וְהֵבֵאתִי אֶל־עֵילָם אַרְבַּע רוּחוֹת מֵאַרְבַּע קְצוֹת
הַשָּׁמַיִם וְזֵרִתִים לְכֹל הָרֻחוֹת הָאֵלֶּה וְלֹא־יִהְיֶה הַגּוֹי אֲשֶׁר לֹא־
לז יָבוֹא שָׁם נִדְּחֵי עולם׃ וְהַחְתַּתִּי אֶת־עֵילָם לִפְנֵי אֹיְבֵיהֶם וְלִפְנֵי עֵילָם
מְבַקְשֵׁי נַפְשָׁם וְהֵבֵאתִי עֲלֵיהֶם ׀ רָעָה אֶת־חֲרוֹן אַפִּי נְאֻם־
לח יְהוָה וְשִׁלַּחְתִּי אַחֲרֵיהֶם אֶת־הַחֶרֶב עַד כַּלּוֹתִי אוֹתָם׃ וְשַׂמְתִּי
כִסְאִי בְּעֵילָם וְהַאֲבַדְתִּי מִשָּׁם מֶלֶךְ וְשָׂרִים נְאֻם־יְהוָה׃
לט וְהָיָה ׀ בְּאַחֲרִית הַיָּמִים אשוב אֶת־שבית עֵילָם נְאֻם־ אָשִׁיב שְׁבוּת
נ א יְהוָה׃ הַדָּבָר אֲשֶׁר דִּבֶּר יְהוָה אֶל־בָּבֶל אֶל־
ב אֶרֶץ כַּשְׂדִּים בְּיַד יִרְמְיָהוּ הַנָּבִיא׃ הַגִּידוּ בַגּוֹיִם וְהַשְׁמִיעוּ

וּשְׂאוּ־נֵס הַשְׁמִיעוּ אַל־תְּכַחֵדוּ אִמְרוּ נִלְכְּדָה בָבֶל הֹבִישׁ בֵּל
חַת מְרֹדָךְ הֹבִישׁוּ עֲצַבֶּיהָ חַתּוּ גִּלּוּלֶיהָ׃ כִּי עָלָה עָלֶיהָ גּוֹי ג
מִצָּפוֹן הוּא־יָשִׁית אֶת־אַרְצָהּ לְשַׁמָּה וְלֹא־יִהְיֶה יוֹשֵׁב
בָּהּ מֵאָדָם וְעַד־בְּהֵמָה נָדוּ הָלָכוּ׃ בַּיָּמִים הָהֵמָּה וּבָעֵת ד
הַהִיא נְאֻם־יְהוָה יָבֹאוּ בְנֵי־יִשְׂרָאֵל הֵמָּה וּבְנֵי־יְהוּדָה יַחְדָּו
כט הָלוֹךְ וּבָכוֹ יֵלֵכוּ וְאֶת־יְהוָה אֱלֹהֵיהֶם יְבַקֵּשׁוּ׃ צִיּוֹן יִשְׁאָלוּ ה
דֶּרֶךְ הֵנָּה פְנֵיהֶם בֹּאוּ וְנִלְווּ אֶל־יְהוָה בְּרִית עוֹלָם לֹא
הָיוּ תִשָּׁכֵחַ׃ צֹאן אֹבְדוֹת היה עַמִּי רֹעֵיהֶם הִתְעוּם ו
שׁוֹבְבוּם הָרִים שובבים מֵהַר אֶל־גִּבְעָה הָלָכוּ שָׁכְחוּ רִבְצָם׃ כָּל־ ז
מוֹצְאֵיהֶם אֲכָלוּם וְצָרֵיהֶם אָמְרוּ לֹא נֶאְשָׁם תַּחַת אֲשֶׁר חָטְאוּ
לַיהוָה נְוֵה־צֶדֶק וּמִקְוֵה אֲבוֹתֵיהֶם יְהוָה׃ נֻדוּ ח
צְאוּ מִתּוֹךְ בָּבֶל וּמֵאֶרֶץ כַּשְׂדִּים יצאו וִהְיוּ כְּעַתּוּדִים לִפְנֵי־צֹאן׃
כִּי הִנֵּה אָנֹכִי מֵעִיר וּמַעֲלֶה עַל־בָּבֶל קְהַל־גּוֹיִם גְּדֹלִים מֵאֶרֶץ ט
צָפוֹן וְעָרְכוּ לָהּ מִשָּׁם תִּלָּכֵד חִצָּיו כְּגִבּוֹר מַשְׁכִּיל לֹא יָשׁוּב
רֵיקָם׃ וְהָיְתָה כַשְׂדִּים לְשָׁלָל כָּל־שֹׁלְלֶיהָ יִשְׂבָּעוּ נְאֻם־יְהוָה׃ י
תִשְׂמְחוּ | תַעַלְזוּ תָפוּשׁוּ כִּי תשמחי כִּי תעלזי שֹׁסֵי נַחֲלָתִי כִּי תפושי כְּעֶגְלָה דָשָׁה יא
וְתִצְהֲלוּ ותצהלי כָּאַבִּרִים׃ בּוֹשָׁה אִמְּכֶם מְאֹד חָפְרָה יוֹלַדְתְּכֶם הִנֵּה יב
אַחֲרִית גּוֹיִם מִדְבָּר צִיָּה וַעֲרָבָה׃ מִקֶּצֶף יְהוָה לֹא תֵשֵׁב וְהָיְתָה יג
שְׁמָמָה כֻּלָּהּ כֹּל עֹבֵר עַל־בָּבֶל יִשֹּׁם וְיִשְׁרֹק עַל־כָּל־מַכּוֹתֶיהָ׃
עִרְכוּ עַל־בָּבֶל ׀ סָבִיב כָּל־דֹּרְכֵי קֶשֶׁת יְדוּ אֵלֶיהָ אַל־תַּחְמְלוּ יד
אֶל־חֵץ כִּי לַיהוָה חָטָאָה׃ הָרִיעוּ עָלֶיהָ סָבִיב נָתְנָה יָדָהּ נָפְלוּ טו
אָשְׁיוֹתֶיהָ אשויתיה נֶהֶרְסוּ חוֹמוֹתֶיהָ כִּי נִקְמַת יְהוָה הִיא הִנָּקְמוּ בָהּ
כַּאֲשֶׁר עָשְׂתָה עֲשׂוּ־לָהּ׃ כִּרְתוּ זוֹרֵעַ מִבָּבֶל וְתֹפֵשׂ מַגָּל טז
בְּעֵת קָצִיר מִפְּנֵי חֶרֶב הַיּוֹנָה אִישׁ אֶל־עַמּוֹ יִפְנוּ וְאִישׁ
לְאַרְצוֹ יָנֻסוּ׃ שֶׂה פְזוּרָה יִשְׂרָאֵל אֲרָיוֹת הִדִּיחוּ יז
הָרִאשׁוֹן אֲכָלוֹ מֶלֶךְ אַשּׁוּר וְזֶה הָאַחֲרוֹן עִצְּמוֹ נְבוּכַדְרֶאצַּר
מֶלֶךְ בָּבֶל׃ לָכֵן כֹּה־אָמַר יְהוָה צְבָאוֹת אֱלֹהֵי יִשְׂרָאֵל הִנְנִי יח

פקד אל־מלך בבל ואל־ארצו כאשר פקדתי אל־מלך
יט אשור: ושבבתי את־ישראל אל־נוהו ורעה הכרמל והבשן
כ ובהר אפרים והגלעד תשבע נפשו: בימים ההם ובעת ההיא
נאם־יהוה יבקש את־עון ישראל ואיננו ואת־חטאת יהודה
כא ולא תמצאינה כי אסלח לאשר אשאיר: על־
הארץ מרתים עלה עליה ואל־יושבי פקוד חרב והחרם
כב אחריהם נאם־יהוה ועשה ככל אשר צויתיך: קול מלחמה
כג בארץ ושבר גדול: איך נגדע וישבר פטיש כל־הארץ איך
כד היתה לשמה בבל בגוים: יקשתי לך וגם־נלכדת בבל ואת
כה לא ידעת נמצאת וגם־נתפשת כי ביהוה התגרית: פתח יהוה
את־אוצרו ויוצא את־כלי זעמו כי־מלאכה היא לאדני יהוה
כו צבאות בארץ כשדים: באו־לה מקץ פתחו מאבסיה סלוה
כז כמו־ערמים והחרימוה אל־תהי־לה שארית: חרבו כל־
כח פריה ירדו לטבח הוי עליהם כי־בא יומם עת פקדתם: קול
נסים ופלטים מארץ בבל להגיד בציון את־נקמת יהוה
כט אלהינו נקמת היכלו: השמיעו אל־בבל | רבים כל־דרכי
קשת חנו עליה סביב אל־יהי־ פליטה שלמו־לה כפעלה לה
ככל אשר עשתה עשו־לה כי אל־יהוה זדה אל־קדוש
ל ישראל: לכן יפלו בחוריה ברחבתיה וכל־אנשי מלחמתה
לא ידמו ביום ההוא נאם־יהוה: הנני אליך זדון
לב נאם־אדני יהוה צבאות כי בא יומך עת פקדתיך: וכשל
זדון ונפל ואין לו מקים והצתי אש בעריו ואכלה כל־
לג סביבתיו: כה אמר יהוה צבאות עשוקים בני־
ישראל ובני־יהודה יחדו וכל־שביהם החזיקו בם מאנו
לד שלחם: גאלם | חזק יהוה צבאות שמו ריב יריב את־ריבם
לה למען הרגיע את־הארץ והרגיז לישבי בבל: חרב על־
כשדים נאם־יהוה ואל־ישבי בבל ואל־שריה ואל־חכמיה:

חֶרֶב אֶל־הַבַּדִּים וְנֹאָלוּ חֶרֶב אֶל־גִּבּוֹרֶיהָ וָחָתּוּ׃ חֶרֶב אֶל־ לו לז
סוּסָיו וְאֶל־רִכְבּוֹ וְאֶל־כָּל־הָעֶרֶב אֲשֶׁר בְּתוֹכָהּ וְהָיוּ לְנָשִׁים
חֶרֶב אֶל־אוֹצְרֹתֶיהָ וּבֻזָּזוּ׃ חֹרֶב אֶל־מֵימֶיהָ וְיָבֵשׁוּ כִּי אֶרֶץ לח
פְּסִלִים הִיא וּבָאֵימִים יִתְהֹלָלוּ׃ לָכֵן יֵשְׁבוּ צִיִּים אֶת־אִיִּים לט
וְיָשְׁבוּ בָהּ בְּנוֹת יַעֲנָה וְלֹא־תֵשֵׁב עוֹד לָנֶצַח וְלֹא תִשְׁכּוֹן עַד־
דּוֹר וָדֹר׃ כְּמַהְפֵּכַת אֱלֹהִים אֶת־סְדֹם וְאֶת־עֲמֹרָה וְאֶת־ מ
שְׁכֵנֶיהָ נְאֻם־יהוה לֹא־יֵשֵׁב שָׁם אִישׁ וְלֹא־יָגוּר בָּהּ בֶּן־אָדָם׃
הִנֵּה עַם בָּא מִצָּפוֹן וְגוֹי גָּדוֹל וּמְלָכִים רַבִּים יֵעֹרוּ מִיַּרְכְּתֵי־ מא
אָרֶץ׃ קֶשֶׁת וְכִידֹן יַחֲזִיקוּ אַכְזָרִי הֵמָּה וְלֹא יְרַחֵמוּ קוֹלָם כַּיָּם מב
יֶהֱמֶה וְעַל־סוּסִים יִרְכָּבוּ עָרוּךְ כְּאִישׁ לַמִּלְחָמָה עָלַיִךְ בַּת־
בָּבֶל׃ שָׁמַע מֶלֶךְ־בָּבֶל אֶת־שִׁמְעָם וְרָפוּ יָדָיו צָרָה הֶחֱזִיקַתְהוּ מג
חִיל כַּיּוֹלֵדָה׃ הִנֵּה כְּאַרְיֵה יַעֲלֶה מִגְּאוֹן הַיַּרְדֵּן אֶל־נְוֵה אֵיתָן מד
אֲרִיצֵם כִּי־אַרְגִּעָה ארוצם מֵעָלֶיהָ וּמִי בָחוּר אֵלֶיהָ אֶפְקֹד כִּי מִי כָמוֹנִי
וּמִי יוֹעִדֶנִּי וּמִי־זֶה רֹעֶה אֲשֶׁר יַעֲמֹד לְפָנָי׃ לָכֵן שִׁמְעוּ עֲצַת־ מה
יהוה אֲשֶׁר יָעַץ אֶל־בָּבֶל וּמַחְשְׁבוֹתָיו אֲשֶׁר חָשַׁב אֶל־אֶרֶץ
כַּשְׂדִּים אִם־לֹא יִסְחָבוּם צְעִירֵי הַצֹּאן אִם־לֹא יַשִּׁים עֲלֵיהֶם
נָוֶה׃ מִקּוֹל נִתְפְּשָׂה בָבֶל נִרְעֲשָׁה הָאָרֶץ וּזְעָקָה בַּגּוֹיִם מו
נִשְׁמָע׃ כֹּה אָמַר יהוה הִנְנִי מֵעִיר עַל־בָּבֶל א נא
וְאֶל־יֹשְׁבֵי לֵב קָמָי רוּחַ מַשְׁחִית׃ וְשִׁלַּחְתִּי לְבָבֶל זָרִים וְזֵרוּהָ ב
וִיבֹקְקוּ אֶת־אַרְצָהּ כִּי־הָיוּ עָלֶיהָ מִסָּבִיב בְּיוֹם רָעָה׃ אֶל־ידרך ג
יִדְרֹךְ הַדֹּרֵךְ קַשְׁתּוֹ וְאֶל־יִתְעַל בְּסִרְיֹנוֹ וְאַל־תַּחְמְלוּ אֶל־
בַּחֻרֶיהָ הַחֲרִימוּ כָּל־צְבָאָהּ׃ וְנָפְלוּ חֲלָלִים בְּאֶרֶץ כַּשְׂדִּים ד
וּמְדֻקָּרִים בְּחוּצוֹתֶיהָ׃ כִּי לֹא־אַלְמָן יִשְׂרָאֵל וִיהוּדָה מֵאֱלֹהָיו ה
מֵיהוה צְבָאוֹת כִּי אַרְצָם מָלְאָה אָשָׁם מִקְּדוֹשׁ יִשְׂרָאֵל׃ נֻסוּ ו
מִתּוֹךְ בָּבֶל וּמַלְּטוּ אִישׁ נַפְשׁוֹ אַל־תִּדַּמּוּ בַּעֲוֺנָהּ כִּי עֵת נְקָמָה
הִיא לַיהוה גְּמוּל הוּא מְשַׁלֵּם לָהּ׃ כּוֹס־זָהָב בָּבֶל בְּיַד־יהוה ז
מְשַׁכֶּרֶת כָּל־הָאָרֶץ מִיֵּינָהּ שָׁתוּ גוֹיִם עַל־כֵּן יִתְהֹלְלוּ גוֹיִם׃

ח פִּתְאֹם נָפְלָה בָבֶל וַתִּשָּׁבֵר הֵילִילוּ עָלֶיהָ קְחוּ צֳרִי לְמַכְאוֹבָהּ
ט אוּלַי תֵּרָפֵא׃ רִפִּאנוּ אֶת־בָּבֶל וְלֹא נִרְפָּתָה עִזְבוּהָ וְנֵלֵךְ אִישׁ
לְאַרְצוֹ כִּי־נָגַע אֶל־הַשָּׁמַיִם מִשְׁפָּטָהּ וְנִשָּׂא עַד־שְׁחָקִים׃
י הוֹצִיא יְהוָה אֶת־צִדְקֹתֵינוּ בֹּאוּ וּנְסַפְּרָה בְצִיּוֹן אֶת־מַעֲשֵׂה ל
יא יְהוָה אֱלֹהֵינוּ׃ הָבֵרוּ הַחִצִּים מִלְאוּ הַשְּׁלָטִים הֵעִיר יְהוָה אֶת־
רוּחַ מַלְכֵי מָדַי כִּי־עַל־בָּבֶל מְזִמָּתוֹ לְהַשְׁחִיתָהּ כִּי־נִקְמַת
יב יְהוָה הִיא נִקְמַת הֵיכָלוֹ׃ אֶל־חוֹמֹת בָּבֶל שְׂאוּ־נֵס הַחֲזִיקוּ
הַמִּשְׁמָר הָקִימוּ שֹׁמְרִים הָכִינוּ הָאֹרְבִים כִּי גַּם־זָמַם יְהוָה
יג גַּם־עָשָׂה אֵת אֲשֶׁר־דִּבֶּר אֶל־יֹשְׁבֵי בָבֶל׃ שכנתי עַל־מַיִם שֹׁכַנְתְּ
יד רַבִּים רַבַּת אוֹצָרֹת בָּא קִצֵּךְ אַמַּת בִּצְעֵךְ׃ נִשְׁבַּע יְהוָה
צְבָאוֹת בְּנַפְשׁוֹ כִּי אִם־מִלֵּאתִיךְ אָדָם כַּיֶּלֶק וְעָנוּ עָלַיִךְ
טו הֵידָד׃ עֹשֵׂה אֶרֶץ בְּכֹחוֹ מֵכִין תֵּבֵל בְּחָכְמָתוֹ
טז וּבִתְבוּנָתוֹ נָטָה שָׁמָיִם׃ לְקוֹל תִּתּוֹ הֲמוֹן מַיִם בַּשָּׁמַיִם
וַיַּעַל נְשִׂאִים מִקְצֵה־אֶרֶץ בְּרָקִים לַמָּטָר עָשָׂה וַיּוֹצֵא רוּחַ
יז מֵאֹצְרֹתָיו׃ נִבְעַר כָּל־אָדָם מִדַּעַת הֹבִישׁ כָּל־צוֹרֵף מִפָּסֶל כִּי
יח שֶׁקֶר נִסְכּוֹ וְלֹא־רוּחַ בָּם׃ הֶבֶל הֵמָּה מַעֲשֵׂה תַּעְתֻּעִים בְּעֵת
יט פְּקֻדָּתָם יֹאבֵדוּ׃ לֹא־כְאֵלֶּה חֵלֶק יַעֲקוֹב כִּי־יוֹצֵר הַכֹּל הוּא
כ וְשֵׁבֶט נַחֲלָתוֹ יְהוָה צְבָאוֹת שְׁמוֹ׃ מַפֵּץ־אַתָּה לִי
כא כְּלֵי מִלְחָמָה וְנִפַּצְתִּי בְךָ גּוֹיִם וְהִשְׁחַתִּי בְּךָ מַמְלָכוֹת׃ וְנִפַּצְתִּי
כב בְךָ סוּס וְרֹכְבוֹ וְנִפַּצְתִּי בְךָ רֶכֶב וְרֹכְבוֹ׃ וְנִפַּצְתִּי בְךָ אִישׁ וְאִשָּׁה
כג וְנִפַּצְתִּי בְךָ זָקֵן וָנָעַר וְנִפַּצְתִּי בְּךָ בָּחוּר וּבְתוּלָה׃ וְנִפַּצְתִּי בְךָ
רֹעֶה וְעֶדְרוֹ וְנִפַּצְתִּי בְךָ אִכָּר וְצִמְדּוֹ וְנִפַּצְתִּי בְךָ פַּחוֹת וּסְגָנִים׃
כד וְשִׁלַּמְתִּי לְבָבֶל וּלְכֹל יוֹשְׁבֵי כַשְׂדִּים אֵת כָּל־רָעָתָם אֲשֶׁר־
כה עָשׂוּ בְצִיּוֹן לְעֵינֵיכֶם נְאֻם יְהוָה׃ הִנְנִי אֵלֶיךָ הַר
הַמַּשְׁחִית נְאֻם־יְהוָה הַמַּשְׁחִית אֶת־כָּל־הָאָרֶץ וְנָטִיתִי אֶת־
כו יָדִי עָלֶיךָ וְגִלְגַּלְתִּיךָ מִן־הַסְּלָעִים וּנְתַתִּיךָ לְהַר שְׂרֵפָה׃ וְלֹא־
יִקְחוּ מִמְּךָ אֶבֶן לְפִנָּה וְאֶבֶן לְמוֹסָדוֹת כִּי־שִׁמְמוֹת עוֹלָם תִּהְיֶה

כז נְאֻם־יְהוָה׃ שְׂאוּ־נֵס בָּאָרֶץ תִּקְעוּ שׁוֹפָר בַּגּוֹיִם קַדְּשׁוּ עָלֶיהָ
גּוֹיִם הַשְׁמִיעוּ עָלֶיהָ מַמְלְכוֹת אֲרָרַט מִנִּי וְאַשְׁכְּנָז פִּקְדוּ עָלֶיהָ
כח טִפְסָר הַעֲלוּ־סוּס כְּיֶלֶק סָמָר׃ קַדְּשׁוּ עָלֶיהָ גוֹיִם אֶת־מַלְכֵי
מָדַי אֶת־פַּחוֹתֶיהָ וְאֶת־כָּל־סְגָנֶיהָ וְאֵת כָּל־אֶרֶץ מֶמְשַׁלְתּוֹ׃
כט וַתִּרְעַשׁ הָאָרֶץ וַתָּחֹל כִּי קָמָה עַל־בָּבֶל מַחְשְׁבוֹת יְהוָה
ל לָשׂוּם אֶת־אֶרֶץ בָּבֶל לְשַׁמָּה מֵאֵין יוֹשֵׁב׃ חָדְלוּ גִבּוֹרֵי בָבֶל
לְהִלָּחֵם יָשְׁבוּ בַּמְּצָדוֹת נָשְׁתָה גְבוּרָתָם הָיוּ לְנָשִׁים הִצִּיתוּ
לא מִשְׁכְּנֹתֶיהָ נִשְׁבְּרוּ בְרִיחֶיהָ׃ רָץ לִקְרַאת־רָץ יָרוּץ וּמַגִּיד
לִקְרַאת מַגִּיד לְהַגִּיד לְמֶלֶךְ בָּבֶל כִּי־נִלְכְּדָה עִירוֹ מִקָּצֶה׃
לב וְהַמַּעְבָּרוֹת נִתְפָּשׂוּ וְאֶת־הָאֲגַמִּים שָׂרְפוּ בָאֵשׁ וְאַנְשֵׁי הַמִּלְחָמָה
לג נִבְהָלוּ׃ כִּי כֹה אָמַר יְהוָה צְבָאוֹת אֱלֹהֵי יִשְׂרָאֵל
בַּת־בָּבֶל כְּגֹרֶן עֵת הִדְרִיכָהּ עוֹד מְעַט וּבָאָה עֵת־הַקָּצִיר
לד לָהּ׃ אכלנו הממנו נְבוּכַדְרֶאצַּר מֶלֶךְ בָּבֶל הציגנו כְּלִי רִיק
אֲכָלַנִי הֲמָמַנִי הִצִּיגַנִי
לה בלענו כַּתַּנִּין מִלָּא כְרֵשׂוֹ מֵעֲדָנָי הדיחנו׃ חֲמָסִי וּשְׁאֵרִי
בְּלָעַנִי | הֱדִיחָנִי
עַל־בָּבֶל תֹּאמַר יֹשֶׁבֶת צִיּוֹן וְדָמִי אֶל־יֹשְׁבֵי כַשְׂדִּים תֹּאמַר
לו יְרוּשָׁלָ͏ִם׃ לָכֵן כֹּה אָמַר יְהוָה הִנְנִי־רָב אֶת־
רִיבֵךְ וְנִקַּמְתִּי אֶת־נִקְמָתֵךְ וְהַחֲרַבְתִּי אֶת־יַמָּהּ וְהֹבַשְׁתִּי
לז אֶת־מְקוֹרָהּ׃ וְהָיְתָה בָבֶל ׀ לְגַלִּים ׀ מְעוֹן־תַּנִּים שַׁמָּה וּשְׁרֵקָה
לח לט מֵאֵין יוֹשֵׁב׃ יַחְדָּו כַּכְּפִרִים יִשְׁאָגוּ נָעֲרוּ כְּגוֹרֵי אֲרָיוֹת׃ בְּחֻמָּם
אָשִׁית אֶת־מִשְׁתֵּיהֶם וְהִשְׁכַּרְתִּים לְמַעַן יַעֲלֹזוּ וְיָשְׁנוּ שְׁנַת־
מ עוֹלָם וְלֹא יָקִיצוּ נְאֻם יְהוָה׃ אוֹרִידֵם כְּכָרִים לִטְבוֹחַ כְּאֵילִים
מא עִם־עַתּוּדִים׃ אֵיךְ נִלְכְּדָה שֵׁשַׁךְ וַתִּתָּפֵשׂ תְּהִלַּת כָּל־הָאָרֶץ
מב אֵיךְ הָיְתָה לְשַׁמָּה בָּבֶל בַּגּוֹיִם׃ עָלָה עַל־בָּבֶל הַיָּם בַּהֲמוֹן
מג גַּלָּיו נִכְסָתָה׃ הָיוּ עָרֶיהָ לְשַׁמָּה אֶרֶץ צִיָּה וַעֲרָבָה אֶרֶץ לֹא־
מד יֵשֵׁב בָּהֵן כָּל־אִישׁ וְלֹא־יַעֲבֹר בָּהֵן בֶּן־אָדָם׃ וּפָקַדְתִּי עַל־בֵּל
בְּבָבֶל וְהֹצֵאתִי אֶת־בִּלְעוֹ מִפִּיו וְלֹא־יִנְהֲרוּ אֵלָיו עוֹד גּוֹיִם גַּם־
מה חוֹמַת בָּבֶל נָפָלָה׃ צְאוּ מִתּוֹכָהּ עַמִּי וּמַלְּטוּ אִישׁ אֶת־נַפְשׁוֹ

מו מֵחֲרוֹן אַף־יְהוָה׃ וּפֶן־יֵרַךְ לְבַבְכֶם וְתִֽירְאוּ בַּשְּׁמוּעָה
הַנִּשְׁמַעַת בָּאָרֶץ וּבָא בַשָּׁנָה הַשְּׁמוּעָה וְאַחֲרָיו בַּשָּׁנָה
מז הַשְּׁמוּעָה וְחָמָס בָּאָרֶץ מֹשֵׁל עַל־מֹשֵׁל׃ לָכֵן הִנֵּה יָמִים
בָּאִים וּפָקַדְתִּי עַל־פְּסִילֵי בָבֶל וְכָל־אַרְצָהּ תֵּבוֹשׁ וְכָל־חֲלָלֶיהָ
מח יִפְּלוּ בְתוֹכָהּ׃ וְרִנְּנוּ עַל־בָּבֶל שָׁמַיִם וָאָרֶץ וְכֹל אֲשֶׁר בָּהֶם כִּי
מט מִצָּפוֹן יָבוֹא־לָהּ הַשּׁוֹדְדִים נְאֻם־יְהוָה׃ גַּם־בָּבֶל לִנְפֹּל חַלְלֵי
נ יִשְׂרָאֵל גַּם־לְבָבֶל נָפְלוּ חַלְלֵי כָל־הָאָרֶץ׃ פְּלֵטִים מֵחֶרֶב הִלְכוּ
אַל־תַּעֲמֹדוּ זִכְרוּ מֵרָחוֹק אֶת־יְהוָה וִירוּשָׁלַ͏ִם תַּעֲלֶה עַל־
נא לְבַבְכֶם׃ בֹּשְׁנוּ כִּי־שָׁמַעְנוּ חֶרְפָּה כִּסְּתָה כְלִמָּה פָּנֵינוּ כִּי בָּאוּ
נב זָרִים עַל־מִקְדְּשֵׁי בֵּית יְהוָה׃ לָכֵן הִנֵּה־יָמִים
בָּאִים נְאֻם־יְהוָה וּפָקַדְתִּי עַל־פְּסִילֶיהָ וּבְכָל־אַרְצָהּ יֶאֱנֹק
נג חָלָל׃ כִּי־תַעֲלֶה בָבֶל הַשָּׁמַיִם וְכִי תְבַצֵּר מְרוֹם עֻזָּהּ מֵאִתִּי
נד יָבֹאוּ שֹׁדְדִים לָהּ נְאֻם־יְהוָה׃ קוֹל זְעָקָה מִבָּבֶל וְשֶׁבֶר גָּדוֹל
נה מֵאֶרֶץ כַּשְׂדִּים׃ כִּי־שֹׁדֵד יְהוָה אֶת־בָּבֶל וְאִבַּד מִמֶּנָּה קוֹל
נו גָּדוֹל וְהָמוּ גַלֵּיהֶם כְּמַיִם רַבִּים נִתַּן שְׁאוֹן קוֹלָם׃ כִּי בָא
עָלֶיהָ עַל־בָּבֶל שׁוֹדֵד וְנִלְכְּדוּ גִּבּוֹרֶיהָ חִתְּתָה קַשְּׁתוֹתָם כִּי
נז אֵל גְּמֻלוֹת יְהוָה שַׁלֵּם יְשַׁלֵּם׃ וְהִשְׁכַּרְתִּי שָׂרֶיהָ וַחֲכָמֶיהָ
פַּחוֹתֶיהָ וּסְגָנֶיהָ וְגִבּוֹרֶיהָ וְיָשְׁנוּ שְׁנַת־עוֹלָם וְלֹא יָקִיצוּ נְאֻם־
נח הַמֶּלֶךְ יְהוָה צְבָאוֹת שְׁמוֹ׃ כֹּה־אָמַר יְהוָה
צְבָאוֹת חֹמוֹת בָּבֶל הָרְחָבָה עַרְעֵר תִּתְעַרְעָר וּשְׁעָרֶיהָ
הַגְּבֹהִים בָּאֵשׁ יִצַּתּוּ וְיִגְעוּ עַמִּים בְּדֵי־רִיק וּלְאֻמִּים בְּדֵי־אֵשׁ
נט וְיָעֵפוּ׃ הַדָּבָר אֲשֶׁר־צִוָּה ׀ יִרְמְיָהוּ הַנָּבִיא אֶת־ לא
שְׂרָיָה בֶן־נֵרִיָּה בֶּן־מַחְסֵיָה בְּלֶכְתּוֹ אֶת־צִדְקִיָּהוּ מֶלֶךְ־יְהוּדָה
ס בָּבֶל בִּשְׁנַת הָרְבִעִית לְמָלְכוֹ וּשְׂרָיָה שַׂר־מְנוּחָה׃ וַיִּכְתֹּב
יִרְמְיָהוּ אֵת כָּל־הָרָעָה אֲשֶׁר־תָּבוֹא אֶל־בָּבֶל אֶל־סֵפֶר אֶחָד
סא אֵת כָּל־הַדְּבָרִים הָאֵלֶּה הַכְּתֻבִים אֶל־בָּבֶל׃ וַיֹּאמֶר יִרְמְיָהוּ
אֶל־שְׂרָיָה כְּבֹאֲךָ בָבֶל וְרָאִיתָ וְקָרָאתָ אֵת כָּל־הַדְּבָרִים

הָאֵלֶּה: וְאָמַרְתָּ יְהוָה אַתָּה דִבַּרְתָּ אֶל־הַמָּקוֹם הַזֶּה לְהַכְרִיתוֹ סב
לְבִלְתִּי הֱיוֹת־בּוֹ יוֹשֵׁב לְמֵאָדָם וְעַד־בְּהֵמָה כִּי־שִׁמְמוֹת עוֹלָם
תִּהְיֶה: וְהָיָה כְּכַלֹּתְךָ לִקְרֹא אֶת־הַסֵּפֶר הַזֶּה תִּקְשֹׁר עָלָיו אֶבֶן סג
וְהִשְׁלַכְתּוֹ אֶל־תּוֹךְ פְּרָת: וְאָמַרְתָּ כָּכָה תִּשְׁקַע בָּבֶל וְלֹא־ סד
תָקוּם מִפְּנֵי הָרָעָה אֲשֶׁר אָנֹכִי מֵבִיא עָלֶיהָ וְיָעֵפוּ עַד־הֵנָּה
דִּבְרֵי יִרְמְיָהוּ: בֶּן־עֶשְׂרִים וְאַחַת שָׁנָה צִדְקִיָּהוּ א נב
בְמָלְכוֹ וְאַחַת עֶשְׂרֵה שָׁנָה מָלַךְ בִּירוּשָׁלִָם וְשֵׁם אִמּוֹ
חֲמוּטַל חמיטל בַּת־יִרְמְיָהוּ מִלִּבְנָה: וַיַּעַשׂ הָרַע בְּעֵינֵי יְהוָה כְּכֹל ב
אֲשֶׁר־עָשָׂה יְהוֹיָקִים: כִּי ׀ עַל־אַף יְהוָה הָיְתָה בִּירוּשָׁלִַם ג
וִיהוּדָה עַד־הִשְׁלִיכוֹ אוֹתָם מֵעַל פָּנָיו וַיִּמְרֹד צִדְקִיָּהוּ בְּמֶלֶךְ
בָּבֶל: וַיְהִי בַשָּׁנָה הַתְּשִׁעִית לְמָלְכוֹ בַּחֹדֶשׁ ד
הָעֲשִׂירִי בֶּעָשׂוֹר לַחֹדֶשׁ בָּא נְבוּכַדְרֶאצַּר מֶלֶךְ־בָּבֶל הוּא
וְכָל־חֵילוֹ עַל־יְרוּשָׁלִַם וַיַּחֲנוּ עָלֶיהָ וַיִּבְנוּ עָלֶיהָ דָּיֵק סָבִיב:
וַתָּבֹא הָעִיר בַּמָּצוֹר עַד עַשְׁתֵּי עֶשְׂרֵה שָׁנָה לַמֶּלֶךְ צִדְקִיָּהוּ: ה
בַּחֹדֶשׁ הָרְבִיעִי בְּתִשְׁעָה לַחֹדֶשׁ וַיֶּחֱזַק הָרָעָב בָּעִיר וְלֹא־הָיָה ו
לֶחֶם לְעַם הָאָרֶץ: וַתִּבָּקַע הָעִיר וְכָל־אַנְשֵׁי הַמִּלְחָמָה יִבְרְחוּ ז
וַיֵּצְאוּ מֵהָעִיר לַיְלָה דֶּרֶךְ שַׁעַר בֵּין־הַחֹמֹתַיִם אֲשֶׁר עַל־גַּן
הַמֶּלֶךְ וְכַשְׂדִּים עַל־הָעִיר סָבִיב וַיֵּלְכוּ דֶּרֶךְ הָעֲרָבָה: וַיִּרְדְּפוּ ח
חֵיל־כַּשְׂדִּים אַחֲרֵי הַמֶּלֶךְ וַיַּשִּׂגוּ אֶת־צִדְקִיָּהוּ בְּעַרְבֹת יְרֵחוֹ
וְכָל־חֵילוֹ נָפֹצוּ מֵעָלָיו: וַיִּתְפְּשׂוּ אֶת־הַמֶּלֶךְ וַיַּעֲלוּ אֹתוֹ אֶל־ ט
מֶלֶךְ בָּבֶל רִבְלָתָה בְּאֶרֶץ חֲמָת וַיְדַבֵּר אִתּוֹ מִשְׁפָּטִים: וַיִּשְׁחַט י
מֶלֶךְ־בָּבֶל אֶת־בְּנֵי צִדְקִיָּהוּ לְעֵינָיו וְגַם אֶת־כָּל־שָׂרֵי יְהוּדָה
שָׁחַט בְּרִבְלָתָה: וְאֶת־עֵינֵי צִדְקִיָּהוּ עִוֵּר וַיַּאַסְרֵהוּ בַנְחֻשְׁתַּיִם יא
בֵית וַיְבִאֵהוּ מֶלֶךְ־בָּבֶל בָּבֶלָה וַיִּתְּנֵהוּ בבית־הַפְּקֻדֹּת עַד־יוֹם
מוֹתוֹ: וּבַחֹדֶשׁ הַחֲמִישִׁי בֶּעָשׂוֹר לַחֹדֶשׁ הִיא יב
שְׁנַת תְּשַׁע־עֶשְׂרֵה שָׁנָה לַמֶּלֶךְ נְבוּכַדְרֶאצַּר מֶלֶךְ־בָּבֶל בָּא
נְבוּזַרְאֲדָן רַב־טַבָּחִים עָמַד לִפְנֵי מֶלֶךְ־בָּבֶל בִּירוּשָׁלִָם: וַיִּשְׂרֹף יג

אֶת־בֵּית־יְהוָה וְאֶת־בֵּית הַמֶּלֶךְ וְאֵת כׇּל־בָּתֵּי יְרוּשָׁלַםִ וְאֶת־
יד כׇּל־בֵּית הַגָּדוֹל שָׂרַף בָּאֵשׁ׃ וְאֶת־כׇּל־חֹמוֹת יְרוּשָׁלַםִ סָבִיב
טו נָתְצוּ כׇּל־חֵיל כַּשְׂדִּים אֲשֶׁר אֶת־רַב־טַבָּחִים׃ וּמִדַּלּוֹת הָעָם
וְאֶת־יֶתֶר הָעָם ׀ הַנִּשְׁאָרִים בָּעִיר וְאֶת־הַנֹּפְלִים אֲשֶׁר נָפְלוּ
אֶל־מֶלֶךְ בָּבֶל וְאֵת יֶתֶר הָאָמוֹן הֶגְלָה נְבוּזַרְאֲדָן רַב־טַבָּחִים׃
טז וּמִדַּלּוֹת הָאָרֶץ הִשְׁאִיר נְבוּזַרְאֲדָן רַב־טַבָּחִים לְכֹרְמִים
יז וּלְיֹגְבִים׃ וְאֶת־עַמּוּדֵי הַנְּחֹשֶׁת אֲשֶׁר לְבֵית־יְהוָה וְאֶת־
הַמְּכֹנוֹת וְאֶת־יָם הַנְּחֹשֶׁת אֲשֶׁר בְּבֵית־יְהוָה שִׁבְּרוּ כַשְׂדִּים
יח וַיִּשְׂאוּ אֶת־כׇּל־נְחֻשְׁתָּם בָּבֶלָה׃ וְאֶת־הַסִּרוֹת וְאֶת־הַיָּעִים וְאֶת־
הַמְזַמְּרוֹת וְאֶת־הַמִּזְרָקֹת וְאֶת־הַכַּפּוֹת וְאֵת כׇּל־כְּלֵי הַנְּחֹשֶׁת
יט אֲשֶׁר־יְשָׁרְתוּ בָהֶם לָקָחוּ׃ וְאֶת־הַסִּפִּים וְאֶת־הַמַּחְתּוֹת וְאֶת־
הַמִּזְרָקוֹת וְאֶת־הַסִּירוֹת וְאֶת־הַמְּנֹרוֹת וְאֶת־הַכַּפּוֹת וְאֶת־
הַמְּנַקִּיּוֹת אֲשֶׁר זָהָב זָהָב וַאֲשֶׁר־כֶּסֶף כָּסֶף לָקַח רַב־טַבָּחִים׃
כ הָעַמּוּדִים ׀ שְׁנַיִם הַיָּם אֶחָד וְהַבָּקָר שְׁנֵים־עָשָׂר נְחֹשֶׁת אֲשֶׁר־
תַּחַת הַמְּכֹנוֹת אֲשֶׁר עָשָׂה הַמֶּלֶךְ שְׁלֹמֹה לְבֵית יְהוָה לֹא־הָיָה
כא מִשְׁקָל לִנְחֻשְׁתָּם כׇּל־הַכֵּלִים הָאֵלֶּה׃ וְהָעַמּוּדִים שְׁמֹנֶה עֶשְׂרֵה
אַמָּה קומה הָעַמֻּד הָאֶחָד וְחוּט שְׁתֵּים־עֶשְׂרֵה אַמָּה יְסֻבֶּנּוּ קוֹמַת
כב וְעָבְיוֹ אַרְבַּע אֶצְבָּעוֹת נָבוּב׃ וְכֹתֶרֶת עָלָיו נְחֹשֶׁת וְקוֹמַת
הַכֹּתֶרֶת הָאַחַת חָמֵשׁ אַמּוֹת וּשְׂבָכָה וְרִמּוֹנִים עַל־הַכּוֹתֶרֶת
כג סָבִיב הַכֹּל נְחֹשֶׁת וְכָאֵלֶּה לַעַמּוּד הַשֵּׁנִי וְרִמּוֹנִים׃ וַיִּהְיוּ הָרִמֹּנִים
תִּשְׁעִים וְשִׁשָּׁה רוּחָה כׇּל־הָרִמּוֹנִים מֵאָה עַל־הַשְּׂבָכָה סָבִיב׃
כד וַיִּקַּח רַב־טַבָּחִים אֶת־שְׂרָיָה כֹּהֵן הָרֹאשׁ וְאֶת־צְפַנְיָה כֹּהֵן
כה הַמִּשְׁנֶה וְאֶת־שְׁלֹשֶׁת שֹׁמְרֵי הַסַּף׃ וּמִן־הָעִיר לָקַח סָרִיס
אֶחָד אֲשֶׁר־הָיָה פָקִיד ׀ עַל־אַנְשֵׁי הַמִּלְחָמָה וְשִׁבְעָה אֲנָשִׁים
מֵרֹאֵי פְנֵי־הַמֶּלֶךְ אֲשֶׁר נִמְצְאוּ בָעִיר וְאֵת סֹפֵר שַׂר הַצָּבָא
הַמַּצְבִּא אֶת־עַם הָאָרֶץ וְשִׁשִּׁים אִישׁ מֵעַם הָאָרֶץ הַנִּמְצְאִים
כו בְּתוֹךְ הָעִיר׃ וַיִּקַּח אוֹתָם נְבוּזַרְאֲדָן רַב־טַבָּחִים וַיֵּלֶךְ אוֹתָם

נב

כז אֶל־מֶלֶךְ בָּבֶל רִבְלָתָה: וַיַּכֶּה אוֹתָם מֶלֶךְ בָּבֶל וַיְמִתֵם בְּרִבְלָה
כח בְּאֶרֶץ חֲמָת וַיִּגֶל יְהוּדָה מֵעַל אַדְמָתוֹ: זֶה הָעָם אֲשֶׁר הֶגְלָה
נְבוּכַדְרֶאצַּר בִּשְׁנַת־שֶׁבַע יְהוּדִים שְׁלֹשֶׁת אֲלָפִים וְעֶשְׂרִים
כט וּשְׁלֹשָׁה: בִּשְׁנַת שְׁמוֹנֶה עֶשְׂרֵה לִנְבוּכַדְרֶאצַּר מִירוּשָׁלַםִ
ל נֶפֶשׁ שְׁמֹנֶה מֵאוֹת שְׁלֹשִׁים וּשְׁנָיִם: בִּשְׁנַת שָׁלֹשׁ וְעֶשְׂרִים
לִנְבוּכַדְרֶאצַּר הֶגְלָה נְבוּזַרְאֲדָן רַב־טַבָּחִים יְהוּדִים נֶפֶשׁ שְׁבַע
מֵאוֹת אַרְבָּעִים וַחֲמִשָּׁה כָּל־נֶפֶשׁ אַרְבַּעַת אֲלָפִים וְשֵׁשׁ
לא מֵאוֹת: וַיְהִי בִשְׁלֹשִׁים וָשֶׁבַע שָׁנָה לְגָלוּת יְהוֹיָכִן
מֶלֶךְ־יְהוּדָה בִּשְׁנֵים עָשָׂר חֹדֶשׁ בְּעֶשְׂרִים וַחֲמִשָּׁה לַחֹדֶשׁ נָשָׂא
אֱוִיל מְרֹדַךְ מֶלֶךְ בָּבֶל בִּשְׁנַת מַלְכֻתוֹ אֶת־רֹאשׁ יְהוֹיָכִין מֶלֶךְ־
לב יְהוּדָה וַיֹּצֵא אֹתוֹ מִבֵּית הכליא: וַיְדַבֵּר אִתּוֹ טֹבוֹת וַיִּתֵּן אֶת־ הַכְּלוּא
לג כִּסְאוֹ מִמַּעַל לְכִסֵּא מלכים אֲשֶׁר אִתּוֹ בְּבָבֶל: וְשִׁנָּה אֵת בִּגְדֵי הַמְּלָכִים
לד כִלְאוֹ וְאָכַל לֶחֶם לְפָנָיו תָּמִיד כָּל־יְמֵי חַיָּו: וַאֲרֻחָתוֹ אֲרֻחַת
תָּמִיד נִתְּנָה־לּוֹ מֵאֵת מֶלֶךְ־בָּבֶל דְּבַר־יוֹם בְּיוֹמוֹ עַד־יוֹם
מוֹתוֹ כֹּל יְמֵי חַיָּיו:

יחזקאל

א

א וַיְהִי ׀ בִּשְׁלֹשִׁים שָׁנָה בָּרְבִיעִי בַּחֲמִשָּׁה לַחֹדֶשׁ וַאֲנִי בְתוֹךְ־
הַגּוֹלָה עַל־נְהַר־כְּבָר נִפְתְּחוּ הַשָּׁמַיִם וָאֶרְאֶה מַרְאוֹת אֱלֹהִים׃
ב בַּחֲמִשָּׁה לַחֹדֶשׁ הִיא הַשָּׁנָה הַחֲמִישִׁית לְגָלוּת הַמֶּלֶךְ יוֹיָכִין׃
ג הָיֹה הָיָה דְבַר־יְהוָה אֶל־יְחֶזְקֵאל בֶּן־בּוּזִי הַכֹּהֵן בְּאֶרֶץ כַּשְׂדִּים
ד עַל־נְהַר־כְּבָר וַתְּהִי עָלָיו שָׁם יַד־יְהוָה׃ וָאֵרֶא וְהִנֵּה רוּחַ סְעָרָה
בָּאָה מִן־הַצָּפוֹן עָנָן גָּדוֹל וְאֵשׁ מִתְלַקַּחַת וְנֹגַהּ לוֹ סָבִיב
ה וּמִתּוֹכָהּ כְּעֵין הַחַשְׁמַל מִתּוֹךְ הָאֵשׁ׃ וּמִתּוֹכָהּ דְּמוּת אַרְבַּע
ו חַיּוֹת וְזֶה מַרְאֵיהֶן דְּמוּת אָדָם לָהֵנָּה׃ וְאַרְבָּעָה פָנִים לְאֶחָת
ז וְאַרְבַּע כְּנָפַיִם לְאַחַת לָהֶם׃ וְרַגְלֵיהֶם רֶגֶל יְשָׁרָה וְכַף רַגְלֵיהֶם
ח כְּכַף רֶגֶל עֵגֶל וְנֹצְצִים כְּעֵין נְחֹשֶׁת קָלָל׃ וידו אָדָם מִתַּחַת וִידֵי
כַּנְפֵיהֶם עַל אַרְבַּעַת רִבְעֵיהֶם וּפְנֵיהֶם וְכַנְפֵיהֶם לְאַרְבַּעְתָּם׃
ט חֹבְרֹת אִשָּׁה אֶל־אֲחוֹתָהּ כַּנְפֵיהֶם לֹא־יִסַּבּוּ בְלֶכְתָּן אִישׁ אֶל־
י עֵבֶר פָּנָיו יֵלֵכוּ׃ וּדְמוּת פְּנֵיהֶם פְּנֵי אָדָם וּפְנֵי אַרְיֵה אֶל־הַיָּמִין
לְאַרְבַּעְתָּם וּפְנֵי־שׁוֹר מֵהַשְּׂמֹאול לְאַרְבַּעְתָּן וּפְנֵי־נֶשֶׁר
יא לְאַרְבַּעְתָּן׃ וּפְנֵיהֶם וְכַנְפֵיהֶם פְּרֻדוֹת מִלְמָעְלָה לְאִישׁ שְׁתַּיִם
יב חֹבְרוֹת אִישׁ וּשְׁתַּיִם מְכַסּוֹת אֵת גְּוִיֹתֵיהֶנָה׃ וְאִישׁ אֶל־עֵבֶר
פָּנָיו יֵלֵכוּ אֶל אֲשֶׁר יִהְיֶה־שָׁמָּה הָרוּחַ לָלֶכֶת יֵלֵכוּ לֹא יִסַּבּוּ
יג בְּלֶכְתָּן׃ וּדְמוּת הַחַיּוֹת מַרְאֵיהֶם כְּגַחֲלֵי־אֵשׁ בֹּעֲרוֹת כְּמַרְאֵה
הַלַּפִּדִים הִיא מִתְהַלֶּכֶת בֵּין הַחַיּוֹת וְנֹגַהּ לָאֵשׁ וּמִן־הָאֵשׁ
יד טו יוֹצֵא בָרָק׃ וְהַחַיּוֹת רָצוֹא וָשׁוֹב כְּמַרְאֵה הַבָּזָק׃ וָאֵרֶא הַחַיּוֹת
טז וְהִנֵּה אוֹפַן אֶחָד בָּאָרֶץ אֵצֶל הַחַיּוֹת לְאַרְבַּעַת פָּנָיו׃ מַרְאֵה
הָאוֹפַנִּים וּמַעֲשֵׂיהֶם כְּעֵין תַּרְשִׁישׁ וּדְמוּת אֶחָד לְאַרְבַּעְתָּן
יז וּמַרְאֵיהֶם וּמַעֲשֵׂיהֶם כַּאֲשֶׁר יִהְיֶה הָאוֹפַן בְּתוֹךְ הָאוֹפָן׃ עַל־
יח אַרְבַּעַת רִבְעֵיהֶן בְּלֶכְתָּם יֵלֵכוּ לֹא יִסַּבּוּ בְּלֶכְתָּן׃ וְגַבֵּיהֶן וְגֹבַהּ
לָהֶם וְיִרְאָה לָהֶם וְגַבֹּתָם מְלֵאֹת עֵינַיִם סָבִיב לְאַרְבַּעְתָּן׃
יט וּבְלֶכֶת הַחַיּוֹת יֵלְכוּ הָאוֹפַנִּים אֶצְלָם וּבְהִנָּשֵׂא הַחַיּוֹת מֵעַל
כ הָאָרֶץ יִנָּשְׂאוּ הָאוֹפַנִּים׃ עַל אֲשֶׁר יִהְיֶה־שָּׁם הָרוּחַ לָלֶכֶת

יֵלֵכוּ שָׁמָּה הָרוּחַ לָלֶכֶת וְהָאוֹפַנִּים יִנָּשְׂאוּ לְעֻמָּתָם כִּי רוּחַ הַחַיָּה
כא בָּאוֹפַנִּים׃ בְּלֶכְתָּם יֵלֵכוּ וּבְעָמְדָם יַעֲמֹדוּ וּבְהִנָּשְׂאָם מֵעַל הָאָרֶץ
כב יִנָּשְׂאוּ הָאוֹפַנִּים לְעֻמָּתָם כִּי רוּחַ הַחַיָּה בָּאוֹפַנִּים׃ וּדְמוּת עַל־
רָאשֵׁי הַחַיָּה רָקִיעַ כְּעֵין הַקֶּרַח הַנּוֹרָא נָטוּי עַל־רָאשֵׁיהֶם
כג מִלְמָעְלָה׃ וְתַחַת הָרָקִיעַ כַּנְפֵיהֶם יְשָׁרוֹת אִשָּׁה אֶל־אֲחוֹתָהּ
לְאִישׁ שְׁתַּיִם מְכַסּוֹת לָהֵנָּה וּלְאִישׁ שְׁתַּיִם מְכַסּוֹת לָהֵנָּה אֵת
כד גְּוִיֹּתֵיהֶם׃ וָאֶשְׁמַע אֶת־קוֹל כַּנְפֵיהֶם כְּקוֹל מַיִם רַבִּים כְּקוֹל־
שַׁדַּי בְּלֶכְתָּם קוֹל הֲמֻלָּה כְּקוֹל מַחֲנֶה בְּעָמְדָם תְּרַפֶּינָה
כה כַנְפֵיהֶן׃ וַיְהִי־קוֹל מֵעַל לָרָקִיעַ אֲשֶׁר עַל־רֹאשָׁם בְּעָמְדָם
כו תְּרַפֶּינָה כַנְפֵיהֶן׃ וּמִמַּעַל לָרָקִיעַ אֲשֶׁר עַל־רֹאשָׁם כְּמַרְאֵה
אֶבֶן־סַפִּיר דְּמוּת כִּסֵּא וְעַל דְּמוּת הַכִּסֵּא דְּמוּת כְּמַרְאֵה אָדָם
כז עָלָיו מִלְמָעְלָה׃ וָאֵרֶא ׀ כְּעֵין חַשְׁמַל כְּמַרְאֵה־אֵשׁ בֵּית־לָהּ
סָבִיב מִמַּרְאֵה מָתְנָיו וּלְמָעְלָה וּמִמַּרְאֵה מָתְנָיו וּלְמַטָּה
כח רָאִיתִי כְּמַרְאֵה־אֵשׁ וְנֹגַהּ לוֹ סָבִיב׃ כְּמַרְאֵה הַקֶּשֶׁת אֲשֶׁר
יִהְיֶה בֶעָנָן בְּיוֹם הַגֶּשֶׁם כֵּן מַרְאֵה הַנֹּגַהּ סָבִיב הוּא מַרְאֵה
דְּמוּת כְּבוֹד־יְהוָה וָאֶרְאֶה וָאֶפֹּל עַל־פָּנַי וָאֶשְׁמַע קוֹל
ב א מְדַבֵּר׃ וַיֹּאמֶר אֵלָי בֶּן־אָדָם עֲמֹד עַל־רַגְלֶיךָ
ב וַאֲדַבֵּר אֹתָךְ׃ וַתָּבֹא בִי רוּחַ כַּאֲשֶׁר דִּבֶּר אֵלַי וַתַּעֲמִדֵנִי
ג עַל־רַגְלָי וָאֶשְׁמַע אֵת מִדַּבֵּר אֵלָי׃ וַיֹּאמֶר
אֵלַי בֶּן־אָדָם שׁוֹלֵחַ אֲנִי אוֹתְךָ אֶל־בְּנֵי יִשְׂרָאֵל אֶל־גּוֹיִם
הַמּוֹרְדִים אֲשֶׁר מָרְדוּ־בִי הֵמָּה וַאֲבוֹתָם פָּשְׁעוּ בִי עַד־עֶצֶם
ד הַיּוֹם הַזֶּה׃ וְהַבָּנִים קְשֵׁי פָנִים וְחִזְקֵי־לֵב אֲנִי שׁוֹלֵחַ אוֹתְךָ
ה אֲלֵיהֶם וְאָמַרְתָּ אֲלֵיהֶם כֹּה אָמַר אֲדֹנָי יְהוִה׃ וְהֵמָּה אִם־
יִשְׁמְעוּ וְאִם־יֶחְדָּלוּ כִּי בֵּית מְרִי הֵמָּה וְיָדְעוּ כִּי נָבִיא הָיָה
ו בְתוֹכָם׃ וְאַתָּה בֶן־אָדָם אַל־תִּירָא מֵהֶם
וּמִדִּבְרֵיהֶם אַל־תִּירָא כִּי סָרָבִים וְסַלּוֹנִים אוֹתָךְ וְאֶל־עַקְרַבִּים
אַתָּה יוֹשֵׁב מִדִּבְרֵיהֶם אַל־תִּירָא וּמִפְּנֵיהֶם אַל־תֵּחָת כִּי בֵּית

ז מְרִי הֵמָּה׃ וְדִבַּרְתָּ אֶת־דְּבָרַי אֲלֵיהֶם אִם־יִשְׁמְעוּ וְאִם־יֶחְדָּלוּ
ח כִּי מְרִי הֵמָּה׃ וְאַתָּה בֶן־אָדָם שְׁמַע אֵת אֲשֶׁר־
אֲנִי מְדַבֵּר אֵלֶיךָ אַל־תְּהִי־מֶרִי כְּבֵית הַמֶּרִי פְּצֵה פִיךָ וֶאֱכֹל
ט אֵת אֲשֶׁר־אֲנִי נֹתֵן אֵלֶיךָ׃ וָאֶרְאֶה וְהִנֵּה־יָד שְׁלוּחָה אֵלָי וְהִנֵּה־
י בוֹ מְגִלַּת־סֵפֶר׃ וַיִּפְרֹשׂ אוֹתָהּ לְפָנַי וְהִיא כְתוּבָה פָּנִים וְאָחוֹר
ג א וְכָתוּב אֵלֶיהָ קִנִים וָהֶגֶה וָהִי׃ וַיֹּאמֶר אֵלַי בֶּן־
אָדָם אֵת אֲשֶׁר־תִּמְצָא אֱכוֹל אֱכוֹל אֶת־הַמְּגִלָּה הַזֹּאת וְלֵךְ
ב דַּבֵּר אֶל־בֵּית יִשְׂרָאֵל׃ וָאֶפְתַּח אֶת־פִּי וַיַּאֲכִלֵנִי אֵת הַמְּגִלָּה
ג הַזֹּאת׃ וַיֹּאמֶר אֵלַי בֶּן־אָדָם בִּטְנְךָ תַאֲכֵל וּמֵעֶיךָ תְמַלֵּא אֵת
הַמְּגִלָּה הַזֹּאת אֲשֶׁר אֲנִי נֹתֵן אֵלֶיךָ וָאֹכְלָה וַתְּהִי בְּפִי כִּדְבַשׁ
ד לְמָתוֹק׃ וַיֹּאמֶר אֵלָי בֶּן־אָדָם לֶךְ־בֹּא אֶל־בֵּית
ה יִשְׂרָאֵל וְדִבַּרְתָּ בִדְבָרַי אֲלֵיהֶם׃ כִּי לֹא אֶל־עַם עִמְקֵי שָׂפָה
ו וְכִבְדֵי לָשׁוֹן אַתָּה שָׁלוּחַ אֶל־בֵּית יִשְׂרָאֵל׃ לֹא ׀ אֶל־עַמִּים
רַבִּים עִמְקֵי שָׂפָה וְכִבְדֵי לָשׁוֹן אֲשֶׁר לֹא־תִשְׁמַע דִּבְרֵיהֶם אִם־
ז לֹא אֲלֵיהֶם שְׁלַחְתִּיךָ הֵמָּה יִשְׁמְעוּ אֵלֶיךָ׃ וּבֵית יִשְׂרָאֵל לֹא
יֹאבוּ לִשְׁמֹעַ אֵלֶיךָ כִּי־אֵינָם אֹבִים לִשְׁמֹעַ אֵלָי כִּי כָּל־בֵּית
ח יִשְׂרָאֵל חִזְקֵי־מֵצַח וּקְשֵׁי־לֵב הֵמָּה׃ הִנֵּה נָתַתִּי אֶת־פָּנֶיךָ
ט חֲזָקִים לְעֻמַּת פְּנֵיהֶם וְאֶת־מִצְחֲךָ חָזָק לְעֻמַּת מִצְחָם׃ כְּשָׁמִיר
חָזָק מִצֹּר נָתַתִּי מִצְחֶךָ לֹא־תִירָא אוֹתָם וְלֹא־תֵחַת מִפְּנֵיהֶם
י כִּי בֵּית מְרִי הֵמָּה׃ וַיֹּאמֶר אֵלָי בֶּן־אָדָם אֶת־
יא כָּל־דְּבָרַי אֲשֶׁר אֲדַבֵּר אֵלֶיךָ קַח בִּלְבָבְךָ וּבְאָזְנֶיךָ שְׁמָע׃ וְלֵךְ
בֹּא אֶל־הַגּוֹלָה אֶל־בְּנֵי עַמֶּךָ וְדִבַּרְתָּ אֲלֵיהֶם וְאָמַרְתָּ אֲלֵיהֶם
יב כֹּה אָמַר אֲדֹנָי יֱהוִה אִם־יִשְׁמְעוּ וְאִם־יֶחְדָּלוּ׃ וַתִּשָּׂאֵנִי רוּחַ ב
וָאֶשְׁמַע אַחֲרַי קוֹל רַעַשׁ גָּדוֹל בָּרוּךְ כְּבוֹד־יְהוָה מִמְּקוֹמוֹ׃
יג וְקוֹל ׀ כַּנְפֵי הַחַיּוֹת מַשִּׁיקוֹת אִשָּׁה אֶל־אֲחוֹתָהּ וְקוֹל הָאוֹפַנִּים
יד לְעֻמָּתָם וְקוֹל רַעַשׁ גָּדוֹל׃ וְרוּחַ נְשָׂאַתְנִי וַתִּקָּחֵנִי וָאֵלֵךְ מַר
טו בַּחֲמַת רוּחִי וְיַד־יְהוָה עָלַי חָזָקָה׃ וָאָבוֹא אֶל־הַגּוֹלָה תֵּל אָבִיב

וָאֵשֵׁב

הַיֹּשְׁבִים אֶל־נְהַר־כְּבָר וָאֵשֵׁר הֵמָּה יוֹשְׁבִים שָׁם וָאֵשֵׁב שָׁם
שִׁבְעַת יָמִים מַשְׁמִים בְּתוֹכָם׃ וַיְהִי מִקְצֵה טז
שִׁבְעַת יָמִים וַיְהִי דְבַר־יְהוָה אֵלַי לֵאמֹר׃ בֶּן־ יז
אָדָם צֹפֶה נְתַתִּיךָ לְבֵית יִשְׂרָאֵל וְשָׁמַעְתָּ מִפִּי דָּבָר וְהִזְהַרְתָּ
אוֹתָם מִמֶּנִּי׃ בְּאָמְרִי לָרָשָׁע מוֹת תָּמוּת וְלֹא הִזְהַרְתּוֹ וְלֹא יח
דִבַּרְתָּ לְהַזְהִיר רָשָׁע מִדַּרְכּוֹ הָרְשָׁעָה לְחַיֹּתוֹ הוּא רָשָׁע בַּעֲוֺנוֹ
יָמוּת וְדָמוֹ מִיָּדְךָ אֲבַקֵּשׁ׃ וְאַתָּה כִּי־הִזְהַרְתָּ רָשָׁע וְלֹא־שָׁב יט
מֵרִשְׁעוֹ וּמִדַּרְכּוֹ הָרְשָׁעָה הוּא בַּעֲוֺנוֹ יָמוּת וְאַתָּה אֶת־נַפְשְׁךָ
הִצַּלְתָּ׃ וּבְשׁוּב צַדִּיק מִצִּדְקוֹ וְעָשָׂה עָוֶל וְנָתַתִּי כ
מִכְשׁוֹל לְפָנָיו הוּא יָמוּת כִּי לֹא הִזְהַרְתּוֹ בְּחַטָּאתוֹ יָמוּת וְלֹא
תִזָּכַרְןָ צִדְקֹתָו אֲשֶׁר עָשָׂה וְדָמוֹ מִיָּדְךָ אֲבַקֵּשׁ׃ וְאַתָּה כִּי כא
הִזְהַרְתּוֹ צַדִּיק לְבִלְתִּי חֲטֹא צַדִּיק וְהוּא לֹא־חָטָא חָיוֹ יִחְיֶה
כִּי נִזְהָר וְאַתָּה אֶת־נַפְשְׁךָ הִצַּלְתָּ׃ וַתְּהִי עָלַי כב
שָׁם יַד־יְהוָה וַיֹּאמֶר אֵלַי קוּם צֵא אֶל־הַבִּקְעָה וְשָׁם אֲדַבֵּר
אוֹתָךְ׃ וָאָקוּם וָאֵצֵא אֶל־הַבִּקְעָה וְהִנֵּה־שָׁם כְּבוֹד־יְהוָה עֹמֵד כג
כַּכָּבוֹד אֲשֶׁר רָאִיתִי עַל־נְהַר־כְּבָר וָאֶפֹּל עַל־פָּנָי׃ וַתָּבֹא־בִי כד
רוּחַ וַתַּעֲמִדֵנִי עַל־רַגְלָי וַיְדַבֵּר אֹתִי וַיֹּאמֶר אֵלַי בֹּא הִסָּגֵר
בְּתוֹךְ בֵּיתֶךָ׃ וְאַתָּה בֶן־אָדָם הִנֵּה נָתְנוּ עָלֶיךָ כה
עֲבוֹתִים וַאֲסָרוּךָ בָּהֶם וְלֹא תֵצֵא בְּתוֹכָם׃ וּלְשׁוֹנְךָ אַדְבִּיק אֶל־ כו
חִכֶּךָ וְנֶאֱלַמְתָּ וְלֹא־תִהְיֶה לָהֶם לְאִישׁ מוֹכִיחַ כִּי בֵּית מְרִי
הֵמָּה׃ וּבְדַבְּרִי אוֹתְךָ אֶפְתַּח אֶת־פִּיךָ וְאָמַרְתָּ אֲלֵיהֶם כֹּה כז
אָמַר אֲדֹנָי יֱהוִה הַשֹּׁמֵעַ ׀ יִשְׁמָע וְהֶחָדֵל ׀ יֶחְדָּל כִּי בֵּית מְרִי
הֵמָּה׃ וְאַתָּה בֶן־אָדָם קַח־לְךָ לְבֵנָה וְנָתַתָּה ד א
אוֹתָהּ לְפָנֶיךָ וְחַקּוֹתָ עָלֶיהָ עִיר אֶת־יְרוּשָׁלִָם׃ וְנָתַתָּה עָלֶיהָ ב
מָצוֹר וּבָנִיתָ עָלֶיהָ דָּיֵק וְשָׁפַכְתָּ עָלֶיהָ סֹלְלָה וְנָתַתָּה עָלֶיהָ
מַחֲנוֹת וְשִׂים־עָלֶיהָ כָּרִים סָבִיב׃ וְאַתָּה קַח־לְךָ מַחֲבַת בַּרְזֶל ג
וְנָתַתָּה אוֹתָהּ קִיר בַּרְזֶל בֵּינְךָ וּבֵין הָעִיר וַהֲכִינֹתָה אֶת־

פָּנֶיךָ אֵלֶיהָ וְהָיְתָה בַמָּצוֹר וְצַרְתָּ עָלֶיהָ אוֹת הִיא לְבֵית
ד יִשְׂרָאֵל׃ וְאַתָּה שְׁכַב עַל־צִדְּךָ הַשְּׂמָאלִי וְשַׂמְתָּ
אֶת־עֲוֺן בֵּית־יִשְׂרָאֵל עָלָיו מִסְפַּר הַיָּמִים אֲשֶׁר תִּשְׁכַּב עָלָיו
ה תִּשָּׂא אֶת־עֲוֺנָם׃ וַאֲנִי נָתַתִּי לְךָ אֶת־שְׁנֵי עֲוֺנָם לְמִסְפַּר יָמִים
ו שְׁלֹשׁ־מֵאוֹת וְתִשְׁעִים יוֹם וְנָשָׂאתָ עֲוֺן בֵּית־יִשְׂרָאֵל׃ וְכִלִּיתָ
אֶת־אֵלֶּה וְשָׁכַבְתָּ עַל־צִדְּךָ הימיני שֵׁנִית וְנָשָׂאתָ אֶת־עֲוֺן הַיְמָנִי
בֵּית־יְהוּדָה אַרְבָּעִים יוֹם יוֹם לַשָּׁנָה נְתַתִּיו לָךְ׃
ז וְאֶל־מְצוֹר יְרוּשָׁלַםִ תָּכִין פָּנֶיךָ וּזְרֹעֲךָ חֲשׂוּפָה וְנִבֵּאתָ עָלֶיהָ׃
ח וְהִנֵּה נָתַתִּי עָלֶיךָ עֲבוֹתִים וְלֹא־תֵהָפֵךְ מִצִּדְּךָ אֶל־צִדֶּךָ
ט עַד־כַּלּוֹתְךָ יְמֵי מְצוּרֶךָ׃ וְאַתָּה קַח־לְךָ חִטִּין וּשְׂעֹרִים
וּפוֹל וַעֲדָשִׁים וְדֹחַן וְכֻסְּמִים וְנָתַתָּה אוֹתָם בִּכְלִי אֶחָד
וְעָשִׂיתָ אוֹתָם לְךָ לְלָחֶם מִסְפַּר הַיָּמִים אֲשֶׁר־אַתָּה ׀ שׁוֹכֵב
י עַל־צִדְּךָ שְׁלֹשׁ־מֵאוֹת וְתִשְׁעִים יוֹם תֹּאכְלֶנּוּ׃ וּמַאֲכָלְךָ
אֲשֶׁר תֹּאכְלֶנּוּ בְּמִשְׁקוֹל עֶשְׂרִים שֶׁקֶל לַיּוֹם מֵעֵת עַד־עֵת
יא תֹּאכְלֶנּוּ׃ וּמַיִם בִּמְשׂוּרָה תִשְׁתֶּה שִׁשִּׁית הַהִין מֵעֵת עַד־עֵת
יב תִּשְׁתֶּה׃ וְעֻגַת שְׂעֹרִים תֹּאכְלֶנָּה וְהִיא בְּגֶלְלֵי צֵאַת הָאָדָם
יג תְּעֻגֶנָה לְעֵינֵיהֶם׃ וַיֹּאמֶר יְהוָה כָּכָה יֹאכְלוּ
בְנֵי־יִשְׂרָאֵל אֶת־לַחְמָם טָמֵא בַּגּוֹיִם אֲשֶׁר אַדִּיחֵם שָׁם׃
יד וָאֹמַר אֲהָהּ אֲדֹנָי יֱהוִה הִנֵּה נַפְשִׁי לֹא מְטֻמָּאָה וּנְבֵלָה
וּטְרֵפָה לֹא־אָכַלְתִּי מִנְּעוּרַי וְעַד־עַתָּה וְלֹא־בָא בְּפִי בְּשַׂר
טו פִּגּוּל׃ וַיֹּאמֶר אֵלַי רְאֵה נָתַתִּי לְךָ
אֶת־צפועי הַבָּקָר תַּחַת גֶּלְלֵי הָאָדָם וְעָשִׂיתָ אֶת־לַחְמְךָ צְפִיעֵי
טז עֲלֵיהֶם׃ וַיֹּאמֶר אֵלַי בֶּן־אָדָם הִנְנִי שֹׁבֵר מַטֵּה־
לֶחֶם בִּירוּשָׁלַםִ וְאָכְלוּ־לֶחֶם בְּמִשְׁקָל וּבִדְאָגָה וּמַיִם בִּמְשׂוּרָה
יז וּבְשִׁמָּמוֹן יִשְׁתּוּ׃ לְמַעַן יַחְסְרוּ לֶחֶם וָמָיִם וְנָשַׁמּוּ אִישׁ וְאָחִיו
ה א וְנָמַקּוּ בַּעֲוֺנָם׃ וְאַתָּה בֶן־אָדָם קַח־לְךָ ׀ חֶרֶב
חַדָּה תַּעַר הַגַּלָּבִים תִּקָּחֶנָּה לָּךְ וְהַעֲבַרְתָּ עַל־רֹאשְׁךָ וְעַל־זְקָנֶךָ

ה

וְלָקַחְתָּ לְךָ מֹאזְנֵי מִשְׁקָל וְחִלַּקְתָּם׃ שְׁלִשִׁית בָּאוּר תַּבְעִיר ב
בְּתוֹךְ הָעִיר כִּמְלֹאת יְמֵי הַמָּצוֹר וְלָקַחְתָּ אֶת־הַשְּׁלִשִׁית
תַּכֶּה בַחֶרֶב סְבִיבוֹתֶיהָ וְהַשְּׁלִשִׁית תִּזְרֶה לָרוּחַ וְחֶרֶב אָרִיק
אַחֲרֵיהֶם׃ וְלָקַחְתָּ מִשָּׁם מְעַט בְּמִסְפָּר וְצַרְתָּ אוֹתָם בִּכְנָפֶיךָ׃ ג
וּמֵהֶם עוֹד תִּקָּח וְהִשְׁלַכְתָּ אוֹתָם אֶל־תּוֹךְ הָאֵשׁ וְשָׂרַפְתָּ אֹתָם ד
בָּאֵשׁ מִמֶּנּוּ תֵצֵא־אֵשׁ אֶל־כָּל־בֵּית יִשְׂרָאֵל׃ כֹּה ה
אָמַר אֲדֹנָי יֱהֹוִה זֹאת יְרוּשָׁלִַם בְּתוֹךְ הַגּוֹיִם שַׂמְתִּיהָ וּסְבִיבוֹתֶיהָ
אֲרָצוֹת׃ וַתֶּמֶר אֶת־מִשְׁפָּטַי לְרִשְׁעָה מִן־הַגּוֹיִם וְאֶת־חֻקּוֹתַי ו
מִן־הָאֲרָצוֹת אֲשֶׁר סְבִיבוֹתֶיהָ כִּי בְמִשְׁפָּטַי מָאָסוּ וְחֻקּוֹתַי
לֹא־הָלְכוּ בָהֶם׃ לָכֵן כֹּה־אָמַר ׀ אֲדֹנָי יֱהֹוִה יַעַן ז
הֲמָנְכֶם מִן־הַגּוֹיִם אֲשֶׁר סְבִיבוֹתֵיכֶם בְּחֻקּוֹתַי לֹא הֲלַכְתֶּם
וְאֶת־מִשְׁפָּטַי לֹא עֲשִׂיתֶם וּכְמִשְׁפְּטֵי הַגּוֹיִם אֲשֶׁר סְבִיבוֹתֵיכֶם
לֹא עֲשִׂיתֶם׃ לָכֵן כֹּה אָמַר אֲדֹנָי יֱהֹוִה הִנְנִי עָלַיִךְ ח
גַּם־אָנִי וְעָשִׂיתִי בְתוֹכֵךְ מִשְׁפָּטִים לְעֵינֵי הַגּוֹיִם׃ וְעָשִׂיתִי בָךְ ט
אֵת אֲשֶׁר לֹא־עָשִׂיתִי וְאֵת אֲשֶׁר־לֹא־אֶעֱשֶׂה כָמֹהוּ עוֹד יַעַן
כָּל־תּוֹעֲבֹתָיִךְ׃ לָכֵן אָבוֹת יֹאכְלוּ בָנִים בְּתוֹכֵךְ י
וּבָנִים יֹאכְלוּ אֲבוֹתָם וְעָשִׂיתִי בָךְ שְׁפָטִים וְזֵרִיתִי אֶת־כָּל־
שְׁאֵרִיתֵךְ לְכָל־רוּחַ׃ לָכֵן חַי־אָנִי נְאֻם אֲדֹנָי יֱהֹוִה אִם־לֹא יַעַן יא
אֶת־מִקְדָּשִׁי טִמֵּאת בְּכָל־שִׁקּוּצַיִךְ וּבְכָל־תּוֹעֲבֹתָיִךְ וְגַם־אֲנִי
אֶגְרַע וְלֹא־תָחוֹס עֵינִי וְגַם־אֲנִי לֹא אֶחְמוֹל׃ שְׁלִשִׁתַיִךְ בַּדֶּבֶר יב
יָמוּתוּ וּבָרָעָב יִכְלוּ בְתוֹכֵךְ וְהַשְּׁלִשִׁית בַּחֶרֶב יִפְּלוּ סְבִיבוֹתָיִךְ
וְהַשְּׁלִישִׁית לְכָל־רוּחַ אֱזָרֶה וְחֶרֶב אָרִיק אַחֲרֵיהֶם׃ וְכָלָה אַפִּי יג
וַהֲנִחוֹתִי חֲמָתִי בָּם וְהִנֶּחָמְתִּי וְיָדְעוּ כִּי־אֲנִי יְהוָה דִּבַּרְתִּי
בְּקִנְאָתִי בְּכַלּוֹתִי חֲמָתִי בָּם׃ וְאֶתְּנֵךְ לְחָרְבָּה וּלְחֶרְפָּה בַּגּוֹיִם יד
אֲשֶׁר סְבִיבוֹתָיִךְ לְעֵינֵי כָּל־עוֹבֵר׃ וְהָיְתָה חֶרְפָּה וּגְדוּפָה מוּסָר טו
וּמְשַׁמָּה לַגּוֹיִם אֲשֶׁר סְבִיבוֹתָיִךְ בַּעֲשׂוֹתִי בָךְ שְׁפָטִים בְּאַף
וּבְחֵמָה וּבְתֹכְחוֹת חֵמָה אֲנִי יְהוָה דִּבַּרְתִּי׃ בְּשַׁלְּחִי אֶת־חִצֵּי טז

הָרָעָב הָרָעִים בָּהֶם אֲשֶׁר הָיוּ לְמַשְׁחִית אֲשֶׁר־אֲשַׁלַּח אוֹתָם
לְשַׁחֶתְכֶם וְרָעָב אֹסֵף עֲלֵיכֶם וְשָׁבַרְתִּי לָכֶם מַטֵּה־לָחֶם׃
יז וְשִׁלַּחְתִּי עֲלֵיכֶם רָעָב וְחַיָּה רָעָה וְשִׁכְּלֻךְ וְדֶבֶר וָדָם יַעֲבָר־בָּךְ
ו א וְחֶרֶב אָבִיא עָלַיִךְ אֲנִי יְהוָה דִּבַּרְתִּי׃ וַיְהִי דְבַר־ ג
ב יְהוָה אֵלַי לֵאמֹר׃ בֶּן־אָדָם שִׂים פָּנֶיךָ אֶל־הָרֵי יִשְׂרָאֵל וְהִנָּבֵא
ג אֲלֵיהֶם׃ וְאָמַרְתָּ הָרֵי יִשְׂרָאֵל שִׁמְעוּ דְּבַר־אֲדֹנָי יְהוִה כֹּה־אָמַר
אֲדֹנָי יְהוִה לֶהָרִים וְלַגְּבָעוֹת לָאֲפִיקִים ולגאות הִנְנִי אֲנִי מֵבִיא וְלַגֵּאָיוֹת
ד עֲלֵיכֶם חֶרֶב וְאִבַּדְתִּי בָּמוֹתֵיכֶם׃ וְנָשַׁמּוּ מִזְבְּחוֹתֵיכֶם וְנִשְׁבְּרוּ
ה חַמָּנֵיכֶם וְהִפַּלְתִּי חַלְלֵיכֶם לִפְנֵי גִּלּוּלֵיכֶם׃ וְנָתַתִּי אֶת־פִּגְרֵי
בְּנֵי יִשְׂרָאֵל לִפְנֵי גִּלּוּלֵיהֶם וְזֵרִיתִי אֶת־עַצְמוֹתֵיכֶם סְבִיבוֹת
ו מִזְבְּחוֹתֵיכֶם׃ בְּכֹל מוֹשְׁבוֹתֵיכֶם הֶעָרִים תֶּחֱרַבְנָה וְהַבָּמוֹת
תִּישָׁמְנָה לְמַעַן יֶחֶרְבוּ וְיֶאְשְׁמוּ מִזְבְּחוֹתֵיכֶם וְנִשְׁבְּרוּ וְנִשְׁבְּתוּ
ז גִּלּוּלֵיכֶם וְנִגְדְּעוּ חַמָּנֵיכֶם וְנִמְחוּ מַעֲשֵׂיכֶם׃ וְנָפַל חָלָל בְּתוֹכְכֶם
ח וִידַעְתֶּם כִּי־אֲנִי יְהוָה׃ וְהוֹתַרְתִּי בִּהְיוֹת לָכֶם פְּלִיטֵי חֶרֶב בַּגּוֹיִם
ט בְּהִזָּרוֹתֵיכֶם בָּאֲרָצוֹת׃ וְזָכְרוּ פְלִיטֵיכֶם אוֹתִי בַּגּוֹיִם אֲשֶׁר נִשְׁבּוּ־
שָׁם אֲשֶׁר נִשְׁבַּרְתִּי אֶת־לִבָּם הַזּוֹנֶה אֲשֶׁר־סָר מֵעָלַי וְאֵת
עֵינֵיהֶם הַזֹּנוֹת אַחֲרֵי גִּלּוּלֵיהֶם וְנָקֹטּוּ בִּפְנֵיהֶם אֶל־הָרָעוֹת אֲשֶׁר
י עָשׂוּ לְכֹל תּוֹעֲבֹתֵיהֶם׃ וְיָדְעוּ כִּי־אֲנִי יְהוָה לֹא אֶל־חִנָּם דִּבַּרְתִּי
יא לַעֲשׂוֹת לָהֶם הָרָעָה הַזֹּאת׃ כֹּה־אָמַר אֲדֹנָי יְהוִה
הַכֵּה בְכַפְּךָ וּרְקַע בְּרַגְלְךָ וֶאֱמָר־אָח אֶל כָּל־תּוֹעֲבוֹת רָעוֹת
יב בֵּית יִשְׂרָאֵל אֲשֶׁר בַּחֶרֶב בָּרָעָב וּבַדֶּבֶר יִפֹּלוּ׃ הָרָחוֹק בַּדֶּבֶר
יָמוּת וְהַקָּרוֹב בַּחֶרֶב יִפּוֹל וְהַנִּשְׁאָר וְהַנָּצוּר בָּרָעָב יָמוּת וְכִלֵּיתִי
יג חֲמָתִי בָּם׃ וִידַעְתֶּם כִּי־אֲנִי יְהוָה בִּהְיוֹת חַלְלֵיהֶם בְּתוֹךְ
גִּלּוּלֵיהֶם סְבִיבוֹת מִזְבְּחוֹתֵיהֶם אֶל כָּל־גִּבְעָה רָמָה בְּכֹל רָאשֵׁי
הֶהָרִים וְתַחַת כָּל־עֵץ רַעֲנָן וְתַחַת כָּל־אֵלָה עֲבֻתָּה מְקוֹם
יד אֲשֶׁר נָתְנוּ־שָׁם רֵיחַ נִיחֹחַ לְכֹל גִּלּוּלֵיהֶם׃ וְנָטִיתִי אֶת־יָדִי
עֲלֵיהֶם וְנָתַתִּי אֶת־הָאָרֶץ שְׁמָמָה וּמְשַׁמָּה מִמִּדְבַּר דִּבְלָתָה

בכל מושבותיהם וידעו כי־אני יהוה: ויהי א
דבר־יהוה אלי לאמר: ואתה בן־אדם כה־אמר אדני יהוה ב
לאדמת ישראל קץ בא הקץ על־ארבעת כנפות הארץ: ארבע
עתה הקץ עליך ושלחתי אפי בך ושפטתיך כדרכיך ונתתי ג
עליך את כל־תועבתיך: ולא־תחוס עיני עליך ולא אחמול ד
כי דרכיך עליך אתן ותועבותיך בתוכך תהיין וידעתם כי־
אני יהוה: כה אמר אדני יהוה רעה אחת רעה ה
הנה באה: קץ בא בא הקץ הקיץ אליך הנה באה: באה ו ז
הצפירה אליך יושב הארץ בא העת קרוב היום מהומה ולא־
הד הרים: עתה מקרוב אשפוך חמתי עליך וכליתי אפי בך ח
ושפטתיך כדרכיך ונתתי עליך את כל־תועבותיך: ולא־ ט
תחוס עיני ולא אחמול כדרכיך עליך אתן ותועבותיך בתוכך
תהיין וידעתם כי אני יהוה מכה: הנה היום הנה באה יצאה י
הצפרה צץ המטה פרח הזדון: החמס קם למטה־רשע לא־ יא
מהם ולא מהמונם ולא מהמהם ולא־נה בהם: בא העת הגיע יב
היום הקונה אל־ישמח והמוכר אל־יתאבל כי חרון אל־כל־
המונה: כי המוכר אל־הממכר לא ישוב ועוד בחיים חיתם יג
כי־חזון אל־כל־המונה לא ישוב ואיש בעונו חיתו לא־
יתחזקו: תקעו בתקוע והכין הכל ואין הלך למלחמה כי יד
חרוני אל־כל־המונה: החרב בחוץ והדבר והרעב מבית טו
אשר בשדה בחרב ימות ואשר בעיר רעב ודבר יאכלנו:
ופלטו פליטיהם והיו אל־ההרים כיוני הגאיות כלם המות טז
איש בעונו: כל־הידים תרפינה וכל־ברכים תלכנה מים: יז
וחגרו שקים וכסתה אותם פלצות ואל כל־פנים בושה ובכל־ יח
ראשיהם קרחה: כספם בחוצות ישליכו וזהבם לנדה יהיה יט
כספם וזהבם לא־יוכל להצילם ביום עברת יהוה נפשם לא
ישבעו ומעיהם לא ימלאו כי־מכשול עונם היה: וצבי עדיו כ

לִגְאוֹן שַׂמָהוּ וְצַלְמֵי תוֹעֲבֹתָם שִׁקּוּצֵיהֶם עָשׂוּ בוֹ עַל־כֵּן נְתַתִּיו
כא לָהֶם לְנִדָּה׃ וּנְתַתִּיו בְּיַד־הַזָּרִים לָבַז וּלְרִשְׁעֵי הָאָרֶץ לְשָׁלָל
כב וְחִלְּלוּהָ׃ וַהֲסִבּוֹתִי פָנַי מֵהֶם וְחִלְּלוּ אֶת־צְפוּנִי וּבָאוּ־בָהּ פָּרִיצִים
כג וְחִלְּלוּהָ׃ עֲשֵׂה הָרַתּוֹק כִּי הָאָרֶץ מָלְאָה מִשְׁפַּט
כד דָּמִים וְהָעִיר מָלְאָה חָמָס׃ וְהֵבֵאתִי רָעֵי גוֹיִם וְיָרְשׁוּ אֶת־
כה בָּתֵּיהֶם וְהִשְׁבַּתִּי גְּאוֹן עַזִּים וְנִחֲלוּ מְקַדְשֵׁיהֶם׃ קְפָדָה־בָא
כו וּבִקְשׁוּ שָׁלוֹם וָאָיִן׃ הֹוָה עַל־הֹוָה תָּבוֹא וּשְׁמֻעָה אֶל־שְׁמוּעָה
תִּהְיֶה וּבִקְשׁוּ חָזוֹן מִנָּבִיא וְתוֹרָה תֹּאבַד מִכֹּהֵן וְעֵצָה מִזְּקֵנִים׃
כז הַמֶּלֶךְ יִתְאַבָּל וְנָשִׂיא יִלְבַּשׁ שְׁמָמָה וִידֵי עַם־הָאָרֶץ תִּבָּהַלְנָה
מִדַּרְכָּם אֶעֱשֶׂה אֹתָם וּבְמִשְׁפְּטֵיהֶם אֶשְׁפְּטֵם וְיָדְעוּ כִּי־אֲנִי
ח א יְהוָה׃ וַיְהִי ׀ בַּשָּׁנָה הַשִּׁשִּׁית בַּשִּׁשִּׁי בַּחֲמִשָּׁה ד
לַחֹדֶשׁ אֲנִי יוֹשֵׁב בְּבֵיתִי וְזִקְנֵי יְהוּדָה יוֹשְׁבִים לְפָנָי וַתִּפֹּל
ב עָלַי שָׁם יַד אֲדֹנָי יְהוִה׃ וָאֶרְאֶה וְהִנֵּה דְמוּת כְּמַרְאֵה־אֵשׁ
מִמַּרְאֵה מָתְנָיו וּלְמַטָּה אֵשׁ וּמִמָּתְנָיו וּלְמַעְלָה כְּמַרְאֵה־זֹהַר
ג כְּעֵין הַחַשְׁמַלָה׃ וַיִּשְׁלַח תַּבְנִית יָד וַיִּקָּחֵנִי בְּצִיצִת רֹאשִׁי
וַתִּשָּׂא אֹתִי רוּחַ ׀ בֵּין־הָאָרֶץ וּבֵין הַשָּׁמַיִם וַתָּבֵא אֹתִי
יְרוּשָׁלְַמָה בְּמַרְאוֹת אֱלֹהִים אֶל־פֶּתַח שַׁעַר הַפְּנִימִית הַפּוֹנֶה
ד צָפוֹנָה אֲשֶׁר־שָׁם מוֹשַׁב סֶמֶל הַקִּנְאָה הַמַּקְנֶה׃ וְהִנֵּה־שָׁם
ה כְּבוֹד אֱלֹהֵי יִשְׂרָאֵל כַּמַּרְאֶה אֲשֶׁר רָאִיתִי בַּבִּקְעָה׃ וַיֹּאמֶר אֵלַי
בֶּן־אָדָם שָׂא־נָא עֵינֶיךָ דֶּרֶךְ צָפוֹנָה וָאֶשָּׂא עֵינַי דֶּרֶךְ צָפוֹנָה
ו וְהִנֵּה מִצָּפוֹן לְשַׁעַר הַמִּזְבֵּחַ סֶמֶל הַקִּנְאָה הַזֶּה בַּבִּאָה׃ וַיֹּאמֶר
אֵלַי בֶּן־אָדָם הֲרֹאֶה אַתָּה מֵהֶם עֹשִׂים תּוֹעֵבוֹת גְּדֹלוֹת אֲשֶׁר מָה הֵם
בֵּית־יִשְׂרָאֵל ׀ עֹשִׂים פֹּה לְרָחֳקָה מֵעַל מִקְדָּשִׁי וְעוֹד תָּשׁוּב
ז תִּרְאֶה תּוֹעֵבוֹת גְּדֹלוֹת׃ וַיָּבֵא אֹתִי אֶל־פֶּתַח הֶחָצֵר וָאֶרְאֶה
ח וְהִנֵּה חֹר־אֶחָד בַּקִּיר׃ וַיֹּאמֶר אֵלַי בֶּן־אָדָם חֲתָר־נָא בַקִּיר
ט וָאֶחְתֹּר בַּקִּיר וְהִנֵּה פֶּתַח אֶחָד׃ וַיֹּאמֶר אֵלַי בֹּא וּרְאֵה אֶת־
י הַתּוֹעֵבוֹת הָרָעוֹת אֲשֶׁר הֵם עֹשִׂים פֹּה׃ וָאָבוֹא וָאֶרְאֶה וְהִנֵּה

כל־תבנית רמש ובהמה שקץ וכל־גלולי בית ישראל מחקה
יא על־הקיר סביב ׀ סביב: ושבעים איש מזקני בית־ישראל
ויאזניהו בן־שפן עמד בתוכם עמדים לפניהם ואיש מקטרתו
יב בידו ועתר ענן־הקטרת עלה: ויאמר אלי הראית בן־אדם
אשר זקני בית־ישראל עשים בחשך איש בחדרי משכיתו כי
יג אמרים אין יהוה ראה אתנו עזב יהוה את־הארץ: ויאמר אלי
יד עוד תשוב תראה תועבות גדלות אשר־המה עשים: ויבא
אתי אל־פתח שער בית־יהוה אשר אל־הצפונה והנה־שם
טו הנשים ישבות מבכות את־התמוז: ויאמר
אלי הראית בן־אדם עוד תשוב תראה תועבות גדלות
טז מאלה: ויבא אתי אל־חצר בית־יהוה הפנימית והנה־פתח
היכל יהוה בין האולם ובין המזבח כעשרים וחמשה איש
אחריהם אל־היכל יהוה ופניהם קדמה והמה משתחויתם
יז קדמה לשמש: ויאמר אלי הראית בן־אדם הנקל לבית
יהודה מעשות את־התועבות אשר עשו־פה כי־מלאו את־
הארץ חמס וישבו להכעיסני והנם שלחים את־הזמורה אל־
יח אפם: וגם־אני אעשה בחמה לא־תחוס עיני ולא אחמל
ט א וקראו באזני קול גדול ולא אשמע אותם: ויקרא באזני קול
ב גדול לאמר קרבו פקדות העיר ואיש כלי משחתו בידו: והנה
ששה אנשים באים ׀ מדרך־שער העליון אשר ׀ מפנה צפונה
ואיש כלי מפצו בידו ואיש־אחד בתוכם לבש בדים וקסת
ג הספר במתניו ויבאו ויעמדו אצל מזבח הנחשת: וכבוד ׀
אלהי ישראל נעלה מעל הכרוב אשר היה עליו אל מפתן
הבית ויקרא אל־האיש הלבש הבדים אשר קסת הספר
ד במתניו: ויאמר יהוה אלו עבר בתוך העיר
בתוך ירושלם והתוית תו על־מצחות האנשים הנאנחים
ה והנאנקים על כל־התועבות הנעשות בתוכה: ולאלה אמר

בְּאָזְנַי עִבְרוּ בָעִיר אַחֲרָיו וְהַכּוּ עַל־תָּחֹס עֵינֵיכֶם וְאַל־תַּחְמֹלוּ׃ אַל־ | עֵינְכֶם
ו זָקֵן בָּחוּר וּבְתוּלָה וְטַף וְנָשִׁים תַּהַרְגוּ לְמַשְׁחִית וְעַל־כָּל־אִישׁ
אֲשֶׁר־עָלָיו הַתָּו אַל־תִּגַּשׁוּ וּמִמִּקְדָּשִׁי תָּחֵלּוּ וַיָּחֵלּוּ בָּאֲנָשִׁים
ז הַזְּקֵנִים אֲשֶׁר לִפְנֵי הַבָּיִת׃ וַיֹּאמֶר אֲלֵיהֶם טַמְּאוּ אֶת־הַבַּיִת
ח וּמַלְאוּ אֶת־הַחֲצֵרוֹת חֲלָלִים צֵאוּ וְיָצְאוּ וְהִכּוּ בָעִיר׃ וַיְהִי
כְּהַכּוֹתָם וְנֵאשֲׁאַר אָנִי וָאֶפְּלָה עַל־פָּנַי וָאֶזְעַק וָאֹמַר אֲהָהּ אֲדֹנָי
יֱהֹוִה הֲמַשְׁחִית אַתָּה אֵת כָּל־שְׁאֵרִית יִשְׂרָאֵל בְּשָׁפְכְּךָ אֶת־
ט חֲמָתְךָ עַל־יְרוּשָׁלִָם׃ וַיֹּאמֶר אֵלַי עֲוֹן בֵּית־יִשְׂרָאֵל וִיהוּדָה
גָּדוֹל בִּמְאֹד מְאֹד וַתִּמָּלֵא הָאָרֶץ דָּמִים וְהָעִיר מָלְאָה מֻטֶּה
י כִּי אָמְרוּ עָזַב יְהוָה אֶת־הָאָרֶץ וְאֵין יְהוָה רֹאֶה׃ וְגַם־אֲנִי לֹא־
יא תָחוֹס עֵינִי וְלֹא אֶחְמֹל דַּרְכָּם בְּרֹאשָׁם נָתָתִּי׃ וְהִנֵּה הָאִישׁ |
לְבֻשׁ הַבַּדִּים אֲשֶׁר הַקֶּסֶת בְּמָתְנָיו מֵשִׁיב דָּבָר לֵאמֹר עָשִׂיתִי
י א כַּאֲשֶׁר צִוִּיתָנִי׃ וָאֶרְאֶה וְהִנֵּה אֶל־הָרָקִיעַ אֲשֶׁר כְּכֹל אֲשֶׁר ה
עַל־רֹאשׁ הַכְּרֻבִים כְּאֶבֶן סַפִּיר כְּמַרְאֵה דְּמוּת כִּסֵּא נִרְאָה
ב עֲלֵיהֶם׃ וַיֹּאמֶר אֶל־הָאִישׁ | לְבֻשׁ הַבַּדִּים וַיֹּאמֶר בֹּא אֶל־בֵּינוֹת
לַגַּלְגַּל אֶל־תַּחַת לַכְּרוּב וּמַלֵּא חָפְנֶיךָ גַחֲלֵי־אֵשׁ מִבֵּינוֹת
ג לַכְּרֻבִים וּזְרֹק עַל־הָעִיר וַיָּבֹא לְעֵינָי׃ וְהַכְּרֻבִים עֹמְדִים מִימִין
ד לַבַּיִת בְּבֹאוֹ הָאִישׁ וְהֶעָנָן מָלֵא אֶת־הֶחָצֵר הַפְּנִימִית׃ וַיָּרָם
כְּבוֹד־יְהוָה מֵעַל הַכְּרוּב עַל מִפְתַּן הַבָּיִת וַיִּמָּלֵא הַבַּיִת אֶת־
ה הֶעָנָן וְהֶחָצֵר מָלְאָה אֶת־נֹגַהּ כְּבוֹד יְהוָה׃ וְקוֹל כַּנְפֵי הַכְּרוּבִים
ו נִשְׁמַע עַד־הֶחָצֵר הַחִיצֹנָה כְּקוֹל אֵל־שַׁדַּי בְּדַבְּרוֹ׃ וַיְהִי בְּצַוֹּתוֹ
אֶת־הָאִישׁ לְבֻשׁ־הַבַּדִּים לֵאמֹר קַח אֵשׁ מִבֵּינוֹת לַגַּלְגַּל
ז מִבֵּינוֹת לַכְּרוּבִים וַיָּבֹא וַיַּעֲמֹד אֵצֶל הָאוֹפָן׃ וַיִּשְׁלַח הַכְּרוּב
אֶת־יָדוֹ מִבֵּינוֹת לַכְּרוּבִים אֶל־הָאֵשׁ אֲשֶׁר בֵּינוֹת הַכְּרֻבִים
ח וַיִּשָּׂא וַיִּתֵּן אֶל־חָפְנֵי לְבֻשׁ הַבַּדִּים וַיִּקַּח וַיֵּצֵא׃ וַיֵּרָא לַכְּרֻבִים
ט תַּבְנִית יַד־אָדָם תַּחַת כַּנְפֵיהֶם׃ וָאֶרְאֶה וְהִנֵּה אַרְבָּעָה אוֹפַנִּים
אֵצֶל הַכְּרוּבִים אוֹפַן אֶחָד אֵצֶל הַכְּרוּב אֶחָד וְאוֹפַן אֶחָד אֵצֶל

י הַכְּרוּב אֶחָד וּמַרְאֵה הָאוֹפַנִּים כְּעֵין אֶבֶן תַּרְשִׁישׁ׃ וּמַרְאֵיהֶם
דְּמוּת אֶחָד לְאַרְבַּעְתָּם כַּאֲשֶׁר יִהְיֶה הָאוֹפַן בְּתוֹךְ הָאוֹפָן׃
יא בְּלֶכְתָּם אֶל־אַרְבַּעַת רִבְעֵיהֶם יֵלֵכוּ לֹא יִסַּבּוּ בְּלֶכְתָּם כִּי
הַמָּקוֹם אֲשֶׁר־יִפְנֶה הָרֹאשׁ אַחֲרָיו יֵלֵכוּ לֹא יִסַּבּוּ בְּלֶכְתָּם׃
יב וְכָל־בְּשָׂרָם וְגַבֵּהֶם וִידֵיהֶם וְכַנְפֵיהֶם וְהָאוֹפַנִּים מְלֵאִים עֵינַיִם
יג סָבִיב לְאַרְבַּעְתָּם אוֹפַנֵּיהֶם׃ לָאוֹפַנִּים לָהֶם קוֹרָא הַגַּלְגַּל בְּאָזְנָי׃
יד וְאַרְבָּעָה פָנִים לְאֶחָד פְּנֵי הָאֶחָד פְּנֵי הַכְּרוּב וּפְנֵי הַשֵּׁנִי פְּנֵי אָדָם
טו וְהַשְּׁלִישִׁי פְּנֵי אַרְיֵה וְהָרְבִיעִי פְּנֵי־נָשֶׁר׃ וַיֵּרֹמּוּ הַכְּרוּבִים הִיא
טז הַחַיָּה אֲשֶׁר רָאִיתִי בִּנְהַר־כְּבָר׃ וּבְלֶכֶת הַכְּרוּבִים יֵלְכוּ
הָאוֹפַנִּים אֶצְלָם וּבִשְׂאֵת הַכְּרוּבִים אֶת־כַּנְפֵיהֶם לָרוּם מֵעַל
יז הָאָרֶץ לֹא־יִסַּבּוּ הָאוֹפַנִּים גַּם־הֵם מֵאֶצְלָם׃ בְּעָמְדָם יַעֲמֹדוּ
יח וּבְרוֹמָם יֵרוֹמּוּ אוֹתָם כִּי רוּחַ הַחַיָּה בָּהֶם׃ וַיֵּצֵא כְּבוֹד יהוה
יט מֵעַל מִפְתַּן הַבָּיִת וַיַּעֲמֹד עַל־הַכְּרוּבִים׃ וַיִּשְׂאוּ הַכְּרוּבִים אֶת־
כַּנְפֵיהֶם וַיֵּרוֹמּוּ מִן־הָאָרֶץ לְעֵינַי בְּצֵאתָם וְהָאוֹפַנִּים לְעֻמָּתָם
וַיַּעֲמֹד פֶּתַח שַׁעַר בֵּית־יהוה הַקַּדְמוֹנִי וּכְבוֹד אֱלֹהֵי־יִשְׂרָאֵל
כ עֲלֵיהֶם מִלְמָעְלָה׃ הִיא הַחַיָּה אֲשֶׁר רָאִיתִי תַּחַת אֱלֹהֵי־
כא יִשְׂרָאֵל בִּנְהַר־כְּבָר וָאֵדַע כִּי כְרוּבִים הֵמָּה׃ אַרְבָּעָה אַרְבָּעָה
פָנִים לְאֶחָד וְאַרְבַּע כְּנָפַיִם לְאֶחָד וּדְמוּת יְדֵי אָדָם תַּחַת
כב כַּנְפֵיהֶם׃ וּדְמוּת פְּנֵיהֶם הֵמָּה הַפָּנִים אֲשֶׁר רָאִיתִי עַל־נְהַר־
א יא כְּבָר מַרְאֵיהֶם וְאוֹתָם אִישׁ אֶל־עֵבֶר פָּנָיו יֵלֵכוּ׃ וַתִּשָּׂא אֹתִי
רוּחַ וַתָּבֵא אֹתִי אֶל־שַׁעַר בֵּית־יהוה הַקַּדְמוֹנִי הַפּוֹנֶה
קָדִימָה וְהִנֵּה בְּפֶתַח הַשַּׁעַר עֶשְׂרִים וַחֲמִשָּׁה אִישׁ וָאֶרְאֶה
בְתוֹכָם אֶת־יַאֲזַנְיָה בֶן־עַזֻּר וְאֶת־פְּלַטְיָהוּ בֶן־בְּנָיָהוּ שָׂרֵי
ב הָעָם׃ וַיֹּאמֶר אֵלָי בֶּן־אָדָם אֵלֶּה הָאֲנָשִׁים הַחֹשְׁבִים
ג אָוֶן וְהַיֹּעֲצִים עֲצַת־רָע בָּעִיר הַזֹּאת׃ הָאֹמְרִים לֹא בְקָרוֹב
ד בְּנוֹת בָּתִּים הִיא הַסִּיר וַאֲנַחְנוּ הַבָּשָׂר׃ לָכֵן הִנָּבֵא
ה עֲלֵיהֶם הִנָּבֵא בֶּן־אָדָם׃ וַתִּפֹּל עָלַי רוּחַ יהוה וַיֹּאמֶר אֵלַי אֱמֹר

כֹּה־אָמַר יְהוָה כֵּן אֲמַרְתֶּם בֵּית יִשְׂרָאֵל וּמַעֲלוֹת רוּחֲכֶם אֲנִי
ו יְדַעְתִּיהָ׃ הִרְבֵּיתֶם חַלְלֵיכֶם בָּעִיר הַזֹּאת וּמִלֵּאתֶם חוּצֹתֶיהָ
ז חָלָל׃ לָכֵן כֹּה־אָמַר אֲדֹנָי יֱהוִה חַלְלֵיכֶם אֲשֶׁר
שַׂמְתֶּם בְּתוֹכָהּ הֵמָּה הַבָּשָׂר וְהִיא הַסִּיר וְאֶתְכֶם הוֹצִיא
ח מִתּוֹכָהּ׃ חֶרֶב יְרֵאתֶם וְחֶרֶב אָבִיא עֲלֵיכֶם נְאֻם אֲדֹנָי יֱהוִה׃
ט וְהוֹצֵאתִי אֶתְכֶם מִתּוֹכָהּ וְנָתַתִּי אֶתְכֶם בְּיַד־זָרִים וְעָשִׂיתִי
י בָכֶם שְׁפָטִים׃ בַּחֶרֶב תִּפֹּלוּ עַל־גְּבוּל יִשְׂרָאֵל אֶשְׁפּוֹט אֶתְכֶם
יא וִידַעְתֶּם כִּי־אֲנִי יְהוָה׃ הִיא לֹא־תִהְיֶה לָכֶם לְסִיר וְאַתֶּם
תִּהְיוּ בְתוֹכָהּ לְבָשָׂר אֶל־גְּבוּל יִשְׂרָאֵל אֶשְׁפֹּט אֶתְכֶם׃
יב וִידַעְתֶּם כִּי־אֲנִי יְהוָה אֲשֶׁר בְּחֻקַּי לֹא הֲלַכְתֶּם וּמִשְׁפָּטַי לֹא
יג עֲשִׂיתֶם וּכְמִשְׁפְּטֵי הַגּוֹיִם אֲשֶׁר סְבִיבוֹתֵיכֶם עֲשִׂיתֶם׃ וַיְהִי
כְּהִנָּבְאִי וּפְלַטְיָהוּ בֶן־בְּנָיָה מֵת וָאֶפֹּל עַל־פָּנַי וָאֶזְעַק ׀ קוֹל
גָּדוֹל וָאֹמַר אֲהָהּ אֲדֹנָי יֱהוִה כָּלָה אַתָּה עֹשֶׂה אֵת שְׁאֵרִית
יד טו יִשְׂרָאֵל׃ וַיְהִי דְבַר־יְהוָה אֵלַי לֵאמֹר׃ בֶּן־אָדָם
אַחֶיךָ אַחֶיךָ אַנְשֵׁי גְאֻלָּתֶךָ וְכָל־בֵּית יִשְׂרָאֵל כֻּלֹּה אֲשֶׁר אָמְרוּ
לָהֶם יֹשְׁבֵי יְרוּשָׁלִַם רַחֲקוּ מֵעַל יְהוָה לָנוּ הִיא נִתְּנָה הָאָרֶץ
טז לְמוֹרָשָׁה׃ לָכֵן אֱמֹר כֹּה אָמַר אֲדֹנָי יֱהוִה כִּי
הִרְחַקְתִּים בַּגּוֹיִם וְכִי הֲפִיצוֹתִים בָּאֲרָצוֹת וָאֱהִי לָהֶם לְמִקְדָּשׁ
יז מְעַט בָּאֲרָצוֹת אֲשֶׁר־בָּאוּ שָׁם׃ לָכֵן אֱמֹר כֹּה־
אָמַר אֲדֹנָי יֱהוִה וְקִבַּצְתִּי אֶתְכֶם מִן־הָעַמִּים וְאָסַפְתִּי אֶתְכֶם
מִן־הָאֲרָצוֹת אֲשֶׁר נְפֹצוֹתֶם בָּהֶם וְנָתַתִּי לָכֶם אֶת־אַדְמַת
יח יִשְׂרָאֵל׃ וּבָאוּ־שָׁמָּה וְהֵסִירוּ אֶת־כָּל־שִׁקּוּצֶיהָ וְאֶת־כָּל־
יט תּוֹעֲבוֹתֶיהָ מִמֶּנָּה׃ וְנָתַתִּי לָהֶם לֵב אֶחָד וְרוּחַ חֲדָשָׁה אֶתֵּן
בְּקִרְבְּכֶם וַהֲסִרֹתִי לֵב הָאֶבֶן מִבְּשָׂרָם וְנָתַתִּי לָהֶם לֵב בָּשָׂר׃
כ לְמַעַן בְּחֻקֹּתַי יֵלֵכוּ וְאֶת־מִשְׁפָּטַי יִשְׁמְרוּ וְעָשׂוּ אֹתָם וְהָיוּ־ ו
כא לִי לְעָם וַאֲנִי אֶהְיֶה לָהֶם לֵאלֹהִים׃ וְאֶל־לֵב שִׁקּוּצֵיהֶם
וְתוֹעֲבוֹתֵיהֶם לִבָּם הֹלֵךְ דַּרְכָּם בְּרֹאשָׁם נָתַתִּי נְאֻם אֲדֹנָי יֱהוִה׃

כב וַיִּשְׂאוּ הַכְּרוּבִים אֶת־כַּנְפֵיהֶם וְהָאוֹפַנִּים לְעֻמָּתָם וּכְבוֹד
כג אֱלֹהֵי־יִשְׂרָאֵל עֲלֵיהֶם מִלְמָעְלָה׃ וַיַּעַל כְּבוֹד יְהוָה מֵעַל תּוֹךְ
כד הָעִיר וַיַּעֲמֹד עַל־הָהָר אֲשֶׁר מִקֶּדֶם לָעִיר׃ וְרוּחַ נְשָׂאַתְנִי
וַתְּבִאֵנִי כַשְׂדִּימָה אֶל־הַגּוֹלָה בַּמַּרְאֶה בְּרוּחַ אֱלֹהִים וַיַּעַל
כה מֵעָלַי הַמַּרְאֶה אֲשֶׁר רָאִיתִי׃ וָאֲדַבֵּר אֶל־הַגּוֹלָה אֵת כָּל־דִּבְרֵי
יב א יְהוָה אֲשֶׁר הֶרְאָנִי׃ וַיְהִי דְבַר־יְהוָה אֵלַי לֵאמֹר׃
ב בֶּן־אָדָם בְּתוֹךְ בֵּית־הַמֶּרִי אַתָּה יֹשֵׁב אֲשֶׁר עֵינַיִם לָהֶם
לִרְאוֹת וְלֹא רָאוּ אָזְנַיִם לָהֶם לִשְׁמֹעַ וְלֹא שָׁמֵעוּ כִּי בֵּית מְרִי
ג הֵם׃ וְאַתָּה בֶן־אָדָם עֲשֵׂה לְךָ כְּלֵי גוֹלָה וּגְלֵה
יוֹמָם לְעֵינֵיהֶם וְגָלִיתָ מִמְּקוֹמְךָ אֶל־מָקוֹם אַחֵר לְעֵינֵיהֶם אוּלַי
ד יִרְאוּ כִּי בֵּית מְרִי הֵמָּה׃ וְהוֹצֵאתָ כֵלֶיךָ כִּכְלֵי גוֹלָה יוֹמָם
ה לְעֵינֵיהֶם וְאַתָּה תֵּצֵא בָעֶרֶב לְעֵינֵיהֶם כְּמוֹצָאֵי גּוֹלָה׃ לְעֵינֵיהֶם
ו חֲתָר־לְךָ בַקִּיר וְהוֹצֵאתָ בּוֹ׃ לְעֵינֵיהֶם עַל־כָּתֵף תִּשָּׂא בָּעֲלָטָה
תוֹצִיא פָּנֶיךָ תְכַסֶּה וְלֹא תִרְאֶה אֶת־הָאָרֶץ כִּי־מוֹפֵת נְתַתִּיךָ
ז לְבֵית יִשְׂרָאֵל׃ וָאַעַשׂ כֵּן כַּאֲשֶׁר צֻוֵּיתִי כֵּלַי הוֹצֵאתִי כִּכְלֵי
גוֹלָה יוֹמָם וּבָעֶרֶב חָתַרְתִּי־לִי בַקִּיר בְּיָד בָּעֲלָטָה הוֹצֵאתִי
ח עַל־כָּתֵף נָשָׂאתִי לְעֵינֵיהֶם׃ וַיְהִי דְבַר־יְהוָה
ט אֵלַי בַּבֹּקֶר לֵאמֹר׃ בֶּן־אָדָם הֲלֹא אָמְרוּ אֵלֶיךָ בֵּית יִשְׂרָאֵל
י בֵּית הַמֶּרִי מָה אַתָּה עֹשֶׂה׃ אֱמֹר אֲלֵיהֶם כֹּה אָמַר אֲדֹנָי יֱהוִה
הַנָּשִׂיא הַמַּשָּׂא הַזֶּה בִּירוּשָׁלִַם וְכָל־בֵּית יִשְׂרָאֵל אֲשֶׁר־הֵמָּה
יא בְתוֹכָם׃ אֱמֹר אֲנִי מוֹפֶתְכֶם כַּאֲשֶׁר עָשִׂיתִי כֵּן יֵעָשֶׂה לָהֶם
יב בַּגּוֹלָה בַשְּׁבִי יֵלֵכוּ׃ וְהַנָּשִׂיא אֲשֶׁר־בְּתוֹכָם אֶל־כָּתֵף יִשָּׂא
בָּעֲלָטָה וְיֵצֵא בַּקִּיר יַחְתְּרוּ לְהוֹצִיא בוֹ פָּנָיו יְכַסֶּה יַעַן אֲשֶׁר
יג לֹא־יִרְאֶה לַעַיִן הוּא אֶת־הָאָרֶץ׃ וּפָרַשְׂתִּי אֶת־רִשְׁתִּי עָלָיו
וְנִתְפַּשׂ בִּמְצוּדָתִי וְהֵבֵאתִי אֹתוֹ בָבֶלָה אֶרֶץ כַּשְׂדִּים וְאוֹתָהּ
יד לֹא־יִרְאֶה וְשָׁם יָמוּת׃ וְכֹל אֲשֶׁר סְבִיבֹתָיו עֶזְרֹה וְכָל־אֲגַפָּיו
טו אֱזָרֶה לְכָל־רוּחַ וְחֶרֶב אָרִיק אַחֲרֵיהֶם׃ וְיָדְעוּ כִּי־אֲנִי יְהוָה

טו בַּהֲפִיצִי אוֹתָם בַּגּוֹיִם וְזֵרִיתִי אוֹתָם בָּאֲרָצוֹת: וְהוֹתַרְתִּי
מֵהֶם אַנְשֵׁי מִסְפָּר מֵחֶרֶב מֵרָעָב וּמִדָּבֶר לְמַעַן יְסַפְּרוּ
אֶת־כָּל־תּוֹעֲבוֹתֵיהֶם בַּגּוֹיִם אֲשֶׁר־בָּאוּ שָׁם וְיָדְעוּ כִּי־אֲנִי
יז יח יְהוָה: וַיְהִי דְבַר־יְהוָה אֵלַי לֵאמֹר: בֶּן־אָדָם
יט לַחְמְךָ בְּרַעַשׁ תֹּאכֵל וּמֵימֶיךָ בְּרָגְזָה וּבִדְאָגָה תִּשְׁתֶּה: וְאָמַרְתָּ
אֶל־עַם הָאָרֶץ כֹּה־אָמַר אֲדֹנָי יֱהֹוִה לְיוֹשְׁבֵי יְרוּשָׁלִַם אֶל־
אַדְמַת יִשְׂרָאֵל לַחְמָם בִּדְאָגָה יֹאכֵלוּ וּמֵימֵיהֶם בְּשִׁמָּמוֹן יִשְׁתּוּ
כ לְמַעַן תֵּשַׁם אַרְצָהּ מִמְּלֹאָהּ מֵחֲמַס כָּל־הַיֹּשְׁבִים בָּהּ: וְהֶעָרִים
הַנּוֹשָׁבוֹת תֶּחֱרַבְנָה וְהָאָרֶץ שְׁמָמָה תִהְיֶה וִידַעְתֶּם כִּי־אֲנִי
כא כב יְהוָה: וַיְהִי דְבַר־יְהוָה אֵלַי לֵאמֹר: בֶּן־אָדָם
מָה־הַמָּשָׁל הַזֶּה לָכֶם עַל־אַדְמַת יִשְׂרָאֵל לֵאמֹר יַאַרְכוּ
כג הַיָּמִים וְאָבַד כָּל־חָזוֹן: לָכֵן אֱמֹר אֲלֵיהֶם כֹּה־אָמַר אֲדֹנָי יֱהֹוִה
הִשְׁבַּתִּי אֶת־הַמָּשָׁל הַזֶּה וְלֹא־יִמְשְׁלוּ אֹתוֹ עוֹד בְּיִשְׂרָאֵל כִּי
כד אִם־דַּבֵּר אֲלֵיהֶם קָרְבוּ הַיָּמִים וּדְבַר כָּל־חָזוֹן: כִּי לֹא יִהְיֶה
כה עוֹד כָּל־חֲזוֹן שָׁוְא וּמִקְסַם חָלָק בְּתוֹךְ בֵּית יִשְׂרָאֵל: כִּי ׀ אֲנִי
יְהוָה אֲדַבֵּר אֵת אֲשֶׁר אֲדַבֵּר דָּבָר וְיֵעָשֶׂה לֹא תִמָּשֵׁךְ עוֹד
כִּי בִימֵיכֶם בֵּית הַמֶּרִי אֲדַבֵּר דָּבָר וַעֲשִׂיתִיו נְאֻם אֲדֹנָי
כו כז יֱהֹוִה: וַיְהִי דְבַר־יְהוָה אֵלַי לֵאמֹר: בֶּן־אָדָם
הִנֵּה בֵית־יִשְׂרָאֵל אֹמְרִים הֶחָזוֹן אֲשֶׁר־הוּא חֹזֶה לְיָמִים רַבִּים
כח וּלְעִתִּים רְחוֹקוֹת הוּא נִבָּא: לָכֵן אֱמֹר אֲלֵיהֶם
כֹּה אָמַר אֲדֹנָי יֱהֹוִה לֹא־תִמָּשֵׁךְ עוֹד כָּל־דְּבָרָי אֲשֶׁר אֲדַבֵּר
יג א דָּבָר וְיֵעָשֶׂה נְאֻם אֲדֹנָי יֱהֹוִה: וַיְהִי דְבַר־יְהוָה
ב אֵלַי לֵאמֹר: בֶּן־אָדָם הִנָּבֵא אֶל־נְבִיאֵי יִשְׂרָאֵל הַנִּבָּאִים
ג וְאָמַרְתָּ לִנְבִיאֵי מִלִּבָּם שִׁמְעוּ דְּבַר־יְהוָה: כֹּה אָמַר אֲדֹנָי
יֱהֹוִה הוֹי עַל־הַנְּבִיאִים הַנְּבָלִים אֲשֶׁר הֹלְכִים אַחַר רוּחָם
ד ה וּלְבִלְתִּי רָאוּ: כְּשֻׁעָלִים בָּחֳרָבוֹת נְבִיאֶיךָ יִשְׂרָאֵל הָיוּ: לֹא
עֲלִיתֶם בַּפְּרָצוֹת וַתִּגְדְּרוּ גָדֵר עַל־בֵּית יִשְׂרָאֵל לַעֲמֹד

ו בְּמִלְחָמָה בְּיוֹם יְהוָה: חָזוּ שָׁוְא וְקֶסֶם כָּזָב הָאֹמְרִים נְאֻם־
ז יְהוָה וַיהוָה לֹא שְׁלָחָם וְיִחֲלוּ לְקַיֵּם דָּבָר: הֲלוֹא מַחֲזֵה־שָׁוְא
חֲזִיתֶם וּמִקְסַם כָּזָב אֲמַרְתֶּם וְאֹמְרִים נְאֻם־יְהוָה וַאֲנִי לֹא
ח דִבַּרְתִּי: לָכֵן כֹּה אָמַר אֲדֹנָי יֱהֹוִה יַעַן דַּבֶּרְכֶם
ט שָׁוְא וַחֲזִיתֶם כָּזָב לָכֵן הִנְנִי אֲלֵיכֶם נְאֻם אֲדֹנָי יֱהֹוִה: וְהָיְתָה
יָדִי אֶל־הַנְּבִיאִים הַחֹזִים שָׁוְא וְהַקֹּסְמִים כָּזָב בְּסוֹד עַמִּי לֹא־
יִהְיוּ וּבִכְתָב בֵּית־יִשְׂרָאֵל לֹא יִכָּתֵבוּ וְאֶל־אַדְמַת יִשְׂרָאֵל
י לֹא יָבֹאוּ וִידַעְתֶּם כִּי אֲנִי אֲדֹנָי יֱהֹוִה: יַעַן וּבְיַעַן הִטְעוּ
אֶת־עַמִּי לֵאמֹר שָׁלוֹם וְאֵין שָׁלוֹם וְהוּא בֹּנֶה חַיִץ וְהִנָּם
יא טָחִים אֹתוֹ תָּפֵל: אֱמֹר אֶל־טָחֵי תָפֵל וְיִפֹּל הָיָה | גֶּשֶׁם
שׁוֹטֵף וְאַתֵּנָה אַבְנֵי אֶלְגָּבִישׁ תִּפֹּלְנָה וְרוּחַ סְעָרוֹת תְּבַקֵּעַ:
יב וְהִנֵּה נָפַל הַקִּיר הֲלוֹא יֵאָמֵר אֲלֵיכֶם אַיֵּה הַטִּיחַ אֲשֶׁר
יג טַחְתֶּם: לָכֵן כֹּה אָמַר אֲדֹנָי יֱהֹוִה וּבִקַּעְתִּי רוּחַ־
סְעָרוֹת בַּחֲמָתִי וְגֶשֶׁם שֹׁטֵף בְּאַפִּי יִהְיֶה וְאַבְנֵי אֶלְגָּבִישׁ בְּחֵמָה
יד לְכָלָה: וְהָרַסְתִּי אֶת־הַקִּיר אֲשֶׁר־טַחְתֶּם תָּפֵל וְהִגַּעְתִּיהוּ
אֶל־הָאָרֶץ וְנִגְלָה יְסֹדוֹ וְנָפְלָה וּכְלִיתֶם בְּתוֹכָהּ וִידַעְתֶּם כִּי־
טו אֲנִי יְהוָה: וְכִלֵּיתִי אֶת־חֲמָתִי בַּקִּיר וּבַטָּחִים אֹתוֹ תָּפֵל וְאֹמַר
טז לָכֶם אֵין הַקִּיר וְאֵין הַטָּחִים אֹתוֹ: נְבִיאֵי יִשְׂרָאֵל הַנִּבְּאִים
אֶל־יְרוּשָׁלִַם וְהַחֹזִים לָהּ חֲזוֹן שָׁלֹם וְאֵין שָׁלֹם נְאֻם אֲדֹנָי
יז יֱהֹוִה: וְאַתָּה בֶן־אָדָם שִׂים פָּנֶיךָ אֶל־בְּנוֹת עַמְּךָ
יח הַמִּתְנַבְּאוֹת מִלִּבְּהֶן וְהִנָּבֵא עֲלֵיהֶן: וְאָמַרְתָּ כֹּה־אָמַר | אֲדֹנָי
יֱהֹוִה הוֹי לִמְתַפְּרוֹת כְּסָתוֹת עַל | כָּל־אַצִּילֵי יָדַי וְעֹשׂוֹת
הַמִּסְפָּחוֹת עַל־רֹאשׁ כָּל־קוֹמָה לְצוֹדֵד נְפָשׁוֹת הַנְּפָשׁוֹת
יט תְּצוֹדֵדְנָה לְעַמִּי וּנְפָשׁוֹת לָכֶנָה תְחַיֶּינָה: וַתְּחַלֶּלְנָה אֹתִי אֶל־
עַמִּי בְּשַׁעֲלֵי שְׂעֹרִים וּבִפְתוֹתֵי לֶחֶם לְהָמִית נְפָשׁוֹת אֲשֶׁר לֹא־
תְמוּתֶנָה וּלְחַיּוֹת נְפָשׁוֹת אֲשֶׁר לֹא־תִחְיֶינָה בְּכַזֶּבְכֶם לְעַמִּי
כ שֹׁמְעֵי כָזָב: לָכֵן כֹּה־אָמַר | אֲדֹנָי יֱהֹוִה הִנְנִי

אֶל־כִּסְּתוֹתֵיכֶנָה אֲשֶׁר אַתֵּנָה מְצֹדְדוֹת שָׁם אֶת־הַנְּפָשׁוֹת
לְפֹרְחוֹת וְקָרַעְתִּי אֹתָם מֵעַל זְרוֹעֹתֵיכֶם וְשִׁלַּחְתִּי אֶת־
כא הַנְּפָשׁוֹת אֲשֶׁר אַתֶּם מְצֹדְדוֹת אֶת־נְפָשִׁים לְפֹרְחֹת׃ וְקָרַעְתִּי
אֶת־מִסְפְּחֹתֵיכֶם וְהִצַּלְתִּי אֶת־עַמִּי מִיֶּדְכֶן וְלֹא־יִהְיוּ עוֹד
כב בְּיֶדְכֶן לִמְצוּדָה וִידַעְתֶּן כִּי־אֲנִי יְהוָה׃ יַעַן הַכְאוֹת לֵב־צַדִּיק
שֶׁקֶר וַאֲנִי לֹא הִכְאַבְתִּיו וּלְחַזֵּק יְדֵי רָשָׁע לְבִלְתִּי־שׁוּב מִדַּרְכּוֹ
כג הָרָע לְהַחֲיֹתוֹ׃ לָכֵן שָׁוְא לֹא תֶחֱזֶינָה וְקֶסֶם לֹא־תִקְסַמְנָה עוֹד
יד א וְהִצַּלְתִּי אֶת־עַמִּי מִיֶּדְכֶן וִידַעְתֶּן כִּי־אֲנִי יְהוָה׃ וַיָּבוֹא אֵלַי ז
ב אֲנָשִׁים מִזִּקְנֵי יִשְׂרָאֵל וַיֵּשְׁבוּ לְפָנָי׃ וַיְהִי דְבַר־יְהוָה אֵלַי
ג לֵאמֹר׃ בֶּן־אָדָם הָאֲנָשִׁים הָאֵלֶּה הֶעֱלוּ גִלּוּלֵיהֶם עַל־לִבָּם
ד וּמִכְשׁוֹל עֲוֹנָם נָתְנוּ נֹכַח פְּנֵיהֶם הַאִדָּרֹשׁ אִדָּרֵשׁ לָהֶם׃ לָכֵן דַּבֵּר־
אוֹתָם וְאָמַרְתָּ אֲלֵיהֶם כֹּה־אָמַר ׀ אֲדֹנָי יְהוִה אִישׁ אִישׁ מִבֵּית
יִשְׂרָאֵל אֲשֶׁר יַעֲלֶה אֶת־גִּלּוּלָיו אֶל־לִבּוֹ וּמִכְשׁוֹל עֲוֹנוֹ יָשִׂים נֹכַח
ה פָּנָיו וּבָא אֶל־הַנָּבִיא אֲנִי יְהוָה נַעֲנֵיתִי לוֹ בה בְרֹב גִּלּוּלָיו׃ לְמַעַן בָּא
תְּפֹשׂ אֶת־בֵּית־יִשְׂרָאֵל בְּלִבָּם אֲשֶׁר נָזֹרוּ מֵעָלַי בְּגִלּוּלֵיהֶם
ו כֻּלָּם׃ לָכֵן אֱמֹר ׀ אֶל־בֵּית יִשְׂרָאֵל כֹּה אָמַר אֲדֹנָי
יְהוִה שׁוּבוּ וְהָשִׁיבוּ מֵעַל גִּלּוּלֵיכֶם וּמֵעַל כָּל־תּוֹעֲבֹתֵיכֶם הָשִׁיבוּ
ז פְנֵיכֶם׃ כִּי אִישׁ אִישׁ מִבֵּית יִשְׂרָאֵל וּמֵהַגֵּר אֲשֶׁר־יָגוּר בְּיִשְׂרָאֵל
וְיִנָּזֵר מֵאַחֲרַי וְיַעַל גִּלּוּלָיו אֶל־לִבּוֹ וּמִכְשׁוֹל עֲוֹנוֹ יָשִׂים נֹכַח פָּנָיו
ח וּבָא אֶל־הַנָּבִיא לִדְרָשׁ־לוֹ בִי אֲנִי יְהוָה נַעֲנֶה־לּוֹ בִּי׃ וְנָתַתִּי
פָנַי בָּאִישׁ הַהוּא וַהֲשִׂמֹתִיהוּ לְאוֹת וְלִמְשָׁלִים וְהִכְרַתִּיו מִתּוֹךְ
ט עַמִּי וִידַעְתֶּם כִּי־אֲנִי יְהוָה׃ וְהַנָּבִיא כִי־יְפֻתֶּה וְדִבֶּר
דָבָר אֲנִי יְהוָה פִּתֵּיתִי אֵת הַנָּבִיא הַהוּא וְנָטִיתִי אֶת־יָדִי
י עָלָיו וְהִשְׁמַדְתִּיו מִתּוֹךְ עַמִּי יִשְׂרָאֵל׃ וְנָשְׂאוּ עֲוֹנָם כַּעֲוֹן הַדֹּרֵשׁ
יא כַּעֲוֹן הַנָּבִיא יִהְיֶה׃ לְמַעַן לֹא־יִתְעוּ עוֹד בֵּית־יִשְׂרָאֵל מֵאַחֲרַי
וְלֹא־יִטַּמְּאוּ עוֹד בְּכָל־פִּשְׁעֵיהֶם וְהָיוּ־לִי לְעָם וַאֲנִי אֶהְיֶה
יב לָהֶם לֵאלֹהִים נְאֻם אֲדֹנָי יְהוִה׃ וַיְהִי דְבַר־יְהוָה אֵלַי

לֵאמֹר: בֶּן־אָדָם אֶרֶץ כִּי תֶחֱטָא־לִי לִמְעָל־מַעַל וְנָטִיתִי יָדִי יג
עָלֶיהָ וְשָׁבַרְתִּי לָהּ מַטֵּה־לָחֶם וְהִשְׁלַחְתִּי־בָהּ רָעָב וְהִכְרַתִּי
מִמֶּנָּה אָדָם וּבְהֵמָה: וְהָיוּ שְׁלֹשֶׁת הָאֲנָשִׁים הָאֵלֶּה בְּתוֹכָהּ נֹחַ יד
דנאל וְאִיּוֹב הֵמָּה בְצִדְקָתָם יְנַצְּלוּ נַפְשָׁם נְאֻם אֲדֹנָי יֱהֹוִה: לוּ־ טו דָּנִיֵּאל
חַיָּה רָעָה אַעֲבִיר בָּאָרֶץ וְשִׁכְּלַתָּה וְהָיְתָה שְׁמָמָה מִבְּלִי עוֹבֵר
מִפְּנֵי הַחַיָּה: שְׁלֹשֶׁת הָאֲנָשִׁים הָאֵלֶּה בְּתוֹכָהּ חַי־אָנִי נְאֻם אֲדֹנָי טז
יֱהֹוִה אִם־בָּנִים וְאִם־בָּנוֹת יַצִּילוּ הֵמָּה לְבַדָּם יִנָּצֵלוּ וְהָאָרֶץ
תִּהְיֶה שְׁמָמָה: אוֹ חֶרֶב אָבִיא עַל־הָאָרֶץ הַהִיא וְאָמַרְתִּי חֶרֶב יז
תַּעֲבֹר בָּאָרֶץ וְהִכְרַתִּי מִמֶּנָּה אָדָם וּבְהֵמָה: וּשְׁלֹשֶׁת הָאֲנָשִׁים יח
הָאֵלֶּה בְּתוֹכָהּ חַי־אָנִי נְאֻם אֲדֹנָי יֱהֹוִה לֹא יַצִּילוּ בָּנִים וּבָנוֹת כִּי
הֵם לְבַדָּם יִנָּצֵלוּ: אוֹ דֶּבֶר אֲשַׁלַּח אֶל־הָאָרֶץ הַהִיא וְשָׁפַכְתִּי יט
חֲמָתִי עָלֶיהָ בְּדָם לְהַכְרִית מִמֶּנָּה אָדָם וּבְהֵמָה: וְנֹחַ דנאל כ דָּנִיֵּאל
וְאִיּוֹב בְּתוֹכָהּ חַי־אָנִי נְאֻם אֲדֹנָי יֱהֹוִה אִם־בֵּן אִם־בַּת יַצִּילוּ
הֵמָּה בְצִדְקָתָם יַצִּילוּ נַפְשָׁם: כִּי כֹה אָמַר אֲדֹנָי כא
יֱהֹוִה אַף כִּי־אַרְבַּעַת שְׁפָטַי ׀ הָרָעִים חֶרֶב וְרָעָב וְחַיָּה רָעָה
וָדֶבֶר שִׁלַּחְתִּי אֶל־יְרוּשָׁלִָם לְהַכְרִית מִמֶּנָּה אָדָם וּבְהֵמָה:
וְהִנֵּה נוֹתְרָה־בָּהּ פְּלֵטָה הַמּוּצָאִים בָּנִים וּבָנוֹת הִנָּם יוֹצְאִים כב
אֲלֵיכֶם וּרְאִיתֶם אֶת־דַּרְכָּם וְאֶת־עֲלִילוֹתָם וְנִחַמְתֶּם עַל־
הָרָעָה אֲשֶׁר הֵבֵאתִי עַל־יְרוּשָׁלִַם אֵת כָּל־אֲשֶׁר הֵבֵאתִי עָלֶיהָ:
וְנִחֲמוּ אֶתְכֶם כִּי־תִרְאוּ אֶת־דַּרְכָּם וְאֶת־עֲלִילוֹתָם וִידַעְתֶּם כג
כִּי לֹא חִנָּם עָשִׂיתִי אֵת כָּל־אֲשֶׁר־עָשִׂיתִי בָהּ נְאֻם אֲדֹנָי
יֱהֹוִה: וַיְהִי דְבַר־יְהוָה אֵלַי לֵאמֹר: בֶּן־אָדָם טו א ב
מַה־יִּהְיֶה עֵץ־הַגֶּפֶן מִכָּל־עֵץ הַזְּמוֹרָה אֲשֶׁר הָיָה בַּעֲצֵי הַיָּעַר:
הֲיֻקַּח מִמֶּנּוּ עֵץ לַעֲשׂוֹת לִמְלָאכָה אִם־יִקְחוּ מִמֶּנּוּ יָתֵד לִתְלוֹת ג
עָלָיו כָּל־כֶּלִי: הִנֵּה לָאֵשׁ נִתַּן לְאָכְלָה אֵת שְׁנֵי קְצוֹתָיו אָכְלָה ד
הָאֵשׁ וְתוֹכוֹ נָחָר הֲיִצְלַח לִמְלָאכָה: הִנֵּה בִּהְיוֹתוֹ תָמִים לֹא ה
יֵעָשֶׂה לִמְלָאכָה אַף כִּי־אֵשׁ אֲכָלַתְהוּ וַיֵּחָר וְנַעֲשָׂה עוֹד

ו לִמְלָאכָה׃ לָכֵן כֹּה אָמַר אֲדֹנָי יֱהֹוִה כַּאֲשֶׁר
עֵץ־הַגֶּפֶן בְּעֵץ הַיַּעַר אֲשֶׁר־נְתַתִּיו לָאֵשׁ לְאׇכְלָה כֵּן נָתַתִּי
ז אֶת־יֹשְׁבֵי יְרוּשָׁלָ͏ִם׃ וְנָתַתִּי אֶת־פָּנַי בָּהֶם מֵהָאֵשׁ יָצָאוּ
וְהָאֵשׁ תֹּאכְלֵם וִידַעְתֶּם כִּי־אֲנִי יְהֹוָה בְּשׂוּמִי אֶת־פָּנַי
ח בָּהֶם׃ וְנָתַתִּי אֶת־הָאָרֶץ שְׁמָמָה יַעַן מָעֲלוּ מַעַל נְאֻם אֲדֹנָי
טז א ב יֱהֹוִה׃ וַיְהִי דְבַר־יְהֹוָה אֵלַי לֵאמֹר׃ בֶּן־אָדָם
ג הוֹדַע אֶת־יְרוּשָׁלַ͏ִם אֶת־תּוֹעֲבֹתֶיהָ׃ וְאָמַרְתָּ כֹּה־אָמַר אֲדֹנָי
יֱהֹוִה לִירוּשָׁלַ͏ִם מְכֹרֹתַיִךְ וּמֹלְדֹתַיִךְ מֵאֶרֶץ הַכְּנַעֲנִי אָבִיךְ
ד הָאֱמֹרִי וְאִמֵּךְ חִתִּית׃ וּמוֹלְדוֹתַיִךְ בְּיוֹם הוּלֶּדֶת אֹתָךְ לֹא־
כָרַּת שָׁרֵּךְ וּבְמַיִם לֹא־רֻחַצְתְּ לְמִשְׁעִי וְהָמְלֵחַ לֹא הֻמְלַחַתְּ
ה וְהׇחְתֵּל לֹא חֻתָּלְתְּ׃ לֹא־חָסָה עָלַיִךְ עַיִן לַעֲשׂוֹת לָךְ אַחַת
מֵאֵלֶּה לְחֻמְלָה עָלָיִךְ וַתֻּשְׁלְכִי אֶל־פְּנֵי הַשָּׂדֶה בְּגֹעַל נַפְשֵׁךְ
ו בְּיוֹם הֻלֶּדֶת אֹתָךְ׃ וָאֶעֱבֹר עָלַיִךְ וָאֶרְאֵךְ מִתְבּוֹסֶסֶת בְּדָמָיִךְ
ז וָאֹמַר לָךְ בְּדָמַיִךְ חֲיִי וָאֹמַר לָךְ בְּדָמַיִךְ חֲיִי׃ רְבָבָה כְּצֶמַח
הַשָּׂדֶה נְתַתִּיךְ וַתִּרְבִּי וַתִּגְדְּלִי וַתָּבֹאִי בַּעֲדִי עֲדָיִים שָׁדַיִם נָכֹנוּ
ח וּשְׂעָרֵךְ צִמֵּחַ וְאַתְּ עֵרֹם וְעֶרְיָה׃ וָאֶעֱבֹר עָלַיִךְ וָאֶרְאֵךְ וְהִנֵּה
עִתֵּךְ עֵת דֹּדִים וָאֶפְרֹשׂ כְּנָפִי עָלַיִךְ וָאֲכַסֶּה עֶרְוָתֵךְ וָאֶשָּׁבַע לָךְ
ט וָאָבוֹא בִבְרִית אֹתָךְ נְאֻם אֲדֹנָי יֱהֹוִה וַתִּהְיִי־לִי׃ וָאֶרְחָצֵךְ בַּמַּיִם
י וָאֶשְׁטֹף דָּמַיִךְ מֵעָלָיִךְ וָאֲסֻכֵךְ בַּשָּׁמֶן׃ וָאַלְבִּישֵׁךְ רִקְמָה וָאֶנְעֲלֵךְ
יא תָּחַשׁ וָאֶחְבְּשֵׁךְ בַּשֵּׁשׁ וַאֲכַסֵּךְ מֶשִׁי׃ וָאֶעְדֵּךְ עֶדִי וָאֶתְּנָה
יב צְמִידִים עַל־יָדַיִךְ וְרָבִיד עַל־גְּרוֹנֵךְ׃ וָאֶתֵּן נֶזֶם עַל־אַפֵּךְ
יג וַעֲגִילִים עַל־אׇזְנָיִךְ וַעֲטֶרֶת תִּפְאֶרֶת בְּרֹאשֵׁךְ׃ וַתַּעְדִּי זָהָב
וָכֶסֶף וּמַלְבּוּשֵׁךְ ששי וָמֶשִׁי וְרִקְמָה סֹלֶת וּדְבַשׁ וָשֶׁמֶן אכלתי שֵׁשׁ | אָכַלְתְּ
יד וַתִּיפִי בִּמְאֹד מְאֹד וַתִּצְלְחִי לִמְלוּכָה׃ וַיֵּצֵא לָךְ שֵׁם בַּגּוֹיִם ח
בְּיׇפְיֵךְ כִּי ׀ כָּלִיל הוּא בַּהֲדָרִי אֲשֶׁר־שַׂמְתִּי עָלַיִךְ נְאֻם אֲדֹנָי
טו יֱהֹוִה׃ וַתִּבְטְחִי בְיׇפְיֵךְ וַתִּזְנִי עַל־שְׁמֵךְ וַתִּשְׁפְּכִי אֶת־תַּזְנוּתַיִךְ
טז עַל־כׇּל־עוֹבֵר לוֹ־יֶהִי׃ וַתִּקְחִי מִבְּגָדַיִךְ וַתַּעֲשִׂי־לָךְ בָּמוֹת

יז טְלֻאוֹת וַתִּזְנִי עֲלֵיהֶם לֹא בָאוֹת וְלֹא יִהְיֶה׃ וַתִּקְחִי כְּלֵי
תִפְאַרְתֵּךְ מִזְּהָבִי וּמִכַּסְפִּי אֲשֶׁר נָתַתִּי לָךְ וַתַּעֲשִׂי־לָךְ צַלְמֵי
יח זָכָר וַתִּזְנִי־בָם׃ וַתִּקְחִי אֶת־בִּגְדֵי רִקְמָתֵךְ וַתְּכַסִּים וְשַׁמְנִי
יט וּקְטָרְתִּי נתתי לִפְנֵיהֶם׃ וְלַחְמִי אֲשֶׁר־נָתַתִּי לָךְ סֹלֶת וָשֶׁמֶן [נָתַתְּ]
וּדְבַשׁ הֶאֱכַלְתִּיךְ וּנְתַתִּיהוּ לִפְנֵיהֶם לְרֵיחַ נִיחֹחַ וַיֶּהִי נְאֻם אֲדֹנָי
כ יֱהֹוִה׃ וַתִּקְחִי אֶת־בָּנַיִךְ וְאֶת־בְּנוֹתַיִךְ אֲשֶׁר יָלַדְתְּ לִי וַתִּזְבָּחִים
כא לָהֶם לֶאֱכוֹל הַמְעַט מתזנותך׃ וַתִּשְׁחֲטִי אֶת־בָּנַי וַתִּתְּנִים [מִתַּזְנוּתָיִךְ]
כב בְּהַעֲבִיר אוֹתָם לָהֶם׃ וְאֵת כָּל־תּוֹעֲבֹתַיִךְ וְתַזְנֻתַיִךְ לֹא זכרתי [זָכַרְתְּ]
אֶת־יְמֵי נְעוּרָיִךְ בִּהְיוֹתֵךְ עֵרֹם וְעֶרְיָה מִתְבּוֹסֶסֶת בְּדָמֵךְ
כג הָיִית׃ וַיְהִי אַחֲרֵי כָּל־רָעָתֵךְ אוֹי אוֹי לָךְ נְאֻם אֲדֹנָי יֱהֹוִה׃
כד כה וַתִּבְנִי־לָךְ גָּב וַתַּעֲשִׂי־לָךְ רָמָה בְּכָל־רְחוֹב׃ אֶל־כָּל־רֹאשׁ
דֶּרֶךְ בָּנִית רָמָתֵךְ וַתְּתַעֲבִי אֶת־יָפְיֵךְ וַתְּפַשְּׂקִי אֶת־רַגְלַיִךְ
כו לְכָל־עוֹבֵר וַתַּרְבִּי אֶת־תזנותך׃ וַתִּזְנִי אֶל־בְּנֵי־מִצְרַיִם שְׁכֵנַיִךְ [תַּזְנוּתָיִךְ]
כז גִּדְלֵי בָשָׂר וַתַּרְבִּי אֶת־תַּזְנֻתֵךְ לְהַכְעִיסֵנִי׃ וְהִנֵּה נָטִיתִי יָדִי
עָלַיִךְ וָאֶגְרַע חֻקֵּךְ וָאֶתְּנֵךְ בְּנֶפֶשׁ שֹׂנְאוֹתַיִךְ בְּנוֹת פְּלִשְׁתִּים
כח הַנִּכְלָמוֹת מִדַּרְכֵּךְ זִמָּה׃ וַתִּזְנִי אֶל־בְּנֵי אַשּׁוּר מִבִּלְתִּי שָׂבְעָתֵךְ
כט וַתִּזְנִים וְגַם לֹא שָׂבָעַתְּ׃ וַתַּרְבִּי אֶת־תַּזְנוּתֵךְ אֶל־אֶרֶץ כְּנַעַן
ל כַּשְׂדִּימָה וְגַם־בְּזֹאת לֹא שָׂבָעַתְּ׃ מָה אֲמֻלָה לִבָּתֵךְ נְאֻם אֲדֹנָי
יֱהֹוִה בַּעֲשׂוֹתֵךְ אֶת־כָּל־אֵלֶּה מַעֲשֵׂה אִשָּׁה־זוֹנָה שַׁלָּטֶת׃
לא בִּבְנוֹתַיִךְ גַּבֵּךְ בְּרֹאשׁ כָּל־דֶּרֶךְ וְרָמָתֵךְ עשיתי בְּכָל־רְחוֹב [עָשִׂית]
לב וְלֹא־הייתי כַּזּוֹנָה לְקַלֵּס אֶתְנָן׃ הָאִשָּׁה הַמְּנָאָפֶת תַּחַת אִישָׁהּ [הָיִית]
לג תִּקַּח אֶת־זָרִים׃ לְכָל־זֹנוֹת יִתְּנוּ־נֵדֶה וְאַתְּ נָתַתְּ אֶת־נְדָנַיִךְ
לְכָל־מְאַהֲבַיִךְ וַתִּשְׁחֳדִי אוֹתָם לָבוֹא אֵלַיִךְ מִסָּבִיב בְּתַזְנוּתָיִךְ׃
לד וַיְהִי־בָךְ הֵפֶךְ מִן־הַנָּשִׁים בְּתַזְנוּתַיִךְ וְאַחֲרַיִךְ לֹא זוּנָּה וּבְתִתֵּךְ
לה אֶתְנָן וְאֶתְנַן לֹא נִתַּן־לָךְ וַתְּהִי לְהֶפֶךְ׃ לָכֵן זוֹנָה שִׁמְעִי דְּבַר־
לו יְהֹוָה׃ כֹּה־אָמַר אֲדֹנָי יֱהֹוִה יַעַן הִשָּׁפֵךְ נְחֻשְׁתֵּךְ
וַתִּגָּלֶה עֶרְוָתֵךְ בְּתַזְנוּתַיִךְ עַל־מְאַהֲבָיִךְ וְעַל כָּל־גִּלּוּלֵי

לז תּוֹעֲבוֹתַיִךְ וְכִדְמֵי בָנַיִךְ אֲשֶׁר נָתַתְּ לָהֶם׃ לָכֵן הִנְנִי מְקַבֵּץ אֶת־
כָּל־מְאַהֲבַיִךְ אֲשֶׁר עָרַבְתְּ עֲלֵיהֶם וְאֵת כָּל־אֲשֶׁר אָהַבְתְּ עַל
כָּל־אֲשֶׁר שָׂנֵאת וְקִבַּצְתִּי אֹתָם עָלַיִךְ מִסָּבִיב וְגִלֵּיתִי עֶרְוָתֵךְ
לח אֲלֵהֶם וְרָאוּ אֶת־כָּל־עֶרְוָתֵךְ׃ וּשְׁפַטְתִּיךְ מִשְׁפְּטֵי נֹאֲפוֹת
לט וְשֹׁפְכֹת דָּם וּנְתַתִּיךְ דַּם חֵמָה וְקִנְאָה׃ וְנָתַתִּי אוֹתָךְ בְּיָדָם
וְהָרְסוּ גַבֵּךְ וְנִתְּצוּ רָמֹתַיִךְ וְהִפְשִׁיטוּ אוֹתָךְ בְּגָדַיִךְ וְלָקְחוּ כְּלֵי
מ תִפְאַרְתֵּךְ וְהִנִּיחוּךְ עֵירֹם וְעֶרְיָה׃ וְהֶעֱלוּ עָלַיִךְ קָהָל וְרָגְמוּ
מא אוֹתָךְ בָּאָבֶן וּבִתְּקוּךְ בְּחַרְבוֹתָם׃ וְשָׂרְפוּ בָתַּיִךְ בָּאֵשׁ וְעָשׂוּ־בָךְ
שְׁפָטִים לְעֵינֵי נָשִׁים רַבּוֹת וְהִשְׁבַּתִּיךְ מִזּוֹנָה וְגַם־אֶתְנַן לֹא
מב תִתְּנִי־עוֹד׃ וַהֲנִחֹתִי חֲמָתִי בָּךְ וְסָרָה קִנְאָתִי מִמֵּךְ וְשָׁקַטְתִּי
מג וְלֹא אֶכְעַס עוֹד׃ יַעַן אֲשֶׁר לֹא־זכרתי אֶת־יְמֵי נְעוּרַיִךְ זָכַרְתְּ
וַתִּרְגְּזִי־לִי בְּכָל־אֵלֶּה וְגַם־אֲנִי הֵא דַּרְכֵּךְ ׀ בְּרֹאשׁ נָתַתִּי נְאֻם
מד אֲדֹנָי יֱהֹוִה וְלֹא עשיתי אֶת־הַזִּמָּה עַל כָּל־תּוֹעֲבֹתָיִךְ׃ הִנֵּה עָשִׂית
מה כָּל־הַמֹּשֵׁל עָלַיִךְ יִמְשֹׁל לֵאמֹר כְּאִמָּה בִּתָּהּ׃ בַּת־אִמֵּךְ אַתְּ
גֹּעֶלֶת אִישָׁהּ וּבָנֶיהָ וַאֲחוֹת אֲחוֹתֵךְ אַתְּ אֲשֶׁר גָּעֲלוּ אַנְשֵׁיהֶן
מו וּבְנֵיהֶן אִמְּכֶן חִתִּית וַאֲבִיכֶן אֱמֹרִי׃ וַאֲחוֹתֵךְ הַגְּדוֹלָה שֹׁמְרוֹן
הִיא וּבְנוֹתֶיהָ הַיּוֹשֶׁבֶת עַל־שְׂמֹאולֵךְ וַאֲחוֹתֵךְ הַקְּטַנָּה מִמֵּךְ
מז הַיּוֹשֶׁבֶת מִימִינֵךְ סְדֹם וּבְנוֹתֶיהָ׃ וְלֹא בְדַרְכֵיהֶן הָלַכְתְּ
וּבְתוֹעֲבוֹתֵיהֶן עשיתי כִּמְעַט קָט וַתַּשְׁחִתִי מֵהֵן בְּכָל־דְּרָכָיִךְ׃ עָשִׂית
מח חַי־אָנִי נְאֻם אֲדֹנָי יֱהֹוִה אִם־עָשְׂתָה סְדֹם אֲחוֹתֵךְ הִיא וּבְנוֹתֶיהָ
מט כַּאֲשֶׁר עָשִׂית אַתְּ וּבְנוֹתָיִךְ׃ הִנֵּה־זֶה הָיָה עֲוֹן סְדֹם אֲחוֹתֵךְ
גָּאוֹן שִׂבְעַת־לֶחֶם וְשַׁלְוַת הַשְׁקֵט הָיָה לָהּ וְלִבְנוֹתֶיהָ וְיַד־עָנִי
נ וְאֶבְיוֹן לֹא הֶחֱזִיקָה׃ וַתִּגְבְּהֶינָה וַתַּעֲשֶׂינָה תוֹעֵבָה לְפָנָי וָאָסִיר
נא אֶתְהֶן כַּאֲשֶׁר רָאִיתִי׃ וְשֹׁמְרוֹן כַּחֲצִי חַטֹּאתַיִךְ
לֹא חָטָאָה וַתַּרְבִּי אֶת־תּוֹעֲבוֹתַיִךְ מֵהֵנָּה וַתְּצַדְּקִי אֶת־אחותך אֲחוֹתַיִךְ
נב בְּכָל־תּוֹעֲבֹתַיִךְ אֲשֶׁר עשיתי׃ גַּם־אַתְּ ׀ שְׂאִי כְלִמָּתֵךְ אֲשֶׁר עָשִׂית
פִּלַּלְתְּ לַאֲחוֹתֵךְ בְּחַטֹּאתַיִךְ אֲשֶׁר־הִתְעַבְתְּ מֵהֵן תִּצְדַּקְנָה

נג מִמֵּךְ וְגַם־אַתְּ בּוֹשִׁי וּשְׂאִי כְלִמָּתֵךְ בְּצַדֶּקְתֵּךְ אַחְיוֹתֵךְ: וְשַׁבְתִּי
אֶת־שְׁבִיתְהֶן אֶת־שְׁבִית סְדֹם וּבְנוֹתֶיהָ וְאֶת־שְׁבִית שֹׁמְרוֹן שְׁבוּת שְׁבוּת
נד וּבְנוֹתֶיהָ וּשְׁבִית שְׁבִיתַיִךְ בְּתוֹכְהֵנָה: לְמַעַן תִּשְׂאִי כְלִמָּתֵךְ וּשְׁבוּת
נה וְנִכְלַמְתְּ מִכֹּל אֲשֶׁר עָשִׂית בְּנַחֲמֵךְ אֹתָן: וַאֲחוֹתַיִךְ סְדֹם
וּבְנוֹתֶיהָ תָּשֹׁבְןָ לְקַדְמָתָן וְשֹׁמְרוֹן וּבְנוֹתֶיהָ תָּשֹׁבְןָ לְקַדְמָתָן
נו וְאַתְּ וּבְנוֹתַיִךְ תְּשֻׁבֶינָה לְקַדְמַתְכֶן: וְלוֹא הָיְתָה סְדֹם אֲחוֹתֵךְ
נז לִשְׁמוּעָה בְּפִיךְ בְּיוֹם גְּאוֹנָיִךְ: בְּטֶרֶם תִּגָּלֶה רָעָתֵךְ כְּמוֹ עֵת
חֶרְפַּת בְּנוֹת־אֲרָם וְכָל־סְבִיבוֹתֶיהָ בְּנוֹת פְּלִשְׁתִּים הַשָּׁאטוֹת
נח אוֹתָךְ מִסָּבִיב: אֶת־זִמָּתֵךְ וְאֶת־תּוֹעֲבוֹתַיִךְ אַתְּ נְשָׂאתִים
נט נְאֻם יְהוָה: כִּי כֹה אָמַר אֲדֹנָי יֱהֹוִה וְעָשִׂית אוֹתָךְ
ס כַּאֲשֶׁר עָשִׂית אֲשֶׁר־בָּזִית אָלָה לְהָפֵר בְּרִית: וְזָכַרְתִּי אֲנִי אֶת־ ט
סא בְּרִיתִי אוֹתָךְ בִּימֵי נְעוּרָיִךְ וַהֲקִמוֹתִי לָךְ בְּרִית עוֹלָם: וְזָכַרְתְּ
אֶת־דְּרָכַיִךְ וְנִכְלַמְתְּ בְּקַחְתֵּךְ אֶת־אֲחוֹתַיִךְ הַגְּדֹלוֹת מִמֵּךְ
אֶל־הַקְּטַנּוֹת מִמֵּךְ וְנָתַתִּי אֶתְהֶן לָךְ לְבָנוֹת וְלֹא מִבְּרִיתֵךְ:
סב סג וַהֲקִימוֹתִי אֲנִי אֶת־בְּרִיתִי אִתָּךְ וְיָדַעַתְּ כִּי־אֲנִי יְהוָה: לְמַעַן
תִּזְכְּרִי וָבֹשְׁתְּ וְלֹא יִהְיֶה־לָּךְ עוֹד פִּתְחוֹן פֶּה מִפְּנֵי כְּלִמָּתֵךְ
יז א בְּכַפְּרִי־לָךְ לְכָל־אֲשֶׁר עָשִׂית נְאֻם אֲדֹנָי יֱהֹוִה: וַיְהִי
ב דְבַר־יְהוָה אֵלַי לֵאמֹר: בֶּן־אָדָם חוּד חִידָה וּמְשֹׁל מָשָׁל אֶל־
ג בֵּית יִשְׂרָאֵל: וְאָמַרְתָּ כֹּה־אָמַר ׀ אֲדֹנָי יֱהֹוִה הַנֶּשֶׁר הַגָּדוֹל גְּדוֹל
הַכְּנָפַיִם אֶרֶךְ הָאֵבֶר מָלֵא הַנּוֹצָה אֲשֶׁר־לוֹ הָרִקְמָה בָּא אֶל־
ד הַלְּבָנוֹן וַיִּקַּח אֶת־צַמֶּרֶת הָאָרֶז: אֵת רֹאשׁ יְנִיקוֹתָיו קָטָף
ה וַיְבִיאֵהוּ אֶל־אֶרֶץ כְּנַעַן בְּעִיר רֹכְלִים שָׂמוֹ: וַיִּקַּח מִזֶּרַע הָאָרֶץ
ו וַיִּתְּנֵהוּ בִּשְׂדֵה־זָרַע קָח עַל־מַיִם רַבִּים צַפְצָפָה שָׂמוֹ: וַיִּצְמַח
וַיְהִי לְגֶפֶן סֹרַחַת שִׁפְלַת קוֹמָה לִפְנוֹת דָּלִיּוֹתָיו אֵלָיו וְשָׁרָשָׁיו
ז תַּחְתָּיו יִהְיוּ וַתְּהִי לְגֶפֶן וַתַּעַשׂ בַּדִּים וַתְּשַׁלַּח פֹּארוֹת: וַיְהִי
נֶשֶׁר־אֶחָד גָּדוֹל גְּדוֹל כְּנָפַיִם וְרַב נוֹצָה וְהִנֵּה הַגֶּפֶן הַזֹּאת כָּפְנָה
שָׁרָשֶׁיהָ עָלָיו וְדָלִיּוֹתָיו שִׁלְחָה־לּוֹ לְהַשְׁקוֹת אוֹתָהּ מֵעֲרֻגוֹת

ח מַטָּעָהּ: אֶל־שָׂדֶה טּוֹב אֶל־מַיִם רַבִּים הִיא שְׁתוּלָה לַעֲשׂוֹת
ט עָנָף וְלָשֵׂאת פֶּרִי לִהְיוֹת לְגֶפֶן אַדָּרֶת: אֱמֹר כֹּה אָמַר
אֲדֹנָי יֱהֹוִה תִּצְלָח הֲלוֹא אֶת־שָׁרָשֶׁיהָ יְנַתֵּק וְאֶת־פִּרְיָהּ ׀
יְקוֹסֵס וְיָבֵשׁ כָּל־טַרְפֵּי צִמְחָהּ תִּיבָשׁ וְלֹא־בִזְרֹעַ גְּדוֹלָה
י וּבְעַם־רָב לְמַשְׂאוֹת אוֹתָהּ מִשָּׁרָשֶׁיהָ: וְהִנֵּה שְׁתוּלָה הֲתִצְלָח
הֲלוֹא כְגַעַת בָּהּ רוּחַ הַקָּדִים תִּיבַשׁ יָבֹשׁ עַל־עֲרֻגֹת צִמְחָהּ
יא יב תִּיבָשׁ: וַיְהִי דְבַר־יְהֹוָה אֵלַי לֵאמֹר: אֱמָר־נָא
לְבֵית הַמֶּרִי הֲלֹא יְדַעְתֶּם מָה־אֵלֶּה אֱמֹר הִנֵּה־בָא מֶלֶךְ־בָּבֶל
יְרוּשָׁלִַם וַיִּקַּח אֶת־מַלְכָּהּ וְאֶת־שָׂרֶיהָ וַיָּבֵא אוֹתָם אֵלָיו
יג בָּבֶלָה: וַיִּקַּח מִזֶּרַע הַמְּלוּכָה וַיִּכְרֹת אִתּוֹ בְּרִית וַיָּבֵא אֹתוֹ
יד בְּאָלָה וְאֶת־אֵילֵי הָאָרֶץ לָקָח: לִהְיוֹת מַמְלָכָה שְׁפָלָה לְבִלְתִּי
טו הִתְנַשֵּׂא לִשְׁמֹר אֶת־בְּרִיתוֹ לְעָמְדָהּ: וַיִּמְרָד־בּוֹ לִשְׁלֹחַ
מַלְאָכָיו מִצְרַיִם לָתֶת־לוֹ סוּסִים וְעַם־רָב הֲיִצְלָח הֲיִמָּלֵט
טז הָעֹשֵׂה אֵלֶּה וְהֵפֵר בְּרִית וְנִמְלָט: חַי־אָנִי נְאֻם אֲדֹנָי יֱהֹוִה אִם־
לֹא בִּמְקוֹם הַמֶּלֶךְ הַמַּמְלִיךְ אֹתוֹ אֲשֶׁר בָּזָה אֶת־אָלָתוֹ וַאֲשֶׁר
יז הֵפֵר אֶת־בְּרִיתוֹ אִתּוֹ בְתוֹךְ־בָּבֶל יָמוּת: וְלֹא בְחַיִל גָּדוֹל
וּבְקָהָל רָב יַעֲשֶׂה אוֹתוֹ פַרְעֹה בַּמִּלְחָמָה בִּשְׁפֹּךְ סֹלְלָה וּבִבְנוֹת
יח דָּיֵק לְהַכְרִית נְפָשׁוֹת רַבּוֹת: וּבָזָה אָלָה לְהָפֵר בְּרִית וְהִנֵּה נָתַן
יט יָדוֹ וְכָל־אֵלֶּה עָשָׂה לֹא יִמָּלֵט: לָכֵן כֹּה־אָמַר
אֲדֹנָי יֱהֹוִה חַי־אָנִי אִם־לֹא אָלָתִי אֲשֶׁר בָּזָה וּבְרִיתִי אֲשֶׁר הֵפִיר
כ וּנְתַתִּיו בְּרֹאשׁוֹ: וּפָרַשְׂתִּי עָלָיו רִשְׁתִּי וְנִתְפַּשׂ בִּמְצוּדָתִי
וַהֲבִיאוֹתִיהוּ בָבֶלָה וְנִשְׁפַּטְתִּי אִתּוֹ שָׁם מַעֲלוֹ אֲשֶׁר מָעַל־בִּי:
כא וְאֵת כָּל־מִבְרָחָו בְּכָל־אֲגַפָּיו בַּחֶרֶב יִפֹּלוּ וְהַנִּשְׁאָרִים לְכָל־
כב רוּחַ יִפָּרֵשׂוּ וִידַעְתֶּם כִּי אֲנִי יְהֹוָה דִּבַּרְתִּי: כֹּה
אָמַר אֲדֹנָי יֱהֹוִה וְלָקַחְתִּי אָנִי מִצַּמֶּרֶת הָאֶרֶז הָרָמָה וְנָתָתִּי
מֵרֹאשׁ יֹנְקוֹתָיו רַךְ אֶקְטֹף וְשָׁתַלְתִּי אָנִי עַל הַר־גָּבֹהַּ וְתָלוּל:
כג בְּהַר מְרוֹם יִשְׂרָאֵל אֶשְׁתֳּלֶנּוּ וְנָשָׂא עָנָף וְעָשָׂה פֶרִי וְהָיָה לְאֶרֶז

אַדִּיר וְשָׁכְנוּ תַחְתָּיו כֹּל צִפּוֹר כָּל־כָּנָף בְּצֵל דָּלִיּוֹתָיו תִּשְׁכֹּנָּה׃
וְיָדְעוּ כָּל־עֲצֵי הַשָּׂדֶה כִּי אֲנִי יהוה הִשְׁפַּלְתִּי׀ עֵץ גָּבֹהַּ הִגְבַּהְתִּי כד
עֵץ שָׁפָל הוֹבַשְׁתִּי עֵץ לָח וְהִפְרַחְתִּי עֵץ יָבֵשׁ אֲנִי יהוה דִּבַּרְתִּי
וְעָשִׂיתִי׃ וַיְהִי דְבַר־יהוה אֵלַי לֵאמֹר׃ מַה־לָּכֶם א ב יח
אַתֶּם מֹשְׁלִים אֶת־הַמָּשָׁל הַזֶּה עַל־אַדְמַת יִשְׂרָאֵל לֵאמֹר
אָבוֹת יֹאכְלוּ בֹסֶר וְשִׁנֵּי הַבָּנִים תִּקְהֶינָה׃ חַי־אָנִי נְאֻם אֲדֹנָי ג
יֱהוִה אִם־יִהְיֶה לָכֶם עוֹד מְשֹׁל הַמָּשָׁל הַזֶּה בְּיִשְׂרָאֵל׃ הֵן כָּל־ ד
הַנְּפָשׁוֹת לִי הֵנָּה כְּנֶפֶשׁ הָאָב וּכְנֶפֶשׁ הַבֵּן לִי־הֵנָּה הַנֶּפֶשׁ
הַחֹטֵאת הִיא תָמוּת׃ וְאִישׁ כִּי־יִהְיֶה צַדִּיק ה
וְעָשָׂה מִשְׁפָּט וּצְדָקָה׃ אֶל־הֶהָרִים לֹא אָכָל וְעֵינָיו לֹא נָשָׂא ו
אֶל־גִּלּוּלֵי בֵּית יִשְׂרָאֵל וְאֶת־אֵשֶׁת רֵעֵהוּ לֹא טִמֵּא וְאֶל־אִשָּׁה
נִדָּה לֹא יִקְרָב׃ וְאִישׁ לֹא יוֹנֶה חֲבֹלָתוֹ חוֹב יָשִׁיב גְּזֵלָה לֹא יִגְזֹל ז
לַחְמוֹ לְרָעֵב יִתֵּן וְעֵירֹם יְכַסֶּה־בָּגֶד׃ בַּנֶּשֶׁךְ לֹא־יִתֵּן וְתַרְבִּית ח
לֹא יִקָּח מֵעָוֶל יָשִׁיב יָדוֹ מִשְׁפַּט אֱמֶת יַעֲשֶׂה בֵּין אִישׁ לְאִישׁ׃
י בְּחֻקּוֹתַי יְהַלֵּךְ וּמִשְׁפָּטַי שָׁמַר לַעֲשׂוֹת אֱמֶת צַדִּיק הוּא חָיֹה ט
יִחְיֶה נְאֻם אֲדֹנָי יֱהוִה׃ וְהוֹלִיד בֵּן־פָּרִיץ שֹׁפֵךְ דָּם וְעָשָׂה אָח י
מֵאַחַד מֵאֵלֶּה׃ וְהוּא אֶת־כָּל־אֵלֶּה לֹא עָשָׂה כִּי גַם אֶל־ יא
הֶהָרִים אָכַל וְאֶת־אֵשֶׁת רֵעֵהוּ טִמֵּא׃ עָנִי וְאֶבְיוֹן הוֹנָה גְּזֵלוֹת יב
גָּזָל חֲבֹל לֹא יָשִׁיב וְאֶל־הַגִּלּוּלִים נָשָׂא עֵינָיו תּוֹעֵבָה עָשָׂה׃
בַּנֶּשֶׁךְ נָתַן וְתַרְבִּית לָקַח וָחָי לֹא יִחְיֶה אֵת כָּל־הַתּוֹעֵבוֹת יג
הָאֵלֶּה עָשָׂה מוֹת יוּמָת דָּמָיו בּוֹ יִהְיֶה׃ וְהִנֵּה הוֹלִיד בֵּן וַיַּרְא יד
אֶת־כָּל־חַטֹּאת אָבִיו אֲשֶׁר עָשָׂה וַיִּרְאֶה וְלֹא יַעֲשֶׂה כָּהֵן׃ עַל־ טו
הֶהָרִים לֹא אָכָל וְעֵינָיו לֹא נָשָׂא אֶל־גִּלּוּלֵי בֵּית יִשְׂרָאֵל אֶת־
אֵשֶׁת רֵעֵהוּ לֹא טִמֵּא׃ וְאִישׁ לֹא הוֹנָה חֲבֹל לֹא חָבָל וּגְזֵלָה טז
לֹא גָזָל לַחְמוֹ לְרָעֵב נָתָן וְעֵרוֹם כִּסָּה־בָגֶד׃ מֵעָנִי הֵשִׁיב יָדוֹ יז
נֶשֶׁךְ וְתַרְבִּית לֹא לָקָח מִשְׁפָּטַי עָשָׂה בְּחֻקּוֹתַי הָלָךְ הוּא לֹא
יָמוּת בַּעֲוֺן אָבִיו חָיֹה יִחְיֶה׃ אָבִיו כִּי־עָשַׁק עֹשֶׁק גָּזַל גֵּזֶל יח

אָח וַאֲשֶׁר לֹא־טוֹב עָשָׂה בְּתוֹךְ עַמָּיו וְהִנֵּה־מֵת בַּעֲוֺנוֹ׃
יט וַאֲמַרְתֶּם מַדֻּעַ לֹא־נָשָׂא הַבֵּן בַּעֲוֺן הָאָב וְהַבֵּן מִשְׁפָּט וּצְדָקָה
כ עָשָׂה אֵת כָּל־חֻקּוֹתַי שָׁמַר וַיַּעֲשֶׂה אֹתָם חָיֹה יִחְיֶה׃ הַנֶּפֶשׁ
הַחֹטֵאת הִיא תָמוּת בֵּן לֹא־יִשָּׂא ׀ בַּעֲוֺן הָאָב וְאָב לֹא יִשָּׂא
בַּעֲוֺן הַבֵּן צִדְקַת הַצַּדִּיק עָלָיו תִּהְיֶה וְרִשְׁעַת רשע עָלָיו הָרָשָׁע
כא תִּהְיֶה׃ וְהָרָשָׁע כִּי יָשׁוּב מִכָּל־חַטֹּאתָו אֲשֶׁר
עָשָׂה וְשָׁמַר אֶת־כָּל־חֻקּוֹתַי וְעָשָׂה מִשְׁפָּט וּצְדָקָה חָיֹה יִחְיֶה
כב לֹא יָמוּת׃ כָּל־פְּשָׁעָיו אֲשֶׁר עָשָׂה לֹא יִזָּכְרוּ לוֹ בְּצִדְקָתוֹ אֲשֶׁר־
כג עָשָׂה יִחְיֶה׃ הֶחָפֹץ אֶחְפֹּץ מוֹת רָשָׁע נְאֻם אֲדֹנָי יֱהֹוִה הֲלוֹא
כד בְּשׁוּבוֹ מִדְּרָכָיו וְחָיָה׃ וּבְשׁוּב צַדִּיק מִצִּדְקָתוֹ
וְעָשָׂה עָוֶל כְּכֹל הַתּוֹעֵבוֹת אֲשֶׁר־עָשָׂה הָרָשָׁע יַעֲשֶׂה וָחָי
כָּל־צִדְקֹתָו אֲשֶׁר־עָשָׂה לֹא תִזָּכַרְנָה בְּמַעֲלוֹ אֲשֶׁר־מָעַל
כה וּבְחַטָּאתוֹ אֲשֶׁר־חָטָא בָּם יָמוּת׃ וַאֲמַרְתֶּם לֹא יִתָּכֵן
דֶּרֶךְ אֲדֹנָי שִׁמְעוּ־נָא בֵּית יִשְׂרָאֵל הֲדַרְכִּי לֹא יִתָּכֵן הֲלֹא
כו דַרְכֵיכֶם לֹא יִתָּכֵנוּ׃ בְּשׁוּב־צַדִּיק מִצִּדְקָתוֹ וְעָשָׂה עָוֶל וּמֵת
כז עֲלֵיהֶם בְּעַוְלוֹ אֲשֶׁר־עָשָׂה יָמוּת׃ וּבְשׁוּב רָשָׁע
מֵרִשְׁעָתוֹ אֲשֶׁר עָשָׂה וַיַּעַשׂ מִשְׁפָּט וּצְדָקָה הוּא אֶת־נַפְשׁוֹ
כח יְחַיֶּה׃ וַיִּרְאֶה וישוב מִכָּל־פְּשָׁעָיו אֲשֶׁר עָשָׂה חָיוֹ יִחְיֶה לֹא וַיָּשָׁב
כט יָמוּת׃ וְאָמְרוּ בֵּית יִשְׂרָאֵל לֹא יִתָּכֵן דֶּרֶךְ אֲדֹנָי הַדְּרָכַי לֹא
ל יִתָּכְנוּ בֵּית יִשְׂרָאֵל הֲלֹא דַרְכֵיכֶם לֹא יִתָּכֵן׃ לָכֵן אִישׁ כִּדְרָכָיו
אֶשְׁפֹּט אֶתְכֶם בֵּית יִשְׂרָאֵל נְאֻם אֲדֹנָי יֱהֹוִה שׁוּבוּ וְהָשִׁיבוּ
לא מִכָּל־פִּשְׁעֵיכֶם וְלֹא־יִהְיֶה לָכֶם לְמִכְשׁוֹל עָוֺן׃ הַשְׁלִיכוּ
מֵעֲלֵיכֶם אֶת־כָּל־פִּשְׁעֵיכֶם אֲשֶׁר פְּשַׁעְתֶּם בָּם וַעֲשׂוּ לָכֶם לֵב
לב חָדָשׁ וְרוּחַ חֲדָשָׁה וְלָמָּה תָמֻתוּ בֵּית יִשְׂרָאֵל׃ כִּי לֹא אֶחְפֹּץ
יט א בְּמוֹת הַמֵּת נְאֻם אֲדֹנָי יֱהֹוִה וְהָשִׁיבוּ וִחְיוּ׃ וְאַתָּה
ב שָׂא קִינָה אֶל־נְשִׂיאֵי יִשְׂרָאֵל׃ וְאָמַרְתָּ מָה אִמְּךָ לְבִיָּא בֵּין
ג אֲרָיוֹת רָבָצָה בְּתוֹךְ כְּפִירִים רִבְּתָה גוּרֶיהָ׃ וַתַּעַל אֶחָד מִגֻּרֶיהָ

ד כְּפִיר הָיָה וַיִּלְמַד לִטְרָף־טֶרֶף אָדָם אָכָל׃ וַיִּשְׁמְעוּ אֵלָיו גּוֹיִם
ה בְּשַׁחְתָּם נִתְפָּשׂ וַיְבִאֻהוּ בַחַחִים אֶל־אֶרֶץ מִצְרָיִם׃ וַתֵּרֶא כִּי
נוֹחֲלָה אָבְדָה תִּקְוָתָהּ וַתִּקַּח אֶחָד מִגֻּרֶיהָ כְּפִיר שָׂמָתְהוּ׃
ו וַיִּתְהַלֵּךְ בְּתוֹךְ־אֲרָיוֹת כְּפִיר הָיָה וַיִּלְמַד לִטְרָף־טֶרֶף אָדָם
ז אָכָל׃ וַיֵּדַע אַלְמְנוֹתָיו וְעָרֵיהֶם הֶחֱרִיב וַתֵּשַׁם אֶרֶץ וּמְלֹאָהּ
ח מִקּוֹל שַׁאֲגָתוֹ׃ וַיִּתְּנוּ עָלָיו גּוֹיִם סָבִיב מִמְּדִינוֹת וַיִּפְרְשׂוּ עָלָיו
ט רִשְׁתָּם בְּשַׁחְתָּם נִתְפָּשׂ׃ וַיִּתְּנֻהוּ בַסּוּגַר בַּחַחִים וַיְבִאֻהוּ אֶל־
מֶלֶךְ בָּבֶל יְבִאֻהוּ בַּמְּצֹדוֹת לְמַעַן לֹא־יִשָּׁמַע קוֹלוֹ עוֹד אֶל־
י הָרֵי יִשְׂרָאֵל׃ אִמְּךָ כַגֶּפֶן בְּדָמְךָ עַל־מַיִם שְׁתוּלָה
יא פֹּרִיָּה וַעֲנֵפָה הָיְתָה מִמַּיִם רַבִּים׃ וַיִּהְיוּ־לָהּ מַטּוֹת עֹז אֶל־
שִׁבְטֵי מֹשְׁלִים וַתִּגְבַּהּ קוֹמָתוֹ עַל־בֵּין עֲבֹתִים וַיֵּרָא בְגָבְהוֹ
יב בְּרֹב דָּלִיֹּתָיו׃ וַתֻּתַּשׁ בְּחֵמָה לָאָרֶץ הֻשְׁלָכָה וְרוּחַ הַקָּדִים
הוֹבִישׁ פִּרְיָהּ הִתְפָּרְקוּ וְיָבֵשׁוּ מַטֵּה עֻזָּהּ אֵשׁ אֲכָלָתְהוּ׃
יג וְעַתָּה שְׁתוּלָה בַמִּדְבָּר בְּאֶרֶץ צִיָּה וְצָמָא׃ וַתֵּצֵא אֵשׁ מִמַּטֵּה
יד בַדֶּיהָ פִּרְיָהּ אָכָלָה וְלֹא־הָיָה בָהּ מַטֵּה עֹז שֵׁבֶט לִמְשׁוֹל
קִינָה הִיא וַתְּהִי לְקִינָה׃

כ א יא וַיְהִי ׀ בַּשָּׁנָה הַשְּׁבִיעִית בַּחֲמִשִׁי בֶּעָשׂוֹר לַחֹדֶשׁ בָּאוּ אֲנָשִׁים
ב מִזִּקְנֵי יִשְׂרָאֵל לִדְרֹשׁ אֶת־יְהוָה וַיֵּשְׁבוּ לְפָנָי׃ וַיְהִי
ג דְבַר־יְהוָה אֵלַי לֵאמֹר׃ בֶּן־אָדָם דַּבֵּר אֶת־זִקְנֵי יִשְׂרָאֵל
וְאָמַרְתָּ אֲלֵהֶם כֹּה אָמַר אֲדֹנָי יְהוִה הֲלִדְרֹשׁ אֹתִי אַתֶּם בָּאִים
ד חַי־אָנִי אִם־אִדָּרֵשׁ לָכֶם נְאֻם אֲדֹנָי יְהוִה׃ הֲתִשְׁפֹּט אֹתָם
ה הֲתִשְׁפּוֹט בֶּן־אָדָם אֶת־תּוֹעֲבֹת אֲבוֹתָם הוֹדִיעֵם׃ וְאָמַרְתָּ
אֲלֵיהֶם כֹּה־אָמַר אֲדֹנָי יְהוִה בְּיוֹם בָּחֳרִי בְיִשְׂרָאֵל וָאֶשָּׂא יָדִי
לְזֶרַע בֵּית יַעֲקֹב וָאִוָּדַע לָהֶם בְּאֶרֶץ מִצְרָיִם וָאֶשָּׂא יָדִי לָהֶם
ו לֵאמֹר אֲנִי יְהוָה אֱלֹהֵיכֶם׃ בַּיּוֹם הַהוּא נָשָׂאתִי יָדִי לָהֶם
לְהוֹצִיאָם מֵאֶרֶץ מִצְרָיִם אֶל־אֶרֶץ אֲשֶׁר־תַּרְתִּי לָהֶם זָבַת
ז חָלָב וּדְבַשׁ צְבִי הִיא לְכָל־הָאֲרָצוֹת׃ וָאֹמַר אֲלֵהֶם אִישׁ שִׁקּוּצֵי

עֵינָיו הַשְׁלִיכוּ וּבְגִלּוּלֵי מִצְרַיִם אַל־תִּטַּמָּאוּ אֲנִי יְהוָה אֱלֹהֵיכֶם׃
ח וַיַּמְרוּ־בִי וְלֹא אָבוּ לִשְׁמֹעַ אֵלַי אִישׁ אֶת־שִׁקּוּצֵי עֵינֵיהֶם לֹא
הִשְׁלִיכוּ וְאֶת־גִּלּוּלֵי מִצְרַיִם לֹא עָזָבוּ וָאֹמַר לִשְׁפֹּךְ חֲמָתִי
ט עֲלֵיהֶם לְכַלּוֹת אַפִּי בָּהֶם בְּתוֹךְ אֶרֶץ מִצְרָיִם׃ וָאַעַשׂ לְמַעַן שְׁמִי
לְבִלְתִּי הֵחֵל לְעֵינֵי הַגּוֹיִם אֲשֶׁר־הֵמָּה בְתוֹכָם אֲשֶׁר נוֹדַעְתִּי
י אֲלֵיהֶם לְעֵינֵיהֶם לְהוֹצִיאָם מֵאֶרֶץ מִצְרָיִם׃ וָאוֹצִיאֵם מֵאֶרֶץ
יא מִצְרָיִם וָאֲבִאֵם אֶל־הַמִּדְבָּר׃ וָאֶתֵּן לָהֶם אֶת־חֻקּוֹתַי וְאֶת־
מִשְׁפָּטַי הוֹדַעְתִּי אוֹתָם אֲשֶׁר יַעֲשֶׂה אוֹתָם הָאָדָם וָחַי בָּהֶם׃
יב וְגַם אֶת־שַׁבְּתוֹתַי נָתַתִּי לָהֶם לִהְיוֹת לְאוֹת בֵּינִי וּבֵינֵיהֶם לָדַעַת
יג כִּי אֲנִי יְהוָה מְקַדְּשָׁם׃ וַיַּמְרוּ־בִי בֵית־יִשְׂרָאֵל בַּמִּדְבָּר בְּחֻקּוֹתַי
לֹא־הָלָכוּ וְאֶת־מִשְׁפָּטַי מָאָסוּ אֲשֶׁר יַעֲשֶׂה אֹתָם הָאָדָם וָחַי
בָּהֶם וְאֶת־שַׁבְּתֹתַי חִלְּלוּ מְאֹד וָאֹמַר לִשְׁפֹּךְ חֲמָתִי עֲלֵיהֶם
יד בַּמִּדְבָּר לְכַלּוֹתָם׃ וָאֶעֱשֶׂה לְמַעַן שְׁמִי לְבִלְתִּי הֵחֵל לְעֵינֵי הַגּוֹיִם
טו אֲשֶׁר הוֹצֵאתִים לְעֵינֵיהֶם׃ וְגַם־אֲנִי נָשָׂאתִי יָדִי לָהֶם בַּמִּדְבָּר
לְבִלְתִּי הָבִיא אוֹתָם אֶל־הָאָרֶץ אֲשֶׁר־נָתַתִּי זָבַת חָלָב וּדְבַשׁ
טז צְבִי הִיא לְכָל־הָאֲרָצוֹת׃ יַעַן בְּמִשְׁפָּטַי מָאָסוּ וְאֶת־חֻקּוֹתַי לֹא־
הָלְכוּ בָהֶם וְאֶת־שַׁבְּתוֹתַי חִלֵּלוּ כִּי אַחֲרֵי גִלּוּלֵיהֶם לִבָּם הֹלֵךְ׃
יז וַתָּחָס עֵינִי עֲלֵיהֶם מִשַּׁחֲתָם וְלֹא־עָשִׂיתִי אוֹתָם כָּלָה בַּמִּדְבָּר׃
יח וָאֹמַר אֶל־בְּנֵיהֶם בַּמִּדְבָּר בְּחוּקֵּי אֲבוֹתֵיכֶם אַל־תֵּלֵכוּ וְאֶת־
יט מִשְׁפְּטֵיהֶם אַל־תִּשְׁמֹרוּ וּבְגִלּוּלֵיהֶם אַל־תִּטַּמָּאוּ׃ אֲנִי יְהוָה
כ אֱלֹהֵיכֶם בְּחֻקּוֹתַי לֵכוּ וְאֶת־מִשְׁפָּטַי שִׁמְרוּ וַעֲשׂוּ אוֹתָם׃ וְאֶת־
שַׁבְּתוֹתַי קַדֵּשׁוּ וְהָיוּ לְאוֹת בֵּינִי וּבֵינֵיכֶם לָדַעַת כִּי אֲנִי יְהוָה
כא אֱלֹהֵיכֶם׃ וַיַּמְרוּ־בִי הַבָּנִים בְּחֻקּוֹתַי לֹא־הָלָכוּ וְאֶת־מִשְׁפָּטַי
לֹא־שָׁמְרוּ לַעֲשׂוֹת אוֹתָם אֲשֶׁר יַעֲשֶׂה אוֹתָם הָאָדָם וָחַי בָּהֶם
אֶת־שַׁבְּתוֹתַי חִלֵּלוּ וָאֹמַר לִשְׁפֹּךְ חֲמָתִי עֲלֵיהֶם לְכַלּוֹת אַפִּי בָּם
כב בַּמִּדְבָּר׃ וַהֲשִׁבֹתִי אֶת־יָדִי וָאַעַשׂ לְמַעַן שְׁמִי לְבִלְתִּי הֵחֵל
כג לְעֵינֵי הַגּוֹיִם אֲשֶׁר־הוֹצֵאתִי אוֹתָם לְעֵינֵיהֶם׃ גַּם־אֲנִי נָשָׂאתִי

אֶת־יָדִי לָהֶם בַּמִּדְבָּר לְהָפִיץ אֹתָם בַּגּוֹיִם וּלְזָרוֹת אוֹתָם
כד בָּאֲרָצוֹת׃ יַעַן מִשְׁפָּטַי לֹא־עָשׂוּ וְחֻקּוֹתַי מָאָסוּ וְאֶת־שַׁבְּתוֹתַי
כה חִלֵּלוּ וְאַחֲרֵי גִּלּוּלֵי אֲבוֹתָם הָיוּ עֵינֵיהֶם׃ וְגַם־אֲנִי נָתַתִּי לָהֶם
כו חֻקִּים לֹא טוֹבִים וּמִשְׁפָּטִים לֹא יִחְיוּ בָּהֶם׃ וָאֲטַמֵּא אוֹתָם
בְּמַתְּנוֹתָם בְּהַעֲבִיר כָּל־פֶּטֶר רָחַם לְמַעַן אֲשִׁמֵּם לְמַעַן אֲשֶׁר
כז יֵדְעוּ אֲשֶׁר אֲנִי יהוה׃ לָכֵן דַּבֵּר אֶל־בֵּית יִשְׂרָאֵל
בֶּן־אָדָם וְאָמַרְתָּ אֲלֵיהֶם כֹּה אָמַר אֲדֹנָי יֱהֹוִה עוֹד זֹאת גִּדְּפוּ
כח אוֹתִי אֲבוֹתֵיכֶם בְּמַעֲלָם בִּי מָעַל׃ וָאֲבִיאֵם אֶל־הָאָרֶץ אֲשֶׁר
נָשָׂאתִי אֶת־יָדִי לָתֵת אוֹתָהּ לָהֶם וַיִּרְאוּ כָל־גִּבְעָה רָמָה וְכָל־
עֵץ עָבֹת וַיִּזְבְּחוּ־שָׁם אֶת־זִבְחֵיהֶם וַיִּתְּנוּ־שָׁם כַּעַס קָרְבָּנָם
כט וַיָּשִׂימוּ שָׁם רֵיחַ נִיחוֹחֵיהֶם וַיַּסִּיכוּ שָׁם אֶת־נִסְכֵּיהֶם׃ וָאֹמַר
אֲלֵהֶם מָה הַבָּמָה אֲשֶׁר־אַתֶּם הַבָּאִים שָׁם וַיִּקָּרֵא שְׁמָהּ בָּמָה
ל עַד הַיּוֹם הַזֶּה׃ לָכֵן אֱמֹר ׀ אֶל־בֵּית יִשְׂרָאֵל כֹּה
אָמַר אֲדֹנָי יֱהֹוִה הַבְּדֶרֶךְ אֲבוֹתֵיכֶם אַתֶּם נִטְמְאִים וְאַחֲרֵי
לא שִׁקּוּצֵיהֶם אַתֶּם זֹנִים׃ וּבִשְׂאֵת מַתְּנֹתֵיכֶם בְּהַעֲבִיר בְּנֵיכֶם בָּאֵשׁ
אַתֶּם נִטְמְאִים לְכָל־גִּלּוּלֵיכֶם עַד־הַיּוֹם וַאֲנִי אִדָּרֵשׁ לָכֶם בֵּית
לב יִשְׂרָאֵל חַי־אָנִי נְאֻם אֲדֹנָי יֱהֹוִה אִם־אִדָּרֵשׁ לָכֶם׃ וְהָעֹלָה עַל־
רוּחֲכֶם הָיוֹ לֹא תִהְיֶה אֲשֶׁר ׀ אַתֶּם אֹמְרִים נִהְיֶה כַגּוֹיִם
לג כְּמִשְׁפְּחוֹת הָאֲרָצוֹת לְשָׁרֵת עֵץ וָאָבֶן׃ חַי־אָנִי נְאֻם אֲדֹנָי יֱהֹוִה
אִם־לֹא בְּיָד חֲזָקָה וּבִזְרוֹעַ נְטוּיָה וּבְחֵמָה שְׁפוּכָה אֶמְלוֹךְ
לד עֲלֵיכֶם׃ וְהוֹצֵאתִי אֶתְכֶם מִן־הָעַמִּים וְקִבַּצְתִּי אֶתְכֶם מִן־
הָאֲרָצוֹת אֲשֶׁר נְפוֹצֹתֶם בָּם בְּיָד חֲזָקָה וּבִזְרוֹעַ נְטוּיָה וּבְחֵמָה
לה שְׁפוּכָה׃ וְהֵבֵאתִי אֶתְכֶם אֶל־מִדְבַּר הָעַמִּים וְנִשְׁפַּטְתִּי אִתְּכֶם
לו שָׁם פָּנִים אֶל־פָּנִים׃ כַּאֲשֶׁר נִשְׁפַּטְתִּי אֶת־אֲבוֹתֵיכֶם בְּמִדְבַּר
לז אֶרֶץ מִצְרָיִם כֵּן אִשָּׁפֵט אִתְּכֶם נְאֻם אֲדֹנָי יֱהֹוִה׃ וְהַעֲבַרְתִּי
לח אֶתְכֶם תַּחַת הַשָּׁבֶט וְהֵבֵאתִי אֶתְכֶם בְּמָסֹרֶת הַבְּרִית׃ וּבָרוֹתִי
מִכֶּם הַמֹּרְדִים וְהַפּוֹשְׁעִים בִּי מֵאֶרֶץ מְגוּרֵיהֶם אוֹצִיא אוֹתָם

לט וְאֶל־אַדְמַת יִשְׂרָאֵל לֹא יָבוֹא וִידַעְתֶּם כִּי־אֲנִי יְהוָה׃ וְאַתֶּם
בֵּית־יִשְׂרָאֵל כֹּה־אָמַר ׀ אֲדֹנָי יֱהוִה אִישׁ גִּלּוּלָיו לְכוּ עֲבֹדוּ
וְאַחַר אִם־אֵינְכֶם שֹׁמְעִים אֵלָי וְאֶת־שֵׁם קָדְשִׁי לֹא תְחַלְּלוּ־
מ עוֹד בְּמַתְּנוֹתֵיכֶם וּבְגִלּוּלֵיכֶם׃ כִּי בְהַר־קָדְשִׁי בְּהַר ׀ מְרוֹם
יִשְׂרָאֵל נְאֻם אֲדֹנָי יֱהוִה שָׁם יַעַבְדֻנִי כָּל־בֵּית יִשְׂרָאֵל כֻּלֹּה
בָּאָרֶץ שָׁם אֶרְצֵם וְשָׁם אֶדְרוֹשׁ אֶת־תְּרוּמֹתֵיכֶם וְאֶת־רֵאשִׁית
מא מַשְׂאוֹתֵיכֶם בְּכָל־קָדְשֵׁיכֶם׃ בְּרֵיחַ נִיחֹחַ אֶרְצֶה אֶתְכֶם יב
בְּהוֹצִיאִי אֶתְכֶם מִן־הָעַמִּים וְקִבַּצְתִּי אֶתְכֶם מִן־הָאֲרָצוֹת
מב אֲשֶׁר נְפֹצֹתֶם בָּם וְנִקְדַּשְׁתִּי בָכֶם לְעֵינֵי הַגּוֹיִם׃ וִידַעְתֶּם כִּי־אֲנִי
יְהוָה בַּהֲבִיאִי אֶתְכֶם אֶל־אַדְמַת יִשְׂרָאֵל אֶל־הָאָרֶץ אֲשֶׁר
מג נָשָׂאתִי אֶת־יָדִי לָתֵת אוֹתָהּ לַאֲבוֹתֵיכֶם׃ וּזְכַרְתֶּם־שָׁם אֶת־
דַּרְכֵיכֶם וְאֵת כָּל־עֲלִילוֹתֵיכֶם אֲשֶׁר נִטְמֵאתֶם בָּם וּנְקֹטֹתֶם
מד בִּפְנֵיכֶם בְּכָל־רָעוֹתֵיכֶם אֲשֶׁר עֲשִׂיתֶם׃ וִידַעְתֶּם כִּי־אֲנִי יְהוָה
בַּעֲשׂוֹתִי אִתְּכֶם לְמַעַן שְׁמִי לֹא כְדַרְכֵיכֶם הָרָעִים וְכַעֲלִילוֹתֵיכֶם
כא א הַנִּשְׁחָתוֹת בֵּית יִשְׂרָאֵל נְאֻם אֲדֹנָי יֱהוִה׃ וַיְהִי
ב דְבַר־יְהוָה אֵלַי לֵאמֹר׃ בֶּן־אָדָם שִׂים פָּנֶיךָ דֶּרֶךְ תֵּימָנָה וְהַטֵּף
ג אֶל־דָּרוֹם וְהִנָּבֵא אֶל־יַעַר הַשָּׂדֶה נֶגֶב׃ וְאָמַרְתָּ לְיַעַר הַנֶּגֶב
שְׁמַע דְּבַר־יְהוָה כֹּה־אָמַר אֲדֹנָי יֱהוִה הִנְנִי מַצִּית־בְּךָ ׀ אֵשׁ
וְאָכְלָה בְךָ כָל־עֵץ־לַח וְכָל־עֵץ יָבֵשׁ לֹא־תִכְבֶּה לַהֶבֶת
ד שַׁלְהֶבֶת וְנִצְרְבוּ־בָהּ כָּל־פָּנִים מִנֶּגֶב צָפוֹנָה׃ וְרָאוּ כָּל־בָּשָׂר
ה כִּי אֲנִי יְהוָה בִּעַרְתִּיהָ לֹא תִּכְבֶּה׃ וָאֹמַר אֲהָהּ אֲדֹנָי יֱהוִה הֵמָּה
ו אֹמְרִים לִי הֲלֹא מְמַשֵּׁל מְשָׁלִים הוּא׃ וַיְהִי דְבַר־
ז יְהוָה אֵלַי לֵאמֹר׃ בֶּן־אָדָם שִׂים פָּנֶיךָ אֶל־יְרוּשָׁלִַם וְהַטֵּף אֶל־
ח מִקְדָּשִׁים וְהִנָּבֵא אֶל־אַדְמַת יִשְׂרָאֵל׃ וְאָמַרְתָּ לְאַדְמַת יִשְׂרָאֵל
כֹּה אָמַר יְהוָה הִנְנִי אֵלַיִךְ וְהוֹצֵאתִי חַרְבִּי מִתַּעְרָהּ וְהִכְרַתִּי
ט מִמֵּךְ צַדִּיק וְרָשָׁע׃ יַעַן אֲשֶׁר־הִכְרַתִּי מִמֵּךְ צַדִּיק וְרָשָׁע לָכֵן
י תֵּצֵא חַרְבִּי מִתַּעְרָהּ אֶל־כָּל־בָּשָׂר מִנֶּגֶב צָפוֹן׃ וְיָדְעוּ

כָל־בָּשָׂר כִּי אֲנִי יְהוָה הוֹצֵאתִי חַרְבִּי מִתַּעְרָהּ לֹא תָשׁוּב
עוֹד׃ וְאַתָּה בֶן־אָדָם הֵאָנַח בְּשִׁבְרוֹן מָתְנַיִם יא
וּבִמְרִירוּת תֵּאָנַח לְעֵינֵיהֶם׃ וְהָיָה כִּי־יֹאמְרוּ אֵלֶיךָ עַל־מָה יב
אַתָּה נֶאֱנָח וְאָמַרְתָּ אֶל־שְׁמוּעָה כִי־בָאָה וְנָמֵס כָּל־לֵב וְרָפוּ
כָל־יָדַיִם וְכִהֲתָה כָל־רוּחַ וְכָל־בִּרְכַּיִם תֵּלַכְנָה מַּיִם הִנֵּה בָאָה
וְנִהְיָתָה נְאֻם אֲדֹנָי יֱהוִה׃ וַיְהִי דְבַר־יְהוָה אֵלַי יג
לֵאמֹר׃ בֶּן־אָדָם הִנָּבֵא וְאָמַרְתָּ כֹּה אָמַר אֲדֹנָי אֱמֹר חֶרֶב חֶרֶב יד
הוּחַדָּה וְגַם־מְרוּטָה׃ לְמַעַן טְבֹחַ טֶבַח הוּחַדָּה לְמַעַן־הֱיֵה־לָהּ טו
בָּרָק מֹרָטָּה אוֹ נָשִׂישׂ שֵׁבֶט בְּנִי מֹאֶסֶת כָּל־עֵץ׃ וַיִּתֵּן אֹתָהּ טז
לְמָרְטָה לִתְפֹּשׂ בַּכָּף הִיא־הוּחַדָּה חֶרֶב וְהִיא מֹרָטָּה לָתֵת
אוֹתָהּ בְּיַד־הוֹרֵג׃ זְעַק וְהֵילֵל בֶּן־אָדָם כִּי־הִיא הָיְתָה בְעַמִּי יז
הִיא בְּכָל־נְשִׂיאֵי יִשְׂרָאֵל מְגוּרֵי אֶל־חֶרֶב הָיוּ אֶת־עַמִּי לָכֵן
סְפֹק אֶל־יָרֵךְ׃ כִּי בֹחַן וּמָה אִם־גַּם־שֵׁבֶט מֹאֶסֶת לֹא יִהְיֶה יח
נְאֻם אֲדֹנָי יֱהוִה׃ וְאַתָּה בֶן־אָדָם הִנָּבֵא וְהַךְ כַּף יט
אֶל־כָּף וְתִכָּפֵל חֶרֶב שְׁלִישִׁתָה חֶרֶב חֲלָלִים הִיא חֶרֶב חָלָל
הַגָּדוֹל הַחֹדֶרֶת לָהֶם׃ לְמַעַן ׀ לָמוּג לֵב וְהַרְבֵּה הַמִּכְשֹׁלִים כ
עַל כָּל־שַׁעֲרֵיהֶם נָתַתִּי אִבְחַת־חָרֶב אָח עֲשׂוּיָה לְבָרָק
מְעֻטָּה לְטָבַח׃ הִתְאַחֲדִי הֵימִנִי הָשִׂימִי הַשְׂמִילִי אָנֶה פָּנַיִךְ כא
מֻעָדוֹת׃ וְגַם־אֲנִי אַכֶּה כַפִּי אֶל־כַּפִּי וַהֲנִחֹתִי חֲמָתִי אֲנִי יְהוָה כב
דִּבַּרְתִּי׃ וַיְהִי דְבַר־יְהוָה אֵלַי לֵאמֹר׃ וְאַתָּה בֶן־ כג כד
אָדָם שִׂים־לְךָ ׀ שְׁנַיִם דְּרָכִים לָבוֹא חֶרֶב מֶלֶךְ־בָּבֶל מֵאֶרֶץ
אֶחָד יֵצְאוּ שְׁנֵיהֶם וְיָד בָּרֵא בְּרֹאשׁ דֶּרֶךְ־עִיר בָּרֵא׃ דֶּרֶךְ תָּשִׂים כה
לָבוֹא חֶרֶב אֵת רַבַּת בְּנֵי־עַמּוֹן וְאֶת־יְהוּדָה בִירוּשָׁלִַם בְּצוּרָה׃
כִּי־עָמַד מֶלֶךְ־בָּבֶל אֶל־אֵם הַדֶּרֶךְ בְּרֹאשׁ שְׁנֵי הַדְּרָכִים לִקְסָם־ כו
קָסֶם קִלְקַל בַּחִצִּים שָׁאַל בַּתְּרָפִים רָאָה בַּכָּבֵד׃ בִּימִינוֹ הָיָה ׀ כז
הַקֶּסֶם יְרוּשָׁלִַם לָשׂוּם כָּרִים לִפְתֹּחַ פֶּה בְּרֶצַח לְהָרִים קוֹל
בִּתְרוּעָה לָשׂוּם כָּרִים עַל־שְׁעָרִים לִשְׁפֹּךְ סֹלְלָה לִבְנוֹת דָּיֵק׃

כִּקְסָם־

כח וְהָיָה לָהֶם כִּקְסוֹם־שָׁוְא בְּעֵינֵיהֶם שְׁבֻעֵי שְׁבֻעוֹת לָהֶם וְהוּא־
כט מַזְכִּיר עָוֺן לְהִתָּפֵשׂ: לָכֵן כֹּה־אָמַר אֲדֹנָי יֱהֹוִה יַעַן
הַזְכַּרְכֶם עֲוֺנְכֶם בְּהִגָּלוֹת פִּשְׁעֵיכֶם לְהֵרָאוֹת חַטֹּאותֵיכֶם בְּכֹל
ל עֲלִילוֹתֵיכֶם יַעַן הִזָּכֶרְכֶם בַּכַּף תִּתָּפֵשׂוּ: וְאַתָּה חָלָל
לא רָשָׁע נְשִׂיא יִשְׂרָאֵל אֲשֶׁר־בָּא יוֹמוֹ בְּעֵת עֲוֺן קֵץ: כֹּה
אָמַר אֲדֹנָי יֱהֹוִה הָסִיר הַמִּצְנֶפֶת וְהָרִים הָעֲטָרָה זֹאת לֹא־זֹאת
לב הַשָּׁפָלָה הַגְבֵּהַ וְהַגָּבֹהַ הַשְׁפִּיל: עַוָּה עַוָּה עַוָּה אֲשִׂימֶנָּה גַּם־זֹאת
לג לֹא הָיָה עַד־בֹּא אֲשֶׁר־לוֹ הַמִּשְׁפָּט וּנְתַתִּיו: וְאַתָּה
בֶן־אָדָם הִנָּבֵא וְאָמַרְתָּ כֹּה אָמַר אֲדֹנָי יֱהֹוִה אֶל־בְּנֵי עַמּוֹן
וְאֶל־חֶרְפָּתָם וְאָמַרְתָּ חֶרֶב חֶרֶב פְּתוּחָה לְטֶבַח מְרוּטָה לְהָכִיל
לד לְמַעַן בָּרָק: בַּחֲזוֹת לָךְ שָׁוְא בִּקְסָם־לָךְ כָּזָב לָתֵת אוֹתָךְ אֶל־
לה צַוְּארֵי חַלְלֵי רְשָׁעִים אֲשֶׁר־בָּא יוֹמָם בְּעֵת עֲוֺן קֵץ: הָשַׁב אֶל־
תַּעְרָהּ בִּמְקוֹם אֲשֶׁר־נִבְרֵאת בְּאֶרֶץ מְכֻרוֹתַיִךְ אֶשְׁפֹּט אֹתָךְ:
לו וְשָׁפַכְתִּי עָלַיִךְ זַעְמִי בְּאֵשׁ עֶבְרָתִי אָפִיחַ עָלָיִךְ וּנְתַתִּיךְ בְּיַד
לז אֲנָשִׁים בֹּעֲרִים חָרָשֵׁי מַשְׁחִית: לָאֵשׁ תִּהְיֶה לְאָכְלָה דָּמֵךְ יִהְיֶה
כב א בְּתוֹךְ הָאָרֶץ לֹא תִזָּכֵרִי כִּי אֲנִי יְהֹוָה דִּבַּרְתִּי: וַיְהִי
ב דְבַר־יְהֹוָה אֵלַי לֵאמֹר: וְאַתָּה בֶן־אָדָם הֲתִשְׁפֹּט הֲתִשְׁפֹּט אֶת־
ג עִיר הַדָּמִים וְהוֹדַעְתָּהּ אֵת כָּל־תּוֹעֲבוֹתֶיהָ: וְאָמַרְתָּ כֹּה אָמַר
אֲדֹנָי יֱהֹוִה עִיר שֹׁפֶכֶת דָּם בְּתוֹכָהּ לָבוֹא עִתָּהּ וְעָשְׂתָה גִלּוּלִים
ד עָלֶיהָ לְטָמְאָה: בְּדָמֵךְ אֲשֶׁר־שָׁפַכְתְּ אָשַׁמְתְּ וּבְגִלּוּלַיִךְ אֲשֶׁר־
עָשִׂית טָמֵאת וַתַּקְרִיבִי יָמַיִךְ וַתָּבוֹא עַד־שְׁנוֹתָיִךְ עַל־כֵּן
ה נְתַתִּיךְ חֶרְפָּה לַגּוֹיִם וְקַלָּסָה לְכָל־הָאֲרָצוֹת: הַקְּרֹבוֹת
וְהָרְחֹקוֹת מִמֵּךְ יִתְקַלְּסוּ־בָךְ טְמֵאַת הַשֵּׁם רַבַּת הַמְּהוּמָה:
ו הִנֵּה נְשִׂיאֵי יִשְׂרָאֵל אִישׁ לִזְרֹעוֹ הָיוּ בָךְ לְמַעַן שְׁפָךְ־דָּם: אָב
ז וָאֵם הֵקַלּוּ בָךְ לַגֵּר עָשׂוּ בַעֹשֶׁק בְּתוֹכֵךְ יָתוֹם וְאַלְמָנָה הוֹנוּ בָךְ:
ח ט קָדָשַׁי בָּזִית וְאֶת־שַׁבְּתֹתַי חִלָּלְתְּ: אַנְשֵׁי רָכִיל הָיוּ בָךְ לְמַעַן
י שְׁפָךְ־דָּם וְאֶל־הֶהָרִים אָכְלוּ בָךְ זִמָּה עָשׂוּ בְתוֹכֵךְ: עֶרְוַת־אָב

גִּלָּה־בָךְ טְמֵאַת הַנִּדָּה עִנּוּ־בָךְ׃ וְאִישׁ ׀ אֶת־אֵשֶׁת רֵעֵהוּ עָשָׂה יא
תּוֹעֵבָה וְאִישׁ אֶת־כַּלָּתוֹ טִמֵּא בְזִמָּה וְאִישׁ אֶת־אֲחֹתוֹ בַת־
אָבִיו עִנָּה־בָךְ׃ שֹׁחַד לָקְחוּ־בָךְ לְמַעַן שְׁפָךְ־דָּם נֶשֶׁךְ וְתַרְבִּית יב
לָקַחַתְּ וַתְּבַצְּעִי רֵעַיִךְ בַּעֹשֶׁק וְאֹתִי שָׁכַחַתְּ נְאֻם אֲדֹנָי יֱהֹוִה׃
וְהִנֵּה הִכֵּיתִי כַפִּי אֶל־בִּצְעֵךְ אֲשֶׁר עָשִׂית וְעַל־דָּמֵךְ אֲשֶׁר הָיוּ יג
בְּתוֹכֵךְ׃ הֲיַעֲמֹד לִבֵּךְ אִם־תֶּחֱזַקְנָה יָדַיִךְ לַיָּמִים אֲשֶׁר אֲנִי עֹשֶׂה יד
אוֹתָךְ אֲנִי יְהֹוָה דִּבַּרְתִּי וְעָשִׂיתִי׃ וַהֲפִיצוֹתִי אוֹתָךְ בַּגּוֹיִם וְזֵרִיתִיךְ טו
יג בָּאֲרָצוֹת וַהֲתִמֹּתִי טֻמְאָתֵךְ מִמֵּךְ׃ וְנִחַלְתְּ בָּךְ לְעֵינֵי גוֹיִם וְיָדַעַתְּ טז
כִּי־אֲנִי יְהֹוָה׃ וַיְהִי דְבַר־יְהֹוָה אֵלַי לֵאמֹר׃ בֶּן־ יז יח
לְסִיג אָדָם הָיוּ־לִי בֵית־יִשְׂרָאֵל לסוג כֻּלָּם נְחֹשֶׁת וּבְדִיל וּבַרְזֶל
וְעוֹפֶרֶת בְּתוֹךְ כּוּר סִגִים כֶּסֶף הָיוּ׃ לָכֵן כֹּה יט
אָמַר אֲדֹנָי יֱהֹוִה יַעַן הֱיוֹת כֻּלְּכֶם לְסִגִים לָכֵן הִנְנִי קֹבֵץ אֶתְכֶם
אֶל־תּוֹךְ יְרוּשָׁלִָם׃ קְבֻצַת כֶּסֶף וּנְחֹשֶׁת וּבַרְזֶל וְעוֹפֶרֶת וּבְדִיל כ
אֶל־תּוֹךְ כּוּר לָפַחַת־עָלָיו אֵשׁ לְהַנְתִּיךְ כֵּן אֶקְבֹּץ בְּאַפִּי וּבַחֲמָתִי
וְהִנַּחְתִּי וְהִתַּכְתִּי אֶתְכֶם׃ וְכִנַּסְתִּי אֶתְכֶם וְנָפַחְתִּי עֲלֵיכֶם כא
בְּאֵשׁ עֶבְרָתִי וְנִתַּכְתֶּם בְּתוֹכָהּ׃ כְּהִתּוּךְ כֶּסֶף בְּתוֹךְ כּוּר כב
כֵּן תֻּתְּכוּ בְתוֹכָהּ וִידַעְתֶּם כִּי־אֲנִי יְהֹוָה שָׁפַכְתִּי חֲמָתִי
עֲלֵיכֶם׃ וַיְהִי דְבַר־יְהֹוָה אֵלַי לֵאמֹר׃ בֶּן־אָדָם כג כד
אֱמָר־לָהּ אַתְּ אֶרֶץ לֹא מְטֹהָרָה הִיא לֹא גֻשְׁמָהּ בְּיוֹם זָעַם׃
קֶשֶׁר נְבִיאֶיהָ בְּתוֹכָהּ כַּאֲרִי שׁוֹאֵג טֹרֵף טָרֶף נֶפֶשׁ אָכָלוּ חֹסֶן כה
וִיקָר יִקָּחוּ אַלְמְנוֹתֶיהָ הִרְבּוּ בְתוֹכָהּ׃ כֹּהֲנֶיהָ חָמְסוּ תוֹרָתִי כו
וַיְחַלְּלוּ קָדָשַׁי בֵּין־קֹדֶשׁ לְחֹל לֹא הִבְדִּילוּ וּבֵין־הַטָּמֵא לְטָהוֹר
לֹא הוֹדִיעוּ וּמִשַּׁבְּתוֹתַי הֶעְלִימוּ עֵינֵיהֶם וָאֵחַל בְּתוֹכָם׃ שָׂרֶיהָ כז
בְקִרְבָּהּ כִּזְאֵבִים טֹרְפֵי טָרֶף לִשְׁפָּךְ־דָּם לְאַבֵּד נְפָשׁוֹת לְמַעַן
בְּצֹעַ בָּצַע׃ וּנְבִיאֶיהָ טָחוּ לָהֶם תָּפֵל חֹזִים שָׁוְא וְקֹסְמִים לָהֶם כח
כָּזָב אֹמְרִים כֹּה אָמַר אֲדֹנָי יֱהֹוִה וַיהֹוָה לֹא דִבֵּר׃ עַם הָאָרֶץ כט
עָשְׁקוּ עֹשֶׁק וְגָזְלוּ גָּזֵל וְעָנִי וְאֶבְיוֹן הוֹנוּ וְאֶת־הַגֵּר עָשְׁקוּ

ל בְלֹא מִשְׁפָּט׃ וָאֲבַקֵּשׁ מֵהֶם אִישׁ גֹּדֵר־גָּדֵר וְעֹמֵד בַּפֶּרֶץ
לא לְפָנַי בְּעַד הָאָרֶץ לְבִלְתִּי שַׁחֲתָהּ וְלֹא מָצָאתִי׃ וָאֶשְׁפֹּךְ עֲלֵיהֶם
זַעְמִי בְּאֵשׁ עֶבְרָתִי כִּלִּיתִים דַּרְכָּם בְּרֹאשָׁם נָתַתִּי נְאֻם אֲדֹנָי
כג א ב יֱהוִה׃ וַיְהִי דְבַר־יְהוָה אֵלַי לֵאמֹר׃ בֶּן־אָדָם
ג שְׁתַּיִם נָשִׁים בְּנוֹת אֵם־אַחַת הָיוּ׃ וַתִּזְנֶינָה בְמִצְרַיִם בִּנְעוּרֵיהֶן
ד זָנוּ שָׁמָּה מֹעֲכוּ שְׁדֵיהֶן וְשָׁם עִשּׂוּ דַּדֵּי בְּתוּלֵיהֶן׃ וּשְׁמוֹתָן אָהֳלָה
הַגְּדוֹלָה וְאָהֳלִיבָה אֲחוֹתָהּ וַתִּהְיֶינָה לִי וַתֵּלַדְנָה בָּנִים וּבָנוֹת
ה וּשְׁמוֹתָן שֹׁמְרוֹן אָהֳלָה וִירוּשָׁלִַם אָהֳלִיבָה׃ וַתִּזֶן אָהֳלָה תַּחְתָּי
ו וַתַּעְגַּב עַל־מְאַהֲבֶיהָ אֶל־אַשּׁוּר קְרוֹבִים׃ לְבֻשֵׁי תְכֵלֶת פַּחוֹת
ז וּסְגָנִים בַּחוּרֵי חֶמֶד כֻּלָּם פָּרָשִׁים רֹכְבֵי סוּסִים׃ וַתִּתֵּן תַּזְנוּתֶיהָ
עֲלֵיהֶם מִבְחַר בְּנֵי־אַשּׁוּר כֻּלָּם וּבְכֹל אֲשֶׁר־עָגְבָה בְּכָל־גִּלּוּלֵיהֶם
ח נִטְמָאָה׃ וְאֶת־תַּזְנוּתֶיהָ מִמִּצְרַיִם לֹא עָזָבָה כִּי אוֹתָהּ שָׁכְבוּ
ט בִנְעוּרֶיהָ וְהֵמָּה עִשּׂוּ דַּדֵּי בְתוּלֶיהָ וַיִּשְׁפְּכוּ תַזְנוּתָם עָלֶיהָ׃ לָכֵן
י נְתַתִּיהָ בְּיַד־מְאַהֲבֶיהָ בְּיַד בְּנֵי אַשּׁוּר אֲשֶׁר עָגְבָה עֲלֵיהֶם׃ הֵמָּה
גִּלּוּ עֶרְוָתָהּ בָּנֶיהָ וּבְנוֹתֶיהָ לָקָחוּ וְאוֹתָהּ בַּחֶרֶב הָרָגוּ וַתְּהִי־
יא שֵׁם לַנָּשִׁים וּשְׁפוּטִים עָשׂוּ בָהּ׃ וַתֵּרֶא אֲחוֹתָהּ
אָהֳלִיבָה וַתַּשְׁחֵת עַגְבָתָהּ מִמֶּנָּה וְאֶת־תַּזְנוּתֶיהָ מִזְּנוּנֵי
יב אֲחוֹתָהּ׃ אֶל־בְּנֵי אַשּׁוּר עָגָבָה פַּחוֹת וּסְגָנִים קְרֹבִים לְבֻשֵׁי
יג מִכְלוֹל פָּרָשִׁים רֹכְבֵי סוּסִים בַּחוּרֵי חֶמֶד כֻּלָּם׃ וָאֵרֶא כִּי
יד נִטְמָאָה דֶּרֶךְ אֶחָד לִשְׁתֵּיהֶן׃ וַתּוֹסֶף אֶל־תַּזְנוּתֶיהָ וַתֵּרֶא אַנְשֵׁי
טו מְחֻקֶּה עַל־הַקִּיר צַלְמֵי כשדיים חֲקֻקִים בַּשָּׁשַׁר׃ חֲגוֹרֵי אֵזוֹר כַּשְׂדִּים
בְּמָתְנֵיהֶם סְרוּחֵי טְבוּלִים בְּרָאשֵׁיהֶם מַרְאֵה שָׁלִשִׁים כֻּלָּם
טז דְּמוּת בְּנֵי־בָבֶל כַּשְׂדִּים אֶרֶץ מוֹלַדְתָּם׃ וַתַּעְגַּב עֲלֵיהֶם לְמַרְאֵה
יז עֵינֶיהָ וַתִּשְׁלַח מַלְאָכִים אֲלֵיהֶם כַּשְׂדִּימָה׃ וַיָּבֹאוּ אֵלֶיהָ בְנֵי־
בָבֶל לְמִשְׁכַּב דֹּדִים וַיְטַמְּאוּ אוֹתָהּ בְּתַזְנוּתָם וַתִּטְמָא־בָם
יח וַתֵּקַע נַפְשָׁהּ מֵהֶם׃ וַתְּגַל תַּזְנוּתֶיהָ וַתְּגַל אֶת־עֶרְוָתָהּ וַתֵּקַע
יט נַפְשִׁי מֵעָלֶיהָ כַּאֲשֶׁר נָקְעָה נַפְשִׁי מֵעַל אֲחוֹתָהּ׃ וַתַּרְבֶּה אֶת־

תַּזְנוּתֶיהָ לִזְכֹּר אֶת־יְמֵי נְעוּרֶיהָ אֲשֶׁר זָנְתָה בְּאֶרֶץ מִצְרָיִם׃
וַתַּעְגְּבָה עַל פִּלַגְשֵׁיהֶם אֲשֶׁר בְּשַׂר־חֲמוֹרִים בְּשָׂרָם וְזִרְמַת כ
סוּסִים זִרְמָתָם׃ וַתִּפְקְדִי אֵת זִמַּת נְעוּרָיִךְ בַּעְשׂוֹת מִמִּצְרַיִם כא
דַּדַּיִךְ לְמַעַן שְׁדֵי נְעוּרָיִךְ׃ לָכֵן אָהֳלִיבָה כֹּה־ כב
אָמַר אֲדֹנָי יֱהֹוִה הִנְנִי מֵעִיר אֶת־מְאַהֲבַיִךְ עָלַיִךְ אֵת אֲשֶׁר־
נָקְעָה נַפְשֵׁךְ מֵהֶם וַהֲבֵאתִים עָלַיִךְ מִסָּבִיב׃ בְּנֵי בָבֶל וְכָל־ כג
כַּשְׂדִּים פְּקוֹד וְשׁוֹעַ וְקוֹעַ כָּל־בְּנֵי אַשּׁוּר אוֹתָם בַּחוּרֵי חֶמֶד
פַּחוֹת וּסְגָנִים כֻּלָּם שָׁלִשִׁים וּקְרוּאִים רֹכְבֵי סוּסִים כֻּלָּם׃ וּבָאוּ כד
עָלַיִךְ הֹצֶן רֶכֶב וְגַלְגַּל וּבִקְהַל עַמִּים צִנָּה וּמָגֵן וְקוֹבַע יָשִׂימוּ
עָלַיִךְ סָבִיב וְנָתַתִּי לִפְנֵיהֶם מִשְׁפָּט וּשְׁפָטוּךְ בְּמִשְׁפְּטֵיהֶם׃
וְנָתַתִּי קִנְאָתִי בָּךְ וְעָשׂוּ אוֹתָךְ בְּחֵמָה אַפֵּךְ וְאָזְנַיִךְ יָסִירוּ כה
וְאַחֲרִיתֵךְ בַּחֶרֶב תִּפּוֹל הֵמָּה בָּנַיִךְ וּבְנוֹתַיִךְ יִקָּחוּ וְאַחֲרִיתֵךְ
תֵּאָכֵל בָּאֵשׁ׃ וְהִפְשִׁיטוּךְ אֶת־בְּגָדָיִךְ וְלָקְחוּ כְּלֵי תִפְאַרְתֵּךְ׃ כו
יד וְהִשְׁבַּתִּי זִמָּתֵךְ מִמֵּךְ וְאֶת־זְנוּתֵךְ מֵאֶרֶץ מִצְרָיִם וְלֹא־תִשְׂאִי כז
עֵינַיִךְ אֲלֵיהֶם וּמִצְרַיִם לֹא תִזְכְּרִי־עוֹד׃ כִּי כֹה כח
אָמַר אֲדֹנָי יֱהֹוִה הִנְנִי נֹתְנָךְ בְּיַד אֲשֶׁר שָׂנֵאת בְּיַד אֲשֶׁר־נָקְעָה
נַפְשֵׁךְ מֵהֶם׃ וְעָשׂוּ אוֹתָךְ בְּשִׂנְאָה וְלָקְחוּ כָּל־יְגִיעֵךְ וַעֲזָבוּךְ כט
עֵירֹם וְעֶרְיָה וְנִגְלָה עֶרְוַת זְנוּנַיִךְ וְזִמָּתֵךְ וְתַזְנוּתָיִךְ׃ עָשֹׂה אֵלֶּה ל
לָךְ בִּזְנוֹתֵךְ אַחֲרֵי גוֹיִם עַל אֲשֶׁר־נִטְמֵאת בְּגִלּוּלֵיהֶם׃ בְּדֶרֶךְ לא
אֲחוֹתֵךְ הָלָכְתְּ וְנָתַתִּי כוֹסָהּ בְּיָדֵךְ׃ כֹּה אָמַר לב
אֲדֹנָי יֱהֹוִה כּוֹס אֲחוֹתֵךְ תִּשְׁתִּי הָעֲמֻקָּה וְהָרְחָבָה תִּהְיֶה לִצְחֹק
וּלְלַעַג מִרְבָּה לְהָכִיל׃ שִׁכָּרוֹן וְיָגוֹן תִּמָּלֵאִי כּוֹס שַׁמָּה לג
וּשְׁמָמָה כּוֹס אֲחוֹתֵךְ שֹׁמְרוֹן׃ וְשָׁתִית אוֹתָהּ וּמָצִית וְאֶת־ לד
חֲרָשֶׂיהָ תְּגָרֵמִי וְשָׁדַיִךְ תְּנַתֵּקִי כִּי אֲנִי דִבַּרְתִּי נְאֻם אֲדֹנָי
יֱהֹוִה׃ לָכֵן כֹּה אָמַר אֲדֹנָי יֱהֹוִה יַעַן שָׁכַחַתְּ לה
אוֹתִי וַתַּשְׁלִיכִי אוֹתִי אַחֲרֵי גַוֵּךְ וְגַם־אַתְּ שְׂאִי זִמָּתֵךְ וְאֶת־
תַּזְנוּתָיִךְ׃ וַיֹּאמֶר יְהוָה אֵלַי בֶּן־אָדָם הֲתִשְׁפּוֹט לו

לז אֶת־אָהֳלָה וְאֶת־אָהֳלִיבָה וְהַגֵּד לָהֶן אֵת תּוֹעֲבוֹתֵיהֶן׃ כִּי נִאֵפוּ
וְדָם בִּידֵיהֶן וְאֶת־גִּלּוּלֵיהֶן נִאֵפוּ וְגַם אֶת־בְּנֵיהֶן אֲשֶׁר יָלְדוּ־לִי
לח הֶעֱבִירוּ לָהֶם לְאָכְלָה׃ עוֹד זֹאת עָשׂוּ לִי טִמְּאוּ אֶת־מִקְדָּשִׁי
לט בַּיּוֹם הַהוּא וְאֶת־שַׁבְּתוֹתַי חִלֵּלוּ׃ וּבְשַׁחֲטָם אֶת־בְּנֵיהֶם
לְגִלּוּלֵיהֶם וַיָּבֹאוּ אֶל־מִקְדָּשִׁי בַּיּוֹם הַהוּא לְחַלְּלוֹ וְהִנֵּה־כֹה
מ עָשׂוּ בְּתוֹךְ בֵּיתִי׃ וְאַף כִּי תִשְׁלַחְנָה לַאֲנָשִׁים בָּאִים מִמֶּרְחָק
אֲשֶׁר מַלְאָךְ שָׁלוּחַ אֲלֵיהֶם וְהִנֵּה־בָאוּ לַאֲשֶׁר רָחַצְתְּ כָּחַלְתְּ
מא עֵינַיִךְ וְעָדִית עֶדִי׃ וְיָשַׁבְתְּ עַל־מִטָּה כְבוּדָּה וְשֻׁלְחָן עָרוּךְ
מב לְפָנֶיהָ וּקְטָרְתִּי וְשַׁמְנִי שַׂמְתְּ עָלֶיהָ׃ וְקוֹל הָמוֹן שָׁלֵו בָהּ וְאֶל־
אֲנָשִׁים מֵרֹב אָדָם מוּבָאִים סובאים מִמִּדְבָּר וַיִּתְּנוּ צְמִידִים סָבָאִים
מג אֶל־יְדֵיהֶן וַעֲטֶרֶת תִּפְאֶרֶת עַל־רָאשֵׁיהֶן׃ וָאֹמַר לַבָּלָה נִאוּפִים
מד עַתָּ יזנה תַזְנוּתֶהָ וָהִיא׃ וַיָּבוֹא אֵלֶיהָ כְּבוֹא אֶל־אִשָּׁה זוֹנָה יִזְנוּ
מה כֵּן בָּאוּ אֶל־אָהֳלָה וְאֶל־אָהֳלִיבָה אִשֹּׁת הַזִּמָּה׃ וַאֲנָשִׁים
צַדִּיקִם הֵמָּה יִשְׁפְּטוּ אוֹתְהֶם מִשְׁפַּט נֹאֲפוֹת וּמִשְׁפַּט שֹׁפְכוֹת
מו דָּם כִּי נֹאֲפֹת הֵנָּה וְדָם בִּידֵיהֶן׃ כִּי כֹה אָמַר
מז אֲדֹנָי יֱהוִה הַעֲלֵה עֲלֵיהֶם קָהָל וְנָתֹן אֶתְהֶן לְזַעֲוָה וָלָבַז׃ וְרָגְמוּ
עֲלֵיהֶן אֶבֶן קָהָל וּבָרֵא אוֹתְהֶן בְּחַרְבוֹתָם בְּנֵיהֶם וּבְנוֹתֵיהֶם
מח יַהֲרֹגוּ וּבָתֵּיהֶן בָּאֵשׁ יִשְׂרֹפוּ׃ וְהִשְׁבַּתִּי זִמָּה מִן־הָאָרֶץ
מט וְנִוַּסְּרוּ כָּל־הַנָּשִׁים וְלֹא תַעֲשֶׂינָה כְּזִמַּתְכֶנָה׃ וְנָתְנוּ זִמַּתְכֶנָה
עֲלֵיכֶן וַחֲטָאֵי גִלּוּלֵיכֶן תִּשֶּׂאינָה וִידַעְתֶּם כִּי אֲנִי אֲדֹנָי
כד א יֱהוִה׃ וַיְהִי דְבַר־יְהוָה אֵלַי בַּשָּׁנָה הַתְּשִׁיעִית
ב בַּחֹדֶשׁ הָעֲשִׂירִי בֶּעָשׂוֹר לַחֹדֶשׁ לֵאמֹר׃ בֶּן־אָדָם כתוב־לְךָ אֶת־ כְּתָב־
שֵׁם הַיּוֹם אֶת־עֶצֶם הַיּוֹם הַזֶּה סָמַךְ מֶלֶךְ־בָּבֶל אֶל־יְרוּשָׁלִַם
ג בְּעֶצֶם הַיּוֹם הַזֶּה׃ וּמְשֹׁל אֶל־בֵּית־הַמֶּרִי מָשָׁל וְאָמַרְתָּ אֲלֵיהֶם
ד כֹּה אָמַר אֲדֹנָי יֱהוִה שְׁפֹת הַסִּיר שְׁפֹת וְגַם־יְצֹק בּוֹ מָיִם׃ אֱסֹף
נְתָחֶיהָ אֵלֶיהָ כָּל־נֵתַח טוֹב יָרֵךְ וְכָתֵף מִבְחַר עֲצָמִים מַלֵּא׃
ה מִבְחַר הַצֹּאן לָקוֹחַ וְגַם דּוּר הָעֲצָמִים תַּחְתֶּיהָ רַתַּח רְתָחֶיהָ

ו גַּם־בַּשְּׁלוּ עֲצָמֶיהָ בְּתוֹכָהּ׃ לָכֵן כֹּה־אָמַר ׀ אֲדֹנָי
יֱהֹוִה אוֹי עִיר הַדָּמִים סִיר אֲשֶׁר חֶלְאָתָה בָהּ וְחֶלְאָתָהּ לֹא
יָצְאָה מִמֶּנָּה לִנְתָחֶיהָ לִנְתָחֶיהָ הוֹצִיאָהּ לֹא־נָפַל עָלֶיהָ גּוֹרָל׃
ז כִּי דָמָהּ בְּתוֹכָהּ הָיָה עַל־צְחִיחַ סֶלַע שָׂמָתְהוּ לֹא שְׁפָכַתְהוּ
ח עַל־הָאָרֶץ לְכַסּוֹת עָלָיו עָפָר׃ לְהַעֲלוֹת חֵמָה לִנְקֹם נָקָם נָתַתִּי
ט אֶת־דָּמָהּ עַל־צְחִיחַ סָלַע לְבִלְתִּי הִכָּסוֹת׃ לָכֵן
כֹּה אָמַר אֲדֹנָי יֱהֹוִה אוֹי עִיר הַדָּמִים גַּם־אֲנִי אַגְדִּיל הַמְּדוּרָה׃
י הַרְבֵּה הָעֵצִים הַדְלֵק הָאֵשׁ הָתֵם הַבָּשָׂר וְהַרְקַח הַמֶּרְקָחָה
יא וְהָעֲצָמוֹת יֵחָרוּ׃ וְהַעֲמִידֶהָ עַל־גֶּחָלֶיהָ רֵקָה לְמַעַן תֵּחַם וְחָרָה
יב נְחֻשְׁתָּהּ וְנִתְּכָה בְתוֹכָהּ טֻמְאָתָהּ תִּתֹּם חֶלְאָתָהּ׃ תְּאֻנִים
הֶלְאָת וְלֹא־תֵצֵא מִמֶּנָּה רַבַּת חֶלְאָתָהּ בְּאֵשׁ חֶלְאָתָהּ׃
יג בְּטֻמְאָתֵךְ זִמָּה יַעַן טִהַרְתִּיךְ וְלֹא טָהַרְתְּ מִטֻּמְאָתֵךְ לֹא
יד תִטְהֲרִי־עוֹד עַד־הֲנִיחִי אֶת־חֲמָתִי בָּךְ׃ אֲנִי יְהֹוָה דִּבַּרְתִּי
בָּאָה וְעָשִׂיתִי לֹא־אֶפְרַע וְלֹא־אָחוּס וְלֹא אֶנָּחֵם כִּדְרָכַיִךְ
טו וְכַעֲלִילוֹתַיִךְ שְׁפָטוּךְ נְאֻם אֲדֹנָי יֱהֹוִה׃ וַיְהִי
טז דְבַר־יְהֹוָה אֵלַי לֵאמֹר׃ בֶּן־אָדָם הִנְנִי לֹקֵחַ מִמְּךָ אֶת־מַחְמַד
עֵינֶיךָ בְּמַגֵּפָה וְלֹא תִסְפֹּד וְלֹא תִבְכֶּה וְלוֹא תָבוֹא דִּמְעָתֶךָ׃
יז הֵאָנֵק ׀ דֹּם מֵתִים אֵבֶל לֹא־תַעֲשֶׂה פְּאֵרְךָ חֲבוֹשׁ עָלֶיךָ וּנְעָלֶיךָ
תָּשִׂים בְּרַגְלֶיךָ וְלֹא תַעְטֶה עַל־שָׂפָם וְלֶחֶם אֲנָשִׁים לֹא תֹאכֵל׃
יח וָאֲדַבֵּר אֶל־הָעָם בַּבֹּקֶר וַתָּמָת אִשְׁתִּי בָּעָרֶב וָאַעַשׂ בַּבֹּקֶר
יט כַּאֲשֶׁר צֻוֵּיתִי׃ וַיֹּאמְרוּ אֵלַי הָעָם הֲלֹא־תַגִּיד לָנוּ מָה־אֵלֶּה לָּנוּ
כ כִּי אַתָּה עֹשֶׂה׃ וָאֹמַר אֲלֵיהֶם דְּבַר־יְהֹוָה הָיָה אֵלַי לֵאמֹר׃
כא אֱמֹר ׀ לְבֵית יִשְׂרָאֵל כֹּה־אָמַר אֲדֹנָי יֱהֹוִה הִנְנִי מְחַלֵּל אֶת־
מִקְדָּשִׁי גְּאוֹן עֻזְּכֶם מַחְמַד עֵינֵיכֶם וּמַחְמַל נַפְשְׁכֶם וּבְנֵיכֶם
כב וּבְנוֹתֵיכֶם אֲשֶׁר עֲזַבְתֶּם בַּחֶרֶב יִפֹּלוּ׃ וַעֲשִׂיתֶם כַּאֲשֶׁר עָשִׂיתִי
כג עַל־שָׂפָם לֹא תַעְטוּ וְלֶחֶם אֲנָשִׁים לֹא תֹאכֵלוּ׃ וּפְאֵרְכֶם עַל־
רָאשֵׁיכֶם וְנַעֲלֵיכֶם בְּרַגְלֵיכֶם לֹא תִסְפְּדוּ וְלֹא תִבְכּוּ וּנְמַקֹּתֶם

כד בַּעֲוֺנֹתֵיכֶם וּנְהַמְתֶּם אִישׁ אֶל־אָחִיו׃ וְהָיָה יְחֶזְקֵאל לָכֶם טו
לְמוֹפֵת כְּכֹל אֲשֶׁר־עָשָׂה תַּעֲשׂוּ בְּבֹאָהּ וִידַעְתֶּם כִּי אֲנִי אֲדֹנָי
כה יֱהֹוִה׃ וְאַתָּה בֶן־אָדָם הֲלוֹא בְּיוֹם קַחְתִּי מֵהֶם
אֶת־מָעוּזָּם מְשׂוֹשׂ תִּפְאַרְתָּם אֶת־מַחְמַד עֵינֵיהֶם וְאֶת־מַשָּׂא
כו נַפְשָׁם בְּנֵיהֶם וּבְנוֹתֵיהֶם׃ בַּיּוֹם הַהוּא יָבוֹא הַפָּלִיט אֵלֶיךָ
כז לְהַשְׁמָעוּת אָזְנָיִם׃ בַּיּוֹם הַהוּא יִפָּתַח פִּיךָ אֶת־הַפָּלִיט
וּתְדַבֵּר וְלֹא תֵאָלֵם עוֹד וְהָיִיתָ לָהֶם לְמוֹפֵת וְיָדְעוּ כִּי־אֲנִי
כה א ב יְהוָה׃ וַיְהִי דְבַר־יְהוָה אֵלַי לֵאמֹר׃ בֶּן־אָדָם שִׂים
ג פָּנֶיךָ אֶל־בְּנֵי עַמּוֹן וְהִנָּבֵא עֲלֵיהֶם׃ וְאָמַרְתָּ לִבְנֵי עַמּוֹן שִׁמְעוּ
דְּבַר־אֲדֹנָי יֱהֹוִה כֹּה־אָמַר אֲדֹנָי יֱהֹוִה יַעַן אָמְרֵךְ הֶאָח אֶל־
מִקְדָּשִׁי כִי־נִחָל וְאֶל־אַדְמַת יִשְׂרָאֵל כִּי נָשַׁמָּה וְאֶל־בֵּית
ד יְהוּדָה כִּי הָלְכוּ בַּגּוֹלָה׃ לָכֵן הִנְנִי נֹתְנָךְ לִבְנֵי־קֶדֶם לְמוֹרָשָׁה
וְיִשְּׁבוּ טִירוֹתֵיהֶם בָּךְ וְנָתְנוּ בָךְ מִשְׁכְּנֵיהֶם הֵמָּה יֹאכְלוּ פִרְיֵךְ
ה וְהֵמָּה יִשְׁתּוּ חֲלָבֵךְ׃ וְנָתַתִּי אֶת־רַבָּה לִנְוֵה גְמַלִּים וְאֶת־בְּנֵי
ו עַמּוֹן לְמִרְבַּץ־צֹאן וִידַעְתֶּם כִּי־אֲנִי יְהוָה׃ כִּי כֹה
אָמַר אֲדֹנָי יֱהֹוִה יַעַן מַחְאֲךָ יָד וְרַקְעֲךָ בְּרָגֶל וַתִּשְׂמַח בְּכָל־
ז שָׁאטְךָ בְּנֶפֶשׁ אֶל־אַדְמַת יִשְׂרָאֵל׃ לָכֵן הִנְנִי נָטִיתִי אֶת־יָדִי
עָלֶיךָ וּנְתַתִּיךָ לבג לַגּוֹיִם וְהִכְרַתִּיךָ מִן־הָעַמִּים וְהַאֲבַדְתִּיךָ מִן־ לְבַז
ח הָאֲרָצוֹת אַשְׁמִידְךָ וְיָדַעְתָּ כִּי־אֲנִי יְהוָה׃ כֹּה
אָמַר אֲדֹנָי יֱהֹוִה יַעַן אֲמֹר מוֹאָב וְשֵׂעִיר הִנֵּה כְּכָל־הַגּוֹיִם בֵּית
ט יְהוּדָה׃ לָכֵן הִנְנִי פֹתֵחַ אֶת־כֶּתֶף מוֹאָב מֵהֶעָרִים מֵעָרָיו
י מִקָּצֵהוּ צְבִי אֶרֶץ בֵּית הַיְשִׁימֹת בַּעַל מְעוֹן וקריתמה׃ לִבְנֵי־ וְקִרְיָתָיְמָה
קֶדֶם עַל־בְּנֵי עַמּוֹן וּנְתַתִּיהָ לְמוֹרָשָׁה לְמַעַן לֹא־תִזָּכֵר
יא בְּנֵי־עַמּוֹן בַּגּוֹיִם׃ וּבְמוֹאָב אֶעֱשֶׂה שְׁפָטִים וְיָדְעוּ כִּי־אֲנִי
יב יְהוָה׃ כֹּה אָמַר אֲדֹנָי יֱהֹוִה יַעַן עֲשׂוֹת אֱדוֹם
יג בִּנְקֹם נָקָם לְבֵית יְהוּדָה וַיֶּאְשְׁמוּ אָשׁוֹם וְנִקְּמוּ בָהֶם׃ לָכֵן כֹּה
אָמַר אֲדֹנָי יֱהֹוִה וְנָטִתִי יָדִי עַל־אֱדוֹם וְהִכְרַתִּי מִמֶּנָּה אָדָם

וּבְהֵמָה וּנְתַתִּיהָ חׇרְבָּה מִתֵּימָן וּדְדָנֶה בַּחֶרֶב יִפֹּלוּ׃ וְנָתַתִּי אֶת־ יד
נִקְמָתִי בֶּאֱדוֹם בְּיַד עַמִּי יִשְׂרָאֵל וְעָשׂוּ בֶאֱדוֹם כְּאַפִּי וְכַחֲמָתִי
וְיָדְעוּ אֶת־נִקְמָתִי נְאֻם אֲדֹנָי יֱהֹוִה׃ כֹּה אָמַר טו
אֲדֹנָי יֱהֹוִה יַעַן עֲשׂוֹת פְּלִשְׁתִּים בִּנְקָמָה וַיִּנָּקְמוּ נָקָם בִּשְׁאָט
בְּנֶפֶשׁ לְמַשְׁחִית אֵיבַת עוֹלָם׃ לָכֵן כֹּה אָמַר אֲדֹנָי יֱהֹוִה הִנְנִי טז
נוֹטֶה יָדִי עַל־פְּלִשְׁתִּים וְהִכְרַתִּי אֶת־כְּרֵתִים וְהַאֲבַדְתִּי אֶת־
שְׁאֵרִית חוֹף הַיָּם׃ וְעָשִׂיתִי בָם נְקָמוֹת גְּדֹלוֹת בְּתוֹכְחוֹת חֵמָה יז
וְיָדְעוּ כִּי־אֲנִי יְהֹוָה בְּתִתִּי אֶת־נִקְמָתִי בָּם׃
וַיְהִי בְּעַשְׁתֵּי־עֶשְׂרֵה שָׁנָה בְּאֶחָד לַחֹדֶשׁ הָיָה דְבַר־יְהֹוָה אֵלַי א כו
לֵאמֹר׃ בֶּן־אָדָם יַעַן אֲשֶׁר־אָמְרָה צֹּר עַל־יְרוּשָׁלַםִ הֶאָח ב
נִשְׁבְּרָה דַּלְתוֹת הָעַמִּים נָסֵבָּה אֵלָי אִמָּלְאָה הׇחֳרָבָה׃ לָכֵן כֹּה ג
אָמַר אֲדֹנָי יֱהֹוִה הִנְנִי עָלַיִךְ צֹר וְהַעֲלֵיתִי עָלַיִךְ גּוֹיִם רַבִּים
כְּהַעֲלוֹת הַיָּם לְגַלָּיו׃ וְשִׁחֲתוּ חֹמוֹת צֹר וְהָרְסוּ מִגְדָּלֶיהָ וְסִחֵיתִי ד
עֲפָרָהּ מִמֶּנָּה וְנָתַתִּי אוֹתָהּ לִצְחִיחַ סָלַע׃ מִשְׁטַח חֲרָמִים ה
תִּהְיֶה בְּתוֹךְ הַיָּם כִּי אֲנִי דִבַּרְתִּי נְאֻם אֲדֹנָי יֱהֹוִה וְהָיְתָה לְבַז
לַגּוֹיִם׃ וּבְנוֹתֶיהָ אֲשֶׁר בַּשָּׂדֶה בַּחֶרֶב תֵּהָרַגְנָה וְיָדְעוּ כִּי־אֲנִי ו
יְהֹוָה׃ כִּי כֹה אָמַר אֲדֹנָי יֱהֹוִה הִנְנִי מֵבִיא אֶל־ ז
צֹר נְבוּכַדְרֶאצַּר מֶלֶךְ־בָּבֶל מִצָּפוֹן מֶלֶךְ מְלָכִים בְּסוּס וּבְרֶכֶב
וּבְפָרָשִׁים וְקָהָל וְעַם־רָב׃ בְּנוֹתַיִךְ בַּשָּׂדֶה בַּחֶרֶב יַהֲרֹג וְנָתַן ח
עָלַיִךְ דָּיֵק וְשָׁפַךְ עָלַיִךְ סֹלְלָה וְהֵקִים עָלַיִךְ צִנָּה׃ וּמְחִי קׇבׇלּוֹ ט
יִתֵּן בְּחֹמוֹתָיִךְ וּמִגְדְּלֹתַיִךְ יִתֹּץ בְּחַרְבוֹתָיו׃ מִשִּׁפְעַת סוּסָיו י
יְכַסֵּךְ אֲבָקָם מִקּוֹל פָּרַשׁ וְגַלְגַּל וָרֶכֶב תִּרְעַשְׁנָה חוֹמוֹתַיִךְ
בְּבֹאוֹ בִּשְׁעָרַיִךְ כִּמְבוֹאֵי עִיר מְבֻקָּעָה׃ בְּפַרְסוֹת סוּסָיו יִרְמֹס יא
אֶת־כׇּל־חוּצוֹתָיִךְ עַמֵּךְ בַּחֶרֶב יַהֲרֹג וּמַצְּבוֹת עֻזֵּךְ לָאָרֶץ תֵּרֵד׃
וְשָׁלְלוּ חֵילֵךְ וּבָזְזוּ רְכֻלָּתֵךְ וְהָרְסוּ חוֹמוֹתַיִךְ וּבָתֵּי חֶמְדָּתֵךְ יִתֹּצוּ יב
וַאֲבָנַיִךְ וְעֵצַיִךְ וַעֲפָרֵךְ בְּתוֹךְ מַיִם יָשִׂימוּ׃ וְהִשְׁבַּתִּי הֲמוֹן שִׁירָיִךְ יג
וְקוֹל כִּנּוֹרַיִךְ לֹא יִשָּׁמַע עוֹד׃ וּנְתַתִּיךְ לִצְחִיחַ סֶלַע מִשְׁטַח יד

חֲרָמִים תִּהְיֶה לֹא תִבָּנֶה עוֹד כִּי אֲנִי יְהוָה דִּבַּרְתִּי נְאֻם אֲדֹנָי
טו יֱהוִֹה׃ כֹּה אָמַר אֲדֹנָי יֱהוִֹה לְצוֹר הֲלֹא ׀ מִקּוֹל
טז מַפַּלְתֵּךְ בֶּאֱנֹק חָלָל בֵּהָרֵג הֶרֶג בְּתוֹכֵךְ יִרְעֲשׁוּ הָאִיִּים׃ וְיָרְדוּ
מֵעַל כִּסְאוֹתָם כֹּל נְשִׂיאֵי הַיָּם וְהֵסִירוּ אֶת־מְעִילֵיהֶם וְאֶת־
בִּגְדֵי רִקְמָתָם יִפְשֹׁטוּ חֲרָדוֹת ׀ יִלְבָּשׁוּ עַל־הָאָרֶץ יֵשֵׁבוּ
יז וְחָרְדוּ לִרְגָעִים וְשָׁמְמוּ עָלָיִךְ׃ וְנָשְׂאוּ עָלַיִךְ קִינָה וְאָמְרוּ לָךְ
אֵיךְ אָבַדְתְּ נוֹשֶׁבֶת מִיַּמִּים הָעִיר הַהֻלָּלָה אֲשֶׁר הָיְתָה
חֲזָקָה בַיָּם הִיא וְיֹשְׁבֶיהָ אֲשֶׁר־נָתְנוּ חִתִּיתָם לְכָל־יוֹשְׁבֶיהָ׃
יח עַתָּה יֶחְרְדוּ הָאִיִּן יוֹם מַפַּלְתֵּךְ וְנִבְהֲלוּ הָאִיִּים אֲשֶׁר־בַּיָּם
יט מִצֵּאתֵךְ׃ כִּי כֹה אָמַר אֲדֹנָי יֱהוִֹה בְּתִתִּי אֹתָךְ
עִיר נֶחֱרֶבֶת כֶּעָרִים אֲשֶׁר לֹא־נוֹשָׁבוּ בְּהַעֲלוֹת עָלַיִךְ אֶת־תְּהוֹם
כ וְכִסּוּךְ הַמַּיִם הָרַבִּים׃ וְהוֹרַדְתִּיךְ אֶת־יוֹרְדֵי בוֹר אֶל־עַם עוֹלָם טז
וְהוֹשַׁבְתִּיךְ בְּאֶרֶץ תַּחְתִּיּוֹת כָּחֳרָבוֹת מֵעוֹלָם אֶת־יוֹרְדֵי
כא בוֹר לְמַעַן לֹא תֵשֵׁבִי וְנָתַתִּי צְבִי בְּאֶרֶץ חַיִּים׃ בַּלָּהוֹת
אֶתְּנֵךְ וְאֵינֵךְ וּתְבֻקְשִׁי וְלֹא־תִמָּצְאִי עוֹד לְעוֹלָם נְאֻם אֲדֹנָי
כז א ב יֱהוִֹה׃ וַיְהִי דְבַר־יְהוָה אֵלַי לֵאמֹר׃ וְאַתָּה בֶן־
ג אָדָם שָׂא עַל־צֹר קִינָה׃ וְאָמַרְתָּ לְצוֹר הישבתי עַל־מְבוֹאֹת יָם הַיֹּשֶׁבֶת
רֹכֶלֶת הָעַמִּים אֶל־אִיִּים רַבִּים כֹּה אָמַר אֲדֹנָי יֱהוִֹה צוֹר אַתְּ
ד אָמַרְתְּ אֲנִי כְּלִילַת יֹפִי׃ בְּלֵב יַמִּים גְּבוּלָיִךְ בֹּנַיִךְ כָּלְלוּ יָפְיֵךְ׃
ה בְּרוֹשִׁים מִשְּׂנִיר בָּנוּ לָךְ אֵת כָּל־לֻחֹתָיִם אֶרֶז מִלְּבָנוֹן לָקָחוּ
ו לַעֲשׂוֹת תֹּרֶן עָלָיִךְ׃ אַלּוֹנִים מִבָּשָׁן עָשׂוּ מִשּׁוֹטָיִךְ קַרְשֵׁךְ עָשׂוּ־
ז שֵׁן בַּת־אֲשֻׁרִים מֵאִיֵּי כִּתִּים׃ שֵׁשׁ בְּרִקְמָה מִמִּצְרַיִם הָיָה
מִפְרָשֵׂךְ לִהְיוֹת לָךְ לְנֵס תְּכֵלֶת וְאַרְגָּמָן מֵאִיֵּי אֱלִישָׁה הָיָה
ח מְכַסֵּךְ׃ יֹשְׁבֵי צִידוֹן וְאַרְוַד הָיוּ שָׁטִים לָךְ חֲכָמַיִךְ צוֹר הָיוּ בָךְ
ט הֵמָּה חֹבְלָיִךְ׃ זִקְנֵי גְבַל וַחֲכָמֶיהָ הָיוּ בָךְ מַחֲזִיקֵי בִּדְקֵךְ כָּל־
י אֳנִיּוֹת הַיָּם וּמַלָּחֵיהֶם הָיוּ בָךְ לַעֲרֹב מַעֲרָבֵךְ׃ פָּרַס וְלוּד וּפוּט
הָיוּ בְחֵילֵךְ אַנְשֵׁי מִלְחַמְתֵּךְ מָגֵן וְכוֹבַע תִּלּוּ־בָךְ הֵמָּה נָתְנוּ

יא הדדך: בני ארוד וחילך על־חומותיך סביב וגמדים
במגדלותיך היו שלטיהם תלו על־חומותיך סביב המה
יב כללו יפיך: תרשיש סחרתך מרב כל־הון בכסף ברזל בדיל
יג ועופרת נתנו עזבוניך: יון תבל ומשך המה רכליך בנפש
יד אדם וכלי נחשת נתנו מערבך: מבית תוגרמה סוסים ופרשים
טו ופרדים נתנו עזבוניך: בני דדן רכליך איים רבים סחרת ידך
טז קרנות שן והובנים השיבו אשכרך: ארם סחרתך מרב והבנים
מעשיך בנפך ארגמן ורקמה ובוץ וראמת וכדכד נתנו
יז בעזבוניך: יהודה וארץ ישראל המה רכליך בחטי מנית ופנג
יח ודבש ושמן וצרי נתנו מערבך: דמשק סחרתך ברב מעשיך
יט מרב כל־הון ביין חלבון וצמר צחר: ודן ויון מאוזל בעזבוניך
כ נתנו ברזל עשות קדה וקנה במערבך היה: דדן רכלתך
כא בבגדי־חפש לרכבה: ערב וכל־נשיאי קדר המה סחרי ידך
כב בכרים ואילים ועתודים בם סחריך: רכלי שבא ורעמה המה
רכליך בראש כל־בשם ובכל־אבן יקרה וזהב נתנו עזבוניך:
כג כד חרן וכנה ועדן רכלי שבא אשור כלמד רכלתך: המה רכליך
במכללים בגלומי תכלת ורקמה ובגנזי ברמים בחבלים
כה חבשים וארזים במרכלתך: אניות תרשיש שרותיך מערבך
כו ותמלאי ותכבדי מאד בלב ימים: במים רבים הבאוך השטים
כז אותך רוח הקדים שברך בלב ימים: הונך ועזבוניך מערבך
מלחיך וחבליך מחזיקי בדקך וערבי מערבך וכל־אנשי
מלחמתך אשר־בך ובכל־קהלך אשר בתוכך יפלו בלב
כח ימים ביום מפלתך: לקול זעקת חבליך ירעשו מגרשות:
כט וירדו מאניותיהם כל תפשי משוט מלחים כל חבלי הים אל־
ל הארץ יעמדו: והשמיעו עליך בקולם ויזעקו מרה ויעלו עפר
לא על־ראשיהם באפר יתפלשו: והקריחו אליך קרחה וחגרו
לב שקים ובכו אליך במר־נפש מספד מר: ונשאו אליך בניהם

לג קִינָה וְקוֹנְנוּ עָלַיִךְ מִי כְצוֹר כְּדֻמָה בְּתוֹךְ הַיָּם׃ בְּצֵאת עִזְבוֹנַיִךְ
מִיַּמִּים הִשְׂבַּעַתְּ עַמִּים רַבִּים בְּרֹב הוֹנַיִךְ וּמַעֲרָבַיִךְ הֶעֱשַׁרְתְּ
לד מַלְכֵי־אָרֶץ׃ עֵת נִשְׁבֶּרֶת מִיַּמִּים בְּמַעֲמַקֵּי־מָיִם מַעֲרָבֵךְ וְכָל־
לה קְהָלֵךְ בְּתוֹכֵךְ נָפָלוּ׃ כֹּל יֹשְׁבֵי הָאִיִּים שָׁמְמוּ עָלָיִךְ וּמַלְכֵיהֶם
לו שָׂעֲרוּ שַׂעַר רָעֲמוּ פָּנִים׃ סֹחֲרִים בָּעַמִּים שָׁרְקוּ עָלָיִךְ בַּלָּהוֹת
כח א הָיִית וְאֵינֵךְ עַד־עוֹלָם׃ וַיְהִי דְבַר־יְהוָה אֵלַי לֵאמֹר׃
ב בֶּן־אָדָם אֱמֹר לִנְגִיד צֹר כֹּה־אָמַר ׀ אֲדֹנָי יֱהוִה יַעַן גָּבַהּ
לִבְּךָ וַתֹּאמֶר אֵל אָנִי מוֹשַׁב אֱלֹהִים יָשַׁבְתִּי בְּלֵב יַמִּים וְאַתָּה
ג אָדָם וְלֹא־אֵל וַתִּתֵּן לִבְּךָ כְּלֵב אֱלֹהִים׃ הִנֵּה חָכָם אַתָּה מִדָּנִאֵל מִדָּנִיֵּאל
ד כָּל־סָתוּם לֹא עֲמָמוּךָ׃ בְּחָכְמָתְךָ וּבִתְבוּנָתְךָ עָשִׂיתָ לְּךָ חָיִל
ה וַתַּעַשׂ זָהָב וָכֶסֶף בְּאוֹצְרוֹתֶיךָ׃ בְּרֹב חָכְמָתְךָ בִּרְכֻלָּתְךָ הִרְבִּיתָ
ו חֵילֶךָ וַיִּגְבַּהּ לְבָבְךָ בְּחֵילֶךָ׃ לָכֵן כֹּה אָמַר אֲדֹנָי יֱהוִה
ז יַעַן תִּתְּךָ אֶת־לְבָבְךָ כְּלֵב אֱלֹהִים׃ לָכֵן הִנְנִי מֵבִיא עָלֶיךָ זָרִים
עָרִיצֵי גּוֹיִם וְהֵרִיקוּ חַרְבוֹתָם עַל־יְפִי חָכְמָתֶךָ וְחִלְּלוּ יִפְעָתֶךָ׃
ח ט לַשַּׁחַת יוֹרִדוּךָ וָמַתָּה מְמוֹתֵי חָלָל בְּלֵב יַמִּים׃ הֶאָמֹר תֹּאמַר
אֱלֹהִים אָנִי לִפְנֵי הֹרְגֶךָ וְאַתָּה אָדָם וְלֹא־אֵל בְּיַד מְחַלְלֶיךָ׃
י מוֹתֵי עֲרֵלִים תָּמוּת בְּיַד זָרִים כִּי אֲנִי דִבַּרְתִּי נְאֻם אֲדֹנָי
יא יב יֱהוִה׃ וַיְהִי דְבַר־יְהוָה אֵלַי לֵאמֹר׃ בֶּן־אָדָם שָׂא
קִינָה עַל־מֶלֶךְ צוֹר וְאָמַרְתָּ לּוֹ כֹּה אָמַר אֲדֹנָי יֱהוִה אַתָּה חוֹתֵם
יג תָּכְנִית מָלֵא חָכְמָה וּכְלִיל יֹפִי׃ בְּעֵדֶן גַּן־אֱלֹהִים הָיִיתָ כָּל־אֶבֶן יז
יְקָרָה מְסֻכָתֶךָ אֹדֶם פִּטְדָה וְיָהֲלֹם תַּרְשִׁישׁ שֹׁהַם וְיָשְׁפֵה סַפִּיר
נֹפֶךְ וּבָרְקַת וְזָהָב מְלֶאכֶת תֻּפֶּיךָ וּנְקָבֶיךָ בָּךְ בְּיוֹם הִבָּרַאֲךָ
יד כּוֹנָנוּ׃ אַתְּ־כְּרוּב מִמְשַׁח הַסּוֹכֵךְ וּנְתַתִּיךָ בְּהַר קֹדֶשׁ אֱלֹהִים
טו הָיִיתָ בְּתוֹךְ אַבְנֵי־אֵשׁ הִתְהַלָּכְתָּ׃ תָּמִים אַתָּה בִּדְרָכֶיךָ מִיּוֹם
טז הִבָּרְאָךְ עַד־נִמְצָא עַוְלָתָה בָךְ׃ בְּרֹב רְכֻלָּתְךָ מָלוּ תוֹכְךָ חָמָס
וַתֶּחֱטָא וָאֲחַלֶּלְךָ מֵהַר אֱלֹהִים וָאַבֶּדְךָ כְּרוּב הַסֹּכֵךְ מִתּוֹךְ
יז אַבְנֵי־אֵשׁ׃ גָּבַהּ לִבְּךָ בְּיָפְיֶךָ שִׁחַתָּ חָכְמָתְךָ עַל־יִפְעָתֶךָ עַל־

יח אֶרֶץ הִשְׁלַכְתִּיךְ לִפְנֵי מְלָכִים נְתַתִּיךְ לְרַאֲוָה בָךְ׃ מֵרֹב
עֲוֺנֶיךָ בְּעֶוֶל רְכֻלָּתְךָ חִלַּלְתָּ מִקְדָּשֶׁיךָ וָאוֹצִא־אֵשׁ מִתּוֹכְךָ
הִיא אֲכָלַתְךָ וָאֶתֶּנְךָ לְאֵפֶר עַל־הָאָרֶץ לְעֵינֵי כָּל־רֹאֶיךָ׃
יט כָּל־יוֹדְעֶיךָ בָּעַמִּים שָׁמְמוּ עָלֶיךָ בַּלָּהוֹת הָיִיתָ וְאֵינְךָ עַד־
כ כא עוֹלָם׃ וַיְהִי דְבַר־יְהוָה אֵלַי לֵאמֹר׃ בֶּן־אָדָם
כב שִׂים פָּנֶיךָ אֶל־צִידוֹן וְהִנָּבֵא עָלֶיהָ׃ וְאָמַרְתָּ כֹּה אָמַר אֲדֹנָי
יֱהוִה הִנְנִי עָלַיִךְ צִידוֹן וְנִכְבַּדְתִּי בְּתוֹכֵךְ וְיָדְעוּ כִּי־אֲנִי יְהוָה
כג בַּעֲשׂוֹתִי בָהּ שְׁפָטִים וְנִקְדַּשְׁתִּי בָהּ׃ וְשִׁלַּחְתִּי־בָהּ דֶּבֶר וָדָם
בְּחוּצוֹתֶיהָ וְנִפְלַל חָלָל בְּתוֹכָהּ בְּחֶרֶב עָלֶיהָ מִסָּבִיב וְיָדְעוּ
כד כִּי־אֲנִי יְהוָה׃ וְלֹא־יִהְיֶה עוֹד לְבֵית יִשְׂרָאֵל סִלּוֹן מַמְאִיר
וְקוֹץ מַכְאִב מִכֹּל סְבִיבֹתָם הַשָּׁאטִים אוֹתָם וְיָדְעוּ כִּי אֲנִי אֲדֹנָי
כה יֱהוִה׃ כֹּה־אָמַר אֲדֹנָי יֱהוִה בְּקַבְּצִי ׀ אֶת־בֵּית
יִשְׂרָאֵל מִן־הָעַמִּים אֲשֶׁר נָפֹצוּ בָם וְנִקְדַּשְׁתִּי בָם לְעֵינֵי הַגּוֹיִם
כו וְיָשְׁבוּ עַל־אַדְמָתָם אֲשֶׁר נָתַתִּי לְעַבְדִּי לְיַעֲקֹב׃ וְיָשְׁבוּ עָלֶיהָ
לָבֶטַח וּבָנוּ בָתִּים וְנָטְעוּ כְרָמִים וְיָשְׁבוּ לָבֶטַח בַּעֲשׂוֹתִי
שְׁפָטִים בְּכֹל הַשָּׁאטִים אֹתָם מִסְּבִיבוֹתָם וְיָדְעוּ כִּי אֲנִי יְהוָה
כט א אֱלֹהֵיהֶם׃ בַּשָּׁנָה הָעֲשִׂרִית בָּעֲשִׂרִי בִּשְׁנֵים עָשָׂר
ב לַחֹדֶשׁ הָיָה דְבַר־יְהוָה אֵלַי לֵאמֹר׃ בֶּן־אָדָם שִׂים פָּנֶיךָ עַל־
ג פַּרְעֹה מֶלֶךְ מִצְרָיִם וְהִנָּבֵא עָלָיו וְעַל־מִצְרַיִם כֻּלָּהּ׃ דַּבֵּר
וְאָמַרְתָּ כֹּה־אָמַר ׀ אֲדֹנָי יֱהוִה הִנְנִי עָלֶיךָ פַּרְעֹה מֶלֶךְ־מִצְרַיִם
הַתַּנִּים הַגָּדוֹל הָרֹבֵץ בְּתוֹךְ יְאֹרָיו אֲשֶׁר אָמַר לִי יְאֹרִי וַאֲנִי
ד עֲשִׂיתִנִי׃ וְנָתַתִּי חחיים בִּלְחָיֶיךָ וְהִדְבַּקְתִּי דְגַת־יְאֹרֶיךָ חַחִים
בְּקַשְׂקְשֹׂתֶיךָ וְהַעֲלִיתִיךָ מִתּוֹךְ יְאֹרֶיךָ וְאֵת כָּל־דְּגַת יְאֹרֶיךָ
ה בְּקַשְׂקְשֹׂתֶיךָ תִּדְבָּק׃ וּנְטַשְׁתִּיךָ הַמִּדְבָּרָה אוֹתְךָ וְאֵת כָּל־דְּגַת
יְאֹרֶיךָ עַל־פְּנֵי הַשָּׂדֶה תִּפּוֹל לֹא תֵאָסֵף וְלֹא תִקָּבֵץ לְחַיַּת
ו הָאָרֶץ וּלְעוֹף הַשָּׁמַיִם נְתַתִּיךָ לְאָכְלָה׃ וְיָדְעוּ כָּל־יֹשְׁבֵי מִצְרַיִם
ז כִּי אֲנִי יְהוָה יַעַן הֱיוֹתָם מִשְׁעֶנֶת קָנֶה לְבֵית יִשְׂרָאֵל׃ בְּתָפְשָׂם

בְךָ בַכַּפְּךָ תֵּרוֹץ וּבָקַעְתָּ לָהֶם כָּל־כָּתֵף וּבְהִשָּׁעֲנָם עָלֶיךָ תִּשָּׁבֵר בַּכַּף
ח וְהַעֲמַדְתָּ לָהֶם כָּל־מָתְנָיִם׃ לָכֵן כֹּה אָמַר אֲדֹנָי
יֱהוִה הִנְנִי מֵבִיא עָלַיִךְ חָרֶב וְהִכְרַתִּי מִמֵּךְ אָדָם וּבְהֵמָה׃
ט וְהָיְתָה אֶרֶץ־מִצְרַיִם לִשְׁמָמָה וְחָרְבָּה וְיָדְעוּ כִּי־אֲנִי יְהוָה יַעַן
י אָמַר יְאֹר לִי וַאֲנִי עָשִׂיתִי׃ לָכֵן הִנְנִי אֵלֶיךָ וְאֶל־יְאֹרֶיךָ וְנָתַתִּי
אֶת־אֶרֶץ מִצְרַיִם לְחָרְבוֹת חֹרֶב שְׁמָמָה מִמִּגְדֹּל סְוֵנֵה וְעַד־
יא גְּבוּל כּוּשׁ׃ לֹא תַעֲבָר־בָּהּ רֶגֶל אָדָם וְרֶגֶל בְּהֵמָה לֹא תַעֲבָר־
יב בָּהּ וְלֹא תֵשֵׁב אַרְבָּעִים שָׁנָה׃ וְנָתַתִּי אֶת־אֶרֶץ מִצְרַיִם שְׁמָמָה
בְּתוֹךְ ׀ אֲרָצוֹת נְשַׁמּוֹת וְעָרֶיהָ בְּתוֹךְ עָרִים מָחֳרָבוֹת תִּהְיֶיןָ
שְׁמָמָה אַרְבָּעִים שָׁנָה וַהֲפִצֹתִי אֶת־מִצְרַיִם בַּגּוֹיִם וְזֵרִיתִים
יג בָּאֲרָצוֹת׃ כִּי כֹּה אָמַר אֲדֹנָי יֱהוִה מִקֵּץ אַרְבָּעִים
יד שָׁנָה אֲקַבֵּץ אֶת־מִצְרַיִם מִן־הָעַמִּים אֲשֶׁר־נָפֹצוּ שָׁמָּה׃ וְשַׁבְתִּי
אֶת־שְׁבוּת מִצְרַיִם וַהֲשִׁבֹתִי אֹתָם אֶרֶץ פַּתְרוֹס עַל־אֶרֶץ
טו מְכוּרָתָם וְהָיוּ שָׁם מַמְלָכָה שְׁפָלָה׃ מִן־הַמַּמְלָכוֹת תִּהְיֶה
שְׁפָלָה וְלֹא־תִתְנַשֵּׂא עוֹד עַל־הַגּוֹיִם וְהִמְעַטְתִּים לְבִלְתִּי רְדוֹת
טז בַּגּוֹיִם׃ וְלֹא יִהְיֶה־עוֹד לְבֵית יִשְׂרָאֵל לְמִבְטָח מַזְכִּיר עָוֺן
יז בִּפְנוֹתָם אַחֲרֵיהֶם וְיָדְעוּ כִּי אֲנִי אֲדֹנָי יֱהוִה׃ וַיְהִי
בְּעֶשְׂרִים וָשֶׁבַע שָׁנָה בָּרִאשׁוֹן בְּאֶחָד לַחֹדֶשׁ הָיָה דְבַר־יְהוָה
יח אֵלַי לֵאמֹר׃ בֶּן־אָדָם נְבוּכַדְרֶאצַּר מֶלֶךְ־בָּבֶל הֶעֱבִיד אֶת־
חֵילוֹ עֲבֹדָה גְדוֹלָה אֶל־צֹר כָּל־רֹאשׁ מֻקְרָח וְכָל־כָּתֵף מְרוּטָה
וְשָׂכָר לֹא־הָיָה לוֹ וּלְחֵילוֹ מִצֹּר עַל־הָעֲבֹדָה אֲשֶׁר־עָבַד
יט עָלֶיהָ׃ לָכֵן כֹּה אָמַר אֲדֹנָי יֱהוִה הִנְנִי נֹתֵן
לִנְבוּכַדְרֶאצַּר מֶלֶךְ־בָּבֶל אֶת־אֶרֶץ מִצְרָיִם וְנָשָׂא הֲמֹנָהּ וְשָׁלַל
כ שְׁלָלָהּ וּבָזַז בִּזָּהּ וְהָיְתָה שָׂכָר לְחֵילוֹ׃ פְּעֻלָּתוֹ אֲשֶׁר־עָבַד בָּהּ
כא נָתַתִּי לוֹ אֶת־אֶרֶץ מִצְרָיִם אֲשֶׁר עָשׂוּ לִי נְאֻם אֲדֹנָי יֱהוִה׃ בַּיּוֹם יח
הַהוּא אַצְמִיחַ קֶרֶן לְבֵית יִשְׂרָאֵל וּלְךָ אֶתֵּן פִּתְחוֹן־פֶּה בְּתוֹכָם
ל א וְיָדְעוּ כִּי־אֲנִי יְהוָה׃ וַיְהִי דְבַר־יְהוָה אֵלַי לֵאמֹר׃

בן־אדם הנבא ואמרת כה אמר אדני יהוה הילילו הה ליום: ב
כי־קרוב יום וקרוב יום ליהוה יום ענן עת גוים יהיה: ובאה ג ד
חרב במצרים והיתה חלחלה בכוש בנפל חלל במצרים
ולקחו המונה ונהרסו יסדותיה: כוש ופוט ולוד וכל־הערב ה
וכוב ובני ארץ הברית אתם בחרב יפלו: כה ו
אמר יהוה ונפלו סמכי מצרים וירד גאון עזה ממגדל סונה
בחרב יפלו־בה נאם אדני יהוה: ונשמו בתוך ארצות נשמות ז
ועריו בתוך־ערים נחרבות תהיינה: וידעו כי־אני יהוה בתתי־ ח
אש במצרים ונשברו כל־עזריה: ביום ההוא יצאו מלאכים ט
מלפני בצים להחריד את־כוש בטח והיתה חלחלה בהם
כיום מצרים כי הנה באה: כה אמר אדני יהוה י
והשבתי את־המון מצרים ביד נבוכדראצר מלך־בבל: הוא יא
ועמו אתו עריצי גוים מובאים לשחת הארץ והריקו חרבותם
על־מצרים ומלאו את־הארץ חלל: ונתתי יארים חרבה יב
ומכרתי את־הארץ ביד־רעים והשמתי ארץ ומלאה ביד־
זרים אני יהוה דברתי: כה־אמר אדני יהוה יג
והאבדתי גלולים והשבתי אלילים מנף ונשיא מארץ־מצרים
לא יהיה־עוד ונתתי יראה בארץ מצרים: והשמתי את־ יד
פתרוס ונתתי אש בצען ועשיתי שפטים בנא: ושפכתי חמתי טו
על־סין מעוז מצרים והכרתי את־המון נא: ונתתי אש טז
במצרים חול תחיל סין ונא תהיה להבקע ונף צרי יומם: תחול'
בחורי און ופי־בסת בחרב יפלו והנה בשבי תלכנה: יז
ובתחפנחס חשך היום בשברי־שם את־מטות מצרים יח
ונשבת־בה גאון עזה היא ענן יכסנה ובנותיה בשבי תלכנה:
ועשיתי שפטים במצרים וידעו כי־אני יהוה: ויהי יט כ
באחת עשרה שנה בראשון בשבעה לחדש היה דבר־
יהוה אלי לאמר: בן־אדם את־זרוע פרעה מלך־מצרים כא

שָׁבַרְתִּי וְהִנֵּה לֹא־חֻבְּשָׁה לָתֵת רְפֻאוֹת לָשׂוּם חִתּוּל לְחָבְשָׁהּ
כב לְחָזְקָהּ לִתְפֹּשׂ בֶּחָרֶב׃ לָכֵן כֹּה־אָמַר ׀ אֲדֹנָי יֱהֹוִה
הִנְנִי אֶל־פַּרְעֹה מֶלֶךְ־מִצְרַיִם וְשָׁבַרְתִּי אֶת־זְרֹעֹתָיו אֶת־
כג הַחֲזָקָה וְאֶת־הַנִּשְׁבָּרֶת וְהִפַּלְתִּי אֶת־הַחֶרֶב מִיָּדוֹ׃ וַהֲפִצוֹתִי
כד אֶת־מִצְרַיִם בַּגּוֹיִם וְזֵרִיתִם בָּאֲרָצוֹת׃ וְחִזַּקְתִּי אֶת־זְרֹעוֹת מֶלֶךְ
בָּבֶל וְנָתַתִּי אֶת־חַרְבִּי בְּיָדוֹ וְשָׁבַרְתִּי אֶת־זְרֹעוֹת פַּרְעֹה
כה וְנָאַק נַאֲקוֹת חָלָל לְפָנָיו׃ וְהַחֲזַקְתִּי אֶת־זְרֹעוֹת מֶלֶךְ בָּבֶל
וּזְרֹעוֹת פַּרְעֹה תִּפֹּלְנָה וְיָדְעוּ כִּי־אֲנִי יְהוָה בְּתִתִּי חַרְבִּי
כו בְּיַד מֶלֶךְ־בָּבֶל וְנָטָה אוֹתָהּ אֶל־אֶרֶץ מִצְרָיִם׃ וַהֲפִצוֹתִי
אֶת־מִצְרַיִם בַּגּוֹיִם וְזֵרִיתִי אוֹתָם בָּאֲרָצוֹת וְיָדְעוּ כִּי־אֲנִי
לא א יְהוָה׃ וַיְהִי בְּאַחַת עֶשְׂרֵה שָׁנָה בַּשְּׁלִישִׁי בְּאֶחָד
ב לַחֹדֶשׁ הָיָה דְבַר־יְהוָה אֵלַי לֵאמֹר׃ בֶּן־אָדָם אֱמֹר אֶל־פַּרְעֹה
ג מֶלֶךְ־מִצְרַיִם וְאֶל־הֲמוֹנוֹ אֶל־מִי דָּמִיתָ בְגָדְלֶךָ׃ הִנֵּה אַשּׁוּר
אֶרֶז בַּלְּבָנוֹן יְפֵה עָנָף וְחֹרֶשׁ מֵצַל וּגְבַהּ קוֹמָה וּבֵין עֲבֹתִים
ד הָיְתָה צַמַּרְתּוֹ׃ מַיִם גִּדְּלוּהוּ תְּהוֹם רֹמְמָתְהוּ אֶת־נַהֲרֹתֶיהָ הֹלֵךְ
סְבִיבוֹת מַטָּעָהּ וְאֶת־תְּעָלֹתֶיהָ שִׁלְחָה אֶל כָּל־עֲצֵי הַשָּׂדֶה׃
ה עַל־כֵּן גָּבְהָא קֹמָתוֹ מִכֹּל עֲצֵי הַשָּׂדֶה וַתִּרְבֶּינָה סַרְעַפֹּתָיו
ו וַתֶּאֱרַכְנָה פֹארֹתָו מִמַּיִם רַבִּים בְּשַׁלְּחוֹ׃ בִּסְעַפֹּתָיו קִנְנוּ כָּל־
עוֹף הַשָּׁמַיִם וְתַחַת פֹּארֹתָיו יָלְדוּ כֹּל חַיַּת הַשָּׂדֶה וּבְצִלּוֹ יֵשְׁבוּ
ז כֹּל גּוֹיִם רַבִּים׃ וַיְּיִף בְּגָדְלוֹ בְּאֹרֶךְ דָּלִיּוֹתָיו כִּי־הָיָה שָׁרְשׁוֹ אֶל־
ח מַיִם רַבִּים׃ אֲרָזִים לֹא־עֲמָמֻהוּ בְּגַן־אֱלֹהִים בְּרוֹשִׁים לֹא דָמוּ
אֶל־סְעַפֹּתָיו וְעַרְמֹנִים לֹא־הָיוּ כְּפֹארֹתָיו כָּל־עֵץ בְּגַן־אֱלֹהִים
ט לֹא־דָמָה אֵלָיו בְּיָפְיוֹ׃ יָפֶה עֲשִׂיתִיו בְּרֹב דָּלִיּוֹתָיו וַיְקַנְאֻהוּ כָּל־
י עֲצֵי־עֵדֶן אֲשֶׁר בְּגַן הָאֱלֹהִים׃ לָכֵן כֹּה אָמַר
אֲדֹנָי יֱהֹוִה יַעַן אֲשֶׁר גָּבַהְתָּ בְּקוֹמָה וַיִּתֵּן צַמַּרְתּוֹ אֶל־בֵּין
יא עֲבוֹתִים וְרָם לְבָבוֹ בְּגָבְהוֹ׃ וְאֶתְּנֵהוּ בְּיַד אֵיל גּוֹיִם עָשׂוֹ יַעֲשֶׂה
יב לוֹ כְּרִשְׁעוֹ גֵּרַשְׁתִּהוּ׃ וַיִּכְרְתֻהוּ זָרִים עָרִיצֵי גוֹיִם וַיִּטְּשֻׁהוּ אֶל־

הֶהָרִים וּבְכָל־גֵּאָיוֹת נָפְלוּ דָלִיּוֹתָיו וַתִּשָּׁבַרְנָה פֹארֹתָיו בְּכֹל־
יג אֲפִיקֵי הָאָרֶץ וַיֵּרְדוּ מִצִּלּוֹ כׇּל־עַמֵּי הָאָרֶץ וַיִּטְּשֻׁהוּ׃ עַל־מַפַּלְתּוֹ
יִשְׁכְּנוּ כׇּל־עוֹף הַשָּׁמָיִם וְאֶל־פֹּארֹתָיו הָיוּ כֹּל חַיַּת הַשָּׂדֶה׃
יד לְמַעַן אֲשֶׁר לֹא־יִגְבְּהוּ בְקוֹמָתָם כׇּל־עֲצֵי־מַיִם וְלֹא־יִתְּנוּ אֶת־
צַמַּרְתָּם אֶל־בֵּין עֲבֹתִים וְלֹא־יַעַמְדוּ אֵלֵיהֶם בְּגׇבְהָם כׇּל־שֹׁתֵי
מָיִם כִּי כֻלָּם נִתְּנוּ לַמָּוֶת אֶל־אֶרֶץ תַּחְתִּית בְּתוֹךְ בְּנֵי אָדָם אֶל־
טו יוֹרְדֵי בוֹר׃ כֹּה־אָמַר אֲדֹנָי יֱהֹוִה בְּיוֹם רִדְתּוֹ
שְׁאוֹלָה הֶאֱבַלְתִּי כִּסֵּתִי עָלָיו אֶת־תְּהוֹם וָאֶמְנַע נַהֲרוֹתֶיהָ
וַיִּכָּלְאוּ מַיִם רַבִּים וָאַקְדִּר עָלָיו לְבָנוֹן וְכׇל־עֲצֵי הַשָּׂדֶה עָלָיו
טז עֻלְפֶּה׃ מִקּוֹל מַפַּלְתּוֹ הִרְעַשְׁתִּי גוֹיִם בְּהוֹרִדִי אֹתוֹ שְׁאוֹלָה אֶת־
יוֹרְדֵי בוֹר וַיִּנָּחֲמוּ בְּאֶרֶץ תַּחְתִּית כׇּל־עֲצֵי־עֵדֶן מִבְחַר וְטוֹב־
יז לְבָנוֹן כׇּל־שֹׁתֵי מָיִם׃ גַּם־הֵם אִתּוֹ יָרְדוּ שְׁאוֹלָה אֶל־חַלְלֵי־חָרֶב
יח וּזְרֹעוֹ יָשְׁבוּ בְצִלּוֹ בְּתוֹךְ גּוֹיִם׃ אֶל־מִי דָמִיתָ כָּכָה בְּכָבוֹד וּבְגֹדֶל
בַּעֲצֵי־עֵדֶן וְהוּרַדְתָּ אֶת־עֲצֵי־עֵדֶן אֶל־אֶרֶץ תַּחְתִּית בְּתוֹךְ
עֲרֵלִים תִּשְׁכַּב אֶת־חַלְלֵי־חֶרֶב הוּא פַרְעֹה וְכׇל־הֲמוֹנֹה נְאֻם
יט אֲדֹנָי יֱהֹוִה׃ לב א וַיְהִי בִּשְׁתֵּי עֶשְׂרֵה שָׁנָה בִּשְׁנֵי־עָשָׂר
ב חֹדֶשׁ בְּאֶחָד לַחֹדֶשׁ הָיָה דְבַר־יְהֹוָה אֵלַי לֵאמֹר׃ בֶּן־אָדָם שָׂא
קִינָה עַל־פַּרְעֹה מֶלֶךְ־מִצְרַיִם וְאָמַרְתָּ אֵלָיו כְּפִיר גּוֹיִם נִדְמֵיתָ
וְאַתָּה כַּתַּנִּים בַּיַּמִּים וַתָּגַח בְּנַהֲרוֹתֶיךָ וַתִּדְלַח־מַיִם בְּרַגְלֶיךָ
ג וַתִּרְפֹּס נַהֲרוֹתָם׃ כֹּה אָמַר אֲדֹנָי יֱהֹוִה וּפָרַשְׂתִּי
עָלֶיךָ אֶת־רִשְׁתִּי בִּקְהַל עַמִּים רַבִּים וְהֶעֱלוּךָ בְּחֶרְמִי׃
ד וּנְטַשְׁתִּיךָ בָאָרֶץ עַל־פְּנֵי הַשָּׂדֶה אֲטִילֶךָ וְהִשְׁכַּנְתִּי עָלֶיךָ כׇּל־
ה עוֹף הַשָּׁמַיִם וְהִשְׂבַּעְתִּי מִמְּךָ חַיַּת כׇּל־הָאָרֶץ׃ וְנָתַתִּי אֶת־
ו בְּשָׂרְךָ עַל־הֶהָרִים וּמִלֵּאתִי הַגֵּאָיוֹת רָמוּתֶךָ׃ וְהִשְׁקֵיתִי אֶרֶץ
ז צָפָתְךָ מִדָּמְךָ אֶל־הֶהָרִים וַאֲפִקִים יִמָּלְאוּן מִמֶּךָּ׃ וְכִסֵּיתִי
בְכַבּוֹתְךָ שָׁמַיִם וְהִקְדַּרְתִּי אֶת־כֹּכְבֵיהֶם שֶׁמֶשׁ בֶּעָנָן אֲכַסֶּנּוּ
ח וְיָרֵחַ לֹא־יָאִיר אוֹרוֹ׃ כׇּל־מְאוֹרֵי אוֹר בַּשָּׁמַיִם אַקְדִּירֵם עָלֶיךָ

ט ונתתי חשך על־ארצך נאם אדני יהוה: והכעסתי לב עמים
רבים בהביאי שברך בגוים על־ארצות אשר לא־ידעתם:
י והשמותי עליך עמים רבים ומלכיהם ישערו עליך שער
בעופפי חרבי על־פניהם וחרדו לרגעים איש לנפשו ביום
יא מפלתך: כי כה אמר אדני יהוה חרב מלך־בבל
יב תבואך: בחרבות גבורים אפיל המונך עריצי גוים כלם
יג ושדדו את־גאון מצרים ונשמד כל־המונה: והאבדתי
את־כל־בהמתה מעל מים רבים ולא תדלחם רגל־אדם
יד עוד ופרסות בהמה לא תדלחם: אז אשקיע מימיהם
טו ונהרותם כשמן אוליך נאם אדני יהוה: בתתי את־ארץ
מצרים שממה ונשמה ארץ ממלאה בהכותי את־כל־
טז יושבי בה וידעו כי־אני יהוה: קינה היא וקוננוה בנות
הגוים תקוננה אותה על־מצרים ועל־כל־המונה תקוננה
אותה נאם אדני יהוה:

יז ויהי בשתי עשרה שנה בחמשה עשר לחדש היה דבר־יהוה
יח אלי לאמר: בן־אדם נהה על־המון מצרים והורדהו אותה
יט ובנות גוים אדרם אל־ארץ תחתיות את־יורדי בור: ממי
כ נעמת רדה והשכבה את־ערלים: בתוך חללי־חרב יפלו חרב
כא נתנה משכו אותה וכל־המוניה: ידברו־לו אלי גבורים מתוך
כב שאול את־עזריו ירדו שכבו הערלים חללי חרב: שם אשור
וכל־קהלה סביבותיו קברתיו כלם חללים הנפלים בחרב:
כג אשר נתנו קברתיה בירכתי־בור ויהי קהלה סביבות קברתה
כד כלם חללים נפלים בחרב אשר־נתנו חתית בארץ חיים: שם
עילם וכל־המונה סביבות קברתה כלם חללים הנפלים בחרב
אשר־ירדו ערלים | אל־ארץ תחתיות אשר נתנו חתיתם
כה בארץ חיים וישאו כלמתם את־יורדי בור: בתוך חללים נתנו
משכב לה בכל־המונה סביבותיו קברתה כלם ערלים חללי־

חֶרֶב כִּי־נִתַּן חִתִּיתָם בְּאֶרֶץ חַיִּים וַיִּשְׂאוּ כְלִמָּתָם אֶת־יוֹרְדֵי
כו בוֹר בְּתוֹךְ חֲלָלִים נִתָּן׃ שָׁם מֶשֶׁךְ תֻּבַל וְכָל־הֲמוֹנָהּ סְבִיבוֹתָיו
קִבְרוֹתֶיהָ כֻּלָּם עֲרֵלִים מְחֻלְלֵי חֶרֶב כִּי־נָתְנוּ חִתִּיתָם בְּאֶרֶץ
כז חַיִּים׃ וְלֹא יִשְׁכְּבוּ אֶת־גִּבּוֹרִים נֹפְלִים מֵעֲרֵלִים אֲשֶׁר יָרְדוּ־
שְׁאוֹל בִּכְלֵי־מִלְחַמְתָּם וַיִּתְּנוּ אֶת־חַרְבוֹתָם תַּחַת רָאשֵׁיהֶם
וַתְּהִי עֲוֺנֹתָם עַל־עַצְמוֹתָם כִּי־חִתִּית גִּבּוֹרִים בְּאֶרֶץ חַיִּים׃
כח כט וְאַתָּה בְּתוֹךְ עֲרֵלִים תִּשָּׁבַר וְתִשְׁכַּב אֶת־חַלְלֵי־חָרֶב׃ שָׁמָּה
אֱדוֹם מְלָכֶיהָ וְכָל־נְשִׂיאֶיהָ אֲשֶׁר־נִתְּנוּ בִגְבוּרָתָם אֶת־חַלְלֵי־
ל חָרֶב הֵמָּה אֶת־עֲרֵלִים יִשְׁכָּבוּ וְאֶת־יֹרְדֵי בוֹר׃ שָׁמָּה נְסִיכֵי צָפוֹן
כֻּלָּם וְכָל־צִדֹנִי אֲשֶׁר־יָרְדוּ אֶת־חֲלָלִים בְּחִתִּיתָם מִגְּבוּרָתָם
בּוֹשִׁים וַיִּשְׁכְּבוּ עֲרֵלִים אֶת־חַלְלֵי־חֶרֶב וַיִּשְׂאוּ כְלִמָּתָם אֶת־
לא יוֹרְדֵי בוֹר׃ אוֹתָם יִרְאֶה פַרְעֹה וְנִחַם עַל־כָּל־הֲמוֹנֹה חַלְלֵי־חֶרֶב
לב פַּרְעֹה וְכָל־חֵילוֹ נְאֻם אֲדֹנָי יֱהוִֹה׃ כִּי־נָתַתִּי אֶת־חִתִּיתוֹ בְּאֶרֶץ חִתִּיתִי
חַיִּים וְהֻשְׁכַּב בְּתוֹךְ עֲרֵלִים אֶת־חַלְלֵי־חֶרֶב פַּרְעֹה וְכָל־הֲמוֹנֹה
לג א נְאֻם אֲדֹנָי יֱהוִֹה׃ וַיְהִי דְבַר־יְהוָה אֵלַי לֵאמֹר׃
ב בֶּן־אָדָם דַּבֵּר אֶל־בְּנֵי־עַמְּךָ וְאָמַרְתָּ אֲלֵיהֶם אֶרֶץ כִּי־אָבִיא
עָלֶיהָ חָרֶב וְלָקְחוּ עַם־הָאָרֶץ אִישׁ אֶחָד מִקְצֵיהֶם וְנָתְנוּ אֹתוֹ
ג לָהֶם לְצֹפֶה׃ וְרָאָה אֶת־הַחֶרֶב בָּאָה עַל־הָאָרֶץ וְתָקַע בַּשּׁוֹפָר
ד וְהִזְהִיר אֶת־הָעָם׃ וְשָׁמַע הַשֹּׁמֵעַ אֶת־קוֹל הַשּׁוֹפָר וְלֹא נִזְהָר
ה וַתָּבוֹא חֶרֶב וַתִּקָּחֵהוּ דָּמוֹ בְרֹאשׁוֹ יִהְיֶה׃ אֵת קוֹל הַשּׁוֹפָר שָׁמַע
ו וְלֹא נִזְהָר דָּמוֹ בּוֹ יִהְיֶה וְהוּא נִזְהָר נַפְשׁוֹ מִלֵּט׃ וְהַצֹּפֶה כִּי־
יִרְאֶה אֶת־הַחֶרֶב בָּאָה וְלֹא־תָקַע בַּשּׁוֹפָר וְהָעָם לֹא־נִזְהָר
וַתָּבוֹא חֶרֶב וַתִּקַּח מֵהֶם נָפֶשׁ הוּא בַּעֲוֺנוֹ נִלְקָח וְדָמוֹ מִיַּד־
ז הַצֹּפֶה אֶדְרֹשׁ׃ וְאַתָּה בֶן־אָדָם צֹפֶה נְתַתִּיךָ לְבֵית
ח יִשְׂרָאֵל וְשָׁמַעְתָּ מִפִּי דָּבָר וְהִזְהַרְתָּ אֹתָם מִמֶּנִּי׃ בְּאָמְרִי
לָרָשָׁע רָשָׁע מוֹת תָּמוּת וְלֹא דִבַּרְתָּ לְהַזְהִיר רָשָׁע מִדַּרְכּוֹ
ט הוּא רָשָׁע בַּעֲוֺנוֹ יָמוּת וְדָמוֹ מִיָּדְךָ אֲבַקֵּשׁ׃ וְאַתָּה כִּי־הִזְהַרְתָּ

רָשָׁע מִדַּרְכּוֹ לָשׁוּב מִמֶּנָּה וְלֹא־שָׁב מִדַּרְכּוֹ הוּא בַּעֲוֺנוֹ יָמוּת
י וְאַתָּה נַפְשְׁךָ הִצַּלְתָּ: וְאַתָּה בֶן־אָדָם אֱמֹר אֶל־
בֵּית יִשְׂרָאֵל כֵּן אֲמַרְתֶּם לֵאמֹר כִּי־פְשָׁעֵינוּ וְחַטֹּאתֵינוּ עָלֵינוּ
יא וּבָם אֲנַחְנוּ נְמַקִּים וְאֵיךְ נִחְיֶה: אֱמֹר אֲלֵיהֶם חַי־אָנִי | נְאֻם |
אֲדֹנָי יֱהֹוִה אִם־אֶחְפֹּץ בְּמוֹת הָרָשָׁע כִּי אִם־בְּשׁוּב רָשָׁע
מִדַּרְכּוֹ וְחָיָה שׁוּבוּ שׁוּבוּ מִדַּרְכֵיכֶם הָרָעִים וְלָמָּה תָמוּתוּ
יב בֵּית יִשְׂרָאֵל: וְאַתָּה בֶן־אָדָם אֱמֹר אֶל־בְּנֵי־עַמְּךָ
צִדְקַת הַצַּדִּיק לֹא תַצִּילֶנּוּ בְּיוֹם פִּשְׁעוֹ וְרִשְׁעַת הָרָשָׁע לֹא־
יִכָּשֶׁל בָּהּ בְּיוֹם שׁוּבוֹ מֵרִשְׁעוֹ וְצַדִּיק לֹא יוּכַל לִחְיוֹת בָּהּ בְּיוֹם
יג חֲטֹאתוֹ: בְּאָמְרִי לַצַּדִּיק חָיֹה יִחְיֶה וְהוּא־בָטַח עַל־צִדְקָתוֹ
וְעָשָׂה עָוֶל כָּל־צִדְקֹתָו לֹא תִזָּכַרְנָה וּבְעַוְלוֹ אֲשֶׁר־עָשָׂה
יד בּוֹ יָמוּת: וּבְאָמְרִי לָרָשָׁע מוֹת תָּמוּת וְשָׁב מֵחַטָּאתוֹ וְעָשָׂה
טו מִשְׁפָּט וּצְדָקָה: חֲבֹל יָשִׁיב רָשָׁע גְּזֵלָה יְשַׁלֵּם בְּחֻקּוֹת הַחַיִּים
טז הָלַךְ לְבִלְתִּי עֲשׂוֹת עָוֶל חָיוֹ יִחְיֶה לֹא יָמוּת: כָּל־חַטֹּאתָו אֲשֶׁר כ
יז חָטָא לֹא תִזָּכַרְנָה לוֹ מִשְׁפָּט וּצְדָקָה עָשָׂה חָיוֹ יִחְיֶה: וְאָמְרוּ
בְּנֵי עַמְּךָ לֹא יִתָּכֵן דֶּרֶךְ אֲדֹנָי וְהֵמָּה דַּרְכָּם לֹא־יִתָּכֵן:
יח יט בְּשׁוּב־צַדִּיק מִצִּדְקָתוֹ וְעָשָׂה עָוֶל וּמֵת בָּהֶם: וּבְשׁוּב רָשָׁע
כ מֵרִשְׁעָתוֹ וְעָשָׂה מִשְׁפָּט וּצְדָקָה עֲלֵיהֶם הוּא יִחְיֶה: וַאֲמַרְתֶּם
לֹא יִתָּכֵן דֶּרֶךְ אֲדֹנָי אִישׁ כִּדְרָכָיו אֶשְׁפּוֹט אֶתְכֶם בֵּית
כא יִשְׂרָאֵל: וַיְהִי בִּשְׁתֵּי עֶשְׂרֵה שָׁנָה בָּעֲשִׂרִי
בַּחֲמִשָּׁה לַחֹדֶשׁ לְגָלוּתֵנוּ בָּא־אֵלַי הַפָּלִיט מִירוּשָׁלִַם לֵאמֹר
כב הֻכְּתָה הָעִיר: וְיַד־יְהוָה הָיְתָה אֵלַי בָּעֶרֶב לִפְנֵי בּוֹא הַפָּלִיט
וַיִּפְתַּח אֶת־פִּי עַד־בּוֹא אֵלַי בַּבֹּקֶר וַיִּפָּתַח פִּי וְלֹא נֶאֱלַמְתִּי
כג כד עוֹד: וַיְהִי דְבַר־יְהוָה אֵלַי לֵאמֹר: בֶּן־אָדָם
יֹשְׁבֵי הֶחֳרָבוֹת הָאֵלֶּה עַל־אַדְמַת יִשְׂרָאֵל אֹמְרִים לֵאמֹר אֶחָד
הָיָה אַבְרָהָם וַיִּירַשׁ אֶת־הָאָרֶץ וַאֲנַחְנוּ רַבִּים לָנוּ נִתְּנָה הָאָרֶץ
כה לְמוֹרָשָׁה: לָכֵן אֱמֹר אֲלֵיהֶם כֹּה־אָמַר | אֲדֹנָי

יְהוִה עַל־הַדָּם ׀ תֹּאכֵלוּ וְעֵינֵכֶם תִּשְׂאוּ אֶל־גִּלּוּלֵיכֶם וְדָם
כו תִּשְׁפֹּכוּ וְהָאָרֶץ תִּירָשׁוּ׃ עֲמַדְתֶּם עַל־חַרְבְּכֶם עֲשִׂיתֶן תּוֹעֵבָה
כז וְאִישׁ אֶת־אֵשֶׁת רֵעֵהוּ טִמֵּאתֶם וְהָאָרֶץ תִּירָשׁוּ׃ כֹּה־תֹאמַר
אֲלֵהֶם כֹּה־אָמַר אֲדֹנָי יְהוִה חַי־אָנִי אִם־לֹא אֲשֶׁר בֶּחֳרָבוֹת
בַּחֶרֶב יִפֹּלוּ וַאֲשֶׁר עַל־פְּנֵי הַשָּׂדֶה לַחַיָּה נְתַתִּיו לְאָכְלוֹ וַאֲשֶׁר
כח בַּמְּצָדוֹת וּבַמְּעָרוֹת בַּדֶּבֶר יָמוּתוּ׃ וְנָתַתִּי אֶת־הָאָרֶץ שְׁמָמָה
וּמְשַׁמָּה וְנִשְׁבַּת גְּאוֹן עֻזָּהּ וְשָׁמְמוּ הָרֵי יִשְׂרָאֵל מֵאֵין עוֹבֵר׃
כט וְיָדְעוּ כִּי־אֲנִי יְהוָה בְּתִתִּי אֶת־הָאָרֶץ שְׁמָמָה וּמְשַׁמָּה עַל כָּל־
ל תּוֹעֲבֹתָם אֲשֶׁר עָשׂוּ׃ וְאַתָּה בֶן־אָדָם בְּנֵי עַמְּךָ
הַנִּדְבָּרִים בְּךָ אֵצֶל הַקִּירוֹת וּבְפִתְחֵי הַבָּתִּים וְדִבֶּר־חַד אֶת־
אַחַד אִישׁ אֶת־אָחִיו לֵאמֹר בֹּאוּ־נָא וְשִׁמְעוּ מַה הַדָּבָר הַיּוֹצֵא
לא מֵאֵת יְהוָה׃ וְיָבוֹאוּ אֵלֶיךָ כִּמְבוֹא־עָם וְיֵשְׁבוּ לְפָנֶיךָ עַמִּי וְשָׁמְעוּ
אֶת־דְּבָרֶיךָ וְאוֹתָם לֹא יַעֲשׂוּ כִּי־עֲגָבִים בְּפִיהֶם הֵמָּה עֹשִׂים
לב אַחֲרֵי בִּצְעָם לִבָּם הֹלֵךְ׃ וְהִנְּךָ לָהֶם כְּשִׁיר עֲגָבִים יְפֵה קוֹל
לג וּמֵטִב נַגֵּן וְשָׁמְעוּ אֶת־דְּבָרֶיךָ וְעֹשִׂים אֵינָם אוֹתָם׃ וּבְבֹאָהּ הִנֵּה
לד א בָאָה וְיָדְעוּ כִּי נָבִיא הָיָה בְתוֹכָם׃ וַיְהִי דְבַר־
ב יְהוָה אֵלַי לֵאמֹר׃ בֶּן־אָדָם הִנָּבֵא עַל־רוֹעֵי יִשְׂרָאֵל הִנָּבֵא
וְאָמַרְתָּ אֲלֵיהֶם לָרֹעִים כֹּה־אָמַר ׀ אֲדֹנָי יְהוִה הוֹי רֹעֵי יִשְׂרָאֵל
ג אֲשֶׁר הָיוּ רֹעִים אוֹתָם הֲלוֹא הַצֹּאן יִרְעוּ הָרֹעִים׃ אֶת־הַחֵלֶב
תֹּאכֵלוּ וְאֶת־הַצֶּמֶר תִּלְבָּשׁוּ הַבְּרִיאָה תִּזְבָּחוּ הַצֹּאן לֹא תִרְעוּ׃
ד אֶת־הַנַּחְלוֹת לֹא חִזַּקְתֶּם וְאֶת־הַחוֹלָה לֹא־רִפֵּאתֶם וְלַנִּשְׁבֶּרֶת
לֹא חֲבַשְׁתֶּם וְאֶת־הַנִּדַּחַת לֹא הֲשֵׁבֹתֶם וְאֶת־הָאֹבֶדֶת לֹא
ה בִקַּשְׁתֶּם וּבְחָזְקָה רְדִיתֶם אֹתָם וּבְפָרֶךְ׃ וַתְּפוּצֶינָה מִבְּלִי רֹעֶה
ו וַתִּהְיֶינָה לְאָכְלָה לְכָל־חַיַּת הַשָּׂדֶה וַתְּפוּצֶינָה׃ יִשְׁגּוּ צֹאנִי בְּכָל־
הֶהָרִים וְעַל כָּל־גִּבְעָה רָמָה וְעַל כָּל־פְּנֵי הָאָרֶץ נָפֹצוּ צֹאנִי וְאֵין
ז ח דּוֹרֵשׁ וְאֵין מְבַקֵּשׁ׃ לָכֵן רֹעִים שִׁמְעוּ אֶת־דְּבַר יְהוָה׃ חַי־אָנִי
נְאֻם ׀ אֲדֹנָי יְהוִה אִם־לֹא יַעַן הֱיוֹת־צֹאנִי ׀ לָבַז וַתִּהְיֶינָה צֹאנִי

לְאָכְלָה לְכָל־חַיַּת הַשָּׂדֶה מֵאֵין רֹעֶה וְלֹא־דָרְשׁוּ רֹעַי אֶת־צֹאנִי
ט וַיִּרְעוּ הָרֹעִים אוֹתָם וְאֶת־צֹאנִי לֹא רָעוּ׃ לָכֵן הָרֹעִים שִׁמְעוּ
י דְּבַר־יְהוָה׃ כֹּה־אָמַר אֲדֹנָי יְהוִה הִנְנִי אֶל־
הָרֹעִים וְדָרַשְׁתִּי אֶת־צֹאנִי מִיָּדָם וְהִשְׁבַּתִּים מֵרְעוֹת צֹאן וְלֹא־
יִרְעוּ עוֹד הָרֹעִים אוֹתָם וְהִצַּלְתִּי צֹאנִי מִפִּיהֶם וְלֹא־תִהְיֶיןָ לָהֶם
יא לְאָכְלָה׃ כִּי כֹּה אָמַר אֲדֹנָי יְהוִה הִנְנִי־אָנִי
יב וְדָרַשְׁתִּי אֶת־צֹאנִי וּבִקַּרְתִּים׃ כְּבַקָּרַת רֹעֶה עֶדְרוֹ בְּיוֹם־הֱיוֹתוֹ
בְתוֹךְ־צֹאנוֹ נִפְרָשׁוֹת כֵּן אֲבַקֵּר אֶת־צֹאנִי וְהִצַּלְתִּי אֶתְהֶם
יג מִכָּל־הַמְּקוֹמֹת אֲשֶׁר נָפֹצוּ שָׁם בְּיוֹם עָנָן וַעֲרָפֶל׃ וְהוֹצֵאתִים
מִן־הָעַמִּים וְקִבַּצְתִּים מִן־הָאֲרָצוֹת וַהֲבִיאוֹתִים אֶל־אַדְמָתָם
וּרְעִיתִים אֶל־הָרֵי יִשְׂרָאֵל בָּאֲפִיקִים וּבְכֹל מוֹשְׁבֵי הָאָרֶץ׃
יד בְּמִרְעֶה־טּוֹב אֶרְעֶה אֹתָם וּבְהָרֵי מְרוֹם־יִשְׂרָאֵל יִהְיֶה נְוֵהֶם שָׁם
טו תִּרְבַּצְנָה בְּנָוֶה טּוֹב וּמִרְעֶה שָׁמֵן תִּרְעֶינָה אֶל־הָרֵי יִשְׂרָאֵל׃ אֲנִי
טז אֶרְעֶה צֹאנִי וַאֲנִי אַרְבִּיצֵם נְאֻם אֲדֹנָי יְהוִה׃ אֶת־הָאֹבֶדֶת
אֲבַקֵּשׁ וְאֶת־הַנִּדַּחַת אָשִׁיב וְלַנִּשְׁבֶּרֶת אֲחַבֹּשׁ וְאֶת־הַחוֹלָה
אֲחַזֵּק וְאֶת־הַשְּׁמֵנָה וְאֶת־הַחֲזָקָה אַשְׁמִיד אֶרְעֶנָּה בְמִשְׁפָּט׃
יז וְאַתֵּנָה צֹאנִי כֹּה אָמַר אֲדֹנָי יְהוִה הִנְנִי שֹׁפֵט בֵּין־שֶׂה לָשֶׂה
יח לָאֵילִים וְלָעַתּוּדִים׃ הַמְעַט מִכֶּם הַמִּרְעֶה הַטּוֹב תִּרְעוּ וְיֶתֶר
מִרְעֵיכֶם תִּרְמְסוּ בְּרַגְלֵיכֶם וּמִשְׁקַע־מַיִם תִּשְׁתּוּ וְאֵת הַנּוֹתָרִים
יט בְּרַגְלֵיכֶם תִּרְפֹּשׂוּן׃ וְצֹאנִי מִרְמַס רַגְלֵיכֶם תִּרְעֶינָה וּמִרְפַּשׂ
כ רַגְלֵיכֶם תִּשְׁתֶּינָה׃ לָכֵן כֹּה אָמַר אֲדֹנָי יְהוִה
כא אֲלֵיהֶם הִנְנִי־אָנִי וְשָׁפַטְתִּי בֵּין־שֶׂה בִרְיָה וּבֵין שֶׂה רָזָה׃ יַעַן
בְּצַד וּבְכָתֵף תֶּהְדֹּפוּ וּבְקַרְנֵיכֶם תְּנַגְּחוּ כָּל־הַנַּחְלוֹת עַד אֲשֶׁר
כב הֲפִיצוֹתֶם אוֹתָנָה אֶל־הַחוּצָה׃ וְהוֹשַׁעְתִּי לְצֹאנִי וְלֹא־תִהְיֶינָה
כג עוֹד לָבַז וְשָׁפַטְתִּי בֵּין שֶׂה לָשֶׂה׃ וַהֲקִמֹתִי עֲלֵיהֶם רֹעֶה אֶחָד
וְרָעָה אֶתְהֶן אֵת עַבְדִּי דָוִיד הוּא יִרְעֶה אֹתָם וְהוּא יִהְיֶה לָהֶן
כד לְרֹעֶה׃ וַאֲנִי יְהוָה אֶהְיֶה לָהֶם לֵאלֹהִים וְעַבְדִּי דָוִד נָשִׂיא

בְּתוֹכָם אֲנִי יְהוָה דִּבַּרְתִּי׃ וְכָרַתִּי לָהֶם בְּרִית שָׁלוֹם וְהִשְׁבַּתִּי כה
בַּיְּעָרִים חַיָּה־רָעָה מִן־הָאָרֶץ וְיָשְׁבוּ בַמִּדְבָּר לָבֶטַח וְיָשְׁנוּ ביעורים׃
כא וְנָתַתִּי אוֹתָם וּסְבִיבוֹת גִּבְעָתִי בְּרָכָה וְהוֹרַדְתִּי הַגֶּשֶׁם בְּעִתּוֹ כו
גִּשְׁמֵי בְרָכָה יִהְיוּ׃ וְנָתַן עֵץ הַשָּׂדֶה אֶת־פִּרְיוֹ וְהָאָרֶץ תִּתֵּן כז
יְבוּלָהּ וְהָיוּ עַל־אַדְמָתָם לָבֶטַח וְיָדְעוּ כִּי־אֲנִי יְהוָה בְּשִׁבְרִי אֶת־
מֹטוֹת עֻלָּם וְהִצַּלְתִּים מִיַּד הָעֹבְדִים בָּהֶם׃ וְלֹא־יִהְיוּ עוֹד בַּז כח
לַגּוֹיִם וְחַיַּת הָאָרֶץ לֹא תֹאכְלֵם וְיָשְׁבוּ לָבֶטַח וְאֵין מַחֲרִיד׃
וַהֲקִמֹתִי לָהֶם מַטָּע לְשֵׁם וְלֹא־יִהְיוּ עוֹד אֲסֻפֵי רָעָב בָּאָרֶץ כט
וְלֹא־יִשְׂאוּ עוֹד כְּלִמַּת הַגּוֹיִם׃ וְיָדְעוּ כִּי־אֲנִי יְהוָה אֱלֹהֵיהֶם ל
אִתָּם וְהֵמָּה עַמִּי בֵּית יִשְׂרָאֵל נְאֻם אֲדֹנָי יֱהוִה׃ וְאַתֵּן לא
צֹאנִי צֹאן מַרְעִיתִי אָדָם אַתֶּם אֲנִי אֱלֹהֵיכֶם נְאֻם אֲדֹנָי
יֱהוִה׃ וַיְהִי דְבַר־יְהוָה אֵלַי לֵאמֹר׃ בֶּן־אָדָם שִׂים א ב לה
פָּנֶיךָ עַל־הַר שֵׂעִיר וְהִנָּבֵא עָלָיו׃ וְאָמַרְתָּ לּוֹ כֹּה אָמַר אֲדֹנָי ג
יֱהוִה הִנְנִי אֵלֶיךָ הַר־שֵׂעִיר וְנָטִיתִי יָדִי עָלֶיךָ וּנְתַתִּיךָ שְׁמָמָה
וּמְשַׁמָּה׃ עָרֶיךָ חׇרְבָּה אָשִׂים וְאַתָּה שְׁמָמָה תִהְיֶה וְיָדַעְתָּ כִּי־ ד
אֲנִי יְהוָה׃ יַעַן הֱיוֹת לְךָ אֵיבַת עוֹלָם וַתַּגֵּר אֶת־בְּנֵי־יִשְׂרָאֵל ה
עַל־יְדֵי־חָרֶב בְּעֵת אֵידָם בְּעֵת עֲוֺן קֵץ׃ לָכֵן חַי־אָנִי נְאֻם אֲדֹנָי ו
יֱהוִה כִּי־לְדָם אֶעֶשְׂךָ וְדָם יִרְדֳּפֶךָ אִם־לֹא דָם שָׂנֵאתָ וְדָם
יִרְדֳּפֶךָ׃ וְנָתַתִּי אֶת־הַר שֵׂעִיר לְשִׁמְמָה וּשְׁמָמָה וְהִכְרַתִּי מִמֶּנּוּ ז
עֹבֵר וָשָׁב׃ וּמִלֵּאתִי אֶת־הָרָיו חֲלָלָיו גִּבְעוֹתֶיךָ וְגֵאוֹתֶיךָ וְכׇל־ ח
אֲפִיקֶיךָ חַלְלֵי־חֶרֶב יִפְּלוּ בָהֶם׃ שִׁמְמוֹת עוֹלָם אֶתֶּנְךָ וְעָרֶיךָ ט
תָּשֹׁבְנָה לֹא תישבנה וִידַעְתֶּם כִּי־אֲנִי יְהוָה׃ יַעַן אֲמׇרְךָ אֶת־שְׁנֵי הַגּוֹיִם י
וְאֶת־שְׁתֵּי הָאֲרָצוֹת לִי תִהְיֶינָה וִירַשְׁנוּהָ וַיהוָה שָׁם הָיָה׃ לָכֵן יא
חַי־אָנִי נְאֻם אֲדֹנָי יֱהוִה וְעָשִׂיתִי כְּאַפְּךָ וּכְקִנְאָתְךָ אֲשֶׁר עָשִׂיתָה
מִשִּׂנְאָתֶיךָ בָּם וְנוֹדַעְתִּי בָם כַּאֲשֶׁר אֶשְׁפְּטֶךָ׃ וְיָדַעְתָּ כִּי אֲנִי יב
יְהוָה שָׁמַעְתִּי ׀ אֶת־כׇּל־נָאָצוֹתֶיךָ אֲשֶׁר אָמַרְתָּ עַל־הָרֵי יִשְׂרָאֵל
שָׁמֵמוּ לֵאמֹר ׀ שממה לָנוּ נִתְּנוּ לְאׇכְלָה׃ וַתַּגְדִּילוּ עָלַי בְּפִיכֶם יג

יד וְהַעְתַּרְתֶּם עָלַי דִּבְרֵיכֶם אֲנִי שָׁמָעְתִּי׃ כֹּה
אָמַר אֲדֹנָי יֱהֹוִה כִּשְׂמֹחַ כָּל־הָאָרֶץ שְׁמָמָה אֶעֱשֶׂה־לָּךְ׃
טו כְּשִׂמְחָתְךָ לְנַחֲלַת בֵּית־יִשְׂרָאֵל עַל אֲשֶׁר־שָׁמֵמָה כֵּן אֶעֱשֶׂה־
לָּךְ שְׁמָמָה תִהְיֶה הַר־שֵׂעִיר וְכָל־אֱדוֹם כֻּלָּהּ וְיָדְעוּ כִּי־אֲנִי
לו א יְהוָה׃ וְאַתָּה בֶן־אָדָם הִנָּבֵא אֶל־הָרֵי יִשְׂרָאֵל
ב וְאָמַרְתָּ הָרֵי יִשְׂרָאֵל שִׁמְעוּ דְּבַר־יְהוָה׃ כֹּה אָמַר אֲדֹנָי יֱהֹוִה
יַעַן אָמַר הָאוֹיֵב עֲלֵיכֶם הֶאָח וּבָמוֹת עוֹלָם לְמוֹרָשָׁה הָיְתָה
ג לָּנוּ׃ לָכֵן הִנָּבֵא וְאָמַרְתָּ כֹּה אָמַר אֲדֹנָי יֱהֹוִה יַעַן בְּיַעַן שַׁמּוֹת
וְשָׁאֹף אֶתְכֶם מִסָּבִיב לִהְיוֹתְכֶם מוֹרָשָׁה לִשְׁאֵרִית הַגּוֹיִם וַתֵּעֲלוּ
ד עַל־שְׂפַת לָשׁוֹן וְדִבַּת־עָם׃ לָכֵן הָרֵי יִשְׂרָאֵל שִׁמְעוּ דְּבַר־אֲדֹנָי
יֱהֹוִה כֹּה־אָמַר אֲדֹנָי יֱהֹוִה לֶהָרִים וְלַגְּבָעוֹת לָאֲפִיקִים וְלַגֵּאָיוֹת
וְלֶחֳרָבוֹת הַשֹּׁמְמוֹת וְלֶעָרִים הַנֶּעֱזָבוֹת אֲשֶׁר הָיוּ לְבַז וּלְלַעַג
ה לִשְׁאֵרִית הַגּוֹיִם אֲשֶׁר מִסָּבִיב׃ לָכֵן כֹּה־אָמַר
אֲדֹנָי יֱהֹוִה אִם־לֹא בְּאֵשׁ קִנְאָתִי דִבַּרְתִּי עַל־שְׁאֵרִית הַגּוֹיִם
וְעַל־אֱדוֹם כֻּלָּא אֲשֶׁר נָתְנוּ־אֶת־אַרְצִי ׀ לָהֶם לְמוֹרָשָׁה בְּשִׂמְחַת
ו כָּל־לֵבָב בִּשְׁאָט נֶפֶשׁ לְמַעַן מִגְרָשָׁהּ לָבַז׃ לָכֵן הִנָּבֵא עַל־
אַדְמַת יִשְׂרָאֵל וְאָמַרְתָּ לֶהָרִים וְלַגְּבָעוֹת לָאֲפִיקִים וְלַגֵּאָיוֹת
כֹּה־אָמַר ׀ אֲדֹנָי יֱהֹוִה הִנְנִי בְקִנְאָתִי וּבַחֲמָתִי דִּבַּרְתִּי יַעַן כְּלִמַּת
ז גּוֹיִם נְשָׂאתֶם׃ לָכֵן כֹּה אָמַר אֲדֹנָי יֱהֹוִה אֲנִי נָשָׂאתִי אֶת־יָדִי
ח אִם־לֹא הַגּוֹיִם אֲשֶׁר לָכֶם מִסָּבִיב הֵמָּה כְּלִמָּתָם יִשָּׂאוּ׃ וְאַתֶּם
הָרֵי יִשְׂרָאֵל עַנְפְּכֶם תִּתֵּנוּ וּפֶרְיְכֶם תִּשְׂאוּ לְעַמִּי יִשְׂרָאֵל כִּי
ט קֵרְבוּ לָבוֹא׃ כִּי הִנְנִי אֲלֵיכֶם וּפָנִיתִי אֲלֵיכֶם וְנֶעֱבַדְתֶּם
י וְנִזְרַעְתֶּם׃ וְהִרְבֵּיתִי עֲלֵיכֶם אָדָם כָּל־בֵּית יִשְׂרָאֵל כֻּלֹּה
יא וְנֹשְׁבוּ הֶעָרִים וְהֶחֳרָבוֹת תִּבָּנֶינָה׃ וְהִרְבֵּיתִי עֲלֵיכֶם אָדָם
וּבְהֵמָה וְרָבוּ וּפָרוּ וְהוֹשַׁבְתִּי אֶתְכֶם כְּקַדְמוֹתֵיכֶם וְהֵיטִבֹתִי
יב מֵרִאשֹׁתֵיכֶם וִידַעְתֶּם כִּי־אֲנִי יְהוָה׃ וְהוֹלַכְתִּי עֲלֵיכֶם אָדָם
אֶת־עַמִּי יִשְׂרָאֵל וִירֵשׁוּךָ וְהָיִיתָ לָהֶם לְנַחֲלָה וְלֹא־תוֹסִף עוֹד

לְשַׁכְּלָם׃ כֹּה אָמַר אֲדֹנָי יֱהוִה יַעַן אֹמְרִים לָכֶם יג
אַתְּ | גּוֹיִךְ אֹכֶלֶת אָדָם אתי וּמְשַׁכֶּלֶת גויך הָיִית׃ לָכֵן אָדָם לֹא־תֹאכְלִי יד
וְגוֹיַיִךְ | תְשַׁכְּלִי עוֹד וגויך לֹא תכשלי־עוֹד נְאֻם אֲדֹנָי יֱהוִה׃ וְלֹא־אַשְׁמִיעַ אֵלַיִךְ טו
וְגוֹיִךְ עוֹד כְּלִמַּת הַגּוֹיִם וְחֶרְפַּת עַמִּים לֹא תִשְׂאִי־עוֹד וגויך לֹא־
תַכְשִׁלִי עוֹד נְאֻם אֲדֹנָי יֱהוִה׃ וַיְהִי דְבַר־יְהוָה טז
אֵלַי לֵאמֹר׃ בֶּן־אָדָם בֵּית יִשְׂרָאֵל יֹשְׁבִים עַל־אַדְמָתָם וַיְטַמְּאוּ יז
אוֹתָהּ בְּדַרְכָּם וּבַעֲלִילוֹתָם כְּטֻמְאַת הַנִּדָּה הָיְתָה דַרְכָּם לְפָנָי׃
וָאֶשְׁפֹּךְ חֲמָתִי עֲלֵיהֶם עַל־הַדָּם אֲשֶׁר־שָׁפְכוּ עַל־הָאָרֶץ יח
וּבְגִלּוּלֵיהֶם טִמְּאוּהָ׃ וָאָפִיץ אֹתָם בַּגּוֹיִם וַיִּזָּרוּ בָּאֲרָצוֹת יט
כְּדַרְכָּם וְכַעֲלִילוֹתָם שְׁפַטְתִּים׃ וַיָּבוֹא אֶל־הַגּוֹיִם אֲשֶׁר־בָּאוּ כ
שָׁם וַיְחַלְּלוּ אֶת־שֵׁם קָדְשִׁי בֶּאֱמֹר לָהֶם עַם־יְהוָה אֵלֶּה וּמֵאַרְצוֹ
יָצָאוּ׃ וָאֶחְמֹל עַל־שֵׁם קָדְשִׁי אֲשֶׁר חִלְּלֻהוּ בֵּית יִשְׂרָאֵל בַּגּוֹיִם כא
אֲשֶׁר־בָּאוּ שָׁמָּה׃ לָכֵן אֱמֹר לְבֵית־יִשְׂרָאֵל כֹּה כב
אָמַר אֲדֹנָי יֱהוִה לֹא לְמַעַנְכֶם אֲנִי עֹשֶׂה בֵּית יִשְׂרָאֵל כִּי אִם־
לְשֵׁם־קָדְשִׁי אֲשֶׁר חִלַּלְתֶּם בַּגּוֹיִם אֲשֶׁר־בָּאתֶם שָׁם׃ וְקִדַּשְׁתִּי כג
אֶת־שְׁמִי הַגָּדוֹל הַמְחֻלָּל בַּגּוֹיִם אֲשֶׁר חִלַּלְתֶּם בְּתוֹכָם וְיָדְעוּ
הַגּוֹיִם כִּי־אֲנִי יְהוָה נְאֻם אֲדֹנָי יֱהוִה בְּהִקָּדְשִׁי בָכֶם לְעֵינֵיהֶם׃
וְלָקַחְתִּי אֶתְכֶם מִן־הַגּוֹיִם וְקִבַּצְתִּי אֶתְכֶם מִכָּל־הָאֲרָצוֹת כד
כב וְהֵבֵאתִי אֶתְכֶם אֶל־אַדְמַתְכֶם׃ וְזָרַקְתִּי עֲלֵיכֶם מַיִם טְהוֹרִים כה
וּטְהַרְתֶּם מִכֹּל טֻמְאוֹתֵיכֶם וּמִכָּל־גִּלּוּלֵיכֶם אֲטַהֵר אֶתְכֶם׃
וְנָתַתִּי לָכֶם לֵב חָדָשׁ וְרוּחַ חֲדָשָׁה אֶתֵּן בְּקִרְבְּכֶם וַהֲסִרֹתִי אֶת־ כו
לֵב הָאֶבֶן מִבְּשַׂרְכֶם וְנָתַתִּי לָכֶם לֵב בָּשָׂר׃ וְאֶת־רוּחִי אֶתֵּן כז
בְּקִרְבְּכֶם וְעָשִׂיתִי אֵת אֲשֶׁר־בְּחֻקַּי תֵּלֵכוּ וּמִשְׁפָּטַי תִּשְׁמְרוּ
וַעֲשִׂיתֶם׃ וִישַׁבְתֶּם בָּאָרֶץ אֲשֶׁר נָתַתִּי לַאֲבֹתֵיכֶם וִהְיִיתֶם לִי כח
לְעָם וְאָנֹכִי אֶהְיֶה לָכֶם לֵאלֹהִים׃ וְהוֹשַׁעְתִּי אֶתְכֶם מִכֹּל כט
טֻמְאוֹתֵיכֶם וְקָרָאתִי אֶל־הַדָּגָן וְהִרְבֵּיתִי אֹתוֹ וְלֹא־אֶתֵּן עֲלֵיכֶם
רָעָב׃ וְהִרְבֵּיתִי אֶת־פְּרִי הָעֵץ וּתְנוּבַת הַשָּׂדֶה לְמַעַן אֲשֶׁר לֹא ל

לא תִּקְחוּ עוֹד חֶרְפַּת רָעָב בַּגּוֹיִם׃ וּזְכַרְתֶּם אֶת־דַּרְכֵיכֶם הָרָעִים
וּמַעַלְלֵיכֶם אֲשֶׁר לֹא־טוֹבִים וּנְקֹטֹתֶם בִּפְנֵיכֶם עַל עֲוֺנֹתֵיכֶם וְעַל
לב תּוֹעֲבוֹתֵיכֶם׃ לֹא לְמַעַנְכֶם אֲנִי־עֹשֶׂה נְאֻם אֲדֹנָי יֱהוִה יִוָּדַע
לָכֶם בּוֹשׁוּ וְהִכָּלְמוּ מִדַּרְכֵיכֶם בֵּית יִשְׂרָאֵל׃
לג כֹּה אָמַר אֲדֹנָי יֱהוִה בְּיוֹם טַהֲרִי אֶתְכֶם מִכֹּל עֲוֺנוֹתֵיכֶם
לד וְהוֹשַׁבְתִּי אֶת־הֶעָרִים וְנִבְנוּ הֶחֳרָבוֹת׃ וְהָאָרֶץ הַנְּשַׁמָּה
לה תֵּעָבֵד תַּחַת אֲשֶׁר הָיְתָה שְׁמָמָה לְעֵינֵי כָּל־עוֹבֵר׃ וְאָמְרוּ
הָאָרֶץ הַלֵּזוּ הַנְּשַׁמָּה הָיְתָה כְּגַן־עֵדֶן וְהֶעָרִים הֶחֳרֵבוֹת
לו וְהַנְשַׁמּוֹת וְהַנֶּהֱרָסוֹת בְּצוּרוֹת יָשָׁבוּ׃ וְיָדְעוּ הַגּוֹיִם אֲשֶׁר
יִשָּׁאֲרוּ סְבִיבוֹתֵיכֶם כִּי ׀ אֲנִי יְהוָה בָּנִיתִי הַנֶּהֱרָסוֹת נָטַעְתִּי
לז הַנְּשַׁמָּה אֲנִי יְהוָה דִּבַּרְתִּי וְעָשִׂיתִי׃ כֹּה אָמַר
אֲדֹנָי יֱהוִה עוֹד זֹאת אִדָּרֵשׁ לְבֵית־יִשְׂרָאֵל לַעֲשׂוֹת לָהֶם
לח אַרְבֶּה אֹתָם כַּצֹּאן אָדָם׃ כְּצֹאן קָדָשִׁים כְּצֹאן יְרוּשָׁלִַם
בְּמוֹעֲדֶיהָ כֵּן תִּהְיֶינָה הֶעָרִים הֶחֳרֵבוֹת מְלֵאוֹת צֹאן אָדָם
וְיָדְעוּ כִּי־אֲנִי יְהוָה׃

לז א הָיְתָה עָלַי יַד־יְהוָה וַיּוֹצִאֵנִי בְרוּחַ יְהוָה וַיְנִיחֵנִי בְּתוֹךְ הַבִּקְעָה
ב וְהִיא מְלֵאָה עֲצָמוֹת׃ וְהֶעֱבִירַנִי עֲלֵיהֶם סָבִיב ׀ סָבִיב וְהִנֵּה
ג רַבּוֹת מְאֹד עַל־פְּנֵי הַבִּקְעָה וְהִנֵּה יְבֵשׁוֹת מְאֹד׃ וַיֹּאמֶר אֵלַי
בֶּן־אָדָם הֲתִחְיֶינָה הָעֲצָמוֹת הָאֵלֶּה וָאֹמַר אֲדֹנָי יֱהוִה אַתָּה
ד יָדָעְתָּ׃ וַיֹּאמֶר אֵלַי הִנָּבֵא עַל־הָעֲצָמוֹת הָאֵלֶּה וְאָמַרְתָּ אֲלֵיהֶם
ה הָעֲצָמוֹת הַיְבֵשׁוֹת שִׁמְעוּ דְּבַר־יְהוָה׃ כֹּה אָמַר אֲדֹנָי יֱהוִה
ו לָעֲצָמוֹת הָאֵלֶּה הִנֵּה אֲנִי מֵבִיא בָכֶם רוּחַ וִחְיִיתֶם׃ וְנָתַתִּי
עֲלֵיכֶם גִּידִים וְהַעֲלֵתִי עֲלֵיכֶם בָּשָׂר וְקָרַמְתִּי עֲלֵיכֶם עוֹר וְנָתַתִּי
ז בָכֶם רוּחַ וִחְיִיתֶם וִידַעְתֶּם כִּי־אֲנִי יְהוָה׃ וְנִבֵּאתִי כַּאֲשֶׁר צֻוֵּיתִי
וַיְהִי־קוֹל כְּהִנָּבְאִי וְהִנֵּה־רַעַשׁ וַתִּקְרְבוּ עֲצָמוֹת עֶצֶם אֶל־
ח עַצְמוֹ׃ וְרָאִיתִי וְהִנֵּה־עֲלֵיהֶם גִּדִים וּבָשָׂר עָלָה וַיִּקְרַם עֲלֵיהֶם
ט עוֹר מִלְמָעְלָה וְרוּחַ אֵין בָּהֶם׃ וַיֹּאמֶר אֵלַי הִנָּבֵא אֶל־הָרוּחַ

הִנָּבֵא בֶן־אָדָם וְאָמַרְתָּ אֶל־הָרוּחַ כֹּה־אָמַר ׀ אֲדֹנָי יֱהוִה
מֵאַרְבַּע רוּחוֹת בֹּאִי הָרוּחַ וּפְחִי בַּהֲרוּגִים הָאֵלֶּה וְיִחְיוּ׃
י וְהִנַּבֵּאתִי כַּאֲשֶׁר צִוָּנִי וַתָּבוֹא בָהֶם הָרוּחַ וַיִּחְיוּ וַיַּעַמְדוּ עַל־
יא רַגְלֵיהֶם חַיִל גָּדוֹל מְאֹד מְאֹד׃ וַיֹּאמֶר אֵלַי בֶּן־אָדָם הָעֲצָמוֹת
הָאֵלֶּה כָּל־בֵּית יִשְׂרָאֵל הֵמָּה הִנֵּה אֹמְרִים יָבְשׁוּ עַצְמוֹתֵינוּ
יב וְאָבְדָה תִקְוָתֵנוּ נִגְזַרְנוּ לָנוּ׃ לָכֵן הִנָּבֵא וְאָמַרְתָּ אֲלֵיהֶם כֹּה־
אָמַר אֲדֹנָי יֱהוִה הִנֵּה אֲנִי פֹתֵחַ אֶת־קִבְרוֹתֵיכֶם וְהַעֲלֵיתִי
אֶתְכֶם מִקִּבְרוֹתֵיכֶם עַמִּי וְהֵבֵאתִי אֶתְכֶם אֶל־אַדְמַת יִשְׂרָאֵל׃
יג וִידַעְתֶּם כִּי־אֲנִי יְהוָה בְּפִתְחִי אֶת־קִבְרוֹתֵיכֶם וּבְהַעֲלוֹתִי אֶתְכֶם
יד מִקִּבְרוֹתֵיכֶם עַמִּי׃ וְנָתַתִּי רוּחִי בָכֶם וִחְיִיתֶם וְהִנַּחְתִּי אֶתְכֶם
עַל־אַדְמַתְכֶם וִידַעְתֶּם כִּי אֲנִי יְהוָה דִּבַּרְתִּי וְעָשִׂיתִי נְאֻם־
טו טז יְהוָה׃ וַיְהִי דְבַר־יְהוָה אֵלַי לֵאמֹר׃ וְאַתָּה בֶן־
אָדָם קַח־לְךָ עֵץ אֶחָד וּכְתֹב עָלָיו לִיהוּדָה וְלִבְנֵי יִשְׂרָאֵל חֲבֵרָיו
וּלְקַח עֵץ אֶחָד וּכְתוֹב עָלָיו לְיוֹסֵף עֵץ אֶפְרַיִם וְכָל־בֵּית יִשְׂרָאֵל
יז חֲבֵרָיו׃ וְקָרַב אֹתָם אֶחָד אֶל־אֶחָד לְךָ לְעֵץ אֶחָד וְהָיוּ לַאֲחָדִים
יח בְּיָדֶךָ׃ וְכַאֲשֶׁר יֹאמְרוּ אֵלֶיךָ בְּנֵי עַמְּךָ לֵאמֹר הֲלוֹא־תַגִּיד לָנוּ
יט מָה־אֵלֶּה לָּךְ׃ דַּבֵּר אֲלֵהֶם כֹּה־אָמַר אֲדֹנָי יֱהוִה הִנֵּה אֲנִי לֹקֵחַ
אֶת־עֵץ יוֹסֵף אֲשֶׁר בְּיַד־אֶפְרַיִם וְשִׁבְטֵי יִשְׂרָאֵל חֲבֵרָיו וְנָתַתִּי
אוֹתָם עָלָיו אֶת־עֵץ יְהוּדָה וַעֲשִׂיתִם לְעֵץ אֶחָד וְהָיוּ אֶחָד
כ כא בְּיָדִי׃ וְהָיוּ הָעֵצִים אֲשֶׁר־תִּכְתֹּב עֲלֵיהֶם בְּיָדְךָ לְעֵינֵיהֶם׃ וְדַבֵּר
אֲלֵיהֶם כֹּה־אָמַר אֲדֹנָי יֱהוִה הִנֵּה אֲנִי לֹקֵחַ אֶת־בְּנֵי יִשְׂרָאֵל
מִבֵּין הַגּוֹיִם אֲשֶׁר הָלְכוּ־שָׁם וְקִבַּצְתִּי אֹתָם מִסָּבִיב וְהֵבֵאתִי
כב אוֹתָם אֶל־אַדְמָתָם׃ וְעָשִׂיתִי אֹתָם לְגוֹי אֶחָד בָּאָרֶץ בְּהָרֵי
יִהְיוּ־ יִשְׂרָאֵל וּמֶלֶךְ אֶחָד יִהְיֶה לְכֻלָּם לְמֶלֶךְ וְלֹא יהיה־עוֹד לִשְׁנֵי
כג גוֹיִם וְלֹא יֵחָצוּ עוֹד לִשְׁתֵּי מַמְלָכוֹת עוֹד׃ וְלֹא יִטַּמְּאוּ עוֹד
בְּגִלּוּלֵיהֶם וּבְשִׁקּוּצֵיהֶם וּבְכֹל פִּשְׁעֵיהֶם וְהוֹשַׁעְתִּי אֹתָם מִכֹּל
מוֹשְׁבֹתֵיהֶם אֲשֶׁר חָטְאוּ בָהֶם וְטִהַרְתִּי אוֹתָם וְהָיוּ־לִי לְעָם וַאֲנִי

כד אֶהְיֶה לָהֶם לֵאלֹהִים׃ וְעַבְדִּי דָוִד מֶלֶךְ עֲלֵיהֶם וְרוֹעֶה אֶחָד
כה יִהְיֶה לְכֻלָּם וּבְמִשְׁפָּטַי יֵלֵכוּ וְחֻקֹּתַי יִשְׁמְרוּ וְעָשׂוּ אוֹתָם׃ וְיָשְׁבוּ
עַל־הָאָרֶץ אֲשֶׁר נָתַתִּי לְעַבְדִּי לְיַעֲקֹב אֲשֶׁר יָשְׁבוּ־בָהּ אֲבוֹתֵיכֶם
וְיָשְׁבוּ עָלֶיהָ הֵמָּה וּבְנֵיהֶם וּבְנֵי בְנֵיהֶם עַד־עוֹלָם וְדָוִד עַבְדִּי
כו נָשִׂיא לָהֶם לְעוֹלָם׃ וְכָרַתִּי לָהֶם בְּרִית שָׁלוֹם בְּרִית עוֹלָם יִהְיֶה
אוֹתָם וּנְתַתִּים וְהִרְבֵּיתִי אוֹתָם וְנָתַתִּי אֶת־מִקְדָּשִׁי בְּתוֹכָם
כז לְעוֹלָם׃ וְהָיָה מִשְׁכָּנִי עֲלֵיהֶם וְהָיִיתִי לָהֶם לֵאלֹהִים וְהֵמָּה יִהְיוּ־
כח לִי לְעָם׃ וְיָדְעוּ הַגּוֹיִם כִּי אֲנִי יְהוָה מְקַדֵּשׁ אֶת־יִשְׂרָאֵל בִּהְיוֹת כג
לח א מִקְדָּשִׁי בְּתוֹכָם לְעוֹלָם׃ וַיְהִי דְבַר־יְהוָה אֵלַי
ב לֵאמֹר׃ בֶּן־אָדָם שִׂים פָּנֶיךָ אֶל־גּוֹג אֶרֶץ הַמָּגוֹג נְשִׂיא רֹאשׁ
ג מֶשֶׁךְ וְתֻבָל וְהִנָּבֵא עָלָיו׃ וְאָמַרְתָּ כֹּה אָמַר אֲדֹנָי יֱהוִה הִנְנִי
ד אֵלֶיךָ גּוֹג נְשִׂיא רֹאשׁ מֶשֶׁךְ וְתֻבָל׃ וְשׁוֹבַבְתִּיךָ וְנָתַתִּי חַחִים
בִּלְחָיֶיךָ וְהוֹצֵאתִי אוֹתְךָ וְאֶת־כָּל־חֵילֶךָ סוּסִים וּפָרָשִׁים לְבֻשֵׁי
ה מִכְלוֹל כֻּלָּם קָהָל רָב צִנָּה וּמָגֵן תֹּפְשֵׂי חֲרָבוֹת כֻּלָּם׃ פָּרַס כּוּשׁ
ו וּפוּט אִתָּם כֻּלָּם מָגֵן וְכוֹבָע׃ גֹּמֶר וְכָל־אֲגַפֶּיהָ בֵּית תּוֹגַרְמָה
ז יַרְכְּתֵי צָפוֹן וְאֶת־כָּל־אֲגַפָּיו עַמִּים רַבִּים אִתָּךְ׃ הִכֹּן וְהָכֵן לְךָ
אַתָּה וְכָל־קְהָלֶךָ הַנִּקְהָלִים עָלֶיךָ וְהָיִיתָ לָהֶם לְמִשְׁמָר׃
ח מִיָּמִים רַבִּים תִּפָּקֵד בְּאַחֲרִית הַשָּׁנִים תָּבוֹא ׀ אֶל־אֶרֶץ ׀
מְשׁוֹבֶבֶת מֵחֶרֶב מְקֻבֶּצֶת מֵעַמִּים רַבִּים עַל הָרֵי יִשְׂרָאֵל
אֲשֶׁר־הָיוּ לְחָרְבָּה תָּמִיד וְהִיא מֵעַמִּים הוּצָאָה וְיָשְׁבוּ לָבֶטַח
ט כֻּלָּם׃ וְעָלִיתָ כַּשֹּׁאָה תָבוֹא כֶּעָנָן לְכַסּוֹת הָאָרֶץ תִּהְיֶה אַתָּה
י וְכָל־אֲגַפֶּיךָ וְעַמִּים רַבִּים אוֹתָךְ׃ כֹּה אָמַר אֲדֹנָי
יֱהוִה וְהָיָה ׀ בַּיּוֹם הַהוּא יַעֲלוּ דְבָרִים עַל־לְבָבֶךָ וְחָשַׁבְתָּ
יא מַחֲשֶׁבֶת רָעָה׃ וְאָמַרְתָּ אֶעֱלֶה עַל־אֶרֶץ פְּרָזוֹת אָבוֹא
הַשֹּׁקְטִים יֹשְׁבֵי לָבֶטַח כֻּלָּם יֹשְׁבִים בְּאֵין חוֹמָה וּבְרִיחַ וּדְלָתַיִם
יב אֵין לָהֶם׃ לִשְׁלֹל שָׁלָל וְלָבֹז בַּז לְהָשִׁיב יָדְךָ עַל־חֳרָבוֹת
נוֹשָׁבוֹת וְאֶל־עַם מְאֻסָּף מִגּוֹיִם עֹשֶׂה מִקְנֶה וְקִנְיָן יֹשְׁבֵי

יג עַל־טַבּוּר הָאָרֶץ׃ שְׁבָא וּדְדָן וְסֹחֲרֵי תַרְשִׁישׁ וְכָל־כְּפִירֶיהָ
יֹאמְרוּ לְךָ הֲלִשְׁלֹל שָׁלָל אַתָּה בָא הֲלָבֹז בַּז הִקְהַלְתָּ
קְהָלֶךָ לָשֵׂאת ׀ כֶּסֶף וְזָהָב לָקַחַת מִקְנֶה וְקִנְיָן לִשְׁלֹל שָׁלָל
יד גָּדוֹל׃ לָכֵן הִנָּבֵא בֶן־אָדָם וְאָמַרְתָּ לְגוֹג כֹּה אָמַר
אֲדֹנָי יֱהֹוִה הֲלוֹא ׀ בַּיּוֹם הַהוּא בְּשֶׁבֶת עַמִּי יִשְׂרָאֵל לָבֶטַח
טו תֵּדָע׃ וּבָאתָ מִמְּקוֹמְךָ מִיַּרְכְּתֵי צָפוֹן אַתָּה וְעַמִּים רַבִּים
טז אִתָּךְ רֹכְבֵי סוּסִים כֻּלָּם קָהָל גָּדוֹל וְחַיִל רָב׃ וְעָלִיתָ עַל־עַמִּי
יִשְׂרָאֵל כֶּעָנָן לְכַסּוֹת הָאָרֶץ בְּאַחֲרִית הַיָּמִים תִּהְיֶה וַהֲבִאוֹתִיךָ
עַל־אַרְצִי לְמַעַן דַּעַת הַגּוֹיִם אֹתִי בְּהִקָּדְשִׁי בְךָ לְעֵינֵיהֶם
יז גּוֹג׃ כֹּה־אָמַר אֲדֹנָי יֱהֹוִה הַאַתָּה־הוּא אֲשֶׁר־
דִּבַּרְתִּי בְּיָמִים קַדְמוֹנִים בְּיַד עֲבָדַי נְבִיאֵי יִשְׂרָאֵל הַנִּבְּאִים
יח בַּיָּמִים הָהֵם שָׁנִים לְהָבִיא אֹתְךָ עֲלֵיהֶם׃ וְהָיָה ׀
בַּיּוֹם הַהוּא בְּיוֹם בּוֹא גוֹג עַל־אַדְמַת יִשְׂרָאֵל נְאֻם אֲדֹנָי יֱהֹוִה
יט תַּעֲלֶה חֲמָתִי בְּאַפִּי׃ וּבְקִנְאָתִי בְאֵשׁ־עֶבְרָתִי דִּבַּרְתִּי אִם־לֹא ׀
כ בַּיּוֹם הַהוּא יִהְיֶה רַעַשׁ גָּדוֹל עַל אַדְמַת יִשְׂרָאֵל׃ וְרָעֲשׁוּ מִפָּנַי
דְּגֵי הַיָּם וְעוֹף הַשָּׁמַיִם וְחַיַּת הַשָּׂדֶה וְכָל־הָרֶמֶשׂ הָרֹמֵשׂ עַל־
הָאֲדָמָה וְכֹל הָאָדָם אֲשֶׁר עַל־פְּנֵי הָאֲדָמָה וְנֶהֶרְסוּ הֶהָרִים
כא וְנָפְלוּ הַמַּדְרֵגוֹת וְכָל־חוֹמָה לָאָרֶץ תִּפּוֹל׃ וְקָרָאתִי עָלָיו לְכָל־
כב הָרַי חֶרֶב נְאֻם אֲדֹנָי יֱהֹוִה חֶרֶב אִישׁ בְּאָחִיו תִּהְיֶה׃ וְנִשְׁפַּטְתִּי
אִתּוֹ בְּדֶבֶר וּבְדָם וְגֶשֶׁם שׁוֹטֵף וְאַבְנֵי אֶלְגָּבִישׁ אֵשׁ וְגָפְרִית
אַמְטִיר עָלָיו וְעַל־אֲגַפָּיו וְעַל־עַמִּים רַבִּים אֲשֶׁר אִתּוֹ׃
כג וְהִתְגַּדִּלְתִּי וְהִתְקַדִּשְׁתִּי וְנוֹדַעְתִּי לְעֵינֵי גּוֹיִם רַבִּים וְיָדְעוּ כִּי־
לט א אֲנִי יְהוָה׃ וְאַתָּה בֶן־אָדָם הִנָּבֵא עַל־גּוֹג וְאָמַרְתָּ
כֹּה אָמַר אֲדֹנָי יֱהֹוִה הִנְנִי אֵלֶיךָ גּוֹג נְשִׂיא רֹאשׁ מֶשֶׁךְ וְתֻבָל׃
ב וְשֹׁבַבְתִּיךָ וְשִׁשֵּׁאתִיךָ וְהַעֲלִיתִיךָ מִיַּרְכְּתֵי צָפוֹן וַהֲבִאוֹתִךָ עַל־
ג הָרֵי יִשְׂרָאֵל׃ וְהִכֵּיתִי קַשְׁתְּךָ מִיַּד שְׂמֹאולֶךָ וְחִצֶּיךָ מִיַּד יְמִינְךָ
ד אַפִּיל׃ עַל־הָרֵי יִשְׂרָאֵל תִּפּוֹל אַתָּה וְכָל־אֲגַפֶּיךָ וְעַמִּים אֲשֶׁר

ה אֹתְךָ לְעֵיט צִפּוֹר כׇּל־כָּנָף וְחַיַּת הַשָּׂדֶה נְתַתִּיךָ לְאׇכְלָה׃ עַל־
ו פְּנֵי הַשָּׂדֶה תִּפּוֹל כִּי אֲנִי דִבַּרְתִּי נְאֻם אֲדֹנָי יֱהֹוִה׃ וְשִׁלַּחְתִּי־אֵשׁ
ז בְּמָגוֹג וּבְיֹשְׁבֵי הָאִיִּים לָבֶטַח וְיָדְעוּ כִּי־אֲנִי יְהֹוָה׃ וְאֶת־שֵׁם
קׇדְשִׁי אוֹדִיעַ בְּתוֹךְ עַמִּי יִשְׂרָאֵל וְלֹא־אַחֵל אֶת־שֵׁם־קׇדְשִׁי
ח עוֹד וְיָדְעוּ הַגּוֹיִם כִּי־אֲנִי יְהֹוָה קָדוֹשׁ בְּיִשְׂרָאֵל׃ הִנֵּה בָאָה
ט וְנִהְיָתָה נְאֻם אֲדֹנָי יֱהֹוִה הוּא הַיּוֹם אֲשֶׁר דִּבַּרְתִּי׃ וְיָצְאוּ יֹשְׁבֵי ׀
עָרֵי יִשְׂרָאֵל וּבִעֲרוּ וְהִשִּׂיקוּ בְּנֶשֶׁק וּמָגֵן וְצִנָּה בְּקֶשֶׁת וּבְחִצִּים
י וּבְמַקֵּל יָד וּבְרֹמַח וּבִעֲרוּ בָהֶם אֵשׁ שֶׁבַע שָׁנִים׃ וְלֹא־יִשְׂאוּ
עֵצִים מִן־הַשָּׂדֶה וְלֹא יַחְטְבוּ מִן־הַיְּעָרִים כִּי בַנֶּשֶׁק יְבַעֲרוּ־
אֵשׁ וְשָׁלְלוּ אֶת־שֹׁלְלֵיהֶם וּבָזְזוּ אֶת־בֹּזְזֵיהֶם נְאֻם אֲדֹנָי
יא יֱהֹוִה׃ וְהָיָה בַיּוֹם הַהוּא אֶתֵּן לְגוֹג ׀ מְקוֹם־שָׁם
קֶבֶר בְּיִשְׂרָאֵל גֵּי הָעֹבְרִים קִדְמַת הַיָּם וְחֹסֶמֶת הִיא אֶת־
הָעֹבְרִים וְקָבְרוּ שָׁם אֶת־גּוֹג וְאֶת־כׇּל־הֲמוֹנֹה וְקָרְאוּ גֵּיא הֲמוֹן
יב גּוֹג׃ וּקְבָרוּם בֵּית יִשְׂרָאֵל לְמַעַן טַהֵר אֶת־הָאָרֶץ שִׁבְעָה
יג חֳדָשִׁים׃ וְקָבְרוּ כׇּל־עַם הָאָרֶץ וְהָיָה לָהֶם לְשֵׁם יוֹם הִכָּבְדִי
יד נְאֻם אֲדֹנָי יֱהֹוִה׃ וְאַנְשֵׁי תָמִיד יַבְדִּילוּ עֹבְרִים בָּאָרֶץ מְקַבְּרִים
אֶת־הָעֹבְרִים אֶת־הַנּוֹתָרִים עַל־פְּנֵי הָאָרֶץ לְטַהֲרָהּ מִקְצֵה
טו שִׁבְעָה־חֳדָשִׁים יַחְקֹרוּ׃ וְעָבְרוּ הָעֹבְרִים בָּאָרֶץ וְרָאָה עֶצֶם אָדָם
וּבָנָה אֶצְלוֹ צִיּוּן עַד קָבְרוּ אֹתוֹ הַמְקַבְּרִים אֶל־גֵּיא הֲמוֹן גּוֹג׃
טז יז וְגַם שֶׁם־עִיר הֲמוֹנָה וְטִהֲרוּ הָאָרֶץ׃ וְאַתָּה בֶן־
אָדָם כֹּה־אָמַר ׀ אֲדֹנָי יֱהֹוִה אֱמֹר לְצִפּוֹר כׇּל־כָּנָף וּלְכֹל ׀ חַיַּת
הַשָּׂדֶה הִקָּבְצוּ וָבֹאוּ הֵאָסְפוּ מִסָּבִיב עַל־זִבְחִי אֲשֶׁר אֲנִי זֹבֵחַ
לָכֶם זֶבַח גָּדוֹל עַל הָרֵי יִשְׂרָאֵל וַאֲכַלְתֶּם בָּשָׂר וּשְׁתִיתֶם דָּם׃
יח בְּשַׂר גִּבּוֹרִים תֹּאכֵלוּ וְדַם־נְשִׂיאֵי הָאָרֶץ תִּשְׁתּוּ אֵילִים כָּרִים
יט וְעַתּוּדִים פָּרִים מְרִיאֵי בָשָׁן כֻּלָּם׃ וַאֲכַלְתֶּם־חֵלֶב לְשׇׂבְעָה
כ וּשְׁתִיתֶם דָּם לְשִׁכָּרוֹן מִזִּבְחִי אֲשֶׁר־זָבַחְתִּי לָכֶם׃ וּשְׂבַעְתֶּם עַל־
שֻׁלְחָנִי סוּס וָרֶכֶב גִּבּוֹר וְכׇל־אִישׁ מִלְחָמָה נְאֻם אֲדֹנָי יֱהֹוִה׃

כא וְנָתַתִּי אֶת־כְּבוֹדִי בַּגּוֹיִם וְרָאוּ כָל־הַגּוֹיִם אֶת־מִשְׁפָּטִי אֲשֶׁר
כב עָשִׂיתִי וְאֶת־יָדִי אֲשֶׁר־שַׂמְתִּי בָהֶם׃ וְיָדְעוּ בֵּית יִשְׂרָאֵל כִּי אֲנִי כד
כג יְהוָה אֱלֹהֵיהֶם מִן־הַיּוֹם הַהוּא וָהָלְאָה׃ וְיָדְעוּ הַגּוֹיִם כִּי בַעֲוֺנָם
גָּלוּ בֵית־יִשְׂרָאֵל עַל אֲשֶׁר מָעֲלוּ־בִי וָאַסְתִּר פָּנַי מֵהֶם וָאֶתְּנֵם
כד בְּיַד צָרֵיהֶם וַיִּפְּלוּ בַחֶרֶב כֻּלָּם׃ כְּטֻמְאָתָם וּכְפִשְׁעֵיהֶם עָשִׂיתִי
כה אֹתָם וָאַסְתִּר פָּנַי מֵהֶם׃ לָכֵן כֹּה אָמַר אֲדֹנָי יֱהוִה
עַתָּה אָשִׁיב אֶת־שבית יַעֲקֹב וְרִחַמְתִּי כָּל־בֵּית יִשְׂרָאֵל שְׁבוּת
כו וְקִנֵּאתִי לְשֵׁם קָדְשִׁי׃ וְנָשׂוּ אֶת־כְּלִמָּתָם וְאֶת־כָּל־מַעֲלָם אֲשֶׁר
כז מָעֲלוּ־בִי בְּשִׁבְתָּם עַל־אַדְמָתָם לָבֶטַח וְאֵין מַחֲרִיד׃ בְּשׁוֹבְבִי
אוֹתָם מִן־הָעַמִּים וְקִבַּצְתִּי אֹתָם מֵאַרְצוֹת אֹיְבֵיהֶם וְנִקְדַּשְׁתִּי
כח בָם לְעֵינֵי הַגּוֹיִם רַבִּים׃ וְיָדְעוּ כִּי אֲנִי יְהוָה אֱלֹהֵיהֶם בְּהַגְלוֹתִי
אֹתָם אֶל־הַגּוֹיִם וְכִנַּסְתִּים אֶל־אַדְמָתָם וְלֹא־אוֹתִיר עוֹד מֵהֶם
כט שָׁם׃ וְלֹא־אַסְתִּיר עוֹד פָּנַי מֵהֶם אֲשֶׁר שָׁפַכְתִּי אֶת־רוּחִי עַל־
מ א בֵּית יִשְׂרָאֵל נְאֻם אֲדֹנָי יֱהוִה׃ בְּעֶשְׂרִים וְחָמֵשׁ
שָׁנָה לְגָלוּתֵנוּ בְּרֹאשׁ הַשָּׁנָה בֶּעָשׂוֹר לַחֹדֶשׁ בְּאַרְבַּע עֶשְׂרֵה
שָׁנָה אַחַר אֲשֶׁר הֻכְּתָה הָעִיר בְּעֶצֶם ׀ הַיּוֹם הַזֶּה הָיְתָה עָלַי יַד־
ב יְהוָה וַיָּבֵא אֹתִי שָׁמָּה׃ בְּמַרְאוֹת אֱלֹהִים הֱבִיאַנִי אֶל־אֶרֶץ
יִשְׂרָאֵל וַיְנִיחֵנִי אֶל־הַר גָּבֹהַּ מְאֹד וְעָלָיו כְּמִבְנֵה־עִיר מִנֶּגֶב׃
ג וַיָּבֵיא אוֹתִי שָׁמָּה וְהִנֵּה־אִישׁ מַרְאֵהוּ כְּמַרְאֵה נְחֹשֶׁת וּפְתִיל־
ד פִּשְׁתִּים בְּיָדוֹ וּקְנֵה הַמִּדָּה וְהוּא עֹמֵד בַּשָּׁעַר׃ וַיְדַבֵּר אֵלַי הָאִישׁ
בֶּן־אָדָם רְאֵה בְעֵינֶיךָ וּבְאָזְנֶיךָ שְּׁמָע וְשִׂים לִבְּךָ לְכֹל אֲשֶׁר־אֲנִי
מַרְאֶה אוֹתָךְ כִּי לְמַעַן הַרְאוֹתְכָה הֻבָאתָה הֵנָּה הַגֵּד אֶת־כָּל־
ה אֲשֶׁר־אַתָּה רֹאֶה לְבֵית יִשְׂרָאֵל׃ וְהִנֵּה חוֹמָה מִחוּץ לַבַּיִת
סָבִיב ׀ סָבִיב וּבְיַד הָאִישׁ קְנֵה הַמִּדָּה שֵׁשׁ־אַמּוֹת בָּאַמָּה וָטֹפַח
ו וַיָּמָד אֶת־רֹחַב הַבִּנְיָן קָנֶה אֶחָד וְקוֹמָה קָנֶה אֶחָד׃ וַיָּבוֹא אֶל־
שַׁעַר אֲשֶׁר פָּנָיו דֶּרֶךְ הַקָּדִימָה וַיַּעַל בְּמַעֲלוֹתָו וַיָּמָד ׀ אֶת־סַף
ז הַשַּׁעַר קָנֶה אֶחָד רֹחַב וְאֵת סַף אֶחָד קָנֶה אֶחָד רֹחַב׃ וְהַתָּא

קָנֶה אֶחָד אֹרֶךְ וְקָנֶה אֶחָד רֹחַב וּבֵין הַתָּאִים חָמֵשׁ אַמּוֹת וְסַף
ח הַשַּׁעַר מֵאֵצֶל אֻלָם הַשַּׁעַר מֵהַבַּיִת קָנֶה אֶחָד׃ וַיָּמָד אֶת־אֻלָם
ט הַשַּׁעַר מֵהַבַּיִת קָנֶה אֶחָד׃ וַיָּמָד אֶת־אֻלָם הַשַּׁעַר שְׁמֹנֶה אַמּוֹת
י וְאֵילָו שְׁתַּיִם אַמּוֹת וְאֻלָם הַשַּׁעַר מֵהַבָּיִת׃ וְתָאֵי הַשַּׁעַר דֶּרֶךְ
הַקָּדִים שְׁלֹשָׁה מִפֹּה וּשְׁלֹשָׁה מִפֹּה מִדָּה אַחַת לִשְׁלָשְׁתָּם וּמִדָּה
יא אַחַת לָאֵילִם מִפֹּה וּמִפּוֹ׃ וַיָּמָד אֶת־רֹחַב פֶּתַח־הַשַּׁעַר עֶשֶׂר
יב אַמּוֹת אֹרֶךְ הַשַּׁעַר שְׁלוֹשׁ עֶשְׂרֵה אַמּוֹת׃ וּגְבוּל לִפְנֵי הַתָּאוֹת
אַמָּה אֶחָת וְאַמָּה־אַחַת גְּבוּל מִפֹּה וְהַתָּא שֵׁשׁ־אַמּוֹת מִפּוֹ וְשֵׁשׁ
יג אַמּוֹת מִפּוֹ׃ וַיָּמָד אֶת־הַשַּׁעַר מִגַּג הַתָּא לְגַגּוֹ רֹחַב עֶשְׂרִים
יד וְחָמֵשׁ אַמּוֹת פֶּתַח נֶגֶד פָּתַח׃ וַיַּעַשׂ אֶת־אֵילִים שִׁשִּׁים אַמָּה
טו וְאֶל־אֵיל הֶחָצֵר הַשַּׁעַר סָבִיב ׀ סָבִיב׃ וְעַל־פְּנֵי הַשַּׁעַר היאתון הָאִיתוֹן
טז עַל־לִפְנֵי אֻלָם הַשַּׁעַר הַפְּנִימִי חֲמִשִּׁים אַמָּה׃ וְחַלֹּנוֹת אֲטֻמוֹת
אֶל־הַתָּאִים וְאֶל אֵלֵיהֵמָה לִפְנִימָה לַשַּׁעַר סָבִיב ׀ סָבִיב וְכֵן
לָאֵלַמּוֹת וְחַלּוֹנוֹת סָבִיב ׀ סָבִיב לִפְנִימָה וְאֶל־אַיִל תִּמֹרִים׃
יז וַיְבִיאֵנִי אֶל־הֶחָצֵר הַחִיצוֹנָה וְהִנֵּה לְשָׁכוֹת וְרִצְפָה עָשׂוּי לֶחָצֵר
יח סָבִיב ׀ סָבִיב שְׁלֹשִׁים לְשָׁכוֹת אֶל־הָרִצְפָה׃ וְהָרִצְפָה אֶל־כֶּתֶף
יט הַשְּׁעָרִים לְעֻמַּת אֹרֶךְ הַשְּׁעָרִים הָרִצְפָה הַתַּחְתּוֹנָה׃ וַיָּמָד רֹחַב
מִלִּפְנֵי הַשַּׁעַר הַתַּחְתּוֹנָה לִפְנֵי הֶחָצֵר הַפְּנִימִי מִחוּץ מֵאָה אַמָּה
כ הַקָּדִים וְהַצָּפוֹן׃ וְהַשַּׁעַר אֲשֶׁר פָּנָיו דֶּרֶךְ הַצָּפוֹן לֶחָצֵר הַחִיצוֹנָה
כא מָדַד אָרְכּוֹ וְרָחְבּוֹ׃ וְתָאָו שְׁלוֹשָׁה מִפּוֹ וּשְׁלֹשָׁה מִפּוֹ וְאֵילָו
וְאֵלַמָּו הָיָה כְּמִדַּת הַשַּׁעַר הָרִאשׁוֹן חֲמִשִּׁים אַמָּה אָרְכּוֹ וְרֹחַב
כב חָמֵשׁ וְעֶשְׂרִים בָּאַמָּה׃ וְחַלּוֹנָו וְאֵילַמָּו וְתִמֹרָו כְּמִדַּת הַשַּׁעַר
אֲשֶׁר פָּנָיו דֶּרֶךְ הַקָּדִים וּבְמַעֲלוֹת שֶׁבַע יַעֲלוּ־בוֹ וְאֵילַמָּו
כג לִפְנֵיהֶם׃ וְשַׁעַר לֶחָצֵר הַפְּנִימִי נֶגֶד הַשַּׁעַר לַצָּפוֹן וְלַקָּדִים וַיָּמָד
כד מִשַּׁעַר אֶל־שַׁעַר מֵאָה אַמָּה׃ וַיּוֹלִכֵנִי דֶּרֶךְ הַדָּרוֹם וְהִנֵּה־שַׁעַר
כה דֶּרֶךְ הַדָּרוֹם וּמָדַד אֵילָו וְאֵילַמָּו כַּמִּדּוֹת הָאֵלֶּה׃ וְחַלּוֹנִים לוֹ
וּלְאֵילַמָּו סָבִיב ׀ סָבִיב כְּהַחַלֹּנוֹת הָאֵלֶּה חֲמִשִּׁים אַמָּה אֹרֶךְ

וְרֹחַב חָמֵשׁ וְעֶשְׂרִים אַמָּה׃ וּמַעֲלוֹת שִׁבְעָה עֹלוֹתָו וְאֵלַמָּו כו
לִפְנֵיהֶם וְתִמֹּרִים לוֹ אֶחָד מִפּוֹ וְאֶחָד מִפּוֹ אֶל־אֵילָו׃ וְשַׁעַר כז
לֶחָצֵר הַפְּנִימִי דֶּרֶךְ הַדָּרוֹם וַיָּמָד מִשַּׁעַר אֶל־הַשַּׁעַר דֶּרֶךְ
הַדָּרוֹם מֵאָה אַמּוֹת׃ וַיְבִיאֵנִי אֶל־חָצֵר הַפְּנִימִי בְּשַׁעַר הַדָּרוֹם כח
וַיָּמָד אֶת־הַשַּׁעַר הַדָּרוֹם כַּמִּדּוֹת הָאֵלֶּה׃ וְתָאָו וְאֵלָו וְאֵלַמָּו כט
כַּמִּדּוֹת הָאֵלֶּה וְחַלּוֹנוֹת לוֹ וּלְאֵלַמָּו סָבִיב ׀ סָבִיב חֲמִשִּׁים אַמָּה
אֹרֶךְ וְרֹחַב עֶשְׂרִים וְחָמֵשׁ אַמּוֹת׃ וְאֵלַמּוֹת סָבִיב ׀ סָבִיב אֹרֶךְ ל
חָמֵשׁ וְעֶשְׂרִים אַמָּה וְרֹחַב חָמֵשׁ אַמּוֹת׃ וְאֵילַמָּו אֶל־חָצֵר לא
הַחִצוֹנָה וְתִמֹּרִים אֶל־אֵילָו וּמַעֲלוֹת שְׁמוֹנֶה מַעֲלָו׃ וַיְבִיאֵנִי אֶל־ לב
הֶחָצֵר הַפְּנִימִי דֶּרֶךְ הַקָּדִים וַיָּמָד אֶת־הַשַּׁעַר כַּמִּדּוֹת הָאֵלֶּה׃
וְתָאָו וְאֵלָו וְאֵלַמָּו כַּמִּדּוֹת הָאֵלֶּה וְחַלּוֹנוֹת לוֹ וּלְאֵלַמָּו סָבִיב ׀ לג
סָבִיב אֹרֶךְ חֲמִשִּׁים אַמָּה וְרֹחַב חָמֵשׁ וְעֶשְׂרִים אַמָּה׃ וְאֵלַמָּו לד
לֶחָצֵר הַחִיצוֹנָה וְתִמֹּרִים אֶל־אֵילָו מִפּוֹ וּמִפּוֹ וּשְׁמֹנֶה מַעֲלוֹת
מַעֲלָו׃ וַיְבִיאֵנִי אֶל־שַׁעַר הַצָּפוֹן וּמָדַד כַּמִּדּוֹת הָאֵלֶּה׃ תָּאָו לה לו
אֵלָו וְאֵלַמָּו וְחַלּוֹנוֹת לוֹ סָבִיב ׀ סָבִיב אֹרֶךְ חֲמִשִּׁים אַמָּה וְרֹחַב
חָמֵשׁ וְעֶשְׂרִים אַמָּה׃ וְאֵילָו לֶחָצֵר הַחִיצוֹנָה וְתִמֹּרִים אֶל־אֵילָו לז
מִפּוֹ וּמִפּוֹ וּשְׁמֹנֶה מַעֲלוֹת מַעֲלָו׃ וְלִשְׁכָּה וּפִתְחָהּ בְּאֵילִים לח
הַשְּׁעָרִים שָׁם יָדִיחוּ אֶת־הָעֹלָה׃ וּבְאֻלָם הַשַּׁעַר שְׁנַיִם שֻׁלְחָנוֹת לט
מִפּוֹ וּשְׁנַיִם שֻׁלְחָנוֹת מִפֹּה לִשְׁחוֹט אֲלֵיהֶם הָעוֹלָה וְהַחַטָּאת
וְהָאָשָׁם׃ וְאֶל־הַכָּתֵף מִחוּצָה לָעוֹלֶה לְפֶתַח הַשַּׁעַר הַצָּפוֹנָה מ
שְׁנַיִם שֻׁלְחָנוֹת וְאֶל־הַכָּתֵף הָאַחֶרֶת אֲשֶׁר לְאֻלָם הַשַּׁעַר שְׁנַיִם
שֻׁלְחָנוֹת׃ אַרְבָּעָה שֻׁלְחָנוֹת מִפֹּה וְאַרְבָּעָה שֻׁלְחָנוֹת מִפֹּה מא
לְכֶתֶף הַשָּׁעַר שְׁמוֹנָה שֻׁלְחָנוֹת אֲלֵיהֶם יִשְׁחָטוּ׃ וְאַרְבָּעָה מב
שֻׁלְחָנוֹת לָעוֹלָה אַבְנֵי גָזִית אֹרֶךְ אַמָּה אַחַת וָחֵצִי וְרֹחַב אַמָּה
אַחַת וָחֵצִי וְגֹבַהּ אַמָּה אֶחָת אֲלֵיהֶם וְיַנִּיחוּ אֶת־הַכֵּלִים אֲשֶׁר
יִשְׁחֲטוּ אֶת־הָעוֹלָה בָּם וְהַזָּבַח׃ וְהַשְׁפַתַּיִם טֹפַח אֶחָד מוּכָנִים מג
בַּבַּיִת סָבִיב ׀ סָבִיב וְאֶל־הַשֻּׁלְחָנוֹת בְּשַׂר הַקָּרְבָּן׃ וּמִחוּצָה מד

לְשַׁ֣עַר הַפְּנִימִ֗י לְשָׁכ֣וֹת שָׁרִים֮ בֶּחָצֵ֣ר הַפְּנִימִי֒ אֲשֶׁ֤ר אֶל־כֶּ֙תֶף֙
שַׁ֣עַר הַצָּפ֔וֹן וּפְנֵיהֶ֖ם דֶּ֣רֶךְ הַדָּר֑וֹם אֶחָ֗ד אֶל־כֶּ֙תֶף֙ שַׁ֣עַר הַקָּדִ֔ים
מה פְּנֵ֖י דֶּ֥רֶךְ הַצָּפֹֽן׃ וַיְדַבֵּ֖ר אֵלָ֑י זֹ֣ה הַלִּשְׁכָּ֗ה אֲשֶׁ֤ר פָּנֶ֙יהָ֙ דֶּ֣רֶךְ הַדָּר֔וֹם כה
מו לַכֹּ֣הֲנִ֔ים שֹׁמְרֵ֖י מִשְׁמֶ֣רֶת הַבָּ֑יִת׃ וְהַלִּשְׁכָּ֗ה אֲשֶׁ֤ר פָּנֶ֙יהָ֙ דֶּ֣רֶךְ
הַצָּפ֔וֹן לַכֹּ֣הֲנִ֔ים שֹׁמְרֵ֖י מִשְׁמֶ֣רֶת הַמִּזְבֵּ֑חַ הֵ֜מָּה בְנֵֽי־צָד֗וֹק
מז הַקְּרֵבִ֧ים מִבְּנֵֽי־לֵוִ֛י אֶל־יְהוָ֖ה לְשָׁרְתֽוֹ׃ וַיָּ֨מָד אֶת־הֶחָצֵ֜ר אֹ֣רֶךְ ׀
מֵאָ֣ה אַמָּ֗ה וְרֹ֛חַב מֵאָ֥ה אַמָּ֖ה מְרֻבָּ֑עַת וְהַמִּזְבֵּ֖חַ לִפְנֵ֥י הַבָּֽיִת׃
מח וַיְבִאֵ֙נִי֙ אֶל־אֻלָ֣ם הַבַּ֔יִת וַיָּ֙מָד֙ אֵ֣ל אֻלָ֔ם חָמֵ֤שׁ אַמּוֹת֙ מִפֹּ֔ה וְחָמֵ֥שׁ
אַמּ֖וֹת מִפֹּ֑ה וְרֹ֣חַב הַשַּׁ֔עַר שָׁלֹ֤שׁ אַמּוֹת֙ מִפּ֔וֹ וְשָׁלֹ֥שׁ אַמּ֖וֹת מִפּֽוֹ׃
מט אֹ֣רֶךְ הָאֻלָ֞ם עֶשְׂרִ֣ים אַמָּ֗ה וְרֹ֙חַב֙ עַשְׁתֵּ֣י עֶשְׂרֵ֣ה אַמָּ֔ה וּבַֽמַּעֲל֔וֹת
אֲשֶׁ֥ר יַעֲל֖וּ אֵלָ֑יו וְעַמֻּדִים֙ אֶל־הָ֣אֵילִ֔ים אֶחָ֥ד מִפֹּ֖ה וְאֶחָ֥ד מִפֹּֽה׃
מא א וַיְבִיאֵ֖נִי אֶל־הַהֵיכָ֑ל וַיָּ֣מָד אֶת־הָאֵילִ֗ים שֵׁשׁ־אַמּ֨וֹת רֹֽחַב־מִפּ֜וֹ
ב וְשֵֽׁשׁ־אַמּ֥וֹת רֹֽחַב־מִפּ֖וֹ רֹ֥חַב הָאֹֽהֶל׃ וְרֹ֣חַב הַפֶּ֗תַח עֶ֣שֶׂר אַמּ֔וֹת
וְכִתְפ֣וֹת הַפֶּ֔תַח חָמֵ֤שׁ אַמּוֹת֙ מִפּ֔וֹ וְחָמֵ֥שׁ אַמּ֖וֹת מִפּ֑וֹ וַיָּ֤מָד אָרְכּוֹ֙
ג אַרְבָּעִ֣ים אַמָּ֔ה וְרֹ֖חַב עֶשְׂרִ֥ים אַמָּֽה׃ וּבָ֣א לִפְנִ֔ימָה וַיָּ֥מָד אֵֽיל־
הַפֶּ֖תַח שְׁתַּ֣יִם אַמּ֑וֹת וְהַפֶּ֙תַח֙ שֵׁ֣שׁ אַמּ֔וֹת וְרֹ֥חַב הַפֶּ֖תַח שֶׁ֥בַע
ד אַמּֽוֹת׃ וַיָּ֣מָד אֶת־אָרְכּ֗וֹ עֶשְׂרִ֥ים אַמָּ֛ה וְרֹ֛חַב עֶשְׂרִ֥ים אַמָּ֖ה אֶל־
ה פְּנֵ֣י הַהֵיכָ֑ל וַיֹּ֣אמֶר אֵלַ֔י זֶ֖ה קֹ֥דֶשׁ הַקֳּדָשִֽׁים׃ וַיָּ֥מָד קִֽיר־הַבַּ֖יִת שֵׁ֣שׁ
אַמּ֑וֹת וְרֹ֣חַב הַצֵּלָ֗ע אַרְבַּ֤ע אַמּוֹת֙ סָבִ֣יב ׀ סָבִ֔יב לַבַּ֖יִת סָבִֽיב׃
ו וְהַצְּלָע֗וֹת צֵלָ֨ע אֶל־צֵלָ֜ע שָׁל֣וֹשׁ וּשְׁלֹשִׁים֮ פְּעָמִים֒ וּבָא֗וֹת בַּקִּ֨יר
אֲשֶׁר־לַבַּ֜יִת לַצְּלָע֛וֹת סָבִ֥יב ׀ סָבִ֖יב לִהְי֣וֹת אֲחוּזִ֑ים וְלֹֽא־יִהְי֥וּ
ז אֲחוּזִ֖ים בְּקִ֥יר הַבָּֽיִת׃ וְרָחֲבָ֡ה וְנָסְבָה֩ לְמַ֨עְלָה לְמַ֜עְלָה לַצְּלָע֗וֹת
כִּ֣י מֽוּסַב־הַ֠בַּיִת לְמַ֨עְלָה לְמַ֜עְלָה סָבִ֤יב ׀ סָבִיב֙ לַבַּ֔יִת עַל־כֵּ֥ן
רֹֽחַב־לַבַּ֖יִת לְמָ֑עְלָה וְכֵ֧ן הַתַּחְתּוֹנָ֛ה יַעֲלֶ֥ה עַל־הָעֶלְיוֹנָ֖ה
ח לַתִּיכוֹנָֽה׃ וְרָאִ֧יתִי לַבַּ֛יִת גֹּ֖בַהּ סָבִ֣יב ׀ סָבִ֑יב מיסדות הַצְּלָע֗וֹת מוּסְדוֹת
ט מְל֤וֹ הַקָּנֶה֙ שֵׁ֣שׁ אַמּ֔וֹת אַצִּֽילָה׃ רֹ֣חַב הַקִּ֞יר אֲשֶׁר־לַצֵּלָ֛ע אֶל־
י הַח֖וּץ חָמֵ֣שׁ אַמּ֑וֹת וַאֲשֶׁ֣ר מֻנָּ֔ח בֵּ֥ית צְלָע֖וֹת אֲשֶׁ֥ר לַבָּֽיִת׃ וּבֵ֣ין

יא הַלִּשָׁכוֹת רֹחַב עֶשְׂרִים אַמָּה סָבִיב לַבַּיִת סָבִיב ׀ סָבִיב׃ וּפֶתַח
הַצֵּלָע לַמֻּנָּח פֶּתַח אֶחָד דֶּרֶךְ הַצָּפוֹן וּפֶתַח אֶחָד לַדָּרוֹם וְרֹחַב
יב מְקוֹם הַמֻּנָּח חָמֵשׁ אַמּוֹת סָבִיב ׀ סָבִיב׃ וְהַבִּנְיָן אֲשֶׁר אֶל־פְּנֵי
הַגִּזְרָה פְּאַת דֶּרֶךְ־הַיָּם רֹחַב שִׁבְעִים אַמָּה וְקִיר הַבִּנְיָן חָמֵשׁ־
יג אַמּוֹת רֹחַב סָבִיב ׀ סָבִיב וְאָרְכּוֹ תִּשְׁעִים אַמָּה׃ וּמָדַד אֶת־
הַבַּיִת אֹרֶךְ מֵאָה אַמָּה וְהַגִּזְרָה וְהַבִּנְיָה וְקִירוֹתֶיהָ אֹרֶךְ מֵאָה
יד טו אַמָּה׃ וְרֹחַב פְּנֵי הַבַּיִת וְהַגִּזְרָה לַקָּדִים מֵאָה אַמָּה׃ וּמָדַד אֹרֶךְ־
הַבִּנְיָן אֶל־פְּנֵי הַגִּזְרָה אֲשֶׁר עַל־אַחֲרֶיהָ ואתוקיהא מִפּוֹ וּמִפּוֹ וְאַתִּיקֶיהָ
טז מֵאָה אַמָּה וְהַהֵיכָל הַפְּנִימִי וְאֻלַמֵּי הֶחָצֵר׃ הַסִּפִּים וְהַחַלּוֹנִים
הָאֲטֻמוֹת וְהָאַתִּיקִים ׀ סָבִיב לִשְׁלָשְׁתָּם נֶגֶד הַסַּף שְׂחִיף עֵץ
יז סָבִיב ׀ סָבִיב וְהָאָרֶץ עַד־הַחַלֹּנוֹת וְהַחַלֹּנוֹת מְכֻסּוֹת׃ עַל־מֵעַל
הַפֶּתַח וְעַד־הַבַּיִת הַפְּנִימִי וְלַחוּץ וְאֶל־כָּל־הַקִּיר סָבִיב ׀ סָבִיב
יח בַּפְּנִימִי וּבַחִיצוֹן מִדּוֹת׃ וְעָשׂוּי כְּרוּבִים וְתִמֹרִים וְתִמֹרָה בֵּין־
יט כְּרוּב לִכְרוּב וּשְׁנַיִם פָּנִים לַכְּרוּב׃ וּפְנֵי אָדָם אֶל־הַתִּמֹרָה מִפּוֹ
וּפְנֵי־כְפִיר אֶל־הַתִּמֹרָה מִפּוֹ עָשׂוּי אֶל־כָּל־הַבַּיִת סָבִיב ׀ סָבִיב׃
כ מֵהָאָרֶץ עַד־מֵעַל הַפֶּתַח הַכְּרוּבִים וְהַתִּמֹרִים עֲשׂוּיִם וְקִיר
כא הַהֵיכָל׃ הַהֵיכָל מְזוּזַת רְבֻעָה וּפְנֵי הַקֹּדֶשׁ הַמַּרְאֶה כַּמַּרְאֶה׃
כב הַמִּזְבֵּחַ עֵץ שָׁלוֹשׁ אַמּוֹת גָּבֹהַּ וְאָרְכּוֹ שְׁתַּיִם־אַמּוֹת וּמִקְצֹעוֹתָיו
לוֹ וְאָרְכּוֹ וְקִירֹתָיו עֵץ וַיְדַבֵּר אֵלַי זֶה הַשֻּׁלְחָן אֲשֶׁר לִפְנֵי יְהוָה׃
כג כד וּשְׁתַּיִם דְּלָתוֹת לַהֵיכָל וְלַקֹּדֶשׁ׃ וּשְׁתַּיִם דְּלָתוֹת לַדְּלָתוֹת שְׁתַּיִם
מוּסַבּוֹת דְּלָתוֹת שְׁתַּיִם לְדֶלֶת אֶחָת וּשְׁתֵּי דְלָתוֹת לָאַחֶרֶת׃
כה וַעֲשׂוּיָה אֲלֵיהֶן אֶל־דַּלְתוֹת הַהֵיכָל כְּרוּבִים וְתִמֹרִים כַּאֲשֶׁר
כו עֲשׂוּיִם לַקִּירוֹת וְעָב עֵץ אֶל־פְּנֵי הָאוּלָם מֵהַחוּץ׃ וְחַלּוֹנִים
אֲטֻמוֹת וְתִמֹרִים מִפּוֹ וּמִפּוֹ אֶל־כִּתְפוֹת הָאוּלָם וְצַלְעוֹת הַבַּיִת
מב א וְהָעֻבִּים׃ וַיּוֹצִאֵנִי אֶל־הֶחָצֵר הַחִיצוֹנָה הַדֶּרֶךְ דֶּרֶךְ הַצָּפוֹן וַיְבִאֵנִי
אֶל־הַלִּשְׁכָּה אֲשֶׁר נֶגֶד הַגִּזְרָה וַאֲשֶׁר־נֶגֶד הַבִּנְיָן אֶל־הַצָּפוֹן׃
ב אֶל־פְּנֵי אֹרֶךְ אַמּוֹת הַמֵּאָה פֶּתַח הַצָּפוֹן וְהָרֹחַב חֲמִשִּׁים אַמּוֹת׃

ג נֶגֶד הָעֶשְׂרִים אֲשֶׁר לֶחָצֵר הַפְּנִימִי וְנֶגֶד רִצְפָה אֲשֶׁר לֶחָצֵר
ד הַחִיצוֹנָה אַתִּיק אֶל־פְּנֵי־אַתִּיק בַּשְּׁלִשִׁים׃ וְלִפְנֵי הַלְּשָׁכוֹת
מַהֲלַךְ עֶשֶׂר אַמּוֹת רֹחַב אֶל־הַפְּנִימִית דֶּרֶךְ אַמָּה אֶחָת
ה וּפִתְחֵיהֶם לַצָּפוֹן׃ וְהַלְּשָׁכוֹת הָעֶלְיוֹנֹת קְצֻרוֹת כִּי־יוֹכְלוּ
ו אַתִּיקִים מֵהֵנָּה מֵהַתַּחְתֹּנוֹת וּמֵהַתִּיכֹנוֹת בִּנְיָן׃ כִּי מְשֻׁלָּשׁוֹת
הֵנָּה וְאֵין לָהֶן עַמּוּדִים כְּעַמּוּדֵי הַחֲצֵרוֹת עַל־כֵּן נֶאֱצַל
ז מֵהַתַּחְתֹּנוֹת וּמֵהַתִּיכֹנוֹת מֵהָאָרֶץ׃ וְגָדֵר אֲשֶׁר־לַחוּץ לְעֻמַּת
הַלְּשָׁכוֹת דֶּרֶךְ הֶחָצֵר הַחִיצֹנָה אֶל־פְּנֵי הַלְּשָׁכוֹת אָרְכּוֹ חֲמִשִּׁים
ח אַמָּה׃ כִּי־אֹרֶךְ הַלְּשָׁכוֹת אֲשֶׁר לֶחָצֵר הַחִיצֹנָה חֲמִשִּׁים אַמָּה
ט וְהִנֵּה עַל־פְּנֵי הַהֵיכָל מֵאָה אַמָּה׃ ומתחתה לשכות הָאֵלֶּה וּמִתַּחַת הַלְּשָׁכוֹת
י המבוא מֵהַקָּדִים בְּבֹאוֹ לָהֵנָּה מֵהֶחָצֵר הַחִצֹנָה׃ בְּרֹחַב ׀ גֶּדֶר הַמֵּבִיא
יא הֶחָצֵר דֶּרֶךְ הַקָּדִים אֶל־פְּנֵי הַגִּזְרָה וְאֶל־פְּנֵי הַבִּנְיָן לְשָׁכוֹת׃ וְדֶרֶךְ
לִפְנֵיהֶם כְּמַרְאֵה הַלְּשָׁכוֹת אֲשֶׁר דֶּרֶךְ הַצָּפוֹן כְּאָרְכָּן כֵּן רָחְבָּן
יב וְכֹל מוֹצָאֵיהֶן וּכְמִשְׁפְּטֵיהֶן וּכְפִתְחֵיהֶן׃ וּכְפִתְחֵי הַלְּשָׁכוֹת אֲשֶׁר
דֶּרֶךְ הַדָּרוֹם פֶּתַח בְּרֹאשׁ דָּרֶךְ דֶּרֶךְ בִּפְנֵי הַגְּדֶרֶת הֲגִינָה דֶּרֶךְ
יג הַקָּדִים בְּבוֹאָן׃ וַיֹּאמֶר אֵלַי לִשְׁכוֹת הַצָּפוֹן לִשְׁכוֹת הַדָּרוֹם אֲשֶׁר כו
אֶל־פְּנֵי הַגִּזְרָה הֵנָּה ׀ לִשְׁכוֹת הַקֹּדֶשׁ אֲשֶׁר יֹאכְלוּ־שָׁם הַכֹּהֲנִים
אֲשֶׁר־קְרוֹבִים לַיהוָה קָדְשֵׁי הַקֳּדָשִׁים שָׁם יַנִּיחוּ ׀ קָדְשֵׁי
יד הַקֳּדָשִׁים וְהַמִּנְחָה וְהַחַטָּאת וְהָאָשָׁם כִּי הַמָּקוֹם קָדֹשׁ׃ בְּבֹאָם
הַכֹּהֲנִים וְלֹא־יֵצְאוּ מֵהַקֹּדֶשׁ אֶל־הֶחָצֵר הַחִיצוֹנָה וְשָׁם יַנִּיחוּ
בִגְדֵיהֶם אֲשֶׁר־יְשָׁרְתוּ בָהֶן כִּי־קֹדֶשׁ הֵנָּה ילבשו בְּגָדִים אֲחֵרִים וְלָבְשׁוּ
טו וְקָרְבוּ אֶל־אֲשֶׁר לָעָם׃ וְכִלָּה אֶת־מִדּוֹת הַבַּיִת הַפְּנִימִי וְהוֹצִיאַנִי
טז דֶּרֶךְ הַשַּׁעַר אֲשֶׁר פָּנָיו דֶּרֶךְ הַקָּדִים וּמְדָדוֹ סָבִיב סָבִיב׃ מָדַד רוּחַ
הַקָּדִים בִּקְנֵה הַמִּדָּה חֲמֵשׁ־אמות קָנִים בִּקְנֵה הַמִּדָּה סָבִיב׃ מֵאוֹת
יז יח מָדַד רוּחַ הַצָּפוֹן חֲמֵשׁ־מֵאוֹת קָנִים בִּקְנֵה הַמִּדָּה סָבִיב׃ אֵת
יט רוּחַ הַדָּרוֹם מָדָד חֲמֵשׁ־מֵאוֹת קָנִים בִּקְנֵה הַמִּדָּה׃ סָבַב אֶל־
כ רוּחַ הַיָּם מָדַד חֲמֵשׁ־מֵאוֹת קָנִים בִּקְנֵה הַמִּדָּה׃ לְאַרְבַּע רוּחוֹת

מִדְּדוֹ חוֹמָה לוֹ סָבִיב ׀ סָבִיב אֹרֶךְ חֲמֵשׁ מֵאוֹת וְרֹחַב חֲמֵשׁ
מג א מֵאוֹת לְהַבְדִּיל בֵּין הַקֹּדֶשׁ לְחֹל׃ וַיּוֹלִכֵנִי אֶל־הַשָּׁעַר שַׁעַר אֲשֶׁר
ב פֹּנֶה דֶּרֶךְ הַקָּדִים׃ וְהִנֵּה כְּבוֹד אֱלֹהֵי יִשְׂרָאֵל בָּא מִדֶּרֶךְ הַקָּדִים
ג וְקוֹלוֹ כְּקוֹל מַיִם רַבִּים וְהָאָרֶץ הֵאִירָה מִכְּבֹדוֹ׃ וּכְמַרְאֵה
הַמַּרְאֶה אֲשֶׁר רָאִיתִי כַּמַּרְאֶה אֲשֶׁר־רָאִיתִי בְּבֹאִי לְשַׁחֵת אֶת־
הָעִיר וּמַרְאוֹת כַּמַּרְאֶה אֲשֶׁר רָאִיתִי אֶל־נְהַר כְּבָר וָאֶפֹּל אֶל־
ד פָּנָי׃ וּכְבוֹד יְהוָה בָּא אֶל־הַבָּיִת דֶּרֶךְ שַׁעַר אֲשֶׁר פָּנָיו דֶּרֶךְ
ה הַקָּדִים׃ וַתִּשָּׂאֵנִי רוּחַ וַתְּבִאֵנִי אֶל־הֶחָצֵר הַפְּנִימִי וְהִנֵּה מָלֵא
ו כְבוֹד־יְהוָה הַבָּיִת׃ וָאֶשְׁמַע מִדַּבֵּר אֵלַי מֵהַבָּיִת וְאִישׁ הָיָה
ז עֹמֵד אֶצְלִי׃ וַיֹּאמֶר אֵלַי בֶּן־אָדָם אֶת־מְקוֹם כִּסְאִי וְאֶת־מְקוֹם
כַּפּוֹת רַגְלַי אֲשֶׁר אֶשְׁכָּן־שָׁם בְּתוֹךְ בְּנֵי־יִשְׂרָאֵל לְעוֹלָם וְלֹא
יְטַמְּאוּ עוֹד בֵּית־יִשְׂרָאֵל שֵׁם קָדְשִׁי הֵמָּה וּמַלְכֵיהֶם בִּזְנוּתָם
ח וּבְפִגְרֵי מַלְכֵיהֶם בָּמוֹתָם׃ בְּתִתָּם סִפָּם אֶת־סִפִּי וּמְזוּזָתָם אֵצֶל
מְזוּזָתִי וְהַקִּיר בֵּינִי וּבֵינֵיהֶם וְטִמְּאוּ ׀ אֶת־שֵׁם קָדְשִׁי בְּתוֹעֲבוֹתָם
ט אֲשֶׁר עָשׂוּ וָאֲכַל אֹתָם בְּאַפִּי׃ עַתָּה יְרַחֲקוּ אֶת־זְנוּתָם וּפִגְרֵי
י מַלְכֵיהֶם מִמֶּנִּי וְשָׁכַנְתִּי בְתוֹכָם לְעוֹלָם׃ אַתָּה
בֶן־אָדָם הַגֵּד אֶת־בֵּית־יִשְׂרָאֵל אֶת־הַבַּיִת וְיִכָּלְמוּ מֵעֲוֺנוֹתֵיהֶם
יא וּמָדְדוּ אֶת־תָּכְנִית׃ וְאִם־נִכְלְמוּ מִכֹּל אֲשֶׁר־עָשׂוּ צוּרַת הַבַּיִת
וּתְכוּנָתוֹ וּמוֹצָאָיו וּמוֹבָאָיו וְכָל־צוּרֹתָו וְאֵת כָּל־חֻקֹּתָיו וְכָל־
צוּרֹתָו וְכָל־תּוֹרֹתָו הוֹדַע אוֹתָם וּכְתֹב לְעֵינֵיהֶם וְיִשְׁמְרוּ אֶת־
יב כָּל־צוּרָתוֹ וְאֶת־כָּל־חֻקֹּתָיו וְעָשׂוּ אוֹתָם׃ זֹאת תּוֹרַת הַבָּיִת עַל־
רֹאשׁ הָהָר כָּל־גְּבֻלוֹ סָבִיב ׀ סָבִיב קֹדֶשׁ קָדָשִׁים הִנֵּה־זֹאת
יג תּוֹרַת הַבָּיִת׃ וְאֵלֶּה מִדּוֹת הַמִּזְבֵּחַ בָּאַמּוֹת אַמָּה אַמָּה וָטֹפַח
וְחֵיק הָאַמָּה וְאַמָּה־רֹחַב וּגְבוּלָהּ אֶל־שְׂפָתָהּ סָבִיב זֶרֶת הָאֶחָד
יד וְזֶה גַּב הַמִּזְבֵּחַ׃ וּמֵחֵיק הָאָרֶץ עַד־הָעֲזָרָה הַתַּחְתּוֹנָה שְׁתַּיִם
אַמּוֹת וְרֹחַב אַמָּה אֶחָת וּמֵהָעֲזָרָה הַקְּטַנָּה עַד־הָעֲזָרָה הַגְּדוֹלָה
טו אַרְבַּע אַמּוֹת וְרֹחַב הָאַמָּה׃ וְהַהַרְאֵל אַרְבַּע אַמּוֹת וּמֵהָאֲרִאֵיל

טז וּלְמַעְלָה הַקְּרָנוֹת אַרְבַּע׃ וְהָאֲרִאֵיל שְׁתֵּים עֶשְׂרֵה אֹרֶךְ
יז בִּשְׁתֵּים עֶשְׂרֵה רֹחַב רָבוּעַ אֶל אַרְבַּעַת רְבָעָיו׃ וְהָעֲזָרָה אַרְבַּע
עֶשְׂרֵה אֹרֶךְ בְּאַרְבַּע עֶשְׂרֵה רֹחַב אֶל אַרְבַּעַת רְבָעֶיהָ וְהַגְּבוּל
סָבִיב אוֹתָהּ חֲצִי הָאַמָּה וְהַחֵיק־לָהּ אַמָּה סָבִיב וּמַעֲלֹתֵהוּ פְּנוֹת
יח קָדִים׃ וַיֹּאמֶר אֵלַי בֶּן־אָדָם כֹּה אָמַר אֲדֹנָי יֱהוִה אֵלֶּה חֻקּוֹת
הַמִּזְבֵּחַ בְּיוֹם הֵעָשׂוֹתוֹ לְהַעֲלוֹת עָלָיו עוֹלָה וְלִזְרֹק עָלָיו דָּם׃
יט וְנָתַתָּה אֶל־הַכֹּהֲנִים הַלְוִיִּם אֲשֶׁר הֵם מִזֶּרַע צָדוֹק הַקְּרֹבִים אֵלַי
כ נְאֻם אֲדֹנָי יֱהוִה לְשָׁרְתֵנִי פַּר בֶּן־בָּקָר לְחַטָּאת׃ וְלָקַחְתָּ מִדָּמוֹ
וְנָתַתָּה עַל־אַרְבַּע קַרְנֹתָיו וְאֶל־אַרְבַּע פִּנּוֹת הָעֲזָרָה וְאֶל־
כא הַגְּבוּל סָבִיב וְחִטֵּאתָ אוֹתוֹ וְכִפַּרְתָּהוּ׃ וְלָקַחְתָּ אֵת הַפָּר
כב הַחַטָּאת וּשְׂרָפוֹ בְּמִפְקַד הַבַּיִת מִחוּץ לַמִּקְדָּשׁ׃ וּבַיּוֹם הַשֵּׁנִי
תַּקְרִיב שְׂעִיר־עִזִּים תָּמִים לְחַטָּאת וְחִטְּאוּ אֶת־הַמִּזְבֵּחַ כַּאֲשֶׁר
כג חִטְּאוּ בַּפָּר׃ בְּכַלּוֹתְךָ מֵחַטֵּא תַּקְרִיב פַּר בֶּן־בָּקָר תָּמִים וְאַיִל
כד מִן־הַצֹּאן תָּמִים׃ וְהִקְרַבְתָּם לִפְנֵי יְהוָה וְהִשְׁלִיכוּ הַכֹּהֲנִים
כה עֲלֵיהֶם מֶלַח וְהֶעֱלוּ אוֹתָם עֹלָה לַיהוָה׃ שִׁבְעַת יָמִים תַּעֲשֶׂה
שְׂעִיר־חַטָּאת לַיּוֹם וּפַר בֶּן־בָּקָר וְאַיִל מִן־הַצֹּאן תְּמִימִים יַעֲשׂוּ׃
כו כז שִׁבְעַת יָמִים יְכַפְּרוּ אֶת־הַמִּזְבֵּחַ וְטִהֲרוּ אֹתוֹ וּמִלְאוּ יָדוֹ׃ וִיכַלּוּ כז
אֶת־הַיָּמִים וְהָיָה בַיּוֹם הַשְּׁמִינִי וָהָלְאָה יַעֲשׂוּ הַכֹּהֲנִים עַל־
הַמִּזְבֵּחַ אֶת־עוֹלוֹתֵיכֶם וְאֶת־שַׁלְמֵיכֶם וְרָצְאתִי אֶתְכֶם נְאֻם
מד א אֲדֹנָי יֱהוִה׃ וַיָּשֶׁב אֹתִי דֶּרֶךְ שַׁעַר הַמִּקְדָּשׁ
ב הַחִיצוֹן הַפֹּנֶה קָדִים וְהוּא סָגוּר׃ וַיֹּאמֶר אֵלַי יְהוָה הַשַּׁעַר הַזֶּה
סָגוּר יִהְיֶה לֹא יִפָּתֵחַ וְאִישׁ לֹא־יָבֹא בוֹ כִּי יְהוָה אֱלֹהֵי־יִשְׂרָאֵל
ג בָּא בוֹ וְהָיָה סָגוּר׃ אֶת־הַנָּשִׂיא נָשִׂיא הוּא יֵשֶׁב־בּוֹ לאכול־ לֶאֱכָל־
ד לֶחֶם לִפְנֵי יְהוָה מִדֶּרֶךְ אוּלָם הַשַּׁעַר יָבוֹא וּמִדַּרְכּוֹ יֵצֵא׃ וַיְבִיאֵנִי
דֶּרֶךְ־שַׁעַר הַצָּפוֹן אֶל־פְּנֵי הַבַּיִת וָאֵרֶא וְהִנֵּה מָלֵא כְבוֹד־יְהוָה
ה אֶת־בֵּית יְהוָה וָאֶפֹּל אֶל־פָּנָי׃ וַיֹּאמֶר אֵלַי יְהוָה בֶּן־אָדָם שִׂים
לִבְּךָ וּרְאֵה בְעֵינֶיךָ וּבְאָזְנֶיךָ שְׁמָע אֵת כָּל־אֲשֶׁר אֲנִי מְדַבֵּר אֹתָךְ

לְכָל־חֻקּוֹת בֵּית־יְהוָה וּלְכָל־תּוֹרֹתָו וְשַׂמְתָּ לִבְּךָ לִמְבוֹא הַבַּיִת
בְּכֹל מוֹצָאֵי הַמִּקְדָּשׁ: וְאָמַרְתָּ אֶל־מֶרִי אֶל־בֵּית יִשְׂרָאֵל כֹּה ו
אָמַר אֲדֹנָי יֱהֹוִה רַב־לָכֶם מִכָּל־תּוֹעֲבוֹתֵיכֶם בֵּית יִשְׂרָאֵל:
בַּהֲבִיאֲכֶם בְּנֵי־נֵכָר עַרְלֵי־לֵב וְעַרְלֵי בָשָׂר לִהְיוֹת בְּמִקְדָּשִׁי ז
לְחַלְּלוֹ אֶת־בֵּיתִי בְּהַקְרִיבְכֶם אֶת־לַחְמִי חֵלֶב וָדָם וַיָּפֵרוּ אֶת־
בְּרִיתִי אֶל כָּל־תּוֹעֲבוֹתֵיכֶם: וְלֹא שְׁמַרְתֶּם מִשְׁמֶרֶת קָדָשָׁי ח
וַתְּשִׂימוּן לְשֹׁמְרֵי מִשְׁמַרְתִּי בְּמִקְדָּשִׁי לָכֶם: כֹּה־ ט
אָמַר אֲדֹנָי יֱהֹוִה כָּל־בֶּן־נֵכָר עֶרֶל לֵב וְעֶרֶל בָּשָׂר לֹא יָבוֹא אֶל־
מִקְדָּשִׁי לְכָל־בֶּן־נֵכָר אֲשֶׁר בְּתוֹךְ בְּנֵי יִשְׂרָאֵל: כִּי אִם־הַלְוִיִּם י
אֲשֶׁר רָחֲקוּ מֵעָלַי בִּתְעוֹת יִשְׂרָאֵל אֲשֶׁר תָּעוּ מֵעָלַי אַחֲרֵי
גִּלּוּלֵיהֶם וְנָשְׂאוּ עֲוֺנָם: וְהָיוּ בְמִקְדָּשִׁי מְשָׁרְתִים פְּקֻדּוֹת אֶל־ יא
שַׁעֲרֵי הַבַּיִת וּמְשָׁרְתִים אֶת־הַבָּיִת הֵמָּה יִשְׁחֲטוּ אֶת־הָעֹלָה
וְאֶת־הַזֶּבַח לָעָם וְהֵמָּה יַעַמְדוּ לִפְנֵיהֶם לְשָׁרְתָם: יַעַן אֲשֶׁר יב
יְשָׁרְתוּ אוֹתָם לִפְנֵי גִלּוּלֵיהֶם וְהָיוּ לְבֵית־יִשְׂרָאֵל לְמִכְשׁוֹל
עָוֺן עַל־כֵּן נָשָׂאתִי יָדִי עֲלֵיהֶם נְאֻם אֲדֹנָי יֱהֹוִה וְנָשְׂאוּ עֲוֺנָם:
וְלֹא־יִגְּשׁוּ אֵלַי לְכַהֵן לִי וְלָגֶשֶׁת עַל־כָּל־קָדָשַׁי אֶל־קָדְשֵׁי יג
הַקְּדָשִׁים וְנָשְׂאוּ כְּלִמָּתָם וְתוֹעֲבוֹתָם אֲשֶׁר עָשׂוּ: וְנָתַתִּי יד
אוֹתָם שֹׁמְרֵי מִשְׁמֶרֶת הַבָּיִת לְכֹל עֲבֹדָתוֹ וּלְכֹל אֲשֶׁר יֵעָשֶׂה
בּוֹ: וְהַכֹּהֲנִים הַלְוִיִּם בְּנֵי צָדוֹק אֲשֶׁר שָׁמְרוּ אֶת־ טו
מִשְׁמֶרֶת מִקְדָּשִׁי בִּתְעוֹת בְּנֵי־יִשְׂרָאֵל מֵעָלַי הֵמָּה יִקְרְבוּ אֵלַי
לְשָׁרְתֵנִי וְעָמְדוּ לְפָנַי לְהַקְרִיב לִי חֵלֶב וָדָם נְאֻם אֲדֹנָי יֱהֹוִה:
הֵמָּה יָבֹאוּ אֶל־מִקְדָּשִׁי וְהֵמָּה יִקְרְבוּ אֶל־שֻׁלְחָנִי לְשָׁרְתֵנִי טז
וְשָׁמְרוּ אֶת־מִשְׁמַרְתִּי: וְהָיָה בְּבוֹאָם אֶל־שַׁעֲרֵי הֶחָצֵר יז
הַפְּנִימִית בִּגְדֵי פִשְׁתִּים יִלְבָּשׁוּ וְלֹא־יַעֲלֶה עֲלֵיהֶם צֶמֶר
בְּשָׁרְתָם בְּשַׁעֲרֵי הֶחָצֵר הַפְּנִימִית וָבָיְתָה: פַּאֲרֵי פִשְׁתִּים יִהְיוּ יח
עַל־רֹאשָׁם וּמִכְנְסֵי פִשְׁתִּים יִהְיוּ עַל־מָתְנֵיהֶם לֹא יַחְגְּרוּ בַּיָּזַע:
וּבְצֵאתָם אֶל־הֶחָצֵר הַחִיצוֹנָה אֶל־הֶחָצֵר הַחִיצוֹנָה אֶל־הָעָם יט

יִפְשְׁטוּ אֶת־בִּגְדֵיהֶם אֲשֶׁר־הֵמָּה מְשָׁרְתִם בָּם וְהִנִּיחוּ אוֹתָם
בְּלִשְׁכֹת הַקֹּדֶשׁ וְלָבְשׁוּ בְּגָדִים אֲחֵרִים וְלֹא־יְקַדְּשׁוּ אֶת־הָעָם
כ בְּבִגְדֵיהֶם: וְרֹאשָׁם לֹא יְגַלֵּחוּ וּפֶרַע לֹא יְשַׁלֵּחוּ כָּסוֹם יִכְסְמוּ
כא אֶת־רָאשֵׁיהֶם: וְיַיִן לֹא־יִשְׁתּוּ כָּל־כֹּהֵן בְּבוֹאָם אֶל־הֶחָצֵר
כב הַפְּנִימִית: וְאַלְמָנָה וּגְרוּשָׁה לֹא־יִקְחוּ לָהֶם לְנָשִׁים כִּי אִם־
בְּתוּלֹת מִזֶּרַע בֵּית יִשְׂרָאֵל וְהָאַלְמָנָה אֲשֶׁר־תִּהְיֶה אַלְמָנָה
כג מִכֹּהֵן יִקָּחוּ: וְאֶת־עַמִּי יוֹרוּ בֵּין קֹדֶשׁ לְחֹל וּבֵין־טָמֵא לְטָהוֹר
כד יוֹדִעֻם: וְעַל־רִיב הֵמָּה יַעַמְדוּ לשפט בְּמִשְׁפָּטַי ושפטהו וְאֶת־
תּוֹרֹתַי וְאֶת־חֻקֹּתַי בְּכָל־מוֹעֲדַי יִשְׁמֹרוּ וְאֶת־שַׁבְּתוֹתַי יְקַדֵּשׁוּ:
כה וְאֶל־מֵת אָדָם לֹא יָבוֹא לְטָמְאָה כִּי אִם־לְאָב וּלְאֵם וּלְבֵן
כו וּלְבַת לְאָח וּלְאָחוֹת אֲשֶׁר־לֹא־הָיְתָה לְאִישׁ יִטַּמָּאוּ: וְאַחֲרֵי
כז טָהֳרָתוֹ שִׁבְעַת יָמִים יִסְפְּרוּ־לוֹ: וּבְיוֹם בֹּאוֹ אֶל־הַקֹּדֶשׁ אֶל־
הֶחָצֵר הַפְּנִימִית לְשָׁרֵת בַּקֹּדֶשׁ יַקְרִיב חַטָּאתוֹ נְאֻם אֲדֹנָי
כח יֱהֹוִה: וְהָיְתָה לָהֶם לְנַחֲלָה אֲנִי נַחֲלָתָם וַאֲחֻזָּה לֹא־תִתְּנוּ
כט לָהֶם בְּיִשְׂרָאֵל אֲנִי אֲחֻזָּתָם: הַמִּנְחָה וְהַחַטָּאת וְהָאָשָׁם
ל הֵמָּה יֹאכְלוּם וְכָל־חֵרֶם בְּיִשְׂרָאֵל לָהֶם יִהְיֶה: וְרֵאשִׁית
כָּל־בִּכּוּרֵי כֹל וְכָל־תְּרוּמַת כֹּל מִכֹּל תְּרוּמוֹתֵיכֶם לַכֹּהֲנִים
יִהְיֶה וְרֵאשִׁית עֲרִיסוֹתֵיכֶם תִּתְּנוּ לַכֹּהֵן לְהָנִיחַ בְּרָכָה אֶל־
לא בֵּיתֶךָ: כָּל־נְבֵלָה וּטְרֵפָה מִן־הָעוֹף וּמִן־הַבְּהֵמָה לֹא יֹאכְלוּ
מה א הַכֹּהֲנִים: וּבְהַפִּילְכֶם אֶת־הָאָרֶץ בְּנַחֲלָה תָּרִימוּ
תְרוּמָה לַיהוָה קֹדֶשׁ מִן־הָאָרֶץ אֹרֶךְ חֲמִשָּׁה וְעֶשְׂרִים אֶלֶף
ב אֹרֶךְ וְרֹחַב עֲשָׂרָה אָלֶף קֹדֶשׁ־הוּא בְכָל־גְּבוּלָהּ סָבִיב: יִהְיֶה
מִזֶּה אֶל־הַקֹּדֶשׁ חֲמֵשׁ מֵאוֹת בַּחֲמֵשׁ מֵאוֹת מְרֻבָּע סָבִיב
ג וַחֲמִשִּׁים אַמָּה מִגְרָשׁ לוֹ סָבִיב: וּמִן־הַמִּדָּה הַזֹּאת תָּמוֹד אֹרֶךְ
חֲמִשָּׁה וְעֶשְׂרִים אֶלֶף וְרֹחַב עֲשֶׂרֶת אֲלָפִים וּבוֹ־יִהְיֶה הַמִּקְדָּשׁ
ד קֹדֶשׁ קָדָשִׁים: קֹדֶשׁ מִן־הָאָרֶץ הוּא לַכֹּהֲנִים מְשָׁרְתֵי הַמִּקְדָּשׁ
יִהְיֶה הַקְּרֵבִים לְשָׁרֵת אֶת־יְהוָה וְהָיָה לָהֶם מָקוֹם לְבָתִּים

לְמִשְׁפָּט
יִשְׁפְּטֻהוּ

ה וּמִקְדָּשׁ לַמִּקְדָּשׁ: וַחֲמִשָּׁה וְעֶשְׂרִים אֶלֶף אֹרֶךְ וַעֲשֶׂרֶת אֲלָפִים
רֹחַב יהיה לַלְוִיִּם מְשָׁרְתֵי הַבַּיִת לָהֶם לַאֲחֻזָּה עֶשְׂרִים לְשָׁכֹת: וְהָיָה
ו וַאֲחֻזַּת הָעִיר תִּתְּנוּ חֲמֵשֶׁת אֲלָפִים רֹחַב וְאֹרֶךְ חֲמִשָּׁה וְעֶשְׂרִים
ז אֶלֶף לְעֻמַּת תְּרוּמַת הַקֹּדֶשׁ לְכָל־בֵּית יִשְׂרָאֵל יִהְיֶה: וְלַנָּשִׂיא
מִזֶּה וּמִזֶּה לִתְרוּמַת הַקֹּדֶשׁ וְלַאֲחֻזַּת הָעִיר אֶל־פְּנֵי תְרוּמַת־
הַקֹּדֶשׁ וְאֶל־פְּנֵי אֲחֻזַּת הָעִיר מִפְּאַת יָם יָמָּה וּמִפְּאַת
קֵדְמָה קָדִימָה וְאֹרֶךְ לְעֻמּוֹת אַחַד הַחֲלָקִים מִגְּבוּל יָם
ח אֶל־גְּבוּל קָדִימָה: לָאָרֶץ יִהְיֶה־לּוֹ לַאֲחֻזָּה בְּיִשְׂרָאֵל וְלֹא־
יוֹנוּ עוֹד נְשִׂיאַי אֶת־עַמִּי וְהָאָרֶץ יִתְּנוּ לְבֵית־יִשְׂרָאֵל
ט לְשִׁבְטֵיהֶם: כֹּה־אָמַר אֲדֹנָי יֱהֹוִה רַב־לָכֶם
נְשִׂיאֵי יִשְׂרָאֵל חָמָס וָשֹׁד הָסִירוּ וּמִשְׁפָּט וּצְדָקָה עֲשׂוּ הָרִימוּ
י גְרֻשֹׁתֵיכֶם מֵעַל עַמִּי נְאֻם אֲדֹנָי יֱהֹוִה: מֹאזְנֵי־צֶדֶק וְאֵיפַת־צֶדֶק
יא וּבַת־צֶדֶק יְהִי לָכֶם: הָאֵיפָה וְהַבַּת תֹּכֶן אֶחָד יִהְיֶה לָשֵׂאת
מַעְשַׂר הַחֹמֶר הַבָּת וַעֲשִׂירִת הַחֹמֶר הָאֵיפָה אֶל־הַחֹמֶר יִהְיֶה
יב מַתְכֻּנְתּוֹ: וְהַשֶּׁקֶל עֶשְׂרִים גֵּרָה עֶשְׂרִים שְׁקָלִים חֲמִשָּׁה
יג וְעֶשְׂרִים שְׁקָלִים עֲשָׂרָה וַחֲמִשָּׁה שֶׁקֶל הַמָּנֶה יִהְיֶה לָכֶם: זֹאת
הַתְּרוּמָה אֲשֶׁר תָּרִימוּ שִׁשִּׁית הָאֵיפָה מֵחֹמֶר הַחִטִּים וְשִׁשִּׁיתֶם
יד הָאֵיפָה מֵחֹמֶר הַשְּׂעֹרִים: וְחֹק הַשֶּׁמֶן הַבַּת הַשֶּׁמֶן מַעְשַׂר הַבַּת
טו מִן־הַכֹּר עֲשֶׂרֶת הַבַּתִּים חֹמֶר כִּי־עֲשֶׂרֶת הַבַּתִּים חֹמֶר: וְשֶׂה־ כח
אַחַת מִן־הַצֹּאן מִן־הַמָּאתַיִם מִמַּשְׁקֵה יִשְׂרָאֵל לְמִנְחָה וּלְעוֹלָה
טז וְלִשְׁלָמִים לְכַפֵּר עֲלֵיהֶם נְאֻם אֲדֹנָי יֱהֹוִה: כֹּל
יז הָעָם הָאָרֶץ יִהְיוּ אֶל־הַתְּרוּמָה הַזֹּאת לַנָּשִׂיא בְּיִשְׂרָאֵל: וְעַל־
הַנָּשִׂיא יִהְיֶה הָעוֹלוֹת וְהַמִּנְחָה וְהַנֵּסֶךְ בַּחַגִּים וּבֶחֳדָשִׁים
וּבַשַּׁבָּתוֹת בְּכָל־מוֹעֲדֵי בֵּית יִשְׂרָאֵל הוּא־יַעֲשֶׂה אֶת־הַחַטָּאת
וְאֶת־הַמִּנְחָה וְאֶת־הָעוֹלָה וְאֶת־הַשְּׁלָמִים לְכַפֵּר בְּעַד בֵּית־
יח יִשְׂרָאֵל: כֹּה־אָמַר אֲדֹנָי יֱהֹוִה בָּרִאשׁוֹן בְּאֶחָד
יט לַחֹדֶשׁ תִּקַּח פַּר־בֶּן־בָּקָר תָּמִים וְחִטֵּאתָ אֶת־הַמִּקְדָּשׁ: וְלָקַח

הַכֹּהֵן מִדַּם הַחַטָּאת וְנָתַן אֶל־מְזוּזַת הַבַּיִת וְאֶל־אַרְבַּע פִּנּוֹת
כ הָעֲזָרָה לַמִּזְבֵּחַ וְעַל־מְזוּזַת שַׁעַר הֶחָצֵר הַפְּנִימִית׃ וְכֵן תַּעֲשֶׂה
בְּשִׁבְעָה בַחֹדֶשׁ מֵאִישׁ שֹׁגֶה וּמִפֶּתִי וְכִפַּרְתֶּם אֶת־הַבָּיִת׃
כא בָּרִאשׁוֹן בְּאַרְבָּעָה עָשָׂר יוֹם לַחֹדֶשׁ יִהְיֶה לָכֶם הַפָּסַח חָג
כב שְׁבֻעוֹת יָמִים מַצּוֹת יֵאָכֵל׃ וְעָשָׂה הַנָּשִׂיא בַּיּוֹם הַהוּא בַּעֲדוֹ
כג וּבְעַד כָּל־עַם הָאָרֶץ פַּר חַטָּאת׃ וְשִׁבְעַת יְמֵי־הֶחָג יַעֲשֶׂה
עוֹלָה לַיהוָה שִׁבְעַת פָּרִים וְשִׁבְעַת אֵילִים תְּמִימִם לַיּוֹם שִׁבְעַת
כד הַיָּמִים וְחַטָּאת שְׂעִיר עִזִּים לַיּוֹם׃ וּמִנְחָה אֵיפָה לַפָּר וְאֵיפָה
כה לָאַיִל יַעֲשֶׂה וְשֶׁמֶן הִין לָאֵיפָה׃ בַּשְּׁבִיעִי בַּחֲמִשָּׁה עָשָׂר יוֹם
לַחֹדֶשׁ בֶּחָג יַעֲשֶׂה כָאֵלֶּה שִׁבְעַת הַיָּמִים כַּחַטָּאת כָּעֹלָה
מו א וְכַמִּנְחָה וְכַשָּׁמֶן׃ כֹּה־אָמַר אֲדֹנָי יֱהֹוִה שַׁעַר
הֶחָצֵר הַפְּנִימִית הַפֹּנֶה קָדִים יִהְיֶה סָגוּר שֵׁשֶׁת יְמֵי הַמַּעֲשֶׂה
ב וּבְיוֹם הַשַּׁבָּת יִפָּתֵחַ וּבְיוֹם הַחֹדֶשׁ יִפָּתֵחַ׃ וּבָא הַנָּשִׂיא דֶּרֶךְ
אוּלָם הַשַּׁעַר מִחוּץ וְעָמַד עַל־מְזוּזַת הַשַּׁעַר וְעָשׂוּ הַכֹּהֲנִים אֶת־
עוֹלָתוֹ וְאֶת־שְׁלָמָיו וְהִשְׁתַּחֲוָה עַל־מִפְתַּן הַשַּׁעַר וְיָצָא וְהַשַּׁעַר
ג לֹא־יִסָּגֵר עַד־הָעָרֶב׃ וְהִשְׁתַּחֲווּ עַם־הָאָרֶץ פֶּתַח הַשַּׁעַר הַהוּא
ד בַּשַּׁבָּתוֹת וּבֶחֳדָשִׁים לִפְנֵי יְהוָה׃ וְהָעֹלָה אֲשֶׁר־יַקְרִב הַנָּשִׂיא
ה לַיהוָה בְּיוֹם הַשַּׁבָּת שִׁשָּׁה כְבָשִׂים תְּמִימִם וְאַיִל תָּמִים׃ וּמִנְחָה
ו אֵיפָה לָאַיִל וְלַכְּבָשִׂים מִנְחָה מַתַּת יָדוֹ וְשֶׁמֶן הִין לָאֵיפָה׃ וּבְיוֹם
הַחֹדֶשׁ פַּר בֶּן־בָּקָר תְּמִימִם וְשֵׁשֶׁת כְּבָשִׂים וָאַיִל תְּמִימִם יִהְיוּ׃
ז וְאֵיפָה לַפָּר וְאֵיפָה לָאַיִל יַעֲשֶׂה מִנְחָה וְלַכְּבָשִׂים כַּאֲשֶׁר תַּשִּׂיג
ח יָדוֹ וְשֶׁמֶן הִין לָאֵיפָה׃ וּבְבוֹא הַנָּשִׂיא דֶּרֶךְ אוּלָם הַשַּׁעַר יָבוֹא
ט וּבְדַרְכּוֹ יֵצֵא׃ וּבְבוֹא עַם־הָאָרֶץ לִפְנֵי יְהוָה בַּמּוֹעֲדִים הַבָּא דֶּרֶךְ
שַׁעַר צָפוֹן לְהִשְׁתַּחֲוֹת יֵצֵא דֶּרֶךְ־שַׁעַר נֶגֶב וְהַבָּא דֶּרֶךְ־שַׁעַר
נֶגֶב יֵצֵא דֶּרֶךְ־שַׁעַר צָפוֹנָה לֹא יָשׁוּב דֶּרֶךְ הַשַּׁעַר אֲשֶׁר־בָּא בוֹ
י כִּי נִכְחוֹ יצאו׃ וְהַנָּשִׂיא בְּתוֹכָם בְּבוֹאָם יָבוֹא וּבְצֵאתָם יֵצֵאוּ׃ יֵצֵא
יא וּבַחַגִּים וּבַמּוֹעֲדִים תִּהְיֶה הַמִּנְחָה אֵיפָה לַפָּר וְאֵיפָה לָאַיִל

יב וְלַכְּבָשִׂים מַתַּת יָדוֹ וְשֶׁמֶן הִין לָאֵיפָה׃ וְכִֽי־
יַעֲשֶׂה הַנָּשִׂיא נְדָבָה עוֹלָה אוֹ־שְׁלָמִים נְדָבָה לַיהוה וּפָתַח לוֹ
אֶת־הַשַּׁעַר הַפֹּנֶה קָדִים וְעָשָׂה אֶת־עֹלָתוֹ וְאֶת־שְׁלָמָיו כַּאֲשֶׁר
יג יַעֲשֶׂה בְּיוֹם הַשַּׁבָּת וְיָצָא וְסָגַר אֶת־הַשַּׁעַר אַחֲרֵי צֵאתוֹ׃ וְכֶבֶשׂ
בֶּן־שְׁנָתוֹ תָּמִים תַּעֲשֶׂה עוֹלָה לַיּוֹם לַיהוה בַּבֹּקֶר בַּבֹּקֶר תַּעֲשֶׂה
יד אֹתוֹ׃ וּמִנְחָה תַעֲשֶׂה עָלָיו בַּבֹּקֶר בַּבֹּקֶר שִׁשִּׁית הָאֵיפָה וְשֶׁמֶן
שְׁלִישִׁית הַהִין לָרֹס אֶת־הַסֹּלֶת מִנְחָה לַיהוה חֻקּוֹת עוֹלָם
טו תָּמִיד׃ ועשו אֶת־הַכֶּבֶשׂ וְאֶת־הַמִּנְחָה וְאֶת־הַשֶּׁמֶן בַּבֹּקֶר יַעֲשׂוּ
טז בַּבֹּקֶר עוֹלַת תָּמִיד׃ כֹּה־אָמַר אֲדֹנָי יֱהֹוִה כִּֽי־
יִתֵּן הַנָּשִׂיא מַתָּנָה לְאִישׁ מִבָּנָיו נַחֲלָתוֹ הִיא לְבָנָיו תִּהְיֶה
יז אֲחֻזָּתָם הִיא בְּנַחֲלָה׃ וְכִֽי־יִתֵּן מַתָּנָה מִנַּחֲלָתוֹ לְאַחַד מֵעֲבָדָיו
וְהָיְתָה לּוֹ עַד־שְׁנַת הַדְּרוֹר וְשָׁבַת לַנָּשִׂיא אַךְ נַחֲלָתוֹ בָּנָיו לָהֶם
יח תִּהְיֶה׃ וְלֹא־יִקַּח הַנָּשִׂיא מִנַּחֲלַת הָעָם לְהוֹנֹתָם מֵאֲחֻזָּתָם
מֵאֲחֻזָּתוֹ יַנְחִל אֶת־בָּנָיו לְמַעַן אֲשֶׁר לֹא־יָפֻצוּ עַמִּי אִישׁ
יט מֵאֲחֻזָּתוֹ׃ וַיְבִיאֵנִי בַמָּבוֹא אֲשֶׁר עַל־כֶּתֶף הַשַּׁעַר אֶל־הַלְּשָׁכוֹת
הַקֹּדֶשׁ אֶל־הַכֹּהֲנִים הַפֹּנוֹת צָפוֹנָה וְהִנֵּה־שָׁם מָקוֹם בירכתם בַּיַּרְכָתָיִם
כ יָמָּה׃ וַיֹּאמֶר אֵלַי זֶה הַמָּקוֹם אֲשֶׁר יְבַשְּׁלוּ־שָׁם הַכֹּהֲנִים אֶת־
הָאָשָׁם וְאֶת־הַחַטָּאת אֲשֶׁר יֹאפוּ אֶת־הַמִּנְחָה לְבִלְתִּי הוֹצִיא
כא אֶל־הֶחָצֵר הַחִיצוֹנָה לְקַדֵּשׁ אֶת־הָעָם׃ וַיּוֹצִיאֵנִי אֶל־הֶחָצֵר
הַחִיצֹנָה וַיַּעֲבִירֵנִי אֶל־אַרְבַּעַת מִקְצוֹעֵי הֶחָצֵר וְהִנֵּה חָצֵר
כב בְּמִקְצֹעַ הֶחָצֵר חָצֵר בְּמִקְצֹעַ הֶחָצֵר׃ בְּאַרְבַּעַת מִקְצֹעוֹת הֶחָצֵר
חֲצֵרוֹת קְטֻרוֹת אַרְבָּעִים אֹרֶךְ וּשְׁלֹשִׁים רֹחַב מִדָּה אַחַת
כג לְאַרְבַּעְתָּם מְהֻקְצָעוֹת׃ וְטוּר סָבִיב בָּהֶם סָבִיב לְאַרְבַּעְתָּם
כד וּמְבַשְּׁלוֹת עָשׂוּי מִתַּחַת הַטִּירוֹת סָבִיב׃ וַיֹּאמֶר אֵלַי אֵלֶּה בֵּית
הַמְבַשְּׁלִים אֲשֶׁר יְבַשְּׁלוּ־שָׁם מְשָׁרְתֵי הַבַּיִת אֶת־זֶבַח הָעָם׃
מז א וַיְשִׁבֵנִי אֶל־פֶּתַח הַבַּיִת וְהִנֵּה־מַיִם יֹצְאִים מִתַּחַת מִפְתַּן הַבַּיִת
קָדִימָה כִּי־פְנֵי הַבַּיִת קָדִים וְהַמַּיִם יֹרְדִים מִתַּחַת מִכֶּתֶף הַבַּיִת

ב הַיְמָנִית מִנֶּגֶב לַמִּזְבֵּחַ׃ וַיּוֹצִאֵנִי דֶּרֶךְ־שַׁעַר צָפוֹנָה וַיְסִבֵּנִי דֶּרֶךְ
חוּץ אֶל־שַׁעַר הַחוּץ דֶּרֶךְ הַפּוֹנֶה קָדִים וְהִנֵּה־מַיִם מְפַכִּים מִן־
ג הַכָּתֵף הַיְמָנִית׃ בְּצֵאת־הָאִישׁ קָדִים וְקָו בְּיָדוֹ וַיָּמָד אֶלֶף בָּאַמָּה
ד וַיַּעֲבִרֵנִי בַמַּיִם מֵי אָפְסָיִם׃ וַיָּמָד אֶלֶף וַיַּעֲבִרֵנִי בַמַּיִם מַיִם
ה בִּרְכָּיִם וַיָּמָד אֶלֶף וַיַּעֲבִרֵנִי מֵי מָתְנָיִם׃ וַיָּמָד אֶלֶף נַחַל אֲשֶׁר
לֹא־אוּכַל לַעֲבֹר כִּי־גָאוּ הַמַּיִם מֵי שָׂחוּ נַחַל אֲשֶׁר לֹא־יֵעָבֵר׃
ו ז וַיֹּאמֶר אֵלַי הֲרָאִיתָ בֶן־אָדָם וַיּוֹלִכֵנִי וַיְשִׁבֵנִי שְׂפַת הַנָּחַל׃ בְּשׁוּבֵנִי
ח וְהִנֵּה אֶל־שְׂפַת הַנַּחַל עֵץ רַב מְאֹד מִזֶּה וּמִזֶּה׃ וַיֹּאמֶר אֵלַי
הַמַּיִם הָאֵלֶּה יוֹצְאִים אֶל־הַגְּלִילָה הַקַּדְמוֹנָה וְיָרְדוּ עַל־הָעֲרָבָה
ט וּבָאוּ הַיָּמָּה אֶל־הַיָּמָּה הַמּוּצָאִים וְנִרְפְּאוּ הַמָּיִם׃ וְהָיָה כָל־נֶפֶשׁ
חַיָּה ׀ אֲשֶׁר־יִשְׁרֹץ אֶל כָּל־אֲשֶׁר יָבוֹא שָׁם נַחֲלַיִם יִחְיֶה וְהָיָה
הַדָּגָה רַבָּה מְאֹד כִּי בָאוּ שָׁמָּה הַמַּיִם הָאֵלֶּה וְיֵרָפְאוּ וָחָי כֹּל
י אֲשֶׁר־יָבוֹא שָׁמָּה הַנָּחַל׃ וְהָיָה יעמדו עָלָיו דַּוָּגִים מֵעֵין גֶּדִי וְעַד־ עָמְדוּ
עֵין עֶגְלַיִם מִשְׁטוֹחַ לַחֲרָמִים יִהְיוּ לְמִינָה תִּהְיֶה דְגָתָם כִּדְגַת הַיָּם
יא יב הַגָּדוֹל רַבָּה מְאֹד׃ בִּצֹּאתָו וּגְבָאָיו וְלֹא יֵרָפְאוּ לְמֶלַח נִתָּנוּ׃ וְעַל־ כט
הַנַּחַל יַעֲלֶה עַל־שְׂפָתוֹ מִזֶּה ׀ וּמִזֶּה ׀ כָּל־עֵץ־מַאֲכָל לֹא־יִבּוֹל
עָלֵהוּ וְלֹא־יִתֹּם פִּרְיוֹ לָחֳדָשָׁיו יְבַכֵּר כִּי מֵימָיו מִן־הַמִּקְדָּשׁ הֵמָּה
יג יוֹצְאִים והיו פִרְיוֹ לְמַאֲכָל וְעָלֵהוּ לִתְרוּפָה׃ כֹּה וְהָיָה
אָמַר אֲדֹנָי יְהוִה גֵּה גְבוּל אֲשֶׁר תִּתְנַחֲלוּ אֶת־הָאָרֶץ לִשְׁנֵי עָשָׂר
יד שִׁבְטֵי יִשְׂרָאֵל יוֹסֵף חֲבָלִים׃ וּנְחַלְתֶּם אוֹתָהּ אִישׁ כְּאָחִיו אֲשֶׁר
נָשָׂאתִי אֶת־יָדִי לְתִתָּהּ לַאֲבֹתֵיכֶם וְנָפְלָה הָאָרֶץ הַזֹּאת לָכֶם
טו בְּנַחֲלָה׃ וְזֶה גְּבוּל הָאָרֶץ לִפְאַת צָפוֹנָה מִן־הַיָּם הַגָּדוֹל הַדֶּרֶךְ
טז חֶתְלֹן לְבוֹא צְדָדָה׃ חֲמָת ׀ בֵּרוֹתָה סִבְרַיִם אֲשֶׁר בֵּין־גְּבוּל
יז דַּמֶּשֶׂק וּבֵין גְּבוּל חֲמָת חָצֵר הַתִּיכוֹן אֲשֶׁר אֶל־גְּבוּל חַוְרָן׃ וְהָיָה
גְבוּל מִן־הַיָּם חֲצַר עֵינוֹן גְּבוּל דַּמֶּשֶׂק וְצָפוֹן ׀ צָפוֹנָה וּגְבוּל חֲמָת
יח וְאֵת פְּאַת צָפוֹן׃ וּפְאַת קָדִים מִבֵּין חַוְרָן וּמִבֵּין דַּמֶּשֶׂק וּמִבֵּין
הַגִּלְעָד וּמִבֵּין אֶרֶץ יִשְׂרָאֵל הַיַּרְדֵּן מִגְּבוּל עַל־הַיָּם הַקַּדְמוֹנִי

תָּמְדוֹ וְאֵת פְּאַת קָדִימָה: וּפְאַת נֶגֶב תֵּימָנָה מִתָּמָר עַד־מֵי יט
מְרִיבוֹת קָדֵשׁ נַחֲלָה אֶל־הַיָּם הַגָּדוֹל וְאֵת פְּאַת־תֵּימָנָה נֶגְבָּה:
וּפְאַת־יָם הַיָּם הַגָּדוֹל מִגְּבוּל עַד־נֹכַח לְבוֹא חֲמָת זֹאת פְּאַת־ כ
יָם: וְחִלַּקְתֶּם אֶת־הָאָרֶץ הַזֹּאת לָכֶם לְשִׁבְטֵי יִשְׂרָאֵל: וְהָיָה כא כב
תַּפִּלוּ אוֹתָהּ בְּנַחֲלָה לָכֶם וּלְהַגֵּרִים הַגָּרִים בְּתוֹכְכֶם אֲשֶׁר־
הוֹלִדוּ בָנִים בְּתוֹכְכֶם וְהָיוּ לָכֶם כְּאֶזְרָח בִּבְנֵי יִשְׂרָאֵל אִתְּכֶם
יִפְּלוּ בְנַחֲלָה בְּתוֹךְ שִׁבְטֵי יִשְׂרָאֵל: וְהָיָה בַשֵּׁבֶט אֲשֶׁר־גָּר הַגֵּר כג
אִתּוֹ שָׁם תִּתְּנוּ נַחֲלָתוֹ נְאֻם אֲדֹנָי יֱהוִה: וְאֵלֶּה א מח
שְׁמוֹת הַשְּׁבָטִים מִקְצֵה צָפוֹנָה אֶל־יַד דֶּרֶךְ־חֶתְלֹן לְבוֹא־חֲמָת
חֲצַר עֵינָן גְּבוּל דַּמֶּשֶׂק צָפוֹנָה אֶל־יַד חֲמָת וְהָיוּ־לוֹ פְאַת־קָדִים
הַיָּם דָּן אֶחָד: וְעַל גְּבוּל דָּן מִפְּאַת קָדִים עַד־פְּאַת יָמָּה אָשֵׁר ב
אֶחָד: וְעַל גְּבוּל אָשֵׁר מִפְּאַת קָדִימָה וְעַד־פְּאַת־יָמָּה נַפְתָּלִי ג
אֶחָד: וְעַל גְּבוּל נַפְתָּלִי מִפְּאַת קָדְמָה עַד־פְּאַת יָמָּה מְנַשֶּׁה ד
אֶחָד: וְעַל גְּבוּל מְנַשֶּׁה מִפְּאַת קָדְמָה עַד־פְּאַת יָמָּה אֶפְרָיִם ה
אֶחָד: וְעַל גְּבוּל אֶפְרַיִם מִפְּאַת קָדִים וְעַד־פְּאַת־יָמָּה רְאוּבֵן ו
אֶחָד: וְעַל גְּבוּל רְאוּבֵן מִפְּאַת קָדִים עַד־פְּאַת יָמָּה יְהוּדָה ז
אֶחָד: וְעַל גְּבוּל יְהוּדָה מִפְּאַת קָדִים עַד־פְּאַת יָמָּה תִּהְיֶה ח
הַתְּרוּמָה אֲשֶׁר־תָּרִימוּ חֲמִשָּׁה וְעֶשְׂרִים אֶלֶף רֹחַב וְאֹרֶךְ כְּאַחַד
הַחֲלָקִים מִפְּאַת קָדִימָה עַד־פְּאַת־יָמָּה וְהָיָה הַמִּקְדָּשׁ בְּתוֹכוֹ:
הַתְּרוּמָה אֲשֶׁר תָּרִימוּ לַיהוָה אֹרֶךְ חֲמִשָּׁה וְעֶשְׂרִים אֶלֶף וְרֹחַב ט
עֲשֶׂרֶת אֲלָפִים: וּלְאֵלֶּה תִּהְיֶה תְרוּמַת־הַקֹּדֶשׁ לַכֹּהֲנִים צָפוֹנָה י
חֲמִשָּׁה וְעֶשְׂרִים אֶלֶף וְיָמָּה רֹחַב עֲשֶׂרֶת אֲלָפִים וְקָדִימָה רֹחַב
עֲשֶׂרֶת אֲלָפִים וָנֶגְבָּה אֹרֶךְ חֲמִשָּׁה וְעֶשְׂרִים אָלֶף וְהָיָה מִקְדַּשׁ־
יְהוָה בְּתוֹכוֹ: לַכֹּהֲנִים הַמְקֻדָּשׁ מִבְּנֵי צָדוֹק אֲשֶׁר שָׁמְרוּ יא
מִשְׁמַרְתִּי אֲשֶׁר לֹא־תָעוּ בִּתְעוֹת בְּנֵי יִשְׂרָאֵל כַּאֲשֶׁר תָּעוּ
הַלְוִיִּם: וְהָיְתָה לָהֶם תְּרוּמִיָּה מִתְּרוּמַת הָאָרֶץ קֹדֶשׁ קָדָשִׁים יב
אֶל־גְּבוּל הַלְוִיִּם: וְהַלְוִיִּם לְעֻמַּת גְּבוּל הַכֹּהֲנִים חֲמִשָּׁה וְעֶשְׂרִים יג

אֶלֶף אֹרֶךְ וְרֹחַב עֲשֶׂרֶת אֲלָפִים כָּל־אֹרֶךְ חֲמִשָּׁה וְעֶשְׂרִים אֶלֶף
יד וְרֹחַב עֲשֶׂרֶת אֲלָפִים׃ וְלֹא־יִמְכְּרוּ מִמֶּנּוּ וְלֹא יָמֵר וְלֹא יעבור
יַעֲבִיר
טו רֵאשִׁית הָאָרֶץ כִּי־קֹדֶשׁ לַיהוָה׃ וַחֲמֵשֶׁת אֲלָפִים הַנּוֹתָר בָּרֹחַב
עַל־פְּנֵי חֲמִשָּׁה וְעֶשְׂרִים אֶלֶף חֹל־הוּא לָעִיר לְמוֹשָׁב וּלְמִגְרָשׁ
טז וְהָיְתָה הָעִיר בְּתוֹכֹה׃ וְאֵלֶּה מִדּוֹתֶיהָ פְּאַת צָפוֹן חֲמֵשׁ מֵאוֹת
וְאַרְבַּעַת אֲלָפִים וּפְאַת־נֶגֶב חֲמֵשׁ חמש מֵאוֹת וְאַרְבַּעַת
אֲלָפִים וּמִפְּאַת קָדִים חֲמֵשׁ מֵאוֹת וְאַרְבַּעַת אֲלָפִים וּפְאַת־יָמָּה
יז חֲמֵשׁ מֵאוֹת וְאַרְבַּעַת אֲלָפִים׃ וְהָיָה מִגְרָשׁ לָעִיר צָפוֹנָה
חֲמִשִּׁים וּמָאתַיִם וְנֶגְבָּה חֲמִשִּׁים וּמָאתָיִם וְקָדִימָה חֲמִשִּׁים
יח וּמָאתַיִם וְיָמָּה חֲמִשִּׁים וּמָאתָיִם׃ וְהַנּוֹתָר בָּאֹרֶךְ לְעֻמַּת ׀
תְּרוּמַת הַקֹּדֶשׁ עֲשֶׂרֶת אֲלָפִים קָדִימָה וַעֲשֶׂרֶת אֲלָפִים יָמָּה
וְהָיָה לְעֻמַּת תְּרוּמַת הַקֹּדֶשׁ וְהָיְתָה תבואתה לְלֶחֶם לְעֹבְדֵי
יט כ הָעִיר׃ וְהָעֹבֵד הָעִיר יַעַבְדוּהוּ מִכֹּל שִׁבְטֵי יִשְׂרָאֵל׃ כָּל־
הַתְּרוּמָה חֲמִשָּׁה וְעֶשְׂרִים אֶלֶף בַּחֲמִשָּׁה וְעֶשְׂרִים אֶלֶף רְבִיעִית
כא תָּרִימוּ אֶת־תְּרוּמַת הַקֹּדֶשׁ אֶל־אֲחֻזַּת הָעִיר׃ וְהַנּוֹתָר לַנָּשִׂיא
מִזֶּה ׀ וּמִזֶּה ׀ לִתְרוּמַת־הַקֹּדֶשׁ וְלַאֲחֻזַּת הָעִיר אֶל־פְּנֵי חֲמִשָּׁה
וְעֶשְׂרִים אֶלֶף ׀ תְּרוּמָה עַד־גְּבוּל קָדִימָה וְיָמָּה עַל־פְּנֵי חֲמִשָּׁה
וְעֶשְׂרִים אֶלֶף עַל־גְּבוּל יָמָּה לְעֻמַּת חֲלָקִים לַנָּשִׂיא וְהָיְתָה
כב תְּרוּמַת הַקֹּדֶשׁ וּמִקְדַּשׁ הַבַּיִת בְּתוֹכֹה׃ וּמֵאֲחֻזַּת הַלְוִיִּם
וּמֵאֲחֻזַּת הָעִיר בְּתוֹךְ אֲשֶׁר לַנָּשִׂיא יִהְיֶה בֵּין ׀ גְּבוּל יְהוּדָה
כג וּבֵין גְּבוּל בִּנְיָמִן לַנָּשִׂיא יִהְיֶה׃ וְיֶתֶר הַשְּׁבָטִים מִפְּאַת קָדִימָה
כד עַד־פְּאַת־יָמָּה בִּנְיָמִן אֶחָד׃ וְעַל ׀ גְּבוּל בִּנְיָמִן מִפְּאַת קָדִימָה
כה עַד־פְּאַת־יָמָּה שִׁמְעוֹן אֶחָד׃ וְעַל ׀ גְּבוּל שִׁמְעוֹן מִפְּאַת קָדִימָה
כו עַד־פְּאַת־יָמָּה יִשָּׂשכָר אֶחָד׃ וְעַל ׀ גְּבוּל יִשָּׂשכָר מִפְּאַת קָדִימָה
כז עַד־פְּאַת־יָמָּה זְבוּלֻן אֶחָד׃ וְעַל ׀ גְּבוּל זְבוּלֻן מִפְּאַת קָדִמָה
כח עַד־פְּאַת־יָמָּה גָּד אֶחָד׃ וְעַל גְּבוּל גָּד אֶל־פְּאַת נֶגֶב תֵּימָנָה
וְהָיָה גְבוּל מִתָּמָר מֵי מְרִיבַת קָדֵשׁ נַחֲלָה עַל־הַיָּם הַגָּדוֹל׃

כט זֹאת הָאָרֶץ אֲשֶׁר־תַּפִּילוּ מִנַּחֲלָה לְשִׁבְטֵי יִשְׂרָאֵל וְאֵלֶּה
ל מַחְלְקֹתָם נְאֻם אֲדֹנָי יֱהֹוִה׃ וְאֵלֶּה תּוֹצְאֹת הָעִיר
לא מִפְּאַת צָפוֹן חֲמֵשׁ מֵאוֹת וְאַרְבַּעַת אֲלָפִים מִדָּה׃ וְשַׁעֲרֵי הָעִיר
עַל־שְׁמוֹת שִׁבְטֵי יִשְׂרָאֵל שְׁעָרִים שְׁלוֹשָׁה צָפוֹנָה שַׁעַר רְאוּבֵן
לב אֶחָד שַׁעַר יְהוּדָה אֶחָד שַׁעַר לֵוִי אֶחָד׃ וְאֶל־פְּאַת קָדִימָה חֲמֵשׁ
מֵאוֹת וְאַרְבַּעַת אֲלָפִים וּשְׁעָרִים שְׁלֹשָׁה וְשַׁעַר יוֹסֵף אֶחָד שַׁעַר
לג בִּנְיָמִן אֶחָד שַׁעַר דָּן אֶחָד׃ וּפְאַת־נֶגְבָּה חֲמֵשׁ מֵאוֹת וְאַרְבַּעַת
אֲלָפִים מִדָּה וּשְׁעָרִים שְׁלֹשָׁה שַׁעַר שִׁמְעוֹן אֶחָד שַׁעַר יִשָּׂשכָר
לד אֶחָד שַׁעַר זְבוּלֻן אֶחָד׃ פְּאַת־יָמָּה חֲמֵשׁ מֵאוֹת וְאַרְבַּעַת
אֲלָפִים שַׁעֲרֵיהֶם שְׁלֹשָׁה שַׁעַר גָּד אֶחָד שַׁעַר אָשֵׁר אֶחָד
לה שַׁעַר נַפְתָּלִי אֶחָד׃ סָבִיב שְׁמֹנָה עָשָׂר אָלֶף וְשֵׁם־הָעִיר
מִיּוֹם יְהוָה ׀ שָׁמָּה׃

שנים עשר

הושע
יואל
עמוס
עובדיה
יונה
מיכה
נחום
חבקוק
צפניה
חגי
זכריה
מלאכי

א א דְּבַר־יהוה אֲשֶׁר הָיָה אֶל־הוֹשֵׁעַ בֶּן־בְּאֵרִי בִּימֵי עֻזִּיָּה
יוֹתָם אָחָז יְחִזְקִיָּה מַלְכֵי יְהוּדָה וּבִימֵי יָרָבְעָם בֶּן־יוֹאָשׁ
ב מֶלֶךְ יִשְׂרָאֵל: תְּחִלַּת דִּבֶּר־יהוה בְּהוֹשֵׁעַ וַיֹּאמֶר יהוה אֶל־
הוֹשֵׁעַ לֵךְ קַח־לְךָ אֵשֶׁת זְנוּנִים וְיַלְדֵי זְנוּנִים כִּי־זָנֹה תִזְנֶה
ג הָאָרֶץ מֵאַחֲרֵי יהוה: וַיֵּלֶךְ וַיִּקַּח אֶת־גֹּמֶר בַּת־דִּבְלָיִם
ד וַתַּהַר וַתֵּלֶד־לוֹ בֵּן: וַיֹּאמֶר יהוה אֵלָיו קְרָא שְׁמוֹ יִזְרְעֶאל
כִּי־עוֹד מְעַט וּפָקַדְתִּי אֶת־דְּמֵי יִזְרְעֶאל עַל־בֵּית יֵהוּא
ה וְהִשְׁבַּתִּי מַמְלְכוּת בֵּית יִשְׂרָאֵל: וְהָיָה בַּיּוֹם הַהוּא וְשָׁבַרְתִּי
ו אֶת־קֶשֶׁת יִשְׂרָאֵל בְּעֵמֶק יִזְרְעֶאל: וַתַּהַר עוֹד וַתֵּלֶד בַּת
וַיֹּאמֶר לוֹ קְרָא שְׁמָהּ לֹא רֻחָמָה כִּי לֹא אוֹסִיף עוֹד אֲרַחֵם
ז אֶת־בֵּית יִשְׂרָאֵל כִּי־נָשֹׂא אֶשָּׂא לָהֶם: וְאֶת־בֵּית יְהוּדָה
אֲרַחֵם וְהוֹשַׁעְתִּים בַּיהוה אֱלֹהֵיהֶם וְלֹא אוֹשִׁיעֵם בְּקֶשֶׁת
ח וּבְחֶרֶב וּבְמִלְחָמָה בְּסוּסִים וּבְפָרָשִׁים: וַתִּגְמֹל אֶת־לֹא
ט רֻחָמָה וַתַּהַר וַתֵּלֶד בֵּן: וַיֹּאמֶר קְרָא שְׁמוֹ לֹא עַמִּי כִּי אַתֶּם
ב א לֹא עַמִּי וְאָנֹכִי לֹא־אֶהְיֶה לָכֶם: וְהָיָה מִסְפַּר
בְּנֵי־יִשְׂרָאֵל כְּחוֹל הַיָּם אֲשֶׁר לֹא־יִמַּד וְלֹא יִסָּפֵר וְהָיָה
בִּמְקוֹם אֲשֶׁר־יֵאָמֵר לָהֶם לֹא־עַמִּי אַתֶּם יֵאָמֵר לָהֶם בְּנֵי
ב אֵל־חָי: וְנִקְבְּצוּ בְּנֵי־יְהוּדָה וּבְנֵי־יִשְׂרָאֵל יַחְדָּו וְשָׂמוּ לָהֶם
ג רֹאשׁ אֶחָד וְעָלוּ מִן־הָאָרֶץ כִּי גָדוֹל יוֹם יִזְרְעֶאל: אִמְרוּ
ד לַאֲחֵיכֶם עַמִּי וְלַאֲחוֹתֵיכֶם רֻחָמָה: רִיבוּ בְאִמְּכֶם רִיבוּ
כִּי־הִיא לֹא אִשְׁתִּי וְאָנֹכִי לֹא אִישָׁהּ וְתָסֵר זְנוּנֶיהָ מִפָּנֶיהָ
ה וְנַאֲפוּפֶיהָ מִבֵּין שָׁדֶיהָ: פֶּן־אַפְשִׁיטֶנָּה עֲרֻמָּה וְהִצַּגְתִּיהָ
כְּיוֹם הִוָּלְדָהּ וְשַׂמְתִּיהָ כַמִּדְבָּר וְשַׁתִּהָ כְּאֶרֶץ צִיָּה וַהֲמִתִּיהָ
ו ז בַּצָּמָא: וְאֶת־בָּנֶיהָ לֹא אֲרַחֵם כִּי־בְנֵי זְנוּנִים הֵמָּה: כִּי
זָנְתָה אִמָּם הֹבִישָׁה הוֹרָתָם כִּי אָמְרָה אֵלְכָה אַחֲרֵי מְאַהֲבַי
ח נֹתְנֵי לַחְמִי וּמֵימַי צַמְרִי וּפִשְׁתִּי שַׁמְנִי וְשִׁקּוּיָי: לָכֵן הִנְנִי־
שָׂךְ אֶת־דַּרְכֵּךְ בַּסִּירִים וְגָדַרְתִּי אֶת־גְּדֵרָהּ וּנְתִיבוֹתֶיהָ לֹא

תִּמְצָא: וְרִדְּפָה אֶת־מְאַהֲבֶיהָ וְלֹא־תַשִּׂיג אֹתָם וּבִקְשָׁתַם ט
וְלֹא תִמְצָא וְאָמְרָה אֵלְכָה וְאָשׁוּבָה אֶל־אִישִׁי הָרִאשׁוֹן
כִּי טוֹב לִי אָז מֵעָתָּה: וְהִיא לֹא יָדְעָה כִּי אָנֹכִי נָתַתִּי י
לָהּ הַדָּגָן וְהַתִּירוֹשׁ וְהַיִּצְהָר וְכֶסֶף הִרְבֵּיתִי לָהּ וְזָהָב עָשׂוּ
לַבָּעַל: לָכֵן אָשׁוּב וְלָקַחְתִּי דְגָנִי בְּעִתּוֹ וְתִירוֹשִׁי בְּמוֹעֲדוֹ יא
וְהִצַּלְתִּי צַמְרִי וּפִשְׁתִּי לְכַסּוֹת אֶת־עֶרְוָתָהּ: וְעַתָּה אֲגַלֶּה יב
אֶת־נַבְלֻתָהּ לְעֵינֵי מְאַהֲבֶיהָ וְאִישׁ לֹא־יַצִּילֶנָּה מִיָּדִי:
וְהִשְׁבַּתִּי כָּל־מְשׂוֹשָׂהּ חַגָּהּ חָדְשָׁהּ וְשַׁבַּתָּהּ וְכֹל מוֹעֲדָהּ: יג
וַהֲשִׁמֹּתִי גַּפְנָהּ וּתְאֵנָתָהּ אֲשֶׁר אָמְרָה אֶתְנָה הֵמָּה לִי אֲשֶׁר יד
נָתְנוּ־לִי מְאַהֲבָי וְשַׂמְתִּים לְיַעַר וַאֲכָלָתַם חַיַּת הַשָּׂדֶה:
וּפָקַדְתִּי עָלֶיהָ אֶת־יְמֵי הַבְּעָלִים אֲשֶׁר תַּקְטִיר לָהֶם וַתַּעַד טו
נִזְמָהּ וְחֶלְיָתָהּ וַתֵּלֶךְ אַחֲרֵי מְאַהֲבֶיהָ וְאֹתִי שָׁכְחָה נְאֻם־
יְהוָה: לָכֵן הִנֵּה אָנֹכִי מְפַתֶּיהָ וְהֹלַכְתִּיהָ טז
הַמִּדְבָּר וְדִבַּרְתִּי עַל־לִבָּהּ: וְנָתַתִּי לָהּ אֶת־כְּרָמֶיהָ מִשָּׁם יז
וְאֶת־עֵמֶק עָכוֹר לְפֶתַח תִּקְוָה וְעָנְתָה שָּׁמָּה כִּימֵי נְעוּרֶיהָ
וּכְיוֹם עֲלֹתָהּ מֵאֶרֶץ־מִצְרָיִם: וְהָיָה בַיּוֹם־ יח
הַהוּא נְאֻם־יְהוָה תִּקְרְאִי אִישִׁי וְלֹא־תִקְרְאִי־לִי עוֹד בַּעְלִי:
וַהֲסִרֹתִי אֶת־שְׁמוֹת הַבְּעָלִים מִפִּיהָ וְלֹא־יִזָּכְרוּ עוֹד בִּשְׁמָם: יט
וְכָרַתִּי לָהֶם בְּרִית בַּיּוֹם הַהוּא עִם־חַיַּת הַשָּׂדֶה וְעִם־עוֹף כ
הַשָּׁמַיִם וְרֶמֶשׂ הָאֲדָמָה וְקֶשֶׁת וְחֶרֶב וּמִלְחָמָה אֶשְׁבּוֹר מִן־
הָאָרֶץ וְהִשְׁכַּבְתִּים לָבֶטַח: וְאֵרַשְׂתִּיךְ לִי לְעוֹלָם וְאֵרַשְׂתִּיךְ כא
לִי בְּצֶדֶק וּבְמִשְׁפָּט וּבְחֶסֶד וּבְרַחֲמִים: וְאֵרַשְׂתִּיךְ לִי בֶּאֱמוּנָה כב
וְיָדַעַתְּ אֶת־יְהוָה: וְהָיָה ׀ בַּיּוֹם הַהוּא אֶעֱנֶה כג
נְאֻם־יְהוָה אֶעֱנֶה אֶת־הַשָּׁמָיִם וְהֵם יַעֲנוּ אֶת־הָאָרֶץ:
וְהָאָרֶץ תַּעֲנֶה אֶת־הַדָּגָן וְאֶת־הַתִּירוֹשׁ וְאֶת־הַיִּצְהָר כד
וְהֵם יַעֲנוּ אֶת־יִזְרְעֶאל: וּזְרַעְתִּיהָ לִּי בָּאָרֶץ וְרִחַמְתִּי אֶת־ כה
לֹא רֻחָמָה וְאָמַרְתִּי לְלֹא־עַמִּי עַמִּי־אַתָּה וְהוּא יֹאמַר

א אֱלֹהָֽי׃ וַיֹּאמֶר יְהוָה אֵלַי עוֹד לֵךְ אֱהַב־אִשָּׁה
אֲהֻבַת רֵעַ וּמְנָאָפֶת כְּאַהֲבַת יְהוָה אֶת־בְּנֵי יִשְׂרָאֵל וְהֵם
ב פֹּנִים אֶל־אֱלֹהִים אֲחֵרִים וְאֹהֲבֵי אֲשִׁישֵׁי עֲנָבִים׃ וָאֶכְּרֶהָ
לִּי בַּחֲמִשָּׁה עָשָׂר כָּסֶף וְחֹמֶר שְׂעֹרִים וְלֶתֶךְ שְׂעֹרִים׃
ג וָאֹמַר אֵלֶיהָ יָמִים רַבִּים תֵּשְׁבִי לִי לֹא תִזְנִי וְלֹא תִהְיִי
ד לְאִישׁ וְגַם־אֲנִי אֵלָיִךְ׃ כִּי ׀ יָמִים רַבִּים יֵשְׁבוּ בְּנֵי יִשְׂרָאֵל
אֵין מֶלֶךְ וְאֵין שָׂר וְאֵין זֶבַח וְאֵין מַצֵּבָה וְאֵין אֵפוֹד
ה וּתְרָפִים׃ אַחַר יָשֻׁבוּ בְּנֵי יִשְׂרָאֵל וּבִקְשׁוּ אֶת־יְהוָה אֱלֹהֵיהֶם
וְאֵת דָּוִד מַלְכָּם וּפָחֲדוּ אֶל־יְהוָה וְאֶל־טוּבוֹ בְּאַחֲרִית
ד א הַיָּמִים׃ שִׁמְעוּ דְבַר־יְהוָה בְּנֵי יִשְׂרָאֵל כִּי רִיב
לַיהוָה עִם־יוֹשְׁבֵי הָאָרֶץ כִּי אֵין־אֱמֶת וְאֵין־חֶסֶד וְאֵין־דַּעַת
ב אֱלֹהִים בָּאָרֶץ׃ אָלֹה וְכַחֵשׁ וְרָצֹחַ וְגָנֹב וְנָאֹף פָּרָצוּ וְדָמִים
ג בְּדָמִים נָגָעוּ׃ עַל־כֵּן ׀ תֶּאֱבַל הָאָרֶץ וְאֻמְלַל כָּל־יוֹשֵׁב בָּהּ
ד בְּחַיַּת הַשָּׂדֶה וּבְעוֹף הַשָּׁמָיִם וְגַם־דְּגֵי הַיָּם יֵאָסֵפוּ׃ אַךְ
ה אִישׁ אַל־יָרֵב וְאַל־יוֹכַח אִישׁ וְעַמְּךָ כִּמְרִיבֵי כֹהֵן׃ וְכָשַׁלְתָּ
ו הַיּוֹם וְכָשַׁל גַּם־נָבִיא עִמְּךָ לָיְלָה וְדָמִיתִי אִמֶּךָ׃ נִדְמוּ עַמִּי
מִבְּלִי הַדָּעַת כִּי אַתָּה הַדַּעַת מָאַסְתָּ וְאֶמְאָסאךָ מִכַּהֵן לִי (וְאֶמְאָסְךָ)
ז וַתִּשְׁכַּח תּוֹרַת אֱלֹהֶיךָ אֶשְׁכַּח בָּנֶיךָ גַּם־אָנִי׃ כְּרֻבָּם כֵּן
ח חָטְאוּ־לִי כְּבוֹדָם בְּקָלוֹן אָמִיר׃ חַטַּאת עַמִּי יֹאכֵלוּ וְאֶל־
ט עֲוֹנָם יִשְׂאוּ נַפְשׁוֹ׃ וְהָיָה כָעָם כַּכֹּהֵן וּפָקַדְתִּי עָלָיו דְּרָכָיו
י וּמַעֲלָלָיו אָשִׁיב לוֹ׃ וְאָכְלוּ וְלֹא יִשְׂבָּעוּ הִזְנוּ וְלֹא יִפְרֹצוּ
יא כִּי־אֶת־יְהוָה עָזְבוּ לִשְׁמֹר׃ זְנוּת וְיַיִן וְתִירוֹשׁ יִקַּח־לֵב׃
יב עַמִּי בְּעֵצוֹ יִשְׁאָל וּמַקְלוֹ יַגִּיד לוֹ כִּי רוּחַ זְנוּנִים הִתְעָה
יג וַיִּזְנוּ מִתַּחַת אֱלֹהֵיהֶם׃ עַל־רָאשֵׁי הֶהָרִים יְזַבֵּחוּ וְעַל־
הַגְּבָעוֹת יְקַטֵּרוּ תַּחַת אַלּוֹן וְלִבְנֶה וְאֵלָה כִּי טוֹב צִלָּהּ
יד עַל־כֵּן תִּזְנֶינָה בְּנוֹתֵיכֶם וְכַלּוֹתֵיכֶם תְּנָאַפְנָה׃ לֹא־אֶפְקוֹד
עַל־בְּנוֹתֵיכֶם כִּי תִזְנֶינָה וְעַל־כַּלּוֹתֵיכֶם כִּי תְנָאַפְנָה כִּי־הֵם

עִם־הַזֹּנוֹת יְפָרֵדוּ וְעִם־הַקְּדֵשׁוֹת יְזַבֵּחוּ וְעָם לֹא־יָבִין
טו יִלָּבֵט׃ אִם־זֹנֶה אַתָּה יִשְׂרָאֵל אַל־יֶאְשַׁם יְהוּדָה וְאַל־
תָּבֹאוּ הַגִּלְגָּל וְאַל־תַּעֲלוּ בֵּית אָוֶן וְאַל־תִּשָּׁבְעוּ חַי־יְהוָה׃
טז כִּי כְּפָרָה סֹרֵרָה סָרַר יִשְׂרָאֵל עַתָּה יִרְעֵם יְהוָה כְּכֶבֶשׂ
יז יח בַּמֶּרְחָב׃ חֲבוּר עֲצַבִּים אֶפְרָיִם הַנַּח־לוֹ׃ סָר סָבְאָם הַזְנֵה הִזְנוּ
יט אָהֲבוּ הֵבוּ קָלוֹן מָגִנֶּיהָ׃ צָרַר רוּחַ אוֹתָהּ בִּכְנָפֶיהָ וְיֵבֹשׁוּ
ה א מִזִּבְחוֹתָם׃ שִׁמְעוּ־זֹאת הַכֹּהֲנִים וְהַקְשִׁיבוּ
בֵּית יִשְׂרָאֵל וּבֵית הַמֶּלֶךְ הַאֲזִינוּ כִּי לָכֶם הַמִּשְׁפָּט כִּי־פַח
ב הֱיִיתֶם לְמִצְפָּה וְרֶשֶׁת פְּרוּשָׂה עַל־תָּבוֹר׃ וְשַׁחֲטָה שֵׂטִים
ג הֶעְמִיקוּ וַאֲנִי מוּסָר לְכֻלָּם׃ אֲנִי יָדַעְתִּי אֶפְרַיִם וְיִשְׂרָאֵל
לֹא־נִכְחַד מִמֶּנִּי כִּי עַתָּה הִזְנֵיתָ אֶפְרַיִם נִטְמָא יִשְׂרָאֵל׃
ד לֹא יִתְּנוּ מַעַלְלֵיהֶם לָשׁוּב אֶל־אֱלֹהֵיהֶם כִּי רוּחַ זְנוּנִים
ה בְּקִרְבָּם וְאֶת־יְהוָה לֹא יָדָעוּ׃ וְעָנָה גְאוֹן־יִשְׂרָאֵל בְּפָנָיו
וְיִשְׂרָאֵל וְאֶפְרַיִם יִכָּשְׁלוּ בַּעֲוֺנָם כָּשַׁל גַּם־יְהוּדָה עִמָּם׃
ו בְּצֹאנָם וּבִבְקָרָם יֵלְכוּ לְבַקֵּשׁ אֶת־יְהוָה וְלֹא יִמְצָאוּ חָלַץ
ז מֵהֶם׃ בַּיהוָה בָּגָדוּ כִּי־בָנִים זָרִים יָלָדוּ עַתָּה יֹאכְלֵם חֹדֶשׁ
ח אֶת־חֶלְקֵיהֶם׃ תִּקְעוּ שׁוֹפָר בַּגִּבְעָה חֲצֹצְרָה
ט בָּרָמָה הָרִיעוּ בֵּית אָוֶן אַחֲרֶיךָ בִּנְיָמִין׃ אֶפְרַיִם לְשַׁמָּה תִהְיֶה
י בְּיוֹם תּוֹכֵחָה בְּשִׁבְטֵי יִשְׂרָאֵל הוֹדַעְתִּי נֶאֱמָנָה׃ הָיוּ שָׂרֵי
יא יְהוּדָה כְּמַסִּיגֵי גְּבוּל עֲלֵיהֶם אֶשְׁפּוֹךְ כַּמַּיִם עֶבְרָתִי׃ עָשׁוּק
יב אֶפְרַיִם רְצוּץ מִשְׁפָּט כִּי הוֹאִיל הָלַךְ אַחֲרֵי־צָו׃ וַאֲנִי כָעָשׁ
יג לְאֶפְרָיִם וְכָרָקָב לְבֵית יְהוּדָה׃ וַיַּרְא אֶפְרַיִם אֶת־חָלְיוֹ וִיהוּדָה
אֶת־מְזֹרוֹ וַיֵּלֶךְ אֶפְרַיִם אֶל־אַשּׁוּר וַיִּשְׁלַח אֶל־מֶלֶךְ יָרֵב
יד וְהוּא לֹא יוּכַל לִרְפֹּא לָכֶם וְלֹא־יִגְהֶה מִכֶּם מָזוֹר׃ כִּי אָנֹכִי
כַשַּׁחַל לְאֶפְרַיִם וְכַכְּפִיר לְבֵית יְהוּדָה אֲנִי אֲנִי אֶטְרֹף וְאֵלֵךְ
טו אֶשָּׂא וְאֵין מַצִּיל׃ אֵלֵךְ אָשׁוּבָה אֶל־מְקוֹמִי עַד אֲשֶׁר־
ו א יֶאְשְׁמוּ וּבִקְשׁוּ פָנָי בַּצַּר לָהֶם יְשַׁחֲרֻנְנִי׃ לְכוּ וְנָשׁוּבָה אֶל־

ב יְהוָה כִּי הוּא טָרָף וְיִרְפָּאֵנוּ יַךְ וְיַחְבְּשֵׁנוּ: יְחַיֵּנוּ מִיֹּמָיִם בַּיּוֹם
ג הַשְּׁלִישִׁי יְקִמֵנוּ וְנִחְיֶה לְפָנָיו: וְנֵדְעָה נִרְדְּפָה לָדַעַת אֶת־יְהוָה
כְּשַׁחַר נָכוֹן מֹצָאוֹ וְיָבוֹא כַגֶּשֶׁם לָנוּ כְּמַלְקוֹשׁ יוֹרֶה אָרֶץ:
ד מָה אֶעֱשֶׂה־לְּךָ אֶפְרַיִם מָה אֶעֱשֶׂה־לְּךָ יְהוּדָה וְחַסְדְּכֶם
ה כַּעֲנַן־בֹּקֶר וְכַטַּל מַשְׁכִּים הֹלֵךְ: עַל־כֵּן חָצַבְתִּי בַּנְּבִיאִים
ו הֲרַגְתִּים בְּאִמְרֵי־פִי וּמִשְׁפָּטֶיךָ אוֹר יֵצֵא: כִּי חֶסֶד חָפַצְתִּי
ז וְלֹא־זָבַח וְדַעַת אֱלֹהִים מֵעֹלוֹת: וְהֵמָּה כְּאָדָם עָבְרוּ בְרִית
ח ט שָׁם בָּגְדוּ בִי: גִּלְעָד קִרְיַת פֹּעֲלֵי אָוֶן עֲקֻבָּה מִדָּם: וּכְחַכֵּי אִישׁ
י גְּדוּדִים חֶבֶר כֹּהֲנִים דֶּרֶךְ יְרַצְּחוּ־שֶׁכְמָה כִּי זִמָּה עָשׂוּ: בְּבֵית
יִשְׂרָאֵל רָאִיתִי שעריריה שָׁם זְנוּת לְאֶפְרַיִם נִטְמָא יִשְׂרָאֵל: שַׁעֲרוּרִיָּה
יא ז א גַּם־יְהוּדָה שָׁת קָצִיר לָךְ בְּשׁוּבִי שְׁבוּת עַמִּי: כְּרָפְאִי
לְיִשְׂרָאֵל וְנִגְלָה עֲוֹן אֶפְרַיִם וְרָעוֹת שֹׁמְרוֹן כִּי פָעֲלוּ שָׁקֶר
ב וְגַנָּב יָבוֹא פָּשַׁט גְּדוּד בַּחוּץ: וּבַל־יֹאמְרוּ לִלְבָבָם כָּל־רָעָתָם
ג זָכָרְתִּי עַתָּה סְבָבוּם מַעַלְלֵיהֶם נֶגֶד פָּנַי הָיוּ: בְּרָעָתָם
ד יְשַׂמְּחוּ־מֶלֶךְ וּבְכַחֲשֵׁיהֶם שָׂרִים: כֻּלָּם מְנָאֲפִים כְּמוֹ תַנּוּר
ה בֹּעֵרָה מֵאֹפֶה יִשְׁבּוֹת מֵעִיר מִלּוּשׁ בָּצֵק עַד־חֻמְצָתוֹ: יוֹם
ו מַלְכֵּנוּ הֶחֱלוּ שָׂרִים חֲמַת מִיָּיִן מָשַׁךְ יָדוֹ אֶת־לֹצְצִים: כִּי־
קֵרְבוּ כַתַּנּוּר לִבָּם בְּאָרְבָּם כָּל־הַלַּיְלָה יָשֵׁן אֹפֵהֶם בֹּקֶר
ז הוּא בֹעֵר כְּאֵשׁ לֶהָבָה: כֻּלָּם יֵחַמּוּ כַּתַּנּוּר וְאָכְלוּ אֶת־
ח שֹׁפְטֵיהֶם כָּל־מַלְכֵיהֶם נָפָלוּ אֵין־קֹרֵא בָהֶם אֵלָי: אֶפְרַיִם
ט בָּעַמִּים הוּא יִתְבּוֹלָל אֶפְרַיִם הָיָה עֻגָה בְּלִי הֲפוּכָה: אָכְלוּ
זָרִים כֹּחוֹ וְהוּא לֹא יָדָע גַּם־שֵׂיבָה זָרְקָה בּוֹ וְהוּא לֹא יָדָע:
י וְעָנָה גְאוֹן־יִשְׂרָאֵל בְּפָנָיו וְלֹא־שָׁבוּ אֶל־יְהוָה אֱלֹהֵיהֶם
יא וְלֹא בִקְשֻׁהוּ בְּכָל־זֹאת: וַיְהִי אֶפְרַיִם כְּיוֹנָה פוֹתָה אֵין
יב לֵב מִצְרַיִם קָרָאוּ אַשּׁוּר הָלָכוּ: כַּאֲשֶׁר יֵלֵכוּ אֶפְרוֹשׂ
עֲלֵיהֶם רִשְׁתִּי כְּעוֹף הַשָּׁמַיִם אוֹרִידֵם אַיְסִרֵם כְּשֵׁמַע
יג לַעֲדָתָם: אוֹי לָהֶם כִּי־נָדְדוּ מִמֶּנִּי שֹׁד לָהֶם כִּי־

יד פָשְׁעוּ בִי וְאָנֹכִי אֶפְדֵּם וְהֵמָּה דִּבְּרוּ עָלַי כְּזָבִים׃ וְלֹא־זָעֲקוּ
אֵלַי בְּלִבָּם כִּי יְיֵלִילוּ עַל־מִשְׁכְּבוֹתָם עַל־דָּגָן וְתִירוֹשׁ
טו יִתְגּוֹרָרוּ יָסוּרוּ בִי׃ וַאֲנִי יִסַּרְתִּי חִזַּקְתִּי זְרוֹעֹתָם וְאֵלַי
טז יְחַשְּׁבוּ־רָע׃ יָשׁוּבוּ ׀ לֹא עָל הָיוּ כְּקֶשֶׁת רְמִיָּה יִפְּלוּ בַחֶרֶב
ח א שָׂרֵיהֶם מִזַּעַם לְשׁוֹנָם זוֹ לַעְגָּם בְּאֶרֶץ מִצְרָיִם׃ אֶל־חִכְּךָ
שֹׁפָר כַּנֶּשֶׁר עַל־בֵּית יהוה יַעַן עָבְרוּ בְרִיתִי וְעַל־תּוֹרָתִי
ב ג פָּשָׁעוּ׃ לִי יִזְעָקוּ אֱלֹהַי יְדַעֲנוּךָ יִשְׂרָאֵל׃ זָנַח יִשְׂרָאֵל טוֹב
ד אוֹיֵב יִרְדְּפוֹ׃ הֵם הִמְלִיכוּ וְלֹא מִמֶּנִּי הֵשִׂירוּ וְלֹא יָדָעְתִּי
ה כַּסְפָּם וּזְהָבָם עָשׂוּ לָהֶם עֲצַבִּים לְמַעַן יִכָּרֵת׃ זָנַח עֶגְלֵךְ
ו שֹׁמְרוֹן חָרָה אַפִּי בָּם עַד־מָתַי לֹא יוּכְלוּ נִקָּיֹן׃ כִּי מִיִשְׂרָאֵל
וְהוּא חָרָשׁ עָשָׂהוּ וְלֹא אֱלֹהִים הוּא כִּי־שְׁבָבִים יִהְיֶה עֵגֶל
ז שֹׁמְרוֹן׃ כִּי רוּחַ יִזְרָעוּ וְסוּפָתָה יִקְצֹרוּ קָמָה אֵין־לוֹ צֶמַח
ח בְּלִי יַעֲשֶׂה־קֶּמַח אוּלַי יַעֲשֶׂה זָרִים יִבְלָעֻהוּ׃ נִבְלַע יִשְׂרָאֵל
ט עַתָּה הָיוּ בַגּוֹיִם כִּכְלִי אֵין־חֵפֶץ בּוֹ׃ כִּי־הֵמָּה עָלוּ אַשּׁוּר
י פֶּרֶא בּוֹדֵד לוֹ אֶפְרַיִם הִתְנוּ אֲהָבִים׃ גַּם כִּי־יִתְנוּ בַגּוֹיִם
יא עַתָּה אֲקַבְּצֵם וַיָּחֵלּוּ מְּעָט מִמַּשָּׂא מֶלֶךְ שָׂרִים׃ כִּי־הִרְבָּה
יב אֶפְרַיִם מִזְבְּחֹת לַחֲטֹא הָיוּ־לוֹ מִזְבְּחוֹת לַחֲטֹא׃ אכתוב־ אֶכְתָּב
יג לוֹ רבו תּוֹרָתִי כְּמוֹ־זָר נֶחְשָׁבוּ׃ זִבְחֵי הַבְהָבַי יִזְבְּחוּ בָשָׂר רֻבֵּי
וַיֹּאכֵלוּ יהוה לֹא רָצָם עַתָּה יִזְכֹּר עֲוֺנָם וְיִפְקֹד חַטֹּאתָם
יד הֵמָּה מִצְרַיִם יָשׁוּבוּ׃ וַיִּשְׁכַּח יִשְׂרָאֵל אֶת־עֹשֵׂהוּ וַיִּבֶן הֵיכָלוֹת
וִיהוּדָה הִרְבָּה עָרִים בְּצֻרוֹת וְשִׁלַּחְתִּי־אֵשׁ בְּעָרָיו וְאָכְלָה
ט א אַרְמְנֹתֶיהָ׃ אַל־תִּשְׂמַח יִשְׂרָאֵל ׀ אֶל־גִּיל
כָּעַמִּים כִּי זָנִיתָ מֵעַל אֱלֹהֶיךָ אָהַבְתָּ אֶתְנָן עַל כָּל־גָּרְנוֹת
ב ג דָּגָן׃ גֹּרֶן וָיֶקֶב לֹא יִרְעֵם וְתִירוֹשׁ יְכַחֶשׁ בָּהּ׃ לֹא יֵשְׁבוּ
בְּאֶרֶץ יהוה וְשָׁב אֶפְרַיִם מִצְרַיִם וּבְאַשּׁוּר טָמֵא יֹאכֵלוּ׃
ד לֹא־יִסְּכוּ לַיהוה ׀ יַיִן וְלֹא יֶעֶרְבוּ־לוֹ זִבְחֵיהֶם כְּלֶחֶם אוֹנִים
לָהֶם כָּל־אֹכְלָיו יִטַּמָּאוּ כִּי־לַחְמָם לְנַפְשָׁם לֹא יָבוֹא בֵּית

ה ו יְהוָה׃ מַה־תַּעֲשׂוּ לְיוֹם מוֹעֵד וּלְיוֹם חַג־יְהוָה׃ כִּֽי־הִנֵּה
הָלְכוּ מִשֹּׁד מִצְרַיִם תְּקַבְּצֵם מֹף תְּקַבְּרֵם מַחְמַד לְכַסְפָּם
ז קִמּוֹשׂ יִירָשֵׁם חוֹחַ בְּאָהֳלֵיהֶם׃ בָּאוּ ׀ יְמֵי הַפְּקֻדָּה בָּאוּ יְמֵי
הַשִּׁלֻּם יֵדְעוּ יִשְׂרָאֵל אֱוִיל הַנָּבִיא מְשֻׁגָּע אִישׁ הָרוּחַ עַל רֹב
ח עֲוֺנְךָ וְרַבָּה מַשְׂטֵמָה׃ צֹפֶה אֶפְרַיִם עִם־אֱלֹהָי נָבִיא פַּח יָקוֹשׁ
ט עַל־כָּל־דְּרָכָיו מַשְׂטֵמָה בְּבֵית אֱלֹהָיו׃ הֶעְמִיקוּ שִׁחֵתוּ כִּימֵי
י הַגִּבְעָה יִזְכּוֹר עֲוֺנָם יִפְקוֹד חַטֹּאותָם׃ כַּעֲנָבִים
בַּמִּדְבָּר מָצָאתִי יִשְׂרָאֵל כְּבִכּוּרָה בִתְאֵנָה בְּרֵאשִׁיתָהּ רָאִיתִי
אֲבוֹתֵיכֶם הֵמָּה בָּאוּ בַעַל־פְּעוֹר וַיִּנָּזְרוּ לַבֹּשֶׁת וַיִּהְיוּ שִׁקּוּצִים
יא כְּאָהֳבָם׃ אֶפְרַיִם כָּעוֹף יִתְעוֹפֵף כְּבוֹדָם מִלֵּדָה וּמִבֶּטֶן
יב וּמֵהֵרָיוֹן׃ כִּי אִם־יְגַדְּלוּ אֶת־בְּנֵיהֶם וְשִׁכַּלְתִּים מֵאָדָם כִּי־
יג גַם־אוֹי לָהֶם בְּשׂוּרִי מֵהֶם׃ אֶפְרַיִם כַּאֲשֶׁר־רָאִיתִי לְצוֹר
יד שְׁתוּלָה בְנָוֶה וְאֶפְרַיִם לְהוֹצִיא אֶל־הֹרֵג בָּנָיו׃ תֵּן־לָהֶם
טו יְהוָה מַה־תִּתֵּן תֵּן־לָהֶם רֶחֶם מַשְׁכִּיל וְשָׁדַיִם צֹמְקִים׃ כָּל־
רָעָתָם בַּגִּלְגָּל כִּי־שָׁם שְׂנֵאתִים עַל רֹעַ מַעַלְלֵיהֶם מִבֵּיתִי
טז אֲגָרְשֵׁם לֹא אוֹסֵף אַהֲבָתָם כָּל־שָׂרֵיהֶם סֹרְרִים׃ הֻכָּה
אֶפְרַיִם שָׁרְשָׁם יָבֵשׁ פְּרִי בלי־יַעֲשׂוּן גַּם כִּי יֵלֵדוּן וְהֵמַתִּי בַּל־
יז מַחֲמַדֵּי בִטְנָם׃ יִמְאָסֵם אֱלֹהַי כִּי לֹא שָׁמְעוּ לוֹ וְיִהְיוּ
י א נֹדְדִים בַּגּוֹיִם׃ גֶּפֶן בּוֹקֵק יִשְׂרָאֵל פְּרִי יְשַׁוֶּה־לּוֹ
כְּרֹב לְפִרְיוֹ הִרְבָּה לַמִּזְבְּחוֹת כְּטוֹב לְאַרְצוֹ הֵיטִיבוּ מַצֵּבוֹת׃
ב חָלַק לִבָּם עַתָּה יֶאְשָׁמוּ הוּא יַעֲרֹף מִזְבְּחוֹתָם יְשֹׁדֵד מַצֵּבוֹתָם׃
ג כִּי עַתָּה יֹאמְרוּ אֵין מֶלֶךְ לָנוּ כִּי לֹא יָרֵאנוּ אֶת־יְהוָה
ד וְהַמֶּלֶךְ מַה־יַּעֲשֶׂה־לָּנוּ׃ דִּבְּרוּ דְבָרִים אָלוֹת שָׁוְא כָּרֹת
ה בְּרִית וּפָרַח כָּרֹאשׁ מִשְׁפָּט עַל תַּלְמֵי שָׂדָי׃ לְעֶגְלוֹת בֵּית
אָוֶן יָגוּרוּ שְׁכַן שֹׁמְרוֹן כִּי־אָבַל עָלָיו עַמּוֹ וּכְמָרָיו עָלָיו יָגִילוּ
ו עַל־כְּבוֹדוֹ כִּי־גָלָה מִמֶּנּוּ׃ גַּם־אוֹתוֹ לְאַשּׁוּר יוּבָל מִנְחָה
ז לְמֶלֶךְ יָרֵב בָּשְׁנָה אֶפְרַיִם יִקָּח וְיֵבוֹשׁ יִשְׂרָאֵל מֵעֲצָתוֹ׃ נִדְמֶה

שמרון מלכה כקצף על־פני־מים׃ ונשמדו במות און ח
חטאת ישראל קוץ ודרדר יעלה על־מזבחותם ואמרו
להרים כסונו ולגבעות נפלו עלינו׃ מימי ט
הגבעה חטאת ישראל שם עמדו לא־תשיגם בגבעה
מלחמה על־בני עלוה׃ באותי ואסרם ואספו עליהם עמים י
עונותם באסרם לשתי עינתם׃ ואפרים עגלה מלמדה אהבתי יא
לדוש ואני עברתי על־טוב צוארה ארכיב אפרים יחרוש
ג יהודה ישדד־לו יעקב׃ זרעו לכם לצדקה קצרו לפי־חסד יב
נירו לכם ניר ועת לדרוש את־יהוה עד־יבוא וירה צדק
לכם׃ חרשתם־רשע עולתה קצרתם אכלתם פרי־כחש יג
כי־בטחת בדרכך ברב גבוריך׃ וקאם שאון בעמיך וכל־ יד
מבצריך יושד כשד שלמן בית ארבאל ביום מלחמה אם
על־בנים רטשה׃ ככה עשה לכם בית־אל מפני רעת טו
רעתכם בשחר נדמה נדמה מלך ישראל׃ כי נער ישראל א יא
ואהבהו וממצרים קראתי לבני׃ קראו להם כן הלכו ב
מפניהם לבעלים יזבחו ולפסלים יקטרון׃ ואנכי תרגלתי ג
לאפרים קחם על־זרועתיו ולא ידעו כי רפאתים׃ בחבלי ד
אדם אמשכם בעבתות אהבה ואהיה להם כמרימי על
על לחיהם ואט אליו אוכיל׃ לא ישוב אל־ארץ מצרים ה
ואשור הוא מלכו כי מאנו לשוב׃ וחלה חרב בעריו וכלתה ו
בדיו ואכלה ממעצותיהם׃ ועמי תלואים למשובתי ואל־ ז
על יקראהו יחד לא ירומם׃ איך אתנך אפרים אמגנך ח
ישראל איך אתנך כאדמה אשימך כצבאים נהפך עלי
לבי יחד נכמרו נחומי׃ לא אעשה חרון אפי לא אשוב ט
לשחת אפרים כי אל אנכי ולא־איש בקרבך קדוש ולא
אבוא בעיר׃ אחרי יהוה ילכו כאריה ישאג כי־הוא ישאג י
ויחרדו בנים מים׃ יחרדו כצפור ממצרים וכיונה מארץ יא

א אַשּׁוּר וְהוֹשַׁבְתִּים עַל־בָּתֵּיהֶם נְאֻם־יְהוָה׃ סְבָבֻנִי
בְכַחַשׁ אֶפְרַיִם וּבְמִרְמָה בֵּית יִשְׂרָאֵל וִיהוּדָה עֹד רָד עִם־אֵל
ב וְעִם־קְדוֹשִׁים נֶאֱמָן׃ אֶפְרַיִם רֹעֶה רוּחַ וְרֹדֵף קָדִים כָּל־הַיּוֹם
כָּזָב וָשֹׁד יַרְבֶּה וּבְרִית עִם־אַשּׁוּר יִכְרֹתוּ וְשֶׁמֶן לְמִצְרַיִם
ג יוּבָל׃ וְרִיב לַיהוָה עִם־יְהוּדָה וְלִפְקֹד עַל־יַעֲקֹב כִּדְרָכָיו
ד כְּמַעֲלָלָיו יָשִׁיב לוֹ׃ בַּבֶּטֶן עָקַב אֶת־אָחִיו וּבְאוֹנוֹ שָׂרָה אֶת־
ה אֱלֹהִים׃ וַיָּשַׂר אֶל־מַלְאָךְ וַיֻּכָל בָּכָה וַיִּתְחַנֶּן־לוֹ בֵּית־אֵל
ו יִמְצָאֶנּוּ וְשָׁם יְדַבֵּר עִמָּנוּ׃ וַיהוָה אֱלֹהֵי הַצְּבָאוֹת יהוה זִכְרוֹ׃
ז וְאַתָּה בֵּאלֹהֶיךָ תָשׁוּב חֶסֶד וּמִשְׁפָּט שְׁמֹר וְקַוֵּה אֶל־אֱלֹהֶיךָ
ח ט תָּמִיד׃ כְּנַעַן בְּיָדוֹ מֹאזְנֵי מִרְמָה לַעֲשֹׁק אָהֵב׃ וַיֹּאמֶר אֶפְרַיִם
אַךְ עָשַׁרְתִּי מָצָאתִי אוֹן לִי כָּל־יְגִיעַי לֹא יִמְצְאוּ־לִי עָוֺן אֲשֶׁר־
י חֵטְא׃ וְאָנֹכִי יְהוָה אֱלֹהֶיךָ מֵאֶרֶץ מִצְרָיִם עֹד אוֹשִׁיבְךָ בָאֳהָלִים
יא כִּימֵי מוֹעֵד׃ וְדִבַּרְתִּי עַל־הַנְּבִיאִים וְאָנֹכִי חָזוֹן הִרְבֵּיתִי וּבְיַד
יב הַנְּבִיאִים אֲדַמֶּה׃ אִם־גִּלְעָד אָוֶן אַךְ־שָׁוְא הָיוּ בַּגִּלְגָּל שְׁוָרִים
יג זִבֵּחוּ גַּם מִזְבְּחוֹתָם כְּגַלִּים עַל תַּלְמֵי שָׂדָי׃ וַיִּבְרַח יַעֲקֹב שְׂדֵה
יד אֲרָם וַיַּעֲבֹד יִשְׂרָאֵל בְּאִשָּׁה וּבְאִשָּׁה שָׁמָר׃ וּבְנָבִיא הֶעֱלָה
טו יְהוָה אֶת־יִשְׂרָאֵל מִמִּצְרָיִם וּבְנָבִיא נִשְׁמָר׃ הִכְעִיס אֶפְרַיִם
יג א תַּמְרוּרִים וְדָמָיו עָלָיו יִטּוֹשׁ וְחֶרְפָּתוֹ יָשִׁיב לוֹ אֲדֹנָיו׃ כְּדַבֵּר
ב אֶפְרַיִם רְתֵת נָשָׂא הוּא בְּיִשְׂרָאֵל וַיֶּאְשַׁם בַּבַּעַל וַיָּמֹת׃ וְעַתָּה ׀
יוֹסִפוּ לַחֲטֹא וַיַּעֲשׂוּ לָהֶם מַסֵּכָה מִכַּסְפָּם כִּתְבוּנָם עֲצַבִּים
מַעֲשֵׂה חָרָשִׁים כֻּלֹּה לָהֶם הֵם אֹמְרִים זֹבְחֵי אָדָם עֲגָלִים יִשָּׁקוּן׃
ג לָכֵן יִהְיוּ כַּעֲנַן־בֹּקֶר וְכַטַּל מַשְׁכִּים הֹלֵךְ כְּמֹץ יְסֹעֵר מִגֹּרֶן
ד וּכְעָשָׁן מֵאֲרֻבָּה׃ וְאָנֹכִי יְהוָה אֱלֹהֶיךָ מֵאֶרֶץ מִצְרָיִם וֵאלֹהִים
ה זוּלָתִי לֹא תֵדָע וּמוֹשִׁיעַ אַיִן בִּלְתִּי׃ אֲנִי יְדַעְתִּיךָ בַּמִּדְבָּר בְּאֶרֶץ
ו תַּלְאֻבוֹת׃ כְּמַרְעִיתָם וַיִּשְׂבָּעוּ שָׂבְעוּ וַיָּרָם לִבָּם עַל־כֵּן שְׁכֵחוּנִי׃
ז ח וָאֱהִי לָהֶם כְּמוֹ־שָׁחַל כְּנָמֵר עַל־דֶּרֶךְ אָשׁוּר׃ אֶפְגְּשֵׁם כְּדֹב
שַׁכּוּל וְאֶקְרַע סְגוֹר לִבָּם וְאֹכְלֵם שָׁם כְּלָבִיא חַיַּת הַשָּׂדֶה

תְּבַקְּעֵם׃ שִׁחֶתְךָ יִשְׂרָאֵל כִּי־בִי בְעֶזְרֶךָ׃ אֱהִי מַלְכְּךָ אֵפוֹא ט י
וְיוֹשִׁיעֲךָ בְּכָל־עָרֶיךָ וְשֹׁפְטֶיךָ אֲשֶׁר אָמַרְתָּ תְּנָה־לִּי מֶלֶךְ וְשָׂרִים׃
אֶתֶּן־לְךָ מֶלֶךְ בְּאַפִּי וְאֶקַּח בְּעֶבְרָתִי׃ צָרוּר עֲוֺן יא יב
אֶפְרָיִם צְפוּנָה חַטָּאתוֹ׃ חֶבְלֵי יוֹלֵדָה יָבֹאוּ לוֹ הוּא־בֵן לֹא חָכָם יג
כִּי־עֵת לֹא־יַעֲמֹד בְּמִשְׁבַּר בָּנִים׃ מִיַּד שְׁאוֹל אֶפְדֵּם מִמָּוֶת יד
אֶגְאָלֵם אֱהִי דְבָרֶיךָ מָוֶת אֱהִי קָטָבְךָ שְׁאוֹל נֹחַם יִסָּתֵר מֵעֵינָי׃
כִּי הוּא בֵּין אַחִים יַפְרִיא יָבוֹא קָדִים רוּחַ יהוה מִמִּדְבָּר עֹלֶה טו
וְיֵבוֹשׁ מְקוֹרוֹ וְיֶחֱרַב מַעְיָנוֹ הוּא יִשְׁסֶה אוֹצַר כָּל־כְּלִי חֶמְדָּה׃
תֶּאְשַׁם שֹׁמְרוֹן כִּי מָרְתָה בֵּאלֹהֶיהָ בַּחֶרֶב יִפֹּלוּ עֹלְלֵיהֶם א יד
יְרֻטָּשׁוּ וְהָרִיּוֹתָיו יְבֻקָּעוּ׃ שׁוּבָה יִשְׂרָאֵל עַד יהוה ב
אֱלֹהֶיךָ כִּי כָשַׁלְתָּ בַּעֲוֺנֶךָ׃ קְחוּ עִמָּכֶם דְּבָרִים וְשׁוּבוּ אֶל־יהוה ג
אִמְרוּ אֵלָיו כָּל־תִּשָּׂא עָוֺן וְקַח־טוֹב וּנְשַׁלְּמָה פָרִים שְׂפָתֵינוּ׃
אַשּׁוּר ׀ לֹא יוֹשִׁיעֵנוּ עַל־סוּס לֹא נִרְכָּב וְלֹא־נֹאמַר עוֹד אֱלֹהֵינוּ ד
לְמַעֲשֵׂה יָדֵינוּ אֲשֶׁר־בְּךָ יְרֻחַם יָתוֹם׃ אֶרְפָּא מְשׁוּבָתָם אֹהֲבֵם ה
ד נְדָבָה כִּי שָׁב אַפִּי מִמֶּנּוּ׃ אֶהְיֶה כַטַּל לְיִשְׂרָאֵל יִפְרַח כַּשּׁוֹשַׁנָּה ו
וְיַךְ שָׁרָשָׁיו כַּלְּבָנוֹן׃ יֵלְכוּ יֹנְקוֹתָיו וִיהִי כַזַּיִת הוֹדוֹ וְרֵיחַ לוֹ ז
כַּלְּבָנוֹן׃ יָשֻׁבוּ יֹשְׁבֵי בְצִלּוֹ יְחַיּוּ דָגָן וְיִפְרְחוּ כַגָּפֶן זִכְרוֹ כְּיֵין ח
לְבָנוֹן׃ אֶפְרַיִם מַה־לִּי עוֹד לָעֲצַבִּים אֲנִי עָנִיתִי וַאֲשׁוּרֶנּוּ אֲנִי ט
כִּבְרוֹשׁ רַעֲנָן מִמֶּנִּי פֶּרְיְךָ נִמְצָא׃ מִי חָכָם וְיָבֵן אֵלֶּה נָבוֹן וְיֵדָעֵם י
כִּי־יְשָׁרִים דַּרְכֵי יהוה וְצַדִּקִים יֵלְכוּ בָם וּפֹשְׁעִים יִכָּשְׁלוּ בָם׃

יואל

דְּבַר־יהוה אֲשֶׁר הָיָה אֶל־יוֹאֵל בֶּן־פְּתוּאֵל׃ שִׁמְעוּ־זֹאת הַזְּקֵנִים א ב א
וְהַאֲזִינוּ כֹּל יוֹשְׁבֵי הָאָרֶץ הֶהָיְתָה זֹּאת בִּימֵיכֶם וְאִם בִּימֵי
אֲבֹתֵיכֶם׃ עָלֶיהָ לִבְנֵיכֶם סַפֵּרוּ וּבְנֵיכֶם לִבְנֵיהֶם וּבְנֵיהֶם לְדוֹר ג
אַחֵר׃ יֶתֶר הַגָּזָם אָכַל הָאַרְבֶּה וְיֶתֶר הָאַרְבֶּה אָכַל הַיָּלֶק וְיֶתֶר ד

ה הַיֶּלֶק אָכַל הֶחָסִיל: הָקִיצוּ שִׁכּוֹרִים וּבְכוּ וְהֵילִלוּ כָּל־שֹׁתֵי יָיִן
ו עַל־עָסִיס כִּי נִכְרַת מִפִּיכֶם: כִּי־גוֹי עָלָה עַל־אַרְצִי עָצוּם וְאֵין
ז מִסְפָּר שִׁנָּיו שִׁנֵּי אַרְיֵה וּמְתַלְּעוֹת לָבִיא לוֹ: שָׂם גַּפְנִי לְשַׁמָּה
ח וּתְאֵנָתִי לִקְצָפָה חָשֹׂף חֲשָׂפָהּ וְהִשְׁלִיךְ הִלְבִּינוּ שָׂרִיגֶיהָ: אֱלִי
ט כִּבְתוּלָה חֲגֻרַת־שַׂק עַל־בַּעַל נְעוּרֶיהָ: הָכְרַת מִנְחָה וָנֶסֶךְ
י מִבֵּית יְהוָה אָבְלוּ הַכֹּהֲנִים מְשָׁרְתֵי יְהוָה: שֻׁדַּד שָׂדֶה אָבְלָה
יא אֲדָמָה כִּי שֻׁדַּד דָּגָן הוֹבִישׁ תִּירוֹשׁ אֻמְלַל יִצְהָר: הֹבִישׁוּ
אִכָּרִים הֵילִילוּ כֹּרְמִים עַל־חִטָּה וְעַל־שְׂעֹרָה כִּי אָבַד
יב קְצִיר שָׂדֶה: הַגֶּפֶן הוֹבִישָׁה וְהַתְּאֵנָה אֻמְלָלָה רִמּוֹן גַּם־
תָּמָר וְתַפּוּחַ כָּל־עֲצֵי הַשָּׂדֶה יָבֵשׁוּ כִּי־הֹבִישׁ שָׂשׂוֹן מִן־בְּנֵי
יג אָדָם: חִגְרוּ וְסִפְדוּ הַכֹּהֲנִים הֵילִילוּ מְשָׁרְתֵי
מִזְבֵּחַ בֹּאוּ לִינוּ בַשַּׂקִּים מְשָׁרְתֵי אֱלֹהָי כִּי נִמְנַע מִבֵּית
יד אֱלֹהֵיכֶם מִנְחָה וָנָסֶךְ: קַדְּשׁוּ־צוֹם קִרְאוּ עֲצָרָה אִסְפוּ זְקֵנִים
טו כֹּל יֹשְׁבֵי הָאָרֶץ בֵּית יְהוָה אֱלֹהֵיכֶם וְזַעֲקוּ אֶל־יְהוָה: אֲהָהּ
טז לַיּוֹם כִּי קָרוֹב יוֹם יְהוָה וּכְשֹׁד מִשַּׁדַּי יָבוֹא: הֲלוֹא נֶגֶד עֵינֵינוּ
יז אֹכֶל נִכְרָת מִבֵּית אֱלֹהֵינוּ שִׂמְחָה וָגִיל: עָבְשׁוּ פְרֻדוֹת תַּחַת
יח מֶגְרְפֹתֵיהֶם נָשַׁמּוּ אֹצָרוֹת נֶהֶרְסוּ מַמְּגֻרוֹת כִּי הֹבִישׁ דָּגָן: מַה־
נֶּאֶנְחָה בְהֵמָה נָבֹכוּ עֶדְרֵי בָקָר כִּי אֵין מִרְעֶה לָהֶם גַּם־עֶדְרֵי
יט הַצֹּאן נֶאְשָׁמוּ: אֵלֶיךָ יְהוָה אֶקְרָא כִּי־אֵשׁ אָכְלָה נְאוֹת
כ מִדְבָּר וְלֶהָבָה לִהֲטָה כָּל־עֲצֵי הַשָּׂדֶה: גַּם־בַּהֲמוֹת שָׂדֶה
תַּעֲרוֹג אֵלֶיךָ כִּי יָבְשׁוּ אֲפִיקֵי מָיִם וְאֵשׁ אָכְלָה נְאוֹת
ב א הַמִּדְבָּר: תִּקְעוּ שׁוֹפָר בְּצִיּוֹן וְהָרִיעוּ בְּהַר קָדְשִׁי
ב יִרְגְּזוּ כֹּל יֹשְׁבֵי הָאָרֶץ כִּי־בָא יוֹם־יְהוָה כִּי קָרוֹב: יוֹם חֹשֶׁךְ
וַאֲפֵלָה יוֹם עָנָן וַעֲרָפֶל כְּשַׁחַר פָּרֻשׂ עַל־הֶהָרִים עַם רַב וְעָצוּם
כָּמֹהוּ לֹא נִהְיָה מִן־הָעוֹלָם וְאַחֲרָיו לֹא יוֹסֵף עַד־שְׁנֵי דּוֹר וָדוֹר:
ג לְפָנָיו אָכְלָה אֵשׁ וְאַחֲרָיו תְּלַהֵט לֶהָבָה כְּגַן־עֵדֶן הָאָרֶץ לְפָנָיו
ד וְאַחֲרָיו מִדְבַּר שְׁמָמָה וְגַם־פְּלֵיטָה לֹא־הָיְתָה לּוֹ: כְּמַרְאֵה

סוּסִים מַרְאֵהוּ וּכְפָרָשִׁים כֵּן יְרוּצוּן׃ כְּקוֹל מַרְכָּבוֹת עַל־רָאשֵׁי ה
הֶהָרִים יְרַקֵּדוּן כְּקוֹל לַהַב אֵשׁ אֹכְלָה קָשׁ כְּעַם עָצוּם עֱרוּךְ
מִלְחָמָה׃ מִפָּנָיו יָחִילוּ עַמִּים כָּל־פָּנִים קִבְּצוּ פָארוּר׃ כְּגִבּוֹרִים ו ז
יְרֻצוּן כְּאַנְשֵׁי מִלְחָמָה יַעֲלוּ חוֹמָה וְאִישׁ בִּדְרָכָיו יֵלֵכוּן וְלֹא
יְעַבְּטוּן אֹרְחוֹתָם׃ וְאִישׁ אָחִיו לֹא יִדְחָקוּן גֶּבֶר בִּמְסִלָּתוֹ יֵלֵכוּן ח
וּבְעַד הַשֶּׁלַח יִפֹּלוּ לֹא יִבְצָעוּ׃ בָּעִיר יָשֹׁקּוּ בַּחוֹמָה יְרֻצוּן בַּבָּתִּים ט
יַעֲלוּ בְּעַד הַחַלּוֹנִים יָבֹאוּ כַּגַּנָּב׃ לְפָנָיו רָגְזָה אֶרֶץ רָעֲשׁוּ שָׁמָיִם י
שֶׁמֶשׁ וְיָרֵחַ קָדָרוּ וְכוֹכָבִים אָסְפוּ נָגְהָם׃ וַיהוָה נָתַן קוֹלוֹ לִפְנֵי יא
חֵילוֹ כִּי רַב מְאֹד מַחֲנֵהוּ כִּי עָצוּם עֹשֵׂה דְבָרוֹ כִּי־גָדוֹל יוֹם־
יְהוָה וְנוֹרָא מְאֹד וּמִי יְכִילֶנּוּ׃ וְגַם־עַתָּה נְאֻם־יְהוָה שֻׁבוּ עָדַי יב
בְּכָל־לְבַבְכֶם וּבְצוֹם וּבִבְכִי וּבְמִסְפֵּד׃ וְקִרְעוּ לְבַבְכֶם וְאַל־ יג
בִּגְדֵיכֶם וְשׁוּבוּ אֶל־יְהוָה אֱלֹהֵיכֶם כִּי־חַנּוּן וְרַחוּם הוּא אֶרֶךְ
אַפַּיִם וְרַב־חֶסֶד וְנִחָם עַל־הָרָעָה׃ מִי יוֹדֵעַ יָשׁוּב וְנִחָם וְהִשְׁאִיר יד
אַחֲרָיו בְּרָכָה מִנְחָה וָנֶסֶךְ לַיהוָה אֱלֹהֵיכֶם׃ תִּקְעוּ טו
שׁוֹפָר בְּצִיּוֹן קַדְּשׁוּ־צוֹם קִרְאוּ עֲצָרָה׃ אִסְפוּ־עָם קַדְּשׁוּ קָהָל טז
קִבְצוּ זְקֵנִים אִסְפוּ עוֹלָלִים וְיֹנְקֵי שָׁדָיִם יֵצֵא חָתָן מֵחֶדְרוֹ וְכַלָּה
מֵחֻפָּתָהּ׃ בֵּין הָאוּלָם וְלַמִּזְבֵּחַ יִבְכּוּ הַכֹּהֲנִים מְשָׁרְתֵי יְהוָה יז
וְיֹאמְרוּ חוּסָה יְהוָה עַל־עַמֶּךָ וְאַל־תִּתֵּן נַחֲלָתְךָ לְחֶרְפָּה לִמְשָׁל־
בָּם גּוֹיִם לָמָּה יֹאמְרוּ בָעַמִּים אַיֵּה אֱלֹהֵיהֶם׃ וַיְקַנֵּא יְהוָה יח
לְאַרְצוֹ וַיַּחְמֹל עַל־עַמּוֹ׃ וַיַּעַן יְהוָה וַיֹּאמֶר לְעַמּוֹ הִנְנִי שֹׁלֵחַ יט
לָכֶם אֶת־הַדָּגָן וְהַתִּירוֹשׁ וְהַיִּצְהָר וּשְׂבַעְתֶּם אֹתוֹ וְלֹא־אֶתֵּן
אֶתְכֶם עוֹד חֶרְפָּה בַּגּוֹיִם׃ וְאֶת־הַצְּפוֹנִי אַרְחִיק מֵעֲלֵיכֶם כ
וְהִדַּחְתִּיו אֶל־אֶרֶץ צִיָּה וּשְׁמָמָה אֶת־פָּנָיו אֶל־הַיָּם הַקַּדְמֹנִי
וְסֹפוֹ אֶל־הַיָּם הָאַחֲרוֹן וְעָלָה בָאְשׁוֹ וְתַעַל צַחֲנָתוֹ כִּי הִגְדִּיל
לַעֲשׂוֹת׃ אַל־תִּירְאִי אֲדָמָה גִּילִי וּשְׂמָחִי כִּי־הִגְדִּיל יְהוָה כא
לַעֲשׂוֹת׃ אַל־תִּירְאוּ בַּהֲמוֹת שָׂדַי כִּי דָשְׁאוּ נְאוֹת מִדְבָּר כִּי־ כב
עֵץ נָשָׂא פִרְיוֹ תְּאֵנָה וָגֶפֶן נָתְנוּ חֵילָם׃ וּבְנֵי צִיּוֹן גִּילוּ וְשִׂמְחוּ כג

בַּיהוָה אֱלֹהֵיכֶם כִּֽי־נָתַן לָכֶם אֶת־הַמּוֹרֶה לִצְדָקָה וַיּוֹרֶד לָכֶם
כד גֶּשֶׁם מוֹרֶה וּמַלְקוֹשׁ בָּרִאשׁוֹן: וּמָלְאוּ הַגֳּרָנוֹת בָּר וְהֵשִׁיקוּ
כה הַיְקָבִים תִּירוֹשׁ וְיִצְהָר: וְשִׁלַּמְתִּי לָכֶם אֶת־הַשָּׁנִים אֲשֶׁר אָכַל
הָאַרְבֶּה הַיֶּלֶק וְהֶחָסִיל וְהַגָּזָם חֵילִי הַגָּדוֹל אֲשֶׁר שִׁלַּחְתִּי בָּכֶם:
כו וַאֲכַלְתֶּם אָכוֹל וְשָׂבוֹעַ וְהִלַּלְתֶּם אֶת־שֵׁם יְהוָה אֱלֹהֵיכֶם אֲשֶׁר־
כז עָשָׂה עִמָּכֶם לְהַפְלִיא וְלֹא־יֵבֹשׁוּ עַמִּי לְעוֹלָם: וִידַעְתֶּם כִּי ה
בְקֶרֶב יִשְׂרָאֵל אָנִי וַאֲנִי יְהוָה אֱלֹהֵיכֶם וְאֵין עוֹד וְלֹא־יֵבֹשׁוּ עַמִּי
ג א לְעוֹלָם: וְהָיָה אַחֲרֵי־כֵן אֶשְׁפּוֹךְ אֶת־רוּחִי עַל־
כָּל־בָּשָׂר וְנִבְּאוּ בְּנֵיכֶם וּבְנוֹתֵיכֶם זִקְנֵיכֶם חֲלֹמוֹת יַחֲלֹמוּן
ב בַּחוּרֵיכֶם חֶזְיֹנוֹת יִרְאוּ: וְגַם עַל־הָעֲבָדִים וְעַל־הַשְּׁפָחוֹת בַּיָּמִים
ג הָהֵמָּה אֶשְׁפּוֹךְ אֶת־רוּחִי: וְנָתַתִּי מוֹפְתִים בַּשָּׁמַיִם וּבָאָרֶץ דָּם
ד וָאֵשׁ וְתִימְרוֹת עָשָׁן: הַשֶּׁמֶשׁ יֵהָפֵךְ לְחֹשֶׁךְ וְהַיָּרֵחַ לְדָם לִפְנֵי בּוֹא
ה יוֹם יְהוָה הַגָּדוֹל וְהַנּוֹרָא: וְהָיָה כֹּל אֲשֶׁר־יִקְרָא בְּשֵׁם יְהוָה
יִמָּלֵט כִּי בְּהַר־צִיּוֹן וּבִירוּשָׁלַםִ תִּהְיֶה פְלֵיטָה כַּאֲשֶׁר אָמַר יְהוָה
ד א וּבַשְּׂרִידִים אֲשֶׁר יְהוָה קֹרֵא: כִּי הִנֵּה בַּיָּמִים הָהֵמָּה וּבָעֵת הַהִיא
ב אֲשֶׁר אָשׁוּב אֶת־שְׁבוּת יְהוּדָה וִירוּשָׁלָםִ: וְקִבַּצְתִּי אֶת־כָּל־ אָשִׁיב
הַגּוֹיִם וְהוֹרַדְתִּים אֶל־עֵמֶק יְהוֹשָׁפָט וְנִשְׁפַּטְתִּי עִמָּם שָׁם עַל־
ג עַמִּי וְנַחֲלָתִי יִשְׂרָאֵל אֲשֶׁר פִּזְּרוּ בַגּוֹיִם וְאֶת־אַרְצִי חִלֵּקוּ: וְאֶל־
ד עַמִּי יַדּוּ גוֹרָל וַיִּתְּנוּ הַיֶּלֶד בַּזּוֹנָה וְהַיַּלְדָּה מָכְרוּ בַיַּיִן וַיִּשְׁתּוּ: וְגַם
מָה־אַתֶּם לִי צֹר וְצִידוֹן וְכֹל גְּלִילוֹת פְּלָשֶׁת הַגְּמוּל אַתֶּם
מְשַׁלְּמִים עָלָי וְאִם־גֹּמְלִים אַתֶּם עָלַי קַל מְהֵרָה אָשִׁיב גְּמֻלְכֶם
ה בְּרֹאשְׁכֶם: אֲשֶׁר־כַּסְפִּי וּזְהָבִי לְקַחְתֶּם וּמַחֲמַדַּי הַטֹּבִים
ו הֲבֵאתֶם לְהֵיכְלֵיכֶם: וּבְנֵי יְהוּדָה וּבְנֵי יְרוּשָׁלַםִ מְכַרְתֶּם לִבְנֵי
ז הַיְּוָנִים לְמַעַן הַרְחִיקָם מֵעַל גְּבוּלָם: הִנְנִי מְעִירָם מִן־הַמָּקוֹם
אֲשֶׁר־מְכַרְתֶּם אֹתָם שָׁמָּה וַהֲשִׁבֹתִי גְמֻלְכֶם בְּרֹאשְׁכֶם:
ח וּמָכַרְתִּי אֶת־בְּנֵיכֶם וְאֶת־בְּנוֹתֵיכֶם בְּיַד בְּנֵי יְהוּדָה וּמְכָרוּם
ט לִשְׁבָאיִם אֶל־גּוֹי רָחוֹק כִּי יְהוָה דִּבֵּר: קִרְאוּ־

ד

זֹאת בַּגּוֹיִם קַדְּשׁוּ מִלְחָמָה הָעִירוּ הַגִּבּוֹרִים יִגְּשׁוּ יַעֲלוּ כֹּל אַנְשֵׁי
י הַמִּלְחָמָה׃ כֹּתּוּ אִתֵּיכֶם לַחֲרָבוֹת וּמַזְמְרֹתֵיכֶם לִרְמָחִים הַחַלָּשׁ
יא יֹאמַר גִּבּוֹר אָנִי׃ עוּשׁוּ וָבֹאוּ כָל־הַגּוֹיִם מִסָּבִיב וְנִקְבָּצוּ שָׁמָּה
יב הַנְחַת יהוה גִּבּוֹרֶיךָ׃ יֵעוֹרוּ וְיַעֲלוּ הַגּוֹיִם אֶל־עֵמֶק יְהוֹשָׁפָט כִּי
יג שָׁם אֵשֵׁב לִשְׁפֹּט אֶת־כָּל־הַגּוֹיִם מִסָּבִיב׃ שִׁלְחוּ מַגָּל כִּי בָשַׁל
קָצִיר בֹּאוּ רְדוּ כִּי־מָלְאָה גַּת הֵשִׁיקוּ הַיְקָבִים כִּי רַבָּה רָעָתָם׃
יד הֲמוֹנִים הֲמוֹנִים בְּעֵמֶק הֶחָרוּץ כִּי קָרוֹב יוֹם יהוה בְּעֵמֶק
טו טז הֶחָרוּץ׃ שֶׁמֶשׁ וְיָרֵחַ קָדָרוּ וְכוֹכָבִים אָסְפוּ נָגְהָם׃ וַיהוה מִצִּיּוֹן
יִשְׁאָג וּמִירוּשָׁלִַם יִתֵּן קוֹלוֹ וְרָעֲשׁוּ שָׁמַיִם וָאָרֶץ וַיהוה מַחֲסֶה
יז לְעַמּוֹ וּמָעוֹז לִבְנֵי יִשְׂרָאֵל׃ וִידַעְתֶּם כִּי אֲנִי יהוה אֱלֹהֵיכֶם שֹׁכֵן
בְּצִיּוֹן הַר־קָדְשִׁי וְהָיְתָה יְרוּשָׁלִַם קֹדֶשׁ וְזָרִים לֹא־יַעַבְרוּ־בָהּ
יח עוֹד׃ וְהָיָה בַיּוֹם הַהוּא יִטְּפוּ הֶהָרִים עָסִיס
וְהַגְּבָעוֹת תֵּלַכְנָה חָלָב וְכָל־אֲפִיקֵי יְהוּדָה יֵלְכוּ מָיִם וּמַעְיָן
יט מִבֵּית יהוה יֵצֵא וְהִשְׁקָה אֶת־נַחַל הַשִּׁטִּים׃ מִצְרַיִם לִשְׁמָמָה
תִהְיֶה וֶאֱדוֹם לְמִדְבַּר שְׁמָמָה תִּהְיֶה מֵחֲמַס בְּנֵי יְהוּדָה אֲשֶׁר־
כ שָׁפְכוּ דָם־נָקִיא בְּאַרְצָם׃ וִיהוּדָה לְעוֹלָם תֵּשֵׁב וִירוּשָׁלִַם
כא לְדוֹר וָדוֹר׃ וְנִקֵּיתִי דָּמָם לֹא־נִקֵּיתִי וַיהוה שֹׁכֵן בְּצִיּוֹן׃

עמוס

א א דִּבְרֵי עָמוֹס אֲשֶׁר־הָיָה בַנֹּקְדִים מִתְּקוֹעַ אֲשֶׁר חָזָה עַל־
יִשְׂרָאֵל בִּימֵי ׀ עֻזִּיָּה מֶלֶךְ־יְהוּדָה וּבִימֵי יָרָבְעָם בֶּן־יוֹאָשׁ
ב מֶלֶךְ יִשְׂרָאֵל שְׁנָתַיִם לִפְנֵי הָרָעַשׁ׃ וַיֹּאמַר ׀ יהוה מִצִּיּוֹן
יִשְׁאָג וּמִירוּשָׁלִַם יִתֵּן קוֹלוֹ וְאָבְלוּ נְאוֹת הָרֹעִים וְיָבֵשׁ רֹאשׁ
ג הַכַּרְמֶל׃ כֹּה אָמַר יהוה עַל־שְׁלֹשָׁה פִּשְׁעֵי
דַמֶּשֶׂק וְעַל־אַרְבָּעָה לֹא אֲשִׁיבֶנּוּ עַל־דּוּשָׁם בַּחֲרֻצוֹת הַבַּרְזֶל
ד אֶת־הַגִּלְעָד׃ וְשִׁלַּחְתִּי אֵשׁ בְּבֵית חֲזָאֵל וְאָכְלָה אַרְמְנוֹת

ה בֶּן־הֲדָד׃ וְשָׁבַרְתִּי בְּרִיחַ דַּמֶּשֶׂק וְהִכְרַתִּי יוֹשֵׁב מִבִּקְעַת־
אָוֶן וְתוֹמֵךְ שֵׁבֶט מִבֵּית עֶדֶן וְגָלוּ עַם־אֲרָם קִירָה אָמַר
ו יְהוָה׃ כֹּה אָמַר יְהוָה עַל־שְׁלֹשָׁה פִּשְׁעֵי עַזָּה
וְעַל־אַרְבָּעָה לֹא אֲשִׁיבֶנּוּ עַל־הַגְלוֹתָם גָּלוּת שְׁלֵמָה לְהַסְגִּיר
ז ח לֶאֱדוֹם׃ וְשִׁלַּחְתִּי אֵשׁ בְּחוֹמַת עַזָּה וְאָכְלָה אַרְמְנֹתֶיהָ׃ וְהִכְרַתִּי
יוֹשֵׁב מֵאַשְׁדּוֹד וְתוֹמֵךְ שֵׁבֶט מֵאַשְׁקְלוֹן וַהֲשִׁיבוֹתִי יָדִי עַל־עֶקְרוֹן
ט וְאָבְדוּ שְׁאֵרִית פְּלִשְׁתִּים אָמַר אֲדֹנָי יֱהוִה׃ כֹּה
אָמַר יְהוָה עַל־שְׁלֹשָׁה פִּשְׁעֵי־צֹר וְעַל־אַרְבָּעָה לֹא אֲשִׁיבֶנּוּ
עַל־הַסְגִּירָם גָּלוּת שְׁלֵמָה לֶאֱדוֹם וְלֹא זָכְרוּ בְּרִית אַחִים׃
י יא וְשִׁלַּחְתִּי אֵשׁ בְּחוֹמַת צֹר וְאָכְלָה אַרְמְנֹתֶיהָ׃ כֹּה
אָמַר יְהוָה עַל־שְׁלֹשָׁה פִּשְׁעֵי אֱדוֹם וְעַל־אַרְבָּעָה לֹא אֲשִׁיבֶנּוּ
עַל־רָדְפוֹ בַחֶרֶב אָחִיו וְשִׁחֵת רַחֲמָיו וַיִּטְרֹף לָעַד אַפּוֹ
יב וְעֶבְרָתוֹ שְׁמָרָה נֶצַח׃ וְשִׁלַּחְתִּי אֵשׁ בְּתֵימָן וְאָכְלָה אַרְמְנוֹת
יג בָּצְרָה׃ כֹּה אָמַר יְהוָה עַל־שְׁלֹשָׁה פִּשְׁעֵי בְנֵי־
עַמּוֹן וְעַל־אַרְבָּעָה לֹא אֲשִׁיבֶנּוּ עַל־בִּקְעָם הָרוֹת הַגִּלְעָד
יד לְמַעַן הַרְחִיב אֶת־גְּבוּלָם׃ וְהִצַּתִּי אֵשׁ בְּחוֹמַת רַבָּה וְאָכְלָה
טו אַרְמְנוֹתֶיהָ בִּתְרוּעָה בְּיוֹם מִלְחָמָה בְּסַעַר בְּיוֹם סוּפָה׃ וְהָלַךְ
ב א מַלְכָּם בַּגּוֹלָה הוּא וְשָׂרָיו יַחְדָּו אָמַר יְהוָה׃ כֹּה
אָמַר יְהוָה עַל־שְׁלֹשָׁה פִּשְׁעֵי מוֹאָב וְעַל־אַרְבָּעָה לֹא אֲשִׁיבֶנּוּ
ב עַל־שָׂרְפוֹ עַצְמוֹת מֶלֶךְ־אֱדוֹם לַשִּׂיד׃ וְשִׁלַּחְתִּי־אֵשׁ בְּמוֹאָב
וְאָכְלָה אַרְמְנוֹת הַקְּרִיּוֹת וּמֵת בְּשָׁאוֹן מוֹאָב בִּתְרוּעָה בְּקוֹל
ג שׁוֹפָר׃ וְהִכְרַתִּי שׁוֹפֵט מִקִּרְבָּהּ וְכָל־שָׂרֶיהָ אֶהֱרוֹג עִמּוֹ אָמַר
ד יְהוָה׃ כֹּה אָמַר יְהוָה עַל־שְׁלֹשָׁה פִּשְׁעֵי יְהוּדָה
וְעַל־אַרְבָּעָה לֹא אֲשִׁיבֶנּוּ עַל־מָאֳסָם אֶת־תּוֹרַת יְהוָה וְחֻקָּיו לֹא
ה שָׁמָרוּ וַיַּתְעוּם כִּזְבֵיהֶם אֲשֶׁר־הָלְכוּ אֲבוֹתָם אַחֲרֵיהֶם׃ וְשִׁלַּחְתִּי
ו אֵשׁ בִּיהוּדָה וְאָכְלָה אַרְמְנוֹת יְרוּשָׁלִָם׃ כֹּה
אָמַר יְהוָה עַל־שְׁלֹשָׁה פִּשְׁעֵי יִשְׂרָאֵל וְעַל־אַרְבָּעָה לֹא אֲשִׁיבֶנּוּ

עַל־מִכְרָם בַּכֶּסֶף צַדִּיק וְאֶבְיוֹן בַּעֲבוּר נַעֲלָיִם: הַשֹּׁאֲפִים ז
עַל־עֲפַר־אֶרֶץ בְּרֹאשׁ דַּלִּים וְדֶרֶךְ עֲנָוִים יַטּוּ וְאִישׁ וְאָבִיו
יֵלְכוּ אֶל־הַנַּעֲרָה לְמַעַן חַלֵּל אֶת־שֵׁם קָדְשִׁי: וְעַל־בְּגָדִים ח
חֲבֻלִים יַטּוּ אֵצֶל כָּל־מִזְבֵּחַ וְיֵין עֲנוּשִׁים יִשְׁתּוּ בֵּית אֱלֹהֵיהֶם:
וְאָנֹכִי הִשְׁמַדְתִּי אֶת־הָאֱמֹרִי מִפְּנֵיהֶם אֲשֶׁר כְּגֹבַהּ אֲרָזִים ט
גָּבְהוֹ וְחָסֹן הוּא כָּאַלּוֹנִים וָאַשְׁמִיד פִּרְיוֹ מִמַּעַל וְשָׁרָשָׁיו
ו מִתָּחַת: וְאָנֹכִי הֶעֱלֵיתִי אֶתְכֶם מֵאֶרֶץ מִצְרָיִם וָאוֹלֵךְ אֶתְכֶם י
בַּמִּדְבָּר אַרְבָּעִים שָׁנָה לָרֶשֶׁת אֶת־אֶרֶץ הָאֱמֹרִי: וָאָקִים יא
מִבְּנֵיכֶם לִנְבִיאִים וּמִבַּחוּרֵיכֶם לִנְזִרִים הַאַף אֵין־זֹאת בְּנֵי
יִשְׂרָאֵל נְאֻם־יְהֹוָה: וַתַּשְׁקוּ אֶת־הַנְּזִרִים יָיִן וְעַל־הַנְּבִיאִים יב
צִוִּיתֶם לֵאמֹר לֹא תִּנָּבְאוּ: הִנֵּה אָנֹכִי מֵעִיק תַּחְתֵּיכֶם כַּאֲשֶׁר יג
תָּעִיק הָעֲגָלָה הַמְלֵאָה לָהּ עָמִיר: וְאָבַד מָנוֹס מִקָּל יד
וְחָזָק לֹא־יְאַמֵּץ כֹּחוֹ וְגִבּוֹר לֹא־יְמַלֵּט נַפְשׁוֹ: וְתֹפֵשׂ הַקֶּשֶׁת טו
לֹא יַעֲמֹד וְקַל בְּרַגְלָיו לֹא יְמַלֵּט וְרֹכֵב הַסּוּס לֹא יְמַלֵּט
נַפְשׁוֹ: וְאַמִּיץ לִבּוֹ בַּגִּבּוֹרִים עָרוֹם יָנוּס בַּיּוֹם־הַהוּא נְאֻם־ טז
יְהֹוָה: שִׁמְעוּ אֶת־הַדָּבָר הַזֶּה אֲשֶׁר דִּבֶּר יְהֹוָה א ג
עֲלֵיכֶם בְּנֵי יִשְׂרָאֵל עַל כָּל־הַמִּשְׁפָּחָה אֲשֶׁר הֶעֱלֵיתִי מֵאֶרֶץ
מִצְרַיִם לֵאמֹר: רַק אֶתְכֶם יָדַעְתִּי מִכֹּל מִשְׁפְּחוֹת הָאֲדָמָה ב
עַל־כֵּן אֶפְקֹד עֲלֵיכֶם אֵת כָּל־עֲוֺנֹתֵיכֶם: הֲיֵלְכוּ שְׁנַיִם יַחְדָּו ג
בִּלְתִּי אִם־נוֹעָדוּ: הֲיִשְׁאַג אַרְיֵה בַּיַּעַר וְטֶרֶף אֵין לוֹ הֲיִתֵּן ד
כְּפִיר קוֹלוֹ מִמְּעֹנָתוֹ בִּלְתִּי אִם־לָכָד: הֲתִפֹּל צִפּוֹר עַל־פַּח ה
הָאָרֶץ וּמוֹקֵשׁ אֵין לָהּ הֲיַעֲלֶה־פַּח מִן־הָאֲדָמָה וְלָכוֹד לֹא
יִלְכּוֹד: אִם־יִתָּקַע שׁוֹפָר בְּעִיר וְעָם לֹא יֶחֱרָדוּ אִם־תִּהְיֶה ו
רָעָה בְּעִיר וַיהֹוָה לֹא עָשָׂה: כִּי לֹא יַעֲשֶׂה אֲדֹנָי יֱהֹוִה דָּבָר ז
כִּי אִם־גָּלָה סוֹדוֹ אֶל־עֲבָדָיו הַנְּבִיאִים: אַרְיֵה שָׁאָג מִי לֹא ח
יִירָא אֲדֹנָי יֱהֹוִה דִּבֶּר מִי לֹא יִנָּבֵא: הַשְׁמִיעוּ עַל־אַרְמְנוֹת ט
בְּאַשְׁדּוֹד וְעַל־אַרְמְנוֹת בְּאֶרֶץ מִצְרָיִם וְאִמְרוּ הֵאָסְפוּ עַל־

הָרֵי שֹׁמְרוֹן וּרְאוּ מְהוּמֹת רַבּוֹת בְּתוֹכָהּ וַעֲשׁוּקִים בְּקִרְבָּהּ׃
י וְלֹא־יָדְעוּ עֲשׂוֹת־נְכֹחָה נְאֻם־יְהוָה הָאוֹצְרִים חָמָס וָשֹׁד
יא בְּאַרְמְנוֹתֵיהֶם׃ לָכֵן כֹּה אָמַר אֲדֹנָי יֱהוִה צַר
יב וּסְבִיב הָאָרֶץ וְהוֹרִד מִמֵּךְ עֻזֵּךְ וְנָבֹזּוּ אַרְמְנוֹתָיִךְ׃ כֹּה אָמַר
יְהוָה כַּאֲשֶׁר יַצִּיל הָרֹעֶה מִפִּי הָאֲרִי שְׁתֵּי כְרָעַיִם אוֹ בְדַל־
אֹזֶן כֵּן יִנָּצְלוּ בְּנֵי יִשְׂרָאֵל הַיֹּשְׁבִים בְּשֹׁמְרוֹן בִּפְאַת מִטָּה
יג וּבִדְמֶשֶׁק עָרֶשׂ׃ שִׁמְעוּ וְהָעִידוּ בְּבֵית יַעֲקֹב נְאֻם־אֲדֹנָי יֱהוִה
יד אֱלֹהֵי הַצְּבָאוֹת׃ כִּי בְּיוֹם פָּקְדִי פִשְׁעֵי־יִשְׂרָאֵל עָלָיו וּפָקַדְתִּי
עַל־מִזְבְּחוֹת בֵּית־אֵל וְנִגְדְּעוּ קַרְנוֹת הַמִּזְבֵּחַ וְנָפְלוּ לָאָרֶץ׃
טו וְהִכֵּיתִי בֵית־הַחֹרֶף עַל־בֵּית הַקָּיִץ וְאָבְדוּ בָּתֵּי הַשֵּׁן וְסָפוּ
ד א בָּתִּים רַבִּים נְאֻם־יְהוָה׃ שִׁמְעוּ הַדָּבָר הַזֶּה
פָּרוֹת הַבָּשָׁן אֲשֶׁר בְּהַר שֹׁמְרוֹן הָעֹשְׁקוֹת דַּלִּים הָרֹצְצוֹת
ב אֶבְיוֹנִים הָאֹמְרֹת לַאֲדֹנֵיהֶם הָבִיאָה וְנִשְׁתֶּה׃ נִשְׁבַּע אֲדֹנָי
יֱהוִה בְּקָדְשׁוֹ כִּי הִנֵּה יָמִים בָּאִים עֲלֵיכֶם וְנִשָּׂא אֶתְכֶם
ג בְּצִנּוֹת וְאַחֲרִיתְכֶן בְּסִירוֹת דּוּגָה׃ וּפְרָצִים תֵּצֶאנָה אִשָּׁה נֶגְדָּהּ
ד וְהִשְׁלַכְתֶּנָה הַהַרְמוֹנָה נְאֻם־יְהוָה׃ בֹּאוּ בֵית־אֵל וּפִשְׁעוּ
הַגִּלְגָּל הַרְבּוּ לִפְשֹׁעַ וְהָבִיאוּ לַבֹּקֶר זִבְחֵיכֶם לִשְׁלֹשֶׁת יָמִים
ה מַעְשְׂרֹתֵיכֶם׃ וְקַטֵּר מֵחָמֵץ תּוֹדָה וְקִרְאוּ נְדָבוֹת הַשְׁמִיעוּ כִּי
ו כֵן אֲהַבְתֶּם בְּנֵי יִשְׂרָאֵל נְאֻם אֲדֹנָי יֱהוִה׃ וְגַם אֲנִי נָתַתִּי לָכֶם
נִקְיוֹן שִׁנַּיִם בְּכָל־עָרֵיכֶם וְחֹסֶר לֶחֶם בְּכֹל מְקוֹמֹתֵיכֶם וְלֹא־
ז שַׁבְתֶּם עָדַי נְאֻם־יְהוָה׃ וְגַם אָנֹכִי מָנַעְתִּי מִכֶּם אֶת־הַגֶּשֶׁם
בְּעוֹד שְׁלֹשָׁה חֳדָשִׁים לַקָּצִיר וְהִמְטַרְתִּי עַל־עִיר אֶחָת וְעַל־
עִיר אַחַת לֹא אַמְטִיר חֶלְקָה אַחַת תִּמָּטֵר וְחֶלְקָה אֲשֶׁר־לֹא־
ח תַמְטִיר עָלֶיהָ תִּיבָשׁ׃ וְנָעוּ שְׁתַּיִם שָׁלֹשׁ עָרִים אֶל־עִיר אַחַת
ט לִשְׁתּוֹת מַיִם וְלֹא יִשְׂבָּעוּ וְלֹא־שַׁבְתֶּם עָדַי נְאֻם־יְהוָה׃ הִכֵּיתִי
אֶתְכֶם בַּשִּׁדָּפוֹן וּבַיֵּרָקוֹן הַרְבּוֹת גַּנּוֹתֵיכֶם וְכַרְמֵיכֶם וּתְאֵנֵיכֶם
י וְזֵיתֵיכֶם יֹאכַל הַגָּזָם וְלֹא־שַׁבְתֶּם עָדַי נְאֻם־יְהוָה׃ שִׁלַּחְתִּי

בָּכֶם דֶּבֶר בְּדֶרֶךְ מִצְרַיִם הָרַגְתִּי בַחֶרֶב בַּחוּרֵיכֶם עִם שְׁבִי
סוּסֵיכֶם וָאַעֲלֶה בְּאֹשׁ מַחֲנֵיכֶם וּבְאַפְּכֶם וְלֹא־שַׁבְתֶּם עָדַי
יא נְאֻם־יְהוָה: הָפַכְתִּי בָכֶם כְּמַהְפֵּכַת אֱלֹהִים אֶת־סְדֹם
וְאֶת־עֲמֹרָה וַתִּהְיוּ כְּאוּד מֻצָּל מִשְּׂרֵפָה וְלֹא־שַׁבְתֶּם עָדַי
יב נְאֻם־יְהוָה: לָכֵן כֹּה אֶעֱשֶׂה־לְּךָ יִשְׂרָאֵל עֵקֶב
יג כִּי־זֹאת אֶעֱשֶׂה־לָּךְ הִכּוֹן לִקְרַאת־אֱלֹהֶיךָ יִשְׂרָאֵל: כִּי
הִנֵּה יוֹצֵר הָרִים וּבֹרֵא רוּחַ וּמַגִּיד לְאָדָם מַה־שֵּׂחוֹ עֹשֵׂה
שַׁחַר עֵיפָה וְדֹרֵךְ עַל־בָּמֳתֵי אָרֶץ יְהוָה אֱלֹהֵי־צְבָאוֹת
ה א שְׁמוֹ: שִׁמְעוּ אֶת־הַדָּבָר הַזֶּה אֲשֶׁר אָנֹכִי נֹשֵׂא
ב עֲלֵיכֶם קִינָה בֵּית יִשְׂרָאֵל: נָפְלָה לֹא־תוֹסִיף קוּם בְּתוּלַת
ג יִשְׂרָאֵל נִטְּשָׁה עַל־אַדְמָתָהּ אֵין מְקִימָהּ: כִּי כֹה
אָמַר אֲדֹנָי יֱהוִה הָעִיר הַיֹּצֵאת אֶלֶף תַּשְׁאִיר מֵאָה וְהַיּוֹצֵאת
ד מֵאָה תַּשְׁאִיר עֲשָׂרָה לְבֵית יִשְׂרָאֵל: כִּי כֹה
ה אָמַר יְהוָה לְבֵית יִשְׂרָאֵל דִּרְשׁוּנִי וִחְיוּ: וְאַל־תִּדְרְשׁוּ בֵּית־אֵל
וְהַגִּלְגָּל לֹא תָבֹאוּ וּבְאֵר שֶׁבַע לֹא תַעֲבֹרוּ כִּי הַגִּלְגָּל גָּלֹה
ו יִגְלֶה וּבֵית אֵל יִהְיֶה לְאָוֶן: דִּרְשׁוּ אֶת־יְהוָה וִחְיוּ פֶּן־יִצְלַח
ז כָּאֵשׁ בֵּית יוֹסֵף וְאָכְלָה וְאֵין־מְכַבֶּה לְבֵית־אֵל: הַהֹפְכִים
ח לְלַעֲנָה מִשְׁפָּט וּצְדָקָה לָאָרֶץ הִנִּיחוּ: עֹשֵׂה כִימָה וּכְסִיל
וְהֹפֵךְ לַבֹּקֶר צַלְמָוֶת וְיוֹם לַיְלָה הֶחְשִׁיךְ הַקּוֹרֵא לְמֵי־הַיָּם
ט וַיִּשְׁפְּכֵם עַל־פְּנֵי הָאָרֶץ יְהוָה שְׁמוֹ: הַמַּבְלִיג שֹׁד עַל־עָז וְשֹׁד
י עַל־מִבְצָר יָבוֹא: שָׂנְאוּ בַשַּׁעַר מוֹכִיחַ וְדֹבֵר תָּמִים יְתָעֵבוּ:
יא לָכֵן יַעַן בּוֹשַׁסְכֶם עַל־דָּל וּמַשְׂאַת־בַּר תִּקְחוּ מִמֶּנּוּ בָּתֵּי
גָזִית בְּנִיתֶם וְלֹא־תֵשְׁבוּ בָם כַּרְמֵי־חֶמֶד נְטַעְתֶּם וְלֹא תִשְׁתּוּ
יב אֶת־יֵינָם: כִּי יָדַעְתִּי רַבִּים פִּשְׁעֵיכֶם וַעֲצֻמִים חַטֹּאתֵיכֶם
יג צֹרְרֵי צַדִּיק לֹקְחֵי כֹפֶר וְאֶבְיוֹנִים בַּשַּׁעַר הִטּוּ: לָכֵן הַמַּשְׂכִּיל
ז יד בָּעֵת הַהִיא יִדֹּם כִּי עֵת רָעָה הִיא: דִּרְשׁוּ־טוֹב וְאַל־רָע לְמַעַן
תִּחְיוּ וִיהִי־כֵן יְהוָה אֱלֹהֵי־צְבָאוֹת אִתְּכֶם כַּאֲשֶׁר אֲמַרְתֶּם:

טו שִׂנְאוּ־רָע וְאֶהֱבוּ טוֹב וְהַצִּיגוּ בַשַּׁעַר מִשְׁפָּט אוּלַי יֶחֱנַן
טז יְהוָה אֱלֹהֵי־צְבָאוֹת שְׁאֵרִית יוֹסֵף: לָכֵן כֹּה־
אָמַר יְהוָה אֱלֹהֵי צְבָאוֹת אֲדֹנָי בְּכָל־רְחֹבוֹת מִסְפֵּד
וּבְכָל־חוּצוֹת יֹאמְרוּ הוֹ־הוֹ וְקָרְאוּ אִכָּר אֶל־אֵבֶל וּמִסְפֵּד
יז אֶל־יוֹדְעֵי נֶהִי: וּבְכָל־כְּרָמִים מִסְפֵּד כִּי־אֶעֱבֹר בְּקִרְבְּךָ אָמַר
יח יְהוָה: הוֹי הַמִּתְאַוִּים אֶת־יוֹם יְהוָה לָמָּה־זֶּה
יט לָכֶם יוֹם יְהוָה הוּא־חֹשֶׁךְ וְלֹא־אוֹר: כַּאֲשֶׁר יָנוּס אִישׁ מִפְּנֵי
הָאֲרִי וּפְגָעוֹ הַדֹּב וּבָא הַבַּיִת וְסָמַךְ יָדוֹ עַל־הַקִּיר וּנְשָׁכוֹ
כ הַנָּחָשׁ: הֲלֹא־חֹשֶׁךְ יוֹם יְהוָה וְלֹא־אוֹר וְאָפֵל וְלֹא־נֹגַהּ לוֹ:
כא כב שָׂנֵאתִי מָאַסְתִּי חַגֵּיכֶם וְלֹא אָרִיחַ בְּעַצְּרֹתֵיכֶם: כִּי אִם־תַּעֲלוּ־
לִי עֹלוֹת וּמִנְחֹתֵיכֶם לֹא אֶרְצֶה וְשֶׁלֶם מְרִיאֵיכֶם לֹא אַבִּיט:
כג כד הָסֵר מֵעָלַי הֲמוֹן שִׁרֶיךָ וְזִמְרַת נְבָלֶיךָ לֹא אֶשְׁמָע: וְיִגַּל כַּמַּיִם
כה מִשְׁפָּט וּצְדָקָה כְּנַחַל אֵיתָן: הַזְּבָחִים וּמִנְחָה הִגַּשְׁתֶּם־לִי
כו בַמִּדְבָּר אַרְבָּעִים שָׁנָה בֵּית יִשְׂרָאֵל: וּנְשָׂאתֶם אֵת סִכּוּת
מַלְכְּכֶם וְאֵת כִּיּוּן צַלְמֵיכֶם כּוֹכַב אֱלֹהֵיכֶם אֲשֶׁר עֲשִׂיתֶם
כז לָכֶם: וְהִגְלֵיתִי אֶתְכֶם מֵהָלְאָה לְדַמָּשֶׂק אָמַר יְהוָה אֱלֹהֵי־
ו א צְבָאוֹת שְׁמוֹ: הוֹי הַשַּׁאֲנַנִּים בְּצִיּוֹן וְהַבֹּטְחִים
בְּהַר שֹׁמְרוֹן נְקֻבֵי רֵאשִׁית הַגּוֹיִם וּבָאוּ לָהֶם בֵּית יִשְׂרָאֵל:
ב עִבְרוּ כַלְנֵה וּרְאוּ וּלְכוּ מִשָּׁם חֲמַת רַבָּה וּרְדוּ גַת־פְּלִשְׁתִּים
הֲטוֹבִים מִן־הַמַּמְלָכוֹת הָאֵלֶּה אִם־רַב גְּבוּלָם מִגְּבֻלְכֶם:
ג ד הַמְנַדִּים לְיוֹם רָע וַתַּגִּישׁוּן שֶׁבֶת חָמָס: הַשֹּׁכְבִים עַל־מִטּוֹת
שֵׁן וּסְרֻחִים עַל־עַרְשׂוֹתָם וְאֹכְלִים כָּרִים מִצֹּאן וַעֲגָלִים מִתּוֹךְ
ה מַרְבֵּק: הַפֹּרְטִים עַל־פִּי הַנָּבֶל כְּדָוִיד חָשְׁבוּ לָהֶם כְּלֵי־שִׁיר:
ו הַשֹּׁתִים בְּמִזְרְקֵי יַיִן וְרֵאשִׁית שְׁמָנִים יִמְשָׁחוּ וְלֹא נֶחְלוּ עַל־
ז שֵׁבֶר יוֹסֵף: לָכֵן עַתָּה יִגְלוּ בְּרֹאשׁ גֹּלִים וְסָר מִרְזַח סְרוּחִים:
ח נִשְׁבַּע אֲדֹנָי יֱהוִה בְּנַפְשׁוֹ נְאֻם־יְהוָה אֱלֹהֵי צְבָאוֹת מְתָאֵב
אָנֹכִי אֶת־גְּאוֹן יַעֲקֹב וְאַרְמְנֹתָיו שָׂנֵאתִי וְהִסְגַּרְתִּי עִיר

וּמְלֵאָהּ׃ וְהָיָה אִם־יִוָּתְרוּ עֲשָׂרָה אֲנָשִׁים בְּבַיִת אֶחָד וָמֵתוּ׃ ט
וּנְשָׂאוֹ דּוֹדוֹ וּמְסָרְפוֹ לְהוֹצִיא עֲצָמִים מִן־הַבַּיִת וְאָמַר לַאֲשֶׁר י
בְּיַרְכְּתֵי הַבַּיִת הַעוֹד עִמָּךְ וְאָמַר אָפֶס וְאָמַר הָס כִּי לֹא לְהַזְכִּיר
בְּשֵׁם יְהוָה׃ כִּי־הִנֵּה יְהוָה מְצַוֶּה וְהִכָּה הַבַּיִת יא
הַגָּדוֹל רְסִיסִים וְהַבַּיִת הַקָּטֹן בְּקִעִים׃ הַיְרֻצוּן בַּסֶּלַע סוּסִים יב
אִם־יַחֲרוֹשׁ בַּבְּקָרִים כִּי־הֲפַכְתֶּם לְרֹאשׁ מִשְׁפָּט וּפְרִי צְדָקָה
לְלַעֲנָה׃ הַשְּׂמֵחִים לְלֹא דָבָר הָאֹמְרִים הֲלוֹא בְחָזְקֵנוּ לָקַחְנוּ יג
לָנוּ קַרְנָיִם׃ כִּי הִנְנִי מֵקִים עֲלֵיכֶם בֵּית יִשְׂרָאֵל נְאֻם־יְהוָה יד
אֱלֹהֵי הַצְּבָאוֹת גּוֹי וְלָחֲצוּ אֶתְכֶם מִלְּבוֹא חֲמָת עַד־נַחַל
הָעֲרָבָה׃ כֹּה הִרְאַנִי אֲדֹנָי יֱהוִה וְהִנֵּה יוֹצֵר גֹּבַי א ז
בִּתְחִלַּת עֲלוֹת הַלָּקֶשׁ וְהִנֵּה־לֶקֶשׁ אַחַר גִּזֵּי הַמֶּלֶךְ׃ וְהָיָה אִם־ ב
כִּלָּה לֶאֱכוֹל אֶת־עֵשֶׂב הָאָרֶץ וָאֹמַר אֲדֹנָי יֱהוִה סְלַח־נָא
מִי יָקוּם יַעֲקֹב כִּי קָטֹן הוּא׃ נִחַם יְהוָה עַל־זֹאת לֹא תִהְיֶה ג
אָמַר יְהוָה׃ כֹּה הִרְאַנִי אֲדֹנָי יֱהוִה וְהִנֵּה קֹרֵא ד
לָרִב בָּאֵשׁ אֲדֹנָי יֱהוִה וַתֹּאכַל אֶת־תְּהוֹם רַבָּה וְאָכְלָה אֶת־
הַחֵלֶק׃ וָאֹמַר אֲדֹנָי יֱהוִה חֲדַל־נָא מִי יָקוּם יַעֲקֹב כִּי קָטֹן ה
הוּא׃ נִחַם יְהוָה עַל־זֹאת גַּם־הִיא לֹא תִהְיֶה אָמַר אֲדֹנָי ו
יֱהוִה׃ כֹּה הִרְאַנִי וְהִנֵּה אֲדֹנָי נִצָּב עַל־חוֹמַת אֲנָךְ ז
וּבְיָדוֹ אֲנָךְ׃ וַיֹּאמֶר יְהוָה אֵלַי מָה־אַתָּה רֹאֶה עָמוֹס וָאֹמַר ח
אֲנָךְ וַיֹּאמֶר אֲדֹנָי הִנְנִי שָׂם אֲנָךְ בְּקֶרֶב עַמִּי יִשְׂרָאֵל לֹא־אוֹסִיף
עוֹד עֲבוֹר לוֹ׃ וְנָשַׁמּוּ בָּמוֹת יִשְׂחָק וּמִקְדְּשֵׁי יִשְׂרָאֵל יֶחֱרָבוּ ט
וְקַמְתִּי עַל־בֵּית יָרָבְעָם בֶּחָרֶב׃ וַיִּשְׁלַח אֲמַצְיָה י
כֹּהֵן בֵּית־אֵל אֶל־יָרָבְעָם מֶלֶךְ־יִשְׂרָאֵל לֵאמֹר קָשַׁר עָלֶיךָ
עָמוֹס בְּקֶרֶב בֵּית יִשְׂרָאֵל לֹא־תוּכַל הָאָרֶץ לְהָכִיל אֶת־
כָּל־דְּבָרָיו׃ כִּי־כֹה אָמַר עָמוֹס בַּחֶרֶב יָמוּת יָרָבְעָם וְיִשְׂרָאֵל יא
גָּלֹה יִגְלֶה מֵעַל אַדְמָתוֹ׃ וַיֹּאמֶר אֲמַצְיָה אֶל־ יב
עָמוֹס חֹזֶה לֵךְ בְּרַח־לְךָ אֶל־אֶרֶץ יְהוּדָה וֶאֱכָל־שָׁם לֶחֶם וְשָׁם

יג תִּנָּבֵא: וּבֵית־אֵל לֹא־תוֹסִיף עוֹד לְהִנָּבֵא כִּי מִקְדַּשׁ־מֶלֶךְ הוּא
יד וּבֵית מַמְלָכָה הוּא: וַיַּעַן עָמוֹס וַיֹּאמֶר אֶל־אֲמַצְיָה לֹא־נָבִיא
אָנֹכִי וְלֹא בֶן־נָבִיא אָנֹכִי כִּי־בוֹקֵר אָנֹכִי וּבוֹלֵס שִׁקְמִים:
טו וַיִּקָּחֵנִי יהוה מֵאַחֲרֵי הַצֹּאן וַיֹּאמֶר אֵלַי יהוה לֵךְ הִנָּבֵא אֶל־עַמִּי ח
טז יִשְׂרָאֵל: וְעַתָּה שְׁמַע דְּבַר־יהוה אַתָּה אֹמֵר לֹא תִנָּבֵא עַל־
יז יִשְׂרָאֵל וְלֹא תַטִּיף עַל־בֵּית יִשְׂחָק: לָכֵן כֹּה־אָמַר יהוה
אִשְׁתְּךָ בָּעִיר תִּזְנֶה וּבָנֶיךָ וּבְנֹתֶיךָ בַּחֶרֶב יִפֹּלוּ וְאַדְמָתְךָ בַּחֶבֶל
תְּחֻלָּק וְאַתָּה עַל־אֲדָמָה טְמֵאָה תָּמוּת וְיִשְׂרָאֵל גָּלֹה יִגְלֶה
ח א מֵעַל אַדְמָתוֹ: כֹּה הִרְאַנִי אֲדֹנָי יֱהֹוִה וְהִנֵּה כְּלוּב
ב קָיִץ: וַיֹּאמֶר מָה־אַתָּה רֹאֶה עָמוֹס וָאֹמַר כְּלוּב קָיִץ וַיֹּאמֶר
יהוה אֵלַי בָּא הַקֵּץ אֶל־עַמִּי יִשְׂרָאֵל לֹא־אוֹסִיף עוֹד עֲבוֹר לוֹ:
ג וְהֵילִילוּ שִׁירוֹת הֵיכָל בַּיּוֹם הַהוּא נְאֻם אֲדֹנָי יֱהֹוִה רַב הַפֶּגֶר
ד בְּכָל־מָקוֹם הִשְׁלִיךְ הָס: שִׁמְעוּ־זֹאת הַשֹּׁאֲפִים
ה אֶבְיוֹן וְלַשְׁבִּית ענוי־אָרֶץ: לֵאמֹר מָתַי יַעֲבֹר הַחֹדֶשׁ וְנַשְׁבִּירָה עֲנִיֵּי
שֶּׁבֶר וְהַשַּׁבָּת וְנִפְתְּחָה־בָּר לְהַקְטִין אֵיפָה וּלְהַגְדִּיל שֶׁקֶל
ו וּלְעַוֵּת מֹאזְנֵי מִרְמָה: לִקְנוֹת בַּכֶּסֶף דַּלִּים וְאֶבְיוֹן בַּעֲבוּר
ז נַעֲלָיִם וּמַפַּל בַּר נַשְׁבִּיר: נִשְׁבַּע יהוה בִּגְאוֹן יַעֲקֹב אִם־אֶשְׁכַּח
ח לָנֶצַח כָּל־מַעֲשֵׂיהֶם: הַעַל זֹאת לֹא־תִרְגַּז הָאָרֶץ וְאָבַל
כָּל־יוֹשֵׁב בָּהּ וְעָלְתָה כָאֹר כֻּלָּהּ וְנִגְרְשָׁה ונשקה כִּיאוֹר וְנִשְׁקְעָה
ט מִצְרָיִם: וְהָיָה ׀ בַּיּוֹם הַהוּא נְאֻם אֲדֹנָי יֱהֹוִה
וְהֵבֵאתִי הַשֶּׁמֶשׁ בַּצָּהֳרָיִם וְהַחֲשַׁכְתִּי לָאָרֶץ בְּיוֹם אוֹר:
י וְהָפַכְתִּי חַגֵּיכֶם לְאֵבֶל וְכָל־שִׁירֵיכֶם לְקִינָה וְהַעֲלֵיתִי עַל־
כָּל־מָתְנַיִם שָׂק וְעַל־כָּל־רֹאשׁ קָרְחָה וְשַׂמְתִּיהָ כְּאֵבֶל יָחִיד
יא וְאַחֲרִיתָהּ כְּיוֹם מָר: הִנֵּה ׀ יָמִים בָּאִים נְאֻם
אֲדֹנָי יֱהֹוִה וְהִשְׁלַחְתִּי רָעָב בָּאָרֶץ לֹא־רָעָב לַלֶּחֶם וְלֹא־
יב צָמָא לַמַּיִם כִּי אִם־לִשְׁמֹעַ אֵת דִּבְרֵי יהוה: וְנָעוּ מִיָּם
עַד־יָם וּמִצָּפוֹן וְעַד־מִזְרָח יְשׁוֹטְטוּ לְבַקֵּשׁ אֶת־דְּבַר־

יְהוָ֖ה וְלֹ֥א יִמְצָֽאוּ׃ בַּיּ֤וֹם הַהוּא֙ תִּתְעַלַּ֔פְנָה הַבְּתוּלֹ֥ת הַיָּפ֛וֹת יג
וְהַבַּחוּרִ֖ים בַּצָּמָֽא׃ הַנִּשְׁבָּעִים֙ בְּאַשְׁמַ֣ת שֹׁמְר֔וֹן וְאָמְר֗וּ יד
חֵ֤י אֱלֹהֶ֙יךָ֙ דָּ֔ן וְחֵ֖י דֶּ֣רֶךְ בְּאֵֽר־שָׁ֑בַע וְנָפְל֖וּ וְלֹא־יָק֥וּמוּ
עֽוֹד׃ רָאִ֨יתִי אֶת־אֲדֹנָ֜י נִצָּ֣ב עַל־הַמִּזְבֵּ֗חַ וַיֹּ֙אמֶר֙ א ט
הַ֤ךְ הַכַּפְתּוֹר֙ וְיִרְעֲשׁ֣וּ הַסִּפִּ֔ים וּבְצַ֖עַם בְּרֹ֣אשׁ כֻּלָּ֑ם וְאַחֲרִיתָ֖ם
בַּחֶ֣רֶב אֶהֱרֹ֑ג לֹֽא־יָנ֤וּס לָהֶם֙ נָ֔ס וְלֹֽא־יִמָּלֵ֥ט לָהֶ֖ם פָּלִֽיט׃ אִם־ ב
יַחְתְּרוּ֙ בִשְׁא֔וֹל מִשָּׁ֖ם יָדִ֣י תִקָּחֵ֑ם וְאִֽם־יַעֲלוּ֙ הַשָּׁמַ֔יִם מִשָּׁ֖ם
אוֹרִידֵֽם׃ וְאִם־יֵחָֽבְאוּ֙ בְּרֹ֣אשׁ הַכַּרְמֶ֔ל מִשָּׁ֥ם אֲחַפֵּ֖שׂ וּלְקַחְתִּ֑ים ג
וְאִם־יִסָּ֨תְר֜וּ מִנֶּ֤גֶד עֵינַי֙ בְּקַרְקַ֣ע הַיָּ֔ם מִשָּׁ֛ם אֲצַוֶּ֥ה אֶת־הַנָּחָ֖שׁ
וּנְשָׁכָֽם׃ וְאִם־יֵלְכ֤וּ בַשְּׁבִי֙ לִפְנֵ֣י אֹיְבֵיהֶ֔ם מִשָּׁ֛ם אֲצַוֶּ֥ה אֶת־ ד
הַחֶ֖רֶב וַהֲרָגָ֑תַם וְשַׂמְתִּ֨י עֵינִ֧י עֲלֵיהֶ֛ם לְרָעָ֖ה וְלֹ֥א לְטוֹבָֽה׃ וַאדֹנָ֨י ה
יֱהוִ֜ה הַצְּבָא֗וֹת הַנּוֹגֵ֤עַ בָּאָ֙רֶץ֙ וַתָּמ֔וֹג וְאָבְל֖וּ כָּל־י֣וֹשְׁבֵי בָ֑הּ
וְעָלְתָ֤ה כַיְאֹר֙ כֻּלָּ֔הּ וְשָׁקְעָ֖ה כִּיאֹ֥ר מִצְרָֽיִם׃ הַבּוֹנֶ֤ה בַשָּׁמַ֙יִם֙ ו
מַעֲלוֹתָ֔ו וַאֲגֻדָּת֖וֹ עַל־אֶ֣רֶץ יְסָדָ֑הּ הַקֹּרֵ֣א לְמֵי־הַיָּ֗ם וַֽיִּשְׁפְּכֵ֛ם
עַל־פְּנֵ֥י הָאָ֖רֶץ יְהוָ֥ה שְׁמֽוֹ׃ הֲל֣וֹא כִבְנֵי֩ כֻשִׁיִּ֨ים ז
אַתֶּ֥ם לִ֛י בְּנֵ֥י יִשְׂרָאֵ֖ל נְאֻם־יְהוָ֑ה הֲל֣וֹא אֶת־יִשְׂרָאֵ֗ל הֶעֱלֵ֙יתִי֙
מֵאֶ֣רֶץ מִצְרַ֔יִם וּפְלִשְׁתִּיִּ֥ים מִכַּפְתּ֖וֹר וַאֲרָ֥ם מִקִּֽיר׃ הִנֵּ֞ה עֵינֵ֣י ׀ ח
אֲדֹנָ֣י יֱהוִ֗ה בַּמַּמְלָכָה֙ הַֽחַטָּאָ֔ה וְהִשְׁמַדְתִּ֣י אֹתָ֔הּ מֵעַ֖ל פְּנֵ֣י
הָאֲדָמָ֑ה אֶ֗פֶס כִּ֠י לֹ֣א הַשְׁמֵ֥יד אַשְׁמִ֛יד אֶת־בֵּ֥ית יַעֲקֹ֖ב נְאֻם־
יְהוָֽה׃ כִּֽי־הִנֵּ֤ה אָֽנֹכִי֙ מְצַוֶּ֔ה וַהֲנִע֥וֹתִי בְכָֽל־הַגּוֹיִ֖ם אֶת־בֵּ֣ית ט
יִשְׂרָאֵ֑ל כַּאֲשֶׁ֤ר יִנּוֹעַ֙ בַּכְּבָרָ֔ה וְלֹֽא־יִפּ֥וֹל צְר֖וֹר אָֽרֶץ׃ בַּחֶ֣רֶב י
יָמ֔וּתוּ כֹּ֖ל חַטָּאֵ֣י עַמִּ֑י הָאֹמְרִ֕ים לֹֽא־תַגִּ֧ישׁ וְתַקְדִּ֛ים בַּעֲדֵ֖ינוּ
הָרָעָֽה׃ בַּיּ֣וֹם הַה֔וּא אָקִ֛ים אֶת־סֻכַּ֥ת דָּוִ֖יד הַנֹּפֶ֑לֶת וְגָדַרְתִּ֣י אֶת־ יא
פִּרְצֵיהֶ֗ן וַהֲרִסֹתָיו֙ אָקִ֔ים וּבְנִיתִ֖יהָ כִּימֵ֥י עוֹלָֽם׃ לְמַ֨עַן יִֽירְשׁ֜וּ אֶת־ יב
שְׁאֵרִ֤ית אֱדוֹם֙ וְכָל־הַגּוֹיִ֔ם אֲשֶׁר־נִקְרָ֥א שְׁמִ֖י עֲלֵיהֶ֑ם נְאֻם־יְהוָ֖ה
עֹ֥שֶׂה זֹּֽאת׃ הִנֵּ֨ה יָמִ֤ים בָּאִים֙ נְאֻם־יְהוָ֔ה וְנִגַּ֤שׁ יג
חוֹרֵשׁ֙ בַּקֹּצֵ֔ר וְדֹרֵ֥ךְ עֲנָבִ֖ים בְּמֹשֵׁ֣ךְ הַזָּ֑רַע וְהִטִּ֤יפוּ הֶֽהָרִים֙ עָסִ֔יס

יד וְכָל־הַגְּבָעוֹת תִּתְמוֹגַגְנָה׃ וְשַׁבְתִּי אֶת־שְׁבוּת עַמִּי יִשְׂרָאֵל
וּבָנוּ עָרִים נְשַׁמּוֹת וְיָשָׁבוּ וְנָטְעוּ כְרָמִים וְשָׁתוּ אֶת־יֵינָם וְעָשׂוּ
טו גַנּוֹת וְאָכְלוּ אֶת־פְּרִיהֶם׃ וּנְטַעְתִּים עַל־אַדְמָתָם וְלֹא יִנָּתְשׁוּ
עוֹד מֵעַל אַדְמָתָם אֲשֶׁר נָתַתִּי לָהֶם אָמַר יְהוָה אֱלֹהֶיךָ׃

עובדיה

א

א חֲזוֹן עֹבַדְיָה כֹּה־אָמַר אֲדֹנָי יֱהֹוִה לֶאֱדוֹם שְׁמוּעָה שָׁמַעְנוּ מֵאֵת
ב יְהוָה וְצִיר בַּגּוֹיִם שֻׁלָּח קוּמוּ וְנָקוּמָה עָלֶיהָ לַמִּלְחָמָה׃ הִנֵּה
ג קָטֹן נְתַתִּיךָ בַּגּוֹיִם בָּזוּי אַתָּה מְאֹד׃ זְדוֹן לִבְּךָ הִשִּׁיאֶךָ שֹׁכְנִי
ד בְחַגְוֵי־סֶלַע מְרוֹם שִׁבְתּוֹ אֹמֵר בְּלִבּוֹ מִי יוֹרִדֵנִי אָרֶץ׃ אִם־
תַּגְבִּיהַּ כַּנֶּשֶׁר וְאִם־בֵּין כּוֹכָבִים שִׂים קִנֶּךָ מִשָּׁם אוֹרִידְךָ נְאֻם־
ה יְהוָה׃ אִם־גַּנָּבִים בָּאוּ־לְךָ אִם־שׁוֹדְדֵי לַיְלָה אֵיךְ נִדְמֵיתָה
הֲלוֹא יִגְנְבוּ דַּיָּם אִם־בֹּצְרִים בָּאוּ לָךְ הֲלוֹא יַשְׁאִירוּ עֹלֵלוֹת׃
ו ז אֵיךְ נֶחְפְּשׂוּ עֵשָׂו נִבְעוּ מַצְפֻּנָיו׃ עַד־הַגְּבוּל שִׁלְּחוּךָ כֹּל אַנְשֵׁי
בְרִיתֶךָ הִשִּׁיאוּךָ יָכְלוּ לְךָ אַנְשֵׁי שְׁלֹמֶךָ לַחְמְךָ יָשִׂימוּ מָזוֹר
ח תַּחְתֶּיךָ אֵין תְּבוּנָה בּוֹ׃ הֲלוֹא בַּיּוֹם הַהוּא נְאֻם־יְהוָה וְהַאֲבַדְתִּי
ט חֲכָמִים מֵאֱדוֹם וּתְבוּנָה מֵהַר עֵשָׂו׃ וְחַתּוּ גִבּוֹרֶיךָ תֵּימָן לְמַעַן
י יִכָּרֶת־אִישׁ מֵהַר עֵשָׂו מִקָּטֶל׃ מֵחֲמַס אָחִיךָ יַעֲקֹב תְּכַסְּךָ
יא בוּשָׁה וְנִכְרַתָּ לְעוֹלָם׃ בְּיוֹם עֲמָדְךָ מִנֶּגֶד בְּיוֹם שְׁבוֹת זָרִים
חֵילוֹ וְנָכְרִים בָּאוּ שְׁעָרָו וְעַל־יְרוּשָׁלִַם יַדּוּ גוֹרָל גַּם־אַתָּה כְּאַחַד
יב מֵהֶם׃ וְאַל־תֵּרֶא בְיוֹם־אָחִיךָ בְּיוֹם נָכְרוֹ וְאַל־תִּשְׂמַח לִבְנֵי־
יג יְהוּדָה בְּיוֹם אָבְדָם וְאַל־תַּגְדֵּל פִּיךָ בְּיוֹם צָרָה׃ אַל־תָּבוֹא
בְשַׁעַר־עַמִּי בְּיוֹם אֵידָם אַל־תֵּרֶא גַם־אַתָּה בְּרָעָתוֹ בְּיוֹם אֵידוֹ
יד וְאַל־תִּשְׁלַחְנָה בְחֵילוֹ בְּיוֹם אֵידוֹ׃ וְאַל־תַּעֲמֹד עַל־הַפֶּרֶק
טו לְהַכְרִית אֶת־פְּלִיטָיו וְאַל־תַּסְגֵּר שְׂרִידָיו בְּיוֹם צָרָה׃ כִּי־קָרוֹב
יוֹם־יְהוָה עַל־כָּל־הַגּוֹיִם כַּאֲשֶׁר עָשִׂיתָ יֵעָשֶׂה לָּךְ גְּמֻלְךָ יָשׁוּב

א

בְּרֹאשֶׁךָ: כִּי כַּאֲשֶׁר שְׁתִיתֶם עַל־הַר קָדְשִׁי יִשְׁתּוּ כָל־הַגּוֹיִם טז
תָּמִיד וְשָׁתוּ וְלָעוּ וְהָיוּ כְּלוֹא הָיוּ: וּבְהַר צִיּוֹן תִּהְיֶה פְלֵיטָה יז
וְהָיָה קֹדֶשׁ וְיָרְשׁוּ בֵּית יַעֲקֹב אֵת מוֹרָשֵׁיהֶם: וְהָיָה בֵית־ יח
יַעֲקֹב אֵשׁ וּבֵית יוֹסֵף לֶהָבָה וּבֵית עֵשָׂו לְקַשׁ וְדָלְקוּ בָהֶם
וַאֲכָלוּם וְלֹא־יִהְיֶה שָׂרִיד לְבֵית עֵשָׂו כִּי יְהוָה דִּבֵּר: וְיָרְשׁוּ יט
הַנֶּגֶב אֶת־הַר עֵשָׂו וְהַשְּׁפֵלָה אֶת־פְּלִשְׁתִּים וְיָרְשׁוּ אֶת־
שְׂדֵה אֶפְרַיִם וְאֵת שְׂדֵה שֹׁמְרוֹן וּבִנְיָמִן אֶת־הַגִּלְעָד: וְגָלֻת כ
הַחֵל־הַזֶּה לִבְנֵי יִשְׂרָאֵל אֲשֶׁר־כְּנַעֲנִים עַד־צָרְפַת וְגָלֻת
ט יְרוּשָׁלִַם אֲשֶׁר בִּסְפָרַד יִרְשׁוּ אֵת עָרֵי הַנֶּגֶב: וְעָלוּ מוֹשִׁעִים כא
בְּהַר צִיּוֹן לִשְׁפֹּט אֶת־הַר עֵשָׂו וְהָיְתָה לַיהוָה הַמְּלוּכָה:

יונה

וַיְהִי דְּבַר־יְהוָה אֶל־יוֹנָה בֶן־אֲמִתַּי לֵאמֹר: קוּם לֵךְ אֶל־נִינְוֵה א ב א
הָעִיר הַגְּדוֹלָה וּקְרָא עָלֶיהָ כִּי־עָלְתָה רָעָתָם לְפָנָי: וַיָּקָם יוֹנָה ג
לִבְרֹחַ תַּרְשִׁישָׁה מִלִּפְנֵי יְהוָה וַיֵּרֶד יָפוֹ וַיִּמְצָא אֳנִיָּה ׀ בָּאָה
תַרְשִׁישׁ וַיִּתֵּן שְׂכָרָהּ וַיֵּרֶד בָּהּ לָבוֹא עִמָּהֶם תַּרְשִׁישָׁה מִלִּפְנֵי
יְהוָה: וַיהוָה הֵטִיל רוּחַ־גְּדוֹלָה אֶל־הַיָּם וַיְהִי סַעַר־גָּדוֹל בַּיָּם ד
וְהָאֳנִיָּה חִשְּׁבָה לְהִשָּׁבֵר: וַיִּירְאוּ הַמַּלָּחִים וַיִּזְעֲקוּ אִישׁ אֶל־ ה
אֱלֹהָיו וַיָּטִלוּ אֶת־הַכֵּלִים אֲשֶׁר בָּאֳנִיָּה אֶל־הַיָּם לְהָקֵל
מֵעֲלֵיהֶם וְיוֹנָה יָרַד אֶל־יַרְכְּתֵי הַסְּפִינָה וַיִּשְׁכַּב וַיֵּרָדַם: וַיִּקְרַב ו
אֵלָיו רַב הַחֹבֵל וַיֹּאמֶר לוֹ מַה־לְּךָ נִרְדָּם קוּם קְרָא אֶל־אֱלֹהֶיךָ
אוּלַי יִתְעַשֵּׁת הָאֱלֹהִים לָנוּ וְלֹא נֹאבֵד: וַיֹּאמְרוּ אִישׁ אֶל־רֵעֵהוּ ז
לְכוּ וְנַפִּילָה גוֹרָלוֹת וְנֵדְעָה בְּשֶׁלְּמִי הָרָעָה הַזֹּאת לָנוּ וַיַּפִּלוּ
גּוֹרָלוֹת וַיִּפֹּל הַגּוֹרָל עַל־יוֹנָה: וַיֹּאמְרוּ אֵלָיו הַגִּידָה־נָּא לָנוּ ח
בַּאֲשֶׁר לְמִי־הָרָעָה הַזֹּאת לָנוּ מַה־מְּלַאכְתְּךָ וּמֵאַיִן תָּבוֹא מָה
אַרְצֶךָ וְאֵי־מִזֶּה עַם אָתָּה: וַיֹּאמֶר אֲלֵיהֶם עִבְרִי אָנֹכִי וְאֶת־ ט

יְהוָה אֱלֹהֵי הַשָּׁמַיִם אֲנִי יָרֵא אֲשֶׁר־עָשָׂה אֶת־הַיָּם וְאֶת־
י הַיַּבָּשָׁה׃ וַיִּירְאוּ הָאֲנָשִׁים יִרְאָה גְדוֹלָה וַיֹּאמְרוּ אֵלָיו מַה־זֹּאת
עָשִׂיתָ כִּי־יָדְעוּ הָאֲנָשִׁים כִּי־מִלִּפְנֵי יְהוָה הוּא בֹרֵחַ כִּי הִגִּיד
יא לָהֶם׃ וַיֹּאמְרוּ אֵלָיו מַה־נַּעֲשֶׂה לָּךְ וְיִשְׁתֹּק הַיָּם מֵעָלֵינוּ כִּי הַיָּם
יב הוֹלֵךְ וְסֹעֵר׃ וַיֹּאמֶר אֲלֵיהֶם שָׂאוּנִי וַהֲטִילֻנִי אֶל־הַיָּם וְיִשְׁתֹּק
הַיָּם מֵעֲלֵיכֶם כִּי יוֹדֵעַ אָנִי כִּי בְשֶׁלִּי הַסַּעַר הַגָּדוֹל הַזֶּה עֲלֵיכֶם׃
יג וַיַּחְתְּרוּ הָאֲנָשִׁים לְהָשִׁיב אֶל־הַיַּבָּשָׁה וְלֹא יָכֹלוּ כִּי הַיָּם הוֹלֵךְ
יד וְסֹעֵר עֲלֵיהֶם׃ וַיִּקְרְאוּ אֶל־יְהוָה וַיֹּאמְרוּ אָנָּה יְהוָה אַל־נָא
נֹאבְדָה בְּנֶפֶשׁ הָאִישׁ הַזֶּה וְאַל־תִּתֵּן עָלֵינוּ דָּם נָקִיא כִּי־אַתָּה
טו יְהוָה כַּאֲשֶׁר חָפַצְתָּ עָשִׂיתָ׃ וַיִּשְׂאוּ אֶת־יוֹנָה וַיְטִלֻהוּ אֶל־הַיָּם
טז וַיַּעֲמֹד הַיָּם מִזַּעְפּוֹ׃ וַיִּירְאוּ הָאֲנָשִׁים יִרְאָה גְדוֹלָה אֶת־יְהוָה
ב א וַיִּזְבְּחוּ־זֶבַח לַיהוָה וַיִּדְּרוּ נְדָרִים׃ וַיְמַן יְהוָה דָּג גָּדוֹל לִבְלֹעַ אֶת־
ב יוֹנָה וַיְהִי יוֹנָה בִּמְעֵי הַדָּג שְׁלֹשָׁה יָמִים וּשְׁלֹשָׁה לֵילוֹת׃ וַיִּתְפַּלֵּל
ג יוֹנָה אֶל־יְהוָה אֱלֹהָיו מִמְּעֵי הַדָּגָה׃ וַיֹּאמֶר קָרָאתִי מִצָּרָה לִי
ד אֶל־יְהוָה וַיַּעֲנֵנִי מִבֶּטֶן שְׁאוֹל שִׁוַּעְתִּי שָׁמַעְתָּ קוֹלִי׃ וַתַּשְׁלִיכֵנִי
מְצוּלָה בִּלְבַב יַמִּים וְנָהָר יְסֹבְבֵנִי כָּל־מִשְׁבָּרֶיךָ וְגַלֶּיךָ עָלַי
ה עָבָרוּ׃ וַאֲנִי אָמַרְתִּי נִגְרַשְׁתִּי מִנֶּגֶד עֵינֶיךָ אַךְ אוֹסִיף לְהַבִּיט אֶל־
ו הֵיכַל קָדְשֶׁךָ׃ אֲפָפוּנִי מַיִם עַד־נֶפֶשׁ תְּהוֹם יְסֹבְבֵנִי סוּף חָבוּשׁ
ז לְרֹאשִׁי׃ לְקִצְבֵי הָרִים יָרַדְתִּי הָאָרֶץ בְּרִחֶיהָ בַעֲדִי לְעוֹלָם
ח וַתַּעַל מִשַּׁחַת חַיַּי יְהוָה אֱלֹהָי׃ בְּהִתְעַטֵּף עָלַי נַפְשִׁי אֶת־יְהוָה
ט זָכָרְתִּי וַתָּבוֹא אֵלֶיךָ תְּפִלָּתִי אֶל־הֵיכַל קָדְשֶׁךָ׃ מְשַׁמְּרִים הַבְלֵי־
י שָׁוְא חַסְדָּם יַעֲזֹבוּ׃ וַאֲנִי בְּקוֹל תּוֹדָה אֶזְבְּחָה־לָּךְ אֲשֶׁר נָדַרְתִּי
יא אֲשַׁלֵּמָה יְשׁוּעָתָה לַיהוָה׃ וַיֹּאמֶר יְהוָה לַדָּג וַיָּקֵא
ג א אֶת־יוֹנָה אֶל־הַיַּבָּשָׁה׃ וַיְהִי דְבַר־יְהוָה אֶל־יוֹנָה
ב שֵׁנִית לֵאמֹר׃ קוּם לֵךְ אֶל־נִינְוֵה הָעִיר הַגְּדוֹלָה וּקְרָא אֵלֶיהָ
ג אֶת־הַקְּרִיאָה אֲשֶׁר אָנֹכִי דֹּבֵר אֵלֶיךָ׃ וַיָּקָם יוֹנָה וַיֵּלֶךְ אֶל־נִינְוֵה
כִּדְבַר יְהוָה וְנִינְוֵה הָיְתָה עִיר־גְּדוֹלָה לֵאלֹהִים מַהֲלַךְ שְׁלֹשֶׁת

יָמִים׃ וַיָּחֶל יוֹנָה לָבוֹא בָעִיר מַהֲלַךְ יוֹם אֶחָד וַיִּקְרָא וַיֹּאמַר ד
עוֹד אַרְבָּעִים יוֹם וְנִינְוֵה נֶהְפָּכֶת׃ וַיַּאֲמִינוּ אַנְשֵׁי נִינְוֵה בֵּאלֹהִים ה
וַיִּקְרְאוּ־צוֹם וַיִּלְבְּשׁוּ שַׂקִּים מִגְּדוֹלָם וְעַד־קְטַנָּם׃ וַיִּגַּע הַדָּבָר ו
אֶל־מֶלֶךְ נִינְוֵה וַיָּקָם מִכִּסְאוֹ וַיַּעֲבֵר אַדַּרְתּוֹ מֵעָלָיו וַיְכַס שַׂק
וַיֵּשֶׁב עַל־הָאֵפֶר׃ וַיַּזְעֵק וַיֹּאמֶר בְּנִינְוֵה מִטַּעַם הַמֶּלֶךְ וּגְדֹלָיו ז
לֵאמֹר הָאָדָם וְהַבְּהֵמָה הַבָּקָר וְהַצֹּאן אַל־יִטְעֲמוּ מְאוּמָה אַל־
יִרְעוּ וּמַיִם אַל־יִשְׁתּוּ׃ וְיִתְכַּסּוּ שַׂקִּים הָאָדָם וְהַבְּהֵמָה וְיִקְרְאוּ ח
אֶל־אֱלֹהִים בְּחָזְקָה וְיָשֻׁבוּ אִישׁ מִדַּרְכּוֹ הָרָעָה וּמִן־הֶחָמָס אֲשֶׁר
בְּכַפֵּיהֶם׃ מִי־יוֹדֵעַ יָשׁוּב וְנִחַם הָאֱלֹהִים וְשָׁב מֵחֲרוֹן אַפּוֹ וְלֹא ט
נֹאבֵד׃ וַיַּרְא הָאֱלֹהִים אֶת־מַעֲשֵׂיהֶם כִּי־שָׁבוּ מִדַּרְכָּם הָרָעָה י
וַיִּנָּחֶם הָאֱלֹהִים עַל־הָרָעָה אֲשֶׁר־דִּבֶּר לַעֲשׂוֹת־לָהֶם וְלֹא
עָשָׂה׃ וַיֵּרַע אֶל־יוֹנָה רָעָה גְדוֹלָה וַיִּחַר לוֹ׃ וַיִּתְפַּלֵּל אֶל־יְהוָה ד א ב
וַיֹּאמַר אָנָּה יְהוָה הֲלוֹא־זֶה דְבָרִי עַד־הֱיוֹתִי עַל־אַדְמָתִי עַל־כֵּן
קִדַּמְתִּי לִבְרֹחַ תַּרְשִׁישָׁה כִּי יָדַעְתִּי כִּי אַתָּה אֵל־חַנּוּן וְרַחוּם
אֶרֶךְ אַפַּיִם וְרַב־חֶסֶד וְנִחָם עַל־הָרָעָה׃ וְעַתָּה יְהוָה קַח־נָא ג
אֶת־נַפְשִׁי מִמֶּנִּי כִּי טוֹב מוֹתִי מֵחַיָּי׃ וַיֹּאמֶר יְהוָה הַהֵיטֵב חָרָה ד
לָךְ׃ וַיֵּצֵא יוֹנָה מִן־הָעִיר וַיֵּשֶׁב מִקֶּדֶם לָעִיר וַיַּעַשׂ לוֹ שָׁם סֻכָּה ה
וַיֵּשֶׁב תַּחְתֶּיהָ בַּצֵּל עַד אֲשֶׁר יִרְאֶה מַה־יִּהְיֶה בָּעִיר׃ וַיְמַן יְהוָה־ ו
אֱלֹהִים קִיקָיוֹן וַיַּעַל ׀ מֵעַל לְיוֹנָה לִהְיוֹת צֵל עַל־רֹאשׁוֹ לְהַצִּיל
לוֹ מֵרָעָתוֹ וַיִּשְׂמַח יוֹנָה עַל־הַקִּיקָיוֹן שִׂמְחָה גְדוֹלָה׃ וַיְמַן ז
הָאֱלֹהִים תּוֹלַעַת בַּעֲלוֹת הַשַּׁחַר לַמָּחֳרָת וַתַּךְ אֶת־הַקִּיקָיוֹן
וַיִּיבָשׁ׃ וַיְהִי ׀ כִּזְרֹחַ הַשֶּׁמֶשׁ וַיְמַן אֱלֹהִים רוּחַ קָדִים חֲרִישִׁית ח
וַתַּךְ הַשֶּׁמֶשׁ עַל־רֹאשׁ יוֹנָה וַיִּתְעַלָּף וַיִּשְׁאַל אֶת־נַפְשׁוֹ לָמוּת
וַיֹּאמֶר טוֹב מוֹתִי מֵחַיָּי׃ וַיֹּאמֶר אֱלֹהִים אֶל־יוֹנָה הַהֵיטֵב חָרָה־ ט
לְךָ עַל־הַקִּיקָיוֹן וַיֹּאמֶר הֵיטֵב חָרָה־לִי עַד־מָוֶת׃ וַיֹּאמֶר יְהוָה י
אַתָּה חַסְתָּ עַל־הַקִּיקָיוֹן אֲשֶׁר לֹא־עָמַלְתָּ בּוֹ וְלֹא גִדַּלְתּוֹ
שֶׁבִּן־לַיְלָה הָיָה וּבִן־לַיְלָה אָבָד׃ וַאֲנִי לֹא אָחוּס עַל־נִינְוֵה יא

הָעִיר הַגְּדוֹלָה אֲשֶׁר יֶשׁ־בָּהּ הַרְבֵּה מִשְׁתֵּים־עֶשְׂרֵה רִבּוֹ
אָדָם אֲשֶׁר לֹא־יָדַע בֵּין־יְמִינוֹ לִשְׂמֹאלוֹ וּבְהֵמָה רַבָּה׃

מיכה

א א דְּבַר־יְהוָה ׀ אֲשֶׁר הָיָה אֶל־מִיכָה הַמֹּרַשְׁתִּי בִּימֵי יוֹתָם אָחָז י
ב יְחִזְקִיָּה מַלְכֵי יְהוּדָה אֲשֶׁר־חָזָה עַל־שֹׁמְרוֹן וִירוּשָׁלִָם׃ שִׁמְעוּ
עַמִּים כֻּלָּם הַקְשִׁיבִי אֶרֶץ וּמְלֹאָהּ וִיהִי אֲדֹנָי יֱהוִה בָּכֶם לְעֵד
ג אֲדֹנָי מֵהֵיכַל קָדְשׁוֹ׃ כִּי־הִנֵּה יְהוָה יֹצֵא מִמְּקוֹמוֹ וְיָרַד וְדָרַךְ
ד עַל־במותי־אָרֶץ׃ וְנָמַסּוּ הֶהָרִים תַּחְתָּיו וְהָעֲמָקִים יִתְבַּקָּעוּ בָּמֳתֵי
ה כַּדּוֹנַג מִפְּנֵי הָאֵשׁ כְּמַיִם מֻגָּרִים בְּמוֹרָד׃ בְּפֶשַׁע יַעֲקֹב כָּל־זֹאת
וּבְחַטֹּאות בֵּית יִשְׂרָאֵל מִי־פֶשַׁע יַעֲקֹב הֲלוֹא שֹׁמְרוֹן וּמִי בָּמוֹת
ו יְהוּדָה הֲלוֹא יְרוּשָׁלִָם׃ וְשַׂמְתִּי שֹׁמְרוֹן לְעִי הַשָּׂדֶה לְמַטָּעֵי כָרֶם
ז וְהִגַּרְתִּי לַגַּי אֲבָנֶיהָ וִיסֹדֶיהָ אֲגַלֶּה׃ וְכָל־פְּסִילֶיהָ יֻכַּתּוּ וְכָל־
אֶתְנַנֶּיהָ יִשָּׂרְפוּ בָאֵשׁ וְכָל־עֲצַבֶּיהָ אָשִׂים שְׁמָמָה כִּי מֵאֶתְנַן
ח זוֹנָה קִבָּצָה וְעַד־אֶתְנַן זוֹנָה יָשׁוּבוּ׃ עַל־זֹאת אֶסְפְּדָה וְאֵילִילָה
אֵילְכָה שילל וְעָרוֹם אֶעֱשֶׂה מִסְפֵּד כַּתַּנִּים וְאֵבֶל כִּבְנוֹת יַעֲנָה׃ שׁוֹלָל
ט כִּי אֲנוּשָׁה מַכּוֹתֶיהָ כִּי־בָאָה עַד־יְהוּדָה נָגַע עַד־שַׁעַר עַמִּי
י עַד־יְרוּשָׁלִָם׃ בְּגַת אַל־תַּגִּידוּ בָּכוֹ אַל־תִּבְכּוּ בְּבֵית לְעַפְרָה
יא עָפָר התפלשתי׃ עִבְרִי לָכֶם יוֹשֶׁבֶת שָׁפִיר עֶרְיָה־בֹשֶׁת לֹא הִתְפַּלָּשִׁי
יב יָצְאָה יוֹשֶׁבֶת צַאֲנָן מִסְפַּד בֵּית הָאֵצֶל יִקַּח מִכֶּם עֶמְדָּתוֹ׃ כִּי־
חָלָה לְטוֹב יוֹשֶׁבֶת מָרוֹת כִּי־יָרַד רָע מֵאֵת יְהוָה לְשַׁעַר
יג יְרוּשָׁלִָם׃ רְתֹם הַמֶּרְכָּבָה לָרֶכֶשׁ יוֹשֶׁבֶת לָכִישׁ רֵאשִׁית חַטָּאת
יד הִיא לְבַת־צִיּוֹן כִּי־בָךְ נִמְצְאוּ פִּשְׁעֵי יִשְׂרָאֵל׃ לָכֵן תִּתְּנִי
שִׁלּוּחִים עַל מוֹרֶשֶׁת גַּת בָּתֵּי אַכְזִיב לְאַכְזָב לְמַלְכֵי יִשְׂרָאֵל׃
טו עֹד הַיֹּרֵשׁ אבי לָךְ יוֹשֶׁבֶת מָרֵשָׁה עַד־עֲדֻלָּם יָבוֹא כְּבוֹד אָבִיא
טז יִשְׂרָאֵל׃ קָרְחִי וָגֹזִּי עַל־בְּנֵי תַּעֲנוּגָיִךְ הַרְחִבִי קָרְחָתֵךְ

א כַּנֶּ֔שֶׁר כִּ֥י גָל֖וּ מִמֵּֽךְ׃ ה֧וֹי חֹֽשְׁבֵי־אָ֛וֶן וּפֹ֥עֲלֵי רָ֖ע
עַל־מִשְׁכְּבוֹתָ֑ם בְּא֤וֹר הַבֹּ֙קֶר֙ יַעֲשׂ֔וּהָ כִּ֥י יֶשׁ־לְאֵ֖ל יָדָֽם׃
ב וְחָמְד֤וּ שָׂדוֹת֙ וְגָזָ֔לוּ וּבָתִּ֖ים וְנָשָׂ֑אוּ וְעָֽשְׁקוּ֙ גֶּ֣בֶר וּבֵית֔וֹ וְאִ֖ישׁ
ג וְנַחֲלָתֽוֹ׃ לָכֵ֗ן כֹּ֚ה אָמַ֣ר יהו֔ה הִנְנִ֥י חֹשֵׁ֛ב עַל־
הַמִּשְׁפָּחָ֥ה הַזֹּ֖את רָעָ֑ה אֲשֶׁ֨ר לֹֽא־תָמִ֜ישׁוּ מִשָּׁ֣ם צַוְּארֹֽתֵיכֶ֗ם וְלֹ֤א
ד תֵֽלְכוּ֙ רוֹמָ֔ה כִּ֛י עֵ֥ת רָעָ֖ה הִֽיא׃ בַּיּ֨וֹם הַה֜וּא יִשָּׂ֧א עֲלֵיכֶ֣ם מָשָׁ֗ל
וְנָהָ֞ה נְהִ֤י נִֽהְיָה֙ אָמַר֙ שָׁד֣וֹד נְשַׁדֻּ֔נוּ חֵ֥לֶק עַמִּ֖י יָמִ֑יר אֵ֚יךְ יָמִ֣ישׁ
ה לִ֔י לְשׁוֹבֵ֖ב שָׂדֵ֥ינוּ יְחַלֵּֽק׃ לָכֵן֙ לֹֽא־יִהְיֶ֣ה לְךָ֔ מַשְׁלִ֥יךְ חֶ֖בֶל בְּגוֹרָ֑ל
ו בִּקְהַ֖ל יהוֽה׃ אַל־תַּטִּ֖פוּ יַטִּיפ֑וּן לֹֽא־יַטִּ֣פוּ לָאֵ֔לֶּה לֹ֥א יִסַּ֖ג
ז כְּלִמּֽוֹת׃ הֶאָמ֣וּר בֵּֽית־יַעֲקֹ֗ב הֲקָצַר֙ ר֣וּחַ יהו֔ה אִם־אֵ֖לֶּה מַעֲלָלָ֑יו
ח הֲל֤וֹא דְבָרַי֙ יֵיטִ֔יבוּ עִ֖ם הַיָּשָׁ֥ר הֹלֵֽךְ׃ וְאֶתְמ֗וּל עַמִּי֙ לְאוֹיֵ֣ב
יְקוֹמֵ֔ם מִמּ֣וּל שַׂלְמָ֔ה אֶ֖דֶר תַּפְשִׁט֑וּן מֵעֹֽבְרִ֣ים בֶּ֔טַח שׁוּבֵ֖י
ט מִלְחָמָֽה׃ נְשֵׁ֤י עַמִּי֙ תְּגָ֣רְשׁ֔וּן מִבֵּ֖ית תַּעֲנֻגֶ֑יהָ מֵעַל֙ עֹֽלָלֶ֔יהָ תִּקְח֥וּ
י הֲדָרִ֖י לְעוֹלָֽם׃ ק֣וּמוּ וּלְכ֔וּ כִּ֥י לֹא־זֹ֖את הַמְּנוּחָ֑ה בַּעֲב֥וּר טָמְאָ֛ה
יא תְּחַבֵּ֖ל וְחֶ֥בֶל נִמְרָֽץ׃ לוּ־אִ֞ישׁ הֹלֵ֥ךְ ר֙וּחַ֙ וָשֶׁ֣קֶר כִּזֵּ֔ב אַטִּ֣ף לְךָ֔
יב לַיַּ֖יִן וְלַשֵּׁכָ֑ר וְהָיָ֥ה מַטִּ֖יף הָעָ֥ם הַזֶּֽה׃ אָסֹ֨ף אֶאֱסֹ֜ף יַעֲקֹ֣ב כֻּלָּ֗ךְ
קַבֵּ֤ץ אֲקַבֵּץ֙ שְׁאֵרִ֣ית יִשְׂרָאֵ֔ל יַ֥חַד אֲשִׂימֶ֖נּוּ כְּצֹ֣אן בָּצְרָ֑ה
יג כְּעֵ֙דֶר֙ בְּת֣וֹךְ הַדָּֽבְר֔וֹ תְּהִימֶ֖נָה מֵאָדָֽם׃ עָלָ֤ה הַפֹּרֵץ֙ לִפְנֵיהֶ֔ם
פָּֽרְצוּ֙ וַיַּעֲבֹ֔רוּ שַׁ֖עַר וַיֵּ֣צְאוּ ב֑וֹ וַיַּעֲבֹ֤ר מַלְכָּם֙ לִפְנֵיהֶ֔ם וַֽיהו֖ה
ג א בְּרֹאשָֽׁם׃ וָאֹמַ֗ר שִׁמְעוּ־נָא֙ רָאשֵׁ֣י יַעֲקֹ֔ב וּקְצִינֵ֖י
ב בֵּ֣ית יִשְׂרָאֵ֑ל הֲל֣וֹא לָכֶ֔ם לָדַ֖עַת אֶת־הַמִּשְׁפָּֽט׃ שֹׂ֥נְאֵי ט֖וֹב
ג וְאֹ֣הֲבֵי רעה גֹּזְלֵ֤י עוֹרָם֙ מֵעֲלֵיהֶ֔ם וּשְׁאֵרָ֖ם מֵעַ֥ל עַצְמוֹתָֽם׃ וַאֲשֶׁ֣ר רָ֑ע
אָֽכְלוּ֮ שְׁאֵ֣ר עַמִּי֒ וְעוֹרָם֙ מֵעֲלֵיהֶ֣ם הִפְשִׁ֔יטוּ וְאֶת־עַצְמֹתֵיהֶ֖ם
ד פִּצֵּ֑חוּ וּפָֽרְשׂוּ֙ כַּאֲשֶׁ֣ר בַּסִּ֔יר וּכְבָשָׂ֖ר בְּת֥וֹךְ קַלָּֽחַת׃ אָ֤ז יִזְעֲקוּ֙ אֶל־
יהו֔ה וְלֹ֥א יַעֲנֶ֖ה אוֹתָ֑ם וְיַסְתֵּ֨ר פָּנָ֜יו מֵהֶ֗ם בָּעֵ֣ת הַהִ֔יא כַּאֲשֶׁ֥ר
ה הֵרֵ֖עוּ מַעַלְלֵיהֶֽם׃ כֹּ֚ה אָמַ֣ר יהו֔ה עַל־הַנְּבִיאִ֖ים
הַמַּתְעִ֣ים אֶת־עַמִּ֑י הַנֹּשְׁכִ֤ים בְּשִׁנֵּיהֶם֙ וְקָרְא֣וּ שָׁל֔וֹם וַאֲשֶׁ֨ר לֹֽא־

ו יִתֵּן עַל־פִּיהֶם וְקִדְּשׁוּ עָלָיו מִלְחָמָה׃ לָכֵן לַיְלָה לָכֶם מֵחָזוֹן
וְחָשְׁכָה לָכֶם מִקְּסֹם וּבָאָה הַשֶּׁמֶשׁ עַל־הַנְּבִיאִים וְקָדַר
ז עֲלֵיהֶם הַיּוֹם׃ וּבֹשׁוּ הַחֹזִים וְחָפְרוּ הַקֹּסְמִים וְעָטוּ עַל־שָׂפָם
ח כֻּלָּם כִּי אֵין מַעֲנֵה אֱלֹהִים׃ וְאוּלָם אָנֹכִי מָלֵאתִי כֹחַ אֶת־
רוּחַ יהוה וּמִשְׁפָּט וּגְבוּרָה לְהַגִּיד לְיַעֲקֹב פִּשְׁעוֹ וּלְיִשְׂרָאֵל
ט חַטָּאתוֹ׃ שִׁמְעוּ־נָא זֹאת רָאשֵׁי בֵּית יַעֲקֹב
וּקְצִינֵי בֵּית יִשְׂרָאֵל הַמְתַעֲבִים מִשְׁפָּט וְאֵת כָּל־הַיְשָׁרָה
י יא יְעַקֵּשׁוּ׃ בֹּנֶה צִיּוֹן בְּדָמִים וִירוּשָׁלַםִ בְּעַוְלָה׃ רָאשֶׁיהָ ׀ בְּשֹׁחַד
יִשְׁפֹּטוּ וְכֹהֲנֶיהָ בִּמְחִיר יוֹרוּ וּנְבִיאֶיהָ בְּכֶסֶף יִקְסֹמוּ וְעַל־יהוה
יב יִשָּׁעֵנוּ לֵאמֹר הֲלוֹא יהוה בְּקִרְבֵּנוּ לֹא־תָבוֹא עָלֵינוּ רָעָה׃ לָכֵן
בִּגְלַלְכֶם צִיּוֹן שָׂדֶה תֵחָרֵשׁ וִירוּשָׁלַםִ עִיִּין תִּהְיֶה וְהַר הַבַּיִת
ד א לְבָמוֹת יָעַר׃ וְהָיָה ׀ בְּאַחֲרִית הַיָּמִים יִהְיֶה הַר
בֵּית־יהוה נָכוֹן בְּרֹאשׁ הֶהָרִים וְנִשָּׂא הוּא מִגְּבָעוֹת וְנָהֲרוּ עָלָיו
ב עַמִּים׃ וְהָלְכוּ גּוֹיִם רַבִּים וְאָמְרוּ לְכוּ ׀ וְנַעֲלֶה אֶל־הַר־יהוה
וְאֶל־בֵּית אֱלֹהֵי יַעֲקֹב וְיוֹרֵנוּ מִדְּרָכָיו וְנֵלְכָה בְּאֹרְחֹתָיו כִּי מִצִּיּוֹן
ג תֵּצֵא תוֹרָה וּדְבַר־יהוה מִירוּשָׁלָםִ׃ וְשָׁפַט בֵּין עַמִּים רַבִּים
וְהוֹכִיחַ לְגוֹיִם עֲצֻמִים עַד־רָחוֹק וְכִתְּתוּ חַרְבֹתֵיהֶם לְאִתִּים
וַחֲנִיתֹתֵיהֶם לְמַזְמֵרוֹת לֹא־יִשְׂאוּ גּוֹי אֶל־גּוֹי חֶרֶב וְלֹא־יִלְמְדוּן
ד עוֹד מִלְחָמָה׃ וְיָשְׁבוּ אִישׁ תַּחַת גַּפְנוֹ וְתַחַת תְּאֵנָתוֹ וְאֵין
ה מַחֲרִיד כִּי־פִי יהוה צְבָאוֹת דִּבֵּר׃ כִּי כָּל־הָעַמִּים יֵלְכוּ יא
אִישׁ בְּשֵׁם אֱלֹהָיו וַאֲנַחְנוּ נֵלֵךְ בְּשֵׁם־יהוה אֱלֹהֵינוּ לְעוֹלָם
ו וָעֶד׃ בַּיּוֹם הַהוּא נְאֻם־יהוה אֹסְפָה הַצֹּלֵעָה
ז וְהַנִּדָּחָה אֲקַבֵּצָה וַאֲשֶׁר הֲרֵעֹתִי׃ וְשַׂמְתִּי אֶת־הַצֹּלֵעָה לִשְׁאֵרִית
וְהַנַּהֲלָאָה לְגוֹי עָצוּם וּמָלַךְ יהוה עֲלֵיהֶם בְּהַר צִיּוֹן מֵעַתָּה וְעַד־
ח עוֹלָם׃ וְאַתָּה מִגְדַּל־עֵדֶר עֹפֶל בַּת־צִיּוֹן עָדֶיךָ
תֵּאתֶה וּבָאָה הַמֶּמְשָׁלָה הָרִאשֹׁנָה מַמְלֶכֶת לְבַת־יְרוּשָׁלָםִ׃
ט עַתָּה לָמָּה תָרִיעִי רֵעַ הֲמֶלֶךְ אֵין־בָּךְ אִם־יוֹעֲצֵךְ אָבָד כִּי־

י הֶחֱזִיקֵךְ חִיל כַּיּוֹלֵדָה׃ חוּלִי וָגֹחִי בַּת־צִיּוֹן כַּיּוֹלֵדָה כִּי עַתָּה
תֵצְאִי מִקִּרְיָה וְשָׁכַנְתְּ בַּשָּׂדֶה וּבָאת עַד־בָּבֶל שָׁם תִּנָּצֵלִי שָׁם
יא יִגְאָלֵךְ יְהוָה מִכַּף אֹיְבָיִךְ׃ וְעַתָּה נֶאֶסְפוּ עָלַיִךְ גּוֹיִם רַבִּים
יב הָאֹמְרִים תֶּחֱנָף וְתַחַז בְּצִיּוֹן עֵינֵינוּ׃ וְהֵמָּה לֹא יָדְעוּ מַחְשְׁבוֹת
יג יְהוָה וְלֹא הֵבִינוּ עֲצָתוֹ כִּי קִבְּצָם כֶּעָמִיר גֹּרְנָה׃ קוּמִי וָדוֹשִׁי
בַת־צִיּוֹן כִּי קַרְנֵךְ אָשִׂים בַּרְזֶל וּפַרְסֹתַיִךְ אָשִׂים נְחוּשָׁה
וַהֲדִקּוֹת עַמִּים רַבִּים וְהַחֲרַמְתִּי לַיהוָה בִּצְעָם וְחֵילָם לַאֲדוֹן
יד כָּל־הָאָרֶץ׃ עַתָּה תִּתְגֹּדְדִי בַת־גְּדוּד מָצוֹר שָׂם עָלֵינוּ בַּשֵּׁבֶט
ה א יַכּוּ עַל־הַלְּחִי אֵת שֹׁפֵט יִשְׂרָאֵל׃ וְאַתָּה בֵּית־
לֶחֶם אֶפְרָתָה צָעִיר לִהְיוֹת בְּאַלְפֵי יְהוּדָה מִמְּךָ לִי יֵצֵא לִהְיוֹת
ב מוֹשֵׁל בְּיִשְׂרָאֵל וּמוֹצָאֹתָיו מִקֶּדֶם מִימֵי עוֹלָם׃ לָכֵן יִתְּנֵם עַד־
ג עֵת יוֹלֵדָה יָלָדָה וְיֶתֶר אֶחָיו יְשׁוּבוּן עַל־בְּנֵי יִשְׂרָאֵל׃ וְעָמַד
וְרָעָה בְּעֹז יְהוָה בִּגְאוֹן שֵׁם יְהוָה אֱלֹהָיו וְיָשָׁבוּ כִּי־עַתָּה
ד יִגְדַּל עַד־אַפְסֵי־אָרֶץ׃ וְהָיָה זֶה שָׁלוֹם אַשּׁוּר ׀ כִּי־יָבוֹא
בְאַרְצֵנוּ וְכִי יִדְרֹךְ בְּאַרְמְנֹתֵינוּ וַהֲקֵמֹנוּ עָלָיו שִׁבְעָה רֹעִים
ה וּשְׁמֹנָה נְסִיכֵי אָדָם׃ וְרָעוּ אֶת־אֶרֶץ אַשּׁוּר בַּחֶרֶב וְאֶת־אֶרֶץ
נִמְרֹד בִּפְתָחֶיהָ וְהִצִּיל מֵאַשּׁוּר כִּי־יָבוֹא בְאַרְצֵנוּ וְכִי יִדְרֹךְ
ו בִּגְבוּלֵנוּ׃ וְהָיָה ׀ שְׁאֵרִית יַעֲקֹב בְּקֶרֶב עַמִּים
רַבִּים כְּטַל מֵאֵת יְהוָה כִּרְבִיבִים עֲלֵי־עֵשֶׂב אֲשֶׁר לֹא־יְקַוֶּה
ז לְאִישׁ וְלֹא יְיַחֵל לִבְנֵי אָדָם׃ וְהָיָה שְׁאֵרִית יַעֲקֹב בַּגּוֹיִם בְּקֶרֶב
עַמִּים רַבִּים כְּאַרְיֵה בְּבַהֲמוֹת יַעַר כִּכְפִיר בְּעֶדְרֵי־צֹאן אֲשֶׁר
ח אִם־עָבַר וְרָמַס וְטָרַף וְאֵין מַצִּיל׃ תָּרֹם יָדְךָ עַל־צָרֶיךָ
ט וְכָל־אֹיְבֶיךָ יִכָּרֵתוּ׃ וְהָיָה בַיּוֹם־הַהוּא נְאֻם־
י יְהוָה וְהִכְרַתִּי סוּסֶיךָ מִקִּרְבֶּךָ וְהַאֲבַדְתִּי מַרְכְּבֹתֶיךָ׃ וְהִכְרַתִּי
יא עָרֵי אַרְצֶךָ וְהָרַסְתִּי כָּל־מִבְצָרֶיךָ׃ וְהִכְרַתִּי כְשָׁפִים מִיָּדֶךָ
יב וּמְעוֹנְנִים לֹא יִהְיוּ־לָךְ׃ וְהִכְרַתִּי פְסִילֶיךָ וּמַצֵּבוֹתֶיךָ מִקִּרְבֶּךָ
יג וְלֹא־תִשְׁתַּחֲוֶה עוֹד לְמַעֲשֵׂה יָדֶיךָ׃ וְנָתַשְׁתִּי אֲשֵׁירֶיךָ מִקִּרְבֶּךָ

יד וְהִשְׁמַדְתִּי עָרֶיךָ׃ וְעָשִׂיתִי בְּאַף וּבְחֵמָה נָקָם אֶת־הַגּוֹיִם אֲשֶׁר
ו א לֹא שָׁמֵעוּ׃ שִׁמְעוּ־נָא אֵת אֲשֶׁר־יְהוָה אֹמֵר קוּם
ב רִיב אֶת־הֶהָרִים וְתִשְׁמַעְנָה הַגְּבָעוֹת קוֹלֶךָ׃ שִׁמְעוּ הָרִים אֶת־
רִיב יְהוָה וְהָאֵתָנִים מֹסְדֵי אָרֶץ כִּי רִיב לַיהוָה עִם־עַמּוֹ וְעִם־
ג יִשְׂרָאֵל יִתְוַכָּח׃ עַמִּי מֶה־עָשִׂיתִי לְךָ וּמָה הֶלְאֵתִיךָ עֲנֵה בִי׃
ד כִּי הֶעֱלִתִיךָ מֵאֶרֶץ מִצְרַיִם וּמִבֵּית עֲבָדִים פְּדִיתִיךָ וָאֶשְׁלַח
ה לְפָנֶיךָ אֶת־מֹשֶׁה אַהֲרֹן וּמִרְיָם׃ עַמִּי זְכָר־נָא מַה־יָּעַץ בָּלָק
מֶלֶךְ מוֹאָב וּמֶה־עָנָה אֹתוֹ בִּלְעָם בֶּן־בְּעוֹר מִן־הַשִּׁטִּים עַד־
ו הַגִּלְגָּל לְמַעַן דַּעַת צִדְקוֹת יְהוָה׃ בַּמָּה אֲקַדֵּם יְהוָה אִכַּף
ז לֵאלֹהֵי מָרוֹם הַאֲקַדְּמֶנּוּ בְעוֹלוֹת בַּעֲגָלִים בְּנֵי שָׁנָה׃ הֲיִרְצֶה
יְהוָה בְּאַלְפֵי אֵילִים בְּרִבְבוֹת נַחֲלֵי־שָׁמֶן הַאֶתֵּן בְּכוֹרִי פִּשְׁעִי
ח פְּרִי בִטְנִי חַטַּאת נַפְשִׁי׃ הִגִּיד לְךָ אָדָם מַה־טּוֹב וּמָה־יְהוָה
דּוֹרֵשׁ מִמְּךָ כִּי אִם־עֲשׂוֹת מִשְׁפָּט וְאַהֲבַת חֶסֶד וְהַצְנֵעַ לֶכֶת
ט עִם־אֱלֹהֶיךָ׃ קוֹל יְהוָה לָעִיר יִקְרָא וְתוּשִׁיָּה יִרְאֶה
י שְׁמֶךָ שִׁמְעוּ מַטֶּה וּמִי יְעָדָהּ׃ עוֹד הַאִשׁ בֵּית רָשָׁע אֹצְרוֹת
יא רֶשַׁע וְאֵיפַת רָזוֹן זְעוּמָה׃ הַאֶזְכֶּה בְּמֹאזְנֵי רֶשַׁע וּבְכִיס אַבְנֵי
יב מִרְמָה׃ אֲשֶׁר עֲשִׁירֶיהָ מָלְאוּ חָמָס וְיֹשְׁבֶיהָ דִּבְּרוּ־שָׁקֶר וּלְשׁוֹנָם
יג רְמִיָּה בְּפִיהֶם׃ וְגַם־אֲנִי הֶחֱלֵיתִי הַכּוֹתֶךָ הַשְׁמֵם עַל־חַטֹּאתֶךָ׃
יד אַתָּה תֹאכַל וְלֹא תִשְׂבָּע וְיֶשְׁחֲךָ בְּקִרְבֶּךָ וְתַסֵּג וְלֹא תַפְלִיט
טו וַאֲשֶׁר תְּפַלֵּט לַחֶרֶב אֶתֵּן׃ אַתָּה תִזְרַע וְלֹא תִקְצוֹר אַתָּה
טז תִדְרֹךְ־זַיִת וְלֹא־תָסוּךְ שֶׁמֶן וְתִירוֹשׁ וְלֹא תִשְׁתֶּה־יָּיִן׃ וְיִשְׁתַּמֵּר
חֻקּוֹת עָמְרִי וְכֹל מַעֲשֵׂה בֵית־אַחְאָב וַתֵּלְכוּ בְּמֹעֲצוֹתָם
לְמַעַן תִּתִּי אֹתְךָ לְשַׁמָּה וְיֹשְׁבֶיהָ לִשְׁרֵקָה וְחֶרְפַּת עַמִּי
ז א תִּשָּׂאוּ׃ אַלְלַי לִי כִּי הָיִיתִי כְּאָסְפֵּי־קַיִץ כְּעֹלְלֹת
ב בָּצִיר אֵין־אֶשְׁכּוֹל לֶאֱכוֹל בִּכּוּרָה אִוְּתָה נַפְשִׁי׃ אָבַד חָסִיד מִן־
הָאָרֶץ וְיָשָׁר בָּאָדָם אָיִן כֻּלָּם לְדָמִים יֶאֱרֹבוּ אִישׁ אֶת־אָחִיהוּ
ג יָצוּדוּ חֵרֶם׃ עַל־הָרַע כַּפַּיִם לְהֵיטִיב הַשַּׂר שֹׁאֵל וְהַשֹּׁפֵט

ד בַּשִּׁלּוּם וְהַגָּדוֹל דֹּבֵר הַוַּת נַפְשׁוֹ הוּא וַיְעַבְּתוּהָ: טוֹבָם כְּחֵדֶק
יָשָׁר מִמְּסוּכָה יוֹם מְצַפֶּיךָ פְּקֻדָּתְךָ בָאָה עַתָּה תִהְיֶה מְבוּכָתָם:
ה אַל־תַּאֲמִינוּ בְרֵעַ אַל־תִּבְטְחוּ בְּאַלּוּף מִשֹּׁכֶבֶת חֵיקֶךָ שְׁמֹר
ו פִּתְחֵי־פִיךָ: כִּי־בֵן מְנַבֵּל אָב בַּת קָמָה בְאִמָּהּ כַּלָּה בַּחֲמֹתָהּ
ז אֹיְבֵי אִישׁ אַנְשֵׁי בֵיתוֹ: וַאֲנִי בַּיהוה אֲצַפֶּה אוֹחִילָה לֵאלֹהֵי
ח יִשְׁעִי יִשְׁמָעֵנִי אֱלֹהָי: אַל־תִּשְׂמְחִי אֹיַבְתִּי לִי כִּי נָפַלְתִּי קָמְתִּי
ט כִּי־אֵשֵׁב בַּחֹשֶׁךְ יהוה אוֹר לִי: זַעַף יהוה אֶשָּׂא
כִּי חָטָאתִי לוֹ עַד אֲשֶׁר יָרִיב רִיבִי וְעָשָׂה מִשְׁפָּטִי יוֹצִיאֵנִי לָאוֹר
י אֶרְאֶה בְּצִדְקָתוֹ: וְתֵרֶא אֹיַבְתִּי וּתְכַסֶּהָ בוּשָׁה הָאֹמְרָה אֵלַי
אַיּוֹ יהוה אֱלֹהָיִךְ עֵינַי תִּרְאֶינָּה בָּהּ עַתָּה תִּהְיֶה לְמִרְמָס כְּטִיט
יא יב חוּצוֹת: יוֹם לִבְנוֹת גְּדֵרָיִךְ יוֹם הַהוּא יִרְחַק־חֹק: יוֹם הוּא וְעָדֶיךָ
יָבוֹא לְמִנִּי אַשּׁוּר וְעָרֵי מָצוֹר וּלְמִנִּי מָצוֹר וְעַד־נָהָר וְיָם
יג מִיָּם וְהַר הָהָר: וְהָיְתָה הָאָרֶץ לִשְׁמָמָה עַל־יֹשְׁבֶיהָ מִפְּרִי
יד מַעַלְלֵיהֶם: רְעֵה עַמְּךָ בְשִׁבְטֶךָ צֹאן נַחֲלָתֶךָ
שֹׁכְנִי לְבָדָד יַעַר בְּתוֹךְ כַּרְמֶל יִרְעוּ בָשָׁן וְגִלְעָד כִּימֵי עוֹלָם:
טו טז כִּימֵי צֵאתְךָ מֵאֶרֶץ מִצְרָיִם אַרְאֶנּוּ נִפְלָאוֹת: יִרְאוּ גוֹיִם
וְיֵבֹשׁוּ מִכֹּל גְּבוּרָתָם יָשִׂימוּ יָד עַל־פֶּה אָזְנֵיהֶם תֶּחֱרַשְׁנָה:
יז יְלַחֲכוּ עָפָר כַּנָּחָשׁ כְּזֹחֲלֵי אֶרֶץ יִרְגְּזוּ מִמִּסְגְּרֹתֵיהֶם אֶל־יהוה
יח אֱלֹהֵינוּ יִפְחָדוּ וְיִרְאוּ מִמֶּךָּ: מִי־אֵל כָּמוֹךָ נֹשֵׂא עָוֺן וְעֹבֵר עַל־
פֶּשַׁע לִשְׁאֵרִית נַחֲלָתוֹ לֹא־הֶחֱזִיק לָעַד אַפּוֹ כִּי־חָפֵץ חֶסֶד
יט הוּא: יָשׁוּב יְרַחֲמֵנוּ יִכְבֹּשׁ עֲוֺנֹתֵינוּ וְתַשְׁלִיךְ בִּמְצֻלוֹת יָם כָּל־
כ חַטֹּאותָם: תִּתֵּן אֱמֶת לְיַעֲקֹב חֶסֶד לְאַבְרָהָם אֲשֶׁר־נִשְׁבַּעְתָּ יב
לַאֲבֹתֵינוּ מִימֵי קֶדֶם:

א ב מַשָּׂא נִינְוֵה סֵפֶר חֲזוֹן נַחוּם הָאֶלְקֹשִׁי: אֵל קַנּוֹא וְנֹקֵם יהוה
נֹקֵם יהוה וּבַעַל חֵמָה נֹקֵם יהוה לְצָרָיו וְנוֹטֵר הוּא לְאֹיְבָיו:
ג יהוה אֶרֶךְ אַפַּיִם וגדול־כֹּחַ וְנַקֵּה לֹא יְנַקֶּה יהוה בְּסוּפָה וּגְדָל־
ד וּבִשְׂעָרָה דַּרְכּוֹ וְעָנָן אֲבַק רַגְלָיו: גּוֹעֵר בַּיָּם וַיַּבְּשֵׁהוּ וְכָל־
ה הַנְּהָרוֹת הֶחֱרִיב אֻמְלַל בָּשָׁן וְכַרְמֶל וּפֶרַח לְבָנוֹן אֻמְלָל: הָרִים
רָעֲשׁוּ מִמֶּנּוּ וְהַגְּבָעוֹת הִתְמֹגָגוּ וַתִּשָּׂא הָאָרֶץ מִפָּנָיו וְתֵבֵל וְכָל־
ו יֹשְׁבֵי בָהּ: לִפְנֵי זַעְמוֹ מִי יַעֲמוֹד וּמִי יָקוּם בַּחֲרוֹן אַפּוֹ חֲמָתוֹ
ז נִתְּכָה כָאֵשׁ וְהַצֻּרִים נִתְּצוּ מִמֶּנּוּ: טוֹב יהוה לְמָעוֹז בְּיוֹם צָרָה
ח וְיֹדֵעַ חֹסֵי בוֹ: וּבְשֶׁטֶף עֹבֵר כָּלָה יַעֲשֶׂה מְקוֹמָהּ וְאֹיְבָיו יְרַדֶּף־
ט חֹשֶׁךְ: מַה־תְּחַשְּׁבוּן אֶל־יהוה כָּלָה הוּא עֹשֶׂה לֹא־תָקוּם
י פַּעֲמַיִם צָרָה: כִּי עַד־סִירִים סְבֻכִים וּכְסָבְאָם סְבוּאִים אֻכְּלוּ
יא כְּקַשׁ יָבֵשׁ מָלֵא: מִמֵּךְ יָצָא חֹשֵׁב עַל־יהוה רָעָה יֹעֵץ
יב בְּלִיָּעַל: כֹּה ׀ אָמַר יהוה אִם־שְׁלֵמִים וְכֵן רַבִּים
יג וְכֵן נָגֹזּוּ וְעָבָר וְעִנִּתִךְ לֹא אֲעַנֵּךְ עוֹד: וְעַתָּה אֶשְׁבֹּר מֹטֵהוּ
יד מֵעָלָיִךְ וּמוֹסְרֹתַיִךְ אֲנַתֵּק: וְצִוָּה עָלֶיךָ יהוה לֹא־יִזָּרַע מִשִּׁמְךָ
עוֹד מִבֵּית אֱלֹהֶיךָ אַכְרִית פֶּסֶל וּמַסֵּכָה אָשִׂים קִבְרֶךָ כִּי
ב א קַלּוֹתָ: הִנֵּה עַל־הֶהָרִים רַגְלֵי מְבַשֵּׂר מַשְׁמִיעַ
שָׁלוֹם חָגִּי יְהוּדָה חַגַּיִךְ שַׁלְּמִי נְדָרָיִךְ כִּי לֹא יוֹסִיף עוֹד לעבור־ לַעֲבָר־
ב בָּךְ בְּלִיַּעַל כֻּלֹּה נִכְרָת: עָלָה מֵפִיץ עַל־פָּנַיִךְ נָצוֹר מְצוּרָה
ג צַפֵּה־דֶרֶךְ חַזֵּק מָתְנַיִם אַמֵּץ כֹּחַ מְאֹד: כִּי שָׁב יהוה אֶת־גְּאוֹן
ד יַעֲקֹב כִּגְאוֹן יִשְׂרָאֵל כִּי בְקָקוּם בֹּקְקִים וּזְמֹרֵיהֶם שִׁחֵתוּ: מָגֵן
גִּבֹּרֵיהוּ מְאָדָּם אַנְשֵׁי־חַיִל מְתֻלָּעִים בְּאֵשׁ־פְּלָדוֹת הָרֶכֶב בְּיוֹם
ה הֲכִינוֹ וְהַבְּרֹשִׁים הָרְעָלוּ: בַּחוּצוֹת יִתְהוֹלְלוּ הָרֶכֶב יִשְׁתַּקְשְׁקוּן
ו בָּרְחֹבוֹת מַרְאֵיהֶן כַּלַּפִּידִם כַּבְּרָקִים יְרוֹצֵצוּ: יִזְכֹּר אַדִּירָיו
ז יִכָּשְׁלוּ בהלוכתם יְמַהֲרוּ חוֹמָתָהּ וְהֻכַן הַסֹּכֵךְ: שַׁעֲרֵי הַנְּהָרוֹת בַּהֲלִיכָתָם
ח נִפְתָּחוּ וְהַהֵיכָל נָמוֹג: וְהֻצַּב גֻּלְּתָה הֹעֲלָתָה וְאַמְהֹתֶיהָ מְנַהֲגוֹת
ט כְּקוֹל יוֹנִים מְתֹפְפֹת עַל־לִבְבֵהֶן: וְנִינְוֵה כִבְרֵכַת־מַיִם מִימֵי

י הִיא וְהֵמָּה נָסִים עִמְדוּ עֲמֹדוּ וְאֵין מַפְנֶה: בֹּזּוּ כֶסֶף בֹּזּוּ זָהָב
יא וְאֵין קֵצֶה לַתְּכוּנָה כָּבֹד מִכֹּל כְּלִי חֶמְדָּה: בּוּקָה וּמְבוּקָה
וּמְבֻלָּקָה וְלֵב נָמֵס וּפַק בִּרְכַּיִם וְחַלְחָלָה בְּכָל־מָתְנַיִם וּפְנֵי
יב כֻלָּם קִבְּצוּ פָארוּר: אַיֵּה מְעוֹן אֲרָיוֹת וּמִרְעֶה הוּא לַכְּפִרִים
יג אֲשֶׁר הָלַךְ אַרְיֵה לָבִיא שָׁם גּוּר אַרְיֵה וְאֵין מַחֲרִיד: אַרְיֵה
טֹרֵף בְּדֵי גֹרוֹתָיו וּמְחַנֵּק לְלִבְאֹתָיו וַיְמַלֵּא־טֶרֶף חֹרָיו וּמְעֹנֹתָיו
יד טְרֵפָה: הִנְנִי אֵלַיִךְ נְאֻם יְהוָה צְבָאוֹת וְהִבְעַרְתִּי בֶעָשָׁן רִכְבָּהּ
וּכְפִירַיִךְ תֹּאכַל חָרֶב וְהִכְרַתִּי מֵאֶרֶץ טַרְפֵּךְ וְלֹא־יִשָּׁמַע עוֹד
ג א קוֹל מַלְאָכֵכֵה: הוֹי עִיר דָּמִים כֻּלָּהּ כַּחַשׁ פֶּרֶק
ב מְלֵאָה לֹא יָמִישׁ טָרֶף: קוֹל שׁוֹט וְקוֹל רַעַשׁ אוֹפָן וְסוּס דֹּהֵר
ג וּמֶרְכָּבָה מְרַקֵּדָה: פָּרָשׁ מַעֲלֶה וְלַהַב חֶרֶב וּבְרַק חֲנִית וְרֹב
וְכָשְׁלוּ
ד חָלָל וְכֹבֶד פָּגֶר וְאֵין קֵצֶה לַגְּוִיָּה יכשלו בִּגְוִיָּתָם: מֵרֹב זְנוּנֵי
זוֹנָה טוֹבַת חֵן בַּעֲלַת כְּשָׁפִים הַמֹּכֶרֶת גּוֹיִם בִּזְנוּנֶיהָ וּמִשְׁפָּחוֹת
ה בִּכְשָׁפֶיהָ: הִנְנִי אֵלַיִךְ נְאֻם יְהוָה צְבָאוֹת וְגִלֵּיתִי שׁוּלַיִךְ עַל־
ו פָּנָיִךְ וְהַרְאֵיתִי גוֹיִם מַעְרֵךְ וּמַמְלָכוֹת קְלוֹנֵךְ: וְהִשְׁלַכְתִּי עָלַיִךְ
ז שִׁקֻּצִים וְנִבַּלְתִּיךְ וְשַׂמְתִּיךְ כְּרֹאִי: וְהָיָה כָל־רֹאַיִךְ יִדּוֹד מִמֵּךְ
וְאָמַר שָׁדְּדָה נִינְוֵה מִי יָנוּד לָהּ מֵאַיִן אֲבַקֵּשׁ מְנַחֲמִים לָךְ:
ח הֲתֵיטְבִי מִנֹּא אָמוֹן הַיֹּשְׁבָה בַּיְאֹרִים מַיִם סָבִיב לָהּ אֲשֶׁר־חֵיל
ט יָם מִיָּם חוֹמָתָהּ: כּוּשׁ עָצְמָה וּמִצְרַיִם וְאֵין קֵצֶה פּוּט וְלוּבִים
י הָיוּ בְּעֶזְרָתֵךְ: גַּם־הִיא לַגֹּלָה הָלְכָה בַשֶּׁבִי גַּם עֹלָלֶיהָ יְרֻטְּשׁוּ
בְּרֹאשׁ כָּל־חוּצוֹת וְעַל־נִכְבַּדֶּיהָ יַדּוּ גוֹרָל וְכָל־גְּדוֹלֶיהָ רֻתְּקוּ
יא בַזִּקִּים: גַּם־אַתְּ תִּשְׁכְּרִי תְּהִי נַעֲלָמָה גַּם־אַתְּ תְּבַקְשִׁי מָעוֹז
יב מֵאוֹיֵב: כָּל־מִבְצָרַיִךְ תְּאֵנִים עִם־בִּכּוּרִים אִם־יִנּוֹעוּ וְנָפְלוּ עַל־
יג פִּי אוֹכֵל: הִנֵּה עַמֵּךְ נָשִׁים בְּקִרְבֵּךְ לְאֹיְבַיִךְ פָּתוֹחַ נִפְתְּחוּ שַׁעֲרֵי
יד אַרְצֵךְ אָכְלָה אֵשׁ בְּרִיחָיִךְ: מֵי מָצוֹר שַׁאֲבִי־לָךְ חַזְּקִי מִבְצָרָיִךְ
טו בֹּאִי בַטִּיט וְרִמְסִי בַחֹמֶר הַחֲזִיקִי מַלְבֵּן: שָׁם תֹּאכְלֵךְ אֵשׁ
תַּכְרִיתֵךְ חֶרֶב תֹּאכְלֵךְ כַּיָּלֶק הִתְכַּבֵּד כַּיֶּלֶק הִתְכַּבְּדִי כָּאַרְבֶּה:

טז יז הִרְבֵּית רֹכְלַיִךְ מִכּוֹכְבֵי הַשָּׁמָיִם יֶלֶק פָּשַׁט וַיָּעֹף׃ מִנְּזָרַיִךְ
כָּאַרְבֶּה וְטַפְסְרַיִךְ כְּגוֹב גֹּבָי הַחוֹנִים בַּגְּדֵרוֹת בְּיוֹם קָרָה
יח שֶׁמֶשׁ זָרְחָה וְנוֹדַד וְלֹא־נוֹדַע מְקוֹמוֹ אַיָּם׃ נָמוּ רֹעֶיךָ
מֶלֶךְ אַשּׁוּר יִשְׁכְּנוּ אַדִּירֶיךָ נָפֹשׁוּ עַמְּךָ עַל־הֶהָרִים וְאֵין
יט מְקַבֵּץ׃ אֵין־כֵּהָה לְשִׁבְרֶךָ נַחְלָה מַכָּתֶךָ כֹּל ׀ שֹׁמְעֵי שִׁמְעֲךָ
תָּקְעוּ כַף עָלֶיךָ כִּי עַל־מִי לֹא־עָבְרָה רָעָתְךָ תָּמִיד׃

חבקוק
יג

א א ב הַמַּשָּׂא אֲשֶׁר חָזָה חֲבַקּוּק הַנָּבִיא׃ עַד־אָנָה יְהוָה שִׁוַּעְתִּי וְלֹא
ג תִשְׁמָע אֶזְעַק אֵלֶיךָ חָמָס וְלֹא תוֹשִׁיעַ׃ לָמָּה תַרְאֵנִי אָוֶן וְעָמָל
ד תַּבִּיט וְשֹׁד וְחָמָס לְנֶגְדִּי וַיְהִי רִיב וּמָדוֹן יִשָּׂא׃ עַל־כֵּן תָּפוּג
תּוֹרָה וְלֹא־יֵצֵא לָנֶצַח מִשְׁפָּט כִּי רָשָׁע מַכְתִּיר אֶת־הַצַּדִּיק
ה עַל־כֵּן יֵצֵא מִשְׁפָּט מְעֻקָּל׃ רְאוּ בַגּוֹיִם וְהַבִּיטוּ וְהִתַּמְּהוּ תְּמָהוּ
ו כִּי־פֹעַל פֹּעֵל בִּימֵיכֶם לֹא תַאֲמִינוּ כִּי יְסֻפָּר׃ כִּי־הִנְנִי מֵקִים
אֶת־הַכַּשְׂדִּים הַגּוֹי הַמַּר וְהַנִּמְהָר הַהוֹלֵךְ לְמֶרְחֲבֵי־אֶרֶץ לָרֶשֶׁת
ז מִשְׁכָּנוֹת לֹּא־לוֹ׃ אָיֹם וְנוֹרָא הוּא מִמֶּנּוּ מִשְׁפָּטוֹ וּשְׂאֵתוֹ יֵצֵא׃
ח וְקַלּוּ מִנְּמֵרִים סוּסָיו וְחַדּוּ מִזְּאֵבֵי עֶרֶב וּפָשׁוּ פָּרָשָׁיו וּפָרָשָׁיו
ט מֵרָחוֹק יָבֹאוּ יָעֻפוּ כְּנֶשֶׁר חָשׁ לֶאֱכוֹל׃ כֻּלֹּה לְחָמָס יָבוֹא מְגַמַּת
י פְּנֵיהֶם קָדִימָה וַיֶּאֱסֹף כַּחוֹל שֶׁבִי׃ וְהוּא בַּמְּלָכִים יִתְקַלָּס וְרֹזְנִים
יא מִשְׂחָק לוֹ הוּא לְכָל־מִבְצָר יִשְׂחָק וַיִּצְבֹּר עָפָר וַיִּלְכְּדָהּ׃ אָז
יב חָלַף רוּחַ וַיַּעֲבֹר וְאָשֵׁם זוּ כֹחוֹ לֵאלֹהוֹ׃ הֲלוֹא אַתָּה מִקֶּדֶם
יְהוָה אֱלֹהַי קְדֹשִׁי לֹא נָמוּת יְהוָה לְמִשְׁפָּט שַׂמְתּוֹ וְצוּר לְהוֹכִיחַ
יג יְסַדְתּוֹ׃ טְהוֹר עֵינַיִם מֵרְאוֹת רָע וְהַבִּיט אֶל־עָמָל לֹא תוּכָל
יד לָמָּה תַבִּיט בּוֹגְדִים תַּחֲרִישׁ בְּבַלַּע רָשָׁע צַדִּיק מִמֶּנּוּ׃ וַתַּעֲשֶׂה
טו אָדָם כִּדְגֵי הַיָּם כְּרֶמֶשׂ לֹא־מֹשֵׁל בּוֹ׃ כֻּלֹּה בְּחַכָּה הֵעֲלָה
טז יְגֹרֵהוּ בְחֶרְמוֹ וְיַאַסְפֵהוּ בְּמִכְמַרְתּוֹ עַל־כֵּן יִשְׂמַח וְיָגִיל׃ עַל־

כֵּן יְזַבֵּחַ לְחֶרְמוֹ וִיקַטֵּר לְמִכְמַרְתּוֹ כִּי בָהֵמָּה שָׁמֵן חֶלְקוֹ
יז וּמַאֲכָלוֹ בְּרִאָה׃ הַעַל כֵּן יָרִיק חֶרְמוֹ וְתָמִיד לַהֲרֹג גּוֹיִם לֹא
ב א יַחְמוֹל׃ עַל־מִשְׁמַרְתִּי אֶעֱמֹדָה וְאֶתְיַצְּבָה עַל־
מָצוֹר וַאֲצַפֶּה לִרְאוֹת מַה־יְדַבֶּר־בִּי וּמָה אָשִׁיב עַל־תּוֹכַחְתִּי׃
ב וַיַּעֲנֵנִי יהוה וַיֹּאמֶר כְּתוֹב חָזוֹן וּבָאֵר עַל־הַלֻּחוֹת לְמַעַן יָרוּץ
ג קוֹרֵא בוֹ׃ כִּי עוֹד חָזוֹן לַמּוֹעֵד וְיָפֵחַ לַקֵּץ וְלֹא יְכַזֵּב אִם־
ד יִתְמַהְמָהּ חַכֵּה־לוֹ כִּי־בֹא יָבֹא לֹא יְאַחֵר׃ הִנֵּה עֻפְּלָה לֹא־
ה יָשְׁרָה נַפְשׁוֹ בּוֹ וְצַדִּיק בֶּאֱמוּנָתוֹ יִחְיֶה׃ וְאַף כִּי־הַיַּיִן בּוֹגֵד גֶּבֶר
יָהִיר וְלֹא יִנְוֶה אֲשֶׁר הִרְחִיב כִּשְׁאוֹל נַפְשׁוֹ וְהוּא כַמָּוֶת וְלֹא
ו יִשְׂבָּע וַיֶּאֱסֹף אֵלָיו כָּל־הַגּוֹיִם וַיִּקְבֹּץ אֵלָיו כָּל־הָעַמִּים׃ הֲלוֹא־
אֵלֶּה כֻלָּם עָלָיו מָשָׁל יִשָּׂאוּ וּמְלִיצָה חִידוֹת לוֹ וְיֹאמַר הוֹי
ז הַמַּרְבֶּה לֹּא־לוֹ עַד־מָתַי וּמַכְבִּיד עָלָיו עַבְטִיט׃ הֲלוֹא פֶתַע
ח יָקוּמוּ נֹשְׁכֶיךָ וְיִקְצוּ מְזַעְזְעֶיךָ וְהָיִיתָ לִמְשִׁסּוֹת לָמוֹ׃ כִּי־אַתָּה
שַׁלּוֹתָ גּוֹיִם רַבִּים יְשָׁלּוּךָ כָּל־יֶתֶר עַמִּים מִדְּמֵי אָדָם וַחֲמַס־
ט אֶרֶץ קִרְיָה וְכָל־יֹשְׁבֵי בָהּ׃ הוֹי בֹּצֵעַ בֶּצַע רָע
י לְבֵיתוֹ לָשׂוּם בַּמָּרוֹם קִנּוֹ לְהִנָּצֵל מִכַּף־רָע׃ יָעַצְתָּ בֹּשֶׁת לְבֵיתֶךָ
יא קְצוֹת־עַמִּים רַבִּים וְחוֹטֵא נַפְשֶׁךָ׃ כִּי־אֶבֶן מִקִּיר תִּזְעָק וְכָפִיס
יב מֵעֵץ יַעֲנֶנָּה׃ הוֹי בֹּנֶה עִיר בְּדָמִים וְכוֹנֵן קִרְיָה
יג בְּעַוְלָה׃ הֲלוֹא הִנֵּה מֵאֵת יהוה צְבָאוֹת וְיִיגְעוּ עַמִּים בְּדֵי־
יד אֵשׁ וּלְאֻמִּים בְּדֵי־רִיק יִעָפוּ׃ כִּי תִּמָּלֵא הָאָרֶץ לָדַעַת אֶת־
טו כְּבוֹד יהוה כַּמַּיִם יְכַסּוּ עַל־יָם׃ הוֹי מַשְׁקֵה רֵעֵהוּ
טז מְסַפֵּחַ חֲמָתְךָ וְאַף שַׁכֵּר לְמַעַן הַבִּיט עַל־מְעוֹרֵיהֶם׃ שָׂבַעְתָּ
קָלוֹן מִכָּבוֹד שְׁתֵה גַם־אַתָּה וְהֵעָרֵל תִּסּוֹב עָלֶיךָ כּוֹס יְמִין יהוה
יז וְקִיקָלוֹן עַל־כְּבוֹדֶךָ׃ כִּי־חֲמַס לְבָנוֹן יְכַסֶּךָּ וְשֹׁד בְּהֵמוֹת יְחִיתַן
יח מִדְּמֵי אָדָם וַחֲמַס־אֶרֶץ קִרְיָה וְכָל־יֹשְׁבֵי בָהּ׃ מָה־
הוֹעִיל פֶּסֶל כִּי פְסָלוֹ יֹצְרוֹ מַסֵּכָה וּמוֹרֶה שָּׁקֶר כִּי בָטַח יֹצֵר
יט יִצְרוֹ עָלָיו לַעֲשׂוֹת אֱלִילִים אִלְּמִים׃ הוֹי אֹמֵר לָעֵץ

הָקִ֔יצָה ע֖וּרִי לְאֶ֣בֶן דּוּמָ֑ם ה֣וּא יוֹרֶ֔ה הִנֵּה־ה֗וּא תָּפוּשׂ֙ זָהָ֣ב וָכֶ֔סֶף
כ וְכָל־ר֖וּחַ אֵ֥ין בְּקִרְבּֽוֹ׃ וַֽיהוה בְּהֵיכַ֣ל קָדְשׁ֑וֹ הַ֥ס מִפָּנָ֖יו כָּל־
ג א הָאָֽרֶץ׃ תְּפִלָּ֖ה לַחֲבַקּ֣וּק הַנָּבִ֑יא עַ֖ל שִׁגְיֹנֽוֹת׃
ב יהוה שָׁמַ֣עְתִּי שִׁמְעֲךָ֮ יָרֵאתִי֒ יהוה פָּֽעָלְךָ֙ בְּקֶ֤רֶב שָׁנִים֙ חַיֵּ֔יהוּ
ג בְּקֶ֥רֶב שָׁנִ֖ים תּוֹדִ֑יעַ בְּרֹ֖גֶז רַחֵ֥ם תִּזְכּֽוֹר׃ אֱל֙וֹהַ֙ מִתֵּימָ֣ן יָב֔וֹא
וְקָד֥וֹשׁ מֵֽהַר־פָּארָ֖ן סֶ֑לָה כִּסָּ֤ה שָׁמַ֙יִם֙ הוֹד֔וֹ וּתְהִלָּת֖וֹ מָלְאָ֥ה
ד הָאָֽרֶץ׃ וְנֹ֙גַהּ֙ כָּא֣וֹר תִּהְיֶ֔ה קַרְנַ֥יִם מִיָּד֖וֹ ל֑וֹ וְשָׁ֖ם חֶבְי֥וֹן עֻזֹּֽה׃
ה ו לְפָנָ֖יו יֵ֣לֶךְ דָּ֑בֶר וְיֵצֵ֥א רֶ֖שֶׁף לְרַגְלָֽיו׃ עָמַ֣ד ׀ וַיְמֹ֣דֶד אֶ֗רֶץ רָאָה֙
וַיַּתֵּ֣ר גּוֹיִ֔ם וַיִּתְפֹּֽצְצוּ֙ הַרְרֵי־עַ֔ד שַׁח֖וּ גִּבְע֣וֹת עוֹלָ֑ם הֲלִיכ֥וֹת
ז עוֹלָ֖ם לֽוֹ׃ תַּ֣חַת אָ֔וֶן רָאִ֖יתִי אָהֳלֵ֣י כוּשָׁ֑ן יִרְגְּז֕וּן יְרִיע֖וֹת אֶ֥רֶץ
ח מִדְיָֽן׃ הֲבִנְהָרִים֙ חָרָ֣ה יהוה אִ֤ם בַּנְּהָרִים֙ אַפֶּ֔ךָ
אִם־בַּיָּ֖ם עֶבְרָתֶ֑ךָ כִּ֤י תִרְכַּב֙ עַל־סוּסֶ֔יךָ מַרְכְּבֹתֶ֖יךָ יְשׁוּעָֽה׃
ט עֶרְיָ֤ה תֵע֙וֹר֙ קַשְׁתֶּ֔ךָ שְׁבֻע֥וֹת מַטּ֖וֹת אֹ֣מֶר סֶ֑לָה נְהָר֖וֹת תְּבַקַּע־
י אָֽרֶץ׃ רָא֤וּךָ יָחִ֙ילוּ֙ הָרִ֔ים זֶ֥רֶם מַ֖יִם עָבָ֑ר נָתַ֤ן תְּהוֹם֙ קוֹל֔וֹ ר֖וֹם
יא יָדֵ֥יהוּ נָשָֽׂא׃ שֶׁ֥מֶשׁ יָרֵ֖חַ עָ֣מַד זְבֻ֑לָה לְא֤וֹר חִצֶּ֙יךָ֙ יְהַלֵּ֔כוּ לְנֹ֖גַהּ
יב יג בְּרַ֥ק חֲנִיתֶֽךָ׃ בְּזַ֖עַם תִּצְעַד־אָ֑רֶץ בְּאַ֖ף תָּד֥וּשׁ גּוֹיִֽם׃ יָצָ֙אתָ֙ לְיֵ֣שַׁע
עַמֶּ֔ךָ לְיֵ֖שַׁע אֶת־מְשִׁיחֶ֑ךָ מָחַ֤צְתָּ רֹּאשׁ֙ מִבֵּ֣ית רָשָׁ֔ע עָר֛וֹת יְס֥וֹד
יד עַד־צַוָּ֖אר סֶֽלָה׃ נָקַ֤בְתָּ בְמַטָּיו֙ רֹ֣אשׁ פְּרָזָ֔יו יִסְעֲר֖וּ
טו לַהֲפִיצֵ֑נִי עֲלִ֣יצֻתָ֔ם כְּמוֹ־לֶאֱכֹ֥ל עָנִ֖י בַּמִּסְתָּֽר׃ דָּרַ֥כְתָּ בַיָּ֖ם סוּסֶ֑יךָ
טז חֹ֖מֶר מַ֥יִם רַבִּֽים׃ שָׁמַ֣עְתִּי ׀ וַתִּרְגַּ֣ז בִּטְנִ֗י לְקוֹל֙ צָלֲל֣וּ שְׂפָתַ֔י יָב֥וֹא
רָקָ֛ב בַּעֲצָמַ֖י וְתַחְתַּ֣י אֶרְגָּ֑ז אֲשֶׁ֤ר אָנ֙וּחַ֙ לְי֣וֹם צָרָ֔ה לַעֲל֖וֹת לְעַ֥ם
יז יְגוּדֶֽנּוּ׃ כִּֽי־תְאֵנָ֣ה לֹֽא־תִפְרָ֗ח וְאֵ֤ין יְבוּל֙ בַּגְּפָנִ֔ים כִּחֵשׁ֙ מַעֲשֵׂה־
זַ֔יִת וּשְׁדֵמ֖וֹת לֹא־עָ֣שָׂה אֹ֑כֶל גָּזַ֤ר מִמִּכְלָה֙ צֹ֔אן וְאֵ֥ין בָּקָ֖ר
יח יט בָּרְפָתִֽים׃ וַאֲנִ֖י בַּֽיהוה אֶעְל֑וֹזָה אָגִ֖ילָה בֵּאלֹהֵ֥י יִשְׁעִֽי׃ יהוה אֲדֹנָי֙
חֵילִ֔י וַיָּ֤שֶׂם רַגְלַי֙ כָּֽאַיָּל֔וֹת וְעַ֥ל בָּמוֹתַ֖י יַדְרִכֵ֑נִי לַמְנַצֵּ֖חַ בִּנְגִינוֹתָֽי׃

א דְּבַר־יְהוָה ׀ אֲשֶׁר הָיָה אֶל־צְפַנְיָה בֶּן־כּוּשִׁי בֶן־גְּדַלְיָה בֶּן־ יד
ב אֲמַרְיָה בֶּן־חִזְקִיָּה בִּימֵי יֹאשִׁיָּהוּ בֶן־אָמוֹן מֶלֶךְ יְהוּדָה׃ אָסֹף
ג אָסֵף כֹּל מֵעַל פְּנֵי הָאֲדָמָה נְאֻם־יְהוָה׃ אָסֵף אָדָם וּבְהֵמָה אָסֵף
עוֹף־הַשָּׁמַיִם וּדְגֵי הַיָּם וְהַמַּכְשֵׁלוֹת אֶת־הָרְשָׁעִים וְהִכְרַתִּי
ד אֶת־הָאָדָם מֵעַל פְּנֵי הָאֲדָמָה נְאֻם־יְהוָה׃ וְנָטִיתִי יָדִי עַל־
יְהוּדָה וְעַל כָּל־יוֹשְׁבֵי יְרוּשָׁלָ͏ִם וְהִכְרַתִּי מִן־הַמָּקוֹם הַזֶּה
ה אֶת־שְׁאָר הַבַּעַל אֶת־שֵׁם הַכְּמָרִים עִם־הַכֹּהֲנִים׃ וְאֶת־
הַמִּשְׁתַּחֲוִים עַל־הַגַּגּוֹת לִצְבָא הַשָּׁמָיִם וְאֶת־הַמִּשְׁתַּחֲוִים
ו הַנִּשְׁבָּעִים לַיהוָה וְהַנִּשְׁבָּעִים בְּמַלְכָּם׃ וְאֶת־הַנְּסוֹגִים מֵאַחֲרֵי
ז יְהוָה וַאֲשֶׁר לֹא־בִקְשׁוּ אֶת־יְהוָה וְלֹא דְרָשֻׁהוּ׃ הַס מִפְּנֵי
אֲדֹנָי יֱהוִה כִּי קָרוֹב יוֹם יְהוָה כִּי־הֵכִין יְהוָה זֶבַח הִקְדִּישׁ
ח קְרֻאָיו׃ וְהָיָה בְּיוֹם זֶבַח יְהוָה וּפָקַדְתִּי עַל־
הַשָּׂרִים וְעַל־בְּנֵי הַמֶּלֶךְ וְעַל כָּל־הַלֹּבְשִׁים מַלְבּוּשׁ נָכְרִי׃
ט וּפָקַדְתִּי עַל כָּל־הַדּוֹלֵג עַל־הַמִּפְתָּן בַּיּוֹם הַהוּא הַמְמַלְאִים
י בֵּית אֲדֹנֵיהֶם חָמָס וּמִרְמָה׃ וְהָיָה בַיּוֹם הַהוּא
נְאֻם־יְהוָה קוֹל צְעָקָה מִשַּׁעַר הַדָּגִים וִילָלָה מִן־הַמִּשְׁנֶה וְשֶׁבֶר
יא גָּדוֹל מֵהַגְּבָעוֹת׃ הֵילִילוּ יֹשְׁבֵי הַמַּכְתֵּשׁ כִּי נִדְמָה כָּל־עַם כְּנַעַן
יב נִכְרְתוּ כָּל־נְטִילֵי כָסֶף׃ וְהָיָה בָּעֵת הַהִיא אֲחַפֵּשׂ
אֶת־יְרוּשָׁלַ͏ִם בַּנֵּרוֹת וּפָקַדְתִּי עַל־הָאֲנָשִׁים הַקֹּפְאִים עַל־
יג שִׁמְרֵיהֶם הָאֹמְרִים בִּלְבָבָם לֹא־יֵיטִיב יְהוָה וְלֹא יָרֵעַ׃ וְהָיָה
חֵילָם לִמְשִׁסָּה וּבָתֵּיהֶם לִשְׁמָמָה וּבָנוּ בָתִּים וְלֹא יֵשֵׁבוּ וְנָטְעוּ
יד כְרָמִים וְלֹא יִשְׁתּוּ אֶת־יֵינָם׃ קָרוֹב יוֹם־יְהוָה הַגָּדוֹל קָרוֹב
טו וּמַהֵר מְאֹד קוֹל יוֹם יְהוָה מַר צֹרֵחַ שָׁם גִּבּוֹר׃ יוֹם עֶבְרָה הַיּוֹם
הַהוּא יוֹם צָרָה וּמְצוּקָה יוֹם שֹׁאָה וּמְשׁוֹאָה יוֹם חֹשֶׁךְ וַאֲפֵלָה
טז יוֹם עָנָן וַעֲרָפֶל׃ יוֹם שׁוֹפָר וּתְרוּעָה עַל הֶעָרִים הַבְּצֻרוֹת וְעַל
יז הַפִּנּוֹת הַגְּבֹהוֹת׃ וַהֲצֵרֹתִי לָאָדָם וְהָלְכוּ כַּעִוְרִים כִּי לַיהוָה
יח חָטָאוּ וְשֻׁפַּךְ דָּמָם כֶּעָפָר וּלְחֻמָם כַּגְּלָלִים׃ גַּם־כַּסְפָּם גַּם־

זְהָבָם לֹא־יוּכַל לְהַצִּילָם בְּיוֹם עֶבְרַת יְהוָה וּבְאֵשׁ קִנְאָתוֹ
תֵּאָכֵל כָּל־הָאָרֶץ כִּי־כָלָה אַךְ־נִבְהָלָה יַעֲשֶׂה אֵת כָּל־יֹשְׁבֵי
ב א הָאָרֶץ׃ הִתְקוֹשְׁשׁוּ וָקוֹשּׁוּ הַגּוֹי לֹא נִכְסָף׃
ב בְּטֶרֶם לֶדֶת חֹק כְּמֹץ עָבַר יוֹם בְּטֶרֶם ׀ לֹא־יָבוֹא עֲלֵיכֶם
ג חֲרוֹן אַף־יְהוָה בְּטֶרֶם לֹא־יָבוֹא עֲלֵיכֶם יוֹם אַף־יְהוָה׃ בַּקְּשׁוּ
אֶת־יְהוָה כָּל־עַנְוֵי הָאָרֶץ אֲשֶׁר מִשְׁפָּטוֹ פָּעָלוּ בַּקְּשׁוּ־צֶדֶק
ד בַּקְּשׁוּ עֲנָוָה אוּלַי תִּסָּתְרוּ בְּיוֹם אַף־יְהוָה׃ כִּי עַזָּה עֲזוּבָה
תִהְיֶה וְאַשְׁקְלוֹן לִשְׁמָמָה אַשְׁדּוֹד בַּצָּהֳרַיִם יְגָרְשׁוּהָ וְעֶקְרוֹן
ה תֵּעָקֵר׃ הוֹי יֹשְׁבֵי חֶבֶל הַיָּם גּוֹי כְּרֵתִים דְּבַר־
יְהוָה עֲלֵיכֶם כְּנַעַן אֶרֶץ פְּלִשְׁתִּים וְהַאֲבַדְתִּיךְ מֵאֵין יוֹשֵׁב׃
ו ז וְהָיְתָה חֶבֶל הַיָּם נְוֺת כְּרֹת רֹעִים וְגִדְרוֹת צֹאן׃ וְהָיָה חֶבֶל
לִשְׁאֵרִית בֵּית יְהוּדָה עֲלֵיהֶם יִרְעוּן בְּבָתֵּי אַשְׁקְלוֹן בָּעֶרֶב
ח יִרְבָּצוּן כִּי יִפְקְדֵם יְהוָה אֱלֹהֵיהֶם וְשָׁב שבותם׃ שָׁמַעְתִּי חֶרְפַּת שְׁבִיתָם
מוֹאָב וְגִדּוּפֵי בְּנֵי עַמּוֹן אֲשֶׁר חֵרְפוּ אֶת־עַמִּי וַיַּגְדִּילוּ עַל־גְּבוּלָם׃
ט לָכֵן חַי־אָנִי נְאֻם יְהוָה צְבָאוֹת אֱלֹהֵי יִשְׂרָאֵל כִּי מוֹאָב כִּסְדֹם
תִּהְיֶה וּבְנֵי עַמּוֹן כַּעֲמֹרָה מִמְשַׁק חָרוּל וּמִכְרֵה־מֶלַח וּשְׁמָמָה
י עַד־עוֹלָם שְׁאֵרִית עַמִּי יְבָזּוּם וְיֶתֶר גוֹי יִנְחָלוּם׃ זֹאת לָהֶם
יא תַּחַת גְּאוֹנָם כִּי חֵרְפוּ וַיַּגְדִּלוּ עַל־עַם יְהוָה צְבָאוֹת׃ נוֹרָא יְהוָה
עֲלֵיהֶם כִּי רָזָה אֵת כָּל־אֱלֹהֵי הָאָרֶץ וְיִשְׁתַּחֲווּ־לוֹ אִישׁ מִמְּקוֹמוֹ
יב יג כֹּל אִיֵּי הַגּוֹיִם׃ גַּם־אַתֶּם כּוּשִׁים חַלְלֵי חַרְבִּי הֵמָּה׃ וְיֵט יָדוֹ
עַל־צָפוֹן וִיאַבֵּד אֶת־אַשּׁוּר וְיָשֵׂם אֶת־נִינְוֵה לִשְׁמָמָה צִיָּה
יד כַּמִּדְבָּר׃ וְרָבְצוּ בְתוֹכָהּ עֲדָרִים כָּל־חַיְתוֹ־גוֹי גַּם־קָאַת גַּם־
קִפֹּד בְּכַפְתֹּרֶיהָ יָלִינוּ קוֹל יְשׁוֹרֵר בַּחַלּוֹן חֹרֶב בַּסַּף כִּי אַרְזָה
טו עֵרָה׃ זֹאת הָעִיר הָעַלִּיזָה הַיּוֹשֶׁבֶת לָבֶטַח הָאֹמְרָה בִּלְבָבָהּ
אֲנִי וְאַפְסִי עוֹד אֵיךְ ׀ הָיְתָה לְשַׁמָּה מַרְבֵּץ לַחַיָּה כֹּל עוֹבֵר
ג א עָלֶיהָ יִשְׁרֹק יָנִיעַ יָדוֹ׃ הוֹי מֹרְאָה וְנִגְאָלָה הָעִיר
ב הַיּוֹנָה׃ לֹא שָׁמְעָה בְּקוֹל לֹא לָקְחָה מוּסָר בַּיהוָה לֹא בָטָחָה

אֶל־אֱלֹהֶיהָ לֹא קָרֵבָה׃ שָׂרֶיהָ בְקִרְבָּהּ אֲרָיוֹת שֹׁאֲגִים שֹׁפְטֶיהָ ג
זְאֵבֵי עֶרֶב לֹא גָרְמוּ לַבֹּקֶר׃ נְבִיאֶיהָ פֹּחֲזִים אַנְשֵׁי בֹּגְדוֹת ד
כֹּהֲנֶיהָ חִלְּלוּ־קֹדֶשׁ חָמְסוּ תּוֹרָה׃ יהוה צַדִּיק בְּקִרְבָּהּ לֹא יַעֲשֶׂה ה
עַוְלָה בַּבֹּקֶר בַּבֹּקֶר מִשְׁפָּטוֹ יִתֵּן לָאוֹר לֹא נֶעְדָּר וְלֹא־יוֹדֵעַ עַוָּל
בֹּשֶׁת׃ הִכְרַתִּי גוֹיִם נָשַׁמּוּ פִּנּוֹתָם הֶחֱרַבְתִּי חוּצוֹתָם מִבְּלִי ו
עוֹבֵר נִצְדּוּ עָרֵיהֶם מִבְּלִי־אִישׁ מֵאֵין יוֹשֵׁב׃ אָמַרְתִּי אַךְ־תִּירְאִי ז
אוֹתִי תִּקְחִי מוּסָר וְלֹא־יִכָּרֵת מְעוֹנָהּ כֹּל אֲשֶׁר־פָּקַדְתִּי עָלֶיהָ
אָכֵן הִשְׁכִּימוּ הִשְׁחִיתוּ כֹּל עֲלִילוֹתָם׃ לָכֵן חַכּוּ־לִי נְאֻם־יהוה ח
לְיוֹם קוּמִי לְעַד כִּי מִשְׁפָּטִי לֶאֱסֹף גּוֹיִם לְקָבְצִי מַמְלָכוֹת לִשְׁפֹּךְ
עֲלֵיהֶם זַעְמִי כֹּל חֲרוֹן אַפִּי כִּי בְּאֵשׁ קִנְאָתִי תֵּאָכֵל כָּל־הָאָרֶץ׃
כִּי־אָז אֶהְפֹּךְ אֶל־עַמִּים שָׂפָה בְרוּרָה לִקְרֹא כֻלָּם בְּשֵׁם יהוה ט
לְעָבְדוֹ שְׁכֶם אֶחָד׃ מֵעֵבֶר לְנַהֲרֵי־כוּשׁ עֲתָרַי בַּת־פּוּצַי יוֹבִלוּן י
מִנְחָתִי׃ בַּיּוֹם הַהוּא לֹא תֵבוֹשִׁי מִכֹּל עֲלִילֹתַיִךְ אֲשֶׁר פָּשַׁעַתְּ בִּי יא
כִּי־אָז ׀ אָסִיר מִקִּרְבֵּךְ עַלִּיזֵי גַּאֲוָתֵךְ וְלֹא־תוֹסִפִי לְגָבְהָה עוֹד
בְּהַר קָדְשִׁי׃ וְהִשְׁאַרְתִּי בְקִרְבֵּךְ עַם עָנִי וָדָל וְחָסוּ בְּשֵׁם יב
יהוה׃ שְׁאֵרִית יִשְׂרָאֵל לֹא־יַעֲשׂוּ עַוְלָה וְלֹא־יְדַבְּרוּ כָזָב יג
וְלֹא־יִמָּצֵא בְּפִיהֶם לְשׁוֹן תַּרְמִית כִּי־הֵמָּה יִרְעוּ וְרָבְצוּ וְאֵין
מַחֲרִיד׃ רָנִּי בַּת־צִיּוֹן הָרִיעוּ יִשְׂרָאֵל שִׂמְחִי וְעָלְזִי יד
בְּכָל־לֵב בַּת יְרוּשָׁלִָם׃ הֵסִיר יהוה מִשְׁפָּטַיִךְ פִּנָּה אֹיְבֵךְ מֶלֶךְ טו
יִשְׂרָאֵל ׀ יהוה בְּקִרְבֵּךְ לֹא־תִירְאִי רָע עוֹד׃ בַּיּוֹם טז
הַהוּא יֵאָמֵר לִירוּשָׁלִַם אַל־תִּירָאִי צִיּוֹן אַל־יִרְפּוּ יָדָיִךְ׃ יהוה יז
אֱלֹהַיִךְ בְּקִרְבֵּךְ גִּבּוֹר יוֹשִׁיעַ יָשִׂישׂ עָלַיִךְ בְּשִׂמְחָה יַחֲרִישׁ
בְּאַהֲבָתוֹ יָגִיל עָלַיִךְ בְּרִנָּה׃ נוּגֵי מִמּוֹעֵד אָסַפְתִּי מִמֵּךְ הָיוּ יח
מַשְׂאֵת עָלֶיהָ חֶרְפָּה׃ הִנְנִי עֹשֶׂה אֶת־כָּל־מְעַנַּיִךְ בָּעֵת הַהִיא יט
וְהוֹשַׁעְתִּי אֶת־הַצֹּלֵעָה וְהַנִּדָּחָה אֲקַבֵּץ וְשַׂמְתִּים לִתְהִלָּה
טו וּלְשֵׁם בְּכָל־הָאָרֶץ בָּשְׁתָּם׃ בָּעֵת הַהִיא אָבִיא אֶתְכֶם כ
וּבָעֵת קַבְּצִי אֶתְכֶם כִּי־אֶתֵּן אֶתְכֶם לְשֵׁם וְלִתְהִלָּה בְּכֹל

עַמֵּי הָאָרֶץ בְּשׁוּבִי אֶת־שְׁבוּתֵיכֶם לְעֵינֵיכֶם אָמַר יהוה׃

חגי

א א בִּשְׁנַת שְׁתַּיִם לְדָרְיָוֶשׁ הַמֶּלֶךְ בַּחֹדֶשׁ הַשִּׁשִּׁי בְּיוֹם אֶחָד לַחֹדֶשׁ
הָיָה דְבַר־יהוה בְּיַד־חַגַּי הַנָּבִיא אֶל־זְרֻבָּבֶל בֶּן־שְׁאַלְתִּיאֵל פַּחַת
ב יְהוּדָה וְאֶל־יְהוֹשֻׁעַ בֶּן־יְהוֹצָדָק הַכֹּהֵן הַגָּדוֹל לֵאמֹר׃ כֹּה אָמַר
יהוה צְבָאוֹת לֵאמֹר הָעָם הַזֶּה אָמְרוּ לֹא עֶת־בֹּא עֶת־בֵּית
ג יהוה לְהִבָּנוֹת׃ וַיְהִי דְּבַר־יהוה בְּיַד־חַגַּי הַנָּבִיא
ד לֵאמֹר׃ הַעֵת לָכֶם אַתֶּם לָשֶׁבֶת בְּבָתֵּיכֶם סְפוּנִים וְהַבַּיִת הַזֶּה
ה חָרֵב׃ וְעַתָּה כֹּה אָמַר יהוה צְבָאוֹת שִׂימוּ לְבַבְכֶם עַל־דַּרְכֵיכֶם׃
ו זְרַעְתֶּם הַרְבֵּה וְהָבֵא מְעָט אָכוֹל וְאֵין־לְשָׂבְעָה שָׁתוֹ וְאֵין־
לְשָׁכְרָה לָבוֹשׁ וְאֵין־לְחֹם לוֹ וְהַמִּשְׂתַּכֵּר מִשְׂתַּכֵּר אֶל־צְרוֹר
ז נָקוּב׃ כֹּה אָמַר יהוה צְבָאוֹת שִׂימוּ לְבַבְכֶם עַל־
ח דַּרְכֵיכֶם׃ עֲלוּ הָהָר וַהֲבֵאתֶם עֵץ וּבְנוּ הַבָּיִת וְאֶרְצֶה־בּוֹ וְאֶכָּבְדָ
ט אָמַר יהוה׃ פָּנֹה אֶל־הַרְבֵּה וְהִנֵּה לִמְעָט וַהֲבֵאתֶם הַבַּיִת
וְנָפַחְתִּי בוֹ יַעַן מֶה נְאֻם יהוה צְבָאוֹת יַעַן בֵּיתִי אֲשֶׁר־הוּא
י חָרֵב וְאַתֶּם רָצִים אִישׁ לְבֵיתוֹ׃ עַל־כֵּן עֲלֵיכֶם כָּלְאוּ שָׁמַיִם
יא מִטָּל וְהָאָרֶץ כָּלְאָה יְבוּלָהּ׃ וָאֶקְרָא חֹרֶב עַל־הָאָרֶץ וְעַל־
הֶהָרִים וְעַל־הַדָּגָן וְעַל־הַתִּירוֹשׁ וְעַל־הַיִּצְהָר וְעַל אֲשֶׁר
תּוֹצִיא הָאֲדָמָה וְעַל־הָאָדָם וְעַל־הַבְּהֵמָה וְעַל כָּל־יְגִיעַ
יב כַּפָּיִם׃ וַיִּשְׁמַע זְרֻבָּבֶל ׀ בֶּן־שַׁלְתִּיאֵל וִיהוֹשֻׁעַ
בֶּן־יְהוֹצָדָק הַכֹּהֵן הַגָּדוֹל וְכֹל ׀ שְׁאֵרִית הָעָם בְּקוֹל יהוה
אֱלֹהֵיהֶם וְעַל־דִּבְרֵי חַגַּי הַנָּבִיא כַּאֲשֶׁר שְׁלָחוֹ יהוה אֱלֹהֵיהֶם
יג וַיִּירְאוּ הָעָם מִפְּנֵי יהוה׃ וַיֹּאמֶר חַגַּי מַלְאַךְ
יהוה בְּמַלְאֲכוּת יהוה לָעָם לֵאמֹר אֲנִי אִתְּכֶם נְאֻם־יהוה׃
יד וַיָּעַר יהוה אֶת־רוּחַ זְרֻבָּבֶל בֶּן־שַׁלְתִּיאֵל פַּחַת יְהוּדָה

וְאֶת־רוּחַ יְהוֹשֻׁעַ בֶּן־יְהוֹצָדָק הַכֹּהֵן הַגָּדוֹל וְאֶת־רוּחַ כֹּל
שְׁאֵרִית הָעָם וַיָּבֹאוּ וַיַּעֲשׂוּ מְלָאכָה בְּבֵית־יְהוָה צְבָאוֹת
טו אֱלֹהֵיהֶם׃ בְּיוֹם עֶשְׂרִים וְאַרְבָּעָה לַחֹדֶשׁ בַּשִּׁשִּׁי
ב א בִּשְׁנַת שְׁתַּיִם לְדָרְיָוֶשׁ הַמֶּלֶךְ׃ בַּשְּׁבִיעִי בְּעֶשְׂרִים וְאֶחָד לַחֹדֶשׁ
ב הָיָה דְּבַר־יְהוָה בְּיַד־חַגַּי הַנָּבִיא לֵאמֹר׃ אֱמָר־נָא אֶל־זְרֻבָּבֶל
בֶּן־שַׁלְתִּיאֵל פַּחַת יְהוּדָה וְאֶל־יְהוֹשֻׁעַ בֶּן־יְהוֹצָדָק הַכֹּהֵן הַגָּדוֹל
ג וְאֶל־שְׁאֵרִית הָעָם לֵאמֹר׃ מִי בָכֶם הַנִּשְׁאָר אֲשֶׁר רָאָה אֶת־
הַבַּיִת הַזֶּה בִּכְבוֹדוֹ הָרִאשׁוֹן וּמָה אַתֶּם רֹאִים אֹתוֹ עַתָּה הֲלוֹא
ד כָמֹהוּ כְּאַיִן בְּעֵינֵיכֶם׃ וְעַתָּה חֲזַק זְרֻבָּבֶל ׀ נְאֻם־יְהוָה וַחֲזַק
יְהוֹשֻׁעַ בֶּן־יְהוֹצָדָק הַכֹּהֵן הַגָּדוֹל וַחֲזַק כָּל־עַם הָאָרֶץ נְאֻם־
ה יְהוָה וַעֲשׂוּ כִּי־אֲנִי אִתְּכֶם נְאֻם יְהוָה צְבָאוֹת׃ אֶת־הַדָּבָר אֲשֶׁר
כָּרַתִּי אִתְּכֶם בְּצֵאתְכֶם מִמִּצְרַיִם וְרוּחִי עֹמֶדֶת בְּתוֹכְכֶם אַל־
ו תִּירָאוּ׃ כִּי כֹה אָמַר יְהוָה צְבָאוֹת עוֹד אַחַת
מְעַט הִיא וַאֲנִי מַרְעִישׁ אֶת־הַשָּׁמַיִם וְאֶת־הָאָרֶץ וְאֶת־הַיָּם
ז וְאֶת־הֶחָרָבָה׃ וְהִרְעַשְׁתִּי אֶת־כָּל־הַגּוֹיִם וּבָאוּ חֶמְדַּת כָּל־
הַגּוֹיִם וּמִלֵּאתִי אֶת־הַבַּיִת הַזֶּה כָּבוֹד אָמַר יְהוָה צְבָאוֹת׃
ח ט לִי הַכֶּסֶף וְלִי הַזָּהָב נְאֻם יְהוָה צְבָאוֹת׃ גָּדוֹל יִהְיֶה כְּבוֹד
הַבַּיִת הַזֶּה הָאַחֲרוֹן מִן־הָרִאשׁוֹן אָמַר יְהוָה צְבָאוֹת וּבַמָּקוֹם
י הַזֶּה אֶתֵּן שָׁלוֹם נְאֻם יְהוָה צְבָאוֹת׃ בְּעֶשְׂרִים
וְאַרְבָּעָה לַתְּשִׁיעִי בִּשְׁנַת שְׁתַּיִם לְדָרְיָוֶשׁ הָיָה דְּבַר־יְהוָה
יא בְּיַד־חַגַּי הַנָּבִיא לֵאמֹר׃ כֹּה אָמַר יְהוָה צְבָאוֹת שְׁאַל־נָא
יב אֶת־הַכֹּהֲנִים תּוֹרָה לֵאמֹר׃ הֵן ׀ יִשָּׂא־אִישׁ בְּשַׂר־קֹדֶשׁ בִּכְנַף
בִּגְדוֹ וְנָגַע בִּכְנָפוֹ אֶל־הַלֶּחֶם וְאֶל־הַנָּזִיד וְאֶל־הַיַּיִן וְאֶל־שֶׁמֶן
יג וְאֶל־כָּל־מַאֲכָל הֲיִקְדָּשׁ וַיַּעֲנוּ הַכֹּהֲנִים וַיֹּאמְרוּ לֹא׃ וַיֹּאמֶר חַגַּי
אִם־יִגַּע טְמֵא־נֶפֶשׁ בְּכָל־אֵלֶּה הֲיִטְמָא וַיַּעֲנוּ הַכֹּהֲנִים וַיֹּאמְרוּ
יד יִטְמָא׃ וַיַּעַן חַגַּי וַיֹּאמֶר כֵּן הָעָם־הַזֶּה וְכֵן־הַגּוֹי הַזֶּה לְפָנַי נְאֻם־
יְהוָה וְכֵן כָּל־מַעֲשֵׂה יְדֵיהֶם וַאֲשֶׁר יַקְרִיבוּ שָׁם טָמֵא הוּא׃

ב
טו וְעַתָּה שִׂימוּ־נָא לְבַבְכֶם מִן־הַיּוֹם הַזֶּה וָמָעְלָה מִטֶּרֶם שׂוּם־
טז אֶבֶן אֶל־אֶבֶן בְּהֵיכַל יְהוָה׃ מִהְיוֹתָם בָּא אֶל־עֲרֵמַת עֶשְׂרִים
וְהָיְתָה עֲשָׂרָה בָּא אֶל־הַיֶּקֶב לַחְשֹׂף חֲמִשִּׁים פּוּרָה וְהָיְתָה
יז עֶשְׂרִים׃ הִכֵּיתִי אֶתְכֶם בַּשִּׁדָּפוֹן וּבַיֵּרָקוֹן וּבַבָּרָד אֵת כָּל־
יח מַעֲשֵׂה יְדֵיכֶם וְאֵין־אֶתְכֶם אֵלַי נְאֻם־יְהוָה׃ שִׂימוּ־נָא לְבַבְכֶם
מִן־הַיּוֹם הַזֶּה וָמָעְלָה מִיּוֹם עֶשְׂרִים וְאַרְבָּעָה לַתְּשִׁיעִי לְמִן־
יט הַיּוֹם אֲשֶׁר־יֻסַּד הֵיכַל־יְהוָה שִׂימוּ לְבַבְכֶם׃ הַעוֹד הַזֶּרַע
בַּמְּגוּרָה וְעַד־הַגֶּפֶן וְהַתְּאֵנָה וְהָרִמּוֹן וְעֵץ הַזַּיִת לֹא נָשָׂא מִן־
כ הַיּוֹם הַזֶּה אֲבָרֵךְ׃ וַיְהִי דְבַר־יְהוָה ׀ שֵׁנִית אֶל־
כא חַגַּי בְּעֶשְׂרִים וְאַרְבָּעָה לַחֹדֶשׁ לֵאמֹר׃ אֱמֹר אֶל־זְרֻבָּבֶל פַּחַת־
כב יְהוּדָה לֵאמֹר אֲנִי מַרְעִישׁ אֶת־הַשָּׁמַיִם וְאֶת־הָאָרֶץ׃ וְהָפַכְתִּי
כִּסֵּא מַמְלָכוֹת וְהִשְׁמַדְתִּי חֹזֶק מַמְלְכוֹת הַגּוֹיִם וְהָפַכְתִּי
כג מֶרְכָּבָה וְרֹכְבֶיהָ וְיָרְדוּ סוּסִים וְרֹכְבֵיהֶם אִישׁ בְּחֶרֶב אָחִיו׃ בַּיּוֹם טז
הַהוּא נְאֻם־יְהוָה צְבָאוֹת אֶקָּחֲךָ זְרֻבָּבֶל בֶּן־שְׁאַלְתִּיאֵל עַבְדִּי
נְאֻם־יְהוָה וְשַׂמְתִּיךָ כַּחוֹתָם כִּי־בְךָ בָחַרְתִּי נְאֻם יְהוָה צְבָאוֹת׃

זכריה

א א בַּחֹדֶשׁ הַשְּׁמִינִי בִּשְׁנַת שְׁתַּיִם לְדָרְיָוֶשׁ הָיָה דְבַר־יְהוָה אֶל־
ב זְכַרְיָה בֶּן־בֶּרֶכְיָה בֶּן־עִדּוֹ הַנָּבִיא לֵאמֹר׃ קָצַף יְהוָה עַל־
ג אֲבוֹתֵיכֶם קָצֶף׃ וְאָמַרְתָּ אֲלֵהֶם כֹּה אָמַר יְהוָה צְבָאוֹת שׁוּבוּ
ד אֵלַי נְאֻם יְהוָה צְבָאוֹת וְאָשׁוּב אֲלֵיכֶם אָמַר יְהוָה צְבָאוֹת׃ אַל־
תִּהְיוּ כַאֲבֹתֵיכֶם אֲשֶׁר קָרְאוּ־אֲלֵיהֶם הַנְּבִיאִים הָרִאשֹׁנִים
לֵאמֹר כֹּה אָמַר יְהוָה צְבָאוֹת שׁוּבוּ נָא מִדַּרְכֵיכֶם הָרָעִים
ומעליליכם הָרָעִים וְלֹא שָׁמְעוּ וְלֹא־הִקְשִׁיבוּ אֵלַי נְאֻם־יְהוָה׃ וּמַעַלְלֵיכֶם
ה ו אֲבוֹתֵיכֶם אַיֵּה־הֵם וְהַנְּבִאִים הַלְעוֹלָם יִחְיוּ׃ אַךְ ׀ דְּבָרַי וְחֻקַּי
אֲשֶׁר צִוִּיתִי אֶת־עֲבָדַי הַנְּבִיאִים הֲלוֹא הִשִּׂיגוּ אֲבֹתֵיכֶם וַיָּשׁוּבוּ

וַיֹּאמְרוּ כַּאֲשֶׁר זָמַם יְהוָה צְבָאוֹת לַעֲשׂוֹת לָנוּ כִּדְרָכֵינוּ
ז וּכְמַעֲלָלֵינוּ כֵּן עָשָׂה אִתָּנוּ׃ בְּיוֹם עֶשְׂרִים
וְאַרְבָּעָה לְעַשְׁתֵּי־עָשָׂר חֹדֶשׁ הוּא־חֹדֶשׁ שְׁבָט בִּשְׁנַת שְׁתַּיִם
לְדָרְיָוֶשׁ הָיָה דְבַר־יְהוָה אֶל־זְכַרְיָה בֶּן־בֶּרֶכְיָהוּ בֶּן־עִדּוֹא
ח הַנָּבִיא לֵאמֹר׃ רָאִיתִי ׀ הַלַּיְלָה וְהִנֵּה־אִישׁ רֹכֵב עַל־סוּס אָדֹם
וְהוּא עֹמֵד בֵּין הַהֲדַסִּים אֲשֶׁר בַּמְּצֻלָה וְאַחֲרָיו סוּסִים אֲדֻמִּים
ט שְׂרֻקִּים וּלְבָנִים׃ וָאֹמַר מָה־אֵלֶּה אֲדֹנִי וַיֹּאמֶר אֵלַי הַמַּלְאָךְ
י הַדֹּבֵר בִּי אֲנִי אַרְאֶךָּ מָה־הֵמָּה אֵלֶּה׃ וַיַּעַן הָאִישׁ הָעֹמֵד בֵּין־
יא הַהֲדַסִּים וַיֹּאמַר אֵלֶּה אֲשֶׁר שָׁלַח יְהוָה לְהִתְהַלֵּךְ בָּאָרֶץ׃ וַיַּעֲנוּ
אֶת־מַלְאַךְ יְהוָה הָעֹמֵד בֵּין הַהֲדַסִּים וַיֹּאמְרוּ הִתְהַלַּכְנוּ בָאָרֶץ
יב וְהִנֵּה כָל־הָאָרֶץ יֹשֶׁבֶת וְשֹׁקָטֶת׃ וַיַּעַן מַלְאַךְ־יְהוָה וַיֹּאמַר יְהוָה
צְבָאוֹת עַד־מָתַי אַתָּה לֹא־תְרַחֵם אֶת־יְרוּשָׁלִַם וְאֵת עָרֵי יְהוּדָה
יג אֲשֶׁר זָעַמְתָּה זֶה שִׁבְעִים שָׁנָה׃ וַיַּעַן יְהוָה אֶת־הַמַּלְאָךְ הַדֹּבֵר
יד בִּי דְּבָרִים טוֹבִים דְּבָרִים נִחֻמִים׃ וַיֹּאמֶר אֵלַי הַמַּלְאָךְ הַדֹּבֵר
בִּי קְרָא לֵאמֹר כֹּה אָמַר יְהוָה צְבָאוֹת קִנֵּאתִי לִירוּשָׁלִַם וּלְצִיּוֹן
טו קִנְאָה גְדוֹלָה׃ וְקֶצֶף גָּדוֹל אֲנִי קֹצֵף עַל־הַגּוֹיִם הַשַּׁאֲנַנִּים אֲשֶׁר
אֲנִי קָצַפְתִּי מְּעָט וְהֵמָּה עָזְרוּ לְרָעָה׃
טז לָכֵן כֹּה־אָמַר יְהוָה שַׁבְתִּי לִירוּשָׁלִַם בְּרַחֲמִים בֵּיתִי יִבָּנֶה בָּהּ
וְקָו יז נְאֻם יְהוָה צְבָאוֹת וקוה יִנָּטֶה עַל־יְרוּשָׁלִָם׃ עוֹד ׀ קְרָא לֵאמֹר
כֹּה אָמַר יְהוָה צְבָאוֹת עוֹד תְּפוּצֶנָה עָרַי מִטּוֹב וְנִחַם יְהוָה עוֹד
ב א אֶת־צִיּוֹן וּבָחַר עוֹד בִּירוּשָׁלִָם׃ וָאֶשָּׂא אֶת־עֵינַי
ב וָאֵרֶא וְהִנֵּה אַרְבַּע קְרָנוֹת׃ וָאֹמַר אֶל־הַמַּלְאָךְ הַדֹּבֵר בִּי
מָה־אֵלֶּה וַיֹּאמֶר אֵלַי אֵלֶּה הַקְּרָנוֹת אֲשֶׁר זֵרוּ אֶת־יְהוּדָה
ג אֶת־יִשְׂרָאֵל וִירוּשָׁלִָם׃ וַיַּרְאֵנִי יְהוָה אַרְבָּעָה
ד חָרָשִׁים׃ וָאֹמַר מָה אֵלֶּה בָאִים לַעֲשׂוֹת וַיֹּאמֶר לֵאמֹר אֵלֶּה
הַקְּרָנוֹת אֲשֶׁר־זֵרוּ אֶת־יְהוּדָה כְּפִי־אִישׁ לֹא־נָשָׂא רֹאשׁוֹ וַיָּבֹאוּ
אֵלֶּה לְהַחֲרִיד אֹתָם לְיַדּוֹת אֶת־קַרְנוֹת הַגּוֹיִם הַנֹּשְׂאִים קֶרֶן

ה אֶל־אֶ֣רֶץ יְהוּדָ֖ה לְזָרוֹתָֽהּ׃ וָאֶשָּׂ֥א עֵינַ֛י וָאֵ֖רֶא
ו וְהִנֵּה־אִ֑ישׁ וּבְיָד֖וֹ חֶ֥בֶל מִדָּֽה׃ וָאֹמַ֕ר אָ֖נָה אַתָּ֣ה הֹלֵ֑ךְ וַיֹּ֣אמֶר אֵלַ֗י
ז לָמֹד֙ אֶת־יְר֣וּשָׁלִַ֔ם לִרְא֥וֹת כַּמָּֽה־רָחְבָּ֖הּ וְכַמָּ֥ה אָרְכָּֽהּ׃ וְהִנֵּ֗ה
ח הַמַּלְאָ֛ךְ הַדֹּבֵ֥ר בִּ֖י יֹצֵ֑א וּמַלְאָ֣ךְ אַחֵ֔ר יֹצֵ֖א לִקְרָאתֽוֹ׃ וַיֹּ֣אמֶר אֵלָ֔ו
רֻ֗ץ דַּבֵּ֛ר אֶל־הַנַּ֥עַר הַלָּ֖ז לֵאמֹ֑ר פְּרָזוֹת֙ תֵּשֵׁ֣ב יְרוּשָׁלִַ֔ם מֵרֹ֥ב אָדָ֛ם
ט וּבְהֵמָ֖ה בְּתוֹכָֽהּ׃ וַאֲנִ֤י אֶֽהְיֶה־לָּהּ֙ נְאֻם־יְהוָ֔ה ח֥וֹמַת אֵ֖שׁ סָבִ֑יב
י וּלְכָב֖וֹד אֶהְיֶ֥ה בְתוֹכָֽהּ׃ ה֣וֹי ה֗וֹי וְנֻ֛סוּ מֵאֶ֥רֶץ צָפ֖וֹן
נְאֻם־יְהוָ֑ה כִּ֗י כְּאַרְבַּ֛ע רוּח֥וֹת הַשָּׁמַ֖יִם פֵּרַ֥שְׂתִּי אֶתְכֶ֖ם נְאֻם־
יא יב יְהוָֽה׃ ה֥וֹי צִיּ֖וֹן הִמָּלְטִ֑י יוֹשֶׁ֖בֶת בַּת־בָּבֶֽל׃ כִּ֣י כֹ֣ה
אָמַר֮ יְהוָ֣ה צְבָאוֹת֒ אַחַ֣ר כָּב֔וֹד שְׁלָחַ֕נִי אֶל־הַגּוֹיִ֖ם הַשֹּׁלְלִ֣ים
יג אֶתְכֶ֑ם כִּ֚י הַנֹּגֵ֣עַ בָּכֶ֔ם נֹגֵ֖עַ בְּבָבַ֥ת עֵינֽוֹ׃ כִּי֩ הִנְנִ֨י מֵנִ֤יף אֶת־
יָדִי֙ עֲלֵיהֶ֔ם וְהָי֥וּ שָׁלָ֖ל לְעַבְדֵיהֶ֑ם וִידַעְתֶּ֕ם כִּֽי־יְהוָ֥ה צְבָא֖וֹת
יד שְׁלָחָֽנִי׃ רָנִּ֥י וְשִׂמְחִ֖י בַּת־צִיּ֑וֹן כִּ֧י הִנְנִי־בָ֛א
טו וְשָׁכַנְתִּ֥י בְתוֹכֵ֖ךְ נְאֻם־יְהוָֽה׃ וְנִלְווּ֩ גוֹיִ֨ם רַבִּ֤ים אֶל־יְהוָה֙ בַּיּ֣וֹם
הַה֔וּא וְהָ֥יוּ לִ֖י לְעָ֑ם וְשָׁכַנְתִּ֣י בְתוֹכֵ֔ךְ וְיָדַ֕עַתְּ כִּֽי־יְהוָ֥ה צְבָא֖וֹת
טז שְׁלָחַ֥נִי אֵלָֽיִךְ׃ וְנָחַ֨ל יְהוָ֤ה אֶת־יְהוּדָה֙ חֶלְק֔וֹ עַ֖ל אַדְמַ֣ת הַקֹּ֑דֶשׁ
יז וּבָחַ֥ר ע֖וֹד בִּירוּשָׁלִָֽם׃ הַ֥ס כָּל־בָּשָׂ֖ר מִפְּנֵ֣י יְהוָ֑ה כִּ֥י נֵע֖וֹר מִמְּע֥וֹן
ג א קָדְשֽׁוֹ׃ וַיַּרְאֵ֗נִי אֶת־יְהוֹשֻׁ֙עַ֙ הַכֹּהֵ֣ן הַגָּד֔וֹל עֹמֵ֕ד
ב לִפְנֵ֖י מַלְאַ֣ךְ יְהוָ֑ה וְהַשָּׂטָ֛ן עֹמֵ֥ד עַל־יְמִינ֖וֹ לְשִׂטְנֽוֹ׃ וַיֹּ֨אמֶר יְהוָ֜ה
אֶל־הַשָּׂטָ֗ן יִגְעַ֨ר יְהוָ֤ה בְּךָ֙ הַשָּׂטָ֔ן וְיִגְעַ֤ר יְהוָה֙ בְּךָ֔ הַבֹּחֵ֖ר
ג בִּירוּשָׁלִָ֑ם הֲל֧וֹא זֶ֦ה א֖וּד מֻצָּ֥ל מֵאֵֽשׁ׃ וִיהוֹשֻׁ֕עַ הָיָ֥ה לָבֻ֖שׁ
ד בְּגָדִ֣ים צוֹאִ֑ים וְעֹמֵ֖ד לִפְנֵ֥י הַמַּלְאָֽךְ׃ וַיַּ֣עַן וַיֹּ֗אמֶר אֶל־הָעֹמְדִ֤ים
לְפָנָיו֙ לֵאמֹ֔ר הָסִ֛ירוּ הַבְּגָדִ֥ים הַצֹּאִ֖ים מֵעָלָ֑יו וַיֹּ֣אמֶר אֵלָ֗יו
ה רְאֵ֨ה הֶעֱבַ֤רְתִּי מֵעָלֶ֙יךָ֙ עֲוֺנֶ֔ךָ וְהַלְבֵּ֥שׁ אֹתְךָ֖ מַחֲלָצֽוֹת׃ וָאֹמַ֕ר
יָשִׂ֛ימוּ צָנִ֥יף טָה֖וֹר עַל־רֹאשׁ֑וֹ וַיָּשִׂ֩ימוּ֩ הַצָּנִ֨יף הַטָּה֜וֹר עַל־רֹאשׁ֗וֹ
ו וַיַּלְבִּשֻׁ֙הוּ֙ בְּגָדִ֔ים וּמַלְאַ֥ךְ יְהוָ֖ה עֹמֵֽד׃ וַיָּ֙עַד֙ מַלְאַ֣ךְ יְהוָ֔ה בִּיהוֹשֻׁ֖עַ
ז לֵאמֹֽר׃ כֹּֽה־אָמַ֞ר יְהוָ֣ה צְבָא֗וֹת אִם־בִּדְרָכַ֤י תֵּלֵךְ֙ וְאִ֣ם אֶת־

מִשְׁמַרְתִּ֣י תִשְׁמֹ֔ר וְגַם־אַתָּה֙ תָּדִ֣ין אֶת־בֵּיתִ֔י וְגַ֖ם תִּשְׁמֹ֣ר אֶת־
ח חֲצֵרָ֑י וְנָתַתִּ֤י לְךָ֙ מַהְלְכִ֔ים בֵּ֥ין הָעֹמְדִ֖ים הָאֵֽלֶּה׃ שְֽׁמַֽע־נָ֞א
יְהוֹשֻׁ֣עַ ׀ הַכֹּהֵ֣ן הַגָּד֗וֹל אַתָּה֙ וְרֵעֶ֙יךָ֙ הַיֹּשְׁבִ֣ים לְפָנֶ֔יךָ כִּֽי־אַנְשֵׁ֥י
ט מוֹפֵ֖ת הֵ֑מָּה כִּֽי־הִנְנִ֥י מֵבִ֛יא אֶת־עַבְדִּ֖י צֶֽמַח׃ כִּ֣י ׀ הִנֵּ֣ה הָאֶ֗בֶן
אֲשֶׁ֤ר נָתַ֙תִּי֙ לִפְנֵ֣י יְהוֹשֻׁ֔עַ עַל־אֶ֥בֶן אַחַ֖ת שִׁבְעָ֣ה עֵינָ֑יִם הִנְנִ֧י
מְפַתֵּ֣חַ פִּתֻּחָ֗הּ נְאֻם֙ יְהוָ֣ה צְבָא֔וֹת וּמַשְׁתִּ֛י אֶת־עֲוֺ֥ן הָאָֽרֶץ־הַהִ֖יא
י בְּי֥וֹם אֶחָֽד׃ בַּיּ֣וֹם הַה֗וּא נְאֻם֙ יְהוָ֣ה צְבָא֔וֹת תִּקְרְא֖וּ אִ֣ישׁ לְרֵעֵ֑הוּ
ד א אֶל־תַּ֥חַת גֶּ֖פֶן וְאֶל־תַּ֥חַת תְּאֵנָֽה׃ וַיָּ֕שָׁב הַמַּלְאָ֖ךְ
ב הַדֹּבֵ֣ר בִּ֑י וַיְעִירֵ֕נִי כְּאִ֖ישׁ אֲשֶׁר־יֵע֥וֹר מִשְּׁנָתֽוֹ׃ וַיֹּ֣אמֶר אֵלַ֗י מָ֚ה יז
אַתָּ֣ה רֹאֶ֔ה ויאמר רָאִ֣יתִי וְהִנֵּ֣ה מְנוֹרַ֩ת זָהָ֨ב כֻּלָּ֜הּ וְגֻלָּ֣הּ עַל־ וָאֹמַ֗ר
רֹאשָׁ֗הּ וְשִׁבְעָ֤ה נֵרֹתֶ֙יהָ֙ עָלֶ֔יהָ שִׁבְעָ֤ה וְשִׁבְעָה֙ מֽוּצָק֔וֹת לַנֵּר֖וֹת
ג אֲשֶׁ֥ר עַל־רֹאשָֽׁהּ׃ וּשְׁנַ֥יִם זֵיתִ֖ים עָלֶ֑יהָ אֶחָד֙ מִימִ֣ין הַגֻּלָּ֔ה וְאֶחָ֖ד
ד עַל־שְׂמֹאלָֽהּ׃ וָאַ֙עַן֙ וָֽאֹמַ֔ר אֶל־הַמַּלְאָ֛ךְ הַדֹּבֵ֥ר בִּ֖י לֵאמֹ֑ר מָה־
ה אֵ֖לֶּה אֲדֹנִֽי׃ וַ֠יַּעַן הַמַּלְאָ֞ךְ הַדֹּבֵ֤ר בִּי֙ וַיֹּ֣אמֶר אֵלַ֔י הֲל֥וֹא יָדַ֖עְתָּ
ו מָה־הֵ֣מָּה אֵ֑לֶּה וָאֹמַ֖ר לֹ֥א אֲדֹנִֽי׃ וַיַּ֜עַן וַיֹּ֤אמֶר אֵלַי֙ לֵאמֹ֔ר
זֶ֚ה דְּבַר־יְהוָ֔ה אֶל־זְרֻבָּבֶ֖ל לֵאמֹ֑ר לֹ֤א בְחַ֙יִל֙ וְלֹ֣א בְכֹ֔חַ כִּ֣י
ז אִם־בְּרוּחִ֔י אָמַ֖ר יְהוָ֥ה צְבָאֽוֹת׃ מִֽי־אַתָּ֧ה הַֽר־הַגָּד֛וֹל לִפְנֵ֥י
זְרֻבָּבֶ֖ל לְמִישֹׁ֑ר וְהוֹצִיא֙ אֶת־הָאֶ֣בֶן הָרֹאשָׁ֔ה תְּשֻׁא֕וֹת חֵ֥ן ׀ חֵ֖ן
ח ט לָֽהּ׃ וַיְהִ֥י דְבַר־יְהוָ֖ה אֵלַ֥י לֵאמֹֽר׃ יְדֵ֣י זְרֻבָּבֶ֗ל
יִסְּד֛וּ הַבַּ֥יִת הַזֶּ֖ה וְיָדָ֣יו תְּבַצַּ֑עְנָה וְיָדַ֣עְתָּ֔ כִּֽי־יְהוָ֥ה צְבָא֖וֹת שְׁלָחַ֥נִי
י אֲלֵיכֶֽם׃ כִּ֣י מִ֤י בַז֙ לְי֣וֹם קְטַנּ֔וֹת וְשָׂמְח֡וּ וְרָא֞וּ אֶת־הָאֶ֧בֶן הַבְּדִ֛יל
בְּיַ֥ד זְרֻבָּבֶ֖ל שִׁבְעָה־אֵ֑לֶּה עֵינֵ֣י יְהוָ֔ה הֵ֥מָּה מְשׁוֹטְטִ֖ים בְּכָל־
יא הָאָֽרֶץ׃ וָאַ֖עַן וָאֹמַ֣ר אֵלָ֑יו מַה־שְּׁנֵ֤י הַזֵּיתִים֙ הָאֵ֔לֶּה עַל־יְמִ֥ין
יב הַמְּנוֹרָ֖ה וְעַל־שְׂמֹאולָֽהּ׃ וָאַ֣עַן שֵׁנִ֔ית וָאֹמַ֖ר אֵלָ֑יו מַה־שְׁתֵּ֞י
שִׁבֲּלֵ֣י הַזֵּיתִ֗ים אֲשֶׁר֙ בְּיַ֗ד שְׁנֵי֙ צַנְתְּר֣וֹת הַזָּהָ֔ב הַמְרִיקִ֥ים
יג מֵעֲלֵיהֶ֖ם הַזָּהָֽב׃ וַיֹּ֨אמֶר אֵלַ֜י לֵאמֹ֗ר הֲל֥וֹא יָדַ֛עְתָּ מָה־אֵ֖לֶּה
יד וָאֹמַ֖ר לֹ֥א אֲדֹנִֽי׃ וַיֹּ֕אמֶר אֵ֖לֶּה שְׁנֵ֣י בְנֵֽי־הַיִּצְהָ֑ר הָעֹמְדִ֖ים עַל־

א אֲדוֹן כָּל־הָאָרֶץ׃ וָאָשׁוּב וָאֶשָּׂא עֵינַי וָאֶרְאֶה וְהִנֵּה
ב מְגִלָּה עָפָה׃ וַיֹּאמֶר אֵלַי מָה אַתָּה רֹאֶה וָאֹמַר אֲנִי רֹאֶה מְגִלָּה
ג עָפָה אָרְכָּהּ עֶשְׂרִים בָּאַמָּה וְרָחְבָּהּ עֶשֶׂר בָּאַמָּה׃ וַיֹּאמֶר אֵלַי
זֹאת הָאָלָה הַיּוֹצֵאת עַל־פְּנֵי כָל־הָאָרֶץ כִּי כָל־הַגֹּנֵב מִזֶּה
ד כָּמוֹהָ נִקָּה וְכָל־הַנִּשְׁבָּע מִזֶּה כָּמוֹהָ נִקָּה׃ הוֹצֵאתִיהָ נְאֻם יְהוָה
צְבָאוֹת וּבָאָה אֶל־בֵּית הַגַּנָּב וְאֶל־בֵּית הַנִּשְׁבָּע בִּשְׁמִי לַשָּׁקֶר
ה וְלָנָה בְּתוֹךְ בֵּיתוֹ וְכִלַּתּוּ וְאֶת־עֵצָיו וְאֶת־אֲבָנָיו׃ וַיֵּצֵא הַמַּלְאָךְ
הַדֹּבֵר בִּי וַיֹּאמֶר אֵלַי שָׂא נָא עֵינֶיךָ וּרְאֵה מָה הַיּוֹצֵאת הַזֹּאת׃
ו וָאֹמַר מַה־הִיא וַיֹּאמֶר זֹאת הָאֵיפָה הַיּוֹצֵאת וַיֹּאמֶר זֹאת עֵינָם
ז בְּכָל־הָאָרֶץ׃ וְהִנֵּה כִּכַּר עֹפֶרֶת נִשֵּׂאת וְזֹאת אִשָּׁה אַחַת יוֹשֶׁבֶת
ח בְּתוֹךְ הָאֵיפָה׃ וַיֹּאמֶר זֹאת הָרִשְׁעָה וַיַּשְׁלֵךְ אֹתָהּ אֶל־תּוֹךְ
ט הָאֵיפָה וַיַּשְׁלֵךְ אֶת־אֶבֶן הָעֹפֶרֶת אֶל־פִּיהָ׃ וָאֶשָּׂא
עֵינַי וָאֵרֶא וְהִנֵּה שְׁתַּיִם נָשִׁים יוֹצְאוֹת וְרוּחַ בְּכַנְפֵיהֶם וְלָהֵנָּה
כְנָפַיִם כְּכַנְפֵי הַחֲסִידָה וַתִּשֶּׂנָה אֶת־הָאֵיפָה בֵּין הָאָרֶץ וּבֵין
י הַשָּׁמָיִם׃ וָאֹמַר אֶל־הַמַּלְאָךְ הַדֹּבֵר בִּי אָנָה הֵמָּה מוֹלִכוֹת אֶת־
יא הָאֵיפָה׃ וַיֹּאמֶר אֵלַי לִבְנוֹת־לָהּ בַיִת בְּאֶרֶץ שִׁנְעָר וְהוּכַן
ו א וְהֻנִּיחָה שָּׁם עַל־מְכֻנָתָהּ׃ וָאָשֻׁב וָאֶשָּׂא עֵינַי
וָאֶרְאֶה וְהִנֵּה אַרְבַּע מַרְכָּבוֹת יֹצְאוֹת מִבֵּין שְׁנֵי הֶהָרִים
ב וְהֶהָרִים הָרֵי נְחֹשֶׁת׃ בַּמֶּרְכָּבָה הָרִאשֹׁנָה סוּסִים אֲדֻמִּים
ג וּבַמֶּרְכָּבָה הַשֵּׁנִית סוּסִים שְׁחֹרִים׃ וּבַמֶּרְכָּבָה הַשְּׁלִשִׁית סוּסִים
ד לְבָנִים וּבַמֶּרְכָּבָה הָרְבִעִית סוּסִים בְּרֻדִּים אֲמֻצִּים׃ וָאַעַן וָאֹמַר
ה אֶל־הַמַּלְאָךְ הַדֹּבֵר בִּי מָה־אֵלֶּה אֲדֹנִי׃ וַיַּעַן הַמַּלְאָךְ וַיֹּאמֶר
אֵלָי אֵלֶּה אַרְבַּע רֻחוֹת הַשָּׁמַיִם יוֹצְאוֹת מֵהִתְיַצֵּב עַל־אֲדוֹן
ו כָּל־הָאָרֶץ׃ אֲשֶׁר־בָּהּ הַסּוּסִים הַשְּׁחֹרִים יֹצְאִים אֶל־אֶרֶץ
צָפוֹן וְהַלְּבָנִים יָצְאוּ אֶל־אַחֲרֵיהֶם וְהַבְּרֻדִּים יָצְאוּ אֶל־אֶרֶץ
ז הַתֵּימָן׃ וְהָאֲמֻצִּים יָצְאוּ וַיְבַקְשׁוּ לָלֶכֶת לְהִתְהַלֵּךְ בָּאָרֶץ
ח וַיֹּאמֶר לְכוּ הִתְהַלְּכוּ בָאָרֶץ וַתִּתְהַלַּכְנָה בָּאָרֶץ׃ וַיַּזְעֵק אֹתִי

וַיְדַבֵּר אֵלַי לֵאמֹר רְאֵה הַיּוֹצְאִים אֶל־אֶרֶץ צָפוֹן הֵנִיחוּ אֶת־
רוּחִי בְּאֶרֶץ צָפוֹן׃ וַיְהִי דְבַר־יהוה אֵלַי לֵאמֹר׃ ט
לָקוֹחַ מֵאֵת הַגּוֹלָה מֵחֶלְדַּי וּמֵאֵת טוֹבִיָּה וּמֵאֵת יְדַעְיָה וּבָאתָ י
אַתָּה בַּיּוֹם הַהוּא וּבָאתָ בֵּית יֹאשִׁיָּה בֶן־צְפַנְיָה אֲשֶׁר־בָּאוּ
מִבָּבֶל׃ וְלָקַחְתָּ כֶסֶף־וְזָהָב וְעָשִׂיתָ עֲטָרוֹת וְשַׂמְתָּ בְּרֹאשׁ יא
יְהוֹשֻׁעַ בֶּן־יְהוֹצָדָק הַכֹּהֵן הַגָּדוֹל׃ וְאָמַרְתָּ אֵלָיו לֵאמֹר כֹּה יב
אָמַר יהוה צְבָאוֹת לֵאמֹר הִנֵּה־אִישׁ צֶמַח שְׁמוֹ וּמִתַּחְתָּיו
יִצְמָח וּבָנָה אֶת־הֵיכַל יהוה׃ וְהוּא יִבְנֶה אֶת־הֵיכַל יהוה וְהוּא־ יג
יִשָּׂא הוֹד וְיָשַׁב וּמָשַׁל עַל־כִּסְאוֹ וְהָיָה כֹהֵן עַל־כִּסְאוֹ וַעֲצַת
יח שְׁלוֹם תִּהְיֶה בֵּין שְׁנֵיהֶם׃ וְהָעֲטָרֹת תִּהְיֶה לְחֵלֶם וּלְטוֹבִיָּה יד
וְלִידַעְיָה וּלְחֵן בֶּן־צְפַנְיָה לְזִכָּרוֹן בְּהֵיכַל יהוה׃ וּרְחוֹקִים יָבֹאוּ טו
וּבָנוּ בְּהֵיכַל יהוה וִידַעְתֶּם כִּי־יהוה צְבָאוֹת שְׁלָחַנִי אֲלֵיכֶם וְהָיָה
אִם־שָׁמוֹעַ תִּשְׁמְעוּן בְּקוֹל יהוה אֱלֹהֵיכֶם׃ וַיְהִי א ז
בִּשְׁנַת אַרְבַּע לְדָרְיָוֶשׁ הַמֶּלֶךְ הָיָה דְבַר־יהוה אֶל־זְכַרְיָה
בְּאַרְבָּעָה לַחֹדֶשׁ הַתְּשִׁעִי בְּכִסְלֵו׃ וַיִּשְׁלַח בֵּית־אֵל שַׂרְאֶצֶר ב
וְרֶגֶם מֶלֶךְ וַאֲנָשָׁיו לְחַלּוֹת אֶת־פְּנֵי יהוה׃ לֵאמֹר אֶל־ ג
הַכֹּהֲנִים אֲשֶׁר לְבֵית־יהוה צְבָאוֹת וְאֶל־הַנְּבִיאִים לֵאמֹר
הַאֶבְכֶּה בַּחֹדֶשׁ הַחֲמִשִׁי הִנָּזֵר כַּאֲשֶׁר עָשִׂיתִי זֶה כַּמֶּה
שָׁנִים׃ וַיְהִי דְּבַר־יהוה צְבָאוֹת אֵלַי לֵאמֹר׃ ד
אֱמֹר אֶל־כָּל־עַם הָאָרֶץ וְאֶל־הַכֹּהֲנִים לֵאמֹר כִּי־צַמְתֶּם וְסָפוֹד ה
בַּחֲמִישִׁי וּבַשְּׁבִיעִי וְזֶה שִׁבְעִים שָׁנָה הֲצוֹם צַמְתֻּנִי אָנִי׃ וְכִי ו
תֹאכְלוּ וְכִי תִשְׁתּוּ הֲלוֹא אַתֶּם הָאֹכְלִים וְאַתֶּם הַשֹּׁתִים׃ הֲלוֹא ז
אֶת־הַדְּבָרִים אֲשֶׁר קָרָא יהוה בְּיַד הַנְּבִיאִים הָרִאשֹׁנִים בִּהְיוֹת
יְרוּשָׁלִַם יֹשֶׁבֶת וּשְׁלֵוָה וְעָרֶיהָ סְבִיבֹתֶיהָ וְהַנֶּגֶב וְהַשְּׁפֵלָה
יֹשֵׁב׃ וַיְהִי דְּבַר־יהוה אֶל־זְכַרְיָה לֵאמֹר׃ כֹּה ח ט
אָמַר יהוה צְבָאוֹת לֵאמֹר מִשְׁפַּט אֱמֶת שְׁפֹטוּ וְחֶסֶד וְרַחֲמִים
עֲשׂוּ אִישׁ אֶת־אָחִיו׃ וְאַלְמָנָה וְיָתוֹם גֵּר וְעָנִי אַל־תַּעֲשֹׁקוּ י

ז

יא וְרָעַת֙ אִ֣ישׁ אָחִ֔יו אַֽל־תַּחְשְׁב֖וּ בִּלְבַבְכֶֽם׃ וַיְמָאֲנ֣וּ לְהַקְשִׁ֔יב
יב וַיִּתְּנ֥וּ כָתֵ֖ף סֹרָ֑רֶת וְאָזְנֵיהֶ֖ם הִכְבִּ֥ידוּ מִשְּׁמֽוֹעַ׃ וְלִבָּ֞ם שָׂ֣מוּ שָׁמִ֗יר
מִשְּׁמ֨וֹעַ אֶת־הַתּוֹרָ֜ה וְאֶת־הַדְּבָרִ֗ים אֲשֶׁ֨ר שָׁלַ֜ח יְהוָ֤ה צְבָאוֹת֙
בְּרוּח֔וֹ בְּיַ֖ד הַנְּבִיאִ֣ים הָרִאשֹׁנִ֑ים וַיְהִי֙ קֶ֣צֶף גָּד֔וֹל מֵאֵ֖ת יְהוָ֥ה
יג צְבָאֽוֹת׃ וַיְהִ֥י כַאֲשֶׁר־קָרָ֖א וְלֹ֣א שָׁמֵ֑עוּ כֵּ֤ן יִקְרְאוּ֙ וְלֹ֣א אֶשְׁמָ֔ע
יד אָמַ֖ר יְהוָ֥ה צְבָאֽוֹת׃ וְאֵסָעֲרֵ֗ם עַ֤ל כָּל־הַגּוֹיִם֙ אֲשֶׁ֣ר לֹֽא־יְדָע֔וּם
וְהָאָ֙רֶץ֙ נָשַׁ֣מָּה אַחֲרֵיהֶ֔ם מֵעֹבֵ֖ר וּמִשָּׁ֑ב וַיָּשִׂ֥ימוּ אֶֽרֶץ־חֶמְדָּ֖ה

ח

א ב לְשַׁמָּֽה׃ וַיְהִ֛י דְּבַר־יְהוָ֥ה צְבָא֖וֹת לֵאמֹֽר׃ כֹּ֤ה
אָמַר֙ יְהוָ֣ה צְבָא֔וֹת קִנֵּ֥אתִי לְצִיּ֖וֹן קִנְאָ֣ה גְדוֹלָ֑ה וְחֵמָ֥ה גְדוֹלָ֖ה
ג קִנֵּ֥אתִי לָֽהּ׃ כֹּ֚ה אָמַ֣ר יְהוָ֔ה שַׁ֣בְתִּי אֶל־צִיּ֔וֹן וְשָׁכַנְתִּ֖י
בְּת֣וֹךְ יְרוּשָׁלִָ֑ם וְנִקְרְאָ֤ה יְרוּשָׁלִַ֙ם֙ עִ֣יר הָֽאֱמֶ֔ת וְהַר־יְהוָ֥ה
ד צְבָא֖וֹת הַ֥ר הַקֹּֽדֶשׁ׃ כֹּ֤ה אָמַר֙ יְהוָ֣ה צְבָא֔וֹת עֹ֤ד
יֵֽשְׁבוּ֙ זְקֵנִ֣ים וּזְקֵנ֔וֹת בִּרְחֹב֖וֹת יְרוּשָׁלִָ֑ם וְאִ֧ישׁ מִשְׁעַנְתּ֛וֹ בְּיָד֖וֹ
ה מֵרֹ֥ב יָמִֽים׃ וּרְחֹב֤וֹת הָעִיר֙ יִמָּ֣לְא֔וּ יְלָדִ֖ים וִֽילָד֑וֹת מְשַׂחֲקִ֖ים
ו בִּרְחֹבֹתֶֽיהָ׃ כֹּ֣ה אָמַר֮ יְהוָ֣ה צְבָאוֹת֒ כִּ֣י יִפָּלֵ֗א
בְּעֵינֵי֙ שְׁאֵרִית֙ הָעָ֣ם הַזֶּ֔ה בַּיָּמִ֖ים הָהֵ֑ם גַּם־בְּעֵינַי֙ יִפָּלֵ֔א נְאֻ֖ם
ז יְהוָ֥ה צְבָאֽוֹת׃ כֹּ֤ה אָמַר֙ יְהוָ֣ה צְבָא֔וֹת הִנְנִ֛י
ח מוֹשִׁ֥יעַ אֶת־עַמִּ֖י מֵאֶ֣רֶץ מִזְרָ֑ח וּמֵאֶ֖רֶץ מְב֥וֹא הַשָּֽׁמֶשׁ׃ וְהֵבֵאתִ֣י
אֹתָ֔ם וְשָׁכְנ֖וּ בְּת֣וֹךְ יְרוּשָׁלִָ֑ם וְהָיוּ־לִ֣י לְעָ֗ם וַאֲנִ֞י אֶהְיֶ֥ה לָהֶ֛ם
ט לֵֽאלֹהִ֖ים בֶּאֱמֶ֥ת וּבִצְדָקָֽה׃ כֹּה־אָמַ֞ר יְהוָ֣ה
צְבָא֗וֹת תֶּחֱזַ֙קְנָה֙ יְדֵיכֶ֔ם הַשֹּׁמְעִים֙ בַּיָּמִ֣ים הָאֵ֔לֶּה אֵ֚ת הַדְּבָרִ֣ים
הָאֵ֔לֶּה מִפִּי֙ הַנְּבִיאִ֔ים אֲשֶׁ֗ר בְּיוֹם֙ יֻסַּ֣ד בֵּית־יְהוָ֣ה צְבָא֔וֹת
י הַהֵיכָ֖ל לְהִבָּנֽוֹת׃ כִּ֞י לִפְנֵי֙ הַיָּמִ֣ים הָהֵ֔ם שְׂכַ֤ר הָֽאָדָם֙ לֹ֣א נִהְיָ֔ה
וּשְׂכַ֥ר הַבְּהֵמָ֖ה אֵינֶ֑נָּה וְלַיּוֹצֵ֨א וְלַבָּ֜א אֵין־שָׁל֗וֹם מִן־הַצָּר֙ וַאֲשַׁלַּ֣ח
יא אֶת־כָּל־הָאָדָ֖ם אִ֥ישׁ בְּרֵעֵֽהוּ׃ וְעַתָּ֗ה לֹ֤א כַיָּמִים֙ הָרִ֣אשֹׁנִ֔ים אֲנִ֕י
יב לִשְׁאֵרִ֖ית הָעָ֣ם הַזֶּ֑ה נְאֻ֖ם יְהוָ֥ה צְבָאֽוֹת׃ כִּי־זֶ֣רַע הַשָּׁל֗וֹם
הַגֶּ֜פֶן תִּתֵּ֣ן פִּרְיָ֗הּ וְהָאָ֙רֶץ֙ תִּתֵּ֣ן אֶת־יְבוּלָ֔הּ וְהַשָּׁמַ֖יִם יִתְּנ֣וּ

יג טָלָם וְהִנְחַלְתִּי אֶת־שְׁאֵרִית הָעָם הַזֶּה אֶת־כָּל־אֵלֶּה׃ וְהָיָה
כַּאֲשֶׁר הֱיִיתֶם קְלָלָה בַּגּוֹיִם בֵּית יְהוּדָה וּבֵית יִשְׂרָאֵל
כֵּן אוֹשִׁיעַ אֶתְכֶם וִהְיִיתֶם בְּרָכָה אַל־תִּירָאוּ תֶּחֱזַקְנָה
יד יְדֵיכֶם׃ כִּי כֹה אָמַר יהוה צְבָאוֹת כַּאֲשֶׁר
זָמַמְתִּי לְהָרַע לָכֶם בְּהַקְצִיף אֲבֹתֵיכֶם אֹתִי אָמַר יהוה צְבָאוֹת
טו וְלֹא נִחָמְתִּי׃ כֵּן שַׁבְתִּי זָמַמְתִּי בַּיָּמִים הָאֵלֶּה לְהֵיטִיב אֶת־
טז יְרוּשָׁלִַם וְאֶת־בֵּית יְהוּדָה אַל־תִּירָאוּ׃ אֵלֶּה הַדְּבָרִים אֲשֶׁר
תַּעֲשׂוּ דַּבְּרוּ אֱמֶת אִישׁ אֶת־רֵעֵהוּ אֱמֶת וּמִשְׁפַּט שָׁלוֹם שִׁפְטוּ
יז בְּשַׁעֲרֵיכֶם׃ וְאִישׁ ׀ אֶת־רָעַת רֵעֵהוּ אַל־תַּחְשְׁבוּ בִּלְבַבְכֶם
וּשְׁבֻעַת שֶׁקֶר אַל־תֶּאֱהָבוּ כִּי אֶת־כָּל־אֵלֶּה אֲשֶׁר שָׂנֵאתִי נְאֻם־
יח יט יהוה׃ וַיְהִי דְּבַר־יהוה צְבָאוֹת אֵלַי לֵאמֹר׃ כֹּה־
אָמַר יהוה צְבָאוֹת צוֹם הָרְבִיעִי וְצוֹם הַחֲמִישִׁי וְצוֹם הַשְּׁבִיעִי
וְצוֹם הָעֲשִׂירִי יִהְיֶה לְבֵית־יְהוּדָה לְשָׂשׂוֹן וּלְשִׂמְחָה וּלְמֹעֲדִים
כ טוֹבִים וְהָאֱמֶת וְהַשָּׁלוֹם אֱהָבוּ׃ כֹּה אָמַר יהוה
כא צְבָאוֹת עֹד אֲשֶׁר יָבֹאוּ עַמִּים וְיֹשְׁבֵי עָרִים רַבּוֹת׃ וְהָלְכוּ יֹשְׁבֵי
אַחַת אֶל־אַחַת לֵאמֹר נֵלְכָה הָלוֹךְ לְחַלּוֹת אֶת־פְּנֵי יהוה
כב וּלְבַקֵּשׁ אֶת־יהוה צְבָאוֹת אֵלְכָה גַּם־אָנִי׃ וּבָאוּ עַמִּים רַבִּים
וְגוֹיִם עֲצוּמִים לְבַקֵּשׁ אֶת־יהוה צְבָאוֹת בִּירוּשָׁלִָם וּלְחַלּוֹת
כג אֶת־פְּנֵי יהוה׃ כֹּה־אָמַר יהוה צְבָאוֹת בַּיָּמִים יט
הָהֵמָּה אֲשֶׁר יַחֲזִיקוּ עֲשָׂרָה אֲנָשִׁים מִכֹּל לְשֹׁנוֹת הַגּוֹיִם וְהֶחֱזִיקוּ
בִּכְנַף אִישׁ יְהוּדִי לֵאמֹר נֵלְכָה עִמָּכֶם כִּי שָׁמַעְנוּ אֱלֹהִים
ט א עִמָּכֶם׃ מַשָּׂא דְבַר־יהוה בְּאֶרֶץ חַדְרָךְ וְדַמֶּשֶׂק
ב מְנֻחָתוֹ כִּי לַיהוה עֵין אָדָם וְכֹל שִׁבְטֵי יִשְׂרָאֵל׃ וְגַם־חֲמָת
ג תִּגְבָּל־בָּהּ צֹר וְצִידוֹן כִּי חָכְמָה מְאֹד׃ וַתִּבֶן צֹר מָצוֹר לָהּ
ד וַתִּצְבָּר־כֶּסֶף כֶּעָפָר וְחָרוּץ כְּטִיט חוּצוֹת׃ הִנֵּה אֲדֹנָי יוֹרִשֶׁנָּה
ה וְהִכָּה בַיָּם חֵילָהּ וְהִיא בָּאֵשׁ תֵּאָכֵל׃ תֵּרֶא אַשְׁקְלוֹן וְתִירָא
וְעַזָּה וְתָחִיל מְאֹד וְעֶקְרוֹן כִּי־הֹבִישׁ מֶבָּטָהּ וְאָבַד מֶלֶךְ מֵעַזָּה

ו וְאַשְׁקְלוֹן לֹא תֵשֵׁב׃ וְיָשַׁב מַמְזֵר בְּאַשְׁדּוֹד וְהִכְרַתִּי גְּאוֹן
ז פְּלִשְׁתִּים׃ וַהֲסִרֹתִי דָמָיו מִפִּיו וְשִׁקֻּצָיו מִבֵּין שִׁנָּיו וְנִשְׁאַר גַּם־
ח הוּא לֵאלֹהֵינוּ וְהָיָה כְּאַלֻּף בִּיהוּדָה וְעֶקְרוֹן כִּיבוּסִי׃ וְחָנִיתִי
לְבֵיתִי מִצָּבָה מֵעֹבֵר וּמִשָּׁב וְלֹא־יַעֲבֹר עֲלֵיהֶם עוֹד נֹגֵשׂ כִּי
ט עַתָּה רָאִיתִי בְעֵינָי׃ גִּילִי מְאֹד בַּת־צִיּוֹן הָרִיעִי
בַּת יְרוּשָׁלִַם הִנֵּה מַלְכֵּךְ יָבוֹא לָךְ צַדִּיק וְנוֹשָׁע הוּא עָנִי וְרֹכֵב
י עַל־חֲמוֹר וְעַל־עַיִר בֶּן־אֲתֹנוֹת׃ וְהִכְרַתִּי־רֶכֶב מֵאֶפְרַיִם וְסוּס
מִירוּשָׁלִַם וְנִכְרְתָה קֶשֶׁת מִלְחָמָה וְדִבֶּר שָׁלוֹם לַגּוֹיִם וּמָשְׁלוֹ
יא מִיָּם עַד־יָם וּמִנָּהָר עַד־אַפְסֵי־אָרֶץ׃ גַּם־אַתְּ בְּדַם־בְּרִיתֵךְ
יב שִׁלַּחְתִּי אֲסִירַיִךְ מִבּוֹר אֵין מַיִם בּוֹ׃ שׁוּבוּ לְבִצָּרוֹן אֲסִירֵי
יג הַתִּקְוָה גַּם־הַיּוֹם מַגִּיד מִשְׁנֶה אָשִׁיב לָךְ׃ כִּי־דָרַכְתִּי לִי יְהוּדָה
קֶשֶׁת מִלֵּאתִי אֶפְרַיִם וְעוֹרַרְתִּי בָנַיִךְ צִיּוֹן עַל־בָּנַיִךְ יָוָן וְשַׂמְתִּיךְ
יד כְּחֶרֶב גִּבּוֹר׃ וַיהוָה עֲלֵיהֶם יֵרָאֶה וְיָצָא כַבָּרָק חִצּוֹ וַאדֹנָי יֱהוִה
טו בַּשּׁוֹפָר יִתְקָע וְהָלַךְ בְּסַעֲרוֹת תֵּימָן׃ יְהוָה צְבָאוֹת יָגֵן עֲלֵיהֶם
וְאָכְלוּ וְכָבְשׁוּ אַבְנֵי־קֶלַע וְשָׁתוּ הָמוּ כְּמוֹ־יָיִן וּמָלְאוּ כַּמִּזְרָק
טז כְּזָוִיּוֹת מִזְבֵּחַ׃ וְהוֹשִׁיעָם יְהוָה אֱלֹהֵיהֶם בַּיּוֹם הַהוּא כְּצֹאן עַמּוֹ
יז כִּי אַבְנֵי־נֵזֶר מִתְנוֹסְסוֹת עַל־אַדְמָתוֹ׃ כִּי מַה־טּוּבוֹ וּמַה־יָּפְיוֹ
י א דָּגָן בַּחוּרִים וְתִירוֹשׁ יְנוֹבֵב בְּתֻלוֹת׃ שַׁאֲלוּ מֵיְהוָה מָטָר בְּעֵת
מַלְקוֹשׁ יְהוָה עֹשֶׂה חֲזִיזִים וּמְטַר־גֶּשֶׁם יִתֵּן לָהֶם לְאִישׁ עֵשֶׂב
ב בַּשָּׂדֶה׃ כִּי הַתְּרָפִים דִּבְּרוּ־אָוֶן וְהַקּוֹסְמִים חָזוּ שֶׁקֶר וַחֲלֹמוֹת
הַשָּׁוְא יְדַבֵּרוּ הֶבֶל יְנַחֵמוּן עַל־כֵּן נָסְעוּ כְמוֹ־צֹאן יַעֲנוּ כִּי־אֵין
ג רֹעֶה׃ עַל־הָרֹעִים חָרָה אַפִּי וְעַל־הָעַתּוּדִים
אֶפְקוֹד כִּי־פָקַד יְהוָה צְבָאוֹת אֶת־עֶדְרוֹ אֶת־בֵּית יְהוּדָה וְשָׂם
ד אוֹתָם כְּסוּס הוֹדוֹ בַּמִּלְחָמָה׃ מִמֶּנּוּ פִנָּה מִמֶּנּוּ יָתֵד מִמֶּנּוּ קֶשֶׁת
ה מִלְחָמָה מִמֶּנּוּ יֵצֵא כָל־נוֹגֵשׂ יַחְדָּו׃ וְהָיוּ כְגִבֹּרִים בּוֹסִים בְּטִיט
חוּצוֹת בַּמִּלְחָמָה וְנִלְחֲמוּ כִּי יְהוָה עִמָּם וְהֹבִישׁוּ רֹכְבֵי סוּסִים׃
ו וְגִבַּרְתִּי ׀ אֶת־בֵּית יְהוּדָה וְאֶת־בֵּית יוֹסֵף אוֹשִׁיעַ וְהוֹשְׁבוֹתִים

כִּי רִחַמְתִּים וְהָיוּ כַּאֲשֶׁר לֹא־זְנַחְתִּים כִּי אֲנִי יְהוָה אֱלֹהֵיהֶם
ז וְאֶעֱנֵם: וְהָיוּ כְגִבּוֹר אֶפְרַיִם וְשָׂמַח לִבָּם כְּמוֹ־יָיִן וּבְנֵיהֶם יִרְאוּ
ח וְשָׂמֵחוּ יָגֵל לִבָּם בַּיהוָה: אֶשְׁרְקָה לָהֶם וַאֲקַבְּצֵם כִּי פְדִיתִים
ט וְרָבוּ כְּמוֹ רָבוּ: וְאֶזְרָעֵם בָּעַמִּים וּבַמֶּרְחַקִּים יִזְכְּרוּנִי וְחָיוּ אֶת־
י בְּנֵיהֶם וָשָׁבוּ: וַהֲשִׁבוֹתִים מֵאֶרֶץ מִצְרַיִם וּמֵאַשּׁוּר אֲקַבְּצֵם וְאֶל־
יא אֶרֶץ גִּלְעָד וּלְבָנוֹן אֲבִיאֵם וְלֹא יִמָּצֵא לָהֶם: וְעָבַר בַּיָּם צָרָה
וְהִכָּה בַיָּם גַּלִּים וְהֹבִישׁוּ כֹּל מְצוּלוֹת יְאֹר וְהוּרַד גְּאוֹן אַשּׁוּר
יב וְשֵׁבֶט מִצְרַיִם יָסוּר: וְגִבַּרְתִּים בַּיהוָה וּבִשְׁמוֹ יִתְהַלָּכוּ נְאֻם
יא א יְהוָה: פְּתַח לְבָנוֹן דְּלָתֶיךָ וְתֹאכַל אֵשׁ בַּאֲרָזֶיךָ:
ב הֵילֵל בְּרוֹשׁ כִּי־נָפַל אֶרֶז אֲשֶׁר אַדִּרִים שֻׁדָּדוּ הֵילִילוּ אַלּוֹנֵי בָשָׁן
ג הַבָּצִיר כִּי יָרַד יַעַר הבצור: קוֹל יִלְלַת הָרֹעִים כִּי שֻׁדְּדָה אַדַּרְתָּם קוֹל
ד שַׁאֲגַת כְּפִירִים כִּי שֻׁדַּד גְּאוֹן הַיַּרְדֵּן: כֹּה אָמַר
ה יְהוָה אֱלֹהָי רְעֵה אֶת־צֹאן הַהֲרֵגָה: אֲשֶׁר קֹנֵיהֶן יַהַרְגֻן וְלֹא
יֶאְשָׁמוּ וּמֹכְרֵיהֶן יֹאמַר בָּרוּךְ יְהוָה וַאעְשִׁר וְרֹעֵיהֶם לֹא יַחְמוֹל
ו עֲלֵיהֶן: כִּי לֹא אֶחְמוֹל עוֹד עַל־יֹשְׁבֵי הָאָרֶץ נְאֻם־יְהוָה וְהִנֵּה
אָנֹכִי מַמְצִיא אֶת־הָאָדָם אִישׁ בְּיַד־רֵעֵהוּ וּבְיַד מַלְכּוֹ וְכִתְּתוּ
ז אֶת־הָאָרֶץ וְלֹא אַצִּיל מִיָּדָם: וָאֶרְעֶה אֶת־צֹאן הַהֲרֵגָה לָכֵן
עֲנִיֵּי הַצֹּאן וָאֶקַּח־לִי שְׁנֵי מַקְלוֹת לְאַחַד קָרָאתִי נֹעַם וּלְאַחַד
ח קָרָאתִי חֹבְלִים וָאֶרְעֶה אֶת־הַצֹּאן: וָאַכְחִד אֶת־שְׁלֹשֶׁת הָרֹעִים
ט בְּיֶרַח אֶחָד וַתִּקְצַר נַפְשִׁי בָּהֶם וְגַם־נַפְשָׁם בָּחֲלָה בִי: וָאֹמַר לֹא
אֶרְעֶה אֶתְכֶם הַמֵּתָה תָמוּת וְהַנִּכְחֶדֶת תִּכָּחֵד וְהַנִּשְׁאָרוֹת
י תֹּאכַלְנָה אִשָּׁה אֶת־בְּשַׂר רְעוּתָהּ: וָאֶקַּח אֶת־מַקְלִי אֶת־נֹעַם
וָאֶגְדַּע אֹתוֹ לְהָפֵיר אֶת־בְּרִיתִי אֲשֶׁר כָּרַתִּי אֶת־כָּל־הָעַמִּים:
יא וַתֻּפַר בַּיּוֹם הַהוּא וַיֵּדְעוּ כֵן עֲנִיֵּי הַצֹּאן הַשֹּׁמְרִים אֹתִי כִּי דְבַר־
יב יְהוָה הוּא: וָאֹמַר אֲלֵיהֶם אִם־טוֹב בְּעֵינֵיכֶם הָבוּ שְׂכָרִי וְאִם־
יג לֹא ׀ חֲדָלוּ וַיִּשְׁקְלוּ אֶת־שְׂכָרִי שְׁלֹשִׁים כָּסֶף: וַיֹּאמֶר יְהוָה אֵלַי
הַשְׁלִיכֵהוּ אֶל־הַיּוֹצֵר אֶדֶר הַיְקָר אֲשֶׁר יָקַרְתִּי מֵעֲלֵיהֶם וָאֶקְחָה

יד שְׁלֹשִׁים הַכֶּסֶף וָאַשְׁלִיךְ אֹתוֹ בֵּית יְהוָה אֶל־הַיּוֹצֵר׃ וָאֶגְדַּע
אֶת־מַקְלִי הַשֵּׁנִי אֵת הַחֹבְלִים לְהָפֵר אֶת־הָאַחֲוָה בֵּין יְהוּדָה
טו וּבֵין יִשְׂרָאֵל׃ וַיֹּאמֶר יְהוָה אֵלָי עוֹד קַח־לְךָ כְּלִי
טז רֹעֶה אֱוִלִי׃ כִּי הִנֵּה־אָנֹכִי מֵקִים רֹעֶה בָּאָרֶץ הַנִּכְחָדוֹת לֹא־
יִפְקֹד הַנַּעַר לֹא־יְבַקֵּשׁ וְהַנִּשְׁבֶּרֶת לֹא יְרַפֵּא הַנִּצָּבָה לֹא יְכַלְכֵּל
יז וּבְשַׂר הַבְּרִיאָה יֹאכַל וּפַרְסֵיהֶן יְפָרֵק׃ הוֹי רֹעִי הָאֱלִיל עֹזְבִי
הַצֹּאן חֶרֶב עַל־זְרוֹעוֹ וְעַל־עֵין יְמִינוֹ זְרֹעוֹ יָבוֹשׁ תִּיבָשׁ וְעֵין
יב א יְמִינוֹ כָּהֹה תִכְהֶה׃ מַשָּׂא דְבַר־יְהוָה עַל־ כ
יִשְׂרָאֵל נְאֻם־יְהוָה נֹטֶה שָׁמַיִם וְיֹסֵד אָרֶץ וְיֹצֵר רוּחַ־אָדָם
ב בְּקִרְבּוֹ׃ הִנֵּה אָנֹכִי שָׂם אֶת־יְרוּשָׁלַםִ סַף־רַעַל לְכָל־הָעַמִּים
ג סָבִיב וְגַם עַל־יְהוּדָה יִהְיֶה בַמָּצוֹר עַל־יְרוּשָׁלָםִ׃ וְהָיָה בַיּוֹם־
הַהוּא אָשִׂים אֶת־יְרוּשָׁלַםִ אֶבֶן מַעֲמָסָה לְכָל־הָעַמִּים כָּל־
ד עֹמְסֶיהָ שָׂרוֹט יִשָּׂרֵטוּ וְנֶאֶסְפוּ עָלֶיהָ כֹּל גּוֹיֵי הָאָרֶץ׃ בַּיּוֹם הַהוּא
נְאֻם־יְהוָה אַכֶּה כָל־סוּס בַּתִּמָּהוֹן וְרֹכְבוֹ בַּשִּׁגָּעוֹן וְעַל־בֵּית
ה יְהוּדָה אֶפְקַח אֶת־עֵינַי וְכֹל סוּס הָעַמִּים אַכֶּה בַּעִוָּרוֹן׃ וְאָמְרוּ
אַלֻּפֵי יְהוּדָה בְּלִבָּם אַמְצָה לִי יֹשְׁבֵי יְרוּשָׁלַםִ בַּיהוָה צְבָאוֹת
ו אֱלֹהֵיהֶם׃ בַּיּוֹם הַהוּא אָשִׂים אֶת־אַלֻּפֵי יְהוּדָה כְּכִיּוֹר אֵשׁ
בְּעֵצִים וּכְלַפִּיד אֵשׁ בְּעָמִיר וְאָכְלוּ עַל־יָמִין וְעַל־שְׂמֹאול אֶת־
כָּל־הָעַמִּים סָבִיב וְיָשְׁבָה יְרוּשָׁלַםִ עוֹד תַּחְתֶּיהָ בִּירוּשָׁלָםִ׃
ז וְהוֹשִׁיעַ יְהוָה אֶת־אָהֳלֵי יְהוּדָה בָּרִאשֹׁנָה לְמַעַן לֹא־תִגְדַּל
ח תִּפְאֶרֶת בֵּית־דָּוִיד וְתִפְאֶרֶת יֹשֵׁב יְרוּשָׁלַםִ עַל־יְהוּדָה׃ בַּיּוֹם
הַהוּא יָגֵן יְהוָה בְּעַד יוֹשֵׁב יְרוּשָׁלַםִ וְהָיָה הַנִּכְשָׁל בָּהֶם בַּיּוֹם
ט הַהוּא כְּדָוִיד וּבֵית דָּוִיד כֵּאלֹהִים כְּמַלְאַךְ יְהוָה לִפְנֵיהֶם׃ וְהָיָה
בַּיּוֹם הַהוּא אֲבַקֵּשׁ לְהַשְׁמִיד אֶת־כָּל־הַגּוֹיִם הַבָּאִים עַל־
י יְרוּשָׁלָםִ׃ וְשָׁפַכְתִּי עַל־בֵּית דָּוִיד וְעַל ׀ יוֹשֵׁב יְרוּשָׁלַםִ רוּחַ חֵן
וְתַחֲנוּנִים וְהִבִּיטוּ אֵלַי אֵת אֲשֶׁר־דָּקָרוּ וְסָפְדוּ עָלָיו כְּמִסְפֵּד עַל־
יא הַיָּחִיד וְהָמֵר עָלָיו כְּהָמֵר עַל־הַבְּכוֹר׃ בַּיּוֹם הַהוּא יִגְדַּל הַמִּסְפֵּד

יא בִּירוּשָׁלִָם כְּמִסְפַּד הֲדַדְרִמּוֹן בְּבִקְעַת מְגִדּוֹן׃ וְסָפְדָה הָאָרֶץ
מִשְׁפָּחוֹת מִשְׁפָּחוֹת לְבָד מִשְׁפַּחַת בֵּית־דָּוִיד לְבָד וּנְשֵׁיהֶם לְבָד
יג מִשְׁפַּחַת בֵּית־נָתָן לְבָד וּנְשֵׁיהֶם לְבָד׃ מִשְׁפַּחַת בֵּית־לֵוִי
יד לְבָד וּנְשֵׁיהֶם לְבָד מִשְׁפַּחַת הַשִּׁמְעִי לְבָד וּנְשֵׁיהֶם לְבָד׃ כֹּל
הַמִּשְׁפָּחוֹת הַנִּשְׁאָרוֹת מִשְׁפָּחֹת מִשְׁפָּחֹת לְבָד וּנְשֵׁיהֶם לְבָד׃
יג א בַּיּוֹם הַהוּא יִהְיֶה מָקוֹר נִפְתָּח לְבֵית דָּוִיד וּלְיֹשְׁבֵי יְרוּשָׁלִָם
ב לְחַטָּאת וּלְנִדָּה׃ וְהָיָה בַיּוֹם הַהוּא נְאֻם ׀ יְהוָה צְבָאוֹת אַכְרִית
אֶת־שְׁמוֹת הָעֲצַבִּים מִן־הָאָרֶץ וְלֹא יִזָּכְרוּ עוֹד וְגַם אֶת־
ג הַנְּבִיאִים וְאֶת־רוּחַ הַטֻּמְאָה אַעֲבִיר מִן־הָאָרֶץ׃ וְהָיָה כִּי־יִנָּבֵא
אִישׁ עוֹד וְאָמְרוּ אֵלָיו אָבִיו וְאִמּוֹ יֹלְדָיו לֹא תִחְיֶה כִּי שֶׁקֶר
ד דִּבַּרְתָּ בְּשֵׁם יְהוָה וּדְקָרֻהוּ אָבִיהוּ וְאִמּוֹ יֹלְדָיו בְּהִנָּבְאוֹ׃ וְהָיָה ׀
בַּיּוֹם הַהוּא יֵבֹשׁוּ הַנְּבִיאִים אִישׁ מֵחֶזְיֹנוֹ בְּהִנָּבְאֹתוֹ וְלֹא
ה יִלְבְּשׁוּ אַדֶּרֶת שֵׂעָר לְמַעַן כַּחֵשׁ׃ וְאָמַר לֹא נָבִיא אָנֹכִי
ו אִישׁ־עֹבֵד אֲדָמָה אָנֹכִי כִּי־אָדָם הִקְנַנִי מִנְּעוּרָי׃ וְאָמַר
אֵלָיו מָה הַמַּכּוֹת הָאֵלֶּה בֵּין יָדֶיךָ וְאָמַר אֲשֶׁר הֻכֵּיתִי בֵּית
ז מְאַהֲבָי׃ חֶרֶב עוּרִי עַל־רֹעִי וְעַל־גֶּבֶר עֲמִיתִי
נְאֻם יְהוָה צְבָאוֹת הַךְ אֶת־הָרֹעֶה וּתְפוּצֶיןָ הַצֹּאן וַהֲשִׁבֹתִי יָדִי
ח עַל־הַצֹּעֲרִים׃ וְהָיָה בְכָל־הָאָרֶץ נְאֻם־יְהוָה פִּי־שְׁנַיִם בָּהּ יִכָּרְתוּ
ט יִגְוָעוּ וְהַשְּׁלִשִׁית יִוָּתֶר בָּהּ׃ וְהֵבֵאתִי אֶת־הַשְּׁלִשִׁית בָּאֵשׁ
וּצְרַפְתִּים כִּצְרֹף אֶת־הַכֶּסֶף וּבְחַנְתִּים כִּבְחֹן אֶת־הַזָּהָב הוּא ׀
יִקְרָא בִשְׁמִי וַאֲנִי אֶעֱנֶה אֹתוֹ אָמַרְתִּי עַמִּי הוּא וְהוּא יֹאמַר
יד א יְהוָה אֱלֹהָי׃ הִנֵּה יוֹם־בָּא לַיהוָה וְחֻלַּק שְׁלָלֵךְ
ב בְּקִרְבֵּךְ׃ וְאָסַפְתִּי אֶת־כָּל־הַגּוֹיִם ׀ אֶל־יְרוּשָׁלִַם לַמִּלְחָמָה
וְנִלְכְּדָה הָעִיר וְנָשַׁסּוּ הַבָּתִּים וְהַנָּשִׁים תשגלנה וְיָצָא חֲצִי תִּשָּׁכַבְנָה
ג הָעִיר בַּגּוֹלָה וְיֶתֶר הָעָם לֹא יִכָּרֵת מִן־הָעִיר׃ וְיָצָא יְהוָה וְנִלְחַם
ד בַּגּוֹיִם הָהֵם כְּיוֹם הִלָּחֲמוֹ בְּיוֹם קְרָב׃ וְעָמְדוּ רַגְלָיו בַּיּוֹם־הַהוּא
עַל־הַר הַזֵּיתִים אֲשֶׁר עַל־פְּנֵי יְרוּשָׁלִַם מִקֶּדֶם וְנִבְקַע הַר הַזֵּיתִים

מֶחֶצְיוֹ מִזְרָחָה וָיָמָּה גֵּיא גְּדוֹלָה מְאֹד וּמָשׁ חֲצִי הָהָר צָפוֹנָה
ה וְחֶצְיוֹ נֶגְבָּה׃ וְנַסְתֶּם גֵּיא־הָרַי כִּי־יַגִּיעַ גֵּי־הָרִים אֶל־אָצַל וְנַסְתֶּם
כַּאֲשֶׁר נַסְתֶּם מִפְּנֵי הָרַעַשׁ בִּימֵי עֻזִּיָּה מֶלֶךְ־יְהוּדָה וּבָא יְהוָה
ו אֱלֹהַי כָּל־קְדֹשִׁים עִמָּךְ׃ וְהָיָה בַּיּוֹם הַהוּא לֹא־יִהְיֶה אוֹר יְקָרוֹת
ז יקפאון׃ וְהָיָה יוֹם־אֶחָד הוּא יִוָּדַע לַיהוָה לֹא־יוֹם וְלֹא־לָיְלָה וְקִפָּאוֹן
ח וְהָיָה לְעֵת־עֶרֶב יִהְיֶה־אוֹר׃ וְהָיָה ׀ בַּיּוֹם הַהוּא יֵצְאוּ מַיִם־חַיִּים
מִירוּשָׁלִַם חֶצְיָם אֶל־הַיָּם הַקַּדְמוֹנִי וְחֶצְיָם אֶל־הַיָּם הָאַחֲרוֹן
ט בַּקַּיִץ וּבָחֹרֶף יִהְיֶה׃ וְהָיָה יְהוָה לְמֶלֶךְ עַל־כָּל־הָאָרֶץ בַּיּוֹם
י הַהוּא יִהְיֶה יְהוָה אֶחָד וּשְׁמוֹ אֶחָד׃ יִסּוֹב כָּל־הָאָרֶץ כָּעֲרָבָה
מִגֶּבַע לְרִמּוֹן נֶגֶב יְרוּשָׁלִָם וְרָאֲמָה וְיָשְׁבָה תַחְתֶּיהָ לְמִשַּׁעַר
בִּנְיָמִן עַד־מְקוֹם שַׁעַר הָרִאשׁוֹן עַד־שַׁעַר הַפִּנִּים וּמִגְדַּל חֲנַנְאֵל
יא עַד יִקְבֵי הַמֶּלֶךְ׃ וְיָשְׁבוּ בָהּ וְחֵרֶם לֹא יִהְיֶה־עוֹד וְיָשְׁבָה יְרוּשָׁלִַם
יב לָבֶטַח׃ וְזֹאת ׀ תִּהְיֶה הַמַּגֵּפָה אֲשֶׁר יִגֹּף יְהוָה
אֶת־כָּל־הָעַמִּים אֲשֶׁר צָבְאוּ עַל־יְרוּשָׁלִָם הָמֵק ׀ בְּשָׂרוֹ וְהוּא
עֹמֵד עַל־רַגְלָיו וְעֵינָיו תִּמַּקְנָה בְחֹרֵיהֶן וּלְשׁוֹנוֹ תִּמַּק בְּפִיהֶם׃
יג וְהָיָה בַּיּוֹם הַהוּא תִּהְיֶה מְהוּמַת־יְהוָה רַבָּה בָּהֶם וְהֶחֱזִיקוּ אִישׁ
יד יַד רֵעֵהוּ וְעָלְתָה יָדוֹ עַל־יַד רֵעֵהוּ׃ וְגַם־יְהוּדָה תִּלָּחֵם בִּירוּשָׁלִָם
טו וְאֻסַּף חֵיל כָּל־הַגּוֹיִם סָבִיב זָהָב וָכֶסֶף וּבְגָדִים לָרֹב מְאֹד׃ וְכֵן
תִּהְיֶה מַגֵּפַת הַסּוּס הַפֶּרֶד הַגָּמָל וְהַחֲמוֹר וְכָל־הַבְּהֵמָה אֲשֶׁר
טז יִהְיֶה בַּמַּחֲנוֹת הָהֵמָּה כַּמַּגֵּפָה הַזֹּאת׃ וְהָיָה כָּל־הַנּוֹתָר מִכָּל־
הַגּוֹיִם הַבָּאִים עַל־יְרוּשָׁלִָם וְעָלוּ מִדֵּי שָׁנָה בְשָׁנָה לְהִשְׁתַּחֲוֺת
יז לְמֶלֶךְ יְהוָה צְבָאוֹת וְלָחֹג אֶת־חַג הַסֻּכּוֹת׃ וְהָיָה אֲשֶׁר לֹא־
יַעֲלֶה מֵאֵת מִשְׁפְּחוֹת הָאָרֶץ אֶל־יְרוּשָׁלִַם לְהִשְׁתַּחֲוֺת לְמֶלֶךְ
יח יְהוָה צְבָאוֹת וְלֹא עֲלֵיהֶם יִהְיֶה הַגָּשֶׁם׃ וְאִם־מִשְׁפַּחַת מִצְרַיִם
לֹא־תַעֲלֶה וְלֹא בָאָה וְלֹא עֲלֵיהֶם תִּהְיֶה הַמַּגֵּפָה אֲשֶׁר יִגֹּף
יְהוָה אֶת־הַגּוֹיִם אֲשֶׁר לֹא יַעֲלוּ לָחֹג אֶת־חַג הַסֻּכּוֹת׃
יט זֹאת תִּהְיֶה חַטַּאת מִצְרָיִם וְחַטַּאת כָּל־הַגּוֹיִם אֲשֶׁר לֹא

יַעֲלוּ לָחֹג אֶת־חַג הַסֻּכּוֹת׃ בַּיּוֹם הַהוּא יִהְיֶה עַל־מְצִלּוֹת כ
הַסּוּס קֹדֶשׁ לַיהוָה וְהָיָה הַסִּירוֹת בְּבֵית יְהוָה כַּמִּזְרָקִים
כא לִפְנֵי הַמִּזְבֵּחַ׃ וְהָיָה כָּל־סִיר בִּירוּשָׁלִַם וּבִיהוּדָה קֹדֶשׁ כא
לַיהוָה צְבָאוֹת וּבָאוּ כָּל־הַזֹּבְחִים וְלָקְחוּ מֵהֶם וּבִשְּׁלוּ בָהֶם
וְלֹא־יִהְיֶה כְנַעֲנִי עוֹד בְּבֵית־יְהוָה צְבָאוֹת בַּיּוֹם הַהוּא׃

מלאכי

מַשָּׂא דְבַר־יְהוָה אֶל־יִשְׂרָאֵל בְּיַד מַלְאָכִי׃ אָהַבְתִּי אֶתְכֶם א ב א
אָמַר יְהוָה וַאֲמַרְתֶּם בַּמָּה אֲהַבְתָּנוּ הֲלוֹא־אָח עֵשָׂו לְיַעֲקֹב
נְאֻם־יְהוָה וָאֹהַב אֶת־יַעֲקֹב׃ וְאֶת־עֵשָׂו שָׂנֵאתִי וָאָשִׂים אֶת־ ג
הָרָיו שְׁמָמָה וְאֶת־נַחֲלָתוֹ לְתַנּוֹת מִדְבָּר׃ כִּי־תֹאמַר אֱדוֹם ד
רֻשַּׁשְׁנוּ וְנָשׁוּב וְנִבְנֶה חֳרָבוֹת כֹּה אָמַר יְהוָה צְבָאוֹת הֵמָּה יִבְנוּ
וַאֲנִי אֶהֱרוֹס וְקָרְאוּ לָהֶם גְּבוּל רִשְׁעָה וְהָעָם אֲשֶׁר־זָעַם יְהוָה
עַד־עוֹלָם׃ וְעֵינֵיכֶם תִּרְאֶינָה וְאַתֶּם תֹּאמְרוּ יִגְדַּל יְהוָה מֵעַל ה
לִגְבוּל יִשְׂרָאֵל׃ בֵּן יְכַבֵּד אָב וְעֶבֶד אֲדֹנָיו וְאִם־אָב אָנִי אַיֵּה ו
כְבוֹדִי וְאִם־אֲדוֹנִים אָנִי אַיֵּה מוֹרָאִי אָמַר ׀ יְהוָה צְבָאוֹת לָכֶם
הַכֹּהֲנִים בּוֹזֵי שְׁמִי וַאֲמַרְתֶּם בַּמֶּה בָזִינוּ אֶת־שְׁמֶךָ׃ מַגִּישִׁים ז
עַל־מִזְבְּחִי לֶחֶם מְגֹאָל וַאֲמַרְתֶּם בַּמֶּה גֵאַלְנוּךָ בֶּאֱמָרְכֶם שֻׁלְחַן
יְהוָה נִבְזֶה הוּא׃ וְכִי־תַגִּשׁוּן עִוֵּר לִזְבֹּחַ אֵין רָע וְכִי תַגִּישׁוּ ח
פִּסֵּחַ וְחֹלֶה אֵין רָע הַקְרִיבֵהוּ נָא לְפֶחָתֶךָ הֲיִרְצְךָ אוֹ הֲיִשָּׂא
פָנֶיךָ אָמַר יְהוָה צְבָאוֹת׃ וְעַתָּה חַלּוּ־נָא פְנֵי־אֵל וִיחָנֵנוּ מִיֶּדְכֶם ט
הָיְתָה זֹּאת הֲיִשָּׂא מִכֶּם פָּנִים אָמַר יְהוָה צְבָאוֹת׃ מִי גַם־בָּכֶם י
וְיִסְגֹּר דְּלָתַיִם וְלֹא־תָאִירוּ מִזְבְּחִי חִנָּם אֵין־לִי חֵפֶץ בָּכֶם אָמַר
יְהוָה צְבָאוֹת וּמִנְחָה לֹא־אֶרְצֶה מִיֶּדְכֶם׃ כִּי מִמִּזְרַח־שֶׁמֶשׁ יא
וְעַד־מְבוֹאוֹ גָּדוֹל שְׁמִי בַּגּוֹיִם וּבְכָל־מָקוֹם מֻקְטָר מֻגָּשׁ לִשְׁמִי
וּמִנְחָה טְהוֹרָה כִּי־גָדוֹל שְׁמִי בַּגּוֹיִם אָמַר יְהוָה צְבָאוֹת׃ וְאַתֶּם יב

מְחַלְּלִים אוֹתוֹ בֶּאֱמָרְכֶם שֻׁלְחַן אֲדֹנָי מְגֹאָל הוּא וְנִיבוֹ נִבְזֶה
יג אָכְלוֹ׃ וַאֲמַרְתֶּם הִנֵּה מַתְּלָאָה וְהִפַּחְתֶּם אוֹתוֹ אָמַר יְהֹוָה
צְבָאוֹת וַהֲבֵאתֶם גָּזוּל וְאֶת־הַפִּסֵּחַ וְאֶת־הַחוֹלֶה וַהֲבֵאתֶם אֶת־
יד הַמִּנְחָה הַאֶרְצֶה אוֹתָהּ מִיֶּדְכֶם אָמַר יְהֹוָה׃ וְאָרוּר נוֹכֵל וְיֵשׁ
בְּעֶדְרוֹ זָכָר וְנֹדֵר וְזֹבֵחַ מָשְׁחָת לַאדֹנָי כִּי מֶלֶךְ גָּדוֹל אָנִי אָמַר
ב א יְהֹוָה צְבָאוֹת וּשְׁמִי נוֹרָא בַגּוֹיִם׃ וְעַתָּה אֲלֵיכֶם הַמִּצְוָה הַזֹּאת
ב הַכֹּהֲנִים׃ אִם־לֹא תִשְׁמְעוּ וְאִם־לֹא תָשִׂימוּ עַל־לֵב לָתֵת כָּבוֹד
לִשְׁמִי אָמַר יְהֹוָה צְבָאוֹת וְשִׁלַּחְתִּי בָכֶם אֶת־הַמְּאֵרָה וְאָרוֹתִי
ג אֶת־בִּרְכוֹתֵיכֶם וְגַם אָרוֹתִיהָ כִּי אֵינְכֶם שָׂמִים עַל־לֵב׃ הִנְנִי
גֹעֵר לָכֶם אֶת־הַזֶּרַע וְזֵרִיתִי פֶרֶשׁ עַל־פְּנֵיכֶם פֶּרֶשׁ חַגֵּיכֶם וְנָשָׂא
ד אֶתְכֶם אֵלָיו׃ וִידַעְתֶּם כִּי שִׁלַּחְתִּי אֲלֵיכֶם אֵת הַמִּצְוָה הַזֹּאת
ה לִהְיוֹת בְּרִיתִי אֶת־לֵוִי אָמַר יְהֹוָה צְבָאוֹת׃ בְּרִיתִי ׀ הָיְתָה אִתּוֹ
הַחַיִּים וְהַשָּׁלוֹם וָאֶתְּנֵם־לוֹ מוֹרָא וַיִּירָאֵנִי וּמִפְּנֵי שְׁמִי נִחַת הוּא׃
ו תּוֹרַת אֱמֶת הָיְתָה בְּפִיהוּ וְעַוְלָה לֹא־נִמְצָא בִשְׂפָתָיו בְּשָׁלוֹם
ז וּבְמִישׁוֹר הָלַךְ אִתִּי וְרַבִּים הֵשִׁיב מֵעָוֺן׃ כִּי־שִׂפְתֵי כֹהֵן יִשְׁמְרוּ־
ח דַעַת וְתוֹרָה יְבַקְשׁוּ מִפִּיהוּ כִּי מַלְאַךְ יְהֹוָה־צְבָאוֹת הוּא׃ וְאַתֶּם
סַרְתֶּם מִן־הַדֶּרֶךְ הִכְשַׁלְתֶּם רַבִּים בַּתּוֹרָה שִׁחַתֶּם בְּרִית הַלֵּוִי
ט אָמַר יְהֹוָה צְבָאוֹת׃ וְגַם־אֲנִי נָתַתִּי אֶתְכֶם נִבְזִים וּשְׁפָלִים לְכָל־
הָעָם כְּפִי אֲשֶׁר אֵינְכֶם שֹׁמְרִים אֶת־דְּרָכַי וְנֹשְׂאִים פָּנִים
י בַּתּוֹרָה׃ הֲלוֹא אָב אֶחָד לְכֻלָּנוּ הֲלוֹא אֵל אֶחָד בְּרָאָנוּ מַדּוּעַ
יא נִבְגַּד אִישׁ בְּאָחִיו לְחַלֵּל בְּרִית אֲבֹתֵינוּ׃ בָּגְדָה יְהוּדָה
וְתוֹעֵבָה נֶעֶשְׂתָה בְיִשְׂרָאֵל וּבִירוּשָׁלָםִ כִּי ׀ חִלֵּל יְהוּדָה קֹדֶשׁ
יב יְהֹוָה אֲשֶׁר אָהֵב וּבָעַל בַּת־אֵל נֵכָר׃ יַכְרֵת יְהֹוָה לָאִישׁ
אֲשֶׁר יַעֲשֶׂנָּה עֵר וְעֹנֶה מֵאָהֳלֵי יַעֲקֹב וּמַגִּישׁ מִנְחָה לַיהֹוָה
יג צְבָאוֹת׃ וְזֹאת שֵׁנִית תַּעֲשׂוּ כַּסּוֹת דִּמְעָה אֶת־
מִזְבַּח יְהֹוָה בְּכִי וַאֲנָקָה מֵאֵין עוֹד פְּנוֹת אֶל־הַמִּנְחָה וְלָקַחַת
יד רָצוֹן מִיֶּדְכֶם׃ וַאֲמַרְתֶּם עַל־מָה עַל כִּי־יְהֹוָה הֵעִיד בֵּינְךָ

וּבֵין ׀ אֵשֶׁת נְעוּרֶיךָ אֲשֶׁר אַתָּה בָּגַדְתָּה בָּהּ וְהִיא חֲבֶרְתְּךָ
וְאֵשֶׁת בְּרִיתֶךָ׃ וְלֹא־אֶחָד עָשָׂה וּשְׁאָר רוּחַ לוֹ וּמָה הָאֶחָד טו
מְבַקֵּשׁ זֶרַע אֱלֹהִים וְנִשְׁמַרְתֶּם בְּרוּחֲכֶם וּבְאֵשֶׁת נְעוּרֶיךָ
אַל־יִבְגֹּד׃ כִּי־שָׂנֵא שַׁלַּח אָמַר יהוה אֱלֹהֵי יִשְׂרָאֵל וְכִסָּה טז
חָמָס עַל־לְבוּשׁוֹ אָמַר יהוה צְבָאוֹת וְנִשְׁמַרְתֶּם בְּרוּחֲכֶם וְלֹא
תִבְגֹּדוּ׃ הוֹגַעְתֶּם יהוה בְּדִבְרֵיכֶם וַאֲמַרְתֶּם בַּמָּה יז
הוֹגָעְנוּ בֶּאֱמָרְכֶם כָּל־עֹשֵׂה רָע טוֹב ׀ בְּעֵינֵי יהוה וּבָהֶם הוּא
חָפֵץ אוֹ אַיֵּה אֱלֹהֵי הַמִּשְׁפָּט׃ הִנְנִי שֹׁלֵחַ מַלְאָכִי וּפִנָּה־דֶרֶךְ א ג
לְפָנָי וּפִתְאֹם יָבוֹא אֶל־הֵיכָלוֹ הָאָדוֹן ׀ אֲשֶׁר־אַתֶּם מְבַקְשִׁים
וּמַלְאַךְ הַבְּרִית אֲשֶׁר אַתֶּם חֲפֵצִים הִנֵּה־בָא אָמַר יהוה צְבָאוֹת׃
וּמִי מְכַלְכֵּל אֶת־יוֹם בּוֹאוֹ וּמִי הָעֹמֵד בְּהֵרָאוֹתוֹ כִּי־הוּא כְּאֵשׁ ב
מְצָרֵף וּכְבֹרִית מְכַבְּסִים׃ וְיָשַׁב מְצָרֵף וּמְטַהֵר כֶּסֶף וְטִהַר אֶת־ ג
בְּנֵי־לֵוִי וְזִקַּק אֹתָם כַּזָּהָב וְכַכָּסֶף וְהָיוּ לַיהוה מַגִּישֵׁי מִנְחָה
בִּצְדָקָה׃ וְעָרְבָה לַיהוה מִנְחַת יְהוּדָה וִירוּשָׁלָםִ כִּימֵי עוֹלָם ד
וּכְשָׁנִים קַדְמֹנִיּוֹת׃ וְקָרַבְתִּי אֲלֵיכֶם לַמִּשְׁפָּט וְהָיִיתִי ׀ עֵד מְמַהֵר ה
בַּמְכַשְּׁפִים וּבַמְנָאֲפִים וּבַנִּשְׁבָּעִים לַשָּׁקֶר וּבְעֹשְׁקֵי שְׂכַר־שָׂכִיר
אַלְמָנָה וְיָתוֹם וּמַטֵּי־גֵר וְלֹא יְרֵאוּנִי אָמַר יהוה צְבָאוֹת׃ כִּי ו
אֲנִי יהוה לֹא שָׁנִיתִי וְאַתֶּם בְּנֵי־יַעֲקֹב לֹא כְלִיתֶם׃ לְמִימֵי ז
אֲבֹתֵיכֶם סַרְתֶּם מֵחֻקַּי וְלֹא שְׁמַרְתֶּם שׁוּבוּ אֵלַי וְאָשׁוּבָה
אֲלֵיכֶם אָמַר יהוה צְבָאוֹת וַאֲמַרְתֶּם בַּמֶּה נָשׁוּב׃ הֲיִקְבַּע ח
אָדָם אֱלֹהִים כִּי אַתֶּם קֹבְעִים אֹתִי וַאֲמַרְתֶּם בַּמֶּה קְבַעֲנוּךָ
הַמַּעֲשֵׂר וְהַתְּרוּמָה׃ בַּמְּאֵרָה אַתֶּם נֵאָרִים וְאֹתִי אַתֶּם ט
קֹבְעִים הַגּוֹי כֻּלּוֹ׃ הָבִיאוּ אֶת־כָּל־הַמַּעֲשֵׂר אֶל־בֵּית הָאוֹצָר י
וִיהִי טֶרֶף בְּבֵיתִי וּבְחָנוּנִי נָא בָּזֹאת אָמַר יהוה צְבָאוֹת
אִם־לֹא אֶפְתַּח לָכֶם אֵת אֲרֻבּוֹת הַשָּׁמַיִם וַהֲרִיקֹתִי לָכֶם
בְּרָכָה עַד־בְּלִי־דָי׃ וְגָעַרְתִּי לָכֶם בָּאֹכֵל וְלֹא־יַשְׁחִת לָכֶם יא
אֶת־פְּרִי הָאֲדָמָה וְלֹא־תְשַׁכֵּל לָכֶם הַגֶּפֶן בַּשָּׂדֶה אָמַר

יב יְהוָה צְבָאוֹת׃ וְאִשְּׁרוּ אֶתְכֶם כָּל־הַגּוֹיִם כִּי־תִהְיוּ אַתֶּם
יג אֶרֶץ חֵפֶץ אָמַר יְהוָה צְבָאוֹת׃ חָזְקוּ עָלַי
יד דִּבְרֵיכֶם אָמַר יְהוָה וַאֲמַרְתֶּם מַה־נִּדְבַּרְנוּ עָלֶיךָ׃ אֲמַרְתֶּם
שָׁוְא עֲבֹד אֱלֹהִים וּמַה־בֶּצַע כִּי שָׁמַרְנוּ מִשְׁמַרְתּוֹ וְכִי
טו הָלַכְנוּ קְדֹרַנִּית מִפְּנֵי יְהוָה צְבָאוֹת׃ וְעַתָּה אֲנַחְנוּ מְאַשְּׁרִים
טז זֵדִים גַּם־נִבְנוּ עֹשֵׂי רִשְׁעָה גַּם בָּחֲנוּ אֱלֹהִים וַיִּמָּלֵטוּ׃ אָז נִדְבְּרוּ
יִרְאֵי יְהוָה אִישׁ אֶל־רֵעֵהוּ וַיַּקְשֵׁב יְהוָה וַיִּשְׁמָע וַיִּכָּתֵב סֵפֶר
יז זִכָּרוֹן לְפָנָיו לְיִרְאֵי יְהוָה וּלְחֹשְׁבֵי שְׁמוֹ׃ וְהָיוּ לִי אָמַר יְהוָה
צְבָאוֹת לַיּוֹם אֲשֶׁר אֲנִי עֹשֶׂה סְגֻלָּה וְחָמַלְתִּי עֲלֵיהֶם כַּאֲשֶׁר
יח יַחְמֹל אִישׁ עַל־בְּנוֹ הָעֹבֵד אֹתוֹ׃ וְשַׁבְתֶּם וּרְאִיתֶם בֵּין צַדִּיק
יט לְרָשָׁע בֵּין עֹבֵד אֱלֹהִים לַאֲשֶׁר לֹא עֲבָדוֹ׃ כִּי־
הִנֵּה הַיּוֹם בָּא בֹּעֵר כַּתַּנּוּר וְהָיוּ כָל־זֵדִים וְכָל־עֹשֵׂה רִשְׁעָה קַשׁ
וְלִהַט אֹתָם הַיּוֹם הַבָּא אָמַר יְהוָה צְבָאוֹת אֲשֶׁר לֹא־יַעֲזֹב לָהֶם
כ שֹׁרֶשׁ וְעָנָף׃ וְזָרְחָה לָכֶם יִרְאֵי שְׁמִי שֶׁמֶשׁ צְדָקָה וּמַרְפֵּא
כא בִּכְנָפֶיהָ וִיצָאתֶם וּפִשְׁתֶּם כְּעֶגְלֵי מַרְבֵּק׃ וְעַסּוֹתֶם רְשָׁעִים כִּי־
יִהְיוּ אֵפֶר תַּחַת כַּפּוֹת רַגְלֵיכֶם בַּיּוֹם אֲשֶׁר אֲנִי עֹשֶׂה אָמַר יְהוָה
כב צְבָאוֹת׃ זִכְרוּ תּוֹרַת מֹשֶׁה עַבְדִּי אֲשֶׁר צִוִּיתִי
כג אוֹתוֹ בְחֹרֵב עַל־כָּל־יִשְׂרָאֵל חֻקִּים וּמִשְׁפָּטִים׃ הִנֵּה אָנֹכִי שֹׁלֵחַ
לָכֶם אֵת אֵלִיָּה הַנָּבִיא לִפְנֵי בּוֹא יוֹם יְהוָה הַגָּדוֹל וְהַנּוֹרָא׃
כד וְהֵשִׁיב לֵב־אָבוֹת עַל־בָּנִים וְלֵב בָּנִים עַל־אֲבוֹתָם פֶּן־אָבוֹא
וְהִכֵּיתִי אֶת־הָאָרֶץ חֵרֶם׃

הנה אנכי שלח לכם את אליה הנביא
לפני בוא יום יהוה הגדול והנורא

כתובים

תהלים
משלי
איוב
שיר השירים
רות
איכה
קהלת
אסתר
דניאל
עזרא · נחמיה
דברי הימים

תהלים

סליחות

א

א ספר ראשון

א אַשְׁרֵי־הָאִישׁ אֲשֶׁר ׀ לֹא הָלַךְ בַּעֲצַת רְשָׁעִים וּבְדֶרֶךְ חַטָּאִים
ב לֹא עָמָד וּבְמוֹשַׁב לֵצִים לֹא יָשָׁב׃ כִּי אִם בְּתוֹרַת יהוה חֶפְצוֹ
ג וּבְתוֹרָתוֹ יֶהְגֶּה יוֹמָם וָלָיְלָה׃ וְהָיָה כְּעֵץ שָׁתוּל עַל־פַּלְגֵי מָיִם
אֲשֶׁר פִּרְיוֹ ׀ יִתֵּן בְּעִתּוֹ וְעָלֵהוּ לֹא־יִבּוֹל וְכֹל אֲשֶׁר־יַעֲשֶׂה
ד ה יַצְלִיחַ׃ לֹא־כֵן הָרְשָׁעִים כִּי אִם־כַּמֹּץ אֲשֶׁר־תִּדְּפֶנּוּ רוּחַ׃ עַל־
כֵּן ׀ לֹא־יָקֻמוּ רְשָׁעִים בַּמִּשְׁפָּט וְחַטָּאִים בַּעֲדַת צַדִּיקִים׃
ו כִּי־יוֹדֵעַ יהוה דֶּרֶךְ צַדִּיקִים וְדֶרֶךְ רְשָׁעִים תֹּאבֵד׃

ב

א ב לָמָּה רָגְשׁוּ גוֹיִם וּלְאֻמִּים יֶהְגּוּ־רִיק׃ יִתְיַצְּבוּ ׀ מַלְכֵי־אֶרֶץ
ג וְרוֹזְנִים נוֹסְדוּ־יָחַד עַל־יהוה וְעַל־מְשִׁיחוֹ׃ נְנַתְּקָה אֶת־
ד מוֹסְרוֹתֵימוֹ וְנַשְׁלִיכָה מִמֶּנּוּ עֲבֹתֵימוֹ׃ יוֹשֵׁב בַּשָּׁמַיִם יִשְׂחָק
ה ו אֲדֹנָי יִלְעַג־לָמוֹ׃ אָז יְדַבֵּר אֵלֵימוֹ בְאַפּוֹ וּבַחֲרוֹנוֹ יְבַהֲלֵמוֹ׃ וַאֲנִי
ז נָסַכְתִּי מַלְכִּי עַל־צִיּוֹן הַר־קָדְשִׁי׃ אֲסַפְּרָה אֶל חֹק יהוה אָמַר
ח אֵלַי בְּנִי אַתָּה אֲנִי הַיּוֹם יְלִדְתִּיךָ׃ שְׁאַל מִמֶּנִּי וְאֶתְּנָה גוֹיִם
ט נַחֲלָתֶךָ וַאֲחֻזָּתְךָ אַפְסֵי־אָרֶץ׃ תְּרֹעֵם בְּשֵׁבֶט בַּרְזֶל כִּכְלִי יוֹצֵר
י יא תְּנַפְּצֵם׃ וְעַתָּה מְלָכִים הַשְׂכִּילוּ הִוָּסְרוּ שֹׁפְטֵי אָרֶץ׃ עִבְדוּ אֶת־
יב יהוה בְּיִרְאָה וְגִילוּ בִּרְעָדָה׃ נַשְּׁקוּ־בַר פֶּן־יֶאֱנַף ׀ וְתֹאבְדוּ דֶרֶךְ
כִּי־יִבְעַר כִּמְעַט אַפּוֹ אַשְׁרֵי כָּל־חוֹסֵי בוֹ׃

ג

א ב מִזְמוֹר לְדָוִד בְּבָרְחוֹ מִפְּנֵי ׀ אַבְשָׁלוֹם בְּנוֹ׃ יהוה מָה־רַבּוּ צָרָי
ג רַבִּים קָמִים עָלָי׃ רַבִּים אֹמְרִים לְנַפְשִׁי אֵין יְשׁוּעָתָה לּוֹ
ד בֵאלֹהִים סֶלָה׃ וְאַתָּה יהוה מָגֵן בַּעֲדִי כְּבוֹדִי וּמֵרִים רֹאשִׁי׃
ה ו קוֹלִי אֶל־יהוה אֶקְרָא וַיַּעֲנֵנִי מֵהַר קָדְשׁוֹ סֶלָה׃ אֲנִי שָׁכַבְתִּי
ז וָאִישָׁנָה הֱקִיצוֹתִי כִּי יהוה יִסְמְכֵנִי׃ לֹא־אִירָא מֵרִבְבוֹת עָם
ח אֲשֶׁר סָבִיב שָׁתוּ עָלָי׃ קוּמָה יהוה ׀ הוֹשִׁיעֵנִי אֱלֹהַי כִּי־הִכִּיתָ
ט אֶת־כָּל־אֹיְבַי לֶחִי שִׁנֵּי רְשָׁעִים שִׁבַּרְתָּ׃ לַיהוה הַיְשׁוּעָה
עַל־עַמְּךָ בִרְכָתֶךָ סֶּלָה׃

ד

א ב לַמְנַצֵּחַ בִּנְגִינוֹת מִזְמוֹר לְדָוִד׃ בְּקָרְאִי עֲנֵנִי ׀ אֱלֹהֵי צִדְקִי בַּצָּר
ג הִרְחַבְתָּ לִּי חָנֵּנִי וּשְׁמַע תְּפִלָּתִי׃ בְּנֵי־אִישׁ עַד־מֶה כְבוֹדִי

לִכְלִמָּה תֶּאֱהָבוּן רִיק תְּבַקְשׁוּ כָזָב סֶלָה׃ וּדְעוּ כִּי־הִפְלָה ד
יְהוָה חָסִיד לוֹ יְהוָה יִשְׁמַע בְּקָרְאִי אֵלָיו׃ רִגְזוּ וְאַל־תֶּחֱטָאוּ ה
אִמְרוּ בִלְבַבְכֶם עַל־מִשְׁכַּבְכֶם וְדֹמּוּ סֶלָה׃ זִבְחוּ זִבְחֵי־ ו
צֶדֶק וּבִטְחוּ אֶל־יְהוָה׃ רַבִּים אֹמְרִים מִי־יַרְאֵנוּ טוֹב נְסָה־ ז
עָלֵינוּ אוֹר פָּנֶיךָ יְהוָה׃ נָתַתָּה שִׂמְחָה בְלִבִּי מֵעֵת דְּגָנָם ח
וְתִירוֹשָׁם רָבּוּ׃ בְּשָׁלוֹם יַחְדָּו אֶשְׁכְּבָה וְאִישָׁן כִּי־אַתָּה יְהוָה ט
לְבָדָד לָבֶטַח תּוֹשִׁיבֵנִי׃

לַמְנַצֵּחַ אֶל־הַנְּחִילוֹת מִזְמוֹר לְדָוִד׃ אֲמָרַי הַאֲזִינָה ׀ יְהוָה בִּינָה א ב ה
הֲגִיגִי׃ הַקְשִׁיבָה ׀ לְקוֹל שַׁוְעִי מַלְכִּי וֵאלֹהָי כִּי־אֵלֶיךָ אֶתְפַּלָּל׃ ג
יְהוָה בֹּקֶר תִּשְׁמַע קוֹלִי בֹּקֶר אֶעֱרָךְ־לְךָ וַאֲצַפֶּה׃ כִּי ׀ לֹא אֵל־ ד ה
חָפֵץ רֶשַׁע ׀ אָתָּה לֹא יְגֻרְךָ רָע׃ לֹא־יִתְיַצְּבוּ הוֹלְלִים לְנֶגֶד ו
עֵינֶיךָ שָׂנֵאתָ כָּל־פֹּעֲלֵי אָוֶן׃ תְּאַבֵּד דֹּבְרֵי כָזָב אִישׁ־דָּמִים ז
וּמִרְמָה יְתָעֵב ׀ יְהוָה׃ וַאֲנִי בְּרֹב חַסְדְּךָ אָבוֹא בֵיתֶךָ אֶשְׁתַּחֲוֶה ח
אֶל־הֵיכַל־קָדְשְׁךָ בְּיִרְאָתֶךָ׃ יְהוָה ׀ נְחֵנִי בְצִדְקָתֶךָ לְמַעַן שׁוֹרְרָי ט
הַיְשַׁר הושר לְפָנַי דַּרְכֶּךָ׃ כִּי אֵין בְּפִיהוּ נְכוֹנָה קִרְבָּם הַוּוֹת קֶבֶר־ י
פָּתוּחַ גְּרוֹנָם לְשׁוֹנָם יַחֲלִיקוּן׃ הַאֲשִׁימֵם ׀ אֱלֹהִים יִפְּלוּ יא
מִמֹּעֲצוֹתֵיהֶם בְּרֹב פִּשְׁעֵיהֶם הַדִּיחֵמוֹ כִּי מָרוּ בָךְ׃ וְיִשְׂמְחוּ יב
כָל־חוֹסֵי בָךְ לְעוֹלָם יְרַנֵּנוּ וְתָסֵךְ עָלֵימוֹ וְיַעְלְצוּ בְךָ אֹהֲבֵי שְׁמֶךָ׃
כִּי־אַתָּה תְּבָרֵךְ צַדִּיק יְהוָה כַּצִּנָּה רָצוֹן תַּעְטְרֶנּוּ׃ יג

לַמְנַצֵּחַ בִּנְגִינוֹת עַל־הַשְּׁמִינִית מִזְמוֹר לְדָוִד׃ יְהוָה אַל־בְּאַפְּךָ א ב ו
תוֹכִיחֵנִי וְאַל־בַּחֲמָתְךָ תְיַסְּרֵנִי׃ חָנֵּנִי יְהוָה כִּי אֻמְלַל אָנִי רְפָאֵנִי ג
יְהוָה כִּי נִבְהֲלוּ עֲצָמָי׃ וְנַפְשִׁי נִבְהֲלָה מְאֹד וְאַתְּ יְהוָה עַד־מָתָי׃ ד
שׁוּבָה יְהוָה חַלְּצָה נַפְשִׁי הוֹשִׁיעֵנִי לְמַעַן חַסְדֶּךָ׃ כִּי אֵין בַּמָּוֶת ה ו
זִכְרֶךָ בִּשְׁאוֹל מִי יוֹדֶה־לָּךְ׃ יָגַעְתִּי ׀ בְּאַנְחָתִי אַשְׂחֶה בְכָל־לַיְלָה ז
מִטָּתִי בְּדִמְעָתִי עַרְשִׂי אַמְסֶה׃ עָשְׁשָׁה מִכַּעַס עֵינִי עָתְקָה בְּכָל־ ח
צוֹרְרָי׃ סוּרוּ מִמֶּנִּי כָּל־פֹּעֲלֵי אָוֶן כִּי־שָׁמַע יְהוָה קוֹל בִּכְיִי׃ ט
שָׁמַע יְהוָה תְּחִנָּתִי יְהוָה תְּפִלָּתִי יִקָּח׃ יֵבֹשׁוּ ׀ וְיִבָּהֲלוּ מְאֹד כָּל־ י יא

אֹיְבָי יָשֻׁבוּ יֵבֹשׁוּ רָגַע׃

א ב שִׁגָּיוֹן לְדָוִד אֲשֶׁר־שָׁר לַיהוָה עַל־דִּבְרֵי־כוּשׁ בֶּן־יְמִינִי׃ יְהוָה
ג אֱלֹהַי בְּךָ חָסִיתִי הוֹשִׁיעֵנִי מִכָּל־רֹדְפַי וְהַצִּילֵנִי׃ פֶּן־יִטְרֹף
ד כְּאַרְיֵה נַפְשִׁי פֹּרֵק וְאֵין מַצִּיל׃ יְהוָה אֱלֹהַי אִם־עָשִׂיתִי זֹאת
ה אִם־יֶשׁ־עָוֶל בְּכַפָּי׃ אִם־גָּמַלְתִּי שׁוֹלְמִי רָע וָאֲחַלְּצָה צוֹרְרִי
ו רֵיקָם׃ יִרַדֹּף אוֹיֵב ׀ נַפְשִׁי וְיַשֵּׂג וְיִרְמֹס לָאָרֶץ חַיָּי וּכְבוֹדִי ׀
ז לֶעָפָר יַשְׁכֵּן סֶלָה׃ קוּמָה יְהוָה ׀ בְּאַפֶּךָ הִנָּשֵׂא בְּעַבְרוֹת צוֹרְרָי
ח וְעוּרָה אֵלַי מִשְׁפָּט צִוִּיתָ׃ וַעֲדַת לְאֻמִּים תְּסוֹבְבֶךָּ וְעָלֶיהָ
ט לַמָּרוֹם שׁוּבָה׃ יְהוָה יָדִין עַמִּים שָׁפְטֵנִי יְהוָה כְּצִדְקִי וּכְתֻמִּי
י עָלָי׃ יִגְמָר־נָא רַע ׀ רְשָׁעִים וּתְכוֹנֵן צַדִּיק וּבֹחֵן לִבּוֹת וּכְלָיוֹת
יא יב אֱלֹהִים צַדִּיק׃ מָגִנִּי עַל־אֱלֹהִים מוֹשִׁיעַ יִשְׁרֵי־לֵב׃ אֱלֹהִים
יג שׁוֹפֵט צַדִּיק וְאֵל זֹעֵם בְּכָל־יוֹם׃ אִם־לֹא יָשׁוּב חַרְבּוֹ יִלְטוֹשׁ
יד קַשְׁתּוֹ דָרַךְ וַיְכוֹנְנֶהָ׃ וְלוֹ הֵכִין כְּלֵי־מָוֶת חִצָּיו לְדֹלְקִים יִפְעָל׃
טו טז הִנֵּה יְחַבֶּל־אָוֶן וְהָרָה עָמָל וְיָלַד שָׁקֶר׃ בּוֹר כָּרָה וַיַּחְפְּרֵהוּ וַיִּפֹּל
יז בְּשַׁחַת יִפְעָל׃ יָשׁוּב עֲמָלוֹ בְרֹאשׁוֹ וְעַל קָדְקֳדוֹ חֲמָסוֹ יֵרֵד׃
יח אוֹדֶה יְהוָה כְּצִדְקוֹ וַאֲזַמְּרָה שֵׁם־יְהוָה עֶלְיוֹן׃

ח א ב לַמְנַצֵּחַ עַל־הַגִּתִּית מִזְמוֹר לְדָוִד׃ יְהוָה אֲדֹנֵינוּ מָה־אַדִּיר שִׁמְךָ
ג בְּכָל־הָאָרֶץ אֲשֶׁר־תְּנָה הוֹדְךָ עַל־הַשָּׁמָיִם׃ מִפִּי עוֹלְלִים ׀
ד וְיֹנְקִים יִסַּדְתָּ עֹז לְמַעַן צוֹרְרֶיךָ לְהַשְׁבִּית אוֹיֵב וּמִתְנַקֵּם׃ כִּי־
אֶרְאֶה שָׁמֶיךָ מַעֲשֵׂה אֶצְבְּעֹתֶיךָ יָרֵחַ וְכוֹכָבִים אֲשֶׁר כּוֹנָנְתָּה׃
ה ו מָה־אֱנוֹשׁ כִּי־תִזְכְּרֶנּוּ וּבֶן־אָדָם כִּי תִפְקְדֶנּוּ׃ וַתְּחַסְּרֵהוּ מְּעַט
ז מֵאֱלֹהִים וְכָבוֹד וְהָדָר תְּעַטְּרֵהוּ׃ תַּמְשִׁילֵהוּ בְּמַעֲשֵׂי יָדֶיךָ כֹּל
ח שַׁתָּה תַחַת־רַגְלָיו׃ צֹנֶה וַאֲלָפִים כֻּלָּם וְגַם בַּהֲמוֹת שָׂדָי׃
ט י צִפּוֹר שָׁמַיִם וּדְגֵי הַיָּם עֹבֵר אָרְחוֹת יַמִּים׃ יְהוָה אֲדֹנֵינוּ מָה־
אַדִּיר שִׁמְךָ בְּכָל־הָאָרֶץ׃

ט א ב לַמְנַצֵּחַ עַל־מוּת לַבֵּן מִזְמוֹר לְדָוִד׃ אוֹדֶה יְהוָה בְּכָל־לִבִּי
ג אֲסַפְּרָה כָּל־נִפְלְאוֹתֶיךָ׃ אֶשְׂמְחָה וְאֶעֶלְצָה בָךְ אֲזַמְּרָה שִׁמְךָ

ד ה עֶלְיוֹן: בְּשׁוּב־אוֹיְבַי אָחוֹר יִכָּשְׁלוּ וְיֹאבְדוּ מִפָּנֶיךָ: כִּי־עָשִׂיתָ
ו מִשְׁפָּטִי וְדִינִי יָשַׁבְתָּ לְכִסֵּא שׁוֹפֵט צֶדֶק: גָּעַרְתָּ גוֹיִם אִבַּדְתָּ
ז רָשָׁע שְׁמָם מָחִיתָ לְעוֹלָם וָעֶד: הָאוֹיֵב ׀ תַּמּוּ חֳרָבוֹת לָנֶצַח
ח וְעָרִים נָתַשְׁתָּ אָבַד זִכְרָם הֵמָּה: וַיהוה לְעוֹלָם יֵשֵׁב כּוֹנֵן
ט לַמִּשְׁפָּט כִּסְאוֹ: וְהוּא יִשְׁפֹּט־תֵּבֵל בְּצֶדֶק יָדִין לְאֻמִּים
י בְּמֵישָׁרִים: וִיהִי יהוה מִשְׂגָּב לַדָּךְ מִשְׂגָּב לְעִתּוֹת בַּצָּרָה:
יא יב וְיִבְטְחוּ בְךָ יוֹדְעֵי שְׁמֶךָ כִּי לֹא־עָזַבְתָּ דֹרְשֶׁיךָ יהוה: זַמְּרוּ
יג לַיהוה יֹשֵׁב צִיּוֹן הַגִּידוּ בָעַמִּים עֲלִילוֹתָיו: כִּי־דֹרֵשׁ דָּמִים אוֹתָם
יד זָכָר לֹא־שָׁכַח צַעֲקַת עניים: חָנְנֵנִי יהוה רְאֵה עָנְיִי מִשֹּׂנְאָי עֲנָוִים
טו מְרוֹמְמִי מִשַּׁעֲרֵי־מָוֶת: לְמַעַן אֲסַפְּרָה כָּל־תְּהִלָּתֶיךָ בְּשַׁעֲרֵי
טז בַת־צִיּוֹן אָגִילָה בִּישׁוּעָתֶךָ: טָבְעוּ גוֹיִם בְּשַׁחַת עָשׂוּ בְּרֶשֶׁת־זוּ
יז טָמָנוּ נִלְכְּדָה רַגְלָם: נוֹדַע ׀ יהוה מִשְׁפָּט עָשָׂה בְּפֹעַל כַּפָּיו נוֹקֵשׁ
יח רָשָׁע הִגָּיוֹן סֶלָה: יָשׁוּבוּ רְשָׁעִים לִשְׁאוֹלָה כָּל־גּוֹיִם שְׁכֵחֵי
יט אֱלֹהִים: כִּי לֹא לָנֶצַח יִשָּׁכַח אֶבְיוֹן תִּקְוַת ענוים תֹּאבַד לָעַד: עֲנִיִּים
כ כא קוּמָה יהוה אַל־יָעֹז אֱנוֹשׁ יִשָּׁפְטוּ גוֹיִם עַל־פָּנֶיךָ: שִׁיתָה יהוה ׀
מוֹרָה לָהֶם יֵדְעוּ גוֹיִם אֱנוֹשׁ הֵמָּה סֶּלָה:

י א ב לָמָה יהוה תַּעֲמֹד בְּרָחוֹק תַּעְלִים לְעִתּוֹת בַּצָּרָה: בְּגַאֲוַת
ג רָשָׁע יִדְלַק עָנִי יִתָּפְשׂוּ ׀ בִּמְזִמּוֹת זוּ חָשָׁבוּ: כִּי־הִלֵּל רָשָׁע עַל־
ד תַּאֲוַת נַפְשׁוֹ וּבֹצֵעַ בֵּרֵךְ נִאֵץ ׀ יהוה: רָשָׁע כְּגֹבַהּ אַפּוֹ בַּל־
ה יִדְרֹשׁ אֵין אֱלֹהִים כָּל־מְזִמּוֹתָיו: יָחִילוּ דְרָכָו ׀ בְּכָל־עֵת מָרוֹם
ו מִשְׁפָּטֶיךָ מִנֶּגְדּוֹ כָּל־צוֹרְרָיו יָפִיחַ בָּהֶם: אָמַר בְּלִבּוֹ בַּל־אֶמּוֹט
ז לְדֹר וָדֹר אֲשֶׁר לֹא־בְרָע: אָלָה ׀ פִּיהוּ מָלֵא וּמִרְמוֹת וָתֹךְ תַּחַת
ח לְשׁוֹנוֹ עָמָל וָאָוֶן: יֵשֵׁב ׀ בְּמַאְרַב חֲצֵרִים בַּמִּסְתָּרִים יַהֲרֹג נָקִי
ט עֵינָיו לְחֵלְכָה יִצְפֹּנוּ: יֶאֱרֹב בַּמִּסְתָּר ׀ כְּאַרְיֵה בְסֻכֹּה יֶאֱרֹב
י לַחֲטוֹף עָנִי יַחְטֹף עָנִי בְּמָשְׁכוֹ בְרִשְׁתּוֹ: ודכה יָשֹׁחַ וְנָפַל יִדְכֶּה
יא בַּעֲצוּמָיו חלכאים: אָמַר בְּלִבּוֹ שָׁכַח אֵל הִסְתִּיר פָּנָיו בַּל־ חֵל כָּאִים
יב רָאָה לָנֶצַח: קוּמָה יהוה אֵל נְשָׂא יָדֶךָ אַל־תִּשְׁכַּח עניים: עֲנָוִים

יג יד עַל־מֶה ׀ נִאֵץ רָשָׁע ׀ אֱלֹהִים אָמַר בְּלִבּוֹ לֹא תִדְרֹשׁ׃ רָאִתָה
כִּֽי־אַתָּה ׀ עָמָל וָכַעַס ׀ תַּבִּיט לָתֵת בְּיָדֶךָ עָלֶיךָ יַעֲזֹב חֵלְכָה
טו יָתוֹם אַתָּה ׀ הָיִיתָ עוֹזֵר׃ שְׁבֹר זְרוֹעַ רָשָׁע וָרָע תִּדְרוֹשׁ־רִשְׁעוֹ
טז יז בַל־תִּמְצָא׃ יהוה מֶלֶךְ עוֹלָם וָעֶד אָבְדוּ גוֹיִם מֵאַרְצוֹ׃ תַּאֲוַת
יח עֲנָוִים שָׁמַעְתָּ יהוה תָּכִין לִבָּם תַּקְשִׁיב אָזְנֶךָ׃ לִשְׁפֹּט יָתוֹם
וָדָךְ בַּל־יוֹסִיף עוֹד לַעֲרֹץ אֱנוֹשׁ מִן־הָאָרֶץ׃

יא א לַמְנַצֵּחַ לְדָוִד בַּיהוה ׀ חָסִיתִי אֵיךְ תֹּאמְרוּ לְנַפְשִׁי נוּדוּ הַרְכֶם נוּדִי
ב צִפּוֹר׃ כִּי הִנֵּה הָרְשָׁעִים יִדְרְכוּן קֶשֶׁת כּוֹנְנוּ חִצָּם עַל־יֶתֶר
ג לִירוֹת בְּמוֹ־אֹפֶל לְיִשְׁרֵי־לֵב׃ כִּי הַשָּׁתוֹת יֵהָרֵסוּן צַדִּיק
ד מַה־פָּעָל׃ יהוה ׀ בְּהֵיכַל קָדְשׁוֹ יהוה בַּשָּׁמַיִם כִּסְאוֹ עֵינָיו
ה יֶחֱזוּ עַפְעַפָּיו יִבְחֲנוּ בְּנֵי אָדָם׃ יהוה צַדִּיק יִבְחָן וְרָשָׁע
ו וְאֹהֵב חָמָס שָׂנְאָה נַפְשׁוֹ׃ יַמְטֵר עַל־רְשָׁעִים פַּחִים אֵשׁ
ז וְגָפְרִית וְרוּחַ זִלְעָפוֹת מְנָת כּוֹסָם׃ כִּי־צַדִּיק יהוה צְדָקוֹת ב
אָהֵב יָשָׁר יֶחֱזוּ פָנֵימוֹ׃

יב א ב לַמְנַצֵּחַ עַל־הַשְּׁמִינִית מִזְמוֹר לְדָוִד׃ הוֹשִׁיעָה יהוה כִּי־גָמַר
ג חָסִיד כִּי־פַסּוּ אֱמוּנִים מִבְּנֵי אָדָם׃ שָׁוְא ׀ יְדַבְּרוּ אִישׁ אֶת־רֵעֵהוּ
ד שְׂפַת חֲלָקוֹת בְּלֵב וָלֵב יְדַבֵּרוּ׃ יַכְרֵת יהוה כָּל־שִׂפְתֵי חֲלָקוֹת
ה לָשׁוֹן מְדַבֶּרֶת גְּדֹלוֹת׃ אֲשֶׁר אָמְרוּ ׀ לִלְשֹׁנֵנוּ נַגְבִּיר שְׂפָתֵינוּ
ו אִתָּנוּ מִי אָדוֹן לָנוּ׃ מִשֹּׁד עֲנִיִּים מֵאַנְקַת אֶבְיוֹנִים עַתָּה אָקוּם
ז יֹאמַר יהוה אָשִׁית בְּיֵשַׁע יָפִיחַ לוֹ׃ אִמֲרוֹת יהוה אֲמָרוֹת
ח טְהֹרוֹת כֶּסֶף צָרוּף בַּעֲלִיל לָאָרֶץ מְזֻקָּק שִׁבְעָתָיִם׃ אַתָּה־יהוה
ט תִּשְׁמְרֵם תִּצְּרֶנּוּ ׀ מִן־הַדּוֹר זוּ לְעוֹלָם׃ סָבִיב רְשָׁעִים יִתְהַלָּכוּן
כְּרֻם זֻלּוּת לִבְנֵי אָדָם׃

יג א ב לַמְנַצֵּחַ מִזְמוֹר לְדָוִד׃ עַד־אָנָה יהוה תִּשְׁכָּחֵנִי נֶצַח עַד־אָנָה ׀
ג תַּסְתִּיר אֶת־פָּנֶיךָ מִמֶּנִּי׃ עַד־אָנָה אָשִׁית עֵצוֹת בְּנַפְשִׁי יָגוֹן
ד בִּלְבָבִי יוֹמָם עַד־אָנָה ׀ יָרוּם אֹיְבִי עָלָי׃ הַבִּיטָה עֲנֵנִי יהוה
ה אֱלֹהָי הָאִירָה עֵינַי פֶּן־אִישַׁן הַמָּוֶת׃ פֶּן־יֹאמַר אֹיְבִי יְכָלְתִּיו

ו צָרַי יָגִילוּ כִּי אֶמּוֹט׃ וַאֲנִי ׀ בְּחַסְדְּךָ בָטַחְתִּי יָגֵל לִבִּי בִּישׁוּעָתֶךָ
אָשִׁירָה לַיהוָה כִּי גָמַל עָלָי׃
יד א לַמְנַצֵּחַ לְדָוִד אָמַר נָבָל בְּלִבּוֹ אֵין אֱלֹהִים הִשְׁחִיתוּ הִתְעִיבוּ
ב עֲלִילָה אֵין עֹשֵׂה־טוֹב׃ יְהוָה מִשָּׁמַיִם הִשְׁקִיף עַל־בְּנֵי־אָדָם
ג לִרְאוֹת הֲיֵשׁ מַשְׂכִּיל דֹּרֵשׁ אֶת־אֱלֹהִים׃ הַכֹּל סָר יַחְדָּו נֶאֱלָחוּ
ד אֵין עֹשֵׂה־טוֹב אֵין גַּם־אֶחָד׃ הֲלֹא יָדְעוּ כָּל־פֹּעֲלֵי אָוֶן אֹכְלֵי
ה עַמִּי אָכְלוּ לֶחֶם יְהוָה לֹא קָרָאוּ׃ שָׁם ׀ פָּחֲדוּ פָחַד כִּי־אֱלֹהִים
ו ז בְּדוֹר צַדִּיק׃ עֲצַת־עָנִי תָבִישׁוּ כִּי יְהוָה מַחְסֵהוּ׃ מִי יִתֵּן
מִצִּיּוֹן יְשׁוּעַת יִשְׂרָאֵל בְּשׁוּב יְהוָה שְׁבוּת עַמּוֹ יָגֵל יַעֲקֹב
יִשְׂמַח יִשְׂרָאֵל׃
טו א מִזְמוֹר לְדָוִד יְהוָה מִי־יָגוּר בְּאָהֳלֶךָ מִי־יִשְׁכֹּן בְּהַר קָדְשֶׁךָ׃
ב ג הוֹלֵךְ תָּמִים וּפֹעֵל צֶדֶק וְדֹבֵר אֱמֶת בִּלְבָבוֹ׃ לֹא־רָגַל ׀ עַל־
לְשֹׁנוֹ לֹא־עָשָׂה לְרֵעֵהוּ רָעָה וְחֶרְפָּה לֹא־נָשָׂא עַל־קְרֹבוֹ׃
ד נִבְזֶה ׀ בְּעֵינָיו נִמְאָס וְאֶת־יִרְאֵי יְהוָה יְכַבֵּד נִשְׁבַּע לְהָרַע
ה וְלֹא יָמִר׃ כַּסְפּוֹ ׀ לֹא־נָתַן בְּנֶשֶׁךְ וְשֹׁחַד עַל־נָקִי לֹא־לָקָח
עֹשֵׂה אֵלֶּה לֹא יִמּוֹט לְעוֹלָם׃
טז א ב מִכְתָּם לְדָוִד שָׁמְרֵנִי אֵל כִּי־חָסִיתִי בָךְ׃ אָמַרְתְּ לַיהוָה אֲדֹנָי
ג אַתָּה טוֹבָתִי בַּל־עָלֶיךָ׃ לִקְדוֹשִׁים אֲשֶׁר־בָּאָרֶץ הֵמָּה וְאַדִּירֵי
ד כָּל־חֶפְצִי־בָם׃ יִרְבּוּ עַצְּבוֹתָם אַחֵר מָהָרוּ בַּל־אַסִּיךְ נִסְכֵּיהֶם
ה מִדָּם וּבַל־אֶשָּׂא אֶת־שְׁמוֹתָם עַל־שְׂפָתָי׃ יְהוָה מְנָת־חֶלְקִי
ו וְכוֹסִי אַתָּה תּוֹמִיךְ גּוֹרָלִי׃ חֲבָלִים נָפְלוּ־לִי בַּנְּעִמִים אַף־נַחֲלָת
ז שָׁפְרָה עָלָי׃ אֲבָרֵךְ אֶת־יְהוָה אֲשֶׁר יְעָצָנִי אַף־לֵילוֹת יִסְּרוּנִי
ח ט כִלְיוֹתָי׃ שִׁוִּיתִי יְהוָה לְנֶגְדִּי תָמִיד כִּי מִימִינִי בַּל־אֶמּוֹט׃ לָכֵן ׀
י שָׂמַח לִבִּי וַיָּגֶל כְּבוֹדִי אַף־בְּשָׂרִי יִשְׁכֹּן לָבֶטַח׃ כִּי ׀ לֹא־תַעֲזֹב
יא נַפְשִׁי לִשְׁאוֹל לֹא־תִתֵּן חסידיך לִרְאוֹת שָׁחַת׃ תּוֹדִיעֵנִי אֹרַח חֲסִידְךָ
חַיִּים שֹׂבַע שְׂמָחוֹת אֶת־פָּנֶיךָ נְעִמוֹת בִּימִינְךָ נֶצַח׃
יז א תְּפִלָּה לְדָוִד שִׁמְעָה יְהוָה ׀ צֶדֶק הַקְשִׁיבָה רִנָּתִי הַאֲזִינָה תְּפִלָּתִי

ב בְּלֹא שִׂפְתֵי מִרְמָה׃ מִלְּפָנֶיךָ מִשְׁפָּטִי יֵצֵא עֵינֶיךָ תֶּחֱזֶינָה
ג מֵישָׁרִים׃ בָּחַנְתָּ לִבִּי ׀ פָּקַדְתָּ לַּיְלָה צְרַפְתַּנִי בַל־תִּמְצָא זַמֹּתִי
ד בַּל־יַעֲבָר־פִּי׃ לִפְעֻלּוֹת אָדָם בִּדְבַר שְׂפָתֶיךָ אֲנִי שָׁמַרְתִּי
ה אָרְחוֹת פָּרִיץ׃ תָּמֹךְ אֲשֻׁרַי בְּמַעְגְּלוֹתֶיךָ בַּל־נָמוֹטּוּ פְעָמָי׃
ו ז אֲנִי־קְרָאתִיךָ כִי־תַעֲנֵנִי אֵל הַט־אָזְנְךָ לִי שְׁמַע אִמְרָתִי׃ הַפְלֵה
ח חֲסָדֶיךָ מוֹשִׁיעַ חוֹסִים מִמִּתְקוֹמְמִים בִּימִינֶךָ׃ שָׁמְרֵנִי כְּאִישׁוֹן
ט בַּת־עָיִן בְּצֵל כְּנָפֶיךָ תַּסְתִּירֵנִי׃ מִפְּנֵי רְשָׁעִים זוּ שַׁדּוּנִי אֹיְבַי
י יא בְּנֶפֶשׁ יַקִּיפוּ עָלָי׃ חֶלְבָּמוֹ סָּגְרוּ פִּימוֹ דִּבְּרוּ בְגֵאוּת׃ אַשֻּׁרֵנוּ
יב עַתָּה סבבוני עֵינֵיהֶם יָשִׁיתוּ לִנְטוֹת בָּאָרֶץ׃ דִּמְיֹנוֹ כְּאַרְיֵה סְבָבוּנוּ
יג יִכְסוֹף לִטְרוֹף וְכִכְפִיר יֹשֵׁב בְּמִסְתָּרִים׃ קוּמָה יהוה קַדְּמָה
יד פָנָיו הַכְרִיעֵהוּ פַּלְּטָה נַפְשִׁי מֵרָשָׁע חַרְבֶּךָ׃ מִמְתִים יָדְךָ ׀
יהוה מִמְתִים מֵחֶלֶד חֶלְקָם בַּחַיִּים וצפינך תְּמַלֵּא בִטְנָם וּצְפוּנְךָ
טו יִשְׂבְּעוּ בָנִים וְהִנִּיחוּ יִתְרָם לְעוֹלְלֵיהֶם׃ אֲנִי בְּצֶדֶק אֶחֱזֶה פָנֶיךָ
אֶשְׂבְּעָה בְהָקִיץ תְּמוּנָתֶךָ׃

יח א לַמְנַצֵּחַ לְעֶבֶד יהוה לְדָוִד אֲשֶׁר דִּבֶּר ׀ לַיהוה אֶת־דִּבְרֵי הַשִּׁירָה
הַזֹּאת בְּיוֹם ׀ הִצִּיל־יהוה אוֹתוֹ מִכַּף כָּל־אֹיְבָיו וּמִיַּד שָׁאוּל׃
ב ג וַיֹּאמַר אֶרְחָמְךָ יהוה חִזְקִי׃ יהוה ׀ סַלְעִי וּמְצוּדָתִי וּמְפַלְטִי אֵלִי
ד צוּרִי אֶחֱסֶה־בּוֹ מָגִנִּי וְקֶרֶן־יִשְׁעִי מִשְׂגַּבִּי׃ מְהֻלָּל אֶקְרָא יהוה
ה וּמִן־אֹיְבַי אִוָּשֵׁעַ׃ אֲפָפוּנִי חֶבְלֵי־מָוֶת וְנַחֲלֵי בְלִיַּעַל יְבַעֲתוּנִי׃
ו ז חֶבְלֵי שְׁאוֹל סְבָבוּנִי קִדְּמוּנִי מוֹקְשֵׁי מָוֶת׃ בַּצַּר־לִי ׀ אֶקְרָא
יהוה וְאֶל־אֱלֹהַי אֲשַׁוֵּעַ יִשְׁמַע מֵהֵיכָלוֹ קוֹלִי וְשַׁוְעָתִי לְפָנָיו ׀
ח תָּבוֹא בְאָזְנָיו׃ וַתִּגְעַשׁ וַתִּרְעַשׁ ׀ הָאָרֶץ וּמוֹסְדֵי הָרִים יִרְגָּזוּ
ט וַיִּתְגָּעֲשׁוּ כִּי־חָרָה לוֹ׃ עָלָה עָשָׁן ׀ בְּאַפּוֹ וְאֵשׁ־מִפִּיו תֹּאכֵל
י גֶּחָלִים בָּעֲרוּ מִמֶּנּוּ׃ וַיֵּט שָׁמַיִם וַיֵּרַד וַעֲרָפֶל תַּחַת רַגְלָיו׃
יא יב וַיִּרְכַּב עַל־כְּרוּב וַיָּעֹף וַיֵּדֶא עַל־כַּנְפֵי־רוּחַ׃ יָשֶׁת חֹשֶׁךְ ׀ סִתְרוֹ
יג סְבִיבוֹתָיו סֻכָּתוֹ חֶשְׁכַת־מַיִם עָבֵי שְׁחָקִים׃ מִנֹּגַהּ נֶגְדּוֹ עָבָיו
יד עָבְרוּ בָּרָד וְגַחֲלֵי־אֵשׁ׃ וַיַּרְעֵם בַּשָּׁמַיִם ׀ יהוה וְעֶלְיוֹן יִתֵּן קֹלוֹ

טו בָּרָד וְגַחֲלֵי־אֵשׁ׃ וַיִּשְׁלַח חִצָּיו וַיְפִיצֵם וּבְרָקִים רָב וַיְהֻמֵּם׃
טז וַיֵּרָאוּ ׀ אֲפִיקֵי מַיִם וַיִּגָּלוּ מוֹסְדוֹת תֵּבֵל מִגַּעֲרָתְךָ יְהוָה מִנִּשְׁמַת
יז יח רוּחַ אַפֶּךָ׃ יִשְׁלַח מִמָּרוֹם יִקָּחֵנִי יַמְשֵׁנִי מִמַּיִם רַבִּים׃ יַצִּילֵנִי
יט מֵאֹיְבִי עָז וּמִשֹּׂנְאַי כִּי־אָמְצוּ מִמֶּנִּי׃ יְקַדְּמוּנִי בְיוֹם־אֵידִי וַיְהִי־
כ כא יְהוָה לְמִשְׁעָן לִי׃ וַיּוֹצִיאֵנִי לַמֶּרְחָב יְחַלְּצֵנִי כִּי חָפֵץ בִּי׃ יִגְמְלֵנִי
כב יְהוָה כְּצִדְקִי כְּבֹר יָדַי יָשִׁיב לִי׃ כִּי־שָׁמַרְתִּי דַּרְכֵי יְהוָה וְלֹא־
כג רָשַׁעְתִּי מֵאֱלֹהָי׃ כִּי כָל־מִשְׁפָּטָיו לְנֶגְדִּי וְחֻקֹּתָיו לֹא־אָסִיר מֶנִּי׃
כד כה וָאֱהִי תָמִים עִמּוֹ וָאֶשְׁתַּמֵּר מֵעֲוֺנִי׃ וַיָּשֶׁב־יְהוָה לִי כְצִדְקִי כְּבֹר
כו יָדַי לְנֶגֶד עֵינָיו׃ עִם־חָסִיד תִּתְחַסָּד עִם־גְּבַר תָּמִים תִּתַּמָּם׃
כז כח עִם־נָבָר תִּתְבָּרָר וְעִם־עִקֵּשׁ תִּתְפַּתָּל׃ כִּי־אַתָּה עַם־עָנִי תוֹשִׁיעַ
כט וְעֵינַיִם רָמוֹת תַּשְׁפִּיל׃ כִּי־אַתָּה תָּאִיר נֵרִי יְהוָה אֱלֹהַי יַגִּיהַּ
ל לא חָשְׁכִּי׃ כִּי־בְךָ אָרֻץ גְּדוּד וּבֵאלֹהַי אֲדַלֶּג־שׁוּר׃ הָאֵל תָּמִים
לב דַּרְכּוֹ אִמְרַת־יְהוָה צְרוּפָה מָגֵן הוּא לְכֹל ׀ הַחֹסִים בּוֹ׃ כִּי מִי
לג אֱלוֹהַּ מִבַּלְעֲדֵי יְהוָה וּמִי צוּר זוּלָתִי אֱלֹהֵינוּ׃ הָאֵל הַמְאַזְּרֵנִי
לד חָיִל וַיִּתֵּן תָּמִים דַּרְכִּי׃ מְשַׁוֶּה רַגְלַי כָּאַיָּלוֹת וְעַל בָּמֹתַי יַעֲמִידֵנִי׃
לה לו מְלַמֵּד יָדַי לַמִּלְחָמָה וְנִחֲתָה קֶשֶׁת־נְחוּשָׁה זְרוֹעֹתָי׃ וַתִּתֶּן־לִי
לז מָגֵן יִשְׁעֶךָ וִימִינְךָ תִסְעָדֵנִי וְעַנְוַתְךָ תַרְבֵּנִי׃ תַּרְחִיב צַעֲדִי תַחְתָּי
לח וְלֹא מָעֲדוּ קַרְסֻלָּי׃ אֶרְדּוֹף אוֹיְבַי וְאַשִּׂיגֵם וְלֹא־אָשׁוּב עַד־
לט מ כַּלּוֹתָם׃ אֶמְחָצֵם וְלֹא־יֻכְלוּ קוּם יִפְּלוּ תַּחַת רַגְלָי׃ וַתְּאַזְּרֵנִי חַיִל
מא לַמִּלְחָמָה תַּכְרִיעַ קָמַי תַּחְתָּי׃ וְאֹיְבַי נָתַתָּה לִּי עֹרֶף וּמְשַׂנְאַי
מב מג אַצְמִיתֵם׃ יְשַׁוְּעוּ וְאֵין־מוֹשִׁיעַ עַל־יְהוָה וְלֹא עָנָם׃ וְאֶשְׁחָקֵם
מד כְּעָפָר עַל־פְּנֵי־רוּחַ כְּטִיט חוּצוֹת אֲרִיקֵם׃ תְּפַלְּטֵנִי מֵרִיבֵי
מה עָם תְּשִׂימֵנִי לְרֹאשׁ גּוֹיִם עַם לֹא־יָדַעְתִּי יַעַבְדוּנִי׃ לְשֵׁמַע
מו אֹזֶן יִשָּׁמְעוּ לִי בְּנֵי־נֵכָר יְכַחֲשׁוּ־לִי׃ בְּנֵי־נֵכָר יִבֹּלוּ וְיַחְרְגוּ
מז מח מִמִּסְגְּרוֹתֵיהֶם׃ חַי־יְהוָה וּבָרוּךְ צוּרִי וְיָרוּם אֱלוֹהֵי יִשְׁעִי׃ הָאֵל
מט הַנּוֹתֵן נְקָמוֹת לִי וַיַּדְבֵּר עַמִּים תַּחְתָּי׃ מְפַלְּטִי מֵאֹיְבָי אַף מִן־
נ קָמַי תְּרוֹמְמֵנִי מֵאִישׁ חָמָס תַּצִּילֵנִי׃ עַל־כֵּן ׀ אוֹדְךָ בַגּוֹיִם ׀ יְהוָה

נא וּלְשִׁמְךָ אֲזַמֵּרָה׃ מַגְדִּל יְשׁוּעוֹת מַלְכּוֹ וְעֹשֶׂה חֶסֶד ׀ לִמְשִׁיחוֹ
לְדָוִד וּלְזַרְעוֹ עַד־עוֹלָם׃

יט א ב לַמְנַצֵּחַ מִזְמוֹר לְדָוִד׃ הַשָּׁמַיִם מְסַפְּרִים כְּבוֹד־אֵל וּמַעֲשֵׂה יָדָיו
ג מַגִּיד הָרָקִיעַ׃ יוֹם לְיוֹם יַבִּיעַ אֹמֶר וְלַיְלָה לְּלַיְלָה יְחַוֶּה־דָּעַת׃
ד ה אֵין־אֹמֶר וְאֵין דְּבָרִים בְּלִי נִשְׁמָע קוֹלָם׃ בְּכָל־הָאָרֶץ ׀ יָצָא
ו קַוָּם וּבִקְצֵה תֵבֵל מִלֵּיהֶם לַשֶּׁמֶשׁ שָׂם־אֹהֶל בָּהֶם׃ וְהוּא כְּחָתָן
ז יֹצֵא מֵחֻפָּתוֹ יָשִׂישׂ כְּגִבּוֹר לָרוּץ אֹרַח׃ מִקְצֵה הַשָּׁמַיִם ׀ מוֹצָאוֹ
ח וּתְקוּפָתוֹ עַל־קְצוֹתָם וְאֵין נִסְתָּר מֵחַמָּתוֹ׃ תּוֹרַת יהוה תְּמִימָה
ט מְשִׁיבַת נָפֶשׁ עֵדוּת יהוה נֶאֱמָנָה מַחְכִּימַת פֶּתִי׃ פִּקּוּדֵי יהוה
י יְשָׁרִים מְשַׂמְּחֵי־לֵב מִצְוַת יהוה בָּרָה מְאִירַת עֵינָיִם׃ יִרְאַת
יהוה ׀ טְהוֹרָה עוֹמֶדֶת לָעַד מִשְׁפְּטֵי־יהוה אֱמֶת צָדְקוּ יַחְדָּו׃
יא הַנֶּחֱמָדִים מִזָּהָב וּמִפַּז רָב וּמְתוּקִים מִדְּבַשׁ וְנֹפֶת צוּפִים׃
יב יג גַּם־עַבְדְּךָ נִזְהָר בָּהֶם בְּשָׁמְרָם עֵקֶב רָב׃ שְׁגִיאוֹת מִי־יָבִין
יד מִנִּסְתָּרוֹת נַקֵּנִי׃ גַּם מִזֵּדִים ׀ חֲשֹׂךְ עַבְדֶּךָ אַל־יִמְשְׁלוּ־בִי אָז
טו אֵיתָם וְנִקֵּיתִי מִפֶּשַׁע רָב׃ יִהְיוּ לְרָצוֹן ׀ אִמְרֵי־פִי וְהֶגְיוֹן לִבִּי
לְפָנֶיךָ יהוה צוּרִי וְגֹאֲלִי׃

כ א ב לַמְנַצֵּחַ מִזְמוֹר לְדָוִד׃ יַעַנְךָ יהוה בְּיוֹם צָרָה יְשַׂגֶּבְךָ שֵׁם ׀ אֱלֹהֵי
ג ד יַעֲקֹב׃ יִשְׁלַח־עֶזְרְךָ מִקֹּדֶשׁ וּמִצִּיּוֹן יִסְעָדֶךָּ׃ יִזְכֹּר כָּל־מִנְחֹתֶךָ
ה וְעוֹלָתְךָ יְדַשְּׁנֶה סֶלָה׃ יִתֶּן־לְךָ כִלְבָבֶךָ וְכָל־עֲצָתְךָ יְמַלֵּא׃
ו נְרַנְּנָה ׀ בִּישׁוּעָתֶךָ וּבְשֵׁם־אֱלֹהֵינוּ נִדְגֹּל יְמַלֵּא יהוה כָּל־
ז מִשְׁאֲלוֹתֶיךָ׃ עַתָּה יָדַעְתִּי כִּי הוֹשִׁיעַ ׀ יהוה מְשִׁיחוֹ יַעֲנֵהוּ מִשְּׁמֵי
ח קָדְשׁוֹ בִּגְבֻרוֹת יֵשַׁע יְמִינוֹ׃ אֵלֶּה בָרֶכֶב וְאֵלֶּה בַסּוּסִים וַאֲנַחְנוּ ׀
ט בְּשֵׁם־יהוה אֱלֹהֵינוּ נַזְכִּיר׃ הֵמָּה כָּרְעוּ וְנָפָלוּ וַאֲנַחְנוּ קַּמְנוּ
י וַנִּתְעוֹדָד׃ יהוה הוֹשִׁיעָה הַמֶּלֶךְ יַעֲנֵנוּ בְיוֹם־קָרְאֵנוּ׃ ג

כא א ב לַמְנַצֵּחַ מִזְמוֹר לְדָוִד׃ יהוה בְּעָזְּךָ יִשְׂמַח־מֶלֶךְ וּבִישׁוּעָתְךָ מַה־
ג יָּגִיל מְאֹד׃ תַּאֲוַת לִבּוֹ נָתַתָּה לּוֹ וַאֲרֶשֶׁת שְׂפָתָיו בַּל־מָנַעְתָּ יָּגֶל
ד ה סֶּלָה׃ כִּי־תְקַדְּמֶנּוּ בִּרְכוֹת טוֹב תָּשִׁית לְרֹאשׁוֹ עֲטֶרֶת פָּז׃ חַיִּים ׀

ו שָׁאַל מִמְּךָ נָתַתָּה לּוֹ אֹרֶךְ יָמִים עוֹלָם וָעֶד: גָּדוֹל כְּבוֹדוֹ
ז בִּישׁוּעָתֶךָ הוֹד וְהָדָר תְּשַׁוֶּה עָלָיו: כִּי־תְשִׁיתֵהוּ בְרָכוֹת לָעַד
ח תְּחַדֵּהוּ בְשִׂמְחָה אֶת־פָּנֶיךָ: כִּי־הַמֶּלֶךְ בֹּטֵחַ בַּיהוָה וּבְחֶסֶד
ט עֶלְיוֹן בַּל־יִמּוֹט: תִּמְצָא יָדְךָ לְכָל־אֹיְבֶיךָ יְמִינְךָ תִּמְצָא שֹׂנְאֶיךָ:
י תְּשִׁיתֵמוֹ ׀ כְּתַנּוּר אֵשׁ לְעֵת פָּנֶיךָ יְהוָה בְּאַפּוֹ יְבַלְּעֵם וְתֹאכְלֵם
יא יב אֵשׁ: פִּרְיָמוֹ מֵאֶרֶץ תְּאַבֵּד וְזַרְעָם מִבְּנֵי אָדָם: כִּי־נָטוּ
יג עָלֶיךָ רָעָה חָשְׁבוּ מְזִמָּה בַּל־יוּכָלוּ: כִּי תְּשִׁיתֵמוֹ שֶׁכֶם
יד בְּמֵיתָרֶיךָ תְּכוֹנֵן עַל־פְּנֵיהֶם: רוּמָה יְהוָה בְעֻזֶּךָ נָשִׁירָה
וּנְזַמְּרָה גְּבוּרָתֶךָ:
כב א ב לַמְנַצֵּחַ עַל־אַיֶּלֶת הַשַּׁחַר מִזְמוֹר לְדָוִד: אֵלִי אֵלִי לָמָה עֲזַבְתָּנִי
ג רָחוֹק מִישׁוּעָתִי דִּבְרֵי שַׁאֲגָתִי: אֱלֹהַי אֶקְרָא יוֹמָם וְלֹא תַעֲנֶה
ד ה וְלַיְלָה וְלֹא־דוּמִיָּה לִי: וְאַתָּה קָדוֹשׁ יוֹשֵׁב תְּהִלּוֹת יִשְׂרָאֵל: בְּךָ
ו בָּטְחוּ אֲבֹתֵינוּ בָּטְחוּ וַתְּפַלְּטֵמוֹ: אֵלֶיךָ זָעֲקוּ וְנִמְלָטוּ בְּךָ בָטְחוּ
ז וְלֹא־בוֹשׁוּ: וְאָנֹכִי תוֹלַעַת וְלֹא־אִישׁ חֶרְפַּת אָדָם וּבְזוּי עָם:
ח ט כָּל־רֹאַי יַלְעִגוּ לִי יַפְטִירוּ בְשָׂפָה יָנִיעוּ רֹאשׁ: גֹּל אֶל־יְהוָה
י יְפַלְּטֵהוּ יַצִּילֵהוּ כִּי חָפֵץ בּוֹ: כִּי־אַתָּה גֹחִי מִבָּטֶן מַבְטִיחִי עַל־
יא יב שְׁדֵי אִמִּי: עָלֶיךָ הָשְׁלַכְתִּי מֵרָחֶם מִבֶּטֶן אִמִּי אֵלִי אָתָּה: אַל־
יג תִּרְחַק מִמֶּנִּי כִּי־צָרָה קְרוֹבָה כִּי־אֵין עוֹזֵר: סְבָבוּנִי פָּרִים רַבִּים
יד טו אַבִּירֵי בָשָׁן כִּתְּרוּנִי: פָּצוּ עָלַי פִּיהֶם אַרְיֵה טֹרֵף וְשֹׁאֵג: כַּמַּיִם
נִשְׁפַּכְתִּי וְהִתְפָּרְדוּ כָּל־עַצְמוֹתָי הָיָה לִבִּי כַּדּוֹנָג נָמֵס בְּתוֹךְ
טז מֵעָי: יָבֵשׁ כַּחֶרֶשׂ ׀ כֹּחִי וּלְשׁוֹנִי מֻדְבָּק מַלְקוֹחָי וְלַעֲפַר־מָוֶת
יז תִּשְׁפְּתֵנִי: כִּי סְבָבוּנִי כְּלָבִים עֲדַת מְרֵעִים הִקִּיפוּנִי כָּאֲרִי יָדַי
יח יט וְרַגְלָי: אֲסַפֵּר כָּל־עַצְמוֹתָי הֵמָּה יַבִּיטוּ יִרְאוּ־בִי: יְחַלְּקוּ בְגָדַי
כ לָהֶם וְעַל־לְבוּשִׁי יַפִּילוּ גוֹרָל: וְאַתָּה יְהוָה אַל־תִּרְחָק אֱיָלוּתִי
כא לְעֶזְרָתִי חוּשָׁה: הַצִּילָה מֵחֶרֶב נַפְשִׁי מִיַּד־כֶּלֶב יְחִידָתִי:
כב כג הוֹשִׁיעֵנִי מִפִּי אַרְיֵה וּמִקַּרְנֵי רֵמִים עֲנִיתָנִי: אֲסַפְּרָה שִׁמְךָ לְאֶחָי
כד בְּתוֹךְ קָהָל אֲהַלְלֶךָּ: יִרְאֵי יְהוָה ׀ הַלְלוּהוּ כָּל־זֶרַע יַעֲקֹב

כה כַּבְּדוּהוּ וְגוּרוּ מִמֶּנּוּ כָּל־זֶרַע יִשְׂרָאֵל׃ כִּי לֹא־בָזָה וְלֹא שִׁקַּץ
כו עֱנוּת עָנִי וְלֹא־הִסְתִּיר פָּנָיו מִמֶּנּוּ וּבְשַׁוְּעוֹ אֵלָיו שָׁמֵעַ׃ מֵאִתְּךָ
כז תְּהִלָּתִי בְּקָהָל רָב נְדָרַי אֲשַׁלֵּם נֶגֶד יְרֵאָיו׃ יֹאכְלוּ עֲנָוִים ׀
כח וְיִשְׂבָּעוּ יְהַלְלוּ יהוה דֹּרְשָׁיו יְחִי לְבַבְכֶם לָעַד׃ יִזְכְּרוּ ׀ וְיָשֻׁבוּ
אֶל־יהוה כָּל־אַפְסֵי־אָרֶץ וְיִשְׁתַּחֲווּ לְפָנֶיךָ כָּל־מִשְׁפְּחוֹת גּוֹיִם׃
כט ל כִּי לַיהוה הַמְּלוּכָה וּמֹשֵׁל בַּגּוֹיִם׃ אָכְלוּ וַיִּשְׁתַּחֲווּ ׀ כָּל־דִּשְׁנֵי־
לא אֶרֶץ לְפָנָיו יִכְרְעוּ כָּל־יוֹרְדֵי עָפָר וְנַפְשׁוֹ לֹא חִיָּה׃ זֶרַע
לב יַעַבְדֶנּוּ יְסֻפַּר לַאדֹנָי לַדּוֹר׃ יָבֹאוּ וְיַגִּידוּ צִדְקָתוֹ לְעַם נוֹלָד
כִּי עָשָׂה׃

כג א ב מִזְמוֹר לְדָוִד יהוה רֹעִי לֹא אֶחְסָר׃ בִּנְאוֹת דֶּשֶׁא יַרְבִּיצֵנִי עַל־
ג מֵי מְנֻחוֹת יְנַהֲלֵנִי׃ נַפְשִׁי יְשׁוֹבֵב יַנְחֵנִי בְמַעְגְּלֵי־צֶדֶק לְמַעַן
ד שְׁמוֹ׃ גַּם כִּי־אֵלֵךְ בְּגֵיא צַלְמָוֶת לֹא־אִירָא רָע כִּי־אַתָּה עִמָּדִי
ה שִׁבְטְךָ וּמִשְׁעַנְתֶּךָ הֵמָּה יְנַחֲמֻנִי׃ תַּעֲרֹךְ לְפָנַי ׀ שֻׁלְחָן נֶגֶד צֹרְרָי
ו דִּשַּׁנְתָּ בַשֶּׁמֶן רֹאשִׁי כּוֹסִי רְוָיָה׃ אַךְ ׀ טוֹב וָחֶסֶד יִרְדְּפוּנִי כָּל־יְמֵי
חַיָּי וְשַׁבְתִּי בְּבֵית־יהוה לְאֹרֶךְ יָמִים׃

כד א ב לְדָוִד מִזְמוֹר לַיהוה הָאָרֶץ וּמְלוֹאָהּ תֵּבֵל וְיֹשְׁבֵי בָהּ׃ כִּי־הוּא
ג עַל־יַמִּים יְסָדָהּ וְעַל־נְהָרוֹת יְכוֹנְנֶהָ׃ מִי־יַעֲלֶה בְהַר־יהוה וּמִי־
ד יָקוּם בִּמְקוֹם קָדְשׁוֹ׃ נְקִי כַפַּיִם וּבַר־לֵבָב אֲשֶׁר לֹא־נָשָׂא לַשָּׁוְא
ה נפשו וְלֹא נִשְׁבַּע לְמִרְמָה׃ יִשָּׂא בְרָכָה מֵאֵת יהוה וּצְדָקָה נַפְשִׁי
ו מֵאֱלֹהֵי יִשְׁעוֹ׃ זֶה דּוֹר דֹּרְשָׁו מְבַקְשֵׁי פָנֶיךָ יַעֲקֹב סֶלָה׃
ז שְׂאוּ שְׁעָרִים ׀ רָאשֵׁיכֶם וְהִנָּשְׂאוּ פִּתְחֵי עוֹלָם וְיָבוֹא מֶלֶךְ
ח הַכָּבוֹד׃ מִי זֶה מֶלֶךְ הַכָּבוֹד יהוה עִזּוּז וְגִבּוֹר יהוה גִּבּוֹר
ט מִלְחָמָה׃ שְׂאוּ שְׁעָרִים ׀ רָאשֵׁיכֶם וּשְׂאוּ פִּתְחֵי עוֹלָם וְיָבֹא
י מֶלֶךְ הַכָּבוֹד׃ מִי הוּא זֶה מֶלֶךְ הַכָּבוֹד יהוה צְבָאוֹת הוּא
מֶלֶךְ הַכָּבוֹד סֶלָה׃

כה א ב לְדָוִד אֵלֶיךָ יהוה נַפְשִׁי אֶשָּׂא׃ אֱלֹהַי בְּךָ בָטַחְתִּי אַל־אֵבוֹשָׁה
ג אַל־יַעַלְצוּ אוֹיְבַי לִי׃ גַּם כָּל־קֹוֶיךָ לֹא יֵבֹשׁוּ יֵבֹשׁוּ הַבּוֹגְדִים

ד ה רֵיקָם׃ דְּרָכֶיךָ יְהוָה הוֹדִיעֵנִי אֹרְחוֹתֶיךָ לַמְּדֵנִי׃ הַדְרִיכֵנִי
בַאֲמִתֶּךָ ׀ וְֽלַמְּדֵנִי כִּֽי־אַתָּה אֱלֹהֵי יִשְׁעִי אוֹתְךָ קִוִּיתִי כׇּל־הַיּֽוֹם׃
ו ז זְכֹר־רַחֲמֶיךָ יְהוָה וַחֲסָדֶיךָ כִּי מֵעוֹלָם הֵמָּה׃ חַטֹּאות נְעוּרַי ׀
ח וּפְשָׁעַי אַל־תִּזְכֹּר כְּחַסְדְּךָ זְכׇר־לִי־אַתָּה לְמַעַן טוּבְךָ יְהוָה׃ טוֹב־
ט וְיָשָׁר יְהוָה עַל־כֵּן יוֹרֶה חַטָּאִים בַּדָּֽרֶךְ׃ יַדְרֵךְ עֲנָוִים בַּמִּשְׁפָּט
י וִֽילַמֵּד עֲנָוִים דַּרְכּֽוֹ׃ כׇּל־אׇרְחוֹת יְהוָה חֶסֶד וֶאֱמֶת לְנֹצְרֵי בְרִיתוֹ
יא יב וְעֵדֹתָֽיו׃ לְמַעַן־שִׁמְךָ יְהוָה וְסָלַחְתָּ לַעֲוֺנִי כִּי רַב־הֽוּא׃ מִי־זֶה
יג הָאִישׁ יְרֵא יְהוָה יוֹרֶנּוּ בְּדֶרֶךְ יִבְחָֽר׃ נַפְשׁוֹ בְּטוֹב תָּלִין וְזַרְעוֹ
יד טו יִירַשׁ אָֽרֶץ׃ סוֹד יְהוָה לִירֵאָיו וּבְרִיתוֹ לְהוֹדִיעָֽם׃ עֵינַי תָּמִיד
טז אֶל־יְהוָה כִּי הֽוּא־יוֹצִיא מֵרֶשֶׁת רַגְלָֽי׃ פְּנֵה־אֵלַי וְחׇנֵּנִי כִּֽי־יָחִיד
יז יח וְעָנִי אָֽנִי׃ צָרוֹת לְבָבִי הִרְחִיבוּ מִמְּצוּקוֹתַי הוֹצִיאֵֽנִי׃ רְאֵה עׇנְיִי
יט וַעֲמָלִי וְשָׂא לְכׇל־חַטֹּאותָֽי׃ רְאֵה־אוֹיְבַי כִּי־רָבּוּ וְשִׂנְאַת חָמָס
כ שְׂנֵאֽוּנִי׃ שׇׁמְרָה נַפְשִׁי וְהַצִּילֵנִי אַל־אֵבוֹשׁ כִּֽי־חָסִיתִי בָֽךְ׃
כא כב תֹּם־וָיֹשֶׁר יִצְּרוּנִי כִּי קִוִּיתִֽיךָ׃ פְּדֵה אֱלֹהִים אֶת־יִשְׂרָאֵל מִכֹּל
צָֽרוֹתָיו׃

כו א לְדָוִד ׀ שׇׁפְטֵנִי יְהוָה כִּֽי־אֲנִי בְּתֻמִּי הָלַכְתִּי וּבַיהוָה בָּטַחְתִּי לֹא
ב ג אֶמְעָֽד׃ בְּחָנֵנִי יְהוָה וְנַסֵּנִי צרופה כִלְיוֹתַי וְלִבִּֽי׃ כִּֽי־חַסְדְּךָ לְנֶגֶד צָרְפָה
ד עֵינָי וְהִתְהַלַּכְתִּי בַּאֲמִתֶּֽךָ׃ לֹא־יָשַׁבְתִּי עִם־מְתֵי־שָׁוְא וְעִם
ה נַעֲלָמִים לֹא אָבֽוֹא׃ שָׂנֵאתִי קְהַל מְרֵעִים וְעִם־רְשָׁעִים לֹא
ו ז אֵשֵֽׁב׃ אֶרְחַץ בְּנִקָּיוֹן כַּפָּי וַאֲסֹבְבָה אֶת־מִזְבַּחֲךָ יְהוָֽה׃ לַשְׁמִעַ
ח בְּקוֹל תּוֹדָה וּלְסַפֵּר כׇּל־נִפְלְאוֹתֶֽיךָ׃ יְהוָה אָהַבְתִּי מְעוֹן בֵּיתֶךָ
ט וּמְקוֹם מִשְׁכַּן כְּבוֹדֶֽךָ׃ אַל־תֶּאֱסֹף עִם־חַטָּאִים נַפְשִׁי וְעִם־
י אַנְשֵׁי דָמִים חַיָּֽי׃ אֲשֶׁר־בִּידֵיהֶם זִמָּה וִימִינָם מָלְאָה שֹּֽׁחַד׃
יא יב וַאֲנִי בְּתֻמִּי אֵלֵךְ פְּדֵנִי וְחׇנֵּֽנִי׃ רַגְלִי עָמְדָה בְמִישׁוֹר בְּמַקְהֵלִים
אֲבָרֵךְ יְהוָֽה׃

כז א לְדָוִד ׀ יְהוָה ׀ אוֹרִי וְיִשְׁעִי מִמִּי אִירָא יְהוָה מָעוֹז־חַיַּי מִמִּי
ב אֶפְחָֽד׃ בִּקְרֹב עָלַי ׀ מְרֵעִים לֶאֱכֹל אֶת־בְּשָׂרִי צָרַי וְאֹיְבַי לִי

ג הֵמָּה כָשְׁלוּ וְנָפָלוּ׃ אִם־תַּחֲנֶה עָלַי ׀ מַחֲנֶה לֹא־יִירָא לִבִּי אִם־
ד תָּקוּם עָלַי מִלְחָמָה בְּזֹאת אֲנִי בוֹטֵחַ׃ אַחַת ׀ שָׁאַלְתִּי מֵאֵת־
יְהוָה אוֹתָהּ אֲבַקֵּשׁ שִׁבְתִּי בְּבֵית־יְהוָה כׇּל־יְמֵי חַיַּי לַחֲזוֹת
ה בְּנֹעַם־יְהוָה וּלְבַקֵּר בְּהֵיכָלוֹ׃ כִּי יִצְפְּנֵנִי ׀ בְּסֻכֹּה בְּיוֹם רָעָה
ו יַסְתִּרֵנִי בְּסֵתֶר אׇהֳלוֹ בְּצוּר יְרוֹמְמֵנִי׃ וְעַתָּה יָרוּם רֹאשִׁי עַל
אֹיְבַי סְבִיבוֹתַי וְאֶזְבְּחָה בְאׇהֳלוֹ זִבְחֵי תְרוּעָה אָשִׁירָה וַאֲזַמְּרָה
ז ח לַיהוָה׃ שְׁמַע־יְהוָה קוֹלִי אֶקְרָא וְחׇנֵּנִי וַעֲנֵנִי׃ לְךָ ׀ אָמַר לִבִּי
ט בַּקְּשׁוּ פָנָי אֶת־פָּנֶיךָ יְהוָה אֲבַקֵּשׁ׃ אַל־תַּסְתֵּר פָּנֶיךָ ׀ מִמֶּנִּי אַל
תַּט־בְּאַף עַבְדֶּךָ עֶזְרָתִי הָיִיתָ אַל־תִּטְּשֵׁנִי וְאַל־תַּעַזְבֵנִי אֱלֹהֵי
י יא יִשְׁעִי׃ כִּי־אָבִי וְאִמִּי עֲזָבוּנִי וַיהוָה יַאַסְפֵנִי׃ הוֹרֵנִי יְהוָה דַּרְכֶּךָ
יב וּנְחֵנִי בְּאֹרַח מִישׁוֹר לְמַעַן שׁוֹרְרָי׃ אַל־תִּתְּנֵנִי בְּנֶפֶשׁ צָרָי כִּי
יג קָמוּ־בִי עֵדֵי־שֶׁקֶר וִיפֵחַ חָמָס׃ לוּלֵא הֶאֱמַנְתִּי לִרְאוֹת
יד בְּטוּב־יְהוָה בְּאֶרֶץ חַיִּים׃ קַוֵּה אֶל־יְהוָה חֲזַק וְיַאֲמֵץ לִבֶּךָ
וְקַוֵּה אֶל־יְהוָה׃

כח א לְדָוִד אֵלֶיךָ יְהוָה ׀ אֶקְרָא צוּרִי אַל־תֶּחֱרַשׁ מִמֶּנִּי פֶּן־תֶּחֱשֶׁה
ב מִמֶּנִּי וְנִמְשַׁלְתִּי עִם־יוֹרְדֵי בוֹר׃ שְׁמַע קוֹל תַּחֲנוּנַי בְּשַׁוְּעִי אֵלֶיךָ
ג בְּנׇשְׂאִי יָדַי אֶל־דְּבִיר קׇדְשֶׁךָ׃ אַל־תִּמְשְׁכֵנִי עִם־רְשָׁעִים וְעִם־
ד פֹּעֲלֵי אָוֶן דֹּבְרֵי שָׁלוֹם עִם־רֵעֵיהֶם וְרָעָה בִּלְבָבָם׃ תֶּן־לָהֶם
כְפׇעֳלָם וּכְרֹעַ מַעַלְלֵיהֶם כְּמַעֲשֵׂה יְדֵיהֶם תֵּן לָהֶם הָשֵׁב גְּמוּלָם
ה לָהֶם׃ כִּי לֹא יָבִינוּ אֶל־פְּעֻלֹּת יְהוָה וְאֶל־מַעֲשֵׂה יָדָיו יֶהֶרְסֵם
ו ז וְלֹא יִבְנֵם׃ בָּרוּךְ יְהוָה כִּי־שָׁמַע קוֹל תַּחֲנוּנָי׃ יְהוָה ׀ עֻזִּי וּמָגִנִּי
ח בּוֹ בָטַח לִבִּי וְנֶעֱזָרְתִּי וַיַּעֲלֹז לִבִּי וּמִשִּׁירִי אֲהוֹדֶנּוּ׃ יְהוָה עֹז־לָמוֹ
ט וּמָעוֹז יְשׁוּעוֹת מְשִׁיחוֹ הוּא׃ הוֹשִׁיעָה ׀ אֶת־עַמֶּךָ וּבָרֵךְ אֶת־
נַחֲלָתֶךָ וּרְעֵם וְנַשְּׂאֵם עַד־הָעוֹלָם׃

כט א ב מִזְמוֹר לְדָוִד הָבוּ לַיהוָה בְּנֵי אֵלִים הָבוּ לַיהוָה כָּבוֹד וָעֹז׃ הָבוּ
ג לַיהוָה כְּבוֹד שְׁמוֹ הִשְׁתַּחֲווּ לַיהוָה בְּהַדְרַת־קֹדֶשׁ׃ קוֹל יְהוָה
ד עַל־הַמָּיִם אֵל־הַכָּבוֹד הִרְעִים יְהוָה עַל־מַיִם רַבִּים׃ קוֹל־יְהוָה

בַּכֹּחַ קוֹל יְהוָה בֶּהָדָר׃ קוֹל יְהוָה שֹׁבֵר אֲרָזִים וַיְשַׁבֵּר יְהוָה ה
אֶת־אַרְזֵי הַלְּבָנוֹן׃ וַיַּרְקִידֵם כְּמוֹ־עֵגֶל לְבָנוֹן וְשִׂרְיֹן כְּמוֹ בֶן־ ו
רְאֵמִים׃ קוֹל־יְהוָה חֹצֵב לַהֲבוֹת אֵשׁ׃ קוֹל יְהוָה יָחִיל מִדְבָּר ז ח
יָחִיל יְהוָה מִדְבַּר קָדֵשׁ׃ קוֹל יְהוָה ׀ יְחוֹלֵל אַיָּלוֹת וַיֶּחֱשֹׂף ט
יְעָרוֹת וּבְהֵיכָלוֹ כֻּלּוֹ אֹמֵר כָּבוֹד׃ יְהוָה לַמַּבּוּל יָשָׁב וַיֵּשֶׁב י
ד יְהוָה מֶלֶךְ לְעוֹלָם׃ יְהוָה עֹז לְעַמּוֹ יִתֵּן יְהוָה ׀ יְבָרֵךְ אֶת־ יא
עַמּוֹ בַשָּׁלוֹם׃

מִזְמוֹר שִׁיר־חֲנֻכַּת הַבַּיִת לְדָוִד׃ אֲרוֹמִמְךָ יְהוָה כִּי דִלִּיתָנִי וְלֹא־ א ב ל
שִׂמַּחְתָּ אֹיְבַי לִי׃ יְהוָה אֱלֹהָי שִׁוַּעְתִּי אֵלֶיךָ וַתִּרְפָּאֵנִי׃ יְהוָה ג ד
מִיָּרְדִי־ הֶעֱלִיתָ מִן־שְׁאוֹל נַפְשִׁי חִיִּיתַנִי מיורדי־בוֹר׃ זַמְּרוּ לַיהוָה ה
חֲסִידָיו וְהוֹדוּ לְזֵכֶר קָדְשׁוֹ׃ כִּי רֶגַע ׀ בְּאַפּוֹ חַיִּים בִּרְצוֹנוֹ בָּעֶרֶב ו
יָלִין בֶּכִי וְלַבֹּקֶר רִנָּה׃ וַאֲנִי אָמַרְתִּי בְשַׁלְוִי בַּל־אֶמּוֹט לְעוֹלָם׃ ז
יְהוָה בִּרְצוֹנְךָ הֶעֱמַדְתָּה לְהַרְרִי עֹז הִסְתַּרְתָּ פָנֶיךָ הָיִיתִי נִבְהָל׃ ח
אֵלֶיךָ יְהוָה אֶקְרָא וְאֶל־אֲדֹנָי אֶתְחַנָּן׃ מַה־בֶּצַע בְּדָמִי בְּרִדְתִּי ט י
אֶל שָׁחַת הֲיוֹדְךָ עָפָר הֲיַגִּיד אֲמִתֶּךָ׃ שְׁמַע־יְהוָה וְחָנֵּנִי יְהוָה יא
הֱיֵה־עֹזֵר לִי׃ הָפַכְתָּ מִסְפְּדִי לְמָחוֹל לִי פִּתַּחְתָּ שַׂקִּי וַתְּאַזְּרֵנִי יב
שִׂמְחָה׃ לְמַעַן ׀ יְזַמֶּרְךָ כָבוֹד וְלֹא יִדֹּם יְהוָה אֱלֹהַי לְעוֹלָם יג
אוֹדֶךָּ׃

לַמְנַצֵּחַ מִזְמוֹר לְדָוִד׃ בְּךָ־יְהוָה חָסִיתִי אַל־אֵבוֹשָׁה לְעוֹלָם א ב לא
בְּצִדְקָתְךָ פַלְּטֵנִי׃ הַטֵּה אֵלַי ׀ אָזְנְךָ מְהֵרָה הַצִּילֵנִי הֱיֵה לִי ׀ ג
לְצוּר־מָעוֹז לְבֵית מְצוּדוֹת לְהוֹשִׁיעֵנִי׃ כִּי־סַלְעִי וּמְצוּדָתִי אָתָּה ד
וּלְמַעַן שִׁמְךָ תַּנְחֵנִי וּתְנַהֲלֵנִי׃ תּוֹצִיאֵנִי מֵרֶשֶׁת זוּ טָמְנוּ לִי כִּי־ ה
אַתָּה מָעוּזִּי׃ בְּיָדְךָ אַפְקִיד רוּחִי פָּדִיתָה אוֹתִי יְהוָה אֵל אֱמֶת׃ ו
שָׂנֵאתִי הַשֹּׁמְרִים הַבְלֵי־שָׁוְא וַאֲנִי אֶל־יְהוָה בָּטָחְתִּי׃ אָגִילָה ז ח
וְאֶשְׂמְחָה בְּחַסְדֶּךָ אֲשֶׁר רָאִיתָ אֶת־עָנְיִי יָדַעְתָּ בְּצָרוֹת נַפְשִׁי׃
וְלֹא הִסְגַּרְתַּנִי בְּיַד־אוֹיֵב הֶעֱמַדְתָּ בַמֶּרְחָב רַגְלָי׃ חָנֵּנִי יְהוָה ט י
כִּי צַר לִי עָשְׁשָׁה בְכַעַס עֵינִי נַפְשִׁי וּבִטְנִי׃ כִּי כָלוּ בְיָגוֹן חַיַּי יא

יב וּשְׁנוֹתַי בַּאֲנָחָה כָּשַׁל בַּעֲוֺנִי כֹחִי וַעֲצָמַי עָשֵׁשׁוּ׃ מִכׇּל־צֹרְרַי
הָיִיתִי חֶרְפָּה וְלִשְׁכֵנַי ׀ מְאֹד וּפַחַד לִמְיֻדָּעָי רֹאַי בַּחוּץ נָדְדוּ
יג יד מִמֶּנִּי׃ נִשְׁכַּחְתִּי כְּמֵת מִלֵּב הָיִיתִי כִּכְלִי אֹבֵד׃ כִּי שָׁמַעְתִּי ׀ דִּבַּת
טו רַבִּים מָגוֹר מִסָּבִיב בְּהִוָּסְדָם יַחַד עָלַי לָקַחַת נַפְשִׁי זָמָמוּ׃ וַאֲנִי ׀
טז עָלֶיךָ בָטַחְתִּי יהוה אָמַרְתִּי אֱלֹהַי אָתָּה׃ בְּיָדְךָ עִתֹּתָי הַצִּילֵנִי
יז מִיַּד־אוֹיְבַי וּמֵרֹדְפָי׃ הָאִירָה פָנֶיךָ עַל־עַבְדֶּךָ הוֹשִׁיעֵנִי בְחַסְדֶּךָ׃
יח יהוה אַל־אֵבוֹשָׁה כִּי קְרָאתִיךָ יֵבֹשׁוּ רְשָׁעִים יִדְּמוּ לִשְׁאוֹל׃
יט תֵּאָלַמְנָה שִׂפְתֵי שָׁקֶר הַדֹּבְרוֹת עַל־צַדִּיק עָתָק בְּגַאֲוָה וָבוּז׃
כ מָה רַב טוּבְךָ אֲשֶׁר־צָפַנְתָּ לִּירֵאֶיךָ פָּעַלְתָּ לַחוֹסִים בָּךְ נֶגֶד
כא בְּנֵי אָדָם׃ תַּסְתִּירֵם ׀ בְּסֵתֶר פָּנֶיךָ מֵרֻכְסֵי אִישׁ תִּצְפְּנֵם בְּסֻכָּה
כב מֵרִיב לְשֹׁנוֹת׃ בָּרוּךְ יהוה כִּי הִפְלִיא חַסְדּוֹ לִי בְּעִיר מָצוֹר׃
כג וַאֲנִי ׀ אָמַרְתִּי בְחׇפְזִי נִגְרַזְתִּי מִנֶּגֶד עֵינֶיךָ אָכֵן שָׁמַעְתָּ קוֹל
כד תַּחֲנוּנַי בְּשַׁוְּעִי אֵלֶיךָ׃ אֶהֱבוּ אֶת־יהוה כׇּל־חֲסִידָיו אֱמוּנִים
כה נֹצֵר יהוה וּמְשַׁלֵּם עַל־יֶתֶר עֹשֵׂה גַאֲוָה׃ חִזְקוּ וְיַאֲמֵץ
לְבַבְכֶם כׇּל־הַמְיַחֲלִים לַיהוה׃

לב

א ב לְדָוִד מַשְׂכִּיל אַשְׁרֵי נְשׂוּי־פֶּשַׁע כְּסוּי חֲטָאָה׃ אַשְׁרֵי־אָדָם לֹא
ג יַחְשֹׁב יהוה לוֹ עָוֺן וְאֵין בְּרוּחוֹ רְמִיָּה׃ כִּי־הֶחֱרַשְׁתִּי בָּלוּ עֲצָמָי
ד בְּשַׁאֲגָתִי כׇּל־הַיּוֹם׃ כִּי ׀ יוֹמָם וָלַיְלָה תִּכְבַּד עָלַי יָדֶךָ נֶהְפַּךְ
ה לְשַׁדִּי בְּחַרְבֹנֵי קַיִץ סֶלָה׃ חַטָּאתִי אוֹדִיעֲךָ וַעֲוֺנִי לֹא־כִסִּיתִי
אָמַרְתִּי אוֹדֶה עֲלֵי פְשָׁעַי לַיהוה וְאַתָּה נָשָׂאתָ עֲוֺן חַטָּאתִי
ו סֶלָה׃ עַל־זֹאת יִתְפַּלֵּל כׇּל־חָסִיד ׀ אֵלֶיךָ לְעֵת מְצֹא רַק לְשֵׁטֶף
ז מַיִם רַבִּים אֵלָיו לֹא יַגִּיעוּ׃ אַתָּה ׀ סֵתֶר לִי מִצַּר תִּצְּרֵנִי רׇנֵּי פַלֵּט
ח תְּסוֹבְבֵנִי סֶלָה׃ אַשְׂכִּילְךָ ׀ וְאוֹרְךָ בְּדֶרֶךְ־זוּ תֵלֵךְ אִיעֲצָה עָלֶיךָ
ט עֵינִי׃ אַל־תִּהְיוּ ׀ כְּסוּס כְּפֶרֶד אֵין הָבִין בְּמֶתֶג־וָרֶסֶן עֶדְיוֹ
י לִבְלוֹם בַּל קְרֹב אֵלֶיךָ׃ רַבִּים מַכְאוֹבִים לָרָשָׁע וְהַבּוֹטֵחַ
יא בַּיהוה חֶסֶד יְסוֹבְבֶנּוּ׃ שִׂמְחוּ בַיהוה וְגִילוּ צַדִּיקִים וְהַרְנִינוּ
כׇּל־יִשְׁרֵי־לֵב׃

א ב רַנְּנוּ צַדִּיקִים בַּיהוָה לַיְשָׁרִים נָאוָה תְהִלָּה: הוֹדוּ לַיהוָה בְּכִנּוֹר
ג בְּנֵבֶל עָשׂוֹר זַמְּרוּ־לוֹ: שִׁירוּ־לוֹ שִׁיר חָדָשׁ הֵיטִיבוּ נַגֵּן בִּתְרוּעָה:
ד ה כִּי־יָשָׁר דְּבַר־יְהוָה וְכָל־מַעֲשֵׂהוּ בֶּאֱמוּנָה: אֹהֵב צְדָקָה וּמִשְׁפָּט
ו חֶסֶד יְהוָה מָלְאָה הָאָרֶץ: בִּדְבַר יְהוָה שָׁמַיִם נַעֲשׂוּ וּבְרוּחַ פִּיו
ז ח כָּל־צְבָאָם: כֹּנֵס כַּנֵּד מֵי הַיָּם נֹתֵן בְּאֹצָרוֹת תְּהוֹמוֹת: יִירְאוּ
ט מֵיְהוָה כָּל־הָאָרֶץ מִמֶּנּוּ יָגוּרוּ כָּל־יֹשְׁבֵי תֵבֵל: כִּי הוּא אָמַר
י וַיֶּהִי הוּא־צִוָּה וַיַּעֲמֹד: יְהוָה הֵפִיר עֲצַת־גּוֹיִם הֵנִיא מַחְשְׁבוֹת
יא עַמִּים: עֲצַת יְהוָה לְעוֹלָם תַּעֲמֹד מַחְשְׁבוֹת לִבּוֹ לְדֹר וָדֹר:
יב יג אַשְׁרֵי הַגּוֹי אֲשֶׁר־יְהוָה אֱלֹהָיו הָעָם בָּחַר לְנַחֲלָה לוֹ: מִשָּׁמַיִם
יד הִבִּיט יְהוָה רָאָה אֶת־כָּל־בְּנֵי הָאָדָם: מִמְּכוֹן־שִׁבְתּוֹ הִשְׁגִּיחַ
טו אֶל כָּל־יֹשְׁבֵי הָאָרֶץ: הַיֹּצֵר יַחַד לִבָּם הַמֵּבִין אֶל־כָּל־מַעֲשֵׂיהֶם:
טז יז אֵין־הַמֶּלֶךְ נוֹשָׁע בְּרָב־חָיִל גִּבּוֹר לֹא־יִנָּצֵל בְּרָב־כֹּחַ: שֶׁקֶר
יח הַסּוּס לִתְשׁוּעָה וּבְרֹב חֵילוֹ לֹא יְמַלֵּט: הִנֵּה עֵין יְהוָה אֶל־
יט יְרֵאָיו לַמְיַחֲלִים לְחַסְדּוֹ: לְהַצִּיל מִמָּוֶת נַפְשָׁם וּלְחַיּוֹתָם בָּרָעָב:
כ כא נַפְשֵׁנוּ חִכְּתָה לַיהוָה עֶזְרֵנוּ וּמָגִנֵּנוּ הוּא: כִּי־בוֹ יִשְׂמַח לִבֵּנוּ
כב כִּי בְשֵׁם קָדְשׁוֹ בָטָחְנוּ: יְהִי־חַסְדְּךָ יְהוָה עָלֵינוּ כַּאֲשֶׁר
יִחַלְנוּ לָךְ:
לד א לְדָוִד בְּשַׁנּוֹתוֹ אֶת־טַעְמוֹ לִפְנֵי אֲבִימֶלֶךְ וַיְגָרְשֵׁהוּ וַיֵּלַךְ:
ב ג אֲבָרְכָה אֶת־יְהוָה בְּכָל־עֵת תָּמִיד תְּהִלָּתוֹ בְּפִי: בַּיהוָה
ד תִּתְהַלֵּל נַפְשִׁי יִשְׁמְעוּ עֲנָוִים וְיִשְׂמָחוּ: גַּדְּלוּ לַיהוָה אִתִּי
ה וּנְרוֹמְמָה שְׁמוֹ יַחְדָּו: דָּרַשְׁתִּי אֶת־יְהוָה וְעָנָנִי וּמִכָּל־מְגוּרוֹתַי
ו ז הִצִּילָנִי: הִבִּיטוּ אֵלָיו וְנָהָרוּ וּפְנֵיהֶם אַל־יֶחְפָּרוּ: זֶה עָנִי קָרָא
ח וַיהוָה שָׁמֵעַ וּמִכָּל־צָרוֹתָיו הוֹשִׁיעוֹ: חֹנֶה מַלְאַךְ־יְהוָה סָבִיב
ט לִירֵאָיו וַיְחַלְּצֵם: טַעֲמוּ וּרְאוּ כִּי־טוֹב יְהוָה אַשְׁרֵי הַגֶּבֶר יֶחֱסֶה־
י יא בּוֹ: יְראוּ אֶת־יְהוָה קְדֹשָׁיו כִּי־אֵין מַחְסוֹר לִירֵאָיו: כְּפִירִים
יב רָשׁוּ וְרָעֵבוּ וְדֹרְשֵׁי יְהוָה לֹא־יַחְסְרוּ כָל־טוֹב: לְכוּ־בָנִים שִׁמְעוּ־
יג לִי יִרְאַת יְהוָה אֲלַמֶּדְכֶם: מִי־הָאִישׁ הֶחָפֵץ חַיִּים אֹהֵב יָמִים

יד טו לִרְאוֹת טוֹב׃ נְצֹר לְשׁוֹנְךָ מֵרָע וּשְׂפָתֶיךָ מִדַּבֵּר מִרְמָה׃ סוּר
טז מֵרָע וַעֲשֵׂה־טוֹב בַּקֵּשׁ שָׁלוֹם וְרָדְפֵהוּ׃ עֵינֵי יְהוָה אֶל־צַדִּיקִים
יז וְאָזְנָיו אֶל־שַׁוְעָתָם׃ פְּנֵי יְהוָה בְּעֹשֵׂי רָע לְהַכְרִית מֵאֶרֶץ זִכְרָם׃
יח יט צָעֲקוּ וַיהוָה שָׁמֵעַ וּמִכָּל־צָרוֹתָם הִצִּילָם׃ קָרוֹב יְהוָה לְנִשְׁבְּרֵי־
כ לֵב וְאֶת־דַּכְּאֵי־רוּחַ יוֹשִׁיעַ׃ רַבּוֹת רָעוֹת צַדִּיק וּמִכֻּלָּם יַצִּילֶנּוּ
כא כב יְהוָה׃ שֹׁמֵר כָּל־עַצְמוֹתָיו אַחַת מֵהֵנָּה לֹא נִשְׁבָּרָה׃ תְּמוֹתֵת
כג רָשָׁע רָעָה וְשֹׂנְאֵי צַדִּיק יֶאְשָׁמוּ׃ פּוֹדֶה יְהוָה נֶפֶשׁ עֲבָדָיו וְלֹא
יֶאְשְׁמוּ כָּל־הַחֹסִים בּוֹ׃

לה א ב לְדָוִד ׀ רִיבָה יְהוָה אֶת־יְרִיבַי לְחַם אֶת־לֹחֲמָי׃ הַחֲזֵק מָגֵן וְצִנָּה
ג וְקוּמָה בְּעֶזְרָתִי׃ וְהָרֵק חֲנִית וּסְגֹר לִקְרַאת רֹדְפָי אֱמֹר לְנַפְשִׁי
ד יְשֻׁעָתֵךְ אָנִי׃ יֵבֹשׁוּ וְיִכָּלְמוּ מְבַקְשֵׁי נַפְשִׁי יִסֹּגוּ אָחוֹר וְיַחְפְּרוּ
ה ו חֹשְׁבֵי רָעָתִי׃ יִהְיוּ כְּמֹץ לִפְנֵי־רוּחַ וּמַלְאַךְ יְהוָה דּוֹחֶה׃ יְהִי־
ז דַרְכָּם חֹשֶׁךְ וַחֲלַקְלַקֹּת וּמַלְאַךְ יְהוָה רֹדְפָם׃ כִּי־חִנָּם טָמְנוּ־לִי
ח שַׁחַת רִשְׁתָּם חִנָּם חָפְרוּ לְנַפְשִׁי׃ תְּבוֹאֵהוּ שׁוֹאָה לֹא־יֵדָע
ט וְרִשְׁתּוֹ אֲשֶׁר־טָמַן תִּלְכְּדוֹ בְּשׁוֹאָה יִפָּל־בָּהּ׃ וְנַפְשִׁי תָּגִיל בַּיהוָה
י תָּשִׂישׂ בִּישׁוּעָתוֹ׃ כָּל עַצְמוֹתַי ׀ תֹּאמַרְנָה יְהוָה מִי כָמוֹךָ מַצִּיל
יא עָנִי מֵחָזָק מִמֶּנּוּ וְעָנִי וְאֶבְיוֹן מִגֹּזְלוֹ׃ יְקוּמוּן עֵדֵי חָמָס אֲשֶׁר לֹא־
יב יָדַעְתִּי יִשְׁאָלוּנִי׃ יְשַׁלְּמוּנִי רָעָה תַּחַת טוֹבָה שְׁכוֹל לְנַפְשִׁי׃
יג וַאֲנִי ׀ בַּחֲלוֹתָם לְבוּשִׁי שָׂק עִנֵּיתִי בַצּוֹם נַפְשִׁי וּתְפִלָּתִי עַל־חֵיקִי
יד תָשׁוּב׃ כְּרֵעַ־כְּאָח לִי הִתְהַלָּכְתִּי כַּאֲבֶל־אֵם קֹדֵר שַׁחוֹתִי׃
טו וּבְצַלְעִי שָׂמְחוּ וְנֶאֱסָפוּ נֶאֶסְפוּ עָלַי נֵכִים וְלֹא יָדַעְתִּי קָרְעוּ
טז יז וְלֹא־דָמּוּ׃ בְּחַנְפֵי לַעֲגֵי מָעוֹג חָרֹק עָלַי שִׁנֵּימוֹ׃ אֲדֹנָי כַּמָּה
יח תִּרְאֶה הָשִׁיבָה נַפְשִׁי מִשֹּׁאֵיהֶם מִכְּפִירִים יְחִידָתִי׃ אוֹדְךָ בְּקָהָל
יט רָב בְּעַם עָצוּם אֲהַלְלֶךָּ׃ אַל־יִשְׂמְחוּ־לִי אֹיְבַי שֶׁקֶר שֹׂנְאַי חִנָּם
כ יִקְרְצוּ־עָיִן׃ כִּי לֹא שָׁלוֹם יְדַבֵּרוּ וְעַל רִגְעֵי־אֶרֶץ דִּבְרֵי מִרְמוֹת
כא יַחֲשֹׁבוּן׃ וַיַּרְחִיבוּ עָלַי פִּיהֶם אָמְרוּ הֶאָח ׀ הֶאָח רָאֲתָה עֵינֵנוּ׃
כב כג רָאִיתָה יְהוָה אַל־תֶּחֱרַשׁ אֲדֹנָי אַל־תִּרְחַק מִמֶּנִּי׃ הָעִירָה

כד וְהָקִיצָה לְמִשְׁפָּטִי אֱלֹהַי וַאדֹנָי לְרִיבִי׃ שָׁפְטֵנִי כְצִדְקְךָ יְהוָה
כה אֱלֹהָי וְאַל־יִשְׂמְחוּ־לִי׃ אַל־יֹאמְרוּ בְלִבָּם הֶאָח נַפְשֵׁנוּ אַל־
כו יֹאמְרוּ בִּלַּעֲנוּהוּ׃ יֵבֹשׁוּ וְיַחְפְּרוּ ׀ יַחְדָּו שְׂמֵחֵי רָעָתִי יִלְבְּשׁוּ־
כז בֹשֶׁת וּכְלִמָּה הַמַּגְדִּילִים עָלָי׃ יָרֹנּוּ וְיִשְׂמְחוּ חֲפֵצֵי צִדְקִי
ה כח וְיֹאמְרוּ תָמִיד יִגְדַּל יְהוָה הֶחָפֵץ שְׁלוֹם עַבְדּוֹ׃ וּלְשׁוֹנִי תֶּהְגֶּה
צִדְקֶךָ כָּל־הַיּוֹם תְּהִלָּתֶךָ׃

לו א ב לַמְנַצֵּחַ ׀ לְעֶבֶד־יְהוָה לְדָוִד׃ נְאֻם־פֶּשַׁע לָרָשָׁע בְּקֶרֶב לִבִּי אֵין־
ג פַּחַד אֱלֹהִים לְנֶגֶד עֵינָיו׃ כִּי־הֶחֱלִיק אֵלָיו בְּעֵינָיו לִמְצֹא עֲוֺנוֹ
ד ה לִשְׂנֹא׃ דִּבְרֵי־פִיו אָוֶן וּמִרְמָה חָדַל לְהַשְׂכִּיל לְהֵיטִיב׃ אָוֶן ׀
יַחְשֹׁב עַל־מִשְׁכָּבוֹ יִתְיַצֵּב עַל־דֶּרֶךְ לֹא־טוֹב רָע לֹא יִמְאָס׃
ו ז יְהוָה בְּהַשָּׁמַיִם חַסְדֶּךָ אֱמוּנָתְךָ עַד־שְׁחָקִים׃ צִדְקָתְךָ ׀ כְּהַרְרֵי־
ח אֵל מִשְׁפָּטֶךָ תְּהוֹם רַבָּה אָדָם וּבְהֵמָה תוֹשִׁיעַ ׀ יְהוָה׃ מַה־יָּקָר
ט חַסְדְּךָ אֱלֹהִים וּבְנֵי אָדָם בְּצֵל כְּנָפֶיךָ יֶחֱסָיוּן׃ יִרְוְיֻן מִדֶּשֶׁן בֵּיתֶךָ
י וְנַחַל עֲדָנֶיךָ תַשְׁקֵם׃ כִּי־עִמְּךָ מְקוֹר חַיִּים בְּאוֹרְךָ נִרְאֶה־
יא יב אוֹר׃ מְשֹׁךְ חַסְדְּךָ לְיֹדְעֶיךָ וְצִדְקָתְךָ לְיִשְׁרֵי־לֵב׃ אַל־תְּבוֹאֵנִי
יג רֶגֶל גַּאֲוָה וְיַד־רְשָׁעִים אַל־תְּנִדֵנִי׃ שָׁם נָפְלוּ פֹּעֲלֵי אָוֶן
דֹּחוּ וְלֹא־יָכְלוּ קוּם׃

לז א ב לְדָוִד ׀ אַל־תִּתְחַר בַּמְּרֵעִים אַל־תְּקַנֵּא בְּעֹשֵׂי עַוְלָה׃ כִּי כֶחָצִיר
ג מְהֵרָה יִמָּלוּ וּכְיֶרֶק דֶּשֶׁא יִבּוֹלוּן׃ בְּטַח בַּיהוָה וַעֲשֵׂה־טוֹב שְׁכָן־
ד אֶרֶץ וּרְעֵה אֱמוּנָה׃ וְהִתְעַנַּג עַל־יְהוָה וְיִתֶּן־לְךָ מִשְׁאֲלֹת לִבֶּךָ׃
ה ו גּוֹל עַל־יְהוָה דַּרְכֶּךָ וּבְטַח עָלָיו וְהוּא יַעֲשֶׂה׃ וְהוֹצִיא כָאוֹר
ז צִדְקֶךָ וּמִשְׁפָּטֶךָ כַּצָּהֳרָיִם׃ דּוֹם ׀ לַיהוָה וְהִתְחוֹלֵל לוֹ אַל־תִּתְחַר
ח בְּמַצְלִיחַ דַּרְכּוֹ בְּאִישׁ עֹשֶׂה מְזִמּוֹת׃ הֶרֶף מֵאַף וַעֲזֹב חֵמָה אַל־
ט תִּתְחַר אַךְ־לְהָרֵעַ׃ כִּי־מְרֵעִים יִכָּרֵתוּן וְקֹוֵי יְהוָה הֵמָּה יִירְשׁוּ־
י אָרֶץ׃ וְעוֹד מְעַט וְאֵין רָשָׁע וְהִתְבּוֹנַנְתָּ עַל־מְקוֹמוֹ וְאֵינֶנּוּ׃
יא יב וַעֲנָוִים יִירְשׁוּ־אָרֶץ וְהִתְעַנְּגוּ עַל־רֹב שָׁלוֹם׃ זֹמֵם רָשָׁע לַצַּדִּיק
יג יד וְחֹרֵק עָלָיו שִׁנָּיו׃ אֲדֹנָי יִשְׂחַק־לוֹ כִּי־רָאָה כִּי־יָבֹא יוֹמוֹ׃ חֶרֶב ׀

פָּתְחוּ רְשָׁעִים וְדָרְכוּ קַשְׁתָּם לְהַפִּיל עָנִי וְאֶבְיוֹן לִטְבוֹחַ
טו טז יִשְׁרֵי־דָרֶךְ: חַרְבָּם תָּבוֹא בְלִבָּם וְקַשְּׁתוֹתָם תִּשָּׁבַרְנָה: טוֹב־
יז מְעַט לַצַּדִּיק מֵהֲמוֹן רְשָׁעִים רַבִּים: כִּי זְרוֹעוֹת רְשָׁעִים
יח תִּשָּׁבַרְנָה וְסוֹמֵךְ צַדִּיקִים יהוה: יוֹדֵעַ יהוה יְמֵי תְמִימִם
יט וְנַחֲלָתָם לְעוֹלָם תִּהְיֶה: לֹא־יֵבֹשׁוּ בְּעֵת רָעָה וּבִימֵי רְעָבוֹן
כ יִשְׂבָּעוּ: כִּי רְשָׁעִים ׀ יֹאבֵדוּ וְאֹיְבֵי יהוה כִּיקַר כָּרִים כָּלוּ בֶעָשָׁן
כא כב כָּלוּ: לֹוֶה רָשָׁע וְלֹא יְשַׁלֵּם וְצַדִּיק חוֹנֵן וְנוֹתֵן: כִּי מְבֹרָכָיו יִירְשׁוּ
כג אָרֶץ וּמְקֻלָּלָיו יִכָּרֵתוּ: מֵיהוה מִצְעֲדֵי־גֶבֶר כּוֹנָנוּ וְדַרְכּוֹ יֶחְפָּץ:
כד כה כִּי־יִפֹּל לֹא־יוּטָל כִּי־יהוה סוֹמֵךְ יָדוֹ: נַעַר ׀ הָיִיתִי גַּם־זָקַנְתִּי
כו וְלֹא־רָאִיתִי צַדִּיק נֶעֱזָב וְזַרְעוֹ מְבַקֶּשׁ־לָחֶם: כָּל־הַיּוֹם חוֹנֵן
כז כח וּמַלְוֶה וְזַרְעוֹ לִבְרָכָה: סוּר מֵרָע וַעֲשֵׂה־טוֹב וּשְׁכֹן לְעוֹלָם: כִּי
יהוה ׀ אֹהֵב מִשְׁפָּט וְלֹא־יַעֲזֹב אֶת־חֲסִידָיו לְעוֹלָם נִשְׁמָרוּ וְזֶרַע
כט ל רְשָׁעִים נִכְרָת: צַדִּיקִים יִירְשׁוּ־אָרֶץ וְיִשְׁכְּנוּ לָעַד עָלֶיהָ: פִּי־
לא צַדִּיק יֶהְגֶּה חָכְמָה וּלְשׁוֹנוֹ תְּדַבֵּר מִשְׁפָּט: תּוֹרַת אֱלֹהָיו בְּלִבּוֹ
לב לג לֹא תִמְעַד אֲשֻׁרָיו: צוֹפֶה רָשָׁע לַצַּדִּיק וּמְבַקֵּשׁ לַהֲמִיתוֹ: יהוה
לד לֹא־יַעַזְבֶנּוּ בְיָדוֹ וְלֹא יַרְשִׁיעֶנּוּ בְּהִשָּׁפְטוֹ: קַוֵּה אֶל־יהוה ׀ וּשְׁמֹר
לה דַּרְכּוֹ וִירוֹמִמְךָ לָרֶשֶׁת אָרֶץ בְּהִכָּרֵת רְשָׁעִים תִּרְאֶה: רָאִיתִי
לו רָשָׁע עָרִיץ וּמִתְעָרֶה כְּאֶזְרָח רַעֲנָן: וַיַּעֲבֹר וְהִנֵּה אֵינֶנּוּ
לז וָאֲבַקְשֵׁהוּ וְלֹא נִמְצָא: שְׁמָר־תָּם וּרְאֵה יָשָׁר כִּי־אַחֲרִית
לח לְאִישׁ שָׁלוֹם: וּפֹשְׁעִים נִשְׁמְדוּ יַחְדָּו אַחֲרִית רְשָׁעִים נִכְרָתָה:
לט מ וּתְשׁוּעַת צַדִּיקִים מֵיהוה מָעוּזָּם בְּעֵת צָרָה: וַיַּעְזְרֵם יהוה
וַיְפַלְּטֵם יְפַלְּטֵם מֵרְשָׁעִים וְיוֹשִׁיעֵם כִּי־חָסוּ בוֹ:

לח א ב מִזְמוֹר לְדָוִד לְהַזְכִּיר: יהוה אַל־בְּקֶצְפְּךָ תוֹכִיחֵנִי וּבַחֲמָתְךָ
ג ד תְיַסְּרֵנִי: כִּי־חִצֶּיךָ נִחֲתוּ בִי וַתִּנְחַת עָלַי יָדֶךָ: אֵין־מְתֹם
ה בִּבְשָׂרִי מִפְּנֵי זַעְמֶךָ אֵין־שָׁלוֹם בַּעֲצָמַי מִפְּנֵי חַטָּאתִי: כִּי עֲוֺנֹתַי
ו עָבְרוּ רֹאשִׁי כְּמַשָּׂא כָבֵד יִכְבְּדוּ מִמֶּנִּי: הִבְאִישׁוּ נָמַקּוּ חַבּוּרֹתָי
ז מִפְּנֵי אִוַּלְתִּי: נַעֲוֵיתִי שַׁחֹתִי עַד־מְאֹד כָּל־הַיּוֹם קֹדֵר הִלָּכְתִּי:

ח ט כִּי־כְסָלַי מָלְאוּ נִקְלֶה וְאֵין מְתֹם בִּבְשָׂרִי׃ נְפוּגוֹתִי וְנִדְכֵּיתִי עַד־
י מְאֹד שָׁאַגְתִּי מִנַּהֲמַת לִבִּי׃ אֲדֹנָי נֶגְדְּךָ כָל־תַּאֲוָתִי וְאַנְחָתִי
יא מִמְּךָ לֹא־נִסְתָּרָה׃ לִבִּי סְחַרְחַר עֲזָבַנִי כֹחִי וְאוֹר־עֵינַי גַּם־הֵם
יב אֵין אִתִּי׃ אֹהֲבַי ׀ וְרֵעַי מִנֶּגֶד נִגְעִי יַעֲמֹדוּ וּקְרוֹבַי מֵרָחֹק עָמָדוּ׃
יג וַיְנַקְשׁוּ ׀ מְבַקְשֵׁי נַפְשִׁי וְדֹרְשֵׁי רָעָתִי דִּבְּרוּ הַוּוֹת וּמִרְמוֹת כָּל־
יד טו הַיּוֹם יֶהְגּוּ׃ וַאֲנִי כְחֵרֵשׁ לֹא אֶשְׁמָע וּכְאִלֵּם לֹא יִפְתַּח־פִּיו׃ וָאֱהִי
טז כְּאִישׁ אֲשֶׁר לֹא־שֹׁמֵעַ וְאֵין בְּפִיו תּוֹכָחוֹת׃ כִּי־לְךָ יהוה הוֹחָלְתִּי
יז אַתָּה תַעֲנֶה אֲדֹנָי אֱלֹהָי׃ כִּי־אָמַרְתִּי פֶּן־יִשְׂמְחוּ־לִי בְּמוֹט רַגְלִי
יח יט עָלַי הִגְדִּילוּ׃ כִּי־אֲנִי לְצֶלַע נָכוֹן וּמַכְאוֹבִי נֶגְדִּי תָמִיד׃ כִּי־
כ עֲוֺנִי אַגִּיד אֶדְאַג מֵחַטָּאתִי׃ וְאֹיְבַי חַיִּים עָצֵמוּ וְרַבּוּ שֹׂנְאַי
כא שָׁקֶר׃ וּמְשַׁלְּמֵי רָעָה תַּחַת טוֹבָה יִשְׂטְנוּנִי תַּחַת רדופי־ רָדְפִי־
כב כג טוֹב׃ אַל־תַּעַזְבֵנִי יהוה אֱלֹהַי אַל־תִּרְחַק מִמֶּנִּי׃ חוּשָׁה
לְעֶזְרָתִי אֲדֹנָי תְּשׁוּעָתִי׃

לט א ב לַמְנַצֵּחַ לידיתון מִזְמוֹר לְדָוִד׃ אָמַרְתִּי אֶשְׁמְרָה דְרָכַי מֵחֲטוֹא לִידוּתוּן
ג בִלְשׁוֹנִי אֶשְׁמְרָה־לְפִי מַחְסוֹם בְּעֹד רָשָׁע לְנֶגְדִּי׃ נֶאֱלַמְתִּי
ד דוּמִיָּה הֶחֱשֵׁיתִי מִטּוֹב וּכְאֵבִי נֶעְכָּר׃ חַם־לִבִּי ׀ בְּקִרְבִּי בַּהֲגִיגִי
ה תִבְעַר־אֵשׁ דִּבַּרְתִּי בִּלְשׁוֹנִי׃ הוֹדִיעֵנִי יהוה ׀ קִצִּי וּמִדַּת יָמַי
ו מַה־הִיא אֵדְעָה מֶה־חָדֵל אָנִי׃ הִנֵּה טְפָחוֹת ׀ נָתַתָּה יָמַי וְחֶלְדִּי
ז כְאַיִן נֶגְדֶּךָ אַךְ־כָּל־הֶבֶל כָּל־אָדָם נִצָּב סֶלָה׃ אַךְ־בְּצֶלֶם ׀
ח יִתְהַלֶּךְ־אִישׁ אַךְ־הֶבֶל יֶהֱמָיוּן יִצְבֹּר וְלֹא־יֵדַע מִי־אֹסְפָם׃ וְעַתָּה
ט מַה־קִּוִּיתִי אֲדֹנָי תּוֹחַלְתִּי לְךָ הִיא׃ מִכָּל־פְּשָׁעַי הַצִּילֵנִי חֶרְפַּת
י נָבָל אַל־תְּשִׂימֵנִי׃ נֶאֱלַמְתִּי לֹא אֶפְתַּח־פִּי כִּי אַתָּה עָשִׂיתָ׃
יא יב הָסֵר מֵעָלַי נִגְעֶךָ מִתִּגְרַת יָדְךָ אֲנִי כָלִיתִי׃ בְּתוֹכָחוֹת עַל־
עָוֺן ׀ יִסַּרְתָּ אִישׁ וַתֶּמֶס כָּעָשׁ חֲמוּדוֹ אַךְ הֶבֶל כָּל־אָדָם סֶלָה׃
יג שִׁמְעָה תְפִלָּתִי ׀ יהוה וְשַׁוְעָתִי ׀ הַאֲזִינָה אֶל־דִּמְעָתִי אַל־
יד תֶּחֱרַשׁ כִּי גֵר אָנֹכִי עִמָּךְ תּוֹשָׁב כְּכָל־אֲבוֹתָי׃ הָשַׁע מִמֶּנִּי
וְאַבְלִיגָה בְּטֶרֶם אֵלֵךְ וְאֵינֶנִּי׃

מ

א ב למנצח לדוד מזמור: קוה קויתי יהוה ויט אלי וישמע שועתי:
ג ויעלני | מבור שאון מטיט היון ויקם על־סלע רגלי כונן אשרי:
ד ויתן בפי | שיר חדש תהלה לאלהינו יראו רבים וייראו
ה ויבטחו ביהוה: אשרי־הגבר אשר־שם יהוה מבטחו ולא־
ו פנה אל־רהבים ושטי כזב: רבות עשית | אתה | יהוה אלהי
נפלאתיך ומחשבתיך אלינו אין | ערך אליך אגידה ואדברה
ז עצמו מספר: זבח ומנחה | לא־חפצת אזנים כרית לי עולה
ח וחטאה לא שאלת: אז אמרתי הנה־באתי במגלת־ספר
ט כתוב עלי: לעשות־רצונך אלהי חפצתי ותורתך בתוך מעי:
י בשרתי צדק | בקהל רב הנה שפתי לא אכלא יהוה אתה
יא ידעת: צדקתך לא־כסיתי | בתוך לבי אמונתך ותשועתך
יב אמרתי לא־כחדתי חסדך ואמתך לקהל רב: אתה יהוה לא־
יג תכלא רחמיך ממני חסדך ואמתך תמיד יצרוני: כי אפפו־עלי |
רעות עד־אין מספר השיגוני עונתי ולא־יכלתי לראות עצמו
יד משערות ראשי ולבי עזבני: רצה יהוה להצילני יהוה לעזרתי
טו חושה: יבשו ויחפרו | יחד מבקשי נפשי לספותה יסגו אחור
טז ויכלמו חפצי רעתי: ישמו על־עקב בשתם האמרים לי האח |
יז האח: ישישו וישמחו | בך כל־מבקשיך יאמרו תמיד יגדל
יח יהוה אהבי תשועתך: ואני | עני ואביון אדני יחשב לי עזרתי
ומפלטי אתה אלהי אל־תאחר:

מא

א ב למנצח מזמור לדוד: אשרי משכיל אל־דל ביום רעה ימלטהו
ג יהוה: יהוה | ישמרהו ויחיהו יאשר בארץ ואל־תתנהו בנפש ואשר
ד איביו: יהוה יסעדנו על־ערש דוי כל־משכבו הפכת בחליו:
ה ו אני־אמרתי יהוה חנני רפאה נפשי כי־חטאתי לך: אויבי
ז יאמרו רע לי מתי ימות ואבד שמו: ואם־בא לראות | שוא
ח ידבר לבו יקבץ־און לו יצא לחוץ ידבר: יחד עלי יתלחשו
ט כל־שנאי עלי | יחשבו רעה לי: דבר־בליעל יצוק בו ואשר

שָׁכַב לֹא־יוֹסִיף לָקוּם׃ גַּם־אִישׁ שְׁלוֹמִי ׀ אֲשֶׁר־בָּטַחְתִּי בוֹ אוֹכֵל י
לַחְמִי הִגְדִּיל עָלַי עָקֵב׃ וְאַתָּה יהוה חׇנֵּנִי וַהֲקִימֵנִי וַאֲשַׁלְּמָה יא
לָהֶם׃ בְּזֹאת יָדַעְתִּי כִּי־חָפַצְתָּ בִּי כִּי לֹא־יָרִיעַ אֹיְבִי עָלָי׃ וַאֲנִי יב יג
ו בְּתֻמִּי תָּמַכְתָּ בִּי וַתַּצִּיבֵנִי לְפָנֶיךָ לְעוֹלָם׃ בָּרוּךְ יהוה ׀ אֱלֹהֵי יד
יִשְׂרָאֵל מֵהָעוֹלָם וְעַד־הָעוֹלָם אָמֵן ׀ וְאָמֵן׃

ספר שני
לַמְנַצֵּחַ מַשְׂכִּיל לִבְנֵי־קֹרַח׃ כְּאַיָּל תַּעֲרֹג עַל־אֲפִיקֵי־מָיִם כֵּן א ב מב
נַפְשִׁי תַעֲרֹג אֵלֶיךָ אֱלֹהִים׃ צָמְאָה נַפְשִׁי ׀ לֵאלֹהִים לְאֵל חָי ג
מָתַי אָבוֹא וְאֵרָאֶה פְּנֵי אֱלֹהִים׃ הָיְתָה־לִּי דִמְעָתִי לֶחֶם יוֹמָם ד
וָלָיְלָה בֶּאֱמֹר אֵלַי כׇּל־הַיּוֹם אַיֵּה אֱלֹהֶיךָ׃ אֵלֶּה אֶזְכְּרָה ׀ ה
וְאֶשְׁפְּכָה עָלַי ׀ נַפְשִׁי כִּי אֶעֱבֹר ׀ בַּסָּךְ אֶדַּדֵּם עַד־בֵּית אֱלֹהִים
בְּקוֹל־רִנָּה וְתוֹדָה הָמוֹן חוֹגֵג׃ מַה־תִּשְׁתּוֹחֲחִי ׀ נַפְשִׁי וַתֶּהֱמִי ו
עָלָי הוֹחִלִי לֵאלֹהִים כִּי־עוֹד אוֹדֶנּוּ יְשׁוּעוֹת פָּנָיו׃ אֱלֹהַי עָלַי ז
נַפְשִׁי תִשְׁתּוֹחָח עַל־כֵּן אֶזְכׇּרְךָ מֵאֶרֶץ יַרְדֵּן וְחֶרְמוֹנִים מֵהַר
מִצְעָר׃ תְּהוֹם־אֶל־תְּהוֹם קוֹרֵא לְקוֹל צִנּוֹרֶיךָ כׇּל־מִשְׁבָּרֶיךָ ח
וְגַלֶּיךָ עָלַי עָבָרוּ׃ יוֹמָם ׀ יְצַוֶּה יהוה ׀ חַסְדּוֹ וּבַלַּיְלָה שִׁירֹה עִמִּי ט
תְּפִלָּה לְאֵל חַיָּי׃ אוֹמְרָה ׀ לְאֵל סַלְעִי לָמָה שְׁכַחְתָּנִי לָמָּה־קֹדֵר י
אֵלֵךְ בְּלַחַץ אוֹיֵב׃ בְּרֶצַח ׀ בְּעַצְמוֹתַי חֵרְפוּנִי צוֹרְרָי בְּאׇמְרָם אֵלַי יא
כׇּל־הַיּוֹם אַיֵּה אֱלֹהֶיךָ׃ מַה־תִּשְׁתּוֹחֲחִי ׀ נַפְשִׁי וּמַה־תֶּהֱמִי עָלָי יב
הוֹחִילִי לֵאלֹהִים כִּי־עוֹד אוֹדֶנּוּ יְשׁוּעֹת פָּנַי וֵאלֹהָי׃
שׇׁפְטֵנִי אֱלֹהִים ׀ וְרִיבָה רִיבִי מִגּוֹי לֹא־חָסִיד מֵאִישׁ־מִרְמָה א מג
וְעַוְלָה תְפַלְּטֵנִי׃ כִּי־אַתָּה ׀ אֱלֹהֵי מָעוּזִּי לָמָה זְנַחְתָּנִי לָמָּה־קֹדֵר ב
אֶתְהַלֵּךְ בְּלַחַץ אוֹיֵב׃ שְׁלַח־אוֹרְךָ וַאֲמִתְּךָ הֵמָּה יַנְחוּנִי יְבִיאוּנִי ג
אֶל־הַר־קׇדְשְׁךָ וְאֶל־מִשְׁכְּנוֹתֶיךָ׃ וְאָבוֹאָה ׀ אֶל־מִזְבַּח אֱלֹהִים ד
אֶל־אֵל שִׂמְחַת גִּילִי וְאוֹדְךָ בְכִנּוֹר אֱלֹהִים אֱלֹהָי׃ מַה־ ה
תִּשְׁתּוֹחֲחִי ׀ נַפְשִׁי וּמַה־תֶּהֱמִי עָלָי הוֹחִילִי לֵאלֹהִים כִּי־עוֹד
אוֹדֶנּוּ יְשׁוּעֹת פָּנַי וֵאלֹהָי׃

מד א ב לַמְנַצֵּחַ לִבְנֵי־קֹרַח מַשְׂכִּיל׃ אֱלֹהִים ׀ בְּאָזְנֵינוּ שָׁמַעְנוּ אֲבוֹתֵינוּ
ג סִפְּרוּ־לָנוּ פֹּעַל־פָּעַלְתָּ בִימֵיהֶם בִּימֵי קֶדֶם׃ אַתָּה ׀ יָדְךָ גּוֹיִם
ד הוֹרַשְׁתָּ וַתִּטָּעֵם תָּרַע לְאֻמִּים וַתְּשַׁלְּחֵם׃ כִּי לֹא בְחַרְבָּם יָרְשׁוּ
אֶרֶץ וּזְרוֹעָם לֹא־הוֹשִׁיעָה לָּמוֹ כִּי־יְמִינְךָ וּזְרוֹעֲךָ וְאוֹר פָּנֶיךָ כִּי
ה ו רְצִיתָם׃ אַתָּה־הוּא מַלְכִּי אֱלֹהִים צַוֵּה יְשׁוּעוֹת יַעֲקֹב׃ בְּךָ
ז צָרֵינוּ נְנַגֵּחַ בְּשִׁמְךָ נָבוּס קָמֵינוּ׃ כִּי לֹא בְקַשְׁתִּי אֶבְטָח וְחַרְבִּי
ח לֹא תוֹשִׁיעֵנִי׃ כִּי הוֹשַׁעְתָּנוּ מִצָּרֵינוּ וּמְשַׂנְאֵינוּ הֱבִישׁוֹתָ׃
ט י בֵּאלֹהִים הִלַּלְנוּ כָל־הַיּוֹם וְשִׁמְךָ ׀ לְעוֹלָם נוֹדֶה סֶלָה׃ אַף־זָנַחְתָּ
יא וַתַּכְלִימֵנוּ וְלֹא־תֵצֵא בְּצִבְאוֹתֵינוּ׃ תְּשִׁיבֵנוּ אָחוֹר מִנִּי־צָר
יב וּמְשַׂנְאֵינוּ שָׁסוּ לָמוֹ׃ תִּתְּנֵנוּ כְּצֹאן מַאֲכָל וּבַגּוֹיִם זֵרִיתָנוּ׃
יג יד תִּמְכֹּר־עַמְּךָ בְלֹא־הוֹן וְלֹא־רִבִּיתָ בִּמְחִירֵיהֶם׃ תְּשִׂימֵנוּ חֶרְפָּה
טו לִשְׁכֵנֵינוּ לַעַג וָקֶלֶס לִסְבִיבוֹתֵינוּ׃ תְּשִׂימֵנוּ מָשָׁל בַּגּוֹיִם מְנוֹד־
טז רֹאשׁ בַּלְאֻמִּים׃ כָּל־הַיּוֹם כְּלִמָּתִי נֶגְדִּי וּבֹשֶׁת פָּנַי כִּסָּתְנִי׃
יז יח מִקּוֹל מְחָרֵף וּמְגַדֵּף מִפְּנֵי אוֹיֵב וּמִתְנַקֵּם׃ כָּל־זֹאת בָּאַתְנוּ וְלֹא
יט שְׁכַחֲנוּךָ וְלֹא־שִׁקַּרְנוּ בִּבְרִיתֶךָ׃ לֹא־נָסוֹג אָחוֹר לִבֵּנוּ וַתֵּט
כ אֲשֻׁרֵינוּ מִנִּי אָרְחֶךָ׃ כִּי דִכִּיתָנוּ בִּמְקוֹם תַּנִּים וַתְּכַס עָלֵינוּ
כא כב בְצַלְמָוֶת׃ אִם־שָׁכַחְנוּ שֵׁם אֱלֹהֵינוּ וַנִּפְרֹשׂ כַּפֵּינוּ לְאֵל זָר׃ הֲלֹא
כג אֱלֹהִים יַחֲקָר־זֹאת כִּי־הוּא יֹדֵעַ תַּעֲלֻמוֹת לֵב׃ כִּי־עָלֶיךָ הֹרַגְנוּ
כד כָל־הַיּוֹם נֶחְשַׁבְנוּ כְּצֹאן טִבְחָה׃ עוּרָה ׀ לָמָּה תִישַׁן ׀ אֲדֹנָי
כה הָקִיצָה אַל־תִּזְנַח לָנֶצַח׃ לָמָּה־פָנֶיךָ תַסְתִּיר תִּשְׁכַּח עָנְיֵנוּ
כו כז וְלַחֲצֵנוּ׃ כִּי שָׁחָה לֶעָפָר נַפְשֵׁנוּ דָּבְקָה לָאָרֶץ בִּטְנֵנוּ׃ קוּמָה
עֶזְרָתָה לָּנוּ וּפְדֵנוּ לְמַעַן חַסְדֶּךָ׃
מה א ב לַמְנַצֵּחַ עַל־שֹׁשַׁנִּים לִבְנֵי־קֹרַח מַשְׂכִּיל שִׁיר יְדִידֹת׃ רָחַשׁ לִבִּי ׀
דָּבָר טוֹב אֹמֵר אָנִי מַעֲשַׂי לְמֶלֶךְ לְשׁוֹנִי עֵט ׀ סוֹפֵר מָהִיר׃
ג יָפְיָפִיתָ מִבְּנֵי אָדָם הוּצַק חֵן בְּשְׂפְתוֹתֶיךָ עַל־כֵּן בֵּרַכְךָ אֱלֹהִים
ד ה לְעוֹלָם׃ חֲגוֹר־חַרְבְּךָ עַל־יָרֵךְ גִּבּוֹר הוֹדְךָ וַהֲדָרֶךָ׃ וַהֲדָרְךָ ׀ צְלַח
ו רְכַב עַל־דְּבַר־אֱמֶת וְעַנְוָה־צֶדֶק וְתוֹרְךָ נוֹרָאוֹת יְמִינֶךָ׃ חִצֶּיךָ

ז שְׁנוּנִים עַמִּים תַּחְתֶּיךָ יִפְּלוּ בְּלֵב אוֹיְבֵי הַמֶּלֶךְ׃ כִּסְאֲךָ אֱלֹהִים
ח עוֹלָם וָעֶד שֵׁבֶט מִישֹׁר שֵׁבֶט מַלְכוּתֶךָ׃ אָהַבְתָּ צֶּדֶק וַתִּשְׂנָא
ט רֶשַׁע עַל־כֵּן ׀ מְשָׁחֲךָ אֱלֹהִים אֱלֹהֶיךָ שֶׁמֶן שָׂשׂוֹן מֵחֲבֵרֶךָ׃ מֹר־
י וַאֲהָלוֹת קְצִיעוֹת כָּל־בִּגְדֹתֶיךָ מִן־הֵיכְלֵי שֵׁן מִנִּי שִׂמְּחוּךָ׃ בְּנוֹת
יא מְלָכִים בְּיִקְּרוֹתֶיךָ נִצְּבָה שֵׁגַל לִימִינְךָ בְּכֶתֶם אוֹפִיר׃ שִׁמְעִי־
יב בַת וּרְאִי וְהַטִּי אָזְנֵךְ וְשִׁכְחִי עַמֵּךְ וּבֵית אָבִיךְ׃ וְיִתְאָו הַמֶּלֶךְ
יג יָפְיֵךְ כִּי־הוּא אֲדֹנַיִךְ וְהִשְׁתַּחֲוִי־לוֹ׃ וּבַת־צֹר ׀ בְּמִנְחָה פָּנַיִךְ יְחַלּוּ
יד עֲשִׁירֵי עָם׃ כָּל־כְּבוּדָּה בַת־מֶלֶךְ פְּנִימָה מִמִּשְׁבְּצוֹת זָהָב
טו לְבוּשָׁהּ׃ לִרְקָמוֹת תּוּבַל לַמֶּלֶךְ בְּתוּלוֹת אַחֲרֶיהָ רֵעוֹתֶיהָ
טז מוּבָאוֹת לָךְ׃ תּוּבַלְנָה בִּשְׂמָחֹת וָגִיל תְּבֹאֶינָה בְּהֵיכַל מֶלֶךְ׃
יז יח תַּחַת אֲבֹתֶיךָ יִהְיוּ בָנֶיךָ תְּשִׁיתֵמוֹ לְשָׂרִים בְּכָל־הָאָרֶץ׃ אַזְכִּירָה
שִׁמְךָ בְּכָל־דֹּר וָדֹר עַל־כֵּן עַמִּים יְהוֹדֻךָ לְעֹלָם וָעֶד׃

מו א ב לַמְנַצֵּחַ לִבְנֵי־קֹרַח עַל־עֲלָמוֹת שִׁיר׃ אֱלֹהִים לָנוּ מַחֲסֶה וָעֹז
ג עֶזְרָה בְצָרוֹת נִמְצָא מְאֹד׃ עַל־כֵּן לֹא־נִירָא בְּהָמִיר אָרֶץ
ד וּבְמוֹט הָרִים בְּלֵב יַמִּים׃ יֶהֱמוּ יֶחְמְרוּ מֵימָיו יִרְעֲשׁוּ־הָרִים
ה בְּגַאֲוָתוֹ סֶלָה׃ נָהָר פְּלָגָיו יְשַׂמְּחוּ עִיר־אֱלֹהִים קְדֹשׁ מִשְׁכְּנֵי
ו עֶלְיוֹן׃ אֱלֹהִים בְּקִרְבָּהּ בַּל־תִּמּוֹט יַעְזְרֶהָ אֱלֹהִים לִפְנוֹת בֹּקֶר׃
ז ח הָמוּ גוֹיִם מָטוּ מַמְלָכוֹת נָתַן בְּקוֹלוֹ תָּמוּג אָרֶץ׃ יהוה צְבָאוֹת
ט עִמָּנוּ מִשְׂגָּב לָנוּ אֱלֹהֵי יַעֲקֹב סֶלָה׃ לְכוּ־חֲזוּ מִפְעֲלוֹת יהוה
י אֲשֶׁר־שָׂם שַׁמּוֹת בָּאָרֶץ׃ מַשְׁבִּית מִלְחָמוֹת עַד־קְצֵה הָאָרֶץ
יא קֶשֶׁת יְשַׁבֵּר וְקִצֵּץ חֲנִית עֲגָלוֹת יִשְׂרֹף בָּאֵשׁ׃ הַרְפּוּ וּדְעוּ כִּי־
יב אָנֹכִי אֱלֹהִים אָרוּם בַּגּוֹיִם אָרוּם בָּאָרֶץ׃ יהוה צְבָאוֹת עִמָּנוּ
מִשְׂגָּב לָנוּ אֱלֹהֵי יַעֲקֹב סֶלָה׃

מז א ב לַמְנַצֵּחַ לִבְנֵי־קֹרַח מִזְמוֹר׃ כָּל־הָעַמִּים תִּקְעוּ־כָף הָרִיעוּ
ג לֵאלֹהִים בְּקוֹל רִנָּה׃ כִּי־יהוה עֶלְיוֹן נוֹרָא מֶלֶךְ גָּדוֹל עַל־
ד ה כָּל־הָאָרֶץ׃ יַדְבֵּר עַמִּים תַּחְתֵּינוּ וּלְאֻמִּים תַּחַת רַגְלֵינוּ׃ יִבְחַר־
ו לָנוּ אֶת־נַחֲלָתֵנוּ אֶת גְּאוֹן יַעֲקֹב אֲשֶׁר־אָהֵב סֶלָה׃ עָלָה אֱלֹהִים

ז בִּתְרוּעָה יהוה בְּקוֹל שׁוֹפָר׃ זַמְּרוּ אֱלֹהִים זַמֵּרוּ זַמְּרוּ לְמַלְכֵּנוּ
ח ט זַמֵּרוּ׃ כִּי מֶלֶךְ כָּל־הָאָרֶץ אֱלֹהִים זַמְּרוּ מַשְׂכִּיל׃ מָלַךְ
י אֱלֹהִים עַל־גּוֹיִם אֱלֹהִים יָשַׁב ׀ עַל־כִּסֵּא קָדְשׁוֹ׃ נְדִיבֵי
עַמִּים ׀ נֶאֱסָפוּ עַם אֱלֹהֵי אַבְרָהָם כִּי לֵאלֹהִים מָגִנֵּי־אֶרֶץ
מְאֹד נַעֲלָה׃

מח א ב שִׁיר מִזְמוֹר לִבְנֵי־קֹרַח׃ גָּדוֹל יהוה וּמְהֻלָּל מְאֹד בְּעִיר אֱלֹהֵינוּ
ג הַר־קָדְשׁוֹ׃ יְפֵה נוֹף מְשׂוֹשׂ כָּל־הָאָרֶץ הַר־צִיּוֹן יַרְכְּתֵי צָפוֹן
ד ה קִרְיַת מֶלֶךְ רָב׃ אֱלֹהִים בְּאַרְמְנוֹתֶיהָ נוֹדַע לְמִשְׂגָּב׃ כִּי־הִנֵּה
ו הַמְּלָכִים נוֹעֲדוּ עָבְרוּ יַחְדָּו׃ הֵמָּה רָאוּ כֵּן תָּמָהוּ נִבְהֲלוּ נֶחְפָּזוּ׃
ז ח רְעָדָה אֲחָזָתַם שָׁם חִיל כַּיּוֹלֵדָה׃ בְּרוּחַ קָדִים תְּשַׁבֵּר אֳנִיּוֹת
ט תַּרְשִׁישׁ׃ כַּאֲשֶׁר שָׁמַעְנוּ ׀ כֵּן רָאִינוּ בְּעִיר־יהוה צְבָאוֹת בְּעִיר
י אֱלֹהֵינוּ אֱלֹהִים יְכוֹנְנֶהָ עַד־עוֹלָם סֶלָה׃ דִּמִּינוּ אֱלֹהִים חַסְדֶּךָ
יא בְּקֶרֶב הֵיכָלֶךָ׃ כְּשִׁמְךָ ׀ אֱלֹהִים כֵּן תְּהִלָּתְךָ עַל־קַצְוֵי־אֶרֶץ צֶדֶק
יב מָלְאָה יְמִינֶךָ׃ יִשְׂמַח ׀ הַר־צִיּוֹן תָּגֵלְנָה בְּנוֹת יְהוּדָה לְמַעַן
יג יד מִשְׁפָּטֶיךָ׃ סֹבּוּ צִיּוֹן וְהַקִּיפוּהָ סִפְרוּ מִגְדָּלֶיהָ׃ שִׁיתוּ לִבְּכֶם ׀
טו לַחֵילָה פַּסְּגוּ אַרְמְנוֹתֶיהָ לְמַעַן תְּסַפְּרוּ לְדוֹר אַחֲרוֹן׃ כִּי זֶה ׀
אֱלֹהִים אֱלֹהֵינוּ עוֹלָם וָעֶד הוּא יְנַהֲגֵנוּ עַל־מוּת׃

מט א ב לַמְנַצֵּחַ לִבְנֵי־קֹרַח מִזְמוֹר׃ שִׁמְעוּ־זֹאת כָּל־הָעַמִּים הַאֲזִינוּ כָּל־
ג ד יֹשְׁבֵי חָלֶד׃ גַּם־בְּנֵי אָדָם גַּם־בְּנֵי־אִישׁ יַחַד עָשִׁיר וְאֶבְיוֹן׃ פִּי
ה יְדַבֵּר חָכְמוֹת וְהָגוּת לִבִּי תְבוּנוֹת׃ אַטֶּה לְמָשָׁל אָזְנִי אֶפְתַּח
ו ז בְּכִנּוֹר חִידָתִי׃ לָמָּה אִירָא בִּימֵי רָע עֲוֺן עֲקֵבַי יְסוּבֵּנִי׃ הַבֹּטְחִים
ח עַל־חֵילָם וּבְרֹב עָשְׁרָם יִתְהַלָּלוּ׃ אָח לֹא־פָדֹה יִפְדֶּה אִישׁ לֹא־
ט י יִתֵּן לֵאלֹהִים כָּפְרוֹ׃ וְיֵקַר פִּדְיוֹן נַפְשָׁם וְחָדַל לְעוֹלָם׃ וִיחִי־עוֹד
יא לָנֶצַח לֹא יִרְאֶה הַשָּׁחַת׃ כִּי יִרְאֶה ׀ חֲכָמִים יָמוּתוּ יַחַד כְּסִיל
יב וָבַעַר יֹאבֵדוּ וְעָזְבוּ לַאֲחֵרִים חֵילָם׃ קִרְבָּם בָּתֵּימוֹ ׀ לְעוֹלָם
יג מִשְׁכְּנֹתָם לְדֹר וָדֹר קָרְאוּ בִשְׁמוֹתָם עֲלֵי אֲדָמוֹת׃ וְאָדָם בִּיקָר
יד בַּל־יָלִין נִמְשַׁל כַּבְּהֵמוֹת נִדְמוּ׃ זֶה דַרְכָּם כֵּסֶל לָמוֹ וְאַחֲרֵיהֶם ׀

בְּפִיהֶם יִרְצוּ סֶלָה׃ כַּצֹּאן ׀ לִשְׁאוֹל שַׁתּוּ מָוֶת יִרְעֵם וַיִּרְדּוּ בָם טו
וְצוּרָם יְשָׁרִים ׀ לַבֹּקֶר וצירם לְבַלּוֹת שְׁאוֹל מִזְּבֻל לוֹ׃ אַךְ־אֱלֹהִים טז
יִפְדֶּה נַפְשִׁי מִיַּד שְׁאוֹל כִּי יִקָּחֵנִי סֶלָה׃ אַל־תִּירָא כִּי־יַעֲשִׁר יז
אִישׁ כִּי־יִרְבֶּה כְּבוֹד בֵּיתוֹ׃ כִּי לֹא בְמוֹתוֹ יִקַּח הַכֹּל לֹא־יֵרֵד יח
ז אַחֲרָיו כְּבוֹדוֹ׃ כִּי־נַפְשׁוֹ בְּחַיָּיו יְבָרֵךְ וְיוֹדֻךָ כִּי־תֵיטִיב לָךְ׃ תָּבוֹא יט כ
עַד־דּוֹר אֲבוֹתָיו עַד־נֵצַח לֹא יִרְאוּ־אוֹר׃ אָדָם בִּיקָר וְלֹא יָבִין כא
נִמְשַׁל כַּבְּהֵמוֹת נִדְמוּ׃
מִזְמוֹר לְאָסָף אֵל ׀ אֱלֹהִים יְהוָה דִּבֶּר וַיִּקְרָא־אָרֶץ מִמִּזְרַח־ א נ
שֶׁמֶשׁ עַד־מְבֹאוֹ׃ מִצִּיּוֹן מִכְלַל־יֹפִי אֱלֹהִים הוֹפִיעַ׃ יָבֹא אֱלֹהֵינוּ ב ג
וְאַל־יֶחֱרַשׁ אֵשׁ־לְפָנָיו תֹּאכֵל וּסְבִיבָיו נִשְׂעֲרָה מְאֹד׃ יִקְרָא אֶל־ ד
הַשָּׁמַיִם מֵעָל וְאֶל־הָאָרֶץ לָדִין עַמּוֹ׃ אִסְפוּ־לִי חֲסִידָי כֹּרְתֵי ה
בְרִיתִי עֲלֵי־זָבַח׃ וַיַּגִּידוּ שָׁמַיִם צִדְקוֹ כִּי־אֱלֹהִים ׀ שֹׁפֵט הוּא ו
סֶלָה׃ שִׁמְעָה עַמִּי ׀ וַאֲדַבֵּרָה יִשְׂרָאֵל וְאָעִידָה בָּךְ אֱלֹהִים ז
אֱלֹהֶיךָ אָנֹכִי׃ לֹא עַל־זְבָחֶיךָ אוֹכִיחֶךָ וְעוֹלֹתֶיךָ לְנֶגְדִּי תָמִיד׃ ח
לֹא־אֶקַּח מִבֵּיתְךָ פָר מִמִּכְלְאֹתֶיךָ עַתּוּדִים׃ כִּי־לִי כָל־חַיְתוֹ־ ט י
יָעַר בְּהֵמוֹת בְּהַרְרֵי־אָלֶף׃ יָדַעְתִּי כָּל־עוֹף הָרִים וְזִיז שָׂדַי יא
עִמָּדִי׃ אִם־אֶרְעַב לֹא־אֹמַר לָךְ כִּי־לִי תֵבֵל וּמְלֹאָהּ׃ הַאוֹכַל יב יג
בְּשַׂר אַבִּירִים וְדַם עַתּוּדִים אֶשְׁתֶּה׃ זְבַח לֵאלֹהִים תּוֹדָה וְשַׁלֵּם יד
לְעֶלְיוֹן נְדָרֶיךָ׃ וּקְרָאֵנִי בְּיוֹם צָרָה אֲחַלֶּצְךָ וּתְכַבְּדֵנִי׃ וְלָרָשָׁע ׀ טו טז
אָמַר אֱלֹהִים מַה־לְּךָ לְסַפֵּר חֻקָּי וַתִּשָּׂא בְרִיתִי עֲלֵי־פִיךָ׃ וְאַתָּה יז
שָׂנֵאתָ מוּסָר וַתַּשְׁלֵךְ דְּבָרַי אַחֲרֶיךָ׃ אִם־רָאִיתָ גַנָּב וַתִּרֶץ עִמּוֹ יח
וְעִם מְנָאֲפִים חֶלְקֶךָ׃ פִּיךָ שָׁלַחְתָּ בְרָעָה וּלְשׁוֹנְךָ תַּצְמִיד יט
מִרְמָה׃ תֵּשֵׁב בְּאָחִיךָ תְדַבֵּר בְּבֶן־אִמְּךָ תִּתֶּן־דֹּפִי׃ אֵלֶּה עָשִׂיתָ ׀ כ כא
וְהֶחֱרַשְׁתִּי דִּמִּיתָ הֱיוֹת־אֶהְיֶה כָמוֹךָ אוֹכִיחֲךָ וְאֶעֶרְכָה לְעֵינֶיךָ׃
בִּינוּ־נָא זֹאת שֹׁכְחֵי אֱלוֹהַּ פֶּן־אֶטְרֹף וְאֵין מַצִּיל׃ זֹבֵחַ תּוֹדָה כב כג
יְכַבְּדָנְנִי וְשָׂם דֶּרֶךְ אַרְאֶנּוּ בְּיֵשַׁע אֱלֹהִים׃
לַמְנַצֵּחַ מִזְמוֹר לְדָוִד׃ בְּבוֹא־אֵלָיו נָתָן הַנָּבִיא כַּאֲשֶׁר־בָּא אֶל־ א ב נא

ג בַּת־שָׁבַע׃ חָנֵּנִי אֱלֹהִים כְּחַסְדֶּךָ כְּרֹב רַחֲמֶיךָ מְחֵה פְשָׁעָי׃
ד ה הרבה כַּבְּסֵנִי מֵעֲוֺנִי וּמֵחַטָּאתִי טַהֲרֵנִי׃ כִּי־פְשָׁעַי אֲנִי אֵדָע הֶרֶב
ו וְחַטָּאתִי נֶגְדִּי תָמִיד׃ לְךָ לְבַדְּךָ ׀ חָטָאתִי וְהָרַע בְּעֵינֶיךָ עָשִׂיתִי
ז לְמַעַן תִּצְדַּק בְּדָבְרֶךָ תִּזְכֶּה בְשָׁפְטֶךָ׃ הֵן־בְּעָווֹן חוֹלָלְתִּי
ח וּבְחֵטְא יֶחֱמַתְנִי אִמִּי׃ הֵן־אֱמֶת חָפַצְתָּ בַטֻּחוֹת וּבְסָתֻם חָכְמָה
ט תוֹדִיעֵנִי׃ תְּחַטְּאֵנִי בְאֵזוֹב וְאֶטְהָר תְּכַבְּסֵנִי וּמִשֶּׁלֶג אַלְבִּין׃
י יא תַּשְׁמִיעֵנִי שָׂשׂוֹן וְשִׂמְחָה תָּגֵלְנָה עֲצָמוֹת דִּכִּיתָ׃ הַסְתֵּר פָּנֶיךָ
יב מֵחֲטָאָי וְכָל־עֲוֺנֹתַי מְחֵה׃ לֵב טָהוֹר בְּרָא־לִי אֱלֹהִים וְרוּחַ נָכוֹן
יג חַדֵּשׁ בְּקִרְבִּי׃ אַל־תַּשְׁלִיכֵנִי מִלְּפָנֶיךָ וְרוּחַ קָדְשְׁךָ אַל־תִּקַּח
יד טו מִמֶּנִּי׃ הָשִׁיבָה לִּי שְׂשׂוֹן יִשְׁעֶךָ וְרוּחַ נְדִיבָה תִסְמְכֵנִי׃ אֲלַמְּדָה
טז פֹשְׁעִים דְּרָכֶיךָ וְחַטָּאִים אֵלֶיךָ יָשׁוּבוּ׃ הַצִּילֵנִי מִדָּמִים ׀ אֱלֹהִים
יז אֱלֹהֵי תְּשׁוּעָתִי תְּרַנֵּן לְשׁוֹנִי צִדְקָתֶךָ׃ אֲדֹנָי שְׂפָתַי תִּפְתָּח וּפִי
יח יַגִּיד תְּהִלָּתֶךָ׃ כִּי ׀ לֹא־תַחְפֹּץ זֶבַח וְאֶתֵּנָה עוֹלָה לֹא תִרְצֶה׃
יט זִבְחֵי אֱלֹהִים רוּחַ נִשְׁבָּרָה לֵב־נִשְׁבָּר וְנִדְכֶּה אֱלֹהִים לֹא תִבְזֶה׃
כ כא הֵיטִיבָה בִרְצוֹנְךָ אֶת־צִיּוֹן תִּבְנֶה חוֹמוֹת יְרוּשָׁלָםִ׃ אָז תַּחְפֹּץ
זִבְחֵי־צֶדֶק עוֹלָה וְכָלִיל אָז יַעֲלוּ עַל־מִזְבַּחֲךָ פָרִים׃
נב א ב לַמְנַצֵּחַ מַשְׂכִּיל לְדָוִד׃ בְּבוֹא ׀ דּוֹאֵג הָאֲדֹמִי וַיַּגֵּד לְשָׁאוּל וַיֹּאמֶר
ג לוֹ בָּא דָוִד אֶל־בֵּית אֲחִימֶלֶךְ׃ מַה־תִּתְהַלֵּל בְּרָעָה הַגִּבּוֹר חֶסֶד
ד אֵל כָּל־הַיּוֹם׃ הַוּוֹת תַּחְשֹׁב לְשׁוֹנֶךָ כְּתַעַר מְלֻטָּשׁ עֹשֵׂה רְמִיָּה׃
ה ו אָהַבְתָּ רָּע מִטּוֹב שֶׁקֶר ׀ מִדַּבֵּר צֶדֶק סֶלָה׃ אָהַבְתָּ כָל־דִּבְרֵי־
ז בָלַע לְשׁוֹן מִרְמָה׃ גַּם־אֵל יִתָּצְךָ לָנֶצַח יַחְתְּךָ וְיִסָּחֲךָ מֵאֹהֶל
ח וְשֵׁרֶשְׁךָ מֵאֶרֶץ חַיִּים סֶלָה׃ וְיִרְאוּ צַדִּיקִים וְיִירָאוּ וְעָלָיו
ט יִשְׂחָקוּ׃ הִנֵּה הַגֶּבֶר לֹא יָשִׂים אֱלֹהִים מָעוּזּוֹ וַיִּבְטַח בְּרֹב
י עָשְׁרוֹ יָעֹז בְּהַוָּתוֹ׃ וַאֲנִי ׀ כְּזַיִת רַעֲנָן בְּבֵית אֱלֹהִים בָּטַחְתִּי
יא בְחֶסֶד־אֱלֹהִים עוֹלָם וָעֶד׃ אוֹדְךָ לְעוֹלָם כִּי עָשִׂיתָ וַאֲקַוֶּה
שִׁמְךָ כִי־טוֹב נֶגֶד חֲסִידֶיךָ׃
נג א ב לַמְנַצֵּחַ עַל־מָחֲלַת מַשְׂכִּיל לְדָוִד׃ אָמַר נָבָל בְּלִבּוֹ אֵין אֱלֹהִים

הִשְׁחִיתוּ וְהִתְעִיבוּ עָוֶל אֵין עֹשֵׂה־טוֹב׃ אֱלֹהִים מִשָּׁמַיִם ג
הִשְׁקִיף עַל־בְּנֵי־אָדָם לִרְאוֹת הֲיֵשׁ מַשְׂכִּיל דֹּרֵשׁ אֶת־אֱלֹהִים׃
כֻּלּוֹ סָג יַחְדָּו נֶאֱלָחוּ אֵין עֹשֵׂה־טוֹב אֵין גַּם־אֶחָד׃ הֲלֹא יָדְעוּ ד ה
פֹּעֲלֵי אָוֶן אֹכְלֵי עַמִּי אָכְלוּ לֶחֶם אֱלֹהִים לֹא קָרָאוּ׃ שָׁם ׀ פָּחֲדוּ־ ו
פַחַד לֹא־הָיָה פָחַד כִּי־אֱלֹהִים פִּזַּר עַצְמוֹת חֹנָךְ הֱבִשֹׁתָה כִּי־
אֱלֹהִים מְאָסָם׃ מִי יִתֵּן מִצִּיּוֹן יְשֻׁעוֹת יִשְׂרָאֵל בְּשׁוּב אֱלֹהִים ז
שְׁבוּת עַמּוֹ יָגֵל יַעֲקֹב יִשְׂמַח יִשְׂרָאֵל׃
לַמְנַצֵּחַ בִּנְגִינֹת מַשְׂכִּיל לְדָוִד׃ בְּבוֹא הַזִּיפִים וַיֹּאמְרוּ לְשָׁאוּל א ב נד
הֲלֹא דָוִד מִסְתַּתֵּר עִמָּנוּ׃ אֱלֹהִים בְּשִׁמְךָ הוֹשִׁיעֵנִי וּבִגְבוּרָתְךָ ג
תְדִינֵנִי׃ אֱלֹהִים שְׁמַע תְּפִלָּתִי הַאֲזִינָה לְאִמְרֵי־פִי׃ כִּי זָרִים ׀ ד ה
קָמוּ עָלַי וְעָרִיצִים בִּקְשׁוּ נַפְשִׁי לֹא שָׂמוּ אֱלֹהִים לְנֶגְדָּם סֶלָה׃
יָשִׁיב הִנֵּה אֱלֹהִים עֹזֵר לִי אֲדֹנָי בְּסֹמְכֵי נַפְשִׁי׃ יָשׁוֹב הָרַע לְשֹׁרְרָי ו ז
בַּאֲמִתְּךָ הַצְמִיתֵם׃ בִּנְדָבָה אֶזְבְּחָה־לָּךְ אוֹדֶה שִּׁמְךָ יְהוָה כִּי־ ח
טוֹב׃ כִּי מִכָּל־צָרָה הִצִּילָנִי וּבְאֹיְבַי רָאֲתָה עֵינִי׃ ט
לַמְנַצֵּחַ בִּנְגִינֹת מַשְׂכִּיל לְדָוִד׃ הַאֲזִינָה אֱלֹהִים תְּפִלָּתִי וְאַל־ א ב נה
תִּתְעַלַּם מִתְּחִנָּתִי׃ הַקְשִׁיבָה לִּי וַעֲנֵנִי אָרִיד בְּשִׂיחִי וְאָהִימָה׃ ג
מִקּוֹל אוֹיֵב מִפְּנֵי עָקַת רָשָׁע כִּי־יָמִיטוּ עָלַי אָוֶן וּבְאַף יִשְׂטְמוּנִי׃ ד
לִבִּי יָחִיל בְּקִרְבִּי וְאֵימוֹת מָוֶת נָפְלוּ עָלָי׃ יִרְאָה וָרַעַד יָבֹא בִי ה ו
וַתְּכַסֵּנִי פַּלָּצוּת׃ וָאֹמַר מִי־יִתֶּן־לִּי אֵבֶר כַּיּוֹנָה אָעוּפָה וְאֶשְׁכֹּנָה׃ ז
הִנֵּה אַרְחִיק נְדֹד אָלִין בַּמִּדְבָּר סֶלָה׃ אָחִישָׁה מִפְלָט לִי מֵרוּחַ ח ט
סֹעָה מִסָּעַר׃ בַּלַּע אֲדֹנָי פַּלַּג לְשׁוֹנָם כִּי־רָאִיתִי חָמָס וְרִיב י
בָּעִיר׃ יוֹמָם וָלַיְלָה יְסוֹבְבֻהָ עַל־חוֹמֹתֶיהָ וְאָוֶן וְעָמָל בְּקִרְבָּהּ׃ יא
הַוּוֹת בְּקִרְבָּהּ וְלֹא־יָמִישׁ מֵרְחֹבָהּ תֹּךְ וּמִרְמָה׃ כִּי לֹא־אוֹיֵב יב יג
יְחָרְפֵנִי וְאֶשָּׂא לֹא־מְשַׂנְאִי עָלַי הִגְדִּיל וְאֶסָּתֵר מִמֶּנּוּ׃ וְאַתָּה יד
אֱנוֹשׁ כְּעֶרְכִּי אַלּוּפִי וּמְיֻדָּעִי׃ אֲשֶׁר יַחְדָּו נַמְתִּיק סוֹד בְּבֵית טו
יַשִּׁיא מָוֶת אֱלֹהִים נְהַלֵּךְ בְּרָגֶשׁ׃ יְשִׁימָוֶת ׀ עָלֵימוֹ יֵרְדוּ שְׁאוֹל חַיִּים כִּי־ טז
רָעוֹת בִּמְגוּרָם בְּקִרְבָּם׃ אֲנִי אֶל־אֱלֹהִים אֶקְרָא וַיהוָה יוֹשִׁיעֵנִי׃ יז

יח יט עֶרֶב וָבֹקֶר וְצָהֳרַיִם אָשִׂיחָה וְאֶהֱמֶה וַיִּשְׁמַע קוֹלִי: פָּדָה בְשָׁלוֹם
כ נַפְשִׁי מִקְּרָב־לִי כִּי־בְרַבִּים הָיוּ עִמָּדִי: יִשְׁמַע ׀ אֵל ׀ וְיַעֲנֵם
וְיֹשֵׁב קֶדֶם סֶלָה אֲשֶׁר אֵין חֲלִיפוֹת לָמוֹ וְלֹא יָרְאוּ אֱלֹהִים:
כא כב שָׁלַח יָדָיו בִּשְׁלֹמָיו חִלֵּל בְּרִיתוֹ: חָלְקוּ ׀ מַחְמָאֹת פִּיו וּקְרָב־
כג לִבּוֹ רַכּוּ דְבָרָיו מִשֶּׁמֶן וְהֵמָּה פְתִחוֹת: הַשְׁלֵךְ עַל־יהוה ׀ יְהָבְךָ
כד וְהוּא יְכַלְכְּלֶךָ לֹא־יִתֵּן לְעוֹלָם מוֹט לַצַּדִּיק: וְאַתָּה אֱלֹהִים ׀
תּוֹרִדֵם לִבְאֵר שַׁחַת אַנְשֵׁי דָמִים וּמִרְמָה לֹא־יֶחֱצוּ יְמֵיהֶם
וַאֲנִי אֶבְטַח־בָּךְ:

נו א לַמְנַצֵּחַ ׀ עַל־יוֹנַת אֵלֶם רְחֹקִים לְדָוִד מִכְתָּם בֶּאֱחֹז אֹתוֹ
ב פְלִשְׁתִּים בְּגַת: חָנֵּנִי אֱלֹהִים כִּי־שְׁאָפַנִי אֱנוֹשׁ כָּל־הַיּוֹם לֹחֵם
ג יִלְחָצֵנִי: שָׁאֲפוּ שׁוֹרְרַי כָּל־הַיּוֹם כִּי־רַבִּים לֹחֲמִים לִי מָרוֹם:
ד ה יוֹם אִירָא אֲנִי אֵלֶיךָ אֶבְטָח: בֵּאלֹהִים אֲהַלֵּל דְּבָרוֹ בֵּאלֹהִים
ו בָּטַחְתִּי לֹא אִירָא מַה־יַּעֲשֶׂה בָשָׂר לִי: כָּל־הַיּוֹם דְּבָרַי יְעַצֵּבוּ
ז עָלַי כָּל־מַחְשְׁבֹתָם לָרָע: יָגוּרוּ ׀ יצפינו הֵמָּה עֲקֵבַי יִשְׁמֹרוּ יִצְפֹּנוּ
ח כַּאֲשֶׁר קִוּוּ נַפְשִׁי: עַל־אָוֶן פַּלֶּט־לָמוֹ בְּאַף עַמִּים ׀ הוֹרֵד אֱלֹהִים:
ט י נֹדִי סָפַרְתָּה אָתָּה שִׂימָה דִמְעָתִי בְנֹאדֶךָ הֲלֹא בְּסִפְרָתֶךָ: אָז ׀
יָשׁוּבוּ אוֹיְבַי אָחוֹר בְּיוֹם אֶקְרָא זֶה־יָדַעְתִּי כִּי־אֱלֹהִים לִי:
יא יב בֵּאלֹהִים אֲהַלֵּל דָּבָר בַּיהוה אֲהַלֵּל דָּבָר: בֵּאלֹהִים בָּטַחְתִּי לֹא
יג אִירָא מַה־יַּעֲשֶׂה אָדָם לִי: עָלַי אֱלֹהִים נְדָרֶיךָ אֲשַׁלֵּם תּוֹדֹת
יד לָךְ: כִּי הִצַּלְתָּ נַפְשִׁי מִמָּוֶת הֲלֹא רַגְלַי מִדֶּחִי לְהִתְהַלֵּךְ לִפְנֵי
אֱלֹהִים בְּאוֹר הַחַיִּים:

נז א לַמְנַצֵּחַ אַל־תַּשְׁחֵת לְדָוִד מִכְתָּם בְּבָרְחוֹ מִפְּנֵי־שָׁאוּל בַּמְּעָרָה:
ב חָנֵּנִי אֱלֹהִים ׀ חָנֵּנִי כִּי בְךָ חָסָיָה נַפְשִׁי וּבְצֵל־כְּנָפֶיךָ אֶחְסֶה עַד
ג ד יַעֲבֹר הַוּוֹת: אֶקְרָא לֵאלֹהִים עֶלְיוֹן לָאֵל גֹּמֵר עָלָי: יִשְׁלַח
מִשָּׁמַיִם ׀ וְיוֹשִׁיעֵנִי חֵרֵף שֹׁאֲפִי סֶלָה יִשְׁלַח אֱלֹהִים חַסְדּוֹ וַאֲמִתּוֹ:
ה נַפְשִׁי ׀ בְּתוֹךְ לְבָאִם אֶשְׁכְּבָה לֹהֲטִים בְּנֵי־אָדָם שִׁנֵּיהֶם חֲנִית
ו וְחִצִּים וּלְשׁוֹנָם חֶרֶב חַדָּה: רוּמָה עַל־הַשָּׁמַיִם אֱלֹהִים עַל כָּל־

ז הָאָרֶץ כְּבוֹדֶךָ: רֶשֶׁת ׀ הֵכִינוּ לִפְעָמַי כָּפַף נַפְשִׁי כָּרוּ לְפָנַי
ח שִׁיחָה נָפְלוּ בְתוֹכָהּ סֶלָה: נָכוֹן לִבִּי אֱלֹהִים נָכוֹן לִבִּי אָשִׁירָה
ט וַאֲזַמֵּרָה: עוּרָה כְבוֹדִי עוּרָה הַנֵּבֶל וְכִנּוֹר אָעִירָה שָּׁחַר:
י יא אוֹדְךָ בָעַמִּים ׀ אֲדֹנָי אֲזַמֶּרְךָ בַּלְאֻמִּים: כִּי־גָדֹל עַד־שָׁמַיִם
ח יב חַסְדֶּךָ וְעַד־שְׁחָקִים אֲמִתֶּךָ: רוּמָה עַל־שָׁמַיִם אֱלֹהִים עַל
כָּל־הָאָרֶץ כְּבוֹדֶךָ:

נח א ב לַמְנַצֵּחַ אַל־תַּשְׁחֵת לְדָוִד מִכְתָּם: הַאֻמְנָם אֵלֶם צֶדֶק תְּדַבֵּרוּן
ג מֵישָׁרִים תִּשְׁפְּטוּ בְּנֵי אָדָם: אַף־בְּלֵב עוֹלֹת תִּפְעָלוּן בָּאָרֶץ
ד חֲמַס יְדֵיכֶם תְּפַלֵּסוּן: זֹרוּ רְשָׁעִים מֵרָחֶם תָּעוּ מִבֶּטֶן דֹּבְרֵי כָזָב:
ה חֲמַת־לָמוֹ כִּדְמוּת חֲמַת־נָחָשׁ כְּמוֹ־פֶתֶן חֵרֵשׁ יַאְטֵם אָזְנוֹ:
ו ז אֲשֶׁר לֹא־יִשְׁמַע לְקוֹל מְלַחֲשִׁים חוֹבֵר חֲבָרִים מְחֻכָּם: אֱלֹהִים
ח הֲרָס־שִׁנֵּימוֹ בְּפִימוֹ מַלְתְּעוֹת כְּפִירִים נְתֹץ ׀ יהוה: יִמָּאֲסוּ כְמוֹ־
ט מַיִם יִתְהַלְּכוּ־לָמוֹ יִדְרֹךְ חִצָּו כְּמוֹ יִתְמֹלָלוּ: כְּמוֹ שַׁבְּלוּל תֶּמֶס
י יַהֲלֹךְ נֵפֶל אֵשֶׁת בַּל־חָזוּ שָׁמֶשׁ: בְּטֶרֶם יָבִינוּ סִּירֹתֵיכֶם אָטָד
יא כְּמוֹ־חַי כְּמוֹ־חָרוֹן יִשְׂעָרֶנּוּ: יִשְׂמַח צַדִּיק כִּי־חָזָה נָקָם פְּעָמָיו
יב יִרְחַץ בְּדַם הָרָשָׁע: וְיֹאמַר אָדָם אַךְ־פְּרִי לַצַּדִּיק אַךְ יֵשׁ־
אֱלֹהִים שֹׁפְטִים בָּאָרֶץ:

נט א לַמְנַצֵּחַ אַל־תַּשְׁחֵת לְדָוִד מִכְתָּם בִּשְׁלֹחַ שָׁאוּל וַיִּשְׁמְרוּ אֶת־
ב הַבַּיִת לַהֲמִיתוֹ: הַצִּילֵנִי מֵאֹיְבַי ׀ אֱלֹהָי מִמִּתְקוֹמְמַי תְּשַׂגְּבֵנִי:
ג ד הַצִּילֵנִי מִפֹּעֲלֵי אָוֶן וּמֵאַנְשֵׁי דָמִים הוֹשִׁיעֵנִי: כִּי הִנֵּה אָרְבוּ
ה לְנַפְשִׁי יָגוּרוּ עָלַי עַזִּים לֹא־פִשְׁעִי וְלֹא־חַטָּאתִי יהוה: בְּלִי־עָוֺן
ו יְרֻצוּן וְיִכּוֹנָנוּ עוּרָה לִקְרָאתִי וּרְאֵה: וְאַתָּה יהוה־אֱלֹהִים ׀
צְבָאוֹת אֱלֹהֵי יִשְׂרָאֵל הָקִיצָה לִפְקֹד כָּל־הַגּוֹיִם אַל־תָּחֹן כָּל־
ז ח בֹּגְדֵי אָוֶן סֶלָה: יָשׁוּבוּ לָעֶרֶב יֶהֱמוּ כַכָּלֶב וִיסוֹבְבוּ עִיר: הִנֵּה ׀
ט יַבִּיעוּן בְּפִיהֶם חֲרָבוֹת בְּשִׂפְתוֹתֵיהֶם כִּי־מִי שֹׁמֵעַ: וְאַתָּה יהוה
י תִּשְׂחַק־לָמוֹ תִּלְעַג לְכָל־גּוֹיִם: עֻזּוֹ אֵלֶיךָ אֶשְׁמֹרָה כִּי־אֱלֹהִים
יא יב מִשְׂגַּבִּי: אֱלֹהֵי חסדו יְקַדְּמֵנִי אֱלֹהִים יַרְאֵנִי בְשֹׁרְרָי: אַל־

תַּהַרְגֵם ׀ פֶּן־יִשְׁכְּחוּ עַמִּי הֲנִיעֵמוֹ בְחֵילְךָ וְהוֹרִידֵמוֹ מָגִנֵּנוּ אֲדֹנָי׃
יג חַטַּאת־פִּימוֹ דְּבַר־שְׂפָתֵימוֹ וְיִלָּכְדוּ בִגְאוֹנָם וּמֵאָלָה וּמִכַּחַשׁ
יד יְסַפֵּרוּ׃ כַּלֵּה בְחֵמָה כַּלֵּה וְאֵינֵמוֹ וְיֵדְעוּ כִּי־אֱלֹהִים מֹשֵׁל בְּיַעֲקֹב
טו לְאַפְסֵי הָאָרֶץ סֶלָה׃ וְיָשֻׁבוּ לָעֶרֶב יֶהֱמוּ כַכָּלֶב וִיסוֹבְבוּ עִיר׃
טז יז הֵמָּה ינועון לֶאֱכֹל אִם־לֹא יִשְׂבְּעוּ וַיָּלִינוּ׃ וַאֲנִי ׀ אָשִׁיר עֻזֶּךָ יְנִיעוּן
יח וַאֲרַנֵּן לַבֹּקֶר חַסְדֶּךָ כִּי־הָיִיתָ מִשְׂגָּב לִי וּמָנוֹס בְּיוֹם צַר־לִי׃ עֻזִּי
אֵלֶיךָ אֲזַמֵּרָה כִּי־אֱלֹהִים מִשְׂגַּבִּי אֱלֹהֵי חַסְדִּי׃

ס א ב לַמְנַצֵּחַ עַל־שׁוּשַׁן עֵדוּת מִכְתָּם לְדָוִד לְלַמֵּד׃ בְּהַצּוֹתוֹ ׀ אֶת
אֲרַם נַהֲרַיִם וְאֶת־אֲרַם צוֹבָה וַיָּשָׁב יוֹאָב וַיַּךְ אֶת־אֱדוֹם בְּגֵיא־
ג מֶלַח שְׁנֵים עָשָׂר אָלֶף׃ אֱלֹהִים זְנַחְתָּנוּ פְרַצְתָּנוּ אָנַפְתָּ תְּשׁוֹבֵב
ד ה לָנוּ׃ הִרְעַשְׁתָּה אֶרֶץ פְּצַמְתָּהּ רְפָה שְׁבָרֶיהָ כִי־מָטָה׃ הִרְאִיתָ
ו עַמְּךָ קָשָׁה הִשְׁקִיתָנוּ יַיִן תַּרְעֵלָה׃ נָתַתָּה לִּירֵאֶיךָ נֵּס לְהִתְנוֹסֵס
ז מִפְּנֵי קֹשֶׁט סֶלָה׃ לְמַעַן יֵחָלְצוּן יְדִידֶיךָ הוֹשִׁיעָה יְמִינְךָ ועננו וַעֲנֵנִי
ח אֱלֹהִים ׀ דִּבֶּר בְּקָדְשׁוֹ אֶעְלֹזָה אֲחַלְּקָה שְׁכֶם וְעֵמֶק סֻכּוֹת
ט אֲמַדֵּד׃ לִי גִלְעָד ׀ וְלִי מְנַשֶּׁה וְאֶפְרַיִם מָעוֹז רֹאשִׁי יְהוּדָה
י מְחֹקְקִי׃ מוֹאָב ׀ סִיר רַחְצִי עַל־אֱדוֹם אַשְׁלִיךְ נַעֲלִי עָלַי פְּלֶשֶׁת
יא יב הִתְרוֹעָעִי׃ מִי יֹבִלֵנִי עִיר מָצוֹר מִי נָחַנִי עַד־אֱדוֹם׃ הֲלֹא־אַתָּה
יג אֱלֹהִים זְנַחְתָּנוּ וְלֹא־תֵצֵא אֱלֹהִים בְּצִבְאוֹתֵינוּ׃ הָבָה־לָּנוּ
יד עֶזְרָת מִצָּר וְשָׁוְא תְּשׁוּעַת אָדָם׃ בֵּאלֹהִים נַעֲשֶׂה־חָיִל
וְהוּא יָבוּס צָרֵינוּ׃

סא א ב לַמְנַצֵּחַ ׀ עַל־נְגִינַת לְדָוִד׃ שִׁמְעָה אֱלֹהִים רִנָּתִי הַקְשִׁיבָה
ג תְּפִלָּתִי׃ מִקְצֵה הָאָרֶץ ׀ אֵלֶיךָ אֶקְרָא בַּעֲטֹף לִבִּי בְּצוּר־יָרוּם
ד ה מִמֶּנִּי תַנְחֵנִי׃ כִּי־הָיִיתָ מַחְסֶה לִי מִגְדַּל־עֹז מִפְּנֵי אוֹיֵב׃ אָגוּרָה
ו בְאָהָלְךָ עוֹלָמִים אֶחֱסֶה בְסֵתֶר כְּנָפֶיךָ סֶּלָה׃ כִּי־אַתָּה אֱלֹהִים
ז שָׁמַעְתָּ לִנְדָרָי נָתַתָּ יְרֻשַּׁת יִרְאֵי שְׁמֶךָ׃ יָמִים עַל־יְמֵי־מֶלֶךְ
ח תּוֹסִיף שְׁנוֹתָיו כְּמוֹ־דֹר וָדֹר׃ יֵשֵׁב עוֹלָם לִפְנֵי אֱלֹהִים
ט חֶסֶד וֶאֱמֶת מַן יִנְצְרֻהוּ׃ כֵּן אֲזַמְּרָה שִׁמְךָ לָעַד לְשַׁלְּמִי

נִדָרַי יוֹם ׀ יוֹם׃
א ב לַמְנַצֵּחַ עַל־יְדוּתוּן מִזְמוֹר לְדָוִד׃ אַךְ אֶל־אֱלֹהִים דּוּמִיָּה נַפְשִׁי
ג מִמֶּנּוּ יְשׁוּעָתִי׃ אַךְ־הוּא צוּרִי וִישׁוּעָתִי מִשְׂגַּבִּי לֹא־אֶמּוֹט רַבָּה׃
ד עַד־אָנָה ׀ תְּהוֹתְתוּ עַל־אִישׁ תְּרָצְּחוּ כֻלְּכֶם כְּקִיר נָטוּי גָּדֵר
ה הַדְּחוּיָה׃ אַךְ מִשְּׂאֵתוֹ ׀ יָעֲצוּ לְהַדִּיחַ יִרְצוּ כָזָב בְּפִיו יְבָרֵכוּ
ו וּבְקִרְבָּם יְקַלְלוּ־סֶלָה׃ אַךְ לֵאלֹהִים דּוֹמִּי נַפְשִׁי כִּי־מִמֶּנּוּ
ז ח תִּקְוָתִי׃ אַךְ־הוּא צוּרִי וִישׁוּעָתִי מִשְׂגַּבִּי לֹא אֶמּוֹט׃ עַל־אֱלֹהִים
ט יִשְׁעִי וּכְבוֹדִי צוּר־עֻזִּי מַחְסִי בֵּאלֹהִים׃ בִּטְחוּ בוֹ בְכָל־עֵת ׀ עָם
י שִׁפְכוּ־לְפָנָיו לְבַבְכֶם אֱלֹהִים מַחֲסֶה־לָּנוּ סֶלָה׃ אַךְ ׀ הֶבֶל בְּנֵי־
יא אָדָם כָּזָב בְּנֵי אִישׁ בְּמֹאזְנַיִם לַעֲלוֹת הֵמָּה מֵהֶבֶל יָחַד׃ אַל־
תִּבְטְחוּ בְעֹשֶׁק וּבְגָזֵל אַל־תֶּהְבָּלוּ חַיִל ׀ כִּי־יָנוּב אַל־תָּשִׁיתוּ
יב לֵב׃ אַחַת ׀ דִּבֶּר אֱלֹהִים שְׁתַּיִם־זוּ שָׁמָעְתִּי כִּי עֹז לֵאלֹהִים׃
יג וּלְךָ־אֲדֹנָי חָסֶד כִּי־אַתָּה תְשַׁלֵּם לְאִישׁ כְּמַעֲשֵׂהוּ׃
סג א ב מִזְמוֹר לְדָוִד בִּהְיוֹתוֹ בְּמִדְבַּר יְהוּדָה׃ אֱלֹהִים ׀ אֵלִי אַתָּה
אֲשַׁחֲרֶךָּ צָמְאָה לְךָ ׀ נַפְשִׁי כָּמַהּ לְךָ בְשָׂרִי בְּאֶרֶץ־צִיָּה וְעָיֵף
ג ד בְּלִי־מָיִם׃ כֵּן בַּקֹּדֶשׁ חֲזִיתִךָ לִרְאוֹת עֻזְּךָ וּכְבוֹדֶךָ׃ כִּי־טוֹב
ה חַסְדְּךָ מֵחַיִּים שְׂפָתַי יְשַׁבְּחוּנְךָ׃ כֵּן אֲבָרֶכְךָ בְחַיָּי בְּשִׁמְךָ אֶשָּׂא
ו כַפָּי׃ כְּמוֹ חֵלֶב וָדֶשֶׁן תִּשְׂבַּע נַפְשִׁי וְשִׂפְתֵי רְנָנוֹת יְהַלֶּל־פִּי׃
ז ח אִם־זְכַרְתִּיךָ עַל־יְצוּעָי בְּאַשְׁמֻרוֹת אֶהְגֶּה־בָּךְ׃ כִּי־הָיִיתָ עֶזְרָתָה
ט לִּי וּבְצֵל כְּנָפֶיךָ אֲרַנֵּן׃ דָּבְקָה נַפְשִׁי אַחֲרֶיךָ בִּי תָּמְכָה יְמִינֶךָ׃
י יא וְהֵמָּה לְשׁוֹאָה יְבַקְשׁוּ נַפְשִׁי יָבֹאוּ בְּתַחְתִּיּוֹת הָאָרֶץ׃ יַגִּירֻהוּ
יב עַל־יְדֵי־חָרֶב מְנָת שֻׁעָלִים יִהְיוּ׃ וְהַמֶּלֶךְ יִשְׂמַח בֵּאלֹהִים
יִתְהַלֵּל כָּל־הַנִּשְׁבָּע בּוֹ כִּי יִסָּכֵר פִּי דוֹבְרֵי־שָׁקֶר׃
סד א ב לַמְנַצֵּחַ מִזְמוֹר לְדָוִד׃ שְׁמַע־אֱלֹהִים קוֹלִי בְשִׂיחִי מִפַּחַד אוֹיֵב
ג ד תִּצֹּר חַיָּי׃ תַּסְתִּירֵנִי מִסּוֹד מְרֵעִים מֵרִגְשַׁת פֹּעֲלֵי אָוֶן׃ אֲשֶׁר
ה שָׁנְנוּ כַחֶרֶב לְשׁוֹנָם דָּרְכוּ חִצָּם דָּבָר מָר׃ לִירוֹת בַּמִּסְתָּרִים תָּם
ו פִּתְאֹם יֹרֻהוּ וְלֹא יִירָאוּ׃ יְחַזְּקוּ־לָמוֹ ׀ דָּבָר רָע יְסַפְּרוּ לִטְמוֹן

ז מוֹקְשִׁים אָמְרוּ מִי יִרְאֶה־לָּמוֹ׃ יַחְפְּשׂוּ־עוֹלֹת תַּמְנוּ חֵפֶשׂ
ח מְחֻפָּשׂ וְקֶרֶב אִישׁ וְלֵב עָמֹק׃ וַיֹּרֵם אֱלֹהִים חֵץ פִּתְאוֹם הָיוּ
ט י מַכּוֹתָם׃ וַיַּכְשִׁילֻהוּ עָלֵימוֹ לְשׁוֹנָם יִתְנֹדֲדוּ כׇּל־רֹאֵה בָם׃ וַיִּירְאוּ
יא כׇּל־אָדָם וַיַּגִּידוּ פֹּעַל אֱלֹהִים וּמַעֲשֵׂהוּ הִשְׂכִּילוּ׃ יִשְׂמַח צַדִּיק
בַּיהוה וְחָסָה בוֹ וְיִתְהַלְלוּ כׇּל־יִשְׁרֵי־לֵב׃

סה א ב לַמְנַצֵּחַ מִזְמוֹר לְדָוִד שִׁיר׃ לְךָ דֻמִיָּה תְהִלָּה אֱלֹהִים בְּצִיּוֹן וּלְךָ
ג ד יְשֻׁלַּם־נֶדֶר׃ שֹׁמֵעַ תְּפִלָּה עָדֶיךָ כׇּל־בָּשָׂר יָבֹאוּ׃ דִּבְרֵי עֲוֺנֹת
ה גָּבְרוּ מֶנִּי פְּשָׁעֵינוּ אַתָּה תְכַפְּרֵם׃ אַשְׁרֵי ׀ תִּבְחַר וּתְקָרֵב יִשְׁכֹּן
ו חֲצֵרֶיךָ נִשְׂבְּעָה בְּטוּב בֵּיתֶךָ קְדֹשׁ הֵיכָלֶךָ׃ נוֹרָאוֹת ׀ בְּצֶדֶק
ז תַּעֲנֵנוּ אֱלֹהֵי יִשְׁעֵנוּ מִבְטָח כׇּל־קַצְוֵי־אֶרֶץ וְיָם רְחֹקִים׃ מֵכִין
ח הָרִים בְּכֹחוֹ נֶאְזָר בִּגְבוּרָה׃ מַשְׁבִּיחַ ׀ שְׁאוֹן יַמִּים שְׁאוֹן גַּלֵּיהֶם
ט וַהֲמוֹן לְאֻמִּים׃ וַיִּירְאוּ ׀ יֹשְׁבֵי קְצָוֺת מֵאוֹתֹתֶיךָ מוֹצָאֵי־בֹקֶר
י וָעֶרֶב תַּרְנִין׃ פָּקַדְתָּ הָאָרֶץ ׀ וַתְּשֹׁקְקֶהָ רַבַּת תַּעְשְׁרֶנָּה פֶּלֶג
יא אֱלֹהִים מָלֵא מָיִם תָּכִין דְּגָנָם כִּי־כֵן תְּכִינֶהָ׃ תְּלָמֶיהָ רַוֵּה נַחֵת
יב גְּדוּדֶהָ בִּרְבִיבִים תְּמֹגְגֶנָּה צִמְחָהּ תְּבָרֵךְ׃ עִטַּרְתָּ שְׁנַת טוֹבָתֶךָ
יג וּמַעְגָּלֶיךָ יִרְעֲפוּן דָּשֶׁן׃ יִרְעֲפוּ נְאוֹת מִדְבָּר וְגִיל גְּבָעוֹת
יד תַּחְגֹּרְנָה׃ לָבְשׁוּ כָרִים ׀ הַצֹּאן וַעֲמָקִים יַעַטְפוּ־בָר יִתְרוֹעֲעוּ
אַף־יָשִׁירוּ׃

סו א ב לַמְנַצֵּחַ שִׁיר מִזְמוֹר הָרִיעוּ לֵאלֹהִים כׇּל־הָאָרֶץ׃ זַמְּרוּ כְבוֹד־
ג שְׁמוֹ שִׂימוּ כָבוֹד תְּהִלָּתוֹ׃ אִמְרוּ לֵאלֹהִים מַה־נּוֹרָא מַעֲשֶׂיךָ
ד בְּרֹב עֻזְּךָ יְכַחֲשׁוּ־לְךָ אֹיְבֶיךָ׃ כׇּל־הָאָרֶץ ׀ יִשְׁתַּחֲווּ לְךָ וִיזַמְּרוּ־
ה לָךְ יְזַמְּרוּ שִׁמְךָ סֶלָה׃ לְכוּ וּרְאוּ מִפְעֲלוֹת אֱלֹהִים נוֹרָא עֲלִילָה
ו עַל־בְּנֵי אָדָם׃ הָפַךְ יָם ׀ לְיַבָּשָׁה בַּנָּהָר יַעַבְרוּ בְרָגֶל שָׁם נִשְׂמְחָה־
ז בּוֹ׃ מֹשֵׁל בִּגְבוּרָתוֹ ׀ עוֹלָם עֵינָיו בַּגּוֹיִם תִּצְפֶּינָה הַסּוֹרְרִים ׀ אַל־
ח ירימו לָמוֹ סֶלָה׃ בָּרְכוּ עַמִּים ׀ אֱלֹהֵינוּ וְהַשְׁמִיעוּ קוֹל תְּהִלָּתוֹ׃ יָרוּמוּ
ט י הַשָּׂם נַפְשֵׁנוּ בַּחַיִּים וְלֹא־נָתַן לַמּוֹט רַגְלֵנוּ׃ כִּי־בְחַנְתָּנוּ אֱלֹהִים
יא צְרַפְתָּנוּ כִּצְרׇף־כָּסֶף׃ הֲבֵאתָנוּ בַמְּצוּדָה שַׂמְתָּ מוּעָקָה

בְמָתְנֵינוּ׃ הִרְכַּבְתָּ אֱנוֹשׁ לְרֹאשֵׁנוּ בָּאנוּ־בָאֵשׁ וּבַמַּיִם וַתּוֹצִיאֵנוּ יב
לָרְוָיָה׃ אָבוֹא בֵיתְךָ בְעוֹלוֹת אֲשַׁלֵּם לְךָ נְדָרָי׃ אֲשֶׁר־פָּצוּ שְׂפָתָי יג יד
וְדִבֶּר־פִּי בַּצַּר־לִי׃ עֹלוֹת מֵחִים אַעֲלֶה־לָּךְ עִם־קְטֹרֶת אֵילִים טו
אֶעֱשֶׂה בָקָר עִם־עַתּוּדִים סֶלָה׃ לְכוּ־שִׁמְעוּ וַאֲסַפְּרָה כָּל־יִרְאֵי טז
אֱלֹהִים אֲשֶׁר עָשָׂה לְנַפְשִׁי׃ אֵלָיו פִּי־קָרָאתִי וְרוֹמַם תַּחַת יז
לְשׁוֹנִי׃ אָוֶן אִם־רָאִיתִי בְלִבִּי לֹא יִשְׁמַע ׀ אֲדֹנָי׃ אָכֵן שָׁמַע יח יט
אֱלֹהִים הִקְשִׁיב בְּקוֹל תְּפִלָּתִי׃ בָּרוּךְ אֱלֹהִים אֲשֶׁר לֹא־הֵסִיר כ
תְּפִלָּתִי וְחַסְדּוֹ מֵאִתִּי׃

לַמְנַצֵּחַ בִּנְגִינֹת מִזְמוֹר שִׁיר׃ אֱלֹהִים יְחָנֵּנוּ וִיבָרְכֵנוּ יָאֵר פָּנָיו א ב סז
אִתָּנוּ סֶלָה׃ לָדַעַת בָּאָרֶץ דַּרְכֶּךָ בְּכָל־גּוֹיִם יְשׁוּעָתֶךָ׃ יוֹדוּךָ ג ד
עַמִּים ׀ אֱלֹהִים יוֹדוּךָ עַמִּים כֻּלָּם׃ יִשְׂמְחוּ וִירַנְּנוּ לְאֻמִּים כִּי־ ה
תִשְׁפֹּט עַמִּים מִישֹׁר וּלְאֻמִּים ׀ בָּאָרֶץ תַּנְחֵם סֶלָה׃ יוֹדוּךָ ו
עַמִּים ׀ אֱלֹהִים יוֹדוּךָ עַמִּים כֻּלָּם׃ אֶרֶץ נָתְנָה יְבוּלָהּ ז
ט יְבָרְכֵנוּ אֱלֹהִים אֱלֹהֵינוּ׃ יְבָרְכֵנוּ אֱלֹהִים וְיִירְאוּ אוֹתוֹ כָּל־ ח
אַפְסֵי־אָרֶץ׃

לַמְנַצֵּחַ לְדָוִד מִזְמוֹר שִׁיר׃ יָקוּם אֱלֹהִים יָפוּצוּ אוֹיְבָיו וְיָנוּסוּ א ב סח
מְשַׂנְאָיו מִפָּנָיו׃ כְּהִנְדֹּף עָשָׁן תִּנְדֹּף כְּהִמֵּס דּוֹנַג מִפְּנֵי־אֵשׁ ג
יֹאבְדוּ רְשָׁעִים מִפְּנֵי אֱלֹהִים׃ וְצַדִּיקִים יִשְׂמְחוּ יַעַלְצוּ לִפְנֵי ד
אֱלֹהִים וְיָשִׂישׂוּ בְשִׂמְחָה׃ שִׁירוּ ׀ לֵאלֹהִים זַמְּרוּ שְׁמוֹ סֹלּוּ לָרֹכֵב ה
בָּעֲרָבוֹת בְּיָהּ שְׁמוֹ וְעִלְזוּ לְפָנָיו׃ אֲבִי יְתוֹמִים וְדַיַּן אַלְמָנוֹת ו
אֱלֹהִים בִּמְעוֹן קָדְשׁוֹ׃ אֱלֹהִים ׀ מוֹשִׁיב יְחִידִים ׀ בַּיְתָה מוֹצִיא ז
אֲסִירִים בַּכּוֹשָׁרוֹת אַךְ סוֹרְרִים שָׁכְנוּ צְחִיחָה׃ אֱלֹהִים בְּצֵאתְךָ ח
לִפְנֵי עַמֶּךָ בְּצַעְדְּךָ בִישִׁימוֹן סֶלָה׃ אֶרֶץ רָעָשָׁה ׀ אַף־שָׁמַיִם ט
נָטְפוּ מִפְּנֵי אֱלֹהִים זֶה סִינַי מִפְּנֵי אֱלֹהִים אֱלֹהֵי יִשְׂרָאֵל׃ גֶּשֶׁם י
נְדָבוֹת תָּנִיף אֱלֹהִים נַחֲלָתְךָ וְנִלְאָה אַתָּה כוֹנַנְתָּהּ׃ חַיָּתְךָ יא
יָשְׁבוּ־בָהּ תָּכִין בְּטוֹבָתְךָ לֶעָנִי אֱלֹהִים׃ אֲדֹנָי יִתֶּן־אֹמֶר יב
הַמְבַשְּׂרוֹת צָבָא רָב׃ מַלְכֵי צְבָאוֹת יִדֹּדוּן יִדֹּדוּן וּנְוַת־בַּיִת יג

יד תְּחַלֵּק שָׁלָל׃ אִם־תִּשְׁכְּבוּן בֵּין שְׁפַתָּיִם כַּנְפֵי יוֹנָה נֶחְפָּה בַכֶּסֶף
טו וְאֶבְרוֹתֶיהָ בִּירַקְרַק חָרוּץ׃ בְּפָרֵשׂ שַׁדַּי מְלָכִים בָּהּ תַּשְׁלֵג
טז יז בְּצַלְמוֹן׃ הַר־אֱלֹהִים הַר־בָּשָׁן הַר גַּבְנֻנִּים הַר־בָּשָׁן׃ לָמָּה ׀
תְּרַצְּדוּן הָרִים גַּבְנֻנִּים הָהָר חָמַד אֱלֹהִים לְשִׁבְתּוֹ אַף־יהוה
יח יִשְׁכֹּן לָנֶצַח׃ רֶכֶב אֱלֹהִים רִבֹּתַיִם אַלְפֵי שִׁנְאָן אֲדֹנָי בָם סִינַי
יט בַּקֹּדֶשׁ׃ עָלִיתָ לַמָּרוֹם ׀ שָׁבִיתָ שֶּׁבִי לָקַחְתָּ מַתָּנוֹת בָּאָדָם וְאַף
כ סוֹרְרִים לִשְׁכֹּן ׀ יָהּ אֱלֹהִים׃ בָּרוּךְ אֲדֹנָי יוֹם ׀ יוֹם יַעֲמָס־לָנוּ
כא הָאֵל יְשׁוּעָתֵנוּ סֶלָה׃ הָאֵל ׀ לָנוּ אֵל לְמוֹשָׁעוֹת וְלֵיהוִה אֲדֹנָי
כב לַמָּוֶת תּוֹצָאוֹת׃ אַךְ־אֱלֹהִים יִמְחַץ רֹאשׁ אֹיְבָיו קָדְקֹד שֵׂעָר
כג מִתְהַלֵּךְ בַּאֲשָׁמָיו׃ אָמַר אֲדֹנָי מִבָּשָׁן אָשִׁיב אָשִׁיב מִמְּצֻלוֹת יָם׃
כד כה לְמַעַן ׀ תִּמְחַץ רַגְלְךָ בְּדָם לְשׁוֹן כְּלָבֶיךָ מֵאֹיְבִים מִנֵּהוּ׃ רָאוּ
כו הֲלִיכוֹתֶיךָ אֱלֹהִים הֲלִיכוֹת אֵלִי מַלְכִּי בַקֹּדֶשׁ׃ קִדְּמוּ שָׁרִים
כז אַחַר נֹגְנִים בְּתוֹךְ עֲלָמוֹת תּוֹפֵפוֹת׃ בְּמַקְהֵלוֹת בָּרְכוּ אֱלֹהִים
כח אֲדֹנָי מִמְּקוֹר יִשְׂרָאֵל׃ שָׁם בִּנְיָמִן ׀ צָעִיר רֹדֵם שָׂרֵי יְהוּדָה
כט רִגְמָתָם שָׂרֵי זְבֻלוּן שָׂרֵי נַפְתָּלִי׃ צִוָּה אֱלֹהֶיךָ עֻזֶּךָ עוּזָּה אֱלֹהִים
ל לא זוּ פָּעַלְתָּ לָּנוּ׃ מֵהֵיכָלֶךָ עַל־יְרוּשָׁלִָם לְךָ יוֹבִילוּ מְלָכִים שָׁי׃ גְּעַר
חַיַּת קָנֶה עֲדַת אַבִּירִים ׀ בְּעֶגְלֵי עַמִּים מִתְרַפֵּס בְּרַצֵּי־כָסֶף בִּזַּר
לב עַמִּים קְרָבוֹת יֶחְפָּצוּ׃ יֶאֱתָיוּ חַשְׁמַנִּים מִנִּי מִצְרָיִם כּוּשׁ תָּרִיץ
לג יָדָיו לֵאלֹהִים׃ מַמְלְכוֹת הָאָרֶץ שִׁירוּ לֵאלֹהִים זַמְּרוּ אֲדֹנָי
לד לה סֶלָה׃ לָרֹכֵב בִּשְׁמֵי שְׁמֵי־קֶדֶם הֵן יִתֵּן בְּקוֹלוֹ קוֹל עֹז׃ תְּנוּ עֹז
לו לֵאלֹהִים עַל־יִשְׂרָאֵל גַּאֲוָתוֹ וְעֻזּוֹ בַּשְּׁחָקִים׃ נוֹרָא אֱלֹהִים ׀
מִמִּקְדָּשֶׁיךָ אֵל יִשְׂרָאֵל הוּא נֹתֵן ׀ עֹז וְתַעֲצֻמוֹת לָעָם בָּרוּךְ
אֱלֹהִים׃

סט א ב לַמְנַצֵּחַ עַל־שׁוֹשַׁנִּים לְדָוִד׃ הוֹשִׁיעֵנִי אֱלֹהִים כִּי בָאוּ מַיִם עַד־
ג נָפֶשׁ׃ טָבַעְתִּי ׀ בִּיוֵן מְצוּלָה וְאֵין מָעֳמָד בָּאתִי בְמַעֲמַקֵּי־מַיִם
ד וְשִׁבֹּלֶת שְׁטָפָתְנִי׃ יָגַעְתִּי בְקָרְאִי נִחַר גְּרוֹנִי כָּלוּ עֵינַי מְיַחֵל
ה לֵאלֹהָי׃ רַבּוּ ׀ מִשַּׂעֲרוֹת רֹאשִׁי שֹׂנְאַי חִנָּם עָצְמוּ מַצְמִיתַי אֹיְבַי

ו שֶׁקֶר אֲשֶׁר לֹא־גָזַלְתִּי אָז אָשִׁיב׃ אֱלֹהִים אַתָּה יָדַעְתָּ לְאִוַּלְתִּי
ז וְאַשְׁמוֹתַי מִמְּךָ לֹא־נִכְחָדוּ׃ אַל־יֵבֹשׁוּ בִי ׀ קֹוֶיךָ אֲדֹנָי יֱהֹוִה
ח צְבָאוֹת אַל־יִכָּלְמוּ בִי מְבַקְשֶׁיךָ אֱלֹהֵי יִשְׂרָאֵל׃ כִּי־עָלֶיךָ
ט נָשָׂאתִי חֶרְפָּה כִּסְּתָה כְלִמָּה פָנָי׃ מוּזָר הָיִיתִי לְאֶחָי וְנָכְרִי
י לִבְנֵי אִמִּי׃ כִּי־קִנְאַת בֵּיתְךָ אֲכָלָתְנִי וְחֶרְפּוֹת חוֹרְפֶיךָ נָפְלוּ
יא יב עָלָי׃ וָאֶבְכֶּה בַצּוֹם נַפְשִׁי וַתְּהִי לַחֲרָפוֹת לִי׃ וָאֶתְּנָה לְבוּשִׁי שָׂק
יג וָאֱהִי לָהֶם לְמָשָׁל׃ יָשִׂיחוּ בִי יֹשְׁבֵי שָׁעַר וּנְגִינוֹת שׁוֹתֵי שֵׁכָר׃
יד וַאֲנִי תְפִלָּתִי־לְךָ ׀ יְהוָה עֵת רָצוֹן אֱלֹהִים בְּרָב־חַסְדֶּךָ עֲנֵנִי
טו בֶּאֱמֶת יִשְׁעֶךָ׃ הַצִּילֵנִי מִטִּיט וְאַל־אֶטְבָּעָה אִנָּצְלָה מִשֹּׂנְאַי
טז וּמִמַּעֲמַקֵּי־מָיִם׃ אַל־תִּשְׁטְפֵנִי ׀ שִׁבֹּלֶת מַיִם וְאַל־תִּבְלָעֵנִי
יז מְצוּלָה וְאַל־תֶּאְטַר־עָלַי בְּאֵר פִּיהָ׃ עֲנֵנִי יְהוָה כִּי־טוֹב חַסְדֶּךָ
יח כְּרֹב רַחֲמֶיךָ פְּנֵה אֵלָי׃ וְאַל־תַּסְתֵּר פָּנֶיךָ מֵעַבְדֶּךָ כִּי־צַר־לִי
יט כ מַהֵר עֲנֵנִי׃ קָרְבָה אֶל־נַפְשִׁי גְאָלָהּ לְמַעַן אֹיְבַי פְּדֵנִי׃ אַתָּה
כא יָדַעְתָּ חֶרְפָּתִי וּבָשְׁתִּי וּכְלִמָּתִי נֶגְדְּךָ כָּל־צוֹרְרָי׃ חֶרְפָּה ׀ שָׁבְרָה
כב לִבִּי וָאָנוּשָׁה וָאֲקַוֶּה לָנוּד וָאַיִן וְלַמְנַחֲמִים וְלֹא מָצָאתִי׃ וַיִּתְּנוּ
כג בְּבָרוּתִי רֹאשׁ וְלִצְמָאִי יַשְׁקוּנִי חֹמֶץ׃ יְהִי־שֻׁלְחָנָם לִפְנֵיהֶם לְפָח
כד וְלִשְׁלוֹמִים לְמוֹקֵשׁ׃ תֶּחְשַׁכְנָה עֵינֵיהֶם מֵרְאוֹת וּמָתְנֵיהֶם תָּמִיד
כה כו הַמְעַד׃ שְׁפָךְ־עֲלֵיהֶם זַעְמֶךָ וַחֲרוֹן אַפְּךָ יַשִּׂיגֵם׃ תְּהִי־טִירָתָם
כז נְשַׁמָּה בְּאָהֳלֵיהֶם אַל־יְהִי יֹשֵׁב׃ כִּי־אַתָּה אֲשֶׁר־הִכִּיתָ רָדָפוּ
כח וְאֶל־מַכְאוֹב חֲלָלֶיךָ יְסַפֵּרוּ׃ תְּנָה־עָוֺן עַל־עֲוֺנָם וְאַל־יָבֹאוּ
כט ל בְּצִדְקָתֶךָ׃ יִמָּחוּ מִסֵּפֶר חַיִּים וְעִם צַדִּיקִים אַל־יִכָּתֵבוּ׃ וַאֲנִי עָנִי
לא וְכוֹאֵב יְשׁוּעָתְךָ אֱלֹהִים תְּשַׂגְּבֵנִי׃ אֲהַלְלָה שֵׁם־אֱלֹהִים בְּשִׁיר
לב לג וַאֲגַדְּלֶנּוּ בְתוֹדָה׃ וְתִיטַב לַיהוָה מִשּׁוֹר פָּר מַקְרִן מַפְרִיס׃ רָאוּ
לד עֲנָוִים יִשְׂמָחוּ דֹּרְשֵׁי אֱלֹהִים וִיחִי לְבַבְכֶם׃ כִּי־שֹׁמֵעַ אֶל־
לה אֶבְיוֹנִים יְהוָה וְאֶת־אֲסִירָיו לֹא בָזָה׃ יְהַלְלוּהוּ שָׁמַיִם וָאָרֶץ
לו יַמִּים וְכָל־רֹמֵשׂ בָּם׃ כִּי אֱלֹהִים ׀ יוֹשִׁיעַ צִיּוֹן וְיִבְנֶה עָרֵי
לז יְהוּדָה וְיָשְׁבוּ שָׁם וִירֵשׁוּהָ׃ וְזֶרַע עֲבָדָיו יִנְחָלוּהָ וְאֹהֲבֵי

שְׁמוֹ יִשְׁכְּנוּ־בָהּ׃

ע

א ב לַמְנַצֵּחַ לְדָוִד לְהַזְכִּיר׃ אֱלֹהִים לְהַצִּילֵנִי יְהוָה לְעֶזְרָתִי חוּשָׁה׃
ג יֵבֹשׁוּ וְיַחְפְּרוּ מְבַקְשֵׁי נַפְשִׁי יִסֹּגוּ אָחוֹר וְיִכָּלְמוּ חֲפֵצֵי רָעָתִי׃
ד ה יָשׁוּבוּ עַל־עֵקֶב בָּשְׁתָּם הָאֹמְרִים הֶאָח ׀ הֶאָח׃ יָשִׂישׂוּ וְיִשְׂמְחוּ ׀
בְּךָ כָּל־מְבַקְשֶׁיךָ וְיֹאמְרוּ תָמִיד יִגְדַּל אֱלֹהִים אֹהֲבֵי יְשׁוּעָתֶךָ׃
ו וַאֲנִי ׀ עָנִי וְאֶבְיוֹן אֱלֹהִים חוּשָׁה לִּי עֶזְרִי וּמְפַלְטִי אַתָּה יְהוָה
אַל־תְּאַחַר׃

עא

א ב בְּךָ־יְהוָה חָסִיתִי אַל־אֵבוֹשָׁה לְעוֹלָם׃ בְּצִדְקָתְךָ תַּצִּילֵנִי
ג וּתְפַלְּטֵנִי הַטֵּה־אֵלַי אָזְנְךָ וְהוֹשִׁיעֵנִי׃ הֱיֵה לִי ׀ לְצוּר מָעוֹן
ד לָבוֹא תָּמִיד צִוִּיתָ לְהוֹשִׁיעֵנִי כִּי־סַלְעִי וּמְצוּדָתִי אָתָּה׃ אֱלֹהַי
ה פַּלְּטֵנִי מִיַּד רָשָׁע מִכַּף מְעַוֵּל וְחוֹמֵץ׃ כִּי־אַתָּה תִקְוָתִי אֲדֹנָי
ו יֱהוִה מִבְטַחִי מִנְּעוּרָי׃ עָלֶיךָ ׀ נִסְמַכְתִּי מִבֶּטֶן מִמְּעֵי אִמִּי אַתָּה
ז גוֹזִי בְּךָ תְהִלָּתִי תָמִיד׃ כְּמוֹפֵת הָיִיתִי לְרַבִּים וְאַתָּה מַחֲסִי־עֹז׃
ח ט יִמָּלֵא פִי תְּהִלָּתֶךָ כָּל־הַיּוֹם תִּפְאַרְתֶּךָ׃ אַל־תַּשְׁלִיכֵנִי לְעֵת
י זִקְנָה כִּכְלוֹת כֹּחִי אַל־תַּעַזְבֵנִי׃ כִּי־אָמְרוּ אוֹיְבַי לִי וְשֹׁמְרֵי נַפְשִׁי
יא נוֹעֲצוּ יַחְדָּו׃ לֵאמֹר אֱלֹהִים עֲזָבוֹ רִדְפוּ וְתִפְשׂוּהוּ כִּי־אֵין מַצִּיל׃
יב יג אֱלֹהִים אַל־תִּרְחַק מִמֶּנִּי אֱלֹהַי לְעֶזְרָתִי חִישָׁה׃ יֵבֹשׁוּ יִכְלוּ שֹׂטְנֵי — חוּשָׁה
יד נַפְשִׁי יַעֲטוּ חֶרְפָּה וּכְלִמָּה מְבַקְשֵׁי רָעָתִי׃ וַאֲנִי תָּמִיד אֲיַחֵל
טו וְהוֹסַפְתִּי עַל־כָּל־תְּהִלָּתֶךָ׃ פִּי ׀ יְסַפֵּר צִדְקָתֶךָ כָּל־הַיּוֹם
טז תְּשׁוּעָתֶךָ כִּי לֹא יָדַעְתִּי סְפֹרוֹת׃ אָבוֹא בִּגְבֻרוֹת אֲדֹנָי יֱהוִה
יז אַזְכִּיר צִדְקָתְךָ לְבַדֶּךָ׃ אֱלֹהִים לִמַּדְתַּנִי מִנְּעוּרָי וְעַד־הֵנָּה אַגִּיד
יח נִפְלְאוֹתֶיךָ׃ וְגַם עַד־זִקְנָה ׀ וְשֵׂיבָה אֱלֹהִים אַל־תַּעַזְבֵנִי עַד־אַגִּיד
יט זְרוֹעֲךָ לְדוֹר לְכָל־יָבוֹא גְּבוּרָתֶךָ׃ וְצִדְקָתְךָ אֱלֹהִים עַד־מָרוֹם
כ אֲשֶׁר־עָשִׂיתָ גְדֹלוֹת אֱלֹהִים מִי כָמוֹךָ׃ אֲשֶׁר הראיתנו ׀ צָרוֹת — הִרְאִיתַנִי
רַבּוֹת וְרָעוֹת תָּשׁוּב תחיינו וּמִתְּהֹמוֹת הָאָרֶץ תָּשׁוּב תעלנו׃ — תְּחַיֵּנִי | תַּעֲלֵנִי
כא כב תֶּרֶב ׀ גְּדֻלָּתִי וְתִסֹּב תְּנַחֲמֵנִי׃ גַּם־אֲנִי ׀ אוֹדְךָ בִכְלִי־נֶבֶל אֲמִתְּךָ
כג אֱלֹהָי אֲזַמְּרָה לְךָ בְכִנּוֹר קְדוֹשׁ יִשְׂרָאֵל׃ תְּרַנֵּנָּה שְׂפָתַי כִּי

כד אֲזַמְּרָה־לָּךְ וְנַפְשִׁי אֲשֶׁר פָּדִיתָ׃ גַּם־לְשׁוֹנִי כָּל־הַיּוֹם תֶּהְגֶּה
צִדְקָתֶךָ כִּי־בֹשׁוּ כִי־חָפְרוּ מְבַקְשֵׁי רָעָתִי׃

עב

א ב לִשְׁלֹמֹה ׀ אֱלֹהִים מִשְׁפָּטֶיךָ לְמֶלֶךְ תֵּן וְצִדְקָתְךָ לְבֶן־מֶלֶךְ׃ יָדִין
ג עַמְּךָ בְצֶדֶק וַעֲנִיֶּיךָ בְמִשְׁפָּט׃ יִשְׂאוּ הָרִים שָׁלוֹם לָעָם וּגְבָעוֹת
ד בִּצְדָקָה׃ יִשְׁפֹּט ׀ עֲנִיֵּי־עָם יוֹשִׁיעַ לִבְנֵי אֶבְיוֹן וִידַכֵּא עוֹשֵׁק׃
ה ו יִירָאוּךָ עִם־שָׁמֶשׁ וְלִפְנֵי יָרֵחַ דּוֹר דּוֹרִים׃ יֵרֵד כְּמָטָר עַל־גֵּז
ז כִּרְבִיבִים זַרְזִיף אָרֶץ׃ יִפְרַח־בְּיָמָיו צַדִּיק וְרֹב שָׁלוֹם עַד־בְּלִי
ח ט יָרֵחַ׃ וְיֵרְדְּ מִיָּם עַד־יָם וּמִנָּהָר עַד־אַפְסֵי־אָרֶץ׃ לְפָנָיו יִכְרְעוּ
י צִיִּים וְאֹיְבָיו עָפָר יְלַחֵכוּ׃ מַלְכֵי תַרְשִׁישׁ וְאִיִּים מִנְחָה יָשִׁיבוּ
יא מַלְכֵי שְׁבָא וּסְבָא אֶשְׁכָּר יַקְרִיבוּ׃ וְיִשְׁתַּחֲווּ־לוֹ כָל־מְלָכִים כָּל־
יב יג גּוֹיִם יַעַבְדוּהוּ׃ כִּי־יַצִּיל אֶבְיוֹן מְשַׁוֵּעַ וְעָנִי וְאֵין־עֹזֵר לוֹ׃ יָחֹס
יד עַל־דַּל וְאֶבְיוֹן וְנַפְשׁוֹת אֶבְיוֹנִים יוֹשִׁיעַ׃ מִתּוֹךְ וּמֵחָמָס יִגְאַל
טו נַפְשָׁם וְיֵיקַר דָּמָם בְּעֵינָיו׃ וִיחִי וְיִתֶּן־לוֹ מִזְּהַב שְׁבָא וְיִתְפַּלֵּל
טז בַּעֲדוֹ תָמִיד כָּל־הַיּוֹם יְבָרְכֶנְהוּ׃ יְהִי פִסַּת־בַּר ׀ בָּאָרֶץ בְּרֹאשׁ
יז הָרִים יִרְעַשׁ כַּלְּבָנוֹן פִּרְיוֹ וְיָצִיצוּ מֵעִיר כְּעֵשֶׂב הָאָרֶץ׃ יְהִי שְׁמוֹ ׀
לְעוֹלָם לִפְנֵי־שֶׁמֶשׁ ינין שְׁמוֹ וְיִתְבָּרְכוּ בוֹ כָּל־גּוֹיִם יְאַשְּׁרוּהוּ׃ יִנּוֹן
יח יט בָּרוּךְ ׀ יְהוָה אֱלֹהִים אֱלֹהֵי יִשְׂרָאֵל עֹשֵׂה נִפְלָאוֹת לְבַדּוֹ׃ וּבָרוּךְ ׀
שֵׁם כְּבוֹדוֹ לְעוֹלָם וְיִמָּלֵא כְבוֹדוֹ אֶת־כָּל־הָאָרֶץ אָמֵן ׀ וְאָמֵן׃
כ כָּלּוּ תְפִלּוֹת דָּוִד בֶּן־יִשָׁי׃ י

ספר שלישי

עג

א ב מִזְמוֹר לְאָסָף אַךְ טוֹב לְיִשְׂרָאֵל אֱלֹהִים לְבָרֵי לֵבָב׃ וַאֲנִי כִּמְעַט
ג נטוי רַגְלָי כְּאַיִן שפכה אֲשֻׁרָי׃ כִּי־קִנֵּאתִי בַּהוֹלְלִים שְׁלוֹם נָטָיו | שָׁפְּכוּ
ד ה רְשָׁעִים אֶרְאֶה׃ כִּי אֵין חַרְצֻבּוֹת לְמוֹתָם וּבָרִיא אוּלָם׃ בַּעֲמַל
ו אֱנוֹשׁ אֵינֵמוֹ וְעִם־אָדָם לֹא יְנֻגָּעוּ׃ לָכֵן עֲנָקַתְמוֹ גַאֲוָה יַעֲטָף־
ז ח שִׁית חָמָס לָמוֹ׃ יָצָא מֵחֵלֶב עֵינֵמוֹ עָבְרוּ מַשְׂכִּיּוֹת לֵבָב׃ יָמִיקוּ
ט וִידַבְּרוּ בְרָע עֹשֶׁק מִמָּרוֹם יְדַבֵּרוּ׃ שַׁתּוּ בַשָּׁמַיִם פִּיהֶם וּלְשׁוֹנָם
י תִּהֲלַךְ בָּאָרֶץ׃ לָכֵן ׀ ישיב עַמּוֹ הֲלֹם וּמֵי מָלֵא יִמָּצוּ לָמוֹ׃ יָשׁוּב

יא יב וְאָמְרוּ אֵיכָה יָדַע־אֵל וְיֵשׁ דֵּעָה בְעֶלְיוֹן: הִנֵּה־אֵלֶּה רְשָׁעִים
יג וְשַׁלְוֵי עוֹלָם הִשְׂגּוּ־חָיִל: אַךְ־רִיק זִכִּיתִי לְבָבִי וָאֶרְחַץ בְּנִקָּיוֹן
יד טו כַּפָּי: וָאֱהִי נָגוּעַ כָּל־הַיּוֹם וְתוֹכַחְתִּי לַבְּקָרִים: אִם־אָמַרְתִּי
טז אֲסַפְּרָה כְמוֹ הִנֵּה דוֹר בָּנֶיךָ בָגָדְתִּי: וָאֲחַשְּׁבָה לָדַעַת זֹאת עָמָל
יז יח הִיא בְעֵינָי: עַד־אָבוֹא אֶל־מִקְדְּשֵׁי־אֵל אָבִינָה לְאַחֲרִיתָם: אַךְ הוּא
יט בַּחֲלָקוֹת תָּשִׁית לָמוֹ הִפַּלְתָּם לְמַשּׁוּאוֹת: אֵיךְ הָיוּ לְשַׁמָּה
כ כְרָגַע סָפוּ תַמּוּ מִן־בַּלָּהוֹת: כַּחֲלוֹם מֵהָקִיץ אֲדֹנָי בָּעִיר ׀ צַלְמָם
כא כב תִּבְזֶה: כִּי יִתְחַמֵּץ לְבָבִי וְכִלְיוֹתַי אֶשְׁתּוֹנָן: וַאֲנִי־בַעַר וְלֹא
כג אֵדָע בְּהֵמוֹת הָיִיתִי עִמָּךְ: וַאֲנִי תָמִיד עִמָּךְ אָחַזְתָּ בְּיַד־יְמִינִי:
כד כה בַּעֲצָתְךָ תַנְחֵנִי וְאַחַר כָּבוֹד תִּקָּחֵנִי: מִי־לִי בַשָּׁמָיִם וְעִמְּךָ לֹא־
כו חָפַצְתִּי בָאָרֶץ: כָּלָה שְׁאֵרִי וּלְבָבִי צוּר־לְבָבִי וְחֶלְקִי אֱלֹהִים
כז לְעוֹלָם: כִּי־הִנֵּה רְחֵקֶיךָ יֹאבֵדוּ הִצְמַתָּה כָּל־זוֹנֶה מִמֶּךָּ:
כח וַאֲנִי ׀ קִרֲבַת אֱלֹהִים לִי טוֹב שַׁתִּי ׀ בַּאדֹנָי יֱהֹוִה מַחְסִי לְסַפֵּר
כָּל־מַלְאֲכוֹתֶיךָ:

עד א מַשְׂכִּיל לְאָסָף לָמָה אֱלֹהִים זָנַחְתָּ לָנֶצַח יֶעְשַׁן אַפְּךָ בְּצֹאן
ב מַרְעִיתֶךָ: זְכֹר עֲדָתְךָ ׀ קָנִיתָ קֶּדֶם גָּאַלְתָּ שֵׁבֶט נַחֲלָתֶךָ הַר־צִיּוֹן
ג זֶה ׀ שָׁכַנְתָּ בּוֹ: הָרִימָה פְעָמֶיךָ לְמַשֻּׁאוֹת נֶצַח כָּל־הֵרַע אוֹיֵב
ד בַּקֹּדֶשׁ: שָׁאֲגוּ צֹרְרֶיךָ בְּקֶרֶב מוֹעֲדֶךָ שָׂמוּ אוֹתֹתָם אֹתוֹת:
ה ו יִוָּדַע כְּמֵבִיא לְמָעְלָה בִּסְבָךְ־עֵץ קַרְדֻּמּוֹת: וְעַת פִּתּוּחֶיהָ יָּחַד
ז בְּכַשִּׁיל וְכֵילַפֹּת יַהֲלֹמוּן: שִׁלְחוּ בָאֵשׁ מִקְדָּשֶׁךָ לָאָרֶץ חִלְּלוּ
ח מִשְׁכַּן־שְׁמֶךָ: אָמְרוּ בְלִבָּם נִינָם יָחַד שָׂרְפוּ כָל־מוֹעֲדֵי־אֵל
ט בָּאָרֶץ: אוֹתֹתֵינוּ לֹא־רָאִינוּ אֵין־עוֹד נָבִיא וְלֹא־אִתָּנוּ יֹדֵעַ עַד־
י יא מָה: עַד־מָתַי אֱלֹהִים יְחָרֶף צָר יְנָאֵץ אוֹיֵב שִׁמְךָ לָנֶצַח: לָמָּה
יב תָשִׁיב יָדְךָ וִימִינֶךָ מִקֶּרֶב חוֹקְךָ כַלֵּה: וֵאלֹהִים מַלְכִּי מִקֶּדֶם חֵיקְךָ
יג פֹּעֵל יְשׁוּעוֹת בְּקֶרֶב הָאָרֶץ: אַתָּה פוֹרַרְתָּ בְעָזְּךָ יָם שִׁבַּרְתָּ
יד רָאשֵׁי תַנִּינִים עַל־הַמָּיִם: אַתָּה רִצַּצְתָּ רָאשֵׁי לִוְיָתָן תִּתְּנֶנּוּ
טו מַאֲכָל לְעָם לְצִיִּים: אַתָּה בָקַעְתָּ מַעְיָן וָנָחַל אַתָּה הוֹבַשְׁתָּ

טז נַהֲר֥וֹת אֵיתָֽן׃ לְךָ֣ י֭וֹם אַף־לְךָ֣ לָ֑יְלָה אַתָּ֥ה הֲ֝כִינ֗וֹתָ מָא֥וֹר וָשָֽׁמֶשׁ׃
יז יח אַתָּ֣ה הִ֭צַּבְתָּ כָּל־גְּבוּל֣וֹת אָ֑רֶץ קַ֥יִץ וָ֝חֹ֗רֶף אַתָּ֥ה יְצַרְתָּֽם׃ זְכָר־
יט זֹ֗את אוֹיֵ֣ב חֵרֵ֣ף ׀ יְהוָ֑ה וְעַ֥ם נָ֝בָ֗ל נִאֲצ֥וּ שְׁמֶֽךָ׃ אַל־תִּתֵּ֣ן לְ֭חַיַּת
כ נֶ֣פֶשׁ תּוֹרֶ֑ךָ חַיַּ֥ת עֲ֝נִיֶּ֗יךָ אַל־תִּשְׁכַּ֥ח לָנֶֽצַח׃ הַבֵּ֣ט לַבְּרִ֑ית כִּ֥י
כא מָלְא֥וּ מַחֲשַׁכֵּי־אֶ֝֗רֶץ נְא֣וֹת חָמָֽס׃ אַל־יָשֹׁ֣ב דַּ֣ךְ נִכְלָ֑ם עָנִ֥י
כב וְ֝אֶבְי֗וֹן יְהַֽלְל֥וּ שְׁמֶֽךָ׃ קוּמָ֣ה אֱ֭לֹהִים רִיבָ֣ה רִיבֶ֑ךָ זְכֹ֥ר חֶרְפָּתְךָ֥
כג מִנִּי־נָ֝בָ֗ל כָּל־הַיּֽוֹם׃ אַל־תִּ֭שְׁכַּח ק֣וֹל צֹרְרֶ֑יךָ שְׁא֥וֹן קָ֝מֶ֗יךָ
עֹלֶ֥ה תָמִֽיד׃

עה א ב לַמְנַצֵּ֥חַ אַל־תַּשְׁחֵ֑ת מִזְמ֖וֹר לְאָסָ֣ף שִֽׁיר׃ ה֘וֹדִ֤ינוּ לְּךָ֨ ׀ אֱֽלֹהִ֗ים
ג ה֭וֹדִינוּ וְקָר֣וֹב שְׁמֶ֑ךָ סִ֝פְּר֗וּ נִפְלְאוֹתֶֽיךָ׃ כִּ֣י אֶקַּ֣ח מוֹעֵ֑ד אֲ֝נִ֗י
ד מֵישָׁרִ֥ים אֶשְׁפֹּֽט׃ נְֽמֹגִ֥ים אֶ֥רֶץ וְכָל־יֹשְׁבֶ֑יהָ אָנֹכִ֨י תִכַּ֖נְתִּי
ה עַמּוּדֶ֣יהָ סֶּֽלָה׃ אָמַ֣רְתִּי לַ֭הוֹלְלִים אַל־תָּהֹ֑לּוּ וְ֝לָרְשָׁעִ֗ים אַל־
ו תָּרִ֥ימוּ קָֽרֶן׃ אַל־תָּרִ֣ימוּ לַמָּר֣וֹם קַרְנְכֶ֑ם תְּדַבְּר֖וּ בְצַוָּ֣אר עָתָֽק׃
ז ח כִּ֤י לֹ֣א מִ֭מּוֹצָא וּמִֽמַּעֲרָ֑ב וְ֝לֹ֗א מִמִּדְבַּ֥ר הָרִֽים׃ כִּֽי־אֱלֹהִ֥ים שֹׁפֵ֑ט
ט זֶ֥ה יַ֝שְׁפִּ֗יל וְזֶ֣ה יָרִֽים׃ כִּ֤י כ֨וֹס בְּיַד־יְהוָ֡ה וְיַ֤יִן חָמַ֨ר ׀ מָ֣לֵא מֶסֶךְ֮
י וַיַּגֵּ֗ר מִ֫זֶּ֥ה אַךְ־שְׁ֭מָרֶיהָ יִמְצ֣וּ יִשְׁתּ֑וּ כֹּ֝֗ל רִשְׁעֵי־אָֽרֶץ׃ וַאֲנִ֗י
יא אַגִּ֥יד לְעֹלָ֑ם אֲ֝זַמְּרָ֗ה לֵאלֹהֵ֥י יַעֲקֹֽב׃ וְֽכָל־קַרְנֵ֣י רְשָׁעִ֣ים אֲגַדֵּ֑עַ
תְּ֝רוֹמַ֗מְנָה קַרְנ֥וֹת צַדִּֽיק׃

עו א ב לַמְנַצֵּ֥חַ בִּנְגִינֹ֑ת מִזְמ֖וֹר לְאָסָ֣ף שִֽׁיר׃ נוֹדָ֣ע בִּיהוּדָ֣ה אֱלֹהִ֑ים
ג ד בְּ֝יִשְׂרָאֵ֗ל גָּד֥וֹל שְׁמֽוֹ׃ וַיְהִ֣י בְשָׁלֵ֣ם סֻכּ֑וֹ וּמְע֖וֹנָת֣וֹ בְצִיּֽוֹן׃ שָׁ֣מָּה
ה שִׁ֭בַּר רִשְׁפֵי־קָ֑שֶׁת מָגֵ֖ן וְחֶ֖רֶב וּמִלְחָמָ֣ה סֶֽלָה׃ נָ֘א֤וֹר אַתָּ֓ה אַדִּ֥יר
ו מֵֽהַרְרֵי־טָֽרֶף׃ אֶשְׁתּוֹלְל֤וּ ׀ אַבִּ֣ירֵי לֵ֭ב נָ֣מוּ שְׁנָתָ֑ם וְֽלֹא־מָצְא֥וּ כָל־
ז אַנְשֵׁי־חַ֝֗יִל יְדֵיהֶֽם׃ מִגַּעֲרָ֣תְךָ֭ אֱלֹהֵ֣י יַעֲקֹ֑ב נִ֝רְדָּ֗ם וְרֶ֣כֶב וָסֽוּס׃
ח ט אַתָּ֤ה ׀ נ֣וֹרָא אַ֭תָּה וּמִֽי־יַעֲמֹ֥ד לְ֝פָנֶ֗יךָ מֵאָ֥ז אַפֶּֽךָ׃ מִ֭שָּׁמַיִם
י הִשְׁמַ֣עְתָּ דִּ֑ין אֶ֖רֶץ יָרְאָ֣ה וְשָׁקָֽטָה׃ בְּקוּם־לַמִּשְׁפָּ֣ט אֱלֹהִ֑ים
יא לְהוֹשִׁ֖יעַ כָּל־עַנְוֵי־אֶ֣רֶץ סֶֽלָה׃ כִּֽי־חֲמַ֣ת אָדָ֣ם תּוֹדֶ֑ךָּ שְׁאֵרִ֖ית
יב חֵמֹ֣ת תַּחְגֹּֽר׃ נִֽדְר֣וּ וְשַׁלְּמוּ֮ לַיהוָ֪ה אֱלֹהֵ֫יכֶ֥ם כָּל־סְבִיבָ֑יו יֹבִ֥ילוּ

יג שַׁי לַמּוֹרָא׃ יִבְצֹר רוּחַ נְגִידִים נוֹרָא לְמַלְכֵי־אָרֶץ׃

עז א ב לַמְנַצֵּחַ עַל־ידיתון לְאָסָף מִזְמוֹר׃ קוֹלִי אֶל־אֱלֹהִים וְאֶצְעָקָה יְדוּתוּן
ג קוֹלִי אֶל־אֱלֹהִים וְהַאֲזִין אֵלָי׃ בְּיוֹם צָרָתִי אֲדֹנָי דָּרָשְׁתִּי יָדִי ׀
ד לַיְלָה נִגְּרָה וְלֹא תָפוּג מֵאֲנָה הִנָּחֵם נַפְשִׁי׃ אֶזְכְּרָה אֱלֹהִים
ה וְאֶהֱמָיָה אָשִׂיחָה ׀ וְתִתְעַטֵּף רוּחִי סֶלָה׃ אָחַזְתָּ שְׁמֻרוֹת עֵינָי
ו נִפְעַמְתִּי וְלֹא אֲדַבֵּר׃ חִשַּׁבְתִּי יָמִים מִקֶּדֶם שְׁנוֹת עוֹלָמִים׃
ז אֶזְכְּרָה נְגִינָתִי בַּלָּיְלָה עִם־לְבָבִי אָשִׂיחָה וַיְחַפֵּשׂ רוּחִי׃
ח ט הַלְעוֹלָמִים יִזְנַח ׀ אֲדֹנָי וְלֹא־יֹסִיף לִרְצוֹת עוֹד׃ הֶאָפֵס לָנֶצַח
י חַסְדּוֹ גָּמַר אֹמֶר לְדֹר וָדֹר׃ הֲשָׁכַח חַנּוֹת אֵל אִם־קָפַץ בְּאַף
יא יב רַחֲמָיו סֶלָה׃ וָאֹמַר חַלּוֹתִי הִיא שְׁנוֹת יְמִין עֶלְיוֹן׃ אזכיר אֶזְכּוֹר
יג מַעַלְלֵי־יָהּ כִּי־אֶזְכְּרָה מִקֶּדֶם פִּלְאֶךָ׃ וְהָגִיתִי בְכָל־פָּעֳלֶךָ
יד וּבַעֲלִילוֹתֶיךָ אָשִׂיחָה׃ אֱלֹהִים בַּקֹּדֶשׁ דַּרְכֶּךָ מִי־אֵל גָּדוֹל
טו טז כֵּאלֹהִים׃ אַתָּה הָאֵל עֹשֵׂה פֶלֶא הוֹדַעְתָּ בָעַמִּים עֻזֶּךָ׃ גָּאַלְתָּ
יז בִּזְרוֹעַ עַמֶּךָ בְּנֵי־יַעֲקֹב וְיוֹסֵף סֶלָה׃ רָאוּךָ מַּיִם ׀ אֱלֹהִים רָאוּךָ
יח מַּיִם יָחִילוּ אַף יִרְגְּזוּ תְהֹמוֹת׃ זֹרְמוּ מַיִם ׀ עָבוֹת קוֹל נָתְנוּ
יט שְׁחָקִים אַף־חֲצָצֶיךָ יִתְהַלָּכוּ׃ קוֹל רַעַמְךָ ׀ בַּגַּלְגַּל הֵאִירוּ
כ בְרָקִים תֵּבֵל רָגְזָה וַתִּרְעַשׁ הָאָרֶץ׃ בַּיָּם דַּרְכֶּךָ ושביליך וּשְׁבִילְךָ
כא בְּמַיִם רַבִּים וְעִקְּבוֹתֶיךָ לֹא נֹדָעוּ׃ נָחִיתָ כַצֹּאן עַמֶּךָ בְּיַד־
מֹשֶׁה וְאַהֲרֹן׃

עח א מַשְׂכִּיל לְאָסָף הַאֲזִינָה עַמִּי תּוֹרָתִי הַטּוּ אָזְנְכֶם לְאִמְרֵי־פִי׃
ב ג אֶפְתְּחָה בְמָשָׁל פִּי אַבִּיעָה חִידוֹת מִנִּי־קֶדֶם׃ אֲשֶׁר שָׁמַעְנוּ
ד וַנֵּדָעֵם וַאֲבוֹתֵינוּ סִפְּרוּ־לָנוּ׃ לֹא נְכַחֵד ׀ מִבְּנֵיהֶם לְדוֹר אַחֲרוֹן
ה מְסַפְּרִים תְּהִלּוֹת יְהוָה וֶעֱזוּזוֹ וְנִפְלְאוֹתָיו אֲשֶׁר עָשָׂה׃ וַיָּקֶם
עֵדוּת ׀ בְּיַעֲקֹב וְתוֹרָה שָׂם בְּיִשְׂרָאֵל אֲשֶׁר צִוָּה אֶת־אֲבוֹתֵינוּ
ו לְהוֹדִיעָם לִבְנֵיהֶם׃ לְמַעַן יֵדְעוּ ׀ דּוֹר אַחֲרוֹן בָּנִים יִוָּלֵדוּ יָקֻמוּ
ז וִיסַפְּרוּ לִבְנֵיהֶם׃ וְיָשִׂימוּ בֵאלֹהִים כִּסְלָם וְלֹא יִשְׁכְּחוּ מַעַלְלֵי־
ח אֵל וּמִצְוֺתָיו יִנְצֹרוּ׃ וְלֹא יִהְיוּ ׀ כַּאֲבוֹתָם דּוֹר סוֹרֵר וּמֹרֶה דּוֹר

לֹא־הֵכִין לִבּוֹ וְלֹא־נֶאֶמְנָה אֶת־אֵל רוּחוֹ׃ בְּנֵי־אֶפְרַיִם נוֹשְׁקֵי ט
רוֹמֵי־קָשֶׁת הָפְכוּ בְּיוֹם קְרָב׃ לֹא שָׁמְרוּ בְּרִית אֱלֹהִים וּבְתוֹרָתוֹ י
מֵאֲנוּ לָלֶכֶת׃ וַיִּשְׁכְּחוּ עֲלִילוֹתָיו וְנִפְלְאוֹתָיו אֲשֶׁר הֶרְאָם׃ נֶגֶד יא יב
אֲבוֹתָם עָשָׂה פֶלֶא בְּאֶרֶץ מִצְרַיִם שְׂדֵה־צֹעַן׃ בָּקַע יָם וַיַּעֲבִירֵם יג
וַיַּצֶּב־מַיִם כְּמוֹ־נֵד׃ וַיַּנְחֵם בֶּעָנָן יוֹמָם וְכָל־הַלַּיְלָה בְּאוֹר אֵשׁ׃ יד
יְבַקַּע צֻרִים בַּמִּדְבָּר וַיַּשְׁקְ כִּתְהֹמוֹת רַבָּה׃ וַיּוֹצִא נוֹזְלִים מִסָּלַע טו טז
וַיּוֹרֶד כַּנְּהָרוֹת מָיִם׃ וַיּוֹסִיפוּ עוֹד לַחֲטֹא־לוֹ לַמְרוֹת עֶלְיוֹן יז
בַּצִּיָּה׃ וַיְנַסּוּ־אֵל בִּלְבָבָם לִשְׁאָל־אֹכֶל לְנַפְשָׁם׃ וַיְדַבְּרוּ יח יט
בֵּאלֹהִים אָמְרוּ הֲיוּכַל אֵל לַעֲרֹךְ שֻׁלְחָן בַּמִּדְבָּר׃ הֵן הִכָּה־ כ
צוּר ׀ וַיָּזוּבוּ מַיִם וּנְחָלִים יִשְׁטֹפוּ הֲגַם־לֶחֶם יוּכַל תֵּת אִם־יָכִין
שְׁאֵר לְעַמּוֹ׃ לָכֵן ׀ שָׁמַע יהוה וַיִּתְעַבָּר וְאֵשׁ נִשְּׂקָה בְיַעֲקֹב כא
וְגַם־אַף עָלָה בְיִשְׂרָאֵל׃ כִּי לֹא הֶאֱמִינוּ בֵּאלֹהִים וְלֹא בָטְחוּ כב
בִּישׁוּעָתוֹ׃ וַיְצַו שְׁחָקִים מִמָּעַל וְדַלְתֵי שָׁמַיִם פָּתָח׃ וַיַּמְטֵר כג כד
עֲלֵיהֶם מָן לֶאֱכֹל וּדְגַן־שָׁמַיִם נָתַן לָמוֹ׃ לֶחֶם אַבִּירִים אָכַל כה
אִישׁ צֵידָה שָׁלַח לָהֶם לָשֹׂבַע׃ יַסַּע קָדִים בַּשָּׁמָיִם וַיְנַהֵג בְּעֻזּוֹ כו
תֵימָן׃ וַיַּמְטֵר עֲלֵיהֶם כֶּעָפָר שְׁאֵר וּכְחוֹל יַמִּים עוֹף כָּנָף׃ וַיַּפֵּל כז כח
בְּקֶרֶב מַחֲנֵהוּ סָבִיב לְמִשְׁכְּנֹתָיו׃ וַיֹּאכְלוּ וַיִּשְׂבְּעוּ מְאֹד כט
וְתַאֲוָתָם יָבִא לָהֶם׃ לֹא־זָרוּ מִתַּאֲוָתָם עוֹד אָכְלָם בְּפִיהֶם׃ ל
וְאַף אֱלֹהִים ׀ עָלָה בָהֶם וַיַּהֲרֹג בְּמִשְׁמַנֵּיהֶם וּבַחוּרֵי יִשְׂרָאֵל לא
הִכְרִיעַ׃ בְּכָל־זֹאת חָטְאוּ־עוֹד וְלֹא הֶאֱמִינוּ בְּנִפְלְאוֹתָיו׃ וַיְכַל־ לב לג
בַּהֶבֶל יְמֵיהֶם וּשְׁנוֹתָם בַּבֶּהָלָה׃ אִם־הֲרָגָם וּדְרָשׁוּהוּ וְשָׁבוּ לד
וְשִׁחֲרוּ־אֵל׃ וַיִּזְכְּרוּ כִּי־אֱלֹהִים צוּרָם וְאֵל עֶלְיוֹן גֹּאֲלָם׃ וַיְפַתּוּהוּ לה לו
בְּפִיהֶם וּבִלְשׁוֹנָם יְכַזְּבוּ־לוֹ׃ וְלִבָּם לֹא־נָכוֹן עִמּוֹ וְלֹא נֶאֶמְנוּ לז
יא בִּבְרִיתוֹ׃ וְהוּא רַחוּם ׀ יְכַפֵּר עָוֺן וְלֹא־יַשְׁחִית וְהִרְבָּה לְהָשִׁיב לח
אַפּוֹ וְלֹא־יָעִיר כָּל־חֲמָתוֹ׃ וַיִּזְכֹּר כִּי־בָשָׂר הֵמָּה רוּחַ הוֹלֵךְ וְלֹא לט
יָשׁוּב׃ כַּמָּה יַמְרוּהוּ בַמִּדְבָּר יַעֲצִיבוּהוּ בִּישִׁימוֹן׃ וַיָּשׁוּבוּ וַיְנַסּוּ מ מא
אֵל וּקְדוֹשׁ יִשְׂרָאֵל הִתְווּ׃ לֹא־זָכְרוּ אֶת־יָדוֹ יוֹם אֲשֶׁר־פָּדָם מב

מג מִנִּי־צָר: אֲשֶׁר־שָׂם בְּמִצְרַיִם אֹתוֹתָיו וּמוֹפְתָיו בִּשְׂדֵה־צֹעַן:
מד מה וַיַּהֲפֹךְ לְדָם יְאֹרֵיהֶם וְנֹזְלֵיהֶם בַּל־יִשְׁתָּיוּן: יְשַׁלַּח בָּהֶם עָרֹב
מו וַיֹּאכְלֵם וּצְפַרְדֵּעַ וַתַּשְׁחִיתֵם: וַיִּתֵּן לֶחָסִיל יְבוּלָם וִיגִיעָם
מז מח לָאַרְבֶּה: יַהֲרֹג בַּבָּרָד גַּפְנָם וְשִׁקְמוֹתָם בַּחֲנָמַל: וַיַּסְגֵּר לַבָּרָד
מט בְּעִירָם וּמִקְנֵיהֶם לָרְשָׁפִים: יְשַׁלַּח־בָּם | חֲרוֹן אַפּוֹ עֶבְרָה וָזַעַם
נ וְצָרָה מִשְׁלַחַת מַלְאֲכֵי רָעִים: יְפַלֵּס נָתִיב לְאַפּוֹ לֹא־חָשַׂךְ
נא מִמָּוֶת נַפְשָׁם וְחַיָּתָם לַדֶּבֶר הִסְגִּיר: וַיַּךְ כָּל־בְּכוֹר בְּמִצְרָיִם
נב רֵאשִׁית אוֹנִים בְּאָהֳלֵי־חָם: וַיַּסַּע כַּצֹּאן עַמּוֹ וַיְנַהֲגֵם כַּעֵדֶר
נג בַּמִּדְבָּר: וַיַּנְחֵם לָבֶטַח וְלֹא פָחָדוּ וְאֶת־אוֹיְבֵיהֶם כִּסָּה הַיָּם:
נד נה וַיְבִיאֵם אֶל־גְּבוּל קָדְשׁוֹ הַר־זֶה קָנְתָה יְמִינוֹ: וַיְגָרֶשׁ מִפְּנֵיהֶם |
גּוֹיִם וַיַּפִּילֵם בְּחֶבֶל נַחֲלָה וַיַּשְׁכֵּן בְּאָהֳלֵיהֶם שִׁבְטֵי יִשְׂרָאֵל:
נו נז וַיְנַסּוּ וַיַּמְרוּ אֶת־אֱלֹהִים עֶלְיוֹן וְעֵדוֹתָיו לֹא שָׁמָרוּ: וַיִּסֹּגוּ
נח וַיִּבְגְּדוּ כַּאֲבוֹתָם נֶהְפְּכוּ כְּקֶשֶׁת רְמִיָּה: וַיַּכְעִיסוּהוּ בְּבָמוֹתָם
נט וּבִפְסִילֵיהֶם יַקְנִיאוּהוּ: שָׁמַע אֱלֹהִים וַיִּתְעַבָּר וַיִּמְאַס מְאֹד
ס סא בְּיִשְׂרָאֵל: וַיִּטֹּשׁ מִשְׁכַּן שִׁלוֹ אֹהֶל שִׁכֵּן בָּאָדָם: וַיִּתֵּן לַשְּׁבִי עֻזּוֹ
סב וְתִפְאַרְתּוֹ בְיַד־צָר: וַיַּסְגֵּר לַחֶרֶב עַמּוֹ וּבְנַחֲלָתוֹ הִתְעַבָּר:
סג סד בַּחוּרָיו אָכְלָה־אֵשׁ וּבְתוּלֹתָיו לֹא הוּלָּלוּ: כֹּהֲנָיו בַּחֶרֶב נָפָלוּ
סה וְאַלְמְנֹתָיו לֹא תִבְכֶּינָה: וַיִּקַץ כְּיָשֵׁן | אֲדֹנָי כְּגִבּוֹר מִתְרוֹנֵן מִיָּיִן:
סו סז וַיַּךְ־צָרָיו אָחוֹר חֶרְפַּת עוֹלָם נָתַן לָמוֹ: וַיִּמְאַס בְּאֹהֶל יוֹסֵף
סח וּבְשֵׁבֶט אֶפְרַיִם לֹא בָחָר: וַיִּבְחַר אֶת־שֵׁבֶט יְהוּדָה אֶת־הַר צִיּוֹן
סט אֲשֶׁר אָהֵב: וַיִּבֶן כְּמוֹ־רָמִים מִקְדָּשׁוֹ כְּאֶרֶץ יְסָדָהּ לְעוֹלָם:
ע עא וַיִּבְחַר בְּדָוִד עַבְדּוֹ וַיִּקָּחֵהוּ מִמִּכְלְאֹת צֹאן: מֵאַחַר עָלוֹת הֱבִיאוֹ
עב לִרְעוֹת בְּיַעֲקֹב עַמּוֹ וּבְיִשְׂרָאֵל נַחֲלָתוֹ: וַיִּרְעֵם כְּתֹם לְבָבוֹ
וּבִתְבוּנוֹת כַּפָּיו יַנְחֵם:

עט א מִזְמוֹר לְאָסָף אֱלֹהִים בָּאוּ גוֹיִם | בְּנַחֲלָתֶךָ טִמְּאוּ אֶת־הֵיכַל
ב קָדְשֶׁךָ שָׂמוּ אֶת־יְרוּשָׁלִַם לְעִיִּים: נָתְנוּ אֶת־נִבְלַת עֲבָדֶיךָ
ג מַאֲכָל לְעוֹף הַשָּׁמָיִם בְּשַׂר חֲסִידֶיךָ לְחַיְתוֹ־אָרֶץ: שָׁפְכוּ דָמָם |

כַּמַּיִם סְבִיבוֹת יְרוּשָׁלָםִ וְאֵין קוֹבֵר׃ הָיִינוּ חֶרְפָּה לִשְׁכֵנֵינוּ לַעַג ד
וָקֶלֶס לִסְבִיבוֹתֵינוּ׃ עַד־מָה יְהוָה תֶּאֱנַף לָנֶצַח תִּבְעַר כְּמוֹ־ ה
אֵשׁ קִנְאָתֶךָ׃ שְׁפֹךְ חֲמָתְךָ ׀ אֶל־הַגּוֹיִם אֲשֶׁר לֹא־יְדָעוּךָ וְעַל ו
מַמְלָכוֹת אֲשֶׁר בְּשִׁמְךָ לֹא קָרָאוּ׃ כִּי אָכַל אֶת־יַעֲקֹב וְאֶת־ ז
נָוֵהוּ הֵשַׁמּוּ׃ אַל־תִּזְכׇּר־לָנוּ עֲוֺנֹת רִאשֹׁנִים מַהֵר יְקַדְּמוּנוּ ח
רַחֲמֶיךָ כִּי דַלּוֹנוּ מְאֹד׃ עׇזְרֵנוּ ׀ אֱלֹהֵי יִשְׁעֵנוּ עַל־דְּבַר כְּבוֹד־ ט
שְׁמֶךָ וְהַצִּילֵנוּ וְכַפֵּר עַל־חַטֹּאתֵינוּ לְמַעַן שְׁמֶךָ׃ לָמָּה ׀ יֹאמְרוּ י
הַגּוֹיִם אַיֵּה אֱלֹהֵיהֶם יִוָּדַע בגיים לְעֵינֵינוּ נִקְמַת דַּם־עֲבָדֶיךָ (בַּגּוֹיִם)
הַשָּׁפוּךְ׃ תָּבוֹא לְפָנֶיךָ אֶנְקַת אָסִיר כְּגֹדֶל זְרוֹעֲךָ הוֹתֵר בְּנֵי יא
תְמוּתָה׃ וְהָשֵׁב לִשְׁכֵנֵינוּ שִׁבְעָתַיִם אֶל־חֵיקָם חֶרְפָּתָם אֲשֶׁר יב
חֵרְפוּךָ אֲדֹנָי׃ וַאֲנַחְנוּ עַמְּךָ ׀ וְצֹאן מַרְעִיתֶךָ נוֹדֶה לְּךָ לְעוֹלָם יג
לְדֹר וָדֹר נְסַפֵּר תְּהִלָּתֶךָ׃

לַמְנַצֵּחַ אֶל־שֹׁשַׁנִּים עֵדוּת לְאָסָף מִזְמוֹר׃ רֹעֵה יִשְׂרָאֵל ׀ הַאֲזִינָה פ א ב
נֹהֵג כַּצֹּאן יוֹסֵף יֹשֵׁב הַכְּרוּבִים הוֹפִיעָה׃ לִפְנֵי אֶפְרַיִם ׀ וּבִנְיָמִן ג
וּמְנַשֶּׁה עוֹרְרָה אֶת־גְּבוּרָתֶךָ וּלְכָה לִישֻׁעָתָה לָּנוּ׃ אֱלֹהִים ד
הֲשִׁיבֵנוּ וְהָאֵר פָּנֶיךָ וְנִוָּשֵׁעָה׃ יְהוָה אֱלֹהִים צְבָאוֹת עַד־מָתַי ה
עָשַׁנְתָּ בִּתְפִלַּת עַמֶּךָ׃ הֶאֱכַלְתָּם לֶחֶם דִּמְעָה וַתַּשְׁקֵמוֹ ו
בִּדְמָעוֹת שָׁלִישׁ׃ תְּשִׂימֵנוּ מָדוֹן לִשְׁכֵנֵינוּ וְאֹיְבֵינוּ יִלְעֲגוּ־לָמוֹ׃ ז
אֱלֹהִים צְבָאוֹת הֲשִׁיבֵנוּ וְהָאֵר פָּנֶיךָ וְנִוָּשֵׁעָה׃ גֶּפֶן מִמִּצְרַיִם ח ט
תַּסִּיעַ תְּגָרֵשׁ גּוֹיִם וַתִּטָּעֶהָ׃ פִּנִּיתָ לְפָנֶיהָ וַתַּשְׁרֵשׁ שָׁרָשֶׁיהָ י
וַתְּמַלֵּא־אָרֶץ׃ כָּסּוּ הָרִים צִלָּהּ וַעֲנָפֶיהָ אַרְזֵי־אֵל׃ תְּשַׁלַּח יא יב
קְצִירֶהָ עַד־יָם וְאֶל־נָהָר יוֹנְקוֹתֶיהָ׃ לָמָּה פָּרַצְתָּ גְדֵרֶיהָ וְאָרוּהָ יג
כׇּל־עֹבְרֵי דָרֶךְ׃ יְכַרְסְמֶנָּה חֲזִיר מִיָּעַר וְזִיז שָׂדַי יִרְעֶנָּה׃ אֱלֹהִים יד טו
צְבָאוֹת שׁוּב נָא הַבֵּט מִשָּׁמַיִם וּרְאֵה וּפְקֹד גֶּפֶן זֹאת׃ וְכַנָּה טז
אֲשֶׁר־נָטְעָה יְמִינֶךָ וְעַל־בֵּן אִמַּצְתָּה לָּךְ׃ שְׂרֻפָה בָאֵשׁ כְּסוּחָה יז
מִגַּעֲרַת פָּנֶיךָ יֹאבֵדוּ׃ תְּהִי־יָדְךָ עַל־אִישׁ יְמִינֶךָ עַל־בֶּן־אָדָם יח
אִמַּצְתָּ לָּךְ׃ וְלֹא־נָסוֹג מִמֶּךָּ תְּחַיֵּנוּ וּבְשִׁמְךָ נִקְרָא׃ יְהוָה יט כ

אֱלֹהִים צְבָאוֹת הֲשִׁיבֵנוּ הָאֵר פָּנֶיךָ וְנִוָּשֵׁעָה׃

א ב לַמְנַצֵּחַ ׀ עַל־הַגִּתִּית לְאָסָף׃ הַרְנִינוּ לֵאלֹהִים עוּזֵּנוּ הָרִיעוּ
ג לֵאלֹהֵי יַעֲקֹב׃ שְׂאוּ־זִמְרָה וּתְנוּ־תֹף כִּנּוֹר נָעִים עִם־נָבֶל׃
ד ה תִּקְעוּ בַחֹדֶשׁ שׁוֹפָר בַּכֵּסֶה לְיוֹם חַגֵּנוּ׃ כִּי חֹק לְיִשְׂרָאֵל הוּא
ו מִשְׁפָּט לֵאלֹהֵי יַעֲקֹב׃ עֵדוּת ׀ בִּיהוֹסֵף שָׂמוֹ בְּצֵאתוֹ עַל־אֶרֶץ
ז מִצְרָיִם שְׂפַת לֹא־יָדַעְתִּי אֶשְׁמָע׃ הֲסִירוֹתִי מִסֵּבֶל שִׁכְמוֹ כַּפָּיו
ח מִדּוּד תַּעֲבֹרְנָה׃ בַּצָּרָה קָרָאתָ וָאֲחַלְּצֶךָּ אֶעֶנְךָ בְּסֵתֶר רַעַם
ט אֶבְחָנְךָ עַל־מֵי מְרִיבָה סֶלָה׃ שְׁמַע עַמִּי וְאָעִידָה בָּךְ יִשְׂרָאֵל
י אִם־תִּשְׁמַע־לִי׃ לֹא־יִהְיֶה בְךָ אֵל זָר וְלֹא תִשְׁתַּחֲוֶה לְאֵל נֵכָר׃
יא אָנֹכִי ׀ יְהוָה אֱלֹהֶיךָ הַמַּעַלְךָ מֵאֶרֶץ מִצְרָיִם הַרְחֶב־פִּיךָ
יב וַאֲמַלְאֵהוּ׃ וְלֹא־שָׁמַע עַמִּי לְקוֹלִי וְיִשְׂרָאֵל לֹא־אָבָה לִי׃
יג יד וָאֲשַׁלְּחֵהוּ בִּשְׁרִירוּת לִבָּם יֵלְכוּ בְּמוֹעֲצוֹתֵיהֶם׃ לוּ עַמִּי שֹׁמֵעַ
טו לִי יִשְׂרָאֵל בִּדְרָכַי יְהַלֵּכוּ׃ כִּמְעַט אוֹיְבֵיהֶם אַכְנִיעַ וְעַל־צָרֵיהֶם
טז אָשִׁיב יָדִי׃ מְשַׂנְאֵי יְהוָה יְכַחֲשׁוּ־לוֹ וִיהִי עִתָּם לְעוֹלָם׃
יז וַיַּאֲכִילֵהוּ מֵחֵלֶב חִטָּה וּמִצּוּר דְּבַשׁ אַשְׂבִּיעֶךָ׃

פב א מִזְמוֹר לְאָסָף אֱלֹהִים נִצָּב בַּעֲדַת־אֵל בְּקֶרֶב אֱלֹהִים יִשְׁפֹּט׃
ב ג עַד־מָתַי תִּשְׁפְּטוּ־עָוֶל וּפְנֵי רְשָׁעִים תִּשְׂאוּ־סֶלָה׃ שִׁפְטוּ־דַל
ד וְיָתוֹם עָנִי וָרָשׁ הַצְדִּיקוּ׃ פַּלְּטוּ־דַל וְאֶבְיוֹן מִיַּד רְשָׁעִים הַצִּילוּ׃
ה לֹא יָדְעוּ ׀ וְלֹא יָבִינוּ בַּחֲשֵׁכָה יִתְהַלָּכוּ יִמּוֹטוּ כָּל־מוֹסְדֵי אָרֶץ׃
ו ז אֲנִי־אָמַרְתִּי אֱלֹהִים אַתֶּם וּבְנֵי עֶלְיוֹן כֻּלְּכֶם׃ אָכֵן כְּאָדָם
ח תְּמוּתוּן וּכְאַחַד הַשָּׂרִים תִּפֹּלוּ׃ קוּמָה אֱלֹהִים שָׁפְטָה הָאָרֶץ
כִּי־אַתָּה תִנְחַל בְּכָל־הַגּוֹיִם׃

פג א ב שִׁיר מִזְמוֹר לְאָסָף׃ אֱלֹהִים אַל־דֳּמִי־לָךְ אַל־תֶּחֱרַשׁ וְאַל־
ג תִּשְׁקֹט אֵל׃ כִּי־הִנֵּה אוֹיְבֶיךָ יֶהֱמָיוּן וּמְשַׂנְאֶיךָ נָשְׂאוּ רֹאשׁ׃
ד ה עַל־עַמְּךָ יַעֲרִימוּ סוֹד וְיִתְיָעֲצוּ עַל־צְפוּנֶיךָ׃ אָמְרוּ לְכוּ וְנַכְחִידֵם
ו מִגּוֹי וְלֹא־יִזָּכֵר שֵׁם־יִשְׂרָאֵל עוֹד׃ כִּי נוֹעֲצוּ לֵב יַחְדָּו עָלֶיךָ
ז ח בְּרִית יִכְרֹתוּ׃ אָהֳלֵי אֱדוֹם וְיִשְׁמְעֵאלִים מוֹאָב וְהַגְרִים׃ גְּבָל

וְעַמּ֖וֹן וַעֲמָלֵ֑ק פְּ֝לֶ֗שֶׁת עִם־יֹ֥שְׁבֵי צֽוֹר׃ גַּם־אַ֭שּׁוּר נִלְוָ֣ה עִמָּ֑ם הָ֥יוּ ט
זְר֖וֹעַ לִבְנֵי־ל֣וֹט סֶֽלָה׃ עֲשֵׂה־לָהֶ֥ם כְּמִדְיָ֑ן כְּֽסִֽיסְרָ֥א כְ֝יָבִ֗ין בְּנַ֣חַל י
קִישֽׁוֹן׃ נִשְׁמְד֥וּ בְעֵֽין־דֹּ֑אר הָ֥יוּ דֹּ֝֗מֶן לָאֲדָמָֽה׃ שִׁיתֵ֣מוֹ נְ֭דִיבֵמוֹ יא יב
כְּעֹרֵ֣ב וְכִזְאֵ֑ב וּֽכְזֶ֥בַח וּ֝כְצַלְמֻנָּ֗ע כָּל־נְסִיכֵֽמוֹ׃ אֲשֶׁ֣ר אָ֭מְרוּ יג
נִ֣ירֲשָׁה לָּ֑נוּ אֵ֝֗ת נְא֣וֹת אֱלֹהִֽים׃ אֱֽלֹהַ֗י שִׁיתֵ֥מוֹ כַגַּלְגַּ֑ל כְּ֝קַ֗שׁ יד
לִפְנֵי־רֽוּחַ׃ כְּאֵ֥שׁ תִּבְעַר־יָ֑עַר וּ֝כְלֶהָבָ֗ה תְּלַהֵ֥ט הָרִֽים׃ כֵּ֭ן טו טז
תִּרְדְּפֵ֣ם בְּסַעֲרֶ֑ךָ וּבְסוּפָתְךָ֥ תְבַהֲלֵֽם׃ מַלֵּ֣א פְנֵיהֶ֣ם קָל֑וֹן וִֽיבַקְשׁ֖וּ יז
שִׁמְךָ֣ יְהוָֽה׃ יֵבֹ֖שׁוּ וְיִבָּהֲל֥וּ עֲדֵי־עַ֗ד וְֽיַחְפְּר֥וּ וְיֹאבֵֽדוּ׃ וְֽיֵדְע֗וּ כִּֽי־ יח יט
אַתָּ֬ה שִׁמְךָ֣ יְהוָ֣ה לְבַדֶּ֑ךָ עֶ֝לְי֗וֹן עַל־כָּל־הָאָֽרֶץ׃

לַמְנַצֵּ֥חַ עַֽל־הַגִּתִּ֑ית לִבְנֵי־קֹ֥רַח מִזְמֽוֹר׃ מַה־יְּדִיד֥וֹת מִ֝שְׁכְּנוֹתֶ֗יךָ א ב פד
יְהוָ֥ה צְבָאֽוֹת׃ נִכְסְפָ֬ה וְגַם־כָּֽלְתָ֨ה ׀ נַפְשִׁי֮ לְחַצְר֢וֹת יְהוָ֥ה לִבִּ֥י ג
וּבְשָׂרִ֑י יְ֝רַנְּנ֗וּ אֶ֣ל אֵֽל־חָֽי׃ גַּם־צִפּ֨וֹר ׀ מָ֪צְאָה בַ֡יִת וּדְר֤וֹר ׀ קֵ֥ן ד
לָהּ֮ אֲשֶׁר־שָׁ֪תָה אֶפְרֹ֫חֶ֥יהָ אֶת־מִ֭זְבְּחוֹתֶיךָ יְהוָ֣ה צְבָא֑וֹת מַ֝לְכִּ֗י
וֵאלֹהָֽי׃ אַ֭שְׁרֵי יוֹשְׁבֵ֣י בֵיתֶ֑ךָ ע֝֗וֹד יְֽהַלְל֥וּךָ סֶּֽלָה׃ אַשְׁרֵ֣י אָ֭דָם ה ו
עֽוֹז־ל֥וֹ בָ֑ךְ מְ֝סִלּ֗וֹת בִּלְבָבָֽם׃ עֹבְרֵ֤י ׀ בְּעֵ֣מֶק הַ֭בָּכָא מַעְיָ֣ן יְשִׁית֑וּהוּ ז
גַּם־בְּ֝רָכ֗וֹת יַעְטֶ֥ה מוֹרֶֽה׃ יֵ֭לְכוּ מֵחַ֣יִל אֶל־חָ֑יִל יֵרָאֶ֖ה אֶל־אֱלֹהִ֣ים ח
בְּצִיּֽוֹן׃ יְהוָ֤ה אֱלֹהִ֣ים צְ֭בָאוֹת שִׁמְעָ֣ה תְפִלָּתִ֑י הַאֲזִ֨ינָה אֱלֹהֵ֖י ט
יַעֲקֹ֣ב סֶֽלָה׃ מָ֭גִנֵּנוּ רְאֵ֣ה אֱלֹהִ֑ים וְ֝הַבֵּ֗ט פְּנֵ֣י מְשִׁיחֶֽךָ׃ כִּ֤י טֽוֹב־ י יא
י֥וֹם בַּחֲצֵרֶ֗יךָ מֵ֫אָ֥לֶף בָּחַ֗רְתִּי הִ֭סְתּוֹפֵף בְּבֵ֣ית אֱלֹהַ֑י מִ֝דּ֗וּר
בְּאָהֳלֵי־רֶֽשַׁע׃ כִּ֤י שֶׁ֨מֶשׁ ׀ וּמָגֵן֮ יְהוָ֢ה אֱלֹ֫הִ֥ים חֵ֣ן וְ֭כָבוֹד יִתֵּ֣ן יב
יב יְהוָ֑ה לֹ֥א יִמְנַע־ט֝֗וֹב לַֽהֹלְכִ֥ים בְּתָמִֽים׃ יְהוָ֥ה צְבָא֑וֹת אַֽשְׁרֵ֥י יג
אָ֝דָ֗ם בֹּטֵ֥חַ בָּֽךְ׃

שְׁבִית לַמְנַצֵּ֬חַ ׀ לִבְנֵי־קֹ֬רַח מִזְמֽוֹר׃ רָצִ֣יתָ יְהוָ֣ה אַרְצֶ֑ךָ שַׁ֝֗בְתָּ שְׁב֣וּת א ב פה
יַעֲקֹֽב׃ נָ֭שָׂאתָ עֲוֺ֣ן עַמֶּ֑ךָ כִּסִּ֖יתָ כָל־חַטָּאתָ֣ם סֶֽלָה׃ אָסַ֣פְתָּ כָל־ ג ד
עֶבְרָתֶ֑ךָ הֱ֝שִׁיב֗וֹתָ מֵחֲר֥וֹן אַפֶּֽךָ׃ שׁ֭וּבֵנוּ אֱלֹהֵ֣י יִשְׁעֵ֑נוּ וְהָפֵ֖ר ה
כַּֽעַסְךָ֣ עִמָּֽנוּ׃ הַ֭לְעוֹלָם תֶּאֱנַף־בָּ֑נוּ תִּמְשֹׁ֥ךְ אַ֝פְּךָ֗ לְדֹ֣ר וָדֹֽר׃ הֲלֹא־ ו ז
אַ֭תָּה תָּשׁ֣וּב תְּחַיֵּ֑נוּ וְ֝עַמְּךָ֗ יִשְׂמְחוּ־בָֽךְ׃ הַרְאֵ֣נוּ יְהוָ֣ה חַסְדֶּ֑ךָ ח

ט וְיִשְׁעֲךָ תִּתֶּן־לָנוּ׃ אֶשְׁמְעָה מַה־יְדַבֵּר הָאֵל ׀ יְהוָה כִּי ׀ יְדַבֵּר
י שָׁלוֹם אֶל־עַמּוֹ וְאֶל־חֲסִידָיו וְאַל־יָשׁוּבוּ לְכִסְלָה׃ אַךְ ׀ קָרוֹב
יא לִירֵאָיו יִשְׁעוֹ לִשְׁכֹּן כָּבוֹד בְּאַרְצֵנוּ׃ חֶסֶד־וֶאֱמֶת נִפְגָּשׁוּ צֶדֶק
יב יג וְשָׁלוֹם נָשָׁקוּ׃ אֱמֶת מֵאֶרֶץ תִּצְמָח וְצֶדֶק מִשָּׁמַיִם נִשְׁקָף׃ גַּם־
יד יְהוָה יִתֵּן הַטּוֹב וְאַרְצֵנוּ תִּתֵּן יְבוּלָהּ׃ צֶדֶק לְפָנָיו יְהַלֵּךְ וְיָשֵׂם
לְדֶרֶךְ פְּעָמָיו׃

פו א ב תְּפִלָּה לְדָוִד הַטֵּה־יְהוָה אָזְנְךָ עֲנֵנִי כִּי־עָנִי וְאֶבְיוֹן אָנִי׃ שָׁמְרָה
נַפְשִׁי כִּי־חָסִיד אָנִי הוֹשַׁע עַבְדְּךָ אַתָּה אֱלֹהַי הַבּוֹטֵחַ אֵלֶיךָ׃
ג ד חָנֵּנִי אֲדֹנָי כִּי־אֵלֶיךָ אֶקְרָא כָּל־הַיּוֹם׃ שַׂמֵּחַ נֶפֶשׁ עַבְדֶּךָ כִּי־
ה אֵלֶיךָ אֲדֹנָי נַפְשִׁי אֶשָּׂא׃ כִּי־אַתָּה אֲדֹנָי טוֹב וְסַלָּח וְרַב־חֶסֶד
ו לְכָל־קֹרְאֶיךָ׃ הַאֲזִינָה יְהוָה תְּפִלָּתִי וְהַקְשִׁיבָה בְּקוֹל תַּחֲנוּנוֹתָי׃
ז ח בְּיוֹם צָרָתִי אֶקְרָאֶךָּ כִּי תַעֲנֵנִי׃ אֵין־כָּמוֹךָ בָאֱלֹהִים ׀ אֲדֹנָי וְאֵין
ט כְּמַעֲשֶׂיךָ׃ כָּל־גּוֹיִם ׀ אֲשֶׁר עָשִׂיתָ יָבוֹאוּ ׀ וְיִשְׁתַּחֲווּ לְפָנֶיךָ אֲדֹנָי
י וִיכַבְּדוּ לִשְׁמֶךָ׃ כִּי־גָדוֹל אַתָּה וְעֹשֵׂה נִפְלָאוֹת אַתָּה אֱלֹהִים
יא לְבַדֶּךָ׃ הוֹרֵנִי יְהוָה ׀ דַּרְכֶּךָ אֲהַלֵּךְ בַּאֲמִתֶּךָ יַחֵד לְבָבִי לְיִרְאָה
יב שְׁמֶךָ׃ אוֹדְךָ ׀ אֲדֹנָי אֱלֹהַי בְּכָל־לְבָבִי וַאֲכַבְּדָה שִׁמְךָ לְעוֹלָם׃
יג יד כִּי־חַסְדְּךָ גָּדוֹל עָלָי וְהִצַּלְתָּ נַפְשִׁי מִשְּׁאוֹל תַּחְתִּיָּה׃ אֱלֹהִים ׀
זֵדִים קָמוּ־עָלַי וַעֲדַת עָרִיצִים בִּקְשׁוּ נַפְשִׁי וְלֹא שָׂמוּךָ לְנֶגְדָּם׃
טו וְאַתָּה אֲדֹנָי אֵל־רַחוּם וְחַנּוּן אֶרֶךְ אַפַּיִם וְרַב־חֶסֶד וֶאֱמֶת׃
טז פְּנֵה אֵלַי וְחָנֵּנִי תְּנָה־עֻזְּךָ לְעַבְדֶּךָ וְהוֹשִׁיעָה לְבֶן־אֲמָתֶךָ׃
יז עֲשֵׂה־עִמִּי אוֹת לְטוֹבָה וְיִרְאוּ שֹׂנְאַי וְיֵבֹשׁוּ כִּי־אַתָּה יְהוָה
עֲזַרְתַּנִי וְנִחַמְתָּנִי׃

פז א ב לִבְנֵי־קֹרַח מִזְמוֹר שִׁיר יְסוּדָתוֹ בְּהַרְרֵי־קֹדֶשׁ׃ אֹהֵב יְהוָה שַׁעֲרֵי
ג צִיּוֹן מִכֹּל מִשְׁכְּנוֹת יַעֲקֹב׃ נִכְבָּדוֹת מְדֻבָּר בָּךְ עִיר הָאֱלֹהִים
ד סֶלָה׃ אַזְכִּיר ׀ רַהַב וּבָבֶל לְיֹדְעָי הִנֵּה פְלֶשֶׁת וְצוֹר עִם־כּוּשׁ זֶה
ה יֻלַּד־שָׁם׃ וּלְצִיּוֹן ׀ יֵאָמַר אִישׁ וְאִישׁ יֻלַּד־בָּהּ וְהוּא יְכוֹנְנֶהָ עֶלְיוֹן׃
ו ז יְהוָה יִסְפֹּר בִּכְתוֹב עַמִּים זֶה יֻלַּד־שָׁם סֶלָה׃ וְשָׁרִים כְּחֹלְלִים

כׇּל־מַעְיָנַי בָּךְ׃
א שִׁיר מִזְמוֹר לִבְנֵי קֹרַח לַמְנַצֵּחַ עַל־מָחֲלַת לְעַנּוֹת מַשְׂכִּיל
ב לְהֵימָן הָאֶזְרָחִי׃ יהוה אֱלֹהֵי יְשׁוּעָתִי יוֹם־צָעַקְתִּי בַלַּיְלָה נֶגְדֶּךָ׃
ג ד תָּבוֹא לְפָנֶיךָ תְּפִלָּתִי הַטֵּה אׇזְנְךָ לְרִנָּתִי׃ כִּי־שָׂבְעָה בְרָעוֹת
ה נַפְשִׁי וְחַיַּי לִשְׁאוֹל הִגִּיעוּ׃ נֶחְשַׁבְתִּי עִם־יוֹרְדֵי בוֹר הָיִיתִי כְּגֶבֶר
ו אֵין־אֱיָל׃ בַּמֵּתִים חׇפְשִׁי כְּמוֹ חֲלָלִים ׀ שֹׁכְבֵי קֶבֶר אֲשֶׁר לֹא
ז זְכַרְתָּם עוֹד וְהֵמָּה מִיָּדְךָ נִגְזָרוּ׃ שַׁתַּנִי בְּבוֹר תַּחְתִּיּוֹת
ח בְּמַחֲשַׁכִּים בִּמְצֹלוֹת׃ עָלַי סָמְכָה חֲמָתֶךָ וְכׇל־מִשְׁבָּרֶיךָ עִנִּיתָ
ט סֶּלָה׃ הִרְחַקְתָּ מְיֻדָּעַי מִמֶּנִּי שַׁתַּנִי תוֹעֵבוֹת לָמוֹ כָּלֻא וְלֹא אֵצֵא׃
י עֵינִי דָאֲבָה מִנִּי עֹנִי קְרָאתִיךָ יהוה בְּכׇל־יוֹם שִׁטַּחְתִּי אֵלֶיךָ
יא כַפָּי׃ הֲלַמֵּתִים תַּעֲשֶׂה־פֶּלֶא אִם־רְפָאִים יָקוּמוּ ׀ יוֹדוּךָ סֶּלָה׃
יב יג הַיְסֻפַּר בַּקֶּבֶר חַסְדֶּךָ אֱמוּנָתְךָ בָּאֲבַדּוֹן׃ הֲיִוָּדַע בַּחֹשֶׁךְ פִּלְאֶךָ
יד וְצִדְקָתְךָ בְּאֶרֶץ נְשִׁיָּה׃ וַאֲנִי ׀ אֵלֶיךָ יהוה שִׁוַּעְתִּי וּבַבֹּקֶר תְּפִלָּתִי
טו טז תְקַדְּמֶךָּ׃ לָמָה יהוה תִּזְנַח נַפְשִׁי תַּסְתִּיר פָּנֶיךָ מִמֶּנִּי׃ עָנִי אֲנִי
יז וְגֹוֵעַ מִנֹּעַר נָשָׂאתִי אֵמֶיךָ אָפוּנָה׃ עָלַי עָבְרוּ חֲרוֹנֶיךָ בִּעוּתֶיךָ
יח יט צִמְּתוּתֻנִי׃ סַבּוּנִי כַמַּיִם כׇּל־הַיּוֹם הִקִּיפוּ עָלַי יָחַד׃ הִרְחַקְתָּ
מִמֶּנִּי אֹהֵב וָרֵעַ מְיֻדָּעַי מַחְשָׁךְ׃
פט א ב מַשְׂכִּיל לְאֵיתָן הָאֶזְרָחִי׃ חַסְדֵי יהוה עוֹלָם אָשִׁירָה לְדֹר וָדֹר ׀
ג אוֹדִיעַ אֱמוּנָתְךָ בְּפִי׃ כִּי־אָמַרְתִּי עוֹלָם חֶסֶד יִבָּנֶה שָׁמַיִם ׀ תָּכִן
ד ה אֱמוּנָתְךָ בָהֶם׃ כָּרַתִּי בְרִית לִבְחִירִי נִשְׁבַּעְתִּי לְדָוִד עַבְדִּי׃ עַד־
ו עוֹלָם אָכִין זַרְעֶךָ וּבָנִיתִי לְדֹר־וָדוֹר כִּסְאֲךָ סֶלָה׃ וְיוֹדוּ שָׁמַיִם
ז פִּלְאֲךָ יהוה אַף־אֱמוּנָתְךָ בִּקְהַל קְדֹשִׁים׃ כִּי מִי בַשַּׁחַק יַעֲרֹךְ
ח לַיהוה יִדְמֶה לַיהוה בִּבְנֵי אֵלִים׃ אֵל נַעֲרָץ בְּסוֹד־קְדֹשִׁים רַבָּה
ט וְנוֹרָא עַל־כׇּל־סְבִיבָיו׃ יהוה ׀ אֱלֹהֵי צְבָאוֹת מִי־כָמוֹךָ חֲסִין ׀
י יָהּ וֶאֱמוּנָתְךָ סְבִיבוֹתֶיךָ׃ אַתָּה מוֹשֵׁל בְּגֵאוּת הַיָּם בְּשׂוֹא גַלָּיו
יא אַתָּה תְשַׁבְּחֵם׃ אַתָּה דִכִּאתָ כֶחָלָל רָהַב בִּזְרוֹעַ עֻזְּךָ פִּזַּרְתָּ
יב אוֹיְבֶיךָ׃ לְךָ שָׁמַיִם אַף־לְךָ אָרֶץ תֵּבֵל וּמְלֹאָהּ אַתָּה יְסַדְתָּם׃

יג יד צָפוֹן וְיָמִין אַתָּה בְרָאתָם תָּבוֹר וְחֶרְמוֹן בְּשִׁמְךָ יְרַנֵּנוּ׃ לְךָ זְרוֹעַ
טו עִם־גְּבוּרָה תָּעֹז יָדְךָ תָּרוּם יְמִינֶךָ׃ צֶדֶק וּמִשְׁפָּט מְכוֹן כִּסְאֶךָ
טז חֶסֶד וֶאֱמֶת יְקַדְּמוּ פָנֶיךָ׃ אַשְׁרֵי הָעָם יוֹדְעֵי תְרוּעָה יְהוָה בְּאוֹר־
יז יח פָּנֶיךָ יְהַלֵּכוּן׃ בְּשִׁמְךָ יְגִילוּן כָּל־הַיּוֹם וּבְצִדְקָתְךָ יָרוּמוּ׃ כִּי־
יט תִפְאֶרֶת עֻזָּמוֹ אָתָּה וּבִרְצוֹנְךָ תרים קַרְנֵנוּ׃ כִּי לַיהוָה מָגִנֵּנוּ תָּרוּם
כ וְלִקְדוֹשׁ יִשְׂרָאֵל מַלְכֵּנוּ׃ אָז דִּבַּרְתָּ בְחָזוֹן לַחֲסִידֶיךָ וַתֹּאמֶר
כא שִׁוִּיתִי עֵזֶר עַל־גִּבּוֹר הֲרִימוֹתִי בָחוּר מֵעָם׃ מָצָאתִי דָּוִד עַבְדִּי
כב בְּשֶׁמֶן קָדְשִׁי מְשַׁחְתִּיו׃ אֲשֶׁר יָדִי תִּכּוֹן עִמּוֹ אַף־זְרוֹעִי תְאַמְּצֶנּוּ׃
כג כד לֹא־יַשִּׁא אוֹיֵב בּוֹ וּבֶן־עַוְלָה לֹא יְעַנֶּנּוּ׃ וְכַתּוֹתִי מִפָּנָיו צָרָיו
כה וּמְשַׂנְאָיו אֶגּוֹף׃ וֶאֱמוּנָתִי וְחַסְדִּי עִמּוֹ וּבִשְׁמִי תָּרוּם קַרְנוֹ׃
כו כז וְשַׂמְתִּי בַיָּם יָדוֹ וּבַנְּהָרוֹת יְמִינוֹ׃ הוּא יִקְרָאֵנִי אָבִי אָתָּה אֵלִי
כח כט וְצוּר יְשׁוּעָתִי׃ אַף־אָנִי בְּכוֹר אֶתְּנֵהוּ עֶלְיוֹן לְמַלְכֵי־אָרֶץ׃ לְעוֹלָם
ל אשמור־לוֹ חַסְדִּי וּבְרִיתִי נֶאֱמֶנֶת לוֹ׃ וְשַׂמְתִּי לָעַד זַרְעוֹ וְכִסְאוֹ אֶשְׁמָר־
לא לב כִּימֵי שָׁמָיִם׃ אִם־יַעַזְבוּ בָנָיו תּוֹרָתִי וּבְמִשְׁפָּטַי לֹא יֵלֵכוּן׃ אִם־
לג חֻקֹּתַי יְחַלֵּלוּ וּמִצְוֹתַי לֹא יִשְׁמֹרוּ׃ וּפָקַדְתִּי בְשֵׁבֶט פִּשְׁעָם
לד וּבִנְגָעִים עֲוֺנָם׃ וְחַסְדִּי לֹא־אָפִיר מֵעִמּוֹ וְלֹא אֲשַׁקֵּר בֶּאֱמוּנָתִי׃
לה לו לֹא־אֲחַלֵּל בְּרִיתִי וּמוֹצָא שְׂפָתַי לֹא אֲשַׁנֶּה׃ אַחַת נִשְׁבַּעְתִּי
לז בְקָדְשִׁי אִם־לְדָוִד אֲכַזֵּב׃ זַרְעוֹ לְעוֹלָם יִהְיֶה וְכִסְאוֹ כַשֶּׁמֶשׁ
לח לט נֶגְדִּי׃ כְּיָרֵחַ יִכּוֹן עוֹלָם וְעֵד בַּשַּׁחַק נֶאֱמָן סֶלָה׃ וְאַתָּה זָנַחְתָּ
מ וַתִּמְאָס הִתְעַבַּרְתָּ עִם־מְשִׁיחֶךָ׃ נֵאַרְתָּה בְּרִית עַבְדֶּךָ חִלַּלְתָּ
מא מב לָאָרֶץ נִזְרוֹ׃ פָּרַצְתָּ כָל־גְּדֵרֹתָיו שַׂמְתָּ מִבְצָרָיו מְחִתָּה׃ שַׁסֻּהוּ
מג כָּל־עֹבְרֵי דָרֶךְ הָיָה חֶרְפָּה לִשְׁכֵנָיו׃ הֲרִימוֹתָ יְמִין צָרָיו הִשְׂמַחְתָּ
מד כָּל־אוֹיְבָיו׃ אַף־תָּשִׁיב צוּר חַרְבּוֹ וְלֹא הֲקֵמֹתוֹ בַּמִּלְחָמָה׃
מה מו הִשְׁבַּתָּ מִטְּהָרוֹ וְכִסְאוֹ לָאָרֶץ מִגַּרְתָּה׃ הִקְצַרְתָּ יְמֵי עֲלוּמָיו
מז הֶעֱטִיתָ עָלָיו בּוּשָׁה סֶלָה׃ עַד־מָה יְהוָה תִּסָּתֵר לָנֶצַח תִּבְעַר
מח כְּמוֹ־אֵשׁ חֲמָתֶךָ׃ זְכָר־אֲנִי מֶה־חָלֶד עַל־מַה־שָּׁוְא בָּרָאתָ כָל־
מט בְּנֵי־אָדָם׃ מִי גֶבֶר יִחְיֶה וְלֹא יִרְאֶה־מָּוֶת יְמַלֵּט נַפְשׁוֹ מִיַּד־

שְׁאוֹל סֶלָה: אַיֵּה ׀ חֲסָדֶיךָ הָרִאשֹׁנִים ׀ אֲדֹנָי נִשְׁבַּעְתָּ לְדָוִד נ
בֶּאֱמוּנָתֶךָ: זְכֹר אֲדֹנָי חֶרְפַּת עֲבָדֶיךָ שְׂאֵתִי בְחֵיקִי כָּל־רַבִּים נא
עַמִּים: אֲשֶׁר חֵרְפוּ אוֹיְבֶיךָ ׀ יְהוָה אֲשֶׁר חֵרְפוּ עִקְּבוֹת מְשִׁיחֶךָ: נב
בָּרוּךְ יְהוָה לְעוֹלָם אָמֵן ׀ וְאָמֵן: נג

ספר רביעי
תְּפִלָּה לְמֹשֶׁה אִישׁ־הָאֱלֹהִים אֲדֹנָי מָעוֹן אַתָּה הָיִיתָ לָּנוּ בְּדֹר א צ
וָדֹר: בְּטֶרֶם ׀ הָרִים יֻלָּדוּ וַתְּחוֹלֵל אֶרֶץ וְתֵבֵל וּמֵעוֹלָם עַד־עוֹלָם ב
אַתָּה אֵל: תָּשֵׁב אֱנוֹשׁ עַד־דַּכָּא וַתֹּאמֶר שׁוּבוּ בְנֵי־אָדָם: כִּי ג ד
אֶלֶף שָׁנִים בְּעֵינֶיךָ כְּיוֹם אֶתְמוֹל כִּי יַעֲבֹר וְאַשְׁמוּרָה בַלָּיְלָה:
זְרַמְתָּם שֵׁנָה יִהְיוּ בַּבֹּקֶר כֶּחָצִיר יַחֲלֹף: בַּבֹּקֶר יָצִיץ וְחָלָף ה ו
לָעֶרֶב יְמוֹלֵל וְיָבֵשׁ: כִּי־כָלִינוּ בְאַפֶּךָ וּבַחֲמָתְךָ נִבְהָלְנוּ: שַׁתָּ ז ח
עֲוֹנֹתֵינוּ לְנֶגְדֶּךָ עֲלֻמֵנוּ לִמְאוֹר פָּנֶיךָ: כִּי כָל־יָמֵינוּ פָּנוּ בְעֶבְרָתֶךָ ט
כִּלִּינוּ שָׁנֵינוּ כְמוֹ־הֶגֶה: יְמֵי־שְׁנוֹתֵינוּ בָהֶם שִׁבְעִים שָׁנָה וְאִם י
בִּגְבוּרֹת ׀ שְׁמוֹנִים שָׁנָה וְרָהְבָּם עָמָל וָאָוֶן כִּי־גָז חִישׁ וַנָּעֻפָה:
מִי־יוֹדֵעַ עֹז אַפֶּךָ וּכְיִרְאָתְךָ עֶבְרָתֶךָ: לִמְנוֹת יָמֵינוּ כֵּן הוֹדַע יא יב
וְנָבִא לְבַב חָכְמָה: שׁוּבָה יְהוָה עַד־מָתָי וְהִנָּחֵם עַל־עֲבָדֶיךָ: יג
שַׂבְּעֵנוּ בַבֹּקֶר חַסְדֶּךָ וּנְרַנְּנָה וְנִשְׂמְחָה בְּכָל־יָמֵינוּ: שַׂמְּחֵנוּ יד טו
כִּימוֹת עִנִּיתָנוּ שְׁנוֹת רָאִינוּ רָעָה: יֵרָאֶה אֶל־עֲבָדֶיךָ פָעֳלֶךָ טז
יג וַהֲדָרְךָ עַל־בְּנֵיהֶם: וִיהִי ׀ נֹעַם אֲדֹנָי אֱלֹהֵינוּ עָלֵינוּ וּמַעֲשֵׂה יז
יָדֵינוּ כּוֹנְנָה עָלֵינוּ וּמַעֲשֵׂה יָדֵינוּ כּוֹנְנֵהוּ:
יֹשֵׁב בְּסֵתֶר עֶלְיוֹן בְּצֵל שַׁדַּי יִתְלוֹנָן: אֹמַר לַיהוָה מַחְסִי א ב צא
וּמְצוּדָתִי אֱלֹהַי אֶבְטַח־בּוֹ: כִּי הוּא יַצִּילְךָ מִפַּח יָקוּשׁ מִדֶּבֶר ג
הַוּוֹת: בְּאֶבְרָתוֹ ׀ יָסֶךְ לָךְ וְתַחַת־כְּנָפָיו תֶּחְסֶה צִנָּה וְסֹחֵרָה ד
אֲמִתּוֹ: לֹא־תִירָא מִפַּחַד לָיְלָה מֵחֵץ יָעוּף יוֹמָם: מִדֶּבֶר בָּאֹפֶל ה ו
יַהֲלֹךְ מִקֶּטֶב יָשׁוּד צָהֳרָיִם: יִפֹּל מִצִּדְּךָ ׀ אֶלֶף וּרְבָבָה מִימִינֶךָ ז
אֵלֶיךָ לֹא יִגָּשׁ: רַק בְּעֵינֶיךָ תַבִּיט וְשִׁלֻּמַת רְשָׁעִים תִּרְאֶה: כִּי־ ח ט
אַתָּה יְהוָה מַחְסִי עֶלְיוֹן שַׂמְתָּ מְעוֹנֶךָ: לֹא־תְאֻנֶּה אֵלֶיךָ רָעָה י

צא
יא וְנֶגַע לֹא־יִקְרַב בְּאׇהֳלֶךָ׃ כִּי מַלְאָכָיו יְצַוֶּה־לָּךְ לִשְׁמׇרְךָ בְּכׇל־
יב יג דְּרָכֶיךָ׃ עַל־כַּפַּיִם יִשָּׂאוּנְךָ פֶּן־תִּגֹּף בָּאֶבֶן רַגְלֶךָ׃ עַל־שַׁחַל וָפֶתֶן
יד תִּדְרֹךְ תִּרְמֹס כְּפִיר וְתַנִּין׃ כִּי בִי חָשַׁק וַאֲפַלְּטֵהוּ אֲשַׂגְּבֵהוּ
טו כִּי־יָדַע שְׁמִי׃ יִקְרָאֵנִי ׀ וְאֶעֱנֵהוּ עִמּוֹ־אָנֹכִי בְצָרָה אֲחַלְּצֵהוּ
טז וַאֲכַבְּדֵהוּ׃ אֹרֶךְ יָמִים אַשְׂבִּיעֵהוּ וְאַרְאֵהוּ בִּישׁוּעָתִי׃

צב
א ב מִזְמוֹר שִׁיר לְיוֹם הַשַּׁבָּת׃ טוֹב לְהֹדוֹת לַיהוה וּלְזַמֵּר לְשִׁמְךָ
ג ד עֶלְיוֹן׃ לְהַגִּיד בַּבֹּקֶר חַסְדֶּךָ וֶאֱמוּנָתְךָ בַּלֵּילוֹת׃ עֲלֵי־עָשׂוֹר
ה וַעֲלֵי־נָבֶל עֲלֵי הִגָּיוֹן בְּכִנּוֹר׃ כִּי שִׂמַּחְתַּנִי יהוה בְּפׇעֳלֶךָ בְּמַעֲשֵׂי
ו יָדֶיךָ אֲרַנֵּן׃ מַה־גָּדְלוּ מַעֲשֶׂיךָ יהוה מְאֹד עָמְקוּ מַחְשְׁבֹתֶיךָ׃
ז ח אִישׁ־בַּעַר לֹא יֵדָע וּכְסִיל לֹא־יָבִין אֶת־זֹאת׃ בִּפְרֹחַ רְשָׁעִים ׀
ט כְּמוֹ עֵשֶׂב וַיָּצִיצוּ כׇּל־פֹּעֲלֵי אָוֶן לְהִשָּׁמְדָם עֲדֵי־עַד׃ וְאַתָּה
י מָרוֹם לְעֹלָם יהוה׃ כִּי הִנֵּה אֹיְבֶיךָ יהוה כִּי־הִנֵּה אֹיְבֶיךָ יֹאבֵדוּ
יא יִתְפָּרְדוּ כׇּל־פֹּעֲלֵי אָוֶן׃ וַתָּרֶם כִּרְאֵים קַרְנִי בַּלֹּתִי בְּשֶׁמֶן רַעֲנָן׃
יב יג וַתַּבֵּט עֵינִי בְּשׁוּרָי בַּקָּמִים עָלַי מְרֵעִים תִּשְׁמַעְנָה אׇזְנָי׃ צַדִּיק
יד כַּתָּמָר יִפְרָח כְּאֶרֶז בַּלְּבָנוֹן יִשְׂגֶּה׃ שְׁתוּלִים בְּבֵית יהוה
טו בְּחַצְרוֹת אֱלֹהֵינוּ יַפְרִיחוּ׃ עוֹד יְנוּבוּן בְּשֵׂיבָה דְּשֵׁנִים וְרַעֲנַנִּים
טז יִהְיוּ׃ לְהַגִּיד כִּי־יָשָׁר יהוה צוּרִי וְלֹא־עלתה בּוֹ׃ עוֹלָתָה

צג
א יהוה מָלָךְ גֵּאוּת לָבֵשׁ לָבֵשׁ יהוה עֹז הִתְאַזָּר אַף־תִּכּוֹן תֵּבֵל
ב ג בַּל־תִּמּוֹט׃ נָכוֹן כִּסְאֲךָ מֵאָז מֵעוֹלָם אָתָּה׃ נָשְׂאוּ נְהָרוֹת ׀ יהוה
ד נָשְׂאוּ נְהָרוֹת קוֹלָם יִשְׂאוּ נְהָרוֹת דׇּכְיָם׃ מִקֹּלוֹת ׀ מַיִם רַבִּים
ה אַדִּירִים מִשְׁבְּרֵי־יָם אַדִּיר בַּמָּרוֹם יהוה׃ עֵדֹתֶיךָ ׀ נֶאֶמְנוּ מְאֹד
לְבֵיתְךָ נַאֲוָה־קֹדֶשׁ יהוה לְאֹרֶךְ יָמִים׃

צד
א ב אֵל־נְקָמוֹת יהוה אֵל נְקָמוֹת הוֹפִיַע׃ הִנָּשֵׂא שֹׁפֵט הָאָרֶץ הָשֵׁב
ג גְּמוּל עַל־גֵּאִים׃ עַד־מָתַי רְשָׁעִים ׀ יהוה עַד־מָתַי רְשָׁעִים יַעֲלֹזוּ׃
ד ה יַבִּיעוּ יְדַבְּרוּ עָתָק יִתְאַמְּרוּ כׇּל־פֹּעֲלֵי אָוֶן׃ עַמְּךָ יהוה יְדַכְּאוּ
ו ז וְנַחֲלָתְךָ יְעַנּוּ׃ אַלְמָנָה וְגֵר יַהֲרֹגוּ וִיתוֹמִים יְרַצֵּחוּ׃ וַיֹּאמְרוּ לֹא
ח יִרְאֶה־יָּהּ וְלֹא־יָבִין אֱלֹהֵי יַעֲקֹב׃ בִּינוּ בֹּעֲרִים בָּעָם וּכְסִילִים

מָתַי תַּשְׂכִּילוּ׃ הֲנֹטַע אֹזֶן הֲלֹא יִשְׁמָע אִם־יֹצֵר עַיִן הֲלֹא יַבִּיט׃ ט
הֲיֹסֵר גּוֹיִם הֲלֹא יוֹכִיחַ הַמְלַמֵּד אָדָם דָּעַת׃ יְהוָה יֹדֵעַ מַחְשְׁבוֹת י יא
אָדָם כִּי־הֵמָּה הָבֶל׃ אַשְׁרֵי הַגֶּבֶר אֲשֶׁר־תְּיַסְּרֶנּוּ יָּהּ וּמִתּוֹרָתְךָ יב
תְלַמְּדֶנּוּ׃ לְהַשְׁקִיט לוֹ מִימֵי רָע עַד יִכָּרֶה לָרָשָׁע שָׁחַת׃ כִּי יג יד
לֹא־יִטֹּשׁ יְהוָה עַמּוֹ וְנַחֲלָתוֹ לֹא יַעֲזֹב׃ כִּי־עַד־צֶדֶק יָשׁוּב מִשְׁפָּט טו
וְאַחֲרָיו כָּל־יִשְׁרֵי־לֵב׃ מִי־יָקוּם לִי עִם־מְרֵעִים מִי־יִתְיַצֵּב לִי טז
עִם־פֹּעֲלֵי אָוֶן׃ לוּלֵי יְהוָה עֶזְרָתָה לִּי כִּמְעַט ׀ שָׁכְנָה דוּמָה יז
נַפְשִׁי׃ אִם־אָמַרְתִּי מָטָה רַגְלִי חַסְדְּךָ יְהוָה יִסְעָדֵנִי׃ בְּרֹב יח יט
שַׂרְעַפַּי בְּקִרְבִּי תַּנְחוּמֶיךָ יְשַׁעַשְׁעוּ נַפְשִׁי׃ הַיְחָבְרְךָ כִּסֵּא הַוּוֹת כ
יֹצֵר עָמָל עֲלֵי־חֹק׃ יָגוֹדּוּ עַל־נֶפֶשׁ צַדִּיק וְדָם נָקִי יַרְשִׁיעוּ׃ וַיְהִי כא כב
יְהוָה לִי לְמִשְׂגָּב וֵאלֹהַי לְצוּר מַחְסִי׃ וַיָּשֶׁב עֲלֵיהֶם ׀ אֶת־אוֹנָם כג
וּבְרָעָתָם יַצְמִיתֵם יַצְמִיתֵם יְהוָה אֱלֹהֵינוּ׃
לְכוּ נְרַנְּנָה לַיהוָה נָרִיעָה לְצוּר יִשְׁעֵנוּ׃ נְקַדְּמָה פָנָיו בְּתוֹדָה א ב צה
בִּזְמִרוֹת נָרִיעַ לוֹ׃ כִּי אֵל גָּדוֹל יְהוָה וּמֶלֶךְ גָּדוֹל עַל־כָּל־אֱלֹהִים׃ ג
אֲשֶׁר בְּיָדוֹ מֶחְקְרֵי־אָרֶץ וְתוֹעֲפוֹת הָרִים לוֹ׃ אֲשֶׁר־לוֹ הַיָּם וְהוּא ד ה
עָשָׂהוּ וְיַבֶּשֶׁת יָדָיו יָצָרוּ׃ בֹּאוּ נִשְׁתַּחֲוֶה וְנִכְרָעָה נִבְרְכָה לִפְנֵי־ ו
יְהוָה עֹשֵׂנוּ׃ כִּי הוּא אֱלֹהֵינוּ וַאֲנַחְנוּ ׀ עַם מַרְעִיתוֹ וְצֹאן יָדוֹ ז
הַיּוֹם אִם־בְּקֹלוֹ תִשְׁמָעוּ׃ אַל־תַּקְשׁוּ לְבַבְכֶם כִּמְרִיבָה ח
כְּיוֹם מַסָּה בַּמִּדְבָּר׃ אֲשֶׁר נִסּוּנִי אֲבוֹתֵיכֶם בְּחָנוּנִי גַּם־ ט
רָאוּ פָעֳלִי׃ אַרְבָּעִים שָׁנָה ׀ אָקוּט בְּדוֹר וָאֹמַר עַם תֹּעֵי י
לֵבָב הֵם וְהֵם לֹא־יָדְעוּ דְרָכָי׃ אֲשֶׁר־נִשְׁבַּעְתִּי בְאַפִּי אִם־ יא
יְבֹאוּן אֶל־מְנוּחָתִי׃
שִׁירוּ לַיהוָה שִׁיר חָדָשׁ שִׁירוּ לַיהוָה כָּל־הָאָרֶץ׃ שִׁירוּ לַיהוָה א ב צו
בָּרְכוּ שְׁמוֹ בַּשְּׂרוּ מִיּוֹם־לְיוֹם יְשׁוּעָתוֹ׃ סַפְּרוּ בַגּוֹיִם כְּבוֹדוֹ בְּכָל־ ג
הָעַמִּים נִפְלְאוֹתָיו׃ כִּי גָדוֹל יְהוָה וּמְהֻלָּל מְאֹד נוֹרָא הוּא עַל־ ד
כָּל־אֱלֹהִים׃ כִּי ׀ כָּל־אֱלֹהֵי הָעַמִּים אֱלִילִים וַיהוָה שָׁמַיִם עָשָׂה׃ ה
הוֹד־וְהָדָר לְפָנָיו עֹז וְתִפְאֶרֶת בְּמִקְדָּשׁוֹ׃ הָבוּ לַיהוָה מִשְׁפְּחוֹת ו ז

ח עַמִּים הָבוּ לַיהוָה כָּבוֹד וָעֹז׃ הָבוּ לַיהוָה כְּבוֹד שְׁמוֹ שְׂאוּ־מִנְחָה
ט וּבֹאוּ לְחַצְרוֹתָיו׃ הִשְׁתַּחֲווּ לַיהוָה בְּהַדְרַת־קֹדֶשׁ חִילוּ מִפָּנָיו
י כָּל־הָאָרֶץ׃ אִמְרוּ בַגּוֹיִם ׀ יְהוָה מָלָךְ אַף־תִּכּוֹן תֵּבֵל בַּל־תִּמּוֹט
יא יָדִין עַמִּים בְּמֵישָׁרִים׃ יִשְׂמְחוּ הַשָּׁמַיִם וְתָגֵל הָאָרֶץ יִרְעַם הַיָּם
יב וּמְלֹאוֹ׃ יַעֲלֹז שָׂדַי וְכָל־אֲשֶׁר־בּוֹ אָז יְרַנְּנוּ כָּל־עֲצֵי־יָעַר׃
יג לִפְנֵי יְהוָה ׀ כִּי בָא כִּי בָא לִשְׁפֹּט הָאָרֶץ יִשְׁפֹּט־תֵּבֵל בְּצֶדֶק
וְעַמִּים בֶּאֱמוּנָתוֹ׃

צז א ב יְהוָה מָלָךְ תָּגֵל הָאָרֶץ יִשְׂמְחוּ אִיִּים רַבִּים׃ עָנָן וַעֲרָפֶל סְבִיבָיו
ג צֶדֶק וּמִשְׁפָּט מְכוֹן כִּסְאוֹ׃ אֵשׁ לְפָנָיו תֵּלֵךְ וּתְלַהֵט סָבִיב צָרָיו׃
ד ה הֵאִירוּ בְרָקָיו תֵּבֵל רָאֲתָה וַתָּחֵל הָאָרֶץ׃ הָרִים כַּדּוֹנַג נָמַסּוּ
ו מִלִּפְנֵי יְהוָה מִלִּפְנֵי אֲדוֹן כָּל־הָאָרֶץ׃ הִגִּידוּ הַשָּׁמַיִם צִדְקוֹ
ז וְרָאוּ כָל־הָעַמִּים כְּבוֹדוֹ׃ יֵבֹשׁוּ ׀ כָּל־עֹבְדֵי פֶסֶל הַמִּתְהַלְלִים
ח בָּאֱלִילִים הִשְׁתַּחֲווּ־לוֹ כָּל־אֱלֹהִים׃ שָׁמְעָה וַתִּשְׂמַח ׀ צִיּוֹן
ט וַתָּגֵלְנָה בְּנוֹת יְהוּדָה לְמַעַן מִשְׁפָּטֶיךָ יְהוָה׃ כִּי־אַתָּה יְהוָה
י עֶלְיוֹן עַל־כָּל־הָאָרֶץ מְאֹד נַעֲלֵיתָ עַל־כָּל־אֱלֹהִים׃ אֹהֲבֵי
יְהוָה שִׂנְאוּ רָע שֹׁמֵר נַפְשׁוֹת חֲסִידָיו מִיַּד רְשָׁעִים יַצִּילֵם׃
יא יב אוֹר זָרֻעַ לַצַּדִּיק וּלְיִשְׁרֵי־לֵב שִׂמְחָה׃ שִׂמְחוּ צַדִּיקִים בַּיהוָה
וְהוֹדוּ לְזֵכֶר קָדְשׁוֹ׃

צח א מִזְמוֹר שִׁירוּ לַיהוָה ׀ שִׁיר חָדָשׁ כִּי־נִפְלָאוֹת עָשָׂה הוֹשִׁיעָה־לּוֹ
ב יְמִינוֹ וּזְרוֹעַ קָדְשׁוֹ׃ הוֹדִיעַ יְהוָה יְשׁוּעָתוֹ לְעֵינֵי הַגּוֹיִם גִּלָּה
ג צִדְקָתוֹ׃ זָכַר חַסְדּוֹ ׀ וֶאֱמוּנָתוֹ לְבֵית יִשְׂרָאֵל רָאוּ כָל־אַפְסֵי־
ד אָרֶץ אֵת יְשׁוּעַת אֱלֹהֵינוּ׃ הָרִיעוּ לַיהוָה כָּל־הָאָרֶץ פִּצְחוּ וְרַנְּנוּ
ה וְזַמֵּרוּ׃ זַמְּרוּ לַיהוָה בְּכִנּוֹר בְּכִנּוֹר וְקוֹל זִמְרָה׃ בַּחֲצֹצְרוֹת וְקוֹל
ז שׁוֹפָר הָרִיעוּ לִפְנֵי ׀ הַמֶּלֶךְ יְהוָה׃ יִרְעַם הַיָּם וּמְלֹאוֹ תֵּבֵל וְיֹשְׁבֵי
ח ט בָהּ׃ נְהָרוֹת יִמְחֲאוּ־כָף יַחַד הָרִים יְרַנֵּנוּ׃ לִפְנֵי־יְהוָה כִּי בָא
לִשְׁפֹּט הָאָרֶץ יִשְׁפֹּט־תֵּבֵל בְּצֶדֶק וְעַמִּים בְּמֵישָׁרִים׃

צט א ב יְהוָה מָלָךְ יִרְגְּזוּ עַמִּים יֹשֵׁב כְּרוּבִים תָּנוּט הָאָרֶץ׃ יְהוָה בְּצִיּוֹן

גָּדוֹל וְרָם הוּא עַל־כָּל־הָעַמִּים: יוֹדוּ שִׁמְךָ גָּדוֹל וְנוֹרָא קָדוֹשׁ ג
הוּא: וְעֹז מֶלֶךְ מִשְׁפָּט אָהֵב אַתָּה כּוֹנַנְתָּ מֵישָׁרִים מִשְׁפָּט ד
וּצְדָקָה בְּיַעֲקֹב ׀ אַתָּה עָשִׂיתָ: רוֹמְמוּ יְהוָה אֱלֹהֵינוּ וְהִשְׁתַּחֲווּ ה
לַהֲדֹם רַגְלָיו קָדוֹשׁ הוּא: מֹשֶׁה וְאַהֲרֹן ׀ בְּכֹהֲנָיו וּשְׁמוּאֵל ו
בְּקֹרְאֵי שְׁמוֹ קֹרִאים אֶל־יְהוָה וְהוּא יַעֲנֵם: בְּעַמּוּד עָנָן יְדַבֵּר ז
אֲלֵיהֶם שָׁמְרוּ עֵדֹתָיו וְחֹק נָתַן־לָמוֹ: יְהוָה אֱלֹהֵינוּ אַתָּה עֲנִיתָם ח
אֵל נֹשֵׂא הָיִיתָ לָהֶם וְנֹקֵם עַל־עֲלִילוֹתָם: רוֹמְמוּ יְהוָה אֱלֹהֵינוּ ט
וְהִשְׁתַּחֲווּ לְהַר קָדְשׁוֹ כִּי־קָדוֹשׁ יְהוָה אֱלֹהֵינוּ:
מִזְמוֹר לְתוֹדָה הָרִיעוּ לַיהוָה כָּל־הָאָרֶץ: עִבְדוּ אֶת־יְהוָה א ב ק
בְּשִׂמְחָה בֹּאוּ לְפָנָיו בִּרְנָנָה: דְּעוּ כִּי־יְהוָה הוּא אֱלֹהִים הוּא ג
וְלוֹ עָשָׂנוּ וְלֹא אֲנַחְנוּ עַמּוֹ וְצֹאן מַרְעִיתוֹ: בֹּאוּ שְׁעָרָיו ׀ בְּתוֹדָה ד
חֲצֵרֹתָיו בִּתְהִלָּה הוֹדוּ לוֹ בָּרְכוּ שְׁמוֹ: כִּי־טוֹב יְהוָה לְעוֹלָם ה
חַסְדּוֹ וְעַד־דֹּר וָדֹר אֱמוּנָתוֹ:
יד לְדָוִד מִזְמוֹר חֶסֶד־וּמִשְׁפָּט אָשִׁירָה לְךָ יְהוָה אֲזַמֵּרָה: א קא
אַשְׂכִּילָה ׀ בְּדֶרֶךְ תָּמִים מָתַי תָּבוֹא אֵלָי אֶתְהַלֵּךְ בְּתָם־לְבָבִי ב
בְּקֶרֶב בֵּיתִי: לֹא־אָשִׁית ׀ לְנֶגֶד עֵינַי דְּבַר־בְּלִיָּעַל עֲשֹׂה־סֵטִים ג
שָׂנֵאתִי לֹא יִדְבַּק בִּי: לֵבָב עִקֵּשׁ יָסוּר מִמֶּנִּי רָע לֹא אֵדָע: ד
מְלָשְׁנִי מלושני בַסֵּתֶר ׀ רֵעֵהוּ אוֹתוֹ אַצְמִית גְּבַהּ־עֵינַיִם וּרְחַב לֵבָב ה
אֹתוֹ לֹא אוּכָל: עֵינַי ׀ בְּנֶאֶמְנֵי־אֶרֶץ לָשֶׁבֶת עִמָּדִי הֹלֵךְ בְּדֶרֶךְ ו
תָּמִים הוּא יְשָׁרְתֵנִי: לֹא־יֵשֵׁב ׀ בְּקֶרֶב בֵּיתִי עֹשֵׂה רְמִיָּה דֹּבֵר ז
שְׁקָרִים לֹא־יִכּוֹן לְנֶגֶד עֵינָי: לַבְּקָרִים אַצְמִית כָּל־רִשְׁעֵי־אָרֶץ ח
לְהַכְרִית מֵעִיר־יְהוָה כָּל־פֹּעֲלֵי אָוֶן:
תְּפִלָּה לְעָנִי כִי־יַעֲטֹף וְלִפְנֵי יְהוָה יִשְׁפֹּךְ שִׂיחוֹ: יְהוָה שִׁמְעָה א ב קב
תְפִלָּתִי וְשַׁוְעָתִי אֵלֶיךָ תָבוֹא: אַל־תַּסְתֵּר פָּנֶיךָ ׀ מִמֶּנִּי בְּיוֹם ג
צַר לִי הַטֵּה־אֵלַי אָזְנֶךָ בְּיוֹם אֶקְרָא מַהֵר עֲנֵנִי: כִּי־כָלוּ בְעָשָׁן ד
יָמָי וְעַצְמוֹתַי כְּמוֹקֵד נִחָרוּ: הוּכָּה כָעֵשֶׂב וַיִּבַשׁ לִבִּי כִּי־שָׁכַחְתִּי ה
מֵאֲכֹל לַחְמִי: מִקּוֹל אַנְחָתִי דָּבְקָה עַצְמִי לִבְשָׂרִי: דָּמִיתִי ו ז

ח לְקָאַת מִדְבָּר הָיִיתִי כְּכוֹס חֳרָבוֹת: שָׁקַדְתִּי וָאֶהְיֶה כְּצִפּוֹר
ט י בּוֹדֵד עַל־גָּג: כָּל־הַיּוֹם חֵרְפוּנִי אוֹיְבָי מְהוֹלָלַי בִּי נִשְׁבָּעוּ: כִּי־
יא אֵפֶר כַּלֶּחֶם אָכָלְתִּי וְשִׁקֻּוַי בִּבְכִי מָסָכְתִּי: מִפְּנֵי־זַעַמְךָ וְקִצְפֶּךָ
יב יג כִּי נְשָׂאתַנִי וַתַּשְׁלִיכֵנִי: יָמַי כְּצֵל נָטוּי וַאֲנִי כָּעֵשֶׂב אִיבָשׁ: וְאַתָּה
יד יְהוָה לְעוֹלָם תֵּשֵׁב וְזִכְרְךָ לְדֹר וָדֹר: אַתָּה תָקוּם תְּרַחֵם צִיּוֹן
טו כִּי־עֵת לְחֶנְנָהּ כִּי־בָא מוֹעֵד: כִּי־רָצוּ עֲבָדֶיךָ אֶת־אֲבָנֶיהָ וְאֶת־
טז עֲפָרָהּ יְחֹנֵנוּ: וְיִירְאוּ גוֹיִם אֶת־שֵׁם יְהוָה וְכָל־מַלְכֵי הָאָרֶץ אֶת־
יז יח כְּבוֹדֶךָ: כִּי־בָנָה יְהוָה צִיּוֹן נִרְאָה בִּכְבוֹדוֹ: פָּנָה אֶל־תְּפִלַּת
יט הָעַרְעָר וְלֹא־בָזָה אֶת־תְּפִלָּתָם: תִּכָּתֶב זֹאת לְדוֹר אַחֲרוֹן וְעַם
כ נִבְרָא יְהַלֶּל־יָהּ: כִּי־הִשְׁקִיף מִמְּרוֹם קָדְשׁוֹ יְהוָה מִשָּׁמַיִם ׀ אֶל־
כא כב אֶרֶץ הִבִּיט: לִשְׁמֹעַ אֶנְקַת אָסִיר לְפַתֵּחַ בְּנֵי תְמוּתָה: לְסַפֵּר
כג בְּצִיּוֹן שֵׁם יְהוָה וּתְהִלָּתוֹ בִּירוּשָׁלָםִ: בְּהִקָּבֵץ עַמִּים יַחְדָּו
כד כה וּמַמְלָכוֹת לַעֲבֹד אֶת־יְהוָה: עִנָּה בַדֶּרֶךְ כחו קִצַּר יָמָי: אֹמַר כֹּחִי
כו אֵלִי אַל־תַּעֲלֵנִי בַּחֲצִי יָמָי בְּדוֹר דּוֹרִים שְׁנוֹתֶיךָ: לְפָנִים הָאָרֶץ
כז יָסַדְתָּ וּמַעֲשֵׂה יָדֶיךָ שָׁמָיִם: הֵמָּה ׀ יֹאבֵדוּ וְאַתָּה תַעֲמֹד וְכֻלָּם
כח כַּבֶּגֶד יִבְלוּ כַּלְּבוּשׁ תַּחֲלִיפֵם וְיַחֲלֹפוּ: וְאַתָּה־הוּא וּשְׁנוֹתֶיךָ לֹא
כט יִתָּמּוּ: בְּנֵי־עֲבָדֶיךָ יִשְׁכּוֹנוּ וְזַרְעָם לְפָנֶיךָ יִכּוֹן:
קג א ב לְדָוִד ׀ בָּרְכִי נַפְשִׁי אֶת־יְהוָה וְכָל־קְרָבַי אֶת־שֵׁם קָדְשׁוֹ: בָּרְכִי
ג נַפְשִׁי אֶת־יְהוָה וְאַל־תִּשְׁכְּחִי כָּל־גְּמוּלָיו: הַסֹּלֵחַ לְכָל־עֲוֺנֵכִי
ד הָרֹפֵא לְכָל־תַּחֲלוּאָיְכִי: הַגּוֹאֵל מִשַּׁחַת חַיָּיְכִי הַמְעַטְּרֵכִי חֶסֶד
ה ו וְרַחֲמִים: הַמַּשְׂבִּיעַ בַּטּוֹב עֶדְיֵךְ תִּתְחַדֵּשׁ כַּנֶּשֶׁר נְעוּרָיְכִי: עֹשֵׂה
ז צְדָקוֹת יְהוָה וּמִשְׁפָּטִים לְכָל־עֲשׁוּקִים: יוֹדִיעַ דְּרָכָיו לְמֹשֶׁה
ח לִבְנֵי יִשְׂרָאֵל עֲלִילוֹתָיו: רַחוּם וְחַנּוּן יְהוָה אֶרֶךְ אַפַּיִם וְרַב־
ט י חָסֶד: לֹא־לָנֶצַח יָרִיב וְלֹא לְעוֹלָם יִטּוֹר: לֹא כַחֲטָאֵינוּ עָשָׂה
יא לָנוּ וְלֹא כַעֲוֺנֹתֵינוּ גָּמַל עָלֵינוּ: כִּי כִגְבֹהַּ שָׁמַיִם עַל־הָאָרֶץ גָּבַר
יב חַסְדּוֹ עַל־יְרֵאָיו: כִּרְחֹק מִזְרָח מִמַּעֲרָב הִרְחִיק מִמֶּנּוּ אֶת־
יג יד פְּשָׁעֵינוּ: כְּרַחֵם אָב עַל־בָּנִים רִחַם יְהוָה עַל־יְרֵאָיו: כִּי־הוּא

טו יָדַע יִצְרֵנוּ זָכוּר כִּי־עָפָר אֲנָחְנוּ׃ אֱנוֹשׁ כֶּחָצִיר יָמָיו כְּצִיץ
טז הַשָּׂדֶה כֵּן יָצִיץ׃ כִּי רוּחַ עָבְרָה־בּוֹ וְאֵינֶנּוּ וְלֹא־יַכִּירֶנּוּ עוֹד
יז מְקוֹמוֹ׃ וְחֶסֶד יהוה מֵעוֹלָם וְעַד־עוֹלָם עַל־יְרֵאָיו וְצִדְקָתוֹ
יח יט לִבְנֵי בָנִים׃ לְשֹׁמְרֵי בְרִיתוֹ וּלְזֹכְרֵי פִקֻּדָיו לַעֲשׂוֹתָם׃ יהוה
כ בַּשָּׁמַיִם הֵכִין כִּסְאוֹ וּמַלְכוּתוֹ בַּכֹּל מָשָׁלָה׃ בָּרְכוּ יהוה
כא מַלְאָכָיו גִּבֹּרֵי כֹחַ עֹשֵׂי דְבָרוֹ לִשְׁמֹעַ בְּקוֹל דְּבָרוֹ׃ בָּרְכוּ יהוה
כב כָּל־צְבָאָיו מְשָׁרְתָיו עֹשֵׂי רְצוֹנוֹ׃ בָּרְכוּ יהוה כָּל־מַעֲשָׂיו בְּכָל־
מְקֹמוֹת מֶמְשַׁלְתּוֹ בָּרְכִי נַפְשִׁי אֶת־יהוה׃
קד א בָּרְכִי נַפְשִׁי אֶת־יהוה יהוה אֱלֹהַי גָּדַלְתָּ מְּאֹד הוֹד וְהָדָר
ב ג לָבָשְׁתָּ׃ עֹטֶה־אוֹר כַּשַּׂלְמָה נוֹטֶה שָׁמַיִם כַּיְרִיעָה׃ הַמְקָרֶה
ד בַמַּיִם עֲלִיּוֹתָיו הַשָּׂם־עָבִים רְכוּבוֹ הַמְהַלֵּךְ עַל־כַּנְפֵי־רוּחַ׃ עֹשֶׂה
ה מַלְאָכָיו רוּחוֹת מְשָׁרְתָיו אֵשׁ לֹהֵט׃ יָסַד־אֶרֶץ עַל־מְכוֹנֶיהָ בַּל־
ו תִּמּוֹט עוֹלָם וָעֶד׃ תְּהוֹם כַּלְּבוּשׁ כִּסִּיתוֹ עַל־הָרִים יַעַמְדוּ־מָיִם׃
ז ח מִן־גַּעֲרָתְךָ יְנוּסוּן מִן־קוֹל רַעַמְךָ יֵחָפֵזוּן׃ יַעֲלוּ הָרִים יֵרְדוּ
ט בְקָעוֹת אֶל־מְקוֹם זֶה יָסַדְתָּ לָהֶם׃ גְּבוּל־שַׂמְתָּ בַּל־יַעֲבֹרוּן
י בַּל־יְשׁוּבוּן לְכַסּוֹת הָאָרֶץ׃ הַמְשַׁלֵּחַ מַעְיָנִים בַּנְּחָלִים בֵּין הָרִים
יא יב יְהַלֵּכוּן׃ יַשְׁקוּ כָּל־חַיְתוֹ שָׂדָי יִשְׁבְּרוּ פְרָאִים צְמָאָם׃ עֲלֵיהֶם
יג עוֹף־הַשָּׁמַיִם יִשְׁכּוֹן מִבֵּין עֳפָאיִם יִתְּנוּ־קוֹל׃ מַשְׁקֶה הָרִים
יד מֵעֲלִיּוֹתָיו מִפְּרִי מַעֲשֶׂיךָ תִּשְׂבַּע הָאָרֶץ׃ מַצְמִיחַ חָצִיר לַבְּהֵמָה
טו וְעֵשֶׂב לַעֲבֹדַת הָאָדָם לְהוֹצִיא לֶחֶם מִן־הָאָרֶץ׃ וְיַיִן יְשַׂמַּח
לְבַב־אֱנוֹשׁ לְהַצְהִיל פָּנִים מִשָּׁמֶן וְלֶחֶם לְבַב־אֱנוֹשׁ יִסְעָד׃
טז יז יִשְׂבְּעוּ עֲצֵי יהוה אַרְזֵי לְבָנוֹן אֲשֶׁר נָטָע׃ אֲשֶׁר־שָׁם צִפֳּרִים
יח יְקַנֵּנוּ חֲסִידָה בְּרוֹשִׁים בֵּיתָהּ׃ הָרִים הַגְּבֹהִים לַיְּעֵלִים סְלָעִים
יט כ מַחְסֶה לַשְׁפַנִּים׃ עָשָׂה יָרֵחַ לְמוֹעֲדִים שֶׁמֶשׁ יָדַע מְבוֹאוֹ׃ תָּשֶׁת־
כא חֹשֶׁךְ וִיהִי לָיְלָה בּוֹ־תִרְמֹשׂ כָּל־חַיְתוֹ־יָעַר׃ הַכְּפִירִים שֹׁאֲגִים
כב לַטָּרֶף וּלְבַקֵּשׁ מֵאֵל אָכְלָם׃ תִּזְרַח הַשֶּׁמֶשׁ יֵאָסֵפוּן וְאֶל־
כג כד מְעוֹנֹתָם יִרְבָּצוּן׃ יֵצֵא אָדָם לְפָעֳלוֹ וְלַעֲבֹדָתוֹ עֲדֵי־עָרֶב׃ מָה־

רַבּוּ מַעֲשֶׂיךָ ׀ יְהוָה כֻּלָּם בְּחׇכְמָה עָשִׂיתָ מָלְאָה הָאָרֶץ קִנְיָנֶךָ׃
כה זֶה ׀ הַיָּם גָּדוֹל וּרְחַב יָדָיִם שָׁם־רֶמֶשׂ וְאֵין מִסְפָּר חַיּוֹת קְטַנּוֹת
כו עִם־גְּדֹלוֹת׃ שָׁם אֳנִיּוֹת יְהַלֵּכוּן לִוְיָתָן זֶה־יָצַרְתָּ לְשַׂחֶק־בּוֹ׃
כז כח כֻּלָּם אֵלֶיךָ יְשַׂבֵּרוּן לָתֵת אׇכְלָם בְּעִתּוֹ׃ תִּתֵּן לָהֶם יִלְקֹטוּן
כט תִּפְתַּח יָדְךָ יִשְׂבְּעוּן טוֹב׃ תַּסְתִּיר פָּנֶיךָ יִבָּהֵלוּן תֹּסֵף רוּחָם
ל יִגְוָעוּן וְאֶל־עֲפָרָם יְשׁוּבוּן׃ תְּשַׁלַּח רוּחֲךָ יִבָּרֵאוּן וּתְחַדֵּשׁ פְּנֵי
לא לב אֲדָמָה׃ יְהִי כְבוֹד יְהוָה לְעוֹלָם יִשְׂמַח יְהוָה בְּמַעֲשָׂיו׃ הַמַּבִּיט
לג לָאָרֶץ וַתִּרְעָד יִגַּע בֶּהָרִים וְיֶעֱשָׁנוּ׃ אָשִׁירָה לַיהוָה בְּחַיָּי
לד אֲזַמְּרָה לֵאלֹהַי בְּעוֹדִי׃ יֶעֱרַב עָלָיו שִׂיחִי אָנֹכִי אֶשְׂמַח בַּיהוָה׃
לה יִתַּמּוּ חַטָּאִים ׀ מִן־הָאָרֶץ וּרְשָׁעִים ׀ עוֹד אֵינָם בָּרְכִי נַפְשִׁי
אֶת־יְהוָה הַלְלוּיָהּ׃

קה א ב הוֹדוּ לַיהוָה קִרְאוּ בִּשְׁמוֹ הוֹדִיעוּ בָעַמִּים עֲלִילוֹתָיו׃ שִׁירוּ־לוֹ
ג זַמְּרוּ־לוֹ שִׂיחוּ בְּכׇל־נִפְלְאוֹתָיו׃ הִתְהַלְלוּ בְּשֵׁם קׇדְשׁוֹ יִשְׂמַח
ד ה לֵב ׀ מְבַקְשֵׁי יְהוָה׃ דִּרְשׁוּ יְהוָה וְעֻזּוֹ בַּקְּשׁוּ פָנָיו תָּמִיד׃ זִכְרוּ
ו נִפְלְאוֹתָיו אֲשֶׁר־עָשָׂה מֹפְתָיו וּמִשְׁפְּטֵי־פִיו׃ זֶרַע אַבְרָהָם עַבְדּוֹ
ז בְּנֵי יַעֲקֹב בְּחִירָיו׃ הוּא יְהוָה אֱלֹהֵינוּ בְּכׇל־הָאָרֶץ מִשְׁפָּטָיו׃
ח ט זָכַר לְעוֹלָם בְּרִיתוֹ דָּבָר צִוָּה לְאֶלֶף דּוֹר׃ אֲשֶׁר כָּרַת אֶת־
י אַבְרָהָם וּשְׁבוּעָתוֹ לְיִשְׂחָק׃ וַיַּעֲמִידֶהָ לְיַעֲקֹב לְחֹק לְיִשְׂרָאֵל
יא בְּרִית עוֹלָם׃ לֵאמֹר לְךָ אֶתֵּן אֶת־אֶרֶץ־כְּנָעַן חֶבֶל נַחֲלַתְכֶם׃
יב יג בִּהְיוֹתָם מְתֵי מִסְפָּר כִּמְעַט וְגָרִים בָּהּ׃ וַיִּתְהַלְּכוּ מִגּוֹי אֶל־גּוֹי
יד מִמַּמְלָכָה אֶל־עַם אַחֵר׃ לֹא־הִנִּיחַ אָדָם לְעׇשְׁקָם וַיּוֹכַח עֲלֵיהֶם
טו טז מְלָכִים׃ אַל־תִּגְּעוּ בִמְשִׁיחָי וְלִנְבִיאַי אַל־תָּרֵעוּ׃ וַיִּקְרָא רָעָב
יז עַל־הָאָרֶץ כׇּל־מַטֵּה־לֶחֶם שָׁבָר׃ שָׁלַח לִפְנֵיהֶם אִישׁ לְעֶבֶד
יח יט נִמְכַּר יוֹסֵף׃ עִנּוּ בַכֶּבֶל רגליו בַּרְזֶל בָּאָה נַפְשׁוֹ׃ עַד־עֵת בֹּא־ רַגְלוֹ
כ דְבָרוֹ אִמְרַת יְהוָה צְרָפָתְהוּ׃ שָׁלַח מֶלֶךְ וַיַּתִּירֵהוּ מֹשֵׁל עַמִּים
כא כב וַיְפַתְּחֵהוּ׃ שָׂמוֹ אָדוֹן לְבֵיתוֹ וּמֹשֵׁל בְּכׇל־קִנְיָנוֹ׃ לֶאְסֹר שָׂרָיו
כג בְּנַפְשׁוֹ וּזְקֵנָיו יְחַכֵּם׃ וַיָּבֹא יִשְׂרָאֵל מִצְרָיִם וְיַעֲקֹב גָּר בְּאֶרֶץ־

חָם׃ וַיֶּפֶר אֶת־עַמּוֹ מְאֹד וַיַּעֲצִמֵהוּ מִצָּרָיו׃ הָפַךְ לִבָּם לִשְׂנֹא כד כה
עַמּוֹ לְהִתְנַכֵּל בַּעֲבָדָיו׃ שָׁלַח מֹשֶׁה עַבְדּוֹ אַהֲרֹן אֲשֶׁר בָּחַר־בּוֹ׃ כו
שָׂמוּ־בָם דִּבְרֵי אֹתוֹתָיו וּמֹפְתִים בְּאֶרֶץ חָם׃ שָׁלַח חֹשֶׁךְ וַיַּחְשִׁךְ כז כח
דְּבָרוֹ וְלֹא־מָרוּ אֶת־דבריו׃ הָפַךְ אֶת־מֵימֵיהֶם לְדָם וַיָּמֶת אֶת־דְּגָתָם׃ כט
שָׁרַץ אַרְצָם צְפַרְדְּעִים בְּחַדְרֵי מַלְכֵיהֶם׃ אָמַר וַיָּבֹא עָרֹב כִּנִּים ל לא
בְּכָל־גְּבוּלָם׃ נָתַן גִּשְׁמֵיהֶם בָּרָד אֵשׁ לֶהָבוֹת בְּאַרְצָם׃ וַיַּךְ גַּפְנָם לב לג
וּתְאֵנָתָם וַיְשַׁבֵּר עֵץ גְּבוּלָם׃ אָמַר וַיָּבֹא אַרְבֶּה וְיֶלֶק וְאֵין לד
מִסְפָּר׃ וַיֹּאכַל כָּל־עֵשֶׂב בְּאַרְצָם וַיֹּאכַל פְּרִי אַדְמָתָם׃ וַיַּךְ כָּל־ לה לו
בְּכוֹר בְּאַרְצָם רֵאשִׁית לְכָל־אוֹנָם׃ וַיּוֹצִיאֵם בְּכֶסֶף וְזָהָב וְאֵין לז
בִּשְׁבָטָיו כּוֹשֵׁל׃ שָׂמַח מִצְרַיִם בְּצֵאתָם כִּי־נָפַל פַּחְדָּם עֲלֵיהֶם׃ לח
פָּרַשׂ עָנָן לְמָסָךְ וְאֵשׁ לְהָאִיר לָיְלָה׃ שָׁאַל וַיָּבֵא שְׂלָו וְלֶחֶם לט מ
שָׁמַיִם יַשְׂבִּיעֵם׃ פָּתַח צוּר וַיָּזוּבוּ מָיִם הָלְכוּ בַּצִּיּוֹת נָהָר׃ כִּי־זָכַר מא מב
אֶת־דְּבַר קָדְשׁוֹ אֶת־אַבְרָהָם עַבְדּוֹ׃ וַיּוֹצִא עַמּוֹ בְשָׂשׂוֹן בְּרִנָּה מג
אֶת־בְּחִירָיו׃ וַיִּתֵּן לָהֶם אַרְצוֹת גּוֹיִם וַעֲמַל לְאֻמִּים יִירָשׁוּ׃ מד
טו בַּעֲבוּר ׀ יִשְׁמְרוּ חֻקָּיו וְתוֹרֹתָיו יִנְצֹרוּ הַלְלוּיָהּ׃ מה
קו הַלְלוּיָהּ ׀ הוֹדוּ לַיהוָה כִּי־טוֹב כִּי לְעוֹלָם חַסְדּוֹ׃ מִי יְמַלֵּל א ב
גְּבוּרוֹת יְהוָה יַשְׁמִיעַ כָּל־תְּהִלָּתוֹ׃ אַשְׁרֵי שֹׁמְרֵי מִשְׁפָּט עֹשֵׂה ג
צְדָקָה בְכָל־עֵת׃ זָכְרֵנִי יְהוָה בִּרְצוֹן עַמֶּךָ פָּקְדֵנִי בִּישׁוּעָתֶךָ׃ ד
לִרְאוֹת ׀ בְּטוֹבַת בְּחִירֶיךָ לִשְׂמֹחַ בְּשִׂמְחַת גּוֹיֶךָ לְהִתְהַלֵּל ה
עִם־נַחֲלָתֶךָ׃ חָטָאנוּ עִם־אֲבוֹתֵינוּ הֶעֱוִינוּ הִרְשָׁעְנוּ׃ אֲבוֹתֵינוּ ו ז
בְמִצְרַיִם ׀ לֹא־הִשְׂכִּילוּ נִפְלְאוֹתֶיךָ לֹא זָכְרוּ אֶת־רֹב חֲסָדֶיךָ
וַיַּמְרוּ עַל־יָם בְּיַם־סוּף׃ וַיּוֹשִׁיעֵם לְמַעַן שְׁמוֹ לְהוֹדִיעַ אֶת־ ח
גְּבוּרָתוֹ׃ וַיִּגְעַר בְּיַם־סוּף וַיֶּחֱרָב וַיּוֹלִיכֵם בַּתְּהֹמוֹת כַּמִּדְבָּר׃ ט
וַיּוֹשִׁיעֵם מִיַּד שׂוֹנֵא וַיִּגְאָלֵם מִיַּד אוֹיֵב׃ וַיְכַסּוּ־מַיִם צָרֵיהֶם אֶחָד י יא
מֵהֶם לֹא נוֹתָר׃ וַיַּאֲמִינוּ בִדְבָרָיו יָשִׁירוּ תְּהִלָּתוֹ׃ מִהֲרוּ שָׁכְחוּ יב יג
מַעֲשָׂיו לֹא־חִכּוּ לַעֲצָתוֹ׃ וַיִּתְאַוּוּ תַאֲוָה בַּמִּדְבָּר וַיְנַסּוּ־אֵל יד
בִּישִׁימוֹן׃ וַיִּתֵּן לָהֶם שֶׁאֱלָתָם וַיְשַׁלַּח רָזוֹן בְּנַפְשָׁם׃ וַיְקַנְאוּ טו טז

יז לְמֹשֶׁה בַּמַּחֲנֶה לְאַהֲרֹן קְדוֹשׁ יהוה׃ תִּפְתַּח־אֶרֶץ וַתִּבְלַע דָּתָן
יח וַתְּכַס עַל־עֲדַת אֲבִירָם׃ וַתִּבְעַר־אֵשׁ בַּעֲדָתָם לֶהָבָה תְּלַהֵט
יט כ רְשָׁעִים׃ יַעֲשׂוּ־עֵגֶל בְּחֹרֵב וַיִּשְׁתַּחֲווּ לְמַסֵּכָה׃ וַיָּמִירוּ אֶת־
כא כְּבוֹדָם בְּתַבְנִית שׁוֹר אֹכֵל עֵשֶׂב׃ שָׁכְחוּ אֵל מוֹשִׁיעָם עֹשֶׂה
כב גְדֹלוֹת בְּמִצְרָיִם׃ נִפְלָאוֹת בְּאֶרֶץ חָם נוֹרָאוֹת עַל־יַם־סוּף׃
כג וַיֹּאמֶר לְהַשְׁמִידָם לוּלֵי מֹשֶׁה בְחִירוֹ עָמַד בַּפֶּרֶץ לְפָנָיו לְהָשִׁיב
כד חֲמָתוֹ מֵהַשְׁחִית׃ וַיִּמְאֲסוּ בְּאֶרֶץ חֶמְדָּה לֹא־הֶאֱמִינוּ לִדְבָרוֹ׃
כה כו וַיֵּרָגְנוּ בְאָהֳלֵיהֶם לֹא שָׁמְעוּ בְּקוֹל יהוה׃ וַיִּשָּׂא יָדוֹ לָהֶם לְהַפִּיל
כז אוֹתָם בַּמִּדְבָּר׃ וּלְהַפִּיל זַרְעָם בַּגּוֹיִם וּלְזָרוֹתָם בָּאֲרָצוֹת׃
כח כט וַיִּצָּמְדוּ לְבַעַל פְּעוֹר וַיֹּאכְלוּ זִבְחֵי מֵתִים׃ וַיַּכְעִיסוּ בְּמַעַלְלֵיהֶם
ל וַתִּפְרָץ־בָּם מַגֵּפָה׃ וַיַּעֲמֹד פִּינְחָס וַיְפַלֵּל וַתֵּעָצַר הַמַּגֵּפָה׃
לא לב וַתֵּחָשֶׁב לוֹ לִצְדָקָה לְדֹר וָדֹר עַד־עוֹלָם׃ וַיַּקְצִיפוּ עַל־מֵי מְרִיבָה
לג וַיֵּרַע לְמֹשֶׁה בַּעֲבוּרָם׃ כִּי־הִמְרוּ אֶת־רוּחוֹ וַיְבַטֵּא בִּשְׂפָתָיו׃
לד לה לֹא־הִשְׁמִידוּ אֶת־הָעַמִּים אֲשֶׁר אָמַר יהוה לָהֶם׃ וַיִּתְעָרְבוּ
לו בַגּוֹיִם וַיִּלְמְדוּ מַעֲשֵׂיהֶם׃ וַיַּעַבְדוּ אֶת־עֲצַבֵּיהֶם וַיִּהְיוּ לָהֶם
לז לח לְמוֹקֵשׁ׃ וַיִּזְבְּחוּ אֶת־בְּנֵיהֶם וְאֶת־בְּנוֹתֵיהֶם לַשֵּׁדִים׃ וַיִּשְׁפְּכוּ
דָם נָקִי דַּם־בְּנֵיהֶם וּבְנוֹתֵיהֶם אֲשֶׁר זִבְּחוּ לַעֲצַבֵּי כְנָעַן וַתֶּחֱנַף
לט מ הָאָרֶץ בַּדָּמִים׃ וַיִּטְמְאוּ בְמַעֲשֵׂיהֶם וַיִּזְנוּ בְּמַעַלְלֵיהֶם׃ וַיִּחַר־
מא אַף יהוה בְּעַמּוֹ וַיְתָעֵב אֶת־נַחֲלָתוֹ׃ וַיִּתְּנֵם בְּיַד־גּוֹיִם וַיִּמְשְׁלוּ
מב מג בָהֶם שֹׂנְאֵיהֶם׃ וַיִּלְחָצוּם אוֹיְבֵיהֶם וַיִּכָּנְעוּ תַּחַת יָדָם׃ פְּעָמִים
מד רַבּוֹת יַצִּילֵם וְהֵמָּה יַמְרוּ בַעֲצָתָם וַיָּמֹכּוּ בַּעֲוֹנָם׃ וַיַּרְא בַּצַּר לָהֶם
מה מו בְּשָׁמְעוֹ אֶת־רִנָּתָם׃ וַיִּזְכֹּר לָהֶם בְּרִיתוֹ וַיִּנָּחֵם כְּרֹב חֲסָדָו׃ וַיִּתֵּן
מז אוֹתָם לְרַחֲמִים לִפְנֵי כָּל־שׁוֹבֵיהֶם׃ הוֹשִׁיעֵנוּ ׀ יהוה אֱלֹהֵינוּ
וְקַבְּצֵנוּ מִן־הַגּוֹיִם לְהֹדוֹת לְשֵׁם קָדְשֶׁךָ לְהִשְׁתַּבֵּחַ בִּתְהִלָּתֶךָ׃
מח בָּרוּךְ יהוה ׀ אֱלֹהֵי יִשְׂרָאֵל מִן־הָעוֹלָם ׀ וְעַד הָעוֹלָם וְאָמַר
כָּל־הָעָם אָמֵן הַלְלוּיָהּ׃

א ב הֹדוּ לַיהוָה כִּי־טוֹב כִּי לְעוֹלָם חַסְדּוֹ: יֹאמְרוּ גְּאוּלֵי יְהוָה אֲשֶׁר
ג גְּאָלָם מִיַּד־צָר: וּמֵאֲרָצוֹת קִבְּצָם מִמִּזְרָח וּמִמַּעֲרָב מִצָּפוֹן
ד וּמִיָּם: תָּעוּ בַמִּדְבָּר בִּישִׁימוֹן דָּרֶךְ עִיר מוֹשָׁב לֹא מָצָאוּ:
ה ו רְעֵבִים גַּם־צְמֵאִים נַפְשָׁם בָּהֶם תִּתְעַטָּף: וַיִּצְעֲקוּ אֶל־יְהוָה
ז בַּצַּר לָהֶם מִמְּצוּקוֹתֵיהֶם יַצִּילֵם: וַיַּדְרִיכֵם בְּדֶרֶךְ יְשָׁרָה לָלֶכֶת
ח ט אֶל־עִיר מוֹשָׁב: יוֹדוּ לַיהוָה חַסְדּוֹ וְנִפְלְאוֹתָיו לִבְנֵי אָדָם: כִּי־
י הִשְׂבִּיעַ נֶפֶשׁ שֹׁקֵקָה וְנֶפֶשׁ רְעֵבָה מִלֵּא־טוֹב: יֹשְׁבֵי חֹשֶׁךְ
יא וְצַלְמָוֶת אֲסִירֵי עֳנִי וּבַרְזֶל: כִּי־הִמְרוּ אִמְרֵי־אֵל וַעֲצַת עֶלְיוֹן
יב יג נָאָצוּ: וַיַּכְנַע בֶּעָמָל לִבָּם כָּשְׁלוּ וְאֵין עֹזֵר: וַיִּזְעֲקוּ אֶל־יְהוָה
יד בַּצַּר לָהֶם מִמְּצֻקוֹתֵיהֶם יוֹשִׁיעֵם: יוֹצִיאֵם מֵחֹשֶׁךְ וְצַלְמָוֶת
טו וּמוֹסְרוֹתֵיהֶם יְנַתֵּק: יוֹדוּ לַיהוָה חַסְדּוֹ וְנִפְלְאוֹתָיו לִבְנֵי אָדָם:
טז יז כִּי־שִׁבַּר דַּלְתוֹת נְחֹשֶׁת וּבְרִיחֵי בַרְזֶל גִּדֵּעַ: אֱוִלִים מִדֶּרֶךְ
יח פִּשְׁעָם וּמֵעֲוֺנֹתֵיהֶם יִתְעַנּוּ: כָּל־אֹכֶל תְּתַעֵב נַפְשָׁם וַיַּגִּיעוּ
יט עַד־שַׁעֲרֵי מָוֶת: וַיִּזְעֲקוּ אֶל־יְהוָה בַּצַּר לָהֶם מִמְּצֻקוֹתֵיהֶם
כ כא יוֹשִׁיעֵם: יִשְׁלַח דְּבָרוֹ וְיִרְפָּאֵם וִימַלֵּט מִשְּׁחִיתוֹתָם: יוֹדוּ לַיהוָה
כב חַסְדּוֹ וְנִפְלְאוֹתָיו לִבְנֵי אָדָם: וְיִזְבְּחוּ זִבְחֵי תוֹדָה וִיסַפְּרוּ
כג מַעֲשָׂיו בְּרִנָּה: ׆ יוֹרְדֵי הַיָּם בָּאֳנִיּוֹת עֹשֵׂי מְלָאכָה
כד בְּמַיִם רַבִּים: ׆ הֵמָּה רָאוּ מַעֲשֵׂי יְהוָה וְנִפְלְאוֹתָיו
כה בִּמְצוּלָה: ׆ וַיֹּאמֶר וַיַּעֲמֵד רוּחַ סְעָרָה וַתְּרוֹמֵם גַּלָּיו: ׆
כו כז יַעֲלוּ שָׁמַיִם יֵרְדוּ תְהוֹמוֹת נַפְשָׁם בְּרָעָה תִתְמוֹגָג: ׆ יָחוֹגּוּ
כח וְיָנוּעוּ כַּשִּׁכּוֹר וְכָל־חָכְמָתָם תִּתְבַּלָּע: ׆ וַיִּצְעֲקוּ אֶל־
כט יְהוָה בַּצַּר לָהֶם וּמִמְּצוּקֹתֵיהֶם יוֹצִיאֵם: יָקֵם סְעָרָה לִדְמָמָה
ל וַיֶּחֱשׁוּ גַּלֵּיהֶם: וַיִּשְׂמְחוּ כִי־יִשְׁתֹּקוּ וַיַּנְחֵם אֶל־מְחוֹז חֶפְצָם:
לא לב יוֹדוּ לַיהוָה חַסְדּוֹ וְנִפְלְאוֹתָיו לִבְנֵי אָדָם: וִירוֹמְמוּהוּ בִּקְהַל־עָם
לג וּבְמוֹשַׁב זְקֵנִים יְהַלְלוּהוּ: יָשֵׂם נְהָרוֹת לְמִדְבָּר וּמֹצָאֵי מַיִם
לד לה לְצִמָּאוֹן: אֶרֶץ פְּרִי לִמְלֵחָה מֵרָעַת יוֹשְׁבֵי בָהּ: יָשֵׂם מִדְבָּר

לו לַאֲגַם־מַיִם וְאֶרֶץ צִיָּה לְמֹצָאֵי מָיִם׃ וַיּוֹשֶׁב שָׁם רְעֵבִים וַיְכוֹנְנוּ
לז עִיר מוֹשָׁב׃ וַיִּזְרְעוּ שָׂדוֹת וַיִּטְּעוּ כְרָמִים וַיַּעֲשׂוּ פְּרִי תְבוּאָה׃
לח לט וַיְבָרְכֵם וַיִּרְבּוּ מְאֹד וּבְהֶמְתָּם לֹא יַמְעִיט׃ וַיִּמְעֲטוּ וַיָּשֹׁחוּ
מ מֵעֹצֶר רָעָה וְיָגוֹן׃ ׆ שֹׁפֵךְ בּוּז עַל־נְדִיבִים וַיַּתְעֵם בְּתֹהוּ
מא מב לֹא־דָרֶךְ׃ וַיְשַׂגֵּב אֶבְיוֹן מֵעוֹנִי וַיָּשֶׂם כַּצֹּאן מִשְׁפָּחוֹת׃ יִרְאוּ
מג יְשָׁרִים וְיִשְׂמָחוּ וְכָל־עַוְלָה קָפְצָה פִּיהָ׃ מִי־חָכָם וְיִשְׁמָר־אֵלֶּה
וְיִתְבּוֹנְנוּ חַסְדֵי יְהוָה׃

קח א ב שִׁיר מִזְמוֹר לְדָוִד׃ נָכוֹן לִבִּי אֱלֹהִים אָשִׁירָה וַאֲזַמְּרָה אַף־
ג ד כְּבוֹדִי׃ עוּרָה הַנֵּבֶל וְכִנּוֹר אָעִירָה שָּׁחַר׃ אוֹדְךָ בָעַמִּים ׀ יְהוָה
ה וַאֲזַמֶּרְךָ בַּלְאֻמִּים׃ כִּי־גָדוֹל מֵעַל־שָׁמַיִם חַסְדֶּךָ וְעַד־שְׁחָקִים
ו אֲמִתֶּךָ׃ רוּמָה עַל־שָׁמַיִם אֱלֹהִים וְעַל כָּל־הָאָרֶץ כְּבוֹדֶךָ׃
ז ח לְמַעַן יֵחָלְצוּן יְדִידֶיךָ הוֹשִׁיעָה יְמִינְךָ ועננו׃ אֱלֹהִים ׀ דִּבֶּר וַעֲנֵנִי
ט בְּקָדְשׁוֹ אֶעְלֹזָה אֲחַלְּקָה שְׁכֶם וְעֵמֶק סֻכּוֹת אֲמַדֵּד׃ לִי גִלְעָד ׀
י לִי מְנַשֶּׁה וְאֶפְרַיִם מָעוֹז רֹאשִׁי יְהוּדָה מְחֹקְקִי׃ מוֹאָב ׀ סִיר
יא רַחְצִי עַל־אֱדוֹם אַשְׁלִיךְ נַעֲלִי עֲלֵי־פְלֶשֶׁת אֶתְרוֹעָע׃ מִי יֹבִלֵנִי
יב עִיר מִבְצָר מִי נָחַנִי עַד־אֱדוֹם׃ הֲלֹא־אֱלֹהִים זְנַחְתָּנוּ וְלֹא־תֵצֵא
יג אֱלֹהִים בְּצִבְאֹתֵינוּ׃ הָבָה־לָּנוּ עֶזְרָת מִצָּר וְשָׁוְא תְּשׁוּעַת אָדָם׃
יד בֵּאלֹהִים נַעֲשֶׂה־חָיִל וְהוּא יָבוּס צָרֵינוּ׃

קט א ב לַמְנַצֵּחַ לְדָוִד מִזְמוֹר אֱלֹהֵי תְהִלָּתִי אַל־תֶּחֱרַשׁ׃ כִּי פִי רָשָׁע
ג וּפִי־מִרְמָה עָלַי פָּתָחוּ דִּבְּרוּ אִתִּי לְשׁוֹן שָׁקֶר׃ וְדִבְרֵי שִׂנְאָה
ד סְבָבוּנִי וַיִּלָּחֲמוּנִי חִנָּם׃ תַּחַת־אַהֲבָתִי יִשְׂטְנוּנִי וַאֲנִי תְפִלָּה׃
ה ו וַיָּשִׂימוּ עָלַי רָעָה תַּחַת טוֹבָה וְשִׂנְאָה תַּחַת אַהֲבָתִי׃ הַפְקֵד
ז עָלָיו רָשָׁע וְשָׂטָן יַעֲמֹד עַל־יְמִינוֹ׃ בְּהִשָּׁפְטוֹ יֵצֵא רָשָׁע וּתְפִלָּתוֹ
ח ט תִּהְיֶה לַחֲטָאָה׃ יִהְיוּ־יָמָיו מְעַטִּים פְּקֻדָּתוֹ יִקַּח אַחֵר׃ יִהְיוּ־
י בָנָיו יְתוֹמִים וְאִשְׁתּוֹ אַלְמָנָה׃ וְנוֹעַ יָנוּעוּ בָנָיו וְשִׁאֵלוּ וְדָרְשׁוּ
יא מֵחָרְבוֹתֵיהֶם׃ יְנַקֵּשׁ נוֹשֶׁה לְכָל־אֲשֶׁר־לוֹ וְיָבֹזּוּ זָרִים יְגִיעוֹ׃
יב יג אַל־יְהִי־לוֹ מֹשֵׁךְ חָסֶד וְאַל־יְהִי חוֹנֵן לִיתוֹמָיו׃ יְהִי־אַחֲרִיתוֹ

לְהַכְרִית בְּדוֹר אַחֵר יִמַּח שְׁמָם: יִזָּכֵר ׀ עֲוֺן אֲבֹתָיו אֶל־יְהוָה יד
וְחַטַּאת אִמּוֹ אַל־תִּמָּח: יִהְיוּ נֶגֶד־יְהוָה תָּמִיד וְיַכְרֵת מֵאֶרֶץ טו
זִכְרָם: יַעַן אֲשֶׁר ׀ לֹא זָכַר עֲשׂוֹת חָסֶד וַיִּרְדֹּף אִישׁ־עָנִי וְאֶבְיוֹן טז
וְנִכְאֵה לֵבָב לְמוֹתֵת: וַיֶּאֱהַב קְלָלָה וַתְּבוֹאֵהוּ וְלֹא־חָפֵץ יז
בִּבְרָכָה וַתִּרְחַק מִמֶּנּוּ: וַיִּלְבַּשׁ קְלָלָה כְּמַדּוֹ וַתָּבֹא כַמַּיִם יח
בְּקִרְבּוֹ וְכַשֶּׁמֶן בְּעַצְמוֹתָיו: תְּהִי־לוֹ כְּבֶגֶד יַעְטֶה וּלְמֵזַח תָּמִיד יט
יַחְגְּרֶהָ: זֹאת ׀ פְּעֻלַּת שֹׂטְנַי מֵאֵת יְהוָה וְהַדֹּבְרִים רָע עַל־נַפְשִׁי: כ
וְאַתָּה ׀ יֱהוִה אֲדֹנָי עֲשֵׂה־אִתִּי לְמַעַן שְׁמֶךָ כִּי־טוֹב חַסְדְּךָ כא
הַצִּילֵנִי: כִּי־עָנִי וְאֶבְיוֹן אָנֹכִי וְלִבִּי חָלַל בְּקִרְבִּי: כְּצֵל כִּנְטוֹתוֹ כב כג
נֶהֱלָכְתִּי נִנְעַרְתִּי כָּאַרְבֶּה: בִּרְכַּי כָּשְׁלוּ מִצּוֹם וּבְשָׂרִי כָּחַשׁ כד
מִשָּׁמֶן: וַאֲנִי ׀ הָיִיתִי חֶרְפָּה לָהֶם יִרְאוּנִי יְנִיעוּן רֹאשָׁם: עָזְרֵנִי כה כו
יְהוָה אֱלֹהָי הוֹשִׁיעֵנִי כְחַסְדֶּךָ: וְיֵדְעוּ כִּי־יָדְךָ זֹּאת אַתָּה יְהוָה כז
עֲשִׂיתָהּ: יְקַלְלוּ־הֵמָּה וְאַתָּה תְבָרֵךְ קָמוּ ׀ וַיֵּבֹשׁוּ וְעַבְדְּךָ יִשְׂמָח: כח
יִלְבְּשׁוּ שׂוֹטְנַי כְּלִמָּה וְיַעֲטוּ כַמְעִיל בָּשְׁתָּם: אוֹדֶה יְהוָה מְאֹד כט ל
בְּפִי וּבְתוֹךְ רַבִּים אֲהַלְלֶנּוּ: כִּי־יַעֲמֹד לִימִין אֶבְיוֹן לְהוֹשִׁיעַ לא
מִשֹּׁפְטֵי נַפְשׁוֹ:

לְדָוִד מִזְמוֹר נְאֻם יְהוָה ׀ לַאדֹנִי שֵׁב לִימִינִי עַד־אָשִׁית אֹיְבֶיךָ א קי
הֲדֹם לְרַגְלֶיךָ: מַטֵּה עֻזְּךָ יִשְׁלַח יְהוָה מִצִּיּוֹן רְדֵה בְּקֶרֶב אֹיְבֶיךָ: ב
עַמְּךָ נְדָבֹת בְּיוֹם חֵילֶךָ בְּהַדְרֵי־קֹדֶשׁ מֵרֶחֶם מִשְׁחָר לְךָ טַל ג
יַלְדֻתֶיךָ: נִשְׁבַּע יְהוָה ׀ וְלֹא יִנָּחֵם אַתָּה־כֹהֵן לְעוֹלָם עַל־דִּבְרָתִי ד
מַלְכִּי־צֶדֶק: אֲדֹנָי עַל־יְמִינְךָ מָחַץ בְּיוֹם־אַפּוֹ מְלָכִים: יָדִין ה ו
בַּגּוֹיִם מָלֵא גְוִיּוֹת מָחַץ רֹאשׁ עַל־אֶרֶץ רַבָּה: מִנַּחַל בַּדֶּרֶךְ ז
יִשְׁתֶּה עַל־כֵּן יָרִים רֹאשׁ:

הַלְלוּיָהּ ׀ אוֹדֶה יְהוָה בְּכָל־לֵבָב בְּסוֹד יְשָׁרִים וְעֵדָה: גְּדֹלִים א ב קיא
מַעֲשֵׂי יְהוָה דְּרוּשִׁים לְכָל־חֶפְצֵיהֶם: הוֹד־וְהָדָר פָּעֳלוֹ וְצִדְקָתוֹ ג
עֹמֶדֶת לָעַד: זֵכֶר עָשָׂה לְנִפְלְאֹתָיו חַנּוּן וְרַחוּם יְהוָה: טֶרֶף ד ה
נָתַן לִירֵאָיו יִזְכֹּר לְעוֹלָם בְּרִיתוֹ: כֹּחַ מַעֲשָׂיו הִגִּיד לְעַמּוֹ ו

ז לָתֵת לָהֶם נַחֲלַת גּוֹיִם: מַעֲשֵׂי יָדָיו אֱמֶת וּמִשְׁפָּט נֶאֱמָנִים
ח כָּל־פִּקּוּדָיו: סְמוּכִים לָעַד לְעוֹלָם עֲשׂוּיִם בֶּאֱמֶת וְיָשָׁר:
ט פְּדוּת ׀ שָׁלַח לְעַמּוֹ צִוָּה־לְעוֹלָם בְּרִיתוֹ קָדוֹשׁ וְנוֹרָא שְׁמוֹ:
י רֵאשִׁית חָכְמָה ׀ יִרְאַת יהוה שֵׂכֶל טוֹב לְכָל־עֹשֵׂיהֶם תְּהִלָּתוֹ טז
עֹמֶדֶת לָעַד:

קיב א הַלְלוּיָהּ ׀ אַשְׁרֵי־אִישׁ יָרֵא אֶת־יהוה בְּמִצְוֺתָיו חָפֵץ מְאֹד:
ב ג גִּבּוֹר בָּאָרֶץ יִהְיֶה זַרְעוֹ דּוֹר יְשָׁרִים יְבֹרָךְ: הוֹן־וָעֹשֶׁר בְּבֵיתוֹ
ד וְצִדְקָתוֹ עֹמֶדֶת לָעַד: זָרַח בַּחֹשֶׁךְ אוֹר לַיְשָׁרִים חַנּוּן וְרַחוּם
ה ו וְצַדִּיק: טוֹב־אִישׁ חוֹנֵן וּמַלְוֶה יְכַלְכֵּל דְּבָרָיו בְּמִשְׁפָּט: כִּי־
ז לְעוֹלָם לֹא־יִמּוֹט לְזֵכֶר עוֹלָם יִהְיֶה צַדִּיק: מִשְּׁמוּעָה רָעָה לֹא
ח יִירָא נָכוֹן לִבּוֹ בָּטֻחַ בַּיהוה: סָמוּךְ לִבּוֹ לֹא יִירָא עַד אֲשֶׁר־
ט יִרְאֶה בְצָרָיו: פִּזַּר ׀ נָתַן לָאֶבְיוֹנִים צִדְקָתוֹ עֹמֶדֶת לָעַד קַרְנוֹ
י תָּרוּם בְּכָבוֹד: רָשָׁע יִרְאֶה ׀ וְכָעָס שִׁנָּיו יַחֲרֹק וְנָמָס תַּאֲוַת
רְשָׁעִים תֹּאבֵד:

קיג א ב הַלְלוּיָהּ ׀ הַלְלוּ עַבְדֵי יהוה הַלְלוּ אֶת־שֵׁם יהוה: יְהִי שֵׁם יהוה
ג מְבֹרָךְ מֵעַתָּה וְעַד־עוֹלָם: מִמִּזְרַח־שֶׁמֶשׁ עַד־מְבוֹאוֹ מְהֻלָּל
ד ה שֵׁם יהוה: רָם עַל־כָּל־גּוֹיִם ׀ יהוה עַל הַשָּׁמַיִם כְּבוֹדוֹ: מִי
ו כַּיהוה אֱלֹהֵינוּ הַמַּגְבִּיהִי לָשָׁבֶת: הַמַּשְׁפִּילִי לִרְאוֹת בַּשָּׁמַיִם
ז ח וּבָאָרֶץ: מְקִימִי מֵעָפָר דָּל מֵאַשְׁפֹּת יָרִים אֶבְיוֹן: לְהוֹשִׁיבִי
ט עִם־נְדִיבִים עִם נְדִיבֵי עַמּוֹ: מוֹשִׁיבִי ׀ עֲקֶרֶת הַבַּיִת אֵם־
הַבָּנִים שְׂמֵחָה הַלְלוּיָהּ:

קיד א ב בְּצֵאת יִשְׂרָאֵל מִמִּצְרָיִם בֵּית יַעֲקֹב מֵעַם לֹעֵז: הָיְתָה יְהוּדָה
ג לְקָדְשׁוֹ יִשְׂרָאֵל מַמְשְׁלוֹתָיו: הַיָּם רָאָה וַיָּנֹס הַיַּרְדֵּן יִסֹּב
ד ה לְאָחוֹר: הֶהָרִים רָקְדוּ כְאֵילִים גְּבָעוֹת כִּבְנֵי־צֹאן: מַה־לְּךָ הַיָּם
ו כִּי תָנוּס הַיַּרְדֵּן תִּסֹּב לְאָחוֹר: הֶהָרִים תִּרְקְדוּ כְאֵילִים גְּבָעוֹת
ז ח כִּבְנֵי־צֹאן: מִלִּפְנֵי אָדוֹן חוּלִי אָרֶץ מִלִּפְנֵי אֱלוֹהַּ יַעֲקֹב: הַהֹפְכִי
הַצּוּר אֲגַם־מָיִם חַלָּמִישׁ לְמַעְיְנוֹ־מָיִם:

א לֹא לָנוּ יהוה לֹא לָנוּ כִּי־לְשִׁמְךָ תֵּן כָּבוֹד עַל־חַסְדְּךָ עַל־
ב ג אֲמִתֶּךָ: לָמָּה יֹאמְרוּ הַגּוֹיִם אַיֵּה־נָא אֱלֹהֵיהֶם: וֵאלֹהֵינוּ
ד בַשָּׁמָיִם כֹּל אֲשֶׁר־חָפֵץ עָשָׂה: עֲצַבֵּיהֶם כֶּסֶף וְזָהָב מַעֲשֵׂה יְדֵי
ה ו אָדָם: פֶּה־לָהֶם וְלֹא יְדַבֵּרוּ עֵינַיִם לָהֶם וְלֹא יִרְאוּ: אָזְנַיִם לָהֶם
ז וְלֹא יִשְׁמָעוּ אַף לָהֶם וְלֹא יְרִיחוּן: יְדֵיהֶם | וְלֹא יְמִישׁוּן רַגְלֵיהֶם
ח וְלֹא יְהַלֵּכוּ לֹא־יֶהְגּוּ בִּגְרוֹנָם: כְּמוֹהֶם יִהְיוּ עֹשֵׂיהֶם כֹּל אֲשֶׁר־
ט י בֹּטֵחַ בָּהֶם: יִשְׂרָאֵל בְּטַח בַּיהוה עֶזְרָם וּמָגִנָּם הוּא: בֵּית אַהֲרֹן
יא בִּטְחוּ בַיהוה עֶזְרָם וּמָגִנָּם הוּא: יִרְאֵי יהוה בִּטְחוּ בַיהוה עֶזְרָם
יב וּמָגִנָּם הוּא: יהוה זְכָרָנוּ יְבָרֵךְ יְבָרֵךְ אֶת־בֵּית יִשְׂרָאֵל יְבָרֵךְ
יג יד אֶת־בֵּית אַהֲרֹן: יְבָרֵךְ יִרְאֵי יהוה הַקְּטַנִּים עִם־הַגְּדֹלִים: יֹסֵף
טו יהוה עֲלֵיכֶם עֲלֵיכֶם וְעַל־בְּנֵיכֶם: בְּרוּכִים אַתֶּם לַיהוה עֹשֵׂה
טז שָׁמַיִם וָאָרֶץ: הַשָּׁמַיִם שָׁמַיִם לַיהוה וְהָאָרֶץ נָתַן לִבְנֵי־אָדָם:
יז יח לֹא הַמֵּתִים יְהַלְלוּ־יָהּ וְלֹא כָּל־יֹרְדֵי דוּמָה: וַאֲנַחְנוּ | נְבָרֵךְ
יָהּ מֵעַתָּה וְעַד־עוֹלָם הַלְלוּיָהּ:

קט
א ב אָהַבְתִּי כִּי־יִשְׁמַע | יהוה אֶת־קוֹלִי תַּחֲנוּנָי: כִּי־הִטָּה אָזְנוֹ לִי
ג וּבְיָמַי אֶקְרָא: אֲפָפוּנִי | חֶבְלֵי־מָוֶת וּמְצָרֵי שְׁאוֹל מְצָאוּנִי צָרָה
ד ה וְיָגוֹן אֶמְצָא: וּבְשֵׁם־יהוה אֶקְרָא אָנָּה יהוה מַלְּטָה נַפְשִׁי: חַנּוּן
ו יהוה וְצַדִּיק וֵאלֹהֵינוּ מְרַחֵם: שֹׁמֵר פְּתָאיִם יהוה דַּלּוֹתִי וְלִי
ז ח יְהוֹשִׁיעַ: שׁוּבִי נַפְשִׁי לִמְנוּחָיְכִי כִּי־יהוה גָּמַל עָלָיְכִי: כִּי חִלַּצְתָּ
ט נַפְשִׁי מִמָּוֶת אֶת־עֵינִי מִן־דִּמְעָה אֶת־רַגְלִי מִדֶּחִי: אֶתְהַלֵּךְ
י לִפְנֵי יהוה בְּאַרְצוֹת הַחַיִּים: הֶאֱמַנְתִּי כִּי אֲדַבֵּר אֲנִי עָנִיתִי מְאֹד:
יא יב אֲנִי אָמַרְתִּי בְחָפְזִי כָּל־הָאָדָם כֹּזֵב: מָה־אָשִׁיב לַיהוה כָּל־
יג יד תַּגְמוּלוֹהִי עָלָי: כּוֹס־יְשׁוּעוֹת אֶשָּׂא וּבְשֵׁם יהוה אֶקְרָא: נְדָרַי
טו לַיהוה אֲשַׁלֵּם נֶגְדָה־נָּא לְכָל־עַמּוֹ: יָקָר בְּעֵינֵי יהוה הַמָּוְתָה
טז לַחֲסִידָיו: אָנָּה יהוה כִּי־אֲנִי עַבְדֶּךָ אֲנִי־עַבְדְּךָ בֶּן־אֲמָתֶךָ
יז פִּתַּחְתָּ לְמוֹסֵרָי: לְךָ־אֶזְבַּח זֶבַח תּוֹדָה וּבְשֵׁם יהוה אֶקְרָא:
יח יט נְדָרַי לַיהוה אֲשַׁלֵּם נֶגְדָה־נָּא לְכָל־עַמּוֹ: בְּחַצְרוֹת | בֵּית יהוה

בְּתוֹכֵכִי יְרוּשָׁלָ͏ִם הַלְלוּיָהּ׃

א ב הַלְלוּ אֶת־יְהוָה כָּל־גּוֹיִם שַׁבְּחוּהוּ כָּל־הָאֻמִּים׃ כִּי גָבַר עָלֵינוּ ׀
חַסְדּוֹ וֶאֱמֶת־יְהוָה לְעוֹלָם הַלְלוּיָהּ׃

קיח א ב הוֹדוּ לַיהוָה כִּי־טוֹב כִּי לְעוֹלָם חַסְדּוֹ׃ יֹאמַר־נָא יִשְׂרָאֵל כִּי
ג ד לְעוֹלָם חַסְדּוֹ׃ יֹאמְרוּ־נָא בֵית־אַהֲרֹן כִּי לְעוֹלָם חַסְדּוֹ׃ יֹאמְרוּ־
ה נָא יִרְאֵי יְהוָה כִּי לְעוֹלָם חַסְדּוֹ׃ מִן־הַמֵּצַר קָרָאתִי יָּהּ עָנָנִי
ו ז בַמֶּרְחָב יָהּ׃ יְהוָה לִי לֹא אִירָא מַה־יַּעֲשֶׂה לִי אָדָם׃ יְהוָה לִי
ח בְּעֹזְרָי וַאֲנִי אֶרְאֶה בְשֹׂנְאָי׃ טוֹב לַחֲסוֹת בַּיהוָה מִבְּטֹחַ בָּאָדָם׃
ט טוֹב לַחֲסוֹת בַּיהוָה מִבְּטֹחַ בִּנְדִיבִים׃ כָּל־גּוֹיִם סְבָבוּנִי בְּשֵׁם
יא יְהוָה כִּי אֲמִילַם׃ סַבּוּנִי גַם־סְבָבוּנִי בְּשֵׁם יְהוָה כִּי אֲמִילַם׃
יב יג סַבּוּנִי כִדְבֹרִים דֹּעֲכוּ כְּאֵשׁ קוֹצִים בְּשֵׁם יְהוָה כִּי אֲמִילַם׃ דָּחֹה
יד דְחִיתַנִי לִנְפֹּל וַיהוָה עֲזָרָנִי׃ עָזִּי וְזִמְרָת יָהּ וַיְהִי־לִי לִישׁוּעָה׃
טו טז קוֹל ׀ רִנָּה וִישׁוּעָה בְּאָהֳלֵי צַדִּיקִים יְמִין יְהוָה עֹשָׂה חָיִל׃ יְמִין
יז יְהוָה רוֹמֵמָה יְמִין יְהוָה עֹשָׂה חָיִל׃ לֹא אָמוּת כִּי־אֶחְיֶה וַאֲסַפֵּר
יח יט מַעֲשֵׂי יָהּ׃ יַסֹּר יִסְּרַנִּי יָּהּ וְלַמָּוֶת לֹא נְתָנָנִי׃ פִּתְחוּ־לִי שַׁעֲרֵי־
כ צֶדֶק אָבֹא־בָם אוֹדֶה יָהּ׃ זֶה־הַשַּׁעַר לַיהוָה צַדִּיקִים יָבֹאוּ בוֹ׃
כא כב אוֹדְךָ כִּי עֲנִיתָנִי וַתְּהִי־לִי לִישׁוּעָה׃ אֶבֶן מָאֲסוּ הַבּוֹנִים הָיְתָה
כג כד לְרֹאשׁ פִּנָּה׃ מֵאֵת יְהוָה הָיְתָה זֹּאת הִיא נִפְלָאת בְּעֵינֵינוּ׃ זֶה־
כה הַיּוֹם עָשָׂה יְהוָה נָגִילָה וְנִשְׂמְחָה בוֹ׃ אָנָּא יְהוָה הוֹשִׁיעָה נָּא
כו אָנָּא יְהוָה הַצְלִיחָה נָּא׃ בָּרוּךְ הַבָּא בְּשֵׁם יְהוָה בֵּרַכְנוּכֶם מִבֵּית
כז יְהוָה׃ אֵל ׀ יְהוָה וַיָּאֶר לָנוּ אִסְרוּ־חַג בַּעֲבֹתִים עַד־קַרְנוֹת
כח כט הַמִּזְבֵּחַ׃ אֵלִי אַתָּה וְאוֹדֶךָּ אֱלֹהַי אֲרוֹמְמֶךָּ׃ הוֹדוּ לַיהוָה כִּי־
טוֹב כִּי לְעוֹלָם חַסְדּוֹ׃

קיט א ב אַשְׁרֵי תְמִימֵי־דָרֶךְ הַהֹלְכִים בְּתוֹרַת יְהוָה׃ אַשְׁרֵי נֹצְרֵי
ג עֵדֹתָיו בְּכָל־לֵב יִדְרְשׁוּהוּ׃ אַף לֹא־פָעֲלוּ עַוְלָה בִּדְרָכָיו הָלָכוּ׃
ד ה אַתָּה צִוִּיתָה פִקֻּדֶיךָ לִשְׁמֹר מְאֹד׃ אַחֲלַי יִכֹּנוּ דְרָכַי לִשְׁמֹר
ו ז חֻקֶּיךָ׃ אָז לֹא־אֵבוֹשׁ בְּהַבִּיטִי אֶל־כָּל־מִצְוֺתֶיךָ׃ אוֹדְךָ

בְּיֹשֶׁר לֵבָב בְּלָמְדִי מִשְׁפְּטֵי צִדְקֶךָ׃ אֶת־חֻקֶּיךָ אֶשְׁמֹר אַל־ ח
תַּעַזְבֵנִי עַד־מְאֹד׃
בַּמֶּה יְזַכֶּה־נַּעַר אֶת־אָרְחוֹ לִשְׁמֹר כִּדְבָרֶךָ׃ בְּכָל־לִבִּי ט
דְרַשְׁתִּיךָ אַל־תַּשְׁגֵּנִי מִמִּצְוֺתֶיךָ׃ בְּלִבִּי צָפַנְתִּי אִמְרָתֶךָ יא
לְמַעַן לֹא אֶחֱטָא־לָךְ׃ בָּרוּךְ אַתָּה יְהוָה לַמְּדֵנִי חֻקֶּיךָ׃ בִּשְׂפָתַי יב יג
סִפַּרְתִּי כֹּל מִשְׁפְּטֵי־פִיךָ׃ בְּדֶרֶךְ עֵדְוֺתֶיךָ שַׂשְׂתִּי כְּעַל כָּל־הוֹן׃ יד
בְּפִקֻּדֶיךָ אָשִׂיחָה וְאַבִּיטָה אֹרְחֹתֶיךָ׃ בְּחֻקֹּתֶיךָ אֶשְׁתַּעֲשָׁע טו טז
לֹא אֶשְׁכַּח דְּבָרֶךָ׃
גְּמֹל עַל־עַבְדְּךָ אֶחְיֶה וְאֶשְׁמְרָה דְבָרֶךָ׃ גַּל־עֵינַי וְאַבִּיטָה יז יח
נִפְלָאוֹת מִתּוֹרָתֶךָ׃ גֵּר אָנֹכִי בָאָרֶץ אַל־תַּסְתֵּר מִמֶּנִּי מִצְוֺתֶיךָ׃ יט
גָּרְסָה נַפְשִׁי לְתַאֲבָה אֶל־מִשְׁפָּטֶיךָ בְכָל־עֵת׃ גָּעַרְתָּ זֵדִים כ כא
אֲרוּרִים הַשֹּׁגִים מִמִּצְוֺתֶיךָ׃ גַּל מֵעָלַי חֶרְפָּה וָבוּז כִּי עֵדֹתֶיךָ כב
נָצָרְתִּי׃ גַּם יָשְׁבוּ שָׂרִים בִּי נִדְבָּרוּ עַבְדְּךָ יָשִׂיחַ בְּחֻקֶּיךָ׃ גַּם־ כג כד
עֵדֹתֶיךָ שַׁעֲשֻׁעָי אַנְשֵׁי עֲצָתִי׃
דָּבְקָה לֶעָפָר נַפְשִׁי חַיֵּנִי כִּדְבָרֶךָ׃ דְּרָכַי סִפַּרְתִּי וַתַּעֲנֵנִי לַמְּדֵנִי כה כו
חֻקֶּיךָ׃ דֶּרֶךְ־פִּקּוּדֶיךָ הֲבִינֵנִי וְאָשִׂיחָה בְּנִפְלְאוֹתֶיךָ׃ דָּלְפָה נַפְשִׁי כז כח
מִתּוּגָה קַיְּמֵנִי כִּדְבָרֶךָ׃ דֶּרֶךְ־שֶׁקֶר הָסֵר מִמֶּנִּי וְתוֹרָתְךָ חָנֵּנִי׃ כט
דֶּרֶךְ־אֱמוּנָה בָחָרְתִּי מִשְׁפָּטֶיךָ שִׁוִּיתִי׃ דָּבַקְתִּי בְעֵדְוֺתֶיךָ יְהוָה ל לא
אַל־תְּבִישֵׁנִי׃ דֶּרֶךְ־מִצְוֺתֶיךָ אָרוּץ כִּי תַרְחִיב לִבִּי׃ לב
הוֹרֵנִי יְהוָה דֶּרֶךְ חֻקֶּיךָ וְאֶצְּרֶנָּה עֵקֶב׃ הֲבִינֵנִי וְאֶצְּרָה תוֹרָתֶךָ לג לד
וְאֶשְׁמְרֶנָּה בְכָל־לֵב׃ הַדְרִיכֵנִי בִּנְתִיב מִצְוֺתֶיךָ כִּי־בוֹ חָפָצְתִּי׃ לה
הַט־לִבִּי אֶל־עֵדְוֺתֶיךָ וְאַל אֶל־בָּצַע׃ הַעֲבֵר עֵינַי מֵרְאוֹת שָׁוְא לו לז
בִּדְרָכֶךָ חַיֵּנִי׃ הָקֵם לְעַבְדְּךָ אִמְרָתֶךָ אֲשֶׁר לְיִרְאָתֶךָ׃ הַעֲבֵר לח לט
חֶרְפָּתִי אֲשֶׁר יָגֹרְתִּי כִּי מִשְׁפָּטֶיךָ טוֹבִים׃ הִנֵּה תָּאַבְתִּי מ
לְפִקֻּדֶיךָ בְּצִדְקָתְךָ חַיֵּנִי׃
וִיבֹאֻנִי חֲסָדֶךָ יְהוָה תְּשׁוּעָתְךָ כְּאִמְרָתֶךָ׃ וְאֶעֱנֶה חֹרְפִי מא מב
דָבָר כִּי־בָטַחְתִּי בִּדְבָרֶךָ׃ וְאַל־תַּצֵּל מִפִּי דְבַר־אֱמֶת עַד־ מג

מד מְאֹד כִּי לְמִשְׁפָּטֶךָ יִחָלְתִּי׃ וְאֶשְׁמְרָה תוֹרָתְךָ תָמִיד לְעוֹלָם
מה מו וָעֶד׃ וְאֶתְהַלְּכָה בָרְחָבָה כִּי פִקֻּדֶיךָ דָרָשְׁתִּי׃ וַאֲדַבְּרָה
מז בְעֵדֹתֶיךָ נֶגֶד מְלָכִים וְלֹא אֵבוֹשׁ׃ וְאֶשְׁתַּעֲשַׁע בְּמִצְוֺתֶיךָ
מח אֲשֶׁר אָהָבְתִּי׃ וְאֶשָּׂא־כַפַּי אֶל־מִצְוֺתֶיךָ אֲשֶׁר אָהָבְתִּי
וְאָשִׂיחָה בְחֻקֶּיךָ׃
מט נ זְכֹר־דָּבָר לְעַבְדֶּךָ עַל אֲשֶׁר יִחַלְתָּנִי׃ זֹאת נֶחָמָתִי בְעָנְיִי כִּי
נא אִמְרָתְךָ חִיָּתְנִי׃ זֵדִים הֱלִיצֻנִי עַד־מְאֹד מִתּוֹרָתְךָ לֹא נָטִיתִי׃
נב נג זָכַרְתִּי מִשְׁפָּטֶיךָ מֵעוֹלָם ׀ יְהוָה וָאֶתְנֶחָם׃ זַלְעָפָה אֲחָזַתְנִי
נד מֵרְשָׁעִים עֹזְבֵי תּוֹרָתֶךָ׃ זְמִרוֹת הָיוּ־לִי חֻקֶּיךָ בְּבֵית מְגוּרָי׃
נה נו זָכַרְתִּי בַלַּיְלָה שִׁמְךָ יְהוָה וָאֶשְׁמְרָה תּוֹרָתֶךָ׃ זֹאת הָיְתָה־לִּי
כִּי פִקֻּדֶיךָ נָצָרְתִּי׃
נז נח חֶלְקִי יְהוָה אָמַרְתִּי לִשְׁמֹר דְּבָרֶיךָ׃ חִלִּיתִי פָנֶיךָ בְכָל־לֵב חָנֵּנִי
נט ס כְּאִמְרָתֶךָ׃ חִשַּׁבְתִּי דְרָכָי וָאָשִׁיבָה רַגְלַי אֶל־עֵדֹתֶיךָ׃ חַשְׁתִּי
סא וְלֹא הִתְמַהְמָהְתִּי לִשְׁמֹר מִצְוֺתֶיךָ׃ חֶבְלֵי רְשָׁעִים עִוְּדֻנִי תּוֹרָתְךָ
סב לֹא שָׁכָחְתִּי׃ חֲצוֹת־לַיְלָה אָקוּם לְהוֹדוֹת לָךְ עַל מִשְׁפְּטֵי
סג סד צִדְקֶךָ׃ חָבֵר אָנִי לְכָל־אֲשֶׁר יְרֵאוּךָ וּלְשֹׁמְרֵי פִּקּוּדֶיךָ׃ חַסְדְּךָ
יְהוָה מָלְאָה הָאָרֶץ חֻקֶּיךָ לַמְּדֵנִי׃
סה סו טוֹב עָשִׂיתָ עִם־עַבְדְּךָ יְהוָה כִּדְבָרֶךָ׃ טוּב טַעַם וָדַעַת לַמְּדֵנִי
סז כִּי בְמִצְוֺתֶיךָ הֶאֱמָנְתִּי׃ טֶרֶם אֶעֱנֶה אֲנִי שֹׁגֵג וְעַתָּה אִמְרָתְךָ
סח סט שָׁמָרְתִּי׃ טוֹב־אַתָּה וּמֵטִיב לַמְּדֵנִי חֻקֶּיךָ׃ טָפְלוּ עָלַי שֶׁקֶר זֵדִים
ע אֲנִי בְּכָל־לֵב ׀ אֶצֹּר פִּקּוּדֶיךָ׃ טָפַשׁ כַּחֵלֶב לִבָּם אֲנִי תּוֹרָתְךָ
עא עב שִׁעֲשָׁעְתִּי׃ טוֹב־לִי כִי־עֻנֵּיתִי לְמַעַן אֶלְמַד חֻקֶּיךָ׃ טוֹב־לִי יז
תוֹרַת־פִּיךָ מֵאַלְפֵי זָהָב וָכָסֶף׃
עג עד יָדֶיךָ עָשׂוּנִי וַיְכוֹנְנוּנִי הֲבִינֵנִי וְאֶלְמְדָה מִצְוֺתֶיךָ׃ יְרֵאֶיךָ יִרְאוּנִי
עה וְיִשְׂמָחוּ כִּי לִדְבָרְךָ יִחָלְתִּי׃ יָדַעְתִּי יְהוָה כִּי־צֶדֶק מִשְׁפָּטֶיךָ
עו וֶאֱמוּנָה עִנִּיתָנִי׃ יְהִי־נָא חַסְדְּךָ לְנַחֲמֵנִי כְּאִמְרָתְךָ לְעַבְדֶּךָ׃
עז עח יְבֹאוּנִי רַחֲמֶיךָ וְאֶחְיֶה כִּי־תוֹרָתְךָ שַׁעֲשֻׁעָי׃ יֵבֹשׁוּ זֵדִים כִּי־

וְיֹדְעֵי
עט שֶׁקֶר עִוְּתוּנִי אֲנִי אָשִׂיחַ בְּפִקּוּדֶיךָ׃ יָשׁוּבוּ לִי יְרֵאֶיךָ וידעו
פ עֵדֹתֶיךָ׃ יְהִי־לִבִּי תָמִים בְּחֻקֶּיךָ לְמַעַן לֹא אֵבוֹשׁ׃
פא פב כָּלְתָה לִתְשׁוּעָתְךָ נַפְשִׁי לִדְבָרְךָ יִחָלְתִּי׃ כָּלוּ עֵינַי לְאִמְרָתֶךָ
פג לֵאמֹר מָתַי תְּנַחֲמֵנִי׃ כִּי־הָיִיתִי כְּנֹאד בְּקִיטוֹר חֻקֶּיךָ לֹא
פד פה שָׁכָחְתִּי׃ כַּמָּה יְמֵי־עַבְדֶּךָ מָתַי תַּעֲשֶׂה בְרֹדְפַי מִשְׁפָּט׃ כָּרוּ־לִי
פו זֵדִים שִׁיחוֹת אֲשֶׁר לֹא כְתוֹרָתֶךָ׃ כָּל־מִצְוֹתֶיךָ אֱמוּנָה שֶׁקֶר
פז רְדָפוּנִי עָזְרֵנִי׃ כִּמְעַט כִּלּוּנִי בָאָרֶץ וַאֲנִי לֹא־עָזַבְתִּי פִקֻּדֶיךָ׃
פח כְּחַסְדְּךָ חַיֵּנִי וְאֶשְׁמְרָה עֵדוּת פִּיךָ׃
פט צ לְעוֹלָם יְהוָה דְּבָרְךָ נִצָּב בַּשָּׁמָיִם׃ לְדֹר וָדֹר אֱמוּנָתֶךָ כּוֹנַנְתָּ
צא צב אֶרֶץ וַתַּעֲמֹד׃ לְמִשְׁפָּטֶיךָ עָמְדוּ הַיּוֹם כִּי הַכֹּל עֲבָדֶיךָ׃ לוּלֵי
צג תוֹרָתְךָ שַׁעֲשֻׁעָי אָז אָבַדְתִּי בְעָנְיִי׃ לְעוֹלָם לֹא־אֶשְׁכַּח פִּקּוּדֶיךָ
צד צה כִּי־בָם חִיִּיתָנִי׃ לְךָ־אֲנִי הוֹשִׁיעֵנִי כִּי פִקּוּדֶיךָ דָרָשְׁתִּי׃ לִי קִוּוּ
צו רְשָׁעִים לְאַבְּדֵנִי עֵדֹתֶיךָ אֶתְבּוֹנָן׃ לְכָל־תִּכְלָה רָאִיתִי קֵץ
רְחָבָה מִצְוָתְךָ מְאֹד׃
צז צח מָה־אָהַבְתִּי תוֹרָתֶךָ כָּל־הַיּוֹם הִיא שִׂיחָתִי׃ מֵאֹיְבַי תְּחַכְּמֵנִי
צט מִצְוֹתֶךָ כִּי לְעוֹלָם הִיא־לִי׃ מִכָּל־מְלַמְּדַי הִשְׂכַּלְתִּי כִּי עֵדְוֹתֶיךָ
ק קא שִׂיחָה לִי׃ מִזְּקֵנִים אֶתְבּוֹנָן כִּי פִקּוּדֶיךָ נָצָרְתִּי׃ מִכָּל־אֹרַח רָע
קב כָּלִאתִי רַגְלָי לְמַעַן אֶשְׁמֹר דְּבָרֶךָ׃ מִמִּשְׁפָּטֶיךָ לֹא־סָרְתִּי
קג כִּי־אַתָּה הוֹרֵתָנִי׃ מַה־נִּמְלְצוּ לְחִכִּי אִמְרָתֶךָ מִדְּבַשׁ לְפִי׃
קד מִפִּקּוּדֶיךָ אֶתְבּוֹנָן עַל־כֵּן שָׂנֵאתִי ׀ כָּל־אֹרַח שָׁקֶר׃
קה קו נֵר־לְרַגְלִי דְבָרֶךָ וְאוֹר לִנְתִיבָתִי׃ נִשְׁבַּעְתִּי וָאֲקַיֵּמָה לִשְׁמֹר
קז קח מִשְׁפְּטֵי צִדְקֶךָ׃ נַעֲנֵיתִי עַד־מְאֹד יְהוָה חַיֵּנִי כִדְבָרֶךָ׃ נִדְבוֹת
קט פִּי רְצֵה־נָא יְהוָה וּמִשְׁפָּטֶיךָ לַמְּדֵנִי׃ נַפְשִׁי בְכַפִּי תָמִיד וְתוֹרָתְךָ
קי קיא לֹא שָׁכָחְתִּי׃ נָתְנוּ רְשָׁעִים פַּח לִי וּמִפִּקּוּדֶיךָ לֹא תָעִיתִי׃ נָחַלְתִּי
קיב עֵדְוֹתֶיךָ לְעוֹלָם כִּי־שְׂשׂוֹן לִבִּי הֵמָּה׃ נָטִיתִי לִבִּי לַעֲשׂוֹת חֻקֶּיךָ
לְעוֹלָם עֵקֶב׃
קיג קיד סֵעֲפִים שָׂנֵאתִי וְתוֹרָתְךָ אָהָבְתִּי׃ סִתְרִי וּמָגִנִּי אָתָּה לִדְבָרְךָ

קטו קטז יִחָלְתִּי׃ סוּרוּ מִמֶּנִּי מְרֵעִים וְאֶצְּרָה מִצְוֺת אֱלֹהָי׃ סָמְכֵנִי
קיז כְאִמְרָתְךָ וְאֶחְיֶה וְאַל־תְּבִישֵׁנִי מִשִּׂבְרִי׃ סְעָדֵנִי וְאִוָּשֵׁעָה
קיח וְאֶשְׁעָה בְחֻקֶּיךָ תָמִיד׃ סָלִיתָ כָּל־שׁוֹגִים מֵחֻקֶּיךָ כִּי־שֶׁקֶר
קיט תַּרְמִיתָם׃ סִגִים הִשְׁבַּתָּ כָל־רִשְׁעֵי־אָרֶץ לָכֵן אָהַבְתִּי עֵדֹתֶיךָ׃
קכ סָמַר מִפַּחְדְּךָ בְשָׂרִי וּמִמִּשְׁפָּטֶיךָ יָרֵאתִי׃
קכא קכב עָשִׂיתִי מִשְׁפָּט וָצֶדֶק בַּל־תַּנִּיחֵנִי לְעֹשְׁקָי׃ עֲרֹב עַבְדְּךָ לְטוֹב
קכג קכד אַל־יַעַשְׁקֻנִי זֵדִים׃ עֵינַי כָּלוּ לִישׁוּעָתֶךָ וּלְאִמְרַת צִדְקֶךָ׃ עֲשֵׂה
קכה עִם־עַבְדְּךָ כְחַסְדֶּךָ וְחֻקֶּיךָ לַמְּדֵנִי׃ עַבְדְּךָ־אָנִי הֲבִינֵנִי וְאֵדְעָה
קכו קכז עֵדֹתֶיךָ׃ עֵת לַעֲשׂוֹת לַיהוה הֵפֵרוּ תּוֹרָתֶךָ׃ עַל־כֵּן אָהַבְתִּי
קכח מִצְוֺתֶיךָ מִזָּהָב וּמִפָּז׃ עַל־כֵּן ׀ כָּל־פִּקּוּדֵי כֹל יִשָּׁרְתִּי כָּל־
אֹרַח שֶׁקֶר שָׂנֵאתִי׃
קכט קל פְּלָאוֹת עֵדְוֺתֶיךָ עַל־כֵּן נְצָרָתַם נַפְשִׁי׃ פֵּתַח־דְּבָרֶיךָ יָאִיר מֵבִין
קלא קלב פְּתָיִים׃ פִּי־פָעַרְתִּי וָאֶשְׁאָפָה כִּי לְמִצְוֺתֶיךָ יָאָבְתִּי׃ פְּנֵה־אֵלַי
קלג וְחָנֵּנִי כְּמִשְׁפָּט לְאֹהֲבֵי שְׁמֶךָ׃ פְּעָמַי הָכֵן בְּאִמְרָתֶךָ וְאַל־
קלד קלה תַּשְׁלֶט־בִּי כָל־אָוֶן׃ פְּדֵנִי מֵעֹשֶׁק אָדָם וְאֶשְׁמְרָה פִּקּוּדֶיךָ׃ פָּנֶיךָ
קלו הָאֵר בְּעַבְדֶּךָ וְלַמְּדֵנִי אֶת־חֻקֶּיךָ׃ פַּלְגֵי־מַיִם יָרְדוּ עֵינָי עַל
לֹא־שָׁמְרוּ תוֹרָתֶךָ׃
קלז קלח צַדִּיק אַתָּה יהוה וְיָשָׁר מִשְׁפָּטֶיךָ׃ צִוִּיתָ צֶדֶק עֵדֹתֶיךָ וֶאֱמוּנָה
קלט קמ מְאֹד׃ צִמְּתַתְנִי קִנְאָתִי כִּי־שָׁכְחוּ דְבָרֶיךָ צָרָי׃ צְרוּפָה
קמא אִמְרָתְךָ מְאֹד וְעַבְדְּךָ אֲהֵבָהּ׃ צָעִיר אָנֹכִי וְנִבְזֶה פִּקֻּדֶיךָ
קמב קמג לֹא שָׁכָחְתִּי׃ צִדְקָתְךָ צֶדֶק לְעוֹלָם וְתוֹרָתְךָ אֱמֶת׃ צַר־
קמד וּמָצוֹק מְצָאוּנִי מִצְוֺתֶיךָ שַׁעֲשֻׁעָי׃ צֶדֶק עֵדְוֺתֶיךָ לְעוֹלָם
הֲבִינֵנִי וְאֶחְיֶה׃
קמה קמו קָרָאתִי בְכָל־לֵב עֲנֵנִי יהוה חֻקֶּיךָ אֶצֹּרָה׃ קְרָאתִיךָ הוֹשִׁיעֵנִי
קמז וְאֶשְׁמְרָה עֵדֹתֶיךָ׃ קִדַּמְתִּי בַנֶּשֶׁף וָאֲשַׁוֵּעָה לדבריך יִחָלְתִּי׃ לִדְבָרְךָ
קמח קמט קִדְּמוּ עֵינַי אַשְׁמֻרוֹת לָשִׂיחַ בְּאִמְרָתֶךָ׃ קוֹלִי שִׁמְעָה כְחַסְדֶּךָ
קנ יהוה כְּמִשְׁפָּטֶךָ חַיֵּנִי׃ קָרְבוּ רֹדְפֵי זִמָּה מִתּוֹרָתְךָ רָחָקוּ׃

קנא קנב קָר֣וֹב אַתָּ֣ה יְהֹוָ֑ה וְֽכׇל־מִצְוֺתֶ֥יךָ אֱמֶֽת׃ קֶ֣דֶם יָ֭דַעְתִּי מֵעֵדֹתֶ֑יךָ
כִּ֖י לְעוֹלָ֣ם יְסַדְתָּֽם׃
קנג קנד רְאֵה־עׇנְיִ֥י וְחַלְּצֵ֑נִי כִּֽי־ת֜וֹרָתְךָ֗ לֹ֣א שָׁכָֽחְתִּי׃ רִ֣יבָה רִ֭יבִי וּגְאָלֵ֑נִי
קנה לְאִמְרָתְךָ֥ חַיֵּֽנִי׃ רָח֣וֹק מֵרְשָׁעִ֣ים יְשׁוּעָ֑ה כִּֽי־חֻ֜קֶּ֗יךָ לֹ֣א דָרָֽשׁוּ׃
קנו קנז רַחֲמֶ֖יךָ רַבִּ֥ים ׀ יְהֹוָ֑ה כְּֽמִשְׁפָּטֶ֥יךָ חַיֵּֽנִי׃ רַ֭בִּים רֹדְפַ֣י וְצָרָ֑י
קנח מֵ֝עֵדְוֺתֶ֗יךָ לֹ֣א נָטִֽיתִי׃ רָאִ֣יתִי בֹ֭גְדִים וָאֶתְקוֹטָ֑טָה אֲשֶׁ֥ר אִ֜מְרָתְךָ֗
קנט קס לֹ֣א שָׁמָֽרוּ׃ רְ֭אֵה כִּֽי־פִקּוּדֶ֣יךָ אָהָ֑בְתִּי יְ֜הֹוָ֗ה כְּֽחַסְדְּךָ֥ חַיֵּֽנִי׃ רֹאשׁ־
דְּבָרְךָ֥ אֱמֶ֑ת וּ֜לְעוֹלָ֗ם כׇּל־מִשְׁפַּ֥ט צִדְקֶֽךָ׃
קסא קסב שָׂ֭רִים רְדָפ֣וּנִי חִנָּ֑ם וּ֝מִדְּבָרְיךָ פָּחַ֥ד לִבִּֽי׃ שָׂ֣שׂ אָ֭נֹכִי עַל־אִמְרָתֶ֑ךָ וּמִדְּבָרְךָ
קסג כְּ֝מוֹצֵ֗א שָׁלָ֥ל רָֽב׃ שֶׁ֣קֶר שָׂ֭נֵאתִי וָאֲתַעֵ֑בָה תּוֹרָתְךָ֥ אָהָֽבְתִּי׃
קסד קסה שֶׁ֣בַע בַּ֭יּוֹם הִלַּלְתִּ֑יךָ עַ֝֗ל מִשְׁפְּטֵ֥י צִדְקֶֽךָ׃ שָׁל֣וֹם רָ֭ב לְאֹהֲבֵ֣י
קסו תוֹרָתֶ֑ךָ וְאֵֽין־לָ֥מוֹ מִכְשֽׁוֹל׃ שִׂבַּ֣רְתִּי לִֽישׁוּעָתְךָ֣ יְהֹוָ֑ה וּֽמִצְוֺתֶ֥יךָ
קסז קסח עָשִֽׂיתִי׃ שָֽׁמְרָ֣ה נַ֭פְשִׁי עֵדֹתֶ֑יךָ וָאֹהֲבֵ֥ם מְאֹֽד׃ שָׁמַ֣רְתִּי פִ֭קּוּדֶיךָ
וְעֵדֹתֶ֑יךָ כִּ֖י כׇל־דְּרָכַ֣י נֶגְדֶּֽךָ׃
קסט קע תִּקְרַ֤ב רִנָּתִ֣י לְפָנֶ֣יךָ יְהֹוָ֑ה כִּדְבָרְךָ֥ הֲבִינֵֽנִי׃ תָּב֣וֹא תְּחִנָּתִ֣י לְפָנֶ֑יךָ
קעא כְּ֝אִמְרָתְךָ֗ הַצִּילֵֽנִי׃ תַּבַּ֣עְנָה שְׂפָתַ֣י תְּהִלָּ֑ה כִּ֖י תְלַמְּדֵ֣נִי חֻקֶּֽיךָ׃
קעב קעג תַּ֣עַן לְ֭שׁוֹנִי אִמְרָתֶ֑ךָ כִּ֖י כׇל־מִצְוֺתֶ֣יךָ צֶּֽדֶק׃ תְּהִי־יָדְךָ֥ לְעׇזְרֵ֑נִי
קעד כִּ֖י פִקּוּדֶ֣יךָ בָחָֽרְתִּי׃ תָּאַ֣בְתִּי לִֽישׁוּעָתְךָ֣ יְהֹוָ֑ה וְ֝תוֹרָתְךָ֗ שַׁעֲשֻׁעָֽי׃
קעה קעו תְּֽחִי־נַ֭פְשִׁי וּֽתְהַלְלֶ֑ךָּ וּֽמִשְׁפָּטֶ֥ךָ יַעְזְרֻֽנִי׃ תָּעִ֗יתִי כְּשֶׂ֣ה אֹ֭בֵד בַּקֵּ֣שׁ
עַבְדֶּ֑ךָ כִּ֥י מִ֝צְוֺתֶ֗יךָ לֹ֣א שָׁכָֽחְתִּי׃
קכ א ב שִׁ֥יר הַֽמַּ֫עֲל֥וֹת אֶל־יְ֭הֹוָה בַּצָּרָ֣תָה לִּ֑י קָ֝רָ֗אתִי וַֽיַּעֲנֵֽנִי׃ יְֽהֹוָ֗ה
ג הַצִּ֣ילָה נַ֭פְשִׁי מִשְּׂפַת־שֶׁ֑קֶר מִלָּשׁ֥וֹן רְמִיָּֽה׃ מַה־יִּתֵּ֣ן לְ֭ךָ וּמַה־
ד יֹּסִ֥יף לָ֗ךְ לָשׁ֥וֹן רְמִיָּֽה׃ חִצֵּ֣י גִבּ֣וֹר שְׁנוּנִ֑ים עִ֝֗ם גַּחֲלֵ֥י רְתָמִֽים׃
ה ו אֽוֹיָה־לִ֭י כִּי־גַ֣רְתִּי מֶ֑שֶׁךְ שָׁ֝כַ֗נְתִּי עִם־אׇהֳלֵ֥י קֵדָֽר׃ רַ֭בַּת
ז שָֽׁכְנָה־לָּ֣הּ נַפְשִׁ֑י עִ֝֗ם שׂוֹנֵ֥א שָׁלֽוֹם׃ אֲֽנִי־שָׁ֭לוֹם וְכִ֣י אֲדַבֵּ֑ר
הֵ֝֗מָּה לַמִּלְחָמָֽה׃
קכא א ב שִׁ֗יר לַֽמַּ֫עֲל֥וֹת אֶשָּׂ֣א עֵ֭ינַי אֶל־הֶהָרִ֑ים מֵ֝אַ֗יִן יָבֹ֥א עֶזְרִֽי׃ עֶ֭זְרִי

ג מֵעִם יהוה עֹשֵׂה שָׁמַיִם וָאָרֶץ׃ אַל־יִתֵּן לַמּוֹט רַגְלֶךָ אַל־יָנוּם
ד ה שֹׁמְרֶךָ׃ הִנֵּה לֹא־יָנוּם וְלֹא יִישָׁן שׁוֹמֵר יִשְׂרָאֵל׃ יהוה שֹׁמְרֶךָ
ו יהוה צִלְּךָ עַל־יַד יְמִינֶךָ׃ יוֹמָם הַשֶּׁמֶשׁ לֹא־יַכֶּכָּה וְיָרֵחַ בַּלָּיְלָה׃
ז ח יהוה יִשְׁמָרְךָ מִכָּל־רָע יִשְׁמֹר אֶת־נַפְשֶׁךָ׃ יהוה יִשְׁמָר־צֵאתְךָ
וּבוֹאֶךָ מֵעַתָּה וְעַד־עוֹלָם׃

קכב א שִׁיר הַמַּעֲלוֹת לְדָוִד שָׂמַחְתִּי בְּאֹמְרִים לִי בֵּית יהוה נֵלֵךְ׃
ב ג עֹמְדוֹת הָיוּ רַגְלֵינוּ בִּשְׁעָרַיִךְ יְרוּשָׁלָםִ׃ יְרוּשָׁלַםִ הַבְּנוּיָה כְּעִיר
ד שֶׁחֻבְּרָה־לָּהּ יַחְדָּו׃ שֶׁשָּׁם עָלוּ שְׁבָטִים שִׁבְטֵי־יָהּ עֵדוּת
ה לְיִשְׂרָאֵל לְהֹדוֹת לְשֵׁם יהוה׃ כִּי שָׁמָּה ׀ יָשְׁבוּ כִסְאוֹת
ו לְמִשְׁפָּט כִּסְאוֹת לְבֵית דָּוִד׃ שַׁאֲלוּ שְׁלוֹם יְרוּשָׁלָםִ יִשְׁלָיוּ
ז ח אֹהֲבָיִךְ׃ יְהִי־שָׁלוֹם בְּחֵילֵךְ שַׁלְוָה בְּאַרְמְנוֹתָיִךְ׃ לְמַעַן אַחַי
ט וְרֵעָי אֲדַבְּרָה־נָּא שָׁלוֹם בָּךְ׃ לְמַעַן בֵּית־יהוה אֱלֹהֵינוּ
אֲבַקְשָׁה טוֹב לָךְ׃

קכג א ב שִׁיר הַמַּעֲלוֹת אֵלֶיךָ נָשָׂאתִי אֶת־עֵינַי הַיֹּשְׁבִי בַּשָּׁמָיִם׃ הִנֵּה
כְעֵינֵי עֲבָדִים אֶל־יַד אֲדוֹנֵיהֶם כְּעֵינֵי שִׁפְחָה אֶל־יַד גְּבִרְתָּהּ
ג כֵּן עֵינֵינוּ אֶל־יהוה אֱלֹהֵינוּ עַד שֶׁיְּחָנֵּנוּ׃ חָנֵּנוּ יהוה חָנֵּנוּ
ד כִּי־רַב שָׂבַעְנוּ בוּז׃ רַבַּת שָׂבְעָה־לָּהּ נַפְשֵׁנוּ הַלַּעַג הַשַּׁאֲנַנִּים
הַבּוּז לגאיונים׃ לִגְאֵי יוֹנִים

קכד א שִׁיר הַמַּעֲלוֹת לְדָוִד לוּלֵי יהוה שֶׁהָיָה לָנוּ יֹאמַר־נָא יִשְׂרָאֵל׃
ב ג לוּלֵי יהוה שֶׁהָיָה לָנוּ בְּקוּם עָלֵינוּ אָדָם׃ אֲזַי חַיִּים בְּלָעוּנוּ
ד בַּחֲרוֹת אַפָּם בָּנוּ׃ אֲזַי הַמַּיִם שְׁטָפוּנוּ נַחְלָה עָבַר עַל־
ה ו נַפְשֵׁנוּ׃ אֲזַי עָבַר עַל־נַפְשֵׁנוּ הַמַּיִם הַזֵּידוֹנִים׃ בָּרוּךְ יהוה
ז שֶׁלֹּא נְתָנָנוּ טֶרֶף לְשִׁנֵּיהֶם׃ נַפְשֵׁנוּ כְּצִפּוֹר נִמְלְטָה מִפַּח
ח יוֹקְשִׁים הַפַּח נִשְׁבָּר וַאֲנַחְנוּ נִמְלָטְנוּ׃ עֶזְרֵנוּ בְּשֵׁם יהוה
עֹשֵׂה שָׁמַיִם וָאָרֶץ׃

קכה א שִׁיר הַמַּעֲלוֹת הַבֹּטְחִים בַּיהוה כְּהַר־צִיּוֹן לֹא־יִמּוֹט לְעוֹלָם
ב יֵשֵׁב׃ יְרוּשָׁלַםִ הָרִים סָבִיב לָהּ וַיהוה סָבִיב לְעַמּוֹ מֵעַתָּה וְעַד־

עוֹלָם: כִּי לֹא יָנוּחַ שֵׁבֶט הָרֶשַׁע עַל גּוֹרַל הַצַּדִּיקִים לְמַעַן לֹא־ ג
יִשְׁלְחוּ הַצַּדִּיקִים ׀ בְּעַוְלָתָה יְדֵיהֶם: הֵיטִיבָה יְהוָה לַטּוֹבִים ד
וְלִישָׁרִים בְּלִבּוֹתָם: וְהַמַּטִּים עֲקַלְקַלּוֹתָם יוֹלִיכֵם יְהוָה אֶת־ ה
פֹּעֲלֵי הָאָוֶן שָׁלוֹם עַל־יִשְׂרָאֵל:
שִׁיר הַמַּעֲלוֹת בְּשׁוּב יְהוָה אֶת־שִׁיבַת צִיּוֹן הָיִינוּ כְּחֹלְמִים: אָז א ב קכ
יִמָּלֵא שְׂחוֹק פִּינוּ וּלְשׁוֹנֵנוּ רִנָּה אָז יֹאמְרוּ בַגּוֹיִם הִגְדִּיל יְהוָה
לַעֲשׂוֹת עִם־אֵלֶּה: הִגְדִּיל יְהוָה לַעֲשׂוֹת עִמָּנוּ הָיִינוּ שְׂמֵחִים: ג
שְׁבִיתֵנוּ שׁוּבָה יְהוָה אֶת־שבותנו כַּאֲפִיקִים בַּנֶּגֶב: הַזֹּרְעִים בְּדִמְעָה ד ה
בְּרִנָּה יִקְצֹרוּ: הָלוֹךְ יֵלֵךְ ׀ וּבָכֹה נֹשֵׂא מֶשֶׁךְ־הַזָּרַע בֹּא־יָבֹא ו
בְרִנָּה נֹשֵׂא אֲלֻמֹּתָיו:
שִׁיר הַמַּעֲלוֹת לִשְׁלֹמֹה אִם־יְהוָה ׀ לֹא־יִבְנֶה בַיִת שָׁוְא עָמְלוּ א קכ
בוֹנָיו בּוֹ אִם־יְהוָה לֹא־יִשְׁמָר־עִיר שָׁוְא ׀ שָׁקַד שׁוֹמֵר: שָׁוְא לָכֶם ׀ ב
מַשְׁכִּימֵי קוּם מְאַחֲרֵי־שֶׁבֶת אֹכְלֵי לֶחֶם הָעֲצָבִים כֵּן יִתֵּן לִידִידוֹ
שֵׁנָא: הִנֵּה נַחֲלַת יְהוָה בָּנִים שָׂכָר פְּרִי הַבָּטֶן: כְּחִצִּים בְּיַד־ ג ד
גִּבּוֹר כֵּן בְּנֵי הַנְּעוּרִים: אַשְׁרֵי הַגֶּבֶר אֲשֶׁר מִלֵּא אֶת־אַשְׁפָּתוֹ ה
מֵהֶם לֹא־יֵבֹשׁוּ כִּי־יְדַבְּרוּ אֶת־אוֹיְבִים בַּשָּׁעַר:
שִׁיר הַמַּעֲלוֹת אַשְׁרֵי כָּל־יְרֵא יְהוָה הַהֹלֵךְ בִּדְרָכָיו: יְגִיעַ כַּפֶּיךָ א ב קכ
כִּי תֹאכֵל אַשְׁרֶיךָ וְטוֹב לָךְ: אֶשְׁתְּךָ ׀ כְּגֶפֶן פֹּרִיָּה בְּיַרְכְּתֵי בֵיתֶךָ ג
בָּנֶיךָ כִּשְׁתִלֵי זֵיתִים סָבִיב לְשֻׁלְחָנֶךָ: הִנֵּה כִי־כֵן יְבֹרַךְ גָּבֶר יְרֵא ד
יְהוָה: יְבָרֶכְךָ יְהוָה מִצִּיּוֹן וּרְאֵה בְּטוּב יְרוּשָׁלִָם כֹּל יְמֵי חַיֶּיךָ: ה
יח וּרְאֵה־בָנִים לְבָנֶיךָ שָׁלוֹם עַל־יִשְׂרָאֵל: ו
שִׁיר הַמַּעֲלוֹת רַבַּת צְרָרוּנִי מִנְּעוּרַי יֹאמַר־נָא יִשְׂרָאֵל: רַבַּת א ב קכ
צְרָרוּנִי מִנְּעוּרָי גַּם לֹא־יָכְלוּ לִי: עַל־גַּבִּי חָרְשׁוּ חֹרְשִׁים הֶאֱרִיכוּ ג
לְמַעֲנִיתָם למענותם: יְהוָה צַדִּיק קִצֵּץ עֲבוֹת רְשָׁעִים: יֵבֹשׁוּ וְיִסֹּגוּ אָחוֹר ד ה
כֹּל שֹׂנְאֵי צִיּוֹן: יִהְיוּ כַּחֲצִיר גַּגּוֹת שֶׁקַּדְמַת שָׁלַף יָבֵשׁ: שֶׁלֹּא ו ז
מִלֵּא כַפּוֹ קוֹצֵר וְחִצְנוֹ מְעַמֵּר: וְלֹא אָמְרוּ ׀ הָעֹבְרִים בִּרְכַּת־ ח
יְהוָה אֲלֵיכֶם בֵּרַכְנוּ אֶתְכֶם בְּשֵׁם יְהוָה:

קל א ב שִׁיר הַמַּעֲלוֹת מִמַּעֲמַקִּים קְרָאתִיךָ יְהוָה: אֲדֹנָי שִׁמְעָה
ג בְקוֹלִי תִּהְיֶינָה אָזְנֶיךָ קַשֻּׁבוֹת לְקוֹל תַּחֲנוּנָי: אִם־עֲוֺנוֹת
ד תִּשְׁמָר־יָהּ אֲדֹנָי מִי יַעֲמֹד: כִּי־עִמְּךָ הַסְּלִיחָה לְמַעַן תִּוָּרֵא:
ה ו קִוִּיתִי יְהוָה קִוְּתָה נַפְשִׁי וְלִדְבָרוֹ הוֹחָלְתִּי: נַפְשִׁי לַאדֹנָי
ז מִשֹּׁמְרִים לַבֹּקֶר שֹׁמְרִים לַבֹּקֶר: יַחֵל יִשְׂרָאֵל אֶל־יְהוָה
ח כִּי־עִם־יְהוָה הַחֶסֶד וְהַרְבֵּה עִמּוֹ פְדוּת: וְהוּא יִפְדֶּה אֶת־
יִשְׂרָאֵל מִכֹּל עֲוֺנֹתָיו:

קלא א שִׁיר הַמַּעֲלוֹת לְדָוִד יְהוָה | לֹא־גָבַהּ לִבִּי וְלֹא־רָמוּ עֵינַי וְלֹא־
ב הִלַּכְתִּי | בִּגְדֹלוֹת וּבְנִפְלָאוֹת מִמֶּנִּי: אִם־לֹא שִׁוִּיתִי | וְדוֹמַמְתִּי
ג נַפְשִׁי כְּגָמֻל עֲלֵי אִמּוֹ כַּגָּמֻל עָלַי נַפְשִׁי: יַחֵל יִשְׂרָאֵל אֶל־
יְהוָה מֵעַתָּה וְעַד־עוֹלָם:

קלב א ב שִׁיר הַמַּעֲלוֹת זְכוֹר־יְהוָה לְדָוִד אֵת כָּל־עֻנּוֹתוֹ: אֲשֶׁר נִשְׁבַּע
ג לַיהוָה נָדַר לַאֲבִיר יַעֲקֹב: אִם־אָבֹא בְּאֹהֶל בֵּיתִי אִם־אֶעֱלֶה
ד ה עַל־עֶרֶשׂ יְצוּעָי: אִם־אֶתֵּן שְׁנַת לְעֵינָי לְעַפְעַפַּי תְּנוּמָה: עַד־
ו אֶמְצָא מָקוֹם לַיהוָה מִשְׁכָּנוֹת לַאֲבִיר יַעֲקֹב: הִנֵּה־שְׁמַעֲנוּהָ
ז בְאֶפְרָתָה מְצָאנוּהָ בִּשְׂדֵי־יָעַר: נָבוֹאָה לְמִשְׁכְּנוֹתָיו נִשְׁתַּחֲוֶה
ח ט לַהֲדֹם רַגְלָיו: קוּמָה יְהוָה לִמְנוּחָתֶךָ אַתָּה וַאֲרוֹן עֻזֶּךָ: כֹּהֲנֶיךָ
י יִלְבְּשׁוּ־צֶדֶק וַחֲסִידֶיךָ יְרַנֵּנוּ: בַּעֲבוּר דָּוִד עַבְדֶּךָ אַל־תָּשֵׁב פְּנֵי
יא מְשִׁיחֶךָ: נִשְׁבַּע־יְהוָה | לְדָוִד אֱמֶת לֹא־יָשׁוּב מִמֶּנָּה מִפְּרִי בִטְנְךָ
יב אָשִׁית לְכִסֵּא־לָךְ: אִם־יִשְׁמְרוּ בָנֶיךָ | בְּרִיתִי וְעֵדֹתִי זוֹ אֲלַמְּדֵם
יג גַּם־בְּנֵיהֶם עֲדֵי־עַד יֵשְׁבוּ לְכִסֵּא־לָךְ: כִּי־בָחַר יְהוָה בְּצִיּוֹן אִוָּהּ
יד טו לְמוֹשָׁב לוֹ: זֹאת־מְנוּחָתִי עֲדֵי־עַד פֹּה אֵשֵׁב כִּי אִוִּתִיהָ: צֵידָהּ
טז בָּרֵךְ אֲבָרֵךְ אֶבְיוֹנֶיהָ אַשְׂבִּיעַ לָחֶם: וְכֹהֲנֶיהָ אַלְבִּישׁ יֶשַׁע
יז וַחֲסִידֶיהָ רַנֵּן יְרַנֵּנוּ: שָׁם אַצְמִיחַ קֶרֶן לְדָוִד עָרַכְתִּי נֵר לִמְשִׁיחִי:
יח אוֹיְבָיו אַלְבִּישׁ בֹּשֶׁת וְעָלָיו יָצִיץ נִזְרוֹ:

קלג א שִׁיר הַמַּעֲלוֹת לְדָוִד הִנֵּה מַה־טּוֹב וּמַה־נָּעִים שֶׁבֶת אַחִים גַּם־
ב יָחַד: כַּשֶּׁמֶן הַטּוֹב | עַל־הָרֹאשׁ יֹרֵד עַל־הַזָּקָן זְקַן־אַהֲרֹן שֶׁיֹּרֵד

עַל־פִּי מִדּוֹתָיו׃ כְּטַל־חֶרְמוֹן שֶׁיֹּרֵד עַל־הַרְרֵי צִיּוֹן כִּי שָׁם ׀ צִוָּה ג
יְהוָה אֶת־הַבְּרָכָה חַיִּים עַד־הָעוֹלָם׃
שִׁיר הַמַּעֲלוֹת הִנֵּה ׀ בָּרְכוּ אֶת־יְהוָה כָּל־עַבְדֵי יְהוָה הָעֹמְדִים א קל
בְּבֵית־יְהוָה בַּלֵּילוֹת׃ שְׂאוּ־יְדֵכֶם קֹדֶשׁ וּבָרְכוּ אֶת־יְהוָה׃ ב
יְבָרֶכְךָ יְהוָה מִצִּיּוֹן עֹשֵׂה שָׁמַיִם וָאָרֶץ׃ ג
הַלְלוּיָהּ ׀ הַלְלוּ אֶת־שֵׁם יְהוָה הַלְלוּ עַבְדֵי יְהוָה׃ שֶׁעֹמְדִים א ב קל
בְּבֵית יְהוָה בְּחַצְרוֹת בֵּית אֱלֹהֵינוּ׃ הַלְלוּיָהּ כִּי־טוֹב יְהוָה זַמְּרוּ ג
לִשְׁמוֹ כִּי נָעִים׃ כִּי־יַעֲקֹב בָּחַר לוֹ יָהּ יִשְׂרָאֵל לִסְגֻלָּתוֹ׃ כִּי אֲנִי ד ה
יָדַעְתִּי כִּי־גָדוֹל יְהוָה וַאֲדֹנֵינוּ מִכָּל־אֱלֹהִים׃ כֹּל אֲשֶׁר־חָפֵץ ו
יְהוָה עָשָׂה בַּשָּׁמַיִם וּבָאָרֶץ בַּיַּמִּים וְכָל־תְּהֹמוֹת׃ מַעֲלֶה נְשִׂאִים ז
מִקְצֵה הָאָרֶץ בְּרָקִים לַמָּטָר עָשָׂה מוֹצֵא־רוּחַ מֵאוֹצְרוֹתָיו׃
שֶׁהִכָּה בְּכוֹרֵי מִצְרָיִם מֵאָדָם עַד־בְּהֵמָה׃ שָׁלַח ׀ אֹתוֹת וּמֹפְתִים ח ט
בְּתוֹכֵכִי מִצְרָיִם בְּפַרְעֹה וּבְכָל־עֲבָדָיו׃ שֶׁהִכָּה גּוֹיִם רַבִּים וְהָרַג י
מְלָכִים עֲצוּמִים׃ לְסִיחוֹן ׀ מֶלֶךְ הָאֱמֹרִי וּלְעוֹג מֶלֶךְ הַבָּשָׁן וּלְכֹל יא
מַמְלְכוֹת כְּנָעַן׃ וְנָתַן אַרְצָם נַחֲלָה נַחֲלָה לְיִשְׂרָאֵל עַמּוֹ׃ יְהוָה יב יג
שִׁמְךָ לְעוֹלָם יְהוָה זִכְרְךָ לְדֹר־וָדֹר׃ כִּי־יָדִין יְהוָה עַמּוֹ וְעַל־ יד
עֲבָדָיו יִתְנֶחָם׃ עֲצַבֵּי הַגּוֹיִם כֶּסֶף וְזָהָב מַעֲשֵׂה יְדֵי אָדָם׃ פֶּה־ טו טז
לָהֶם וְלֹא יְדַבֵּרוּ עֵינַיִם לָהֶם וְלֹא יִרְאוּ׃ אָזְנַיִם לָהֶם וְלֹא יַאֲזִינוּ יז
אַף אֵין־יֶשׁ־רוּחַ בְּפִיהֶם׃ כְּמוֹהֶם יִהְיוּ עֹשֵׂיהֶם כֹּל אֲשֶׁר־בֹּטֵחַ יח
בָּהֶם׃ בֵּית יִשְׂרָאֵל בָּרְכוּ אֶת־יְהוָה בֵּית אַהֲרֹן בָּרְכוּ אֶת־יְהוָה׃ יט
בֵּית הַלֵּוִי בָּרְכוּ אֶת־יְהוָה יִרְאֵי יְהוָה בָּרְכוּ אֶת־יְהוָה׃ בָּרוּךְ כ כא
יְהוָה ׀ מִצִּיּוֹן שֹׁכֵן יְרוּשָׁלָםִ הַלְלוּיָהּ׃
הוֹדוּ לַיהוָה כִּי־טוֹב כִּי לְעוֹלָם חַסְדּוֹ׃ הוֹדוּ לֵאלֹהֵי הָאֱלֹהִים א ב קל
כִּי לְעוֹלָם חַסְדּוֹ׃ הוֹדוּ לַאֲדֹנֵי הָאֲדֹנִים כִּי לְעוֹלָם חַסְדּוֹ׃ לְעֹשֵׂה ג ד
נִפְלָאוֹת גְּדֹלוֹת לְבַדּוֹ כִּי לְעוֹלָם חַסְדּוֹ׃ לְעֹשֵׂה הַשָּׁמַיִם ה
בִּתְבוּנָה כִּי לְעוֹלָם חַסְדּוֹ׃ לְרֹקַע הָאָרֶץ עַל־הַמָּיִם כִּי לְעוֹלָם ו
חַסְדּוֹ׃ לְעֹשֵׂה אוֹרִים גְּדֹלִים כִּי לְעוֹלָם חַסְדּוֹ׃ אֶת־הַשֶּׁמֶשׁ ז ח

ט לְמֶמְשֶׁלֶת בַּיּוֹם כִּי לְעוֹלָם חַסְדּוֹ: אֶת־הַיָּרֵחַ וְכוֹכָבִים
י לְמֶמְשְׁלוֹת בַּלָּיְלָה כִּי לְעוֹלָם חַסְדּוֹ: לְמַכֵּה מִצְרַיִם בִּבְכוֹרֵיהֶם
יא יב כִּי לְעוֹלָם חַסְדּוֹ: וַיּוֹצֵא יִשְׂרָאֵל מִתּוֹכָם כִּי לְעוֹלָם חַסְדּוֹ: בְּיָד
יג חֲזָקָה וּבִזְרוֹעַ נְטוּיָה כִּי לְעוֹלָם חַסְדּוֹ: לְגֹזֵר יַם־סוּף לִגְזָרִים כִּי
יד טו לְעוֹלָם חַסְדּוֹ: וְהֶעֱבִיר יִשְׂרָאֵל בְּתוֹכוֹ כִּי לְעוֹלָם חַסְדּוֹ: וְנִעֵר
טז פַּרְעֹה וְחֵילוֹ בְיַם־סוּף כִּי לְעוֹלָם חַסְדּוֹ: לְמוֹלִיךְ עַמּוֹ בַּמִּדְבָּר
יז יח כִּי לְעוֹלָם חַסְדּוֹ: לְמַכֵּה מְלָכִים גְּדֹלִים כִּי לְעוֹלָם חַסְדּוֹ: וַיַּהֲרֹג
יט מְלָכִים אַדִּירִים כִּי לְעוֹלָם חַסְדּוֹ: לְסִיחוֹן מֶלֶךְ הָאֱמֹרִי כִּי
כ כא לְעוֹלָם חַסְדּוֹ: וּלְעוֹג מֶלֶךְ הַבָּשָׁן כִּי לְעוֹלָם חַסְדּוֹ: וְנָתַן אַרְצָם
כב לְנַחֲלָה כִּי לְעוֹלָם חַסְדּוֹ: נַחֲלָה לְיִשְׂרָאֵל עַבְדּוֹ כִּי לְעוֹלָם
כג כד חַסְדּוֹ: שֶׁבְּשִׁפְלֵנוּ זָכַר לָנוּ כִּי לְעוֹלָם חַסְדּוֹ: וַיִּפְרְקֵנוּ מִצָּרֵינוּ
כה כו כִּי לְעוֹלָם חַסְדּוֹ: נֹתֵן לֶחֶם לְכָל־בָּשָׂר כִּי לְעוֹלָם חַסְדּוֹ: הוֹדוּ
לְאֵל הַשָּׁמָיִם כִּי לְעוֹלָם חַסְדּוֹ:

קלז א ב עַל־נַהֲרוֹת ׀ בָּבֶל שָׁם יָשַׁבְנוּ גַּם־בָּכִינוּ בְּזָכְרֵנוּ אֶת־צִיּוֹן: עַל־
ג עֲרָבִים בְּתוֹכָהּ תָּלִינוּ כִּנֹּרוֹתֵינוּ: כִּי שָׁם ׀ שְׁאֵלוּנוּ שׁוֹבֵינוּ
ד דִּבְרֵי־שִׁיר וְתוֹלָלֵינוּ שִׂמְחָה שִׁירוּ לָנוּ מִשִּׁיר צִיּוֹן: אֵיךְ נָשִׁיר
ה אֶת־שִׁיר־יְהוָה עַל אַדְמַת נֵכָר: אִם־אֶשְׁכָּחֵךְ יְרוּשָׁלִָם תִּשְׁכַּח
ו יְמִינִי: תִּדְבַּק לְשׁוֹנִי ׀ לְחִכִּי אִם־לֹא אֶזְכְּרֵכִי אִם־לֹא אַעֲלֶה
ז אֶת־יְרוּשָׁלִַם עַל רֹאשׁ שִׂמְחָתִי: זְכֹר יְהוָה ׀ לִבְנֵי אֱדוֹם אֵת יוֹם
ח יְרוּשָׁלִָם הָאֹמְרִים עָרוּ ׀ עָרוּ עַד הַיְסוֹד בָּהּ: בַּת־בָּבֶל הַשְּׁדוּדָה
ט אַשְׁרֵי שֶׁיְשַׁלֶּם־לָךְ אֶת־גְּמוּלֵךְ שֶׁגָּמַלְתְּ לָנוּ: אַשְׁרֵי ׀ שֶׁיֹּאחֵז
וְנִפֵּץ אֶת־עֹלָלַיִךְ אֶל־הַסָּלַע:

קלח א ב לְדָוִד ׀ אוֹדְךָ בְכָל־לִבִּי נֶגֶד אֱלֹהִים אֲזַמְּרֶךָּ: אֶשְׁתַּחֲוֶה אֶל־
הֵיכַל קָדְשְׁךָ וְאוֹדֶה אֶת־שְׁמֶךָ עַל־חַסְדְּךָ וְעַל־אֲמִתֶּךָ כִּי־
ג הִגְדַּלְתָּ עַל־כָּל־שִׁמְךָ אִמְרָתֶךָ: בְּיוֹם קָרָאתִי וַתַּעֲנֵנִי תַּרְהִבֵנִי
ד בְנַפְשִׁי עֹז: יוֹדוּךָ יְהוָה כָּל־מַלְכֵי־אָרֶץ כִּי שָׁמְעוּ אִמְרֵי־פִיךָ:
ה ו וְיָשִׁירוּ בְּדַרְכֵי יְהוָה כִּי־גָדוֹל כְּבוֹד יְהוָה: כִּי־רָם יְהוָה וְשָׁפָל

ז יִרְאֶה וְגָבֹהַּ מִמֶּרְחָק יְיֵדָע: אִם־אֵלֵךְ ׀ בְּקֶרֶב צָרָה תְּחַיֵּנִי עַל
ח אַף אֹיְבַי תִּשְׁלַח יָדֶךָ וְתוֹשִׁיעֵנִי יְמִינֶךָ: יהוה יִגְמֹר בַּעֲדִי יהוה
חַסְדְּךָ לְעוֹלָם מַעֲשֵׂי יָדֶיךָ אַל־תֶּרֶף:
קלט א ב לַמְנַצֵּחַ לְדָוִד מִזְמוֹר יהוה חֲקַרְתַּנִי וַתֵּדָע: אַתָּה יָדַעְתָּ שִׁבְתִּי
ג וְקוּמִי בַּנְתָּה לְרֵעִי מֵרָחוֹק: אָרְחִי וְרִבְעִי זֵרִיתָ וְכָל־דְּרָכַי
ד ה הִסְכַּנְתָּה: כִּי אֵין מִלָּה בִּלְשׁוֹנִי הֵן יהוה יָדַעְתָּ כֻלָּהּ: אָחוֹר
ו וָקֶדֶם צַרְתָּנִי וַתָּשֶׁת עָלַי כַּפֶּכָה: פלאיה דַעַת מִמֶּנִּי נִשְׂגְּבָה פְּלִיאָה
ז ח לֹא־אוּכַל לָהּ: אָנָה אֵלֵךְ מֵרוּחֶךָ וְאָנָה מִפָּנֶיךָ אֶבְרָח: אִם־
ט אֶסַּק שָׁמַיִם שָׁם אָתָּה וְאַצִּיעָה שְּׁאוֹל הִנֶּךָּ: אֶשָּׂא כַנְפֵי־שָׁחַר
י יא אֶשְׁכְּנָה בְּאַחֲרִית יָם: גַּם־שָׁם יָדְךָ תַנְחֵנִי וְתֹאחֲזֵנִי יְמִינֶךָ: וָאֹמַר
יב אַךְ־חֹשֶׁךְ יְשׁוּפֵנִי וְלַיְלָה אוֹר בַּעֲדֵנִי: גַּם־חֹשֶׁךְ לֹא־יַחְשִׁיךְ מִמֶּךָ
יג וְלַיְלָה כַּיּוֹם יָאִיר כַּחֲשֵׁיכָה כָּאוֹרָה: כִּי־אַתָּה קָנִיתָ כִלְיֹתָי
יד תְּסֻכֵּנִי בְּבֶטֶן אִמִּי: אוֹדְךָ עַל כִּי נוֹרָאוֹת נִפְלֵיתִי נִפְלָאִים
טו מַעֲשֶׂיךָ וְנַפְשִׁי יֹדַעַת מְאֹד: לֹא־נִכְחַד עָצְמִי מִמֶּךָּ אֲשֶׁר־עֻשֵּׂיתִי
טז בַסֵּתֶר רֻקַּמְתִּי בְּתַחְתִּיּוֹת אָרֶץ: גָּלְמִי ׀ רָאוּ עֵינֶיךָ וְעַל־סִפְרְךָ
יז כֻּלָּם יִכָּתֵבוּ יָמִים יֻצָּרוּ ולא אֶחָד בָּהֶם: וְלִי מַה־יָּקְרוּ רֵעֶיךָ אֵל וְלוֹ
יח מֶה עָצְמוּ רָאשֵׁיהֶם: אֶסְפְּרֵם מֵחוֹל יִרְבּוּן הֱקִיצֹתִי וְעוֹדִי עִמָּךְ:
יט כ אִם־תִּקְטֹל אֱלוֹהַּ ׀ רָשָׁע וְאַנְשֵׁי דָמִים סוּרוּ מֶנִּי: אֲשֶׁר יֹמְרֻךָ
כא לִמְזִמָּה נָשֻׂא לַשָּׁוְא עָרֶיךָ: הֲלוֹא־מְשַׂנְאֶיךָ יהוה ׀ אֶשְׂנָא
כב וּבִתְקוֹמְמֶיךָ אֶתְקוֹטָט: תַּכְלִית שִׂנְאָה שְׂנֵאתִים לְאוֹיְבִים הָיוּ
כג כד לִי: חָקְרֵנִי אֵל וְדַע לְבָבִי בְּחָנֵנִי וְדַע שַׂרְעַפָּי: וּרְאֵה אִם־
דֶּרֶךְ־עֹצֶב בִּי וּנְחֵנִי בְּדֶרֶךְ עוֹלָם:
קמ א ב לַמְנַצֵּחַ מִזְמוֹר לְדָוִד: חַלְּצֵנִי יהוה מֵאָדָם רָע מֵאִישׁ חֲמָסִים
ג ד תִּנְצְרֵנִי: אֲשֶׁר חָשְׁבוּ רָעוֹת בְּלֵב כָּל־יוֹם יָגוּרוּ מִלְחָמוֹת: שָׁנְנוּ
ה לְשׁוֹנָם כְּמוֹ־נָחָשׁ חֲמַת עַכְשׁוּב תַּחַת שְׂפָתֵימוֹ סֶלָה: שָׁמְרֵנִי
יהוה ׀ מִידֵי רָשָׁע מֵאִישׁ חֲמָסִים תִּנְצְרֵנִי אֲשֶׁר חָשְׁבוּ לִדְחוֹת
ו פְּעָמָי: טָמְנוּ־גֵאִים ׀ פַּח לִי וַחֲבָלִים פָּרְשׂוּ רֶשֶׁת לְיַד־מַעְגָּל

ז מֹקְשִׁים שָֽׁתוּ־לִי סֶלָה׃ אָמַרְתִּי לַיהוה אֵלִי אָתָּה הַאֲזִינָה
ח יהוה קוֹל תַּחֲנוּנָי׃ יֱהוִה אֲדֹנָי עֹז יְשׁוּעָתִי סַכֹּתָה לְרֹאשִׁי
ט בְּיוֹם נָשֶׁק׃ אַל־תִּתֵּן יהוה מַאֲוַיֵּי רָשָׁע זְמָמוֹ אַל־תָּפֵק יָרוּמוּ
י יא סֶלָה׃ רֹאשׁ מְסִבָּי עֲמַל שְׂפָתֵימוֹ יכסומו׃ ימיטו עֲלֵיהֶם יְכַסֵּמוֹ׃ יָמִּוטוּ
יב גֶּחָלִים בָּאֵשׁ יַפִּלֵם בְּמַהֲמֹרוֹת בַּל־יָקוּמוּ׃ אִישׁ לָשׁוֹן בַּל־
יג יִכּוֹן בָּאָרֶץ אִישׁ־חָמָס רָע יְצוּדֶנּוּ לְמַדְחֵפֹת׃ יָדַעְתָּ כִּי־יַעֲשֶׂה
יד יהוה דִּין עָנִי מִשְׁפַּט אֶבְיֹנִים׃ אַךְ צַדִּיקִים יוֹדוּ לִשְׁמֶךָ יֵשְׁבוּ יט
יְשָׁרִים אֶת־פָּנֶיךָ׃
מא א מִזְמוֹר לְדָוִד יהוה קְרָאתִיךָ חוּשָׁה לִּי הַאֲזִינָה קוֹלִי בְּקָרְאִי־
ב לָךְ׃ תִּכּוֹן תְּפִלָּתִי קְטֹרֶת לְפָנֶיךָ מַשְׂאַת כַּפַּי מִנְחַת־עָרֶב׃
ג ד שִׁיתָה יהוה שָׁמְרָה לְפִי נִצְּרָה עַל־דַּל שְׂפָתָי׃ אַל־תַּט־לִבִּי ׀
לְדָבָר ׀ רָע לְהִתְעוֹלֵל עֲלִלוֹת ׀ בְּרֶשַׁע אֶת־אִישִׁים פֹּעֲלֵי־אָוֶן
ה וּבַל־אֶלְחַם בְּמַנְעַמֵּיהֶם׃ יֶהֶלְמֵנִי צַדִּיק ׀ חֶסֶד וְיוֹכִיחֵנִי שֶׁמֶן
ו רֹאשׁ אַל־יָנִי רֹאשִׁי כִּי־עוֹד וּתְפִלָּתִי בְּרָעוֹתֵיהֶם׃ נִשְׁמְטוּ בִידֵי־
ז סֶלַע שֹׁפְטֵיהֶם וְשָׁמְעוּ אֲמָרַי כִּי נָעֵמוּ׃ כְּמוֹ פֹלֵחַ וּבֹקֵעַ בָּאָרֶץ
ח נִפְזְרוּ עֲצָמֵינוּ לְפִי שְׁאוֹל׃ כִּי אֵלֶיךָ ׀ יֱהוִה אֲדֹנָי עֵינָי בְּכָה חָסִיתִי
ט אַל־תְּעַר נַפְשִׁי׃ שָׁמְרֵנִי מִידֵי פַח יָקְשׁוּ לִי וּמֹקְשׁוֹת פֹּעֲלֵי אָוֶן׃
י יִפְּלוּ בְמַכְמֹרָיו רְשָׁעִים יַחַד אָנֹכִי עַד־אֶעֱבוֹר׃
מב א ב מַשְׂכִּיל לְדָוִד בִּהְיוֹתוֹ בַמְּעָרָה תְפִלָּה׃ קוֹלִי אֶל־יהוה אֶזְעָק
ג קוֹלִי אֶל־יהוה אֶתְחַנָּן׃ אֶשְׁפֹּךְ לְפָנָיו שִׂיחִי צָרָתִי לְפָנָיו אַגִּיד׃
ד בְּהִתְעַטֵּף עָלַי ׀ רוּחִי וְאַתָּה יָדַעְתָּ נְתִיבָתִי בְּאֹרַח־זוּ אֲהַלֵּךְ
ה טָמְנוּ פַח לִי׃ הַבֵּיט יָמִין ׀ וּרְאֵה וְאֵין־לִי מַכִּיר אָבַד מָנוֹס מִמֶּנִּי
ו אֵין דּוֹרֵשׁ לְנַפְשִׁי׃ זָעַקְתִּי אֵלֶיךָ יהוה אָמַרְתִּי אַתָּה מַחְסִי חֶלְקִי
ז בְּאֶרֶץ הַחַיִּים׃ הַקְשִׁיבָה ׀ אֶל־רִנָּתִי כִּי־דַלּוֹתִי מְאֹד הַצִּילֵנִי
ח מֵרֹדְפַי כִּי אָמְצוּ מִמֶּנִּי׃ הוֹצִיאָה מִמַּסְגֵּר ׀ נַפְשִׁי לְהוֹדוֹת אֶת־
שְׁמֶךָ בִּי יַכְתִּרוּ צַדִּיקִים כִּי תִגְמֹל עָלָי׃
מג א מִזְמוֹר לְדָוִד יהוה ׀ שְׁמַע תְּפִלָּתִי הַאֲזִינָה אֶל־תַּחֲנוּנַי בֶּאֱמֻנָתְךָ

עַנֵנִי בְצִדְקָתֶךָ׃ וְאַל־תָּבוֹא בְמִשְׁפָּט אֶת־עַבְדֶּךָ כִּי לֹא־יִצְדַּק ב
לְפָנֶיךָ כָל־חָי׃ כִּי רָדַף אוֹיֵב ׀ נַפְשִׁי דִּכָּא לָאָרֶץ חַיָּתִי הוֹשִׁיבַנִי ג
בְמַחֲשַׁכִּים כְּמֵתֵי עוֹלָם׃ וַתִּתְעַטֵּף עָלַי רוּחִי בְּתוֹכִי יִשְׁתּוֹמֵם ד
לִבִּי׃ זָכַרְתִּי יָמִים ׀ מִקֶּדֶם הָגִיתִי בְכָל־פָּעֳלֶךָ בְּמַעֲשֵׂה יָדֶיךָ ה
אֲשׂוֹחֵחַ׃ פֵּרַשְׂתִּי יָדַי אֵלֶיךָ נַפְשִׁי ׀ כְּאֶרֶץ־עֲיֵפָה לְךָ סֶלָה׃ מַהֵר ו ז
עֲנֵנִי ׀ יְהוָה כָּלְתָה רוּחִי אַל־תַּסְתֵּר פָּנֶיךָ מִמֶּנִּי וְנִמְשַׁלְתִּי עִם־
יֹרְדֵי בוֹר׃ הַשְׁמִיעֵנִי בַבֹּקֶר ׀ חַסְדֶּךָ כִּי־בְךָ בָטָחְתִּי הוֹדִיעֵנִי ח
דֶּרֶךְ־זוּ אֵלֵךְ כִּי־אֵלֶיךָ נָשָׂאתִי נַפְשִׁי׃ הַצִּילֵנִי מֵאֹיְבַי ׀ יְהוָה אֵלֶיךָ ט
כִסִּתִי׃ לַמְּדֵנִי ׀ לַעֲשׂוֹת רְצוֹנֶךָ כִּי־אַתָּה אֱלוֹהָי רוּחֲךָ טוֹבָה י
תַּנְחֵנִי בְּאֶרֶץ מִישׁוֹר׃ לְמַעַן־שִׁמְךָ יְהוָה תְּחַיֵּנִי בְּצִדְקָתְךָ ׀ יא
תוֹצִיא מִצָּרָה נַפְשִׁי׃ וּבְחַסְדְּךָ תַּצְמִית אֹיְבָי וְהַאֲבַדְתָּ כָּל־ יב
צֹרְרֵי נַפְשִׁי כִּי אֲנִי עַבְדֶּךָ׃

לְדָוִד ׀ בָּרוּךְ יְהוָה ׀ צוּרִי הַמְלַמֵּד יָדַי לַקְרָב אֶצְבְּעוֹתַי לַמִּלְחָמָה׃ א קמד
חַסְדִּי וּמְצוּדָתִי מִשְׂגַּבִּי וּמְפַלְטִי לִי מָגִנִּי וּבוֹ חָסִיתִי הָרוֹדֵד עַמִּי ב
תַחְתָּי׃ יְהוָה מָה־אָדָם וַתֵּדָעֵהוּ בֶּן־אֱנוֹשׁ וַתְּחַשְּׁבֵהוּ׃ אָדָם ג ד
לַהֶבֶל דָּמָה יָמָיו כְּצֵל עוֹבֵר׃ יְהוָה הַט־שָׁמֶיךָ וְתֵרֵד גַּע בֶּהָרִים ה
וְיֶעֱשָׁנוּ׃ בְּרוֹק בָּרָק וּתְפִיצֵם שְׁלַח חִצֶּיךָ וּתְהֻמֵּם׃ שְׁלַח יָדֶיךָ ו ז
מִמָּרוֹם פְּצֵנִי וְהַצִּילֵנִי מִמַּיִם רַבִּים מִיַּד בְּנֵי נֵכָר׃ אֲשֶׁר פִּיהֶם ח
דִּבֶּר־שָׁוְא וִימִינָם יְמִין שָׁקֶר׃ אֱלֹהִים שִׁיר חָדָשׁ אָשִׁירָה לָּךְ ט
בְּנֵבֶל עָשׂוֹר אֲזַמְּרָה־לָּךְ׃ הַנּוֹתֵן תְּשׁוּעָה לַמְּלָכִים הַפּוֹצֶה י
אֶת־דָּוִד עַבְדּוֹ מֵחֶרֶב רָעָה׃ פְּצֵנִי וְהַצִּילֵנִי מִיַּד בְּנֵי־נֵכָר יא
אֲשֶׁר פִּיהֶם דִּבֶּר־שָׁוְא וִימִינָם יְמִין שָׁקֶר׃ אֲשֶׁר בָּנֵינוּ ׀ יב
כִּנְטִעִים מְגֻדָּלִים בִּנְעוּרֵיהֶם בְּנוֹתֵינוּ כְזָוִיֹּת מְחֻטָּבוֹת תַּבְנִית
הֵיכָל׃ מְזָוֵינוּ מְלֵאִים מְפִיקִים מִזַּן אֶל זַן צֹאונֵנוּ מַאֲלִיפוֹת יג
מְרֻבָּבוֹת בְּחוּצוֹתֵינוּ׃ אַלּוּפֵינוּ מְסֻבָּלִים אֵין פֶּרֶץ וְאֵין יוֹצֵאת יד
וְאֵין צְוָחָה בִּרְחֹבֹתֵינוּ׃ אַשְׁרֵי הָעָם שֶׁכָּכָה לּוֹ אַשְׁרֵי טו
הָעָם שֶׁיְהוָה אֱלֹהָיו׃

א תְּהִלָּה לְדָוִד אֲרוֹמִמְךָ אֱלוֹהַי הַמֶּלֶךְ וַאֲבָרְכָה שִׁמְךָ לְעוֹלָם
ב ג וָעֶד׃ בְּכָל־יוֹם אֲבָרְכֶךָּ וַאֲהַלְלָה שִׁמְךָ לְעוֹלָם וָעֶד׃ גָּדוֹל יְהוָה
ד וּמְהֻלָּל מְאֹד וְלִגְדֻלָּתוֹ אֵין חֵקֶר׃ דּוֹר לְדוֹר יְשַׁבַּח מַעֲשֶׂיךָ
ה וּגְבוּרֹתֶיךָ יַגִּידוּ׃ הֲדַר כְּבוֹד הוֹדֶךָ וְדִבְרֵי נִפְלְאוֹתֶיךָ אָשִׂיחָה׃
ו ז וֶעֱזוּז נוֹרְאוֹתֶיךָ יֹאמֵרוּ וגדלותיך אֲסַפְּרֶנָּה׃ זֵכֶר רַב־טוּבְךָ וּגְדוּלָּתְךָ
ח יַבִּיעוּ וְצִדְקָתְךָ יְרַנֵּנוּ׃ חַנּוּן וְרַחוּם יְהוָה אֶרֶךְ אַפַּיִם וּגְדָל־
ט י חָסֶד׃ טוֹב־יְהוָה לַכֹּל וְרַחֲמָיו עַל־כָּל־מַעֲשָׂיו׃ יוֹדוּךָ יְהוָה כָּל־
יא מַעֲשֶׂיךָ וַחֲסִידֶיךָ יְבָרְכוּכָה׃ כְּבוֹד מַלְכוּתְךָ יֹאמֵרוּ וּגְבוּרָתְךָ
יב יְדַבֵּרוּ׃ לְהוֹדִיעַ ׀ לִבְנֵי הָאָדָם גְּבוּרֹתָיו וּכְבוֹד הֲדַר מַלְכוּתוֹ׃
יג יד מַלְכוּתְךָ מַלְכוּת כָּל־עֹלָמִים וּמֶמְשַׁלְתְּךָ בְּכָל־דּוֹר וָדֹר׃ סוֹמֵךְ
טו יְהוָה לְכָל־הַנֹּפְלִים וְזוֹקֵף לְכָל־הַכְּפוּפִים׃ עֵינֵי־כֹל אֵלֶיךָ יְשַׂבֵּרוּ
טז וְאַתָּה נוֹתֵן־לָהֶם אֶת־אָכְלָם בְּעִתּוֹ׃ פּוֹתֵחַ אֶת־יָדֶךָ וּמַשְׂבִּיעַ
יז לְכָל־חַי רָצוֹן׃ צַדִּיק יְהוָה בְּכָל־דְּרָכָיו וְחָסִיד בְּכָל־מַעֲשָׂיו׃
יח יט קָרוֹב יְהוָה לְכָל־קֹרְאָיו לְכֹל אֲשֶׁר יִקְרָאֻהוּ בֶאֱמֶת׃ רְצוֹן־
כ יְרֵאָיו יַעֲשֶׂה וְאֶת־שַׁוְעָתָם יִשְׁמַע וְיוֹשִׁיעֵם׃ שׁוֹמֵר יְהוָה אֶת־
כא כָּל־אֹהֲבָיו וְאֵת כָּל־הָרְשָׁעִים יַשְׁמִיד׃ תְּהִלַּת יְהוָה יְדַבֶּר פִּי
וִיבָרֵךְ כָּל־בָּשָׂר שֵׁם קָדְשׁוֹ לְעוֹלָם וָעֶד׃

קמו
א ב הַלְלוּיָהּ הַלְלִי נַפְשִׁי אֶת־יְהוָה׃ אֲהַלְלָה יְהוָה בְּחַיָּי אֲזַמְּרָה
ג לֵאלֹהַי בְּעוֹדִי׃ אַל־תִּבְטְחוּ בִנְדִיבִים בְּבֶן־אָדָם ׀ שֶׁאֵין לוֹ
ד תְשׁוּעָה׃ תֵּצֵא רוּחוֹ יָשֻׁב לְאַדְמָתוֹ בַּיּוֹם הַהוּא אָבְדוּ
ה עֶשְׁתֹּנֹתָיו׃ אַשְׁרֵי שֶׁאֵל יַעֲקֹב בְּעֶזְרוֹ שִׂבְרוֹ עַל־יְהוָה אֱלֹהָיו׃
ו עֹשֶׂה ׀ שָׁמַיִם וָאָרֶץ אֶת־הַיָּם וְאֶת־כָּל־אֲשֶׁר־בָּם הַשֹּׁמֵר
ז אֱמֶת לְעוֹלָם׃ עֹשֶׂה מִשְׁפָּט ׀ לָעֲשׁוּקִים נֹתֵן לֶחֶם לָרְעֵבִים
ח יְהוָה מַתִּיר אֲסוּרִים׃ יְהוָה ׀ פֹּקֵחַ עִוְרִים יְהוָה זֹקֵף כְּפוּפִים
ט יְהוָה אֹהֵב צַדִּיקִים׃ יְהוָה ׀ שֹׁמֵר אֶת־גֵּרִים יָתוֹם וְאַלְמָנָה
י יְעוֹדֵד וְדֶרֶךְ רְשָׁעִים יְעַוֵּת׃ יִמְלֹךְ יְהוָה ׀ לְעוֹלָם אֱלֹהַיִךְ צִיּוֹן
לְדֹר וָדֹר הַלְלוּיָהּ׃

קמז

הַֽלְלוּיָ֨הּ ׀ כִּי־ט֭וֹב זַמְּרָ֣ה אֱלֹהֵ֑ינוּ כִּֽי־נָ֝עִ֗ים נָאוָ֥ה תְהִלָּֽה׃ בּוֹנֵ֣ה א ב
יְרוּשָׁלַ֣͏ִם יְהוָ֑ה נִדְחֵ֖י יִשְׂרָאֵ֣ל יְכַנֵּֽס׃ הָ֭רוֹפֵא לִשְׁב֣וּרֵי לֵ֑ב וּ֝מְחַבֵּ֗שׁ ג
לְעַצְּבוֹתָֽם׃ מוֹנֶ֣ה מִ֭סְפָּר לַכּוֹכָבִ֑ים לְ֝כֻלָּ֗ם שֵׁמ֥וֹת יִקְרָֽא׃ גָּד֣וֹל ד ה
אֲדוֹנֵ֣ינוּ וְרַב־כֹּ֑חַ לִ֝תְבוּנָת֗וֹ אֵ֣ין מִסְפָּֽר׃ מְעוֹדֵ֣ד עֲנָוִ֣ים יְהוָ֑ה ו
מַשְׁפִּ֖יל רְשָׁעִ֣ים עֲדֵי־אָֽרֶץ׃ עֱנ֣וּ לַיהוָ֣ה בְּתוֹדָ֑ה זַמְּר֖וּ לֵאלֹהֵ֣ינוּ ז
בְכִנּֽוֹר׃ הַֽמְכַסֶּ֬ה שָׁמַ֨יִם ׀ בְּעָבִ֗ים הַמֵּכִ֣ין לָאָ֣רֶץ מָטָ֑ר הַמַּצְמִ֖יחַ ח
הָרִ֣ים חָצִֽיר׃ נוֹתֵ֣ן לִבְהֵמָ֣ה לַחְמָ֑הּ לִבְנֵ֥י עֹ֝רֵ֗ב אֲשֶׁ֣ר יִקְרָֽאוּ׃ לֹ֤א ט
בִגְבוּרַ֣ת הַסּ֣וּס יֶחְפָּ֑ץ לֹֽא־בְשׁוֹקֵ֖י הָאִ֣ישׁ יִרְצֶֽה׃ רוֹצֶ֣ה יְהוָ֣ה אֶת־ יא
יְרֵאָ֑יו אֶת־הַֽמְיַחֲלִ֥ים לְחַסְדּֽוֹ׃ שַׁבְּחִ֣י יְ֭רוּשָׁלַ͏ִם אֶת־יְהוָ֑ה הַֽלְלִ֖י יב
אֱלֹהַ֣יִךְ צִיּֽוֹן׃ כִּֽי־חִ֭זַּק בְּרִיחֵ֣י שְׁעָרָ֑יִךְ בֵּרַ֖ךְ בָּנַ֣יִךְ בְּקִרְבֵּֽךְ׃ הַשָּׂם־ יג יד
גְּבוּלֵ֥ךְ שָׁל֑וֹם חֵ֥לֶב חִ֝טִּ֗ים יַשְׂבִּיעֵֽךְ׃ הַשֹּׁלֵ֣חַ אִמְרָת֣וֹ אָ֑רֶץ עַד־ טו
מְ֝הֵרָ֗ה יָר֥וּץ דְּבָרֽוֹ׃ הַנֹּתֵ֣ן שֶׁ֣לֶג כַּצָּ֑מֶר כְּ֝פ֗וֹר כָּאֵ֥פֶר יְפַזֵּֽר׃ מַשְׁלִ֣יךְ טז יז
קַֽרְח֣וֹ כְפִתִּ֑ים לִפְנֵ֥י קָ֝רָת֗וֹ מִ֣י יַעֲמֹֽד׃ יִשְׁלַ֣ח דְּבָר֣וֹ וְיַמְסֵ֑ם יַשֵּׁ֥ב יח
ר֝וּח֗וֹ יִזְּלוּ־מָֽיִם׃ מַגִּ֣יד דְּבָרָ֣ו לְיַעֲקֹ֑ב חֻקָּ֥יו וּ֝מִשְׁפָּטָ֗יו לְיִשְׂרָאֵֽל׃ יט
לֹ֘א עָ֤שָׂה כֵ֨ן ׀ לְכָל־גּ֗וֹי וּמִשְׁפָּטִ֥ים בַּל־יְדָע֗וּם הַֽלְלוּיָֽהּ׃ כ

קמ[ח]

הַֽלְלוּיָ֨הּ ׀ הַֽלְל֣וּ אֶת־יְ֭הוָה מִן־הַשָּׁמַ֑יִם הַ֝לְל֗וּהוּ בַּמְּרוֹמִֽים׃ א
הַֽלְל֥וּהוּ כָל־מַלְאָכָ֑יו הַ֝לְל֗וּהוּ כָּל־צְבָאָֽו׃ הַֽ֭לְלוּהוּ שֶׁ֣מֶשׁ וְיָרֵ֑חַ ב ג
הַֽ֝לְל֗וּהוּ כָּל־כּ֥וֹכְבֵי אֽוֹר׃ הַֽ֭לְלוּהוּ שְׁמֵ֣י הַשָּׁמָ֑יִם וְ֝הַמַּ֗יִם אֲשֶׁ֤ר ׀ ד
מֵעַ֬ל הַשָּׁמָֽיִם׃ יְֽהַלְלוּ אֶת־שֵׁ֣ם יְהוָ֑ה כִּ֤י ה֖וּא צִוָּ֣ה וְנִבְרָֽאוּ׃ ה
וַיַּעֲמִידֵ֣ם לָעַ֣ד לְעוֹלָ֑ם חָק־נָ֝תַ֗ן וְלֹ֣א יַעֲבֽוֹר׃ הַֽלְל֣וּ אֶת־יְ֭הוָה ו ז
מִן־הָאָ֑רֶץ תַּ֝נִּינִ֗ים וְכָל־תְּהֹמֽוֹת׃ אֵ֣שׁ וּ֭בָרָד שֶׁ֣לֶג וְקִיט֑וֹר ר֥וּחַ ח
סְ֝עָרָ֗ה עֹשָׂ֥ה דְבָרֽוֹ׃ הֶהָרִ֥ים וְכָל־גְּבָע֑וֹת עֵ֥ץ פְּ֝רִ֗י וְכָל־אֲרָזִֽים׃ ט
הַֽחַיָּ֥ה וְכָל־בְּהֵמָ֑ה רֶ֝֗מֶשׂ וְצִפּ֥וֹר כָּנָֽף׃ מַלְכֵי־אֶ֭רֶץ וְכָל־לְאֻמִּ֑ים י יא
שָׂ֝רִ֗ים וְכָל־שֹׁ֥פְטֵי אָֽרֶץ׃ בַּחוּרִ֥ים וְגַם־בְּתוּל֑וֹת זְ֝קֵנִ֗ים עִם־ יב
נְעָרִֽים׃ יְהַלְל֤וּ ׀ אֶת־שֵׁ֬ם יְהוָ֗ה כִּֽי־נִשְׂגָּ֣ב שְׁמ֣וֹ לְבַדּ֑וֹ ה֝וֹד֗וֹ יג
עַל־אֶ֥רֶץ וְשָׁמָֽיִם׃ וַיָּ֤רֶם קֶ֨רֶן ׀ לְעַמּ֡וֹ תְּהִלָּ֤ה לְכָל־חֲסִידָ֗יו לִבְנֵ֣י יד
יִ֭שְׂרָאֵל עַ֥ם קְרֹב֗וֹ הַֽלְלוּיָֽהּ׃

פ

א ב הַלְלוּיָהּ ׀ שִׁירוּ לַיהוה שִׁיר חָדָשׁ תְּהִלָּתוֹ בִּקְהַל חֲסִידִים: יִשְׂמַח
ג יִשְׂרָאֵל בְּעֹשָׂיו בְּנֵי־צִיּוֹן יָגִילוּ בְמַלְכָּם: יְהַלְלוּ שְׁמוֹ בְמָחוֹל
ד בְּתֹף וְכִנּוֹר יְזַמְּרוּ־לוֹ: כִּי־רוֹצֶה יהוה בְּעַמּוֹ יְפָאֵר עֲנָוִים
ה בִּישׁוּעָה: יַעְלְזוּ חֲסִידִים בְּכָבוֹד יְרַנְּנוּ עַל־מִשְׁכְּבוֹתָם:
ו ז רוֹמְמוֹת אֵל בִּגְרוֹנָם וְחֶרֶב פִּיפִיּוֹת בְּיָדָם: לַעֲשׂוֹת נְקָמָה
ח בַּגּוֹיִם תּוֹכֵחוֹת בַּלְאֻמִּים: לֶאְסֹר מַלְכֵיהֶם בְּזִקִּים וְנִכְבְּדֵיהֶם
ט בְּכַבְלֵי בַרְזֶל: לַעֲשׂוֹת בָּהֶם ׀ מִשְׁפָּט כָּתוּב הָדָר הוּא לְכָל־
חֲסִידָיו הַלְלוּיָהּ:

קנ א ב הַלְלוּיָהּ ׀ הַלְלוּ־אֵל בְּקָדְשׁוֹ הַלְלוּהוּ בִּרְקִיעַ עֻזּוֹ: הַלְלוּהוּ
ג בִגְבוּרֹתָיו הַלְלוּהוּ כְּרֹב גֻּדְלוֹ: הַלְלוּהוּ בְּתֵקַע שׁוֹפָר הַלְלוּהוּ
ד בְּנֵבֶל וְכִנּוֹר: הַלְלוּהוּ בְתֹף וּמָחוֹל הַלְלוּהוּ בְּמִנִּים וְעוּגָב:
ה ו הַלְלוּהוּ בְצִלְצְלֵי־שָׁמַע הַלְלוּהוּ בְּצִלְצְלֵי תְרוּעָה: כֹּל הַנְּשָׁמָה
תְּהַלֵּל יָהּ הַלְלוּיָהּ:

משלי

א ב מִשְׁלֵי שְׁלֹמֹה בֶן־דָּוִד מֶלֶךְ יִשְׂרָאֵל׃ לָדַעַת חָכְמָה וּמוּסָר א
ג לְהָבִין אִמְרֵי בִינָה׃ לָקַחַת מוּסַר הַשְׂכֵּל צֶדֶק וּמִשְׁפָּט
ד ה וּמֵשָׁרִים׃ לָתֵת לִפְתָאיִם עָרְמָה לְנַעַר דַּעַת וּמְזִמָּה׃ יִשְׁמַע
ו חָכָם וְיוֹסֶף לֶקַח וְנָבוֹן תַּחְבֻּלוֹת יִקְנֶה׃ לְהָבִין מָשָׁל וּמְלִיצָה
ז דִּבְרֵי חֲכָמִים וְחִידֹתָם׃ יִרְאַת יהוה רֵאשִׁית דָּעַת חָכְמָה
וּמוּסָר אֱוִילִים בָּזוּ׃

ח ט שְׁמַע בְּנִי מוּסַר אָבִיךָ וְאַל־תִּטֹּשׁ תּוֹרַת אִמֶּךָ׃ כִּי ׀ לִוְיַת חֵן
י הֵם לְרֹאשֶׁךָ וַעֲנָקִים לְגַרְגְּרֹתֶךָ׃ בְּנִי אִם־יְפַתּוּךָ חַטָּאִים אַל־
יא תֹּבֵא׃ אִם־יֹאמְרוּ לְכָה אִתָּנוּ נֶאֶרְבָה לְדָם נִצְפְּנָה לְנָקִי חִנָּם׃
יב יג נִבְלָעֵם כִּשְׁאוֹל חַיִּים וּתְמִימִים כְּיוֹרְדֵי בוֹר׃ כָּל־הוֹן יָקָר נִמְצָא
יד נְמַלֵּא בָתֵּינוּ שָׁלָל׃ גּוֹרָלְךָ תַּפִּיל בְּתוֹכֵנוּ כִּיס אֶחָד יִהְיֶה לְכֻלָּנוּ׃
טו טז בְּנִי אַל־תֵּלֵךְ בְּדֶרֶךְ אִתָּם מְנַע רַגְלְךָ מִנְּתִיבָתָם׃ כִּי רַגְלֵיהֶם
יז לָרַע יָרוּצוּ וִימַהֲרוּ לִשְׁפָּךְ־דָּם׃ כִּי־חִנָּם מְזֹרָה הָרָשֶׁת בְּעֵינֵי כָּל־
יח יט בַּעַל כָּנָף׃ וְהֵם לְדָמָם יֶאֱרֹבוּ יִצְפְּנוּ לְנַפְשֹׁתָם׃ כֵּן אָרְחוֹת כָּל־
בֹּצֵעַ בָּצַע אֶת־נֶפֶשׁ בְּעָלָיו יִקָּח׃

כ כא חָכְמוֹת בַּחוּץ תָּרֹנָּה בָּרְחֹבוֹת תִּתֵּן קוֹלָהּ׃ בְּרֹאשׁ הֹמִיּוֹת
כב תִּקְרָא בְּפִתְחֵי שְׁעָרִים בָּעִיר אֲמָרֶיהָ תֹאמֵר׃ עַד־מָתַי ׀ פְּתָיִם
תְּאֵהֲבוּ פֶתִי וְלֵצִים לָצוֹן חָמְדוּ לָהֶם וּכְסִילִים יִשְׂנְאוּ־דָעַת׃
כג תָּשׁוּבוּ לְתוֹכַחְתִּי הִנֵּה אַבִּיעָה לָכֶם רוּחִי אוֹדִיעָה דְבָרַי
כד כה אֶתְכֶם׃ יַעַן קָרָאתִי וַתְּמָאֵנוּ נָטִיתִי יָדִי וְאֵין מַקְשִׁיב׃ וַתִּפְרְעוּ
כו כָל־עֲצָתִי וְתוֹכַחְתִּי לֹא אֲבִיתֶם׃ גַּם־אֲנִי בְּאֵידְכֶם אֶשְׂחָק אֶלְעַג
כז בְּבֹא פַחְדְּכֶם׃ בְּבֹא כשאוה ׀ פַּחְדְּכֶם וְאֵידְכֶם כְּסוּפָה יֶאֱתֶה כְּשׁוֹאָה
כח בְּבֹא עֲלֵיכֶם צָרָה וְצוּקָה׃ אָז יִקְרָאֻנְנִי וְלֹא אֶעֱנֶה יְשַׁחֲרֻנְנִי וְלֹא
כט ל יִמְצָאֻנְנִי׃ תַּחַת כִּי־שָׂנְאוּ דָעַת וְיִרְאַת יהוה לֹא בָחָרוּ׃ לֹא־אָבוּ
לא לַעֲצָתִי נָאֲצוּ כָּל־תּוֹכַחְתִּי׃ וְיֹאכְלוּ מִפְּרִי דַרְכָּם וּמִמֹּעֲצֹתֵיהֶם
לב יִשְׂבָּעוּ׃ כִּי מְשׁוּבַת פְּתָיִם תַּהַרְגֵם וְשַׁלְוַת כְּסִילִים תְּאַבְּדֵם׃
לג וְשֹׁמֵעַ לִי יִשְׁכָּן־בֶּטַח וְשַׁאֲנַן מִפַּחַד רָעָה׃

א ב בְּנִי אִם־תִּקַּח אֲמָרָי וּמִצְוֹתַי תִּצְפֹּן אִתָּךְ: לְהַקְשִׁיב לַחָכְמָה
ג אָזְנֶךָ תַּטֶּה לִבְּךָ לַתְּבוּנָה: כִּי אִם לַבִּינָה תִקְרָא לַתְּבוּנָה תִּתֵּן
ד ה קוֹלֶךָ: אִם־תְּבַקְשֶׁנָּה כַכָּסֶף וְכַמַּטְמוֹנִים תַּחְפְּשֶׂנָּה: אָז תָּבִין
ו יִרְאַת יהוה וְדַעַת אֱלֹהִים תִּמְצָא: כִּי־יהוה יִתֵּן חָכְמָה מִפִּיו
ז ח דַּעַת וּתְבוּנָה: וצפן לַיְשָׁרִים תּוּשִׁיָּה מָגֵן לְהֹלְכֵי תֹם: לִנְצֹר (יִצְפֹּן)
ט אָרְחוֹת מִשְׁפָּט וְדֶרֶךְ חֲסִידָו יִשְׁמֹר: אָז תָּבִין צֶדֶק וּמִשְׁפָּט
י וּמֵישָׁרִים כָּל־מַעְגַּל־טוֹב: כִּי־תָבוֹא חָכְמָה בְלִבֶּךָ וְדַעַת
יא יב לְנַפְשְׁךָ יִנְעָם: מְזִמָּה תִּשְׁמֹר עָלֶיךָ תְּבוּנָה תִנְצְרֶכָּה: לְהַצִּילְךָ
יג מִדֶּרֶךְ רָע מֵאִישׁ מְדַבֵּר תַּהְפֻּכוֹת: הַעֹזְבִים אָרְחוֹת יֹשֶׁר לָלֶכֶת
יד טו בְּדַרְכֵי־חֹשֶׁךְ: הַשְּׂמֵחִים לַעֲשׂוֹת רָע יָגִילוּ בְּתַהְפֻּכוֹת רָע: אֲשֶׁר
טז אָרְחֹתֵיהֶם עִקְּשִׁים וּנְלוֹזִים בְּמַעְגְּלוֹתָם: לְהַצִּילְךָ מֵאִשָּׁה זָרָה
יז מִנָּכְרִיָּה אֲמָרֶיהָ הֶחֱלִיקָה: הַעֹזֶבֶת אַלּוּף נְעוּרֶיהָ וְאֶת־בְּרִית
יח אֱלֹהֶיהָ שָׁכֵחָה: כִּי שָׁחָה אֶל־מָוֶת בֵּיתָהּ וְאֶל־רְפָאִים
יט מַעְגְּלֹתֶיהָ: כָּל־בָּאֶיהָ לֹא יְשׁוּבוּן וְלֹא־יַשִּׂיגוּ אָרְחוֹת חַיִּים:
כ כא לְמַעַן תֵּלֵךְ בְּדֶרֶךְ טוֹבִים וְאָרְחוֹת צַדִּיקִים תִּשְׁמֹר: כִּי־יְשָׁרִים
כב יִשְׁכְּנוּ־אָרֶץ וּתְמִימִים יִוָּתְרוּ בָהּ: וּרְשָׁעִים מֵאֶרֶץ יִכָּרֵתוּ
וּבוֹגְדִים יִסְּחוּ מִמֶּנָּה:

ג

א ב בְּנִי תּוֹרָתִי אַל־תִּשְׁכָּח וּמִצְוֹתַי יִצֹּר לִבֶּךָ: כִּי אֹרֶךְ יָמִים
ג וּשְׁנוֹת חַיִּים וְשָׁלוֹם יוֹסִיפוּ לָךְ: חֶסֶד וֶאֱמֶת אַל־יַעַזְבֻךָ קָשְׁרֵם
ד עַל־גַּרְגְּרוֹתֶיךָ כָּתְבֵם עַל־לוּחַ לִבֶּךָ: וּמְצָא־חֵן וְשֵׂכֶל־טוֹב
בְּעֵינֵי אֱלֹהִים וְאָדָם:
ה ו בְּטַח אֶל־יהוה בְּכָל־לִבֶּךָ וְאֶל־בִּינָתְךָ אַל־תִּשָּׁעֵן: בְּכָל־דְּרָכֶיךָ
ז דָעֵהוּ וְהוּא יְיַשֵּׁר אֹרְחֹתֶיךָ: אַל־תְּהִי חָכָם בְּעֵינֶיךָ יְרָא אֶת־
ח ט יהוה וְסוּר מֵרָע: רִפְאוּת תְּהִי לְשָׁרֶּךָ וְשִׁקּוּי לְעַצְמוֹתֶיךָ: כַּבֵּד
י אֶת־יהוה מֵהוֹנֶךָ וּמֵרֵאשִׁית כָּל־תְּבוּאָתֶךָ: וְיִמָּלְאוּ אֲסָמֶיךָ
שָׂבָע וְתִירוֹשׁ יְקָבֶיךָ יִפְרֹצוּ:
יא יב מוּסַר יהוה בְּנִי אַל־תִּמְאָס וְאַל־תָּקֹץ בְּתוֹכַחְתּוֹ: כִּי אֶת

יג אֲשֶׁר יֶאֱהַב יְהוָה יוֹכִיחַ וּכְאָב אֶת־בֵּן יִרְצֶה׃ אַשְׁרֵי אָדָם
יד מָצָא חָכְמָה וְאָדָם יָפִיק תְּבוּנָה׃ כִּי טוֹב סַחְרָהּ מִסְּחַר־כָּסֶף
טו וּמֵחָרוּץ תְּבוּאָתָהּ׃ יְקָרָה הִיא מפניים וְכָל־חֲפָצֶיךָ לֹא יִשְׁווּ־ מִפְּנִינִים
טז יז בָהּ׃ אֹרֶךְ יָמִים בִּימִינָהּ בִּשְׂמֹאולָהּ עֹשֶׁר וְכָבוֹד׃ דְּרָכֶיהָ
יח דַרְכֵי־נֹעַם וְכָל־נְתִיבוֹתֶיהָ שָׁלוֹם׃ עֵץ־חַיִּים הִיא לַמַּחֲזִיקִים
בָּהּ וְתֹמְכֶיהָ מְאֻשָּׁר׃
יט כ יְהוָה בְּחָכְמָה יָסַד־אָרֶץ כּוֹנֵן שָׁמַיִם בִּתְבוּנָה׃ בְּדַעְתּוֹ תְּהוֹמוֹת
כא נִבְקָעוּ וּשְׁחָקִים יִרְעֲפוּ־טָל׃ בְּנִי אַל־יָלֻזוּ מֵעֵינֶיךָ נְצֹר תֻּשִׁיָּה
כב כג וּמְזִמָּה׃ וְיִהְיוּ חַיִּים לְנַפְשֶׁךָ וְחֵן לְגַרְגְּרֹתֶיךָ׃ אָז תֵּלֵךְ לָבֶטַח
כד דַּרְכֶּךָ וְרַגְלְךָ לֹא תִגּוֹף׃ אִם־תִּשְׁכַּב לֹא־תִפְחָד וְשָׁכַבְתָּ וְעָרְבָה
כה שְׁנָתֶךָ׃ אַל־תִּירָא מִפַּחַד פִּתְאֹם וּמִשֹּׁאַת רְשָׁעִים כִּי תָבֹא׃
כו כז כִּי־יְהוָה יִהְיֶה בְכִסְלֶךָ וְשָׁמַר רַגְלְךָ מִלָּכֶד׃ אַל־תִּמְנַע־טוֹב
כח מִבְּעָלָיו בִּהְיוֹת לְאֵל ידיך לַעֲשׂוֹת׃ אַל־תֹּאמַר לרעיך ׀ לֵךְ יָדְךָ | לְרֵעֲךָ ׀
כט וָשׁוּב וּמָחָר אֶתֵּן וְיֵשׁ אִתָּךְ׃ אַל־תַּחֲרֹשׁ עַל־רֵעֲךָ רָעָה וְהוּא־
ל יוֹשֵׁב לָבֶטַח אִתָּךְ׃ אַל־תרוב עִם־אָדָם חִנָּם אִם־לֹא גְמָלְךָ תָּרִיב
לא לב רָעָה׃ אַל־תְּקַנֵּא בְּאִישׁ חָמָס וְאַל־תִּבְחַר בְּכָל־דְּרָכָיו׃ כִּי
לג תוֹעֲבַת יְהוָה נָלוֹז וְאֶת־יְשָׁרִים סוֹדוֹ׃ מְאֵרַת יְהוָה בְּבֵית רָשָׁע
לד וּנְוֵה צַדִּיקִים יְבָרֵךְ׃ אִם־לַלֵּצִים הוּא־יָלִיץ ולעניים יִתֶּן־חֵן׃ וְלַעֲנָוִים
לה כָּבוֹד חֲכָמִים יִנְחָלוּ וּכְסִילִים מֵרִים קָלוֹן׃
ד א ב שִׁמְעוּ בָנִים מוּסַר אָב וְהַקְשִׁיבוּ לָדַעַת בִּינָה׃ כִּי לֶקַח טוֹב
ג נָתַתִּי לָכֶם תּוֹרָתִי אַל־תַּעֲזֹבוּ׃ כִּי־בֵן הָיִיתִי לְאָבִי רַךְ וְיָחִיד לִפְנֵי
ד ה אִמִּי׃ וַיֹּרֵנִי וַיֹּאמֶר לִי יִתְמָךְ־דְּבָרַי לִבֶּךָ שְׁמֹר מִצְוֹתַי וֶחְיֵה׃ קְנֵה
ו חָכְמָה קְנֵה בִינָה אַל־תִּשְׁכַּח וְאַל־תֵּט מֵאִמְרֵי־פִי׃ אַל־תַּעַזְבֶהָ
ז וְתִשְׁמְרֶךָּ אֱהָבֶהָ וְתִצְּרֶךָּ׃ רֵאשִׁית חָכְמָה קְנֵה חָכְמָה וּבְכָל־
ח קִנְיָנְךָ קְנֵה בִינָה׃ סַלְסְלֶהָ וּתְרוֹמְמֶךָּ תְּכַבֵּדְךָ כִּי תְחַבְּקֶנָּה׃
ט תִּתֵּן לְרֹאשְׁךָ לִוְיַת־חֵן עֲטֶרֶת תִּפְאֶרֶת תְּמַגְּנֶךָּ׃ שְׁמַע בְּנִי
יא וְקַח אֲמָרָי וְיִרְבּוּ לְךָ שְׁנוֹת חַיִּים׃ בְּדֶרֶךְ חָכְמָה הֹרֵתִיךָ

הִדְרַכְתִּיךָ בְּמַעְגְּלֵי־יֹשֶׁר׃ בְּלֶכְתְּךָ לֹא־יֵצַר צַעֲדֶךָ וְאִם־תָּרוּץ יב
לֹא תִכָּשֵׁל׃ הַחֲזֵק בַּמּוּסָר אַל־תֶּרֶף נִצְּרֶהָ כִּי־הִיא חַיֶּיךָ׃ בְּאֹרַח יג יד
רְשָׁעִים אַל־תָּבֹא וְאַל־תְּאַשֵּׁר בְּדֶרֶךְ רָעִים׃ פְּרָעֵהוּ אַל־ טו
תַּעֲבָר־בּוֹ שְׂטֵה מֵעָלָיו וַעֲבוֹר׃ כִּי לֹא יִשְׁנוּ אִם־לֹא יָרֵעוּ וְנִגְזְלָה טז
יַכְשִׁילוּ שְׁנָתָם אִם־לֹא יכשולו׃ כִּי לָחֲמוּ לֶחֶם רֶשַׁע וְיֵין חֲמָסִים יִשְׁתּוּ׃ יז
וְאֹרַח צַדִּיקִים כְּאוֹר נֹגַהּ הוֹלֵךְ וָאוֹר עַד־נְכוֹן הַיּוֹם׃ דֶּרֶךְ יח יט
רְשָׁעִים כָּאֲפֵלָה לֹא יָדְעוּ בַּמֶּה יִכָּשֵׁלוּ׃ בְּנִי כ
לִדְבָרַי הַקְשִׁיבָה לַאֲמָרַי הַט־אָזְנֶךָ׃ אַל־יַלִּיזוּ מֵעֵינֶיךָ שָׁמְרֵם כא
בְּתוֹךְ לְבָבֶךָ׃ כִּי־חַיִּים הֵם לְמֹצְאֵיהֶם וּלְכָל־בְּשָׂרוֹ מַרְפֵּא׃ כב
מִכָּל־מִשְׁמָר נְצֹר לִבֶּךָ כִּי־מִמֶּנּוּ תּוֹצְאוֹת חַיִּים׃ הָסֵר מִמְּךָ כג כד
עִקְּשׁוּת פֶּה וּלְזוּת שְׂפָתַיִם הַרְחֵק מִמֶּךָּ׃ עֵינֶיךָ לְנֹכַח יַבִּיטוּ כה
וְעַפְעַפֶּיךָ יַיְשִׁרוּ נֶגְדֶּךָ׃ פַּלֵּס מַעְגַּל רַגְלֶךָ וְכָל־דְּרָכֶיךָ יִכֹּנוּ׃ כו
אַל־תֵּט־יָמִין וּשְׂמֹאול הָסֵר רַגְלְךָ מֵרָע׃ כז
בְּנִי לְחָכְמָתִי הַקְשִׁיבָה לִתְבוּנָתִי הַט־אָזְנֶךָ׃ לִשְׁמֹר מְזִמּוֹת א ב ה
וְדַעַת שְׂפָתֶיךָ יִנְצֹרוּ׃ כִּי נֹפֶת תִּטֹּפְנָה שִׂפְתֵי זָרָה וְחָלָק מִשֶּׁמֶן ג
חִכָּהּ׃ וְאַחֲרִיתָהּ מָרָה כַלַּעֲנָה חַדָּה כְּחֶרֶב פִּיּוֹת׃ רַגְלֶיהָ ד ה
יֹרְדוֹת מָוֶת שְׁאוֹל צְעָדֶיהָ יִתְמֹכוּ׃ אֹרַח חַיִּים פֶּן־תְּפַלֵּס נָעוּ ו
מַעְגְּלֹתֶיהָ לֹא תֵדָע׃
וְעַתָּה בָנִים שִׁמְעוּ־לִי וְאַל־תָּסוּרוּ מֵאִמְרֵי־פִי׃ הַרְחֵק מֵעָלֶיהָ ז ח
דַרְכֶּךָ וְאַל־תִּקְרַב אֶל־פֶּתַח בֵּיתָהּ׃ פֶּן־תִּתֵּן לַאֲחֵרִים הוֹדֶךָ ט
וּשְׁנֹתֶיךָ לְאַכְזָרִי׃ פֶּן־יִשְׂבְּעוּ זָרִים כֹּחֶךָ וַעֲצָבֶיךָ בְּבֵית נָכְרִי׃ י
וְנָהַמְתָּ בְאַחֲרִיתֶךָ בִּכְלוֹת בְּשָׂרְךָ וּשְׁאֵרֶךָ׃ וְאָמַרְתָּ אֵיךְ שָׂנֵאתִי יא יב
מוּסָר וְתוֹכַחַת נָאַץ לִבִּי׃ וְלֹא־שָׁמַעְתִּי בְּקוֹל מוֹרָי וְלִמְלַמְּדַי יג
לֹא־הִטִּיתִי אָזְנִי׃ כִּמְעַט הָיִיתִי בְכָל־רָע בְּתוֹךְ קָהָל וְעֵדָה׃ יד
שְׁתֵה־מַיִם מִבּוֹרֶךָ וְנֹזְלִים מִתּוֹךְ בְּאֵרֶךָ׃ יָפוּצוּ מַעְיְנֹתֶיךָ חוּצָה טו טז
ב בָּרְחֹבוֹת פַּלְגֵי־מָיִם׃ יִהְיוּ־לְךָ לְבַדֶּךָ וְאֵין לְזָרִים אִתָּךְ׃ יְהִי־ יז יח
מְקוֹרְךָ בָרוּךְ וּשְׂמַח מֵאֵשֶׁת נְעוּרֶךָ׃ אַיֶּלֶת אֲהָבִים וְיַעֲלַת חֵן יט

כ דַּדֶּיהָ יְרַוֻּךָ בְכָל־עֵת בְּאַהֲבָתָהּ תִּשְׁגֶּה תָמִיד׃ וְלָמָּה תִשְׁגֶּה בְנִי
כא בְזָרָה וּתְחַבֵּק חֵק נָכְרִיָּה׃ כִּי נֹכַח ׀ עֵינֵי יְהוָה דַּרְכֵי־אִישׁ וְכָל־
כב מַעְגְּלֹתָיו מְפַלֵּס׃ עַוֺנוֹתָיו יִלְכְּדֻנוֹ אֶת־הָרָשָׁע וּבְחַבְלֵי חַטָּאתוֹ
ו כג א יִתָּמֵךְ׃ הוּא יָמוּת בְּאֵין מוּסָר וּבְרֹב אִוַּלְתּוֹ יִשְׁגֶּה׃ בְּנִי אִם־
ב עָרַבְתָּ לְרֵעֶךָ תָּקַעְתָּ לַזָּר כַּפֶּיךָ׃ נוֹקַשְׁתָּ בְאִמְרֵי־פִיךָ נִלְכַּדְתָּ
ג בְּאִמְרֵי־פִיךָ׃ עֲשֵׂה זֹאת אֵפוֹא ׀ בְּנִי וְהִנָּצֵל כִּי בָאתָ בְכַף־
ד רֵעֶךָ לֵךְ הִתְרַפֵּס וּרְהַב רֵעֶיךָ׃ אַל־תִּתֵּן שֵׁנָה לְעֵינֶיךָ וּתְנוּמָה
ה לְעַפְעַפֶּיךָ׃ הִנָּצֵל כִּצְבִי מִיָּד וּכְצִפּוֹר מִיַּד יָקוּשׁ׃
ו ז לֵךְ־אֶל־נְמָלָה עָצֵל רְאֵה דְרָכֶיהָ וַחֲכָם׃ אֲשֶׁר אֵין־לָהּ קָצִין
ח ט שֹׁטֵר וּמֹשֵׁל׃ תָּכִין בַּקַּיִץ לַחְמָהּ אָגְרָה בַקָּצִיר מַאֲכָלָהּ׃ עַד־
י מָתַי עָצֵל ׀ תִּשְׁכָּב מָתַי תָּקוּם מִשְּׁנָתֶךָ׃ מְעַט שֵׁנוֹת מְעַט
יא תְּנוּמוֹת מְעַט ׀ חִבֻּק יָדַיִם לִשְׁכָּב׃ וּבָא־כִמְהַלֵּךְ רֵאשֶׁךָ
וּמַחְסֹרְךָ כְּאִישׁ מָגֵן׃
יב יג אָדָם בְּלִיַּעַל אִישׁ אָוֶן הוֹלֵךְ עִקְּשׁוּת פֶּה׃ קֹרֵץ בְּעֵינָו
יד מוֹלֵל בְּרַגְלָו מֹרֶה בְּאֶצְבְּעֹתָיו׃ תַּהְפֻּכוֹת ׀ בְּלִבּוֹ חֹרֵשׁ רָע
טו בְּכָל־עֵת מדנים יְשַׁלֵּחַ׃ עַל־כֵּן פִּתְאֹם יָבוֹא אֵידוֹ פֶּתַע מִדְיָנִים
יִשָּׁבֵר וְאֵין מַרְפֵּא׃
טז יז שֶׁשׁ־הֵנָּה שָׂנֵא יְהוָה וְשֶׁבַע תועבות נַפְשׁוֹ׃ עֵינַיִם רָמוֹת תּוֹעֲבַת
יח לְשׁוֹן שָׁקֶר וְיָדַיִם שֹׁפְכוֹת דָּם־נָקִי׃ לֵב חֹרֵשׁ מַחְשְׁבוֹת
יט אָוֶן רַגְלַיִם מְמַהֲרוֹת לָרוּץ לָרָעָה׃ יָפִיחַ כְּזָבִים עֵד שָׁקֶר
כ וּמְשַׁלֵּחַ מְדָנִים בֵּין אַחִים׃ נְצֹר בְּנִי מִצְוַת
כא אָבִיךָ וְאַל־תִּטֹּשׁ תּוֹרַת אִמֶּךָ׃ קָשְׁרֵם עַל־לִבְּךָ תָמִיד עָנְדֵם
כב עַל־גַּרְגְּרֹתֶךָ׃ בְּהִתְהַלֶּכְךָ ׀ תַּנְחֶה אֹתָךְ בְּשָׁכְבְּךָ תִּשְׁמֹר
כג עָלֶיךָ וַהֲקִיצוֹתָ הִיא תְשִׂיחֶךָ׃ כִּי נֵר מִצְוָה וְתוֹרָה אוֹר וְדֶרֶךְ
כד חַיִּים תּוֹכְחוֹת מוּסָר׃ לִשְׁמָרְךָ מֵאֵשֶׁת רָע מֵחֶלְקַת לָשׁוֹן
כה כו נָכְרִיָּה׃ אַל־תַּחְמֹד יָפְיָהּ בִּלְבָבֶךָ וְאַל־תִּקָּחֲךָ בְּעַפְעַפֶּיהָ׃ כִּי
בְעַד־אִשָּׁה זוֹנָה עַד־כִּכַּר לָחֶם וְאֵשֶׁת אִישׁ נֶפֶשׁ יְקָרָה תָצוּד׃

כז כח הֲיַחְתֶּה אִישׁ אֵשׁ בְּחֵיקוֹ וּבְגָדָיו לֹא תִשָּׂרַפְנָה: אִם־יְהַלֵּךְ
כט אִישׁ עַל־הַגֶּחָלִים וְרַגְלָיו לֹא תִכָּוֶינָה: כֵּן הַבָּא אֶל־אֵשֶׁת
ל רֵעֵהוּ לֹא יִנָּקֶה כָּל־הַנֹּגֵעַ בָּהּ: לֹא־יָבוּזוּ לַגַּנָּב כִּי יִגְנוֹב
לא לְמַלֵּא נַפְשׁוֹ כִּי יִרְעָב: וְנִמְצָא יְשַׁלֵּם שִׁבְעָתָיִם אֶת־כָּל־הוֹן
לב בֵּיתוֹ יִתֵּן: נֹאֵף אִשָּׁה חֲסַר־לֵב מַשְׁחִית נַפְשׁוֹ הוּא יַעֲשֶׂנָּה:
לג לד נֶגַע־וְקָלוֹן יִמְצָא וְחֶרְפָּתוֹ לֹא תִמָּחֶה: כִּי־קִנְאָה חֲמַת־גָּבֶר
לה וְלֹא־יַחְמוֹל בְּיוֹם נָקָם: לֹא־יִשָּׂא פְּנֵי כָל־כֹּפֶר וְלֹא־יֹאבֶה
ז א כִּי תַרְבֶּה־שֹׁחַד: בְּנִי שְׁמֹר אֲמָרָי וּמִצְוֺתַי
ב תִּצְפֹּן אִתָּךְ: שְׁמֹר מִצְוֺתַי וֶחְיֵה וְתוֹרָתִי כְּאִישׁוֹן עֵינֶיךָ:
ג ד קָשְׁרֵם עַל־אֶצְבְּעֹתֶיךָ כָּתְבֵם עַל־לוּחַ לִבֶּךָ: אֱמֹר לַחָכְמָה
ה אֲחֹתִי אָתְּ וּמֹדָע לַבִּינָה תִקְרָא: לִשְׁמָרְךָ מֵאִשָּׁה זָרָה
ו מִנָּכְרִיָּה אֲמָרֶיהָ הֶחֱלִיקָה: כִּי בְּחַלּוֹן בֵּיתִי בְּעַד אֶשְׁנַבִּי
ז ח נִשְׁקָפְתִּי: וָאֵרֶא בַפְּתָאיִם אָבִינָה בַבָּנִים נַעַר חֲסַר־לֵב: עֹבֵר
ט בַּשּׁוּק אֵצֶל פִּנָּהּ וְדֶרֶךְ בֵּיתָהּ יִצְעָד: בְּנֶשֶׁף־בְּעֶרֶב יוֹם בְּאִישׁוֹן
י לַיְלָה וַאֲפֵלָה: וְהִנֵּה אִשָּׁה לִקְרָאתוֹ שִׁית זוֹנָה וּנְצֻרַת לֵב:
יא יב הֹמִיָּה הִיא וְסֹרָרֶת בְּבֵיתָהּ לֹא־יִשְׁכְּנוּ רַגְלֶיהָ: פַּעַם ׀ בַּחוּץ
יג פַּעַם בָּרְחֹבוֹת וְאֵצֶל כָּל־פִּנָּה תֶאֱרֹב: וְהֶחֱזִיקָה בּוֹ וְנָשְׁקָה לּוֹ
יד הֵעֵזָּה פָנֶיהָ וַתֹּאמַר לוֹ: זִבְחֵי שְׁלָמִים עָלָי הַיּוֹם שִׁלַּמְתִּי נְדָרָי:
טו טז עַל־כֵּן יָצָאתִי לִקְרָאתֶךָ לְשַׁחֵר פָּנֶיךָ וָאֶמְצָאֶךָּ: מַרְבַדִּים
יז רָבַדְתִּי עַרְשִׂי חֲטֻבוֹת אֵטוּן מִצְרָיִם: נַפְתִּי מִשְׁכָּבִי מֹר אֲהָלִים
יח יט וְקִנָּמוֹן: לְכָה נִרְוֶה דֹדִים עַד־הַבֹּקֶר נִתְעַלְּסָה בָּאֳהָבִים: כִּי
כ אֵין הָאִישׁ בְּבֵיתוֹ הָלַךְ בְּדֶרֶךְ מֵרָחוֹק: צְרוֹר־הַכֶּסֶף לָקַח בְּיָדוֹ
כא לְיוֹם הַכֶּסֶא יָבֹא בֵיתוֹ: הִטַּתּוּ בְּרֹב לִקְחָהּ בְּחֵלֶק שְׂפָתֶיהָ
כב תַּדִּיחֶנּוּ: הוֹלֵךְ אַחֲרֶיהָ פִּתְאֹם כְּשׁוֹר אֶל־טָבַח יָבוֹא וּכְעֶכֶס
כג אֶל־מוּסַר אֱוִיל: עַד יְפַלַּח חֵץ כְּבֵדוֹ כְּמַהֵר צִפּוֹר אֶל־פָּח
וְלֹא־יָדַע כִּי־בְנַפְשׁוֹ הוּא:
כד כה וְעַתָּה בָנִים שִׁמְעוּ־לִי וְהַקְשִׁיבוּ לְאִמְרֵי־פִי: אַל־יֵשְׂטְ אֶל־

כו דְּרָכֶיהָ לִבֶּךָ אַל־תֵּתַע בִּנְתִיבוֹתֶיהָ׃ כִּי־רַבִּים חֲלָלִים הִפִּילָה
כז וַעֲצֻמִים כָּל־הֲרֻגֶיהָ׃ דַּרְכֵי שְׁאוֹל בֵּיתָהּ יֹרְדוֹת אֶל־חַדְרֵי־
ח א ב מָוֶת׃ הֲלֹא־חָכְמָה תִקְרָא וּתְבוּנָה תִּתֵּן קוֹלָהּ׃ בְּרֹאשׁ־מְרֹמִים
ג עֲלֵי־דָרֶךְ בֵּית נְתִיבוֹת נִצָּבָה׃ לְיַד־שְׁעָרִים לְפִי־קָרֶת מְבוֹא
ד פְתָחִים תָּרֹנָּה׃ אֲלֵיכֶם אִישִׁים אֶקְרָא וְקוֹלִי אֶל־בְּנֵי אָדָם׃
ה ו הָבִינוּ פְתָאיִם עָרְמָה וּכְסִילִים הָבִינוּ לֵב׃ שִׁמְעוּ כִּי־נְגִידִים
ז אֲדַבֵּר וּמִפְתַּח שְׂפָתַי מֵישָׁרִים׃ כִּי־אֱמֶת יֶהְגֶּה חִכִּי וְתוֹעֲבַת
ח ט שְׂפָתַי רֶשַׁע׃ בְּצֶדֶק כָּל־אִמְרֵי־פִי אֵין בָּהֶם נִפְתָּל וְעִקֵּשׁ׃ כֻּלָּם
י נְכֹחִים לַמֵּבִין וִישָׁרִים לְמֹצְאֵי דָעַת׃ קְחוּ־מוּסָרִי וְאַל־כָּסֶף
יא וְדַעַת מֵחָרוּץ נִבְחָר׃ כִּי־טוֹבָה חָכְמָה מִפְּנִינִים וְכָל־חֲפָצִים לֹא
יב יִשְׁווּ־בָהּ׃ אֲנִי־חָכְמָה שָׁכַנְתִּי עָרְמָה וְדַעַת מְזִמּוֹת אֶמְצָא׃
יג יִרְאַת יהוה שְׂנֹאת רָע גֵּאָה וְגָאוֹן ׀ וְדֶרֶךְ רָע וּפִי תַהְפֻּכוֹת
יד טו שָׂנֵאתִי׃ לִי־עֵצָה וְתוּשִׁיָּה אֲנִי בִינָה לִי גְבוּרָה׃ בִּי מְלָכִים
טז יִמְלֹכוּ וְרֹזְנִים יְחֹקְקוּ צֶדֶק׃ בִּי שָׂרִים יָשֹׂרוּ וּנְדִיבִים כָּל־שֹׁפְטֵי
יז יח צֶדֶק׃ אֲנִי אהביה אֵהָב וּמְשַׁחֲרַי יִמְצָאֻנְנִי׃ עֹשֶׁר־וְכָבוֹד אִתִּי אֹהֲבַי
יט הוֹן עָתֵק וּצְדָקָה׃ טוֹב פִּרְיִי מֵחָרוּץ וּמִפָּז וּתְבוּאָתִי מִכֶּסֶף
כ כא נִבְחָר׃ בְּאֹרַח־צְדָקָה אֲהַלֵּךְ בְּתוֹךְ נְתִיבוֹת מִשְׁפָּט׃ לְהַנְחִיל
אֹהֲבַי ׀ יֵשׁ וְאֹצְרֹתֵיהֶם אֲמַלֵּא׃

כב כג יהוה קָנָנִי רֵאשִׁית דַּרְכּוֹ קֶדֶם מִפְעָלָיו מֵאָז׃ מֵעוֹלָם נִסַּכְתִּי
כד מֵרֹאשׁ מִקַּדְמֵי־אָרֶץ׃ בְּאֵין־תְּהֹמוֹת חוֹלָלְתִּי בְּאֵין מַעְיָנוֹת
כה כו נִכְבַּדֵּי־מָיִם׃ בְּטֶרֶם הָרִים הָטְבָּעוּ לִפְנֵי גְבָעוֹת חוֹלָלְתִּי׃ עַד־
כז לֹא עָשָׂה אֶרֶץ וְחוּצוֹת וְרֹאשׁ עַפְרוֹת תֵּבֵל׃ בַּהֲכִינוֹ שָׁמַיִם
כח שָׁם אָנִי בְּחוּקוֹ חוּג עַל־פְּנֵי תְהוֹם׃ בְּאַמְּצוֹ שְׁחָקִים מִמָּעַל
כט בַּעֲזוֹז עִינוֹת תְּהוֹם׃ בְּשׂוּמוֹ לַיָּם ׀ חֻקּוֹ וּמַיִם לֹא יַעַבְרוּ־פִיו
ל בְּחוּקוֹ מוֹסְדֵי אָרֶץ׃ וָאֶהְיֶה אֶצְלוֹ אָמוֹן וָאֶהְיֶה שַׁעֲשֻׁעִים
לא יוֹם ׀ יוֹם מְשַׂחֶקֶת לְפָנָיו בְּכָל־עֵת׃ מְשַׂחֶקֶת בְּתֵבֵל אַרְצוֹ
וְשַׁעֲשֻׁעַי אֶת־בְּנֵי אָדָם׃

וְעַתָּה בָנִים שִׁמְעוּ־לִי וְאַשְׁרֵי דְּרָכַי יִשְׁמֹרוּ: שִׁמְעוּ מוּסָר וַחֲכָמוּ לב לג
וְאַל־תִּפְרָעוּ: אַשְׁרֵי אָדָם שֹׁמֵעַ לִי לִשְׁקֹד עַל־דַּלְתֹתַי יוֹם ׀ יוֹם לד
לִשְׁמֹר מְזוּזֹת פְּתָחָי: כִּי מֹצְאִי מצאי חַיִּים וַיָּפֶק רָצוֹן מֵיְהוָה: לה מָצָא
וְחֹטְאִי חֹמֵס נַפְשׁוֹ כָּל־מְשַׂנְאַי אָהֲבוּ מָוֶת: לו

ט חָכְמוֹת בָּנְתָה בֵיתָהּ חָצְבָה עַמּוּדֶיהָ שִׁבְעָה: טָבְחָה טִבְחָהּ א ב
מָסְכָה יֵינָהּ אַף עָרְכָה שֻׁלְחָנָהּ: שָׁלְחָה נַעֲרֹתֶיהָ תִקְרָא עַל־גַּפֵּי ג
מְרֹמֵי קָרֶת: מִי־פֶתִי יָסֻר הֵנָּה חֲסַר־לֵב אָמְרָה לּוֹ: לְכוּ לַחֲמוּ ד ה
בְלַחֲמִי וּשְׁתוּ בְּיַיִן מָסָכְתִּי: עִזְבוּ פְתָאיִם וִחְיוּ וְאִשְׁרוּ בְּדֶרֶךְ ו
בִּינָה: יֹסֵר לֵץ לֹקֵחַ לוֹ קָלוֹן וּמוֹכִיחַ לְרָשָׁע מוּמוֹ: אַל־תּוֹכַח ז ח
לֵץ פֶּן־יִשְׂנָאֶךָּ הוֹכַח לְחָכָם וְיֶאֱהָבֶךָּ: תֵּן לְחָכָם וְיֶחְכַּם־עוֹד ט
הוֹדַע לְצַדִּיק וְיוֹסֶף לֶקַח: תְּחִלַּת חָכְמָה יִרְאַת יְהוָה וְדַעַת י
ג קְדֹשִׁים בִּינָה: כִּי־בִי יִרְבּוּ יָמֶיךָ וְיוֹסִיפוּ לְּךָ שְׁנוֹת חַיִּים: אִם־ יא יב
חָכַמְתָּ חָכַמְתָּ לָּךְ וְלַצְתָּ לְבַדְּךָ תִשָּׂא: אֵשֶׁת כְּסִילוּת הֹמִיָּה יג
פְּתַיּוּת וּבַל־יָדְעָה מָּה: וְיָשְׁבָה לְפֶתַח בֵּיתָהּ עַל־כִּסֵּא יד
מְרֹמֵי קָרֶת: לִקְרֹא לְעֹבְרֵי־דָרֶךְ הַמְיַשְּׁרִים אֹרְחוֹתָם: מִי־ טו טז
פֶתִי יָסֻר הֵנָּה וַחֲסַר־לֵב וְאָמְרָה לּוֹ: מַיִם־גְּנוּבִים יִמְתָּקוּ יז
וְלֶחֶם סְתָרִים יִנְעָם: וְלֹא־יָדַע כִּי־רְפָאִים שָׁם בְּעִמְקֵי יח
שְׁאוֹל קְרֻאֶיהָ:

י מִשְׁלֵי שְׁלֹמֹה בֵּן חָכָם יְשַׂמַּח־אָב וּבֵן כְּסִיל תּוּגַת אִמּוֹ: לֹא־ א ב
יוֹעִילוּ אוֹצְרוֹת רֶשַׁע וּצְדָקָה תַּצִּיל מִמָּוֶת: לֹא־יַרְעִיב יְהוָה ג
נֶפֶשׁ צַדִּיק וְהַוַּת רְשָׁעִים יֶהְדֹּף: רָאשׁ עֹשֶׂה כַף־רְמִיָּה וְיַד ד
חָרוּצִים תַּעֲשִׁיר: אֹגֵר בַּקַּיִץ בֵּן מַשְׂכִּיל נִרְדָּם בַּקָּצִיר בֵּן ה
מֵבִישׁ: בְּרָכוֹת לְרֹאשׁ צַדִּיק וּפִי רְשָׁעִים יְכַסֶּה חָמָס: זֵכֶר ו ז
צַדִּיק לִבְרָכָה וְשֵׁם רְשָׁעִים יִרְקָב: חֲכַם־לֵב יִקַּח מִצְוֹת וֶאֱוִיל ח
שְׂפָתַיִם יִלָּבֵט: הוֹלֵךְ בַּתֹּם יֵלֶךְ בֶּטַח וּמְעַקֵּשׁ דְּרָכָיו יִוָּדֵעַ: ט
קֹרֵץ עַיִן יִתֵּן עַצָּבֶת וֶאֱוִיל שְׂפָתַיִם יִלָּבֵט: מְקוֹר חַיִּים פִּי צַדִּיק י יא
וּפִי רְשָׁעִים יְכַסֶּה חָמָס: שִׂנְאָה תְּעֹרֵר מְדָנִים וְעַל כָּל־פְּשָׁעִים יב

יג תְּכַסֶּה אַהֲבָה׃ בְּשִׂפְתֵי נָבוֹן תִּמָּצֵא חָכְמָה וְשֵׁבֶט לְגֵו חֲסַר־
יד טו לֵב׃ חֲכָמִים יִצְפְּנוּ־דָעַת וּפִי־אֱוִיל מְחִתָּה קְרֹבָה׃ הוֹן עָשִׁיר
טז קִרְיַת עֻזּוֹ מְחִתַּת דַּלִּים רֵישָׁם׃ פְּעֻלַּת צַדִּיק לְחַיִּים תְּבוּאַת
יז רָשָׁע לְחַטָּאת׃ אֹרַח לְחַיִּים שׁוֹמֵר מוּסָר וְעוֹזֵב תּוֹכַחַת מַתְעֶה׃
יח יט מְכַסֶּה שִׂנְאָה שִׂפְתֵי־שָׁקֶר וּמוֹצִא דִבָּה הוּא כְסִיל׃ בְּרֹב דְּבָרִים
כ לֹא יֶחְדַּל־פָּשַׁע וְחוֹשֵׂךְ שְׂפָתָיו מַשְׂכִּיל׃ כֶּסֶף נִבְחָר לְשׁוֹן צַדִּיק
כא לֵב רְשָׁעִים כִּמְעָט׃ שִׂפְתֵי צַדִּיק יִרְעוּ רַבִּים וֶאֱוִילִים בַּחֲסַר־לֵב
כב כג יָמוּתוּ׃ בִּרְכַּת יהוה הִיא תַעֲשִׁיר וְלֹא־יוֹסִף עֶצֶב עִמָּהּ׃ כִּשְׂחוֹק
כד לִכְסִיל עֲשׂוֹת זִמָּה וְחָכְמָה לְאִישׁ תְּבוּנָה׃ מְגוֹרַת רָשָׁע הִיא
כה תְבוֹאֶנּוּ וְתַאֲוַת צַדִּיקִים יִתֵּן׃ כַּעֲבוֹר סוּפָה וְאֵין רָשָׁע וְצַדִּיק
כו יְסוֹד עוֹלָם׃ כַּחֹמֶץ ׀ לַשִּׁנַּיִם וְכֶעָשָׁן לָעֵינָיִם כֵּן הֶעָצֵל לְשֹׁלְחָיו׃
כז כח יִרְאַת יהוה תּוֹסִיף יָמִים וּשְׁנוֹת רְשָׁעִים תִּקְצֹרְנָה׃ תּוֹחֶלֶת
כט צַדִּיקִים שִׂמְחָה וְתִקְוַת רְשָׁעִים תֹּאבֵד׃ מָעוֹז לַתֹּם דֶּרֶךְ יהוה
ל וּמְחִתָּה לְפֹעֲלֵי אָוֶן׃ צַדִּיק לְעוֹלָם בַּל־יִמּוֹט וּרְשָׁעִים לֹא
לא יִשְׁכְּנוּ־אָרֶץ׃ פִּי־צַדִּיק יָנוּב חָכְמָה וּלְשׁוֹן תַּהְפֻּכוֹת תִּכָּרֵת׃
יא לב א שִׂפְתֵי צַדִּיק יֵדְעוּן רָצוֹן וּפִי רְשָׁעִים תַּהְפֻּכוֹת׃ מֹאזְנֵי מִרְמָה
ב תּוֹעֲבַת יהוה וְאֶבֶן שְׁלֵמָה רְצוֹנוֹ׃ בָּא־זָדוֹן וַיָּבֹא קָלוֹן וְאֶת־
ג ד צְנוּעִים חָכְמָה׃ תֻּמַּת יְשָׁרִים תַּנְחֵם וְסֶלֶף בֹּגְדִים ושדם׃ לֹא־ יְשָׁדֵּם
ה יוֹעִיל הוֹן בְּיוֹם עֶבְרָה וּצְדָקָה תַּצִּיל מִמָּוֶת׃ צִדְקַת תָּמִים
ו תְּיַשֵּׁר דַּרְכּוֹ וּבְרִשְׁעָתוֹ יִפֹּל רָשָׁע׃ צִדְקַת יְשָׁרִים תַּצִּילֵם וּבְהַוַּת
ז בֹּגְדִים יִלָּכֵדוּ׃ בְּמוֹת אָדָם רָשָׁע תֹּאבַד תִּקְוָה וְתוֹחֶלֶת אוֹנִים
ח ט אָבָדָה׃ צַדִּיק מִצָּרָה נֶחֱלָץ וַיָּבֹא רָשָׁע תַּחְתָּיו׃ בְּפֶה חָנֵף
י יַשְׁחִת רֵעֵהוּ וּבְדַעַת צַדִּיקִים יֵחָלֵצוּ׃ בְּטוּב צַדִּיקִים תַּעֲלֹץ
יא קִרְיָה וּבַאֲבֹד רְשָׁעִים רִנָּה׃ בְּבִרְכַּת יְשָׁרִים תָּרוּם קָרֶת וּבְפִי
יב רְשָׁעִים תֵּהָרֵס׃ בָּז־לְרֵעֵהוּ חֲסַר־לֵב וְאִישׁ תְּבוּנוֹת יַחֲרִישׁ׃
יג יד הוֹלֵךְ רָכִיל מְגַלֶּה־סּוֹד וְנֶאֱמַן־רוּחַ מְכַסֶּה דָבָר׃ בְּאֵין תַּחְבֻּלוֹת
טו יִפָּל־עָם וּתְשׁוּעָה בְּרֹב יוֹעֵץ׃ רַע־יֵרוֹעַ כִּי־עָרַב זָר וְשֹׂנֵא

תֹּקְעִים בּוֹטֵחַ׃ אֵשֶׁת־חֵן תִּתְמֹךְ כָּבוֹד וְעָרִיצִים יִתְמְכוּ־עֹשֶׁר׃ טז
גֹּמֵל נַפְשׁוֹ אִישׁ חָסֶד וְעֹכֵר שְׁאֵרוֹ אַכְזָרִי׃ רָשָׁע עֹשֶׂה פְעֻלַּת־ יז יח
שָׁקֶר וְזֹרֵעַ צְדָקָה שֶׂכֶר אֱמֶת׃ כֵּן־צְדָקָה לְחַיִּים וּמְרַדֵּף רָעָה יט
לְמוֹתוֹ׃ תּוֹעֲבַת יְהוָה עִקְּשֵׁי־לֵב וּרְצוֹנוֹ תְּמִימֵי דָרֶךְ׃ יָד לְיָד כ כא
לֹא־יִנָּקֶה רָּע וְזֶרַע צַדִּיקִים נִמְלָט׃ נֶזֶם זָהָב בְּאַף חֲזִיר אִשָּׁה כב
יָפָה וְסָרַת טָעַם׃ תַּאֲוַת צַדִּיקִים אַךְ־טוֹב תִּקְוַת רְשָׁעִים כג
עֶבְרָה׃ יֵשׁ מְפַזֵּר וְנוֹסָף עוֹד וְחוֹשֵׂךְ מִיֹּשֶׁר אַךְ־לְמַחְסוֹר׃ נֶפֶשׁ־ כד כה
בְּרָכָה תְדֻשָּׁן וּמַרְוֶה גַּם־הוּא יוֹרֶא׃ מֹנֵעַ בָּר יִקְּבֻהוּ לְאוֹם כו
וּבְרָכָה לְרֹאשׁ מַשְׁבִּיר׃ שֹׁחֵר טוֹב יְבַקֵּשׁ רָצוֹן וְדֹרֵשׁ רָעָה כז
תְבוֹאֶנּוּ׃ בּוֹטֵחַ בְּעָשְׁרוֹ הוּא יִפֹּל וְכֶעָלֶה צַדִּיקִים יִפְרָחוּ׃ עוֹכֵר כח כט
בֵּיתוֹ יִנְחַל־רוּחַ וְעֶבֶד אֱוִיל לַחֲכַם־לֵב׃ פְּרִי־צַדִּיק עֵץ חַיִּים ל
וְלֹקֵחַ נְפָשׁוֹת חָכָם׃ הֵן צַדִּיק בָּאָרֶץ יְשֻׁלָּם אַף כִּי־רָשָׁע וְחוֹטֵא׃ לא
אֹהֵב מוּסָר אֹהֵב דָּעַת וְשֹׂנֵא תוֹכַחַת בָּעַר׃ טוֹב יָפִיק רָצוֹן א יב ב
מֵיְהוָה וְאִישׁ מְזִמּוֹת יַרְשִׁיעַ׃ לֹא־יִכּוֹן אָדָם בְּרֶשַׁע וְשֹׁרֶשׁ ג
צַדִּיקִים בַּל־יִמּוֹט׃ אֵשֶׁת־חַיִל עֲטֶרֶת בַּעְלָהּ וּכְרָקָב בְּעַצְמוֹתָיו ד
מְבִישָׁה׃ מַחְשְׁבוֹת צַדִּיקִים מִשְׁפָּט תַּחְבֻּלוֹת רְשָׁעִים מִרְמָה׃ ה
דִּבְרֵי רְשָׁעִים אֱרָב־דָּם וּפִי יְשָׁרִים יַצִּילֵם׃ הָפוֹךְ רְשָׁעִים וְאֵינָם ו ז
וּבֵית צַדִּיקִים יַעֲמֹד׃ לְפִי־שִׂכְלוֹ יְהֻלַּל־אִישׁ וְנַעֲוֵה־לֵב יִהְיֶה ח
לָבוּז׃ טוֹב נִקְלֶה וְעֶבֶד לוֹ מִמִּתְכַּבֵּד וַחֲסַר־לָחֶם׃ יוֹדֵעַ צַדִּיק ט י
נֶפֶשׁ בְּהֶמְתּוֹ וְרַחֲמֵי רְשָׁעִים אַכְזָרִי׃ עֹבֵד אַדְמָתוֹ יִשְׂבַּע־לָחֶם יא
וּמְרַדֵּף רֵיקִים חֲסַר־לֵב׃ חָמַד רָשָׁע מְצוֹד רָעִים וְשֹׁרֶשׁ יב
צַדִּיקִים יִתֵּן׃ בְּפֶשַׁע שְׂפָתַיִם מוֹקֵשׁ רָע וַיֵּצֵא מִצָּרָה צַדִּיק׃ יג
יָשִׁיב מִפְּרִי פִי־אִישׁ יִשְׂבַּע־טוֹב וּגְמוּל יְדֵי־אָדָם יָשׁוּב לוֹ׃ דֶּרֶךְ אֱוִיל יד טו
יָשָׁר בְּעֵינָיו וְשֹׁמֵעַ לְעֵצָה חָכָם׃ אֱוִיל בַּיּוֹם יִוָּדַע כַּעְסוֹ וְכֹסֶה טז
קָלוֹן עָרוּם׃ יָפִיחַ אֱמוּנָה יַגִּיד צֶדֶק וְעֵד שְׁקָרִים מִרְמָה׃ יֵשׁ יז יח
בּוֹטֶה כְּמַדְקְרוֹת חָרֶב וּלְשׁוֹן חֲכָמִים מַרְפֵּא׃ שְׂפַת־אֱמֶת תִּכּוֹן יט
לָעַד וְעַד־אַרְגִּיעָה לְשׁוֹן שָׁקֶר׃ מִרְמָה בְּלֶב־חֹרְשֵׁי רָע וּלְיֹעֲצֵי כ

כא שָׁל֥וֹם שִׂמְחָֽה׃ לֹא־יְאֻנֶּ֣ה לַצַּדִּ֣יק כָּל־אָ֑וֶן וּ֝רְשָׁעִ֗ים מָ֣לְאוּ רָֽע׃
כב כג תּוֹעֲבַ֣ת יְ֭הוָה שִׂפְתֵי־שָׁ֑קֶר וְעֹשֵׂ֖י אֱמוּנָ֣ה רְצוֹנֽוֹ׃ אָדָ֣ם עָ֭רוּם
כד כֹּ֣סֶה דָּ֑עַת וְלֵ֥ב כְּ֝סִילִ֗ים יִקְרָ֥א אִוֶּֽלֶת׃ יַד־חָרוּצִ֥ים תִּמְשׁ֑וֹל
כה וּ֝רְמִיָּ֗ה תִּהְיֶ֥ה לָמַֽס׃ דְּאָגָ֣ה בְלֶב־אִ֣ישׁ יַשְׁחֶ֑נָּה וְדָבָ֖ר ט֣וֹב
כו כז יְשַׂמְּחֶֽנָּה׃ יָתֵ֣ר מֵרֵעֵ֣הוּ צַדִּ֑יק וְדֶ֖רֶךְ רְשָׁעִ֣ים תַּתְעֵֽם׃ לֹא־יַחֲרֹ֣ךְ
כח רְמִיָּ֣ה צֵיד֑וֹ וְהוֹן־אָדָ֖ם יָקָ֣ר חָרֽוּץ׃ בְּאֹֽרַח־צְדָקָ֥ה חַיִּ֑ים וְדֶ֖רֶךְ
נְתִיבָ֣ה אַל־מָֽוֶת׃

יג א ב בֵּ֣ן חָ֭כָם מ֣וּסַר אָ֑ב וְ֝לֵ֗ץ לֹא־שָׁמַ֥ע גְּעָרָֽה׃ מִפְּרִ֣י פִי־אִ֭ישׁ יֹ֣אכַל
ג ט֑וֹב וְנֶ֖פֶשׁ בֹּגְדִ֣ים חָמָֽס׃ נֹצֵ֣ר פִּ֭יו שֹׁמֵ֣ר נַפְשׁ֑וֹ פֹּשֵׂ֥ק שְׂ֝פָתָ֗יו
ד מְחִתָּה־לֽוֹ׃ מִתְאַוָּ֣ה וָ֭אַיִן נַפְשׁ֣וֹ עָצֵ֑ל וְנֶ֖פֶשׁ חָרֻצִ֣ים תְּדֻשָּֽׁן׃
ה ו דְּבַר־שֶׁ֭קֶר יִשְׂנָ֣א צַדִּ֑יק וְ֝רָשָׁ֗ע יַבְאִ֥ישׁ וְיַחְפִּֽיר׃ צְ֭דָקָה תִּצֹּ֣ר תָּם־
ז דָּ֑רֶךְ וְ֝רִשְׁעָ֗ה תְּסַלֵּ֥ף חַטָּֽאת׃ יֵ֣שׁ מִ֭תְעַשֵּׁר וְאֵ֣ין כֹּ֑ל מִ֝תְרוֹשֵׁ֗שׁ
ח ט וְה֣וֹן רָֽב׃ כֹּ֣פֶר נֶֽפֶשׁ־אִ֣ישׁ עָשְׁר֑וֹ וְ֝רָ֗שׁ לֹא־שָׁמַ֥ע גְּעָרָֽה׃ אוֹר־
י צַדִּיקִ֥ים יִשְׂמָ֑ח וְנֵ֖ר רְשָׁעִ֣ים יִדְעָֽךְ׃ רַק־בְּ֭זָדוֹן יִתֵּ֣ן מַצָּ֑ה וְאֶת־
יא יב נ֖וֹעָצִ֣ים חָכְמָֽה׃ ה֭וֹן מֵהֶ֣בֶל יִמְעָ֑ט וְקֹבֵ֖ץ עַל־יָ֣ד יַרְבֶּֽה׃ תּוֹחֶ֣לֶת
יג מְ֭מֻשָּׁכָה מַחֲלָה־לֵ֑ב וְעֵ֥ץ חַ֝יִּ֗ים תַּאֲוָ֥ה בָאָֽה׃ בָּ֣ז לְ֭דָבָר יֵחָ֣בֶל ל֑וֹ
יד וִירֵ֥א מִ֝צְוָ֗ה ה֣וּא יְשֻׁלָּֽם׃ תּוֹרַ֣ת חָ֭כָם מְק֣וֹר חַיִּ֑ים לָ֝ס֗וּר מִמֹּ֥קְשֵׁי
טו טז מָֽוֶת׃ שֵֽׂכֶל־ט֭וֹב יִתֶּן־חֵ֑ן וְדֶ֖רֶךְ בֹּגְדִ֣ים אֵיתָֽן׃ כָּל־עָ֭רוּם יַעֲשֶׂ֣ה
יז בְדָ֑עַת וּ֝כְסִ֗יל יִפְרֹ֥שׂ אִוֶּֽלֶת׃ מַלְאָ֣ךְ רָ֭שָׁע יִפֹּ֣ל בְּרָ֑ע וְצִ֖יר אֱמוּנִ֣ים
יח יט מַרְפֵּֽא׃ רֵ֣ישׁ וְ֭קָלוֹן פּוֹרֵ֣עַ מוּסָ֑ר וְשׁוֹמֵ֖ר תּוֹכַ֣חַת יְכֻבָּֽד׃ תַּאֲוָ֣ה
כ נִ֭הְיָה תֶּעֱרַ֣ב לְנָ֑פֶשׁ וְתוֹעֲבַ֥ת כְּ֝סִילִ֗ים ס֣וּר מֵרָֽע׃ הלוך אֶת־ הוֹלֵ֣ךְ
כא חֲכָמִ֣ים וחכם וְרֹעֶ֖ה כְסִילִ֣ים יֵרֽוֹעַ׃ חַ֭טָּאִים תְּרַדֵּ֣ף רָעָ֑ה וְאֶת־ יֶחְכָּ֑ם
כב צַ֝דִּיקִ֗ים יְשַׁלֶּם־טֽוֹב׃ ט֗וֹב יַנְחִ֥יל בְּנֵֽי־בָנִ֑ים וְצָפ֥וּן לַ֝צַּדִּ֗יק חֵ֣יל
כג כד חוֹטֶֽא׃ רָב־אֹ֭כֶל נִ֣יר רָאשִׁ֑ים וְיֵ֥שׁ נִ֝סְפֶּ֗ה בְּלֹ֣א מִשְׁפָּֽט׃ חוֹשֵׂ֣ךְ
כה שִׁ֭בְטוֹ שׂוֹנֵ֣א בְנ֑וֹ וְ֝אֹהֲב֗וֹ שִֽׁחֲר֥וֹ מוּסָֽר׃ צַדִּ֗יק אֹכֵ֣ל לְשֹׂ֣בַע נַפְשׁ֑וֹ
יד א וּבֶ֖טֶן רְשָׁעִ֣ים תֶּחְסָֽר׃ חַכְמ֣וֹת נָ֭שִׁים בָּנְתָ֣ה בֵיתָ֑הּ וְ֝אִוֶּ֗לֶת בְּיָדֶ֥יהָ
ב ג תֶהֶרְסֶֽנּוּ׃ הוֹלֵ֣ךְ בְּ֭יָשְׁרוֹ יְרֵ֣א יְהוָ֑ה וּנְל֖וֹז דְּרָכָ֣יו בּוֹזֵֽהוּ׃ בְּֽפִי־אֱ֭וִיל

ד חֹטֶר גַּאֲוָה וְשִׂפְתֵי חֲכָמִים תִּשְׁמוּרֵם: בְּאֵין אֲלָפִים אֵבוּס בָּר ד
וְרָב־תְּבוּאוֹת בְּכֹחַ שׁוֹר: עֵד אֱמוּנִים לֹא יְכַזֵּב וְיָפִיחַ כְּזָבִים עֵד ה
שָׁקֶר: בִּקֶּשׁ־לֵץ חָכְמָה וָאָיִן וְדַעַת לְנָבוֹן נָקָל: לֵךְ מִנֶּגֶד לְאִישׁ ו ז
כְּסִיל וּבַל־יָדַעְתָּ שִׂפְתֵי־דָעַת: חָכְמַת עָרוּם הָבִין דַּרְכּוֹ וְאִוֶּלֶת ח
כְּסִילִים מִרְמָה: אֱוִלִים יָלִיץ אָשָׁם וּבֵין יְשָׁרִים רָצוֹן: לֵב יוֹדֵעַ ט י
מָרַּת נַפְשׁוֹ וּבְשִׂמְחָתוֹ לֹא־יִתְעָרַב זָר: בֵּית רְשָׁעִים יִשָּׁמֵד יא
וְאֹהֶל יְשָׁרִים יַפְרִיחַ: יֵשׁ דֶּרֶךְ יָשָׁר לִפְנֵי־אִישׁ וְאַחֲרִיתָהּ דַּרְכֵי־ יב
מָוֶת: גַּם־בִּשְׂחֹק יִכְאַב־לֵב וְאַחֲרִיתָהּ שִׂמְחָה תוּגָה: מִדְּרָכָיו יג יד
יִשְׂבַּע סוּג לֵב וּמֵעָלָיו אִישׁ טוֹב: פֶּתִי יַאֲמִין לְכָל־דָּבָר וְעָרוּם טו
יָבִין לַאֲשֻׁרוֹ: חָכָם יָרֵא וְסָר מֵרָע וּכְסִיל מִתְעַבֵּר וּבוֹטֵחַ: קְצַר־ טז יז
אַפַּיִם יַעֲשֶׂה אִוֶּלֶת וְאִישׁ מְזִמּוֹת יִשָּׂנֵא: נָחֲלוּ פְתָאיִם אִוֶּלֶת יח
וַעֲרוּמִים יַכְתִּרוּ דָעַת: שַׁחוּ רָעִים לִפְנֵי טוֹבִים וּרְשָׁעִים עַל־ יט
שַׁעֲרֵי צַדִּיק: גַּם־לְרֵעֵהוּ יִשָּׂנֵא רָשׁ וְאֹהֲבֵי עָשִׁיר רַבִּים: בָּז־ כ כא
עֲנָוִים לְרֵעֵהוּ חוֹטֵא וּמְחוֹנֵן עניים אַשְׁרָיו: הֲלוֹא־יִתְעוּ חֹרְשֵׁי רָע כב
וְחֶסֶד וֶאֱמֶת חֹרְשֵׁי טוֹב: בְּכָל־עֶצֶב יִהְיֶה מוֹתָר וּדְבַר־שְׂפָתַיִם כג
אַךְ־לְמַחְסוֹר: עֲטֶרֶת חֲכָמִים עָשְׁרָם אִוֶּלֶת כְּסִילִים אִוֶּלֶת: כד
מַצִּיל נְפָשׁוֹת עֵד אֱמֶת וְיָפִחַ כְּזָבִים מִרְמָה: בְּיִרְאַת יְהוָה כה כו
מִבְטַח־עֹז וּלְבָנָיו יִהְיֶה מַחְסֶה: יִרְאַת יְהוָה מְקוֹר חַיִּים לָסוּר כז
מִמֹּקְשֵׁי מָוֶת: בְּרָב־עָם הַדְרַת־מֶלֶךְ וּבְאֶפֶס לְאֹם מְחִתַּת כח
רָזוֹן: אֶרֶךְ אַפַּיִם רַב־תְּבוּנָה וּקְצַר־רוּחַ מֵרִים אִוֶּלֶת: חַיֵּי כט ל
בְשָׂרִים לֵב מַרְפֵּא וּרְקַב עֲצָמוֹת קִנְאָה: עֹשֵׁק דָּל חֵרֵף עֹשֵׂהוּ לא
וּמְכַבְּדוֹ חֹנֵן אֶבְיוֹן: בְּרָעָתוֹ יִדָּחֶה רָשָׁע וְחֹסֶה בְמוֹתוֹ צַדִּיק: לב
בְּלֵב נָבוֹן תָּנוּחַ חָכְמָה וּבְקֶרֶב כְּסִילִים תִּוָּדֵעַ: צְדָקָה תְרוֹמֵם־ לג לד
גּוֹי וְחֶסֶד לְאֻמִּים חַטָּאת: רְצוֹן־מֶלֶךְ לְעֶבֶד מַשְׂכִּיל וְעֶבְרָתוֹ לה
תִּהְיֶה מֵבִישׁ: מַעֲנֶה־רַּךְ יָשִׁיב חֵמָה וּדְבַר־עֶצֶב יַעֲלֶה־אָף: א טו
לְשׁוֹן חֲכָמִים תֵּיטִיב דָּעַת וּפִי כְסִילִים יַבִּיעַ אִוֶּלֶת: בְּכָל־מָקוֹם ב ג
עֵינֵי יְהוָה צֹפוֹת רָעִים וְטוֹבִים: מַרְפֵּא לָשׁוֹן עֵץ חַיִּים וְסֶלֶף ד

ה בה שבר ברוח: אויל ינאץ מוסר אביו ושמר תוכחת יערם:
ו ז בית צדיק חסן רב ובתבואת רשע נעכרת: שפתי חכמים
ח יזרו דעת ולב כסילים לא־כן: זבח רשעים תועבת יהוה
ט ותפלת ישרים רצונו: תועבת יהוה דרך רשע ומרדף צדקה
י יא יאהב: מוסר רע לעזב ארח שונא תוכחת ימות: שאול
יב ואבדון נגד יהוה אף כי־לבות בני־אדם: לא־יאהב לץ הוכח
יג לו אל־חכמים לא ילך: לב שמח ייטב פנים ובעצבת־לב רוח
יד טו נכאה: לב נבון יבקש־דעת ופני כסילים ירעה אולת: כל־ימי ופי
טז עני רעים וטוב־לב משתה תמיד: טוב־מעט ביראת יהוה
יז מאוצר רב ומהומה בו: טוב ארחת ירק ואהבה־שם משור
יח אבוס ושנאה־בו: איש חמה יגרה מדון וארך אפים ישקיט
יט ריב: דרך עצל כמשכת חדק וארח ישרים סללה:
כ כא בן חכם ישמח־אב וכסיל אדם בוזה אמו: אולת שמחה
כב לחסר־לב ואיש תבונה יישר־לכת: הפר מחשבות באין סוד
כג וברב יועצים תקום: שמחה לאיש במענה־פיו ודבר בעתו
כד מה־טוב: ארח חיים למעלה למשכיל למען סור משאול
כה כו מטה: בית גאים יסח יהוה ויצב גבול אלמנה: תועבת יהוה
כז מחשבות רע וטהרים אמרי־נעם: עכר ביתו בוצע בצע
כח ושונא מתנת יחיה: לב צדיק יהגה לענות ופי רשעים יביע
כט ל רעות: רחוק יהוה מרשעים ותפלת צדיקים ישמע: מאור־
לא עינים ישמח־לב שמועה טובה תדשן־עצם: אזן שמעת
לב תוכחת חיים בקרב חכמים תלין: פורע מוסר מואס נפשו
לג ושומע תוכחת קונה לב: יראת יהוה מוסר חכמה ולפני
טז א ב כבוד ענוה: לאדם מערכי־לב ומיהוה מענה לשון: כל־
ג דרכי־איש זך בעיניו ותכן רוחות יהוה: גל אל־יהוה מעשיך
ד ויכנו מחשבתיך: כל פעל יהוה למענהו וגם־רשע ליום רעה:
ה ו תועבת יהוה כל־גבה־לב יד ליד לא ינקה: בחסד ואמת

ז יְכֻפַּר עָוֹן וּבְיִרְאַת יְהוָה סוּר מֵרָע׃ בִּרְצוֹת יְהוָה דַּרְכֵי־אִישׁ
ח גַּם־אוֹיְבָיו יַשְׁלִם אִתּוֹ׃ טוֹב מְעַט בִּצְדָקָה מֵרֹב תְּבוּאוֹת בְּלֹא
ט י מִשְׁפָּט׃ לֵב אָדָם יְחַשֵּׁב דַּרְכּוֹ וַיהוָה יָכִין צַעֲדוֹ׃ קֶסֶם ׀ עַל־
יא שִׂפְתֵי־מֶלֶךְ בְּמִשְׁפָּט לֹא יִמְעַל־פִּיו׃ פֶּלֶס ׀ וּמֹאזְנֵי מִשְׁפָּט לַיהוָה
יב מַעֲשֵׂהוּ כָּל־אַבְנֵי־כִיס׃ תּוֹעֲבַת מְלָכִים עֲשׂוֹת רֶשַׁע כִּי בִצְדָקָה
יג יד יִכּוֹן כִּסֵּא׃ רְצוֹן מְלָכִים שִׂפְתֵי־צֶדֶק וְדֹבֵר יְשָׁרִים יֶאֱהָב׃ חֲמַת־
טו מֶלֶךְ מַלְאֲכֵי־מָוֶת וְאִישׁ חָכָם יְכַפְּרֶנָּה׃ בְּאוֹר־פְּנֵי־מֶלֶךְ חַיִּים
טז וּרְצוֹנוֹ כְּעָב מַלְקוֹשׁ׃ קְנֹה־חָכְמָה מַה־טּוֹב מֵחָרוּץ וּקְנוֹת בִּינָה
יז נִבְחָר מִכָּסֶף׃ מְסִלַּת יְשָׁרִים סוּר מֵרָע שֹׁמֵר נַפְשׁוֹ נֹצֵר דַּרְכּוֹ׃
יח יט לִפְנֵי־שֶׁבֶר גָּאוֹן וְלִפְנֵי כִשָּׁלוֹן גֹּבַהּ רוּחַ׃ טוֹב שְׁפַל־רוּחַ אֶת־
כ עניים מֵחַלֵּק שָׁלָל אֶת־גֵּאִים׃ מַשְׂכִּיל עַל־דָּבָר יִמְצָא־טוֹב עֲנָוִים
כא וּבוֹטֵחַ בַּיהוָה אַשְׁרָיו׃ לַחֲכַם־לֵב יִקָּרֵא נָבוֹן וּמֶתֶק שְׂפָתַיִם
כב כג יֹסִיף לֶקַח׃ מְקוֹר חַיִּים שֵׂכֶל בְּעָלָיו וּמוּסַר אֱוִלִים אִוֶּלֶת׃ לֵב
כד חָכָם יַשְׂכִּיל פִּיהוּ וְעַל־שְׂפָתָיו יֹסִיף לֶקַח׃ צוּף־דְּבַשׁ אִמְרֵי־
כה נֹעַם מָתוֹק לַנֶּפֶשׁ וּמַרְפֵּא לָעָצֶם׃ יֵשׁ דֶּרֶךְ יָשָׁר לִפְנֵי־אִישׁ
כו וְאַחֲרִיתָהּ דַּרְכֵי־מָוֶת׃ נֶפֶשׁ עָמֵל עָמְלָה לּוֹ כִּי־אָכַף עָלָיו פִּיהוּ׃
כז כח אִישׁ בְּלִיַּעַל כֹּרֶה רָעָה וְעַל־שפתיו כְּאֵשׁ צָרָבֶת׃ אִישׁ תַּהְפֻּכוֹת שְׂפָתוֹ
כט יְשַׁלַּח מָדוֹן וְנִרְגָּן מַפְרִיד אַלּוּף׃ אִישׁ חָמָס יְפַתֶּה רֵעֵהוּ וְהוֹלִיכוֹ
ל בְּדֶרֶךְ לֹא־טוֹב׃ עֹצֶה עֵינָיו לַחְשֹׁב תַּהְפֻּכוֹת קֹרֵץ שְׂפָתָיו כִּלָּה
לא לב רָעָה׃ עֲטֶרֶת תִּפְאֶרֶת שֵׂיבָה בְּדֶרֶךְ צְדָקָה תִּמָּצֵא׃ טוֹב אֶרֶךְ
לג אַפַּיִם מִגִּבּוֹר וּמֹשֵׁל בְּרוּחוֹ מִלֹּכֵד עִיר׃ בַּחֵיק יוּטַל אֶת־הַגּוֹרָל
יז א וּמֵיְהוָה כָּל־מִשְׁפָּטוֹ׃ טוֹב פַּת חֲרֵבָה וְשַׁלְוָה־בָהּ מִבַּיִת מָלֵא
ב זִבְחֵי־רִיב׃ עֶבֶד־מַשְׂכִּיל יִמְשֹׁל בְּבֵן מֵבִישׁ וּבְתוֹךְ אַחִים יַחֲלֹק
ג ד נַחֲלָה׃ מַצְרֵף לַכֶּסֶף וְכוּר לַזָּהָב וּבֹחֵן לִבּוֹת יְהוָה׃ מֵרַע מַקְשִׁיב
ה עַל־שְׂפַת־אָוֶן שֶׁקֶר מֵזִין עַל־לְשׁוֹן הַוֺּת׃ לֹעֵג לָרָשׁ חֵרֵף עֹשֵׂהוּ
ו שָׂמֵחַ לְאֵיד לֹא יִנָּקֶה׃ עֲטֶרֶת זְקֵנִים בְּנֵי בָנִים וְתִפְאֶרֶת בָּנִים
ז אֲבוֹתָם׃ לֹא־נָאוָה לְנָבָל שְׂפַת־יֶתֶר אַף כִּי־לְנָדִיב שְׂפַת־שָׁקֶר׃

ח אֶבֶן־חֵן הַשֹּׁחַד בְּעֵינֵי בְעָלָיו אֶל־כָּל־אֲשֶׁר יִפְנֶה יַשְׂכִּיל׃
ט י מְכַסֶּה־פֶּשַׁע מְבַקֵּשׁ אַהֲבָה וְשֹׁנֶה בְדָבָר מַפְרִיד אַלּוּף׃ תֵּחַת
יא גְּעָרָה בְמֵבִין מֵהַכּוֹת כְּסִיל מֵאָה׃ אַךְ־מְרִי יְבַקֶּשׁ־רָע וּמַלְאָךְ
יב אַכְזָרִי יְשֻׁלַּח־בּוֹ׃ פָּגוֹשׁ דֹּב שַׁכּוּל בְּאִישׁ וְאַל־כְּסִיל בְּאִוַּלְתּוֹ׃
יג יד מֵשִׁיב רָעָה תַּחַת טוֹבָה לֹא־תָמִישׁ רָעָה מִבֵּיתוֹ׃ פּוֹטֵר מַיִם תָּמוּשׁ
טו רֵאשִׁית מָדוֹן וְלִפְנֵי הִתְגַּלַּע הָרִיב נְטוֹשׁ׃ מַצְדִּיק רָשָׁע וּמַרְשִׁיעַ
טז צַדִּיק תּוֹעֲבַת יהוה גַּם־שְׁנֵיהֶם׃ לָמָּה־זֶּה מְחִיר בְּיַד־כְּסִיל
יז לִקְנוֹת חָכְמָה וְלֶב־אָיִן׃ בְּכָל־עֵת אֹהֵב הָרֵעַ וְאָח לְצָרָה יִוָּלֵד׃
יח יט אָדָם חֲסַר־לֵב תּוֹקֵעַ כָּף עֹרֵב עֲרֻבָּה לִפְנֵי רֵעֵהוּ׃ אֹהֵב פֶּשַׁע
כ אֹהֵב מַצָּה מַגְבִּיהַּ פִּתְחוֹ מְבַקֶּשׁ־שָׁבֶר׃ עִקֶּשׁ־לֵב לֹא יִמְצָא־
כא טוֹב וְנֶהְפָּךְ בִּלְשׁוֹנוֹ יִפּוֹל בְּרָעָה׃ יֹלֵד כְּסִיל לְתוּגָה לוֹ וְלֹא־
כב יִשְׂמַח אֲבִי נָבָל׃ לֵב שָׂמֵחַ יֵיטִב גֵּהָה וְרוּחַ נְכֵאָה תְּיַבֶּשׁ־גָּרֶם׃
כג שֹׁחַד מֵחֵיק רָשָׁע יִקָּח לְהַטּוֹת אָרְחוֹת מִשְׁפָּט׃
כד כה אֶת־פְּנֵי מֵבִין חָכְמָה וְעֵינֵי כְסִיל בִּקְצֵה־אָרֶץ׃ כַּעַס לְאָבִיו בֵּן
כו כְּסִיל וּמֶמֶר לְיוֹלַדְתּוֹ׃ גַּם עֲנוֹשׁ לַצַּדִּיק לֹא־טוֹב לְהַכּוֹת נְדִיבִים
כז כח עַל־יֹשֶׁר׃ חוֹשֵׂךְ אֲמָרָיו יוֹדֵעַ דָּעַת וקַר־רוּחַ אִישׁ תְּבוּנָה׃ גַּם יְקַר־
יח א אֱוִיל מַחֲרִישׁ חָכָם יֵחָשֵׁב אֹטֵם שְׂפָתָיו נָבוֹן׃ לְתַאֲוָה יְבַקֵּשׁ
ב נִפְרָד בְּכָל־תּוּשִׁיָּה יִתְגַּלָּע׃ לֹא־יַחְפֹּץ כְּסִיל בִּתְבוּנָה כִּי אִם־
ג ד בְּהִתְגַּלּוֹת לִבּוֹ׃ בְּבוֹא־רָשָׁע בָּא גַם־בּוּז וְעִם־קָלוֹן חֶרְפָּה׃ מַיִם
ה עֲמֻקִּים דִּבְרֵי פִי־אִישׁ נַחַל נֹבֵעַ מְקוֹר חָכְמָה׃ שְׂאֵת פְּנֵי־רָשָׁע
ו לֹא־טוֹב לְהַטּוֹת צַדִּיק בַּמִּשְׁפָּט׃ שִׂפְתֵי כְסִיל יָבֹאוּ בְרִיב וּפִיו
ז לְמַהֲלֻמוֹת יִקְרָא׃ פִּי־כְסִיל מְחִתָּה־לוֹ וּשְׂפָתָיו מוֹקֵשׁ נַפְשׁוֹ׃
ח ט דִּבְרֵי נִרְגָּן כְּמִתְלַהֲמִים וְהֵם יָרְדוּ חַדְרֵי־בָטֶן׃ גַּם מִתְרַפֶּה
י בְּמְלַאכְתּוֹ אָח הוּא לְבַעַל מַשְׁחִית׃ מִגְדַּל־עֹז שֵׁם יהוה בּוֹ־ ה
יא יָרוּץ צַדִּיק וְנִשְׂגָּב׃ הוֹן עָשִׁיר קִרְיַת עֻזּוֹ וּכְחוֹמָה נִשְׂגָּבָה
יב יג בְּמַשְׂכִּיתוֹ׃ לִפְנֵי־שֶׁבֶר יִגְבַּהּ לֵב־אִישׁ וְלִפְנֵי כָבוֹד עֲנָוָה׃ מֵשִׁיב
יד דָּבָר בְּטֶרֶם יִשְׁמָע אִוֶּלֶת הִיא־לוֹ וּכְלִמָּה׃ רוּחַ־אִישׁ יְכַלְכֵּל

טו מַחֲלֵהוּ וְרוּחַ נְכֵאָה מִי יִשָּׂאֶנָּה׃ לֵב נָבוֹן יִקְנֶה־דָּעַת וְאֹזֶן
טז חֲכָמִים תְּבַקֶּשׁ־דָּעַת׃ מַתָּן אָדָם יַרְחִיב לוֹ וְלִפְנֵי גְדֹלִים יַנְחֶנּוּ׃
יז יח צַדִּיק הָרִאשׁוֹן בְּרִיבוֹ יבא־רֵעֵהוּ וַחֲקָרוֹ׃ מִדְיָנִים יַשְׁבִּית הַגּוֹרָל וּבָא־
יט וּבֵין עֲצוּמִים יַפְרִיד׃ אָח נִפְשָׁע מִקִּרְיַת־עֹז ומדונים כִּבְרִיחַ וּמִדְיָנִים
כ אַרְמוֹן׃ מִפְּרִי פִי־אִישׁ תִּשְׂבַּע בִּטְנוֹ תְּבוּאַת שְׂפָתָיו יִשְׂבָּע׃
כא כב מָוֶת וְחַיִּים בְּיַד־לָשׁוֹן וְאֹהֲבֶיהָ יֹאכַל פִּרְיָהּ׃ מָצָא אִשָּׁה מָצָא
כג טוֹב וַיָּפֶק רָצוֹן מֵיְהוָה׃ תַּחֲנוּנִים יְדַבֶּר־רָשׁ וְעָשִׁיר יַעֲנֶה עַזּוֹת׃
יט כד א אִישׁ רֵעִים לְהִתְרֹעֵעַ וְיֵשׁ אֹהֵב דָּבֵק מֵאָח׃ טוֹב רָשׁ הוֹלֵךְ
ב בְּתֻמּוֹ מֵעִקֵּשׁ שְׂפָתָיו וְהוּא כְסִיל׃ גַּם בְּלֹא־דַעַת נֶפֶשׁ לֹא־
ג טוֹב וְאָץ בְּרַגְלַיִם חוֹטֵא׃ אִוֶּלֶת אָדָם תְּסַלֵּף דַּרְכּוֹ וְעַל־יְהוָה
ד ה יִזְעַף לִבּוֹ׃ הוֹן יֹסִיף רֵעִים רַבִּים וְדָל מֵרֵעֵהוּ יִפָּרֵד׃ עֵד שְׁקָרִים
ו לֹא יִנָּקֶה וְיָפִיחַ כְּזָבִים לֹא יִמָּלֵט׃ רַבִּים יְחַלּוּ פְנֵי־נָדִיב וְכָל־
ז הָרֵעַ לְאִישׁ מַתָּן׃ כָּל אֲחֵי־רָשׁ ׀ שְׂנֵאֻהוּ אַף כִּי מְרֵעֵהוּ
ח רָחֲקוּ מִמֶּנּוּ מְרַדֵּף אֲמָרִים לא־הֵמָּה׃ קֹנֶה־לֵּב אֹהֵב נַפְשׁוֹ לוֹ־
ט שֹׁמֵר תְּבוּנָה לִמְצֹא־טוֹב׃ עֵד שְׁקָרִים לֹא יִנָּקֶה וְיָפִיחַ
כְּזָבִים יֹאבֵד׃
י יא לֹא־נָאוֶה לִכְסִיל תַּעֲנוּג אַף כִּי־לְעֶבֶד ׀ מְשֹׁל בְּשָׂרִים׃ שֵׂכֶל
יב אָדָם הֶאֱרִיךְ אַפּוֹ וְתִפְאַרְתּוֹ עֲבֹר עַל־פָּשַׁע׃ נַהַם כַּכְּפִיר זַעַף
יג מֶלֶךְ וּכְטַל עַל־עֵשֶׂב רְצוֹנוֹ׃ הַוֹּת לְאָבִיו בֵּן כְּסִיל וְדֶלֶף טֹרֵד
יד מִדְיְנֵי אִשָּׁה׃ בַּיִת וָהוֹן נַחֲלַת אָבוֹת וּמֵיְהוָה אִשָּׁה מַשְׂכָּלֶת׃
טו טז עַצְלָה תַּפִּיל תַּרְדֵּמָה וְנֶפֶשׁ רְמִיָּה תִרְעָב׃ שֹׁמֵר מִצְוָה שֹׁמֵר
יז נַפְשׁוֹ בּוֹזֵה דְרָכָיו יומת׃ מַלְוֵה יְהוָה חוֹנֵן דָּל וּגְמֻלוֹ יְשַׁלֶּם־לוֹ׃ יָמוּת
יח יט יַסֵּר בִּנְךָ כִּי־יֵשׁ תִּקְוָה וְאֶל־הֲמִיתוֹ אַל־תִּשָּׂא נַפְשֶׁךָ׃ גרל־חֵמָה גְּדָל־
כ נֹשֵׂא עֹנֶשׁ כִּי אִם־תַּצִּיל וְעוֹד תּוֹסִף׃ שְׁמַע עֵצָה וְקַבֵּל מוּסָר
כא לְמַעַן תֶּחְכַּם בְּאַחֲרִיתֶךָ׃ רַבּוֹת מַחֲשָׁבוֹת בְּלֶב־אִישׁ וַעֲצַת
כב יְהוָה הִיא תָקוּם׃ תַּאֲוַת אָדָם חַסְדּוֹ וְטוֹב־רָשׁ מֵאִישׁ כָּזָב׃
כג כד יִרְאַת יְהוָה לְחַיִּים וְשָׂבֵעַ יָלִין בַּל־יִפָּקֶד רָע׃ טָמַן עָצֵל יָדוֹ

כה בַּצַּלָּחַת גַּם־אֶל־פִּיהוּ לֹא יְשִׁיבֶנָּה: לֵץ תַּכֶּה וּפֶתִי יַעְרִם וְהוֹכִיחַ
כו לְנָבוֹן יָבִין דָּעַת: מְשַׁדֶּד־אָב יַבְרִיחַ אֵם בֵּן מֵבִישׁ וּמַחְפִּיר:
כז כח חֲדַל־בְּנִי לִשְׁמֹעַ מוּסָר לִשְׁגוֹת מֵאִמְרֵי־דָעַת: עֵד בְּלִיַּעַל יָלִיץ
כט מִשְׁפָּט וּפִי רְשָׁעִים יְבַלַּע־אָוֶן: נָכוֹנוּ לַלֵּצִים שְׁפָטִים וּמַהֲלֻמוֹת
כ א ב לְגֵו כְּסִילִים: לֵץ הַיַּיִן הֹמֶה שֵׁכָר וְכָל־שֹׁגֶה בּוֹ לֹא יֶחְכָּם: נַהַם
ג כַּכְּפִיר אֵימַת מֶלֶךְ מִתְעַבְּרוֹ חוֹטֵא נַפְשׁוֹ: כָּבוֹד לָאִישׁ שֶׁבֶת
ד מֵרִיב וְכָל־אֱוִיל יִתְגַּלָּע: מֵחֹרֶף עָצֵל לֹא־יַחֲרֹשׁ ישאל בַקָּצִיר [וְשָׁאַל]
ה ו וָאָיִן: מַיִם עֲמֻקִּים עֵצָה בְלֶב־אִישׁ וְאִישׁ תְּבוּנָה יִדְלֶנָּה: רָב־
ז אָדָם יִקְרָא אִישׁ חַסְדּוֹ וְאִישׁ אֱמוּנִים מִי יִמְצָא: מִתְהַלֵּךְ בְּתֻמּוֹ
ח צַדִּיק אַשְׁרֵי בָנָיו אַחֲרָיו: מֶלֶךְ יוֹשֵׁב עַל־כִּסֵּא־דִין מְזָרֶה בְעֵינָיו
ט י כָּל־רָע: מִי־יֹאמַר זִכִּיתִי לִבִּי טָהַרְתִּי מֵחַטָּאתִי: אֶבֶן וָאֶבֶן
יא אֵיפָה וְאֵיפָה תּוֹעֲבַת יְהוָה גַּם־שְׁנֵיהֶם: גַּם בְּמַעֲלָלָיו יִתְנַכֶּר־
יב נָעַר אִם־זַךְ וְאִם־יָשָׁר פָּעֳלוֹ: אֹזֶן שֹׁמַעַת וְעַיִן רֹאָה יְהוָה עָשָׂה
יג גַם־שְׁנֵיהֶם: אַל־תֶּאֱהַב שֵׁנָה פֶּן־תִּוָּרֵשׁ פְּקַח עֵינֶיךָ שְׂבַע־לָחֶם:
יד טו רַע רַע יֹאמַר הַקּוֹנֶה וְאֹזֵל לוֹ אָז יִתְהַלָּל: יֵשׁ זָהָב וְרָב־פְּנִינִים
טז וּכְלִי יְקָר שִׂפְתֵי־דָעַת: לְקַח־בִּגְדוֹ כִּי־עָרַב זָר וּבְעַד נכרים [נָכְרִיָּה]
יז חַבְלֵהוּ: עָרֵב לָאִישׁ לֶחֶם שָׁקֶר וְאַחַר יִמָּלֵא־פִיהוּ חָצָץ:
יח יט מַחֲשָׁבוֹת בְּעֵצָה תִכּוֹן וּבְתַחְבֻּלוֹת עֲשֵׂה מִלְחָמָה: גּוֹלֶה־סּוֹד
כ הוֹלֵךְ רָכִיל וּלְפֹתֶה שְׂפָתָיו לֹא תִתְעָרָב: מְקַלֵּל אָבִיו וְאִמּוֹ
כא יִדְעַךְ נֵרוֹ באישון חֹשֶׁךְ: נַחֲלָה מבחלת בָּרִאשֹׁנָה וְאַחֲרִיתָהּ [בֶּאֱשׁוּן | מְבֹהֶלֶת]
כב לֹא תְבֹרָךְ: אַל־תֹּאמַר אֲשַׁלְּמָה־רָע קַוֵּה לַיהוָה וְיֹשַׁע לָךְ:
כג כד תּוֹעֲבַת יְהוָה אֶבֶן וָאָבֶן וּמֹאזְנֵי מִרְמָה לֹא־טוֹב: מֵיְהוָה
כה מִצְעֲדֵי־גָבֶר וְאָדָם מַה־יָּבִין דַּרְכּוֹ: מוֹקֵשׁ אָדָם יָלַע קֹדֶשׁ
כו וְאַחַר נְדָרִים לְבַקֵּר: מְזָרֶה רְשָׁעִים מֶלֶךְ חָכָם וַיָּשֶׁב עֲלֵיהֶם
כז כח אוֹפָן: נֵר יְהוָה נִשְׁמַת אָדָם חֹפֵשׂ כָּל־חַדְרֵי־בָטֶן: חֶסֶד וֶאֱמֶת
כט יִצְּרוּ־מֶלֶךְ וְסָעַד בַּחֶסֶד כִּסְאוֹ: תִּפְאֶרֶת בַּחוּרִים כֹּחָם וַהֲדַר
ל זְקֵנִים שֵׂיבָה: חַבֻּרוֹת פֶּצַע תמריק בְּרָע וּמַכּוֹת חַדְרֵי־בָטֶן: [תַּמְרוּק]

פַּלְגֵי־מַיִם לֶב־מֶלֶךְ בְּיַד־יְהוָה עַל־כָּל־אֲשֶׁר יַחְפֹּץ יַטֶּנּוּ׃ כָּל־ א ב
דֶּרֶךְ־אִישׁ יָשָׁר בְּעֵינָיו וְתֹכֵן לִבּוֹת יְהוָה׃ עֲשֹׂה צְדָקָה וּמִשְׁפָּט ג
נִבְחָר לַיהוָה מִזָּבַח׃ רוּם־עֵינַיִם וּרְחַב־לֵב נִר רְשָׁעִים חַטָּאת׃ ד
מַחְשְׁבוֹת חָרוּץ אַךְ־לְמוֹתָר וְכָל־אָץ אַךְ־לְמַחְסוֹר׃ פֹּעַל ה ו
אֹצָרוֹת בִּלְשׁוֹן שָׁקֶר הֶבֶל נִדָּף מְבַקְשֵׁי־מָוֶת׃ שֹׁד־רְשָׁעִים ז
יְגוֹרֵם כִּי מֵאֲנוּ לַעֲשׂוֹת מִשְׁפָּט׃ הֲפַכְפַּךְ דֶּרֶךְ אִישׁ וָזָר וְזַךְ יָשָׁר ח
מִדְיָנִים פָּעֳלוֹ׃ טוֹב לָשֶׁבֶת עַל־פִּנַּת־גָּג מֵאֵשֶׁת מדונים וּבֵית חָבֶר׃ ט
נֶפֶשׁ רָשָׁע אִוְּתָה־רָע לֹא־יֻחַן בְּעֵינָיו רֵעֵהוּ׃ בַּעְנָשׁ־לֵץ יֶחְכַּם־ י יא
פֶּתִי וּבְהַשְׂכִּיל לְחָכָם יִקַּח־דָּעַת׃ מַשְׂכִּיל צַדִּיק לְבֵית רָשָׁע יב
מְסַלֵּף רְשָׁעִים לָרָע׃ אֹטֵם אָזְנוֹ מִזַּעֲקַת־דָּל גַּם־הוּא יִקְרָא יג
וְלֹא יֵעָנֶה׃ מַתָּן בַּסֵּתֶר יִכְפֶּה־אָף וְשֹׁחַד בַּחֵק חֵמָה עַזָּה׃ יד
שִׂמְחָה לַצַּדִּיק עֲשׂוֹת מִשְׁפָּט וּמְחִתָּה לְפֹעֲלֵי אָוֶן׃ אָדָם תּוֹעֶה טו טז
מִדֶּרֶךְ הַשְׂכֵּל בִּקְהַל רְפָאִים יָנוּחַ׃ אִישׁ מַחְסוֹר אֹהֵב שִׂמְחָה יז
אֹהֵב יַיִן־וָשֶׁמֶן לֹא יַעֲשִׁיר׃ כֹּפֶר לַצַּדִּיק רָשָׁע וְתַחַת יְשָׁרִים יח
מִדְיָנִים בּוֹגֵד׃ טוֹב שֶׁבֶת בְּאֶרֶץ־מִדְבָּר מֵאֵשֶׁת מדונים וָכָעַס׃ אוֹצָר ׀ יט כ
נֶחְמָד וָשֶׁמֶן בִּנְוֵה חָכָם וּכְסִיל אָדָם יְבַלְּעֶנּוּ׃ רֹדֵף צְדָקָה וָחָסֶד כא
יִמְצָא חַיִּים צְדָקָה וְכָבוֹד׃ עִיר גִּבֹּרִים עָלָה חָכָם וַיֹּרֶד עֹז כב
מִבְטֶחָה׃ שֹׁמֵר פִּיו וּלְשׁוֹנוֹ שֹׁמֵר מִצָּרוֹת נַפְשׁוֹ׃ זֵד יָהִיר לֵץ כג כד
שְׁמוֹ עוֹשֶׂה בְּעֶבְרַת זָדוֹן׃ תַּאֲוַת עָצֵל תְּמִיתֶנּוּ כִּי־מֵאֲנוּ יָדָיו כה
לַעֲשׂוֹת׃ כָּל־הַיּוֹם הִתְאַוָּה תַאֲוָה וְצַדִּיק יִתֵּן וְלֹא יַחְשֹׂךְ׃ זֶבַח כו כז
רְשָׁעִים תּוֹעֵבָה אַף כִּי־בְזִמָּה יְבִיאֶנּוּ׃ עֵד־כְּזָבִים יֹאבֵד וְאִישׁ כח
יָבִין שׁוֹמֵעַ לָנֶצַח יְדַבֵּר׃ הֵעֵז אִישׁ רָשָׁע בְּפָנָיו וְיָשָׁר הוּא ׀ יכין כט
דְּרָכוֹ דרכיו׃ אֵין חָכְמָה וְאֵין תְּבוּנָה וְאֵין עֵצָה לְנֶגֶד יְהוָה׃ סוּס מוּכָן ל לא
לְיוֹם מִלְחָמָה וְלַיהוָה הַתְּשׁוּעָה׃ נִבְחָר שֵׁם מֵעֹשֶׁר רָב מִכֶּסֶף א כב
וּמִזָּהָב חֵן טוֹב׃ עָשִׁיר וָרָשׁ נִפְגָּשׁוּ עֹשֵׂה כֻלָּם יְהוָה׃ עָרוּם ׀ ב ג
וְנִסְתָּר רָאָה רָעָה ויסתר וּפְתָיִים עָבְרוּ וְנֶעֱנָשׁוּ׃ עֵקֶב עֲנָוָה יִרְאַת ד
יְהוָה עֹשֶׁר וְכָבוֹד וְחַיִּים׃ צִנִּים פַּחִים בְּדֶרֶךְ עִקֵּשׁ שׁוֹמֵר נַפְשׁוֹ ה

ו יִרְחַק מֵהֶם: חֲנֹךְ לַנַּעַר עַל־פִּי דַרְכּוֹ גַּם כִּי־יַזְקִין לֹא־יָסוּר
ז ח מִמֶּנָּה: עָשִׁיר בְּרָשִׁים יִמְשׁוֹל וְעֶבֶד לֹוֶה לְאִישׁ מַלְוֶה: זוֹרֵעַ
ט עַוְלָה יקצור־אָוֶן וְשֵׁבֶט עֶבְרָתוֹ יִכְלֶה: טוֹב־עַיִן הוּא יְבֹרָךְ יִקְצָר־
י כִּי־נָתַן מִלַּחְמוֹ לַדָּל: גָּרֵשׁ לֵץ וְיֵצֵא מָדוֹן וְיִשְׁבֹּת דִּין וְקָלוֹן:
יא יב אֹהֵב טהור־לֵב חֵן שְׂפָתָיו רֵעֵהוּ מֶלֶךְ: עֵינֵי יהוה נָצְרוּ דָעַת טְהָר־
יג וַיְסַלֵּף דִּבְרֵי בֹגֵד: אָמַר עָצֵל אֲרִי בַחוּץ בְּתוֹךְ רְחֹבוֹת אֵרָצֵחַ:
יד טו שׁוּחָה עֲמֻקָּה פִּי זָרוֹת זְעוּם יהוה יפול־שָׁם: אִוֶּלֶת קְשׁוּרָה יִפָּל־
טז בְלֶב־נָעַר שֵׁבֶט מוּסָר יַרְחִיקֶנָּה מִמֶּנּוּ: עֹשֵׁק דָּל לְהַרְבּוֹת לוֹ
יז נֹתֵן לְעָשִׁיר אַךְ־לְמַחְסוֹר: הַט אָזְנְךָ וּשְׁמַע דִּבְרֵי חֲכָמִים וְלִבְּךָ
יח תָּשִׁית לְדַעְתִּי: כִּי־נָעִים כִּי־תִשְׁמְרֵם בְּבִטְנֶךָ יִכֹּנוּ יַחְדָּו עַל־
יט שְׂפָתֶיךָ: לִהְיוֹת בַּיהוה מִבְטַחֶךָ הוֹדַעְתִּיךָ הַיּוֹם אַף־אָתָּה:
כ כא הֲלֹא כָתַבְתִּי לְךָ שלשום בְּמֹעֵצוֹת וָדָעַת: לְהוֹדִיעֲךָ קֹשְׁטְ ׀ שָׁלִשִׁים
כב אִמְרֵי אֱמֶת לְהָשִׁיב אֲמָרִים אֱמֶת לְשֹׁלְחֶיךָ: אַל־
כג תִּגְזָל־דָּל כִּי דַל־הוּא וְאַל־תְּדַכֵּא עָנִי בַשָּׁעַר: כִּי־יהוה יָרִיב
כד רִיבָם וְקָבַע אֶת־קֹבְעֵיהֶם נָפֶשׁ: אַל־תִּתְרַע אֶת־בַּעַל אָף
כה וְאֶת־אִישׁ חֵמוֹת לֹא תָבוֹא: פֶּן־תֶּאֱלַף אֹרְחֹתָו וְלָקַחְתָּ מוֹקֵשׁ
כו כז לְנַפְשֶׁךָ: אַל־תְּהִי בְתֹקְעֵי־כָף בַּעֹרְבִים מַשָּׁאוֹת: אִם־אֵין־לְךָ
כח לְשַׁלֵּם לָמָּה יִקַּח מִשְׁכָּבְךָ מִתַּחְתֶּיךָ: אַל־תַּסֵּג גְּבוּל עוֹלָם
כט אֲשֶׁר עָשׂוּ אֲבוֹתֶיךָ: חָזִיתָ אִישׁ ׀ מָהִיר בִּמְלַאכְתּוֹ לִפְנֵי־מְלָכִים
כג א יִתְיַצָּב בַּל־יִתְיַצֵּב לִפְנֵי חֲשֻׁכִּים: כִּי־תֵשֵׁב לִלְחוֹם אֶת־מוֹשֵׁל
ב בִּין תָּבִין אֶת־אֲשֶׁר לְפָנֶיךָ: וְשַׂמְתָּ שַׂכִּין בְּלֹעֶךָ אִם־בַּעַל נֶפֶשׁ
ג ד אָתָּה: אַל־תִּתְאָו לְמַטְעַמּוֹתָיו וְהוּא לֶחֶם כְּזָבִים: אַל־תִּיגַע
ה לְהַעֲשִׁיר מִבִּינָתְךָ חֲדָל: התעוף עֵינֶיךָ בּוֹ וְאֵינֶנּוּ כִּי עָשֹׂה הֲתָעִיף
ו יַעֲשֶׂה־לּוֹ כְנָפַיִם כְּנֶשֶׁר ועוף הַשָּׁמָיִם: אַל־תִּלְחַם אֶת־לֶחֶם יָעוּף
ז רַע עָיִן וְאַל־תִּתְאָו לְמַטְעַמֹּתָיו: כִּי ׀ כְּמוֹ־שָׁעַר בְּנַפְשׁוֹ כֶּן־הוּא
ח אֱכוֹל וּשְׁתֵה יֹאמַר לָךְ וְלִבּוֹ בַּל־עִמָּךְ: פִּתְּךָ־אָכַלְתָּ תְקִיאֶנָּה
ט וְשִׁחַתָּ דְּבָרֶיךָ הַנְּעִימִים: בְּאָזְנֵי כְסִיל אַל־תְּדַבֵּר כִּי־יָבוּז לְשֵׂכֶל

מִלֶּיךָ׃ אַל־תַּסֵּג גְּבוּל עוֹלָם וּבִשְׂדֵי יְתוֹמִים אַל־תָּבֹא׃ כִּי־ י יא
גֹאֲלָם חָזָק הוּא־יָרִיב אֶת־רִיבָם אִתָּךְ׃ הָבִיאָה לַמּוּסָר לִבֶּךָ יב
וְאָזְנֶךָ לְאִמְרֵי־דָעַת׃ אַל־תִּמְנַע מִנַּעַר מוּסָר כִּי־תַכֶּנּוּ בַשֵּׁבֶט יג
לֹא יָמוּת׃ אַתָּה בַּשֵּׁבֶט תַּכֶּנּוּ וְנַפְשׁוֹ מִשְּׁאוֹל תַּצִּיל׃ בְּנִי אִם־ יד טו
חָכַם לִבֶּךָ יִשְׂמַח לִבִּי גַם־אָנִי׃ וְתַעְלֹזְנָה כִלְיוֹתָי בְּדַבֵּר שְׂפָתֶיךָ טז
מֵישָׁרִים׃ אַל־יְקַנֵּא לִבְּךָ בַּחַטָּאִים כִּי אִם־בְּיִרְאַת־יְהוָה כָּל־ יז
הַיּוֹם׃ כִּי אִם־יֵשׁ אַחֲרִית וְתִקְוָתְךָ לֹא תִכָּרֵת׃ שְׁמַע־אַתָּה בְנִי יח יט
וַחֲכָם וְאַשֵּׁר בַּדֶּרֶךְ לִבֶּךָ׃ אַל־תְּהִי בְסֹבְאֵי־יָיִן בְּזֹלְלֵי בָשָׂר לָמוֹ׃ כ
כִּי־סֹבֵא וְזוֹלֵל יִוָּרֵשׁ וּקְרָעִים תַּלְבִּישׁ נוּמָה׃ שְׁמַע לְאָבִיךָ זֶה כא כב
יְלָדֶךָ וְאַל־תָּבוּז כִּי־זָקְנָה אִמֶּךָ׃ אֱמֶת קְנֵה וְאַל־תִּמְכֹּר חָכְמָה כג
גִּיל יָגִיל / וְיוֹלֵד | יִשְׂמַח — וּמוּסָר וּבִינָה׃ גול יגול אֲבִי צַדִּיק יולד חָכָם וישמח בּוֹ׃ יִשְׂמַח־ כד כה
אָבִיךָ וְאִמֶּךָ וְתָגֵל יוֹלַדְתֶּךָ׃ תְּנָה־בְנִי לִבְּךָ לִי וְעֵינֶיךָ דְּרָכַי כו
תִּצֹּרְנָה — תרצנה׃ כִּי־שׁוּחָה עֲמֻקָּה זוֹנָה וּבְאֵר צָרָה נָכְרִיָּה׃ אַף־הִיא כז כח
כְּחֶתֶף תֶּאֱרֹב וּבוֹגְדִים בְּאָדָם תּוֹסִף׃ לְמִי אוֹי לְמִי אֲבוֹי לְמִי כט
מִדְיָנִים — מדונים ׀ לְמִי שִׂיחַ לְמִי פְּצָעִים חִנָּם לְמִי חַכְלִלוּת עֵינָיִם׃
לַמְאַחֲרִים עַל־הַיָּיִן לַבָּאִים לַחְקֹר מִמְסָךְ׃ אַל־תֵּרֶא יַיִן כִּי ל לא
בַּכּוֹס — יִתְאַדָּם כִּי־יִתֵּן בכיס עֵינוֹ יִתְהַלֵּךְ בְּמֵישָׁרִים׃ אַחֲרִיתוֹ כְּנָחָשׁ לב
יִשָּׁךְ וּכְצִפְעֹנִי יַפְרִשׁ׃ עֵינֶיךָ יִרְאוּ זָרוֹת וְלִבְּךָ יְדַבֵּר תַּהְפֻּכוֹת׃ לג
וְהָיִיתָ כְּשֹׁכֵב בְּלֶב־יָם וּכְשֹׁכֵב בְּרֹאשׁ חִבֵּל׃ הִכּוּנִי בַל־חָלִיתִי לד לה
הֲלָמוּנִי בַּל־יָדָעְתִּי מָתַי אָקִיץ אוֹסִיף אֲבַקְשֶׁנּוּ עוֹד׃ אַל־תְּקַנֵּא א כד
בְּאַנְשֵׁי רָעָה וְאַל־תִּתְאָו לִהְיוֹת אִתָּם׃ כִּי־שֹׁד יֶהְגֶּה לִבָּם וְעָמָל ב
שִׂפְתֵיהֶם תְּדַבֵּרְנָה׃ בְּחָכְמָה יִבָּנֶה בָּיִת וּבִתְבוּנָה יִתְכּוֹנָן׃ ג
וּבְדַעַת חֲדָרִים יִמָּלְאוּ כָּל־הוֹן יָקָר וְנָעִים׃ גֶּבֶר־חָכָם בַּעוֹז ד ה
וְאִישׁ־דַּעַת מְאַמֶּץ־כֹּחַ׃ כִּי בְתַחְבֻּלוֹת תַּעֲשֶׂה־לְּךָ מִלְחָמָה ו
וּתְשׁוּעָה בְּרֹב יוֹעֵץ׃ רָאמוֹת לֶאֱוִיל חָכְמוֹת בַּשַּׁעַר לֹא יִפְתַּח־ ז
פִּיהוּ׃ מְחַשֵּׁב לְהָרֵעַ לוֹ בַּעַל־מְזִמּוֹת יִקְרָאוּ׃ זִמַּת אִוֶּלֶת חַטָּאת ח ט
וְתוֹעֲבַת לְאָדָם לֵץ׃ הִתְרַפִּיתָ בְּיוֹם צָרָה צַר כֹּחֶכָה׃ הַצֵּל י יא

יב לְקֻחִים לַמָּוֶת וּמָטִים לַהֶרֶג אִם־תַּחְשׂוֹךְ׃ כִּי־תֹאמַר הֵן לֹא־
יָדַעְנוּ זֶה הֲלֹא־תֹכֵן לִבּוֹת ׀ הוּא־יָבִין וְנֹצֵר נַפְשְׁךָ הוּא יֵדָע
יג וְהֵשִׁיב לְאָדָם כְּפָעֳלוֹ׃ אֱכָל־בְּנִי דְבַשׁ כִּי־טוֹב וְנֹפֶת מָתוֹק עַל־
יד חִכֶּךָ׃ כֵּן ׀ דְּעֶה חָכְמָה לְנַפְשֶׁךָ אִם־מָצָאתָ וְיֵשׁ אַחֲרִית וְתִקְוָתְךָ
טו לֹא תִכָּרֵת׃ אַל־תֶּאֱרֹב רָשָׁע לִנְוֵה צַדִּיק אַל־תְּשַׁדֵּד רִבְצוֹ׃
טז יז כִּי שֶׁבַע ׀ יִפּוֹל צַדִּיק וָקָם וּרְשָׁעִים יִכָּשְׁלוּ בְרָעָה׃ בִּנְפֹל אויביך אֹיִבְךָ
יח אַל־תִּשְׂמָח וּבִכָּשְׁלוֹ אַל־יָגֵל לִבֶּךָ׃ פֶּן־יִרְאֶה יְהוָה וְרַע בְּעֵינָיו
וְהֵשִׁיב מֵעָלָיו אַפּוֹ׃
יט כ אַל־תִּתְחַר בַּמְּרֵעִים אַל־תְּקַנֵּא בָּרְשָׁעִים׃ כִּי ׀ לֹא־תִהְיֶה
כא אַחֲרִית לָרָע נֵר רְשָׁעִים יִדְעָךְ׃ יְרָא־אֶת־יְהוָה בְּנִי וָמֶלֶךְ
כב עִם־שׁוֹנִים אַל־תִּתְעָרָב׃ כִּי־פִתְאֹם יָקוּם אֵידָם וּפִיד שְׁנֵיהֶם
מִי יוֹדֵעַ׃
כג כד גַּם־אֵלֶּה לַחֲכָמִים הַכֵּר־פָּנִים בְּמִשְׁפָּט בַּל־טוֹב׃ אֹמֵר ׀
כה לְרָשָׁע צַדִּיק אָתָּה יִקְּבֻהוּ עַמִּים יִזְעָמוּהוּ לְאֻמִּים׃ וְלַמּוֹכִיחִים
כו יִנְעָם וַעֲלֵיהֶם תָּבוֹא בִרְכַּת־טוֹב׃ שְׂפָתַיִם יִשָּׁק מֵשִׁיב
כז דְּבָרִים נְכֹחִים׃ הָכֵן בַּחוּץ ׀ מְלַאכְתֶּךָ וְעַתְּדָהּ בַּשָּׂדֶה לָךְ
אַחַר וּבָנִיתָ בֵיתֶךָ׃
כח כט אַל־תְּהִי עֵד־חִנָּם בְּרֵעֶךָ וַהֲפִתִּיתָ בִּשְׂפָתֶיךָ׃ אַל־תֹּאמַר כַּאֲשֶׁר
עָשָׂה־לִי כֵּן אֶעֱשֶׂה־לּוֹ אָשִׁיב לָאִישׁ כְּפָעֳלוֹ׃
ל לא עַל־שְׂדֵה אִישׁ־עָצֵל עָבַרְתִּי וְעַל־כֶּרֶם אָדָם חֲסַר־לֵב׃ וְהִנֵּה
עָלָה כֻלּוֹ ׀ קִמְּשֹׂנִים כָּסּוּ פָנָיו חֲרֻלִּים וְגֶדֶר אֲבָנָיו נֶהֱרָסָה׃
לב לג וָאֶחֱזֶה אָנֹכִי אָשִׁית לִבִּי רָאִיתִי לָקַחְתִּי מוּסָר׃ מְעַט שֵׁנוֹת
לד מְעַט תְּנוּמוֹת מְעַט ׀ חִבֻּק יָדַיִם לִשְׁכָּב׃ וּבָא־מִתְהַלֵּךְ רֵישֶׁךָ
וּמַחְסֹרֶיךָ כְּאִישׁ מָגֵן׃
כה א גַּם־אֵלֶּה מִשְׁלֵי שְׁלֹמֹה אֲשֶׁר הֶעְתִּיקוּ אַנְשֵׁי ׀ חִזְקִיָּה מֶלֶךְ־
ב יְהוּדָה׃ כְּבֹד אֱלֹהִים הַסְתֵּר דָּבָר וּכְבֹד מְלָכִים חֲקֹר דָּבָר׃
ג ד שָׁמַיִם לָרוּם וָאָרֶץ לָעֹמֶק וְלֵב מְלָכִים אֵין חֵקֶר׃ הָגוֹ סִיגִים

מִכָּסֶף וַיֵּצֵא לַצֹּרֵף כֶּלִי׃ הָגוֹ רָשָׁע לִפְנֵי־מֶלֶךְ וְיִכּוֹן בַּצֶּדֶק כִּסְאוֹ׃ ה
אַל־תִּתְהַדַּר לִפְנֵי־מֶלֶךְ וּבִמְקוֹם גְּדֹלִים אַל־תַּעֲמֹד׃ כִּי טוֹב ו ז
אֲמָר־לְךָ עֲלֵה הֵנָּה מֵהַשְׁפִּילְךָ לִפְנֵי נָדִיב אֲשֶׁר רָאוּ עֵינֶיךָ׃
אַל־תֵּצֵא לָרִב מַהֵר פֶּן מַה־תַּעֲשֶׂה בְּאַחֲרִיתָהּ בְּהַכְלִים אֹתְךָ ח
רֵעֶךָ׃ רִיבְךָ רִיב אֶת־רֵעֶךָ וְסוֹד אַחֵר אַל־תְּגָל׃ פֶּן־יְחַסֶּדְךָ ט י
שֹׁמֵעַ וְדִבָּתְךָ לֹא תָשׁוּב׃ תַּפּוּחֵי זָהָב בְּמַשְׂכִּיּוֹת כָּסֶף יא
דָּבָר דָּבֻר עַל־אָפְנָיו׃ נֶזֶם זָהָב וַחֲלִי־כָתֶם מוֹכִיחַ חָכָם יב
עַל־אֹזֶן שֹׁמָעַת׃
ז כְּצִנַּת־שֶׁלֶג ׀ בְּיוֹם קָצִיר צִיר נֶאֱמָן לְשֹׁלְחָיו וְנֶפֶשׁ אֲדֹנָיו יג
יָשִׁיב׃
נְשִׂיאִים וְרוּחַ וְגֶשֶׁם אָיִן אִישׁ מִתְהַלֵּל בְּמַתַּת־שָׁקֶר׃ בְּאֹרֶךְ יד טו
אַפַּיִם יְפֻתֶּה קָצִין וְלָשׁוֹן רַכָּה תִּשְׁבָּר־גָּרֶם׃ דְּבַשׁ מָצָאתָ אֱכֹל טז
דַּיֶּךָּ פֶּן־תִּשְׂבָּעֶנּוּ וַהֲקֵאתוֹ׃ הֹקַר רַגְלְךָ מִבֵּית רֵעֶךָ פֶּן־יִשְׂבָּעֲךָ יז
וּשְׂנֵאֶךָ׃ מֵפִיץ וְחֶרֶב וְחֵץ שָׁנוּן אִישׁ־עֹנֶה בְרֵעֵהוּ עֵד שָׁקֶר׃ יח
שֵׁן רֹעָה וְרֶגֶל מוּעָדֶת מִבְטָח בּוֹגֵד בְּיוֹם צָרָה׃ מַעֲדֶה־בֶּגֶד ׀ יט כ
בְּיוֹם קָרָה חֹמֶץ עַל־נָתֶר וְשָׁר בַּשִּׁרִים עַל לֶב־רָע׃ אִם־רָעֵב כא
שֹׂנַאֲךָ הַאֲכִלֵהוּ לָחֶם וְאִם־צָמֵא הַשְׁקֵהוּ מָיִם׃ כִּי גֶחָלִים כב
אַתָּה חֹתֶה עַל־רֹאשׁוֹ וַיהוה יְשַׁלֶּם־לָךְ׃ רוּחַ צָפוֹן תְּחוֹלֵל כג
גָּשֶׁם וּפָנִים נִזְעָמִים לְשׁוֹן סָתֶר׃ טוֹב שֶׁבֶת עַל־פִּנַּת־גָּג מֵאֵשֶׁת כד
מִדְיָנִים מדונים וּבֵית חָבֶר׃
מַיִם קָרִים עַל־נֶפֶשׁ עֲיֵפָה וּשְׁמוּעָה טוֹבָה מֵאֶרֶץ מֶרְחָק׃ מַעְיָן כה כו
נִרְפָּשׂ וּמָקוֹר מָשְׁחָת צַדִּיק מָט לִפְנֵי־רָשָׁע׃ אָכֹל דְּבַשׁ הַרְבּוֹת כז
לֹא־טוֹב וְחֵקֶר כְּבֹדָם כָּבוֹד׃ עִיר פְּרוּצָה אֵין חוֹמָה אִישׁ אֲשֶׁר כח
אֵין מַעְצָר לְרוּחוֹ׃ כַּשֶּׁלֶג ׀ בַּקַּיִץ וְכַמָּטָר בַּקָּצִיר כֵּן לֹא־נָאוֶה א כו
לוֹ לִכְסִיל כָּבוֹד׃ כַּצִּפּוֹר לָנוּד כַּדְּרוֹר לָעוּף כֵּן קִלְלַת חִנָּם לא ב
תָבֹא׃ שׁוֹט לַסּוּס מֶתֶג לַחֲמוֹר וְשֵׁבֶט לְגֵו כְּסִילִים׃ אַל־תַּעַן ג ד
כְּסִיל כְּאִוַּלְתּוֹ פֶּן־תִּשְׁוֶה־לּוֹ גַם־אָתָּה׃ עֲנֵה כְסִיל כְּאִוַּלְתּוֹ ה

ו פֶּן־יִהְיֶה חָכָם בְּעֵינָיו׃ מְקַצֶּה רַגְלַיִם חָמָס שֹׁתֶה שֹׁלֵחַ דְּבָרִים
ז ח בְּיַד־כְּסִיל׃ דַּלְיוּ שֹׁקַיִם מִפִּסֵּחַ וּמָשָׁל בְּפִי כְסִילִים׃ כִּצְרוֹר
ט אֶבֶן בְּמַרְגֵּמָה כֵּן־נוֹתֵן לִכְסִיל כָּבוֹד׃ חוֹחַ עָלָה בְיַד־שִׁכּוֹר
וּמָשָׁל בְּפִי כְסִילִים׃ רַב מְחוֹלֵל־כֹּל
י יא וְשֹׂכֵר כְּסִיל וְשֹׂכֵר עֹבְרִים׃ כְּכֶלֶב שָׁב עַל־קֵאוֹ כְּסִיל שׁוֹנֶה
יב יג בְאִוַּלְתּוֹ׃ רָאִיתָ אִישׁ חָכָם בְּעֵינָיו תִּקְוָה לִכְסִיל מִמֶּנּוּ׃ אָמַר
יד עָצֵל שַׁחַל בַּדָּרֶךְ אֲרִי בֵּין הָרְחֹבוֹת׃ הַדֶּלֶת תִּסּוֹב עַל־צִירָהּ
טו וְעָצֵל עַל־מִטָּתוֹ׃ טָמַן עָצֵל יָדוֹ בַּצַּלָּחַת נִלְאָה לַהֲשִׁיבָהּ אֶל־
טז יז פִּיו׃ חָכָם עָצֵל בְּעֵינָיו מִשִּׁבְעָה מְשִׁיבֵי טָעַם׃ מַחֲזִיק בְּאָזְנֵי־
יח כָלֶב עֹבֵר מִתְעַבֵּר עַל־רִיב לֹּא־לוֹ׃ כְּמִתְלַהְלֵהַּ הַיֹּרֶה זִקִּים
יט חִצִּים וָמָוֶת׃ כֵּן־אִישׁ רִמָּה אֶת־רֵעֵהוּ וְאָמַר הֲלֹא־מְשַׂחֵק אָנִי׃
כ כא בְּאֶפֶס עֵצִים תִּכְבֶּה־אֵשׁ וּבְאֵין נִרְגָּן יִשְׁתֹּק מָדוֹן׃ פֶּחָם לְגֶחָלִים
וְעֵצִים לְאֵשׁ וְאִישׁ מדונים לְחַרְחַר־רִיב׃ מִדְיָנִים
כב כג דִּבְרֵי נִרְגָּן כְּמִתְלַהֲמִים וְהֵם יָרְדוּ חַדְרֵי־בָטֶן׃ כֶּסֶף סִיגִים
כד מְצֻפֶּה עַל־חָרֶשׂ שְׂפָתַיִם דֹּלְקִים וְלֶב־רָע׃ בִּשְׂפָתָו יִנָּכֵר שׂוֹנֵא
כה וּבְקִרְבּוֹ יָשִׁית מִרְמָה׃ כִּי־יְחַנֵּן קוֹלוֹ אַל־תַּאֲמֶן־בּוֹ כִּי שֶׁבַע
כו תּוֹעֵבוֹת בְּלִבּוֹ׃ תִּכַּסֶּה שִׂנְאָה בְּמַשָּׁאוֹן תִּגָּלֶה רָעָתוֹ בְקָהָל׃
כז כח כֹּרֶה־שַּׁחַת בָּהּ יִפֹּל וְגֹלֵל אֶבֶן אֵלָיו תָּשׁוּב׃ לְשׁוֹן־שֶׁקֶר יִשְׂנָא
כז א דַכָּיו וּפֶה חָלָק יַעֲשֶׂה מִדְחֶה׃ אַל־תִּתְהַלֵּל בְּיוֹם מָחָר כִּי לֹא־
ב תֵדַע מַה־יֵּלֶד יוֹם׃ יְהַלֶּלְךָ זָר וְלֹא־פִיךָ נָכְרִי וְאַל־שְׂפָתֶיךָ׃
ג ד כֹּבֶד־אֶבֶן וְנֵטֶל הַחוֹל וְכַעַס אֱוִיל כָּבֵד מִשְּׁנֵיהֶם׃ אַכְזְרִיּוּת
ה חֵמָה וְשֶׁטֶף אָף וּמִי יַעֲמֹד לִפְנֵי קִנְאָה׃ טוֹבָה תּוֹכַחַת מְגֻלָּה
ו מֵאַהֲבָה מְסֻתָּרֶת׃ נֶאֱמָנִים פִּצְעֵי אוֹהֵב וְנַעְתָּרוֹת נְשִׁיקוֹת
ז שׂוֹנֵא׃ נֶפֶשׁ שְׂבֵעָה תָּבוּס נֹפֶת וְנֶפֶשׁ רְעֵבָה כָּל־מַר מָתוֹק׃
ח ט כְּצִפּוֹר נוֹדֶדֶת מִן־קִנָּהּ כֵּן־אִישׁ נוֹדֵד מִמְּקוֹמוֹ׃ שֶׁמֶן וּקְטֹרֶת
י יְשַׂמַּח־לֵב וּמֶתֶק רֵעֵהוּ מֵעֲצַת־נָפֶשׁ׃ רֵעֲךָ ורעה אָבִיךָ אַל־ וְרֵעַ
תַּעֲזֹב וּבֵית אָחִיךָ אַל־תָּבוֹא בְּיוֹם אֵידֶךָ טוֹב שָׁכֵן קָרוֹב

מֵאָח רָחוֹק׃ חֲכַם בְּנִי וְשַׂמַּח לִבִּי וְאָשִׁיבָה חֹרְפִי דָבָר׃ עָרוּם יא יב
רָאָה רָעָה נִסְתָּר פְּתָאיִם עָבְרוּ נֶעֱנָשׁוּ׃ קַח־בִּגְדוֹ כִּי־עָרַב זָר יג
וּבְעַד נָכְרִיָּה חַבְלֵהוּ׃ מְבָרֵךְ רֵעֵהוּ ׀ בְּקוֹל גָּדוֹל בַּבֹּקֶר הַשְׁכֵּים יד
מִדְיָנִים קְלָלָה תֵּחָשֶׁב לוֹ׃ דֶּלֶף טוֹרֵד בְּיוֹם סַגְרִיר וְאֵשֶׁת מדונים טו
נִשְׁתָּוָה׃ צֹפְנֶיהָ צָפַן־רוּחַ וְשֶׁמֶן יְמִינוֹ יִקְרָא׃ בַּרְזֶל בְּבַרְזֶל יָחַד טז יז
וְאִישׁ יַחַד פְּנֵי־רֵעֵהוּ׃ נֹצֵר תְּאֵנָה יֹאכַל פִּרְיָהּ וְשֹׁמֵר אֲדֹנָיו יח
יְכֻבָּד׃ כַּמַּיִם הַפָּנִים לַפָּנִים כֵּן לֵב הָאָדָם לָאָדָם׃ שְׁאוֹל וַאֲבַדֹּה יט כ
לֹא תִשְׂבַּעְנָה וְעֵינֵי הָאָדָם לֹא תִשְׂבַּעְנָה׃
מַצְרֵף לַכֶּסֶף וְכוּר לַזָּהָב וְאִישׁ לְפִי מַהֲלָלוֹ׃ אִם־תִּכְתּוֹשׁ כא כב
אֶת־הָאֱוִיל ׀ בַּמַּכְתֵּשׁ בְּתוֹךְ הָרִיפוֹת בַּעֱלִי לֹא־תָסוּר
מֵעָלָיו אִוַּלְתּוֹ׃
יָדֹעַ תֵּדַע פְּנֵי צֹאנֶךָ שִׁית לִבְּךָ לַעֲדָרִים׃ כִּי לֹא לְעוֹלָם חֹסֶן כג כד
וְדוֹר וְאִם־נֵזֶר לְדוֹר דור׃ גָּלָה חָצִיר וְנִרְאָה־דֶשֶׁא וְנֶאֶסְפוּ עִשְּׂבוֹת כה
הָרִים׃ כְּבָשִׂים לִלְבוּשֶׁךָ וּמְחִיר שָׂדֶה עַתּוּדִים׃ וְדֵי ׀ חֲלֵב עִזִּים כו כז
לְלַחְמְךָ לְלֶחֶם בֵּיתֶךָ וְחַיִּים לְנַעֲרוֹתֶיךָ׃ נָסוּ וְאֵין־רֹדֵף רָשָׁע א כח
וְצַדִּיקִים כִּכְפִיר יִבְטָח׃ בְּפֶשַׁע אֶרֶץ רַבִּים שָׂרֶיהָ וּבְאָדָם מֵבִין ב
יֹדֵעַ כֵּן יַאֲרִיךְ׃ גֶּבֶר רָשׁ וְעֹשֵׁק דַּלִּים מָטָר סֹחֵף וְאֵין לָחֶם׃ ג
עֹזְבֵי תוֹרָה יְהַלְלוּ רָשָׁע וְשֹׁמְרֵי תוֹרָה יִתְגָּרוּ בָם׃ אַנְשֵׁי־רָע ד ה
לֹא־יָבִינוּ מִשְׁפָּט וּמְבַקְשֵׁי יהוה יָבִינוּ כֹל׃
טוֹב־רָשׁ הוֹלֵךְ בְּתֻמּוֹ מֵעִקֵּשׁ דְּרָכַיִם וְהוּא עָשִׁיר׃ נוֹצֵר תּוֹרָה ו ז
בֵּן מֵבִין וְרֹעֶה זוֹלְלִים יַכְלִים אָבִיו׃ מַרְבֶּה הוֹנוֹ בְּנֶשֶׁךְ ח
וְתַרְבִּית ובתרבית לְחוֹנֵן דַּלִּים יִקְבְּצֶנּוּ׃ מֵסִיר אָזְנוֹ מִשְּׁמֹעַ תּוֹרָה גַּם־ ט
תְּפִלָּתוֹ תּוֹעֵבָה׃ מַשְׁגֶּה יְשָׁרִים ׀ בְּדֶרֶךְ רָע בִּשְׁחוּתוֹ הוּא־יִפּוֹל י
וּתְמִימִים יִנְחֲלוּ־טוֹב׃ חָכָם בְּעֵינָיו אִישׁ עָשִׁיר וְדַל מֵבִין יא
יַחְקְרֶנּוּ׃ בַּעֲלֹץ צַדִּיקִים רַבָּה תִפְאָרֶת וּבְקוּם רְשָׁעִים יְחֻפַּשׂ יב
אָדָם׃ מְכַסֶּה פְשָׁעָיו לֹא יַצְלִיחַ וּמוֹדֶה וְעֹזֵב יְרֻחָם׃ אַשְׁרֵי יג יד
אָדָם מְפַחֵד תָּמִיד וּמַקְשֶׁה לִבּוֹ יִפּוֹל בְּרָעָה׃ אֲרִי־נֹהֵם וְדֹב טו

שוקק מושל רשע על עם-דל:
טז נגיד חסר תבונות ורב מעשקות שנאי בצע יאריך ח שנא
ימים:
יז יח אדם עשק בדם-נפש עד-בור ינוס אל-יתמכו-בו: הולך
יט תמים יושע ונעקש דרכים יפול באחת: עבד אדמתו ישבע-
כ לחם ומרדף רקים ישבע-ריש: איש אמונות רב-ברכות ואץ
כא להעשיר לא ינקה: הכר-פנים לא-טוב ועל-פת-לחם יפשע-
כב כג גבר: נבהל להון איש רע עין ולא-ידע כי-חסר יבאנו: מוכיח
כד אדם אחרי חן ימצא ממחליק לשון: גוזל | אביו ואמו ואמר
כה אין-פשע חבר הוא לאיש משחית: רחב-נפש יגרה מדון
כו ובטח על-יהוה ידשן: בוטח בלבו הוא כסיל והולך בחכמה
כז הוא ימלט: נותן לרש אין מחסור ומעלים עיניו רב-מארות:
כט כח א בקום רשעים יסתר אדם ובאבדם ירבו צדיקים: איש תוכחות
ב מקשה-ערף פתע ישבר ואין מרפא: ברבות צדיקים ישמח
ג העם ובמשל רשע יאנח עם: איש-אהב חכמה ישמח אביו
ד ורעה זונות יאבד-הון: מלך במשפט יעמיד ארץ ואיש
ה תרומות יהרסנה: גבר מחליק על-רעהו רשת פורש על-
ו ז פעמיו: בפשע איש רע מוקש וצדיק ירון ושמח: ידע צדיק
ח דין דלים רשע לא-יבין דעת: אנשי לצון יפיחו קריה וחכמים
ט ישיבו אף: איש-חכם נשפט את-איש אויל ורגז ושחק ואין
י יא נחת: אנשי דמים ישנאו-תם וישרים יבקשו נפשו: כל-רוחו
יב יוציא כסיל וחכם באחור ישבחנה: משל מקשיב על-דבר-
יג שקר כל-משרתיו רשעים: רש ואיש תככים נפגשו מאיר-
יד עיני שניהם יהוה: מלך שופט באמת דלים כסאו לעד יכון:
טו טז שבט ותוכחת יתן חכמה ונער משלח מביש אמו: ברבות
יז רשעים ירבה-פשע וצדיקים במפלתם יראו: יסר בנך ויניחך
ויתן מעדנים לנפשך:

יח יט בְּאֵין חָזוֹן יִפָּרַע עָם וְשֹׁמֵר תּוֹרָה אַשְׁרֵהוּ׃ בִּדְבָרִים לֹא־יִוָּסֶר
כ עָבֶד כִּי־יָבִין וְאֵין מַעֲנֶה׃ חָזִיתָ אִישׁ אָץ בִּדְבָרָיו תִּקְוָה לִכְסִיל
כא כב מִמֶּנּוּ׃ מְפַנֵּק מִנֹּעַר עַבְדּוֹ וְאַחֲרִיתוֹ יִהְיֶה מָנוֹן׃ אִישׁ־אַף יְגָרֶה
כג מָדוֹן וּבַעַל חֵמָה רַב־פָּשַׁע׃ גַּאֲוַת אָדָם תַּשְׁפִּילֶנּוּ וּשְׁפַל־רוּחַ
כד יִתְמֹךְ כָּבוֹד׃ חוֹלֵק עִם־גַּנָּב שׂוֹנֵא נַפְשׁוֹ אָלָה יִשְׁמַע וְלֹא יַגִּיד׃
כה כו חֶרְדַּת אָדָם יִתֵּן מוֹקֵשׁ וּבוֹטֵחַ בַּיהוָה יְשֻׂגָּב׃ רַבִּים מְבַקְשִׁים
כז פְּנֵי־מוֹשֵׁל וּמֵיְהוָה מִשְׁפַּט־אִישׁ׃ תּוֹעֲבַת צַדִּיקִים אִישׁ עָוֶל
וְתוֹעֲבַת רָשָׁע יְשַׁר־דָּרֶךְ׃
ל א דִּבְרֵי ׀ אָגוּר בִּן־יָקֶה הַמַּשָּׂא נְאֻם הַגֶּבֶר לְאִיתִיאֵל לְאִיתִיאֵל
ב ג וְאֻכָל׃ כִּי בַעַר אָנֹכִי מֵאִישׁ וְלֹא־בִינַת אָדָם לִי׃ וְלֹא־לָמַדְתִּי
ד חָכְמָה וְדַעַת קְדֹשִׁים אֵדָע׃ מִי עָלָה־שָׁמַיִם ׀ וַיֵּרַד מִי אָסַף־
רוּחַ ׀ בְּחָפְנָיו מִי צָרַר־מַיִם ׀ בַּשִּׂמְלָה מִי הֵקִים כָּל־אַפְסֵי־אָרֶץ
ה מַה־שְּׁמוֹ וּמַה־שֶּׁם־בְּנוֹ כִּי תֵדָע׃ כָּל־אִמְרַת אֱלוֹהַּ צְרוּפָה
ו מָגֵן הוּא לַחֹסִים בּוֹ׃ אַל־תּוֹסְףְּ עַל־דְּבָרָיו פֶּן־יוֹכִיחַ בְּךָ
ז וְנִכְזָבְתָּ׃ שְׁתַּיִם שָׁאַלְתִּי מֵאִתָּךְ אַל־תִּמְנַע מִמֶּנִּי
ח בְּטֶרֶם אָמוּת׃ שָׁוְא ׀ וּדְבַר־כָּזָב הַרְחֵק מִמֶּנִּי רֵאשׁ וָעֹשֶׁר אַל־
ט תִּתֶּן־לִי הַטְרִיפֵנִי לֶחֶם חֻקִּי׃ פֶּן־אֶשְׂבַּע ׀ וְכִחַשְׁתִּי וְאָמַרְתִּי מִי
י יְהוָה וּפֶן־אִוָּרֵשׁ וְגָנַבְתִּי וְתָפַשְׂתִּי שֵׁם אֱלֹהָי׃ אַל־
יא תַּלְשֵׁן עֶבֶד אֶל־אֲדֹנוֹ פֶּן־יְקַלֶּלְךָ וְאָשָׁמְתָּ׃ דּוֹר אָבִיו יְקַלֵּל
יב יג וְאֶת־אִמּוֹ לֹא יְבָרֵךְ׃ דּוֹר טָהוֹר בְּעֵינָיו וּמִצֹּאָתוֹ לֹא רֻחָץ׃ דּוֹר
יד מָה־רָמוּ עֵינָיו וְעַפְעַפָּיו יִנָּשֵׂאוּ׃ דּוֹר ׀ חֲרָבוֹת שִׁנָּיו וּמַאֲכָלוֹת
מְתַלְּעֹתָיו לֶאֱכֹל עֲנִיִּים מֵאֶרֶץ וְאֶבְיוֹנִים מֵאָדָם׃
טו לַעֲלוּקָה ׀ שְׁתֵּי בָנוֹת הַב ׀ הַב שָׁלוֹשׁ הֵנָּה לֹא תִשְׂבַּעְנָה אַרְבַּע
טז לֹא־אָמְרוּ הוֹן׃ שְׁאוֹל וְעֹצֶר רָחַם אֶרֶץ לֹא־שָׂבְעָה מַּיִם וְאֵשׁ
יז לֹא־אָמְרָה הוֹן׃ עַיִן ׀ תִּלְעַג לְאָב וְתָבוּז לִיקֲּהַת אֵם יִקְּרוּהָ
יח עֹרְבֵי־נַחַל וְיֹאכְלוּהָ בְנֵי־נָשֶׁר׃ שְׁלֹשָׁה הֵמָּה
יט נִפְלְאוּ מִמֶּנִּי וְאַרְבָּעָ לֹא יְדַעְתִּים׃ דֶּרֶךְ הַנֶּשֶׁר ׀ בַּשָּׁמַיִם

דֶּרֶךְ נָחָשׁ עֲלֵי צוּר דֶּרֶךְ־אֳנִיָּה בְלֶב־יָם וְדֶרֶךְ גֶּבֶר בְּעַלְמָה׃
כ כֵּן ׀ דֶּרֶךְ אִשָּׁה מְנָאָפֶת אָכְלָה וּמָחֲתָה פִיהָ וְאָמְרָה לֹא־
פָעַלְתִּי אָוֶן׃
כא כב תַּחַת שָׁלוֹשׁ רָגְזָה אֶרֶץ וְתַחַת אַרְבַּע לֹא־תוּכַל שְׂאֵת׃ תַּחַת
כג עֶבֶד כִּי יִמְלוֹךְ וְנָבָל כִּי יִשְׂבַּע־לָחֶם׃ תַּחַת שְׂנוּאָה כִּי תִבָּעֵל
וְשִׁפְחָה כִּי־תִירַשׁ גְּבִרְתָּהּ׃
כד כה אַרְבָּעָה הֵם קְטַנֵּי־אָרֶץ וְהֵמָּה חֲכָמִים מְחֻכָּמִים׃ הַנְּמָלִים עַם
כו לֹא־עָז וַיָּכִינוּ בַקַּיִץ לַחְמָם׃ שְׁפַנִּים עַם לֹא־עָצוּם וַיָּשִׂימוּ
כז כח בַסֶּלַע בֵּיתָם׃ מֶלֶךְ אֵין לָאַרְבֶּה וַיֵּצֵא חֹצֵץ כֻּלּוֹ׃ שְׂמָמִית
בְּיָדַיִם תְּתַפֵּשׂ וְהִיא בְּהֵיכְלֵי מֶלֶךְ׃
כט ל שְׁלֹשָׁה הֵמָּה מֵיטִיבֵי צָעַד וְאַרְבָּעָה מֵיטִבֵי לָכֶת׃ לַיִשׁ גִּבּוֹר
לא בַּבְּהֵמָה וְלֹא־יָשׁוּב מִפְּנֵי־כֹל׃ זַרְזִיר מָתְנַיִם אוֹ־תָיִשׁ וּמֶלֶךְ
לב לג אַלְקוּם עִמּוֹ׃ אִם־נָבַלְתָּ בְהִתְנַשֵּׂא וְאִם־זַמּוֹתָ יָד לְפֶה׃ כִּי
מִיץ חָלָב יוֹצִיא חֶמְאָה וּמִיץ־אַף יוֹצִיא דָם וּמִיץ אַפַּיִם יוֹצִיא
לא א רִיב׃ דִּבְרֵי לְמוּאֵל מֶלֶךְ מַשָּׂא אֲשֶׁר־יִסְּרַתּוּ
ב ג אִמּוֹ׃ מַה־בְּרִי וּמֶה־בַּר־בִּטְנִי וּמֶה בַּר־נְדָרָי׃ אַל־תִּתֵּן לַנָּשִׁים
ד חֵילֶךָ וּדְרָכֶיךָ לַמְחוֹת מְלָכִין׃ אַל לַמְלָכִים ׀ לְמוֹאֵל אַל
ה לַמְלָכִים שְׁתוֹ־יָיִן וּלְרוֹזְנִים או שֵׁכָר׃ פֶּן־יִשְׁתֶּה וְיִשְׁכַּח אֵי
ו מְחֻקָּק וִישַׁנֶּה דִּין כָּל־בְּנֵי־עֹנִי׃ תְּנוּ־שֵׁכָר לְאוֹבֵד וְיַיִן לְמָרֵי
ז ח נָפֶשׁ׃ יִשְׁתֶּה וְיִשְׁכַּח רִישׁוֹ וַעֲמָלוֹ לֹא יִזְכָּר־עוֹד׃ פְּתַח־
ט פִּיךָ לְאִלֵּם אֶל־דִּין כָּל־בְּנֵי חֲלוֹף׃ פְּתַח־פִּיךָ שְׁפָט־צֶדֶק
וְדִין עָנִי וְאֶבְיוֹן׃
י יא אֵשֶׁת־חַיִל מִי יִמְצָא וְרָחֹק מִפְּנִינִים מִכְרָהּ׃ בָּטַח בָּהּ לֵב בַּעְלָהּ
יב יג וְשָׁלָל לֹא יֶחְסָר׃ גְּמָלַתְהוּ טוֹב וְלֹא־רָע כֹּל יְמֵי חַיֶּיהָ׃ דָּרְשָׁה
יד צֶמֶר וּפִשְׁתִּים וַתַּעַשׂ בְּחֵפֶץ כַּפֶּיהָ׃ הָיְתָה כָּאֳנִיּוֹת סוֹחֵר
טו מִמֶּרְחָק תָּבִיא לַחְמָהּ׃ וַתָּקָם ׀ בְּעוֹד לַיְלָה וַתִּתֵּן טֶרֶף לְבֵיתָהּ
טז וְחֹק לְנַעֲרֹתֶיהָ׃ זָמְמָה שָׂדֶה וַתִּקָּחֵהוּ מִפְּרִי כַפֶּיהָ נָטְעָ כָּרֶם׃

יז יח חָגְרָה בְעוֹז מׇתְנֶיהָ וַתְּאַמֵּץ זְרוֹעֹתֶיהָ: טָעֲמָה כִּי־טוֹב סַחְרָהּ
יט לֹא־יִכְבֶּה בַלַּיִל נֵרָהּ: יָדֶיהָ שִׁלְּחָה בַכִּישׁוֹר וְכַפֶּיהָ תָּמְכוּ פָלֶךְ:
כ כא כַּפָּהּ פָּרְשָׂה לֶעָנִי וְיָדֶיהָ שִׁלְּחָה לָאֶבְיוֹן: לֹא־תִירָא לְבֵיתָהּ
כב מִשָּׁלֶג כִּי כׇל־בֵּיתָהּ לָבֻשׁ שָׁנִים: מַרְבַדִּים עָשְׂתָה־לָּהּ שֵׁשׁ
כג וְאַרְגָּמָן לְבוּשָׁהּ: נוֹדָע בַּשְּׁעָרִים בַּעְלָהּ בְּשִׁבְתּוֹ עִם־זִקְנֵי־אָרֶץ:
כד כה סָדִין עָשְׂתָה וַתִּמְכֹּר וַחֲגוֹר נָתְנָה לַכְּנַעֲנִי: עֹז־וְהָדָר לְבוּשָׁהּ
כו וַתִּשְׂחַק לְיוֹם אַחֲרוֹן: פִּיהָ פָּתְחָה בְחׇכְמָה וְתוֹרַת־חֶסֶד עַל־
כז כח הֲלִיכוֹת לְשׁוֹנָהּ: צוֹפִיָּה הילכות בֵּיתָהּ וְלֶחֶם עַצְלוּת לֹא תֹאכֵל: קָמוּ
כט בָנֶיהָ וַיְאַשְּׁרוּהָ בַּעְלָהּ וַיְהַלְלָהּ: רַבּוֹת בָּנוֹת עָשׂוּ חָיִל וְאַתְּ
ל עָלִית עַל־כֻּלָּנָה: שֶׁקֶר הַחֵן וְהֶבֶל הַיֹּפִי אִשָּׁה יִרְאַת־יהוה הִיא
לא תִתְהַלָּל: תְּנוּ־לָהּ מִפְּרִי יָדֶיהָ וִיהַלְלוּהָ בַשְּׁעָרִים מַעֲשֶׂיהָ:

איוב

א איש היה בארץ־עוץ איוב שמו והיה ׀ האיש ההוא תם וישר א
ב וירא אלהים וסר מרע: ויולדו לו שבעה בנים ושלוש בנות:
ג ויהי מקנהו שבעת אלפי־צאן ושלשת אלפי גמלים וחמש
מאות צמד־בקר וחמש מאות אתונות ועבדה רבה מאד ויהי
ד האיש ההוא גדול מכל־בני־קדם: והלכו בניו ועשו משתה
בית איש יומו ושלחו וקראו לשלשת אחיתיהם לאכל
ה ולשתות עמהם: ויהי כי הקיפו ימי המשתה וישלח איוב
ויקדשם והשכים בבקר והעלה עלות מספר כלם כי אמר
איוב אולי חטאו בני וברכו אלהים בלבבם ככה יעשה איוב
ו כל־הימים: ויהי היום ויבאו בני האלהים
ז להתיצב על־יהוה ויבוא גם־השטן בתוכם: ויאמר יהוה
אל־השטן מאין תבא ויען השטן את־יהוה ויאמר משוט
ח בארץ ומהתהלך בה: ויאמר יהוה אל־השטן השמת לבך
על־עבדי איוב כי אין כמהו בארץ איש תם וישר ירא אלהים
ט וסר מרע: ויען השטן את־יהוה ויאמר החנם ירא איוב
י אלהים: הלא־את שכת בעדו ובעד־ביתו ובעד כל־אשר־לו
יא מסביב מעשה ידיו ברכת ומקנהו פרץ בארץ: ואולם שלח־
יב נא ידך וגע בכל־אשר־לו אם־לא על־פניך יברכך: ויאמר
יהוה אל־השטן הנה כל־אשר־לו בידך רק אליו אל־תשלח
יג ידך ויצא השטן מעם פני יהוה: ויהי היום ובניו ובנתיו אכלים
יד ושתים יין בבית אחיהם הבכור: ומלאך בא אל־איוב ויאמר
טו הבקר היו חרשות והאתנות רעות על־ידיהם: ותפל שבא
ותקחם ואת־הנערים הכו לפי־חרב ואמלטה רק־אני לבדי
טז להגיד לך: עוד ׀ זה מדבר וזה בא ויאמר אש אלהים נפלה
מן־השמים ותבער בצאן ובנערים ותאכלם ואמלטה רק־אני
יז לבדי להגיד לך: עוד ׀ זה מדבר וזה בא ויאמר כשדים שמו ׀
שלשה ראשים ויפשטו על־הגמלים ויקחום ואת־הנערים

יח הַכּוּ לְפִי־חָרֶב וָאִמָּלְטָה רַק־אֲנִי לְבַדִּי לְהַגִּיד לָךְ׃ עַד זֶה מְדַבֵּר
וְזֶה בָּא וַיֹּאמַר בָּנֶיךָ וּבְנוֹתֶיךָ אֹכְלִים וְשֹׁתִים יַיִן בְּבֵית אֲחִיהֶם
יט הַבְּכוֹר׃ וְהִנֵּה רוּחַ גְּדוֹלָה בָּאָה ׀ מֵעֵבֶר הַמִּדְבָּר וַיִּגַּע בְּאַרְבַּע
פִּנּוֹת הַבַּיִת וַיִּפֹּל עַל־הַנְּעָרִים וַיָּמוּתוּ וָאִמָּלְטָה רַק־אֲנִי לְבַדִּי
כ לְהַגִּיד לָךְ׃ וַיָּקָם אִיּוֹב וַיִּקְרַע אֶת־מְעִלוֹ וַיָּגָז אֶת־רֹאשׁוֹ וַיִּפֹּל
כא אַרְצָה וַיִּשְׁתָּחוּ׃ וַיֹּאמֶר עָרֹם יָצָתִי מִבֶּטֶן אִמִּי וְעָרֹם אָשׁוּב
כב שָׁמָּה יהוה נָתַן וַיהוה לָקָח יְהִי שֵׁם יהוה מְבֹרָךְ׃ בְּכָל־זֹאת
ב א לֹא־חָטָא אִיּוֹב וְלֹא־נָתַן תִּפְלָה לֵאלֹהִים׃ וַיְהִי הַיּוֹם וַיָּבֹאוּ בְּנֵי
הָאֱלֹהִים לְהִתְיַצֵּב עַל־יהוה וַיָּבוֹא גַם־הַשָּׂטָן בְּתֹכָם לְהִתְיַצֵּב
ב עַל־יהוה׃ וַיֹּאמֶר יהוה אֶל־הַשָּׂטָן אֵי מִזֶּה תָּבֹא וַיַּעַן הַשָּׂטָן
ג אֶת־יהוה וַיֹּאמַר מִשֻּׁט בָּאָרֶץ וּמֵהִתְהַלֵּךְ בָּהּ׃ וַיֹּאמֶר יהוה
אֶל־הַשָּׂטָן הֲשַׂמְתָּ לִבְּךָ אֶל־עַבְדִּי אִיּוֹב כִּי אֵין כָּמֹהוּ בָּאָרֶץ
אִישׁ תָּם וְיָשָׁר יְרֵא אֱלֹהִים וְסָר מֵרָע וְעֹדֶנּוּ מַחֲזִיק בְּתֻמָּתוֹ
ד וַתְּסִיתֵנִי בוֹ לְבַלְּעוֹ חִנָּם׃ וַיַּעַן הַשָּׂטָן אֶת־יהוה וַיֹּאמַר עוֹר
ה בְּעַד־עוֹר וְכֹל אֲשֶׁר לָאִישׁ יִתֵּן בְּעַד נַפְשׁוֹ׃ אוּלָם שְׁלַח־נָא
ו יָדְךָ וְגַע אֶל־עַצְמוֹ וְאֶל־בְּשָׂרוֹ אִם־לֹא אֶל־פָּנֶיךָ יְבָרְכֶךָּ׃ וַיֹּאמֶר
ז יהוה אֶל־הַשָּׂטָן הִנּוֹ בְיָדֶךָ אַךְ אֶת־נַפְשׁוֹ שְׁמֹר׃ וַיֵּצֵא הַשָּׂטָן
וְעַד מֵאֵת פְּנֵי יהוה וַיַּךְ אֶת־אִיּוֹב בִּשְׁחִין רָע מִכַּף רַגְלוֹ עַד
ח קָדְקֳדוֹ׃ וַיִּקַּח־לוֹ חֶרֶשׂ לְהִתְגָּרֵד בּוֹ וְהוּא יֹשֵׁב בְּתוֹךְ־הָאֵפֶר׃
ט וַתֹּאמֶר לוֹ אִשְׁתּוֹ עֹדְךָ מַחֲזִיק בְּתֻמָּתֶךָ בָּרֵךְ אֱלֹהִים וָמֻת׃
י וַיֹּאמֶר אֵלֶיהָ כְּדַבֵּר אַחַת הַנְּבָלוֹת תְּדַבֵּרִי גַּם אֶת־הַטּוֹב
נְקַבֵּל מֵאֵת הָאֱלֹהִים וְאֶת־הָרָע לֹא נְקַבֵּל בְּכָל־זֹאת לֹא־
חָטָא אִיּוֹב בִּשְׂפָתָיו׃

יא וַיִּשְׁמְעוּ שְׁלֹשֶׁת ׀ רֵעֵי אִיּוֹב אֵת כָּל־הָרָעָה הַזֹּאת הַבָּאָה עָלָיו
וַיָּבֹאוּ אִישׁ מִמְּקֹמוֹ אֱלִיפַז הַתֵּימָנִי וּבִלְדַּד הַשּׁוּחִי וְצוֹפַר
יב הַנַּעֲמָתִי וַיִּוָּעֲדוּ יַחְדָּו לָבוֹא לָנוּד־לוֹ וּלְנַחֲמוֹ׃ וַיִּשְׂאוּ אֶת־
עֵינֵיהֶם מֵרָחוֹק וְלֹא הִכִּירֻהוּ וַיִּשְׂאוּ קוֹלָם וַיִּבְכּוּ וַיִּקְרְעוּ אִישׁ

יג מֵעָלוֹ וַיִּזְרְקוּ עָפָר עַל־רָאשֵׁיהֶם הַשָּׁמָיְמָה: וַיֵּשְׁבוּ אִתּוֹ
לָאָרֶץ שִׁבְעַת יָמִים וְשִׁבְעַת לֵילוֹת וְאֵין־דֹּבֵר אֵלָיו דָּבָר
ג א כִּי רָאוּ כִּי־גָדַל הַכְּאֵב מְאֹד: אַחֲרֵי־כֵן פָּתַח אִיּוֹב אֶת־פִּיהוּ
וַיְקַלֵּל אֶת־יוֹמוֹ:
ב ג וַיַּעַן אִיּוֹב וַיֹּאמַר: יֹאבַד יוֹם אִוָּלֶד בּוֹ וְהַלַּיְלָה אָמַר הֹרָה גָבֶר:
ד הַיּוֹם הַהוּא יְהִי חֹשֶׁךְ אַל־יִדְרְשֵׁהוּ אֱלוֹהַּ מִמָּעַל וְאַל־תּוֹפַע
ה עָלָיו נְהָרָה: יִגְאָלֻהוּ חֹשֶׁךְ וְצַלְמָוֶת תִּשְׁכָּן־עָלָיו עֲנָנָה יְבַעֲתֻהוּ
ו כִּמְרִירֵי יוֹם: הַלַּיְלָה הַהוּא יִקָּחֵהוּ אֹפֶל אַל־יִחַדְּ בִּימֵי שָׁנָה
ז בְּמִסְפַּר יְרָחִים אַל־יָבֹא: הִנֵּה הַלַּיְלָה הַהוּא יְהִי גַלְמוּד אַל־
ח ט תָּבֹא רְנָנָה בוֹ: יִקְּבֻהוּ אֹרְרֵי־יוֹם הָעֲתִידִים עֹרֵר לִוְיָתָן: יֶחְשְׁכוּ
י כּוֹכְבֵי נִשְׁפּוֹ יְקַו־לְאוֹר וָאַיִן וְאַל־יִרְאֶה בְּעַפְעַפֵּי־שָׁחַר: כִּי לֹא
יא סָגַר דַּלְתֵי בִטְנִי וַיַּסְתֵּר עָמָל מֵעֵינָי: לָמָּה לֹּא מֵרֶחֶם אָמוּת
יב מִבֶּטֶן יָצָאתִי וְאֶגְוָע: מַדּוּעַ קִדְּמוּנִי בִרְכָּיִם וּמַה־שָּׁדַיִם כִּי
יג יד אִינָק: כִּי־עַתָּה שָׁכַבְתִּי וְאֶשְׁקוֹט יָשַׁנְתִּי אָז ׀ יָנוּחַ לִי: עִם־
טו מְלָכִים וְיֹעֲצֵי אָרֶץ הַבֹּנִים חֳרָבוֹת לָמוֹ: אוֹ עִם־שָׂרִים זָהָב לָהֶם
טז הַמְמַלְאִים בָּתֵּיהֶם כָּסֶף: אוֹ כְנֵפֶל טָמוּן לֹא אֶהְיֶה כְּעֹלְלִים
יז לֹא־רָאוּ אוֹר: שָׁם רְשָׁעִים חָדְלוּ רֹגֶז וְשָׁם יָנוּחוּ יְגִיעֵי כֹחַ:
יח יט יַחַד אֲסִירִים שַׁאֲנָנוּ לֹא שָׁמְעוּ קוֹל נֹגֵשׂ: קָטֹן וְגָדוֹל שָׁם הוּא
כ וְעֶבֶד חָפְשִׁי מֵאֲדֹנָיו: לָמָּה יִתֵּן לְעָמֵל אוֹר וְחַיִּים לְמָרֵי נָפֶשׁ:
כא כב הַמְחַכִּים לַמָּוֶת וְאֵינֶנּוּ וַיַּחְפְּרֻהוּ מִמַּטְמוֹנִים: הַשְּׂמֵחִים אֱלֵי־
כג גִיל יָשִׂישׂוּ כִּי יִמְצְאוּ־קָבֶר: לְגֶבֶר אֲשֶׁר־דַּרְכּוֹ נִסְתָּרָה וַיָּסֶךְ
כד אֱלוֹהַּ בַּעֲדוֹ: כִּי־לִפְנֵי לַחְמִי אַנְחָתִי תָבֹא וַיִּתְּכוּ כַמַּיִם שַׁאֲגֹתָי:
כה כו כִּי פַחַד פָּחַדְתִּי וַיֶּאֱתָיֵנִי וַאֲשֶׁר יָגֹרְתִּי יָבֹא לִי: לֹא שָׁלַוְתִּי ׀
וְלֹא שָׁקַטְתִּי וְלֹא־נָחְתִּי וַיָּבֹא רֹגֶז:
ד א ב וַיַּעַן אֱלִיפַז הַתֵּימָנִי וַיֹּאמַר: הֲנִסָּה דָבָר אֵלֶיךָ תִּלְאֶה וַעְצֹר
ג ד בְּמִלִּין מִי יוּכָל: הִנֵּה יִסַּרְתָּ רַבִּים וְיָדַיִם רָפוֹת תְּחַזֵּק: כּוֹשֵׁל
ה יְקִימוּן מִלֶּיךָ וּבִרְכַּיִם כֹּרְעוֹת תְּאַמֵּץ: כִּי עַתָּה ׀ תָּבוֹא אֵלֶיךָ

וַתֵּלֶא תִּגַּע עָדֶיךָ וַתִּבָּהֵל׃ הֲלֹא יִרְאָתְךָ כִּסְלָתֶךָ תִּקְוָתְךָ וְתֹם ו
דְּרָכֶיךָ׃ זְכָר־נָא מִי הוּא נָקִי אָבָד וְאֵיפֹה יְשָׁרִים נִכְחָדוּ׃ כַּאֲשֶׁר ז ח
רָאִיתִי חֹרְשֵׁי אָוֶן וְזֹרְעֵי עָמָל יִקְצְרֻהוּ׃ מִנִּשְׁמַת אֱלוֹהַּ יֹאבֵדוּ ט
וּמֵרוּחַ אַפּוֹ יִכְלוּ׃ שַׁאֲגַת אַרְיֵה וְקוֹל שָׁחַל וְשִׁנֵּי כְפִירִים נִתָּעוּ׃ י
לַיִשׁ אֹבֵד מִבְּלִי־טָרֶף וּבְנֵי לָבִיא יִתְפָּרָדוּ׃ וְאֵלַי דָּבָר יְגֻנָּב וַתִּקַּח יא יב
אָזְנִי שֵׁמֶץ מֶנְהוּ׃ בִּשְׂעִפִּים מֵחֶזְיֹנוֹת לָיְלָה בִּנְפֹל תַּרְדֵּמָה עַל־ יג
אֲנָשִׁים׃ פַּחַד קְרָאַנִי וּרְעָדָה וְרֹב עַצְמוֹתַי הִפְחִיד׃ וְרוּחַ עַל־ יד טו
פָּנַי יַחֲלֹף תְּסַמֵּר שַׂעֲרַת בְּשָׂרִי׃ יַעֲמֹד ׀ וְלֹא־אַכִּיר מַרְאֵהוּ טז
תְּמוּנָה לְנֶגֶד עֵינָי דְּמָמָה וָקוֹל אֶשְׁמָע׃ הַאֱנוֹשׁ מֵאֱלוֹהַּ יִצְדָּק יז
אִם מֵעֹשֵׂהוּ יִטְהַר־גָּבֶר׃ הֵן בַּעֲבָדָיו לֹא יַאֲמִין וּבְמַלְאָכָיו יָשִׂים יח
תָּהֳלָה׃ אַף ׀ שֹׁכְנֵי בָתֵּי־חֹמֶר אֲשֶׁר־בֶּעָפָר יְסוֹדָם יְדַכְּאוּם לִפְנֵי־ יט
עָשׁ׃ מִבֹּקֶר לָעֶרֶב יֻכַּתּוּ מִבְּלִי מֵשִׂים לָנֶצַח יֹאבֵדוּ׃ הֲלֹא־נִסַּע כ כא
יִתְרָם בָּם יָמוּתוּ וְלֹא בְחָכְמָה׃ קְרָא־נָא הֲיֵשׁ עוֹנֶךָּ וְאֶל־מִי א ה
מִקְּדֹשִׁים תִּפְנֶה׃ כִּי־לֶאֱוִיל יַהֲרָג־כָּעַשׂ וּפֹתֶה תָּמִית קִנְאָה׃ ב
אֲנִי־רָאִיתִי אֱוִיל מַשְׁרִישׁ וָאֶקּוֹב נָוֵהוּ פִתְאֹם׃ יִרְחֲקוּ בָנָיו מִיֶּשַׁע ג ד
וְיִדַּכְּאוּ בַשַּׁעַר וְאֵין מַצִּיל׃ אֲשֶׁר קְצִירוֹ ׀ רָעֵב יֹאכֵל וְאֶל־מִצִּנִּים ה
יִקָּחֵהוּ וְשָׁאַף צַמִּים חֵילָם׃ כִּי ׀ לֹא־יֵצֵא מֵעָפָר אָוֶן וּמֵאֲדָמָה ו
לֹא־יִצְמַח עָמָל׃ כִּי־אָדָם לְעָמָל יוּלָּד וּבְנֵי־רֶשֶׁף יַגְבִּיהוּ עוּף׃ ז
אוּלָם אֲנִי אֶדְרֹשׁ אֶל־אֵל וְאֶל־אֱלֹהִים אָשִׂים דִּבְרָתִי׃ עֹשֶׂה ח ט
גְדֹלוֹת וְאֵין חֵקֶר נִפְלָאוֹת עַד־אֵין מִסְפָּר׃ הַנֹּתֵן מָטָר עַל־פְּנֵי־ י
אָרֶץ וְשֹׁלֵחַ מַיִם עַל־פְּנֵי חוּצוֹת׃ לָשׂוּם שְׁפָלִים לְמָרוֹם וְקֹדְרִים יא
שָׂגְבוּ יֶשַׁע׃ מֵפֵר מַחְשְׁבוֹת עֲרוּמִים וְלֹא־תַעֲשֶׂינָה יְדֵיהֶם יב
תּוּשִׁיָּה׃ לֹכֵד חֲכָמִים בְּעָרְמָם וַעֲצַת נִפְתָּלִים נִמְהָרָה׃ יוֹמָם יג יד
יְפַגְּשׁוּ־חֹשֶׁךְ וְכַלַּיְלָה יְמַשְׁשׁוּ בַצָּהֳרָיִם׃ וַיֹּשַׁע מֵחֶרֶב מִפִּיהֶם טו
וּמִיַּד חָזָק אֶבְיוֹן׃ וַתְּהִי לַדַּל תִּקְוָה וְעֹלָתָה קָפְצָה פִּיהָ׃ הִנֵּה טז יז
אַשְׁרֵי אֱנוֹשׁ יוֹכִחֶנּוּ אֱלוֹהַּ וּמוּסַר שַׁדַּי אַל־תִּמְאָס׃ כִּי הוּא יח
יַכְאִיב וְיֶחְבָּשׁ יִמְחַץ וְיָדָו תִּרְפֶּינָה׃ בְּשֵׁשׁ צָרוֹת יַצִּילֶךָּ וּבְשֶׁבַע ׀ יט

כ לֹא־יִגַּע בְּךָ רָע׃ בְּרָעָב פָּדְךָ מִמָּוֶת וּבְמִלְחָמָה מִידֵי חָרֶב׃
כא כב בְּשׁוֹט לָשׁוֹן תֵּחָבֵא וְלֹא־תִירָא מִשֹּׁד כִּי יָבוֹא׃ לְשֹׁד וּלְכָפָן
כג תִּשְׂחָק וּמֵחַיַּת הָאָרֶץ אַל־תִּירָא׃ כִּי עִם־אַבְנֵי הַשָּׂדֶה בְרִיתֶךָ
כד וְחַיַּת הַשָּׂדֶה הָשְׁלְמָה־לָךְ׃ וְיָדַעְתָּ כִּי־שָׁלוֹם אָהֳלֶךָ וּפָקַדְתָּ
כה נָוְךָ וְלֹא תֶחֱטָא׃ וְיָדַעְתָּ כִּי־רַב זַרְעֶךָ וְצֶאֱצָאֶיךָ כְּעֵשֶׂב הָאָרֶץ׃
כו כז תָּבוֹא בְכֶלַח אֱלֵי־קָבֶר כַּעֲלוֹת גָּדִישׁ בְּעִתּוֹ׃ הִנֵּה־זֹאת חֲקַרְנוּהָ ב
ו א כֶּן־הִיא שְׁמָעֶנָּה וְאַתָּה דַע־לָךְ׃ וַיַּעַן אִיּוֹב
ב וַיֹּאמַר׃ לוּ שָׁקוֹל יִשָּׁקֵל כַּעְשִׂי והיתי בְּמֹאזְנַיִם יִשְׂאוּ־יָחַד׃ וְהַוָּתִי
ג ד כִּי־עַתָּה מֵחוֹל יַמִּים יִכְבָּד עַל־כֵּן דְּבָרַי לָעוּ׃ כִּי חִצֵּי שַׁדַּי
ה עִמָּדִי אֲשֶׁר חֲמָתָם שֹׁתָה רוּחִי בִּעוּתֵי אֱלוֹהַּ יַעַרְכוּנִי׃ הֲיִנְהַק
ו פֶּרֶא עֲלֵי־דֶשֶׁא אִם יִגְעֶה־שּׁוֹר עַל־בְּלִילוֹ׃ הֲיֵאָכֵל תָּפֵל מִבְּלִי־
ז מֶלַח אִם־יֶשׁ־טַעַם בְּרִיר חַלָּמוּת׃ מֵאֲנָה לִנְגּוֹעַ נַפְשִׁי הֵמָּה
ח ט כִּדְוֵי לַחְמִי׃ מִי־יִתֵּן תָּבוֹא שֶׁאֱלָתִי וְתִקְוָתִי יִתֵּן אֱלוֹהַּ׃ וְיֹאֵל
י אֱלוֹהַּ וִידַכְּאֵנִי יַתֵּר יָדוֹ וִיבַצְּעֵנִי׃ וּתְהִי־עוֹד נֶחָמָתִי וַאֲסַלְּדָה
יא בְחִילָה לֹא יַחְמוֹל כִּי־לֹא כִחַדְתִּי אִמְרֵי קָדוֹשׁ׃ מַה־כֹּחִי כִּי־
יב אֲיַחֵל וּמַה־קִּצִּי כִּי־אַאֲרִיךְ נַפְשִׁי׃ אִם־כֹּחַ אֲבָנִים כֹּחִי אִם־
יג יד בְּשָׂרִי נָחוּשׁ׃ הַאִם אֵין עֶזְרָתִי בִי וְתֻשִׁיָּה נִדְּחָה מִמֶּנִּי׃ לַמָּס
טו מֵרֵעֵהוּ חָסֶד וְיִרְאַת שַׁדַּי יַעֲזוֹב׃ אַחַי בָּגְדוּ כְמוֹ־נָחַל כַּאֲפִיק
טז יז נְחָלִים יַעֲבֹרוּ׃ הַקֹּדְרִים מִנִּי־קָרַח עָלֵימוֹ יִתְעַלֶּם־שָׁלֶג׃ בְּעֵת
יח יְזֹרְבוּ נִצְמָתוּ בְּחֻמּוֹ נִדְעֲכוּ מִמְּקוֹמָם׃ יִלָּפְתוּ אָרְחוֹת דַּרְכָּם
יט יַעֲלוּ בַתֹּהוּ וְיֹאבֵדוּ׃ הִבִּיטוּ אָרְחוֹת תֵּמָא הֲלִיכֹת שְׁבָא קִוּוּ־
כ כא לָמוֹ׃ בֹּשׁוּ כִּי־בָטָח בָּאוּ עָדֶיהָ וַיֶּחְפָּרוּ׃ כִּי־עַתָּה הֱיִיתֶם לוֹ
כב תִּרְאוּ חֲתַת וַתִּירָאוּ׃ הֲכִי־אָמַרְתִּי הָבוּ לִי וּמִכֹּחֲכֶם שִׁחֲדוּ
כג כד בַעֲדִי׃ וּמַלְּטוּנִי מִיַּד־צָר וּמִיַּד עָרִיצִים תִּפְדּוּנִי׃ הוֹרוּנִי וַאֲנִי
כה אַחֲרִישׁ וּמַה־שָּׁגִיתִי הָבִינוּ לִי׃ מַה־נִּמְרְצוּ אִמְרֵי־יֹשֶׁר וּמַה־
כו יּוֹכִיחַ הוֹכֵחַ מִכֶּם׃ הַלְהוֹכַח מִלִּים תַּחְשֹׁבוּ וּלְרוּחַ אִמְרֵי נֹאָשׁ׃
כז כח אַף־עַל־יָתוֹם תַּפִּילוּ וְתִכְרוּ עַל־רֵיעֲכֶם׃ וְעַתָּה הוֹאִילוּ פְנוּ־

כט כִּי וְעַל־פְּנֵיכֶם אִם־אֲכַזֵּב׃ שֻׁבוּ־נָא אַל־תְּהִי עַוְלָה וְשֻׁבִי עוֹד וְשֻׁבוּ
ל א ז צִדְקִי־בָהּ׃ הֲיֵשׁ־בִּלְשׁוֹנִי עַוְלָה אִם־חִכִּי לֹא־יָבִין הַוּוֹת׃ הֲלֹא־
ב צָבָא לֶאֱנוֹשׁ עֲלֵי־אָרֶץ וְכִימֵי שָׂכִיר יָמָיו׃ כְּעֶבֶד יִשְׁאַף־צֵל
ג וּכְשָׂכִיר יְקַוֶּה פָעֳלוֹ׃ כֵּן הָנְחַלְתִּי לִי יַרְחֵי־שָׁוְא וְלֵילוֹת עָמָל
ד מִנּוּ־לִי׃ אִם־שָׁכַבְתִּי וְאָמַרְתִּי מָתַי אָקוּם וּמִדַּד־עָרֶב וְשָׂבַעְתִּי
ה נְדֻדִים עֲדֵי־נָשֶׁף׃ לָבַשׁ בְּשָׂרִי רִמָּה וגיש עָפָר עוֹרִי רָגַע וַיִּמָּאֵס׃ וְגוּשׁ
ו ז יָמַי קַלּוּ מִנִּי־אָרֶג וַיִּכְלוּ בְּאֶפֶס תִּקְוָה׃ זְכֹר כִּי־רוּחַ חַיָּי לֹא־
ח תָשׁוּב עֵינִי לִרְאוֹת טוֹב׃ לֹא־תְשׁוּרֵנִי עֵין רֹאִי עֵינֶיךָ בִּי וְאֵינֶנִּי׃
ט כָּלָה עָנָן וַיֵּלַךְ כֵּן יוֹרֵד שְׁאוֹל לֹא יַעֲלֶה׃ לֹא־יָשׁוּב עוֹד לְבֵיתוֹ
יא וְלֹא־יַכִּירֶנּוּ עוֹד מְקֹמוֹ׃ גַּם־אֲנִי לֹא אֶחֱשָׂךְ פִּי אֲדַבְּרָה בְּצַר
יב רוּחִי אָשִׂיחָה בְּמַר נַפְשִׁי׃ הֲיָם־אָנִי אִם־תַּנִּין כִּי־תָשִׂים עָלַי
יג מִשְׁמָר׃ כִּי־אָמַרְתִּי תְּנַחֲמֵנִי עַרְשִׂי יִשָּׂא בְשִׂיחִי מִשְׁכָּבִי׃
יד טו וְחִתַּתַּנִי בַחֲלֹמוֹת וּמֵחֶזְיֹנוֹת תְּבַעֲתַנִּי׃ וַתִּבְחַר מַחֲנָק נַפְשִׁי מָוֶת
טז מֵעַצְמוֹתָי׃ מָאַסְתִּי לֹא־לְעֹלָם אֶחְיֶה חֲדַל מִמֶּנִּי כִּי־הֶבֶל יָמָי׃
יז יח מָה־אֱנוֹשׁ כִּי תְגַדְּלֶנּוּ וְכִי־תָשִׁית אֵלָיו לִבֶּךָ׃ וַתִּפְקְדֶנּוּ לִבְקָרִים
יט לִרְגָעִים תִּבְחָנֶנּוּ׃ כַּמָּה לֹא־תִשְׁעֶה מִמֶּנִּי לֹא־תַרְפֵּנִי עַד־בִּלְעִי
כ רֻקִּי׃ חָטָאתִי מָה אֶפְעַל ׀ לָךְ נֹצֵר הָאָדָם לָמָה שַׂמְתַּנִי לְמִפְגָּע
כא לָךְ וָאֶהְיֶה עָלַי לְמַשָּׂא׃ וּמֶה ׀ לֹא־תִשָּׂא פִשְׁעִי וְתַעֲבִיר אֶת־עֲוֺנִי
א ח כִּי־עַתָּה לֶעָפָר אֶשְׁכָּב וְשִׁחֲרְתַּנִי וְאֵינֶנִּי׃ וַיַּעַן
ב בִּלְדַּד הַשּׁוּחִי וַיֹּאמַר׃ עַד־אָן תְּמַלֶּל־אֵלֶּה וְרוּחַ כַּבִּיר אִמְרֵי־
ג ד פִיךָ׃ הַאֵל יְעַוֵּת מִשְׁפָּט וְאִם־שַׁדַּי יְעַוֵּת־צֶדֶק׃ אִם־בָּנֶיךָ חָטְאוּ־
ה לוֹ וַיְשַׁלְּחֵם בְּיַד־פִּשְׁעָם׃ אִם־אַתָּה תְּשַׁחֵר אֶל־אֵל וְאֶל־שַׁדַּי
ו תִּתְחַנָּן׃ אִם־זַךְ וְיָשָׁר אָתָּה כִּי־עַתָּה יָעִיר עָלֶיךָ וְשִׁלַּם נְוַת
ז ח צִדְקֶךָ׃ וְהָיָה רֵאשִׁיתְךָ מִצְעָר וְאַחֲרִיתְךָ יִשְׂגֶּה מְאֹד׃ כִּי־שְׁאַל־
ט נָא לְדֹר רִישׁוֹן וְכוֹנֵן לְחֵקֶר אֲבוֹתָם׃ כִּי־תְמוֹל אֲנַחְנוּ וְלֹא נֵדָע
י כִּי צֵל יָמֵינוּ עֲלֵי־אָרֶץ׃ הֲלֹא־הֵם יוֹרוּךָ יֹאמְרוּ לָךְ וּמִלִּבָּם יוֹצִאוּ
יא יב מִלִּים׃ הֲיִגְאֶה־גֹּמֶא בְּלֹא בִצָּה יִשְׂגֶּה־אָחוּ בְלִי־מָיִם׃ עֹדֶנּוּ

יג באבו לא יקטף ולפני כל־חציר ייבש: כן ארחות כל־שכחי
יד אל ותקות חנף תאבד: אשר־יקוט כסלו ובית עכביש מבטחו:
טו טז ישען על־ביתו ולא יעמד יחזיק בו ולא יקום: רטב הוא לפני־
יז שמש ועל־גנתו ינקתו תצא: על־גל שרשיו יסבכו בית אבנים
יח יט יחזה: אם־יבלענו ממקמו וכחש בו לא ראיתיך: הן־הוא
כ משוש דרכו ומעפר אחר יצמחו: הן־אל לא ימאס־תם ולא־
כא יחזיק ביד־מרעים: עד־ימלה שחוק פיך ושפתיך תרועה:
כב ט א שנאיך ילבשו־בשת ואהל רשעים איננו: ויען
ב איוב ויאמר: אמנם ידעתי כי־כן ומה־יצדק אנוש עם־אל:
ג ד אם־יחפץ לריב עמו לא־יעננו אחת מני־אלף: חכם לבב ואמיץ
ה כח מי־הקשה אליו וישלם: המעתיק הרים ולא ידעו אשר
ו ז הפכם באפו: המרגיז ארץ ממקומה ועמודיה יתפלצון: האמר
ח לחרס ולא יזרח ובעד כוכבים יחתם: נטה שמים לבדו ודורך
ט י על־במתי ים: עשה־עש כסיל וכימה וחדרי תמן: עשה גדלות
יא עד־אין חקר ונפלאות עד־אין מספר: הן יעבר עלי ולא
יב אראה ויחלף ולא־אבין לו: הן יחתף מי ישיבנו מי־יאמר
יג אליו מה־תעשה: אלוה לא־ישיב אפו תחתו שחחו עזרי רהב:
יד טו אף כי־אנכי אעננו אבחרה דברי עמו: אשר אם־צדקתי לא
טז אענה למשפטי אתחנן: אם־קראתי ויענני לא־אאמין כי־
יז יח יאזין קולי: אשר־בשערה ישופני והרבה פצעי חנם: לא־יתנני
יט השב רוחי כי ישבעני ממררים: אם־לכח אמיץ הנה ואם־
כ כא למשפט מי יועידני: אם־אצדק פי ירשיעני תם־אני ויעקשני: תם־
כב אני לא־אדע נפשי אמאס חיי: אחת היא על־כן אמרתי תם
כג כד ורשע הוא מכלה: אם־שוט ימית פתאם למסת נקים ילעג: ארץ
כה נתנה ביד־רשע פני־שפטיה יכסה אם־לא אפוא מי־הוא: וימי
כו קלו מני־רץ ברחו לא־ראו טובה: חלפו עם־אניות אבה כנשר
כז יטוש עלי־אכל: אם־אמרי אשכחה שיחי אעזבה פני ואבליגה:

כח כט יגרתי כל-עצבתי ידעתי כי-לא תנקני: אנכי ארשע למה-
ל זה הבל איגע: אם-התרחצתי במו-שלג והזכותי בבר כפי:
במי
לא לב אז בשחת תטבלני ותעבוני שלמותי: כי-לא-איש כמוני אעננו
לג נבוא יחדו במשפט: לא יש-בינינו מוכיח ישת ידו על-שנינו:
לד לה יסר מעלי שבטו ואמתו אל-תבעתני: אדברה ולא איראנו
י א כי-לא-כן אנכי עמדי: נקטה נפשי בחיי אעזבה עלי שיחי
ב אדברה במר נפשי: אמר אל-אלוה אל-תרשיעני הודיעני
ג על מה-תריבני: הטוב לך | כי-תעשק כי-תמאס יגיע כפיך
ד ועל-עצת רשעים הופעת: העיני בשר לך אם-כראות אנוש
ה ו תראה: הכימי אנוש ימיך אם-שנותיך כימי גבר: כי-תבקש
ז לעוני ולחטאתי תדרוש: על-דעתך כי-לא ארשע ואין מידך
ח ט מציל: ידיך עצבוני ויעשוני יחד סביב ותבלעני: זכר-נא כי-
י כחמר עשיתני ואל-עפר תשיבני: הלא כחלב תתיכני וכגבנה
יא יב תקפיאני: עור ובשר תלבישני ובעצמות וגידים תשככני: חיים
יג וחסד עשית עמדי ופקדתך שמרה רוחי: ואלה צפנת בלבבך
יד ידעתי כי-זאת עמך: אם-חטאתי ושמרתני ומעוני לא תנקני:
טו אם-רשעתי אללי לי וצדקתי לא-אשא ראשי שבע קלון
טז יז וראה עניי: ויגאה כשחל תצודני ותשב תתפלא בי: תחדש
יח עדיך | נגדי ותרב כעשך עמדי חליפות וצבא עמי: ולמה
יט מרחם הצאתני אגוע ועין לא-תראני: כאשר לא-הייתי אהיה
כ מבטן לקבר אובל: הלא-מעט ימי יחדל ישית ממני ואבליגה
וחדל ושית
כא מעט: בטרם אלך ולא אשוב אל-ארץ חשך וצלמות:
כב ארץ עיפתה | כמו אפל צלמות ולא סדרים ותפע כמו-
יא א ב אפל: ויען צפר הנעמתי ויאמר: הרב דברים לא יענה
ג ואם-איש שפתים יצדק: בדיך מתים יחרישו ותלעג ואין
ד ה מכלם: ותאמר זך לקחי ובר הייתי בעיניך: ואולם מי-יתן
ו אלוה דבר ויפתח שפתיו עמך: ויגד-לך | תעלמות חכמה כי-

ז כִּפְלַיִם לְתוּשִׁיָּה וְדַע כִּי־יַשֶּׁה לְךָ אֱלוֹהַּ מֵעֲוֺנֶךָ׃ הַחֵקֶר אֱלוֹהַּ
ח תִּמְצָא אִם עַד־תַּכְלִית שַׁדַּי תִּמְצָא׃ גָּבְהֵי שָׁמַיִם מַה־תִּפְעָל
ט עֲמֻקָּה מִשְּׁאוֹל מַה־תֵּדָע׃ אֲרֻכָּה מֵאֶרֶץ מִדָּה וּרְחָבָה מִנִּי־יָם׃
י יא אִם־יַחֲלֹף וְיַסְגִּיר וְיַקְהִיל וּמִי יְשִׁיבֶנּוּ׃ כִּי־הוּא יָדַע מְתֵי־שָׁוְא
יב וַיַּרְא־אָוֶן וְלֹא יִתְבּוֹנָן׃ וְאִישׁ נָבוּב יִלָּבֵב וְעַיִר פֶּרֶא אָדָם יִוָּלֵד׃
יג יד אִם־אַתָּה הֲכִינוֹתָ לִבֶּךָ וּפָרַשְׂתָּ אֵלָיו כַּפֶּךָ׃ אִם־אָוֶן בְּיָדְךָ
טו הַרְחִיקֵהוּ וְאַל־תַּשְׁכֵּן בְּאֹהָלֶיךָ עַוְלָה׃ כִּי־אָז תִּשָּׂא פָנֶיךָ מִמּוּם
טז וְהָיִיתָ מֻצָּק וְלֹא תִירָא׃ כִּי־אַתָּה עָמָל תִּשְׁכָּח כְּמַיִם עָבְרוּ תִזְכֹּר׃
יז יח וּמִצָּהֳרַיִם יָקוּם חָלֶד תָּעֻפָה כַּבֹּקֶר תִּהְיֶה׃ וּבָטַחְתָּ כִּי־יֵשׁ תִּקְוָה
יט וְחָפַרְתָּ לָבֶטַח תִּשְׁכָּב׃ וְרָבַצְתָּ וְאֵין מַחֲרִיד וְחִלּוּ פָנֶיךָ רַבִּים׃ ג
כ וְעֵינֵי רְשָׁעִים תִּכְלֶינָה וּמָנוֹס אָבַד מִנְהֶם וְתִקְוָתָם מַפַּח־
יב א ב נָפֶשׁ׃ וַיַּעַן אִיּוֹב וַיֹּאמַר׃ אָמְנָם כִּי אַתֶּם־עָם
ג וְעִמָּכֶם תָּמוּת חָכְמָה׃ גַּם־לִי לֵבָב כְּמוֹכֶם לֹא־נֹפֵל אָנֹכִי
ד מִכֶּם וְאֶת־מִי־אֵין כְּמוֹ־אֵלֶּה׃ שְׂחֹק לְרֵעֵהוּ אֶהְיֶה קֹרֵא
ה לֶאֱלוֹהַּ וַיַּעֲנֵהוּ שְׂחוֹק צַדִּיק תָּמִים׃ לַפִּיד בּוּז לְעַשְׁתּוּת שַׁאֲנָן
ו נָכוֹן לְמוֹעֲדֵי רָגֶל׃ יִשְׁלָיוּ אֹהָלִים לְשֹׁדְדִים וּבַטֻּחוֹת לְמַרְגִּיזֵי
ז אֵל לַאֲשֶׁר הֵבִיא אֱלוֹהַּ בְּיָדוֹ׃ וְאוּלָם שְׁאַל־נָא בְהֵמוֹת וְתֹרֶךָּ
ח וְעוֹף הַשָּׁמַיִם וְיַגֶּד־לָךְ׃ אוֹ שִׂיחַ לָאָרֶץ וְתֹרֶךָּ וִיסַפְּרוּ לְךָ דְּגֵי
ט י הַיָּם׃ מִי לֹא־יָדַע בְּכָל־אֵלֶּה כִּי יַד־יהוה עָשְׂתָה זֹּאת׃ אֲשֶׁר בְּיָדוֹ
יא נֶפֶשׁ כָּל־חָי וְרוּחַ כָּל־בְּשַׂר־אִישׁ׃ הֲלֹא־אֹזֶן מִלִּין תִּבְחָן וְחֵךְ אֹכֶל
יב יג יִטְעַם־לוֹ׃ בִּישִׁישִׁים חָכְמָה וְאֹרֶךְ יָמִים תְּבוּנָה׃ עִמּוֹ חָכְמָה
יד וּגְבוּרָה לוֹ עֵצָה וּתְבוּנָה׃ הֵן יַהֲרוֹס וְלֹא יִבָּנֶה יִסְגֹּר עַל־אִישׁ וְלֹא
טו טז יִפָּתֵחַ׃ הֵן יַעְצֹר בַּמַּיִם וְיִבָשׁוּ וִישַׁלְּחֵם וְיַהַפְכוּ אָרֶץ׃ עִמּוֹ עֹז
יז וְתוּשִׁיָּה לוֹ שֹׁגֵג וּמַשְׁגֶּה׃ מוֹלִיךְ יוֹעֲצִים שׁוֹלָל וְשֹׁפְטִים יְהוֹלֵל׃
יח יט מוּסַר מְלָכִים פִּתֵּחַ וַיֶּאְסֹר אֵזוֹר בְּמָתְנֵיהֶם׃ מוֹלִיךְ כֹּהֲנִים שׁוֹלָל
כ כא וְאֵתָנִים יְסַלֵּף׃ מֵסִיר שָׂפָה לְנֶאֱמָנִים וְטַעַם זְקֵנִים יִקָּח׃ שׁוֹפֵךְ
כב בּוּז עַל־נְדִיבִים וּמְזִיחַ אֲפִיקִים רִפָּה׃ מְגַלֶּה עֲמֻקוֹת מִנִּי־חֹשֶׁךְ

כג וַיֹּצֵא לָאוֹר צַלְמָוֶת׃ מַשְׂגִּיא לַגּוֹיִם וַיְאַבְּדֵם שֹׁטֵחַ לַגּוֹיִם וַיַּנְחֵם׃
כד כה מֵסִיר לֵב רָאשֵׁי עַם־הָאָרֶץ וַיַּתְעֵם בְּתֹהוּ לֹא־דָרֶךְ׃ יְמַשְׁשׁוּ־
יג א חֹשֶׁךְ וְלֹא־אוֹר וַיַּתְעֵם כַּשִּׁכּוֹר׃ הֶן־כֹּל רָאֲתָה עֵינִי שָׁמְעָה אָזְנִי
ב ג וַתָּבֶן לָהּ׃ כְּדַעְתְּכֶם יָדַעְתִּי גַם־אָנִי לֹא־נֹפֵל אָנֹכִי מִכֶּם׃ אוּלָם
ד אֲנִי אֶל־שַׁדַּי אֲדַבֵּר וְהוֹכֵחַ אֶל־אֵל אֶחְפָּץ׃ וְאוּלָם אַתֶּם טֹפְלֵי־
ה שָׁקֶר רֹפְאֵי אֱלִל כֻּלְּכֶם׃ מִי־יִתֵּן הַחֲרֵשׁ תַּחֲרִישׁוּן וּתְהִי לָכֶם
ו ז לְחָכְמָה׃ שִׁמְעוּ־נָא תוֹכַחְתִּי וְרִבוֹת שְׂפָתַי הַקְשִׁיבוּ׃ הַלְאֵל
ח תְּדַבְּרוּ עַוְלָה וְלוֹ תְּדַבְּרוּ רְמִיָּה׃ הֲפָנָיו תִּשָּׂאוּן אִם־לָאֵל תְּרִיבוּן׃
ט י הֲטוֹב כִּי־יַחְקֹר אֶתְכֶם אִם־כְּהָתֵל בֶּאֱנוֹשׁ תְּהָתֵלּוּ בוֹ׃ הוֹכֵחַ
יא יוֹכִיחַ אֶתְכֶם אִם־בַּסֵּתֶר פָּנִים תִּשָּׂאוּן׃ הֲלֹא שְׂאֵתוֹ תְּבַעֵת
יב אֶתְכֶם וּפַחְדּוֹ יִפֹּל עֲלֵיכֶם׃ זִכְרֹנֵיכֶם מִשְׁלֵי־אֵפֶר לְגַבֵּי־חֹמֶר
יג יד גַּבֵּיכֶם׃ הַחֲרִישׁוּ מִמֶּנִּי וַאֲדַבְּרָה־אָנִי וְיַעֲבֹר עָלַי מָה׃ עַל־מָה ׀
טו אֶשָּׂא בְשָׂרִי בְשִׁנָּי וְנַפְשִׁי אָשִׂים בְּכַפִּי׃ הֵן יִקְטְלֵנִי לֹא אֲיַחֵל אַךְ־ לוֹ
טז דְּרָכַי אֶל־פָּנָיו אוֹכִיחַ׃ גַּם־הוּא־לִי לִישׁוּעָה כִּי־לֹא לְפָנָיו חָנֵף
יז יח יָבוֹא׃ שִׁמְעוּ שָׁמוֹעַ מִלָּתִי וְאַחֲוָתִי בְּאָזְנֵיכֶם׃ הִנֵּה־נָא עָרַכְתִּי
יט מִשְׁפָּט יָדַעְתִּי כִּי־אֲנִי אֶצְדָּק׃ מִי־הוּא יָרִיב עִמָּדִי כִּי־עַתָּה
כ אַחֲרִישׁ וְאֶגְוָע׃ אַךְ־שְׁתַּיִם אַל־תַּעַשׂ עִמָּדִי אָז מִפָּנֶיךָ לֹא אֶסָּתֵר׃
כא כב כַּפְּךָ מֵעָלַי הַרְחַק וְאֵמָתְךָ אַל־תְּבַעֲתַנִּי׃ וּקְרָא וְאָנֹכִי אֶעֱנֶה אוֹ־
כג אֲדַבֵּר וַהֲשִׁיבֵנִי׃ כַּמָּה לִי עֲוֺנוֹת וְחַטָּאוֹת פִּשְׁעִי וְחַטָּאתִי הֹדִיעֵנִי׃
כד כה לָמָּה־פָנֶיךָ תַסְתִּיר וְתַחְשְׁבֵנִי לְאוֹיֵב לָךְ׃ הֶעָלֶה נִדָּף תַּעֲרוֹץ וְאֶת־
כו קַשׁ יָבֵשׁ תִּרְדֹּף׃ כִּי־תִכְתֹּב עָלַי מְרֹרוֹת וְתוֹרִישֵׁנִי עֲוֺנוֹת נְעוּרָי׃
כז וְתָשֵׂם בַּסַּד ׀ רַגְלַי וְתִשְׁמוֹר כָּל־אָרְחֹתָי עַל־שָׁרְשֵׁי רַגְלַי
כח יד א תִּתְחַקֶּה׃ וְהוּא כְּרָקָב יִבְלֶה כְּבֶגֶד אֲכָלוֹ עָשׁ׃ אָדָם יְלוּד אִשָּׁה
ב קְצַר יָמִים וּשְׂבַע־רֹגֶז׃ כְּצִיץ יָצָא וַיִּמָּל וַיִּבְרַח כַּצֵּל וְלֹא יַעֲמוֹד׃
ג ד אַף־עַל־זֶה פָּקַחְתָּ עֵינֶךָ וְאֹתִי תָבִיא בְמִשְׁפָּט עִמָּךְ׃ מִי־יִתֵּן
ה טָהוֹר מִטָּמֵא לֹא אֶחָד׃ אִם־חֲרוּצִים ׀ יָמָיו מִסְפַּר־חֳדָשָׁיו אִתָּךְ
ו חֻקָּו עָשִׂיתָ וְלֹא יַעֲבֹר׃ שְׁעֵה מֵעָלָיו וְיֶחְדָּל עַד־יִרְצֶה כְּשָׂכִיר

ז יוֹמוֹ׃ כִּי יֵשׁ לָעֵץ תִּקְוָה אִם־יִכָּרֵת וְעוֹד יַחֲלִיף וְיֹנַקְתּוֹ לֹא
ח ט תֶחְדָּל׃ אִם־יַזְקִין בָּאָרֶץ שָׁרְשׁוֹ וּבֶעָפָר יָמוּת גִּזְעוֹ׃ מֵרֵיחַ מַיִם
י יַפְרִחַ וְעָשָׂה קָצִיר כְּמוֹ־נָטַע׃ וְגֶבֶר יָמוּת וַיֶּחֱלָשׁ וַיִּגְוַע אָדָם
יא יב וְאַיּוֹ׃ אָזְלוּ־מַיִם מִנִּי־יָם וְנָהָר יֶחֱרַב וְיָבֵשׁ׃ וְאִישׁ שָׁכַב וְלֹא־
יג יָקוּם עַד־בִּלְתִּי שָׁמַיִם לֹא יָקִיצוּ וְלֹא־יֵעֹרוּ מִשְּׁנָתָם׃ מִי יִתֵּן ׀
בִּשְׁאוֹל תַּצְפִּנֵנִי תַּסְתִּירֵנִי עַד־שׁוּב אַפֶּךָ תָּשִׁית לִי חֹק וְתִזְכְּרֵנִי׃
יד אִם־יָמוּת גֶּבֶר הֲיִחְיֶה כָּל־יְמֵי צְבָאִי אֲיַחֵל עַד־בּוֹא חֲלִיפָתִי׃
טו טז תִּקְרָא וְאָנֹכִי אֶעֱנֶךָּ לְמַעֲשֵׂה יָדֶיךָ תִכְסֹף׃ כִּי־עַתָּה צְעָדַי
יז תִּסְפּוֹר לֹא־תִשְׁמוֹר עַל־חַטָּאתִי׃ חָתֻם בִּצְרוֹר פִּשְׁעִי וַתִּטְפֹּל
יח יט עַל־עֲוֺנִי׃ וְאוּלָם הַר־נוֹפֵל יִבּוֹל וְצוּר יֶעְתַּק מִמְּקֹמוֹ׃ אֲבָנִים ׀
שָׁחֲקוּ מַיִם תִּשְׁטֹף־סְפִיחֶיהָ עֲפַר־אָרֶץ וְתִקְוַת אֱנוֹשׁ הֶאֱבַדְתָּ׃
כ כא תִּתְקְפֵהוּ לָנֶצַח וַיַּהֲלֹךְ מְשַׁנֶּה פָנָיו וַתְּשַׁלְּחֵהוּ׃ יִכְבְּדוּ בָנָיו וְלֹא
כב יֵדָע וְיִצְעֲרוּ וְלֹא־יָבִין לָמוֹ׃ אַךְ־בְּשָׂרוֹ עָלָיו יִכְאָב וְנַפְשׁוֹ עָלָיו
טו א ב תֶּאֱבָל׃ וַיַּעַן אֱלִיפַז הַתֵּימָנִי וַיֹּאמַר׃ הֶחָכָם יַעֲנֶה
ג דַעַת־רוּחַ וִימַלֵּא קָדִים בִּטְנוֹ׃ הוֹכֵחַ בְּדָבָר לֹא יִסְכּוֹן וּמִלִּים
ד לֹא־יוֹעִיל בָּם׃ אַף־אַתָּה תָּפֵר יִרְאָה וְתִגְרַע שִׂיחָה לִפְנֵי־אֵל׃
ה ו כִּי יְאַלֵּף עֲוֺנְךָ פִיךָ וְתִבְחַר לְשׁוֹן עֲרוּמִים׃ יַרְשִׁיעֲךָ פִיךָ וְלֹא־
ז אָנִי וּשְׂפָתֶיךָ יַעֲנוּ־בָךְ׃ הֲרִאישׁוֹן אָדָם תִּוָּלֵד וְלִפְנֵי גְבָעוֹת
ח ט חוֹלָלְתָּ׃ הַבְסוֹד אֱלוֹהַּ תִּשְׁמָע וְתִגְרַע אֵלֶיךָ חָכְמָה׃ מַה־
י יָּדַעְתָּ וְלֹא נֵדָע תָּבִין וְלֹא־עִמָּנוּ הוּא׃ גַּם־שָׂב גַּם־יָשִׁישׁ בָּנוּ
יא כַּבִּיר מֵאָבִיךָ יָמִים׃ הַמְעַט מִמְּךָ תַּנְחֻמוֹת אֵל וְדָבָר לָאַט
יב יג עִמָּךְ׃ מַה־יִּקָּחֲךָ לִבֶּךָ וּמַה־יִּרְזְמוּן עֵינֶיךָ׃ כִּי־תָשִׁיב אֶל־אֵל
יד רוּחֶךָ וְהֹצֵאתָ מִפִּיךָ מִלִּין׃ מָה־אֱנוֹשׁ כִּי־יִזְכֶּה וְכִי־יִצְדַּק יְלוּד
טו טז אִשָּׁה׃ הֵן בִּקְדֹשָׁו לֹא יַאֲמִין וְשָׁמַיִם לֹא־זַכּוּ בְעֵינָיו׃ אַף כִּי־
יז נִתְעָב וְנֶאֱלָח אִישׁ־שֹׁתֶה כַמַּיִם עַוְלָה׃ אֲחַוְּךָ שְׁמַע־לִי וְזֶה־
יח יט חָזִיתִי וַאֲסַפֵּרָה׃ אֲשֶׁר־חֲכָמִים יַגִּידוּ וְלֹא כִחֲדוּ מֵאֲבוֹתָם׃ לָהֶם
כ לְבַדָּם נִתְּנָה הָאָרֶץ וְלֹא־עָבַר זָר בְּתוֹכָם׃ כָּל־יְמֵי רָשָׁע הוּא

כא מִתְחוֹלֵל וּמִסְפַּר שָׁנִים נִצְפְּנוּ לֶעָרִיץ׃ קוֹל־פְּחָדִים בְּאָזְנָיו בַּשָּׁלוֹם
כב שׁוֹדֵד יְבוֹאֶנּוּ׃ לֹא־יַאֲמִין שׁוּב מִנִּי־חֹשֶׁךְ וצפו הוּא אֱלֵי־חָרֶב׃ וְצָפוּי
כג כד נֹדֵד הוּא לַלֶּחֶם אַיֵּה יָדַע ׀ כִּי־נָכוֹן בְּיָדוֹ יוֹם־חֹשֶׁךְ׃ יְבַעֲתֻהוּ
כה צַר וּמְצוּקָה תִּתְקְפֵהוּ כְּמֶלֶךְ ׀ עָתִיד לַכִּידוֹר׃ כִּי־נָטָה אֶל־אֵל
כו יָדוֹ וְאֶל־שַׁדַּי יִתְגַּבָּר׃ יָרוּץ אֵלָיו בְּצַוָּאר בַּעֲבִי גַּבֵּי מָגִנָּיו׃
כז כח כִּי־כִסָּה פָנָיו בְּחֶלְבּוֹ וַיַּעַשׂ פִּימָה עֲלֵי־כָסֶל׃ וַיִּשְׁכּוֹן ׀ עָרִים
כט נִכְחָדוֹת בָּתִּים לֹא־יֵשְׁבוּ לָמוֹ אֲשֶׁר הִתְעַתְּדוּ לְגַלִּים׃ לֹא־
ל יֶעְשַׁר וְלֹא־יָקוּם חֵילוֹ וְלֹא־יִטֶּה לָאָרֶץ מִנְלָם׃ לֹא־יָסוּר ׀ מִנִּי־
לא חֹשֶׁךְ יֹנַקְתּוֹ תְּיַבֵּשׁ שַׁלְהָבֶת וְיָסוּר בְּרוּחַ פִּיו׃ אַל־יַאֲמֵן בַּשָּׁו
לב נִתְעָה כִּי־שָׁוְא תִּהְיֶה תְמוּרָתוֹ׃ בְּלֹא־יוֹמוֹ תִּמָּלֵא וְכִפָּתוֹ לֹא
לג לד רַעֲנָנָה׃ יַחְמֹס כַּגֶּפֶן בִּסְרוֹ וְיַשְׁלֵךְ כַּזַּיִת נִצָּתוֹ׃ כִּי־עֲדַת חָנֵף
לה גַּלְמוּד וְאֵשׁ אָכְלָה אָהֳלֵי־שֹׁחַד׃ הָרֹה עָמָל וְיָלֹד אָוֶן וּבִטְנָם
טז א ב תָּכִין מִרְמָה׃ וַיַּעַן אִיּוֹב וַיֹּאמַר׃ שָׁמַעְתִּי כְאֵלֶּה
ג רַבּוֹת מְנַחֲמֵי עָמָל כֻּלְּכֶם׃ הֲקֵץ לְדִבְרֵי־רוּחַ אוֹ מַה־יַּמְרִיצְךָ
ד כִּי תַעֲנֶה׃ גַּם ׀ אָנֹכִי כָּכֶם אֲדַבֵּרָה לוּ יֵשׁ נַפְשְׁכֶם תַּחַת נַפְשִׁי
אַחְבִּירָה עֲלֵיכֶם בְּמִלִּים וְאָנִיעָה עֲלֵיכֶם בְּמוֹ רֹאשִׁי׃
ה ו אֲאַמִּצְכֶם בְּמוֹ־פִי וְנִיד שְׂפָתַי יַחְשֹׂךְ׃ אִם־אֲדַבְּרָה לֹא־יֵחָשֵׂךְ
ז כְּאֵבִי וְאַחְדְּלָה מַה־מִנִּי יַהֲלֹךְ׃ אַךְ־עַתָּה הֶלְאָנִי הֲשִׁמּוֹתָ כָּל־
ח ט עֲדָתִי׃ וַתִּקְמְטֵנִי לְעֵד הָיָה וַיָּקָם בִּי כַחֲשִׁי בְּפָנַי יַעֲנֶה׃ אַפּוֹ
י טָרַף ׀ וַיִּשְׂטְמֵנִי חָרַק עָלַי בְּשִׁנָּיו צָרִי ׀ יִלְטוֹשׁ עֵינָיו לִי׃ פָּעֲרוּ
יא עָלַי ׀ בְּפִיהֶם בְּחֶרְפָּה הִכּוּ לְחָיָי יַחַד עָלַי יִתְמַלָּאוּן׃ יַסְגִּירֵנִי
יב אֵל אֶל עֲוִיל וְעַל־יְדֵי רְשָׁעִים יִרְטֵנִי׃ שָׁלֵו הָיִיתִי ׀ וַיְפַרְפְּרֵנִי
יג וְאָחַז בְּעָרְפִּי וַיְפַצְפְּצֵנִי וַיְקִימֵנִי לוֹ לְמַטָּרָה׃ יָסֹבּוּ עָלַי ׀ רַבָּיו
יד יְפַלַּח כִּלְיוֹתַי וְלֹא יַחְמוֹל יִשְׁפֹּךְ לָאָרֶץ מְרֵרָתִי׃ יִפְרְצֵנִי פֶרֶץ
טו עַל־פְּנֵי־פָרֶץ יָרֻץ עָלַי כְּגִבּוֹר׃ שַׂק תָּפַרְתִּי עֲלֵי גִלְדִּי וְעֹלַלְתִּי
טז יז בֶעָפָר קַרְנִי׃ פָּנַי חמרמרה מִנִּי־בֶכִי וְעַל עַפְעַפַּי צַלְמָוֶת׃ עַל חֳמַרְמְרוּ
יח לֹא־חָמָס בְּכַפָּי וּתְפִלָּתִי זַכָּה׃ אֶרֶץ אַל־תְּכַסִּי דָמִי וְאַל־יְהִי

יט מְקוֹם לְזַעֲקָתִי׃ גַּם־עַתָּה הִנֵּה־בַשָּׁמַיִם עֵדִי וְשָׂהֲדִי בַּמְּרוֹמִים׃
כ כא מְלִיצַי רֵעָי אֶל־אֱלוֹהַּ דָּלְפָה עֵינִי׃ וְיוֹכַח לְגֶבֶר עִם־אֱלוֹהַּ
כב וּבֶן־אָדָם לְרֵעֵהוּ׃ כִּי־שְׁנוֹת מִסְפָּר יֶאֱתָיוּ וְאֹרַח לֹא־אָשׁוּב
יז א ב אֶהֱלֹךְ׃ רוּחִי חֻבָּלָה יָמַי נִזְעָכוּ קְבָרִים לִי׃ אִם־לֹא הֲתֻלִים
ג עִמָּדִי וּבְהַמְּרוֹתָם תָּלַן עֵינִי׃ שִׂימָה־נָּא עָרְבֵנִי עִמָּךְ מִי־הוּא
ד ה לְיָדִי יִתָּקֵעַ׃ כִּי־לִבָּם צָפַנְתָּ מִּשָּׂכֶל עַל־כֵּן לֹא תְרֹמֵם׃ לְחֵלֶק
ו יַגִּיד רֵעִים וְעֵינֵי בָנָיו תִּכְלֶנָה׃ וְהִצִּגַנִי לִמְשֹׁל עַמִּים וְתֹפֶת
ז ח לְפָנִים אֶהְיֶה׃ וַתֵּכַהּ מִכַּעַשׂ עֵינִי וִיצֻרַי כַּצֵּל כֻּלָּם׃ יָשֹׁמּוּ
ט יְשָׁרִים עַל־זֹאת וְנָקִי עַל־חָנֵף יִתְעֹרָר׃ וְיֹאחֵז צַדִּיק דַּרְכּוֹ ד
י וּטֳהָר־יָדַיִם יֹסִיף אֹמֶץ׃ וְאֻלָּם כֻּלָּם תָּשֻׁבוּ וּבֹאוּ נָא וְלֹא־
יא אֶמְצָא בָכֶם חָכָם׃ יָמַי עָבְרוּ זִמֹּתַי נִתְּקוּ מוֹרָשֵׁי לְבָבִי׃
יב יג לַיְלָה לְיוֹם יָשִׂימוּ אוֹר קָרוֹב מִפְּנֵי־חֹשֶׁךְ׃ אִם־אֲקַוֶּה שְׁאוֹל
יד בֵּיתִי בַּחֹשֶׁךְ רִפַּדְתִּי יְצוּעָי׃ לַשַּׁחַת קָרָאתִי אָבִי אָתָּה אִמִּי
טו טז וַאֲחֹתִי לָרִמָּה׃ וְאַיֵּה אֵפוֹ תִקְוָתִי וְתִקְוָתִי מִי יְשׁוּרֶנָּה׃ בַּדֵּי שְׁאֹל
יח א תֵּרַדְנָה אִם־יַחַד עַל־עָפָר נָחַת׃ וַיַּעַן בִּלְדַּד
ב הַשֻּׁחִי וַיֹּאמַר׃ עַד־אָנָה ׀ תְּשִׂימוּן קִנְצֵי לְמִלִּין תָּבִינוּ וְאַחַר
ג ד נְדַבֵּר׃ מַדּוּעַ נֶחְשַׁבְנוּ כַבְּהֵמָה נִטְמִינוּ בְּעֵינֵיכֶם׃ טֹרֵף נַפְשׁוֹ
ה בְּאַפּוֹ הַלְמַעַנְךָ תֵּעָזַב אָרֶץ וְיֶעְתַּק־צוּר מִמְּקֹמוֹ׃ גַּם אוֹר רְשָׁעִים
ו יִדְעָךְ וְלֹא־יִגַּהּ שְׁבִיב אִשּׁוֹ׃ אוֹר חָשַׁךְ בְּאָהֳלוֹ וְנֵרוֹ עָלָיו יִדְעָךְ׃
ז ח יֵצְרוּ צַעֲדֵי אוֹנוֹ וְתַשְׁלִיכֵהוּ עֲצָתוֹ׃ כִּי־שֻׁלַּח בְּרֶשֶׁת בְּרַגְלָיו
ט י וְעַל־שְׂבָכָה יִתְהַלָּךְ׃ יֹאחֵז בְּעָקֵב פָּח יַחֲזֵק עָלָיו צַמִּים׃ טָמוּן
יא בָּאָרֶץ חַבְלוֹ וּמַלְכֻּדְתּוֹ עֲלֵי נָתִיב׃ סָבִיב בִּעֲתֻהוּ בַלָּהוֹת
יב יג וֶהֱפִיצֻהוּ לְרַגְלָיו׃ יְהִי־רָעֵב אֹנוֹ וְאֵיד נָכוֹן לְצַלְעוֹ׃ יֹאכַל בַּדֵּי
יד עוֹרוֹ יֹאכַל בַּדָּיו בְּכוֹר מָוֶת׃ יִנָּתֵק מֵאָהֳלוֹ מִבְטַחוֹ וְתַצְעִדֵהוּ
טו לְמֶלֶךְ בַּלָּהוֹת׃ תִּשְׁכּוֹן בְּאָהֳלוֹ מִבְּלִי־לוֹ יְזֹרֶה עַל־נָוֵהוּ גָפְרִית׃
טז יז מִתַּחַת שָׁרָשָׁיו יִבָשׁוּ וּמִמַּעַל יִמַּל קְצִירוֹ׃ זִכְרוֹ־אָבַד מִנִּי־אָרֶץ
יח וְלֹא־שֵׁם לוֹ עַל־פְּנֵי־חוּץ׃ יֶהְדְּפֻהוּ מֵאוֹר אֶל־חֹשֶׁךְ וּמִתֵּבֵל

יְנִדֻּהוּ׃ לֹא נִין לוֹ וְלֹא־נֶכֶד בְּעַמּוֹ וְאֵין שָׂרִיד בִּמְגוּרָיו׃ עַל־ יט כ
יוֹמוֹ נָשַׁמּוּ אַחֲרֹנִים וְקַדְמֹנִים אָחֲזוּ שָׂעַר׃ אַךְ־אֵלֶּה מִשְׁכְּנוֹת כא
עַוָּל וְזֶה מְקוֹם לֹא־יָדַע־אֵל׃ וַיַּעַן אִיּוֹב וַיֹּאמַר׃ א יט
עַד־אָנָה תּוֹגְיוּן נַפְשִׁי וּתְדַכְּאוּנַנִי בְמִלִּים׃ זֶה עֶשֶׂר פְּעָמִים ב ג
תַּכְלִימוּנִי לֹא־תֵבֹשׁוּ תַּהְכְּרוּ־לִי׃ וְאַף־אָמְנָם שָׁגִיתִי אִתִּי ד
תָּלִין מְשׁוּגָתִי׃ אִם־אָמְנָם עָלַי תַּגְדִּילוּ וְתוֹכִיחוּ עָלַי חֶרְפָּתִי׃ ה
דְּעוּ־אֵפוֹ כִּי־אֱלוֹהַּ עִוְּתָנִי וּמְצוּדוֹ עָלַי הִקִּיף׃ הֵן אֶצְעַק חָמָס ו ז
וְלֹא אֵעָנֶה אֲשַׁוַּע וְאֵין מִשְׁפָּט׃ אָרְחִי גָדַר וְלֹא אֶעֱבוֹר וְעַל־ ח
נְתִיבוֹתַי חֹשֶׁךְ יָשִׂים׃ כְּבוֹדִי מֵעָלַי הִפְשִׁיט וַיָּסַר עֲטֶרֶת רֹאשִׁי׃ ט
יִתְּצֵנִי סָבִיב וָאֵלַךְ וַיַּסַּע כָּעֵץ תִּקְוָתִי׃ וַיַּחַר עָלַי אַפּוֹ וַיַּחְשְׁבֵנִי י יא
לוֹ כְצָרָיו׃ יַחַד ׀ יָבֹאוּ גְדוּדָיו וַיָּסֹלּוּ עָלַי דַּרְכָּם וַיַּחֲנוּ סָבִיב יב
לְאָהֳלִי׃ אַחַי מֵעָלַי הִרְחִיק וְיֹדְעַי אַךְ־זָרוּ מִמֶּנִּי׃ חָדְלוּ קְרוֹבָי יג יד
וּמְיֻדָּעַי שְׁכֵחוּנִי׃ גָּרֵי בֵיתִי וְאַמְהֹתַי לְזָר תַּחְשְׁבֻנִי נָכְרִי הָיִיתִי טו
בְעֵינֵיהֶם׃ לְעַבְדִּי קָרָאתִי וְלֹא יַעֲנֶה בְּמוֹ־פִי אֶתְחַנֶּן־לוֹ׃ רוּחִי טז יז
זָרָה לְאִשְׁתִּי וְחַנֹּתִי לִבְנֵי בִטְנִי׃ גַּם־עֲוִילִים מָאֲסוּ בִי אָקוּמָה יח
וַיְדַבְּרוּ־בִי׃ תִּעֲבוּנִי כָּל־מְתֵי סוֹדִי וְזֶה־אָהַבְתִּי נֶהְפְּכוּ־בִי׃ יט
בְּעוֹרִי וּבִבְשָׂרִי דָּבְקָה עַצְמִי וָאֶתְמַלְּטָה בְּעוֹר שִׁנָּי׃ חָנֻּנִי חָנֻּנִי כ כא
אַתֶּם רֵעָי כִּי יַד־אֱלוֹהַּ נָגְעָה בִּי׃ לָמָּה תִּרְדְּפֻנִי כְמוֹ־אֵל כב
וּמִבְּשָׂרִי לֹא תִשְׂבָּעוּ׃ מִי־יִתֵּן אֵפוֹ וְיִכָּתְבוּן מִלָּי מִי־יִתֵּן בַּסֵּפֶר כג
וְיֻחָקוּ׃ בְּעֵט־בַּרְזֶל וְעֹפָרֶת לָעַד בַּצּוּר יֵחָצְבוּן׃ וַאֲנִי יָדַעְתִּי כד כה
גֹּאֲלִי חָי וְאַחֲרוֹן עַל־עָפָר יָקוּם׃ וְאַחַר עוֹרִי נִקְּפוּ־זֹאת וּמִבְּשָׂרִי כו
אֶחֱזֶה אֱלוֹהַּ׃ אֲשֶׁר אֲנִי ׀ אֶחֱזֶה־לִּי וְעֵינַי רָאוּ וְלֹא־זָר כָּלוּ כז
כִלְיֹתַי בְּחֵקִי׃ כִּי תֹאמְרוּ מַה־נִּרְדָּף־לוֹ וְשֹׁרֶשׁ דָּבָר נִמְצָא־בִי׃ כח
גּוּרוּ לָכֶם ׀ מִפְּנֵי־חֶרֶב כִּי־חֵמָה עֲוֺנוֹת חָרֶב לְמַעַן תֵּדְעוּן כט
שַׁדּוּן שַׁדִּין׃ וַיַּעַן צוֹפַר הַנַּעֲמָתִי וַיֹּאמַר׃ לָכֵן שְׂעִפַּי א ב כ
יְשִׁיבוּנִי וּבַעֲבוּר חוּשִׁי בִי׃ מוּסַר כְּלִמָּתִי אֶשְׁמָע וְרוּחַ מִבִּינָתִי ג
יַעֲנֵנִי׃ הֲזֹאת יָדַעְתָּ מִנִּי־עַד מִנִּי שִׂים אָדָם עֲלֵי־אָרֶץ׃ כִּי ד ה

ו רִנְנַת רְשָׁעִים מִקָּרוֹב וְשִׂמְחַת חָנֵף עֲדֵי־רָגַע׃ אִם־יַעֲלֶה
ז לַשָּׁמַיִם שִׂיאוֹ וְרֹאשׁוֹ לָעָב יַגִּיעַ׃ כְּגֶלְלוֹ לָנֶצַח יֹאבֵד רֹאָיו
ח יֹאמְרוּ אַיּוֹ׃ כַּחֲלוֹם יָעוּף וְלֹא יִמְצָאֻהוּ וְיֻדַּד כְּחֶזְיוֹן לָיְלָה׃
ט י עַיִן שְׁזָפַתּוּ וְלֹא תוֹסִיף וְלֹא־עוֹד תְּשׁוּרֶנּוּ מְקוֹמוֹ׃ בָּנָיו יְרַצּוּ
יא דַלִּים וְיָדָיו תָּשֵׁבְנָה אוֹנוֹ׃ עַצְמוֹתָיו מָלְאוּ עֲלוּמָו וְעִמּוֹ עַל־
יב עָפָר תִּשְׁכָּב׃ אִם־תַּמְתִּיק בְּפִיו רָעָה יַכְחִידֶנָּה תַּחַת לְשׁוֹנוֹ׃
יג יד יַחְמֹל עָלֶיהָ וְלֹא יַעַזְבֶנָּה וְיִמְנָעֶנָּה בְּתוֹךְ חִכּוֹ׃ לַחְמוֹ בְּמֵעָיו
טו נֶהְפָּךְ מְרוֹרַת פְּתָנִים בְּקִרְבּוֹ׃ חַיִל בָּלַע וַיְקִאֶנּוּ מִבִּטְנוֹ יֹרִשֶׁנּוּ
טז יז אֵל׃ רֹאשׁ־פְּתָנִים יִינָק תַּהַרְגֵהוּ לְשׁוֹן אֶפְעֶה׃ אַל־יֵרֶא
יח בִפְלַגּוֹת נַהֲרֵי נַחֲלֵי דְּבַשׁ וְחֶמְאָה׃ מֵשִׁיב יָגָע וְלֹא יִבְלָע כְּחֵיל
יט תְּמוּרָתוֹ וְלֹא יַעֲלֹס׃ כִּי־רִצַּץ עָזַב דַּלִּים בַּיִת גָּזַל וְלֹא יִבֶנֵהוּ׃
כ כא כִּי ׀ לֹא־יָדַע שָׁלֵו בְּבִטְנוֹ בַּחֲמוּדוֹ לֹא יְמַלֵּט׃ אֵין־שָׂרִיד לְאָכְלוֹ
כב עַל־כֵּן לֹא־יָחִיל טוּבוֹ׃ בִּמְלֹאות שִׂפְקוֹ יֵצֶר לוֹ כָּל־יַד עָמֵל
כג תְּבֹאֶנּוּ׃ יְהִי ׀ לְמַלֵּא בִטְנוֹ יְשַׁלַּח־בּוֹ חֲרוֹן אַפּוֹ וְיַמְטֵר עָלֵימוֹ
כד כה בִּלְחוּמוֹ׃ יִבְרַח מִנֶּשֶׁק בַּרְזֶל תַּחְלְפֵהוּ קֶשֶׁת נְחוּשָׁה׃ שָׁלַף
כו וַיֵּצֵא מִגֵּוָה וּבָרָק מִמְּרֹרָתוֹ יַהֲלֹךְ עָלָיו אֵמִים׃ כָּל־חֹשֶׁךְ טָמוּן
כז לִצְפּוּנָיו תְּאָכְלֵהוּ אֵשׁ לֹא־נֻפָּח יֵרַע שָׂרִיד בְּאָהֳלוֹ׃ יְגַלּוּ שָׁמַיִם
כח עֲוֺנוֹ וְאֶרֶץ מִתְקוֹמָמָה לוֹ׃ יִגֶל יְבוּל בֵּיתוֹ נִגָּרוֹת בְּיוֹם אַפּוֹ׃
כא
כט א זֶה ׀ חֵלֶק־אָדָם רָשָׁע מֵאֱלֹהִים וְנַחֲלַת אִמְרוֹ מֵאֵל׃ וַיַּעַן
ב אִיּוֹב וַיֹּאמַר׃ שִׁמְעוּ שָׁמוֹעַ מִלָּתִי וּתְהִי־זֹאת תַּנְחוּמֹתֵיכֶם׃
ג ד שָׂאוּנִי וְאָנֹכִי אֲדַבֵּר וְאַחַר דַּבְּרִי תַלְעִיג׃ הֶאָנֹכִי לְאָדָם שִׂיחִי
ה וְאִם־מַדּוּעַ לֹא־תִקְצַר רוּחִי׃ פְּנוּ־אֵלַי וְהָשַׁמּוּ וְשִׂימוּ יָד עַל־פֶּה׃
ו ז וְאִם־זָכַרְתִּי וְנִבְהָלְתִּי וְאָחַז בְּשָׂרִי פַּלָּצוּת׃ מַדּוּעַ רְשָׁעִים יִחְיוּ
ח עָתְקוּ גַּם־גָּבְרוּ חָיִל׃ זַרְעָם נָכוֹן לִפְנֵיהֶם עִמָּם וְצֶאֱצָאֵיהֶם
ט י לְעֵינֵיהֶם׃ בָּתֵּיהֶם שָׁלוֹם מִפָּחַד וְלֹא שֵׁבֶט אֱלוֹהַּ עֲלֵיהֶם׃ שׁוֹרוֹ
יא עִבַּר וְלֹא יַגְעִל תְּפַלֵּט פָּרָתוֹ וְלֹא תְשַׁכֵּל׃ יְשַׁלְּחוּ כַצֹּאן
יב עֲוִילֵיהֶם וְיַלְדֵיהֶם יְרַקֵּדוּן׃ יִשְׂאוּ כְּתֹף וְכִנּוֹר וְיִשְׂמְחוּ לְקוֹל

יְכַלּוּ

יג יד עוּגָב: יְבַלּוּ בַטּוֹב יְמֵיהֶם וּבְרֶגַע שְׁאוֹל יֵחָתּוּ: וַיֹּאמְרוּ לָאֵל
טו סוּר מִמֶּנּוּ וְדַעַת דְּרָכֶיךָ לֹא חָפָצְנוּ: מַה־שַּׁדַּי כִּי־נַעַבְדֶנּוּ
טז וּמַה־נּוֹעִיל כִּי נִפְגַּע־בּוֹ: הֵן לֹא בְיָדָם טוּבָם עֲצַת רְשָׁעִים
יז רָחֲקָה מֶנִּי: כַּמָּה ׀ נֵר־רְשָׁעִים יִדְעָךְ וְיָבֹא עָלֵימוֹ אֵידָם חֲבָלִים
יח יט יְחַלֵּק בְּאַפּוֹ: יִהְיוּ כְּתֶבֶן לִפְנֵי־רוּחַ וּכְמֹץ גְּנָבַתּוּ סוּפָה: אֱלוֹהַּ
כ יִצְפֹּן־לְבָנָיו אוֹנוֹ יְשַׁלֵּם אֵלָיו וְיֵדָע: יִרְאוּ עֵינָו כִּידוֹ וּמֵחֲמַת
כא שַׁדַּי יִשְׁתֶּה: כִּי מַה־חֶפְצוֹ בְּבֵיתוֹ אַחֲרָיו וּמִסְפַּר חֳדָשָׁיו חֻצָּצוּ:
כב כג הַלְאֵל יְלַמֶּד־דָּעַת וְהוּא רָמִים יִשְׁפּוֹט: זֶה יָמוּת בְּעֶצֶם תֻּמּוֹ
כד כֻּלּוֹ שַׁלְאֲנַן וְשָׁלֵיו: עֲטִינָיו מָלְאוּ חָלָב וּמֹחַ עַצְמוֹתָיו יְשֻׁקֶּה:
כה כו וְזֶה יָמוּת בְּנֶפֶשׁ מָרָה וְלֹא־אָכַל בַּטּוֹבָה: יַחַד עַל־עָפָר יִשְׁכָּבוּ
כז וְרִמָּה תְּכַסֶּה עֲלֵיהֶם: הֵן יָדַעְתִּי מַחְשְׁבוֹתֵיכֶם וּמְזִמּוֹת עָלַי
כח תַּחְמֹסוּ: כִּי תֹאמְרוּ אַיֵּה בֵית־נָדִיב וְאַיֵּה אֹהֶל ׀ מִשְׁכְּנוֹת
כט ל רְשָׁעִים: הֲלֹא שְׁאֶלְתֶּם עוֹבְרֵי דָרֶךְ וְאֹתֹתָם לֹא תְנַכֵּרוּ: כִּי
לא לְיוֹם אֵיד יֵחָשֶׂךְ רָע לְיוֹם עֲבָרוֹת יוּבָלוּ: מִי־יַגִּיד עַל־פָּנָיו
לב דַּרְכּוֹ וְהוּא־עָשָׂה מִי יְשַׁלֶּם־לוֹ: וְהוּא לִקְבָרוֹת יוּבָל וְעַל־
לג גָּדִישׁ יִשְׁקוֹד: מָתְקוּ־לוֹ רִגְבֵי נָחַל וְאַחֲרָיו כָּל־אָדָם יִמְשׁוֹךְ
לד וּלְפָנָיו אֵין מִסְפָּר: וְאֵיךְ תְּנַחֲמוּנִי הָבֶל וּתְשׁוּבֹתֵיכֶם נִשְׁאַר־
כב א ב מָעַל: וַיַּעַן אֱלִיפַז הַתֵּימָנִי וַיֹּאמַר: הַלְאֵל יִסְכָּן־
ג גָּבֶר כִּי־יִסְכֹּן עָלֵימוֹ מַשְׂכִּיל: הַחֵפֶץ לְשַׁדַּי כִּי תִצְדָּק וְאִם־
ד בֶּצַע כִּי־תַתֵּם דְּרָכֶיךָ: הֲמִיִּרְאָתְךָ יֹכִיחֶךָ יָבוֹא עִמְּךָ בַּמִּשְׁפָּט:
ה ו הֲלֹא רָעָתְךָ רַבָּה וְאֵין קֵץ לַעֲוֺנֹתֶיךָ: כִּי־תַחְבֹּל אַחֶיךָ חִנָּם
ז וּבִגְדֵי עֲרוּמִּים תַּפְשִׁיט: לֹא־מַיִם עָיֵף תַּשְׁקֶה וּמֵרָעֵב תִּמְנַע־
ח ט לָחֶם: וְאִישׁ זְרוֹעַ לוֹ הָאָרֶץ וּנְשׂוּא פָנִים יֵשֶׁב בָּהּ: אַלְמָנוֹת
י שִׁלַּחְתָּ רֵיקָם וּזְרֹעוֹת יְתֹמִים יְדֻכָּא: עַל־כֵּן סְבִיבוֹתֶיךָ פַחִים
יא וִיבַהֶלְךָ פַּחַד פִּתְאֹם: אוֹ־חֹשֶׁךְ לֹא־תִרְאֶה וְשִׁפְעַת־מַיִם
יב תְּכַסֶּךָּ: הֲלֹא־אֱלוֹהַּ גֹּבַהּ שָׁמָיִם וּרְאֵה רֹאשׁ כּוֹכָבִים כִּי־
יג יד רָמּוּ: וְאָמַרְתָּ מַה־יָּדַע אֵל הַבְעַד עֲרָפֶל יִשְׁפּוֹט: עָבִים סֵתֶר־

טו לוֹ וְלֹא יִרְאֶה וְחוּג שָׁמַיִם יִתְהַלָּךְ: הַאֹרַח עוֹלָם תִּשְׁמוֹר
טז אֲשֶׁר דָּרְכוּ מְתֵי־אָוֶן: אֲשֶׁר־קֻמְּטוּ וְלֹא־עֵת נָהָר יוּצַק יְסוֹדָם:
יז יח הָאֹמְרִים לָאֵל סוּר מִמֶּנּוּ וּמַה־יִּפְעַל שַׁדַּי לָמוֹ: וְהוּא מִלֵּא
יט בָתֵּיהֶם טוֹב וַעֲצַת רְשָׁעִים רָחֲקָה מֶנִּי: יִרְאוּ צַדִּיקִים וְיִשְׂמָחוּ
כ וְנָקִי יִלְעַג־לָמוֹ: אִם־לֹא נִכְחַד קִימָנוּ וְיִתְרָם אָכְלָה אֵשׁ:
כא כב הַסְכֶּן־נָא עִמּוֹ וּשְׁלָם בָּהֶם תְּבוֹאַתְךָ טוֹבָה: קַח־נָא מִפִּיו
כג תּוֹרָה וְשִׂים אֲמָרָיו בִּלְבָבֶךָ: אִם־תָּשׁוּב עַד־שַׁדַּי תִּבָּנֶה
כד תַּרְחִיק עַוְלָה מֵאָהֳלֶךָ: וְשִׁית־עַל־עָפָר בָּצֶר וּבְצוּר נְחָלִים
כה כו אוֹפִיר: וְהָיָה שַׁדַּי בְּצָרֶיךָ וְכֶסֶף תּוֹעָפוֹת לָךְ: כִּי־אָז עַל־
כז שַׁדַּי תִּתְעַנָּג וְתִשָּׂא אֶל־אֱלוֹהַּ פָּנֶיךָ: תַּעְתִּיר אֵלָיו וְיִשְׁמָעֶךָּ
כח וּנְדָרֶיךָ תְשַׁלֵּם: וְתִגְזַר־אֹמֶר וְיָקָם לָךְ וְעַל־דְּרָכֶיךָ נָגַהּ אוֹר:
כט ל כִּי־הִשְׁפִּילוּ וַתֹּאמֶר גֵּוָה וְשַׁח עֵינַיִם יוֹשִׁעַ: יְמַלֵּט אִי־נָקִי ה
כג א ב וְנִמְלַט בְּבֹר כַּפֶּיךָ: וַיַּעַן אִיּוֹב וַיֹּאמַר: גַּם־
ג הַיּוֹם מְרִי שִׂחִי יָדִי כָּבְדָה עַל־אַנְחָתִי: מִי־יִתֵּן יָדַעְתִּי וְאֶמְצָאֵהוּ
ד אָבוֹא עַד־תְּכוּנָתוֹ: אֶעֶרְכָה לְפָנָיו מִשְׁפָּט וּפִי אֲמַלֵּא תוֹכָחוֹת:
ה ו אֵדְעָה מִלִּים יַעֲנֵנִי וְאָבִינָה מַה־יֹּאמַר לִי: הַבְּרָב־כֹּחַ יָרִיב
ז עִמָּדִי לֹא אַךְ־הוּא יָשִׂם בִּי: שָׁם יָשָׁר נוֹכָח עִמּוֹ וַאֲפַלְּטָה
ח לָנֶצַח מִשֹּׁפְטִי: הֵן קֶדֶם אֶהֱלֹךְ וְאֵינֶנּוּ וְאָחוֹר וְלֹא־אָבִין לוֹ:
ט י שְׂמֹאול בַּעֲשֹׂתוֹ וְלֹא־אָחַז יַעְטֹף יָמִין וְלֹא אֶרְאֶה: כִּי־יָדַע
יא דֶּרֶךְ עִמָּדִי בְּחָנַנִי כַּזָּהָב אֵצֵא: בַּאֲשֻׁרוֹ אָחֲזָה רַגְלִי דַּרְכּוֹ
יב שָׁמַרְתִּי וְלֹא־אָט: מִצְוַת שְׂפָתָיו וְלֹא אָמִישׁ מֵחֻקִּי צָפַנְתִּי
יג יד אִמְרֵי־פִיו: וְהוּא בְאֶחָד וּמִי יְשִׁיבֶנּוּ וְנַפְשׁוֹ אִוְּתָה וַיָּעַשׂ: כִּי
טו יַשְׁלִים חֻקִּי וְכָהֵנָּה רַבּוֹת עִמּוֹ: עַל־כֵּן מִפָּנָיו אֶבָּהֵל אֶתְבּוֹנֵן
טז יז וְאֶפְחַד מִמֶּנּוּ: וְאֵל הֵרַךְ לִבִּי וְשַׁדַּי הִבְהִילָנִי: כִּי־לֹא נִצְמַתִּי
כד א מִפְּנֵי־חֹשֶׁךְ וּמִפָּנַי כִּסָּה־אֹפֶל: מַדּוּעַ מִשַּׁדַּי לֹא־
ב נִצְפְּנוּ עִתִּים וְיֹדְעוֹ לֹא־חָזוּ יָמָיו: גְּבֻלוֹת יַשִּׂיגוּ עֵדֶר גָּזְלוּ
ג ד וַיִּרְעוּ: חֲמוֹר יְתוֹמִים יִנְהָגוּ יַחְבְּלוּ שׁוֹר אַלְמָנָה: יַטּוּ אֶבְיוֹנִים

עֲנִיֵּי־ מִדֶּרֶךְ יַחַד חֻבְּאוּ ענוי־אָֽרֶץ׃ הֵן פְּרָאִים ׀ בַּמִּדְבָּר יָצְאוּ בְּפָעֳלָם ה
יִקְצוֹרוּ מְשַׁחֲרֵי לַטָּרֶף עֲרָבָה לוֹ לֶחֶם לַנְּעָרִֽים׃ בַּשָּׂדֶה בְּלִילוֹ יקצירו ו
וְכֶרֶם רָשָׁע יְלַקֵּֽשׁוּ׃ עָרוֹם יָלִינוּ מִבְּלִי לְבוּשׁ וְאֵין כְּסוּת ז
בַּקָּרָֽה׃ מִזֶּרֶם הָרִים יִרְטָבוּ וּמִבְּלִי מַחְסֶה חִבְּקוּ־צֽוּר׃ יִגְזְלוּ ח ט
מִשֹּׁד יָתוֹם וְעַל־עָנִי יַחְבֹּֽלוּ׃ עָרוֹם הִלְּכוּ בְּלִי לְבוּשׁ וּרְעֵבִים י
נָשְׂאוּ עֹֽמֶר׃ בֵּין־שׁוּרֹתָם יַצְהִירוּ יְקָבִים דָּרְכוּ וַיִּצְמָֽאוּ׃ יא
מֵעִיר מְתִים ׀ יִנְאָקוּ וְנֶֽפֶשׁ־חֲלָלִים תְּשַׁוֵּעַ וֶאֱלוֹהַּ לֹא־יָשִׂים יב
תִּפְלָֽה׃ הֵמָּה ׀ הָיוּ בְּֽמֹרְדֵי־אוֹר לֹֽא־הִכִּירוּ דְרָכָיו וְלֹא יָשְׁבוּ יג
בִּנְתִיבֹתָֽיו׃ לָאוֹר יָקוּם רוֹצֵחַ יִֽקְטָל־עָנִי וְאֶבְיוֹן וּבַלַּיְלָה יְהִי יד
כַגַּנָּֽב׃ וְעֵין נֹאֵף ׀ שָׁמְרָה נֶשֶׁף לֵאמֹר לֹא־תְשׁוּרֵנִי עָיִן וְסֵתֶר טו
פָּנִים יָשִֽׂים׃ חָתַר בַּחֹשֶׁךְ בָּתִּים יוֹמָם חִתְּמוּ־לָמוֹ לֹא־יָדְעוּ טז
אֽוֹר׃ כִּי יַחְדָּו ׀ בֹּקֶר לָמוֹ צַלְמָוֶת כִּֽי־יַכִּיר בַּלְהוֹת צַלְמָֽוֶת׃ יז
קַל־הוּא ׀ עַל־פְּֽנֵי־מַיִם תְּקֻלַּל חֶלְקָתָם בָּאָרֶץ לֹֽא־יִפְנֶה דֶּרֶךְ יח
כְּרָמִֽים׃ צִיָּה גַם־חֹם יִגְזְלוּ מֵֽימֵי־שֶׁלֶג שְׁאוֹל חָטָֽאוּ׃ יִשְׁכָּחֵהוּ יט כ
רֶחֶם ׀ מְתָקוֹ רִמָּה עוֹד לֹֽא־יִזָּכֵר וַתִּשָּׁבֵר כָּעֵץ עַוְלָֽה׃ רֹעֶה כא
עֲקָרָה לֹא תֵלֵד וְאַלְמָנָה לֹא יְיֵטִֽיב׃ וּמָשַׁךְ אַבִּירִים בְּכֹחוֹ כב
יָקוּם וְלֹא־יַאֲמִין בַּחַיִּֽין׃ יִתֶּן־לוֹ לָבֶטַח וְיִשָּׁעֵן וְעֵינֵיהוּ כג
עַל־דַּרְכֵיהֶֽם׃ רוֹמּוּ מְּעַט ׀ וְֽאֵינֶנּוּ וְֽהֻמְּכוּ כַּכֹּל יִקָּפְצוּן כד
וּכְרֹאשׁ שִׁבֹּלֶת יִמָּֽלוּ׃ וְאִם־לֹא אֵפוֹ מִי יַכְזִיבֵנִי וְיָשֵׂם לְאַל כה
מִלָּתִֽי׃ וַיַּעַן בִּלְדַּד הַשֻּׁחִי וַיֹּאמַֽר׃ הַמְשֵׁל וָפַחַד כה א ב
עִמּוֹ עֹשֶׂה שָׁלוֹם בִּמְרוֹמָֽיו׃ הֲיֵשׁ מִסְפָּר לִגְדוּדָיו וְעַל־מִי לֹא־ ג
יָקוּם אוֹרֵֽהוּ׃ וּמַה־יִּצְדַּק אֱנוֹשׁ עִם־אֵל וּמַה־יִּזְכֶּה יְלוּד אִשָּֽׁה׃ ד
הֵן עַד־יָרֵחַ וְלֹא יַאֲהִיל וְכוֹכָבִים לֹא־זַכּוּ בְעֵינָֽיו׃ אַף כִּֽי־ ה ו
אֱנוֹשׁ רִמָּה וּבֶן־אָדָם תּוֹלֵעָֽה׃ וַיַּעַן אִיּוֹב וַיֹּאמַֽר׃ כו א
מֶה־עָזַרְתָּ לְלֹא־כֹחַ הוֹשַׁעְתָּ זְרוֹעַ לֹא־עֹֽז׃ מַה־יָּעַצְתָּ לְלֹא ב ג
חָכְמָה וְתֻשִׁיָּה לָרֹב הוֹדָֽעְתָּ׃ אֶת־מִי הִגַּדְתָּ מִלִּין וְנִשְׁמַת־ ד
מִי יָצְאָה מִמֶּֽךָּ׃ הָרְפָאִים יְחוֹלָלוּ מִתַּחַת מַיִם וְשֹׁכְנֵיהֶֽם׃ ה

ז עָרוֹם שְׁאוֹל נֶגְדּוֹ וְאֵין כְּסוּת לָאֲבַדּוֹן׃ נֹטֶה צָפוֹן עַל־תֹּהוּ
ח תֹּלֶה אֶרֶץ עַל־בְּלִימָה׃ צֹרֵר מַיִם בְּעָבָיו וְלֹא־נִבְקַע עָנָן
ט י תַּחְתָּם׃ מְאַחֵז פְּנֵי־כִסֵּה פַּרְשֵׁז עָלָיו עֲנָנוֹ׃ חֹק־חָג עַל־פְּנֵי־
יא מָיִם עַד־תַּכְלִית אוֹר עִם־חֹשֶׁךְ׃ עַמּוּדֵי שָׁמַיִם יְרוֹפָפוּ וְיִתְמְהוּ
יב יג מִגַּעֲרָתוֹ׃ בְּכֹחוֹ רָגַע הַיָּם וּבתובנתוֹ מָחַץ רָהַב׃ בְּרוּחוֹ שָׁמַיִם וּבִתְבוּנָתוֹ
יד שִׁפְרָה חֹלְלָה יָדוֹ נָחָשׁ בָּרִחַ׃ הֶן־אֵלֶּה ׀ קְצוֹת דְּרָכָו וּמַה־שֵּׁמֶץ
כז א דָּבָר נִשְׁמַע־בּוֹ וְרַעַם גְּבוּרֹתָו מִי יִתְבּוֹנָן׃ וַיֹּסֶף
ב אִיּוֹב שְׂאֵת מְשָׁלוֹ וַיֹּאמַר׃ חַי־אֵל הֵסִיר מִשְׁפָּטִי וְשַׁדַּי הֵמַר
ג ד נַפְשִׁי׃ כִּי־כָל־עוֹד נִשְׁמָתִי בִי וְרוּחַ אֱלוֹהַּ בְּאַפִּי׃ אִם־תְּדַבֵּרְנָה
ה שְׂפָתַי עַוְלָה וּלְשׁוֹנִי אִם־יֶהְגֶּה רְמִיָּה׃ חָלִילָה לִּי אִם־אַצְדִּיק
ו אֶתְכֶם עַד־אֶגְוָע לֹא־אָסִיר תֻּמָּתִי מִמֶּנִּי׃ בְּצִדְקָתִי הֶחֱזַקְתִּי
ז וְלֹא אַרְפֶּהָ לֹא־יֶחֱרַף לְבָבִי מִיָּמָי׃ יְהִי כְרָשָׁע אֹיְבִי וּמִתְקוֹמְמִי
ח כְעַוָּל׃ כִּי מַה־תִּקְוַת חָנֵף כִּי יִבְצָע כִּי יֵשֶׁל אֱלוֹהַּ נַפְשׁוֹ׃
ט י הֲצַעֲקָתוֹ יִשְׁמַע ׀ אֵל כִּי־תָבוֹא עָלָיו צָרָה׃ אִם־עַל־שַׁדַּי
יא יִתְעַנָּג יִקְרָא אֱלוֹהַּ בְּכָל־עֵת׃ אוֹרֶה אֶתְכֶם בְּיַד־אֵל אֲשֶׁר
יב עִם־שַׁדַּי לֹא אֲכַחֵד׃ הֵן־אַתֶּם כֻּלְּכֶם חֲזִיתֶם וְלָמָּה־זֶּה הֶבֶל
יג תֶּהְבָּלוּ׃ זֶה ׀ חֵלֶק־אָדָם רָשָׁע ׀ עִם־אֵל וְנַחֲלַת עָרִיצִים מִשַּׁדַּי
יד יִקָּחוּ׃ אִם־יִרְבּוּ בָנָיו לְמוֹ־חָרֶב וְצֶאֱצָאָיו לֹא יִשְׂבְּעוּ־לָחֶם׃
טו טז שְׂרִידָיו בַּמָּוֶת יִקָּבֵרוּ וְאַלְמְנֹתָיו לֹא תִבְכֶּינָה׃ אִם־יִצְבֹּר כֶּעָפָר
יז כָּסֶף וְכַחֹמֶר יָכִין מַלְבּוּשׁ׃ יָכִין וְצַדִּיק יִלְבָּשׁ וְכֶסֶף נָקִי
יח יט יַחֲלֹק׃ בָּנָה כָעָשׁ בֵּיתוֹ וּכְסֻכָּה עָשָׂה נֹצֵר׃ עָשִׁיר יִשְׁכַּב וְלֹא
כ יֵאָסֵף עֵינָיו פָּקַח וְאֵינֶנּוּ׃ תַּשִּׂיגֵהוּ כַמַּיִם בַּלָּהוֹת לַיְלָה גְּנָבַתּוּ
כא כב סוּפָה׃ יִשָּׂאֵהוּ קָדִים וְיֵלַךְ וִישָׂעֲרֵהוּ מִמְּקֹמוֹ׃ וְיַשְׁלֵךְ עָלָיו
כג וְלֹא יַחְמֹל מִיָּדוֹ בָּרוֹחַ יִבְרָח׃ יִשְׂפֹּק עָלֵימוֹ כַפֵּימוֹ וְיִשְׁרֹק
כח א ב עָלָיו מִמְּקֹמוֹ׃ כִּי יֵשׁ לַכֶּסֶף מוֹצָא וּמָקוֹם לַזָּהָב יָזֹקּוּ׃ בַּרְזֶל
ג מֵעָפָר יֻקָּח וְאֶבֶן יָצוּק נְחוּשָׁה׃ קֵץ ׀ שָׂם לַחֹשֶׁךְ וּלְכָל־תַּכְלִית
ד הוּא חוֹקֵר אֶבֶן אֹפֶל וְצַלְמָוֶת׃ פָּרַץ נַחַל ׀ מֵעִם־גָּר הַנִּשְׁכָּחִים

מִנִּי־רָגֶל דַּלּוּ מֵאֱנוֹשׁ נָעוּ׃ אֶרֶץ מִמֶּנָּה יֵצֵא־לָחֶם וְתַחְתֶּיהָ ה
נֶהְפַּךְ כְּמוֹ־אֵשׁ׃ מְקוֹם־סַפִּיר אֲבָנֶיהָ וְעַפְרֹת זָהָב לוֹ׃ נָתִיב ו ז
לֹא־יְדָעוֹ עָיִט וְלֹא שְׁזָפַתּוּ עֵין אַיָּה׃ לֹא־הִדְרִיכֻהוּ בְנֵי־שָׁחַץ ח
לֹא־עָדָה עָלָיו שָׁחַל׃ בַּחַלָּמִישׁ שָׁלַח יָדוֹ הָפַךְ מִשֹּׁרֶשׁ הָרִים׃ ט
בַּצּוּרוֹת יְאֹרִים בִּקֵּעַ וְכָל־יְקָר רָאֲתָה עֵינוֹ׃ מִבְּכִי נְהָרוֹת י יא
חִבֵּשׁ וְתַעֲלֻמָהּ יֹצִא אוֹר׃ וְהַחָכְמָה מֵאַיִן תִּמָּצֵא יב
וְאֵי זֶה מְקוֹם בִּינָה׃ לֹא־יָדַע אֱנוֹשׁ עֶרְכָּהּ וְלֹא תִמָּצֵא יג
בְּאֶרֶץ הַחַיִּים׃ תְּהוֹם אָמַר לֹא בִי־הִיא וְיָם אָמַר אֵין יד
עִמָּדִי׃ לֹא־יֻתַּן סְגוֹר תַּחְתֶּיהָ וְלֹא יִשָּׁקֵל כֶּסֶף מְחִירָהּ׃ לֹא־ טו טז
תְסֻלֶּה בְּכֶתֶם אוֹפִיר בְּשֹׁהַם יָקָר וְסַפִּיר׃ לֹא־יַעַרְכֶנָּה זָהָב יז
וּזְכוֹכִית וּתְמוּרָתָהּ כְּלִי־פָז׃ רָאמוֹת וְגָבִישׁ לֹא יִזָּכֵר וּמֶשֶׁךְ יח
חָכְמָה מִפְּנִינִים׃ לֹא־יַעַרְכֶנָּה פִּטְדַת־כּוּשׁ בְּכֶתֶם טָהוֹר לֹא יט
תְסֻלֶּה׃ וְהַחָכְמָה מֵאַיִן תָּבוֹא וְאֵי זֶה מְקוֹם כ
בִּינָה׃ וְנֶעֶלְמָה מֵעֵינֵי כָל־חָי וּמֵעוֹף הַשָּׁמַיִם נִסְתָּרָה׃ אֲבַדּוֹן כא כב
וָמָוֶת אָמְרוּ בְּאָזְנֵינוּ שָׁמַעְנוּ שִׁמְעָהּ׃ אֱלֹהִים הֵבִין דַּרְכָּהּ כג
וְהוּא יָדַע אֶת־מְקוֹמָהּ׃ כִּי־הוּא לִקְצוֹת־הָאָרֶץ יַבִּיט תַּחַת כד
כָּל־הַשָּׁמַיִם יִרְאֶה׃ לַעֲשׂוֹת לָרוּחַ מִשְׁקָל וּמַיִם תִּכֵּן בְּמִדָּה׃ כה
בַּעֲשֹׂתוֹ לַמָּטָר חֹק וְדֶרֶךְ לַחֲזִיז קֹלוֹת׃ אָז רָאָהּ וַיְסַפְּרָהּ כו כז
הֱכִינָהּ וְגַם־חֲקָרָהּ׃ וַיֹּאמֶר לָאָדָם הֵן יִרְאַת אֲדֹנָי הִיא חָכְמָה כח
וְסוּר מֵרָע בִּינָה׃ וַיֹּסֶף אִיּוֹב שְׂאֵת מְשָׁלוֹ וַיֹּאמַר׃ א כט
מִי־יִתְּנֵנִי כְיַרְחֵי־קֶדֶם כִּימֵי אֱלוֹהַּ יִשְׁמְרֵנִי׃ בְּהִלּוֹ נֵרוֹ עֲלֵי ב ג
רֹאשִׁי לְאוֹרוֹ אֵלֶךְ חֹשֶׁךְ׃ כַּאֲשֶׁר הָיִיתִי בִּימֵי חָרְפִּי בְּסוֹד ד
אֱלוֹהַּ עֲלֵי אָהֳלִי׃ בְּעוֹד שַׁדַּי עִמָּדִי סְבִיבוֹתַי נְעָרָי׃ בִּרְחֹץ ה ו
הֲלִיכַי בְּחֵמָה וְצוּר יָצוּק עִמָּדִי פַּלְגֵי־שָׁמֶן׃ בְּצֵאתִי שַׁעַר עֲלֵי־ ז
קָרֶת בָּרְחוֹב אָכִין מוֹשָׁבִי׃ רָאוּנִי נְעָרִים וְנֶחְבָּאוּ וִישִׁישִׁים ח
קָמוּ עָמָדוּ׃ שָׂרִים עָצְרוּ בְמִלִּים וְכַף יָשִׂימוּ לְפִיהֶם׃ קוֹל־ ט י
נְגִידִים נֶחְבָּאוּ וּלְשׁוֹנָם לְחִכָּם דָּבֵקָה׃ כִּי אֹזֶן שָׁמְעָה וַתְּאַשְּׁרֵנִי יא

יב ועין ראתה ותעידני: כי־אמלט עני משוע ויתום ולא־עזר
יג יד לו: ברכת אבד עלי תבא ולב אלמנה ארנן: צדק לבשתי ו
טו וילבשני כמעיל וצניף משפטי: עינים הייתי לעור ורגלים
טז לפסח אני: אב אנכי לאביונים ורב לא־ידעתי אחקרהו:
יז יח ואשברה מתלעות עול ומשניו אשליך טרף: ואמר עם־קני
יט אגוע וכחול ארבה ימים: שרשי פתוח אלי־מים וטל ילין
כ כא בקצירי: כבודי חדש עמדי וקשתי בידי תחליף: לי־שמעו
כב ויחלו וידמו למו עצתי: אחרי דברי לא ישנו ועלימו תטף
כג כד מלתי: ויחלו כמטר לי ופיהם פערו למלקוש: אשחק
כה אלהם לא יאמינו ואור פני לא יפילון: אבחר דרכם ואשב
ל א ראש ואשכון כמלך בגדוד כאשר אבלים ינחם: ועתה ו
שחקו עלי צעירים ממני לימים אשר־מאסתי אבותם לשית
ב עם־כלבי צאני: גם־כח ידיהם למה לי עלימו אבד כלח:
ג בחסר ובכפן גלמוד הערקים ציה אמש שואה ומשאה:
ד ה הקטפים מלוח עלי־שיח ושרש רתמים לחמם: מן־גו יגרשו
ו יריעו עלימו כגנב: בערוץ נחלים לשכן חרי עפר וכפים:
ז ח בין־שיחים ינהקו תחת חרול יספחו: בני־נבל גם־בני בלי־
ט שם נכאו מן־הארץ: ועתה נגינתם הייתי ואהי להם למלה:
י יא תעבוני רחקו מני ומפני לא־חשכו רק: כי־יתרו פתח ויענני יתרי
יב ורסן מפני שלחו: על־ימין פרחח יקומו רגלי שלחו ויסלו עלי
יג ארחות אידם: נתסו נתיבתי להיתי יעילו לא עזר למו: להותי
יד טו כפרץ רחב יאתיו תחת שאה התגלגלו: ההפך עלי בלהות
טז תרדף כרוח נדבתי וכעב עברה ישעתי: ועתה עלי תשתפך
יז נפשי יאחזוני ימי־עני: לילה עצמי נקר מעלי וערקי לא
יח יט ישכבון: ברב־כח יתחפש לבושי כפי כתנתי יאזרני: הרני
כ לחמר ואתמשל כעפר ואפר: אשוע אליך ולא תענני
כא עמדתי ותתבנן בי: תהפך לאכזר לי בעצם ידך תשטמני:

תְּשֻׁיָּה

כב כג תִּשָּׂאֵנִי אֶל־רוּחַ תַּרְכִּיבֵנִי וּתְמֹגְגֵנִי תשוה׃ כִּי־יָדַעְתִּי מָוֶת
כד תְּשִׁיבֵנִי וּבֵית מוֹעֵד לְכָל־חָי׃ אַךְ לֹא־בְעִי יִשְׁלַח־יָד אִם־
כה בְּפִידוֹ לָהֶן שׁוּעַ׃ אִם־לֹא בָכִיתִי לִקְשֵׁה־יוֹם עָגְמָה נַפְשִׁי
כו לָאֶבְיוֹן׃ כִּי טוֹב קִוִּיתִי וַיָּבֹא רָע וַאֲיַחֲלָה לְאוֹר וַיָּבֹא אֹפֶל׃
כז כח מֵעַי רֻתְּחוּ וְלֹא־דָמּוּ קִדְּמֻנִי יְמֵי־עֹנִי׃ קֹדֵר הִלַּכְתִּי בְּלֹא
כט חַמָּה קַמְתִּי בַקָּהָל אֲשַׁוֵּעַ׃ אָח הָיִיתִי לְתַנִּים וְרֵעַ לִבְנוֹת
ל לא יַעֲנָה׃ עוֹרִי שָׁחַר מֵעָלָי וְעַצְמִי־חָרָה מִנִּי־חֹרֶב׃ וַיְהִי לְאֵבֶל
לא א כִּנֹּרִי וְעֻגָבִי לְקוֹל בֹּכִים׃ בְּרִית כָּרַתִּי לְעֵינָי וּמָה אֶתְבּוֹנֵן
ב עַל־בְּתוּלָה׃ וּמֶה ׀ חֵלֶק אֱלוֹהַּ מִמָּעַל וְנַחֲלַת שַׁדַּי מִמְּרֹמִים׃
ג ד הֲלֹא־אֵיד לְעַוָּל וְנֵכֶר לְפֹעֲלֵי אָוֶן׃ הֲלֹא־הוּא יִרְאֶה דְרָכָי
ה וְכָל־צְעָדַי יִסְפּוֹר׃ אִם־הָלַכְתִּי עִם־שָׁוְא וַתַּחַשׁ עַל־מִרְמָה
ו ז רַגְלִי׃ יִשְׁקְלֵנִי בְמֹאזְנֵי־צֶדֶק וְיֵדַע אֱלוֹהַּ תֻּמָּתִי׃ אִם־תִּטֶּה
אַשֻּׁרִי מִנִּי הַדָּרֶךְ וְאַחַר עֵינַי הָלַךְ לִבִּי וּבְכַפַּי דָּבַק מְאוּם׃
ח ט אֶזְרְעָה וְאַחֵר יֹאכֵל וְצֶאֱצָאַי יְשֹׁרָשׁוּ׃ אִם־נִפְתָּה לִבִּי עַל־
י אִשָּׁה וְעַל־פֶּתַח רֵעִי אָרָבְתִּי׃ תִּטְחַן לְאַחֵר אִשְׁתִּי וְעָלֶיהָ
יא יב יִכְרְעוּן אֲחֵרִין׃ כִּי־הִוא זִמָּה וְהִיא עָוֹן פְּלִילִים׃ כִּי אֵשׁ הִיא

הִיא | וְהוּא

יג עַד־אֲבַדּוֹן תֹּאכֵל וּבְכָל־תְּבוּאָתִי תְשָׁרֵשׁ׃ אִם־אֶמְאַס מִשְׁפַּט
יד עַבְדִּי וַאֲמָתִי בְּרִבָם עִמָּדִי׃ וּמָה אֶעֱשֶׂה כִּי־יָקוּם אֵל וְכִי־
טו יִפְקֹד מָה אֲשִׁיבֶנּוּ׃ הֲלֹא־בַבֶּטֶן עֹשֵׂנִי עָשָׂהוּ וַיְכֻנֶנּוּ בָּרֶחֶם
טז יז אֶחָד׃ אִם־אֶמְנַע מֵחֵפֶץ דַּלִּים וְעֵינֵי אַלְמָנָה אֲכַלֶּה׃ וְאֹכַל
יח פִּתִּי לְבַדִּי וְלֹא־אָכַל יָתוֹם מִמֶּנָּה׃ כִּי מִנְּעוּרַי גְּדֵלַנִי כְאָב
יט וּמִבֶּטֶן אִמִּי אַנְחֶנָּה׃ אִם־אֶרְאֶה אוֹבֵד מִבְּלִי לְבוּשׁ וְאֵין כְּסוּת
כ כא לָאֶבְיוֹן׃ אִם־לֹא בֵרְכוּנִי חֲלָצָו וּמִגֵּז כְּבָשַׂי יִתְחַמָּם׃ אִם־
כב הֲנִיפוֹתִי עַל־יָתוֹם יָדִי כִּי־אֶרְאֶה בַשַּׁעַר עֶזְרָתִי׃ כְּתֵפִי מִשִּׁכְמָה
כג תִפּוֹל וְאֶזְרֹעִי מִקָּנָה תִשָּׁבֵר׃ כִּי־פַחַד אֵלַי אֵיד אֵל וּמִשְּׂאֵתוֹ
כד לֹא אוּכָל׃ אִם־שַׂמְתִּי זָהָב כִּסְלִי וְלַכֶּתֶם אָמַרְתִּי מִבְטַחִי׃
כה כו אִם־אֶשְׂמַח כִּי־רַב חֵילִי וְכִי־כַבִּיר מָצְאָה יָדִי׃ אִם־אֶרְאֶה

לא

כז אוֹר כִּי יָהֵל וְיָרֵחַ יָקָר הֹלֵךְ: וַיִּפְתְּ בַּסֵּתֶר לִבִּי וַתִּשַּׁק יָדִי
כח כט לְפִי: גַּם־הוּא עָוֺן פְּלִילִי כִּי־כִחַשְׁתִּי לָאֵל מִמָּעַל: אִם־אֶשְׂמַח
ל בְּפִיד מְשַׂנְאִי וְהִתְעֹרַרְתִּי כִּי־מְצָאוֹ רָע: וְלֹא־נָתַתִּי לַחֲטֹא
לא חִכִּי לִשְׁאֹל בְּאָלָה נַפְשׁוֹ: אִם־לֹא אָמְרוּ מְתֵי אָהֳלִי מִי־יִתֵּן
לב מִבְּשָׂרוֹ לֹא נִשְׂבָּע: בַּחוּץ לֹא־יָלִין גֵּר דְּלָתַי לָאֹרַח אֶפְתָּח:
לג לד אִם־כִּסִּיתִי כְאָדָם פְּשָׁעָי לִטְמוֹן בְּחֻבִּי עֲוֺנִי: כִּי אֶעֱרוֹץ ׀ הָמוֹן
לה רַבָּה וּבוּז־מִשְׁפָּחוֹת יְחִתֵּנִי וָאֶדֹּם לֹא־אֵצֵא פָתַח: מִי יִתֶּן־
לו לִי ׀ שֹׁמֵעַ לִי הֶן־תָּוִי שַׁדַּי יַעֲנֵנִי וְסֵפֶר כָּתַב אִישׁ רִיבִי: אִם־
לז לֹא עַל־שִׁכְמִי אֶשָּׂאֶנּוּ אֶעֶנְדֶנּוּ עֲטָרוֹת לִי: מִסְפַּר צְעָדַי
לח אַגִּידֶנּוּ כְּמוֹ־נָגִיד אֲקָרְבֶנּוּ: אִם־עָלַי אַדְמָתִי תִזְעָק וְיַחַד
לט תְּלָמֶיהָ יִבְכָּיוּן: אִם־כֹּחָהּ אָכַלְתִּי בְלִי־כָסֶף וְנֶפֶשׁ בְּעָלֶיהָ
מ הִפָּחְתִּי: תַּחַת חִטָּה ׀ יֵצֵא חֹוחַ וְתַחַת־שְׂעֹרָה בָאְשָׁה תַּמּוּ
דִּבְרֵי אִיּוֹב:

לב א וַיִּשְׁבְּתוּ שְׁלֹשֶׁת הָאֲנָשִׁים הָאֵלֶּה מֵעֲנוֹת אֶת־אִיּוֹב כִּי הוּא
ב צַדִּיק בְּעֵינָיו: וַיִּחַר אַף ׀ אֱלִיהוּא בֶן־בַּרַכְאֵל
הַבּוּזִי מִמִּשְׁפַּחַת רָם בְּאִיּוֹב חָרָה אַפּוֹ עַל־צַדְּקוֹ נַפְשׁוֹ
ג מֵאֱלֹהִים: וּבִשְׁלֹשֶׁת רֵעָיו חָרָה אַפּוֹ עַל אֲשֶׁר לֹא־מָצְאוּ
ד מַעֲנֶה וַיַּרְשִׁיעוּ אֶת־אִיּוֹב: וֶאֱלִיהוּ חִכָּה אֶת־אִיּוֹב בִּדְבָרִים
ה כִּי זְקֵנִים־הֵמָּה מִמֶּנּוּ לְיָמִים: וַיַּרְא אֱלִיהוּא כִּי אֵין מַעֲנֶה
ו בְּפִי שְׁלֹשֶׁת הָאֲנָשִׁים וַיִּחַר אַפּוֹ: וַיַּעַן ׀ אֱלִיהוּא
בֶּן־בַּרַכְאֵל הַבּוּזִי וַיֹּאמַר צָעִיר אֲנִי לְיָמִים וְאַתֶּם יְשִׁישִׁים
ז עַל־כֵּן זָחַלְתִּי וָאִירָא ׀ מֵחַוֺּת דֵּעִי אֶתְכֶם: אָמַרְתִּי יָמִים
ח יְדַבֵּרוּ וְרֹב שָׁנִים יֹדִיעוּ חָכְמָה: אָכֵן רוּחַ־הִיא בֶאֱנוֹשׁ וְנִשְׁמַת
ט שַׁדַּי תְּבִינֵם: לֹא־רַבִּים יֶחְכָּמוּ וּזְקֵנִים יָבִינוּ מִשְׁפָּט: לָכֵן
יא אָמַרְתִּי שִׁמְעָה־לִּי אֲחַוֶּה דֵעִי אַף־אָנִי: הֵן הוֹחַלְתִּי ׀ לְדִבְרֵיכֶם
יב אָזִין עַד־תְּבוּנֹתֵיכֶם עַד־תַּחְקְרוּן מִלִּין: וְעָדֵיכֶם אֶתְבּוֹנָן
יג וְהִנֵּה אֵין לְאִיּוֹב מוֹכִיחַ עוֹנֶה אֲמָרָיו מִכֶּם: פֶּן־תֹּאמְרוּ

יד מָצָאנוּ חָכְמָה אֵל יִדְּפֶנּוּ לֹא־אִישׁ׃ וְלֹא־עָרַךְ אֵלַי מִלִּין
טו וּבְאִמְרֵיכֶם לֹא אֲשִׁיבֶנּוּ׃ חַתּוּ לֹא־עָנוּ עוֹד הֶעְתִּיקוּ מֵהֶם
טז יז מִלִּים׃ וְהוֹחַלְתִּי כִּי־לֹא יְדַבֵּרוּ כִּי עָמְדוּ לֹא־עָנוּ עוֹד׃ אַעֲנֶה
יח אַף־אֲנִי חֶלְקִי אֲחַוֶּה דֵעִי אַף־אָנִי׃ כִּי מָלֵתִי מִלִּים הֱצִיקַתְנִי
יט רוּחַ בִּטְנִי׃ הִנֵּה בִטְנִי כְּיַיִן לֹא־יִפָּתֵחַ כְּאֹבוֹת חֲדָשִׁים יִבָּקֵעַ׃
כ כא אֲדַבְּרָה וְיִרְוַח־לִי אֶפְתַּח שְׂפָתַי וְאֶעֱנֶה׃ אַל־נָא אֶשָּׂא פְנֵי־
כב אִישׁ וְאֶל־אָדָם לֹא אֲכַנֶּה׃ כִּי לֹא יָדַעְתִּי אֲכַנֶּה כִּמְעַט יִשָּׂאֵנִי
לג א ב עֹשֵׂנִי׃ וְאוּלָם שְׁמַע־נָא אִיּוֹב מִלָּי וְכָל־דְּבָרַי הַאֲזִינָה׃ הִנֵּה־
ג נָא פָּתַחְתִּי פִי דִּבְּרָה לְשׁוֹנִי בְחִכִּי׃ יֹשֶׁר־לִבִּי אֲמָרָי וְדַעַת
ד שְׂפָתַי בָּרוּר מִלֵּלוּ׃ רוּחַ־אֵל עָשָׂתְנִי וְנִשְׁמַת שַׁדַּי תְּחַיֵּנִי׃
ה ו אִם־תּוּכַל הֲשִׁיבֵנִי עֶרְכָה לְפָנַי הִתְיַצָּבָה׃ הֵן־אֲנִי כְפִיךָ לָאֵל
ז מֵחֹמֶר קֹרַצְתִּי גַם־אָנִי׃ הִנֵּה אֵמָתִי לֹא תְבַעֲתֶךָּ וְאַכְפִּי
ח ט עָלֶיךָ לֹא־יִכְבָּד׃ אַךְ אָמַרְתָּ בְאָזְנָי וְקוֹל מִלִּין אֶשְׁמָע׃ זַךְ
י אֲנִי בְּלִי פָשַׁע חַף אָנֹכִי וְלֹא עָוֹן לִי׃ הֵן תְּנוּאוֹת עָלַי יִמְצָא
יא יב יַחְשְׁבֵנִי לְאוֹיֵב לוֹ׃ יָשֵׂם בַּסַּד רַגְלָי יִשְׁמֹר כָּל־אָרְחֹתָי׃ הֶן־
יג זֹאת לֹא־צָדַקְתָּ אֶעֱנֶךָּ כִּי־יִרְבֶּה אֱלוֹהַּ מֵאֱנוֹשׁ׃ מַדּוּעַ אֵלָיו
יד רִיבוֹתָ כִּי כָל־דְּבָרָיו לֹא יַעֲנֶה׃ כִּי־בְאַחַת יְדַבֶּר־אֵל וּבִשְׁתַּיִם
טו לֹא יְשׁוּרֶנָּה׃ בַּחֲלוֹם ׀ חֶזְיוֹן לַיְלָה בִּנְפֹל תַּרְדֵּמָה עַל־אֲנָשִׁים
טז בִּתְנוּמוֹת עֲלֵי מִשְׁכָּב׃ אָז יִגְלֶה אֹזֶן אֲנָשִׁים וּבְמֹסָרָם יַחְתֹּם׃
יז יח לְהָסִיר אָדָם מַעֲשֶׂה וְגֵוָה מִגֶּבֶר יְכַסֶּה׃ יַחְשֹׂךְ נַפְשׁוֹ מִנִּי־שָׁחַת
יט וְחַיָּתוֹ מֵעֲבֹר בַּשָּׁלַח׃ וְהוּכַח בְּמַכְאוֹב עַל־מִשְׁכָּבוֹ וְרִיב וְרוֹב
כ כא עֲצָמָיו אֵתָן׃ וְזִהֲמַתּוּ חַיָּתוֹ לָחֶם וְנַפְשׁוֹ מַאֲכַל תַּאֲוָה׃ יִכֶל
כב בְּשָׂרוֹ מֵרֹאִי וּשְׁפִי עַצְמוֹתָיו לֹא רֻאּוּ׃ וַתִּקְרַב לַשַּׁחַת נַפְשׁוֹ וְשֻׁפּוּ
כג וְחַיָּתוֹ לַמְמִתִים׃ אִם־יֵשׁ עָלָיו ׀ מַלְאָךְ מֵלִיץ אֶחָד מִנִּי־אָלֶף
כד לְהַגִּיד לְאָדָם יָשְׁרוֹ׃ וַיְחֻנֶּנּוּ וַיֹּאמֶר פְּדָעֵהוּ מֵרֶדֶת שָׁחַת
כה כו מָצָאתִי כֹפֶר׃ רֻטֲפַשׁ בְּשָׂרוֹ מִנֹּעַר יָשׁוּב לִימֵי עֲלוּמָיו׃ יֶעְתַּר
אֶל־אֱלוֹהַּ ׀ וַיִּרְצֵהוּ וַיַּרְא פָּנָיו בִּתְרוּעָה וַיָּשֶׁב לֶאֱנוֹשׁ צִדְקָתוֹ׃

כז יָשֹׁר ׀ עַל־אֲנָשִׁים וַיֹּאמֶר חָטָאתִי וְיָשָׁר הֶעֱוֵיתִי וְלֹא־שָׁוָה לִי׃
כח כט פָּדָה נפשי מֵעֲבֹר בַּשָּׁחַת וחיתי בָּאוֹר תִּרְאֶה׃ הֶן־כָּל־אֵלֶּה (נַפְשׁוֹ | וְחַיָּתוֹ)
ל יִפְעַל־אֵל פַּעֲמַיִם שָׁלוֹשׁ עִם־גָּבֶר׃ לְהָשִׁיב נַפְשׁוֹ מִנִּי־שָׁחַת
לא לֵאוֹר בְּאוֹר הַחַיִּים׃ הַקְשֵׁב אִיּוֹב שְׁמַע־לִי הַחֲרֵשׁ וְאָנֹכִי
לב לג אֲדַבֵּר׃ אִם־יֵשׁ־מִלִּין הֲשִׁיבֵנִי דַּבֵּר כִּי־חָפַצְתִּי צַדְּקֶךָּ׃ אִם־אַיִן ז
לד א אַתָּה שְׁמַע־לִי הַחֲרֵשׁ וַאֲאַלֶּפְךָ חָכְמָה׃ וַיַּעַן אֱלִיהוּא
ב ג וַיֹּאמַר׃ שִׁמְעוּ חֲכָמִים מִלָּי וְיֹדְעִים הַאֲזִינוּ לִי׃ כִּי־אֹזֶן מִלִּין
ד תִּבְחָן וְחֵךְ יִטְעַם לֶאֱכֹל׃ מִשְׁפָּט נִבְחֲרָה־לָּנוּ נֵדְעָה בֵינֵינוּ מַה־
ה ו טּוֹב׃ כִּי־אָמַר אִיּוֹב צָדַקְתִּי וְאֵל הֵסִיר מִשְׁפָּטִי׃ עַל־מִשְׁפָּטִי
ז אֲכַזֵּב אָנוּשׁ חִצִּי בְלִי־פָשַׁע׃ מִי־גֶבֶר כְּאִיּוֹב יִשְׁתֶּה־לַּעַג כַּמָּיִם׃
ח ט וְאָרַח לְחֶבְרָה עִם־פֹּעֲלֵי אָוֶן וְלָלֶכֶת עִם־אַנְשֵׁי־רֶשַׁע׃ כִּי־
י אָמַר לֹא יִסְכָּן־גָּבֶר בִּרְצֹתוֹ עִם־אֱלֹהִים׃ לָכֵן ׀ אַנְשֵׁי לֵבָב
יא שִׁמְעוּ לִי חָלִלָה לָאֵל מֵרֶשַׁע וְשַׁדַּי מֵעָוֶל׃ כִּי פֹעַל אָדָם
יב יְשַׁלֶּם־לוֹ וּכְאֹרַח אִישׁ יַמְצִאֶנּוּ׃ אַף־אָמְנָם אֵל לֹא־יַרְשִׁיעַ
יג וְשַׁדַּי לֹא־יְעַוֵּת מִשְׁפָּט׃ מִי־פָקַד עָלָיו אָרְצָה וּמִי שָׂם תֵּבֵל
יד טו כֻּלָּהּ׃ אִם־יָשִׂים אֵלָיו לִבּוֹ רוּחוֹ וְנִשְׁמָתוֹ אֵלָיו יֶאֱסֹף׃ יִגְוַע
טז כָּל־בָּשָׂר יָחַד וְאָדָם עַל־עָפָר יָשׁוּב׃ וְאִם־בִּינָה שִׁמְעָה־זֹּאת
יז הַאֲזִינָה לְקוֹל מִלָּי׃ הַאַף שׂוֹנֵא מִשְׁפָּט יַחֲבוֹשׁ וְאִם־צַדִּיק
יח יט כַּבִּיר תַּרְשִׁיעַ׃ הַאֲמֹר לְמֶלֶךְ בְּלִיָּעַל רָשָׁע אֶל־נְדִיבִים׃ אֲשֶׁר
לֹא־נָשָׂא ׀ פְּנֵי שָׂרִים וְלֹא נִכַּר־שׁוֹעַ לִפְנֵי־דָל כִּי־מַעֲשֵׂה יָדָיו
כ כֻּלָּם׃ רֶגַע ׀ יָמֻתוּ וַחֲצוֹת לָיְלָה יְגֹעֲשׁוּ עָם וְיַעֲבֹרוּ וְיָסִירוּ אַבִּיר
כא כב לֹא בְיָד׃ כִּי־עֵינָיו עַל־דַּרְכֵי־אִישׁ וְכָל־צְעָדָיו יִרְאֶה׃ אֵין־
כג חֹשֶׁךְ וְאֵין צַלְמָוֶת לְהִסָּתֶר שָׁם פֹּעֲלֵי אָוֶן׃ כִּי לֹא עַל־אִישׁ
כד יָשִׂים עוֹד לַהֲלֹךְ אֶל־אֵל בַּמִּשְׁפָּט׃ יָרֹעַ כַּבִּירִים לֹא־חֵקֶר
כה וַיַּעֲמֵד אֲחֵרִים תַּחְתָּם׃ לָכֵן יַכִּיר מַעְבָּדֵיהֶם וְהָפַךְ לַיְלָה
כו כז וְיִדַּכָּאוּ׃ תַּחַת־רְשָׁעִים סְפָקָם בִּמְקוֹם רֹאִים׃ אֲשֶׁר עַל־כֵּן
כח סָרוּ מֵאַחֲרָיו וְכָל־דְּרָכָיו לֹא הִשְׂכִּילוּ׃ לְהָבִיא עָלָיו צַעֲקַת־

דַּל וְצַעֲקַת עֲנִיִּים יִשְׁמָע׃ וְהוּא יַשְׁקִט ׀ וּמִי יַרְשִׁעַ וְיַסְתֵּר פָּנִים כט
וּמִי יְשׁוּרֶנּוּ וְעַל־גּוֹי וְעַל־אָדָם יָחַד׃ מִמְּלֹךְ אָדָם חָנֵף מִמֹּקְשֵׁי ל
עָם׃ כִּי אֶל־אֵל הֶאָמַר נָשָׂאתִי לֹא אֶחְבֹּל׃ בִּלְעֲדֵי אֶחֱזֶה לא לב
אַתָּה הֹרֵנִי אִם־עָוֶל פָּעַלְתִּי לֹא אֹסִיף׃ הֲמֵעִמְּךָ יְשַׁלְמֶנָּה ׀ לג
כִּי־מָאַסְתָּ כִּי־אַתָּה תִבְחַר וְלֹא־אָנִי וּמַה־יָּדַעְתָּ דַבֵּר׃ אַנְשֵׁי לד
לֵבָב יֹאמְרוּ לִי וְגֶבֶר חָכָם שֹׁמֵעַ לִי׃ אִיּוֹב לֹא־בְדַעַת יְדַבֵּר לה
וּדְבָרָיו לֹא בְהַשְׂכֵּיל׃ אָבִי יִבָּחֵן אִיּוֹב עַד־נֶצַח עַל־תְּשֻׁבֹת לו
בְּאַנְשֵׁי־אָוֶן׃ כִּי יֹסִיף עַל־חַטָּאתוֹ פֶשַׁע בֵּינֵינוּ יִסְפּוֹק וְיֶרֶב לז
אֲמָרָיו לָאֵל׃ וַיַּעַן אֱלִיהוּ וַיֹּאמַר׃ הֲזֹאת חָשַׁבְתָּ לה א ב
לְמִשְׁפָּט אָמַרְתָּ צִדְקִי מֵאֵל׃ כִּי־תֹאמַר מַה־יִּסְכָּן־לָךְ מָה־ ג
אֹעִיל מֵחַטָּאתִי׃ אֲנִי אֲשִׁיבְךָ מִלִּין וְאֶת־רֵעֶיךָ עִמָּךְ׃ הַבֵּט ד ה
שָׁמַיִם וּרְאֵה וְשׁוּר שְׁחָקִים גָּבְהוּ מִמֶּךָּ׃ אִם־חָטָאתָ מַה־ ו
תִּפְעָל־בּוֹ וְרַבּוּ פְשָׁעֶיךָ מַה־תַּעֲשֶׂה־לּוֹ׃ אִם־צָדַקְתָּ מַה־ ז
תִּתֶּן־לוֹ אוֹ מַה־מִיָּדְךָ יִקָּח׃ לְאִישׁ־כָּמוֹךָ רִשְׁעֶךָ וּלְבֶן־אָדָם ח
צִדְקָתֶךָ׃ מֵרֹב עֲשׁוּקִים יַזְעִיקוּ יְשַׁוְּעוּ מִזְּרוֹעַ רַבִּים׃ ט
וְלֹא־אָמַר אַיֵּה אֱלוֹהַ עֹשָׂי נֹתֵן זְמִרוֹת בַּלָּיְלָה׃ מַלְּפֵנוּ י יא
מִבַּהֲמוֹת אָרֶץ וּמֵעוֹף הַשָּׁמַיִם יְחַכְּמֵנוּ׃ שָׁם יִצְעֲקוּ וְלֹא יב
יַעֲנֶה מִפְּנֵי גְּאוֹן רָעִים׃ אַךְ־שָׁוְא לֹא־יִשְׁמַע ׀ אֵל וְשַׁדַּי יג
לֹא יְשׁוּרֶנָּה׃ אַף כִּי־תֹאמַר לֹא תְשׁוּרֶנּוּ דִּין לְפָנָיו וּתְחוֹלֵל יד
לוֹ׃ וְעַתָּה כִּי־אַיִן פָּקַד אַפּוֹ וְלֹא־יָדַע בַּפַּשׁ מְאֹד׃ וְאִיּוֹב הֶבֶל טו טז
יִפְצֶה־פִּיהוּ בִּבְלִי־דַעַת מִלִּין יַכְבִּר׃ וַיֹּסֶף א לו
אֱלִיהוּא וַיֹּאמַר׃ כַּתַּר־לִי זְעֵיר וַאֲחַוֶּךָּ כִּי עוֹד לֶאֱלוֹהַּ מִלִּים׃ ב
אֶשָּׂא דֵעִי לְמֵרָחוֹק וּלְפֹעֲלִי אֶתֵּן־צֶדֶק׃ כִּי־אָמְנָם לֹא־שֶׁקֶר ג ד
מִלָּי תְּמִים דֵּעוֹת עִמָּךְ׃ הֶן־אֵל כַּבִּיר וְלֹא יִמְאָס כַּבִּיר כֹּחַ ה
לֵב׃ לֹא־יְחַיֶּה רָשָׁע וּמִשְׁפַּט עֲנִיִּים יִתֵּן׃ לֹא־יִגְרַע מִצַּדִּיק ו ז
עֵינָיו וְאֶת־מְלָכִים לַכִּסֵּא וַיֹּשִׁיבֵם לָנֶצַח וַיִּגְבָּהוּ׃ וְאִם־אֲסוּרִים ח
בַּזִּקִּים יִלָּכְדוּן בְּחַבְלֵי־עֹנִי׃ וַיַּגֵּד לָהֶם פָּעֳלָם וּפִשְׁעֵיהֶם כִּי ט

י יא יתגברו: ויגל אזנם למוסר ויאמר כי־ישובון מאון: אם־
יב ישמעו ויעבדו יכלו ימיהם בטוב ושניהם בנעימים: ואם־
יג לא ישמעו בשלח יעברו ויגועו בבלי־דעת: וחנפי־לב ישימו
יד אף לא ישועו כי אסרם: תמת בנער נפשם וחיתם בקדשים:
טו טז יחלץ עני בעניו ויגל בלחץ אזנם: ואף הסיתך ׀ מפי־צר
יז רחב לא־מוצק תחתיה ונחת שלחנך מלא דשן: ודין־רשע
יח מלאת דין ומשפט יתמכו: כי־חמה פן־יסיתך בספק ורב־
יט כפר אל־יטך: היערך שועך לא בצר וכל מאמצי־כח:
כ כא אל־תשאף הלילה לעלות עמים תחתם: השמר אל־תפן
כב אל־און כי על־זה בחרת מעני: הן־אל ישגיב בכחו מי
כג כמהו מורה: מי־פקד עליו דרכו ומי־אמר פעלת עולה:
כד כה זכר כי־תשגיא פעלו אשר שררו אנשים: כל־אדם חזו־בו
כו אנוש יביט מרחוק: הן־אל שגיא ולא נדע מספר שניו ולא־
כז כח חקר: כי יגרע נטפי־מים יזקו מטר לאדו: אשר־יזלו
כט שחקים ירעפו עלי אדם רב: אף אם־יבין מפרשי־עב תשאות
ל לא סכתו: הן־פרש עליו אורו ושרשי הים כסה: כי־בם ידין
לב עמים יתן־אכל למכביר: על־כפים כסה־אור ויצו עליה
לג לז א במפגיע: יגיד עליו רעו מקנה אף על־עולה: אף־לזאת
ב יחרד לבי ויתר ממקומו: שמעו שמוע ברגז קלו והגה מפיו
ג יצא: תחת־כל־השמים ישרהו ואורו על־כנפות הארץ:
ד אחריו ׀ ישאג־קול ירעם בקול גאונו ולא יעקבם כי־ישמע
ה קולו: ירעם אל בקולו נפלאות עשה גדלות ולא נדע:
ו כי לשלג ׀ יאמר הוא ארץ וגשם מטר וגשם מטרות עזו:
ז ח ביד־כל־אדם יחתום לדעת כל־אנשי מעשהו: ותבוא חיה
ט במו־ארב ובמעונתיה תשכן: מן־החדר תבוא סופה וממזרים
י יא קרה: מנשמת־אל יתן־קרח ורחב מים במוצק: אף־ברי
יב יטריח עב יפיץ ענן אורו: והוא מסבות ׀ מתהפך בתחבולתו

לְפָעֳלָם כֹּל אֲשֶׁר יְצַוֵּם ׀ עַל־פְּנֵי תֵבֵל אָֽרְצָה׃ אִם־לְשֵׁבֶט אִם־ יג
לְאַרְצוֹ אִם־לְחֶסֶד יַמְצִאֵהוּ׃ הַאֲזִינָה זֹּאת אִיּוֹב עֲמֹד וְהִתְבּוֹנֵן ׀ יד
נִפְלְאוֹת אֵל׃ הֲתֵדַע בְּשׂוּם־אֱלוֹהַּ עֲלֵיהֶם וְהוֹפִיעַ אוֹר עֲנָנוֹ׃ טו
הֲתֵדַע עַל־מִפְלְשֵׂי־עָב מִפְלְאוֹת תְּמִים דֵּעִים׃ אֲשֶׁר־בְּגָדֶיךָ טז יז
חַמִּים בְּהַשְׁקִט אֶרֶץ מִדָּרוֹם׃ תַּרְקִיעַ עִמּוֹ לִשְׁחָקִים חֲזָקִים יח
כִּרְאִי מוּצָק׃ הוֹדִיעֵנוּ מַה־נֹּאמַר לוֹ לֹא־נַעֲרֹךְ מִפְּנֵי־חֹשֶׁךְ׃ יט
הַיְסֻפַּר־לוֹ כִּי אֲדַבֵּר אִם־אָמַר אִישׁ כִּי יְבֻלָּע׃ וְעַתָּה ׀ לֹא כ כא
רָאוּ אוֹר בָּהִיר הוּא בַּשְּׁחָקִים וְרוּחַ עָבְרָה וַתְּטַהֲרֵם׃ מִצָּפוֹן כב
זָהָב יֶאֱתֶה עַל־אֱלוֹהַּ נוֹרָא הוֹד׃ שַׁדַּי לֹא־מְצָאנֻהוּ שַׂגִּיא־ כג
כֹחַ וּמִשְׁפָּט וְרֹב־צְדָקָה לֹא יְעַנֶּה׃ לָכֵן יְרֵאוּהוּ אֲנָשִׁים לֹא־ כד
יִרְאֶה כָּל־חַכְמֵי־לֵב׃ וַיַּעַן־יְהוָה אֶת־אִיּוֹב לח א
מִנהסערה וַיֹּאמַר׃ מִי זֶה ׀ מַחְשִׁיךְ עֵצָה בְמִלִּין בְּלִי־דָעַת׃ אֱזָר־ ב ג
מִן ׀ הַסְּעָרָה
נָא כְגֶבֶר חֲלָצֶיךָ וְאֶשְׁאָלְךָ וְהוֹדִיעֵנִי׃ אֵיפֹה הָיִיתָ בְּיָסְדִי־ ד
אָרֶץ הַגֵּד אִם־יָדַעְתָּ בִינָה׃ מִי־שָׂם מְמַדֶּיהָ כִּי תֵדָע אוֹ מִי־ ה
נָטָה עָלֶיהָ קָּו׃ עַל־מָה אֲדָנֶיהָ הָטְבָּעוּ אוֹ מִי־יָרָה אֶבֶן ו
פִּנָּתָהּ׃ בְּרָן־יַחַד כּוֹכְבֵי בֹקֶר וַיָּרִיעוּ כָּל־בְּנֵי אֱלֹהִים׃ וַיָּסֶךְ ז ח
בִּדְלָתַיִם יָם בְּגִיחוֹ מֵרֶחֶם יֵצֵא׃ בְּשׂוּמִי עָנָן לְבֻשׁוֹ וַעֲרָפֶל ט
חֲתֻלָּתוֹ׃ וָאֶשְׁבֹּר עָלָיו חֻקִּי וָאָשִׂים בְּרִיחַ וּדְלָתָיִם׃ וָאֹמַר י יא
עַד־פֹּה תָבוֹא וְלֹא תֹסִיף וּפֹא־יָשִׁית בִּגְאוֹן גַּלֶּיךָ׃ הֲמִיָּמֶיךָ יב
צִוִּיתָ בֹּקֶר יִדַּעְתָּה שַׁחַר מְקֹמוֹ׃ לֶאֱחֹז בְּכַנְפוֹת הָאָרֶץ יג
הַשַּׁחַר
וְיִנָּעֲרוּ רְשָׁעִים מִמֶּנָּה׃ תִּתְהַפֵּךְ כְּחֹמֶר חוֹתָם וְיִתְיַצְּבוּ כְּמוֹ יד
לְבוּשׁ׃ וְיִמָּנַע מֵרְשָׁעִים אוֹרָם וּזְרוֹעַ רָמָה תִּשָּׁבֵר׃ הֲבָאתָ טו טז
עַד־נִבְכֵי־יָם וּבְחֵקֶר תְּהוֹם הִתְהַלָּכְתָּ׃ הֲנִגְלוּ לְךָ שַׁעֲרֵי־ יז
מָוֶת וְשַׁעֲרֵי צַלְמָוֶת תִּרְאֶה׃ הִתְבֹּנַנְתָּ עַד־רַחֲבֵי־אָרֶץ הַגֵּד יח
אִם־יָדַעְתָּ כֻלָּהּ׃ אֵי־זֶה הַדֶּרֶךְ יִשְׁכָּן־אוֹר וְחֹשֶׁךְ אֵי־זֶה יט
מְקֹמוֹ׃ כִּי תִקָּחֶנּוּ אֶל־גְּבוּלוֹ וְכִי תָבִין נְתִיבוֹת בֵּיתוֹ׃ יָדַעְתָּ כ כא
כִּי־אָז תִּוָּלֵד וּמִסְפַּר יָמֶיךָ רַבִּים׃ הֲבָאתָ אֶל־אֹצְרוֹת שָׁלֶג כב

כג וְאוֹצְרוֹת בָּרָד תִּרְאֶה׃ אֲשֶׁר־חָשַׂכְתִּי לְעֶת־צָר לְיוֹם קְרָב
כד וּמִלְחָמָה׃ אֵי־זֶה הַדֶּרֶךְ יֵחָלֶק אוֹר יָפֵץ קָדִים עֲלֵי־אָרֶץ׃
כה כו מִי־פִלַּג לַשֶּׁטֶף תְּעָלָה וְדֶרֶךְ לַחֲזִיז קֹלוֹת׃ לְהַמְטִיר עַל־אֶרֶץ
כז לֹא־אִישׁ מִדְבָּר לֹא־אָדָם בּוֹ׃ לְהַשְׂבִּיעַ שֹׁאָה וּמְשֹׁאָה
כח וּלְהַצְמִיחַ מֹצָא דֶשֶׁא׃ הֲיֵשׁ־לַמָּטָר אָב אוֹ מִי־הוֹלִיד אֶגְלֵי־
כט ל טָל׃ מִבֶּטֶן מִי יָצָא הַקָּרַח וּכְפֹר שָׁמַיִם מִי יְלָדוֹ׃ כָּאֶבֶן מַיִם
לא יִתְחַבָּאוּ וּפְנֵי תְהוֹם יִתְלַכָּדוּ׃ הַתְקַשֵּׁר מַעֲדַנּוֹת כִּימָה אוֹ־
לב מֹשְׁכוֹת כְּסִיל תְּפַתֵּחַ׃ הֲתֹצִיא מַזָּרוֹת בְּעִתּוֹ וְעַיִשׁ עַל־בָּנֶיהָ
לג תַנְחֵם׃ הֲיָדַעְתָּ חֻקּוֹת שָׁמָיִם אִם־תָּשִׂים מִשְׁטָרוֹ בָאָרֶץ׃
לד לה הֲתָרִים לָעָב קוֹלֶךָ וְשִׁפְעַת־מַיִם תְּכַסֶּךָּ׃ הַתְשַׁלַּח בְּרָקִים ח
לו וְיֵלֵכוּ וְיֹאמְרוּ לְךָ הִנֵּנוּ׃ מִי־שָׁת בַּטֻּחוֹת חָכְמָה אוֹ מִי־נָתַן
לז לַשֶּׂכְוִי בִינָה׃ מִי־יְסַפֵּר שְׁחָקִים בְּחָכְמָה וְנִבְלֵי שָׁמַיִם מִי
לח לט יַשְׁכִּיב׃ בְּצֶקֶת עָפָר לַמּוּצָק וּרְגָבִים יְדֻבָּקוּ׃ הֲתָצוּד לְלָבִיא
מ טָרֶף וְחַיַּת כְּפִירִים תְּמַלֵּא׃ כִּי־יָשֹׁחוּ בַמְּעוֹנוֹת יֵשְׁבוּ בַסֻּכָּה
מא לְמוֹ־אָרֶב׃ מִי יָכִין לָעֹרֵב צֵידוֹ כִּי־יְלָדָו אֶל־אֵל יְשַׁוֵּעוּ יִתְעוּ
לט א לִבְלִי־אֹכֶל׃ הֲיָדַעְתָּ עֵת לֶדֶת יַעֲלֵי־סָלַע חֹלֵל אַיָּלוֹת תִּשְׁמֹר׃
ב ג תִּסְפֹּר יְרָחִים תְּמַלֶּאנָה וְיָדַעְתָּ עֵת לִדְתָּנָה׃ תִּכְרַעְנָה
ד יַלְדֵיהֶן תְּפַלַּחְנָה חֶבְלֵיהֶם תְּשַׁלַּחְנָה׃ יַחְלְמוּ בְנֵיהֶם יִרְבּוּ
ה בַבָּר יָצְאוּ וְלֹא־שָׁבוּ לָמוֹ׃ מִי־שִׁלַּח פֶּרֶא חָפְשִׁי וּמֹסְרוֹת עָרוֹד
ו ז מִי פִתֵּחַ׃ אֲשֶׁר־שַׂמְתִּי עֲרָבָה בֵיתוֹ וּמִשְׁכְּנוֹתָיו מְלֵחָה׃ יִשְׂחַק
ח לַהֲמוֹן קִרְיָה תְּשֻׁאוֹת נוֹגֵשׂ לֹא יִשְׁמָע׃ יְתוּר הָרִים מִרְעֵהוּ
ט וְאַחַר כָּל־יָרוֹק יִדְרוֹשׁ׃ הֲיֹאבֶה רֵּים עָבְדֶךָ אִם־יָלִין עַל־
י אֲבוּסֶךָ׃ הֲתִקְשָׁר־רֵים בְּתֶלֶם עֲבֹתוֹ אִם־יְשַׂדֵּד עֲמָקִים
יא יב אַחֲרֶיךָ׃ הֲתִבְטַח־בּוֹ כִּי־רַב כֹּחוֹ וְתַעֲזֹב אֵלָיו יְגִיעֶךָ׃ הֲתַאֲמִין
יג בּוֹ כִּי־יָשׁוּב זַרְעֶךָ וְגָרְנְךָ יֶאֱסֹף׃ כְּנַף־רְנָנִים נֶעֱלָסָה אִם־אֶבְרָה יָשִׁיב
יד חֲסִידָה וְנֹצָה׃ כִּי־תַעֲזֹב לָאָרֶץ בֵּצֶיהָ וְעַל־עָפָר תְּחַמֵּם׃
טו טז וַתִּשְׁכַּח כִּי־רֶגֶל תְּזוּרֶהָ וְחַיַּת הַשָּׂדֶה תְּדוּשֶׁהָ׃ הִקְשִׁיחַ בָּנֶיהָ

יז לְלֹא־לָהּ לְרִיק יְגִיעָהּ בְּלִי־פָחַד׃ כִּי־הִשָּׁהּ אֱלוֹהַּ חָכְמָה וְלֹא־
יח חָלַק לָהּ בַּבִּינָה׃ כָּעֵת בַּמָּרוֹם תַּמְרִיא תִּשְׂחַק לַסּוּס
יט וּלְרֹכְבוֹ׃ הֲתִתֵּן לַסּוּס גְּבוּרָה הֲתַלְבִּישׁ צַוָּארוֹ רַעְמָה׃
כ כא הֲתַרְעִישֶׁנּוּ כָּאַרְבֶּה הוֹד נַחְרוֹ אֵימָה׃ יַחְפְּרוּ בָעֵמֶק וְיָשִׂישׂ
כב בְּכֹחַ יֵצֵא לִקְרַאת־נָשֶׁק׃ יִשְׂחַק לְפַחַד וְלֹא יֵחָת וְלֹא־יָשׁוּב
כג כד מִפְּנֵי־חָרֶב׃ עָלָיו תִּרְנֶה אַשְׁפָּה לַהַב חֲנִית וְכִידוֹן׃ בְּרַעַשׁ
כה וְרֹגֶז יְגַמֶּא־אָרֶץ וְלֹא־יַאֲמִין כִּי־קוֹל שׁוֹפָר׃ בְּדֵי שֹׁפָר ׀ יֹאמַר
כו הֶאָח וּמֵרָחוֹק יָרִיחַ מִלְחָמָה רַעַם שָׂרִים וּתְרוּעָה׃ הֲמִבִּינָתְךָ
כז יַאֲבֶר־נֵץ יִפְרֹשׂ כְּנָפָו לְתֵימָן׃ אִם־עַל־פִּיךָ יַגְבִּיהַּ נָשֶׁר וְכִי
כח כט יָרִים קִנּוֹ׃ סֶלַע יִשְׁכֹּן וְיִתְלֹנָן עַל־שֶׁן־סֶלַע וּמְצוּדָה׃ מִשָּׁם
ל חָפַר־אֹכֶל לְמֵרָחוֹק עֵינָיו יַבִּיטוּ׃ וְאֶפְרֹחָו יְעַלְעוּ־דָם וּבַאֲשֶׁר
מ א ב חֲלָלִים שָׁם הוּא׃ וַיַּעַן יְהוָה אֶת־אִיּוֹב וַיֹּאמַר׃ הֲרֹב
ג עִם־שַׁדַּי יִסּוֹר מוֹכִיחַ אֱלוֹהַּ יַעֲנֶנָּה׃ וַיַּעַן אִיּוֹב אֶת־
ד ה יְהוָה וַיֹּאמַר׃ הֵן קַלֹּתִי מָה אֲשִׁיבֶךָּ יָדִי שַׂמְתִּי לְמוֹ־פִי׃ אַחַת
ו דִּבַּרְתִּי וְלֹא אֶעֱנֶה וּשְׁתַּיִם וְלֹא אוֹסִיף׃ וַיַּעַן־יְהוָה
ז אֶת־אִיּוֹב מִנסְעָרָה וַיֹּאמַר׃ אֱזָר־נָא כְגֶבֶר חֲלָצֶיךָ אֶשְׁאָלְךָ מִן ׀ סְעָרָה
ח ט וְהוֹדִיעֵנִי׃ הַאַף תָּפֵר מִשְׁפָּטִי תַּרְשִׁיעֵנִי לְמַעַן תִּצְדָּק׃ וְאִם־
י זְרוֹעַ כָּאֵל ׀ לָךְ וּבְקוֹל כָּמֹהוּ תַרְעֵם׃ עֲדֵה־נָא גָאוֹן וָגֹבַהּ
יא וְהוֹד וְהָדָר תִּלְבָּשׁ׃ הָפֵץ עֶבְרוֹת אַפֶּךָ וּרְאֵה כָל־גֵּאֶה
יב וְהַשְׁפִּילֵהוּ׃ רְאֵה כָל־גֵּאֶה הַכְנִיעֵהוּ וַהֲדֹךְ רְשָׁעִים תַּחְתָּם׃
יג יד טָמְנֵם בֶּעָפָר יָחַד פְּנֵיהֶם חֲבֹשׁ בַּטָּמוּן׃ וְגַם־אֲנִי אוֹדֶךָּ כִּי־
טו תוֹשִׁעַ לְךָ יְמִינֶךָ׃ הִנֵּה־נָא בְהֵמוֹת אֲשֶׁר־עָשִׂיתִי עִמָּךְ חָצִיר
טז כַּבָּקָר יֹאכֵל׃ הִנֵּה־נָא כֹחוֹ בְמָתְנָיו וְאֹנוֹ בִּשְׁרִירֵי בִטְנוֹ׃
יז יח יַחְפֹּץ זְנָבוֹ כְמוֹ־אָרֶז גִּידֵי פַחֲדָו יְשֹׂרָגוּ׃ עֲצָמָיו אֲפִיקֵי נְחוּשָׁה
יט גְּרָמָיו כִּמְטִיל בַּרְזֶל׃ הוּא רֵאשִׁית דַּרְכֵי־אֵל הָעֹשׂוֹ יַגֵּשׁ
כ חַרְבּוֹ׃ כִּי־בוּל הָרִים יִשְׂאוּ־לוֹ וְכָל־חַיַּת הַשָּׂדֶה יְשַׂחֲקוּ־שָׁם׃
כא כב תַּחַת־צֶאֱלִים יִשְׁכָּב בְּסֵתֶר קָנֶה וּבִצָּה׃ יְסֻכֻּהוּ צֶאֱלִים צִלְלוֹ

כג יְסֻבֻּהוּ עַרְבֵי־נָחַל׃ הֵן יַעֲשֹׁק נָהָר וְלֹא יַחְפּוֹז יִבְטַח ׀ כִּי־יָגִיחַ
כד כה יַרְדֵּן אֶל־פִּיהוּ׃ בְּעֵינָיו יִקָּחֶנּוּ בְּמוֹקְשִׁים יִנְקָב־אָף׃ תִּמְשֹׁךְ
כו לִוְיָתָן בְּחַכָּה וּבְחֶבֶל תַּשְׁקִיעַ לְשֹׁנוֹ׃ הֲתָשִׂים אַגְמֹן בְּאַפּוֹ
כז וּבְחוֹחַ תִּקֹּב לֶחֱיוֹ׃ הֲיַרְבֶּה אֵלֶיךָ תַּחֲנוּנִים אִם־יְדַבֵּר אֵלֶיךָ
כח כט רַכּוֹת׃ הֲיִכְרֹת בְּרִית עִמָּךְ תִּקָּחֶנּוּ לְעֶבֶד עוֹלָם׃ הַתְשַׂחֶק־בּוֹ
ל כַּצִּפּוֹר וְתִקְשְׁרֶנּוּ לְנַעֲרוֹתֶיךָ׃ יִכְרוּ עָלָיו חַבָּרִים יֶחֱצוּהוּ בֵּין
לא לב כְּנַעֲנִים׃ הֲתְמַלֵּא בְשֻׂכּוֹת עוֹרוֹ וּבְצִלְצַל דָּגִים רֹאשׁוֹ׃ שִׂים־
מא א עָלָיו כַּפֶּךָ זְכֹר מִלְחָמָה אַל־תּוֹסַף׃ הֵן־תֹּחַלְתּוֹ נִכְזָבָה הֲגַם
ב אֶל־מַרְאָיו יֻטָל׃ לֹא־אַכְזָר כִּי יְעוּרֶנּוּ וּמִי הוּא לְפָנַי יִתְיַצָּב׃
ג ד מִי הִקְדִּימַנִי וַאֲשַׁלֵּם תַּחַת כָּל־הַשָּׁמַיִם לִי־הוּא׃ לֹא־אַחֲרִישׁ לו־
ה בַדָּיו וּדְבַר־גְּבוּרוֹת וְחִין עֶרְכּוֹ׃ מִי־גִלָּה פְּנֵי לְבוּשׁוֹ בְּכֶפֶל רִסְנוֹ
ו ז מִי יָבוֹא׃ דַּלְתֵי פָנָיו מִי פִתֵּחַ סְבִיבוֹת שִׁנָּיו אֵימָה׃ גַּאֲוָה
ח אֲפִיקֵי מָגִנִּים סָגוּר חוֹתָם צָר׃ אֶחָד בְּאֶחָד יִגַּשׁוּ וְרוּחַ לֹא־יָבֹא
ט י בֵינֵיהֶם׃ אִישׁ־בְּאָחִיהוּ יְדֻבָּקוּ יִתְלַכְּדוּ וְלֹא יִתְפָּרָדוּ׃ עֲטִישֹׁתָיו
יא תָּהֶל אוֹר וְעֵינָיו כְּעַפְעַפֵּי־שָׁחַר׃ מִפִּיו לַפִּידִים יַהֲלֹכוּ כִּידוֹדֵי
יב יג אֵשׁ יִתְמַלָּטוּ׃ מִנְּחִירָיו יֵצֵא עָשָׁן כְּדוּד נָפוּחַ וְאַגְמֹן׃ נַפְשׁוֹ
יד גֶּחָלִים תְּלַהֵט וְלַהַב מִפִּיו יֵצֵא׃ בְּצַוָּארוֹ יָלִין עֹז וּלְפָנָיו תָּדוּץ
טו טז דְּאָבָה׃ מַפְּלֵי בְשָׂרוֹ דָבֵקוּ יָצוּק עָלָיו בַּל־יִמּוֹט׃ לִבּוֹ יָצוּק
יז כְּמוֹ־אָבֶן וְיָצוּק כְּפֶלַח תַּחְתִּית׃ מִשֵּׂתוֹ יָגוּרוּ אֵלִים מִשְּׁבָרִים
יח יִתְחַטָּאוּ׃ מַשִּׂיגֵהוּ חֶרֶב בְּלִי תָקוּם חֲנִית מַסָּע וְשִׁרְיָה׃
יט כ יַחְשֹׁב לְתֶבֶן בַּרְזֶל לְעֵץ רִקָּבוֹן נְחוּשָׁה׃ לֹא־יַבְרִיחֶנּוּ בֶן־
כא קָשֶׁת לְקַשׁ נֶהְפְּכוּ־לוֹ אַבְנֵי־קָלַע׃ כְּקַשׁ נֶחְשְׁבוּ תוֹתָח
כב וְיִשְׂחַק לְרַעַשׁ כִּידוֹן׃ תַּחְתָּיו חַדּוּדֵי חָרֶשׂ יִרְפַּד חָרוּץ עֲלֵי־
כג כד טִיט׃ יַרְתִּיחַ כַּסִּיר מְצוּלָה יָם יָשִׂים כַּמֶּרְקָחָה׃ אַחֲרָיו יָאִיר
כה נָתִיב יַחְשֹׁב תְּהוֹם לְשֵׂיבָה׃ אֵין־עַל־עָפָר מָשְׁלוֹ הֶעָשׂוּ
כו לִבְלִי־חָת׃ אֵת כָּל־גָּבֹהַּ יִרְאֶה הוּא מֶלֶךְ עַל־כָּל־בְּנֵי־
מב א ב שָׁחַץ׃ וַיַּעַן אִיּוֹב אֶת־יְהוָה וַיֹּאמַר׃ יָדַעְתָּ כִּי־

ג כֹּל תּוּכָל וְלֹא־יִבָּצֵר מִמְּךָ מְזִמָּה׃ מִי זֶה ׀ מַעְלִים עֵצָה בְּלִי
ד דָעַת לָכֵן הִגַּדְתִּי וְלֹא אָבִין נִפְלָאוֹת מִמֶּנִּי וְלֹא אֵדָע׃ שְׁמַע־
ה נָא וְאָנֹכִי אֲדַבֵּר אֶשְׁאָלְךָ וְהוֹדִיעֵנִי׃ לְשֵׁמַע־אֹזֶן שְׁמַעְתִּיךָ
ו וְעַתָּה עֵינִי רָאָתְךָ׃ עַל־כֵּן אֶמְאַס וְנִחַמְתִּי עַל־עָפָר וָאֵפֶר׃
ז וַיְהִי אַחַר דִּבֶּר יְהוָה אֶת־הַדְּבָרִים הָאֵלֶּה אֶל־אִיּוֹב וַיֹּאמֶר
יְהוָה אֶל־אֱלִיפַז הַתֵּימָנִי חָרָה אַפִּי בְךָ וּבִשְׁנֵי רֵעֶיךָ כִּי לֹא
ח דִבַּרְתֶּם אֵלַי נְכוֹנָה כְּעַבְדִּי אִיּוֹב׃ וְעַתָּה קְחוּ־לָכֶם שִׁבְעָה־
פָרִים וְשִׁבְעָה אֵילִים וּלְכוּ ׀ אֶל־עַבְדִּי אִיּוֹב וְהַעֲלִיתֶם עוֹלָה
בַּעַדְכֶם וְאִיּוֹב עַבְדִּי יִתְפַּלֵּל עֲלֵיכֶם כִּי אִם־פָּנָיו אֶשָּׂא
לְבִלְתִּי עֲשׂוֹת עִמָּכֶם נְבָלָה כִּי לֹא דִבַּרְתֶּם אֵלַי נְכוֹנָה
ט כְּעַבְדִּי אִיּוֹב׃ וַיֵּלְכוּ אֱלִיפַז הַתֵּימָנִי וּבִלְדַּד הַשּׁוּחִי צֹפַר
הַנַּעֲמָתִי וַיַּעֲשׂוּ כַּאֲשֶׁר דִּבֶּר אֲלֵיהֶם יְהוָה וַיִּשָּׂא יְהוָה אֶת־
י פְּנֵי אִיּוֹב׃ וַיהוָה שָׁב אֶת־שְׁבִית אִיּוֹב בְּהִתְפַּלְלוֹ בְּעַד רֵעֵהוּ שְׁבוּת
יא וַיֹּסֶף יְהוָה אֶת־כָּל־אֲשֶׁר לְאִיּוֹב לְמִשְׁנֶה׃ וַיָּבֹאוּ אֵלָיו כָּל־
אֶחָיו וְכָל־אַחְיֹתָיו וְכָל־יֹדְעָיו לְפָנִים וַיֹּאכְלוּ עִמּוֹ לֶחֶם
בְּבֵיתוֹ וַיָּנֻדוּ לוֹ וַיְנַחֲמוּ אֹתוֹ עַל כָּל־הָרָעָה אֲשֶׁר־הֵבִיא יְהוָה
עָלָיו וַיִּתְּנוּ־לוֹ אִישׁ קְשִׂיטָה אֶחָת וְאִישׁ נֶזֶם זָהָב אֶחָד׃
יב וַיהוָה בֵּרַךְ אֶת־אַחֲרִית אִיּוֹב מֵרֵאשִׁתוֹ וַיְהִי־לוֹ אַרְבָּעָה
עָשָׂר אֶלֶף צֹאן וְשֵׁשֶׁת אֲלָפִים גְּמַלִּים וְאֶלֶף־צֶמֶד בָּקָר וְאֶלֶף
יג יד אֲתוֹנוֹת׃ וַיְהִי־לוֹ שִׁבְעָנָה בָנִים וְשָׁלוֹשׁ בָּנוֹת׃ וַיִּקְרָא שֵׁם־
הָאַחַת יְמִימָה וְשֵׁם הַשֵּׁנִית קְצִיעָה וְשֵׁם הַשְּׁלִישִׁית קֶרֶן
טו הַפּוּךְ׃ וְלֹא נִמְצָא נָשִׁים יָפוֹת כִּבְנוֹת אִיּוֹב בְּכָל־הָאָרֶץ וַיִּתֵּן
טז לָהֶם אֲבִיהֶם נַחֲלָה בְּתוֹךְ אֲחֵיהֶם׃ וַיְחִי אִיּוֹב אַחֲרֵי־זֹאת
מֵאָה וְאַרְבָּעִים שָׁנָה וַיַּרְא אֶת־בָּנָיו וְאֶת־בְּנֵי בָנָיו אַרְבָּעָה
יז דֹּרוֹת׃ וַיָּמָת אִיּוֹב זָקֵן וּשְׂבַע יָמִים׃

שיר השירים

א

א ב שִׁיר הַשִּׁירִים אֲשֶׁר לִשְׁלֹמֹה׃ יִשָּׁקֵנִי מִנְּשִׁיקוֹת פִּיהוּ כִּי־
ג טוֹבִים דֹּדֶיךָ מִיָּיִן׃ לְרֵיחַ שְׁמָנֶיךָ טוֹבִים שֶׁמֶן תּוּרַק שְׁמֶךָ עַל־
ד כֵּן עֲלָמוֹת אֲהֵבוּךָ׃ מָשְׁכֵנִי אַחֲרֶיךָ נָּרוּצָה הֱבִיאַנִי הַמֶּלֶךְ
חֲדָרָיו נָגִילָה וְנִשְׂמְחָה בָּךְ נַזְכִּירָה דֹדֶיךָ מִיַּיִן מֵישָׁרִים
ה אֲהֵבוּךָ׃ שְׁחוֹרָה אֲנִי וְנָאוָה בְּנוֹת יְרוּשָׁלִָם כְּאָהֳלֵי
ו קֵדָר כִּירִיעוֹת שְׁלֹמֹה׃ אַל־תִּרְאוּנִי שֶׁאֲנִי שְׁחַרְחֹרֶת שֶׁשְּׁזָפַתְנִי
הַשָּׁמֶשׁ בְּנֵי אִמִּי נִחֲרוּ־בִי שָׂמֻנִי נֹטֵרָה אֶת־הַכְּרָמִים כַּרְמִי
ז שֶׁלִּי לֹא נָטָרְתִּי׃ הַגִּידָה לִּי שֶׁאָהֲבָה נַפְשִׁי אֵיכָה תִרְעֶה אֵיכָה
תַּרְבִּיץ בַּצָּהֳרָיִם שַׁלָּמָה אֶהְיֶה כְּעֹטְיָה עַל עֶדְרֵי חֲבֵרֶיךָ׃
ח אִם־לֹא תֵדְעִי לָךְ הַיָּפָה בַּנָּשִׁים צְאִי־לָךְ בְּעִקְבֵי הַצֹּאן
ט וּרְעִי אֶת־גְּדִיֹּתַיִךְ עַל מִשְׁכְּנוֹת הָרֹעִים׃ לְסֻסָתִי
י בְּרִכְבֵי פַרְעֹה דִּמִּיתִיךְ רַעְיָתִי׃ נָאווּ לְחָיַיִךְ בַּתֹּרִים צַוָּארֵךְ
יא יב בַּחֲרוּזִים׃ תּוֹרֵי זָהָב נַעֲשֶׂה־לָּךְ עִם נְקֻדּוֹת הַכָּסֶף׃ עַד־
יג שֶׁהַמֶּלֶךְ בִּמְסִבּוֹ נִרְדִּי נָתַן רֵיחוֹ׃ צְרוֹר הַמֹּר ׀ דּוֹדִי לִי בֵּין שָׁדַי
יד טו יָלִין׃ אֶשְׁכֹּל הַכֹּפֶר ׀ דּוֹדִי לִי בְּכַרְמֵי עֵין גֶּדִי׃ הִנָּךְ
טז יָפָה רַעְיָתִי הִנָּךְ יָפָה עֵינַיִךְ יוֹנִים׃ הִנְּךָ יָפֶה דוֹדִי אַף נָעִים
יז אַף־עַרְשֵׂנוּ רַעֲנָנָה׃ קֹרוֹת בָּתֵּינוּ אֲרָזִים רחיטנו בְּרוֹתִים׃ רָהִיטֵנוּ

ב

א ב אֲנִי חֲבַצֶּלֶת הַשָּׁרוֹן שׁוֹשַׁנַּת הָעֲמָקִים׃ כְּשׁוֹשַׁנָּה בֵּין הַחוֹחִים
ג כֵּן רַעְיָתִי בֵּין הַבָּנוֹת׃ כְּתַפּוּחַ בַּעֲצֵי הַיַּעַר כֵּן דּוֹדִי בֵּין
ד הַבָּנִים בְּצִלּוֹ חִמַּדְתִּי וְיָשַׁבְתִּי וּפִרְיוֹ מָתוֹק לְחִכִּי׃ הֱבִיאַנִי
ה אֶל־בֵּית הַיָּיִן וְדִגְלוֹ עָלַי אַהֲבָה׃ סַמְּכוּנִי בָּאֲשִׁישׁוֹת רַפְּדוּנִי
ו בַּתַּפּוּחִים כִּי־חוֹלַת אַהֲבָה אָנִי׃ שְׂמֹאלוֹ תַּחַת לְרֹאשִׁי וִימִינוֹ
ז תְּחַבְּקֵנִי׃ הִשְׁבַּעְתִּי אֶתְכֶם בְּנוֹת יְרוּשָׁלִַם בִּצְבָאוֹת אוֹ
בְּאַיְלוֹת הַשָּׂדֶה אִם־תָּעִירוּ ׀ וְאִם־תְּעוֹרְרוּ אֶת־הָאַהֲבָה עַד
ח שֶׁתֶּחְפָּץ׃ קוֹל דּוֹדִי הִנֵּה־זֶה בָּא מְדַלֵּג עַל־הֶהָרִים
ט מְקַפֵּץ עַל־הַגְּבָעוֹת׃ דּוֹמֶה דוֹדִי לִצְבִי אוֹ לְעֹפֶר הָאַיָּלִים
הִנֵּה־זֶה עוֹמֵד אַחַר כָּתְלֵנוּ מַשְׁגִּיחַ מִן־הַחֲלֹּנוֹת מֵצִיץ מִן־

י הַחֲרַכִּים: עָנָה דוֹדִי וְאָמַר לִי קוּמִי לָךְ רַעְיָתִי יָפָתִי וּלְכִי־
יא יב לָךְ: כִּי־הִנֵּה הַסְּתָו עָבָר הַגֶּשֶׁם חָלַף הָלַךְ לוֹ: הַנִּצָּנִים נִרְאוּ
יג בָאָרֶץ עֵת הַזָּמִיר הִגִּיעַ וְקוֹל הַתּוֹר נִשְׁמַע בְּאַרְצֵנוּ: הַתְּאֵנָה
חָנְטָה פַגֶּיהָ וְהַגְּפָנִים ׀ סְמָדַר נָתְנוּ רֵיחַ קוּמִי לכי רַעְיָתִי יָפָתִי לָךְ
יד וּלְכִי־לָךְ: יוֹנָתִי בְּחַגְוֵי הַסֶּלַע בְּסֵתֶר הַמַּדְרֵגָה
הַרְאִינִי אֶת־מַרְאַיִךְ הַשְׁמִיעִנִי אֶת־קוֹלֵךְ כִּי־קוֹלֵךְ עָרֵב
טו וּמַרְאֵיךְ נָאוֶה: אֶחֱזוּ־לָנוּ שׁוּעָלִים שֻׁעָלִים קְטַנִּים
טז מְחַבְּלִים כְּרָמִים וּכְרָמֵינוּ סְמָדַר: דּוֹדִי לִי וַאֲנִי לוֹ הָרֹעֶה
יז בַּשּׁוֹשַׁנִּים: עַד שֶׁיָּפוּחַ הַיּוֹם וְנָסוּ הַצְּלָלִים סֹב דְּמֵה־לְךָ דוֹדִי
ג א לִצְבִי אוֹ לְעֹפֶר הָאַיָּלִים עַל־הָרֵי בָתֶר: עַל־
מִשְׁכָּבִי בַּלֵּילוֹת בִּקַּשְׁתִּי אֵת שֶׁאָהֲבָה נַפְשִׁי בִּקַּשְׁתִּיו וְלֹא
ב מְצָאתִיו: אָקוּמָה נָּא וַאֲסוֹבְבָה בָעִיר בַּשְּׁוָקִים וּבָרְחֹבוֹת
ג אֲבַקְשָׁה אֵת שֶׁאָהֲבָה נַפְשִׁי בִּקַּשְׁתִּיו וְלֹא מְצָאתִיו: מְצָאוּנִי
ד הַשֹּׁמְרִים הַסֹּבְבִים בָּעִיר אֵת שֶׁאָהֲבָה נַפְשִׁי רְאִיתֶם: כִּמְעַט
שֶׁעָבַרְתִּי מֵהֶם עַד שֶׁמָּצָאתִי אֵת שֶׁאָהֲבָה נַפְשִׁי אֲחַזְתִּיו
וְלֹא אַרְפֶּנּוּ עַד־שֶׁהֲבֵיאתִיו אֶל־בֵּית אִמִּי וְאֶל־חֶדֶר
ה הוֹרָתִי: הִשְׁבַּעְתִּי אֶתְכֶם בְּנוֹת יְרוּשָׁלִַם בִּצְבָאוֹת אוֹ
בְּאַיְלוֹת הַשָּׂדֶה אִם־תָּעִירוּ ׀ וְאִם־תְּעוֹרְרוּ אֶת־הָאַהֲבָה
ו עַד שֶׁתֶּחְפָּץ: מִי זֹאת עֹלָה מִן־הַמִּדְבָּר
כְּתִימֲרוֹת עָשָׁן מְקֻטֶּרֶת מוֹר וּלְבוֹנָה מִכֹּל אַבְקַת רוֹכֵל:
ז הִנֵּה מִטָּתוֹ שֶׁלִּשְׁלֹמֹה שִׁשִּׁים גִּבֹּרִים סָבִיב לָהּ מִגִּבֹּרֵי
ח יִשְׂרָאֵל: כֻּלָּם אֲחֻזֵי חֶרֶב מְלֻמְּדֵי מִלְחָמָה אִישׁ חַרְבּוֹ עַל־
ט יְרֵכוֹ מִפַּחַד בַּלֵּילוֹת: אַפִּרְיוֹן עָשָׂה לוֹ הַמֶּלֶךְ
י שְׁלֹמֹה מֵעֲצֵי הַלְּבָנוֹן: עַמּוּדָיו עָשָׂה כֶסֶף רְפִידָתוֹ זָהָב
יא מֶרְכָּבוֹ אַרְגָּמָן תּוֹכוֹ רָצוּף אַהֲבָה מִבְּנוֹת יְרוּשָׁלִָם: צְאֶינָה ׀
וּרְאֶינָה בְּנוֹת צִיּוֹן בַּמֶּלֶךְ שְׁלֹמֹה בָּעֲטָרָה שֶׁעִטְּרָה־לּוֹ אִמּוֹ
ד א בְּיוֹם חֲתֻנָּתוֹ וּבְיוֹם שִׂמְחַת לִבּוֹ: הִנָּךְ יָפָה

ד
רַעְיָתִי הִנָּךְ יָפָה עֵינַיִךְ יוֹנִים מִבַּעַד לְצַמָּתֵךְ שַׂעְרֵךְ כְּעֵדֶר
ב הָעִזִּים שֶׁגָּלְשׁוּ מֵהַר גִּלְעָד: שִׁנַּיִךְ כְּעֵדֶר הַקְּצוּבוֹת שֶׁעָלוּ מִן־
ג הָרַחְצָה שֶׁכֻּלָּם מַתְאִימוֹת וְשַׁכֻּלָה אֵין בָּהֶם: כְּחוּט הַשָּׁנִי
שִׂפְתוֹתַיִךְ וּמִדְבָּרֵיךְ נָאוֶה כְּפֶלַח הָרִמּוֹן רַקָּתֵךְ מִבַּעַד לְצַמָּתֵךְ:
ד כְּמִגְדַּל דָּוִיד צַוָּארֵךְ בָּנוּי לְתַלְפִּיּוֹת אֶלֶף הַמָּגֵן תָּלוּי עָלָיו כֹּל
ה שִׁלְטֵי הַגִּבֹּרִים: שְׁנֵי שָׁדַיִךְ כִּשְׁנֵי עֳפָרִים תְּאוֹמֵי צְבִיָּה הָרוֹעִים
ו בַּשּׁוֹשַׁנִּים: עַד שֶׁיָּפוּחַ הַיּוֹם וְנָסוּ הַצְּלָלִים אֵלֶךְ לִי אֶל־הַר
ז הַמּוֹר וְאֶל־גִּבְעַת הַלְּבוֹנָה: כֻּלָּךְ יָפָה רַעְיָתִי וּמוּם אֵין
ח בָּךְ: אִתִּי מִלְּבָנוֹן כַּלָּה אִתִּי מִלְּבָנוֹן תָּבוֹאִי
תָּשׁוּרִי ׀ מֵרֹאשׁ אֲמָנָה מֵרֹאשׁ שְׂנִיר וְחֶרְמוֹן מִמְּעֹנוֹת אֲרָיוֹת
ט מֵהַרְרֵי נְמֵרִים: לִבַּבְתִּנִי אֲחֹתִי כַלָּה לִבַּבְתִּנִי באחד מֵעֵינַיִךְ בְּאַחַת
י בְּאַחַד עֲנָק מִצַּוְּרֹנָיִךְ: מַה־יָּפוּ דֹדַיִךְ אֲחֹתִי כַלָּה מַה־טֹּבוּ
יא דֹדַיִךְ מִיַּיִן וְרֵיחַ שְׁמָנַיִךְ מִכָּל־בְּשָׂמִים: נֹפֶת תִּטֹּפְנָה שִׂפְתוֹתַיִךְ
כַּלָּה דְּבַשׁ וְחָלָב תַּחַת לְשׁוֹנֵךְ וְרֵיחַ שַׂלְמֹתַיִךְ כְּרֵיחַ
יב לְבָנוֹן: גַּן ׀ נָעוּל אֲחֹתִי כַלָּה גַּל נָעוּל מַעְיָן
יג חָתוּם: שְׁלָחַיִךְ פַּרְדֵּס רִמּוֹנִים עִם פְּרִי מְגָדִים כְּפָרִים עִם־
יד נְרָדִים: נֵרְדְּ ׀ וְכַרְכֹּם קָנֶה וְקִנָּמוֹן עִם כָּל־עֲצֵי לְבוֹנָה מֹר
טו וַאֲהָלוֹת עִם כָּל־רָאשֵׁי בְשָׂמִים: מַעְיַן גַּנִּים בְּאֵר מַיִם חַיִּים
טז וְנֹזְלִים מִן־לְבָנוֹן: עוּרִי צָפוֹן וּבוֹאִי תֵימָן הָפִיחִי גַנִּי יִזְּלוּ
ה א בְשָׂמָיו יָבֹא דוֹדִי לְגַנּוֹ וְיֹאכַל פְּרִי מְגָדָיו: בָּאתִי לְגַנִּי אֲחֹתִי
כַלָּה אָרִיתִי מוֹרִי עִם־בְּשָׂמִי אָכַלְתִּי יַעְרִי עִם־דִּבְשִׁי שָׁתִיתִי
ב יֵינִי עִם־חֲלָבִי אִכְלוּ רֵעִים שְׁתוּ וְשִׁכְרוּ דּוֹדִים: אֲנִי
יְשֵׁנָה וְלִבִּי עֵר קוֹל ׀ דּוֹדִי דוֹפֵק פִּתְחִי־לִי אֲחֹתִי רַעְיָתִי יוֹנָתִי
ג תַמָּתִי שֶׁרֹּאשִׁי נִמְלָא־טָל קְוֻצּוֹתַי רְסִיסֵי לָיְלָה: פָּשַׁטְתִּי אֶת־
כֻּתָּנְתִּי אֵיכָכָה אֶלְבָּשֶׁנָּה רָחַצְתִּי אֶת־רַגְלַי אֵיכָכָה אֲטַנְּפֵם:
ד ה דּוֹדִי שָׁלַח יָדוֹ מִן־הַחֹר וּמֵעַי הָמוּ עָלָיו: קַמְתִּי אֲנִי לִפְתֹּחַ
לְדוֹדִי וְיָדַי נָטְפוּ־מוֹר וְאֶצְבְּעֹתַי מוֹר עֹבֵר עַל כַּפּוֹת הַמַּנְעוּל:

פָּתַחְתִּי אֲנִי לְדוֹדִי וְדוֹדִי חָמַק עָבָר נַפְשִׁי יָצְאָה בְדַבְּרוֹ ו
בִּקַּשְׁתִּיהוּ וְלֹא מְצָאתִיהוּ קְרָאתִיו וְלֹא עָנָנִי׃ מְצָאֻנִי ז
הַשֹּׁמְרִים הַסֹּבְבִים בָּעִיר הִכּוּנִי פְצָעוּנִי נָשְׂאוּ אֶת־רְדִידִי מֵעָלַי
שֹׁמְרֵי הַחֹמוֹת׃ הִשְׁבַּעְתִּי אֶתְכֶם בְּנוֹת יְרוּשָׁלָםִ אִם־תִּמְצְאוּ ח
אֶת־דּוֹדִי מַה־תַּגִּידוּ לוֹ שֶׁחוֹלַת אַהֲבָה אָנִי׃ מַה־דּוֹדֵךְ מִדּוֹד ט
הַיָּפָה בַּנָּשִׁים מַה־דּוֹדֵךְ מִדּוֹד שֶׁכָּכָה הִשְׁבַּעְתָּנוּ׃ דּוֹדִי י
צַח וְאָדוֹם דָּגוּל מֵרְבָבָה׃ רֹאשׁוֹ כֶּתֶם פָּז קְוֻצּוֹתָיו תַּלְתַּלִּים יא
שְׁחֹרוֹת כָּעוֹרֵב׃ עֵינָיו כְּיוֹנִים עַל־אֲפִיקֵי מָיִם רֹחֲצוֹת בֶּחָלָב יב
יֹשְׁבוֹת עַל־מִלֵּאת׃ לְחָיָו כַּעֲרוּגַת הַבֹּשֶׂם מִגְדְּלוֹת מֶרְקָחִים יג
שִׂפְתוֹתָיו שׁוֹשַׁנִּים נֹטְפוֹת מוֹר עֹבֵר׃ יָדָיו גְּלִילֵי זָהָב מְמֻלָּאִים יד
בַּתַּרְשִׁישׁ מֵעָיו עֶשֶׁת שֵׁן מְעֻלֶּפֶת סַפִּירִים׃ שׁוֹקָיו עַמּוּדֵי טו
שֵׁשׁ מְיֻסָּדִים עַל־אַדְנֵי־פָז מַרְאֵהוּ כַּלְּבָנוֹן בָּחוּר כָּאֲרָזִים׃
חִכּוֹ מַמְתַקִּים וְכֻלּוֹ מַחֲמַדִּים זֶה דוֹדִי וְזֶה רֵעִי בְּנוֹת יְרוּשָׁלָםִ׃ טז
אָנָה הָלַךְ דּוֹדֵךְ הַיָּפָה בַּנָּשִׁים אָנָה פָּנָה דוֹדֵךְ וּנְבַקְשֶׁנּוּ א ו
עִמָּךְ׃ דּוֹדִי יָרַד לְגַנּוֹ לַעֲרֻגוֹת הַבֹּשֶׂם לִרְעוֹת בַּגַּנִּים וְלִלְקֹט ב
שׁוֹשַׁנִּים׃ אֲנִי לְדוֹדִי וְדוֹדִי לִי הָרֹעֶה בַּשּׁוֹשַׁנִּים׃ ג
יָפָה אַתְּ רַעְיָתִי כְּתִרְצָה נָאוָה כִּירוּשָׁלָםִ אֲיֻמָּה כַּנִּדְגָּלוֹת׃ הָסֵבִּי ד ה
עֵינַיִךְ מִנֶּגְדִּי שֶׁהֵם הִרְהִיבֻנִי שַׂעְרֵךְ כְּעֵדֶר הָעִזִּים שֶׁגָּלְשׁוּ
מִן־הַגִּלְעָד׃ שִׁנַּיִךְ כְּעֵדֶר הָרְחֵלִים שֶׁעָלוּ מִן־הָרַחְצָה שֶׁכֻּלָּם ו
מַתְאִימוֹת וְשַׁכֻּלָה אֵין בָּהֶם׃ כְּפֶלַח הָרִמּוֹן רַקָּתֵךְ מִבַּעַד ז
לְצַמָּתֵךְ׃ שִׁשִּׁים הֵמָּה מְלָכוֹת וּשְׁמֹנִים פִּילַגְשִׁים וַעֲלָמוֹת ח
אֵין מִסְפָּר׃ אַחַת הִיא יוֹנָתִי תַמָּתִי אַחַת הִיא לְאִמָּהּ בָּרָה ט
הִיא לְיוֹלַדְתָּהּ רָאוּהָ בָנוֹת וַיְאַשְּׁרוּהָ מְלָכוֹת וּפִילַגְשִׁים
וַיְהַלְלוּהָ׃ מִי־זֹאת הַנִּשְׁקָפָה כְּמוֹ־שָׁחַר יָפָה כַלְּבָנָה י
בָּרָה כַּחַמָּה אֲיֻמָּה כַּנִּדְגָּלוֹת׃ אֶל־גִּנַּת אֱגוֹז יָרַדְתִּי לִרְאוֹת יא
בְּאִבֵּי הַנָּחַל לִרְאוֹת הֲפָרְחָה הַגֶּפֶן הֵנֵצוּ הָרִמֹּנִים׃ לֹא יָדַעְתִּי יב
נַפְשִׁי שָׂמַתְנִי מַרְכְּבוֹת עַמִּי נָדִיב׃ שׁוּבִי שׁוּבִי הַשּׁוּלַמִּית א ז

שׁ֥וּבִי שׁ֖וּבִי וְנֶחֱזֶה־בָּ֑ךְ מַה־תֶּֽחֱזוּ֙ בַּשּׁ֣וּלַמִּ֔ית כִּמְחֹלַ֖ת הַֽמַּחֲנָֽיִם׃
ב מַה־יָּפ֧וּ פְעָמַ֛יִךְ בַּנְּעָלִ֖ים בַּת־נָדִ֑יב חַמּוּקֵ֣י יְרֵכַ֔יִךְ כְּמ֣וֹ חֲלָאִ֔ים
ג מַעֲשֵׂ֖ה יְדֵ֥י אָמָּֽן׃ שָׁרְרֵךְ֙ אַגַּ֣ן הַסַּ֔הַר אַל־יֶחְסַ֖ר הַמָּ֑זֶג בִּטְנֵךְ֙
ד עֲרֵמַ֣ת חִטִּ֔ים סוּגָ֖ה בַּשּׁוֹשַׁנִּֽים׃ שְׁנֵ֥י שָׁדַ֛יִךְ כִּשְׁנֵ֥י עֳפָרִ֖ים תָּאֳמֵ֥י
ה צְבִיָּֽה׃ צַוָּארֵ֖ךְ כְּמִגְדַּ֣ל הַשֵּׁ֑ן עֵינַ֜יִךְ בְּרֵכ֣וֹת בְּחֶשְׁבּ֗וֹן עַל־שַׁ֙עַר֙
ו בַּת־רַבִּ֔ים אַפֵּךְ֙ כְּמִגְדַּ֣ל הַלְּבָנ֔וֹן צוֹפֶ֖ה פְּנֵ֥י דַמָּֽשֶׂק׃ רֹאשֵׁ֤ךְ עָלַ֙יִךְ֙
ז כַּכַּרְמֶ֔ל וְדַלַּ֥ת רֹאשֵׁ֖ךְ כָּאַרְגָּמָ֑ן מֶ֖לֶךְ אָס֥וּר בָּרְהָטִֽים׃ מַה־
ח יָּפִית֙ וּמַה־נָּעַ֔מְתְּ אַהֲבָ֖ה בַּתַּֽעֲנוּגִֽים׃ זֹ֤את קֽוֹמָתֵךְ֙ דָּֽמְתָ֣ה לְתָמָ֔ר
ט וְשָׁדַ֖יִךְ לְאַשְׁכֹּלֽוֹת׃ אָמַ֙רְתִּי֙ אֶעֱלֶ֣ה בְתָמָ֔ר אֹחֲזָ֖ה בְּסַנְסִנָּ֑יו וְיִֽהְיוּ־
י נָ֤א שָׁדַ֙יִךְ֙ כְּאֶשְׁכְּל֣וֹת הַגֶּ֔פֶן וְרֵ֥יחַ אַפֵּ֖ךְ כַּתַּפּוּחִֽים׃ וְחִכֵּ֕ךְ
כְּיֵ֥ין הַטּ֛וֹב הוֹלֵ֥ךְ לְדוֹדִ֖י לְמֵישָׁרִ֑ים דּוֹבֵ֖ב שִׂפְתֵ֥י יְשֵׁנִֽים׃
יא יב אֲנִ֣י לְדוֹדִ֔י וְעָלַ֖י תְּשׁוּקָתֽוֹ׃ לְכָ֤ה דוֹדִי֙ נֵצֵ֣א הַשָּׂדֶ֔ה נָלִ֖ינָה
יג בַּכְּפָרִֽים׃ נַשְׁכִּ֙ימָה֙ לַכְּרָמִ֔ים נִרְאֶ֞ה אִם־פָּֽרְחָ֤ה הַגֶּ֙פֶן֙ פִּתַּ֣ח
יד הַסְּמָדַ֔ר הֵנֵ֖צוּ הָרִמּוֹנִ֑ים שָׁ֛ם אֶתֵּ֥ן אֶת־דֹּדַ֖י לָֽךְ׃ הַֽדּוּדָאִ֣ים
נָֽתְנוּ־רֵ֗יחַ וְעַל־פְּתָחֵ֙ינוּ֙ כָּל־מְגָדִ֔ים חֲדָשִׁ֖ים גַּם־יְשָׁנִ֑ים דּוֹדִ֖י
ח א צָפַ֥נְתִּי לָֽךְ׃ מִ֤י יִתֶּנְךָ֙ כְּאָ֣ח לִ֔י יוֹנֵ֖ק שְׁדֵ֣י אִמִּ֑י אֶֽמְצָאֲךָ֤ בַחוּץ֙
ב אֶשָּׁ֣קְךָ֔ גַּ֖ם לֹא־יָב֥וּזוּ לִֽי׃ אֶנְהָֽגֲךָ֗ אֲבִֽיאֲךָ֛ אֶל־בֵּ֥ית אִמִּ֖י תְּלַמְּדֵ֑נִי
ג אַשְׁקְךָ֙ מִיַּ֣יִן הָרֶ֔קַח מֵעֲסִ֖יס רִמֹּנִֽי׃ שְׂמֹאלוֹ֙ תַּ֣חַת רֹאשִׁ֔י וִימִינ֖וֹ
ד תְּחַבְּקֵֽנִי׃ הִשְׁבַּ֥עְתִּי אֶתְכֶ֖ם בְּנ֣וֹת יְרוּשָׁלָ֑͏ִם מַה־תָּעִ֧ירוּ ׀ וֽ͏ּמַה־
ה תְּעֹֽרְר֛וּ אֶת־הָאַהֲבָ֖ה עַ֥ד שֶׁתֶּחְפָּֽץ׃ מִ֣י זֹ֗את
עֹלָה֙ מִן־הַמִּדְבָּ֔ר מִתְרַפֶּ֖קֶת עַל־דּוֹדָ֑הּ תַּ֤חַת הַתַּפּ֙וּחַ֙ עֽוֹרַרְתִּ֔יךָ
ו שָׁ֚מָּה חִבְּלַ֣תְךָ אִמֶּ֔ךָ שָׁ֖מָּה חִבְּלָ֥ה יְלָדַֽתְךָ׃ שִׂימֵ֨נִי כַֽחוֹתָ֜ם
עַל־לִבֶּ֗ךָ כַּֽחוֹתָם֙ עַל־זְרוֹעֶ֔ךָ כִּֽי־עַזָּ֤ה כַמָּ֙וֶת֙ אַהֲבָ֔ה קָשָׁ֥ה
ז כִשְׁא֖וֹל קִנְאָ֑ה רְשָׁפֶ֕יהָ רִשְׁפֵּ֕י אֵ֖שׁ שַׁלְהֶ֥בֶתְיָֽה׃ מַ֣יִם רַבִּ֗ים לֹ֤א
יֽוּכְלוּ֙ לְכַבּ֣וֹת אֶת־הָאַהֲבָ֔ה וּנְהָר֖וֹת לֹ֣א יִשְׁטְפ֑וּהָ אִם־יִתֵּ֨ן אִ֜ישׁ
ח אֶת־כָּל־ה֤וֹן בֵּיתוֹ֙ בָּאַ֣הֲבָ֔ה בּ֖וֹז יָב֥וּזוּ לֽוֹ׃ אָח֥וֹת
לָ֙נוּ֙ קְטַנָּ֔ה וְשָׁדַ֖יִם אֵ֣ין לָ֑הּ מַֽה־נַּעֲשֶׂה֙ לַאֲחֹתֵ֔נוּ בַּיּ֖וֹם שֶׁיְּדֻבַּר־

בָּהּ׃ אִם־חוֹמָה הִיא נִבְנֶה עָלֶיהָ טִירַת כָּסֶף וְאִם־דֶּלֶת הִיא ט
נָצוּר עָלֶיהָ לוּחַ אָרֶז׃ אֲנִי חוֹמָה וְשָׁדַי כַּמִּגְדָּלוֹת אָז הָיִיתִי י
בְעֵינָיו כְּמוֹצְאֵת שָׁלוֹם׃ כֶּרֶם הָיָה לִשְׁלֹמֹה בְּבַעַל הָמוֹן נָתַן יא
אֶת־הַכֶּרֶם לַנֹּטְרִים אִישׁ יָבִא בְּפִרְיוֹ אֶלֶף כָּסֶף׃ כַּרְמִי שֶׁלִּי יב
לְפָנָי הָאֶלֶף לְךָ שְׁלֹמֹה וּמָאתַיִם לְנֹטְרִים אֶת־פִּרְיוֹ׃ הַיּוֹשֶׁבֶת יג
בַּגַּנִּים חֲבֵרִים מַקְשִׁיבִים לְקוֹלֵךְ הַשְׁמִיעִנִי׃ בְּרַח ׀ דּוֹדִי וּדְמֵה־ יד
לְךָ לִצְבִי אוֹ לְעֹפֶר הָאַיָּלִים עַל הָרֵי בְשָׂמִים׃

רות

תור

א ויהי בימי שפט השפטים ויהי רעב בארץ וילך איש מבית
ב לחם יהודה לגור בשדי מואב הוא ואשתו ושני בניו: ושם
האיש אלימלך ושם אשתו נעמי ושם שני־בניו ׀ מחלון
וכליון אפרתים מבית לחם יהודה ויבאו שדי־מואב ויהיו־
ג שם: וימת אלימלך איש נעמי ותשאר היא ושני בניה:
ד וישאו להם נשים מאביות שם האחת ערפה ושם השנית
ה רות וישבו שם כעשר שנים: וימתו גם־שניהם מחלון וכליון
ו ותשאר האשה משני ילדיה ומאישה: ותקם היא וכלתיה
ותשב משדי מואב כי שמעה בשדה מואב כי־פקד יהוה
ז את־עמו לתת להם לחם: ותצא מן־המקום אשר היתה־
שמה ושתי כלתיה עמה ותלכנה בדרך לשוב אל־ארץ
ח יהודה: ותאמר נעמי לשתי כלתיה לכנה שבנה אשה לבית
אמה יעשה יהוה עמכם חסד כאשר עשיתם עם־המתים יעש
ט ועמדי: יתן יהוה לכם ומצאן מנוחה אשה בית אישה ותשק
י להן ותשאנה קולן ותבכינה: ותאמרנה־לה כי־אתך נשוב
יא לעמך: ותאמר נעמי שבנה בנתי למה תלכנה עמי העוד־
יב לי בנים במעי והיו לכם לאנשים: שבנה בנתי לכן כי זקנתי
מהיות לאיש כי אמרתי יש־לי תקוה גם הייתי הלילה
יג לאיש וגם ילדתי בנים: הלהן ׀ תשברנה עד אשר יגדלו
הלהן תעגנה לבלתי היות לאיש אל בנתי כי־מר־לי מאד
יד מכם כי־יצאה בי יד־יהוה: ותשנה קולן ותבכינה עוד
טו ותשק ערפה לחמותה ורות דבקה בה: ותאמר הנה שבה
טז יבמתך אל־עמה ואל־אלהיה שובי אחרי יבמתך: ותאמר
רות אל־תפגעי־בי לעזבך לשוב מאחריך כי אל־אשר
תלכי אלך ובאשר תליני אלין עמך עמי ואלהיך אלהי:
יז באשר תמותי אמות ושם אקבר כה יעשה יהוה לי וכה
יח יוסיף כי המות יפריד ביני ובינך: ותרא כי־מתאמצת היא

יט לָלֶכֶת אִתָּהּ וַתֶּחְדַּל לְדַבֵּר אֵלֶיהָ: וַתֵּלַכְנָה שְׁתֵּיהֶם עַד־בּוֹאָנָה
בֵּית לָחֶם וַיְהִי כְּבוֹאָנָה בֵּית לֶחֶם וַתֵּהֹם כָּל־הָעִיר עֲלֵיהֶן
כ וַתֹּאמַרְנָה הֲזֹאת נָעֳמִי: וַתֹּאמֶר אֲלֵיהֶן אַל־תִּקְרֶאנָה לִי
כא נָעֳמִי קְרֶאןָ לִי מָרָא כִּי־הֵמַר שַׁדַּי לִי מְאֹד: אֲנִי מְלֵאָה הָלַכְתִּי
וְרֵיקָם הֱשִׁיבַנִי יהוה לָמָּה תִקְרֶאנָה לִי נָעֳמִי וַיהוה עָנָה בִי
כב וְשַׁדַּי הֵרַע לִי: וַתָּשָׁב נָעֳמִי וְרוּת הַמּוֹאֲבִיָּה כַלָּתָהּ עִמָּהּ
הַשָּׁבָה מִשְּׂדֵי מוֹאָב וְהֵמָּה בָּאוּ בֵּית לֶחֶם בִּתְחִלַּת קְצִיר
ב א שְׂעֹרִים: וּלְנָעֳמִי מידַּע לְאִישָׁהּ אִישׁ גִּבּוֹר חַיִל מִמִּשְׁפַּחַת מוֹדַע
ב אֱלִימֶלֶךְ וּשְׁמוֹ בֹּעַז: וַתֹּאמֶר רוּת הַמּוֹאֲבִיָּה אֶל־נָעֳמִי אֵלְכָה־
נָּא הַשָּׂדֶה וַאֲלַקֳטָה בַשִּׁבֳּלִים אַחַר אֲשֶׁר אֶמְצָא־חֵן בְּעֵינָיו
ג וַתֹּאמֶר לָהּ לְכִי בִתִּי: וַתֵּלֶךְ וַתָּבוֹא וַתְּלַקֵּט בַּשָּׂדֶה אַחֲרֵי
הַקֹּצְרִים וַיִּקֶר מִקְרֶהָ חֶלְקַת הַשָּׂדֶה לְבֹעַז אֲשֶׁר מִמִּשְׁפַּחַת
ד אֱלִימֶלֶךְ: וְהִנֵּה־בֹעַז בָּא מִבֵּית לֶחֶם וַיֹּאמֶר לַקּוֹצְרִים יהוה
ה עִמָּכֶם וַיֹּאמְרוּ לוֹ יְבָרֶכְךָ יהוה: וַיֹּאמֶר בֹּעַז לְנַעֲרוֹ הַנִּצָּב
ו עַל־הַקּוֹצְרִים לְמִי הַנַּעֲרָה הַזֹּאת: וַיַּעַן הַנַּעַר הַנִּצָּב עַל־
הַקּוֹצְרִים וַיֹּאמַר נַעֲרָה מוֹאֲבִיָּה הִיא הַשָּׁבָה עִם־נָעֳמִי מִשְּׂדֵה
ז מוֹאָב: וַתֹּאמֶר אֲלַקֳטָה־נָּא וְאָסַפְתִּי בָעֳמָרִים אַחֲרֵי הַקּוֹצְרִים
וַתָּבוֹא וַתַּעֲמוֹד מֵאָז הַבֹּקֶר וְעַד־עַתָּה זֶה שִׁבְתָּהּ הַבַּיִת
ח מְעָט: וַיֹּאמֶר בֹּעַז אֶל־רוּת הֲלוֹא שָׁמַעַתְּ בִּתִּי אַל־תֵּלְכִי
לִלְקֹט בְּשָׂדֶה אַחֵר וְגַם לֹא תַעֲבוּרִי מִזֶּה וְכֹה תִדְבָּקִין עִם־
ט נַעֲרֹתָי: עֵינַיִךְ בַּשָּׂדֶה אֲשֶׁר־יִקְצֹרוּן וְהָלַכְתְּ אַחֲרֵיהֶן הֲלוֹא
צִוִּיתִי אֶת־הַנְּעָרִים לְבִלְתִּי נָגְעֵךְ וְצָמִת וְהָלַכְתְּ אֶל־הַכֵּלִים
י וְשָׁתִית מֵאֲשֶׁר יִשְׁאֲבוּן הַנְּעָרִים: וַתִּפֹּל עַל־פָּנֶיהָ וַתִּשְׁתַּחוּ
אָרְצָה וַתֹּאמֶר אֵלָיו מַדּוּעַ מָצָאתִי חֵן בְּעֵינֶיךָ לְהַכִּירֵנִי וְאָנֹכִי
יא נָכְרִיָּה: וַיַּעַן בֹּעַז וַיֹּאמֶר לָהּ הֻגֵּד הֻגַּד לִי כֹּל אֲשֶׁר־עָשִׂית
אֶת־חֲמוֹתֵךְ אַחֲרֵי מוֹת אִישֵׁךְ וַתַּעַזְבִי אָבִיךְ וְאִמֵּךְ וְאֶרֶץ
יב מוֹלַדְתֵּךְ וַתֵּלְכִי אֶל־עַם אֲשֶׁר לֹא־יָדַעַתְּ תְּמוֹל שִׁלְשׁוֹם: יְשַׁלֵּם

יהוה פָּעֳלֵךְ וּתְהִי מַשְׂכֻּרְתֵּךְ שְׁלֵמָה מֵעִם יהוה אֱלֹהֵי יִשְׂרָאֵל
יג אֲשֶׁר־בָּאת לַחֲסוֹת תַּחַת־כְּנָפָיו׃ וַתֹּאמֶר אֶמְצָא־חֵן בְּעֵינֶיךָ
אֲדֹנִי כִּי נִחַמְתָּנִי וְכִי דִבַּרְתָּ עַל־לֵב שִׁפְחָתֶךָ וְאָנֹכִי לֹא אֶהְיֶה
יד כְּאַחַת שִׁפְחֹתֶיךָ׃ וַיֹּאמֶר לָה בֹעַז לְעֵת הָאֹכֶל גֹּשִׁי הֲלֹם וְאָכַלְתְּ
מִן־הַלֶּחֶם וְטָבַלְתְּ פִּתֵּךְ בַּחֹמֶץ וַתֵּשֶׁב מִצַּד הַקֹּצְרִים וַיִּצְבָּט־
טו לָהּ קָלִי וַתֹּאכַל וַתִּשְׂבַּע וַתֹּתַר׃ וַתָּקָם לְלַקֵּט וַיְצַו בֹּעַז אֶת־
טז נְעָרָיו לֵאמֹר גַּם בֵּין הָעֳמָרִים תְּלַקֵּט וְלֹא תַכְלִימוּהָ׃ וְגַם שֹׁל־
תָּשֹׁלּוּ לָהּ מִן־הַצְּבָתִים וַעֲזַבְתֶּם וְלִקְּטָה וְלֹא תִגְעֲרוּ־בָהּ׃
יז וַתְּלַקֵּט בַּשָּׂדֶה עַד־הָעָרֶב וַתַּחְבֹּט אֵת אֲשֶׁר־לִקֵּטָה וַיְהִי
יח כְּאֵיפָה שְׂעֹרִים׃ וַתִּשָּׂא וַתָּבוֹא הָעִיר וַתֵּרֶא חֲמוֹתָהּ אֵת
אֲשֶׁר־לִקֵּטָה וַתּוֹצֵא וַתִּתֶּן־לָהּ אֵת אֲשֶׁר־הוֹתִרָה מִשָּׂבְעָהּ׃
יט וַתֹּאמֶר לָהּ חֲמוֹתָהּ אֵיפֹה לִקַּטְתְּ הַיּוֹם וְאָנָה עָשִׂית יְהִי מַכִּירֵךְ
בָּרוּךְ וַתַּגֵּד לַחֲמוֹתָהּ אֵת אֲשֶׁר־עָשְׂתָה עִמּוֹ וַתֹּאמֶר שֵׁם
כ הָאִישׁ אֲשֶׁר עָשִׂיתִי עִמּוֹ הַיּוֹם בֹּעַז׃ וַתֹּאמֶר נָעֳמִי לְכַלָּתָהּ
בָּרוּךְ הוּא לַיהוה אֲשֶׁר לֹא־עָזַב חַסְדּוֹ אֶת־הַחַיִּים וְאֶת־הַמֵּתִים
כא וַתֹּאמֶר לָהּ נָעֳמִי קָרוֹב לָנוּ הָאִישׁ מִגֹּאֲלֵנוּ הוּא׃ וַתֹּאמֶר
רוּת הַמּוֹאֲבִיָּה גַּם ׀ כִּי־אָמַר אֵלַי עִם־הַנְּעָרִים אֲשֶׁר־לִי תִּדְבָּקִין
כב עַד אִם־כִּלּוּ אֵת כָּל־הַקָּצִיר אֲשֶׁר־לִי׃ וַתֹּאמֶר נָעֳמִי אֶל־רוּת
כַּלָּתָהּ טוֹב בִּתִּי כִּי תֵצְאִי עִם־נַעֲרוֹתָיו וְלֹא יִפְגְּעוּ־בָךְ בְּשָׂדֶה
כג אַחֵר׃ וַתִּדְבַּק בְּנַעֲרוֹת בֹּעַז לְלַקֵּט עַד־כְּלוֹת קְצִיר־הַשְּׂעֹרִים
ג א וּקְצִיר הַחִטִּים וַתֵּשֶׁב אֶת־חֲמוֹתָהּ׃ וַתֹּאמֶר לָהּ נָעֳמִי חֲמוֹתָהּ
ב בִּתִּי הֲלֹא אֲבַקֶּשׁ־לָךְ מָנוֹחַ אֲשֶׁר יִיטַב־לָךְ׃ וְעַתָּה הֲלֹא בֹעַז
מֹדַעְתָּנוּ אֲשֶׁר הָיִית אֶת־נַעֲרוֹתָיו הִנֵּה־הוּא זֹרֶה אֶת־גֹּרֶן
ג הַשְּׂעֹרִים הַלָּיְלָה׃ וְרָחַצְתְּ ׀ וָסַכְתְּ וְשַׂמְתְּ שמלתך עָלַיִךְ שִׂמְלֹתַיִךְ
וירדתי הַגֹּרֶן אַל־תִּוָּדְעִי לָאִישׁ עַד כַּלֹּתוֹ לֶאֱכֹל וְלִשְׁתּוֹת׃ וְיָרָדְתְּ
ד וִיהִי בְשָׁכְבוֹ וְיָדַעַתְּ אֶת־הַמָּקוֹם אֲשֶׁר יִשְׁכַּב־שָׁם וּבָאת
וְגִלִּית מַרְגְּלֹתָיו ושכבתי וְהוּא יַגִּיד לָךְ אֵת אֲשֶׁר תַּעֲשִׂין׃ וְשָׁכָבְתְּ

ה ו אֵלַי וַתֹּאמֶר אֵלֶיהָ כֹּל אֲשֶׁר־תֹּאמְרִי אֶעֱשֶׂה׃ וַתֵּרֶד הַגֹּרֶן וַתַּעַשׂ
ז כְּכֹל אֲשֶׁר־צִוַּתָּה חֲמוֹתָהּ׃ וַיֹּאכַל בֹּעַז וַיֵּשְׁתְּ וַיִּיטַב לִבּוֹ וַיָּבֹא
לִשְׁכַּב בִּקְצֵה הָעֲרֵמָה וַתָּבֹא בַלָּט וַתְּגַל מַרְגְּלֹתָיו וַתִּשְׁכָּב׃
ח וַיְהִי בַּחֲצִי הַלַּיְלָה וַיֶּחֱרַד הָאִישׁ וַיִּלָּפֵת וְהִנֵּה אִשָּׁה שֹׁכֶבֶת
ט מַרְגְּלֹתָיו׃ וַיֹּאמֶר מִי־אָתְּ וַתֹּאמֶר אָנֹכִי רוּת אֲמָתֶךָ וּפָרַשְׂתָּ
י כְנָפֶךָ עַל־אֲמָתְךָ כִּי גֹאֵל אָתָּה׃ וַיֹּאמֶר בְּרוּכָה אַתְּ לַיהוה
בִּתִּי הֵיטַבְתְּ חַסְדֵּךְ הָאַחֲרוֹן מִן־הָרִאשׁוֹן לְבִלְתִּי־לֶכֶת אַחֲרֵי
יא הַבַּחוּרִים אִם־דַּל וְאִם־עָשִׁיר׃ וְעַתָּה בִּתִּי אַל־תִּירְאִי כֹּל
אֲשֶׁר־תֹּאמְרִי אֶעֱשֶׂה־לָּךְ כִּי יוֹדֵעַ כָּל־שַׁעַר עַמִּי כִּי אֵשֶׁת
יב חַיִל אָתְּ׃ וְעַתָּה כִּי אָמְנָם כִּי אם גֹאֵל אָנֹכִי וְגַם יֵשׁ גֹּאֵל
יג קָרוֹב מִמֶּנִּי׃ לִינִי ׀ הַלַּיְלָה וְהָיָה בַבֹּקֶר אִם־יִגְאָלֵךְ טוֹב יִגְאָל
וְאִם־לֹא יַחְפֹּץ לְגָאֳלֵךְ וּגְאַלְתִּיךְ אָנֹכִי חַי־יהוה שִׁכְבִי עַד־
יד בְּטֶרֶם הַבֹּקֶר׃ וַתִּשְׁכַּב מַרְגְּלוֹתָו עַד־הַבֹּקֶר וַתָּקָם בטרום יַכִּיר אִישׁ
טו אֶת־רֵעֵהוּ וַיֹּאמֶר אַל־יִוָּדַע כִּי־בָאָה הָאִשָּׁה הַגֹּרֶן׃ וַיֹּאמֶר
הָבִי הַמִּטְפַּחַת אֲשֶׁר־עָלַיִךְ וְאֶחֳזִי־בָהּ וַתֹּאחֶז בָּהּ וַיָּמָד שֵׁשׁ־
טז שְׂעֹרִים וַיָּשֶׁת עָלֶיהָ וַיָּבֹא הָעִיר׃ וַתָּבוֹא אֶל־חֲמוֹתָהּ וַתֹּאמֶר
יז מִי־אַתְּ בִּתִּי וַתַּגֶּד־לָהּ אֵת כָּל־אֲשֶׁר עָשָׂה־לָהּ הָאִישׁ׃ וַתֹּאמֶר
אֵלַי שֵׁשׁ־הַשְּׂעֹרִים הָאֵלֶּה נָתַן לִי כִּי אָמַר אַל־תָּבוֹאִי רֵיקָם
יח אֶל־חֲמוֹתֵךְ׃ וַתֹּאמֶר שְׁבִי בִתִּי עַד אֲשֶׁר תֵּדְעִין אֵיךְ יִפֹּל
ד א דָּבָר כִּי לֹא יִשְׁקֹט הָאִישׁ כִּי־אִם־כִּלָּה הַדָּבָר הַיּוֹם׃ וּבֹעַז
עָלָה הַשַּׁעַר וַיֵּשֶׁב שָׁם וְהִנֵּה הַגֹּאֵל עֹבֵר אֲשֶׁר דִּבֶּר־בֹּעַז
ב וַיֹּאמֶר סוּרָה שְׁבָה־פֹּה פְּלֹנִי אַלְמֹנִי וַיָּסַר וַיֵּשֵׁב׃ וַיִּקַּח עֲשָׂרָה
ג אֲנָשִׁים מִזִּקְנֵי הָעִיר וַיֹּאמֶר שְׁבוּ־פֹה וַיֵּשֵׁבוּ׃ וַיֹּאמֶר לַגֹּאֵל
חֶלְקַת הַשָּׂדֶה אֲשֶׁר לְאָחִינוּ לֶאֱלִימֶלֶךְ מָכְרָה נָעֳמִי הַשָּׁבָה
ד מִשְּׂדֵה מוֹאָב׃ וַאֲנִי אָמַרְתִּי אֶגְלֶה אָזְנְךָ לֵאמֹר קְנֵה נֶגֶד
הַיֹּשְׁבִים וְנֶגֶד זִקְנֵי עַמִּי אִם־תִּגְאַל גְּאָל וְאִם־לֹא יִגְאַל הַגִּידָה
לִּי וְאֵדַע כִּי אֵין זוּלָתְךָ לִגְאוֹל וְאָנֹכִי אַחֲרֶיךָ וַיֹּאמֶר אָנֹכִי

ה אָגְאָֽל׃ וַיֹּאמֶר בֹּעַז בְּיוֹם־קְנוֹתְךָ הַשָּׂדֶה מִיַּד נָעֳמִי וּמֵאֵת
רוּת הַמּוֹאֲבִיָּה אֵשֶׁת־הַמֵּת קניתי לְהָקִים שֵׁם־הַמֵּת עַל־ קָנִיתָ
ו נַחֲלָתֽוֹ׃ וַיֹּאמֶר הַגֹּאֵל לֹא אוּכַל לגאול־לִי פֶּן־אַשְׁחִית אֶת־ לִגְאָל־
ז נַחֲלָתִי גְּאַל־לְךָ אַתָּה אֶת־גְּאֻלָּתִי כִּי לֹא־אוּכַל לִגְאֹֽל׃ וְזֹאת
לְפָנִים בְּיִשְׂרָאֵל עַל־הַגְּאוּלָּה וְעַל־הַתְּמוּרָה לְקַיֵּם כָּל־דָּבָר
ח שָׁלַף אִישׁ נַעֲלוֹ וְנָתַן לְרֵעֵהוּ וְזֹאת הַתְּעוּדָה בְּיִשְׂרָאֵֽל׃ וַיֹּאמֶר
ט הַגֹּאֵל לְבֹעַז קְנֵה־לָךְ וַיִּשְׁלֹף נַעֲלֽוֹ׃ וַיֹּאמֶר בֹּעַז לַזְּקֵנִים וְכָל־
הָעָם עֵדִים אַתֶּם הַיּוֹם כִּי קָנִיתִי אֶת־כָּל־אֲשֶׁר לֶאֱלִימֶלֶךְ
י וְאֵת כָּל־אֲשֶׁר לְכִלְיוֹן וּמַחְלוֹן מִיַּד נָעֳמִֽי׃ וְגַם אֶת־רוּת
הַמֹּאֲבִיָּה אֵשֶׁת מַחְלוֹן קָנִיתִי לִי לְאִשָּׁה לְהָקִים שֵׁם־הַמֵּת עַל־
נַחֲלָתוֹ וְלֹא־יִכָּרֵת שֵׁם־הַמֵּת מֵעִם אֶחָיו וּמִשַּׁעַר מְקוֹמוֹ עֵדִים
יא אַתֶּם הַיּֽוֹם׃ וַיֹּאמְרוּ כָּל־הָעָם אֲשֶׁר־בַּשַּׁעַר וְהַזְּקֵנִים עֵדִים יִתֵּן
יהוה אֶת־הָאִשָּׁה הַבָּאָה אֶל־בֵּיתֶךָ כְּרָחֵל ׀ וּכְלֵאָה אֲשֶׁר בָּנוּ
שְׁתֵּיהֶם אֶת־בֵּית יִשְׂרָאֵל וַעֲשֵׂה־חַיִל בְּאֶפְרָתָה וּקְרָא־שֵׁם בְּבֵית
יב לָֽחֶם׃ וִיהִי בֵיתְךָ כְּבֵית פֶּרֶץ אֲשֶׁר־יָלְדָה תָמָר לִיהוּדָה מִן־
יג הַזֶּרַע אֲשֶׁר יִתֵּן יהוה לְךָ מִן־הַנַּעֲרָה הַזֹּֽאת׃ וַיִּקַּח בֹּעַז אֶת־רוּת
וַתְּהִי־לוֹ לְאִשָּׁה וַיָּבֹא אֵלֶיהָ וַיִּתֵּן יהוה לָהּ הֵרָיוֹן וַתֵּלֶד בֵּֽן׃
יד וַתֹּאמַרְנָה הַנָּשִׁים אֶל־נָעֳמִי בָּרוּךְ יהוה אֲשֶׁר לֹא הִשְׁבִּית לָךְ
טו גֹּאֵל הַיּוֹם וְיִקָּרֵא שְׁמוֹ בְּיִשְׂרָאֵֽל׃ וְהָיָה לָךְ לְמֵשִׁיב נֶפֶשׁ
וּלְכַלְכֵּל אֶת־שֵׂיבָתֵךְ כִּי כַלָּתֵךְ אֲשֶׁר־אֲהֵבַתֶךְ יְלָדַתּוּ אֲשֶׁר־הִיא
טז טוֹבָה לָךְ מִשִּׁבְעָה בָּנִֽים׃ וַתִּקַּח נָעֳמִי אֶת־הַיֶּלֶד וַתְּשִׁתֵהוּ
יז בְחֵיקָהּ וַתְּהִי־לוֹ לְאֹמֶֽנֶת׃ וַתִּקְרֶאנָה לוֹ הַשְּׁכֵנוֹת שֵׁם לֵאמֹר
יֻלַּד־בֵּן לְנָעֳמִי וַתִּקְרֶאנָה שְׁמוֹ עוֹבֵד הוּא אֲבִי־יִשַׁי אֲבִי דָוִֽד׃
יח וְאֵלֶּה תּוֹלְדוֹת פָּרֶץ פֶּרֶץ הוֹלִיד אֶת־חֶצְרֽוֹן׃ וְחֶצְרוֹן הוֹלִיד
כ אֶת־רָם וְרָם הוֹלִיד אֶת־עַמִּינָדָֽב׃ וְעַמִּינָדָב הוֹלִיד אֶת־נַחְשׁוֹן
כא וְנַחְשׁוֹן הוֹלִיד אֶת־שַׂלְמָֽה׃ וְשַׂלְמוֹן הוֹלִיד אֶת־בֹּעַז וּבֹעַז
כב הוֹלִיד אֶת־עוֹבֵֽד׃ וְעֹבֵד הוֹלִיד אֶת־יִשָׁי וְיִשַׁי הוֹלִיד אֶת־דָּוִֽד׃

איכה

א

א איכה ׀ ישבה בדד העיר רבתי עם היתה כאלמנה רבתי
ב בגוים שרתי במדינות היתה למס׃ בכו תבכה בלילה
ודמעתה על לחיה אין־לה מנחם מכל־אהביה כל־רעיה
ג בגדו בה היו לה לאיבים׃ גלתה יהודה מעני ומרב עבדה
היא ישבה בגוים לא מצאה מנוח כל־רדפיה השיגוה בין
ד המצרים׃ דרכי ציון אבלות מבלי באי מועד כל־שעריה
ה שוממין כהניה נאנחים בתולתיה נוגות והיא מר־לה׃ היו צריה
לראש איביה שלו כי־יהוה הוגה על־רב פשעיה עולליה
ו הלכו שבי לפני־צר׃ ויצא מן בת־ציון כל־הדרה היו שריה מבת־
ז כאילים לא־מצאו מרעה וילכו בלא־כח לפני רודף׃ זכרה
ירושלם ימי עניה ומרודיה כל מחמדיה אשר היו מימי קדם
בנפל עמה ביד־צר ואין עוזר לה ראוה צרים שחקו על־
ח משבתה׃ חטא חטאה ירושלם על־כן לנידה היתה כל־
מכבדיה הזילוה כי־ראו ערותה גם־היא נאנחה ותשב אחור׃
ט טמאתה בשוליה לא זכרה אחריתה ותרד פלאים אין מנחם
י לה ראה יהוה את־עניי כי הגדיל אויב׃ ידו פרש צר על כל־
מחמדיה כי־ראתה גוים באו מקדשה אשר צויתה לא־יבאו
יא בקהל לך׃ כל־עמה נאנחים מבקשים לחם נתנו מחמודיהם מחמדיהם
יב באכל להשיב נפש ראה יהוה והביטה כי הייתי זוללה׃ לוא
אליכם כל־עברי דרך הביטו וראו אם־יש מכאוב כמכאבי
יג אשר עולל לי אשר הוגה יהוה ביום חרון אפו׃ ממרום
שלח־אש בעצמתי וירדנה פרש רשת לרגלי השיבני אחור
יד נתנני שממה כל־היום דוה׃ נשקד על פשעי בידו ישתרגו
עלו על־צוארי הכשיל כחי נתנני אדני בידי לא־אוכל קום׃
טו סלה כל־אבירי ׀ אדני בקרבי קרא עלי מועד לשבר בחורי
טז גת דרך אדני לבתולת בת־יהודה׃ על־אלה ׀ אני בוכיה
עיני ׀ עיני ירדה מים כי־רחק ממני מנחם משיב נפשי היו

בְּנַי שׁוֹמֵמִים כִּי גָבַר אוֹיֵב׃ פֵּרְשָׂה צִיּוֹן בְּיָדֶיהָ אֵין מְנַחֵם לָהּ יז
צִוָּה יְהוָה לְיַעֲקֹב סְבִיבָיו צָרָיו הָיְתָה יְרוּשָׁלַםִ לְנִדָּה בֵּינֵיהֶם׃
הָעַמִּים צַדִּיק הוּא יְהוָה כִּי פִיהוּ מָרִיתִי שִׁמְעוּ־נָא כָל־עמים וּרְאוּ יח
מַכְאֹבִי בְּתוּלֹתַי וּבַחוּרַי הָלְכוּ בַשֶּׁבִי׃ קָרָאתִי לַמְאַהֲבַי הֵמָּה יט
רִמּוּנִי כֹּהֲנַי וּזְקֵנַי בָּעִיר גָּוָעוּ כִּי־בִקְשׁוּ אֹכֶל לָמוֹ וְיָשִׁיבוּ אֶת־
נַפְשָׁם׃ רְאֵה יְהוָה כִּי־צַר־לִי מֵעַי חֳמַרְמָרוּ נֶהְפַּךְ לִבִּי בְּקִרְבִּי כ
כִּי מָרוֹ מָרִיתִי מִחוּץ שִׁכְּלָה־חֶרֶב בַּבַּיִת כַּמָּוֶת׃ שָׁמְעוּ כִּי כא
נֶאֱנָחָה אָנִי אֵין מְנַחֵם לִי כָּל־אֹיְבַי שָׁמְעוּ רָעָתִי שָׂשׂוּ כִּי
אַתָּה עָשִׂיתָ הֵבֵאתָ יוֹם־קָרָאתָ וְיִהְיוּ כָמוֹנִי׃ תָּבֹא כָל־רָעָתָם כב
לְפָנֶיךָ וְעוֹלֵל לָמוֹ כַּאֲשֶׁר עוֹלַלְתָּ לִי עַל כָּל־פְּשָׁעָי כִּי־
רַבּוֹת אַנְחֹתַי וְלִבִּי דַוָּי׃

אֵיכָה יָעִיב בְּאַפּוֹ ׀ אֲדֹנָי אֶת־בַּת־צִיּוֹן הִשְׁלִיךְ מִשָּׁמַיִם אֶרֶץ אב
תִּפְאֶרֶת יִשְׂרָאֵל וְלֹא־זָכַר הֲדֹם־רַגְלָיו בְּיוֹם אַפּוֹ׃ בִּלַּע אֲדֹנָי ב
וְלֹא לא חָמַל אֵת כָּל־נְאוֹת יַעֲקֹב הָרַס בְּעֶבְרָתוֹ מִבְצְרֵי בַת־
יְהוּדָה הִגִּיעַ לָאָרֶץ חִלֵּל מַמְלָכָה וְשָׂרֶיהָ׃ גָּדַע בָּחֳרִי־אַף ג
כֹּל קֶרֶן יִשְׂרָאֵל הֵשִׁיב אָחוֹר יְמִינוֹ מִפְּנֵי אוֹיֵב וַיִּבְעַר בְּיַעֲקֹב
כְּאֵשׁ לֶהָבָה אָכְלָה סָבִיב׃ דָּרַךְ קַשְׁתּוֹ כְּאוֹיֵב נִצָּב יְמִינוֹ ד
כְּצָר וַיַּהֲרֹג כֹּל מַחֲמַדֵּי־עָיִן בְּאֹהֶל בַּת־צִיּוֹן שָׁפַךְ כָּאֵשׁ
חֲמָתוֹ׃ הָיָה אֲדֹנָי ׀ כְּאוֹיֵב בִּלַּע יִשְׂרָאֵל בִּלַּע כָּל־אַרְמְנוֹתֶיהָ ה
שִׁחֵת מִבְצָרָיו וַיֶּרֶב בְּבַת־יְהוּדָה תַּאֲנִיָּה וַאֲנִיָּה׃ וַיַּחְמֹס כַּגַּן ו
שֻׂכּוֹ שִׁחֵת מֹעֲדוֹ שִׁכַּח יְהוָה ׀ בְּצִיּוֹן מוֹעֵד וְשַׁבָּת וַיִּנְאַץ
בְּזַעַם־אַפּוֹ מֶלֶךְ וְכֹהֵן׃ זָנַח אֲדֹנָי ׀ מִזְבְּחוֹ נִאֵר מִקְדָּשׁוֹ הִסְגִּיר ז
בְּיַד־אוֹיֵב חוֹמֹת אַרְמְנוֹתֶיהָ קוֹל נָתְנוּ בְּבֵית־יְהוָה כְּיוֹם
מוֹעֵד׃ חָשַׁב יְהוָה ׀ לְהַשְׁחִית חוֹמַת בַּת־צִיּוֹן נָטָה קָו לֹא־ ח
הֵשִׁיב יָדוֹ מִבַּלֵּעַ וַיַּאֲבֶל־חֵל וְחוֹמָה יַחְדָּו אֻמְלָלוּ׃ טָבְעוּ ט
בָאָרֶץ שְׁעָרֶיהָ אִבַּד וְשִׁבַּר בְּרִיחֶיהָ מַלְכָּהּ וְשָׂרֶיהָ בַגּוֹיִם אֵין
תּוֹרָה גַּם־נְבִיאֶיהָ לֹא־מָצְאוּ חָזוֹן מֵיְהוָה׃ יֵשְׁבוּ לָאָרֶץ יִדְּמוּ י

זִקְנֵ֣י בַת־צִיּ֔וֹן הֶעֱל֤וּ עָפָר֙ עַל־רֹאשָׁ֔ם חָגְר֖וּ שַׂקִּ֑ים הוֹרִ֤ידוּ
יא לָאָ֙רֶץ֙ רֹאשָׁ֔ן בְּתוּלֹ֖ת יְרוּשָׁלִָֽם׃ כָּל֨וּ בַדְּמָע֤וֹת עֵינַי֙ חֳמַרְמְר֣וּ
מֵעַ֔י נִשְׁפַּ֤ךְ לָאָ֙רֶץ֙ כְּבֵדִ֔י עַל־שֶׁ֖בֶר בַּת־עַמִּ֑י בֵּֽעָטֵ֣ף עוֹלֵ֣ל וְיוֹנֵ֔ק
יב בִּרְחֹב֖וֹת קִרְיָֽה׃ לְאִמֹּתָם֙ יֹֽאמְר֔וּ אַיֵּ֖ה דָּגָ֣ן וָיָ֑יִן בְּהִֽתְעַטְּפָ֤ם
יג כֶּֽחָלָל֙ בִּרְחֹב֣וֹת עִ֔יר בְּהִשְׁתַּפֵּ֣ךְ נַפְשָׁ֔ם אֶל־חֵ֖יק אִמֹּתָֽם׃ מָֽה־
אעודך מָ֣ה אֲדַמֶּה־לָּ֗ךְ הַבַּת֙ יְר֣וּשָׁלִַ֔ם מָ֤ה אַשְׁוֶה־לָּךְ֙ וַאֲנַֽחֲמֵ֔ךְ אֲעִידֵ֞ךְ
יד בְּתוּלַ֖ת בַּת־צִיּ֑וֹן כִּֽי־גָד֥וֹל כַּיָּ֛ם שִׁבְרֵ֖ךְ מִ֥י יִרְפָּא־לָֽךְ׃ נְבִיאַ֗יִךְ
חָ֤זוּ לָךְ֙ שָׁ֣וְא וְתָפֵ֔ל וְלֹֽא־גִלּ֥וּ עַל־עֲוֺנֵ֖ךְ לְהָשִׁ֣יב שביתך וַיֶּ֣חֱזוּ שְׁבוּתֵ֑ךְ
טו לָ֔ךְ מַשְׂא֥וֹת שָׁ֖וְא וּמַדּוּחִֽים׃ סָֽפְק֨וּ עָלַ֤יִךְ כַּפַּ֙יִם֙ כָּל־עֹ֣בְרֵי דֶ֔רֶךְ
שָֽׁרְקוּ֙ וַיָּנִ֣עוּ רֹאשָׁ֔ם עַל־בַּ֖ת יְרוּשָׁלִָ֑ם הֲזֹ֣את הָעִ֗יר שֶׁיֹּֽאמְרוּ֙
טז כְּלִ֣ילַת יֹ֔פִי מָשׂ֖וֹשׂ לְכָל־הָאָֽרֶץ׃ פָּצ֨וּ עָלַ֤יִךְ פִּיהֶם֙ כָּל־אֹ֣יְבַ֔יִךְ
שָֽׁרְקוּ֙ וַיַּֽחַרְקוּ־שֵׁ֔ן אָמְר֖וּ בִּלָּ֑עְנוּ אַ֣ךְ זֶ֥ה הַיּ֛וֹם שֶׁקִּוִּינֻ֖הוּ מָצָ֥אנוּ
יז רָאִֽינוּ׃ עָשָׂ֨ה יְהוָ֜ה אֲשֶׁ֣ר זָמָ֗ם בִּצַּ֤ע אֶמְרָתוֹ֙ אֲשֶׁ֤ר צִוָּה֙ מִֽימֵי־
קֶ֔דֶם הָרַ֖ס וְלֹ֣א חָמָ֑ל וַיְשַׂמַּ֤ח עָלַ֙יִךְ֙ אוֹיֵ֔ב הֵרִ֖ים קֶ֥רֶן צָרָֽיִךְ׃
יח צָעַ֥ק לִבָּ֖ם אֶל־אֲדֹנָ֑י חוֹמַ֨ת בַּת־צִיּ֜וֹן הוֹרִ֨ידִי כַנַּ֤חַל דִּמְעָה֙ יוֹמָ֣ם
יט וָלַ֔יְלָה אַל־תִּתְּנִ֤י פוּגַת֙ לָ֔ךְ אַל־תִּדֹּ֖ם בַּת־עֵינֵֽךְ׃ ק֣וּמִי ׀ רֹ֣נִּי
בַלַּ֗יְלָה לְרֹאשׁ֙ אַשְׁמֻר֔וֹת שִׁפְכִ֤י כַמַּ֙יִם֙ לִבֵּ֔ךְ נֹ֖כַח פְּנֵ֣י אֲדֹנָ֑י שְׂאִ֧י
אֵלָ֣יו כַּפַּ֗יִךְ עַל־נֶ֙פֶשׁ֙ עֽוֹלָלַ֔יִךְ הָעֲטוּפִ֥ים בְּרָעָ֖ב בְּרֹ֥אשׁ כָּל־
כ חוּצֽוֹת׃ רְאֵ֤ה יְהוָה֙ וְֽהַבִּ֔יטָה לְמִ֖י עוֹלַ֣לְתָּ כֹּ֑ה אִם־תֹּאכַ֨לְנָה
נָשִׁ֤ים פִּרְיָם֙ עֹלְלֵ֣י טִפֻּחִ֔ים אִם־יֵהָרֵ֛ג בְּמִקְדַּ֥שׁ אֲדֹנָ֖י כֹּהֵ֥ן
כא וְנָבִֽיא׃ שָׁכְב֨וּ לָאָ֤רֶץ חוּצוֹת֙ נַ֣עַר וְזָקֵ֔ן בְּתוּלֹתַ֥י וּבַחוּרַ֖י נָפְל֣וּ
כב בֶחָ֑רֶב הָרַ֙גְתָּ֙ בְּי֣וֹם אַפֶּ֔ךָ טָבַ֖חְתָּ לֹ֥א חָמָֽלְתָּ׃ תִּקְרָא֩ כְי֨וֹם
מוֹעֵ֤ד מְגוּרַי֙ מִסָּבִ֔יב וְלֹ֥א הָיָ֛ה בְּי֥וֹם אַף־יְהוָ֖ה פָּלִ֣יט וְשָׂרִ֑יד
אֲשֶׁר־טִפַּ֥חְתִּי וְרִבִּ֖יתִי אֹיְבִ֥י כִלָּֽם׃

ג א ב אֲנִ֤י הַגֶּ֙בֶר֙ רָאָ֣ה עֳנִ֔י בְּשֵׁ֖בֶט עֶבְרָתֽוֹ׃ אוֹתִ֥י נָהַ֛ג וַיֹּלַ֖ךְ חֹ֥שֶׁךְ וְלֹא־
ג אֽוֹר׃ אַ֣ךְ בִּ֥י יָשֻׁ֛ב יַהֲפֹ֥ךְ יָד֖וֹ כָּל־הַיּֽוֹם׃ בִּלָּ֤ה בְשָׂרִי֙ וְעוֹרִ֔י שִׁבַּ֖ר
ד ה ו עַצְמוֹתָֽי׃ בָּנָ֥ה עָלַ֛י וַיַּקַּ֖ף רֹ֥אשׁ וּתְלָאָֽה׃ בְּמַחֲשַׁכִּ֥ים הוֹשִׁיבַ֖נִי

כְּמֵתֵי עוֹלָם׃ גָּדַר בַּעֲדִי וְלֹא אֵצֵא הִכְבִּיד נְחָשְׁתִּי׃ גַּם כִּי ז ח
אֶזְעַק וַאֲשַׁוֵּעַ שָׂתַם תְּפִלָּתִי׃ גָּדַר דְּרָכַי בְּגָזִית נְתִיבֹתַי עִוָּה׃ ט
אֲרִי דֹּב אֹרֵב הוּא לִי אריה בְּמִסְתָּרִים׃ דְּרָכַי סוֹרֵר וַיְפַשְּׁחֵנִי שָׂמַנִי י יא
שׁוֹמֵם׃ דָּרַךְ קַשְׁתּוֹ וַיַּצִּיבֵנִי כַּמַּטָּרָא לַחֵץ׃ הֵבִיא בְּכִלְיוֹתָי בְּנֵי יב יג
אַשְׁפָּתוֹ׃ הָיִיתִי שְּׂחֹק לְכָל־עַמִּי נְגִינָתָם כָּל־הַיּוֹם׃ הִשְׂבִּיעַנִי יד טו
בַמְּרוֹרִים הִרְוַנִי לַעֲנָה׃ וַיַּגְרֵס בֶּחָצָץ שִׁנָּי הִכְפִּישַׁנִי בָּאֵפֶר׃ טז
וַתִּזְנַח מִשָּׁלוֹם נַפְשִׁי נָשִׁיתִי טוֹבָה׃ וָאֹמַר אָבַד נִצְחִי וְתוֹחַלְתִּי יז יח
וְתָשׁוֹחַ מֵיהוָה׃ זְכָר־עָנְיִי וּמְרוּדִי לַעֲנָה וָרֹאשׁ׃ זָכוֹר תִּזְכּוֹר ותשיח יט כ
עָלַי נַפְשִׁי׃ זֹאת אָשִׁיב אֶל־לִבִּי עַל־כֵּן אוֹחִיל׃ חַסְדֵי יהוה כא כב
כִּי לֹא־תָמְנוּ כִּי לֹא־כָלוּ רַחֲמָיו׃ חֲדָשִׁים לַבְּקָרִים רַבָּה כג
אֱמוּנָתֶךָ׃ חֶלְקִי יהוה אָמְרָה נַפְשִׁי עַל־כֵּן אוֹחִיל לוֹ׃ טוֹב כד כה
יהוה לְקֹוָו לְנֶפֶשׁ תִּדְרְשֶׁנּוּ׃ טוֹב וְיָחִיל וְדוּמָם לִתְשׁוּעַת כו
יְהוָה׃ טוֹב לַגֶּבֶר כִּי־יִשָּׂא עֹל בִּנְעוּרָיו׃ יֵשֵׁב בָּדָד וְיִדֹּם כִּי כז כח
נָטַל עָלָיו׃ יִתֵּן בֶּעָפָר פִּיהוּ אוּלַי יֵשׁ תִּקְוָה׃ יִתֵּן לְמַכֵּהוּ כט ל
לֶחִי יִשְׂבַּע בְּחֶרְפָּה׃ כִּי לֹא יִזְנַח לְעוֹלָם אֲדֹנָי׃ כִּי אִם־הוֹגָה לא לב
וְרִחַם כְּרֹב חֲסָדָו׃ כִּי לֹא עִנָּה מִלִּבּוֹ וַיַּגֶּה בְּנֵי־אִישׁ׃ לְדַכֵּא לג לד
תַּחַת רַגְלָיו כֹּל אֲסִירֵי אָרֶץ׃ לְהַטּוֹת מִשְׁפַּט־גָּבֶר נֶגֶד פְּנֵי לה
עֶלְיוֹן׃ לְעַוֵּת אָדָם בְּרִיבוֹ אֲדֹנָי לֹא רָאָה׃ מִי זֶה אָמַר וַתֶּהִי לו לז
אֲדֹנָי לֹא צִוָּה׃ מִפִּי עֶלְיוֹן לֹא תֵצֵא הָרָעוֹת וְהַטּוֹב׃ מַה־ לח לט
יִּתְאוֹנֵן אָדָם חָי גֶּבֶר עַל־חֲטָאָו׃ נַחְפְּשָׂה דְרָכֵינוּ וְנַחְקֹרָה מ
וְנָשׁוּבָה עַד־יהוה׃ נִשָּׂא לְבָבֵנוּ אֶל־כַּפָּיִם אֶל־אֵל בַּשָּׁמָיִם׃ מא
נַחְנוּ פָשַׁעְנוּ וּמָרִינוּ אַתָּה לֹא סָלָחְתָּ׃ סַכֹּתָה בָאַף וַתִּרְדְּפֵנוּ מב מג
הָרַגְתָּ לֹא חָמָלְתָּ׃ סַכּוֹתָה בֶעָנָן לָךְ מֵעֲבוֹר תְּפִלָּה׃ סְחִי מד מה
וּמָאוֹס תְּשִׂימֵנוּ בְּקֶרֶב הָעַמִּים׃ פָּצוּ עָלֵינוּ פִּיהֶם כָּל־אֹיְבֵינוּ׃ מו
פַּחַד וָפַחַת הָיָה לָנוּ הַשֵּׁאת וְהַשָּׁבֶר׃ פַּלְגֵי־מַיִם תֵּרַד עֵינִי מז מח
עַל־שֶׁבֶר בַּת־עַמִּי׃ עֵינִי נִגְּרָה וְלֹא תִדְמֶה מֵאֵין הֲפֻגוֹת׃ עַד־ מט נ
יַשְׁקִיף וְיֵרֶא יהוה מִשָּׁמָיִם׃ עֵינִי עוֹלְלָה לְנַפְשִׁי מִכֹּל בְּנוֹת נא

נב נג עִירָי: צוֹד צָדוּנִי כַּצִּפּוֹר אֹיְבַי חִנָּם: צָמְתוּ בַבּוֹר חַיָּי וַיַּדּוּ־
נד נה אֶבֶן בִּי: צָפוּ־מַיִם עַל־רֹאשִׁי אָמַרְתִּי נִגְזָרְתִּי: קָרָאתִי שִׁמְךָ
נו יְהוָה מִבּוֹר תַּחְתִּיּוֹת: קוֹלִי שָׁמָעְתָּ אַל־תַּעְלֵם אָזְנְךָ לְרַוְחָתִי
נז נח לְשַׁוְעָתִי: קָרַבְתָּ בְּיוֹם אֶקְרָאֶךָּ אָמַרְתָּ אַל־תִּירָא: רַבְתָּ אֲדֹנָי
נט רִיבֵי נַפְשִׁי גָּאַלְתָּ חַיָּי: רָאִיתָה יְהוָה עַוָּתָתִי שָׁפְטָה מִשְׁפָּטִי:
ס סא רָאִיתָה כָּל־נִקְמָתָם כָּל־מַחְשְׁבֹתָם לִי: שָׁמַעְתָּ חֶרְפָּתָם
סב יְהוָה כָּל־מַחְשְׁבֹתָם עָלָי: שִׂפְתֵי קָמַי וְהֶגְיוֹנָם עָלַי כָּל־הַיּוֹם:
סג סד שִׁבְתָּם וְקִימָתָם הַבִּיטָה אֲנִי מַנְגִּינָתָם: תָּשִׁיב לָהֶם גְּמוּל
סה יְהוָה כְּמַעֲשֵׂה יְדֵיהֶם: תִּתֵּן לָהֶם מְגִנַּת־לֵב תַּאֲלָתְךָ לָהֶם:
סו תִּרְדֹּף בְּאַף וְתַשְׁמִידֵם מִתַּחַת שְׁמֵי יְהוָה:
ד א אֵיכָה יוּעַם זָהָב יִשְׁנֶא הַכֶּתֶם הַטּוֹב תִּשְׁתַּפֵּכְנָה אַבְנֵי־קֹדֶשׁ
ב בְּרֹאשׁ כָּל־חוּצוֹת: בְּנֵי צִיּוֹן הַיְקָרִים הַמְסֻלָּאִים בַּפָּז אֵיכָה
ג נֶחְשְׁבוּ לְנִבְלֵי־חֶרֶשׂ מַעֲשֵׂה יְדֵי יוֹצֵר: גַּם־תַּנִּין חָלְצוּ שַׁד תַּנִּים
ד הֵינִיקוּ גּוּרֵיהֶן בַּת־עַמִּי לְאַכְזָר כִּי עֵנִים בַּמִּדְבָּר: דָּבַק לְשׁוֹן כַּיְעֵנִים
יוֹנֵק אֶל־חִכּוֹ בַּצָּמָא עוֹלָלִים שָׁאֲלוּ לֶחֶם פֹּרֵשׂ אֵין לָהֶם:
ה הָאֹכְלִים לְמַעֲדַנִּים נָשַׁמּוּ בַּחוּצוֹת הָאֱמֻנִים עֲלֵי תוֹלָע חִבְּקוּ
ו אַשְׁפַּתּוֹת: וַיִּגְדַּל עֲוֺן בַּת־עַמִּי מֵחַטַּאת סְדֹם הַהֲפוּכָה כְמוֹ־
ז רָגַע וְלֹא־חָלוּ בָהּ יָדָיִם: זַכּוּ נְזִירֶיהָ מִשֶּׁלֶג צַחוּ מֵחָלָב אָדְמוּ
ח עֶצֶם מִפְּנִינִים סַפִּיר גִּזְרָתָם: חָשַׁךְ מִשְּׁחוֹר תָּאֳרָם לֹא נִכְּרוּ
ט בַּחוּצוֹת צָפַד עוֹרָם עַל־עַצְמָם יָבֵשׁ הָיָה כָעֵץ: טוֹבִים הָיוּ
חַלְלֵי־חֶרֶב מֵחַלְלֵי רָעָב שֶׁהֵם יָזוּבוּ מְדֻקָּרִים מִתְּנוּבֹת שָׂדָי:
י יְדֵי נָשִׁים רַחֲמָנִיּוֹת בִּשְּׁלוּ יַלְדֵיהֶן הָיוּ לְבָרוֹת לָמוֹ בְּשֶׁבֶר
יא בַּת־עַמִּי: כִּלָּה יְהוָה אֶת־חֲמָתוֹ שָׁפַךְ חֲרוֹן אַפּוֹ וַיַּצֶּת־אֵשׁ
יב בְּצִיּוֹן וַתֹּאכַל יְסוֹדֹתֶיהָ: לֹא הֶאֱמִינוּ מַלְכֵי־אֶרֶץ וכל יֹשְׁבֵי כֹּל
יג תֵבֵל כִּי יָבֹא צַר וְאוֹיֵב בְּשַׁעֲרֵי יְרוּשָׁלָם: מֵחַטֹּאת נְבִיאֶיהָ
יד עֲוֺנֹת כֹּהֲנֶיהָ הַשֹּׁפְכִים בְּקִרְבָּהּ דַּם צַדִּיקִים: נָעוּ עִוְרִים
טו בַּחוּצוֹת נְגֹאֲלוּ בַּדָּם בְּלֹא יוּכְלוּ יִגְּעוּ בִּלְבֻשֵׁיהֶם: סוּרוּ טָמֵא

קָרְאוּ לָמוֹ סוּרוּ סוּרוּ אַל־תִּגָּעוּ כִּי נָצוּ גַּם־נָעוּ אָמְרוּ בַּגּוֹיִם לֹא
יוֹסִפוּ לָגוּר׃ פְּנֵי יהוה חִלְּקָם לֹא יוֹסִיף לְהַבִּיטָם פְּנֵי כֹהֲנִים לֹא טז
(וּזְקֵנִים | עוֹדֵינוּ) נָשָׂאוּ זקנים לֹא חָנָנוּ׃ עודינה תִּכְלֶינָה עֵינֵינוּ אֶל־עֶזְרָתֵנוּ הָבֶל יז
בְּצִפִּיָּתֵנוּ צִפִּינוּ אֶל־גּוֹי לֹא יוֹשִׁעַ׃ צָדוּ צְעָדֵינוּ מִלֶּכֶת בִּרְחֹבֹתֵינוּ יח
קָרַב קִצֵּנוּ מָלְאוּ יָמֵינוּ כִּי־בָא קִצֵּנוּ׃ קַלִּים הָיוּ רֹדְפֵינוּ מִנִּשְׁרֵי יט
שָׁמָיִם עַל־הֶהָרִים דְּלָקֻנוּ בַּמִּדְבָּר אָרְבוּ לָנוּ׃ רוּחַ אַפֵּינוּ מְשִׁיחַ כ
יהוה נִלְכַּד בִּשְׁחִיתוֹתָם אֲשֶׁר אָמַרְנוּ בְּצִלּוֹ נִחְיֶה בַגּוֹיִם׃ שִׂישִׂי כא
(יוֹשֶׁבֶת) וְשִׂמְחִי בַּת־אֱדוֹם יושבתי בְּאֶרֶץ עוּץ גַּם־עָלַיִךְ תַּעֲבָר־כּוֹס
תִּשְׁכְּרִי וְתִתְעָרִי׃ תַּם־עֲוֹנֵךְ בַּת־צִיּוֹן לֹא יוֹסִיף לְהַגְלוֹתֵךְ כב
פָּקַד עֲוֹנֵךְ בַּת־אֱדוֹם גִּלָּה עַל־חַטֹּאתָיִךְ׃

זְכֹר יהוה מֶה־הָיָה לָנוּ הַבִּיטָה וּרְאֵה אֶת־חֶרְפָּתֵנוּ׃ נַחֲלָתֵנוּ א ב ה
(וְאֵין) נֶהֶפְכָה לְזָרִים בָּתֵּינוּ לְנָכְרִים׃ יְתוֹמִים הָיִינוּ אין אָב אִמֹּתֵינוּ ג
כְּאַלְמָנוֹת׃ מֵימֵינוּ בְּכֶסֶף שָׁתִינוּ עֵצֵינוּ בִּמְחִיר יָבֹאוּ׃ עַל ד ה
(וְלֹא) צַוָּארֵנוּ נִרְדָּפְנוּ יָגַעְנוּ לא הוּנַח־לָנוּ׃ מִצְרַיִם נָתַנּוּ יָד אַשּׁוּר ו
(וְאֵינָם וַאֲנַחְנוּ) לִשְׂבֹּעַ לָחֶם׃ אֲבֹתֵינוּ חָטְאוּ אינם אנחנו עֲוֹנֹתֵיהֶם סָבָלְנוּ׃ ז
עֲבָדִים מָשְׁלוּ בָנוּ פֹּרֵק אֵין מִיָּדָם׃ בְּנַפְשֵׁנוּ נָבִיא לַחְמֵנוּ ח ט
מִפְּנֵי חֶרֶב הַמִּדְבָּר׃ עוֹרֵנוּ כְּתַנּוּר נִכְמָרוּ מִפְּנֵי זַלְעֲפוֹת י
רָעָב׃ נָשִׁים בְּצִיּוֹן עִנּוּ בְּתֻלֹת בְּעָרֵי יְהוּדָה׃ שָׂרִים בְּיָדָם יא יב
נִתְלוּ פְּנֵי זְקֵנִים לֹא נֶהְדָּרוּ׃ בַּחוּרִים טְחוֹן נָשָׂאוּ וּנְעָרִים יג
בָּעֵץ כָּשָׁלוּ׃ זְקֵנִים מִשַּׁעַר שָׁבָתוּ בַּחוּרִים מִנְּגִינָתָם׃ שָׁבַת יד טו
מְשׂוֹשׂ לִבֵּנוּ נֶהְפַּךְ לְאֵבֶל מְחֹלֵנוּ׃ נָפְלָה עֲטֶרֶת רֹאשֵׁנוּ טז
אוֹי־נָא לָנוּ כִּי חָטָאנוּ׃ עַל־זֶה הָיָה דָוֶה לִבֵּנוּ עַל־אֵלֶּה יז
חָשְׁכוּ עֵינֵינוּ׃ עַל הַר־צִיּוֹן שֶׁשָּׁמֵם שׁוּעָלִים הִלְּכוּ־בוֹ׃ אַתָּה יח יט
יהוה לְעוֹלָם תֵּשֵׁב כִּסְאֲךָ לְדֹר וָדוֹר׃ לָמָּה לָנֶצַח תִּשְׁכָּחֵנוּ כ
תַּעַזְבֵנוּ לְאֹרֶךְ יָמִים׃ הֲשִׁיבֵנוּ יהוה ׀ אֵלֶיךָ וְנָשׁוּבָה חַדֵּשׁ כא
יָמֵינוּ כְּקֶדֶם׃ כִּי אִם־מָאֹס מְאַסְתָּנוּ קָצַפְתָּ עָלֵינוּ עַד־מְאֹד׃ כב

השיבנו יהוה אליך ונשובה חדש ימינו כקדם

קהלת

א ב דִּבְרֵי קֹהֶלֶת בֶּן־דָּוִד מֶלֶךְ בִּירוּשָׁלִָם׃ הֲבֵל הֲבָלִים אָמַר א
ג קֹהֶלֶת הֲבֵל הֲבָלִים הַכֹּל הָבֶל׃ מַה־יִּתְרוֹן לָאָדָם בְּכָל־עֲמָלוֹ
ד שֶׁיַּעֲמֹל תַּחַת הַשָּׁמֶשׁ׃ דּוֹר הֹלֵךְ וְדוֹר בָּא וְהָאָרֶץ לְעוֹלָם
ה עֹמָדֶת׃ וְזָרַח הַשֶּׁמֶשׁ וּבָא הַשָּׁמֶשׁ וְאֶל־מְקוֹמוֹ שׁוֹאֵף זוֹרֵחַ
ו הוּא שָׁם׃ הוֹלֵךְ אֶל־דָּרוֹם וְסוֹבֵב אֶל־צָפוֹן סוֹבֵב ׀ סֹבֵב הוֹלֵךְ
ז הָרוּחַ וְעַל־סְבִיבֹתָיו שָׁב הָרוּחַ׃ כָּל־הַנְּחָלִים הֹלְכִים אֶל־
הַיָּם וְהַיָּם אֵינֶנּוּ מָלֵא אֶל־מְקוֹם שֶׁהַנְּחָלִים הֹלְכִים שָׁם הֵם
ח שָׁבִים לָלָכֶת׃ כָּל־הַדְּבָרִים יְגֵעִים לֹא־יוּכַל אִישׁ לְדַבֵּר לֹא־
ט תִשְׂבַּע עַיִן לִרְאוֹת וְלֹא־תִמָּלֵא אֹזֶן מִשְּׁמֹעַ׃ מַה־שֶּׁהָיָה הוּא
שֶׁיִּהְיֶה וּמַה־שֶּׁנַּעֲשָׂה הוּא שֶׁיֵּעָשֶׂה וְאֵין כָּל־חָדָשׁ תַּחַת
י הַשָּׁמֶשׁ׃ יֵשׁ דָּבָר שֶׁיֹּאמַר רְאֵה־זֶה חָדָשׁ הוּא כְּבָר הָיָה לְעֹלָמִים
יא אֲשֶׁר הָיָה מִלְּפָנֵנוּ׃ אֵין זִכְרוֹן לָרִאשֹׁנִים וְגַם לָאַחֲרֹנִים שֶׁיִּהְיוּ
לֹא־יִהְיֶה לָהֶם זִכָּרוֹן עִם שֶׁיִּהְיוּ לָאַחֲרֹנָה׃
יב יג אֲנִי קֹהֶלֶת הָיִיתִי מֶלֶךְ עַל־יִשְׂרָאֵל בִּירוּשָׁלִָם׃ וְנָתַתִּי אֶת־
לִבִּי לִדְרוֹשׁ וְלָתוּר בַּחָכְמָה עַל כָּל־אֲשֶׁר נַעֲשָׂה תַּחַת
הַשָּׁמָיִם הוּא ׀ עִנְיַן רָע נָתַן אֱלֹהִים לִבְנֵי הָאָדָם לַעֲנוֹת בּוֹ׃
יד רָאִיתִי אֶת־כָּל־הַמַּעֲשִׂים שֶׁנַּעֲשׂוּ תַּחַת הַשָּׁמֶשׁ וְהִנֵּה הַכֹּל
טו הֶבֶל וּרְעוּת רוּחַ׃ מְעֻוָּת לֹא־יוּכַל לִתְקֹן וְחֶסְרוֹן לֹא־יוּכַל
טז לְהִמָּנוֹת׃ דִּבַּרְתִּי אֲנִי עִם־לִבִּי לֵאמֹר אֲנִי הִנֵּה הִגְדַּלְתִּי
וְהוֹסַפְתִּי חָכְמָה עַל כָּל־אֲשֶׁר־הָיָה לְפָנַי עַל־יְרוּשָׁלִָם וְלִבִּי
יז רָאָה הַרְבֵּה חָכְמָה וָדָעַת׃ וָאֶתְּנָה לִבִּי לָדַעַת חָכְמָה וְדַעַת
יח הוֹלֵלוֹת וְשִׂכְלוּת יָדַעְתִּי שֶׁגַּם־זֶה הוּא רַעְיוֹן רוּחַ׃ כִּי בְּרֹב
א חָכְמָה רָב־כָּעַס וְיוֹסִיף דַּעַת יוֹסִיף מַכְאוֹב׃ אָמַרְתִּי אֲנִי בְּלִבִּי ב
לְכָה־נָּא אֲנַסְּכָה בְשִׂמְחָה וּרְאֵה בְטוֹב וְהִנֵּה גַם־הוּא הָבֶל׃
ב ג לִשְׂחוֹק אָמַרְתִּי מְהוֹלָל וּלְשִׂמְחָה מַה־זֹּה עֹשָׂה׃ תַּרְתִּי בְלִבִּי
לִמְשׁוֹךְ בַּיַּיִן אֶת־בְּשָׂרִי וְלִבִּי נֹהֵג בַּחָכְמָה וְלֶאֱחֹז בְּסִכְלוּת
עַד אֲשֶׁר־אֶרְאֶה אֵי־זֶה טוֹב לִבְנֵי הָאָדָם אֲשֶׁר יַעֲשׂוּ תַּחַת

ד הַשָּׁמַיִם מִסְפַּר יְמֵי חַיֵּיהֶם׃ הִגְדַּלְתִּי מַעֲשָׂי בָּנִיתִי לִי בָּתִּים
ה נָטַעְתִּי לִי כְּרָמִים׃ עָשִׂיתִי לִי גַּנּוֹת וּפַרְדֵּסִים וְנָטַעְתִּי בָהֶם עֵץ
ו כָּל־פֶּרִי׃ עָשִׂיתִי לִי בְּרֵכוֹת מָיִם לְהַשְׁקוֹת מֵהֶם יַעַר צוֹמֵחַ
ז עֵצִים׃ קָנִיתִי עֲבָדִים וּשְׁפָחוֹת וּבְנֵי־בַיִת הָיָה לִי גַּם מִקְנֶה בָקָר
ח וָצֹאן הַרְבֵּה הָיָה לִי מִכֹּל שֶׁהָיוּ לְפָנַי בִּירוּשָׁלִָם׃ כָּנַסְתִּי לִי
גַּם־כֶּסֶף וְזָהָב וּסְגֻלַּת מְלָכִים וְהַמְּדִינוֹת עָשִׂיתִי לִי שָׁרִים
ט וְשָׁרוֹת וְתַעֲנוּגֹת בְּנֵי הָאָדָם שִׁדָּה וְשִׁדּוֹת׃ וְגָדַלְתִּי וְהוֹסַפְתִּי
י מִכֹּל שֶׁהָיָה לְפָנַי בִּירוּשָׁלִָם אַף חָכְמָתִי עָמְדָה לִּי׃ וְכֹל אֲשֶׁר
שָׁאֲלוּ עֵינַי לֹא אָצַלְתִּי מֵהֶם לֹא־מָנַעְתִּי אֶת־לִבִּי מִכָּל־שִׂמְחָה
יא כִּי־לִבִּי שָׂמֵחַ מִכָּל־עֲמָלִי וְזֶה־הָיָה חֶלְקִי מִכָּל־עֲמָלִי׃ וּפָנִיתִי
אֲנִי בְּכָל־מַעֲשַׂי שֶׁעָשׂוּ יָדַי וּבֶעָמָל שֶׁעָמַלְתִּי לַעֲשׂוֹת וְהִנֵּה
יב הַכֹּל הֶבֶל וּרְעוּת רוּחַ וְאֵין יִתְרוֹן תַּחַת הַשָּׁמֶשׁ׃ וּפָנִיתִי אֲנִי
לִרְאוֹת חָכְמָה וְהוֹלֵלוֹת וְסִכְלוּת כִּי ׀ מֶה הָאָדָם שֶׁיָּבוֹא אַחֲרֵי
יג הַמֶּלֶךְ אֵת אֲשֶׁר־כְּבָר עָשׂוּהוּ׃ וְרָאִיתִי אָנִי שֶׁיֵּשׁ יִתְרוֹן לַחָכְמָה
יד מִן־הַסִּכְלוּת כִּיתְרוֹן הָאוֹר מִן־הַחֹשֶׁךְ׃ הֶחָכָם עֵינָיו בְּרֹאשׁוֹ
וְהַכְּסִיל בַּחֹשֶׁךְ הוֹלֵךְ וְיָדַעְתִּי גַם־אָנִי שֶׁמִּקְרֶה אֶחָד יִקְרֶה אֶת־
טו כֻּלָּם׃ וְאָמַרְתִּי אֲנִי בְּלִבִּי כְּמִקְרֵה הַכְּסִיל גַּם־אֲנִי יִקְרֵנִי וְלָמָּה
טז חָכַמְתִּי אֲנִי אָז יֹתֵר וְדִבַּרְתִּי בְלִבִּי שֶׁגַּם־זֶה הָבֶל׃ כִּי אֵין זִכְרוֹן
לֶחָכָם עִם־הַכְּסִיל לְעוֹלָם בְּשֶׁכְּבָר הַיָּמִים הַבָּאִים הַכֹּל נִשְׁכָּח
יז וְאֵיךְ יָמוּת הֶחָכָם עִם־הַכְּסִיל׃ וְשָׂנֵאתִי אֶת־הַחַיִּים כִּי רַע עָלַי
הַמַּעֲשֶׂה שֶׁנַּעֲשָׂה תַּחַת הַשָּׁמֶשׁ כִּי־הַכֹּל הֶבֶל וּרְעוּת רוּחַ׃
יח וְשָׂנֵאתִי אֲנִי אֶת־כָּל־עֲמָלִי שֶׁאֲנִי עָמֵל תַּחַת הַשָּׁמֶשׁ שֶׁאַנִּיחֶנּוּ
יט לָאָדָם שֶׁיִּהְיֶה אַחֲרָי׃ וּמִי יוֹדֵעַ הֶחָכָם יִהְיֶה אוֹ סָכָל וְיִשְׁלַט
בְּכָל־עֲמָלִי שֶׁעָמַלְתִּי וְשֶׁחָכַמְתִּי תַּחַת הַשָּׁמֶשׁ גַּם־זֶה הָבֶל׃
כ וְסַבּוֹתִי אֲנִי לְיַאֵשׁ אֶת־לִבִּי עַל כָּל־הֶעָמָל שֶׁעָמַלְתִּי תַּחַת
כא הַשָּׁמֶשׁ׃ כִּי־יֵשׁ אָדָם שֶׁעֲמָלוֹ בְּחָכְמָה וּבְדַעַת וּבְכִשְׁרוֹן
וּלְאָדָם שֶׁלֹּא עָמַל־בּוֹ יִתְּנֶנּוּ חֶלְקוֹ גַּם־זֶה הֶבֶל וְרָעָה רַבָּה׃

ב

כב כִּ֠י מֶֽה־הֹוֶ֤ה לָֽאָדָם֙ בְּכָל־עֲמָל֔וֹ וּבְרַעְי֖וֹן לִבּ֑וֹ שֶׁה֥וּא עָמֵ֖ל
כג תַּ֥חַת הַשָּֽׁמֶשׁ׃ כִּ֤י כָל־יָמָיו֙ מַכְאֹבִ֔ים וָכַ֙עַס֙ עִנְיָנ֔וֹ גַּם־בַּלַּ֖יְלָה
כד לֹא־שָׁכַ֣ב לִבּ֑וֹ גַּם־זֶ֖ה הֶ֥בֶל הֽוּא׃ אֵֽין־ט֤וֹב בָּֽאָדָם֙ שֶׁיֹּאכַ֣ל
וְשָׁתָ֔ה וְהֶרְאָ֥ה אֶת־נַפְשׁ֛וֹ ט֖וֹב בַּעֲמָל֑וֹ גַּם־זֹה֙ רָאִ֣יתִי אָ֔נִי
כה כִּ֛י מִיַּ֥ד הָאֱלֹהִ֖ים הִֽיא׃ כִּ֣י מִ֥י יֹאכַ֛ל וּמִ֥י יָח֖וּשׁ ח֥וּץ מִמֶּֽנִּי׃
כו כִּ֤י לְאָדָם֙ שֶׁטּ֣וֹב לְפָנָ֔יו נָתַ֛ן חָכְמָ֥ה וְדַ֖עַת וְשִׂמְחָ֑ה וְלַֽחוֹטֶא֩
נָתַ֨ן עִנְיָ֜ן לֶאֱס֣וֹף וְלִכְנ֗וֹס לָתֵת֙ לְטוֹב֙ לִפְנֵ֣י הָאֱלֹהִ֔ים גַּם־זֶ֥ה
ג א הֶ֖בֶל וּרְע֥וּת רֽוּחַ׃ לַכֹּ֖ל זְמָ֑ן וְעֵ֥ת לְכָל־חֵ֖פֶץ תַּ֥חַת הַשָּׁמָֽיִם׃

ב עֵ֥ת לָלֶ֖דֶת   וְעֵ֣ת לָמ֑וּת
עֵ֣ת לָטַ֔עַת   וְעֵ֖ת לַעֲק֥וֹר נָטֽוּעַ׃
ג עֵ֤ת לַהֲרוֹג֙   וְעֵ֣ת לִרְפּ֔וֹא
עֵ֥ת לִפְר֖וֹץ   וְעֵ֥ת לִבְנֽוֹת׃
ד עֵ֤ת לִבְכּוֹת֙   וְעֵ֣ת לִשְׂח֔וֹק
עֵ֥ת סְפ֖וֹד   וְעֵ֥ת רְקֽוֹד׃
ה עֵ֚ת לְהַשְׁלִ֣יךְ אֲבָנִ֔ים   וְעֵ֖ת כְּנ֣וֹס אֲבָנִ֑ים
עֵ֣ת לַחֲב֔וֹק   וְעֵ֖ת לִרְחֹ֥ק מֵחַבֵּֽק׃
ו עֵ֤ת לְבַקֵּשׁ֙   וְעֵ֣ת לְאַבֵּ֔ד
עֵ֥ת לִשְׁמ֖וֹר   וְעֵ֥ת לְהַשְׁלִֽיךְ׃
ז עֵ֤ת לִקְר֙וֹעַ֙   וְעֵ֣ת לִתְפּ֔וֹר
עֵ֥ת לַחֲשׁ֖וֹת   וְעֵ֥ת לְדַבֵּֽר׃
ח עֵ֤ת לֶֽאֱהֹב֙   וְעֵ֣ת לִשְׂנֹ֔א
עֵ֥ת מִלְחָמָ֖ה   וְעֵ֥ת שָׁלֽוֹם׃

ט מַה־יִּתְרוֹן֙ הָֽעוֹשֶׂ֔ה בַּאֲשֶׁ֖ר ה֥וּא עָמֵֽל׃ רָאִ֧יתִי אֶת־הָֽעִנְיָ֛ן אֲשֶׁ֨ר
יא נָתַ֧ן אֱלֹהִ֛ים לִבְנֵ֥י הָאָדָ֖ם לַעֲנ֥וֹת בּֽוֹ׃ אֶת־הַכֹּ֥ל עָשָׂ֖ה יָפֶ֣ה
בְעִתּ֑וֹ גַּ֤ם אֶת־הָעֹלָם֙ נָתַ֣ן בְּלִבָּ֔ם מִבְּלִ֞י אֲשֶׁ֣ר לֹא־יִמְצָ֣א
הָאָדָ֗ם אֶת־הַֽמַּעֲשֶׂ֛ה אֲשֶׁר־עָשָׂ֥ה הָאֱלֹהִ֖ים מֵרֹ֥אשׁ וְעַד־סֽוֹף׃
יב יָדַ֕עְתִּי כִּ֛י אֵ֥ין ט֖וֹב בָּ֑ם כִּ֣י אִם־לִשְׂמ֔וֹחַ וְלַעֲשׂ֥וֹת ט֖וֹב בְּחַיָּֽיו׃

ב וְגַ֤ם כָּל־הָֽאָדָם֙ שֶׁיֹּאכַ֣ל וְשָׁתָ֔ה וְרָאָ֥ה ט֖וֹב בְּכָל־עֲמָל֑וֹ מַתַּ֥ת יג
אֱלֹהִ֖ים הִֽיא׃ יָדַ֗עְתִּי כִּ֚י כָּל־אֲשֶׁ֨ר יַעֲשֶׂ֤ה הָֽאֱלֹהִים֙ ה֚וּא יִהְיֶ֣ה יד
לְעוֹלָ֔ם עָלָיו֙ אֵ֣ין לְהוֹסִ֔יף וּמִמֶּ֖נּוּ אֵ֣ין לִגְרֹ֑עַ וְהָאֱלֹהִ֣ים עָשָׂ֔ה
שֶׁיִּֽרְא֖וּ מִלְּפָנָֽיו׃ מַה־שֶּֽׁהָיָה֙ כְּבָ֣ר ה֔וּא וַאֲשֶׁ֥ר לִֽהְי֖וֹת כְּבָ֣ר הָיָ֑ה טו
וְהָאֱלֹהִ֖ים יְבַקֵּ֥שׁ אֶת־נִרְדָּֽף׃ וְע֥וֹד רָאִ֖יתִי תַּ֣חַת הַשָּׁ֑מֶשׁ מְק֤וֹם טז
הַמִּשְׁפָּט֙ שָׁ֣מָּה הָרֶ֔שַׁע וּמְק֥וֹם הַצֶּ֖דֶק שָׁ֥מָּה הָרָֽשַׁע׃ אָמַ֤רְתִּֽי אֲנִי֙ יז
בְּלִבִּ֔י אֶת־הַצַּדִּיק֙ וְאֶת־הָ֣רָשָׁ֔ע יִשְׁפֹּ֖ט הָאֱלֹהִ֑ים כִּי־עֵ֣ת לְכָל־
חֵ֔פֶץ וְעַ֥ל כָּל־הַֽמַּעֲשֶׂ֖ה שָֽׁם׃ אָמַ֤רְתִּֽי אֲנִי֙ בְּלִבִּ֔י עַל־דִּבְרַת֙ יח
בְּנֵ֣י הָֽאָדָ֔ם לְבָרָ֖ם הָאֱלֹהִ֑ים וְלִרְא֕וֹת שְׁהֶם־בְּהֵמָ֥ה הֵ֖מָּה לָהֶֽם׃
כִּי֩ מִקְרֶ֨ה בְנֵי־הָאָדָ֜ם וּמִקְרֶ֣ה הַבְּהֵמָ֗ה וּמִקְרֶ֤ה אֶחָד֙ לָהֶ֔ם כְּמ֥וֹת יט
זֶה֙ כֵּ֣ן מ֣וֹת זֶ֔ה וְר֥וּחַ אֶחָ֖ד לַכֹּ֑ל וּמוֹתַ֨ר הָאָדָ֤ם מִן־הַבְּהֵמָה֙ אָ֔יִן
כִּ֥י הַכֹּ֖ל הָֽבֶל׃ הַכֹּ֥ל הוֹלֵ֖ךְ אֶל־מָק֣וֹם אֶחָ֑ד הַכֹּל֙ הָיָ֣ה מִן־הֶֽעָפָ֔ר כ
וְהַכֹּ֖ל שָׁ֥ב אֶל־הֶעָפָֽר׃ מִ֣י יוֹדֵ֗עַ ר֚וּחַ בְּנֵ֣י הָֽאָדָ֔ם הָעֹלָ֥ה הִ֖יא כא
לְמָ֑עְלָה וְר֙וּחַ֙ הַבְּהֵמָ֔ה הַיֹּרֶ֥דֶת הִ֖יא לְמַ֥טָּה לָאָֽרֶץ׃ וְרָאִ֗יתִי כִּ֣י כב
אֵ֥ין טוֹב֙ מֵאֲשֶׁ֨ר יִשְׂמַ֤ח הָאָדָם֙ בְּמַעֲשָׂ֔יו כִּי־ה֖וּא חֶלְק֑וֹ כִּ֣י מִ֚י
יְבִיאֶ֙נּוּ֙ לִרְא֔וֹת בְּמֶ֖ה שֶׁיִּהְיֶ֥ה אַחֲרָֽיו׃ וְשַׁ֣בְתִּֽי אֲנִ֗י וָאֶרְאֶה֙ אֶת־ א ד
כָּל־הָ֣עֲשֻׁקִ֔ים אֲשֶׁ֥ר נַעֲשִׂ֖ים תַּ֣חַת הַשָּׁ֑מֶשׁ וְהִנֵּ֣ה ׀ דִּמְעַ֣ת
הָעֲשֻׁקִ֗ים וְאֵ֤ין לָהֶם֙ מְנַחֵ֔ם וּמִיַּ֤ד עֹֽשְׁקֵיהֶם֙ כֹּ֔חַ וְאֵ֥ין לָהֶ֖ם
מְנַחֵֽם׃ וְשַׁבֵּ֧חַ אֲנִ֛י אֶת־הַמֵּתִ֖ים שֶׁכְּבָ֣ר מֵ֑תוּ מִן־הַחַיִּ֔ים אֲשֶׁ֛ר ב
הֵ֥מָּה חַיִּ֖ים עֲדֶֽנָה׃ וְטוֹב֙ מִשְּׁנֵיהֶ֔ם אֵ֥ת אֲשֶׁר־עֲדֶ֖ן לֹ֣א הָיָ֑ה ג
אֲשֶׁ֤ר לֹֽא־רָאָה֙ אֶת־הַמַּעֲשֶׂ֣ה הָרָ֔ע אֲשֶׁ֥ר נַעֲשָׂ֖ה תַּ֥חַת הַשָּֽׁמֶשׁ׃
וְרָאִ֨יתִי אֲנִ֜י אֶת־כָּל־עָמָ֗ל וְאֵת֙ כָּל־כִּשְׁר֣וֹן הַֽמַּעֲשֶׂ֔ה כִּ֛י הִ֥יא ד
קִנְאַת־אִ֖ישׁ מֵרֵעֵ֑הוּ גַּם־זֶ֥ה הֶ֖בֶל וּרְע֥וּת רֽוּחַ׃ הַכְּסִיל֙ חֹבֵ֣ק ה
אֶת־יָדָ֔יו וְאֹכֵ֖ל אֶת־בְּשָׂרֽוֹ׃ ט֕וֹב מְלֹ֥א כַ֖ף נָ֑חַת מִמְּלֹ֥א חָפְנַ֖יִם ו
עָמָ֥ל וּרְע֥וּת רֽוּחַ׃ וְשַׁ֧בְתִּֽי אֲנִ֛י וָאֶרְאֶ֥ה הֶ֖בֶל תַּ֥חַת הַשָּֽׁמֶשׁ׃ ז
יֵ֣שׁ אֶחָד֩ וְאֵ֨ין שֵׁנִ֜י גַּ֣ם בֵּ֤ן וָאָח֙ אֵֽין־ל֔וֹ וְאֵ֥ין קֵץ֙ לְכָל־עֲמָל֔וֹ ח
עֵינוֹ גַּם־עֵינָ֖יו לֹא־תִשְׂבַּ֣ע עֹ֑שֶׁר וּלְמִ֣י ׀ אֲנִ֣י עָמֵ֗ל וּמְחַסֵּ֤ר אֶת־נַפְשִׁי֙

ט מִטּוֹבָה גַּם־זֶה הֶבֶל וְעִנְיַן רָע הוּא׃ טוֹבִים הַשְּׁנַיִם מִן־הָאֶחָד
י אֲשֶׁר יֵשׁ־לָהֶם שָׂכָר טוֹב בַּעֲמָלָם׃ כִּי אִם־יִפֹּלוּ הָאֶחָד יָקִים
יא אֶת־חֲבֵרוֹ וְאִילוֹ הָאֶחָד שֶׁיִּפּוֹל וְאֵין שֵׁנִי לַהֲקִימוֹ׃ גַּם אִם־
יב יִשְׁכְּבוּ שְׁנַיִם וְחַם לָהֶם וּלְאֶחָד אֵיךְ יֵחָם׃ וְאִם־יִתְקְפוֹ הָאֶחָד
יג הַשְּׁנַיִם יַעַמְדוּ נֶגְדּוֹ וְהַחוּט הַמְשֻׁלָּשׁ לֹא בִמְהֵרָה יִנָּתֵק׃ טוֹב
יֶלֶד מִסְכֵּן וְחָכָם מִמֶּלֶךְ זָקֵן וּכְסִיל אֲשֶׁר לֹא־יָדַע לְהִזָּהֵר
יד עוֹד׃ כִּי־מִבֵּית הָסוּרִים יָצָא לִמְלֹךְ כִּי גַּם בְּמַלְכוּתוֹ נוֹלַד
טו רָשׁ׃ רָאִיתִי אֶת־כָּל־הַחַיִּים הַמְהַלְּכִים תַּחַת הַשָּׁמֶשׁ עִם
טז הַיֶּלֶד הַשֵּׁנִי אֲשֶׁר יַעֲמֹד תַּחְתָּיו׃ אֵין־קֵץ לְכָל־הָעָם לְכֹל
אֲשֶׁר־הָיָה לִפְנֵיהֶם גַּם הָאַחֲרוֹנִים לֹא יִשְׂמְחוּ־בוֹ כִּי־גַם־זֶה
יז הֶבֶל וְרַעְיוֹן רוּחַ׃ שְׁמֹר רגליך כַּאֲשֶׁר תֵּלֵךְ אֶל־בֵּית הָאֱלֹהִים רַגְלְךָ
וְקָרוֹב לִשְׁמֹעַ מִתֵּת הַכְּסִילִים זָבַח כִּי־אֵינָם יוֹדְעִים לַעֲשׂוֹת
ה א רָע׃ אַל־תְּבַהֵל עַל־פִּיךָ וְלִבְּךָ אַל־יְמַהֵר לְהוֹצִיא דָבָר לִפְנֵי
הָאֱלֹהִים כִּי הָאֱלֹהִים בַּשָּׁמַיִם וְאַתָּה עַל־הָאָרֶץ עַל־כֵּן יִהְיוּ
ב דְבָרֶיךָ מְעַטִּים׃ כִּי בָּא הַחֲלוֹם בְּרֹב עִנְיָן וְקוֹל כְּסִיל בְּרֹב
ג דְּבָרִים׃ כַּאֲשֶׁר תִּדֹּר נֶדֶר לֵאלֹהִים אַל־תְּאַחֵר לְשַׁלְּמוֹ כִּי
ד אֵין חֵפֶץ בַּכְּסִילִים אֵת אֲשֶׁר־תִּדֹּר שַׁלֵּם׃ טוֹב אֲשֶׁר לֹא־
ה תִדֹּר מִשֶּׁתִּדּוֹר וְלֹא תְשַׁלֵּם׃ אַל־תִּתֵּן אֶת־פִּיךָ לַחֲטִיא אֶת־
בְּשָׂרֶךָ וְאַל־תֹּאמַר לִפְנֵי הַמַּלְאָךְ כִּי שְׁגָגָה הִיא לָמָּה יִקְצֹף
ו הָאֱלֹהִים עַל־קוֹלֶךָ וְחִבֵּל אֶת־מַעֲשֵׂה יָדֶיךָ׃ כִּי בְרֹב חֲלֹמוֹת
ז וַהֲבָלִים וּדְבָרִים הַרְבֵּה כִּי אֶת־הָאֱלֹהִים יְרָא׃ אִם־עֹשֶׁק
רָשׁ וְגֵזֶל מִשְׁפָּט וָצֶדֶק תִּרְאֶה בַמְּדִינָה אַל־תִּתְמַהּ עַל־הַחֵפֶץ
ח כִּי גָבֹהַּ מֵעַל גָּבֹהַּ שֹׁמֵר וּגְבֹהִים עֲלֵיהֶם׃ וְיִתְרוֹן אֶרֶץ בַּכֹּל
ט היא מֶלֶךְ לְשָׂדֶה נֶעֱבָד׃ אֹהֵב כֶּסֶף לֹא־יִשְׂבַּע כֶּסֶף וּמִי־אֹהֵב הוּא
י בֶּהָמוֹן לֹא תְבוּאָה גַּם־זֶה הָבֶל׃ בִּרְבוֹת הַטּוֹבָה רַבּוּ אוֹכְלֶיהָ
יא וּמַה־כִּשְׁרוֹן לִבְעָלֶיהָ כִּי אִם־ראית עֵינָיו׃ מְתוּקָה שְׁנַת הָעֹבֵד רְאוּת
אִם־מְעַט וְאִם־הַרְבֵּה יֹאכֵל וְהַשָּׂבָע לֶעָשִׁיר אֵינֶנּוּ מַנִּיחַ לוֹ

לִישׁוֹן: יֵשׁ רָעָה חוֹלָה רָאִיתִי תַּחַת הַשָּׁמֶשׁ עֹשֶׁר שָׁמוּר יב
לִבְעָלָיו לְרָעָתוֹ: וְאָבַד הָעֹשֶׁר הַהוּא בְּעִנְיַן רָע וְהוֹלִיד בֵּן יג
וְאֵין בְּיָדוֹ מְאוּמָה: כַּאֲשֶׁר יָצָא מִבֶּטֶן אִמּוֹ עָרוֹם יָשׁוּב יד
לָלֶכֶת כְּשֶׁבָּא וּמְאוּמָה לֹא־יִשָּׂא בַעֲמָלוֹ שֶׁיֹּלֵךְ בְּיָדוֹ: וְגַם־ טו
זֹה רָעָה חוֹלָה כָּל־עֻמַּת שֶׁבָּא כֵּן יֵלֵךְ וּמַה־יִּתְרוֹן לוֹ שֶׁיַּעֲמֹל
לָרוּחַ: גַּם כָּל־יָמָיו בַּחֹשֶׁךְ יֹאכֵל וְכָעַס הַרְבֵּה וְחָלְיוֹ וָקָצֶף: טז
הִנֵּה אֲשֶׁר־רָאִיתִי אָנִי טוֹב אֲשֶׁר־יָפֶה לֶאֱכוֹל וְלִשְׁתּוֹת וְלִרְאוֹת יז
טוֹבָה בְּכָל־עֲמָלוֹ ׀ שֶׁיַּעֲמֹל תַּחַת־הַשֶּׁמֶשׁ מִסְפַּר יְמֵי־חַיָּו
אֲשֶׁר־נָתַן־לוֹ הָאֱלֹהִים כִּי־הוּא חֶלְקוֹ: גַּם כָּל־הָאָדָם אֲשֶׁר יח
נָתַן־לוֹ הָאֱלֹהִים עֹשֶׁר וּנְכָסִים וְהִשְׁלִיטוֹ לֶאֱכֹל מִמֶּנּוּ וְלָשֵׂאת
אֶת־חֶלְקוֹ וְלִשְׂמֹחַ בַּעֲמָלוֹ זֹה מַתַּת אֱלֹהִים הִיא: כִּי לֹא יט
הַרְבֵּה יִזְכֹּר אֶת־יְמֵי חַיָּיו כִּי הָאֱלֹהִים מַעֲנֶה בְּשִׂמְחַת לִבּוֹ:
יֵשׁ רָעָה אֲשֶׁר רָאִיתִי תַּחַת הַשָּׁמֶשׁ וְרַבָּה הִיא עַל־הָאָדָם: ו א
אִישׁ אֲשֶׁר יִתֶּן־לוֹ הָאֱלֹהִים עֹשֶׁר וּנְכָסִים וְכָבוֹד וְאֵינֶנּוּ חָסֵר ב
לְנַפְשׁוֹ ׀ מִכֹּל אֲשֶׁר־יִתְאַוֶּה וְלֹא־יַשְׁלִיטֶנּוּ הָאֱלֹהִים לֶאֱכֹל
מִמֶּנּוּ כִּי אִישׁ נָכְרִי יֹאכְלֶנּוּ זֶה הֶבֶל וָחֳלִי רָע הוּא: אִם־יוֹלִיד ג
אִישׁ מֵאָה וְשָׁנִים רַבּוֹת יִחְיֶה וְרַב ׀ שֶׁיִּהְיוּ יְמֵי־שָׁנָיו וְנַפְשׁוֹ
לֹא־תִשְׂבַּע מִן־הַטּוֹבָה וְגַם־קְבוּרָה לֹא־הָיְתָה לּוֹ אָמַרְתִּי
טוֹב מִמֶּנּוּ הַנָּפֶל: כִּי־בַהֶבֶל בָּא וּבַחֹשֶׁךְ יֵלֵךְ וּבַחֹשֶׁךְ שְׁמוֹ ד
יְכֻסֶּה: גַּם־שֶׁמֶשׁ לֹא־רָאָה וְלֹא יָדָע נַחַת לָזֶה מִזֶּה: וְאִלּוּ ה ו
חָיָה אֶלֶף שָׁנִים פַּעֲמַיִם וְטוֹבָה לֹא רָאָה הֲלֹא אֶל־מָקוֹם
אֶחָד הַכֹּל הוֹלֵךְ: כָּל־עֲמַל הָאָדָם לְפִיהוּ וְגַם־הַנֶּפֶשׁ לֹא ז
תִמָּלֵא: כִּי מַה־יּוֹתֵר לֶחָכָם מִן־הַכְּסִיל מַה־לֶּעָנִי יוֹדֵעַ לַהֲלֹךְ ח
נֶגֶד הַחַיִּים: טוֹב מַרְאֵה עֵינַיִם מֵהֲלָךְ־נָפֶשׁ גַּם־זֶה הֶבֶל ט
וּרְעוּת רוּחַ: מַה־שֶּׁהָיָה כְּבָר נִקְרָא שְׁמוֹ וְנוֹדָע אֲשֶׁר־הוּא י
שֶׁתַּקִּיף אָדָם וְלֹא־יוּכַל לָדִין עִם שהתקיף מִמֶּנּוּ: כִּי יֵשׁ־דְּבָרִים יא
הַרְבֵּה מַרְבִּים הָבֶל מַה־יֹּתֵר לָאָדָם: כִּי מִי־יוֹדֵעַ מַה־טּוֹב יב

לאדם בחיים מספר ימי־חיי הבלו ויעשם כצל אשר מי־
ז א יגיד לאדם מה־יהיה אחריו תחת השמש: טוב ג
ב שם משמן טוב ויום המות מיום הולדו: טוב ללכת אל־
בית־אבל מלכת אל־בית משתה באשר הוא סוף כל־
ג האדם והחי יתן אל־לבו: טוב כעס משחוק כי־ברע פנים
ד ייטב לב: לב חכמים בבית אבל ולב כסילים בבית שמחה:
ה ו טוב לשמע גערת חכם מאיש שמע שיר כסילים: כי כקול
ז הסירים תחת הסיר כן שחק הכסיל וגם־זה הבל: כי העשק
ח יהולל חכם ויאבד את־לב מתנה: טוב אחרית דבר
ט מראשיתו טוב ארך־רוח מגבה־רוח: אל־תבהל ברוחך
י לכעוס כי כעס בחיק כסילים ינוח: אל־תאמר מה היה
שהימים הראשנים היו טובים מאלה כי לא מחכמה
יא שאלת על־זה: טובה חכמה עם־נחלה ויתר לראי השמש:
יב כי בצל החכמה בצל הכסף ויתרון דעת החכמה תחיה
יג בעליה: ראה את־מעשה האלהים כי מי יוכל לתקן את
יד אשר עותו: ביום טובה היה בטוב וביום רעה ראה גם את־
זה לעמת־זה עשה האלהים על־דברת שלא ימצא האדם
טו אחריו מאומה: את־הכל ראיתי בימי הבלי יש צדיק אבד
טז בצדקו ויש רשע מאריך ברעתו: אל־תהי צדיק הרבה
יז ואל־תתחכם יותר למה תשומם: אל־תרשע הרבה ואל־
יח תהי סכל למה תמות בלא עתך: טוב אשר תאחז בזה
וגם־מזה אל־תנח את־ידך כי־ירא אלהים יצא את־כלם:
יט כ החכמה תעז לחכם מעשרה שליטים אשר היו בעיר: כי
כא אדם אין צדיק בארץ אשר יעשה־טוב ולא יחטא: גם
לכל־הדברים אשר ידברו אל־תתן לבך אשר לא־תשמע
כב את־עבדך מקללך: כי גם־פעמים רבות ידע לבך אשר
כג גם־את קללת אחרים: כל־זה נסיתי בחכמה אמרתי

אֶחְכָּמָה וְהִיא רְחוֹקָה מִמֶּנִּי׃ רָחוֹק מַה־שֶּׁהָיָה וְעָמֹק ׀ עָמֹק כד
מִי יִמְצָאֶנּוּ׃ סַבּוֹתִי אֲנִי וְלִבִּי לָדַעַת וְלָתוּר וּבַקֵּשׁ חָכְמָה כה
וְחֶשְׁבּוֹן וְלָדַעַת רֶשַׁע כֶּסֶל וְהַסִּכְלוּת הוֹלֵלוֹת׃ וּמוֹצֶא אֲנִי כו
מַר מִמָּוֶת אֶת־הָאִשָּׁה אֲשֶׁר־הִיא מְצוֹדִים וַחֲרָמִים לִבָּהּ
אֲסוּרִים יָדֶיהָ טוֹב לִפְנֵי הָאֱלֹהִים יִמָּלֵט מִמֶּנָּה וְחוֹטֵא יִלָּכֶד
בָּהּ׃ רְאֵה זֶה מָצָאתִי אָמְרָה קֹהֶלֶת אַחַת לְאַחַת לִמְצֹא כז
חֶשְׁבּוֹן׃ אֲשֶׁר עוֹד־בִּקְשָׁה נַפְשִׁי וְלֹא מָצָאתִי אָדָם אֶחָד כח
מֵאֶלֶף מָצָאתִי וְאִשָּׁה בְכָל־אֵלֶּה לֹא מָצָאתִי׃ לְבַד רְאֵה־זֶה כט
מָצָאתִי אֲשֶׁר עָשָׂה הָאֱלֹהִים אֶת־הָאָדָם יָשָׁר וְהֵמָּה בִקְשׁוּ
חִשְּׁבֹנוֹת רַבִּים׃ מִי כְּהֶחָכָם וּמִי יוֹדֵעַ פֵּשֶׁר דָּבָר חָכְמַת אָדָם ח א
תָּאִיר פָּנָיו וְעֹז פָּנָיו יְשֻׁנֶּא׃ אֲנִי פִּי־מֶלֶךְ שְׁמֹר וְעַל דִּבְרַת ב
שְׁבוּעַת אֱלֹהִים׃ אַל־תִּבָּהֵל מִפָּנָיו תֵּלֵךְ אַל־תַּעֲמֹד בְּדָבָר ג
רָע כִּי כָּל־אֲשֶׁר יַחְפֹּץ יַעֲשֶׂה׃ בַּאֲשֶׁר דְּבַר־מֶלֶךְ שִׁלְטוֹן וּמִי ד
יֹאמַר־לוֹ מַה־תַּעֲשֶׂה׃ שׁוֹמֵר מִצְוָה לֹא יֵדַע דָּבָר רָע וְעֵת ה
וּמִשְׁפָּט יֵדַע לֵב חָכָם׃ כִּי לְכָל־חֵפֶץ יֵשׁ עֵת וּמִשְׁפָּט כִּי־רָעַת ו
הָאָדָם רַבָּה עָלָיו׃ כִּי־אֵינֶנּוּ יֹדֵעַ מַה־שֶּׁיִּהְיֶה כִּי כַּאֲשֶׁר יִהְיֶה ז
מִי יַגִּיד לוֹ׃ אֵין אָדָם שַׁלִּיט בָּרוּחַ לִכְלוֹא אֶת־הָרוּחַ וְאֵין ח
שִׁלְטוֹן בְּיוֹם הַמָּוֶת וְאֵין מִשְׁלַחַת בַּמִּלְחָמָה וְלֹא־יְמַלֵּט רֶשַׁע
אֶת־בְּעָלָיו׃ אֶת־כָּל־זֶה רָאִיתִי וְנָתוֹן אֶת־לִבִּי לְכָל־מַעֲשֶׂה ט
אֲשֶׁר נַעֲשָׂה תַּחַת הַשָּׁמֶשׁ עֵת אֲשֶׁר שָׁלַט הָאָדָם בְּאָדָם
לְרַע לוֹ׃ וּבְכֵן רָאִיתִי רְשָׁעִים קְבֻרִים וָבָאוּ וּמִמְּקוֹם קָדוֹשׁ י
יְהַלֵּכוּ וְיִשְׁתַּכְּחוּ בָעִיר אֲשֶׁר כֵּן־עָשׂוּ גַּם־זֶה הָבֶל׃ אֲשֶׁר אֵין־ יא
נַעֲשָׂה פִתְגָם מַעֲשֵׂה הָרָעָה מְהֵרָה עַל־כֵּן מָלֵא לֵב בְּנֵי־הָאָדָם
בָּהֶם לַעֲשׂוֹת רָע׃ אֲשֶׁר חֹטֶא עֹשֶׂה רָע מְאַת וּמַאֲרִיךְ לוֹ יב
כִּי גַּם־יוֹדֵעַ אָנִי אֲשֶׁר יִהְיֶה־טּוֹב לְיִרְאֵי הָאֱלֹהִים אֲשֶׁר יִירְאוּ
מִלְּפָנָיו׃ וְטוֹב לֹא־יִהְיֶה לָרָשָׁע וְלֹא־יַאֲרִיךְ יָמִים כַּצֵּל אֲשֶׁר יג
אֵינֶנּוּ יָרֵא מִלִּפְנֵי אֱלֹהִים׃ יֶשׁ־הֶבֶל אֲשֶׁר נַעֲשָׂה עַל־הָאָרֶץ יד

אֲשֶׁר ׀ יֵשׁ צַדִּיקִים אֲשֶׁר מַגִּיעַ אֲלֵהֶם כְּמַעֲשֵׂה הָרְשָׁעִים
וְיֵשׁ רְשָׁעִים שֶׁמַּגִּיעַ אֲלֵהֶם כְּמַעֲשֵׂה הַצַּדִּיקִים אָמַרְתִּי שֶׁגַּם־
טו זֶה הָבֶל׃ וְשִׁבַּחְתִּי אֲנִי אֶת־הַשִּׂמְחָה אֲשֶׁר אֵין־טוֹב לָאָדָם
תַּחַת הַשֶּׁמֶשׁ כִּי אִם־לֶאֱכֹל וְלִשְׁתּוֹת וְלִשְׂמוֹחַ וְהוּא יִלְוֶנּוּ
טז בַעֲמָלוֹ יְמֵי חַיָּיו אֲשֶׁר־נָתַן־לוֹ הָאֱלֹהִים תַּחַת הַשָּׁמֶשׁ׃ כַּאֲשֶׁר
נָתַתִּי אֶת־לִבִּי לָדַעַת חָכְמָה וְלִרְאוֹת אֶת־הָעִנְיָן אֲשֶׁר
נַעֲשָׂה עַל־הָאָרֶץ כִּי גַם בַּיּוֹם וּבַלַּיְלָה שֵׁנָה בְּעֵינָיו אֵינֶנּוּ
יז רֹאֶה׃ וְרָאִיתִי אֶת־כָּל־מַעֲשֵׂה הָאֱלֹהִים כִּי לֹא יוּכַל הָאָדָם
לִמְצוֹא אֶת־הַמַּעֲשֶׂה אֲשֶׁר נַעֲשָׂה תַחַת־הַשֶּׁמֶשׁ בְּשֶׁל אֲשֶׁר
יַעֲמֹל הָאָדָם לְבַקֵּשׁ וְלֹא יִמְצָא וְגַם אִם־יֹאמַר הֶחָכָם לָדַעַת
ט א לֹא יוּכַל לִמְצֹא׃ כִּי אֶת־כָּל־זֶה נָתַתִּי אֶל־לִבִּי וְלָבוּר אֶת־
כָּל־זֶה אֲשֶׁר הַצַּדִּיקִים וְהַחֲכָמִים וַעֲבָדֵיהֶם בְּיַד הָאֱלֹהִים
ב גַּם־אַהֲבָה גַם־שִׂנְאָה אֵין יוֹדֵעַ הָאָדָם הַכֹּל לִפְנֵיהֶם׃ הַכֹּל
כַּאֲשֶׁר לַכֹּל מִקְרֶה אֶחָד לַצַּדִּיק וְלָרָשָׁע לַטּוֹב וְלַטָּהוֹר וְלַטָּמֵא
וְלַזֹּבֵחַ וְלַאֲשֶׁר אֵינֶנּוּ זֹבֵחַ כַּטּוֹב כַּחֹטֶא הַנִּשְׁבָּע כַּאֲשֶׁר
ג שְׁבוּעָה יָרֵא׃ זֶה ׀ רָע בְּכֹל אֲשֶׁר־נַעֲשָׂה תַּחַת הַשֶּׁמֶשׁ כִּי־
מִקְרֶה אֶחָד לַכֹּל וְגַם לֵב בְּנֵי־הָאָדָם מָלֵא־רָע וְהוֹלֵלוֹת
ד בִּלְבָבָם בְּחַיֵּיהֶם וְאַחֲרָיו אֶל־הַמֵּתִים׃ כִּי־מִי אֲשֶׁר יבחר אֶל יְחֻבַּר
כָּל־הַחַיִּים יֵשׁ בִּטָּחוֹן כִּי־לְכֶלֶב חַי הוּא טוֹב מִן־הָאַרְיֵה הַמֵּת׃
ה כִּי הַחַיִּים יוֹדְעִים שֶׁיָּמֻתוּ וְהַמֵּתִים אֵינָם יוֹדְעִים מְאוּמָה
ו וְאֵין־עוֹד לָהֶם שָׂכָר כִּי נִשְׁכַּח זִכְרָם׃ גַּם אַהֲבָתָם גַּם־שִׂנְאָתָם
גַּם־קִנְאָתָם כְּבָר אָבָדָה וְחֵלֶק אֵין־לָהֶם עוֹד לְעוֹלָם בְּכֹל אֲשֶׁר־
ז נַעֲשָׂה תַּחַת הַשָּׁמֶשׁ׃ לֵךְ אֱכֹל בְּשִׂמְחָה לַחְמֶךָ וּשְׁתֵה בְלֶב־טוֹב ד
ח יֵינֶךָ כִּי כְבָר רָצָה הָאֱלֹהִים אֶת־מַעֲשֶׂיךָ׃ בְּכָל־עֵת יִהְיוּ
ט בְגָדֶיךָ לְבָנִים וְשֶׁמֶן עַל־רֹאשְׁךָ אַל־יֶחְסָר׃ רְאֵה חַיִּים עִם־
אִשָּׁה אֲשֶׁר־אָהַבְתָּ כָּל־יְמֵי חַיֵּי הֶבְלֶךָ אֲשֶׁר נָתַן־לְךָ תַּחַת
הַשֶּׁמֶשׁ כֹּל יְמֵי הֶבְלֶךָ כִּי הוּא חֶלְקְךָ בַּחַיִּים וּבַעֲמָלְךָ אֲשֶׁר־

אַתָּה עָמֵל תַּחַת הַשָּׁמֶשׁ׃ כֹּל אֲשֶׁר תִּמְצָא יָדְךָ לַעֲשׂוֹת י
בְּכֹחֲךָ עֲשֵׂה כִּי אֵין מַעֲשֶׂה וְחֶשְׁבּוֹן וְדַעַת וְחָכְמָה בִּשְׁאוֹל
אֲשֶׁר אַתָּה הֹלֵךְ שָׁמָּה׃ שַׁבְתִּי וְרָאֹה תַחַת־הַשֶּׁמֶשׁ כִּי לֹא יא
לַקַּלִּים הַמֵּרוֹץ וְלֹא לַגִּבּוֹרִים הַמִּלְחָמָה וְגַם לֹא לַחֲכָמִים
לֶחֶם וְגַם לֹא לַנְּבֹנִים עֹשֶׁר וְגַם לֹא לַיֹּדְעִים חֵן כִּי־עֵת וָפֶגַע
יִקְרֶה אֶת־כֻּלָּם׃ כִּי גַּם לֹא־יֵדַע הָאָדָם אֶת־עִתּוֹ כַּדָּגִים יב
שֶׁנֶּאֱחָזִים בִּמְצוֹדָה רָעָה וְכַצִּפֳּרִים הָאֲחֻזוֹת בַּפָּח כָּהֵם יוּקָשִׁים
בְּנֵי הָאָדָם לְעֵת רָעָה כְּשֶׁתִּפּוֹל עֲלֵיהֶם פִּתְאֹם׃ גַּם־זֹה רָאִיתִי יג
חָכְמָה תַּחַת הַשָּׁמֶשׁ וּגְדוֹלָה הִיא אֵלָי׃ עִיר קְטַנָּה וַאֲנָשִׁים יד
בָּהּ מְעָט וּבָא־אֵלֶיהָ מֶלֶךְ גָּדוֹל וְסָבַב אֹתָהּ וּבָנָה עָלֶיהָ
מְצוֹדִים גְּדֹלִים׃ וּמָצָא בָהּ אִישׁ מִסְכֵּן חָכָם וּמִלַּט־הוּא טו
אֶת־הָעִיר בְּחָכְמָתוֹ וְאָדָם לֹא זָכַר אֶת־הָאִישׁ הַמִּסְכֵּן הַהוּא׃
וְאָמַרְתִּי אָנִי טוֹבָה חָכְמָה מִגְּבוּרָה וְחָכְמַת הַמִּסְכֵּן בְּזוּיָה טז
וּדְבָרָיו אֵינָם נִשְׁמָעִים׃ דִּבְרֵי חֲכָמִים בְּנַחַת נִשְׁמָעִים מִזַּעֲקַת יז
מוֹשֵׁל בַּכְּסִילִים׃ טוֹבָה חָכְמָה מִכְּלֵי קְרָב וְחוֹטֶא אֶחָד יְאַבֵּד יח
טוֹבָה הַרְבֵּה׃ זְבוּבֵי מָוֶת יַבְאִישׁ יַבִּיעַ שֶׁמֶן רוֹקֵחַ יָקָר מֵחָכְמָה י א
מִכָּבוֹד סִכְלוּת מְעָט׃ לֵב חָכָם לִימִינוֹ וְלֵב כְּסִיל לִשְׂמֹאלוֹ׃ ב
וְגַם־בַּדֶּרֶךְ כשהסכל הֹלֵךְ לִבּוֹ חָסֵר וְאָמַר לַכֹּל סָכָל הוּא׃ ג כְּשֶׁסָּכָל
אִם־רוּחַ הַמּוֹשֵׁל תַּעֲלֶה עָלֶיךָ מְקוֹמְךָ אַל־תַּנַּח כִּי מַרְפֵּא יַנִּיחַ ד
חֲטָאִים גְּדוֹלִים׃ יֵשׁ רָעָה רָאִיתִי תַּחַת הַשָּׁמֶשׁ כִּשְׁגָגָה שֶׁיֹּצָא ה
מִלִּפְנֵי הַשַּׁלִּיט׃ נִתַּן הַסֶּכֶל בַּמְּרוֹמִים רַבִּים וַעֲשִׁירִים בַּשֵּׁפֶל ו
יֵשֵׁבוּ׃ רָאִיתִי עֲבָדִים עַל־סוּסִים וְשָׂרִים הֹלְכִים כַּעֲבָדִים עַל־ ז
הָאָרֶץ׃ חֹפֵר גּוּמָּץ בּוֹ יִפּוֹל וּפֹרֵץ גָּדֵר יִשְּׁכֶנּוּ נָחָשׁ׃ מַסִּיעַ ח ט
אֲבָנִים יֵעָצֵב בָּהֶם בּוֹקֵעַ עֵצִים יִסָּכֶן בָּם׃ אִם־קֵהָה הַבַּרְזֶל י
וְהוּא לֹא־פָנִים קִלְקַל וַחֲיָלִים יְגַבֵּר וְיִתְרוֹן הַכְשֵׁיר חָכְמָה׃ אִם־ יא
יִשֹּׁךְ הַנָּחָשׁ בְּלוֹא־לָחַשׁ וְאֵין יִתְרוֹן לְבַעַל הַלָּשׁוֹן׃ דִּבְרֵי פִי־ יב
חָכָם חֵן וְשִׂפְתוֹת כְּסִיל תְּבַלְּעֶנּוּ׃ תְּחִלַּת דִּבְרֵי־פִיהוּ סִכְלוּת יג

יד וְאַחֲרִית פִּיהוּ הוֹלֵלוּת רָעָה׃ וְהַסָּכָל יַרְבֶּה דְבָרִים לֹא־יֵדַע
טו הָאָדָם מַה־שֶּׁיִּהְיֶה וַאֲשֶׁר יִהְיֶה מֵאַחֲרָיו מִי יַגִּיד לוֹ׃ עֲמַל
טז הַכְּסִילִים תְּיַגְּעֶנּוּ אֲשֶׁר לֹא־יָדַע לָלֶכֶת אֶל־עִיר׃ אִי־לָךְ אֶרֶץ
יז שֶׁמַּלְכֵּךְ נָעַר וְשָׂרַיִךְ בַּבֹּקֶר יֹאכֵלוּ׃ אַשְׁרֵיךְ אֶרֶץ שֶׁמַּלְכֵּךְ בֶּן
יח חוֹרִים וְשָׂרַיִךְ בָּעֵת יֹאכֵלוּ בִּגְבוּרָה וְלֹא בַשְּׁתִי׃ בַּעֲצַלְתַּיִם
יט יִמַּךְ הַמְּקָרֶה וּבְשִׁפְלוּת יָדַיִם יִדְלֹף הַבָּיִת׃ לִשְׂחוֹק עֹשִׂים
כ לֶחֶם וְיַיִן יְשַׂמַּח חַיִּים וְהַכֶּסֶף יַעֲנֶה אֶת־הַכֹּל׃ גַּם בְּמַדָּעֲךָ מֶלֶךְ
אַל־תְּקַלֵּל וּבְחַדְרֵי מִשְׁכָּבְךָ אַל־תְּקַלֵּל עָשִׁיר כִּי עוֹף הַשָּׁמַיִם
יא א יוֹלִיךְ אֶת־הַקּוֹל וּבַעַל הכנפים יַגִּיד דָּבָר׃ שַׁלַּח לַחְמְךָ עַל־ כְּנָפַיִם
ב פְּנֵי הַמָּיִם כִּי־בְרֹב הַיָּמִים תִּמְצָאֶנּוּ׃ תֶּן־חֵלֶק לְשִׁבְעָה וְגַם
ג לִשְׁמוֹנָה כִּי לֹא תֵדַע מַה־יִּהְיֶה רָעָה עַל־הָאָרֶץ׃ אִם־יִמָּלְאוּ
הֶעָבִים גֶּשֶׁם עַל־הָאָרֶץ יָרִיקוּ וְאִם־יִפּוֹל עֵץ בַּדָּרוֹם וְאִם
ד בַּצָּפוֹן מְקוֹם שֶׁיִּפּוֹל הָעֵץ שָׁם יְהוּא׃ שֹׁמֵר רוּחַ לֹא יִזְרָע
ה וְרֹאֶה בֶעָבִים לֹא יִקְצוֹר׃ כַּאֲשֶׁר אֵינְךָ יוֹדֵעַ מַה־דֶּרֶךְ הָרוּחַ
כַּעֲצָמִים בְּבֶטֶן הַמְּלֵאָה כָּכָה לֹא תֵדַע אֶת־מַעֲשֵׂה הָאֱלֹהִים
ו אֲשֶׁר יַעֲשֶׂה אֶת־הַכֹּל׃ בַּבֹּקֶר זְרַע אֶת־זַרְעֶךָ וְלָעֶרֶב אַל־
תַּנַּח יָדֶךָ כִּי אֵינְךָ יוֹדֵעַ אֵי זֶה יִכְשַׁר הֲזֶה אוֹ־זֶה וְאִם־שְׁנֵיהֶם
ז כְּאֶחָד טוֹבִים׃ וּמָתוֹק הָאוֹר וְטוֹב לַעֵינַיִם לִרְאוֹת אֶת־
ח הַשָּׁמֶשׁ׃ כִּי אִם־שָׁנִים הַרְבֵּה יִחְיֶה הָאָדָם בְּכֻלָּם יִשְׂמָח וְיִזְכֹּר
ט אֶת־יְמֵי הַחֹשֶׁךְ כִּי־הַרְבֵּה יִהְיוּ כָּל־שֶׁבָּא הָבֶל׃ שְׂמַח בָּחוּר
בְּיַלְדוּתֶךָ וִיטִיבְךָ לִבְּךָ בִּימֵי בְחוּרוֹתֶיךָ וְהַלֵּךְ בְּדַרְכֵי לִבְּךָ
ובמראי עֵינֶיךָ וְדָע כִּי עַל־כָּל־אֵלֶּה יְבִיאֲךָ הָאֱלֹהִים בַּמִּשְׁפָּט׃ וּבְמַרְאֵה
י וְהָסֵר כַּעַס מִלִּבֶּךָ וְהַעֲבֵר רָעָה מִבְּשָׂרֶךָ כִּי־הַיַּלְדוּת וְהַשַּׁחֲרוּת
יב א הָבֶל׃ וּזְכֹר אֶת־בּוֹרְאֶיךָ בִּימֵי בְּחוּרֹתֶיךָ עַד אֲשֶׁר לֹא־יָבֹאוּ
ב יְמֵי הָרָעָה וְהִגִּיעוּ שָׁנִים אֲשֶׁר תֹּאמַר אֵין־לִי בָהֶם חֵפֶץ׃ עַד
אֲשֶׁר לֹא־תֶחְשַׁךְ הַשֶּׁמֶשׁ וְהָאוֹר וְהַיָּרֵחַ וְהַכּוֹכָבִים וְשָׁבוּ
ג הֶעָבִים אַחַר הַגָּשֶׁם׃ בַּיּוֹם שֶׁיָּזֻעוּ שֹׁמְרֵי הַבַּיִת וְהִתְעַוְּתוּ

אַנְשֵׁי הֶחָיִל וּבָטְלוּ הַטֹּחֲנוֹת כִּי מִעֵטוּ וְחָשְׁכוּ הָרֹאוֹת בָּאֲרֻבּוֹת׃
ד וְסֻגְּרוּ דְלָתַיִם בַּשּׁוּק בִּשְׁפַל קוֹל הַטַּחֲנָה וְיָקוּם לְקוֹל הַצִּפּוֹר
ה וְיִשַּׁחוּ כָּל־בְּנוֹת הַשִּׁיר׃ גַּם מִגָּבֹהַּ יִרָאוּ וְחַתְחַתִּים בַּדֶּרֶךְ
וְיָנֵאץ הַשָּׁקֵד וְיִסְתַּבֵּל הֶחָגָב וְתָפֵר הָאֲבִיּוֹנָה כִּי־הֹלֵךְ הָאָדָם
ו אֶל־בֵּית עוֹלָמוֹ וְסָבְבוּ בַשּׁוּק הַסֹּפְדִים׃ עַד אֲשֶׁר לֹא־ירחק יֵרָתֵק
חֶבֶל הַכֶּסֶף וְתָרֻץ גֻּלַּת הַזָּהָב וְתִשָּׁבֶר כַּד עַל־הַמַּבּוּעַ וְנָרֹץ
ז הַגַּלְגַּל אֶל־הַבּוֹר׃ וְיָשֹׁב הֶעָפָר עַל־הָאָרֶץ כְּשֶׁהָיָה וְהָרוּחַ
ח תָּשׁוּב אֶל־הָאֱלֹהִים אֲשֶׁר נְתָנָהּ׃ הֲבֵל הֲבָלִים אָמַר הַקּוֹהֶלֶת
ט הַכֹּל הָבֶל׃ וְיֹתֵר שֶׁהָיָה קֹהֶלֶת חָכָם עוֹד לִמַּד־דַּעַת אֶת־
י הָעָם וְאִזֵּן וְחִקֵּר תִּקֵּן מְשָׁלִים הַרְבֵּה׃ בִּקֵּשׁ קֹהֶלֶת לִמְצֹא
יא דִּבְרֵי־חֵפֶץ וְכָתוּב יֹשֶׁר דִּבְרֵי אֱמֶת׃ דִּבְרֵי חֲכָמִים כַּדָּרְבֹנוֹת
יב וּכְמַשְׂמְרוֹת נְטוּעִים בַּעֲלֵי אֲסֻפּוֹת נִתְּנוּ מֵרֹעֶה אֶחָד׃ וְיֹתֵר
מֵהֵמָּה בְּנִי הִזָּהֵר עֲשׂוֹת סְפָרִים הַרְבֵּה אֵין קֵץ וְלַהַג הַרְבֵּה
יג יְגִעַת בָּשָׂר׃ סוֹף דָּבָר הַכֹּל נִשְׁמָע אֶת־הָאֱלֹהִים יְרָא וְאֶת־
יד מִצְוֺתָיו שְׁמוֹר כִּי־זֶה כָּל־הָאָדָם׃ כִּי אֶת־כָּל־מַעֲשֶׂה הָאֱלֹהִים
יָבִא בְמִשְׁפָּט עַל כָּל־נֶעְלָם אִם־טוֹב וְאִם־רָע׃

סוף דבר הכל נשמע
את האלהים ירא
ואת מצותיו
שמור
כי זה
כל האדם

אסתר

א וַיְהִי בִּימֵי אֲחַשְׁוֵרוֹשׁ הוּא אֲחַשְׁוֵרוֹשׁ הַמֹּלֵךְ מֵהֹדּוּ וְעַד־כּוּשׁ א
שֶׁבַע וְעֶשְׂרִים וּמֵאָה מְדִינָה׃ בַּיָּמִים הָהֵם כְּשֶׁבֶת ׀ הַמֶּלֶךְ ב
אֲחַשְׁוֵרוֹשׁ עַל כִּסֵּא מַלְכוּתוֹ אֲשֶׁר בְּשׁוּשַׁן הַבִּירָה׃ בִּשְׁנַת ג
שָׁלוֹשׁ לְמָלְכוֹ עָשָׂה מִשְׁתֶּה לְכָל־שָׂרָיו וַעֲבָדָיו חֵיל ׀ פָּרַס
וּמָדַי הַפַּרְתְּמִים וְשָׂרֵי הַמְּדִינוֹת לְפָנָיו׃ בְּהַרְאֹתוֹ אֶת־עֹשֶׁר ד
כְּבוֹד מַלְכוּתוֹ וְאֶת־יְקָר תִּפְאֶרֶת גְּדוּלָּתוֹ יָמִים רַבִּים שְׁמוֹנִים
וּמְאַת יוֹם׃ וּבִמְלוֹאת ׀ הַיָּמִים הָאֵלֶּה עָשָׂה הַמֶּלֶךְ לְכָל־הָעָם ה
הַנִּמְצְאִים בְּשׁוּשַׁן הַבִּירָה לְמִגָּדוֹל וְעַד־קָטָן מִשְׁתֶּה שִׁבְעַת
יָמִים בַּחֲצַר גִּנַּת בִּיתַן הַמֶּלֶךְ׃ חוּר ׀ כַּרְפַּס וּתְכֵלֶת אָחוּז ו
בְּחַבְלֵי־בוּץ וְאַרְגָּמָן עַל־גְּלִילֵי כֶסֶף וְעַמּוּדֵי שֵׁשׁ מִטּוֹת ׀ זָהָב
וָכֶסֶף עַל רִצְפַת בַּהַט־וָשֵׁשׁ וְדַר וְסֹחָרֶת׃ וְהַשְׁקוֹת בִּכְלֵי זָהָב ז
וְכֵלִים מִכֵּלִים שׁוֹנִים וְיֵין מַלְכוּת רָב כְּיַד הַמֶּלֶךְ׃ וְהַשְּׁתִיָּה ח
כַדָּת אֵין אֹנֵס כִּי־כֵן ׀ יִסַּד הַמֶּלֶךְ עַל כָּל־רַב בֵּיתוֹ לַעֲשׂוֹת
כִּרְצוֹן אִישׁ־וָאִישׁ׃ גַּם וַשְׁתִּי הַמַּלְכָּה עָשְׂתָה ט
מִשְׁתֵּה נָשִׁים בֵּית הַמַּלְכוּת אֲשֶׁר לַמֶּלֶךְ אֲחַשְׁוֵרוֹשׁ׃ בַּיּוֹם י
הַשְּׁבִיעִי כְּטוֹב לֵב־הַמֶּלֶךְ בַּיָּיִן אָמַר לִמְהוּמָן בִּזְּתָא חַרְבוֹנָא
בִּגְתָא וַאֲבַגְתָא זֵתַר וְכַרְכַּס שִׁבְעַת הַסָּרִיסִים הַמְשָׁרְתִים
אֶת־פְּנֵי הַמֶּלֶךְ אֲחַשְׁוֵרוֹשׁ׃ לְהָבִיא אֶת־וַשְׁתִּי הַמַּלְכָּה לִפְנֵי יא
הַמֶּלֶךְ בְּכֶתֶר מַלְכוּת לְהַרְאוֹת הָעַמִּים וְהַשָּׂרִים אֶת־יָפְיָהּ
כִּי־טוֹבַת מַרְאֶה הִיא׃ וַתְּמָאֵן הַמַּלְכָּה וַשְׁתִּי לָבוֹא בִּדְבַר יב
הַמֶּלֶךְ אֲשֶׁר בְּיַד הַסָּרִיסִים וַיִּקְצֹף הַמֶּלֶךְ מְאֹד וַחֲמָתוֹ בָּעֲרָה
בוֹ׃ וַיֹּאמֶר הַמֶּלֶךְ לַחֲכָמִים יֹדְעֵי הָעִתִּים כִּי־ יג
כֵן דְּבַר הַמֶּלֶךְ לִפְנֵי כָּל־יֹדְעֵי דָּת וָדִין׃ וְהַקָּרֹב אֵלָיו כַּרְשְׁנָא יד
שֵׁתָר אַדְמָתָא תַרְשִׁישׁ מֶרֶס מַרְסְנָא מְמוּכָן שִׁבְעַת שָׂרֵי ׀
פָּרַס וּמָדַי רֹאֵי פְּנֵי הַמֶּלֶךְ הַיֹּשְׁבִים רִאשֹׁנָה בַּמַּלְכוּת׃ כְּדָת טו
מַה־לַּעֲשׂוֹת בַּמַּלְכָּה וַשְׁתִּי עַל ׀ אֲשֶׁר לֹא־עָשְׂתָה אֶת־
מַאֲמַר הַמֶּלֶךְ אֲחַשְׁוֵרוֹשׁ בְּיַד הַסָּרִיסִים׃ וַיֹּאמֶר טז

ממוכן
מומכן לפני המלך והשרים לא על־המלך לבדו עותה
ושתי המלכה כי על־כל־השרים ועל־כל־העמים אשר בכל־
מדינות המלך אחשורוש: כי־יצא דבר־המלכה על־כל־ יז
הנשים להבזות בעליהן בעיניהן באמרם המלך אחשורוש
אמר להביא את־ושתי המלכה לפניו ולא־באה: והיום יח
הזה תאמרנה ׀ שרות פרס־ומדי אשר שמעו את־דבר
המלכה לכל שרי המלך וכדי בזיון וקצף: אם־על־המלך יט
טוב יצא דבר־מלכות מלפניו ויכתב בדתי פרס־ומדי ולא
יעבור אשר לא־תבוא ושתי לפני המלך אחשורוש ומלכותה
יתן המלך לרעותה הטובה ממנה: ונשמע פתגם המלך כ
אשר־יעשה בכל־מלכותו כי רבה היא וכל־הנשים יתנו
יקר לבעליהן למגדול ועד־קטן: וייטב הדבר בעיני המלך כא
והשרים ויעש המלך כדבר ממוכן: וישלח ספרים אל־ כב
כל־מדינות המלך אל־מדינה ומדינה ככתבה ואל־עם
ועם כלשונו להיות כל־איש שרר בביתו ומדבר כלשון
עמו: אחר הדברים האלה כשך חמת המלך א ב
אחשורוש זכר את־ושתי ואת אשר־עשתה ואת אשר־נגזר
עליה: ויאמרו נערי־המלך משרתיו יבקשו למלך נערות ב
בתולות טובות מראה: ויפקד המלך פקידים בכל־מדינות ג
מלכותו ויקבצו את־כל־נערה־בתולה טובת מראה אל־
שושן הבירה אל־בית הנשים אל־יד הגא סריס המלך
שמר הנשים ונתון תמרוקיהן: והנערה אשר תיטב בעיני ד
המלך תמלך תחת ושתי וייטב הדבר בעיני המלך ויעש
ב כן: איש יהודי היה בשושן הבירה ושמו ה
מרדכי בן יאיר בן־שמעי בן־קיש איש ימיני: אשר הגלה ו
מירושלים עם־הגלה אשר הגלתה עם יכניה מלך־יהודה
אשר הגלה נבוכדנצר מלך בבל: ויהי אמן את־הדסה ז

הִ֣יא אֶסְתֵּ֔ר בַּת־דֹּד֔וֹ כִּ֛י אֵ֥ין לָ֖הּ אָ֣ב וָאֵ֑ם וְהַנַּעֲרָ֤ה יְפַת־
תֹּ֙אַר֙ וְטוֹבַ֣ת מַרְאֶ֔ה וּבְמ֤וֹת אָבִ֙יהָ֙ וְאִמָּ֔הּ לְקָחָ֧הּ מָרְדֳּכַ֛י ל֖וֹ
ח לְבַֽת׃ וַיְהִ֗י בְּהִשָּׁמַ֤ע דְּבַר־הַמֶּ֙לֶךְ֙ וְדָת֔וֹ וּֽבְהִקָּבֵ֞ץ נְעָר֥וֹת רַבּ֛וֹת
אֶל־שׁוּשַׁ֥ן הַבִּירָ֖ה אֶל־יַ֣ד הֵגָ֑י וַתִּלָּקַ֤ח אֶסְתֵּר֙ אֶל־בֵּ֣ית הַמֶּ֔לֶךְ
ט אֶל־יַ֥ד הֵגַ֖י שֹׁמֵ֥ר הַנָּשִֽׁים׃ וַתִּיטַ֨ב הַנַּעֲרָ֣ה בְעֵינָיו֮ וַתִּשָּׂ֣א חֶ֣סֶד
לְפָנָיו֒ וַ֠יְבַהֵל אֶת־תַּמְרוּקֶ֨יהָ וְאֶת־מָנוֹתֶ֜הָ לָתֵ֣ת לָ֗הּ וְאֵת֙
שֶׁ֣בַע הַנְּעָר֔וֹת הָרְאֻי֥וֹת לָֽתֶת־לָ֖הּ מִבֵּ֣ית הַמֶּ֑לֶךְ וַיְשַׁנֶּ֧הָ וְאֶת־
י נַעֲרוֹתֶ֛יהָ לְט֖וֹב בֵּ֥ית הַנָּשִֽׁים׃ לֹא־הִגִּ֣ידָה אֶסְתֵּ֔ר אֶת־עַמָּ֖הּ
יא וְאֶת־מֽוֹלַדְתָּ֑הּ כִּ֧י מָרְדֳּכַ֛י צִוָּ֥ה עָלֶ֖יהָ אֲשֶׁ֥ר לֹֽא־תַגִּֽיד׃ וּבְכָל־
י֣וֹם וָי֔וֹם מָרְדֳּכַי֙ מִתְהַלֵּ֔ךְ לִפְנֵ֖י חֲצַ֣ר בֵּית־הַנָּשִׁ֑ים לָדַ֙עַת֙ אֶת־
יב שְׁל֣וֹם אֶסְתֵּ֔ר וּמַה־יֵּעָשֶׂ֖ה בָּֽהּ׃ וּבְהַגִּ֡יעַ תֹּר֩ נַעֲרָ֨ה וְנַעֲרָ֜ה
לָב֣וֹא ׀ אֶל־הַמֶּ֣לֶךְ אֲחַשְׁוֵר֗וֹשׁ מִקֵּץ֙ הֱי֨וֹת לָ֜הּ כְּדָ֤ת הַנָּשִׁים֙
שְׁנֵ֣ים עָשָׂ֣ר חֹ֔דֶשׁ כִּ֛י כֵּ֥ן יִמְלְא֖וּ יְמֵ֣י מְרוּקֵיהֶ֑ן שִׁשָּׁ֣ה חֳדָשִׁ֗ים
בְּשֶׁ֣מֶן הַמֹּ֔ר וְשִׁשָּׁ֤ה חֳדָשִׁים֙ בַּבְּשָׂמִ֔ים וּבְתַמְרוּקֵ֖י הַנָּשִֽׁים׃
יג וּבָזֶ֕ה הַנַּעֲרָ֖ה בָּאָ֣ה אֶל־הַמֶּ֑לֶךְ אֵת֩ כָּל־אֲשֶׁ֨ר תֹּאמַ֜ר יִנָּ֤תֵן לָהּ֙
יד לָב֣וֹא עִמָּ֔הּ מִבֵּ֥ית הַנָּשִׁ֖ים עַד־בֵּ֥ית הַמֶּֽלֶךְ׃ בָּעֶ֣רֶב ׀ הִ֣יא בָאָ֗ה
וּ֠בַבֹּקֶר הִ֣יא שָׁבָ֞ה אֶל־בֵּ֤ית הַנָּשִׁים֙ שֵׁנִ֔י אֶל־יַ֛ד שַֽׁעַשְׁגַ֥ז סְרִ֥יס
הַמֶּ֖לֶךְ שֹׁמֵ֣ר הַפִּֽילַגְשִׁ֑ים לֹא־תָב֥וֹא עוֹד֙ אֶל־הַמֶּ֔לֶךְ כִּ֣י אִם־
טו חָפֵ֥ץ בָּ֛הּ הַמֶּ֖לֶךְ וְנִקְרְאָ֥ה בְשֵֽׁם׃ וּבְהַגִּ֣יעַ תֹּר־אֶסְתֵּ֣ר בַּת־
אֲבִיחַ֣יִל ׀ דֹּ֣ד מָרְדֳּכַ֡י אֲשֶׁר֩ לָקַֽח־ל֨וֹ לְבַ֜ת לָב֣וֹא אֶל־הַמֶּ֗לֶךְ
לֹ֤א בִקְשָׁה֙ דָּבָ֔ר כִּ֗י אִ֛ם אֶת־אֲשֶׁ֥ר יֹאמַ֛ר הֵגַ֥י סְרִיס־הַמֶּ֖לֶךְ
טז שֹׁמֵ֣ר הַנָּשִׁ֑ים וַתְּהִ֤י אֶסְתֵּר֙ נֹשֵׂ֣את חֵ֔ן בְּעֵינֵ֖י כָּל־רֹאֶֽיהָ׃ וַתִּלָּקַ֨ח
אֶסְתֵּ֜ר אֶל־הַמֶּ֤לֶךְ אֲחַשְׁוֵרוֹשׁ֙ אֶל־בֵּ֣ית מַלְכוּת֔וֹ בַּחֹ֥דֶשׁ
יז הָעֲשִׂירִ֖י הוּא־חֹ֣דֶשׁ טֵבֵ֑ת בִּשְׁנַת־שֶׁ֖בַע לְמַלְכוּתֽוֹ׃ וַיֶּאֱהַ֨ב
הַמֶּ֤לֶךְ אֶת־אֶסְתֵּר֙ מִכָּל־הַנָּשִׁ֔ים וַתִּשָּׂא־חֵ֥ן וָחֶ֛סֶד לְפָנָ֖יו מִכָּל־
הַבְּתוּל֑וֹת וַיָּ֤שֶׂם כֶּֽתֶר־מַלְכוּת֙ בְּרֹאשָׁ֔הּ וַיַּמְלִיכֶ֖הָ תַּ֥חַת וַשְׁתִּֽי׃
יח וַיַּ֨עַשׂ הַמֶּ֜לֶךְ מִשְׁתֶּ֣ה גָד֗וֹל לְכָל־שָׂרָיו֙ וַעֲבָדָ֔יו אֵ֖ת מִשְׁתֵּ֣ה

אֶסְתֵּ֑ר וַהֲנָחָ֤ה לַמְּדִינוֹת֙ עָשָׂ֔ה וַיִּתֵּ֥ן מַשְׂאֵ֖ת כְּיַ֥ד הַמֶּֽלֶךְ׃
יט וּבְהִקָּבֵ֥ץ בְּתוּל֖וֹת שֵׁנִ֑ית וּמָרְדֳּכַ֖י יֹשֵׁ֥ב בְּשַֽׁעַר־הַמֶּֽלֶךְ׃ כ אֵ֣ין
אֶסְתֵּ֗ר מַגֶּ֤דֶת מֽוֹלַדְתָּהּ֙ וְאֶת־עַמָּ֔הּ כַּאֲשֶׁ֛ר צִוָּ֥ה עָלֶ֖יהָ מָרְדֳּכָ֑י
וְאֶת־מַאֲמַ֤ר מָרְדֳּכַי֙ אֶסְתֵּ֣ר עֹשָׂ֔ה כַּאֲשֶׁ֛ר הָיְתָ֥ה בְאָמְנָ֖ה
כא אִתּֽוֹ׃ בַּיָּמִ֣ים הָהֵ֔ם וּמָרְדֳּכַ֖י יֹשֵׁ֣ב בְּשַֽׁעַר־הַמֶּ֑לֶךְ
קָצַף֩ בִּגְתָ֨ן וָתֶ֜רֶשׁ שְׁנֵֽי־סָרִיסֵ֤י הַמֶּ֙לֶךְ֙ מִשֹּׁמְרֵ֣י הַסַּ֔ף וַיְבַקְשׁוּ֙
כב לִשְׁלֹ֣חַ יָ֔ד בַּמֶּ֖לֶךְ אֲחַשְׁוֵרֹֽשׁ׃ וַיִּוָּדַ֤ע הַדָּבָר֙ לְמָרְדֳּכַ֔י וַיַּגֵּ֖ד
כג לְאֶסְתֵּ֣ר הַמַּלְכָּ֑ה וַתֹּ֧אמֶר אֶסְתֵּ֛ר לַמֶּ֖לֶךְ בְּשֵׁ֥ם מָרְדֳּכָֽי׃ וַיְבֻקַּ֤שׁ
הַדָּבָר֙ וַיִּמָּצֵ֔א וַיִּתָּל֥וּ שְׁנֵיהֶ֖ם עַל־עֵ֑ץ וַיִּכָּתֵ֗ב בְּסֵ֛פֶר דִּבְרֵ֥י הַיָּמִ֖ים
ג א לִפְנֵ֥י הַמֶּֽלֶךְ׃ אַחַ֣ר ׀ הַדְּבָרִ֣ים הָאֵ֗לֶּה גִּדַּל֩ הַמֶּ֨לֶךְ
אֲחַשְׁוֵר֜וֹשׁ אֶת־הָמָ֧ן בֶּֽן־הַמְּדָ֛תָא הָאֲגָגִ֖י וַֽיְנַשְּׂאֵ֑הוּ וַיָּ֙שֶׂם֙ אֶת־
ב כִּסְא֔וֹ מֵעַ֕ל כָּל־הַשָּׂרִ֖ים אֲשֶׁ֥ר אִתּֽוֹ׃ וְכָל־עַבְדֵ֨י הַמֶּ֜לֶךְ אֲשֶׁר־
בְּשַׁ֣עַר הַמֶּ֗לֶךְ כֹּֽרְעִ֤ים וּמִֽשְׁתַּחֲוִים֙ לְהָמָ֔ן כִּי־כֵ֖ן צִוָּה־ל֣וֹ הַמֶּ֑לֶךְ
ג וּמָ֨רְדֳּכַ֔י לֹ֥א יִכְרַ֖ע וְלֹ֥א יִֽשְׁתַּחֲוֶֽה׃ וַ֠יֹּאמְרוּ עַבְדֵ֥י הַמֶּ֛לֶךְ אֲשֶׁר־
ד בְּשַׁ֥עַר הַמֶּ֖לֶךְ לְמָרְדֳּכָ֑י מַדּ֣וּעַ אַתָּ֔ה עוֹבֵ֕ר אֵ֖ת מִצְוַ֥ת הַמֶּֽלֶךְ׃ וַיְהִ֗י
כְּאָמְרָם באמרם אֵלָיו֙ י֣וֹם וָי֔וֹם וְלֹ֥א שָׁמַ֖ע אֲלֵיהֶ֑ם וַיַּגִּ֣ידוּ לְהָמָ֗ן לִרְאוֹת֙
ה הֲיַֽעַמְדוּ֙ דִּבְרֵ֣י מָרְדֳּכַ֔י כִּֽי־הִגִּ֥יד לָהֶ֖ם אֲשֶׁר־ה֥וּא יְהוּדִֽי׃ וַיַּ֣רְא הָמָ֔ן
ו כִּי־אֵ֣ין מָרְדֳּכַ֔י כֹּרֵ֥עַ וּמִֽשְׁתַּחֲוֶ֖ה ל֑וֹ וַיִּמָּלֵ֥א הָמָ֖ן חֵמָֽה׃ וַיִּ֣בֶז בְּעֵינָ֗יו
לִשְׁלֹ֤ח יָד֙ בְּמָרְדֳּכַ֣י לְבַדּ֔וֹ כִּֽי־הִגִּ֥ידוּ ל֖וֹ אֶת־עַ֣ם מָרְדֳּכָ֑י וַיְבַקֵּ֣שׁ
הָמָ֗ן לְהַשְׁמִ֧יד אֶת־כָּל־הַיְּהוּדִ֛ים אֲשֶׁ֛ר בְּכָל־מַלְכ֥וּת אֲחַשְׁוֵר֖וֹשׁ
ז עַ֥ם מָרְדֳּכָֽי׃ בַּחֹ֤דֶשׁ הָרִאשׁוֹן֙ הוּא־חֹ֣דֶשׁ נִיסָ֔ן בִּשְׁנַת֙ שְׁתֵּ֣ים
עֶשְׂרֵ֔ה לַמֶּ֖לֶךְ אֲחַשְׁוֵר֑וֹשׁ הִפִּ֣יל פּוּר֩ ה֨וּא הַגּוֹרָ֜ל לִפְנֵ֣י
הָמָ֗ן מִיּ֧וֹם ׀ לְי֛וֹם וּמֵחֹ֛דֶשׁ לְחֹ֖דֶשׁ שְׁנֵֽים־עָשָׂ֖ר הוּא־חֹ֥דֶשׁ
ג ח אֲדָֽר׃ וַיֹּ֤אמֶר הָמָן֙ לַמֶּ֣לֶךְ אֲחַשְׁוֵר֔וֹשׁ יֶשְׁנ֣וֹ עַם־
אֶחָ֗ד מְפֻזָּ֤ר וּמְפֹרָד֙ בֵּ֣ין הָֽעַמִּ֔ים בְּכֹ֖ל מְדִינ֣וֹת מַלְכוּתֶ֑ךָ וְדָתֵיהֶ֞ם
שֹׁנ֣וֹת מִכָּל־עָ֗ם וְאֶת־דָּתֵ֤י הַמֶּ֙לֶךְ֙ אֵינָ֣ם עֹשִׂ֔ים וְלַמֶּ֥לֶךְ אֵין־שֹׁוֶ֖ה
ט לְהַנִּיחָֽם׃ אִם־עַל־הַמֶּ֣לֶךְ ט֔וֹב יִכָּתֵ֖ב לְאַבְּדָ֑ם וַעֲשֶׂרֶת֩ אֲלָפִ֨ים

כִּכַּר־כֶּסֶף אֶשְׁקוֹל עַל־יְדֵי עֹשֵׂי הַמְּלָאכָה לְהָבִיא אֶל־גִּנְזֵי
י הַמֶּלֶךְ׃ וַיָּסַר הַמֶּלֶךְ אֶת־טַבַּעְתּוֹ מֵעַל יָדוֹ וַיִּתְּנָהּ לְהָמָן בֶּן־
יא הַמְּדָתָא הָאֲגָגִי צֹרֵר הַיְּהוּדִים׃ וַיֹּאמֶר הַמֶּלֶךְ לְהָמָן הַכֶּסֶף
יב נָתוּן לָךְ וְהָעָם לַעֲשׂוֹת בּוֹ כַּטּוֹב בְּעֵינֶיךָ׃ וַיִּקָּרְאוּ סֹפְרֵי הַמֶּלֶךְ
בַּחֹדֶשׁ הָרִאשׁוֹן בִּשְׁלוֹשָׁה עָשָׂר יוֹם בּוֹ וַיִּכָּתֵב כְּכָל־אֲשֶׁר־צִוָּה
הָמָן אֶל אֲחַשְׁדַּרְפְּנֵי־הַמֶּלֶךְ וְאֶל־הַפַּחוֹת אֲשֶׁר ׀ עַל־מְדִינָה
וּמְדִינָה וְאֶל־שָׂרֵי עַם וָעָם מְדִינָה וּמְדִינָה כִּכְתָבָהּ וְעַם וָעָם
כִּלְשׁוֹנוֹ בְּשֵׁם הַמֶּלֶךְ אֲחַשְׁוֵרֹשׁ נִכְתָּב וְנֶחְתָּם בְּטַבַּעַת הַמֶּלֶךְ׃
יג וְנִשְׁלוֹחַ סְפָרִים בְּיַד הָרָצִים אֶל־כָּל־מְדִינוֹת הַמֶּלֶךְ לְהַשְׁמִיד
לַהֲרֹג וּלְאַבֵּד אֶת־כָּל־הַיְּהוּדִים מִנַּעַר וְעַד־זָקֵן טַף וְנָשִׁים
בְּיוֹם אֶחָד בִּשְׁלוֹשָׁה עָשָׂר לְחֹדֶשׁ שְׁנֵים־עָשָׂר הוּא־חֹדֶשׁ אֲדָר
יד וּשְׁלָלָם לָבוֹז׃ פַּתְשֶׁגֶן הַכְּתָב לְהִנָּתֵן דָּת בְּכָל־מְדִינָה וּמְדִינָה
טו גָּלוּי לְכָל־הָעַמִּים לִהְיוֹת עֲתִדִים לַיּוֹם הַזֶּה׃ הָרָצִים יָצְאוּ
דְחוּפִים בִּדְבַר הַמֶּלֶךְ וְהַדָּת נִתְּנָה בְּשׁוּשַׁן הַבִּירָה וְהַמֶּלֶךְ
ד א וְהָמָן יָשְׁבוּ לִשְׁתּוֹת וְהָעִיר שׁוּשָׁן נָבוֹכָה׃ וּמָרְדֳּכַי
יָדַע אֶת־כָּל־אֲשֶׁר נַעֲשָׂה וַיִּקְרַע מָרְדֳּכַי אֶת־בְּגָדָיו וַיִּלְבַּשׁ
ב שַׂק וָאֵפֶר וַיֵּצֵא בְּתוֹךְ הָעִיר וַיִּזְעַק זְעָקָה גְדוֹלָה וּמָרָה׃ וַיָּבוֹא
עַד לִפְנֵי שַׁעַר־הַמֶּלֶךְ כִּי אֵין לָבוֹא אֶל־שַׁעַר הַמֶּלֶךְ בִּלְבוּשׁ
ג שָׂק׃ וּבְכָל־מְדִינָה וּמְדִינָה מְקוֹם אֲשֶׁר דְּבַר־הַמֶּלֶךְ וְדָתוֹ
מַגִּיעַ אֵבֶל גָּדוֹל לַיְּהוּדִים וְצוֹם וּבְכִי וּמִסְפֵּד שַׂק וָאֵפֶר יֻצַּע
ד לָרַבִּים׃ ותבואינה נַעֲרוֹת אֶסְתֵּר וְסָרִיסֶיהָ וַיַּגִּידוּ לָהּ וַתָּבוֹאנָה
וַתִּתְחַלְחַל הַמַּלְכָּה מְאֹד וַתִּשְׁלַח בְּגָדִים לְהַלְבִּישׁ אֶת־
ה מָרְדֳּכַי וּלְהָסִיר שַׂקּוֹ מֵעָלָיו וְלֹא קִבֵּל׃ וַתִּקְרָא אֶסְתֵּר לַהֲתָךְ
מִסָּרִיסֵי הַמֶּלֶךְ אֲשֶׁר הֶעֱמִיד לְפָנֶיהָ וַתְּצַוֵּהוּ עַל־מָרְדֳּכָי לָדַעַת
ו מַה־זֶּה וְעַל־מַה־זֶּה׃ וַיֵּצֵא הֲתָךְ אֶל־מָרְדֳּכָי אֶל־רְחוֹב הָעִיר
ז אֲשֶׁר לִפְנֵי שַׁעַר־הַמֶּלֶךְ׃ וַיַּגֶּד־לוֹ מָרְדֳּכַי אֵת כָּל־אֲשֶׁר קָרָהוּ
וְאֵת ׀ פָּרָשַׁת הַכֶּסֶף אֲשֶׁר אָמַר הָמָן לִשְׁקוֹל עַל־גִּנְזֵי הַמֶּלֶךְ

בַּיְּהוּדִים

ח בַּיְּהוּדִים לְאַבְּדָם׃ וְאֶת־פַּתְשֶׁגֶן כְּתָב־הַדָּת אֲשֶׁר־נִתַּן בְּשׁוּשָׁן
לְהַשְׁמִידָם נָתַן לוֹ לְהַרְאוֹת אֶת־אֶסְתֵּר וּלְהַגִּיד לָהּ וּלְצַוּוֹת
עָלֶיהָ לָבוֹא אֶל־הַמֶּלֶךְ לְהִתְחַנֶּן־לוֹ וּלְבַקֵּשׁ מִלְּפָנָיו עַל־
ט י עַמָּהּ׃ וַיָּבוֹא הֲתָךְ וַיַּגֵּד לְאֶסְתֵּר אֵת דִּבְרֵי מָרְדֳּכָי׃ וַתֹּאמֶר
יא אֶסְתֵּר לַהֲתָךְ וַתְּצַוֵּהוּ אֶל־מָרְדֳּכָי׃ כָּל־עַבְדֵי הַמֶּלֶךְ וְעַם
מְדִינוֹת הַמֶּלֶךְ יֹדְעִים אֲשֶׁר כָּל־אִישׁ וְאִשָּׁה אֲשֶׁר־יָבוֹא
אֶל־הַמֶּלֶךְ אֶל־הֶחָצֵר הַפְּנִימִית אֲשֶׁר לֹא־יִקָּרֵא אַחַת דָּתוֹ
לְהָמִית לְבַד מֵאֲשֶׁר יוֹשִׁיט־לוֹ הַמֶּלֶךְ אֶת־שַׁרְבִיט הַזָּהָב
וְחָיָה וַאֲנִי לֹא נִקְרֵאתִי לָבוֹא אֶל־הַמֶּלֶךְ זֶה שְׁלוֹשִׁים יוֹם׃
יב יג וַיַּגִּידוּ לְמָרְדֳּכָי אֵת דִּבְרֵי אֶסְתֵּר׃ וַיֹּאמֶר מָרְדֳּכַי לְהָשִׁיב
אֶל־אֶסְתֵּר אַל־תְּדַמִּי בְנַפְשֵׁךְ לְהִמָּלֵט בֵּית־הַמֶּלֶךְ מִכָּל־
יד הַיְּהוּדִים׃ כִּי אִם־הַחֲרֵשׁ תַּחֲרִישִׁי בָּעֵת הַזֹּאת רֶוַח וְהַצָּלָה
יַעֲמוֹד לַיְּהוּדִים מִמָּקוֹם אַחֵר וְאַתְּ וּבֵית־אָבִיךְ תֹּאבֵדוּ וּמִי
טו יוֹדֵעַ אִם־לְעֵת כָּזֹאת הִגַּעַתְּ לַמַּלְכוּת׃ וַתֹּאמֶר אֶסְתֵּר
טז לְהָשִׁיב אֶל־מָרְדֳּכָי׃ לֵךְ כְּנוֹס אֶת־כָּל־הַיְּהוּדִים הַנִּמְצְאִים
בְּשׁוּשָׁן וְצוּמוּ עָלַי וְאַל־תֹּאכְלוּ וְאַל־תִּשְׁתּוּ שְׁלֹשֶׁת יָמִים
לַיְלָה וָיוֹם גַּם־אֲנִי וְנַעֲרֹתַי אָצוּם כֵּן וּבְכֵן אָבוֹא אֶל־הַמֶּלֶךְ
יז אֲשֶׁר לֹא־כַדָּת וְכַאֲשֶׁר אָבַדְתִּי אָבָדְתִּי׃ וַיַּעֲבֹר מָרְדֳּכָי וַיַּעַשׂ
ה א כְּכֹל אֲשֶׁר־צִוְּתָה עָלָיו אֶסְתֵּר׃ וַיְהִי ׀ בַּיּוֹם הַשְּׁלִישִׁי וַתִּלְבַּשׁ
אֶסְתֵּר מַלְכוּת וַתַּעֲמֹד בַּחֲצַר בֵּית־הַמֶּלֶךְ הַפְּנִימִית נֹכַח
בֵּית הַמֶּלֶךְ וְהַמֶּלֶךְ יוֹשֵׁב עַל־כִּסֵּא מַלְכוּתוֹ בְּבֵית הַמַּלְכוּת
ב נֹכַח פֶּתַח הַבָּיִת׃ וַיְהִי כִרְאוֹת הַמֶּלֶךְ אֶת־אֶסְתֵּר הַמַּלְכָּה
עֹמֶדֶת בֶּחָצֵר נָשְׂאָה חֵן בְּעֵינָיו וַיּוֹשֶׁט הַמֶּלֶךְ לְאֶסְתֵּר אֶת־
שַׁרְבִיט הַזָּהָב אֲשֶׁר בְּיָדוֹ וַתִּקְרַב אֶסְתֵּר וַתִּגַּע בְּרֹאשׁ
ג הַשַּׁרְבִיט׃ וַיֹּאמֶר לָהּ הַמֶּלֶךְ מַה־לָּךְ אֶסְתֵּר הַמַּלְכָּה וּמַה־
ד בַּקָּשָׁתֵךְ עַד־חֲצִי הַמַּלְכוּת וְיִנָּתֵן לָךְ׃ וַתֹּאמֶר אֶסְתֵּר אִם־
עַל־הַמֶּלֶךְ טוֹב יָבוֹא הַמֶּלֶךְ וְהָמָן הַיּוֹם אֶל־הַמִּשְׁתֶּה אֲשֶׁר־

ה עָשִׂיתִי לוֹ׃ וַיֹּאמֶר הַמֶּלֶךְ מַהֲרוּ אֶת־הָמָן לַעֲשׂוֹת אֶת־דְּבַר
אֶסְתֵּר וַיָּבֹא הַמֶּלֶךְ וְהָמָן אֶל־הַמִּשְׁתֶּה אֲשֶׁר־עָשְׂתָה אֶסְתֵּר׃
ו וַיֹּאמֶר הַמֶּלֶךְ לְאֶסְתֵּר בְּמִשְׁתֵּה הַיַּיִן מַה־שְּׁאֵלָתֵךְ וְיִנָּתֵן לָךְ
ז וּמַה־בַּקָּשָׁתֵךְ עַד־חֲצִי הַמַּלְכוּת וְתֵעָשׂ׃ וַתַּעַן אֶסְתֵּר וַתֹּאמַר
ח שְׁאֵלָתִי וּבַקָּשָׁתִי׃ אִם־מָצָאתִי חֵן בְּעֵינֵי הַמֶּלֶךְ וְאִם־עַל־
הַמֶּלֶךְ טוֹב לָתֵת אֶת־שְׁאֵלָתִי וְלַעֲשׂוֹת אֶת־בַּקָּשָׁתִי יָבוֹא
הַמֶּלֶךְ וְהָמָן אֶל־הַמִּשְׁתֶּה אֲשֶׁר אֶעֱשֶׂה לָהֶם וּמָחָר אֶעֱשֶׂה
ט כִּדְבַר הַמֶּלֶךְ׃ וַיֵּצֵא הָמָן בַּיּוֹם הַהוּא שָׂמֵחַ וְטוֹב לֵב וְכִרְאוֹת
הָמָן אֶת־מָרְדֳּכַי בְּשַׁעַר הַמֶּלֶךְ וְלֹא־קָם וְלֹא־זָע מִמֶּנּוּ וַיִּמָּלֵא
י הָמָן עַל־מָרְדֳּכַי חֵמָה׃ וַיִּתְאַפַּק הָמָן וַיָּבוֹא אֶל־בֵּיתוֹ וַיִּשְׁלַח
יא וַיָּבֵא אֶת־אֹהֲבָיו וְאֶת־זֶרֶשׁ אִשְׁתּוֹ׃ וַיְסַפֵּר לָהֶם הָמָן אֶת־
כְּבוֹד עָשְׁרוֹ וְרֹב בָּנָיו וְאֵת כָּל־אֲשֶׁר גִּדְּלוֹ הַמֶּלֶךְ וְאֵת אֲשֶׁר
יב נִשְּׂאוֹ עַל־הַשָּׂרִים וְעַבְדֵי הַמֶּלֶךְ׃ וַיֹּאמֶר הָמָן אַף לֹא־הֵבִיאָה
אֶסְתֵּר הַמַּלְכָּה עִם־הַמֶּלֶךְ אֶל־הַמִּשְׁתֶּה אֲשֶׁר־עָשָׂתָה כִּי
יג אִם־אוֹתִי וְגַם־לְמָחָר אֲנִי קָרוּא־לָהּ עִם־הַמֶּלֶךְ׃ וְכָל־זֶה אֵינֶנּוּ
שֹׁוֶה לִי בְּכָל־עֵת אֲשֶׁר אֲנִי רֹאֶה אֶת־מָרְדֳּכַי הַיְּהוּדִי יוֹשֵׁב
יד בְּשַׁעַר הַמֶּלֶךְ׃ וַתֹּאמֶר לוֹ זֶרֶשׁ אִשְׁתּוֹ וְכָל־אֹהֲבָיו יַעֲשׂוּ־עֵץ
גָּבֹהַּ חֲמִשִּׁים אַמָּה וּבַבֹּקֶר ׀ אֱמֹר לַמֶּלֶךְ וְיִתְלוּ אֶת־מָרְדֳּכַי
עָלָיו וּבֹא עִם־הַמֶּלֶךְ אֶל־הַמִּשְׁתֶּה שָׂמֵחַ וַיִּיטַב הַדָּבָר לִפְנֵי
ו א הָמָן וַיַּעַשׂ הָעֵץ׃ בַּלַּיְלָה הַהוּא נָדְדָה שְׁנַת
הַמֶּלֶךְ וַיֹּאמֶר לְהָבִיא אֶת־סֵפֶר הַזִּכְרֹנוֹת דִּבְרֵי הַיָּמִים וַיִּהְיוּ
ב נִקְרָאִים לִפְנֵי הַמֶּלֶךְ׃ וַיִּמָּצֵא כָתוּב אֲשֶׁר הִגִּיד מָרְדֳּכַי עַל־
בִּגְתָנָא וָתֶרֶשׁ שְׁנֵי סָרִיסֵי הַמֶּלֶךְ מִשֹּׁמְרֵי הַסַּף אֲשֶׁר בִּקְשׁוּ
ג לִשְׁלֹחַ יָד בַּמֶּלֶךְ אֲחַשְׁוֵרוֹשׁ׃ וַיֹּאמֶר הַמֶּלֶךְ מַה־נַּעֲשָׂה יְקָר
וּגְדוּלָּה לְמָרְדֳּכַי עַל־זֶה וַיֹּאמְרוּ נַעֲרֵי הַמֶּלֶךְ מְשָׁרְתָיו לֹא־
ד נַעֲשָׂה עִמּוֹ דָּבָר׃ וַיֹּאמֶר הַמֶּלֶךְ מִי בֶחָצֵר וְהָמָן בָּא לַחֲצַר
בֵּית־הַמֶּלֶךְ הַחִיצוֹנָה לֵאמֹר לַמֶּלֶךְ לִתְלוֹת אֶת־מָרְדֳּכַי עַל־

הָעֵץ אֲשֶׁר־הֵכִין לוֹ׃ וַיֹּאמְרוּ נַעֲרֵי הַמֶּלֶךְ אֵלָיו הִנֵּה הָמָן ה
עֹמֵד בֶּחָצֵר וַיֹּאמֶר הַמֶּלֶךְ יָבוֹא׃ וַיָּבוֹא הָמָן וַיֹּאמֶר לוֹ ו
הַמֶּלֶךְ מַה־לַּעֲשׂוֹת בָּאִישׁ אֲשֶׁר הַמֶּלֶךְ חָפֵץ בִּיקָרוֹ וַיֹּאמֶר
הָמָן בְּלִבּוֹ לְמִי יַחְפֹּץ הַמֶּלֶךְ לַעֲשׂוֹת יְקָר יוֹתֵר מִמֶּנִּי׃ וַיֹּאמֶר ז
הָמָן אֶל־הַמֶּלֶךְ אִישׁ אֲשֶׁר הַמֶּלֶךְ חָפֵץ בִּיקָרוֹ׃ יָבִיאוּ לְבוּשׁ ח
מַלְכוּת אֲשֶׁר לָבַשׁ־בּוֹ הַמֶּלֶךְ וְסוּס אֲשֶׁר רָכַב עָלָיו הַמֶּלֶךְ
וַאֲשֶׁר נִתַּן כֶּתֶר מַלְכוּת בְּרֹאשׁוֹ׃ וְנָתוֹן הַלְּבוּשׁ וְהַסּוּס עַל־ ט
יַד־אִישׁ מִשָּׂרֵי הַמֶּלֶךְ הַפַּרְתְּמִים וְהִלְבִּשׁוּ אֶת־הָאִישׁ אֲשֶׁר
הַמֶּלֶךְ חָפֵץ בִּיקָרוֹ וְהִרְכִּיבֻהוּ עַל־הַסּוּס בִּרְחוֹב הָעִיר וְקָרְאוּ
לְפָנָיו כָּכָה יֵעָשֶׂה לָאִישׁ אֲשֶׁר הַמֶּלֶךְ חָפֵץ בִּיקָרוֹ׃ וַיֹּאמֶר י
הַמֶּלֶךְ לְהָמָן מַהֵר קַח אֶת־הַלְּבוּשׁ וְאֶת־הַסּוּס כַּאֲשֶׁר דִּבַּרְתָּ
וַעֲשֵׂה־כֵן לְמָרְדֳּכַי הַיְּהוּדִי הַיּוֹשֵׁב בְּשַׁעַר הַמֶּלֶךְ אַל־תַּפֵּל
ד דָּבָר מִכֹּל אֲשֶׁר דִּבַּרְתָּ׃ וַיִּקַּח הָמָן אֶת־הַלְּבוּשׁ וְאֶת־הַסּוּס יא
וַיַּלְבֵּשׁ אֶת־מָרְדֳּכָי וַיַּרְכִּיבֵהוּ בִּרְחוֹב הָעִיר וַיִּקְרָא לְפָנָיו כָּכָה
יֵעָשֶׂה לָאִישׁ אֲשֶׁר הַמֶּלֶךְ חָפֵץ בִּיקָרוֹ׃ וַיָּשָׁב מָרְדֳּכַי אֶל־ יב
שַׁעַר הַמֶּלֶךְ וְהָמָן נִדְחַף אֶל־בֵּיתוֹ אָבֵל וַחֲפוּי רֹאשׁ׃ וַיְסַפֵּר יג
הָמָן לְזֶרֶשׁ אִשְׁתּוֹ וּלְכָל־אֹהֲבָיו אֵת כָּל־אֲשֶׁר קָרָהוּ וַיֹּאמְרוּ
לוֹ חֲכָמָיו וְזֶרֶשׁ אִשְׁתּוֹ אִם מִזֶּרַע הַיְּהוּדִים מָרְדֳּכַי אֲשֶׁר
הַחִלּוֹתָ לִנְפֹּל לְפָנָיו לֹא־תוּכַל לוֹ כִּי־נָפוֹל תִּפּוֹל לְפָנָיו׃ עוֹדָם יד
מְדַבְּרִים עִמּוֹ וְסָרִיסֵי הַמֶּלֶךְ הִגִּיעוּ וַיַּבְהִלוּ לְהָבִיא אֶת־הָמָן
אֶל־הַמִּשְׁתֶּה אֲשֶׁר־עָשְׂתָה אֶסְתֵּר׃ וַיָּבֹא הַמֶּלֶךְ וְהָמָן לִשְׁתּוֹת א ז
עִם־אֶסְתֵּר הַמַּלְכָּה׃ וַיֹּאמֶר הַמֶּלֶךְ לְאֶסְתֵּר גַּם בַּיּוֹם הַשֵּׁנִי ב
בְּמִשְׁתֵּה הַיַּיִן מַה־שְּׁאֵלָתֵךְ אֶסְתֵּר הַמַּלְכָּה וְתִנָּתֵן לָךְ וּמַה־
בַּקָּשָׁתֵךְ עַד־חֲצִי הַמַּלְכוּת וְתֵעָשׂ׃ וַתַּעַן אֶסְתֵּר הַמַּלְכָּה ג
וַתֹּאמַר אִם־מָצָאתִי חֵן בְּעֵינֶיךָ הַמֶּלֶךְ וְאִם־עַל־הַמֶּלֶךְ טוֹב
תִּנָּתֶן־לִי נַפְשִׁי בִּשְׁאֵלָתִי וְעַמִּי בְּבַקָּשָׁתִי׃ כִּי נִמְכַּרְנוּ אֲנִי ד
וְעַמִּי לְהַשְׁמִיד לַהֲרוֹג וּלְאַבֵּד וְאִלּוּ לַעֲבָדִים וְלִשְׁפָחוֹת נִמְכַּרְנוּ

ה הֶחֱרַשְׁתִּי כִּי אֵין הַצָּר שֹׁוֶה בְּנֵזֶק הַמֶּלֶךְ׃ וַיֹּאמֶר
הַמֶּלֶךְ אֲחַשְׁוֵרוֹשׁ וַיֹּאמֶר לְאֶסְתֵּר הַמַּלְכָּה מִי הוּא זֶה וְאֵי־זֶה
ו הוּא אֲשֶׁר־מְלָאוֹ לִבּוֹ לַעֲשׂוֹת כֵּן׃ וַתֹּאמֶר אֶסְתֵּר אִישׁ צַר וְאוֹיֵב
ז הָמָן הָרָע הַזֶּה וְהָמָן נִבְעַת מִלִּפְנֵי הַמֶּלֶךְ וְהַמַּלְכָּה׃ וְהַמֶּלֶךְ
קָם בַּחֲמָתוֹ מִמִּשְׁתֵּה הַיַּיִן אֶל־גִּנַּת הַבִּיתָן וְהָמָן עָמַד לְבַקֵּשׁ
עַל־נַפְשׁוֹ מֵאֶסְתֵּר הַמַּלְכָּה כִּי רָאָה כִּי־כָלְתָה אֵלָיו הָרָעָה
ח מֵאֵת הַמֶּלֶךְ׃ וְהַמֶּלֶךְ שָׁב מִגִּנַּת הַבִּיתָן אֶל־בֵּית ׀ מִשְׁתֵּה
הַיַּיִן וְהָמָן נֹפֵל עַל־הַמִּטָּה אֲשֶׁר אֶסְתֵּר עָלֶיהָ וַיֹּאמֶר הַמֶּלֶךְ
הֲגַם לִכְבּוֹשׁ אֶת־הַמַּלְכָּה עִמִּי בַּבָּיִת הַדָּבָר יָצָא מִפִּי הַמֶּלֶךְ
ט וּפְנֵי הָמָן חָפוּ׃ וַיֹּאמֶר חַרְבוֹנָה אֶחָד מִן־הַסָּרִיסִים לִפְנֵי
הַמֶּלֶךְ גַּם הִנֵּה־הָעֵץ אֲשֶׁר־עָשָׂה הָמָן לְמָרְדֳּכַי אֲשֶׁר דִּבֶּר־טוֹב
עַל־הַמֶּלֶךְ עֹמֵד בְּבֵית הָמָן גָּבֹהַּ חֲמִשִּׁים אַמָּה וַיֹּאמֶר הַמֶּלֶךְ
י תְּלֻהוּ עָלָיו׃ וַיִּתְלוּ אֶת־הָמָן עַל־הָעֵץ אֲשֶׁר־הֵכִין לְמָרְדֳּכָי
ח א וַחֲמַת הַמֶּלֶךְ שָׁכָכָה׃ בַּיּוֹם הַהוּא נָתַן הַמֶּלֶךְ
אֲחַשְׁוֵרוֹשׁ לְאֶסְתֵּר הַמַּלְכָּה אֶת־בֵּית הָמָן צֹרֵר היהודיים הַיְּהוּדִים
ב וּמָרְדֳּכַי בָּא לִפְנֵי הַמֶּלֶךְ כִּי־הִגִּידָה אֶסְתֵּר מַה הוּא־לָהּ׃ וַיָּסַר
הַמֶּלֶךְ אֶת־טַבַּעְתּוֹ אֲשֶׁר הֶעֱבִיר מֵהָמָן וַיִּתְּנָהּ לְמָרְדֳּכָי וַתָּשֶׂם
ג אֶסְתֵּר אֶת־מָרְדֳּכַי עַל־בֵּית הָמָן׃ וַתּוֹסֶף אֶסְתֵּר
וַתְּדַבֵּר לִפְנֵי הַמֶּלֶךְ וַתִּפֹּל לִפְנֵי רַגְלָיו וַתֵּבְךְּ וַתִּתְחַנֶּן־לוֹ
לְהַעֲבִיר אֶת־רָעַת הָמָן הָאֲגָגִי וְאֵת מַחֲשַׁבְתּוֹ אֲשֶׁר חָשַׁב
ד עַל־הַיְּהוּדִים׃ וַיּוֹשֶׁט הַמֶּלֶךְ לְאֶסְתֵּר אֵת שַׁרְבִט הַזָּהָב וַתָּקָם
ה אֶסְתֵּר וַתַּעֲמֹד לִפְנֵי הַמֶּלֶךְ׃ וַתֹּאמֶר אִם־עַל־הַמֶּלֶךְ טוֹב
וְאִם־מָצָאתִי חֵן לְפָנָיו וְכָשֵׁר הַדָּבָר לִפְנֵי הַמֶּלֶךְ וְטוֹבָה אֲנִי
בְּעֵינָיו יִכָּתֵב לְהָשִׁיב אֶת־הַסְּפָרִים מַחֲשֶׁבֶת הָמָן בֶּן־הַמְּדָתָא
הָאֲגָגִי אֲשֶׁר כָּתַב לְאַבֵּד אֶת־הַיְּהוּדִים אֲשֶׁר בְּכָל־מְדִינוֹת
ו הַמֶּלֶךְ׃ כִּי אֵיכָכָה אוּכַל וְרָאִיתִי בָּרָעָה אֲשֶׁר־יִמְצָא אֶת־עַמִּי
ז וְאֵיכָכָה אוּכַל וְרָאִיתִי בְּאָבְדַן מוֹלַדְתִּי׃ וַיֹּאמֶר

המלך אחשורש לאסתר המלכה ולמרדכי היהודי הנה בית־
המן נתתי לאסתר ואתו תלו על־העץ על אשר־שלח ידו
ח ביהודיים: ואתם כתבו על־היהודים כטוב בעיניכם בשם ביהודים
המלך וחתמו בטבעת המלך כי־כתב אשר־נכתב בשם־
ט המלך ונחתום בטבעת המלך אין להשיב: ויקראו ספרי־
המלך בעת־ההיא בחדש השלישי הוא־חדש סיון בשלושה
ועשרים בו ויכתב ככל־אשר־צוה מרדכי אל־היהודים ואל
האחשדרפנים והפחות ושרי המדינות אשר ׀ מהדו ועד־
כוש שבע ועשרים ומאה מדינה מדינה ומדינה ככתבה
י ועם ועם כלשנו ואל־היהודים ככתבם וכלשונם: ויכתב
בשם המלך אחשורש ויחתם בטבעת המלך וישלח ספרים
ביד הרצים בסוסים רכבי הרכש האחשתרנים בני הרמכים:
יא אשר נתן המלך ליהודים ׀ אשר ׀ בכל־עיר ועיר להקהל
ולעמד על־נפשם להשמיד ולהרג ולאבד את־כל־חיל עם
יב ומדינה הצרים אתם טף ונשים ושללם לבוז: ביום אחד
בכל־מדינות המלך אחשורוש בשלושה עשר לחדש שנים־
יג עשר הוא־חדש אדר: פתשגן הכתב להנתן דת בכל־מדינה
ומדינה גלוי לכל־העמים ולהיות היהודיים עתודים ליום היהודים עתידים
יד הזה להנקם מאיביהם: הרצים רכבי הרכש האחשתרנים
יצאו מבהלים ודחופים בדבר המלך והדת נתנה בשושן
טו הבירה: ומרדכי יצא ׀ מלפני המלך בלבוש
מלכות תכלת וחור ועטרת זהב גדולה ותכריך בוץ וארגמן
טז והעיר שושן צהלה ושמחה: ליהודים היתה אורה ושמחה ה
יז וששן ויקר: ובכל־מדינה ומדינה ובכל־עיר ועיר מקום
אשר דבר־המלך ודתו מגיע שמחה וששון ליהודים משתה
ויום טוב ורבים מעמי הארץ מתיהדים כי־נפל פחד־
ט א היהודים עליהם: ובשנים עשר חדש הוא־חדש אדר בשלושה

עָשָׂר יוֹם בּוֹ אֲשֶׁר הִגִּיעַ דְּבַר־הַמֶּלֶךְ וְדָתוֹ לְהֵעָשׂוֹת בַּיּוֹם
אֲשֶׁר שִׂבְּרוּ אֹיְבֵי הַיְּהוּדִים לִשְׁלוֹט בָּהֶם וְנַהֲפוֹךְ הוּא אֲשֶׁר
ב יִשְׁלְטוּ הַיְּהוּדִים הֵמָּה בְּשֹׂנְאֵיהֶם׃ נִקְהֲלוּ הַיְּהוּדִים בְּעָרֵיהֶם
בְּכָל־מְדִינוֹת הַמֶּלֶךְ אֲחַשְׁוֵרוֹשׁ לִשְׁלֹחַ יָד בִּמְבַקְשֵׁי רָעָתָם
ג וְאִישׁ לֹא־עָמַד לִפְנֵיהֶם כִּי־נָפַל פַּחְדָּם עַל־כָּל־הָעַמִּים׃ וְכָל־
שָׂרֵי הַמְּדִינוֹת וְהָאֲחַשְׁדַּרְפְּנִים וְהַפַּחוֹת וְעֹשֵׂי הַמְּלָאכָה
אֲשֶׁר לַמֶּלֶךְ מְנַשְּׂאִים אֶת־הַיְּהוּדִים כִּי־נָפַל פַּחַד־מָרְדֳּכַי
ד עֲלֵיהֶם׃ כִּי־גָדוֹל מָרְדֳּכַי בְּבֵית הַמֶּלֶךְ וְשָׁמְעוֹ הוֹלֵךְ בְּכָל־
ה הַמְּדִינוֹת כִּי־הָאִישׁ מָרְדֳּכַי הוֹלֵךְ וְגָדוֹל׃ וַיַּכּוּ הַיְּהוּדִים
בְּכָל־אֹיְבֵיהֶם מַכַּת־חֶרֶב וְהֶרֶג וְאַבְדָן וַיַּעֲשׂוּ בְשֹׂנְאֵיהֶם
ו כִּרְצוֹנָם׃ וּבְשׁוּשַׁן הַבִּירָה הָרְגוּ הַיְּהוּדִים וְאַבֵּד חֲמֵשׁ מֵאוֹת
ז אִישׁ׃ וְאֵת ׀
פַּרְשַׁנְדָּתָא וְאֵת ׀
דַּלְפוֹן וְאֵת ׀
ח אַסְפָּתָא׃ וְאֵת ׀
פּוֹרָתָא וְאֵת ׀
אֲדַלְיָא וְאֵת ׀
ט אֲרִידָתָא׃ וְאֵת ׀
פַּרְמַשְׁתָּא וְאֵת ׀
אֲרִיסַי וְאֵת ׀
אֲרִדַי וְאֵת ׀
י וַיְזָתָא׃ עֲשֶׂרֶת
בְּנֵי הָמָן בֶּן־הַמְּדָתָא צֹרֵר הַיְּהוּדִים הָרָגוּ וּבַבִּזָּה לֹא שָׁלְחוּ
יא אֶת־יָדָם׃ בַּיּוֹם הַהוּא בָּא מִסְפַּר הַהֲרוּגִים בְּשׁוּשַׁן הַבִּירָה
יב לִפְנֵי הַמֶּלֶךְ׃ וַיֹּאמֶר הַמֶּלֶךְ לְאֶסְתֵּר הַמַּלְכָּה בְּשׁוּשַׁן הַבִּירָה
הָרְגוּ הַיְּהוּדִים וְאַבֵּד חֲמֵשׁ מֵאוֹת אִישׁ וְאֵת עֲשֶׂרֶת בְּנֵי־הָמָן
בִּשְׁאָר מְדִינוֹת הַמֶּלֶךְ מֶה עָשׂוּ וּמַה־שְּׁאֵלָתֵךְ וְיִנָּתֵן לָךְ וּמַה־

יג בַּקָּשָׁתֵךְ עוֹד וְתֵעָשׂ: וַתֹּאמֶר אֶסְתֵּר אִם־עַל־הַמֶּלֶךְ טוֹב
יִנָּתֵן גַּם־מָחָר לַיְּהוּדִים אֲשֶׁר בְּשׁוּשָׁן לַעֲשׂוֹת כְּדָת הַיּוֹם
יד וְאֵת עֲשֶׂרֶת בְּנֵי־הָמָן יִתְלוּ עַל־הָעֵץ: וַיֹּאמֶר הַמֶּלֶךְ לְהֵעָשׂוֹת
טו כֵּן וַתִּנָּתֵן דָּת בְּשׁוּשָׁן וְאֵת עֲשֶׂרֶת בְּנֵי־הָמָן תָּלוּ: וַיִּקָּהֲלוּ
היהודיים אֲשֶׁר־בְּשׁוּשָׁן גַּם בְּיוֹם אַרְבָּעָה עָשָׂר לְחֹדֶשׁ אֲדָר הַיְּהוּדִים
וַיַּהַרְגוּ בְשׁוּשָׁן שְׁלֹשׁ מֵאוֹת אִישׁ וּבַבִּזָּה לֹא שָׁלְחוּ אֶת־יָדָם:
טז וּשְׁאָר הַיְּהוּדִים אֲשֶׁר בִּמְדִינוֹת הַמֶּלֶךְ נִקְהֲלוּ ׀ וְעָמֹד עַל־
נַפְשָׁם וְנוֹחַ מֵאֹיְבֵיהֶם וְהָרוֹג בְּשֹׂנְאֵיהֶם חֲמִשָּׁה וְשִׁבְעִים אָלֶף
יז וּבַבִּזָּה לֹא שָׁלְחוּ אֶת־יָדָם: בְּיוֹם־שְׁלוֹשָׁה עָשָׂר לְחֹדֶשׁ אֲדָר
וְנוֹחַ בְּאַרְבָּעָה עָשָׂר בּוֹ וְעָשֹׂה אֹתוֹ יוֹם מִשְׁתֶּה וְשִׂמְחָה:
יח והיהודיים אֲשֶׁר־בְּשׁוּשָׁן נִקְהֲלוּ בִּשְׁלוֹשָׁה עָשָׂר בּוֹ וּבְאַרְבָּעָה וְהַיְּהוּדִים
עָשָׂר בּוֹ וְנוֹחַ בַּחֲמִשָּׁה עָשָׂר בּוֹ וְעָשֹׂה אֹתוֹ יוֹם מִשְׁתֶּה
יט וְשִׂמְחָה: עַל־כֵּן הַיְּהוּדִים הפרוזים הַיֹּשְׁבִים בְּעָרֵי הַפְּרָזוֹת הַפְּרָזִים
עֹשִׂים אֵת יוֹם אַרְבָּעָה עָשָׂר לְחֹדֶשׁ אֲדָר שִׂמְחָה וּמִשְׁתֶּה
כ וְיוֹם טוֹב וּמִשְׁלֹחַ מָנוֹת אִישׁ לְרֵעֵהוּ: וַיִּכְתֹּב מָרְדֳּכַי אֶת־
הַדְּבָרִים הָאֵלֶּה וַיִּשְׁלַח סְפָרִים אֶל־כָּל־הַיְּהוּדִים אֲשֶׁר בְּכָל־
כא מְדִינוֹת הַמֶּלֶךְ אֲחַשְׁוֵרוֹשׁ הַקְּרוֹבִים וְהָרְחוֹקִים: לְקַיֵּם עֲלֵיהֶם
לִהְיוֹת עֹשִׂים אֵת יוֹם אַרְבָּעָה עָשָׂר לְחֹדֶשׁ אֲדָר וְאֵת יוֹם־
כב חֲמִשָּׁה עָשָׂר בּוֹ בְּכָל־שָׁנָה וְשָׁנָה: כַּיָּמִים אֲשֶׁר־נָחוּ בָהֶם
הַיְּהוּדִים מֵאֹיְבֵיהֶם וְהַחֹדֶשׁ אֲשֶׁר נֶהְפַּךְ לָהֶם מִיָּגוֹן לְשִׂמְחָה
וּמֵאֵבֶל לְיוֹם טוֹב לַעֲשׂוֹת אוֹתָם יְמֵי מִשְׁתֶּה וְשִׂמְחָה וּמִשְׁלֹחַ
כג מָנוֹת אִישׁ לְרֵעֵהוּ וּמַתָּנוֹת לָאֶבְיֹנִים: וְקִבֵּל הַיְּהוּדִים אֵת
כד אֲשֶׁר־הֵחֵלּוּ לַעֲשׂוֹת וְאֵת אֲשֶׁר־כָּתַב מָרְדֳּכַי אֲלֵיהֶם: כִּי
הָמָן בֶּן־הַמְּדָתָא הָאֲגָגִי צֹרֵר כָּל־הַיְּהוּדִים חָשַׁב עַל־הַיְּהוּדִים
כה לְאַבְּדָם וְהִפִּל פּוּר הוּא הַגּוֹרָל לְהֻמָּם וּלְאַבְּדָם: וּבְבֹאָהּ
לִפְנֵי הַמֶּלֶךְ אָמַר עִם־הַסֵּפֶר יָשׁוּב מַחֲשַׁבְתּוֹ הָרָעָה אֲשֶׁר־
חָשַׁב עַל־הַיְּהוּדִים עַל־רֹאשׁוֹ וְתָלוּ אֹתוֹ וְאֶת־בָּנָיו עַל־הָעֵץ:

כו עַל־כֵּ֡ן קָֽרְא֞וּ לַיָּמִ֨ים הָאֵ֤לֶּה פוּרִים֙ עַל־שֵׁ֣ם הַפּ֔וּר עַל־כֵּ֕ן עַל־
כָּל־דִּבְרֵ֖י הָאִגֶּ֣רֶת הַזֹּ֑את וּמָֽה־רָא֣וּ עַל־כָּ֔כָה וּמָ֥ה הִגִּ֖יעַ אֲלֵיהֶֽם׃
כז קִיְּמ֣וּ וְקִבְּל֣וּ הַיְּהוּדִ֡ים ׀ עֲלֵיהֶ֣ם ׀ וְעַל־זַרְעָ֡ם וְעַ֨ל כָּל־הַנִּלְוִ֤ים
עֲלֵיהֶם֙ וְלֹ֣א יַעֲב֔וֹר לִהְי֣וֹת עֹשִׂ֗ים אֵ֚ת שְׁנֵ֣י הַיָּמִ֣ים הָאֵ֔לֶּה
כח כִּכְתָבָ֖ם וְכִזְמַנָּ֑ם בְּכָל־שָׁנָ֖ה וְשָׁנָֽה׃ וְהַיָּמִ֣ים הָ֠אֵלֶּה נִזְכָּרִ֨ים
וְנַעֲשִׂ֜ים בְּכָל־דּ֣וֹר וָד֗וֹר מִשְׁפָּחָה֙ וּמִשְׁפָּחָ֔ה מְדִינָ֥ה וּמְדִינָ֖ה
וְעִ֣יר וָעִ֑יר וִימֵ֞י הַפּוּרִ֣ים הָאֵ֗לֶּה לֹ֤א יַֽעַבְרוּ֙ מִתּ֣וֹךְ הַיְּהוּדִ֔ים
כט וְזִכְרָ֖ם לֹא־יָס֥וּף מִזַּרְעָֽם׃ וַ֠תִּכְתֹּב אֶסְתֵּ֨ר הַמַּלְכָּ֧ה
בַת־אֲבִיחַ֛יִל וּמָרְדֳּכַ֥י הַיְּהוּדִ֖י אֶת־כָּל־תֹּ֑קֶף לְקַיֵּ֗ם אֵ֣ת אִגֶּ֧רֶת
ל הַפֻּרִ֛ים הַזֹּ֖את הַשֵּׁנִֽית׃ וַיִּשְׁלַ֨ח סְפָרִ֜ים אֶל־כָּל־הַיְּהוּדִ֗ים אֶל־
שֶׁ֨בַע וְעֶשְׂרִ֤ים וּמֵאָה֙ מְדִינָ֔ה מַלְכ֖וּת אֲחַשְׁוֵר֑וֹשׁ דִּבְרֵ֥י שָׁל֖וֹם
לא וֶאֱמֶֽת׃ לְקַיֵּ֡ם אֶת־יְמֵי֩ הַפֻּרִ֨ים הָאֵ֜לֶּה בִּזְמַנֵּיהֶ֗ם כַּאֲשֶׁר֩ קִיַּ֨ם
עֲלֵיהֶ֜ם מָרְדֳּכַ֤י הַיְּהוּדִי֙ וְאֶסְתֵּ֣ר הַמַּלְכָּ֔ה וְכַאֲשֶׁ֥ר קִיְּמ֖וּ עַל־
לב נַפְשָׁ֣ם וְעַל־זַרְעָ֑ם דִּבְרֵ֥י הַצּוֹמ֖וֹת וְזַעֲקָתָֽם׃ וּמַאֲמַ֣ר אֶסְתֵּ֔ר
י א קִיַּ֕ם דִּבְרֵ֥י הַפֻּרִ֖ים הָאֵ֑לֶּה וְנִכְתָּ֖ב בַּסֵּֽפֶר׃ וַיָּ֩שֶׂם֩
ב הַמֶּ֨לֶךְ אחשרש ׀ מַ֛ס עַל־הָאָ֖רֶץ וְאִיֵּ֥י הַיָּֽם׃ וְכָל־מַעֲשֵׂ֤ה אֲחַשְׁוֵ֧רוֹשׁ
תָקְפּוֹ֙ וּגְב֣וּרָת֔וֹ וּפָרָשַׁת֙ גְּדֻלַּ֣ת מָרְדֳּכַ֔י אֲשֶׁ֥ר גִּדְּל֖וֹ הַמֶּ֑לֶךְ הֲלוֹא־
ג הֵ֣ם כְּתוּבִ֗ים עַל־סֵ֙פֶר֙ דִּבְרֵ֣י הַיָּמִ֔ים לְמַלְכֵ֖י מָדַ֥י וּפָרָֽס׃ כִּ֣י ׀
מָרְדֳּכַ֣י הַיְּהוּדִ֗י מִשְׁנֶה֙ לַמֶּ֣לֶךְ אֲחַשְׁוֵר֔וֹשׁ וְגָדוֹל֙ לַיְּהוּדִ֔ים וְרָצ֖וּי
לְרֹ֣ב אֶחָ֑יו דֹּרֵ֥שׁ טוֹב֙ לְעַמּ֔וֹ וְדֹבֵ֥ר שָׁל֖וֹם לְכָל־זַרְעֽוֹ׃

דניאל

א בִּשְׁנַת שָׁלוֹשׁ לְמַלְכוּת יְהוֹיָקִים מֶלֶךְ־יְהוּדָה בָּא נְבוּכַדְנֶאצַּר א
ב מֶלֶךְ־בָּבֶל יְרוּשָׁלִַם וַיָּצַר עָלֶיהָ׃ וַיִּתֵּן אֲדֹנָי בְּיָדוֹ אֶת־יְהוֹיָקִים
מֶלֶךְ־יְהוּדָה וּמִקְצָת כְּלֵי בֵית־הָאֱלֹהִים וַיְבִיאֵם אֶרֶץ־שִׁנְעָר
ג בֵּית אֱלֹהָיו וְאֶת־הַכֵּלִים הֵבִיא בֵּית אוֹצַר אֱלֹהָיו׃ וַיֹּאמֶר
הַמֶּלֶךְ לְאַשְׁפְּנַז רַב סָרִיסָיו לְהָבִיא מִבְּנֵי יִשְׂרָאֵל וּמִזֶּרַע
ד הַמְּלוּכָה וּמִן־הַפַּרְתְּמִים׃ יְלָדִים אֲשֶׁר אֵין־בָּהֶם כָּל־מאום
וְטוֹבֵי מַרְאֶה וּמַשְׂכִּלִים בְּכָל־חָכְמָה וְיֹדְעֵי דַעַת וּמְבִינֵי מַדָּע
וַאֲשֶׁר כֹּחַ בָּהֶם לַעֲמֹד בְּהֵיכַל הַמֶּלֶךְ וּלְלַמְּדָם סֵפֶר וּלְשׁוֹן
ה כַּשְׂדִּים׃ וַיְמַן לָהֶם הַמֶּלֶךְ דְּבַר־יוֹם בְּיוֹמוֹ מִפַּת־בַּג הַמֶּלֶךְ
וּמִיֵּין מִשְׁתָּיו וּלְגַדְּלָם שָׁנִים שָׁלוֹשׁ וּמִקְצָתָם יַעַמְדוּ לִפְנֵי
ו הַמֶּלֶךְ׃ וַיְהִי בָהֶם מִבְּנֵי יְהוּדָה דָּנִיֵּאל חֲנַנְיָה מִישָׁאֵל וַעֲזַרְיָה׃
ז וַיָּשֶׂם לָהֶם שַׂר הַסָּרִיסִים שֵׁמוֹת וַיָּשֶׂם לְדָנִיֵּאל בֵּלְטְשַׁאצַּר
ח וְלַחֲנַנְיָה שַׁדְרַךְ וּלְמִישָׁאֵל מֵישַׁךְ וְלַעֲזַרְיָה עֲבֵד נְגוֹ׃ וַיָּשֶׂם
דָּנִיֵּאל עַל־לִבּוֹ אֲשֶׁר לֹא־יִתְגָּאַל בְּפַת־בַּג הַמֶּלֶךְ וּבְיֵין מִשְׁתָּיו
ט וַיְבַקֵּשׁ מִשַּׂר הַסָּרִיסִים אֲשֶׁר לֹא יִתְגָּאָל׃ וַיִּתֵּן הָאֱלֹהִים אֶת־
י דָּנִיֵּאל לְחֶסֶד וּלְרַחֲמִים לִפְנֵי שַׂר הַסָּרִיסִים׃ וַיֹּאמֶר שַׂר
הַסָּרִיסִים לְדָנִיֵּאל יָרֵא אֲנִי אֶת־אֲדֹנִי הַמֶּלֶךְ אֲשֶׁר מִנָּה אֶת־
מַאֲכַלְכֶם וְאֶת־מִשְׁתֵּיכֶם אֲשֶׁר לָמָּה יִרְאֶה אֶת־פְּנֵיכֶם זֹעֲפִים
יא מִן־הַיְלָדִים אֲשֶׁר כְּגִילְכֶם וְחִיַּבְתֶּם אֶת־רֹאשִׁי לַמֶּלֶךְ׃ וַיֹּאמֶר
דָּנִיֵּאל אֶל־הַמֶּלְצַר אֲשֶׁר מִנָּה שַׂר הַסָּרִיסִים עַל־דָּנִיֵּאל
יב חֲנַנְיָה מִישָׁאֵל וַעֲזַרְיָה׃ נַס־נָא אֶת־עֲבָדֶיךָ יָמִים עֲשָׂרָה וְיִתְּנוּ־
יג לָנוּ מִן־הַזֵּרֹעִים וְנֹאכְלָה וּמַיִם וְנִשְׁתֶּה׃ וְיֵרָאוּ לְפָנֶיךָ מַרְאֵינוּ
וּמַרְאֵה הַיְלָדִים הָאֹכְלִים אֵת פַּת־בַּג הַמֶּלֶךְ וְכַאֲשֶׁר תִּרְאֵה
יד עֲשֵׂה עִם־עֲבָדֶיךָ׃ וַיִּשְׁמַע לָהֶם לַדָּבָר הַזֶּה וַיְנַסֵּם יָמִים עֲשָׂרָה׃
טו וּמִקְצָת יָמִים עֲשָׂרָה נִרְאָה מַרְאֵיהֶם טוֹב וּבְרִיאֵי בָּשָׂר מִן־
טז כָּל־הַיְלָדִים הָאֹכְלִים אֵת פַּת־בַּג הַמֶּלֶךְ׃ וַיְהִי הַמֶּלְצַר נֹשֵׂא אֶת־
יז פַּת־בָּגָם וְיֵין מִשְׁתֵּיהֶם וְנֹתֵן לָהֶם זֵרְעֹנִים׃ וְהַיְלָדִים הָאֵלֶּה

אַרְבַּעְתָּם נָתַן לָהֶם הָאֱלֹהִים מַדָּע וְהַשְׂכֵּל בְּכָל־סֵפֶר וְחָכְמָה
וְדָנִיֵּאל הֵבִין בְּכָל־חָזוֹן וַחֲלֹמוֹת׃ וּלְמִקְצָת הַיָּמִים אֲשֶׁר־אָמַר יח
הַמֶּלֶךְ לַהֲבִיאָם וַיְבִיאֵם שַׂר הַסָּרִיסִים לִפְנֵי נְבֻכַדְנֶצַּר׃ וַיְדַבֵּר יט
אִתָּם הַמֶּלֶךְ וְלֹא נִמְצָא מִכֻּלָּם כְּדָנִיֵּאל חֲנַנְיָה מִישָׁאֵל
וַעֲזַרְיָה וַיַּעַמְדוּ לִפְנֵי הַמֶּלֶךְ׃ וְכֹל דְּבַר חָכְמַת בִּינָה אֲשֶׁר־ כ
בִּקֵּשׁ מֵהֶם הַמֶּלֶךְ וַיִּמְצָאֵם עֶשֶׂר יָדוֹת עַל כָּל־הַחַרְטֻמִּים
הָאַשָּׁפִים אֲשֶׁר בְּכָל־מַלְכוּתוֹ׃ וַיְהִי דָּנִיֵּאל עַד־שְׁנַת אַחַת כא
לְכוֹרֶשׁ הַמֶּלֶךְ׃ וּבִשְׁנַת שְׁתַּיִם לְמַלְכוּת נְבֻכַדְנֶצַּר א ב
חָלַם נְבֻכַדְנֶצַּר חֲלֹמוֹת וַתִּתְפָּעֶם רוּחוֹ וּשְׁנָתוֹ נִהְיְתָה עָלָיו׃
וַיֹּאמֶר הַמֶּלֶךְ לִקְרֹא לַחַרְטֻמִּים וְלָאַשָּׁפִים וְלַמְכַשְּׁפִים ב
וְלַכַּשְׂדִּים לְהַגִּיד לַמֶּלֶךְ חֲלֹמֹתָיו וַיָּבֹאוּ וַיַּעַמְדוּ לִפְנֵי הַמֶּלֶךְ׃
וַיֹּאמֶר לָהֶם הַמֶּלֶךְ חֲלוֹם חָלָמְתִּי וַתִּפָּעֶם רוּחִי לָדַעַת אֶת־ ג
הַחֲלוֹם׃ וַיְדַבְּרוּ הַכַּשְׂדִּים לַמֶּלֶךְ אֲרָמִית מַלְכָּא לְעָלְמִין חֱיִי ד
לְעַבְדָךְ אֱמַר חֶלְמָא לעבדיך וּפִשְׁרָא נְחַוֵּא׃ עָנֵה מַלְכָּא וְאָמַר ה
לְכַשְׂדָּאֵי לכשדיא מִלְּתָה מִנִּי אַזְדָּא הֵן לָא תְהוֹדְעוּנַּנִי חֶלְמָא וּפִשְׁרֵהּ
הַדָּמִין תִּתְעַבְדוּן וּבָתֵּיכוֹן נְוָלִי יִתְּשָׂמוּן׃ וְהֵן חֶלְמָא וּפִשְׁרֵהּ ו
תְּהַחֲוֹן מַתְּנָן וּנְבִזְבָּה וִיקָר שַׂגִּיא תְּקַבְּלוּן מִן־קֳדָמָי לָהֵן
חֶלְמָא וּפִשְׁרֵהּ הַחֲוֹנִי׃ עֲנוֹ תִנְיָנוּת וְאָמְרִין מַלְכָּא חֶלְמָא ז
יֵאמַר לְעַבְדוֹהִי וּפִשְׁרָה נְהַחֲוֵה׃ עָנֵה מַלְכָּא וְאָמַר מִן־יַצִּיב ח
יָדַע אֲנָה דִּי עִדָּנָא אַנְתּוּן זָבְנִין כָּל־קֳבֵל דִּי חֲזֵיתוּן דִּי
אַזְדָּא מִנִּי מִלְּתָא׃ דִּי הֵן־חֶלְמָא לָא תְהוֹדְעֻנַּנִי חֲדָה־הִיא דָתְכוֹן ט
הִזְדְּמִנְתּוּן וּמִלָּה כִדְבָה וּשְׁחִיתָה הזמנתון לְמֵאמַר קֳדָמַי עַד דִּי עִדָּנָא
יִשְׁתַּנֵּא לָהֵן חֶלְמָא אֱמַרוּ לִי וְאִנְדַּע דִּי פִשְׁרֵהּ תְּהַחֲוֻנַּנִי׃ עֲנוֹ י
כַשְׂדָּאֵי כשדיא קֳדָם־מַלְכָּא וְאָמְרִין לָא־אִיתַי אֱנָשׁ עַל־יַבֶּשְׁתָּא דִּי
מִלַּת מַלְכָּא יוּכַל לְהַחֲוָיָה כָּל־קֳבֵל דִּי כָּל־מֶלֶךְ רַב וְשַׁלִּיט
מִלָּה כִדְנָה לָא שְׁאֵל לְכָל־חַרְטֹּם וְאָשַׁף וְכַשְׂדָּי׃ וּמִלְּתָא דִי־ יא
מַלְכָּה שָׁאֵל יַקִּירָה וְאָחֳרָן לָא אִיתַי דִּי יְחַוִּנַּהּ קֳדָם מַלְכָּא

יב לָהֵן אֱלָהִין דִּי מְדָרְהוֹן עִם־בִּשְׂרָא לָא אִיתוֹהִי׃ כָּל־קֳבֵל
דְּנָה מַלְכָּא בְּנַס וּקְצַף שַׂגִּיא וַאֲמַר לְהוֹבָדָה לְכֹל חַכִּימֵי
יג בָבֶל׃ וְדָתָא נֶפְקַת וְחַכִּימַיָּא מִתְקַטְּלִין וּבְעוֹ דָּנִיֵּאל וְחַבְרוֹהִי
יד לְהִתְקְטָלָה׃ בֵּאדַיִן דָּנִיֵּאל הֲתִיב עֵטָא וּטְעֵם
לְאַרְיוֹךְ רַב־טַבָּחַיָּא דִּי מַלְכָּא דִּי נְפַק לְקַטָּלָה לְחַכִּימֵי בָּבֶל׃
טו עָנֵה וְאָמַר לְאַרְיוֹךְ שַׁלִּיטָא דִי־מַלְכָּא עַל־מָה דָתָא מְהַחְצְפָה
טז מִן־קֳדָם מַלְכָּא אֱדַיִן מִלְּתָא הוֹדַע אַרְיוֹךְ לְדָנִיֵּאל׃ וְדָנִיֵּאל
עַל וּבְעָא מִן־מַלְכָּא דִּי זְמָן יִנְתֶּן־לֵהּ וּפִשְׁרָא לְהַחֲוָיָה
יז לְמַלְכָּא׃ אֱדַיִן דָּנִיֵּאל לְבַיְתֵהּ אֲזַל וְלַחֲנַנְיָה
יח מִישָׁאֵל וַעֲזַרְיָה חַבְרוֹהִי מִלְּתָא הוֹדַע׃ וְרַחֲמִין לְמִבְעֵא מִן־
קֳדָם אֱלָהּ שְׁמַיָּא עַל־רָזָה דְּנָה דִּי לָא יְהֹבְדוּן דָּנִיֵּאל וְחַבְרוֹהִי
יט עִם־שְׁאָר חַכִּימֵי בָבֶל׃ אֱדַיִן לְדָנִיֵּאל בְּחֶזְוָא דִי־לֵילְיָא רָזָה גֲלִי
כ אֱדַיִן דָּנִיֵּאל בָּרִךְ לֶאֱלָהּ שְׁמַיָּא׃ עָנֵה דָנִיֵּאל וְאָמַר לֶהֱוֵא שְׁמֵהּ
דִּי־אֱלָהָא מְבָרַךְ מִן־עָלְמָא וְעַד־עָלְמָא דִּי חָכְמְתָא וּגְבוּרְתָא
כא דִּי־לֵהּ הִיא׃ וְהוּא מְהַשְׁנֵא עִדָּנַיָּא וְזִמְנַיָּא מְהַעְדֵּה מַלְכִין
וּמְהָקֵים מַלְכִין יָהֵב חָכְמְתָא לְחַכִּימִין וּמַנְדְּעָא לְיָדְעֵי בִינָה׃
כב הוּא גָּלֵא עַמִּיקָתָא וּמְסַתְּרָתָא יָדַע מָה בַחֲשׁוֹכָא ונהירא עִמֵּהּ ונְהוֹרָא
כג שְׁרֵא׃ לָךְ ׀ אֱלָהּ אֲבָהָתִי מְהוֹדֵא וּמְשַׁבַּח אֲנָה דִּי חָכְמְתָא
וּגְבוּרְתָא יְהַבְתְּ לִי וּכְעַן הוֹדַעְתַּנִי דִּי־בְעֵינָא מִנָּךְ דִּי־מִלַּת
כד מַלְכָּא הוֹדַעְתֶּנָא׃ כָּל־קֳבֵל דְּנָה דָּנִיֵּאל עַל עַל־אַרְיוֹךְ דִּי
מַנִּי מַלְכָּא לְהוֹבָדָה לְחַכִּימֵי בָבֶל אֲזַל ׀ וְכֵן אֲמַר־לֵהּ
לְחַכִּימֵי בָבֶל אַל־תְּהוֹבֵד הַעֵלְנִי קֳדָם מַלְכָּא וּפִשְׁרָא לְמַלְכָּא
אֲחַוֵּא׃

כה אֱדַיִן אַרְיוֹךְ בְּהִתְבְּהָלָה הַנְעֵל לְדָנִיֵּאל קֳדָם מַלְכָּא וְכֵן אֲמַר־
לֵהּ דִּי־הַשְׁכַּחַת גְּבַר מִן־בְּנֵי גָלוּתָא דִּי יְהוּד דִּי פִשְׁרָא לְמַלְכָּא
כו יְהוֹדַע׃ עָנֵה מַלְכָּא וְאָמַר לְדָנִיֵּאל דִּי שְׁמֵהּ בֵּלְטְשַׁאצַּר
כז האיתיך כָּהֵל לְהוֹדָעֻתַנִי חֶלְמָא דִי־חֲזֵית וּפִשְׁרֵהּ׃ עָנֵה דָנִיֵּאל הַאִיתָךְ

קֳדָם מַלְכָּא וְאָמַר רָזָא דִּי־מַלְכָּא שָׁאֵל לָא חַכִּימִין אָשְׁפִין
חַרְטֻמִּין גָּזְרִין יָכְלִין לְהַחֲוָיָה לְמַלְכָּא׃ בְּרַם אִיתַי אֱלָהּ כח
בִּשְׁמַיָּא גָּלֵא רָזִין וְהוֹדַע לְמַלְכָּא נְבוּכַדְנֶצַּר מָה דִּי לֶהֱוֵא
בְּאַחֲרִית יוֹמַיָּא חֶלְמָךְ וְחֶזְוֵי רֵאשָׁךְ עַל־מִשְׁכְּבָךְ דְּנָה
אַנְתְּ|רַעְיוֹנָךְ הוּא׃ אנתה מַלְכָּא רעיונך עַל־מִשְׁכְּבָךְ סְלִקוּ כט
מָה דִּי לֶהֱוֵא אַחֲרֵי דְנָה וְגָלֵא רָזַיָּא הוֹדְעָךְ מָה־דִי לֶהֱוֵא׃
וַאֲנָה לָא בְחָכְמָה דִּי־אִיתַי בִּי מִן־כָּל־חַיַּיָּא רָזָא דְנָה גֱּלִי לִי ל
לָהֵן עַל־דִּבְרַת דִּי פִשְׁרָא לְמַלְכָּא יְהוֹדְעוּן וְרַעְיוֹנֵי לִבְבָךְ
אַנְתְּ תִּנְדַּע׃ אנתה מַלְכָּא חָזֵה הֲוַיְתָ וַאֲלוּ צְלֵם לא
חַד שַׂגִּיא צַלְמָא דִכֵּן רַב וְזִיוֵהּ יַתִּיר קָאֵם לְקָבְלָךְ וְרֵוֵהּ
דְּחִיל׃ הוּא צַלְמָא רֵאשֵׁהּ דִּי־דְהַב טָב חֲדוֹהִי וּדְרָעוֹהִי דִּי לב
מִנְּהֵן כְּסַף מְעוֹהִי וְיַרְכָתֵהּ דִּי נְחָשׁ׃ שָׁקוֹהִי דִּי פַרְזֶל רַגְלוֹהִי מנהון לג
וּמִנְּהֵן דִּי פַרְזֶל ומנהון דִּי חֲסַף׃ חָזֵה הֲוַיְתָ עַד דִּי הִתְגְּזֶרֶת אֶבֶן לד
דִּי־לָא בִידַיִן וּמְחָת לְצַלְמָא עַל־רַגְלוֹהִי דִּי פַרְזְלָא וְחַסְפָּא
ב וְהַדֱּקֶת הִמּוֹן׃ בֵּאדַיִן דָּקוּ כַחֲדָה פַּרְזְלָא חַסְפָּא נְחָשָׁא כַּסְפָּא לה
וְדַהֲבָא וַהֲווֹ כְּעוּר מִן־אִדְּרֵי־קַיִט וּנְשָׂא הִמּוֹן רוּחָא וְכָל־אֲתַר
לָא־הִשְׁתְּכַח לְהוֹן וְאַבְנָא ׀ דִּי־מְחָת לְצַלְמָא הֲוָת לְטוּר רַב
וּמְלָאַת כָּל־אַרְעָא׃ דְּנָה חֶלְמָא וּפִשְׁרֵהּ נֵאמַר קֳדָם־ לו
אַנְתְּ מַלְכָּא׃ אנתה מַלְכָּא מֶלֶךְ מַלְכַיָּא דִּי אֱלָהּ לז
שְׁמַיָּא מַלְכוּתָא חִסְנָא וְתָקְפָּא וִיקָרָא יְהַב־לָךְ׃ וּבְכָל־דִּי לח
דָּיְרִין דארין בְּנֵי־אֲנָשָׁא חֵיוַת בָּרָא וְעוֹף־שְׁמַיָּא יְהַב בִּידָךְ וְהַשְׁלְטָךְ
אַנְתְּ בְּכָלְּהוֹן אנתה הוּא רֵאשָׁה דִּי דַהֲבָא׃ וּבָתְרָךְ תְּקוּם מַלְכוּ לט
אֲרַע|תְלִיתָאָה אָחֳרִי ארעא מִנָּךְ וּמַלְכוּ תליתיא אָחֳרִי דִּי נְחָשָׁא דִּי תִשְׁלַט
רְבִיעָאָה בְּכָל־אַרְעָא׃ וּמַלְכוּ רביעיה תֶּהֱוֵא תַקִּיפָה כְּפַרְזְלָא כָּל־ מ
קֳבֵל דִּי פַרְזְלָא מְהַדֵּק וְחָשֵׁל כֹּלָּא וּכְפַרְזְלָא דִּי־מְרָעַע כָּל־
מִנְּהֵן אִלֵּין תַּדִּק וְתֵרֹעַ׃ וְדִי־חֲזַיְתָה רַגְלַיָּא וְאֶצְבְּעָתָא מנהון חֲסַף מא
וּמִנְּהֵן דִּי־פֶחָר ומנהון פַּרְזֶל מַלְכוּ פְלִיגָה תֶּהֱוֵה וּמִן־נִצְבְּתָא דִּי־

פרזלא להוא־בה כל־קבל די חזיתה פרזלא מערב בחסף
מב טינא: ואצבעת רגליא מנהון פרזל ומנהון חסף מן־קצת מנהן | ומנהן
מג מלכותא תהוה תקיפה ומנה תהוא תבירה: די חזית פרזלא ודי
מערב בחסף טינא מתערבין להון בזרע אנשא ולא־להון
דבקין דנה עם־דנה הא־כדי פרזלא לא מתערב עם־חספא:
מד וביומיהון די מלכיא אנון יקים אלה שמיא מלכו די לעלמין
לא תתחבל ומלכותה לעם אחרן לא תשתבק תדק ותסף
מה כל־אלין מלכותא והיא תקום לעלמיא: כל־קבל די־חזית
די מטורא אתגזרת אבן די־לא בידין והדקת פרזלא נחשא
חספא כספא ודהבא אלה רב הודע למלכא מה די להוא
מו אחרי דנה ויציב חלמא ומהימן פשרה: באדין
מלכא נבוכדנצר נפל על־אנפוהי ולדניאל סגד ומנחה
מז וניחחין אמר לנסכה לה: ענה מלכא לדניאל ואמר מן־
קשט די אלהכון הוא אלה אלהין ומרא מלכין וגלה רזין
מח די יכלת למגלא רזא דנה: אדין מלכא לדניאל רבי ומתנן
רברבן שגיאן יהב־לה והשלטה על כל־מדינת בבל ורב־
מט סגנין על כל־חכימי בבל: ודניאל בעא מן־מלכא ומני על
עבידתא די מדינת בבל לשדרך מישך ועבד נגו ודניאל
ג א בתרע מלכא: נבוכדנצר מלכא עבד צלם
די־דהב רומה אמין שתין פתיה אמין שת אקימה בבקעת
ב דורא במדינת בבל: ונבוכדנצר מלכא שלח למכנש ׀
לאחשדרפניא סגניא ופחותא אדרגזריא גדבריא דתבריא
תפתיא וכל שלטני מדינתא למתא לחנכת צלמא די הקים
ג נבוכדנצר מלכא: באדין מתכנשין אחשדרפניא סגניא
ופחותא אדרגזריא גדבריא דתבריא תפתיא וכל שלטני
מדינתא לחנכת צלמא די הקים נבוכדנצר מלכא וקאמין וקימין
ד לקבל צלמא די הקים נבכדנצר: וכרוזא קרא בחיל לכון

ה אָמְרִין עַמְמַיָּא אֻמַיָּא וְלִשָּׁנַיָּא׃ בְּעִדָּנָא דִּֽי־תִשְׁמְעוּן קָל
קַרְנָא מַשְׁרוֹקִיתָא קיתרס סַבְּכָא פְּסַנְתֵּרִין סוּמְפֹּנְיָה וְכֹל זְנֵי קַתְרֹס
זְמָרָא תִּפְּלוּן וְתִסְגְּדוּן לְצֶלֶם דַּהֲבָא דִּי הֲקֵים נְבוּכַדְנֶצַּר
ו מַלְכָּא׃ וּמַן־דִּי־לָא יִפֵּל וְיִסְגֻּד בַּהּ־שַׁעֲתָא יִתְרְמֵא לְגוֹא־
ז אַתּוּן נוּרָא יָקִדְתָּא׃ כָּל־קֳבֵל דְּנָה בֵּהּ זִמְנָא כְּדִי שָׁמְעִין כָּל־
עַמְמַיָּא קָל קַרְנָא מַשְׁרוֹקִיתָא קיתרס שַׂבְּכָא פְּסַנְטֵרִין וְכֹל קַתְרֹס
זְנֵי זְמָרָא נָפְלִין כָּל־עַמְמַיָּא אֻמַיָּא וְלִשָּׁנַיָּא סָגְדִין לְצֶלֶם
ח דַּהֲבָא דִּי הֲקֵים נְבוּכַדְנֶצַּר מַלְכָּא׃ כָּל־קֳבֵל דְּנָה בֵּהּ זִמְנָא
ט קְרִבוּ גֻּבְרִין כַּשְׂדָּאִין וַאֲכַלוּ קַרְצֵיהוֹן דִּי יְהוּדָיֵא׃ עֲנוֹ וְאָמְרִין
י לִנְבוּכַדְנֶצַּר מַלְכָּא מַלְכָּא לְעָלְמִין חֱיִי׃ אנתה מַלְכָּא שָׂמְתָּ אַנְתְּ
טְעֵם דִּי כָל־אֱנָשׁ דִּי־יִשְׁמַע קָל קַרְנָא מַשְׁרֹקִיתָא קיתרס קַתְרֹס
שַׂבְּכָא פְסַנְתֵּרִין וסיפניה וְכֹל זְנֵי זְמָרָא יִפֵּל וְיִסְגֻּד לְצֶלֶם וְסוּפֹּנְיָה
יא דַּהֲבָא׃ וּמַן־דִּי־לָא יִפֵּל וְיִסְגֻּד יִתְרְמֵא לְגוֹא־אַתּוּן נוּרָא
יב יָקִדְתָּא׃ אִיתַי גֻּבְרִין יְהוּדָאיִן דִּֽי־מַנִּיתָ יָתְהוֹן עַל־עֲבִידַת
מְדִינַת בָּבֶל שַׁדְרַךְ מֵישַׁךְ וַעֲבֵד נְגוֹ גֻּבְרַיָּא אִלֵּךְ לָא־שָׂמוּ
עליך מַלְכָּא טְעֵם לאלהיך לָא פָלְחִין וּלְצֶלֶם דַּהֲבָא דִּי עֲלָךְ | לֵאלָהָךְ
יג הֲקֵימְתְּ לָא סָגְדִין׃ בֵּאדַיִן נְבוּכַדְנֶצַּר בִּרְגַז
וַחֲמָא אֲמַר לְהַיְתָיָה לְשַׁדְרַךְ מֵישַׁךְ וַעֲבֵד נְגוֹ בֵּאדַיִן גֻּבְרַיָּא
יד אִלֵּךְ הֵיתָיוּ קֳדָם מַלְכָּא׃ עָנֵה נְבוּכַדְנֶצַּר וְאָמַר לְהוֹן הַצְדָּא
שַׁדְרַךְ מֵישַׁךְ וַעֲבֵד נְגוֹ לֵאלָהַי לָא אִיתֵיכוֹן פָּלְחִין וּלְצֶלֶם
טו דַּהֲבָא דִּי הֲקֵימֶת לָא סָגְדִין׃ כְּעַן הֵן אִיתֵיכוֹן עֲתִידִין דִּי
בְעִדָּנָא דִּֽי־תִשְׁמְעוּן קָל קַרְנָא מַשְׁרוֹקִיתָא קיתרס שַׂבְּכָא קַתְרֹס
פְּסַנְתֵּרִין וְסוּמְפֹּנְיָה וְכֹל ׀ זְנֵי זְמָרָא תִּפְּלוּן וְתִסְגְּדוּן לְצַלְמָא
דִי־עַבְדֵת וְהֵן לָא תִסְגְּדוּן בַּהּ־שַׁעֲתָה תִתְרְמוֹן לְגוֹא־אַתּוּן
טז נוּרָא יָקִדְתָּא וּמַן־הוּא אֱלָהּ דִּי יְשֵׁיזְבִנְכוֹן מִן־יְדָי׃ עֲנוֹ שַׁדְרַךְ
מֵישַׁךְ וַעֲבֵד נְגוֹ וְאָמְרִין לְמַלְכָּא נְבוּכַדְנֶצַּר לָא־חַשְׁחִין אֲנַחְנָא
יז עַל־דְּנָה פִּתְגָם לַהֲתָבוּתָךְ׃ הֵן אִיתַי אֱלָהַנָא דִּי־אֲנַחְנָא

פָּלְחִ֔ין יָכִ֖ל לְשֵׁיזָבוּתַ֑נָא מִן־אַתּ֛וּן נוּרָ֥א יָקִֽדְתָּ֖א וּמִן־יְדָ֥ךְ מַלְכָּ֖א
יח יְשֵׁיזִֽב׃ וְהֵ֣ן לָ֔א יְדִ֥יעַ לֶֽהֱוֵא־לָ֖ךְ מַלְכָּ֑א דִּ֤י לאלהיך לָֽא־אִיתַ֣נָא לֵֽאלָהָךְ
יט פָֽלְחִ֔ין וּלְצֶ֧לֶם דַּהֲבָ֛א דִּ֥י הֲקֵ֖ימְתָּ לָ֥א נִסְגֻּֽד׃ בֵּאדַ֨יִן
נְבוּכַדְנֶצַּ֜ר הִתְמְלִ֣י חֱמָ֗א וּצְלֵ֤ם אַנְפּ֙וֹהִי֙ אשתנו עַל־שַׁדְרַ֥ךְ אֶשְׁתַּנִּ֔י
מֵישַׁ֖ךְ וַעֲבֵ֣ד נְג֑וֹ עָנֵ֤ה וְאָמַר֙ לְמֵזֵ֣א לְאַתּוּנָ֔א חַד־שִׁבְעָ֕ה עַ֖ל
כ דִּ֥י חֲזֵ֖ה לְמֵזְיֵֽהּ׃ וּלְגֻבְרִ֤ין גִּבָּרֵי־חַ֙יִל֙ דִּ֣י בְחַיְלֵ֔הּ אֲמַר֙ לְכַפָּתָ֔ה
לְשַׁדְרַ֥ךְ מֵישַׁ֖ךְ וַעֲבֵ֣ד נְג֑וֹ לְמִרְמֵ֕א לְאַת֥וּן נוּרָ֖א יָקִֽדְתָּֽא׃
כא בֵּאדַ֜יִן גֻּבְרַיָּ֣א אִלֵּ֗ךְ כְּפִ֙תוּ֙ בְּסַרְבָּלֵיה֔וֹן פטישיהון וְכַרְבְּלָתְה֖וֹן פַּטְּשֵׁיה֔וֹן
כב וּלְבֻ֣שֵׁיה֑וֹן וּרְמִ֕יו לְגֽוֹא־אַתּ֥וּן נוּרָ֖א יָקִֽדְתָּֽא׃ כָּל־קֳבֵ֣ל דְּנָ֗ה
מִן־דִּ֞י מִלַּ֤ת מַלְכָּא֙ מַחְצְפָ֔ה וְאַתּוּנָ֖א אֵזֵ֣ה יַתִּ֑ירָה גֻּבְרַיָּ֣א אִלֵּ֗ךְ
דִּ֤י הַסִּ֙קוּ֙ לְשַׁדְרַ֤ךְ מֵישַׁ֙ךְ֙ וַעֲבֵ֣ד נְג֔וֹ קַטִּ֣ל הִמּ֔וֹן שְׁבִיבָ֖א דִּ֥י
כג נוּרָֽא׃ וְגֻבְרַיָּ֤א אִלֵּךְ֙ תְּלָ֣תֵּה֔וֹן שַׁדְרַ֥ךְ מֵישַׁ֖ךְ וַעֲבֵ֣ד נְג֑וֹ נְפַ֛לוּ
כד לְגֽוֹא־אַתּוּן־נוּרָ֥א יָקִֽדְתָּ֖א מְכַפְּתִֽין׃ אֱדַ֙יִן֙ נְבוּכַדְנֶצַּ֣ר
מַלְכָּ֔א תְּוַ֖הּ וְקָ֣ם בְּהִתְבְּהָלָ֑ה עָנֵ֨ה וְאָמַ֜ר לְהַדָּבְר֗וֹהִי הֲלָא֩
גֻבְרִ֨ין תְּלָתָ֜ה רְמֵ֤ינָא לְגֽוֹא־נוּרָא֙ מְכַפְּתִ֔ין עָנַ֣יִן וְאָמְרִ֣ין
כה לְמַלְכָּ֔א יַצִּיבָ֖א מַלְכָּֽא׃ עָנֵ֣ה וְאָמַ֗ר הָֽא־אֲנָ֨ה חָזֵ֜ה גֻּבְרִ֣ין
אַרְבְּעָ֗ה שְׁרַ֙יִן֙ מַהְלְכִ֣ין בְּגֽוֹא־נוּרָ֔א וַחֲבָ֖ל לָא־אִיתַ֣י בְּה֑וֹן
כו וְרֵוֵהּ֙ דִּ֣י רביעיא דָּמֵ֖ה לְבַר־אֱלָהִֽין׃ בֵּאדַ֜יִן קְרֵ֣ב רְבִיעָאָ֔ה
נְבוּכַדְנֶצַּ֗ר לִתְרַע֮ אַתּ֣וּן נוּרָ֣א יָקִֽדְתָּא֒ עָנֵ֣ה וְאָמַ֗ר שַׁדְרַ֨ךְ
מֵישַׁ֧ךְ וַעֲבֵֽד־נְג֛וֹ עַבְד֛וֹהִי דִּֽי־אֱלָהָ֥א עליא פֻּ֣קוּ וֶאֱת֑וֹ בֵּאדַ֣יִן עִלָּאָ֖ה
כז נָֽפְקִ֗ין שַׁדְרַ֥ךְ מֵישַׁ֛ךְ וַעֲבֵ֥ד נְג֖וֹ מִן־גּ֥וֹא נוּרָֽא׃ וּ֠מִֽתְכַּנְּשִׁין
אֲחַשְׁדַּרְפְּנַיָּ֞א סִגְנַיָּ֣א וּפַחֲוָתָא֮ וְהַדָּבְרֵ֣י מַלְכָּא֒ חָזַ֣יִן לְגֻבְרַיָּ֣א
אִלֵּ֡ךְ דִּי֩ לָֽא־שְׁלֵ֨ט נוּרָ֜א בגשמיהון וּשְׂעַ֤ר רֵאשְׁהוֹן֙ לָ֣א הִתְחָרַ֔ךְ בְּגֶשְׁמְה֗וֹן
כח וְסָרְבָּלֵיה֖וֹן לָ֣א שְׁנ֑וֹ וְרֵ֣יחַ נ֔וּר לָ֥א עֲדָ֖ת בְּהֽוֹן׃ עָנֵ֨ה נְבוּכַדְנֶצַּ֜ר
וְאָמַ֗ר בְּרִ֤יךְ אֱלָהֲהוֹן֙ דִּֽי־שַׁדְרַ֤ךְ מֵישַׁךְ֙ וַעֲבֵ֣ד נְג֔וֹ דִּֽי־שְׁלַ֤ח
מַלְאֲכֵהּ֙ וְשֵׁיזִ֣ב לְעַבְד֔וֹהִי דִּ֥י הִתְרְחִ֖צוּ עֲל֑וֹהִי וּמִלַּ֤ת מַלְכָּא֙
שַׁנִּ֔יו וִיהַ֤בוּ גשמיהון דִּי֩ לָֽא־יִפְלְח֨וּן וְלָֽא־יִסְגְּד֜וּן לְכָל־אֱלָ֗הּ לָהֵן גֶּשְׁמְה֔וֹן

לאלההון: ומני שים טעם די כל־עם אמה ולשן די־יאמר כט
שלו | שלה על־אלההון די־שדרך מישך ועבד נגוא הדמין יתעבד
וביתה נולי ישתוה כל־קבל די לא איתי אלה אחרן די־
ג | יכל להצלה כדנה: באדין מלכא הצלח לשדרך מישך ל
ועבד נגו במדינת בבל: נבוכדנצר מלכא לא
דירין | לכל־עממיא אמיא ולשניא די־דארין בכל־ארעא שלמכון
עלאה | ישגא: אתיא ותמהיא די עבד עמי אלהא עליא שפר קדמי לב
להחויה: אתוהי כמה רברבין ותמהוהי כמה תקיפין לג
מלכותה מלכות עלם ושלטנה עם־דר ודר: אנה נבוכדנצר א ד
שלה הוית בביתי ורענן בהיכלי: חלם חזית וידחלנני ב
והרהרין על־משכבי וחזוי ראשי יבהלנני: ומני שים טעם ג
להנעלה קדמי לכל חכימי בבל די־פשר חלמא יהודענני:
עלין|כשדאי | באדין עללין חרטמיא אשפיא כשדיא וגזריא וחלמא אמר ד
אנה קדמיהון ופשרה לא־מהודעין לי: ועד אחרין על ה
קדמי דניאל די־שמה בלטשאצר כשם אלהי ודי רוח־
אלהין קדישין בה וחלמא קדמוהי אמרת: בלטשאצר ו
רב חרטמיא די ׀ אנה ידעת די רוח אלהין קדישין בך
וכל־רז לא־אנס לך חזוי חלמי די־חזית ופשרה אמר: וחזוי ז
ראשי על־משכבי חזה הוית ואלו אילן בגוא ארעא ורומה
שגיא: רבה אילנא ותקף ורומה ימטא לשמיא וחזותה ח
לסוף כל־ארעא: עפיה שפיר ואנבה שגיא ומזון לכלא־ ט
ידורן | בה תחתוהי תטלל ׀ חיות ברא ובענפוהי ידרון צפרי שמיא
ומנה יתזין כל־בשרא: חזה הוית בחזוי ראשי על־משכבי י
ואלו עיר וקדיש מן־שמיא נחת: קרא בחיל וכן אמר גדו יא
אילנא וקצצו ענפוהי אתרו עפיה ובדרו אנבה תנד חיותא
מן־תחתוהי וצפריא מן־ענפוהי: ברם עקר שרשוהי בארעא יב
שבקו ובאסור די־פרזל ונחש בדתאא די ברא ובטל שמיא

יג יצטבע ועם־חיותא חלקה בעשב ארעא׃ לבבה מן־אנושא אנשא
ישנון ולבב חיוא יתיהב לה ושבעה עדנין יחלפון עלוהי׃
יד בגזרת עירין פתגמא ומאמר קדישין שאלתא עד־דברת
די ינדעון חייא די־שליט עליא במלכות אנושא ולמן־די עלאה | אנשא
טו יצבא יתננה ושפל אנשים יקים עליה׃ דנה חלמא חזית עלה
אנה מלכא נבוכדנצר ואנתה בלטשאצר פשרא אמר ואנת | פשרה
כל־קבל די׀ כל־חכימי מלכותי לא־יכלין פשרא להודעותני
טז ואנתה כהל די רוח־אלהין קדישין בך׃ אדין דניאל די־ ואנת
שמה בלטשאצר אשתומם כשעה חדה ורעינהי יבהלנה
ענה מלכא ואמר בלטשאצר חלמא ופשרא אל־יבהלך ופשרה
ענה בלטשאצר ואמר מראי חלמא לשנאיך ופשרה לעריך׃ לשנאך | לערך
יז אילנא די חזית די רבה ותקף ורומה ימטא לשמיא וחזותה
יח לכל־ארעא׃ ועפיה שפיר ואנבה שגיא ומזון לכלא־בה
תחתוהי תדור חיות ברא ובענפוהי ישכנן צפרי שמיא׃
יט אנתה־הוא מלכא די רבית ותקפת ורבותך רבת ומטת אנת | רבת
כ לשמיא ושלטנך לסוף ארעא׃ ודי חזה מלכא עיר וקדיש
נחת׀ מן־שמיא ואמר גדו אילנא וחבלוהי ברם עקר
שרשוהי בארעא שבקו ובאסור די־פרזל ונחש בדתאא די
ברא ובטל שמיא יצטבע ועם־חיות ברא חלקה עד די־
כא שבעה עדנין יחלפון עלוהי׃ דנה פשרא מלכא וגזרת עליא עלאה
כב היא די מטת על־מראי מלכא׃ ולך טרדין מן־אנשא ועם־
חיות ברא להוה מדרך ועשבא כתורין׀ לך יטעמון ומטל
שמיא לך מצבעין ושבעה עדנין יחלפון עליך עד די־תנדע עלך
די־שליט עליא במלכות אנשא ולמן־די יצבא יתננה׃ עלאה
כג ודי אמרו למשבק עקר שרשוהי די אילנא מלכותך לך
כד קימה מן־די תנדע די שלטן שמיא׃ להן מלכא מלכי ישפר
עליך וחטיך בצדקה פרק ועויתך במחן ענין הן תהוה ארכה עלך וחטאך

לשלותך: כלא מטא על־נבוכדנצר מלכא: לקצת כה כו
ירחין תרי־עשר על־היכל מלכותא די בבל מהלך הוה:
ענה מלכא ואמר הלא דא־היא בבל רבתא די־אנה בניתה כז
לבית מלכו בתקף חסני וליקר הדרי: עוד מלתא בפם כח
מלכא קל מן־שמיא נפל לך אמרין נבוכדנצר מלכא
מלכותא עדת מנך: ומן־אנשא לך טרדין ועם־חיות ברא כט
עֲלָךְ מדרך עשבא כתורין לך יטעמון ושבעה עדנין יחלפון עליך
עִלָּאָה עד די־תנדע די־שליט עליא במלכות אנשא ולמן־די
יצבא יתננה: בה־שעתא מלתא ספת על־נבוכדנצר ומן־ ל
אנשא טריד ועשבא כתורין יאכל ומטל שמיא גשמה
יצטבע עד די שערה כנשרין רבה וטפרוהי כצפרין: ולקצת לא
יומיא אנה נבוכדנצר עיני | לשמיא נטלת ומנדעי עלי
וּלְעִלָּאָה יתוב ולעליא ברכת ולחי עלמא שבחת והדרת די שלטנה
דָּיְרֵי שלטן עלם ומלכותה עם־דר ודר: וכל־דארי ארעא כלה לב
וְדָיְרֵי חשיבין וכמצביה עבד בחיל שמיא ודארי ארעא ולא איתי
די־ימחא בידה ויאמר לה מה עבדת: בה־זמנא מנדעי | לג
יתוב עלי וליקר מלכותי הדרי וזיוי יתוב עלי ולי הדברי
ורברבני יבעון ועל־מלכותי התקנת ורבו יתירא הוספת לי:
כען אנה נבוכדנצר משבח ומרומם ומהדר למלך שמיא די לד
כל־מעבדוהי קשוט וארחתה דין ודי מהלכין בגוה יכל
להשפלה:

בלשאצר מלכא עבד לחם רב לרברבנוהי אלף ולקבל ה א
אלפא חמרא שתה: בלשאצר אמר | בטעם חמרא להיתיה ב
למאני דהבא וכספא די הנפק נבוכדנצר אבוהי מן־היכלא
די בירושלם וישתון בהון מלכא ורברבנוהי שגלתה
ולחנתה: באדין היתיו מאני דהבא די הנפקו מן־היכלא ג
די־בית אלהא די בירושלם ואשתיו בהון מלכא ורברבנוהי

ד שגלתה ולחנתה: אשתיו חמרא ושבחו לאלהי דהבא
ה וכספא נחשא פרזלא אעא ואבנא: בה־שעתה נפקו אצבען נפקה
די יד־אנש וכתבן לקבל נברשתא על־גירא די־כתל היכלא
ו די מלכא ומלכא חזה פס ידה די כתבה: אדין מלכא זיוהי
שנוהי ורעינהי יבהלונה וקטרי חרצה משתרין וארכבתה
ז דא לדא נקשן: קרא מלכא בחיל להעלה לאשפיא כשדיא כשדאי
וגזריא ענה מלכא ואמר | לחכימי בבל די כל־אנש די־
יקרה כתבה דנה ופשרה יחונני ארגונא ילבש והמונכא די־ והמניכא
ח דהבא על־צוארה ותלתי במלכותא ישלט: אדין
עללין כל חכימי מלכא ולא־כהלין כתבא למקרא ופשרא עלין | ופשרה
ט להודעה למלכא: אדין מלכא בלשאצר שגיא מתבהל
י וזיוהי שנין עלוהי ורברבנוהי משתבשין: מלכתא לקבל
מלי מלכא ורברבנוהי לבית משתיא עללת ענת מלכתא עלת
ואמרת מלכא לעלמין חיי אל־יבהלוך רעיונך וזיויך אל־ וזיוך
יא ישתנו: איתי גבר במלכותך די רוח אלהין קדישין בה
וביומי אבוך נהירו ושכלתנו וחכמה כחכמת־אלהין
השתכחת בה ומלכא נבכדנצר אבוך רב חרטמין אשפין
יב כשדאין גזרין הקימה אבוך מלכא: כל־קבל די רוח יתירה ד
ומנדע ושכלתנו מפשר חלמין ואחוית אחידן ומשרא קטרין
השתכחת בה בדניאל די־מלכא שם־שמה בלטשאצר כען
יג דניאל יתקרי ופשרה יהחוה: באדין דניאל העל
קדם מלכא ענה מלכא ואמר לדניאל אנתה־הוא דניאל אנת
די־מן־בני גלותא די יהוד די היתי מלכא אבי מן־יהוד:
יד ושמעת עליך די רוח אלהין בך ונהירו ושכלתנו וחכמה עלך
טו יתירה השתכחת בך: וכען העלו קדמי חכימיא אשפיא
די־כתבה דנה יקרון ופשרה להודעתני ולא־כהלין פשר־
טז מלתא להחויה: ואנה שמעת עליך די־תוכל פשרין עלך | תכל

תִּכֻּל — לְמִפְשַׁר וְקִטְרִין לְמִשְׁרֵא כְּעַן הֵן תוכל כְּתָבָא לְמִקְרֵא
וְהַמְנִיכָא — וּפִשְׁרֵהּ לְהוֹדָעֻתַנִי אַרְגְּוָנָא תִלְבַּשׁ והמונכא דִי־דַהֲבָא עַל־
צַוְּארָךְ וְתַלְתָּא בְמַלְכוּתָא תִּשְׁלַט׃ בֵּאדַיִן יז
עָנֵה דָנִיֵּאל וְאָמַר קֳדָם מַלְכָּא מַתְּנָתָךְ לָךְ לֶהֶוְיָן וּנְבָזְבְּיָתָךְ
לְאָחֳרָן הַב בְּרַם כְּתָבָא אֶקְרֵא לְמַלְכָּא וּפִשְׁרָא אֲהוֹדְעִנֵּהּ׃
אַנְתְּ | עִלָּאָה — אנתה מַלְכָּא אֱלָהָא עליא מַלְכוּתָא ורבותא וִיקָרָא וְהַדְרָא יח
יְהַב לִנְבֻכַדְנֶצַּר אֲבוּךְ׃ וּמִן־רְבוּתָא דִּי יְהַב־לֵהּ כֹּל עַמְמַיָּא יט
זָיְעִין — אֻמַיָּא וְלִשָּׁנַיָּא הֲווֹ זאעין וְדָחֲלִין מִן־קֳדָמוֹהִי דִּי־הֲוָא צָבֵא
הֲוָה קָטֵל וְדִי־הֲוָה צָבֵא הֲוָה מַחֵא וְדִי־הֲוָה צָבֵא הֲוָה
מָרִים וְדִי־הֲוָא צָבֵא הֲוָא מַשְׁפִּל׃ וּכְדִי רִם לִבְבֵהּ וְרוּחֵהּ כ
תִּקְפַת לַהֲזָדָה הָנְחַת מִן־כָּרְסֵא מַלְכוּתֵהּ וִיקָרָה הֶעְדִּיו
שַׁוִּיו — מִנֵּהּ׃ וּמִן־בְּנֵי אֲנָשָׁא טְרִיד וְלִבְבֵהּ ׀ עִם־חֵיוְתָא שוי וְעִם־ כא
עֲרָדַיָּא מְדוֹרֵהּ עִשְׂבָּא כְתוֹרִין יְטַעֲמוּנֵּהּ וּמִטַּל שְׁמַיָּא גִּשְׁמֵהּ
עִלָּאָה — יִצְטַבַּע עַד דִּי־יְדַע דִּי־שַׁלִּיט אֱלָהָא עליא בְּמַלְכוּת אֲנָשָׁא
עֲלַהּ | וְאַנְתְּ — וּלְמַן־דִּי יִצְבֵּא יְהָקֵים עליה׃ ואנתה בְּרֵהּ בֵּלְשַׁאצַּר לָא כב
הַשְׁפֵּלְתְּ לִבְבָךְ כָּל־קֳבֵל דִּי כָל־דְּנָה יְדַעְתָּ׃ וְעַל מָרֵא־ כג
קֳדָמָךְ | וְאַנְתְּ — שְׁמַיָּא ׀ הִתְרוֹמַמְתָּ וּלְמָאנַיָּא דִי־בַיְתֵהּ הַיְתִיו קדמיך ואנתה
וְרַבְרְבָנָךְ — ורברבניך שֵׁגְלָתָךְ וּלְחֵנָתָךְ חַמְרָא שָׁתַיִן בְּהוֹן וְלֵאלָהֵי
כַסְפָּא־וְדַהֲבָא נְחָשָׁא פַרְזְלָא אָעָא וְאַבְנָא דִּי לָא־חָזַיִן וְלָא־
שָׁמְעִין וְלָא יָדְעִין שַׁבַּחְתָּ וְלֵאלָהָא דִּי־נִשְׁמְתָךְ בִּידֵהּ וְכָל־
אֹרְחָתָךְ לֵהּ לָא הַדַּרְתָּ׃ בֵּאדַיִן מִן־קֳדָמוֹהִי שְׁלִיחַ פַּסָּא דִי־ כד
יְדָא וּכְתָבָא דְנָה רְשִׁים׃ וּדְנָה כְתָבָא דִּי רְשִׁים מְנֵא מְנֵא כה
תְּקֵל וּפַרְסִין׃ דְּנָה פְּשַׁר מִלְּתָא מְנֵא מְנָה־אֱלָהָא מַלְכוּתָךְ כו
וְהַשְׁלְמַהּ׃ תְּקֵל תְּקִילְתָּה בְמֹאזַנְיָא וְהִשְׁתְּכַחַתְּ חַסִּיר׃ פְּרֵס כז כח
פְּרִיסַת מַלְכוּתָךְ וִיהִיבַת לְמָדַי וּפָרָס׃ בֵּאדַיִן ׀ אֲמַר כט
וְהַמְנִיכָא — בֵּלְשַׁאצַּר וְהַלְבִּשׁוּ לְדָנִיֵּאל אַרְגְּוָנָא והמונכא דִּי־דַהֲבָא עַל־
צַוְּארֵהּ וְהַכְרִזוּ עֲלוֹהִי דִּי־לֶהֱוֵא שַׁלִּיט תַּלְתָּא בְּמַלְכוּתָא׃

ל בֵּהּ בְּלֵילְיָא קְטִיל בֵּלְאשַׁצַּר מַלְכָּא כשדיא׃ כַּשְׂדָּאָה

ו א ב וְדָרְיָוֶשׁ מדיא קַבֵּל מַלְכוּתָא כְּבַר שְׁנִין שִׁתִּין וְתַרְתֵּין׃ שְׁפַר מָדָאָה
קֳדָם דָּרְיָוֶשׁ וַהֲקִים עַל־מַלְכוּתָא לַאֲחַשְׁדַּרְפְּנַיָּא מְאָה
ג וְעֶשְׂרִין דִּי לֶהֱוֺן בְּכָל־מַלְכוּתָא׃ וְעֵלָּא מִנְּהוֹן סָרְכִין תְּלָתָה
דִּי דָנִיֵּאל חַד מִנְּהוֹן דִּי־לֶהֱוֺן אֲחַשְׁדַּרְפְּנַיָּא אִלֵּין יָהֲבִין לְהוֹן
ד טַעְמָא וּמַלְכָּא לָא־לֶהֱוֵא נָזִק׃ אֱדַיִן דָּנִיֵּאל דְּנָה הֲוָא מִתְנַצַּח
עַל־סָרְכַיָּא וַאֲחַשְׁדַּרְפְּנַיָּא כָּל־קֳבֵל דִּי רוּחַ יַתִּירָא בֵּהּ
ה וּמַלְכָּא עֲשִׁית לַהֲקָמוּתֵהּ עַל־כָּל־מַלְכוּתָא׃ אֱדַיִן סָרְכַיָּא
וַאֲחַשְׁדַּרְפְּנַיָּא הֲווֹ בָעַיִן עִלָּה לְהַשְׁכָּחָה לְדָנִיֵּאל מִצַּד מַלְכוּתָא
וְכָל־עִלָּה וּשְׁחִיתָה לָא־יָכְלִין לְהַשְׁכָּחָה כָּל־קֳבֵל דִּי־מְהֵימַן
ו הוּא וְכָל־שָׁלוּ וּשְׁחִיתָה לָא הִשְׁתְּכַחַת עֲלוֹהִי׃ אֱדַיִן גֻּבְרַיָּא
אִלֵּךְ אָמְרִין דִּי לָא נְהַשְׁכַּח לְדָנִיֵּאל דְּנָה כָּל־עִלָּא לָהֵן
ז הַשְׁכַּחְנָא עֲלוֹהִי בְּדָת אֱלָהֵהּ׃ אֱדַיִן סָרְכַיָּא
וַאֲחַשְׁדַּרְפְּנַיָּא אִלֵּן הַרְגִּשׁוּ עַל־מַלְכָּא וְכֵן אָמְרִין לֵהּ דָּרְיָוֶשׁ
ח מַלְכָּא לְעָלְמִין חֱיִי׃ אִתְיָעַטוּ כֹּל ׀ סָרְכֵי מַלְכוּתָא סִגְנַיָּא
וַאֲחַשְׁדַּרְפְּנַיָּא הַדָּבְרַיָּא וּפַחֲוָתָא לְקַיָּמָה קְיָם מַלְכָּא וּלְתַקָּפָה
אֱסָר דִּי כָל־דִּי־יִבְעֵא בָעוּ מִן־כָּל־אֱלָהּ וֶאֱנָשׁ עַד־יוֹמִין
ט תְּלָתִין לָהֵן מִנָּךְ מַלְכָּא יִתְרְמֵא לְגֹב אַרְיָוָתָא׃ כְּעַן מַלְכָּא
תְּקִים אֱסָרָא וְתִרְשֻׁם כְּתָבָא דִּי לָא לְהַשְׁנָיָה כְּדָת־מָדַי
י וּפָרַס דִּי־לָא תֶעְדֵּא׃ כָּל־קֳבֵל דְּנָה מַלְכָּא דָּרְיָוֶשׁ רְשַׁם
יא כְּתָבָא וֶאֱסָרָא׃ וְדָנִיֵּאל כְּדִי יְדַע דִּי־רְשִׁים כְּתָבָא עַל לְבַיְתֵהּ ה
וְכַוִּין פְּתִיחָן לֵהּ בְּעִלִּיתֵהּ נֶגֶד יְרוּשְׁלֶם וְזִמְנִין תְּלָתָה בְיוֹמָא
הוּא ׀ בָּרֵךְ עַל־בִּרְכוֹהִי וּמְצַלֵּא וּמוֹדֵא קֳדָם אֱלָהֵהּ כָּל־קֳבֵל
יב דִּי־הֲוָא עָבֵד מִן־קַדְמַת דְּנָה׃ אֱדַיִן גֻּבְרַיָּא אִלֵּךְ הַרְגִּשׁוּ
יג וְהַשְׁכַּחוּ לְדָנִיֵּאל בָּעֵא וּמִתְחַנַּן קֳדָם אֱלָהֵהּ׃ בֵּאדַיִן קְרִבוּ
וְאָמְרִין קֳדָם־מַלְכָּא עַל־אֱסָר מַלְכָּא הֲלָא אֱסָר רְשַׁמְתָּ דִּי
כָל־אֱנָשׁ דִּי־יִבְעֵה מִן־כָּל־אֱלָהּ וֶאֱנָשׁ עַד־יוֹמִין תְּלָתִין

לָהֵן מִנָּךְ מַלְכָּא יִתְרְמֵא לְגוֹב אַרְיָוָתָא עָנֵה מַלְכָּא וְאָמַר
יד יַצִּיבָא מִלְּתָא כְּדָת־מָדַי וּפָרַס דִּי־לָא תֶעְדֵּא׃ בֵּאדַיִן עֲנוֹ
וְאָמְרִין קֳדָם מַלְכָּא דִּי דָנִיֵּאל דִּי מִן־בְּנֵי גָלוּתָא דִּי יְהוּד
עֲלָךְ לָא־שָׂם עליך מַלְכָּא טְעֵם וְעַל־אֱסָרָא דִּי רְשַׁמְתָּ וְזִמְנִין
טו תְּלָתָה בְּיוֹמָא בָּעֵא בָּעוּתֵהּ׃ אֱדַיִן מַלְכָּא כְּדִי מִלְּתָא שְׁמַע
שַׂגִּיא בְּאֵשׁ עֲלוֹהִי וְעַל דָּנִיֵּאל שָׂם בָּל לְשֵׁיזָבוּתֵהּ וְעַד
טז מֶעָלֵי שִׁמְשָׁא הֲוָא מִשְׁתַּדַּר לְהַצָּלוּתֵהּ׃ בֵּאדַיִן גֻּבְרַיָּא אִלֵּךְ
הַרְגִּשׁוּ עַל־מַלְכָּא וְאָמְרִין לְמַלְכָּא דַּע מַלְכָּא דִּי־דָת לְמָדַי
וּפָרַס דִּי־כָל־אֱסָר וּקְיָם דִּי־מַלְכָּא יְהָקֵים לָא לְהַשְׁנָיָה׃
יז בֵּאדַיִן מַלְכָּא אֲמַר וְהַיְתִיו לְדָנִיֵּאל וּרְמוֹ לְגֻבָּא דִּי אַרְיָוָתָא
אַנְתְּ עָנֵה מַלְכָּא וְאָמַר לְדָנִיֵּאל אֱלָהָךְ דִּי אנתה פָּלַח־לֵהּ
יח בִּתְדִירָא הוּא יְשֵׁיזְבִנָּךְ׃ וְהֵיתָיִת אֶבֶן חֲדָה וְשֻׂמַת עַל־פֻּם
גֻּבָּא וְחַתְמַהּ מַלְכָּא בְּעִזְקְתֵהּ וּבְעִזְקָת רַבְרְבָנוֹהִי דִּי לָא־
יט תִשְׁנֵא צְבוּ בְּדָנִיֵּאל׃ אֱדַיִן אֲזַל מַלְכָּא לְהֵיכְלֵהּ וּבָת טְוָת
כ וְדַחֲוָן לָא־הַנְעֵל קָדָמוֹהִי וְשִׁנְתֵּהּ נַדַּת עֲלוֹהִי׃ בֵּאדַיִן מַלְכָּא
בִּשְׁפַּרְפָּרָא יְקוּם בְּנָגְהָא וּבְהִתְבְּהָלָה לְגֻבָּא דִּי־אַרְיָוָתָא אֲזַל׃
כא וּכְמִקְרְבֵהּ לְגֻבָּא לְדָנִיֵּאל בְּקָל עֲצִיב זְעִק עָנֵה מַלְכָּא וְאָמַר
אַנְתְּ לְדָנִיֵּאל דָּנִיֵּאל עֲבֵד אֱלָהָא חַיָּא אֱלָהָךְ דִּי אנתה פָּלַח־
כב לֵהּ בִּתְדִירָא הֲיִכִל לְשֵׁיזָבוּתָךְ מִן־אַרְיָוָתָא׃ אֱדַיִן דָּנִיֵּאל
כג עִם־מַלְכָּא מַלִּל מַלְכָּא לְעָלְמִין חֱיִי׃ אֱלָהִי שְׁלַח מַלְאֲכֵהּ
וּסֲגַר פֻּם אַרְיָוָתָא וְלָא חַבְּלוּנִי כָּל־קֳבֵל דִּי קָדָמוֹהִי זָכוּ
כד קָדָמָךְ הִשְׁתְּכַחַת לִי וְאַף קדמיך מַלְכָּא חֲבוּלָה לָא עַבְדֵת׃ בֵּאדַיִן
מַלְכָּא שַׂגִּיא טְאֵב עֲלוֹהִי וּלְדָנִיֵּאל אֲמַר לְהַנְסָקָה מִן־גֻּבָּא
וְהֻסַּק דָּנִיֵּאל מִן־גֻּבָּא וְכָל־חֲבָל לָא־הִשְׁתְּכַח בֵּהּ דִּי הֵימִן
כה בֵּאלָהֵהּ׃ וַאֲמַר מַלְכָּא וְהַיְתִיו גֻּבְרַיָּא אִלֵּךְ דִּי־אֲכַלוּ קַרְצוֹהִי
דִּי דָנִיֵּאל וּלְגֹב אַרְיָוָתָא רְמוֹ אִנּוּן בְּנֵיהוֹן וּנְשֵׁיהוֹן וְלָא־מְטוֹ
לְאַרְעִית גֻּבָּא עַד דִּי־שְׁלִטוּ בְהוֹן אַרְיָוָתָא וְכָל־גַּרְמֵיהוֹן

כו הַדִּקוּ׃ בֵּאדַיִן דָּרְיָוֶשׁ מַלְכָּא כְּתַב לְכָל־עַמְמַיָּא אֻמַּיָּא
כז וְלִשָּׁנַיָּא דִּי־דארין בְּכָל־אַרְעָא שְׁלָמְכוֹן יִשְׂגֵּא׃ מִן־קֳדָמַי דָּיְרִין
שִׂים טְעֵם דִּי ׀ בְּכָל־שָׁלְטָן מַלְכוּתִי לֶהֱוֺן זאעין וְדָחֲלִין מִן־ זָיְעִין
קֳדָם אֱלָהֵהּ דִּי־דָנִיֵּאל דִּי־הוּא ׀ אֱלָהָא חַיָּא וְקַיָּם לְעָלְמִין
כח וּמַלְכוּתֵהּ דִּי־לָא תִתְחַבַּל וְשָׁלְטָנֵהּ עַד־סוֹפָא׃ מְשֵׁיזִב וּמַצִּל
וְעָבֵד אָתִין וְתִמְהִין בִּשְׁמַיָּא וּבְאַרְעָא דִּי שֵׁיזִיב לְדָנִיֵּאל מִן־
כט יַד אַרְיָוָתָא׃ וְדָנִיֵּאל דְּנָה הַצְלַח בְּמַלְכוּת דָּרְיָוֶשׁ וּבְמַלְכוּת
כּוֹרֶשׁ פרסיא׃ פָּרְסָאָה

ז א בִּשְׁנַת חֲדָה לְבֵלְאשַׁצַּר מֶלֶךְ בָּבֶל דָּנִיֵּאל חֵלֶם חֲזָה וְחֶזְוֵי
רֵאשֵׁהּ עַל־מִשְׁכְּבֵהּ בֵּאדַיִן חֶלְמָא כְתַב רֵאשׁ מִלִּין אֲמַר׃
ב עָנֵה דָנִיֵּאל וְאָמַר חָזֵה הֲוֵית בְּחֶזְוִי עִם־לֵילְיָא וַאֲרוּ אַרְבַּע
ג רוּחֵי שְׁמַיָּא מְגִיחָן לְיַמָּא רַבָּא׃ וְאַרְבַּע חֵיוָן רַבְרְבָן סָלְקָן
ד מִן־יַמָּא שָׁנְיָן דָּא מִן־דָּא׃ קַדְמָיְתָא כְאַרְיֵה וְגַפִּין דִּי־נְשַׁר
לַהּ חָזֵה הֲוֵית עַד דִּי־מְּרִיטוּ גפיה וּנְטִילַת מִן־אַרְעָא וְעַל־ גַּפַּהּ
ה רַגְלַיִן כֶּאֱנָשׁ הֳקִימַת וּלְבַב אֱנָשׁ יְהִיב לַהּ׃ וַאֲרוּ חֵיוָה אָחֳרִי
תִנְיָנָה דָּמְיָה לְדֹב וְלִשְׂטַר־חַד הֳקִמַת וּתְלָת עִלְעִין בְּפֻמַּהּ
ו בֵּין שניה וְכֵן אָמְרִין לַהּ קוּמִי אֲכֻלִי בְּשַׂר שַׂגִּיא׃ בָּאתַר דְּנָה שִׁנַּהּ
חָזֵה הֲוֵית וַאֲרוּ אָחֳרִי כִּנְמַר וְלַהּ גַּפִּין אַרְבַּע דִּי־עוֹף עַל־
ז גביה וְאַרְבְּעָה רֵאשִׁין לְחֵיוְתָא וְשָׁלְטָן יְהִיב לַהּ׃ בָּאתַר דְּנָה גַּבַּהּ
חָזֵה הֲוֵית בְּחֶזְוֵי לֵילְיָא וַאֲרוּ חֵיוָה רביעיה דְּחִילָה וְאֵימְתָנִי רְבִיעָאָה
וְתַקִּיפָא יַתִּירָה וְשִׁנַּיִן דִּי־פַרְזֶל לַהּ רַבְרְבָן אָכְלָה וּמַדֱּקָה
וּשְׁאָרָא ברגליה רָפְסָה וְהִיא מְשַׁנְּיָה מִן־כָּל־חֵיוָתָא דִּי קדמיה בְּרַגְלַהּ | קֳדָמַהּ
ח וְקַרְנַיִן עֲשַׂר לַהּ׃ מִשְׂתַּכַּל הֲוֵית בְּקַרְנַיָּא וַאֲלוּ קֶרֶן אָחֳרִי
זְעֵירָה סִלְקָת בֵּינֵיהוֹן וּתְלָת מִן־קַרְנַיָּא קַדְמָיָתָא אתעקרו בֵּינֵיהֵן | אֶתְעֲקַרָה
מִן־קדמיה וַאֲלוּ עַיְנִין כְּעַיְנֵי אֲנָשָׁא בְּקַרְנָא־דָא וּפֻם מְמַלִּל קֳדָמַהּ
ט רַבְרְבָן׃ חָזֵה הֲוֵית עַד דִּי כָרְסָוָן רְמִיו וְעַתִּיק יוֹמִין יְתִב
לְבוּשֵׁהּ ׀ כִּתְלַג חִוָּר וּשְׂעַר רֵאשֵׁהּ כַּעֲמַר נְקֵא כָּרְסְיֵהּ שְׁבִיבִין

י דִּי־נוּר גַּלְגִּלּוֹהִי נוּר דָּלִק׃ נְהַר דִּי־נוּר נָגֵד וְנָפֵק מִן־קֳדָמוֹהִי
אֶלֶף אלפים יְשַׁמְּשׁוּנֵּהּ וְרִבּוֹ רבון קֳדָמוֹהִי יְקוּמוּן דִּינָא יְתִב (אַלְפִין | רִבְבָן)
יא וְסִפְרִין פְּתִיחוּ׃ חָזֵה הֲוֵית בֵּאדַיִן מִן־קָל מִלַּיָּא רַבְרְבָתָא דִּי
קַרְנָא מְמַלֱּלָה חָזֵה הֲוֵית עַד דִּי קְטִילַת חֵיוְתָא וְהוּבַד גִּשְׁמַהּ
יב וִיהִיבַת לִיקֵדַת אֶשָּׁא׃ וּשְׁאָר חֵיוָתָא הֶעְדִּיו שָׁלְטָנְהוֹן וְאַרְכָה
יג בְחַיִּין יְהִיבַת לְהוֹן עַד־זְמַן וְעִדָּן׃ חָזֵה הֲוֵית בְּחֶזְוֵי לֵילְיָא
וַאֲרוּ עִם־עֲנָנֵי שְׁמַיָּא כְּבַר אֱנָשׁ אָתֵה הֲוָא וְעַד־עַתִּיק יוֹמַיָּא
יד מְטָה וּקְדָמוֹהִי הַקְרְבוּהִי׃ וְלֵהּ יְהִב שָׁלְטָן וִיקָר וּמַלְכוּ וְכֹל
עַמְמַיָּא אֻמַיָּא וְלִשָּׁנַיָּא לֵהּ יִפְלְחוּן שָׁלְטָנֵהּ שָׁלְטָן עָלַם דִּי־
טו לָא יֶעְדֵּה וּמַלְכוּתֵהּ דִּי־לָא תִתְחַבַּל׃ אֶתְכְּרִיַּת
טז רוּחִי אֲנָה דָנִיֵּאל בְּגוֹא נִדְנֶה וְחֶזְוֵי רֵאשִׁי יְבַהֲלֻנַּנִי׃ קִרְבֵת עַל־
חַד מִן־קָאֲמַיָּא וְיַצִּיבָא אֶבְעֵא־מִנֵּהּ עַל־כָּל־דְּנָה וַאֲמַר־לִי
יז וּפְשַׁר מִלַּיָּא יְהוֹדְעִנַּנִי׃ אִלֵּין חֵיוָתָא רַבְרְבָתָא דִּי אִנִּין אַרְבַּע
יח אַרְבְּעָה מַלְכִין יְקוּמוּן מִן־אַרְעָא׃ וִיקַבְּלוּן מַלְכוּתָא קַדִּישֵׁי
יט עֶלְיוֹנִין וְיַחְסְנוּן מַלְכוּתָא עַד־עָלְמָא וְעַד עָלַם עָלְמַיָּא׃ אֱדַיִן
צְבִית לְיַצָּבָא עַל־חֵיוְתָא רְבִיעָיְתָא דִּי־הֲוָת שָׁנְיָה מִן־כלהון (כָּלְּהֵן)
דְּחִילָה יַתִּירָה שִׁנַּיהּ דִּי־פַרְזֶל וטפריה דִּי־נְחָשׁ אָכְלָה מַדֳּקָה (שִׁנַּהּ | וְטִפְרַהּ)
כ וּשְׁאָרָא ברגליה רָפְסָה׃ וְעַל־קַרְנַיָּא עֲשַׂר דִּי בְרֵאשַׁהּ וְאָחֳרִי (בְּרַגְלַהּ)
דִּי סִלְקַת ונפלו מִן־קדמיה תְּלָת וְקַרְנָא דִכֵּן וְעַיְנִין לַהּ וּפֻם (וּנְפַלָה | קֳדָמַהּ)
כא מְמַלִּל רַבְרְבָן וְחֶזְוַהּ רַב מִן־חַבְרָתַהּ׃ חָזֵה הֲוֵית וְקַרְנָא דִכֵּן
כב עָבְדָא קְרָב עִם־קַדִּישִׁין וְיָכְלָה לְהוֹן׃ עַד דִּי־אֲתָה עַתִּיק יוֹמַיָּא
וְדִינָא יְהִב לְקַדִּישֵׁי עֶלְיוֹנִין וְזִמְנָא מְטָה וּמַלְכוּתָא הֶחֱסִנוּ
כג קַדִּישִׁין׃ כֵּן אֲמַר חֵיוְתָא רְבִיעָיְתָא מַלְכוּ רביעיה תֶּהֱוֵא (רְבִיעָאָה)
בְאַרְעָא דִּי תִשְׁנֵא מִן־כָּל־מַלְכְוָתָא וְתֵאכֻל כָּל־אַרְעָא
כד וּתְדוּשִׁנַּהּ וְתַדְּקִנַּהּ׃ וְקַרְנַיָּא עֲשַׂר מִנַּהּ מַלְכוּתָא עַשְׂרָה
מַלְכִין יְקֻמוּן וְאָחֳרָן יְקוּם אַחֲרֵיהֹן וְהוּא יִשְׁנֵא מִן־קַדְמָיֵא
כה וּתְלָתָה מַלְכִין יְהַשְׁפִּל׃ וּמִלִּין לְצַד עליא יְמַלִּל וּלְקַדִּישֵׁי (עִלָּאָה)

עֶלְיוֹנִין יְבַלֵּא וְיִסְבַּר לְהַשְׁנָיָה זִמְנִין וְדָת וְיִתְיַהֲבוּן בִּידֵהּ עַד־
כו עִדָּן וְעִדָּנִין וּפְלַג עִדָּן׃ וְדִינָא יִתִּב וְשָׁלְטָנֵהּ יְהַעְדּוֹן לְהַשְׁמָדָה
כז וּלְהוֹבָדָה עַד־סוֹפָא׃ וּמַלְכוּתָה וְשָׁלְטָנָא וּרְבוּתָא דִּי מַלְכְוָת
תְּחוֹת כָּל־שְׁמַיָּא יְהִיבַת לְעַם קַדִּישֵׁי עֶלְיוֹנִין מַלְכוּתֵהּ
כח מַלְכוּת עָלַם וְכֹל שָׁלְטָנַיָּא לֵהּ יִפְלְחוּן וְיִשְׁתַּמְּעוּן׃ עַד־כָּה
סוֹפָא דִי־מִלְּתָא אֲנָה דָנִיֵּאל שַׂגִּיא ׀ רַעְיוֹנַי יְבַהֲלֻנַּנִי וְזִיוַי
יִשְׁתַּנּוֹן עֲלַי וּמִלְּתָא בְּלִבִּי נִטְרֵת׃

ח א בִּשְׁנַת שָׁלוֹשׁ לְמַלְכוּת בֵּלְאשַׁצַּר הַמֶּלֶךְ חָזוֹן נִרְאָה אֵלַי אֲנִי
ב דָנִיֵּאל אַחֲרֵי הַנִּרְאָה אֵלַי בַּתְּחִלָּה׃ וָאֶרְאֶה בֶּחָזוֹן וַיְהִי בִּרְאֹתִי
וַאֲנִי בְּשׁוּשַׁן הַבִּירָה אֲשֶׁר בְּעֵילָם הַמְּדִינָה וָאֶרְאֶה בֶּחָזוֹן וַאֲנִי
ג הָיִיתִי עַל־אוּבַל אוּלָי׃ וָאֶשָּׂא עֵינַי וָאֶרְאֶה וְהִנֵּה ׀ אַיִל אֶחָד
עֹמֵד לִפְנֵי הָאֻבָל וְלוֹ קְרָנָיִם וְהַקְּרָנַיִם גְּבֹהוֹת וְהָאַחַת גְּבֹהָה
ד מִן־הַשֵּׁנִית וְהַגְּבֹהָה עֹלָה בָּאַחֲרֹנָה׃ רָאִיתִי אֶת־הָאַיִל מְנַגֵּחַ
יָמָּה וְצָפוֹנָה וָנֶגְבָּה וְכָל־חַיּוֹת לֹא־יַעַמְדוּ לְפָנָיו וְאֵין מַצִּיל
ה מִיָּדוֹ וְעָשָׂה כִרְצֹנוֹ וְהִגְדִּיל׃ וַאֲנִי ׀ הָיִיתִי מֵבִין וְהִנֵּה צְפִיר־
הָעִזִּים בָּא מִן־הַמַּעֲרָב עַל־פְּנֵי כָל־הָאָרֶץ וְאֵין נוֹגֵעַ בָּאָרֶץ
ו וְהַצָּפִיר קֶרֶן חָזוּת בֵּין עֵינָיו׃ וַיָּבֹא עַד־הָאַיִל בַּעַל הַקְּרָנַיִם
ז אֲשֶׁר רָאִיתִי עֹמֵד לִפְנֵי הָאֻבָל וַיָּרָץ אֵלָיו בַּחֲמַת כֹּחוֹ׃ וּרְאִיתִיו
מַגִּיעַ ׀ אֵצֶל הָאַיִל וַיִּתְמַרְמַר אֵלָיו וַיַּךְ אֶת־הָאַיִל וַיְשַׁבֵּר
אֶת־שְׁתֵּי קְרָנָיו וְלֹא־הָיָה כֹחַ בָּאַיִל לַעֲמֹד לְפָנָיו וַיַּשְׁלִיכֵהוּ
ח אַרְצָה וַיִּרְמְסֵהוּ וְלֹא־הָיָה מַצִּיל לָאַיִל מִיָּדוֹ׃ וּצְפִיר הָעִזִּים
הִגְדִּיל עַד־מְאֹד וּכְעָצְמוֹ נִשְׁבְּרָה הַקֶּרֶן הַגְּדֹלָה וַתַּעֲלֶנָה
ט חָזוּת אַרְבַּע תַּחְתֶּיהָ לְאַרְבַּע רוּחוֹת הַשָּׁמָיִם׃ וּמִן־הָאַחַת
מֵהֶם יָצָא קֶרֶן־אַחַת מִצְּעִירָה וַתִּגְדַּל־יֶתֶר אֶל־הַנֶּגֶב וְאֶל־
י הַמִּזְרָח וְאֶל־הַצֶּבִי׃ וַתִּגְדַּל עַד־צְבָא הַשָּׁמָיִם וַתַּפֵּל אַרְצָה
יא מִן־הַצָּבָא וּמִן־הַכּוֹכָבִים וַתִּרְמְסֵם׃ וְעַד שַׂר־הַצָּבָא הִגְדִּיל
יב וּמִמֶּנּוּ הֵרִים הַתָּמִיד וְהֻשְׁלַךְ מְכוֹן מִקְדָּשׁוֹ׃ וְצָבָא תִּנָּתֵן עַל־ הוּרַם

הַתָּמִ֖יד בְּפָ֑שַׁע וְתַשְׁלֵ֤ךְ אֱמֶת֙ אַ֔רְצָה וְעָשְׂתָ֖ה וְהִצְלִֽיחָה׃
וָאֶשְׁמְעָ֥ה אֶחָד־קָד֖וֹשׁ מְדַבֵּ֑ר וַיֹּאמֶר֩ אֶחָ֨ד קָד֜וֹשׁ לַפַּֽלְמוֹנִ֣י יג
הַֽמְדַבֵּ֗ר עַד־מָתַ֞י הֶחָז֤וֹן הַתָּמִיד֙ וְהַפֶּ֣שַׁע שֹׁמֵ֔ם תֵּ֛ת וְקֹ֥דֶשׁ
וְצָבָ֖א מִרְמָֽס׃ וַיֹּ֣אמֶר אֵלַ֔י עַ֚ד עֶ֣רֶב בֹּ֔קֶר אַלְפַּ֖יִם וּשְׁלֹ֣שׁ מֵא֑וֹת יד
וְנִצְדַּ֖ק קֹֽדֶשׁ׃ וַיְהִ֗י בִּרְאֹתִ֛י אֲנִ֥י דָנִיֵּ֖אל אֶת־הֶחָז֑וֹן וָאֲבַקְשָׁ֣ה טו
בִינָ֔ה וְהִנֵּ֛ה עֹמֵ֥ד לְנֶגְדִּ֖י כְּמַרְאֵה־גָֽבֶר׃ וָאֶשְׁמַ֥ע קוֹל־אָדָ֖ם בֵּ֣ין טז
אוּלָ֑י וַיִּקְרָא֙ וַיֹּאמַ֔ר גַּבְרִיאֵ֕ל הָבֵ֥ן לְהַלָּ֖ז אֶת־הַמַּרְאֶֽה׃ וַיָּבֹא֙ יז
אֵ֣צֶל עָמְדִ֔י וּבְבֹא֣וֹ נִבְעַ֔תִּי וָאֶפְּלָ֖ה עַל־פָּנָ֑י וַיֹּ֨אמֶר אֵלַ֜י הָבֵ֣ן
בֶּן־אָדָ֔ם כִּ֥י לְעֶת־קֵ֖ץ הֶחָזֽוֹן׃ וּבְדַבְּר֣וֹ עִמִּ֔י נִרְדַּ֥מְתִּי עַל־פָּנַ֖י יח
אָ֑רְצָה וַיִּגַּע־בִּ֔י וַיַּעֲמִידֵ֖נִי עַל־עָמְדִֽי׃ וַיֹּ֗אמֶר הִנְנִ֤י מוֹדִֽיעֲךָ֙ יט
אֵ֥ת אֲשֶׁר־יִהְיֶ֖ה בְּאַחֲרִ֣ית הַזָּ֑עַם כִּ֖י לְמוֹעֵ֥ד קֵֽץ׃ הָאַ֥יִל אֲשֶׁר־ כ
רָאִ֖יתָ בַּ֣עַל הַקְּרָנָ֑יִם מַלְכֵ֖י מָדַ֥י וּפָרָֽס׃ וְהַצָּפִיר֙ הַשָּׂעִ֔יר מֶ֖לֶךְ כא
יָוָ֑ן וְהַקֶּ֤רֶן הַגְּדוֹלָה֙ אֲשֶׁ֣ר בֵּין־עֵינָ֔יו ה֖וּא הַמֶּ֥לֶךְ הָרִאשֽׁוֹן׃
וְהַ֨נִּשְׁבֶּ֔רֶת וַתַּעֲמֹ֥דְנָה אַרְבַּ֖ע תַּחְתֶּ֑יהָ אַרְבַּ֧ע מַלְכֻי֛וֹת מִגּ֥וֹי כב
יַעֲמֹ֖דְנָה וְלֹ֥א בְכֹחֽוֹ׃ וּבְאַחֲרִית֙ מַלְכוּתָ֔ם כְּהָתֵ֖ם הַפֹּשְׁעִ֑ים כג
יַעֲמֹ֥ד מֶ֛לֶךְ עַז־פָּנִ֖ים וּמֵבִ֥ין חִידֽוֹת׃ וְעָצַ֤ם כֹּחוֹ֙ וְלֹ֣א בְכֹח֔וֹ כד
וְנִפְלָא֥וֹת יַשְׁחִ֖ית וְהִצְלִ֣יחַ וְעָשָׂ֑ה וְהִשְׁחִ֥ית עֲצוּמִ֖ים וְעַם־
קְדֹשִֽׁים׃ וְעַל־שִׂכְל֗וֹ וְהִצְלִ֤יחַ מִרְמָה֙ בְּיָד֔וֹ וּבִלְבָב֣וֹ יַגְדִּ֔יל כה
וּבְשַׁלְוָ֖ה יַשְׁחִ֣ית רַבִּ֑ים וְעַ֤ל שַׂר־שָׂרִים֙ יַעֲמֹ֔ד וּבְאֶ֥פֶס יָ֖ד יִשָּׁבֵֽר׃
וּמַרְאֵ֨ה הָעֶ֧רֶב וְהַבֹּ֛קֶר אֲשֶׁ֥ר נֶאֱמַ֖ר אֱמֶ֣ת ה֑וּא וְאַתָּה֙ סְתֹ֣ם כו
הֶֽחָז֔וֹן כִּ֖י לְיָמִ֥ים רַבִּֽים׃ וַאֲנִ֨י דָנִיֵּ֜אל נִהְיֵ֤יתִי וְנֶחֱלֵ֙יתִי֙ יָמִ֔ים כז
וָאָק֕וּם וָאֶעֱשֶׂ֖ה אֶת־מְלֶ֣אכֶת הַמֶּ֑לֶךְ וָאֶשְׁתּוֹמֵ֥ם עַל־הַמַּרְאֶ֖ה
וְאֵ֥ין מֵבִֽין׃

בִּשְׁנַ֣ת אַחַ֔ת לְדָרְיָ֥וֶשׁ בֶּן־אֲחַשְׁוֵר֖וֹשׁ מִזֶּ֣רַע מָדָ֑י אֲשֶׁ֣ר הָמְלַ֔ךְ א ט
עַ֖ל מַלְכ֥וּת כַּשְׂדִּֽים׃ בִּשְׁנַ֤ת אַחַת֙ לְמָלְכ֔וֹ אֲנִי֙ דָּֽנִיֵּ֔אל בִּינֹ֖תִי ב
בַּסְּפָרִ֑ים מִסְפַּ֣ר הַשָּׁנִ֗ים אֲשֶׁ֨ר הָיָ֤ה דְבַר־יְהוָה֙ אֶל־יִרְמִיָ֣ה
הַנָּבִ֔יא לְמַלֹּ֛אות לְחָרְב֥וֹת יְרוּשָׁלִַ֖ם שִׁבְעִ֥ים שָׁנָֽה׃ וָאֶתְּנָ֣ה ג

אֶת־פָּנַי אֶל־אֲדֹנָי הָאֱלֹהִים לְבַקֵּשׁ תְּפִלָּה וְתַחֲנוּנִים בְּצוֹם
ד וְשַׂק וָאֵפֶר׃ וָאֶתְפַּלְלָה לַיהוָה אֱלֹהַי וָאֶתְוַדֶּה וָאֹמְרָה אָנָּא ו
אֲדֹנָי הָאֵל הַגָּדוֹל וְהַנּוֹרָא שֹׁמֵר הַבְּרִית וְהַחֶסֶד לְאֹהֲבָיו
ה וּלְשֹׁמְרֵי מִצְוֹתָיו׃ חָטָאנוּ וְעָוִינוּ והרשענו וּמָרָדְנוּ וְסוֹר הִרְשַׁעְנוּ
ו מִמִּצְוֺתֶךָ וּמִמִּשְׁפָּטֶיךָ׃ וְלֹא שָׁמַעְנוּ אֶל־עֲבָדֶיךָ הַנְּבִיאִים
אֲשֶׁר דִּבְּרוּ בְּשִׁמְךָ אֶל־מְלָכֵינוּ שָׂרֵינוּ וַאֲבֹתֵינוּ וְאֶל כָּל־עַם
ז הָאָרֶץ׃ לְךָ אֲדֹנָי הַצְּדָקָה וְלָנוּ בֹּשֶׁת הַפָּנִים כַּיּוֹם הַזֶּה לְאִישׁ
יְהוּדָה וּלְיֹשְׁבֵי יְרוּשָׁלִַם וּלְכָל־יִשְׂרָאֵל הַקְּרֹבִים וְהָרְחֹקִים
בְּכָל־הָאֲרָצוֹת אֲשֶׁר הִדַּחְתָּם שָׁם בְּמַעֲלָם אֲשֶׁר מָעֲלוּ־בָךְ׃
ח יְהוָה לָנוּ בֹּשֶׁת הַפָּנִים לִמְלָכֵינוּ לְשָׂרֵינוּ וְלַאֲבֹתֵינוּ אֲשֶׁר
ט חָטָאנוּ לָךְ׃ לַאדֹנָי אֱלֹהֵינוּ הָרַחֲמִים וְהַסְּלִחוֹת כִּי מָרַדְנוּ
י בּוֹ׃ וְלֹא שָׁמַעְנוּ בְּקוֹל יְהוָה אֱלֹהֵינוּ לָלֶכֶת בְּתוֹרֹתָיו אֲשֶׁר
יא נָתַן לְפָנֵינוּ בְּיַד עֲבָדָיו הַנְּבִיאִים׃ וְכָל־יִשְׂרָאֵל עָבְרוּ אֶת־
תּוֹרָתֶךָ וְסוֹר לְבִלְתִּי שְׁמוֹעַ בְּקֹלֶךָ וַתִּתַּךְ עָלֵינוּ הָאָלָה
וְהַשְּׁבֻעָה אֲשֶׁר כְּתוּבָה בְּתוֹרַת מֹשֶׁה עֶבֶד־הָאֱלֹהִים כִּי
יב חָטָאנוּ לוֹ׃ וַיָּקֶם אֶת־דבריו אֲשֶׁר־דִּבֶּר עָלֵינוּ וְעַל־שֹׁפְטֵינוּ דְּבָרוֹ
אֲשֶׁר שְׁפָטוּנוּ לְהָבִיא עָלֵינוּ רָעָה גְדֹלָה אֲשֶׁר לֹא־נֶעֶשְׂתָה
יג תַּחַת כָּל־הַשָּׁמַיִם כַּאֲשֶׁר נֶעֶשְׂתָה בִּירוּשָׁלִָם׃ כַּאֲשֶׁר כָּתוּב
בְּתוֹרַת מֹשֶׁה אֵת כָּל־הָרָעָה הַזֹּאת בָּאָה עָלֵינוּ וְלֹא־חִלִּינוּ
אֶת־פְּנֵי יְהוָה אֱלֹהֵינוּ לָשׁוּב מֵעֲוֺנֵנוּ וּלְהַשְׂכִּיל בַּאֲמִתֶּךָ׃
יד וַיִּשְׁקֹד יְהוָה עַל־הָרָעָה וַיְבִיאֶהָ עָלֵינוּ כִּי־צַדִּיק יְהוָה אֱלֹהֵינוּ
טו עַל־כָּל־מַעֲשָׂיו אֲשֶׁר עָשָׂה וְלֹא שָׁמַעְנוּ בְּקֹלוֹ׃ וְעַתָּה אֲדֹנָי
אֱלֹהֵינוּ אֲשֶׁר הוֹצֵאתָ אֶת־עַמְּךָ מֵאֶרֶץ מִצְרַיִם בְּיָד חֲזָקָה
טז וַתַּעַשׂ־לְךָ שֵׁם כַּיּוֹם הַזֶּה חָטָאנוּ רָשָׁעְנוּ׃ אֲדֹנָי כְּכָל־
צִדְקֹתֶךָ יָשָׁב־נָא אַפְּךָ וַחֲמָתְךָ מֵעִירְךָ יְרוּשָׁלִַם הַר־קָדְשֶׁךָ
כִּי בַחֲטָאֵינוּ וּבַעֲוֺנוֹת אֲבֹתֵינוּ יְרוּשָׁלִַם וְעַמְּךָ לְחֶרְפָּה לְכָל־
יז סְבִיבֹתֵינוּ׃ וְעַתָּה שְׁמַע אֱלֹהֵינוּ אֶל־תְּפִלַּת עַבְדְּךָ וְאֶל־

תַּ֣חֲנוּנָ֔יו וְהָאֵ֣ר פָּנֶ֔יךָ עַל־מִקְדָּשְׁךָ֖ הַשָּׁמֵ֑ם לְמַ֖עַן אֲדֹנָֽי׃ הַטֵּ֨ה יח
אֱלֹהַ֥י ׀ אָזְנְךָ֮ וּֽשֲׁמָע֒ פקחה עֵינֶ֗יךָ וּרְאֵה֙ שֹֽׁמְמֹתֵ֔ינוּ וְהָעִ֕יר פְּקַ֗ח
אֲשֶׁר־נִקְרָ֥א שִׁמְךָ֖ עָלֶ֑יהָ כִּ֣י ׀ לֹ֣א עַל־צִדְקֹתֵ֗ינוּ אֲנַ֨חְנוּ מַפִּילִ֤ים
תַּחֲנוּנֵ֙ינוּ֙ לְפָנֶ֔יךָ כִּ֖י עַל־רַחֲמֶ֥יךָ הָֽרַבִּֽים׃ אֲדֹנָ֣י ׀ שְׁמָ֗עָה אֲדֹנָ֤י ׀ יט
סְלָ֔חָה אֲדֹנָ֥י הַקֲשִׁ֖יבָה וַעֲשֵׂ֣ה אַל־תְּאַחַ֑ר לְמַֽעֲנְךָ֙ אֱלֹהַ֔י כִּֽי־
שִׁמְךָ֣ נִקְרָ֔א עַל־עִירְךָ֖ וְעַל־עַמֶּֽךָ׃ וְע֨וֹד אֲנִ֤י מְדַבֵּר֙ וּמִתְפַּלֵּ֔ל כ
וּמִתְוַדֶּה֙ חַטָּאתִ֔י וְחַטַּ֖את עַמִּ֣י יִשְׂרָאֵ֑ל וּמַפִּ֨יל תְּחִנָּתִ֜י לִפְנֵ֨י
יְהוָ֣ה אֱלֹהַ֔י עַ֖ל הַר־קֹ֥דֶשׁ אֱלֹהָֽי׃ וְע֛וֹד אֲנִ֥י מְדַבֵּ֖ר בַּתְּפִלָּ֑ה כא
וְהָאִ֣ישׁ גַּבְרִיאֵ֡ל אֲשֶׁר֩ רָאִ֨יתִי בֶחָז֤וֹן בַּתְּחִלָּה֙ מֻעָ֣ף בִּיעָ֔ף נֹגֵ֣עַ
אֵלַ֔י כְּעֵ֖ת מִנְחַת־עָֽרֶב׃ וַיָּ֖בֶן וַיְדַבֵּ֣ר עִמִּ֑י וַיֹּאמַ֕ר דָּֽנִיֵּ֕אל עַתָּ֥ה כב
יָצָ֖אתִי לְהַשְׂכִּֽילְךָ֥ בִינָֽה׃ בִּתְחִלַּ֨ת תַּחֲנוּנֶ֜יךָ יָצָ֣א דָבָ֗ר וַאֲנִי֙ כג
בָּ֣אתִי לְהַגִּ֔יד כִּ֥י חֲמוּד֖וֹת אָ֑תָּה וּבִין֙ בַּדָּבָ֔ר וְהָבֵ֖ן בַּמַּרְאֶֽה׃
שָׁבֻעִ֨ים שִׁבְעִ֜ים נֶחְתַּ֥ךְ עַֽל־עַמְּךָ֣ ׀ וְעַל־עִ֣יר קָדְשֶׁ֗ךָ לְכַלֵּ֨א כד
הַפֶּ֜שַׁע ולחתם חטאות וּלְכַפֵּ֣ר עָוֺ֔ן וּלְהָבִ֖יא צֶ֣דֶק עֹֽלָמִ֑ים וּלְהָתֵ֣ם חַטָּ֔את
וְלַחְתֹּם֙ חָז֣וֹן וְנָבִ֔יא וְלִמְשֹׁ֖חַ קֹ֥דֶשׁ קָֽדָשִֽׁים׃ וְתֵדַ֨ע וְתַשְׂכֵּ֜ל מִן־ כה
מֹצָ֣א דָבָ֗ר לְהָשִׁיב֙ וְלִבְנ֣וֹת יְרוּשָׁלִַ֔ם עַד־מָשִׁ֣יחַ נָגִ֔יד שָׁבֻעִ֖ים
שִׁבְעָ֑ה וְשָׁבֻעִ֞ים שִׁשִּׁ֣ים וּשְׁנַ֗יִם תָּשׁוּב֙ וְנִבְנְתָה֙ רְח֣וֹב וְחָר֔וּץ
וּבְצ֖וֹק הָעִתִּֽים׃ וְאַחֲרֵ֤י הַשָּׁבֻעִים֙ שִׁשִּׁ֣ים וּשְׁנַ֔יִם יִכָּרֵ֥ת מָשִׁ֖יחַ כו
וְאֵ֣ין ל֑וֹ וְהָעִ֨יר וְהַקֹּ֜דֶשׁ יַ֠שְׁחִית עַ֣ם נָגִ֤יד הַבָּא֙ וְקִצּ֣וֹ בַשֶּׁ֔טֶף
וְעַד֙ קֵ֣ץ מִלְחָמָ֔ה נֶחֱרֶ֖צֶת שֹׁמֵמֽוֹת׃ וְהִגְבִּ֥יר בְּרִ֛ית לָֽרַבִּ֖ים שָׁב֣וּעַ כז
אֶחָ֑ד וַחֲצִ֣י הַשָּׁב֣וּעַ ׀ יַשְׁבִּ֣ית ׀ זֶ֣בַח וּמִנְחָ֗ה וְעַ֨ל כְּנַ֤ף שִׁקּוּצִים֙
מְשֹׁמֵ֔ם וְעַד־כָּלָה֙ וְנֶ֣חֱרָצָ֔ה תִּתַּ֖ךְ עַל־שֹׁמֵֽם׃
בִּשְׁנַ֣ת שָׁל֗וֹשׁ לְכ֙וֹרֶשׁ֙ מֶ֣לֶךְ פָּרַ֔ס דָּבָר֙ נִגְלָ֣ה לְדָנִיֵּ֔אל אֲשֶׁר־נִקְרָ֥א י א
שְׁמ֖וֹ בֵּלְטְשַׁאצַּ֑ר וֶאֱמֶ֤ת הַדָּבָר֙ וְצָבָ֣א גָד֔וֹל וּבִין֙ אֶת־הַדָּבָ֔ר וּבִ֥ינָה
ל֖וֹ בַּמַּרְאֶֽה׃ בַּיָּמִ֖ים הָהֵ֑ם אֲנִ֤י דָֽנִיֵּאל֙ הָיִ֣יתִי מִתְאַבֵּ֔ל שְׁלֹשָׁ֥ה ב
שָׁבֻעִ֖ים יָמִֽים׃ לֶ֣חֶם חֲמֻד֜וֹת לֹ֣א אָכַ֗לְתִּי וּבָשָׂ֥ר וָיַ֛יִן לֹא־בָ֥א אֶל־ ג
פִּ֑י וְס֖וֹךְ לֹא־סָ֑כְתִּי עַד־מְלֹ֕את שְׁלֹ֥שֶׁת שָׁבֻעִ֖ים יָמִֽים׃

ד וּבְיוֹם עֶשְׂרִים וְאַרְבָּעָה לַחֹדֶשׁ הָרִאשׁוֹן וַאֲנִי הָיִיתִי עַל־יַד
ה הַנָּהָר הַגָּדוֹל הוּא חִדָּקֶל׃ וָאֶשָּׂא אֶת־עֵינַי וָאֵרֶא וְהִנֵּה אִישׁ־
ו אֶחָד לָבוּשׁ בַּדִּים וּמָתְנָיו חֲגֻרִים בְּכֶתֶם אוּפָז׃ וּגְוִיָּתוֹ כְתַרְשִׁישׁ
וּפָנָיו כְּמַרְאֵה בָרָק וְעֵינָיו כְּלַפִּידֵי אֵשׁ וּזְרֹעֹתָיו וּמַרְגְּלֹתָיו
ז כְּעֵין נְחֹשֶׁת קָלָל וְקוֹל דְּבָרָיו כְּקוֹל הָמוֹן׃ וְרָאִיתִי אֲנִי דָנִיֵּאל
לְבַדִּי אֶת־הַמַּרְאָה וְהָאֲנָשִׁים אֲשֶׁר הָיוּ עִמִּי לֹא רָאוּ אֶת־
הַמַּרְאָה אֲבָל חֲרָדָה גְדֹלָה נָפְלָה עֲלֵיהֶם וַיִּבְרְחוּ בְּהֵחָבֵא׃
ח וַאֲנִי נִשְׁאַרְתִּי לְבַדִּי וָאֶרְאֶה אֶת־הַמַּרְאָה הַגְּדֹלָה הַזֹּאת וְלֹא
נִשְׁאַר־בִּי כֹּחַ וְהוֹדִי נֶהְפַּךְ עָלַי לְמַשְׁחִית וְלֹא עָצַרְתִּי כֹּחַ׃
ט וָאֶשְׁמַע אֶת־קוֹל דְּבָרָיו וּכְשָׁמְעִי אֶת־קוֹל דְּבָרָיו וַאֲנִי הָיִיתִי
י נִרְדָּם עַל־פָּנַי וּפָנַי אָרְצָה׃ וְהִנֵּה־יָד נָגְעָה בִּי וַתְּנִיעֵנִי עַל־
יא בִּרְכַּי וְכַפּוֹת יָדָי׃ וַיֹּאמֶר אֵלַי דָּנִיֵּאל אִישׁ־חֲמֻדוֹת הָבֵן
בַּדְּבָרִים אֲשֶׁר אָנֹכִי דֹּבֵר אֵלֶיךָ וַעֲמֹד עַל־עָמְדֶךָ כִּי עַתָּה
שֻׁלַּחְתִּי אֵלֶיךָ וּבְדַבְּרוֹ עִמִּי אֶת־הַדָּבָר הַזֶּה עָמַדְתִּי מַרְעִיד׃
יב וַיֹּאמֶר אֵלַי אַל־תִּירָא דָנִיֵּאל כִּי ׀ מִן־הַיּוֹם הָרִאשׁוֹן אֲשֶׁר
נָתַתָּ אֶת־לִבְּךָ לְהָבִין וּלְהִתְעַנּוֹת לִפְנֵי אֱלֹהֶיךָ נִשְׁמְעוּ
יג דְבָרֶיךָ וַאֲנִי בָאתִי בִּדְבָרֶיךָ׃ וְשַׂר ׀ מַלְכוּת פָּרַס עֹמֵד לְנֶגְדִּי
עֶשְׂרִים וְאֶחָד יוֹם וְהִנֵּה מִיכָאֵל אַחַד הַשָּׂרִים הָרִאשֹׁנִים בָּא
יד לְעָזְרֵנִי וַאֲנִי נוֹתַרְתִּי שָׁם אֵצֶל מַלְכֵי פָרָס׃ וּבָאתִי לַהֲבִינְךָ
אֵת אֲשֶׁר־יִקְרָה לְעַמְּךָ בְּאַחֲרִית הַיָּמִים כִּי־עוֹד חָזוֹן לַיָּמִים׃
טו וּבְדַבְּרוֹ עִמִּי כַּדְּבָרִים הָאֵלֶּה נָתַתִּי פָנַי אַרְצָה וְנֶאֱלָמְתִּי׃
טז וְהִנֵּה כִּדְמוּת בְּנֵי אָדָם נֹגֵעַ עַל־שְׂפָתָי וָאֶפְתַּח־פִּי וָאֲדַבְּרָה
וָאֹמְרָה אֶל־הָעֹמֵד לְנֶגְדִּי אֲדֹנִי בַּמַּרְאָה נֶהֶפְכוּ צִירַי עָלַי
יז וְלֹא עָצַרְתִּי כֹּחַ׃ וְהֵיךְ יוּכַל עֶבֶד אֲדֹנִי זֶה לְדַבֵּר עִם־אֲדֹנִי
זֶה וַאֲנִי מֵעַתָּה לֹא־יַעֲמָד־בִּי כֹחַ וּנְשָׁמָה לֹא נִשְׁאֲרָה־בִי׃
יח יט וַיֹּסֶף וַיִּגַּע־בִּי כְּמַרְאֵה אָדָם וַיְחַזְּקֵנִי׃ וַיֹּאמֶר אַל־תִּירָא אִישׁ־
חֲמֻדוֹת שָׁלוֹם לָךְ חֲזַק וַחֲזָק וּכְדַבְּרוֹ עִמִּי הִתְחַזַּקְתִּי וָאֹמְרָה

ידבר אדני כי חזקתני: ויאמר הידעת למה־באתי אליך כ
ועתה אשוב להלחם עם־שר פרס ואני יוצא והנה שר־
ז יון בא: אבל אגיד לך את־הרשום בכתב אמת ואין אחד כא
מתחזק עמי על־אלה כי אם־מיכאל שרכם: ואני א יא
בשנת אחת לדריוש המדי עמדי למחזיק ולמעוז לו:
ועתה אמת אגיד לך הנה־עוד שלשה מלכים עמדים ב
לפרס והרביעי יעשיר עשר־גדול מכל וכחזקתו בעשרו
יעיר הכל את מלכות יון: ועמד מלך גבור ומשל ממשל ג
רב ועשה כרצונו: וכעמדו תשבר מלכותו ותחץ לארבע ד
רוחות השמים ולא לאחריתו ולא כמשלו אשר משל כי
תנתש מלכותו ולאחרים מלבד־אלה: ויחזק מלך־הנגב ה
ומן־שריו ויחזק עליו ומשל ממשל רב ממשלתו: ולקץ ו
שנים יתחברו ובת מלך־הנגב תבוא אל־מלך הצפון
לעשות מישרים ולא־תעצר כוח הזרוע ולא יעמד וזרעו
ותנתן היא ומביאיה והילדה ומחזקה בעתים: ועמד מנצר ז
שרשיה כנו ובא אל־החיל ויבא במעוז מלך הצפון ועשה
בהם והחזיק: וגם אלהיהם עם־נסכיהם עם־כלי חמדתם ח
כסף וזהב בשבי יבא מצרים והוא שנים יעמד ממלך
הצפון: ובא במלכות מלך הנגב ושב אל־אדמתו: ובנו ט
יתגרו ואספו המון חילים רבים ובא בוא ושטף ועבר וישב
ויתגרה ויתגרו עד־מעזה: ויתמרמר מלך הנגב ויצא ונלחם עמו יא
עם־מלך הצפון והעמיד המון רב ונתן ההמון בידו: ונשא יב
ורם ההמון ירום לבבו והפיל רבאות ולא יעוז: ושב מלך הצפון יג
והעמיד המון רב מן־הראשון ולקץ העתים שנים יבוא
בוא בחיל גדול וברכוש רב: ובעתים ההם רבים יעמדו יד
על־מלך הנגב ובני | פריצי עמך ינשאו להעמיד חזון
ונכשלו: ויבא מלך הצפון וישפך סוללה ולכד עיר מבצרות טו

וּזְרֹעוֹת הַנֶּגֶב לֹא יַעֲמֹדוּ וְעַם מִבְחָרָיו וְאֵין כֹּחַ לַעֲמֹד׃
טז וְיַעַשׂ הַבָּא אֵלָיו כִּרְצוֹנוֹ וְאֵין עוֹמֵד לְפָנָיו וְיַעֲמֹד בְּאֶרֶץ־
יז הַצְּבִי וְכָלָה בְיָדוֹ׃ וְיָשֵׂם ׀ פָּנָיו לָבוֹא בְּתֹקֶף כָּל־מַלְכוּתוֹ
וִישָׁרִים עִמּוֹ וְעָשָׂה וּבַת הַנָּשִׁים יִתֶּן־לוֹ לְהַשְׁחִיתָהּ וְלֹא
יח תַעֲמֹד וְלֹא־לוֹ תִהְיֶה׃ וישב ׀ פָּנָיו לְאִיִּים וְלָכַד רַבִּים וְיָשֵׂם
יט וְהִשְׁבִּית קָצִין חֶרְפָּתוֹ לוֹ בִּלְתִּי חֶרְפָּתוֹ יָשִׁיב לוֹ׃ וְיָשֵׁב פָּנָיו
כ לְמָעוּזֵּי אַרְצוֹ וְנִכְשַׁל וְנָפַל וְלֹא יִמָּצֵא׃ וְעָמַד עַל־כַּנּוֹ
מַעֲבִיר נוֹגֵשׂ הֶדֶר מַלְכוּת וּבְיָמִים אֲחָדִים יִשָּׁבֵר וְלֹא
כא בְאַפַּיִם וְלֹא בְמִלְחָמָה׃ וְעָמַד עַל־כַּנּוֹ נִבְזֶה וְלֹא־נָתְנוּ עָלָיו
הוֹד מַלְכוּת וּבָא בְשַׁלְוָה וְהֶחֱזִיק מַלְכוּת בַּחֲלַקְלַקּוֹת׃
כב כג וּזְרֹעוֹת הַשֶּׁטֶף יִשָּׁטְפוּ מִלְּפָנָיו וְיִשָּׁבֵרוּ וְגַם נְגִיד בְּרִית׃ וּמִן־
הִתְחַבְּרוּת אֵלָיו יַעֲשֶׂה מִרְמָה וְעָלָה וְעָצַם בִּמְעַט־גּוֹי׃
כד בְּשַׁלְוָה וּבְמִשְׁמַנֵּי מְדִינָה יָבוֹא וְעָשָׂה אֲשֶׁר לֹא־עָשׂוּ אֲבֹתָיו
וַאֲבוֹת אֲבֹתָיו בִּזָּה וְשָׁלָל וּרְכוּשׁ לָהֶם יִבְזוֹר וְעַל מִבְצָרִים
כה יְחַשֵּׁב מַחְשְׁבֹתָיו וְעַד־עֵת׃ וְיָעֵר כֹּחוֹ וּלְבָבוֹ עַל־מֶלֶךְ הַנֶּגֶב
בְּחַיִל גָּדוֹל וּמֶלֶךְ הַנֶּגֶב יִתְגָּרֶה לַמִּלְחָמָה בְּחַיִל־גָּדוֹל וְעָצוּם
כו עַד־מְאֹד וְלֹא יַעֲמֹד כִּי־יַחְשְׁבוּ עָלָיו מַחֲשָׁבוֹת׃ וְאֹכְלֵי
כז פַת־בָּגוֹ יִשְׁבְּרוּהוּ וְחֵילוֹ יִשְׁטוֹף וְנָפְלוּ חֲלָלִים רַבִּים׃ וּשְׁנֵיהֶם
הַמְּלָכִים לְבָבָם לְמֵרָע וְעַל־שֻׁלְחָן אֶחָד כָּזָב יְדַבֵּרוּ וְלֹא
כח תִצְלָח כִּי־עוֹד קֵץ לַמּוֹעֵד׃ וְיָשֹׁב אַרְצוֹ בִּרְכוּשׁ גָּדוֹל וּלְבָבוֹ
כט עַל־בְּרִית קֹדֶשׁ וְעָשָׂה וְשָׁב לְאַרְצוֹ׃ לַמּוֹעֵד יָשׁוּב וּבָא
ל בַנֶּגֶב וְלֹא־תִהְיֶה כָרִאשֹׁנָה וְכָאַחֲרֹנָה׃ וּבָאוּ בוֹ צִיִּים כִּתִּים
וְנִכְאָה וְשָׁב וְזָעַם עַל־בְּרִית־קוֹדֶשׁ וְעָשָׂה וְשָׁב וְיָבֵן עַל־
לא עֹזְבֵי בְּרִית קֹדֶשׁ׃ וּזְרֹעִים מִמֶּנּוּ יַעֲמֹדוּ וְחִלְּלוּ הַמִּקְדָּשׁ
לב הַמָּעוֹז וְהֵסִירוּ הַתָּמִיד וְנָתְנוּ הַשִּׁקּוּץ מְשׁוֹמֵם׃ וּמַרְשִׁיעֵי
לג בְרִית יַחֲנִיף בַּחֲלַקּוֹת וְעַם יֹדְעֵי אֱלֹהָיו יַחֲזִקוּ וְעָשׂוּ׃ וּמַשְׂכִּילֵי
עָם יָבִינוּ לָרַבִּים וְנִכְשְׁלוּ בְּחֶרֶב וּבְלֶהָבָה בִּשְׁבִי וּבְבִזָּה

יָמִים׃ וּבְהִכָּשְׁלָם יֵעָזְרוּ עֵזֶר מְעָט וְנִלְווּ עֲלֵיהֶם רַבִּים לד
בַּחֲלַקְלַקּוֹת׃ וּמִן־הַמַּשְׂכִּילִים יִכָּשְׁלוּ לִצְרוֹף בָּהֶם וּלְבָרֵר לה
וְלַלְבֵּן עַד־עֵת קֵץ כִּי־עוֹד לַמּוֹעֵד׃ וְעָשָׂה כִרְצֹנוֹ הַמֶּלֶךְ לו
וְיִתְרוֹמֵם וְיִתְגַּדֵּל עַל־כָּל־אֵל וְעַל אֵל אֵלִים יְדַבֵּר נִפְלָאוֹת
וְהִצְלִיחַ עַד־כָּלָה זַעַם כִּי נֶחֱרָצָה נֶעֱשָׂתָה׃ וְעַל־אֱלֹהֵי לז
אֲבֹתָיו לֹא יָבִין וְעַל־חֶמְדַּת נָשִׁים וְעַל־כָּל־אֱלוֹהַּ לֹא יָבִין
כִּי עַל־כֹּל יִתְגַּדָּל׃ וְלֶאֱלֹהַּ מָעֻזִּים עַל־כַּנּוֹ יְכַבֵּד וְלֶאֱלוֹהַּ לח
אֲשֶׁר לֹא־יְדָעֻהוּ אֲבֹתָיו יְכַבֵּד בְּזָהָב וּבְכֶסֶף וּבְאֶבֶן יְקָרָה
וּבַחֲמֻדוֹת׃ וְעָשָׂה לְמִבְצְרֵי מָעֻזִּים עִם־אֱלוֹהַּ נֵכָר אֲשֶׁר לט
הכיר יַרְבֶּה כָבוֹד וְהִמְשִׁילָם בָּרַבִּים וַאֲדָמָה יְחַלֵּק בִּמְחִיר׃ יַכִּיר
וּבְעֵת קֵץ יִתְנַגַּח עִמּוֹ מֶלֶךְ הַנֶּגֶב וְיִשְׂתָּעֵר עָלָיו מֶלֶךְ הַצָּפוֹן מ
בְּרֶכֶב וּבְפָרָשִׁים וּבָאֳנִיּוֹת רַבּוֹת וּבָא בַאֲרָצוֹת וְשָׁטַף וְעָבָר׃
וּבָא בְּאֶרֶץ הַצְּבִי וְרַבּוֹת יִכָּשֵׁלוּ וְאֵלֶּה יִמָּלְטוּ מִיָּדוֹ אֱדוֹם מא
וּמוֹאָב וְרֵאשִׁית בְּנֵי עַמּוֹן׃ וְיִשְׁלַח יָדוֹ בַּאֲרָצוֹת וְאֶרֶץ מב
מִצְרַיִם לֹא תִהְיֶה לִפְלֵיטָה׃ וּמָשַׁל בְּמִכְמַנֵּי הַזָּהָב וְהַכֶּסֶף מג
וּבְכֹל חֲמֻדוֹת מִצְרָיִם וְלֻבִים וְכֻשִׁים בְּמִצְעָדָיו׃ וּשְׁמֻעוֹת מד
יְבַהֲלֻהוּ מִמִּזְרָח וּמִצָּפוֹן וְיָצָא בְּחֵמָא גְדֹלָה לְהַשְׁמִיד וּלְהַחֲרִים
רַבִּים׃ וְיִטַּע אָהֳלֵי אַפַּדְנוֹ בֵּין יַמִּים לְהַר־צְבִי־קֹדֶשׁ וּבָא מה
עַד־קִצּוֹ וְאֵין עוֹזֵר לוֹ׃ וּבָעֵת הַהִיא יַעֲמֹד מִיכָאֵל הַשַּׂר א יב
הַגָּדוֹל הָעֹמֵד עַל־בְּנֵי עַמֶּךָ וְהָיְתָה עֵת צָרָה אֲשֶׁר לֹא־
נִהְיְתָה מִהְיוֹת גּוֹי עַד הָעֵת הַהִיא וּבָעֵת הַהִיא יִמָּלֵט עַמְּךָ
כָּל־הַנִּמְצָא כָּתוּב בַּסֵּפֶר׃ וְרַבִּים מִיְּשֵׁנֵי אַדְמַת־עָפָר יָקִיצוּ ב
אֵלֶּה לְחַיֵּי עוֹלָם וְאֵלֶּה לַחֲרָפוֹת לְדִרְאוֹן עוֹלָם׃ וְהַמַּשְׂכִּלִים ג
יַזְהִרוּ כְּזֹהַר הָרָקִיעַ וּמַצְדִּיקֵי הָרַבִּים כַּכּוֹכָבִים לְעוֹלָם
וָעֶד׃ וְאַתָּה דָנִיֵּאל סְתֹם הַדְּבָרִים וַחֲתֹם הַסֵּפֶר ד
עַד־עֵת קֵץ יְשֹׁטְטוּ רַבִּים וְתִרְבֶּה הַדָּעַת׃ וְרָאִיתִי אֲנִי דָנִיֵּאל ה
וְהִנֵּה שְׁנַיִם אֲחֵרִים עֹמְדִים אֶחָד הֵנָּה לִשְׂפַת הַיְאֹר וְאֶחָד

ו הֵנָּה לִשְׂפַת הַיְאֹר׃ וַיֹּאמֶר לָאִישׁ לְבוּשׁ הַבַּדִּים אֲשֶׁר מִמַּעַל
ז לְמֵימֵי הַיְאֹר עַד־מָתַי קֵץ הַפְּלָאוֹת׃ וָאֶשְׁמַע אֶת־הָאִישׁ ׀
לְבוּשׁ הַבַּדִּים אֲשֶׁר מִמַּעַל לְמֵימֵי הַיְאֹר וַיָּרֶם יְמִינוֹ וּשְׂמֹאלוֹ
אֶל־הַשָּׁמַיִם וַיִּשָּׁבַע בְּחֵי הָעוֹלָם כִּי לְמוֹעֵד מוֹעֲדִים וָחֵצִי
ח וּכְכַלּוֹת נַפֵּץ יַד־עַם־קֹדֶשׁ תִּכְלֶינָה כָל־אֵלֶּה׃ וַאֲנִי שָׁמַעְתִּי
ט וְלֹא אָבִין וָאֹמְרָה אֲדֹנִי מָה אַחֲרִית אֵלֶּה׃ וַיֹּאמֶר לֵךְ
י דָּנִיֵּאל כִּי־סְתֻמִים וַחֲתֻמִים הַדְּבָרִים עַד־עֵת קֵץ׃ יִתְבָּרֲרוּ
וְיִתְלַבְּנוּ וְיִצָּרְפוּ רַבִּים וְהִרְשִׁיעוּ רְשָׁעִים וְלֹא יָבִינוּ כָּל־
יא רְשָׁעִים וְהַמַּשְׂכִּלִים יָבִינוּ׃ וּמֵעֵת הוּסַר הַתָּמִיד וְלָתֵת
יב שִׁקּוּץ שֹׁמֵם יָמִים אֶלֶף מָאתַיִם וְתִשְׁעִים׃ אַשְׁרֵי הַמְחַכֶּה
יג וְיַגִּיעַ לְיָמִים אֶלֶף שְׁלֹשׁ מֵאוֹת שְׁלֹשִׁים וַחֲמִשָּׁה׃ וְאַתָּה
לֵךְ לַקֵּץ וְתָנוּחַ וְתַעֲמֹד לְגֹרָלְךָ לְקֵץ הַיָּמִין׃

עזרא · נחמיה

א א וּבִשְׁנַת אַחַת לְכוֹרֶשׁ מֶלֶךְ פָּרַס לִכְלוֹת דְּבַר־יְהוָה מִפִּי
יִרְמְיָה הֵעִיר יְהוָה אֶת־רוּחַ כֹּרֶשׁ מֶלֶךְ־פָּרַס וַיַּעֲבֶר־קוֹל
ב בְּכָל־מַלְכוּתוֹ וְגַם־בְּמִכְתָּב לֵאמֹר׃ כֹּה אָמַר כֹּרֶשׁ מֶלֶךְ
פָּרַס כֹּל מַמְלְכוֹת הָאָרֶץ נָתַן לִי יְהוָה אֱלֹהֵי הַשָּׁמָיִם וְהוּא־
ג פָקַד עָלַי לִבְנוֹת־לוֹ בַיִת בִּירוּשָׁלַםִ אֲשֶׁר בִּיהוּדָה׃ מִי־בָכֶם
מִכָּל־עַמּוֹ יְהִי אֱלֹהָיו עִמּוֹ וְיַעַל לִירוּשָׁלַםִ אֲשֶׁר בִּיהוּדָה
וְיִבֶן אֶת־בֵּית יְהוָה אֱלֹהֵי יִשְׂרָאֵל הוּא הָאֱלֹהִים אֲשֶׁר
ד בִּירוּשָׁלָםִ׃ וְכָל־הַנִּשְׁאָר מִכָּל־הַמְּקֹמוֹת אֲשֶׁר הוּא גָר־שָׁם
יְנַשְּׂאוּהוּ אַנְשֵׁי מְקֹמוֹ בְּכֶסֶף וּבְזָהָב וּבִרְכוּשׁ וּבִבְהֵמָה עִם־
ה הַנְּדָבָה לְבֵית הָאֱלֹהִים אֲשֶׁר בִּירוּשָׁלָםִ׃ וַיָּקוּמוּ רָאשֵׁי
הָאָבוֹת לִיהוּדָה וּבִנְיָמִן וְהַכֹּהֲנִים וְהַלְוִיִּם לְכֹל הֵעִיר הָאֱלֹהִים
אֶת־רוּחוֹ לַעֲלוֹת לִבְנוֹת אֶת־בֵּית יְהוָה אֲשֶׁר בִּירוּשָׁלָםִ׃
ו וְכָל־סְבִיבֹתֵיהֶם חִזְּקוּ בִידֵיהֶם בִּכְלֵי־כֶסֶף בַּזָּהָב בָּרְכוּשׁ
וּבַבְּהֵמָה וּבַמִּגְדָּנוֹת לְבַד עַל־כָּל־הִתְנַדֵּב׃
ז וְהַמֶּלֶךְ כּוֹרֶשׁ הוֹצִיא אֶת־כְּלֵי בֵית־יְהוָה אֲשֶׁר הוֹצִיא
ח נְבוּכַדְנֶצַּר מִירוּשָׁלַםִ וַיִּתְּנֵם בְּבֵית אֱלֹהָיו׃ וַיּוֹצִיאֵם כּוֹרֶשׁ
מֶלֶךְ פָּרַס עַל־יַד מִתְרְדָת הַגִּזְבָּר וַיִּסְפְּרֵם לְשֵׁשְׁבַּצַּר הַנָּשִׂיא
ט לִיהוּדָה׃ וְאֵלֶּה מִסְפָּרָם אֲגַרְטְלֵי זָהָב שְׁלֹשִׁים
י אֲגַרְטְלֵי־כֶסֶף אָלֶף מַחֲלָפִים תִּשְׁעָה וְעֶשְׂרִים׃ כְּפוֹרֵי זָהָב
שְׁלֹשִׁים כְּפוֹרֵי כֶסֶף מִשְׁנִים אַרְבַּע מֵאוֹת וַעֲשָׂרָה כֵּלִים
יא אֲחֵרִים אָלֶף׃ כָּל־כֵּלִים לַזָּהָב וְלַכֶּסֶף חֲמֵשֶׁת אֲלָפִים וְאַרְבַּע
מֵאוֹת הַכֹּל הֶעֱלָה שֵׁשְׁבַּצַּר עִם הֵעָלוֹת הַגּוֹלָה מִבָּבֶל
לִירוּשָׁלָםִ׃

ב א וְאֵלֶּה ׀ בְּנֵי הַמְּדִינָה הָעֹלִים מִשְּׁבִי הַגּוֹלָה אֲשֶׁר הֶגְלָה
נבוכדנצור מֶלֶךְ־בָּבֶל לְבָבֶל וַיָּשׁוּבוּ לִירוּשָׁלַםִ וִיהוּדָה אִישׁ נְבוּכַדְנֶצַּר
ב לְעִירוֹ׃ אֲשֶׁר־בָּאוּ עִם־זְרֻבָּבֶל יֵשׁוּעַ נְחֶמְיָה שְׂרָיָה רְעֵלָיָה
מָרְדֳּכַי בִּלְשָׁן מִסְפָּר בִּגְוַי רְחוּם בַּעֲנָה מִסְפַּר אַנְשֵׁי עַם

ג ד יִשְׂרָאֵל׃ בְּנֵי פַרְעֹשׁ אַלְפַּיִם מֵאָה שִׁבְעִים וּשְׁנָיִם׃ בְּנֵי שְׁפַטְיָה
ה שְׁלֹשׁ מֵאוֹת שִׁבְעִים וּשְׁנָיִם׃ בְּנֵי אָרַח שְׁבַע מֵאוֹת חֲמִשָּׁה
ו וְשִׁבְעִים׃ בְּנֵי־פַחַת מוֹאָב לִבְנֵי יֵשׁוּעַ יוֹאָב אַלְפַּיִם שְׁמֹנֶה
ז מֵאוֹת וּשְׁנֵים עָשָׂר׃ בְּנֵי עֵילָם אֶלֶף מָאתַיִם חֲמִשִּׁים וְאַרְבָּעָה׃
ח ט בְּנֵי זַתּוּא תְּשַׁע מֵאוֹת וְאַרְבָּעִים וַחֲמִשָּׁה׃ בְּנֵי זַכָּי שְׁבַע
י יא מֵאוֹת וְשִׁשִּׁים׃ בְּנֵי בָנִי שֵׁשׁ מֵאוֹת אַרְבָּעִים וּשְׁנָיִם׃ בְּנֵי בֵבָי
יב שֵׁשׁ מֵאוֹת עֶשְׂרִים וּשְׁלֹשָׁה׃ בְּנֵי עַזְגָּד אֶלֶף מָאתַיִם עֶשְׂרִים
יג יד וּשְׁנָיִם׃ בְּנֵי אֲדֹנִיקָם שֵׁשׁ מֵאוֹת שִׁשִּׁים וְשִׁשָּׁה׃ בְּנֵי בִגְוָי
טו אַלְפַּיִם חֲמִשִּׁים וְשִׁשָּׁה׃ בְּנֵי עָדִין אַרְבַּע מֵאוֹת חֲמִשִּׁים
טז יז וְאַרְבָּעָה׃ בְּנֵי־אָטֵר לִיחִזְקִיָּה תִּשְׁעִים וּשְׁמֹנָה׃ בְּנֵי בֵצָי שְׁלֹשׁ
יח יט מֵאוֹת עֶשְׂרִים וּשְׁלֹשָׁה׃ בְּנֵי יוֹרָה מֵאָה וּשְׁנֵים עָשָׂר׃ בְּנֵי
כ חָשֻׁם מָאתַיִם עֶשְׂרִים וּשְׁלֹשָׁה׃ בְּנֵי גִבָּר תִּשְׁעִים וַחֲמִשָּׁה׃
כא כב בְּנֵי בֵית־לָחֶם מֵאָה עֶשְׂרִים וּשְׁלֹשָׁה׃ אַנְשֵׁי נְטֹפָה חֲמִשִּׁים
כג כד וְשִׁשָּׁה׃ אַנְשֵׁי עֲנָתוֹת מֵאָה עֶשְׂרִים וּשְׁמֹנָה׃ בְּנֵי עַזְמָוֶת
כה אַרְבָּעִים וּשְׁנָיִם׃ בְּנֵי קִרְיַת עָרִים כְּפִירָה וּבְאֵרוֹת שְׁבַע מֵאוֹת
כו וְאַרְבָּעִים וּשְׁלֹשָׁה׃ בְּנֵי הָרָמָה וָגָבַע שֵׁשׁ מֵאוֹת עֶשְׂרִים
כז כח וְאֶחָד׃ אַנְשֵׁי מִכְמָס מֵאָה עֶשְׂרִים וּשְׁנָיִם׃ אַנְשֵׁי בֵית־אֵל
כט ל וְהָעָי מָאתַיִם עֶשְׂרִים וּשְׁלֹשָׁה׃ בְּנֵי נְבוֹ חֲמִשִּׁים וּשְׁנָיִם׃ בְּנֵי
לא מַגְבִּישׁ מֵאָה חֲמִשִּׁים וְשִׁשָּׁה׃ בְּנֵי עֵילָם אַחֵר אֶלֶף מָאתַיִם
לב לג חֲמִשִּׁים וְאַרְבָּעָה׃ בְּנֵי חָרִם שְׁלֹשׁ מֵאוֹת וְעֶשְׂרִים׃ בְּנֵי־לֹד
לד חָדִיד וְאוֹנוֹ שְׁבַע מֵאוֹת עֶשְׂרִים וַחֲמִשָּׁה׃ בְּנֵי יְרֵחוֹ שְׁלֹשׁ
לה מֵאוֹת אַרְבָּעִים וַחֲמִשָּׁה׃ בְּנֵי סְנָאָה שְׁלֹשֶׁת אֲלָפִים וְשֵׁשׁ
לו מֵאוֹת וּשְׁלֹשִׁים׃ הַכֹּהֲנִים בְּנֵי יְדַעְיָה לְבֵית יֵשׁוּעַ תְּשַׁע מֵאוֹת
לז לח שִׁבְעִים וּשְׁלֹשָׁה׃ בְּנֵי אִמֵּר אֶלֶף חֲמִשִּׁים וּשְׁנָיִם׃ בְּנֵי פַשְׁחוּר
לט אֶלֶף מָאתַיִם אַרְבָּעִים וְשִׁבְעָה׃ בְּנֵי חָרִם אֶלֶף וְשִׁבְעָה עָשָׂר׃
מ הַלְוִיִּם בְּנֵי־יֵשׁוּעַ וְקַדְמִיאֵל לִבְנֵי הוֹדַוְיָה שִׁבְעִים וְאַרְבָּעָה׃
מא מב הַמְשֹׁרְרִים בְּנֵי אָסָף מֵאָה עֶשְׂרִים וּשְׁמֹנָה׃ בְּנֵי הַשֹּׁעֲרִים בְּנֵי־

שַׁלּוּם בְּנֵי־אָטֵר בְּנֵי־טַלְמוֹן בְּנֵי־עַקּוּב בְּנֵי חֲטִיטָא בְּנֵי שֹׁבָי
מג הַכֹּל מֵאָה שְׁלֹשִׁים וְתִשְׁעָה׃ הַנְּתִינִים בְּנֵי־צִיחָא בְנֵי־חֲשׂוּפָא
מד מה בְּנֵי טַבָּעוֹת׃ בְּנֵי־קֵרֹס בְּנֵי־סִיעֲהָא בְּנֵי פָדוֹן׃ בְּנֵי־לְבָנָה בְנֵי־
מו מז חֲגָבָה בְּנֵי עַקּוּב׃ בְּנֵי־חָגָב בְּנֵי־שמלי בְּנֵי חָנָן׃ בְּנֵי־גִדֵּל בְּנֵי־ שַׁלְמַי
מח מט גַחַר בְּנֵי רְאָיָה׃ בְּנֵי־רְצִין בְּנֵי־נְקוֹדָא בְּנֵי גַזָּם׃ בְּנֵי־עֻזָּא בְנֵי־
נ נא פָסֵחַ בְּנֵי בֵסָי׃ בְּנֵי־אַסְנָה בְנֵי־מְעוּנִים בְּנֵי נפיסים׃ בְּנֵי־בַקְבּוּק נְפוּסִים
נב בְנֵי־חֲקוּפָא בְּנֵי חַרְחוּר׃ בְּנֵי־בַצְלוּת בְּנֵי־מְחִידָא בְּנֵי חַרְשָׁא׃
נג נד בְּנֵי־בַרְקוֹס בְּנֵי־סִיסְרָא בְּנֵי־תָמַח׃ בְּנֵי נְצִיחַ בְּנֵי חֲטִיפָא׃
נה נו בְּנֵי עַבְדֵי שְׁלֹמֹה בְּנֵי־סֹטַי בְּנֵי־הַסֹּפֶרֶת בְּנֵי פְרוּדָא׃ בְּנֵי־
נז יַעְלָה בְנֵי־דַרְקוֹן בְּנֵי גִדֵּל׃ בְּנֵי שְׁפַטְיָה בְנֵי־חַטִּיל בְּנֵי פֹּכֶרֶת
נח הַצְּבָיִים בְּנֵי אָמִי׃ כָּל־הַנְּתִינִים וּבְנֵי עַבְדֵי שְׁלֹמֹה שְׁלֹשׁ מֵאוֹת
נט תִּשְׁעִים וּשְׁנָיִם׃ וְאֵלֶּה הָעֹלִים מִתֵּל מֶלַח תֵּל
חַרְשָׁא כְּרוּב אַדָּן אִמֵּר וְלֹא יָכְלוּ לְהַגִּיד בֵּית־אֲבוֹתָם וְזַרְעָם
ס אִם מִיִּשְׂרָאֵל הֵם׃ בְּנֵי־דְלָיָה בְנֵי־טוֹבִיָּה בְּנֵי נְקוֹדָא שֵׁשׁ
סא מֵאוֹת חֲמִשִּׁים וּשְׁנָיִם׃ וּמִבְּנֵי הַכֹּהֲנִים בְּנֵי
חֳבַיָּה בְּנֵי הַקּוֹץ בְּנֵי בַרְזִלַּי אֲשֶׁר לָקַח מִבְּנוֹת בַּרְזִלַּי הַגִּלְעָדִי
סב אִשָּׁה וַיִּקָּרֵא עַל־שְׁמָם׃ אֵלֶּה בִּקְשׁוּ כְתָבָם הַמִּתְיַחְשִׂים וְלֹא
סג נִמְצָאוּ וַיְגֹאֲלוּ מִן־הַכְּהֻנָּה׃ וַיֹּאמֶר הַתִּרְשָׁתָא לָהֶם אֲשֶׁר
לֹא־יֹאכְלוּ מִקֹּדֶשׁ הַקֳּדָשִׁים עַד עֲמֹד כֹּהֵן לְאוּרִים וּלְתֻמִּים׃
סד כָּל־הַקָּהָל כְּאֶחָד אַרְבַּע רִבּוֹא אַלְפַּיִם שְׁלֹשׁ־מֵאוֹת שִׁשִּׁים׃
סה מִלְּבַד עַבְדֵיהֶם וְאַמְהֹתֵיהֶם אֵלֶּה שִׁבְעַת אֲלָפִים שְׁלֹשׁ מֵאוֹת
סו שְׁלֹשִׁים וְשִׁבְעָה וְלָהֶם מְשֹׁרְרִים וּמְשֹׁרְרוֹת מָאתָיִם׃ סוּסֵיהֶם
שְׁבַע מֵאוֹת שְׁלֹשִׁים וְשִׁשָּׁה פִּרְדֵיהֶם מָאתַיִם אַרְבָּעִים
סז וַחֲמִשָּׁה׃ גְּמַלֵּיהֶם אַרְבַּע מֵאוֹת שְׁלֹשִׁים וַחֲמִשָּׁה חֲמֹרִים
סח שֵׁשֶׁת אֲלָפִים שְׁבַע מֵאוֹת וְעֶשְׂרִים׃ וּמֵרָאשֵׁי
הָאָבוֹת בְּבוֹאָם לְבֵית יְהוָה אֲשֶׁר בִּירוּשָׁלָם הִתְנַדְּבוּ לְבֵית
סט הָאֱלֹהִים לְהַעֲמִידוֹ עַל־מְכוֹנוֹ׃ כְּכֹחָם נָתְנוּ לְאוֹצַר הַמְּלָאכָה

זָהָב דַּרְכְּמוֹנִים שֵׁשׁ־רִבֹּאות וָאֶלֶף וְכֶסֶף מָנִים חֲמֵשֶׁת
ע אֲלָפִים וְכָתְנֹת כֹּהֲנִים מֵאָה׃ וַיֵּשְׁבוּ הַכֹּהֲנִים
וְהַלְוִיִּם וּמִן־הָעָם וְהַמְשֹׁרְרִים וְהַשּׁוֹעֲרִים וְהַנְּתִינִים בְּעָרֵיהֶם
ג א וְכָל־יִשְׂרָאֵל בְּעָרֵיהֶם׃ וַיִּגַּע הַחֹדֶשׁ הַשְּׁבִיעִי
וּבְנֵי יִשְׂרָאֵל בֶּעָרִים וַיֵּאָסְפוּ הָעָם כְּאִישׁ אֶחָד אֶל־יְרוּשָׁלִָם׃
ב וַיָּקָם יֵשׁוּעַ בֶּן־יוֹצָדָק וְאֶחָיו הַכֹּהֲנִים וּזְרֻבָּבֶל בֶּן־שְׁאַלְתִּיאֵל
וְאֶחָיו וַיִּבְנוּ אֶת־מִזְבַּח אֱלֹהֵי יִשְׂרָאֵל לְהַעֲלוֹת עָלָיו עֹלוֹת
ג כַּכָּתוּב בְּתוֹרַת מֹשֶׁה אִישׁ־הָאֱלֹהִים׃ וַיָּכִינוּ הַמִּזְבֵּחַ עַל־
מְכוֹנֹתָיו כִּי בְּאֵימָה עֲלֵיהֶם מֵעַמֵּי הָאֲרָצוֹת וַיַּעַל עָלָיו
ד עֹלוֹת לַיהוָה עֹלוֹת לַבֹּקֶר וְלָעָרֶב׃ וַיַּעֲשׂוּ אֶת־חַג הַסֻּכּוֹת
כַּכָּתוּב וְעֹלַת יוֹם בְּיוֹם בְּמִסְפָּר כְּמִשְׁפַּט דְּבַר־יוֹם בְּיוֹמוֹ׃
ה וְאַחֲרֵי־כֵן עֹלַת תָּמִיד וְלֶחֳדָשִׁים וּלְכָל־מוֹעֲדֵי יְהוָה הַמְקֻדָּשִׁים
ו וּלְכֹל מִתְנַדֵּב נְדָבָה לַיהוָה׃ מִיּוֹם אֶחָד לַחֹדֶשׁ הַשְּׁבִיעִי
ז הֵחֵלּוּ לְהַעֲלוֹת עֹלוֹת לַיהוָה וְהֵיכַל יְהוָה לֹא יֻסָּד׃ וַיִּתְּנוּ־
כֶסֶף לַחֹצְבִים וְלֶחָרָשִׁים וּמַאֲכָל וּמִשְׁתֶּה וָשֶׁמֶן לַצִּדֹנִים
וְלַצֹּרִים לְהָבִיא עֲצֵי אֲרָזִים מִן־הַלְּבָנוֹן אֶל־יָם יָפוֹא כְּרִשְׁיוֹן
ח כּוֹרֶשׁ מֶלֶךְ־פָּרַס עֲלֵיהֶם׃ וּבַשָּׁנָה הַשֵּׁנִית
לְבוֹאָם אֶל־בֵּית הָאֱלֹהִים לִירוּשָׁלִַם בַּחֹדֶשׁ הַשֵּׁנִי הֵחֵלּוּ
זְרֻבָּבֶל בֶּן־שְׁאַלְתִּיאֵל וְיֵשׁוּעַ בֶּן־יוֹצָדָק וּשְׁאָר אֲחֵיהֶם ׀
הַכֹּהֲנִים וְהַלְוִיִּם וְכָל־הַבָּאִים מֵהַשְּׁבִי יְרוּשָׁלִַם וַיַּעֲמִידוּ אֶת־
הַלְוִיִּם מִבֶּן עֶשְׂרִים שָׁנָה וָמַעְלָה לְנַצֵּחַ עַל־מְלֶאכֶת בֵּית־
ט יְהוָה׃ וַיַּעֲמֹד יֵשׁוּעַ בָּנָיו וְאֶחָיו קַדְמִיאֵל וּבָנָיו בְּנֵי־יְהוּדָה
כְּאֶחָד לְנַצֵּחַ עַל־עֹשֵׂה הַמְּלָאכָה בְּבֵית הָאֱלֹהִים בְּנֵי חֵנָדָד
י בְּנֵיהֶם וַאֲחֵיהֶם הַלְוִיִּם׃ וְיִסְּדוּ הַבֹּנִים אֶת־הֵיכַל יְהוָה וַיַּעֲמִידוּ
הַכֹּהֲנִים מְלֻבָּשִׁים בַּחֲצֹצְרוֹת וְהַלְוִיִּם בְּנֵי־אָסָף בַּמְצִלְתַּיִם
יא לְהַלֵּל אֶת־יְהוָה עַל־יְדֵי דָּוִיד מֶלֶךְ־יִשְׂרָאֵל׃ וַיַּעֲנוּ בְּהַלֵּל
וּבְהוֹדֹת לַיהוָה כִּי טוֹב כִּי־לְעוֹלָם חַסְדּוֹ עַל־יִשְׂרָאֵל וְכָל־

הָעָם הֵרִיעוּ תְרוּעָה גְדוֹלָה בְהַלֵּל לַיהוָה עַל הוּסַד בֵּית־
יב יְהוָה׃ וְרַבִּים מֵהַכֹּהֲנִים וְהַלְוִיִּם וְרָאשֵׁי הָאָבוֹת הַזְּקֵנִים אֲשֶׁר
רָאוּ אֶת־הַבַּיִת הָרִאשׁוֹן בְּיָסְדוֹ זֶה הַבַּיִת בְּעֵינֵיהֶם בֹּכִים
יג בְּקוֹל גָּדוֹל וְרַבִּים בִּתְרוּעָה בְשִׂמְחָה לְהָרִים קוֹל׃ וְאֵין הָעָם ב
מַכִּירִים קוֹל תְּרוּעַת הַשִּׂמְחָה לְקוֹל בְּכִי הָעָם כִּי הָעָם
מְרִיעִים תְּרוּעָה גְדוֹלָה וְהַקּוֹל נִשְׁמַע עַד־לְמֵרָחוֹק׃
ד א וַיִּשְׁמְעוּ צָרֵי יְהוּדָה וּבִנְיָמִן כִּי־בְנֵי הַגּוֹלָה בּוֹנִים הֵיכָל לַיהוָה
ב אֱלֹהֵי יִשְׂרָאֵל׃ וַיִּגְּשׁוּ אֶל־זְרֻבָּבֶל וְאֶל־רָאשֵׁי הָאָבוֹת וַיֹּאמְרוּ
לָהֶם נִבְנֶה עִמָּכֶם כִּי כָכֶם נִדְרוֹשׁ לֵאלֹהֵיכֶם וְלֹא ׀ אֲנַחְנוּ וְלוֹ
זֹבְחִים מִימֵי אֵסַר חַדֹּן מֶלֶךְ אַשּׁוּר הַמַּעֲלֶה אֹתָנוּ פֹּה׃
ג וַיֹּאמֶר לָהֶם זְרֻבָּבֶל וְיֵשׁוּעַ וּשְׁאָר רָאשֵׁי הָאָבוֹת לְיִשְׂרָאֵל
לֹא־לָכֶם וָלָנוּ לִבְנוֹת בַּיִת לֵאלֹהֵינוּ כִּי אֲנַחְנוּ יַחַד נִבְנֶה
לַיהוָה אֱלֹהֵי יִשְׂרָאֵל כַּאֲשֶׁר צִוָּנוּ הַמֶּלֶךְ כּוֹרֶשׁ מֶלֶךְ־פָּרָס׃
ד וַיְהִי עַם הָאָרֶץ מְרַפִּים יְדֵי עַם־יְהוּדָה ומבלהים אוֹתָם וּמְבַהֲלִים
ה לִבְנוֹת׃ וְסֹכְרִים עֲלֵיהֶם יוֹעֲצִים לְהָפֵר עֲצָתָם כָּל־יְמֵי כּוֹרֶשׁ
ו מֶלֶךְ פָּרַס וְעַד־מַלְכוּת דָּרְיָוֶשׁ מֶלֶךְ־פָּרָס׃ וּבְמַלְכוּת
אֲחַשְׁוֵרוֹשׁ בִּתְחִלַּת מַלְכוּתוֹ כָּתְבוּ שִׂטְנָה עַל־יֹשְׁבֵי יְהוּדָה
ז וִירוּשָׁלִָם׃ וּבִימֵי אַרְתַּחְשַׁשְׂתָּא כָּתַב בִּשְׁלָם מִתְרְדָת
טָבְאֵל וּשְׁאָר כְּנָוֹתוֹ עַל־אַרְתַּחְשַׁשְׂתָּא מֶלֶךְ פָּרָס וּכְתָב
ח הַנִּשְׁתְּוָן כָּתוּב אֲרָמִית וּמְתֻרְגָּם אֲרָמִית׃ רְחוּם
בְּעֵל־טְעֵם וְשִׁמְשַׁי סָפְרָא כְּתַבוּ אִגְּרָה חֲדָה עַל־יְרוּשְׁלֶם
ט לְאַרְתַּחְשַׁשְׂתְּא מַלְכָּא כְּנֵמָא׃ אֱדַיִן רְחוּם בְּעֵל־טְעֵם
וְשִׁמְשַׁי סָפְרָא וּשְׁאָר כְּנָוָתְהוֹן דִּינָיֵא וַאֲפַרְסַתְכָיֵא טַרְפְּלָיֵא
י אֲפָרְסָיֵא אַרְכְּוָיֵ בָבְלָיֵא שׁוּשַׁנְכָיֵא דהוא עֵלְמָיֵא׃ וּשְׁאָר דֶּהָיֵא
אֻמַּיָּא דִּי הַגְלִי אָסְנַפַּר רַבָּא וְיַקִּירָא וְהוֹתֵב הִמּוֹ בְּקִרְיָה
יא דִּי שָׁמְרָיִן וּשְׁאָר עֲבַר־נַהֲרָה וּכְעֶנֶת׃ דְּנָה פַּרְשֶׁגֶן
אִגַּרְתָּא דִּי שְׁלַחוּ עֲלוֹהִי עַל־אַרְתַּחְשַׁשְׂתָּא מַלְכָּא עבדיך עַבְדָךְ

יב אֱנָשׁ עֲבַר־נַהֲרָה וּכְעֶנֶת׃ יְדִיעַ לֶהֱוֵא לְמַלְכָּא
דִּי יְהוּדָיֵא דִּי סְלִקוּ מִן־לְוָתָךְ עֲלֶינָא אֲתוֹ לִירוּשְׁלֶם קִרְיְתָא
מָרָדְתָּא וּבִאישְׁתָּא בָּנַיִן וְשׁוּרַיָּא אשכללו וְאֻשַּׁיָּא יַחִיטוּ׃ שַׁכְלִלוּ
יג כְּעַן יְדִיעַ לֶהֱוֵא לְמַלְכָּא דִּי הֵן קִרְיְתָא דָךְ תִּתְבְּנֵא וְשׁוּרַיָּא
יִשְׁתַּכְלְלוּן מִנְדָּה־בְלוֹ וַהֲלָךְ לָא יִנְתְּנוּן וְאַפְּתֹם מַלְכִים
יד תְּהַנְזִק׃ כְּעַן כָּל־קֳבֵל דִּי־מְלַח הֵיכְלָא מְלַחְנָא וְעַרְוַת
מַלְכָּא לָא אֲרִיךְ לַנָא לְמֶחֱזֵא עַל־דְּנָה שְׁלַחְנָא וְהוֹדַעְנָא
טו לְמַלְכָּא׃ דִּי יְבַקַּר בִּסְפַר דָּכְרָנַיָּא דִּי אֲבָהָתָךְ וּתְהַשְׁכַּח
בִּסְפַר דָּכְרָנַיָּא וְתִנְדַּע דִּי קִרְיְתָא דָךְ קִרְיָא מָרָדָא וּמְהַנְזְקַת
מַלְכִין וּמְדִנָן וְאֶשְׁתַּדּוּר עָבְדִין בְּגַוַּהּ מִן־יוֹמָת עָלְמָא עַל־
טז דְּנָה קִרְיְתָא דָךְ הָחָרְבַת׃ מְהוֹדְעִין אֲנַחְנָה לְמַלְכָּא דִּי הֵן
קִרְיְתָא דָךְ תִּתְבְּנֵא וְשׁוּרַיָּה יִשְׁתַּכְלְלוּן לָקֳבֵל דְּנָה חֲלָק
יז בַּעֲבַר נַהֲרָא לָא אִיתַי לָךְ׃ פִּתְגָמָא שְׁלַח מַלְכָּא
עַל־רְחוּם בְּעֵל־טְעֵם וְשִׁמְשַׁי סָפְרָא וּשְׁאָר כְּנָוָתְהוֹן דִּי יָתְבִין
יח בְּשָׁמְרָיִן וּשְׁאָר עֲבַר־נַהֲרָה שְׁלָם וּכְעֶת׃ נִשְׁתְּוָנָא דִּי שְׁלַחְתּוּן
יט עֲלֶינָא מְפָרַשׁ קֱרִי קָדָמָי׃ וּמִנִּי שִׂים טְעֵם וּבַקַּרוּ וְהַשְׁכַּחוּ דִּי
קִרְיְתָא דָךְ מִן־יוֹמָת עָלְמָא עַל־מַלְכִין מִתְנַשְּׂאָה וּמְרַד
כ וְאֶשְׁתַּדּוּר מִתְעֲבֶד־בַּהּ׃ וּמַלְכִין תַּקִּיפִין הֲווֹ עַל־יְרוּשְׁלֶם
וְשַׁלִּיטִין בְּכֹל עֲבַר נַהֲרָה וּמִדָּה בְלוֹ וַהֲלָךְ מִתְיְהֵב לְהוֹן׃
כא כְּעַן שִׂימוּ טְעֵם לְבַטָּלָא גֻּבְרַיָּא אִלֵּךְ וְקִרְיְתָא דָךְ לָא
כב תִתְבְּנֵא עַד־מִנִּי טַעְמָא יִתְּשָׂם׃ וּזְהִירִין הֱווֹ שָׁלוּ לְמֶעְבַּד
כג עַל־דְּנָה לְמָה יִשְׂגֵּא חֲבָלָא לְהַנְזָקַת מַלְכִין׃ אֱדַיִן
מִן־דִּי פַּרְשֶׁגֶן נִשְׁתְּוָנָא דִּי אַרְתַּחְשַׁשְׂתָּא מַלְכָּא קֱרִי קֳדָם־
רְחוּם וְשִׁמְשַׁי סָפְרָא וּכְנָוָתְהוֹן אֲזַלוּ בִבְהִילוּ לִירוּשְׁלֶם
כד עַל־יְהוּדָיֵא וּבַטִּלוּ הִמּוֹ בְּאֶדְרָע וְחָיִל׃ בֵּאדַיִן
בְּטֵלַת עֲבִידַת בֵּית־אֱלָהָא דִּי בִּירוּשְׁלֶם וַהֲוָת בָּטְלָא עַד
שְׁנַת תַּרְתֵּין לְמַלְכוּת דָּרְיָוֶשׁ מֶלֶךְ־פָּרָס׃

א וְהִתְנַבִּי חַגַּי נביאה וּזְכַרְיָה בַר־עִדּוֹא נְבִיַּיָּא עַל־יְהוּדָיֵא נְבִיָּא
ב דִּי בִיהוּד וּבִירוּשְׁלֶם בְּשֻׁם אֱלָהּ יִשְׂרָאֵל עֲלֵיהוֹן׃ בֵּאדַיִן
קָמוּ זְרֻבָּבֶל בַּר־שְׁאַלְתִּיאֵל וְיֵשׁוּעַ בַּר־יוֹצָדָק וְשָׁרִיו לְמִבְנֵא
בֵּית אֱלָהָא דִּי בִירוּשְׁלֶם וְעִמְּהוֹן נְבִיַּיָּא דִי־אֱלָהָא מְסָעֲדִין
לְהוֹן׃
ג בֵּהּ־זִמְנָא אֲתָא עֲלֵיהוֹן תַּתְּנַי פַּחַת עֲבַר־נַהֲרָה וּשְׁתַר בּוֹזְנַי
וּכְנָוָתְהוֹן וְכֵן אָמְרִין לְהֹם מַן־שָׂם לְכֹם טְעֵם בַּיְתָא דְנָה לִבְּנֵא
ד וְאֻשַּׁרְנָא דְנָה לְשַׁכְלָלָה׃ אֱדַיִן כְּנֵמָא אֲמַרְנָא לְּהֹם מַן־אִנּוּן
ה שְׁמָהָת גֻּבְרַיָּא דִּי־דְנָה בִנְיָנָא בָּנַיִן׃ וְעֵין אֱלָהֲהֹם הֲוָת עַל־
שָׂבֵי יְהוּדָיֵא וְלָא־בַטִּלוּ הִמּוֹ עַד־טַעְמָא לְדָרְיָוֶשׁ יְהָךְ וֶאֱדַיִן
ו יְתִיבוּן נִשְׁתְּוָנָא עַל־דְּנָה׃ פַּרְשֶׁגֶן אִגַּרְתָּא דִּי־
שְׁלַח תַּתְּנַי ׀ פַּחַת עֲבַר־נַהֲרָה וּשְׁתַר בּוֹזְנַי וּכְנָוָתֵהּ אֲפַרְסְכָיֵא
ז דִּי בַּעֲבַר נַהֲרָה עַל־דָּרְיָוֶשׁ מַלְכָּא׃ פִּתְגָמָא שְׁלַחוּ עֲלוֹהִי
ח וְכִדְנָה כְּתִיב בְּגַוֵּהּ לְדָרְיָוֶשׁ מַלְכָּא שְׁלָמָא כֹלָּא׃ יְדִיעַ ׀ לֶהֱוֵא
לְמַלְכָּא דִּי־אֲזַלְנָא לִיהוּד מְדִינְתָּא לְבֵית אֱלָהָא רַבָּא וְהוּא
מִתְבְּנֵא אֶבֶן גְּלָל וְאָע מִתְּשָׂם בְּכֻתְלַיָּא וַעֲבִידְתָּא דָךְ
ט אָסְפַּרְנָא מִתְעַבְדָא וּמַצְלַח בִּידְהֹם׃ אֱדַיִן שְׁאֵלְנָא לְשָׂבַיָּא
אִלֵּךְ כְּנֵמָא אֲמַרְנָא לְּהֹם מַן־שָׂם לְכֹם טְעֵם בַּיְתָא דְנָה
י לְמִבְנְיָה וְאֻשַּׁרְנָא דְנָה לְשַׁכְלָלָה׃ וְאַף שְׁמָהָתְהֹם שְׁאֵלְנָא
יא לְהֹם לְהוֹדָעוּתָךְ דִּי נִכְתֻּב שֻׁם־גֻּבְרַיָּא דִּי בְרָאשֵׁיהֹם׃ וּכְנֵמָא
פִתְגָמָא הֲתִיבוּנָא לְמֵמַר אֲנַחְנָא הִמּוֹ עַבְדוֹהִי דִי־אֱלָהּ
שְׁמַיָּא וְאַרְעָא וּבָנַיִן בַּיְתָא דִּי־הֲוָא בְנֵה מִקַּדְמַת דְּנָה
יב שְׁנִין שַׂגִּיאָן וּמֶלֶךְ לְיִשְׂרָאֵל רַב בְּנָהִי וְשַׁכְלְלֵהּ׃ לָהֵן מִן־דִּי
הַרְגִּזוּ אֲבָהֳתַנָא לֶאֱלָהּ שְׁמַיָּא יְהַב הִמּוֹ בְּיַד נְבוּכַדְנֶצַּר
מֶלֶךְ־בָּבֶל כסדיא וּבַיְתָה דְנָה סַתְרֵהּ וְעַמָּה הַגְלִי כַּסְדָּאָה
יג לְבָבֶל׃ בְּרַם בִּשְׁנַת חֲדָה לְכוֹרֶשׁ מַלְכָּא דִּי
יד בָבֶל כּוֹרֶשׁ מַלְכָּא שָׂם טְעֵם בֵּית־אֱלָהָא דְנָה לִבְּנֵא׃ וְאַף

מָאנַיָּא דִי־בֵית־אֱלָהָא דִּי דַהֲבָה וְכַסְפָּא דִּי נְבוּכַדְנֶצַּר
הַנְפֵּק מִן־הֵיכְלָא דִּי בִירוּשְׁלֶם וְהֵיבֵל הִמּוֹ לְהֵיכְלָא דִּי
בָבֶל הַנְפֵּק הִמּוֹ כּוֹרֶשׁ מַלְכָּא מִן־הֵיכְלָא דִּי בָבֶל וִיהִיבוּ
אֵל
לְשֵׁשְׁבַּצַּר שְׁמֵהּ דִּי פֶחָה שָׂמֵהּ׃ וַאֲמַר־לֵהּ ׀ אלה מָאנַיָּא טו
שֵׂא אֵזֶל־אֲחֵת הִמּוֹ בְּהֵיכְלָא דִּי בִירוּשְׁלֶם וּבֵית אֱלָהָא
יִתְבְּנֵא עַל־אַתְרֵהּ׃ אֱדַיִן שֵׁשְׁבַּצַּר דֵּךְ אֲתָא טז
יְהַב אֻשַּׁיָּא דִּי־בֵית אֱלָהָא דִּי בִירוּשְׁלֶם וּמִן־אֱדַיִן וְעַד־כְּעַן
מִתְבְּנֵא וְלָא שְׁלִם׃ וּכְעַן הֵן עַל־מַלְכָּא טָב יִתְבַּקַּר בְּבֵית יז
גִּנְזַיָּא דִּי־מַלְכָּא תַמָּה דִּי בְּבָבֶל הֵן אִיתַי דִּי־מִן־כּוֹרֶשׁ מַלְכָּא
שִׂים טְעֵם לְמִבְנֵא בֵּית־אֱלָהָא דֵךְ בִּירוּשְׁלֶם וּרְעוּת מַלְכָּא
עַל־דְּנָה יִשְׁלַח עֲלֶינָא׃ בֵּאדַיִן דָּרְיָוֶשׁ מַלְכָּא ו א
שָׂם טְעֵם וּבַקַּרוּ ׀ בְּבֵית סִפְרַיָּא דִּי גִנְזַיָּא מְהַחֲתִין תַּמָּה
בְּבָבֶל׃ וְהִשְׁתְּכַח בְּאַחְמְתָא בְּבִירְתָא דִּי בְּמָדַי מְדִינְתָּא ב
מְגִלָּה חֲדָה וְכֵן־כְּתִיב בְּגַוַּהּ דִּכְרוֹנָה׃ בִּשְׁנַת ג
חֲדָה לְכוֹרֶשׁ מַלְכָּא כּוֹרֶשׁ מַלְכָּא שָׂם טְעֵם בֵּית־אֱלָהָא
בִירוּשְׁלֶם בַּיְתָא יִתְבְּנֵא אֲתַר דִּי־דָבְחִין דִּבְחִין וְאֻשּׁוֹהִי
מְסוֹבְלִין רוּמֵהּ אַמִּין שִׁתִּין פְּתָיֵהּ אַמִּין שִׁתִּין׃ נִדְבָּכִין דִּי־ ד
אֶבֶן גְּלָל תְּלָתָא וְנִדְבָּךְ דִּי־אָע חֲדַת וְנִפְקְתָא מִן־בֵּית
מַלְכָּא תִּתְיְהִב׃ וְאַף מָאנֵי בֵית־אֱלָהָא דִּי דַהֲבָה וְכַסְפָּא ה
דִּי נְבוּכַדְנֶצַּר הַנְפֵּק מִן־הֵיכְלָא דִי־בִירוּשְׁלֶם וְהֵיבֵל לְבָבֶל
יַהֲתִיבוּן וִיהָךְ לְהֵיכְלָא דִי־בִירוּשְׁלֶם לְאַתְרֵהּ וְתַחֵת בְּבֵית
אֱלָהָא׃ כְּעַן תַּתְּנַי פַּחַת עֲבַר־נַהֲרָה שְׁתַר בּוֹזְנַי ו
וּכְנָוָתְהוֹן אֲפַרְסְכָיֵא דִּי בַּעֲבַר נַהֲרָה רַחִיקִין הֲווֹ מִן־תַּמָּה׃
שְׁבֻקוּ לַעֲבִידַת בֵּית־אֱלָהָא דֵךְ פַּחַת יְהוּדָיֵא וּלְשָׂבֵי יְהוּדָיֵא ז
בֵּית־אֱלָהָא דֵךְ יִבְנוֹן עַל־אַתְרֵהּ׃ וּמִנִּי שִׂים טְעֵם לְמָא דִי־ ח
תַעַבְדוּן עִם־שָׂבֵי יְהוּדָיֵא אִלֵּךְ לְמִבְנֵא בֵּית־אֱלָהָא דֵךְ
וּמִנִּכְסֵי מַלְכָּא דִּי מִדַּת עֲבַר נַהֲרָה אָסְפַּרְנָא נִפְקְתָא תֶּהֱוֵא

ט מתיהבא לגבריא אלך די־לא לבטלא: ומה חשחן ובני
תורין ודכרין ואמרין ׀ לעלון ׀ לאלה שמיא חנטין מלח ׀
חמר ומשח כמאמר כהניא די־בירושלם להוא מתיהב
י להם יום ׀ ביום די־לא שלו: די־להון מהקרבין ניחוחין
יא לאלה שמיא ומצלין לחיי מלכא ובנוהי: ומני שים טעם די
כל־אנש די יהשנא פתגמא דנה יתנסח אע מן־ביתה וזקיף
יב יתמחא עלהי וביתה נולו יתעבד על־דנה: ואלהא די שכן
שמה תמה ימגר כל־מלך ועם די ׀ ישלח ידה להשניה
לחבלה בית־אלהא דך די בירושלם אנה דריוש שמת
יג טעם אספרנא יתעבד: אדין תתני פחת עבר־
נהרה שתר בוזני וכנותהון לקבל די־שלח דריוש מלכא
יד כנמא אספרנא עבדו: ושבי יהודיא בנין ומצלחין בנבואת
חגי נביאה וזכריה בר עדוא ובנו ושכללו מן־טעם אלה נביא
ישראל ומטעם כורש ודריוש וארתחששתא מלך פרס:
טו ושיציא ביתה דנה עד יום תלתה לירח אדר די־היא שנת־
טז שת למלכות דריוש מלכא: ועבדו בני־
ישראל כהניא ולויא ושאר בני־גלותא חנכת בית־אלהא
יז דנה בחדוה: והקרבו לחנכת בית־אלהא דנה תורין מאה
דכרין מאתין אמרין ארבע מאה וצפירי עזין לחטיא על־ לחטאה
יח כל־ישראל תרי־עשר למנין שבטי ישראל: והקימו כהניא ג
בפלגתהון ולויא במחלקתהון על־עבידת אלהא די
יט בירושלם ככתב ספר משה: ויעשו בני־הגולה
כ את־הפסח בארבעה עשר לחדש הראשון: כי הטהרו
הכהנים והלוים כאחד כלם טהורים וישחטו הפסח לכל־
כא בני הגולה ולאחיהם הכהנים ולהם: ויאכלו בני־ישראל
השבים מהגולה וכל הנבדל מטמאת גויי־הארץ אלהם
כב לדרש ליהוה אלהי ישראל: ויעשו חג־מצות שבעת ימים

בְּשִׂמְחָה כִּי שִׂמְּחָם יהוה וְהֵסֵב לֵב מֶלֶךְ־אַשּׁוּר עֲלֵיהֶם לְחַזֵּק
ז א יְדֵיהֶם בִּמְלֶאכֶת בֵּית־הָאֱלֹהִים אֱלֹהֵי יִשְׂרָאֵל׃ וְאַחַר
הַדְּבָרִים הָאֵלֶּה בְּמַלְכוּת אַרְתַּחְשַׁסְתְּא מֶלֶךְ־פָּרָס עֶזְרָא
ב בֶּן־שְׂרָיָה בֶּן־עֲזַרְיָה בֶּן־חִלְקִיָּה׃ בֶּן־שַׁלּוּם בֶּן־צָדוֹק בֶּן־
ג ד אֲחִיטוּב׃ בֶּן־אֲמַרְיָה בֶן־עֲזַרְיָה בֶּן־מְרָיוֹת׃ בֶּן־זְרַחְיָה בֶן־
ה עֻזִּי בֶן־בֻּקִּי׃ בֶּן־אֲבִישׁוּעַ בֶּן־פִּינְחָס בֶּן־אֶלְעָזָר בֶּן־אַהֲרֹן
ו הַכֹּהֵן הָרֹאשׁ׃ הוּא עֶזְרָא עָלָה מִבָּבֶל וְהוּא־סֹפֵר מָהִיר
בְּתוֹרַת מֹשֶׁה אֲשֶׁר־נָתַן יהוה אֱלֹהֵי יִשְׂרָאֵל וַיִּתֶּן־לוֹ הַמֶּלֶךְ
ז כְּיַד־יהוה אֱלֹהָיו עָלָיו כֹּל בַּקָּשָׁתוֹ׃ וַיַּעֲלוּ מִבְּנֵי־
יִשְׂרָאֵל וּמִן־הַכֹּהֲנִים וְהַלְוִיִּם וְהַמְשֹׁרְרִים וְהַשֹּׁעֲרִים וְהַנְּתִינִים
ח אֶל־יְרוּשָׁלָ͏ִם בִּשְׁנַת־שֶׁבַע לְאַרְתַּחְשַׁסְתְּא הַמֶּלֶךְ׃ וַיָּבֹא
ט יְרוּשָׁלַ͏ִם בַּחֹדֶשׁ הַחֲמִישִׁי הִיא שְׁנַת הַשְּׁבִיעִית לַמֶּלֶךְ׃ כִּי
בְּאֶחָד לַחֹדֶשׁ הָרִאשׁוֹן הוּא יְסֻד הַמַּעֲלָה מִבָּבֶל וּבְאֶחָד
לַחֹדֶשׁ הַחֲמִישִׁי בָּא אֶל־יְרוּשָׁלַ͏ִם כְּיַד־אֱלֹהָיו הַטּוֹבָה עָלָיו׃
י כִּי עֶזְרָא הֵכִין לְבָבוֹ לִדְרוֹשׁ אֶת־תּוֹרַת יהוה וְלַעֲשֹׂת וּלְלַמֵּד
יא בְּיִשְׂרָאֵל חֹק וּמִשְׁפָּט׃ וְזֶה פַּרְשֶׁגֶן הַנִּשְׁתְּוָן אֲשֶׁר
נָתַן הַמֶּלֶךְ אַרְתַּחְשַׁסְתְּא לְעֶזְרָא הַכֹּהֵן הַסֹּפֵר סֹפֵר דִּבְרֵי
יב מִצְוֹת־יהוה וְחֻקָּיו עַל־יִשְׂרָאֵל׃ אַרְתַּחְשַׁסְתְּא מֶלֶךְ
מַלְכַיָּא לְעֶזְרָא כָהֲנָא סָפַר דָּתָא דִּי־אֱלָהּ שְׁמַיָּא גְּמִיר
יג וּכְעֶנֶת׃ מִנִּי שִׂים טְעֵם דִּי כָל־מִתְנַדַּב בְּמַלְכוּתִי מִן־עַמָּא
יד יִשְׂרָאֵל וְכָהֲנוֹהִי וְלֵוָיֵא לִמְהָךְ לִירוּשְׁלֶם עִמָּךְ יְהָךְ׃ כָּל־
קֳבֵל דִּי מִן־קֳדָם מַלְכָּא וְשִׁבְעַת יָעֲטֹהִי שְׁלִיחַ לְבַקָּרָא עַל־
טו יְהוּד וְלִירוּשְׁלֶם בְּדָת אֱלָהָךְ דִּי בִידָךְ׃ וּלְהֵיבָלָה כְּסַף וּדְהַב
דִּי־מַלְכָּא וְיָעֲטוֹהִי הִתְנַדַּבוּ לֶאֱלָהּ יִשְׂרָאֵל דִּי בִירוּשְׁלֶם
טז מִשְׁכְּנֵהּ׃ וְכֹל כְּסַף וּדְהַב דִּי תְהַשְׁכַּח בְּכֹל מְדִינַת בָּבֶל עִם
הִתְנַדָּבוּת עַמָּא וְכָהֲנַיָּא מִתְנַדְּבִין לְבֵית אֱלָהֲהֹם דִּי
יז בִירוּשְׁלֶם׃ כָּל־קֳבֵל דְּנָה אָסְפַּרְנָא תִקְנֵא בְּכַסְפָּא דְנָה

תּוֹרִ֞ין דִּכְרִ֣ין אִמְּרִ֗ין וּמִנְחָתְה֖וֹן וְנִסְכֵּיה֑וֹן וּתְקָרֵ֣ב הִמּ֔וֹ עַל־
יח מַדְבְּחָ֔ה דִּ֛י בֵּ֥ית אֱלָהֲכֹ֖ם דִּ֥י בִירוּשְׁלֶֽם׃ וּמָ֣ה דִ֠י עליך וְעַל־ עֲלָ֣ךְ
אחיך יִיטַ֗ב בִּשְׁאָ֛ר כַּסְפָּ֥א וְדַהֲבָ֖ה לְמֶעְבַּ֑ד כִּרְע֥וּת אֱלָהֲכֹ֖ם אֶחָ֗ךְ
יט תַּעַבְדֽוּן׃ וּמָֽאנַיָּא֙ דִּֽי־מִתְיַהֲבִ֣ין לָ֔ךְ לְפׇלְחָ֖ן בֵּ֣ית אֱלָהָ֑ךְ הַשְׁלֵ֕ם
כ קֳדָ֖ם אֱלָ֥הּ יְרוּשְׁלֶֽם׃ וּשְׁאָ֗ר חַשְׁחוּת֙ בֵּ֣ית אֱלָהָ֔ךְ דִּ֥י יִפֶּל־לָ֖ךְ
כא לְמִנְתַּ֑ן תִּנְתֵּ֕ן מִן־בֵּ֖ית גִּנְזֵ֥י מַלְכָּֽא׃ וּמִנִּ֞י אֲנָ֨ה אַרְתַּחְשַׁ֣סְתְּא
מַלְכָּ֗א שִׂ֣ים טְעֵ֔ם לְכֹל֙ גִּזַּֽבְרַיָּ֔א דִּ֖י בַּעֲבַ֣ר נַהֲרָ֑ה דִּ֣י כׇל־
דִּ֣י יִֽ֠שְׁאֲלֶנְכ֞וֹן עֶזְרָ֨א כָהֲנָ֜א סָפַ֤ר דָּתָא֙ דִּֽי־אֱלָ֣הּ שְׁמַיָּ֔א
כב אׇסְפַּ֖רְנָא יִתְעֲבִֽד׃ עַד־כְּסַף֙ כַּכְּרִ֣ין מְאָ֔ה וְעַד־חִנְטִין֙ כֹּרִ֣ין
מְאָ֔ה וְעַד־חֲמַר֙ בַּתִּ֣ין מְאָ֔ה וְעַד־בַּתִּ֥ין מְשַׁ֖ח מְאָ֑ה וּמְלַ֖ח
כג דִּי־לָ֥א כְתָֽב׃ כׇּל־דִּי֙ מִן־טַ֙עַם֙ אֱלָ֣הּ שְׁמַיָּ֔א יִתְעֲבֵ֣ד אַדְרַזְדָּ֔א
לְבֵ֖ית אֱלָ֣הּ שְׁמַיָּ֑א דִּֽי־לְמָ֤ה לֶהֱוֵא֙ קְצַ֔ף עַל־מַלְכ֥וּת מַלְכָּ֖א
כד וּבְנֽוֹהִי׃ וּלְכֹ֣ם מְהוֹדְעִ֗ין דִּ֣י כׇל־כָּהֲנַיָּ֣א וְ֠לֵוָיֵא זַמָּרַיָּ֨א תָרָֽעַיָּ֜א
נְתִֽינַיָּ֗א וּפָ֣לְחֵ֔י בֵּ֖ית אֱלָהָ֣א דְנָ֑ה מִנְדָּ֤ה בְלוֹ֙ וַהֲלָ֔ךְ לָ֥א שַׁלִּ֖יט
כה לְמִרְמֵ֥א עֲלֵיהֹֽם׃ וְאַ֣נְתְּ עֶזְרָ֗א כְּחׇכְמַ֨ת אֱלָהָ֤ךְ דִּֽי־בִידָךְ֙ מֶ֣נִּי
שָׁפְטִ֨ין וְדַיָּנִ֜ין דִּֽי־לֶהֱוֺ֤ן דאנין לְכׇל־עַמָּא֙ דִּ֚י בַּעֲבַ֣ר נַהֲרָ֔ה דָּיְנִין֙
כו לְכׇל־יָדְעֵ֖י דָּתֵ֣י אֱלָהָ֑ךְ וְדִ֛י לָ֥א יָדַ֖ע תְּהוֹדְעֽוּן׃ וְכׇל־דִּי־לָא֩
לֶהֱוֵ֨א עָבֵ֜ד דָּתָ֣א דִֽי־אֱלָהָ֗ךְ וְדָתָא֙ דִּ֣י מַלְכָּ֔א אׇסְפַּ֕רְנָא דִּינָ֕ה
לֶהֱוֵ֥א מִתְעֲבֵ֖ד מִנֵּ֑הּ הֵ֤ן לְמוֹת֙ הֵ֣ן לשרשו הֵן־לַעֲנָ֥שׁ נִכְסִ֖ין לִשְׁרֹשִׁ֔י
כז וְלֶאֱסוּרִֽין׃ בָּר֥וּךְ יְהֹוָ֖ה אֱלֹהֵ֣י אֲבוֹתֵ֑ינוּ אֲשֶׁ֨ר נָתַ֤ן
כָּזֹאת֙ בְּלֵ֣ב הַמֶּ֔לֶךְ לְפָאֵ֕ר אֶת־בֵּ֥ית יְהֹוָ֖ה אֲשֶׁ֥ר בִּירוּשָׁלָֽ͏ִם׃
כח וְעָלַ֣י הִטָּה־חֶ֗סֶד לִפְנֵ֤י הַמֶּ֙לֶךְ֙ וְיֽוֹעֲצָ֔יו וּלְכׇל־שָׂרֵ֥י הַמֶּ֖לֶךְ
הַגִּבֹּרִ֑ים וַאֲנִ֣י הִתְחַזַּ֗קְתִּי כְּיַד־יְהֹוָ֤ה אֱלֹהַי֙ עָלַ֔י וָאֶקְבְּצָ֥ה
מִיִּשְׂרָאֵ֛ל רָאשִׁ֖ים לַעֲל֥וֹת עִמִּֽי׃

ח א וְאֵ֛לֶּה רָאשֵׁ֥י אֲבֹתֵיהֶ֖ם וְהִתְיַחְשָׂ֑ם הָעֹלִ֤ים עִמִּי֙ בְּמַלְכ֔וּת
ב אַרְתַּחְשַׁ֥סְתְּא הַמֶּ֖לֶךְ מִבָּבֶֽל׃ מִבְּנֵ֤י פִֽינְחָס֙ גֵּֽרְשֹׁ֔ם מִבְּנֵ֥י
ג אִֽיתָמָ֖ר דָּנִיֵּ֑אל מִבְּנֵ֥י דָוִ֖יד חַטּֽוּשׁ׃ מִבְּנֵי֙ שְׁכַנְיָ֔ה מִבְּנֵ֥י פַרְעֹ֖שׁ

ד זְכַרְיָה וְעִמּוֹ הִתְיַחֵשׂ לִזְכָרִים מֵאָה וַחֲמִשִּׁים׃ מִבְּנֵי פַּחַת
ה מוֹאָב אֶלְיְהוֹעֵינַי בֶּן־זְרַחְיָה וְעִמּוֹ מָאתַיִם הַזְּכָרִים׃ מִבְּנֵי
ו שְׁכַנְיָה בֶּן־יַחֲזִיאֵל וְעִמּוֹ שְׁלֹשׁ מֵאוֹת הַזְּכָרִים׃ וּמִבְּנֵי עָדִין
ז עֶבֶד בֶּן־יוֹנָתָן וְעִמּוֹ חֲמִשִּׁים הַזְּכָרִים׃ וּמִבְּנֵי עֵילָם יְשַׁעְיָה
ח בֶּן־עֲתַלְיָה וְעִמּוֹ שִׁבְעִים הַזְּכָרִים׃ וּמִבְּנֵי שְׁפַטְיָה זְבַדְיָה בֶן־
ט מִיכָאֵל וְעִמּוֹ שְׁמֹנִים הַזְּכָרִים׃ מִבְּנֵי יוֹאָב עֹבַדְיָה בֶּן־יְחִיאֵל
י וְעִמּוֹ מָאתַיִם וּשְׁמֹנָה עָשָׂר הַזְּכָרִים׃ וּמִבְּנֵי שְׁלוֹמִית בֶּן־
יא יוֹסִפְיָה וְעִמּוֹ מֵאָה וְשִׁשִּׁים הַזְּכָרִים׃ וּמִבְּנֵי בֵּבַי זְכַרְיָה בֶּן־
יב בֵּבָי וְעִמּוֹ עֶשְׂרִים וּשְׁמֹנָה הַזְּכָרִים׃ וּמִבְּנֵי עַזְגָּד יוֹחָנָן בֶּן־הַקָּטָן
יג וְעִמּוֹ מֵאָה וַעֲשָׂרָה הַזְּכָרִים׃ וּמִבְּנֵי אֲדֹנִיקָם אַחֲרֹנִים וְאֵלֶּה
שְׁמוֹתָם אֱלִיפֶלֶט יְעִיאֵל וּשְׁמַעְיָה וְעִמָּהֶם שִׁשִּׁים הַזְּכָרִים׃
יד וּמִבְּנֵי בִּגְוַי עוּתַי וזבוד וְעִמָּהֶם שִׁבְעִים הַזְּכָרִים׃ (וְזַכּוּר)
טו וָאֶקְבְּצֵם אֶל־הַנָּהָר הַבָּא אֶל־אַהֲוָא וַנַּחֲנֶה שָׁם יָמִים שְׁלֹשָׁה
טז וָאָבִינָה בָעָם וּבַכֹּהֲנִים וּמִבְּנֵי לֵוִי לֹא־מָצָאתִי שָׁם׃ וָאֶשְׁלְחָה
לֶאֱלִיעֶזֶר לַאֲרִיאֵל לִשְׁמַעְיָה וּלְאֶלְנָתָן וּלְיָרִיב וּלְאֶלְנָתָן וּלְנָתָן
יז וְלִזְכַרְיָה וְלִמְשֻׁלָּם רָאשִׁים וּלְיוֹיָרִיב וּלְאֶלְנָתָן מְבִינִים׃ ואוצאה (וָאֲצַוֶּה)
אוֹתָם עַל־אִדּוֹ הָרֹאשׁ בְּכָסִפְיָא הַמָּקוֹם וָאָשִׂימָה בְּפִיהֶם
דְּבָרִים לְדַבֵּר אֶל־אִדּוֹ אָחִיו הנתונים בְּכָסִפְיָא הַמָּקוֹם (הַנְּתִינִים)
יח לְהָבִיא־לָנוּ מְשָׁרְתִים לְבֵית אֱלֹהֵינוּ׃ וַיָּבִיאוּ לָנוּ כְּיַד־
אֱלֹהֵינוּ הַטּוֹבָה עָלֵינוּ אִישׁ שֶׂכֶל מִבְּנֵי מַחְלִי בֶּן־לֵוִי בֶּן־
יט יִשְׂרָאֵל וְשֵׁרֵבְיָה וּבָנָיו וְאֶחָיו שְׁמֹנָה עָשָׂר׃ וְאֶת־חֲשַׁבְיָה וְאִתּוֹ
כ יְשַׁעְיָה מִבְּנֵי מְרָרִי אֶחָיו וּבְנֵיהֶם עֶשְׂרִים׃ וּמִן־
הַנְּתִינִים שֶׁנָּתַן דָּוִיד וְהַשָּׂרִים לַעֲבֹדַת הַלְוִיִּם נְתִינִים מָאתַיִם
כא וְעֶשְׂרִים כֻּלָּם נִקְּבוּ בְשֵׁמוֹת׃ וָאֶקְרָא שָׁם צוֹם עַל־הַנָּהָר
אַהֲוָא לְהִתְעַנּוֹת לִפְנֵי אֱלֹהֵינוּ לְבַקֵּשׁ מִמֶּנּוּ דֶּרֶךְ יְשָׁרָה לָנוּ
כב וּלְטַפֵּנוּ וּלְכָל־רְכוּשֵׁנוּ׃ כִּי בֹשְׁתִּי לִשְׁאוֹל מִן־הַמֶּלֶךְ חַיִל
וּפָרָשִׁים לְעָזְרֵנוּ מֵאוֹיֵב בַּדָּרֶךְ כִּי־אָמַרְנוּ לַמֶּלֶךְ לֵאמֹר יַד־

אֱלֹהֵ֨ינוּ עַל־כָּל־מְבַקְשָׁיו֙ לְטוֹבָ֔ה וְעֻזּ֣וֹ וְאַפּ֔וֹ עַ֖ל כָּל־עֹזְבָֽיו׃
כג כד וַנָּצ֥וּמָה וַנְּבַקְשָׁ֛ה מֵאֱלֹהֵ֖ינוּ עַל־זֹ֑את וַיֵּעָתֵ֖ר לָֽנוּ׃ וָֽאַבְדִּ֛ילָה
מִשָּׂרֵ֥י הַכֹּהֲנִ֖ים שְׁנֵ֣ים עָשָׂ֑ר לְשֵׁרֵֽבְיָ֣ה חֲשַׁבְיָ֔ה וְעִמָּהֶ֥ם מֵאֲחֵיהֶ֖ם
כה עֲשָׂרָֽה׃ וְאֶשְׁקוֹלָ֣ה לָהֶ֔ם אֶת־הַכֶּ֥סֶף וְאֶת־הַזָּהָ֖ב וְאֶת־הַכֵּלִ֑ים וָֽאֶשְׁקְלָ֣ה
תְּרוּמַ֣ת בֵּית־אֱלֹהֵ֗ינוּ הַהֵרִ֙ימוּ֙ הַמֶּ֙לֶךְ֙ וְיֹעֲצָ֣יו וְשָׂרָ֔יו וְכָל־
כו יִשְׂרָאֵ֖ל הַנִּמְצָאִֽים׃ וָֽאֶשְׁקְלָ֨ה עַל־יָדָ֜ם כֶּ֗סֶף כִּכָּרִים֙ שֵׁשׁ־
מֵא֣וֹת וַחֲמִשִּׁ֔ים וּכְלֵי־כֶ֥סֶף מֵאָ֖ה לְכִכָּרִ֑ים זָהָ֖ב מֵאָ֥ה כִכָּֽר׃
כז וּכְפֹרֵ֤י זָהָב֙ עֶשְׂרִ֔ים לַאֲדַרְכֹנִ֖ים אָ֑לֶף וּכְלֵ֡י נְחֹ֠שֶׁת מֻצְהָ֨ב
כח טוֹבָ֧ה שְׁנַ֛יִם חֲמוּדֹ֖ת כַּזָּהָֽב׃ וָאֹמְרָ֣ה אֲלֵהֶ֗ם אַתֶּ֥ם קֹ֙דֶשׁ֙
לַיהוָ֔ה וְהַכֵּלִ֖ים קֹ֑דֶשׁ וְהַכֶּ֣סֶף וְהַזָּהָ֗ב נְדָבָ֔ה לַיהוָ֖ה אֱלֹהֵ֥י
כט אֲבֹתֵיכֶֽם׃ שִׁקְד֣וּ וְשִׁמְר֗וּ עַֽד־תִּשְׁקְל֡וּ לִפְנֵי֩ שָׂרֵ֨י הַכֹּהֲנִ֧ים
וְהַלְוִיִּ֛ם וְשָׂרֵֽי־הָאָב֥וֹת לְיִשְׂרָאֵ֖ל בִּירוּשָׁלִָ֑ם הַלִּשְׁכ֖וֹת בֵּ֥ית
ל יְהוָֽה׃ וְקִבְּלוּ֙ הַכֹּהֲנִ֣ים וְהַלְוִיִּ֔ם מִשְׁקַ֥ל הַכֶּ֛סֶף וְהַזָּהָ֖ב וְהַכֵּלִ֑ים
לא לְהָבִ֥יא לִירוּשָׁלִַ֖ם לְבֵ֥ית אֱלֹהֵֽינוּ׃ וַנִּסְעָ֞ה מִנְּהַ֣ר
אַהֲוָ֗א בִּשְׁנֵ֥ים עָשָׂר֙ לַחֹ֣דֶשׁ הָרִאשׁ֔וֹן לָלֶ֖כֶת יְרוּשָׁלִָ֑ם וְיַד־
אֱלֹהֵ֙ינוּ֙ הָיְתָ֣ה עָלֵ֔ינוּ וַיַּצִּילֵ֗נוּ מִכַּ֥ף אוֹיֵ֛ב וְאוֹרֵ֖ב עַל־הַדָּֽרֶךְ׃
לב לג וַנָּב֖וֹא יְרוּשָׁלִָ֑ם וַנֵּ֥שֶׁב שָׁ֖ם יָמִ֥ים שְׁלֹשָֽׁה׃ וּבַיּ֣וֹם הָרְבִיעִ֡י נִשְׁקַ֣ל
הַכֶּ֣סֶף וְהַזָּהָ֣ב וְהַכֵּלִ֗ים בְּבֵית֮ אֱלֹהֵינוּ֒ עַ֣ל יַד־מְרֵמ֣וֹת בֶּן־
אֽוּרִיָּה֮ הַכֹּהֵן֒ וְעִמּ֖וֹ אֶלְעָזָ֣ר בֶּן־פִּֽינְחָ֑ס וְעִמָּהֶ֞ם יוֹזָבָ֣ד בֶּן־יֵשׁ֗וּעַ
לד וְנֽוֹעַדְיָ֥ה בֶן־בִּנּ֖וּי הַלְוִיִּֽם׃ בְּמִסְפָּ֥ר בְּמִשְׁקָ֖ל לַכֹּ֑ל וַיִּכָּתֵ֥ב כָּל־
לה הַמִּשְׁקָ֖ל בָּעֵ֥ת הַהִֽיא׃ הַבָּאִ֨ים מֵֽהַשְּׁבִ֜י בְנֵֽי־ ד
הַגּוֹלָ֗ה הִקְרִ֨יבוּ עֹל֜וֹת ׀ לֶאֱלֹהֵ֣י יִשְׂרָאֵ֗ל פָּרִ֨ים שְׁנֵים־עָשָׂ֤ר
עַל־כָּל־יִשְׂרָאֵל֙ אֵילִ֣ים ׀ תִּשְׁעִ֣ים וְשִׁשָּׁ֗ה כְּבָשִׂים֙ שִׁבְעִ֣ים
לו וְשִׁבְעָ֔ה צְפִירֵ֥י חַטָּ֖את שְׁנֵ֣ים עָשָׂ֑ר הַכֹּ֖ל עוֹלָ֥ה לַיהוָֽה׃ וַֽיִּתְּנ֞וּ ׀
אֶת־דָּתֵ֣י הַמֶּ֔לֶךְ לַֽאֲחַשְׁדַּרְפְּנֵ֣י הַמֶּ֔לֶךְ וּפַחֲו֖וֹת עֵ֣בֶר הַנָּהָ֑ר
ט א וְנִשְּׂא֥וּ אֶת־הָעָ֖ם וְאֶת־בֵּית־הָאֱלֹהִֽים׃ וּכְכַלּ֣וֹת
אֵ֗לֶּה נִגְּשׁ֨וּ אֵלַ֣י הַשָּׂרִים֮ לֵאמֹר֒ לֹֽא־נִבְדְּל֞וּ הָעָ֣ם יִשְׂרָאֵ֗ל

וְהַכֹּהֲנִים וְהַלְוִיִּם מֵעַמֵּי הָאֲרָצוֹת כְּתֹעֲבֹתֵיהֶם לַכְּנַעֲנִי הַחִתִּי
הַפְּרִזִּי הַיְבוּסִי הָעַמֹּנִי הַמֹּאָבִי הַמִּצְרִי וְהָאֱמֹרִי: ב כִּי־נָשְׂאוּ
מִבְּנֹתֵיהֶם לָהֶם וְלִבְנֵיהֶם וְהִתְעָרְבוּ זֶרַע הַקֹּדֶשׁ בְּעַמֵּי הָאֲרָצוֹת
וְיַד הַשָּׂרִים וְהַסְּגָנִים הָיְתָה בַּמַּעַל הַזֶּה רִאשׁוֹנָה: ג וּכְשָׁמְעִי
אֶת־הַדָּבָר הַזֶּה קָרַעְתִּי אֶת־בִּגְדִי וּמְעִילִי וָאֶמְרְטָה מִשְּׂעַר
רֹאשִׁי וּזְקָנִי וָאֵשְׁבָה מְשׁוֹמֵם: ד וְאֵלַי יֵאָסְפוּ כֹּל חָרֵד בְּדִבְרֵי
אֱלֹהֵי־יִשְׂרָאֵל עַל מַעַל הַגּוֹלָה וַאֲנִי יֹשֵׁב מְשׁוֹמֵם עַד לְמִנְחַת
הָעָרֶב: ה וּבְמִנְחַת הָעֶרֶב קַמְתִּי מִתַּעֲנִיתִי וּבְקָרְעִי בִגְדִי וּמְעִילִי
וָאֶכְרְעָה עַל־בִּרְכַּי וָאֶפְרְשָׂה כַפַּי אֶל־יְהוָה אֱלֹהָי: ו וָאֹמְרָה
אֱלֹהַי בֹּשְׁתִּי וְנִכְלַמְתִּי לְהָרִים אֱלֹהַי פָּנַי אֵלֶיךָ כִּי עֲוֺנֹתֵינוּ
רָבוּ לְמַעְלָה רֹּאשׁ וְאַשְׁמָתֵנוּ גָדְלָה עַד לַשָּׁמָיִם: ז מִימֵי
אֲבֹתֵינוּ אֲנַחְנוּ בְּאַשְׁמָה גְדֹלָה עַד הַיּוֹם הַזֶּה וּבַעֲוֺנֹתֵינוּ נִתַּנּוּ
אֲנַחְנוּ מְלָכֵינוּ כֹהֲנֵינוּ בְּיַד ׀ מַלְכֵי הָאֲרָצוֹת בַּחֶרֶב בַּשְּׁבִי
וּבַבִּזָּה וּבְבֹשֶׁת פָּנִים כְּהַיּוֹם הַזֶּה: ח וְעַתָּה כִּמְעַט־רֶגַע הָיְתָה
תְחִנָּה מֵאֵת ׀ יְהוָה אֱלֹהֵינוּ לְהַשְׁאִיר לָנוּ פְּלֵיטָה וְלָתֶת־לָנוּ
יָתֵד בִּמְקוֹם קָדְשׁוֹ לְהָאִיר עֵינֵינוּ אֱלֹהֵינוּ וּלְתִתֵּנוּ מִחְיָה
מְעַט בְּעַבְדֻתֵנוּ: ט כִּי־עֲבָדִים אֲנַחְנוּ וּבְעַבְדֻתֵנוּ לֹא עֲזָבָנוּ
אֱלֹהֵינוּ וַיַּט־עָלֵינוּ חֶסֶד לִפְנֵי מַלְכֵי פָרַס לָתֶת־לָנוּ מִחְיָה
לְרוֹמֵם אֶת־בֵּית אֱלֹהֵינוּ וּלְהַעֲמִיד אֶת־חָרְבֹתָיו וְלָתֶת־לָנוּ
גָדֵר בִּיהוּדָה וּבִירוּשָׁלִָם: י וְעַתָּה מַה־נֹּאמַר אֱלֹהֵינוּ אַחֲרֵי
זֹאת כִּי עָזַבְנוּ מִצְוֺתֶיךָ: יא אֲשֶׁר צִוִּיתָ בְּיַד עֲבָדֶיךָ הַנְּבִיאִים
לֵאמֹר הָאָרֶץ אֲשֶׁר אַתֶּם בָּאִים לְרִשְׁתָּהּ אֶרֶץ נִדָּה הִיא
בְּנִדַּת עַמֵּי הָאֲרָצוֹת בְּתוֹעֲבֹתֵיהֶם אֲשֶׁר מִלְאוּהָ מִפֶּה אֶל־
פֶּה בְּטֻמְאָתָם: יב וְעַתָּה בְּנוֹתֵיכֶם אַל־תִּתְּנוּ לִבְנֵיהֶם וּבְנֹתֵיהֶם
אַל־תִּשְׂאוּ לִבְנֵיכֶם וְלֹא־תִדְרְשׁוּ שְׁלֹמָם וְטוֹבָתָם עַד־עוֹלָם
לְמַעַן תֶּחֶזְקוּ וַאֲכַלְתֶּם אֶת־טוּב הָאָרֶץ וְהוֹרַשְׁתֶּם לִבְנֵיכֶם
עַד־עוֹלָם: יג וְאַחֲרֵי כָּל־הַבָּא עָלֵינוּ בְּמַעֲשֵׂינוּ הָרָעִים וּבְאַשְׁמָתֵנוּ

הַגְּדֹלָה כִּי ׀ אַתָּה אֱלֹהֵינוּ חָשַׂכְתָּ לְמַטָּה מֵעֲוֺנֵנוּ וְנָתַתָּה לָּנוּ
יד פְּלֵיטָה כָּזֹאת׃ הֲנָשׁוּב לְהָפֵר מִצְוֺתֶיךָ וּלְהִתְחַתֵּן בְּעַמֵּי
הַתֹּעֵבוֹת הָאֵלֶּה הֲלוֹא תֶאֱנַף־בָּנוּ עַד־כַּלֵּה לְאֵין שְׁאֵרִית
טו וּפְלֵיטָה׃ יְהֹוָה אֱלֹהֵי יִשְׂרָאֵל צַדִּיק אַתָּה כִּי־
נִשְׁאַרְנוּ פְלֵיטָה כְּהַיּוֹם הַזֶּה הִנְנוּ לְפָנֶיךָ בְּאַשְׁמָתֵינוּ כִּי אֵין
י א לַעֲמוֹד לְפָנֶיךָ עַל־זֹאת׃ וּכְהִתְפַּלֵּל עֶזְרָא
וּכְהִתְוַדֹּתוֹ בֹּכֶה וּמִתְנַפֵּל לִפְנֵי בֵּית הָאֱלֹהִים נִקְבְּצוּ אֵלָיו
מִיִּשְׂרָאֵל קָהָל רַב־מְאֹד אֲנָשִׁים וְנָשִׁים וִילָדִים כִּי־בָכוּ הָעָם
הַרְבֵּה בֶכֶה׃
ב וַיַּעַן שְׁכַנְיָה בֶן־יְחִיאֵל מִבְּנֵי עוֹלָם וַיֹּאמֶר לְעֶזְרָא אֲנַחְנוּ עֵילָם
מָעַלְנוּ בֵאלֹהֵינוּ וַנֹּשֶׁב נָשִׁים נָכְרִיּוֹת מֵעַמֵּי הָאָרֶץ וְעַתָּה יֵשׁ־
ג מִקְוֶה לְיִשְׂרָאֵל עַל־זֹאת׃ וְעַתָּה נִכְרָת־בְּרִית לֵאלֹהֵינוּ
לְהוֹצִיא כָל־נָשִׁים וְהַנּוֹלָד מֵהֶם בַּעֲצַת אֲדֹנָי וְהַחֲרֵדִים בְּמִצְוַת
ד אֱלֹהֵינוּ וְכַתּוֹרָה יֵעָשֶׂה׃ קוּם כִּי־עָלֶיךָ הַדָּבָר וַאֲנַחְנוּ עִמָּךְ
ה חֲזַק וַעֲשֵׂה׃ וַיָּקָם עֶזְרָא וַיַּשְׁבַּע אֶת־שָׂרֵי
הַכֹּהֲנִים הַלְוִיִּם וְכָל־יִשְׂרָאֵל לַעֲשׂוֹת כַּדָּבָר הַזֶּה וַיִּשָּׁבֵעוּ׃
ו וַיָּקָם עֶזְרָא מִלִּפְנֵי בֵּית הָאֱלֹהִים וַיֵּלֶךְ אֶל־לִשְׁכַּת יְהוֹחָנָן בֶּן־
אֶלְיָשִׁיב וַיֵּלֶךְ שָׁם לֶחֶם לֹא־אָכַל וּמַיִם לֹא־שָׁתָה כִּי מִתְאַבֵּל
ז עַל־מַעַל הַגּוֹלָה׃ וַיַּעֲבִירוּ קוֹל בִּיהוּדָה וִירוּשָׁלַםִ לְכֹל בְּנֵי
ח הַגּוֹלָה לְהִקָּבֵץ יְרוּשָׁלָםִ׃ וְכֹל אֲשֶׁר לֹא־יָבוֹא לִשְׁלֹשֶׁת הַיָּמִים
כַּעֲצַת הַשָּׂרִים וְהַזְּקֵנִים יָחֳרַם כָּל־רְכוּשׁוֹ וְהוּא יִבָּדֵל מִקְּהַל
הַגּוֹלָה׃
ט וַיִּקָּבְצוּ כָל־אַנְשֵׁי־יְהוּדָה וּבִנְיָמִן ׀ יְרוּשָׁלַםִ לִשְׁלֹשֶׁת הַיָּמִים
הוּא חֹדֶשׁ הַתְּשִׁיעִי בְּעֶשְׂרִים בַּחֹדֶשׁ וַיֵּשְׁבוּ כָל־הָעָם בִּרְחוֹב
י בֵּית הָאֱלֹהִים מַרְעִידִים עַל־הַדָּבָר וּמֵהַגְּשָׁמִים׃ וַיָּקָם עֶזְרָא
הַכֹּהֵן וַיֹּאמֶר אֲלֵהֶם אַתֶּם מְעַלְתֶּם וַתֹּשִׁיבוּ נָשִׁים נָכְרִיּוֹת
יא לְהוֹסִיף עַל־אַשְׁמַת יִשְׂרָאֵל׃ וְעַתָּה תְּנוּ תוֹדָה לַיהוָה אֱלֹהֵי־

אֲבֹתֵיכֶם וַעֲשׂוּ רְצוֹנוֹ וְהִבָּדְלוּ מֵעַמֵּי הָאָרֶץ וּמִן־הַנָּשִׁים
הַנָּכְרִיּוֹת׃ וַיַּעֲנוּ כָל־הַקָּהָל וַיֹּאמְרוּ קוֹל גָּדוֹל יב
כִּדְבָרְךָ כֵּן כדבריך עָלֵינוּ לַעֲשׂוֹת׃ אֲבָל הָעָם רָב וְהָעֵת גְּשָׁמִים וְאֵין יג
כֹּחַ לַעֲמוֹד בַּחוּץ וְהַמְּלָאכָה לֹא־לְיוֹם אֶחָד וְלֹא לִשְׁנַיִם כִּי־
הִרְבִּינוּ לִפְשֹׁעַ בַּדָּבָר הַזֶּה׃ יַעַמְדוּ־נָא שָׂרֵינוּ לְכָל־הַקָּהָל וְכֹל ׀ יד
אֲשֶׁר בֶּעָרֵינוּ הַהֹשִׁיב נָשִׁים נָכְרִיּוֹת יָבֹא לְעִתִּים מְזֻמָּנִים
וְעִמָּהֶם זִקְנֵי־עִיר וָעִיר וְשֹׁפְטֶיהָ עַד לְהָשִׁיב חֲרוֹן אַף־אֱלֹהֵינוּ
מִמֶּנּוּ עַד לַדָּבָר הַזֶּה׃ אַךְ יוֹנָתָן בֶּן־עֲשָׂהאֵל וְיַחְזְיָה בֶן־תִּקְוָה טו
עָמְדוּ עַל־זֹאת וּמְשֻׁלָּם וְשַׁבְּתַי הַלֵּוִי עֲזָרֻם׃ וַיַּעֲשׂוּ־כֵן בְּנֵי טז
הַגּוֹלָה וַיִּבָּדְלוּ עֶזְרָא הַכֹּהֵן אֲנָשִׁים רָאשֵׁי הָאָבוֹת לְבֵית
אֲבֹתָם וְכֻלָּם בְּשֵׁמוֹת וַיֵּשְׁבוּ בְּיוֹם אֶחָד לַחֹדֶשׁ הָעֲשִׂירִי
לְדַרְיוֹשׁ הַדָּבָר׃ וַיְכַלּוּ בַכֹּל אֲנָשִׁים הַהֹשִׁיבוּ נָשִׁים נָכְרִיּוֹת יז
עַד יוֹם אֶחָד לַחֹדֶשׁ הָרִאשׁוֹן׃ וַיִּמָּצֵא מִבְּנֵי יח
הַכֹּהֲנִים אֲשֶׁר הֹשִׁיבוּ נָשִׁים נָכְרִיּוֹת מִבְּנֵי יֵשׁוּעַ בֶּן־יוֹצָדָק
וְאֶחָיו מַעֲשֵׂיָה וֶאֱלִיעֶזֶר וְיָרִיב וּגְדַלְיָה׃ וַיִּתְּנוּ יָדָם לְהוֹצִיא יט
נְשֵׁיהֶם וַאֲשֵׁמִים אֵיל־צֹאן עַל־אַשְׁמָתָם׃ וּמִבְּנֵי אִמֵּר חֲנָנִי כ
וּזְבַדְיָה׃ וּמִבְּנֵי חָרִם מַעֲשֵׂיָה וְאֵלִיָּה וּשְׁמַעְיָה וִיחִיאֵל וְעֻזִּיָּה׃ כא
וּמִבְּנֵי פַּשְׁחוּר אֶלְיוֹעֵינַי מַעֲשֵׂיָה יִשְׁמָעֵאל נְתַנְאֵל יוֹזָבָד כב
וְאֶלְעָשָׂה׃ וּמִן־הַלְוִיִּם יוֹזָבָד וְשִׁמְעִי וְקֵלָיָה הוּא קְלִיטָא כג
פְּתַחְיָה יְהוּדָה וֶאֱלִיעֶזֶר׃ וּמִן־הַמְשֹׁרְרִים אֶלְיָשִׁיב וּמִן־ כד
הַשֹּׁעֲרִים שַׁלֻּם וָטֶלֶם וְאוּרִי׃ וּמִיִּשְׂרָאֵל מִבְּנֵי פַרְעֹשׁ רַמְיָה כה
וְיִזִּיָּה וּמַלְכִּיָּה וּמִיָּמִן וְאֶלְעָזָר וּמַלְכִּיָּה וּבְנָיָה׃ וּמִבְּנֵי עֵילָם כו
מַתַּנְיָה זְכַרְיָה וִיחִיאֵל וְעַבְדִּי וִירֵמוֹת וְאֵלִיָּה׃ וּמִבְּנֵי זַתּוּא כז
אֶלְיוֹעֵנַי אֶלְיָשִׁיב מַתַּנְיָה וִירֵמוֹת וְזָבָד וַעֲזִיזָא׃ וּמִבְּנֵי בֵּבָי כח
יְהוֹחָנָן חֲנַנְיָה זַבַּי עַתְלָי׃ וּמִבְּנֵי בָּנִי מְשֻׁלָּם מַלּוּךְ וַעֲדָיָה יָשׁוּב כט
וְרָמוֹת וּשְׁאָל ירמות׃ וּמִבְּנֵי פַּחַת מוֹאָב עַדְנָא וּכְלָל בְּנָיָה מַעֲשֵׂיָה ל
מַתַּנְיָה בְצַלְאֵל וּבִנּוּי וּמְנַשֶּׁה׃ וּבְנֵי חָרִם אֱלִיעֶזֶר יִשִּׁיָּה מַלְכִּיָּה לא

לב לג שְׁמַעְיָה שִׁמְעוֹן׃ בִּנְיָמִן מַלּוּךְ שְׁמַרְיָה׃ מִבְּנֵי חָשֻׁם מַתְּנַי
לד מַתַּתָּה זָבָד אֱלִיפֶלֶט יְרֵמַי מְנַשֶּׁה שִׁמְעִי׃ מִבְּנֵי בָנִי מַעֲדַי
לה לו עַמְרָם וְאוּאֵל׃ בְּנָיָה בֵדְיָה כלוהי׃ וַנְיָה מְרֵמוֹת אֶלְיָשִׁיב׃ כְּלוּהוּ
לז לח לט מַתַּנְיָה מַתְּנַי ויעשו׃ וּבָנִי וּבִנּוּי שִׁמְעִי׃ וְשֶׁלֶמְיָה וְנָתָן וַעֲדָיָה׃ וְיַעֲשָׂי
מ מא מב מַכְנַדְבַי שָׁשַׁי שָׁרָי׃ עֲזַרְאֵל וְשֶׁלֶמְיָהוּ שְׁמַרְיָה׃ שַׁלּוּם אֲמַרְיָה
מג יוֹסֵף׃ מִבְּנֵי נְבוֹ יְעִיאֵל מַתִּתְיָה זָבָד זְבִינָא ידו וְיוֹאֵל בְּנָיָה׃ יַדַּי
מד כָּל־אֵלֶּה נשאי נָשִׁים נָכְרִיּוֹת וְיֵשׁ מֵהֶם נָשִׁים וַיָּשִׂימוּ נָשְׂאוּ
בָּנִים׃

נחמיה

א א דִּבְרֵי נְחֶמְיָה בֶּן־חֲכַלְיָה וַיְהִי בְחֹדֶשׁ־
ב כִסְלֵו שְׁנַת עֶשְׂרִים וַאֲנִי הָיִיתִי בְּשׁוּשַׁן הַבִּירָה׃ וַיָּבֹא חֲנָנִי
אֶחָד מֵאַחַי הוּא וַאֲנָשִׁים מִיהוּדָה וָאֶשְׁאָלֵם עַל־הַיְּהוּדִים
ג הַפְּלֵיטָה אֲשֶׁר־נִשְׁאֲרוּ מִן־הַשֶּׁבִי וְעַל־יְרוּשָׁלִָם׃ וַיֹּאמְרוּ לִי
הַנִּשְׁאָרִים אֲשֶׁר נִשְׁאֲרוּ מִן־הַשְּׁבִי שָׁם בַּמְּדִינָה בְּרָעָה גְדֹלָה
ד וּבְחֶרְפָּה וְחוֹמַת יְרוּשָׁלִַם מְפֹרָצֶת וּשְׁעָרֶיהָ נִצְּתוּ בָאֵשׁ׃ וַיְהִי
כְּשָׁמְעִי ׀ אֶת־הַדְּבָרִים הָאֵלֶּה יָשַׁבְתִּי וָאֶבְכֶּה וָאֶתְאַבְּלָה
ה יָמִים וָאֱהִי צָם וּמִתְפַּלֵּל לִפְנֵי אֱלֹהֵי הַשָּׁמָיִם׃ וָאֹמַר אָנָּא
יהוה אֱלֹהֵי הַשָּׁמַיִם הָאֵל הַגָּדוֹל וְהַנּוֹרָא שֹׁמֵר הַבְּרִית וָחֶסֶד
ו לְאֹהֲבָיו וּלְשֹׁמְרֵי מִצְוֹתָיו׃ תְּהִי נָא אָזְנְךָ־קַשֶּׁבֶת וְעֵינֶיךָ
פְתוּחוֹת לִשְׁמֹעַ אֶל־תְּפִלַּת עַבְדְּךָ אֲשֶׁר אָנֹכִי מִתְפַּלֵּל
לְפָנֶיךָ הַיּוֹם יוֹמָם וָלַיְלָה עַל־בְּנֵי יִשְׂרָאֵל עֲבָדֶיךָ וּמִתְוַדֶּה
עַל־חַטֹּאות בְּנֵי־יִשְׂרָאֵל אֲשֶׁר חָטָאנוּ לָךְ וַאֲנִי וּבֵית־אָבִי
ז חָטָאנוּ׃ חֲבֹל חָבַלְנוּ לָךְ וְלֹא־שָׁמַרְנוּ אֶת־הַמִּצְוֹת וְאֶת־
ח הַחֻקִּים וְאֶת־הַמִּשְׁפָּטִים אֲשֶׁר צִוִּיתָ אֶת־מֹשֶׁה עַבְדֶּךָ׃ זְכָר־
נָא אֶת־הַדָּבָר אֲשֶׁר צִוִּיתָ אֶת־מֹשֶׁה עַבְדְּךָ לֵאמֹר אַתֶּם
ט תִּמְעָלוּ אֲנִי אָפִיץ אֶתְכֶם בָּעַמִּים׃ וְשַׁבְתֶּם אֵלַי וּשְׁמַרְתֶּם
מִצְוֹתַי וַעֲשִׂיתֶם אֹתָם אִם־יִהְיֶה נִדַּחֲכֶם בִּקְצֵה הַשָּׁמַיִם
מִשָּׁם אֲקַבְּצֵם והבואתים אֶל־הַמָּקוֹם אֲשֶׁר בָּחַרְתִּי לְשַׁכֵּן וַהֲבִיאוֹתִים
י אֶת־שְׁמִי שָׁם׃ וְהֵם עֲבָדֶיךָ וְעַמֶּךָ אֲשֶׁר פָּדִיתָ בְּכֹחֲךָ הַגָּדוֹל

ה וּבְיָדְךָ הַחֲזָקָה׃ אָנָּא אֲדֹנָי תְּהִי נָא אָזְנְךָ־קַשֶּׁבֶת אֶל־תְּפִלַּת יא
עַבְדְּךָ וְאֶל־תְּפִלַּת עֲבָדֶיךָ הַחֲפֵצִים לְיִרְאָה אֶת־שְׁמֶךָ
וְהַצְלִיחָה־נָּא לְעַבְדְּךָ הַיּוֹם וּתְנֵהוּ לְרַחֲמִים לִפְנֵי הָאִישׁ
הַזֶּה וַאֲנִי הָיִיתִי מַשְׁקֶה לַמֶּלֶךְ׃ וַיְהִי ׀ בְּחֹדֶשׁ א ב
נִיסָן שְׁנַת עֶשְׂרִים לְאַרְתַּחְשַׁסְתְּא הַמֶּלֶךְ יַיִן לְפָנָיו וָאֶשָּׂא
אֶת־הַיַּיִן וָאֶתְּנָה לַמֶּלֶךְ וְלֹא־הָיִיתִי רַע לְפָנָיו׃ וַיֹּאמֶר לִי ב
הַמֶּלֶךְ מַדּוּעַ ׀ פָּנֶיךָ רָעִים וְאַתָּה אֵינְךָ חוֹלֶה אֵין זֶה כִּי־אִם
רֹעַ לֵב וָאִירָא הַרְבֵּה מְאֹד׃ וָאֹמַר לַמֶּלֶךְ הַמֶּלֶךְ לְעוֹלָם ג
יִחְיֶה מַדּוּעַ לֹא־יֵרְעוּ פָנַי אֲשֶׁר הָעִיר בֵּית־קִבְרוֹת אֲבֹתַי
חֲרֵבָה וּשְׁעָרֶיהָ אֻכְּלוּ בָאֵשׁ׃ וַיֹּאמֶר לִי הַמֶּלֶךְ ד
עַל־מַה־זֶּה אַתָּה מְבַקֵּשׁ וָאֶתְפַּלֵּל אֶל־אֱלֹהֵי הַשָּׁמָיִם׃ וָאֹמַר ה
לַמֶּלֶךְ אִם־עַל־הַמֶּלֶךְ טוֹב וְאִם־יִיטַב עַבְדְּךָ לְפָנֶיךָ אֲשֶׁר
תִּשְׁלָחֵנִי אֶל־יְהוּדָה אֶל־עִיר קִבְרוֹת אֲבֹתַי וְאֶבְנֶנָּה׃ וַיֹּאמֶר ו
לִי הַמֶּלֶךְ וְהַשֵּׁגַל ׀ יוֹשֶׁבֶת אֶצְלוֹ עַד־מָתַי יִהְיֶה מַהֲלָכְךָ וּמָתַי
תָּשׁוּב וַיִּיטַב לִפְנֵי־הַמֶּלֶךְ וַיִּשְׁלָחֵנִי וָאֶתְּנָה לוֹ זְמָן׃ וָאוֹמַר לַמֶּלֶךְ ז
אִם־עַל־הַמֶּלֶךְ טוֹב אִגְּרוֹת יִתְּנוּ־לִי עַל־פַּחֲווֹת עֵבֶר הַנָּהָר
אֲשֶׁר יַעֲבִירוּנִי עַד אֲשֶׁר־אָבוֹא אֶל־יְהוּדָה׃ וְאִגֶּרֶת אֶל־אָסָף ח
שֹׁמֵר הַפַּרְדֵּס אֲשֶׁר לַמֶּלֶךְ אֲשֶׁר יִתֶּן־לִי עֵצִים לְקָרוֹת אֶת־
שַׁעֲרֵי הַבִּירָה אֲשֶׁר־לַבַּיִת וּלְחוֹמַת הָעִיר וְלַבַּיִת אֲשֶׁר־אָבוֹא
אֵלָיו וַיִּתֶּן־לִי הַמֶּלֶךְ כְּיַד־אֱלֹהַי הַטּוֹבָה עָלָי׃ וָאָבוֹא אֶל־ ט
פַּחֲווֹת עֵבֶר הַנָּהָר וָאֶתְּנָה לָהֶם אֵת אִגְּרוֹת הַמֶּלֶךְ וַיִּשְׁלַח
עִמִּי הַמֶּלֶךְ שָׂרֵי חַיִל וּפָרָשִׁים׃ וַיִּשְׁמַע סַנְבַלַּט י
הַחֹרֹנִי וְטוֹבִיָּה הָעֶבֶד הָעַמֹּנִי וַיֵּרַע לָהֶם רָעָה גְדֹלָה אֲשֶׁר־
בָּא אָדָם לְבַקֵּשׁ טוֹבָה לִבְנֵי יִשְׂרָאֵל׃ וָאָבוֹא אֶל־יְרוּשָׁלָ‍ִם יא
וָאֱהִי־שָׁם יָמִים שְׁלֹשָׁה׃ וָאָקוּם ׀ לַיְלָה אֲנִי וַאֲנָשִׁים ׀ מְעַט יב
עִמִּי וְלֹא־הִגַּדְתִּי לְאָדָם מָה אֱלֹהַי נֹתֵן אֶל־לִבִּי לַעֲשׂוֹת
לִירוּשָׁלָ‍ִם וּבְהֵמָה אֵין עִמִּי כִּי אִם־הַבְּהֵמָה אֲשֶׁר אֲנִי רֹכֵב

יג בָּהּ: וָאֵצְאָה בְשַׁעַר־הַגַּיְא לַיְלָה וְאֶל־פְּנֵי עֵין הַתַּנִּין וְאֶל־
שַׁעַר הָאַשְׁפֹּת וָאֱהִי שֹׂבֵר בְּחוֹמֹת יְרוּשָׁלִַם אֲשֶׁר־המפרוצים הֵם|פְּרוּצִים
יד וּשְׁעָרֶיהָ אֻכְּלוּ בָאֵשׁ: וָאֶעֱבֹר אֶל־שַׁעַר הָעַיִן וְאֶל־בְּרֵכַת
טו הַמֶּלֶךְ וְאֵין־מָקוֹם לַבְּהֵמָה לַעֲבֹר תַּחְתָּי: וָאֱהִי עֹלֶה בַנַּחַל
לַיְלָה וָאֱהִי שֹׂבֵר בַּחוֹמָה וָאָשׁוּב וָאָבוֹא בְּשַׁעַר הַגַּיְא וָאָשׁוּב:
טז וְהַסְּגָנִים לֹא יָדְעוּ אָנָה הָלַכְתִּי וּמָה אֲנִי עֹשֶׂה וְלַיְּהוּדִים
וְלַכֹּהֲנִים וְלַחֹרִים וְלַסְּגָנִים וּלְיֶתֶר עֹשֵׂה הַמְּלָאכָה עַד־כֵּן לֹא
יז הִגַּדְתִּי: וָאוֹמַר אֲלֵהֶם אַתֶּם רֹאִים הָרָעָה אֲשֶׁר אֲנַחְנוּ בָהּ
אֲשֶׁר יְרוּשָׁלִַם חֲרֵבָה וּשְׁעָרֶיהָ נִצְּתוּ בָאֵשׁ לְכוּ וְנִבְנֶה אֶת־
יח חוֹמַת יְרוּשָׁלִַם וְלֹא־נִהְיֶה עוֹד חֶרְפָּה: וָאַגִּיד לָהֶם אֶת־יַד
אֱלֹהַי אֲשֶׁר־הִיא טוֹבָה עָלַי וְאַף־דִּבְרֵי הַמֶּלֶךְ אֲשֶׁר אָמַר־לִי
יט וַיֹּאמְרוּ נָקוּם וּבָנִינוּ וַיְחַזְּקוּ יְדֵיהֶם לַטּוֹבָה: וַיִּשְׁמַע
סַנְבַלַּט הַחֹרֹנִי וְטֹבִיָּה ׀ הָעֶבֶד הָעַמּוֹנִי וְגֶשֶׁם הָעַרְבִי וַיַּלְעִגוּ
לָנוּ וַיִּבְזוּ עָלֵינוּ וַיֹּאמְרוּ מָה־הַדָּבָר הַזֶּה אֲשֶׁר אַתֶּם עֹשִׂים
כ הַעַל הַמֶּלֶךְ אַתֶּם מֹרְדִים: וָאָשִׁיב אוֹתָם דָּבָר וָאוֹמַר לָהֶם
אֱלֹהֵי הַשָּׁמַיִם הוּא יַצְלִיחַ לָנוּ וַאֲנַחְנוּ עֲבָדָיו נָקוּם וּבָנִינוּ
וְלָכֶם אֵין־חֵלֶק וּצְדָקָה וְזִכָּרוֹן בִּירוּשָׁלִָם:
ג א וַיָּקָם אֶלְיָשִׁיב הַכֹּהֵן הַגָּדוֹל וְאֶחָיו הַכֹּהֲנִים וַיִּבְנוּ אֶת־שַׁעַר
הַצֹּאן הֵמָּה קִדְּשׁוּהוּ וַיַּעֲמִידוּ דַּלְתֹתָיו וְעַד־מִגְדַּל הַמֵּאָה
ב קִדְּשׁוּהוּ עַד מִגְדַּל חֲנַנְאֵל: וְעַל־יָדוֹ בָנוּ אַנְשֵׁי יְרֵחוֹ וְעַל־
ג יָדוֹ בָּנָה זַכּוּר בֶּן־אִמְרִי: וְאֵת שַׁעַר הַדָּגִים בָּנוּ בְּנֵי הַסְּנָאָה
ד הֵמָּה קֵרוּהוּ וַיַּעֲמִידוּ דַּלְתֹתָיו מַנְעוּלָיו וּבְרִיחָיו: וְעַל־יָדָם
הֶחֱזִיק מְרֵמוֹת בֶּן־אוּרִיָּה בֶּן־הַקּוֹץ וְעַל־יָדָם הֶחֱזִיק מְשֻׁלָּם
בֶּן־בֶּרֶכְיָה בֶּן־מְשֵׁיזַבְאֵל וְעַל־יָדָם הֶחֱזִיק צָדוֹק בֶּן־בַּעֲנָא:
ה וְעַל־יָדָם הֶחֱזִיקוּ הַתְּקוֹעִים וְאַדִּירֵיהֶם לֹא־הֵבִיאוּ צַוָּרָם
ו בַּעֲבֹדַת אֲדֹנֵיהֶם: וְאֵת שַׁעַר הַיְשָׁנָה הֶחֱזִיקוּ יוֹיָדָע בֶּן־פָּסֵחַ
וּמְשֻׁלָּם בֶּן־בְּסוֹדְיָה הֵמָּה קֵרוּהוּ וַיַּעֲמִידוּ דַּלְתֹתָיו וּמַנְעֻלָיו

וּבְרִיחָֽיו׃ וְעַל־יָדָם הֶחֱזִיק מְלַטְיָה הַגִּבְעֹנִי וְיָדוֹן הַמֵּרֹנֹתִי אַנְשֵׁי ז
גִבְעוֹן וְהַמִּצְפָּה לְכִסֵּא פַּחַת עֵבֶר הַנָּהָֽר׃ עַל־יָדוֹ הֶחֱזִיק ח
עֻזִּיאֵל בֶּן־חַרְהֲיָה צוֹרְפִים וְעַל־יָדוֹ הֶחֱזִיק חֲנַנְיָה בֶּן־
הָרַקָּחִים וַיַּעַזְבוּ יְרוּשָׁלִַם עַד הַחוֹמָה הָרְחָבָֽה׃ וְעַל־יָדָם ט
הֶחֱזִיק רְפָיָה בֶן־חוּר שַׂר חֲצִי פֶּלֶךְ יְרוּשָׁלִָֽם׃ וְעַל־יָדָם הֶחֱזִיק י
יְדָיָה בֶן־חֲרוּמַף וְנֶגֶד בֵּיתוֹ וְעַל־יָדוֹ הֶחֱזִיק חַטּוּשׁ בֶּן־
חֲשַׁבְנְיָֽה׃ מִדָּה שֵׁנִית הֶחֱזִיק מַלְכִּיָּה בֶן־חָרִם וְחַשּׁוּב בֶּן־ יא
פַּחַת מוֹאָב וְאֵת מִגְדַּל הַתַּנּוּרִֽים׃ וְעַל־יָדוֹ הֶחֱזִיק שַׁלּוּם יב
בֶּן־הַלּוֹחֵשׁ שַׂר חֲצִי פֶּלֶךְ יְרוּשָׁלִָם הוּא וּבְנוֹתָֽיו׃ אֵת שַׁעַר יג
הַגַּיְא הֶחֱזִיק חָנוּן וְיֹשְׁבֵי זָנוֹחַ הֵמָּה בָנוּהוּ וַיַּעֲמִידוּ דַּלְתֹתָיו
מַנְעֻלָיו וּבְרִיחָיו וְאֶלֶף אַמָּה בַּחוֹמָה עַד שַׁעַר הָשְׁפּֽוֹת׃
וְאֵת ׀ שַׁעַר הָאַשְׁפּוֹת הֶחֱזִיק מַלְכִּיָּה בֶן־רֵכָב שַׂר פֶּלֶךְ בֵּית־ יד
הַכָּרֶם הוּא יִבְנֶנּוּ וְיַעֲמִיד דַּלְתֹתָיו מַנְעֻלָיו וּבְרִיחָֽיו׃ וְאֵת טו
שַׁעַר הָעַיִן הֶחֱזִיק שַׁלּוּן בֶּן־כׇּל־חֹזֶה שַׂר פֶּלֶךְ הַמִּצְפָּה הוּא
יִבְנֶנּוּ וִיטַלְלֶנּוּ ויעמידו דַּלְתֹתָיו מַנְעֻלָיו וּבְרִיחָיו וְאֵת חוֹמַת (וְיַעֲמִיד)
בְּרֵכַת הַשֶּׁלַח לְגַן־הַמֶּלֶךְ וְעַד־הַמַּעֲלוֹת הַיּוֹרְדוֹת מֵעִיר
דָּוִֽיד׃ אַחֲרָיו הֶחֱזִיק נְחֶמְיָה בֶן־עַזְבּוּק שַׂר חֲצִי פֶּלֶךְ בֵּית־ טז
צוּר עַד־נֶגֶד קִבְרֵי דָוִיד וְעַד־הַבְּרֵכָה הָעֲשׂוּיָה וְעַד בֵּית
הַגִּבֹּרִֽים׃ אַחֲרָיו הֶחֱזִיקוּ הַלְוִיִּם רְחוּם בֶּן־בָּנִי עַל־יָדוֹ הֶחֱזִיק יז
חֲשַׁבְיָה שַׂר־חֲצִי־פֶלֶךְ קְעִילָה לְפִלְכּֽוֹ׃ אַחֲרָיו הֶחֱזִיקוּ אֲחֵיהֶם יח
בַּוַּי בֶּן־חֵנָדָד שַׂר חֲצִי פֶּלֶךְ קְעִילָֽה׃ וַיְחַזֵּק עַל־יָדוֹ עֵזֶר בֶּן־ יט
יֵשׁוּעַ שַׂר הַמִּצְפָּה מִדָּה שֵׁנִית מִנֶּגֶד עֲלֹת הַנֶּשֶׁק הַמִּקְצֹֽעַ׃
אַחֲרָיו הֶחֱרָה הֶחֱזִיק בָּרוּךְ בֶּן־זבי מִדָּה שֵׁנִית מִן־הַמִּקְצוֹעַ כ (זַכַּי)
עַד־פֶּתַח בֵּית אֶלְיָשִׁיב הַכֹּהֵן הַגָּדֽוֹל׃ אַחֲרָיו הֶחֱזִיק מְרֵמוֹת כא
בֶּן־אוּרִיָּה בֶּן־הַקּוֹץ מִדָּה שֵׁנִית מִפֶּתַח בֵּית אֶלְיָשִׁיב וְעַד־
תַּכְלִית בֵּית אֶלְיָשִֽׁיב׃ וְאַחֲרָיו הֶחֱזִיקוּ הַכֹּהֲנִים אַנְשֵׁי הַכִּכָּֽר׃ כב
אַחֲרָיו הֶחֱזִיק בִּנְיָמִן וְחַשּׁוּב נֶגֶד בֵּיתָם אַחֲרָיו הֶחֱזִיק עֲזַרְיָה כג

כד בֶּן־מַעֲשֵׂיָה בֶּן־עֲנָנְיָה אֵצֶל בֵּיתוֹ׃ אַחֲרָיו הֶחֱזִיק בִּנּוּי בֶּן־
חֵנָדָד מִדָּה שֵׁנִית מִבֵּית עֲזַרְיָה עַד־הַמִּקְצוֹעַ וְעַד־הַפִּנָּה׃
כה פָּלָל בֶּן־אוּזַי מִנֶּגֶד הַמִּקְצוֹעַ וְהַמִּגְדָּל הַיּוֹצֵא מִבֵּית הַמֶּלֶךְ
כו הָעֶלְיוֹן אֲשֶׁר לַחֲצַר הַמַּטָּרָה אַחֲרָיו פְּדָיָה בֶן־פַּרְעֹשׁ׃ וְהַנְּתִינִים
הָיוּ יֹשְׁבִים בָּעֹפֶל עַד נֶגֶד שַׁעַר הַמַּיִם לַמִּזְרָח וְהַמִּגְדָּל
כז הַיּוֹצֵא׃ אַחֲרָיו הֶחֱזִיקוּ הַתְּקֹעִים מִדָּה שֵׁנִית מִנֶּגֶד הַמִּגְדָּל
כח הַגָּדוֹל הַיּוֹצֵא וְעַד חוֹמַת הָעֹפֶל׃ מֵעַל ׀ שַׁעַר הַסּוּסִים הֶחֱזִיקוּ
כט הַכֹּהֲנִים אִישׁ לְנֶגֶד בֵּיתוֹ׃ אַחֲרָיו הֶחֱזִיק צָדוֹק בֶּן־אִמֵּר נֶגֶד
בֵּיתוֹ וְאַחֲרָיו הֶחֱזִיק שְׁמַעְיָה בֶן־שְׁכַנְיָה שֹׁמֵר שַׁעַר הַמִּזְרָח׃
ל אחרי הֶחֱזִיק חֲנַנְיָה בֶן־שֶׁלֶמְיָה וְחָנוּן בֶּן־צָלָף הַשִּׁשִּׁי מִדָּה אַחֲרָיו
לא שֵׁנִי אַחֲרָיו הֶחֱזִיק מְשֻׁלָּם בֶּן־בֶּרֶכְיָה נֶגֶד נִשְׁכָּתוֹ׃ אחרי אַחֲרָיו
הֶחֱזִיק מַלְכִּיָּה בֶּן־הַצֹּרְפִי עַד־בֵּית הַנְּתִינִים וְהָרֹכְלִים נֶגֶד
לב שַׁעַר הַמִּפְקָד וְעַד עֲלִיַּת הַפִּנָּה׃ וּבֵין עֲלִיַּת הַפִּנָּה לְשַׁעַר הַצֹּאן
לג הֶחֱזִיקוּ הַצֹּרְפִים וְהָרֹכְלִים׃ וַיְהִי כַּאֲשֶׁר שָׁמַע
סַנְבַלַּט כִּי־אֲנַחְנוּ בוֹנִים אֶת־הַחוֹמָה וַיִּחַר לוֹ וַיִּכְעַס הַרְבֵּה
לד וַיַּלְעֵג עַל־הַיְּהוּדִים׃ וַיֹּאמֶר ׀ לִפְנֵי אֶחָיו וְחֵיל שֹׁמְרוֹן וַיֹּאמֶר
מָה הַיְּהוּדִים הָאֲמֵלָלִים עֹשִׂים הֲיַעַזְבוּ לָהֶם הֲיִזְבָּחוּ הַיְכַלּוּ
בַיּוֹם הַיְחַיּוּ אֶת־הָאֲבָנִים מֵעֲרֵמוֹת הֶעָפָר וְהֵמָּה שְׂרוּפוֹת׃
לה וְטוֹבִיָּה הָעַמֹּנִי אֶצְלוֹ וַיֹּאמֶר גַּם אֲשֶׁר־הֵם בּוֹנִים אִם־יַעֲלֶה
לו שׁוּעָל וּפָרַץ חוֹמַת אַבְנֵיהֶם׃ שְׁמַע אֱלֹהֵינוּ כִּי־הָיִינוּ בוּזָה
לז וְהָשֵׁב חֶרְפָּתָם אֶל־רֹאשָׁם וּתְנֵם לְבִזָּה בְּאֶרֶץ שִׁבְיָה׃ וְאַל־
תְּכַס עַל־עֲוֺנָם וְחַטָּאתָם מִלְּפָנֶיךָ אַל־תִּמָּחֶה כִּי הִכְעִיסוּ
לח לְנֶגֶד הַבּוֹנִים׃ וַנִּבְנֶה אֶת־הַחוֹמָה וַתִּקָּשֵׁר כָּל־הַחוֹמָה עַד־ ו
חֶצְיָהּ וַיְהִי לֵב לָעָם לַעֲשׂוֹת׃

ד א וַיְהִי ׀ כַּאֲשֶׁר שָׁמַע סַנְבַלַּט וְטוֹבִיָּה וְהָעַרְבִים וְהָעַמֹּנִים
וְהָאַשְׁדּוֹדִים כִּי־עָלְתָה אֲרוּכָה לְחֹמוֹת יְרוּשָׁלִַם כִּי־הֵחֵלּוּ
ב הַפְּרֻצִים לְהִסָּתֵם וַיִּחַר לָהֶם מְאֹד׃ וַיִּקְשְׁרוּ כֻלָּם יַחְדָּו לָבוֹא

ג לְהִלָּחֵם בִּירוּשָׁלִָם וְלַעֲשׂוֹת לוֹ תּוֹעָה׃ וַנִּתְפַּלֵּל אֶל־אֱלֹהֵינוּ
ד וַנַּעֲמִיד מִשְׁמָר עֲלֵיהֶם יוֹמָם וָלַיְלָה מִפְּנֵיהֶם׃ וַיֹּאמֶר
יְהוּדָה כָּשַׁל כֹּחַ הַסַּבָּל וְהֶעָפָר הַרְבֵּה וַאֲנַחְנוּ לֹא נוּכַל
ה לִבְנוֹת בַּחוֹמָה׃ וַיֹּאמְרוּ צָרֵינוּ לֹא יֵדְעוּ וְלֹא יִרְאוּ עַד אֲשֶׁר־
ו נָבוֹא אֶל־תּוֹכָם וַהֲרַגְנוּם וְהִשְׁבַּתְנוּ אֶת־הַמְּלָאכָה׃ וַיְהִי
כַּאֲשֶׁר־בָּאוּ הַיְּהוּדִים הַיֹּשְׁבִים אֶצְלָם וַיֹּאמְרוּ לָנוּ עֶשֶׂר פְּעָמִים
ז מִכָּל־הַמְּקֹמוֹת אֲשֶׁר־תָּשׁוּבוּ עָלֵינוּ׃ וָאַעֲמִיד מִתַּחְתִּיּוֹת
לַמָּקוֹם מֵאַחֲרֵי לַחוֹמָה בצחחיים וָאַעֲמִיד אֶת־הָעָם לְמִשְׁפָּחוֹת [בַּצְחִיחִים]
ח עִם־חַרְבֹתֵיהֶם רָמְחֵיהֶם וְקַשְּׁתֹתֵיהֶם׃ וָאֵרֶא וָאָקוּם וָאֹמַר
אֶל־הַחֹרִים וְאֶל־הַסְּגָנִים וְאֶל־יֶתֶר הָעָם אַל־תִּירְאוּ מִפְּנֵיהֶם
אֶת־אֲדֹנָי הַגָּדוֹל וְהַנּוֹרָא זְכֹרוּ וְהִלָּחֲמוּ עַל־אֲחֵיכֶם בְּנֵיכֶם
ט וּבְנֹתֵיכֶם נְשֵׁיכֶם וּבָתֵּיכֶם׃ וַיְהִי כַּאֲשֶׁר־שָׁמְעוּ
אוֹיְבֵינוּ כִּי־נוֹדַע לָנוּ וַיָּפֶר הָאֱלֹהִים אֶת־עֲצָתָם ונשוב כֻּלָּנוּ [וַנָּשָׁב]
י אֶל־הַחוֹמָה אִישׁ אֶל־מְלַאכְתּוֹ׃ וַיְהִי ׀ מִן־הַיּוֹם הַהוּא חֲצִי
נְעָרַי עֹשִׂים בַּמְּלָאכָה וְחֶצְיָם מַחֲזִיקִים וְהָרְמָחִים הַמָּגִנִּים
יא וְהַקְּשָׁתוֹת וְהַשִּׁרְיֹנִים וְהַשָּׂרִים אַחֲרֵי כָּל־בֵּית יְהוּדָה׃ הַבּוֹנִים
בַּחוֹמָה וְהַנֹּשְׂאִים בַּסֶּבֶל עֹמְשִׂים בְּאַחַת יָדוֹ עֹשֶׂה בַמְּלָאכָה
יב וְאַחַת מַחֲזֶקֶת הַשָּׁלַח׃ וְהַבּוֹנִים אִישׁ חַרְבּוֹ אֲסוּרִים עַל־מָתְנָיו
יג וּבוֹנִים וְהַתּוֹקֵעַ בַּשּׁוֹפָר אֶצְלִי׃ וָאֹמַר אֶל־הַחֹרִים וְאֶל־הַסְּגָנִים
וְאֶל־יֶתֶר הָעָם הַמְּלָאכָה הַרְבֵּה וּרְחָבָה וַאֲנַחְנוּ נִפְרָדִים
יד עַל־הַחוֹמָה רְחוֹקִים אִישׁ מֵאָחִיו׃ בִּמְקוֹם
אֲשֶׁר תִּשְׁמְעוּ אֶת־קוֹל הַשּׁוֹפָר שָׁמָּה תִּקָּבְצוּ אֵלֵינוּ אֱלֹהֵינוּ
טו יִלָּחֶם לָנוּ׃ וַאֲנַחְנוּ עֹשִׂים בַּמְּלָאכָה וְחֶצְיָם מַחֲזִיקִים בָּרְמָחִים
טז מֵעֲלוֹת הַשַּׁחַר עַד צֵאת הַכּוֹכָבִים׃ גַּם בָּעֵת הַהִיא אָמַרְתִּי
לָעָם אִישׁ וְנַעֲרוֹ יָלִינוּ בְּתוֹךְ יְרוּשָׁלִָם וְהָיוּ־לָנוּ הַלַּיְלָה מִשְׁמָר
יז וְהַיּוֹם מְלָאכָה׃ וְאֵין אֲנִי וְאַחַי וּנְעָרַי וְאַנְשֵׁי הַמִּשְׁמָר אֲשֶׁר
אַחֲרַי אֵין־אֲנַחְנוּ פֹשְׁטִים בְּגָדֵינוּ אִישׁ שִׁלְחוֹ הַמָּיִם׃

א וַתְּהִי צַעֲקַת הָעָם וּנְשֵׁיהֶם גְּדוֹלָה אֶל־אֲחֵיהֶם הַיְּהוּדִים׃
ב וְיֵשׁ אֲשֶׁר אֹמְרִים בָּנֵינוּ וּבְנֹתֵינוּ אֲנַחְנוּ רַבִּים וְנִקְחָה דָגָן
ג וְנֹאכְלָה וְנִחְיֶה׃ וְיֵשׁ אֲשֶׁר אֹמְרִים שְׂדֹתֵינוּ וּכְרָמֵינוּ וּבָתֵּינוּ
ד אֲנַחְנוּ עֹרְבִים וְנִקְחָה דָגָן בָּרָעָב׃ וְיֵשׁ אֲשֶׁר אֹמְרִים לָוִינוּ
ה כֶסֶף לְמִדַּת הַמֶּלֶךְ שְׂדֹתֵינוּ וּכְרָמֵינוּ׃ וְעַתָּה כִּבְשַׂר אַחֵינוּ
בְּשָׂרֵנוּ כִּבְנֵיהֶם בָּנֵינוּ וְהִנֵּה אֲנַחְנוּ כֹבְשִׁים אֶת־בָּנֵינוּ וְאֶת־
בְּנֹתֵינוּ לַעֲבָדִים וְיֵשׁ מִבְּנֹתֵינוּ נִכְבָּשׁוֹת וְאֵין לְאֵל יָדֵנוּ
ו וּשְׂדֹתֵינוּ וּכְרָמֵינוּ לַאֲחֵרִים׃ וַיִּחַר לִי מְאֹד כַּאֲשֶׁר שָׁמַעְתִּי
ז אֶת־זַעֲקָתָם וְאֵת הַדְּבָרִים הָאֵלֶּה׃ וַיִּמָּלֵךְ לִבִּי עָלַי וָאָרִיבָה
אֶת־הַחֹרִים וְאֶת־הַסְּגָנִים וָאֹמְרָה לָהֶם מַשָּׁא אִישׁ־בְּאָחִיו
ח אַתֶּם נשאים וָאֶתֵּן עֲלֵיהֶם קְהִלָּה גְדוֹלָה׃ וָאֹמְרָה לָהֶם נֹשִׁים
אֲנַחְנוּ קָנִינוּ אֶת־אַחֵינוּ הַיְּהוּדִים הַנִּמְכָּרִים לַגּוֹיִם כְּדֵי
בָנוּ וְגַם־אַתֶּם תִּמְכְּרוּ אֶת־אֲחֵיכֶם וְנִמְכְּרוּ־לָנוּ וַיַּחֲרִישׁוּ
ט וְלֹא מָצְאוּ דָּבָר׃ ויאמר לֹא־טוֹב הַדָּבָר אֲשֶׁר־אַתֶּם עֹשִׂים וָאֹמַר
י הֲלוֹא בְּיִרְאַת אֱלֹהֵינוּ תֵּלֵכוּ מֵחֶרְפַּת הַגּוֹיִם אוֹיְבֵינוּ׃ וְגַם־
אֲנִי אַחַי וּנְעָרַי נֹשִׁים בָּהֶם כֶּסֶף וְדָגָן נַעַזְבָה־נָּא אֶת־הַמַּשָּׁא
יא הַזֶּה׃ הָשִׁיבוּ נָא לָהֶם כְּהַיּוֹם שְׂדֹתֵיהֶם כַּרְמֵיהֶם זֵיתֵיהֶם
וּבָתֵּיהֶם וּמְאַת הַכֶּסֶף וְהַדָּגָן הַתִּירוֹשׁ וְהַיִּצְהָר אֲשֶׁר אַתֶּם
יב נֹשִׁים בָּהֶם׃ וַיֹּאמְרוּ נָשִׁיב וּמֵהֶם לֹא נְבַקֵּשׁ כֵּן נַעֲשֶׂה כַּאֲשֶׁר
אַתָּה אוֹמֵר וָאֶקְרָא אֶת־הַכֹּהֲנִים וָאַשְׁבִּיעֵם לַעֲשׂוֹת כַּדָּבָר
יג הַזֶּה׃ גַּם־חָצְנִי נָעַרְתִּי וָאֹמְרָה כָּכָה יְנַעֵר הָאֱלֹהִים אֶת־כָּל־
הָאִישׁ אֲשֶׁר לֹא־יָקִים אֶת־הַדָּבָר הַזֶּה מִבֵּיתוֹ וּמִיגִיעוֹ וְכָכָה
יִהְיֶה נָעוּר וָרֵק וַיֹּאמְרוּ כָל־הַקָּהָל אָמֵן וַיְהַלְלוּ אֶת־יְהוָה
יד וַיַּעַשׂ הָעָם כַּדָּבָר הַזֶּה׃ גַּם מִיּוֹם ׀ אֲשֶׁר־צִוָּה אֹתִי לִהְיוֹת
פֶּחָם בְּאֶרֶץ יְהוּדָה מִשְּׁנַת עֶשְׂרִים וְעַד שְׁנַת שְׁלֹשִׁים וּשְׁתַּיִם
לְאַרְתַּחְשַׁסְתְּא הַמֶּלֶךְ שָׁנִים שְׁתֵּים עֶשְׂרֵה אֲנִי וְאַחַי לֶחֶם
טו הַפֶּחָה לֹא אָכַלְתִּי׃ וְהַפַּחוֹת הָרִאשֹׁנִים אֲשֶׁר־לְפָנַי הִכְבִּידוּ

עַל־הָעָם וַיִּקְחוּ מֵהֶם בְּלֶחֶם וָיַיִן אַחַר כֶּסֶף־שְׁקָלִים אַרְבָּעִים
גַּם נַעֲרֵיהֶם שָׁלְטוּ עַל־הָעָם וַאֲנִי לֹא־עָשִׂיתִי כֵן מִפְּנֵי יִרְאַת
טז אֱלֹהִים׃ וְגַם בִּמְלֶאכֶת הַחוֹמָה הַזֹּאת הֶחֱזַקְתִּי וְשָׂדֶה
יז לֹא קָנִינוּ וְכָל־נְעָרַי קְבוּצִים שָׁם עַל־הַמְּלָאכָה׃ וְהַיְּהוּדִים
וְהַסְּגָנִים מֵאָה וַחֲמִשִּׁים אִישׁ וְהַבָּאִים אֵלֵינוּ מִן־הַגּוֹיִם אֲשֶׁר־
יח סְבִיבֹתֵינוּ עַל־שֻׁלְחָנִי׃ וַאֲשֶׁר הָיָה נַעֲשֶׂה לְיוֹם אֶחָד שׁוֹר
אֶחָד צֹאן שֵׁשׁ־בְּרֻרוֹת וְצִפֳּרִים נַעֲשׂוּ־לִי וּבֵין עֲשֶׂרֶת יָמִים
בְּכָל־יַיִן לְהַרְבֵּה וְעִם־זֶה לֶחֶם הַפֶּחָה לֹא בִקַּשְׁתִּי כִּי־כָבְדָה
יט הָעֲבֹדָה עַל־הָעָם הַזֶּה׃ זָכְרָה־לִּי אֱלֹהַי לְטוֹבָה כֹּל אֲשֶׁר־
ו א עָשִׂיתִי עַל־הָעָם הַזֶּה׃ וַיְהִי כַאֲשֶׁר נִשְׁמַע
לְסַנְבַלַּט וְטוֹבִיָּה וּלְגֶשֶׁם הָעַרְבִי וּלְיֶתֶר אֹיְבֵינוּ כִּי בָנִיתִי
אֶת־הַחוֹמָה וְלֹא־נוֹתַר בָּהּ פָּרֶץ גַּם עַד־הָעֵת הַהִיא דְּלָתוֹת
ב לֹא־הֶעֱמַדְתִּי בַשְּׁעָרִים׃ וַיִּשְׁלַח סַנְבַלַּט וְגֶשֶׁם אֵלַי לֵאמֹר
לְכָה וְנִוָּעֲדָה יַחְדָּו בַּכְּפִירִים בְּבִקְעַת אוֹנוֹ וְהֵמָּה חֹשְׁבִים
ג לַעֲשׂוֹת לִי רָעָה׃ וָאֶשְׁלְחָה עֲלֵיהֶם מַלְאָכִים לֵאמֹר מְלָאכָה
גְדוֹלָה אֲנִי עֹשֶׂה וְלֹא אוּכַל לָרֶדֶת לָמָּה תִשְׁבַּת הַמְּלָאכָה
ד כַּאֲשֶׁר אַרְפֶּהָ וְיָרַדְתִּי אֲלֵיכֶם׃ וַיִּשְׁלְחוּ אֵלַי כַּדָּבָר הַזֶּה אַרְבַּע
ה פְּעָמִים וָאָשִׁיב אוֹתָם כַּדָּבָר הַזֶּה׃ וַיִּשְׁלַח אֵלַי סַנְבַלַּט
כַּדָּבָר הַזֶּה פַּעַם חֲמִישִׁית אֶת־נַעֲרוֹ וְאִגֶּרֶת פְּתוּחָה בְּיָדוֹ׃
ו כָּתוּב בָּהּ בַּגּוֹיִם נִשְׁמָע וְגַשְׁמוּ אֹמֵר אַתָּה וְהַיְּהוּדִים חֹשְׁבִים
לִמְרוֹד עַל־כֵּן אַתָּה בוֹנֶה הַחוֹמָה וְאַתָּה הֹוֶה לָהֶם לְמֶלֶךְ
ז כַּדְּבָרִים הָאֵלֶּה׃ וְגַם־נְבִיאִים הֶעֱמַדְתָּ לִקְרֹא עָלֶיךָ בִירוּשָׁלִַם
לֵאמֹר מֶלֶךְ בִּיהוּדָה וְעַתָּה יִשָּׁמַע לַמֶּלֶךְ כַּדְּבָרִים הָאֵלֶּה
ח וְעַתָּה לְכָה וְנִוָּעֲצָה יַחְדָּו׃ וָאֶשְׁלְחָה אֵלָיו לֵאמֹר לֹא נִהְיָה
כַּדְּבָרִים הָאֵלֶּה אֲשֶׁר אַתָּה אוֹמֵר כִּי מִלִּבְּךָ אַתָּה בוֹדָאם׃
ט כִּי כֻלָּם מְיָרְאִים אוֹתָנוּ לֵאמֹר יִרְפּוּ יְדֵיהֶם מִן־הַמְּלָאכָה
י וְלֹא תֵעָשֶׂה וְעַתָּה חַזֵּק אֶת־יָדָי׃ וַאֲנִי־בָאתִי בֵּית שְׁמַעְיָה

בֶּן־דְּלָיָה בֶּן־מְהֵיטַבְאֵל וְהוּא עָצוּר וַיֹּאמֶר נִוָּעֵד אֶל־בֵּית
הָאֱלֹהִים אֶל־תּוֹךְ הַהֵיכָל וְנִסְגְּרָה דַּלְתוֹת הַהֵיכָל כִּי בָּאִים
יא לְהָרְגֶךָ וְלַיְלָה בָּאִים לְהָרְגֶךָ׃ וָאֹמְרָה הַאִישׁ כָּמוֹנִי יִבְרָח
יב וּמִי כָמוֹנִי אֲשֶׁר־יָבוֹא אֶל־הַהֵיכָל וָחָי לֹא אָבוֹא׃ וָאַכִּירָה
וְהִנֵּה לֹא־אֱלֹהִים שְׁלָחוֹ כִּי הַנְּבוּאָה דִּבֶּר עָלַי וְטוֹבִיָּה
יג וְסַנְבַלַּט שְׂכָרוֹ׃ לְמַעַן שָׂכוּר הוּא לְמַעַן־אִירָא וְאֶעֱשֶׂה־כֵּן
יד וְחָטָאתִי וְהָיָה לָהֶם לְשֵׁם רָע לְמַעַן יְחָרְפוּנִי׃ זָכְרָה
אֱלֹהַי לְטוֹבִיָּה וּלְסַנְבַלַּט כְּמַעֲשָׂיו אֵלֶּה וְגַם לְנוֹעַדְיָה הַנְּבִיאָה
טו וּלְיֶתֶר הַנְּבִיאִים אֲשֶׁר הָיוּ מְיָרְאִים אוֹתִי׃ וַתִּשְׁלַם הַחוֹמָה ז
טז בְּעֶשְׂרִים וַחֲמִשָּׁה לֶאֱלוּל לַחֲמִשִּׁים וּשְׁנַיִם יוֹם׃ וַיְהִי
כַּאֲשֶׁר שָׁמְעוּ כָּל־אוֹיְבֵינוּ וַיִּרְאוּ כָּל־הַגּוֹיִם אֲשֶׁר סְבִיבֹתֵינוּ
וַיִּפְּלוּ מְאֹד בְּעֵינֵיהֶם וַיֵּדְעוּ כִּי מֵאֵת אֱלֹהֵינוּ נֶעֶשְׂתָה
יז הַמְּלָאכָה הַזֹּאת׃ גַּם ׀ בַּיָּמִים הָהֵם מַרְבִּים חֹרֵי יְהוּדָה
אִגְּרֹתֵיהֶם הוֹלְכוֹת עַל־טוֹבִיָּה וַאֲשֶׁר לְטוֹבִיָּה בָּאוֹת אֲלֵיהֶם׃
יח כִּי־רַבִּים בִּיהוּדָה בַּעֲלֵי שְׁבוּעָה לוֹ כִּי־חָתָן הוּא לִשְׁכַנְיָה
יט בֶן־אָרַח וִיהוֹחָנָן בְּנוֹ לָקַח אֶת־בַּת־מְשֻׁלָּם בֶּן בֶּרֶכְיָה׃ גַּם
טוֹבֹתָיו הָיוּ אֹמְרִים לְפָנַי וּדְבָרַי הָיוּ מוֹצִיאִים לוֹ אִגְּרוֹת
שָׁלַח טוֹבִיָּה לְיָרְאֵנִי׃

ז א וַיְהִי כַּאֲשֶׁר נִבְנְתָה הַחוֹמָה וָאַעֲמִיד הַדְּלָתוֹת וַיִּפָּקְדוּ
ב הַשּׁוֹעֲרִים וְהַמְשֹׁרְרִים וְהַלְוִיִּם׃ וָאֲצַוֶּה אֶת־חֲנָנִי אָחִי וְאֶת־
חֲנַנְיָה שַׂר הַבִּירָה עַל־יְרוּשָׁלִָם כִּי־הוּא כְּאִישׁ אֱמֶת וְיָרֵא
ג אֶת־הָאֱלֹהִים מֵרַבִּים׃ ויאמר לָהֶם לֹא יִפָּתְחוּ שַׁעֲרֵי יְרוּשָׁלִַם וָאֹמַר
עַד־חֹם הַשֶּׁמֶשׁ וְעַד הֵם עֹמְדִים יָגִיפוּ הַדְּלָתוֹת וֶאֱחֹזוּ וְהַעֲמֵיד
מִשְׁמְרוֹת יֹשְׁבֵי יְרוּשָׁלִַם אִישׁ בְּמִשְׁמָרוֹ וְאִישׁ נֶגֶד בֵּיתוֹ׃
ד וְהָעִיר רַחֲבַת יָדַיִם וּגְדֹלָה וְהָעָם מְעַט בְּתוֹכָהּ וְאֵין בָּתִּים
ה בְּנוּיִם׃ וַיִּתֵּן אֱלֹהַי אֶל־לִבִּי וָאֶקְבְּצָה אֶת־הַחֹרִים וְאֶת־
הַסְּגָנִים וְאֶת־הָעָם לְהִתְיַחֵשׂ וָאֶמְצָא סֵפֶר הַיַּחַשׂ הָעוֹלִים

ו בָּרִאשׁוֹנָה וָאֶמְצָא כָּתוּב בּוֹ׃ אֵלֶּה ׀ בְּנֵי הַמְּדִינָה
הָעֹלִים מִשְּׁבִי הַגּוֹלָה אֲשֶׁר הֶגְלָה נְבוּכַדְנֶצַּר מֶלֶךְ בָּבֶל
ז וַיָּשׁוּבוּ לִירוּשָׁלִַם וְלִיהוּדָה אִישׁ לְעִירוֹ׃ הַבָּאִים עִם־זְרֻבָּבֶל
יֵשׁוּעַ נְחֶמְיָה עֲזַרְיָה רַעַמְיָה נַחֲמָנִי מָרְדֳּכַי בִּלְשָׁן מִסְפֶּרֶת
ח בִּגְוַי נְחוּם בַּעֲנָה מִסְפַּר אַנְשֵׁי עַם יִשְׂרָאֵל׃ בְּנֵי פַרְעֹשׁ
ט אַלְפַּיִם מֵאָה וְשִׁבְעִים וּשְׁנָיִם׃ בְּנֵי שְׁפַטְיָה שְׁלֹשׁ מֵאוֹת
י יא שִׁבְעִים וּשְׁנָיִם׃ בְּנֵי אָרַח שֵׁשׁ מֵאוֹת חֲמִשִּׁים וּשְׁנָיִם׃ בְּנֵי־
פַחַת מוֹאָב לִבְנֵי יֵשׁוּעַ וְיוֹאָב אַלְפַּיִם וּשְׁמֹנֶה מֵאוֹת שְׁמֹנָה
יב יג עָשָׂר׃ בְּנֵי עֵילָם אֶלֶף מָאתַיִם חֲמִשִּׁים וְאַרְבָּעָה׃ בְּנֵי זַתּוּא
יד שְׁמֹנֶה מֵאוֹת אַרְבָּעִים וַחֲמִשָּׁה׃ בְּנֵי זַכָּי שְׁבַע מֵאוֹת וְשִׁשִּׁים׃
טו טז בְּנֵי בִנּוּי שֵׁשׁ מֵאוֹת אַרְבָּעִים וּשְׁמֹנָה׃ בְּנֵי בֵבָי שֵׁשׁ מֵאוֹת
יז עֶשְׂרִים וּשְׁמֹנָה׃ בְּנֵי עַזְגָּד אַלְפַּיִם שְׁלֹשׁ מֵאוֹת עֶשְׂרִים
יח יט וּשְׁנָיִם׃ בְּנֵי אֲדֹנִיקָם שֵׁשׁ מֵאוֹת שִׁשִּׁים וְשִׁבְעָה׃ בְּנֵי בִגְוָי
כ אַלְפַּיִם שִׁשִּׁים וְשִׁבְעָה׃ בְּנֵי עָדִין שֵׁשׁ מֵאוֹת חֲמִשִּׁים וַחֲמִשָּׁה׃
כא כב בְּנֵי־אָטֵר לְחִזְקִיָּה תִּשְׁעִים וּשְׁמֹנָה׃ בְּנֵי חָשֻׁם שְׁלֹשׁ מֵאוֹת
כג עֶשְׂרִים וּשְׁמֹנָה׃ בְּנֵי בֵצָי שְׁלֹשׁ מֵאוֹת עֶשְׂרִים וְאַרְבָּעָה׃
כד כה בְּנֵי חָרִיף מֵאָה שְׁנֵים עָשָׂר׃ בְּנֵי גִבְעוֹן תִּשְׁעִים וַחֲמִשָּׁה׃
כו כז אַנְשֵׁי בֵית־לֶחֶם וּנְטֹפָה מֵאָה שְׁמֹנִים וּשְׁמֹנָה׃ אַנְשֵׁי עֲנָתוֹת
כח מֵאָה עֶשְׂרִים וּשְׁמוֹנָה׃ אַנְשֵׁי בֵית־עַזְמָוֶת אַרְבָּעִים וּשְׁנָיִם׃
כט אַנְשֵׁי קִרְיַת יְעָרִים כְּפִירָה וּבְאֵרוֹת שְׁבַע מֵאוֹת אַרְבָּעִים
ל וּשְׁלֹשָׁה׃ אַנְשֵׁי הָרָמָה וָגָבַע שֵׁשׁ מֵאוֹת עֶשְׂרִים וְאֶחָד׃
לא לב אַנְשֵׁי מִכְמָס מֵאָה וְעֶשְׂרִים וּשְׁנָיִם׃ אַנְשֵׁי בֵית־אֵל וְהָעָי
לג לד מֵאָה עֶשְׂרִים וּשְׁלֹשָׁה׃ אַנְשֵׁי נְבוֹ אַחֵר חֲמִשִּׁים וּשְׁנָיִם׃ בְּנֵי
לה עֵילָם אַחֵר אֶלֶף מָאתַיִם חֲמִשִּׁים וְאַרְבָּעָה׃ בְּנֵי חָרִם שְׁלֹשׁ
לו לז מֵאוֹת וְעֶשְׂרִים׃ בְּנֵי יְרֵחוֹ שְׁלֹשׁ מֵאוֹת אַרְבָּעִים וַחֲמִשָּׁה׃ בְּנֵי־
לח לֹד חָדִיד וְאוֹנוֹ שְׁבַע מֵאוֹת וְעֶשְׂרִים וְאֶחָד׃ בְּנֵי סְנָאָה
לט שְׁלֹשֶׁת אֲלָפִים תְּשַׁע מֵאוֹת וּשְׁלֹשִׁים׃ הַכֹּהֲנִים בְּנֵי יְדַעְיָה

מ לְבֵית יֵשׁוּעַ תְּשַׁע מֵאוֹת שִׁבְעִים וּשְׁלֹשָׁה׃ בְּנֵי אִמֵּר אֶלֶף
מא חֲמִשִּׁים וּשְׁנָיִם׃ בְּנֵי פַשְׁחוּר אֶלֶף מָאתַיִם אַרְבָּעִים וְשִׁבְעָה׃
מב מג בְּנֵי חָרִם אֶלֶף שִׁבְעָה עָשָׂר׃ הַלְוִיִּם בְּנֵי־יֵשׁוּעַ לְקַדְמִיאֵל
מד לִבְנֵי לְהוֹדְוָה שִׁבְעִים וְאַרְבָּעָה׃ הַמְשֹׁרְרִים בְּנֵי אָסָף מֵאָה
מה אַרְבָּעִים וּשְׁמֹנָה׃ הַשֹּׁעֲרִים בְּנֵי־שַׁלֻּם בְּנֵי־אָטֵר בְּנֵי־טַלְמֹן בְּנֵי־
מו עַקּוּב בְּנֵי חֲטִיטָא בְּנֵי שֹׁבָי מֵאָה שְׁלֹשִׁים וּשְׁמֹנָה׃ הַנְּתִינִים
מז בְּנֵי־צִחָא בְנֵי־חֲשֻׂפָא בְּנֵי טַבָּעוֹת׃ בְּנֵי־קֵירֹס בְּנֵי־סִיעָא בְּנֵי
מח מט פָדוֹן׃ בְּנֵי־לְבָנָה בְנֵי־חֲגָבָא בְּנֵי שַׁלְמָי׃ בְּנֵי־חָנָן בְּנֵי־גִדֵּל בְּנֵי־
נ נא גָחַר׃ בְּנֵי־רְאָיָה בְנֵי־רְצִין בְּנֵי נְקוֹדָא׃ בְּנֵי־גַזָּם בְּנֵי־עֻזָּא בְּנֵי
נב נג פָסֵחַ׃ בְּנֵי־בֵסַי בְּנֵי־מְעוּנִים בְּנֵי נפושסים׃ בְּנֵי־בַקְבּוּק בְּנֵי־ נְפִישְׁסִים
נד נה חֲקוּפָא בְּנֵי חַרְחוּר׃ בְּנֵי־בַצְלִית בְּנֵי־מְחִידָא בְּנֵי חַרְשָׁא׃ בְּנֵי־
נו נז בַרְקוֹס בְּנֵי־סִיסְרָא בְּנֵי־תָמַח׃ בְּנֵי נְצִיחַ בְּנֵי חֲטִיפָא׃ בְּנֵי
נח עַבְדֵי שְׁלֹמֹה בְּנֵי־סוֹטַי בְּנֵי־סֹפֶרֶת בְּנֵי פְרִידָא׃ בְּנֵי־יַעְלָא בְּנֵי־
נט דַרְקוֹן בְּנֵי גִדֵּל׃ בְּנֵי שְׁפַטְיָה בְנֵי־חַטִּיל בְּנֵי פֹּכֶרֶת הַצְּבָיִים בְּנֵי
ס אָמוֹן׃ כָּל־הַנְּתִינִים וּבְנֵי עַבְדֵי שְׁלֹמֹה שְׁלֹשׁ מֵאוֹת תִּשְׁעִים
סא וּשְׁנָיִם׃ וְאֵלֶּה הָעוֹלִים מִתֵּל מֶלַח תֵּל חַרְשָׁא
כְּרוּב אַדּוֹן וְאִמֵּר וְלֹא יָכְלוּ לְהַגִּיד בֵּית־אֲבוֹתָם וְזַרְעָם אִם
סב מִיִּשְׂרָאֵל הֵם׃ בְּנֵי־דְלָיָה בְנֵי־טוֹבִיָּה בְּנֵי נְקוֹדָא שֵׁשׁ מֵאוֹת
סג וְאַרְבָּעִים וּשְׁנָיִם׃ וּמִן־הַכֹּהֲנִים בְּנֵי חֳבַיָּה בְּנֵי
הַקּוֹץ בְּנֵי בַרְזִלַּי אֲשֶׁר לָקַח מִבְּנוֹת בַּרְזִלַּי הַגִּלְעָדִי אִשָּׁה
סד וַיִּקָּרֵא עַל־שְׁמָם׃ אֵלֶּה בִּקְשׁוּ כְתָבָם הַמִּתְיַחְשִׂים וְלֹא נִמְצָא
סה וַיְגֹאֲלוּ מִן־הַכְּהֻנָּה׃ וַיֹּאמֶר הַתִּרְשָׁתָא לָהֶם אֲשֶׁר לֹא־יֹאכְלוּ
סו מִקֹּדֶשׁ הַקֳּדָשִׁים עַד עֲמֹד הַכֹּהֵן לְאוּרִים וְתֻמִּים׃ כָּל־הַקָּהָל
סז כְּאֶחָד אַרְבַּע רִבּוֹא אַלְפַּיִם שְׁלֹשׁ־מֵאוֹת וְשִׁשִּׁים׃ מִלְּבַד
עַבְדֵיהֶם וְאַמְהֹתֵיהֶם אֵלֶּה שִׁבְעַת אֲלָפִים שְׁלֹשׁ מֵאוֹת שְׁלֹשִׁים
וְשִׁבְעָה וְלָהֶם מְשֹׁרְרִים וּמְשֹׁרְרוֹת מָאתַיִם וְאַרְבָּעִים וַחֲמִשָּׁה׃
בקצת ספרים כתוב כאן
סוּסֵיהֶם שְׁבַע מֵאוֹת שְׁלֹשִׁים וְשִׁשָּׁה פִּרְדֵיהֶם מָאתַיִם אַרְבָּעִים וַחֲמִשָּׁה׃

סח גְּמַלִּ֕ים אַרְבַּ֥ע מֵא֖וֹת שְׁלֹשִׁ֣ים וַחֲמִשָּׁ֑ה חֲמֹרִ֕ים שֵׁ֣שֶׁת אֲלָפִ֔ים
סט שְׁבַ֥ע מֵא֖וֹת וְעֶשְׂרִֽים׃ וּמִקְצָת֙ רָאשֵׁ֣י הָֽאָב֔וֹת
נָֽתְנ֖וּ לַמְּלָאכָ֑ה הַתִּרְשָׁ֜תָא נָתַ֣ן לָאוֹצָ֗ר זָהָ֞ב דַּרְכְּמֹנִ֥ים
אֶ֙לֶף֙ מִזְרָק֣וֹת חֲמִשִּׁ֔ים כָּתְנ֣וֹת כֹּהֲנִ֔ים שְׁלֹשִׁ֥ים וַחֲמֵ֖שׁ
ע מֵאֽוֹת׃ וּמֵֽרָאשֵׁי֙ הָֽאָב֔וֹת נָֽתְנוּ֙ לְאוֹצַ֣ר הַמְּלָאכָ֔ה זָהָ֕ב
עא דַּרְכְּמוֹנִ֕ים שְׁתֵּ֣י רִבּ֑וֹת וְכֶ֕סֶף מָנִ֕ים אַלְפַּ֥יִם וּמָאתָֽיִם׃ וַֽאֲשֶׁר֙
נָֽתְנוּ֙ שְׁאֵרִ֣ית הָעָ֔ם זָהָ֗ב דַּרְכְּמֹנִים֙ שְׁתֵּ֣י רִבּ֔וֹא וְכֶ֕סֶף מָנִ֖ים
עב אַלְפָּ֑יִם וְכָתְנֹ֥ת כֹּהֲנִ֖ים שִׁשִּׁ֥ים וְשִׁבְעָֽה׃ וַיֵּשְׁב֣וּ הַכֹּהֲנִ֣ים וְהַלְוִיִּ֡ם
וְהַשּׁוֹעֲרִ֣ים וְהַמְשֹׁרְרִ֡ים וּמִן־הָעָ֡ם וְהַנְּתִינִים֩ וְכָל־יִשְׂרָאֵ֖ל
בְּעָרֵיהֶ֑ם וַיִּגַּע֙ הַחֹ֣דֶשׁ הַשְּׁבִיעִ֔י וּבְנֵ֥י יִשְׂרָאֵ֖ל בְּעָרֵיהֶֽם׃
ח א וַיֵּאָסְפ֤וּ כָל־הָעָם֙ כְּאִ֣ישׁ אֶחָ֔ד אֶל־הָ֣רְח֔וֹב אֲשֶׁ֖ר לִפְנֵ֣י שַֽׁעַר־
הַמָּ֑יִם וַיֹּאמְרוּ֙ לְעֶזְרָ֣א הַסֹּפֵ֔ר לְהָבִ֗יא אֶת־סֵ֙פֶר֙ תּוֹרַ֣ת מֹשֶׁ֔ה
ב אֲשֶׁר־צִוָּ֥ה יְהוָ֖ה אֶת־יִשְׂרָאֵֽל׃ וַיָּבִ֣יא עֶזְרָ֣א הַ֠כֹּהֵן אֶֽת־הַתּוֹרָ֞ה
לִפְנֵ֣י הַקָּהָ֗ל מֵאִ֛ישׁ וְעַד־אִשָּׁ֖ה וְכֹ֣ל מֵבִ֣ין לִשְׁמֹ֑עַ בְּי֥וֹם אֶחָ֖ד
ג לַחֹ֥דֶשׁ הַשְּׁבִיעִֽי׃ וַיִּקְרָא־ב֡וֹ לִפְנֵ֣י הָֽרְח֡וֹב אֲשֶׁר֩ ׀ לִפְנֵ֨י שַֽׁעַר־
הַמַּ֜יִם מִן־הָא֗וֹר עַד־מַחֲצִ֤ית הַיּוֹם֙ נֶ֛גֶד הָֽאֲנָשִׁ֥ים וְהַנָּשִׁ֖ים
ד וְהַמְּבִינִ֑ים וְאׇזְנֵ֥י כׇל־הָעָ֖ם אֶל־סֵ֥פֶר הַתּוֹרָֽה׃ וַֽיַּעֲמֹ֞ד עֶזְרָ֣א
הַסֹּפֵ֗ר עַֽל־מִגְדַּל־עֵץ֮ אֲשֶׁ֣ר עָשׂ֣וּ לַדָּבָר֒ וַיַּעֲמֹ֣ד אֶצְל֡וֹ
מַתִּתְיָ֡ה וְשֶׁ֡מַע וַ֠עֲנָיָה וְאֽוּרִיָּ֨ה וְחִלְקִיָּ֤ה וּמַֽעֲשֵׂיָה֙ עַל־יְמִינ֔וֹ
וּמִשְּׂמֹאל֗וֹ פְּ֠דָיָה וּמִֽישָׁאֵ֧ל וּמַלְכִּיָּ֛ה וְחָ֥שֻׁם וְחַשְׁבַּדָּ֖נָה זְכַרְיָ֥ה
ה מְשֻׁלָּֽם׃ וַיִּפְתַּ֨ח עֶזְרָ֤א הַסֵּ֙פֶר֙ לְעֵינֵ֣י כׇל־הָעָ֔ם
ו כִּֽי־מֵעַ֥ל כׇּל־הָעָ֖ם הָיָ֑ה וּכְפִתְח֖וֹ עָֽמְד֥וּ כׇל־הָעָֽם׃ וַיְבָ֣רֶךְ
עֶזְרָ֔א אֶת־יְהוָ֥ה הָאֱלֹהִ֖ים הַגָּד֑וֹל וַיַּעֲנ֨וּ כׇל־הָעָ֜ם אָמֵ֤ן ׀ אָמֵן֙
ז בְּמֹ֣עַל יְדֵיהֶ֔ם וַיִּקְּד֧וּ וַיִּשְׁתַּחֲוֻּ֛ לַיהוָ֖ה אַפַּ֥יִם אָֽרְצָה׃ וְיֵשׁ֡וּעַ
וּבָנִ֡י וְשֵׁרֵ֥בְיָ֣ה ׀ יָמִ֡ין עַקּ֡וּב שַׁבְּתַ֣י ׀ הֽוֹדִיָּ֡ה מַעֲשֵׂיָ֡ה קְלִיטָ֣א
עֲזַרְיָה֩ יוֹזָבָ֨ד חָנָ֤ן פְּלָאיָה֙ וְהַלְוִיִּ֔ם מְבִינִ֥ים אֶת־הָעָ֖ם לַתּוֹרָ֑ה
ח וְהָעָ֖ם עַל־עׇמְדָֽם׃ וַֽיִּקְרְא֥וּ בַסֵּ֛פֶר בְּתוֹרַ֥ת הָאֱלֹהִ֖ים מְפֹרָ֑שׁ

ט וְשׂ֣וֹם שֶׂ֔כֶל וַיָּבִ֖ינוּ בַּמִּקְרָֽא׃ וַיֹּ֣אמֶר נְחֶמְיָ֣ה ה֣וּא
הַתִּרְשָׁ֡תָא וְעֶזְרָ֣א הַכֹּהֵ֣ן ׀ הַסֹּפֵ֡ר וְהַלְוִיִּם֩ הַמְּבִינִ֨ים אֶת־הָעָ֜ם
לְכָל־הָעָ֗ם הַיּ֤וֹם קָדֹשׁ־הוּא֙ לַיהוָ֣ה אֱלֹֽהֵיכֶ֔ם אַל־תִּֽתְאַבְּל֖וּ
וְאַל־תִּבְכּ֑וּ כִּ֤י בוֹכִים֙ כָּל־הָעָ֔ם כְּשָׁמְעָ֖ם אֶת־דִּבְרֵ֥י הַתּוֹרָֽה׃
י וַיֹּ֣אמֶר לָהֶ֡ם לְכוּ֩ אִכְל֨וּ מַשְׁמַנִּ֜ים וּשְׁת֣וּ מַֽמְתַקִּ֗ים וְשִׁלְח֤וּ ח
מָנוֹת֙ לְאֵ֣ין נָכ֣וֹן ל֔וֹ כִּֽי־קָד֥וֹשׁ הַיּ֖וֹם לַאֲדֹנֵ֑ינוּ וְאַל־תֵּ֣עָצֵ֔בוּ
יא כִּֽי־חֶדְוַ֥ת יְהוָ֖ה הִ֥יא מָֽעֻזְּכֶֽם׃ וְהַלְוִיִּ֞ם מַחְשִׁ֤ים לְכָל־הָעָם֙
יב לֵאמֹ֣ר הַ֔סּוּ כִּ֥י הַיּ֖וֹם קָדֹ֑שׁ וְאַל־תֵּעָצֵֽבוּ׃ וַיֵּלְכ֣וּ כָל־הָעָ֗ם
לֶֽאֱכֹ֤ל וְלִשְׁתּוֹת֙ וּלְשַׁלַּ֣ח מָנ֔וֹת וְלַעֲשׂ֖וֹת שִׂמְחָ֣ה גְדוֹלָ֑ה כִּ֤י
יג הֵבִ֙ינוּ֙ בַּדְּבָרִ֔ים אֲשֶׁ֥ר הוֹדִ֖יעוּ לָהֶֽם׃ וּבַיּ֣וֹם הַשֵּׁנִ֡י
נֶאֶסְפוּ֩ רָאשֵׁ֨י הָאָב֜וֹת לְכָל־הָעָ֗ם הַכֹּֽהֲנִים֙ וְהַלְוִיִּ֔ם אֶל־עֶזְרָ֖א
יד הַסֹּפֵ֑ר וּלְהַשְׂכִּ֖יל אֶל־דִּבְרֵ֥י הַתּוֹרָֽה׃ וַֽיִּמְצְא֖וּ כָּת֣וּב בַּתּוֹרָ֑ה
אֲשֶׁ֨ר צִוָּ֤ה יְהוָה֙ בְּיַד־מֹשֶׁ֔ה אֲשֶׁר֩ יֵשְׁב֨וּ בְנֵֽי־יִשְׂרָאֵ֧ל בַּסֻּכּ֛וֹת
טו בֶּחָ֖ג בַּחֹ֥דֶשׁ הַשְּׁבִיעִֽי׃ וַאֲשֶׁ֣ר יַשְׁמִ֗יעוּ וְיַעֲבִ֙ירוּ֙ ק֣וֹל בְּכָל־
עָרֵיהֶם֮ וּבִירוּשָׁלִַ֣ם לֵאמֹר֒ צְא֣וּ הָהָ֗ר וְהָבִ֙יאוּ֙ עֲלֵי־זַ֙יִת֙ וַעֲלֵי־
עֵ֣ץ שֶׁ֔מֶן וַעֲלֵ֤י הֲדַס֙ וַעֲלֵ֣י תְמָרִ֔ים וַעֲלֵ֖י עֵ֣ץ עָבֹ֑ת לַעֲשֹׂ֥ת
טז סֻכֹּ֖ת כַּכָּתֽוּב׃ וַיֵּצְא֣וּ הָעָם֮ וַיָּבִיאוּ֒ וַיַּעֲשׂ֨וּ לָהֶ֜ם סֻכּ֗וֹת אִ֤ישׁ
עַל־גַּגּוֹ֙ וּבְחַצְרֹ֣תֵיהֶ֔ם וּבְחַצְר֖וֹת בֵּ֣ית הָאֱלֹהִ֑ים וּבִרְחוֹב֙ שַׁ֣עַר
יז הַמַּ֔יִם וּבִרְח֖וֹב שַׁ֥עַר אֶפְרָֽיִם׃ וַיַּעֲשׂ֣וּ כָֽל־הַ֠קָּהָל הַשָּׁבִ֨ים מִן־
הַשְּׁבִ֥י ׀ סֻכּוֹת֮ וַיֵּשְׁב֣וּ בַסֻּכּוֹת֒ כִּ֣י לֹֽא־עָשׂ֡וּ מִימֵי֩ יֵשׁ֨וּעַ בִּן־
נ֥וּן כֵּן֙ בְּנֵ֣י יִשְׂרָאֵ֔ל עַ֖ד הַיּ֣וֹם הַה֑וּא וַתְּהִ֥י שִׂמְחָ֖ה גְּדוֹלָ֥ה
יח מְאֹֽד׃ וַ֠יִּקְרָא בְּסֵ֜פֶר תּוֹרַ֣ת הָאֱלֹהִ֗ים י֣וֹם ׀ בְּי֔וֹם מִן־הַיּוֹם֙
הָרִאשׁ֔וֹן עַ֖ד הַיּ֣וֹם הָאַחֲר֑וֹן וַיַּעֲשׂוּ־חָג֙ שִׁבְעַ֣ת יָמִ֔ים וּבַיּ֧וֹם
הַשְּׁמִינִ֛י עֲצֶ֖רֶת כַּמִּשְׁפָּֽט׃

ט א וּבְי֨וֹם עֶשְׂרִ֤ים וְאַרְבָּעָה֙ לַחֹ֣דֶשׁ הַזֶּ֔ה נֶאֶסְפ֣וּ בְנֵֽי־יִשְׂרָאֵל֙
ב בְּצ֣וֹם וּבְשַׂקִּ֔ים וַאֲדָמָ֖ה עֲלֵיהֶֽם׃ וַיִּבָּֽדְלוּ֙ זֶ֣רַע יִשְׂרָאֵ֔ל מִכֹּ֖ל
בְּנֵ֣י נֵכָ֑ר וַיַּֽעַמְדוּ֙ וַיִּתְוַדּוּ֙ עַל־חַטֹּ֣אתֵיהֶ֔ם וַעֲוֺנ֖וֹת אֲבֹתֵיהֶֽם׃

וַיָּקוּמוּ עַל־עָמְדָם וַיִּקְרְאוּ בְּסֵפֶר תּוֹרַת יְהוָה אֱלֹהֵיהֶם ג
רְבִעִית הַיּוֹם וּרְבִעִית מִתְוַדִּים וּמִשְׁתַּחֲוִים לַיהוָה
אֱלֹהֵיהֶם׃ וַיָּקָם עַל־מַעֲלֵה הַלְוִיִּם יֵשׁוּעַ וּבָנִי ד
קַדְמִיאֵל שְׁבַנְיָה בֻּנִּי שֵׁרֵבְיָה בָּנִי כְנָנִי וַיִּזְעֲקוּ בְּקוֹל גָּדוֹל אֶל־
יְהוָה אֱלֹהֵיהֶם׃ וַיֹּאמְרוּ הַלְוִיִּם יֵשׁוּעַ וְקַדְמִיאֵל בָּנִי חֲשַׁבְנְיָה ה
שֵׁרֵבְיָה הוֹדִיָּה שְׁבַנְיָה פְתַחְיָה קוּמוּ בָּרְכוּ אֶת־יְהוָה אֱלֹהֵיכֶם
מִן־הָעוֹלָם עַד־הָעוֹלָם וִיבָרְכוּ שֵׁם כְּבֹדֶךָ וּמְרוֹמַם עַל־כָּל־
בְּרָכָה וּתְהִלָּה׃ אַתָּה־הוּא יְהוָה לְבַדֶּךָ אַתָּ עָשִׂיתָ אֶת־ ו
הַשָּׁמַיִם שְׁמֵי הַשָּׁמַיִם וְכָל־צְבָאָם הָאָרֶץ וְכָל־אֲשֶׁר עָלֶיהָ
הַיַּמִּים וְכָל־אֲשֶׁר בָּהֶם וְאַתָּה מְחַיֶּה אֶת־כֻּלָּם וּצְבָא הַשָּׁמַיִם
לְךָ מִשְׁתַּחֲוִים׃ אַתָּה הוּא יְהוָה הָאֱלֹהִים אֲשֶׁר בָּחַרְתָּ ז
בְּאַבְרָם וְהוֹצֵאתוֹ מֵאוּר כַּשְׂדִּים וְשַׂמְתָּ שְּׁמוֹ אַבְרָהָם׃ וּמָצָאתָ ח
אֶת־לְבָבוֹ נֶאֱמָן לְפָנֶיךָ וְכָרוֹת עִמּוֹ הַבְּרִית לָתֵת אֶת־אֶרֶץ
הַכְּנַעֲנִי הַחִתִּי הָאֱמֹרִי וְהַפְּרִזִּי וְהַיְבוּסִי וְהַגִּרְגָּשִׁי לָתֵת לְזַרְעוֹ
וַתָּקֶם אֶת־דְּבָרֶיךָ כִּי צַדִּיק אָתָּה׃ וַתֵּרֶא אֶת־עֳנִי אֲבֹתֵינוּ ט
בְּמִצְרָיִם וְאֶת־זַעֲקָתָם שָׁמַעְתָּ עַל־יַם־סוּף׃ וַתִּתֵּן אֹתֹת י
וּמֹפְתִים בְּפַרְעֹה וּבְכָל־עֲבָדָיו וּבְכָל־עַם אַרְצוֹ כִּי יָדַעְתָּ כִּי
הֵזִידוּ עֲלֵיהֶם וַתַּעַשׂ־לְךָ שֵׁם כְּהַיּוֹם הַזֶּה׃ וְהַיָּם בָּקַעְתָּ לִפְנֵיהֶם יא
וַיַּעַבְרוּ בְתוֹךְ־הַיָּם בַּיַּבָּשָׁה וְאֶת־רֹדְפֵיהֶם הִשְׁלַכְתָּ בִמְצוֹלֹת
כְּמוֹ־אֶבֶן בְּמַיִם עַזִּים׃ וּבְעַמּוּד עָנָן הִנְחִיתָם יוֹמָם וּבְעַמּוּד יב
אֵשׁ לַיְלָה לְהָאִיר לָהֶם אֶת־הַדֶּרֶךְ אֲשֶׁר יֵלְכוּ־בָהּ׃ וְעַל הַר־ יג
סִינַי יָרַדְתָּ וְדַבֵּר עִמָּהֶם מִשָּׁמָיִם וַתִּתֵּן לָהֶם מִשְׁפָּטִים יְשָׁרִים
וְתוֹרוֹת אֱמֶת חֻקִּים וּמִצְוֺת טוֹבִים׃ וְאֶת־שַׁבַּת קָדְשְׁךָ הוֹדַעְתָּ יד
לָהֶם וּמִצְווֹת וְחֻקִּים וְתוֹרָה צִוִּיתָ לָהֶם בְּיַד מֹשֶׁה עַבְדֶּךָ׃
וְלֶחֶם מִשָּׁמַיִם נָתַתָּה לָהֶם לִרְעָבָם וּמַיִם מִסֶּלַע הוֹצֵאתָ לָהֶם טו
לִצְמָאָם וַתֹּאמֶר לָהֶם לָבוֹא לָרֶשֶׁת אֶת־הָאָרֶץ אֲשֶׁר־נָשָׂאתָ
אֶת־יָדְךָ לָתֵת לָהֶם׃ וְהֵם וַאֲבֹתֵינוּ הֵזִידוּ וַיַּקְשׁוּ אֶת־עָרְפָּם טז

יז וְלֹא שָׁמְעוּ אֶל־מִצְוֺתֶיךָ׃ וַיְמָאֲנוּ לִשְׁמֹעַ וְלֹא־זָכְרוּ נִפְלְאֹתֶיךָ
אֲשֶׁר עָשִׂיתָ עִמָּהֶם וַיַּקְשׁוּ אֶת־עָרְפָּם וַיִּתְּנוּ־רֹאשׁ לָשׁוּב
לְעַבְדֻתָם בְּמִרְיָם וְאַתָּה אֱלוֹהַּ סְלִיחוֹת חַנּוּן וְרַחוּם אֶרֶךְ־
יח אַפַּיִם וְרַב־וחסד וְלֹא עֲזַבְתָּם׃ אַף כִּי־עָשׂוּ לָהֶם עֵגֶל מַסֵּכָה חֶסֶד
וַיֹּאמְרוּ זֶה אֱלֹהֶיךָ אֲשֶׁר הֶעֶלְךָ מִמִּצְרָיִם וַיַּעֲשׂוּ נֶאָצוֹת
יט גְּדֹלוֹת׃ וְאַתָּה בְּרַחֲמֶיךָ הָרַבִּים לֹא עֲזַבְתָּם בַּמִּדְבָּר אֶת־
עַמּוּד הֶעָנָן לֹא־סָר מֵעֲלֵיהֶם בְּיוֹמָם לְהַנְחֹתָם בְּהַדֶּרֶךְ וְאֶת־
עַמּוּד הָאֵשׁ בְּלַיְלָה לְהָאִיר לָהֶם וְאֶת־הַדֶּרֶךְ אֲשֶׁר יֵלְכוּ־
כ בָהּ׃ וְרוּחֲךָ הַטּוֹבָה נָתַתָּ לְהַשְׂכִּילָם וּמַנְךָ לֹא־מָנַעְתָּ מִפִּיהֶם
כא וּמַיִם נָתַתָּה לָהֶם לִצְמָאָם׃ וְאַרְבָּעִים שָׁנָה כִּלְכַּלְתָּם בַּמִּדְבָּר
כב לֹא חָסֵרוּ שַׂלְמֹתֵיהֶם לֹא בָלוּ וְרַגְלֵיהֶם לֹא בָצֵקוּ׃ וַתִּתֵּן
לָהֶם מַמְלָכוֹת וַעֲמָמִים וַתַּחְלְקֵם לְפֵאָה וַיִּירְשׁוּ אֶת־אֶרֶץ
סִיחוֹן וְאֶת־אֶרֶץ מֶלֶךְ חֶשְׁבּוֹן וְאֶת־אֶרֶץ עוֹג מֶלֶךְ־הַבָּשָׁן׃
כג וּבְנֵיהֶם הִרְבִּיתָ כְּכֹכְבֵי הַשָּׁמָיִם וַתְּבִיאֵם אֶל־הָאָרֶץ אֲשֶׁר־
כד אָמַרְתָּ לַאֲבֹתֵיהֶם לָבוֹא לָרָשֶׁת׃ וַיָּבֹאוּ הַבָּנִים וַיִּירְשׁוּ אֶת־
הָאָרֶץ וַתַּכְנַע לִפְנֵיהֶם אֶת־יֹשְׁבֵי הָאָרֶץ הַכְּנַעֲנִים וַתִּתְּנֵם
בְּיָדָם וְאֶת־מַלְכֵיהֶם וְאֶת־עַמְמֵי הָאָרֶץ לַעֲשׂוֹת בָּהֶם כִּרְצוֹנָם׃
כה וַיִּלְכְּדוּ עָרִים בְּצֻרוֹת וַאֲדָמָה שְׁמֵנָה וַיִּירְשׁוּ בָּתִּים מְלֵאִים־
כָּל־טוּב בֹּרוֹת חֲצוּבִים כְּרָמִים וְזֵיתִים וְעֵץ מַאֲכָל לָרֹב
כו וַיֹּאכְלוּ וַיִּשְׂבְּעוּ וַיַּשְׁמִינוּ וַיִּתְעַדְּנוּ בְּטוּבְךָ הַגָּדוֹל׃ וַיַּמְרוּ
וַיִּמְרְדוּ בָּךְ וַיַּשְׁלִכוּ אֶת־תּוֹרָתְךָ אַחֲרֵי גַוָּם וְאֶת־נְבִיאֶיךָ
הָרָגוּ אֲשֶׁר־הֵעִידוּ בָם לַהֲשִׁיבָם אֵלֶיךָ וַיַּעֲשׂוּ נֶאָצוֹת גְּדוֹלֹת׃
כז וַתִּתְּנֵם בְּיַד צָרֵיהֶם וַיָּצֵרוּ לָהֶם וּבְעֵת צָרָתָם יִצְעֲקוּ אֵלֶיךָ
וְאַתָּה מִשָּׁמַיִם תִּשְׁמָע וּכְרַחֲמֶיךָ הָרַבִּים תִּתֵּן לָהֶם מוֹשִׁיעִים
כח וְיוֹשִׁיעוּם מִיַּד צָרֵיהֶם׃ וּכְנוֹחַ לָהֶם יָשׁוּבוּ לַעֲשׂוֹת רַע לְפָנֶיךָ
וַתַּעַזְבֵם בְּיַד אֹיְבֵיהֶם וַיִּרְדּוּ בָהֶם וַיָּשׁוּבוּ וַיִּזְעָקוּךָ וְאַתָּה
כט מִשָּׁמַיִם תִּשְׁמַע וְתַצִּילֵם כְּרַחֲמֶיךָ רַבּוֹת עִתִּים׃ וַתָּעַד בָּהֶם

להשיבם אל־תורתך והמה הזידו ולא־שמעו למצותיך
ובמשפטיך חטאו־בם אשר־יעשה אדם וחיה בהם ויתנו
כתף סוררת וערפם הקשו ולא שמעו: ותמשך עליהם ל
שנים רבות ותעד בם ברוחך ביד־נביאיך ולא האזינו
ויתנם ביד עמי הארצת: וברחמיך הרבים לא־עשיתם לא
כלה ולא עזבתם כי אל־חנון ורחום אתה: ועתה אלהינו לב
האל הגדול הגבור והנורא שומר הברית והחסד אל־ימעט
לפניך את כל־התלאה אשר־מצאתנו למלכינו לשרינו
ולכהנינו ולנביאינו ולאבתינו ולכל־עמך מימי מלכי אשור
עד היום הזה: ואתה צדיק על כל־הבא עלינו כי־אמת עשית לג
ואנחנו הרשענו: ואת־מלכינו שרינו כהנינו ואבתינו לא עשו לד
תורתך ולא הקשיבו אל־מצותיך ולעדותיך אשר העידת
בהם: והם במלכותם ובטובך הרב אשר־נתת להם ובארץ לה
הרחבה והשמנה אשר־נתת לפניהם לא עבדוך ולא־שבו
ממעלליהם הרעים: הנה אנחנו היום עבדים והארץ אשר־ לו
נתתה לאבתינו לאכל את־פריה ואת־טובה הנה אנחנו
עבדים עליה: ותבואתה מרבה למלכים אשר־נתתה עלינו לז
בחטאותינו ועל־גויתנו משלים ובבהמתנו כרצונם ובצרה
גדולה אנחנו:

ט ובכל־זאת אנחנו כרתים אמנה וכתבים ועל החתום שרינו א י
לוינו כהנינו: ועל החתומים נחמיה התרשתא בן־חכליה ב
וצדקיה: שריה עזריה ירמיה: פשחור אמריה מלכיה: ג ד
חטוש שבניה מלוך: חרם מרמות עבדיה: דניאל גנתון ה ו ז
ברוך: משלם אביה מימן: מעזיה בלגי שמעיה אלה ח ט
הכהנים: והלוים וישוע בן־אזניה בנוי מבני חנדד קדמיאל: י
ואחיהם שבניה הודיה קליטא פלאיה חנן: מיכא רחוב יא יב
חשביה: זכור שרביה שבניה: הודיה בני בנינו: ראשי העם יג יד טו

טו טז יז פַּרְעֹשׁ פַּחַת מוֹאָב עֵילָם זַתּוּא בָּנִי׃ בֻּנִּי עַזְגָּד בֵּבָי׃ אֲדֹנִיָּה
יח יט כ בִגְוַי עָדִין׃ אָטֵר חִזְקִיָּה עַזּוּר׃ הוֹדִיָּה חָשֻׁם בֵּצָי׃ חָרִיף
כא כב עֲנָתוֹת נובי׃ מַגְפִּיעָשׁ מְשֻׁלָּם חֵזִיר׃ מְשֵׁיזַבְאֵל צָדוֹק יַדּוּעַ׃ נֵיבָי
כג כד כה פְּלַטְיָה חָנָן עֲנָיָה׃ הוֹשֵׁעַ חֲנַנְיָה חַשּׁוּב׃ הַלּוֹחֵשׁ פִּלְחָא
כו כז כח שׁוֹבֵק׃ רְחוּם חֲשַׁבְנָה מַעֲשֵׂיָה׃ וַאֲחִיָּה חָנָן עָנָן׃ מַלּוּךְ חָרִם
כט בַּעֲנָה׃ וּשְׁאָר הָעָם הַכֹּהֲנִים הַלְוִיִּם הַשּׁוֹעֲרִים הַמְשֹׁרְרִים
הַנְּתִינִים וְכָל־הַנִּבְדָּל מֵעַמֵּי הָאֲרָצוֹת אֶל־תּוֹרַת הָאֱלֹהִים
ל נְשֵׁיהֶם בְּנֵיהֶם וּבְנֹתֵיהֶם כֹּל יוֹדֵעַ מֵבִין׃ מַחֲזִיקִים עַל־
אֲחֵיהֶם אַדִּירֵיהֶם וּבָאִים בְּאָלָה וּבִשְׁבוּעָה לָלֶכֶת בְּתוֹרַת
הָאֱלֹהִים אֲשֶׁר נִתְּנָה בְּיַד מֹשֶׁה עֶבֶד־הָאֱלֹהִים וְלִשְׁמוֹר
לא וְלַעֲשׂוֹת אֶת־כָּל־מִצְוֹת יְהוָה אֲדֹנֵינוּ וּמִשְׁפָּטָיו וְחֻקָּיו׃ וַאֲשֶׁר
לֹא־נִתֵּן בְּנֹתֵינוּ לְעַמֵּי הָאָרֶץ וְאֶת־בְּנֹתֵיהֶם לֹא נִקַּח לְבָנֵינוּ׃
לב וְעַמֵּי הָאָרֶץ הַמְבִיאִים אֶת־הַמַּקָּחוֹת וְכָל־שֶׁבֶר בְּיוֹם הַשַּׁבָּת
לִמְכּוֹר לֹא־נִקַּח מֵהֶם בַּשַּׁבָּת וּבְיוֹם קֹדֶשׁ וְנִטֹּשׁ אֶת־הַשָּׁנָה
לג הַשְּׁבִיעִית וּמַשָּׁא כָל־יָד׃ וְהֶעֱמַדְנוּ עָלֵינוּ מִצְוֹת לָתֵת עָלֵינוּ
לד שְׁלִשִׁית הַשֶּׁקֶל בַּשָּׁנָה לַעֲבֹדַת בֵּית אֱלֹהֵינוּ׃ לְלֶחֶם הַמַּעֲרֶכֶת
וּמִנְחַת הַתָּמִיד וּלְעוֹלַת הַתָּמִיד הַשַּׁבָּתוֹת הֶחֳדָשִׁים לַמּוֹעֲדִים
וְלַקֳּדָשִׁים וְלַחַטָּאוֹת לְכַפֵּר עַל־יִשְׂרָאֵל וְכֹל מְלֶאכֶת בֵּית־
לה אֱלֹהֵינוּ׃ וְהַגּוֹרָלוֹת הִפַּלְנוּ עַל־קֻרְבַּן הָעֵצִים
הַכֹּהֲנִים הַלְוִיִּם וְהָעָם לְהָבִיא לְבֵית אֱלֹהֵינוּ לְבֵית־אֲבֹתֵינוּ
לְעִתִּים מְזֻמָּנִים שָׁנָה בְשָׁנָה לְבַעֵר עַל־מִזְבַּח יְהוָה אֱלֹהֵינוּ
לו כַּכָּתוּב בַּתּוֹרָה׃ וּלְהָבִיא אֶת־בִּכּוּרֵי אַדְמָתֵנוּ וּבִכּוּרֵי כָּל־
לז פְּרִי כָל־עֵץ שָׁנָה בְשָׁנָה לְבֵית יְהוָה׃ וְאֶת־בְּכֹרוֹת בָּנֵינוּ
וּבְהֶמְתֵּנוּ כַּכָּתוּב בַּתּוֹרָה וְאֶת־בְּכוֹרֵי בְקָרֵינוּ וְצֹאנֵינוּ לְהָבִיא
לח לְבֵית אֱלֹהֵינוּ לַכֹּהֲנִים הַמְשָׁרְתִים בְּבֵית אֱלֹהֵינוּ׃ וְאֶת־
רֵאשִׁית עֲרִסֹתֵינוּ וּתְרוּמֹתֵינוּ וּפְרִי כָל־עֵץ תִּירוֹשׁ וְיִצְהָר
נָבִיא לַכֹּהֲנִים אֶל־לִשְׁכוֹת בֵּית־אֱלֹהֵינוּ וּמַעְשַׂר אַדְמָתֵנוּ

לט לַלְוִיִּם וְהֵם הַלְוִיִּם הַֽמְעַשְּׂרִים בְּכֹל עָרֵי עֲבֹדָתֵנוּ: וְהָיָה
הַכֹּהֵן בֶּן־אַהֲרֹן עִם־הַלְוִיִּם בַּעְשֵׂר הַלְוִיִּם וְהַלְוִיִּם יַעֲלוּ אֶת־
מַעֲשַׂר הַמַּעֲשֵׂר לְבֵית אֱלֹהֵינוּ אֶל־הַלְּשָׁכוֹת לְבֵית הָאוֹצָר:
מ כִּי אֶל־הַלְּשָׁכוֹת יָבִיאוּ בְנֵי־יִשְׂרָאֵל וּבְנֵי הַלֵּוִי אֶת־תְּרוּמַת
הַדָּגָן הַתִּירוֹשׁ וְהַיִּצְהָר וְשָׁם כְּלֵי הַמִּקְדָּשׁ וְהַכֹּהֲנִים הַמְשָׁרְתִים
יא א וְהַשּׁוֹעֲרִים וְהַמְשֹׁרְרִים וְלֹא נַעֲזֹב אֶת־בֵּית אֱלֹהֵינוּ: וַיֵּשְׁבוּ
שָׂרֵי־הָעָם בִּירוּשָׁלִָם וּשְׁאָר הָעָם הִפִּילוּ גוֹרָלוֹת לְהָבִיא ׀
אֶחָד מִן־הָעֲשָׂרָה לָשֶׁבֶת בִּירוּשָׁלִַם עִיר הַקֹּדֶשׁ וְתֵשַׁע הַיָּדוֹת
ב בֶּעָרִים: וַיְבָרְכוּ הָעָם לְכֹל הָאֲנָשִׁים הַמִּתְנַדְּבִים לָשֶׁבֶת
ג בִּירוּשָׁלִָם: וְאֵלֶּה רָאשֵׁי הַמְּדִינָה אֲשֶׁר יָשְׁבוּ
בִּירוּשָׁלִָם וּבְעָרֵי יְהוּדָה יָשְׁבוּ אִישׁ בַּאֲחֻזָּתוֹ בְּעָרֵיהֶם יִשְׂרָאֵל
ד הַכֹּהֲנִים וְהַלְוִיִּם וְהַנְּתִינִים וּבְנֵי עַבְדֵי שְׁלֹמֹה: וּבִירוּשָׁלִַם יָשְׁבוּ
מִבְּנֵי יְהוּדָה וּמִבְּנֵי בִנְיָמִן מִבְּנֵי יְהוּדָה עֲתָיָה בֶן־עֻזִּיָּה בֶּן־זְכַרְיָה
ה בֶן־אֲמַרְיָה בֶּן־שְׁפַטְיָה בֶן־מַהֲלַלְאֵל מִבְּנֵי פָרֶץ: וּמַעֲשֵׂיָה
בֶן־בָּרוּךְ בֶּן־כָּל־חֹזֶה בֶּן־חֲזָיָה בֶן־עֲדָיָה בֶן־יוֹיָרִיב בֶּן־זְכַרְיָה בֶּן־
ו הַשִּׁלֹנִי: כָּל־בְּנֵי־פֶרֶץ הַיֹּשְׁבִים בִּירוּשָׁלִָם אַרְבַּע מֵאוֹת שִׁשִּׁים
ז וּשְׁמֹנָה אַנְשֵׁי־חָיִל: וְאֵלֶּה בְּנֵי בִנְיָמִן סַלֻּא בֶּן־
מְשֻׁלָּם בֶּן־יוֹעֵד בֶּן־פְּדָיָה בֶן־קוֹלָיָה בֶן־מַעֲשֵׂיָה בֶּן־אִיתִיאֵל
ח בֶּן־יְשַׁעְיָה: וְאַחֲרָיו גַּבַּי סַלָּי תְּשַׁע מֵאוֹת עֶשְׂרִים וּשְׁמֹנָה:
ט וְיוֹאֵל בֶּן־זִכְרִי פָּקִיד עֲלֵיהֶם וִיהוּדָה בֶן־הַסְּנוּאָה עַל־הָעִיר
י מִשְׁנֶה: מִן־הַכֹּהֲנִים יְדַעְיָה בֶן־יוֹיָרִיב יָכִין:
יא שְׂרָיָה בֶן־חִלְקִיָּה בֶּן־מְשֻׁלָּם בֶּן־צָדוֹק בֶּן־מְרָיוֹת בֶּן־אֲחִיטוּב
יב נְגִד בֵּית הָאֱלֹהִים: וַאֲחֵיהֶם עֹשֵׂה הַמְּלָאכָה לַבַּיִת שְׁמֹנֶה
מֵאוֹת עֶשְׂרִים וּשְׁנָיִם וַעֲדָיָה בֶּן־יְרֹחָם בֶּן־פְּלַלְיָה בֶּן־אַמְצִי
יג בֶּן־זְכַרְיָה בֶּן־פַּשְׁחוּר בֶּן־מַלְכִּיָּה: וְאֶחָיו רָאשִׁים לְאָבוֹת מָאתַיִם
אַרְבָּעִים וּשְׁנָיִם וַעֲמַשְׁסַי בֶּן־עֲזַרְאֵל בֶּן־אַחְזַי בֶּן־מְשִׁלֵּמוֹת בֶּן־
יד אִמֵּר: וַאֲחֵיהֶם גִּבֹּרֵי חַיִל מֵאָה עֶשְׂרִים וּשְׁמֹנָה וּפָקִיד עֲלֵיהֶם

טו זַבְדִּיאֵל בֶּן־הַגְּדוֹלִים׃ וּמִן־הַלְוִיִּם שְׁמַעְיָה בֶן־חַשּׁוּב
טז בֶּן־עַזְרִיקָם בֶּן־חֲשַׁבְיָה בֶּן־בּוּנִּי׃ וְשַׁבְּתַי וְיוֹזָבָד עַל־הַמְּלָאכָה
יז הַחִיצֹנָה לְבֵית הָאֱלֹהִים מֵרָאשֵׁי הַלְוִיִּם׃ וּמַתַּנְיָה בֶן־מִיכָא
בֶּן־זַבְדִּי בֶן־אָסָף רֹאשׁ הַתְּחִלָּה יְהוֹדֶה לַתְּפִלָּה וּבַקְבֻּקְיָה
יח מִשְׁנֶה מֵאֶחָיו וְעַבְדָּא בֶּן־שַׁמּוּעַ בֶּן־גָּלָל בֶּן־ידיתון׃ כָּל־הַלְוִיִּם יְדוּתוּן
יט בְּעִיר הַקֹּדֶשׁ מָאתַיִם שְׁמֹנִים וְאַרְבָּעָה׃ וְהַשּׁוֹעֲרִים
עַקּוּב טַלְמוֹן וַאֲחֵיהֶם הַשֹּׁמְרִים בַּשְּׁעָרִים מֵאָה שִׁבְעִים
כ וּשְׁנָיִם׃ וּשְׁאָר יִשְׂרָאֵל הַכֹּהֲנִים הַלְוִיִּם בְּכָל־עָרֵי יְהוּדָה
כא אִישׁ בְּנַחֲלָתוֹ׃ וְהַנְּתִינִים יֹשְׁבִים בָּעֹפֶל וְצִיחָא וְגִשְׁפָּא עַל־
כב הַנְּתִינִים׃ וּפְקִיד הַלְוִיִּם בִּירוּשָׁלִַם עֻזִּי בֶן־בָּנִי בֶּן־
חֲשַׁבְיָה בֶּן־מַתַּנְיָה בֶּן־מִיכָא מִבְּנֵי אָסָף הַמְשֹׁרְרִים לְנֶגֶד
כג מְלֶאכֶת בֵּית־הָאֱלֹהִים׃ כִּי־מִצְוַת הַמֶּלֶךְ עֲלֵיהֶם וַאֲמָנָה עַל־
כד הַמְשֹׁרְרִים דְּבַר־יוֹם בְּיוֹמוֹ׃ וּפְתַחְיָה בֶּן־מְשֵׁיזַבְאֵל
כה מִבְּנֵי־זֶרַח בֶּן־יְהוּדָה לְיַד הַמֶּלֶךְ לְכָל־דָּבָר לָעָם׃ וְאֶל־
הַחֲצֵרִים בִּשְׂדֹתָם מִבְּנֵי יְהוּדָה יָשְׁבוּ בְּקִרְיַת הָאַרְבַּע וּבְנֹתֶיהָ
כו וּבְדִיבֹן וּבְנֹתֶיהָ וּבִיקַּבְצְאֵל וַחֲצֵרֶיהָ׃ וּבְיֵשׁוּעַ וּבְמֹלָדָה וּבְבֵית־
כז כח פֶּלֶט׃ וּבַחֲצַר שׁוּעָל וּבִבְאֵר שֶׁבַע וּבְנֹתֶיהָ׃ וּבְצִקְלַג וּבִמְכֹנָה
כט ל וּבִבְנֹתֶיהָ׃ וּבְעֵין רִמּוֹן וּבְצָרְעָה וּבְיַרְמוּת׃ זָנֹחַ עֲדֻלָּם וְחַצְרֵיהֶם
לָכִישׁ וּשְׂדֹתֶיהָ עֲזֵקָה וּבְנֹתֶיהָ וַיַּחֲנוּ מִבְּאֵר־שֶׁבַע עַד־גֵּיא
לא הִנֹּם׃ וּבְנֵי בִנְיָמִן מִגָּבַע מִכְמָשׂ וְעַיָּה וּבֵית־אֵל וּבְנֹתֶיהָ׃
לב לג לד עֲנָתוֹת נֹב עֲנָנְיָה׃ חָצוֹר ׀ רָמָה גִּתָּיִם׃ חָדִיד צְבֹעִים
לה לו נְבַלָּט׃ לֹד וְאוֹנוֹ גֵּי הַחֲרָשִׁים׃ וּמִן־הַלְוִיִּם מַחְלְקוֹת יְהוּדָה
יב א לְבִנְיָמִין׃ וְאֵלֶּה הַכֹּהֲנִים וְהַלְוִיִּם אֲשֶׁר עָלוּ עִם־
ב זְרֻבָּבֶל בֶּן־שְׁאַלְתִּיאֵל וְיֵשׁוּעַ שְׂרָיָה יִרְמְיָה עֶזְרָא׃ אֲמַרְיָה
ג ד ה מַלּוּךְ חַטּוּשׁ׃ שְׁכַנְיָה רְחֻם מְרֵמֹת׃ עִדּוֹא גִנְּתוֹי אֲבִיָּה׃ מִיָּמִין
ו ז מַעַדְיָה בִּלְגָּה׃ שְׁמַעְיָה וְיוֹיָרִיב יְדַעְיָה׃ סַלּוּ עָמוֹק חִלְקִיָּה
ח יְדַעְיָה אֵלֶּה רָאשֵׁי הַכֹּהֲנִים וַאֲחֵיהֶם בִּימֵי יֵשׁוּעַ׃ וְהַלְוִיִּם יֵשׁוּעַ

בִּנּוּי קַדְמִיאֵל שֵׁרֵבְיָה יְהוּדָה מַתַּנְיָה עַל־הֻיְּדוֹת הוּא וְאֶחָיו׃
וְעֻנִּי וּבַקְבֻּקְיָה ועני אֲחֵיהֶם לְנֶגְדָּם לְמִשְׁמָרוֹת׃ וְיֵשׁוּעַ הוֹלִיד ט
אֶת־יוֹיָקִים וְיוֹיָקִים הוֹלִיד אֶת־אֶלְיָשִׁיב וְאֶלְיָשִׁיב אֶת־
יוֹיָדָע׃ וְיוֹיָדָע הוֹלִיד אֶת־יוֹנָתָן וְיוֹנָתָן הוֹלִיד אֶת־יַדּוּעַ׃ יא
וּבִימֵי יוֹיָקִים הָיוּ כֹהֲנִים רָאשֵׁי הָאָבוֹת לִשְׂרָיָה מְרָיָה לְיִרְמְיָה יב
לִמְלִיכוּ חֲנַנְיָה׃ לְעֶזְרָא מְשֻׁלָּם לַאֲמַרְיָה יְהוֹחָנָן׃ למלוכי יוֹנָתָן יג יד
לְעִדּוֹא לִשְׁבַנְיָה יוֹסֵף׃ לְחָרִם עַדְנָא לִמְרָיוֹת חֶלְקָי׃ לעדיא זְכַרְיָה טו טז
לְגִנְּתוֹן מְשֻׁלָּם׃ לַאֲבִיָּה זִכְרִי לְמִנְיָמִין לְמוֹעַדְיָה פִּלְטָי׃ יז
לְבִלְגָּה שַׁמּוּעַ לִשְׁמַעְיָה יְהוֹנָתָן׃ וּלְיוֹיָרִיב מַתְּנָי לִידַעְיָה עֻזִּי׃ יח יט
לְסַלַּי קַלָּי לְעָמוֹק עֵבֶר׃ לְחִלְקִיָּה חֲשַׁבְיָה לִידַעְיָה נְתַנְאֵל׃ כ כא
הַלְוִיִּם בִּימֵי אֶלְיָשִׁיב יוֹיָדָע וְיוֹחָנָן וְיַדּוּעַ כְּתוּבִים רָאשֵׁי כב
אָבוֹת וְהַכֹּהֲנִים עַל־מַלְכוּת דָּרְיָוֶשׁ הַפָּרְסִי׃ בְּנֵי לֵוִי כג
רָאשֵׁי הָאָבוֹת כְּתוּבִים עַל־סֵפֶר דִּבְרֵי הַיָּמִים וְעַד־יְמֵי יוֹחָנָן
בֶּן־אֶלְיָשִׁיב׃ וְרָאשֵׁי הַלְוִיִּם חֲשַׁבְיָה שֵׁרֵבְיָה וְיֵשׁוּעַ בֶּן־ כד
קַדְמִיאֵל וַאֲחֵיהֶם לְנֶגְדָּם לְהַלֵּל לְהוֹדוֹת בְּמִצְוַת דָּוִיד אִישׁ־
הָאֱלֹהִים מִשְׁמָר לְעֻמַּת מִשְׁמָר׃ מַתַּנְיָה וּבַקְבֻּקְיָה עֹבַדְיָה כה
מְשֻׁלָּם טַלְמוֹן עַקּוּב שֹׁמְרִים שׁוֹעֲרִים מִשְׁמָר בַּאֲסֻפֵּי הַשְּׁעָרִים׃
אֵלֶּה בִּימֵי יוֹיָקִים בֶּן־יֵשׁוּעַ בֶּן־יוֹצָדָק וּבִימֵי נְחֶמְיָה הַפֶּחָה כו
י וְעֶזְרָא הַכֹּהֵן הַסּוֹפֵר׃ וּבַחֲנֻכַּת חוֹמַת יְרוּשָׁלַםִ בִּקְשׁוּ כז
אֶת־הַלְוִיִּם מִכָּל־מְקוֹמֹתָם לַהֲבִיאָם לִירוּשָׁלָםִ לַעֲשֹׂת חֲנֻכָּה
וְשִׂמְחָה וּבְתוֹדוֹת וּבְשִׁיר מְצִלְתַּיִם נְבָלִים וּבְכִנֹּרוֹת׃ וַיֵּאָסְפוּ כח
בְּנֵי הַמְשֹׁרְרִים וּמִן־הַכִּכָּר סְבִיבוֹת יְרוּשָׁלַםִ וּמִן־חַצְרֵי נְטֹפָתִי׃
וּמִבֵּית הַגִּלְגָּל וּמִשְּׂדוֹת גֶּבַע וְעַזְמָוֶת כִּי חֲצֵרִים בָּנוּ לָהֶם כט
הַמְשֹׁרְרִים סְבִיבוֹת יְרוּשָׁלָםִ׃ וַיִּטַּהֲרוּ הַכֹּהֲנִים וְהַלְוִיִּם וַיְטַהֲרוּ ל
אֶת־הָעָם וְאֶת־הַשְּׁעָרִים וְאֶת־הַחוֹמָה׃ וָאַעֲלֶה אֶת־שָׂרֵי לא
יְהוּדָה מֵעַל לַחוֹמָה וָאַעֲמִידָה שְׁתֵּי תוֹדֹת גְּדוֹלֹת וְתַהֲלֻכֹת
לַיָּמִין מֵעַל לַחוֹמָה לְשַׁעַר הָאַשְׁפֹּת׃ וַיֵּלֶךְ אַחֲרֵיהֶם הוֹשַׁעְיָה לב

לג לד וַחֲצִי שָׂרֵי יְהוּדָה: וַעֲזַרְיָה עֶזְרָא וּמְשֻׁלָּם: יְהוּדָה וּבִנְיָמִן
וּשְׁמַעְיָה וְיִרְמְיָה:
לה וּמִבְּנֵי הַכֹּהֲנִים בַּחֲצֹצְרוֹת זְכַרְיָה בֶן־יוֹנָתָן בֶּן־שְׁמַעְיָה בֶּן־
לו מַתַּנְיָה בֶּן־מִיכָיָה בֶּן־זַכּוּר בֶּן־אָסָף: וְאֶחָיו שְׁמַעְיָה וַעֲזַרְאֵל
מִלֲלַי גִּלֲלַי מָעַי נְתַנְאֵל וִיהוּדָה חֲנָנִי בִּכְלֵי־שִׁיר דָּוִיד אִישׁ
לז הָאֱלֹהִים וְעֶזְרָא הַסּוֹפֵר לִפְנֵיהֶם: וְעַל שַׁעַר הָעַיִן וְנֶגְדָּם עָלוּ
עַל־מַעֲלוֹת עִיר דָּוִיד בַּמַּעֲלֶה לַחוֹמָה מֵעַל לְבֵית דָּוִיד וְעַד
לח שַׁעַר הַמַּיִם מִזְרָח: וְהַתּוֹדָה הַשֵּׁנִית הַהוֹלֶכֶת לְמוֹאל וַאֲנִי
אַחֲרֶיהָ וַחֲצִי הָעָם מֵעַל לְהַחוֹמָה מֵעַל לְמִגְדַּל הַתַּנּוּרִים וְעַד
לט הַחוֹמָה הָרְחָבָה: וּמֵעַל לְשַׁעַר־אֶפְרַיִם וְעַל־שַׁעַר הַיְשָׁנָה
וְעַל־שַׁעַר הַדָּגִים וּמִגְדַּל חֲנַנְאֵל וּמִגְדַּל הַמֵּאָה וְעַד שַׁעַר
מ הַצֹּאן וְעָמְדוּ בְּשַׁעַר הַמַּטָּרָה: וַתַּעֲמֹדְנָה שְׁתֵּי הַתּוֹדֹת בְּבֵית
מא הָאֱלֹהִים וַאֲנִי וַחֲצִי הַסְּגָנִים עִמִּי: וְהַכֹּהֲנִים אֶלְיָקִים מַעֲשֵׂיָה
מב מִנְיָמִין מִיכָיָה אֶלְיוֹעֵינַי זְכַרְיָה חֲנַנְיָה בַּחֲצֹצְרוֹת: וּמַעֲשֵׂיָה
וּשְׁמַעְיָה וְאֶלְעָזָר וְעֻזִּי וִיהוֹחָנָן וּמַלְכִּיָּה וְעֵילָם וָעָזֶר וַיַּשְׁמִיעוּ
מג הַמְשֹׁרְרִים וְיִזְרַחְיָה הַפָּקִיד: וַיִּזְבְּחוּ בַיּוֹם הַהוּא זְבָחִים גְּדוֹלִים
וַיִּשְׂמָחוּ כִּי הָאֱלֹהִים שִׂמְּחָם שִׂמְחָה גְדוֹלָה וְגַם הַנָּשִׁים
מד וְהַיְלָדִים שָׂמֵחוּ וַתִּשָּׁמַע שִׂמְחַת יְרוּשָׁלִַם מֵרָחוֹק: וַיִּפָּקְדוּ
בַיּוֹם הַהוּא אֲנָשִׁים עַל־הַנְּשָׁכוֹת לָאוֹצָרוֹת | לַתְּרוּמוֹת
לָרֵאשִׁית וְלַמַּעַשְׂרוֹת לִכְנוֹס בָּהֶם לִשְׂדֵי הֶעָרִים מְנָאוֹת
הַתּוֹרָה לַכֹּהֲנִים וְלַלְוִיִּם כִּי שִׂמְחַת יְהוּדָה עַל־הַכֹּהֲנִים וְעַל־
מה הַלְוִיִּם הָעֹמְדִים: וַיִּשְׁמְרוּ מִשְׁמֶרֶת אֱלֹהֵיהֶם וּמִשְׁמֶרֶת
הַטָּהֳרָה וְהַמְשֹׁרְרִים וְהַשֹּׁעֲרִים כְּמִצְוַת דָּוִיד שְׁלֹמֹה בְנוֹ:
מו כִּי־בִימֵי דָוִיד וְאָסָף מִקֶּדֶם רָאשֵׁ הַמְשֹׁרְרִים וְשִׁיר־תְּהִלָּה
מז וְהֹדוֹת לֵאלֹהִים: וְכָל־יִשְׂרָאֵל בִּימֵי זְרֻבָּבֶל וּבִימֵי נְחֶמְיָה
נֹתְנִים מְנָיוֹת הַמְשֹׁרְרִים וְהַשֹּׁעֲרִים דְּבַר־יוֹם בְּיוֹמוֹ וּמַקְדִּשִׁים
יג א לַלְוִיִּם וְהַלְוִיִּם מַקְדִּשִׁים לִבְנֵי אַהֲרֹן: בַּיּוֹם הַהוּא

נקרא בספר משה באזני העם ונמצא כתוב בו אשר לא־
ב יבוא עמני ומאבי בקהל האלהים עד־עולם: כי לא קדמו
את־בני ישראל בלחם ובמים וישכר עליו את־בלעם לקללו
ג ויהפך אלהינו הקללה לברכה: ויהי כשמעם את־התורה
ד ויבדילו כל־ערב מישראל: ולפני מזה אלישיב הכהן נתון
ה בלשכת בית־אלהינו קרוב לטוביה: ויעש לו לשכה גדולה
ושם היו לפנים נתנים את־המנחה הלבונה והכלים ומעשר
הדגן התירוש והיצהר מצות הלוים והמשררים והשוערים
ו ותרומת הכהנים: ובכל־זה לא הייתי בירושלם כי בשנת
שלשים ושתים לארתחששתא מלך־בבל באתי אל־המלך
ז ולקץ ימים נשאלתי מן־המלך: ואבוא לירושלם ואבינה
ברעה אשר עשה אלישיב לטוביה לעשות לו נשכה בחצרי
ח בית האלהים: וירע לי מאד ואשליכה את־כל־כלי בית־
ט טוביה החוץ מן־הלשכה: ואמרה ויטהרו הלשכות ואשיבה
י שם כלי בית האלהים את־המנחה והלבונה: ואדעה כי־
מניות הלוים לא נתנה ויברחו איש־לשדהו הלוים והמשררים
יא עשי המלאכה: ואריבה את־הסגנים ואמרה מדוע נעזב
יב בית־האלהים ואקבצם ואעמדם על־עמדם: וכל־יהודה
יג הביאו מעשר הדגן והתירוש והיצהר לאוצרות: ואוצרה
על־אוצרות שלמיה הכהן וצדוק הסופר ופדיה מן־הלוים
ועל־ידם חנן בן־זכור בן־מתניה כי נאמנים נחשבו ועליהם
יד לחלק לאחיהם: זכרה־לי אלהי על־זאת ואל־
טו תמח חסדי אשר עשיתי בבית אלהי ובמשמריו: בימים
ההמה ראיתי ביהודה | דרכים־גתות | בשבת ומביאים
הערמות ועמסים על־החמרים ואף־יין ענבים ותאנים וכל־
משא ומביאים ירושלם ביום השבת ואעיד ביום מכרם
טז ציד: והצרים ישבו בה מביאים דאג וכל־מכר ומוכרים

יז בַּשַּׁבָּת לִבְנֵי יְהוּדָה וּבִירוּשָׁלִָם׃ וָאָרִיבָה אֵת חֹרֵי יְהוּדָה
וָאֹמְרָה לָהֶם מָה־הַדָּבָר הָרָע הַזֶּה אֲשֶׁר אַתֶּם עֹשִׂים
יח וּמְחַלְּלִים אֶת־יוֹם הַשַּׁבָּת׃ הֲלוֹא כֹה עָשׂוּ אֲבֹתֵיכֶם וַיָּבֵא
אֱלֹהֵינוּ עָלֵינוּ אֵת כָּל־הָרָעָה הַזֹּאת וְעַל הָעִיר הַזֹּאת וְאַתֶּם
יט מוֹסִיפִים חָרוֹן עַל־יִשְׂרָאֵל לְחַלֵּל אֶת־הַשַּׁבָּת׃ וַיְהִי
כַּאֲשֶׁר צָלֲלוּ שַׁעֲרֵי יְרוּשָׁלִַם לִפְנֵי הַשַּׁבָּת וָאֹמְרָה וַיִּסָּגְרוּ
הַדְּלָתוֹת וָאֹמְרָה אֲשֶׁר לֹא יִפְתָּחוּם עַד אַחַר הַשַּׁבָּת וּמִנְּעָרַי
כ הֶעֱמַדְתִּי עַל־הַשְּׁעָרִים לֹא־יָבוֹא מַשָּׂא בְּיוֹם הַשַּׁבָּת׃ וַיָּלִינוּ
הָרֹכְלִים וּמֹכְרֵי כָל־מִמְכָּר מִחוּץ לִירוּשָׁלִָם פַּעַם וּשְׁתָּיִם׃
כא וָאָעִידָה בָהֶם וָאֹמְרָה אֲלֵיהֶם מַדּוּעַ אַתֶּם לֵנִים נֶגֶד הַחוֹמָה
אִם־תִּשְׁנוּ יָד אֶשְׁלַח בָּכֶם מִן־הָעֵת הַהִיא לֹא בָאוּ בַּשַּׁבָּת׃
כב וָאֹמְרָה לַלְוִיִּם אֲשֶׁר יִהְיוּ מִטַּהֲרִים וּבָאִים שֹׁמְרִים הַשְּׁעָרִים
לְקַדֵּשׁ אֶת־יוֹם הַשַּׁבָּת גַּם־זֹאת זָכְרָה־לִּי אֱלֹהַי וְחוּסָה עָלַי
כג כְּרֹב חַסְדֶּךָ׃ גַּם ׀ בַּיָּמִים הָהֵם רָאִיתִי אֶת־הַיְּהוּדִים
כד הֹשִׁיבוּ נָשִׁים אשדודיות עמוניות מוֹאֲבִיּוֹת׃ וּבְנֵיהֶם חֲצִי מְדַבֵּר
כה אַשְׁדּוֹדִית וְאֵינָם מַכִּירִים לְדַבֵּר יְהוּדִית וְכִלְשׁוֹן עַם וָעָם׃ וָאָרִיב
עִמָּם וָאֲקַלְלֵם וָאַכֶּה מֵהֶם אֲנָשִׁים וָאֶמְרְטֵם וָאַשְׁבִּיעֵם בֵּאלֹהִים
אִם־תִּתְּנוּ בְנֹתֵיכֶם לִבְנֵיהֶם וְאִם־תִּשְׂאוּ מִבְּנֹתֵיהֶם לִבְנֵיכֶם
כו וְלָכֶם׃ הֲלוֹא עַל־אֵלֶּה חָטָא־שְׁלֹמֹה מֶלֶךְ־יִשְׂרָאֵל וּבַגּוֹיִם
הָרַבִּים לֹא־הָיָה מֶלֶךְ כָּמֹהוּ וְאָהוּב לֵאלֹהָיו הָיָה וַיִּתְּנֵהוּ אֱלֹהִים
כז מֶלֶךְ עַל־כָּל־יִשְׂרָאֵל גַּם־אוֹתוֹ הֶחֱטִיאוּ הַנָּשִׁים הַנָּכְרִיּוֹת׃ וְלָכֶם
הֲנִשְׁמַע לַעֲשֹׂת אֵת כָּל־הָרָעָה הַגְּדוֹלָה הַזֹּאת לִמְעֹל בֵּאלֹהֵינוּ
כח לְהֹשִׁיב נָשִׁים נָכְרִיּוֹת׃ וּמִבְּנֵי יוֹיָדָע בֶּן־אֶלְיָשִׁיב הַכֹּהֵן הַגָּדוֹל
כט חָתָן לְסַנְבַלַּט הַחֹרֹנִי וָאַבְרִיחֵהוּ מֵעָלָי׃ זָכְרָה לָהֶם אֱלֹהָי עַל־
ל גָּאֳלֵי הַכְּהֻנָּה וּבְרִית הַכְּהֻנָּה וְהַלְוִיִּם׃ וְטִהַרְתִּים מִכָּל־נֵכָר
לא וָאַעֲמִידָה מִשְׁמָרוֹת לַכֹּהֲנִים וְלַלְוִיִּם אִישׁ בִּמְלַאכְתּוֹ׃ וּלְקֻרְבַּן
הָעֵצִים בְּעִתִּים מְזֻמָּנוֹת וְלַבִּכּוּרִים זָכְרָה־לִּי אֱלֹהַי לְטוֹבָה׃

אַשְׁדֳּדִיּוֹת
עַמֳּנִיּוֹת

דברי הימים

א

א ב ג אָדָם שֵׁת אֱנוֹשׁ׃ קֵינָן מַהֲלַלְאֵל יָרֶד׃ חֲנוֹךְ מְתוּשֶׁלַח לָמֶךְ׃ א
ד ה נֹחַ שֵׁם חָם וָיָפֶת׃ בְּנֵי יֶפֶת גֹּמֶר וּמָגוֹג וּמָדַי וְיָוָן וְתֻבָל וּמֶשֶׁךְ
ו ז וְתִירָס׃ וּבְנֵי גֹּמֶר אַשְׁכְּנַז וְדִיפַת וְתוֹגַרְמָה׃ וּבְנֵי יָוָן אֱלִישָׁה
ח וְתַרְשִׁישָׁה כִּתִּים וְרוֹדָנִים׃ בְּנֵי חָם כּוּשׁ וּמִצְרָיִם
ט פּוּט וּכְנָעַן׃ וּבְנֵי כוּשׁ סְבָא וַחֲוִילָה וְסַבְתָּא וְרַעְמָא וְסַבְתְּכָא
י וּבְנֵי רַעְמָא שְׁבָא וּדְדָן׃ וְכוּשׁ יָלַד אֶת־נִמְרוֹד הוּא הֵחֵל לִהְיוֹת
יא גִּבּוֹר בָּאָרֶץ׃ וּמִצְרַיִם יָלַד אֶת־לוּדִיִּים וְאֶת־עֲנָמִים לודים
יב וְאֶת־לְהָבִים וְאֶת־נַפְתֻּחִים׃ וְאֶת־פַּתְרֻסִים וְאֶת־כַּסְלֻחִים
יג אֲשֶׁר יָצְאוּ מִשָּׁם פְּלִשְׁתִּים וְאֶת־כַּפְתֹּרִים׃ וּכְנַעַן יָלַד
יד אֶת־צִידוֹן בְּכֹרוֹ וְאֶת־חֵת׃ וְאֶת־הַיְבוּסִי וְאֶת־הָאֱמֹרִי וְאֶת
טו טז הַגִּרְגָּשִׁי׃ וְאֶת־הַחִוִּי וְאֶת־הַעַרְקִי וְאֶת־הַסִּינִי׃ וְאֶת־הָאַרְוָדִי וְאֶת־
יז הַצְּמָרִי וְאֶת־הַחֲמָתִי׃ בְּנֵי שֵׁם עֵילָם וְאַשּׁוּר וְאַרְפַּכְשַׁד
יח וְלוּד וַאֲרָם וְעוּץ וְחוּל וְגֶתֶר וָמֶשֶׁךְ׃ וְאַרְפַּכְשַׁד יָלַד
יט אֶת־שָׁלַח וְשֶׁלַח יָלַד אֶת־עֵבֶר׃ וּלְעֵבֶר יֻלַּד שְׁנֵי בָנִים שֵׁם
כ הָאֶחָד פֶּלֶג כִּי בְיָמָיו נִפְלְגָה הָאָרֶץ וְשֵׁם אָחִיו יָקְטָן׃ וְיָקְטָן
כא יָלַד אֶת־אַלְמוֹדָד וְאֶת־שָׁלֶף וְאֶת־חֲצַרְמָוֶת וְאֶת־יָרַח׃ וְאֶת־
כב הֲדוֹרָם וְאֶת־אוּזָל וְאֶת־דִּקְלָה׃ וְאֶת־עֵיבָל וְאֶת־אֲבִימָאֵל
כג וְאֶת־שְׁבָא׃ וְאֶת־אוֹפִיר וְאֶת־חֲוִילָה וְאֶת־יוֹבָב כָּל־אֵלֶּה
כד כה כו בְּנֵי יָקְטָן׃ שֵׁם ׀ אַרְפַּכְשַׁד שָׁלַח׃ עֵבֶר פֶּלֶג רְעוּ׃ שְׂרוּג
כז כח נָחוֹר תָּרַח׃ אַבְרָם הוּא אַבְרָהָם׃ בְּנֵי אַבְרָהָם יִצְחָק
כט וְיִשְׁמָעֵאל׃ אֵלֶּה תֹּלְדוֹתָם בְּכוֹר יִשְׁמָעֵאל נְבָיוֹת
ל וְקֵדָר וְאַדְבְּאֵל וּמִבְשָׂם׃ מִשְׁמָע וְדוּמָה מַשָּׂא חֲדַד וְתֵימָא׃
לא לב יְטוּר נָפִישׁ וָקֵדְמָה אֵלֶּה הֵם בְּנֵי יִשְׁמָעֵאל׃ וּבְנֵי
קְטוּרָה פִּילֶגֶשׁ אַבְרָהָם יָלְדָה אֶת־זִמְרָן וְיָקְשָׁן וּמְדָן
לג וּמִדְיָן וְיִשְׁבָּק וְשׁוּחַ וּבְנֵי יָקְשָׁן שְׁבָא וּדְדָן׃ וּבְנֵי
מִדְיָן עֵיפָה וָעֵפֶר וַחֲנוֹךְ וַאֲבִידָע וְאֶלְדָּעָה כָּל־אֵלֶּה בְּנֵי
לד קְטוּרָה׃ וַיּוֹלֶד אַבְרָהָם אֶת־יִצְחָק בְּנֵי יִצְחָק עֵשָׂו

וְיִשְׂרָאֵל׃ בְּנֵי עֵשָׂו אֱלִיפַז רְעוּאֵל וִיעוּשׁ וְיַעְלָם לה
וְקֹרַח׃ בְּנֵי אֱלִיפָז תֵּימָן וְאוֹמָר צְפִי וְגַעְתָּם קְנַז לו
וְתִמְנָע וַעֲמָלֵק׃ בְּנֵי רְעוּאֵל נַחַת זֶרַח שַׁמָּה לז
וּמִזָּה׃ וּבְנֵי שֵׂעִיר לוֹטָן וְשׁוֹבָל וְצִבְעוֹן וַעֲנָה וְדִישֹׁן לח
וְאֵצֶר וְדִישָׁן׃ וּבְנֵי לוֹטָן חֹרִי וְהוֹמָם וַאֲחוֹת לוֹטָן לט
תִּמְנָע׃ בְּנֵי שׁוֹבָל עַלְיָן וּמָנַחַת וְעֵיבָל שְׁפִי וְאוֹנָם מ
וּבְנֵי צִבְעוֹן אַיָּה וַעֲנָה׃ בְּנֵי עֲנָה דִּישׁוֹן וּבְנֵי מא
דִישׁוֹן חַמְרָן וְאֶשְׁבָּן וְיִתְרָן וּכְרָן׃ בְּנֵי־אֵצֶר בִּלְהָן מב
וְזַעֲוָן יַעֲקָן בְּנֵי דִישׁוֹן עוּץ וַאֲרָן׃ וְאֵלֶּה הַמְּלָכִים מג
אֲשֶׁר מָלְכוּ בְּאֶרֶץ אֱדוֹם לִפְנֵי מְלָךְ־מֶלֶךְ לִבְנֵי יִשְׂרָאֵל
בֶּלַע בֶּן־בְּעוֹר וְשֵׁם עִירוֹ דִּנְהָבָה׃ וַיָּמָת בָּלַע וַיִּמְלֹךְ תַּחְתָּיו מד
יוֹבָב בֶּן־זֶרַח מִבָּצְרָה׃ וַיָּמָת יוֹבָב וַיִּמְלֹךְ תַּחְתָּיו חוּשָׁם מה
מֵאֶרֶץ הַתֵּימָנִי׃ וַיָּמָת חוּשָׁם וַיִּמְלֹךְ תַּחְתָּיו הֲדַד בֶּן־בְּדַד הַמַּכֶּה מו
עֲוִית אֶת־מִדְיָן בִּשְׂדֵה מוֹאָב וְשֵׁם עִירוֹ עֲיוֹת׃ וַיָּמָת הֲדָד וַיִּמְלֹךְ מז
תַּחְתָּיו שַׂמְלָה מִמַּשְׂרֵקָה׃ וַיָּמָת שַׂמְלָה וַיִּמְלֹךְ תַּחְתָּיו שָׁאוּל מח
מֵרְחֹבוֹת הַנָּהָר׃ וַיָּמָת שָׁאוּל וַיִּמְלֹךְ תַּחְתָּיו בַּעַל חָנָן בֶּן־ מט
עַכְבּוֹר׃ וַיָּמָת בַּעַל חָנָן וַיִּמְלֹךְ תַּחְתָּיו הֲדַד וְשֵׁם עִירוֹ פָּעִי נ
וְשֵׁם אִשְׁתּוֹ מְהֵיטַבְאֵל בַּת־מַטְרֵד בַּת מֵי זָהָב׃ וַיָּמָת הֲדָד נא
עַלְוָה וַיִּהְיוּ אַלּוּפֵי אֱדוֹם אַלּוּף תִּמְנָע אַלּוּף עַלְיָה אַלּוּף יְתֵת׃
אַלּוּף אָהֳלִיבָמָה אַלּוּף אֵלָה אַלּוּף פִּינֹן׃ אַלּוּף קְנַז אַלּוּף נב נג
תֵּימָן אַלּוּף מִבְצָר׃ אַלּוּף מַגְדִּיאֵל אַלּוּף עִירָם אֵלֶּה נד
אַלּוּפֵי אֱדוֹם׃ אֵלֶּה בְּנֵי יִשְׂרָאֵל רְאוּבֵן שִׁמְעוֹן א ב
לֵוִי וִיהוּדָה יִשָּׂשכָר וּזְבֻלוּן׃ דָּן יוֹסֵף וּבִנְיָמִן נַפְתָּלִי גָּד ב
וְאָשֵׁר׃ בְּנֵי יְהוּדָה עֵר וְאוֹנָן וְשֵׁלָה שְׁלוֹשָׁה נוֹלַד לוֹ ג
מִבַּת־שׁוּעַ הַכְּנַעֲנִית וַיְהִי עֵר ׀ בְּכוֹר יְהוּדָה רַע בְּעֵינֵי יְהוָה
וַיְמִיתֵהוּ׃ וְתָמָר כַּלָּתוֹ יָלְדָה לּוֹ אֶת־פֶּרֶץ וְאֶת־זָרַח כָּל־בְּנֵי ד
יְהוּדָה חֲמִשָּׁה׃ בְּנֵי פֶרֶץ חֶצְרוֹן וְחָמוּל׃ וּבְנֵי זֶרַח ה

ז זִמְרִ֣י וְאֵיתָ֗ן וְהֵימָ֛ן וְכַלְכֹּ֥ל וָדָ֖רַע כֻּלָּ֥ם חֲמִשָּֽׁה׃ וּבְנֵ֖י
ח כַּרְמִ֑י עָכָר֙ עוֹכֵ֣ר יִשְׂרָאֵ֔ל אֲשֶׁ֥ר מָעַ֖ל בַּחֵֽרֶם׃ וּבְנֵ֥י
ט אֵיתָ֖ן עֲזַרְיָֽה׃ וּבְנֵ֥י חֶצְר֖וֹן אֲשֶׁ֣ר נֽוֹלַד־ל֑וֹ אֶת־יְרַחְמְאֵ֥ל
י וְאֶת־רָ֖ם וְאֶת־כְּלוּבָֽי׃ וְרָ֖ם הוֹלִ֣יד אֶת־עַמִּֽינָדָ֑ב וְעַמִּֽינָדָב֙
יא הוֹלִ֣יד אֶֽת־נַחְשׁ֔וֹן נְשִׂ֖יא בְּנֵ֥י יְהוּדָֽה׃ וְנַחְשׁוֹן֙ הוֹלִ֣יד אֶת־שַׂלְמָ֔א
יב וְשַׂלְמָ֖א הוֹלִ֥יד אֶת־בֹּֽעַז׃ וּבֹ֨עַז֙ הוֹלִ֣יד אֶת־עוֹבֵ֔ד וְעוֹבֵ֖ד הוֹלִ֥יד
יג אֶת־יִשָֽׁי׃ וְאִישַׁ֗י הוֹלִ֛יד אֶת־בְּכֹר֖וֹ אֶת־אֱלִיאָ֑ב וַאֲבִֽינָדָב֙ הַשֵּׁנִ֔י
יד טו וְשִׁמְעָ֖א הַשְּׁלִישִֽׁי׃ נְתַנְאֵל֙ הָֽרְבִיעִ֔י רַדַּ֖י הַחֲמִישִֽׁי׃ אֹ֖צֶם הַשִּׁשִּׁ֑י
טז דָּוִ֖יד הַשְּׁבִעִֽי׃ וְאַחְיֽוֹתֵיהֶ֔ם צְרוּיָ֖ה וַאֲבִיגָ֑יִל וּבְנֵ֣י צְרוּיָ֗ה אַבְשַׁ֛י
יז וְיוֹאָ֥ב וַעֲשָׂה־אֵ֖ל שְׁלֹשָֽׁה׃ וַאֲבִיגַ֕יִל יָלְדָ֖ה אֶת־עֲמָשָׂ֑א וַאֲבִ֣י
יח עֲמָשָׂ֔א יֶ֖תֶר הַיִּשְׁמְעֵאלִֽי׃ וְכָלֵ֣ב בֶּן־חֶצְר֗וֹן הוֹלִ֛יד אֶת־
עֲזוּבָ֥ה אִשָּׁ֖ה וְאֶת־יְרִיע֑וֹת וְאֵ֣לֶּה בָנֶ֔יהָ יֵ֥שֶׁר וְשׁוֹבָ֖ב וְאַרְדּֽוֹן׃
יט כ וַתָּ֖מָת עֲזוּבָ֑ה וַיִּֽקַּֽח־ל֤וֹ כָלֵב֙ אֶת־אֶפְרָ֔ת וַתֵּ֥לֶד ל֖וֹ אֶת־חֽוּר׃ וְחוּר֙
כא הוֹלִ֣יד אֶת־אוּרִ֔י וְאוּרִ֖י הוֹלִ֥יד אֶת־בְּצַלְאֵֽל׃ וְאַחַ֗ר
בָּ֤א חֶצְרוֹן֙ אֶל־בַּת־מָכִיר֙ אֲבִ֣י גִלְעָ֔ד וְה֥וּא לְקָחָ֖הּ וְה֛וּא בֶּן־
כב שִׁשִּׁ֥ים שָׁנָ֖ה וַתֵּ֥לֶד ל֖וֹ אֶת־שְׂגֽוּב׃ וּשְׂג֖וּב הוֹלִ֣יד אֶת־יָאִ֑יר
כג וַֽיְהִי־ל֗וֹ עֶשְׂרִ֤ים וְשָׁלוֹשׁ֙ עָרִ֔ים בְּאֶ֖רֶץ הַגִּלְעָֽד׃ וַיִּקַּ֣ח
גְּשֽׁוּר־וַ֠אֲרָם אֶת־חַוֺּ֨ת יָאִ֤יר מֵֽאִתָּם֙ אֶת־קְנָ֣ת וְאֶת־בְּנֹתֶ֔יהָ
כד שִׁשִּׁ֖ים עִ֑יר כָּל־אֵ֕לֶּה בְּנֵ֖י מָכִ֥יר אֲבִֽי־גִלְעָֽד׃ וְאַחַ֥ר מֽוֹת־חֶצְר֖וֹן
בְּכָלֵ֣ב אֶפְרָ֑תָה וְאֵ֤שֶׁת חֶצְרוֹן֙ אֲבִיָּ֔ה וַתֵּ֣לֶד ל֔וֹ אֶת־אַשְׁח֖וּר
כה אֲבִ֥י תְקֽוֹעַ׃ וַיִּהְי֥וּ בְנֵֽי־יְרַחְמְאֵ֖ל בְּכ֣וֹר חֶצְר֑וֹן הַבְּכ֣וֹר ׀ רָ֗ם
כו וּב֛וּנָה וָאֹ֥רֶן וָאֹ֖צֶם אֲחִיָּֽה׃ וַתְּהִ֤י אִשָּׁה֙ אַחֶ֣רֶת לִֽירַחְמְאֵ֔ל וּשְׁמָ֖הּ
כז עֲטָרָ֑ה הִ֖יא אֵ֥ם אוֹנָֽם׃ וַיִּהְי֥וּ בְנֵי־רָ֖ם בְּכ֣וֹר יְרַחְמְאֵ֑ל
כח מַ֥עַץ וְיָמִ֖ין וָעֵֽקֶר׃ וַיִּהְי֥וּ בְנֵֽי־אוֹנָ֖ם שַׁמַּ֣י וְיָדָ֑ע וּבְנֵ֣י שַׁמַּ֔י נָדָ֖ב
כט וַאֲבִישֽׁוּר׃ וְשֵׁ֛ם אֵ֥שֶׁת אֲבִישׁ֖וּר אֲבִיהָ֑יִל וַתֵּ֣לֶד ל֔וֹ אֶת־
ל אַחְבָּ֖ן וְאֶת־מוֹלִֽיד׃ וּבְנֵ֥י נָדָ֖ב סֶ֣לֶד וְאַפָּ֑יִם וַיָּ֥מָת סֶ֖לֶד לֹ֥א
לא בָנִֽים׃ וּבְנֵ֥י אַפַּ֖יִם יִשְׁעִ֑י וּבְנֵ֥י יִשְׁעִי֙ שֵׁשָׁ֔ן וּבְנֵ֥י שֵׁשָׁ֖ן

אֲחְלָי׃ וּבְנֵי יָדָע אֲחִי שַׁמַּי יֶתֶר וְיוֹנָתָן וַיָּמָת יֶתֶר לֹא לב
בָנִים׃ וּבְנֵי יוֹנָתָן פֶּלֶת וְזָזָא אֵלֶּה הָיוּ בְּנֵי יְרַחְמְאֵל׃ לג
וְלֹא־הָיָה לְשֵׁשָׁן בָּנִים כִּי אִם־בָּנוֹת וּלְשֵׁשָׁן עֶבֶד מִצְרִי וּשְׁמוֹ לד
יַרְחָע׃ וַיִּתֵּן שֵׁשָׁן אֶת־בִּתּוֹ לְיַרְחָע עַבְדּוֹ לְאִשָּׁה וַתֵּלֶד לוֹ לה
אֶת־עַתָּי׃ וְעַתַּי הוֹלִיד אֶת־נָתָן וְנָתָן הוֹלִיד אֶת־זָבָד׃ וְזָבָד לו לז
הוֹלִיד אֶת־אֶפְלָל וְאֶפְלָל הוֹלִיד אֶת־עוֹבֵד׃ וְעוֹבֵד הֹלִיד לח
אֶת־יֵהוּא וְיֵהוּא הֹלִיד אֶת־עֲזַרְיָה׃ וַעֲזַרְיָה הֹלִיד אֶת־חָלֶץ לט
וְחֶלֶץ הֹלִיד אֶת־אֶלְעָשָׂה׃ וְאֶלְעָשָׂה הֹלִיד אֶת־סִסְמָי וְסִסְמָי מ
הֹלִיד אֶת־שַׁלּוּם׃ וְשַׁלּוּם הוֹלִיד אֶת־יְקַמְיָה וִיקַמְיָה הֹלִיד מא
אֶת־אֱלִישָׁמָע׃ וּבְנֵי כָלֵב אֲחִי יְרַחְמְאֵל מֵישָׁע בְּכֹרוֹ מב
הוּא אֲבִי־זִיף וּבְנֵי מָרֵשָׁה אֲבִי חֶבְרוֹן׃ וּבְנֵי חֶבְרוֹן קֹרַח וְתַפֻּחַ מג
וְרֶקֶם וָשָׁמַע׃ וְשֶׁמַע הוֹלִיד אֶת־רַחַם אֲבִי יָרְקְעָם וְרֶקֶם מד
הוֹלִיד אֶת־שַׁמָּי׃ וּבֶן־שַׁמַּי מָעוֹן וּמָעוֹן אֲבִי בֵית־צוּר׃ וְעֵיפָה מה מו
פִּילֶגֶשׁ כָּלֵב יָלְדָה אֶת־חָרָן וְאֶת־מוֹצָא וְאֶת־גָּזֵז וְחָרָן הֹלִיד
אֶת־גָּזֵז׃ וּבְנֵי יָהְדָּי רֶגֶם וְיוֹתָם וְגֵישָׁן וָפֶלֶט וְעֵיפָה מז
וָשָׁעַף׃ פִּלֶגֶשׁ כָּלֵב מַעֲכָה יָלַד שֶׁבֶר וְאֶת־תִּרְחֲנָה׃ וַתֵּלֶד מח מט
שַׁעַף אֲבִי מַדְמַנָּה אֶת־שְׁוָא אֲבִי מַכְבֵּנָה וַאֲבִי גִבְעָא וּבַת־
כָּלֵב עַכְסָה׃ אֵלֶּה הָיוּ בְּנֵי כָלֵב בֶּן־חוּר בְּכוֹר אֶפְרָתָה שׁוֹבָל נ
אֲבִי קִרְיַת יְעָרִים׃ שַׂלְמָא אֲבִי בֵית־לָחֶם חָרֵף אֲבִי בֵית־ נא
גָדֵר׃ וַיִּהְיוּ בָנִים לְשׁוֹבָל אֲבִי קִרְיַת יְעָרִים הָרֹאֶה חֲצִי הַמְּנֻחוֹת׃ נב
וּמִשְׁפְּחוֹת קִרְיַת יְעָרִים הַיִּתְרִי וְהַפּוּתִי וְהַשֻּׁמָתִי וְהַמִּשְׁרָעִי נג
מֵאֵלֶּה יָצְאוּ הַצָּרְעָתִי וְהָאֶשְׁתָּאֻלִי׃ בְּנֵי שַׂלְמָא בֵּית נד
לֶחֶם וּנְטוֹפָתִי עַטְרוֹת בֵּית יוֹאָב וַחֲצִי הַמָּנַחְתִּי הַצָּרְעִי׃
יֹשְׁבֵי וּמִשְׁפְּחוֹת סֹפְרִים ישבו יַעְבֵּץ תִּרְעָתִים שִׁמְעָתִים שׂוּכָתִים נה
הֵמָּה הַקִּינִים הַבָּאִים מֵחַמַּת אֲבִי בֵית־רֵכָב׃ וְאֵלֶּה ג א
הָיוּ בְּנֵי דָוִיד אֲשֶׁר נוֹלַד־לוֹ בְּחֶבְרוֹן הַבְּכוֹר ׀ אַמְנֹן לַאֲחִינֹעַם
הַיִּזְרְעֵאלִית שֵׁנִי דָּנִיֵּאל לַאֲבִיגַיִל הַכַּרְמְלִית׃ הַשְּׁלִשִׁי ב

לְאַבְשָׁלוֹם בֶּן־מַעֲכָה בַּת־תַּלְמַי מֶלֶךְ גְּשׁוּר הָרְבִיעִי אֲדֹנִיָּה
ג בֶּן־חַגִּית׃ הַחֲמִישִׁי שְׁפַטְיָה לַאֲבִיטָל הַשִּׁשִּׁי יִתְרְעָם לְעֶגְלָה
ד אִשְׁתּוֹ׃ שִׁשָּׁה נֽוֹלַד־לוֹ בְחֶבְרוֹן וַיִּמְלָךְ־שָׁם שֶׁבַע שָׁנִים וְשִׁשָּׁה
ה חֳדָשִׁים וּשְׁלֹשִׁים וְשָׁלוֹשׁ שָׁנָה מָלַךְ בִּירוּשָׁלִָם׃ וְאֵלֶּה
נוּלְּדוּ־לוֹ בִּירוּשָׁלָיִם שִׁמְעָא וְשׁוֹבָב וְנָתָן וּשְׁלֹמֹה אַרְבָּעָה
ו ז לְבַת־שׁוּעַ בַּת־עַמִּיאֵל׃ וְיִבְחָר וֶאֱלִישָׁמָע וֶאֱלִיפָלֶט׃ וְנֹגַהּ
ח ט וְנֶפֶג וְיָפִיעַ׃ וֶאֱלִישָׁמָע וְאֶלְיָדָע וֶאֱלִיפֶלֶט תִּשְׁעָה׃ כֹּל בְּנֵי
י דָּוִיד מִלְּבַד בְּנֵי־פִילַגְשִׁים וְתָמָר אֲחוֹתָם׃ וּבֶן־שְׁלֹמֹה
יא רְחַבְעָם אֲבִיָּה בְנוֹ אָסָא בְנוֹ יְהוֹשָׁפָט בְּנוֹ׃ יוֹרָם בְּנוֹ אֲחַזְיָהוּ
יב יג בְנוֹ יוֹאָשׁ בְּנוֹ׃ אֲמַצְיָהוּ בְנוֹ עֲזַרְיָה בְנוֹ יוֹתָם בְּנוֹ׃ אָחָז בְּנוֹ
יד טו חִזְקִיָּהוּ בְנוֹ מְנַשֶּׁה בְנוֹ׃ אָמוֹן בְּנוֹ יֹאשִׁיָּהוּ בְנוֹ׃ וּבְנֵי יֹאשִׁיָּהוּ
הַבְּכוֹר יוֹחָנָן הַשֵּׁנִי יְהוֹיָקִים הַשְּׁלִשִׁי צִדְקִיָּהוּ הָרְבִיעִי שַׁלּוּם׃
טז יז וּבְנֵי יְהוֹיָקִים יְכָנְיָה בְנוֹ צִדְקִיָּה בְנוֹ׃ וּבְנֵי יְכָנְיָה אַסִּר
יח שְׁאַלְתִּיאֵל בְּנוֹ׃ וּמַלְכִּירָם וּפְדָיָה וְשֶׁנְאַצַּר יְקַמְיָה הוֹשָׁמָע
יט וּנְדַבְיָה׃ וּבְנֵי פְדָיָה זְרֻבָּבֶל וְשִׁמְעִי וּבֶן־זְרֻבָּבֶל מְשֻׁלָּם וַחֲנַנְיָה
כ וּשְׁלֹמִית אֲחוֹתָם׃ וַחֲשֻׁבָה וָאֹהֶל וּבֶרֶכְיָה וַחֲסַדְיָה יוּשַׁב חֶסֶד
כא חָמֵשׁ׃ וּבֶן־חֲנַנְיָה פְּלַטְיָה וִישַׁעְיָה בְּנֵי רְפָיָה בְּנֵי אַרְנָן בְּנֵי
כב עֹבַדְיָה בְּנֵי שְׁכַנְיָה׃ וּבְנֵי שְׁכַנְיָה שְׁמַעְיָה וּבְנֵי שְׁמַעְיָה
כג חַטּוּשׁ וְיִגְאָל וּבָרִיחַ וּנְעַרְיָה וְשָׁפָט שִׁשָּׁה׃ וּבֶן־נְעַרְיָה
כד אֶלְיוֹעֵינַי וְחִזְקִיָּה וְעַזְרִיקָם שְׁלֹשָׁה׃ וּבְנֵי אֶלְיוֹעֵינַי הודיוהו הוֹדַוְיָהוּ
ד א וְאֶלְיָשִׁיב וּפְלָיָה וְעַקּוּב וְיוֹחָנָן וּדְלָיָה וַעֲנָנִי שִׁבְעָה׃ בְּנֵי
ב יְהוּדָה פֶּרֶץ חֶצְרוֹן וְכַרְמִי וְחוּר וְשׁוֹבָל׃ וּרְאָיָה בֶן־שׁוֹבָל
הוֹלִיד אֶת־יַחַת וְיַחַת הוֹלִיד אֶת־אֲחוּמַי וְאֶת־לָהַד אֵלֶּה
ג מִשְׁפְּחוֹת הַצָּרְעָתִי׃ וְאֵלֶּה אֲבִי עֵיטָם יִזְרְעֶאל וְיִשְׁמָא
ד וְיִדְבָּשׁ וְשֵׁם אֲחוֹתָם הַצְלֶלְפּוֹנִי׃ וּפְנוּאֵל אֲבִי גְדֹר וְעֵזֶר אֲבִי
ה חוּשָׁה אֵלֶּה בְנֵי־חוּר בְּכוֹר אֶפְרָתָה אֲבִי בֵּית לָחֶם׃ וּלְאַשְׁחוּר
ו אֲבִי תְקוֹעַ הָיוּ שְׁתֵּי נָשִׁים חֶלְאָה וְנַעֲרָה׃ וַתֵּלֶד לוֹ נַעֲרָה

אֶת־אֲחֻזָּם וְאֶת־חֵפֶר וְאֶת־תֵּימְנִי וְאֶת־הָאֲחַשְׁתָּרִי אֵלֶּה בְּנֵי
וְצֹחַר נַעֲרָה׃ וּבְנֵי חֶלְאָה צֶרֶת יצחר וְאֶתְנָן׃ וְקוֹץ הוֹלִיד אֶת־עָנוּב ז ח
וְאֶת־הַצֹּבֵבָה וּמִשְׁפְּחֹת אֲחַרְחֵל בֶּן־הָרוּם׃ וַיְהִי יַעְבֵּץ נִכְבָּד ט
מֵאֶחָיו וְאִמּוֹ קָרְאָה שְׁמוֹ יַעְבֵּץ לֵאמֹר כִּי יָלַדְתִּי בְּעֹצֶב׃
ב וַיִּקְרָא יַעְבֵּץ לֵאלֹהֵי יִשְׂרָאֵל לֵאמֹר אִם־בָּרֵךְ תְּבָרְכֵנִי וְהִרְבִּיתָ י
אֶת־גְּבוּלִי וְהָיְתָה יָדְךָ עִמִּי וְעָשִׂיתָ מֵּרָעָה לְבִלְתִּי עָצְבִּי וַיָּבֵא
אֱלֹהִים אֶת־אֲשֶׁר שָׁאָל׃ וּכְלוּב אֲחִי־שׁוּחָה הוֹלִיד יא
אֶת־מְחִיר הוּא אֲבִי אֶשְׁתּוֹן׃ וְאֶשְׁתּוֹן הוֹלִיד אֶת־בֵּית יב
רָפָא וְאֶת־פָּסֵחַ וְאֶת־תְּחִנָּה אֲבִי עִיר־נָחָשׁ אֵלֶּה אַנְשֵׁי
רֵכָה׃ וּבְנֵי קְנַז עָתְנִיאֵל וּשְׂרָיָה וּבְנֵי עָתְנִיאֵל חֲתַת׃ יג
וּמְעוֹנֹתַי הוֹלִיד אֶת־עָפְרָה וּשְׂרָיָה הוֹלִיד אֶת־יוֹאָב אֲבִי גֵּיא יד
חֲרָשִׁים כִּי חֲרָשִׁים הָיוּ׃ וּבְנֵי כָּלֵב בֶּן־יְפֻנֶּה עִירוּ טו
אֵלָה וָנָעַם וּבְנֵי אֵלָה וּקְנַז׃ וּבְנֵי יְהַלֶּלְאֵל זִיף וְזִיפָה תִּירְיָא טז
וַאֲשַׂרְאֵל׃ וּבֶן־עֶזְרָה יֶתֶר וּמֶרֶד וְעֵפֶר וְיָלוֹן וַתַּהַר אֶת־ יז
מִרְיָם וְאֶת־שַׁמַּי וְאֶת־יִשְׁבָּח אֲבִי אֶשְׁתְּמֹעַ׃ וְאִשְׁתּוֹ הַיְהֻדִיָּה יח
יָלְדָה אֶת־יֶרֶד אֲבִי גְדוֹר וְאֶת־חֶבֶר אֲבִי שׂוֹכוֹ וְאֶת־
יְקוּתִיאֵל אֲבִי זָנוֹחַ וְאֵלֶּה בְּנֵי בִּתְיָה בַת־פַּרְעֹה אֲשֶׁר לָקַח
מָרֶד׃ וּבְנֵי אֵשֶׁת הוֹדִיָּה אֲחוֹת נַחַם אֲבִי קְעִילָה יט
הַגַּרְמִי וְאֶשְׁתְּמֹעַ הַמַּעֲכָתִי׃ וּבְנֵי שִׁימוֹן אַמְנוֹן וְרִנָּה בֶּן־חָנָן כ
וְתִילוֹן ותולון וּבְנֵי יִשְׁעִי זוֹחֵת וּבֶן־זוֹחֵת׃ בְּנֵי שֵׁלָה בֶן־יְהוּדָה עֵר כא
אֲבִי לֵכָה וְלַעְדָּה אֲבִי מָרֵשָׁה וּמִשְׁפְּחוֹת בֵּית־עֲבֹדַת הַבֻּץ
לְבֵית אַשְׁבֵּעַ׃ וְיוֹקִים וְאַנְשֵׁי כֹזֵבָא וְיוֹאָשׁ וְשָׂרָף אֲשֶׁר־בָּעֲלוּ כב
לְמוֹאָב וְיָשֻׁבִי לָחֶם וְהַדְּבָרִים עַתִּיקִים׃ הֵמָּה הַיּוֹצְרִים וְיֹשְׁבֵי כג
נְטָעִים וּגְדֵרָה עִם־הַמֶּלֶךְ בִּמְלַאכְתּוֹ יָשְׁבוּ שָׁם׃ בְּנֵי כד
שִׁמְעוֹן נְמוּאֵל וְיָמִין יָרִיב זֶרַח שָׁאוּל׃ שַׁלֻּם בְּנוֹ מִבְשָׂם בְּנוֹ כה
מִשְׁמָע בְּנוֹ׃ וּבְנֵי מִשְׁמָע חַמּוּאֵל בְּנוֹ זַכּוּר בְּנוֹ שִׁמְעִי בְנוֹ׃ כו
וּלְשִׁמְעִי בָּנִים שִׁשָּׁה עָשָׂר וּבָנוֹת שֵׁשׁ וּלְאֶחָיו אֵין בָּנִים כז

כח רַבִּ֔ים וְכָל֙ מִשְׁפַּחְתָּ֔ם לֹ֥א הִרְבּ֖וּ עַד־בְּנֵ֥י יְהוּדָֽה׃ וַיֵּשְׁב֛וּ
כט בִּבְאֵר־שֶׁ֥בַע וּמוֹלָדָ֖ה וַחֲצַ֥ר שׁוּעָֽל׃ וּבְבִלְהָ֥ה וּבְעֶ֖צֶם וּבְתוֹלָֽד׃
ל לא וּבִבְתוּאֵ֥ל וּבְחָרְמָ֖ה וּבְצִֽיקְלָֽג׃ וּבְבֵ֤ית מַרְכָּבוֹת֙ וּבַחֲצַ֣ר סוּסִ֔ים
וּבְבֵ֥ית בִּרְאִ֖י וּבְשַׁעֲרָ֑יִם אֵ֥לֶּה עָרֵיהֶ֖ם עַד־מְלֹ֥ךְ דָּוִֽיד׃
לב לג וְחַצְרֵיהֶם֙ עֵיטָ֣ם וָעַ֔יִן רִמּ֥וֹן וְתֹ֖כֶן וְעָשָׁ֑ן עָרִ֖ים חָמֵֽשׁ׃ וְכָל־
חַצְרֵיהֶ֗ם אֲשֶׁ֤ר סְבִיבוֹת֙ הֶעָרִ֣ים הָאֵ֔לֶּה עַד־בָּ֑עַל זֹ֚את מוֹשְׁבֹתָ֔ם
לד לה וְהִתְיַחְשָׂ֖ם לָהֶֽם׃ וּמְשׁוֹבָ֣ב וְיַמְלֵ֔ךְ וְיוֹשָׁ֖ה בֶּן־אֲמַצְיָֽה׃ וְיוֹאֵ֑ל
לו וְיֵהוּא֙ בֶּן־יֽוֹשִׁבְיָ֔ה בֶּן־שְׂרָיָ֖ה בֶּן־עֲשִׂיאֵֽל׃ וְאֶלְיוֹעֵינַ֡י וְיַֽעֲקֹ֠בָה
לז וִישׁוֹחָיָ֨ה וַעֲשָׂיָ֧ה וַעֲדִיאֵ֛ל וִישִׂימִאֵ֖ל וּבְנָיָֽה׃ וְזִיזָ֤א בֶּן־שִׁפְעִי֙
לח בֶּן־אַלּ֣וֹן בֶּן־יְדָיָ֔ה בֶּן־שִׁמְרִ֖י בֶּן־שְׁמַעְיָֽה׃ אֵ֚לֶּה הַבָּאִ֣ים
בְּשֵׁמ֔וֹת נְשִׂיאִ֖ים בְּמִשְׁפְּחוֹתָ֑ם וּבֵית֙ אֲבֽוֹתֵיהֶ֔ם פָּרְצ֖וּ לָרֽוֹב׃
לט וַיֵּֽלְכוּ֙ לִמְב֣וֹא גְדֹ֔ר עַ֖ד לְמִזְרַ֣ח הַגָּ֑יְא לְבַקֵּ֥שׁ מִרְעֶ֖ה לְצֹאנָֽם׃
מ וַֽיִּמְצְא֞וּ מִרְעֶ֤ה שָׁמֵן֙ וָט֔וֹב וְהָאָ֙רֶץ֙ רַחֲבַ֣ת יָדַ֔יִם וְשֹׁקֶ֖טֶת
מא וּשְׁלֵוָ֑ה כִּ֚י מִן־חָ֔ם הַיֹּשְׁבִ֥ים שָׁ֖ם לְפָנִֽים׃ וַיָּבֹ֡אוּ אֵ֠לֶּה הַכְּתוּבִ֨ים
בְּשֵׁמ֜וֹת בִּימֵ֣י ׀ יְחִזְקִיָּ֣הוּ מֶֽלֶךְ־יְהוּדָ֗ה וַיַּכּ֤וּ אֶת־אָהֳלֵיהֶם֙ וְאֶת־
המעינים אֲשֶׁ֣ר נִמְצְאוּ־שָׁ֔מָּה וַיַּחֲרִימֻם֙ עַד־הַיּ֣וֹם הַזֶּ֔ה וַיֵּשְׁב֖וּ הַמְּעוּנִ֔ים
מב תַּחְתֵּיהֶ֑ם כִּֽי־מִרְעֶ֥ה לְצֹאנָ֖ם שָֽׁם׃ וּמֵהֶ֣ם ׀ מִן־בְּנֵ֣י שִׁמְע֗וֹן
הָלְכוּ֙ לְהַ֣ר שֵׂעִ֔יר אֲנָשִׁ֖ים חֲמֵ֣שׁ מֵא֑וֹת וּפְלַטְיָ֡ה וּ֠נְעַרְיָה וּרְפָיָ֧ה
מג וְעֻזִּיאֵ֛ל בְּנֵ֥י יִשְׁעִ֖י בְּרֹאשָֽׁם׃ וַיַּכּ֕וּ אֶת־שְׁאֵרִ֥ית הַפְּלֵטָ֖ה לַעֲמָלֵ֑ק
ה א וַיֵּ֣שְׁבוּ שָׁ֔ם עַ֖ד הַיּ֥וֹם הַזֶּֽה׃ וּבְנֵ֨י רְאוּבֵ֥ן בְּכוֹר־יִשְׂרָאֵל֮
כִּ֣י ה֣וּא הַבְּכוֹר֒ וּֽבְחַלְּלוֹ֙ יְצוּעֵ֣י אָבִ֔יו נִתְּנָה֙ בְּכֹ֣רָת֔וֹ לִבְנֵ֥י יוֹסֵ֖ף
ב בֶּן־יִשְׂרָאֵ֑ל וְלֹ֥א לְהִתְיַחֵ֖שׂ לַבְּכֹרָֽה׃ כִּ֤י יְהוּדָה֙ גָּבַ֣ר בְּאֶחָ֔יו
ג וּלְנָגִ֖יד מִמֶּ֑נּוּ וְהַבְּכֹרָ֖ה לְיוֹסֵֽף׃ בְּנֵ֥י רְאוּבֵ֖ן בְּכ֣וֹר
ד יִשְׂרָאֵ֑ל חֲנ֥וֹךְ וּפַלּ֖וּא חֶצְר֥וֹן וְכַרְמִֽי׃ בְּנֵ֖י יוֹאֵ֑ל שְׁמַעְיָ֣ה בְנ֔וֹ גּ֥וֹג
ה ו בְּנ֖וֹ שִׁמְעִ֥י בְנֽוֹ׃ מִיכָ֥ה בְנ֛וֹ רְאָיָ֥ה בְנ֖וֹ בַּ֥עַל בְּנֽוֹ׃ בְּאֵרָ֣ה בְנ֔וֹ
אֲשֶׁ֣ר הֶגְלָ֔ה תִּלְּגַ֥ת פִּלְנְאֶ֖סֶר מֶ֣לֶךְ אַשֻּׁ֑ר ה֥וּא נָשִׂ֖יא לָרֽאוּבֵנִֽי׃
ז וְאֶחָיו֙ לְמִשְׁפְּחֹתָ֔יו בְּהִתְיַחֵ֖שׂ לְתֹלְד֑וֹתָם הָרֹ֥אשׁ יְעִיאֵ֖ל

וּזְכַרְיָהוּ׃ וּבֶלַע בֶּן־עָזָז בֶּן־שֶׁמַע בֶּן־יוֹאֵל הוּא יוֹשֵׁב בַּעֲרֹעֵר ח
וְעַד־נְבוֹ וּבַעַל מְעוֹן׃ וְלַמִּזְרָח יָשַׁב עַד־לְבוֹא מִדְבָּרָה לְמִן־ ט
הַנָּהָר פְּרָת כִּי מִקְנֵיהֶם רָבוּ בְּאֶרֶץ גִּלְעָד׃ וּבִימֵי שָׁאוּל י
עָשׂוּ מִלְחָמָה עִם־הַהַגְרִאִים וַיִּפְּלוּ בְּיָדָם וַיֵּשְׁבוּ בְּאָהֳלֵיהֶם
עַל־כָּל־פְּנֵי מִזְרָח לַגִּלְעָד׃ וּבְנֵי־גָד לְנֶגְדָּם יָשְׁבוּ יא
בְּאֶרֶץ הַבָּשָׁן עַד־סַלְכָה׃ יוֹאֵל הָרֹאשׁ וְשָׁפָם הַמִּשְׁנֶה וְיַעְנַי יב
וְשָׁפָט בַּבָּשָׁן׃ וַאֲחֵיהֶם לְבֵית אֲבוֹתֵיהֶם מִיכָאֵל וּמְשֻׁלָּם וְשֶׁבַע יג
וְיוֹרַי וְיַעְכָּן וְזִיעַ וָעֵבֶר שִׁבְעָה׃ אֵלֶּה ׀ בְּנֵי אֲבִיחַיִל יד
בֶּן־חוּרִי בֶּן־יָרוֹחַ בֶּן־גִּלְעָד בֶּן־מִיכָאֵל בֶּן־יְשִׁישַׁי בֶּן־יַחְדּוֹ
בֶּן־בּוּז׃ אֲחִי בֶּן־עַבְדִּיאֵל בֶּן־גּוּנִי רֹאשׁ לְבֵית אֲבוֹתָם׃ טו
וַיֵּשְׁבוּ בַּגִּלְעָד בַּבָּשָׁן וּבִבְנֹתֶיהָ וּבְכָל־מִגְרְשֵׁי שָׁרוֹן עַל־ טז
תּוֹצְאוֹתָם׃ כֻּלָּם הִתְיַחְשׂוּ בִּימֵי יוֹתָם מֶלֶךְ־יְהוּדָה וּבִימֵי יז
יָרָבְעָם מֶלֶךְ־יִשְׂרָאֵל׃ בְּנֵי־רְאוּבֵן וְגָדִי וַחֲצִי שֵׁבֶט־ יח
מְנַשֶּׁה מִן־בְּנֵי־חַיִל אֲנָשִׁים נֹשְׂאֵי מָגֵן וְחֶרֶב וְדֹרְכֵי קֶשֶׁת
וּלְמוּדֵי מִלְחָמָה אַרְבָּעִים וְאַרְבָּעָה אֶלֶף וּשְׁבַע־מֵאוֹת וְשִׁשִּׁים
יֹצְאֵי צָבָא׃ וַיַּעֲשׂוּ מִלְחָמָה עִם־הַהַגְרִיאִים וִיטוּר וְנָפִישׁ יט
וְנוֹדָב׃ וַיֵּעָזְרוּ עֲלֵיהֶם וַיִּנָּתְנוּ בְיָדָם הַהַגְרִיאִים וְכֹל שֶׁעִמָּהֶם כ
כִּי לֵאלֹהִים זָעֲקוּ בַּמִּלְחָמָה וְנַעְתּוֹר לָהֶם כִּי־בָטְחוּ בוֹ׃
וַיִּשְׁבּוּ מִקְנֵיהֶם גְּמַלֵּיהֶם חֲמִשִּׁים אֶלֶף וְצֹאן מָאתַיִם וַחֲמִשִּׁים כא
אֶלֶף וַחֲמוֹרִים אַלְפָּיִם וְנֶפֶשׁ אָדָם מֵאָה אָלֶף׃ כִּי־חֲלָלִים כב
רַבִּים נָפָלוּ כִּי מֵהָאֱלֹהִים הַמִּלְחָמָה וַיֵּשְׁבוּ תַחְתֵּיהֶם עַד־
הַגֹּלָה׃ וּבְנֵי חֲצִי שֵׁבֶט מְנַשֶּׁה יָשְׁבוּ בָּאָרֶץ מִבָּשָׁן כג
עַד־בַּעַל חֶרְמוֹן וּשְׂנִיר וְהַר־חֶרְמוֹן הֵמָּה רָבוּ׃ וְאֵלֶּה רָאשֵׁי כד
בֵית־אֲבוֹתָם וְעֵפֶר וְיִשְׁעִי וֶאֱלִיאֵל וְעַזְרִיאֵל וְיִרְמְיָה וְהוֹדַוְיָה
וְיַחְדִּיאֵל אֲנָשִׁים גִּבּוֹרֵי חַיִל אַנְשֵׁי שֵׁמוֹת רָאשִׁים לְבֵית
אֲבוֹתָם׃ וַיִּמְעֲלוּ בֵּאלֹהֵי אֲבֹתֵיהֶם וַיִּזְנוּ אַחֲרֵי כה
אֱלֹהֵי עַמֵּי־הָאָרֶץ אֲשֶׁר־הִשְׁמִיד אֱלֹהִים מִפְּנֵיהֶם׃ וַיָּעַר כו

אֱלֹהֵי יִשְׂרָאֵל אֶת־רוּחַ ׀ פּוּל מֶלֶךְ־אַשּׁוּר וְאֶת־רוּחַ תִּלְּגַת
פִּלְנֶסֶר מֶלֶךְ אַשּׁוּר וַיַּגְלֵם לָראוּבֵנִי וְלַגָּדִי וְלַחֲצִי שֵׁבֶט
מְנַשֶּׁה וַיְבִיאֵם לַחְלַח וְחָבוֹר וְהָרָא וּנְהַר גּוֹזָן עַד הַיּוֹם
כז כח הַזֶּה: בְּנֵי לֵוִי גֵּרְשׁוֹן קְהָת וּמְרָרִי: וּבְנֵי קְהָת עַמְרָם
כט יִצְהָר וְחֶבְרוֹן וְעֻזִּיאֵל: וּבְנֵי עַמְרָם אַהֲרֹן וּמֹשֶׁה
ל וּמִרְיָם וּבְנֵי אַהֲרֹן נָדָב וַאֲבִיהוּא אֶלְעָזָר וְאִיתָמָר: אֶלְעָזָר
לא הוֹלִיד אֶת־פִּינְחָס פִּינְחָס הֹלִיד אֶת־אֲבִישׁוּעַ: וַאֲבִישׁוּעַ
לב הוֹלִיד אֶת־בֻּקִּי וּבֻקִּי הוֹלִיד אֶת־עֻזִּי: וְעֻזִּי הוֹלִיד אֶת־זְרַחְיָה
לג וּזְרַחְיָה הוֹלִיד אֶת־מְרָיוֹת: מְרָיוֹת הוֹלִיד אֶת־אֲמַרְיָה
לד וַאֲמַרְיָה הוֹלִיד אֶת־אֲחִיטוּב: וַאֲחִיטוּב הוֹלִיד אֶת־צָדוֹק
לה וְצָדוֹק הוֹלִיד אֶת־אֲחִימָעַץ: וַאֲחִימַעַץ הוֹלִיד אֶת־עֲזַרְיָה
לו וַעֲזַרְיָה הוֹלִיד אֶת־יוֹחָנָן: וְיוֹחָנָן הוֹלִיד אֶת־עֲזַרְיָה הוּא
לז אֲשֶׁר כִּהֵן בַּבַּיִת אֲשֶׁר־בָּנָה שְׁלֹמֹה בִּירוּשָׁלִָם: וַיּוֹלֶד עֲזַרְיָה
לח אֶת־אֲמַרְיָה וַאֲמַרְיָה הוֹלִיד אֶת־אֲחִיטוּב: וַאֲחִיטוּב הוֹלִיד
לט אֶת־צָדוֹק וְצָדוֹק הוֹלִיד אֶת־שַׁלּוּם: וְשַׁלּוּם הוֹלִיד אֶת־
מ חִלְקִיָּה וְחִלְקִיָּה הוֹלִיד אֶת־עֲזַרְיָה: וַעֲזַרְיָה הוֹלִיד אֶת־שְׂרָיָה
מא וּשְׂרָיָה הוֹלִיד אֶת־יְהוֹצָדָק: וִיהוֹצָדָק הָלַךְ בְּהַגְלוֹת יְהוָה
ו א אֶת־יְהוּדָה וִירוּשָׁלִָם בְּיַד נְבֻכַדְנֶאצַּר: בְּנֵי לֵוִי
ב גֵּרְשֹׁם קְהָת וּמְרָרִי: וְאֵלֶּה שְׁמוֹת בְּנֵי־גֵרְשׁוֹם לִבְנִי וְשִׁמְעִי:
ג ד וּבְנֵי קְהָת עַמְרָם וְיִצְהָר וְחֶבְרוֹן וְעֻזִּיאֵל: בְּנֵי מְרָרִי מַחְלִי
ה וּמֻשִׁי וְאֵלֶּה מִשְׁפְּחוֹת הַלֵּוִי לַאֲבֹתֵיהֶם: לְגֵרְשׁוֹם לִבְנִי בְנוֹ
ו יַחַת בְּנוֹ זִמָּה בְנוֹ: יוֹאָח בְּנוֹ עִדּוֹ בְנוֹ זֶרַח בְּנוֹ יְאָתְרַי בְּנוֹ:
ז ח בְּנֵי קְהָת עַמִּינָדָב בְּנוֹ קֹרַח בְּנוֹ אַסִּיר בְּנוֹ: אֶלְקָנָה בְנוֹ
ט וְאֶבְיָסָף בְּנוֹ וְאַסִּיר בְּנוֹ: תַּחַת בְּנוֹ אוּרִיאֵל בְּנוֹ עֻזִּיָּה בְנוֹ
י יא וְשָׁאוּל בְּנוֹ: וּבְנֵי אֶלְקָנָה עֲמָשַׂי וַאֲחִימוֹת: אֶלְקָנָה בנו בְּנֵי
יב אֶלְקָנָה צוֹפַי בְּנוֹ וְנַחַת בְּנוֹ: אֱלִיאָב בְּנוֹ יְרֹחָם בְּנוֹ אֶלְקָנָה
יג יד בְנוֹ: וּבְנֵי שְׁמוּאֵל הַבְּכֹר וַשְׁנִי וַאֲבִיָּה: בְּנֵי מְרָרִי מַחְלִי לִבְנִי

טו בנו שמעי בנו עזה בנו: שמעא בנו חגיה בנו עשיה בנו:
טז ואלה אשר העמיד דויד על־ידי־שיר בית יהוה ממנוח
יז הארון: ויהיו משרתים לפני משכן אהל־מועד בשיר עד־
בנות שלמה את־בית יהוה בירושלם ויעמדו כמשפטם
יח על־עבודתם: ואלה העמדים ובניהם מבני הקהתי הימן
יט המשורר בן־יואל בן־שמואל: בן־אלקנה בן־ירחם בן־
כ אליאל בן־תוח: בן־ציף בן־אלקנה בן־מחת בן־עמשי: צוף
כא כב בן־אלקנה בן־יואל בן־עזריה בן־צפניה: בן־תחת בן־אסיר
כג בן־אביסף בן־קרח: בן־יצהר בן־קהת בן־לוי בן־ישראל:
כד ואחיו אסף העמד על־ימינו אסף בן־ברכיהו בן־שמעא:
כה כו בן־מיכאל בן־בעשיה בן־מלכיה: בן־אתני בן־זרח בן־
כז כח עדיה: בן־איתן בן־זמה בן־שמעי: בן־יחת בן־גרשם בן־
כט לוי: ובני מררי אחיהם על־השמאול איתן בן־
ל קישי בן־עבדי בן־מלוך: בן־חשביה בן־אמציה בן־חלקיה:
לא לב בן־אמצי בן־בני בן־שמר: בן־מחלי בן־מושי בן־מררי
לג בן־לוי: ואחיהם הלוים נתונים לכל־עבודת משכן
לד בית האלהים: ואהרן ובניו מקטירים על־מזבח העולה ג
ועל־מזבח הקטרת לכל מלאכת קדש הקדשים ולכפר על־
לה ישראל ככל אשר־צוה משה עבד האלהים: ואלה
לו בני אהרן אלעזר בנו פינחס בנו אבישוע בנו: בקי בנו עזי
לז לח בנו זרחיה בנו: מריות בנו אמריה בנו אחיטוב בנו: צדוק
לט בנו אחימעץ בנו: ואלה מושבותם לטירותם
בגבולם לבני אהרן למשפחת הקהתי כי להם היה
מ הגורל: ויתנו להם את־חברון בארץ יהודה ואת־מגרשיה
מא סביבתיה: ואת־שדה העיר ואת־חצריה נתנו לכלב בן־
מב יפנה: ולבני אהרן נתנו את־ערי המקלט את־
חברון ואת־לבנה ואת־מגרשיה ואת־יתר ואת־אשתמע

מג וְאֶת־מִגְרָשֶׁהָ: וְאֶת־חִילֵן וְאֶת־מִגְרָשֶׁיהָ אֶת־דְּבִיר וְאֶת־
מד מִגְרָשֶׁיהָ: וְאֶת־עָשָׁן וְאֶת־מִגְרָשֶׁיהָ וְאֶת־בֵּית שֶׁמֶשׁ וְאֶת־
מה מִגְרָשֶׁיהָ: וּמִמַּטֵּה בִנְיָמִן אֶת־גֶּבַע וְאֶת־מִגְרָשֶׁיהָ וְאֶת־עָלֶמֶת
וְאֶת־מִגְרָשֶׁיהָ וְאֶת־עֲנָתוֹת וְאֶת־מִגְרָשֶׁיהָ כָּל־עָרֵיהֶם שְׁלֹשׁ־
מו עֶשְׂרֵה עִיר בְּמִשְׁפְּחוֹתֵיהֶם: וְלִבְנֵי קְהָת הַנּוֹתָרִים
מִמִּשְׁפַּחַת הַמַּטֶּה מִמַּחֲצִית מַטֵּה חֲצִי מְנַשֶּׁה בַּגּוֹרָל עָרִים
מז עָשֶׂר: וְלִבְנֵי גֵרְשׁוֹם לְמִשְׁפְּחוֹתָם מִמַּטֵּה יִשָּׂשכָר
וּמִמַּטֵּה אָשֵׁר וּמִמַּטֵּה נַפְתָּלִי וּמִמַּטֵּה מְנַשֶּׁה בַּבָּשָׁן עָרִים
מח שְׁלֹשׁ עֶשְׂרֵה: לִבְנֵי מְרָרִי לְמִשְׁפְּחוֹתָם מִמַּטֵּה רְאוּבֵן
מט וּמִמַּטֵּה־גָד וּמִמַּטֵּה זְבוּלֻן בַּגּוֹרָל עָרִים שְׁתֵּים עֶשְׂרֵה: וַיִּתְּנוּ
נ בְנֵי־יִשְׂרָאֵל לַלְוִיִּם אֶת־הֶעָרִים וְאֶת־מִגְרְשֵׁיהֶם: וַיִּתְּנוּ
בַגּוֹרָל מִמַּטֵּה בְנֵי־יְהוּדָה וּמִמַּטֵּה בְנֵי־שִׁמְעוֹן וּמִמַּטֵּה
בְּנֵי בִנְיָמִן אֵת הֶעָרִים הָאֵלֶּה אֲשֶׁר־יִקְרְאוּ אֶתְהֶם
נא בְּשֵׁמוֹת: וּמִמִּשְׁפְּחוֹת בְּנֵי קְהָת וַיְהִי עָרֵי גְבוּלָם
נב מִמַּטֵּה אֶפְרָיִם: וַיִּתְּנוּ לָהֶם אֶת־עָרֵי הַמִּקְלָט אֶת־שְׁכֶם וְאֶת־
נג מִגְרָשֶׁיהָ בְּהַר אֶפְרָיִם וְאֶת־גֶּזֶר וְאֶת־מִגְרָשֶׁיהָ: וְאֶת־יָקְמְעָם
נד וְאֶת־מִגְרָשֶׁיהָ וְאֶת־בֵּית חוֹרוֹן וְאֶת־מִגְרָשֶׁיהָ: וְאֶת־אַיָּלוֹן וְאֶת־
נה מִגְרָשֶׁיהָ וְאֶת־גַּת־רִמּוֹן וְאֶת־מִגְרָשֶׁיהָ: וּמִמַּחֲצִית מַטֵּה מְנַשֶּׁה
אֶת־עָנֵר וְאֶת־מִגְרָשֶׁיהָ וְאֶת־בִּלְעָם וְאֶת־מִגְרָשֶׁיהָ לְמִשְׁפַּחַת
נו לִבְנֵי־קְהָת הַנּוֹתָרִים: לִבְנֵי גֵּרְשׁוֹם מִמִּשְׁפַּחַת חֲצִי
מַטֵּה מְנַשֶּׁה אֶת־גּוֹלָן בַּבָּשָׁן וְאֶת־מִגְרָשֶׁיהָ וְאֶת־עַשְׁתָּרוֹת
נז וְאֶת־מִגְרָשֶׁיהָ: וּמִמַּטֵּה יִשָּׂשכָר אֶת־קֶדֶשׁ וְאֶת־
נח מִגְרָשֶׁיהָ אֶת־דָּבְרַת וְאֶת־מִגְרָשֶׁיהָ: וְאֶת־רָאמוֹת וְאֶת־
נט מִגְרָשֶׁיהָ וְאֶת־עָנֵם וְאֶת־מִגְרָשֶׁיהָ: וּמִמַּטֵּה אָשֵׁר
ס אֶת־מָשָׁל וְאֶת־מִגְרָשֶׁיהָ וְאֶת־עַבְדּוֹן וְאֶת־מִגְרָשֶׁיהָ: וְאֶת־
סא חוּקֹק וְאֶת־מִגְרָשֶׁיהָ וְאֶת־רְחֹב וְאֶת־מִגְרָשֶׁיהָ: וּמִמַּטֵּה
נַפְתָּלִי אֶת־קֶדֶשׁ בַּגָּלִיל וְאֶת־מִגְרָשֶׁיהָ וְאֶת־חַמּוֹן וְאֶת־

סב מִגְרָשֶׁהָ וְאֶת־קִרְיָתַיִם וְאֶת־מִגְרָשֶׁהָ׃ לִבְנֵי
מְרָרִי הַנּוֹתָרִים מִמַּטֵּה זְבוּלֻן אֶת־רִמּוֹנוֹ וְאֶת־מִגְרָשֶׁהָ
סג אֶת־תָּבוֹר וְאֶת־מִגְרָשֶׁיהָ׃ וּמֵעֵבֶר לְיַרְדֵּן יְרֵחוֹ לְמִזְרַח
הַיַּרְדֵּן מִמַּטֵּה רְאוּבֵן אֶת־בֶּצֶר בַּמִּדְבָּר וְאֶת־מִגְרָשֶׁהָ
סד וְאֶת־יַהְצָה וְאֶת־מִגְרָשֶׁיהָ׃ וְאֶת־קְדֵמוֹת וְאֶת־מִגְרָשֶׁיהָ
סה וְאֶת־מֵיפַעַת וְאֶת־מִגְרָשֶׁיהָ׃ וּמִמַּטֵּה־גָד
אֶת־רָאמוֹת בַּגִּלְעָד וְאֶת־מִגְרָשֶׁהָ וְאֶת־מַחֲנַיִם וְאֶת־
סו מִגְרָשֶׁיהָ׃ וְאֶת־חֶשְׁבּוֹן וְאֶת־מִגְרָשֶׁהָ וְאֶת־יַעְזֵיר וְאֶת־
ז א מִגְרָשֶׁהָ׃ וְלִבְנֵי יִשָּׂשכָר תּוֹלָע וּפוּאָה יְשִׁיב (יָשׁוּב)
ב וְשִׁמְרוֹן אַרְבָּעָה׃ וּבְנֵי תוֹלָע עֻזִּי וּרְפָיָה וִירִיאֵל וְיַחְמַי
וְיִבְשָׂם וּשְׁמוּאֵל רָאשִׁים לְבֵית־אֲבוֹתָם לְתוֹלָע גִּבּוֹרֵי חַיִל
לְתֹלְדוֹתָם מִסְפָּרָם בִּימֵי דָוִיד עֶשְׂרִים־וּשְׁנַיִם אֶלֶף וְשֵׁשׁ
ג מֵאוֹת׃ וּבְנֵי עֻזִּי יִזְרַחְיָה וּבְנֵי יִזְרַחְיָה מִיכָאֵל וְעֹבַדְיָה
ד וְיוֹאֵל יִשִּׁיָּה חֲמִשָּׁה רָאשִׁים כֻּלָּם׃ וַעֲלֵיהֶם לְתֹלְדוֹתָם לְבֵית
אֲבוֹתָם גְּדוּדֵי צְבָא מִלְחָמָה שְׁלֹשִׁים וְשִׁשָּׁה אָלֶף כִּי־הִרְבּוּ
ה נָשִׁים וּבָנִים׃ וַאֲחֵיהֶם לְכֹל מִשְׁפְּחוֹת יִשָּׂשכָר גִּבּוֹרֵי חֲיָלִים
ו שְׁמוֹנִים וְשִׁבְעָה אֶלֶף הִתְיַחְשָׂם לַכֹּל׃ בִּנְיָמִן בֶּלַע
ז וָבֶכֶר וִידִיעֲאֵל שְׁלֹשָׁה׃ וּבְנֵי בֶלַע אֶצְבּוֹן וְעֻזִּי וְעֻזִּיאֵל וִירִימוֹת
וְעִירִי חֲמִשָּׁה רָאשֵׁי בֵּית אָבוֹת גִּבּוֹרֵי חֲיָלִים וְהִתְיַחְשָׂם
ח עֶשְׂרִים וּשְׁנַיִם אֶלֶף וּשְׁלֹשִׁים וְאַרְבָּעָה׃ וּבְנֵי בֶכֶר
זְמִירָה וְיוֹעָשׁ וֶאֱלִיעֶזֶר וְאֶלְיוֹעֵינַי וְעָמְרִי וִירֵמוֹת וַאֲבִיָּה וַעֲנָתוֹת
ט וְעָלָמֶת כָּל־אֵלֶּה בְּנֵי־בָכֶר׃ וְהִתְיַחְשָׂם לְתֹלְדוֹתָם רָאשֵׁי
י בֵּית אֲבוֹתָם גִּבּוֹרֵי חָיִל עֶשְׂרִים אֶלֶף וּמָאתָיִם׃ וּבְנֵי
יְדִיעֲאֵל בִּלְהָן וּבְנֵי בִלְהָן יְעִישׁ וּבִנְיָמִן וְאֵהוּד וּכְנַעֲנָה וְזֵיתָן (יְעוּשׁ)
יא וְתַרְשִׁישׁ וַאֲחִישָׁחַר׃ כָּל־אֵלֶּה בְּנֵי יְדִיעֲאֵל לְרָאשֵׁי הָאָבוֹת
גִּבּוֹרֵי חֲיָלִים שִׁבְעָה־עָשָׂר אֶלֶף וּמָאתַיִם יֹצְאֵי צָבָא לַמִּלְחָמָה׃
יב יג וְשֻׁפִּם וְחֻפִּם בְּנֵי עִיר חֻשִׁם בְּנֵי אַחֵר׃ בְּנֵי נַפְתָּלִי

יד יַחְצִיאֵל וְגוּנִי וְיֵצֶר וְשַׁלּוּם בְּנֵי בִלְהָה: בְּנֵי מְנַשֶּׁה
אַשְׂרִיאֵל אֲשֶׁר יָלָדָה פִּילַגְשׁוֹ הָאֲרַמִּיָּה יָלְדָה אֶת־מָכִיר אֲבִי
טו גִלְעָד: וּמָכִיר לָקַח אִשָּׁה לְחֻפִּים וּלְשֻׁפִּים וְשֵׁם אֲחֹתוֹ מַעֲכָה
טז וְשֵׁם הַשֵּׁנִי צְלָפְחָד וַתִּהְיֶנָה לִצְלָפְחָד בָּנוֹת: וַתֵּלֶד מַעֲכָה
אֵשֶׁת־מָכִיר בֵּן וַתִּקְרָא שְׁמוֹ פֶּרֶשׁ וְשֵׁם אָחִיו שָׁרֶשׁ וּבָנָיו
יז אוּלָם וָרָקֶם: וּבְנֵי אוּלָם בְּדָן אֵלֶּה בְּנֵי גִלְעָד בֶּן־מָכִיר
יח בֶּן־מְנַשֶּׁה: וַאֲחֹתוֹ הַמֹּלֶכֶת יָלְדָה אֶת־אִישְׁהוֹד וְאֶת־
יט אֲבִיעֶזֶר וְאֶת־מַחְלָה: וַיִּהְיוּ בְּנֵי שְׁמִידָע אַחְיָן וָשֶׁכֶם וְלִקְחִי
כ וַאֲנִיעָם: וּבְנֵי אֶפְרָיִם שׁוּתָלַח וּבֶרֶד בְּנוֹ וְתַחַת
כא בְּנוֹ וְאֶלְעָדָה בְנוֹ וְתַחַת בְּנוֹ: וְזָבָד בְּנוֹ וְשׁוּתֶלַח בְּנוֹ
וְעֵזֶר וְאֶלְעָד וַהֲרָגוּם אַנְשֵׁי־גַת הַנּוֹלָדִים בָּאָרֶץ כִּי יָרְדוּ
כב לָקַחַת אֶת־מִקְנֵיהֶם: וַיִּתְאַבֵּל אֶפְרַיִם אֲבִיהֶם יָמִים רַבִּים
כג וַיָּבֹאוּ אֶחָיו לְנַחֲמוֹ: וַיָּבֹא אֶל־אִשְׁתּוֹ וַתַּהַר וַתֵּלֶד בֵּן וַיִּקְרָא
כד אֶת־שְׁמוֹ בְּרִיעָה כִּי בְרָעָה הָיְתָה בְּבֵיתוֹ: וּבִתּוֹ שֶׁאֱרָה
וַתִּבֶן אֶת־בֵּית־חוֹרוֹן הַתַּחְתּוֹן וְאֶת־הָעֶלְיוֹן וְאֵת אֻזֵּן שֶׁאֱרָה:
כה כו וְרֶפַח בְּנוֹ וְרֶשֶׁף וְתֶלַח בְּנוֹ וְתַחַן בְּנוֹ: לַעְדָּן בְּנוֹ עַמִּיהוּד
כז כח בְּנוֹ אֱלִישָׁמָע בְּנוֹ: נוֹן בְּנוֹ יְהוֹשֻׁעַ בְּנוֹ: וַאֲחֻזָּתָם
וּמֹשְׁבוֹתָם בֵּית־אֵל וּבְנֹתֶיהָ וְלַמִּזְרָח נַעֲרָן וְלַמַּעֲרָב גֶּזֶר וּבְנֹתֶיהָ
כט וּשְׁכֶם וּבְנֹתֶיהָ עַד־עַיָּה וּבְנֹתֶיהָ: וְעַל־יְדֵי בְנֵי־מְנַשֶּׁה בֵּית־
שְׁאָן וּבְנֹתֶיהָ תַּעְנַךְ וּבְנֹתֶיהָ מְגִדּוֹ וּבְנוֹתֶיהָ דּוֹר וּבְנוֹתֶיהָ בְּאֵלֶּה
ל יָשְׁבוּ בְּנֵי יוֹסֵף בֶּן־יִשְׂרָאֵל: בְּנֵי אָשֵׁר יִמְנָה וְיִשְׁוָה
לא וְיִשְׁוִי וּבְרִיעָה וְשֶׂרַח אֲחוֹתָם: וּבְנֵי בְרִיעָה חֶבֶר וּמַלְכִּיאֵל
לב הוּא אֲבִי ברזות: וְחֶבֶר הוֹלִיד אֶת־יַפְלֵט וְאֶת־שׁוֹמֵר וְאֶת־ בִּרְזָיִת
לג חוֹתָם וְאֵת שׁוּעָא אֲחוֹתָם: וּבְנֵי יַפְלֵט פָּסַךְ וּבִמְהָל וְעַשְׁוָת
לד לה אֵלֶּה בְּנֵי יַפְלֵט: וּבְנֵי שָׁמֶר אֲחִי ורוהגה יחבה וַאֲרָם: וּבֶן־ וְרָהְגָּה וְחֻבָּה
לו הֵלֶם אָחִיו צוֹפַח וְיִמְנָע וְשֵׁלֶשׁ וְעָמָל: בְּנֵי צוֹפַח סוּחַ וְחַרְנֶפֶר
לז וְשׁוּעָל וּבֵרִי וְיִמְרָה: בֶּצֶר וָהוֹד וְשַׁמָּא וְשִׁלְשָׁה וְיִתְרָן

רפה

לח לט וּבְאֵרָא׃ וּבְנֵי יֶתֶר יְפֻנֶּה וּפִסְפָּה וַאֲרָא׃ וּבְנֵי עֻלָּא אָרַח
מ וְחַנִּיאֵל וְרִצְיָא׃ כָּל־אֵלֶּה בְנֵי־אָשֵׁר רָאשֵׁי בֵית־הָאָבוֹת
בְּרוּרִים גִּבּוֹרֵי חֲיָלִים רָאשֵׁי הַנְּשִׂיאִים וְהִתְיַחְשָׂם בַּצָּבָא
בַּמִּלְחָמָה מִסְפָּרָם אֲנָשִׁים עֶשְׂרִים וְשִׁשָּׁה אָלֶף׃

ח
א וּבִנְיָמִן הוֹלִיד אֶת־בֶּלַע בְּכֹרוֹ אַשְׁבֵּל הַשֵּׁנִי וְאַחְרַח הַשְּׁלִישִׁי׃
ב ג נוֹחָה הָרְבִיעִי וְרָפָא הַחֲמִישִׁי׃ וַיִּהְיוּ בָנִים לְבֶלַע אַדָּר וְגֵרָא
ד ה וַאֲבִיהוּד׃ וַאֲבִישׁוּעַ וְנַעֲמָן וַאֲחוֹחַ׃ וְגֵרָא וּשְׁפוּפָן וְחוּרָם׃
ו וְאֵלֶּה בְּנֵי אֵחוּד אֵלֶּה הֵם רָאשֵׁי אָבוֹת לְיוֹשְׁבֵי גֶבַע וַיַּגְלוּם
ז אֶל־מָנָחַת׃ וְנַעֲמָן וַאֲחִיָּה וְגֵרָא הוּא הֶגְלָם וְהוֹלִיד אֶת־עֻזָּא
ח וְאֶת־אֲחִיחֻד׃ וְשַׁחֲרַיִם הוֹלִיד בִּשְׂדֵה מוֹאָב מִן־שִׁלְחוֹ אֹתָם
ט חוּשִׁים וְאֶת־בַּעֲרָא נָשָׁיו׃ וַיּוֹלֶד מִן־חֹדֶשׁ אִשְׁתּוֹ אֶת־יוֹבָב
י וְאֶת־צִבְיָא וְאֶת־מֵישָׁא וְאֶת־מַלְכָּם׃ וְאֶת־יְעוּץ וְאֶת־שָׂכְיָה
יא וְאֶת־מִרְמָה אֵלֶּה בָנָיו רָאשֵׁי אָבוֹת׃ וּמֵחֻשִׁים הוֹלִיד אֶת־
יב אֲבִיטוּב וְאֶת־אֶלְפָּעַל׃ וּבְנֵי אֶלְפַּעַל עֵבֶר וּמִשְׁעָם וָשָׁמֶד
יג הוּא בָּנָה אֶת־אוֹנוֹ וְאֶת־לֹד וּבְנֹתֶיהָ׃ וּבְרִעָה וָשֶׁמַע הֵמָּה
רָאשֵׁי הָאָבוֹת לְיוֹשְׁבֵי אַיָּלוֹן הֵמָּה הִבְרִיחוּ אֶת־יוֹשְׁבֵי גַת׃
יד טו טז וְאַחְיוֹ שָׁשָׁק וִירֵמוֹת׃ וּזְבַדְיָה וַעֲרָד וָעָדֶר׃ וּמִיכָאֵל וְיִשְׁפָּה
יז יח וְיוֹחָא בְּנֵי בְרִיעָה׃ וּזְבַדְיָה וּמְשֻׁלָּם וְחִזְקִי וָחָבֶר׃ וְיִשְׁמְרַי
יט כ וְיִזְלִיאָה וְיוֹבָב בְּנֵי אֶלְפָּעַל׃ וְיָקִים וְזִכְרִי וְזַבְדִּי׃ וֶאֱלִיעֵינַי
כא כב וְצִלְּתַי וֶאֱלִיאֵל׃ וַעֲדָיָה וּבְרָאיָה וְשִׁמְרָת בְּנֵי שִׁמְעִי׃ וְיִשְׁפָּן
כג כד וָעֵבֶר וֶאֱלִיאֵל׃ וְעַבְדּוֹן וְזִכְרִי וְחָנָן׃ וַחֲנַנְיָה וְעֵילָם וְעַנְתֹתִיָּה׃
כה כו וְיִפְדְיָה וּפְנִיאֵל בְּנֵי שָׁשָׁק׃ וְשַׁמְשְׁרַי וּשְׁחַרְיָה וַעֲתַלְיָה׃ וּפְנוּאֵל
כז כח וְיַעֲרֶשְׁיָה וְאֵלִיָּה וְזִכְרִי בְּנֵי יְרֹחָם׃ אֵלֶּה רָאשֵׁי אָבוֹת
כט לְתֹלְדוֹתָם רָאשִׁים אֵלֶּה יָשְׁבוּ בִירוּשָׁלָם׃ וּבְגִבְעוֹן
ל יָשְׁבוּ אֲבִי גִבְעוֹן וְשֵׁם אִשְׁתּוֹ מַעֲכָה׃ וּבְנוֹ הַבְּכוֹר עַבְדּוֹן
לא לב וְצוּר וְקִישׁ וּבַעַל וְנָדָב׃ וּגְדוֹר וְאַחְיוֹ וָזָכֶר׃ וּמִקְלוֹת הוֹלִיד
אֶת־שִׁמְאָה וְאַף־הֵמָּה נֶגֶד אֲחֵיהֶם יָשְׁבוּ בִירוּשָׁלַםִ עִם־

לג אֲחֵיהֶם׃ וְנֵר הוֹלִיד אֶת־קִישׁ וְקִישׁ הוֹלִיד אֶת־
שָׁאוּל וְשָׁאוּל הוֹלִיד אֶת־יְהוֹנָתָן וְאֶת־מַלְכִּי־שׁוּעַ וְאֶת־
לד אֲבִינָדָב וְאֶת־אֶשְׁבָּעַל׃ וּבֶן־יְהוֹנָתָן מְרִיב בָּעַל וּמְרִיב בַּעַל
לה הוֹלִיד אֶת־מִיכָה׃ וּבְנֵי מִיכָה פִּיתוֹן וָמֶלֶךְ וְתַאְרֵעַ וְאָחָז׃
לו וְאָחָז הוֹלִיד אֶת־יְהוֹעַדָּה וִיהוֹעַדָּה הוֹלִיד אֶת־עָלֶמֶת וְאֶת־
לז עַזְמָוֶת וְאֶת־זִמְרִי וְזִמְרִי הוֹלִיד אֶת־מוֹצָא׃ וּמוֹצָא הוֹלִיד
לח אֶת־בִּנְעָא רָפָה בְנוֹ אֶלְעָשָׂה בְנוֹ אָצֵל בְּנוֹ׃ וּלְאָצֵל שִׁשָּׁה
בָנִים וְאֵלֶּה שְׁמוֹתָם עַזְרִיקָם ׀ בֹּכְרוּ וְיִשְׁמָעֵאל וּשְׁעַרְיָה
לט וְעֹבַדְיָה וְחָנָן כָּל־אֵלֶּה בְּנֵי אָצֵל׃ וּבְנֵי עֵשֶׁק אָחִיו אוּלָם
מ בְּכֹרוֹ יְעוּשׁ הַשֵּׁנִי וֶאֱלִיפֶלֶט הַשְּׁלִשִׁי׃ וַיִּהְיוּ בְנֵי־אוּלָם ד
אֲנָשִׁים גִּבּוֹרֵי־חַיִל דֹּרְכֵי קֶשֶׁת וּמַרְבִּים בָּנִים וּבְנֵי בָנִים
ט א מֵאָה וַחֲמִשִּׁים כָּל־אֵלֶּה מִבְּנֵי בִנְיָמִן׃ וְכָל־יִשְׂרָאֵל
הִתְיַחְשׂוּ וְהִנָּם כְּתוּבִים עַל־סֵפֶר מַלְכֵי יִשְׂרָאֵל וִיהוּדָה הָגְלוּ
ב לְבָבֶל בְּמַעֲלָם׃ וְהַיּוֹשְׁבִים הָרִאשֹׁנִים אֲשֶׁר בַּאֲחֻזָּתָם בְּעָרֵיהֶם
ג יִשְׂרָאֵל הַכֹּהֲנִים הַלְוִיִּם וְהַנְּתִינִים׃ וּבִירוּשָׁלִַם יָשְׁבוּ מִן־בְּנֵי
ד יְהוּדָה וּמִן־בְּנֵי בִנְיָמִן וּמִן־בְּנֵי אֶפְרַיִם וּמְנַשֶּׁה׃ עוּתַי בֶּן־
עַמִּיהוּד בֶּן־עָמְרִי בֶּן־אִמְרִי בֶן־בנימן־בְּנֵי־פֶרֶץ בֶּן־יְהוּדָה׃ בָּנִי מִן־
ה ו וּמִן־הַשִּׁילוֹנִי עֲשָׂיָה הַבְּכוֹר וּבָנָיו׃ וּמִן־בְּנֵי־זֶרַח יְעוּאֵל וַאֲחֵיהֶם
ז שֵׁשׁ־מֵאוֹת וְתִשְׁעִים׃ וּמִן־בְּנֵי בִּנְיָמִן סַלּוּא בֶּן־מְשֻׁלָּם בֶּן־
ח הוֹדַוְיָה בֶּן־הַסְּנֻאָה׃ וְיִבְנְיָה בֶּן־יְרֹחָם וְאֵלָה בֶּן־עֻזִּי בֶּן־מִכְרִי
ט וּמְשֻׁלָּם בֶּן־שְׁפַטְיָה בֶּן־רְעוּאֵל בֶּן־יִבְנִיָּה׃ וַאֲחֵיהֶם לְתֹלְדוֹתָם
תְּשַׁע מֵאוֹת וַחֲמִשִּׁים וְשִׁשָּׁה כָּל־אֵלֶּה אֲנָשִׁים רָאשֵׁי אָבוֹת
י לְבֵית אֲבֹתֵיהֶם׃ וּמִן־הַכֹּהֲנִים יְדַעְיָה וִיהוֹיָרִיב וְיָכִין׃
יא וַעֲזַרְיָה בֶּן־חִלְקִיָּה בֶּן־מְשֻׁלָּם בֶּן־צָדוֹק בֶּן־מְרָיוֹת בֶּן־אֲחִיטוּב
יב נְגִיד בֵּית הָאֱלֹהִים׃ וַעֲדָיָה בֶּן־יְרֹחָם בֶּן־פַּשְׁחוּר
בֶּן־מַלְכִּיָּה וּמַעְשַׂי בֶּן־עֲדִיאֵל בֶּן־יַחְזֵרָה בֶּן־מְשֻׁלָּם בֶּן־
יג מְשִׁלֵּמִית בֶּן־אִמֵּר׃ וַאֲחֵיהֶם רָאשִׁים לְבֵית אֲבוֹתָם אֶלֶף

וְשֶׁבַע מֵאוֹת וְשִׁשִּׁים גִּבּוֹרֵי חֵיל מְלֶאכֶת עֲבוֹדַת בֵּית־
הָאֱלֹהִים׃ וּמִן־הַלְוִיִּם שְׁמַעְיָה בֶן־חַשּׁוּב בֶּן־עַזְרִיקָם בֶּן־ יד
חֲשַׁבְיָה מִן־בְּנֵי מְרָרִי׃ וּבַקְבַּקַּר חֶרֶשׁ וְגָלָל וּמַתַּנְיָה בֶּן־ טו
מִיכָא בֶּן־זִכְרִי בֶּן־אָסָף׃ וְעֹבַדְיָה בֶּן־שְׁמַעְיָה בֶּן־גָּלָל בֶּן־ טז
יְדוּתוּן וּבֶרֶכְיָה בֶן־אָסָא בֶּן־אֶלְקָנָה הַיּוֹשֵׁב בְּחַצְרֵי נְטוֹפָתִי׃
וְהַשֹּׁעֲרִים שַׁלּוּם וְעַקּוּב וְטַלְמֹן וַאֲחִימָן וַאֲחִיהֶם שַׁלּוּם הָרֹאשׁ׃ יז
וְעַד־הֵנָּה בְּשַׁעַר הַמֶּלֶךְ מִזְרָחָה הֵמָּה הַשֹּׁעֲרִים לְמַחֲנוֹת בְּנֵי יח
לֵוִי׃ וְשַׁלּוּם בֶּן־קוֹרֵא בֶּן־אֶבְיָסָף בֶּן־קֹרַח וְאֶחָיו לְבֵית־אָבִיו יט
הַקָּרְחִים עַל מְלֶאכֶת הָעֲבֹדָה שֹׁמְרֵי הַסִּפִּים לָאֹהֶל וַאֲבֹתֵיהֶם
עַל־מַחֲנֵה יהוה שֹׁמְרֵי הַמָּבוֹא׃ וּפִינְחָס בֶּן־אֶלְעָזָר נָגִיד הָיָה כ
עֲלֵיהֶם לְפָנִים יהוה ׀ עִמּוֹ׃ זְכַרְיָה בֶּן מְשֶׁלֶמְיָה שֹׁעֵר פֶּתַח כא
לְאֹהֶל מוֹעֵד׃ כֻּלָּם הַבְּרוּרִים לְשֹׁעֲרִים בַּסִּפִּים מָאתַיִם וּשְׁנֵים כב
עָשָׂר הֵמָּה בְחַצְרֵיהֶם הִתְיַחְשָׂם הֵמָּה יִסַּד דָּוִיד וּשְׁמוּאֵל
הָרֹאֶה בֶּאֱמוּנָתָם׃ וְהֵם וּבְנֵיהֶם עַל־הַשְּׁעָרִים לְבֵית־יהוה כג
לְבֵית הָאֹהֶל לְמִשְׁמָרוֹת׃ לְאַרְבַּע רוּחוֹת יִהְיוּ הַשֹּׁעֲרִים כד
מִזְרָח יָמָּה צָפוֹנָה וָנֶגְבָּה׃ וַאֲחֵיהֶם בְּחַצְרֵיהֶם לָבוֹא לְשִׁבְעַת כה
הַיָּמִים מֵעֵת אֶל־עֵת עִם־אֵלֶּה׃ כִּי בֶאֱמוּנָה הֵמָּה אַרְבַּעַת כו
גִּבֹּרֵי הַשֹּׁעֲרִים הֵם הַלְוִיִּם וְהָיוּ עַל־הַלְּשָׁכוֹת וְעַל־הָאֹצְרוֹת
בֵּית הָאֱלֹהִים׃ וּסְבִיבוֹת בֵּית־הָאֱלֹהִים יָלִינוּ כִּי־עֲלֵיהֶם כז
מִשְׁמֶרֶת וְהֵם עַל־הַמַּפְתֵּחַ וְלַבֹּקֶר לַבֹּקֶר׃ וּמֵהֶם עַל־כְּלֵי כח
הָעֲבֹדָה כִּי בְמִסְפָּר יְבִיאוּם וּבְמִסְפָּר יוֹצִיאוּם׃ וּמֵהֶם מְמֻנִּים כט
עַל־הַכֵּלִים וְעַל כָּל־כְּלֵי הַקֹּדֶשׁ וְעַל־הַסֹּלֶת וְהַיַּיִן וְהַשֶּׁמֶן
וְהַלְּבוֹנָה וְהַבְּשָׂמִים׃ וּמִן־בְּנֵי הַכֹּהֲנִים רֹקְחֵי הַמִּרְקַחַת ל
לַבְּשָׂמִים׃ וּמַתִּתְיָה מִן־הַלְוִיִּם הוּא הַבְּכוֹר לְשַׁלֻּם הַקָּרְחִי לא
בֶּאֱמוּנָה עַל מַעֲשֵׂה הַחֲבִתִּים׃ וּמִן־בְּנֵי הַקְּהָתִי מִן־אֲחֵיהֶם לב
עַל־לֶחֶם הַמַּעֲרָכֶת לְהָכִין שַׁבַּת שַׁבָּת׃ וְאֵלֶּה לג
הַמְשֹׁרְרִים רָאשֵׁי אָבוֹת לַלְוִיִּם בַּלְּשָׁכֹת פטירים כִּי־יוֹמָם פְּטוּרִים

לד וָלַיְלָה עֲלֵיהֶם בַּמְּלָאכָה׃ אֵלֶּה רָאשֵׁי הָאָבוֹת לַלְוִיִּם לְתֹלְדוֹתָם
רָאשִׁים אֵלֶּה יָשְׁבוּ בִירוּשָׁלִָם׃
לה לו וּבְגִבְעוֹן יָשְׁבוּ אֲבִי־גִבְעוֹן יעואל וְשֵׁם אִשְׁתּוֹ מַעֲכָה׃ וּבְנוֹ יְעִיאֵל
לז הַבְּכוֹר עַבְדּוֹן וְצוּר וְקִישׁ וּבַעַל וְנֵר וְנָדָב׃ וּגְדוֹר וְאַחְיוֹ וּזְכַרְיָה
לח וּמִקְלוֹת׃ וּמִקְלוֹת הוֹלִיד אֶת־שִׁמְאָם וְאַף־הֵם נֶגֶד אֲחֵיהֶם
לט יָשְׁבוּ בִירוּשָׁלִַם עִם־אֲחֵיהֶם׃ וְנֵר הוֹלִיד אֶת־קִישׁ
וְקִישׁ הוֹלִיד אֶת־שָׁאוּל וְשָׁאוּל הוֹלִיד אֶת־יְהוֹנָתָן וְאֶת־
מ מַלְכִּי־שׁוּעַ וְאֶת־אֲבִינָדָב וְאֶת־אֶשְׁבָּעַל׃ וּבֶן־יְהוֹנָתָן מְרִיב
מא בָּעַל וּמְרִי־בַעַל הוֹלִיד אֶת־מִיכָה׃ וּבְנֵי מִיכָה פִּיתֹן וָמֶלֶךְ
מב וְתַחְרֵעַ׃ וְאָחָז הוֹלִיד אֶת־יַעְרָה וְיַעְרָה הוֹלִיד אֶת־עָלֶמֶת
מג וְאֶת־עַזְמָוֶת וְאֶת־זִמְרִי וְזִמְרִי הוֹלִיד אֶת־מוֹצָא׃ וּמוֹצָא
מד הוֹלִיד אֶת־בִּנְעָא וּרְפָיָה בְנוֹ אֶלְעָשָׂה בְנוֹ אָצֵל בְּנוֹ׃ וּלְאָצֵל
שִׁשָּׁה בָנִים וְאֵלֶּה שְׁמוֹתָם עַזְרִיקָם ׀ בֹּכְרוּ וְיִשְׁמָעֵאל וּשְׁעַרְיָה
וְעֹבַדְיָה וְחָנָן אֵלֶּה בְּנֵי אָצַל׃

י א וּפְלִשְׁתִּים נִלְחֲמוּ בְיִשְׂרָאֵל וַיָּנָס אִישׁ־יִשְׂרָאֵל מִפְּנֵי פְלִשְׁתִּים
ב וַיִּפְּלוּ חֲלָלִים בְּהַר גִּלְבֹּעַ׃ וַיַּדְבְּקוּ פְלִשְׁתִּים אַחֲרֵי שָׁאוּל
וְאַחֲרֵי בָנָיו וַיַּכּוּ פְלִשְׁתִּים אֶת־יוֹנָתָן וְאֶת־אֲבִינָדָב וְאֶת־
ג מַלְכִּי־שׁוּעַ בְּנֵי שָׁאוּל׃ וַתִּכְבַּד הַמִּלְחָמָה עַל־שָׁאוּל וַיִּמְצָאֻהוּ
ד הַמּוֹרִים בַּקָּשֶׁת וַיָּחֶל מִן־הַיּוֹרִים׃ וַיֹּאמֶר שָׁאוּל אֶל־נֹשֵׂא
כֵלָיו שְׁלֹף חַרְבְּךָ ׀ וְדָקְרֵנִי בָהּ פֶּן־יָבֹאוּ הָעֲרֵלִים הָאֵלֶּה
וְהִתְעַלְּלוּ־בִי וְלֹא אָבָה נֹשֵׂא כֵלָיו כִּי יָרֵא מְאֹד וַיִּקַּח שָׁאוּל
ה אֶת־הַחֶרֶב וַיִּפֹּל עָלֶיהָ׃ וַיַּרְא נֹשֵׂא־כֵלָיו כִּי מֵת שָׁאוּל וַיִּפֹּל
ו גַּם־הוּא עַל־הַחֶרֶב וַיָּמֹת׃ וַיָּמָת שָׁאוּל וּשְׁלֹשֶׁת בָּנָיו וְכָל־
ז בֵּיתוֹ יַחְדָּו מֵתוּ׃ וַיִּרְאוּ כָּל־אִישׁ יִשְׂרָאֵל אֲשֶׁר־בָּעֵמֶק כִּי נָסוּ
וְכִי־מֵתוּ שָׁאוּל וּבָנָיו וַיַּעַזְבוּ עָרֵיהֶם וַיָּנֻסוּ וַיָּבֹאוּ פְלִשְׁתִּים
ח וַיֵּשְׁבוּ בָּהֶם׃ וַיְהִי מִמָּחֳרָת וַיָּבֹאוּ פְלִשְׁתִּים לְפַשֵּׁט
אֶת־הַחֲלָלִים וַיִּמְצְאוּ אֶת־שָׁאוּל וְאֶת־בָּנָיו נֹפְלִים בְּהַר גִּלְבֹּעַ׃

וַיַּפְשִׁיטֻהוּ וַיִּשְׂאוּ אֶת־רֹאשׁוֹ וְאֶת־כֵּלָיו וַיְשַׁלְּחוּ בְאֶרֶץ־פְּלִשְׁתִּים ט
סָבִיב לְבַשֵּׂר אֶת־עֲצַבֵּיהֶם וְאֶת־הָעָם׃ וַיָּשִׂימוּ אֶת־כֵּלָיו בֵּית י
אֱלֹהֵיהֶם וְאֶת־גֻּלְגָּלְתּוֹ תָקְעוּ בֵּית דָּגוֹן׃ וַיִּשְׁמְעוּ יא
כֹּל יָבֵישׁ גִּלְעָד אֵת כָּל־אֲשֶׁר־עָשׂוּ פְלִשְׁתִּים לְשָׁאוּל׃ וַיָּקוּמוּ יב
כָּל־אִישׁ חַיִל וַיִּשְׂאוּ אֶת־גּוּפַת שָׁאוּל וְאֵת גּוּפֹת בָּנָיו וַיְבִיאוּם
יָבֵישָׁה וַיִּקְבְּרוּ אֶת־עַצְמוֹתֵיהֶם תַּחַת הָאֵלָה בְּיָבֵשׁ וַיָּצוּמוּ
שִׁבְעַת יָמִים׃ וַיָּמָת שָׁאוּל בְּמַעֲלוֹ אֲשֶׁר מָעַל בַּיהוָה עַל־דְּבַר יג
יְהוָה אֲשֶׁר לֹא־שָׁמָר וְגַם־לִשְׁאוֹל בָּאוֹב לִדְרוֹשׁ׃ וְלֹא־דָרַשׁ יד
בַּיהוָה וַיְמִיתֵהוּ וַיַּסֵּב אֶת־הַמְּלוּכָה לְדָוִיד בֶּן־יִשָׁי׃
וַיִּקָּבְצוּ כָל־יִשְׂרָאֵל אֶל־דָּוִיד חֶבְרוֹנָה לֵאמֹר הִנֵּה עַצְמְךָ א יא
וּבְשָׂרְךָ אֲנָחְנוּ׃ גַּם־תְּמוֹל גַּם־שִׁלְשׁוֹם גַּם בִּהְיוֹת שָׁאוּל מֶלֶךְ ב
אַתָּה הַמּוֹצִיא וְהַמֵּבִיא אֶת־יִשְׂרָאֵל וַיֹּאמֶר יְהוָה אֱלֹהֶיךָ לְךָ
אַתָּה תִרְעֶה אֶת־עַמִּי אֶת־יִשְׂרָאֵל וְאַתָּה תִּהְיֶה נָגִיד עַל עַמִּי
יִשְׂרָאֵל׃ וַיָּבֹאוּ כָּל־זִקְנֵי יִשְׂרָאֵל אֶל־הַמֶּלֶךְ חֶבְרוֹנָה וַיִּכְרֹת ג
לָהֶם דָּוִיד בְּרִית בְּחֶבְרוֹן לִפְנֵי יְהוָה וַיִּמְשְׁחוּ אֶת־דָּוִיד לְמֶלֶךְ
עַל־יִשְׂרָאֵל כִּדְבַר יְהוָה בְּיַד־שְׁמוּאֵל׃ וַיֵּלֶךְ דָּוִיד ד
וְכָל־יִשְׂרָאֵל יְרוּשָׁלִַם הִיא יְבוּס וְשָׁם הַיְבוּסִי יֹשְׁבֵי הָאָרֶץ׃
וַיֹּאמְרוּ יֹשְׁבֵי יְבוּס לְדָוִיד לֹא תָבוֹא הֵנָּה וַיִּלְכֹּד דָּוִיד אֶת־מְצֻדַת ה
צִיּוֹן הִיא עִיר דָּוִיד׃ וַיֹּאמֶר דָּוִיד כָּל־מַכֵּה יְבוּסִי בָּרִאשׁוֹנָה יִהְיֶה ו
לְרֹאשׁ וּלְשָׂר וַיַּעַל בָּרִאשׁוֹנָה יוֹאָב בֶּן־צְרוּיָה וַיְהִי לְרֹאשׁ׃
וַיֵּשֶׁב דָּוִיד בַּמְּצָד עַל־כֵּן קָרְאוּ־לוֹ עִיר דָּוִיד׃ וַיִּבֶן הָעִיר ז ח
מִסָּבִיב מִן־הַמִּלּוֹא וְעַד־הַסָּבִיב וְיוֹאָב יְחַיֶּה אֶת־שְׁאָר הָעִיר׃
ה וַיֵּלֶךְ דָּוִיד הָלוֹךְ וְגָדוֹל וַיהוָה צְבָאוֹת עִמּוֹ׃ ט
וְאֵלֶּה רָאשֵׁי הַגִּבּוֹרִים אֲשֶׁר לְדָוִיד הַמִּתְחַזְּקִים עִמּוֹ בְמַלְכוּתוֹ י
עִם־כָּל־יִשְׂרָאֵל לְהַמְלִיכוֹ כִּדְבַר יְהוָה עַל־יִשְׂרָאֵל׃ וְאֵלֶּה יא
הַשָּׁלִישִׁים מִסְפַּר הַגִּבֹּרִים אֲשֶׁר לְדָוִיד יָשָׁבְעָם בֶּן־חַכְמוֹנִי רֹאשׁ השלושים
הוּא־עוֹרֵר אֶת־חֲנִיתוֹ עַל־שְׁלֹשׁ־מֵאוֹת חָלָל בְּפַעַם אֶחָת׃

יב וְאַחֲרָיו אֶלְעָזָר בֶּן־דּוֹדוֹ הָאֲחוֹחִי הוּא בִּשְׁלוֹשָׁה הַגִּבֹּרִים׃
יג הוּא־הָיָה עִם־דָּוִיד בַּפַּס דַּמִּים וְהַפְּלִשְׁתִּים נֶאֶסְפוּ־שָׁם
לַמִּלְחָמָה וַתְּהִי חֶלְקַת הַשָּׂדֶה מְלֵאָה שְׂעוֹרִים וְהָעָם נָסוּ
יד מִפְּנֵי פְלִשְׁתִּים׃ וַיִּתְיַצְּבוּ בְתוֹךְ־הַחֶלְקָה וַיַּצִּילוּהָ וַיַּכּוּ אֶת־
טו פְּלִשְׁתִּים וַיּוֹשַׁע יְהוָה תְּשׁוּעָה גְדוֹלָה׃ וַיֵּרְדוּ שְׁלוֹשָׁה
מִן־הַשְּׁלוֹשִׁים רֹאשׁ עַל־הַצֻּר אֶל־דָּוִיד אֶל־מְעָרַת עֲדֻלָּם
טז וּמַחֲנֵה פְלִשְׁתִּים חֹנָה בְּעֵמֶק רְפָאִים׃ וְדָוִיד אָז בַּמְּצוּדָה
יז וּנְצִיב פְּלִשְׁתִּים אָז בְּבֵית לָחֶם׃ וַיִּתְאָו דָּוִיד וַיֹּאמַר מִי יַשְׁקֵנִי
יח מַיִם מִבּוֹר בֵּית־לֶחֶם אֲשֶׁר בַּשָּׁעַר׃ וַיִּבְקְעוּ הַשְּׁלֹשָׁה בְּמַחֲנֵה
פְלִשְׁתִּים וַיִּשְׁאֲבוּ־מַיִם מִבּוֹר בֵּית־לֶחֶם אֲשֶׁר בַּשַּׁעַר וַיִּשְׂאוּ
וַיָּבִאוּ אֶל־דָּוִיד וְלֹא־אָבָה דָוִיד לִשְׁתּוֹתָם וַיְנַסֵּךְ אֹתָם לַיהוָה׃
יט וַיֹּאמֶר חָלִילָה לִּי מֵאֱלֹהַי מֵעֲשׂוֹת זֹאת הֲדַם הָאֲנָשִׁים
הָאֵלֶּה אֶשְׁתֶּה בְנַפְשׁוֹתָם כִּי בְנַפְשׁוֹתָם הֱבִיאוּם וְלֹא אָבָה
כ לִשְׁתּוֹתָם אֵלֶּה עָשׂוּ שְׁלֹשֶׁת הַגִּבּוֹרִים׃ וְאַבְשַׁי
אֲחִי־יוֹאָב הוּא הָיָה רֹאשׁ הַשְּׁלוֹשָׁה וְהוּא עוֹרֵר אֶת־
כא חֲנִיתוֹ עַל־שְׁלֹשׁ מֵאוֹת חָלָל ולא־שֵׁם בַּשְּׁלוֹשָׁה׃ מִן־ וְלוֹ־
הַשְּׁלוֹשָׁה בַשְּׁנַיִם נִכְבָּד וַיְהִי לָהֶם לְשָׂר וְעַד־הַשְּׁלוֹשָׁה
כב לֹא־בָא׃ בְּנָיָה בֶן־יְהוֹיָדָע בֶּן־אִישׁ־חַיִל רַב־
פְּעָלִים מִן־קַבְצְאֵל הוּא הִכָּה אֵת שְׁנֵי אֲרִיאֵל מוֹאָב
כג וְהוּא יָרַד וְהִכָּה אֶת־הָאֲרִי בְּתוֹךְ הַבּוֹר בְּיוֹם הַשָּׁלֶג׃ וְהוּא
הִכָּה אֶת־הָאִישׁ הַמִּצְרִי אִישׁ מִדָּה ׀ חָמֵשׁ בָּאַמָּה וּבְיַד
הַמִּצְרִי חֲנִית כִּמְנוֹר אֹרְגִים וַיֵּרֶד אֵלָיו בַּשָּׁבֶט וַיִּגְזֹל אֶת־
כד הַחֲנִית מִיַּד הַמִּצְרִי וַיַּהַרְגֵהוּ בַּחֲנִיתוֹ׃ אֵלֶּה עָשָׂה בְּנָיָהוּ בֶּן־
כה יְהוֹיָדָע וְלוֹ־שֵׁם בִּשְׁלוֹשָׁה הַגִּבֹּרִים׃ מִן־הַשְּׁלוֹשִׁים הִנּוֹ
נִכְבָּד הוּא וְאֶל־הַשְּׁלוֹשָׁה לֹא־בָא וַיְשִׂימֵהוּ דָוִיד עַל־
כו מִשְׁמַעְתּוֹ׃ וְגִבּוֹרֵי הַחֲיָלִים עֲשָׂהאֵל אֲחִי יוֹאָב
כז אֶלְחָנָן בֶּן־דּוֹדוֹ מִבֵּית לָחֶם׃ שַׁמּוֹת הַהֲרוֹרִי

כח חֲלֶץ הַפְּלוֹנִי: עִירָא בֶּן־עִקֵּשׁ הַתְּקוֹעִי אֲבִיעֶזֶר
כט ל הָעַנְּתוֹתִי: סִבְּכַי הַחֻשָׁתִי עִילַי הָאֲחוֹחִי: מַהְרַי
לא הַנְּטֹפָתִי חֵלֶד בֶּן־בַּעֲנָה הַנְּטוֹפָתִי: אִיתַי בֶּן־רִיבַי
לב מִגִּבְעַת בְּנֵי בִנְיָמִן בְּנָיָה הַפִּרְעָתֹנִי: חוּרַי מִנַּחֲלֵי
לג גָעַשׁ אֲבִיאֵל הָעַרְבָתִי: עַזְמָוֶת הַבַּחֲרוּמִי אֶלְיַחְבָּא
לד הַשַּׁעַלְבֹנִי: בְּנֵי הָשֵׁם הַגִּזוֹנִי יוֹנָתָן בֶּן־שָׁגֵה
לה הַהֲרָרִי: אֲחִיאָם בֶּן־שָׂכָר הַהֲרָרִי אֱלִיפַל בֶּן־
לו לז אוּר: חֵפֶר הַמְּכֵרָתִי אֲחִיָּה הַפְּלֹנִי: חֶצְרוֹ
לח הַכַּרְמְלִי נַעֲרַי בֶּן־אֶזְבָּי: יוֹאֵל אֲחִי נָתָן מִבְחָר בֶּן־
לט הַגְרִי: צֶלֶק הָעַמּוֹנִי נַחְרַי הַבֵּרֹתִי נֹשֵׂא כְּלֵי יוֹאָב בֶּן־
מ מא צְרוּיָה: עִירָא הַיִּתְרִי גָּרֵב הַיִּתְרִי: אוּרִיָּה
מב הַחִתִּי זָבָד בֶּן־אַחְלָי: עֲדִינָא בֶן־שִׁיזָא הָרְאוּבֵנִי
מג רֹאשׁ לָרְאוּבֵנִי וְעָלָיו שְׁלוֹשִׁים: חָנָן בֶּן־מַעֲכָה וְיוֹשָׁפָט
מד הַמִּתְנִי: עֻזִּיָּא הָעַשְׁתְּרָתִי שָׁמָע ויעואל בְּנֵי [וִיעִיאֵל]
מה חוֹתָם הָעֲרֹעֵרִי: יְדִיעֲאֵל בֶּן־שִׁמְרִי וְיֹחָא אָחִיו
מו הַתִּיצִי: אֱלִיאֵל הַמַּחֲוִים וִירִיבַי וְיוֹשַׁוְיָה בְּנֵי אֶלְנָעַם
מז וְיִתְמָה הַמּוֹאָבִי: אֱלִיאֵל וְעוֹבֵד וְיַעֲשִׂיאֵל הַמְּצֹבָיָה:
יב א וְאֵלֶּה הַבָּאִים אֶל־דָּוִיד לְצִיקְלַג עוֹד עָצוּר מִפְּנֵי שָׁאוּל בֶּן־
ב קִישׁ וְהֵמָּה בַּגִּבּוֹרִים עֹזְרֵי הַמִּלְחָמָה: נֹשְׁקֵי קֶשֶׁת מַיְמִינִים
וּמַשְׂמִאלִים בָּאֲבָנִים וּבַחִצִּים בַּקָּשֶׁת מֵאֲחֵי שָׁאוּל מִבִּנְיָמִן:
ג הָרֹאשׁ אֲחִיעֶזֶר וְיוֹאָשׁ בְּנֵי הַשְּׁמָעָה הַגִּבְעָתִי ויזואל וָפֶלֶט [וְיִזִיאֵל]
ד בְּנֵי עַזְמָוֶת וּבְרָכָה וְיֵהוּא הָעַנְּתֹתִי: וְיִשְׁמַעְיָה הַגִּבְעוֹנִי גִּבּוֹר
ה בַּשְּׁלֹשִׁים וְעַל־הַשְּׁלֹשִׁים: וְיִרְמְיָה וְיַחֲזִיאֵל וְיוֹחָנָן וְיוֹזָבָד
ו הַגְּדֵרָתִי: אֶלְעוּזַי וִירִימוֹת וּבְעַלְיָה וּשְׁמַרְיָהוּ וּשְׁפַטְיָהוּ החריפי [הַחֲרוּפִי]
ז ח אֶלְקָנָה וְיִשִּׁיָּהוּ וַעֲזַרְאֵל וְיוֹעֶזֶר וְיָשָׁבְעָם הַקָּרְחִים: וְיוֹעֵאלָה
ט וּזְבַדְיָה בְּנֵי יְרֹחָם מִן־הַגְּדוֹר: וּמִן־הַגָּדִי נִבְדְּלוּ אֶל־דָּוִיד לַמְצַד
מִדְבָּרָה גִּבֹּרֵי הַחַיִל אַנְשֵׁי צָבָא לַמִּלְחָמָה עֹרְכֵי צִנָּה וָרֹמַח

י וּפְנֵי אַרְיֵה פְּנֵיהֶם וְכִצְבָאיִם עַל־הֶהָרִים לְמַהֵר׃ עֵזֶר
יא הָרֹאשׁ עֹבַדְיָה הַשֵּׁנִי אֱלִיאָב הַשְּׁלִשִׁי׃ מִשְׁמַנָּה הָרְבִיעִי יִרְמְיָה
יב יג הַחֲמִשִׁי׃ עַתַּי הַשִּׁשִּׁי אֱלִיאֵל הַשְּׁבִעִי׃ יוֹחָנָן הַשְּׁמִינִי אֶלְזָבָד
יד טו הַתְּשִׁיעִי׃ יִרְמְיָהוּ הָעֲשִׂירִי מַכְבַּנַּי עַשְׁתֵּי עָשָׂר׃ אֵלֶּה
מִבְּנֵי־גָד רָאשֵׁי הַצָּבָא אֶחָד לְמֵאָה הַקָּטָן וְהַגָּדוֹל לְאָלֶף׃
טז אֵלֶּה הֵם אֲשֶׁר עָבְרוּ אֶת־הַיַּרְדֵּן בַּחֹדֶשׁ הָרִאשׁוֹן וְהוּא
מְמַלֵּא עַל־כָּל־גדיתיו וַיַּבְרִיחוּ אֶת־כָּל־הָעֲמָקִים לַמִּזְרָח | גְּדוֹתָיו
יז וְלַמַּעֲרָב׃ וַיָּבֹאוּ מִן־בְּנֵי בִנְיָמִן וִיהוּדָה עַד־לַמְצָד
יח לְדָוִיד׃ וַיֵּצֵא דָוִיד לִפְנֵיהֶם וַיַּעַן וַיֹּאמֶר לָהֶם אִם־לְשָׁלוֹם בָּאתֶם
אֵלַי לְעָזְרֵנִי יִהְיֶה־לִּי עֲלֵיכֶם לֵבָב לְיָחַד וְאִם־לְרַמּוֹתַנִי לְצָרַי בְּלֹא
יט חָמָס בְּכַפַּי יֵרֶא אֱלֹהֵי אֲבוֹתֵינוּ וְיוֹכַח׃ וְרוּחַ לָבְשָׁה
אֶת־עֲמָשַׂי רֹאשׁ השלושים לְךָ דָוִיד וְעִמְּךָ בֶן־יִשַׁי שָׁלוֹם ׀ | הַשָּׁלִישִׁים
שָׁלוֹם לְךָ וְשָׁלוֹם לְעֹזְרֶךָ כִּי עֲזָרְךָ אֱלֹהֶיךָ וַיְקַבְּלֵם דָּוִיד וַיִּתְּנֵם
כ בְּרָאשֵׁי הַגְּדוּד׃ וּמִמְּנַשֶּׁה נָפְלוּ עַל־דָּוִיד בְּבֹאוֹ עִם־
פְּלִשְׁתִּים עַל־שָׁאוּל לַמִּלְחָמָה וְלֹא עֲזָרֻם כִּי בְעֵצָה שִׁלְּחֻהוּ
כא סַרְנֵי פְלִשְׁתִּים לֵאמֹר בְּרָאשֵׁינוּ יִפּוֹל אֶל־אֲדֹנָיו שָׁאוּל׃ בְּלֶכְתּוֹ
אֶל־צִיקְלַג נָפְלוּ עָלָיו ׀ מִמְּנַשֶּׁה עַדְנַח וְיוֹזָבָד וִידִיעֲאֵל וּמִיכָאֵל
כב וְיוֹזָבָד וֶאֱלִיהוּא וְצִלְּתָי רָאשֵׁי הָאֲלָפִים אֲשֶׁר לִמְנַשֶּׁה׃ וְהֵמָּה
עָזְרוּ עִם־דָּוִיד עַל־הַגְּדוּד כִּי־גִבּוֹרֵי חַיִל כֻּלָּם וַיִּהְיוּ שָׂרִים
כג בַּצָּבָא׃ כִּי לְעֶת־יוֹם בְּיוֹם יָבֹאוּ עַל־דָּוִיד לְעָזְרוֹ עַד־לְמַחֲנֶה
כד גָדוֹל כְּמַחֲנֵה אֱלֹהִים׃ וְאֵלֶּה מִסְפְּרֵי רָאשֵׁי הֶחָלוּץ
לַצָּבָא בָּאוּ עַל־דָּוִיד חֶבְרוֹנָה לְהָסֵב מַלְכוּת שָׁאוּל אֵלָיו כְּפִי
כה יְהוָה׃ בְּנֵי יְהוּדָה נֹשְׂאֵי צִנָּה וָרֹמַח שֵׁשֶׁת אֲלָפִים
כו וּשְׁמוֹנֶה מֵאוֹת חֲלוּצֵי צָבָא׃ מִן־בְּנֵי שִׁמְעוֹן גִּבּוֹרֵי
כז חַיִל לַצָּבָא שִׁבְעַת אֲלָפִים וּמֵאָה׃ מִן־בְּנֵי הַלֵּוִי
כח אַרְבַּעַת אֲלָפִים וְשֵׁשׁ מֵאוֹת׃ וִיהוֹיָדָע הַנָּגִיד לְאַהֲרֹן
כט וְעִמּוֹ שְׁלֹשֶׁת אֲלָפִים וּשְׁבַע מֵאוֹת׃ וְצָדוֹק נַעַר גִּבּוֹר

ל חַיִל וּבֵית־אָבִיו שָׂרִים עֶשְׂרִים וּשְׁנָיִם׃ וּמִן־בְּנֵי בִנְיָמִן
אֲחֵי שָׁאוּל שְׁלֹשֶׁת אֲלָפִים וְעַד־הֵנָּה מַרְבִּיתָם שֹׁמְרִים מִשְׁמֶרֶת
לא בֵּית שָׁאוּל׃ וּמִן־בְּנֵי אֶפְרַיִם עֶשְׂרִים אֶלֶף וּשְׁמוֹנֶה
לב מֵאוֹת גִּבּוֹרֵי חַיִל אַנְשֵׁי שֵׁמוֹת לְבֵית אֲבוֹתָם׃ וּמֵחֲצִי
מַטֵּה מְנַשֶּׁה שְׁמוֹנָה עָשָׂר אָלֶף אֲשֶׁר נִקְּבוּ בְּשֵׁמוֹת לָבוֹא
לג לְהַמְלִיךְ אֶת־דָּוִיד׃ וּמִבְּנֵי יִשָּׂשכָר יוֹדְעֵי בִינָה לָעִתִּים
לָדַעַת מַה־יַּעֲשֶׂה יִשְׂרָאֵל רָאשֵׁיהֶם מָאתַיִם וְכָל־אֲחֵיהֶם עַל־
לד פִּיהֶם׃ מִזְּבֻלוּן יוֹצְאֵי צָבָא עֹרְכֵי מִלְחָמָה בְּכָל־כְּלֵי
לה מִלְחָמָה חֲמִשִּׁים אָלֶף וְלַעֲדֹר בְּלֹא־לֵב וָלֵב׃ וּמִנַּפְתָּלִי
שָׂרִים אָלֶף וְעִמָּהֶם בְּצִנָּה וַחֲנִית שְׁלֹשִׁים וְשִׁבְעָה
לו אָלֶף׃ וּמִן־הַדָּנִי עֹרְכֵי מִלְחָמָה עֶשְׂרִים־וּשְׁמוֹנָה אֶלֶף
לז וְשֵׁשׁ מֵאוֹת׃ וּמֵאָשֵׁר יוֹצְאֵי צָבָא לַעֲרֹךְ מִלְחָמָה
לח אַרְבָּעִים אָלֶף׃ וּמֵעֵבֶר לַיַּרְדֵּן מִן־הָרְאוּבֵנִי וְהַגָּדִי
וַחֲצִי ׀ שֵׁבֶט מְנַשֶּׁה בְּכֹל כְּלֵי צְבָא מִלְחָמָה מֵאָה וְעֶשְׂרִים
לט אָלֶף׃ כָּל־אֵלֶּה אַנְשֵׁי מִלְחָמָה עֹדְרֵי מַעֲרָכָה בְּלֵבָב שָׁלֵם
בָּאוּ חֶבְרוֹנָה לְהַמְלִיךְ אֶת־דָּוִיד עַל־כָּל־יִשְׂרָאֵל וְגַם כָּל־
מ שֵׁרִית יִשְׂרָאֵל לֵב אֶחָד לְהַמְלִיךְ אֶת־דָּוִיד׃ וַיִּהְיוּ־שָׁם עִם־
דָּוִיד יָמִים שְׁלוֹשָׁה אֹכְלִים וְשׁוֹתִים כִּי־הֵכִינוּ לָהֶם אֲחֵיהֶם׃
מא וְגַם הַקְּרוֹבִים־אֲלֵיהֶם עַד־יִשָּׂשכָר וּזְבֻלוּן וְנַפְתָּלִי מְבִיאִים ו
לֶחֶם בַּחֲמוֹרִים וּבַגְּמַלִּים וּבַפְּרָדִים ׀ וּבַבָּקָר מַאֲכָל קֶמַח
דְּבֵלִים וְצִמּוּקִים וְיַיִן וְשֶׁמֶן וּבָקָר וְצֹאן לָרֹב כִּי שִׂמְחָה
יג א בְּיִשְׂרָאֵל׃ וַיִּוָּעַץ דָּוִיד עִם־שָׂרֵי הָאֲלָפִים וְהַמֵּאוֹת
ב לְכָל־נָגִיד׃ וַיֹּאמֶר דָּוִיד לְכֹל ׀ קְהַל יִשְׂרָאֵל אִם־עֲלֵיכֶם טוֹב
וּמִן־יְהוָה אֱלֹהֵינוּ נִפְרְצָה נִשְׁלְחָה עַל־אַחֵינוּ הַנִּשְׁאָרִים בְּכֹל
אַרְצוֹת יִשְׂרָאֵל וְעִמָּהֶם הַכֹּהֲנִים וְהַלְוִיִּם בְּעָרֵי מִגְרְשֵׁיהֶם
ג וְיִקָּבְצוּ אֵלֵינוּ׃ וְנָסֵבָּה אֶת־אֲרוֹן אֱלֹהֵינוּ אֵלֵינוּ כִּי־לֹא
ד דְרַשְׁנֻהוּ בִּימֵי שָׁאוּל׃ וַיֹּאמְרוּ כָל־הַקָּהָל לַעֲשׂוֹת כֵּן כִּי־יָשַׁר

ה הַדָּבָר בְּעֵינֵי כָל־הָעָם׃ וַיַּקְהֵל דָּוִיד אֶת־כָּל־יִשְׂרָאֵל מִן־
שִׁיחוֹר מִצְרַיִם וְעַד־לְבוֹא חֲמָת לְהָבִיא אֶת־אֲרוֹן הָאֱלֹהִים
ו מִקִּרְיַת יְעָרִים׃ וַיַּעַל דָּוִיד וְכָל־יִשְׂרָאֵל בַּעֲלָתָה אֶל־קִרְיַת
יְעָרִים אֲשֶׁר לִיהוּדָה לְהַעֲלוֹת מִשָּׁם אֵת אֲרוֹן הָאֱלֹהִים ׀ יְהוָה
ז יוֹשֵׁב הַכְּרוּבִים אֲשֶׁר־נִקְרָא שֵׁם׃ וַיַּרְכִּיבוּ אֶת־אֲרוֹן הָאֱלֹהִים
עַל־עֲגָלָה חֲדָשָׁה מִבֵּית אֲבִינָדָב וְעֻזָּא וְאַחְיוֹ נֹהֲגִים בָּעֲגָלָה׃
ח וְדָוִיד וְכָל־יִשְׂרָאֵל מְשַׂחֲקִים לִפְנֵי הָאֱלֹהִים בְּכָל־עֹז וּבְשִׁירִים
ט וּבְכִנֹּרוֹת וּבִנְבָלִים וּבְתֻפִּים וּבִמְצִלְתַּיִם וּבַחֲצֹצְרוֹת׃ וַיָּבֹאוּ
עַד־גֹּרֶן כִּידֹן וַיִּשְׁלַח עֻזָּא אֶת־יָדוֹ לֶאֱחֹז אֶת־הָאָרוֹן כִּי
י שָׁמְטוּ הַבָּקָר׃ וַיִּחַר־אַף יְהוָה בְּעֻזָּא וַיַּכֵּהוּ עַל אֲשֶׁר־שָׁלַח
יא יָדוֹ עַל־הָאָרוֹן וַיָּמָת שָׁם לִפְנֵי הָאֱלֹהִים׃ וַיִּחַר לְדָוִיד כִּי־
פָרַץ יְהוָה פֶּרֶץ בְּעֻזָּא וַיִּקְרָא לַמָּקוֹם הַהוּא פֶּרֶץ עֻזָּא עַד
יב הַיּוֹם הַזֶּה׃ וַיִּירָא דָוִיד אֶת־הָאֱלֹהִים בַּיּוֹם הַהוּא לֵאמֹר
יג הֵיךְ אָבִיא אֵלַי אֵת אֲרוֹן הָאֱלֹהִים׃ וְלֹא־הֵסִיר דָּוִיד אֶת־
הָאָרוֹן אֵלָיו אֶל־עִיר דָּוִיד וַיַּטֵּהוּ אֶל־בֵּית עֹבֵד־אֱדֹם
יד הַגִּתִּי׃ וַיֵּשֶׁב אֲרוֹן הָאֱלֹהִים עִם־בֵּית עֹבֵד אֱדֹם בְּבֵיתוֹ
שְׁלֹשָׁה חֳדָשִׁים וַיְבָרֶךְ יְהוָה אֶת־בֵּית עֹבֵד־אֱדֹם וְאֶת־
כָּל־אֲשֶׁר־לוֹ׃

יד א וַיִּשְׁלַח חִירָם מֶלֶךְ־צֹר מַלְאָכִים אֶל־דָּוִיד וַעֲצֵי אֲרָזִים וְחָרָשֵׁי חורם
ב קִיר וְחָרָשֵׁי עֵצִים לִבְנוֹת לוֹ בָּיִת׃ וַיֵּדַע דָּוִיד כִּי־הֱכִינוֹ יְהוָה
לְמֶלֶךְ עַל־יִשְׂרָאֵל כִּי־נִשֵּׂאת לְמַעְלָה מַלְכוּתוֹ בַּעֲבוּר עַמּוֹ
ג יִשְׂרָאֵל׃ וַיִּקַּח דָּוִיד עוֹד נָשִׁים בִּירוּשָׁלָם וַיּוֹלֶד
ד דָּוִיד עוֹד בָּנִים וּבָנוֹת׃ וְאֵלֶּה שְׁמוֹת הַיְלוּדִים אֲשֶׁר הָיוּ־לוֹ
ה בִּירוּשָׁלָם שַׁמּוּעַ וְשׁוֹבָב נָתָן וּשְׁלֹמֹה׃ וְיִבְחָר וֶאֱלִישׁוּעַ
ו ז וְאֶלְפָּלֶט׃ וְנֹגַהּ וְנֶפֶג וְיָפִיעַ׃ וֶאֱלִישָׁמָע וּבְעֶלְיָדָע וֶאֱלִיפָלֶט׃
ח וַיִּשְׁמְעוּ פְלִשְׁתִּים כִּי־נִמְשַׁח דָּוִיד לְמֶלֶךְ עַל־כָּל־יִשְׂרָאֵל
וַיַּעֲלוּ כָל־פְּלִשְׁתִּים לְבַקֵּשׁ אֶת־דָּוִיד וַיִּשְׁמַע דָּוִיד וַיֵּצֵא

לִפְנֵיהֶם: וּפְלִשְׁתִּים בָּאוּ וַיִּפְשְׁטוּ בְּעֵמֶק רְפָאִים: וַיִּשְׁאַל דָּוִיד ט
פְּלִשְׁתִּים בֵּאלֹהִים לֵאמֹר הַאֶעֱלֶה עַל־פלשתיים וּנְתַתָּם בְּיָדִי וַיֹּאמֶר
לוֹ יהוה עֲלֵה וּנְתַתִּים בְּיָדֶךָ: וַיַּעֲלוּ בְּבַעַל־פְּרָצִים וַיַּכֵּם שָׁם יא
דָּוִיד וַיֹּאמֶר דָּוִיד פָּרַץ הָאֱלֹהִים אֶת־אוֹיְבַי בְּיָדִי כְּפֶרֶץ מָיִם
עַל־כֵּן קָרְאוּ שֵׁם־הַמָּקוֹם הַהוּא בַּעַל פְּרָצִים: וַיַּעַזְבוּ־שָׁם יב
אֶת־אֱלֹהֵיהֶם וַיֹּאמֶר דָּוִיד וַיִּשָּׂרְפוּ בָּאֵשׁ: וַיֹּסִיפוּ יג
עוֹד פְּלִשְׁתִּים וַיִּפְשְׁטוּ בָּעֵמֶק: וַיִּשְׁאַל עוֹד דָּוִיד בֵּאלֹהִים יד
וַיֹּאמֶר לוֹ הָאֱלֹהִים לֹא תַעֲלֶה אַחֲרֵיהֶם הָסֵב מֵעֲלֵיהֶם
וּבָאתָ לָהֶם מִמּוּל הַבְּכָאִים: וִיהִי כְּשָׁמְעֲךָ אֶת־קוֹל הַצְּעָדָה טו
בְּרָאשֵׁי הַבְּכָאִים אָז תֵּצֵא בַמִּלְחָמָה כִּי־יָצָא הָאֱלֹהִים
לְפָנֶיךָ לְהַכּוֹת אֶת־מַחֲנֵה פְלִשְׁתִּים: וַיַּעַשׂ דָּוִיד כַּאֲשֶׁר צִוָּהוּ טז
הָאֱלֹהִים וַיַּכּוּ אֶת־מַחֲנֵה פְלִשְׁתִּים מִגִּבְעוֹן וְעַד־גָּזְרָה: וַיֵּצֵא יז
שֵׁם־דָּוִיד בְּכָל־הָאֲרָצוֹת וַיהוה נָתַן אֶת־פַּחְדּוֹ עַל־כָּל־
הַגּוֹיִם: וַיַּעַשׂ־לוֹ בָתִּים בְּעִיר דָּוִיד וַיָּכֶן מָקוֹם לַאֲרוֹן הָאֱלֹהִים א טו
וַיֶּט־לוֹ אֹהֶל: אָז אָמַר דָּוִיד לֹא לָשֵׂאת אֶת־אֲרוֹן הָאֱלֹהִים ב
כִּי אִם־הַלְוִיִּם כִּי־בָם ׀ בָּחַר יהוה לָשֵׂאת אֶת־אֲרוֹן יהוה
וּלְשָׁרְתוֹ עַד־עוֹלָם: וַיַּקְהֵל דָּוִיד אֶת־כָּל־יִשְׂרָאֵל ג
אֶל־יְרוּשָׁלָםִ לְהַעֲלוֹת אֶת־אֲרוֹן יהוה אֶל־מְקוֹמוֹ אֲשֶׁר־הֵכִין
לוֹ: וַיֶּאֱסֹף דָּוִיד אֶת־בְּנֵי אַהֲרֹן וְאֶת־הַלְוִיִּם: לִבְנֵי ד ה
קְהָת אוּרִיאֵל הַשָּׂר וְאֶחָיו מֵאָה וְעֶשְׂרִים: לִבְנֵי מְרָרִי ו
עֲשָׂיָה הַשָּׂר וְאֶחָיו מָאתַיִם וְעֶשְׂרִים: לִבְנֵי גֵּרְשׁוֹם ז
יוֹאֵל הַשָּׂר וְאֶחָיו מֵאָה וּשְׁלֹשִׁים: לִבְנֵי אֱלִיצָפָן ח
שְׁמַעְיָה הַשָּׂר וְאֶחָיו מָאתָיִם: לִבְנֵי חֶבְרוֹן אֱלִיאֵל ט
הַשָּׂר וְאֶחָיו שְׁמוֹנִים: לִבְנֵי עֻזִּיאֵל עַמִּינָדָב הַשָּׂר וְאֶחָיו י
מֵאָה וּשְׁנֵים עָשָׂר: וַיִּקְרָא דָוִיד לְצָדוֹק וּלְאֶבְיָתָר יא
הַכֹּהֲנִים וְלַלְוִיִּם לְאוּרִיאֵל עֲשָׂיָה וְיוֹאֵל שְׁמַעְיָה וֶאֱלִיאֵל
וְעַמִּינָדָב: וַיֹּאמֶר לָהֶם אַתֶּם רָאשֵׁי הָאָבוֹת לַלְוִיִּם הִתְקַדְּשׁוּ יב

אַתֶּ֖ם וַאֲחֵיכֶ֑ם וְהַעֲלִיתֶ֗ם אֵ֣ת אֲר֜וֹן יהו֛ה אֱלֹהֵ֥י יִשְׂרָאֵ֖ל אֶל־
יג הֲכִינ֥וֹתִי לֽוֹ׃ כִּ֛י לְמַבָּרִֽאשׁוֹנָ֖ה לֹ֣א אַתֶּ֑ם פָּ֨רַץ יהו֤ה אֱלֹהֵ֙ינוּ֙
יד בָּ֔נוּ כִּי־לֹ֥א דְרַשְׁנֻ֖הוּ כַּמִּשְׁפָּֽט׃ וַיִּֽתְקַדְּשׁ֔וּ הַכֹּהֲנִ֖ים וְהַלְוִיִּ֑ם
טו לְהַעֲל֕וֹת אֶת־אֲר֖וֹן יהו֥ה אֱלֹהֵ֥י יִשְׂרָאֵֽל׃ וַיִּשְׂא֣וּ בְנֵֽי־הַלְוִיִּ֗ם
אֵ֣ת אֲר֤וֹן הָֽאֱלֹהִים֙ כַּאֲשֶׁ֣ר צִוָּ֣ה מֹשֶׁ֔ה כִּדְבַ֥ר יהו֖ה בִּכְתֵפָ֑ם
טז בַּמֹּט֖וֹת עֲלֵיהֶֽם׃ וַיֹּ֣אמֶר דָּוִיד֮ לְשָׂרֵ֣י הַלְוִיִּם֒ לְהַֽעֲמִ֗יד
אֶת־אֲחֵיהֶם֙ הַֽמְשֹׁרְרִ֔ים בִּכְלֵי־שִׁ֕יר נְבָלִ֥ים וְכִנֹּר֖וֹת וּמְצִלְתָּ֑יִם
מַשְׁמִיעִ֥ים לְהָרִֽים־בְּק֖וֹל לְשִׂמְחָֽה׃
יז וַיַּעֲמִ֣ידוּ הַלְוִיִּ֗ם אֵ֚ת הֵימָ֣ן בֶּן־יוֹאֵ֔ל וּמִן־אֶחָ֕יו אָסָ֖ף בֶּן־בֶּֽרֶכְיָ֑הוּ
יח וּמִן־בְּנֵ֤י מְרָרִי֙ אֲחֵיהֶ֔ם אֵיתָ֖ן בֶּן־קֽוּשָׁיָֽהוּ׃ וְעִמָּהֶ֔ם אֲחֵיהֶ֖ם
הַמִּשְׁנִ֑ים זְכַרְיָ֙הוּ֙ בֵּ֡ן וְיַעֲזִיאֵ֡ל וּֽשְׁמִֽירָמ֡וֹת וִֽיחִיאֵ֡ל וְעֻנִּ֡י אֱלִיאָ֡ב
וּבְנָיָ֡הוּ וּמַֽעֲשֵׂיָ֡הוּ וּמַתִּתְיָ֡הוּ וֶֽאֱלִיפְלֵ֡הוּ וּמִקְנֵיָ֡הוּ וְעֹבֵ֥ד אֱדֹ֛ם
יט וִֽיעִיאֵ֖ל הַשֹּׁעֲרִֽים׃ וְהַֽמְשֹׁרְרִ֔ים הֵימָ֥ן אָסָ֖ף וְאֵיתָ֑ן בִּמְצִלְתַּ֥יִם
כ נְחֹ֖שֶׁת לְהַשְׁמִֽיעַ׃ וּזְכַרְיָ֡ה וַעֲזִיאֵ֡ל וּשְׁמִֽירָמ֡וֹת וִֽיחִיאֵל֩ וְעֻנִּ֨י
כא וֶאֱלִיאָ֜ב וּמַעֲשֵׂיָ֗הוּ וּבְנָיָ֙הוּ֙ בִּנְבָלִ֔ים עַל־עֲלָמֽוֹת׃ וּמַתִּתְיָ֡הוּ
וֶאֱלִֽיפְלֵ֡הוּ וּמִקְנֵיָ֜הוּ וְעֹבֵ֥ד אֱדֹ֛ם וִיעִיאֵ֥ל וַעֲזַזְיָ֖הוּ בְּכִנֹּר֑וֹת עַל־
כב הַשְּׁמִינִ֖ית לְנַצֵּֽחַ׃ וּכְנַנְיָ֥הוּ שַׂר־הַלְוִיִּ֖ם בְּמַשָּׂ֑א יָסֹר֙ בַּמַּשָּׂ֔א כִּ֥י
כג כד מֵבִ֖ין הֽוּא׃ וּבֶרֶכְיָה֙ וְאֶלְקָנָ֔ה שֹׁעֲרִ֖ים לָאָרֽוֹן׃ וּשְׁבַנְיָ֡הוּ וְיֽוֹשָׁפָ֡ט
וּנְתַנְאֵ֡ל וַעֲמָשַׂ֡י וּזְכַרְיָ֡הוּ וּבְנָיָ֡הוּ וֶֽאֱלִיעֶ֡זֶר הַכֹּֽהֲנִ֗ים מחצצרים מַחְצְרִים֙
בַּחֲצֹ֣צְר֔וֹת לִפְנֵ֖י אֲר֣וֹן הָאֱלֹהִ֑ים וְעֹבֵ֤ד אֱדֹם֙ וִֽיחִיָּ֔ה שֹׁעֲרִ֖ים לָאָרֽוֹן׃
כה וַיְהִ֥י דָוִ֛יד וְזִקְנֵ֥י יִשְׂרָאֵ֖ל וְשָׂרֵ֣י הָאֲלָפִ֑ים הַהֹֽלְכִ֗ים לְהַעֲל֞וֹת אֶת־
כו אֲר֧וֹן בְּרִית־יהו֛ה מִן־בֵּ֥ית עֹבֵד־אֱדֹ֖ם בְּשִׂמְחָֽה׃ וַיְהִ֗י
בֶּעְזֹ֤ר הָֽאֱלֹהִים֙ אֶת־הַלְוִיִּ֔ם נֹשְׂאֵ֖י אֲר֣וֹן בְּרִית־יהו֑ה וַיִּזְבְּח֥וּ
כז שִׁבְעָֽה־פָרִ֖ים וְשִׁבְעָ֥ה אֵילִֽים׃ וְדָוִ֞יד מְכֻרְבָּ֣ל ׀ בִּמְעִ֣יל ב֗וּץ
וְכָל־הַלְוִיִּ֞ם הַנֹּֽשְׂאִ֣ים אֶת־הָאָר֗וֹן וְהַֽמְשֹׁרְרִ֔ים וּכְנַנְיָ֛ה הַשַּׂ֥ר
כח הַמַּשָּׂ֖א הַמְשֹֽׁרְרִ֑ים וְעַל־דָּוִ֖יד אֵפ֥וֹד בָּֽד׃ וְכָל־יִשְׂרָאֵ֗ל מַעֲלִים֙
אֶת־אֲר֣וֹן בְּרִית־יהו֔ה בִּתְרוּעָה֙ וּבְק֣וֹל שׁוֹפָ֔ר וּבַחֲצֹ֣צְר֔וֹת

וּבִמְצִלְתָּיִם מַשְׁמִעִים בִּנְבָלִים וְכִנֹּרוֹת׃ וַיְהִי אֲרוֹן בְּרִית כט
יהוה בָּא עַד־עִיר דָּוִיד וּמִיכַל בַּת־שָׁאוּל נִשְׁקְפָה ׀ בְּעַד
הַחַלּוֹן וַתֵּרֶא אֶת־הַמֶּלֶךְ דָּוִיד מְרַקֵּד וּמְשַׂחֵק וַתִּבֶז לוֹ
בְּלִבָּהּ׃ וַיָּבִיאוּ אֶת־אֲרוֹן הָאֱלֹהִים וַיַּצִּיגוּ אֹתוֹ בְּתוֹךְ א טז
הָאֹהֶל אֲשֶׁר נָטָה־לוֹ דָּוִיד וַיַּקְרִיבוּ עֹלוֹת וּשְׁלָמִים לִפְנֵי
הָאֱלֹהִים׃ וַיְכַל דָּוִיד מֵהַעֲלוֹת הָעֹלָה וְהַשְּׁלָמִים וַיְבָרֶךְ אֶת־ ב
הָעָם בְּשֵׁם יהוה׃ וַיְחַלֵּק לְכָל־אִישׁ יִשְׂרָאֵל מֵאִישׁ וְעַד־אִשָּׁה ג
לְאִישׁ כִּכַּר־לֶחֶם וְאֶשְׁפָּר וַאֲשִׁישָׁה׃ וַיִּתֵּן לִפְנֵי אֲרוֹן יהוה ד
מִן־הַלְוִיִּם מְשָׁרְתִים וּלְהַזְכִּיר וּלְהוֹדוֹת וּלְהַלֵּל לַיהוה אֱלֹהֵי
יִשְׂרָאֵל׃ אָסָף הָרֹאשׁ וּמִשְׁנֵהוּ זְכַרְיָה יְעִיאֵל ה
וּשְׁמִירָמוֹת וִיחִיאֵל וּמַתִּתְיָה וֶאֱלִיאָב וּבְנָיָהוּ וְעֹבֵד אֱדֹם
וִיעִיאֵל בִּכְלֵי נְבָלִים וּבְכִנֹּרוֹת וְאָסָף בַּמְצִלְתַּיִם מַשְׁמִיעַ׃
וּבְנָיָהוּ וְיַחֲזִיאֵל הַכֹּהֲנִים בַּחֲצֹצְרוֹת תָּמִיד לִפְנֵי אֲרוֹן בְּרִית־ ו
הָאֱלֹהִים׃ בַּיּוֹם הַהוּא אָז נָתַן דָּוִיד בָּרֹאשׁ לְהֹדוֹת לַיהוה ז
בְּיַד־אָסָף וְאֶחָיו׃
הוֹדוּ לַיהוה קִרְאוּ בִשְׁמוֹ הוֹדִיעוּ בָעַמִּים עֲלִילֹתָיו׃ שִׁירוּ לוֹ ח ט
זַמְּרוּ־לוֹ שִׂיחוּ בְּכָל־נִפְלְאֹתָיו׃ הִתְהַלְלוּ בְּשֵׁם קָדְשׁוֹ יִשְׂמַח י
לֵב מְבַקְשֵׁי יהוה׃ דִּרְשׁוּ יהוה וְעֻזּוֹ בַּקְּשׁוּ פָנָיו תָּמִיד׃ זִכְרוּ יא יב
נִפְלְאֹתָיו אֲשֶׁר עָשָׂה מֹפְתָיו וּמִשְׁפְּטֵי־פִיהוּ׃ זֶרַע יִשְׂרָאֵל יג
עַבְדּוֹ בְּנֵי יַעֲקֹב בְּחִירָיו׃ הוּא יהוה אֱלֹהֵינוּ בְּכָל־הָאָרֶץ יד
מִשְׁפָּטָיו׃ זִכְרוּ לְעוֹלָם בְּרִיתוֹ דָּבָר צִוָּה לְאֶלֶף דּוֹר׃ אֲשֶׁר טו טז
כָּרַת אֶת־אַבְרָהָם וּשְׁבוּעָתוֹ לְיִצְחָק׃ וַיַּעֲמִידֶהָ לְיַעֲקֹב לְחֹק יז
לְיִשְׂרָאֵל בְּרִית עוֹלָם׃ לֵאמֹר לְךָ אֶתֵּן אֶרֶץ־כְּנָעַן חֶבֶל יח
נַחֲלַתְכֶם׃ בִּהְיוֹתְכֶם מְתֵי מִסְפָּר כִּמְעַט וְגָרִים בָּהּ׃ וַיִּתְהַלְּכוּ יט כ
מִגּוֹי אֶל־גּוֹי וּמִמַּמְלָכָה אֶל־עַם אַחֵר׃ לֹא־הִנִּיחַ לְאִישׁ כא
לְעָשְׁקָם וַיּוֹכַח עֲלֵיהֶם מְלָכִים׃ אַל־תִּגְּעוּ בִּמְשִׁיחָי וּבִנְבִיאַי כב
אַל־תָּרֵעוּ׃ שִׁירוּ לַיהוה כָּל־הָאָרֶץ בַּשְּׂרוּ מִיּוֹם־אֶל־יוֹם כג

כד יְשׁוּעָתוֹ׃ סַפְּרוּ בַגּוֹיִם אֶת־כְּבוֹדוֹ בְּכָל־הָעַמִּים נִפְלְאֹתָיו׃
כה כִּי גָדוֹל יְהוָה וּמְהֻלָּל מְאֹד וְנוֹרָא הוּא עַל־כָּל־אֱלֹהִים׃
כו כז כִּי כָּל־אֱלֹהֵי הָעַמִּים אֱלִילִים וַיהוָה שָׁמַיִם עָשָׂה׃ הוֹד וְהָדָר
כח לְפָנָיו עֹז וְחֶדְוָה בִּמְקֹמוֹ׃ הָבוּ לַיהוָה מִשְׁפְּחוֹת עַמִּים הָבוּ
כט לַיהוָה כָּבוֹד וָעֹז׃ הָבוּ לַיהוָה כְּבוֹד שְׁמוֹ שְׂאוּ מִנְחָה וּבֹאוּ
ל לְפָנָיו הִשְׁתַּחֲווּ לַיהוָה בְּהַדְרַת־קֹדֶשׁ׃ חִילוּ מִלְּפָנָיו כָּל־
לא הָאָרֶץ אַף־תִּכּוֹן תֵּבֵל בַּל־תִּמּוֹט׃ יִשְׂמְחוּ הַשָּׁמַיִם וְתָגֵל
לב הָאָרֶץ וְיֹאמְרוּ בַגּוֹיִם יְהוָה מָלָךְ׃ יִרְעַם הַיָּם וּמְלוֹאוֹ יַעֲלֹץ
לג הַשָּׂדֶה וְכָל־אֲשֶׁר־בּוֹ׃ אָז יְרַנְּנוּ עֲצֵי הַיָּעַר מִלִּפְנֵי יְהוָה כִּי־
לד בָא לִשְׁפּוֹט אֶת־הָאָרֶץ׃ הוֹדוּ לַיהוָה כִּי טוֹב כִּי לְעוֹלָם
לה חַסְדּוֹ׃ וְאִמְרוּ הוֹשִׁיעֵנוּ אֱלֹהֵי יִשְׁעֵנוּ וְקַבְּצֵנוּ וְהַצִּילֵנוּ מִן־
לו הַגּוֹיִם לְהֹדוֹת לְשֵׁם קָדְשֶׁךָ לְהִשְׁתַּבֵּחַ בִּתְהִלָּתֶךָ׃ בָּרוּךְ ז
יְהוָה אֱלֹהֵי יִשְׂרָאֵל מִן־הָעוֹלָם וְעַד־הָעֹלָם וַיֹּאמְרוּ כָל־
לז הָעָם אָמֵן וְהַלֵּל לַיהוָה׃ וַיַּעֲזָב־שָׁם לִפְנֵי אֲרוֹן
בְּרִית־יְהוָה לְאָסָף וּלְאֶחָיו לְשָׁרֵת לִפְנֵי הָאָרוֹן תָּמִיד לִדְבַר־
לח יוֹם בְּיוֹמוֹ׃ וְעֹבֵד אֱדֹם וַאֲחֵיהֶם שִׁשִּׁים וּשְׁמוֹנָה וְעֹבֵד אֱדֹם
לט בֶּן־יְדִיתוּן וְחֹסָה לְשֹׁעֲרִים׃ וְאֵת ׀ צָדוֹק הַכֹּהֵן וְאֶחָיו הַכֹּהֲנִים
מ לִפְנֵי מִשְׁכַּן יְהוָה בַּבָּמָה אֲשֶׁר בְּגִבְעוֹן׃ לְהַעֲלוֹת עֹלוֹת לַיהוָה
עַל־מִזְבַּח הָעֹלָה תָּמִיד לַבֹּקֶר וְלָעָרֶב וּלְכָל־הַכָּתוּב בְּתוֹרַת
מא יְהוָה אֲשֶׁר צִוָּה עַל־יִשְׂרָאֵל׃ וְעִמָּהֶם הֵימָן וִידוּתוּן וּשְׁאָר
הַבְּרוּרִים אֲשֶׁר נִקְּבוּ בְּשֵׁמוֹת לְהֹדוֹת לַיהוָה כִּי לְעוֹלָם
מב חַסְדּוֹ׃ וְעִמָּהֶם הֵימָן וִידוּתוּן חֲצֹצְרוֹת וּמְצַלְתַּיִם לְמַשְׁמִיעִים
מג וּכְלֵי שִׁיר הָאֱלֹהִים וּבְנֵי יְדוּתוּן לַשָּׁעַר׃ וַיֵּלְכוּ כָל־הָעָם אִישׁ
יז א לְבֵיתוֹ וַיִּסֹּב דָּוִיד לְבָרֵךְ אֶת־בֵּיתוֹ׃ וַיְהִי כַּאֲשֶׁר
יָשַׁב דָּוִיד בְּבֵיתוֹ וַיֹּאמֶר דָּוִיד אֶל־נָתָן הַנָּבִיא הִנֵּה אָנֹכִי
יוֹשֵׁב בְּבֵית הָאֲרָזִים וַאֲרוֹן בְּרִית־יְהוָה תַּחַת יְרִיעוֹת׃
ב וַיֹּאמֶר נָתָן אֶל־דָּוִיד כֹּל אֲשֶׁר בִּלְבָבְךָ עֲשֵׂה כִּי הָאֱלֹהִים

עִמָּךְ׃ וַיְהִי בַּלַּיְלָה הַהוּא וַיְהִי דְּבַר־אֱלֹהִים אֶל־ ג
נָתָן לֵאמֹר׃ לֵךְ וְאָמַרְתָּ אֶל־דָּוִיד עַבְדִּי כֹּה אָמַר יְהוָה לֹא ד
אַתָּה תִּבְנֶה־לִּי הַבַּיִת לָשָׁבֶת׃ כִּי לֹא יָשַׁבְתִּי בְּבַיִת מִן־ ה
הַיּוֹם אֲשֶׁר הֶעֱלֵיתִי אֶת־יִשְׂרָאֵל עַד הַיּוֹם הַזֶּה וָאֶהְיֶה
מֵאֹהֶל אֶל־אֹהֶל וּמִמִּשְׁכָּן׃ בְּכֹל אֲשֶׁר־הִתְהַלַּכְתִּי בְּכָל־ ו
יִשְׂרָאֵל הֲדָבָר דִּבַּרְתִּי אֶת־אַחַד שֹׁפְטֵי יִשְׂרָאֵל אֲשֶׁר צִוִּיתִי
לִרְעוֹת אֶת־עַמִּי לֵאמֹר לָמָּה לֹא־בְנִיתֶם לִי בֵּית אֲרָזִים׃
וְעַתָּה כֹּה־תֹאמַר לְעַבְדִּי לְדָוִיד כֹּה אָמַר יְהוָה צְבָאוֹת אֲנִי ז
לְקַחְתִּיךָ מִן־הַנָּוֶה מִן־אַחֲרֵי הַצֹּאן לִהְיוֹת נָגִיד עַל עַמִּי
יִשְׂרָאֵל׃ וָאֶהְיֶה עִמְּךָ בְּכֹל אֲשֶׁר הָלַכְתָּ וָאַכְרִית אֶת־כָּל־ ח
אוֹיְבֶיךָ מִפָּנֶיךָ וְעָשִׂיתִי לְךָ שֵׁם כְּשֵׁם הַגְּדוֹלִים אֲשֶׁר בָּאָרֶץ׃
וְשַׂמְתִּי מָקוֹם לְעַמִּי יִשְׂרָאֵל וּנְטַעְתִּיהוּ וְשָׁכַן תַּחְתָּיו וְלֹא ט
יִרְגַּז עוֹד וְלֹא־יוֹסִיפוּ בְנֵי־עַוְלָה לְבַלֹּתוֹ כַּאֲשֶׁר בָּרִאשׁוֹנָה׃
וּלְמִיָּמִים אֲשֶׁר צִוִּיתִי שֹׁפְטִים עַל־עַמִּי יִשְׂרָאֵל וְהִכְנַעְתִּי י
אֶת־כָּל־אוֹיְבֶיךָ וָאַגִּד לָךְ וּבַיִת יִבְנֶה־לְּךָ יְהוָה׃ וְהָיָה כִּי־ יא
מָלְאוּ יָמֶיךָ לָלֶכֶת עִם־אֲבֹתֶיךָ וַהֲקִימוֹתִי אֶת־זַרְעֲךָ אַחֲרֶיךָ
אֲשֶׁר יִהְיֶה מִבָּנֶיךָ וַהֲכִינוֹתִי אֶת־מַלְכוּתוֹ׃ הוּא יִבְנֶה־לִּי יב
בָּיִת וְכֹנַנְתִּי אֶת־כִּסְאוֹ עַד־עוֹלָם׃ אֲנִי אֶהְיֶה־לּוֹ לְאָב וְהוּא יג
יִהְיֶה־לִּי לְבֵן וְחַסְדִּי לֹא־אָסִיר מֵעִמּוֹ כַּאֲשֶׁר הֲסִירוֹתִי מֵאֲשֶׁר
הָיָה לְפָנֶיךָ׃ וְהַעֲמַדְתִּיהוּ בְּבֵיתִי וּבְמַלְכוּתִי עַד־הָעוֹלָם וְכִסְאוֹ יד
יִהְיֶה נָכוֹן עַד־עוֹלָם׃ כְּכֹל הַדְּבָרִים הָאֵלֶּה וּכְכֹל הֶחָזוֹן הַזֶּה טו
כֵּן דִּבֶּר נָתָן אֶל־דָּוִיד׃ וַיָּבֹא הַמֶּלֶךְ דָּוִיד וַיֵּשֶׁב לִפְנֵי טז
יְהוָה וַיֹּאמֶר מִי־אֲנִי יְהוָה אֱלֹהִים וּמִי בֵיתִי כִּי הֲבִיאֹתַנִי
עַד־הֲלֹם׃ וַתִּקְטַן זֹאת בְּעֵינֶיךָ אֱלֹהִים וַתְּדַבֵּר עַל־בֵּית־ יז
עַבְדְּךָ לְמֵרָחוֹק וּרְאִיתַנִי כְּתוֹר הָאָדָם הַמַּעֲלָה יְהוָה אֱלֹהִים׃
מַה־יּוֹסִיף עוֹד דָּוִיד אֵלֶיךָ לְכָבוֹד אֶת־עַבְדֶּךָ וְאַתָּה אֶת־ יח
עַבְדְּךָ יָדָעְתָּ׃ יְהוָה בַּעֲבוּר עַבְדְּךָ וּכְלִבְּךָ עָשִׂיתָ אֵת כָּל־ יט

כ הַגְּדוּלָּה הַזֹּאת לְהֹדִיעַ אֶת־כָּל־הַגְּדֻלּוֹת׃ יהוה אֵין כָּמוֹךָ
כא וְאֵין אֱלֹהִים זוּלָתֶךָ בְּכֹל אֲשֶׁר־שָׁמַעְנוּ בְּאָזְנֵינוּ׃ וּמִי כְּעַמְּךָ
יִשְׂרָאֵל גּוֹי אֶחָד בָּאָרֶץ אֲשֶׁר הָלַךְ הָאֱלֹהִים לִפְדּוֹת לוֹ עָם
לָשׂוּם לְךָ שֵׁם גְּדֻלּוֹת וְנֹרָאוֹת לְגָרֵשׁ מִפְּנֵי עַמְּךָ אֲשֶׁר־
כב פָּדִיתָ מִמִּצְרַיִם גּוֹיִם׃ וַתִּתֵּן אֶת־עַמְּךָ יִשְׂרָאֵל ׀ לְךָ לְעָם
כג עַד־עוֹלָם וְאַתָּה יהוה הָיִיתָ לָהֶם לֵאלֹהִים׃ וְעַתָּה יהוה
הַדָּבָר אֲשֶׁר דִּבַּרְתָּ עַל־עַבְדְּךָ וְעַל־בֵּיתוֹ יֵאָמֵן עַד־עוֹלָם
כד וַעֲשֵׂה כַּאֲשֶׁר דִּבַּרְתָּ׃ וְיֵאָמֵן וְיִגְדַּל שִׁמְךָ עַד־עוֹלָם לֵאמֹר
יהוה צְבָאוֹת אֱלֹהֵי יִשְׂרָאֵל אֱלֹהִים לְיִשְׂרָאֵל וּבֵית־דָּוִיד
כה עַבְדְּךָ נָכוֹן לְפָנֶיךָ׃ כִּי ׀ אַתָּה אֱלֹהַי גָּלִיתָ אֶת־אֹזֶן עַבְדְּךָ
כו לִבְנוֹת לוֹ בָּיִת עַל־כֵּן מָצָא עַבְדְּךָ לְהִתְפַּלֵּל לְפָנֶיךָ׃ וְעַתָּה
יהוה אַתָּה־הוּא הָאֱלֹהִים וַתְּדַבֵּר עַל־עַבְדְּךָ הַטּוֹבָה הַזֹּאת׃
כז וְעַתָּה הוֹאַלְתָּ לְבָרֵךְ אֶת־בֵּית עַבְדְּךָ לִהְיוֹת לְעוֹלָם לְפָנֶיךָ
יח א כִּי־אַתָּה יהוה בֵּרַכְתָּ וּמְבֹרָךְ לְעוֹלָם׃ וַיְהִי אַחֲרֵי־
כֵן וַיַּךְ דָּוִיד אֶת־פְּלִשְׁתִּים וַיַּכְנִיעֵם וַיִּקַּח אֶת־גַּת וּבְנֹתֶיהָ
ב מִיַּד פְּלִשְׁתִּים׃ וַיַּךְ אֶת־מוֹאָב וַיִּהְיוּ מוֹאָב עֲבָדִים לְדָוִיד
ג נֹשְׂאֵי מִנְחָה׃ וַיַּךְ דָּוִיד אֶת־הֲדַדְעֶזֶר מֶלֶךְ־צוֹבָה חֲמָתָה
ד בְּלֶכְתּוֹ לְהַצִּיב יָדוֹ בִּנְהַר פְּרָת׃ וַיִּלְכֹּד דָּוִיד מִמֶּנּוּ אֶלֶף רֶכֶב
וְשִׁבְעַת אֲלָפִים פָּרָשִׁים וְעֶשְׂרִים אֶלֶף אִישׁ רַגְלִי וַיְעַקֵּר דָּוִיד
ה אֶת־כָּל־הָרֶכֶב וַיּוֹתֵר מִמֶּנּוּ מֵאָה רָכֶב׃ וַיָּבֹא אֲרַם דַּרְמֶשֶׂק
לַעְזוֹר לַהֲדַדְעֶזֶר מֶלֶךְ צוֹבָה וַיַּךְ דָּוִיד בַּאֲרָם עֶשְׂרִים־וּשְׁנַיִם
ו אֶלֶף אִישׁ׃ וַיָּשֶׂם דָּוִיד בַּאֲרַם דַּרְמֶשֶׂק וַיְהִי אֲרָם לְדָוִיד
עֲבָדִים נֹשְׂאֵי מִנְחָה וַיּוֹשַׁע יהוה לְדָוִיד בְּכֹל אֲשֶׁר הָלָךְ׃
ז וַיִּקַּח דָּוִיד אֵת שִׁלְטֵי הַזָּהָב אֲשֶׁר הָיוּ עַל עַבְדֵי הֲדַדְעָזֶר
ח וַיְבִיאֵם יְרוּשָׁלִָם׃ וּמִטִּבְחַת וּמִכּוּן עָרֵי הֲדַדְעֶזֶר לָקַח דָּוִיד
נְחֹשֶׁת רַבָּה מְאֹד בָּהּ ׀ עָשָׂה שְׁלֹמֹה אֶת־יָם הַנְּחֹשֶׁת וְאֶת־
ט הָעַמּוּדִים וְאֵת כְּלֵי הַנְּחֹשֶׁת׃ וַיִּשְׁמַע תֹּעוּ מֶלֶךְ חֲמָת

י כִּי הִכָּה דָוִיד אֶת־כָּל־חֵיל הֲדַדְעֶזֶר מֶלֶךְ־צוֹבָה׃ וַיִּשְׁלַח אֶת־
הֲדוֹרָם־בְּנוֹ אֶל־הַמֶּלֶךְ דָּוִיד לשאול־לוֹ לְשָׁלוֹם וּלְבָרֲכוֹ עַל לִשְׁאָל־
אֲשֶׁר נִלְחַם בַּהֲדַדְעֶזֶר וַיַּכֵּהוּ כִּי־אִישׁ מִלְחֲמוֹת תֹּעוּ הָיָה
הֲדַדְעָזֶר וְכֹל כְּלֵי זָהָב וָכֶסֶף וּנְחֹשֶׁת׃ יא גַּם־אֹתָם הִקְדִּישׁ
הַמֶּלֶךְ דָּוִיד לַיהוָה עִם־הַכֶּסֶף וְהַזָּהָב אֲשֶׁר נָשָׂא מִכָּל־הַגּוֹיִם
מֵאֱדוֹם וּמִמּוֹאָב וּמִבְּנֵי עַמּוֹן וּמִפְּלִשְׁתִּים וּמֵעֲמָלֵק׃ יב וְאַבְשַׁי
בֶּן־צְרוּיָה הִכָּה אֶת־אֱדוֹם בְּגֵיא הַמֶּלַח שְׁמוֹנָה עָשָׂר אָלֶף׃
יג וַיָּשֶׂם בֶּאֱדוֹם נְצִיבִים וַיִּהְיוּ כָל־אֱדוֹם עֲבָדִים לְדָוִיד וַיּוֹשַׁע
יְהוָה אֶת־דָּוִיד בְּכֹל אֲשֶׁר הָלָךְ׃ יד וַיִּמְלֹךְ דָּוִיד עַל־כָּל־יִשְׂרָאֵל
וַיְהִי עֹשֶׂה מִשְׁפָּט וּצְדָקָה לְכָל־עַמּוֹ׃ טו וְיוֹאָב בֶּן־צְרוּיָה עַל־
הַצָּבָא וִיהוֹשָׁפָט בֶּן־אֲחִילוּד מַזְכִּיר׃ טז וְצָדוֹק בֶּן־אֲחִיטוּב
וַאֲבִימֶלֶךְ בֶּן־אֶבְיָתָר כֹּהֲנִים וְשַׁוְשָׁא סוֹפֵר׃ יז וּבְנָיָהוּ בֶּן־יְהוֹיָדָע
עַל־הַכְּרֵתִי וְהַפְּלֵתִי וּבְנֵי־דָוִיד הָרִאשֹׁנִים לְיַד הַמֶּלֶךְ׃
יט א וַיְהִי אַחֲרֵי־כֵן וַיָּמָת נָחָשׁ מֶלֶךְ בְּנֵי־עַמּוֹן וַיִּמְלֹךְ בְּנוֹ תַּחְתָּיו׃
ב וַיֹּאמֶר דָּוִיד אֶעֱשֶׂה־חֶסֶד ׀ עִם־חָנוּן בֶּן־נָחָשׁ כִּי־עָשָׂה אָבִיו
עִמִּי חֶסֶד וַיִּשְׁלַח דָּוִיד מַלְאָכִים לְנַחֲמוֹ עַל־אָבִיו וַיָּבֹאוּ
עַבְדֵי דָוִיד אֶל־אֶרֶץ בְּנֵי־עַמּוֹן אֶל־חָנוּן לְנַחֲמוֹ׃ ג וַיֹּאמְרוּ
שָׂרֵי בְנֵי־עַמּוֹן לְחָנוּן הַמְכַבֵּד דָּוִיד אֶת־אָבִיךָ בְּעֵינֶיךָ כִּי־
שָׁלַח לְךָ מְנַחֲמִים הֲלֹא בַּעֲבוּר לַחְקֹר וְלַהֲפֹךְ וּלְרַגֵּל הָאָרֶץ
בָּאוּ עֲבָדָיו אֵלֶיךָ׃ ד וַיִּקַּח חָנוּן אֶת־עַבְדֵי דָוִיד וַיְגַלְּחֵם וַיִּכְרֹת
אֶת־מַדְוֵיהֶם בַּחֵצִי עַד־הַמִּפְשָׂעָה וַיְשַׁלְּחֵם׃ ה וַיֵּלְכוּ וַיַּגִּידוּ
לְדָוִיד עַל־הָאֲנָשִׁים וַיִּשְׁלַח לִקְרָאתָם כִּי־הָיוּ הָאֲנָשִׁים
נִכְלָמִים מְאֹד וַיֹּאמֶר הַמֶּלֶךְ שְׁבוּ בִירֵחוֹ עַד אֲשֶׁר־יְצַמַּח
זְקַנְכֶם וְשַׁבְתֶּם׃ ו וַיִּרְאוּ בְּנֵי עַמּוֹן כִּי הִתְבָּאֲשׁוּ עִם־
דָּוִיד וַיִּשְׁלַח חָנוּן וּבְנֵי עַמּוֹן אֶלֶף כִּכַּר־כֶּסֶף לִשְׂכֹּר לָהֶם
מִן־אֲרַם נַהֲרַיִם וּמִן־אֲרַם מַעֲכָה וּמִצּוֹבָה רֶכֶב וּפָרָשִׁים׃
ז וַיִּשְׂכְּרוּ לָהֶם שְׁנַיִם וּשְׁלֹשִׁים אֶלֶף רֶכֶב וְאֶת־מֶלֶךְ מַעֲכָה

וְאֶת־עַמּוֹ וַיָּבֹאוּ וַיַּחֲנוּ לִפְנֵי מֵידְבָא וּבְנֵי עַמּוֹן נֶאֶסְפוּ מֵעָרֵיהֶם
ח וַיָּבֹאוּ לַמִּלְחָמָה׃ וַיִּשְׁמַע דָּוִיד וַיִּשְׁלַח אֶת־יוֹאָב
ט וְאֵת כָּל־צָבָא הַגִּבּוֹרִים׃ וַיֵּצְאוּ בְּנֵי עַמּוֹן וַיַּעַרְכוּ מִלְחָמָה
י פֶּתַח הָעִיר וְהַמְּלָכִים אֲשֶׁר־בָּאוּ לְבַדָּם בַּשָּׂדֶה׃ וַיַּרְא יוֹאָב
כִּי־הָיְתָה פְנֵי־הַמִּלְחָמָה אֵלָיו פָּנִים וְאָחוֹר וַיִּבְחַר מִכָּל־בָּחוּר
יא בְּיִשְׂרָאֵל וַיַּעֲרֹךְ לִקְרַאת אֲרָם׃ וְאֵת יֶתֶר הָעָם נָתַן בְּיַד
יב אַבְשַׁי אָחִיו וַיַּעַרְכוּ לִקְרַאת בְּנֵי עַמּוֹן׃ וַיֹּאמֶר אִם־תֶּחֱזַק
מִמֶּנִּי אֲרָם וְהָיִיתָ לִּי לִתְשׁוּעָה וְאִם־בְּנֵי עַמּוֹן יֶחֶזְקוּ מִמְּךָ
יג וְהוֹשַׁעְתִּיךָ׃ חֲזַק וְנִתְחַזְּקָה בְּעַד־עַמֵּנוּ וּבְעַד עָרֵי אֱלֹהֵינוּ ח
יד וַיהוָה הַטּוֹב בְּעֵינָיו יַעֲשֶׂה׃ וַיִּגַּשׁ יוֹאָב וְהָעָם אֲשֶׁר־עִמּוֹ לִפְנֵי
טו אֲרָם לַמִּלְחָמָה וַיָּנוּסוּ מִפָּנָיו׃ וּבְנֵי עַמּוֹן רָאוּ כִּי־נָס אֲרָם
וַיָּנוּסוּ גַם־הֵם מִפְּנֵי אַבְשַׁי אָחִיו וַיָּבֹאוּ הָעִירָה וַיָּבֹא יוֹאָב
טז יְרוּשָׁלִָם׃ וַיַּרְא אֲרָם כִּי נִגְּפוּ לִפְנֵי יִשְׂרָאֵל וַיִּשְׁלְחוּ
מַלְאָכִים וַיּוֹצִיאוּ אֶת־אֲרָם אֲשֶׁר מֵעֵבֶר הַנָּהָר וְשׁוֹפַךְ שַׂר־צְבָא
יז הֲדַדְעֶזֶר לִפְנֵיהֶם׃ וַיֻּגַּד לְדָוִיד וַיֶּאֱסֹף אֶת־כָּל־יִשְׂרָאֵל וַיַּעֲבֹר
הַיַּרְדֵּן וַיָּבֹא אֲלֵהֶם וַיַּעֲרֹךְ אֲלֵהֶם וַיַּעֲרֹךְ דָּוִיד לִקְרַאת אֲרָם
יח מִלְחָמָה וַיִּלָּחֲמוּ עִמּוֹ׃ וַיָּנָס אֲרָם מִלִּפְנֵי יִשְׂרָאֵל וַיַּהֲרֹג דָּוִיד
מֵאֲרָם שִׁבְעַת אֲלָפִים רֶכֶב וְאַרְבָּעִים אֶלֶף אִישׁ רַגְלִי וְאֵת
יט שׁוֹפַךְ שַׂר־הַצָּבָא הֵמִית׃ וַיִּרְאוּ עַבְדֵי הֲדַדְעֶזֶר כִּי נִגְּפוּ לִפְנֵי
יִשְׂרָאֵל וַיַּשְׁלִימוּ עִם־דָּוִיד וַיַּעַבְדֻהוּ וְלֹא־אָבָה אֲרָם לְהוֹשִׁיעַ
כ א אֶת־בְּנֵי־עַמּוֹן עוֹד׃ וַיְהִי לְעֵת תְּשׁוּבַת הַשָּׁנָה לְעֵת ׀
צֵאת הַמְּלָכִים וַיִּנְהַג יוֹאָב אֶת־חֵיל הַצָּבָא וַיַּשְׁחֵת ׀ אֶת־אֶרֶץ
בְּנֵי־עַמּוֹן וַיָּבֹא וַיָּצַר אֶת־רַבָּה וְדָוִיד יֹשֵׁב בִּירוּשָׁלִָם וַיַּךְ יוֹאָב
ב אֶת־רַבָּה וַיֶּהֶרְסֶהָ׃ וַיִּקַּח דָּוִיד אֶת־עֲטֶרֶת־מַלְכָּם מֵעַל רֹאשׁוֹ
וַיִּמְצָאָהּ ׀ מִשְׁקַל כִּכַּר־זָהָב וּבָהּ אֶבֶן יְקָרָה וַתְּהִי עַל־רֹאשׁ
ג דָּוִיד וּשְׁלַל הָעִיר הוֹצִיא הַרְבֵּה מְאֹד׃ וְאֶת־הָעָם אֲשֶׁר־בָּהּ
הוֹצִיא וַיָּשַׂר בַּמְּגֵרָה וּבַחֲרִיצֵי הַבַּרְזֶל וּבַמְּגֵרוֹת וְכֵן יַעֲשֶׂה דָּוִיד

ד לְכֹל עָרֵי בְנֵי־עַמּוֹן וַיָּשָׁב דָּוִיד וְכָל־הָעָם יְרוּשָׁלָ͏ִם׃ וַיְהִי
אַחֲרֵי־כֵן וַתַּעֲמֹד מִלְחָמָה בְּגֶזֶר עִם־פְּלִשְׁתִּים אָז הִכָּה סִבְּכַי
ה הַחֻשָׁתִי אֶת־סִפַּי מִילִדֵי הָרְפָאִים וַיִּכָּנֵעוּ׃ וַתְּהִי־עוֹד
מִלְחָמָה אֶת־פְּלִשְׁתִּים וַיַּךְ אֶלְחָנָן בֶּן־יָעוּר אֶת־לַחְמִי אֲחִי יָעִיר
ו גָּלְיָת הַגִּתִּי וְעֵץ חֲנִיתוֹ כִּמְנוֹר אֹרְגִים׃ וַתְּהִי־עוֹד
מִלְחָמָה בְּגַת וַיְהִי ׀ אִישׁ מִדָּה וְאֶצְבְּעֹתָיו שֵׁשׁ־וָשֵׁשׁ עֶשְׂרִים
ז וְאַרְבַּע וְגַם־הוּא נוֹלַד לְהָרָפָא׃ וַיְחָרֵף אֶת־יִשְׂרָאֵל וַיַּכֵּהוּ
ח יְהוֹנָתָן בֶּן־שִׁמְעָא אֲחִי דָוִיד׃ אֵל נוּלְּדוּ לְהָרָפָא בְּגַת וַיִּפְּלוּ
כא א בְיַד־דָּוִיד וּבְיַד־עֲבָדָיו׃ וַיַּעֲמֹד שָׂטָן עַל־יִשְׂרָאֵל
ב וַיָּסֶת אֶת־דָּוִיד לִמְנוֹת אֶת־יִשְׂרָאֵל׃ וַיֹּאמֶר דָּוִיד אֶל־יוֹאָב
וְאֶל־שָׂרֵי הָעָם לְכוּ סִפְרוּ אֶת־יִשְׂרָאֵל מִבְּאֵר שֶׁבַע וְעַד־דָּן
ג וְהָבִיאוּ אֵלַי וְאֵדְעָה אֶת־מִסְפָּרָם׃ וַיֹּאמֶר יוֹאָב יוֹסֵף יְהוָה
עַל־עַמּוֹ ׀ כָּהֵם מֵאָה פְעָמִים הֲלֹא אֲדֹנִי הַמֶּלֶךְ כֻּלָּם לַאדֹנִי
לַעֲבָדִים לָמָּה יְבַקֵּשׁ זֹאת אֲדֹנִי לָמָּה יִהְיֶה לְאַשְׁמָה לְיִשְׂרָאֵל׃
ד וּדְבַר־הַמֶּלֶךְ חָזַק עַל־יוֹאָב וַיֵּצֵא יוֹאָב וַיִּתְהַלֵּךְ בְּכָל־יִשְׂרָאֵל
ה וַיָּבֹא יְרוּשָׁלָ͏ִם׃ וַיִּתֵּן יוֹאָב אֶת־מִסְפַּר מִפְקַד־הָעָם אֶל־דָּוִיד
וַיְהִי כָל־יִשְׂרָאֵל אֶלֶף אֲלָפִים וּמֵאָה אֶלֶף אִישׁ שֹׁלֵף חֶרֶב
ו וִיהוּדָה אַרְבַּע מֵאוֹת וְשִׁבְעִים אֶלֶף אִישׁ שֹׁלֵף חָרֶב׃ וְלֵוִי וּבִנְיָמִן
ז לֹא פָקַד בְּתוֹכָם כִּי־נִתְעַב דְּבַר־הַמֶּלֶךְ אֶת־יוֹאָב׃ וַיֵּרַע בְּעֵינֵי
ח הָאֱלֹהִים עַל־הַדָּבָר הַזֶּה וַיַּךְ אֶת־יִשְׂרָאֵל׃ וַיֹּאמֶר דָּוִיד
אֶל־הָאֱלֹהִים חָטָאתִי מְאֹד אֲשֶׁר עָשִׂיתִי אֶת־הַדָּבָר הַזֶּה וְעַתָּה
ט הַעֲבֶר־נָא אֶת־עֲווֹן עַבְדְּךָ כִּי נִסְכַּלְתִּי מְאֹד׃ וַיְדַבֵּר
י יְהוָה אֶל־גָּד חֹזֵה דָוִיד לֵאמֹר׃ לֵךְ וְדִבַּרְתָּ אֶל־דָּוִיד לֵאמֹר
כֹּה אָמַר יְהוָה שָׁלוֹשׁ אֲנִי נֹטֶה עָלֶיךָ בְּחַר־לְךָ אַחַת מֵהֵנָּה
יא וְאֶעֱשֶׂה־לָּךְ׃ וַיָּבֹא גָד אֶל־דָּוִיד וַיֹּאמֶר לוֹ כֹּה־אָמַר יְהוָה
יב קַבֶּל־לָךְ׃ אִם־שָׁלוֹשׁ שָׁנִים רָעָב וְאִם־שְׁלֹשָׁה חֳדָשִׁים נִסְפֶּה
מִפְּנֵי־צָרֶיךָ וְחֶרֶב אוֹיְבֶיךָ ׀ לְמַשֶּׂגֶת וְאִם־שְׁלֹשֶׁת יָמִים חֶרֶב

יְהוָה | וְדֶבֶר בָּאָרֶץ וּמַלְאַךְ יְהוָה מַשְׁחִית בְּכָל־גְּבוּל יִשְׂרָאֵל
יג וְעַתָּה רְאֵה מָה־אָשִׁיב אֶת־שֹׁלְחִי דָּבָר: וַיֹּאמֶר דָּוִיד
אֶל־גָּד צַר־לִי מְאֹד אֶפְּלָה־נָּא בְיַד־יְהוָה כִּי־רַבִּים רַחֲמָיו
יד מְאֹד וּבְיַד־אָדָם אַל־אֶפֹּל: וַיִּתֵּן יְהוָה דֶּבֶר בְּיִשְׂרָאֵל וַיִּפֹּל
טו מִיִּשְׂרָאֵל שִׁבְעִים אֶלֶף אִישׁ: וַיִּשְׁלַח הָאֱלֹהִים | מַלְאָךְ |
לִירוּשָׁלִַם לְהַשְׁחִיתָהּ וּכְהַשְׁחִית רָאָה יְהוָה וַיִּנָּחֶם עַל־הָרָעָה
וַיֹּאמֶר לַמַּלְאָךְ הַמַּשְׁחִית רַב עַתָּה הֶרֶף יָדֶךָ וּמַלְאַךְ יְהוָה
טז עֹמֵד עִם־גֹּרֶן אָרְנָן הַיְבוּסִי: וַיִּשָּׂא דָוִיד אֶת־עֵינָיו
וַיַּרְא אֶת־מַלְאַךְ יְהוָה עֹמֵד בֵּין הָאָרֶץ וּבֵין הַשָּׁמַיִם וְחַרְבּוֹ
שְׁלוּפָה בְּיָדוֹ נְטוּיָה עַל־יְרוּשָׁלִָם וַיִּפֹּל דָּוִיד וְהַזְּקֵנִים מְכֻסִּים
יז בַּשַּׂקִּים עַל־פְּנֵיהֶם: וַיֹּאמֶר דָּוִיד אֶל־הָאֱלֹהִים הֲלֹא אֲנִי
אָמַרְתִּי לִמְנוֹת בָּעָם וַאֲנִי־הוּא אֲשֶׁר־חָטָאתִי וְהָרֵעַ הֲרֵעוֹתִי
וְאֵלֶּה הַצֹּאן מֶה עָשׂוּ יְהוָה אֱלֹהַי תְּהִי נָא יָדְךָ בִּי וּבְבֵית אָבִי
יח וּבְעַמְּךָ לֹא לְמַגֵּפָה: וּמַלְאַךְ יְהוָה אָמַר אֶל־גָּד
לֵאמֹר לְדָוִיד כִּי | יַעֲלֶה דָוִיד לְהָקִים מִזְבֵּחַ לַיהוָה בְּגֹרֶן אָרְנָן
יט כ הַיְבֻסִי: וַיַּעַל דָּוִיד בִּדְבַר־גָּד אֲשֶׁר דִּבֶּר בְּשֵׁם יְהוָה: וַיָּשָׁב
אָרְנָן וַיַּרְא אֶת־הַמַּלְאָךְ וְאַרְבַּעַת בָּנָיו עִמּוֹ מִתְחַבְּאִים וְאָרְנָן
כא דָּשׁ חִטִּים: וַיָּבֹא דָוִיד עַד־אָרְנָן וַיַּבֵּט אָרְנָן וַיַּרְא אֶת־דָּוִיד
כב וַיֵּצֵא מִן־הַגֹּרֶן וַיִּשְׁתַּחוּ לְדָוִיד אַפַּיִם אָרְצָה: וַיֹּאמֶר דָּוִיד
אֶל־אָרְנָן תְּנָה־לִּי מְקוֹם הַגֹּרֶן וְאֶבְנֶה־בּוֹ מִזְבֵּחַ לַיהוָה
כג בְּכֶסֶף מָלֵא תְּנֵהוּ לִי וְתֵעָצַר הַמַּגֵּפָה מֵעַל הָעָם: וַיֹּאמֶר
אָרְנָן אֶל־דָּוִיד קַח־לָךְ וְיַעַשׂ אֲדֹנִי הַמֶּלֶךְ הַטּוֹב בְּעֵינָיו רְאֵה
נָתַתִּי הַבָּקָר לָעֹלוֹת וְהַמּוֹרִגִּים לָעֵצִים וְהַחִטִּים לַמִּנְחָה הַכֹּל
כד נָתָתִּי: וַיֹּאמֶר הַמֶּלֶךְ דָּוִיד לְאָרְנָן לֹא כִּי־קָנֹה אֶקְנֶה בְּכֶסֶף
מָלֵא כִּי לֹא־אֶשָּׂא אֲשֶׁר־לְךָ לַיהוָה וְהַעֲלוֹת עוֹלָה חִנָּם:
כה כו וַיִּתֵּן דָּוִיד לְאָרְנָן בַּמָּקוֹם שִׁקְלֵי זָהָב מִשְׁקַל שֵׁשׁ מֵאוֹת: וַיִּבֶן
שָׁם דָּוִיד מִזְבֵּחַ לַיהוָה וַיַּעַל עֹלוֹת וּשְׁלָמִים וַיִּקְרָא אֶל־יְהוָה

וַיַּעֲנֵהוּ בָאֵשׁ מִן־הַשָּׁמַיִם עַל מִזְבַּח הָעֹלָה׃ וַיֹּאמֶר כז
יְהוָה לַמַּלְאָךְ וַיָּשֶׁב חַרְבּוֹ אֶל־נְדָנָהּ׃ בָּעֵת הַהִיא בִּרְאוֹת כח
דָּוִיד כִּי־עָנָהוּ יְהוָה בְּגֹרֶן אָרְנָן הַיְבוּסִי וַיִּזְבַּח שָׁם׃ וּמִשְׁכַּן כט
יְהוָה אֲשֶׁר־עָשָׂה מֹשֶׁה בַמִּדְבָּר וּמִזְבַּח הָעוֹלָה בָּעֵת הַהִיא
בַּבָּמָה בְּגִבְעוֹן׃ וְלֹא־יָכֹל דָּוִיד לָלֶכֶת לְפָנָיו לִדְרֹשׁ אֱלֹהִים ל
כִּי נִבְעַת מִפְּנֵי חֶרֶב מַלְאַךְ יְהוָה׃ וַיֹּאמֶר דָּוִיד זֶה הוּא בֵּית א כב
יְהוָה הָאֱלֹהִים וְזֶה־מִּזְבֵּחַ לְעֹלָה לְיִשְׂרָאֵל׃ וַיֹּאמֶר ב
דָּוִיד לִכְנוֹס אֶת־הַגֵּרִים אֲשֶׁר בְּאֶרֶץ יִשְׂרָאֵל וַיַּעֲמֵד חֹצְבִים
לַחְצוֹב אַבְנֵי גָזִית לִבְנוֹת בֵּית הָאֱלֹהִים׃ וּבַרְזֶל ׀ לָרֹב ג
לַמִּסְמְרִים לְדַלְתוֹת הַשְּׁעָרִים וְלַמְחַבְּרוֹת הֵכִין דָּוִיד וּנְחֹשֶׁת
לָרֹב אֵין מִשְׁקָל׃ וַעֲצֵי אֲרָזִים לְאֵין מִסְפָּר כִּי־הֵבִיאוּ הַצִּידֹנִים ד
וְהַצֹּרִים עֲצֵי אֲרָזִים לָרֹב לְדָוִיד׃ וַיֹּאמֶר דָּוִיד שְׁלֹמֹה ה
בְנִי נַעַר וָרָךְ וְהַבַּיִת לִבְנוֹת לַיהוָה לְהַגְדִּיל ׀ לְמַעְלָה לְשֵׁם
וּלְתִפְאֶרֶת לְכָל־הָאֲרָצוֹת אָכִינָה נָּא לוֹ וַיָּכֶן דָּוִיד לָרֹב לִפְנֵי
מוֹתוֹ׃ וַיִּקְרָא לִשְׁלֹמֹה בְנוֹ וַיְצַוֵּהוּ לִבְנוֹת בַּיִת לַיהוָה אֱלֹהֵי ו
בְּנִי יִשְׂרָאֵל׃ וַיֹּאמֶר דָּוִיד לִשְׁלֹמֹה בנו אֲנִי הָיָה עִם־ ז
לְבָבִי לִבְנוֹת בַּיִת לְשֵׁם יְהוָה אֱלֹהָי׃ וַיְהִי עָלַי דְּבַר־יְהוָה ח
לֵאמֹר דָּם לָרֹב שָׁפַכְתָּ וּמִלְחָמוֹת גְּדֹלוֹת עָשִׂיתָ לֹא־תִבְנֶה
בַיִת לִשְׁמִי כִּי דָּמִים רַבִּים שָׁפַכְתָּ אַרְצָה לְפָנָי׃ הִנֵּה־בֵן ט
נוֹלָד לָךְ הוּא יִהְיֶה אִישׁ מְנוּחָה וַהֲנִיחוֹתִי לוֹ מִכָּל־אוֹיְבָיו
מִסָּבִיב כִּי שְׁלֹמֹה יִהְיֶה שְׁמוֹ וְשָׁלוֹם וָשֶׁקֶט אֶתֵּן עַל־יִשְׂרָאֵל
בְּיָמָיו׃ הוּא־יִבְנֶה בַיִת לִשְׁמִי וְהוּא יִהְיֶה־לִּי לְבֵן וַאֲנִי־ י
לוֹ לְאָב וַהֲכִינוֹתִי כִּסֵּא מַלְכוּתוֹ עַל־יִשְׂרָאֵל עַד־עוֹלָם׃
עַתָּה בְנִי יְהִי יְהוָה עִמָּךְ וְהִצְלַחְתָּ וּבָנִיתָ בֵּית יְהוָה אֱלֹהֶיךָ יא
כַּאֲשֶׁר דִּבֶּר עָלֶיךָ׃ אַךְ יִתֶּן־לְךָ יְהוָה שֵׂכֶל וּבִינָה וִיצַוְּךָ עַל־ יב
יִשְׂרָאֵל וְלִשְׁמוֹר אֶת־תּוֹרַת יְהוָה אֱלֹהֶיךָ׃ אָז תַּצְלִיחַ אִם־ יג
תִּשְׁמוֹר לַעֲשׂוֹת אֶת־הַחֻקִּים וְאֶת־הַמִּשְׁפָּטִים אֲשֶׁר צִוָּה

יְהוָה אֶת־מֹשֶׁה עַל־יִשְׂרָאֵל חֲזַק וֶאֱמָץ אַל־תִּירָא וְאַל־תֵּחָת׃
יד וְהִנֵּה בְעָנְיִי הֲכִינוֹתִי לְבֵית־יְהוָה זָהָב כִּכָּרִים מֵאָה־אֶלֶף
וְכֶסֶף אֶלֶף אֲלָפִים כִּכָּרִים וְלַנְּחֹשֶׁת וְלַבַּרְזֶל אֵין מִשְׁקָל כִּי
טו לָרֹב הָיָה וְעֵצִים וַאֲבָנִים הֲכִינוֹתִי וַעֲלֵיהֶם תּוֹסִיף׃ וְעִמְּךָ
לָרֹב עֹשֵׂי מְלָאכָה חֹצְבִים וְחָרָשֵׁי אֶבֶן וָעֵץ וְכָל־חָכָם בְּכָל־
טז מְלָאכָה׃ לַזָּהָב לַכֶּסֶף וְלַנְּחֹשֶׁת וְלַבַּרְזֶל אֵין מִסְפָּר קוּם וַעֲשֵׂה
יז וִיהִי יְהוָה עִמָּךְ׃ וַיְצַו דָּוִיד לְכָל־שָׂרֵי יִשְׂרָאֵל לַעְזֹר לִשְׁלֹמֹה
יח בְנוֹ׃ הֲלֹא יְהוָה אֱלֹהֵיכֶם עִמָּכֶם וְהֵנִיחַ לָכֶם מִסָּבִיב כִּי ׀ נָתַן
בְּיָדִי אֵת יֹשְׁבֵי הָאָרֶץ וְנִכְבְּשָׁה הָאָרֶץ לִפְנֵי יְהוָה וְלִפְנֵי עַמּוֹ׃
יט עַתָּה תְּנוּ לְבַבְכֶם וְנַפְשְׁכֶם לִדְרוֹשׁ לַיהוָה אֱלֹהֵיכֶם וְקוּמוּ ט
וּבְנוּ אֶת־מִקְדַּשׁ יְהוָה הָאֱלֹהִים לְהָבִיא אֶת־אֲרוֹן בְּרִית־יְהוָה
וּכְלֵי קֹדֶשׁ הָאֱלֹהִים לַבַּיִת הַנִּבְנֶה לְשֵׁם־יְהוָה׃
כג א וְדָוִיד זָקֵן וְשָׂבַע יָמִים וַיַּמְלֵךְ אֶת־שְׁלֹמֹה בְנוֹ עַל־
ב יִשְׂרָאֵל׃ וַיֶּאֱסֹף אֶת־כָּל־שָׂרֵי יִשְׂרָאֵל וְהַכֹּהֲנִים
ג וְהַלְוִיִּם׃ וַיִּסָּפְרוּ הַלְוִיִּם מִבֶּן שְׁלֹשִׁים שָׁנָה וָמָעְלָה וַיְהִי
ד מִסְפָּרָם לְגֻלְגְּלֹתָם לִגְבָרִים שְׁלֹשִׁים וּשְׁמוֹנָה אָלֶף׃ מֵאֵלֶּה לְנַצֵּחַ
עַל־מְלֶאכֶת בֵּית־יְהוָה עֶשְׂרִים וְאַרְבָּעָה אָלֶף וְשֹׁטְרִים וְשֹׁפְטִים
ה שֵׁשֶׁת אֲלָפִים׃ וְאַרְבַּעַת אֲלָפִים שֹׁעֲרִים וְאַרְבַּעַת אֲלָפִים
ו מְהַלְלִים לַיהוָה בַּכֵּלִים אֲשֶׁר עָשִׂיתִי לְהַלֵּל׃ וַיֶּחָלְקֵם דָּוִיד
ז מַחְלְקוֹת לִבְנֵי לֵוִי לְגֵרְשׁוֹן קְהָת וּמְרָרִי׃ לַגֵּרְשֻׁנִּי
ח לַעְדָּן וְשִׁמְעִי׃ בְּנֵי לַעְדָּן הָרֹאשׁ יְחִיאֵל וְזֵתָם וְיוֹאֵל
ט שְׁלֹשָׁה׃ בְּנֵי שִׁמְעִי שלמות וַחֲזִיאֵל וְהָרָן שְׁלֹשָׁה שְׁלֹמִית
י אֵלֶּה רָאשֵׁי הָאָבוֹת לְלַעְדָּן׃ וּבְנֵי שִׁמְעִי יַחַת זִינָא
יא וִיעוּשׁ וּבְרִיעָה אֵלֶּה בְנֵי־שִׁמְעִי אַרְבָּעָה׃ וַיְהִי־יַחַת הָרֹאשׁ
וְזִיזָה הַשֵּׁנִי וִיעוּשׁ וּבְרִיעָה לֹא־הִרְבּוּ בָנִים וַיִּהְיוּ לְבֵית אָב
יב לִפְקֻדָּה אֶחָת׃ בְּנֵי קְהָת עַמְרָם יִצְהָר חֶבְרוֹן וְעֻזִּיאֵל
יג אַרְבָּעָה׃ בְּנֵי עַמְרָם אַהֲרֹן וּמֹשֶׁה וַיִּבָּדֵל אַהֲרֹן

לְהַקְדִּישׁוֹ֙ קֹ֣דֶשׁ קֳדָשִׁ֔ים הוּא־וּבָנָיו֙ עַד־עוֹלָ֔ם לְהַקְטִיר֩ לִפְנֵ֨י
יְהוָ֧ה לְשָׁרְת֛וֹ וּלְבָרֵ֥ךְ בִּשְׁמ֖וֹ עַד־עוֹלָֽם׃ וּמֹשֶׁ֖ה אִ֣ישׁ הָאֱלֹהִ֑ים יד
בָּנָ֕יו יִקָּרְא֖וּ עַל־שֵׁ֥בֶט הַלֵּוִֽי׃ בְּנֵ֣י מֹשֶׁ֔ה גֵּרְשׁ֖וֹם טו
וֶאֱלִיעֶֽזֶר׃ בְּנֵ֖י גֵּרְשׁ֑וֹם שְׁבוּאֵ֖ל הָרֹֽאשׁ׃ וַיִּהְי֣וּ בְנֵֽי־אֱלִיעֶ֔זֶר רְחַבְיָ֖ה טז יז
הָרֹ֑אשׁ וְלֹא־הָ֤יָה לֶֽאֱלִיעֶ֙זֶר֙ בָּנִ֣ים אֲחֵרִ֔ים וּבְנֵ֥י רְחַבְיָ֖ה רָ֥בוּ
לְמָֽעְלָה׃ בְּנֵ֥י יִצְהָ֖ר שְׁלֹמִ֥ית הָרֹֽאשׁ׃ בְּנֵ֖י יח יט
חֶבְר֑וֹן יְרִיָּ֣הוּ הָרֹ֔אשׁ אֲמַרְיָה֙ הַשֵּׁנִ֔י יַחֲזִיאֵל֙ הַשְּׁלִישִׁ֔י וִֽיקַמְעָ֖ם
הָרְבִיעִֽי׃ בְּנֵ֣י עֻזִּיאֵ֔ל מִיכָ֖ה הָרֹ֑אשׁ וְיִשִּׁיָּ֖ה הַשֵּׁנִֽי׃ בְּנֵ֤י כ כא
מְרָרִי֙ מַחְלִ֣י וּמוּשִׁ֔י בְּנֵ֥י מַחְלִ֖י אֶלְעָזָ֥ר וְקִֽישׁ׃ וַיָּ֙מָת֙ אֶלְעָזָ֔ר וְלֹא־ כב
הָ֥יוּ ל֖וֹ בָּנִ֑ים כִּ֣י אִם־בָּנ֔וֹת וַיִּשָּׂא֛וּם בְּנֵֽי־קִ֖ישׁ אֲחֵיהֶֽם׃ בְּנֵ֣י מוּשִׁ֔י כג
מַחְלִ֥י וְעֵ֖דֶר וִירֵמ֑וֹת שְׁלֹשָֽׁה׃ אֵ֣לֶּה בְנֵֽי־לֵוִ֞י לְבֵ֣ית אֲבֹתֵיהֶ֗ם כד
רָאשֵׁ֨י הָאָב֤וֹת לִפְקוּדֵיהֶם֙ בְּמִסְפַּ֣ר שֵׁמוֹת֙ לְגֻלְגְּלֹתָ֔ם עֹשֵׂה֙
הַמְּלָאכָ֔ה לַעֲבֹדַ֖ת בֵּ֣ית יְהוָ֑ה מִבֶּ֛ן עֶשְׂרִ֥ים שָׁנָ֖ה וָמָֽעְלָה׃ כִּ֣י כה
אָמַ֣ר דָּוִ֔יד הֵנִ֧יחַ יְהוָ֛ה אֱלֹהֵֽי־יִשְׂרָאֵ֖ל לְעַמּ֑וֹ וַיִּשְׁכֹּ֥ן בִּירוּשָׁלִַ֖ם
עַד־לְעוֹלָֽם׃ וְגַ֖ם לַלְוִיִּ֑ם אֵין־לָשֵׂ֧את אֶת־הַמִּשְׁכָּ֛ן וְאֶת־כָּל־ כו
כֵּלָ֖יו לַעֲבֹדָתֽוֹ׃ כִּ֣י בְדִבְרֵ֤י דָוִיד֙ הָאַ֣חֲרוֹנִ֔ים הֵ֛מָּה מִסְפַּ֥ר בְּנֵי־ כז
לֵוִ֖י מִבֶּ֛ן עֶשְׂרִ֥ים שָׁנָ֖ה וּלְמָֽעְלָה׃ כִּ֧י מַעֲמָדָ֣ם לְיַד־בְּנֵֽי־אַהֲרֹ֗ן כח
לַעֲבֹדַת֙ בֵּ֣ית יְהוָ֔ה עַל־הַחֲצֵרוֹת֙ וְעַל־הַלְּשָׁכ֔וֹת וְעַל־טָהֳרַ֖ת
לְכָל־קֹ֑דֶשׁ וּמַעֲשֵׂ֕ה עֲבֹדַ֖ת בֵּ֥ית הָאֱלֹהִֽים׃ וּלְלֶ֣חֶם הַֽמַּעֲרֶ֗כֶת כט
וּלְסֹ֤לֶת לְמִנְחָה֙ וְלִרְקִיקֵ֣י הַמַּצּ֔וֹת וְלַֽמַּחֲבַ֖ת וְלַמֻּרְבָּ֑כֶת וּלְכָל־
מְשׂוּרָ֖ה וּמִדָּֽה׃ וְלַעֲמֹד֙ בַּבֹּ֣קֶר בַּבֹּ֔קֶר לְהֹד֥וֹת וּלְהַלֵּ֖ל לַֽיהוָ֑ה ל
וְכֵ֖ן לָעָֽרֶב׃ וּלְכֹ֗ל הַעֲל֤וֹת עֹלוֹת֙ לַֽיהוָ֔ה לַשַּׁבָּת֖וֹת לֶחֳדָשִׁ֑ים לא
וְלַמֹּעֲדִ֗ים בְּמִסְפָּ֞ר כְּמִשְׁפָּ֧ט עֲלֵיהֶ֛ם תָּמִ֖יד לִפְנֵ֥י יְהוָֽה׃ וְשָֽׁמְר֞וּ לב
אֶת־מִשְׁמֶ֣רֶת אֹֽהֶל־מוֹעֵ֗ד וְאֵת֙ מִשְׁמֶ֣רֶת הַקֹּ֔דֶשׁ וּמִשְׁמֶ֖רֶת
בְּנֵ֣י אַהֲרֹ֣ן אֲחֵיהֶ֑ם לַעֲבֹדַ֖ת בֵּ֥ית יְהוָֽה׃ וְלִבְנֵ֥י אַהֲרֹ֖ן א כד
מַחְלְקוֹתָ֑ם בְּנֵ֣י אַהֲרֹ֗ן נָדָב֙ וַאֲבִיה֔וּא אֶלְעָזָ֖ר וְאִֽיתָמָֽר׃ וַיָּ֨מָת ב
נָדָ֤ב וַאֲבִיהוּא֙ לִפְנֵ֣י אֲבִיהֶ֔ם וּבָנִ֖ים לֹא־הָי֣וּ לָהֶ֑ם וַֽיְכַהֲנוּ֙ אֶלְעָזָ֣ר

ג וְאִיתָמָר׃ וַיֶּחָלְקֵם דָּוִיד וְצָדוֹק מִן־בְּנֵי אֶלְעָזָר וַאֲחִימֶלֶךְ מִן־
ד בְּנֵי אִיתָמָר לִפְקֻדָּתָם בַּעֲבֹדָתָם׃ וַיִּמָּצְאוּ בְנֵי־אֶלְעָזָר רַבִּים
לְרָאשֵׁי הַגְּבָרִים מִן־בְּנֵי אִיתָמָר וַיַּחְלְקוּם לִבְנֵי אֶלְעָזָר רָאשִׁים
לְבֵית־אָבוֹת שִׁשָּׁה עָשָׂר וְלִבְנֵי אִיתָמָר לְבֵית אֲבוֹתָם שְׁמוֹנָה׃
ה וַיַּחְלְקוּם בְּגוֹרָלוֹת אֵלֶּה עִם־אֵלֶּה כִּי־הָיוּ שָׂרֵי־קֹדֶשׁ וְשָׂרֵי
ו הָאֱלֹהִים מִבְּנֵי אֶלְעָזָר וּבִבְנֵי אִיתָמָר׃ וַיִּכְתְּבֵם
שְׁמַעְיָה בֶן־נְתַנְאֵל הַסּוֹפֵר מִן־הַלֵּוִי לִפְנֵי הַמֶּלֶךְ וְהַשָּׂרִים וְצָדוֹק
הַכֹּהֵן וַאֲחִימֶלֶךְ בֶּן־אֶבְיָתָר וְרָאשֵׁי הָאָבוֹת לַכֹּהֲנִים וְלַלְוִיִּם
ז בֵּית־אָב אֶחָד אָחֻז לְאֶלְעָזָר וְאָחֻז ׀ אָחֻז לְאִיתָמָר׃ וַיֵּצֵא
ח הַגּוֹרָל הָרִאשׁוֹן לִיהוֹיָרִיב לִידַעְיָה הַשֵּׁנִי׃ לְחָרִם הַשְּׁלִשִׁי
ט י לִשְׂעֹרִים הָרְבִעִי׃ לְמַלְכִּיָּה הַחֲמִישִׁי לְמִיָּמִן הַשִּׁשִּׁי׃ לְהַקּוֹץ
יא הַשְּׁבִעִי לַאֲבִיָּה הַשְּׁמִנִי׃ לְיֵשׁוּעַ הַתְּשִׁעִי לִשְׁכַנְיָהוּ הָעֲשִׂרִי׃
יב יג לְאֶלְיָשִׁיב עַשְׁתֵּי עָשָׂר לְיָקִים שְׁנֵים עָשָׂר׃ לְחֻפָּה שְׁלֹשָׁה
יד עָשָׂר לְיֶשֶׁבְאָב אַרְבָּעָה עָשָׂר׃ לְבִלְגָּה חֲמִשָּׁה עָשָׂר לְאִמֵּר
טו שִׁשָּׁה עָשָׂר׃ לְחֵזִיר שִׁבְעָה עָשָׂר לְהַפִּצֵּץ שְׁמוֹנָה עָשָׂר׃
טז יז לִפְתַחְיָה תִּשְׁעָה עָשָׂר לִיחֶזְקֵאל הָעֶשְׂרִים׃ לְיָכִין אֶחָד
יח וְעֶשְׂרִים לְגָמוּל שְׁנַיִם וְעֶשְׂרִים׃ לִדְלָיָהוּ שְׁלֹשָׁה וְעֶשְׂרִים
יט לְמַעַזְיָהוּ אַרְבָּעָה וְעֶשְׂרִים׃ אֵלֶּה פְקֻדָּתָם לַעֲבֹדָתָם
לָבוֹא לְבֵית־יְהוָה כְּמִשְׁפָּטָם בְּיַד אַהֲרֹן אֲבִיהֶם כַּאֲשֶׁר צִוָּהוּ
כ יְהוָה אֱלֹהֵי יִשְׂרָאֵל׃ וְלִבְנֵי לֵוִי הַנּוֹתָרִים לִבְנֵי עַמְרָם שׁוּבָאֵל
כא לִבְנֵי שׁוּבָאֵל יֶחְדְּיָהוּ׃ לִרְחַבְיָהוּ לִבְנֵי רְחַבְיָהוּ הָרֹאשׁ יִשִּׁיָּה׃
כב כג לַיִּצְהָרִי שְׁלֹמוֹת לִבְנֵי שְׁלֹמוֹת יָחַת׃ וּבְנֵי יְרִיָּהוּ אֲמַרְיָהוּ הַשֵּׁנִי
כד יַחֲזִיאֵל הַשְּׁלִישִׁי יְקַמְעָם הָרְבִיעִי׃ בְּנֵי עֻזִּיאֵל מִיכָה לִבְנֵי
כה כו מִיכָה שמור׃ אֲחִי מִיכָה יִשִּׁיָּה לִבְנֵי יִשִּׁיָּה זְכַרְיָהוּ׃ בְּנֵי מְרָרִי שָׁמִיר
כז מַחְלִי וּמוּשִׁי בְּנֵי יַעֲזִיָּהוּ בְנוֹ׃ בְּנֵי מְרָרִי לְיַעֲזִיָּהוּ בְנוֹ וְשֹׁהַם
כח כט וְזַכּוּר וְעִבְרִי׃ לְמַחְלִי אֶלְעָזָר וְלֹא־הָיָה לוֹ בָּנִים׃ לְקִישׁ בְּנֵי־
ל קִישׁ יְרַחְמְאֵל׃ וּבְנֵי מוּשִׁי מַחְלִי וְעֵדֶר וִירִימוֹת אֵלֶּה בְּנֵי

לא הַלְוִיִּם לְבֵית אֲבֹתֵיהֶם׃ וַיַּפִּילוּ גַם־הֵם גּוֹרָלוֹת לְעֻמַּת ׀ אֲחֵיהֶם
בְּנֵי־אַהֲרֹן לִפְנֵי דָּוִיד הַמֶּלֶךְ וְצָדוֹק וַאֲחִימֶלֶךְ וְרָאשֵׁי הָאָבוֹת
כה א לַכֹּהֲנִים וְלַלְוִיִּם אָבוֹת הָרֹאשׁ לְעֻמַּת אָחִיו הַקָּטָן׃ וַיַּבְדֵּל
דָּוִיד וְשָׂרֵי הַצָּבָא לַעֲבֹדָה לִבְנֵי אָסָף וְהֵימָן וִידוּתוּן הנביאים הַנִּבְּאִים
בְּכִנֹּרוֹת בִּנְבָלִים וּבִמְצִלְתָּיִם וַיְהִי מִסְפָּרָם אַנְשֵׁי מְלָאכָה
ב לַעֲבֹדָתָם׃ לִבְנֵי אָסָף זַכּוּר וְיוֹסֵף וּנְתַנְיָה וַאֲשַׂרְאֵלָה בְּנֵי אָסָף
ג עַל יַד־אָסָף הַנִּבָּא עַל־יְדֵי הַמֶּלֶךְ׃ לִידוּתוּן בְּנֵי יְדוּתוּן גְּדַלְיָהוּ
וּצְרִי וִישַׁעְיָהוּ חֲשַׁבְיָהוּ וּמַתִּתְיָהוּ שִׁשָּׁה עַל יְדֵי אֲבִיהֶם יְדוּתוּן
ד בַּכִּנּוֹר הַנִּבָּא עַל־הֹדוֹת וְהַלֵּל לַיהוָה׃ לְהֵימָן
בְּנֵי הֵימָן בֻּקִּיָּהוּ מַתַּנְיָהוּ עֻזִּיאֵל שְׁבוּאֵל וִירִימוֹת חֲנַנְיָה
חֲנָנִי אֱלִיאָתָה גִּדַּלְתִּי וְרֹמַמְתִּי עֶזֶר יָשְׁבְּקָשָׁה מַלּוֹתִי הוֹתִיר
ה מַחֲזִיאוֹת׃ כָּל־אֵלֶּה בָנִים לְהֵימָן חֹזֵה הַמֶּלֶךְ בְּדִבְרֵי הָאֱלֹהִים
לְהָרִים קָרֶן וַיִּתֵּן הָאֱלֹהִים לְהֵימָן בָּנִים אַרְבָּעָה עָשָׂר וּבָנוֹת
ו שָׁלוֹשׁ׃ כָּל־אֵלֶּה עַל־יְדֵי אֲבִיהֶם בַּשִּׁיר בֵּית יהוה בִּמְצִלְתַּיִם
נְבָלִים וְכִנֹּרוֹת לַעֲבֹדַת בֵּית הָאֱלֹהִים עַל יְדֵי הַמֶּלֶךְ
ז אָסָף וִידוּתוּן וְהֵימָן׃ וַיְהִי מִסְפָּרָם עִם־אֲחֵיהֶם מְלֻמְּדֵי־
ח שִׁיר לַיהוָה כָּל־הַמֵּבִין מָאתַיִם שְׁמוֹנִים וּשְׁמוֹנָה׃ וַיַּפִּילוּ
גּוֹרָלוֹת מִשְׁמֶרֶת לְעֻמַּת כַּקָּטֹן כַּגָּדוֹל מֵבִין עִם־
ט תַּלְמִיד׃ וַיֵּצֵא הַגּוֹרָל הָרִאשׁוֹן לְאָסָף לְיוֹסֵף
י גְּדַלְיָהוּ הַשֵּׁנִי הוּא־וְאֶחָיו וּבָנָיו שְׁנֵים עָשָׂר׃ הַשְּׁלִשִׁי זַכּוּר
יא בָּנָיו וְאֶחָיו שְׁנֵים עָשָׂר׃ הָרְבִיעִי לַיִּצְרִי
יב בָּנָיו וְאֶחָיו שְׁנֵים עָשָׂר׃ הַחֲמִישִׁי נְתַנְיָהוּ
יג בָּנָיו וְאֶחָיו שְׁנֵים עָשָׂר׃ הַשִּׁשִּׁי בֻּקִּיָּהוּ
יד בָּנָיו וְאֶחָיו שְׁנֵים עָשָׂר׃ הַשְּׁבִיעִי יְשַׁרְאֵלָה
טו בָּנָיו וְאֶחָיו שְׁנֵים עָשָׂר׃ הַשְּׁמִינִי יְשַׁעְיָהוּ
טז בָּנָיו וְאֶחָיו שְׁנֵים עָשָׂר׃ הַתְּשִׁיעִי מַתַּנְיָהוּ
יז בָּנָיו וְאֶחָיו שְׁנֵים עָשָׂר׃ הָעֲשִׂירִי שִׁמְעִי

יח בָּנָיו וְאֶחָיו שְׁנֵים עָשָׂר׃ עַשְׁתֵּי־עָשָׂר עֲזַרְאֵל
יט בָּנָיו וְאֶחָיו שְׁנֵים עָשָׂר׃ הַשְּׁנֵים עָשָׂר לַחֲשַׁבְיָה
כ בָּנָיו וְאֶחָיו שְׁנֵים עָשָׂר׃ לִשְׁלֹשָׁה עָשָׂר שׁוּבָאֵל
כא בָּנָיו וְאֶחָיו שְׁנֵים עָשָׂר׃ לְאַרְבָּעָה עָשָׂר מַתִּתְיָהוּ
כב בָּנָיו וְאֶחָיו שְׁנֵים עָשָׂר׃ לַחֲמִשָּׁה עָשָׂר לִירֵמוֹת
כג בָּנָיו וְאֶחָיו שְׁנֵים עָשָׂר׃ לְשִׁשָּׁה עָשָׂר לַחֲנַנְיָהוּ
כד בָּנָיו וְאֶחָיו שְׁנֵים עָשָׂר׃ לְשִׁבְעָה עָשָׂר לְיָשְׁבְּקָשָׁה
כה בָּנָיו וְאֶחָיו שְׁנֵים עָשָׂר׃ לִשְׁמוֹנָה עָשָׂר לַחֲנָנִי
כו בָּנָיו וְאֶחָיו שְׁנֵים עָשָׂר׃ לְתִשְׁעָה עָשָׂר לְמַלּוֹתִי
כז בָּנָיו וְאֶחָיו שְׁנֵים עָשָׂר׃ לְעֶשְׂרִים לֶאֱלִיָּתָה
כח בָּנָיו וְאֶחָיו שְׁנֵים עָשָׂר׃ לְאֶחָד וְעֶשְׂרִים לְהוֹתִיר
כט בָּנָיו וְאֶחָיו שְׁנֵים עָשָׂר׃ לִשְׁנַיִם וְעֶשְׂרִים לְגִדַּלְתִּי
ל בָּנָיו וְאֶחָיו שְׁנֵים עָשָׂר׃ לִשְׁלֹשָׁה וְעֶשְׂרִים לְמַחֲזִיאוֹת
לא בָּנָיו וְאֶחָיו שְׁנֵים עָשָׂר׃ לְאַרְבָּעָה וְעֶשְׂרִים לְרוֹמַמְתִּי עָזֶר
כו א בָּנָיו וְאֶחָיו שְׁנֵים עָשָׂר׃ לְמַחְלְקוֹת לַשֹּׁעֲרִים לַקָּרְחִים
ב מְשֶׁלֶמְיָהוּ בֶן־קֹרֵא מִן־בְּנֵי אָסָף׃ וְלִמְשֶׁלֶמְיָהוּ בָּנִים זְכַרְיָהוּ
הַבְּכוֹר יְדִיעֲאֵל הַשֵּׁנִי זְבַדְיָהוּ הַשְּׁלִישִׁי יַתְנִיאֵל הָרְבִיעִי׃
ג ד עֵילָם הַחֲמִישִׁי יְהוֹחָנָן הַשִּׁשִּׁי אֶלְיְהוֹעֵינַי הַשְּׁבִיעִי׃ וּלְעֹבֵד
אֱדֹם בָּנִים שְׁמַעְיָה הַבְּכוֹר יְהוֹזָבָד הַשֵּׁנִי יוֹאָח הַשְּׁלִשִׁי
ה וְשָׂכָר הָרְבִיעִי וּנְתַנְאֵל הַחֲמִישִׁי׃ עַמִּיאֵל הַשִּׁשִּׁי יִשָּׂשכָר י
ו הַשְּׁבִיעִי פְּעֻלְּתַי הַשְּׁמִינִי כִּי בֵרְכוֹ אֱלֹהִים׃ וְלִשְׁמַעְיָה
בְנוֹ נוֹלַד בָּנִים הַמִּמְשָׁלִים לְבֵית אֲבִיהֶם כִּי־גִבּוֹרֵי חַיִל
ז הֵמָּה׃ בְּנֵי שְׁמַעְיָה עָתְנִי וּרְפָאֵל וְעוֹבֵד אֶלְזָבָד אֶחָיו
ח בְּנֵי־חָיִל אֱלִיהוּ וּסְמַכְיָהוּ׃ כָּל־אֵלֶּה מִבְּנֵי ׀ עֹבֵד אֱדֹם הֵמָּה
וּבְנֵיהֶם וַאֲחֵיהֶם אִישׁ־חַיִל בַּכֹּחַ לַעֲבֹדָה שִׁשִּׁים וּשְׁנַיִם
ט לְעֹבֵד אֱדֹם׃ וְלִמְשֶׁלֶמְיָהוּ בָּנִים וְאַחִים בְּנֵי־חָיִל שְׁמוֹנָה
י עָשָׂר׃ וּלְחֹסָה מִן־בְּנֵי־מְרָרִי בָּנִים שִׁמְרִי הָרֹאשׁ

כי לא־היה בכור וישימהו אביהו לראש: חלקיהו השני יא
טבליהו השלשי זכריהו הרביעי כל־בנים ואחים לחסה
שלשה עשר: לאלה מחלקות השערים לראשי הגברים יב
משמרות לעמת אחיהם לשרת בבית יהוה: ויפילו גורלות יג
כקטן כגדול לבית אבותם לשער ושער: ויפל יד
הגורל מזרחה לשלמיהו וזכריהו בנו יועץ בשכל הפילו
גורלות ויצא גורלו צפונה: לעבד אדם נגבה ולבניו בית טו
האספים: לשפים ולחסה למערב עם שער שלכת במסלה טז
העולה משמר לעמת משמר: למזרח הלוים ששה לצפונה יז
ליום ארבעה לנגבה ליום ארבעה ולאספים שנים שנים:
לפרבר למערב ארבעה למסלה שנים לפרבר: אלה יח יט
מחלקות השערים לבני הקרחי ולבני מררי: והלוים אחיה כ
על־אוצרות בית האלהים ולאצרות הקדשים:
בני לעדן בני הגרשני ללעדן ראשי האבות ללעדן הגרשני כא
יחיאלי: בני יחיאלי זתם ויואל אחיו על־אצרות בית יהוה: כב
לעמרמי ליצהרי לחברוני לעזיאלי: ושבאל בן־גרשום בן־ כג כד
משה נגיד על־האצרות: ואחיו לאליעזר רחביהו בנו כה
ושלמית וישעיהו בנו וירם בנו וזכרי בנו ושלמות בנו: הוא שלמות כו
ואחיו על כל־אצרות הקדשים אשר הקדיש דויד המלך
וראשי האבות לשרי־האלפים והמאות ושרי הצבא: מן־ כז
המלחמות ומן־השלל הקדישו לחזק לבית יהוה: וכל ההקדיש כח
שמואל הראה ושאול בן־קיש ואבנר בן־נר ויואב בן־
צרויה כל המקדיש על יד־שלמית ואחיו: ליצהרי כט
כנניהו ובניו למלאכה החיצונה על־ישראל לשטרים
ולשפטים: לחברוני חשביהו ואחיו בני־חיל אלף ל
ושבע־מאות על פקדת ישראל מעבר לירדן מערבה
לכל מלאכת יהוה ולעבדת המלך: לחברוני יריה הראש לא

לְחֶבְרוֹנִי לְתֹלְדֹתָיו לְאָבוֹת בִּשְׁנַת הָאַרְבָּעִים לְמַלְכוּת דָּוִיד
לב נִדְרָשׁוּ וַיִּמָּצֵא בָהֶם גִּבּוֹרֵי חַיִל בְּיַעְזֵיר גִּלְעָד׃ וְאֶחָיו בְּנֵי־
חַיִל אַלְפַּיִם וּשְׁבַע מֵאוֹת רָאשֵׁי הָאָבוֹת וַיַּפְקִידֵם דָּוִיד הַמֶּלֶךְ
עַל־הָרְאוּבֵנִי וְהַגָּדִי וַחֲצִי שֵׁבֶט הַמְנַשִּׁי לְכָל־דְּבַר הָאֱלֹהִים
כז א וּדְבַר הַמֶּלֶךְ׃ וּבְנֵי יִשְׂרָאֵל ׀ לְמִסְפָּרָם רָאשֵׁי
הָאָבוֹת ׀ וְשָׂרֵי הָאֲלָפִים ׀ וְהַמֵּאוֹת וְשֹׁטְרֵיהֶם הַמְשָׁרְתִים אֶת־
הַמֶּלֶךְ לְכֹל ׀ דְּבַר הַמַּחְלְקוֹת הַבָּאָה וְהַיֹּצֵאת חֹדֶשׁ בְּחֹדֶשׁ
לְכֹל חָדְשֵׁי הַשָּׁנָה הַמַּחֲלֹקֶת הָאַחַת עֶשְׂרִים וְאַרְבָּעָה
ב אָלֶף׃ עַל הַמַּחֲלֹקֶת הָרִאשׁוֹנָה לַחֹדֶשׁ הָרִאשׁוֹן
יָשָׁבְעָם בֶּן־זַבְדִּיאֵל וְעַל מַחֲלֻקְתּוֹ עֶשְׂרִים וְאַרְבָּעָה
ג אָלֶף׃ מִן־בְּנֵי־פֶרֶץ הָרֹאשׁ לְכָל־שָׂרֵי הַצְּבָאוֹת לַחֹדֶשׁ
ד הָרִאשׁוֹן׃ וְעַל מַחֲלֹקֶת ׀ הַחֹדֶשׁ הַשֵּׁנִי דּוֹדַי הָאֲחוֹחִי
וּמַחֲלֻקְתּוֹ וּמִקְלוֹת הַנָּגִיד וְעַל מַחֲלֻקְתּוֹ עֶשְׂרִים וְאַרְבָּעָה
ה אָלֶף׃ שַׂר הַצָּבָא הַשְּׁלִישִׁי לַחֹדֶשׁ הַשְּׁלִישִׁי בְּנָיָהוּ
בֶּן־יְהוֹיָדָע הַכֹּהֵן רֹאשׁ וְעַל מַחֲלֻקְתּוֹ עֶשְׂרִים וְאַרְבָּעָה
ו אָלֶף׃ הוּא בְנָיָהוּ גִּבּוֹר הַשְּׁלֹשִׁים וְעַל־הַשְּׁלֹשִׁים וּמַחֲלֻקְתּוֹ
ז עַמִּיזָבָד בְּנוֹ׃ הָרְבִיעִי לַחֹדֶשׁ הָרְבִיעִי עֲשָׂהאֵל אֲחִי
יוֹאָב וּזְבַדְיָה בְנוֹ אַחֲרָיו וְעַל מַחֲלֻקְתּוֹ עֶשְׂרִים וְאַרְבָּעָה
ח אָלֶף׃ הַחֲמִישִׁי לַחֹדֶשׁ הַחֲמִישִׁי הַשַּׂר שַׁמְהוּת
ט הַיִּזְרָח וְעַל מַחֲלֻקְתּוֹ עֶשְׂרִים וְאַרְבָּעָה אָלֶף׃ הַשִּׁשִּׁי
לַחֹדֶשׁ הַשִּׁשִּׁי עִירָא בֶן־עִקֵּשׁ הַתְּקוֹעִי וְעַל מַחֲלֻקְתּוֹ עֶשְׂרִים
י וְאַרְבָּעָה אָלֶף׃ הַשְּׁבִיעִי לַחֹדֶשׁ הַשְּׁבִיעִי חֶלֶץ
הַפְּלוֹנִי מִן־בְּנֵי אֶפְרָיִם וְעַל מַחֲלֻקְתּוֹ עֶשְׂרִים וְאַרְבָּעָה
יא אָלֶף׃ הַשְּׁמִינִי לַחֹדֶשׁ הַשְּׁמִינִי סִבְּכַי הַחֻשָׁתִי לַזַּרְחִי
יב וְעַל מַחֲלֻקְתּוֹ עֶשְׂרִים וְאַרְבָּעָה אָלֶף׃ הַתְּשִׁיעִי
לַחֹדֶשׁ הַתְּשִׁיעִי אֲבִיעֶזֶר הָעַנְּתֹתִי לבנימיני וְעַל מַחֲלֻקְתּוֹ לַבֶּן ׀ יְמִינִי
יג עֶשְׂרִים וְאַרְבָּעָה אָלֶף׃ הָעֲשִׂירִי לַחֹדֶשׁ הָעֲשִׂירִי

מַהְרַי הַנְּטוֹפָתִי לַזַּרְחִי וְעַל מַחֲלֻקְתּוֹ עֶשְׂרִים וְאַרְבָּעָה
יד אָלֶף׃ עַשְׁתֵּי־עָשָׂר לְעַשְׁתֵּי עָשָׂר הַחֹדֶשׁ בְּנָיָה
הַפִּרְעָתוֹנִי מִן־בְּנֵי אֶפְרָיִם וְעַל מַחֲלֻקְתּוֹ עֶשְׂרִים וְאַרְבָּעָה
טו אָלֶף׃ הַשְּׁנֵים עָשָׂר לִשְׁנֵים עָשָׂר הַחֹדֶשׁ חֶלְדַּי הַנְּטוֹפָתִי
טז לְעָתְנִיאֵל וְעַל מַחֲלֻקְתּוֹ עֶשְׂרִים וְאַרְבָּעָה אָלֶף׃ וְעַל
שִׁבְטֵי יִשְׂרָאֵל לָרְאוּבֵנִי נָגִיד אֱלִיעֶזֶר בֶּן־זִכְרִי לַשִּׁמְעוֹנִי
יז שְׁפַטְיָהוּ בֶּן־מַעֲכָה׃ לְלֵוִי חֲשַׁבְיָה בֶן־קְמוּאֵל לְאַהֲרֹן
יח צָדוֹק׃ לִיהוּדָה אֱלִיהוּ מֵאֲחֵי דָוִיד לְיִשָּׂשכָר עָמְרִי
יט בֶּן־מִיכָאֵל׃ לִזְבוּלֻן יִשְׁמַעְיָהוּ בֶּן־עֹבַדְיָהוּ לְנַפְתָּלִי
כ יְרִימוֹת בֶּן־עַזְרִיאֵל׃ לִבְנֵי אֶפְרַיִם הוֹשֵׁעַ בֶּן־עֲזַזְיָהוּ
כא לַחֲצִי שֵׁבֶט מְנַשֶּׁה יוֹאֵל בֶּן־פְּדָיָהוּ׃ לַחֲצִי הַמְנַשֶּׁה
כב גִּלְעָדָה יִדּוֹ בֶּן־זְכַרְיָהוּ לְבִנְיָמִן יַעֲשִׂיאֵל בֶּן־אַבְנֵר׃ לְדָן
כג עֲזַרְאֵל בֶּן־יְרֹחָם אֵלֶּה שָׂרֵי שִׁבְטֵי יִשְׂרָאֵל׃ וְלֹא־נָשָׂא דָוִיד
מִסְפָּרָם לְמִבֶּן עֶשְׂרִים שָׁנָה וּלְמָטָּה כִּי אָמַר יְהוָה לְהַרְבּוֹת
כד אֶת־יִשְׂרָאֵל כְּכוֹכְבֵי הַשָּׁמָיִם׃ יוֹאָב בֶּן־צְרוּיָה הֵחֵל לִמְנוֹת
וְלֹא כִלָּה וַיְהִי בָזֹאת קֶצֶף עַל־יִשְׂרָאֵל וְלֹא עָלָה הַמִּסְפָּר
כה בְּמִסְפַּר דִּבְרֵי הַיָּמִים לַמֶּלֶךְ דָּוִיד׃ וְעַל אֹצְרוֹת
הַמֶּלֶךְ עַזְמָוֶת בֶּן־עֲדִיאֵל וְעַל הָאֹצָרוֹת בַּשָּׂדֶה בֶּעָרִים
כו וּבַכְּפָרִים וּבַמִּגְדָּלוֹת יְהוֹנָתָן בֶּן־עֻזִּיָּהוּ׃ וְעַל עֹשֵׂי
כז מְלֶאכֶת הַשָּׂדֶה לַעֲבֹדַת הָאֲדָמָה עֶזְרִי בֶּן־כְּלוּב׃ וְעַל־
הַכְּרָמִים שִׁמְעִי הָרָמָתִי וְעַל שֶׁבַּכְּרָמִים לְאֹצְרוֹת הַיַּיִן זַבְדִּי
כח הַשִּׁפְמִי׃ וְעַל־הַזֵּיתִים וְהַשִּׁקְמִים אֲשֶׁר בַּשְּׁפֵלָה בַּעַל
כט חָנָן הַגְּדֵרִי וְעַל־אֹצְרוֹת הַשֶּׁמֶן יוֹעָשׁ׃ וְעַל־הַבָּקָר
שִׁרְטַי הָרֹעִים בַּשָּׁרוֹן שטרי הַשָּׁרוֹנִי וְעַל־הַבָּקָר בָּעֲמָקִים שָׁפָט בֶּן־
ל עַדְלָי׃ וְעַל־הַגְּמַלִּים אוֹבִיל הַיִּשְׁמְעֵלִי וְעַל־הָאֲתֹנוֹת
לא יֶחְדְּיָהוּ הַמֵּרֹנֹתִי׃ וְעַל־הַצֹּאן יָזִיז הַהַגְרִי כָּל־אֵלֶּה
לב שָׂרֵי הָרְכוּשׁ אֲשֶׁר לַמֶּלֶךְ דָּוִיד׃ וִיהוֹנָתָן דּוֹד־דָּוִיד

יוֹעֵץ אִישׁ־מֵבִין וְסוֹפֵר הוּא וִיחִיאֵל בֶּן־חַכְמוֹנִי עִם־בְּנֵי
לג הַמֶּלֶךְ: וַאֲחִיתֹפֶל יוֹעֵץ לַמֶּלֶךְ וְחוּשַׁי הָאַרְכִּי רֵעַ הַמֶּלֶךְ:
לד וְאַחֲרֵי אֲחִיתֹפֶל יְהוֹיָדָע בֶּן־בְּנָיָהוּ וְאֶבְיָתָר וְשַׂר־צָבָא לַמֶּלֶךְ
כח א יוֹאָב: וַיַּקְהֵל דָּוִיד אֶת־כָּל־שָׂרֵי יִשְׂרָאֵל
שָׂרֵי הַשְּׁבָטִים וְשָׂרֵי הַמַּחְלְקוֹת הַמְשָׁרְתִים אֶת־הַמֶּלֶךְ וְשָׂרֵי
הָאֲלָפִים וְשָׂרֵי הַמֵּאוֹת וְשָׂרֵי כָל־רְכוּשׁ־וּמִקְנֶה ׀ לַמֶּלֶךְ וּלְבָנָיו
ב עִם־הַסָּרִיסִים וְהַגִּבּוֹרִים וּלְכָל־גִּבּוֹר חָיִל אֶל־יְרוּשָׁלִָם: וַיָּקָם
דָּוִיד הַמֶּלֶךְ עַל־רַגְלָיו וַיֹּאמֶר שְׁמָעוּנִי אַחַי וְעַמִּי אֲנִי עִם־
לְבָבִי לִבְנוֹת בֵּית מְנוּחָה לַאֲרוֹן בְּרִית־יהוה וְלַהֲדֹם רַגְלֵי
ג אֱלֹהֵינוּ וַהֲכִינוֹתִי לִבְנוֹת: וְהָאֱלֹהִים אָמַר לִי לֹא־תִבְנֶה
ד בַיִת לִשְׁמִי כִּי אִישׁ מִלְחָמוֹת אַתָּה וְדָמִים שָׁפָכְתָּ: וַיִּבְחַר
יהוה אֱלֹהֵי יִשְׂרָאֵל בִּי מִכֹּל בֵּית־אָבִי לִהְיוֹת לְמֶלֶךְ עַל־
יִשְׂרָאֵל לְעוֹלָם כִּי בִיהוּדָה בָּחַר לְנָגִיד וּבְבֵית יְהוּדָה בֵּית
ה אָבִי וּבִבְנֵי אָבִי בִּי רָצָה לְהַמְלִיךְ עַל־כָּל־יִשְׂרָאֵל: וּמִכָּל־
בָּנַי כִּי רַבִּים בָּנִים נָתַן לִי יהוה וַיִּבְחַר בִּשְׁלֹמֹה בְנִי לָשֶׁבֶת
ו עַל־כִּסֵּא מַלְכוּת יהוה עַל־יִשְׂרָאֵל: וַיֹּאמֶר לִי שְׁלֹמֹה בִנְךָ
הוּא־יִבְנֶה בֵיתִי וַחֲצֵרוֹתָי כִּי־בָחַרְתִּי בוֹ לִי לְבֵן וַאֲנִי אֶהְיֶה־
ז לּוֹ לְאָב: וַהֲכִינוֹתִי אֶת־מַלְכוּתוֹ עַד־לְעוֹלָם אִם־יֶחֱזַק לַעֲשׂוֹת
ח מִצְוֹתַי וּמִשְׁפָּטַי כַּיּוֹם הַזֶּה: וְעַתָּה לְעֵינֵי כָל־יִשְׂרָאֵל קְהַל־
יהוה וּבְאָזְנֵי אֱלֹהֵינוּ שִׁמְרוּ וְדִרְשׁוּ כָּל־מִצְוֹת יהוה אֱלֹהֵיכֶם
לְמַעַן תִּירְשׁוּ אֶת־הָאָרֶץ הַטּוֹבָה וְהִנְחַלְתֶּם לִבְנֵיכֶם אַחֲרֵיכֶם
ט עַד־עוֹלָם: וְאַתָּה שְׁלֹמֹה־בְנִי דַּע אֶת־אֱלֹהֵי אָבִיךָ וְעָבְדֵהוּ
בְּלֵב שָׁלֵם וּבְנֶפֶשׁ חֲפֵצָה כִּי כָל־לְבָבוֹת דּוֹרֵשׁ יהוה וְכָל־
יֵצֶר מַחֲשָׁבוֹת מֵבִין אִם־תִּדְרְשֶׁנּוּ יִמָּצֵא לָךְ וְאִם־תַּעַזְבֶנּוּ
י יַזְנִיחֲךָ לָעַד: רְאֵה ׀ עַתָּה כִּי־יהוה בָּחַר בְּךָ לִבְנוֹת־בַּיִת יא
יא לַמִּקְדָּשׁ חֲזַק וַעֲשֵׂה: וַיִּתֵּן דָּוִיד לִשְׁלֹמֹה בְנוֹ אֶת־
תַּבְנִית הָאוּלָם וְאֶת־בָּתָּיו וְגַנְזַכָּיו וַעֲלִיֹּתָיו וַחֲדָרָיו הַפְּנִימִים

יב וּבֵית הַכַּפֹּרֶת: וְתַבְנִית כֹּל אֲשֶׁר הָיָה בָרוּחַ עִמּוֹ לְחַצְרוֹת
בֵּית־יהוה וּלְכָל־הַלְּשָׁכוֹת סָבִיב לְאֹצְרוֹת בֵּית הָאֱלֹהִים
יג וּלְאֹצְרוֹת הַקֳּדָשִׁים: וּלְמַחְלְקוֹת הַכֹּהֲנִים וְהַלְוִיִּם וּלְכָל־
מְלֶאכֶת עֲבוֹדַת בֵּית־יהוה וּלְכָל־כְּלֵי עֲבוֹדַת בֵּית־יהוה:
יד לַזָּהָב בַּמִּשְׁקָל לַזָּהָב לְכָל־כְּלֵי עֲבוֹדָה וַעֲבוֹדָה לְכֹל כְּלֵי
טו הַכֶּסֶף בְּמִשְׁקָל לְכָל־כְּלֵי עֲבוֹדָה וַעֲבוֹדָה: וּמִשְׁקָל לִמְנֹרוֹת
הַזָּהָב וְנֵרֹתֵיהֶם זָהָב בְּמִשְׁקַל־מְנוֹרָה וּמְנוֹרָה וְנֵרֹתֶיהָ וְלִמְנֹרוֹת
הַכֶּסֶף בְּמִשְׁקָל לִמְנוֹרָה וְנֵרֹתֶיהָ כַּעֲבוֹדַת מְנוֹרָה וּמְנוֹרָה:
טז וְאֶת־הַזָּהָב מִשְׁקָל לְשֻׁלְחֲנוֹת הַמַּעֲרֶכֶת לְשֻׁלְחַן וְשֻׁלְחָן
יז וְכֶסֶף לְשֻׁלְחֲנוֹת הַכָּסֶף: וְהַמִּזְלָגוֹת וְהַמִּזְרָקוֹת וְהַקְּשָׂווֹת זָהָב
טָהוֹר וְלִכְפוֹרֵי הַזָּהָב בְּמִשְׁקָל לִכְפוֹר וּכְפוֹר וְלִכְפוֹרֵי הַכֶּסֶף
יח בְּמִשְׁקָל לִכְפוֹר וּכְפוֹר: וּלְמִזְבַּח הַקְּטֹרֶת זָהָב מְזֻקָּק בַּמִּשְׁקָל
וּלְתַבְנִית הַמֶּרְכָּבָה הַכְּרֻבִים זָהָב לְפֹרְשִׂים וְסֹכְכִים עַל־
יט אֲרוֹן בְּרִית־יהוה: הַכֹּל בִּכְתָב מִיַּד יהוה עָלַי הִשְׂכִּיל כֹּל
כ מַלְאֲכוֹת הַתַּבְנִית: וַיֹּאמֶר דָּוִיד לִשְׁלֹמֹה בְנוֹ חֲזַק
וֶאֱמַץ וַעֲשֵׂה אַל־תִּירָא וְאַל־תֵּחָת כִּי יהוה אֱלֹהִים אֱלֹהַי
עִמָּךְ לֹא יַרְפְּךָ וְלֹא יַעַזְבֶךָּ עַד־לִכְלוֹת כָּל־מְלֶאכֶת עֲבוֹדַת
כא בֵּית־יהוה: וְהִנֵּה מַחְלְקוֹת הַכֹּהֲנִים וְהַלְוִיִּם לְכָל־עֲבוֹדַת
בֵּית הָאֱלֹהִים וְעִמְּךָ בְכָל־מְלָאכָה לְכָל־נָדִיב בַּחָכְמָה לְכָל־
כט א עֲבוֹדָה וְהַשָּׂרִים וְכָל־הָעָם לְכָל־דְּבָרֶיךָ: וַיֹּאמֶר דָּוִיד
הַמֶּלֶךְ לְכָל־הַקָּהָל שְׁלֹמֹה בְנִי אֶחָד בָּחַר־בּוֹ אֱלֹהִים נַעַר וָרָךְ
וְהַמְּלָאכָה גְדוֹלָה כִּי לֹא לְאָדָם הַבִּירָה כִּי לַיהוה אֱלֹהִים:
ב וּכְכָל־כֹּחִי הֲכִינוֹתִי לְבֵית־אֱלֹהַי הַזָּהָב ׀ לַזָּהָב וְהַכֶּסֶף לַכֶּסֶף
וְהַנְּחֹשֶׁת לַנְּחֹשֶׁת הַבַּרְזֶל לַבַּרְזֶל וְהָעֵצִים לָעֵצִים אַבְנֵי־
שֹׁהַם וּמִלּוּאִים אַבְנֵי־פוּךְ וְרִקְמָה וְכֹל אֶבֶן יְקָרָה וְאַבְנֵי־
ג שַׁיִשׁ לָרֹב: וְעוֹד בִּרְצוֹתִי בְּבֵית אֱלֹהַי יֶשׁ־לִי סְגֻלָּה זָהָב
וָכָסֶף נָתַתִּי לְבֵית־אֱלֹהַי לְמַעְלָה מִכָּל־הֲכִינוֹתִי לְבֵית הַקֹּדֶשׁ:

ד שְׁלֹשֶׁת אֲלָפִים כִּכְּרֵי זָהָב מִזְּהַב אוֹפִיר וְשִׁבְעַת אֲלָפִים
ה כִּכַּר־כֶּסֶף מְזֻקָּק לָטוּחַ קִירוֹת הַבָּתִּים׃ לַזָּהָב לַזָּהָב וְלַכֶּסֶף
לַכֶּסֶף וּלְכָל־מְלָאכָה בְּיַד חָרָשִׁים וּמִי מִתְנַדֵּב לְמַלֹּאות יָדוֹ
ו הַיּוֹם לַיהוָה׃ וַיִּתְנַדְּבוּ שָׂרֵי הָאָבוֹת וְשָׂרֵי ׀ שִׁבְטֵי יִשְׂרָאֵל
ז וְשָׂרֵי הָאֲלָפִים וְהַמֵּאוֹת וּלְשָׂרֵי מְלֶאכֶת הַמֶּלֶךְ׃ וַיִּתְּנוּ
לַעֲבוֹדַת בֵּית־הָאֱלֹהִים זָהָב כִּכָּרִים חֲמֵשֶׁת־אֲלָפִים וַאֲדַרְכֹנִים
רִבּוֹ וְכֶסֶף כִּכָּרִים עֲשֶׂרֶת אֲלָפִים וּנְחֹשֶׁת רִבּוֹ וּשְׁמוֹנַת
ח אֲלָפִים כִּכָּרִים וּבַרְזֶל מֵאָה־אֶלֶף כִּכָּרִים׃ וְהַנִּמְצָא אִתּוֹ
אֲבָנִים נָתְנוּ לְאוֹצַר בֵּית־יְהוָה עַל יַד־יְחִיאֵל הַגֵּרְשֻׁנִּי׃
ט וַיִּשְׂמְחוּ הָעָם עַל־הִתְנַדְּבָם כִּי בְּלֵב שָׁלֵם הִתְנַדְּבוּ לַיהוָה
י וְגַם דָּוִיד הַמֶּלֶךְ שָׂמַח שִׂמְחָה גְדוֹלָה׃ וַיְבָרֶךְ דָּוִיד
אֶת־יְהוָה לְעֵינֵי כָּל־הַקָּהָל וַיֹּאמֶר דָּוִיד בָּרוּךְ אַתָּה יְהוָה
יא אֱלֹהֵי יִשְׂרָאֵל אָבִינוּ מֵעוֹלָם וְעַד־עוֹלָם׃ לְךָ יְהוָה הַגְּדֻלָּה
וְהַגְּבוּרָה וְהַתִּפְאֶרֶת וְהַנֵּצַח וְהַהוֹד כִּי־כֹל בַּשָּׁמַיִם וּבָאָרֶץ
יב לְךָ יְהוָה הַמַּמְלָכָה וְהַמִּתְנַשֵּׂא לְכֹל ׀ לְרֹאשׁ׃ וְהָעֹשֶׁר וְהַכָּבוֹד
מִלְּפָנֶיךָ וְאַתָּה מוֹשֵׁל בַּכֹּל וּבְיָדְךָ כֹּחַ וּגְבוּרָה וּבְיָדְךָ לְגַדֵּל
יג וּלְחַזֵּק לַכֹּל׃ וְעַתָּה אֱלֹהֵינוּ מוֹדִים אֲנַחְנוּ לָךְ וּמְהַלְלִים
יד לְשֵׁם תִּפְאַרְתֶּךָ׃ וְכִי מִי אֲנִי וּמִי עַמִּי כִּי־נַעְצֹר כֹּחַ לְהִתְנַדֵּב
טו כָּזֹאת כִּי־מִמְּךָ הַכֹּל וּמִיָּדְךָ נָתַנּוּ לָךְ׃ כִּי־גֵרִים אֲנַחְנוּ
לְפָנֶיךָ וְתוֹשָׁבִים כְּכָל־אֲבֹתֵינוּ כַּצֵּל ׀ יָמֵינוּ עַל־הָאָרֶץ וְאֵין
טז מִקְוֶה׃ יְהוָה אֱלֹהֵינוּ כֹּל הֶהָמוֹן הַזֶּה אֲשֶׁר הֲכִינֹנוּ לִבְנוֹת־
יז לְךָ בַיִת לְשֵׁם קָדְשֶׁךָ מִיָּדְךָ הִיא וּלְךָ הַכֹּל׃ וְיָדַעְתִּי אֱלֹהַי הוּא
כִּי אַתָּה בֹּחֵן לֵבָב וּמֵישָׁרִים תִּרְצֶה אֲנִי בְּיֹשֶׁר לְבָבִי הִתְנַדַּבְתִּי
כָל־אֵלֶּה וְעַתָּה עַמְּךָ הַנִּמְצְאוּ־פֹה רָאִיתִי בְשִׂמְחָה לְהִתְנַדֶּב־
יח לָךְ׃ יְהוָה אֱלֹהֵי אַבְרָהָם יִצְחָק וְיִשְׂרָאֵל אֲבֹתֵינוּ שָׁמְרָה־
זֹּאת לְעוֹלָם לְיֵצֶר מַחְשְׁבוֹת לְבַב עַמֶּךָ וְהָכֵן לְבָבָם אֵלֶיךָ׃
יט וְלִשְׁלֹמֹה בְנִי תֵּן לֵבָב שָׁלֵם לִשְׁמוֹר מִצְוֹתֶיךָ עֵדְוֹתֶיךָ וְחֻקֶּיךָ

וְלַעֲשׂוֹת הַכֹּל וְלִבְנוֹת הַבִּירָה אֲשֶׁר־הֲכִינוֹתִי׃ וַיֹּאמֶר כ
דָּוִיד לְכָל־הַקָּהָל בָּרְכוּ־נָא אֶת־יהוה אֱלֹהֵיכֶם וַיְבָרְכוּ כָל־
הַקָּהָל לַיהוה אֱלֹהֵי אֲבֹתֵיהֶם וַיִּקְּדוּ וַיִּשְׁתַּחֲווּ לַיהוה וְלַמֶּלֶךְ׃
וַיִּזְבְּחוּ לַיהוה ׀ זְבָחִים וַיַּעֲלוּ עֹלוֹת לַיהוה לְמָחֳרַת הַיּוֹם כא
הַהוּא פָּרִים אֶלֶף אֵילִים אֶלֶף כְּבָשִׂים אֶלֶף וְנִסְכֵּיהֶם וּזְבָחִים
לָרֹב לְכָל־יִשְׂרָאֵל׃ וַיֹּאכְלוּ וַיִּשְׁתּוּ לִפְנֵי יהוה בַּיּוֹם הַהוּא כב
בְּשִׂמְחָה גְדוֹלָה וַיַּמְלִיכוּ שֵׁנִית לִשְׁלֹמֹה בֶן־דָּוִיד וַיִּמְשְׁחוּ
לַיהוה לְנָגִיד וּלְצָדוֹק לְכֹהֵן׃ וַיֵּשֶׁב שְׁלֹמֹה עַל־כִּסֵּא יהוה ׀ כג
לְמֶלֶךְ תַּחַת־דָּוִיד אָבִיו וַיַּצְלַח וַיִּשְׁמְעוּ אֵלָיו כָּל־יִשְׂרָאֵל׃
וְכָל־הַשָּׂרִים וְהַגִּבֹּרִים וְגַם כָּל־בְּנֵי הַמֶּלֶךְ דָּוִיד נָתְנוּ יָד תַּחַת כד
שְׁלֹמֹה הַמֶּלֶךְ׃ וַיְגַדֵּל יהוה אֶת־שְׁלֹמֹה לְמַעְלָה לְעֵינֵי כָּל־ כה
יִשְׂרָאֵל וַיִּתֵּן עָלָיו הוֹד מַלְכוּת אֲשֶׁר לֹא־הָיָה עַל־כָּל־מֶלֶךְ
לְפָנָיו עַל־יִשְׂרָאֵל׃ וְדָוִיד בֶּן־יִשָׁי מָלַךְ עַל־כָּל־יִשְׂרָאֵל׃ כו
וְהַיָּמִים אֲשֶׁר מָלַךְ עַל־יִשְׂרָאֵל אַרְבָּעִים שָׁנָה בְּחֶבְרוֹן מָלַךְ כז
שֶׁבַע שָׁנִים וּבִירוּשָׁלִַם מָלַךְ שְׁלֹשִׁים וְשָׁלוֹשׁ׃ וַיָּמָת בְּשֵׂיבָה כח
טוֹבָה שְׂבַע יָמִים עֹשֶׁר וְכָבוֹד וַיִּמְלֹךְ שְׁלֹמֹה בְנוֹ תַּחְתָּיו׃
וְדִבְרֵי דָּוִיד הַמֶּלֶךְ הָרִאשֹׁנִים וְהָאַחֲרֹנִים הִנָּם כְּתוּבִים עַל־ כט
דִּבְרֵי שְׁמוּאֵל הָרֹאֶה וְעַל־דִּבְרֵי נָתָן הַנָּבִיא וְעַל־דִּבְרֵי גָּד
הַחֹזֶה׃ עִם כָּל־מַלְכוּתוֹ וּגְבוּרָתוֹ וְהָעִתִּים אֲשֶׁר עָבְרוּ עָלָיו ל

דברי הימים ב

וְעַל־יִשְׂרָאֵל וְעַל כָּל־מַמְלְכוֹת הָאֲרָצוֹת׃ וַיִּתְחַזֵּק א א
שְׁלֹמֹה בֶן־דָּוִיד עַל־מַלְכוּתוֹ וַיהוה אֱלֹהָיו עִמּוֹ וַיְגַדְּלֵהוּ
לְמָעְלָה׃ וַיֹּאמֶר שְׁלֹמֹה לְכָל־יִשְׂרָאֵל לְשָׂרֵי הָאֲלָפִים וְהַמֵּאוֹת ב
וְלַשֹּׁפְטִים וּלְכֹל נָשִׂיא לְכָל־יִשְׂרָאֵל רָאשֵׁי הָאָבוֹת׃ וַיֵּלְכוּ ג
שְׁלֹמֹה וְכָל־הַקָּהָל עִמּוֹ לַבָּמָה אֲשֶׁר בְּגִבְעוֹן כִּי־שָׁם הָיָה
אֹהֶל מוֹעֵד הָאֱלֹהִים אֲשֶׁר עָשָׂה מֹשֶׁה עֶבֶד־יהוה בַּמִּדְבָּר׃
אֲבָל אֲרוֹן הָאֱלֹהִים הֶעֱלָה דָוִיד מִקִּרְיַת יְעָרִים בַּהֵכִין לוֹ ד
דָּוִיד כִּי נָטָה־לּוֹ אֹהֶל בִּירוּשָׁלִָם׃ וּמִזְבַּח הַנְּחֹשֶׁת אֲשֶׁר ה

עָשָׂה בְּצַלְאֵל בֶּן־אוּרִי בֶן־חוּר שָׂם לִפְנֵי מִשְׁכַּן יהוה וַיִּדְרְשֵׁהוּ
ו שְׁלֹמֹה וְהַקָּהָל׃ וַיַּעַל שְׁלֹמֹה שָׁם עַל־מִזְבַּח הַנְּחֹשֶׁת לִפְנֵי
ז יהוה אֲשֶׁר לְאֹהֶל מוֹעֵד וַיַּעַל עָלָיו עֹלוֹת אָלֶף׃ בַּלַּיְלָה
הַהוּא נִרְאָה אֱלֹהִים לִשְׁלֹמֹה וַיֹּאמֶר לוֹ שְׁאַל מָה אֶתֶּן־לָךְ׃
ח וַיֹּאמֶר שְׁלֹמֹה לֵאלֹהִים אַתָּה עָשִׂיתָ עִם־דָּוִיד אָבִי חֶסֶד
ט גָּדוֹל וְהִמְלַכְתַּנִי תַּחְתָּיו׃ עַתָּה יהוה אֱלֹהִים יֵאָמֵן דְּבָרְךָ עִם
י דָּוִיד אָבִי כִּי אַתָּה הִמְלַכְתַּנִי עַל־עַם רַב כַּעֲפַר הָאָרֶץ׃ עַתָּה
חָכְמָה וּמַדָּע תֶּן־לִי וְאֵצְאָה לִפְנֵי הָעָם־הַזֶּה וְאָבוֹאָה כִּי־מִי
יִשְׁפֹּט אֶת־עַמְּךָ הַזֶּה הַגָּדוֹל׃
יא וַיֹּאמֶר אֱלֹהִים ׀ לִשְׁלֹמֹה יַעַן אֲשֶׁר הָיְתָה זֹאת עִם־לְבָבֶךָ וְלֹא־
שָׁאַלְתָּ עֹשֶׁר נְכָסִים וְכָבוֹד וְאֵת נֶפֶשׁ שֹׂנְאֶיךָ וְגַם־יָמִים רַבִּים
לֹא שָׁאָלְתָּ וַתִּשְׁאַל־לְךָ חָכְמָה וּמַדָּע אֲשֶׁר תִּשְׁפּוֹט אֶת־עַמִּי
יב אֲשֶׁר הִמְלַכְתִּיךָ עָלָיו׃ הַחָכְמָה וְהַמַּדָּע נָתוּן לָךְ וְעֹשֶׁר
וּנְכָסִים וְכָבוֹד אֶתֶּן־לָךְ אֲשֶׁר ׀ לֹא־הָיָה כֵן לַמְּלָכִים אֲשֶׁר
יג לְפָנֶיךָ וְאַחֲרֶיךָ לֹא יִהְיֶה־כֵּן׃ וַיָּבֹא שְׁלֹמֹה לַבָּמָה אֲשֶׁר־בְּגִבְעוֹן
יד יְרוּשָׁלִַם מִלִּפְנֵי אֹהֶל מוֹעֵד וַיִּמְלֹךְ עַל־יִשְׂרָאֵל׃ וַיֶּאֱסֹף
שְׁלֹמֹה רֶכֶב וּפָרָשִׁים וַיְהִי־לוֹ אֶלֶף וְאַרְבַּע־מֵאוֹת רֶכֶב וּשְׁנֵים־
עָשָׂר אֶלֶף פָּרָשִׁים וַיַּנִּיחֵם בְּעָרֵי הָרֶכֶב וְעִם־הַמֶּלֶךְ בִּירוּשָׁלִָם׃
טו וַיִּתֵּן הַמֶּלֶךְ אֶת־הַכֶּסֶף וְאֶת־הַזָּהָב בִּירוּשָׁלִַם כָּאֲבָנִים וְאֵת־
טז הָאֲרָזִים נָתַן כַּשִּׁקְמִים אֲשֶׁר־בַּשְּׁפֵלָה לָרֹב׃ וּמוֹצָא הַסּוּסִים
אֲשֶׁר לִשְׁלֹמֹה מִמִּצְרָיִם וּמִקְוֵא סֹחֲרֵי הַמֶּלֶךְ מִקְוֵא יִקְחוּ
יז בִּמְחִיר׃ וַיַּעֲלוּ וַיּוֹצִיאוּ מִמִּצְרַיִם מֶרְכָּבָה בְּשֵׁשׁ מֵאוֹת כֶּסֶף
וְסוּס בַּחֲמִשִּׁים וּמֵאָה וְכֵן לְכָל־מַלְכֵי הַחִתִּים וּמַלְכֵי אֲרָם
יח בְּיָדָם יוֹצִיאוּ׃ וַיֹּאמֶר שְׁלֹמֹה לִבְנוֹת בַּיִת לְשֵׁם יהוה וּבַיִת
ב א לְמַלְכוּתוֹ׃ וַיִּסְפֹּר שְׁלֹמֹה שִׁבְעִים אֶלֶף אִישׁ סַבָּל וּשְׁמוֹנִים
אֶלֶף אִישׁ חֹצֵב בָּהָר וּמְנַצְּחִים עֲלֵיהֶם שְׁלֹשֶׁת אֲלָפִים וְשֵׁשׁ
מֵאוֹת׃

וַיִּשְׁלַ֣ח שְׁלֹמֹ֔ה אֶל־חוּרָ֥ם מֶֽלֶךְ־צֹ֖ר לֵאמֹ֑ר כַּאֲשֶׁ֤ר עָשִׂ֙יתָ֙ עִם־ ב
יב דָּוִ֣יד אָבִ֔י וַתִּשְׁלַח־ל֣וֹ אֲרָזִ֔ים לִבְנֽוֹת־ל֥וֹ בַ֖יִת לָשֶׁ֥בֶת בּֽוֹ׃ הִנֵּ֨ה ג
אֲנִ֜י בֽוֹנֶה־בַּ֗יִת לְשֵׁם֮ ׀ יְהוָ֣ה אֱלֹהָי֒ לְהַקְדִּ֣ישׁ ל֗וֹ לְהַקְטִ֨יר לְפָנָ֜יו
קְטֹֽרֶת־סַמִּ֗ים וּמַעֲרֶ֤כֶת תָּמִיד֙ וְעֹל֣וֹת לַבֹּ֣קֶר וְלָעֶ֔רֶב לַשַּׁבָּתוֹת֙
וְלֶ֣חֳדָשִׁ֔ים וּלְמוֹעֲדֵ֖י יְהוָ֣ה אֱלֹהֵ֑ינוּ לְעוֹלָ֖ם זֹ֥את עַל־יִשְׂרָאֵֽל׃
וְהַבַּ֛יִת אֲשֶׁר־אֲנִ֥י בוֹנֶ֖ה גָּד֑וֹל כִּֽי־גָד֥וֹל אֱלֹהֵ֖ינוּ מִכָּל־הָאֱלֹהִֽים׃ ד
וּמִ֤י יַֽעֲצָר־כֹּ֙חַ֙ לִבְנֽוֹת־ל֣וֹ בַ֔יִת כִּ֤י הַשָּׁמַ֙יִם֙ וּשְׁמֵ֣י הַשָּׁמַ֔יִם לֹ֖א ה
יְכַלְכְּלֻ֑הוּ וּמִ֤י אֲנִי֙ אֲשֶׁ֣ר אֶבְנֶה־לּ֣וֹ בַ֔יִת כִּ֖י אִם־לְהַקְטִ֥יר לְפָנָֽיו׃
וְעַתָּ֡ה שְֽׁלַֽח־לִ֣י אִישׁ־חָכָ֡ם לַעֲשׂ֣וֹת בַּזָּהָ֣ב וּבַכֶּ֡סֶף וּבַנְּחֹ֣שֶׁת ו
וּבַבַּרְזֶ֡ל וּֽבָאַרְגְּוָן֩ וְכַרְמִ֨יל וּתְכֵ֜לֶת וְיֹדֵ֣עַ לְפַתֵּ֣חַ פִּתּוּחִ֑ים עִם־
הַחֲכָמִ֗ים אֲשֶׁ֤ר עִמִּי֙ בִּֽיהוּדָ֣ה וּבִירוּשָׁלִַ֔ם אֲשֶׁ֥ר הֵכִ֖ין דָּוִ֥יד אָבִֽי׃
וּֽשְׁלַֽח־לִ֡י עֲצֵ֣י אֲ֠רָזִים בְּרוֹשִׁ֨ים וְאַלְגּוּמִּ֜ים מֵהַלְּבָנ֗וֹן כִּ֚י אֲנִ֣י ז
יָדַ֔עְתִּי אֲשֶׁ֤ר עֲבָדֶ֙יךָ֙ יֽוֹדְעִ֔ים לִכְר֖וֹת עֲצֵ֣י לְבָנ֑וֹן וְהִנֵּ֥ה עֲבָדַ֖י
עִם־עֲבָדֶֽיךָ׃ וּלְהָכִ֥ין לִ֛י עֵצִ֖ים לָרֹ֑ב כִּ֣י הַבַּ֛יִת אֲשֶׁר־אֲנִ֥י בוֹנֶ֖ה ח
גָּד֥וֹל וְהַפְלֵֽא׃ וְהִנֵּ֣ה לַֽחֹטְבִ֣ים לְכֹרְתֵ֣י הָעֵצִ֡ים נָתַ֣תִּי חִטִּ֣ים ׀ ט
מַכּ֣וֹת לַעֲבָדֶ֡יךָ כֹּרִ֜ים עֶשְׂרִ֣ים אֶ֗לֶף וּשְׂעֹרִ֕ים כֹּרִ֖ים עֶשְׂרִ֣ים אָ֑לֶף
וְיַ֗יִן בַּתִּים֙ עֶשְׂרִ֣ים אֶ֔לֶף וְשֶׁ֕מֶן בַּתִּ֖ים עֶשְׂרִ֥ים אָֽלֶף׃
וַיֹּ֨אמֶר חוּרָ֤ם מֶֽלֶךְ־צֹר֙ בִּכְתָ֔ב וַיִּשְׁלַ֖ח אֶל־שְׁלֹמֹ֑ה בְּאַהֲבַ֤ת י
יְהוָה֙ אֶת־עַמּ֔וֹ נְתָנְךָ֥ עֲלֵיהֶ֖ם מֶֽלֶךְ׃ וַיֹּאמֶר֮ חוּרָם֒ בָּר֤וּךְ יְהוָה֙ יא
אֱלֹהֵ֣י יִשְׂרָאֵ֔ל אֲשֶׁ֣ר עָשָׂ֔ה אֶת־הַשָּׁמַ֖יִם וְאֶת־הָאָ֑רֶץ אֲשֶׁ֣ר
נָתַן֩ לְדָוִ֨יד הַמֶּ֜לֶךְ בֵּ֣ן חָכָ֗ם יוֹדֵ֙עַ֙ שֵׂ֣כֶל וּבִינָ֔ה אֲשֶׁ֤ר יִבְנֶה־בַּ֙יִת֙
לַֽיהוָ֔ה וּבַ֖יִת לְמַלְכוּתֽוֹ׃ וְעַתָּ֗ה שָׁלַ֧חְתִּי אִישׁ־חָכָ֛ם יוֹדֵ֥עַ בִּינָ֖ה יב
לְחוּרָ֥ם אָבִֽי׃ בֶּן־אִשָּׁ֞ה מִן־בְּנ֣וֹת דָּ֗ן וְאָבִ֣יו אִישׁ־צֹרִי֮ יוֹדֵ֣עַ יג
לַעֲשׂ֣וֹת בַּֽזָּהָב־וּ֠בַכֶּסֶף בַּנְּחֹ֨שֶׁת בַּבַּרְזֶ֜ל בָּאֲבָנִ֣ים וּבָעֵצִ֗ים
בָּֽאַרְגָּמָ֨ן בַּתְּכֵ֜לֶת וּבַבּ֗וּץ וּבַכַּרְמִיל֙ וּלְפַתֵּ֙חַ֙ כָּל־פִּתּ֔וּחַ וְלַחְשֹׁ֖ב
כָּל־מַחֲשָׁ֑בֶת אֲשֶׁ֤ר יִנָּֽתֶן־לוֹ֙ עִם־חֲכָמֶ֔יךָ וְחַכְמֵ֕י אֲדֹנִ֖י דָּוִ֥יד
אָבִֽיךָ׃ וְעַתָּ֗ה הַחִטִּ֤ים וְהַשְּׂעֹרִים֙ הַשֶּׁ֣מֶן וְהַיַּ֔יִן אֲשֶׁ֣ר אָמַ֣ר יד

טו אֲדֹנִי יִשְׁלַח לַעֲבָדָיו׃ וַאֲנַחְנוּ נִכְרֹת עֵצִים מִן־הַלְּבָנוֹן כְּכׇל־
צׇרְכֶּךָ וּנְבִיאֵם לְךָ רַפְסֹדוֹת עַל־יָם יָפוֹ וְאַתָּה תַּעֲלֶה אֹתָם
טז יְרוּשָׁלִָם׃ וַיִּסְפֹּר שְׁלֹמֹה כׇּל־הָאֲנָשִׁים הַגֵּיוֹרִים אֲשֶׁר
בְּאֶרֶץ יִשְׂרָאֵל אַחֲרֵי הַסְּפָר אֲשֶׁר סְפָרָם דָּוִיד אָבִיו וַיִּמָּצְאוּ
יז מֵאָה וַחֲמִשִּׁים אֶלֶף וּשְׁלֹשֶׁת אֲלָפִים וְשֵׁשׁ מֵאוֹת׃ וַיַּעַשׂ מֵהֶם
שִׁבְעִים אֶלֶף סַבָּל וּשְׁמֹנִים אֶלֶף חֹצֵב בָּהָר וּשְׁלֹשֶׁת אֲלָפִים
ג א וְשֵׁשׁ מֵאוֹת מְנַצְּחִים לְהַעֲבִיד אֶת־הָעָם׃ וַיָּחֶל שְׁלֹמֹה לִבְנוֹת
אֶת־בֵּית־יהוה בִּירוּשָׁלִַם בְּהַר הַמּוֹרִיָּה אֲשֶׁר נִרְאָה לְדָוִיד
ב אָבִיהוּ אֲשֶׁר הֵכִין בִּמְקוֹם דָּוִיד בְּגֹרֶן אׇרְנָן הַיְבוּסִי׃ וַיָּחֶל
ג לִבְנוֹת בַּחֹדֶשׁ הַשֵּׁנִי בַּשֵּׁנִי בִּשְׁנַת אַרְבַּע לְמַלְכוּתוֹ׃ וְאֵלֶּה
הוּסַד שְׁלֹמֹה לִבְנוֹת אֶת־בֵּית הָאֱלֹהִים הָאֹרֶךְ אַמּוֹת בַּמִּדָּה
ד הָרִאשׁוֹנָה אַמּוֹת שִׁשִּׁים וְרֹחַב אַמּוֹת עֶשְׂרִים׃ וְהָאוּלָם אֲשֶׁר
עַל־פְּנֵי הָאֹרֶךְ עַל־פְּנֵי רֹחַב־הַבַּיִת אַמּוֹת עֶשְׂרִים וְהַגֹּבַהּ
ה מֵאָה וְעֶשְׂרִים וַיְצַפֵּהוּ מִפְּנִימָה זָהָב טָהוֹר׃ וְאֵת ׀ הַבַּיִת
הַגָּדוֹל חִפָּה עֵץ בְּרוֹשִׁים וַיְחַפֵּהוּ זָהָב טוֹב וַיַּעַל עָלָיו תִּמֹרִים
ו וְשַׁרְשְׁרוֹת׃ וַיְצַף אֶת־הַבַּיִת אֶבֶן יְקָרָה לְתִפְאָרֶת וְהַזָּהָב זְהַב
ז פַּרְוָיִם׃ וַיְחַף אֶת־הַבַּיִת הַקֹּרוֹת הַסִּפִּים וְקִירוֹתָיו וְדַלְתוֹתָיו
ח זָהָב וּפִתַּח כְּרוּבִים עַל־הַקִּירוֹת׃ וַיַּעַשׂ אֶת־בֵּית־
קֹדֶשׁ הַקֳּדָשִׁים אׇרְכּוֹ עַל־פְּנֵי רֹחַב־הַבַּיִת אַמּוֹת עֶשְׂרִים
וְרׇחְבּוֹ אַמּוֹת עֶשְׂרִים וַיְחַפֵּהוּ זָהָב טוֹב לְכִכָּרִים שֵׁשׁ מֵאוֹת׃
ט וּמִשְׁקָל לְמִסְמְרוֹת לִשְׁקָלִים חֲמִשִּׁים זָהָב וְהָעֲלִיּוֹת חִפָּה
י זָהָב׃ וַיַּעַשׂ בְּבֵית־קֹדֶשׁ הַקֳּדָשִׁים כְּרוּבִים שְׁנַיִם
יא מַעֲשֵׂה צַעֲצֻעִים וַיְצַפּוּ אֹתָם זָהָב׃ וְכַנְפֵי הַכְּרוּבִים אׇרְכָּם
אַמּוֹת עֶשְׂרִים כְּנַף הָאֶחָד לְאַמּוֹת חָמֵשׁ מַגַּעַת לְקִיר הַבַּיִת
וְהַכָּנָף הָאַחֶרֶת אַמּוֹת חָמֵשׁ מַגִּיעַ לִכְנַף הַכְּרוּב הָאַחֵר׃
יב וּכְנַף הַכְּרוּב הָאֶחָד אַמּוֹת חָמֵשׁ מַגִּיעַ לְקִיר הַבַּיִת וְהַכָּנָף
יג הָאַחֶרֶת אַמּוֹת חָמֵשׁ דְּבֵקָה לִכְנַף הַכְּרוּב הָאַחֵר׃ כַּנְפֵי

הַכְּרוּבִים הָאֵלֶּה פֹּרְשִׂים אַמּוֹת עֶשְׂרִים וְהֵם עֹמְדִים עַל־
רַגְלֵיהֶם וּפְנֵיהֶם לַבָּיִת׃ וַיַּעַשׂ אֶת־הַפָּרֹכֶת תְּכֵלֶת יד
וְאַרְגָּמָן וְכַרְמִיל וּבוּץ וַיַּעַל עָלָיו כְּרוּבִים׃ וַיַּעַשׂ טו
לִפְנֵי הַבַּיִת עַמּוּדִים שְׁנַיִם אַמּוֹת שְׁלֹשִׁים וְחָמֵשׁ אֹרֶךְ וְהַצֶּפֶת
אֲשֶׁר־עַל־רֹאשׁוֹ אַמּוֹת חָמֵשׁ׃ וַיַּעַשׂ שַׁרְשְׁרוֹת טז
בַּדְּבִיר וַיִּתֵּן עַל־רֹאשׁ הָעַמֻּדִים וַיַּעַשׂ רִמּוֹנִים מֵאָה וַיִּתֵּן
בַּשַּׁרְשְׁרוֹת׃ וַיָּקֶם אֶת־הָעַמּוּדִים עַל־פְּנֵי הַהֵיכָל אֶחָד מִיָּמִין יז
וְאֶחָד מֵהַשְּׂמֹאול וַיִּקְרָא שֵׁם־הימיני יָכִין וְשֵׁם הַשְּׂמָאלִי הַיְמָנִי
בֹּעַז׃ וַיַּעַשׂ מִזְבַּח נְחֹשֶׁת עֶשְׂרִים אַמָּה אָרְכּוֹ וְעֶשְׂרִים א ד
אַמָּה רָחְבּוֹ וְעֶשֶׂר אַמּוֹת קוֹמָתוֹ׃ וַיַּעַשׂ אֶת־הַיָּם ב
מוּצָק עֶשֶׂר בָּאַמָּה מִשְּׂפָתוֹ אֶל־שְׂפָתוֹ עָגוֹל ׀ סָבִיב וְחָמֵשׁ
בָּאַמָּה קוֹמָתוֹ וְקָו שְׁלֹשִׁים בָּאַמָּה יָסֹב אֹתוֹ סָבִיב׃ וּדְמוּת ג
בְּקָרִים תַּחַת לוֹ סָבִיב ׀ סָבִיב סוֹבְבִים אֹתוֹ עֶשֶׂר בָּאַמָּה
מַקִּיפִים אֶת־הַיָּם סָבִיב שְׁנַיִם טוּרִים הַבָּקָר יְצוּקִים בְּמֻצַקְתּוֹ׃
עוֹמֵד עַל־שְׁנֵים עָשָׂר בָּקָר שְׁלֹשָׁה פֹנִים ׀ צָפוֹנָה וּשְׁלוֹשָׁה ד
פֹנִים ׀ יָמָּה וּשְׁלֹשָׁה ׀ פֹּנִים נֶגְבָּה וּשְׁלֹשָׁה פֹּנִים מִזְרָחָה וְהַיָּם
עֲלֵיהֶם מִלְמָעְלָה וְכָל־אֲחֹרֵיהֶם בָּיְתָה׃ וְעָבְיוֹ טֶפַח וּשְׂפָתוֹ ה
כְּמַעֲשֵׂה שְׂפַת־כּוֹס פֶּרַח שׁוֹשַׁנָּה מַחֲזִיק בַּתִּים שְׁלֹשֶׁת אֲלָפִים
יָכִיל׃ וַיַּעַשׂ כִּיּוֹרִים עֲשָׂרָה וַיִּתֵּן חֲמִשָּׁה מִיָּמִין ו
וַחֲמִשָּׁה מִשְּׂמֹאול לְרָחְצָה בָהֶם אֶת־מַעֲשֵׂה הָעוֹלָה יָדִיחוּ
בָם וְהַיָּם לְרָחְצָה לַכֹּהֲנִים בּוֹ׃ וַיַּעַשׂ אֶת־מְנֹרוֹת ז
הַזָּהָב עֶשֶׂר כְּמִשְׁפָּטָם וַיִּתֵּן בַּהֵיכָל חָמֵשׁ מִיָּמִין וְחָמֵשׁ
מִשְּׂמֹאול׃ וַיַּעַשׂ שֻׁלְחָנוֹת עֲשָׂרָה וַיַּנַּח בַּהֵיכָל חֲמִשָּׁה ח
מִיָּמִין וַחֲמִשָּׁה מִשְּׂמֹאול וַיַּעַשׂ מִזְרְקֵי זָהָב מֵאָה׃ וַיַּעַשׂ ט
חֲצַר הַכֹּהֲנִים וְהָעֲזָרָה הַגְּדוֹלָה וּדְלָתוֹת לָעֲזָרָה וְדַלְתוֹתֵיהֶם
צִפָּה נְחֹשֶׁת׃ וְאֶת־הַיָּם נָתַן מִכֶּתֶף הַיְמָנִית קֵדְמָה מִמּוּל י
נֶגְבָּה׃ וַיַּעַשׂ חוּרָם אֶת־הַסִּירוֹת וְאֶת־הַיָּעִים וְאֶת־ יא

הַמִּזְרָק֑וֹת וַיְכַ֣ל חירם לַעֲשׂוֹת֙ אֶת־הַמְּלָאכָ֔ה אֲשֶׁ֥ר עָשָׂ֛ה חוּרָ֑ם
יב לַמֶּ֥לֶךְ שְׁלֹמֹ֖ה בְּבֵ֥ית הָאֱלֹהִֽים׃ עַמּוּדִ֣ים שְׁנַ֔יִם וְהַגֻּלּ֧וֹת וְהַכֹּתָר֛וֹת
עַל־רֹ֥אשׁ הָעַמּוּדִ֖ים שְׁתָּ֑יִם וְהַשְּׂבָכ֣וֹת שְׁתַּ֔יִם לְכַסּ֗וֹת אֶת־
יג שְׁתֵּי֙ גֻּלּ֣וֹת הַכֹּתָר֔וֹת אֲשֶׁ֖ר עַל־רֹ֥אשׁ הָעַמּוּדִֽים׃ וְאֶת־הָרִמּוֹנִ֥ים
אַרְבַּ֛ע מֵא֖וֹת לִשְׁתֵּ֣י הַשְּׂבָכ֑וֹת שְׁנַ֨יִם טוּרִ֤ים רִמּוֹנִים֙ לַשְּׂבָכָ֣ה
הָאֶחָ֔ת לְכַסּ֗וֹת אֶת־שְׁתֵּי֙ גֻּלּ֣וֹת הַכֹּתָר֔וֹת אֲשֶׁ֖ר עַל־פְּנֵ֥י
יד הָעַמּוּדִֽים׃ וְאֶת־הַמְּכֹנ֖וֹת עָשָׂ֑ה וְאֶת־הַכִּיֹּר֣וֹת עָשָׂ֔ה עַל־
טו הַמְּכֹנֽוֹת׃ אֶת־הַיָּ֖ם אֶחָ֑ד וְאֶת־הַבָּקָ֥ר שְׁנֵים־עָשָׂ֖ר תַּחְתָּֽיו׃
טז וְאֶת־הַסִּיר֨וֹת וְאֶת־הַיָּעִ֤ים וְאֶת־הַמִּזְלָגוֹת֙ וְאֶת־כָּל־כְּלֵיהֶ֔ם
עָשָׂ֛ה חוּרָ֥ם אָבִ֛יו לַמֶּ֥לֶךְ שְׁלֹמֹ֖ה לְבֵ֣ית יְהוָ֑ה נְחֹ֖שֶׁת מָרֽוּק׃
יז בְּכִכַּ֤ר הַיַּרְדֵּן֙ יְצָקָ֣ם הַמֶּ֔לֶךְ בַּעֲבִ֖י הָאֲדָמָ֑ה בֵּ֥ין סֻכּ֖וֹת וּבֵ֥ין
יח צְרֵדָֽתָה׃ וַיַּ֣עַשׂ שְׁלֹמֹ֔ה כָּל־הַכֵּלִ֥ים הָאֵ֖לֶּה לָרֹ֣ב מְאֹ֑ד כִּ֛י
יט לֹ֥א נֶחְקַ֖ר מִשְׁקַ֥ל הַנְּחֹֽשֶׁת׃ וַיַּ֣עַשׂ שְׁלֹמֹ֔ה אֵ֚ת כָּל־
הַכֵּלִ֔ים אֲשֶׁ֖ר בֵּ֣ית הָאֱלֹהִ֑ים וְאֵת֙ מִזְבַּ֣ח הַזָּהָ֔ב וְאֶת־הַשֻּׁלְחָנ֕וֹת
כ וַעֲלֵיהֶ֖ם לֶ֥חֶם הַפָּנִֽים׃ וְאֶת־הַמְּנֹר֗וֹת וְנֵרֹתֵיהֶ֛ם לְבַעֲרָ֥ם
כא כַּמִּשְׁפָּ֛ט לִפְנֵ֥י הַדְּבִ֖יר זָהָ֥ב סָגֽוּר׃ וְהַפֶּ֧רַח וְהַנֵּר֛וֹת וְהַמֶּלְקַחַ֖יִם
כב זָהָ֑ב ה֖וּא מִכְל֥וֹת זָהָֽב׃ וְהַֽמְזַמְּר֧וֹת וְהַמִּזְרָק֛וֹת וְהַכַּפּ֥וֹת
וְהַמַּחְתּ֖וֹת זָהָ֣ב סָג֑וּר וּפֶ֨תַח הַבַּ֜יִת דַּלְתוֹתָ֣יו הַפְּנִימִיּ֗וֹת לְקֹ֙דֶשׁ
הַקֳּדָשִׁ֔ים וְדַלְתֵ֥י הַבַּ֛יִת לַֽהֵיכָ֖ל זָהָֽב׃
ה א וַתִּשְׁלַם֙ כָּל־הַמְּלָאכָ֔ה אֲשֶׁר־עָשָׂ֥ה שְׁלֹמֹ֖ה לְבֵ֣ית יְהוָ֑ה וַיָּבֵ֨א
שְׁלֹמֹ֜ה אֶת־קָדְשֵׁ֣י ׀ דָּוִ֣יד אָבִ֗יו וְאֶת־הַכֶּ֤סֶף וְאֶת־הַזָּהָב֙ וְאֶת־
ב כָּל־הַכֵּלִ֔ים נָתַ֕ן בְּאֹצְר֖וֹת בֵּ֥ית הָאֱלֹהִֽים׃ אָ֣ז יַקְהֵ֣יל
שְׁלֹמֹ֡ה אֶת־זִקְנֵ֣י יִשְׂרָאֵל֩ וְאֶת־כָּל־רָאשֵׁ֨י הַמַּטּ֜וֹת נְשִׂיאֵ֧י
הָאָב֛וֹת לִבְנֵ֥י יִשְׂרָאֵ֖ל אֶל־יְרוּשָׁלִָ֑ם לְהַעֲל֞וֹת אֶת־אֲר֧וֹן בְּרִית־
ג יְהוָ֖ה מֵעִ֥יר דָּוִ֖יד הִ֥יא צִיּֽוֹן׃ וַיִּקָּהֲל֣וּ אֶל־הַמֶּ֔לֶךְ כָּל־אִ֖ישׁ
ד יִשְׂרָאֵ֑ל בֶּחָ֖ג ה֥וּא הַחֹ֥דֶשׁ הַשְּׁבִעִֽי׃ וַיָּבֹ֕אוּ כֹּ֖ל זִקְנֵ֣י יִשְׂרָאֵ֑ל
ה וַיִּשְׂא֥וּ הַלְוִיִּ֖ם אֶת־הָאָרֽוֹן׃ וַיַּעֲל֤וּ אֶת־הָאָרוֹן֙ וְאֶת־אֹ֣הֶל מוֹעֵ֔ד

וְאֶת־כָּל־כְּלֵי הַקֹּדֶשׁ אֲשֶׁר בָּאֹהֶל הֶעֱלוּ אֹתָם הַכֹּהֲנִים
ו הַלְוִיִּם׃ וְהַמֶּלֶךְ שְׁלֹמֹה וְכָל־עֲדַת יִשְׂרָאֵל הַנּוֹעָדִים עָלָיו
לִפְנֵי הָאָרוֹן מְזַבְּחִים צֹאן וּבָקָר אֲשֶׁר לֹא־יִסָּפְרוּ וְלֹא
ז יִמָּנוּ מֵרֹב׃ וַיָּבִיאוּ הַכֹּהֲנִים אֶת־אֲרוֹן בְּרִית־יְהוָה אֶל־
מְקוֹמוֹ אֶל־דְּבִיר הַבַּיִת אֶל־קֹדֶשׁ הַקֳּדָשִׁים אֶל־תַּחַת כַּנְפֵי
ח הַכְּרוּבִים׃ וַיִּהְיוּ הַכְּרוּבִים פֹּרְשִׂים כְּנָפַיִם עַל־מְקוֹם הָאָרוֹן
ט וַיְכַסּוּ הַכְּרוּבִים עַל־הָאָרוֹן וְעַל־בַּדָּיו מִלְמָעְלָה׃ וַיַּאֲרִיכוּ
הַבַּדִּים וַיֵּרָאוּ רָאשֵׁי הַבַּדִּים מִן־הָאָרוֹן עַל־פְּנֵי הַדְּבִיר וְלֹא
י יֵרָאוּ הַחוּצָה וַיְהִי־שָׁם עַד הַיּוֹם הַזֶּה׃ אֵין בָּאָרוֹן רַק שְׁנֵי
הַלֻּחוֹת אֲשֶׁר־נָתַן מֹשֶׁה בְּחֹרֵב אֲשֶׁר כָּרַת יהוה עִם־בְּנֵי
יא יִשְׂרָאֵל בְּצֵאתָם מִמִּצְרָיִם׃ וַיְהִי בְּצֵאת הַכֹּהֲנִים מִן־
הַקֹּדֶשׁ כִּי כָּל־הַכֹּהֲנִים הַנִּמְצְאִים הִתְקַדָּשׁוּ אֵין לִשְׁמוֹר
יב לְמַחְלְקוֹת׃ וְהַלְוִיִּם הַמְשֹׁרְרִים לְכֻלָּם לְאָסָף לְהֵימָן לִידֻתוּן
וְלִבְנֵיהֶם וְלַאֲחֵיהֶם מְלֻבָּשִׁים בּוּץ בִּמְצִלְתַּיִם וּבִנְבָלִים
וּבְכִנֹּרוֹת עֹמְדִים מִזְרָח לַמִּזְבֵּחַ וְעִמָּהֶם כֹּהֲנִים לְמֵאָה וְעֶשְׂרִים
מחצררים בַּחֲצֹצְרוֹת׃ וַיְהִי כְאֶחָד למחצצרים וְלַמְשֹׁרְרִים יג (מַחְצְרִים)
לְהַשְׁמִיעַ קוֹל־אֶחָד לְהַלֵּל וּלְהֹדוֹת לַיהוה וּכְהָרִים קוֹל (לַמְחַצְּרִים)
בַּחֲצֹצְרוֹת וּבִמְצִלְתַּיִם וּבִכְלֵי הַשִּׁיר וּבְהַלֵּל לַיהוה כִּי טוֹב
יד כִּי לְעוֹלָם חַסְדּוֹ וְהַבַּיִת מָלֵא עָנָן בֵּית יהוה׃ וְלֹא־יָכְלוּ יג
הַכֹּהֲנִים לַעֲמוֹד לְשָׁרֵת מִפְּנֵי הֶעָנָן כִּי־מָלֵא כְבוֹד־יְהוָה אֶת־
ו א בֵּית הָאֱלֹהִים׃ אָז אָמַר שְׁלֹמֹה יהוה אָמַר לִשְׁכּוֹן
ב בָּעֲרָפֶל׃ וַאֲנִי בָּנִיתִי בֵית־זְבֻל לָךְ וּמָכוֹן לְשִׁבְתְּךָ עוֹלָמִים׃
ג וַיַּסֵּב הַמֶּלֶךְ אֶת־פָּנָיו וַיְבָרֶךְ אֵת כָּל־קְהַל יִשְׂרָאֵל וְכָל־קְהַל
ד יִשְׂרָאֵל עוֹמֵד׃ וַיֹּאמֶר בָּרוּךְ יהוה אֱלֹהֵי יִשְׂרָאֵל אֲשֶׁר דִּבֶּר
ה בְּפִיו אֵת דָּוִיד אָבִי וּבְיָדָיו מִלֵּא לֵאמֹר׃ מִן־הַיּוֹם אֲשֶׁר
הוֹצֵאתִי אֶת־עַמִּי מֵאֶרֶץ מִצְרַיִם לֹא־בָחַרְתִּי בְעִיר מִכֹּל
שִׁבְטֵי יִשְׂרָאֵל לִבְנוֹת בַּיִת לִהְיוֹת שְׁמִי שָׁם וְלֹא־בָחַרְתִּי

ו בָּאִ֔ישׁ לִֽהְי֥וֹת נָגִ֖יד עַל־עַמִּ֥י יִשְׂרָאֵֽל׃ וָֽאֶבְחַר֙ בִּיר֣וּשָׁלִַ֔ם לִֽהְי֥וֹת
ז שְׁמִ֖י שָׁ֑ם וָאֶבְחַ֣ר בְּדָוִ֔יד לִֽהְי֖וֹת עַל־עַמִּ֥י יִשְׂרָאֵֽל׃ וַיְהִ֕י עִם־
ח לְבַ֖ב דָּוִ֣יד אָבִ֑י לִבְנ֣וֹת בַּ֔יִת לְשֵׁ֖ם יְהֹוָ֥ה אֱלֹהֵ֥י יִשְׂרָאֵֽל׃ וַיֹּ֤אמֶר
יְהֹוָה֙ אֶל־דָּוִ֣יד אָבִ֔י יַ֚עַן אֲשֶׁ֣ר הָיָ֣ה עִם־לְבָֽבְךָ֔ לִבְנ֥וֹת בַּ֖יִת
ט לִשְׁמִ֑י הֱטִיב֔וֹתָ כִּ֥י הָיָ֖ה עִם־לְבָבֶֽךָ׃ רַ֣ק אַתָּ֔ה לֹ֥א תִבְנֶ֖ה
י הַבָּ֑יִת כִּ֤י בִנְךָ֙ הַיּוֹצֵ֣א מֵחֲלָצֶ֔יךָ הֽוּא־יִבְנֶ֥ה הַבַּ֖יִת לִשְׁמִֽי׃ וַיָּ֣קֶם
יְהֹוָ֔ה אֶת־דְּבָר֖וֹ אֲשֶׁ֣ר דִּבֵּ֑ר וָאָק֞וּם תַּ֣חַת דָּוִ֣יד אָבִ֗י וָאֵשֵׁ֣ב ׀
עַל־כִּסֵּ֣א יִשְׂרָאֵ֗ל כַּֽאֲשֶׁר֙ דִּבֶּ֣ר יְהֹוָ֔ה וָאֶבְנֶ֣ה הַבַּ֔יִת לְשֵׁ֥ם יְהֹוָ֖ה
יא אֱלֹהֵ֥י יִשְׂרָאֵֽל׃ וָאָשִׂ֥ים שָׁם֙ אֶת־הָ֣אָר֔וֹן אֲשֶׁר־שָׁ֖ם בְּרִ֣ית יְהֹוָ֑ה
יב אֲשֶׁ֥ר כָּרַ֖ת עִם־בְּנֵ֥י יִשְׂרָאֵֽל׃ וַֽיַּעֲמֹ֗ד לִפְנֵי֙ מִזְבַּ֣ח יְהֹוָ֔ה נֶ֖גֶד
יג כָּל־קְהַ֣ל יִשְׂרָאֵ֑ל וַיִּפְרֹ֖שׂ כַּפָּֽיו׃ כִּֽי־עָשָׂ֣ה שְׁלֹמֹ֡ה כִּיּ֣וֹר נְחֹשֶׁת֩
וַֽיִּתְּנֵ֜הוּ בְּת֣וֹךְ הָעֲזָרָ֗ה חָמֵ֨שׁ אַמּ֜וֹת אָרְכּ֗וֹ וְחָמֵ֤שׁ אַמּוֹת֙ רָחְבּ֔וֹ
וְאַמּ֥וֹת שָׁל֖וֹשׁ קוֹמָת֑וֹ וַיַּעֲמֹ֣ד עָלָ֗יו וַיִּבְרַ֤ךְ עַל־בִּרְכָּיו֙ נֶ֚גֶד כָּל־
יד קְהַ֣ל יִשְׂרָאֵ֔ל וַיִּפְרֹ֥שׂ כַּפָּ֖יו הַשָּׁמָֽיְמָה׃ וַיֹּאמַ֗ר יְהֹוָ֞ה אֱלֹהֵ֤י
יִשְׂרָאֵל֙ אֵין־כָּמ֣וֹךָ אֱלֹהִ֔ים בַּשָּׁמַ֖יִם וּבָאָ֑רֶץ שֹׁמֵ֤ר הַבְּרִית֙
טו וְהַחֶ֔סֶד לַעֲבָדֶ֔יךָ הַהֹלְכִ֥ים לְפָנֶ֖יךָ בְּכָל־לִבָּֽם׃ אֲשֶׁ֣ר שָׁמַ֗רְתָּ
לְעַבְדְּךָ֙ דָּוִ֣יד אָבִ֔י אֵ֥ת אֲשֶׁר־דִּבַּ֖רְתָּ ל֑וֹ וַתְּדַבֵּ֤ר בְּפִ֨יךָ֙ וּבְיָדְךָ֣
טז מִלֵּ֔אתָ כַּיּ֖וֹם הַזֶּֽה׃ וְעַתָּ֞ה יְהֹוָ֣ה ׀ אֱלֹהֵ֣י יִשְׂרָאֵ֗ל שְׁ֠מֹר לְעַבְדְּךָ֨
דָוִ֤יד אָבִי֙ אֵת֩ אֲשֶׁ֨ר דִּבַּ֤רְתָּ לּוֹ֙ לֵאמֹ֔ר לֹֽא־יִכָּרֵ֨ת לְךָ֥ אִ֛ישׁ
מִלְּפָנַ֖י יוֹשֵׁ֣ב עַל־כִּסֵּ֣א יִשְׂרָאֵ֑ל רַ֠ק אִם־יִשְׁמְר֨וּ בָנֶ֤יךָ אֶת־
יז דַּרְכָּם֙ לָלֶ֣כֶת בְּתֽוֹרָתִ֔י כַּאֲשֶׁ֥ר הָלַ֖כְתָּ לְפָנָֽי׃ וְעַתָּה֙ יְהֹוָ֖ה אֱלֹהֵ֣י
יח יִשְׂרָאֵ֑ל יֵאָמֵן֙ דְּבָ֣רְךָ֔ אֲשֶׁ֥ר דִּבַּ֖רְתָּ לְעַבְדְּךָ֥ לְדָוִֽיד׃ כִּ֚י הַֽאֻמְנָ֔ם
יֵשֵׁ֧ב אֱלֹהִ֛ים אֶת־הָאָדָ֖ם עַל־הָאָ֑רֶץ הִנֵּה֩ שָׁמַ֨יִם וּשְׁמֵ֤י הַשָּׁמַ֨יִם֙
יט לֹ֣א יְכַלְכְּל֔וּךָ אַ֕ף כִּֽי־הַבַּ֥יִת הַזֶּ֖ה אֲשֶׁ֥ר בָּנִֽיתִי׃ וּפָנִ֗יתָ אֶל־
תְּפִלַּ֥ת עַבְדְּךָ֛ וְאֶל־תְּחִנָּת֖וֹ יְהֹוָ֣ה אֱלֹהָ֑י לִשְׁמֹ֙עַ֙ אֶל־הָֽרִנָּה֙
כ וְאֶל־הַתְּפִלָּ֔ה אֲשֶׁ֥ר עַבְדְּךָ֖ מִתְפַּלֵּ֥ל לְפָנֶֽיךָ׃ לִֽהְי֨וֹת עֵינֶ֜יךָ
פְתֻח֗וֹת אֶל־הַבַּ֤יִת הַזֶּה֙ יוֹמָ֣ם וָלַ֔יְלָה אֶל־הַמָּק֕וֹם אֲשֶׁ֥ר

אֲמַרְתָּ לָשׂוּם שִׁמְךָ שָׁם לִשְׁמוֹעַ אֶל־הַתְּפִלָּה אֲשֶׁר יִתְפַּלֵּל
כא עַבְדְּךָ אֶל־הַמָּקוֹם הַזֶּה: וְשָׁמַעְתָּ אֶל־תַּחֲנוּנֵי עַבְדְּךָ וְעַמְּךָ
יִשְׂרָאֵל אֲשֶׁר יִתְפַּלְלוּ אֶל־הַמָּקוֹם הַזֶּה וְאַתָּה תִּשְׁמַע
כב מִמְּקוֹם שִׁבְתְּךָ מִן־הַשָּׁמַיִם וְשָׁמַעְתָּ וְסָלָחְתָּ: אִם־יֶחֱטָא
אִישׁ לְרֵעֵהוּ וְנָשָׁא־בוֹ אָלָה לְהַאֲלֹתוֹ וּבָא אָלָה לִפְנֵי מִזְבַּחֲךָ
כג בַּבַּיִת הַזֶּה: וְאַתָּה ׀ תִּשְׁמַע מִן־הַשָּׁמַיִם וְעָשִׂיתָ וְשָׁפַטְתָּ
אֶת־עֲבָדֶיךָ לְהָשִׁיב לְרָשָׁע לָתֵת דַּרְכּוֹ בְּרֹאשׁוֹ וּלְהַצְדִּיק
כד צַדִּיק לָתֶת לוֹ כְּצִדְקָתוֹ: וְאִם־יִנָּגֵף עַמְּךָ יִשְׂרָאֵל
לִפְנֵי אוֹיֵב כִּי יֶחֶטְאוּ־לָךְ וְשָׁבוּ וְהוֹדוּ אֶת־שְׁמֶךָ וְהִתְפַּלְלוּ
כה וְהִתְחַנְּנוּ לְפָנֶיךָ בַּבַּיִת הַזֶּה: וְאַתָּה תִּשְׁמַע מִן־הַשָּׁמַיִם
וְסָלַחְתָּ לְחַטַּאת עַמְּךָ יִשְׂרָאֵל וַהֲשֵׁיבוֹתָם אֶל־הָאֲדָמָה
כו אֲשֶׁר־נָתַתָּה לָהֶם וְלַאֲבֹתֵיהֶם: בְּהֵעָצֵר הַשָּׁמַיִם
וְלֹא־יִהְיֶה מָטָר כִּי יֶחֶטְאוּ־לָךְ וְהִתְפַּלְלוּ אֶל־הַמָּקוֹם הַזֶּה
כז וְהוֹדוּ אֶת־שְׁמֶךָ מֵחַטָּאתָם יְשׁוּבוּן כִּי תַעֲנֵם: וְאַתָּה ׀ תִּשְׁמַע
הַשָּׁמַיִם וְסָלַחְתָּ לְחַטַּאת עֲבָדֶיךָ וְעַמְּךָ יִשְׂרָאֵל כִּי תוֹרֵם
אֶל־הַדֶּרֶךְ הַטּוֹבָה אֲשֶׁר יֵלְכוּ־בָהּ וְנָתַתָּה מָטָר עַל־אַרְצְךָ
כח אֲשֶׁר־נָתַתָּה לְעַמְּךָ לְנַחֲלָה: רָעָב כִּי־יִהְיֶה בָאָרֶץ
דֶּבֶר כִּי־יִהְיֶה שִׁדָּפוֹן וְיֵרָקוֹן אַרְבֶּה וְחָסִיל כִּי יִהְיֶה כִּי יָצַר־
כט לוֹ אֹיְבָיו בְּאֶרֶץ שְׁעָרָיו כָּל־נֶגַע וְכָל־מַחֲלָה: כָּל־תְּפִלָּה
כָּל־תְּחִנָּה אֲשֶׁר יִהְיֶה לְכָל־הָאָדָם וּלְכֹל עַמְּךָ יִשְׂרָאֵל אֲשֶׁר
ל יֵדְעוּ אִישׁ נִגְעוֹ וּמַכְאֹבוֹ וּפָרַשׂ כַּפָּיו אֶל־הַבַּיִת הַזֶּה: וְאַתָּה
תִּשְׁמַע מִן־הַשָּׁמַיִם מְכוֹן שִׁבְתֶּךָ וְסָלַחְתָּ וְנָתַתָּה לָאִישׁ כְּכָל־
דְּרָכָיו אֲשֶׁר תֵּדַע אֶת־לְבָבוֹ כִּי־אַתָּה לְבַדְּךָ יָדַעְתָּ אֶת־
לא לְבַב בְּנֵי הָאָדָם: לְמַעַן יִירָאוּךָ לָלֶכֶת בִּדְרָכֶיךָ כָּל־
הַיָּמִים אֲשֶׁר־הֵם חַיִּים עַל־פְּנֵי הָאֲדָמָה אֲשֶׁר נָתַתָּה
לב לַאֲבֹתֵינוּ: וְגַם אֶל־הַנָּכְרִי אֲשֶׁר לֹא־מֵעַמְּךָ יִשְׂרָאֵל
הוּא וּבָא ׀ מֵאֶרֶץ רְחוֹקָה לְמַעַן שִׁמְךָ הַגָּדוֹל וְיָדְךָ הַחֲזָקָה

לג וּזְרוֹעֲךָ הַנְּטוּיָה וּבָאוּ וְהִתְפַּלְלוּ אֶל־הַבַּיִת הַזֶּה׃ וְאַתָּה תִּשְׁמַע
מִן־הַשָּׁמַיִם מִמְּכוֹן שִׁבְתֶּךָ וְעָשִׂיתָ כְּכֹל אֲשֶׁר־יִקְרָא אֵלֶיךָ
הַנָּכְרִי לְמַעַן יֵדְעוּ כָל־עַמֵּי הָאָרֶץ אֶת־שְׁמֶךָ וּלְיִרְאָה אֹתְךָ
כְּעַמְּךָ יִשְׂרָאֵל וְלָדַעַת כִּי־שִׁמְךָ נִקְרָא עַל־הַבַּיִת הַזֶּה אֲשֶׁר
לד בָּנִיתִי׃ כִּי־יֵצֵא עַמְּךָ לַמִּלְחָמָה עַל־אֹיְבָיו בַּדֶּרֶךְ
אֲשֶׁר תִּשְׁלָחֵם וְהִתְפַּלְלוּ אֵלֶיךָ דֶּרֶךְ הָעִיר הַזֹּאת אֲשֶׁר
לה בָּחַרְתָּ בָּהּ וְהַבַּיִת אֲשֶׁר־בָּנִיתִי לִשְׁמֶךָ׃ וְשָׁמַעְתָּ מִן־הַשָּׁמַיִם
לו אֶת־תְּפִלָּתָם וְאֶת־תְּחִנָּתָם וְעָשִׂיתָ מִשְׁפָּטָם׃ כִּי יֶחֶטְאוּ־לָךְ
כִּי אֵין אָדָם אֲשֶׁר לֹא־יֶחֱטָא וְאָנַפְתָּ בָם וּנְתַתָּם לִפְנֵי אוֹיֵב
לז וְשָׁבוּם שׁוֹבֵיהֶם אֶל־אֶרֶץ רְחוֹקָה אוֹ קְרוֹבָה׃ וְהֵשִׁיבוּ אֶל־
לְבָבָם בָּאָרֶץ אֲשֶׁר נִשְׁבּוּ־שָׁם וְשָׁבוּ ׀ וְהִתְחַנְּנוּ אֵלֶיךָ בְּאֶרֶץ
לח שִׁבְיָם לֵאמֹר חָטָאנוּ הֶעֱוִינוּ וְרָשָׁעְנוּ׃ וְשָׁבוּ אֵלֶיךָ בְּכָל־לִבָּם
וּבְכָל־נַפְשָׁם בְּאֶרֶץ שִׁבְיָם אֲשֶׁר־שָׁבוּ אֹתָם וְהִתְפַּלְלוּ דֶּרֶךְ
אַרְצָם אֲשֶׁר נָתַתָּה לַאֲבוֹתָם וְהָעִיר אֲשֶׁר בָּחַרְתָּ וְלַבַּיִת
לט אֲשֶׁר־בָּנִיתִי לִשְׁמֶךָ׃ וְשָׁמַעְתָּ מִן־הַשָּׁמַיִם מִמְּכוֹן שִׁבְתְּךָ
אֶת־תְּפִלָּתָם וְאֶת־תְּחִנֹּתֵיהֶם וְעָשִׂיתָ מִשְׁפָּטָם וְסָלַחְתָּ לְעַמְּךָ
מ אֲשֶׁר חָטְאוּ־לָךְ׃ עַתָּה אֱלֹהַי יִהְיוּ־נָא עֵינֶיךָ פְּתֻחוֹת וְאָזְנֶיךָ
מא קַשֻּׁבוֹת לִתְפִלַּת הַמָּקוֹם הַזֶּה׃ וְעַתָּה קוּמָה יְהוָה
אֱלֹהִים לְנוּחֶךָ אַתָּה וַאֲרוֹן עֻזֶּךָ כֹּהֲנֶיךָ יְהוָה אֱלֹהִים יִלְבְּשׁוּ
מב תְשׁוּעָה וַחֲסִידֶיךָ יִשְׂמְחוּ בַטּוֹב׃ יְהוָה אֱלֹהִים אַל־תָּשֵׁב
ז א פְּנֵי מְשִׁיחֶךָ זָכְרָה לְחַסְדֵי דָּוִיד עַבְדֶּךָ׃ וּכְכַלּוֹת
שְׁלֹמֹה לְהִתְפַּלֵּל וְהָאֵשׁ יָרְדָה מֵהַשָּׁמַיִם וַתֹּאכַל הָעֹלָה
ב וְהַזְּבָחִים וּכְבוֹד יְהוָה מָלֵא אֶת־הַבָּיִת׃ וְלֹא יָכְלוּ הַכֹּהֲנִים
לָבוֹא אֶל־בֵּית יְהוָה כִּי־מָלֵא כְבוֹד־יְהוָה אֶת־בֵּית יְהוָה׃
ג וְכֹל ׀ בְּנֵי יִשְׂרָאֵל רֹאִים בְּרֶדֶת הָאֵשׁ וּכְבוֹד יְהוָה עַל־הַבָּיִת
וַיִּכְרְעוּ אַפַּיִם אַרְצָה עַל־הָרִצְפָּה וַיִּשְׁתַּחֲווּ וְהוֹדוֹת לַיהוָה
ד כִּי טוֹב כִּי לְעוֹלָם חַסְדּוֹ׃ וְהַמֶּלֶךְ וְכָל־הָעָם זֹבְחִים זֶבַח

לִפְנֵי יהוה: וַיִּזְבַּח הַמֶּלֶךְ שְׁלֹמֹה אֶת־זֶבַח הַבָּקָר ה
עֶשְׂרִים וּשְׁנַיִם אֶלֶף וְצֹאן מֵאָה וְעֶשְׂרִים אָלֶף וַיַּחְנְכוּ אֶת־
בֵּית הָאֱלֹהִים הַמֶּלֶךְ וְכָל־הָעָם: וְהַכֹּהֲנִים עַל־מִשְׁמְרוֹתָם ו
עֹמְדִים וְהַלְוִיִּם בִּכְלֵי־שִׁיר יהוה אֲשֶׁר עָשָׂה דָּוִיד הַמֶּלֶךְ
לְהֹדוֹת לַיהוה כִּי־לְעוֹלָם חַסְדּוֹ בְּהַלֵּל דָּוִיד בְּיָדָם וְהַכֹּהֲנִים
מַחְצְרִים מחצצרים נֶגְדָּם וְכָל־יִשְׂרָאֵל עֹמְדִים: וַיְקַדֵּשׁ שְׁלֹמֹה ז
אֶת־תּוֹךְ הֶחָצֵר אֲשֶׁר לִפְנֵי בֵית־יהוה כִּי־עָשָׂה שָׁם הָעֹלוֹת
וְאֵת חֶלְבֵי הַשְּׁלָמִים כִּי־מִזְבַּח הַנְּחֹשֶׁת אֲשֶׁר־עָשָׂה שְׁלֹמֹה
לֹא יָכוֹל לְהָכִיל אֶת־הָעֹלָה וְאֶת־הַמִּנְחָה וְאֶת־הַחֲלָבִים:
וַיַּעַשׂ שְׁלֹמֹה אֶת־הֶחָג בָּעֵת הַהִיא שִׁבְעַת יָמִים וְכָל־יִשְׂרָאֵל ח
עִמּוֹ קָהָל גָּדוֹל מְאֹד מִלְּבוֹא חֲמָת עַד־נַחַל מִצְרָיִם: וַיַּעֲשׂוּ ט
בַּיּוֹם הַשְּׁמִינִי עֲצָרֶת כִּי ׀ חֲנֻכַּת הַמִּזְבֵּחַ עָשׂוּ שִׁבְעַת יָמִים
וְהֶחָג שִׁבְעַת יָמִים: וּבְיוֹם עֶשְׂרִים וּשְׁלֹשָׁה לַחֹדֶשׁ הַשְּׁבִיעִי י
שִׁלַּח אֶת־הָעָם לְאָהֳלֵיהֶם שְׂמֵחִים וְטוֹבֵי לֵב עַל־הַטּוֹבָה
יד אֲשֶׁר עָשָׂה יהוה לְדָוִיד וְלִשְׁלֹמֹה וּלְיִשְׂרָאֵל עַמּוֹ: וַיְכַל יא
שְׁלֹמֹה אֶת־בֵּית יהוה וְאֶת־בֵּית הַמֶּלֶךְ וְאֵת כָּל־הַבָּא עַל־לֵב
שְׁלֹמֹה לַעֲשׂוֹת בְּבֵית־יהוה וּבְבֵיתוֹ הִצְלִיחַ: וַיֵּרָא יב
יהוה אֶל־שְׁלֹמֹה בַּלָּיְלָה וַיֹּאמֶר לוֹ שָׁמַעְתִּי אֶת־תְּפִלָּתֶךָ
וּבָחַרְתִּי בַּמָּקוֹם הַזֶּה לִי לְבֵית זָבַח: הֵן אֶעֱצֹר הַשָּׁמַיִם וְלֹא־ יג
יִהְיֶה מָטָר וְהֵן־אֲצַוֶּה עַל־חָגָב לֶאֱכוֹל הָאָרֶץ וְאִם־אֲשַׁלַּח
דֶּבֶר בְּעַמִּי: וְיִכָּנְעוּ עַמִּי אֲשֶׁר נִקְרָא־שְׁמִי עֲלֵיהֶם וְיִתְפַּלְלוּ יד
וִיבַקְשׁוּ פָנַי וְיָשֻׁבוּ מִדַּרְכֵיהֶם הָרָעִים וַאֲנִי אֶשְׁמַע מִן־הַשָּׁמַיִם
וְאֶסְלַח לְחַטָּאתָם וְאֶרְפָּא אֶת־אַרְצָם: עַתָּה עֵינַי יִהְיוּ פְתֻחוֹת טו
וְאָזְנַי קַשֻּׁבוֹת לִתְפִלַּת הַמָּקוֹם הַזֶּה: וְעַתָּה בָּחַרְתִּי וְהִקְדַּשְׁתִּי טז
אֶת־הַבַּיִת הַזֶּה לִהְיוֹת־שְׁמִי שָׁם עַד־עוֹלָם וְהָיוּ עֵינַי וְלִבִּי
שָׁם כָּל־הַיָּמִים: וְאַתָּה אִם־תֵּלֵךְ לְפָנַי כַּאֲשֶׁר הָלַךְ דָּוִיד יז
אָבִיךָ וְלַעֲשׂוֹת כְּכֹל אֲשֶׁר צִוִּיתִיךָ וְחֻקַּי וּמִשְׁפָּטַי תִּשְׁמוֹר:

יח וַהֲקִימוֹתִי אֵת כִּסֵּא מַלְכוּתֶךָ כַּאֲשֶׁר כָּרַתִּי לְדָוִיד אָבִיךָ לֵאמֹר
יט לֹא־יִכָּרֵת לְךָ אִישׁ מוֹשֵׁל בְּיִשְׂרָאֵל׃ וְאִם־תְּשׁוּבוּן אַתֶּם
וַעֲזַבְתֶּם חֻקּוֹתַי וּמִצְוֺתַי אֲשֶׁר נָתַתִּי לִפְנֵיכֶם וַהֲלַכְתֶּם וַעֲבַדְתֶּם
כ אֱלֹהִים אֲחֵרִים וְהִשְׁתַּחֲוִיתֶם לָהֶם׃ וּנְתַשְׁתִּים מֵעַל אַדְמָתִי
אֲשֶׁר־נָתַתִּי לָהֶם וְאֶת־הַבַּיִת הַזֶּה אֲשֶׁר הִקְדַּשְׁתִּי לִשְׁמִי
אַשְׁלִיךְ מֵעַל פָּנָי וְאֶתְּנֶנּוּ לְמָשָׁל וְלִשְׁנִינָה בְּכָל־הָעַמִּים׃
כא וְהַבַּיִת הַזֶּה אֲשֶׁר הָיָה עֶלְיוֹן לְכָל־עֹבֵר עָלָיו יִשֹּׁם וְאָמַר
כב בַּמֶּה עָשָׂה יְהוָה כָּכָה לָאָרֶץ הַזֹּאת וְלַבַּיִת הַזֶּה׃ וְאָמְרוּ
עַל אֲשֶׁר עָזְבוּ אֶת־יְהוָה ׀ אֱלֹהֵי אֲבֹתֵיהֶם אֲשֶׁר הוֹצִיאָם
מֵאֶרֶץ מִצְרַיִם וַיַּחֲזִיקוּ בֵּאלֹהִים אֲחֵרִים וַיִּשְׁתַּחֲווּ לָהֶם
וַיַּעַבְדוּם עַל־כֵּן הֵבִיא עֲלֵיהֶם אֵת כָּל־הָרָעָה הַזֹּאת׃
ח א וַיְהִי מִקֵּץ ׀ עֶשְׂרִים שָׁנָה אֲשֶׁר בָּנָה שְׁלֹמֹה אֶת־בֵּית יְהוָה
ב וְאֶת־בֵּיתוֹ׃ וְהֶעָרִים אֲשֶׁר נָתַן חוּרָם לִשְׁלֹמֹה בָּנָה שְׁלֹמֹה
ג אֹתָם וַיּוֹשֶׁב שָׁם אֶת־בְּנֵי יִשְׂרָאֵל׃ וַיֵּלֶךְ שְׁלֹמֹה חֲמָת צוֹבָה
ד וַיֶּחֱזַק עָלֶיהָ׃ וַיִּבֶן אֶת־תַּדְמֹר בַּמִּדְבָּר וְאֵת כָּל־עָרֵי הַמִּסְכְּנוֹת
ה אֲשֶׁר בָּנָה בַּחֲמָת׃ וַיִּבֶן אֶת־בֵּית חוֹרוֹן הָעֶלְיוֹן וְאֶת־בֵּית
ו חוֹרוֹן הַתַּחְתּוֹן עָרֵי מָצוֹר חוֹמוֹת דְּלָתַיִם וּבְרִיחַ׃ וְאֶת־בַּעֲלָת
וְאֵת כָּל־עָרֵי הַמִּסְכְּנוֹת אֲשֶׁר־הָיוּ לִשְׁלֹמֹה וְאֵת כָּל־עָרֵי
הָרֶכֶב וְאֵת עָרֵי הַפָּרָשִׁים וְאֵת ׀ כָּל־חֵשֶׁק שְׁלֹמֹה אֲשֶׁר חָשַׁק
ז לִבְנוֹת בִּירוּשָׁלִַם וּבַלְּבָנוֹן וּבְכֹל אֶרֶץ מֶמְשַׁלְתּוֹ׃ כָּל־הָעָם
הַנּוֹתָר מִן־הַחִתִּי וְהָאֱמֹרִי וְהַפְּרִזִּי וְהַחִוִּי וְהַיְבוּסִי אֲשֶׁר לֹא
ח מִיִּשְׂרָאֵל הֵמָּה׃ מִן־בְּנֵיהֶם אֲשֶׁר נוֹתְרוּ אַחֲרֵיהֶם בָּאָרֶץ אֲשֶׁר
ט לֹא־כִלּוּם בְּנֵי יִשְׂרָאֵל וַיַּעֲלֵם שְׁלֹמֹה לְמַס עַד הַיּוֹם הַזֶּה׃ וּמִן־
בְּנֵי יִשְׂרָאֵל אֲשֶׁר לֹא־נָתַן שְׁלֹמֹה לַעֲבָדִים לִמְלַאכְתּוֹ כִּי־הֵמָּה
י אַנְשֵׁי מִלְחָמָה וְשָׂרֵי שָׁלִישָׁיו וְשָׂרֵי רִכְבּוֹ וּפָרָשָׁיו׃ וְאֵלֶּה שָׂרֵי
הנציבים אֲשֶׁר־לַמֶּלֶךְ שְׁלֹמֹה חֲמִשִּׁים וּמָאתַיִם הָרֹדִים בָּעָם׃ הַנְּצִיבִים
יא וְאֶת־בַּת־פַּרְעֹה הֶעֱלָה שְׁלֹמֹה מֵעִיר דָּוִיד לַבַּיִת אֲשֶׁר בָּנָה־

לָהּ כִּי אָמַר לֹא־תֵשֵׁב אִשָּׁה לִי בְּבֵית דָּוִיד מֶלֶךְ־יִשְׂרָאֵל כִּי־
קֹדֶשׁ הֵמָּה אֲשֶׁר־בָּאָה אֲלֵיהֶם אֲרוֹן יְהוָה׃
יב אָז הֶעֱלָה שְׁלֹמֹה עֹלוֹת לַיְהוָה עַל מִזְבַּח יְהוָה אֲשֶׁר בָּנָה
יג לִפְנֵי הָאוּלָם׃ וּבִדְבַר־יוֹם בְּיוֹם לְהַעֲלוֹת כְּמִצְוַת מֹשֶׁה
לַשַּׁבָּתוֹת וְלֶחֳדָשִׁים וְלַמּוֹעֲדוֹת שָׁלוֹשׁ פְּעָמִים בַּשָּׁנָה בְּחַג
יד הַמַּצּוֹת וּבְחַג הַשָּׁבֻעוֹת וּבְחַג הַסֻּכּוֹת׃ וַיַּעֲמֵד כְּמִשְׁפַּט דָּוִיד־
אָבִיו אֶת־מַחְלְקוֹת הַכֹּהֲנִים עַל־עֲבֹדָתָם וְהַלְוִיִּם עַל־
מִשְׁמְרוֹתָם לְהַלֵּל וּלְשָׁרֵת נֶגֶד הַכֹּהֲנִים לִדְבַר־יוֹם בְּיוֹמוֹ
וְהַשּׁוֹעֲרִים בְּמַחְלְקוֹתָם לְשַׁעַר וָשָׁעַר כִּי כֵן מִצְוַת דָּוִיד אִישׁ־
טו הָאֱלֹהִים׃ וְלֹא סָרוּ מִצְוַת הַמֶּלֶךְ עַל־הַכֹּהֲנִים וְהַלְוִיִּם לְכָל־
טז דָּבָר וְלָאֹצָרוֹת׃ וַתִּכֹּן כָּל־מְלֶאכֶת שְׁלֹמֹה עַד־הַיּוֹם מוּסַד
יז בֵּית־יְהוָה וְעַד־כְּלֹתוֹ שָׁלֵם בֵּית יְהוָה׃ אָז הָלַךְ
שְׁלֹמֹה לְעֶצְיוֹן־גֶּבֶר וְאֶל־אֵילוֹת עַל־שְׂפַת הַיָּם בְּאֶרֶץ אֱדוֹם׃
יח וַיִּשְׁלַח־לוֹ חוּרָם בְּיַד־עֲבָדָיו אוניות וַעֲבָדִים יוֹדְעֵי יָם וַיָּבֹאוּ [אֳנִיּוֹת]
עִם־עַבְדֵי שְׁלֹמֹה אוֹפִירָה וַיִּקְחוּ מִשָּׁם אַרְבַּע־מֵאוֹת וַחֲמִשִּׁים
ט א כִּכַּר זָהָב וַיָּבִיאוּ אֶל־הַמֶּלֶךְ שְׁלֹמֹה׃ וּמַלְכַּת־שְׁבָא
שָׁמְעָה אֶת־שֵׁמַע שְׁלֹמֹה וַתָּבוֹא לְנַסּוֹת אֶת־שְׁלֹמֹה בְחִידוֹת
בִּירוּשָׁלִַם בְּחַיִל כָּבֵד מְאֹד וּגְמַלִּים נֹשְׂאִים בְּשָׂמִים וְזָהָב
לָרֹב וְאֶבֶן יְקָרָה וַתָּבוֹא אֶל־שְׁלֹמֹה וַתְּדַבֵּר עִמּוֹ אֵת כָּל־
ב אֲשֶׁר הָיָה עִם־לְבָבָהּ׃ וַיַּגֶּד־לָהּ שְׁלֹמֹה אֶת־כָּל־דְּבָרֶיהָ וְלֹא־
ג נֶעְלַם דָּבָר מִשְּׁלֹמֹה אֲשֶׁר לֹא הִגִּיד לָהּ׃ וַתֵּרֶא מַלְכַּת־שְׁבָא
ד אֵת חָכְמַת שְׁלֹמֹה וְהַבַּיִת אֲשֶׁר בָּנָה׃ וּמַאֲכַל שֻׁלְחָנוֹ וּמוֹשַׁב
עֲבָדָיו וּמַעֲמַד מְשָׁרְתָיו וּמַלְבּוּשֵׁיהֶם וּמַשְׁקָיו וּמַלְבּוּשֵׁיהֶם
ה וַעֲלִיָּתוֹ אֲשֶׁר יַעֲלֶה בֵּית יְהוָה וְלֹא־הָיָה עוֹד בָּהּ רוּחַ׃ וַתֹּאמֶר
אֶל־הַמֶּלֶךְ אֱמֶת הַדָּבָר אֲשֶׁר שָׁמַעְתִּי בְּאַרְצִי עַל־דְּבָרֶיךָ
ו וְעַל־חָכְמָתֶךָ׃ וְלֹא־הֶאֱמַנְתִּי לְדִבְרֵיהֶם עַד אֲשֶׁר־בָּאתִי
וַתִּרְאֶינָה עֵינַי וְהִנֵּה לֹא הֻגַּד־לִי חֲצִי מַרְבִּית חָכְמָתֶךָ יָסַפְתָּ

ז עַל־הַשְּׁמוּעָה אֲשֶׁר שָׁמָעְתִּי: אַשְׁרֵי אֲנָשֶׁיךָ וְאַשְׁרֵי עֲבָדֶיךָ
ח אֵלֶּה הָעֹמְדִים לְפָנֶיךָ תָּמִיד וְשֹׁמְעִים אֶת־חָכְמָתֶךָ: יְהִי יְהוָה
אֱלֹהֶיךָ בָּרוּךְ אֲשֶׁר חָפֵץ בְּךָ לְתִתְּךָ עַל־כִּסְאוֹ לְמֶלֶךְ לַיהוָה
אֱלֹהֶיךָ בְּאַהֲבַת אֱלֹהֶיךָ אֶת־יִשְׂרָאֵל לְהַעֲמִידוֹ לְעוֹלָם וַיִּתֶּנְךָ
ט עֲלֵיהֶם לְמֶלֶךְ לַעֲשׂוֹת מִשְׁפָּט וּצְדָקָה: וַתִּתֵּן לַמֶּלֶךְ מֵאָה
וְעֶשְׂרִים ׀ כִּכַּר זָהָב וּבְשָׂמִים לָרֹב מְאֹד וְאֶבֶן יְקָרָה וְלֹא הָיָה
י כַּבֹּשֶׂם הַהוּא אֲשֶׁר נָתְנָה מַלְכַּת־שְׁבָא לַמֶּלֶךְ שְׁלֹמֹה: וְגַם
עַבְדֵי חירם וְעַבְדֵי שְׁלֹמֹה אֲשֶׁר־הֵבִיאוּ זָהָב מֵאוֹפִיר הֵבִיאוּ חוּרָם
יא עֲצֵי אַלְגּוּמִּים וְאֶבֶן יְקָרָה: וַיַּעַשׂ הַמֶּלֶךְ אֶת־עֲצֵי הָאַלְגּוּמִּים
מְסִלּוֹת לְבֵית־יְהוָה וּלְבֵית הַמֶּלֶךְ וְכִנֹּרוֹת וּנְבָלִים לַשָּׁרִים וְלֹא־
יב נִרְאוּ כָהֵם לְפָנִים בְּאֶרֶץ יְהוּדָה: וְהַמֶּלֶךְ שְׁלֹמֹה נָתַן לְמַלְכַּת־
שְׁבָא אֶת־כָּל־חֶפְצָהּ אֲשֶׁר שָׁאָלָה מִלְּבַד אֲשֶׁר־הֵבִיאָה אֶל־
יג הַמֶּלֶךְ וַתַּהֲפֹךְ וַתֵּלֶךְ לְאַרְצָהּ הִיא וַעֲבָדֶיהָ: וַיְהִי מִשְׁקַל
הַזָּהָב אֲשֶׁר־בָּא לִשְׁלֹמֹה בְּשָׁנָה אֶחָת שֵׁשׁ מֵאוֹת וְשִׁשִּׁים
יד וָשֵׁשׁ כִּכְּרֵי זָהָב: לְבַד מֵאַנְשֵׁי הַתָּרִים וְהַסֹּחֲרִים מְבִיאִים
וְכָל־מַלְכֵי עֲרַב וּפַחוֹת הָאָרֶץ מְבִיאִים זָהָב וָכֶסֶף לִשְׁלֹמֹה:
טו וַיַּעַשׂ הַמֶּלֶךְ שְׁלֹמֹה מָאתַיִם צִנָּה זָהָב שָׁחוּט שֵׁשׁ מֵאוֹת זָהָב
טז שָׁחוּט יַעֲלֶה עַל־הַצִּנָּה הָאֶחָת: וּשְׁלֹשׁ־מֵאוֹת מָגִנִּים זָהָב
שָׁחוּט שְׁלֹשׁ מֵאוֹת זָהָב יַעֲלֶה עַל־הַמָּגֵן הָאֶחָת וַיִּתְּנֵם הַמֶּלֶךְ
יז בְּבֵית יַעַר הַלְּבָנוֹן: וַיַּעַשׂ הַמֶּלֶךְ כִּסֵּא־שֵׁן גָּדוֹל
יח וַיְצַפֵּהוּ זָהָב טָהוֹר: וְשֵׁשׁ מַעֲלוֹת לַכִּסֵּא וְכֶבֶשׁ בַּזָּהָב לַכִּסֵּא
מָאֳחָזִים וְיָדוֹת מִזֶּה וּמִזֶּה עַל־מְקוֹם הַשָּׁבֶת וּשְׁנַיִם אֲרָיוֹת
יט עֹמְדִים אֵצֶל הַיָּדוֹת: וּשְׁנֵים עָשָׂר אֲרָיוֹת עֹמְדִים שָׁם עַל־
כ שֵׁשׁ הַמַּעֲלוֹת מִזֶּה וּמִזֶּה לֹא־נַעֲשָׂה כֵן לְכָל־מַמְלָכָה: וְכֹל
כְּלֵי מַשְׁקֵה הַמֶּלֶךְ שְׁלֹמֹה זָהָב וְכֹל כְּלֵי בֵית־יַעַר הַלְּבָנוֹן
כא זָהָב סָגוּר אֵין כֶּסֶף נֶחְשָׁב בִּימֵי שְׁלֹמֹה לִמְאוּמָה: כִּי־אֳנִיּוֹת
לַמֶּלֶךְ הֹלְכוֹת תַּרְשִׁישׁ עִם עַבְדֵי חוּרָם אַחַת לְשָׁלוֹשׁ שָׁנִים

תָּבוֹאנָה | אֳנִיּוֹת תַּרְשִׁישׁ נֹשְׂאוֹת זָהָב וָכֶסֶף שֶׁנְהַבִּים וְקוֹפִים
וְתוּכִּיִּים׃ וַיִּגְדַּל הַמֶּלֶךְ שְׁלֹמֹה מִכֹּל מַלְכֵי הָאָרֶץ לְעֹשֶׁר כב
וְחָכְמָה׃ וְכֹל מַלְכֵי הָאָרֶץ מְבַקְשִׁים אֶת־פְּנֵי שְׁלֹמֹה לִשְׁמוֹעַ כג
טו אֶת־חָכְמָתוֹ אֲשֶׁר־נָתַן הָאֱלֹהִים בְּלִבּוֹ׃ וְהֵם מְבִיאִים אִישׁ כד
מִנְחָתוֹ כְּלֵי כֶסֶף וּכְלֵי זָהָב וּשְׂלָמוֹת נֵשֶׁק וּבְשָׂמִים סוּסִים
וּפְרָדִים דְּבַר־שָׁנָה בְּשָׁנָה׃ וַיְהִי לִשְׁלֹמֹה אַרְבַּעַת כה
אֲלָפִים אֻרְיוֹת סוּסִים וּמַרְכָּבוֹת וּשְׁנֵים־עָשָׂר אֶלֶף פָּרָשִׁים
וַיַּנִּיחֵם בְּעָרֵי הָרֶכֶב וְעִם־הַמֶּלֶךְ בִּירוּשָׁלִָם׃ וַיְהִי מוֹשֵׁל בְּכָל־ כו
הַמְּלָכִים מִן־הַנָּהָר וְעַד־אֶרֶץ פְּלִשְׁתִּים וְעַד גְּבוּל מִצְרָיִם׃
וַיִּתֵּן הַמֶּלֶךְ אֶת־הַכֶּסֶף בִּירוּשָׁלִַם כָּאֲבָנִים וְאֵת הָאֲרָזִים נָתַן כז
כַּשִּׁקְמִים אֲשֶׁר־בַּשְּׁפֵלָה לָרֹב׃ וּמוֹצִיאִים סוּסִים מִמִּצְרַיִם כח
לִשְׁלֹמֹה וּמִכָּל־הָאֲרָצוֹת׃ וּשְׁאָר דִּבְרֵי שְׁלֹמֹה הָרִאשֹׁנִים כט
וְהָאַחֲרוֹנִים הֲלֹא־הֵם כְּתוּבִים עַל־דִּבְרֵי נָתָן הַנָּבִיא וְעַל־
יֶעְדּוֹ נְבוּאַת אֲחִיָּה הַשִּׁילוֹנִי וּבַחֲזוֹת יעדי הַחֹזֶה עַל־יָרָבְעָם בֶּן־נְבָט׃
וַיִּמְלֹךְ שְׁלֹמֹה בִירוּשָׁלִַם עַל־כָּל־יִשְׂרָאֵל אַרְבָּעִים שָׁנָה׃ וַיִּשְׁכַּב ל לא
שְׁלֹמֹה עִם־אֲבֹתָיו וַיִּקְבְּרֻהוּ בְּעִיר דָּוִיד אָבִיו וַיִּמְלֹךְ רְחַבְעָם
בְּנוֹ תַּחְתָּיו׃ וַיֵּלֶךְ רְחַבְעָם שְׁכֶמָה כִּי שְׁכֶם בָּאוּ י א
כָל־יִשְׂרָאֵל לְהַמְלִיךְ אֹתוֹ׃ וַיְהִי כִּשְׁמֹעַ יָרָבְעָם בֶּן־נְבָט ב
וְהוּא בְמִצְרַיִם אֲשֶׁר בָּרַח מִפְּנֵי שְׁלֹמֹה הַמֶּלֶךְ וַיָּשָׁב יָרָבְעָם
מִמִּצְרָיִם׃ וַיִּשְׁלְחוּ וַיִּקְרְאוּ־לוֹ וַיָּבֹא יָרָבְעָם וְכָל־יִשְׂרָאֵל ג
וַיְדַבְּרוּ אֶל־רְחַבְעָם לֵאמֹר׃ אָבִיךָ הִקְשָׁה אֶת־עֻלֵּנוּ וְעַתָּה ד
הָקֵל מֵעֲבוֹדַת אָבִיךָ הַקָּשָׁה וּמֵעֻלּוֹ הַכָּבֵד אֲשֶׁר־נָתַן עָלֵינוּ
וְנַעַבְדֶךָּ׃ וַיֹּאמֶר אֲלֵהֶם עוֹד שְׁלֹשֶׁת יָמִים וְשׁוּבוּ אֵלָי וַיֵּלֶךְ ה
הָעָם׃ וַיִּוָּעַץ הַמֶּלֶךְ רְחַבְעָם אֶת־הַזְּקֵנִים אֲשֶׁר־הָיוּ ו
עֹמְדִים לִפְנֵי שְׁלֹמֹה אָבִיו בִּהְיֹתוֹ חַי לֵאמֹר אֵיךְ אַתֶּם נוֹעָצִים
לְהָשִׁיב לָעָם־הַזֶּה דָבָר׃ וַיְדַבְּרוּ אֵלָיו לֵאמֹר אִם־תִּהְיֶה ז
לְטוֹב לְהָעָם הַזֶּה וּרְצִיתָם וְדִבַּרְתָּ אֲלֵהֶם דְּבָרִים טוֹבִים

ח וְהָי֥וּ לְךָ֛ עֲבָדִ֖ים כָּל־הַיָּמִֽים׃ וַֽיַּעֲזֹ֛ב אֶת־עֲצַ֥ת הַזְּקֵנִ֖ים אֲשֶׁ֣ר
יְעָצֻ֑הוּ וַיִּוָּעַ֗ץ אֶת־הַיְלָדִים֙ אֲשֶׁ֣ר גָּדְל֣וּ אִתּ֔וֹ הָעֹמְדִ֖ים לְפָנָֽיו׃
ט וַיֹּ֣אמֶר אֲלֵהֶ֗ם מָ֤ה אַתֶּם֙ נֽוֹעָצִ֔ים וְנָשִׁ֥יב דָּבָ֖ר אֶת־הָעָ֣ם הַזֶּ֑ה
אֲשֶׁ֨ר דִּבְּר֤וּ אֵלַי֙ לֵאמֹ֔ר הָקֵל֙ מִן־הָעֹ֔ל אֲשֶׁר־נָתַ֥ן אָבִ֖יךָ
י עָלֵֽינוּ׃ וַֽיְדַבְּר֣וּ אִתּ֗וֹ הַיְלָדִים֙ אֲשֶׁ֣ר גָּדְל֣וּ אִתּוֹ֮ לֵאמֹר֒ כֹּֽה
תֹאמַ֣ר לָעָם֩ אֲשֶׁר־דִּבְּר֨וּ אֵלֶ֜יךָ לֵאמֹ֗ר אָבִ֙יךָ֙ הִכְבִּ֣יד אֶת־
עֻלֵּ֔נוּ וְאַתָּ֖ה הָקֵ֣ל מֵעָלֵ֑ינוּ כֹּ֚ה תֹּאמַ֣ר אֲלֵהֶ֔ם קָטָנִּ֥י עָבָ֖ה מִמָּתְנֵ֥י
יא אָבִֽי׃ וְעַתָּ֗ה אָבִי֙ הֶעְמִ֤יס עֲלֵיכֶם֙ עֹ֣ל כָּבֵ֔ד וַאֲנִ֖י אֹסִ֣יף עַל־עֻלְּכֶ֑ם
יב אָבִ֞י יִסַּ֤ר אֶתְכֶם֙ בַּשּׁוֹטִ֔ים וַאֲנִ֖י בָּֽעַקְרַבִּֽים׃ וַיָּבֹ֨א
יָרָבְעָ֧ם וְכָל־הָעָ֛ם אֶל־רְחַבְעָ֖ם בַּיּ֣וֹם הַשְּׁלִשִׁ֑י כַּאֲשֶׁ֨ר דִּבֶּ֤ר
יג הַמֶּ֙לֶךְ֙ לֵאמֹ֔ר שׁ֥וּבוּ אֵלַ֖י בַּיּ֥וֹם הַשְּׁלִשִֽׁי׃ וַיַּעֲנֵ֥ם הַמֶּ֖לֶךְ קָשָׁ֑ה
יד וַֽיַּעֲזֹב֙ הַמֶּ֣לֶךְ רְחַבְעָ֔ם אֵ֖ת עֲצַ֥ת הַזְּקֵנִֽים׃ וַיְדַבֵּ֨ר אֲלֵהֶ֜ם כַּעֲצַ֤ת
הַיְלָדִים֙ לֵאמֹ֔ר אַכְבִּיד֙ אֶת־עֻלְּכֶ֔ם וַאֲנִ֖י אֹסִ֣יף עָלָ֑יו אָבִ֗י
טו יִסַּ֤ר אֶתְכֶם֙ בַּשּׁוֹטִ֔ים וַאֲנִ֖י בָּעַקְרַבִּֽים׃ וְלֹֽא־שָׁמַ֥ע הַמֶּ֖לֶךְ אֶל־
הָעָ֑ם כִּֽי־הָיְתָ֤ה נְסִבָּה֙ מֵעִ֣ם הָֽאֱלֹהִ֔ים לְמַ֩עַן֩ הָקִ֨ים יְהוָ֜ה אֶת־
דְּבָר֗וֹ אֲשֶׁ֤ר דִּבֶּר֙ בְּיַ֣ד אֲחִיָּ֣הוּ הַשִּׁלוֹנִ֔י אֶל־יָרָבְעָ֖ם בֶּן־נְבָֽט׃
טז וְכָל־יִשְׂרָאֵ֗ל כִּ֠י לֹא־שָׁמַ֣ע הַמֶּלֶךְ֮ לָהֶם֒ וַיָּשִׁ֣יבוּ הָעָ֣ם ׀
אֶת־הַמֶּ֣לֶךְ ׀ לֵאמֹ֡ר מַה־לָּ֨נוּ חֵ֜לֶק בְּדָוִ֗יד וְלֹֽא־נַחֲלָ֤ה בְּבֶן־
יִשַׁי֙ אִ֣ישׁ לְאֹהָלֶ֙יךָ֙ יִשְׂרָאֵ֔ל עַתָּ֕ה רְאֵ֥ה בֵיתְךָ֖ דָּוִ֑יד וַיֵּ֥לֶךְ
יז כָּל־יִשְׂרָאֵ֖ל לְאֹהָלָֽיו׃ וּבְנֵ֣י יִשְׂרָאֵ֔ל הַיֹּשְׁבִ֖ים בְּעָרֵ֣י
יח יְהוּדָ֑ה וַיִּמְלֹ֥ךְ עֲלֵיהֶ֖ם רְחַבְעָֽם׃ וַיִּשְׁלַ֞ח הַמֶּ֣לֶךְ רְחַבְעָ֗ם
אֶת־הֲדֹרָם֙ אֲשֶׁ֣ר עַל־הַמַּ֔ס וַיִּרְגְּמוּ־ב֧וֹ בְנֵֽי־יִשְׂרָאֵ֛ל אֶ֖בֶן
וַיָּמֹ֑ת וְהַמֶּ֣לֶךְ רְחַבְעָ֗ם הִתְאַמֵּץ֙ לַעֲל֣וֹת בַּמֶּרְכָּבָ֔ה לָנ֖וּס
יט יְרוּשָׁלָֽם׃ וַיִּפְשְׁע֤וּ יִשְׂרָאֵל֙ בְּבֵ֣ית דָּוִ֔יד עַ֖ד הַיּ֥וֹם
יא א הַזֶּֽה׃ וַיָּבֹ֤א רְחַבְעָם֙ יְר֣וּשָׁלִַ֔ם וַיַּקְהֵל֩ אֶת־בֵּ֨ית יְהוּדָ֜ה
וּבִנְיָמִ֗ן מֵאָ֨ה וּשְׁמוֹנִ֥ים אֶ֛לֶף בָּח֖וּר עֹשֵׂ֣ה מִלְחָמָ֑ה לְהִלָּחֵם֙
ב עִם־יִשְׂרָאֵ֔ל לְהָשִׁ֥יב אֶת־הַמַּמְלָכָ֖ה לִרְחַבְעָֽם׃ וַיְהִי֙

דְּבַר־יְהֹוָה אֶל־שְׁמַעְיָהוּ אִישׁ־הָאֱלֹהִים לֵאמֹר: אֱמֹר אֶל־ ג
רְחַבְעָם בֶּן־שְׁלֹמֹה מֶלֶךְ יְהוּדָה וְאֶל כָּל־יִשְׂרָאֵל בִּיהוּדָה
וּבִנְיָמִן לֵאמֹר: כֹּה אָמַר יְהֹוָה לֹא־תַעֲלוּ וְלֹא־תִלָּחֲמוּ עִם־ ד
אֲחֵיכֶם שׁוּבוּ אִישׁ לְבֵיתוֹ כִּי מֵאִתִּי נִהְיָה הַדָּבָר הַזֶּה וַיִּשְׁמְעוּ
אֶת־דִּבְרֵי יְהֹוָה וַיָּשֻׁבוּ מִלֶּכֶת אֶל־יָרָבְעָם: וַיֵּשֶׁב ה
רְחַבְעָם בִּירוּשָׁלָםִ וַיִּבֶן עָרִים לְמָצוֹר בִּיהוּדָה: וַיִּבֶן אֶת־ ו
בֵּית־לֶחֶם וְאֶת־עֵיטָם וְאֶת־תְּקוֹעַ: וְאֶת־בֵּית־צוּר וְאֶת־ ז
שׂוֹכוֹ וְאֶת־עֲדֻלָּם: וְאֶת־גַּת וְאֶת־מָרֵשָׁה וְאֶת־זִיף: וְאֶת־ ח ט
אֲדוֹרַיִם וְאֶת־לָכִישׁ וְאֶת־עֲזֵקָה: וְאֶת־צָרְעָה וְאֶת־אַיָּלוֹן י
וְאֶת־חֶבְרוֹן אֲשֶׁר בִּיהוּדָה וּבְבִנְיָמִן עָרֵי מְצֻרוֹת: וַיְחַזֵּק אֶת־ יא
הַמְּצֻרוֹת וַיִּתֵּן בָּהֶם נְגִידִים וְאֹצְרוֹת מַאֲכָל וְשֶׁמֶן וָיָיִן:
וּבְכָל־עִיר וָעִיר צִנּוֹת וּרְמָחִים וַיְחַזְּקֵם לְהַרְבֵּה מְאֹד וַיְהִי־ יב
לוֹ יְהוּדָה וּבִנְיָמִן: וְהַכֹּהֲנִים וְהַלְוִיִּם אֲשֶׁר בְּכָל־ יג
יִשְׂרָאֵל הִתְיַצְּבוּ עָלָיו מִכָּל־גְּבוּלָם: כִּי־עָזְבוּ הַלְוִיִּם אֶת־ יד
מִגְרְשֵׁיהֶם וַאֲחֻזָּתָם וַיֵּלְכוּ לִיהוּדָה וְלִירוּשָׁלִָם כִּי־הִזְנִיחָם
יָרָבְעָם וּבָנָיו מִכַּהֵן לַיהֹוָה: וַיַּעֲמֶד־לוֹ כֹּהֲנִים לַבָּמוֹת טו
וְלַשְּׂעִירִים וְלָעֲגָלִים אֲשֶׁר עָשָׂה: וְאַחֲרֵיהֶם מִכֹּל שִׁבְטֵי טז
יִשְׂרָאֵל הַנֹּתְנִים אֶת־לְבָבָם לְבַקֵּשׁ אֶת־יְהֹוָה אֱלֹהֵי יִשְׂרָאֵל
בָּאוּ יְרוּשָׁלַםִ לִזְבּוֹחַ לַיהֹוָה אֱלֹהֵי אֲבוֹתֵיהֶם: וַיְחַזְּקוּ אֶת־ יז
מַלְכוּת יְהוּדָה וַיְאַמְּצוּ אֶת־רְחַבְעָם בֶּן־שְׁלֹמֹה לְשָׁנִים שָׁלוֹשׁ
כִּי הָלְכוּ בְּדֶרֶךְ דָּוִיד וּשְׁלֹמֹה לְשָׁנִים שָׁלוֹשׁ: וַיִּקַּח־ יח
בַּת־ לוֹ רְחַבְעָם אִשָּׁה אֶת־מָחֲלַת בן־יְרִימוֹת בֶּן־דָּוִיד אֲבִיהַיִל
בַּת־אֱלִיאָב בֶּן־יִשָׁי: וַתֵּלֶד לוֹ בָּנִים אֶת־יְעוּשׁ וְאֶת־שְׁמַרְיָה יט
וְאֶת־זָהַם: וְאַחֲרֶיהָ לָקַח אֶת־מַעֲכָה בַּת־אַבְשָׁלוֹם וַתֵּלֶד לוֹ כ
אֶת־אֲבִיָּה וְאֶת־עַתַּי וְאֶת־זִיזָא וְאֶת־שְׁלֹמִית: וַיֶּאֱהַב רְחַבְעָם כא
אֶת־מַעֲכָה בַת־אַבְשָׁלוֹם מִכָּל־נָשָׁיו וּפִילַגְשָׁיו כִּי נָשִׁים
שְׁמוֹנֶה־עֶשְׂרֵה נָשָׂא וּפִילַגְשִׁים שִׁשִּׁים וַיּוֹלֶד עֶשְׂרִים וּשְׁמוֹנֶה

כב בָּנִים וְשִׁשִּׁים בָּנוֹת׃ וַיַּעֲמֵד לָרֹאשׁ רְחַבְעָם אֶת־אֲבִיָּה בֶן־
כג מַעֲכָה לְנָגִיד בְּאֶחָיו כִּי לְהַמְלִיכוֹ׃ וַיָּבֶן וַיִּפְרֹץ מִכָּל־בָּנָיו
לְכָל־אַרְצוֹת יְהוּדָה וּבִנְיָמִן לְכֹל עָרֵי הַמְּצֻרוֹת וַיִּתֵּן לָהֶם
יב א הַמָּזוֹן לָרֹב וַיִּשְׁאַל הֲמוֹן נָשִׁים׃ וַיְהִי כְּהָכִין מַלְכוּת רְחַבְעָם
ב וּכְחֶזְקָתוֹ עָזַב אֶת־תּוֹרַת יְהוָה וְכָל־יִשְׂרָאֵל עִמּוֹ׃ וַיְהִי
בַּשָּׁנָה הַחֲמִישִׁית לַמֶּלֶךְ רְחַבְעָם עָלָה שִׁישַׁק מֶלֶךְ־מִצְרַיִם
ג עַל־יְרוּשָׁלִַם כִּי מָעֲלוּ בַּיהוָה׃ בְּאֶלֶף וּמָאתַיִם רֶכֶב וּבְשִׁשִּׁים
אֶלֶף פָּרָשִׁים וְאֵין מִסְפָּר לָעָם אֲשֶׁר־בָּאוּ עִמּוֹ מִמִּצְרַיִם
ד לוּבִים סֻכִּיִּים וְכוּשִׁים׃ וַיִּלְכֹּד אֶת־עָרֵי הַמְּצֻרוֹת אֲשֶׁר
ה לִיהוּדָה וַיָּבֹא עַד־יְרוּשָׁלִָם׃ וּשְׁמַעְיָה הַנָּבִיא בָּא
אֶל־רְחַבְעָם וְשָׂרֵי יְהוּדָה אֲשֶׁר־נֶאֶסְפוּ עַל־יְרוּשָׁלִָם מִפְּנֵי
שִׁישָׁק וַיֹּאמֶר לָהֶם כֹּה־אָמַר יְהוָה אַתֶּם עֲזַבְתֶּם אֹתִי וְאַף־
ו אֲנִי עָזַבְתִּי אֶתְכֶם בְּיַד־שִׁישָׁק׃ וַיִּכָּנְעוּ שָׂרֵי־יִשְׂרָאֵל וְהַמֶּלֶךְ
ז וַיֹּאמְרוּ צַדִּיק ׀ יְהוָה׃ וּבִרְאוֹת יְהוָה כִּי נִכְנָעוּ הָיָה דְבַר־
יְהוָה אֶל־שְׁמַעְיָה ׀ לֵאמֹר נִכְנְעוּ לֹא אַשְׁחִיתֵם וְנָתַתִּי לָהֶם
כִּמְעַט לִפְלֵיטָה וְלֹא־תִתַּךְ חֲמָתִי בִּירוּשָׁלִַם בְּיַד־שִׁישָׁק׃
ח כִּי יִהְיוּ־לוֹ לַעֲבָדִים וְיֵדְעוּ עֲבוֹדָתִי וַעֲבוֹדַת מַמְלְכוֹת
ט הָאֲרָצוֹת׃ וַיַּעַל שִׁישַׁק מֶלֶךְ־מִצְרַיִם עַל־יְרוּשָׁלִַם
וַיִּקַּח אֶת־אֹצְרוֹת בֵּית־יְהוָה וְאֶת־אֹצְרוֹת בֵּית הַמֶּלֶךְ אֶת־
י הַכֹּל לָקָח וַיִּקַּח אֶת־מָגִנֵּי הַזָּהָב אֲשֶׁר עָשָׂה שְׁלֹמֹה׃ וַיַּעַשׂ
הַמֶּלֶךְ רְחַבְעָם תַּחְתֵּיהֶם מָגִנֵּי נְחֹשֶׁת וְהִפְקִיד עַל־יַד שָׂרֵי
יא הָרָצִים הַשֹּׁמְרִים פֶּתַח בֵּית הַמֶּלֶךְ׃ וַיְהִי מִדֵּי־בוֹא הַמֶּלֶךְ
בֵּית יְהוָה בָּאוּ הָרָצִים וּנְשָׂאוּם וֶהֱשִׁבוּם אֶל־תָּא הָרָצִים׃
יב וּבְהִכָּנְעוֹ שָׁב מִמֶּנּוּ אַף־יְהוָה וְלֹא לְהַשְׁחִית לְכָלָה וְגַם טז
יג בִּיהוּדָה הָיָה דְּבָרִים טוֹבִים׃ וַיִּתְחַזֵּק הַמֶּלֶךְ רְחַבְעָם
בִּירוּשָׁלִַם וַיִּמְלֹךְ כִּי בֶן־אַרְבָּעִים וְאַחַת שָׁנָה רְחַבְעָם בְּמָלְכוֹ
וּשְׁבַע עֶשְׂרֵה שָׁנָה ׀ מָלַךְ בִּירוּשָׁלִַם הָעִיר אֲשֶׁר־בָּחַר יְהוָה

לָשׂוּם אֶת־שְׁמוֹ שָׁם מִכֹּל שִׁבְטֵי יִשְׂרָאֵל וְשֵׁם אִמּוֹ נַעֲמָה
יד הָעַמֹּנִית׃ וַיַּעַשׂ הָרָע כִּי לֹא הֵכִין לִבּוֹ לִדְרוֹשׁ אֶת־
טו יְהוָה׃ וְדִבְרֵי רְחַבְעָם הָרִאשֹׁנִים וְהָאַחֲרוֹנִים הֲלֹא־
הֵם כְּתוּבִים בְּדִבְרֵי שְׁמַעְיָה הַנָּבִיא וְעִדּוֹ הַחֹזֶה לְהִתְיַחֵשׂ
טז וּמִלְחֲמוֹת רְחַבְעָם וְיָרָבְעָם כָּל־הַיָּמִים׃ וַיִּשְׁכַּב רְחַבְעָם עִם־
יג א אֲבֹתָיו וַיִּקָּבֵר בְּעִיר דָּוִיד וַיִּמְלֹךְ אֲבִיָּה בְנוֹ תַּחְתָּיו׃ בִּשְׁנַת
ב שְׁמוֹנֶה עֶשְׂרֵה לַמֶּלֶךְ יָרָבְעָם וַיִּמְלֹךְ אֲבִיָּה עַל־יְהוּדָה׃ שָׁלוֹשׁ
שָׁנִים מָלַךְ בִּירוּשָׁלִַם וְשֵׁם אִמּוֹ מִיכָיָהוּ בַת־אוּרִיאֵל מִן־
ג גִּבְעָה וּמִלְחָמָה הָיְתָה בֵּין אֲבִיָּה וּבֵין יָרָבְעָם׃ וַיֶּאְסֹר אֲבִיָּה
אֶת־הַמִּלְחָמָה בְּחַיִל גִּבּוֹרֵי מִלְחָמָה אַרְבַּע־מֵאוֹת אֶלֶף
אִישׁ בָּחוּר וְיָרָבְעָם עָרַךְ עִמּוֹ מִלְחָמָה בִּשְׁמוֹנֶה
ד מֵאוֹת אֶלֶף אִישׁ בָּחוּר גִּבּוֹר חָיִל׃ וַיָּקָם אֲבִיָּה
מֵעַל לְהַר צְמָרַיִם אֲשֶׁר בְּהַר אֶפְרָיִם וַיֹּאמֶר שְׁמָעוּנִי יָרָבְעָם
ה וְכָל־יִשְׂרָאֵל׃ הֲלֹא לָכֶם לָדַעַת כִּי יְהוָה ׀ אֱלֹהֵי יִשְׂרָאֵל
נָתַן מַמְלָכָה לְדָוִיד עַל־יִשְׂרָאֵל לְעוֹלָם לוֹ וּלְבָנָיו בְּרִית
ו מֶלַח׃ וַיָּקָם יָרָבְעָם בֶּן־נְבָט עֶבֶד שְׁלֹמֹה בֶן־דָּוִיד וַיִּמְרֹד עַל־
ז אֲדֹנָיו׃ וַיִּקָּבְצוּ עָלָיו אֲנָשִׁים רֵקִים בְּנֵי בְלִיַּעַל וַיִּתְאַמְּצוּ עַל־
רְחַבְעָם בֶּן־שְׁלֹמֹה וּרְחַבְעָם הָיָה נַעַר וְרַךְ־לֵבָב וְלֹא הִתְחַזַּק
ח לִפְנֵיהֶם׃ וְעַתָּה ׀ אַתֶּם אֹמְרִים לְהִתְחַזֵּק לִפְנֵי מַמְלֶכֶת יְהוָה
בְּיַד בְּנֵי דָוִיד וְאַתֶּם הָמוֹן רָב וְעִמָּכֶם עֶגְלֵי זָהָב אֲשֶׁר עָשָׂה
ט לָכֶם יָרָבְעָם לֵאלֹהִים׃ הֲלֹא הִדַּחְתֶּם אֶת־כֹּהֲנֵי יְהוָה אֶת־
בְּנֵי אַהֲרֹן וְהַלְוִיִּם וַתַּעֲשׂוּ לָכֶם כֹּהֲנִים כְּעַמֵּי הָאֲרָצוֹת כָּל־
הַבָּא לְמַלֵּא יָדוֹ בְּפַר בֶּן־בָּקָר וְאֵילִם שִׁבְעָה וְהָיָה כֹהֵן לְלֹא
י אֱלֹהִים׃ וַאֲנַחְנוּ יְהוָה אֱלֹהֵינוּ וְלֹא עֲזַבְנֻהוּ וְכֹהֲנִים מְשָׁרְתִים
יא לַיהוָה בְּנֵי אַהֲרֹן וְהַלְוִיִּם בַּמְלָאכֶת׃ וּמַקְטִרִים לַיהוָה עֹלוֹת
בַּבֹּקֶר־בַּבֹּקֶר וּבָעֶרֶב־בָּעֶרֶב וּקְטֹרֶת־סַמִּים וּמַעֲרֶכֶת לֶחֶם
עַל־הַשֻּׁלְחָן הַטָּהוֹר וּמְנוֹרַת הַזָּהָב וְנֵרֹתֶיהָ לְבָעֵר בָּעֶרֶב

בָּעֶרֶב כִּי־שֹׁמְרִים אֲנַחְנוּ אֶת־מִשְׁמֶרֶת יהוה אֱלֹהֵינוּ וְאַתֶּם
יב עֲזַבְתֶּם אֹתוֹ׃ וְהִנֵּה עִמָּנוּ בָרֹאשׁ הָאֱלֹהִים ׀ וְכֹהֲנָיו וַחֲצֹצְרוֹת
הַתְּרוּעָה לְהָרִיעַ עֲלֵיכֶם בְּנֵי יִשְׂרָאֵל אַל־תִּלָּחֲמוּ עִם־יהוה
יג אֱלֹהֵי־אֲבֹתֵיכֶם כִּי־לֹא תַצְלִיחוּ׃ וְיָרָבְעָם הֵסֵב אֶת־הַמַּאְרָב
לָבוֹא מֵאַחֲרֵיהֶם וַיִּהְיוּ לִפְנֵי יְהוּדָה וְהַמַּאְרָב מֵאַחֲרֵיהֶם׃
יד וַיִּפְנוּ יְהוּדָה וְהִנֵּה לָהֶם הַמִּלְחָמָה פָּנִים וְאָחוֹר וַיִּצְעֲקוּ לַיהוה
טו וְהַכֹּהֲנִים מחצצרים בַּחֲצֹצְרוֹת׃ וַיָּרִיעוּ אִישׁ יְהוּדָה וַיְהִי מַחְצְרִים
בְּהָרִיעַ אִישׁ יְהוּדָה וְהָאֱלֹהִים נָגַף אֶת־יָרָבְעָם וְכָל־יִשְׂרָאֵל
טז לִפְנֵי אֲבִיָּה וִיהוּדָה׃ וַיָּנוּסוּ בְנֵי־יִשְׂרָאֵל מִפְּנֵי יְהוּדָה וַיִּתְּנֵם
יז אֱלֹהִים בְּיָדָם׃ וַיַּכּוּ בָהֶם אֲבִיָּה וְעַמּוֹ מַכָּה רַבָּה וַיִּפְּלוּ חֲלָלִים
יח מִיִּשְׂרָאֵל חֲמֵשׁ־מֵאוֹת אֶלֶף אִישׁ בָּחוּר׃ וַיִּכָּנְעוּ בְנֵי־יִשְׂרָאֵל
בָּעֵת הַהִיא וַיֶּאֶמְצוּ בְּנֵי יְהוּדָה כִּי נִשְׁעֲנוּ עַל־יהוה אֱלֹהֵי
יט אֲבוֹתֵיהֶם׃ וַיִּרְדֹּף אֲבִיָּה אַחֲרֵי יָרָבְעָם וַיִּלְכֹּד מִמֶּנּוּ עָרִים
אֶת־בֵּית־אֵל וְאֶת־בְּנוֹתֶיהָ וְאֶת־יְשָׁנָה וְאֶת־בְּנוֹתֶיהָ וְאֶת־
כ עפרון וּבְנֹתֶיהָ׃ וְלֹא־עָצַר כֹּחַ יָרָבְעָם עוֹד בִּימֵי אֲבִיָּהוּ עֶפְרָיִן
כא וַיִּגְּפֵהוּ יהוה וַיָּמֹת׃ וַיִּתְחַזֵּק אֲבִיָּהוּ וַיִּשָּׂא־לוֹ נָשִׁים
אַרְבַּע עֶשְׂרֵה וַיּוֹלֶד עֶשְׂרִים וּשְׁנַיִם בָּנִים וְשֵׁשׁ עֶשְׂרֵה
כב בָּנוֹת׃ וְיֶתֶר דִּבְרֵי אֲבִיָּה וּדְרָכָיו וּדְבָרָיו כְּתוּבִים בְּמִדְרַשׁ
כג הַנָּבִיא עִדּוֹ׃ וַיִּשְׁכַּב אֲבִיָּה עִם־אֲבֹתָיו וַיִּקְבְּרוּ אֹתוֹ בְּעִיר
דָּוִיד וַיִּמְלֹךְ אָסָא בְנוֹ תַּחְתָּיו בְּיָמָיו שָׁקְטָה הָאָרֶץ עֶשֶׂר
יד א שָׁנִים׃ וַיַּעַשׂ אָסָא הַטּוֹב וְהַיָּשָׁר בְּעֵינֵי יהוה אֱלֹהָיו׃
ב וַיָּסַר אֶת־מִזְבְּחוֹת הַנֵּכָר וְהַבָּמוֹת וַיְשַׁבֵּר אֶת־הַמַּצֵּבוֹת
ג וַיְגַדַּע אֶת־הָאֲשֵׁרִים׃ וַיֹּאמֶר לִיהוּדָה לִדְרוֹשׁ אֶת־יהוה
ד אֱלֹהֵי אֲבוֹתֵיהֶם וְלַעֲשׂוֹת הַתּוֹרָה וְהַמִּצְוָה׃ וַיָּסַר מִכָּל־עָרֵי
יְהוּדָה אֶת־הַבָּמוֹת וְאֶת־הַחַמָּנִים וַתִּשְׁקֹט הַמַּמְלָכָה לְפָנָיו׃
ה וַיִּבֶן עָרֵי מְצוּרָה בִּיהוּדָה כִּי־שָׁקְטָה הָאָרֶץ וְאֵין־עִמּוֹ מִלְחָמָה
ו בַּשָּׁנִים הָאֵלֶּה כִּי־הֵנִיחַ יהוה לוֹ׃ וַיֹּאמֶר לִיהוּדָה נִבְנֶה ׀

אֶת־הֶעָרִים הָאֵלֶּה וְנָסֵב חוֹמָה וּמִגְדָּלִים דְּלָתַיִם וּבְרִיחִים
עוֹדֶנּוּ הָאָרֶץ לְפָנֵינוּ כִּי דָרַשְׁנוּ אֶת־יְהוָה אֱלֹהֵינוּ דָּרַשְׁנוּ
וַיָּנַח לָנוּ מִסָּבִיב וַיִּבְנוּ וַיַּצְלִיחוּ׃ וַיְהִי לְאָסָא חַיִל ז
נֹשֵׂא צִנָּה וָרֹמַח מִיהוּדָה שְׁלֹשׁ מֵאוֹת אֶלֶף וּמִבִּנְיָמִן נֹשְׂאֵי
מָגֵן וְדֹרְכֵי קֶשֶׁת מָאתַיִם וּשְׁמוֹנִים אָלֶף כָּל־אֵלֶּה גִּבּוֹרֵי
חָיִל׃ וַיֵּצֵא אֲלֵיהֶם זֶרַח הַכּוּשִׁי בְּחַיִל אֶלֶף אֲלָפִים וּמַרְכָּבוֹת ח
שְׁלֹשׁ מֵאוֹת וַיָּבֹא עַד־מָרֵשָׁה׃ וַיֵּצֵא אָסָא לְפָנָיו וַיַּעַרְכוּ ט
מִלְחָמָה בְּגֵיא צְפָתָה לְמָרֵשָׁה׃ וַיִּקְרָא אָסָא אֶל־יְהוָה אֱלֹהָיו י
וַיֹּאמַר יְהוָה אֵין־עִמְּךָ לַעְזוֹר בֵּין רַב לְאֵין כֹּחַ עָזְרֵנוּ יְהוָה
אֱלֹהֵינוּ כִּי־עָלֶיךָ נִשְׁעַנּוּ וּבְשִׁמְךָ בָאנוּ עַל־הֶהָמוֹן הַזֶּה יְהוָה
אֱלֹהֵינוּ אַתָּה אַל־יַעְצֹר עִמְּךָ אֱנוֹשׁ׃ וַיִּגֹּף יְהוָה יא
אֶת־הַכּוּשִׁים לִפְנֵי אָסָא וְלִפְנֵי יְהוּדָה וַיָּנֻסוּ הַכּוּשִׁים׃ וַיִּרְדְּפֵם יב
אָסָא וְהָעָם אֲשֶׁר־עִמּוֹ עַד־לִגְרָר וַיִּפֹּל מִכּוּשִׁים לְאֵין־לָהֶם
מִחְיָה כִּי־נִשְׁבְּרוּ לִפְנֵי־יְהוָה וְלִפְנֵי מַחֲנֵהוּ וַיִּשְׂאוּ שָׁלָל הַרְבֵּה
מְאֹד׃ וַיַּכּוּ אֵת כָּל־הֶעָרִים סְבִיבוֹת גְּרָר כִּי־הָיָה פַחַד־ יג
יְהוָה עֲלֵיהֶם וַיָּבֹזּוּ אֶת־כָּל־הֶעָרִים כִּי־בִזָּה רַבָּה הָיְתָה
בָהֶם׃ וְגַם־אָהֳלֵי מִקְנֶה הִכּוּ וַיִּשְׁבּוּ צֹאן לָרֹב וּגְמַלִּים וַיָּשֻׁבוּ יד
יְרוּשָׁלִָם׃ וַעֲזַרְיָהוּ בֶּן־עוֹדֵד הָיְתָה עָלָיו רוּחַ אֱלֹהִים׃ א טו
וַיֵּצֵא לִפְנֵי אָסָא וַיֹּאמֶר לוֹ שְׁמָעוּנִי אָסָא וְכָל־יְהוּדָה וּבִנְיָמִן ב
יְהוָה עִמָּכֶם בִּהְיוֹתְכֶם עִמּוֹ וְאִם־תִּדְרְשֻׁהוּ יִמָּצֵא לָכֶם
וְאִם־תַּעַזְבֻהוּ יַעֲזֹב אֶתְכֶם׃ וְיָמִים רַבִּים לְיִשְׂרָאֵל ג
לְלֹא ׀ אֱלֹהֵי אֱמֶת וּלְלֹא כֹּהֵן מוֹרֶה וּלְלֹא תוֹרָה׃ וַיָּשָׁב ד
בַּצַּר־לוֹ עַל־יְהוָה אֱלֹהֵי יִשְׂרָאֵל וַיְבַקְשֻׁהוּ וַיִּמָּצֵא לָהֶם׃
וּבָעִתִּים הָהֵם אֵין שָׁלוֹם לַיּוֹצֵא וְלַבָּא כִּי מְהוּמֹת רַבּוֹת עַל ה
כָּל־יוֹשְׁבֵי הָאֲרָצוֹת׃ וְכֻתְּתוּ גוֹי־בְּגוֹי וְעִיר בְּעִיר כִּי־אֱלֹהִים ו
הֲמָמָם בְּכָל־צָרָה׃ וְאַתֶּם חִזְקוּ וְאַל־יִרְפּוּ יְדֵיכֶם כִּי יֵשׁ שָׂכָר ז
לִפְעֻלַּתְכֶם׃ וְכִשְׁמֹעַ אָסָא הַדְּבָרִים הָאֵלֶּה וְהַנְּבוּאָה ח

עֹדֵד הַנָּבִיא הִתְחַזַּק וַיַּעֲבֵר הַשִּׁקּוּצִים מִכָּל־אֶרֶץ יְהוּדָה
וּבִנְיָמִן וּמִן־הֶעָרִים אֲשֶׁר לָכַד מֵהַר אֶפְרָיִם וַיְחַדֵּשׁ אֶת־מִזְבַּח
ט יְהוָה אֲשֶׁר לִפְנֵי אוּלָם יְהוָה׃ וַיִּקְבֹּץ אֶת־כָּל־יְהוּדָה וּבִנְיָמִן
וְהַגָּרִים עִמָּהֶם מֵאֶפְרַיִם וּמְנַשֶּׁה וּמִשִּׁמְעוֹן כִּי־נָפְלוּ עָלָיו
י מִיִּשְׂרָאֵל לָרֹב בִּרְאֹתָם כִּי־יְהוָה אֱלֹהָיו עִמּוֹ׃ וַיִּקָּבְצוּ
יְרוּשָׁלִַם בַּחֹדֶשׁ הַשְּׁלִישִׁי לִשְׁנַת חֲמֵשׁ־עֶשְׂרֵה לְמַלְכוּת אָסָא׃
יא וַיִּזְבְּחוּ לַיהוָה בַּיּוֹם הַהוּא מִן־הַשָּׁלָל הֵבִיאוּ בָּקָר שְׁבַע מֵאוֹת
יב וְצֹאן שִׁבְעַת אֲלָפִים׃ וַיָּבֹאוּ בַבְּרִית לִדְרוֹשׁ אֶת־יְהוָה אֱלֹהֵי
יג אֲבוֹתֵיהֶם בְּכָל־לְבָבָם וּבְכָל־נַפְשָׁם׃ וְכֹל אֲשֶׁר לֹא־יִדְרֹשׁ
לַיהוָה אֱלֹהֵי־יִשְׂרָאֵל יוּמָת לְמִן־קָטֹן וְעַד־גָּדוֹל לְמֵאִישׁ
יד וְעַד־אִשָּׁה׃ וַיִּשָּׁבְעוּ לַיהוָה בְּקוֹל גָּדוֹל וּבִתְרוּעָה וּבַחֲצֹצְרוֹת
טו וּבְשׁוֹפָרוֹת׃ וַיִּשְׂמְחוּ כָל־יְהוּדָה עַל־הַשְּׁבוּעָה כִּי בְכָל־לְבָבָם יז
נִשְׁבָּעוּ וּבְכָל־רְצוֹנָם בִּקְשֻׁהוּ וַיִּמָּצֵא לָהֶם וַיָּנַח יְהוָה לָהֶם
טז מִסָּבִיב׃ וְגַם־מַעֲכָה אֵם ׀ אָסָא הַמֶּלֶךְ הֱסִירָהּ מִגְּבִירָה אֲשֶׁר־
עָשְׂתָה לַאֲשֵׁרָה מִפְלָצֶת וַיִּכְרֹת אָסָא אֶת־מִפְלַצְתָּהּ וַיָּדֶק
יז וַיִּשְׂרֹף בְּנַחַל קִדְרוֹן׃ וְהַבָּמוֹת לֹא־סָרוּ מִיִּשְׂרָאֵל רַק לְבַב־
יח אָסָא הָיָה שָׁלֵם כָּל־יָמָיו׃ וַיָּבֵא אֶת־קָדְשֵׁי אָבִיו וְקָדָשָׁיו בֵּית
יט הָאֱלֹהִים כֶּסֶף וְזָהָב וְכֵלִים׃ וּמִלְחָמָה לֹא הָיָתָה עַד שְׁנַת־
טז א שְׁלֹשִׁים וְחָמֵשׁ לְמַלְכוּת אָסָא׃ בִּשְׁנַת שְׁלֹשִׁים וָשֵׁשׁ
לְמַלְכוּת אָסָא עָלָה בַּעְשָׁא מֶלֶךְ־יִשְׂרָאֵל עַל־יְהוּדָה וַיִּבֶן
ב אֶת־הָרָמָה לְבִלְתִּי תֵּת יוֹצֵא וָבָא לְאָסָא מֶלֶךְ יְהוּדָה׃ וַיֹּצֵא
אָסָא כֶּסֶף וְזָהָב מֵאֹצְרוֹת בֵּית יְהוָה וּבֵית הַמֶּלֶךְ וַיִּשְׁלַח אֶל־
ג בֶּן־הֲדַד מֶלֶךְ אֲרָם הַיּוֹשֵׁב בְּדַרְמֶשֶׂק לֵאמֹר׃ בְּרִית בֵּינִי
וּבֵינֶךָ וּבֵין אָבִי וּבֵין אָבִיךָ הִנֵּה שָׁלַחְתִּי לְךָ כֶּסֶף וְזָהָב לֵךְ
ד הָפֵר בְּרִיתְךָ אֶת־בַּעְשָׁא מֶלֶךְ יִשְׂרָאֵל וְיַעֲלֶה מֵעָלָי׃ וַיִּשְׁמַע
בֶּן־הֲדַד אֶל־הַמֶּלֶךְ אָסָא וַיִּשְׁלַח אֶת־שָׂרֵי הַחֲיָלִים אֲשֶׁר־לוֹ
אֶל־עָרֵי יִשְׂרָאֵל וַיַּכּוּ אֶת־עִיּוֹן וְאֶת־דָּן וְאֵת אָבֵל מַיִם וְאֵת

כׇּל־מִסְכְּנוֹת עָרֵי נַפְתָּלִי׃ וַיְהִי כִּשְׁמֹעַ בַּעְשָׁא וַיֶּחְדַּל מִבְּנוֹת ה
אֶת־הָרָמָה וַיַּשְׁבֵּת אֶת־מְלַאכְתּוֹ׃ וְאָסָא הַמֶּלֶךְ לָקַח ו
אֶת־כׇּל־יְהוּדָה וַיִּשְׂאוּ אֶת־אַבְנֵי הָרָמָה וְאֶת־עֵצֶיהָ אֲשֶׁר בָּנָה
בַּעְשָׁא וַיִּבֶן בָּהֶם אֶת־גֶּבַע וְאֶת־הַמִּצְפָּה׃ וּבָעֵת ז
הַהִיא בָּא חֲנָנִי הָרֹאֶה אֶל־אָסָא מֶלֶךְ יְהוּדָה וַיֹּאמֶר אֵלָיו
בְּהִשָּׁעֶנְךָ עַל־מֶלֶךְ אֲרָם וְלֹא נִשְׁעַנְתָּ עַל־יְהוָה אֱלֹהֶיךָ עַל־
כֵּן נִמְלַט חֵיל מֶלֶךְ־אֲרָם מִיָּדֶךָ׃ הֲלֹא הַכּוּשִׁים וְהַלּוּבִים הָיוּ ח
לְחַיִל לָרֹב לְרֶכֶב וּלְפָרָשִׁים לְהַרְבֵּה מְאֹד וּבְהִשָּׁעֶנְךָ עַל־
יְהוָה נְתָנָם בְּיָדֶךָ׃ כִּי יְהוָה עֵינָיו מְשֹׁטְטוֹת בְּכׇל־הָאָרֶץ ט
לְהִתְחַזֵּק עִם־לְבָבָם שָׁלֵם אֵלָיו נִסְכַּלְתָּ עַל־זֹאת כִּי מֵעַתָּה
יֵשׁ עִמְּךָ מִלְחָמוֹת׃ וַיִּכְעַס אָסָא אֶל־הָרֹאֶה וַיִּתְּנֵהוּ בֵּית י
הַמַּהְפֶּכֶת כִּי־בְזַעַף עִמּוֹ עַל־זֹאת וַיְרַצֵּץ אָסָא מִן־הָעָם בָּעֵת
הַהִיא׃ וְהִנֵּה דִּבְרֵי אָסָא הָרִאשׁוֹנִים וְהָאַחֲרוֹנִים הִנָּם כְּתוּבִים יא
עַל־סֵפֶר הַמְּלָכִים לִיהוּדָה וְיִשְׂרָאֵל׃ וַיֶּחֱלֶא אָסָא בִּשְׁנַת יב
שְׁלוֹשִׁים וָתֵשַׁע לְמַלְכוּתוֹ בְּרַגְלָיו עַד־לְמַעְלָה חׇלְיוֹ וְגַם־
בְּחׇלְיוֹ לֹא־דָרַשׁ אֶת־יְהוָה כִּי בָּרֹפְאִים׃ וַיִּשְׁכַּב אָסָא עִם־ יג
אֲבֹתָיו וַיָּמׇת בִּשְׁנַת אַרְבָּעִים וְאַחַת לְמׇלְכוֹ׃ וַיִּקְבְּרֻהוּ יד
בְקִבְרֹתָיו אֲשֶׁר כָּרָה־לוֹ בְּעִיר דָּוִיד וַיַּשְׁכִּיבֻהוּ בַּמִּשְׁכָּב אֲשֶׁר
מִלֵּא בְּשָׂמִים וּזְנִים מְרֻקָּחִים בְּמִרְקַחַת מַעֲשֶׂה וַיִּשְׂרְפוּ־לוֹ
שְׂרֵפָה גְּדוֹלָה עַד־לִמְאֹד׃ וַיִּמְלֹךְ יְהוֹשָׁפָט בְּנוֹ א יז
תַּחְתָּיו וַיִּתְחַזֵּק עַל־יִשְׂרָאֵל׃ וַיִּתֶּן־חַיִל בְּכׇל־עָרֵי יְהוּדָה ב
הַבְּצֻרוֹת וַיִּתֵּן נְצִיבִים בְּאֶרֶץ יְהוּדָה וּבְעָרֵי אֶפְרַיִם אֲשֶׁר לָכַד
אָסָא אָבִיו׃ וַיְהִי יְהוָה עִם־יְהוֹשָׁפָט כִּי הָלַךְ בְּדַרְכֵי דָּוִיד ג
אָבִיו הָרִאשֹׁנִים וְלֹא דָרַשׁ לַבְּעָלִים׃ כִּי לֵאלֹהֵי אָבִיו דָּרָשׁ ד
וּבְמִצְוֺתָיו הָלָךְ וְלֹא כְּמַעֲשֵׂה יִשְׂרָאֵל׃ וַיָּכֶן יְהוָה אֶת־ ה
הַמַּמְלָכָה בְּיָדוֹ וַיִּתְּנוּ כׇל־יְהוּדָה מִנְחָה לִיהוֹשָׁפָט וַיְהִי־לוֹ
עֹשֶׁר וְכָבוֹד לָרֹב׃ וַיִּגְבַּהּ לִבּוֹ בְּדַרְכֵי יְהוָה וְעוֹד הֵסִיר אֶת־ ו

ז הַבָּמוֹת וְאֶת־הָאֲשֵׁרִים מִֽיהוּדָה׃ וּבִשְׁנַת שָׁלוֹשׁ
לְמָלְכוֹ שָׁלַח לְשָׂרָיו לְבֶן־חַיִל וּלְעֹבַדְיָה וְלִזְכַרְיָה וְלִנְתַנְאֵל
ח וּלְמִיכָיָהוּ לְלַמֵּד בְּעָרֵי יְהוּדָה׃ וְעִמָּהֶם הַלְוִיִּם שְׁמַעְיָהוּ
וּנְתַנְיָהוּ וּזְבַדְיָהוּ וַעֲשָׂהאֵל ושמרימות וִיהוֹנָתָן וַאֲדֹנִיָּהוּ וּשְׁמִירָמוֹת
וְטוֹבִיָּהוּ וְטוֹב אֲדוֹנִיָּה הַלְוִיִּם וְעִמָּהֶם אֱלִישָׁמָע וִיהוֹרָם
ט הַכֹּהֲנִים׃ וַֽיְלַמְּדוּ בִּיהוּדָה וְעִמָּהֶם סֵפֶר תּוֹרַת יְהוָה וַיָּסֹבּוּ
י בְּכָל־עָרֵי יְהוּדָה וַֽיְלַמְּדוּ בָּעָם׃ וַיְהִי ׀ פַּחַד יְהוָה עַל כָּל־
מַמְלְכוֹת הָאֲרָצוֹת אֲשֶׁר סְבִיבוֹת יְהוּדָה וְלֹא נִלְחֲמוּ עִם־
יא יְהוֹשָׁפָט׃ וּמִן־פְּלִשְׁתִּים מְבִיאִים לִֽיהוֹשָׁפָט מִנְחָה וְכֶסֶף מַשָּׂא
גַּם הָעַרְבִיאִים מְבִיאִים לוֹ צֹאן אֵילִים שִׁבְעַת אֲלָפִים וּשְׁבַע
יב מֵאוֹת וּתְיָשִׁים שִׁבְעַת אֲלָפִים וּשְׁבַע מֵאוֹת׃ וַיְהִי
יְהוֹשָׁפָט הֹלֵךְ וְגָדֵל עַד־לְמָעְלָה וַיִּבֶן בִּיהוּדָה בִּירָנִיּוֹת וְעָרֵי
יג מִסְכְּנוֹת׃ וּמְלָאכָה רַבָּה הָיָה לוֹ בְּעָרֵי יְהוּדָה וְאַנְשֵׁי מִלְחָמָה
יד גִּבּוֹרֵי חַיִל בִּירוּשָׁלִָם׃ וְאֵלֶּה פְקֻדָּתָם לְבֵית אֲבוֹתֵיהֶם
לִֽיהוּדָה שָׂרֵי אֲלָפִים עַדְנָה הַשָּׂר וְעִמּוֹ גִּבּוֹרֵי חַיִל שְׁלֹשׁ
טו מֵאוֹת אָלֶף׃ וְעַל־יָדוֹ יְהוֹחָנָן הַשָּׂר וְעִמּוֹ מָאתַיִם
טז וּשְׁמוֹנִים אָלֶף׃ וְעַל־יָדוֹ עֲמַסְיָה בֶן־זִכְרִי הַמִּתְנַדֵּב
יז לַֽיהוָה וְעִמּוֹ מָאתַיִם אֶלֶף גִּבּוֹר חָיִל׃ וּמִן־
בִּנְיָמִן גִּבּוֹר חַיִל אֶלְיָדָע וְעִמּוֹ נֹשְׁקֵי־קֶשֶׁת וּמָגֵן מָאתַיִם
יח אָלֶף׃ וְעַל־יָדוֹ יְהוֹזָבָד וְעִמּוֹ מֵאָה־וּשְׁמוֹנִים אֶלֶף
יט חֲלוּצֵי צָבָא׃ אֵלֶּה הַמְשָׁרְתִים אֶת־הַמֶּלֶךְ מִלְּבַד
יח א אֲשֶׁר־נָתַן הַמֶּלֶךְ בְּעָרֵי הַמִּבְצָר בְּכָל־יְהוּדָה׃ וַיְהִי
ב לִיהוֹשָׁפָט עֹשֶׁר וְכָבוֹד לָרֹב וַיִּתְחַתֵּן לְאַחְאָב׃ וַיֵּרֶד לְקֵץ
שָׁנִים אֶל־אַחְאָב לְשֹׁמְרוֹן וַיִּזְבַּח־לוֹ אַחְאָב צֹאן וּבָקָר לָרֹב
ג וְלָעָם אֲשֶׁר עִמּוֹ וַיְסִיתֵהוּ לַעֲלוֹת אֶל־רָמֹת גִּלְעָד׃ וַיֹּאמֶר
אַחְאָב מֶלֶךְ־יִשְׂרָאֵל אֶל־יְהוֹשָׁפָט מֶלֶךְ יְהוּדָה הֲתֵלֵךְ עִמִּי
רָמֹת גִּלְעָד וַיֹּאמֶר לוֹ כָּמוֹנִי כָמוֹךָ וּכְעַמְּךָ עַמִּי וְעִמְּךָ

ד בַּמִּלְחָמָה׃ וַיֹּאמֶר יְהוֹשָׁפָט אֶל־מֶלֶךְ יִשְׂרָאֵל דְּרָשׁ־נָא כַיּוֹם
ה אֶת־דְּבַר יְהוָה׃ וַיִּקְבֹּץ מֶלֶךְ־יִשְׂרָאֵל אֶת־הַנְּבִאִים אַרְבַּע
מֵאוֹת אִישׁ וַיֹּאמֶר אֲלֵהֶם הֲנֵלֵךְ אֶל־רָמֹת גִּלְעָד לַמִּלְחָמָה
ו אִם־אֶחְדָּל וַיֹּאמְרוּ עֲלֵה וְיִתֵּן הָאֱלֹהִים בְּיַד הַמֶּלֶךְ׃ וַיֹּאמֶר
ז יְהוֹשָׁפָט הַאֵין פֹּה נָבִיא לַיהוָה עוֹד וְנִדְרְשָׁה מֵאֹתוֹ׃ וַיֹּאמֶר
מֶלֶךְ־יִשְׂרָאֵל ׀ אֶל־יְהוֹשָׁפָט עוֹד אִישׁ־אֶחָד לִדְרוֹשׁ אֶת־
יְהוָה מֵאֹתוֹ וַאֲנִי שְׂנֵאתִיהוּ כִּי אֵינֶנּוּ מִתְנַבֵּא עָלַי לְטוֹבָה כִּי
כָל־יָמָיו לְרָעָה הוּא מִיכָיְהוּ בֶּן־יִמְלָא וַיֹּאמֶר יְהוֹשָׁפָט אַל־
ח יֹאמַר הַמֶּלֶךְ כֵּן׃ וַיִּקְרָא מֶלֶךְ יִשְׂרָאֵל אֶל־סָרִיס אֶחָד וַיֹּאמֶר
ט מַהֵר מיכהו בֶן־יִמְלָא׃ וּמֶלֶךְ יִשְׂרָאֵל וִיהוֹשָׁפָט מֶלֶךְ־יְהוּדָה מִיכָיְהוּ
יוֹשְׁבִים אִישׁ עַל־כִּסְאוֹ מְלֻבָּשִׁים בְּגָדִים וְיֹשְׁבִים בְּגֹרֶן פֶּתַח
י שַׁעַר שֹׁמְרוֹן וְכָל־הַנְּבִיאִים מִתְנַבְּאִים לִפְנֵיהֶם׃ וַיַּעַשׂ לוֹ
צִדְקִיָּהוּ בֶן־כְּנַעֲנָה קַרְנֵי בַרְזֶל וַיֹּאמֶר כֹּה־אָמַר יְהוָה בְּאֵלֶּה
יא תְּנַגַּח אֶת־אֲרָם עַד־כַּלּוֹתָם׃ וְכָל־הַנְּבִאִים נִבְּאִים כֵּן לֵאמֹר
יב עֲלֵה רָמֹת גִּלְעָד וְהַצְלַח וְנָתַן יְהוָה בְּיַד הַמֶּלֶךְ׃ וְהַמַּלְאָךְ
אֲשֶׁר־הָלַךְ ׀ לִקְרֹא לְמִיכָיְהוּ דִּבֶּר אֵלָיו לֵאמֹר הִנֵּה דִּבְרֵי
הַנְּבִאִים פֶּה־אֶחָד טוֹב אֶל־הַמֶּלֶךְ וִיהִי־נָא דְבָרְךָ כְּאַחַד
יג מֵהֶם וְדִבַּרְתָּ טּוֹב׃ וַיֹּאמֶר מִיכָיְהוּ חַי־יְהוָה כִּי אֶת־אֲשֶׁר־
יד יֹאמַר אֱלֹהַי אֹתוֹ אֲדַבֵּר׃ וַיָּבֹא אֶל־הַמֶּלֶךְ וַיֹּאמֶר הַמֶּלֶךְ
אֵלָיו מִיכָה הֲנֵלֵךְ אֶל־רָמֹת גִּלְעָד לַמִּלְחָמָה אִם־אֶחְדָּל
טו וַיֹּאמֶר עֲלוּ וְהַצְלִיחוּ וְיִנָּתְנוּ בְּיֶדְכֶם׃ וַיֹּאמֶר אֵלָיו הַמֶּלֶךְ עַד־
כַּמֶּה פְעָמִים אֲנִי מַשְׁבִּיעֶךָ אֲשֶׁר לֹא־תְדַבֵּר אֵלַי רַק אֱמֶת
טז בְּשֵׁם יְהוָה׃ וַיֹּאמֶר רָאִיתִי אֶת־כָּל־יִשְׂרָאֵל נְפוֹצִים עַל־
הֶהָרִים כַּצֹּאן אֲשֶׁר אֵין־לָהֶן רֹעֶה וַיֹּאמֶר יְהוָה לֹא־אֲדֹנִים
יז לָאֵלֶּה יָשׁוּבוּ אִישׁ־לְבֵיתוֹ בְּשָׁלוֹם׃ וַיֹּאמֶר מֶלֶךְ־יִשְׂרָאֵל אֶל־
יְהוֹשָׁפָט הֲלֹא אָמַרְתִּי אֵלֶיךָ לֹא־יִתְנַבֵּא עָלַי טוֹב כִּי אִם־
יח יח לְרָע׃ וַיֹּאמֶר לָכֵן שִׁמְעוּ דְבַר־יְהוָה רָאִיתִי אֶת־

יְהוָה יוֹשֵׁב עַל־כִּסְאוֹ וְכָל־צְבָא הַשָּׁמַיִם עֹמְדִים עַל־יְמִינוֹ
יט וּשְׂמֹאלוֹ׃ וַיֹּאמֶר יְהוָה מִי יְפַתֶּה אֶת־אַחְאָב מֶלֶךְ־יִשְׂרָאֵל
וְיַעַל וְיִפֹּל בְּרָמוֹת גִּלְעָד וַיֹּאמֶר זֶה אֹמֵר כָּכָה וְזֶה אֹמֵר כָּכָה׃
כ וַיֵּצֵא הָרוּחַ וַיַּעֲמֹד לִפְנֵי יְהוָה וַיֹּאמֶר אֲנִי אֲפַתֶּנּוּ וַיֹּאמֶר יְהוָה
כא אֵלָיו בַּמָּה׃ וַיֹּאמֶר אֵצֵא וְהָיִיתִי לְרוּחַ שֶׁקֶר בְּפִי כָּל־נְבִיאָיו
כב וַיֹּאמֶר תְּפַתֶּה וְגַם־תּוּכָל צֵא וַעֲשֵׂה־כֵן׃ וְעַתָּה הִנֵּה נָתַן
יְהוָה רוּחַ שֶׁקֶר בְּפִי נְבִיאֶיךָ אֵלֶּה וַיהוָה דִּבֶּר עָלֶיךָ
כג רָעָה׃ וַיִּגַּשׁ צִדְקִיָּהוּ בֶן־כְּנַעֲנָה וַיַּךְ אֶת־מִיכָיְהוּ עַל־
הַלֶּחִי וַיֹּאמֶר אֵי זֶה הַדֶּרֶךְ עָבַר רוּחַ־יְהוָה מֵאִתִּי לְדַבֵּר אֹתָךְ׃
כד וַיֹּאמֶר מִיכָיְהוּ הִנְּךָ רֹאֶה בַּיּוֹם הַהוּא אֲשֶׁר תָּבוֹא חֶדֶר
כה בְּחֶדֶר לְהֵחָבֵא׃ וַיֹּאמֶר מֶלֶךְ יִשְׂרָאֵל קְחוּ אֶת־מִיכָיְהוּ וַהֲשִׁיבֻהוּ
כו אֶל־אָמוֹן שַׂר־הָעִיר וְאֶל־יוֹאָשׁ בֶּן־הַמֶּלֶךְ׃ וַאֲמַרְתֶּם כֹּה
אָמַר הַמֶּלֶךְ שִׂימוּ זֶה בֵּית הַכֶּלֶא וְהַאֲכִלֻהוּ לֶחֶם לַחַץ
כז וּמַיִם לַחַץ עַד שׁוּבִי בְשָׁלוֹם׃ וַיֹּאמֶר מִיכָיְהוּ אִם־שׁוֹב
תָּשׁוּב בְּשָׁלוֹם לֹא־דִבֶּר יְהוָה בִּי וַיֹּאמֶר שִׁמְעוּ עַמִּים
כח כֻּלָּם׃ וַיַּעַל מֶלֶךְ־יִשְׂרָאֵל וִיהוֹשָׁפָט מֶלֶךְ־יְהוּדָה
כט אֶל־רָמֹת גִּלְעָד׃ וַיֹּאמֶר מֶלֶךְ יִשְׂרָאֵל אֶל־יְהוֹשָׁפָט הִתְחַפֵּשׂ
וָבוֹא בַמִּלְחָמָה וְאַתָּה לְבַשׁ בְּגָדֶיךָ וַיִּתְחַפֵּשׂ מֶלֶךְ יִשְׂרָאֵל
ל וַיָּבֹאוּ בַּמִּלְחָמָה׃ וּמֶלֶךְ אֲרָם צִוָּה אֶת־שָׂרֵי הָרֶכֶב אֲשֶׁר־
לוֹ לֵאמֹר לֹא תִּלָּחֲמוּ אֶת־הַקָּטֹן אֶת־הַגָּדוֹל כִּי אִם־אֶת־
לא מֶלֶךְ יִשְׂרָאֵל לְבַדּוֹ׃ וַיְהִי כִּרְאוֹת שָׂרֵי הָרֶכֶב אֶת־יְהוֹשָׁפָט
וְהֵמָּה אָמְרוּ מֶלֶךְ־יִשְׂרָאֵל הוּא וַיָּסֹבּוּ עָלָיו לְהִלָּחֵם וַיִּזְעַק
לב יְהוֹשָׁפָט וַיהוָה עֲזָרוֹ וַיְסִיתֵם אֱלֹהִים מִמֶּנּוּ׃ וַיְהִי כִּרְאוֹת
לג שָׂרֵי הָרֶכֶב כִּי לֹא־הָיָה מֶלֶךְ יִשְׂרָאֵל וַיָּשׁוּבוּ מֵאַחֲרָיו׃ וְאִישׁ
מָשַׁךְ בַּקֶּשֶׁת לְתֻמּוֹ וַיַּךְ אֶת־מֶלֶךְ יִשְׂרָאֵל בֵּין הַדְּבָקִים וּבֵין
הַשִּׁרְיָן וַיֹּאמֶר לָרַכָּב הֲפֹךְ ידיך וְהוֹצֵאתַנִי מִן־הַמַּחֲנֶה כִּי יָדְךָ
לד הָחֳלֵיתִי׃ וַתַּעַל הַמִּלְחָמָה בַּיּוֹם הַהוּא וּמֶלֶךְ יִשְׂרָאֵל הָיָה

מַעֲמִיד בַּמֶּרְכָּבָה נֹכַח אֲרָם עַד־הָעָרֶב וַיָּמָת לְעֵת בּוֹא
א הַשָּׁמֶשׁ: וַיָּשָׁב יְהוֹשָׁפָט מֶלֶךְ־יְהוּדָה אֶל־בֵּיתוֹ
ב בְּשָׁלוֹם לִירוּשָׁלָםִ: וַיֵּצֵא אֶל־פָּנָיו יֵהוּא בֶן־חֲנָנִי הַחֹזֶה וַיֹּאמֶר
אֶל־הַמֶּלֶךְ יְהוֹשָׁפָט הֲלָרָשָׁע לַעְזֹר וּלְשֹׂנְאֵי יְהוָה תֶּאֱהָב
ג וּבָזֹאת עָלֶיךָ קֶּצֶף מִלִּפְנֵי יְהוָה: אֲבָל דְּבָרִים טוֹבִים נִמְצְאוּ
עִמָּךְ כִּי־בִעַרְתָּ הָאֲשֵׁרוֹת מִן־הָאָרֶץ וַהֲכִינוֹתָ לְבָבְךָ לִדְרֹשׁ
ד הָאֱלֹהִים: וַיֵּשֶׁב יְהוֹשָׁפָט בִּירוּשָׁלָםִ וַיָּשָׁב וַיֵּצֵא בָעָם מִבְּאֵר
שֶׁבַע עַד־הַר אֶפְרַיִם וַיְשִׁיבֵם אֶל־יְהוָה אֱלֹהֵי אֲבוֹתֵיהֶם:
ה וַיַּעֲמֵד שֹׁפְטִים בָּאָרֶץ בְּכָל־עָרֵי יְהוּדָה הַבְּצֻרוֹת לְעִיר וָעִיר:
ו וַיֹּאמֶר אֶל־הַשֹּׁפְטִים רְאוּ מָה־אַתֶּם עֹשִׂים כִּי לֹא לְאָדָם
ז תִּשְׁפְּטוּ כִּי לַיהוָה וְעִמָּכֶם בִּדְבַר מִשְׁפָּט: וְעַתָּה יְהִי פַחַד־
יְהוָה עֲלֵיכֶם שִׁמְרוּ וַעֲשׂוּ כִּי־אֵין עִם־יְהוָה אֱלֹהֵינוּ עַוְלָה
ח וּמַשֹּׂא פָנִים וּמִקַּח־שֹׁחַד: וְגַם בִּירוּשָׁלַםִ הֶעֱמִיד יְהוֹשָׁפָט
מִן־הַלְוִיִּם וְהַכֹּהֲנִים וּמֵרָאשֵׁי הָאָבוֹת לְיִשְׂרָאֵל לְמִשְׁפַּט
ט יְהוָה וְלָרִיב וַיָּשֻׁבוּ יְרוּשָׁלָםִ: וַיְצַו עֲלֵיהֶם לֵאמֹר כֹּה תַעֲשׂוּן
י בְּיִרְאַת יְהוָה בֶּאֱמוּנָה וּבְלֵבָב שָׁלֵם: וְכָל־רִיב אֲשֶׁר־יָבוֹא
עֲלֵיכֶם מֵאֲחֵיכֶם | הַיֹּשְׁבִים בְּעָרֵיהֶם בֵּין־דָּם | לְדָם בֵּין־
תּוֹרָה לְמִצְוָה לְחֻקִּים וּלְמִשְׁפָּטִים וְהִזְהַרְתֶּם אֹתָם וְלֹא
יֶאְשְׁמוּ לַיהוָה וְהָיָה־קֶצֶף עֲלֵיכֶם וְעַל־אֲחֵיכֶם כֹּה תַעֲשׂוּן
יא וְלֹא תֶאְשָׁמוּ: וְהִנֵּה אֲמַרְיָהוּ כֹהֵן הָרֹאשׁ עֲלֵיכֶם לְכֹל | דְּבַר־
יְהוָה וּזְבַדְיָהוּ בֶן־יִשְׁמָעֵאל הַנָּגִיד לְבֵית־יְהוּדָה לְכֹל דְּבַר־
הַמֶּלֶךְ וְשֹׁטְרִים הַלְוִיִּם לִפְנֵיכֶם חִזְקוּ וַעֲשׂוּ וִיהִי יְהוָה עִם־
הַטּוֹב:

כ א וַיְהִי אַחֲרֵי־כֵן בָּאוּ בְנֵי־מוֹאָב וּבְנֵי עַמּוֹן וְעִמָּהֶם | מֵהָעַמּוֹנִים
ב עַל־יְהוֹשָׁפָט לַמִּלְחָמָה: וַיָּבֹאוּ וַיַּגִּידוּ לִיהוֹשָׁפָט לֵאמֹר בָּא
עָלֶיךָ הָמוֹן רָב מֵעֵבֶר לַיָּם מֵאֲרָם וְהִנָּם בְּחַצְצוֹן תָּמָר הִיא
ג עֵין גֶּדִי: וַיִּרָא וַיִּתֵּן יְהוֹשָׁפָט אֶת־פָּנָיו לִדְרוֹשׁ לַיהוָה וַיִּקְרָא־

ד צוֹם עַל־כׇּל־יְהוּדָה׃ וַיִּקָּבְצוּ יְהוּדָה לְבַקֵּשׁ מֵיְהֹוָה גַּם מִכׇּל־
ה עָרֵי יְהוּדָה בָּאוּ לְבַקֵּשׁ אֶת־יְהֹוָה׃ וַיַּעֲמֹד יְהוֹשָׁפָט בִּקְהַל
ו יְהוּדָה וִירוּשָׁלִַם בְּבֵית יְהֹוָה לִפְנֵי הֶחָצֵר הַחֲדָשָׁה׃ וַיֹּאמַר
יְהֹוָה אֱלֹהֵי אֲבֹתֵינוּ הֲלֹא אַתָּה־הוּא אֱלֹהִים בַּשָּׁמַיִם וְאַתָּה
מוֹשֵׁל בְּכֹל מַמְלְכוֹת הַגּוֹיִם וּבְיָדְךָ כֹּחַ וּגְבוּרָה וְאֵין עִמְּךָ
ז לְהִתְיַצֵּב׃ הֲלֹא ׀ אַתָּה אֱלֹהֵינוּ הוֹרַשְׁתָּ אֶת־יֹשְׁבֵי הָאָרֶץ
הַזֹּאת מִלִּפְנֵי עַמְּךָ יִשְׂרָאֵל וַתִּתְּנָהּ לְזֶרַע אַבְרָהָם אֹהַבְךָ
ח לְעוֹלָם׃ וַיֵּשְׁבוּ־בָהּ וַיִּבְנוּ לְךָ ׀ בָּהּ מִקְדָּשׁ לְשִׁמְךָ לֵאמֹר׃
ט אִם־תָּבוֹא עָלֵינוּ רָעָה חֶרֶב שְׁפוֹט וְדֶבֶר וְרָעָב נַעַמְדָה לִפְנֵי
הַבַּיִת הַזֶּה וּלְפָנֶיךָ כִּי שִׁמְךָ בַּבַּיִת הַזֶּה וְנִזְעַק אֵלֶיךָ מִצָּרָתֵנוּ
י וְתִשְׁמַע וְתוֹשִׁיעַ׃ וְעַתָּה הִנֵּה בְנֵי־עַמּוֹן וּמוֹאָב וְהַר־שֵׂעִיר
אֲשֶׁר לֹא־נָתַתָּה לְיִשְׂרָאֵל לָבוֹא בָהֶם בְּבֹאָם מֵאֶרֶץ מִצְרָיִם
יא כִּי סָרוּ מֵעֲלֵיהֶם וְלֹא הִשְׁמִידוּם׃ וְהִנֵּה־הֵם גֹּמְלִים עָלֵינוּ
יב לָבוֹא לְגָרְשֵׁנוּ מִיְּרֻשָּׁתְךָ אֲשֶׁר הוֹרַשְׁתָּנוּ׃ אֱלֹהֵינוּ הֲלֹא
תִשְׁפׇּט־בָּם כִּי אֵין בָּנוּ כֹּחַ לִפְנֵי הֶהָמוֹן הָרָב הַזֶּה הַבָּא
יג עָלֵינוּ וַאֲנַחְנוּ לֹא נֵדַע מַה־נַּעֲשֶׂה כִּי עָלֶיךָ עֵינֵינוּ׃ וְכׇל־יְהוּדָה
יד עֹמְדִים לִפְנֵי יְהֹוָה גַּם־טַפָּם נְשֵׁיהֶם וּבְנֵיהֶם׃ וְיַחֲזִיאֵל
בֶּן־זְכַרְיָהוּ בֶּן־בְּנָיָה בֶּן־יְעִיאֵל בֶּן־מַתַּנְיָה הַלֵּוִי מִן־בְּנֵי אָסָף
טו הָיְתָה עָלָיו רוּחַ יְהֹוָה בְּתוֹךְ הַקָּהָל׃ וַיֹּאמֶר הַקְשִׁיבוּ כׇל־
יְהוּדָה וְיֹשְׁבֵי יְרוּשָׁלִַם וְהַמֶּלֶךְ יְהוֹשָׁפָט כֹּה־אָמַר יְהֹוָה לָכֶם
אַתֶּם אַל־תִּירְאוּ וְאַל־תֵּחַתּוּ מִפְּנֵי הֶהָמוֹן הָרָב הַזֶּה כִּי לֹא
טז לָכֶם הַמִּלְחָמָה כִּי לֵאלֹהִים׃ מָחָר רְדוּ עֲלֵיהֶם הִנָּם עֹלִים
בְּמַעֲלֵה הַצִּיץ וּמְצָאתֶם אֹתָם בְּסוֹף הַנַּחַל פְּנֵי מִדְבַּר
יז יְרוּאֵל׃ לֹא לָכֶם לְהִלָּחֵם בָּזֹאת הִתְיַצְּבוּ עִמְדוּ וּרְאוּ אֶת־
יְשׁוּעַת יְהֹוָה עִמָּכֶם יְהוּדָה וִירוּשָׁלִַם אַל־תִּירְאוּ וְאַל־תֵּחַתּוּ
יח מָחָר צְאוּ לִפְנֵיהֶם וַיהֹוָה עִמָּכֶם׃ וַיִּקֹּד יְהוֹשָׁפָט אַפַּיִם אַרְצָה
וְכׇל־יְהוּדָה וְיֹשְׁבֵי יְרוּשָׁלִַם נָפְלוּ לִפְנֵי יְהֹוָה לְהִשְׁתַּחֲוֺת לַיהֹוָה׃

יט וַיָּקֻמוּ הַלְוִיִּם מִן־בְּנֵי הַקְּהָתִים וּמִן־בְּנֵי הַקָּרְחִים לְהַלֵּל לַיהוָה
כ אֱלֹהֵי יִשְׂרָאֵל בְּקוֹל גָּדוֹל לְמָעְלָה׃ וַיַּשְׁכִּימוּ בַבֹּקֶר וַיֵּצְאוּ
לְמִדְבַּר תְּקוֹעַ וּבְצֵאתָם עָמַד יְהוֹשָׁפָט וַיֹּאמֶר שְׁמָעוּנִי יְהוּדָה
וְיֹשְׁבֵי יְרוּשָׁלִַם הַאֲמִינוּ בַּיהוָה אֱלֹהֵיכֶם וְתֵאָמֵנוּ הַאֲמִינוּ
כא בִנְבִיאָיו וְהַצְלִיחוּ׃ וַיִּוָּעַץ אֶל־הָעָם וַיַּעֲמֵד מְשֹׁרְרִים לַיהוָה
וּמְהַלְלִים לְהַדְרַת־קֹדֶשׁ בְּצֵאת לִפְנֵי הֶחָלוּץ וְאֹמְרִים הוֹדוּ
כב לַיהוָה כִּי לְעוֹלָם חַסְדּוֹ׃ וּבְעֵת הֵחֵלּוּ בְרִנָּה וּתְהִלָּה נָתַן
יְהוָה ׀ מְאָרְבִים עַל־בְּנֵי עַמּוֹן מוֹאָב וְהַר־שֵׂעִיר הַבָּאִים
כג לִיהוּדָה וַיִּנָּגֵפוּ׃ וַיַּעַמְדוּ בְּנֵי עַמּוֹן וּמוֹאָב עַל־יֹשְׁבֵי הַר־שֵׂעִיר
לְהַחֲרִים וּלְהַשְׁמִיד וּכְכַלּוֹתָם בְּיוֹשְׁבֵי שֵׂעִיר עָזְרוּ אִישׁ בְּרֵעֵהוּ
כד לְמַשְׁחִית׃ וִיהוּדָה בָּא עַל־הַמִּצְפֶּה לַמִּדְבָּר וַיִּפְנוּ אֶל־הֶהָמוֹן
כה וְהִנָּם פְּגָרִים נֹפְלִים אַרְצָה וְאֵין פְּלֵיטָה׃ וַיָּבֹא יְהוֹשָׁפָט וְעַמּוֹ
לָבֹז אֶת־שְׁלָלָם וַיִּמְצְאוּ בָהֶם לָרֹב וּרְכוּשׁ וּפְגָרִים וּכְלֵי חֲמֻדוֹת
וַיְנַצְּלוּ לָהֶם לְאֵין מַשָּׂא וַיִּהְיוּ יָמִים שְׁלוֹשָׁה בֹּזְזִים אֶת־הַשָּׁלָל
כו כִּי רַב־הוּא׃ וּבַיּוֹם הָרְבִעִי נִקְהֲלוּ לְעֵמֶק בְּרָכָה כִּי שָׁם
בֵּרְכוּ אֶת־יְהוָה עַל־כֵּן קָרְאוּ אֶת־שֵׁם הַמָּקוֹם הַהוּא עֵמֶק
כז בְּרָכָה עַד־הַיּוֹם׃ וַיָּשֻׁבוּ כָּל־אִישׁ יְהוּדָה וִירוּשָׁלִַם וִיהוֹשָׁפָט
בְּרֹאשָׁם לָשׁוּב אֶל־יְרוּשָׁלִַם בְּשִׂמְחָה כִּי־שִׂמְּחָם יְהוָה
כח מֵאוֹיְבֵיהֶם׃ וַיָּבֹאוּ יְרוּשָׁלִַם בִּנְבָלִים וּבְכִנֹּרוֹת וּבַחֲצֹצְרוֹת
כט אֶל־בֵּית יְהוָה׃ וַיְהִי פַּחַד אֱלֹהִים עַל כָּל־מַמְלְכוֹת הָאֲרָצוֹת
ל בְּשָׁמְעָם כִּי נִלְחַם יְהוָה עִם אוֹיְבֵי יִשְׂרָאֵל׃ וַתִּשְׁקֹט מַלְכוּת
יט לא יְהוֹשָׁפָט וַיָּנַח לוֹ אֱלֹהָיו מִסָּבִיב׃ וַיִּמְלֹךְ יְהוֹשָׁפָט
עַל־יְהוּדָה בֶּן־שְׁלֹשִׁים וְחָמֵשׁ שָׁנָה בְּמָלְכוֹ וְעֶשְׂרִים וְחָמֵשׁ
לב שָׁנָה מָלַךְ בִּירוּשָׁלִַם וְשֵׁם אִמּוֹ עֲזוּבָה בַּת־שִׁלְחִי׃ וַיֵּלֶךְ בְּדֶרֶךְ
לג אָבִיו אָסָא וְלֹא־סָר מִמֶּנָּה לַעֲשׂוֹת הַיָּשָׁר בְּעֵינֵי יְהוָה׃ אַךְ
הַבָּמוֹת לֹא־סָרוּ וְעוֹד הָעָם לֹא־הֵכִינוּ לְבָבָם לֵאלֹהֵי
לד אֲבֹתֵיהֶם׃ וְיֶתֶר דִּבְרֵי יְהוֹשָׁפָט הָרִאשֹׁנִים וְהָאַחֲרֹנִים הִנָּם

כְּתוּבִים בְּדִבְרֵי יֵהוּא בֶן־חֲנָנִי אֲשֶׁר הֹעֲלָה עַל־סֵפֶר מַלְכֵי
לה יִשְׂרָאֵל׃ וְאַחֲרֵי־כֵן אֶתְחַבַּר יְהוֹשָׁפָט מֶלֶךְ־יְהוּדָה עִם אֲחַזְיָה
לו מֶלֶךְ־יִשְׂרָאֵל הוּא הִרְשִׁיעַ לַעֲשׂוֹת׃ וַיְחַבְּרֵהוּ עִמּוֹ לַעֲשׂוֹת
לז אֳנִיּוֹת לָלֶכֶת תַּרְשִׁישׁ וַיַּעֲשׂוּ אֳנִיּוֹת בְּעֶצְיוֹן גָּבֶר׃ וַיִּתְנַבֵּא
אֱלִיעֶזֶר בֶּן־דֹּדָוָהוּ מִמָּרֵשָׁה עַל־יְהוֹשָׁפָט לֵאמֹר כְּהִתְחַבֶּרְךָ
עִם־אֲחַזְיָהוּ פָּרַץ יְהוָה אֶת־מַעֲשֶׂיךָ וַיִּשָּׁבְרוּ אֳנִיּוֹת וְלֹא עָצְרוּ
כא א לָלֶכֶת אֶל־תַּרְשִׁישׁ׃ וַיִּשְׁכַּב יְהוֹשָׁפָט עִם־אֲבֹתָיו וַיִּקָּבֵר עִם־
ב אֲבֹתָיו בְּעִיר דָּוִיד וַיִּמְלֹךְ יְהוֹרָם בְּנוֹ תַּחְתָּיו׃ וְלוֹ־אַחִים בְּנֵי
יְהוֹשָׁפָט עֲזַרְיָה וִיחִיאֵל וּזְכַרְיָהוּ וַעֲזַרְיָהוּ וּמִיכָאֵל וּשְׁפַטְיָהוּ
ג כָּל־אֵלֶּה בְּנֵי יְהוֹשָׁפָט מֶלֶךְ יִשְׂרָאֵל׃ וַיִּתֵּן לָהֶם ׀ אֲבִיהֶם מַתָּנוֹת
רַבּוֹת לְכֶסֶף וּלְזָהָב וּלְמִגְדָּנוֹת עִם־עָרֵי מְצֻרוֹת בִּיהוּדָה וְאֶת־
ד הַמַּמְלָכָה נָתַן לִיהוֹרָם כִּי־הוּא הַבְּכוֹר׃ וַיָּקָם יְהוֹרָם
עַל־מַמְלֶכֶת אָבִיו וַיִּתְחַזַּק וַיַּהֲרֹג אֶת־כָּל־אֶחָיו בֶּחָרֶב וְגַם
ה מִשָּׂרֵי יִשְׂרָאֵל׃ בֶּן־שְׁלֹשִׁים וּשְׁתַּיִם שָׁנָה יְהוֹרָם בְּמָלְכוֹ
ו וּשְׁמוֹנֶה שָׁנִים מָלַךְ בִּירוּשָׁלִָם׃ וַיֵּלֶךְ בְּדֶרֶךְ ׀ מַלְכֵי יִשְׂרָאֵל
כַּאֲשֶׁר עָשׂוּ בֵּית אַחְאָב כִּי בַּת־אַחְאָב הָיְתָה לּוֹ אִשָּׁה וַיַּעַשׂ
ז הָרַע בְּעֵינֵי יְהוָה׃ וְלֹא־אָבָה יְהוָה לְהַשְׁחִית אֶת־בֵּית דָּוִיד
לְמַעַן הַבְּרִית אֲשֶׁר כָּרַת לְדָוִיד וְכַאֲשֶׁר אָמַר לָתֵת לוֹ נִיר
ח וּלְבָנָיו כָּל־הַיָּמִים׃ בְּיָמָיו פָּשַׁע אֱדוֹם מִתַּחַת יַד־יְהוּדָה
ט וַיַּמְלִיכוּ עֲלֵיהֶם מֶלֶךְ׃ וַיַּעֲבֹר יְהוֹרָם עִם־שָׂרָיו וְכָל־הָרֶכֶב
עִמּוֹ וַיְהִי קָם לַיְלָה וַיַּךְ אֶת־אֱדוֹם הַסּוֹבֵב אֵלָיו וְאֵת שָׂרֵי
י הָרֶכֶב׃ וַיִּפְשַׁע אֱדוֹם מִתַּחַת יַד־יְהוּדָה עַד הַיּוֹם הַזֶּה אָז
תִּפְשַׁע לִבְנָה בָּעֵת הַהִיא מִתַּחַת יָדוֹ כִּי עָזַב אֶת־יְהוָה אֱלֹהֵי
יא אֲבֹתָיו׃ גַּם־הוּא עָשָׂה בָמוֹת בְּהָרֵי יְהוּדָה וַיֶּזֶן אֶת־יֹשְׁבֵי
יב יְרוּשָׁלִַם וַיַּדַּח אֶת־יְהוּדָה׃ וַיָּבֹא אֵלָיו מִכְתָּב מֵאֵלִיָּהוּ
הַנָּבִיא לֵאמֹר כֹּה ׀ אָמַר יְהוָה אֱלֹהֵי דָּוִיד אָבִיךָ תַּחַת אֲשֶׁר
לֹא־הָלַכְתָּ בְּדַרְכֵי יְהוֹשָׁפָט אָבִיךָ וּבְדַרְכֵי אָסָא מֶלֶךְ־יְהוּדָה׃

יג וַתֵּלֶךְ בְּדֶרֶךְ מַלְכֵי יִשְׂרָאֵל וַתַּזְנֶה אֶת־יְהוּדָה וְאֶת־יֹשְׁבֵי
יְרוּשָׁלִַם כְּהַזְנוֹת בֵּית אַחְאָב וְגַם אֶת־אַחֶיךָ בֵית־אָבִיךָ
יד הַטּוֹבִים מִמְּךָ הָרָגְתָּ׃ הִנֵּה יהוה נֹגֵף מַגֵּפָה גְדוֹלָה בְּעַמֶּךָ
טו וּבְבָנֶיךָ וּבְנָשֶׁיךָ וּבְכָל־רְכוּשֶׁךָ׃ וְאַתָּה בָּחֳלָיִים רַבִּים בְּמַחֲלֵה
טז מֵעֶיךָ עַד־יֵצְאוּ מֵעֶיךָ מִן־הַחֹלִי יָמִים עַל־יָמִים׃ וַיָּעַר יהוה
עַל־יְהוֹרָם אֵת רוּחַ הַפְּלִשְׁתִּים וְהָעַרְבִים אֲשֶׁר עַל־יַד כּוּשִׁים׃
יז וַיַּעֲלוּ בִיהוּדָה וַיִּבְקָעוּהָ וַיִּשְׁבּוּ אֵת כָּל־הָרְכוּשׁ הַנִּמְצָא לְבֵית־
הַמֶּלֶךְ וְגַם־בָּנָיו וְנָשָׁיו וְלֹא נִשְׁאַר־לוֹ בֵּן כִּי אִם־יְהוֹאָחָז קְטֹן
יח בָּנָיו׃ וְאַחֲרֵי כָּל־זֹאת נְגָפוֹ יהוה ׀ בְּמֵעָיו לָחֳלִי לְאֵין מַרְפֵּא׃
יט וַיְהִי לְיָמִים ׀ מִיָּמִים וּכְעֵת צֵאת הַקֵּץ לְיָמִים שְׁנַיִם יָצְאוּ
מֵעָיו עִם־חָלְיוֹ וַיָּמָת בְּתַחֲלֻאִים רָעִים וְלֹא־עָשׂוּ לוֹ עַמּוֹ
כ שְׂרֵפָה כִּשְׂרֵפַת אֲבֹתָיו׃ בֶּן־שְׁלֹשִׁים וּשְׁתַּיִם הָיָה בְמָלְכוֹ
וּשְׁמוֹנֶה שָׁנִים מָלַךְ בִּירוּשָׁלִָם וַיֵּלֶךְ בְּלֹא חֶמְדָּה וַיִּקְבְּרֻהוּ
כב א בְּעִיר דָּוִיד וְלֹא בְּקִבְרוֹת הַמְּלָכִים׃ וַיַּמְלִיכוּ יוֹשְׁבֵי יְרוּשָׁלִַם
אֶת־אֲחַזְיָהוּ בְנוֹ הַקָּטֹן תַּחְתָּיו כִּי כָל־הָרִאשֹׁנִים הָרַג הַגְּדוּד
הַבָּא בָעַרְבִים לַמַּחֲנֶה וַיִּמְלֹךְ אֲחַזְיָהוּ בֶּן־יְהוֹרָם מֶלֶךְ
ב יְהוּדָה׃ בֶּן־אַרְבָּעִים וּשְׁתַּיִם שָׁנָה אֲחַזְיָהוּ בְמָלְכוֹ
וְשָׁנָה אַחַת מָלַךְ בִּירוּשָׁלִָם וְשֵׁם אִמּוֹ עֲתַלְיָהוּ בַּת־עָמְרִי׃
ג גַּם־הוּא הָלַךְ בְּדַרְכֵי בֵּית אַחְאָב כִּי אִמּוֹ הָיְתָה יוֹעַצְתּוֹ
ד לְהַרְשִׁיעַ׃ וַיַּעַשׂ הָרַע בְּעֵינֵי יהוה כְּבֵית אַחְאָב כִּי הֵמָּה הָיוּ־
ה לוֹ יוֹעֲצִים אַחֲרֵי מוֹת אָבִיו לְמַשְׁחִית לוֹ׃ גַּם בַּעֲצָתָם הָלַךְ
וַיֵּלֶךְ אֶת־יְהוֹרָם בֶּן־אַחְאָב מֶלֶךְ יִשְׂרָאֵל לַמִּלְחָמָה עַל־חֲזָאֵל
ו מֶלֶךְ־אֲרָם בְּרָמוֹת גִּלְעָד וַיַּכּוּ הָרַמִּים אֶת־יוֹרָם׃ וַיָּשָׁב
לְהִתְרַפֵּא בְיִזְרְעֶאל כִּי הַמַּכִּים אֲשֶׁר הִכֻּהוּ בָרָמָה בְּהִלָּחֲמוֹ
אֶת־חֲזָהאֵל מֶלֶךְ אֲרָם וַעֲזַרְיָהוּ בֶן־יְהוֹרָם מֶלֶךְ יְהוּדָה יָרַד
לִרְאוֹת אֶת־יְהוֹרָם בֶּן־אַחְאָב בְּיִזְרְעֶאל כִּי־חֹלֶה הוּא׃
ז וּמֵאֱלֹהִים הָיְתָה תְּבוּסַת אֲחַזְיָהוּ לָבוֹא אֶל־יוֹרָם וּבְבֹאוֹ יָצָא

עִם־יְהוֹרָם אֶל־יֵהוּא בֶן־נִמְשִׁי אֲשֶׁר מְשָׁחוֹ יְהוָה לְהַכְרִית
ח אֶת־בֵּית אַחְאָב׃ וַיְהִי כְּהִשָּׁפֵט יֵהוּא עִם־בֵּית אַחְאָב וַיִּמְצָא
אֶת־שָׂרֵי יְהוּדָה וּבְנֵי אֲחֵי אֲחַזְיָהוּ מְשָׁרְתִים לַאֲחַזְיָהוּ וַיַּהַרְגֵם׃
ט וַיְבַקֵּשׁ אֶת־אֲחַזְיָהוּ וַיִּלְכְּדֻהוּ וְהוּא מִתְחַבֵּא בְשֹׁמְרוֹן וַיְבִאֻהוּ
אֶל־יֵהוּא וַיְמִתֻהוּ וַיִּקְבְּרֻהוּ כִּי אָמְרוּ בֶּן־יְהוֹשָׁפָט הוּא אֲשֶׁר־
דָּרַשׁ אֶת־יְהוָה בְּכָל־לְבָבוֹ וְאֵין לְבֵית אֲחַזְיָהוּ לַעְצֹר כֹּחַ
י לְמַמְלָכָה׃ וַעֲתַלְיָהוּ אֵם אֲחַזְיָהוּ רָאֲתָה כִּי־מֵת
בְּנָהּ וַתָּקָם וַתְּדַבֵּר אֶת־כָּל־זֶרַע הַמַּמְלָכָה לְבֵית יְהוּדָה׃
יא וַתִּקַּח יְהוֹשַׁבְעַת בַּת־הַמֶּלֶךְ אֶת־יוֹאָשׁ בֶּן־אֲחַזְיָהוּ וַתִּגְנֹב
אֹתוֹ מִתּוֹךְ בְּנֵי־הַמֶּלֶךְ הַמּוּמָתִים וַתִּתֵּן אֹתוֹ וְאֶת־מֵינִקְתּוֹ
בַּחֲדַר הַמִּטּוֹת וַתַּסְתִּירֵהוּ יְהוֹשַׁבְעַת בַּת־הַמֶּלֶךְ יְהוֹרָם אֵשֶׁת
יְהוֹיָדָע הַכֹּהֵן כִּי הִיא הָיְתָה אֲחוֹת אֲחַזְיָהוּ מִפְּנֵי עֲתַלְיָהוּ
יב וְלֹא הֱמִיתָתְהוּ׃ וַיְהִי אִתָּם בְּבֵית הָאֱלֹהִים מִתְחַבֵּא שֵׁשׁ שָׁנִים
כג א וַעֲתַלְיָה מֹלֶכֶת עַל־הָאָרֶץ׃ וּבַשָּׁנָה הַשְּׁבִעִית
הִתְחַזַּק יְהוֹיָדָע וַיִּקַּח אֶת־שָׂרֵי הַמֵּאוֹת לַעֲזַרְיָהוּ בֶן־יְרֹחָם
וּלְיִשְׁמָעֵאל בֶּן־יְהוֹחָנָן וְלַעֲזַרְיָהוּ בֶן־עוֹבֵד וְאֶת־מַעֲשֵׂיָהוּ
ב בֶן־עֲדָיָהוּ וְאֶת־אֱלִישָׁפָט בֶּן־זִכְרִי עִמּוֹ בַבְּרִית׃ וַיָּסֹבּוּ
בִּיהוּדָה וַיִּקְבְּצוּ אֶת־הַלְוִיִּם מִכָּל־עָרֵי יְהוּדָה וְרָאשֵׁי הָאָבוֹת
ג לְיִשְׂרָאֵל וַיָּבֹאוּ אֶל־יְרוּשָׁלִָם׃ וַיִּכְרֹת כָּל־הַקָּהָל בְּרִית בְּבֵית
הָאֱלֹהִים עִם־הַמֶּלֶךְ וַיֹּאמֶר לָהֶם הִנֵּה בֶן־הַמֶּלֶךְ יִמְלֹךְ
ד כַּאֲשֶׁר דִּבֶּר יְהוָה עַל־בְּנֵי דָוִיד׃ זֶה הַדָּבָר אֲשֶׁר תַּעֲשׂוּ
הַשְּׁלִשִׁית מִכֶּם בָּאֵי הַשַּׁבָּת לַכֹּהֲנִים וְלַלְוִיִּם לְשֹׁעֲרֵי הַסִּפִּים׃
ה וְהַשְּׁלִשִׁית בְּבֵית הַמֶּלֶךְ וְהַשְּׁלִשִׁית בְּשַׁעַר הַיְסוֹד וְכָל־הָעָם
ו בְּחַצְרוֹת בֵּית יְהוָה׃ וְאַל־יָבוֹא בֵית־יְהוָה כִּי אִם־הַכֹּהֲנִים
וְהַמְשָׁרְתִים לַלְוִיִּם הֵמָּה יָבֹאוּ כִּי־קֹדֶשׁ הֵמָּה וְכָל־הָעָם
ז יִשְׁמְרוּ מִשְׁמֶרֶת יְהוָה׃ וְהִקִּיפוּ הַלְוִיִּם אֶת־הַמֶּלֶךְ סָבִיב
אִישׁ וְכֵלָיו בְּיָדוֹ וְהַבָּא אֶל־הַבַּיִת יוּמָת וִהְיוּ אֶת־הַמֶּלֶךְ

ח בְּבֹאוֹ וּבְצֵאתוֹ: וַיַּעֲשׂוּ הַלְוִיִּם וְכָל־יְהוּדָה כְּכֹל אֲשֶׁר־צִוָּה
יְהוֹיָדָע הַכֹּהֵן וַיִּקְחוּ אִישׁ אֶת־אֲנָשָׁיו בָּאֵי הַשַּׁבָּת עִם יוֹצְאֵי
ט הַשַּׁבָּת כִּי לֹא פָטַר יְהוֹיָדָע הַכֹּהֵן אֶת־הַמַּחְלְקוֹת: וַיִּתֵּן
יְהוֹיָדָע הַכֹּהֵן לְשָׂרֵי הַמֵּאוֹת אֶת־הַחֲנִיתִים וְאֶת־הַמָּגִנּוֹת
וְאֶת־הַשְּׁלָטִים אֲשֶׁר לַמֶּלֶךְ דָּוִיד אֲשֶׁר בֵּית הָאֱלֹהִים:
י וַיַּעֲמֵד אֶת־כָּל־הָעָם וְאִישׁ ׀ שִׁלְחוֹ בְיָדוֹ מִכֶּתֶף הַבַּיִת הַיְמָנִית
עַד־כֶּתֶף הַבַּיִת הַשְּׂמָאלִית לַמִּזְבֵּחַ וְלַבָּיִת עַל־הַמֶּלֶךְ
יא כ סָבִיב: וַיּוֹצִיאוּ אֶת־בֶּן־הַמֶּלֶךְ וַיִּתְּנוּ עָלָיו אֶת־הַנֵּזֶר וְאֶת־
הָעֵדוּת וַיַּמְלִיכוּ אֹתוֹ וַיִּמְשָׁחֻהוּ יְהוֹיָדָע וּבָנָיו וַיֹּאמְרוּ יְחִי
יב הַמֶּלֶךְ: וַתִּשְׁמַע עֲתַלְיָהוּ אֶת־קוֹל הָעָם הָרָצִים
יג וְהַמְהַלְלִים אֶת־הַמֶּלֶךְ וַתָּבוֹא אֶל־הָעָם בֵּית יהוה: וַתֵּרֶא
וְהִנֵּה הַמֶּלֶךְ עוֹמֵד עַל־עַמּוּדוֹ בַּמָּבוֹא וְהַשָּׂרִים וְהַחֲצֹצְרוֹת עַל־
הַמֶּלֶךְ וְכָל־עַם הָאָרֶץ שָׂמֵחַ וְתוֹקֵעַ בַּחֲצֹצְרוֹת וְהַמְשׁוֹרְרִים
בִּכְלֵי הַשִּׁיר וּמוֹדִיעִים לְהַלֵּל וַתִּקְרַע עֲתַלְיָהוּ אֶת־בְּגָדֶיהָ
יד וַתֹּאמֶר קֶשֶׁר קָשֶׁר: וַיּוֹצֵא יְהוֹיָדָע הַכֹּהֵן אֶת־שָׂרֵי
הַמֵּאוֹת ׀ פְּקוּדֵי הַחַיִל וַיֹּאמֶר אֲלֵהֶם הוֹצִיאוּהָ אֶל־מִבֵּית
הַשְּׂדֵרוֹת וְהַבָּא אַחֲרֶיהָ יוּמַת בֶּחָרֶב כִּי אָמַר הַכֹּהֵן לֹא
טו תְמִיתוּהָ בֵּית יהוה: וַיָּשִׂימוּ לָהּ יָדַיִם וַתָּבוֹא אֶל־מְבוֹא
שַׁעַר־הַסּוּסִים בֵּית הַמֶּלֶךְ וַיְמִיתוּהָ שָׁם:
טז וַיִּכְרֹת יְהוֹיָדָע בְּרִית בֵּינוֹ וּבֵין כָּל־הָעָם וּבֵין הַמֶּלֶךְ לִהְיוֹת
יז לְעָם לַיהוה: וַיָּבֹאוּ כָל־הָעָם בֵּית־הַבַּעַל וַיִּתְּצֻהוּ וְאֶת־
מִזְבְּחֹתָיו וְאֶת־צְלָמָיו שִׁבֵּרוּ וְאֵת מַתָּן כֹּהֵן הַבַּעַל הָרְגוּ
יח לִפְנֵי הַמִּזְבְּחוֹת: וַיָּשֶׂם יְהוֹיָדָע פְּקֻדֹּת בֵּית יהוה בְּיַד הַכֹּהֲנִים
הַלְוִיִּם אֲשֶׁר חָלַק דָּוִיד עַל־בֵּית יהוה לְהַעֲלוֹת עֹלוֹת יהוה
יט כַּכָּתוּב בְּתוֹרַת מֹשֶׁה בְּשִׂמְחָה וּבְשִׁיר עַל יְדֵי דָוִיד: וַיַּעֲמֵד
הַשּׁוֹעֲרִים עַל־שַׁעֲרֵי בֵּית יהוה וְלֹא־יָבוֹא טָמֵא לְכָל־דָּבָר:
כ וַיִּקַּח אֶת־שָׂרֵי הַמֵּאוֹת וְאֶת־הָאַדִּירִים וְאֶת־הַמּוֹשְׁלִים בָּעָם

וְאֵת ׀ כׇּל־עַם הָאָרֶץ וַיּוֹרֶד אֶת־הַמֶּלֶךְ מִבֵּית יהוה וַיָּבֹאוּ
בְּתוֹךְ־שַׁעַר הָעֶלְיוֹן בֵּית הַמֶּלֶךְ וַיּוֹשִׁיבוּ אֶת־הַמֶּלֶךְ עַל כִּסֵּא
כא הַמַּמְלָכָה׃ וַיִּשְׂמְחוּ כׇל־עַם־הָאָרֶץ וְהָעִיר שָׁקָטָה וְאֶת־
כד א עֲתַלְיָהוּ הֵמִיתוּ בֶחָרֶב׃ בֶּן־שֶׁבַע שָׁנִים יֹאָשׁ בְּמׇלְכוֹ
וְאַרְבָּעִים שָׁנָה מָלַךְ בִּירוּשָׁלָ͏ִם וְשֵׁם אִמּוֹ צִבְיָה מִבְּאֵר שָׁבַע׃
ב וַיַּעַשׂ יוֹאָשׁ הַיָּשָׁר בְּעֵינֵי יהוה כׇּל־יְמֵי יְהוֹיָדָע הַכֹּהֵן׃
ג ד וַיִּשָּׂא־לוֹ יְהוֹיָדָע נָשִׁים שְׁתָּיִם וַיּוֹלֶד בָּנִים וּבָנוֹת׃ וַיְהִי אַחֲרֵי־
ה כֵן הָיָה עִם־לֵב יוֹאָשׁ לְחַדֵּשׁ אֶת־בֵּית יהוה׃ וַיִּקְבֹּץ אֶת־
הַכֹּהֲנִים וְהַלְוִיִּם וַיֹּאמֶר לָהֶם צְאוּ לְעָרֵי יְהוּדָה וְקִבְצוּ מִכׇּל־
יִשְׂרָאֵל כֶּסֶף לְחַזֵּק ׀ אֶת־בֵּית אֱלֹהֵיכֶם מִדֵּי שָׁנָה בְּשָׁנָה
ו וְאַתֶּם תְּמַהֲרוּ לַדָּבָר וְלֹא מִהֲרוּ הַלְוִיִּם׃ וַיִּקְרָא
הַמֶּלֶךְ לִיהוֹיָדָע הָרֹאשׁ וַיֹּאמֶר לוֹ מַדּוּעַ לֹא־דָרַשְׁתָּ עַל־
הַלְוִיִּם לְהָבִיא מִיהוּדָה וּמִירוּשָׁלַ͏ִם אֶת־מַשְׂאַת מֹשֶׁה עֶבֶד־
ז יהוה וְהַקָּהָל לְיִשְׂרָאֵל לְאֹהֶל הָעֵדוּת׃ כִּי עֲתַלְיָהוּ הַמִּרְשַׁעַת
בָּנֶיהָ פָרְצוּ אֶת־בֵּית הָאֱלֹהִים וְגַם כׇּל־קׇדְשֵׁי בֵית־יהוה עָשׂוּ
ח לַבְּעָלִים׃ וַיֹּאמֶר הַמֶּלֶךְ וַיַּעֲשׂוּ אֲרוֹן אֶחָד וַיִּתְּנֻהוּ בְּשַׁעַר
ט בֵּית־יהוה חוּצָה׃ וַיִּתְּנוּ־קוֹל בִּיהוּדָה וּבִירוּשָׁלַ͏ִם לְהָבִיא
לַיהוה מַשְׂאַת מֹשֶׁה עֶבֶד־הָאֱלֹהִים עַל־יִשְׂרָאֵל בַּמִּדְבָּר׃
י וַיִּשְׂמְחוּ כׇל־הַשָּׂרִים וְכׇל־הָעָם וַיָּבִיאוּ וַיַּשְׁלִיכוּ לָאָרוֹן עַד־
יא לְכַלֵּה׃ וַיְהִי בְּעֵת יָבִיא אֶת־הָאָרוֹן אֶל־פְּקֻדַּת הַמֶּלֶךְ בְּיַד
הַלְוִיִּם וְכִרְאוֹתָם כִּי־רַב הַכֶּסֶף וּבָא סוֹפֵר הַמֶּלֶךְ וּפְקִיד
כֹּהֵן הָרֹאשׁ וִיעָרוּ אֶת־הָאָרוֹן וְיִשָּׂאֻהוּ וִישִׁיבֻהוּ אֶל־מְקֹמוֹ
יב כֹּה עָשׂוּ לְיוֹם בְּיוֹם וַיַּאַסְפוּ־כֶסֶף לָרֹב׃ וַיִּתְּנֵהוּ הַמֶּלֶךְ
וִיהוֹיָדָע אֶל־עוֹשֵׂה מְלֶאכֶת עֲבוֹדַת בֵּית־יהוה וַיִּהְיוּ שֹׂכְרִים
חֹצְבִים וְחָרָשִׁים לְחַדֵּשׁ בֵּית יהוה וְגַם לְחָרָשֵׁי בַרְזֶל וּנְחֹשֶׁת
יג לְחַזֵּק אֶת־בֵּית יהוה׃ וַיַּעֲשׂוּ עֹשֵׂי הַמְּלָאכָה וַתַּעַל אֲרוּכָה
לַמְּלָאכָה בְּיָדָם וַיַּעֲמִידוּ אֶת־בֵּית הָאֱלֹהִים עַל־מַתְכֻּנְתּוֹ

יד וַיְאַמְּצֻהוּ׃ וּכְכַלּוֹתָם הֵבִיאוּ לִפְנֵי הַמֶּלֶךְ וִיהוֹיָדָע אֶת־שְׁאָר
הַכֶּסֶף וַיַּעֲשֵׂהוּ כֵלִים לְבֵית־יהוה כְּלֵי שָׁרֵת וְהַעֲלוֹת וְכַפּוֹת
וּכְלֵי זָהָב וָכָסֶף וַיִּהְיוּ מַעֲלִים עֹלוֹת בְּבֵית־יהוה תָּמִיד כֹּל יְמֵי
טו יְהוֹיָדָע׃ וַיִּזְקַן יְהוֹיָדָע וַיִּשְׂבַּע יָמִים וַיָּמֹת בֶּן־מֵאָה
טז וּשְׁלֹשִׁים שָׁנָה בְּמוֹתוֹ׃ וַיִּקְבְּרֻהוּ בְעִיר־דָּוִיד עִם־הַמְּלָכִים כִּי־
יז עָשָׂה טוֹבָה בְּיִשְׂרָאֵל וְעִם־הָאֱלֹהִים וּבֵיתוֹ׃ וְאַחֲרֵי
מוֹת יְהוֹיָדָע בָּאוּ שָׂרֵי יְהוּדָה וַיִּשְׁתַּחֲווּ לַמֶּלֶךְ אָז שָׁמַע
יח הַמֶּלֶךְ אֲלֵיהֶם׃ וַיַּעַזְבוּ אֶת־בֵּית יהוה אֱלֹהֵי אֲבוֹתֵיהֶם
וַיַּעַבְדוּ אֶת־הָאֲשֵׁרִים וְאֶת־הָעֲצַבִּים וַיְהִי־קֶצֶף עַל־יְהוּדָה
יט וִירוּשָׁלִַם בְּאַשְׁמָתָם זֹאת׃ וַיִּשְׁלַח בָּהֶם נְבִאִים לַהֲשִׁיבָם
כ אֶל־יהוה וַיָּעִידוּ בָם וְלֹא הֶאֱזִינוּ׃ וְרוּחַ אֱלֹהִים
לָבְשָׁה אֶת־זְכַרְיָה בֶּן־יְהוֹיָדָע הַכֹּהֵן וַיַּעֲמֹד מֵעַל לָעָם וַיֹּאמֶר
לָהֶם כֹּה ׀ אָמַר הָאֱלֹהִים לָמָה אַתֶּם עֹבְרִים אֶת־מִצְוֹת יהוה
כא וְלֹא תַצְלִיחוּ כִּי־עֲזַבְתֶּם אֶת־יהוה וַיַּעֲזֹב אֶתְכֶם׃ וַיִּקְשְׁרוּ
כב עָלָיו וַיִּרְגְּמֻהוּ אֶבֶן בְּמִצְוַת הַמֶּלֶךְ בַּחֲצַר בֵּית יהוה׃ וְלֹא־
זָכַר יוֹאָשׁ הַמֶּלֶךְ הַחֶסֶד אֲשֶׁר עָשָׂה יְהוֹיָדָע אָבִיו עִמּוֹ וַיַּהֲרֹג
כג אֶת־בְּנוֹ וּכְמוֹתוֹ אָמַר יֵרֶא יהוה וְיִדְרֹשׁ׃ וַיְהִי ׀
לִתְקוּפַת הַשָּׁנָה עָלָה עָלָיו חֵיל אֲרָם וַיָּבֹאוּ אֶל־יְהוּדָה
וִירוּשָׁלִַם וַיַּשְׁחִיתוּ אֶת־כָּל־שָׂרֵי הָעָם מֵעָם וְכָל־שְׁלָלָם שִׁלְּחוּ
כד לְמֶלֶךְ דַּרְמָשֶׂק׃ כִּי בְמִצְעַר אֲנָשִׁים בָּאוּ ׀ חֵיל אֲרָם וַיהוה
נָתַן בְּיָדָם חַיִל לָרֹב מְאֹד כִּי עָזְבוּ אֶת־יהוה אֱלֹהֵי אֲבוֹתֵיהֶם
כה וְאֶת־יוֹאָשׁ עָשׂוּ שְׁפָטִים׃ וּבְלֶכְתָּם מִמֶּנּוּ כִּי־עָזְבוּ אֹתוֹ
בְּמַחֲלֻיִים רַבִּים הִתְקַשְּׁרוּ עָלָיו עֲבָדָיו בִּדְמֵי בְּנֵי יְהוֹיָדָע
הַכֹּהֵן וַיַּהַרְגֻהוּ עַל־מִטָּתוֹ וַיָּמֹת וַיִּקְבְּרֻהוּ בְּעִיר דָּוִיד וְלֹא
כו קְבָרֻהוּ בְּקִבְרוֹת הַמְּלָכִים׃ וְאֵלֶּה הַמִּתְקַשְּׁרִים עָלָיו זָבָד
כז בֶּן־שִׁמְעָת הָעַמּוֹנִית וִיהוֹזָבָד בֶּן־שִׁמְרִית הַמּוֹאָבִית׃ וּבָנָיו
ורב הַמַּשָּׂא עָלָיו וִיסוֹד בֵּית הָאֱלֹהִים הִנָּם כְּתוּבִים עַל־מִדְרַשׁ יִרֶב

א סֵפֶר הַמְּלָכִים וַיִּמְלֹךְ אֲמַצְיָהוּ בְנוֹ תַּחְתָּיו: בֶּן־
עֶשְׂרִים וְחָמֵשׁ שָׁנָה מָלַךְ אֲמַצְיָהוּ וְעֶשְׂרִים וָתֵשַׁע שָׁנָה
ב מָלַךְ בִּירוּשָׁלָ͏ִם וְשֵׁם אִמּוֹ יְהוֹעַדָּן מִירוּשָׁלָיִם: וַיַּעַשׂ הַיָּשָׁר
ג בְּעֵינֵי יהוה רַק לֹא בְּלֵבָב שָׁלֵם: וַיְהִי כַּאֲשֶׁר חָזְקָה הַמַּמְלָכָה
ד עָלָיו וַיַּהֲרֹג אֶת־עֲבָדָיו הַמַּכִּים אֶת־הַמֶּלֶךְ אָבִיו: וְאֶת־
בְּנֵיהֶם לֹא הֵמִית כִּי כַכָּתוּב בַּתּוֹרָה בְּסֵפֶר מֹשֶׁה אֲשֶׁר־
צִוָּה יהוה לֵאמֹר לֹא־יָמוּתוּ אָבוֹת עַל־בָּנִים וּבָנִים לֹא־
ה יָמוּתוּ עַל־אָבוֹת כִּי אִישׁ בְּחֶטְאוֹ יָמוּתוּ: וַיִּקְבֹּץ
אֲמַצְיָהוּ אֶת־יְהוּדָה וַיַּעֲמִידֵם לְבֵית־אָבוֹת לְשָׂרֵי הָאֲלָפִים
וּלְשָׂרֵי הַמֵּאוֹת לְכָל־יְהוּדָה וּבִנְיָמִן וַיִּפְקְדֵם לְמִבֶּן עֶשְׂרִים
שָׁנָה וָמַעְלָה וַיִּמְצָאֵם שְׁלֹשׁ־מֵאוֹת אֶלֶף בָּחוּר יוֹצֵא צָבָא
ו אֹחֵז רֹמַח וְצִנָּה: וַיִּשְׂכֹּר מִיִּשְׂרָאֵל מֵאָה אֶלֶף גִּבּוֹר חָיִל
ז בְּמֵאָה כִכַּר־כָּסֶף: וְאִישׁ הָאֱלֹהִים בָּא אֵלָיו לֵאמֹר הַמֶּלֶךְ
אַל־יָבוֹא עִמְּךָ צְבָא יִשְׂרָאֵל כִּי אֵין יהוה עִם־יִשְׂרָאֵל כֹּל
ח בְּנֵי אֶפְרָיִם: כִּי אִם־בֹּא אַתָּה עֲשֵׂה חֲזַק לַמִּלְחָמָה יַכְשִׁילְךָ
הָאֱלֹהִים לִפְנֵי אוֹיֵב כִּי יֶשׁ־כֹּחַ בֵּאלֹהִים לַעְזוֹר וּלְהַכְשִׁיל:
ט וַיֹּאמֶר אֲמַצְיָהוּ לְאִישׁ הָאֱלֹהִים וּמַה־לַּעֲשׂוֹת לִמְאַת הַכִּכָּר
אֲשֶׁר נָתַתִּי לִגְדוּד יִשְׂרָאֵל וַיֹּאמֶר אִישׁ הָאֱלֹהִים יֵשׁ לַיהוה
י לָתֶת לְךָ הַרְבֵּה מִזֶּה: וַיַּבְדִּילֵם אֲמַצְיָהוּ לְהַגְּדוּד אֲשֶׁר־בָּא
אֵלָיו מֵאֶפְרַיִם לָלֶכֶת לִמְקוֹמָם וַיִּחַר אַפָּם מְאֹד בִּיהוּדָה
יא וַיָּשׁוּבוּ לִמְקוֹמָם בָּחֳרִי־אָף: וַאֲמַצְיָהוּ הִתְחַזַּק וַיִּנְהַג
אֶת־עַמּוֹ וַיֵּלֶךְ גֵּיא הַמֶּלַח וַיַּךְ אֶת־בְּנֵי־שֵׂעִיר עֲשֶׂרֶת אֲלָפִים:
יב וַעֲשֶׂרֶת אֲלָפִים חַיִּים שָׁבוּ בְּנֵי יְהוּדָה וַיְבִיאוּם לְרֹאשׁ הַסָּלַע
יג וַיַּשְׁלִיכוּם מֵרֹאשׁ הַסֶּלַע וְכֻלָּם נִבְקָעוּ: וּבְנֵי הַגְּדוּד
אֲשֶׁר הֵשִׁיב אֲמַצְיָהוּ מִלֶּכֶת עִמּוֹ לַמִּלְחָמָה וַיִּפְשְׁטוּ בְּעָרֵי
יְהוּדָה מִשֹּׁמְרוֹן וְעַד־בֵּית חוֹרוֹן וַיַּכּוּ מֵהֶם שְׁלֹשֶׁת אֲלָפִים
יד וַיָּבֹזּוּ בִּזָּה רַבָּה: וַיְהִי אַחֲרֵי בוֹא אֲמַצְיָהוּ מֵהַכּוֹת

אֶת־אֱדוֹמִים וַיָּבֵא אֶת־אֱלֹהֵי בְּנֵי שֵׂעִיר וַיַּעֲמִידֵם לוֹ לֵאלֹהִים
טו וְלִפְנֵיהֶם יִשְׁתַּחֲוֶה וְלָהֶם יְקַטֵּר׃ וַיִּחַר־אַף יְהוָה בַּאֲמַצְיָהוּ
וַיִּשְׁלַח אֵלָיו נָבִיא וַיֹּאמֶר לוֹ לָמָּה דָרַשְׁתָּ אֶת־אֱלֹהֵי
טז הָעָם אֲשֶׁר לֹא־הִצִּילוּ אֶת־עַמָּם מִיָּדֶךָ׃ וַיְהִי ׀ בְּדַבְּרוֹ אֵלָיו
וַיֹּאמֶר לוֹ הַלְיוֹעֵץ לַמֶּלֶךְ נְתַנּוּךָ חֲדַל־לְךָ לָמָּה יַכּוּךָ וַיֶּחְדַּל
הַנָּבִיא וַיֹּאמֶר יָדַעְתִּי כִּי־יָעַץ אֱלֹהִים לְהַשְׁחִיתֶךָ כִּי־עָשִׂיתָ
יז זֹּאת וְלֹא שָׁמַעְתָּ לַעֲצָתִי׃ וַיִּוָּעַץ אֲמַצְיָהוּ מֶלֶךְ
יְהוּדָה וַיִּשְׁלַח אֶל־יוֹאָשׁ בֶּן־יְהוֹאָחָז בֶּן־יֵהוּא מֶלֶךְ יִשְׂרָאֵל
יח לֵאמֹר לְךָ נִתְרָאֶה פָּנִים׃ וַיִּשְׁלַח יוֹאָשׁ מֶלֶךְ־יִשְׂרָאֵל אֶל־
אֲמַצְיָהוּ מֶלֶךְ־יְהוּדָה לֵאמֹר הַחוֹחַ אֲשֶׁר בַּלְּבָנוֹן שָׁלַח אֶל־
הָאֶרֶז אֲשֶׁר בַּלְּבָנוֹן לֵאמֹר תְּנָה־אֶת־בִּתְּךָ לִבְנִי לְאִשָּׁה
וַתַּעֲבֹר חַיַּת הַשָּׂדֶה אֲשֶׁר בַּלְּבָנוֹן וַתִּרְמֹס אֶת־הַחוֹחַ׃
יט אָמַרְתָּ הִנֵּה הִכִּיתָ אֶת־אֱדוֹם וּנְשָׂאֲךָ לִבְּךָ לְהַכְבִּיד עַתָּה
שְׁבָה בְּבֵיתֶךָ לָמָּה תִתְגָּרֶה בְּרָעָה וְנָפַלְתָּ אַתָּה וִיהוּדָה
כ עִמָּךְ׃ וְלֹא־שָׁמַע אֲמַצְיָהוּ כִּי מֵהָאֱלֹהִים הִיא לְמַעַן תִּתָּם
כא בְּיָד כִּי דָרְשׁוּ אֵת אֱלֹהֵי אֱדוֹם׃ וַיַּעַל יוֹאָשׁ מֶלֶךְ־יִשְׂרָאֵל
וַיִּתְרָאוּ פָנִים הוּא וַאֲמַצְיָהוּ מֶלֶךְ־יְהוּדָה בְּבֵית שֶׁמֶשׁ אֲשֶׁר
כב כג לִיהוּדָה׃ וַיִּנָּגֶף יְהוּדָה לִפְנֵי יִשְׂרָאֵל וַיָּנֻסוּ אִישׁ לְאֹהָלָיו׃ וְאֵת
אֲמַצְיָהוּ מֶלֶךְ־יְהוּדָה בֶּן־יוֹאָשׁ בֶּן־יְהוֹאָחָז תָּפַשׂ יוֹאָשׁ מֶלֶךְ־
יִשְׂרָאֵל בְּבֵית שָׁמֶשׁ וַיְבִיאֵהוּ יְרוּשָׁלִַם וַיִּפְרֹץ בְּחוֹמַת יְרוּשָׁלִַם
כד מִשַּׁעַר אֶפְרַיִם עַד־שַׁעַר הַפּוֹנֶה אַרְבַּע מֵאוֹת אַמָּה׃ וְכָל־
הַזָּהָב וְהַכֶּסֶף וְאֵת כָּל־הַכֵּלִים הַנִּמְצְאִים בְּבֵית־הָאֱלֹהִים עִם־
עֹבֵד אֱדוֹם וְאֶת־אוֹצְרוֹת בֵּית הַמֶּלֶךְ וְאֵת בְּנֵי הַתַּעֲרֻבוֹת
כה וַיָּשָׁב שֹׁמְרוֹן׃ וַיְחִי אֲמַצְיָהוּ בֶן־יוֹאָשׁ מֶלֶךְ יְהוּדָה
אַחֲרֵי מוֹת יוֹאָשׁ בֶּן־יְהוֹאָחָז מֶלֶךְ יִשְׂרָאֵל חֲמֵשׁ עֶשְׂרֵה שָׁנָה׃
כו וְיֶתֶר דִּבְרֵי אֲמַצְיָהוּ הָרִאשֹׁנִים וְהָאַחֲרוֹנִים הֲלֹא הִנָּם כְּתוּבִים
כז עַל־סֵפֶר מַלְכֵי יְהוּדָה וְיִשְׂרָאֵל׃ וּמֵעֵת אֲשֶׁר־סָר אֲמַצְיָהוּ

מֵאַחֲרֵי יהוה וַיִּקְשְׁרוּ עָלָיו קֶשֶׁר בִּירוּשָׁלַ͏ִם וַיָּנׇס לָכִישָׁה
כח וַיִּשְׁלְחוּ אַחֲרָיו לָכִישָׁה וַיְמִיתֻהוּ שָׁם: וַיִּשָּׂאֻהוּ עַל־הַסּוּסִים
כו א וַיִּקְבְּרוּ אֹתוֹ עִם־אֲבֹתָיו בְּעִיר יְהוּדָה: וַיִּקְחוּ כׇּל־עַם יְהוּדָה
אֶת־עֻזִּיָּהוּ וְהוּא בֶּן־שֵׁשׁ עֶשְׂרֵה שָׁנָה וַיַּמְלִיכוּ אֹתוֹ תַּחַת
ב אָבִיו אֲמַצְיָהוּ: הוּא בָּנָה אֶת־אֵילוֹת וַיְשִׁבֶהָ לִיהוּדָה אַחֲרֵי כא
שְׁכַב־הַמֶּלֶךְ עִם־אֲבֹתָיו:
ג בֶּן־שֵׁשׁ עֶשְׂרֵה שָׁנָה עֻזִּיָּהוּ בְמׇלְכוֹ וַחֲמִשִּׁים וּשְׁתַּיִם שָׁנָה
ד מָלַךְ בִּירוּשָׁלָ͏ִם וְשֵׁם אִמּוֹ יכיליה מִן־יְרוּשָׁלָ͏ִם: וַיַּעַשׂ הַיָּשָׁר יְכָלְיָה
ה בְּעֵינֵי יהוה כְּכֹל אֲשֶׁר־עָשָׂה אֲמַצְיָהוּ אָבִיו: וַיְהִי לִדְרֹשׁ
אֱלֹהִים בִּימֵי זְכַרְיָהוּ הַמֵּבִין בִּרְאֹת הָאֱלֹהִים וּבִימֵי דׇּרְשׁוֹ
ו אֶת־יהוה הִצְלִיחוֹ הָאֱלֹהִים: וַיֵּצֵא וַיִּלָּחֶם בַּפְּלִשְׁתִּים וַיִּפְרֹץ
אֶת־חוֹמַת גַּת וְאֵת חוֹמַת יַבְנֵה וְאֵת חוֹמַת אַשְׁדּוֹד וַיִּבְנֶה
ז עָרִים בְּאַשְׁדּוֹד וּבַפְּלִשְׁתִּים: וַיַּעְזְרֵהוּ הָאֱלֹהִים עַל־פְּלִשְׁתִּים
ח וְעַל־הערביים הַיֹּשְׁבִים בְּגוּר־בָּעַל וְהַמְּעוּנִים: וַיִּתְּנוּ הָעַמּוֹנִים הָעַרְבִים
מִנְחָה לְעֻזִּיָּהוּ וַיֵּלֶךְ שְׁמוֹ עַד־לְבוֹא מִצְרַיִם כִּי הֶחֱזִיק עַד־
ט לְמָעְלָה: וַיִּבֶן עֻזִּיָּהוּ מִגְדָּלִים בִּירוּשָׁלַ͏ִם עַל־שַׁעַר הַפִּנָּה
י וְעַל־שַׁעַר הַגַּיְא וְעַל־הַמִּקְצוֹעַ וַיְחַזְּקֵם: וַיִּבֶן מִגְדָּלִים
בַּמִּדְבָּר וַיַּחְצֹב בֹּרוֹת רַבִּים כִּי מִקְנֶה־רַב הָיָה לוֹ וּבַשְּׁפֵלָה
וּבַמִּישׁוֹר אִכָּרִים וְכֹרְמִים בֶּהָרִים וּבַכַּרְמֶל כִּי־אֹהֵב אֲדָמָה
יא הָיָה: וַיְהִי לְעֻזִּיָּהוּ חַיִל עֹשֵׂה מִלְחָמָה יוֹצְאֵי צָבָא
לִגְדוּד בְּמִסְפַּר פְּקֻדָּתָם בְּיַד יעואל הַסּוֹפֵר וּמַעֲשֵׂיָהוּ הַשּׁוֹטֵר יְעִיאֵל
יב עַל יַד־חֲנַנְיָהוּ מִשָּׂרֵי הַמֶּלֶךְ: כֹּל מִסְפַּר רָאשֵׁי הָאָבוֹת לְגִבּוֹרֵי
יג חָיִל אַלְפַּיִם וְשֵׁשׁ מֵאוֹת: וְעַל־יָדָם חֵיל צָבָא שְׁלֹשׁ מֵאוֹת
אֶלֶף וְשִׁבְעַת אֲלָפִים וַחֲמֵשׁ מֵאוֹת עוֹשֵׂי מִלְחָמָה בְּכֹחַ
יד חָיִל לַעְזֹר לַמֶּלֶךְ עַל־הָאוֹיֵב: וַיָּכֶן לָהֶם עֻזִּיָּהוּ לְכׇל־הַצָּבָא
מָגִנִּים וּרְמָחִים וְכוֹבָעִים וְשִׁרְיֹנוֹת וּקְשָׁתוֹת וּלְאַבְנֵי קְלָעִים:
טו וַיַּעַשׂ ׀ בִּירוּשָׁלַ͏ִם חִשְּׁבֹנוֹת מַחֲשֶׁבֶת חוֹשֵׁב לִהְיוֹת עַל־

הַמִּגְדָּלִים֙ וְעַל־הַפִּנּ֔וֹת לִירוֹא֙ בַּחִצִּ֔ים וּבָאֲבָנִ֖ים גְּדֹל֑וֹת וַיֵּצֵ֤א
טז שְׁמוֹ֙ עַד־לְמֵ֣רָח֔וֹק כִּֽי־הִפְלִ֥יא לְהֵעָזֵ֖ר עַ֥ד כִּֽי־חָזָֽק׃ וּכְחֶזְקָת֕וֹ
גָּבַ֤הּ לִבּוֹ֙ עַד־לְהַשְׁחִ֔ית וַיִּמְעַ֖ל בַּיהוָ֣ה אֱלֹהָ֑יו וַיָּבֹא֙ אֶל־הֵיכַ֣ל
יז יְהוָ֔ה לְהַקְטִ֖יר עַל־מִזְבַּ֥ח הַקְּטֹֽרֶת׃ וַיָּבֹ֥א אַחֲרָ֖יו עֲזַרְיָ֣הוּ
יח הַכֹּהֵ֑ן וְעִמּ֞וֹ כֹּהֲנִ֧ים ׀ לַיהוָ֛ה שְׁמוֹנִ֖ים בְּנֵי־חָֽיִל׃ וַיַּעַמְד֞וּ עַל־
עֻזִּיָּ֣הוּ הַמֶּ֗לֶךְ וַיֹּ֣אמְרוּ לוֹ֮ לֹא־לְךָ֣ עֻזִּיָּ֗הוּ לְהַקְטִיר֙ לַיהוָ֔ה כִּ֣י
לַכֹּהֲנִ֧ים בְּנֵֽי־אַהֲרֹ֛ן הַמְקֻדָּשִׁ֖ים לְהַקְטִ֑יר צֵ֤א מִן־הַמִּקְדָּשׁ֙ כִּ֣י
יט מָעַ֔לְתָּ וְלֹֽא־לְךָ֥ לְכָב֖וֹד מֵיְהוָ֥ה אֱלֹהִֽים׃ וַיִּזְעַף֙ עֻזִּיָּ֔הוּ וּבְיָד֖וֹ
מִקְטֶ֣רֶת לְהַקְטִ֑יר וּבְזַעְפּ֣וֹ עִם־הַכֹּהֲנִ֗ים וְהַצָּרַ֞עַת זָרְחָ֣ה בְמִצְח֗וֹ
כ לִפְנֵ֤י הַכֹּהֲנִים֙ בְּבֵ֣ית יְהוָ֔ה מֵעַ֖ל לְמִזְבַּ֥ח הַקְּטֹֽרֶת׃ וַיִּ֣פֶן אֵלָ֡יו
עֲזַרְיָהוּ֩ כֹהֵ֨ן הָרֹ֜אשׁ וְכָל־הַכֹּהֲנִ֗ים וְהִנֵּה־הוּא֙ מְצֹרָ֣ע בְּמִצְח֔וֹ
כא וַיַּבְהִל֖וּהוּ מִשָּׁ֑ם וְגַם־הוּא֙ נִדְחַ֣ף לָצֵ֔את כִּ֥י נִגְּע֖וֹ יְהוָֽה׃ וַיְהִ֣י
עֻזִּיָּ֣הוּ הַמֶּ֡לֶךְ מְצֹרָ֣ע ׀ עַד־י֣וֹם מוֹת֗וֹ וַיֵּ֜שֶׁב בֵּ֤ית החפשות֙ מְצֹרָ֔ע הַחָפְשִׁית
כִּ֥י נִגְזַ֖ר מִבֵּ֣ית יְהוָ֑ה וְיוֹתָ֤ם בְּנוֹ֙ עַל־בֵּ֣ית הַמֶּ֔לֶךְ שׁוֹפֵ֖ט אֶת־
כב עַ֥ם הָאָֽרֶץ׃ וְיֶ֙תֶר֙ דִּבְרֵ֣י עֻזִּיָּ֔הוּ הָרִאשֹׁנִ֖ים וְהָאַחֲרֹנִ֑ים כָּתַ֕ב
כג יְשַֽׁעְיָ֥הוּ בֶן־אָמ֖וֹץ הַנָּבִֽיא׃ וַיִּשְׁכַּ֨ב עֻזִּיָּ֜הוּ עִם־אֲבֹתָ֗יו וַיִּקְבְּר֨וּ
אֹת֤וֹ עִם־אֲבֹתָיו֙ בִּשְׂדֵ֤ה הַקְּבוּרָה֙ אֲשֶׁ֣ר לַמְּלָכִ֔ים כִּ֥י אָמְר֖וּ
כז א מְצוֹרָ֣ע ה֑וּא וַיִּמְלֹ֛ךְ יוֹתָ֥ם בְּנ֖וֹ תַּחְתָּֽיו׃ בֶּן־עֶשְׂרִ֨ים
וְחָמֵ֤שׁ שָׁנָה֙ יוֹתָ֣ם בְּמָלְכ֔וֹ וְשֵׁשׁ־עֶשְׂרֵ֣ה שָׁנָ֔ה מָלַ֖ךְ בִּירֽוּשָׁלִָ֑ם
ב וְשֵׁ֣ם אִמּ֔וֹ יְרוּשָׁ֖ה בַּת־צָדֽוֹק׃ וַיַּ֨עַשׂ הַיָּשָׁ֜ר בְּעֵינֵ֣י יְהוָ֗ה כְּכֹ֤ל
אֲשֶׁר־עָשָׂה֙ עֻזִּיָּ֣הוּ אָבִ֔יו רַ֕ק לֹא־בָ֖א אֶל־הֵיכַ֣ל יְהוָ֑ה וְע֥וֹד
ג הָעָ֖ם מַשְׁחִיתִֽים׃ ה֣וּא בָּנָ֔ה אֶת־שַׁ֥עַר בֵּית־יְהוָ֖ה הָעֶלְי֑וֹן
ד וּבְחוֹמַ֥ת הָעֹ֖פֶל בָּנָ֥ה לָרֹֽב׃ וְעָרִ֥ים בָּנָ֖ה בְּהַר־יְהוּדָ֑ה וּבֶחֳרָשִׁ֛ים
ה בָּנָ֥ה בִּירָנִיּ֖וֹת וּמִגְדָּלִֽים׃ וְ֠הוּא נִלְחַ֞ם עִם־מֶ֣לֶךְ בְּנֵֽי־עַמּוֹן֮ וַיֶּחֱזַ֣ק
עֲלֵיהֶם֒ וַיִּתְּנוּ־ל֣וֹ בְנֵֽי־עַמּ֡וֹן בַּשָּׁנָ֣ה הַהִיא֩ מֵאָ֨ה כִּכַּר־כֶּ֜סֶף
וַעֲשֶׂ֨רֶת אֲלָפִ֜ים כֹּרִ֗ים חִטִּים֙ וּשְׂעוֹרִ֔ים עֲשֶׂ֖רֶת אֲלָפִ֑ים זֹ֗את
ו הֵשִׁ֤יבוּ לוֹ֙ בְּנֵ֣י עַמּ֔וֹן וּבַשָּׁנָ֥ה הַשֵּׁנִ֖ית וְהַשְּׁלִשִֽׁית׃ וַיִּתְחַזֵּ֖ק

ז יוֹתָם כִּי הֵכִין דְּרָכָיו לִפְנֵי יְהוָה אֱלֹהָיו: וְיֶתֶר דִּבְרֵי יוֹתָם
וְכָל־מִלְחֲמֹתָיו וּדְרָכָיו הִנָּם כְּתוּבִים עַל־סֵפֶר מַלְכֵי יִשְׂרָאֵל
ח וִיהוּדָה: בֶּן־עֶשְׂרִים וְחָמֵשׁ שָׁנָה הָיָה בְמָלְכוֹ וְשֵׁשׁ־עֶשְׂרֵה
ט שָׁנָה מָלַךְ בִּירוּשָׁלִָם: וַיִּשְׁכַּב יוֹתָם עִם־אֲבֹתָיו וַיִּקְבְּרוּ אֹתוֹ
כח א בְּעִיר דָּוִיד וַיִּמְלֹךְ אָחָז בְּנוֹ תַּחְתָּיו: בֶּן־עֶשְׂרִים שָׁנָה אָחָז
בְּמָלְכוֹ וְשֵׁשׁ־עֶשְׂרֵה שָׁנָה מָלַךְ בִּירוּשָׁלִָם וְלֹא־עָשָׂה הַיָּשָׁר
ב בְּעֵינֵי יְהוָה כְּדָוִיד אָבִיו: וַיֵּלֶךְ בְּדַרְכֵי מַלְכֵי יִשְׂרָאֵל וְגַם
ג מַסֵּכוֹת עָשָׂה לַבְּעָלִים: וְהוּא הִקְטִיר בְּגֵיא בֶן־הִנֹּם וַיַּבְעֵר
אֶת־בָּנָיו בָּאֵשׁ כְּתֹעֲבוֹת הַגּוֹיִם אֲשֶׁר הֹרִישׁ יְהוָה מִפְּנֵי בְּנֵי
ד יִשְׂרָאֵל: וַיְזַבֵּחַ וַיְקַטֵּר בַּבָּמוֹת וְעַל־הַגְּבָעוֹת וְתַחַת כָּל־עֵץ
ה רַעֲנָן: וַיִּתְּנֵהוּ יְהוָה אֱלֹהָיו בְּיַד מֶלֶךְ אֲרָם וַיַּכּוּ־בוֹ וַיִּשְׁבּוּ
מִמֶּנּוּ שִׁבְיָה גְדוֹלָה וַיָּבִיאוּ דַּרְמָשֶׂק וְגַם בְּיַד־מֶלֶךְ יִשְׂרָאֵל
ו נִתָּן וַיַּךְ־בּוֹ מַכָּה גְדוֹלָה: וַיַּהֲרֹג פֶּקַח בֶּן־רְמַלְיָהוּ
בִּיהוּדָה מֵאָה וְעֶשְׂרִים אֶלֶף בְּיוֹם אֶחָד הַכֹּל בְּנֵי־חָיִל בְּעָזְבָם
ז אֶת־יְהוָה אֱלֹהֵי אֲבוֹתָם: וַיַּהֲרֹג זִכְרִי ׀ גִּבּוֹר אֶפְרַיִם
אֶת־מַעֲשֵׂיָהוּ בֶּן־הַמֶּלֶךְ וְאֶת־עַזְרִיקָם נְגִיד הַבָּיִת וְאֶת־אֶלְקָנָה
ח מִשְׁנֵה הַמֶּלֶךְ: וַיִּשְׁבּוּ בְנֵי־יִשְׂרָאֵל מֵאֲחֵיהֶם מָאתַיִם
אֶלֶף נָשִׁים בָּנִים וּבָנוֹת וְגַם־שָׁלָל רָב בָּזְזוּ מֵהֶם וַיָּבִיאוּ אֶת־
ט הַשָּׁלָל לְשֹׁמְרוֹן: וְשָׁם הָיָה נָבִיא לַיהוָה עֹדֵד שְׁמוֹ
וַיֵּצֵא לִפְנֵי הַצָּבָא הַבָּא לְשֹׁמְרוֹן וַיֹּאמֶר לָהֶם הִנֵּה בַּחֲמַת יְהוָה
אֱלֹהֵי־אֲבוֹתֵיכֶם עַל־יְהוּדָה נְתָנָם בְּיֶדְכֶם וַתַּהַרְגוּ־בָם בְּזַעַף
י עַד לַשָּׁמַיִם הִגִּיעַ: וְעַתָּה בְּנֵי־יְהוּדָה וִירוּשָׁלִַם אַתֶּם אֹמְרִים
לִכְבֹּשׁ לַעֲבָדִים וְלִשְׁפָחוֹת לָכֶם הֲלֹא רַק־אַתֶּם עִמָּכֶם אֲשָׁמוֹת
יא לַיהוָה אֱלֹהֵיכֶם: וְעַתָּה שְׁמָעוּנִי וְהָשִׁיבוּ הַשִּׁבְיָה אֲשֶׁר שְׁבִיתֶם
יב מֵאֲחֵיכֶם כִּי חֲרוֹן אַף־יְהוָה עֲלֵיכֶם: וַיָּקֻמוּ אֲנָשִׁים
מֵרָאשֵׁי בְנֵי־אֶפְרַיִם עֲזַרְיָהוּ בֶן־יְהוֹחָנָן בֶּרֶכְיָהוּ בֶן־מְשִׁלֵּמוֹת
וִיחִזְקִיָּהוּ בֶן־שַׁלֻּם וַעֲמָשָׂא בֶּן־חַדְלָי עַל־הַבָּאִים מִן־הַצָּבָא:

וַיֹּאמְרוּ לָהֶם לֹא־תָבִיאוּ אֶת־הַשִּׁבְיָה הֵנָּה כִּי לְאַשְׁמַת יְהוָה יג
עָלֵינוּ אַתֶּם אֹמְרִים לְהֹסִיף עַל־חַטֹּאתֵנוּ וְעַל־אַשְׁמָתֵנוּ
כִּי־רַבָּה אַשְׁמָה לָנוּ וַחֲרוֹן אָף עַל־יִשְׂרָאֵל׃ וַיַּעֲזֹב יד
הֶחָלוּץ אֶת־הַשִּׁבְיָה וְאֶת־הַבִּזָּה לִפְנֵי הַשָּׂרִים וְכָל־הַקָּהָל׃
וַיָּקֻמוּ הָאֲנָשִׁים אֲשֶׁר־נִקְּבוּ בְשֵׁמוֹת וַיַּחֲזִיקוּ בַשִּׁבְיָה וְכָל־ טו
מַעֲרֻמֵּיהֶם הִלְבִּישׁוּ מִן־הַשָּׁלָל וַיַּלְבִּשׁוּם וַיַּנְעִלוּם וַיַּאֲכִלוּם
וַיַּשְׁקוּם וַיְסֻכוּם וַיְנַהֲלוּם בַּחֲמֹרִים לְכָל־כּוֹשֵׁל וַיְבִיאוּם יְרֵחוֹ
עִיר־הַתְּמָרִים אֵצֶל אֲחֵיהֶם וַיָּשׁוּבוּ שֹׁמְרוֹן׃ בָּעֵת טז
הַהִיא שָׁלַח הַמֶּלֶךְ אָחָז עַל־מַלְכֵי אַשּׁוּר לַעְזֹר לוֹ׃ וְעוֹד יז
אֲדוֹמִים בָּאוּ וַיַּכּוּ בִיהוּדָה וַיִּשְׁבּוּ־שֶׁבִי׃ וּפְלִשְׁתִּים פָּשְׁטוּ יח
בְּעָרֵי הַשְּׁפֵלָה וְהַנֶּגֶב לִיהוּדָה וַיִּלְכְּדוּ אֶת־בֵּית־שֶׁמֶשׁ וְאֶת־
אַיָּלוֹן וְאֶת־הַגְּדֵרוֹת וְאֶת־שׂוֹכוֹ וּבְנוֹתֶיהָ וְאֶת־תִּמְנָה וּבְנוֹתֶיהָ
וְאֶת־גִּמְזוֹ וְאֶת־בְּנֹתֶיהָ וַיֵּשְׁבוּ שָׁם׃ כִּי־הִכְנִיעַ יְהוָה אֶת־ יט
יְהוּדָה בַּעֲבוּר אָחָז מֶלֶךְ־יִשְׂרָאֵל כִּי הִפְרִיעַ בִּיהוּדָה וּמָעוֹל
מַעַל בַּיהוָה׃ וַיָּבֹא עָלָיו תִּלְּגַת פִּלְנְאֶסֶר מֶלֶךְ אַשּׁוּר וַיָּצַר כ
לוֹ וְלֹא חֲזָקוֹ׃ כִּי־חָלַק אָחָז אֶת־בֵּית יְהוָה וְאֶת־בֵּית הַמֶּלֶךְ כא
וְהַשָּׂרִים וַיִּתֵּן לְמֶלֶךְ אַשּׁוּר וְלֹא לְעֶזְרָה לוֹ׃ וּבְעֵת הָצֵר לוֹ כב
וַיּוֹסֶף לִמְעוֹל בַּיהוָה הוּא הַמֶּלֶךְ אָחָז׃ וַיִּזְבַּח לֵאלֹהֵי דַרְמֶשֶׂק כג
הַמַּכִּים בּוֹ וַיֹּאמֶר כִּי אֱלֹהֵי מַלְכֵי־אֲרָם הֵם מַעְזְרִים אֹתָם
לָהֶם אֲזַבֵּחַ וְיַעְזְרוּנִי וְהֵם הָיוּ־לוֹ לְהַכְשִׁילוֹ וּלְכָל־יִשְׂרָאֵל׃
וַיֶּאֱסֹף אָחָז אֶת־כְּלֵי בֵית־הָאֱלֹהִים וַיְקַצֵּץ אֶת־כְּלֵי בֵית־ כד
הָאֱלֹהִים וַיִּסְגֹּר אֶת־דַּלְתוֹת בֵּית־יְהוָה וַיַּעַשׂ לוֹ מִזְבְּחוֹת
בְּכָל־פִּנָּה בִּירוּשָׁלִָם׃ וּבְכָל־עִיר וָעִיר לִיהוּדָה עָשָׂה בָמוֹת כה
לְקַטֵּר לֵאלֹהִים אֲחֵרִים וַיַּכְעֵס אֶת־יְהוָה אֱלֹהֵי אֲבֹתָיו׃
וְיֶתֶר דְּבָרָיו וְכָל־דְּרָכָיו הָרִאשֹׁנִים וְהָאַחֲרוֹנִים הִנָּם כְּתוּבִים כו
עַל־סֵפֶר מַלְכֵי־יְהוּדָה וְיִשְׂרָאֵל׃ וַיִּשְׁכַּב אָחָז עִם־אֲבֹתָיו כז
וַיִּקְבְּרֻהוּ בָעִיר בִּירוּשָׁלִַם כִּי לֹא הֱבִיאֻהוּ לְקִבְרֵי מַלְכֵי

א יִשְׂרָאֵל וַיִּמְלֹךְ יְחִזְקִיָּהוּ בְנוֹ תַּחְתָּיו׃ יְחִזְקִיָּהוּ מָלַךְ
בֶּן־עֶשְׂרִים וְחָמֵשׁ שָׁנָה וְעֶשְׂרִים וָתֵשַׁע שָׁנָה מָלַךְ בִּירוּשָׁלִָם
ב וְשֵׁם אִמּוֹ אֲבִיָּה בַּת־זְכַרְיָהוּ׃ וַיַּעַשׂ הַיָּשָׁר בְּעֵינֵי יְהוָה כְּכֹל
ג אֲשֶׁר־עָשָׂה דָּוִיד אָבִיו׃ הוּא בַשָּׁנָה הָרִאשׁוֹנָה לְמָלְכוֹ
ד בַּחֹדֶשׁ הָרִאשׁוֹן פָּתַח אֶת־דַּלְתוֹת בֵּית־יְהוָה וַיְחַזְּקֵם׃ וַיָּבֵא
ה אֶת־הַכֹּהֲנִים וְאֶת־הַלְוִיִּם וַיַּאַסְפֵם לִרְחוֹב הַמִּזְרָח׃ וַיֹּאמֶר
לָהֶם שְׁמָעוּנִי הַלְוִיִּם עַתָּה הִתְקַדְּשׁוּ וְקַדְּשׁוּ אֶת־בֵּית יְהוָה
ו אֱלֹהֵי אֲבֹתֵיכֶם וְהוֹצִיאוּ אֶת־הַנִּדָּה מִן־הַקֹּדֶשׁ׃ כִּי־מָעֲלוּ
אֲבֹתֵינוּ וְעָשׂוּ הָרַע בְּעֵינֵי יְהוָה־אֱלֹהֵינוּ וַיַּעַזְבֻהוּ וַיַּסֵּבּוּ
ז פְנֵיהֶם מִמִּשְׁכַּן יְהוָה וַיִּתְּנוּ־עֹרֶף׃ גַּם סָגְרוּ דַּלְתוֹת הָאוּלָם
וַיְכַבּוּ אֶת־הַנֵּרוֹת וּקְטֹרֶת לֹא הִקְטִירוּ וְעֹלָה לֹא־הֶעֱלוּ בַקֹּדֶשׁ
ח לֵאלֹהֵי יִשְׂרָאֵל׃ וַיְהִי קֶצֶף יְהוָה עַל־יְהוּדָה וִירוּשָׁלִָם וַיִּתְּנֵם
ט לזועה לְשַׁמָּה וְלִשְׁרֵקָה כַּאֲשֶׁר אַתֶּם רֹאִים בְּעֵינֵיכֶם׃ וְהִנֵּה לְזַעֲוָה
נָפְלוּ אֲבוֹתֵינוּ בֶּחָרֶב וּבָנֵינוּ וּבְנוֹתֵינוּ וּנְשֵׁינוּ בַּשְּׁבִי עַל־זֹאת׃
י עַתָּה עִם־לְבָבִי לִכְרוֹת בְּרִית לַיהוָה אֱלֹהֵי יִשְׂרָאֵל וְיָשֹׁב מִמֶּנּוּ
יא חֲרוֹן אַפּוֹ׃ בָּנַי עַתָּה אַל־תִּשָּׁלוּ כִּי־בָכֶם בָּחַר יְהוָה לַעֲמֹד כב
יב לְפָנָיו לְשָׁרְתוֹ וְלִהְיוֹת לוֹ מְשָׁרְתִים וּמַקְטִרִים׃ וַיָּקֻמוּ
הַלְוִיִּם מַחַת בֶּן־עֲמָשַׂי וְיוֹאֵל בֶּן־עֲזַרְיָהוּ מִן־בְּנֵי הַקְּהָתִי
וּמִן־בְּנֵי מְרָרִי קִישׁ בֶּן־עַבְדִּי וַעֲזַרְיָהוּ בֶּן־יְהַלֶּלְאֵל וּמִן־
יג הַגֵּרְשֻׁנִּי יוֹאָח בֶּן־זִמָּה וְעֵדֶן בֶּן־יוֹאָח׃ וּמִן־בְּנֵי אֱלִיצָפָן
יד שִׁמְרִי ויעואל וּמִן־בְּנֵי אָסָף זְכַרְיָהוּ וּמַתַּנְיָהוּ׃ וּמִן־ וִיעִיאֵל
בְּנֵי הֵימָן יחואל וְשִׁמְעִי וּמִן־בְּנֵי יְדוּתוּן שְׁמַעְיָה וְעֻזִּיאֵל׃ יְחִיאֵל
טו וַיַּאַסְפוּ אֶת־אֲחֵיהֶם וַיִּתְקַדְּשׁוּ וַיָּבֹאוּ כְמִצְוַת־הַמֶּלֶךְ בְּדִבְרֵי
טז יְהוָה לְטַהֵר בֵּית יְהוָה׃ וַיָּבֹאוּ הַכֹּהֲנִים לִפְנִימָה בֵית־יְהוָה
לְטַהֵר וַיּוֹצִיאוּ אֵת כָּל־הַטֻּמְאָה אֲשֶׁר מָצְאוּ בְּהֵיכַל יְהוָה לַחֲצַר
יז בֵּית יְהוָה וַיְקַבְּלוּ הַלְוִיִּם לְהוֹצִיא לְנַחַל־קִדְרוֹן חוּצָה׃ וַיָּחֵלּוּ
בְּאֶחָד לַחֹדֶשׁ הָרִאשׁוֹן לְקַדֵּשׁ וּבְיוֹם שְׁמוֹנָה לַחֹדֶשׁ בָּאוּ

לְאוּלָם יְהוָה וַיְקַדְּשׁוּ אֶת־בֵּית־יְהוָה לְיָמִים שְׁמוֹנָה וּבְיוֹם
יח שִׁשָּׁה עָשָׂר לַחֹדֶשׁ הָרִאשׁוֹן כִּלּוּ׃ וַיָּבוֹאוּ פְנִימָה
אֶל־חִזְקִיָּהוּ הַמֶּלֶךְ וַיֹּאמְרוּ טִהַרְנוּ אֶת־כָּל־בֵּית יְהוָה אֶת־
מִזְבַּח הָעוֹלָה וְאֶת־כָּל־כֵּלָיו וְאֶת־שֻׁלְחַן הַמַּעֲרֶכֶת וְאֶת־
יט כָּל־כֵּלָיו׃ וְאֵת כָּל־הַכֵּלִים אֲשֶׁר הִזְנִיחַ הַמֶּלֶךְ אָחָז בְּמַלְכוּתוֹ
כ בְּמַעֲלוֹ הֵכַנּוּ וְהִקְדָּשְׁנוּ וְהִנָּם לִפְנֵי מִזְבַּח יְהוָה׃ וַיַּשְׁכֵּם
יְחִזְקִיָּהוּ הַמֶּלֶךְ וַיֶּאֱסֹף אֵת שָׂרֵי הָעִיר וַיַּעַל בֵּית יְהוָה׃
כא וַיָּבִיאוּ פָרִים־שִׁבְעָה וְאֵילִים שִׁבְעָה וּכְבָשִׂים שִׁבְעָה וּצְפִירֵי
עִזִּים שִׁבְעָה לְחַטָּאת עַל־הַמַּמְלָכָה וְעַל־הַמִּקְדָּשׁ וְעַל־
יְהוּדָה וַיֹּאמֶר לִבְנֵי אַהֲרֹן הַכֹּהֲנִים לְהַעֲלוֹת עַל־מִזְבַּח יְהוָה׃
כב וַיִּשְׁחֲטוּ הַבָּקָר וַיְקַבְּלוּ הַכֹּהֲנִים אֶת־הַדָּם וַיִּזְרְקוּ הַמִּזְבֵּחָה
וַיִּשְׁחֲטוּ הָאֵלִים וַיִּזְרְקוּ הַדָּם הַמִּזְבֵּחָה וַיִּשְׁחֲטוּ הַכְּבָשִׂים
כג וַיִּזְרְקוּ הַדָּם הַמִּזְבֵּחָה׃ וַיַּגִּישׁוּ אֶת־שְׂעִירֵי הַחַטָּאת לִפְנֵי הַמֶּלֶךְ
כד וְהַקָּהָל וַיִּסְמְכוּ יְדֵיהֶם עֲלֵיהֶם׃ וַיִּשְׁחָטוּם הַכֹּהֲנִים וַיְחַטְּאוּ
אֶת־דָּמָם הַמִּזְבֵּחָה לְכַפֵּר עַל־כָּל־יִשְׂרָאֵל כִּי לְכָל־יִשְׂרָאֵל
כה אָמַר הַמֶּלֶךְ הָעוֹלָה וְהַחַטָּאת׃ וַיַּעֲמֵד אֶת־הַלְוִיִּם בֵּית יְהוָה
בִּמְצִלְתַּיִם בִּנְבָלִים וּבְכִנֹּרוֹת בְּמִצְוַת דָּוִיד וְגָד חֹזֵה־הַמֶּלֶךְ
וְנָתָן הַנָּבִיא כִּי בְיַד־יְהוָה הַמִּצְוָה בְּיַד־נְבִיאָיו׃
כו כז וַיַּעַמְדוּ הַלְוִיִּם בִּכְלֵי דָוִיד וְהַכֹּהֲנִים בַּחֲצֹצְרוֹת׃ וַיֹּאמֶר
חִזְקִיָּהוּ לְהַעֲלוֹת הָעֹלָה לְהַמִּזְבֵּחַ וּבְעֵת הֵחֵל הָעוֹלָה הֵחֵל
כח שִׁיר־יְהוָה וְהַחֲצֹצְרוֹת וְעַל־יְדֵי כְּלֵי דָּוִיד מֶלֶךְ יִשְׂרָאֵל׃ וְכָל־
הַקָּהָל מִשְׁתַּחֲוִים וְהַשִּׁיר מְשׁוֹרֵר וְהַחֲצֹצְרוֹת מחצצרים הַכֹּל מַחְצְרִים
כט עַד לִכְלוֹת הָעֹלָה׃ וּכְכַלּוֹת לְהַעֲלוֹת כָּרְעוּ הַמֶּלֶךְ וְכָל־
ל הַנִּמְצְאִים אִתּוֹ וַיִּשְׁתַּחֲוּוּ׃ וַיֹּאמֶר יְחִזְקִיָּהוּ הַמֶּלֶךְ וְהַשָּׂרִים
לַלְוִיִּם לְהַלֵּל לַיהוָה בְּדִבְרֵי דָוִיד וְאָסָף הַחֹזֶה וַיְהַלְלוּ עַד־
לא לְשִׂמְחָה וַיִּקְּדוּ וַיִּשְׁתַּחֲוּוּ׃ וַיַּעַן יְחִזְקִיָּהוּ וַיֹּאמֶר עַתָּה
מִלֵּאתֶם יֶדְכֶם לַיהוָה גֹּשׁוּ וְהָבִיאוּ זְבָחִים וְתוֹדוֹת לְבֵית

יְהוָה וַיָּבִיאוּ הַקָּהָל זְבָחִים וְתוֹדוֹת וְכָל־נְדִיב לֵב עֹלוֹת׃
לב וַיְהִי מִסְפַּר הָעֹלָה אֲשֶׁר הֵבִיאוּ הַקָּהָל בָּקָר שִׁבְעִים אֵילִים
לג מֵאָה כְּבָשִׂים מָאתָיִם לְעֹלָה לַיהוָה כָּל־אֵלֶּה׃ וְהַקֳּדָשִׁים
לד בָּקָר שֵׁשׁ מֵאוֹת וְצֹאן שְׁלֹשֶׁת אֲלָפִים׃ רַק הַכֹּהֲנִים הָיוּ
לִמְעָט וְלֹא יָכְלוּ לְהַפְשִׁיט אֶת־כָּל־הָעֹלוֹת וַיְחַזְּקוּם אֲחֵיהֶם
הַלְוִיִּם עַד־כְּלוֹת הַמְּלָאכָה וְעַד־יִתְקַדְּשׁוּ הַכֹּהֲנִים כִּי הַלְוִיִּם
לה יִשְׁרֵי לֵבָב לְהִתְקַדֵּשׁ מֵהַכֹּהֲנִים׃ וְגַם־עֹלָה לָרֹב בְּחֶלְבֵי
לו הַשְּׁלָמִים וּבַנְּסָכִים לָעֹלָה וַתִּכּוֹן עֲבוֹדַת בֵּית־יְהוָה׃ וַיִּשְׂמַח
יְחִזְקִיָּהוּ וְכָל־הָעָם עַל הַהֵכִין הָאֱלֹהִים לָעָם כִּי בְּפִתְאֹם
ל א הָיָה הַדָּבָר׃ וַיִּשְׁלַח יְחִזְקִיָּהוּ עַל־כָּל־יִשְׂרָאֵל וִיהוּדָה
וְגַם־אִגְּרוֹת כָּתַב עַל־אֶפְרַיִם וּמְנַשֶּׁה לָבוֹא לְבֵית־יְהוָה
ב בִּירוּשָׁלִָם לַעֲשׂוֹת פֶּסַח לַיהוָה אֱלֹהֵי יִשְׂרָאֵל׃ וַיִּוָּעַץ הַמֶּלֶךְ
וְשָׂרָיו וְכָל־הַקָּהָל בִּירוּשָׁלִָם לַעֲשׂוֹת הַפֶּסַח בַּחֹדֶשׁ הַשֵּׁנִי׃
ג כִּי לֹא יָכְלוּ לַעֲשֹׂתוֹ בָּעֵת הַהִיא כִּי הַכֹּהֲנִים לֹא־הִתְקַדְּשׁוּ
ד לְמַדַּי וְהָעָם לֹא־נֶאֶסְפוּ לִירוּשָׁלִָם׃ וַיִּשַׁר הַדָּבָר בְּעֵינֵי
ה הַמֶּלֶךְ וּבְעֵינֵי כָּל־הַקָּהָל׃ וַיַּעֲמִידוּ דָבָר לְהַעֲבִיר קוֹל בְּכָל־
יִשְׂרָאֵל מִבְּאֵר־שֶׁבַע וְעַד־דָּן לָבוֹא לַעֲשׂוֹת פֶּסַח לַיהוָה
ו אֱלֹהֵי־יִשְׂרָאֵל בִּירוּשָׁלִָם כִּי לֹא לָרֹב עָשׂוּ כַּכָּתוּב׃ וַיֵּלְכוּ
הָרָצִים בָּאִגְּרוֹת מִיַּד הַמֶּלֶךְ וְשָׂרָיו בְּכָל־יִשְׂרָאֵל וִיהוּדָה
וּכְמִצְוַת הַמֶּלֶךְ לֵאמֹר בְּנֵי יִשְׂרָאֵל שׁוּבוּ אֶל־יְהוָה אֱלֹהֵי
אַבְרָהָם יִצְחָק וְיִשְׂרָאֵל וְיָשֹׁב אֶל־הַפְּלֵיטָה הַנִּשְׁאֶרֶת לָכֶם
ז מִכַּף מַלְכֵי אַשּׁוּר׃ וְאַל־תִּהְיוּ כַּאֲבוֹתֵיכֶם וְכַאֲחֵיכֶם אֲשֶׁר
מָעֲלוּ בַּיהוָה אֱלֹהֵי אֲבוֹתֵיהֶם וַיִּתְּנֵם לְשַׁמָּה כַּאֲשֶׁר אַתֶּם
ח רֹאִים׃ עַתָּה אַל־תַּקְשׁוּ עָרְפְּכֶם כַּאֲבוֹתֵיכֶם תְּנוּ־יָד לַיהוָה
וּבֹאוּ לְמִקְדָּשׁוֹ אֲשֶׁר הִקְדִּישׁ לְעוֹלָם וְעִבְדוּ אֶת־יְהוָה
ט אֱלֹהֵיכֶם וְיָשֹׁב מִכֶּם חֲרוֹן אַפּוֹ׃ כִּי בְשׁוּבְכֶם עַל־יְהוָה
אֲחֵיכֶם וּבְנֵיכֶם לְרַחֲמִים לִפְנֵי שׁוֹבֵיהֶם וְלָשׁוּב לָאָרֶץ הַזֹּאת

כִּי־חַנּוּן וְרַחוּם יְהוָה אֱלֹהֵיכֶם וְלֹא־יָסִיר פָּנִים מִכֶּם אִם־
י תָּשׁוּבוּ אֵלָיו׃ וַיִּהְיוּ הָרָצִים עֹבְרִים מֵעִיר ׀ לָעִיר
בְּאֶרֶץ־אֶפְרַיִם וּמְנַשֶּׁה וְעַד־זְבֻלוּן וַיִּהְיוּ מַשְׂחִיקִים עֲלֵיהֶם
יא וּמַלְעִגִים בָּם׃ אַךְ אֲנָשִׁים מֵאָשֵׁר וּמְנַשֶּׁה וּמִזְּבֻלוּן נִכְנְעוּ
יב וַיָּבֹאוּ לִירוּשָׁלִָם׃ גַּם בִּיהוּדָה הָיְתָה יַד הָאֱלֹהִים לָתֵת לָהֶם
יג לֵב אֶחָד לַעֲשׂוֹת מִצְוַת הַמֶּלֶךְ וְהַשָּׂרִים בִּדְבַר יְהוָה׃ וַיֵּאָסְפוּ
יְרוּשָׁלִַם עַם־רָב לַעֲשׂוֹת אֶת־חַג הַמַּצּוֹת בַּחֹדֶשׁ הַשֵּׁנִי קָהָל
יד לָרֹב מְאֹד׃ וַיָּקֻמוּ וַיָּסִירוּ אֶת־הַמִּזְבְּחוֹת אֲשֶׁר בִּירוּשָׁלִָם וְאֵת
טו כָּל־הַמְקַטְּרוֹת הֵסִירוּ וַיַּשְׁלִיכוּ לְנַחַל קִדְרוֹן׃ וַיִּשְׁחֲטוּ הַפֶּסַח
בְּאַרְבָּעָה עָשָׂר לַחֹדֶשׁ הַשֵּׁנִי וְהַכֹּהֲנִים וְהַלְוִיִּם נִכְלְמוּ
טז וַיִּתְקַדְּשׁוּ וַיָּבִיאוּ עֹלוֹת בֵּית יְהוָה׃ וַיַּעַמְדוּ עַל־עָמְדָם
כְּמִשְׁפָּטָם כְּתוֹרַת מֹשֶׁה אִישׁ־הָאֱלֹהִים הַכֹּהֲנִים זֹרְקִים אֶת־
יז הַדָּם מִיַּד הַלְוִיִּם׃ כִּי־רַבַּת בַּקָּהָל אֲשֶׁר לֹא־הִתְקַדָּשׁוּ וְהַלְוִיִּם
יח עַל־שְׁחִיטַת הַפְּסָחִים לְכֹל לֹא טָהוֹר לְהַקְדִּישׁ לַיהוָה׃ כִּי
מַרְבִּית הָעָם רַבַּת מֵאֶפְרַיִם וּמְנַשֶּׁה יִשָּׂשכָר וּזְבֻלוּן לֹא
הִטֶּהָרוּ כִּי־אָכְלוּ אֶת־הַפֶּסַח בְּלֹא כַכָּתוּב כִּי הִתְפַּלֵּל
יט יְחִזְקִיָּהוּ עֲלֵיהֶם לֵאמֹר יְהוָה הַטּוֹב יְכַפֵּר בְּעַד׃ כָּל־לְבָבוֹ
הֵכִין לִדְרוֹשׁ הָאֱלֹהִים ׀ יְהוָה אֱלֹהֵי אֲבוֹתָיו וְלֹא כְּטָהֳרַת
כ הַקֹּדֶשׁ׃ וַיִּשְׁמַע יְהוָה אֶל־יְחִזְקִיָּהוּ וַיִּרְפָּא אֶת־
כא הָעָם׃ וַיַּעֲשׂוּ בְנֵי־יִשְׂרָאֵל הַנִּמְצְאִים בִּירוּשָׁלִַם אֶת־
חַג הַמַּצּוֹת שִׁבְעַת יָמִים בְּשִׂמְחָה גְדוֹלָה וּמְהַלְלִים לַיהוָה
כב יוֹם ׀ בְּיוֹם הַלְוִיִּם וְהַכֹּהֲנִים בִּכְלֵי־עֹז לַיהוָה׃ וַיְדַבֵּר
יְחִזְקִיָּהוּ עַל־לֵב כָּל־הַלְוִיִּם הַמַּשְׂכִּילִים שֵׂכֶל־טוֹב לַיהוָה
וַיֹּאכְלוּ אֶת־הַמּוֹעֵד שִׁבְעַת הַיָּמִים מְזַבְּחִים זִבְחֵי שְׁלָמִים
כג וּמִתְוַדִּים לַיהוָה אֱלֹהֵי אֲבוֹתֵיהֶם׃ וַיִּוָּעֲצוּ כָּל־הַקָּהָל
לַעֲשׂוֹת שִׁבְעַת יָמִים אֲחֵרִים וַיַּעֲשׂוּ שִׁבְעַת יָמִים שִׂמְחָה׃
כד כִּי חִזְקִיָּהוּ מֶלֶךְ־יְהוּדָה הֵרִים לַקָּהָל אֶלֶף פָּרִים וְשִׁבְעַת

אֲלָפִים צֹאן וְהַשָּׂרִים הֵרִימוּ לַקָּהָל פָּרִים אֶלֶף וְצֹאן עֲשֶׂרֶת
אֲלָפִים וַיִּתְקַדְּשׁוּ כֹהֲנִים לָרֹב׃ וַיִּשְׂמְחוּ ׀ כָּל־קְהַל יְהוּדָה כה
וְהַכֹּהֲנִים וְהַלְוִיִּם וְכָל־הַקָּהָל הַבָּאִים מִיִּשְׂרָאֵל וְהַגֵּרִים
הַבָּאִים מֵאֶרֶץ יִשְׂרָאֵל וְהַיּוֹשְׁבִים בִּיהוּדָה׃ וַתְּהִי שִׂמְחָה כו
גְדוֹלָה בִּירוּשָׁלִָם כִּי מִימֵי שְׁלֹמֹה בֶן־דָּוִיד מֶלֶךְ יִשְׂרָאֵל לֹא
כָזֹאת בִּירוּשָׁלִָם׃ וַיָּקֻמוּ הַכֹּהֲנִים הַלְוִיִּם וַיְבָרְכוּ כז
אֶת־הָעָם וַיִּשָּׁמַע בְּקוֹלָם וַתָּבוֹא תְפִלָּתָם לִמְעוֹן קָדְשׁוֹ
לַשָּׁמָיִם׃ וּכְכַלּוֹת כָּל־זֹאת יָצְאוּ כָּל־יִשְׂרָאֵל הַנִּמְצְאִים לא א
לְעָרֵי יְהוּדָה וַיְשַׁבְּרוּ הַמַּצֵּבוֹת וַיְגַדְּעוּ הָאֲשֵׁרִים וַיְנַתְּצוּ אֶת־
הַבָּמוֹת וְאֶת־הַמִּזְבְּחֹת מִכָּל־יְהוּדָה וּבִנְיָמִן וּבְאֶפְרַיִם
וּמְנַשֶּׁה עַד־לְכַלֵּה וַיָּשׁוּבוּ כָּל־בְּנֵי יִשְׂרָאֵל אִישׁ לַאֲחֻזָּתוֹ
לְעָרֵיהֶם׃ וַיַּעֲמֵד יְחִזְקִיָּהוּ אֶת־מַחְלְקוֹת הַכֹּהֲנִים ב
וְהַלְוִיִּם עַל־מַחְלְקוֹתָם אִישׁ ׀ כְּפִי עֲבֹדָתוֹ לַכֹּהֲנִים וְלַלְוִיִּם
לְעֹלָה וְלִשְׁלָמִים לְשָׁרֵת וּלְהֹדוֹת וּלְהַלֵּל בְּשַׁעֲרֵי מַחֲנוֹת
יְהוָה׃ וּמְנָת הַמֶּלֶךְ מִן־רְכוּשׁוֹ לָעֹלוֹת לְעֹלוֹת ג
הַבֹּקֶר וְהָעֶרֶב וְהָעֹלוֹת לַשַּׁבָּתוֹת וְלֶחֳדָשִׁים וְלַמֹּעֲדִים
כַּכָּתוּב בְּתוֹרַת יְהוָה׃ וַיֹּאמֶר לָעָם לְיוֹשְׁבֵי יְרוּשָׁלִַם לָתֵת ד
מְנָת הַכֹּהֲנִים וְהַלְוִיִּם לְמַעַן יֶחֶזְקוּ בְּתוֹרַת יְהוָה׃ וְכִפְרֹץ ה
הַדָּבָר הִרְבּוּ בְנֵי־יִשְׂרָאֵל רֵאשִׁית דָּגָן תִּירוֹשׁ וְיִצְהָר וּדְבַשׁ
וְכֹל תְּבוּאַת שָׂדֶה וּמַעְשַׂר הַכֹּל לָרֹב הֵבִיאוּ׃ וּבְנֵי יִשְׂרָאֵל ו
וִיהוּדָה הַיּוֹשְׁבִים בְּעָרֵי יְהוּדָה גַּם־הֵם מַעְשַׂר בָּקָר וָצֹאן
וּמַעְשַׂר קֳדָשִׁים הַמְקֻדָּשִׁים לַיהוָה אֱלֹהֵיהֶם הֵבִיאוּ וַיִּתְּנוּ
עֲרֵמוֹת עֲרֵמוֹת׃ בַּחֹדֶשׁ הַשְּׁלִשִׁי הֵחֵלּוּ הָעֲרֵמוֹת ז
לְיַסּוֹד וּבַחֹדֶשׁ הַשְּׁבִיעִי כִּלּוּ׃ וַיָּבֹאוּ יְחִזְקִיָּהוּ ח
וְהַשָּׂרִים וַיִּרְאוּ אֶת־הָעֲרֵמוֹת וַיְבָרְכוּ אֶת־יְהוָה וְאֵת עַמּוֹ
יִשְׂרָאֵל׃ וַיִּדְרֹשׁ יְחִזְקִיָּהוּ עַל־הַכֹּהֲנִים וְהַלְוִיִּם עַל־ ט
כג הָעֲרֵמוֹת׃ וַיֹּאמֶר אֵלָיו עֲזַרְיָהוּ הַכֹּהֵן הָרֹאשׁ לְבֵית צָדוֹק י

וַיֹּאמֶר מֵהָחֵל הַתְּרוּמָה לָבִיא בֵית־יהוה אָכוֹל וְשָׂבוֹעַ וְהוֹתֵר
עַד־לָרוֹב כִּי יהוה בֵּרַךְ אֶת־עַמּוֹ וְהַנּוֹתָר אֶת־הֶהָמוֹן
יא הַזֶּה׃ וַיֹּאמֶר יְחִזְקִיָּהוּ לְהָכִין לְשָׁכוֹת בְּבֵית יהוה
יב וַיָּכִינוּ׃ וַיָּבִיאוּ אֶת־הַתְּרוּמָה וְהַמַּעֲשֵׂר וְהַקֳּדָשִׁים בֶּאֱמוּנָה
יג וַעֲלֵיהֶם נָגִיד כונניהו הַלֵּוִי וְשִׁמְעִי אָחִיהוּ מִשְׁנֶה׃ וִיחִיאֵל (כָּנַנְיָהוּ)
וַעֲזַזְיָהוּ וְנַחַת וַעֲשָׂהאֵל וִירִימוֹת וְיוֹזָבָד וֶאֱלִיאֵל וְיִסְמַכְיָהוּ
וּמַחַת וּבְנָיָהוּ פְּקִידִים מִיַּד כונניהו וְשִׁמְעִי אָחִיו בְּמִפְקַד (כָּנַנְיָהוּ)
יד יְחִזְקִיָּהוּ הַמֶּלֶךְ וַעֲזַרְיָהוּ נְגִיד בֵּית־הָאֱלֹהִים׃ וְקוֹרֵא בֶן־יִמְנָה
הַלֵּוִי הַשּׁוֹעֵר לַמִּזְרָחָה עַל נִדְבוֹת הָאֱלֹהִים לָתֵת תְּרוּמַת
טו יהוה וְקָדְשֵׁי הַקֳּדָשִׁים׃ וְעַל־יָדוֹ עֵדֶן וּמִנְיָמִן וְיֵשׁוּעַ וּשְׁמַעְיָהוּ
אֲמַרְיָהוּ וּשְׁכַנְיָהוּ בְּעָרֵי הַכֹּהֲנִים בֶּאֱמוּנָה לָתֵת לַאֲחֵיהֶם
טז בְּמַחְלְקוֹת כַּגָּדוֹל כַּקָּטָן׃ מִלְּבַד הִתְיַחְשָׂם לִזְכָרִים מִבֶּן
שָׁלוֹשׁ שָׁנִים וּלְמַעְלָה לְכָל־הַבָּא לְבֵית־יהוה לִדְבַר־יוֹם
יז בְּיוֹמוֹ לַעֲבוֹדָתָם בְּמִשְׁמְרוֹתָם כְּמַחְלְקוֹתֵיהֶם׃ וְאֵת הִתְיַחֵשׂ
הַכֹּהֲנִים לְבֵית אֲבוֹתֵיהֶם וְהַלְוִיִּם מִבֶּן עֶשְׂרִים שָׁנָה וּלְמָעְלָה
יח בְּמִשְׁמְרוֹתֵיהֶם בְּמַחְלְקוֹתֵיהֶם׃ וּלְהִתְיַחֵשׂ בְּכָל־טַפָּם נְשֵׁיהֶם
וּבְנֵיהֶם וּבְנוֹתֵיהֶם לְכָל־קָהָל כִּי בֶאֱמוּנָתָם יִתְקַדְּשׁוּ־קֹדֶשׁ׃
יט וְלִבְנֵי אַהֲרֹן הַכֹּהֲנִים בִּשְׂדֵי מִגְרַשׁ עָרֵיהֶם בְּכָל־עִיר וָעִיר
אֲנָשִׁים אֲשֶׁר נִקְּבוּ בְּשֵׁמוֹת לָתֵת מָנוֹת לְכָל־זָכָר בַּכֹּהֲנִים
כ וּלְכָל־הִתְיַחֵשׂ בַּלְוִיִּם׃ וַיַּעַשׂ כָּזֹאת יְחִזְקִיָּהוּ בְּכָל־יְהוּדָה
כא וַיַּעַשׂ הַטּוֹב וְהַיָּשָׁר וְהָאֱמֶת לִפְנֵי יהוה אֱלֹהָיו׃ וּבְכָל־מַעֲשֶׂה
אֲשֶׁר־הֵחֵל ׀ בַּעֲבוֹדַת בֵּית־הָאֱלֹהִים וּבַתּוֹרָה וּבַמִּצְוָה לִדְרֹשׁ
לֵאלֹהָיו בְּכָל־לְבָבוֹ עָשָׂה וְהִצְלִיחַ׃
לב א אַחֲרֵי הַדְּבָרִים וְהָאֱמֶת הָאֵלֶּה בָּא סַנְחֵרִיב מֶלֶךְ־אַשּׁוּר וַיָּבֹא
בִיהוּדָה וַיִּחַן עַל־הֶעָרִים הַבְּצֻרוֹת וַיֹּאמֶר לְבִקְעָם אֵלָיו׃
ב וַיַּרְא יְחִזְקִיָּהוּ כִּי־בָא סַנְחֵרִיב וּפָנָיו לַמִּלְחָמָה עַל־יְרוּשָׁלִָם׃
ג וַיִּוָּעַץ עִם־שָׂרָיו וְגִבֹּרָיו לִסְתּוֹם אֶת־מֵימֵי הָעֲיָנוֹת אֲשֶׁר

ד מִחוּץ לָעִיר וַֽיַּעְזְרֽוּהוּ׃ וַיִּקָּבְצוּ עַם־רָב וַֽיִּסְתְּמוּ אֶת־כָּל־
הַמַּעְיָנוֹת וְאֶת־הַנַּחַל הַשּׁוֹטֵף בְּתוֹךְ־הָאָרֶץ לֵאמֹר לָמָּה
ה יָבוֹאוּ מַלְכֵי אַשּׁוּר וּמָצְאוּ מַיִם רַבִּים׃ וַיִּתְחַזַּק וַיִּבֶן אֶת־כָּל־
הַחוֹמָה הַפְּרוּצָה וַיַּעַל עַל־הַמִּגְדָּלוֹת וְלַחוּצָה הַחוֹמָה אַחֶרֶת
ו וַיְחַזֵּק אֶת־הַמִּלּוֹא עִיר דָּוִיד וַיַּעַשׂ שֶׁלַח לָרֹב וּמָגִנִּים׃ וַיִּתֵּן
שָׂרֵי מִלְחָמוֹת עַל־הָעָם וַיִּקְבְּצֵם אֵלָיו אֶל־רְחוֹב שַׁעַר הָעִיר
ז וַיְדַבֵּר עַל־לְבָבָם לֵאמֹר׃ חִזְקוּ וְאִמְצוּ אַל־תִּֽירְאוּ וְאַל־תֵּחַתּוּ
מִפְּנֵי מֶלֶךְ אַשּׁוּר וּמִלִּפְנֵי כָּל־הֶהָמוֹן אֲשֶׁר־עִמּוֹ כִּי־עִמָּנוּ
ח רַב מֵעִמּוֹ׃ עִמּוֹ זְרוֹעַ בָּשָׂר וְעִמָּנוּ יְהוָה אֱלֹהֵינוּ לְעָזְרֵנוּ
וּלְהִלָּחֵם מִלְחֲמֹתֵנוּ וַיִּסָּמְכוּ הָעָם עַל־דִּבְרֵי יְחִזְקִיָּהוּ מֶלֶךְ־
ט יְהוּדָה׃ אַחַר זֶה שָׁלַח סַנְחֵרִיב מֶלֶךְ־אַשּׁוּר עֲבָדָיו
יְרוּשָׁלַיְמָה וְהוּא עַל־לָכִישׁ וְכָל־מֶמְשַׁלְתּוֹ עִמּוֹ עַל־יְחִזְקִיָּהוּ
י מֶלֶךְ יְהוּדָה וְעַל־כָּל־יְהוּדָה אֲשֶׁר בִּירוּשָׁלַםִ לֵאמֹר׃ כֹּה אָמַר
סַנְחֵרִיב מֶלֶךְ אַשּׁוּר עַל־מָה אַתֶּם בֹּטְחִים וְיֹשְׁבִים בְּמָצוֹר
יא בִּירוּשָׁלָםִ׃ הֲלֹא יְחִזְקִיָּהוּ מַסִּית אֶתְכֶם לָתֵת אֶתְכֶם לָמוּת
בְּרָעָב וּבְצָמָא לֵאמֹר יְהוָה אֱלֹהֵינוּ יַצִּילֵנוּ מִכַּף מֶלֶךְ אַשּׁוּר׃
יב הֲלֹא־הוּא יְחִזְקִיָּהוּ הֵסִיר אֶת־בָּמֹתָיו וְאֶת־מִזְבְּחֹתָיו וַיֹּאמֶר
לִיהוּדָה וְלִירוּשָׁלַםִ לֵאמֹר לִפְנֵי מִזְבֵּחַ אֶחָד תִּשְׁתַּחֲווּ וְעָלָיו
יג תַּקְטִירוּ׃ הֲלֹא תֵדְעוּ מֶה עָשִׂיתִי אֲנִי וַאֲבוֹתַי לְכֹל עַמֵּי
הָאֲרָצוֹת הֲיָכוֹל יָֽכְלוּ אֱלֹהֵי גּוֹיֵ הָאֲרָצוֹת לְהַצִּיל אֶת־אַרְצָם
יד מִיָּדִי׃ מִי בְּכָל־אֱלֹהֵי הַגּוֹיִם הָאֵלֶּה אֲשֶׁר הֶחֱרִימוּ אֲבוֹתַי
אֲשֶׁר יָכוֹל לְהַצִּיל אֶת־עַמּוֹ מִיָּדִי כִּי יוּכַל אֱלֹהֵיכֶם לְהַצִּיל
טו אֶתְכֶם מִיָּדִי׃ וְעַתָּה אַל־יַשִּׁיא אֶתְכֶם חִזְקִיָּהוּ וְאַל־יַסִּית
אֶתְכֶם כָּזֹאת וְאַל־תַּאֲמִינוּ לוֹ כִּי־לֹא יוּכַל כָּל־אֱלוֹהַּ כָּל־
גּוֹי וּמַמְלָכָה לְהַצִּיל עַמּוֹ מִיָּדִי וּמִיַּד אֲבוֹתָי אַף כִּי אֱלֹהֵיכֶם
טז לֹא־יַצִּילוּ אֶתְכֶם מִיָּדִי׃ וְעוֹד דִּבְּרוּ עֲבָדָיו עַל־יְהוָה הָאֱלֹהִים
יז וְעַל יְחִזְקִיָּהוּ עַבְדּוֹ׃ וּסְפָרִים כָּתַב לְחָרֵף לַיהוָה אֱלֹהֵי יִשְׂרָאֵל

וְלֵאמֹר עָלָיו לֵאמֹר כֵּאלֹהֵי גּוֹיֵ הָאֲרָצוֹת אֲשֶׁר לֹא־הִצִּילוּ
יח עַמָּם מִיָּדִי כֵּן לֹא־יַצִּיל אֱלֹהֵי יְחִזְקִיָּהוּ עַמּוֹ מִיָּדִי׃ וַיִּקְרְאוּ
בְקוֹל־גָּדוֹל יְהוּדִית עַל־עַם יְרוּשָׁלִַם אֲשֶׁר עַל־הַחוֹמָה לְיָרְאָם
יט וּלְבַהֲלָם לְמַעַן יִלְכְּדוּ אֶת־הָעִיר׃ וַיְדַבְּרוּ אֶל־אֱלֹהֵי יְרוּשָׁלִָם
כ כְּעַל אֱלֹהֵי עַמֵּי הָאָרֶץ מַעֲשֵׂה יְדֵי הָאָדָם׃ וַיִּתְפַּלֵּל
יְחִזְקִיָּהוּ הַמֶּלֶךְ וִישַׁעְיָהוּ בֶן־אָמוֹץ הַנָּבִיא עַל־זֹאת וַיִּזְעֲקוּ
כא הַשָּׁמָיִם׃ וַיִּשְׁלַח יְהוָה מַלְאָךְ וַיַּכְחֵד כָּל־גִּבּוֹר חַיִל
וְנָגִיד וְשָׂר בְּמַחֲנֵה מֶלֶךְ אַשּׁוּר וַיָּשָׁב בְּבֹשֶׁת פָּנִים לְאַרְצוֹ
ומִיצִיאֵי כב וַיָּבֹא בֵּית אֱלֹהָיו וּמִיצִיאֵו מֵעָיו שָׁם הִפִּילֻהוּ בֶחָרֶב׃ וַיּוֹשַׁע
יְהוָה אֶת־יְחִזְקִיָּהוּ וְאֵת ׀ יֹשְׁבֵי יְרוּשָׁלִַם מִיַּד סַנְחֵרִיב מֶלֶךְ־
כג אַשּׁוּר וּמִיַּד־כֹּל וַיְנַהֲלֵם מִסָּבִיב׃ וְרַבִּים מְבִיאִים מִנְחָה
לַיהוָה לִירוּשָׁלִַם וּמִגְדָּנוֹת לִיחִזְקִיָּהוּ מֶלֶךְ יְהוּדָה וַיִּנַּשֵּׂא לְעֵינֵי
כָל־הַגּוֹיִם מֵאַחֲרֵי־כֵן׃
כד בַּיָּמִים הָהֵם חָלָה יְחִזְקִיָּהוּ עַד־לָמוּת וַיִּתְפַּלֵּל אֶל־יְהוָה
כה וַיֹּאמֶר לוֹ וּמוֹפֵת נָתַן לוֹ׃ וְלֹא־כִגְמֻל עָלָיו הֵשִׁיב יְחִזְקִיָּהוּ
כו כִּי גָבַהּ לִבּוֹ וַיְהִי עָלָיו קֶצֶף וְעַל־יְהוּדָה וִירוּשָׁלִָם׃ וַיִּכָּנַע
יְחִזְקִיָּהוּ בְּגֹבַהּ לִבּוֹ הוּא וְיֹשְׁבֵי יְרוּשָׁלִָם וְלֹא־בָא עֲלֵיהֶם
כז קֶצֶף יְהוָה בִּימֵי יְחִזְקִיָּהוּ׃ וַיְהִי לִיחִזְקִיָּהוּ עֹשֶׁר וְכָבוֹד הַרְבֵּה
מְאֹד וְאֹצָרוֹת עָשָׂה־לוֹ לְכֶסֶף וּלְזָהָב וּלְאֶבֶן יְקָרָה וְלִבְשָׂמִים
כח וּלְמָגִנִּים וּלְכֹל כְּלֵי חֶמְדָּה׃ וּמִסְכְּנוֹת לִתְבוּאַת דָּגָן וְתִירוֹשׁ
כט וְיִצְהָר וְאֻרָוֹת לְכָל־בְּהֵמָה וּבְהֵמָה וַעֲדָרִים לָאֲוֵרוֹת׃ וְעָרִים
עָשָׂה לוֹ וּמִקְנֵה־צֹאן וּבָקָר לָרֹב כִּי נָתַן־לוֹ אֱלֹהִים רְכוּשׁ
ל רַב מְאֹד׃ וְהוּא יְחִזְקִיָּהוּ סָתַם אֶת־מוֹצָא מֵימֵי גִיחוֹן הָעֶלְיוֹן
וַיַּשְּׁרֵם וייַשְּׁרֵם לְמַטָּה־מַּעְרָבָה לְעִיר דָּוִיד וַיַּצְלַח יְחִזְקִיָּהוּ בְּכָל־
לא מַעֲשֵׂהוּ׃ וְכֵן בִּמְלִיצֵי ׀ שָׂרֵי בָבֶל הַמְשַׁלְּחִים עָלָיו לִדְרֹשׁ
הַמּוֹפֵת אֲשֶׁר הָיָה בָאָרֶץ עֲזָבוֹ הָאֱלֹהִים לְנַסּוֹתוֹ לָדַעַת
לב כָּל־בִּלְבָבוֹ׃ וְיֶתֶר דִּבְרֵי יְחִזְקִיָּהוּ וַחֲסָדָיו הִנָּם כְּתוּבִים

בַּחֲזוֹן יְשַׁעְיָהוּ בֶן־אָמוֹץ הַנָּבִיא עַל־סֵפֶר מַלְכֵי־יְהוּדָה
לג וְיִשְׂרָאֵל׃ וַיִּשְׁכַּב יְחִזְקִיָּהוּ עִם־אֲבֹתָיו וַיִּקְבְּרֻהוּ בְּמַעֲלֵה
קִבְרֵי בְנֵי־דָוִיד וְכָבוֹד עָשׂוּ־לוֹ בְמוֹתוֹ כָּל־יְהוּדָה וְיֹשְׁבֵי
לג א יְרוּשָׁלִָם וַיִּמְלֹךְ מְנַשֶּׁה בְנוֹ תַּחְתָּיו׃ בֶּן־שְׁתֵּים עֶשְׂרֵה
שָׁנָה מְנַשֶּׁה בְמָלְכוֹ וַחֲמִשִּׁים וְחָמֵשׁ שָׁנָה מָלַךְ בִּירוּשָׁלִָם׃
ב וַיַּעַשׂ הָרַע בְּעֵינֵי יְהוָה כְּתוֹעֲבוֹת הַגּוֹיִם אֲשֶׁר הוֹרִישׁ יְהוָה
ג מִפְּנֵי בְּנֵי יִשְׂרָאֵל׃ וַיָּשָׁב וַיִּבֶן אֶת־הַבָּמוֹת אֲשֶׁר נִתַּץ יְחִזְקִיָּהוּ
אָבִיו וַיָּקֶם מִזְבְּחוֹת לַבְּעָלִים וַיַּעַשׂ אֲשֵׁרוֹת וַיִּשְׁתַּחוּ לְכָל־
ד צְבָא הַשָּׁמַיִם וַיַּעֲבֹד אֹתָם׃ וּבָנָה מִזְבְּחוֹת בְּבֵית יְהוָה אֲשֶׁר
ה אָמַר יְהוָה בִּירוּשָׁלִַם יִהְיֶה־שְּׁמִי לְעוֹלָם׃ וַיִּבֶן מִזְבְּחוֹת לְכָל־
ו צְבָא הַשָּׁמָיִם בִּשְׁתֵּי חַצְרוֹת בֵּית־יְהוָה׃ וְהוּא הֶעֱבִיר אֶת־
בָּנָיו בָּאֵשׁ בְּגֵי בֶן־הִנֹּם וְעוֹנֵן וְנִחֵשׁ וְכִשֵּׁף וְעָשָׂה אוֹב וְיִדְּעוֹנִי
ז הִרְבָּה לַעֲשׂוֹת הָרַע בְּעֵינֵי יְהוָה לְהַכְעִיסוֹ׃ וַיָּשֶׂם אֶת־פֶּסֶל
הַסֶּמֶל אֲשֶׁר עָשָׂה בְּבֵית הָאֱלֹהִים אֲשֶׁר אָמַר אֱלֹהִים אֶל־
דָּוִיד וְאֶל־שְׁלֹמֹה בְנוֹ בַּבַּיִת הַזֶּה וּבִירוּשָׁלִַם אֲשֶׁר בָּחַרְתִּי
ח מִכֹּל שִׁבְטֵי יִשְׂרָאֵל אָשִׂים אֶת־שְׁמִי לְעֵילוֹם׃ וְלֹא אֹסִיף
לְהָסִיר אֶת־רֶגֶל יִשְׂרָאֵל מֵעַל הָאֲדָמָה אֲשֶׁר הֶעֱמַדְתִּי
לַאֲבֹתֵיכֶם רַק ׀ אִם־יִשְׁמְרוּ לַעֲשׂוֹת אֵת כָּל־אֲשֶׁר צִוִּיתִים
ט לְכָל־הַתּוֹרָה וְהַחֻקִּים וְהַמִּשְׁפָּטִים בְּיַד־מֹשֶׁה׃ וַיֶּתַע מְנַשֶּׁה
אֶת־יְהוּדָה וְיֹשְׁבֵי יְרוּשָׁלִָם לַעֲשׂוֹת רָע מִן־הַגּוֹיִם אֲשֶׁר
י הִשְׁמִיד יְהוָה מִפְּנֵי בְּנֵי יִשְׂרָאֵל׃ וַיְדַבֵּר יְהוָה אֶל־
יא מְנַשֶּׁה וְאֶל־עַמּוֹ וְלֹא הִקְשִׁיבוּ׃ וַיָּבֵא יְהוָה עֲלֵיהֶם אֶת־
שָׂרֵי הַצָּבָא אֲשֶׁר לְמֶלֶךְ אַשּׁוּר וַיִּלְכְּדוּ אֶת־מְנַשֶּׁה בַּחֹחִים
יב וַיַּאַסְרֻהוּ בַּנְחֻשְׁתַּיִם וַיּוֹלִיכֻהוּ בָּבֶלָה׃ וּכְהָצֵר לוֹ חִלָּה אֶת־
יג פְּנֵי יְהוָה אֱלֹהָיו וַיִּכָּנַע מְאֹד מִלִּפְנֵי אֱלֹהֵי אֲבֹתָיו׃ וַיִּתְפַּלֵּל
אֵלָיו וַיֵּעָתֶר לוֹ וַיִּשְׁמַע תְּחִנָּתוֹ וַיְשִׁיבֵהוּ יְרוּשָׁלִַם לְמַלְכוּתוֹ
יד וַיֵּדַע מְנַשֶּׁה כִּי יְהוָה הוּא הָאֱלֹהִים׃ וְאַחֲרֵי־כֵן בָּנָה חוֹמָה

חִיצוֹנָה לְעִיר־דָּוִיד מַעְרָבָה לַגִּיחוֹן בַּנַּחַל וְלָבוֹא בְשַׁעַר
הַדָּגִים וְסָבַב לָעֹפֶל וַיַּגְבִּיהֶהָ מְאֹד וַיָּשֶׂם שָׂרֵי־חַיִל בְּכָל־
הֶעָרִים הַבְּצֻרוֹת בִּיהוּדָה: וַיָּסַר אֶת־אֱלֹהֵי הַנֵּכָר וְאֶת־הַסֶּמֶל טו
מִבֵּית יהוה וְכָל־הַמִּזְבְּחוֹת אֲשֶׁר בָּנָה בְּהַר בֵּית־יהוה
וַיִּבֶן וּבִירוּשָׁלָםִ וַיַּשְׁלֵךְ חוּצָה לָעִיר: וַיִּכֶן אֶת־מִזְבַּח יהוה וַיִּזְבַּח טז
עָלָיו זִבְחֵי שְׁלָמִים וְתוֹדָה וַיֹּאמֶר לִיהוּדָה לַעֲבוֹד אֶת־יהוה
אֱלֹהֵי יִשְׂרָאֵל: אֲבָל עוֹד הָעָם זֹבְחִים בַּבָּמוֹת רַק לַיהוה יז
אֱלֹהֵיהֶם: וְיֶתֶר דִּבְרֵי מְנַשֶּׁה וּתְפִלָּתוֹ אֶל־אֱלֹהָיו וְדִבְרֵי יח
הַחֹזִים הַמְדַבְּרִים אֵלָיו בְּשֵׁם יהוה אֱלֹהֵי יִשְׂרָאֵל הִנָּם עַל־
דִּבְרֵי מַלְכֵי יִשְׂרָאֵל: וּתְפִלָּתוֹ וְהֵעָתֶר־לוֹ וְכָל־חַטָּאתוֹ וּמַעְלוֹ יט
וְהַמְּקֹמוֹת אֲשֶׁר בָּנָה בָהֶם בָּמוֹת וְהֶעֱמִיד הָאֲשֵׁרִים וְהַפְּסִלִים
לִפְנֵי הִכָּנְעוֹ הִנָּם כְּתוּבִים עַל דִּבְרֵי חוֹזָי: וַיִּשְׁכַּב מְנַשֶּׁה עִם־ כ
אֲבֹתָיו וַיִּקְבְּרֻהוּ בֵּיתוֹ וַיִּמְלֹךְ אָמוֹן בְּנוֹ תַּחְתָּיו:
בֶּן־עֶשְׂרִים וּשְׁתַּיִם שָׁנָה אָמוֹן בְּמָלְכוֹ וּשְׁתַּיִם שָׁנִים מָלַךְ כא
בִּירוּשָׁלָםִ: וַיַּעַשׂ הָרַע בְּעֵינֵי יהוה כַּאֲשֶׁר עָשָׂה מְנַשֶּׁה אָבִיו כב
וּלְכָל־הַפְּסִילִים אֲשֶׁר עָשָׂה מְנַשֶּׁה אָבִיו זִבַּח אָמוֹן וַיַּעַבְדֵם:
וְלֹא נִכְנַע מִלִּפְנֵי יהוה כְּהִכָּנַע מְנַשֶּׁה אָבִיו כִּי הוּא אָמוֹן כג
הִרְבָּה אַשְׁמָה: וַיִּקְשְׁרוּ עָלָיו עֲבָדָיו וַיְמִיתֻהוּ בְּבֵיתוֹ: וַיַּכּוּ כד כה
עַם־הָאָרֶץ אֵת כָּל־הַקֹּשְׁרִים עַל־הַמֶּלֶךְ אָמוֹן וַיַּמְלִיכוּ עַם־
הָאָרֶץ אֶת־יֹאשִׁיָּהוּ בְנוֹ תַּחְתָּיו:
בֶּן־שְׁמוֹנֶה שָׁנִים יֹאשִׁיָּהוּ בְמָלְכוֹ וּשְׁלֹשִׁים וְאַחַת שָׁנָה מָלַךְ א לד
כד בִּירוּשָׁלָםִ: וַיַּעַשׂ הַיָּשָׁר בְּעֵינֵי יהוה וַיֵּלֶךְ בְּדַרְכֵי דָּוִיד אָבִיו ב
וְלֹא־סָר יָמִין וּשְׂמֹאול:
וּבִשְׁמוֹנֶה שָׁנִים לְמָלְכוֹ וְהוּא עוֹדֶנּוּ נַעַר הֵחֵל לִדְרוֹשׁ לֵאלֹהֵי ג
דָּוִיד אָבִיו וּבִשְׁתֵּים עֶשְׂרֵה שָׁנָה הֵחֵל לְטַהֵר אֶת־יְהוּדָה
וִירוּשָׁלַםִ מִן־הַבָּמוֹת וְהָאֲשֵׁרִים וְהַפְּסִלִים וְהַמַּסֵּכוֹת: וַיְנַתְּצוּ ד
לְפָנָיו אֵת מִזְבְּחוֹת הַבְּעָלִים וְהַחַמָּנִים אֲשֶׁר־לְמַעְלָה מֵעֲלֵיהֶם

גִּדֵּעַ וְהָאֲשֵׁרִים וְהַפְּסִלִים וְהַמַּסֵּכוֹת שִׁבַּר וְהֵדַק וַיִּזְרֹק עַל־
ה פְּנֵי הַקְּבָרִים הַזֹּבְחִים לָהֶם׃ וְעַצְמוֹת כֹּהֲנִים שָׂרַף עַל־
ו מזבחותים וַיְטַהֵר אֶת־יְהוּדָה וְאֶת־יְרוּשָׁלִָם׃ וּבְעָרֵי מְנַשֶּׁה מִזְבְּחוֹתָם
ז וְאֶפְרַיִם וְשִׁמְעוֹן וְעַד־נַפְתָּלִי בחר בתיהם סָבִיב׃ וַיְנַתֵּץ אֶת־ בְּחַרְבֹתֵיהֶם
הַמִּזְבְּחוֹת וְאֶת־הָאֲשֵׁרִים וְהַפְּסִלִים כִּתַּת לְהֵדַק וְכָל־הַחַמָּנִים
ח גִּדַּע בְּכָל־אֶרֶץ יִשְׂרָאֵל וַיָּשָׁב לִירוּשָׁלִָם׃ וּבִשְׁנַת
שְׁמוֹנֶה עֶשְׂרֵה לְמָלְכוֹ לְטַהֵר הָאָרֶץ וְהַבָּיִת שָׁלַח אֶת־
שָׁפָן בֶּן־אֲצַלְיָהוּ וְאֶת־מַעֲשֵׂיָהוּ שַׂר־הָעִיר וְאֵת יוֹאָח בֶּן־
ט יוֹאָחָז הַמַּזְכִּיר לְחַזֵּק אֶת־בֵּית יְהוָה אֱלֹהָיו׃ וַיָּבֹאוּ אֶל־
חִלְקִיָּהוּ הַכֹּהֵן הַגָּדוֹל וַיִּתְּנוּ אֶת־הַכֶּסֶף הַמּוּבָא בֵית־אֱלֹהִים
אֲשֶׁר אָסְפוּ־הַלְוִיִּם שֹׁמְרֵי הַסַּף מִיַּד מְנַשֶּׁה וְאֶפְרַיִם וּמִכֹּל
י שְׁאֵרִית יִשְׂרָאֵל וּמִכָּל־יְהוּדָה וּבִנְיָמִן וישבי יְרוּשָׁלִָם׃ וַיִּתְּנוּ וַיָּשֻׁבוּ
עַל־יַד עֹשֵׂה הַמְּלָאכָה הַמֻּפְקָדִים בְּבֵית יְהוָה וַיִּתְּנוּ אֹתוֹ
עוֹשֵׂי הַמְּלָאכָה אֲשֶׁר עֹשִׂים בְּבֵית יְהוָה לִבְדוֹק וּלְחַזֵּק
יא הַבָּיִת׃ וַיִּתְּנוּ לֶחָרָשִׁים וְלַבֹּנִים לִקְנוֹת אַבְנֵי מַחְצֵב וְעֵצִים
לַמְחַבְּרוֹת וּלְקָרוֹת אֶת־הַבָּתִּים אֲשֶׁר הִשְׁחִיתוּ מַלְכֵי
יב יְהוּדָה׃ וְהָאֲנָשִׁים עֹשִׂים בֶּאֱמוּנָה בַּמְּלָאכָה וַעֲלֵיהֶם
מֻפְקָדִים יַחַת וְעֹבַדְיָהוּ הַלְוִיִּם מִן־בְּנֵי מְרָרִי וּזְכַרְיָה וּמְשֻׁלָּם
יג מִן־בְּנֵי הַקְּהָתִים לְנַצֵּחַ וְהַלְוִיִּם כָּל־מֵבִין בִּכְלֵי־שִׁיר׃ וְעַל
הַסַּבָּלִים וּמְנַצְּחִים לְכֹל עֹשֵׂה מְלָאכָה לַעֲבוֹדָה וַעֲבוֹדָה
יד וּמֵהַלְוִיִּם סוֹפְרִים וְשֹׁטְרִים וְשׁוֹעֲרִים׃ וּבְהוֹצִיאָם אֶת־הַכֶּסֶף
הַמּוּבָא בֵּית יְהוָה מָצָא חִלְקִיָּהוּ הַכֹּהֵן אֶת־סֵפֶר תּוֹרַת־יְהוָה
טו בְּיַד־מֹשֶׁה׃ וַיַּעַן חִלְקִיָּהוּ וַיֹּאמֶר אֶל־שָׁפָן הַסּוֹפֵר סֵפֶר הַתּוֹרָה
טז מָצָאתִי בְּבֵית יְהוָה וַיִּתֵּן חִלְקִיָּהוּ אֶת־הַסֵּפֶר אֶל־שָׁפָן׃ וַיָּבֵא
שָׁפָן אֶת־הַסֵּפֶר אֶל־הַמֶּלֶךְ וַיָּשֶׁב עוֹד אֶת־הַמֶּלֶךְ דָּבָר לֵאמֹר
יז כֹּל אֲשֶׁר־נִתַּן בְּיַד־עֲבָדֶיךָ הֵם עֹשִׂים׃ וַיַּתִּיכוּ אֶת־הַכֶּסֶף
הַנִּמְצָא בְּבֵית־יְהוָה וַיִּתְּנוּהוּ עַל־יַד הַמֻּפְקָדִים וְעַל־יַד עוֹשֵׂי

יח הַמְּלָאכָה׃ וַיַּגֵּד שָׁפָן הַסּוֹפֵר לַמֶּלֶךְ לֵאמֹר סֵפֶר נָתַן לִי
יט חִלְקִיָּהוּ הַכֹּהֵן וַיִּקְרָא־בוֹ שָׁפָן לִפְנֵי הַמֶּלֶךְ׃ וַיְהִי כִּשְׁמֹעַ הַמֶּלֶךְ
כ אֵת דִּבְרֵי הַתּוֹרָה וַיִּקְרַע אֶת־בְּגָדָיו׃ וַיְצַו הַמֶּלֶךְ אֶת־חִלְקִיָּהוּ
וְאֶת־אֲחִיקָם בֶּן־שָׁפָן וְאֶת־עַבְדּוֹן בֶּן־מִיכָה וְאֵת ׀ שָׁפָן
כא הַסּוֹפֵר וְאֵת עֲשָׂיָה עֶבֶד־הַמֶּלֶךְ לֵאמֹר׃ לְכוּ דִרְשׁוּ אֶת־יְהוָה
בַּעֲדִי וּבְעַד הַנִּשְׁאָר בְּיִשְׂרָאֵל וּבִיהוּדָה עַל־דִּבְרֵי הַסֵּפֶר
אֲשֶׁר נִמְצָא כִּי־גְדוֹלָה חֲמַת־יְהוָה אֲשֶׁר נִתְּכָה בָנוּ עַל אֲשֶׁר
לֹא־שָׁמְרוּ אֲבוֹתֵינוּ אֶת־דְּבַר יְהוָה לַעֲשׂוֹת כְּכָל־הַכָּתוּב
כב עַל־הַסֵּפֶר הַזֶּה׃ וַיֵּלֶךְ חִלְקִיָּהוּ וַאֲשֶׁר הַמֶּלֶךְ אֶל־
חֻלְדָּה הַנְּבִיאָה אֵשֶׁת ׀ שַׁלֻּם בֶּן־תוקהת בֶּן־חַסְרָה שׁוֹמֵר תָּקְהַת
הַבְּגָדִים וְהִיא יוֹשֶׁבֶת בִּירוּשָׁלִַם בַּמִּשְׁנֶה וַיְדַבְּרוּ אֵלֶיהָ
כג כָּזֹאת׃ וַתֹּאמֶר לָהֶם כֹּה־אָמַר יְהוָה אֱלֹהֵי יִשְׂרָאֵל אִמְרוּ
לָאִישׁ אֲשֶׁר־שָׁלַח אֶתְכֶם אֵלָי׃
כד כֹּה אָמַר יְהוָה הִנְנִי מֵבִיא רָעָה עַל־הַמָּקוֹם הַזֶּה וְעַל־יוֹשְׁבָיו
אֵת כָּל־הָאָלוֹת הַכְּתוּבוֹת עַל־הַסֵּפֶר אֲשֶׁר קָרְאוּ לִפְנֵי
כה מֶלֶךְ יְהוּדָה׃ תַּחַת ׀ אֲשֶׁר עֲזָבוּנִי ויקטירו לֵאלֹהִים אֲחֵרִים וַיְקַטְּרוּ
לְמַעַן הַכְעִיסֵנִי בְּכֹל מַעֲשֵׂי יְדֵיהֶם וְתִתַּךְ חֲמָתִי בַּמָּקוֹם
כו הַזֶּה וְלֹא תִכְבֶּה׃ וְאֶל־מֶלֶךְ יְהוּדָה הַשֹּׁלֵחַ אֶתְכֶם לִדְרוֹשׁ
בַּיהוָה כֹּה תֹאמְרוּ אֵלָיו כֹּה־אָמַר יְהוָה אֱלֹהֵי
כז יִשְׂרָאֵל הַדְּבָרִים אֲשֶׁר שָׁמָעְתָּ׃ יַעַן רַךְ־לְבָבְךָ וַתִּכָּנַע ׀ מִלִּפְנֵי
אֱלֹהִים בְּשָׁמְעֲךָ אֶת־דְּבָרָיו עַל־הַמָּקוֹם הַזֶּה וְעַל־יֹשְׁבָיו
וַתִּכָּנַע לְפָנַי וַתִּקְרַע אֶת־בְּגָדֶיךָ וַתֵּבְךְּ לְפָנָי וְגַם־אֲנִי שָׁמַעְתִּי
כח נְאֻם־יְהוָה׃ הִנְנִי אֹסִפְךָ אֶל־אֲבֹתֶיךָ וְנֶאֱסַפְתָּ אֶל־קִבְרוֹתֶיךָ
בְּשָׁלוֹם וְלֹא־תִרְאֶינָה עֵינֶיךָ בְּכֹל הָרָעָה אֲשֶׁר אֲנִי מֵבִיא עַל־
כט הַמָּקוֹם הַזֶּה וְעַל־יֹשְׁבָיו וַיָּשִׁיבוּ אֶת־הַמֶּלֶךְ דָּבָר׃ וַיִּשְׁלַח
ל הַמֶּלֶךְ וַיֶּאֱסֹף אֶת־כָּל־זִקְנֵי יְהוּדָה וִירוּשָׁלִָם׃ וַיַּעַל הַמֶּלֶךְ
בֵּית־יְהוָה וְכָל־אִישׁ יְהוּדָה וְיֹשְׁבֵי יְרוּשָׁלִַם וְהַכֹּהֲנִים וְהַלְוִיִּם

וְכׇל־הָעָם מִגָּדוֹל וְעַד־קָטָן וַיִּקְרָא בְאׇזְנֵיהֶם אֶת־כׇּל־דִּבְרֵי
לא סֵפֶר הַבְּרִית הַנִּמְצָא בֵּית יְהוָה׃ וַיַּעֲמֹד הַמֶּלֶךְ עַל־עׇמְדוֹ
וַיִּכְרֹת אֶת־הַבְּרִית לִפְנֵי יְהוָה לָלֶכֶת אַחֲרֵי יְהוָה וְלִשְׁמוֹר
אֶת־מִצְוֺתָיו וְעֵדְוֺתָיו וְחֻקָּיו בְּכׇל־לְבָבוֹ וּבְכׇל־נַפְשׁוֹ לַעֲשׂוֹת
לב אֶת־דִּבְרֵי הַבְּרִית הַכְּתוּבִים עַל־הַסֵּפֶר הַזֶּה׃ וַיַּעֲמֵד אֵת כׇּל־
הַנִּמְצָא בִירוּשָׁלִַם וּבִנְיָמִן וַיַּעֲשׂוּ יוֹשְׁבֵי יְרוּשָׁלִַם כִּבְרִית
לג אֱלֹהִים אֱלֹהֵי אֲבוֹתֵיהֶם׃ וַיָּסַר יֹאשִׁיָּהוּ אֶת־כׇּל־הַתֹּעֵבוֹת
מִכׇּל־הָאֲרָצוֹת אֲשֶׁר לִבְנֵי יִשְׂרָאֵל וַיַּעֲבֵד אֶת־כׇּל־הַנִּמְצָא
בְּיִשְׂרָאֵל לַעֲבוֹד אֶת־יְהוָה אֱלֹהֵיהֶם כׇּל־יָמָיו לֹא סָרוּ מֵאַחֲרֵי
לה א יְהוָה אֱלֹהֵי אֲבוֹתֵיהֶם׃ וַיַּעַשׂ יֹאשִׁיָּהוּ בִירוּשָׁלִַם פֶּסַח
ב לַיהוָה וַיִּשְׁחֲטוּ הַפֶּסַח בְּאַרְבָּעָה עָשָׂר לַחֹדֶשׁ הָרִאשׁוֹן׃ וַיַּעֲמֵד
ג הַכֹּהֲנִים עַל־מִשְׁמְרוֹתָם וַיְחַזְּקֵם לַעֲבוֹדַת בֵּית יְהוָה׃ וַיֹּאמֶר
לַלְוִיִּם המבונים לְכׇל־יִשְׂרָאֵל הַקְּדוֹשִׁים לַיהוָה תְּנוּ אֶת־ הַמְּבִינִים
אֲרוֹן־הַקֹּדֶשׁ בַּבַּיִת אֲשֶׁר בָּנָה שְׁלֹמֹה בֶן־דָּוִיד מֶלֶךְ יִשְׂרָאֵל
אֵין־לָכֶם מַשָּׂא בַּכָּתֵף עַתָּה עִבְדוּ אֶת־יְהוָה אֱלֹהֵיכֶם וְאֵת
ד עַמּוֹ יִשְׂרָאֵל׃ והכונו לְבֵית־אֲבוֹתֵיכֶם כְּמַחְלְקוֹתֵיכֶם בִּכְתָב וְהָכִינוּ
ה דָּוִיד מֶלֶךְ יִשְׂרָאֵל וּבְמִכְתַּב שְׁלֹמֹה בְנוֹ׃ וְעִמְדוּ בַקֹּדֶשׁ
לִפְלֻגּוֹת בֵּית הָאָבוֹת לַאֲחֵיכֶם בְּנֵי הָעָם וַחֲלֻקַּת בֵּית־אָב
ו לַלְוִיִּם׃ וְשַׁחֲטוּ הַפָּסַח וְהִתְקַדְּשׁוּ וְהָכִינוּ לַאֲחֵיכֶם לַעֲשׂוֹת כה
ז כִּדְבַר־יְהוָה בְּיַד־מֹשֶׁה׃ וַיָּרֶם יֹאשִׁיָּהוּ לִבְנֵי
הָעָם צֹאן כְּבָשִׂים וּבְנֵי־עִזִּים הַכֹּל לַפְּסָחִים לְכׇל־הַנִּמְצָא
לְמִסְפַּר שְׁלֹשִׁים אֶלֶף וּבָקָר שְׁלֹשֶׁת אֲלָפִים אֵלֶּה מֵרְכוּשׁ
ח הַמֶּלֶךְ׃ וְשָׂרָיו לִנְדָבָה לָעָם לַכֹּהֲנִים וְלַלְוִיִּם הֵרִימוּ
חִלְקִיָּה וּזְכַרְיָהוּ וִיחִיאֵל נְגִידֵי בֵּית הָאֱלֹהִים לַכֹּהֲנִים נָתְנוּ
ט לַפְּסָחִים אַלְפַּיִם וְשֵׁשׁ מֵאוֹת וּבָקָר שְׁלֹשׁ מֵאוֹת׃ וכונניהו וְכׇנַנְיָהוּ
וּשְׁמַעְיָהוּ וּנְתַנְאֵל אֶחָיו וַחֲשַׁבְיָהוּ וִיעִיאֵל וְיוֹזָבָד שָׂרֵי הַלְוִיִּם
הֵרִימוּ לַלְוִיִּם לַפְּסָחִים חֲמֵשֶׁת אֲלָפִים וּבָקָר חֲמֵשׁ מֵאוֹת׃

י וַתִּכּוֹן הָעֲבוֹדָה וַיַּעַמְדוּ הַכֹּהֲנִים עַל־עָמְדָם וְהַלְוִיִּם עַל־
יא מַחְלְקוֹתָם כְּמִצְוַת הַמֶּלֶךְ׃ וַיִּשְׁחֲטוּ הַפָּסַח וַיִּזְרְקוּ הַכֹּהֲנִים
יב מִיָּדָם וְהַלְוִיִּם מַפְשִׁיטִים׃ וַיָּסִירוּ הָעֹלָה לְתִתָּם לְמִפְלַגּוֹת
לְבֵית־אָבוֹת לִבְנֵי הָעָם לְהַקְרִיב לַיהוָה כַּכָּתוּב בְּסֵפֶר
יג מֹשֶׁה וְכֵן לַבָּקָר׃ וַיְבַשְּׁלוּ הַפֶּסַח בָּאֵשׁ כַּמִּשְׁפָּט וְהַקֳּדָשִׁים
בִּשְּׁלוּ בַּסִּירוֹת וּבַדְּוָדִים וּבַצֵּלָחוֹת וַיָּרִיצוּ לְכָל־בְּנֵי הָעָם׃
יד וְאַחַר הֵכִינוּ לָהֶם וְלַכֹּהֲנִים כִּי הַכֹּהֲנִים בְּנֵי אַהֲרֹן בְּהַעֲלוֹת
הָעוֹלָה וְהַחֲלָבִים עַד־לָיְלָה וְהַלְוִיִּם הֵכִינוּ לָהֶם וְלַכֹּהֲנִים
טו בְּנֵי אַהֲרֹן׃ וְהַמְשֹׁרְרִים בְּנֵי־אָסָף עַל־מַעֲמָדָם כְּמִצְוַת דָּוִיד
וְאָסָף וְהֵימָן וִידֻתוּן חוֹזֵה הַמֶּלֶךְ וְהַשֹּׁעֲרִים לְשַׁעַר וָשָׁעַר
אֵין לָהֶם לָסוּר מֵעַל עֲבֹדָתָם כִּי־אֲחֵיהֶם הַלְוִיִּם הֵכִינוּ
טז לָהֶם׃ וַתִּכּוֹן כָּל־עֲבוֹדַת יְהוָה בַּיּוֹם הַהוּא לַעֲשׂוֹת הַפֶּסַח
וְהַעֲלוֹת עֹלוֹת עַל מִזְבַּח יְהוָה כְּמִצְוַת הַמֶּלֶךְ יֹאשִׁיָּהוּ׃
יז וַיַּעֲשׂוּ בְנֵי־יִשְׂרָאֵל הַנִּמְצְאִים אֶת־הַפֶּסַח בָּעֵת הַהִיא וְאֶת־
יח חַג הַמַּצּוֹת שִׁבְעַת יָמִים׃ וְלֹא־נַעֲשָׂה פֶסַח כָּמֹהוּ בְּיִשְׂרָאֵל
מִימֵי שְׁמוּאֵל הַנָּבִיא וְכָל־מַלְכֵי יִשְׂרָאֵל ׀ לֹא־עָשׂוּ כַּפֶּסַח
אֲשֶׁר־עָשָׂה יֹאשִׁיָּהוּ וְהַכֹּהֲנִים וְהַלְוִיִּם וְכָל־יְהוּדָה וְיִשְׂרָאֵל
יט הַנִּמְצָא וְיוֹשְׁבֵי יְרוּשָׁלִָם׃ בִּשְׁמוֹנֶה עֶשְׂרֵה שָׁנָה
כ לְמַלְכוּת יֹאשִׁיָּהוּ נַעֲשָׂה הַפֶּסַח הַזֶּה׃ אַחֲרֵי כָל־זֹאת
אֲשֶׁר הֵכִין יֹאשִׁיָּהוּ אֶת־הַבַּיִת עָלָה נְכוֹ מֶלֶךְ־מִצְרַיִם
כא לְהִלָּחֵם בְּכַרְכְּמִישׁ עַל־פְּרָת וַיֵּצֵא לִקְרָאתוֹ יֹאשִׁיָּהוּ׃ וַיִּשְׁלַח
אֵלָיו מַלְאָכִים ׀ לֵאמֹר ׀ מַה־לִּי וָלָךְ מֶלֶךְ יְהוּדָה לֹא־
עָלֶיךָ אַתָּה הַיּוֹם כִּי אֶל־בֵּית מִלְחַמְתִּי וֵאלֹהִים אָמַר לְבַהֲלֵנִי
כב חֲדַל־לְךָ מֵאֱלֹהִים אֲשֶׁר־עִמִּי וְאַל־יַשְׁחִיתֶךָ׃ וְלֹא־הֵסֵב
יֹאשִׁיָּהוּ פָנָיו מִמֶּנּוּ כִּי לְהִלָּחֶם־בּוֹ הִתְחַפֵּשׂ וְלֹא שָׁמַע אֶל־
כג דִּבְרֵי נְכוֹ מִפִּי אֱלֹהִים וַיָּבֹא לְהִלָּחֵם בְּבִקְעַת מְגִדּוֹ׃ וַיֹּרוּ
הַיֹּרִים לַמֶּלֶךְ יֹאשִׁיָּהוּ וַיֹּאמֶר הַמֶּלֶךְ לַעֲבָדָיו הַעֲבִירוּנִי כִּי

כד הֶחֱלֵיתִי מְאֹד׃ וַיַּעֲבִירֻהוּ עֲבָדָיו מִן־הַמֶּרְכָּבָה וַיַּרְכִּיבֻהוּ עַל
רֶכֶב הַמִּשְׁנֶה אֲשֶׁר־לוֹ וַיּוֹלִיכֻהוּ יְרוּשָׁלַםִ וַיָּמָת וַיִּקָּבֵר
בְּקִבְרוֹת אֲבֹתָיו וְכָל־יְהוּדָה וִירוּשָׁלַםִ מִתְאַבְּלִים עַל־
כה יֹאשִׁיָּהוּ׃ וַיְקוֹנֵן יִרְמְיָהוּ עַל־יֹאשִׁיָּהוּ וַיֹּאמְרוּ
כָל־הַשָּׁרִים ׀ וְהַשָּׁרוֹת בְּקִינוֹתֵיהֶם עַל־יֹאשִׁיָּהוּ עַד־הַיּוֹם
וַיִּתְּנוּם לְחֹק עַל־יִשְׂרָאֵל וְהִנָּם כְּתוּבִים עַל־הַקִּינוֹת׃
כו כז וְיֶתֶר דִּבְרֵי יֹאשִׁיָּהוּ וַחֲסָדָיו כַּכָּתוּב בְּתוֹרַת יְהוָה׃ וּדְבָרָיו
הָרִאשֹׁנִים וְהָאַחֲרֹנִים הִנָּם כְּתוּבִים עַל־סֵפֶר מַלְכֵי־יִשְׂרָאֵל
לו א וִיהוּדָה׃ וַיִּקְחוּ עַם־הָאָרֶץ אֶת־יְהוֹאָחָז בֶּן־יֹאשִׁיָּהוּ
ב וַיַּמְלִיכֻהוּ תַחַת־אָבִיו בִּירוּשָׁלִָם׃ בֶּן־שָׁלוֹשׁ וְעֶשְׂרִים שָׁנָה
ג יוֹאָחָז בְּמָלְכוֹ וּשְׁלֹשָׁה חֳדָשִׁים מָלַךְ בִּירוּשָׁלִָם׃ וַיְסִירֵהוּ
מֶלֶךְ־מִצְרַיִם בִּירוּשָׁלִָם וַיַּעֲנֹשׁ אֶת־הָאָרֶץ מֵאָה כִכַּר־כֶּסֶף
ד וְכִכַּר זָהָב׃ וַיַּמְלֵךְ מֶלֶךְ־מִצְרַיִם אֶת־אֶלְיָקִים אָחִיו עַל־יְהוּדָה
וִירוּשָׁלִַם וַיַּסֵּב אֶת־שְׁמוֹ יְהוֹיָקִים וְאֶת־יוֹאָחָז אָחִיו לָקַח נְכוֹ
ה וַיְבִיאֵהוּ מִצְרָיְמָה׃ בֶּן־עֶשְׂרִים וְחָמֵשׁ שָׁנָה יְהוֹיָקִים
בְּמָלְכוֹ וְאַחַת עֶשְׂרֵה שָׁנָה מָלַךְ בִּירוּשָׁלִָם וַיַּעַשׂ הָרַע בְּעֵינֵי
ו יְהוָה אֱלֹהָיו׃ עָלָיו עָלָה נְבוּכַדְנֶאצַּר מֶלֶךְ בָּבֶל וַיַּאַסְרֵהוּ
ז בַּנְחֻשְׁתַּיִם לְהֹלִיכוֹ בָּבֶלָה׃ וּמִכְּלֵי בֵּית יְהוָה הֵבִיא נְבוּכַדְנֶאצַּר
ח לְבָבֶל וַיִּתְּנֵם בְּהֵיכָלוֹ בְּבָבֶל׃ וְיֶתֶר דִּבְרֵי יְהוֹיָקִים וְתֹעֲבֹתָיו
אֲשֶׁר־עָשָׂה וְהַנִּמְצָא עָלָיו הִנָּם כְּתוּבִים עַל־סֵפֶר מַלְכֵי
ט יִשְׂרָאֵל וִיהוּדָה וַיִּמְלֹךְ יְהוֹיָכִין בְּנוֹ תַּחְתָּיו׃ בֶּן־
שְׁמוֹנֶה שָׁנִים יְהוֹיָכִין בְּמָלְכוֹ וּשְׁלֹשָׁה חֳדָשִׁים וַעֲשֶׂרֶת
י יָמִים מָלַךְ בִּירוּשָׁלִָם וַיַּעַשׂ הָרַע בְּעֵינֵי יְהוָה׃ וְלִתְשׁוּבַת
הַשָּׁנָה שָׁלַח הַמֶּלֶךְ נְבוּכַדְנֶאצַּר וַיְבִאֵהוּ בָבֶלָה עִם־כְּלֵי
חֶמְדַּת בֵּית־יְהוָה וַיַּמְלֵךְ אֶת־צִדְקִיָּהוּ אָחִיו עַל־יְהוּדָה
יא וִירוּשָׁלִָם׃ בֶּן־עֶשְׂרִים וְאַחַת שָׁנָה צִדְקִיָּהוּ בְמָלְכוֹ
יב וְאַחַת עֶשְׂרֵה שָׁנָה מָלַךְ בִּירוּשָׁלִָם׃ וַיַּעַשׂ הָרַע בְּעֵינֵי

יְהוָה אֱלֹהָיו לֹא נִכְנַע מִלִּפְנֵי יִרְמְיָהוּ הַנָּבִיא מִפִּי יְהוָה׃ וְגַם יג
בַּמֶּלֶךְ נְבוּכַדְנֶאצַּר מָרָד אֲשֶׁר הִשְׁבִּיעוֹ בֵּאלֹהִים וַיֶּקֶשׁ אֶת־
עָרְפּוֹ וַיְאַמֵּץ אֶת־לְבָבוֹ מִשּׁוּב אֶל־יְהוָה אֱלֹהֵי יִשְׂרָאֵל׃ גַּם יד
לִמְעָל־ כָּל־שָׂרֵי הַכֹּהֲנִים וְהָעָם הִרְבּוּ למעול־מַעַל כְּכֹל תֹּעֲבוֹת
הַגּוֹיִם וַיְטַמְּאוּ אֶת־בֵּית יְהוָה אֲשֶׁר הִקְדִּישׁ בִּירוּשָׁלָםִ׃
וַיִּשְׁלַח יְהוָה אֱלֹהֵי אֲבוֹתֵיהֶם עֲלֵיהֶם בְּיַד־מַלְאָכָיו הַשְׁכֵּם טו
וְשָׁלוֹחַ כִּי־חָמַל עַל־עַמּוֹ וְעַל־מְעוֹנוֹ׃ וַיִּהְיוּ מַלְעִבִים בְּמַלְאֲכֵי טז
הָאֱלֹהִים וּבוֹזִים דְּבָרָיו וּמִתַּעְתְּעִים בִּנְבִאָיו עַד עֲלוֹת
חֲמַת־יְהוָה בְּעַמּוֹ עַד־לְאֵין מַרְפֵּא׃ וַיַּעַל עֲלֵיהֶם אֶת־מֶלֶךְ יז
כַּשְׂדִּים כשדיים וַיַּהֲרֹג בַּחוּרֵיהֶם בַּחֶרֶב בְּבֵית מִקְדָּשָׁם וְלֹא חָמַל
עַל־בָּחוּר וּבְתוּלָה זָקֵן וְיָשֵׁשׁ הַכֹּל נָתַן בְּיָדוֹ׃ וְכֹל כְּלֵי בֵּית יח
הָאֱלֹהִים הַגְּדֹלִים וְהַקְּטַנִּים וְאֹצְרוֹת בֵּית יְהוָה וְאֹצְרוֹת
הַמֶּלֶךְ וְשָׂרָיו הַכֹּל הֵבִיא בָבֶל׃ וַיִּשְׂרְפוּ אֶת־בֵּית הָאֱלֹהִים יט
וַיְנַתְּצוּ אֵת חוֹמַת יְרוּשָׁלָםִ וְכָל־אַרְמְנוֹתֶיהָ שָׂרְפוּ בָאֵשׁ וְכָל־
כְּלֵי מַחֲמַדֶּיהָ לְהַשְׁחִית׃ וַיֶּגֶל הַשְּׁאֵרִית מִן־הַחֶרֶב אֶל־בָּבֶל כ
וַיִּהְיוּ־לוֹ וּלְבָנָיו לַעֲבָדִים עַד־מְלֹךְ מַלְכוּת פָּרָס׃ לְמַלֹּאות כא
דְּבַר־יְהוָה בְּפִי יִרְמְיָהוּ עַד־רָצְתָה הָאָרֶץ אֶת־שַׁבְּתוֹתֶיהָ
כָּל־יְמֵי הָשַּׁמָּה שָׁבָתָה לְמַלֹּאות שִׁבְעִים שָׁנָה׃ וּבִשְׁנַת כב
אַחַת לְכוֹרֶשׁ מֶלֶךְ פָּרַס לִכְלוֹת דְּבַר־יְהוָה בְּפִי יִרְמְיָהוּ
הֵעִיר יְהוָה אֶת־רוּחַ כּוֹרֶשׁ מֶלֶךְ־פָּרַס וַיַּעֲבֶר־קוֹל בְּכָל־
מַלְכוּתוֹ וְגַם־בְּמִכְתָּב לֵאמֹר׃ כֹּה־אָמַר כּוֹרֶשׁ ׀ מֶלֶךְ פָּרַס כג
כָּל־מַמְלְכוֹת הָאָרֶץ נָתַן לִי יְהוָה אֱלֹהֵי הַשָּׁמַיִם וְהוּא־פָקַד
עָלַי לִבְנוֹת־לוֹ בַיִת בִּירוּשָׁלַםִ אֲשֶׁר בִּיהוּדָה מִי־בָכֶם מִכָּל־
עַמּוֹ יְהוָה אֱלֹהָיו עִמּוֹ וְיָעַל׃

סדר ההפטרות

לפי מנהג
אשכנזים
ספרדים

בראשית
א: ישעיה מב, ה - מג, י
ס: ישעיה מב, ה - כא

נח
א: ישעיה נד, א - נה, ה
ס: ישעיה נד, א - י

לך לך
ישעיה מ, כז - מא, טז

וירא
א: מלכים ב׳ ד, א - לז
ס: מלכים ב׳ ד, א - כג

חיי שרה
מלכים א׳ א, א - לא

תולדות
מלאכי א, א - ב, ז

ויצא
א: הושע יב, יג - יד, ט
(ומוסיפים יואל ב, כו - כז)
ס: הושע יא, ז - יב, יב
(או עד יג, ה)

וישלח
עובדיה

וישב
עמוס ב, ו - ג, ח

מקץ
מלכים א׳ ג, טו - ד, א

ויגש
יחזקאל לז, טו - כח

ויחי
מלכים א׳ ב,א - יב

שמות
א: ישעיה כז, ו - כח, יג ;
כט, כב -כג
ס: ירמיה א, א - ב, ג

וארא
יחזקאל כח, כה - כט, כא

בא
ירמיה מו, יג - כח

בשלח
א: שופטים ד, ד - ה, לא
ס: שופטים ה, א - לא

יתרו
א: ישעיה ו, א - ז, ו ; ט, ה - ו
ס: ישעיה ו, א - יג

משפטים
ירמיה לד, ח - כב ; לג, כה - כו

תרומה
מלכים א׳ ה, כו - ו, יג

תצוה
יחזקאל מג, י - כז

כי תשא
א: מלכים א׳ יח, א - לט
ס: מלכים א׳ יח, כ - לט

ויקהל
א: מלכים א׳ ז, מ - נ
ס: מלכים א׳ ז, יג - כו

פקודי
א: מלכים א׳ ז, נא - ח, כא
ס: מלכים א׳ ז, מ - נ

ויקרא
ישעיה מג, כא - מד, כג

צו
ירמיה ז, כא - ח, ג ;
ט, כב - כג

שמיני
א: שמואל ב׳ ו, א - ז, יז
ס: שמואל ב׳ ו, א - יט

תזריע
מלכים ב׳ ד, מב - ה, יח

מצרע
מלכים ב׳ ז, ג - כ

אחרי מות
יחזקאל כב, א - טז

קדשים
א: עמוס ט, ז - טו
ס: יחזקאל כ, ב - כ

אמר
יחזקאל מד, טו - לא

בהר סיני
ירמיה לב, ו - כז

בחקתי
ירמיה טז, יט - יז, יד

במדבר
הושע ב, א - כב

נשא
שופטים יג, ב - כה

בהעלתך
זכריה ב, יד - ד, ז

שלח לך
יהושע ב, א - כד

קרח
שמואל א׳ יא, יד - יב, כב

חקת
שופטים יא, א - לג

בלק
מיכה ה, ו - ו, ח

פינחס (לפני יז בתמוז)
מלכים א׳ יח, מו - יט, כא

שבת אחר יז בתמוז (פינחס או מטות)
ירמיה א, א - ב, ג

מסעי
א: ירמיה ב, ד - כח ; ג, ד
ס: ירמיה ב, ד - ג, כח ; ד, א - ב

דברים
ישעיה א, א - כז

ואתחנן
ישעיה מ, א - כו

עקב
ישעיה מט, יד - נא, ג

ראה
ישעיה נד, יא - נה, ה

שפטים
ישעיה נא, יב - נב, יב

כי תצא
ישעיה נד, א - י

כי תבוא
ישעיה ס, א - כב

נצבים
ישעיה סא, י - סג, ט

שבת בין ר״ה ליוה״כ (וילך או האזינו)
א: הושע יד, ב - י ; יואל ב, טו - כז
ס: הושע יד, ב - י ; מיכה ז, יח - כ

האזינו (בין יוה״כ לסוכות)
שמואל ב׳ כב, א - נא

וזאת הברכה (שמחת תורה)
א: יהושע א, א - יח
ס: יהושע א, א - ט

ראש השנה, יום א׳
שמואל א׳ א, א - ב, י

ראש השנה, יום ב׳
ירמיה לא, א - יט

יום הכיפורים, שחרית
ישעיה נז, יד - נח, יד

יום הכיפורים, מנחה
יונה . (ומוסיפים מיכה ז, יח - כ)

סוכות, יום א׳
זכריה יד, א - כא

סוכות, יום ב׳ בחו״ל
מלכים א׳ ח, ב - כא

שבת חוה״מ סוכות
יחזקאל לח, יח - לט, טז

שמיני עצרת בחו״ל
א: מלכים א׳ ח, נד - ט, א
ס: מלכים א׳ ח, נד - סו

שמחת תורה
ר׳ וזאת הברכה

שבת א׳ של חנוכה
זכריה ב, יד - ד, ז

שבת ב׳ של חנוכה
מלכים א׳ ז, מ - נ

שבת פרשת שקלים
א: מלכים ב׳ יב, א - יז
ס: מלכים ב׳ יא, יז - יב, יז

שבת פרשת זכור
(ופורים של מוקפים שחל בשבת)
א: שמואל א׳ טו, ב - לד
ס: שמואל א׳ טו, א - לד

שבת פרשת פרה
א: יחזקאל לו, טז - לח
ס: יחזקאל לו, טז - לו

שבת פרשת החודש
א: יחזקאל מה, טז - מו, יח
ס: יחזקאל מה, יח - מו, טו

שבת הגדול
מלאכי ג, ד - כד

פסח, יום א׳
א: יהושע ה, ב - ו, א
ס: יהושע ה, ב - ו, א ; ו, כז

פסח, יום ב׳ בחו״ל
מלכים ב׳ כג, א - ט ; כג, כא - כה

שבת חוה״מ פסח
יחזקאל לז, א - יד

פסח, יום ז׳
שמואל ב׳ כב, א - נב

פסח, יום ח׳ בחו״ל
ישעיה י, לב - יב, ו

שבועות, יום א׳
יחזקאל א, א - כח ; ג, יב

שבועות, יום ב׳ בחו״ל
א: חבקוק ג, א - יט
ס: חבקוק ב׳ כ - ג, יט

תענית ציבור, מנחה
א: ישעיה נה, ו - נו, ח

תשעה באב, שחרית
ירמיה ח, יג - ט, כג

תשעה באב, מנחה
א: ישעיה נה, ו - נו, ח
ס: הושע יד, ב - י ; מיכה ז, יח - כ

שבת ראש חודש
ישעיה סו, א - כד

שבת ערב ראש חודש
שמואל א׳ כ, יח - מב

הגהת מהדורה זו נעשתה בעיון רב ובבדיקה מדוקדקת, עד כמה שיד אדם מגעת, על יסוד חוות דעתם של בעלי המסורה ושל המדקדקים והמפרשים ועל פי מה שנמצא ברוב כתבי היד והדפוסים המקובלים כבני סמכא, ולא כהעתקה משועבדת לדפוס או לכתב יד מסוים.

תורה נביאים וכתובים
הוגהו בעיון נמרץ על־ידי
ד׳ גולדשמידט א״מ הברמן מ׳ מדן
ונסדרו באות קורֵן בדפוס אחוה בירושלים
הניקוד והטעמים תואמו לאותיות בבית ההוצאה
על־פי שיטת קורֵן
הספר נדפס בדפוס דורות בירושלים
ה׳תשס״ח

הוצאת קורֵן ירושלים בע״מ
KOREN PUBLISHERS JERUSALEM LTD.

ת.ד. 4044, ירושלים 91040
טל׳: 02-6330533 פקס: 02-6330534

Printed in Israel

ISBN: 978 965 301 075 8 (HARDCOVER — כריכה קשה)
ISBN: 978 965 301 076 5 (LEATHER BOUND — כריכת עור)